Beijing No.1
Intermediate People's Court,Beijing,P.R.China

深化司法体制综合配套改革
推进审判体系和审判能力现代化

法院改革与审判实践调研文集

（上册）

北京市第一中级人民法院／编

法律出版社
LAW PRESS·CHINA

深化司法体制综合配套改革
推进审判体系和审判能力现代化
——法院改革与审判实践调研文集

前　言

调查研究是谋事之基、成事之道。习近平总书记指出，调查研究不仅是一种工作方法，而且是关系党和人民事业得失成败的大问题。司法调研是更高层次的审判工作，对进一步加强新时代人民法院调查研究工作意义重大。新时期人民法院的工作面临更多风险和挑战，加强调查研究是人民法院贯彻执行党的路线方针政策和重大决策部署、正确实施宪法法律、破解司法工作难题、创新完善司法理论、提升司法能力素质、满足人民群众多元司法需求的重要途径和手段。新时代人民法院紧紧围绕"让人民群众在每一个司法案件中感受到公平正义"的工作目标，充分发挥审判职能作用，服务保障中心工作，需要进一步推进和加强法院调查研究工作，并作为一项基础性工作常抓不懈。

近年来，北京市第一中级人民法院始终坚持以习近平新时代中国特色社会主义思想为指导，贯彻落实习近平总书记关于调查研究的重要论述，坚持"调研先行、问题导向、深入实践、服务大局"的调研理念，制定完善了以《关于加强新时代调查研究工作的若干意见》为统领的"1 +12"调研制度规范体系，创新完善工作机制，着力打造以重点课题为龙头的"六位一体"审判研究高地，有效推动和保障执法办案、司法改革、党建队建等各项重点工作取得显著成效。尤其在课题调研方面，形成了具有北京市第一中级人民法院特色的工作机制和经验做法：一是健全完善院庭长领题调研制度，院庭领导既是组织者、发动者，也是参与者、实施者，亲自部署安排、全程参与课题的开题、研讨、论证、评审等各项工作，实质性参与调研攻关。二是健全完善四级三类课题管理制度，全面加强调研课题申报立项、选题定级、开题论证、中期检查、结项验收、课题转化等工作环节，强化研究过程节点管理。三是健全完善重大课题调研实施工作机制，探索固化重大课题组成院级层面调研团队经验，扩大重大课题的牵引、辐射效果。四是创新完善专家评审工作机制，建立完善专家评审库、咨询库，细化评审规则，进一步严格评审程序，促进调研成果质量提升。五是健全完善调研课题成果转化应用机制，进一步加强调研成果的综合开发，利用多种渠道和平台，扩大调研成果高质量转化和推介，提高法院调研成果的社会影响。六是健全完善课题调研人才培养机制，建立调研人才信息库，开展常态化交流和专业化培训，积极推进高层次调研人才队伍建设。近五年来，我院共完成最高人民法院司法研究重大课题 4 项，全市法院重大调研课题 5 项，院庭两级重点调研课题 124 项，其中 20 多项调研成果荣获最高法院优秀司法研究课题、全国行政审判调研成果一等奖、全市法院优秀调研成果一等奖等多项奖项。

今年是我院建院二十五周年，我们编辑了这本《深化司法体制综合配套改革 推进审判体系和审判能力现代化——法院改革与审判实践调研文集》，收集并筛选了全院近五年的优秀调研成果，按照“司法体制改革”“审判实务研究”“法律适用问题”“制度机制创新”“法院队伍建设”等专题汇编成集，一方面全面展示北京市第一中级人民法院在推进审判执行工作、深化司法体制改革、加强队伍建设方面的创新成果；另一方面也希望可以借此机会加强与各兄弟法院之间的经验交流，起到促进人民法院审判体系和审判能力现代化的积极作用。

“路漫漫其修远兮，吾将上下而求索。”下一步我院将坚持以习近平新时代中国特色社会主义思想为指导，坚持党对人民法院工作的绝对领导，大兴调查研究之风，进一步深化推进人民法院审判研究工作，切实将审判研究作为促进法院审判权科学运行、法律适用和裁判尺度有效统一、审判理论不断创新、法院人才队伍建设的重要途径和有效手段，努力为人民法院审判体系和审判能力现代化贡献更多理论成果、制度成果和实践成果。

编　者

2020 年 3 月

目　录

上　册

第一篇　司法体制改革

第二篇　审判实务研究

下 册

第三篇 法律适用问题

第四篇　制度机制创新

第五篇　法院队伍建设

第一篇

司法体制改革

审判委员会制度改革研究*

前　言

我国的审判委员会制度肇始于20世纪30年代，形成发展于中国共产党领导的革命根据地时期，正式建立于新中国成立之后，经过长期的司法实践已经成为中国特色社会主义司法制度的重要组成部分。作为我国特有并且长期稳定存在的一项司法制度，审判委员会制度至今已有八十多年的发展历史。但是作为一项具有中国特色社会主义性质、体现党的领导、实行民主集中制的司法制度，审判委员会制度在很长的一段时期内饱受争议。尤其是20世纪90年代中后期以来，随着司法改革的逐步推进，理论界和实务界围绕审判委员会制度的争论此起彼伏。比较具有代表性的观点主要有三种：第一种观点是取消论。认为审判委员会制度违背审判规律，割裂了审理权与裁判权，“探讨问题和决定案件的程序不具有最低限度的公正性”①，因此主张予以取消。第二种观点是暂时保留论。认为“审判委员会制度，特别是基层人民法院审判委员会，在现今中国的具体国情下具有一定的合理性，审判委员会制度在现实条件下的存在是利大于弊”。② 第三种观点是改革论。这种观点不纠结于审判委员会制度的“存”“废”问题，而是主张审判委员会制度具有存在的价值，但是应当对其进行改革和完善。③

《中共中央关于全面深化改革若干重大问题的决定》明确提出，“改革审判委员会制度，完善主审法官、合议庭办案责任制，让审理者裁判、由裁判者负责”。《中共中央关于全面推进依法治国若干重大问题的决定》进一步对深化司法改革、促进公正司法、提高司法公信等作出了重要部署。党的十八届三中、四中全会指明了审判委员会制度的发展方向，也为上述争论画上了句号。但是客观地说，对于审判委员会制度存在的正当性问题，理论界及实务界并没有形成统一认识，对于审判委员会制度的质疑也并未停止，以至于关于审判委员会制度存废问题之争又在一定程度上演变成为改革思路之争。当前关于审判委员会制度应当如何改革的问题，理论界及实务界仍然存在较大的分歧。主要观点大致又可以分为以下几类：第一类观点认为，应当将审判委员会改造成为类似咨询委员会之类

---

* 课题主持人：吉罗洪，课题组成员：刘作翔、马立娜、王惠庆、胡嘉荣、伍涛、陈荣、周维平、高春乾、刘洋、许靖、钟贝、林娜，课题执笔人：伍涛，审稿人：胡嘉荣。

本课题为2014年最高人民法院审判理论重大课题。

① 陈瑞华：《正义的误区——评法院审判委员会制度》，载《北大法律评论》1998年第2期。

② 苏力：《基层法院审判委员会制度的考察及思考》，载《北大法律评论》1998年第2期。

③ 吕中亚：《关于完善审判委员会工作制度的思考》，载《法学》1996年第5期；张步文：《审判委员会制度亟待改革》，载《中国律师》1997年第10期；公丕祥：《论司法公正的价值蕴含及制度保障》，载《法商研究》1999年第5期。

的指导咨询机构，主要为合议庭或者法官提供参考性意见。[①] 这类观点主张取消审判委员会对具体案件的讨论决定功能，其实质是主张取消审判委员会的审判权。第二类观点认为，审判委员会制度本身并没有太大问题，只需要对审判委员会制度的具体制度机制进行简单的修补和完善。这类观点反对就审判委员会制度进行全面深入的改造和完善，总体上属于"形改而实不改"。第三类观点认为，审判委员会制度改革的重点在于对审判委员会的功能作用进行重新定位，将审判委员会的主要精力放在总结审判经验、宏观指导以及审判管理等方面。[②] 第四类观点认为，审判委员会制度改革重点应当放在规范审判委员会对重大、疑难、复杂案件审判权的行使，对审判委员会进行审理制改造，如在审判委员会设立大审判庭，通过让审判委员会直接审理案件从而实现"让审理者裁判、由裁判者负责"。[③] 第五类观点认为，审判委员会审理案件应当以法律审为中心，将当前审判委员会对案件全面审查，改为仅对案件的法律适用问题和最终裁判问题进行讨论。[④]

审判委员会制度改革是本轮司法改革的重要内容，是健全审判权运行机制的重要环节。审判委员会制度改革成功与否对于司法改革任务的最终完成、司法改革目标的最终实现无疑具有十分重要的价值和意义。我们认为，有必要对审判委员会制度以及审判委员会制度改革问题进行全面深入的研究，实事求是还原审判委员会制度的真实面貌，形成对审判委员会制度的全面、正确认识，在此基础上，统一审判委员会制度改革的指导思想及总体思路，进而有针对性地提出审判委员会制度改革的具体举措，从而为审判委员会制度改革提供有益的参考和借鉴。

一、关于审判委员会制度的基本认识

（一）关于审判委员会制度的历史发展研究

审判委员会制度经历了长期的发展演变过程，具有较为复杂的历史文化渊源，研究审判委员会制度改革，需要认真总结梳理其发展脉络，从而发现其蕴含的历史价值和意义。

1. 审判委员会制度的历史沿革

审判委员会制度的形成和发展大体经历了四个历史阶段，即新民主主义革命时期的萌芽阶段（1931—1949 年），审判委员会制度的形成、确立和发展阶段（1949—1956 年），"反右扩大化"开始至"文化大革命"结束审判委员会制度的曲折发展阶段（1957—1976 年），党的十一届三中全会以后审判委员会制度的重新确立和改革完善阶段（1978 年至今）。[⑤]

（1）审判委员会制度的萌芽阶段

审判委员会制度是伴随着革命战争诞生并发展起来的，其萌芽阶段贯穿了整个新民

---

① 尹忠显主编：《法院工作规律研究》，人民法院出版社 2003 年版，第 289～290 页。

② 吴仕春：《审委会制度的进与退》，载《人民法院报》2015 年 3 月 1 日，第 2 版。

③ 徐隽、王达：《聚焦审判改革终结"垂帘断案"（新观察·关注司法体制改革④）》，载《人民日报》2014 年 2 月 12 日，第 17 版。

④ 庞景玉、成延洲：《对审判委员会运作三种模式的分析》，载《人民司法》2015 年第 7 期。

⑤ 张晋藩主编：《中国司法制度史》，人民法院出版社 2004 年版；张军：《中国审判制度的发展》，载《中国法学》2008 年第 5 期；《最高人民法院建立：一段辉煌历史的记忆》，载《人民法院报》2011 年 6 月 29 日，第 4 版。

主主义革命时期。具体而言,审判委员会制度的萌芽阶段又经历了三个重要时期:

——瑞金中华苏维埃共和国临时中央政府时期

1931 年 11 月 7 日,中华苏维埃共和国临时中央政府成立,并于 1932 年颁布了中华苏维埃共和国中央执行委员会《裁判部暂行组织及裁判条例》,明确设立裁判部。1933 年颁布了《中华苏维埃共和国地方苏维埃暂行组织法(草案)》,对成立裁判委员会作了详细规定①。上述两个文件对于裁判部和裁判委员会的规定,共同勾画出我国苏维埃共和国时期地方审判工作的基本模式,即"裁判部处理案件、裁判委员会行使决定权"。我国理论界在关于审判委员会制度产生问题上的理论通说认为,此时的"裁判委员会"制度,即为我国审判委员会制度的前身。另外,除地方"裁判委员会"外,1934 年 2 月 17 日出台的《中华苏维埃共和国中央苏维埃组织法》,针对中央一级负责司法审判工作的最高法院提出了"组织委员会"的概念。据此,除地方裁判委员会外,当时最高法院内部的组织委员会,也属于审判委员会的萌芽形态。

——抗日战争及解放战争时期

1937 年 9 月 6 日,中共中央成立了陕甘宁边区政府。边区的司法制度,继续沿用苏维埃时期的司法制度,苏区于 1937 年 2 月成立的苏维埃中央司法部改为陕甘宁边区高等法院。1938 年 8 月,边区高等法院发布第 4 号通令,决定在各县(市)建立裁判委员会。到了解放战争时期,华北解放区各级政府普遍设立了司法委员会及裁判委员会,并于 1949 年 3 月统一为裁判研究委员会。②

——陕甘宁边区政府审判委员会时期

1942 年 8 月,陕甘宁边区政府以战字 446 号命令公布了《陕甘宁边区政府审判委员会组织条例》,成立了陕甘宁边区政府审判委员会,从而在我国历史上第一次提出并使用了"审判委员会"的名称。该时期的审判委员会属于我国审判委员会制度萌芽阶段的一个特殊时期,其性质属于三审终审机构。1944 年 2 月 15 日,陕甘宁边区的审判委员会被陕甘宁边区政府战字第 849 号命令正式撤销。③

(2)审判委员会制度的形成、确立和发展阶段

1949 年 12 月 20 日,中央人民政府颁布《中央人民政府最高人民法院试行组织条例》,首次规定审判委员会是具有领导审判工作职能的法院内部的审判组织,标志着我国审判委员会制度的正式形成。1950 年,第一届全国司法会议出台《人民法院组织通则》,对县、市人民法院及分庭设立审判委员会进行了规定。1951 年,《人民法院暂行组织条例》颁布,规定省、县级人民法院设审判委员会。具有现代意义的审判委员会制度被推广至全国省、县级人民法院。1954 年,新中国颁布了第一部《人民法院组织法》,首次以国家法律的形式正式确认了审判委员会制度。1955 年 3 月 10 日,最高人民法院在审判委员会第一次会议上,宣布了最高人民法院审判委员会的成立。随后,各级地方法院也相继组建

---

① 西南政法学院法制史教研室编:《中国法制史参考资料汇编》(第 3 辑),1982 年版,第 261 ~ 263 页。

② 《华北人民政府及各级司法委员会改为裁判研究委员会通令》,载西南政法学院《中国法制史参考资料汇编》(第 3 辑),1982 年版,第 524 页。

③ 刘全娥:《陕甘宁边区政府审判委员会之历史沿革》,载《云南行政学院学报》2011 年第 1 期。

了审判委员会。至此,具有现代意义的审判委员会制度在全国法院系统正式确立并得到了初步的发展。

(3)审判委员会制度曲折发展阶段

以1957年“反右扩大化”为开端,中国的司法制度开始被削弱。在此影响下,有些地方审判委员会的部分职权逐渐被诸如“院务会”等类型的机构所取代,审判委员会的功能无法正常行使,审判委员会制度停滞不前。“文化大革命”结束至1978年,人民法院得以恢复,但是审判委员会制度并未及时得到恢复和发挥作用,这期间,审判委员会原有的职能,多数是以法院党组集体讨论的形式完成的。

(4)审判委员会制度重新确立和改革完善阶段

1978年党的十一届三中全会以后,司法制度开始重新恢复和发展。1979年7月1日第五届全国人民代表大会第二次会议通过的《人民法院组织法》,对1954年《人民法院组织法》中关于审判委员会制度的规定基本予以保留。同时,该法对地方各级人民法院审判委员会委员的任免做出新的规定,并增加了审判委员会实行民主集中制的规定。至此,审判委员会制度得以重新确立和发展。此后在1983年和1986年《人民法院组织法》的修改过程中,关于审判委员会制度的规定较为稳定,基本上没有变化,审判委员会制度也因此得以在中国长期稳定存在发展至今,并且随着司法改革的深入推进到了改革完善阶段。

2. 审判委员会制度的功能演变

审判委员会制度在形成发展的过程中,其制度内涵及具体职能不断调整和变化,自诞生至今,经历了以下的演变发展阶段。

(1)讨论决定裁判的适用原则

1932年中华苏维埃共和国中央执行委员会《裁判部暂行组织及裁判条例》规定,裁判部内设裁判委员会,其为裁判部的内设组织。1933年中华苏维埃共和国《地方苏维埃暂行组织法》规定,裁判委员会的任务是讨论和建议有关司法行政、检察与审判的各种问题。同时,1933年中华苏维埃共和国司法人民委员部《对裁判机关工作的指示》规定,每个案件必须先经过裁判委员会的讨论,讨论一个判决的原则,给审判案件的负责人以判决该案件的标准,使判决上不致发生错误①。在地方司法机关设立裁判委员会的基础上,中华苏维埃将裁判委员会这一经验做法运用到了中央司法机关。1934年《中华苏维埃共和国中央苏维埃组织法》规定,在最高人民法院内部设组织委员会,讨论并决定最高人民法院职权内各项重要问题及案件。

(2)从事第一审判决

陕甘宁边区政府时期,继续沿用了中华苏维埃共和国时期的司法制度。1938年,陕甘宁边区高等法院发布第4号通令,决定在各县(市)建立裁判委员会,为基层司法机关,从事第一审判决。裁判委员会讨论与确定重大案件,其目的是集思广益,从组织上保证达

---

① 武延平、刘根菊等编:《刑事诉讼法学参考资料汇编》(第3辑),1982年版,第261~263页。

到判案正确、量刑适当和贯彻党的政策①。

(3)第三审审级职能

1942年,陕甘宁边区政府第25次政务会议通过了在边区政府设立审判委员会作为第三审司法机关的提议。根据1942年陕甘宁边区政府《审判委员会组织条例》,审判委员会的职责具体包括:受理不服高等法院第一审及第二审判决之刑事上诉案件;受理不服高等法院第二审判决之民事案件;受理行政诉讼案件;婚姻案件;死刑复核案件;法令解释。其处理案件的方式有两种:其一,由每月召开一次的委员会讨论决定,必要时可临时召集;其二,由委员长副委员长负责处理,但开会时应向全体委员报告。从职责上可以看出,该时期的审判委员会实际上承担了第三审审级的部分职能。② 同时,陕甘宁边区审判委员会还提出了检察系统与审判系统相互独立、划拨单独办公地点及经费核算、提高审判委员会受案金额标的,增设专业承审推事亲审案件等主张。虽然陕甘宁边区的审判委员会仅仅运行了不到两年时间,但是作为司法专业化的最初尝试,其对于审判委员会制度乃至中国的司法制度仍然具有一定的积极意义。

(4)处理疑难案件、指导审判政策或审判原则

1949年新中国成立后,中央人民政府颁布《最高人民法院试行组织条例》,规定最高人民法院审判委员会决议有关审判政策方针、重大案件及其他重大事项。到了1951年,《人民法院暂行组织条例》颁布。根据该条例,审判委员会处理刑事、民事等重要或疑难案件,并就司法政策或审判原则进行指导。

(5)审理案件的合议组织

为解决地方司法需求,1950年第一届全国司法会议出台《人民法院组织通则》,对县、市人民法院及分庭设立审判委员会进行了规定。从案件批准权的规定和审判情况来看,当时设立在地方人民法院及分庭的审判委员会,其职能更类似于审理案件的合议组织。

(6)三大职责任务

1954年,新中国颁布第一部《人民法院组织法》,首次以国家法律的形式确立具有中国特色的审判委员会制度,并且明确,各级人民法院设立审判委员会,任务是总结审判经验、讨论重大的或者疑难的案件和其他审判工作的问题。"文化大革命"结束后,在吸取"文化大革命"教训的基础上,第五届全国人大第二次会议通过了新的《人民法院组织法》,在继续保留审判委员会制度的同时,增加了审判委员会实行民主集中制的规定,并一直沿用至今。

3. 审判委员会制度的历史启示

作为一项中国特有的,并且在中国社会长期、稳定存在的司法制度,审判委员会制度不是一朝一夕形成的,而是经历了长期的发展演变过程。审判委员会制度的产生和发展并不是偶然的历史现象,它与中国的法律文化、政治体制、司法制度、现实需要之间具有高度的契合性和关联性,是中国社会发展、法治化进程的必然结果。首先,从某种程度上讲,

① 马锡五:《新民主主义革命阶段中陕甘宁边区的人民司法工作》,载西南政法学院《中国法制史参考资料汇编》(第3辑),1982年版,第531页。

② 刘全娥:《陕甘宁边区政府审判委员会之历史沿革》,载《云南行政学院学报》2011年第1期。

审判委员会制度是对中国古代司法制度当中“会审”制度的延续和发展，如汉朝遇有重大案件时，实行承相、御史大夫、廷尉等高级官吏共同审理，称为“杂治”；唐代时形成了三司会审制度，遇有特别重大案件，由大理寺、刑部、御史台三机构的长官大理寺卿、刑部尚书、御史中丞共同审理，即“三司推事”；至明清两代，形成了一套较为完备的会审制度，主要包括三司会审、九卿会审、秋审和朝审等。这些制度体现了重大案件通过集体研究决定的法律文化传统。其次，审判委员会制度契合了中国共产党领导下的政治体制及司法制度的客观需要，满足了我国新民主主义革命以来各个社会历史时期的司法需求。审判委员会制度在历史上，作为司法专业化萌芽的体现，既发挥过作为审判组织审理案件的功能，也发挥过作为法院内部的最高决策机构讨论决定审判工作中重大问题的功能；既发挥过指导审判工作的职能，也发挥过确立案件审判标准的职能。从审判委员会制度的职能演变情况来看，虽然审判委员会制度的具体职能在不同的历史时期有所不同，但是其主要功能应该说并未发生改变，那就是统一执行党的司法政策、法律适用标准以及案件裁判尺度。审判委员会制度的历史发展表明，审判委员会制度是植根于中国社会土壤，经过中国社会长期司法实践检验的有效经验和做法。审判委员会制度既不是法律移植的结果，也不是理论创造的结果，作为司法本土化的制度性成果，审判委员会制度是中国社会历史选择与司法实践的结果。

（二）关于审判委员会制度的现实属性研究

明确审判委员会制度具有哪些制度内涵，蕴含哪些制度属性，既是研究审判委员会制度改革问题的逻辑起点，也是得出审判委员会制度改革结论的重要前提。

1. 中国特色社会主义司法制度的重要组成部分

《人民法院组织法》明确规定，各级人民法院设立审判委员会，实行民主集中制。审判委员会的任务是总结审判经验，讨论重大的或者疑难的案件和其他有关审判工作的问题。审判委员会制度作为我国一项基本的司法制度具有丰富的制度内涵。从审判委员会制度的主体要素来看，各级人民法院设立审判委员会，地方各级人民法院审判委员会委员，由院长提请本级人民代表大会常务委员会任免。最高人民法院审判委员会委员，由最高人民法院院长提请全国人民代表大会常务委员会任免。审判委员会委员属于法官，是依法行使国家审判权的审判人员。从审判委员会制度的功能要素来看，审判委员会的任务是总结审判经验，讨论重大的或者疑难的案件和其他有关审判工作的问题。各级人民法院院长对本院已经发生法律效力的判决和裁定，如果发现在认定事实上或者在适用法律上确有错误，必须提交审判委员会处理。对于疑难、复杂、重大的案件，合议庭认为难以作出决定的，由合议庭提请院长决定提交审判委员会讨论决定。审判委员会的决定，合议庭应当执行。从审判委员会制度的规则要素来看，审判委员会实行民主集中制，并且由院长主持审判委员会会议。

审判委员会制度具有充分的制度依据。除了《人民法院组织法》以外，《法官法》、《刑事诉讼法》、《民事诉讼法》、《行政诉讼法》、最高人民法院《关于适用〈中华人民共和国刑事诉讼法〉的解释》（以下简称《刑事诉讼法司法解释》）、最高人民法院《关于适用〈中华人民共和国民事诉讼法〉的解释》（以下简称《民事诉讼法司法解释》）、最高人民法院《审判委员会工作规则》、最高人民法院《关于人民法院合议庭工作的若干规定》、《关于改革和完善人民法院审判委员会制度的实施意见》等法律、司法解释、司法文件分别对审判委员会的性质职能、人员组成、运行机制等进行了规定。经过长期的司法实践,审判委员会制度已经深深地融入人民法院的审判工作当中,成为中国特色社会主义司法制度的重要内容。

2. 委员会制度在审判领域的实际运用

审判委员会制度本质上是一种委员会制度。所谓委员会,是指可以就某些提交的事项进行调查、讨论、提出建议,或对某些事项作出决定的团体。① 最早的委员会制,亦称为合议制,是指国家的最高行政权掌握在一个合议机构手里的一种政权组织形式。在委员会制的运作下,行政组织的决策权及管理权,并不是由单一的领袖所拥有,而是平均由一定数目委员所组成的委员会共同行使。委员会的决策,通常会按协商达成一致的原则来进行。② 因此,委员会制度是一项通过设立委员会来共同商议并且集体行使权力的制度,是相对于首长负责制或者个人负责制而建立的一种权力制度。

通过设立委员会这一组织形式来统一行使国家权力,目前已经成为世界各国的通行做法。例如,美国的国会委员会、英国的议会委员会是行使国家立法权的重要组织形式;瑞士的联邦委员会作为国家的最高行政机构,代表瑞士联邦行使最高行政权;英国的枢密院司法委员会、法国的宪法委员会则是国家司法权的重要行使主体。在我国,各种委员会更是广泛存在于立法、行政、司法等各类国家机构及组织当中,成为我国国家权力运行过程中的重要组织形式。由此可见,审判委员会制度是委员会制度在审判领域的具体运用,本质上是通过委员会这一组织形式来集体行使国家审判权的一种制度。

3. 人民法院行使国家审判权的审判组织形式

审判权是国家拥有的审理和判决法律纠纷的权力。③ 根据我国的法律规定,审判委员会的职责主要包括总结审判经验,讨论重大的或者疑难的案件和其他有关审判工作的问题,对本院已经发生法律效力的、在认定事实上或者在适用法律上确有错误判决和裁定进行处理等。从我国审判委员会制度的实际运行情况来看,各级人民法院审判委员会在履职过程中事实上行使了包括案件审判、审判监督、审判管理等在内的众多审判、监督、管理职权,是代表我国人民法院行使国家审判权的重要审判主体。其中,讨论重大的或者疑难的案件是审判委员会行使国家审判权的重要形式。如根据我国《刑事诉讼法》的规定,对于疑难、复杂、重大的案件,合议庭认为难以作出决定的,由合议庭提请院长决定提交审判委员会讨论决定。审判委员会的决定,合议庭应当执行。审委会对于依法提交讨论的疑难、复杂、重大刑事案件的处理结果具有最终的司法决定权。这种决定权性质上属于诉讼案件法律后果的裁决权,属于典型的国家审判权范畴,也是审判委员会代表人民行使国家审判权的重要体现。

我国《人民法院组织法》规定,各级人民法院设立审判委员会,实行民主集中制。同时规定,人民法院审判案件,实行合议制,由审判员组成合议庭或者由审判员和人民陪审

① [英]戴维·M. 沃克:《牛津法律大辞典》,李双元等译,法律出版社2003年版,第229页。

② 《委员会制》,载《人大研究》1995年第2期。

③ 钱卫清:《法官决策论》,北京大学出版社2008年版,第13页。

员组成合议庭进行，特定情况下可以由审判员一人独任审判。根据上述法律规定可以看出，审判委员会、合议庭、独任制审判员是我国人民法院内部的法定审判组织形式，共同构成了我国人民法院内部的审判组织体系。从审判权的具体内容来看，审判委员会、合议庭、独任制审判员作为三种不同类型的审判组织，发挥不同的作用：审判委员会的任务主要是总结审判经验、讨论重大的或者疑难的案件以及其他有关审判工作的重大问题；合议庭主要负责审理一审案件、二审案件、再审案件；独任制审判员主要负责审理简单的民事案件、轻微的刑事案件和法律另有规定的案件，在实践中主要体现为适用简易程序的案件以及部分适用特别程序审理的案件。因此，审判委员会属于我国人民法院内部审判组织的特殊形式，主要负责重大的或者疑难的特殊案件以及审判工作中的重大事项和问题；合议庭属于我国人民法院内部审判组织的基本形式，主要适用普通程序审理普通案件；独任制审判员属于我国人民法院内部审判组织的补充形式，主要适用简易程序审理简单的案件。审判委员会作为代表人民法院行使审判权的重要组织形式，与合议庭、独任制审判员共同构成了我国人民法院的审判组织体系，并且在我国人民法院的审判组织体系当中发挥了重要作用。

4. 民主集中制在司法审判领域的具体体现

所谓民主集中制，是民主基础上的集中和集中指导下的民主相结合。所谓“民主基础上的集中”，就是以党内政治民主的方式来实现党的集中统一，所谓“集中指导下的民主”是指通过党的集中统一来保障和规范党内政治民主。换言之，就是要在党的组织和党的领导机关的领导下，通过党的共同意志来保障和规范党员权利的行使，从而既增强党的生机与活力，又维护党的团结统一。[①] 作为党的根本组织原则和根本组织制度以及我国国家机构运行的基本原则，民主集中制是党的建设必须坚持的基本要求，也是我国宪法的基本要求。民主集中制在我国具有特殊的地位和作用。首先，民主集中制是民主原则在党的组织原则和组织制度上的体现和保障。其次，民主集中制是保证党内团结、实现党内集中统一的重要途径。再次，民主集中制是贯彻党内集体领导、分工负责原则的重要保障。最后，民主集中制是党内的重要决策机制和议事规则。根据民主集中制的要求，党组织讨论决定问题，必须执行少数服从多数的原则。

作为国家的司法审判机关，人民法院实行民主集中制主要通过审判委员会等组织形式来实现，具体体现在：事关人民法院审判工作中的重大问题要由审判委员会集体研究决定；审判委员会在讨论审判工作中的重大事项时，采取合议制的方式，全体审判委员会委员均可以自由平等地发表意见和主张；审判委员会在决定审判工作中的重大事项时，采取票决制的方式，审判委员会委员一人一票，讨论事项根据票决的结果决定，坚持少数服从多数的原则；等等。审判委员会实行民主集中制的意义在于：首先，民主集中制本质上属于民主制度，而审判委员会实行民主集中制，意味着审判委员会制度是人民法院内部实现司法民主的重要制度形式。审判委员会制度设立的目的就是要通过强化法官的主体地位，最大限度地保障审判委员会成员的民主权利，从而发扬司法民主，防止个人独断专行。

---

① 武三中：《变革时代民主集中制问题研究——兼论作为制度系统的民主集中制》，新华出版社 2010 年版，第 67 ~ 79 页。

其次,审判委员会实行民主集中制,要求审判委员会实行集体领导,集体负责。因此民主集中制作为人民法院内部的一种有效的管理方式,是人民法院实现自我管理、分级管理的重要途径和手段。再次,审判委员会实行民主集中制,要求审判委员会实行少数服从多数的原则,并且采取投票表决的议事规则。因此,审判委员会制度也成为人民法院对重大问题和事项进行决策的重要机制。最后,由于各级人民法院审判委员会均实行民主集中制,在人民法院的审判组织体系当中具有特殊性,因此也决定了各级人民法院的审判委员会是区别于其他审判组织的特殊审判组织形式。

5. 党领导司法审判工作的重要载体

党的十八届四中全会指出,党的领导是中国特色社会主义最本质的特征,是社会主义法治最根本的保证。把党的领导贯彻到依法治国的全过程和各方面,是我国社会主义法治建设的一条基本经验。从历史发展过程来看,审判委员会制度萌芽于中国共产党领导的新民主主义革命时期,历经抗日战争、解放战争等重要革命时期。在这一特殊的历史时期,司法权是革命政权的重要组成部分,司法制度建设是革命根据地政权建设的重要内容,在我国政权并不稳定的情况下,司法制度建设无条件地服从、服务于新民主主义革命任务的需要,这既是司法工作的指导思想,也是司法工作的职能所在。从现实情况来看,在经过了长期的革命战争时期以及解放初期的社会主义革命时期,中国共产党领导的人民民主专政的社会主义国家政权已经得到了彻底的稳固。党领导司法审判工作的目的也由革命战争时期的稳固政权转变成为推动依法治国、依法执政,全面建设社会主义法治国家。

根据现有的法律及制度规定,人民法院内部体现和贯彻党的领导的组织形式主要有两个,一是党组会,是法院的最高决策机构,主要发挥领导核心作用;二是审判委员会,是法院内最高审判组织和审判工作最重要的议事机构,主要讨论决定或审理重大疑难复杂案件,以及审议审判工作重要事项。作为党领导司法审判工作的重要组织形式,审判委员会制度在运行过程中主要是坚持党的政治领导、思想领导和组织领导,通过在审判工作中坚持党的思想路线、贯彻党的政治方针、执行党的司法政策、践行党的根本宗旨、落实党的组织原则来实现党的领导,从而保证司法审判工作正确的政治方向。

(三)关于审判委员会制度的主要功能研究

1. 统一法律适用是人民法院审判工作的必然要求

审判权是国家判断权,因此,审判权的统一行使,是审判权的必然要求①。从审判权的权能角度讲,审判权主要包括事实认定权和法律适用权。其中法律适用的统一是审判权统一行使的核心要求,也是审判权统一行使的重要体现。所谓统一法律适用,是指人民法院在行使审判权的过程当中,在严格遵守法律规定的基础上,按照统一的法律适用标准及案件裁判尺度将抽象法律规定具体运用到具体的案件处理当中,做到"类似案件类似判决"。统一法律适用是人民法院行使国家审判权的必然要求,也是人民法院司法公信力的重要保障。法律适用不统一不仅会减损人民法院的司法公信力,而且还会严重影响国家的法治化建设。

---

① 杨春福:《法理学——法的历史、理论与运行》,南京大学出版社2000年版,第30页。

但是"基于法律规则的抽象性、滞后性及法官思维方式的差异性,法律适用的统一问题始终是成文法国家增强法律的确定性和公信力、有效实现司法公正的重大阻滞"。① 我国作为单一制国家,由于地域辽阔、人口众多、经济发展不均衡、区域差别明显、民族多样性突出、法治状况长期处于落后水平等众多原因,统一法律适用问题一直以来是困扰人民法院审判工作的重大难题。在司法实践中,基于现实的复杂性,人民法院刑事审判庭与民事审判庭之间,民事审判庭与商事审判庭之间,普通审判庭与专业化审判庭之间,上下级法院不同审判组织之间乃至不同法院之间法律适用不统一的情况时有发生,由此可以说明统一法律适用并不是有了法律规定就自然而然一定能够实现,这也从实践的角度证明了当前人民法院统一法律适用的必要性。

下面以课题组所在法院及辖区法院的相关案例以及审判实践中的相关做法举例说明。

例 1:刑事审判庭与民事审判庭之间

A 公司与 B 公司存在一项业务往来,该业务由 A 公司业务员甲持有该公司公章负责与 B 公司交涉。后甲从 A 公司离职,A 公司未通知 B 公司且未从甲处取回公章,甲亦未主动交回公章。后甲持有该公章,声称代表 A 公司与 B 公司签订债权转让协议,将 A 公司对 B 公司的一项债权转让给 C 公司(甲为 C 公司的实际控制人),后 B 公司将款项返还给 C 公司,甲再从 C 公司获取该利益。检察院以甲犯诈骗罪诉至法院,在确定被害人问题上,刑事法官与民事法官产生了分歧。刑事法官认为,本案的合同关系是虚假的合同关系,故应以当时的主观故意和行为的对象方作为被害人,该利益应当返还给 B 公司。民事法官则认为,该行为系表见代理,系"本人以某种可归责的方式产生了这种权利外观",故 B 公司属于正常履行债务,甲行为侵害的是 A 公司的债权,该利益应当返还给 A 公司。②

例 2:民事审判庭与商事审判庭之间

原告起诉被告借贷合同纠纷,在原告没有充分证据证明原告和被告之间存在借贷合同关系或者法院经审理查明原告和被告之间并非借贷合同关系而属于其他法律关系时,经法院释明如果原告不同意变更其诉讼请求的情况下,民事审判庭有可能继续审理并且实体判决处理,而商事审判庭则有可能采取裁定驳回起诉的处理方式。

例 3:普通审判庭与专业化审判庭之间

被告人甲(已满 18 岁)、乙(未满 18 岁)等人因在 KTV 唱歌过程中发生争执并纠结他人聚众斗殴。根据新《刑事诉讼法》的规定,甲、乙的案件分别由普通刑事庭和未成年人审判庭审理。由于甲乙是对殴且分案审理,两个庭室的 2 名承办法官对事实认定、量刑幅度均存在争议,拟作出的判决中甚至出现甲、乙刑期一致的情况,既未体现出同一法院裁判尺度的统一,亦未体现出对未成年人的量刑宽宥。③

---

① 孙海龙:《法官职业思维对统一法律适用的作用》,载《人民司法》2007 年第 15 期。

② 鲁为等:《论"审判权统一行使"在基层法院的实现路径——以基层法院审判委员会的微观运行为视角》,载《法律适用》2014 年第 1 期。

③ 鲁为等:《论"审判权统一行使"在基层法院的实现路径——以基层法院审判委员会的微观运行为视角》,载《法律适用》2014 年第 1 期。

例 4:上下级法院的不同审判组织之间

被告人甲交通肇事一案,一审判决因未将保险公司列为刑事附带民事诉讼被告人而被发回重审。时隔半年,被告人乙交通肇事一案中,一审法院根据前案中二审法院的意见将保险公司列为刑事附带民事诉讼被告人,但在上诉审中,二审法院又认为不宜直接将保险公司作为刑事附带民事诉讼被告人,并将案件发回重审。①

例 5:不同法院之间

如在劳动争议案件当中,涉及劳动者起诉用人单位主张报销供暖费的诉讼请求时,有的法院的处理方式是将报销供暖费的诉讼请求与其他诉讼请求一并处理并作出实体判决,有的法院的处理方式则是以不属于劳动争议案件受理范围裁定驳回当事人的起诉。又例如在劳动者年休假工资的补偿问题上,有的法院以 2 年为限支持劳动者关于补偿年休假工资的诉讼请求,有的法院则不以 2 年为限。

2. 审判委员会是承担统一法律适用功能的重要主体

我国在司法制度上实行四级两审终审制,全国法院除了最高人民法院以外,还有数十个高级法院、数百个中级法院以及数千个基层法院。司法实践中,全国绝大多数案件均在中级法院或者高级法院实现终审,而无须通过最高人民法院进行审理。在这种情况下,如何能够保证全国法院司法标准及裁判尺度的有效统一,无疑是人民法院需要面对和解决的重大理论及实践问题。要在全国法院范围内解决法律适用及裁判尺度的统一问题,仅仅依靠法官个人的力量显然是无法实现的,因此客观上必须在全国法院范围内建立一套行之有效的统一法律适用机制。从目前司法实践的情况来看,人民法院统一法律适用机制主要包括制定司法解释、指导性意见以及规范性文件等,发布指导案例、参阅案例、典型案例等以及人民法院内部的审级监督制度和审判监督制度等。

课题组认为,在人民法院的统一法律适用机制当中,审判委员会制度发挥着不可替代的重要作用。这主要是由审判委员会在人民法院审判组织体系当中的特殊地位所决定的。首先,审判委员会具有最高的审判权威。审判委员会委员通常由人民法院当中理论水平最高、审判经验最丰富的资深法官担任,因此审判委员会应当具有最出色的审判能力和最高超的司法智慧,审判委员会统一法律适用的决定往往能够得到广泛的信服。其次,审判委员会是人民法院内部唯一常设性的审判组织。相对于其他临时组成的审判组织,审委会在人民法院内部的审判组织体系当中发挥着重要的核心作用,这也是人民法院内部其他审判组织所无法发挥的重要作用。最后,审委会对人民法院审判工作中的重大事项拥有决定权。这既包括审委会对人民法院审理的疑难、复杂、重大案件的处理结果具有决定权,也包括审委会对人民法院审判工作中的其他重大事项具有决定权,如司法解释的制定、司法文件的出台、指导性案例的发布、审判监督权和管理权的行使等。因此,在事关人民法院统一法律适用的重大问题上,审判委员会最有资格、最有能力也最有权威代表人民法院履行相关职责。

---

① 鲁为等:《论"审判权统一行使"在基层法院的实现路径——以基层法院审判委员会的微观运行为视角》,载《法律适用》2014 年第 1 期。

3. 审判委员会统一法律适用的具体体现

事实上，人民法院的审判委员会一直以来都在统一法律适用方面发挥着重要作用。从审判委员会制度的历史发展过程来看，其作用无论是“讨论一个判决的原则，给审判案件的负责人以判决该案件的标准，使判决上不致发生错误”①，还是“集思广益，从组织上保证达到判案正确、量刑适当和贯彻党的政策”②；无论是“受理第三审案件”③，还是“决议有关审判政策方针、重大案件及其他重大事项”④、“为政策上或审判原则上的指导”⑤，其主要的功能和作用都在于统一执行党的司法政策及相关法律法规的规定。从审判委员会制度的现实职责任务来看，无论是总结审判经验，讨论重大、疑难的案件，还是讨论决定审判工作中的其他重大事项，其基本功能都是促进和保障法律统一适用。

总结审判经验是人民法院统一法律适用的重要方式。所谓审判经验，是指法官经过长期的审判实践而形成的有关审判活动的一种理性认识，不仅包括对法条的理解与处理方式，还包括类型化案件的处理规则以及审判工作当中的具体做法。在成文法国家，审判经验对于弥补成文法规则的局限性、统一法官的裁判尺度具有特殊意义。相对于独任制法官或者合议庭，审判委员会总结审判经验更加具有权威性，因而具有可推广性。

讨论重大的或者疑难的案件是目前各级人民法院审判委员会发挥职能作用的主要方式，也是人民法院有效统一法律适用的重要途径。从审判委员会讨论案件的类型来看，包括了死刑案件、检察院抗诉案件、决定提起再审案件等特定案件类型。这些案件在司法政策的把握、法律的适用、裁判尺度的统一等方面往往具有特殊的要求，客观上需要审判委员会通过集体研究的方式来讨论决定。从审判委员会讨论案件的结果来看，审判委员会的处理意见不但对承办案件的合议庭具有约束力，对于本院其他审判组织乃至辖区法院都具有一定的指导效力。因此，审判委员会讨论决定特定类型的案件其主要作用也是在于统一法律适用。

监督、管理审判工作是人民法院审判委员会的一项重要职能，也是统一法律适用的必然要求。法律适用问题涉及司法程序、证据规则、法律解释方法的运用以及自由裁量权的行使等。审判委员会监督、管理审判工作就是要从规范上述规则及方法的运用入手，有效规范审判组织及审判人员的法律适用行为，从而达到法律适用结果的有效统一。

（四）关于审判委员会制度的域外比较研究

审判委员会制度是我国一项特有的司法制度，从这个意义上讲，域外司法实践当中并没有可以直接比较的对象。但是这并不影响我们从功能主义的角度出发，研究域外司法实践当中与我国审判委员会功能相类似的有关制度的功能构建形式及其实现方式，从而为审判委员会制度研究提供参考和借鉴。

---

① 武延平、刘根菊等编：《刑事诉讼法学参考资料汇编》（第3辑），1982年版，第261～263页。

② 马锡五：《新民主主义革命阶段中陕甘宁边区的人民司法工作》，载西南政法学院《中国法制史参考资料汇编》（第3辑），1982年版，第531页。

③ 刘全娥：《陕甘宁边区政府审判委员会之历史沿革》，载《云南行政学院学报》2011年第1期。

④ 《最高人民法院试行组织条例》（1949年）。

⑤ 《人民法院暂行条例》（1951年）。

1. 域外司法实践中的相关制度

(1)美国——满席庭审

满席庭审是美国上诉审法院适用的一种审判制度,系由法院内比普通三人合议庭人数更多的法官(一般是5人或7人)出庭审理某一案件,亦称大法庭审理,或全院联席审理。[①] 具体而言,在联邦法院系统内联邦最高法院、联邦巡回上诉法院适用满席庭审制度;在州法院系统内,州最高法院和州上诉法院适用满席庭审制度。虽然美国联邦法院和州法院对于满席庭审的规定不尽相同,但这项制度所承载的功能较为集中地体现在对疑难、复杂案件的审理上,这也与我国的审判委员会制度讨论决定重大、疑难、复杂案件的功能非常相似。

(2)德国——联邦最高法院联合审判庭及大审判庭

德国联邦最高法院由普通法院管辖权、行政法院管辖权、财税法院管辖权、劳动法院管辖权和社会法院管辖权等5个分支的最高法院构成。为了解决这5个分支最高法院之间的判决冲突以及5个分支最高法院内部不同审判庭之间的判决冲突问题,德国专门设立了德国联邦法庭,并且在5个联邦最高法院内部分别设立了联合审判庭及大审判庭。如联邦普通最高法院大审判庭分别在民事和刑事方面各设置一个大审判庭,分别由联邦普通最高法院的院长及各审判庭的成员组成。[②] 当联邦最高法院内部可能出现法律意见偏离或者待决法律问题具有重大意义时,审判庭应当将该法律问题提交大审判庭决定。大审判庭限于决定法律问题,并以裁定的方式作出大审判庭的决定。大审判庭的裁定对于提出申请的审判庭在所提交事项上具有约束力,这与我国审判委员会制度中审判委员会做出的决定,合议庭应当执行具有一定的相似性。

(3)法国——最高法院的特别审判庭

法国最高法院除了常设6个普通审判庭(1个刑事审判庭和5个民事审判庭)和临时审判庭以外,还设置了特别审判庭,包括两类,一是院审判合议庭,二是混合庭。特别审判庭由首席院长或相关庭资格最老的庭长主持。院审判合议庭由各庭庭长、首席法官及一名普通法官组成,共计19人。由院长或受案法庭决定是否需要组成院审判合议庭审理案件。在混合庭中,除了院长或其代表以外,由每个法庭派出4名法官(庭长、首席法官与两名普通法官)组成。[③] 法国最高法院的特别审判庭与普通审判庭之间的关系,类似于我国审判委员会与普通合议庭之间的关系。

(4)日本——最高法院的大法庭

在日本最高法院,审判组织包括大法庭或"全员合议庭"以及小法庭两种形式。大法庭由所有15名大法官组成,对于重要案件,尤其宪法直接规定为最高法院权限的违宪决定判决,由大法庭作出。小法庭由5名大法官组成,经大法庭授权,审理其他案件。[④] 在

---

① En banc,https://en.wikipedia.org/wiki/En_banc,2014年11月1日最后访问。

② 邵建东、李芬:《德国联邦最高法院的历史、组织及任务》,载《清华法学》(第7辑),清华大学出版社2006年版,第104~117页;http://www.bundesgerichtshof.de/DE/BGH/AufgabeOrganisation/Organisationsplan/organisationsplan_node.html,2014年11月2日最后访问。

③ 刘新魁、张凝:《法国最高法院的机构设置与职能》,载《法律适用》2003年第12期。

④ 冷罗生:《日本现代审判制度》,中国政法大学出版社2003年版,第76~77页。

司法实践中，案件以大法庭形式审理还是以小法庭形式审理，通常要根据最高法院的决定。但在下列情形下必须由大法庭审理：①根据当事人的主张，判断法律、法令、命令、规则或行政行为是否符合宪法的情形；②认定法律、法令、命令、规则或行政行为违反宪法的情形；③关于宪法以及其他法律、法令等的解释、适用或变更最高法院判例的情形。另外，根据日本《最高法院审判事务处理规则》，一般案件应首先由小法庭审理。除了上述三种情形以外，如果小法庭经审理认为应由大法庭审理时，小法庭的审判长应当通知大法庭的审判长，从而再由大法庭审判。这与我国审判委员会制度中，普通合议庭将疑难复杂案件提交至审判委员会讨论决定的审判组织的变化过程有一定相似性。

（5）中国台湾地区——司法院的大法官会议

司法院是我国台湾地区最高司法机关，设大法官 15 人。[①] 根据我国台湾地区“宪法”第 78 条及其增修条文第 5 条第 1 项、第 4 项可知，“大法官会议”的职权有 4 项：①组成宪法法庭审理政党违宪之解散事项，②组成宪法法庭审理“总统”“副总统”之弹劾，③解释宪法，④统一解释法律及命令。由此可见，司法院主要通过“大法官会议”制度履行其审判职能和宏观指导职能，这与审判委员会制度的职能也有一定相似之处。

2. 域外司法实践中有关制度的共同特点

（1）从审理的案件类型来看，绝大多数案件都是重大、疑难、复杂的特殊案件。如美国上诉审法院的满席庭审通常适用于死刑案件，合议庭意见不一致、与判决先例相悖等具有重大争议、事关司法判例前后统一的案件，涉及重大特殊事项的案件，以及当事人不服本院普通三人合议庭审理的案件结果而提出异议要求本院再次审理的案件。[②] 德国联邦最高法院大审判庭通常决定法院内部可能出现法律意见偏离或者待决事项具有重大意义的法律问题。即某一审判庭在审理案件的过程中针对案件所涉及的具体法律问题欲作出与其他审判庭以往判决发生偏离的判决时或者争议的法律问题具有原则性意义、有助于法律的向前发展或促进法律统一时，通常需要由大审判庭作出最终决定。[③] 法国最高法院的院审判合议庭通常适用于案件涉及法律原则问题或者适用于原审判决已被撤销，重审后的新判决仍基于同样的理由被申诉的情形；而法国最高法院混合庭通常适用于正常情况下出现了同时涉及几个法庭管辖内的问题，或者所涉的不同法庭已经或可能得出不同的判决结果的情形。[④] 日本最高法院大法庭的审理范围主要包括：根据当事人的主张，判断法律、法令、命令、规则或行政行为是否符合宪法的情形；在认定法律、法令、命令、规则或行政行为违反宪法的情形；关于宪法以及其他法律、法令等的解释、适用或变更最高法院判例的情形。[⑤]

---

① 中国台湾网：http://www.taiwan.cn/twrwk/twdq/xgjg/200601/t20060116_558.htm，2014 年 11 月 6 日最后访问。

② Federal Rules of Appellate Procedure，https://www.law.cornell.edu/rules/frap/rule_35，2014 年 11 月 3 日最后访问；Delaware Supreme Court Internal Operating Procedures，http://courts.delaware.gov/Rules/? iops.pdf，2014 年 11 月 4 日最后访问。

③ 卢佩：《司法如何统一——以联邦最高法院判例为实证研究对象》，载《当代法学》2014 年第 6 期。

④ 刘新魁、张凝：《法国最高法院的机构设置与职能》，载《法律适用》2003 年第 12 期。

⑤ 冷罗生：《日本现代审判制度》，中国政法大学出版社 2003 年版，第 76～77 页。

(2)从审判组织形式来看,都成立了区别于普通审判庭的专门审判组织。与我国法院内部同时设置独任法官、普通合议庭、审判委员会等不同审判组织相类似,大部分研究样本在法院内部也设置了多种审判组织,并在内部关系上与其他审判组织并存。比如,美国法院的联邦上诉巡回法院与各州上诉法院均设置了满席庭审与若干普通合议庭。在德国联邦普通最高法院,除了设立12个民事审判庭以及5个刑事审判庭之外,还设置了民事大审判庭、刑事大审判庭以及民事刑事联合大审判庭。在法国最高法院,除了设置刑事审判庭、第一民事审判庭、第二民事审判庭、第三民事审判庭、商事和金融审判庭及社会审判法庭等6个审判庭外,还设置了院审判合议庭与混合合议庭等特别合议庭。在日本最高法院,有5名法官组成的3个小法庭与全体15名大法官组成的1个大法庭并行。并且研究发现,在这些研究样本当中,专门的审判组织与其他普通审判组织之间并非完全平等的关系,他们无论是在审判权限的划分还是在审判程序的设置上都呈现出明显的区别,具有一定的特殊性。

(3)从审理范围上看,绝大多数案件都是审理法律适用和法律解释问题。域外法院中类似我国审判委员会制度司法审判功能的这类审判组织,基本上不对案件进行全案审理,而是仅限于就法律适用问题或法律解释问题进行审理。无论是美国的满席庭审,德国联邦最高法院的大审判庭,法国最高法院的院审判合议庭、混合庭,还是日本最高法院的大法庭,都只对案件的法律适用问题进行审理,基本上都不涉及案件的事实认定问题。

(4)从功能作用的角度看,主要发挥维护司法统一的价值和作用。通过对域外司法实践的梳理和比较,可以发现,满席庭审、大审判庭、特别审判庭、大法庭以及大法官会议等这些审判组织形式,无论是审理重大、疑难案件,还是决定重大法律问题,以及解释宪法、法律和命令,其根本目的都在于统一法院内部不同审判庭之间的法律适用,解决不同审判庭之间可能出现的裁判冲突,尽可能地避免法院内部出现同案不同判的现象,从而有效维护司法的统一和权威。

3. 域外司法实践的借鉴和启示

通过对域外司法实践的比较研究,我们发现域外司法实践对疑难、复杂案件设置了特定的审判组织,并体现了一条重要的司法原则,那就是通过特殊审判组织审理特殊案件的方式,避免法院内部不同审判庭之间可能出现的裁判冲突,从而有效地维护法院内部法律适用以及裁判尺度的统一。

从我国审判委员会审判权的行使情况来看,其讨论的案件类型主要都是一些重大的或者疑难的案件,具体包括:本院已经发生法律效力的判决、裁定确有错误需要再审的案件;同级人民检察院依照审判监督程序提出抗诉的刑事案件;拟判处死刑立即执行的案件;拟在法定刑以下判处刑罚或者免于刑事处罚的案件;拟宣告被告人无罪的案件;拟就法律适用问题向上级人民法院请示的案件;认为案情重大、复杂,需要报请移送上级人民法院审理的案件;等等。这些案件之所以重大或者疑难,根本原因也在于相关案件的司法政策以及法律适用需要统一。因此,审判委员会讨论重大的或者疑难的案件的做法体现了特殊案件由特殊审判组织审理的基本原则以及法院内部统一法律适用的基本要求,符合域外司法实践的一般规律和经验。这也是审判委员会制度与域外司法制度的共同之处。

审判委员会制度与域外司法实践中相关制度的区别主要体现在案件的审理对象,即审理事实认定问题还是审理法律适用问题,以及案件的审理方式,即通过讨论的方式进行还是通过审理的方式进行等。而这些问题正是审判委员会制度改革过程中需要重点考虑的内容,域外的司法实践无疑可以为审判委员会制度改革提供有益的参考和借鉴。

二、审判委员会制度运行的基本情况及关于制度存废问题的理性思考

(一)审判委员会制度在运行过程中发挥的主要作用

从审判委员会制度的运行情况来看,审判委员会制度承担了包括总结审判经验,讨论重大、疑难的案件,监督、指导、管理审判工作等在内的诸多职能。事实证明,审判委员会制度的有效运行对于人民法院统一法律适用、提升法律适用水平、保证重大案件审判质量、促进审判权统一行使、保障司法权威抵御不当干预、加强审判监督防止司法腐败、提高人民法院的司法公信力等具有十分重要的意义。① 以北京市第一中级人民法院为例,审判委员会制度通过总结审判经验、讨论重大的或者疑难的案件、审议全院规范性文件、监督管理审判工作等方式对于统一本院的裁判标准和尺度发挥了积极的作用(见表1)。

表1 北京市第一中级人民法院审判委员会履职情况(2012—2015年)

年份	议案总数(件)	审委会召开会议次数(次)	讨论决定重大疑难复杂案件数量(件)	决定提起再审案件数量(件)	审议全院规范性文件数量(件)	研究确定、审核验收院庭两级重点课题数量(件)	任命审判人员数量(件)
2012	116	21	112	8	4	12	73
2013	97	27	87	8	5	14	62
2014	61	14	54	20	1	16	19
2015	42	14	35	8	2	15	15

1. 通过总结审判经验统一法律适用

尽管中国特色社会主义法律体系已经形成,但由于不同地区发展不平衡、案件自身的复杂性和多样性导致不同法官对同一或类似案件存在不同的判断。统一法律适用是司法审判的必然要求,但要实现类似案件类似处理的原则,需要具有权威性的审判委员会对类型化案件、新类型案件及法律规定不明确等案件进行总结,以典型案例或指导性意见的方式固化经验成果,最大限度地减少法律适用上可能出现的不当偏差。基于审判委员会的特殊地位,通过其总结并发布的审判经验,具有较高的权威性,能够确保得到有效贯彻。审判委员会总结提炼新的审判经验与审判规律,能够确立裁判规则,统一裁判尺度,在制度规定和判决结论之间提供一种更为明晰有效的中间机制。

在实践过程中,各级法院总结审判经验最主要体现在两个方面:一是总结类型化案件

① 苏力:《基层法院审判委员会制度的考察及思考》,载《北大法律评论》1998年第2期;裴大明:《品质延续历史——海事法院审判委员会制度的功能结构》,载《法律适用》2010年第5期。

的法律适用问题。对类型化案件的证据认定、审判思路或法律适用总结研究，根据审判实践情况加以提炼，形成统一的审判指导意见，作为处理类型化案件的审理标准和参照依据，是审判委员会总结审判工作经验的重要形式。二是审议、发布指导性、参考性或者典型性案例。对于各审判领域中的优秀案例，尤其是能够总结提炼裁判规则的案例，审判委员会在集中审议后予以发布，作为本院或辖区法院今后类案审判的参考或借鉴，从而规范类案的裁判尺度。

在总结审判经验方面，层级越高法院的审判委员会应该说更具权威性，事实上也发挥了更为重要的作用和功能。例如，最高人民法院自 2008 年以来，经审判委员会讨论决定，共发布司法解释 149 件、指导意见 160 件，废止司法解释、规范性文件 1273 件。同时，2013—2014 年经审判委员会讨论决定共发布指导案例 36 个，典型案例 189 个。① 北京市高级人民法院自 2008 年以来，经审判委员会讨论决定共发布参阅案例 20 个、典型案例 389 个，针对 42 个疑难法律问题发布配套文件 12 件，对历年制定的 801 件规范性文件进行了全面清理，确定有效文件 239 件，部分有效 26 件。② 而在中基层人民法院，总结审判经验的形式则主要体现为：审判委员会通过讨论案件发现审判规律，对某些共性问题的处理方法或对某类案件的法律适用问题形成较为统一的认识，并以会议纪要等形式固定下来发至全院乃至辖区法院执行；通过对二审发回重审、改判和再审案件的评查和错案复议，分析原因并提出自查、整改建议，发挥对类案的指引作用；拓展审委会经验总结功能的影响范围，通过总结提升审判质效、提高司法能力等方面的先进经验和方法，如提高审判质量考核管理体系指标排名、完善诉讼与非诉讼纠纷解决对接机制等先进经验，以会议纪要的形式公布，在本院之外实现更大范围的裁判尺度统一，规范审判权的运行。③

通过梳理和分析，我们发现审判委员会总结审判经验的现实作用主要表现为：一是对社会运行或法律实施过程中新出现的问题进行总结并提出指导性意见。从最高人民法院、市高级人民法院发布的文件内容来看，大致可以分为几类：社会问题与司法问题交叉类，类罪案件的定罪量刑标准统一，类案的法律适用问题，产生社会重大影响的类案处理，新兴案件的处理办法，程序问题的规范和细化，法律政策落实的具体意见等。二是对法律实施后的制度规定进行配套补充。此类文件制定的时间一般是在人大发布新的法律前后，最高人民法院及各地高级人民法院均需及时以司法解释或具体操作细则的方式制定法律实施后的配套运行机制，对新法进行对接、细化，从而尽可能避免因新旧立法交替带来的衔接不畅问题，保障法律制度的平稳实施。三是通过具体案件对类案的审判思路以及裁判标准进行规范和统一。如通过发布指导案例、参阅案例以及典型案例，归纳总结具体案件当中的裁判规则，明确审判要求，从而为其他类似案件的审理提供裁判依据或者参考借鉴。

---

① 最高人民法院工作报告(2013 年、2014 年、2015 年)。

② 北京市高级人民法院工作报告(2013 年、2014 年、2015 年)。

③ 鲁为等:《论“审判权统一行使”在基层法院的实现路径——以基层法院审判委员会的微观运行为视角》,载《法律适用》2014 年第 1 期。

2. 通过讨论重大疑难复杂案件统一法律适用

在中国的现实国情下，审判委员会讨论案件对于统一法律适用具有重要意义。

首先，因为目前法官整体能力素质距离完全的司法责任制的要求还有一定的距离。课题组的问卷调查结果显示，审判委员会讨论案件的职能在现阶段仍具有较高的社会认同度。如在被问及“您认为在当前的国情下，审判委员会制度是否具有存在的合理性”问题时，有63.04%的法官回答是“应该存在”；在接受访问的律师中，认为审判委员会制度“应该存在”的律师比例为59.65%。就法官的任职期限（从被任命为助理审判员开始起算）与学历而言，在接受问卷调查的法官中，高级人民法院的法官任职时间最长，全部为任职5年以上；基层人民法院有12.35%的法官任职时间不足1年，有35.8%的法官任职时间为1～5年；中级人民法院有9.52%的法官任职时间不足1年，有38.1%的法官任职时间为1～5年。同样，在法官的学历层次上，高级人民法院的法官学历层次要普遍高于中级人民法院及基层人民法院。在被问及“您认为您所在合议庭能否处理重大疑难案件”时，基层人民法院、中级人民法院及高级人民法院的法官回答“完全可以”的比例分别是37.04%、54.76%及86.67%。在法官任职年限过短、年龄结构普遍偏轻、专业化程度不高的情况下，审判委员会讨论案件的价值和作用就更为突出和重要。

其次，法院受理案件的难度与特点所决定。在不同法院，案件具有不同的特点与难度，对于确属重大、疑难、复杂案件，审判委员会所能够发挥的作用是其他普通合议庭所无法替代的。如关于死刑案件的讨论，涉及刑事司法政策的统一把握问题，涉及少杀慎杀原则的统一实施问题，事关重大，必须慎之又慎。又如类案裁判尺度的变化与差异问题。同案同判、类似案件类似裁判，是法院内部统一裁判的基本要求，也是为社会公众提供裁判预期的必然要求。但在涉及法律适用边缘与模糊地带时，不同法院之间、同一法院不同审判部门之间的裁判尺度不一、裁判思路差异等现象广为存在，导致裁判结果存在较大差异。审判委员会汇集不同审判领域内的精英法官，就类案充分讨论，可以起到统一法律适用标准的功能，最大限度地避免或减少同案不同判问题的发生。

最后，有利于提高公众对司法的信任程度。从目前司法实践情况来看，司法审判功能即讨论决定个案的功能，是人民法院尤其是中级和基层人民法院审判委员会的主要工作。审判委员会对重大或疑难案件进行个案讨论后作出的决定，往往既需要考虑到法律适用问题，也要兼顾审判的社会效果，在大多数情况下，审判委员会的决定都能够较为全面地反映当事人和公众的诉求，案件的处理结果也能较好地被当事人接受，从而提高公众对裁判结果的信服程度，更好地促进案结事了。通过调研发现，凡是经过审判委员会讨论的案件，案件的差错率以及当事人信访投诉率均低于其他案件，这也从一个方面说明审判委员会讨论案件的价值和作用。

以北京法院2013—2015年为例，北京市高级人民法院审判委员会三年来平均讨论案件数量为107.3件，占全部审判委员会讨论议题的97%；北京市第一中级人民法院审判委员会三年来平均讨论案件数量为91件，占全部审判委员会讨论议题的95%；北京市海淀区人民法院审判委员会三年来平均讨论案件数量为139.3件，占全部审判委员会讨论议题的95%;北京市延庆县[①]人民法院审判委员会三年来平均讨论案件数量为190件,占全部审判委员会讨论议题的98%。

3.通过开展审判管理统一法律适用

当前形势下由审判委员会履行审判管理职责,其必要性主要体现为以下几个方面:首先,凡是权力都需要受到监督和制约,审判权也不例外。而统一法律适用正是对审判权的有效监督和制约。"审判活动虽有其特殊性,但这种特殊性只决定了管理模式和方法的特殊性,并不意味着审判活动无需管理。"[②]有效的监督对于防止审判权的滥用,杜绝司法专断与枉法裁判的发生具有重要意义。而由审判委员会来对法院内部的审判活动进行监督、管理,无疑具有法理上的正当性与合理性。其次,审判管理是法院组织机构有效运转的重要保证。人民法院作为实现社会治理的重要机构之一,其依法独立公正审判案件离不开有效的组织管理。人民法院内部一直以来采取的分庭管理的传统模式,导致的一个重大后果就是法院组织结构的复杂化。而作为社会纠纷、冲突的"回应—治理"机构,法院复杂的组织结构设计在很大程度上又是对社会矛盾纠纷日益复杂化的回应和体现。由于法院内设庭室增多,内部成员人数剧增,出现了减少信息费用和进行内部管理两个方面的需要。[③] 而与此同时,为了应对"案多人少"的压力,法院编制规模不断扩大,也导致了法官呈现分层特点。法官人数的增加、年龄结构的多层次及审判业务能力的差异,导致法院内的审判水平参差不齐。在这种情况下,审判委员会的监督管理就显得尤为必要了。最后,审判委员会管理审判工作是有效推动审判工作进程的重要手段。法院的审判工作在具体推进过程中,由于各种原因,可能会遇到一些阻碍和问题,需要具有足够权威的机构或组织进行及时有效的处理,如审判组织内部无法形成多数意见,不同审判组织之间就有关审判事项发生争议无法形成一致意见,案件的审理遇到阻碍需要相关部门的协调与协助等。遇到诸如此类问题时,如果没有一个权威的解决机制,势必造成案件审理的拖延,甚至形成僵局。而审判委员会制度无疑是最适合的解决机制。

从问卷调查情况来看,认为审判委员会应当强化审判管理职能的观点也得到了包括法官、律师在内的法律职业群体的广泛认可(见表2)。

表2 部分法院法官及北京部分律师关于审判委员会履行审判管理职责的评价

单位:%

法院	认为审判管理为审判委员会的合理职能的比例	认为当前审判委员会制度的最大弊端为总结经验及宏观管理的职能发挥较少的比例	认为审判委员会制度未来的发展方向为强化审判管理的比例
北京高院	40.00	46.67	33.33
北京一中院	16.67	20.83	45.83
北京海淀法院	53.33	53.33	93.33

---

① 2015年11月,撤销延庆县,设立延庆区。

② 江必新:《审判管理与审判规律抉微》,载《法学杂志》2011年第5期。

③ 刘忠:《论中国法院的分庭管理制度》,载《法制与社会发展》2009年第5期。

续表

法院	认为审判管理为审判委员会的合理职能的比例	认为当前审判委员会制度的最大弊端为总结经验及宏观管理的职能发挥较少的比例	认为审判委员会制度未来的发展方向为强化审判管理的比例
上海一中院	61.11	33.33	61.11
上海部分基层法院	45.45	63.64	63.64
西安部分基层法院	43.59	58.97	61.54
律师	36.84	45.61	49.12

全国各级人民法院在司法实践中结合各自的审判工作实际，形成了关于审判委员会有效履行审判管理职责的经验做法。例如，北京市第一中级人民法院审判委员会加强对审判形势的分析研究，定期听取审判执行工作运行态势及质效指标的分析，及时对审判工作做出指导；定期组织评议审判执行工作，开展审判质量质询工作；定期对经过审判委员会讨论被上级法院发回、改判的案件进行原因分析，研究审判管理措施。北京市门头沟区人民法院审判委员会加强对案件质量的监督管理，定期听取案件质量检查、评查工作情况汇报，并评选优秀案件、优秀裁判文书，评定差错案件。广西钦州中级人民法院审判委员会在讨论决定重大疑难案件的过程中，通过发现具体问题，抽象出具有普遍指导作用的指导意见成果，规范相关审判执行工作。安徽屯溪区人民法院规定审判委员会定期听取业务部门关于审判（执行）质量、效率和效果方面工作情况汇报，开展案件质量质询评议工作，总结分析审判工作中带有普遍性的问题，编发《审判管理通报》，用以指导审判工作和审判管理实践。上述做法都进一步丰富了审判委员会审判管理职责的内涵，也对人民法院统一法律适用、提高人民法院的审判工作水平起到了非常重要的作用。

（二）审判委员会制度在运行过程中存在的主要问题

1. 法律规定过于原则和抽象

《人民法院组织法》作为规范法院机构设置、职责权限、人员组成的根本法，属于宪法性法律文件，不仅应当对审判委员会制度作出规定，更应当作出具体明确的规定，以确保全国人大及其常委会在制定涉及审判委员会制度的法律及最高人民法院在解释该项制度时，不会产生歧义，不会出现偏离《人民法院组织法》的情况。但从《人民法院组织法》关于审判委员会制度的规定内容可以看出，该法对审判委员会制度的规定过于原则和抽象，对具体的运行规则没有作出进一步的界定。

在《人民法院组织法》规定较为原则的情况下，有关审判委员会制度的内容需要其他法律作进一步细化与规范。但是就《人民法院组织法》与其他法律尤其是诉讼法的关系看，法律之间存在衔接不够的问题。具体体现为《人民法院组织法》有关审判委员会制度的原则性规定没有相关法律去做进一步的具体细化。如《人民法院组织法》规定了审判委员会实行民主集中制原则，但是诉讼法没有就审判委员会讨论案件时如何贯彻民主集中制原则作进一步规定，也没有规定具有可操作性的讨论案件的程序规则。又如《人民法院组织法》规定审判委员会的任务之一是总结审判经验，但是没有其他的法律作进一步规定，如审判委员会总结审判经验的具体方式、所总结的审判经验应具有的法律效力及表现形式等。再如《人民法院组织法》规定了审判委员会具有讨论重大疑难案件的职责，诉讼法虽然作出了规定，但缺乏具体明确可操作性。刑事诉讼法没有明确疑难、复杂、重大案件的具体类型，只是为合议庭将此类案件提交审判委员会设置了一定的程序条件；而民事诉讼法及行政诉讼法则没有作出相关规定。由于审判委员会制度缺少法律层面更加明确具体的制度依据，审判委员会制度在运行过程中仍然面临法律依据不足以及无法实际操作的现实问题。

2. 司法行政化问题较为突出

审判委员会制度本身就是革命战争背景下司法行政化的产物。人民法院的审判委员会制度是由新民主主义革命时期裁判部的裁判委员会变革发展而来。中国共产党领导的新民主主义革命走的是农村包围城市的道路，革命根据地政权无一不是在广大农村建立，当时极度恶劣的革命环境决定了党领导的政府只能采取集权模式，行政权对司法权具有决定性的影响，无论是苏区还是陕甘宁边区政府的裁判部都依附于行政体制之中，形成裁判部中的裁判委员会兼管司法行政、检察与审判等各种问题，具有鲜明的司法、行政合一的特色，司法行政化十分突出。

司法行政化的问题延续到了审判委员会制度整个形成发展过程阶段，也成为目前审判委员会制度仍然存在的问题。应该说，在革命战争年代以及建国初期，党的中心任务是巩固革命政权，在法制不健全，司法理念、司法文明尚处在启蒙阶段，强化司法行政化的色彩和制度模式有其客观必然性和合理性。但是到了全面建设社会主义法治国家的今天，司法行政化已经不能适应审判委员会履职的现实需要，并成为审判委员会制度的重要弊端。“去行政化”是本轮审判权运行机制改革的重要目标，①也是审判委员会制度改革的重要内容。在审判委员会制度当中，“行政化倾向”问题主要体现在审判委员会与合议庭之间的关系上，具体表现为：审判委员会委员大多数是由院庭长等具有行政领导职务的法官担任，具有浓厚的行政化色彩，与合议庭法官之间大多属于领导和下属的关系；审判委员会通过听取合议庭汇报的方式讨论决定案件，属于典型的行政权的行使方式；审判委员会讨论疑难、复杂、重大案件过程中作出的案件处理决定，无论与合议庭的意见是否一致，合议庭都必须执行，属于典型的命令—服从的行政权力模式，体现出审判委员会与合议庭之间事实上的上下级从属关系。

从审判委员会的组成人员情况来看，以北京市第一中级人民法院等6家中级和基层人民法院为例，统计结果显示，审判委员会的成员主要是院长、业务庭庭长及非业务庭领导，三者总和占全部审委会委员人数的87%。此外，多数法院根据《中共中央关于进一步加强人民法院、人民检察院工作的决定》，按照副院长级别配备了2~3名专职委员。在全部6家法院中，唯有北京市海淀区人民法院配备了1名资深法官委员。从职务构成角度看，审委会委员身份与法院内部中层正职以上领导职务之间具有高度契合性。另外，经对委员的审判专业背景统计分析发现，半数以上的委员具有民事审判的专业背景，具体比重高达51.5%；具有刑事审判专业背景的委员占比次之，占27.7%；具有行政审判专业背景

① 龙飞：《“去行政化”是审判权运行机制改革的核心与关键》，载《人民法院报》2013年11月19日，第1版。

的委员占比为9.9%。(见表3)值得注意的是,综合行政部门委员占比为10.9%,这些委员有的是担任综合职能部门的中层领导,有些是负责行政、党务及纪检工作的副院长、政治部主任及纪检组长。(见表4)

表3 审委会委员的审判专业分布情况

单位:人,%

法院	刑事	民事	行政	综合行政	总人数
北京一中院	4	13	4	3	24
上海一中院	5	8	1	2	16
上海浦东法院	3	8	3	3	17
北京海淀法院	12	12	1	1	26
西安灞桥法院	3	7	1	1	12
西安高陵法院	1	4	0	1	6
总计	28	52	10	11	101
占比	27.7	51.5	9.9	10.9	100.0

表4 审委会委员的法律职务分布情况

单位:人,%

法院	正副院长	专职委员	业务庭长	非业务庭领导	资深法官	总人数
北京一中院	7	3	12	2	0	24
上海一中院	3	2	8	0	0	13
上海浦东法院	9	3	5	1	0	18
北京海淀法院	6	3	4	2	1	16
西安灞桥法院	5	0	5	2	0	12
西安高陵法院	3	0	5	1	0	9
总计	33	11	39	8	1	92
占比	35.8	11.9	42.3	8.7	1.1	100

司法行政化还带来了一个重大后果就是造成审判委员会委员人数过多。由于审判委员会委员往往与行政职务(如院长、副院长、局长、庭长等)挂钩,同时由于审判委员会委员还有可能与职级待遇挂钩(如现行的专职审判委员会委员制度等),从而造成了当前人民法院审判委员会人数过多的现状。例如,北京市高级人民法院审判委员会委员人数为18人,北京市第一、第二中级人民法院审判委员会的委员人数分别为23人和20人,上海市第一中级人民法院审判委员会委员人数为16人,广州市中级人民法院审判委员会委员人数为27人,北京市西城区人民法院审判委员会委员人数为25人(根据2015年的数据)。委员人数过多,既与审判委员会作为审判组织的地位和作用不相符合,而且还会造

成审判委员会工作效率的低下，不利于审判委员会制度功能的有效发挥。

3. 部分法院讨论案件范围比例过大

课题组经过调研发现，讨论决定具体案件是目前审判委员会的主要功能。从2013—2015年统计情况来看，在审判委员会的全部议题中，讨论决定具体案件成为当前人民法院审判委员会的主要任务。如北京市高级人民法院讨论案件占审委会全部议题的比重达到97%。在中级人民法院层面，北京市第一中级人民法院三年讨论案件占全部议题的比重分别为90.5%、97.4%和96.7%；上海市第一中级人民法院的情况基本类似，审判委员会讨论具体案件占全部议题的比重分别为97%、97%和94.7%；北京第三中级人民法院虽然成立时间较晚，讨论案件的绝对数量相对较少，但也占到全部议题总数达到85%。在基层人民法院层面，在审判委员会年均讨论议题较多的北京市海淀区人民法院、延庆县人民法院以及陕西省西安市蓝田县人民法院，审判委员会平均每年讨论案件占全部议题的比例分别达到95%、98%和97%；即便在年讨论议题总数相对较少的北京市门头沟区人民法院、上海市浦东区人民法院和西安市雁塔区人民法院，每年讨论案件的议题也分别占到全部议题的62.2%、58.5%和57.9%。此外，即使在总结审判经验较多的西安市高陵县人民法院（该院在2013年总结审判经验次数为12次），讨论案件的议题占比也较总结审判经验议题的占比高出21.7%。

在讨论案件范围方面，中级、高级人民法院及最高人民法院基本上严格执行了诉讼法及司法解释的规定，主要讨论拟判处死刑的案件、抗诉案件及发现本院已经发生法律效力的裁判确有错误并认为需要再审的案件。但是在部分基层人民法院，则存在大幅突破既有规定，将大量案件纳入审判委员会讨论范围的情况。如有的法院规定，以下案件也应当提交审判委员会讨论：拟判处被告人缓刑的刑事案件，拟决定对被告人予以逮捕、暂予监外执行的刑事案件，拟判处被告人10年以上有期徒刑的刑事案件，上级法院发回重审的案件等。此外，合议庭没有建议提请审判委员会讨论的案件，院长、主管院长认为有必要的，可以提请审判委员会讨论。这极大突破了法律、司法解释及最高人民法院的相关规定。课题组在调查中发现，在部分基层人民法院审判委员会年均讨论的案件中，拟适用缓刑的案件占据相当比例，如某基层人民法院2011年有80件拟适用缓刑的案件提交审判委员会讨论，占全年讨论案件总数183件的43.7%；2013年有72件拟适用缓刑的案件提交审判委员会讨论，占全年讨论案件总数225件的32%。

需要指出的是，审判委员会讨论案件数量比例过高的问题已经得到了广泛重视。各地法院在推进审判权运行机制改革试点过程中，纷纷制定相关制度措施，限缩审判委员会讨论案件的范围和数量，并且取得了显著的工作成效。从全国12个试点法院（含22个基层人民法院）的数据统计情况来看，审判委员会讨论案件的数量由2013年的3626件减少为2014年2832件，减少了21.8%。其中，成都市中级人民法院2014年提交审委会讨论案件178件，占结案总数的0.74%；上海第二中级人民法院2014年提交审委会讨论案件78件，占结案总数的0.44%；江阴市人民法院提交审判委员会讨论案件的数量仅为68件，较上年同期减少了75件。①

---

① 资料来源：2015年3月16日最高人民法院党组关于审判权运行机制改革试点情况的报告。

4. 宏观指导作用有待加强

从制度设计的初衷来看，总结审判经验应当是审判委员会制度的首要功能。但是审判委员会在审判工作中，将绝大部分的时间精力耗费在讨论具体案件方面，除了最高人民法院审委会以外，其他各级人民法院尤其是中级和基层人民法院的审委会在总结审判经验等方面投入的时间精力明显不足。例如，在2013年，北京市延庆县人民法院审判委员会共讨论议题225项，其中仅有1项是讨论其他有关审判工作的重大问题；西安市灞桥区人民法院审判委员会共讨论议题10项，均为讨论疑难、复杂、重大案件；上海市第一中级人民法院审判委员会共讨论议题132项，其中仅有3项为讨论其他有关审判工作的重大问题；广州市中级人民法院审判委员会讨论议题524项，其中仅有38项为讨论其他有关审判工作的重大问题；北京市第一中级人民法院审判委员会讨论议题110项，其中仅有7项为讨论其他有关审判工作的重大问题。

从2013—2015年统计情况看，无论是高级、中级人民法院还是基层人民法院，提交审判委员会讨论的案件都具有个别性、临时性和紧迫性特点，对于典型化、类型化案件的梳理提炼和讨论研究严重缺失。调研样本显示，在中级、高级人民法院层面上，审判委员会讨论“对审判工作具有指导意义的新类型案件”数量几乎为零，审判委员会主要讨论刑事案件以及决定是否再审的案件。在基层人民法院层面，北京市海淀区人民法院三年讨论的新类型案件数量较多，为24件，但也仅占讨论案件总数的5.74%；西安市蓝田县人民法院2013年讨论新类型案件为7件，占全部讨论案件总数的5.73%；北京市门头沟区人民法院、北京市延庆县人民法院和西安市高陵县人民法院几乎没有讨论新类型案件。这也从一个侧面反映出当前审判委员会制度在研究新类型案件、总结审判经验方面发挥的作用仍然非常有限。

在司法实践中，审判委员会讨论案件的启动程序呈现的是单向传导式特点，除庭长、主管院长及院长外，其他的审判委员会委员一般在临近会议前一两天才获知具体议题，难以对审判委员会讨论的案件作充分的准备，具有明显的被动履职特点。即使在讨论个案过程中，部分委员意识到与讨论案件有关的类案问题需要集中研究，但受限于审判委员会议事规则及讨论时间的有限，难以筛选出类型化案件提交审判委员会讨论。在调查过程中，课题组发现部分委员在讨论个案时提及类型化案件需要处理的问题，院长也指示业务部门进行研究，但在后续的审委会记录中，没有再发现审判委员会讨论该类案处理的结果。从大多数法院情况来看，虽然每年审理的案件数以万计，但是真正能够总结出来的有价值的审判经验却少之又少，能够上升为典型案例的精品案件更是凤毛麟角，审判委员会在总结、运用审判经验方面的作用有待加强；审判委员会指导审判工作具有较大的局限性，尚未覆盖全部审判工作，尤其在听取审议各领域审判执行工作报告、分析审判运行态势、发现并处理审判工作中出现的问题方面还有较大的提升空间；审判委员会多重视短期性、专项化的审判管理活动，对于长期性、基础性的管理事项重视程度不够，对于已经形成的审判管理成果落实情况不够理想；等等。

5. 讨论案件的程序设计有所欠缺

目前，审判委员会在讨论案件过程中，主要由独任制法官或者合议庭的承办法官负责向审委会汇报案件审理情况，主要内容包括当事人基本情况、审理经过、控辩双方意见、经审理认定的案件事实与证据、合议庭讨论的意见情况及拟作出判决的内容。在这个过程当中，审判委员会主要是了解独任法官或者合议庭的审理情况，但是并没有发挥案件的审理功能。审判委员会讨论案件的结果仅是对独任法官或者合议庭提出的选项进行选择或者对其处理意见进行背书。审判委员会作为审判组织的审判地位以及案件审理功能并未得到有效实现。

审判委员会制度一直以来定位于行政权的行使方式和权力运行模式，并没有从审判权的特殊规律和要求出发去构建其应有的权力运行模式。体现在审判委员会制度的运行规范当中，只有关于审判委员会的议事规则，而没有关于审判委员会的审理规则，就如同合议庭只有合议规则而没有开庭规则一样，导致的结果就是在审判委员会的案件讨论程序，不区分审理环节与合议环节，或者根本就没有经过审理环节而直接进入合议环节。由于缺少审理环节和审理规则，以至于直接审理、言词审理、公开审理等原则缺少程序性的载体。目前审判委员会制度运行过程中的讨论程序从内容及定位上讲属于审判委员会的合议程序，而作为合议程序应当有其自身的规律和要求，如应当体现充分讨论原则、少数服从多数原则、合议保密原则等。这些原则属于合议程序特有的原则，与审理程序当中的直接、言词、公开原则分别属于不同规则体系下的原则。因此，由于程序设计的不合理，既导致了审判委员会制度审理功能的缺失，也引起了社会各界对于审判委员会审判权行使方式的质疑。

6. 合议功能发挥不够充分

作为一项委员会制度，审判委员会制度的核心应当是合议制。合议功能的有效发挥也是审判委员会制度价值实现的重要保证。但是目前审判委员会制度在运行过程中，关于审判委员会的讨论机制规定的并不十分完善，导致审判委员会的合议功能受到了限制。具体表现为：审判委员会讨论过程中，尤其是在讨论案件的过程中，只有少数委员会主动发言，多数委员都选择保持沉默。调研发现，一般案件汇报结束后，只有案件所在业务庭的庭长、主管副院长以及作为主持人的院长会主动发言并且发表意见，其他多数委员一般都不会主动发言，尤其是在案件专业性较强的情况下；多数审判委员会委员在讨论案件过程中，没有形成自己完整的法律意见及理由，仅是对独任法官、合议庭以及其他委员意见的重复表述或者简单附和；有的审判委员会在讨论案件过程中，讨论的焦点并不是案件本身，也不是法律适用问题，而是关于上级法院是否认可、当事人是否会闹事、案件是否会造成不利社会后果等；审判委员会的讨论结果有时不能形成正式、完整的意见，表决的对象和内容含糊，而且经常出现议而不决的现象。上述问题的存在使得审判委员会的合议功能在运行过程中大打折扣，集体决策、民主决策的制度优势无从体现，也无法有效发挥审判委员会制度作为委员会制度的应有作用。

以某法院审判委员会讨论记录为例，该法院某年度审判委员会讨论记录为 6 万余字（不含承办人汇报案件的情况），平均每个案件讨论的记录长度仅为 600 字左右，可见审判委员会对个案的讨论程度并不充分。事实上，上述情况在各级法院较为普遍存在。在针对法官的问卷调查中，当被问及“就您的经历而言，您认为审判委员会案件讨论得充分吗?”有 40% 的法官回答“不充分”或者“非常不充分”。由此也可以说明，人民法院审判委员会在履职过程中，讨论不充分、合议走过场的现象比较普遍。

7. 审判责任虚化弱化

审判委员会审判责任虚化问题主要表现在以下几个方面。首先,审委会与合议庭之间关于审判责任的划分含混不清。对于疑难、复杂、重大案件,审判委员会在合议庭审理案件的基础上通过听取合议庭汇报的方式作出处理决定。在这一过程中,案件处理的依据是由合议庭查明的,而案件处理决定又是由审判委员会作出的,审判委员会与合议庭都参与了案件审理,都部分行使了案件审判权,都对案件最终的处理结果发挥了作用。一旦案件出现质量问题,就容易出现互相推诿的现象。其次,审判委员会委员之间关于审判责任的划分含混不清。审判委员会制度本应是发挥集体智慧、形成集体决策的重要制度设计,但是在制度运行过程中,由于缺乏对审委会委员履职考核的制度保障,导致部分审判委员会委员在议事过程中存在简单附议或者不发表意见的现象,集体负责的制度设计初衷变成了集体不负责的制度运行现状。

问卷调查的结果显示,92.9%的法官及律师都认为审判委员会委员应该对审判委员会决定承担责任,以体现权责一致,强化责任意识。承担责任的前提是制定完善的表决程序,课题组调查显示,仍有许多法院的审判委员会没有建立专门的表决程序及审判委员会记录签字确认程序,表决与发表意见混同,审判委员会记录没有得到审判委员会委员的即时签字认可。另外,课题组经过调研还发现只有少数法院对审判委员会委员的责任承担作出明确规定。如湖北省襄阳市襄城区人民法院的《审判委员会工作规则》规定了三种情况下的责任追究,一是对于审判委员会讨论决定的问题,委员及与会人员应遵守保密纪律,凡是泄露审判秘密的,一律停职检查并依照《人民法院工作人员处分条例》追究责任;二是审判委员会委员讨论案件时,故意违反法律规定或者歪曲事实、曲解法律或者诱导他人,导致决定错误的,由导致决定错误的人员承担责任;三是篡改、伪造或者故意毁损审判委员会讨论记录的,制作法律文书时故意违背审委会决定的,视情节追究相关人员的责任。除此之外,绝大多数人民法院对于审判委员会的责任承担问题基本上没有规定,对于审委会委员的履职考评问题也没有相应的规定。由于缺少审判委员会的责任机制,审判委员会委员在履职过程中没有相应的制度规范,也没有相应的约束和制约,少数审判委员会委员在履职过程中甚至出现了迟到早退、随意缺席、议事准备不充分、发表意见敷衍了事、应当回避而不主动回避等现象。这些问题的存在无疑影响了审委会职能作用的有效发挥,也给审判委员会造成了负面影响。

8. 制度机制不够健全

作为战争年代以及中国法治化程度相对较低社会历史条件下的产物,审判委员会制度在其形成发展过程中体现出重实践探索、轻理论研究,重制度功能发挥、轻制度规则建设,重政治要求、轻司法规律等问题和倾向。无论是中华苏维埃共和国时期的裁判委员会以及组织委员会,还是陕甘宁边区政府时期的审判委员会和解放战争时期的裁判研究委员会,以及建国之后的审判委员会,相关制度规范都基本上遵循着“设立原则 + 职责任务”的制度构建模式。这一制度模式造成的直接后果就是审判委员会制度的内容过于原则和抽象,制度的运行规则不明确、不具体,审判委员会制度在运行过程中随意性很大,缺少应有的制度规范和约束,难以满足审判委员会有效履职的客观需要。

例如,审判委员会委员的选任程序缺少专业化、民主化的制度设计。虽然《人民法院组织法》规定了审判委员会委员由院长提请本级人民代表大会常务委员会任免,但委员的任职条件、产生方式、任免方式、任职期限、职责权限等均缺少严格规定,难以充分体现审判委员会制度的应有价值;审判委员会的职权范围过于模糊和宽泛,如总结审判经验、讨论审判工作重大事项等职能的概念、内涵、表现形式、法律效力等都不明确,不利于审判委员会依法履职以及审判委员会制度相关职能作用的有效发挥;审判委员会作为一个人数众多的集体性审判组织,其积极意义在于能够充分发挥不同审判领域资深法官的集体智慧,从而提高决策的民主化、科学化水平。但由于审判委员会委员人数众多往往容易导致审判效率、议事效率低下的问题。如缺少精细化的择案机制以及议题过滤机制,可能造成审判委员会讨论事项过多,尤其是讨论案件数量过多,从而影响审判委员会制度功能的正常发挥。

(三)关于审判委员会制度"取消论"的简要分析

1. 质疑审判委员会制度的主要依据

通过对质疑审判委员会制度的观点进行梳理和分析发现,主张取消审判委员会制度的理由和依据主要包括以下几个方面:一是审判委员会讨论决定疑难、复杂、重大案件主要通过听取合议庭汇报的方式进行,而不是通过开庭、谈话等方式进行,违背了直接审理原则;二是审判委员会讨论决定疑难、复杂、重大案件过程中,在不接触诉讼当事人的情况下,径行行使了事实认定权及法律适用权,违背了言词审理原则;三是审判委员会通过闭门会议的方式讨论决定疑难、复杂、重大案件,剥夺了诉讼当事人的知情权,违背了司法公开原则;四是审判委员会制度的运行模式属于行政化的运行模式,割裂了审理权与裁判权,造成了"审者不判、判者不审";五是审判委员会与合议庭权责不分,导致审判责任含混不清。由于审判委员会在讨论决定案件过程中,没有贯彻和坚持直接、言词、公开审理原则,违背了司法审判规律,并且存在司法行政化以及权责不分的问题,因此主张取消审判委员会制度。从上述观点和理由来看,主要集中在违反直接言词原则以及司法行政化两个方面。

2. 关于审判委员会制度"取消论"的理论分析

课题组认为,当前理论界及实务界质疑审判委员会制度的观点和理由虽然具有一定的合理性,但是这些观点和理由并不足以得出审判委员会制度应当取消或者废除的必然结论。

首先关于直接言词原则的理解和适用问题。所谓直接言词原则,是指大陆法系国家刑事诉讼的一项基本原则,其理论最早在德国由费尔巴哈在 1821 年提出,并在 1877 年德意志帝国《刑事诉讼法》中被首次在立法中确立。[①] 直接言词原则是针对欧洲封建时期纠问式诉讼制度实行的书面审理和间接审理原则而提出来的诉讼基本原则,其基本含义是指"法官以从对被告人之讯问及证据调查中所得之结果、印象,才得作为其裁判之基础"[②],"法官审理案件应当在控、辩双方均在场的情况下进行;应当以亲自在法庭上直接

① 李文伟:《论德国刑事诉讼中直接言词原则的理论范畴》,载《山东社会科学》2013 年第 2 期。

② [德]克劳思·罗科信:《刑事诉讼法学》,吴丽琪译,法律出版社 2003 年版,第 117 页。

获取的证据材料作为裁判的基础”①。英美法系国家虽然没有直接确立直接言词原则，但英美法系国家却普遍设立了“传闻证据规则”，其功能和作用与直接言词原则非常相似。课题组认为，直接言词原则符合司法认知的一般规律，是人民法院在审理案件过程中，尤其是在审查证据、认定事实过程中必须遵守的重要原则，也是审判委员会制度改革过程中需要认真考虑的因素。但是需要指出的是，无论是大陆法系国家的直接言词原则还是英美法系国家的传闻证据规则，针对的主要是案件审理过程中的证据审查以及事实认定问题，目的主要在于通过直接言词原则的贯彻尽可能地接近案件的客观真实，因此更多的是适用于事实认定过程当中。应该说，直接言词原则作为一项诉讼原则或者事实认定规则有其科学合理性，但是直接言词原则显然不是一项没有范围界限的绝对原则，更不是评判一项司法制度是否应当存续的唯一标准，如果仅仅因为违背一项诉讼规则就要否定一项受到宪法性法律确认和保护的司法制度，其理由显然是不充分的。

其次，关于司法行政化的问题，即通常所说的“审者不判、判者不审”的问题。如前所述，“审者不判、判者不审”的问题在审判委员会制度运行过程当中虽然确实有所体现，但是这是当前人民法院审判权运行过程当中的共性问题。受到人民法院行政化权力运行模式的影响，无论是在独任制、合议庭制还是审判委员会制，“审者不判、判者不审”的问题应该说都有所体现。但是应该明确的是，审判委员会制度本身并不是造成“审者不判、判者不审”问题的主要根源。之所以会造成“审者不判、判者不审”，应该说还有更深层次的原因，如人民法院审判权运行的行政化模式、院庭长监督管理权的不当行使以及外界权力对人民法院审判权的不当干预等，而这恰恰是影响制约审判委员会制度作用有效发挥的重要原因，需要通过改革来加以解决。正因如此，党的十八届三中全会提出了“改革审判委员会制度，完善主审法官、合议庭办案责任制，让审理者裁判、由裁判者负责”的改革目标，审委会制度需要而且也能够通过改革完善发挥应有的功能作用。如果仅仅因为审判委员会制度在运行过程中存在司法行政化的问题就要彻底否定和取消审判委员会制度，这一观点和结论同样也是不能让人信服的。

3. 审判委员会制度应当长期存在的主要理由

经过调研，课题组认为我国的审判委员会制度需要在改革完善中长期存在，而不应当被取消。主要理由在于：首先，审判委员会制度经过了八十多年的历史发展过程，有着深厚的历史渊源和丰富的制度内涵，蕴含了多元化的制度属性和制度价值，是中国司法本土化的重要制度性成果，是中国法治化进程当中的宝贵财富，这些都是审判委员会制度能够存在和发展的现实基础。其次，统一法律适用是人民法院行使国家审判权的内在要求，是审判委员会制度的主要功能，更是审判委员会制度存在必要性、合理性的根本依据。审判委员会在人民法院统一法律适用方面发挥了十分重要的作用，并且符合域外司法实践的通行做法，因此在当前及将来的很长一段时期内，审判委员会统一法律适用的作用在人民法院内部无可替代，而这也是审判委员会制度需要长期存在的重要根据。最后，审判委员会制度符合司法认知过程的一般规律，有利于发挥集体决策、科学决策的制度优势。在司法认知过程中，需要经历从已知到未知、从现象到本质、从感性具体到理性具体、从个案认

① 卞建林：《直接言词原则与庭审方式改革》，载《中国法学》1995 年第 6 期。

识到类案认识的过程。这一过程既是法官个体认知的过程，也是法官集体认知的过程。司法认知过程的复杂性，决定了在这一过程中集体参与、科学决策至关重要，这是由司法认知规律所决定的。审判委员会制度能够有效集中人民法院内部的优质审判资源，传承审判经验，发挥集体智慧，克服个人经验能力之不足，防止个人独断专行之可能，从而有效提高司法审判工作的民主性和科学性。

三、审判委员会制度改革的总体思路

党的十八大以来，中央关于深化司法体制改革、加快推进法治中国建设的一系列重大决定，极大地丰富和发展了中国特色社会主义法治理论，为进一步深化包括审判委员会制度改革在内的司法体制改革提供了强有力的政治保障，也为改革指明了方向。习近平总书记指出，深化司法体制改革，是要更好地坚持党的领导、更好地发挥我国司法制度的特色、更好地促进社会公平正义。因此，审判委员会制度的改革应当遵循“三个更好”的要求，即通过改革审判委员会制度更好地坚持党的领导、更好地发挥我国司法制度的特色、更好地促进社会公平正义。

审判委员会制度改革虽然是党的十八届三中全会提出的明确要求，但是审判委员会制度的改革实践早在20世纪末就已经在全国各级法院当中广泛开展。最高人民法院一直贯彻着坚持与发展并重的改革指导思想。通过对最高人民法院四个“五年改革纲要”的对比分析可以看出，审判委员会制度的改革始终是在坚持完善的基础上，主要针对审判委员会制度在运行过程中存在的违背审判工作规律、讨论案件范围过宽、制度机制不完善等问题进行的，改革的目的在于更好地完善审判委员会制度本身，从而更好地发挥审判委员会制度的职能作用。除了最高人民法院发布的4个“五年改革纲要”之外，各地各级法院也纷纷开始进行探索性的改革，从不同方面、不同程度对审判委员会制度存在的问题进行改革和完善。无论是最高法院发布的4个“五年改革纲要”，还是地方各级人民法院所进行的改革探索，都体现出人民法院主动适应形势任务需要、自觉进行自我完善与改革的担当意识和创新精神，也为审判委员会制度改革的进一步深化积累了宝贵的实践经验。需要指出的是，当前开展的审判委员会制度改革并不是要将审判委员会制度推倒重建，也不是要对已有改革进行否定，它与20世纪末已经开展的改革探索具有一脉相承的关系，是在既有改革探索的基础上，通过吸收改革经验、总结改革教训，从而更好地推动审判委员会制度改革的深入开展和顺利进行。

（一）指导思想

1. 审判委员会制度改革的前提是始终坚持审判委员会制度

审判委员会制度作为我国所特有的一项司法制度，具有丰富的制度属性和重要的制度价值。审判委员会制度是中国特色社会主义司法制度的重要组成部分，是委员会制度在审判领域的实际运用，是人民法院行使国家审判权的重要审判组织形式，是民主集中制这一宪法原则在司法审判领域的具体体现，是党领导司法审判工作的重要载体。作为司法本土化的制度性成果，审判委员会制度是中国社会历史选择与司法实践的结果；从域外司法实践来看，审判委员会制度体现了特殊案件由特殊审判组织审理的司法原则，符合域外司法实践的一般规律和经验；作为我国法院统一法律适用机制的核心制度，审判委员会制度在统一全国法院法律适用方面发挥着不可替代的作用,具有充分的正当性根据。因此,坚持审判委员会制度是审判委员会制度改革的题中应有之义。废除审判委员会制度或者取消审判委员会的主要职能作用都不是审判委员会制度改革的正确方向。

2. 审判委员会制度改革的方向是不断完善与发展审判委员会制度

审判委员会制度之所以需要不断的改革完善,是因为审判委员会制度本身存在许多问题和不足。如法律规定过于原则抽象,行政化问题较为突出,功能发挥严重失衡,宏观指导作用十分有限,讨论决定案件的方式有所欠缺,合议功能发挥不够充分,司法责任虚化弱化,制度机制不够健全等。这些问题的存在严重影响制约了审判委员会制度职能作用的有效发挥,必须通过改革实现审判委员会制度的自我完善和发展,从而更好地坚持党的领导,更好地发挥我国司法制度的特色,更好地促进社会公平正义要求。但是审判委员会制度改革不是要弱化审判委员会的职能,更不是要否定审判委员会的地位和作用,而是通过优化审判资源配置,完善审判委员会职能作用,健全审判委员会制度的运行机制,从而更好地发挥审判委员会统一法律适用的价值和作用。

3. 审判委员会制度改革的目标是坚持党的领导与审判规律的有效统一、实现民主集中制与审判规则的有机融合

坚持党的领导与遵循审判规律应当有效统一而且能够有效统一。在审判委员会制度改革过程中,必须防止将党的领导与审判规律对立起来的错误思想和倾向,认真研究实现党的领导与审判规律有机结合的路径和方法。改革的关键在于如何将坚持党的领导与尊重司法审判规律有效结合起来,将民主集中制这一党的组织原则、宪法要求与审判规则实现深度融合,真正做到"让审理者裁判,由裁判者负责"。在审判委员会制度改革过程中坚持民主集中制,关键是要做好民主集中制的贯彻落实,将民主集中制原则在审判委员会制度当中规则化、体系化、具体化,使民主集中制由抽象的原则成为符合司法审判规律和审判委员会制度现实需要的制度体系。通过贯彻落实民主集中制,既在审判委员会制度运行过程当中实现和体现党的领导,又能够切实尊重审判规律,体现审判专业化的特点和要求。

(二)基本原则

1. 坚持党的领导

审判委员会制度作为中国特色社会主义司法制度的重要组成部分,无论是其产生的历史背景、形成发展的历史过程,还是其承载的制度价值、发挥的制度功能以及其本身所具有的法律属性、政治属性,都体现出鲜明的中国特色,烙下了党的领导的深刻印记。审判委员会制度本身既是坚持党的领导的历史产物,也是在司法领域坚持党的领导的制度保障。在审判委员会制度改革过程中,必须将坚持党的领导作为一项基本原则。在审判委员会制度中坚持党的领导主要体现为坚持党的政治领导、思想领导和组织领导。首先,要坚定审判委员会的政治立场,严格审判委员会的政治规矩和政治纪律。在审判委员会制度运行过程中要将坚持党的领导与人民法院依法独立行使审判权统一起来,确保审判委员会制度的运行始终保持正确的政治方向。其次,要提高审判委员会委员的综合素质,强化对审判委员会委员选任的把关,切实将政治立场坚定、业务素质出众、审判经验丰富作为审判委员会委员的选任标准,确保审判委员会制度功能作用的有效发挥。最后,要加

强审判委员会的政治学习和政治教育，切实提高审判委员会委员的政治理论水平和政治思想水平。

2. 坚持审判权的独立行使

我国《宪法》规定，人民法院依照法律规定独立行使审判权。审判权是人民法院行使的一项国家权力，是审判机关区别于其他国家机关的重要标志。作为国家审判机关，人民法院对审判权的行使主要通过人民法院内部的审判组织体系，具体通过审判委员会、合议庭以及独任制审判员来实现。坚持审判权的独立行使，既是审判委员会作为审判组织的应有之义以及审判委员会制度的本质要求，也是审判委员会制度能够有效统一法律适用的重要前提和基础。在审判委员会制度改革过程中，应当将坚持审判委员会独立行使审判权作为一项重要的原则。首先，应当将审判委员会定位为具有审判权的审判组织，明确审判委员会制度改革不是要削弱审判委员会的审判权，更不是要剥夺审判委员会的审判权，而是在明确审判委员会审判权限范围的基础上完善审判委员会对于审判权的行使方式，使审判委员会的权力行使方式符合审判规律的要求。其次，要提高审判委员会的履职能力。切实将具备独立审判能力的优秀审判人员充实配备到审判委员会委员的队伍当中，并且不断完善审判委员会的履职保障措施，确保审判委员会能够独立履行审判职能。最后，要强化审判委员会独立行使审判权的制度保障，保障审判委员会独立的审判主体地位，确保审判委员会在依法独立行使审判权过程中能够不受其他行政机关、社会团体和个人的干涉。

3. 坚持合议制的有效运用

《人民法院组织法》规定，人民法院审判案件，实行合议制。合议制是我国人民法院审判案件的基本制度。作为我国国家审判权的重要行使主体，审判委员会在履行审判职责过程中也应当切实实行合议制。所谓合议，是指共同商议。合议制是相对于首长负责制或者个人负责制的一种制度。合议制并非仅限于合议庭制。人民法院的合议庭在审判案件过程中要实行合议制，审判委员会在履行审判职责过程中同样也要实行合议制。合议制是委员会制度的核心，[①]是委员会制度的应有之义，更是人民法院内部实现司法民主的重要基础。坚持合议制，有利于发挥审判委员会制度集体决策、科学决策的制度优势，有利于集思广益、群策群力、克服个人经验能力之不足，有利于防止个人独断专行，切实提高司法审判工作的民主性和科学性，因此在审判委员会制度改革过程中应当将坚持合议制作为一项重要原则。首先，要正确认识合议制与民主集中制的关系。合议制符合民主集中制的原则和要求，是民主集中制在司法审判领域的具体表现形式之一，两者是内在统一的，不应当将合议制与民主集中制对立起来。其次，要进一步完善审判委员会制度在运行过程当中的合议制规则。由于审判委员会委员人数众多，因此相对于合议庭而言审判委员会在实行合议制过程中需要建立更加严谨规范的合议规则，如发言规则、表决规则等。最后，要在实行合议制过程中严格执行少数服从多数的原则，审判委员会的最终结论应当根据表决的多数意见作出。

---

① 《委员会制》，载《人大研究》1995 年第 2 期。

（三）实践要求

1. 将统一法律适用作为审判委员会制度的核心功能

统一法律适用既是审判委员会制度的重要功能，也是审判委员会制度存在必要性、合理性的重要根据。从历史情况来看，审判委会员制度之所以能够萌芽、产生并发展，原因在于革命战争时期，在法治化程度较低、司法能力水平有限的年代，人民司法审判事业客观上需要一种有效的制度和机制，确保党的司法政策以及法律适用的有效统一，审判委员会制度就是在这一历史背景下产生的。从现实情况来看，虽然中国特色社会主义法律体系已经基本建立，但是中国的现实国情决定了实现法律适用统一既具有十分重要的现实意义，但也具有相当的现实难度，在当前中国的法治条件下，审判委员会制度是确保全国法院法律适用有效统一的最佳方式和制度保证。从域外情况来看，即使是在法治化程度和司法水平都十分发达的西方国家，仍然保留着特殊审判组织审理特殊案件的制度做法，其根本目的也在于通过特殊审判组织审理特殊案件，从而达到统一相关问题法律适用的目的。由此可见，即使是在未来中国法治化水平极大提高的情况下，审判委员会制度在统一法律适用方面的作用依然不可替代。虽然审判委员会制度是人民法院内部统一法律适用机制的核心制度，事实上也发挥了统一法律适用的重要作用，但是由于审判委员会制度统一法律适用的功能定位在立法层面并不明确，也在很大程度上影响了审判委员会制度统一法律适用功能的充分发挥。因此，课题组认为在审判委员会制度改革过程中，应当将统一法律适用明确作为审判委员会制度的核心功能，并且重点围绕法律统一适用来进行具体的制度设计，从而有效地实现审判委员会制度统一全国法院法律适用的功能作用。

2. 坚持民主集中制在审判委员会制度中的贯彻落实

课题组认为，将党的民主集中制原则贯彻到审判委员会制度当中，具体应坚持以下几点：一是要坚持少数服从多数的原则。少数服从多数既是民主集中制的核心内容，也是审判委员会制度作为司法民主制度的核心要求。在审判委员会履职过程的各个方面和环节，如总结审判经验，讨论重大、疑难案件以及讨论决定审判工作中的重大问题都应当坚持和贯彻少数服从多数原则，审判委员会的决议应当根据审判委员会委员的多数意见作出。二是要坚持审级负责基础上，下级法院审判委员会接受上级法院审判委员会的指导和监督。各级审判委员会在坚持审级监督，独立行使各自审判职权的基础上，全国各级人民法院审判委员会应当接受最高人民法院审委会的指导和监督，下级人民法院审判委员会应当接受上级人民法院审判委员会的指导和监督，共同维护我国法院法律适用的统一。三是在充分发表个人意见的基础上，审判委员会委员个人应当服从审判委员会的集体决定。对于审判委员会根据多数委员意见形成的审判委员会决议，审判委员会委员的意见与审判委员会决议不一致的，可以保留自己的意见，但是必须服从审判委员会的集体决定，不得对外公开发表与审判委员会意见不一致的意见和言论。四是审判委员会在履职过程中应当坚持集体负责与委员分工负责相结合。审判委员会作为人民法院内部的审判组织，既是一个集体领导集体负责的审判组织，又是一个需要分工负责的审判组织。应当建立审判委员会委员承办制度，通过由审判委员会的承办委员具体负责审判经验总结、案件审理或讨论以及研究审判工作中的重大问题等事项并向审判委员会进行汇报，最后由审判委员会作出决议的方式，既体现审判委员会的集体领导，又落实审判委员会委员的分工负责，既有利于实现审判委员会的集体责任，也有利于实现审判委员会委员的个人责任。五是审判委员会委员将来应当通过民主选举的方式产生。选举制是民主集中制的重要内容和重要保障，也是解决审判委员会委员行政化问题的有效手段。将来在条件成熟时，可以通过采取民主选举审判委员会委员的方式从而更好地体现民主集中制的基本要求。

3. 采取渐进式的方式推进审判委员会制度改革

审判委员会制度的重要性及复杂性，决定了审判委员会制度应当逐步改革完善，不可能一蹴而就。通过渐进式的改革，既为审判委员会制度的运行积累更多的实践经验，也为审判委员会制度功能的发挥提供有力的制度保障。另外，中国地域辽阔，人口众多，经济社会发展水平极不均衡，导致全国各地法院面临的具体问题也不尽一致，审判委员会制度运行的制度环境存在着很大的差别，这就决定了审判委员会制度改革不能采取激进式、“一刀切”的方式，而应当根据人民法院的地域特点以及层级特点，有的放矢地制定改革措施，从而使审判委员会制度改革真正符合司法审判工作的客观实际，符合中国社会的现实国情需要。课题组认为，审判委员会制度改革可以采取“两步走”的改革方案。即第一步实现审判委员会制度的完善与转型，第二步实现审判委员会制度的发展与超越。具体而言，第一步主要是通过改革实现审判委员会制度的自我完善，主要目标是主体上逐步实现审判委员会的专业化；功能上落实和完善审判委员会总结审判经验、讨论重大疑难复杂以及讨论决定审判工作中重大事项等三大职能，不断提高审判委员会统一法律适用的能力和水平；规则上落实民主集中制，同时在讨论案件过程中逐步增加审理制的因素。第二步主要是通过改革实现审判委员会制度的发展与超越，主要目标是主体上逐步提高审判委员会委员的民主化、实现审判委员会的独立性；功能上将统一法律适用明确界定为审判委员会制度的核心功能，并且围绕统一法律适用这一核心功能确定审判委员会的职权范围；规则上建立民主集中制指引下的完善的审判规则体系，并且对审判委员会行使审判权的方式进行审理制的改造。

四、审判委员会制度改革的具体措施

（一）加强审判委员会的组织建设

1. 强化审判委员会作为审判组织的基本特性

我国《宪法》规定，人民法院是国家的审判机关。在人民法院行使审判权过程中能够代表人民法院对诉讼案件进行审理和裁判的具体组织形式就是审判组织。审判组织作为代表人民法院专门行使国家审判权的法定组织形式，其特性主要体现为以下两个方面：一是审判组织的专业性。审判组织的专业性主要是由审判活动的专业性所决定的。审判活动过程，是审判组织根据证据规则审查认定证据，据此作出事实认定，并通过法律适用作出最终裁判的过程。这个过程当中需要专业化的法律知识、专业化的法律思维以及经过长期司法实践所积累形成的法律经验。因此只有专业化的审判组织才可以从事专业性的审判活动。相比独任制审判员以及合议庭辨别是非、化解争议的基本功能，审判委员会主要讨论法律适用问题，发挥的是统一法律适用的功能，这就要求审判委员会具有更高的专业水平和更高的专业素养。二是审判组织的独立性。审判组织的独立性是由审判权作为判断权的基本属性所决定的。由于审判过程本质上属于司法认知过程,在司法认知过程当中,需要以审判组织的认识和判断作为审判权行使的认识论基础。司法认知的规律决定了审判组织在审判活动过程中必须独立认识、独立判断,否则将无法作出公正的裁判。审判组织的独立性主要体现为审判组织代表人民法院依法独立行使审判权,独立进行认识和判断,不受行政机关、社会团体和个人的干涉,也不受法院内部其他组织和个人的干涉。在审判委员会制度改革过程中,应当通过加强审判委员会的组织建设,进一步强化审判委员会作为审判组织的基本特性,不断提高审判委员会的专业性,保障审判委员会的独立性,从而真正体现审判委员会作为法院内部法定审判组织的地位和作用。

2. 实行审判委员会委员的双重员额制

在司法人员分类管理的基础上实行法官员额制是本轮司法改革中的一项重要的基础性改革,其目的是通过设定法官员额,减少法官数量,从而有效提高和保障法官队伍的素质和能力,这对于提高审判委员会的专业化水平同样具有重要意义。要充分发挥员额制改革对于提高审判委员会专业化能力和水平的重要作用。具体来讲,审判委员会委员应当实行双重员额制:一方面,要在审判委员会委员当中贯彻落实法官员额制改革。作为人民法院的审判组织,审判委员会委员必须首先具备员额法官的资格和条件。所有审判委员会委员,无论职务高低、资历深浅,都不能够自动获得员额法官身份,而应当根据法官员额制改革的规定和要求,通过参加员额法官的选任程序进入员额法官序列,成为员额法官。在改革过渡期内未能获得员额法官身份的,应当免除其审判委员会委员的职务。另一方面,要在法官员额制的基础上,进一步实行审判委员会的委员员额制。具体而言,应当根据我国四级法院审判委员会的职能定位以及职责划分情况,明确规定我国四级法院审判委员会委员的员额数量。基于不同层级法院的职能定位,对于审判委员会委员的员额数量,可以参考以下标准:基层人民法院审判委员会由5~9人组成;中级、高级人民法院审判委员会由7~13人组成;最高人民法院审判委员会由15人组成。知识产权法院、海事法院等专业性法院由于规模较小,案件类型相对单一,因此建议其审判委员会由5~7人组成。同时考虑到贯彻民主集中制的要求,各级人民法院审判委员会的委员人数应当为奇数。

3. 逐步提高审判委员会委员的选任标准

实行员额制以后,法官队伍的素质能力将得到逐步的提高,而实行审判委员会委员员额制以后,审判委员会委员作为员额法官当中的精英法官,其审判能力和业务水平理应比其他员额法官更加出色,因此,对于审判委员会委员的选任标准需要更加严格,应当真正将具有较高法学理论水平和丰富审判经验的优秀法官选拔成为审判委员会委员。对此,首先,要淡化审判委员会委员的行政化色彩,通过改革,实行扁平化管理,逐步减少人民法院内部的机构设置,减少院庭长的人员数量,并在此基础上逐渐改变目前院、庭长当然成为审判委员会委员的惯例和做法。其次,应当对审判委员会委员的任职资格和条件作出比员额法官更加严格的规定和要求。如明确:具有法律专业本科以上学历,基层、中级人民法院审判委员会委员应当任法官满10年,高级、最高人民法院审判委员会委员应当任法官满15年;政治立场坚定,能够坚决贯彻执行党的路线、方针、政策,全局观念、大局意识强,具有履行职务所需要的政策理论水平和政治素质;等等。同时为了在审判委员会制度改革当中更好地坚持和落实党的领导,建议明确审判委员会委员当中中共党员人员比例的最低要求。再次,审判委员会委员任职前必须通过专门的审判委员会委员的资格考试。考试通过后才具备担任审判委员会委员的资格和条件。最后,探索建立从上级法院遴选法官担任下级法院审判委员会委员的做法,既促进上下级法院之间优秀审判资源的双向流动,同时也进一步提高各级审判委员会委员的能力和素质。

4. 建立专业审判委员会

设立专业审判委员会是在《人民法院第二个五年改革纲要》(以下简称"二五改革纲要")中最早提出的,具体内容是"最高人民法院审判委员会设刑事专业委员会和民事行政专业委员会;高级人民法院、中级人民法院可以根据需要在审判委员会中设刑事专业委员会和民事行政专业委员会。"建立专业审判委员会,一方面有利于进一步提高审判委员会的专业化水平和能力,尤其是针对某些专业性较强的案件,专业审判委员会有利于弥补审判委员会委员专业比较分散,专业领域审判能力有所欠缺的问题;另一方面有利于进一步实现审判组织的小型化、专业化,从而为审判委员会直接审理重大疑难案件奠定基础,创造条件。在审判实践当中,各级人民法院可以根据各自的审判工作需要设立专业审判委员会,专业审判委员会根据本院审判委员会授权履行相应职责,专业审判委员会隶属于审判委员会,其权力和职责均源自审判委员会的授权。考虑到专业审判委员会将主要承担审理特定案件的工作职能,因此建议中级、高级人民法院专业审判委员会的委员人数应该在 5 ~ 7 人,最高人民法院专业审判委员会的委员人数应该在 7 ~ 9 人。同时考虑到对于基层人民法院、知识产权法院、海事法院等法院而言,其审判委员会成员构成具有人员规模小或专业单一的特点,单设专业审判委员会对其提升审理案件质效的意义不大,因此可不单独设立。同时应当规定,专业审判委员会的委员必须由审判委员会委员担任。

5. 建立审判委员会委员的民主选举制度

在实行审判委员会委员员额制、切实提高审判委员会专业化水平的基础上,将来在条件成熟时,应当进一步贯彻民主集中制的要求,探索建立审判委员会委员的民主选举制度。具体来说,审判委员会委员应当从符合特定政治素质、业务能力、审判经验的法官当中选举产生。由遴选委员会通过择优选拔的方式产生审判委员会的候选委员,在审判委员会委员出现空缺的情况下,由遴选委员会报请人民代表大会选举产生并正式任命。同时探索建立审判委员会委员的任期制。审判委员会委员实行任期制,每次任期 5 年,最多可连任两次。为保持审判委员会的相对稳定,在委员构成上应当符合一定的年龄层次要求,每次更换的委员人数一般不超过总数的 1/3。

6. 建立相对独立的审判委员会组织体系

审判委员会作为人民法院内部的审判组织,具有许多共同的特性:一是各级人民法院的审判委员会是人民法院内部唯一的常设性审判组织,相对于合议庭以及独任制审判员而言,审判委员会在职能发挥方面具有独特的优势;二是各级人民法院审判委员会的核心功能都是统一法律适用,而其他审判组织无法承担此项职能;三是各级人民法院审判委员会均实行民主集中制,在审判规则体系方面也与其他审判组织具有很大的不同。因此,审判委员会是独立于人民法院其他普通审判组织的一类特殊的审判组织形式。建议在将来条件成熟时,可以考虑将审判委员会改造成为人民法院内部相对独立的审判组织体系,作为人民法院统一法律适用机制的重要组织形式,集中发挥统一法律适用的功能和作用。具体而言,首先,要明确审判委员会是人民法院内部统一法律适用的特殊审判组织;其次,下级法院审判委员会应当接受上级法院审判委员会的指导和监督,从而更好地维护法律适用的统一;最后,审判委员会审理案件,应当实行归口审理的方式,审判委员会审理的案件上诉或者申诉后应当由上级法院的审判委员会进行归口审理或处理。

(二)强化审判委员会统一法律适用的功能定位

1. 明确审判委员会的性质和地位

审判委员会在制度运行过程中,以统一我国法院法律适用为核心,事实上行使了包括案件审判权、审判监督、审判管理等在内的重要审判职权,履行了包括总结审判经验、开展审判管理、讨论决定再审案件、讨论审判工作中重大事项的重要工作职责,既是代表我国人民法院行使国家审判权的重要审判组织,也是人民法院内部重要的审判工作议事机构。鉴于审判委员会在人民法院组织架构当中的重要地位和作用,建议明确审判委员会作为人民法院最高审判组织和审判工作议事机构的性质和地位。在此基础上,进一步明确审判委员会的核心功能是统一法律适用,具体发挥审判决策、审判指导、审判管理、审判监督的作用,主要履行总结审判经验,讨论或者审理特定类型案件,讨论决定再审案件的提起以及管理、监督审判工作等职责。通过明确审判委员会的性质地位以及核心功能,从而为审判委员会统一法律适用提供更加充分的法律依据。

2. 明确审判委员会统一法律适用的具体方式

当前造成人民法院内部法律适用不统一的原因是多方面的,既包括立法层面的原因,如法律条文过于原则和抽象以及法律规定的滞后性,无法解决具体案件中的法律适用问题,也包括司法层面的原因,如不同的审判机关、不同的审判领域、不同的审判组织对相关法律问题的认识不一致;既包括价值观层面的原因,如不同的法官对不同价值的选择或衡量有所侧重从而导致不同的裁判结果,也包括方法论层面的原因,如不同的法官选择不同的法律解释方法从而导致法律适用结果的不同;等等。审判委员会制度作为我国人民法院内部统一法律适用机制的重要内容,应当针对法律适用不统一的主要原因,明确其统一法律适用的具体方式。结合我国法院审判工作实际,审判委员会制度统一法律适用的方式主要包括以下几种方式:一是制定规范性文件。如最高人民法院审判委员会通过发布司法解释、司法文件等统一全国法院相关问题的法律适用标准,中、高级人民法院审判委员会通过发布规范性意见以及相关法律问题的解答统一本院及辖区法院的法律适用问题。二是发布典型性案例。如最高人民法院通过发布指导性案例,规范全国法院对于相关问题的法律适用标准;其他各级法院通过发布参阅案例、典型案例等各种参考性案例为本院审判组织以及辖区法院处理类似法律适用问题提供参考和借鉴。三是审理特定案件中的法律适用问题。各级人民法院的审判委员会通过讨论决定特定案件中的法律适用问题,既能够确保相关案件在司法政策、法律适用方面的有效统一,也为其他类似案件提供指导和借鉴。四是统一行使再审案件决定权。对生效案件提起再审是人民法院审判监督权的重要内容,也是人民法院统一法律适用,主动纠正错误裁判的重要手段。但是由于生效案件系人民法院的审判组织代表人民法院行使审判权的结果,并且已经发生了法律效力,在这种情况下,如果由法院内部的其他普通审判组织行使案件再审决定权,一方面难以维护法院的司法权威，另一方面也难以做到裁判尺度的统一，因此由作为最高审判组织的审判委员会来统一行使再审案件决定权，无疑具有最高的司法权威性，也有利于做到本院范围内案件再审标准的尺度统一。对于本院已经发生法律效力的判决、裁定确有错误需要提起再审的案件应当由本院的审判委员会统一行使决定权。五是管理、监督其他审判组织的审判行为。授予审判委员会管理、监督本院其他审判组织及下级法院审判委员会审判行为的职权。通过统一其他审判组织及下级法院审判委员会司法审判程序的运行、证据规则及法律解释方法的运用以及自由裁量权的行使等，切实规范和统一不同审判组织的审判行为，从而为法律适用的有效统一提供可靠保证。

3. 以统一法律适用为标准确定审判委员会审理案件的范围和对象

审判委员会的功能作用主要在于统一相关案件的司法政策及法律适用问题，因此从审判委员会统一法律适用的功能定位来看，审判委员会行使案件审判权的对象和范围应当主要限于需要统一法律适用的案件以及案件当中的法律适用问题。目前我国审判委员会讨论案件的类型过于宽泛，既造成了审判委员会制度功能的失衡，也与审判委员会统一法律适用的核心功能不符。因此，在审判委员会制度改革过程中，应当将是否需要统一法律适用作为判定案件是否应当提交审判委员会讨论的主要依据，建议将审判委员会讨论的案件种类限定为以下几种类型：(1)涉及国家外交、国家安全和社会稳定的案件；(2)拟判处死刑立即执行的案件；(3)合议庭经过两次合议仍然无法形成多数意见的案件；(4)本院的不同审判组织对类似案件的处理意见不一致、可能作出不同判决结果的案件；(5)拟作出的裁判结果有可能推翻之前已经形成的法律认识或者审判惯例的案件；(6)法律没有明确规定需要统一法律适用的新类型案件。由于审判委员会的核心功能应当是统一法律适用，审判委员会讨论案件主要是通过解决相关法律适用问题从而达到统一法律适用的目的，因此，审判委员会在审理案件过程中应当主要审理法律适用问题，原则上不审理事实认定问题。

4. 以统一法律适用为重点及时总结审判经验

所谓审判经验，是指通过长期的审判实践所积累的有关审判工作的知识和技能，是能够有效指导审判工作顺利开展的好的做法或方法。司法实践中审判经验主要包括以下几个方面：一是案件审判方面的经验，如具有典型指导意义的个案经验以及具有普适意义的类案经验等；二是审判管理方面的经验，如人民法院管理、监督审判工作，落实司法责任制的经验等；三是审判工作机制方法方面的经验，如构建多元纠纷解决机制的经验、涉诉信访化解经验等。在上述审判经验当中，案件审判方面的经验对于人民法院统一法律适用具有重要意义，也是各级人民法院审判委员会应当重点发挥作用的领域。具体而言，最高人民法院作为我国的最高审判机关，主要侧重于总结全国范围内具有普遍法律适用意义的案件审判经验，制定司法政策和审判规则，发布司法解释和指导案例，维护法制的统一，监督指导全国审判工作。高级人民法院作为众多中级人民法院和基层人民法院的上级法院，其主要职能为审判指导，侧重于总结辖区范围内某一审判领域或某项审判工作中具有典型示范意义的案件审判经验，形成规范性文件或参考性案例，在辖区范围内开展审判指导。中级人民法院作为主要的上诉审法院，其主要职能为"依法纠错，定分止争"，主要通过总结疑难、复杂、新类型案件审判经验，以定期召开辖区法院审判工作座谈会等形式，解决具有普遍适用意义的法律问题，统一辖区法院的法律适用。基层人民法院侧重于纠纷解决、化解矛盾，因此应当及时总结和解决类型化案件中法律适用不明确的新类型问题，以及具有较强实用性、能够有效指导审判工作的工作规则，用以指导基层审判实践。

5. 以统一法律适用为目的加强审判委员会的审判管理监督职能

一是加强对审判工作运行态势的分析和研判。审判委员会定期听取并审议本院审判管理部门关于全院审判工作运行态势的分析报告。审判委员会在对报告进行审议的基础上可以制定相应的对策措施，并要求全院各部门遵照执行。二是加强对全院各领域审判职能发挥的检查和监督。审判委员会定期听取各审判业务部门的工作报告，对各领域审判执行工作进行评议，对各领域审判执行工作的总体情况进行评价。三是加强对全院各部门审判质效情况的监督和管理。加强对案件质量的监管，定期开展并总结案件评查工作，定期开展审判质量质询工作，定期对审判质效情况进行总结。针对审判质量、审判效率方面存在的问题，分析原因，提出解决问题的对策建议并制定相应的制度规范。四是加强对全院审判管理工作的组织和领导。审判委员会发挥审判管理龙头作用，带领全院审判管理部门及各审判业务部门，从院级管理和庭级管理两个层面，加强审判管理工作，形成法院内部配合流畅的审判管理体系以及分工合理、体系完善、高效统一的审判管理工作格局。五是加强对其他审判组织和个人审判行为的监督和制约。对于当事人在诉讼过程中根据我国诉讼法及其他法律、司法解释的规定，就合议庭组成人员的回避、调查收集证据申请、保全及先予执行裁定、妨害民事诉讼强制措施中的罚款及拘留决定、执行异议裁定等事项提出的复议申请，原则上应当由审判委员会作出复议决定。

（三）健全完善审判委员会的案件审理程序

行使案件审判权是审判委员会职责的重要内容，也是审判委员会制度统一法律适用的必然要求。审判委员会作为人民法院内部的最高审判组织，与其他普通审判组织相比，承担的是一种特殊的审判职能，即统一人民法院内部的法律适用问题。因此，审判委员会属于人民法院内部的一类特殊审判组织形式，行使的是特殊审判权，主要审理特定案件（即需要统一法律适用案件）当中的法律适用问题。在审判委员会制度改革过程中，应当针对审判委员会行使审判权的特点，围绕审判委员会审理案件的对象和范围，建立既能满足审判委员会工作实际，又符合审判规律要求的案件审理程序。

1. 明确审判委员会审理案件的组织形式

对于设立了专业审判委员会的法院，审理特定案件的职能可以通过审判委员会授权的方式由专业审判委员会代表审判委员会具体行使。对于没有设立专业审判委员会的法院，审理特定案件的职能则由审判委员会全体委员会来具体行使。

2. 建立审判委员会审理案件的移转程序

所有需要审判委员会进行审理的案件，首先都由其他合议庭或者独任制审判员进行审理，审判委员会一般不直接受理案件。合议庭或者独任制审判员在审理案件过程中，如果发现案件属于审判委员会审理案件的情形和范围，应当向审判委员会提出申请，并且制作关于将案件提交审判委员会审理的申请报告。院庭长在履行审判管理、监督职责过程中，如果发现案件应属于审判委员会审理范围的，也可以要求相关审判组织提出案件移转申请。申请报告中应当对案件提交审判委员会审理的理由和依据、拟提交审判委员会审理的具体事项以及合议庭或独任制审判员已经审理查明的基本案件事实进行全面阐述。申请报告应当提交审判委员会的专职办事机构，并由专门人员负责审查。审查的重点主要是案件是否属于审判委员会审理案件的范围和情形，拟提交审判委员会审理的问题和事项是否具体明确，合议庭查明的案件基本事实是否清楚，提请讨论的问题是否包含事实问题等。对于不符合移转条件的申请，审判委员会专职办事机构应当退回原审判组织或者经过补正后重新提交。对于符合移转条件的申请，由审判委员会专职办事机构作出关于将相关案件移转审判委员会审理的决定。原审判组织应当将相关案件材料向审判委员会进行移送并且由审判委员会对相关案件继续审理。

3. 建立审判委员会审理案件的审前准备程序

对于其他审判组织移转给审判委员会审理的案件，负责审理案件的审判委员会或者专业审判委员会应当指定一名委员作为该案件的承办委员，由该承办委员具体负责案件审理的审前准备工作并向审判委员会或专业审判委员会进行报告。承办委员的具体职责包括：一是向原审判组织全面了解案件情况，包括案件的基本事实情况、存在的法律争议、需要审判委员会或专业审判委员会审理或讨论决定的法律适用问题等；二是代表审判委员会或专业审判委员会组织案件当事人进行谈话，告知当事人案件已经移转审判委员会审理的决定，告知当事人审判委员会或专业审判委员会委员的具体人员名单并且询问当事人是否申请委员回避，就审判委员会拟审理的具体问题和事项听取当事人的意见等；三是将原审判组织查明的案件事实情况、提交审判委员会审理的具体问题和事项、前期准备工作的完成情况以及当事人的主要意见等形成书面报告并提交给审判委员会专职办事机构，按照审判委员会委员的人数印制案件材料并且提供给审判委员会或专业审判委员会全体委员。

4. 明确审判委员会审理案件的具体方式

审判委员会或专业审判委员会审理案件的方式主要包括开庭审理和书面审理两种方式。审判委员会或专业审判委员会审理案件原则上只审理法律适用问题，而不审理事实认定问题。如果审判委员会或专业审判委员会在审理案件过程中发现案件的相关事实不清，可以要求原审判组织就相关事实问题进行补充审理。如果案件的关键事实问题存在重大争议或者事实问题与法律问题相互交织无法区分的情况下，审判委员会或专业审判委员会可以将相关事实问题与法律问题一并进行审理，并且按照直接、言词原则的要求，通过开庭的方式进行审理。如果提交审判委员会审理的案件仅涉及法律适用问题而不涉及事实认定问题，那么审判委员会或专业审判委员会也可以通过书面的方式进行审理。

对于开庭审理的案件，审判委员会或专业审判委员会应当提前3日告知各方当事人开庭日期、时间及地点。庭审过程中，应当由院长或者专业审判委员会中资历最高的法官主持庭审程序。审判委员会或者专业审判委员会的全体委员不得缺席庭审。审判委员会开庭审理的程序除了法律明确规定以外，可以参照诉讼法中关于合议庭开庭审理的程序进行，按照法庭调查、举证质证、法庭辩论、最后陈述的顺序依次进行。

对于不开庭审理的案件，审判委员会或者专业审判委员会的全体委员应当通过查阅电子卷宗的方式进行阅卷，查找相关法律规定，了解相关理论依据，结合已经查明的案件事实，形成关于相关法律问题以及案件处理结果的书面意见。

5. 完善审判委员会审理案件的合议程序

合议程序是审判委员会审理案件的关键环节，也是审判委员会发挥合议制功能、实现集体决策的重要保证。要在合议过程中贯彻民主集中制原则，落实合议制规则，确保审判委员会合议功能的有效实现。原则上所有的审判委员会或者专业审判委员会委员都应当参加合议程序。如果有委员由于正当原因未参加合议程序的，应当在事后征求该委员的意见，并作为合议结果的依据。合议程序由院长或专业审判委员会中资历最高的法官主持。原审判组织成员及审判委员会专职秘书应当列席审判委员会的合议程序。审判委员会审理的案件属于检察院抗诉案件的，相关检察院的检察长可以列席审判委员会的合议程序。在表决过程中，所有的审判委员会或者专业审判委员会委员对表决事项必须明确表达表决意见，不得投弃权票或者发表模棱两可的意见。审判委员会或专业审判委员会在合议案件过程中，应当坚持保密原则，除了上述人员以外，其他人员原则上不得参加，并且所有参加或列席合议程序的人员均负有保密义务，在案件宣判前不得对外透露审判委员会或专业审判委员会的合议结果。

合议程序主要分为以下几个环节：案件承办委员向审判委员会或专业审判委员会报告案件基本情况及案件的审理情况，审判委员会或专业审判委员会委员向原审判组织核实案件基本事实，审判委员会或专业审判委员会委员就提交审判委员会讨论的具体事项进行自由讨论，审判委员会或专业审判委员会委员按照资历由低到高的顺序发表各自的评议意见，审判委员会或专业审判委员会的主持人对评议意见进行归纳总结并明确表决事项，审判委员会或专业审判委员会委员就表决事项及最终的处理结果进行表决，审判委员会秘书根据审判委员会或专业审判委员会全体委员的表决结果、按照少数服从多数的原则形成审判委员会决议。审判委员会或专业审判委员会的合议程序应当全程录音录像并制作合议笔录。合议程序结束后，审判委员会或专业审判委员会全体委员应当在合议笔录以及决议上签字。

（四）规范审判委员会的其他工作流程

1. 健全完善审判经验的总结运用程序

总结审判经验是审判委员会的重要职责，也是审判委员会统一法律适用最重要、最有效的方式和手段。审判委员会总结审判经验主要通过制定司法解释、指导性意见、规范性文件以及发布指导案例、参阅案例、典型案例等方式实现。审判委员会在总结审判经验过程中应当充分发扬民主精神，集思广益，通过民主集中的方式切实发现并形成能够有效指导人民法院审判实践的审判经验，并促进审判实践中的有效运用。

（1）健全审判经验的发现机制

加强对审判委员会审理案件的总结梳理。对于经过审判委员会审理的案件，应当建立案件档案，详细记载案件基本情况、审判委员会审理情况以及案件最终处理情况。在此基础上应当对案件的争议焦点、审判思路、审判规则以及案件启示等问题进行总结，定期进行汇总，提供给本院以及下级法院审判人员参考。对于审理案件过程中发现的审判工作中存在的普遍性、典型性问题，审判委员会可以要求相关部门就相关事项进行专项调研并提出解决对策。加强审判委员会对案例工作的组织管理，注重精品案例的培育和选拔，挖掘具有指导意义的典型案例。加强司法调研工作。审判委员会应切实发挥领导作用，认真组织开展法院调研工作，从审判工作实际以及工作需要出发，研究确定调研选题，审核讨论调研成果，积极推动调研成果的转化和运用，使法院的司法调研工作更好地服务保障审判执行工作。

(2)健全审判经验的形成机制

对于审判委员会在履职过程中发现的应当形成制度规范的审判经验，可以由审判委员会委员向审判委员会提出议案。对于其他审判组织发现的需要提交审判委员会总结的审判经验由该审判组织所在部门的院庭长向审判委员会提出议案。议案经审判委员会专职机构审查后，会同相关业务部门或其他综合职能部门，对所提经验进行调查、收集、整理和分析，形成初步建议向审判委员会提交，经审判委员会按照民主集中制原则审议通过后，指定承办委员及相关部门着手开展调研工作并制定相关制度规范。

(3)健全审判经验的运用机制

对于案件审理及讨论过程中发现并总结形成的经验，可以形成指导审判工作的规范性文件下发执行，确保本院及辖区内法院裁判尺度的统一；对于经济社会发展中出现的新类型案件或专业化审判过程中发现的典型示范意义案件总结形成的经验，可以通过发布指导案例或参考案例，保证司法尺度和裁判标准的统一；对于案件审判经验的总结除了上述适用形式外，还可以通过辖区法院研讨会、审判工作交流会等形式统一辖区内裁判尺度；也可以通过经验交流会、讲评大会、培训等形式提高本院法官的司法技能。此外，审判委员会形成的审判经验总结材料，除在本级及辖区内法院发布外，还应向上级法院逐层报送，供上级法院在总结审判经验时参考。

2. 健全完善审判委员会的审判监督程序

审判监督既是审判委员会制度的重要职能，也是审判委员会制度统一法律适用的有效手段和方式。通过对其他普通审判组织审判行为进行有效监督，纠正司法活动过程中的错误行为或结果，从而达到统一法律适用、维护司法权威的目的和作用。建议在审判委员会制度改革过程中，明确赋予审判委员会三项审判监督职权，分别是案件再审决定权、复议事项决定权以及差错案件认定权。对于设立专业审判委员会的人民法院，上述审判监督职责可以根据案件以及事项类型分别由各专业审判委员会行使，对于没有设立专业审判委员会的人民法院，上述审判监督职责则应当由全体审判委员会共同行使。审判委员会或者各专业审判委员会在行使上述审判监督职权过程中，应当实行民主集中制的表决原则，即表决结果应当根据审判委员会或者各专业审判委员会委员人数过半数的意见作出。

(1)案件再审决定权的行使

《人民法院组织法》规定，各级人民法院院长对本院已经发生法律效力的判决和裁定，如果发现在认定事实上或者在适用法律上确有错误，必须提交审判委员会处理。我国的《刑事诉讼法》、《民事诉讼法》以及《行政诉讼法》均对审判委员会行使本院生效案件再审决定权作出了明确的规定。

建议将人民法院现有的申诉审查程序作为审判委员会讨论决定案件提起再审的前置程序。即由各人民法院的申诉审查部门统一对可能存在认定事实错误或适用法律错误的本院生效案件进行审查。对于申诉审查部门经审查认为确实存在认定事实错误或适用法律错误的本院生效案件，由申诉审查部门向审判委员会专职机构提出案件提交审判委员会或专业审判委员会讨论的申请，并且明确提交的原因和理由。审判委员会或专业审判委员会在讨论过程中，主要围绕申诉审查部门的审查意见进行讨论，并就该案是否应当提起再审进行表决。作出原判决或裁定的合议庭以及法官可以列席审判委员会会议，并就相关情况进行解释和说明。对于审判委员会或专业审判委员会讨论认为应当提起再审的案件，应当制作将相关案件提起再审的裁判文书，并由审判委员会或专业审判委员会的主持人负责签发。

（2）复议事项决定权的行使

我国的三大诉讼法均对诉讼当事人的复议申请权作出了明确规定。如《民事诉讼法》第47条规定，人民法院对当事人提出的回避申请，应当在申请提出的3日内，以口头或者书面形式作出决定。申请人对决定不服的，可以在接到决定时申请复议一次。人民法院对复议申请，应当在三日内作出复议决定，并通知复议申请人。又如第108条规定，当事人对保全或者先予执行的裁定不服的，可以申请复议一次。对于上述复议事项的决定权，建议由审判委员会统一行使，从而更好地发挥对其他普通审判组织的监督作用。

对于诉讼当事人提出的各类复议申请，原审判组织应当及时提交审判委员会或专业审判委员会的专职机构。审判委员会或各专业审判委员会可就相关复议事项召开临时会议，并由原审判组织成员到会说明情况。审判委员会或专业审判委员会对复议事项进行表决并且制作复议决定书，决定书应当由审判委员会或专业审判委员会的主持人负责签发并由原审判组织送达复议申请人。

（3）差错案件认定权的行使

差错案件认定是开展绩效考评、追究司法责任的重要依据，同时也是一项专业性很强的司法活动。由人民法院内部的最高审判组织审判委员会来行使差错案件认定权，既能够满足差错案件认定的专业化要求，也能够保障差错案件认定的公正性与权威性。

人民法院内部的审判管理部门应当定期对本院被改判、发回重审等类案件开展案件质量评查工作，并且制作案件评查报告。对于经过案件评查，认为可能构成差错案件的，审判管理部门应当将案件评查报告提交给审判委员会或专业审判委员会的专职机构。审判委员会或专业审判委员会每年应当定期召开案件质量评查专题会议，对可能构成差错的案件进行讨论。相关案件的原审判组织成员可以到会说明情况，并且接受审判委员会或专业审判委员会的询问。审判委员会或专业审判委员会在讨论的基础上应当就相关案件是否构成差错案件以及差错案件的等级进行表决。差错案件的认定决定经过审判委员会或专业审判委员会主持人签发后，应当在全院范围内进行公示，并作为差错案件认定的基本依据。审判委员会在认定差错案件过程中，如果发现差错案件还存在其他违纪甚至违法线索的，应当将相关案件线索向纪检监察部门移送。

3. 健全完善审判委员会的审判管理程序

开展审判管理是人民法院审判工作的内在需要，也是人民法院各审判组织、审判机构有效运转的必然要求。基于人民法院内部最高审判组织的特殊地位，审判委员会在人民法院审判管理工作中处于龙头地位，对于规范人民法院的审判行为，提高人民法院的审判质效，统一人民法院的法律适用都发挥着十分重要的作用。审判管理职责原则上由审判委员会全体委员会共同行使，对于涉及某个专业领域的事项，审判委员全体委员会也可以授权给专业审判委员会行使。审判委员会履行审判管理职责的方式主要是召开审判委员会会议，听取各相关部门的工作报告，并且按照民主集中制的原则对工作报告进行讨论和审议，针对审判工作中的问题，提出对策措施，并且要求责任部门具体贯彻和落实。

(1)分析研判审判工作运行态势

审判管理部门作为全院审判管理专职机构，每季度应当向审判委员会报告一次全院审判工作运行态势分析，就上一季度审判工作运行情况、下一季度面临的形势任务以及可能出现的情况和问题、需要采取的对策和措施等事项向审判委员会进行汇报。审判委员会在对审判工作运行态势分析报告进行审议的基础上，可以要求各相关部门采取相应措施应对审判工作中可能出现的各种困难和问题。当审判工作出现重大事项，法院工作形势任务发生重大变化时，审判委员会也可以要求相关部门就相关情况进行专项报告并提出对策建议。审判委员会在对报告进行审议的基础上可以提出相应的对策措施，并要求本院各部门遵照执行。

(2)听取各审判领域的工作报告

各审判业务部门应当定期向审判委员会全面报告工作。报告的内容应当包括本领域审判工作取得的主要工作成效、总结的审判工作经验、审判工作中存在的主要问题和不足、面临的形势和任务以及今后的工作思路等。审判委员会要对各领域审判执行工作进行全面的评议，对各领域审判执行工作的总体情况进行评价，指出审判执行工作中存在的主要问题和不足，对相关领域审判执行工作进行指导并提出改进相关工作的意见和建议。报告工作、接受评议的部门应当按照审判委员会的工作要求，针对工作中存在的问题和不足积极进行整改，努力提高本部门的审判工作水平。另外，审判委员会可以要求相关责任部门就某项重点工作进行专项工作报告，详细了解重点工作的进展情况、完成情况以及遇到的困难和问题，督促相关部门推动重点工作落实，总结工作经验，提高工作成效。

(3)开展审判质效管理

加强对改判发回重审案件的监管。审判管理部门应当定期对本院被改判、发回重审案件进行一次全面的总结梳理，分析案件被改判发回重审的主要原因，总结审判工作中的经验教训，提出改进审判执行工作的对策和建议。审判管理部门要就本院案件被改判发回情况向审判委员会进行一次专题报告，由审判委员会对工作报告进行审议。工作报告经审判委员会审议通过后，应当在全院范围内进行公布，供全院法官参考借鉴。定期开展审判质量质询工作。审判委员会定期召开审判质量质询大会，分别对出现中、大差错案件的个人和部门、发生重大信访责任的个人和部门以及在审判质效考评排名中连续靠后的部门进行质询。相关责任主体以及部门负责人应当就审判质效方面存在的问题向审判委员会说明情况，深刻剖析产生问题的原因，汇报责任查究、整改方案以及落实情况，并且接受审判委员会的质询。定期对审判质效情况进行总结分析。审判管理部门每年应当对全院审判质效情况进行一次全面的总结分析，重点查找全院审判质效方面存在的突出问题，分析存在问题的主要原因，提出解决问题的对策建议，并且对全院在审判质效管理方面取得的工作经验进行总结。人民法院的审判管理部门应当定期就本院审判质效情况向本院的审判委员会进行专项报告。

（五）加强审判委员会委员履职保障和监督

1. 建立审判委员会委员的履职保障制度

审判委员会委员依法履行职责不受行政机关、社会团体和个人的干涉，任何组织和个人违法干预、过问、插手委员行使审判职权的，应当依照《领导干部干预司法活动、插手具体案件处理的记录、通报和责任追究规定》和《司法机关内部人员过问案件的记录和责任追究规定》予以记录、通报和追究责任。

审判委员会委员依法审理案件或者履行其他工作职责，除确有证据证明存在贪污受贿、徇私舞弊、枉法裁判等严重违纪违法和违反法官职业道德的行为以外，其委员资格不得被随意暂停或终止。

2. 强化审判委员会履职的服务保障

成立专门的审判委员会办公室，设立专职的审判委员会秘书，专门从事审判委员会的履职保障工作，主要包括：在准备阶段，对准备提交审判委员会审理的案件材料进行形式审查和把关，至少于开会前3个工作日送交各委员；确定审判委员会审理讨论案件和研究事项的顺序，并于会议召开前3个工作日通知与会人员。在开会期间，认真做好审判委员会会议记录工作，并将会议记录交由参加讨论和表决的委员签字；草拟审判委员会会议纪要和决定。在审判委员会闭会期间，保管审判委员会会议记录，年末交档案部门存档；负责院长和审判委员会交办的其他工作，做好充分全面的履职服务。

对于审判委员会审理案件的后续审理情况以及审判委员会关于重大事项决议的落实情况进行跟踪反馈，由审判委员会办公室定期进行汇总分析，并向审判委员会定期进行报告。对经审判委员会审理的案件定期汇总成册，并总结梳理形成裁判要旨，用以指导本院的审判工作，统一本院及下级法院的裁判尺度。对于审判委员会布置的重点工作，应当明确责任部门，切实采取有效措施推动落实，并及时向审判委员会进行报告。

3. 厘清审判委员会及委员的司法责任和纪律责任

对于审判委员会审理的案件，区分事实认定错误或法律适用错误确定司法责任的承担主体。鉴于审判委员会主要审理案件的法律适用问题，对于提交审判委员会审理的案件，原则上应当明确原审判组织对庭审查明的案件事实负责，审判委员会主要就自行查明的案件事实、法律适用问题以及案件的最终处理结果负责。如果由于原审判组织违背证据规则导致查明的案件事实错误的，原审判组织应当就错误的事实认定行为承担相应的司法责任。如果原审判组织故意隐瞒主要证据或者重要情节，或者故意提供虚假情况，导致审判委员会错误决定的，原审判组织应当就其行为承担司法责任。如果由于审判委员会法律适用错误导致案件处理结果错误的，审判委员会应当就错误的法律适用行为承担相应的司法责任。

审判委员会委员对其履行审判职责的行为承担责任，在职责范围内对办案质量终身负责。审判委员会讨论案件如果违反民主集中制原则，导致审判委员会错误决定的，主持人应当承担相应的司法责任。如果审判委员会错误适用法律造成了错案，则应根据委员个人发表意见的情况来决定司法责任的承担，既包括审判委员会委员讨论案件时，故意违反法律规定或者歪曲事实、曲解法律的实体问题，也包括违反民主集中原则进行发言和表决的程序问题。构成违法审判责任追究情形的，依照最高人民法院《关于完善人民法院司法责任制的若干意见》和相关法律法规处理。

明确审判委员会委员的政治纪律、审判纪律、组织纪律,健全审判委员会委员的行为规范以及行为准则。强化审判委员会委员的保密责任,审判委员会委员对履职过程中获取的相关审判信息应当严格保密,不得私自复印、摘抄和外传。如果参加审判委员会会议的人员违反保密原则,造成案件泄密并且造成严重后果的,应当追究相关人员的责任。

4. 建立审判委员会委员的履职评价制度

各级人民法院应当对审判委员会委员出席会议、发表意见、审理案件、违反职责行为等建立委员履职档案,纳入法官及领导干部考核体系,作为委员评价、监督、问责的基本依据。探索设立由法官代表和社会有关人员组成委员考评委员会,对审判委员会委员的履职情况进行考评监督。考评内容具体包括对业务能力的考核、出勤情况的考核、发表意见和违反职责情况的考核。探索建立审判委员会委员专业水平考核机制,由上一级法院在年末对下级法院审判委员会委员业务知识和能力进行考核,并将考核结果反馈给下级法院的委员考评委员会。审判委员会委员的履职考评情况,经本人确认及院长批准后,应当以适当的方式定期在法院内部进行公示。

关于审判委员会制度改革的若干建议

根据《中共中央关于全面深化改革若干重大问题的决定》关于"改革审判委员会制度"的要求以及最高人民法院关于审判委员会制度改革的探索与实践,课题组在对审判委员会制度的价值和属性、功能和作用、问题和不足等进行深入调研的基础上,就当前审判委员会制度的改革问题提出以下若干意见和建议。

一、审判委员会制度改革的指导思想

审判委员会制度改革的前提是始终坚持审判委员会制度。审判委员会制度作为我国所特有的一项司法制度,具有丰富的内涵属性和重要的制度价值。坚持审判委员会制度是审判委员会制度改革的题中应有之义。实质上废除审判委员会制度或者取消审判委员会的主要职能都不是审判委员会制度改革的正确方向。

审判委员会制度改革的方向是不断完善与发展审判委员会制度。审判委员会制度改革不是要弱化审判委员会的职能,更不是要否定审判委员会的地位和作用,而是要通过优化审判资源配置,完善审判委员会职能作用,健全审判委员会制度的运行机制,从而更好地发挥审判委员会统一法律适用的价值和作用。

审判委员会制度改革的目标是坚持党的领导与审判规律的有效统一、实现民主集中制与审判规则的有机融合。在审判委员会制度改革过程中,必须防止将党的领导与审判规律对立起来的错误思想和倾向,认真研究实现党的领导与审判规律有效统一的路径和方法。

二、审判委员会制度改革的基本原则

（一）坚持党的领导

把党的领导贯彻到依法治国的全过程和各方面，是我国社会主义法治建设的一条基本经验。在审判委员会制度改革过程中，必须将坚持党的领导作为一项基本原则。通过在审判委会制度当中坚持党的政治领导、思想领导和组织领导，落实和体现党对审判工作的正确领导。

（二）坚持审判权的独立行使

坚持审判权的独立行使，既是审判委员会作为最高审判组织的应有之义，也是审判委员会制度的本质要求，更是审判委员会制度能够有效发挥职能和作用的重要前提和基础。在审判委员会制度改革过程中，应当将坚持审判委员会独立行使审判权作为一项重要原则。

（三）坚持合议制的有效运用

合议制既是我国人民法院审判案件的基本制度，也是委员会制度的核心，是委员会制度的应有之意，是审判委员会制度作为人民法院内部落实司法民主制度的重要基础。要通过合议制的有效运用，切实发挥审判委员会制度集体决策、科学决策的制度优势。

三、审判委员会制度改革的实践要求

（一）将统一法律适用作为审判委员会制度的核心功能

统一法律适用是人民法院行使国家审判权的必然要求。审判委员会是人民法院内部唯一的常设性审判组织，具有最高的审判权威，在确保法律统一适用过程中应当而且能够发挥重要作用。坚持审判委员会统一法律适用的核心功能，既是保障人民法院司法公信力的客观需要，也是审判委员会制度存在必要性、合理性以及合法性的重要根据。在审判委员会制度改革过程中，应当始终坚持统一法律适用这一核心功能，并且重点围绕法律统一适用来进行具体的制度设计。

（二）坚持民主集中制在审判委员会制度中的贯彻落实

一是坚持少数服从多数的原则，审判委员会的决议应当根据审判委员会委员的多数意见作出；二是在审级负责的基础上，下级法院审判委员会应当接受上级法院审判委员会的指导和监督；三是在充分发表个人意见的基础上审判委员会委员个人应当服从审判委员会的集体决定；四是审判委员会在履职过程中坚持集体负责与委员分工负责相结合；五是通过民主选举的方式产生审判委员会委员。

（三）采取渐进式的方式推进审判委员会制度改革

审判委员会制度的重要性及复杂性，决定了审判委员会制度应当逐步改革完善，而不能一蹴而就。通过渐进式的改革，既为审判委员会制度的运行积累更多的实践经验，也为审判委员会制度功能的发挥提供有力的制度保障。另外，全国各地法院面临的具体问题也不尽一致，审判委员会制度运行的制度环境存在着很大的差别，这就决定了审判委员会制度改革不能采取激进式、“一刀切”的方式，而应当根据人民法院的地域特点以及层级特点，有的放矢地制定改革措施，从而使审判委员会制度改革真正符合司法审判工作的客观实际,符合中国社会的现实国情需要。

四、审判委员会制度改革的基本步骤

(一)转型和完善

通过改革实现审判委员会制度的自我完善,主要目标是主体上实现审判委员会的专业化;功能上落实和完善审判委员会总结审判经验、讨论重大疑难复杂以及讨论决定审判工作中重大事项等三大职能,切实提高审判委员会统一法律适用的能力和水平;规则上落实民主集中制,同时在讨论案件过程中逐步增加审理制的因素。

(二)发展和超越

通过改革进一步实现审判委员会制度的发展与超越,主要目标是主体上不断提高审判委员会委员的民主化、实现审判委员会的独立性;将审判委员会的核心功能明确界定为统一法律适用,并且围绕统一法律适用这一核心功能明确审判委员会的职权范围;规则上建立民主集中制指引下的完善的审判规则体系,并且对审判委员会行使审判权的方式进行审理制改造。

五、审判委员会制度改革的具体措施

(一)加强审判委员会的组织建设

1. 强化审判委员会作为审判组织的基本特性

审判组织作为代表人民法院专门行使国家审判权的法定组织形式,其特性主要体现为专业性和独立性。审判委员会是人民法院法定的常设性审判组织,在改革完善的过程中,应当着重加强其专业性、独立性建设,进一步强化其作为审判组织的基本特性,从而不断提升其履职的能力与权威性,有效发挥其在统一法律适应方面的功能作用。

2. 实行审判委员会委员的双重员额制

一方面,要在审判委员会委员当中贯彻落实法官员额制改革。作为人民法院内部的最高审判组织,审判委员会委员必须首先具备员额法官的资格和条件。另一方面,要在法官员额制的基础上,进一步实行审判委员会的委员员额制。即根据我国四级法院审判委员会的职能定位以及职责划分情况,明确规定我国四级法院审判委员会委员的员额数量。

3. 逐步提高审判委员会委员的选任标准

第一,要淡化审判委员会委员的行政化色彩,通过改革实行扁平化管理,逐步减少人民法院内部的机构设置,减少院庭长的人员数量,并在此基础上逐渐改变目前院、庭领导当然成为审判委员会委员的惯例和做法。第二,应当对审判委员会委员的任职资格和条件作出比员额法官更加严格的规定和要求。第三,审判委员会委员任职前必须通过专门的审判委员会委员的资格考试,考试通过后才具备担任审判委员会委员的资格和条件。第四,探索建立从上级法院遴选法官担任下级法院审判委员会委员的做法,既促进上下级法院之间优秀审判资源的双向流动,同时也进一步提高和促进各级审判委员会委员的能力和素质。

4. 建立专业审判委员会

在审判实践当中,各级法院可以根据各自的审判工作需要设立专业审判委员会,但不作强制性规定。专业审判委员会根据本院审判委员会授权履行相应职责,专业审判委员会隶属于审判委员会,其权力和职责均源自审判委员会的授权。通过成立专业审判委员会,一方面弥补审判委员会委员专业比较分散,专业领域审判能力有所欠缺的问题;另一方面,实现审判组织的小型化、专业化,从而为审判委员会直接审理重大疑难案件奠定基础,创造条件。

5. 建立审判委员会委员的民主选举制度

在实行审判委员会委员员额制、切实提高审判委员会的专业化水平的基础上,将来在条件成熟时,应当进一步贯彻民主集中制的要求,探索建立审判委员会委员的民主选举制度。审判委员会委员应当从符合特定政治素质、业务能力、审判经验的法官当中选举产生。由遴选委员会通过择优选拔的方式产生审判委员会的候选委员,在审判委员会委员出现空缺的情况下,由遴选委员会报请人民代表大会选举产生并正式任命。

6. 建立相对独立的审判委员会组织体系

鉴于各级人民法院的审判委员会是人民法院内部唯一的常设性审判组织,核心功能都是统一法律适用,运行规则上均实行民主集中制,建议在将来条件成熟时,可以考虑将审判委员会改造成为人民法院内部相对独立的审判组织体系,作为人民法院统一法律适用机制的重要制度和内容,集中发挥统一法律适用的功能和作用。

(二)强化审判委员会统一法律适用的功能定位

1. 明确审判委员会的性质地位

审判委员会在制度运行过程中,以统一我国法院法律适用为核心,事实上行使了包括案件审判权、审判监督、审判管理等在内的重大审判职权,履行了包括总结审判经验、开展审判管理、讨论决定再审案件、讨论审判工作中重大事项的重要工作职责,既是代表人民法院行使国家审判权的重要审判组织,也是人民法院内部的重要审判工作议事机构。鉴于审判委员会在人民法院组织架构当中的重要地位和作用,建议明确审判委员会作为人民法院最高审判组织和审判工作议事机构的性质和地位。

2. 明确审判委员会统一法律适用的具体方式

审判委员会的全部职能应当重点围绕统一法律适用进行设置。审判委员会制度作为人民法院统一法律适用的重要机制,应当针对造成法律适用不统一的主要原因,明确其统一法律适用的具体方式。具体包括:一是制定规范性文件;二是发布典型性案例;三是审理特定案件中的法律适用问题;四是统一行使再审案件决定权;五是管理、监督其他审判组织的审判行为。

3. 以统一法律适用为标准确定审判委员会审理案件的范围和对象

审判委员会讨论的案件类型应当限于需要统一法律适用的案件。建议将审判委员会讨论的案件种类限定为以下几种类型:(1)涉及国家外交、国家安全和社会稳定的案件;(2)拟判处死刑立即执行的案件;(3)合议庭经过两次合议仍然无法形成多数意见的案件;(4)本院的不同审判组织对类似案件的处理意见不一致、可能作出不同判决结果的案件;(5)拟作出的裁判结果有可能推翻之前已经形成的法律认识或者审判惯例的案件;(6)法律没有明确规定需要统一法律适用的新类型案件。由于审判委员会的核心功能应当是统一法律适用,审判委员会讨论案件主要是通过解决相关法律适用问题从而达到统一法律适用的目的,因此,审判委员会在审理案件过程中应当主要审理法律适用问题,原则上不审理事实认定问题。

4. 以统一法律适用为重点及时总结审判经验

最高人民法院主要侧重于总结全国范围内具有普遍法律适用意义的案件审判经验,制定司法政策和审判规则,发布司法解释和指导性案例,维护法制的统一,监督指导全国审判工作。高级人民法院主要侧重于总结辖区范围内某一审判领域或某项审判工作中具有典型示范意义的案件审判经验,形成规范性文件或参考性案例,在辖区范围内开展审判指导。中级人民法院主要通过总结疑难、复杂、新类型案件审判经验,解决具有普遍适用意义的法律问题,以定期召开辖区法院审判工作座谈会等形式,统一辖区法院的法律适用。基层人民法院主要侧重于及时总结和解决类型化案件中的法律适用不明确的新类型问题,以及梳理某些实用性审判技巧并形成工作规则,用以指导基层审判实践。

5. 以统一法律适用为目的加强审判委员会的审判管理监督职能

一是加强对审判工作运行态势的分析和研判。定期听取并审议本院审判管理部门关于全院审判工作运行态势的分析报告。二是加强对全院各领域审判职能发挥的监督和制约。定期听取各审判业务部门的工作报告,对各领域审判执行工作进行评议,对各领域审判执行工作的总体情况进行评价,对相关领域审判执行工作进行指导并提出改进相关工作的意见和建议。三是加强对全院各部门审判质效情况的监督和管理。加强对案件质量的监管,定期组织开展并总结案件评查工作,评定差错案件。定期开展审判质量质询工作,对审判质效情况进行总结分析。四是加强对全院审判管理工作的组织和领导。发挥审判管理龙头作用,形成法院内部配合流畅的审判管理体系以及分工合理、体系完善、高效统一的审判管理工作格局。五是加强对其他审判组织和个人审判行为的监督和制约。对于当事人在诉讼过程中根据我国诉讼法及其他法律、司法解释的规定,就合议庭组成人员的回避、调查收集证据申请、保全及先予执行裁定、妨害民事诉讼强制措施中的罚款及拘留决定、执行异议裁定等事项提出的复议申请,原则上应当由审判委员会作出复议决定。

(三)健全完善审判委员会的案件审理程序

1. 明确审判委员会审理案件的组织形式

对于设立了专业审判委员会的法院,审理特定案件的职能可以通过审判委员会授权的方式由专业审判委员会代表审判委员会具体行使。对于没有设立专业审判委员会的法院,审理特定案件的职能则由审判委员会全体委员会来具体行使。

2. 建立审判委员会审理案件的移转程序

合议庭或者独任制审判员在审理案件过程中,如果发现案件属于审判委员会审理案件的情形和范围,应当向审判委员会提出申请,并且制作关于将案件提交审判委员会审理的申请报告。院、庭长在履行审判管理、监督职责过程中,如果发现案件应属于审判委员会审理范围的,也可以要求相关审判组织提出案件移转申请。申请报告中应当对案件提交审判委员会审理的理由和依据、拟提交审判委员会审理的具体事项以及合议庭或独任制审判员已经审理查明的基本案件事实进行全面阐述。申请报告应当提交审判委员会的专职办事机构,并由专门人员负责审查。审查的重点主要是案件是否属于审判委员会审理案件的范围和情形，拟提交审判委员会审理的问题和事项是否具体明确，合议庭查明的案件基本事实是否清楚，提请讨论的问题是否包含事实问题，等等。对于不符合移转条件的申请，审判委员会专职办事机构应当退回原审判组织或者经过补正后重新提交。对于符合移转条件的申请，由审判委员会专职办事机构作出关于将相关案件移转审判委员会审理的决定。原审判组织应当将相关案件材料向审判委员会进行移送并且由审判委员会对相关案件继续审理。

3. 建立审判委员会审理案件的审前准备程序

对于其他审判组织移转给审判委员会审理的案件，负责审理案件的审判委员会或者专业审判委员会应当指定一名委员作为该案件的承办委员，由该承办委员具体负责案件审理的审前准备工作并向审判委员会或专业审判委员会进行报告。承办委员的具体职责包括：一是向原审判组织全面了解案件情况，包括案件的基本事实情况、存在的法律争议、需要审判委员会或专业审判委员会审理或讨论决定的法律适用问题等；二是代表审判委员会或专业审判委员会组织案件当事人进行谈话，告知当事人案件已经移转审判委员会审理的决定、告知当事人审判委员会或专业审判委员会委员的具体人员名单并且询问当事人是否申请委员回避、就审判委员会拟审理的具体问题和事项听取当事人的意见等；三是将原审判组织查明的案件事实情况、提交审判委员会审理的具体问题和事项、前期准备工作的完成情况以及当事人的主要意见等形成书面报告并提交给审判委员会专职办事机构，按照审判委员会委员的人数印制案件材料并且提供给审判委员会或专业审判委员会全体委员。

4. 明确审判委员会审理案件的具体方式

审判委员会或专业审判委员会审理案件的方式主要包括开庭审理和书面审理两种方式。审判委员会或专业审判委员会审理案件原则上只审理法律适用问题，而不审理事实认定问题。如果审判委员会或专业审判委员会在审理案件过程中发现案件的相关事实不清，可以要求原审判组织就相关事实问题进行补充审理。如果案件的关键事实问题存在重大争议或者事实问题与法律问题相互交织无法区分的情况下，审判委员会或专业审判委员会可以将相关事实问题与法律问题一并进行审理，并且按照直接、言词原则的要求，通过开庭的方式进行审理。如果提交审判委员会审理的案件仅涉及法律适用问题而不涉及事实认定问题，那么审判委员会或专业审判委员会也可以通过书面的方式进行审理。

对于开庭审理的案件，审判委员会或专业审判委员会应当提前三日告知各方当事人开庭日期、时间及地点。庭审过程中，应当由院长或者专业审判委员会中资历最高的法官主持庭审程序。审判委员会或者专业审判委员会的全体委员不得缺席庭审。审判委员会开庭审理的程序除了法律明确规定以外，可以参照诉讼法中关于合议庭开庭审理的程序进行，按照法庭调查、举证质证、法庭辩论、最后陈述的顺序依次进行。

对于不开庭审理的案件，审判委员会或者专业审判委员会的全体委员应当通过查阅电子卷宗的方式进行阅卷，查找相关法律规定，了解相关理论依据，结合已经查明的案件事实，形成关于相关法律问题以及案件处理结果的书面意见。

5. 完善审判委员会审理案件的合议程序

合议程序是审判委员会审理案件的关键环节，也是审判委员会发挥合议制功能，实现集体决策的重要保证。要在合议过程中贯彻民主集中制原则，落实合议制规则，确保审判委员会合议功能的有效实现。原则上所有的审判委员会或者专业审判委员会委员都应当参加合议程序。如果有委员由于正当原因未参加合议程序的，应当在事后征求该委员的意见，并作为合议结果的依据。合议程序由院长或专业审判委员会中资历最高的法官主持。原审判组织成员及审判委员会专职秘书应当列席审判委员会的合议程序。审判委员会审理的案件属于检察院抗诉案件的，相关检察院的检察长可以列席审判委员会的合议程序。在表决过程中，所有的审判委员会或者专业审判委员会委员对表决事项必须明确表达表决意见，不得投弃权票或者发表模棱两可的意见。审判委员会或专业审判委员会在合议案件过程中，应当坚持保密原则，除了上述人员以外，其他人员原则上不得参加，并且所有参加或列席合议程序的人员均负有保密义务，在案件宣判前不得对外透露审判委员会或专业审判委员会的合议结果。

合议程序主要分为以下几个环节：案件承办委员向审判委员会或专业审判委员会报告案件基本情况及案件的审理情况，审判委员会或专业审判委员会委员向原审判组织核实案件基本事实，审判委员会或专业审判委员会委员就提交审判委员会讨论的具体事项进行自由讨论，审判委员会或专业审判委员会委员按照资历由低到高的顺序发表各自的评议意见，审判委员会或专业审判委员会的主持人对评议意见进行归纳总结并明确表决事项，审判委员会或专业审判委员会委员就表决事项及最终的处理结果进行表决，审判委员会秘书根据审判委员会或专业审判委员会全体委员的表决结果、按照少数服从多数的原则形成审判委员会决议。审判委员会或专业审判委员会的合议程序应当全程录音录像并制作合议笔录。合议程序结束后，审判委员会或专业审判委员会全体委员应当在合议笔录以及决议上签字。

（四）规范审判委员会的其他工作流程

1. 健全完善审判经验的总结运用程序

审判委员会总结审判经验主要通过制定司法解释、指导性意见、规范性文件以及发布指导案例、参阅案例、典型案例等方式实现。审判委员会在总结审判经验过程中应当充分发扬民主精神，集思广益，通过民主集中的方式切实发现并形成能够有效指导人民法院审判实践的审判经验，并促进审判实践中的有效运用。

(1)健全审判经验的发现机制

加强对审判委员会审理案件的总结梳理。对于经过审判委员会审理的案件，应当建立案件档案，详细记载案件基本情况、审判委员会审理情况以及案件最终处理情况。在此基础上应当对案件的争议焦点、审判思路、审判规则以及案件启示等问题进行总结，定期进行汇总，提供给本院以及下级法院审判人员进行参考。对于审理案件过程中发现的审判工作中存在的普遍性、典型性问题，审判委员会可以要求相关部门就相关事项进行专项调研并提出解决对策。加强审判委员会对案例工作的领导，注重精品案例的培育和选拔，挖掘具有指导意义的典型案例。加强司法调研工作。审判委员会应切实发挥领导作用，认真组织开展法院调研工作，从审判工作实际以及工作需要出发，研究确定调研选题，审核讨论调研成果，积极推动调研成果的转化和运用，使法院的司法调研工作更好地服务保障审判执行工作。

(2)健全审判经验的形成机制

对于审判委员会在履职过程中发现的应当形成制度规范的审判经验,可以由审判委员会委员向审判委员会提出议案。对于其他审判组织发现的需要提交审判委员会总结的审判经验由该审判组织所在部门的院、庭长向审判委员会提出议案。议案经审判委员会专职机构审查后,会同相关业务部门或其他综合职能部门,对所提经验进行调查、收集、整理和分析,形成初步建议向审判委员会提交,经审判委员会按照民主集中制原则审议通过后,指定承办委员及相关部门着手开展调研工作并制定相关制度规范。

(3)健全审判经验的运用机制

对于案件审理及讨论过程中发现并总结形成的经验,可以形成指导审判工作的规范性文件下发执行,确保本院及辖区内法院裁判尺度的统一;对于经济社会发展中出现的新类型案件或专业化审判过程中发现的典型示范意义案件总结形成的经验,可以通过发布指导案例或参考案例,保证司法尺度和裁判标准的统一;对于案件审判经验的总结除了上述适用形式外,还可以通过辖区法院研讨会、审判工作交流会等形式统一辖区内裁判尺度;也可以通过经验交流会、讲评大会、培训等形式提高本院法官的司法技能。此外,审判委员会形成的审判经验总结材料,除在本级及辖区内法院发布外,还应向上级法院逐层报送,供上级法院在总结审判经验时参考。

2. 健全完善审判委员会的审判监督程序

建议在审判委员会制度改革过程中,明确赋予审判委员会三项审判监督职权,分别是案件再审决定权、复议事项决定权以及差错案件认定权。对于设立专业审判委员会的人民法院,上述审判监督职责可以根据案件以及事项类型分别由各专业审判委员会行使,对于没有设立专业审判委员会的人民法院,上述审判监督职责则应当由全体审判委员会共同行使。审判委员会或者各专业审判委员会在行使上述审判监督职权过程中,应当实行民主集中制的表决原则,即表决结果应当根据审判委员会或者各专业审判委员会委员人数过半数的意见作出。

(1)案件再审决定权的行使

建议将人民法院现有的申诉审查程序作为审判委员会讨论决定案件提起再审的前置程序。即由各人民法院的申诉审查部门统一对可能存在认定事实错误或适用法律错误的本院生效案件进行审查。对于申诉审查部门经审查认为确实存在认定事实错误或适用法律错误的本院生效案件,由申诉审查部门向审判委员会专职机构提出案件提交审判委员会或专业审判委员会讨论的申请,并且明确提交的原因和理由。审判委员会或专业审判委员会在讨论过程中,主要围绕申诉审查部门的审查意见进行讨论,并就该案是否应当提起再审进行表决。作出原判决或裁定的合议庭以及法官可以列席审判委员会会议,并就相关情况进行解释和说明。对于审判委员会或专业审判委员会讨论认为应当提起再审的案件,应当制作将相关案件提起再审的裁判文书,并由审判委员会或专业审判委员会的主持人负责签发。

(2)复议事项决定权的行使

我国的三大诉讼法均对诉讼当事人的复议申请权作出了明确规定。对于当事人的复议事项决定权,建议由审判委员会统一行使,从而更好地发挥对其他普通审判组织的监督作用。

对于诉讼当事人提出的各类复议申请,原审判组织应当及时提交审判委员会或专业审判委员会的专职机构。审判委员会或各专业审判委员会可就相关复议事项召开临时会议,并由原审判组织成员到会说明情况。审判委员会或专业审判委员会对复议事项进行表决并且制作复议决定书,决定书应当由审判委员会或专业审判委员会的主持人负责签发并由原审判组织送达复议申请人。

(3)差错案件认定权的行使

人民法院内部的审判管理部门应当定期对本院被改判、发回重审等类案件开展案件质量评查工作,并且制作案件评查报告。对于经过案件评查,认为可能构成差错案件的,审判管理部门应当将案件评查报告提交给审判委员会或专业审判委员会的专职机构。审判委员会或专业审判委员会每年应当定期召开案件质量评查专题会议,对可能构成差错的案件进行讨论。相关案件的原审判组织成员可以到会说明情况,并且接受审判委员会或专业审判委员会的询问。审判委员会或专业审判委员会在讨论的基础上应当就相关案件是否构成差错案件以及差错案件的等级进行表决。差错案件的认定决定经过审判委员会或专业审判委员会主持人签发后,应当在全院范围内进行公示,并作为差错案件认定的基本依据。审判委员会在认定差错案件过程中,如果发现差错案件还存在其他违纪甚至违法线索的,应当将相关案件线索向纪检监察部门移送。

3.健全完善审判委员会的审判管理程序

审判委员会履行审判管理职责的方式主要是召开审判委员会会议,听取各相关部门的工作报告,并且按照民主集中制的原则对工作报告进行讨论和审议,针对审判工作中的问题,提出对策措施,并且要求责任部门具体贯彻和落实。

(1)分析研判审判工作运行态势

审判管理部门作为全院审判管理专职机构,每季度应当向审判委员会报告一次全院审判工作运行态势分析,就上一季度审判工作运行情况、下一季度面临的形势任务以及可能出现的情况和问题、需要采取的对策和措施等事项向审判委员会进行汇报。审判委员会在对审判工作运行态势分析报告进行审议的基础上,可以要求各相关部门采取相应措施应对审判工作中可能出现的各种困难和问题。当审判工作出现重大事项,法院工作形势任务发生重大变化时,审判委员会也可以要求相关部门就相关情况进行专项报告并提出对策建议。审判委员会在对报告进行审议的基础上可以提出相应的对策措施,并要求本院各部门遵照执行。

(2)听取各审判领域的工作报告

各审判业务部门应当定期向审判委员会全面报告工作。报告的内容应当包括本领域审判工作取得的主要工作成效、总结的审判工作经验、审判工作中存在的主要问题和不足、面临的形势和任务以及今后的工作思路,等等。审判委员会要对各领域审判执行工作进行全面的评议,对各领域审判执行工作的总体情况进行评价,指出审判执行工作中存在的主要问题和不足,对相关领域审判执行工作进行指导并提出改进相关工作的意见和建议。报告工作、接受评议的部门应当按照审判委员会的工作要求,针对工作中存在的问题和不足积极进行整改,努力提高本部门的审判工作水平。另外,审判委员会可以要求相关责任部门就某项重点工作进行专项工作报告,详细了解重点工作的进展情况、完成情况以及遇到的困难和问题,督促相关部门推动重点工作落实,总结工作经验,提高工作成效。

(3)开展审判质效管理

加强对改判发回重审案件的监管。审判管理部门应当定期对本院被改判、发回重审案件进行一次全面的总结梳理,分析案件被改判发回重审的主要原因,总结审判工作中的经验教训,提出改进审判执行工作的对策和建议。审判管理部门要就本院案件被改判发回情况向审判委员会进行一次专题报告,由审判委员会对工作报告进行审议。工作报告经审判委员会审议通过后,应当在全院范围内进行公布,供全院法官参考借鉴。定期开展审判质量质询工作。审判委员会定期召开审判质量质询大会,分别对出现中、大差错案件的个人和部门、发生重大信访责任的个人和部门以及在审判质效考评排名中连续靠后的部门进行质询。定期对审判质效情况进行总结分析。审判管理部门每年应当对全院审判质效情况进行一次全面的总结分析,重点查找全院审判质效方面存在的突出问题,分析存在问题的主要原因,提出解决问题的对策建议,并且对全院在审判质效管理方面取得的工作经验进行总结。人民法院的审判管理部门应当定期就本院审判质效情况向本院的审判委员会进行专项报告。

(五)加强审判委员会委员履职保障和监督

1. 建立审判委员会委员的履职保障制度

审判委员会委员依法履行职责不受行政机关、社会团体和个人的干涉,任何组织和个人违法干预、过问、插手委员行使审判职权的,应当依照《领导干部干预司法活动、插手具体案件处理的记录、通报和责任追究规定》和《司法机关内部人员过问案件的记录和责任追究规定》予以记录、通报和追究责任。

审判委员会委员依法审理案件或者履行其他工作职责,除确有证据证明存在贪污受贿、徇私舞弊、枉法裁判等严重违纪违法和违反法官职业道德的行为以外,其委员资格不得被随意暂停或终止。

2. 强化审判委员会履职的服务保障

成立专门的审判委员会办公室,设立专职的审判委员会秘书,专门从事审判委员会的履职保障工作,主要包括:在准备阶段,对准备提交审判委员会审理的案件材料进行形式审查和把关,至少于开会前三个工作日送交各委员;确定审判委员会审理讨论案件和研究事项的顺序,并于会议召开前三个工作日通知与会人员;在开会期间,认真做好审判委员会会议记录工作,并将会议记录交由参加讨论和表决的委员签字;草拟审判委员会会议纪要和决定;在审判委员会闭会期间,保管审判委员会会议记录,年末交档案部门存档;负责院长和审判委员会交办的其他工作,做好充分全面的履职服务。

对于审判委员会审理案件的后续审理情况以及审判委员会关于重大事项决议的落实情况进行跟踪反馈,由审判委员会办公室定期进行汇总分析,并向审判委员会定期进行报告。对经审判委员会审理的案件定期汇总成册,并总结梳理形成裁判要旨,用以指导本院的审判工作,统一本院及下级法院的裁判尺度。对于审判委员会布置的重点工作,应当明确责任部门,切实采取有效措施推动落实,并及时向审判委员会进行报告。

3. 厘清审判委员会及委员的司法责任和纪律责任

对于审判委员会审理的案件，区分事实认定错误或法律适用错误确定司法责任的承担主体。鉴于审判委员会主要审理案件的法律适用问题，对于提交审判委员会审理的案件，原则上应当明确原审判组织对庭审查明的案件事实负责，审判委员会主要就自行查明的案件事实、法律适用问题以及案件的最终处理结果负责。如果由于原审判组织违背证据规则导致查明的案件事实错误的，原审判组织应当就错误的事实认定行为承担相应的司法责任；如果原审判组织故意隐瞒主要证据或者重要情节，或者故意提供虚假情况，导致审判委员会错误决定的，原审判组织应当就其行为承担司法责任。如果由于审判委员会法律适用错误导致案件处理结果错误的，审判委员会应当就错误的法律适用行为承担相应的司法责任。

审判委员会委员对其履行审判职责的行为承担责任，在职责范围内对办案质量终身负责。审判委员会讨论案件如果违反民主集中制原则，导致审判委员会错误决定的，主持人应当承担相应的司法责任。如果审判委员会错误适用法律造成了错案，则应根据委员个人发表意见的情况来决定司法责任的承担，既包括审判委员会委员讨论案件时，故意违反法律规定或者歪曲事实、曲解法律的实体问题，也包括违反民主集中原则进行发言和表决的程序问题。构成违法审判责任追究情形的，依照《最高人民法院关于完善人民法院司法责任制的若干意见》和相关法律法规处理。

明确审判委员会委员的政治纪律、审判纪律、组织纪律，健全审判委员会委员的行为规范以及行为准则。强化审判委员会委员的保密责任，审判委员会委员对履职过程中获取的相关审判信息应当严格保密，不得私自复印、摘抄和外传。如果参加审判委员会会议的人员违反保密原则，造成案件泄密并且造成严重后果的，应当追究相关人员的责任。

4. 建立审判委员会委员的履职评价制度

各级人民法院应当对审判委员会委员出席会议、发表意见、审理案件、违反职责行为等建立委员履职档案，纳入法官及领导干部考核体系，作为委员评价、监督、问责的基本依据。探索设立由法官代表和社会有关人员组成委员考评委员会，对审判委员会委员的履职情况进行考评监督。考评内容具体包括对业务能力的考核、出勤情况的考核、发表意见和违反职责情况的考核。探索建立审判委员会委员专业水平考核机制，由上一级法院在年末对下级法院审判委员会委员业务知识和能力进行考核，并将考核结果反馈给下级法院的委员考评委员会。审判委员会委员的履职考评情况，经本人确认及院长批准后，应当以适当的方式定期在法院内部进行公示。

关于健全完善院庭长审判管理监督职责的调查研究*

党的十八届三中全会提出“完善主审法官、合议庭办案责任制，让审理者裁判、由裁判者负责”的司法改革的任务和目标，对院庭长①履行审判管理、监督职责提出了新要求。2015年，最高人民法院《关于全面深化人民法院改革的意见——人民法院第四个五年改革纲要(2014—2018)》(以下简称“四五改革纲要”)中明确院庭长要履行与其职务相适应的审判管理与审判监督职责。但如何清晰地界定院庭长的审判管理与审判监督职责范围，如何实现与合议庭依法独立行使审判权的动态平衡等问题，仍需在理论与实践中进一步研究探索，遵循司法规律，提出切实可行的对策措施，以实现审判独立、管理高效和依法监督并存的审判权运行机制。为此，本院组成课题组根据改革要求，采取实证研究、比较研究、理论研究等方法对院、庭长审判管理、监督职责及本院院、庭长的履职情况进行了专题调研。

需要说明的是，本课题研究院庭长的审判管理监督职责，并不意味着忽视院庭长的审判职责。恰恰相反，院庭长首先是法官，参加审判组织审理案件是其首要职责，因该职责并非研究重点，故不着重展开。同时，由于院庭长承担的职责较多，本调研仅在审判权运行机制改革的框架中探讨院庭长的审判管理与监督职责，至于院庭长所承担的行政管理、人事管理等职责则不涉及。

一、院庭长审判管理、监督职责行使的基本情况

调研中，课题组梳理了我院出台的审判管理方面的工作规范，向本院100位法官、法官助理(含委任制书记员)、书记员发放调查问卷(收回91份)；调取了近两年审结的131件刑事一审案件卷宗，逐案分析审判过程中的院、庭长的审判管理与监督职责的履行情况；调取了近三年18个主要审判(执行)业务部门的总结报告，梳理庭级层面中关于审判管理与审判监督职责的探索实践和发展趋势；调取了我院近三年的案件质量评查情况，分析审判管理监督与审判质效的关系等。此外，课题组还到兄弟法院考察相关改革探索，吸收有益经验。

课题组经调研认为，回顾贯彻三个“五年改革纲要”的改革历程，我院院庭长在履行

---

* 课题主持人：吉罗洪，课题负责人：马立娜，课题组成员：胡嘉荣、伍涛、吴学永、陈荣、高春乾、范琳，课题执笔人：高春乾。

本课题为2015年全院综合性调研课题，荣获北京市法院2015年优秀调研成果一等奖。

① 本文所称的院庭长，除特别说明外，包括副院长、副庭长。

审判管理监督职责的实践中既有成绩和经验，也存在问题和不足。

（一）成绩和经验

院庭长在履行审判管理监督职责中的成绩和经验，主要表现在三个方面：

一是在改革实践中不断加强审判管理和监督，摸索制定了一系列加强审判管理监督的制度规范。课题组回顾总结了自1999年人民法院推进司法改革以来我院加强审判管理监督工作改革历程，主要在以下几个方面取得进展：在贯彻“一五改革纲要”期间，以强化合议庭和法官职责为重点，推行审判长和独任审判员选任制度，充分发挥审判长和独任审判员在庭审过程中的指挥、协调作用，同时强调院庭长对所属审判庭和审判组织及其审判活动的监督、指导职责；建立符合审判工作特点和规律的审判管理机制，在全院实行案件审理流程管理制度，院庭长对立案、送达、开庭、结案等不同审理阶段进行跟踪管理，促进案件审理工作的公正、高效。在贯彻“二五改革纲要”期间，我院围绕建立科学的审判质量和效率评估体系，出台了《关于建立案件审判质量五条基本标准的规定（试行）》和《关于优化审判管理，促进均衡结案的意见（试行）》等管理规范，审判管理向科学化、精细化方向迈进，审判质效有新的提高。在贯彻“三五改革纲要”期间，进一步改革和完善了案件质量评查标准和审判流程管理办法，建立审判管理部门并规范了职能和工作程序，出台了《案件质量评查实施办法（试行）》，审判管理、监督工作更加规范。在上述改革过程中，针对院庭长履行审判管理、监督职责，我院先后出台了《关于院庭长工作职责的若干规定》《审判长联席会制度》《关于加强审判管理提升案件质量的六项具体措施》等规范文件，提出对庭前准备、开庭、合议、文书及宣判送达5个重要审判工作环节实行重点监管，明确院庭两级监管职责范围，规范管理监督程序，构建起了质量、效率、效果三位一体的审判管理、监督机制。

二是院庭长履行监督管理职责全面严格，具体措施灵活多样。长期以来，院庭长既严格履行法律（尤其是诉讼法）明确规定的职责①，又认真落实工作规范要求；既注重加强宏观层面的审判质效评估，实现对审判、执行工作的动态管理，又注重加强微观层面的案件质量监督管理，促进执法标准统一，确保了审判工作的顺利开展。除每年定期召开的全院（庭）审判质量讲评（大）会、定期分析全院（庭）的审判态势、制定完善全院（庭）审判管理规范等宏观、综合管理措施外，院庭长还要对案件行使监督权，通过听取汇报等形式，对案件审判的质量进行监督。如抽样调取的131宗刑事案件均逐案向院庭长汇报，院庭长对案件的处理发表意见、阐述理由，其中因院庭长对合议庭处理结果存在异议而要求合议庭复议的案件有77件，占抽样案件的58.8%，说明院庭长积极主动履行审判管理与监督职责。18个审判（执行）业务庭结合本庭审判质效短板，定期分析、改进，采取的监管措施具有较强的针对性，但对于庭长审判管理、监督的范围，则不尽一致，如对于审理中个案的监督，各庭规定就有明显差异②。同时，院庭长履行审判管理、监督职责的具体方式也灵活多样，既有指令式的，如要求合议庭（或每位法官）每月完成一定的结案数（达到一定的结

① 对于相关法律、司法解释中规定的院庭长的职责，参见附表。

② 对于庭长审判监督的案件类型，有36.26%的受访者选择“所有一审案件”，有73.63%的受访者选择疑难复杂、有较大争议或者适用法律不统一的案件，还有相当多的受访者选择其他选择。参见问卷调查的统计。

案率)，也有激励式的，如院庭长按照全院(庭)的考评办法，决定推优推先人选。此外，还通过专题培训、党课教育等形式，进行理想信念的教育，激发法官的工作积极性，提升审判管理监督的内在驱动力。

三是院庭长通过履行审判管理、监督职责对提升审判质效起到了较为明显的促进作用。从调研情况来看，院庭长通过履行审判管理监督职责对提升审判质效有积极作用，尤其是对审判工作中的短板有明显改进。有73.63%的受访者认为院庭长的审判管理能够提升审判效率，认为能够提升案件审判质量的比例则高达84.62%。从审判质效指标完成情况来看，我院近年来加大对结案均衡度、二审开庭率等指标的管理，结案均衡度从2012年的0.6上升至2014年的0.82，二审开庭庭则从2011年的7.2%上升至2013年的70.29%。凡是管理措施覆盖到位，监督有力的审判工作(环节)，质效提升效果都比较明显。

(二)存在的问题

在肯定院庭长审判管理、监督职责积极作用的同时，也应正视其中存在的突出问题，主要有：

一是院庭长管理监督的价值目标存在一定程度的异化，履职方式带有较强的行政化色彩。受到绩效考核等因素的影响，院庭长履行审判管理、监督职责存在追求排名的短期心理。同时，由于对于审判管理、审判监督职责的定位不够明确，管理、监督的方式没有根据对象内容的不同而具体区分，管理、监督职责的行使变成了单一的“领导—服从”关系(有30.77%的受访者认为存在此问题)，一定程度上影响了法官、合议庭依法独立行使审判权。

二是院庭长履行审判监督职责不同程度地存在角色错位的问题。从调查情况来看，由于法院内部层级化的组织结构和形成的层级化管理模式，院庭长行使审判管理、监督职责的同时，不同程度地行使了本应由合议庭行使的审判权，对部分案件行使了最终决定权。

从抽样的131件刑事卷宗来看，在77件经过复议的案件中，有64件对原有评议结果进行了变更，所占比例为84.76%，且大部分没有充分阐明变更的理由。(见图1)

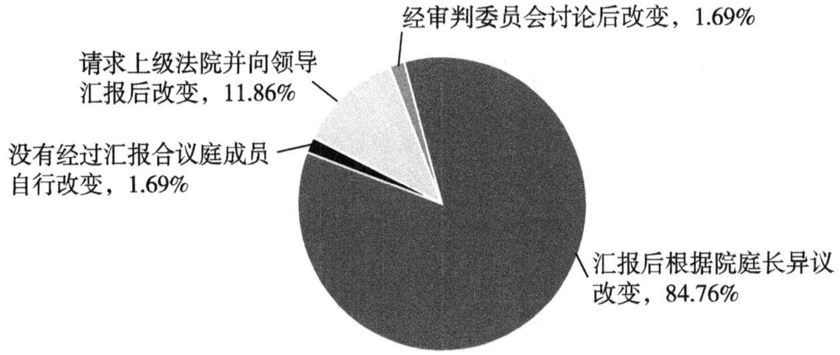

图1 合议庭复议改变意见的理由

13件案件中合议庭坚持了原决定，将该13件案件与复议事项进行交互分析可发现，

复议坚持原有意见相对较多的往往是证据采信及程序性问题,不属于定罪量刑的关键事项。(见图2)

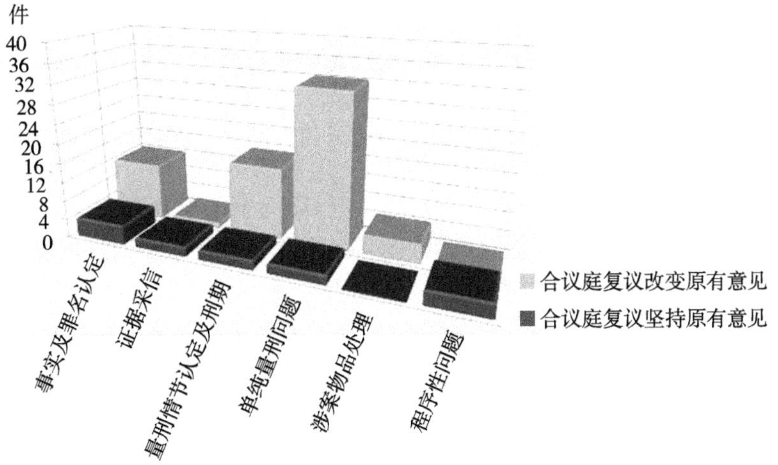

图2 合议庭复议的问题类型与复议意见交互分析

(三)不当监管导致的后果

院庭长履行审判管理、监督职责一定程度上弱化了法官的自我管理职责,导致合议庭自我管理淡化虚化。以2013年我院各审判业务部门的工作安排来看,有半数以上的审判庭意识到加强合议庭自我管理的重要性,在各自庭内的审判管理措施中,要求强化审判长的作用,以此提高合议庭的自我管理能力。有71.43%的受访者也认为应当以法官自我管理为原则,院庭长的审判管理作为补充。但由于庭长管理与合议庭自我管理界限不明,在实际操作中,仍主要是庭长管理,合议庭的自我管理的意识不强,自我管理能力与审判工作需要不符。与此同时,由于某些监管措施并不符合司法规律,而是以行政管理的方式要求完成,引发法官的内心不满。

监管责任不清,导致放管两难。自实行审判长和独任审判员选任制度以来,形式上取消了“案件审批制度”但在院庭长履行审判监督职责过程中,一方面,院庭长基于领导责任的压力,仍习惯于通过听“案件审理情况汇报”来了解案情并发表对案件的处理意见(有81.32%的受访者在“院庭长履行审判监督职责诉方式”中选择“听取合议庭汇报”),以此防止在案件审理上出现严重偏差。另一方面,案件承办人、合议庭基于院庭长的领导权威,仍存在依赖思想,习惯于通过请示听取院庭长的指导意见,对院庭长的指导意见往往不深入研究而采纳。因而对案件的最终处理,特别是一些疑难新类型案件的判决,实际仍存在“决定—服从”的关系模式。从我院进行审判权运行机制改革试点的两个庭的实践来看,在大幅压缩庭长事中监督的范围后,庭长普遍存在审判质效下降和裁判尺度不统一的担心,继续按老办法监督,则与改革要求不符;完全放权合议庭又不能放心,陷入两难境地。从试点庭反馈的情况来看,虽然原则上庭长不再听取案件汇报,但承办法官“主动”寻求“指导”的变相汇报情形仍然存在。

院庭长履行审判管理、监督职责过程中存在的这些问题,根本上还是如何理顺审判权与审判管理、监督权的关系问题。面对新一轮司法改革提出的“让审理者裁判、由裁判者负责”的目标,如何正确认识院庭长的审判管理监督职责,如何做到放权不放任,管理到位不越位,监督有序又有度,还需要深入思考。

二、司法改革背景下院庭长审判管理监督职责的理性思考

(一)正确认识法院内部“去行政化”的改革目标与院庭长履行审判管理监督职责的关系

有观点认为,法院内部“去行政化”就是要去除院庭长的审判管理监督,因为审判管理监督本身就是行政化的体现,审判管理监督与审判权行使是天然对立的。[①] 对此,调研认为,“去行政化”并不等同于“去管理”。

首先,从我国审判制度发展历史考察,院庭长职责自始至今都是双重的,既要履行审判职责,还要承担审判管理监督职责。在1939年4月陕甘宁边区制定的《高等法院组织条例》和1943年1月晋察冀边区通过的《法院组织条例》等文件中,明确规定了院庭长“指挥并监督本庭推事之工作”“分配并监督审判案件之进行”“决定案件的判决与撤销”等职责。[②] 1951年9月4日,中央人民政府公布的《人民法院暂行组织条例》以法律形式确立了院庭长制度,明确各级人民法院院长领导并监督全院工作,庭长领导并监督庭内工作。[③] 1954年9月21日,第一届全国人民代表大会第一次会议通过第一部《人民法院组织法》,“建立与加强法院内部的集体领导,进一步发挥合议制和审判委员会的作用,加强院长、庭长在集体领导中的责任。”[④]随着1957年反右斗争掀起,在法院内部强化了“审判员审判案件应向院长、庭长请示汇报,服从院长、庭长的领导”,形成一种虽无法律明文规定但实际上已经成为各级法院共同遵循的审判惯例,对以后的法院实际审判工作产生了重大影响。[⑤] 1995年《法官法》出台,其中第6条明确规定院庭长应当履行与其职务相适应的职责,成为院庭长履行审判管理、监督职责的主要法律依据。

其次,从域外司法制度考察,院庭长的审判管理监督是法院正常运行必不可少的保障。美国联邦地区法院首席法官(Chief Judges of U. S District Courts)除了承担审判工作外,还要兼顾法院的案件管理(case management),主要是决定采取何种案件分配系统,何时寻找额外的司法协助,运用何种程序选择陪审员,以及确保案件管理系统的有效性,尤其是在未决案件遵循1974年《快速审判法》(Speedy Trial Act)的最后审理期限和法定报告要求方面。[⑥] 地区法院首席法官负责定期评审法院的运转以及提出改进司法效率的建议。[⑦] 俄联邦法院院长在履行法官职责和联邦宪法性法律和联邦法律规定的法院院长诉

---

① 有学者认为,对法官的监督即代表不信任,“保障法官独立和强调司法过程的自主性参与,身份保障、身份平等、克减考核和激励参与等举措才是控制法官之正道”。刘练军:《如何控制法官》,载《东方法学》2012年第4期。

② 张培田:《法与司法的演进与改革考论》,中国政法大学出版社2002年版,第66页。

③ 《人民法院暂行组织条例》第2、10、14、15、23、31条。

④ 最高人民法院、司法部《关于学习贯彻中华人民共和国人民法院组织法的指示》(1954年12月7日)。

⑤ 张培田:《法与司法的演进与改革考论》,中国政法大学出版社2002年版,第107页。

⑥ Federal Judicial Center, *Deskbook for Chief Judges of U. S. District Courts*(Third Edition),2003,p.97.

⑦ 最高人民法院司法改革小组编:《美英德法四国司法制度概况》,人民法院出版社2002年版,第167页。

讼职责的同时,需要完成组织法院工作、制定法院内部规章并监督其实施、组织提高法官职业能力、总领法院行政人员的工作及其他法院的组织工作。① 对日本法院中庭长的职责,日本司法实务见解认为,庭长需对法官违反职务上的注意义务,怠于履行职务,或诉讼不当延迟,不当诉讼指挥、审理态度及明显误判、遗失诉讼资料等情形进行监督和管理。② 我国台湾地区法院院长行使的审判管理职责包括裁判书、辩护书及其他处分书类的核阅,考察本院各类案件进行情况并注意办案期限等。庭长的审判管理职责包括本庭事务的监督、本庭评议簿的保管、候补法官裁判文书的审阅等;对于本庭法官审理的案件,应注意有无拖延不结或迟延宣示判决、公告主文或交付裁判书原本之情事,并督促其从速办理;对本庭法官的言行操守,应随时注意观察,如发现有具体不法情事者,应即报请院长处理。③ 按照台湾地区"法官法",院庭长均为职务监督人,除督促、确保法官合法、合义务地行使职权外,还包括对于法官执行审判职务以外之有违法官伦理规范、损及法官品位,或形象不检,言行失当者为警告及纠正。职务监督包括制止法官违法行使职权,纠正法官不当言行及督促法官依法迅速执行职务。"关于职务上之事项,得发命令促其注意。违反职务上之义务、怠于执行职务或言行不检者,加以警告。"④

最后,院庭长履行审判管理监督职责符合我国司法体制特点和国情。无论是我国《宪法》还是《法院组织法》,均规定法院是国家的审判机关,并依法独立行使审判权。法院作为整体依法独立行使审判权,对外实行集体负责制,是宪法确立的审判体制,支持法官依法履行审判职责并追究司法责任,是在集体负责的审判体制下的具体工作机制,因集体负责而产生院庭长的审判管理权、审判监督权。当前我国正在推进以审判为中心的诉讼制度改革,突出庭审在证据认定、事实查明和定罪量刑中的重要地位。由于我国在诉讼模式上采用带有强烈职权主义色彩的辩论主义模式,与当事人主义模式相比,法官对于诉讼程序的推进和事实认定有较大的职权,诉讼双方对法官的制约相对较少,为避免司法专断,有力推进庭审制度改革,需要在法院内部完善审判管理监督。另外,无论是单一制国家统一法律适用的政治要求,还是打破地区垄断,建立统一的全国大市场的经济要求,都决定了当前我国法院内部要有管理、监督,避免审判权分散行使带来的裁判尺度的不统一。

(二)司法改革背景下院庭长履行审判管理监督职责应当贯彻的原则

司法改革后法院内部仍需要审判管理监督,并不意味着院庭长履行审判管理监督的理念与方式可以保持不变。相对于审判权,审判管理监督权的辅助性、必要性和服务性,决定了院、庭长履行审判管理职责应当遵循以下原则。

1. 价值同一原则。虽然审判权与审判监督管理权在行使主体、运行机制等方面存在不同,但两者在价值目标是一致的,"审判管理没有自己独立的价值,它的理论和价值基

① 参见《俄罗斯联邦法官地位法》(2005 年修订)第六·二条。

② 参见《日本法院组织法》第 80 条、《下级裁判所处理事务规则》第 21 条。转引自葛文:《法院审判核心领域的保障与案件管理》,载《法学》2009 年第 10 期。

③ 参见"地方法院及共他院处务规程"第 14 ~ 18、20、30、33、36、46 条;"各地方法院行合议审判暨加强庭长监督责任实施要点"第 7、8 点。

④ 参见我国台湾地区"法官法"第 21 条。

础就是司法追求的永恒价值，即公平、正义、廉洁、为民、高效”。① 审判管理监督权特定的行使主体和运行规则，容易使其价值目标偏离司法的价值目标，出现异化的现象。对此，应当高度注意，在院庭长行使审判管理、监督职责，制定审判管理政策，出台管理、监督措施时，应当进行正当性的评估，防止因审判管理、监督造成对当事人权利行使的“溢出效应”②，避免在诉讼程序之外增加影响当事人权利的程序步骤，确保审判管理、监督的价值目标与司法终极目标的同一性。

2. 依法管理、监督原则。依法管理、监督的原则，是指院长审判管理、监督应当于法有据，对于法律规定的院长应当履行的职责，必须履行；对于属于法官审判权行使的事项，则不能随意干涉。审判管理、监督应尊重法官主体地位，保障审判权依法独立行使，不能干扰、代替法官作出裁判，重点在于对司法活动进行有必要的监督、指导和制约。因此，院长审判管理、监督职责的范围、内容应当是明确的、有限的。在强调主审法官、合议庭办案责任制的背景下，赋权主审法官、合议庭，实现“让审理者裁判，由裁判者负责”，主审法官、合议庭作为审理者、裁判者和责任者的身份趋于合一，院庭长实施审判管理、监督更应管控有度、合法审慎。

3. 科学管理原则。“审判管理是对法官以及审判辅助人员的管理，其主要管理对象是法官的审判行为。”③因审判管理对象的特殊性，审判管理具有不同于一般管理的特点：审判为高度专业化、智力化的判断活动，在审判管理中，法官的主体地位必须得以保障和尊重；法院内部的组织结构要求审判管理应当减少层级化；审判行为体现在诉讼程序之中，审判管理应当注意程序性。“以人为中心”的“人性化管理”方式——柔性管理，与审判管理的特点相较高的契合性。该管理原则要求：一是组织结构的扁平化和网络化，二是管理决策的民主化，三是组织激励的科学化。④ 从尊重法官的主体地位和强调司法过程的自主性参与，以及法院组织结构的扁平化，在院庭长的审判管理中采用柔性管理方式更为科学。需要强调的是，审判管理监督要保障审判权依照司法规律行使，并不是审判管理、监督本身要依照司法规律行使，如司法的被动性、中立性，在审判管理监督中就不适用。

4. 责权统一原则。权责相当是权力运行的一个基本准则。应在保持审判合一的基本格局的前提下，准确界定院庭长的审判管理、监督责任。职责范围需要精细化，对于责任的确定更需要精准，而不是笼统、模糊地界定。院庭长审判管理、监督权的行使应当有相应的制度保障与约束，讨论和决策的各个环节应当有客观记录和完整保存。在遵循审判工作自身规律的基础上，要通过权力间的相互制约、相互监督和良性互动，实现审判质量和效率的提高。⑤

---

① 最高人民法院办公厅编：《大法官论审判管理》，法律出版社 2011 年版，第 116 页。

② 所谓溢出效应（Spillover Effect），是指一个组织在进行某项活动时，不仅会产生活动所预期的效果，而且会对组织之外的人或社会产生的影响。

③ 江必新：《论审判管理科学化》，载《法律科学》2013 年第 6 期。

④ 参见百度百科“柔性管理”词条。另参见李勇刚、胡振荣：《“柔性管理”的特征、作用及实践》，载《求实》2001 年第 2 期。

⑤ 王子伟：《院长、庭长审判管理权运行机制研究》，载《人民司法·应用》2013 年第 11 期。

(三)院庭长审判管理监督职责在审判权运行机制中的合理定位

1. 院庭长审判管理、监督与法官依法行使审判权的平衡

理论上而言,审判管理、监督不能脱离审判权独立存在,基于"让审理者裁判,由裁判者负责"的原则以及审判权、审判管理权、审判监督权三权配置中"以审判权为核心"的原则,院庭长的审判管理、监督职责,均是为了服务于审判权的公正、高效行使,不能侵蚀、代替、干扰审判权的行使。但现实是院庭长行使审判管理、监督职责,不可避免地会介入审判权行使的过程,从而必然出现审判管理、监督职责与法官审判权行使的冲突、摩擦。解决这种紧张关系,主要是以保证审判独立为原则划定审判管理、监督与审判权行使的边界。至于如何平衡审判管理、监督与审判独立的关系,理论上有不同观点。以德国为例,有核心领域理论、可避免理论、义务违反理论、法官确信理论和禁止实质审查理论等不同观点,[①]其中核心领域理论为其通说。该理论将法官的审判权划分为核心领域与外部秩序领域两部分,核心领域的范围包括裁判行为本身和所有直接、间接准备判决的行为,例如判决的草拟、诉讼进行的指挥、举证责任的分配、当事人及证人的传讯等。外部秩序领域系远离核心领域的审判相关行为,例如案件进行迟缓的清理、期日订定有无违反规定、积案过多的稽催、开庭是否准时的查考等。"核心领域范围内的行为,除了属于显著之违误,否则不得为职务监督,外部秩序范围的行为,因属距离核心领域遥远的行为,得受职务监督。"[②]该理论的积极意义在于,打破了审判权绝对独立的神话,审判权是可以也是应当受到监督的,同时通过划定核心领域,并赋予了法官对审判管理、监督提出异议的依据。不足之处在于仍缺少可操作性,核心领域的划定具有不确定性,在实践中还需要结合个案及本国的司法体制具体分析。我国现行的法院体制实行四级两审终审制,绝大部分案件通过二审终审,不同于欧美大部分国家实行的三审终审制,加之法官专业化、职业化仍处在起步阶段,简单移植国外理论划定核心领域的范围,一味强调事后监督,可能并不符合当前的国情。另外司法面临的社会大环境并未根本改变,外部干扰并未根本消除,因此,在吸收核心领域理论合理性的同时,将核心领域范围适当缩小,将可以监督的情形适当扩大,是当前比较现实的选择。

2. 审判管理职责与审判监督职责的关系

按照最早提出一般管理理论的亨利·法约尔的观点,管理的基本要素包括计划、组织、命令、协调和控制。[③] 考察管理理论的学说发展史便可看出,法约尔的继承者们除了对于管理基本要素中的计划、组织和控制达成共识外,对于"命令"的含义则莫衷一是,有些人认为是指挥,有些人认为是监督、领导、激励或其他概念,[④]管理的基本要素到底包括哪些,始终是众说纷纭,不同的表述构成了"管理理论的丛林"。在"四五改革纲要"出台之前,审判监督是审判管理的要素之一,如最高人民法院《关于加强人民法院审判管理工

---

① 蔡新毅:《司法审判与司法行政的界限》(电子版),载《第三届两岸四地司法高层论坛论文集(2015)》。

② 蔡新毅:《司法审判与司法行政的界限》(电子版),载《第三届两岸四地司法高层论坛论文集(2015)》。

③ [美]丹尼尔·A. 雷恩、阿瑟·G. 贝德尔:《管理思想史》,孙健敏、黄小勇、李原译,中国人民大学出版社2014年版,第472页。

④ [美]丹尼尔·A. 雷恩、阿瑟·G. 贝德尔:《管理思想史》,孙健敏、黄小勇、李原译,中国人民大学出版社2014年版,第474页。

作的若干意见》中便是将审判管理的基本要素概括为"组织、领导、指导、评价、监督、制约"，而在"四五改革纲要"中则将审判管理与审判监督并提，同时提出了健全完善院庭长审判管理机制和健全完善院庭长审判管理机制的改革要求。调研认为，这一改变体现了对审判管理权、审判监督权与审判权关系的新认识。将审判监督权与审判管理权精分，并以审判权为坐标，划出纵横两条线，有利于厘清"三权"之间的关系与界限，解决"去行政化"改革目标之下，院庭长行使审判管理、监督职责理论不足的难题，尤其是对个案事中监督的问题，具有重要的实践意义。

调研认为，审判管理职责侧重于保障法院内部审判工作的顺序开展，是为了保证案件依法独立公正迅速审结，就审判中的程序性事项，由院长（副院长）、庭长依法作出决定、指令、通报等的职责，与审判权是"一种决定与服从的关系"。[①] 需要注意的是，此处所称的"决定—服从"关系，并不代表决定过程的专断、"一言堂"。审判监督职责是为避免个案审判中法官能力不足或审判权的滥用，就程序与实体事项，由院长（副院长）、庭长依法行使知情、异议、提议等的职责，与审判权是"一种相互制约、彼此独立的平行关系"，[②]院庭长不能直接否定和改变合议庭对个案处理的意见，也不得要求合议庭改变意见。

3. 院庭长审判监督与审级监督的关系

我国现行的审级制度为两审终审制，上级法院通过审理上诉案件，实现对下级法院审判程序与实体结果的双重监督。审级监督的目的在于保障个案裁判程序和审判结果的合法、公正，与院庭长的审判监督在价值目标上具有一致性。由此产生的问题是，院庭长的审判监督职责是否仍有必要？调研认为，两种监督并存并不冲突：一是发生作用的时间段不同，院庭长的审判监督伴随审判权行使同步发生，是与审判权并行的，审级监督则发生在一审程序终结后，是事后的监督。二是两种监督的侧重点不同。原则上来说，院庭长审判监督侧重的是为当事人在程序上获得公正依法迅速裁判的机会，而非取代审级制度，追求个案裁判结果的正确与妥当。法官在个案中依其确信认定事实、适用法律正确性、妥当性之担保，则为审级监督的重点。[③] 由于种种原因，过去我国上下级法院的审级监督中存在行政化的现象，院庭长的审判监督职责侧重于个案裁判结果的正确与否，两种职责存在交叉、重合，随着司法改革的推进，尤其是四级法院的合理定位及审级监督的完善，院庭长审判监督与审级监督的界限会更加明确，职责发挥更为合理。

4. 院庭长审判管理、监督与审判委员会审判管理、监督职能的关系

审判委员会作为人民法院最高审判组织，核心功能是统一法律适用，具有总结审判经验、指导审判实践、统筹审判管理、强化审判监督的组织作用。审判委员会的审判管理、监督职责与院庭长审判管理、监督职责，有交叉也有区别。一是某些事项的管理、监督，院庭长只能通过审判委员会行使，如对生效案件提起再审等。两者具有"提起—决定"的承接关系。二是院庭长因为诉讼法上的规定而对程序性事项具有专属管理、监督职责，区别于审判委员会对案件处理的实体结果的管理监督职责。易言之，对案件审判结果的管理、监

① 贺小荣：《如何牵住司法责任制这个牛鼻子》，载《人民法院报》2015 年 9 月 23 日，第 5 版。
② 贺小荣：《如何牵住司法责任制这个牛鼻子》，载《人民法院报》2015 年 9 月 23 日，第 5 版。
③ 蔡新毅：《司法审判与司法行政的界限》（电子版），载《第三届两岸四地司法高层论坛论文集（2015）》。

督，院庭长的职责作用，主要在于为两个审判组织（审判委员会、合议庭）之间实现审判信息的流动与对称架设桥梁，而不是作为一级审判组织对案件处理结果作出决定。对合议庭、独任法官依法行使审判权后形成的裁判结果的变更，院庭长应当通过审判组织（审判委员会）行使监督权，而不应直接要求原审判组织变更，做到管理、监督的不越位、不缺位。

（四）院庭长审判管理、监督的核心职责

院庭长审判管理、监督的核心职责，与其在审判权运行机制中的角色定位密切相关。按照亨利·明茨伯格的观点，管理者承担10种三大类角色，即人际角色、信息角色和决策角色。① 院庭长的人际角色即首席法官（资深法官）和审判管理主体，同时承担审判职责和管理职责。调研认为，院庭长承担的信息角色和决策角色错位，是审判管理、监督备受质疑的重要原因。在院庭长应当承担信息角色的场合，如对于合议庭有重大分歧的案件，院庭长常常以决策者的角色出现，成为定案机制中的最后一环，而非承担信息角色（如提请召开审委会），由此引发了理论界“审判分离”“行政化”的诟病。比较而言，院庭长在审判资源调配、案件分配等环节承担决策角色，理论与实践中则均无异议。可见，将错位的角色摆正，即将院庭长承担的信息角色与审判监督职责、决策角色与审判管理职责分别对应，②既能解决审判权运行机制改革中院庭长制度的存废之争，也能合理界定其管理、监督职责。

在明确了院庭长的信息角色与决策角色之后，其承担审判管理和审判监督两个方面的核心职责即呼之欲出。合议庭之间、审判庭之间、合议庭与审委会之间的信息流动，主要依靠的载体是院庭长。因此，发现不同审判组织之间法律适用的不统一并通过程序解决，是院庭长履行审判监督的核心职责，该职责是法院内的其他组织和部门无法替代的，即使有些信息是审判组织自己发现的，最终也会汇总到院庭长。

院庭长审判管理的目的是保障案件依法公正独立迅速审结，其核心职责应是对审判流程的管理，“强化对案件审理的程序监控和节点管理，实现对立案、分案、开庭、裁判、执行、归档等流程节点的管理，切实做到节点不遗漏，全程有监控。”③保障审理程序衔接的顺畅和对重要程序节点的管理，提升审判效率，是院庭长在法院人案矛盾持续存续下的必然选择，也是各国法院案件管理的核心内容。

三、院庭长审判管理职责的实现路径

（一）确定院庭长审判管理职责的范围

在审判管理中，应明确院庭长的决策者定位，赋予院庭长对管理职责范围内事项的组

① 当管理者作为名义首脑、领导者或联络人与他人相处时，表现出的是人际角色；管理者作为决策者、传播者或发言人，从事接收、储存和发布信息的工作，即为信息角色；管理者在组织活动中作为创业家、混乱处理者、资源分配者和谈判者时即为决策角色。［美］丹尼尔·A.雷恩、阿瑟·G.贝德尔：《管理思想史》，孙健敏、黄小勇、李原译，中国人民大学出版社2014年版，第478页。

② 当然，在作出决策时必然需要信息，因此在院庭长履行审判管理职责时，其信息角色与决策角色是同时存在的。

③ 参见最高人民法院《关于加强人民法院审判管理工作的若干意见》（法发〔2011〕2号）。

织、领导和决定权,通过领导决策和有效授权行使审判管理权,实现对审判过程和效果的控制、管理。

1. 院长的审判管理职责

审判管理职责是院庭长为保证审判工作的正常、高效开展,就程序性事务作出的决定,主要指向依靠单个法官或合议庭无力解决的程序性、综合性事务,或者由法官或合议庭自己解决会大幅增加管理成本的事务。院长应当保障审判工作的有效运转,为全院法官依法独立行使审判权提供条件,确保审判公正、高效、廉洁。以此为标准,其主要审判管理职责有:(1)从宏观上指导全面的或专项的审判工作;(2)依据所掌握的审判管理信息,负责组织研究制定有助于提高公正、效率和公信的司法政策;(3)根据审判工作态势,合理配置审判资源,采取优化内部审判流程的措施;(4)履行法律、司法解释等规定的审批权、决定权,对案件审理中遇到的回避、保全、延审等程序事项作出决定;(5)担任法官考评委员会的主任,主持法官考评工作;(6)主持审判委员会讨论审判工作中的重大事项;(7)对全院的审判纪律、审判作风进行管理和监督;等等。副院长在分管工作范围内协助院长履行部分审判管理职责。

2. 庭长的审判管理职责

庭长应当为本庭法官依法独立行使审判权提供必要保障条件,时时关注本庭审判工作动态,但不得以行使审判管理职责干扰法官、合议庭对案件裁判结果作出判断。其主要职责有:(1)宏观上研究制定提升审判质量效率、改革审判作风的制度措施;(2)依法审核审判过程中的相关程序性事项,对应当提请院长决定的事项先行审核;(3)组织集体学习和研讨,开展业务培训、司法调研、总结审判经验等;(4)与上下级法院对口部门进行业务交流,与有关机关沟通协调,上传下达;(5)对全庭的审判纪律、审判作风进行管理和监督;(6)研究确定各合议庭之间、内部成员之间的职责分工;(7)随机分案后因特殊情况调整分案;等等。副庭长协助庭长履行部分审判管理职责。

3. 院庭长履行审判管理职责的禁止性规定

基于院庭长履行审判管理职责的原则与核心领域理论,院庭长不得有以下行为:(1)未经法定程序将法官调离审判岗位;(2)未有合理理由调整分案机制、变更案件主审法官(承办人);(3)代替法官、合议庭确定案件审判期日;(4)未经法定程序或法律授权任意扩大审批事项的范围;(5)无法定理由故意延迟审批、决定;(6)非因履行职务需要对案件审判过程作出指令。

(二)规范院庭长审判管理职责的行使方式

对于宏观的审判管理制度措施,院庭长在制定过程中,应当听取法官和相关辅助人员的意见,发扬民主决策。对于法律、司法解释中规定的与审判程序密切相关的程序性事项的审批,院庭长应当依法独立、中立作出决定,必要时可以要求合议庭说明理由。对于审判资源的合理配置、审判质效指标的实时监控、运行态势的定期分析等,由院长授权有关职能部门管理,或者组织跨部门的研究,并适时作出管理决策。健全院庭长履行审判管理职责的程序,不断完善信息化办公平台和审判系统,依托网络系统进行实时管理。法官对于院庭长的审判管理内容、方式等可以提出异议。

四、院庭长审判监督职责的实现路径

（一）确定院庭长审判管理、监督职责的范围

在审判监督职责中，应明确院庭长的纠错、救济程序启动者定位，赋予院庭长知情、异议和提议权，通过审判委员会、专业法官会议等组织体行使审判监督职责，体现监督与审判的平行关系。院庭长审判监督职责指向法官审判行为的合法性、适法的统一性。

1. 院长的审判监督职责

院长的审判监督权的基本职能，是对审判权运行主要是针对个案审理适用程序法和实体法发挥督察、督导作用。既包括对生效裁判的督导，也包括案件审理过程的督导。院长应当为全院法官依法公正审判案件提供保障。其主要职责包括：(1)依法对生效案件进行监督；(2)主持审判委员会，讨论重大或疑难案件等；(3)主持专业法官会议、审判长联席会等研究审判疑难问题；(4)对涉及国防外交关系、民族宗教事务、政治敏感事件等因素的案件行使案中监督权；(5)通过承办案件对审判质量进行监督；等等。副院长在分管工作范围内协助院长履行部分审判监督职责。

2. 庭长的审判监督职责

庭长应当为本庭法官依法公正审理案件创造条件。其主要审判监督职责包括：(1)对重大复杂案件的审理，依照权限和程序提出监督指导意见；(2)对涉及信访举报、群体矛盾、重大影响等因素的案件进行督办、指导；(3)对本庭生效案件组织开展检查、讲评，对本庭审判质量效率等进行监督；(4)召集本庭主审法官会议，研究重大复杂案件；等等。副庭长协助庭长履行部分审判监督职责。

3. 院庭长履行审判监督职责的禁止性规定

基于院庭长履行审判监督职责的原则与核心领域理论，院庭长不得有以下行为：(1)不得直接否定或改变合议庭对个案处理的意见，也不得要求合议庭改变意见；(2)不得要求合议庭复议两次以上；(3)对属于合议庭自由裁量权行使范围内的事项，除非超过必要限度，不得要求复议；(4)非有正当理由，不得超过合理期间留置提请审委会决定的案件。

（二）规范院庭长审判监督职责的行使方式

明确院庭长的提议权。院庭长通过重点查阅重大疑难案件的卷宗、通过职能部门定期不定期对生效案件的评查、接待信访当事人的投诉等，发现裁判确有错误的案件，通过提交审判委员会决定启动再审程序进行监督；对于存在审判瑕疵但处理结果正确的案件，提议召开审判委员会，对相关人员进行质询。

明确院庭长的召集权。院庭长并非审判组织，应当借助相关组织体，通过“群言堂”行使监督职责。如通过组织召开主审法官会议、专业法官会议等形式，研究疑难复杂的法律问题，进行类案裁判的指导。

明确院庭长的知情权。对于特定类型的案件，院庭长对审判过程享有知情权，对审判结果有异议权，并可提请相关审判组织、咨询组织进行讨论研究。逐步推行特定类型案件由院庭长直接审理，实现审判与监督的合一。

逐步推行信息化的监督系统，实现院庭长履行审判监督职责的全程留痕。建立院庭

长与法官、法官与法官之间的直接沟通平台，通过开通网上论坛和线下交流的方式，及时收集审判中和管理中问题，集体研究，形成（相对）统一的裁判思路。

完善审判异常信号的发现和巡视机制。建立完善的信息发现及反馈机制，如审判委员会专职委员在审委会闭会期间重点履行审判质量巡视督查职责，对法官审判作风、行为规范、案件质量等开展日常巡查，对重点工作和专项工作开展专项巡查；建立日常的案件评查，由审判管理办公室定期评查案件，及时发现案件审判中存在的共性问题，发布案件评查报告，总结类案审判注意事项等，辅助院庭长有针对性地进行审判管理。

北京市第一中级人民法院
关于院庭长审判管理、监督职责的若干规定

（讨论稿）

为贯彻审判权运行机制改革要求，明确审判责权，规范院长、庭长对审判的管理、监督职责，根据有关法律规定和改革精神，结合我院审判工作实际，制定本规定。

院庭长审判管理、监督职责的基本原则

第一条 院长、庭长履行审判管理、监督职责，应当保障法官依法独立公正行使审判权，为审判工作正常运转提供条件，确保审判公正、高效、廉洁。

第二条 院长、庭长组织制订审判管理监督制度，应当征求法官和审判辅助人员的意见、建议，不得在诉讼程序之外增加影响当事人权利的程序步骤。

第三条 院长、庭长履行审判管理、监督职责，应当尊重法官主体地位，实现全程留痕，做到管理有序、监督有度。

第四条 院长、庭长履行审判管理、监督职责应当权责一致。因故意或者重大过失，怠于行使或者不当行使审判监督权和审判管理权导致裁判错误并造成严重后果的，应当承担监督管理责任。

院庭长审判管理职责

第一节 一般规定

第五条 审判管理职责是院长、庭长为保证审判工作的正常、高效开展，就程序性事务作出的决定，主要指向依靠单个法官或合议庭无力解决的程序性、综合性事务。

第六条 院长、庭长在审判管理中处于决策者地位，综合运用组织、领导、计划、决定等方式开展审判管理。

第七条 院长、庭长的核心审判管理职责为审判流程管理，保障立审执工作的高效衔接、运转。

第二节 院长、庭长的审判管理职责范围

第八条 院长对以下全院性的事项行使审判管理职责：

（一）从宏观上指导全面的或专项的审判工作；

（二）依据所掌握的审判管理信息，负责组织研究制定有助于提高公正、效率和公信的司法政策；

（三）根据审判工作态势，合理配置审判资源，采取优化内部审判流程的措施；

（四）履行法律、司法解释等规定的审批权、决定权，对案件审理中遇到的回避、保全、延审等程序事项作出决定；

（五）担任法官考评委员会的主任，主持法官考评工作；

（六）主持审判委员会讨论审判工作中的重大事项；

（七）对全院的审判纪律、审判作风进行管理和监督；

（八）其他需要由院长管理的事项。

副院长在分管工作范围内协助院长履行部分审判管理职责。

第九条 庭长对以下本庭事项行使审判管理职责：

（一）宏观上研究制定提升审判质量效率、改革审判作风的制度措施；

（二）依法审核审判过程中的相关程序性事项，对应当提请院长决定的事项先行审核；

（三）组织集体学习和研讨，开展业务培训、司法调研、总结审判经验等；

（四）与上下级法院对口部门进行业务交流，与有关机关沟通协调，上传下达；

（五）对全庭的审判纪律、审判作风进行监管；

（六）研究确定各合议庭之间、内部成员之间的职责分工；

（七）随机分案后因特殊情况调整分案；

（八）其他需要庭长管理的事项。

副庭长在分管工作范围内协助庭长履行部分审判管理职责。

第十条 院长、庭长在履行审判管理职责时不得有以下行为：

（一）未经法定程序将法官调离审判岗位；

（二）未有合理理由调整分案机制、变更案件主审法官（承办人）；

（三）超出职责范围直接指令法官、合议庭变更案件审判期日；

（四）未经法定程序或法律授权任意扩大审批事项的范围；

（五）无法定理由故意延迟审批、决定；

（六）不得干扰法官、合议庭对案件裁判结果作出判断。

第三节 院长、庭长的审判管理职责的行使

第十一条 院长、庭长在制订宏观的审判管理制度措施过程中，应当听取法官和相关辅助人员的意见，发扬民主决策。

第十二条 对于法律、司法解释中规定的与审判程序密切相关的程序性事项的审批，院、庭长应当依法独立、中立作出决定，必要时可以要求合议庭说明理由。

第十三条 对于审判资源的合理配置、审判质效指标的实时监控、运行态势的定期分析等，由院长授权有关职能部门管理，或者组织跨部门的研究，并适时作出管理决策。

第十四条 完善院长、庭长履行审判管理职责的程序，逐步完善办公平台和审判系

统，依托网络系统进行实时管理。

第十五条 法官对于院长、庭长的审判管理内容、方式等可以提出异议。

院庭长审判监督职责

第一节 一 般 规 定

第十六条 院长、庭长在履行审判监督职责时处于纠错、救济程序启动者地位，享有知情、异议和提议权，主要通过审判委员会、专业法官会议等组织体行使审判监督职责。

第十七条 院长、庭长审判监督职责指向法官审判行为的合法性、适法的统一性和裁判结果的妥适性。

第十八条 院长、庭长审判监督的核心职责为统一类案法律适用。

第二节 院庭长审判监督职责的范围

第十九条 院长对以下全院性事项行使审判监督权：

（一）依法对生效案件进行监督；

（二）主持审判委员会，讨论重大或疑难案件等；

（三）主持专业法官会议、审判长联席会等研究审判疑难问题；

（四）对涉及国防外交关系、民族宗教事务、政治敏感事件等因素的案件行使案中监督权；

（五）通过承办案件对审判质量进行监督；

（六）其他需要院长监督的事项。

副院长在分管工作范围内协助院长履行部分审判监督职责。

第二十条 庭长对以下庭内事项行使审判监督权：

（一）对重大复杂案件的审理，依照权限和程序提出监督指导意见；

（二）对涉及信访举报、群体矛盾、重大影响等因素的案件进行督办、指导；

（三）对本庭生效案件组织开展检查、讲评，对本庭审判质量效率等进行监督；

（四）召集本庭主审法官会议，研究重大复杂案件；

（五）其他需要庭长监督的事项。

副庭长在分管工作范围内协助庭长履行部分审判监督职责。

第二十一条 院长、庭长履行审判监督职责不得有以下行为：

（一）不得直接否定或改变合议庭对个案处理的意见，也不得要求合议庭改变意见；

（二）不得要求合议庭复议两次以上；

（三）除非超过必要限度，不得要求合议庭复议属于其自由裁量权行使范围内的事项；

（四）除非有正当理由，不得超过合理期间留置提请审委会决定的案件。

第三节 院长、庭长的审判监督职责的行使

第二十二条 院长、庭长通过重点查阅重大疑难案件的卷宗、通过职能部门定期不定

期对生效案件的评查、接待信访当事人的投诉等，发现裁判确有错误的案件，通过提交审判委员会决定启动再审程序进行监督。

对于审判程序存在瑕疵但处理结果正确的案件，提议召开审判委员会进行质询。

第二十三条 院长、庭长履行审判监督职责，应当公开进行，通过组织召开主审法官会议、专业法官会议等形式，研究疑难复杂的法律问题，进行类案裁判的指导。

第二十四条 对于涉及国防外交关系、民族宗教事务、政治敏感事件等因素的案件，院长、庭长对审判过程享有知情权，对审判结果有异议权，并可提请相关审判组织、咨询组织进行讨论研究。

大力推进院长、庭长办案制度，逐步推行特定类型案件由院、庭长直接审理，实现审判与监督的合一。

第二十五条 院长、庭长履行审判监督职责要全程留痕。

第二十六条 建立院长、庭长与法官、法官与法官之间的直接沟通平台，通过开通网上论坛和线下交流的方式，及时收集、发现审判中的问题，及时汇总研究，统一裁判思路。

第二十七条 建立审判委员会专职委员巡视机制和职能部门异常信号发现机制，完善的信息报送、反馈机制，辅助院长、庭长履行审判监督职责。

附 则

第二十八条 本规定由本院审判委员会负责解释。

第二十九条 本规定所称的院长、庭长，包括副院长、副庭长。

第三十条 本规定自印发之日起实施，本院《关于院庭长工作职责的若干规定》(2001 年)不再实行。

司法责任制改革背景下庭审实质化问题研究*

引 言

在司法责任制背景下深化推进庭审实质化改革具有十分重要的制度意义和现实价值。习近平总书记指出,“充分发挥审判特别是庭审的作用,是确保案件处理质量和司法公正的重要环节”。党的十八大以来,司法体制改革对庭审提出了新的更高标准和要求。对于庭审实质化的标准,人民法院“四五改革纲要”在“建立以审判为中心的诉讼制度”中提纲挈领地提出“四个在法庭”的要求,即“诉讼证据质证在法庭、案件事实查明在法庭、诉辩意见发表在法庭、裁判理由形成在法庭”,这是对庭审活动的统一要求。但从实践层面来看,庭审实质化改革重点在刑事诉讼领域,理论研究也集中在刑事领域。① 在深化落实司法责任制改革背景下,有必要对各个审判领域庭审实质化改革的推进落实情况予以总结分析,发现问题并进一步明确改革方向。基于此,北京市第一中级人民法院组成课题组,对中级人民法院庭审的现状、存在的主要问题进行调研,并提出相关的对策建议。

一、关于中级人民法院庭审的基本情况

(一)实证分析的样本选择和简要说明

对于庭审实质化的调研,主要采用实证研究方法。“实证研究用可经验感受和验证的方式,有别于概念界定和演绎的方法,运用特定研究所必备的多学科知识,努力追求功能性和因果性,理解社会中的各种法律现象,进而有助于人们审慎但有效地改造世界。”②对于实证研究而言,其所利用的数据是影响研究结果质量的重要因素。限于调研范围和能力,本课题主要采用局部性与抽样性数据,从数据的完备性而言虽然存在不足,但正如学者所言,“小数据本身其实具有大数据往往难有的价值,其细致性、有用性使得挖掘和分析得以达致。”③而且,更为重要的是,“实证研究是要从真实发生甚或虚构的事中,发现可靠可信但很容易忘记的更为一般化的道理。”无论是小数据还是大数据,都是为了发现真问题。

---

* 课题主持人:吴在存,课题负责人:单国钧,课题组成员:伍涛、高春乾、崔丹妮、宁韬、张春城、赵宝玉,执笔人:张春城、高春乾。

本课题为2019年全院综合性调研课题。

① 课题组以“庭审实质化”为关键词在“中国知网”进行搜索,共显示288条文献。从年度统计看,最早的文献出现在2011年,但2011—2014年发文数量共计9篇,从2015—2019年发文数量分别是15篇、93篇、93篇、62篇、16篇,研究成果数量急速上升。进一步甄别后发现,研究庭审实质化的成果多集中在刑事诉讼领域。

② 苏力:《好的研究与实证研究》,载《法学》2013年第4期。

③ 左卫民:《实证研究:中国法学的范式转型》,法律出版社2019年版,第12页。

为了调研庭审过程的司法运行现状，课题组采用以下方式进行了取样分析：(1)通过中国庭审直播网，随机选取全市中级人民法院100个庭审录像进行观看；(2)通过北京法院审判系统，随机查阅全市中级人民法院100个案卷材料对庭审笔录进行统计分析；(3)课题组成员亲身观摩庭审现场、与办案法官座谈交流、到外地法院座谈交流等，并以此为基础，作出如下实证分析。

(二)中级人民法院庭审的基本情况

1.庭前会议适用广泛，但也存在会议程序内容差异较大的现象

表1 庭前会议召开情况

类别	一审	二审
结案数量(件)	15	85
庭前会议次数(次)	6	23
占比(%)	40	27.06

表2 庭前会议功能情况

单位：件

类别	交换证据	整理争点	申请鉴定	调解撤诉	其他
一审	6	6	1		
二审	10	13		4	3

从表1和表2可以看出，目前庭前会议作为庭前准备程序的重要内容，在实务中应用频率是比较高的，近1/3的案件均召开庭前会议，不仅在疑难复杂的一审案件中广泛适用，而且对于相简单案件和二审案件同样适用，但相对而言，一审程序较于二审程序庭前会议适用的比重更大，这反映出庭前会议在处理案情重大复杂、证据材料较多的案件上发挥着重要的制度价值功能作用，受到法官的重视和青睐。庭前会议的主要功能集中在组织交换证据，整理案件争议焦点，处理回避、申请证人鉴定人出庭等程序性事项以及促进当事人和解或达成调解等方面。同时，通过进一步的分析可以发现，关于庭前会议在具体操作上存有较大的差异，尤其是民事和行政领域缺少关于庭前会议的实施细则。

2.案件证据数量较多，但也存在证据种类、举证能力参差不齐的现象

表3 庭审证据情况

案件类型①	案件数量(件)	证据份数(份)		平均每案使用份数(份)	
		控方(原告)	辩方(被告)	控方(原告)	辩方(被告)
刑事案件	12	229	4	19.08	0.33
民事案件	70	392	178	5.6	2.54
行政案件	18	109	54	6.06	3

① 以100个案卷材料为研究样本，其中刑事案件12件，民事案件70件，行政案件18件。

从表3中可以看出，庭审举证能力严重失衡，诉讼一方成为举证阶段的主角，诉讼双方在举证数量以及举证时间上难以匹配。例如，在12起刑事案件中，作为控方的公诉机关均提出了各类证据并形成完整的证据链条，辩方提出的证据材料基本不涉及案件定性，主要用以证明存在初犯、偶犯、认罪态度好、获得被害人谅解等从轻量刑情节。同时，各种证据种类的比重有所不同，比较单一，在100起案件中，诉讼双方使用量最多的是书证，总共为814份，平均每个案件的使用量为8.14份，这在一定程度上说明了书证在庭审中的重要性。

3. 庭审阶段划分较为清晰，但也存在法庭调查与辩论机械分割的现象

通过样本案件卷宗中的庭审笔录可以发现，所有案件庭审中均出现"现在开始法庭调查""现在开始法庭辩论"等相关表述，用以区分和转化庭审的不同阶段，为当事人参与庭审及法官审理案件提供了清晰路径，为案件的公正审理奠定了基础。同时，部分庭审中也出现了"只需阐述事实情况""该问题为法庭辩论阶段解决的问题"等强行或多次打断诉讼的情况，导致庭审存在一定对抗情绪。

4. 证据举证、质证在庭审，但也存在逻辑性不足影响事实查明的现象

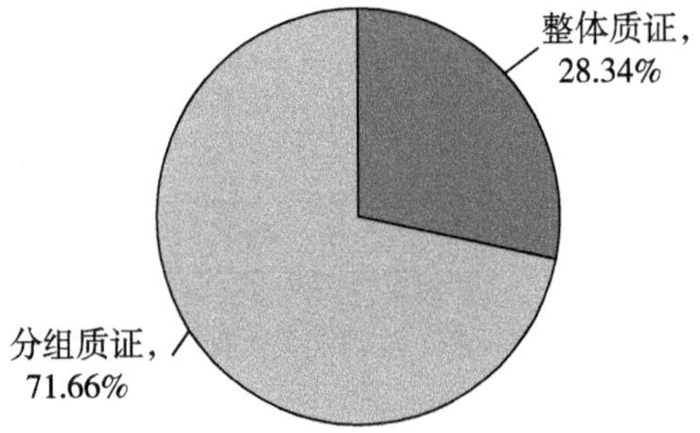

图1 法庭质证方式情况①

通过查阅案件的庭审笔录，部分案件更多考虑证据本身的形式问题，即按照证据的种类进行分组举证，这种举证方式往往是分散的、碎片化的，既不利于不同证据的印证关系，也不利于将证据与待证事实进行一一对应。同时，从图1中可以看出，在举证方式方面，部分案件诉讼一方证据全部展示完毕后，诉讼另一方才举证，故无法即时以证据反驳证据，影响质证的效果。同时，诉讼双方发表质证意见，没有以一问一答式的互动方式进行，无法使诉讼双方针锋相对，并通过多轮交锋来深入论证或质疑证据的可信性。从举证过程来看，概括、宣读式的举证方式占比较大，尤其是在举证数量较多，亦无法完成全面阅卷的情况下，庭审不能进行有效地询问和质证，诉讼双方只能表示有无异议和异议的内容，质证形式重于内容。法官也难以当庭判断诉讼双方提交证据是否真实、合法，在采纳证据和认定事实上不得不依赖庭前阅卷或者庭后阅卷。

① 整体质证，是指在所有证据一并出示完毕后，法庭组织诉讼双方综合质证。分组质证，是指将证据分组出示进行质证，待一组证据质证完毕后再出示下一组证据。

5. 法庭调查与法庭辩论用时较长，但也存在争议焦点不集中的现象

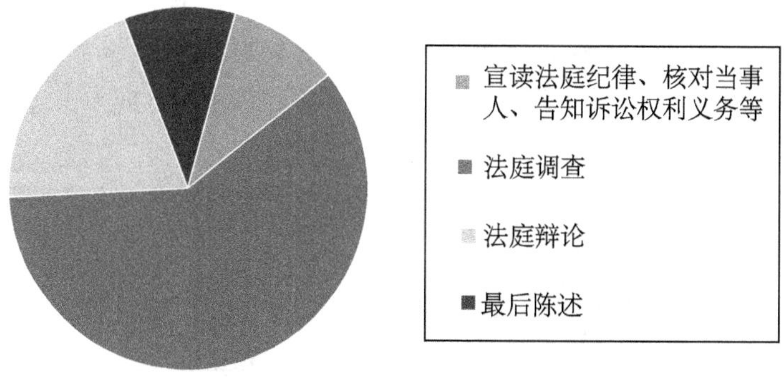

图2　庭审各环节时间分配

从图2可以看出，整体来讲，庭审各环节的时间分配呈现出中间多，两端少的“橄榄球形”特征，其中，法庭调查与法庭辩论在整个庭审用时中占比最大。争点既是当事人攻击和防御的重点，也是案件审理的“主线”和“脊梁”。通过庭审录像和笔录发现，在庭审中不善于运用或根本不用争点，争点的作用未能发挥；在庭审中不归纳争点，案件诉辩呈现不清晰、不突出的特点；庭审中争点只是一次形式化的归纳，虽然在庭审提纲或阅卷笔录中有一定体现，但是未在庭审中实际应用。

6. 庭审以法官组成合议庭为主，但也存在陪审员实质参审程度不足的现象

表4　庭审组成人员

	合议庭组成模式	比例	二审	比例
合议庭组成人员	3名法官:11人	73.33%	3名法官:85人	100%
	2名法官+1名陪审员:4人	26.67%		

从表4可以看出，在合议庭组成人员方面，以“3名法官”或“2名法官+1名人民陪审员”两种模式为主。其中，“3名法官”合议庭模式是一审和二审程序的主流，占比较高，达到96%，“2名法官+1名陪审员”合议庭模式占比较低，仅为4%。但考虑到人民陪审员只适用于一审程序，客观上，人民陪审员参与案件的实际占比达到26.67%，但庭审实质性参与程度仍然不够，庭审中人民陪审员不发言或发言少的情况仍然占有较大的比重，常常成为庭审的“观审员”。

7. 一次开庭占绝大多数，但也存在多次开庭和二审开庭率低的现象

表5　庭审召开数量

类别	一审	二审
开庭比例(%)	100	11.76
单次开庭(件)	14	8
多次开庭(件)	1	2

从表5可以看出,一审案件的开庭率为100%,二审案件的开庭率仅为11.76%,多以询问(讯问)方式予以替代,一般由承办法官带领法官助理或书记员进行,其中,在刑事案件中,多为单边构造,仅犯罪嫌疑人或被害人参加,在民事案件中,多为两造对抗,诉讼双方均参与其中。同时,不管是一审程序还是二审程序均以单次开庭为主,但是,在多次开庭的情况下,"庭"与"庭"之间的时间间隔较长。

8.证据质证在庭审,但也存在当庭认证率和宣判率低的现象

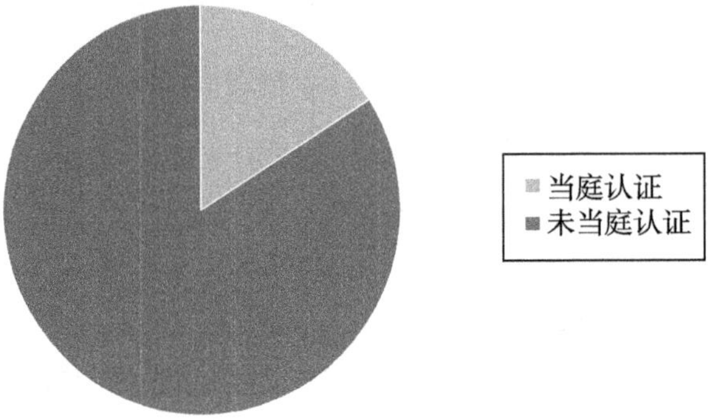

图3 法庭当庭认证情况

从图3可以看出,仅有16个当庭认证,当庭认证率只有16%,当庭认证率较低,多数案件采用庭后认证的方式进行。其中,有一部分案件在诉讼双方对证据没有异议的情况下,法庭也没有做到当庭认证。同时,仅有2个案件当庭宣判,当庭宣判率极低。

9.证人、鉴定人等证据形式较多,但也存在出庭率依然较低的现象

表6 证人、鉴定人等出庭情况

类别	刑事(件)	民事(件)	行政(件)	出庭数(件)	出庭占比(%)
证人出庭	1	0	0	2	2
鉴定人出庭	0	1	0		

从表6中可以看出,证人、鉴定人等出庭作证率较低,仅占样本总数的2%,其中刑事案件为1起盗窃案件,法庭要求警察作为证人出庭作证;民事案件为1起医疗侵权纠纷,患者要求重新进行医疗事故鉴定并提请鉴定人出庭;两起案件均对案件事实查明起到关键作用。证人证言多以书面形式替代。同时,从案件卷宗中的工作说明可以看出,证人缺席出庭原因集中在影响自身工作、路途遥远、担心报复等方面,证人、鉴定人出庭作证的积极性不高。

10. 法庭辩论作为独立的程序环节，但也存在程式化的现象

表 7 法庭辩论整体感官情况

单位：件

激烈程度①	较激烈	一般激烈	不激烈
一审	9	6	
二审	8	63	14

表 8 法庭辩论时间

单位：分钟

辩论时间	0～10 分钟	10～20 分钟	20～30 分钟	30 分钟以上
一审		5	8	2
二审	63	15	7	

如表 7 所示，从法庭辩论形式上来看，一审法庭辩论的激烈程度明显高于二审法庭辩论，二审程序中有 74.12% 的法庭辩论属于一般激烈，同时有 16.47% 的法庭辩论仅仅为简单陈述相关意见。从表 8 中可以看出，在一审程序中，53.33% 的庭审法庭辩论的时间在 20～30 分钟；在二审程序中，74.12% 的庭审法庭辩论的时间在 0～10 分钟，但总体而言，相对于整个庭审过程，法庭辩论时间所占比率比较低。从法庭辩论内容上来看，部分庭审的法庭辩论与起诉书和答辩状的内容基本一致，并无较大差异，多以“以答辩状为准，不再进行陈述”代替，没有提出新的观点。

11. 庭审文书样式内容完整齐备，但也存在不统一的现象

通过查阅案件卷宗可以发现，庭审提纲、阅卷笔录、庭审笔录等庭审文书样式记载的程序要点和内容相对来讲比较全面，但不同法院之间、同一法院不同庭室之间、甚至同一庭室不同审判团队之间的文书样式也存在样式不同，制作主体不一的现象，有的是法官撰写，有的是法官助理撰写。同时，相关文书样式在庭审的具体应用层面也有较大的不同，存在仅作为案卷录入材料，未深入利用的情况。

（三）庭审实质化改革过程中存在的主要问题

目前庭审的基本情况对庭审实质化产生进一步影响，造成庭审弱化、庭审虚化、庭审不规范等问题，具体表现在以下方面：

一是庭前会议与庭审的功能划分不明确，导致庭审虚化的问题。“就与审判相关的问题了解情况，听取意见，开展必要的庭审准备工作”是庭前会议的基本功能定位，②以确保庭审集中、持续、充分、高效审理，但实践运行与制度设计存在一定的落差。目前，庭前

---

① 课题组通过辩论争点数量、辩论争点次数等要素对庭审法庭辩论的激烈活跃程度进行了划分：辩论争点数量或辩论争点次数超过 3 个以上的为较激烈，辩论争点数量或辩论争点次数未超过 3 个的为一般激烈，不存在辩论争点仅作简单陈述的为不激烈。

② 戴长林、鹿素勋：《人民法院办理刑事案件庭前会议规程（试行）理解与适用》，载《人民法院报》2018 年 1 月 31 日，第 6 版。

会议使“法庭”概念扩大化，“四个在法庭”的物理空间前移到庭前会议上，庭前会议中的证据展示功能异化为证据质证功能，听取意见功能异化为法庭辩论功能，庭前会议严重越界，存在过度使用庭前会议的倾向，导致庭审“走过场”，庭前会议与正式庭审衔接不畅，没有正确处理好庭审与庭前会议的关系。

二是依赖书证卷宗的惯性仍然存在，导致庭审查明事实功能存在弱化的问题。证据在庭审中居于核心地位，是庭审的“灵魂”，但是从目前对庭审过程脉络的梳理可以发现，示证、举证、质证、认证 4 个环节对庭审实质化的有效支撑仍然不够，“过”证据停留在形式上，对证据的梳理把控仍然不足，没有围绕案件争议焦点进行，繁简有别、逻辑清晰、焦点集中的庭审规则仍然没有确立，庭审查明案件事实的效能仍然没有充分发挥，对庭后阅卷的依赖和惯性仍然没有从根本上得到扭转。

三是庭审过程的实质性公开依然欠缺，导致庭审权威性、公信力不足的问题。伴随庭审直播、文书公开上网等措施的不断深化推进，庭审做到了形式层面上的公开，但是对于法官心证的公开释明落实仍然不到位，“裁判理由形成在法庭”的效果还没有真正显现，诉讼参与人认可庭审、认可判决的体验感、获得感仍然较弱，庭审参与主体的亲历性、参与性还有较大的提升空间，合议庭制度的效能没有得到充分释放。

四是庭审碎片化、随意性色彩仍然较重，导致庭审标准化、规范性不足的问题。在一定程度上，庭审运行呈现依赖经验、依赖惯性的倾向，庭审不统一的色彩仍然比较浓厚，庭审的整合能力需要进一步加强，庭审的仪式感、权威感、庄重感较弱，同时，对庭审的相关保障没有得到足够的重视，没能对庭审实质化提供有力支撑。

二、庭审存在主要问题的原因分析

（一）“重实体、轻程序”的审判观念仍然存在，对庭审功能重视程度不够

“重实体，轻程序”是司法实践的长期传统，也是造成庭审实质化问题的重要原因。正是由于太过注重对结果正确的追求，从而忽视庭审这一极度需要程序与形式所搭建起来的“舞台”，过于实用主义的选择使庭审无法实现程序本身的独立价值，进而引发一系列“多米诺骨牌效应”，导致了庭审质量、司法公信力的下降，司法权威受挫等一系列负面效应。

（二）“案多人少”矛盾突出，庭审效率与质量存在一定程度的冲突

近年来，全市综合性中级人民法院每年收案数超过 2 万件，法官年人均结案数在 150 件左右。法官为完成审判工作，避免案件积压，可能会压缩庭审活动，简化案件过程，以加速达到审判权高效运行的目的。同时，根据审理期限设定的考核要求无形中给法官带来了一定的办案压力，在办案量大且不能拖延的情况下，法官不得不投入更多的时间，而且还要尽量提高办案的效率。一些法官表示，如果不控制和加快庭审的节奏，有的普通程序的庭审耗时较长，最后还是需要在庭后阅卷才能作出判决。所以，法官在庭审时最关注的是法庭审理的进程，而不是证据调查的实际效果。如果法官在庭前没有通过阅卷掌控案情，反而更希望庭审尽快结束。总之，在工作量较大的情况下，法官通常不希望由于庭审过于充实和细致而耗费更多的时间，从而压缩了庭外分析案卷和撰写判决的时间。承办法官如果针对所有指控事实有争议的案件都组织一场真正的直接言词的法庭审理活动，

那他手上的案件量将越积越多,必然会出现超审限还未审结的案件。所以,在案多人少的现实状况下,法庭审理过程的实质化只会在很少的案件中出现,大部分案件会因为结案考核和审限的压力仓促完成庭审的流程。

(三)对复杂案件的庭审驾驭能力不足,导致庭审失焦、失序

庭审实质化意味着法院和法官在整个诉讼程序中具有举足轻重的地位,也承担着更大的责任。同时,也意味着法院和法官的审判活动比以往会更加受到社会的关注,法院的审判工作和法官的司法行为将承受法律职业共同体及整个社会更为严苛的审视和评判。通过查阅卷宗笔录和观看庭审直播也可以明显地发现,合议庭、法官对于庭审驾驭能力有较大差异,尤其是对于争议焦点的准确归纳,对庭审实质化的推进起到至关重要的作用,庭审的驾控往往依赖于审判经验,对于审判方法论的更新不足,掌握不够。

(四)相关制度措施不健全,尤其是配套保障机制滞后

庭审虽然从形式上而言仅是审判活动的一个环节,但实质上是一项涉及面极广的综合性程序,需要完善的配套保障。从整体来看,推进庭审实质化不仅体现在内在的庭审制度与规则层面还包括外在配套机制层面,以支撑庭审实质化改革的落地落实。但是,目前庭审实质化的保障机制与措施对庭审的供给还存在较大不足,多层次、全方位的庭审保障落实还不够到位,法官的履职保障及高效审理等审判权力运行以及各方协调配合等相关配套措施仍有较大的完善空间。

三、深化推进庭审实质化改革的主要思路

确立庭审在审判中的中心地位,使庭审的重要功能得以充分发挥,确立证据在庭审中的中心地位,继续推进诉讼证据质证在法庭、案件事实查明在法庭、诉辩意见发表在法庭、裁判理由形成在法庭,实现行之有效、可复制的系列工作机制和操作规则,进一步构建科学合理的司法权力运行机制和司法资源配置机制。

(一)司法责任制改革背景下对庭审的新要求

一是庭审呈现标准化、要素化、模式化的新趋势。从法院角度而言,应对"案多人少"的巨大审判压力,进一步提升审判质效水平,必然要求提升庭审的标准化、要素化、模式化水平;从法官角度而言,审判程序的规范化是落实司法责任制的基本要求,作为审判活动核心环节的庭审,必然要求标准化、要素化和模式化;从当事人角度而言,庭审呈现标准化、要素化、模式化带来的是庭审的可预期性,进而也会提升对裁判结果的预见性,减轻当事人的抵触情绪;从监督制约来看,庭审活动规则的进一步明确,标准的进一步统一,也有利于监督和制约。

二是庭审保障当事人程序主体性的要求更为明显。庭审作为专门解决当事人争议的一种程序设计,是诉讼过程中最重要的阶段,庭审实质化直接决定和影响着案件的实体处理和程序公正,也是让人民群众在每一个司法案件中感受到公平正义最直观的渠道。庭审首先要保障当事人的程序主体地位,保障当事人就证据材料、案件事实、适用法律有充分发表意见和主张的机会,并且由此而影响最终的裁判结果。

三是庭审对于提升裁判结果的可接受性的作用更为凸显。庭审是审判权行使的核心环节,而审判权作为一种判断权和裁量权的权力属性就要求其判断的依据、程序都要在法

庭上完成和实现，其裁量的理由和结果也应当在法庭上形成和展现。落实庭审实质化改革要求，必然要求法院要行使释明权，要公开心证，防止突袭式裁判，保证当事人充分发表辩论意见，这也是提升裁判结果可接受性的过程。

四是发挥庭审提升审判质量和审判效率的功能更为迫切。庭审是审判活动的核心环节，也是解决人案矛盾的重要环节。通过庭审中准确归纳争议焦点，对话式的、协商式的进行，可以避免陷入繁杂的事实和证据之中，提升审判质效。

五是庭审成为向法律职业共同体展示裁判思维的重要纽带。庭审实质化本身就是法官、检察官、律师等职业共同体对话、交流的过程，也是人民法院向社会公众展示裁判思维、普及法治理念，提升人民法院公信力的重要途径。

（二）庭审实质化要处理好的几个关系

一是正确处理庭审实质化与繁简分流的关系。案多人少矛盾客观存在，毋庸赘言。为了应对此矛盾，近年来法院系统自上而下推行案件“繁简分流、快慢分道”改革。课题组认为庭审实质化改革虽然针对全部需要开庭审理的案件，但是根据案件的难易程度，在满足上述所涉基本要素的情况下，庭审过程的设置应当有所区分。当然，庭审实质化改革的重点集中在普通案件审理方面，使得有限的司法资源，投入到真正的“难案”中去。简单案件则按照简易程序、速裁程序进行快速审理，以提升办案效率。由此可知，庭审实质化改革的一个前提是建立科学有效的案件繁简分流识别机制。

二是正确处理庭前准备程序与庭审的关系。庭前准备程序（主要是庭前会议）是对重大疑难复杂的案件，通过召开庭前会议解决可能导致庭审中断的程序性事项，进行证据展示、争点整理等，可以确保庭审集中、高效进行，提升庭审质效。因此，在庭审实质化改革中，应当充分发挥庭前会议的积极作用，并把庭前会议达成的一致意见或决议事项直接延续至庭审中，除非发现新证据和新事实足以推翻外，不得在庭审中任意撤销。当然，不能利用庭前会议解决实体性问题替代庭审功能，只能集中解决程序性问题如有关证据展示、非法证据排除、申请证人出庭以及归纳争点等问题。

三是正确处理好保障诉讼权利与保证庭审质效的关系。庭审实质化改革需要进一步突出庭审功能，发挥庭审在查明事实、认定证据、保护诉权、公正裁判中的决定性作用，防止冤假错案的发生。这就必须充分保障诉讼当事人的诉讼权利及其辩护人辩护权的有效行使，否则庭审实质化将流于形式。在保障诉讼当事人及其辩护人在庭审中充分表达意见时，法庭要充分释明诉讼当事人享有的诉权，引导其有效行使。但是，充分保障诉讼当事人的诉权并不代表诉讼当事人及其辩护人在法庭中可以任意而为，发表与案件事实、法律适用等无关的言论，甚至不听法官指挥而随意违反法庭规则。法官仍然要发挥庭审的主导作用，有效驾驭庭审，维护庭审权威，让诉讼双方集中精力解决存在争议的问题，提升庭审质效。

四是正确处理好案卷审查与证人出庭的关系。调研发现，虽然不同案件证据种类各有不同，但是总体来讲比较单一，书证占比大。在案件庭审中，出示言词证据的方式基本上是直接宣读证人书面出具的内容，且宣读存在选择性宣读或者归纳性宣读的倾向，庭审实际成为对案卷书面笔录进行的审查，无法直接对证人进行质证发问，法官也不能直接通过听取证人当庭作证而形成对证言内容的内心确信。客观上，证人出庭可能增加庭审的不确定性，在司法实践中，证人出庭也存在证人出庭补偿落实不到位、证人出庭作伪证、证人监管不规范等问题。进一步加强和规范证人出庭作证是破解该难题的关键所在，庭审实质化改革强调证人、鉴定人等出庭作证的基本原则，处理好案卷审查与证人出庭的关系对充分发挥庭审实质功能具有重要作用。

五是正确处理好以庭审为中心与协同配合的关系。审判程序为所有诉讼参与人参与审判、发表意见搭建了平台。在审判这个平台上，各诉讼参与人都不可或缺，只有各方诉讼参与人依法履行好各自职责，才能确保裁判公正。就刑事审判而言，以庭审为中心与公、检、法、司相互配合、相互制约并不矛盾，共同为实现刑事诉讼的目的发挥作用；就民事、行政诉讼而言，其程序构造不可能是纯粹的当事人主义或者职权主义，而是为了实现诉讼目的进行的组合，体现的是一种协同关系。以庭审为中心，是强调审判功能的发挥，而不是说审判只是法院一家的事。

四、深化推进庭审实质化的具体实践路径

综上所述，课题组在遵循司法规律、适度超前的基本前提下重点围绕庭审实质化改革主要思路对实践路径进行构建。

（一）进一步健全完善庭前准备程序

一是健全庭前会议机制。首先，要准确把握庭前会议的功能定位。人民法院可以在开庭审理前召开庭前会议，就与审判相关的问题了解情况，听取意见。[①] 因此庭前会议召开目的是开展必要的庭审准备工作，着重解决可能导致庭审中断的程序性事项，同时，庭前会议可以进行证据展示，但不能以证据展示取代庭审举证和质证；可以整理事实和证据争点，但不能弱化和取代庭审调查、辩论，庭前会议的目的是突出庭审重点，确保庭审集中审理、持续审理、充分审理、高效审理。[②] 其次，要完善庭前会议工作规则。严格贯彻落实最高人民法院刑事案件庭前会议规程以及北京高院关于刑事案件庭前会议实施细则，进一步明确庭前会议启动、召开方式、主持人员、参与人员等基本规则。以当事人为主体，在尊重当事人处分权的基础上，探索建立民事和行政案件庭前会议规则，有效推动民事、行政庭前会议工作质效。

二是健全庭前会议与庭审程序衔接机制。首先，要做好庭前会议信息沟通，庭前会议召开后应及时向其他合议庭成员介绍相关情况。其次，要探索适用庭前会议内容报告制度，对庭前会议已解决的事项应在庭审中予以说明，或在庭审相应阶段告知，确定庭前会议处理事项的拘束力。

三是健全庭前证据开示制度。证据展示以平等武装诉（控）讼双方、防止证据突袭为主要目的，既要扬弃某些不合理的“竞技性司法理论”，又要对“一步到庭”庭审实质化改革倾向作出一定程序修正和调整。[③] 首先，要明确证据开示的范围。建议将诉（控）讼双

---

① 《人民法院办理刑事案件庭前会议规程（试行）》第2条。

② 戴长林、鹿素勋：《人民法院办理刑事案件庭前会议规程（试行）理解与适用》，载《人民法院报》2018年1月31日，第6版。

③ 郭彦主编：《理性、实践、规则：刑事庭审实质化改革的成都样本》，人民法院出版社2016年版，第68页。

方在法庭中拟出示的证据材料全部纳入展示范围,除涉及国家秘密、商业秘密或个人隐私等外,原则上应开尽开。其次,要规范证据开示的操作流程,明确诉(控)讼双方是证据开示的责任主体,对所展示证据的名录、异议证据和无异议证据做好记录,避免证据突袭,多次开庭。

四是健全庭前阅卷和庭审提纲制度。首先,要积极制作庭审提纲,列明庭审思路,庭审提纲内容包括但不限于争议焦点、无争议事实、需要询问的问题、是否调查取证、是否保全、开庭还是调解等。其次,要在坚持平等原则的基础上,根据诉讼双方提交的起诉状、答辩状、证据等,形成阅卷笔录。

五是推进审判辅助事务集中管理。梳理总结北京破产法庭审判事务中心运行经验,在前期开展"关于建立审判事务中心的专项调研"的基础上,根据审判工作实际需要,继续探索推动部分审判辅助事务集约化、社会化、类型化管理,切实减轻法官审判事务性工作负担,专注审判核心事务。

(二)进一步健全完善庭审程序

一是全面贯彻证据裁判规则。首先,要严格执行证据审查认定规则。进一步发挥庭审在查明事实、认定证据、公正裁判中的决定性作用,经过当庭出示、举证、质证等法庭调查程序查证属实的证据,才能作为定案的根据。落实严格证据标准,确保案件质量,切实发挥庭审对侦查、起诉程序的制约和引导作用。其次,要完善证人、鉴定人出庭作证机制。落实我院《关于警察证人、鉴定人出庭作证的会议纪要》《关键证人、鉴定人出庭作证工作规范》要求,明确关键证人、鉴定人出庭作证启动、协调、流程、保护等程序性规范,对应当出庭作证的关键证人、鉴定人,做到"应出尽出"。巩固完善与北京市人民检察院第一分院、北京市公安局法制办、财政局等部门的沟通协调机制,共同落实证人、鉴定人出庭作证人身安全、经费保障等问题,促成证人、鉴定人出庭作证常态长效。最后,要严格执行非法证据排除制度。落实最高人民法院《关于办理刑事案件严格排除非法证据若干问题的规定》,进一步细化审判阶段非法证据排除操作规则,有力保障定案证据合法性。

二是积极探索创新新型庭审方式改革。首先,要探索"争点中心型"庭审方式。争点中心,是指以事实、证据、法律争点的审理、裁断作为案件审理主线的一种审判理念和方式,是我国当前庭审方式改革比较推崇且较为先进的一种方式。[①] 争点作为案件审理的"主线",应当一以贯之,贯穿始终,动态归纳,以实现限缩范围、集中聚焦、防止突袭、厘清思路的功能目标。争议焦点的归纳并非一次形成,一成不变,除在庭前准备阶段,法官梳理证据,整理焦点,做到心中有数,向诉讼双方释明争点外,同样在庭审阶段,法官应在诉讼双方开庭举证、质证、辩论等环节,针对当事人诉辩主张的变化不断调整争议焦点,动态予以归纳完善。其次,要探索书状先行制度。鼓励案件当事人在正式庭审前以书面形式提交诉辩材料和举证、质证意见,庭审中仅就争议证据进行审查。通过诉辩双方的书状交换和法院指令等书面方式固定诉请、证据和无争议事实,完成争点整理。[②] 再次,要探索法庭调查与法庭辩论合并进行庭审模式。由各方对庭前会议确定的无争议事实和争点进

① 章武生:《我国争点确定机制和庭审方式的反思与重构》,载《人民法院报》2016年7月15日,第5版。

② 陈卫锋:《上海浦东法院新型庭审书状先行》,载《人民法院报》2019年9月13日,第4版。

行确认，在法官主持下，各方当事人围绕争点，就证据分析、事实认定、法律适用一体陈述，夹叙夹议、质证辩法，充分体现言词辩论原则，当事人可针对所有争议焦点统一发表辩论意见，以保障当事人意见得以充分完整表达。最后，要探索要素式庭审方式。主要针对简单、类型案件，设计并运用专门制作的要素表开展庭审和制作文书。在庭前积极引导双方填写要素表，确定无争议要素和争议要素；庭审时直接参照要素逐项审理，对无争议要素仅阅读确认，围绕争议要素引导双方举证、质证和辩论。制作文书时案件事实部分不集中陈述当事人的诉辩意见和"本院查明"，而是围绕特定要素，对无争议的列明，对有争议的论述诉辩观点、证据和法院意见。①

三是强化庭审心证公开释明。首先，要强化法官释明权。遵循合法、公开、中立、适度、有利于诉讼的原则，在充分阅卷的基础上，法官要积极行使释明权，围绕要件事实和争议焦点分配举证责任，适度公开心证，提升当事人合理预期。充分运用联系法官窗口，完善联系法官和群众诉求工单办理制度，构建"收转办督"一体化工作机制，切实解决群众反映的"找法官难"问题。其次，要加强裁判文书说理。落实最高人民法院《人民法院民事裁判文书制作规范》，进一步突出裁判文书反映庭审过程和裁判理由的功能，要围绕争点，以法论理，充分阐述裁判理由，展现法官心证和法律思维过程，促进庭审实质化要求在裁判文书中贯彻落实。

四是开展庭审示范观摩和庭审大练兵活动。要充分发挥示范庭审的引领带动作用，以点带面，积极培育和推介庭前准备充分，庭审预案详细，庭审程序规范，庭审过程层次分明、高效流畅，突发情况应对处置得当，合议庭成员分工明确、配合默契、注重司法礼仪，突出展现法官过硬业务素质、娴熟审判技巧、严谨工作作风和良好精神面貌的优秀庭审。开展庭审竞赛，集中整治庭审不规范问题，提高庭审驾驭能力。

（三）进一步加强庭审规范化建设

一是加强文书样式标准化。要根据法律规定和审判实践，进一步梳理总结庭审要素及现行庭审文书样式存在的问题，规范阅卷笔录、庭审提纲、庭审笔录等文书样式的统一格式，制定相对规范的庭审文书样式模板，实现充分保障庭审完整性和当事人诉讼权利义务。

二是注重庭审行为规范。进一步规范司法人员行为举止，明确法官出庭着装、庭审礼仪和庭审用语，确保法官举止、形象庄重得体。

三是注重法庭建设规范。进一步统一法庭设施配置标准，在法庭内设置电子标牌。设立证人室，避免已参加完庭审证人与未参加庭审证人相互串供。根据未成年人和婚姻家庭案件审理特点，探索建立专门法庭。

四是注重技术人员规范。健全完善法庭故障排除应急机制，建立法庭监控值班制度和一周检测制度，确定一名信息技术人员，专门负责处置庭审过程中出现的法庭设备、系统故障等突发问题，确保法庭数字设备正常运行。

五是注重法警执庭规范。落实最高人民法院《人民法院司法警察值庭规则》，依法履

---

① 李少平主编：《〈最高人民法院关于进一步推进案件繁简分流优化司法资源配置的若干意见〉读本》，人民法院出版社2016年版，第214页。

行职责，注重法庭安保，根据法庭指令及时应对处置庭审中的各类紧急情况，维护法庭秩序，切实保证参与审判活动人员的安全和审判活动顺利进行。

（四）进一步加强庭审配套制度机制建设

一是注重案件繁简分流。落实最高人民法院《民事诉讼程序繁简分流改革试点方案》《民事诉讼程序繁简分流改革试点实施办法》，做好二审独任制改革试行工作，进一步细化明确民商事案件二审独任制的适用范围、审理流程、程序转化、诉权保障等关键程序节点，实现二审案件繁简分流。落实我院《民事快审案件审理工作规范》要求，加强速裁团队建设，加快案件周转，提高快审工作整体效率。完善刑事案件认罪认罚从宽制度，构建被告人认罪案件与不认罪案件分流机制，对于被告人认罪认罚的案件，探索简化庭审程序，实现认罪认罚案件快速办理。

二是加强队伍建设。要坚持教学练战一体化培训体系，深化“精品课堂、文书品鉴、庭审观点”三位一体实训制模式，进一步加大培训学习力度，革新司法理念，大力培育与庭审实质化改革相适应的科学理念，切实提升法官驾驭庭审、准确释法、严格执法的能力。

三是加强信息化建设。推进庭审记录方式改革，落实推动庭审全程同步录音录像，建立庭审录音录像管理、使用、储存制度，从记载庭审活动的完整性、真实性方面有效促进庭审程序公正。开展刑事远程提讯等重点项目建设，构建远程视频庭审提讯应用机制，明确细化远程视频庭审及提讯工作规范。扎实开展电子卷宗随案同步生成工作，及时为诉讼当事人、律师提供随案同步生成电子卷宗的在线浏览、借阅等服务。

四是促进法律职业共同体建设。落实我院《关于建立刑事司法机关之间沟通、交流、协调机制的会议纪要》，巩固完善与公安局、检察院、司法局和律协的司法衔接，进一步理顺侦控辩审四方关系，构建侦控辩审四方联动衔接与互评机制，充分发挥各方职能作用，有效破解制约各方结构平衡的“瓶颈”性问题，突出法院中立地位，保持控辩审三方诉讼结构平衡。

五是加快构建规范、科学、完整的审判规则体系。就常见类型化案件的证据审查、诉讼程序及裁判标准开展研究，固化形成类型化案件审判规则，充分发挥典型案例的类型化参阅指导作用。

北京市第一中级人民法院
关于司法责任制改革背景下进一步推进
庭审实质化的指导意见

为深入贯彻党的十八届四中全会关于“推进以审判为中心的诉讼制度改革”的决定精神，严格落实最高人民法院《四五改革纲要》《五五改革纲要》的总体部署要求，结合我院工作实际，现就进一步推进庭审实质化改革工作制定以下意见。

一、司法责任制改革背景下对庭审的新要求

——庭审呈现标准化、要素化、模式化的新趋势。从法院角度而言，应对“案多人少”

的巨大审判压力，进一步提升审判质效水平，必然要求提升庭审的标准化、要素化、模式化水平；从法官角度而言，审判程序的规范化是落实司法责任制的基本要求，作为审判活动核心环节的庭审，必然要求标准化、要素化和模式化；从当事人角度而言，庭审呈现标准化、要素化、模式化带来的是庭审的可预期性，进而也会提升对裁判结果的预见性，减轻当事人的抵触情绪；从监督制约来看，庭审活动规则的进一步明确，标准的进一步统一，也有利于监督和制约。

——庭审保障当事人程序主体性的要求更为明显。庭审作为专门解决当事人争议的一种程序设计，是诉讼过程中最重要的阶段，庭审实质化直接决定和影响着案件的实体处理和程序公正，也是让人民群众在每一个司法案件中感受到公平正义最直观的渠道。庭审首先要保障当事人的程序主体地位，保障当事人就证据材料、案件事实、适用法律有充分发表意见和主张的机会，并且由此而影响最终的裁判结果。

——庭审对于提升裁判结果的可接受性的作用更为突显。庭审是审判权行使的核心环节，而审判权作为一种判断权和裁量权的权力属性就要求其判断的依据、程序都要在法庭上完成和实现，其裁量的理由和结果也应当在法庭上形成和展现。落实庭审实质化改革要求，必然要求法院要行使释明权，要公开心证，防止突袭式裁判，保证当事人充分发表辩论意见，这也是提升裁判结果可接受性的过程。

——发挥庭审提升审判质量和审判效率的功能更为迫切。庭审是审判活动的核心环节，也是解决人案矛盾的重要环节。通过庭审中准确归纳争议焦点，对话式的、协商式的进行，可以避免陷入繁杂的事实和证据之中，提升审判质效。

——庭审成为向法律职业共同体展示裁判思维的重要纽带。庭审实质化本身就是法官、检察官、律师等职业共同体对话、交流的过程，也是人民法院向社会公众展示裁判思维、普及法治理念，提升人民法院公信力的重要途径。

二、进一步推进庭审实质化的总体目标和基本原则

1. 总体目标。确立庭审在审判中的中心地位，使庭审的重要功能得以充分发挥，确立证据在庭审中的中心地位，继续推进诉讼证据质证在法庭、案件事实查明在法庭、诉辩意见发表在法庭、裁判理由形成在法庭，实现行之有效、可复制的系列工作机制和操作规则，进一步构建科学合理的司法权力运行机制和司法资源配置机制。

2. 基本原则。在深入推进庭审实质化过程中，应当坚持以下基本原则：

一是坚持问题导向。立足司法实践现状，系统梳理总结庭审实质化改革推进过程中的经验成果及当前庭审存在的“短板”问题，促进庭审质效持续改善，审判指标稳步提升，实现审判质量提档升级。

二是坚持审判规律。严格遵循审判权作为判断权和裁量权的权力运行规律，严格执行法定程序和证据标准，确保庭审在查明事实、认定证据、保护诉权、公正裁判中起到决定性作用。

三是坚持繁简有序。在当前案件数量激增，审判任务很重的形势下，要妥善处理好审判与改革工作的关系，实质化不意味着烦琐化，必须当简则简，当繁则繁，做到繁简得当，集中有序。

四是坚持整体推进。庭审实质化涉及方方面面，在具体推进方式上，要采取确定重点、引领示范、集思广益、边实践边研究和及时总结推广的方式，确保有序有效推进。

三、进一步加强庭审实质化的主要任务和工作重点

（一）健全完善庭前准备制度

3. 完善庭前会议机制。要准确理解把握庭前会议功能定位，正确适用庭前会议，最大限度发挥庭前会议价值作用，避免出现过度使用与虚化使用。重点将程序性事项、无争议事实、争议焦点、调解程序等案件审判要素从案件审理流程中予以剥离，优化正式庭审程序，确保庭审活动集中、高效、有序开展。

4. 健全庭前会议与庭审程序衔接机制。要做好庭前会议与庭审的衔接工作，庭前会议召开后应及时向其他合议庭成员介绍相关情况。探索适用庭前会议内容报告制度，对庭前会议已解决的事项应在庭审中予以说明，或在庭审相应阶段告知。

5. 健全庭前证据开示制度。除涉及国家秘密、商业秘密或个人隐私等外，原则上应开尽开，规范证据开示的对象范围，明确证据交换流程，规范庭审中新出示证据流程，避免证据突袭，多次开庭。

6. 健全庭前阅卷和庭审提纲制度。制作庭审提纲，列明庭审思路，庭审提纲内容包括但不限于争议焦点、无争议事实、需要询问的问题、是否调查取证、是否保全、开庭还是调解等。坚持平等原则，要根据诉讼双方提交的起诉状、答辩状、证据等，形成阅卷笔录。

7. 加强文书样式标准化。要根据法律规定和审判实践，进一步梳理总结庭审要素及现行庭审文书样式存在的问题，规范阅卷笔录、庭审提纲、庭审笔录等文书样式的统一格式，制定相对规范的庭审文书样式模板，实现充分保障庭审完整性和当事人诉讼权利义务。

（二）全面贯彻证据裁判规则

8. 严格执行证据审查认定规则。进一步发挥庭审在查明事实、认定证据、公正裁判中的决定性作用，经过当庭出示、举证、质证等法庭调查程序查证属实的证据，才能作为定案的根据。落实严格证据标准，确保案件质量，切实发挥庭审对侦查、起诉程序的制约和引导作用。

9. 完善证人、鉴定人出庭作证机制。落实我院《关于警察证人、鉴定人出庭作证的会议纪要》《关键证人、鉴定人出庭作证工作规范》要求，明确关键证人、鉴定人出庭作证启动、协调、流程、保护等程序性规范，对应当出庭作证的关键证人、鉴定人，做到“应出尽出”。巩固完善与北京市人民检察院第一分院、北京市公安局法制办、财政局等部门的沟通协调机制，共同落实证人、鉴定人出庭作证人身安全、经费保障等问题，促成证人、鉴定人出庭作证常态长效。

10. 严格执行非法证据排除制度。落实最高人民法院《关于办理刑事案件严格排除非法证据若干问题的规定》，进一步细化审判阶段非法证据排除操作规则，有力保障定案证据合法性。

（三）保障诉（控）辩功能充分发挥

11. 强化法官释明权。遵循合法、公开、中立、适度、有利于诉讼的原则，在充分阅卷的

基础上，法官要积极行使释明权，围绕要件事实和争议焦点分配举证责任，适度公开心证，提升当事人合理预期。充分运用联系法官窗口，完善联系法官和群众诉求工单办理制度，构建“收转办督”一体化工作机制，切实解决群众反映的“找法官难”问题。

12. 引导诉（控）双方高效举证、质证。注重形成对诉（控）辩双方举证、质证的引导规则，对控辩双方有异议的事实，应重点出示和质证相关证据；对控辩双方无异议的证据，可以打包出示和综合质证，确保法庭调查重点围绕争点展开。做好证据通过多媒体出示的基础保障工作，开展多媒体示证，确保诉（控）辩双方的证据在庭审中得以充分展示。

13. 充分保障控辩双方当庭发表意见的权利。在庭审中法官应允许控辩双方充分发表意见，不得随意打断诉讼参与人的发言；控、辩意见应受到充分重视，是否采纳应说明理由。

14. 切实发挥律师在庭审中的作用。落实最高人民法院《关于依法切实保障律师诉讼权利的规定》，积极支持律师依法执业，依法保障律师知情权、阅卷权、出庭权、辩论辩护权等职业权利。完善值班律师制度，积极推进刑事案件律师辩护全覆盖，引入律师作为第三方参与化解矛盾，强化诉非衔接机制建设，构建多元解纠工作格局。

15. 完善合议制度。针对合议庭成员对案件的重视程度不一、成员间掌握案件信息不对等问题，积极推进实行及时评议制度，庭审结束后立即进行评议，如不能立即评议，应当说明理由并入卷。进一步完善评议实施规则，确保合议庭成员全面发表意见。

16. 促进当庭宣判。坚持特定为先、简易为先、循序渐进的原则，对案情简单、权利义务关系明确以及适用速裁、简易程序的案件，原则上当庭宣判；对于适用普通程序审理的案件要逐步提高当庭宣判率。

（四）健全完善审判权力运行机制

17. 完善审判团队运行模式。落实我院《审判团队优化配置及运行管理工作规范》要求，进一步优化整合审判资源，明确审判团队配置模式，强化审助书衔接配合，全面提升审判团队的扁平化管理、常态化运行、科学化考核，充分释放审判团队机制效能。结合我院审判特点，继续探索推进特色专业化审判团队建设，加强典型团队培树推介。

18. 完善人民陪审员制度。落实《人民陪审员法》及最高人民法院《关于适用〈中华人民共和国人民陪审员法〉若干问题的解释》要求，进一步健全完善人民陪审员参审案件范围、庭审程序、评议规则，确保人民陪审员依法参加审判活动、独立发表意见、获得履职保障等权利。在前期承担北京高院“探索适用大合议庭审理案件试点项目”的基础上，推动重点案件采用“3 +4”大合议庭方式进行示范庭审制度。

19. 完善专业法官会议制度。落实我院《专业法官会议工作规则》要求，突出法官主体地位，进一步明确专业法官会议的功能定位、召集程序、参与人员、议事规则以及决议效力，推动建立制度化、常态化的专业法官会议。

20. 完善审判委员会制度。落实最高人民法院《关于健全完善人民法院审判委员会工作机制的意见》要求，继续深入推进审判委员会制度改革，巩固完善与北京市人民检察院第一分院搭建沟通联络、双向联动工作机制，推动检察长列席审委会工作常态化。

21. 完善一审、二审衔接程序。进一步优化审级职能，明确查明案件事实以一审为重心，二审应该在审查一审查明事实和适用法律的基础上，实现重在解决事实法律争议、两审终审的目标。两级法院要加强协调会商，实现两级法院“情况及时沟通、问题及时研究、共识及时达成”。

22. 完善二审开庭要件。二审应当准确确定开庭要件，二审法官应当结合二审的特点，以详细阅读上诉状、答辩意见、一审庭审笔录和裁决文书为基础和主线，决定是否开庭审理。二审不应当为单纯追求效率对应当开庭审理的案件不开庭审理，也不应当为完成开庭指标而扩大开庭审理的范围。

（五）加强庭审监督管理工作

23. 完善院、庭长庭审监督机制。落实我院《关于规范院长、庭长审判监督管理职责的实施意见》，在明确界定院庭长审判监督管理职责范围和权力清单的基础上，进一步强化对庭审流程的事中检查管理和分析评估，提示纠正不当行为，督促案件审理进度，统筹安排整改措施，对存在的案件质量问题集中研判等。

24. 健全“四位一体”审判质量管理机制。健全完善以案件评查、讲评通报、两级质询、问责查纠为支撑的“四位一体”问责机制，定期查找并解决庭审工作中存在的突出问题，促进整改提高。每年召开一次全院审判执行质量讲评大会，加强庭审考核力度，将讲评通报作为发现问题与改进工作、纠正错误与总结经验、评优与评差的平台，严把审判质效“生命线”。

25. 深化庭审直播公开。落实我院《关于新时代进一步深化推进司法公开的若干意见》，推进庭审公开，坚持以公开为原则，以不公开为例外，不断拓展公开的广度和深度，以公开促监督，以公开促庭审实质化。

26. 健全法律统一适用机制。落实我院《关于落实司法责任制加强法律统一适用的指导意见》，充分发挥发现识别、评议讨论、规范约束、监督管理、配套保障“五位一体”法律统一适用机制功能作用。在完善精品类案参考、裁判要旨指引等工作机制基础上，建立类案及关联案件强制检索机制，确保类案裁判标准统一、法律适用统一。

27. 加强裁判文书说理。落实最高人民法院《人民法院民事裁判文书制作规范》，进一步突出裁判文书反映庭审过程和裁判理由的功能，要围绕争点，以法论理，充分阐述裁判理由，展现法官心证和法律思维过程，促进庭审实质化要求在裁判文书中贯彻落实。积极参与开展全国法院“百篇优秀裁判文书”活动，进一步树立庭审质量意识，制作精品文书。

28. 开展庭审示范观摩和庭审大练兵活动。要充分发挥示范庭审的引领带动作用，以点带面，积极培育和推介庭前准备充分，庭审预案详细，庭审程序规范，庭审过程层次分明、高效流畅，突发情况应对处置得当，合议庭成员分工明确、配合默契、注重司法礼仪，突出展现法官过硬业务素质、娴熟审判技巧、严谨工作作风和良好精神面貌的优秀庭审。开展庭审竞赛，集中整治庭审不规范问题，提高庭审驾驭能力。

（六）积极探索新型庭审方式

29. 探索书状先行制度。鼓励案件当事人在正式庭审前以书面形式提交诉辩材料和举证、质证意见，庭审中仅就争议证据进行审查。通过诉辩双方的书状交换和法院指令等书面方式固定诉请、证据和无争议事实，完成争点整理。

30. 探索“争点中心型”庭审方式。主要针对疑难复杂的普通程序案件，庭审的重点放到聚焦争点排除疑点,引导当事人围绕争点进行攻击防御。庭前积极引导被告答辩和举证,结合诉辩意见,归纳确定无争议事实和争议焦点,庭审中引导当事人围绕争议焦点进行举证、质证和辩论。文书也针对当事争执的事件,说明争执的过程,记载争执的结果,对不属于争点、不影响判决的内容,在事实、举证、说理部分则省略记载,以实现简化与清晰的效果。

31.探索法庭调查与法庭辩论合并进行庭审模式。首先,由各方对庭前会议确定的无争议事实和争点进行确认。其次,在法官主持下,各方当事人围绕争点,就证据分析、事实认定、法律适用一体陈述,夹叙夹议、质证辩法,充分体现言词辩论原则。最后,展开综合辩论。当事人可针对所有争议焦点统一发表辩论意见,以保障当事人意见得以充分完整表达。

32.探索要素式庭审方式。主要针对简单、类型案件,设计并运用专门制作的要素表开展庭审和制作文书。在庭前积极引导双方填写要素表,确定无争议要素和争议要素;庭审时直接参照要素逐项审理,对无争议要素仅宣读确认,围绕争议要素引导双方举证、质证和辩论。制作文书时案件事实部分不集中陈述当事人的诉辩意见和"本院查明",而是围绕特定要素,对无争议的列明,对有争议的论述诉辩观点、证据和法院意见。

33.探索网上庭审模式。落实北京高院《关于电子诉讼实施细则(试行)》相关要求,根据审判工作实际需要,充分运用移动微法庭 App 等平台,积极推进网上立案、查询案件、在线送达、在线调解、在线庭审、申请执行、网上缴费等诉讼服务新模式,实现从立案到执行全流程在线流转。

(七)加强庭审规范化工作

34.注重庭审行为规范。进一步规范司法人员行为举止,明确法官出庭着装、庭审礼仪和庭审用语,确保法官举止、形象庄重得体。

35.注重法庭建设规范。进一步统一法庭设施配置标准,在法庭内设置电子标牌。设立证人室,避免已参加完庭审证人与未参加庭审证人相互串供。根据未成年人和婚姻家庭案件审理特点,探索建立专门法庭。

36.注重技术人员规范。健全完善法庭故障排除应急机制,建立法庭监控值班制度和一周检测制度,确定一名信息技术人员,专门负责处置庭审过程中出现的法庭设备、系统故障等突发问题,确保法庭数字设备正常运行。

37.注重法警执庭规范。落实最高人民法院《人民法院司法警察值庭规则》,依法履行职责,注重法庭安保,根据法庭指令及时应对处置庭审中的各类紧急情况,维护法庭秩序,切实保证参与审判活动人员的安全和审判活动顺利进行。

(八)进一步加强配套基础工作

38.注重案件繁简分流。落实最高人民法院《民事诉讼程序繁简分流改革试点方案》《民事诉讼程序繁简分流改革试点实施办法》,做好二审独任制改革试行工作,进一步细化明确民商事案件二审独任制的适用范围、审理流程、程序转化、诉权保障等关键程序节点,实现二审案件繁简分流。落实我院《民事快审案件审理工作规范》要求,加强速裁团队建设,加快案件周转,提高快审工作整体效率。完善刑事案件认罪认罚从宽制度,构建被告人认罪案件与不认罪案件分流机制,对于被告人认罪认罚的案件,探索简化庭审程序，实现认罪认罚案件快速办理。

39. 推进审判辅助事务集中管理。梳理总结北京破产法庭审判事务中心运行经验，在前期开展《关于建立审判事务中心的专项调研》的基础上，根据审判工作实际需要，继续探索推动部分审判辅助事务集约化、社会化、类型化管理，切实减轻法官审判事务性工作负担，专注审判核心事务。

40. 加强队伍建设。要坚持教学练战一体化培训体系，深化“精品课堂、文书品鉴、庭审观点”三位一体实训制模式，进一步加大培训学习力度，革新司法理念，大力培育与庭审实质化改革相适应的科学理念，切实提升法官驾驭庭审、准确释法、严格执法的能力。

41. 加强信息化建设。推进庭审记录方式改革，落实推动庭审全程同步录音录像，建立庭审录音录像管理、使用、储存制度，从记载庭审活动的完整性、真实性方面有效促进庭审程序公正。开展刑事远程提讯等重点项目建设，构建远程视频庭审提讯应用机制，明确细化远程视频庭审及提讯工作规范。扎实开展电子卷宗随案同步生成工作，及时为诉讼当事人、律师提供随案同步生成电子卷宗的在线浏览、借阅等服务。

42. 促进法律职业共同体建设。落实我院《关于建立刑事司法机关之间沟通、交流、协调机制的会议纪要》，巩固完善与公安局、检察院、司法局和律协的司法衔接，进一步理顺侦控辩审四方关系，构建侦控辩审四方联动衔接机制，充分发挥各方职能作用，有效破解制约各方结构平衡的“瓶颈”性问题，突出法院中立地位，保持控辩审三方诉讼结构平衡。

43. 加快构建规范、科学、完整的审判规则体系。就常见类型化案件的证据审查、诉讼程序及裁判标准开展研究，固化形成类型化案件审判规则，充分发挥典型案例的类型化参阅指导作用。

关于落实立案登记制改革要求，探索健全优化立审执衔接机制的调研报告*

党的十八届四中全会明确提出，改革法院案件受理制度，变立案审查制为立案登记制，对人民法院依法应该受理的案件，做到有案必立、有诉必理，保障当事人诉权。为贯彻落实十八届四中全会精神，最高人民法院和北京市高级人民法院先后发了《关于人民法院推行立案登记制改革的意见》《关于人民法院登记立案若干问题的规定》《北京法院登记立案实施办法》等规范性文件。按照上级法院的工作部署，我院从 2015 年 5 月 1 日起正式贯彻落实立案登记制度。

立案登记制改革是对我院的立案、审判、执行工作全局都产生了全面而深远的影响。鉴于课题组已先期调研完成了我院贯彻落实立案登记制改革的应对方案，并在调研基础上起草了《关于我院贯彻落实立案登记制改革实施方案向院党组的综合报告》《北京市第一中级人民法院登记立案实施细则（试行）》《北京市第一中级人民法院邮寄起诉案件处理工作办法（试行）》，因此本调研报告根据我院立案、审判、执行各部门和兄弟法院在落实立案登记制改革过程中发现的新情况、新问题，具体分析立案登记制改革对我院各项工作的影响，旨在打破部门工作分工造成的视野局限，站在人民法院工作全过程的角度，找准立审执衔接中存在的盲点和症结性问题，探索健全优化我院立审执衔接的工作机制。

一、立案登记制改革的核心内容和落实要点

（一）立案登记制改革的核心内容

经梳理新修订的《行政诉讼法》、《民事诉讼法司法解释》及最高人民法院先后下发的《关于人民法院推行立案登记制改革的意见》、《关于人民法院登记立案若干问题的规定》、北京市高级人民法院下发的《北京法院登记立案实施办法》等法律、司法解释及相关规定，课题组认为上述文件中蕴含的核心内容包括：

1. 强化了诉权保障力度。改革在保障当事人诉权的另一面，就是限制了法院的立案审查权，具体体现在：

（1）对于起诉与自诉，人民法院应当一律接收诉状，出具书面凭证并注明收到日期；

（2）当事人提交的诉状和材料不符合要求的，法院应当一次性书面告知在指定期限

---

* 课题主持人：马立娜，课题负责人：安李超、王晓巍，课题组成员：周维平、高瞳辉、田晓宇、梁志雄、许广会、王贺、刘海涛、胡保峰，主要执笔人：高瞳辉、周维平。

本课题为 2015 年院级重点课题。

内补正;

(3)在法定期间内不能判定起诉、自诉是否符合法律规定的,应当先行立案;

(4)对起诉、自诉不予受理或者不予立案的,应当出具书面裁定或者决定,并载明理由;

(5)对起诉、自诉既不立案,又不作出不予受理或不予立案裁定的,当事人可以依法向上一级人民法院起诉、自诉。上一级人民法院认为符合起诉、自诉条件的,应当立案,也可以指定其他下级人民法院立案。

2. 细化了立案工作流程。改革对立案程序进一步细化,实行登记立案流程管理的规范化和信息化,具体体现在:

(1)将登记立案流程划分为立案导诉、接待审查和处理决定三个阶段,并将从立案导诉开始的所有来访人员信息及案件信息录入立案审判管理系统,实行节点控制和时限控制。

(2)法院在登记立案后,向当事人发出交纳诉讼费用书面通知,在2日内将案件移送审判庭审理。当事人未在法定期限内交纳诉讼费的,由审判庭查明后裁定按撤诉处理,但符合法律规定的缓、减、免交诉讼费条件的除外。

(3)明确规定立案审查期限从收到诉状之日起计算。需要补正材料的,从当事人补齐材料之日起计算。该期限不能中断、中止或延长,不扣除节假日。

3. 严明了立案工作纪律。改革旨在破除以往立案工作中的潜规则,树立了立案规矩,具体体现在:

(1)对于立案工作中存在的不接收诉状、接收诉状后不出具书面凭证、不一次性告知当事人需要补正诉状的内容,以及有案不立、拖延立案、干扰立案、既不立案又不作出裁定或者决定等违法违纪情形,当事人可以向受诉人民法院或者上级人民法院投诉。

(2)人民法院应当在收到投诉之日起15日内,查明事实,并将情况反馈当事人。发现违法违纪行为的,依法依纪追究相关人员责任;构成犯罪的,依法追究刑事责任。

(3)明确要求杜绝人为因素干扰立案,不得随意限缩受理范围、增设立案条件、抬高立案门槛;不得以结案率、均衡结案率、信访率、立案变更率等审判管理指标考核为由,人为限制立案;不得以请示报告、调解协调等为名拖延立案;不得以不好审理、不好执行、可能形成信访为由不立不裁。

(4)市高级人民法院将建立不规范立案行为通报机制。市高级人民法院将通过明察暗访、调查问卷、案件评查、群众投诉等方式,加强对立案工作的监督;对经核查属实的不规范立案行为,在全市法院范围内予以通报。

4. 新增了具体工作制度。为切实贯彻登记立案制度,改革新增加了若干配套工作制度,具体体现在:

(1)明确列举了不予登记立案的案件范围,将不予登记立案的案件范围限定在违法起诉或者不符合法律规定的、涉及危害国家主权和领土完整的、危害国家安全的、破坏国家统一和民族团结的、破坏国家宗教政策的及所诉事项不属于人民法院主管的等方面。

(2)明确窗口法官对当事人提交证据材料的审查程度,规定当事人因客观原因无法提供证明基础法律关系、诉讼请求的证据材料,若诉状中明确具体表述了法律关系、诉讼请求和事实、理由等内容，且符合起诉条件的，应予以登记立案。

(3)增加先行立案制度，规定立案庭在法定审查期限内仍难以确定是否符合起诉、自诉条件的，应当先行登记立案，移送审判庭审理。

(4)明确对于虚假诉讼、恶意诉讼、无理缠诉的防范处理，规定立案庭应加强防范，能查实的，依照相关法律规定作出处理。仅发现有前述嫌疑的，对审判庭进行立案提示。

(5)为统一裁判标准，立案庭统一审理不予受理、管辖权异议裁定上诉案件和民商事裁定驳回起诉的上诉案件。

(二)落实立案登记制改革的若干要点

通过对立案登记制改革各项要求的具体分析，课题组认为，要切实贯彻落实立案登记制改革，需要把握如下改革要点。

1. 改革规范了接待立案受理的工作流程

这次改革将立案审查制改为立案登记制，在工作实践层面完善了法院的立案程序，增加了许多必须遵守的刚性规定，为法院的立案工作提供了更为规范、详细的规定。市高级人民法院根据立案登记制改革精神，专门研发了登记立案管理系统，将立案程序进一步划分为三个环节，并全程纳入法院审判流程管理，实行各节点的信息化管理，从根本上解决了立案过程有规定、无监管的问题，为立案工作的量化考核及严格监督创造了条件，具有里程碑意义。

2. 改革维系了既有立案受理的起诉要件

虽然改革细化了登记立案流程，严明了立案工作纪律，但规定立案受理条件的诉讼法条文并未更改，立案庭的职能并没有发生根本性的变化。我们应该理性地看到，一个国家审判权作用的范围取决于一国政治、经济、社会发展程度及司法在一国政治体制中的定位，而不取决于具体立案工作的程序与制度。现阶段立案登记制改革并没有在诉讼法层面实质性扩展法院受理案件的范围，放宽受理案件的条件。相反，立法保留了裁定不予受理(立案)的裁判方式，对于不符合立案受理条件的案件，立案庭仍应进行审查并依法出具不予受理(立案)裁定。

3. 改革冲击了现行审判管理的方法手段

改革将立案审查限制为形式审查，禁止不适当扩大审查范围、增加审查条件，禁止在法律规定之外人为提高立案门槛，并限制审查时间，事实上大幅压缩了立案审查的权力空间，直接冲击了现行有效的审判管理手段。以往法院借助立案审查的程序权力调控立案数量与立案时间的功能丧失，必然增加立案与审判之间的紧张关系，不利于相关审判管理指标的评价。同时由于法律限制了不予立案的处理方式，立案庭必然增加出具书面不予受理(立案)裁定的数量，赋予更多的起诉人以上诉权，必然增加立案变更率指标的不利评价。

二、立案登记制改革对法院内部立审执关系的影响

(一)人民法院内部立审执关系的历史演变

人民法院内部立案庭的设立及立审执关系演变的历史，反映了立法者对司法权性质和运行规律认识的逐步加深过程。通过对立审执关系的历史演变过程加以考察，在一定

程度上能够为立案登记制改革后构建科学合理的立审执衔接机制提供有益的启示。

1. 立审执完全合一时期:1997 年暂行规定之前

在 1997 年之前,我国绝大部分法院实行自收、自审、自执的一体化审判模式。法院各审判庭自行收案、分案、审判与执行,法官与书记员均可接受立案申请,诉讼费实行自收自支,于是“主动服务、上门揽案”成为潮流。此时的特点在于立案审查较为宽泛,当事人提交诉状就可以立案,具体在实体审理过程中进行审查,不符合法律规定的则裁定驳回起诉。这种一体化模式不存在任何衔接障碍,但在客观上也导致了一些问题:一是立案标准不统一。由于审判员甚至书记员都可以决定立案,审查主体不一导致实践中立案标准宽严不一的现象大量存在。二是当事人的诉权难以保障。实践中出现了有的审判员人为提高立案标准,难为当事人。有的卷宗保管不善出现丢失,要求当事人重新起诉等情况。三是审判监督难以落实。立审执一体最大的弊端在于审判权力高度集中,久拖不立、久立不审、久审不判的现象极大地损害了法院的权威。

2. 立审执初步分离时期:1997 年暂行规定之后

伴随着对审判权性质认识的不断深入,社会普遍认为立审一体化模式违背审判规律。全国法院在 20 世纪 90 年代末期开始了一场立案工作的大改革,力图通过内部权力分立达到制约和监督之目的,于是审判权被分割为立案权、审理权、监督权和执行权,立审执关系从一体化进入了分离时期。1997 年 5 月 29 日,最高人民法院出台《关于人民法院立案工作的暂行规定》,明确立案和审判分开,并对机构设置、立案工作职责、工作原则和操作规范等做出了明确的规定。立案庭的出现,不仅承担了立案权,也诞生出特殊的立案法官群体。

立案庭从创立之初就包含着对审判权监督和管理的职责,因此立案庭的出现不仅是法院内部权力分立的结果,也是实现法院管理转型的需要,实现法院由对人员的行政化管理逐渐转变为对案件的分节点管理。当时的立案庭一度承担着审判流程管理的职能,包括排期开庭、审限追踪等管理工作,附带完成审判监督工作。后来部分地方法院逐步开始设立独立的审判管理办公室,直到 2010 年最高人民法院正式成立审判管理办公室后,上述审判管理职能才正式从立案庭转移出去。

除审判管理之外,这一时期的立案庭还承担着涉诉信访工作。我国信访政策的管辖原则为“谁的问题谁处理”,因此与法院诉讼有关的信访还是要法院来处理,具体而言,在这个时期由法院内部的立案庭来承担信访职责。最高人民法院副院长沈德咏在 2000 年召开的部分高级人民法院立案信访工作座谈会上提出:“作为一项改革措施,我们已经把处理来信来访,做好上访老户工作纳入立案庭的职责范围。立案庭,一方面作为法院诉讼程序开端和入口的立案审查者,另一方面作为已经经过一轮(或若干轮)诉讼程序的信访接待者,势必关注案件的潜在事实以及相关社会因素,以适应社会上可能产生的对法院的各种影响。即如果能够通过立案审查,尽可能把那些在审判中会与其他社会因素有着密切联系的案件挡在法院之外,法院就可以少承担压力,从而实现利益最大化。”于是,相比其他审判庭,立案庭法官需要更多考量法院自身的需要,考量法律之外的因素,即以立案审查和一部分的信访管理方式来决定案件,尤其是一审与再审案件,是否受理,从而将法院认为不宜受理的案件挡在审判权力管辖之外。这种制度的后果是立案被当作了审判的减压阀,将案件是否可以顺利审理、执行作为是否立案的考虑因素,导致实践中的立案难问题愈演愈烈,扭曲了正常的立审执关系。

3. 立审执深度分离时期:2015 年 5 月改革之后

无论是立审执一体化还是立审执分离改革,改革背后的动因大多基于对法院内部审判权运行和管理的不同认识,进而从法院内部管理的视角出发去探讨和构建立审执关系,并且总的趋势是立案庭承担的职责在逐步增加,立案审查的范围在逐步扩大。

而 2015 年实行的立案登记制改革,其突出特点在于改革的视角不是放在立案庭职能与立审执关系上,而是放在保障当事人诉权上。改革立足于诉权保障,弱化立案审查权,严格立案规矩与纪律,从而使得立审执关系迈入了深度分离时期。

(二)立案登记制改革对立审执关系的影响分析

改革对立案在时间、内容、流程等方面作出了诸多刚性的规定,从而对现行立审执关系产生如下几个方面影响。

1. 立案职能趋向弱化

改革以前,基于进入法院纠纷的数量增多、难度加大与与法院承载能力有限性之间的矛盾,立案审查职能被不当放大,立案庭被认为是案件进入法院的第一道关口,在承担立案审查职能外,还承担着重大敏感案件防范,立案阶段财产保全,开展诉前调解、委托调解,多元化解纠纷,收案数量控制等职能,这远远超出了 1997 年《关于人民法院立案工作的暂行规定》。

改革后,立案流程和时间节点被严格限定,立案庭职能趋向弱化,将回归立案本职工作,并作为依法保障当事人诉权的部门而存在。

2. 立审执分离的趋势加深

有案不立、有诉不理的突出成因是在判断是否立案时考虑到案件能否顺利审结和执结,进而衍生出对部分应当立案的案件不予立案,导致矛盾前移,最终形成当事人对法院"立案难"的指责。如北京法院长期以来不予立案的信用卡纠纷、物业费纠纷就是因为数量巨大,审判庭难以承受,因此通过不予立案的方式限制这类案件进入诉讼程序。

改革后,立案庭要依法登记立案,维护当事人诉权,因难以审理或者执行而限制立案的做法受到严格禁止,从而导致立审执分离的趋势逐渐加深。

3. 诉权独立的观念进一步确立

从理论上看,改革最大的突破在于事实上接受了大陆法系诉权独立的理论,将起诉要件和诉讼要件进行了明确的划分。现代诉讼法学理论认为,诉讼应当与诉讼的内容或者客体区分开来。据此,启动审判活动的权利与赖以行使这一权利的客体是不同的。这一定性意味着,将纠纷的实体提交法官审理时必须遵循的规范与基于实体法对纠纷作出最终处理时必须遵循的规范是显然不同的。这一观点被当代的程序法学者普遍接收,并为各国的诉讼法典所采纳。具体而言,接受诉权独立性理论对我国法院立审执关系的发展将产生两方面的影响。

首先,立案审查的内容将严格限定于法律关系(主管)、管辖、诉讼利益、诉讼资格和诉讼请求和是否满足前置程序。对于是否属于一事不再理情形、就相关联案件是否起诉过、是否存在除斥期间情形、本诉是否涉及第三人合法权益、是否存在诉费缓减免等都将明确划入审判阶段需要查明的问题。

其次,立案审查的程度主要依据当事人陈述进行形式审查。立案阶段将适用与审判阶段明显不同的证明标准,因而无法仅能有限识别重大敏感案件,且难以防范虚假诉讼、重复起诉案件。

4. 立审衔接强调不足

立案登记制改革初期,各法院在具体落实改革要求时,均将重心放在对立案过程的完善和对当事人诉权的保障方面。对于立案阶段职能弱化对审判执行的影响、新的立案模式下立案与审判执行工作的衔接等问题没有给予应有的重视,对立案、审判与执行部门的会商沟通缺乏深入的调研,导致立审执程序脱节现象较为严重。

三、立案登记制背景下强调立审执衔接工作的必要性分析

课题组调研认为,虽然改革的目的在于保障诉权,为此弱化立案审查职能,推动立审执走向深度分离,似乎较为忌讳谈论立审执衔接,但在改革背景下,强调立审执的工作衔接依然具有必要性。

(一)从法院工作全局的角度看,立审执作为法院工作的重要组成部分,需要强化衔接以服务于司法审判大局

从系统论的角度看,系统的要素之间存在整体统一性和个体差异性,通过竞争和协同推动系统的演化发展,其中要素之间的协同性体现了系统演化的确定性和目的性。如果将法院的全局工作看作一个系统,立案、审判、执行都是其中的要素。立案登记制改革是对法院立案工作的一次重大变革,也必将影响法院工作全局。课题组调研发现,立案登记制改革后,原先的立审执关系格局部分被打破,立案庭原先具有的部分职能弱化,相关职能将转移到审判庭,增加了审判法官的审判压力。为保持法院工作全局的稳定性和连续性,尤其是确保审判质效,改革后需要加强立审执关系的协调与衔接,急需优化现行的立审执衔接机制。

(二)从立案审判职责交叉的角度看,改革后立案庭与审判庭在受理案件的职责上存在交叉,需要强化工作衔接以统一裁判标准

改革后,高中级人民法院立案庭统一受理民事裁定驳回起诉上诉案件,这一变化直接打破了原有上下级法院对口审判庭之间进行业务指导的模式,导致一审审判庭和二审立案庭之间存在业务上的交叉。这种业务交叉主要体现在四个方面:一是我院审判庭对一审案件裁驳后,将上诉到市高院立案庭;二是我院审判庭对二审案件发回重审后,一审法院如裁驳后将上诉到我院立案庭;三是我院立案庭撤销原裁定后,辖区法院在作出实体判决后将上诉到我院审判庭;四是辖区法院立案庭裁定不予受理上诉后,我院立案庭如撤销原裁定并指令一审法院受理,该案件可能上诉到审判庭。

鉴于法院之间固有的上下级法院之间业务指导模式,以及立案、审判部门对个别案件裁判尺度的不一致的问题客观存在,需要建立立案、审判相互衔接的工作制度,防止由于人为的案件审理庭室划分导致裁判标准不统一。

四、当前我院立审执衔接工作中需要改进的若干方面

(一)一审案件立审衔接工作有待改进的若干方面

1. 一审立案职责定位不清。

改革初期强调对当事人诉权的保护,对于不当立案产生的问题和责任有所忽视,导致立案登记制改革成为个别法官不尽职履责的挡箭牌。立案登记制改革针对的对象是司法实践中存在的立案难问题,强调的是对符合法律规定条件的案件,法院必须依法受理。《行政诉讼法》和《民事诉讼法司法解释》修改都保留了人民法院不予受理(立案)的裁判方式。最高人民法院在《关于人民法院推行立案登记制改革的意见》中也明确要求登记立案的案件应当属于人民法院主管和受诉人民法院管辖的。立案登记制改革没有对人民法院受理案件范围作出实体法意义上的变更。但是立案登记制改革实施以来,其成为个别法官不尽职履责的挡箭牌,对于一些明显不属于人民法院受案范围但是存在敏感因素或者出具不予受理(立案)裁定后可能存在信访因素的案件采取“甩包袱”的办法予以立案。特别是个别法院错误滥用“在法定期间内不能判定起诉、自诉是否符合法律规定的,应当先行立案”的规定,对于一些明显不属于人民法院受案范围的案件“先行立案”。比如我院辖区某法院在收到一起以该法院及法官为被告行政起诉案件,该案明显不属于人民法院受理民事案件的受案范围,但该院经研究予以“先行立案”,并报请我院指定管辖。事实上,该类案件也从来没有立案受理过,但是立案登记制改革后部分法院即以符合立案登记制改革精神为由予以立案。

2. 不予受理(立案)裁判标准不统一的情况加剧。

长期以来,北京市法院为统一案件受理尺度做了大量工作,通过规范性意见、指导案例、个案督导,在实践中对于部分类型的案件是否受理形成了共识,并且有比较充分的法律依据。但是立案登记制改革后相关调查研究没有及时跟进,哪些应当坚持在立案阶段出具不予受理(立案)裁定,哪些案件应当进入审判庭查明基本事实后裁定驳回起诉各法院掌握标准不一致。比如,调研发现不服案件审理过程中法院委托司法鉴定机构出具的鉴定意见提起损害赔偿的案件,目前部分法院坚持不予受理,部分法院受理之后裁定驳回起诉。再如,行政诉讼中与被诉行政行为是否存在法律上的利害关系的审查,各院掌握尺度不一,目前有的法院不在立案阶段审查该项内容或者审查标准非常宽松,有的法院仍然依据不存在法律上的利害关系为由出具不予立案裁定。

3. 立案阶段调解适用意愿低,调解效力不明确。

立案阶段调解工作制度是立案登记制改革中明确提出的一项工作制度。通过对我院近年来开展立案阶段调解工作情况进行调研,我们认为目前困扰立案调解有效开展的症结性问题在于立案阶段调解的效力缺乏明确的法律依据。立案阶段进行调解达成调解协议后既不像审判中的调解可以出具调解书,调解书具有强制执行的效力,也不像人民调解达成的调解协议虽然不能强制执行,但是在当事人之间产生合同的效力,可以依据调解协议起诉。立案阶段调解协议的效力不明确导致当事人适用立案阶段调解的意愿较低。

4. 对于不予受理(立案)与裁定驳回起诉两种裁判方式应当如何适用,立案庭与审判庭存在不同认识,特别是行政案件中被诉具体行政行为是否有利害关系、是否超过起诉期限、具体行政行为可诉性审查、相对人申请行政机关履行法定职责,行政机关的答复属于信访答复还是不予受理行为。这些是应该在立案阶段进行判断还是纳入审判后处理观点不一致。

5. 立案登记制改革后部分原属立案庭的职能弱化但是没有建立起相应的程序予以承接,造成立审脱节、承办法官压力增大。如虚假诉讼、恶意诉讼、滥用诉权、重复起诉的审前排查,诉费收取的告知方式,立案阶段财产保全流程节点控制,不当立案的反馈和责任追究等问题大都没有建立起相应的工作制度。

6. 立案登记制改革严格规范了立案阶段的工作流程和各节点的时限,导致原来依托立案审查开展的许多工作不能有效进行,如立案阶段财产保全如何继续发挥特有的制度功能,立案阶段如何防范虚假诉讼、恶意诉讼,立案调解如何进行都需要进一步明确。

(二)二审案件立审衔接工作有待改进的若干方面

1. 就案件办理方面看,当前需要在立案和审判部门之间对民商事裁定驳回起诉及管辖异议案件的裁判标准予以统一。高级和中级人民法院立案庭统一承办民商事裁定驳回起诉上诉案件后,客观上导致原有的上下级法院对口审判庭之间的案件指导制度不能完全适应实践需要,立案和审判部门需要就某些起诉应当不予受理或者受理后裁定驳回起诉以及管辖异议案件进行研讨,形成统一标准。

2. 就二审立案方面看,当前需要在立案与审判部门之间就二审立案标准及具体工作衔接进行沟通。虽然目前市高级人民法院对二审立案标准及材料审查提出了明确的要求,我院立案庭也列出了具体的审查要点,但对于实践中出现的其他个案或者类案问题,也需要及时予以沟通,实现妥善立案、顺畅移转的目标。

(三)保全案件立审衔接工作有待改进的若干之处

立案阶段财产保全制度的独特优势在于,立案之后向被告送达案件受理通知书之前作出保全裁定并采取保全措施,可以有效防止被告在知道涉案情况后转移财产。立案登记制改革之前,立案阶段的财产保全操作方式是立案庭在立案的同时,审查原告的保全申请,并作出裁定,同时将保全材料移送至保全实施部门(设置在立案庭),保全实施部门采取保全措施之后再向审判庭移送起诉材料,审判庭向被告送达案件受理通知书及起诉状副本。这种做法虽然案件移送的周期延长,但是可以有效地发挥立案阶段财产保全制度的功能。改革要求立案庭在立案后两日内向审判庭移送起诉材料,同时根据《民事诉讼法》第125条的规定,人民法院在立案之日起五日内将起诉状副本发送给被告。再加上保全实施职能由立案庭划归执行局,目前并没有专门的保全实施合议庭处理该类案件,导致实践中审判部门可能在保全实施措施之前就已经向被告送达案件受理通知书,由此立案保全的功能实际得到难以发挥。

课题组调研认为,目前困扰立案阶段财产保全制度功能发挥的问题主要有两个方面,一是立审执的工作衔接需要改进,从保全裁定到保全实施完毕周期过长;二是目前民事诉讼法中对于立案、移转、向被告送达案件受理通知书和起诉状副本的时间都有明确的要求,周期过短难以完成保全实施。

五、当前立审执衔接工作弱化的原因分析

通过对我院和辖区法院立案登记制改革运行情况以及立案登记制改革实施后审理的裁定不予受理(立案)和裁定驳回起诉案件进行分析,调研认为立案登记制改革实施后,立审执关系定位中存在的问题主要是由以下几方面的原因造成的:

(一)对立案登记制改革的性质认识不统一

对于立案登记制改革实施后立案庭的功能应当如何定位,是不是保留对是否符合人民法院受理案件范围进行审查的职能及审查的内容、审查尺度如何把握缺乏统一的认识。

(二)缺乏从法院工作全过程的角度系统的调研立案登记制改革对法院工作的影响

造成实践中立审执衔接不畅,立案庭不再行使的职能缺乏有效的制度予以承接,最终矛盾和工作压力全部聚集在承办法官,造成承办法官压力增大。

(三)对于已有的工作制度和案件处理方式缺乏系统的梳理

实践中大量的不予受理(立案)的案件类型哪些符合立案登记制改革的精神应当保留,哪些应当依法立案登记后由审判庭处理,没有进行系统的梳理,导致各法院掌握的标准不一致,特别是裁定驳回起诉和裁定不予受理(立案)适用的范围如何界定成为困扰审判实践的难点问题。

(四)部分新制度适用范围不明确

比如本次立案登记制改革中首次提出立案阶段的释明,对于立案阶段释明的性质及适用范围,不当释明产生的后果等都缺乏必要的详细规定。本次立案登记制改革设立了存疑案件先行立案制度,该制度应当如何适用,各院掌握的也不一致。

六、优化健全立审执衔接工作的若干建议

(一)优化立审衔接必须坚持的基本原则

1. 诉权保护原则

加强立审执衔接的目的是保障当事人的诉权。立案庭应严格依法保障当事人诉权,杜绝人为因素干扰立案,不得随意限缩案件受理范围、增设立案条件、抬高立案门槛;不得以结案率、均衡结案率、立案变更率等审判管理指标考核为由,人为限制立案;不得以请示报告、调解协调等为名拖延立案。审判庭与执行局应公正审判,保护当事人诉权,慎重裁定驳回原告的起诉。

2. 立审执分离原则

加强立审执衔接的前提是坚持立审执分离原则。立案庭和审判庭、执行局应在各自职责范围内依法履责,各司其职,确保立案登记权和审判权、执行权依法独立行使。对当事人的起诉,立案庭依据诉讼法规定的起诉条件审查决定是否立案,对不符合起诉条件的起诉依法裁定不予受理(立案);对于已经立案的案件,审判庭经审查后认为不符合起诉条件的,依法裁定驳回起诉。

3. 质效提升原则

加强立审执衔接要促使司法公正,提升审判质效。立案和审判、执行部门之间要建立双向会商机制,加强沟通与协调,以理顺工作流程,形成职责清晰、衔接顺畅的良性工作格

局，不断提升全院审判质效。对起诉或者申请执行的案件，特别是重大敏感案件，立案、审判和执行部门应相互联动，形成预防和化解诉讼矛盾的合力，并共同对虚假诉讼、恶意诉讼、无理缠诉及滥用诉权等行为进行有效规制。

（二）优化一审案件立审衔接的若干建议

1. 准确界定一审立案工作职责范围

调研认为，根据最高人民法院《关于人民法院登记立案若干问题的规定》及《北京法院登记立案实施办法》，一审立案的核心工作职责应当包括以下几个方面的内容：指导起诉，依法及时完成案件的立案登记并移转审判庭；准确甄别最高人民法院规定的6类不予登记案件；对不符合起诉条件的案件依法出具不予受理（立案）裁定书；在当事人自愿的情况下根据其申请积极引导并开展调解；审查立案阶段财产保全申请并做出裁定；对在立案阶段初步判断可能属于敏感案件、虚假诉讼、重复起诉的案件向审判庭做出提示；其他依法应当由立案庭承担的职责。

特别需要强调的是，立案庭不具有控制案件数量、掌控立案节奏、提高全院均衡结案程度的功能。立案庭应当强调依法维护当事人诉权的职能，不能被当作法院工作的“减压阀”。在现行立案登记制模式下，立案庭不具有审判管理职能和服务审判职能，不应当作为综合职能部门考核。

2. 明确区分立案庭与审判庭的审查内容

根据现行的立案登记制度的规定，立案阶段仍然应当在登记后审查起诉是否符合人民法院受理案件的条件，并保留了立案阶段裁定不予受理（立案）的处理方式。与传统立案审查制相比，立案登记制度在审查的范围和审查的程度上都应当有所限缩。

（1）立案庭审查的内容与范围

从审查的内容看，立案登记后的审查应当严格限定在法律规定的范围内。以民事诉讼为例，就是依据《民事诉讼法》第119条进行审查包括原告是与本案有直接利害关系的公民、法人和其他组织；有明确的被告；有具体的诉讼请求和事实、理由；属于人民法院受理民事诉讼的范围和受诉人民法院管辖。通过对《民事诉讼法》规定的起诉条件进行分析，实际审查的内容应该包括法律关系（主管）、管辖、诉讼利益、诉讼资格和诉讼请求。对于是否属于一事不再理情形；就相关联案件是否起诉过，是否存在除斥期间情形；本诉是否涉及第三人合法权益，原则上都不应该在立案阶段进行审查。对于是否存在法律规定的前置程序，虽然诉讼法在起诉与受理章节没有作出明确规定，但是由于相关法律通常都规定，对于未经前置程序处理，法院应该不予受理，因此是否履行了法律规定的前置程序也应当在立案阶段进行审查。

从审查的程度看，立案庭的审查应当限定为形式审查。由于在立案阶段只有起诉方一方，证据的真实性无法核实，同时在诉讼过程中当事人还可以依据对方当事人自认，法院依申请或依职权调取，指定对方当事人提供等多种方式获取证据。因此立案阶段在审查程度上，对于证据的要求不宜过高，应当主要依据当事人陈述进行形式审查。根据北京市高级人民法院规定，当事人因客观原因无法提供证明基础法律关系、诉讼请求的证据材料，若诉状中明确具体表述了法律关系、诉讼请求和事实、理由等内容，且符合起诉条件的，应予以登记立案。

根据上述精神,对于法律关系(主管)和诉讼请求,只要当事人起诉状中载明的法律关系和诉讼请求符合法院受理案件的范围,即使在立案阶段难以提供充分证据的也应予以立案登记。如果当事人起诉状中载明的法律关系和诉讼请求本身就不符合人民法院受理案件范围的,可以在立案阶段出具不予受理(立案)裁定。对于是否存在诉的利益、是否由本院管辖和诉讼主体资格在立案审查时应当遵循相同的标准,明显不存在诉的利益或者不属于本院管辖或者原告主体资格不适格的案件可以在立案阶段裁定不予受理,但是根据当事人提供的起诉材料上述情况难以判断的应当立案之后由审判庭在查明事实的基础上判断。

上述审查内容和审查程度也应当适用于行政诉讼。

(2)审判庭审查的内容与范围

鉴于立案审查职能的削弱,审判庭需要强化庭前审查职能。课题组建议审判庭要充分发挥庭前程序的功能,根据当事人的诉讼请求,对基础法律关系是否存在,是否及时缴纳诉讼费用,是否构成重复起诉、恶意诉讼、虚假诉讼,是否存在关联案件,本诉是否涉及第三人合法权益及是否存在法律规定需要履行的前置程序等事项依法进行实质审查。

(3)若干具体事项的审查分工建议

关于主管问题。通过对我院和辖区法院出具的不予受理(立案)裁定进行分析,调研认为对于法律关系明显不属于人民法院受理案件范围,且实践中没有争议的一些类型化案件仍然应当在立案阶段处理。例如对于起诉依据的法律关系为司法行为的,比如涉及案件审理中的鉴定行为起诉赔偿,对公安机关出具的释放证明不服提起行政诉讼;涉及单位内部纠纷的比如单位内部分房引发的纠纷,处分、提升、奖惩引起的纠纷;由于干部身份引发的退休争议;法律司法解释明确规定行政处理终局性行为提起的诉讼。

对于法律关系是否应当属于人民法院主管范围存在疑问,目前上级法院和外地法院的相关案例互相冲突的案件应当立案后由审判庭处理。比如涉及小产权房的案件,涉及高校为被告起诉颁发学位的案件。

关于管辖问题。由于民事诉讼法规定了应诉管辖制度,对于没有管辖权的案件在立案后可以通过应诉管辖规定获得管辖权,因此在立案阶段坚持严格审查不具有合理性。同时案件是否属于受诉人民法院管辖通常需要对证据是否真实、充分进行判断,比如是否构成经常居住地,协议管辖的效力问题等。同时法律也规定了专门的管辖权异议程序处理管辖问题,因此调研认为违反级别管辖和专属管辖规定当事人坚持提起诉讼的可以在立案阶段出具不予受理(立案)裁定。其他管辖问题不宜在立案阶段处理,应当交由审判庭处理。

关于是否具有诉的利益。在审判实践中是否具有诉的利益往往需要查明相关事实和证据后才能判断。因此,调研认为除了对于明显不具有诉的利益属于滥用诉权的案件在立案阶段可以进行处理,一般应当在立案后通过案件审理判断是否具有诉的利益。

关于诉讼请求。由于在审判过程中当事人可以变更、增加诉讼请求,也可以通过法院释明明确诉讼请求,因此在立案阶段不应对当事人提出的诉讼请求要求过严,严格遵循诉讼法中对诉讼请求“具体”的要求。在实践中应当注意诉讼请求具体即可不需要非常明确,可以在审判中通过释明要求当事人明确诉讼请求,比如当事人起诉要求继承遗产,既可以认为诉讼请求具体,至于要求继承的遗产究竟包括什么在立案阶段无须明确。当事人可以提出具有选择性的多项诉讼请求,在审判过程中予以明确中,比如要求返还原物或者赔偿损失。当事人提出的多项诉讼请求中只要有部分具体即可以立案。

3. 规范先行立案、立案释明及立案调解制度

(1)关于先行立案制度的适用规范

先行立案制度容易成为部分法官不履行责任的挡箭牌,造成司法裁判标准的混乱。课题组认为,应从两方面规范先行立案制度。

一是在适用条件上,立案庭谨慎适用存疑案件先行立案制度。该项制度一般仅适用于当事人提供的证明基础法律关系、诉讼请求的证据材料真伪不明,且不宜在立案阶段进行判断的情况。

二是在内部管理上,立案庭对存疑案件拟先行立案的,应报请庭长同意并在立案前向相关审判庭通报。

(2)关于立案阶段释明制度的规范适用

立案阶段的释明是本次立案登记制改革提出的一项新制度。在此之前,立案阶段通常采用的提法是告知当事人。通过调研,立案阶段的释明主要是针对诉讼请求和法律关系(当事人选择的案由)两项内容。主要需要解决两个问题,一是当事人提出的诉讼请求不属于人民法院主管的事项;二是当事人主张的法律关系与法院认定的法律关系不一致。

针对上述两个问题,调研发现对于当事人提出的多项诉讼请求中部分属于人民法院主管的事项,同时有一项或者几项不属于人民法院主管的事项,经释明后当事人拒不修改,应当如何处理存在争议。比如一起离婚纠纷诉讼,当事人提出的诉讼请求为要求判决离婚并确认被告为同性恋。针对这类情况实践中有两种观点:第一种观点认为应当予以立案,通过判决吸收裁定的方式判决驳回不属于人民法院主管范围的诉讼请求。第二种观点认为,经过立案释明,当事人拒不修改起诉状,出具不予受理裁定。对此调研的倾向性意见是从保护当事人的诉权角度出发,当事人起诉提出的多项诉讼请求中只要存在法院可以判决的诉讼请求,就应当进行立案,在审判过程中通过释明,要求当事人变更或者明确诉讼请求,当事人拒不变更的通过判决吸收裁定的方式处理。

对于当事人主张的法律关系与法院认定的法律关系不一致的处理。在审判过程中,根据最高人民法院《关于民事诉讼证据的若干规定》(以下简称《民事诉讼证据规定》),当事人主张的法律关系的性质或民事行为的效力与法院根据案件事实作出的认定不一致的,法院应当告知当事人可以变更诉讼请求;当事人坚持不变更诉讼请求的,法院应当驳回其起诉,而不应作出实体判决。课题组认为,在立案阶段法院认定的法律关系不一定准确,当事人在审理过程中还有可能变更诉讼请求,因此立案过程中应当尊重当事人的选择权,在法院认为的立案案由与当事人主张的立案案由不一致的情况下,应当根据当事人主张的立案案由(法律关系)立案。

由此引申出另一个问题,在案件进行审理后法院认定的案由与立案案由不一致的情况是正常的,也是不可避免的,审判庭按照其审查认定的法律关系进行审理即可,不应将案件退回立案庭或者调换庭室。

(3)关于立案调解制度的规范适用

针对立案调解适用比例低的情况，调研建议以立案阶段调解达成的协议应当单独建立卷宗，当事人要求出具调解书的，由立案庭将卷宗材料移送审判庭，审判庭经审查后出具调解书，通过将立案调解与审判调解相衔接，赋予立案调解事实上的强制执行效力，落实立案调解工作制度。

4. 合理界定个案会商及类案会商的案件类型

调研建议对于新类型的案件、上级法院不同业务部门对是否受理存在争议意见的案件等，立案庭认为需要沟通会商的，在收到当事人起诉材料后，提出初步审查意见，及时与审判庭会商沟通，在参考审判庭意见的基础上，作出是否受理的决定。对于上述类型的案件，立案庭如认为可以直接登记立案的，应通过立案风险提示表向审判庭作出提示。

对于拟对一审案件裁定驳回起诉的、拟依职权裁定移送管辖的等案件，审判庭认为需要沟通会商的，可与立案庭会商沟通，在参考立案庭意见的基础上，作出决定。审判庭与立案庭定期就一审案件立审衔接中的立案后审判庭裁定驳回起诉案件的情况、诉讼费用缴纳等其他涉及立审衔接方面的情况等事项进行沟通会商。

(三)优化二审案件立审衔接的若干建议

1. 分别界定立案庭及审判庭启动民事个案会商的具体情形

立案庭在审理民事裁定驳回起诉二审案件时，就下列情况可与相关审判庭进行沟通会商：一是案件原系审判庭发回重审，一审卷宗中未附发回函或者原二审裁定书中裁判理由表述不明确的；二是拟指定一审法院进行实体审理，并认为有必要就案件处理思路与审判庭交换意见的；三是案件处理可能涉及国家政策或者社会稳定的；四是对基层人民法院请示的案件认为不应当裁定驳回起诉的；五是其他需要会商的。

审判庭在审理民事二审案件时，可就下列案件与立案庭进行沟通会商：一是涉及管辖疑难问题的；二是拟对二审案件直接裁定驳回起诉的；三是对基层人民法院请示的案件认为应当裁定驳回起诉的；四是其他需要会商的。

2. 明确二审立案审查与移送的工作衔接

对于二审案件，立案庭严格依照市高级人民法院《关于民事案件立案材料要求的规范意见》(2014 年 11 月 15 日网发)和《关于统一民事案件二审立案标准的规范性意见》(2010 年 7 月 2 日网发)的要求进行审查，并依照我院审判庭管辖分工的意见分案移送。

3. 明确类案沟通的具体情形

审判庭与立案庭应定期就二审案件立审衔接的下列事项进行沟通会商：一是行政二审裁定驳回起诉与不予受理案件的审理情况；二是民事二审直接裁定驳回起诉与不予受理案件的审理情况；三是二审立案审查及分案中存在的情况；四是其他需要沟通会商的问题。

(四)优化财产保全案件立审执衔接的若干建议

1. 关于保全的受理与裁定

财产保全具有保护当事人合法权益、促进和解、保障执行的功能。立案阶段财产保全申请的审查与裁定及仲裁机构移送的仲裁保全审查与裁定工作由立案庭承担。审判阶段财产保全申请的审查与裁定由审判庭负责。

对于经审查,保全申请符合受理条件的,立案庭应立即受理并于48小时内做出保全裁定,在裁定当日移交执行局。立案庭在收到审判庭移交的保全裁定后,在登记立案后于当日移交执行局。

2.关于保全的移送与执行

裁定财产保全的,立案庭应于作出保全裁定的当日将保全案件移送执行局,移送的材料包括:保全裁定书,保全申请书,请求保全财产的具体线索,当事人联系方式和途径,代理人的授权委托书,保全移送交接单,应当移送的其他材料。

执行局收到立案庭移送的保全裁定后,应当指定专门人员迅速执行保全。

3.关于保全的反馈

保全执行结束后,执行局应及时反馈保全的结果,并移交以下材料:《财产保全措施告知书》;采取保全措施的相关材料:协助冻结存款通知书存根及回执原件,向房管登记管理机关、车管所送达的协助执行通知书及回证原件,向工商局送达的协助公示通知书、协助公示执行信息需求书、协助执行通知书及回证原件等,其他应当移送的材料。

(五)其他建议

1.有关会商沟通的机制问题

课题组建议,涉及立审(执)衔接需要沟通会商的,由立审执相关庭的庭长或者分管副庭长向相关方提出建议。

涉及类案的共性问题和个案会商的,启动会商的一方均应当提供书面意见和材料,相关方应当及时研究并在3日内提供参考意见。

2.有关会商成果的固化问题

课题组建议,审判庭与立案庭就类案会商达成共识的事项,形成工作制度后报研究室备案。对涉及辖区法院司法标准统一的问题,经院审判委员会研究或主管院领导同意,可形成规范性文件供辖区法院交流参考,并报市高级人民法院备案。

3.有关交叉业务的学习培训问题。

为确保立审执部门在处理交叉业务时获得同样的业务培训与学习,课题组建议,在市高级法院组织涉立审(执)交叉业务的培训时,教育培训处协调增加培训名额,确保立审(执)相关部门相互派员参加对方的业务培训。同时,研究室在配发业务学习资料时,为审判庭与立案庭同时配发。

北京市第一中级人民法院
关于加强立审执衔接工作机制的若干规定

(讨论稿)

为进一步贯彻落实立案登记制改革要求,切实保护当事人诉权,推动立案与审判、执行工作的协调发展,形成立审执职责清晰、衔接顺畅的良性工作格局,根据《最高人民法院关于人民法院推行立案登记制改革的意见》《最高人民法院关于人民法院登记立案若干问题的规定》及《北京法院登记立案实施办法》等规定，并结合我院具体工作实践制定本规定。

一、加强立审执衔接工作机制的基本原则

第一条 【依法立案与审判以保障当事人的诉权】加强立审执衔接的目的是保障当事人的诉权。

立案庭应严格依法保障当事人诉权，杜绝人为因素干扰立案，不得随意限缩案件受理范围、增设立案条件、抬高立案门槛；不得以结案率、均衡结案率、立案变更率等审判管理指标考核为由，人为限制立案；不得以请示报告、调解协调等为名拖延立案。

审判庭应公正审判，保护当事人诉权，慎重裁定驳回原告的起诉。

第二条 【立审执衔接协调的前提是立审执的相互分离】加强立审执衔接的前提是坚持立审执分离原则。

立案庭和审判庭、执行局应在各自职责范围内依法履责，各司其职，确保立案登记权和审判权、执行权依法独立行使。

对当事人的起诉，立案庭依据诉讼法规定的起诉条件审查决定是否立案，对不符合起诉条件的起诉依法裁定不予受理（立案）；对于已经立案的案件，审判庭经审查后认为不符合起诉条件的，依法裁定驳回起诉。

第三条 【立审执衔接协调要服务于提升审判质效的目的】加强立审执衔接要促进司法公正，提升审判质效。

立案和审判、执行部门之间要建立双向会商机制，加强沟通与协调，以理顺工作流程，形成职责清晰、衔接顺畅的良性工作格局，不断提升全院审判质效。

对起诉或者申请执行的案件，特别是重大敏感案件，立案、审判和执行部门应相互联动，形成预防和化解诉讼矛盾的合力，并共同对虚假诉讼、恶意诉讼、无理缠诉及滥用诉权等行为进行有效规制。

二、一审案件立审衔接工作的具体机制

第四条 【立案庭职责范围】根据最高人民法院《关于人民法院登记立案若干问题的规定》及《北京法院登记立案实施办法》，我院一审立案工作的具体职责包括：

（一）指导起诉，依法及时完成案件的立案登记并移转审判庭；

（二）准确甄别最高人民法院规定的六类不予登记案件：

1. 违法起诉或者不符合法律规定的；

2. 涉及危害国家主权和领土完整的；

3. 危害国家安全的；

4. 破坏国家统一和民族团结的；

5. 破坏国家宗教政策的；

6. 所诉事项不属于人民法院主管的。

（三）对不符合起诉条件的案件依法出具不予受理（立案）裁定书；

（四）在当事人自愿的情况下根据其申请积极引导并开展调解；

（五）审查立案阶段财产保全申请并作出裁定；

（六）初步审查起诉案件是否属于敏感案件、虚假诉讼、重复起诉的案件；

（七）其他依法应当由立案庭承担的职责。

第五条 【立案庭审查内容】对当事人的起诉，立案庭依据相关规定对法律关系、管辖、诉讼利益、诉讼资格和诉讼请求、是否履行法律明确要求的前置程序等事项进行形式审查。此外，立案庭还应对起诉案件是否属于敏感案件、虚假诉讼、重复起诉案件进行审查。

当事人因客观原因无法提供证明基础法律关系、诉讼请求的证据材料，若诉状中明确具体表述了法律关系、诉讼请求和事实、理由等内容，且符合起诉条件的，立案庭应予以登记立案。

第六条 【审判庭审查内容】审判庭在审理过程中根据当事人的诉讼请求，对基础法律关系是否存在，是否及时缴纳诉讼费用，是否构成重复起诉、恶意诉讼、虚假诉讼，是否存在关联案件，本诉是否涉及第三人合法权益及是否存在法律规定需要履行的前置程序等事项依法进行实质审查。

第七条 【先行立案】立案庭在法定审查期限内难以确定是否符合起诉、自诉条件的，应当先行登记立案，移送审判庭审理。

但立案庭应当谨慎适用起诉条件存疑案件的先行立案制度。该项制度一般仅适用于当事人提供的证明基础法律关系、诉讼请求的证据材料真伪不明，且不能立案阶段进行判断的情况。

立案庭对起诉条件存疑案件拟先行立案的，应报请庭长同意并在立案前向相关审判庭通报。

第八条 【立案指导】立案庭在登记立案过程中，应主动做好如下指导与释明工作：

（一）对内容有欠缺或者有其他错误的诉状，指导当事人完善诉状形式和内容；

（二）对含有谩骂和人身攻击之词的诉状，告知当事人修改后提起诉讼；

（三）对诉讼请求不明确的诉状，指导当事人明确诉讼请求；

（四）告知当事人诉讼的风险；

（五）告知当事人及时交纳诉讼费用、及时向审判庭提交票据及不提交的法律后果；

（六）其他应当指导与告知的内容。

第九条 【立案调解】立案阶段的调解工作应坚持当事人自愿原则。对于当事人不同意继续调解或者调解不成的，立案庭应立即登记立案并将案件移转审判庭，不得以调解为由拖延立案时间。

立案阶段调解工作应当制作独立卷宗。经调解达成协议，当事人要求出具调解书的，立案庭应在登记立案后连同调解卷宗一并移送相应审判庭，由审判庭经审查后出具调解书。

立案调解的最长时间为七日，但如果当事人自愿申请调解的，可以由当事人书写延迟立案的申请。

第十条 【立案提示】对于下列案件，立案庭认为符合立案登记条件的，应在立案的同时向相关审判庭进行提示：

（一）涉及历史遗留问题或政治敏感性强的案件；

（二）可能激化矛盾或者影响社会稳定的群体性、重大信访和集团诉讼等案件；

（三）社会影响大、舆论广泛关注、易引发媒体炒作的案件；

（四）在诉前达成调解协议。

第十一条 【立案庭启动个案会商】对于下列案件，立案庭认为需要沟通会商的，在收到当事人起诉材料后，提出初步审查意见，及时与审判庭会商沟通，在参考审判庭意见的基础上，作出是否受理的决定。

（一）在法律上对起诉条件不易把握的新类型案件；

（二）上级法院不同业务部门对是否受理存在争议的案件；

（三）其他需要沟通会商的案件。

对于上述类型的案件，立案庭如认为可以直接登记立案的，应向审判庭作出特别提示。

第十二条 【审判庭启动个案会商】对于下列案件，审判庭认为需要沟通会商的，可与立案庭会商沟通：

（一）拟对一审案件直接裁定驳回起诉的；

（二）拟依职权裁定移送管辖的；

（三）其他需要沟通会商的案件。

第十三条 【类案沟通】审判庭与立案庭应定期就一审案件立审衔接的下列事项进行沟通会商：

（一）立案后审判庭裁定驳回起诉案件的情况；

（二）立案手续等其他涉及立审执衔接方面的情况；

（三）上级法院审判部门发布的涉及立案工作的新规定，或者审判庭通过审判工作总结出来的涉及立案工作的普遍性问题；

（四）上级法院立案部门发布的涉及审判工作的新规定等；

（五）其他事项。

三、二审案件立审衔接工作的具体机制

第十四条 【立案庭启动民事个案会商】立案庭在审理民事裁定驳回起诉二审案件时，就下列情况可与相关审判庭进行沟通会商：

（一）案件原系审判庭发回重审，一审卷宗中未附发回函或者原二审裁定书中裁判理由表述不明确的；

（二）拟指定一审法院进行实体审理，并认为有必要就案件处理思路与审判庭交换意见的；

（三）案件处理可能涉及国家政策或者社会稳定的；

（四）对基层人民法院请示的案件认为不应当裁定驳回起诉的；

（五）其他需要会商的。

第十五条 【审判庭启动民事个案会商】审判庭在审理民事二审案件时，可就下列案件与立案庭进行沟通会商：

(一)涉及管辖疑难问题的;

(二)拟对二审案件直接裁定驳回起诉的;

(三)对基层人民法院请示的案件认为应当裁定驳回起诉的;

(四)其他需要会商的。

第十六条 【二审立案审查与移送】对于二审案件,立案庭严格依照市高级人民法院《关于民事案件立案材料要求的规范意见》(2014年11月15日网发)和《关于统一民事案件二审立案标准的规范性意见》(2010年7月2日网发)的要求进行审查,并依照我院审判庭管辖分工的意见分案移送。

第十七条 【类案沟通】审判庭与立案庭应定期就二审案件立审衔接的下列事项进行沟通会商:

(一)行政二审裁定驳回起诉与不予受理案件的审理情况;

(二)民事二审直接裁定驳回起诉与不予受理案件的审理情况;

(三)二审立案审查及分案中存在的情况;

(四)其他需要沟通会商的问题。

四、财产保全工作衔接机制

第十八条 【保全的受理与裁定】财产保全具有保护当事人合法权益、促进和解、保障执行的功能。

立案阶段财产保全申请的审查与裁定及仲裁机构移送的仲裁保全审查与裁定工作由立案庭承担。审判阶段财产保全申请的审查与裁定由审判庭负责。

对于经审查,保全申请符合受理条件的,立案庭应立即受理并于48小时内做出保全裁定,在裁定当日移交执行局。立案庭在收到审判庭移交的保全裁定后,在登记立案后于当日移交执行局。

第十九条 【保全的移送与执行】裁定财产保全的,立案庭应于做出保全裁定的当日将保全案件移送执行局,移送的材料包括:

(一)保全裁定书;

(二)保全申请书;

(三)请求保全财产的具体线索;

(四)当事人联系方式和途径,代理人的授权委托书;

(五)保全移送交接单;

(六)应当移送的其他材料。

执行局收到立案庭移送的保全裁定后,应当指定专门人员迅速执行保全。

第二十条 【保全的反馈】保全执行结束后,执行局应及时反馈保全的结果,并移交以下材料:

(一)《财产保全措施告知书》。

(二)采取保全措施的相关材料:协助冻结存款通知书存根及回执原件;向房管登记管理机关、车管所送达的协助执行通知书及回证原件;向工商局送达的协助公示通知书、协助公示执行信息需求书、协助执行通知书及回证原件等。

（三）其他应当移送的材料。

五、其他规定

第二十一条 【会商的启动】涉及立审（执）衔接需要沟通会商的，由立审执相关庭的庭长或者分管副庭长向相关方提出建议。

涉及类案的共性问题和个案会商的，启动会商的一方均应当提供书面意见和材料，相关方应当及时研究并在三日内提供参考意见。

第二十二条 【固化成果】审判庭与立案庭就类案会商达成共识的事项，形成工作制度后报研究室备案。对涉及辖区法院司法标准统一的问题，经院审判委员会研究或主管院领导同意，可形成规范性文件供辖区法院交流参考，并报市高级人民法院备案。

第二十三条 【教育培训】在市高级人民法院组织涉立审（执）交叉业务的培训时，教育培训处协调增加培训名额，确保立审（执）相关部门相互派员参加对方的业务培训。

第二十四条 【学习资料】研究室在配发业务学习资料时，为审判庭与立案庭同时配发。

第二十五条 【实施时间】本规定自 2016 年　月　日开始实施。

北京市第一中级人民法院
登记立案实施细则

（试行）

为落实立案登记制改革，规范登记立案程序，依法保障当事人的诉权，方便当事人登记立案，依据最高人民法院《关于人民法院登记立案若干问题的规定》、《北京法院登记立案实施办法》以及其他相关法律法规，结合立案工作实际和本院立案工作特点，制定本实施细则。

第一条 本细则适用于一审民事起诉、行政起诉及刑事自诉案件的登记立案。

第二条 登记立案范围有下列情形之一的，应当登记立案：

（一）与本案有直接利害关系的公民、法人和其他组织提起的民事诉讼，有明确的被告、具体的诉讼请求和事实依据，属于人民法院主管和本院管辖的；

（二）行政行为的相对人以及其他与行政行为有利害关系的公民、法人或者其他组织提起的行政诉讼，有明确的被告、具体的诉讼请求和事实根据，属于人民法院受案范围和本院管辖的；

（三）属于告诉才处理的案件，被害人有证据证明的轻微刑事案件，以及被害人有证据证明应当追究被告人刑事责任而公安机关、人民检察院不予追究的案件，被害人告诉，且有明确的被告人，具体的诉讼请求和证明被告人犯罪事实的证据，属于本院管辖的。

第三条 人民法院对下列起诉、自诉不予登记立案：

（一）违法起诉或者不符合法律规定的；

（二）涉及危害国家主权和领土完整的；

（三）危害国家安全的；

（四）破坏国家统一和民族团结的；

（五）破坏国家宗教政策的；

（六）所诉事项不属于人民法院主管的。

第四条 登记立案流程包括立案导诉、接待审查、处理决定三个阶段。立案庭设置立案导诉人员，由立案导诉人员将所有来访人员信息及案件信息录入立案审判管理系统，进行节点控制和时限监控，实现立案流程管理的规范化、信息化。

第五条 立案导诉人员在立案大厅对当事人进行引导分流、立案指导和信息录入。

第六条 经审查，立案导诉人员应作出以下处理，并在立案审判管理系统中登记相应的处理结果：

（一）对于办理信访、投诉、咨询等事项的，直接解答或指引告知其正确办理途径；

（二）对于没有诉状的，向其发放诉状格式材料，告知其按格式要求准备诉状；对于不会书写诉状的，可以指导其制作诉状；

（三）对于有诉状，或者没有诉状且书写诉状确有困难、坚持口头起诉的，向其发放立案排序号，指引其到立案等候区等待窗口法官接待。

第七条 立案导诉人员应将所有来访人员信息及案件信息录入立案审判管理系统，登记所有当事人名称、法律关系、基本诉求、处理意见等，对于二次以上来访的当事人可以直接分配给首问负责法官。

第八条 窗口法官在审查立案材料之前，先问明是否初次起诉，初次起诉的应当让当事人填写立案登记表（三联单），以记录收到起诉材料的内容、起诉日期及案件基本情况，同时要求当事人签字确认相关事项。

第九条 窗口法官在接到起诉材料时，应当当场审查判断，并根据不同情况作出处理。

口头起诉、自诉的，经窗口法官接待并记入笔录，由当事人签字确认后，视同提交诉状，立案表格由窗口法官代为填写。

第十条 对于民事起诉，窗口法官应审查以下内容：

（一）原告具有法律规定的起诉资格；

（二）被告的身份信息具体明确，足以与他人相区分；

（三）属于人民法院的受案范围和本院管辖；

（四）诉状具备法律规定的内容和形式。当事人的自然情况齐全，有明确的法律关系、诉讼请求和事实、理由，有致送的人民法院及时间，有当事人本人的签名或盖章，按照其他当事人人数提供诉状副本；

（五）当事人、代理人的身份证明材料的原件，核对原件后收取复印件。由律师代理的，不需要当事人身份证明的原件；

（六）授权委托手续符合法律规定；

（七）不属于重复起诉的；

（八）符合起诉条件的相应证据材料；

（九）符合法律规定的其他起诉条件。

第十一条 对于行政起诉，窗口法官应审查以下内容：

（一）当事人的自然情况齐全，有明确的法律关系、诉讼请求和事实、理由；

（二）被告主体资格适格，不属于错列被告情形；

（三）起诉在法定起诉期限内；

（四）诉讼标的不为其他生效判决的效力所羁束；

（五）撤回起诉后有正当理由再行起诉的；

（六）不属于复议前置情形；

（七）符合法律规定的其他起诉条件。

第十二条 对于刑事自诉，窗口法官应审查以下内容：

（一）符合法律规定自诉案件的范围；

（二）被害人告诉的；

（三）有明确的被告人、具体的诉讼请求；

（四）有证明被告人犯罪事实的证据；

（五）属于受诉人民法院的管辖范围；

（六）自诉状具备法律规定的内容和形式。包括自诉人（代为告诉人）、被告人自然情况、被告人实施犯罪的时间、地点、手段、情节和危害后果等、具体的诉讼请求、致送的人民法院和具状时间、当事人本人签字或盖章、按被告人数提供诉状副本等；

（七）犯罪在追诉时效期限内；

（八）符合法律规定的其他起诉条件。

第十三条 当事人因客观原因无法提供本院对案件有管辖权的证据，若该证据确属必要的，可申请法院调取。

第十四条 窗口法官应根据当事人提交的诉状及相关证据材料进行形式审查，对于欠缺证明基础法律关系、诉讼请求基本证据材料的，应要求其补正。

第十五条 因客观原因当事人确实无法提供证明基础法律关系、诉讼请求证据材料的，并就此作出书面说明，若诉状中明确具体表述了法律关系、诉讼请求和事实、理由等内容，且符合其他起诉条件的，应予以登记立案。

第十六条 对内容有欠缺或者有其他错误的诉状，窗口法官应主动给予指导和释明，并一次性告知当事人补正的内容。不得未经指导和释明，即以起诉、自诉不符合条件为由不接收诉状。诉状中有谩骂和人身攻击之词的，应当告知当事人修改后提起诉讼。

第十七条 窗口法官应加大指导释明力度，指导当事人完善诉状形式和内容，明确法律关系和诉讼请求，释明起诉、自诉条件和诉讼风险等。

第十八条 经当场审查，当事人的材料齐全，符合起诉、自诉条件的，或者材料不齐全，但已当场补正的，应当直接登记立案。

第十九条 为方便当事人登记立案，立案庭按照相关部门的要求将需要填写的各项表格、告知书、通知书，分类整理为立案登记表（三联单）与登记立案须知，在立案过程中让当事人确认或向当事人发放，不能合并的表格另行发放给当事人。

第二十条 立案庭设计制作三联单形式的立案登记表，一联当事人留存、一联随卷移送审判庭、一联立案庭留存，立案登记表含有起诉登记信息、材料收取清单、送达地址确认、调解申请确认、补正材料一次性告知等内容，在登记立案过程填写或签字确认。

第二十一条 立案庭设计制作《登记立案须知》手册，含有诉讼风险告知书、诉讼权利义务告知书、诉讼文书电子送达告知书、裁判文书上网告知书、诚信诉讼告知书及立案常识等内容，在登记立案过程中发放给当事人。

第二十二条 登记立案后，窗口法官应向当事人发出交纳诉讼费用书面通知、廉政监督卡及诉讼服务告知书。

第二十三条 窗口法官应告知当事人自行到中国农业银行交纳诉讼费，保存好交纳诉讼费收据及时交给审判庭承办法官。窗口法官将交纳诉讼费书面通知的法院留存联随卷移送审判庭。

第二十四条 登记立案后，立案庭应当在二日内将案件移送审判庭审理。当事人未在法定期限内交纳诉讼费的，由审判庭查明后裁定按撤诉处理，但符合法律规定的缓、减、免交诉讼费条件的除外。

第二十五条 经当场审查，当事人的起诉、自诉不符合起诉、自诉条件的，且无法通过补正材料的方式解决的，经向当事人释明后，可由当事人直接撤回起诉、自诉材料，并记录在案；当事人坚持起诉、自诉的，应收取材料，出具材料接收清单作为书面凭证。在法定期限内，对不符合民事起诉或者刑事自诉条件的，作出不予受理裁定；对不符合行政起诉条件的，作出不予立案裁定。

材料收取清单应当载明诉讼材料的名称、份数、页数及是否为原件等，由法官签名或盖章，注明收到日期。

第二十六条 对当场不能判定是否符合起诉、自诉条件的，应当接收诉状，出具书面凭证，并在法定期限内决定是否立案。

第二十七条 对材料不齐全需要补正，但当事人无法当场补正的，应发放立案材料一次性补正告知书，告知书中应明确告知当事人补正的内容、期限及未在期限内补正的后果。

第二十八条 当事人确因客观原因难以在法院指定期限内补正而申请延长期限的，由法院决定是否准许。

第二十九条 当事人在指定期限内补正，且符合起诉条件的，立案庭应当登记立案；拒绝补正或经补正仍不符合起诉、自诉条件的，裁定不予受理或不予立案；在指定期限内没有补正的，退回诉状并记录在册；坚持起诉、自诉的，裁定不予受理或不予立案。

第三十条 立案庭收到民事、行政诉状后，应在七日内决定是否立案。其中，对第三人撤销之诉，应当在收到诉状之日起三十日内决定是否立案；对执行异议之诉，应当在收到诉状之日起十五日内决定是否立案；刑事自诉应在十五日内决定是否立案；法律有其他规定的，从其规定。在法定审查期限内仍难以确定是否符合起诉、自诉条件的，应当先行登记立案，移送审判庭审理。

审查期限从收到诉状之日起计算。需要补正材料的，从当事人补齐材料之日起计算。该期限不能中断、中止或延长，不扣除节假日，审查期限届满的最后一日为法定节假日的，可以顺延至节假日后的第一个工作日。

第三十一条 立案庭出具的不予受理或不予立案裁定书,应当说明不予受理或不予立案的理由和法律依据。

第三十二条 立案庭应尽量提高当场立案的数量。符合受理条件的民事、行政、刑事自诉案件又无特殊情况的均应当场登记立案,完成登记立案手续。

第三十三条 经审查案件存在疑难、复杂等特殊因素,不易把握可否当场登记立案,应在法定期限内完成合议、处理等工作。

第三十四条 当事人同意立案阶段调解的,应提交立案调解申请书,按当事人意愿转交人民调解、行业调解、行政调解等非诉讼调解机构进行调解,也可以由立案法官进行调解。

第三十五条 立案阶段调解不成功的,符合起诉条件的予以登记立案,移转审判庭审理;调解成功的,可以由当事人自愿撤回起诉材料,记录在案;达成调解协议的,经当事人申请,法院可以出具确认裁定。

第三十六条 窗口法官在立案审判管理系统中接收立案导诉人员录入的案件基本信息后,应该录入案件的详细信息和处理情况。

第三十七条 当事人在立案阶段申请财产保全的,立案庭对财产保全的案件应组成合议庭进行评议,评议后,对符合法律规定的案件作出财产保全裁定。

第三十八条 裁定采取财产保全措施的,立案庭应于作出保全裁定的当日将保全案件在执行立案窗口挂号后移送保全执行部门。

第三十九条 当事人通过网上预约立案的,按照北京市高级人民法院的规定办理。

第四十条 当事人通过邮寄向本院递交起诉材料的,目前法律、法规尚未对此作出规定,为方便当事人立案,立案庭对邮寄起诉进行登记备案和立案指导工作。

第四十一条 立案庭收到当事人寄交的邮寄起诉材料后,应即时登记双方当事人、寄出和收到时间等情况,窗口法官应在七日内参照网上预约立案的相关规定对邮寄起诉材料进行审查、作出立案指导。

第四十二条 立案庭针对邮寄起诉制作书面立案指导说明,说明中应包含材料补正和其他立案手续告知内容,填写后告知当事人。

对于材料齐全,符合登记立案条件的,告知当事人立案手续已齐备应到法院进行身份审核,并办理登记立案手续。

对于材料欠缺或存在其他问题的,一次性告知当事人需要补正的事项,指出问题,并告知其可在补正后到法院登记立案。

对于明显不符合受理条件的,告知当事人不予受理或不予立案的理由,若坚持起诉可到法院立案窗口提交材料,经审核后出具不予受理或不予立案裁定。

第四十三条 窗口法官在处理网上预约立案、邮寄起诉立案时,遇有特殊类型的案件应及时研究评议,不得独自处理。

第四十四条 立案庭应积极探索网上直接立案、邮寄直接立案等方便当事人立案的工作方法。

第四十五条 人民法院对起诉、自诉既不立案,又不作出不予受理或不予立案裁定的,当事人可以依法向上一级人民法院起诉、自诉。上一级人民法院认为符合起诉、自诉条件的，应当立案、审理，也可以指定其他下级人民法院立案、审理。

第四十六条　对立案工作中存在的不接收诉状、接收诉状后不出具书面凭证、不一次性告知当事人需要补正的诉状内容以及有案不立、拖延立案、干扰立案、既不立案又不作出裁定或者决定等违法违纪情形，当事人可以向受诉人民法院或者上级人民法院投诉。

人民法院纪检监察部门应当在受理投诉之日起十五日内，查明事实，并将情况反馈当事人。发现违法违纪行为的，依法依纪追究相关人员责任；构成犯罪的，依法追究刑事责任。

第四十七条　立案阶段应加强对虚假诉讼、恶意诉讼、无理缠诉的防范和规制。在立案过程中发现具有虚假诉讼、恶意诉讼、无理缠诉嫌疑的、对审判庭进行立案提示；立案阶段能够查证属于虚假诉讼、恶意诉讼、无理缠诉的，立案庭依照相关法律规定作出处理。

第四十八条　人民法院依法维护登记立案秩序，对干扰立案秩序的，根据民事诉讼法、行政诉讼法有关规定予以罚款、拘留；构成犯罪的，依法追究刑事责任。

第四十九条　强制执行和国家赔偿申请登记立案工作，按照本细则执行。

上诉、申请再审、刑事申诉、执行复议和国家赔偿申诉案件立案工作，不适用本细则。

第五十条　本细则自××××年××月××日试行。本院之前下发的相关规定或文件与本细则不一致的，以本细则为准。

庭审实质化的实现路径*

——以专家辅助人制度的改革与发展为视角

前　言

随着我国以审判为中心的诉讼制度改革的不断推进，庭审已经成为审查认定证据、查明案件事实真相的核心场域。然而，随着诉讼朝复杂化、专业化方向发展，对诉讼中专业性问题的解决已经成为影响诉讼进程和结果的关键内容。包括法官在内的诉讼各方往往不具备解决该专业性问题的能力，因此，寻求外力——“专家辅助人”(《刑事诉讼法》规定的“有专门知识的人”)对案件中的专业性问题予以解决已经成为诉讼的核心内容。刑事审判与专家的交汇之处主要是鉴定意见、检测报告等专门性证据及专家辅助人意见等，如何发挥刑事专家辅助人制度的最大效果，保障法院科学、准确地审查专门性证据，查明案件事实，也就成为司法实践的一项重要课题。

但在司法实践中，专家辅助人制度的实效性还有待进一步发挥。从全国范围来看，据课题组向相关鉴定机构调研获取的数据可知，2013 年至 2016 年，全国范围内涉及专家辅助人的刑事案件每年分别为 10 件、67 件、105 件、116 件，数量明显低于民事诉讼中涉及专家辅助人的案件；从北京市范围来看，全市法院自 2013 年 1 月 1 日至 2018 年 8 月 20 日审理的刑事案件，定案证据中有鉴定意见的文书有 59, 044 份，而其中仅有 16 例案件涉及专家辅助人，占比约为 0.3% 。

正是基于此，我庭将专家辅助人制度的改革与发展作为 2018 年的重点调研课题，在贯彻落实庭审实质化的背景下，对国内外相关立法进行比较研究，着眼于实践中专家辅助人的出庭比例、申请主体、专家辅助人资格要件的审查、鉴定人与专家辅助人之间是否有效的质证、专家辅助人意见的采纳程度、专家辅助人的意见是否中立客观、专家辅助人如何对所提意见负责、其意见是否为法定证据种类等问题，展开深入研究。分析专家辅助人制度存在的问题，并且针对这些问题提供较为合理的解决方案，深入贯彻落实庭审实质化，进一步推进以审判为中心的诉讼制度改革取得明显成果。

一、现状统计——刑事专家辅助人制度的适用情况

据相关鉴定机构统计，自 2013 年刑事专家辅助人制度实施以来到 2016 年 4 年间，涉

---

* 课题主持人：陆伟敏，课题组负责人：周军、张鹏，课题组成员：郑文伟、李洁、杨晔、吴炜佳、邓飞、廖清顺，课题主要执笔人：陈淼璐。

本课题为 2018 年院级重点课题。

及专家辅助人的刑事案件虽有增加，但相较于刑事案件总数来说，系九牛一毛。2013 年涉及专家辅助人的案件是 10 例，2014 年增长到了 67 例，2015 年为 105 例，2016 年为 116 例，4 年合计 298 例，这其中以人身损害类案件（诸如故意伤害、故意杀人）数量最多。

在北京市智慧云系统及裁判文书网中分别检索关键词“专家辅助人”“有专门的知识的人”“专家证人”，案件类型为“刑事案件”，逐个查看后，最后得出专家辅助人实施情况的有效样本 19 份，其中 3 例案件有两份文书（一审判决与二审裁定），故实际案件数为 16 例。根据案由、专家辅助人出庭的申请主体、专家辅助人的身份及职业、专家辅助人所发表意见的内容、专家发表意见后的效果等几个维度，对有效样本进行梳理分析，并按照申请主体的不同，分类归纳如表 1 至表 6 所示。

表 1　公诉人申请的案例

案号	专家辅助人	问题焦点	专家意见/效力	其他
(2013)高刑终字第 143 号 （故意伤害罪）	北京市公安局法医鉴定中心主任法医师李某	针对《尸体检验鉴定意见》，被害人是否有其他致死原因？心肺复苏等急救措施导致被告人心脏震荡的可能？	专家辅助人意见与鉴定人意见一致	1. 鉴定人、专家辅助人均出庭； 2. 称谓：有专门知识的人
(2013)一中刑终字第 2607 号 （交通肇事罪）	王×（未注明职业、身份）	被害人是否因被告人逃逸导致丧失救治机会而死亡	专家辅助人意见不能得出排他性的确定结论，法院不予采纳	1. 专家未出庭，由检察院庭审时提供其意见； 2. 称谓：专家辅助人
(2014)一中刑初字第 1897 号 （故意伤害罪）			因公诉方未提供专家证人的姓名等，庭前撤回申请	

表 2　辩护方申请的案例

案号	专家辅助人	质证焦点	效力	其他
(2013)二中刑初字第 795 号 （故意杀人罪、盗窃罪）	深圳市康宁医院法医精神病司法鉴定所主任法医师高某、南京市脑科医院司法鉴定所所长韩某	《精神疾病司法鉴定意见书》证明：临床诊断边缘型人格障碍，应评为完全刑事责任能力 专家意见：被告人是否系边缘型人格障碍存疑，也无法诊断其刑事责任能力	专家意见未否定鉴定意见，法院采信鉴定意见	1. 鉴定人、专家辅助人均出庭； 2. 称谓：有专门知识的人

续表

案号	专家辅助人	质证焦点	效力	其他
一审案号为(2013)二中刑初字第795号; 二审(2014)高刑终字第133号 (故意杀人罪、盗窃罪)			驳回:有专门的知识的人在一审期间已当庭陈述了相关意见,二审无必要再次出庭	
一审(2015)昌刑初字第1141号; 二审(2016)京01刑终201号 (强奸罪)		针对《法医学人体损伤程度鉴定书》,关于被害人成伤机制	驳回:控方指控被告人的行为致被害人轻微伤的依据不足,故辩方要求鉴定人、专家证人到庭亦无必要	
(2016)京01刑初102号 (故意伤害罪)	北京京城明鉴法医学研究院副主任法医师李某	被害人死亡是否有自身疾病以及医院治疗过失行为等因素的介入	专家辅助人的意见,理由与依据不足,不能否定鉴定意见,不予采纳	1. 鉴定人、专家辅助人均出庭; 2. 称谓:有专门知识的人
(2016)京0105刑初82号 (故意伤害罪)	法医师李某	伤情鉴定程序不合法,应重新鉴定	鉴定程序正当,结论正确,质证意见和重新鉴定申请,法院不予采纳	鉴定人、专家辅助人均出庭
(2016)京0105刑初2242号 (故意伤害罪)	张某1、张某2,(未注明职业、身份)	被害人鼻部损伤应认定为轻微伤还是轻伤二级	争议较大,重新鉴定。对重新鉴定的结果仍有争议。专家辅助人对于是否存在额突骨折的认定前后存在变化,在承认额突骨折客观存在后又转而弃具体标准而诉诸于抽象原则,所提质疑缺乏充分的说服力,不足以推翻两次鉴定意见的证据资格和证明力,不予采纳	1. 鉴定人、专家辅助人均出庭; 2. 称谓:有专门知识的人
(2016)京0107刑初300号 (故意伤害罪)	专家证人胡某(未注明身份、职业)	被害人是否为颈6椎体滑脱?颈6椎体滑脱的痛感程度如何,被害人是否可以忍受到第二天才就医?颈6椎体滑脱是否构成轻伤二级?	专家证人意见客观上因资料不全会存在考虑不周、不准确之处,其意见仅作为参考,不足以重新鉴定	1. 鉴定人、专家证人均出庭; 2. 称谓:专家证人

续表

案号	专家辅助人	质证焦点	效力	其他
(2018)京02刑终337号 (故意伤害罪)			驳回:相关鉴定机构和鉴定人均具有相应资质,鉴定意见明确,鉴定人刘某2也已就鉴定过程、鉴定依据、周某1伤情形成原因等出庭作证,没有再通知有专门知识的人出庭的必要	
一审(2016)京03刑初118号; 二审(2017)京刑终23号 (集资诈骗罪)	北京公大圣龙科技中心出具的专家意见	被告人是否系精神病,是否具有受审能力?	北京公大圣龙科技中心不具有司法精神病鉴定资质,专家辅助人仅在审阅委托人提供的材料基础上出具结论性意见,不具有证明效力,不予采纳	辩护人以被告人亲属委托的北京公大圣龙科技中心出具的专家意见作为其辩护依据,认为被告人不具受审能力

表3 被害人的诉讼代理人申请的案例

案号	专家辅助人	质证焦点	效力	其他
(2018)京03刑初63号 (故意伤害罪)	北京云智科鉴咨询服务中心聘请专家胡某	关于被害人死因的认定,致命伤是拳头还是棍棒类物体形成	意见依据不充分,没有其他证据对此予以佐证,不予采信	

表4 法院通知的案例

案号	专家辅助人	质证焦点	效力	其他
(2017)京03刑初156号 (故意伤害罪)	法大法庭科学技术研究所狄某	致死原因:被害人患有癫痫和高血压,是否可能因高血压或癫痫犯病导致摔倒而亡?	专家辅助人否定了这种可能,法院将其意见作为证据予以认定	判决书有的地方表述为"狄某的意见"、有的表述为"狄某的证言"

表 5 未注明申请方的案例

案号	专家辅助人	质证焦点	效力	其他
(2016)京 0108 刑初 1327 号 非法持有枪支	公安部物证鉴定中心涉枪案件侦查技术处处长专家证人马某	制式枪支的认定	法院认为专家证人的证言对制式枪弹以及枪支弹药鉴定标准的解释,是对本案鉴定所涉专业知识、办案规则的进一步说明,可以作为事实认定的参考。 其意见列为"专家证人马新和当庭证言",列于证据项	1. 鉴定人出庭,马新和作为专家证人出庭。 2. 辩护人提出:对专家证人证言提出异议,认为专家证人证言非法定证据形式,不能作为证据使用。对其他证据未提出异议

表 6 专家辅助人应当出庭未出庭的案例

案号	专家辅助人	质证焦点	效力	其他
(2017)京 0119 刑初 112 号 故意伤害罪	专家证人唐某(北京市检察院检察技术部法医)	被害人致伤成因	作为证人证言予以采纳	专家辅助人未出庭,法院将其意见作为证人证言予认定

第一,关于专家辅助人的申请主体。在上述 16 例案件中,由公诉人申请专家辅助人出庭或提供专家意见的为 4 例(约占 25%);辩护方申请专家辅助人出庭或提供专家意见的为 9 例(约占 57%);被害人的诉讼代理人申请的为 1 例(约占 6%);由法庭通知专家辅助人出庭的为 1 例(约占 6%);另还有 1 例案件没有在文书中注明专家辅助人的申请方。(见图 1)

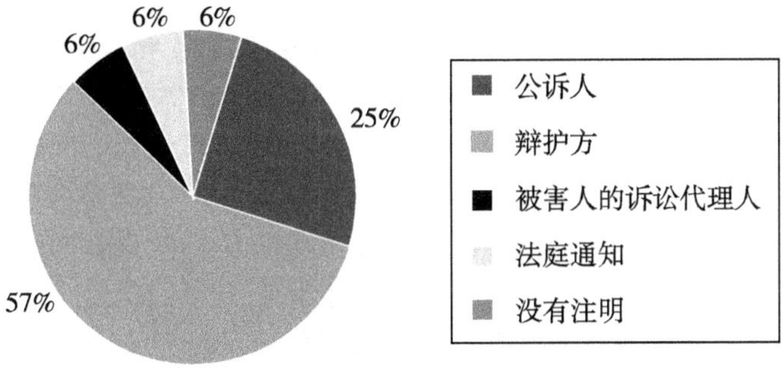

图 1 专家辅助人的申请主体分布

第二,专家辅助人介入案件类型及争议焦点。16 例案件中,有 10 例为故意伤害案件,占比 62.5%,其次为故意杀人案件,共 2 起,占比 12.5%,交通肇事、非法持有枪支、强奸、集资诈骗各 1 例。16 例案件中有 6 例案件的专家辅助人提出的意见是针对伤情鉴定(约占 33.3%),5 例针对死因鉴定(约占 27.7%),1 例针对枪支鉴定(约占 5.5%),2 例针对精神病司法鉴定(约占 11.1%)。

以上数据说明当前我国刑事诉讼中主要是针对人身伤害类案件中的伤情鉴定与死因鉴定争议较多,因此相关案件中的专家辅助人制度运用更多,这也符合我国鉴定行业的实情。

第三,关于专家辅助人是否出庭。在16个案件中,专家辅助人出庭发表意见的有9件,专家辅助人未出庭,仅由公诉人或辩护人在庭上提交专家意见的有3件,其余4例案件中,法院驳回了申请或者公诉人庭前撤回了申请。

第四,专家辅助人意见的效力与结果。辩护方申请专家辅助人出庭或提交专家意见的9例案件中,有3个案件法庭驳回了其申请,有5个案件法庭未予采纳专家意见,有1个案件法院认为专家意见并未否定鉴定意见,采信鉴定意见。

公诉人申请专家辅助人出庭或提交专家意见的4个案件中,2例案件的专家意见被采纳,1例案件的专家意见未获采纳导致检察院的抗诉意见未获法院支持,1个案件公诉人庭前撤回申请。

此外,法院自行通知的1例案件(2017)京03刑初156号中的专家意见被采纳;未注明申请方的1例案件(2016)京0108刑初1327号中的专家意见被采纳。

二、问题研究——刑事专家辅助人制度适用中的问题

基于对上述16例案件的分析,结合对一中院刑一庭入额法官的访谈内容,课题组认为我国刑事专家辅助人制度在实践中主要存在以下问题。

(一)专家辅助人制度整体适用率低

从上述数据不难发现,无论是在全国范围内,还是在北京范围内,刑事案件中有专家辅助人的情况很少。全市法院自2013年1月1日至2018年8月20日审理的刑事案件,定案证据中有鉴定意见的文书有59,044份,而其中仅有16件案件涉及专家辅助人,占比约为0.27%,16例案件中还有3例案件法院驳回了专家辅助人出庭的申请,1例案件检察院庭前撤回了申请,专家辅助人真正发挥作用的案件仅12例,占比约0.2%。

课题组分析认为,专家辅助人制度适用率低的原因,可用经济学上的供求理论分析。专家辅助人出庭的需要主体包括法院、公诉人、当事人、辩护人和诉讼代理人,从上述数据来看,主要还是辩方。聘请有专家辅助人出庭要考虑案件的需要,更需要考虑经济成本,毕竟这是一笔聘请律师以外的价格不菲的费用。对于被告人而言,尤其是刑一庭审理的暴力犯罪类案件中的被告人,他们往往处于社会的中下层,聘请律师的费用都承担不起,更别谈聘请专家辅助人。除了经济成本外,被告人和非专业的刑辩律师往往难以发现鉴定意见等专门性证据中存在的问题,从而也不会申请专家辅助人出庭。从供给角度看,我国尚未形成专家辅助人构建的职业团队,因具备专门知识而参与诉讼还不是一个赖以谋生的职业,当事人一般从鉴定机构、大专院校、科研机构等聘请相关人员兼职担任诉讼中的有专门知识之人,加之法律没有明确规定有专门知识人的资格,所以,供给数量从理论上讲很充足,但实际中难以找到合适之人。专家讲关系、好面子的心理也使其不愿在同行之间展开"自相残杀"。

(二)专家对案件缺乏全面了解

当事人一方聘请的专家辅助人,对案件往往缺乏全面了解,例如,(2016)京0107刑初300号申某故意伤害一案中,被告人对被害人的伤情有异议,申请重新鉴定,并聘请了专

家辅助人出庭发表意见，但合议庭最终认为专家辅助人的意见客观上因资料不全会存在考虑不周、不准确之处，不足以重新鉴定。

课题组认为，专家辅助人参与到诉讼过程中，最大的价值在于能够对鉴定意见等证据进行科学质证。在鉴定之前，鉴定人有权对案件的具体内容进行了解，调查案件相关资料以力求鉴定意见的准确性。然而，法律却没有保证专家辅助人的知情权，专家辅助人获取案件信息的途径主要来源于当事人对案情的叙述，也就意味着很多案件内容其无权了解和过问，这也使得专家辅助人对案件认识不充分，并由此导致不准确甚至错误意见的产生。

专家辅助人了解的内容大部分都利于聘请方当事人，也就意味着专家辅助人有极大可能做出利于当事人的事实判断。当事人有意无意地向专家辅助人表述个人观点和想法，掺杂了极强的个人情感因素，不经意间被专家辅助人事先吸收，形成了一种先入为主的思想，在后期分析中不断影响着专家辅助人的客观判断，让专家在不经意间变成了当事人的喉舌，为其发声。专家辅助人只对案件中出现的专业性问题进行解答和说明，而对案件了解的片面性也极大制约了其做出正确判断的能力。当事人给专家辅助人提供的资料不够齐全，专家辅助人不能全面了解案情，难免就部分已知内容而出具错误的意见。

（三）法院对专家的称谓不统一

《刑事诉讼法》规定的为“有专门知识的人”，而“专家辅助人”则常见于学术论文当中。从检索结果来看，各法院对“专家辅助人”的表述也各不相同。有的文书中表述为“有专门的知识的人”，例如（2013）二中刑初字第795号李某犯故意杀人罪、盗窃罪一审判决书；也有的文书中表述为“专家辅助人”，例如（2013）一中刑终字第2607号，还有的文书中表述为“专家证人”，例如，（2015）昌刑初字第1141号陈某犯强奸罪一审判决书。

这个问题，一方面反映出裁判文书撰写不规范、不统一，另一方面也反映出有专门知识的人在司法实践中的诉讼地位不明，部分司法人员对有专门知识的人的功能定位不明晰。司法实践中尤其是文书制作过程中如果不能在用语上对“有专门知识的人”进行规范，极易造成信息传递的误解，进而对相关人员的诉讼地位以及其出具的意见类型产生错误认识。

（四）文书对专家信息公布程度不统一

在16例案件的法律文书中，有9例案件公布了专家辅助人的姓名、工作单位、职务等具体信息，占比56.25%。其余7例均不同程度对专家辅助人的基本信息予以隐去。其中2例未公布专家辅助人的真实姓名，例如（2016）京01刑初102号故意伤害一案中，专家辅助人为“北京京城明鉴法医学研究院副主任法医师李某”；有4例未公布专家辅助人的工作单位与职务，例如（2016）京0105刑初82号故意伤害罪一案中，专家辅助人为“法医师李某”；（2016）京0105刑初2242号故意伤害罪一案中，专家辅助人为“张某1、张某2”，有1例既未公布专家辅助人姓名，又未公布其工作单位与职务等基本信息，（2013）一中刑终字第2607号交通肇事一案中，专家辅助人为“王×”。

（五）专家及其意见是否中立存疑

由公诉人申请专家辅助人出庭或提供专家书面意见的4例案件中，剔除1例公诉人庭前撤回申请的案件，剩余3例案件中专家的意见均与鉴定意见一致或系补强公诉意见、抗诉意见;被告人或辩护人申请专家辅助人出庭的9例案件中,专家的意见均对被告人有利;被害人的诉讼代理人申请专家辅助人出庭的1例案件,专家针对被害人死因的认定发表意见,鉴定意见证明被害人致命伤系拳头造成,专家认为致命伤系棍棒类物体形成。

目前在刑事案件中,伤情鉴定、死因鉴定有很多技术问题或争议。鉴定人出庭的情况很少,许多鉴定人不愿意出庭。被告方聘请的有专门知识的人出庭的情况又很少,况且这些出庭的有专门知识的人在有限的庭审时间之内并没有提供有实质内容又易于理解的对鉴定意见的意见,往往和辩护人的意见高度近似甚至重合。据课题组向我庭法官了解到,曾经审理过的一个故意伤害案件涉及鉴定人和有专门知识的人出庭,焦点问题为被害人的特殊体质对于被害人死亡原因的认定,鉴定人和有专门知识的人分别发表了意见,有专门知识的人当庭发表的意见对鉴定意见提出了质疑,但是最终没有提供比较充分的依据,倾向性也十分明显,对于事实的认定并没有起到特别显著的作用。法官需要的是能够提供客观中立的专家意见,而不仅仅是对于鉴定意见单纯的质疑或是带有倾向性的意见。

课题组经分析认为,公诉人或当事人一方委托的专家辅助人中立性存疑的理由如下,一是公诉人委托的专家辅助人几乎均为公安或者检察院内部鉴定机构的专家,并且鉴定人与专家辅助人多来自同一机构,专家辅助人发表的意见天然是作为对鉴定意见等专门性证据的补强。如(2013)高刑终字第143号,公诉人申请出庭的专家辅助人为北京市公安局法医鉴定中心主任法医师李某;(2017)京0119刑初112号宋某故意伤害一案,检察院提供的"专家证人"(实则为专家辅助人,并非证人)为北京市检察院检察技术部法医。又例如(2013)高刑终字第143号故意伤害一案中,北京市公安局法医鉴定中心副主任法医师陈某作为鉴定人出庭,北京市公安局法医鉴定中心主任法医师李某作为专家辅助人出庭,二人均来自北京市公安局法医鉴定中心,专家辅助人意见自然与鉴定意见一致。二是对于当事人一方委托的专家辅助人,一方面由于其系当事人聘请,向当事人收费,难免有"拿人钱财,替人消灾"的心理,另一方面由于其对案件缺乏全面了解,案件事实与相关证据多从聘请他的当事人一方口中了解,故其意见难以保持完全的客观、中立。

因此,课题组认为,如果公诉人或当事人聘请专家辅助人具有倾向性,那么如何避免带有倾向性的意见误导合议,是必须要解决的问题。

(六)专家定位及其意见效力模糊

在16例案件的法律文书中,关于专家辅助人及其出具意见的介绍用语也显露争议,主要集中于如何看待专家辅助人以及是否应当将专家辅助人意见视为证据,尤其是专家辅助人出庭陈述如何定性问题。上述案件中有3例案件的法律文书中存在"专家××的证言"的措辞,在(2016)京0108刑初1327号关某非法持有枪支一案中,辩护人明确提出:对专家证人证言提出异议,认为专家证人证言非法定证据形式,不能作为证据使用,而法院将专家辅助人马某的意见直接定性为"专家证人马某当庭证言",并将其列于经合议庭确认的证据项下。

课题组经分析认为,出现上述问题的主要原因为法律规定的模糊性。《刑事诉讼法》及司法解释将专家辅助人出庭的目的定位为"就鉴定意见提出意见",其既非证人,亦非鉴定人。司法解释虽然在部分条文中将专家辅助人与证人、鉴定人并列表述,一定程度上反映立法者有将专家辅助人与证人、鉴定人并列,视为一种独立诉讼参与人的倾向,然而,新《刑事诉讼法》却未在“诉讼参与人”中增列专家辅助人。可见,在规范层面,专家辅助人的诉讼地位是模糊的。在理论和实务界都存在较大争议。如对于专家辅助人的诉讼地位,有学者认为是独立的诉讼参与人,也有学者认为是附属性的诉讼参与人,也有学者认为专家辅助人具有证人和辩护人双重身份等。

(七)庭审质证不充分、认证程序不合法

专家辅助人应当出庭就鉴定意见发表意见,其意见仅属于质证意见或者对鉴定意见的补强。而课题组发现有的法院未通知专家出庭,直接将专家意见作为证人证言予以认定。

例如,(2017)京0119刑初112号宋某故意伤害一审中,被告人始终否认其打了被害人,被害人的致伤成因成为了案件的焦点,如果不能排除被害人自己的特殊体质或者自身原因导致受伤,则在案证据不足以认定被告人构成故意伤害罪。北京市人民检察院检察技术部法医唐某作为有专门知识的人对被害人的致伤成因作出了说明:理论上说,人慢慢往下坐地的力量不足以导致正常骶骨的骨折,但是由于不知道当事人的骨质情况,是否能造成骨折不确定。骶骨骨折除了考虑作用力的大小外,还与受伤当事人的骨质是否有基础性的疾病有关,如果没有骨质方面的疾病,就和作用力的大小有关。根据文献记载,骶骨骨折根据形态分类有三种,一是横行骨折,二是纵形骨折,三是撕脱性骨折,李某的骨折属于横行骨折,是间接外力造成的,是力传导到此作用形成的。S4、S5没看到有问题。一般来说力作用到哪,损伤就在哪。李某说她被嫌疑人从桌上扔到地上,按照她所说的,有造成S3骨折的可能。嫌疑人说李某自己慢慢坐到地上,也有可能,只是一般来说这种可能性较小。骶骨骨折一般当时就能发现,因为骶骨骨折和肋骨骨折不一样,骶骨没有肋骨的前后重叠。骶骨骨折后能正常走路。该案中,一审合议庭并未通知唐某出庭,而是直接采纳了她的意见作为证人证言,最终认定被告人宋某构成故意伤害罪。本案经我庭二审后,以事实不清、证据不足为由发回一审法院重新审理。

(八)法院缺少获取专业、中立且规范的专家咨询之途径

课题组通过对一中院刑一庭入额法官进行访谈发现,几乎所有法官在办案过程中均遇到过难以理解或者判断的专业性问题,其中包含为对专业性概念的理解,如桡骨、肱骨位置等,对致伤成因或致死成因的疑惑,被害人的死因是否有不当医疗行为等因素的介入,污染环境案件中对环境检测报告的理解等。遇到此类问题时,法官们主要通过以下手段寻求帮助:一是由法官个人上网检索、查阅书籍、文献,二是法官私下向熟悉的有关专家进一步咨询。

但课题组认为,上述方式均无法保障合议庭能够获取专业、中立且规范的专家咨询。首先,对于法官自行上网检索的方式,仅可解决案件中涉及的简单易懂的专业问题,如对常见专业性概念的了解等,却没有办法解决需要通过专业理论和专业分析才能得出结论的问题。仅凭法官自行上网检索,不光耗时耗力,还不能解决问题。其次,对于法官私下咨询熟人,虽然确实能够解决一些实际问题,但却缺乏规范性。这体现在:一为适用上的随机性,完全取决于法官的私人关系,即法官正好认识具备相关领域知识的熟人。二为专家发表意见的随意性。法官私下咨询的熟人由于没有经过筛选,因此其是否具备相关领域的知识、是否具备相应的资质均无法保障;且由于法官通常采用电话等形式咨询,简单

介绍案件所涉专门性问题，专家不阅卷不看材料，不经过分析研究，仅凭自身的经验和理解对法官提出的问题作出笼统的回答，可能并非完全针对个案涉及的专业问题，且不出具署名的书面意见，亦不用对所发表的意见负责。

除上述问题外，课题组还发现：一是专家辅助人制度运作程序不明确，适用状况混乱。对于专家辅助人资格、具体权利义务、专家辅助人的启动、启动的理由和时间、专家辅助人费用的负担与出庭程序、专家辅助人的管理、甚至专家辅助人出庭站位等问题，法律及相关司法解释均没有具体规定，在理论界和实务界都存在一定争议。课题组经过检索发现，各地也相继发布了规定，如辽宁省高院、检察院、公安厅、司法厅等印发了《关于刑事案件专家辅助人出庭若干问题的联席会议纪要》等，但是在具体操作方面各地还是存在较大差异。从设立专家辅助人制度的功能来看，其主要是为了帮助控辩双方和法庭对科学证据从技术方法、科学规律、结果是否准确等方面进行实质意义上的审查，但是有关专家辅助人制度规定的不完善，对于充分发挥专家辅助人的功能势必造成较大影响。二是有的公诉或辩护人不能正确、规范地向法院申请专家辅助人出庭。例如，在梁某故意伤害案一审中(2014)一中刑初字第1897号，公诉人在庭前会议中提出通知专家证人出庭的申请，但是公诉方又不能提供具体专家证人的姓名、职业及联系方式，又于庭前撤回了上述申请，法庭予以准予。三是裁判文书撰写不规范、不统一。除了对专家辅助人的称谓不统一外，对于申请专家出庭的主体，到庭专家的工作单位、职称及姓名等基本信息，不同案件在文书中公开的情况也均不统一。

三、制度借鉴：国内外相关制度分析借鉴

（一）国内相关制度借鉴参考

专家辅助人，又称为诉讼辅助人或专家技术顾问，是指在科学、技术以及其他专业知识方面具有特殊的专门知识或经验的人员，根据当事人的聘请委托并经法院准许，出庭辅助当事人对讼争的案件事实所涉的专门性问题进行说明或发表专业意见和评论的人。

在我国“有专门知识的人”的提法最早出现于《民事诉讼法》的司法解释中。① 行政诉讼法相关司法解释也规定了与“有专门知识的人”类似的“专业人员”。从相关条文的表述我们可以看出，民事诉讼法和行政诉讼法相关规定对于有专门知识的人主要是针对专门性问题，包括鉴定意见以及其他专业性问题，而刑事诉讼法中有专门知识的人参加诉讼需要以鉴定意见的存在为前提。②

由此我们可以看出，关于专家辅助人制度，刑事诉讼法、行政诉讼、民事诉讼以及知识产权诉讼对有专门知识的人均有相关规定，并且各自的规定都有着自身的特点。通过对于不同的部门法领域对有专门知识的人的制度性规定，梳理出有专门知识的人制度中存在的共性的问题，也能够从其他部门法规定中汲取较为合理的且能够对刑事案件专家辅助人制度提供重要借鉴的规定和做法。

---

① 2002年4月1日实施的最高人民法院《关于民事诉讼证据的若干规定》第61条规定，当事人可以向人民法院申请由一名至二名具有专门知识的人员出庭就案件的专门性问题进行说明。

② 左宁：《我国刑事专家辅助人制度基本问题论略》，载《法学杂志》2012年第12期。

1. 法律条文规定

《民事诉讼法》第 79 条规定:"当事人可以申请人民法院通知有专门知识的人出庭,就鉴定人作出的鉴定意见或者专业问题提出意见。"

《治安管理处罚法》第 90 条规定:"为了查明案情,需要解决案件中有争议的专门性问题的,应当指派或者聘请具有专门知识的人员进行鉴定;鉴定人鉴定后,应当写出鉴定意见,并且签名。"

知识产权专门法院建立后,技术调查官制度引入知识产权审判。技术调查官既不同于专家证人、技术鉴定人、技术咨询专家以及专家陪审员,也不是技术法官,而是司法辅助人员。技术调查官帮助法官认识技术事实问题,一定程度上充当法院与知识产权授权确权机关之间的沟通桥梁。但技术调查官并不能解决知识产权审判中的所有技术问题,必要时,技术调查官还需要与技术咨询专家、技术鉴定机构、专家证人等配合,共同释明知识产权案件中的技术问题。①

最高人民法院于 2014 年 12 月 31 日发布的《关于知识产权法院技术调查官参与诉讼活动若干问题的暂行规定》规定,知识产权法院配备技术调查官,其属于司法辅助人员。技术调查室负责技术调查官的日常管理。知识产权法院审理有关专利、植物新品种、集成电路布图设计、技术秘密、计算机软件等专业技术性较强的民事和行政案件时,可以指派技术调查官参与诉讼活动。应当在裁判文书首部的案件来源部分列明其身份和姓名。技术调查官职责主要包括:通过查阅诉讼文书和证据材料,明确技术事实的争议焦点;对技术事实的调查范围、顺序、方法提出建议;参与询问、听证、庭审活动;提出技术审查意见,列席合议庭评议;必要时,协助法官组织鉴定人、相关技术领域的专业人员提出鉴定意见、咨询意见;完成法官指派的其他相关工作。技术调查官提出的技术审查意见可以作为法官认定技术事实的参考。②

2. 我国民事诉讼专家辅助人制度及知识产权技术调查官制度与刑事诉讼专家辅助人制度的比较研究

从上述的相关法律条文和司法解释的文本规定我们可以看出。刑事诉讼法和民事诉讼法关于有专门知识的人的规定均比较原则和笼统。尽管如此,有专门知识的人介入庭审质疑鉴定意见或者就专门性问题发表看法的制度仍然有着非常重要的意义。最高人民检察院于 2018 年 3 月发布的最高人民检察院《关于指派、聘请有专门知识的人参与办案若干问题的规定(试行)》,该规定在检察机关层面上更加明确了有专门知识的人员范围、参与办案条件、有专门知识的人的主要职责等,将刑事诉讼法的规定细化为检察机关处理刑事案件的相关规定。但是对于有专门知识的人的功能、诉讼地位、与有专门知识的鉴定人的关系如何、所发表意见的效力等仍然没有进行较为系统的规定。③ 目前作为刑事审判的法院仍然没有就刑事案件专家辅助人制度进行更加细化的规定,仍然停留在较为原

---

① 宋健:《专家证人制度在知识产权诉讼中的运用及其完善》,载《知识产权》2013 年第 4 期。

② 最高人民法院 2014 年 12 月 31 日发布《关于知识产权法院技术调查官参与诉讼活动若干问题的暂行规定》。

③ 李学军、朱梦妮:《专家辅助人制度研析》,载《法学家》2015 年第 1 期。

则的层面，虽然法律规定可以参照鉴定人的相关规定，但是有专门知识的人有自己的特点，与鉴定人也存在很大的不同，这方面的规定严重缺乏，导致在该项制度的具体落实层面存在着很多的问题。知识产权方面对于技术调查官的规定则相对比较全面，明确了技术调查官的地位以及技术调查官参与庭审的方式等方面的内容，许多规定都值得专家辅助人制度进行借鉴。但是技术调查官和专家辅助人还是有很大的区别的：一是技术调查官是专门适用于知识产权案件中，有专门知识的人则没有这方面的规定；二是技术调查官从条文可以看出属于司法辅助人员，而有专门知识的人则并非司法辅助人员，属于具有特殊领域专门知识的人。

根据上面的描述，我们总结一下刑事诉讼法、民事诉讼法、行政诉讼法以及知识产权法对于“有专门知识的人”的相关规定（见表7）：

表7　四大领域对于“有专门知识的人”的规定

类别	刑事诉讼法	民事诉讼法	行政诉讼法	知识产权法
启动或者申请主体	公诉人、当事人和辩护人、诉讼代理人	当事人	行政执法机关	司法辅助人员，法院根据需要
适用范围	案件涉及鉴定意见问题，诉讼各方提出申请，专家辅助人就鉴定意见提出意见	当事人提出申请且案件涉及专业性问题	需要解决案件中有争议的专门性问题的	知识产权法院审理有关专利、植物新品种、集成电路布图设计、技术秘密、计算机软件等专业技术性较强的民事和行政案件时
意见效力	就鉴定人作出的鉴定意见提出意见。以鉴定意见的存在为前提，不属于证据，不具有证据效力，影响鉴定意见的采纳，产生的后果包括鉴定意见被排除或者被采纳	就鉴定人作出的鉴定意见或者专业问题提出意见。同样不属于证据，没有证据效力	鉴定人鉴定后，应当写出鉴定意见，并且签名	技术调查官对案件裁判结果不具有表决权。技术调查官提出的意见应当记入评议笔录，并由其签名。审查意见可以作为法官认定技术事实的参考
相关资质方面的规定	没有明确的规定，参照鉴定人的相关规定	没有明确的规定，参照鉴定人的相关规定	未作详细规定	通过专门的司法解释文件进行了详细规定，包括任职资格、禁止性规定、出庭方式等

通过以上几个方面的比较我们可以看出，刑事诉讼法关于专家辅助人的规定还存在很多的问题，单纯规定参照鉴定人的相关规定明显是不能够满足司法实践需要的。缺乏对于有专门知识的人相关资质的规定、选任办法的比较系统的规定，尤其是仅仅规定公诉人、当事人和辩护人、诉讼代理人这几个主体拥有专家辅助人出庭程序的启动申请权，而缺乏法官主动依职权聘请专家辅助人出庭或者提供专家咨询意见的相关规定。[1]

国内关于有专门知识的人相关制度的规定尽管每个部门法都存在不同，但是有专门

---

① 邹明理：《专家辅助人出庭协助质证实务探讨》，载《中国司法鉴定》2014年第1期。

知识的人主要的职能还是非常接近的，那就是协助解决审判或者是司法实践中的专门性的技术问题。但是对于有专门知识的人制度化的建设还缺乏系统性的立法规范，尤其是刑事诉讼法对于有专门知识的人的规定，缺乏系统化可操作性的规范，对于有专门知识的人的管理和有专门知识的人的选任和参与诉讼的途径等均缺乏相应的法律条文的系统化的规定。尤其是知识产权法技术调查官制度中的许多规定都值得刑事诉讼法借鉴，比如说技术调查官制度中明确规定了技术调查官可以列席合议庭合议，专家辅助人也可以尝试参与部分疑难复杂案件的合议庭合议，可以采用专家辅助人参与合议之前签署保证书，承诺保守审判秘密，并且专家辅助人仅仅参与涉及案件专业技术性问题的合议，并且相关情况和发言内容记录在合议笔录上，合议结束由专家辅助人核对确认并签字。这样不仅能够提高专家辅助人参与刑事审判的积极性，也能够使专家辅助人在更加深入了解案情的基础上发表专家意见，提升案件办理质量。

（二）境外相关制度借鉴参考

1. 英国“单一联合专家证人”、“技术陪审员”与“专家顾问”制度

英国的“专家证人”制度中，专家证人由当事人聘请，而受到聘用的专家证人由于收受了当事人的酬金，完全倾向于当事人的诉讼立场，往往会在法庭上不顾事实地发表有利于当事人的专家证言。由此产生两个弊端：其一，过度倾向的专家证言往往无法保证科学性与合法性，会在相当程度上误导法官与陪审团对于法律与事实的判断，造成“正义流产”；其二，由于缺乏专业知识，法官有时无法判断专家资格，陪审团更是如此。双方当事人的专家证人会相互攻击对方的专家资格或者专家证言，造成对抗过度，影响诉讼的效率与效益。为缓解这些诉讼矛盾，弱化诉讼对抗性与专家证人的倾向性，英国通过制度新设进一步补充了专家证人的中立属性。在 1999 年《英国民事诉讼规则》中设立了“单一联合专家证人”（single joint experts）和“技术陪审员”（assessor）制度。单一联合专家证人的前身是法庭任命的专家，他的特点是由各方当事人共同选定，不对任何一方当事人的诉讼利益负责，而是直接对法庭负责，由此保证中立性。《英国民事诉讼规则》第 35 章第 15 条规定，法院可以委任一名或多名人士担任技术陪审员，协助法院处理其掌握技术或经验之事项。法院在委任技术陪审员 21 日之前，将提名为技术陪审员人士的姓名、协助事项以及担任技术陪审员人士的资格，以书面形式通知各方当事人。

英国也规定了协助法院处理其掌握技术和经验之事项的“技术陪审员”制度。技术陪审员也被译作技术顾问，由法院委托，用以协助法院处理与特定技术有关的事项，这是与专家证人最大的不同，其中立性可见一斑。其坐在法官席。技术陪审员根据法院指令参与诉讼程序，特别是法院可以指令技术陪审员就诉讼程序中待裁决事项为法院准备报告，出席全部或部分开庭审理，就有关类似问题向法院提出建议。①

此外，英国相关立法还设立了属性可以变动的“专家顾问”（expert advisor）制度用以补充中立性。在案件进入诉讼程序前后，当事人都可以咨询这种“专家顾问”以确定进行诉讼的必要性，主张赔偿金的数额以及胜诉的可能性等。接受咨询的专家如果是单纯地接受咨询而没有向法庭陈述其意见，则该专家的身份仅仅是专家顾问。如果专家顾问后

① 徐昕：《英国民事诉讼与民事司法改革》，中国政法大学出版社 2002 年版，第 331～332 页。

来向法庭陈述意见，则其身份从专家顾问变成专家证人，他的立场也需要随之而发生变动。专家顾问的前一种属性，就是类似于上述“单一联合专家证人”与“技术陪审员”的中立性。

2. 意大利“技术顾问”制度

意大利的专家辅助人制度被称为“技术顾问”制度。意大利采用鉴定制度与技术顾问制度并行的专家制度。鉴定人被要求必须站在中立、客观的立场之上，鉴定人也因此被认为是“审判人员的科学辅助人”“科学的法官”。鉴定人的中立性在有利于保证鉴定结论的权威性和公正性的同时，也存在自身的缺陷，即鉴定结论因专业性较强使其难以在法庭上被充分质证，增加了审判人员因缺乏专业知识的审查能力而造成错误判决的出现。为修复鉴定制度存在的缺陷，意大利也大量吸收借鉴了英美法系专家证人制度的合理化经验，确立了“技术顾问”制度。《意大利刑事诉讼法典》第225条规定，在决定进行鉴定后，公诉人和当事人有权任命自己的技术顾问。该法第230条同时规定，(技术顾问)可以参加聘任鉴定人的活动并向法官提出要求、评论和保留性意见；可以参加鉴定工作，向鉴定人提议进行具体的调查工作，发表评论和保留性意见；如果技术顾问是在鉴定工作完成之后任命的，他可以对鉴定报告加以研究，并要求法官允许他询问鉴定人和考查被鉴定的物品和地点。技术顾问由诉讼双方“任命”，并且参与法庭对鉴定意见的“质证”，可以对鉴定人活动提出“要求”、“评论”和“保留性意见”，这些是其对于委托人诉讼立场倾向性的具体体现。确立“技术顾问”制度，借鉴英美法系国家专家证人制度的运作方式，引入“对抗机制”，使得鉴定意见不再是一家之言，而是通过双方技术顾问参与或者见证鉴定人的鉴定工作，让鉴定意见更具有科学性，也更全面地揭示案件事实，可以保证审判人员兼听则明。

3. 瑞典与我国台湾地区的“专家陪审制度”

我国台湾地区和瑞典是大陆法系国家和地区中实行专家陪审的代表。我国台湾地区2006年通过的“专家参审试行条例”设立了独立的专家陪审制度。该“条例”规定一审案件若涉及医疗、工程、知识产权、环境、未成年人犯罪等案由的，可以由当事人向法院申请或由法院依职权确定专家参审法庭进行审判。“司法院”设专家参审官遴选委员会，专家参审官应具有相关领域技能，并在该特殊领域服务3年以上，任期为4年。当事人可以合意选定参审官，否则由法院随机确定。“专家参审试行条例”还对参审官的回避、职权等具体内容作了详尽的规定。瑞典于1999年修订了《司法程序法》，规定在上诉法院审理刑事案件时实行专家陪审制。在遇到专业事项时，由3名法官和2名专家组成合议庭进行审判。除了技术方面的资质要求外，专家陪审员在选任、禁止性规定、宣誓和回避等方面适用与普通陪审员相同的规定，只是任期由4年改为3年。任期内如有必要，可以由政府委任其他人替补，完成剩余任期。在专家参审案件之后，因为情况变化而被停职的，其参审案件的行为仍然有效，直至案件审理结束。①

4. 美国的“专家证人”制度

在美国，对于专家证人的选任方式分为两种：一是由当事人进行聘请，二是由法院选任。美国实行当事人主义的对抗制模式，因此由当事人来聘请对自己有利的专家证人是

---

① 何家弘：《中国的陪审制度向何处去》，中国政法大学出版社2006年版，第318页。

最为常见的方式，一方面有利于当事人充分行使诉讼权利，提高胜诉率，另一方面也可以使法官通过双方的平等对抗深入了解和掌握专门知识，更加全面地了解案件事实。另外，法庭在必要的时候也有权依职权指派或者聘请专家证人提供专家报告，同时法官对聘请专家证人的必要性以及专家证人的资格和条件也具有审查权。在实践中，法官往往重视的是专家的实际能力，但"法庭如果认为专家证人对陪审团具有过度倾向性的影响，或者若待证事实被认为是在陪审团的常识范围之内的，法庭将不允许专家证人出庭"。

从上述国家和地区的实践看，无论专家参与诉讼的模式如何，其都是为破解专门性问题的事实认定困境而发展起来的，其目的在于弥补法官在专业知识上的不足，提升审判效率和质量。

四、制度更新——刑事专家辅助人制度的完善路径

立足于以审判为中心的诉讼体制，通过对现有体制的探索，课题组认为可从两方面完善刑事专家辅助人制度，一是进一步规范法院依申请通知专家辅助人出庭制度；二是探索性构建法院依职权委托专家辅助人制度，即法院依职权委托中立的专家辅助人，为合议庭提供专家咨询并出庭辅助合议庭发问或为合议庭提供专业意见。

（一）规范完善法院依申请通知专家辅助人出庭制度

1. 厘清专家辅助人的诉讼地位

针对司法实践中部分法院将专家辅助人当作证人的做法，课题组认为，专家辅助人与证人之间存在诸多异同之处，两者都是为帮助法官查明案件事实，还原案件的客观真相而参加到诉讼活动中，并在接到法庭的出庭通知后当面作证或发表意见。但两者存在本质的区别，证人作为亲身经历了案件事实发生经过的对象，凭自己的所见所闻来证明案件事实，除符合生活经验的推测外不发表任何个人相关意见，仅起到复述案件、还原现场的作用。也正因曾参与到案件过程中，其本身具备了不可替代性的特点。而专家辅助人并未亲身经历案件，以一个局外人的身份和角度来看待专业问题，他们对待案件是凭借着专业知识和经验来解释和判断，也正因此，专家辅助人不具备不可代替性这一本质属性，只要是具备专门知识或经验，均可以经当事人的聘请之后参与到庭审活动中来。此外，专家辅助人参与到庭审中对其学历、职称或者专业水准有一定的要求，而任何具备行为能力、能够正确表达意思的自然人均可以作为证人，其余并不作为资格评估的标准。因此，专家辅助人不是证人，其意见也不属于证人证言，其意见属于质证意见或系对专门性问题的解释、说明，不属于法定证据种类，仅为合议庭审查证据、认定事实提供参考。

2. 规范、统一裁判文书的撰写

首先，应当统一对"专家辅助人"的称谓。由于《刑事诉讼法》规定的表述为"有专门知识的人"，因此，课题组认为裁判文书中应当统一表述为"有专门知识的人"，不应再表述为"专家辅助人"、"专家"或"专家证人"。其次，应当载明申请的主体。最后，对专家辅助人的真实姓名、工作单位、职务等个人信息的公开尺度应当统一，既要考虑司法公开的需要，又要考虑到对专家辅助人的保护。

（二）科学构建法院依职权委托专家辅助人制度

1. 法院委托专家辅助人的必要性

第一，确保专家辅助人的中立性。公诉人或当事人一方聘请的专家辅助人天然具有倾向性，法官往往又不具备辨别和分析专家所提意见是否科学、是否中立，这将导致：一是法官将为辨别专业意见是否中立而增加更多工作量；二是可能导致法官被带有倾向性的意见误导，更加不利于案件事实的查清、证据的审查认定。正如有学者所指出的那样，“科学知识的运用依赖于专家，专家是人，因而具有多重属性。作为拥有专门知识的人，一方面专家可以正确运用自己掌握的科学知识和经验，对事实认定者感到不明确的数据进行合理的拼合或解释，帮助事实审理者理解证据或确定争议事实。另一方面，专家也可能误用科学原理和技术方法而形成错误的判断，误导事实认定者作出错误的判断”。①

因此，课题组认为可以借鉴英国的“单一联合专家证人”和“技术陪审员”制度，由法院依职权委托专家辅助人。首先，法院委托的专家辅助人不是为控辩双方服务，而是服务于作为裁判者的法院，其地位具有天然的中立性，其发表的意见只会基于专业知识和个人经验。其次，在控方或者辩方委托了专家辅助人的案件中，法院委托的专家辅助人能够协助合议庭分析、辨别控辩方委托的专家辅助人发表的意见是否中立、科学，避免合议庭被带有倾向性的意见误导，这也能在庭审中对控辩双方委托的专家形成一定的制约。

第二，合议庭审查证据、认定事实的现实需求。一方面，随着诉讼朝复杂化、专业化方向发展，对诉讼中专业性问题的解决已经成为影响诉讼进程和结果的关键内容。尤其在刑事案件中，鉴定意见等专门性证据往往为案件中最为关键的证据之一，在杀人、伤害类案件中，有关致伤成因、致死成因类的鉴定意见或许还决定着罪与非罪、此罪与彼罪的界限。另一方面，由于专门性证据涉及知识的专业性、多样性及法官知识构成的单一性，法官们不可能具备处理所有专业性问题的能力。因此，寻求外力——“专家辅助人”对案件中的专业性问题予以解决已经成为诉讼的核心内容。合议庭虽然可以依申请通知专家辅助人出庭，但一方面公诉人、当事人等申请专家辅助人出庭的情形较少，另一方面，即使控辩一方或被害人提出了申请，经一方聘请的专家辅助人往往带有倾向性，难以为合议庭提供中立、客观的意见。

另外，在以往的司法实践中，合议庭法官遇到难以解决的专门性问题时，往往由法官个人上网检索、查阅书籍、文献，或者向有关专家进一步咨询，但是随着诉讼日益朝复杂化、专业化发展，法官难以在短时间内通过上网或看书解决案件涉及的专门性问题。同时，依据司法行为规范化的要求，法官私下咨询相关专家的做法并不妥当。因此，课题组认为应当构建法院依职权委托专家辅助人制度，由法院聘请自己的专家解答法官专业知识之疑惑，这可以称为“制度路径”。

第三，贯彻证据裁判原则，这是落实庭审实质化的必然要求。随着我国以审判为中心的诉讼制度改革的不断推进，庭审已经成为审查认定证据、查明案件事实真相的核心场域。首先，法院依职权委托专家辅助人，可以在庭审时有效协助合议庭指挥当事人对鉴定

① 常林：《谁是司法鉴定的“守门人”？——〈关于司法鉴定管理问题的决定〉实施五周年成效评析》，载《证据科学》2010 年第 5 期。

意见等证据进行质证,使其更加深入而不停于表面。由于专家辅助人具备专业知识的优势,更容易发现控辩双方质证中所发生争议的实质,从而提醒合议庭制止当事人及其律师不适当的发问,并督促鉴定人作出针对性的回答。其次,专家可以与法官在法庭上随时沟通,将专业性语言转换为法官易于理解的日常语言,提高法官对专门性问题的理解能力,避免法官错过庭审询问的最佳时机。最后,随着裁判文书说理、裁判文书上网等制度的推进,将法院委托的专家辅助人的意见载入裁判文书,可以使控辩双方充分了解法庭对有关专业问题判定的结果和过程。

综上所述,随着我国司法体制改革的不断推进,以审判为中心的诉讼制度得到逐步完善,法庭要加强对专门性证据的审查判断,同时还要避免带有倾向性的专家意见误导合议庭,我们有必要从法官角度出发,在诉讼经济的原则下,探索审查专门性证据的方法。课题组认为,法院依职权委托专家辅助人制度能够有效缓解目前专门性证据审查认定方面的困境,我们应当探索性构建并完善该制度,以便充分发挥专家辅助人制度的重要功能。

2. 法院委托专家辅助人制度运行模式之设想

(1)建立专家辅助人库

建立完善的专家辅助人库,既便于法院依法、规范聘请合格的专家作为辅助人,解决实践中存在的法官通过私人关系咨询专家的问题,也有利于专家辅助人市场的规范化管理,防止无序竞争、恶意诋毁同行名誉等行为,而且,即使当事人不懂得如何聘请专家辅助人,法官也可以指示当事人从完善的专家辅助人库中挑选。如何建立专家辅助人库？课题组有以下几点设想:

第一,关于专家辅助人库的建立主体。法院可以与鉴定机构开展长效合作,由鉴定机构接受法院委托,依托自身专业、丰富的专家资源,并根据法院审理案件类型的需要,建立专家辅助人员库。具体而言,鉴定机构经事前审查,将自愿接受人民法院委托,愿意提供咨询并出庭辅助合议庭发问的专家列入《专家辅助人名册》。《专家辅助人名册》应当包含专家辅助人的姓名、联系方式、所在单位、职业资格、专业职称、从业经验等。

第二,关于专家辅助人的遴选标准。专家辅助人的遴选标准不宜低于鉴定人的准入条件。如果专家辅助人的标准过低,就会导致许多不具备实质鉴定能力的鉴定人滥竽充数到专家辅助人队伍中。具体而言,专家辅助人的遴选标准,可借鉴鉴定人专家库的标准,主要衡量标准有专家的文化程度、技术职称、从业年限、从业经验、是否有违反法律法规或者违反职业道德守则等因素。

第三,关于专家辅助人涵盖的专业领域。可以由法院根据案件所涉专门性问题分布的比重,确定所需的各个领域的专家。课题组经过统计、分析认为,《专家辅助人名册》中涵盖的专业领域应当包括法医临床、法医病理、法医物证、法医毒物、微量物证、法医精神病、临床医学、文件检验、痕迹检验、电子数据、声纹鉴定、图像鉴定。其中以法医临床、法医病理类为主。

第四,关于专家辅助人的定位及职责。法庭聘请的专家辅助人应中立地充当合议庭的顾问专家,为合议庭提供专业咨询,出具咨询意见,或出庭辅助合议庭就专门性问题进行发问,弥补法官专业性知识的“短板”,解决控辩双方聘请的专家辅助人的偏向性问题。其职责主要包括两方面,一是专家咨询。就案件所涉专业问题、相关术语、知识背景,为合议庭提供专业解答和解释说明。依据合议庭的要求,在充分了解案情和查阅案卷资料基础上,就案件涉及的专门性问题,为合议庭出具专家咨询意见。二是专家出庭。在合议庭的指示下,出庭辅助合议庭就专门性问题对当事人、证人、鉴定人及控辩双方聘请的专家辅助人进行询问。

(2)明确法院委托专家辅助人的适用范围

法院委托专家辅助人的适用是有限的,即在诉讼中并非每一个案件法院均需委托专家辅助人。那么需要明确,何种情形下法院需要委托专家辅助人在庭外提供咨询,何种情形下法院需要委托专家辅助人出庭。委托专家庭外提供咨询与委托专家出庭并不是互相对立的,而是合议庭根据案件审理需要而定,有的案件仅需专家庭外提供咨询即可,有的案件除庭外咨询外,专家还需出庭辅助合议庭。

具体而言,合议庭认为涉及专门性问题的证据材料有下列情形之一的,可以聘请专家辅助人提供咨询:对定罪量刑有重大影响,合议庭认为有必要向专家辅助人咨询的;与其他证据之间存在无法排除的矛盾,合议庭认为有必要向专家辅助人咨询的;就同一专门性问题有两份或者两份以上的鉴定意见,且结论不一致,合议庭认为有必要向专家辅助人咨询的;当事人、辩护人、诉讼代理人有异议,合议庭认为有必要向专家辅助人咨询的;其他合议庭认为有必要的情形。

存在下列情形之一的,合议庭可以委托专家辅助人出庭:控辩双方虽未申请专家辅助人出庭,但合议庭认为有必要聘请专家辅助人出庭提供咨询意见或辅助发问的;有证人、鉴定人、控辩一方聘请的专家辅助人出庭的案件,合议庭认为法庭聘请的专家有必要出庭辅助合议庭对上述人员发问的;经庭前咨询专家辅助人,合议庭认为专家有必要出庭的;合议庭认为确有必要的其他情形。最后一项作为兜底性条款,法院在判断是否确有必要时,应当考虑让鉴定人、专家辅助人同时出庭,因为只有在专业同行之间才能实现"旗鼓相当"的较量。课题组搜集到的有专家辅助人出庭的案件中,鉴定人均出庭。

(3)明确受法院委托的专家辅助人的权利义务

专家辅助人享有以下权利:一是知情权,即有权查阅鉴定意见或者其他涉及专门性问题的案卷材料。合议庭应当向专家辅助人介绍与涉案专门性问题有关的情况,提供涉及专门性问题的证据等案卷材料并明确要求协助或者提出意见的问题。二是发表意见权。有权就涉案鉴定意见以及其他专门性问题作出说明、提出意见。三是辅助发问权。专家辅助人出庭时,经审判长准许,可以对当事人、鉴定人以及其他诉讼参与人进行发问。

专家辅助人应承担下列义务:一是保密义务。专家辅助人不向外界透露案情及一切与案件相关的内容,保守诉讼中知悉的国家秘密、商业秘密、个人隐私。二是保持中立义务。应当遵守法律规定,遵循技术标准和规范,恪守职业道德,坚持客观公正原则,独立、客观地为法官提供咨询,对专门性问题提出意见。三是尽职履责义务。对于法官提出的问题,不得推诿敷衍,应当基于专业知识和执业经验提供咨询意见,并对发表的意见负责。并依据合议庭审理案件的需要,出庭为合议庭提供辅助。

专家辅助人的回避适用《刑事诉讼法》关于回避的相关规定。为防范专家潜在的行业保护导致对案件事实认定的偏差以及履职懈怠,在制度设计上还应完善对专家辅助人的奖惩激励机制,明确规定专家保密义务、言行规范以及渎职贪腐的责任,建立专家辅助人个人业绩档案。

(4)细化法院委托专家辅助人的操作规程

操作规程分为两部分，第一部分是专家不出庭，仅庭外提供咨询时的操作规程。

首先，法院确定专家。合议庭认为需要专家提供咨询的，可以通过微信、电话或邮寄书面《委托函》的方式，联系具有合作关系的鉴定机构。由合议庭介绍基本案情，双方明确案件所涉专业领域及需要咨询的问题。如合议庭仅需专家就案件所涉专业问题提供一般性咨询，而不需要专家辅助人详细了解案情，查阅相关卷宗材料，参与诉讼活动的，例如对专业术语的解释、知识背景的介绍等，法官可拨打鉴定机构的咨询专线向《专家辅助人名册》中的专家进行咨询，或在"北京市一中院咨询"微信群中咨询，专家服务人员负责将咨询情况记入《专家辅助人工作记录表》。鉴定机构接受委托后，应当在5个工作日内(紧急情况下在1~3个工作日内)，委派具备相应专业能力的专家辅助人，并同时建立针对该案的《专家辅助人档案》，将专家辅助人的基本情况电话告知或函告合议庭。合议庭认为委派专家职业资格与案件专业问题领域不对应，或不适宜参与诉讼的，可以在说明具体理由后要求鉴定机构另行委派。

其次，专家查阅案卷，签署《保证书》。专家辅助人选确定后，合议庭应与受委派专家就查阅案件资料的范围、时间及方式等事宜达成一致。专家辅助人可以来院查阅相关资料，也可由合议庭安排人员将案件资料送至鉴定机构。专家辅助人查阅案卷资料时，应当签署《保证书》，保证遵守保密义务、保持中立义务及尽职履责义务等。

再次，专家庭前提供咨询。在专家辅助人查阅案卷资料3日后，案件开庭审理前，专家辅助人为合议庭提供如下咨询服务：对案件所涉相关专业术语及专业知识背景进行必要的说明、分析和介绍，协助合议庭梳理涉及专门性问题的证据材料的关键内容、可能存在的问题，协助合议庭拟定讯问被告人和询问证人、鉴定人、其他有专门知识的人的提纲。合议庭可以根据庭前咨询情况，确定专家辅助人是否有出庭必要。

最后，专家庭后提供咨询。开庭审理后，合议庭可根据庭审情况再次向专家辅助人咨询，专家辅助人需围绕合议庭提出的疑问及案件涉及的专门性问题出具书面《咨询意见书》。《咨询意见书》以专业领域之外非专业人员能够理解为标准进行撰写，并载明以下内容：案号、案由、当事人情况等案件基本信息，对鉴定意见、检验报告等专门性证据的审查意见，对合议庭所提专门性问题的咨询意见及理由，相关参考资料的内容及来源以及其他阐明案件专业问题的必要内容。《咨询意见书》应由专家辅助人本人撰写，由其签字确认并对其负责。如合议庭认为有必要，专家辅助人应协助合议庭审核判决书当中有关专业问题的文字表述，并给出修改意见。

关于咨询形式及咨询意见的效力。依据案件具体情况，合议庭可以采取当面咨询、电话咨询、微信咨询等形式。专家辅助人应当出具书面《咨询意见书》。《咨询意见书》并非案件证据，仅是合议庭审查证据或认定案件事实的参考，对法官不具有约束力，归入案卷副卷中，当事人无权查阅。

第二部分是专家出庭的操作规程。

关于专家辅助人出庭操作规程，与庭外咨询操作规程重合的部分，课题组不再赘述。合议庭认为有必要通知专家辅助人出庭的，应当事先与专家辅助人就出庭时间、地点等出庭事宜达成共识，并拟《协助通知专家辅助人出庭函》，报经庭长审批签发。《协助通知专家辅助人出庭函》包括案号、案由、合议庭组成、当事人情况、拟出庭的证人、鉴定人及控辩双方专家辅助人情况、出庭时间、地点等。法院最迟应当在开庭3个工作日之前将《协助通知专家辅助人出庭函》送至鉴定机构。情况紧急的，亦可先通过传真方式送达。鉴定机构收到《协助通知专家辅助人出庭函》后，应督促专家辅助人按时出庭。专家辅助人出庭前，法院可以为其提供庭审程序方面的指引。专家辅助人与合议庭法官一同入庭。法庭为聘请的专家辅助人设置专门席位，位于合议庭一侧。专家辅助人入庭时，应当向法庭出示《司法鉴定人执业证》或其他证明专业性的材料。专家辅助人在承办法官或合议庭的指示下，就专门性问题适时对当事人、证人、鉴定人及控辩双方的专家辅助人进行询问。如专家辅助人发现有需要询问的问题而合议庭没有注意到时，应当先与合议庭进行沟通后再行询问。相关询问及答复均应记入庭审笔录。

专家辅助人发问应当遵循以下规则：一是发问内容应围绕案件涉及的专门性问题；二是不得采用诱导方式发问；三是不得采用威胁或者误导式发问；审判长认为专家辅助人发问的内容与案件事实无关或者明显重复的，可以进行必要的提示。庭审中根据合议庭法官提出的问题，专家辅助人独立、客观地发表咨询意见。庭审后，专家辅助人可以阅读庭审笔录中的相关内容，认为记录有遗漏或者差错的，可以请求补充或者改正；确认无误后，应当签名；拒绝签名的，应当记录在案。

（5）健全法院委托专家辅助人的保障机制

课题组认为，可以从以下几方面保障法院委托专家辅助人制度的落地和有序实施：

一是费用保障机制。专家辅助人因提供咨询而支出的通讯费，因出庭而支出的交通、住宿、就餐等费用，由法院承担。法院同时应当给予适当报酬。具体数额可以根据专家辅助人的职务、职称、工作量等合理确定。上述费用从人民法院业务经费中列支。

二是对专家辅助人的安全保障机制。在危害国家安全犯罪、恐怖活动犯罪、黑社会性质的组织犯罪、毒品犯罪等案件中，法院认为专家辅助人出庭，其本人或者其近亲属的人身安全可能面临危险的，应当在庭审中对专家辅助人采取相应保护措施。合议庭安排专人使用专用通道负责将出庭的专家辅助人接进送出法院。在庭审中，对专家辅助人及其近亲属进行威胁、侮辱、殴打、打击报复等，构成违法犯罪的，人民法院应当移送公安机关处理；情节轻微的，予以批评教育、训诫。依照司法公开的要求，法院将在裁判文书中如实记载关于专家辅助人出庭的决定、通知及实际出庭等情况。

三是专家出庭便利保障机制。法院应当为专家辅助人出庭提供席位、等候区域等，专家辅助人持执业证可以免于安检进入人民法院。经人民法院许可，专家辅助人出庭可以携带相关辅助设备。

四是专家责任承担机制。专家辅助人泄露案件情况、提供咨询时明显存在重大疏漏或违反客观、中立原则的，应当承担责任。人民法院可以将其从专家辅助人名册中除名。必要时，可以建议其所在单位或者有关部门给予处分。构成违法犯罪的，依法追究刑事责任。泄露获知的国家秘密、商业秘密和个人隐私的，应承担相应的民事侵权责任或刑事责任。

五是与鉴定机构建立长效合作机制。法院可以与特定鉴定机构建立长效合作关系，就司法实践中的专业性类型化问题，邀请鉴定机构中的相关专家进行授课。此外，我院作为中级人民法院，可以在总结相关经验基础上，指导辖区基层人民法院。

3. 待进一步研究解决的问题

上述内容仅系课题组为构建法院依职权委托专家辅助人制度提出的初步设想，在实践中仍有许多问题需要进一步的明确与解决，主要为：

一是专家来源的问题。除上述课题组设想的由法院与鉴定机构建立合作关系，由鉴定机构针对法院的需求建立专家库以外，是否有更合适的办法。

二是经费来源的问题。据课题组与相关鉴定机构的洽谈了解，鉴定机构的收费分为两种，一种是包年的专家顾问，主要针对不需要专家署名、出庭，仅提供简单咨询，另一种的按案件数量计费，依据提供咨询或者出庭的具体案件数量收费。对收费标准，根据案件的疑难程度、专业领域、专家经验、处理时间、案件数量等有所不同，如表 8 所示。

表 8 收费标准

单位：元

专家经验	专家咨询		专家意见		见证听证	专家出庭
	普通案件	疑难案件	普通案件	普通案件		
从事鉴定/技术工作 5 年以下	1000 起	2000 起	5000 起	8000 起	6000 起	8000 起
从事鉴定/技术工作 5 年以上	1500 起	3000 起	8000 起	12,000 起	8000 起	12,000 起
行业知名专家	2000 起	4000 起	120,000 起	15,000 起	10,000 起	15,000 起

“专家咨询”指专家仅提供简单咨询，也可以提供书面意见，但专家不署名。“专家意见”指专家出具署名的书面意见。

上述费用仅限专家咨询费用，如其他因案件处理需要产生的制作费、耗材费、检查费等费用另行计算。上述出庭、见证及听证服务费用限专家所在地出庭；异地出差的，差旅费另算。上述收费为一名专家收费标准，根据案件情况如需多名专家则累计收费。“专家出庭”需与“专家意见”项目一起委托，不接受单独委托。

法院的委托经费从哪来，如何设置，由谁管理等，均需进一步明确。

三是如何实现专家对其发表的意见负责。专家辅助人是否中立客观，尽职履责，更多是凭借其自身职业素养的约束，如何从制度上规范其行为，真正实现专家对其发表的意见负责，是需要进一步解决的问题。有学者提出要对专家辅助人建立一套严格管理的机制。发现专家辅助人的资质存在造假或故意作出不正确的意见，则将其永久排除出专家辅助人队伍，让专家辅助人不敢为了一次的利益而拿职业生涯冒险。而考核也绝不能拘泥于诉讼过程中，也要对其专业领域的研究成果加以考察，以保证其专业水准能与问题实时匹配。[①]

四是法院依职权聘请的专家辅助人，与部分学者所提出的专家陪审员的联系与区别。

① 张纯兵：《专家辅助人中立性问题研究》，载《中国司法鉴定》2016 年第 6 期。

北京市第一中级人民法院
《刑事案件法庭聘请专家辅助人制度实施办法(试行)》

为深入推进以审判为中心的刑事诉讼制度改革,实现庭审实质化,在实践中进一步落实《刑事诉讼法》第192条第2款关于“有专门知识的人”相关规定,北京市第一中级人民法院与北京某鉴定机构就专家辅助人名册的编制及管理、专家辅助人庭外咨询及出庭的操作规程、相关保障制度等方面洽谈研究,取得共识,并依据相关法律规定制定如下实施办法,以期推动刑事案件法庭聘请专家提供咨询的常态化、规范化、制度化,并探索构建科学、规范且符合诉讼实务操作要求的专家辅助人出庭规则。

第一章 专家辅助人制度基本原则

第一条 【服务审判原则】法庭聘请专家辅助人,应以落实庭审实质化为指引。推动专家咨询的规范化、有序化、体系化、制度化,弥补法官专业知识短板;探索建立专家出庭辅助发问制度,解决控辩双方所聘请专家辅助人存在的偏向性问题,服务于以审判为中心的诉讼制度改革。

第二条 【客观中立原则】积极推进专家辅助人咨询、出庭规范化,实现专家辅助人咨询、出庭活动依法规范运行,不断提高专家辅助人出庭实效,保障专家辅助人依法、独立、客观、中立地发表意见。

第三条 【协同推进原则】构建专家辅助人制度,双方应共同制定并遵守各项操作规程,共同建立并落实各项保障机制,在有序互动与合作基础上,注重发挥自身优势,共享各项资源,稳步推进。

第四条 【实效评估原则】完善专家辅助人制度,应定期评估专家辅助人提供咨询与出庭实效,在实效评估中发现问题、总结经验。以问题促反思,以反思促总结,以总结促发展。

第五条 【问题导向原则】完善专家辅助人制度,应聚焦司法实践中的难点和重点,更新观念,创新体制,进一步明确专家辅助人出庭条件、操作规程、保障机制,努力解决制约专家辅助人制度进一步完善的各项问题。

第二章 专家辅助人名册编制及管理

第六条 【名册编制】鉴定机构经事前审查,将自愿接受人民法院委托,愿意提供咨询并出庭辅助合议庭发问的专家列入专家辅助人名册。

《专家辅助人名册》应当包含专家辅助人的姓名、所在单位、职业资格、专业职称、从业经验等。

鉴定机构应定期更新《专家辅助人名册》内容,并及时抄送北京市第一中级人民法院。

第七条 【专业领域】《专家辅助人名册》中涵盖的专业领域应当包括法医临床、法医病理、法医物证、法医毒物、微量物证、法医精神病、临床医学、文件检验、痕迹检验、电子数据、声纹鉴定、图像鉴定。其中以法医临床、法医病理类为主。

第八条 【专业资质】专家辅助人应当经司法行政机关依法核准登记，取得《司法鉴定人执业证》；或系具备较高科研能力或者技术水平的大学及其设立的研究机构、国家或者社会组织成立的科学研究机构中的专家学者。

第九条 【专家定位】法庭聘请的专家辅助人应中立地充当合议庭的顾问专家，为合议庭提供专业咨询，出具咨询意见，或出庭辅助合议庭就专门性问题进行发问，弥补法官专业性知识的短板，解决控辩双方聘请的专家辅助人的偏向性问题。

第十条 【专家职责】法庭聘请的专家辅助人的职责主要包括：

（一）专家咨询。就案件所涉专业问题、相关术语、知识背景，为合议庭提供专业解答和解释说明。依据合议庭的要求，在充分了解案情和查阅案卷资料基础上，就案件涉及的专门性问题，为合议庭出具专家咨询意见。

（二）专家出庭。在合议庭的指示下，出庭辅助合议庭就专门性问题对当事人、证人、鉴定人及控辩双方聘请的专家辅助人进行询问。

第三章 专家辅助人庭外咨询操作规程

第十一条 【案件范围】合议庭认为涉及专门性问题的证据材料有下列情形之一的，可以聘请专家辅助人提供咨询：

（一）对定罪量刑有重大影响，合议庭认为有必要向专家辅助人咨询的；

（二）与其他证据之间存在无法排除的矛盾，合议庭认为有必要向专家辅助人咨询的；

（三）就同一专门性问题有两份或者两份以上的鉴定意见，且结论不一致，合议庭认为有必要向专家辅助人咨询的；

（四）当事人、辩护人、诉讼代理人有异议，合议庭认为有必要向专家辅助人咨询的；

（五）其他合议庭认为有必要的情形。

第十二条 【委托事宜】合议庭认为需要专家提供咨询的，可以通过微信、电话或邮寄书面《委托函》的方式，联系鉴定机构。由合议庭介绍基本案情，双方明确案件所涉专业领域及需要咨询的问题。

如合议庭仅需专家就案件所涉专业问题提供一般性咨询，而不需要专家辅助人详细了解案情，查阅相关卷宗材料，参与诉讼活动的，例如对专业术语的解释、知识背景的介绍等，法官可拨打鉴定机构的咨询专线向《专家辅助人名册》中的专家进行咨询，或在“北京市一中院咨询”微信群中咨询，专家服务人员负责将咨询情况记入《专家辅助人工作记录表》。

第十三条 【确定专家】鉴定机构接受委托后，应当在 5 个工作日内（紧急情况下在 1－3 个工作日内），委派具备相应专业能力的专家辅助人，并同时建立针对该案的《专家辅助人档案》，将专家辅助人的基本情况电话告知或函告合议庭。合议庭认为委派专家职业资格与案件专业问题领域不对应，或不适宜参与诉讼的，可以在说明具体理由后要求鉴定机构另行委派。

第十四条 【回避】专家辅助人的回避，适用《中华人民共和国刑事诉讼法》中有关鉴定人回避的规定。

第十五条 【查阅资料】专家辅助人选确定后，合议庭应与受委派专家就查阅案件资料的范围、时间及方式等事宜达成一致。专家辅助人可以来院查阅相关资料，也可由合议庭安排人员将案件资料送至鉴定机构。

专家辅助人查阅资料时，合议庭提供下列必要条件：

（一）介绍与涉案专门性问题有关的情况；

（二）提供涉及专门性问题的证据等案卷材料；

（三）明确要求协助或者提出意见的问题。

第十六条 【签署保证书】专家辅助人查阅案卷资料时，应当签署《保证书》，保证：

（一）不向外界透露案情及一切与案件相关的内容；

（二）保守诉讼中知悉的国家秘密、商业秘密、个人隐私；

（三）遵守法律规定，遵循技术标准和规范，恪守职业道德，坚持客观公正原则，独立、客观地对专门性问题发表咨询意见；

（四）遵守廉政纪律要求和行为规范。不私下会见控辩双方，更不得向任何一方坦露其意见。

第十七条 【庭前咨询】在专家辅助人查阅案卷资料三日后，案件开庭审理前，专家辅助人为合议庭提供如下咨询服务：

（一）对案件所涉相关专业术语及专业知识背景进行必要的说明、分析和介绍；

（二）协助合议庭梳理涉及专门性问题的证据材料的关键内容、可能存在的问题；

（三）协助合议庭拟定讯问被告人和询问证人、鉴定人、其他有专门知识的人的提纲。

合议庭可以根据庭前咨询情况，确定专家辅助人是否有出庭必要。

第十八条 【庭后咨询】开庭审理后，合议庭可根据庭审情况再次向专家辅助人咨询，专家辅助人需围绕合议庭提出的疑问及案件涉及的专门性问题出具书面《咨询意见书》。

《咨询意见书》以专业领域之外非专业人员能够理解为标准进行撰写，并载明以下内容：

（一）案号、案由、当事人情况等案件基本信息；

（二）对鉴定意见、检验报告等专门性证据的审查意见；

（三）对合议庭所提专门性问题的咨询意见及理由；

（四）相关参考资料的内容及来源；

（五）其他阐明案件专业问题的必要内容。

《咨询意见书》应由专家辅助人本人撰写，由其签字确认并对其负责。

第十九条 【咨询形式】依据案件具体情况，合议庭可以采取当面咨询、电话咨询、微信咨询等形式。专家辅助人应当出具书面《咨询意见书》。

第二十条 【意见效力】《咨询意见书》并非案件证据，仅是合议庭审查证据或认定案件事实的参考，对法官不具有约束力，归入案卷副卷中，当事人无权查阅。

第二十一条 【文书审核】如合议庭认为有必要,专家辅助人应协助合议庭审核判决书当中有关专业问题的文字表述,并给出修改意见。

第四章 专家辅助人出庭操作规程

第二十二条 【出庭情形】存在下列情形之一的,合议庭可以聘请专家辅助人出庭:

(一)控辩双方虽未申请专家辅助人出庭,但合议庭认为有必要聘请专家辅助人出庭提供咨询意见或辅助发问的;

(二)有证人、鉴定人、控辩一方聘请的专家辅助人出庭的案件,合议庭认为法庭聘请的专家有必要出庭辅助合议庭对上述人员发问的;

(三)经庭前咨询专家辅助人,合议庭认为专家有必要出庭的;

(四)合议庭认为确有必要的其他情形。

第二十三条 【签发《出庭函》】合议庭认为有必要通知专家辅助人出庭的,应当事先与专家辅助人就出庭时间、地点等出庭事宜达成共识,并拟《协助通知专家辅助人出庭函》,报经庭长审批签发。

《协助通知专家辅助人出庭函》包括案号、案由、合议庭组成、当事人情况、拟出庭的证人、鉴定人及控辩双方专家辅助人情况、出庭时间、地点等。

第二十四条 【送达《出庭函》】北京市第一中级人民法院至迟应当在开庭 3 个工作日之前将《协助通知专家辅助人出庭函》送至鉴定机构。情况紧急的,亦可先通过传真方式送达。

鉴定机构收到《协助通知专家辅助人出庭函》后,应督促专家辅助人按时出庭。

第二十五条 【庭审程序指引】专家辅助人出庭前,北京市第一中级人民法院可以为其提供庭审程序方面的指引。

第二十六条 【专家入庭】专家辅助人与合议庭法官一同入庭。法庭为聘请的专家辅助人设置专门席位,位于合议庭一侧。

第二十七条 【核实专家身份】专家辅助人入庭时,应当向法庭出示《司法鉴定人执业证》或其他证明专业性的材料。法庭应当核实以下内容:

(一)专家辅助人的自然身份;

(二)专家辅助人的执业资格或具备专业知识的证明;

(三)专家辅助人是否存在回避的情形。

第二十八条 【专家辅助发问】专家辅助人在承办法官或合议庭的指示下,就专门性问题适时对当事人、证人、鉴定人及控辩双方的专家辅助人进行询问。如专家辅助人发现有需要询问的问题而合议庭没有注意到时,应当先与合议庭进行沟通后再行询问。

相关询问及答复均应记入庭审笔录。

第二十九条 【辅助发问规则】专家辅助人发问应当遵循以下规则:

(一)发问内容应围绕案件涉及的专门性问题;

(二)不得采用诱导方式发问;

(三)不得采用威胁或者误导式发问。

审判长认为专家辅助人发问的内容与案件事实无关或者明显重复的,可以进行必要的提示。

第三十条 【专家发表意见】庭审中根据合议庭法官提出的问题，专家辅助人独立、客观地发表咨询意见。

第三十一条 【签署笔录】庭审后，专家辅助人可以阅读庭审笔录中的相关内容，认为记录有遗漏或者差错的，可以请求补充或者改正；确认无误后，应当签名；拒绝签名的，应当记录在案。

第五章 专家辅助人制度保障机制

第三十二条 【费用保障机制】专家辅助人因提供咨询而支出的通讯费，因出庭而支出的交通、住宿、就餐等费用，由北京市第一中级人民法院承担。法院同时应当给予适当报酬。具体数额可以根据专家辅助人的职务、职称、工作量等合理确定。

上述费用从人民法院业务经费中列支。

第三十三条 【安全保障机制】在危害国家安全犯罪、恐怖活动犯罪、黑社会性质的组织犯罪、毒品犯罪等案件中，北京市第一中级人民法院认为专家辅助人出庭，其本人或者其近亲属的人身安全可能面临危险的，应当在庭审中对专家辅助人采取相应保护措施。合议庭安排专人使用专用通道负责将出庭的专家辅助人接进送出法院。

在庭审中，对专家辅助人及其近亲属进行威胁、侮辱、殴打、打击报复等，构成违法犯罪的，人民法院应当移送公安机关处理；情节轻微的，予以批评教育、训诫。

依照司法公开的要求，北京市第一中级人民法院将在裁判文书中如实记载关于专家辅助人出庭的决定、通知及实际出庭等情况。

第三十四条 【便利保障机制】北京市第一中级人民法院应当为专家辅助人出庭提供席位、等候区域等，专家辅助人持执业证可以免于安检进入人民法院。经人民法院许可，专家辅助人出庭可以携带相关辅助设备。

第三十五条 【责任承担机制】专家辅助人泄露案件情况、提供咨询时明显存在重大疏漏或违反客观、中立原则的，应当承担责任。人民法院可以将其从专家辅助人名册中除名。必要时，可以建议其所在单位或者有关部门给予处分。构成违法犯罪的，依法追究刑事责任。泄露获知的国家秘密、商业秘密和个人隐私的，应承担相应的民事侵权责任或刑事责任。

第三十六条 【长效沟通机制】北京市第一中级人民法院可就个案中的专门性问题咨询专家辅助人，也可就司法实践中的专业性类型化问题，邀请鉴定机构相关人员进行授课。鉴定机构可以邀请北京市第一中级人民法院就专家辅助人出庭的庭审程序、辅助发问的要求等进行培训。

第三十七条 【协同推动机制】北京市第一中级人民法院、鉴定机构对专家辅助人提供咨询或出庭中存在的问题应及时沟通、总结，必要时启动会商机制，形成推广经验，协同推进专家辅助人制度的完善，并指导辖区基层法院。

第六章 附 则

第三十八条 【概念明确】本实施办法所称“专家辅助人”，是指《刑事诉讼法》第192

条第2款规定的“有专门知识的人”。

本实施办法所指的“专门知识”，是指特定领域内的人员理解和掌握的、具有专业技术性的认识和经验等。

第三十九条 【未尽事宜】北京市第一中级人民法院与鉴定机构不断完善专家辅助人制度，就本实施办法未尽事宜，在具体协作过程中予以补充完善。

第四十条 【机制落地】北京市第一中级人民法院与鉴定机构应采取具体措施落实本实施办法，明确具体责任部门及具体负责人，推动各项工作落到实处。

家事审判方式和工作机制改革的研究报告*

前　言

家庭是社会最基本的组织细胞,家庭的稳定对于整个社会的和谐发展具有重要意义。近年来,随着社会经济变革不断深入,家庭伦理关系中的新情况新问题不断显现,家事案件的类型日益多样化,矛盾化解难度日益加大。根据统计,家事案件是目前全国一审民事案件中数量最多的案件,占比达到1/3。可以说,作为调整社会最重要伦理关系的家事审判,已经成为民事审判的基础与支柱,对于维护家庭稳定,保障未成年人、妇女和老年人合法权益,促进和谐社会建设发挥着重要的司法保障作用。然而,长期以来,家事审判并没有得到足够的重视,在整个民事审判中处于被边缘化状态,在审判理念、体制机制、工作方法等方面也与一般民事案件无异。这种现状显然与家事审判的特点和规律不相适应,与人民群众的期待和要求不相适应,也严重制约着家事审判职能作用的发挥。

2014 年,团河法庭作为北京第一中级人民法院家事案件专业审判庭正式运行。2015 年 12 月,第八次全国法院民商事审判工作会议中明确提出,推动和深化家事审判方式和工作机制改革,及时总结改革经验,着力完善相关制度,不断提升家事审判工作能力和水平。2016 年 4 月,最高人民法院召开专题会议,研究部署家事审判方式和工作机制改革工作,周强院长作出重要指示。可以说,探索家事审判规律,改革家事审判方式和工作机制已经被提上了重要日程。在此背景下,我们认为,以中级人民法院专业审判庭在审判实务发现的"瓶颈"性问题为切入点,探索符合家事专业化审判的体制机制,研究建立符合家事审判规律的诉讼程序制度具有重要意义和价值,也是我们的职责所在。我们希望通过对本课题中所涉问题的深入探究,就家事审判方式和工作机制改革提出合理化建议,总结提炼出一部分可供复制借鉴的方式做法,推动家事审判的科学发展。

一、关于审理家事案件的基本情况

针对 2014 年 3 月至 2016 年上半年团河法庭审理的家事案件,我们根据司法统计标准、按照年度进行分类统计,具体见表 1 ~ 表 6。

---

* 课题主持人:孙国鸣,课题负责人:张军,课题组成员:高海鹏、杨磊、刘福春、王欣,课题执笔人:杨磊、刘福春。

本课题为 2016 年院级重点课题。

表 1　2014 年 3 月至 2016 年上半年家事案件的类型及数量

单位：件

序号	案件类型	收案				结案				调解				撤诉			
		2014年	2015年	2016年	总计	2014年	2015年	2016年	总计	2014年	2015年	2016年	总计	2014年	2015年	2016年	总计
1	离婚	215	281	147	643	215	278	124	617	37	56	24	117	47	61	32	140
2	分家析产	1	0	0	1	1	0	0	1	0	0	0	0	1	0	0	1
3	扶养、抚养	1	0	0	1	1	0	0	1	0	0	0	0	0	1	0	1
4	抚育费	1	0	0	1	1	0	0	1	0	0	0	0	0	0	0	0
5	扶养费	5	9	1	15	5	9	1	15	1	1	0	2	0	3	0	3
6	赡养	28	31	17	76	28	31	14	73	0	0	2	2	6	13	3	22
7	解除收养关系	1	2	1	4	1	2	1	4	0	0	0	0	0	0	0	0
8	探视权	0	0	0	0	0	0	0	0	0	0	0	0	0	0	0	0
9	其他婚姻	139	206	90	435	139	203	78	420	14	25	5	44	18	33	17	68
10	法定继承	79	105	35	219	79	103	29	211	7	11	6	24	7	21	3	31
11	遗嘱继承	16	47	15	78	16	45	14	75	0	3	2	5	2	3	2	7
12	被继承人债务清偿	1	5	3	9	1	5	1	7	0	1	0	1	0	1	0	1
13	其他继承	60	74	28	162	60	70	26	156	3	9	3	15	7	9	3	19
14	监护权	0	0	2	2	0	0	2	2	0	0	0	0	0	0	0	0
15	解除非法同居关系	0	0	0	0	0	0	0	0	0	0	0	0	0	0	0	0
16	登记离婚后财产纠纷	0	1	0	1	0	0	0	0	0	0	0	0	0	0	0	0
	总计	547	761	339	1647	547	746	290	1583	62	106	42	210	88	145	60	293

表 2　2014 年 3 月至 2016 年上半年婚姻类案件的类型及数量

单位：件

序号	案件类型	收案				结案				调解				撤诉			
1	离婚	215	281	147	643	215	278	124	617	37	56	24	117	47	61	32	140
8	探视权	0	0	0	0	0	0	0	0	0	0	0	0	0	0	0	0
9	其他婚姻	139	206	90	435	139	203	78	420	14	25	5	44	18	33	17	68
14	监护权	0	0	2	2	0	0	2	2	0	0	0	0	0	0	0	0
16	登记离婚后财产纠纷	0	1	0	1	0	0	0	0	0	0	0	0	0	0	0	0
总计		354	488	239	1081	354	481	204	1039	51	81	29	161	65	94	49	208

表 3　2014 年 3 月至 2016 年上半年析产继承类案件的类型及数量

单位：件

序号	案件类型	收案				结案				调解				撤诉			
2	分家析产	1	0	0	1	1	0	0	1	0	0	0	0	1	0	0	1
10	法定继承	79	105	35	219	79	103	29	211	7	11	6	24	7	21	3	31
11	遗嘱继承	16	47	15	78	16	45	14	75	0	3	2	5	2	3	2	7
13	其他继承	60	74	28	162	60	70	26	156	3	9	3	15	7	9	3	19
总计		156	226	78	460	156	218	69	443	10	23	11	44	17	33	8	58

表 4　2014 年 3 月至 2016 年上半年抚养赡养类案件的类型及数量

单位：件

序号	案件类型	收案				结案				调解				撤诉			
3	扶养、抚养	1	0	0	1	1	0	0	1	0	0	0	0	0	1	0	1
4	抚育费	1	0	0	1	1	0	0	1	0	0	0	0	0	0	0	0
5	扶养费	5	9	1	15	5	9	1	15	1	1	0	2	0	3	0	3
6	赡养	28	31	17	76	28	31	14	73	0	0	2	2	6	13	3	22
总计		35	40	18	93	35	40	15	90	1	1	2	4	6	17	3	26

表 5　2014 年 3 月至 2016 年上半年其他家事类的类型及数量

单位：件

序号	案件类型	收案				结案				调解				撤诉			
7	解除收养关系	1	2	1	4	1	2	1	4	0	0	0	0	0	0	0	0
12	被继承人债务清偿	1	5	3	9	1	5	1	7	0	1	0	1	0	1	0	1
15	解除非法同居关系	0	0	0	0	0	0	0	0	0	0	0	0	0	0	0	0
总计		2	7	4	13	2	7	2	11	0	1	0	1	0	1	0	1

表 6　2014 年 3 月至 2016 年上半年各类家事案件的收结案情况

案件类型	婚姻类案件				继承类案件				抚养赡养类案件				其他案件			
统计类目	收案数	结案数	调解数	撤诉数	收案数	结案数	调解数	撤诉数	收案数	结案数	调解数	撤诉数	收案数	结案数	调解数	撤诉数
单位（件）	1081	1039	161	208	460	443	44	58	93	90	4	26	13	11	1	1
结案率、调解结案率、撤诉率（%）		96.11	15.50	20.02		96.30	9.93	13.09		96.77	4.44	28.89		84.62	9.09	9.09
说明：□为结案率，□为调解结案率，□为撤诉率																

从以上统计数据可以发现，团河法庭审理的家事案件有以下特点：

1. 类型较多。根据表1，家事案件总计有16类案由。其中其他婚姻和其他继承数量较多，说明在现有案由规定之外可能还有一些新的家事案由。

2. 主要类型数量占绝对多数。根据表1～表5，可以看到，家事纠纷案件数量主要集中在婚姻、析产继承和抚养赡养这三大类，其中婚姻类纠纷又占有很大比重。在具体的各类型中，离婚纠纷和其他婚姻纠纷数量最多，远超其他各类家事纠纷。这说明当前婚姻类案件是家事纠纷的首要类型。

3. 以调解撤诉方式结案较多。根据表6，调解撤诉结案数量占30%以上。但如果单纯以调解结案数量看，家事案件调解率不高，特别是抚养赡养案件调解率很低。

4. 家事案件二审改发率较高。根据表6，作为中级人民法院家事审判庭，团河法庭主要审理二审家事案件，家事案件的二审改发率一直在10%以上。

通过对团河法庭审理的家事案件进行深入分析研究，我们发现家事案件在二审改发、调解工作、法院职权介入、法律适用、审理期限等五个方面存在较为突出的问题，以下分别说明之。

二、家事案件二审改发率较高的原因分析及对策

就整体改发率而言，家事案件的二审改发率一直处于一个较高的水平，维持两位数的比例，相较于其他传统民事案件而言，这一比例平均高出4～6个百分点。

在系统分析家事案件改发率过高的原因时，我们认为，对于此类案件重视程度不够无疑是一个重要因素，体现在多个方面，具体阐述如下。

1. 立法层面。梳理婚姻家事相关法律规定时，我们不难发现，在实体法方面近则10多年前、远则30多年前的法条依然是当前处理家事案件实体法律关系的主要依据。其中，最主要的两部部门法律规范：《婚姻法》颁布实施于2001年，《继承法》颁布实施于1985年。法律条文简单、陈旧已经让婚姻家事立法广为诟病。虽然最高人民法院试图通过司法解释的方式来弥补这一缺陷，但毕竟限于立法的位阶，无法形成有效的突破，而针对部分具体问题的解决思路在系统逻辑上难以自洽，反而引发新的争议。这一现状导致的直接问题是：一是现有的规范无法及时调整实践中出现的新问题。例如，现在夫妻家庭财产在形式、数量方面都发生了重大变化，股权、股票、保险、按揭房屋等新类型财产层出不穷，而婚姻法中对于这些财产形式的规范基本属于空白，无法可依的状况使得法院在分割此类财产时存在很大的困难；在继承方面，我国现行的继承法对于遗嘱规定有五种形式，包括公证遗嘱、自书遗嘱、代书遗嘱、录音遗嘱和口头遗嘱。而随着科学技术的进步和人们习惯的改变，实践中出现了打印遗嘱、共同遗嘱、录音遗嘱等多种现行法律规定之外的遗嘱形式，如何认定这些新形式的遗嘱也成为审判实务中的难点所在。二是婚姻家事立法与其他法律规范之间存在冲突。以继承法方面为例，最高人民法院《关于贯彻执行〈中华人民共和国继承法〉若干问题的意见》（以下简称《继承法司法解释》）第49条规定，继承人放弃继承的意思表示，应当在继承开始后、遗产分割前作出。遗产分割后表示放弃的不再是继承权，而是所有权。《继承法司法解释》第52条规定，继承开始后，继承人没有表示放弃继承，并于遗产分割前死亡的，其继承遗产的权利转移给他的合法继承

人。明确了在遗产分割前,继承人享有的是继承权,不是所有权。而根据《物权法》第29条的规定,因继承或者受遗赠取得物权的,自继承或者受遗赠开始时发生效力。该条作为非法律行为引起物权变动的规定,被理解为继承人在继承开始时即取得了物权,这种取得方式不需要登记或者交付即生效,发生物权变动的效力。为了避免在遗产所有权在继承开始后、分割前出现权利真空的状态,似乎只有在继承开始时将物权转移给继承人才能弥补这一缺陷,但是这种情况下,现行法律制度中关于继承权的设计、转继承制度的规定、继承权受侵害诉讼时效等制度形同虚设,没有适用的空间。二者的矛盾似乎不可调和。

作为成文法国家,立法落后与实践发展的矛盾不可避免,但是相对于其他民事立法,现行家事方面的立法过于落后已经成为不争的事实。面对婚姻家庭生活中出现的新问题,法官判案时往往无法可依,无所适从,在法院无法拒绝作出裁判的逻辑架构下,同案不同判、高改发率似乎已经被埋下了伏笔。

2. 司法理论方面。与立法滞后的局面相类似,家事方面的理论研究一度成为被专家学者们遗忘的角落。与侵权、合同等民事法律行为方面的学术研究成果"泛滥"相比,专家学者在婚姻家事方面的研究明显不足,相应的成果也较为匮乏。特别是对于审判实务中出现的新问题研究很少,无法对立法和审判实践形成有力的理论支撑。例如,对于目前大量涌入法院的涉及农村宅基地利益分割的问题、房改房中工龄的认定问题都鲜有相应的深入理论研究。

3. 审判实务方面。与一般公众认知的家事案件主要处理家长里短的事务相呼应,即使在法院内部,与金融、证券、知识产权等案件相比,家事案件似乎也显得不那么"高大上",并没有引起足够的重视。虽然家事案件数量较大(特别是一审法院受理的此类案件数量),但是一般被作为没有太多"技术含量"的案件处理。以北京为例,目前在全市法院中,将家事案件专业化审判的也并不多。审判一线人员对于相关制约审判质效的疑难复杂问题研究不够,投入的精力不足,"清官难断家务事"的固有理念成为部分法官开脱对于此类案件不予重视的理由。同时,家事案件所特有的人身属性和伦理色彩并没有得到清晰和正确的认识。多数法官在处理此类案件时,只是将其作为一般的财产性案件对待,导致案件处理的思路出现偏差,在某些案件中,法院的审判反而使得当事人对立情绪严重,矛盾化解难度加大,法院诊断、修复、治疗家庭关系的功能没有得到发挥。

针对该问题,我们应当充分认识家事审判的重要性,提高重视程度。从审判实务的角度来说,应当大力加强专业化审判的力度。在条件允许的地方,可以设立专门的家事法庭,如果条件达不到,也应当设立专门的合议庭来处理此类案件。我们应当在司法改革的大背景下,构建符合家事审判需要的专业审判团队。从家事法官的选任上来看,应当选任有一定的社会阅历,综合素养较高、热爱家事审判、善于调解的人员担任法官。在审判辅助人员的配备上,可以引入具有心理学、社会学背景的人员加入审判团队中来。家事审判人员除掌握必要的专业法律知识外,还应当将保护妇女、老人以及子女利益最大化、努力修复家庭关系等原则和理念入心入脑。

此外,从立法层面来说,应当加大婚姻家事立法的调研,以我国民法典编撰为契机,尽快修订完善相关的立法规范。在修订的过程中,尤其要在充分考虑家事案件特殊性的基础上,加强与其他法律规定的衔接。理论界也应当加大调研力度,特别是对于审判实务中出现的新问题新情况及时关注，深入研究。

三、家事案件调解工作的重要性及改进完善

现代社会的民事纠纷解决机制都以诉讼为主，调解为辅，但是诉讼机制因其高成本、强对抗等固有缺陷使其解决纠纷的机能并非最佳，特别是在家事纠纷解决中，其弊端体现更为明显：诉讼经历一审、二审甚至再审的漫长期间，导致当事人的矛盾非但不能缓和反而愈演愈烈；庭审中当事人唇枪舌剑、激烈对抗，其陈年旧事不断提起、隐私反复被揭露，导致仅存的情感为愤怒甚至仇恨取代，亲人变为陌路甚至仇人。

调解制度则具有诉讼制度所不具有的优势，特别是在家事纠纷的解决中，调解不是通过双方对抗式的诉辩来解决纠纷，而是通过缓和对抗、疏导双方情绪，最终通过协议来解决纠纷的思路。通过调解解决家事纠纷，能够消除家庭关系中的对立情绪，修复双方当事人的情感，保护弱势群体及未成年子女的利益，降低解决纠纷的成本，维护当事人的隐私，能够最大限度地彻底解决纠纷，相对于强化对抗、非黑即白的诉讼程序而言，具有较强的人道性，与我国家事纠纷的现状相吻合。调解机制兼具司法及社会功能。司法功能是指在保障当事人的真实意思的表达和自由意志在符合法律规定的情况下，为家事纠纷的解决提供公正的保障和规范。社会功能是指通过调解，根据纠纷发生原因、家庭及社会环境、当事人的身心状况等，就上述问题提供彻底解决方案，调整家庭关系。鉴于调解机制和我国家事纠纷的现状以及二者在功能及需求上的一致性，家事纠纷解决应该重视调解制度，实现调解制度与诉讼制度的合理分工与衔接，以达到彻底解决家事纠纷，维护家庭生活的稳定性与社会公共利益的目的。如在王某诉王某一离婚后财产纠纷一案①中一审法院判决之后，双方矛盾激化，女方屡次到男方单位找领导要说法，男方也因此在工作等方面受到影响。二审中，通过合议庭的努力，最终双方达成和解协议，避免了双方矛盾的进一步激化。如在郭某、郭某一、郭某二、郭某三析产继承纠纷一案②中，当事人之间系兄弟姐妹关系，且兄弟姐妹之间感情都不错。因对父母遗留的坐落于延庆县张山营镇下营村小堡街某号院的房屋产生争议，导致关系紧张，一审判决之后，郭某不服提起上诉并表示一定要个说法。二审通过分析整个争议的产生及发展，并找准当事人之间感情较深、冲突时间较短的特点，动之以情、晓之以理，最终达成调解协议并当庭履行，且相互之间表示了歉意，和好如初。

（一）家事纠纷应当注重调解的原因

1. 家事纠纷的特殊性及诉讼机制的缺陷

家事纠纷相较于一般民事纠纷有自身的特点：其涉及个人隐私与社会公益、具有伦理性与道德性；家事纠纷发生原因复杂，难以查明；家事纠纷涉及人身财产双重属性，内容庞杂；家事纠纷的发展演变具有过程性，一直变化、无法预测；家事纠纷当事人间存在血缘与亲缘关系，夹杂情感，并非有严格意义上的对错之分。这些特点决定了家事纠纷的解决，是一个动态迁移的过程，而不是一般民事纠纷中法律关系及法律事件单一、固定的静态过

---

① (2015)一中民终字第3816号。

② (2016)京01民终1584号。

程，所以单单依靠法律的规定其效果并不理想，更应充分听取当事人的意见，多方面进行化解和疏导，而这正是调解机制所擅长的。

诉讼机制是在当事人自己举证，诉辩双方充分对抗的基础上查明法律事实解决纠纷，这就决定了为了维护交易安全、促进资源充分流通的诉讼机制并非是解决家事纠纷的首选。诉讼的强对抗性、双方激烈的抗辩性、举证责任的自我负担等原则在解决家事纠纷中的效果并非最佳。诉讼通过当事人对抗来发现真实，通过双方激烈辩论来应用法律，这都不可避免地使当事人争斗加剧，内心的隔阂加深，关系难以修复，使仅存的家庭修复的一丝希望都化为泡影，故此，对于这种长期性的家庭关系所发生的纠纷，诉讼显然无法满足家事纠纷解决的需求。正如同上述分析，家事纠纷发生于有血缘、亲缘关系的亲人间，具有伦理性；由于地域、民族等的不同，具有不同的风俗习惯；由于家庭成员间关系的复杂性，导致矛盾的错综多样，并且混合了经济纠纷下的感情纠葛。诉讼制度在面临上述问题时，往往是表面解决了纠纷但是纠纷根源并未消除，治标不治本，导致案件此起彼伏，诉讼接连不断。

家事纠纷的特性使得当事人不能以客观理性的态度面对矛盾，且评判家事纠纷除了需要法律的规定外，该需要借助风俗习惯、伦理道德等社会规则。家事纠纷如果单纯的采用审判的方式予以解决，容易造成家庭关系破裂，当事人之间矛盾加深，无法彻底解决问题。当事人及其家庭关系的持久、和睦是家事纠纷解决的一个基本要求，而不是只顾及个人利益，调解机制能够兼顾双方的利益，通过直接情感沟通解决纠纷，找到人际关系冲突的焦点和原因，为其提供修复人际关系的对策建议，一定程度上修复其人际关系，较为全面的解决家事纠纷，因此，家事纠纷得以解决的最终标志与调解追求的结果完全契合，调解是解决家事纠纷最好的途径。

2. 家事纠纷解决的目标及价值追求

家事纠纷的特点决定了解决家事纠纷要尽量以不公开、非对抗的方式外，还要兼顾当事人之间的情感修复和心理恢复，并且要考虑未成年人保护及弱势群体保护等涉及社会公共利益的价值目标。换言之，家事纠纷的解决并非是就案论案，单纯地以解决目前面临的表面化的纠纷为单一目标，其还要查明导致矛盾的根本原因，妥善处理表面的及深层次的各种矛盾，消除未来可能存在的导致纠纷的隐患为目标。如果仅仅是就案论案、就问题看问题，那么纠纷就可能连绵不断，离婚纠纷后可能是抚养费纠纷、离婚后财产纠纷，析产纠纷后可能就是继承纠纷、确权纠纷，可能导致案件此起彼伏，形成连环案。

家事纠纷是一种与人的性格品质相关联的纷争，不仅具有权利义务性，还有道德伦理性。解决此类纠纷时，除了依据法律，还应充分听取双方的意见，多方面进行疏通和说服，以恢复当事人情感、消除对立、实现和解。家事纠纷家庭成员间的权利义务相对复杂，成员间存在血缘亲缘联系，相互间的情感相互纠葛，因而往往难以简单地作出是非分明的判断，甚至说，不需要对家庭成员间相互关系做出黑白分明的判断，因此，其追求的价值不是作出非输即赢的裁判，促成当事人之间恢复感情、消除对立、实现和解是家事纠纷解决的根本目标和价值取向。

3. 减轻法院案件压力及满足当事人需求

就司法资源的合理分配而言，近些年来，随着改革进入深水区以及社会经济形势的发展，转型期的中国面临的社会矛盾不断加大并且日益尖锐、复杂，这就从根本上造成了司法资源的有限性与纠纷解决需求的无限性之间的紧张性。而这些矛盾的解决并非单纯依靠黑白分明、权利义务明确的判决就可全部解决，可能导致大量的纠纷从一审、二审到再审，从申诉、信访到闹访，极大地浪费了社会资源。法院面对的是案多人少、案结事不了的窘境。因此，实现司法资源的合理分配，实现审判的归审判、调解的归调解、将有限的司法资源发挥其最大作用，是一个重大命题。

就当事人的需求而言，家事纠纷中当事人往往具有一起生活多年的情感和与生俱来的血缘关系，且家事纠纷具有隐私性及公益性等特点，所以，应尽量促成双方自主地解决纠纷、避免在对抗式的争辩中互相指责而激化双方的矛盾。调解制度有利于家事纠纷中弱势一方权益的维护，由于社会分化，家庭成员间的经济、政治、社会、文化等能力、地位是不同的，甚至是分化的，导致家事纠纷中当事人的能力不对等，所以弱势一方运用法律处理纠纷的能力有限，因而，调解机制在纠纷解决上考虑了弱势群体资源上的短缺问题，发挥了为弱势群体提供纠纷解决工具的作用。

（二）加强家事案件调解工作的建议

1. 适应司法改革，构建审判团队，运用团队力量加强家事纠纷调解力度。根据司法改革要求，构建“三三二”模式的审判团队，充分发挥司法辅助人员在调解中的作用，先由司法辅助人员对当事人进行调解工作，然后由主审法官突破难点，最后借助于合议庭的力量，尽量将矛盾予以平息，形成立体式、全方位的调解模式。

2. 发挥当事人代理人，特别是律师的作用。当事人对于其代理人特别是律师有天然的信赖感，由于律师的专业性以及其与当事人沟通的充分性，在家事纠纷矛盾化解中，律师扮演中重要的角色，其不但起着桥梁纽带作用，还能与当事人形成充分有效的沟通，有助于矛盾的化解。

3. 借助外部力量，弥补法院工作不足。充分发挥村委会、居委会等基层组织作用，借助妇联、公安、司法等部门力量，形成多元化、连动式的调解力量。引入心理咨询、心理疏导专业人员，对当事人心理进行心理疏导。

4. 强化调解意识，将调解贯穿于家事纠纷始终。充分发挥立案调解、庭审调解、宣判前调解等不同阶段的作用。

四、家事案件中法院职权介入的必要性及方式

家事纠纷不同于一般民事纠纷，由于家事纠纷当事人之间的血缘关系以及其伦理性、社会性、公益性，家事纠纷必然与追求效率与财产流动性的一般民事诉讼有不同的价值追求——家庭的稳定、弱者的保护。价值追求的不同导致诉讼程序的不同，根据程序相称原理，一种法律问题的解决方式应当与该法律问题的性质相适应，不同诉讼对象其诉讼程序的具体设计也是不同的，适用的法理也不同。在我国民事诉讼整体由职权主义转向当事人主义，追求对抗式的辩论主义、遵循当事人处分原则的同时，家事纠纷也不能例外。但是家事纠纷中当事人之间权利义务关系复杂，更有难以在法律上把握的感情和亲情因素，必须有自己独特的程序和处理方式，以真正实现实体法中对家事案件的特别规定和对家庭中弱势一方的保护。家事诉讼由于其特殊的形态，其公正的体现形态也应有自己的特色，由于家事纠纷事关社会公共利益，这就决定了其对真实性的要求要高于仅仅事关当事

人利益的一般民事纠纷,即一般民事纠纷通过公开程序由当事人举证证明、行使辩论权利和处分权利得来的“法律上的真实”。家事纠纷更应追求最大限度上的“客观上的真实”,这也就要求在家事纠纷诉讼中适当地适用职权审理原则,出于维护家庭关系稳定和社会公益的目的主动探知真实和指挥诉讼程序,限缩对抗式的辩论主义,加强法院依职权调查取证、对当事人处分权适当限制、加强法官自由裁量权并限制公开审理的范围。如在肖某诉蒋某离婚纠纷一案①中,针对双方当事人诉争的主要房产,一审法院认为对于诉争房产的所有权性质,虽该房的买卖合同及房产证的取得,均发生在蒋某与肖某婚后,但该房的分配、工龄的折算、购房款的交纳等均发生在蒋某与肖某结婚之前,且所折算的工龄是蒋某与其前妻孙某的工龄。加之在本案中肖某就该房的购买使用了其本人的工龄,其本人也支付了购房款均未向法庭提供充分证据,故综上,法院对肖某所述诉争房屋属于夫妻共同财产的陈述意见不予采信。二审法院通过调查认定蒋某与肖某婚后交纳了部分购房款项,故该房屋中可能有肖某的权利份额,鉴于诉争房屋可能涉及案外人利益,本案不宜直接处理,双方可就此问题及肖某与蒋某结婚后在京生活16年,且肖某在京无其他住房,生活困难,应给与其适当帮助等问题一并另行解决。如在肖某诉霍某离婚纠纷一案②中,就双方诉争的主要房产,就该房屋的分割,法院依据双方对该房屋的贡献,酌定肖某享有该房屋80%的所有权份额,霍某享有20%的所有权份额。因霍某名下无房屋,考虑婚生女生活的稳定,本着照顾女方及子女权益的原则,离婚后该房屋及装修设施归霍某所有为宜,由霍某给付肖某相应的折价补偿款。这都是法院职权介入的表现。

(一)依职权调查取证

1. 家事纠纷的特殊性要求法院加强调查取证的力度

在现今当事人主义的诉讼模式下,当事人对自己的主张有提供证据加以证明的责任,法院只有在涉及国家、集体、他人利益,或者是与实体无关的纯粹程序性事项如决定回避等方面依职权调查证据,或者本来应该由当事人调查取证但当事人却因各种原因无法调查取证而申请法院调查取证的情形下,法院才可以调查取证。法院审理案件的范围也由全面审理改变为只对当事人的诉讼请求加以审理。这些改变对纯粹的财产纠纷而言是适合的,标准由涉及他人利益转为查明案件基本事实。由于家事纠纷的特殊性,在采取当事人主义的诉讼中,仅由当事人来举证证明自己的主张,并不利于家事纠纷的解决。家事纠纷中,往往会有下情形:离婚案件中,仅仅由当事人举证,难以查明真正的离婚原因,无法真正解决潜在的矛盾;对涉及的重要婚姻事实,往往以当事人没有提供证据证明而否认;对于当事人要求法官调查的证据,很多时候也以不属于职权调查范围为由,不予调查;对于一方当事人主张的家庭暴力或配偶有婚外情,仅靠当事人亦是难以证明。家事纠纷因为其涉及公益,如果不能查明事实,真正解决纠纷,亦会导致双方矛盾进一步加深,甚至会导致恶性事件的发生。

2. 家事纠纷法律关系的复杂性,要求法院加强调查取证的力度

首先,家事纠纷涉及的法律关系较为复杂。家事纠纷不同于一般民事纠纷,一般民事

---

① (2016)京01民终6264号。

② (2016)京01民终4989号。

纠纷涉及的法律关系较为单一,一般一个民事纠纷涉及一个法律关系,解决一个法律问题,家事纠纷则不然,其涉及的法律关系涉及人身、财产双重法律关系,涉及离婚、财产、子女抚养等多种问题,而且两者交织在一起,相互影响,解决起来更为复杂,当事人的举证能力有时候不足以应对。其次,家事纠纷涉及财产的复杂性。家事纠纷涉及的财产形式表现多样,有不动产、车辆、存款、有价证券、股权等形式,涉及协议、赠与、分家等多重法律关系,需要理解物权法、合同法、侵权责任法、公司法等调整的法律关系,是一个复杂的体系。财产的复杂性导致当事人举证的复杂性,仅凭当事人的举证能力往往难以驾驭。最后,家事纠纷涉及部门的多样性。由于家事纠纷涉及法律关系及财产形式的多样化、复杂化,解决家事纠纷所涉及的部门也是多样复杂的。就其中涉及的房屋分割而言,可能涉及不动产权登记部门、公房承租单位、军产房管理部门、央产房管理部门、经济适用房屋管理单位等多个部门、系统,这就需要发挥法院在调查取证方面的职能,而不能仅仅依靠当事人自行举证,否则,当事人对有些证据是无法取得的。所以,家事纠纷涉及部门众多,需要发挥法院在调查取证方面的作用。

3. 家事纠纷证据取得难度及当事人的举证能力的薄弱

由于家事纠纷的隐私性,家庭生活的真相往往不为外人所知,在家庭生活中当事人没有保存证据的意识及习惯,所以家事纠纷中除了有限的书面证据之外,主要依靠当事人的陈述来认定事实,当事人取得其他证据的可能性以及难度都比一般民事纠纷要大很多。家事纠纷当事人由于各种原因,导致其举证能力较为薄弱。由于法律意识的淡薄、年龄偏大、文化层次偏低等原因,在家事诉讼中,当事人的诉讼能力以及举证能力都不足以完成其诉讼目标。

(二)对当事人处分权的适当限制

民事诉讼中,现行的当事人主义认为要尊重当事人的私有权利,保障当事人的处分权。处分权是当事人通过对自己权利的处分来决定有关诉讼程序是否开始或终结以及有关诉讼标的及诉讼相对人的选择的制度。但是由于家事纠纷的特殊性,其并不是单纯的私权纠纷,不仅涉及当事人的个人利益,还涉及其他家庭成员的利益,而且涉及整个家庭的维系和社会的稳定等公共利益。而且,家事纠纷是人身关系与财产关系复合型的纠纷,往往牵一发而动全身,所以,当事人的处分权应该有别于一般民事纠纷,应当受到一定程度的限制。

从诉讼标的性质上而言,当事人的处分权亦应当受到限制。家事纠纷当事人处分权受限的根本原因在于当事人对诉讼标的——身份关系不具有自由处分的权利。家事纠纷中,诉讼标的根据性质的不同,可以分为以下几类:当事人对诉争标的无处分权的诉争性事件,如确认婚姻无效、确认婚姻关系存在或不存在、确认亲子关系存在或不存在等事项;当事人对诉争标的无处分权也无诉争性的事件,如宣告死亡、撤销死亡宣告、失踪人财产管理等事项;当事人对诉争标的有有限处分权的诉争性事项,如撤销婚姻或收养、终止收养、离婚、否认子女等事项;当事人对诉争标的有处分权的诉争性事项,此类事项大多是与财产相关,如因夫妻关系所产生的请求权事件、因继承关系所产生的请求权事件等事项。所以,家事纠纷中,当事人的处分权行使是有限度的,特别是关于身份关系的事项,其更是排斥当事人的处分权。

（三）尽量以不公开审理为原则

家事纠纷不公开审理是维护当事人权益的需要。程序公开是诉讼制度的一项核心，事关程序正义及事实正义，其要求诉讼过程要对当事人公开，更要对社会公众公开，现行的民事诉讼以公开为原则、不公开为例外，允许案外人旁听等制度就是其体现。但是由于家事纠纷的特殊性，其并不适用以财产关系为审理对象的程序公开的要求，因为其无法满足家事纠纷隐私性、个人性的要求。换言之，尽管当事人有寻求司法程序解决家事纠纷的需求，但是并不意味着当事人希望涉及其个人生活、生理心理、财产状态、感情状况、家庭关系等私密性事件曝光于社会，因为这暴露了其个人隐私，危及其人格尊严，从而导致案件的复杂化，最终难以彻底解决纠纷、平息矛盾。在涉及未成年人的家事案件中，公开审理会对未成年人的心理留下难以愈合的创伤，还会影响未成年人日后的正常生活。

家事纠纷不公开是维护司法权威的需要。家事纠纷中，由于长期以来的传统观念与现行法律意识的冲突，导致普通民众对于家事法律原则的抵触。家事纠纷中，大众舆论的意见观点并不意味着大多数的绝对正确，而且其往往与法律精神相冲突。家事纠纷程序的公开并不利于纠纷的妥善处理，实践中往往出现一方当事人携亲带友、以壮声势、寻求说法，这会对庭审秩序造成干扰，可能损害对方当事人的诉讼权利。更有甚者，一些家事案件当事人邀请媒体、专家参与其中，从舆论等方面给法院公正独立办案造成压力。

（四）法官自由裁量权的行使

从公正公平的角度出发，法律应该维护其统一性，力求避免法官自由裁量权的行使。就如同实践中追求的同案同判一样，这在一般民事纠纷中并无不合理之处，但是鉴于家事纠纷的特殊性，还是需要赋予法官一定的自由裁量权。

1. 家事纠纷复杂的特殊性需要法官自由裁量

家事纠纷涉及人身财产多重法律关系，掺杂情感金钱多种因素，财产形式多样、种类繁多，而且涉及子女抚养、老年人赡养等公共利益，在处理此类纠纷时需要平衡多方面的利益。家事纠纷事关社会的稳定，弱者的权益，法官基于维护社会公共利益的需要也要有一定的自由裁量权。由于实际生活的复杂性，家事纠纷复杂多变，各有其不同的起因、焦点，同样是赡养纠纷案件，有些确实是老人生活无以为继，起诉是无奈之举，有些却是其中某个子女因为利益问题从中予以操纵，这也要求法官行使其自由裁量权针对个案予以解决。

2. 法律规定的原则性需要法官的自由裁量

由于家事案件的构成要件较为抽象，类型众多，涉及人的身份关系以及财产关系，故无法在法律条文中详细规定各种情形，家事法律大多采用较为抽象的立法原则，采用不确定法律概念的立法方式，这就要求法官需要针对具体个案针对个别情况作出处理。相对于一般民事纠纷中的确定性法律适用方式，家事纠纷由于受到个人情感、生活环境、社会伦理等多重因素的影响，实践中很难仅以严格的三段论适用法律，需要法官发挥一定的自由裁量权，如离婚原因中其他导致夫妻破裂情形的把握。家事纠纷的法律效果也具有一定的抽象性，即家事纠纷的解决思路、解决途径不是唯一的，如离婚时财产的分割方式、未成年子女的抚养问题、赡养费的给付等，都需要法官综合考量各种情形加以判断，在遵循法律规定的前提下，参照当事人的身份、地位、经济情况、教育程度、生活情形、当事人意愿及态度等，针对个案作出最适当的裁判。家事法律意识的变迁与冲突，如从男女权利平等与倾斜保护弱者权利、从有责主义与破裂主义的离婚标准等，都需要法官从实际生活经验予以把握、判断。

（五）关于家事案件审理中法院职权介入的建议

1. 依法扩大依职权调查取证范围，合理分配举证责任。有别于一般民事诉讼中当事人自己举证的原则，家事纠纷中，法官可以适当扩大其调查取证的范围，特别是对那些仅依当事人自身力量确实难以取得的证据，法院应该予以调取或者开具调查函委托律师予以调取，以便查明事实，解决纠纷。家事纠纷由于其特殊性，与一般民事纠纷谁主张谁举证的原则相比较，法官可以适当在当事人间分配举证责任，以便查明事实。现在的婚姻法已经开始采纳此种理念，如《最高人民法院关于适用〈中华人民共和国婚姻法〉若干问题的解释（三）》（以下简称《婚姻法司法解释三》）第 2 条关于亲子关系方面，夫妻一方向人民法院起诉请求确认亲子关系不存在，并已提供必要证据予以证明，另一方没有相反证据又拒绝做亲子鉴定的，人民法院可以推定请求确认亲子关系不存在一方的主张成立。当事人一方起诉请求确认亲子关系，并提供必要证据予以证明，另一方没有相反证据又拒绝做亲子鉴定的，人民法院可以推定请求确认亲子关系一方的主张成立。

2. 实行庭前财产申报制度，减轻当事人举证压力及法院调查事实难度。家事纠纷中财产处理纷繁复杂，当事人举证困难，设立庭前财产申报制度可以有助于减轻当事人压力，更是有利于纠纷的解决，使法院从烦琐的证据调查中解脱出来，能够把更多的精力和时间用于分析纠纷涉及的法律关系并进行调解。

3. 加大法院释明力度，强调法官对当事人的引导作用，并对当事人的处分权有所限制。家事纠纷由于法律关系的复杂性以及当事人能力的欠缺，法院在涉及重要的事实、法律问题时需要加强释明引导，以便当事人合理行使其权利。从释明引导的范围以及力度都要制定切实可行、符合司法实践实际的规范，最后形成一整套的制度。限制当事人自认及认诺及不争执的效力，以防止虚假诉讼或者双方串通侵害第三人的利益，引发第三人撤销之诉。

4. 以不公开审理为原则，强化当事人亲自到庭，审理过程及审判材料不公开。家事纠纷要求当事人到庭并避免缺席判决。家事纠纷，多是与亲戚、家庭成员间的纠纷有关，其中涉及众多的感情因素和相当程度上的生活误解，且身份关系具有不可替代性，强化当事人本人到庭，有助于法官具体掌握案情作出妥当裁判，有利于当事人消除误会，恢复感情。尤其是在调解程序中，通过为当事人提供对话的平台，可以消除因沟通不善所致的被害人、加害人双重心理状态，从而有助于解决纷争或促使调解成立。家事纠纷审理程序并非要神秘化，而是指程序仅对当事人公开，而不是对全社会、公众公开，以保护当事人的隐私和生活的自由性，法院发现真实和维护身份关系的安定性。裁判文书、裁判资料及当事人身份信息等不公开。家事纠纷的案情以及当事人信息、相关资料不得在媒体上公开、宣传，关于家事纠纷的裁判文书亦不需要上网公开。

5. 全面、客观审查纠纷，维护弱势群体权益，保持家庭稳定和谐，保障当事人诉讼权益，谨慎行使法官自由裁量权。解决家事纠纷，需要全面、客观考虑家事纠纷问题的根源，结合当事人因家庭纷争产生的敌对情绪，力争化解家庭危机，修复家庭成员间的关系；行使自由裁量权,需要重点考虑家庭成员中弱势一方的利益,如婚姻纠纷中的妇女儿童,析产继承纠纷中的父母,并尽量维护家庭生活的稳定性;家事纠纷强调发挥法官的职权,维护弱者利益,但是并不意味着漠视当事人的程序主体性权利,法官不得侵犯当事人的程序权利,也不得偏袒任何一方,而是应凭法律、良知、生活经验常识和相应的伦理道德来解决家事事件,追求家事审判的实质主义。

五、家事案件法律适用的特殊性

民事法律纠纷从性质上可以分为财产关系纠纷,即直接与财产利益相关的具有财产利益内容的民事法律纠纷和人身关系纠纷,即与民事主体人身不可分离的、不具有直接财产利益内容的民事法律纠纷。事物都是矛盾的普遍性与特殊性的统一,家事纠纷兼具人身与财产双重属性,其虽然与一般民事纠纷有诸多的相似之处,但是其更是有自己特殊的内在矛盾以及其自身规律。普通民事诉讼所追求的是根据双方的诉辩及举证,在查清事实的基础上,依据法律作出裁判,其注重保护社会交易的安全性以及促进社会资源的流动性,其遵循辩论原则、处分原则、对等原则、诉讼权利平等原则。家事诉讼则不同,其追求的是在根据法院审查及双方陈述,在事实清晰、依据充分的基础上弥合分歧,稳定秩序,其注重保护家庭生活的稳定性及对弱者的保障性,其遵循男女平等、养老恤幼、和谐稳定的原则。

婚姻家庭关系并非简单的人身关系或财产关系,其所引发的纠纷也不是人身纠纷与财产纠纷的简单叠加,而是涉及伦理、道德、法律多个角度,家庭、社会、国家多个层面。审判机制应当与社会背景、生活习俗相适应,亦应当与纠纷原因、纠纷特点相符合。由于一般民事纠纷与家事案件在审判理念、遵循原则、审判程序、审判方式、裁判功能、价值追求等诸方面有不同的追求及定位,故家事审判亦应当有与一般民事纠纷不同的原则。家事纠纷与一般民事纠纷相比较,有着自身的特点。如在黄某诉苏某离婚纠纷一案中①,针对双方争议的主要财产——苏某婚前取得的某公司股权,一审法院认定苏某现在所持某股份有限公司股份 345 万股、投资某股份有限公司获得股东分红及转让股份所得 11,320.6536万元,均系苏某在与黄某结婚前投资产生的增值收益,苏某在婚后未继续投入或进行经营,故黄某要求将上述财产作为夫妻共同财产予以分割的诉讼请求,证据不足,法院院不予支持。二审法院通过审查认定苏某婚前投资并在婚后所持某股份有限公司股份并获得股东分红及转让股份所得,其在婚后的增值部分应属于夫妻共同财产。本案应对黄某的财产情况进行审查,并在查清苏某与黄某各自名下财产基础上,对双方所持财产差额部分根据其婚姻生活状况,按照婚姻法规定的离婚财产分割的基本原则进行处理。一审法院未对上述问题进行审查,属基本事实不清。

(一)家事法律与民众意识、社会习俗的背离

"传统法律文化是中国法制现代化的历史起点和逻辑前提。虽然传统法律文化作为一种整体文化形态在中国已不复存在,但传统因素无时无刻不对现代法制产生影响。"②

---

① (2016)京01民终2704号案件。

② 苏力:《法治及其本土资源》,中国政法大学出版社2004年版,第6页。

家事案件与一般民事纠纷相比较，具有浓厚的伦理、情感、习俗色彩。家庭关系中的独立个体因为亲缘、血缘等关系而构成一个生活共同体，其在共同生活中形成了大量的伦理、道德规范，并因相互之间的情感联系，形成了错综复杂的利益关系。由于中国长期以来形成的宗法制社会，导致“法不入家门”“清官难断家务事”的家庭观念处于主导地位，一直以来大量的家庭纠纷都是通过各种乡规民约、宗族规范、家长族长来处理的，公权力往往不触及民众的家庭生活，形成家庭事务应当是自治的，不应当受到侵犯的意识，认为国家应尊重家庭隐私与自决，法律仅应消极规范权利滥用时之救济途径，所以导致的后果就是家事纠纷解决的独特性并形成了大量的伦理规范、习俗约定。现代以来，国家将家事纠纷纳入公权力解决的范畴之内，其导向是正确的并且应该坚持，但是其导致的一个后果就是法律规范与民众意识的背离，在婚姻家庭领域，大量的现行法律规范在引导民众意识的同时却饱受民众的诟病，原因就是其与民众生活中形成的朴素生活观念相违背。在审判实践中，诸如家里财产老父亲一个人说了算、立遗嘱时只需要老父亲确认就生效、出嫁的女儿无继承权等观念还大行其道，这些观念源于因因相习的生活习俗，导致在家事纠纷与普通民事纠纷中当事人的观念与法律规定相吻合的程度不同。普通民事纠纷中，物权法律关系调整的是财产的静态归属，债权法律关系调整的是财产的动态流转，其与中国原有的传统观念并未形成剧烈冲突，如很久以来欠债还钱，天经地义的观念其实与现行法律的等价公平原则相契合。但是家事纠纷则不同，其调整家庭生活中的人身关系及财产关系，具有很强的宗族、伦理色彩，一直以来的观念并未得到彻底扭转，导致直到已经是 21 世纪生活以及现代化的今天，其观念仍然与法律规定出现一定程度的背离。综上所述，家事纠纷是调整基于身份关系而来的一系列纠纷，其原有的纠纷调解路径依赖于社会的自我治理以及自我调整，由此形成了民众的意识与现行的法律观念有较大的冲突。而一般民事纠纷则不然，其是基于财产关系而来，其原有的纠纷解决路径一直是依赖社会公权力，由此形成的民众意识亦是与现行的法律观念较为吻合。由此导致的后果就是家事法律与民众的观念、社会的习俗出现一定程度的背离。

（二）家事纠纷具有浓厚的伦理、情感因素

家庭生活中基于血缘关系自然而然就形成了天然的与生俱来的人伦关系，为了维持这种人伦关系的稳定性，又形成了调整家庭生活的伦理，人从出生起便深刻的感受着并受制于此种伦理的教化，并形成自己独特的家庭观、伦理观。家事纠纷始于家庭生活，调整家庭成员之间关系起主导作用的往往是伦理作用下的自我约束，当家庭处于内部无法律纠纷状态时，家庭成员之间彼此信任依赖，没有法律上的需求，当家庭成员间的情感、经济关系失衡，往往演化为家事纠纷。家事纠纷不同于一般民事纠纷的最大特点就是掺杂有大量的个人情感因素，家事纠纷具有很强的伦理性。一般民事纠纷，无论是基于物权关系还是债权关系，其主要根源在于经济关系，且当事人之间往往不具有如此密切的身份关系。家事纠纷则不然，其首先就是基于当事人之间的家庭身份关系，无论是基于夫妻关系的婚姻纠纷，还是基于父母子女、兄弟姐妹关系的析产继承纠纷，其都具有紧密的身份关系，具有深刻的伦理性和社会性。家事纠纷审理中，最重要的一个特征就是当事人的倾诉欲，在案件审理过程中，往往是父母数落子女的种种不孝行为，子女诉说父母的种种不公及偏爱，夫妻之间相互指责对方的种种过错以及自己对家庭、对方、子女的付出，家事纠纷中的情感因素较为突出。

（三）家事纠纷兼具隐私性、社会性

家庭是社会的基本单位，承担着繁衍人口、培育人才、保护弱者、稳定社会等基本功能，家庭作为社会的细胞，对社会秩序的稳定有着重要意义。家事事务兼具个人属性与社会属性，例如就亲子关系方面，国家开展公共教育政策，将原本属于侵权范畴内的子女教育问题纳入了公共领域，否认其私人属性；国家通过未成年人保护政策以及刑事政策将原本属于亲权范围的惩戒权旨在纠正子女的不当行为纳入公共领域，否认其家庭内部私事属性；法律基于未成年子女最佳利益保护的观念，鼓励家事审判程序介入子女权益的保护事宜。家事纠纷具有很强的社会属性，特别是中国这样的熟人社会，一旦发生家庭纠纷不仅影响纠纷当事人，还会对社会秩序稳定和其他家庭成员产生直接或者间接的影响。家庭成员所引发的纠纷比那些发生在陌生人之间的利益纠纷，破坏力更加巨大。家庭的不和谐、任意性、分裂性必将引发大量的社会问题，如青少年犯罪、家庭暴力、遗弃等现象，更有甚者还会引起更大的社会动荡。家事纠纷如不能得以妥善解决，往往会导致个人和家庭的不幸，使家庭长期处于不稳定的状态，进一步影响整个社会的稳定和谐。故而在处理家事纠纷时，一定要以彻底、圆满地解决家事冲突为理性目标。

家事纠纷中，涉及婚姻、家庭、抚养、赡养，其无不与民众的个人生活密切相关。婚姻是夫妻之间相互履行权利义务而结合的生活共同体，其涉及夫妻二人的心理、生理、情感、经济、社会关系以及子女与父母间的血缘关系等方面；家庭是亲属间构成的生活单位，其涉及家庭成员间的相互关系、父母子女的亲疏、兄弟姐妹的远近；继承纠纷则直接揭露了家庭的财产状况以及人性的本来面目。家事纠纷中一般都会有关于亲属长幼关系、感情深浅、伦理辈分的情况，这些因素导致了该类纷争的隐秘性。在传统的“家丑不可外扬”思想的影响下，尽管当事人诉至法院，对簿公堂，但是当事人并非希望将自己的隐私公之于众，甚至不希望有第三人知情，特别是婚姻中涉及生理、身体方面的隐私、子女争夺中的亲子鉴定、收养中的人身关系等，其造成的后果不仅仅是当事人纷争的加剧，还会对弥补当事人之间的关系造成不利影响，对于未成年人甚至会造成心理的创伤。

（四）家事纠纷法律适用特殊原则

鉴于家事纠纷有别于一般民事纠纷的特殊性，审理家事纠纷案件要注意家事纠纷中财产处理的特殊性。日本学者我妻荣教授将家事纠纷特征总结为“财产关系的合理性及身份关系的非理性”，即家事纠纷中财产关系表面看起来是理性的需求，可以用一般的财产解决思路来处理，但是家事纠纷的基础就是身份关系，其背后潜藏着复杂的人际关系，表面上看是财产分割、精神安慰费、抚养费等支付金钱的请求，其根本上是夫妻间、亲族间感情上、心理上的纠葛，有着深刻的非理性因素，要解决这些非理性的关系，适用理性的一般准则是不适当的，也是无法彻底解决问题的。

家事纠纷与一般民事纠纷的财产关系区别主要表现为：一是发生基础不同，家事纠纷因引起特定身份关系的法律事实而导致财产关系变动，一般民事纠纷的法律事实则不具有此特性；二是法律原则不同，一般民事纠纷财产关系以等价有偿、公平平等为原则，家事纠纷则以保护弱者、处分限制为原则；三是财产性质不同，一般民事纠纷中财产处理遵循意思自治、具有任意性，家事纠纷中财产处分带有强制性、要求权利义务对等。鉴于以上分析，就家事纠纷中的财产处理，从其涉及的法律关系来说，其更多地涉及不动产分割、财产约定、赠与、公司股权分割、遗嘱人遗嘱等法律关系，表面上看与一般民事纠纷所涉及的法律关系类型基本重合。但是从处理思路上而言，家事纠纷财产的处理要考虑婚姻法、继承法的特殊原则，至少是要在考虑上述原则的基础上再结合一般民事法律规范来解决问题，而不能抛开婚姻法、继承法等原则而单纯的适用物权法、合同法等一般民事法律规范，而一般民事纠纷则只需要考虑物权法、合同法、公司法等民商事法律规范。在处理理念上，法院在处理婚姻家庭事件时，首先考虑的是该事件区别于财产关系事件的特性，即财产关系事件解决的是过去的事实，而婚姻家庭事件是要形成新的身份关系。

六、家事案件审理期限的局限性及修正建议

目前我国并没有专门的婚姻家事程序法，婚姻家庭案件的审理程序和其他普通民事案件并无不同，其中就包括审限。虽然从表面上来看，目前审理的家事案件大多在审限内都能够结案，但是仔细审查后我们发现，在我们统计的案件中，相当一部分案件事实上通过让当事人调解扣除审限的方式规避法律规定的审限要求，达到了隐性延长审限的目的。也就是说，对于相当一部分家事案件来说，在现行的法律规定的审限内结案存在一定的困难。同时，以离婚案件为例，一部分案件在一审判决双方离婚之后，当事人在上诉期间自行达成或者在二审法官的调解下达成了一致意见：双方和好不离婚。这说明当事人之间的感情并没有完全破裂，如果给予一定的期限让当事人去慎重考虑，期间再辅助以专业的情感心理疏导，婚姻就可以挽救，更多的家庭关系可能就会得到修复。而审判中法官有时之所以没有开展相应工作，就是由于目前审限的制约，从而无法充分考虑个案的特殊性。

（一）家事案件审限的局限性

审限的设置，是为了在保证案件质量的情形下，提高审判的效率。家事案件的审限设置的长短，主要应当由此类案件的特点决定。从目前审判实务来看，家事案件审限规定过于刚性，总体偏短，并不能满足家事案件审理的实际需要。主要因为：

1. 家事案件的复合型。正如前文所述，家事案件的特殊性在于其身份性和财产性的叠加。当事人之间具有特殊身份关系是此类案件的一个重要特点。家庭是社会的细胞，家庭出现危机而得不到有效解决，事关子女抚养问题、未成年人成长问题、老年人赡养问题等，引发的是一系列的社会问题，对于社会的和谐稳定有着直接且及其重要的影响。法官对此应当有清晰和理性的认识，在处理此类案件时始终将当事人之间特殊身份关系作为一个重要因素予以考虑，将感情修复作为一项重要工作来做。这就需要法院有一定的时间来给当事人做调解化解工作。虽然我国法律规定婚姻家庭纠纷和继承纠纷应当调解，但是调解的期限与审限之间如何衔接并没有明确规定，导致部分法官在审限的压力之下，只是将作调解工作作为一种形式，走个过场，没有真正发挥家事审判的功能和作用。

2. 财产问题的复杂性。我们之前通过对 2014 年以来我院审理的 600 余件离婚上诉案件调研梳理发现，部分案件在一审不当使用“另案处理”，将本应当在案件中处理的问题随意甩出，且理由各异，如有的以“可能涉及其他人的利益”而不在本案审理，有的以

"尚不具有分割的条件"而决定另案处理,导致案件争议无法一次性解决,并引发新的诉讼,不仅增加当事人的诉累,更浪费了审判资源。导致这种现象的一个很重要原因就是现行的审限制度。因离婚纠纷所涉争议范围广泛,在审限一定的情形下,部分法官在面对一些疑难复杂问题时,存在畏难情绪,通过将该部分问题甩出达到简单快速处理案件的目的。离婚案件中当事人提出的主张涵盖了解除婚姻、子女抚养、财产分割等内容,而财产往往又涉及房产、存款、股权、股票、债权债务等众多类型。部分财产分割程序较为复杂,查清事实耗时较长,在畏难情绪的干扰下,部分法官认为当事人之后还可以通过离婚后财产纠纷予以解决,实体权利没有受到损害,从而选择让当事人另案处理。此种情形在实务中较为普遍。

(二)对家事案件审限规定的修正建议

从家事案件当事人感情的修复到各类财产线索的审查核实分割,都需要法官有较为充裕的时间来开展相应的工作。因此,在现行民事诉讼法规定的审限基础上,针对家事案件的特点进行相应的调整是有必要的。我们认为,家事案件的审限的设置应当与需要完成的工作量相联系,我们可以通过对过往此类案件的统计分析,预测应当完成的工作量,进而对于审判资源进行合理化配置。同时,根据案件的特点,进行弹性的调整和延长。以离婚案件为例,对于感情确实无法修复、双方财产较少,没有子女或者子女抚养已经达成一致意见的案件,就应当快审快结,一般在三个月内审结;对于感情只是出现危机但仍有修复可能的家事纠纷案件,应当给予更长的审理期限进行矛盾缓和以及感情修复,矛盾缓和期和感情修复期不计入审限,法官在此期间应当进行跟踪调解,并将所做工作记录在案备查;对于感情确实破裂应判决离婚的案件,如果涉及财产较多需要法院调查的,应当给予相应的调查取证期,此期间不计入审限。

结　语

家庭是社会最基本的组织细胞,家和万事兴,家固天下稳。当前,家事审判工作体制机制改革试点工作已经在全国部分法院展开,家事审判改革成为本轮司法体制改革的重要内容和关键环节之一。作为北京中级人民法院家事案件专业审判庭,我们立足自身实践,梳理出五方面的问题并提出相应对策,以期能对正在进行的家事审判改革以至司法体制改革有所助益。本调研报告中观点和建议,或有不当之处,敬请不吝指正。

北京市第一中级法院
关于推进家事审判工作改革的建议

2015 年 12 月第八次全国法院民商事审判工作会议中明确提出,推动和深化家事审判方式和工作机制改革,及时总结改革经验,着力完善相关制度,不断提升家事审判工作能力和水平。2016 年 4 月,最高人民法院召开专题会议,研究部署家事审判方式和工作机制改革工作,周强院长作出重要指示。当前,家事审判工作体制机制改革试点工作已经在全国部分法院展开，家事审判改革成为本轮司法体制改革的重要内容和关键环节之一。作为北京中级人民法院，根据自身实践，现就推进家事审判工作改革提出以下建议：

一、促进家事审判专业化

第一条　大力加强家事审判专业化的程度。设立专门的家事法庭，或者组建专门家事审判团队，主要负责审理家事案件。

第二条　构建符合家事审判需要的审判团队工作机制。家事审判团队原则上可以采用“三三二”配置模式，即三名员额法官，三名法官助理，二名书记员。

员额法官对案件审理负全部责任。法官助理在法官的指导下主要从事调解、调查取证、证据交换、草拟法律文书等事务性工作。书记员在法官助理的指导下主要从事传唤当事人、庭审记录、卷宗归档、案件信息录入等审判辅助工作。

第三条　家事法官的选任，除具备员额法官的条件外，原则上还应符合以下条件：

（一）政治立场坚定、专业素质高，有良好的法律职业道德；

（二）有一定社会阅历，沟通协调能力强；

（三）热爱家事审判，善于调解；

（四）已婚一年以上。

第四条　对家事法官助理的选任，可以引入具有心理学、社会学背景的人员。

二、加强家事案件调解工作力度

第五条　充分发挥法官助理在调解中的作用。受理家事案件后，可以由法官助理组织先行调解。案件审理过程中，法官助理可以根据情况对于当事人的婚姻状况等做出基本判断，进而研究决定是否设置必要得感情修复期、矛盾缓和期。

第六条　发挥当事人代理律师的作用。在案件审理过程中，可以通过律师代理人与当事人充分沟通，化解矛盾纠纷。

第七条　基层法院，特别是基层派出法庭，可以发挥优势，充分借助村委会、居委会等基层组织、以及妇联、公安、司法等部门力量，形成多元化、联动式的调解力量。可以引入心理咨询、心理疏导专业人员，对当事人心理进行心理疏导。

三、完善家事案件中法院职权介入

第八条　适当扩大法院职权调查取证范围。对当事人自身力量确实难以取得的证据，法院应该予以调取或者开具调查函委托律师予以调取，以便查明事实，解决纠纷。

建议实行四查制度，通过“查询银行、查询车管、查询房管、查询工商”，将当事人名下的存款、车辆、公司、有价证券、房产查清。

法院在家暴、出轨、重婚、虐待、遗弃等事实方面应该主动进行审查。

委托律师调查取证需要将案件当事人、案号、法院、承办人联系方式等在函件上列明，以便于与查询单位的沟通衔接。

第九条　建议实行庭前财产申报制度。对确定离婚的案件，应要求当事人在开庭前申报财产，并应释明不按时申报或不如实申报的法律后果。

庭前财产申报应该明确财产申报的范围、申报程度，以及不如实申报的法律后果，并由双方当事人填写制式表格。

第十条 适度限制当事人处分权。注意限制当事人自认及认诺及不争执的效力，以防止虚假诉讼或者双方传统侵害第三人的利益，引发第三人撤销之诉。

明确当事人对下列事项无处分权：确认婚姻无效、确认婚姻关系存在或不存在、确认亲子关系存在或不存在、宣告死亡、撤销死亡宣告、失踪人财产管理等事项。

第十一条 强化家事案件当事人的亲历性和隐私性。家事纠纷原则上应要求当事人本人亲自到庭，可以采用就地审理。审理过程以不公开为原则，家事纠纷的案情以及当事人信息、相关资料不得在媒体上公开、宣传，关于家事纠纷的裁判文书亦不需要上网公开。

第十二条 谨慎行使法官自由裁量权。家事案件中法官行使自由裁量权，应当在全面、客观审查家事纠纷的基础上，综合考虑以下原则：

（一）维护弱势群体（妇女、儿童、老人）权益；

（二）保持家庭稳定和谐；

（三）保障当事人诉讼权益；

（四）符合法律、良知、生活经验常识和相应的伦理道德。

四、重视家事法律的特殊原则

第十三条 重视家事案件中财产关系的合理性及身份关系的非理性因素。充分考虑家事纠纷中财产关系背后的夫妻间、亲族间感情上、心理上的纠葛，并应注意对将要形成新的身份关系的影响。

第十四条 家事案件的财产处理，要优先考虑婚姻法、继承法的规定及原则，再结合物权法、合同法、公司法等民商事法律的规定，确保准确适用法律。

五、合理规范特殊家事案件的审限

第十五条 对于感情有修复可能、涉及财产较多需要调查、或者矛盾冲突激烈等特殊家事案件，应当设置相应的感情修复期、调查取证期、矛盾缓和期，此期间不计入审限。

第十六条 对不计入审限的特殊家事案件审理期间，家事法官或法官助理应当进行相应工作，并应有工作记录在案备查。

执行体制改革与执行团队建设的调研报告*

——以执行权运行为视角

引　言

为了落实关于执行工作改革的有关精神，我院根据执行工作实际，以执行权运行为视角，对执行体制和执行团队进行调研，探索组建专业化执行团队，力求提高执行队伍的专业化水平，强化执行工作的强制力，目的在于推动解决执行难问题，提升法院的司法公信力。

一、执行工作改革的理论基础

（一）有关改革的主要精神

1. 审理者裁判、裁判者负责

党的十八届三中全会《关于全面深化改革若干重大问题的决定》明确提出，健全司法权力运行机制，完善主审法官、合议庭办案责任制，让审理者裁判、裁判者负责。也就是说，明确了司法工作的权责一致性，坚持谁办案谁负责。最高人民法院为落实中共中央的精神，陆续推进法官员额制、司法责任终身制等司法改革工作，将保障法官独立审判与落实司法责任结合起来。

2. 审判权和执行权相分离

党的十八届四中全会《关于全面推进依法治国若干重大问题的决定》明确提出，要切实解决执行难，依法保障胜诉当事人及时实现权益；要优化司法职权配置，推动实行审判权和执行权相分离的体制改革。由此，解决执行难被列为全面依法治国的目标任务之一，审执分离改革被列为优化司法职权配置的重要内容。最高人民法院为落实中共中央的精神，批准设立专门执行裁判庭，审理执行程序中涉及实体权利的重大事实和法律争议，形成审判权对执行权的有效制约和监督。

3. 设置执行法官

最高人民法院《关于落实"用两到三年时间基本解决执行难问题"的工作纲要》指出，在法官员额制改革中对执行部门原具备法官资格的人员要与其他业务部门同等对待；执行局及执行裁判庭的法官员额比例总体不低于其他业务部门。周强院长强调，在法官员

---

* 课题主持人：马来客，总负责人：吴小成，具体负责人：佟海东、高卫、林骁，课题组成员：刘全新、郑义、刘金龙、范琳，执笔人：林骁（统稿）、洪文光、郭杰。

本课题为2016年院级重点课题。

额制改革中，对执行人员应当与其他审判业务部门的人员同等对待，从事执行工作的法官员额比例总体上不低于其他业务部门，要确保执行实施中的查封、扣押、冻结、拍卖等裁决权由法官行使。

4. 组建执行团队

北京市高级人民法院《关于“用两到三年时间基本解决执行难问题”的工作纲要》提出，推行团队化执行模式。执行团队由法官带领，法官对外承办团队执行案件并组织、指挥团队予以实施，法官助理（执行员）对内二级承办执行案件，在司法警察和书记员的协助配合下，实施法官作出的裁定、决定和命令。

综上所述，“基本解决执行难”是人民法院落实中央决策部署，对全国人民作出的庄严承诺。当前推进执行工作改革，应以解决“执行难”为根本目标，把握执行权的本质属性、厘清执行权和审判权的关系，优化职权配置、完善机构设置，切实做到审判的归审判、执行的归执行，提高执行工作的强制力，保障当事人胜诉权益实现，增强司法公信力。

（二）执行权的性质、特点和内容

执行权，是指执行机关根据债权人的申请，运用国家强制力，实现执行依据确定的民事权利的公权力。执行权的性质是执行理论和执行工作的根本问题，也是一切探讨的逻辑起点，直接关系到对执行机关设置和执行团队建设的认识。因此，正确认识执行权的性质，至关重要。

1. 执行权的性质

关于执行权的性质，我国学界主要有两种不同观点：一是司法权说。这是我国民事诉讼法理论界的传统观点，主要依据是我国的执行程序规定在《民事诉讼法》中，而民事诉讼活动当然属于司法权运行范畴，加之日常执行工作向来由法院承担，属于法院工作的一个环节，因此执行权是法院所依法行使的司法权之一部分，性质上属于司法权。二是行政权说。这种观点认为，执行工作具有确定性、主动性、命令性、强制性等特征，故而属于国家行政权力。也有观点认为执行权既包括司法权性质的执行裁决权，也包括行政性质的执行实施权，但从本质上说是一种行政权。

我们认为，执行权包括执行判断权、执行实施权，执行判断权属于司法权性质，判断权和实施权又是一个整体，因此，包含司法权性质的执行权应当定位为司法权。具体理由如下：

第一，按普遍认可之观点，司法权本质为“对纠纷当事人的事实问题主张和法律问题主张依法进行判断，以维护法的价值的终局性权力”，其核心在于法律判断，同时也强调终局性。而执行权完全满足这两个条件：执行程序中，需要法官进行审查作出法律判断的事项很多（详见后面的执行判断权）；同时，“执行乃法律终局之果实”，而且执行是法律权益的最终保障手段。故执行权应为司法权之一部分。

第二，司法权区别于立法权与行政权的最核心特征为中立性，即由司法机关居中对争议各方就诉争权益作出分配。审判权是最典型的适用法律居中分配权益的权力形态，执行权同样符合这种特征。在执行程序中，申请执行人向执行机关申请执行，执行机关需按法律程序向被执行人送达执行通知等法律文书，被执行人享有抵销权及其他抗辩的，可向执行机关提出，执行机关应依法作出相应判断，这是标准的中立性的体现。

2. 执行权与审判权的关系

执行权的性质被确定为司法权以后，与同为司法权的审判权是什么关系，同样重要。我们认为，执行权对于执行程序中的法律问题有权进行判断并采取措施，目的是实现债权。涉及实体权利需要当事人行使诉权的，则要通过诉讼解决，由审判权进行判断并作出判决，目的是确认权利，产生执行依据。因此，在执行程序中，执行机关是负责执行生效法律文书，原则上执行机关不能直接否定执行依据，一般也不产生新的执行依据。综上所述，执行权和审判权虽然同为司法权，但相较于执行权而言，审判权为终极司法权，即最终的法律判断。

3. 执行权的特点

(1)判断与实施的持续性

执行是为了实现债权，债权能否实现或者说案件能否执行，取决于被执行人有无履行能力或有无可执行财产。由于财产的表现形式多种多样，价值也不相同，需要执行机关不断去调查、查封和处置。被执行人及其他人可能会拒不执行、拒不协助执行或妨碍执行，需要执行机关审查处理。因此，实现权利即执行工作需要一个过程。相应地，执行中的判断与实施也要经历一个过程，即判断和实施具有持续性。在执行过程中需要不断进行判断，判断之后再去实施，直至债权实现。也就是说，执行机关为了实现债权需要不断地判断与实施。只要债权没有实现，债权人就要向执行机关主张权利，执行机关不能不管。

(2)判断与实施的关联性

当事人行使诉权不仅仅是获得法院的裁判来确认权利，更是为了通过申请强制执行来实现权利。如前所述，执行程序是对债权的公力救济，目的是实现债权。执行中出现争议之后，需要进行判断，判断之后，必然要去实施。执行结果是不确定的，随时出现问题需要及时判断。因此，执行中的判断与实施紧密联系，无法截然分开，执行中的判断权和实施权共同构成完整的执行权。执行中的判断与实施的关联性，要求我们要整体地看待执行权，不应人为地割裂执行权，判断权与实施权只是相对独立，但是一个不可分割的整体。因为判断与实施的目的，是实现权利，只有实现债权才能真正解决矛盾。

4. 执行权的内容

如前所述，执行权，是指执行机关根据债权人的申请，运用国家强制力，实现执行依据确定的民事权利的公权力。我们认为，根据现行法律规定和执行工作实际，执行权的内容应当分为两类，即广义的执行权和狭义的执行权。

(1)广义的执行权

广义的执行权包括执行实施权、执行判断权和执行审判权。其中，执行实施权和执行判断权由执行机关行使，执行审判权则由执行机关和审判庭分别行使。

执行实施权，是指执行员根据执行法官的裁定、决定和命令，具体采取执行措施以调查、查封、处置财产和采取拘留、罚款、限制出境等强制措施的权力。

执行判断权，是指执行法官对执行程序中的权利义务、当事人行为性质、程序事项、异议事项进行法律判断，并作出裁决的权力。主要包括确认权利义务，决定采取执行措施和强制措施，审查执行行为异议和案外人异议等。

执行审判权，是指审判法官对于执行程序中涉及实体权利的重大事实和法律争议，适用诉讼程序进行审理并作出裁判的权力。主要包括两类:一是与执行有关的诉讼,指案外人异议之诉、申请执行人许可执行之诉、参与分配之诉、查封共有财产的析产或分割之诉;二是涉及执行依据的争议,指不予执行仲裁裁决或公证债权文书、外国法律文书的承认与执行、港澳台法律文书的认可与执行、追加变更被执行人。除不予执行和追加变更被执行人由执行机关负责审查外,其他均有由民商事审判庭负责审判。

(2)狭义的执行权

狭义的执行权包括执行实施权和执行判断权,不包括执行审判权。执行审判权属于审判权而不是执行权的范畴,需要当事人行使诉权,法院按照诉讼程序处理。执行机关只能行使执行权,即执行实施权和执行判断权。

我们认为,广义的执行权包含了一部分审判权,真正意义上的执行权是指狭义的执行权。执行程序中的审判权仍属审判权,而审判权均应由审判庭行使,执行机关只能行使执行权,不应行使审判权。本文探讨的"审执分离"司改语境中的执行权,是指执行判断权和执行实施权。①

5. 执行判断权

如前所述,执行判断权,是指执行法官对执行程序中的权利义务、当事人行为性质、程序事项、异议事项等进行法律判断,并作出裁决的权力。具体包括三类:

(1)确认权

确认权是执行法官指根据执行依据,确认案件的具体执行内容和当事人的权利义务。包括两类共 25 项。

①合乎执行内容的确认

这是指直接根据执行依据确定的执行内容,确认当事人的权利义务。包括 12 项:利息计算(涉及确定债权数额),特定物执行(特定物是否明确具体),行为执行(行为及标准是否明确),执行唯一住房,确认拍卖变卖结果,撤销拍卖变卖结果,重新拍卖,抵押权与首封权的冲突,到期债权与申请执行权的冲突,参与分配,确认执行完毕(确认债权数额和申请执行人认可),执行回转。

②合乎执行目的的确认

这是指根据执行依据执行力的延伸与扩张,确认当事人和利害关系人的权利义务,目的是实现债权。包括 13 项:折价赔偿特定物(双方达成一致)、替代履行、抵销、执行和解(包括协议以物抵债)、执行担保(要独立于执行和解)、执行共有财产、遗产执行、债务承担(申请执行人认可)、执行到期债权、追究赔偿责任(包括认定责任人)、认定拒执行为(包括拒不协助执行和妨碍执行)、司法建议、司法救助。

(2)措施决定权

措施决定权,是指执行法官决定应否采取执行措施和强制措施。包括两类共 32 项:

---

① 我们认为,由于执行判断权属于司法权性质(见下文论证),故对执行判断权的审查监督应符合司法权的审级监督原则。即执行判断权的行使相当于一审,而对其不服所提之意见应属二审,故应由上级法院审理。现行《民事诉讼法》第 225 条的规定与上述审级监督原则相抵触,应予修改。详见后文分析。

①执行措施

这是指决定应否采取执行措施，主要是针对财产的措施。包括25项：委托调查、报告财产听证、搜查、审计、悬赏执行、查封（包括续封）、冻结扣划、决定评估、评估异议的处理、决定鉴定、决定测绘、决定拍卖（涉及拍卖财产瑕疵处理）、拍卖起拍价及其降价幅度、竞价增价幅度、保证金数额、优先购买权人竞买资格及其顺序、决定变卖、确定变卖保留价、暂缓或撤回拍卖变卖、强制以物抵债、特定物过户、强制交付实物、解封（包括不续封）、分配发还案款、确定执行方案。

②强制措施

这是指决定应否采取强制措施，主要是针对人的措施。包括7项：拘传、拘留、罚款、限制出境（边控续控）、纳入失信名单、限制消费、限制招投标。

（3）程序控制权

程序控制权，是指执行法官对执行过程中的重大程序事项和特殊事项进行判断并作出决定。主要包括12项：驳回申请、准许撤回申请、按撤回申请处理、终结本次执行程序、终结执行、中止执行（法定情形）、暂缓执行、管辖权争议（涉及法院的管辖冲突）、延长或扣除审限、减免执行费、回避、变更执行行为。

6. 执行实施权

执行实施权，是指执行员根据执行法官的裁定、决定和命令，具体采取执行措施、强制措施的权力。具体包括：

（1）实施执行措施

主要包括18项：财产调查、查封、续封、冻结扣划、评估、鉴定、测绘、现场勘察、拍卖、变卖、以物抵债、解封、过户、实物交付、发还、搜查、审计、悬赏执行等。

（2）实施强制措施

包括8项：拘传、拘留、罚款、限制出境、续控、纳入失信名单、限制消费、限制招投标。

（3）其他事务性工作

主要包括：谈话、通知（如执行通知、限期履行通知）、送达、公告、委托保管、事项委托的办理、协助其他法院执行等。

（三）执行权的运行规则

如前所述，执行权属于司法权，包括执行判断权和执行实施权，执行权的特点是判断与实施的持续性和关联性。我们认为，考虑到执行权的性质特点、执行程序的终极目的和执行难的现实状况，执行权运行应当坚持以下两个规则：

1. 整体行使执行权

执行程序是为了实现债权，执行判断权、执行实施权具有关联性和持续性的特点，因此，要坚持执行机关整体行使执行权，不要人为地割裂执行权。在审判中要做到“让审理者裁判、裁判者负责”，在执行工作中则要做到“让执行者判断、判断者负责”。特别是在执行难的现实情况下，由执行机关统一行使执行权（不包括执行审判权），才能强化执行权，目的是保障胜诉当事人的权利。人为割裂执行判断权和执行实施权，只能弱化执行权，不利于实现债权，也不利于树立执行权威，最终受损的是整个法院的司法公信力。

2. 谨慎行使执行权

执行程序作为实现权利的最后关口,能够做到财产或权利的现实转移,实际的实现权利和履行义务。因此,执行权是很大的司法权,要坚持谨慎行使执行权,即出于公正和善意、按照法定程序行权,避免用权不当造成的损害。执行机关行使执行权时应当做到:一是坚持直接原则,执行法官要通过阅卷、同当事人谈话、出执行现场,增加亲历性,确保正确行使判断权;二是坚持重大事项集体决策,行使判断权时坚持合议制,防止承办人一个人说了算;三是加强上一级法院对执行法院的监督,及时纠正错误的执行行为,实现审级监督。

二、各地法院执行团队的分析

(一)北京市门头沟区人民法院

2016 年,我院执行局前往本辖区的门头沟区人民法院(执行团队试点法院)调研,实地调查并进行座谈,现对该院的执行团队进行分析。

1. 团队模式

门头沟区人民法院执行局设置执行一、二、三庭和执行指挥办公室,执行局编有数名法警;一庭负责执行,二庭负责裁决,三庭综合管理,执行指挥办公室协助局领导管理执行团队。共有三个执行团队,每个团队年结案任务为600 ~ 800 件。每个执行团队5 人:1 名执行法官 +2 名法官助理 +1 名书记员 +1 名法警,执行团队对承办案件负责,全程参与案件的办理,执行法官对团队案件负责,管理团队并分派任务,还要与复杂案件的当事人谈话;两个法官助理分别负责制作法律文书和外出执行,可以定期轮换;书记员主要负责记录和电脑录入,中间流转环节由书记员负责卷宗流转;法警参与外出执行。

执行局长、庭长和法官组成合议庭,评议案件;中层领导除承办部分案件外,通过合议汇报等发挥指导作用,解决案件重大事项。执行指挥办公室负责节点监控、集约执行、现场指挥,还负责终结本次执行程序、确认拍卖变卖结果、以物抵债的审核等。

2. 分析研究

该院执行团队运行模式实际上是分段执行的思路。执行法官负责团队案件是应当的,且与我院的思路相同;中层领导重在决定重大事项的办案模式可以借鉴,我院中层办案可以采取确定重大执行方案、带队执行复杂案件、法院内外协调案件等。

执行指挥办公室的节点监控和现场管控可以借鉴,但要注意:一是不要弱化执行庭庭长的管理权,管理权还要落实到所在庭庭长;二是不要干涉执行法官和主管领导的案件决定权,司法权和司法责任都要落实到承办法官。

(二)外省市部分法院

目前,经与上海市、杭州市、深圳市、南宁市等地法院联系,上述法院有的已经着手开始团队化改革,有的此前已试验过团队化模式。现一一述之,以资借鉴。

1. 上海市青浦区人民法院

青浦区人民法院执行局共有约 50 人,包括 16 名执行法官、4 名法官助理、17 名书记员、6 名法警、外聘文员若干;设 1 名局长、2 名正庭长、4 名副庭长(皆是法官)。执行局下设执行一庭与执行二庭,均办理执行案件;执行一庭负责本地案件,执行二庭负责一方当事人为外地人的案件(青浦区人民法院位于上海市与江苏省的交界处,外来打工人员较多);执行一庭包括普通案件组、老案件清查组,执行二庭分为委托组、受托组、民生组。执行指挥中心主任由执行局局长兼任,有专人值班。执行局内设专门的裁决组,负责执行异议裁决,设在执行二庭,由2名法官及1名副庭长组成合议庭。保全案件同样由执行庭来完成,立执保字案件。

该法院年受理执行案件约7000件,实际参与办案人员约20人,法官人均超过300件,案多人少的矛盾十分突出。该院对于执行案件不实行分段执行,也不将执行实施工作与财产处置工作进行分离。执行二庭除专门负责执行裁决的法官外,其他人员同样办理执行实施案件。执行局所有领导参与办案,执行法官负责裁定的署名,法官助理同样署名也实际参与办案,但无单独的执行办案权,书记员及文员负责案件及卷宗的整理、记录谈话等工作。执行实施法官对于案件从立案执行至案件结案,负责到底。法院的评估拍卖由案件承办人自行操作,具体的评估、拍卖工作首先在高院进行摇号,选出评估和拍卖公司来操作,但具体的推动工作还是要法官来进行。

2. 浙江省杭州市下城区人民法院

杭州市下城区人民法院执行局共有约30名执行人员,设1名局长,2名科长,4名副科长,下设综合科、执行实施一科、实施二科,其中综合科主要负责执行指挥、执行协调、执行送达等任务。实施一科与实施二科主要负责执行实施案件,无单独的执行裁决庭,只在执行局内部实行执行实施与执行审查相分离,本人不得自行裁决自己执行的案件,而是由他人裁决,裁决组人员不固定。法院执行指挥中心主任由执行局局长兼任,有专人负责,也会安排专人值班。保全案件同样由执行庭来完成,立执保字案件。执行局内设有专门的法警队,协助执行人员完成搜查、拘留、传唤等执行工作。

该法院年受理执行案件约6000件,实际一线有资格承办案件的人员约十余人,人均约400件案件,案多人少的矛盾十分突出,但执行效率较高,积案较少。该院对于执行案件不实行分段执行,也不将执行实施工作与财产处置工作分离,具体的评估、拍卖工作由司法鉴定拍卖部门完成。执行局所有领导参与办案,执行实施法官对于案件从立案执行至案件结案,负责到底。

3. 广东省深圳市福田区人民法院

深圳市福田区人民法院执行局设置模式较有特色,该院执行局内部未设庭室,共有约50人,设有局长1名,其他局领导若干,局内勤负责全局司法统计等综合性工作。执行局内设有执行指挥中心,由专人负责,会安排专人值班,承担具体的对内协调工作,对外联系工作。执行局内设10个小组又称执行团队,团队内实行审判长负责制。每个团队有审判长1名、法官1名、执行员1名(以上3人组成1个合议庭),法官助理1~2名,书记员1名,团队人数一般为4~6名。团队对于案件的执行工作与进程有较大的决定权,除重大案件需要向领导汇报并会议决定外,一般案件都是由团队内部合议决定。其中,一个团队作为专门的执行异议裁决组,负责处理执行异议案件。保全案件同样由执行局来完成,立执保字案件。执行局内设有专门的法警支队,协助执行人员完成搜查、拘留、传唤等执行工作。

该法院年受理执行案件约1.6万件,实际一线承办案件人员二十余人,执行员人均办案超过600件，案多人少的矛盾也十分突出，但上述执行模式在福田区人民法院是行得通的。该院对于执行案件不进行分段操作，也不将执行实施工作与财产处置工作进行分离，具体的评估、拍卖工作由司法鉴拍部门完成。执行局领导参与办案，对于案件的具体承办由执行团队负责，团队内部确定具体的承办人，承办人对案件从立案执行至案件结案，负责到底。

4. 广西南宁市中级人民法院

南宁市中级人民法院执行局下设执行一庭、执行二庭、综合处。执行一庭负责执行实施案件，执行二庭负责执行异议、执行复议、恢复执行案件、信访；综合处负责执行局日常事务管理工作，执行指挥中心设置在执行一庭，由市委政法委书记亲自挂帅，协调全市执行指挥工作。全局共有约25名工作人员，其中18人承办案件，7人为书记员。为加大执行力度，该院现已经决定近期成立执行法警支队，配属执行局，专门负责协助执行法官完成执行工作。

该法院对于案件没有实行分段执行，现案由承办人从立案执行至案件执结，负责到底。将评估、拍卖工作彻底从执行局剥离，由司法行政装备处统管，针对评估、拍卖工作中出现的程序性问题，统一由司法行政装备处负责。对于未能实际执结的案件进行分类管理，对于有查封财产的案件由原承办人继续跟进，对于没有财产的案件则由专人进行管理，为承办人减负，有利于执行资源集约化利用。

5. 综合分析研究

分析上述4地法院的执行局结构及办案模式，可以得出以下共性结论：一是执行法官负责制是主流，上述地区法院在执行局内部没有采取分段执行模式；二是执行实施法官占执行局法官的多数，执行实施工作是执行工作的主流；三是保全工作一般由执行局负责完成；四是执行指挥中心应当为执行实施工作提供保障，方便执行的开展；五是执行局内设法警支队已成为主流。

三、我院执行团队建设

（一）我院执行工作的基本情况

1. 执行局的主要工作

我院执行局内设执行一、二、三庭，执行指挥办公室设在执行三庭。执行一庭主要办理执行案件、保全案件和恢复执行案件；执行二庭负责执行审查案件，主要包括不予执行、追加变更被执行人、案外人异议、执行行为异议、执行督促等案件；执行三庭主要负责综合管理、指挥中心、执行信访、委托评估拍卖、恢复执行案件的审查等。作为直辖市的中级人民法院，我院按要求不对辖区基层人民法院的执行工作进行统一管理和监督。

2. 执行案件的特点

近年来，民事案件管辖权下沉、仲裁案件集中管辖、小额诉讼一审终审、立案登记制的施行，对于中级人民法院和基层人民法院的民商事、行政、执行案件的类型和数量造成很大的影响。具体到我院的执行案件，民商事案件、刑事案件和仲裁公证案件各占30%，保全案件占10%（将来随着保全司法解释的施行，保全案件会有一定幅度的上升）。

相比基层人民法院而言，中级人民法院案件有以下的特点：一是民商事案件标的大，

1000 万元以上的案件占民商事收案的 60%，关系到重大利益，执行难度非常大。二是仲裁案件较多，被执行人往往通过申请撤销仲裁裁决、不予执行等程序，客观上拖延和阻碍执行，导致双方的矛盾冲突较为激烈。三是刑事附带民事案件执行难度大，由于大多数案件的被害人已经死亡，被害人家属怨气很大，且被告人大多被判处无期徒刑或死刑，实际执行到位率极低。四是涉众案件工作繁重，目前执行中受害人 100 人以上的涉众案件较多，难以仅仅从一个案件数量上体现执行中的实际工作量。

（二）繁简分流与执行专业化

1. 繁简分流的标准

即按照标的额还是按照案件类型进行繁简分流，实践证明，小标的案件不一定容易执行。被执行人隐藏、转移财产是常态，简单以有无财产来确定案件繁简程度有失偏颇。按照案件类型分类，可以实现执行专业化。因此，案件繁简分流要与执行团队专业化建设联系起来。

2. 繁简分流与专业化建设

按照执行标的的不同，执行案件可以分为金钱债权、交付财产和完成行为三种。鉴于交付财产和完成行为在执行措施方面有类似之处，可以根据是否为金钱债权将案件分为两类，并相应组建专业化团队。大多数民商事案件属于金钱债权案件，少部分涉及交付财产和行为执行；知产案件和行政案件大多涉及行为执行；普通刑事案件大多涉及判决特定物的执行，划入交付财产类案件；刑事附带民事案件涉及赔偿问题，划入金钱债权案件。保全案件不涉及处置，相当于特定物执行，可以划入财产执行案件。

3. 能否按照有无财产和是否需要变价进行繁简分流

执行案件在确定承办人之后，才开展财产调查工作；查封财产后，根据案件具体情况决定是否处置；处置财产之前，要查清财产的现状和瑕疵。这些工作都需要案件承办人作出判断。如果按此标准进行繁简分流，实际上还是进行分段负责，还会出现案件没有负责人和中间流转环节过多的问题。为落实承办负责制和坚持效率优先，不宜再作此划分。

4. 繁简分流与简化程序

繁简分流是为了简化程序，即对简单案件可以简化执行程序，目的是缩短案件执结的平均周期，不是人为地增加办理环节和工作量。因此，基层法院在于对简单案件进行程序简化；对于中院而言，简单的案件相对较少，重点是对复杂案件特别是案件重大事项的办理加以规范，即后面要谈到的重大事项合议制。

（三）组建执行团队的原则

1. 坚持执行分权原则

根据执行权为司法权的本质属性，结合现行法律规定和执行工作实际，并参照其他国家的立法例，将执行权分为执行判断权和执行实施权，由执行法官和执行员分权行使。其中，执行法官领导执行团队，带队强制执行，主要行使执行判断权，具体包括确认权、措施决定权和程序控制权，即对执行过程中的权利义务、行为性质、程序问题、异议事项等重大事项进行法律判断，并依法作出决定。执行员行使执行实施权，即依据执行法官作出的裁定、决定和命令，采取执行措施和强制措施，办理案件的事务性工作。执行案件的主要工作便是执行实施，执行判断权也依赖于执行实施工作才能得以贯彻。因此，执行员的工作可以独立于执行法官。

2. 坚持承办负责制

执行及时原则要求执行工作应当连续不间断地进行，不应人为地将同一案件的执行工作分为若干阶段交由不同的执行人员负责。分段执行并不符合执行工作的客观规律，不仅割裂了案件执行的整个流程，降低了执行的效率，还导致案件执行过程中人人无责、逢事等待推诿，与案件责任制的原则相违背。为落实"审理者裁判、裁判者负责"，执行团队对于案件应当是采取分权运行机制，而非分段执行体制。执行团队运行中，无论执行团队之间还是执行团队内部，均要落实承办负责制、协同完成执行任务，避免出现案件没有负责人和中间流转环节过多的问题。对外，执行法官对团队案件负责。执行团队内部，由执行法官主导和分配案件，执行法官、执行员都要承办执行案件，承办法官或执行员对于承办案件的事实负责，分权决定法律适用，出具执行文书并署名，其中涉及法律判断（执行判断权）的执行文书必须由执行法官署名。

3. 坚持执行专业化

建立专业团队对法院而言，可以提高司法专业化水平；对当事人而言，有利于有效实现债权。

（1）建立专业团队分别办理不同类型案件

如前所述，执行案件根据执行标的分为金钱债权、交付财产和完成行为三类。鉴于交付财产和完成行为在执行措施方面有类似之处，可以根据是否为金钱债权将案件分为两类，相应建立金钱债权执行团队和财产行为执行团队分别办理。考虑到我院是北京建院时间最长的中院，历次机构调整中遗留的案件较多，有必要组建专门的积案执行团队，重点解决历史遗留问题。

（2）加强执行队伍专业化建设

执行团队建设要与执行专业化建设联系起来，特别是应当建立起专业的执行员序列。根据法院组织法和民事诉讼法等规定，执行员可以承办执行案件。执行员应在执行法官的领导下，具体行使执行实施权，采取执行措施和强制措施。同时，建议明确执行员的任职条件和职业前景：具备审判资格的政法编人员，有两年以上执行工作经历的；或者行政编和事业编的书记员，有三年以上执行工作经历的，可以选任执行员。符合入额条件的执行员，将来可以选任执行法官。

（四）执行团队的组建模式

组建专业化执行团队，形成"执行法官＋执行员＋书记员＋法警"的执行团队模式，提升执行队伍的专业化水平，强化执行工作的强制力。根据执行人员和执行案件的实际情况，我院拟组建 11 个执行团队，原则上入额法官均要带领团队工作。其中 10 个标准化执行团队（金钱债权执行团队和财产行为执行团队），负责现案的执行工作；1 个积案执行团队，负责积案的执行工作。

1. 团队类型

金钱债权执行团队：负责民商事案件、刑事附带民事案件、仲裁公证案件。

财产行为执行团队：负责涉及交付财产、完成行为的执行案件，主要是知产案件、行政案件、普通刑事案件、保全案件。

积案执行团队：负责承办人已调离执行局的执行积案。

2. 团队成员

标准化团队由1名执行法官+1名以上执行员+1名书记员+1名法警组成。

积案执行团队由1名执行法官+3名以上执行员+2名书记员+1名法警组成。

法警采取派驻式:法警队可以成立执行大队,相对固定15名法警配合执行局工作,但不调入执行局。

3. 成员职责

(1)执行法官(员额法官):对于团队案件行使执行判断权,还负责承办案件的执行实施权,对于承办案件的事实负责,带队强制执行,有权分配案件、审批法律文书和管理执行团队。

(2)执行员(法官助理):实施执行法官的决定,对于承办案件行使执行实施权,对于承办案件的事实负责,制作法律文书,完成执行法官交办的工作。

(3)书记员:负责记录、文书校对、电脑录入、整理卷宗,完成执行法官和执行员交办的工作。

(4)法警:配合现场执行,协助采取现场查封、搜查、腾房、拘传、拘留等措施,维持执行现场秩序。

(五)执行团队运行模式

1. 团队化工作模式

(1)日常办案模式

承办法官或执行员出具法律文书,使用执行办案系统进行财产查询,接待当事人,实地核查财产,察看执行现场,采取执行措施和强制措施。书记员协助执行法官、执行员完成记录、文书校对、信息录入、卷宗整理归档。

(2)现场执行模式

对于搜查、拘留、腾房等工作,执行法官带队(执行员、书记员、法警)采取现场执行措施(每个团队配备单兵系统)。由承办法官或执行员制作执行方案,执行法官主持合议讨论,并报庭局领导审核。现场执行时,如需要其他团队协助采取措施,由执行法官请庭局领导予以协调。

2. 重大事项实行合议制

按照最高人民法院有关司法解释,执行中的重大事项进行讨论。合议制是法官的决策方式,其实质是集体决策。执行法官办理执行案件也要坚持合议制,是否合议应与案件重大事项联系在一起。具体由同类团队法官相对固定组成合议庭,庭长或承办法官担任审判长主持合议。需要合议的重大事项:一是现行司法解释明确的事项(6项);二是根据执行实际情况确定的事项,主要是执行法官行使执行判断权中的重大事项(46项)。

3. 庭长加强管理监督

在强化执行团队各负其责的同时,庭长要承担起司法管理监督职责,领导各个执行团队展开执行工作。一是重大事项审核。案件的特定重大事项或合议庭意见有重大分歧时,承办法官要向庭长汇报,按职权分别由庭长、局长、主管院长逐级审核。二是加强管理和监督。庭长要参与到执行团队中亲自办案;对于疑难复杂等重大案件,要带队开展强制执行工作;通过执行办案系统,对案件进行节点管控;对于集约执行事项,要加强统一协调。三是召集法官会议讨论特殊案件。对于重大、敏感、疑难、复杂案件,执行"骨头案",

合议庭意见存在重大分歧的案件，或者需要统一司法尺度的案件，庭长根据执行法官的提议，提起并主持法官会议进行讨论，参加讨论的法官不少于执行法官的2/3；涉及执行局其他部门的案件，执行局局长根据执行庭庭长的建议，提起并主持法官会议进行讨论；涉及其他审判庭的案件，主管院长根据执行局局长或执行庭庭长的建议，提起并主持法官会议进行讨论。

4. 加强节点管控

执行法官、庭长对于执行案件和执行团队进行司法管理监督，执行指挥中心对于审判质效进行监督。

(1)通过执行办案系统实现节点管控

承办人平时使用执行办案系统，现场执行时使用执法记录仪或单兵系统。执行法官要通过上述工具完成对执行团队内部的节点掌控，执行庭长、局长也应当通过执行办案系统进行节点管控。

(2)重要节点管控

对于案件执行过程中的各个阶段，也应当建立起相应的管控机制，如事项完成期限、事项办理登记、事项审批等。主要是执行通知、报告财产令（金钱债权）、查封、续封、边控、续控、限期履行通知（金钱债权）、腾退公告、处置财产、案款分配发还、发还后及时报结等环节，特别是续封、续控、查封财产长期未处置、案款长期未发等重点环节。

5. 加强集约执行

按照落实承办责任制的要求，对于不需要自由裁量的纯事务性工作（如续封、续控）实现集约执行，可以由承办执行团队以外的人员（如综合组外勤人员），根据协助执行机构相对集中的实际情况，分类统一办理；但集约执行不排斥执行团队的办理权，庭长要加强统一协调。

(1)网络查询、冻结、扣划审批：通过全国查控系统完成对工商银行等账户的查冻扣一体化操作，对中国银行、农业银行等近十家银行完成查询、冻结；需要的审批、盖章、流转操作（且上述操作需要在一天内完成），可确定专人统一完成；

(2)高院和执行局：特查材料报送，房产续封、续控、异地执行的审批材料报送；

(3)北京土地、车管：续封、解封；

(4)北京出入境管理和边检总队：续控、解控；

(5)石景山公安分局或北京出入境管理、边检总队：护照信息和出入境信息的查询；

(6)中国证券登记结算公司（北京、上海、深圳）：续封、解封；

(7)查封相对集中的协助执行机构：北京海淀、朝阳建委的续封、解封。

（六）执行团队保障体系

1. 执行指挥中心运行

需要明确的是，直辖市中院执行指挥中心的主要功能应当是保障执行实施工作，而非与执行实施形成分权制衡，更不是对案件进行分段执行，割裂案件执行过程。因此，执行指挥中心不是一个办案环节，不需要行使执行实施权或执行判断权，其应当具备以下基本功能。

(1)对内服务

执行指挥中心可以将具有经常性、简单性的事务性工作剥离执行团队（如需要集约执行的事项),以达到提高执行效率,节省人力物力的目标。

(2)督促检查

对执行实施案件的卷宗可以设立定期报送检查制度,由执行指挥中心分派专人检查卷宗,并及时向执行庭反馈检查结果。对个人执行办案系统的使用情况进行检查,督促执行人员规范使用执行办案系统。通过执行办案系统、执法记录仪或单兵系统,对执行案件进行节点管控。

(3)对内指挥、对外协助执行

参与执行局统一组织的市内搜查、腾房、拘留等强制执行活动,负责院内远程指挥与协调。法院之间的相互协助执行包括协助送达、协助现场执行等事项,一般并不需要执行法官对具体案件行使相应的裁量权,建议由执行指挥中心统一完成。

2. 考评工作

对于执行法官和执行员均考评结案情况,执行法官为承办案件和团队案件,执行员为承办案件。对于书记员,考评配合执行法官和执行员的结案情况。对于法警,法警队工作考评占60%,执行局工作考评占40%。

关于考评权重,庭长占60%,执行法官占40%,实现执行法官和庭长对执行团队的双重管理。

四、解决执行难问题

(一)关于解决执行难

周强院长在十二届人大四次会议上庄严承诺,“用两到三年时间,基本解决执行难问题,破除实现公平正义的最后一道藩篱”。“基本解决执行难”是人民法院落实中央决策的必然要求,也对全国人民的社会责任。本文结合我院的执行工作实际,从制度层面(除个案因素),谈谈执行难的原因及对策。

1. 案件不能执行的根本原因

执行案件无法全部执行是现实情况,无法执行的根本原因由债权的性质决定的。债权是请求权、相对权,即要求他人为特定行为的权利,必须通过义务人实施一定的行为才能实现。也就是说,债权必须依靠债务人的给付才能实现。因此,执行案件依赖于被执行人的履行能力,债权能否实现取决于被执行人有无履行能力或有无财产可供执行。被执行人无履行能力或无财产可供执行的案件,必然无法执行。

2. 案件不能执行的两种情形

(1)执行不能

执行不能,是指被执行人无履行能力或无财产可供执行的案件,无法得到执行。执行不能属于客观不能,是不以人的意志为转移的客观现实。

(2)执行难

执行难,是指被执行人有履行能力或有财产可供执行的案件,由于人为干预,案件无法得到执行。执行难是人为干预执行,属于主观问题,应当重点解决,迟早能够解决。

3. 执行难的原因及应对

执行工作实际证明,执行工作包括法院执行和协助执行单位协助执行两个部分;相应地，执行难的原因也包括法院执行不规范和协助执行难两个问题。协助执行对于法院执行至关重要，执行行为需要协助执行的配合才能产生预期的法律效果。只要不协助执行，法院的执行行为就无法落地。解决执行难，也必须从这两方面同时入手，不可偏废。

(1)执行不规范问题

执行不规范，是指不作为和乱作为，即该干的不干，不该干的乱干，不再赘述。解决办法是规范执行：一是穷尽执行措施，特别是加大财产调查力度、对首封财产的处置力度和联合信用惩戒力度，通过财产执行和信用惩戒实现债权。二是依法采取措施，关键是决定采取执行行为要有法律依据，实施执行行为要按法律程序。如果执行行为有问题，债权也难以真正实现。

(2)协助执行难问题

协助执行难，是指协助执行单位不协助法院执行，甚至妨碍执行。执行实际中的协助执行方式，主要是现场协助执行和网络协助执行，存在的问题分别如下：

第一，现场协助执行的共性问题，有些问题在异地执行时更为突出：一是没有司法协助窗口，公检法人员与其他社会人员取号排队办理；二是协助办理时间长，尤其是银行在办理冻结、扣划占用时间太长；三是查询无书面反馈，或书面反馈不加盖公章；四是送达回证当日不能取回，或者送达回证上只有签字不盖公章；五是以推诿拖延等方式实际上不协助执行，导致执行行为无法落地。

第二，网络协助执行问题：一是查询结果不准确、不全面，银行存款余额不准确，不能准确反映地址、权属、抵押、在先查封等情况；二是查冻扣系统不完善，除少数银行外，大多不能实现网上查封冻结；三是不能查询户籍信息和护照信息，边控续控手续不能网上办理；四是网络查询错误，协助单位也不承担任何责任。

解决办法是规范协助执行：一是尽量扩大和提升网络协助执行的范围和效果，有助于提高执行工作的效率和实效，也能较少出现现场妨碍执行的情况。二是加大对拒不协助执行的处罚力度，协助执行机关一般与案件没有直接的利害关系，拒不协助执行或通风报信妨碍执行均属于拒执行为，必须依法进行处罚。

(二)关于执行机关的建议

根据执行权的性质、特点、内容和运行规则，为基本解决执行难，按照审执分离、效率优先和审级监督等原则，对执行机关的设置及运行提出如下建议：

1. 执行审判权与执行权分离

我们认为，当前“审执分离”的真正含义是执行审判权与执行权相分离。如前所述，执行审判权与刑事审判权、民商事审判权和行政审判权等相对应，专门审判与执行程序相关的实体争议和涉及执行依据的异议，目前由执行机关和民商事审判庭共同行使。由于执行审判权属于审判权的范畴，按照审执分离的要求不能再由执行机关行使，即审判机构负责审理实体争议和作出生效法律文书(执行依据)，执行机关负责执行生效法律文书。为保障当事人的诉权，应设置专门“执行审判庭”统一负责审理，通过民事诉讼程序解决，由执行法院专属管辖。当事人不服的，可以向上一级法院提出上诉。主要包括：案外人异议之诉、申请执行人许可执行之诉、参与分配之诉、查封财产的析产或分割之诉，不予执行仲裁裁决或公证债权文书、追加变更被执行人、外国法律文书的承认与执行、港澳台法律文书的认可与执行。

2. 执行异议应由上一级法院直接审查

如前所述,执行判断权属于司法权性质,故对执行判断权的审查监督应符合司法权的审级监督原则。即执行法官行使执行判断权相当于一审,对其不服所提之异议的审查应属二审,应由上一级法院的执行机关(而非本法院)负责审查。鉴于现行《民事诉讼法》第225 条的规定与上述审级监督原则相抵触,形成现在的"执行三审终审"①亦与执行效率优先原则不符,应予修改。细言之,应参照现行《民事诉讼法》第 199 条关于审判监督程序的审级规定,②将执行异议制度修改为执行复议制度,当事人或利害关系人对于执行机关的执行行为有异议的,直接向上一级法院申请复议。

3. 执行机关的设置

如前所述,执行机关应统一行使执行权,包括执行判断权和执行实施权,执行判断权还包括审查执行程序中的异议(管辖权异议、债务人异议、执行行为异议、案外人异议和执行督促)。因此,执行机关至少内设两个办案部门,执行庭和执行审查庭(执行团队和审查团队)。执行庭负责办理执行案件,行使判断权和实施权。执行审查庭办理执行异议案件,只行使执行判断权,具体包括对本院执行中的异议和对下级法院执行中的异议进行审查;如果将来执行异议制度修改为复议制度后,执行审查庭只审查对下级法院执行中的异议,实现审级监督。

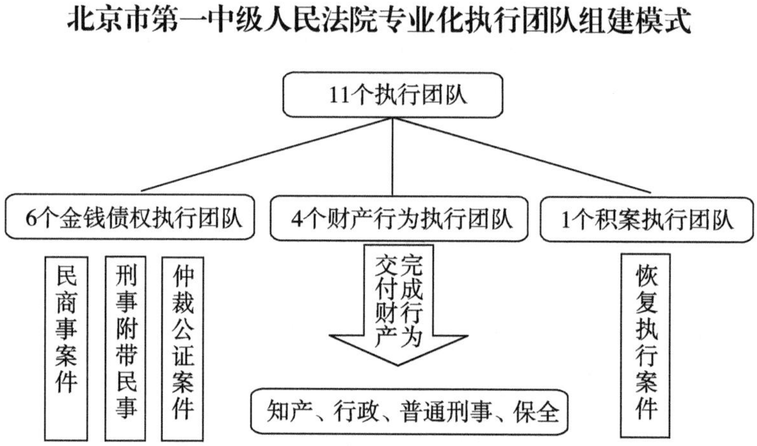

图 1 专业化执行团队构建

备注:金钱债权执行团队和财产行为执行团队属于标准化执行团队,由 1 名执行法官 +1 名以上执行员 +1 名书记员 +1 名法警组成;积案执行团队由 1 名执行法官 +3 名执行员 +2 名书记员 +1 名法警组成。

---

① 如果将执行法官在执行过程中作出的判断看成一审,对执行行为异议的审查就是二审,上级法院的复议审查即为三审,而执行申诉相当于审判监督。效率优先的执行程序比公正第一的诉讼程序,程序设计还要烦琐,确实值得深思和改进。

② 《民事诉讼法》第 199 条规定:当事人对已经发生法律效力的判决、裁定,认为有错误的,可以向上一级人民法院申请再审;当事人一方人数众多或者当事人双方为公民的案件,也可以向原审人民法院申请再审。当事人申请再审的,不停止判决、裁定的执行。

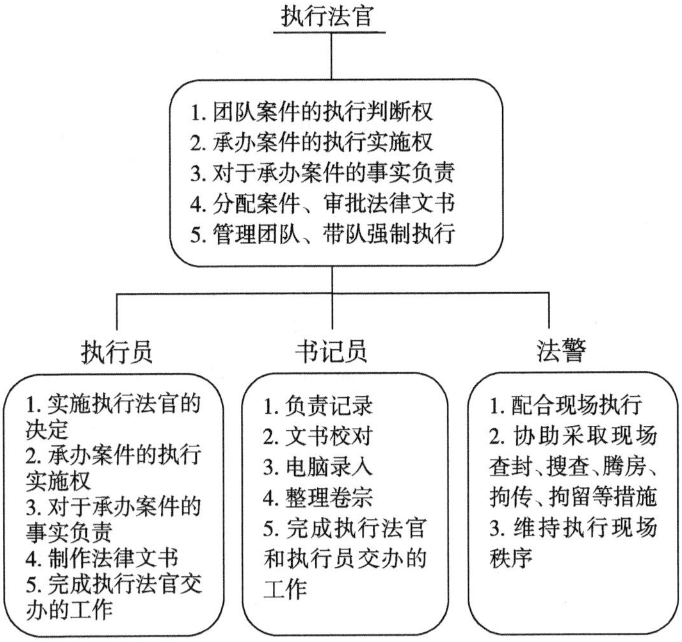

图 2　执行团队成员工作职责

北京市第一中级人民法院
执行案件重大事项办理规则

（试行）

为规范执行行为、落实司法责任，根据《最高人民法院关于进一步加强合议庭职责的若干规定》《最高人民法院关于完善人民法院司法责任制的若干意见》等，结合我院执行工作实际，制定本规则。

第一条　执行法官（员额法官）办理执行案件重大事项，是对执行过程中的权利义务、行为性质、程序事项等重大事项进行法律判断和作出裁决，并决定是否采取强制执行措施。

第二条　执行法官办理执行案件重大事项原则上实行合议制。

第三条　合议庭由执行法官相对固定组成，由承办法官（员额法官）担任审判长主持合议。院长、局长或者庭长参加合议庭的，由院长、局长或者庭长担任审判长。

第四条　评议案件时，由承办法官或者执行员全面、客观地汇报案件情况，合议庭成员针对案件的证据采信、事实认定、法律适用、裁决结果、是否采取强制执行措施以及程序事项等问题充分发表意见。

第五条　执行文书由合议庭或者独任庭署名。员额法官在执行文书上署名“审判长”或者“审判员”，未入额的审判员署名“审判员”；助理审判员、行政编书记员署名“法官助理”，聘任制书记员署名“书记员”。

第六条 局长、庭长根据院长的授权,逐级审核执行案件重大事项。

第七条 院长、局长或者庭长通过审核重大事项、召集专业法官会议、提交审判委员会讨论等方式行使司法监督管理权。

第八条 有下列情形之一的案件,院长、局长或者庭长可以行使司法监督管理权:

(一)重大、敏感、疑难、复杂、新类型案件,或者在社会上有重大影响的案件;

(二)涉及群体性纠纷,可能影响社会稳定的案件;

(三)合议庭意见有重大分歧的案件;

(四)涉及统一司法标准的案件;

(五)人大代表、政协委员履行监督职责涉及的案件;

(六)有关单位或者个人反映法官有违法执行行为的。

第九条 本规则自二〇一六年十月十七日起试行。

办理执行案件权责清单

一、需要合议的重大事项(52 项):

确认权—22 项	1. 合乎执行内容的确认(11 项) 利息计算(涉及确定债权数额)、特定物不明确具体、行为或标准不明确、执行唯一住房、确认拍卖变卖结果、撤销拍卖变卖结果、重新拍卖、抵押权与首封权的冲突、到期债权与申请执行权的冲突、参与分配、执行回转 2. 合乎执行目的的确认(11 项) 替代履行、法定抵销、协议以物抵债、执行担保、执行共有财产、遗产执行、裁定执行到期债权、追究赔偿责任(包括认定责任人)、认定拒执行为(包括拒不协助行为)、司法建议、司法救助
措施决定权—21 项	1. 执行措施(14 项) 搜查、悬赏执行、决定拍卖(涉及拍卖财产瑕疵处理)、拍卖起拍价及其降价幅度、竞价增价幅度、保证金数额、优先购买权人竞买资格及其顺序、决定直接变卖、确定变卖保留价、强制以物抵债、强制交付实物(包括腾退不动产)、裁定解封、分配发还案款、确定重大执行方案 2. 强制措施(7 项) 拘传、拘留、罚款、限制出境(包括续控)、纳入失信名单、限制消费、限制招投标
程序控制权—9 项	驳回申请、按撤回申请处理、终结执行、涉及法院的管辖冲突、减免执行费、回避、变更执行行为、终结本次执行程序、暂缓执行

二、主管副院长权责清单(19 项):

确认权—3 项	认定拒执行为(包括拒不协助行为)、司法建议、司法救助
措施决定权—11 项	1. 执行措施(4 项):搜查、悬赏执行、强制腾退不动产、发还案款(超过 1000 万元) 2. 强制措施(7 项):拘传、拘留、罚款、限制出境(包括续控)、纳入失信名单、限制消费、限制招投标
程序控制权—4 项	终结本次执行程序、减免执行费、回避、撤销执行行为
其他事项—1 项	请示报告

三、执行局局长权责清单(33 项):

确认权—12 项	1. 合乎执行内容的确认(5 项):执行唯一住房、撤销拍卖变卖结果、重新拍卖、参与分配、执行回转 2. 合乎执行目的的确认(7 项):执行担保、执行共有财产、遗产执行、追究赔偿责任(包括认定责任人)、认定拒执行为(包括拒不协助行为)、司法建议、司法救助
措施决定权—13 项	1. 执行措施(6 项):冻结扣划、搜查、悬赏执行、强制腾退不动产、发还案款(超过 100 万元)、确定重大执行方案 2. 强制措施(7 项):拘传、拘留、罚款、限制出境(包括续控)、纳入失信名单、限制消费、限制招投标
程序控制权—6 项	终结本次执行程序、终结执行、暂缓执行、减免执行费、回避、变更执行行为
其他事项—2 项	房产续封、请示报告

四、执行一庭庭长权责清单(65 项):

确认权—22 项	1. 合乎执行内容的确认(11 项):利息计算(涉及确定债权数额)、特定物不明确具体、行为或标准不明确、执行唯一住房、确认拍卖变卖结果、撤销拍卖变卖结果、重新拍卖、抵押权与首封权的冲突、到期债权与申请执行权的冲突、参与分配、执行回转 2. 合乎执行目的的确认(11 项):替代履行、法定抵销、协议以物抵债、执行担保、执行共有财产、遗产执行、裁定执行到期债权、追究赔偿责任(包括认定责任人)、认定拒执行为(包括拒不协助行为)、司法建议、司法救助
措施决定权—21 项	1. 执行措施(14 项):搜查、悬赏执行、决定拍卖(涉及拍卖财产瑕疵处理)、拍卖起拍价及其降价幅度、竞价增价幅度、保证金数额、优先购买权人竞买资格及其顺序、决定直接变卖、确定变卖保留价、强制以物抵债、强制交付实物、裁定解封、分配发还案款(100 万元以下)、确定重大执行方案 2. 强制措施(7 项):拘传、拘留、罚款、限制出境(包括续控)、纳入失信名单、限制消费、限制招投标
程序控制权—10 项	驳回申请、按撤回申请处理、终结本次执行程序、终结执行、涉及法院的管辖冲突、暂缓执行、延长审限、减免执行费、回避、变更执行行为
其他事项—12 项	指定合议庭审判长、变更执行法官或合议庭成员、房产续封、审计、评估、鉴定、测绘、拍卖、变卖、刑事没收销毁发还物品、请示报告、结案

五、执行法官权责清单(69 项):

确认权—25 项	1. 合乎执行内容的确认(12 项):利息计算(涉及确定债权数额)、特定物执行(特定物是否明确具体)、行为执行(行为及标准是否明确)、执行唯一住房、确认拍卖变卖结果、撤销拍卖变卖结果、重新拍卖、抵押权与首封权的冲突、到期债权与申请执行权的冲突、参与分配、确认执行完毕(确认债权数额和申请执行人认可)、执行回转 2. 合乎执行目的的确认(13 项):折价赔偿特定物(双方达成一致)、替代履行、抵销、执行和解(包括协议以物抵债)、执行担保(要独立于执行和解)、执行共有财产、遗产执行、债务承担(申请执行人认可)、执行到期债权、追究赔偿责任(包括认定责任人)、认定拒执行为(包括拒不协助行为)、司法建议、司法救助

续表

措施决定权—32 项	1. 执行措施(25 项): 委托调查、报告财产听证、搜查、审计、悬赏执行、查封(包括续封)、冻结扣划、决定评估、评估异议的处理、决定鉴定、决定测绘、决定拍卖(涉及拍卖财产瑕疵处理)、拍卖起拍价及其降价幅度、竞价增价幅度、保证金数额、优先购买权人竞买资格及其顺序、决定变卖、确定变卖保留价、暂缓或撤回拍卖变卖、强制以物抵债、特定物过户、强制交付实物、解封(包括不续封)、分配发还案款、确定执行方案 2. 强制措施(7 项):拘传、拘留、罚款、限制出境(包括续控)、纳入失信名单、限制消费、限制招投标
程序控制权—12 项	驳回申请、准许撤回申请、撤回申请处理、终结本次执行程序、终结执行、管辖权争议(涉及法院的管辖冲突)、中止执行(法定情形)、暂缓执行、延长或扣除审限、减免执行费、回避、变更执行行为

六、执行员、书记员和法警的权责清单(33 项):

执行员—33 项	1. 实施执行措施(19 项) 报告财产、调查、查封、续封、冻结扣划、评估、鉴定、测绘、现场勘察、拍卖、变卖、以物抵债、过户、实物交付、解封、发还案款、搜查、审计、悬赏执行 2. 实施强制措施(7 项) 拘传、拘留、罚款、限制出境(续控)、纳入失信名单、限制消费、限制招投标 3. 事务性工作(7 项) 谈话、通知、送达、公告、委托保管、事项委托、协助执行
书记员	负责记录、文书校对、电脑录入、整理卷宗,完成执行法官和执行员交办的工作
法警	配合现场执行,协助采取现场查封、搜查、腾房、拘传、拘留等措施,维持执行现场秩序

关于我院裁判文书质量的调研报告*

——从案件、主体、制度三维探索裁判文书改革

裁判文书最能体现法律实践性、说理性的职业特质，作为审判活动的终点，其承载着公共裁判机构依据共同体的法律规范对当事人纠纷作出的基本评判，表达针对具体个案的权威解决方案。裁判文书的最大价值在于为当事人和社会公众所认可、信服和接受，彰显司法公信。只有切实提高裁判文书的质量，才能让人民群众在每一个司法案件中感受到公平正义。

提升裁判文书质量的根本取决于裁判的公正性，包括程序公正和实体公正。因此，提升裁判文书质量，必须抓住两个核心问题：一是提升裁判文书制作的规范性。规范和统一裁判文书的写作标准，确保裁判文书要素齐全、结构完整、格式统一、逻辑严密、条理清晰、文字规范、繁简得当。二是增强裁判文书的说理性。既要强化说理意识，提升说理能力和水平，解决不说理、不会说理问题，也要增强说理的正确性、简明性和逻辑性，解决说理不当、说理冗长问题。一份内容客观、说理透彻、形式规范、裁判正确的裁判文书，必然能够做到全面简洁严谨如实地反映审判活动内在理路，突出争议的关键所在，恰如其分而又有条不紊地说明个案事实与法律规范的关联、裁判的基本依据以及这种依据与法院判决的实质联系。同时，一份裁判文书的规范程度与论理水平也与审判主体的司法意识和司法能力息息相关。

在提升裁判文书质量的过程中，必须要从提升案件整体质量出发，坚持以庭审为中心，落实合议庭负责制；必须要结合中级人民法院的审级特点，探索案件的繁简分流，兼顾案件差异，实现富有中级人民法院特色的"简案快审、繁案精审"，满足当事人对司法诉讼的公正性、高效性需求；必须要将文书样式与写作、网上合议、类案搜索、智能研判、文书公开等与法院信息化建设相结合，同步推进审判体系、审判能力现代化。

为了科学评价司法体制改革后我院裁判文书的整体质量，有针对性地探索推进裁判文书改革，审判管理办公室成立课题组，从本院的裁判文书样本出发，对当前我院裁判文书质量进行了调研：梳理汇总存在的问题，从案件、主体、制度三个维度深入分析问题原因，同时在吸收借鉴兄弟法院改革经验的基础上，提出了提升裁判文书质量、推进裁判文书改革的总体思路和具体措施，并形成如下调研报告。

---

* 课题主持人：马来客，课题负责人：王惠庆，课题组成员：张寒松、郭民妍、刘晓璐、崔丹妮，课题执笔人：崔丹妮。

本课题为2018年部门级重点课题。

一、现状分析:我院裁判文书的整体质量

(一)基本情况

调研中,课题组利用北京法院智汇云智能检索平台随机抽取了我院2018年审结的刑事、民事、行政裁判文书440份。其中判决书170份(其中:一审判决书70份,包括刑事20份、民商事30份、行政20份;二审判决书100份,包括刑事20份、民商事60份、行政20份),二审民事调解书60份,裁定书210份①。调取了近五年来我院各类案件评查的记录和报告、审委会讨论案件列表,以及近三年我院评选的优秀裁判文书。与我院部分刑事、民事、行政法官就本课题涉及的实践问题开展研讨并征询意见与建议。

(二)调研发现的问题

1.从形式上看,裁判文书的规范性稳步增强,但文书结构仍与审判中心工作不完全适应

目前,刑事诉讼文书样式依据为最高人民法院发布的《法院刑事诉讼文书样式》(1999年),民事诉讼文书样式依据为最高人民法院发布的《人民法院民事裁判文书制作规范》、《民事诉讼文书样式》(2016年),行政诉讼文书样式依据为最高人民法院发布的《行政诉讼文书样式(试行)》(2015年)。从2018年调研样本的情况来看,我院严格贯彻上述规范性文件的要求,除极个别涉港澳案件文书存在首部中当事人基本情况将“澳门特别行政区居民”错误写为“澳门人”的情况外,绝大部分的裁判文书的格式均符合样式要求,正文中的首部、事实、理由、裁判依据、裁判主文、尾部六个部分层次清晰分明。但同时发现裁判文书在形式与结构方面仍存在以下问题:

(1)刑事文书样式亟待调整与进一步统一规范

一是缺少是否在案件审理经过中表述庭前准备工作的统一规定。有些法院与庭室要求在一审、二审判决书中详细写明庭前准备工作,包括向被告人告知各项诉讼权利及回避、指定辩护人、非法证据排除等基本程序事项、辩护人阅卷、辩护人与被告人会面、合议庭提讯被告人、庭前会议等情况。有些法院与庭室判决书仅记录开庭及控辩双方、其他当事人出庭的基本情况。同一法院不同庭室、上下级法院之间在裁判文书案件审理经过部分的要求、写法均不统一。

二是缺少符合案件审理程序和裁判逻辑的样式结构。刑事裁判文书先写明经审理查明的事实,而后结合证据再分析,有先定后审的质疑,也不符合案件审理的程序与裁判逻辑思维。而在民事与行政裁判文书样式中,均是采取先证后定的顺序,先列明当事人举证质证情况,再由法院确认查明的事实。

三是缺少在正文哪一部分回应被告人、辩护人辩护意见的统一规定。在正文的事实部分中,除公诉机关指控及提交的证据外,通常均会列明被告人、辩护人、附带民事诉讼原告人提交的证据、发表的意见、附带民事诉讼原告人提出的诉讼请求,并且会在理由中进

---

① 其中,发回裁定90份(刑事30份、民事30份、行政30份),刑事维持裁定30份,民事撤诉裁定30份,民事管辖异议裁定30份,民事驳回起诉裁定20份,民事保全裁定20份,执行异议裁定20份,再审民事裁定30份。部分发回裁定、管辖异议裁定、驳回起诉裁定为2017年审结。

行有针对性地回应。但法院对被告人、辩护人提出的定罪量刑意见的回应与是否采纳的理由与意见、对于附带民事诉讼原告人提出的请求的回应是写入“经审理查明”部分还是“本院认为”部分,实践中不同法院、同一法院不同庭室做法不一。

四是缺少对被害人的关注。调研样本中的刑事判决书、刑事裁定书都没有列出被害人的指控内容、辩论内容,相应地,在理由部分也就缺少对被害人意见的论证。在与刑事法官的交流中,也了解到目前法庭是不听取被害人意见的,但在侵犯公民人身权利、侵犯财产类案件中,被害人可能希望向法庭表达意见。

五是缺少符合新《刑事诉讼法》规定的文书样式。对于留置、没收程序、证人、鉴定人、专家辅助人出庭、非法证据排除等程序,目前还缺少相对应的文书样式或统一表述格式。

(2)裁判文书结构单一,限制审判效率的提升

按照前述规范性文件的要求,审判中经常使用的裁判文书样式,如判决书、调解书、裁定书等,多为叙议式结构,这种结构符合裁判文书释法说理的需要。但对于无须说理或部分可以简化释法说理的案件,其调解书和大部分的程序性裁定书(如准许撤诉裁定、中止裁定、终结诉讼裁定等)对于双方当事人认可事实、争议不大的民事案件,对于涉及政府信息公开、行政机关履责类的行政案件,对于一审出具令状式、表格式及要素式裁判文书的上诉案件,缺少能够简化说理、直接使用的令状式、表格式及要素式裁判文书。

目前,海淀法院行政庭在行政机关履责类案件中使用了表格式裁判文书,简单叙述或省略叙述认定的事实,并通过勾选固定选项的方式表述裁判理由与法律适用。上诉后,由于我院暂无相对应的裁判文书简化样式,承办法官需自行表述一审法院认定的事实,并将一审裁判文书省略的内容补充到二审叙议式裁判文书中,延长了案件的审理时间,降低了个案的审判效率。

实际上,对于无须说理或可以简化说理的案件,令状式、表格式及要素式裁判文书可由法官助理借助审判系统生成或直接填写并当庭宣判,能够极大地提升案件的审判效率。

2. 从内容上看,裁判文书的规范性稳步增强,但记载不全、堆砌罗列、审而不论的问题依然突出

第一,程序性事项记载不全面。如前所述,部分刑事判决书对案件审理经过中程序性事项,如提讯、会见、阅卷、送达、庭前会议等情况的记载不全面。民事判决书中缺少对合议庭组成人员及变更情况、不公开审理的理由、开庭审理的时间及次数、参加诉讼人员、是否进行过调解、延期审理的具体情况、理由及审批情况等事项的记载。64%的二审民事判决书没有写明不开庭审理的原因、参加诉讼人员情况。样本中的民事判决书均未提及合议庭组成人员及变更情况。部分调解书与裁定书中未记载案件由来与审理过程。

第二,堆砌罗列一审法院认定事实及理由。这类问题集中于二审民事案件,有30%的二审民事判决书对一审法院认定的事实和裁判理由没有进行归纳和概括,甚至仍然存在罗列一审证据的情况,导致二审判决书冗长。

第三,实体处理上审而不论的情况依然存在。一是未能充分尊重当事人的诉辩意见,存在诉辩意见与判决理由“两张皮”的现象。在案件评查中发现部分判决只写上诉状意见、答辩状意见,在判决书当事人主张部分不列明或归纳谈话、询问、庭审中增加或变更的

诉辩意见,但在本院认为部分又针对新增加或变更的意见进行了论述,诉与审不对应。二是个别案件存在漏审漏判。对当事人提出的诉讼请求未加审理裁判,或是对原告的诉讼请求未全面回应,对被告的全部抗辩意见剖析有漏项。三是个别裁判文书中论证少或不论证,还存在"证明责任型"判决。在二审民事案件中,小部分案件仅以"对上诉请求不予支持"作为固定表述,事实论证说理不充分;仅以"当事人对其主张未完成举证责任应承担不利后果"为由,而驳回诉讼请求。个别案件回避焦点问题,对案件事实只作结论式的认定,证据与事实之间缺乏得出结论的逻辑论证过程。四是裁判文书中对于证据存在记账式罗列。证据较多时,没有依照一定的内在逻辑顺序分类排列,没有表述证据的种类;缺少对证明效力的分析;对证据之间如何相互印证、证据链条如何形成也没有说明。这在普通民事案件中表现较为突出。五是在发回重审裁定中采用程式化表述,说理论证空疏。在刑事发回重审裁定中,95%的抽样案件仅以"……事实不清,证据不足"或"原审人民法院在审理中违反法律规定的诉讼程序,可能影响公正审判"为固定表述将案件发回重审,基本不说理。尽管在民事发回重审案件中,大部分裁定书均在本院认为部分指出了原判决在认定基本事实不清或者严重违反法定程序方面的具体问题与理由,但个别庭室的个别裁定书仍然采用"基本事实认定不清"的固定表述,不加论理径行裁判。行政发回重审案件文书格式较为完整,需要写明二审法院经审理查明据以作出发回重审裁定的相关事实、发回重审的理由并概况指引如何操作,因此,在样本中未发现裁定书仅采用固定表述而不加论理的情况。

3. 关于审委会讨论案件在裁判文书中公开的问题

按照新修订的《人民法院组织法》第39条,"审判委员会讨论案件,合议庭对其汇报的事实负责,审判委员会委员对本人发表的意见和表决负责。审判委员会的决定,合议庭应当执行。审判委员会讨论案件的决定及其理由应当在裁判文书中公开,法律规定不公开的除外。"这是为了进一步拓展司法公开的深度,充分保障当事人和其他诉讼参与人的知情权,让司法权在阳光下运行。目前,在部分刑事判决书和刑事裁定书的案件审理过程中表述了经审判委员会讨论的程序,但在裁判文书中如何对经审判委员会讨论案件的决定及其理由进行公开,是否公开审判委员会的一致意见或多数意见,讨论中的少数意见是否公开,还有待于进一步统一和研究。

(三)司法改革后,裁判文书整体质量有所提升

通过比对查阅近三年各类案件评查报告发现,我院裁判文书的整体质量有所提升:

一是民事裁判文书、行政裁判文书规范性高,均能较好贯彻落实最高人民法院的统一要求,要素较为齐全,案件事实、裁判论理和裁判结论内容比较完整。同时有效解决了以往不同庭室之间、同一庭室不同合议庭之间同一种类裁判文书格式与表述上的差异化问题。

二是说理部分中法条引用不规范、不完整、不具体,仅引用法条序号条款而不写法条内容的问题已基本杜绝。

三是长期以来裁判文书中职权主义的价值倾向降低,裁判文书尤其是在判决书中只强调结果宣示告知、完全忽视说理过程的情况在判决书中已基本杜绝;民事裁判文书重事实查明轻证据认定、刑事裁判文书重公诉意见轻辩护意见的情况已经扭转。

四是说理照搬法条、不注重结合个案实际情况有所改观。在样本裁判文书中，均不存在仅仅阐述相关法条的立法精神和法理而不结合实际情况的问题。

五是裁判文书的低级错误明显减少。2018 年年初，我院启用裁判文书智能校对系统，以往裁判文书中不同程度地存在错、别、漏字，语句复杂晦涩、表述层叠曲折难以理解，标点符号、数字运用不规范等问题有所减少。个别文书存在数值和量值，年、月、日和时刻，阿拉伯数字和汉字数字混用的现象也有所规范。

六是补正裁定的使用范围与签发程序的规范性有所增强。调研发现部分民事案件裁判文书确实存在个别错字问题，但均规范采用补正裁定对非判决主文中出现的个别错字加以改正。

我院裁判文书整体质量的提升可归结为以下三个原因：

(1)统一的裁判文书样式使裁判文书“容易写”

《民事诉讼文书样式》(2016 年)、《行政诉讼文书样式(试行)》(2015 年)的发布及时填补了《民事诉讼法》《行政诉讼法》修订后出现的实践需求，为在民商事案件和行政案件中严格贯彻落实以审判为中心的新审判理念、新审判制度、新审判程序要求奠定了坚实的基础，使得裁判文书制作变得相对容易，不再困难。法官知道该如何写，也就不再为撰写各类裁判文书犯难犯怵。

(2)丰富的裁判文书写作实训令法官“学会写”

按照相对固定的培训机制，对入职人员进行岗前系统培训。不定期组织集中学习新法律法规、司法解释等更新业务知识。近三年，最高人民法院、北京市高级人民法院、我院组织各类裁判文书写作训练专项课程共计 8 次，培训对象覆盖立、审、执全体法官及法官助理，从法律运用、审判技巧、文书写作等方面给予全面指导，让法官学会写裁判文书，也敢于写裁判文书。

(3)全方位的司法公开倒逼裁判文书质量提升

自 2013 年最高人民法院出台《关于人民法院在互联网公布裁判文书的规定》以来，我院大力推进裁判文书全面上网公开工作。自 2014 年起裁判文书上网率逐年提升，2017 年我院裁判文书上网率 100%，位居全市法院首位。裁判文书的全面公开倒逼我院裁判文书质量提升，已经取得了一定的成效。除了前述的文书刚性规范与柔性论理得到进一步提升之外，同案不同判的问题在一定程度上得到了解决。在刑事案件中，承办法官需要对类似案件进行检索比对，供合议庭、法官会议参加人、审判委员会委员参考，保证法律适用和量刑上的一致性。另外，在调研中部分法官反映在文书上网公开后，如遇到撰写或法律适用疑问之时也会利用文书公开平台进行搜索与学习。

二、原因探析：从案、人、制度三个维度出发

(一)案件质量不高导致裁判文书出现问题

1. 裁判文书质量与案件质量之间的关系

(1)裁判文书质量是案件审判质量的直观体现

人民法院根本性质是审判机关，根据人民授予的权利依法行使审判权，进行案件审理与裁判。在司法体系内部，衡量法院工作的标准是执法办案工作完成得怎么样、是案件质

量高不高。但从社会公众的角度看,衡量法院工作的首要标准是裁判文书是否能获得案件当事人与普通民众的认同。因为裁判文书体现的是法院对于争讼法律关系的确定和裁判的结果,是法院案件审判质量的集中外化和直观体现,法院审判工作是否规范与严谨,是否公平与公正,法律效果和社会效果是否统一,社会公众对法院工作评价的直接渠道就是裁判文书。

(2)裁判文书质量受制于案件审判质量

案件审判质量不高,裁判文书质量必然出问题。案件审判质量取决于案件审理过程中的三个核心环节的综合质量,即庭审质量、合议质量、裁判文书质量。在庭审争议焦点不明确、合议质量不高的前提下,承办法官难以写出令人信服的裁判文书。

2. 对裁判文书质量与案件质量开展的评查

2018 年上半年,审判管理办公室通过调阅案件电子卷宗的方式,随机抽取了司法体制改革后我院每名入额法官审结的 2 件案件,共评查 324 件(包括一审案件 44 件,二审案件 207 件,再审案件 29 件,执行案件 37 件,减刑假释案件 7 件)。重点评查开庭或询问情况(是否经开庭或询问、开庭或询问次数、开庭或询问时是否总结焦点问题、对焦点问题的总结是否准确)、合议情况(是否合议、合议次数、承办人是否介绍案件争议焦点、合议庭发表意见顺序是否正确、参与审理的法官是否发表具体翔实意见、是否形成最终意见、合议中存在的具体问题),同时对庭审或询问质量、合议质量与裁判文书质量之间的内在关系开展了研究。

3. 庭审与合议质量不高导致案件裁判文书质量不高

(1)开庭或询问时近一半案件没有总结焦点问题

从评查结果来看,278 件案件经开庭或询问,占抽查案件总数的 85.80%。开庭或询问时能够对焦点问题进行总结的有 152 件,占开庭或询问案件总数的 54.68%,其中总结焦点问题准确的有 150 件。

从审理程序上来划分,有 32 件一审案件进行开庭或询问,但有 20 件未总结焦点问题,占评查一审案件总数的45.5%。有二审案件 185 件二审案件进行了开庭或询问,其中有 108 件开庭或询问时对焦点问题进行了总结,占评查二审案件总数的 52.2%;总结焦点问题正确率为 98.15%。

(2)合议环节简单化、流程化,争议焦点不突出

306 件案件均存有书面合议笔录,占抽查案件总数的 94.44%。① 99.67% 的案件合议程序正确,89% 的案件合议庭法官均能在合议时发表具体翔实的意见,全部案件都能够形成合议意见。

从审理程序上来划分,有 13 件一审案件承办人未总结争议焦点,占全部具有合议笔录案件的 31%;参与审理的法官发表意见简单的有 6 件。有 56 件二审案件承办人未介绍争议焦点,占二审合议案件数的 28%;有 19 件二审案件合议意见过于简单,占二审案件总数的 9.5%。

---

① 没有合议笔录的 18 件中有 9 件为执行案件、7 件因扫描有误卷宗无法查看、1 件赔偿案件、1 件当事人申请撤诉。

从裁判结果上看,我院改判或发回基层法院的案件也存在一定问题。在53件改发案件中,有18件在开庭或询问时没有总结焦点问题,有10件承办法官在合议时未介绍争议焦点。

(3)庭审与合议中发现的问题对裁判文书质量的影响

首先,案件审理程序不严谨导致裁判文书对于程序事项“不能写”。部分案件存在变更合议庭成员未通知当事人或程序超期的问题,导致裁判文书在应当写明的程序性事项上一带而过或未予写明。

其次,在庭审或询问中,争议焦点归纳的缺失导致裁判文书对争议焦点“不会写”。由于在庭审或询问中,没有总结焦点问题,在合议程序中,承办法官难以围绕争议问题介绍案情并组织合议,以致合议庭对案件讨论不充分,甚至存在有些必须要探讨的焦点问题没有合议的情况。合议的目的之一是集中多人的审判智慧与司法经验对案件事实与法律适用进行充分讨论后得出裁判结论,同时向承办法官提供裁判说理的思路。庭审与合议环节中争议焦点的缺失必然导致裁判文书“不会写”,论理部分焦点不明。

再次,先裁判后合议导致合议功能虚化,明合实独,合议制的功效难以发挥。调研中发现相当一部分案件合议笔录上记载的承办人对案情介绍、发表意见、法律适用都来自对一审、二审裁判文书或是审理报告的直接复制和摘抄,参与审理的法官未针对案件事实、证据认定和法律适用发表具体意见,仅表示“同意”或简单发表意见,作简单附和。除去部分案件事实清楚、事实清楚、证据确凿充分的简单案件外,在一些案情复杂、事实认定或法律适用尚有争议的案件中也同样存在此类问题。合议庭成员怠于履行审判职责,对非自己承办的案件如何处理不关心、不发声,案件审理实质上由承办法官独自完成,合议为虚,独审为实。实际上合议笔录应当作为裁判文书撰写的主要依据,两者具有统一性,也存在先后的逻辑关系,这种逻辑顺序一旦导致,极容易导致独裁情况的发生。

最后,合议与裁判两张皮,导致裁判文书避重就轻“不敢写”。调研发现在部分案件中,合议庭拟定处理意见与案件实际裁判结果不一致。如在某案件中,合议庭达成一致意见并向庭长汇报,拟裁定将该案发回重审,但最终却裁定中止审理,且副卷中没有任何与此裁定作出相关的书面材料。个案中,合议庭意见与法官会议意见不一致。合议庭一致同意维持原判,但在法官会议上承办人介绍为合议庭达成直接改判的意见,二者前后矛盾。甚至出现在合议庭对案件事实认定或法律适用尚未达成一致、认为需要进一步核实和探讨,或合议庭认为案件应提交审委会或法官会议处理之时,径行裁判,卷宗中缺少后续相关的研讨、汇报或复议程序与记录,裁判文书中对争议问题“不敢写”,只能一笔带过、未予阐明。

(二)审判主体力量不强导致裁判文书出现问题

法院的审判工作离不开人的能动力量。裁判文书归根结底是审判主体司法观念、司法责任、司法能力和司法作风的集成。调研中,我们发现一旦裁判文书出现质量瑕疵,都能从审判主体身上寻找到对应的问题,对此,下文将从审判主体的维度进行探讨。

1. 审判主体司法观念片面,导致对裁判文书的功能作用重视程度不够

有的法官不能深刻认识裁判文书的制度功能,单纯考虑个案纠纷解决的司法需要,忽视裁判文书在司法制度中的功能坐标。有的法官将裁判文书作为结案工具,片面追求工

作效率，只顾案结不重事了，认为没有必要过分强调裁判文书的说理，只要当事人不闹事就行。审判主体存在片面的司法观念，对裁判文书功能理解产生偏差，对裁判文书质量和案件质量的重要性不足，很大程度上影响了裁判文书质量的提升。

2. 审判主体责任意识淡薄，导致对裁判文书的质量把控不严

面对司法责任制的深入推进和审判团队人员职责的细化，有的法官把起草裁判文书工作完全交给了法官助理，在签发文书之时甚至不做查看。有的法官办案时间较长、经验较为丰富，存在懈怠心理；或是经验不足，过于自信导致粗心大意，制作文书之时疏于注意，签发印刷之前怠于校验，导致出现文书错误。有的法官认为裁判文书出现瑕疵是书记员或者是法官助理的责任，完全忽视了法官才是裁判文书的第一责任人也是案件质量的终身责任人。审判主体司法责任意识淡薄，懈怠疏忽，导致对裁判文书出品质量把控不严。

3. 审判主体司法能力不足，导致裁判文书的质量水平不高

一是理论与实践相脱节。部分法官知识结构僵化，知识体系老化，理论水平欠缺，同时又不注意对新的法律知识及社会知识的及时学习和掌握，在审判工作中过于倚赖审判经验或者传统方式审案判案。一旦遇到新类型案件或者疑难复杂案件时，往往就会出现审判思路不清晰、审判方向不明确、案件把握不准确等问题。而在裁判文书当中就会体现为争议焦点不明确、释法说理不到位、裁判说理针对性不强、无法让当事人清楚明白和信服等问题。另一种是有的年轻法官缺乏对社情民意和历史背景的了解，办案主观化、教条化，裁判文书论理就会出现“法律之内、情理之外”的问题。二是融会提炼贯通的能力不够。尤其当案件所适用的法律规范不明确或者有冲突时，准确裁判是法官司法能力的重要体现，然而一些法官疲于应付结案，疏于提炼总结审判经验，在裁判文书中就出现法律适用不准的问题。三是运用新技术辅助办案的能力不足。按照《最高人民法院司法责任制实施意见（试行）》的要求，法官在审案时，应当依托办案平台、档案系统、中国裁判文书网、法信、智审等，对最高院已经审结或正在审理的类案与关联案件进行全面检索，制作检索报告，分情形进行处理。但现阶段在民商事和行政案件中，这项要求还未贯彻落实，在裁判文书中就可能出现类案不同判或是自由裁量的范围过宽等问题。

4. 审判主体司法作风不正，导致裁判文书的公信力不强

在司法作风专项督查中发现，有的案件审判人员单独接待当事人；有的案件审判人员未核实参加诉讼人员的身份，导致出现证人就座旁听席听审的情况；有的案件在开庭前未宣读法庭纪律；有的案件审判人员将调解协议等涉案材料遗漏在法庭等。此外，还发现有的案件开庭时审判人员对法槌不用或乱用；有的案件开庭时审判人员没有遵守法袍着装规定；有的案件接待当事人时审判人员言行不当，有失偏颇，在开庭时存在与一方当事人私谈等问题。审判人员在案件审理中存在司法作风方面的问题，会引发当事人对案件程序产生质疑，对最终实体公正的裁判文书公信力产生不可挽回的损害。

（三）相关制度不健全导致裁判文书出现问题

1. 合议庭办案责任制落实不到位

一是合议庭成员监督职能发挥不充分。合议制度设置的初衷在于通过法官共同审理案件发挥集体智慧，保证决策的民主性和科学性，同时对裁决的作出过程进行有效监督，

避免个人专断。在司法实践中为了避免审判者之间相互推诿，确保案件责任能够落实到人，由承办法官对案件质量负责，其他合议庭成员只是参与案件的审理，并不对结果负责，也就怠于行使监督职能。此外，对于一些审理难度较高、法律适用有争议的案件，参与审理的法官在不能保证自己的意见绝对正确的情况下，怠于参与案件的审理，合议时也不愿过多发表个人意见，即使对承办人的决定有异议也很少会坚持己见。原本应当集结集体智慧的裁判文书也只能由承办法官来撰写。

二是合议庭或审判团队的考评机制尚未建立。现阶段，法院在对审判人员进行绩效考核时以个人为单位，侧重考察法官个人的审判业绩情况，合议庭的业绩并不作为考核指标，这也在一定程度上也削弱了合议庭成员参与案件审理、参与文书撰写的积极性。

三是合议制下审判责任的追究标准和范围不明确。目前我院的案件评查仅仅就评定的是案件的差错、瑕疵，并没有要求承办法官或是合议庭组成人员承担审判责任，原因在于现行的最高人民法院《关于进一步加强合议庭职责的若干规定》仅仅指出在特定六种情形下，合议庭成员不承担责任，并没有对其他情形下合议庭其他成员是否与承办法官共同承担责任、相应的标准与担责的结果等进行明确说明。实践中，也的确存在合议庭存在多数意见与少数意见，或是合议庭意见与院庭长意见不一致，最终按照院庭长意见处理导致案件被改发的情形。因此，在调研中，大部分法官认为在案件质量出现问题时，应由承办法官负责，合议庭其他成员不承担责任，这也与司法体制改革后合议庭负责制的要求不相吻合。

2. 院庭长监督管理机制落实不到位

一是缺乏对裁判文书质量的有效监督。司法改革后，院庭长不再签发文书，但审判长、承办法官对裁判文书质量的自我监督明显不足。从调研情况看，在开庭、合议和文书制作等重点环节，在疑难复杂案件的法律适用、统一类案的裁判尺度上仍需要院庭长行使审判监督管理职权。

二是对执法办案规范的落实查究力度不够。在案件评查、司法公开、司法作风方面，最高人民法院、北京市高级人民法院与我院都出台了相关规定，目前各庭也有这类的规章和具体规定，但对这些规定，或者仅限于会议传达，或者在执行过程中随意简化变形，或者有些审判人员干脆不执行，各部门真正落实责任、问责查究的并不多，导致有些影响案件质量、裁判文书质量的问题重复出现，久治不绝。

3. 裁判文书的评价与激励机制不健全

裁判文书的评价主体广泛化、评价标准多元化。对于一份裁判文书，当事人及利害关系人是首要的评价主体；上级法院在履行审级监督职能时是重要的评价主体；法律职业共同体、媒体、社会普通大众都是潜在的评价主体。

广泛的评价主体带来了多元化的评价标准。一份法律职业共同体看来符合情理法标准的合格判决书很可能由于当事人的蓄意炒作，而演变成为社会关注案件，引起社会公众的质疑。①

另外，审判责任追究标准和范围还不明确，法官的职业保障体系仍未建立，这导致法

① 如云南省高级人民法院审理的李昌奎强奸、故意杀人案。

官在制作裁判文书时瞻前顾后，畏首畏尾。为避免引起舆论炒作、涉诉信访，法官从自身利益出发，认为言多必失，因而在制作裁判文书时自缚手脚，不敢完全呈现心证的过程，说理也闪烁其词含混不清。

此外，目前裁判文书的激励制度，主要是将优秀裁判文书评选结果公开展示并作为绩效考核的加分项。这种激励措施单一，力度有限。在结案压力大、法官精力有限的前提下，法官更优先考虑完成结案数量，导致法官不愿在裁判文书上花费过多的精力，存在不想多写、不愿精写的思想。

三、探索试点：解决案、人、制度中的突出问题，同步提升案件质量与裁判文书质量

（一）推动文书改革、提升文书质量的重要意义

裁判文书具有定分止争、适用法律、评价司法、学术研究、普法宣传五个重要功能，决定了裁判文书在司法活动中的重要地位。当前裁判文书在质量和功能上存在的缺失、问题和不足，反映出改革完善裁判文书、提升裁判文书质量的现实必要性和紧迫性，其重要意义主要体现在以下几个方面。

1. 推动文书改革、提升文书质量是推进司法体制改革的重要内容

当前司法体制改革的力度和范围空前，《中共中央关于全面推进依法治国若干重大问题的决定》及相关重大决定中，提出了立案登记制改革、强化诉讼过程中当事人和其他诉讼参与人诉权的制度保障、推进以审判为中心的诉讼制度改革、完善主审法官、合议庭办案责任制、规范院庭长对案件的监督管理、审委会制度等系列改革内容。这些改革要求的最终贯彻落实结果都将集中体现在裁判文书上。因此，推进落实这些改革内容，必须同步开展裁判文书改革，提升文书质量。

2. 推动文书改革、提升文书质量是实现司法工作目标的必然要求

人民司法的基本工作目标是“努力让人民群众在每一个司法案件中都感受到公平正义”，最重要的一点就是令人民群众对裁判文书满意。这对裁判文书提出了更高的质量要求，即无论从形式到内容，从记载到说理，从程序到实体，都要满足当事人和社会公众知情、参与、监督的需求，要令案外人清楚明白案件事实与裁判结果。客观分析，当前一些裁判文书质量与这一目标还有不少差距，还有很多判决存在通过判后答疑或者公开答疑的方式来解决判决书论证不够的问题，还有一些裁判文书仍然存在低级错误。这要求我们必须以促进司法工作目标的实现为出发点和落脚点，不断探索推进裁判文书改革，提升质量水平，努力满足人民群众的司法需求。

3. 推动文书改革、提升文书质量是提升司法公信的基本途径

法院的生命在于维护公平正义、实现司法公信。司法公信取决于法院审理执行的案件质量，而裁判文书质量是案件质量的核心，是案件质量的集中外化，直接影响当事人及社会公正对司法工作的评价与信任。在裁判文书的全面公开后，当事人与社会公众对裁判文书的关注与监督在一定程度上倒逼了裁判文书质量的提升，同时也爆发了一些因说理不充分、不准确，文字错误、法律与情理相冲突等问题引发舆论关注，甚至负面评价，减损了司法公信的情况。按照最高人民法院的要求，自2018年9月1日起，包括各类通知书、传票等在内的诉讼文书也要通过互联网向当事人及代理人公开。下一步高院也将重

点部署和落实这项要求。裁判文书公开范围、公开力度将不断加大。裁判文书上的重大瑕疵与错案一样,都会动摇社会公众对法院、对司法、对法治国家建设的坚定信心。因此,推进裁判文书改革,提升裁判文书质量,既是提升个案案件质量的内在要求,也是提升法院整体司法公信的有效途径。

(二)以繁简分流为核心,探索裁判文书改革

案件的繁简分流,即按照案件的难易程度不同,确定不同的诉讼程序,实行"简案快审、繁案精审",在法律规定的框架内,审理中坚持当简则简,当繁则繁。案件繁简分流是落实庭审实质化,体现以审判为中心的司法改革要求。从各地法院的实践来看,已经建立的案件繁简分流机制均是按照案件的审理流程进行多层次的分流:一是诉前分流,即在立案之初,强化诉前调解、诉调对接,对当事人同意调解及有调节可能的案件进行诉前分流。二是审判程序分流,将个案事实清楚、法律关系明确、法律适用无争议、社会影响不大的案件选择简易程序、小额速裁程序等。

对于中级人民法院来讲,其审理程序的相对单一和审理案件的相对复杂性,决定了其无法采用一般的审判程序分流的方法来实现案件的繁简分流。更加适宜的途径是通过案件审理的程序来对案件进行繁简分流。

1. 以庭审为中心,提升庭审质量,简案简审、繁案精审

诉讼以审判为中心,审判以庭审为中心。以庭审为中心要求所有用作裁判的证据都要在庭审中予以提交和质证、都要经过法庭辩论,法院的判决必须完全建立在法庭审理的基础上。因此,以庭审为中心,提升庭审质量,做到事实调查在法庭,证据质证在法庭,焦点固定在法庭,辩论对抗在法庭,定罪量刑在法庭,裁判说理在法庭,才能进而实现繁案简案的识别分流在法庭,为后续采取简案简议简论、繁案繁议精论奠定基础。

2. 完善笔录样式,推进实质化合议,简案简议、繁案精议

简案简单议。对于案件事实无争议或仅存在部分争议且法律适用无争议的案件,合议庭成员可以仅对法律适用问题陈述意见。一是可在庭审过程中同步合议。探索实行合议录音录像,做到合议留痕。可以采取集中合议多个案件的模式。二是探索网上合议或书面合议。即在现有合议笔录样式的基础上,增加元素,利用信息技术手段,制作为固定的合议笔录模板。在审判系统中,由承办法官针对某案发起合议申请,在填写模板后,按照合议庭成员资历与发言顺序进行发送,由合议庭成员自行填写合议意见并签名,合议庭成员意见填写完毕后,生成合议笔录打印附卷。合议庭成员对其填写的意见承担审判责任。

繁案全面议。对于争议较大的案件,合议庭成员不得仅做"同意"或"不同意"表态,均需对案件事实认定、证据采信、理由及法律适用情况进行陈述,全面反映认定的心证过程及逻辑推理过程。记录人必须全面、如实记录合议情况。合议笔录出现错误或未如实记载的,合议庭成员可拒绝签字认可。

3. 改革文书样式,提高文书质量,简案简论、繁案精论

(1)基本原则是在庭审与合议繁简分流的基础上,探索裁判文书的繁简分流

裁判文书繁简分流应当建立在庭审已经固定事实、合议庭确定法律适用无争议的前提下。裁判文书的繁简分流包括格式与内容上的繁简分流,目的是在审判效率与审判公

正之间寻找最佳结合点，必须坚持理由分析与认定事实相对应、适用法律与案件事实相对应、论证结论与各方当事人主张相对应，并根据案件性质、审判程序、疑难复杂程度、各方当事人的情况，做到繁简适当，要求简案文书要素齐全，标准文书结构完整，精品文书论证有力。

(2)简案简论的适用情形

按照最高人民法院《关于加强和规范裁判文书释法说理的指导意见》，结合中院的审判工作实际，对于以下情形的裁判文书，在不影响裁判文书正当性评价的前提下，在案件事实与裁判理由等内容上可以进行适当简化：刑事案件中，刑事案件中被告人认罪的或当事人达成和解协议的轻微刑事案件。其他案件中，一是虽适用普通程序审理，但事实清楚、争议不大的案件，一方明确表示承认对方全部或部分诉讼请求，且不违反法律、行政法规禁止性规定以及不损害他人合法权益的案件；二是当事人对案件事实没有争议或一方承认对方的部分事实主张的；三是诉讼中承担义务的当事人已履行全部义务的；四是当事人自行达成合意或均同意简化文书的案件；五是当事人对案件主要事实和责任承担没有争议，只对次要事实和责任承担有争议的案件，简化无争议的内容；六是因涉及商业秘密、技术秘密、个人隐私等不公开审理的案件，经当事人同意后，可简化处理的案件；七是在法律上具有明确的适用条件与适用情形，能够直接适用的案件①；八是一审已经采取简化裁判文书形式的案件。

对于疑难复杂敏感新类型案件、诉讼各方争议较大的案件、社会关注度高、影响较大的案件、宣告无罪、判处法定刑以下刑罚、判处死刑的案件、行政诉讼中对被诉行政行为所依据的规范性文件一并进行审查的案件、判决变更行政行为的案件、可能成为指导性案例的案件、抗诉案件、二审改判或发回重审的案件、重审案件、再审案件等，要强化裁判论理，不得简审简议简论。

(3)增加表格式、要素式裁判文书类型

对于无须说理或仅需简要说理的裁判文书，为避免随意简化、过度简化，探索运用技术手段，结合案件类型，打破叙议式的文书样式，统一设计简化裁判文书的模板，拟采用表格式、要素式的裁判文书。可先行探索在调解书、撤诉裁定书、驳回起诉裁定书、终结诉讼裁定书等类别，或劳动争议案件、道路交通事故人身损害赔偿案件、要求行政机关履职类案件、要求政府信息公开类案件等案由中开展文书样式改革试点，以适应审判效率的需要。

(4)强化裁判文书中重要程序事项公开

一是公开合议庭评议表决的结果。在重大、敏感、疑难、复杂、新类型案件中，探索公开合议庭表决的比例，在本院认为中区别表述一致意见或多数意见。二是公开审判委员会讨论案件的时间、决定及理由。三是在正文审理过程中统一对刑事案件中送达、阅卷、会面、提讯、告知诉讼程序、非法证据排除等程序性事项的记载。

(三)以提升能力为关键，提高裁判文书质量

审判主体是推进裁判文书改革、提高裁判文书质量的能动要素，因此，必须探索建立

① 如行政案件中的履职类案件、政府信息公开案件等。

与案件质量、庭审质量、裁判文书质量相适应的实训机制，全面提升审判主体的庭审驾驭能力和裁判文书制作水平。

一是树立正确的司法理念和裁判文书质量意识。通过培训促进法官强化程序正义理念以及当事人诉权保障理念，自觉加强裁判文书对程序性事项的记载，提高裁判文书说理的主动性和自觉性。

二是建立庭审与文书写作能力培养的长效机制。在院庭两个层面持续围绕庭审规范、裁判文书说理等重点难点问题开展各类实训，在传授经验的基础上讲评瑕疵问题。

三是加强优秀裁判文书评选、展示。通过优秀文书的评选和展示进一步树立正确的裁判理念、明确规范的文书样式、交流多样的说理方法，在审判主体中形成不断学习优秀裁判文书，不断提高裁判文书水平的良好氛围。

（四）以完善制度为抓手，保障裁判文书质量

1. 落实合议庭办案责任制

继续贯彻落实司法责任制，保障合议庭依法独立公正行使审判权。完善审判责任追究机制：一是明确承办法官是案件质量和裁判文书质量的第一责任人，合议庭对案件质量和裁判文书质量共同承担责任；二是区分一致责任与多数意见责任；三是非经法定程序和法定事由不得追究法官审判责任；四是区分对待裁判文书技术规范错误与违法审判造成的程序与实体错误。

将合议庭或审判团队业绩考核纳入法官业绩考核评价中。将法官在合议庭中的工作质效情况按照一定比例纳入个人业绩考核评价中，裁判文书质量与法官级别晋升相挂钩。

2. 强化院庭长审判监督职能

强化院、庭长对案件质量、对裁判文书质量的审判监督管理职责。一是在开展全院各类案件专项评查的基础上，由院、庭长定期对法官的裁判文书进行抽查与评析、定期公示与通报。二是借助审判委员会、法官大会或全庭会，定期开展院庭两级裁判文书质量的质询与讲评，对评查中出现的问题进行整改并反馈。三是开展审判领域的裁判文书内部交流学习活动，规范同一审判领域内的各类裁判文书。

3. 健全裁判文书的评价激励机制

一是邀请法律职业共同体及社会公众代表参与我院优秀裁判文书评选，并将裁判文书的社会效果纳入评价标准。

二是将精品培育与奖励激励相结合。挖掘具有创新点、疑难点、热点焦点的案件，立足于培育精品案件、打造指导案例的高度，确保充分运用案件素材，规范化流程、全公开庭审、精品化裁判，出品有亮点、有特色、令人信服的裁判文书。同时，将精品裁判文书汇编集结成册，向社会公开推荐与展示，调动法官制作裁判文书的积极性。

关于加强智慧法院3.0体系建设助推司法体系和司法能力现代化*

摘要:随着信息化进程的不断推进,人民法院的审判管理和诉讼服务也面临转型升级。而智能时代和大数据时代的到来,为变革带来了技术支撑。诚然,科技力量不是无所不能的,但技术中蕴藏着巨大价值,将反推思维方式和工作方式等多方面的变革。总结一中法院信息化建设所经历的四个阶段以及在历史实践中取得的成效,并在此基础上,以智慧法院建设为契机,深入剖析新时代法院信息化建设工作中遇到"瓶颈"性问题,以服务法院中心工作为出发点,结合大数据技术、人工智能技术探析法院信息化建设工作的具体发力点,并在此基础上,发挥信息技术优势、积极研发信息统,让高新技术在法院各项工作中落地生根,发挥应有优势,从而全面助推司法体系和司法能力现代化建设。

关键词:智慧法院　大数据　人工智能　服务审判　审判质效

信息技术是当今世界创新速度最快、通用性最广、渗透能力最强的高新技术之一,它不仅推动观念变化、工作方式变化,而且还推动制度和体制的变化。信息技术的不断发展,对司法工作已经产生并将进一步产生深刻影响。促进新技术在审判工作中的深度应用,通过技术创新手段的运用提高审判质量和效率,是新时期人民法院的一项重要任务。近年来,北京市第一中级人民法院按照最高人民法院提出的加快建设人民法院信息化3.0版,加快建设"智慧法院"的统一部署,积极运用大数据、人工智能技术思维,依托科技不断探索司法为民、司法公开、服务审判的新举措、新办法,不断助推司法体系和司法能力现代化建设。

一、一中院信息化建设工作的发展历程及取得的主要历史成效

(一)一中院信息化建设工作的发展历程

我院的信息化建设工作起步于20世纪90年代中期,主要经历了四个发展阶段:

1995年至2002年为起步阶段。自1995年建院以来,我院高度重视信息技术的应用,一中院是北京法院系统最早引进信息化技术的单位之一。其间,我院逐步购置了计算机、

---

* 课题主持人:吴在存,课题负责人:王利军,课题组成员:周麟、张鹏、辜芳芸、王帅、李彦征、马元昕,课题执笔人:张鹏、李彦征、王帅。

本课题为2019年部门级重点调研课题。

打印机、传真机、复印机、庭审记录等现代化办公设备，院局域网在2000年成为北京法院网的重要组成部分之一。

2003年至2010年为发展阶段。一中院的信息化建设工作进入发展时期，审判业务的方方面面都相继引入科技手段以提高效率。这期间，我院扩充了机房的服务器、交换机以及存储的数量，建设了高清视频会议室，高清数字法庭和远程法庭，引进了网络打印机。为后续的信息化建设工作打下了坚实基础。

2011年至2016年为深度融合阶段。这期间，我院相继开发了大数据平台系统，建设了高清庭审视频网络直播系统、执行指挥中心系统，开发了司法公众服务App，电子送达系统，法庭管理系统，法庭旁听网上预订系统等一系列有代表性的审判业务系统，通过信息技术与审判业务的深度融合，为我院的司法公开和司法为民工作提供更为高效的、便捷的信息技术保障。

2017年至今为智能创新阶段。随着人工智能、大数据、区块链等技术的不断成熟，以及智慧法院建设的不断深入推进，一中院的信息化建设工作在院党组的有力领导下，建设了集控可视化展示系统、诉讼风险提示系统、网上财产保全系统、法官办案智能辅助系统和审判质效、人员绩效评价系统，切实通过加强科技创新，在服务人民群众、服务审判执行、服务决策管理领域中发挥了积极而又重要作用。

（二）一中院信息化建设工作已取得的主要历史成效

我院紧紧围绕“努力让人民群众在每一个司法案件中都感受到公平正义”的目标，牢牢抓住司法为民、公正司法这条主线，以加快建设人民法院信息化3.0版，加快建设“智慧法院”为指引，依托信息技术破解难题，促进法院的司法水平不断提升。

1.依托信息技术，实现多平台司法公开。周强院长指出，“公开是最好的防腐剂，公开是树立公信的前提，公开是打消当事人疑虑的最好办法”。美国当代著名法学家伯尔曼曾在其《法律与宗教》一书断言：“没有公开则无所谓正义”，新的时代对司法公开提出了更高的要求，如何依托信息技术，掌握法院司法公开的主动权，刻不容缓。

1998年，北京市第一中级人民法院在全国率先落实审判公开制度，此后，我们一直注重在司法公开的广度、深度上下功夫，不断扩大我院司法公开的影响力。近年来，我们依托现代信息技术，加强了审判流程、裁判文书、执行信息三大公开平台的科技化和规范化建设，同时探索利用新媒体手段推进司法公开的新途径，努力构建“开放、动态、透明、便民的阳光司法机制”。我院从审判流程到执行信息再到裁判文书，全流程的公开，让法院的所有工作都展示在阳光下。我院全部54个法庭均实现高清数字化，可实现庭审过程全程录音、录像，并全程向社会公开。在诉讼服务一体机上，当事人可以直接实时查询到自己案件的立案、庭审、宣判等诉讼全过程，并得到全市同质化服务。在中国裁判文书网上，我院已将除保密要求不便公开以外的各类裁判文书全部上传，向社会公开法院审判工作的最终“产品”——裁判文书，并接受公众的监督。我院通过“全国法院执行案件信息管理系统”、“北京法院审判信息网”、官方微博等平台，向社会公布失信被执行人信息，强化对失信被执行人的司法制裁，保障当事人胜诉权益。

2.依托信息技术，提升审判工作效率。借助信息化手段不断提升司法审判工作的能力与效率，创新和完善各项辅助办案措施，不断满足法院干警的业务需求。全面提升法官的办案效率真，是法院信息化建设工作的一个重要出发点，让使用对象的使用成本降低，提升效率，这也是技术创新的价值所在。

(1)司法文书电子送达。我院通过手机短信确认和互联网客户端下载的方式将法院除裁判文书以外的司法文书送达给当事人，把传统纸质的司法文书送达方式改为电子方式，大量减少了传统送达方式带来的人力、物力、财力的消耗，有效提升了审判效率。

(2)与辖区监狱实现远程庭审。自最高人民法院出台减刑假释审理程序规定后，六类案件明确要求开庭审理。这在客观上增加了审监庭法官的开庭压力。我院审监庭、少年庭有大量减刑假释案件需要在延庆监狱、天河监狱、女子监狱等六家监狱开庭，最近的监狱来回需70多公里，最远的延庆监狱往返需要近200公里，来回四五小时的车程让法官的许多时间都浪费在了路上。为了严格地适应法律规定，提升审判效率，我院与上述监狱合作，重点研究了远程庭审的设备配置、信号检测及线路铺设等工作，并于2018年完成了所有辖区监狱的远程庭审项目建设工作，系统投入使用后，有效提高了减刑假释案件的开庭效率，这也是信息化在审判过程中的又一具有很强实效性的应用。

3. 依托信息技术，提升诉讼服务水平。我院结合诉讼服务大厅改建工程，依托信息技术手段，整合了集诉讼指导、案件查询、法律咨询、法律援助、集约送达、电子扫描、立案登记、跨域立案、特邀调解、来访接待、远程接访、机器人智能服务及诉费缴纳等30余项功能于一体的司法为民服务平台，实现了自助立案信息填报，当事人自助式一体化评价，京津冀三地当事人就近立案，智能机器人“小法”提供智能式人工服务，案件卷宗电子化管理等一系列科技化的便民举措，努力为当事人在整个诉讼过程中提供多方位的技术服务。

二、在智慧法院建设初期，一中院信息化建设工作存在的薄弱环节

我院信息化建设工作已持续了近20余年，虽然取得了长足的进步，使司法公开更加透明、司法权力运行更加规范、司法管理更加科学。但也不同程度存在数据应用相对零散、子系统间融合不够、便捷化程度不高、智能化服务及大数据分析功能不强等诸多短板问题，而只有从建设初期就从根本上认识和解决这些制约智慧法院建设、发展的深层次问题，才能推动司法改革的进程和智慧法院司法为民的实效。课题组通过深入的调研，总结出我院在智慧法院建设初期，存在如下的薄弱环节。

(一)数据信息碎片化

长时间的信息化建设诞生了大量系统，但因建设初期缺少顶层设计、缺乏同时精通法律与技术的专业人才、技术标准不统一、技术外包模式等原因，致使产生了大量无法有效共融共通共享的数据库，缺乏集成管理平台，各类档案数据形成信息“孤岛”，一方面这使得数据需求者无法依据统一的标准进行综合管理与查询利用，必须通过对口部门人员分别从不同数据库中调取档案信息，费时费力；另一方面极大降低了数据库的开发应用价值，难以通过整合数据信息准确反映和掌握我院审判执行、司法管理工作现状及趋势，难以应用大数据、人工智能等尖端技术，难以充分体现数据价值，比如自1995年以来，我院积累了一百多万条审判档案数据，但由于早期技术受限等原因，这些海量数字档案信息一直以源代码形成存储在数据库中，长期处于“沉睡”状态，造成了档案数据资源的严重浪费。

（二）信息化系统相互间融合度不高

信息化系统融合集成上还不够有力，未能建立起更为高效、信息共享、协同联动的机制。我院信息化建设初期存在规划系统性、前瞻性、实用性不足等问题，造成了我院内部信息系统不兼容，部门之间软件使用出现了脱节现象，如刑事案件量刑、执行司法查控、诉前调解、司法鉴定、司法统计、卷宗归档、财会等都有其独立的软件，兼容困难，使用起来存在互相冲突、互相矛盾的地方，而且审判业务系统与事务管理系统往往分开建设，严重影响了信息化功能，造成了审判与管理融合度不够，因此对内需要完善和融合业务应用系统，为法院干警提供一站式服务。

另外没有从多方考虑中级人民法院的特殊定位、特殊情况，上级法院对信息系统建设也处于摸索阶段，欠缺标准统一的设计规划和统筹协调，致使我院与辖区法院、上级法院之间信息系统、数据相互独立、孤立工作，无法有效整合人民法院数据信息，同时也无法进行各单位间联系和上下级指导学习，因此对上、对下需要制定统一技术标准，驱动数据资源的融合与服务，汇集本地区各法院司法人事、司法政务、司法研究、信息化管理等数据，完善统一共享交换机制，实现内部各系统之间、与上级法院以及外部单位之间的数据共享交换。

（三）数据分析能力亟待提升

信息化已渗透到人民法院各个方面，案件数量急剧增加也带来了海量审判数据，即使受到数据碎片化和信息化建设兼容性不强的制约，仍存在大量有价值的可供挖掘分析的数据存在，这些数据广泛分布于法规数据库、案例数据库、文书数据库、文献数据库等基础数据库中，但在该阶段信息化系统仅停留在辅助处理事务性、程序性工作的水平，后续并没有对数据进行有效加工利用，大数据、人工智能等前沿技术未得到充分利用，无法使数据得到“增值”，致使信息化系统在辅助核心业务上的应用还不够深、智能化程度还不够高，应用性能和功能完整性、适应性、覆盖面还有差距，导致服务司法审判精准度不够，从而无法为法院审理过程提供高效帮助。如电子卷宗深度应用所提供的智能辅助功能还不能做到覆盖审判执行全流程和法院应用全覆盖；类案推送不够精准，案件信息自动回填还不够完善等。该阶段信息化系统为法官查询、参考同类案件提供了技术支撑，减少了法官机械重复劳动的工作量，但是与方便、快捷、智能的要求还存在不小差距，审判智能化服务有待普及应用。

（四）满足不同群体司法需求不充分

法院工作对内要加强审判管理，对外要做好诉讼服务，因此智慧法院在建设过程中，应兼顾法院干警与涉诉群众的共同感受和需求。但在建设初期，由于缺乏相应的法律科技人才队伍，只能采取技术外包、工程外包手段进行信息化建设，技术提供商设计的系统功能可能与智慧法院的实际需求并不匹配，智慧法院是新兴事物，需在实践中探索、建设、使用、反馈、完善，而这种研发者与使用者不同一的客观情况，极易造成研发与使用需求和实际应用脱节，从而导致某些方面实用性不强。

对于法院干警，由于软件操作习惯不易改变，且部分制度设计跟进缓慢，使得部分法官群体在接触新型信息化系统时持保守心态，以至于新落地的信息化项目在短期内难以见到使用成效。另外案件急剧增多使得案多人少矛盾更加突出，法官急需通过智能化、信息化手段减少重复性、事务性劳动，而该阶段较为复杂、烦琐的操作流程无疑距离简单高效的目标还有一段距离。对于涉诉群众，立案难、找法官难、执行难等问题一直是群众热议的焦点，比如有的涉诉群众立案需要两地来回奔波，耗费大量经济和时间成本；有的群众年岁已高，单独操作智能设备存在困难；有的群众对网上诉讼活动缺乏信任感，对网上证据交换的隐私保护是否到位、网上审理是否能体现法院现场审理的公开公正存疑。如何通过智慧法院建设解决这些问题，有效避免诉累，满足群众对司法公开的需求，是推进智慧法院建设向前发展的重点。

(五)配套制度跟进缓慢

智慧法院是一种新形态的法院工作模式，而不是简单地在法院活动中运用一些网络技术，要实现智慧法院的建设目标，就必须推进配套的制度建设以保障智慧法院顺利落地、见效。但在智慧法院初步探索期，我院信息化建设仍主要采用以自下而上的需求驱动和完成上级指示任务的传统模式，在审判业务管理方式、硬件规划管理、软件数据的资源共享、信息系统管理等方面制度相对滞后。比如，该阶段的档案信息化建设以审判流程管理和审判质量管理为重点，但管理方式静态监督多，动态监督少，监督管理也侧重于案件审结后的检查，以纸质卷宗的流程管理为例，档案管理部门只能在案件归档后才能进行检查追踪，而立案、审判、执行环节中卷宗散布在法官手中，除承办法官与书记员外其他人均不掌握；在刑事案件领域远程开庭的授权性规定还有所欠缺；在图像、视频档案数据的管理上缺乏统一标准，存储管理工作不够完善，随着光盘介质不断老化和人工借阅，使大量历史档案视频资料存在丢失风险。

所以既要建立智慧法院建设评估制度和项目经费预算、监管验收、效益效能和应用运维全方位综合管理机制，又要在智慧法院业务办理、人事调配、财物管理、绩效评估等具体方面符合相关制度要求，更重要的是还要完善相关诉讼制度。研究推广远程视频作证，探索推广电子送达方式，试行以网络、短信等方式通知当事人参加诉讼，推进庭审网络直播公开，推进网上冻结与查封制度，完善网络拍卖工作机制等。

三、依托人工智能和大数据技术助推智慧法院建设探究

“智慧法院”的建设任重而道远，如何利于高新技术解决信息化建设过程中遇到的难题，如何将法院的审判业务工作与大数据、人工智能技术深度融合，对此，课题组通过深入调研审判业务流程，走访高科技公司了解技术前沿动态，结合法院的实际工作场景设计论证，取得了以下研究成效。

(一)人工智能技术在智慧法院建设过程中的应用场景分析

智慧法院建设主要应在审判、执行、服务与管理四个方面实现智能化。其中，审判是基础、是核心。建成智慧法院需要在审判领域引入人工智能技术。“人工智能”(Artificial Intelligence, AI)一词最初是在1956年达特默斯(Dartmouth)学会上提出的，它是研究、开发用于模拟、延伸和扩展人的智能的理论、方法、技术及应用系统的一门新的技术科学。它的研究领域包括：机器人、语言识别、图像识别、认识与推理、机器学习等。人工智能在法院系统的发展源于两种动力。一是法院实践自身的要求。随着社会生活和法律关系的日趋复杂化、精细化，法院审判工作需要新的思维辅助工具。二是人工智能发展的需要，

人工智能以模拟人的全部思维活动为目标，但又必须以具体思维活动全面、系统掌握为过程。它需要通过对某一具体思维领域的深度学习，来实现和达到接近或类似人类思维的智能模型。

此外，人工智能技术运用在司法审判辅助领域，还有下述原因：其一，尽管法律推理十分复杂，但它有相对稳定的对象（案件）、相对明确的前提（法律规则、法律事实）及严格的程序规则，且须得出确定的判决结论。这为人工智能模拟提供了有利的条件。其二，审判工作长期积累的完备档案，为机器学习审判知识提供了丰富、准确的数据资源，截至2019年12月31日，中国裁判文书网上已收录的8700余万篇裁判文书，就是一个可供机器学习的巨大资源库。

1. 人工智能辅助审判模型能够为司法审判人员带来的帮助。通过建立人工智能审判辅助模型，预期可以实现以下的帮助：

（1）为法官提供类案推送服务，为案件审理提供“相似案例”的参考，节省法官搜集相关案例的时间，将更多的时间和精力运用到审判工作当中。

（2）依托人工智能技术，根据输入的案件资料与信息，将给法官提供在一定区间内的裁判结果，供法官参考，即人工智能辅助审判。

（3）为法官自动提供同一法律事实可能产生的法条集合，方便法官拓展审判思路。随着依法治国的不断推进，我国的法律规范越来越详细，每年都会有数部法律颁布或修订，基于同一法律事实，可能会涉及数个法律规范的不同法条，在此种情况下，依托人工智能技术为法官自动推送可能涉及的法条。

（4）机器自动生成裁判文书的初稿，法官在此基础上，再次整理形成正式的裁判文书，提升裁判文书撰写效率。

（5）形成数据共享模式，与其他法院及相关单位实现数据共享，为更多的法官和从事与司法相关的工作人员提供案例指导，从而更好统一审判尺度。

（6）案件偏离度预警分析，将案件通过科学的预警模型提前预警，并以可视化的形式展示本地或本法院的偏离案件情况，从而辅助审判监督工作。

2. 人工智能辅助审判模式实现的探究。依托人工智能技术有两种构建审判辅助模型的思路。

思路1：构建以精品案例为核心的审判辅助模型。

具体模型构架思路如下：建设审判基础数据库，实现审判数据汇总管理的目的，但这些数据并不能完全作为精品案例。需要从普通案例中取选出精品案例，然后进行机器推送。目前北京一中院获取精品案例的途径为：每年通过推荐、初选、终选等流程，评选出50个精品案例，然后汇编成册，供法官们参考与学习。此外，最高人民法院每年也会发布的一些指导性的案例，供各级人民法院审判类似案件时参照。北京一中院的精品案例及最高院指导性案例的优势是好中择优，选出的案例水平较高，指导性较强。不足之处是：每年评选出的数量不多，周期较长，覆盖面不够广，并且缺乏一套高效的、可供机器学习的从普通案件中评选精品案件的机制和标准。这为人工智能的运用带来了巨大挑战。

思路2：构建以数据统计为基础的可适性案例参考模型。

具体模型的构架思路如下：以海量的案例库为基础（案例库数量越大，统计结果越接近真实性)，依托大数据技术和人工智能技术，运用统计学和概率学等学科知识，形成人工智能模型，对海量的数据进行分析。通过案件要素筛选出与待审理案件匹配度较高的案件，然后再统计出筛选出的案件的相应判罚结果及区间，并形成具体的比例分布，然后将比例较高的案件依据一定的排序优先推送给法官供其参考。这种方式的优点是案例来源广泛、时效性强、依据概率统计而非依据评选规则推荐案例参考，不足之处在于推选的案例完全由人工智能完成，精确度具有不确定性。这种模型有别于传统的精品案例指导模型，但也符合图灵博士对机器智能的描述：“机器智能最重要的是能解决人脑所能解决的问题，而不在于是否需要采用和人一样的方法”。

分析以上两种智能审判辅助模型的构建，课题组认为第二种模型是未来发展的趋势与走向。因为它完全符合大数据技术的 4 项性能要求：数据体量大、数据类型多样、数据处理速度快、数据价值密度低。即从海量的、多类型的、数据价值参差不齐的数据中（中国裁判文书网可以作为一个数据来源的参考），快速地筛选出与目标值更加接近的数据（与待审案件匹配度高的案例）。从统计学的角度来分析，样本空间容量越大，覆盖面越广，统计结果的置信度越高，也越接近真实。而之前人们在进行样本统计时，一般选取样本容量较小的原因有两方面：一是缺乏大数据技术支持，很难获取到大量的统计数据；二是缺乏人工智能技术支持，样本容量过大时，在统计分析时会导致人力、财力或物力的大幅消耗，成本过高。如今随着人工智能技术与大数据技术的飞速发展，已经从技术角度逐步解决了上述两个难题，从而具备了推动智能辅助审判模型发展的技术基础。

3. 人工智能技术在审判工作中的定位。人工智能技术运用在案例指导方面，是在数据、技术以及理念方面的全新尝试。所谓“君子善假于物，增益其所不能”，人工智能替代的是规则清晰的大量司法重复劳动，其定位应是辅助审判工作而非取代审判工作。但在未来，有没有这个智能辅助带来的差异将是巨大的。有“智能辅助”的法官与没有“智能辅助”的法官之间无论是专业程度、工作效率质量都可能是数量级上的差距。“善假于物”的法官，能够更加快速地把案卷“吃透”，专注于审判核心业务，才是“更像法官的法官”。但我们也要看到，审判工作的复杂性远超人工智能目前所能处理的问题，探索建立科学、高效的人工智能模型，仍然需要不断的尝试与探索。

（二）大数据技术在智慧法院建设过程中的应用场景分析

1. 利用大数据技术深度挖掘法院相关数据资源价值。近年来，“大数据”越来越广为人知，合理运用大数据技术中蕴藏的巨大价值，有助于提升司法能力、提高司法公正、促进法院与社会公众良性互动。大数据技术不仅意味着处理大量的数据。它与传统的数据处理技术相比，除了数据容量更大的表象特点之外，还体现出一些其他特点。国际数据中心 IDC 的报告中对大数据给出了如下的属性定义：“大数据技术描述了一个技术和体系的新时代，被设计于从大规模多样化的数据中通过高速捕获、发现和分析技术提取数据的价值。”这个定义刻画了大数据的 4 项显著特征，即数据体量大（volume）、数据类型多样（variety）、数据处理速度快（velocity）和数据价值密度低（value）。这就是通常所说的“4V”定义。大数据分析作为一种新型的研究范式和决策辅助方法，正无孔不入地渗透到社会生活的方方面面，为人类活动提供信息参考。法院工作领域也不例外。除案件相关领域的数据外，司法活动本身也在源源不断地产生案件判决、庭审笔录、庭审视频、证据材料等各类业务数据。此外，社会各界对于审判活动有着密切的关注，各大门户网站、社交媒体上均存在大量对审判案件、某个法院甚至某个具体法官的报道和评论，如何有效应对这些舆情信息，也是法院面临的新课题、新挑战。依托大数据技术，对海量异构的案件数据、审判业务数据及互联网舆情数据的分析，并将三者有机地统一起来，将会为法院工作智能化、司法公正的促进、法院资源的优化配置、法院与社会公众的良性互动等方面都提供有益的辅助支持。

2. 大数据技术有助于法院对资源进行优化配置。可以建立针对案件审理流程的大数据分析模型。例如，通过大数据技术对案件繁简分流及合并拆分审理等过程中的规律进行分析，辅助进行案件繁简分流及合并、拆分审理的决策建议，提升法院工作效率。可以应用大数据技术测算不同庭室的审判工作量，辅助评估每个法官、法官助理及书记员的办案质量、效果及专长，并进行审判人员的优化配置。特别在当前的司法改革工作中，以大数据为依据，科学进行调查研究，科学测定法官、司法辅助人员的工作量，科学推动审判权监督管理方式改革，科学推动审判辅助及案件执行改革，从而确保法院司法改革取得应有的实效。

3. 大数据技术可以对类型化案件进行归类、总结、分析，从而助推社会管理。可以建立针对审结案件的大数据分析模型，对不同数据源的数据进行比对、关联、分析和预测，对原本以碎片化电子数据存在的全体案件样本进行相关性分析，形成数据化的统计和规律，从而对社会管理以及相关行政单位的工作产生预警、辅助决策等作用。例如，对经济犯罪类案件进行大数据分析，就可能会获取廉政管理方面的预警参考；对未成年犯罪案件的大数据分析，有助于总结对未成年管理、引导方面更科学的办法；对某一地区行政类案件的大数据分析，就可能为今后的行政立法、行政执法提供更加妥善的决策依据。

4. 大数据技术可以辅助促进法院与社会公众的良性互动。在当今网络信息时代，公众对审判信息需求量越来越大，对司法公开的信息及时性要求越来越高。法院工作领域的热点多、触点多、燃点低，公众在互联网上的舆论可能包含改进法院工作的有益建议，也可能是基于信息不对称或错误信息而产生的不符合实际情况的认识，后者常常给相关法院的工作人员带来压力。在坚持审判独立原则的前提下，可以应用大数据技术，及时捕捉舆情传播的热点，进行舆论风险预警和适当的、及时的信息发布，从而构建法院与社会公众的良性互动关系，此举有助于缓解舆论对于法院的压力，辅助审判独立地实现。同时，大数据技术可还以帮助法院干警从众多司法业务数据和互联网信息中挖掘司法为民目标的实现和提升路径，进而辅助提高社会公众对司法工作的满意度。

综上所述，大数据技术可对法院的多项工作提供支撑。对数据进行分析挖掘，可以发现隐藏在大量细节背后的规律。依据规律，可预测未来。收集分析海量的各种类型的数据，并快速获取影响未来的信息能力，这正是大数据技术的魅力所在。

四、一中院在智慧法院建设方面取得的实效及成果转换

我院经过20多年的不懈努力，信息化建设取得了一定成绩，但也存在一些薄弱环节。为切实推动智慧法院建设落地生根，发挥实效，课题组深入研究大数据技术、人工智能技术等先进技术在法院的运用场景，通过系统深度调研论证，从着力破解信息碎片化问题、

着力解决系统兼容性问题、着力增强服务司法审判精准度、着力提高全域管理效能、着力满足不同群体司法需求 5 个方面入手，大力推进一中院加快推进智慧法院建设，工作取得了初步的成效。

（一）统一建设思路，着力破解信息碎片化问题

解决数据信息碎片化问题，顶层设计是关键，必须统一建设思路、系统整体推进。只有从领导层面加强统筹协调、狠抓落实，才能找准症结，精准发力，着力破解难点性、“瓶颈”性的问题，提质增效。

我院党组始终将信息化建设作为“一把手”工程，结合最高人民法院和北京市高级人民法院的统一部署，构建了“一键登录、全网融合”的一个总体目标，强化制度化、全流程两大保障，突出服务人民群众、服务审判执行、服务决策管理三条主线，建构业务审判、执行指挥、司法辅助和诉讼服务四大中心，提供智能匹配响应、数据交互共享、流程节点监控、系统优化集成、网络安全保障五大支撑的“12345 建设模式”。在此建设模式下，我院智慧法院建设合力显著增强。

（二）强化系统集成，着力解决系统兼容性问题

解决系统兼容性不强问题，核心是强化系统集成，打破系统间数据壁垒，让各系统数据互联、共通、互享。通过充分论证和调研，我院精心打造信息化管理系统智能集控中心。通过集控中心，对我院现有 14 个平台、97 个子系统进行系统集成，大大提高了系统兼容性和数据流通性。该中心以服务人民群众、服务审判执行、服务决策管理三个板块为依托，全领域、全方位、全流程地覆盖了本院工作的全部内容。

服务人民群众板块包括网上立案、网上查询、网上诉服、网上新媒体、网上司法协作等五大平台，集成近 40 个子系统。服务审判执行板块涵盖审判智能辅助、审务智能辅助、执行智能管理、审判质效管理四大平台，集成近 30 个子系统。服务决策管理板块涵盖网上办公、辅助决策、党建队建管理、干警绩效管理、服务保障管理五大平台，集成近 30 个子系统。此外还实现了与执行指挥平台系统和融媒体中心平台系统的有序衔接。信息化管理系统智能集控中心的建设，有效实现了院内信息化资源的高度整合和技术服务的全面升级。

（三）强化大数据分析，着力增强服务司法审判精准度

智慧法院建设主要依托大数据与人工智能技术，其关键是司法数据资源的“质”与“量”，充分、准确的法律数据基础是大数据分析和人工智能应用的基本前提，是智慧法院建设的基础条件。

为增强服务司法审判精准度，我院精心打造了法官办案智能辅助系统。系统涵盖包括刑事 18 个案由，民事 92 个案由，行政诉讼 9 大领域共计 119 类常规案件，依托 27 个办案智能辅助功能点，打包集成、系统呈现，一体化满足法官办案所有需求，为法官提供全方位、全流程、便捷化、智能化的系统辅助服务。

系统以法规数据库、案例数据库、文书数据库、文献数据库、案卷数据库为基础数据支撑，构建涵盖我院建院以来 48 万余册档案卷宗，以及全国海量文书和 200 余万部法律法规、11 万例典型判例等在内的海量云端司法审判综合数据资源，为系统功能实现提供了全方位的数据支撑。

利用大数据技术，以“诉前、立案、审理、结案、执行、归档”业务流程为轴线，通过对海量案件各类社会化指标数据的大数据分析，有效实现对类案动态变化趋势的前瞻性预测分析。系统可提供包括交通肇事、房屋租赁、离婚纠纷、行政征收等15类案由的裁判偏离度及案件特点可视化分析，可实现“智能辅助阅卷”“智能推送信息”“文书一键生成”“案件偏离度分析”等四项主要功能，涵盖我院85%以上案件量。

利用人工智能技术，将法官日常重复度较高的工作，如信息核实、数据填写、文书校对、案件阻拦等工作，通过智能技术，由机器自动完成，从而提高法官工作效率。

法官办案智能辅助系统的建设，是我院智慧法院建设的重要成果之一，系统为领导决策管理和审判资源优化配置提供系统化、精准化的司法决策参考，助力实现司法体系和能力的现代化。该系统已在我院民六庭、团河法庭、立案庭试用，效果显著，据实际测试结果显示，该系统可为法官节省至少30%的办案时间。

（四）强化制度建设，着力提高全域管理效能

为实现智慧法院的建设目标，全域提高法院工作全域管理效能，确保智慧法院顺利落地，必须推进配套的制度建设。

针对审判管理需求，加强审判质效、人员绩效管理平台建设。升级改造“审判质效、人员绩效评价系统”，构建“四库两平台”系统架构模式，以全员基础数据库、审判质效数据库、人员绩效数据库和廉政信息数据库四大基础数据库为基本数据支撑，通过数据交互共享，为“大数据分析平台”和“个性化服务平台”提供智能化定制服务，对审判质效、人员绩效进行个性多样、分类化、智能化的综合分析研判。

针对行政管理需求，加强政务平台建设。精心打造网上办公平台、流程节点管理平台、辅助决策平台、党建队建平台、政务管理平台等五大平台，包括30多个子系统，涵盖服务、保障、管理工作全要素领域，进一步提升司法服务管理的信息化水平。服务精准决策、科学决策、全面决策。

针对“三同步”工作需求，升级改造网络舆情监控管理系统，通过实时采集海量互联网多媒体信息和关键词高频检索，有效实现对涉诉舆情的自动甄别、及时预警、有效应对、超前防范，做到精准识别、深度研判、管控风险、有效应对，进一步提升“三同步”工作实效性。

（五）强化诉讼服务体系建设，着力满足不同群体司法需求

为满足不同群体司法需求，我院经过深入调研，强化司法服务体系建设，从对内、对外两方面着手，提升司法群体满意度。

一是对内向法官提供精准化、便利化审判辅助功能。智能辅助阅卷功能，对案件电子卷宗进行深度分析，通过案件前置文书的深度解析，提供本案件的事实查明指引、询问指引、裁判指引、证据链指引，帮助法官迅速定位案件要素特征，从而达到“数据助审”的智能化效果，实现对法官办案的针对性辅助。文书一键生成功能，根据法官选中的电子文件，自动分析案件类型和审级，对电子文件进行识别、解析，一键生成裁判文书，避免大量文书制作上的重复劳动。智能推送信息功能，在诉讼的各个阶段分别提供案件要素直观展示、相关知识直观展示、相关知识精准推送、类案案情快速了解等服务，满足法官多方面需求。案件偏离度分析功能，通过积极指引和提醒辅助实现办案流程、裁判尺度、文书撰

写等审判工作的规范化，对法官办案的审判规范化执行情况及时预警，助力实现审判规范化。自动分案功能，依据均衡填平原则智能均衡分案、实现了透明、公正、科学的案件分配机制，科学解决案件分配不均衡问题。庭审语音转录系统，语音转换识别准确率达98%以上，在我院全面推广使用，大大减轻书记员庭审工作压力。集约送达一体化功能，由司法文书综合服务平台与文书送达服务人员相配合，提供一站式、一体化的集约服务，并与阿里电商、公安户籍地址库智能对接，通过大数据抓取，科学解决送达地址无法获取的问题。

二是对外向群众提供系统化、智能化诉讼服务体系。采取线上线下服务功能深度融合方式，构建“立审执破”一体化工作格局，打造集30余项功能于一体的诉讼服务体系。依托大数据资源库支撑，实现4万余项诉讼程序问题和3万余项实体法律问题的实时应答，以及网上立案、调解、告知、预约、缴费、送达等全流程线上服务。京津冀网上双向跨域立案系统，有效利用扫描上传电子材料、视频验证当事人身份等信息技术手段，实现京津冀三地中院层面双向同步跨域立案，减轻当事人诉累，提升立案效率。移动微诉讼服务平台，以诉前立案、智能审判、执行信息和智能辅助四大板块为支撑，将最常用、最实用的诉服功能打包植入移动端微信平台，实现网上立案、网上保全、在线调解、执行信息查询等功能全覆盖。诉讼风险提示平台，为涉诉当事人提供15种涵盖85%以上常见案由的诉讼风险提示，通过大数据分析手段、图谱生成风险评估报告，并通过类案参阅等方式，超前提示诉讼风险，引导当事人理性诉讼。诉讼档案调阅“O2O”服务平台，利用移动端微信平台为当事人、诉讼代理人、执业律师提供实时诉讼档案调阅服务，打破诉讼档案调阅空间、时限限制。网上同步保全服务平台，提供实时全程线上办理，有效提升财产保全便捷性和成功率。

五、结语

我们已处在了智能时代、大数据时代的起点，尽管还不能完全洞察这一伟大时代的全貌，但技术的革新已让我们体会到了科技的力量和社会的变革。智能辅助办案系统的使用，审判质效、人员绩效大数据分析平台的建设以及智能语音转写系统的全面使用，一次次将高新技术融入了审判事业，从技术上改变了传统的工作模式，法院作为法治社会的重要支柱，应积极面对智能技术、大数据技术引发的这场变革，拓宽视野，奠定基础，积累经验，培育人才，为更加公正、高效、科学、公信的司法实践积蓄现代化的科技力量。

司法改革背景下法院教育培训工作体制机制创新研究*

一、引言

《管子·权修》有云:"一年之计,莫如树谷;十年之计,莫如树木;终身之计,莫如树人。"教育培训正是培育人才的重要方式。而法院的教育培训,是一种直接为法院审判执行工作服务的职业教育,也是一种与高等法学学历教育相衔接的继续教育和终身教育。它是提高法官职业化、精英化的重要途径,也是衡量一个国家法官制度成熟度的重要指标,其发展直接关系法官的素质提高和司法能力的增强。①

党中央历来重视干部教育培训工作,《干部教育培训工作条例》规定:"适应形势任务发展变化,遵循干部成长规律和干部教育培训规律,坚持开放办学,完善培训内容,改进培训方式,整合培训资源,优化培训队伍,不断推进干部教育培训理论创新、实践创新、制度创新。"最高人民法院在《人民法院第四个五年改革纲要(2014—2018)》提出,"严格以实际需求为导向,坚持分类、分级、全员培训,着力提升法官的庭审驾驭能力、法律适用能力和裁判文书写作能力。改进法官教育培训的计划生成、组织调训、跟踪管理和质量评估机制,健全教学师资库、案例库、精品课件库。"

党的十八大以来,以孟建柱为书记的新一届中央政法委员会高度重视政法教育培训工作。最高人民法院周强院长在全国法院第六次教育培训工作会议上强调,要坚持需求导向,以坚定理想信念为首要任务,以提高司法能力为主线,全面深化教育培训改革,全面提升教育培训质量,全面提高法院队伍能力素质,大力推进人民法院队伍正规化专业化职业化建设,为实现"让人民群众在每一个司法案件中感受到公平正义"目标提供坚实的人才保障和智力支持。北京市政法委将教育培训纳入重要议事日程,作为综治考核内容每年下发工作要点。北京市高级人民法院党组书记、院长杨万明在高院党组会和司改领导小组办公会议上指出,党组要加强对教育培训工作的领导。一是培训目的要变,通过培训,使法官能够准确、快速审理好案件,胜任岗位。二是培训思路要变,跟上改革步伐,充分利用现代化信息手段抓好网络教育,积极探索研讨式等培训形式。三是培训定位要变,推进法官职业化建设,做到"先胜任、后提高"。

---

* 课题主持人:赵明超,课题负责人:常庆锋、张琳、潘洁,课题组成员:韩卓然、乔立、闵雪、赵松、钟贝,执笔人:韩卓然。

本课题为2016年院级综合性课题。

① 金俊银:《中国法官教育培训工作的回顾和展望》,载《西部法学评论》2010年第4期。

当前,司法改革稳步推进,其目的是让审理者裁判,让裁判者负责,加速法官的职业化、精英化进程。如何按照最高人民法院和北京市高级人民法院的要求,探索创新符合我院实际的教育培训工作体制机制,实现教育培训工作的体系化、科学化、规范化,为我院干警提供真正适合司法改革形势、真正满足提升司法能力要求的培训课程,为建设首善之区先进法院培育水平一流的法官,成为亟待解决的问题。

本课题立足我院教育培训工作现状,在总结我院教育培训现有体制机制及工作经验的基础上,分析我院教育培训在思想动员、职能发挥、培训效果以及考核评估等方面存在的问题,探寻问题发生的根源,并就如何在司法改革背景下,构建更加体系化、科学化、规范化的教育培训体制机制提供对策建议。

二、我院教育培训工作现状

长期以来,我院教育培训工作在院党组的领导下,积极适应司法改革要求,围绕审判执行中心工作,以培育高素质人才队伍、提升审判执行工作质量水平为目标,整合培训资源,丰富培训内容,创新培训方式,坚持按需施教、分类施教、系统施教,加强培训管理,狠抓学风建设,在全院干警中营造了浓厚的学习氛围,干警综合能力不断提升,教育培训工作成效逐步显现。

(一)具有我院特色的培训模式初步形成

一是强化领导。院党组每年初对我院教育培训年度工作计划进行审议研究,并作出决策部署。政治部及时向各部门传达培训计划,并按照计划要求严格落实各项培训任务;每季度统计组织参加培训情况,向各部门进行反馈,确保各部门对本部门的培训情况及工作进度做到心中有数;每半年组织各部门负责人及优秀干警代表召开会议,研判当前教育培训工作形势,有针对性地部署之后半年的教育培训工作,确保教育培训工作始终处在有力的组织领导之下。

二是构建体系。《干部教育培训工作条例(试行)》规定,要把握干部的成长规律和教育培训需求,分级分类地开展干部教育培训,激发干部学习的内在动力和潜能,增强干部教育培训的针对性实效性。我院在教育培训工作中,严格按照分级分类培训要求,构建了院庭两级管理体系,形成了由院党组统筹领导,政治部组织协调,各部门具体落实,全院干警积极参与的教育培训工作格局(见图1)。院级培训包括周末讲堂、精品课堂、忠法论坛、业务比赛等,其中忠法论坛由组宣处主办,其他培训均由教育培训处主办。庭级培训包括集中脱产培训和部门自主培训,以各部门自办为主,围绕审判执行工作热点难点问题和薄弱环节,有针对性地开展培训。上级培训方面,政治部根据最高人民法院、市委政法委、市委组织部、市高级人民法院等上级机关的培训要求,分别联系各部门完成专题集训、专项调训及在线学习等培训任务。

三是完善制度。首先,严格培训管理。要求各部门在每次组织培训之前,都明确课前调研人、课中研讨人、课后效果评估人、培训联系人和负责领导,并要求负责领导严格落实请销假和考勤制度,确保培训全过程均有人负责。其次,纳入业绩考评。始终把教育培训纳入部门业绩考评的主要内容,并紧密结合当前司法改革形势任务要求和法院工作特点,组织修订了《部门业绩考评实施办法》中教育培训工作有关条款,对部门组织自主培训、兼职教师授课等条款进行了细化和明确。政治部除每季度统计、反馈各部门培训情况外，还针对上述情况考核打分，公布干警的参训情况和参训学时，督促干警和所在部门落实培训工作。最后，坚持效果评估。坚持把干警对培训的满意度，作为检验培训效果的重要指标。培训结束后，组织干警填写《培训质量评估表》，掌握干警对培训内容、师资、培训方式等作出的评价和提出的建议，为研判培训中存在的问题，有针对性地提升教育培训质量提供支持。

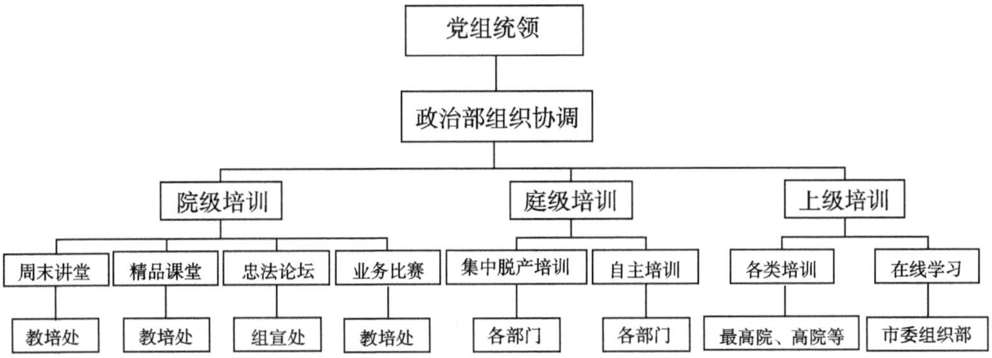

图 1　我院教育培训体系

（二）教育培训覆盖面逐步扩展

一是突出思想政治教育。当前，司法改革进入深水区，做好司法改革过程中的思想政治工作，确保司法改革顺利实施，是我院思想政治建设的重要任务。我院始终坚持把思想政治教育放在教育培训的突出位置，在两次法官入额工作过程中，都通过专题会议的形式，加强对司法改革的政策宣讲，教育引导干警从党和国家工作全局的战略高度来认识司法改革，并通过忠法论坛这一教育培训平台充分听取干警意见，广泛凝聚改革共识，激发干警投身改革、支持改革的积极性。

二是抓好司法业务培训。首先，结合各类培训不同侧重点，通过组织审判业务集中脱产培训、部门自主培训、精品课堂，从法律适用、难点解析、典型案例等不同角度加强司法业务培训，提高干警的司法能力和办案水平。其次，根据司法人员分类管理的改革要求，区分法官、法官助理、书记员等不同岗位的能力要素和培训需求，分别从庭审驾驭、证据审查、文书制作、庭审记录等不同方面加强业务培训，提高审判质效和司法规范化水平。最后，重点围绕《刑法修正案（九）》，《民事诉讼法司法解释》，最高人民法院《关于审理民间借贷案件适用法律若干问题的规定》（以下简称《民间借贷司法解释》），最高人民法院、最高人民检察院《关于办理贪污贿赂刑事案件适用法律若干问题的解释》（以下简称《办理贪污贿赂案件司法解释》）等一系列新近颁布施行的法律法规、司法解释开展培训，帮助干警第一时间把握新法精神，实现新旧法更替阶段的平稳过渡。

三是办好特色培训品牌。

1. 周末讲堂。以开阔干警视野为培训目的，以中层干部为主要培训对象，鼓励其他干警积极参学，利用周五学习时间，重点开展有关国情市情、社会热点、心理健康等内容的培训。先后邀请中国社会科学院、国防大学等科研院校的知名专家教授来院授课答疑，参训干警数量逐年增多，帮助干警丰富了知识储备，完善了知识结构，提高了综合素质（见表1）。

表1 2016年周末讲堂历期情况

期次	主题	授课人	参训人数(人)
1	“一带一路”倡议解读	中国社会科学院亚太与全球战略研究院区域合作研究室主任王玉主	90
2	宏观经济形势与“十三五”发展	国家发展和改革委员会对外经济研究所所长毕吉耀	110
3	当前国家安全工作总体形势	北京市国家安全局副局长郭志坚	80
4	专题报告、调研报告的撰写方法和技巧	北京市第一中级人民法院办公室副主任郑伟华、研究室副主任伍涛	80
5	国家安全形势及筹划	中国人民解放军国防大学战略研究所教授金一南	320
6	北京市律师工作简介	北京市律师协会秘书长高鹏	80
7	心理疏导与压力调适	北京市回龙观医院院长杨甫德	80

2. 精品课堂。创新教育培训方式，改变传统的讲授式教学方法，通过开设精品课堂，以案例教学的方法开展教育培训。精品课堂每季度举办一次，由政治部指导，业务庭轮流承办，员额法官和优秀干警积极参与。精品课堂因授课内容丰富、授课形式新颖、授课效果突出，得到了学员的认可，也得到了兄弟法院、上级法院和国家法官学院的充分肯定，已成为我院的教育培训品牌。精品课堂授课团队已多次赴高校、国家法官学院北京分院授课，并在国家法官学院举办的全国法院法官培训师资研修班进行经验介绍及推广（见图2）。

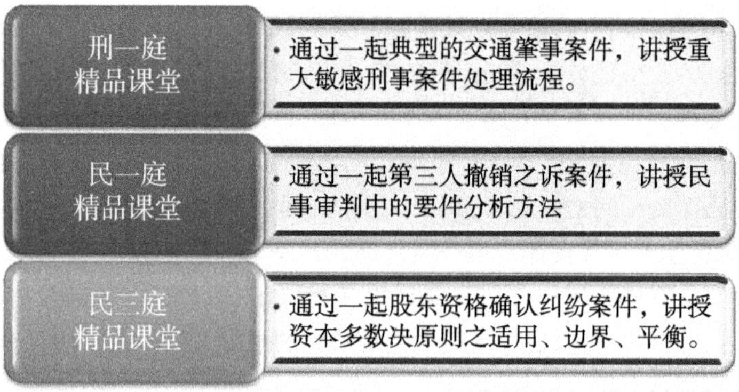

图2 精品课堂历期内容

3. 忠法论坛。采用研讨式培训方法，广泛关注并及时收集司法改革过程中法院工作遇到的热点、难点问题，从宏观角度确定研讨主题，组织中层领导、优秀干警展开研讨，并邀请知名专家学者进行点评。通过举办忠法论坛，凝聚了干警思想共识，提升了审判执行队伍战斗力（见表2）。

表2 忠法论坛历期主题

期次	主　题
1	法治思维与裁判方法
2	理性看、务实办——化解涉诉信访矛盾的“术与道”
3	合力构建法律共同体——法官与律师良性互动的三个维度
4	司改大势下青年法官的定力与定位
5	让公正看得见——裁判文书记载与说理改革探讨
6	聚焦审判团队的构建与运行

4. 业务专题培训。以提升业务能力为目标，以传统教学手段为方式，充分发挥业务庭主观能动性，由各部门在年初广泛征求干警意见建议的基础上，紧密围绕业务范围确定年度集中脱产培训和自主培训专题，自主联系培训师资开展培训，干警普遍反映培训的针对性提高，取得了较以往更为显著的培训效果。

5. 业务比赛。业务比赛是检验教育培训效果的有效方式，也是提升干警能力水平的重要平台。我院每两年在全院范围内进行业务能力比赛，通过组建权威评审团队，发动干警积极参与，全面考察能力水平，奖励表现突出个人，实现以赛促练、赛练结合、人人提高。

（三）教育培训方式手段不断创新

我院积极探索案例式、研讨式等新型教育培训方式，并分别打造出精品课堂、忠法论坛两个教育培训品牌。以案例教学为培训方式的精品课堂，授课团队分工配合，案例选取典型精当，裁判方法凝练实用。以研讨式方法开展的忠法论坛，打破“师”“生”的界限区分，鼓励参与干警充分发表意见观点，实现思想的碰撞共鸣。受邀嘉宾发表的评论高屋建瓴，足以引人深思，启迪智慧。新颖的培训方式既注重培训形式，更注重培训内容及效果，对传统的授课方式形成了有力补充，极大地丰富了我院教育培训手段。

（四）培训资源得到整合

一是充分依托首都资源平台。我院依托国家法官学院等教育培训基地，对干警进行长期系统的脱产培训；依托高等法律院校的师资力量，邀请高校教授向干警传授前沿法学理论知识；依托首都科研院所的人才优势，举办专家论证会，研究解决疑难复杂案件、调研课题中的专业问题。二是积极运用信息资源平台。加强教育培训网页建设和信息发布，搭建个人移动学习平台，并进行操作培训，为干警随时随地开展自主学习提供便利，提高审判质效。三是努力完善本院师资平台。高度重视兼职教师队伍建设，建立专业齐备的兼职教师人才库，目前我院有法官兼职教师8人，法官助理和书记员兼职教师5人。兼职教师多次为本院干警及政法系统、高校授课，收到了良好的效果。

（五）培训效果逐渐显现

通过不断创新教育培训手段，不断充实教育培训内容，不断整合教育培训资源，我院教育培训工作效果逐渐显现,审判执行各项工作得到有效推进,审判执行队伍战斗力得到明显提高。近三年来,我院已先后向中纪委、最高人民法院等中央机关、国家部委及北京三中院、四中院、知产法院输送优秀干警近160人,多个集体和多名干警先后获得"全国法院先进集体""全国巾帼文明岗""全国优秀法官""全国办案标兵""全国优秀青年卫士"等荣誉称号,多名干警撰写的学术论文在全国法院学术论文比赛中获得奖励,我院人才培养已呈现遍地开花的可喜局面。

三、我院教育培训工作存在的症结性问题及原因分析

(一)我院教育培训工作存在的症结性问题

一是有关部门的重视程度不够。综合职能部门一般将工作重心放在管理层面,而忽视了在本部门职责范围内对业务部门进行教育培训的重要意义,未能将本部门职责及工作要求通过培训的方式向业务部门进行讲解,导致业务部门既缺乏对综合部门工作要求的全面深入认识,又缺乏配合综合部门工作的积极性,且在遇到问题后只能逐个向综合部门询问解决,降低了工作效率。

二是个别课程的培训质量不佳。培训内容方面,我院之前的教育培训更多立足于审判实践,再辅之以思想政治、健康知识等方面的内容,尚不能完全满足干警的培训需求。除正确适用法律,妥善调处纠纷外,庭审驾驭和裁判文书写作也是法院干警在审判执行工作中最需要提高的能力。但是关于文书写作技巧的专题辅导多,经验交流少,关于庭审驾驭的技能更是鲜见于教育培训的讲台。在调研过程中,有相当比例的干警在回答调查问卷时认为,在审判实务之外,还应加强对法学理论、综合协调能力及信息化运用能力的培训(见图3)。

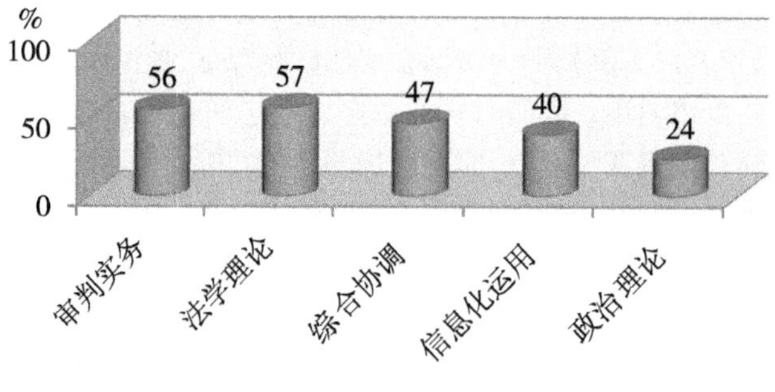

图3 调查问卷中干警希望通过培训提升的能力

培训形式方面,传统教学方法仍然是大多数部门自办培训班的主流授课方式,形式陈旧、缺乏互动,在很大程度上影响了培训效果和干警的参训积极性。培训效果方面,个别授课老师与参训部门之间缺乏沟通,不能充分了解培训要求,导致授课内容偏离培训主题,个别老师的授课内容不能贴近经济社会发展形势或最新法律规定,影响了培训效果。

三是培训激励手段不多。我院在教育培训考核工作中建立了以培训学时和培训效果为主的干警个人培训考评体系,以及是否完成教育培训工作任务为标准的部门培训考评体系,考核方法中相对缺少竞争激励手段,尚不能充分调动干警参训的积极性和主观能动性。课题组在调研中发现,以重庆市、青海省为代表的部分地方法院以干警自选培训课

程、赴外地参加脱产培训作为激励手段，每年在广泛征求干警参训意向的基础上，积极联系高校，确定“菜单式”培训课程，组织干警赴高校参加脱产培训。干警参加此类培训，既能化零为整，将分散的培训时间点集中到一个时间段，全神贯注投入学习，提高培训的实效性，又能从繁重的审判执行任务中暂时“解脱”出来，参加自己感兴趣的课程，全方位提升能力素质，服务于审判工作。这一形式将干警从以往被动参训，转化为自主选课、主动参训，值得我们借鉴。

四是培训的体系化程度不足。我院特色的培训模式虽已初步形成，但是尚未形成完整的教育培训体系，突出表现为培训参与部门及参训干警注重眼前任务较多，注重长远发展不够。培训内容方面，各部门往往将目光集中于审判执行难点热点问题的研究，以利于推进当前的审判执行工作，但忽视了本业务领域经验方法的总结；培训方式方面，干警尚未完全适应新颖的授课方式，个别干警与授课老师互动的积极性不高，参与感不足；培训效果方面，各培训参与部门更多着眼于个案或类案问题的解决，但未能充分调动本部门优秀人才在培训过程中发挥作用，不利于参训干警更好地提升能力水平。

五是与司法改革衔接不畅。首先，培训对象有待调整。司法改革完成后，法院工作人员将分类为法官、司法辅助人员及司法行政人员，原有的以法官、书记员、法警确定培训分类体系的做法，已不能契合司法改革的分类管理要求。其次，权责规定有待明确。司法改革的重要任务之一是去除司法行政化，健全权责统一、权责明晰的司法权力运行机制。其中，理顺司法权与司法行政事务权是应有之义。以往的教育培训工作更多地体现出司法与司法行政事务并行的特点，已逐渐不能适应司法改革形势任务要求。我们既要根据司法改革的精神，将法官从多重事务性工作中解脱出来，又不能偏废教育培训工作，使法官失去在培训中得到提高的机会，这一结论对于法官助理和书记员同样适用。因此，满足这一要求的教育培训体制机制创新已势在必行。另外，法官、法官助理、书记员将各司其职，履行不同于司法改革之前的工作职责，撰写裁判文书、约谈当事人等重要程序性工作或将改由法官助理完成，以往只简单区分审判员和书记员的分工已不能适应新的形势要求。届时，有必要从院、庭两级层面，对法官和司法辅助人员进行新一轮培训，保障一线干警更好地明确并履行责任。

（二）原因分析

一是个别部门忽视培训意义。个别部门存在重业务、轻培训，重实务、轻理论，重使用、轻培养的思想，不能正确看待教育培训在提高理论水平、提升司法能力、培育优秀人才方面的重要作用。上述问题既导致部分综合部门未能及时结合本部门职责，向其他业务部门开展培训，又导致个别部门参训不积极，干警参训走过场，使参训效果打了折扣，还使部门在组织自主培训时，不能积极联系优秀师资，对干警要求放松，影响了培训质量。

二是部分干警工学矛盾突出。司法改革虽然提高了审判团队的运行效率，但我院作为首都的中级人民法院，案多人少的矛盾依然突出，部分干警在担负繁重审判执行任务的同时，难以保障足够的培训学习时间，甚至会产生教育培训占用、挤压正常工作时间的消极想法，进而影响了参训积极性和培训质量。

三是培训资源力量有限。聘请师资方面，市高级人民法院下发的《北京法院培训费管理规定》规范了北京市法院培训讲课费的支付标准，但是该课酬标准较低，受该标准制约，教育培训部门、业务庭室邀请部分社会优秀师资存在实际困难，在一定程度上影响了授课师资的水平和培训课程的质量。教培力量方面，为保障业务部门办案力量，教育培训部门实有人数长期低于编制数量，也在一定程度上影响了教育培训工作质量。

四是效果评估仍需不断完善。我院虽已建立了以培训学时和培训效果为主的培训考核标准，但对培训效果的评估尚显不足，培训激励手段不多，易使干警忽视培训内容的重要作用，产生只需签到、无须听讲的错误想法。培训过程中，存在个别干警签到后不久即离场的情况，也反映出加强培训效果评估和激励的重要意义。

四、司法改革背景下创新教育培训体制机制的对策

创新法院教育培训体制机制，就是要紧扣当前司法改革背景，创新法院教育培训的管理体制、培训机制。具体到我院教育培训工作当中，则应在以往经验做法的基础上，进一步完善管理体制，健全培训机制。

（一）完善管理体制，发挥整体效能

一是充分发挥党组示范引领作用。中心组学习是领导班子和领导干部在职学习的重要组织形式。[①] 中央机关在2000年9月发布的《关于加强和改进党委（党组）中心组学习的意见》以及2008年9月发布的《关于进一步加强和改进党委（党组）中心组学习的意见》中规范并完善了中心组学习制度。多年来，我院党组学习已成为加强我院领导干部理论学习的重要载体。在今后的工作中，院党组将继续通过组织学习，进一步深入领会上级机关工作要求和文件、会议精神，特别是司法改革相关精神，并通过有效形式向干警传达，为推动全员学习、投入改革发挥示范引领作用。同时，党组通过在年初听取政治部关于教育培训工作计划的汇报，统筹部署全年的教育培训工作，确保教育培训工作始终处于有力的组织领导之下。

二是充分发挥政治部协调推动作用。首先，政治部要根据党组部署，在充分听取干警意见的基础上，制定既覆盖法官、审判辅助人员、司法行政人员，又满足三类人员培训需求的全院教育培训计划。特别是要按照杨万明院长讲话精神，区分常规案件、疑难复杂案件逐步开展培训，确保法官先胜任职责要求，再实现能力提高。其次，政治部要提示各部门重视司法改革后法官人均案件数增多、个别法官难以完成审判执行任务的实际情况，督促各部门紧紧围绕业务范围，结合本部门干警能力水平，按照由常规到疑难的顺序，精准制定本部门的培训计划，尽快提升法官水平能力，完成基本工作任务。再次，政治部要及时按照上级机关关于调训的任务要求，分解培训任务，准确落实到参训部门和干警个人，并向对应的部门、干警传达培训通知。调训结束后，要求参训干警向本部门全体干警传达培训内容，分享心得体会，确保一人参训，人人受益。最后，开展院级培训过程中，通过过程管理机制，加强过程管理，保证每次培训都按照计划有序开展，满足干警的培训需求。

三是充分发挥各部门职能作用。引导全院各部门打破以往仅有党组统领决策、政治部组织协调的狭义培训概念，在全院范围内树立“大培训”观念，充分发挥各部门的主体作用。业务部门作为最了解本部门干警培训需求的单位，应及时全面掌握干警意向，听取

---

① 晓山：《干部教育培训工作二十六讲》，人民出版社2014年版，第111页。

审判团队意见，将教育培训有关要求传达到每名干警，并在举办自主培训过程中邀请优秀师资，严格培训纪律，确保培训效果。综合职能部门也应站在全院高度，将本部门的职责范围和工作要求及时通过教育培训的方式向各业务部门进行讲解，保证业务部门的干警充分了解各项事务性工作的初衷，更加积极主动地完成工作任务。

四是充分调动干警参训积极性。要打破以往将干警作为培训对象的狭义培训观念，充分认识干警在教育培训中的主体地位和教育培训提升干警司法能力的目标，按照司法改革人员分类标准，充分了解员额法官、司法辅助人员及司法行政人员的不同培训需求，特别是注重收集法官对于增多的审判任务产生的困惑，充分听取他们的意见建议，最大限度地为干警提供形式新颖、内容丰富的学习培训机会，特别是脱产学习机会。

（二）健全培训机制，确保各项培训质量效果

任何一项教育培训工作都不可能一蹴而就，需要组织部门、参训部门及干警在整个培训过程中密切配合。我们要通过健全计划生成机制、过程管理机制、师资优选机制、人才参与机制和考核评估五项培训机制，保障我院各项特色培训质效取得预期效果。

1. 计划生成机制。年初按照员额法官、司法辅助人员、司法行政人员的分类，广泛征求全院干警培训需求，特别是注重收集当前时期干警对于司法改革存在的相关疑惑，注重收集与在横向、纵向领域扩展出的培训内容相关的专题，注重收集关于提高培训针对性、实效性和创新培训方法等建议，确定全年的培训目标。在确定培训目标的基础上，依次确定培训对象、培训内容、培训课程、培训类别、培训师资、培训方法、培训时间及培训经费，拟定全年的培训计划，确保全年的培训工作有的放矢，顺利推进。（见图4）

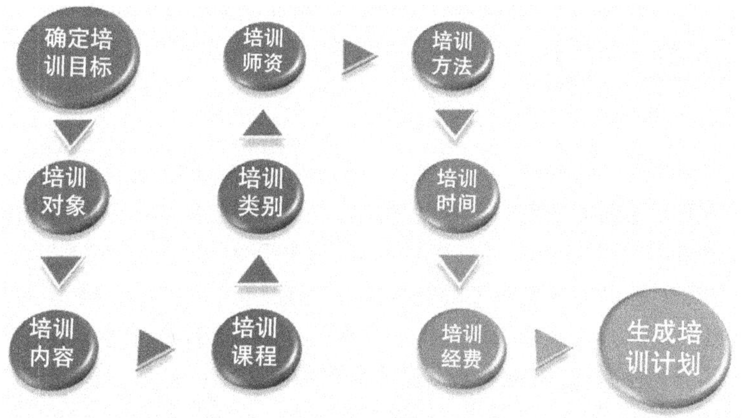

图4 培训计划生成机制

2. 过程管理机制。在以往工作的基础上，结合不同培训方式的特点，加强培训过程管理。

首先，加强业务专题培训管理。继续要求各部门明确课前调研人、课中研讨人、课后效果评估人、培训联系人和负责领导，严格落实请销假和考勤制度。政治部引导各部门打破以往仅注重如何正确适用法律的狭义培训观念，将培训内容在纵向上扩展到庭审驾驭、息诉服判和裁判文书制作等涉及审判执行业务的各个方面，在横向上扩展到涉及经济社

会发展、市情区情及历史人文知识的更广层面。通过培训内容的调整，确保法官不仅精通自己审判领域的案件办理，而且掌握其他审判领域的法律规定；不仅擅长审判业务，而且通晓社情民意；不仅能够化解个案矛盾，而且能够服务社会大局稳定。

其次，加强精品课堂过程管理。每期精品课堂筹备之初，政治部通过与承办业务庭沟通，明确案例教学的基本要求，即要求业务庭总结、提炼裁判方法或理论经验，选取经典案例，以案例为载体阐释方法、经验，全面展示由司法实践升华到理论，再运用理论指导司法实践的过程，鼓励授课团队在案例教学的同时，充分运用研讨式教学方法，与参训干警互动。业务庭通过梳理、总结近一段时期内的重要裁判经验、理论方法，选定用以讲授的理论或方法，作为授课的核心内容，再精心选取具有典型性的案例作为展示载体，并选派庭内员额法官和优秀干警组建授课团队。授课团队围绕授课核心内容及典型案例，反复研讨授课具体内容及形式，制作教学幻灯片，力求图文并茂，实现直观易懂的教学效果。授课团队准备就绪后，政治部正式举办精品课堂，组织授课团队开展案例教学，组织相关审判、执行领域的全体干警参加培训，并邀请承办业务庭的主管院领导及权威专家到场点评。通过精品课堂培训，确保统一裁判尺度、共享审判经验、打造过硬队伍。

再次，加强忠法论坛过程管理。在筹办忠法论坛过程中，充分发挥政治工作部门优势，及时收集司法改革过程中法院工作遇到的热点、难点问题，确定研讨主题，积极邀请中层领导、优秀干警、权威专家参与研讨，确保求同存异，凝聚思想共识，提升审判执行队伍战斗力。

最后，加强业务比赛过程管理。在筹办业务比赛过程中，广泛发动员额法官、司法辅助人员积极参与，积极联系各业务部门中层领导、业务骨干组建权威评审组，全面考查员额法官的案例分析、庭审驾驭、文书制作等业务能力，全面考查司法辅助人员庭审记录、立卷归档等辅助审判能力，确保比赛过程公平、公正，达到人人参加练兵，人人得到提高的效果。

3. 师资优选机制。院内师资方面，要在现有师资库的基础上，进一步挑选新的优秀师资，完善师资配置。通过收集院内师资授课内容，不断充实、完善我院的案例库、精品课件库、优秀授课视频，并充分依托网络技术资源，供全院干警共享学习，实现教学资源的充分利用。院外师资方面，我院通过长期的教育培训工作，已经与多个业务领域的专家学者或单位领导建立了联系合作，在今后的培训工作中，力争在课酬范围之内，聘请更多业务领域内的专家、领导来院授课，确保院外师资力量可持续发展。另外，要继续积极探索以购买社会化服务的方式组织培训，极大地扩展了师资联系渠道，增强了师资力量。2016 年，我院与首都优秀科研院校签署合作协议，组织院校优秀师资来院为书记员授课，书记员的法学理论素养得到明显提升，审判辅助能力得到较大提高。

4. 人才参与机制。着力培养专家型法官，充分发挥员额法官、青年干警工作能力突出、擅长调查研究的优势，鼓励我院优秀人才走出部门，承担各类院级培训授课任务，鼓励他们走出院门，承担各级单位特别是政法系统内部、高校的授课任务，实现理论与实践的双向互动。与国家法学会、北京市法学会、市委党校等相关部门建立长期合作机制，鼓励我院优秀人才积极参与项目调研、专家资助、学术研讨、刊物投稿等活动，以项目促研究，以参与促成果，不断提高人才的素质能力、知名度和影响力，激励更多人才脱颖而出，为我院审判执行队伍长远发展贡献力量。

5. 考核评估机制。只有坚持考核评估，才能查遗补缺，更好地提高培训质量。著名人才开发专家威廉·罗斯韦尔准确地道出了培训评估的发展趋势，他说：“培训领域正在进行的一个转变是，要求培训从业人员将原来关注输入点，如关注课程、学时等，转为关注输出点，也就是关注个人、团队和组织等不同层次的绩效。”①根据柯克帕特里克提出的四级评估模型②，应当在培训后进行反应评估、学习评估、行为评估和结果评估。柯氏的评估模型在法院教育培训工作中依然适用，其中，对于结果评估，可以以干警在培训结束后一定时期内的案件审判质量作为评估内容（见表3）。

表3 柯氏四级评估模型

评估层次	评估内容
反应评估	学员对培训组织、培训讲师、培训课程的满意度
学习评估	学员在知识、技能、态度、行为等方面的学习收获
行为评估	学员在工作过程中态度、行为方式的变化和改进
结果评估	学员在一定时期内取得的生产经营或技术管理方面的业绩

我们要在以往注重考核培训学时和培训效果的基础上，更加侧重对培训效果的考核。首先，通过设计、发放干警问卷和部门问卷，分别从干警和部门的角度了解掌握培训效果。其中，干警问卷包括反应评估和学习评估两部分内容，了解干警对培训组织、授课教师、培训课程的满意度，及在业务技能、工作态度、工作习惯等方面的学习收获。部门问卷包括行为评估和结果评估两部分，了解培训结束后一段时间内，干警的工作态度、工作习惯、审判质效等是否发生了积极变化。其次，要将评估延伸到培训全过程，在计划生成阶段对培训计划中的课程进行预评估，在师资选拔、人才参与、过程管理阶段进行再次评估，并与培训结束后的评估结果进行比对，发现培训过程与培训效果之间的规律，为更好地增强培训效果提供指导。最后，尝试建立考核激励、逢晋必训机制。通过定期进行考核，对培训表现突出的干警进行表彰，激励干警投身学习的积极性，从源头上实现培训质量的提升。对于拟晋级晋职的干部，先进行政治理论和党的方针政策培训，在培训结束后重点关注培训效果，确保晋级晋职干部胜任岗位职责。

① 潘平：《老HRD手把手教你做培训》，中国法制出版社2015年版，第12页。

② 简称柯氏四级评估模型，是目前应用最为广泛的培训效果评估模型，具有简单、全面、可操作等显著特点。

与司法责任制改革同步构建完善廉政风险防控机制的调研报告*

伴随司法体制改革工作的深入，积极适应审判权力运行机制发生的结构性变化，与落实司法责任制改革同步构建完善廉政风险防控机制，是法院当前亟待解决的一个重要课题。本课题组结合我院工作实际，就新形势下的廉政风险防控机制建设进行调研，并提出对策建议。

一、当前法院面临的主要廉政风险

（一）对近年典型违纪违法案例的梳理分析

通过梳理2014年至2017年11月北京法院处理通报的违纪违法案例，当前法院出现的违纪违法问题主要有以下特点：

一是违纪违法问题高发的行为类型主要集中在违反办案纪律、违反廉洁纪律、违反管理秩序和社会道德、违反组织人事纪律四个方面。这四个方面约占到违纪违法案件总量的80%，因此，这四个行为类型的问题应当成为当前法院开展廉政风险防控工作的重点。

二是涉及审判案件的违纪违法问题数量所占比例大。其中，违反办案纪律的案件均涉及具体审判案件，违反廉洁纪律的案件大部分涉及具体审判案件。另外，因干警工作失职被处分的案件均涉及具体审判案件，领导干部因履行主体责任不力被问责的案件中也有涉及具体审判案件。综上所述，与法院审判案件有关的违纪违法案件约占到全部违纪违法案件总量的50%。因此，法院廉政风险防控工作的重心必须围绕审判工作规范、审判工作纪律的严格贯彻执行来开展。

三是法官因违纪违法被查处的数量所占比例大。在被给予纪律处分的违纪违法案件中，法官被给予纪律处分的人数约占被纪律处分总人数的70%。其中，业务庭法官违纪违法且牵扯具体审判案件的人数和行政人员违纪违法且牵扯具体审判案件的人数相对较多。因此，法院廉政风险防控工作的主要对象应是具有裁判权的法官和掌握有一定行政管理权的司法行政人员。

（二）对落实司法责任制改革后可能出现廉政风险问题的研判

一是充分放权与有效监督不能有机衔接契合可能引发审判权力滥用的廉政风险。司

---

* 课题主持人：吴在存，课题负责人：王旸，课题组成员：赵维华、张明华、肖潇、赵雅楠，课题执笔人：赵维华、肖潇。

本课题为2017年部门级重点课题。

法责任制改革的目的就是真正做到"让审理者裁判,由裁判者负责",法官独立行使审判权,对案件终身负责。在推进这一司法改革的过程中,原有的审判权力运行模式和监督机制已被打破,而新的审判权力运行机制尚在探索和磨合阶段,充分放权与有效监督如果不能达到有机契合衔接。在此情况下,一些法官业务素质能力的不足、纪律底线意识薄弱的问题就会凸显,再叠加社会人员"权力寻租"的诱惑等多重负面因素的影响,发生"人情案、关系案、金钱案"廉政风险的可能性会增加。

二是规范院庭长审判监督权与构建完善廉政风险防控机制不能有效衔接契合可能引发因权力制约设置不平衡的廉政风险。司法改革之前,法院对重大、疑难案件的监督权和管理权更多的是依托于院庭长的层层把关和审批环节。司法改革之后,以我院为例,已制定出台了《关于规范院长、庭长审判监督管理职责的实施意见(试行)》,对审判权的权力边界和审判监督权的权力边界,均已作出了比较清晰的界定。从该意见的内容来看,在监督方式上,明确院庭长主要通过审判委员会、专业法官会议等组织形式履行审判监督职责。院庭长可以通过旁听案件庭审、查阅案件卷宗、开展案件评查、接待处理信访当事人投诉举报等方式行使审判监督权。必要时,院庭长应当亲自担任审判长参加合议庭直接审理案件。该意见实施后,会在一定程度上减损院庭长审判监督作用的发挥。根据权力平衡理论,在审判权回归、院庭长还权并规范审判监督职权的同时,必须相应强化符合审判规律的监督机制,这样才能实现权力制衡设置的总体平衡,避免出现权力制约失衡和权力监督缺位等风险的发生。因此,探索构建完善的廉政风险防控机制必须是建立于审判权力运行机制之上,是与审判权力的运行紧密相连、协调联动以及审判监督、审判管理与综合监督合力管控的监督工作机制。

三是法官惩戒与纪检监察双轨体制不能有效衔接契合,不利于法官群体职业自律养成机制的建立和形成。当前,按照司法改革部署要求,北京已成立了法官惩戒委员会,初步建立了法官惩戒制度,明确了七种应予惩戒的违法审判责任的情形。但现实工作中的法官惩戒与纪检监察双轨体制设置,以及七种违法审判责任情形设定的局限,均不利于法官惩戒制度的实施和作用发挥,实践中很可能出现违法审判责任难以界定和难以惩戒的情况,法官的违纪违法行为大部仍要通过纪检监察程序进行处理,此种情况有悖于建立法官惩戒制度的初衷,不利于实现对法官的职业保障,同时不利于法官群体职业自律养成机制的建立和形成。

二、新形势下与司改同步构建廉政风险防控机制的重要性和必要性

(一)有效防控廉政风险是确保实现司改目标的重要保障

当前,人民群众的法治观念和权利意识不断提高,对社会公平正义提出更高要求,对司法工作维护公平正义的能力寄予更高期待。此次司法体制改革将"让人民群众在每一个司法案件中都感受到公平正义"作为改革的根本目标,将人民群众的获得感作为评价改革成效的基本标准正是契合了这一司法需求。在审判实践中,人民群众对司法公平正义的获得感更多地是通过对法官的言行举止、态度作风、庭审驾驭、执法素养的接触,从一步步信任法官逐步上升为信赖法院,最终转化为信仰法律。在这个过程中,司法廉洁是塑造司法公信的最重要的一块基石。只有做到了廉洁司法,司法才有最基本的尊严,司法才

能良性发展，社会才能感受司法的阳光和温暖。因此，抓好新形势下的廉政风险防控工作就成为落实司法责任制改革配套措施的重要一环。通过构建严密有效的廉政风险防控机制，切实把审判权力关进制度的笼子，在法官与外部干预、内部影响以及“利益输送”之间筑起坚实的防火墙、隔离带，保障法官公正独立、廉洁司法，只有这样才能不断提升人民群众对司法维护社会公平正义的信心，才能真正实现司法改革的根本目标。

（二）有效防控廉政风险是确保审判权运行机制良性运转的必然要求

目前正深入推进的司法责任制改革，就是要从根本上改变以往法院“审者不判、判者不审”这一沉疴痼疾，真正做到“让审理者裁判，由裁判者负责”，让法官独立行使审判权，对案件终身负责。在推进这一改革，构建完善审判权力运行运转的过程中，必须全面深刻领会司法责任制的内涵，切实遵循司法运行规律，紧紧抓住审判权运行机制中的工作环节和流程节点，贯彻科学的监督、管理和风险防控理念，建立完善权责明晰、制约有力、监督到位、防控有效的审判权运行监督管理体系，以明晰的权责体系，确保审判权运转的有序衔接；以严密的监督制约，推动审判权沿着既定的轨道运行；以强有力的惩戒追究，确保审判权运行机制中的规范要求得到不折不扣地贯彻和执行。只有这样，才能切实避免出现类似以往案件层层审批、层层请示、有违裁判亲历性和审判独立性原则的错误做法，才能防止出现类似以行政化方式对案件进行干预、不符合司法规律的错误方式，才能真正依托工作规范化程度的提升确保司法廉洁和改革目标的实现。因此，从夯实司法公信最重要的一块基石、确保实现司法廉洁并助力规范司法行为、提升司法公信的角度出发，有效防控廉政风险就成为确保审判权运行机制实现良性运转的必然要求。

（三）有效防控廉政风险是助力法官群体强化职业自律的重要支撑

随着司法责任制改革逐步推进，法官的入额标准更严，手中的裁判权力更大，履职的保障机制更完善，承载的民众期许也更高。因此，作为法律的实施者、公平正义的维护者、法治精神的传递者，法官既要有严守廉政纪律规矩的底线意识，更要有追求职业伦理规范的更高要求，这就需要将廉政风险防控摆在更加突出的位置来抓。实践中，培育法官的职业能力和执法素养，离不开内部监督机制的管控、制约、教育和引导。作为落实法官职业规范纪律的重要组成部分和塑造法官群体职业荣誉的内在要求，廉政风险防控机制的建立完善必然会成为促进法官群体强化职业自律的一个重要支撑。一方面，通过从严把好入额关口，强化对员额法官的日常监管，将有责不担当、行权不规范、作风不过硬、廉洁有问题的法官及时清退出员额队伍，促使法官群体养成自觉接受监督、遵循职业道德、公正廉洁司法的职业自律机制。另一方面，依托廉政风险防控机制的有效推动，也必然助力法官群体进一步生成更高标准的职业自律要求，也更加有效地推动提升廉政风险防控不断向八小时之外延伸的成效，从而进一步助力法官公正廉洁司法。

三、当前我院廉政风险防控工作中存在的主要问题

（一）司法责任制改革下的廉政风险防控机制面临系统性的变化调整

与审判权力结构性的变化相适应，改革中的廉政风险防控机制也面临系统性的结构变化调整，主要有三个方面。

一是风险防控模式变化的调整。改革之前的廉政风险防控模式主要表现为院庭长依

职权行使的审判监督和管理、审判监督庭依审判监督职权行使的对案件的审判监督、审判管理部门依职权对案件质量效率的监督和管理、组织人事部门对法官业绩管理的考核监督、纪检监察部门依托信访举报工作开展的纪律监督等。改革之后的廉政风险防控模式将是一种已有监督方式与新构建强化的审判团队内部监督相结合的工作模式。其中,审判团队内部监督突出的是事前和事中监督,原有的监督方式主要突出的是事后监督。审判团队内部监督的主要方式是依托权责明晰的审判团队职责设计和完善细化的审判工作流程规范要求,强化环节和节点的履责到位,突出团队内部在切实落实合议制度、强化具体流程管理和抓实工作细节规范程度上的监督和制约;依托院庭长审判监督管理权的规范行使以及细化专业法官会议、审判委员会在准备、启动、发言、表决、记录等关键程序上的规则要求,坚持把工作规范要求得到不折不扣地贯彻执行作为监督防控的标准,从而切实确保将整个审判权力的运行过程置于司法程序的监督制约之中,真正做到放权不放任、监督不缺位。

二是风险防控主体的变化和调整。司法改革之后,审判团队内部监督的主体,尤其是审判工作一线的监督主体将主要由在一线办案的法官来承担,具体指审判团队中的每一个法官、法官助理,甚至是书记员。他们之间都是互为监督的主体。法官确定成为开展监督工作的主体根源于审判团队分工的职责要求、审判流程的规范要求、法官本人的职业素养和担当精神、法官群体职业尊荣感的自律以及相关职能部门的监督和考核。

三是风险防控监督手段的变化和调整。司法改革之后,对审判工作的监督更多的会体现为事前监督和事中监督,这种监督防控的方式主要表现为对工作细节要求和审判流程要求规范性的严格把控。以往审判实践中,原有的一审一书工作模式和审判运行机制,更多关注的是裁判结果和文书质量,对审判过程中工作规范性的把控和管理存在不足。如我市某区法院的一位法官在百余起案件中存在严重超审限、超期移转案件、超期归档、拖延办案、工作懈怠的问题,最终被给予降级处分,免去法官职务,并调离审判执行工作岗位。同时该审判庭的庭长也被问责追究了责任。上述行为,在司法改革后,是审判团队在审判权力运行过程中监督和防控的重点。今后,依托审判团队内部主动监督机制的作用发挥,审判程序瑕疵问题、审判事务性工作拖延问题、工作规范性不足以及文书瑕疵等问题都会大幅减少。

(二)廉政风险防控机制措施的操作性不足

我院以往开展的查找和梳理廉政风险点的工作,实际最终查找的结果多为廉政风险。在制定防控措施时,因没有将风险放到具体工作中去考量和设计,往往缺乏针对性和可操作性。出现这种情况的原因主要是在认识上对廉政风险和廉政风险点未加以区分。廉政风险,是指行使公共权力的主体发生腐败行为的可能性。廉政风险点,是指廉政风险在实际工作当中的具体表现。因此,廉政风险是对腐败行为发生条件的笼统概况,而廉政风险点则是对存在廉政风险的具体工作环节和工作内容的具体描述。例如,院庭长审核、批准执行查封、扣押手续的工作,其中的廉政风险包括:没有执行依据的违法查封扣押的风险、超标的查封扣押款物的风险、领导审核把关不严出现违法开展执行措施的风险等,其中的具体廉政风险点是指院庭长的审批环节。在这个审批事项中,经办人员在呈报中应当随查封、扣押呈批手续一并附执行所依据的具体文书、对案件情况、执行依据、执行标的及采取执行措施的书面说明等;在审批环节,院庭领导应当在认真审核、严格把关相关材料的情况下作出审批意见。上述事例的廉政风险防控措施包括两个方面,即对呈报材料的要求和对审批环节的要求。因为这两个方面的要求具体、明确、可操作,所以防控措施就具有相当的针对性和可操作性。与司法责任制改革同步构建廉政风险防控机制需要进一步找准、找全这样的廉政风险点,并制定切实可行的应对措施。

(三)廉政风险防控机制平台建设不足

廉政风险防控机制平台建设不足主要表现在三个方面。

一是防控机制建设缺少系统性架构设计。目前,我院的廉政风险防控机制主要由院庭长依职权行使的审判监督和管理、审判监督庭依审判监督职权行使的对案件的审判监督、审判管理部门依职权对案件质量效率的监督和管理、组织人事部门对法官业绩管理的监督考核、纪检监察部门依托信访举报工作开展的纪律监督以及申诉信访等不同职能部门的工作平台组成。这些不同平台在各自职能下均发挥出了应有的作用,但从整个廉政建设的全局来看,从整个防控机制的架构来看,尚缺少对这些单一平台的系统性规划和构架设计,导致风险防控机制的整体效能尚未达到应有的水平。

二是廉政风险防控机制的资源整合不足。廉政风险预警更多的是立足于对人员工作不规范、行为不严谨、语言不文明等具体工作细节信息的采集、梳理、分析、处置,只有这样才能做到风险预警的多元,防控范围的全面,防控机制的有效。当前,因廉政风险防控机制建设缺少系统性架构设计,导致各工作平台之间缺少全局框架下的信息资源的整合和处置工作的协调联动,风险防控工作尚不能到达全院一盘棋的效果。要实现廉政风险防控工作的资源整合和协调联动,就必须摒弃就廉政说廉政的狭隘思想认识,将工作规范、质量评查、业绩考核、群众评议、信访举报等全要素的信息资源均纳入廉政风险防控机制的框架建设中来,进一步创新完善我院执法监督联席会制度,坚持从院级层面强化顶层设计,从而实现廉政风险的整体防控和系统运转。

三是廉政风险防控的信息化程度不高。当前,法院审判管理工作的信息化程度提升较快,但我院廉政风险防控工作的信息化程度一直不高,如纪检监察信访举报工作的信息化应用水平一直较低,对数据的统计分析至今尚需要人工来完成,这也从一个侧面反映出我院的廉政风险防控工作整体尚处于一个基础层级的层面,同时也说明廉政风险防控机制信息化提升空间还很大。围绕新形势、新任务、新要求所构建的廉政风险防控机制,其中的预警信息的多元采集、资源整合、系统分析、联动甄别等都需要借助信息化技术的应用。只有真正发挥出信息化手段这个工作倍增器的作用,廉政风险防控工作的整体效能才会得到切实提升。

四、法院构建廉政风险防控机制的基本着力点

当前法院工作中的廉政风险主要包括因教育学习不到位、作风养成不严格而产生的思想道德风险,因制度落实不到位、工作机制不健全而产生的制度机制风险,因岗位行为不规范、岗位监督不到位而产生的岗位职责风险。构建完善廉政风险防控机制是惩防体系建设中的重要一环。就法院而言,抓好廉政风险防控工作就是要针对以审判权为中心的各项权力运行的工作内容和重要环节中存在的廉政风险,有针对性地制定防控措施,实

施有效预防和管控,从而最大限度地降低不廉洁行为的发生。构建法院廉政风险防控机制的基本着力点具体包括以下三个方面的内容。

(一)找准找全廉政风险点,明确“防什么”

风险点就是指廉政风险在实际工作当中的具体表现,即存在廉政风险的具体工作环节和工作内容。找准找全廉政风险点,明确“防什么”,具体着力点在哪,是有效构建廉政风险防范机制的重要基础。开展廉政风险点查找工作,必须紧密联系审判工作、审判辅助工作、司法行政工作的实际,紧紧围绕当前工作中存在的思想道德风险、制度机制风险、岗位职责风险这三类风险,通过认真梳理在权力运行的全过程中、每一个廉政风险在实际工作中的具体表现,切实将其中容易滋生廉政风险发生的因素和条件查找出来。一是对于思想道德风险点的查找,需要依据全院和各部门开展思想建设和作风建设的实际情况,针对干警在日常工作、学习和生活中的问题表现,反向倒推在开展教育学习和作风养成等方面的工作中存在的疏漏和不足。二是对于制度机制风险点的查找,需要立足全院和各部门承担的具体工作职能,通过认真梳理与之相对应的业务工作流程和制度规范要求,找出存在风险的重要工作环节,以及缺乏约束力、缺乏针对性或者执行不到位的制度规定。三是对于岗位职责风险点的查找,需要结合每一个审判执行岗位、审判辅助岗位和司法行政岗位的具体职责,尤其是涉及重要审判执行权力运行和人、财、物管理处置权力的关键岗位,细致梳理相对应的岗位职责内容、履职步骤和监督要求中存在的薄弱之处。找准找全廉政风险点,为下一步有效解决“怎么防”、确保“防得住”奠定坚实基础。

(二)制定针对性的风险防控措施,解决“怎么防”

围绕查找出的廉政风险点,有针对性地制定务实、有效的风险防范管控措施,解决“怎么防”的问题,是构建廉政风险防控机制的关键。与司法改革同步构建完善廉政风险防控机制,必须切实围绕审判工作规律和上述三类廉政风险的特点,从主动预防思想道德风险,从完善监督制约堵塞制度机制风险,从严格行为规范杜绝岗位职责风险,制定针对性的风险防控措施,提升风险防控成效。在构建廉政风险防控机制的过程中,需要注意把握以下几个方面。一是注重强化防控措施的科学性。既要充分尊重廉政风险的普遍特点,也要严格遵循审判执行工作的基本规律和法院内部行政管理事务的具体情况,特别是把握好党的十九大精神和司法责任制改革对法院廉政风险防控工作的部署要求,确保防控措施契合形势、科学合理。二是注重强化防控措施的针对性。要紧密结合前期查找的廉政风险点,将风险防控的着力点放到每一个廉政风险点所涉及具体工作的内容和具体环节的要求上来,将防控重心放到最容易引发廉政问题隐患和产生较大危害后果的因素和条件上来,确保风险防控措施有的放矢。三是注重强化防控措施的实操性。要确保防控措施具有明确的执行要求、方法和步骤,其落实情况可以被记录,能够为考核评估提供依据,从而使风险防控内化为全院和各部门日常工作的具体任务,与审判执行业务和内部行政管理深度融合、同步展开。四是强化防控措施的现代性。要积极探索利用大数据和信息化平台开展廉政风险防控工作,通过数据采集实现风险多元发现和信息更新共享,通过全程留痕准确记录权力运行的全过程,通过程序控制提升监督的中立性和即时性,推动廉政风险防控模式的现代化转型。五是强化防控措施的系统性。要充分把握廉政风险防控机制与司法责任制建设、审判质量考评建设、业绩考核管理建设的紧密联系,从明晰职责、落实责任、质量监管、考核评估、业绩管理等多个层面,制定完善风险防控措施,突出强化对廉政风险的联防联控。

(三)在权力运行的各个环节有效实施风险控制,确保"防得住"

针对权力运行过程中的风险隐患,有效实施前期预警、早期预防、中期监控、后期处置等风险防控措施,是确保"防得住",有效构建廉政风险防控机制的重要保障。一是把前期预警作为开展风险防控工作的第一道防线。一方面,利用审判信息管理系统、涉诉信访工作管理系统、纪检监察信访举报工作系统、干部重大事项申报管理系统等,实现风险信息的系统化收集,同时依托基层部门的主体责任履行、廉政监察员、支部纪检委员的监督探头作用发挥以及纪检监察部门在审务督察和执法监督方面的职能发挥,突出强化对苗头性、倾向性问题的主动发现,从而全面加强对各方面廉政风险信息的多元收集和集中管理。另一方面,借助已有的纪检监察信访举报甄别机制和执法监督联席会商机制,着力强化对已收集廉政风险信息的系统梳理、科学甄别和及时研判,为最大限度地实现提前预警奠定基础。二是把早期预防作为开展廉政风险防控工作的第二道防线,通过开展廉政教育、谈心疏导以及支部组织生活等方式,着力预防思想道德风险。通过提升民主决策程度,深化审判公开、党务公开、行政公开,完善审判权等权力运行的监督和制约机制等方式,着力预防制度机制风险。通过签订廉政责任书,加强对工作规范性的考核考评、检查抽查,建立完善廉政档案等方式,着力预防岗位职责风险。三是把中期监控作为开展廉政风险防控工作的第三道防线,通过持续不断地对苗头性、倾向性问题进行跟踪督查,以实施信息监测、定期自查、动态监督为手段,确保问题能够得到及时发现、及时纠正。四是把后期处置作为开展廉政风险防控工作的第四道防线,针对风险可能转化为现实后果的倾向,及时通过开展警示提醒、诫勉纠错、责令整改等方式,着力将廉政问题实际发生的概率降到最低。在实施四道防线监督防控的全过程中,还要注重依托各方职责主体形成监管合力。要依托各新型审判团队,围绕在团队试行运转中建立的新的职责分工、权力运行和监督管理模式,突出完善职责定位、履责要求和监管机制。要依托各部门班子,推动落实从严治党主体责任,层层压实各级廉政风险防控责任,突出将防控要求落实到每一个工作领域、每一个工作环节、每一个工作岗位。要依托各综合职能部门,以执法监督联席制度为核心,着力构建完善立体防控、多级制约、多元监管、合力管控的廉政风险防控体系,确保廉政风险防控的整体效果。

五、构建完善廉政风险防控机制的对策建议

(一)探索构建全员、全程、全方位的审判团队内部监督制约机制

充分认识廉政风险防控机制不是独立的、脱离于审判工作之外的机制,而是与审判工作相辅相成,与审判权运行机制有机融合的重点组成部分。充分认识任何不规范的行为、不严谨的举止、不文明的语言都有可能成为廉政问题发生的风险隐患。充分认识法官公正廉洁司法的司法职责中同样包括对自身行为规范、举止严谨、语言文明的约束和对审判团队中此类行为的监督和管控。在此基础上,探索构建全员、全程、全方位的审判团队内部监督制约机制。要在完善审判团队内部人员职责分工中要充分体现监督制约要求。一是实行法官对案件终身负责制度。要求法官不仅要对自己审理案件的质量终身负责、承

担审判责任外，还负有监督、指导法官助理开展工作的职责，就案件办理过程中的全流程管理工作中的质量、效率、规范程度等承担审判主体管理责任。二是在审判团队内部实行法官助理向法官负责制度。法官助理负责管理案件中的辅助性审判业务。其中，需以法律专业知识辅助的审判业务性工作由法官助理承担，不以法律专业知识辅助的审判事务性工作由书记员承担(我院审判团队优化配置及运行管理工作规范)。法官助理负有管理和指导书记员开展工作的职责。法官助理对所有辅助性审判业务工作的质量、效率和规范程度承担审判辅助直接责任。三是实行法官助理定期轮换制度。对法官助理每2~3年进行一次轮换轮岗，定期调整法官与法官助理的审判、执行办案单位配置。每次轮换结束后均要就法官助理在此一阶段的工作情况进行全面考核评议，并将此作为今后法官助理晋升员额法官的主要依据。四是实行审判工作全程留痕记实制度。整个审判流程的工作细节均要留痕，在审判管理信息系统中留痕的同时，也应在审判卷宗中以审判全程工作记实目录并附相应工作记录的方式予以体现。全程留痕记实工作作为辅助性审判业务，由法官助理负责管理，具体由法官助理和书记员分工承担。审判工作全程留痕记实制度的落实情况作为考核法官和法官助理业绩质效的重要内容。五是实行法官、法官助理阶段性综合考核评价评议制度。在每年度开展业绩考核的基础上，围绕法官助理定期轮换调整，把此轮换期间(一般为2~3年)作为一个综合考核评价评议期，同时对法官和法官助理在此一期间的工作业绩、审判质效、规范程度、职业自律等情况进行综合考核评价评议，把此考核评价评议结果作为法官晋升法官等级、法官助理进入员额的主要参考依据。法官助理进入法官员额的考察期一般不少于2~3个综合考核评价评议期间。六是全面细化、严格规范审判流程细节要求。特别是合议庭合议制度的贯彻执行，提请法官专业会议、审判委员会审议案件的流程细节要求，法官在涉及证据认定、作出裁判结论整个过程的细节要求等。

(二)探索创新执法监督联席会制度在系统构建廉政风险防控机制建设格局中的作用发挥

彻底摒弃与司改要求不相适应的思想认识和思维局限，切实站在全院、全局的高度来探索系统构建廉政风险防控工作的机制方式。一是探索构建以审判管理为中心的审判流程节点风险信息收集、分析、处置机制。依托审判管理职能作用发挥，以审判流程节点信息及时录入和管理系统实时动态监控为基础，充分借助审判管理信息系统的技术和数据集成优势，及时提取审判流程工作中的不规范、不符合程序要求和管理要求的节点信息进行即时分析，着力强化对审判工作中各类风险的监督与防控。二是完善以执法监督联席会为主体的全系统风险预警处置工作机制。在我院已建有执法监督联席会制度的基础上，着力探索构建以纪检监察部门、干部管理部门、审判管理部门、信访申诉部门、审判监督部门等成员单位为核心的多渠道、全系统的预警信息联动协作机制，切实发挥多渠道信息数据、全系统信息整合、全领域统计分析的威力，从而构建更高层级的风险预警机制、更高层级的预警处置机制、更高层级的监控防范机制，助力实现全院更高层级的教育、制度、监督的决策研究和规划实施。通过全系统预警机制的有效建立，进而推动各级主体的监督管理责任向全领域工作、全系统人员覆盖和延伸。三是构建对廉政风险防范失察、失管出现不廉洁行为的责任追究机制。根据廉政风险防控工作中不同部门的职能设置和不同类别人员的管理职责，对本职责范围内出现廉政风险而不察不问不管而导致问题放大，进而引发不廉洁行为发生的，要坚决予以问责。

（三）构建全要素、全方位的廉政风险防控工作信息化平台

加强廉政风险防控工作信息化技术的应用。针对已查找出的廉政风险点，进一步有针对性地完善优化各个审判和综合管理信息化工作系统设置，积极依托管理职能的发挥和信息化系统的运用，着力达到通过信息化系统实现对廉政风险的实时、动态筛查。围绕不同职能部门依托本工作系统筛查出的不同内容的廉政风险信息，积极探索构建全局化、全要素、全方位的廉政风险防控管理系统，做到不同内容廉政风险的系统化收集、系统化统计、系统化研判、系统化处置。突出以廉政风险信息化管理系统的有机运转，积极推动实现对审判管理、审判监督、信访举报、业绩考核等各方面、各类风险信息资源的有效整合，实现站在全院全局的角度达到以信息化手段强化对重要工作节点情况的实时动态监督，以信息化手段实现对各类风险信息的联动甄别分析，以信息化手段提升风险防控工作预警处置效能，做到切实用“制度＋科技”的手段加强廉政风险防控。

关于司法责任制背景下规范二审案件改判发回标准的调研*

——从中级人民法院的审级监督实践出发

改判、发回重审是高级和中级人民法院二审案件的两种结案方式,也是人民法院纠正错误裁判、规范诉讼程序和维护司法权威的必要路径。对于以审理二审案件为主的中级人民法院而言,案件的改判与发回重审在中级人民法院发挥审级监督职能、统一法律适用和裁判尺度上具有重要意义。

现行诉讼法及司法解释虽然对二审案件改判、发回重审的标准和适用条件作出了要求,但过于原则与泛化。在开展改发案件评查时发现,二审法院改发案件的标准模糊、随意性较强,与法官的能动性密不可分。主观上,法官基于结案压力、信访压力、考核压力等,将可改可发的案件一律发回重审,导致发回重审在一定程度上被滥用;客观上,上下级法院的法官、同一法院的不同法官在裁判尺度上的不统一导致“同案不同判”,同一类案件出现维持、改判甚至是发回重审的不同结果。此外,在改发案件中,无论从正卷中的裁判文书还是从副卷中的发回函看,对于案件改判或是发回重审的原因分析、论证说理过于笼统和空洞,更不具有对类案的指导意义,一审法官“知其然,不知其所以然”这导致案件重审后仍在上诉,未能实质性解决纠纷,这对个案纠纷化解和审判工作改进更无进益。从制度上完善改发标准、规范改发程序确有必要。

为了配合“不忘初心、牢记使命”主题教育开展,科学评价司法责任制后我院审级监督职能发挥的成效,明确改判与发回案件的标准与情形,规范改判与发回重审案件的办理程序,增强人民群众的获得感、幸福感、安全感,将“最好标准、最严要求、最好效果”落在实处,审判管理办公室成立课题组,对当前司法实践中二审改发标准和程序适用的情况开展专题调研。一方面,课题组搜集了相关理论文章,整理了近年来全国兄弟法院在统一改判、发回重审标准上的有益实践,并对我院近三年二审改判、发回重审案件开展了重点评查;另一方面,课题组在我院党组成员、副院长马来客带领下,前往广州中院、中山市第一人民法院开展实地调研,并召开辖区法院审判管理座谈会,听取辖区基层法院在改判、发回重审案件中存在的问题和经验措施,进而形成如下调研报告。

---

* 课题主持人:马来客,课题负责人:李纪红、赵兰,课题组成员:柏军、魏纪明、燕小京、王建、刘力挺、崔丹妮、郭民妍,课题执笔人:崔丹妮、郭民妍。

本课题为2019年院级重点课题。

一、改判和发回重审案件的基本情况与特点

(一)基本情况

为了更为直观地体现二审改判、发回重审案件的整体情况,课题组从宏观、中观、微观三个层面统计了2016—2018年的二审改判、发回重审案件的相关数据。

宏观上,根据全国法院司法统计公报①上的数据,计算得出2016—2018年全国法院二审改判与发回重审率②。尽管2017年、2018年全国法院二审案件增势减缓,但改判案件数与改判率持续上升,2018年改判案件数达到180,208件,改判率上升至11.92%;与之相比,发回重审案件数亦有所增长,但发回重审率在这两年变化不大。在全部改发案件中,发回重审案件的比例为34%~36%。(见表1)

表1 2016—2018年全国法院二审案件改判和发回重审情况

单位:件,%

年度	全国法院二审结案数	二审结案增幅	改判案件数	改判率	发回重审案件数	发回重审率	发回重审案件占改发案件比例③
2016	1,323,363	18.65	132,207	9.99	75,496	5.70	36.35
2017	1,419,813	7.29	163,208	11.50	92,597	6.52	36.20
2018	1,511,848	6.09	180,208	11.92	92,453	6.12	33.91

中观上,根据北京法院"智汇云"司法统计数据,2016—2018年,北京法院审结的二审案件数量持续增长,改判率和发回重审率小幅提升。2016年北京法院二审结案52,355件,改判、发回重审共计4135件,改判发回率约为7.90%;2017年二审结案52,407件,改判3241件,发回重审1336件,改判率和发回重审率分别为6.18%和2.55%;2018年二审结案55,211件,改判3802件,发回重审1560件,改判率和发回重审率分别为6.89%和2.83%;这两年发回重审案件占改发案件比重为29%左右。与同期全国法院的数据对比,北京法院改判率、发回重审率以及发回重审案件占改发案件的比重都远低于全国法院整体水平。这在一定程度上也体现出北京基层法院整体司法水平较高。(见表2)

表2 2016—2018年北京法院二审案件改判和发回重审情况④

单位:件,%

年度	北京法院二审结案数	改判案件数	改判率	发回重审案件数	发回重审率	改判发回率	发回重审案件占改发案件比重
2016	52,355	—	—	—	—	7.90	
2017	52,407	3241	6.18	1336	2.55	8.73	29.19
2018	55,211	3802	6.89	1560	2.83	9.72	29.09

① 资料来自《最高人民法院公报》。

② 改判案件数和发回重审案件数,仅指二审案件中结案方式为改判和发回重审的案件,不包括再审案件中结案方式为改判和发回重审的案件,下文同。改判率为年度改判案件数与二审结案数之比;发回重审率为年度发回重审案件数与二审结案数之比。

③ 发回重审案件占改发案件比例=发回重审案件数/(发回重审案件数+改判案件数)。

④ 资料来自北京法院"智汇云"系统。2016年数据来源为《北京市高级人民法院2016年工作报告》,2016年北京法院审结二审案件52,355件,依法改判、发回重审4135件。

微观上,根据我院司法统计数据,2016—2018 年,我院二审结案数量保持持续增长态势,改判和发回案件数也持续增加。改判率持续提升,两年提高了 2.15%,发回重审率变动相对较小,仅提升了 0.69%。近三年内,我院改发率均高于全市法院整体水平,这说明我院在履行二审审级监督职能上更为充分。但同时,2017 年、2018 年我院发回重审案件占改发案件比重也较全市均高出 5 个百分点。在高级人民法院与 5 家中级人民法院中,仅仅我院作出的发回重审案件就占到全市发回重审案件的 27.4%(2017 年:372/1336)和 29.8%(2018 年:465/1560)。部分案件可能存在本应当被改判却被发回重审的情形。(见表 3)

表 3 2016—2018 年我院二审案件改判和发回重审情况

单位:件,%

年度	我院二审结案数	改判案件数	改判率	发回重审案件数	发回重审率	改判发回率	发回重审案件占改发案件比重
2016	9285	486	5.23	299	3.22	8.45	38.09
2017	11,561	696	6.02	372	3.22	9.24	34.83
2018	11,883	877	7.38	465	3.91	11.29	34.65

(二)我院改判和发回重审案件的特征分析

1. 数量:改判发回率整体上逐年上升

从总体数量和占比上看,我院改判发回率呈上升趋势。2016 年我院改判发回率为 8.45%,2017 年为 9.24%,2018 年上升至 11.29%,高出全市法院 1.57 个百分点,反映出司法改革后我院对辖区基层法院的审级监督和纠错职能发挥更加充分。

2. 分布:不同审判领域改判发回率差异显著

从案件类型上看,2016—2018 年,二审民商事案件改判率由 5.97% 提升到 8.38%,上升 2.41 个百分点;发回重审率前两年变化不大,2018 年有所上升,为 4.32%。二审刑事案件的改判率小幅波动,但改判案件的绝对数量变化不大,主要是受不同年度刑事案件结案数波动的影响;但 2018 年发回重审案件数和发回重审率出现大幅上升,同比高出 1.86 个百分点。二审行政案件结案总数总体持平,年均结案 1000 件左右,2016 年与 2017 年改发案件的数量与比率变化不大,2018 年小幅上升。(见图 1、图 2)

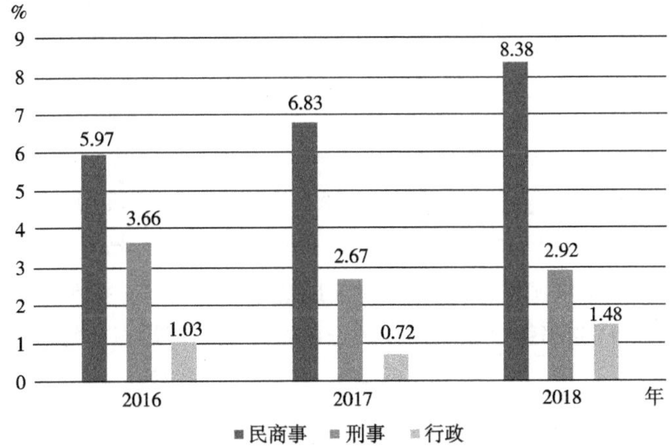

图 1 2016—2018 年我院不同审判领域改判率对比

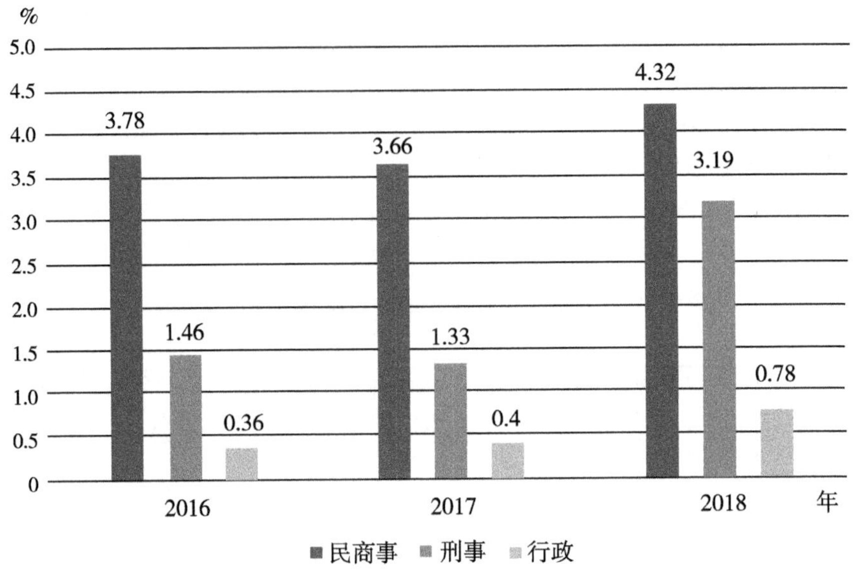

图 2 2016—2018 年我院不同审判领域发回重审率对比

无论是在改发案件的绝对数量上还是比例上,民商事案件的改判发回案件数与比例都远超出刑事案件和行政案件,原因有四:一是案件数量。2016—2018 年,我院每年的民商事二审结案数均占到二审结案总数的 80% 以上,年均结案 10000 件左右。在民商事案件中,法官自由裁量权较大,上下级法院的法官很可能在法律关系的认定、法律适用、裁量尺度上存在不同的认识,导致民商事改发案件的绝对数量较大、比例较高。二是请示汇报。在行政案件中,由于涉及公共利益或是政府行为,一审法院对于没有统一裁判原则的案件,往往会以请示的方式在作出判决前先行与二审法院进行沟通,达成一致意见后进行裁判,这使二审行政案件的维持比例很高,通常在 98% 以上。三是统一执法。在刑事案件中,定罪量刑的原则与尺度更为明确和统一。四是指标导向。二审改判发回重审率(错误)作为高级和中级人民法院的一个重要审判质效考核指标,在目标任务层层分解之时,往往给各部门设定差异化的二审改判发回重审率(错误)考核值,民商事审判部门显然承担了更多的考核任务。因此,民商事案件改判和发回重审率的变化对全院改发率具有重要影响。

3. 周期:诉讼时间成本高

以 2017 年我院审结的二审案件为例,改判案件平均审理用时约为 69 天,发回重审案件平均审理用时约为 65 天,远超出我院二审案件平均审理用时 44 天。① 这是由于改判与发回重审案件往往较为复杂,需要更长的时间开展调查、撰写法律文书抑或与一审法院法官沟通。但对于发回重审案件,还有整个诉讼周期过长的问题。按照诉讼法规定,发回重审的案件,原审法院应当另组合议庭并按照一审普通程序审理,这类案件至少将经历“一

① 平均审理用时的计算方式为结案日期—立案日期。图 3 为我院 2017 年二审结案数排行前六位的结案方式统计,除此以外还有撤销原判并驳回起诉、终结、终止审理。

审+二审+一审”三次审理过程，加上个别案件还存在需要重新鉴定、审计的情况或案件一审之后败诉方上诉的情形，两年至三年案件都未必能得到终局性结论。在2017年发回重审案件中，近40%的案件一审重审后当事人又提起上诉，案件再次进入二审程序，整个诉讼周期自然远超出普通案件。（见图3）

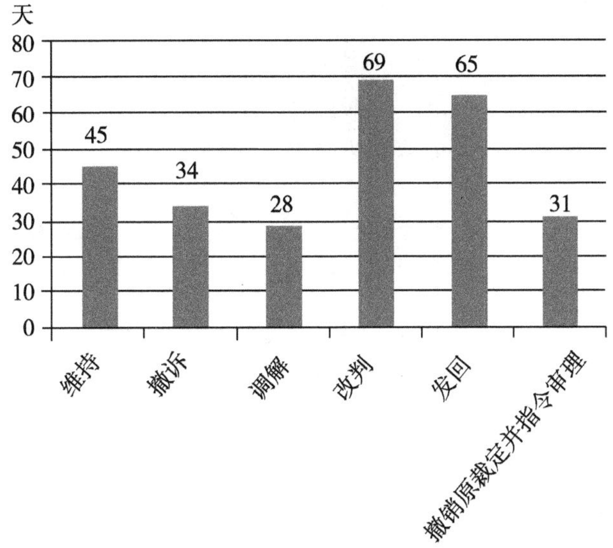

图3 2017年我院二审案件不同结案方式平均审理用时对比

4. 理由：集中于法律适用与事实认定

通过分析，我院改判案件的主要原因为法律适用错误，发回重审案件则主要由于事实认定问题。民事案件发回重审事由集中在事实认定不清或事实认定错误、程序违法、当事人提出新的证据等原因；刑事案件发回重审的事由主要是事实认定不清，证据不足；行政案件发回重审的事由均是因程序存在问题。

5. 质量：个案再审后被“撤二维一”

截至当前，我院2017年、2018年审结的改判案件有一部分进入再审程序后被高院撤销二审判决，维持一审判决。在这部分案件中，一审、二审法院的分歧点集中于法律适用问题，就同一问题的法律适用存在不同理解，且难以在主观上判断哪种观点存在明显的认识错误。

二、改判和发回重审的主要事由分析

考虑到被发回重审的案件诉讼周期相对较长，课题组以2017年我院审结的作出发回重审的全部二审案件为样本，并抽取2018年我院审结的作出改判结果的部分二审案件，对案件的审理过程、改判和发回理由、发回意见、重审和再审结果等方面进行评查并统计分析。课题组共评查发回重审案件372件，其中民商事案件357件，刑事案件11件，行政案件4件；改判案件286件，其中民商事案件248件，刑事案件21件，行政案件17件。

（一）发回重审案件的主要事由分析

在372件发回重审案件中，发回事由主要包括事实认定存在问题、违反法定程序和当事人提出新证据三类。其中认定基本事实不清的案件有264件,约占案件总数的71.0%;违反法定程序的有76件,占比约为20.4%;当事人提出新证据的有25件,占比约为6.7%;另有7件被认定在事实认定和程序上均存在问题,占比约为1.9%。(见图4)

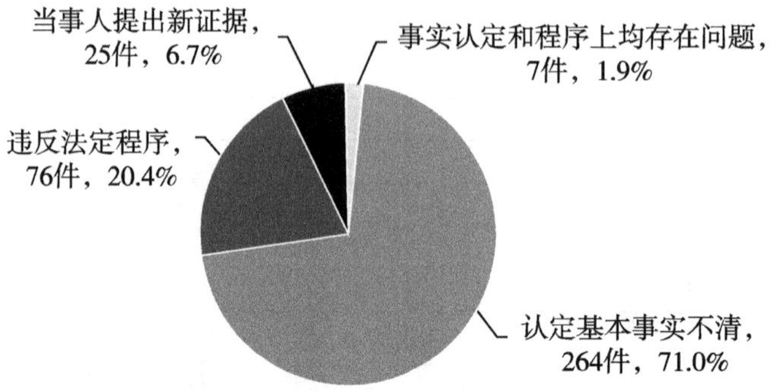

图4 2017年我院发回重审案件事由统计

1. 发回重审案件中的事实认定问题

二审法院指出案件事实认定存在问题并发回重审的有271件,其中262件均为民商事案件,9件为刑事案件。

在9件刑事案件中,有6件因一审事实不清、证据不足而发回,3件因法律法规和司法解释发生变化导致原审认定事实不清而发回。

民事案件中的事实认定不清问题包括但不限于以下几个方面:一是对影响案件的关键事实未查清,如未审查合同效力,在房屋租赁合同纠纷中,租赁标的物未经建设工程规划审批,可能影响涉案合同效力,一审法院未审查认定相关事实,直接按照合同有效处理;二是应当鉴定未鉴定或鉴定存在程序瑕疵,如在医疗损害责任纠纷中,一审法院未对当事人伤残情况进行综合评定,直接依照伤残系数认定损失;三是在证据的采信、认定和审查上存在问题。如对法律规定须经公证、认证或履行其他法定证明手续的证据,一审未审查该证据的形式要件即依据其作出判决;又如对本应审查的证据未审查,致使与此相关的重要事实情况不明。事实认定不清存在的情形较多,此处不再详细列举。

2. 发回重审案件中的程序违法问题

二审卷宗材料中指出一审审理违反法定程序的案件有83件,其中77件为民事案件,4件为行政案件,2件为刑事案件。具体事由如下①:(见表4)

表4 严重违反法定程序的主要事由统计

单位:件,%

序号	类 型	数 量	占 比
1	当事人不适格或错列当事人诉讼地位	20	24.1
2	遗漏必须参加诉讼的当事人	18	21.7

① 83件案件中有2件案件同时存在2处程序瑕疵:一件判决超出诉讼请求且错列当事人;另一件既未列明法定代理人,也存在违法缺席判决的问题。

续表

序号	类　型	数　量	占　比
3	漏审漏判或判决超出当事人诉讼请求	17	20.5
4	未列明法定代理人	9	10.8
5	违法缺席判决	6	7.2
6	应释明而未释明	4	4.8
7	违法适用简易程序	2	2.4
8	其他	9	10.8

当事人不适格或错列当事人诉讼地位。这类问题在程序瑕疵中占比较高，为24.1%。包括以下几种情况：当事人在诉讼中死亡或法人在诉讼中注销的，一审未在作出判决前核查主体情况，仍将其列为当事人；对当事人是否具有完全的民事行为能力审查不严；列错原被告诉讼地位；将应列为被告的当事人列为第三人等。

遗漏必须参加诉讼的当事人，共计18件，占程序瑕疵的21.7%。这类错误主要出现在家事案件和涉房地产案件中，主要有以下几类情况：在法定继承纠纷中，继承人没有表示放弃继承，而是将继承份额处分给他人的，未将其列为当事人；未通知无民事行为能力人的监护人作为法定代理人参加诉讼；买卖合同纠纷中，合同的实际履行方与案件事实具有利害关系但未参加诉讼，一审也未将其追加为第三人等。

漏审漏判或判决超出当事人诉讼请求，均为民事案件，共计17件，其中漏审漏判13件，判决超出诉讼请求的4件。这类问题属违反民事诉讼法的基本原则，二审法院直接裁判可能会造成一裁终局，影响当事人的审级利益。包括以下几种情形：原告提出几项诉讼请求，一审仅对其中几项做出处理；遗漏当事人在诉讼中增加的诉讼请求；对被告提起的反诉未予审理或直接按撤诉处理等。

未列明未成年人的法定代理人，约占程序瑕疵的10.8%，如在一起生命权、健康权、身体权纠纷中，一审法院在开庭笔录、判决书中均未列明未成年人的法定代理人，这类错误虽然出现的不多，但也反映出个别审判人员的司法能力和责任意识有待提升。

违法缺席判决，共计6件，约占7.2%。这类问题通常是由于送达程序存在瑕疵，如在开庭前向当事人邮寄送达传票被退回，一审未采取其他有效手段即开庭审理，或未穷尽其他送达方式即进行公告送达并缺席审判的情况。

应向当事人释明而未释明的情形，共计4件，约占4.8%。如案件涉及多种法律关系的，法院发现原告方诉请依据的法律关系不当或有权选择要求对方当事人承担何种法律责任的，未向当事人释明。又如在一起机动车交通事故责任纠纷中，机动车一方为无责方的，原告是否将机动车所有人及其保险公司追加为被告将影响保险公司是否承担赔偿责任，一审法院应向原告释明上述情况而未释明，保险公司上诉后案件被发回重审。

违法适用简易程序的有2件，具体表现为一审适用简易程序，审理期限到期后既未经当事人同意并履行相关审批手续，也未转为普通程序，属《民事诉讼法司法解释》第325条规定的审判组织的组成不合法，被二审法院发回重审。

其他以违反法定程序发回的案件共计9件，具体包括以下情形：一审未对当事人提交的证据进行举证质证，剥夺当事人的举证权利；一审未经开庭审理迳行判决；实际开庭时间和地点与公告开庭时间地点不一致；一审法院邮寄给当事人的判决文书与上诉移送的文书不一致，且与合议庭评议结果不一致；一审法院以补正裁定修改判决主文内容，且修订内容存在较大改动，超出笔误范畴；刑事案件中公诉机关口头变更起诉内容，司法鉴定意见未在开庭前送达被告等。

3. 当事人提出新的证据

这类案件有25件，约占发回总数的6.7%。当事人在二审中提交新的证据，导致原审案件认定的事实发生变化，对案件基础法律关系或争议焦点有待进一步查清事实重新认定。

（二）改判案件的主要事由分析

在评查的286件改判案件中，改判事由按照数量排序依次为适用法律错误，共计114件，约占改判案件总数的39.9%；事实认定错误的55件，占比约为19.2%；事实认定不清证据不足的22件，占比约为7.7%；二审出现新的事实情况的43件①，占比约为15%；其他情形共计52件，占比约为18.2%。（见图5）

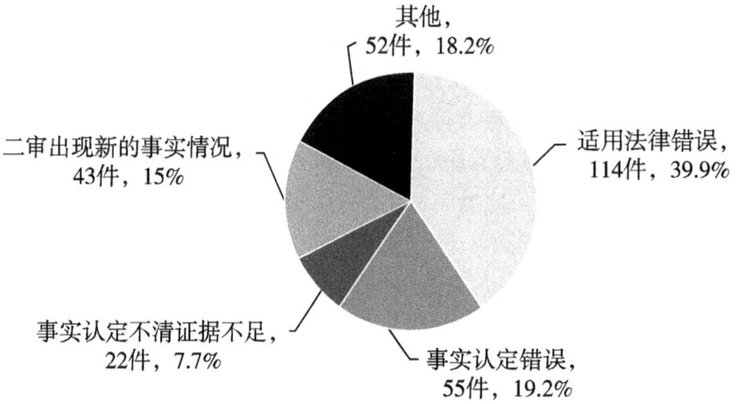

图5　改判案件主要事由分析

在248件民事改判案件中，改判理由为适用法律错误的89件，约占民事改判案件总数的35.9%；认定事实错误的50件，占比约为20.2%；基本事实认定不清和证据不足的21件，占比约为8.5%；当事人在二审中提出新证据的41件，占比约为16.5%；其他情况47件，占比约为18.9%。

21件刑事案件中，改判理由为适用法律错误的为13件，占比约为61.9%；量刑不当的3件，占比约为14.3%；事实不清证据不足的1件，同时具备量刑不当及事实不清证据不足两类事由的1件，同时具备适用法律错误及量刑不当两类事由的1件，占比约为4.76%；当事人在二审期间认罪悔过并缴纳罚金，因此改判的2件，占比约为9.5%。

17件行政案件中，改判原因为适用法律错误的为12件，占比约为70.6%；事实认定

① 主要指民事案件中当事人提出新的证据和刑事案件中当事人在二审期间认罪悔过并缴纳罚金的情形。

有误的5件,占比约为29.4%。

三、司法实践中二审改发案件存在的问题

(一)发回权力被滥用

1. 根本原因——民事案件改判和发回重审的标准模糊且泛化

根据诉讼法及司法解释的规定,案件被改判或发回重审的界限主要集中在事实认定部分(见表5)。一方面,刑事案件对事实认定和证据证明的标准要求相对较高,法院也无侦查补证的职能和权力,一旦案件事实不清或证据不足,则案件必须发回重审。另一方面,民事和行政案件发回重审的标准为一审对案件基本事实的认定不清,这种标准过于原则且泛化。一是基本事实是指“用以确定当事人主体资格、案件性质、民事权利义务等对原判决、裁定的结果有实质性影响的事实。[①]”二是一审未查清的事实不属于前述的基本事实且二审能够直接查清,这种情况下,二审法院应当在查清事实的基础上进行改判。但是,对于民事案件来说,法律事实能否查清、证据是否充足,则仍由法官根据个案情况进行判断和认定,很难形成清晰统一的规则和评判标准。案件事实不是审查越多越清楚,如果没有新证据,那么即便案件发回重审,也不能保证案情的查清。一些发回重审的案件证据可能无法再次获得、事实无法已无法查清,或事实已经发生变化,即便查清也是变化后的事实,与原来诉讼请求的事实已经相去甚远。这实际上就是案件发回重审后引发的诉讼程序空转、司法效率从这个角度上来说,有必要进一步规范因事实原因而发回重审的标准。

表5 不同审判领域关于适用改判和发回重审条件的规定

<table>
<tr><th>项目</th><th>刑事诉讼法</th><th>民事诉讼法</th><th>行政诉讼法</th></tr>
<tr><td rowspan="2">改判</td><td>适用法律有错误,或者量刑不当</td><td>事实认定错误或适用法律错误</td><td>认定事实错误或适用法律、法规错误</td></tr>
<tr><td>事实不清或证据不足
(查清事实后)</td><td>基本事实认定不清
(查清事实后)</td><td>基本事实认定不清
(查清事实后)</td></tr>
<tr><td rowspan="6">发回重审</td><td>事实不清或证据不足</td><td>基本事实认定不清</td><td>基本事实不清、证据不足</td></tr>
<tr><td>违反刑事诉讼法有关公开审判的规定</td><td rowspan="5">严重违反法定程序</td><td>严重违反法定程序</td></tr>
<tr><td>违反回避制度</td><td rowspan="2">遗漏了必须参加诉讼的当事人或者诉讼请求</td></tr>
<tr><td>审判组织的组成不合法</td></tr>
<tr><td>剥夺或者限制了当事人的法定诉讼权利,可能影响公正审判</td><td rowspan="2">遗漏了必须参加诉讼的当事人或者诉讼请求</td></tr>
<tr><td>其他违反法律规定的诉讼程序,可能影响公正审判</td></tr>
</table>

① 最高人民法院《关于适用〈中华人民共和国民事诉讼法〉的解释》第335条。

2. 其他原因——考核导向与维稳压力下的被动选择

一是出于完成考核指标的考量。一方面,二审改判发回重审率(错误)一直是最高人民法院、高级人民法院考核中级人民法院的重要指标,指标满意值为3%。2019年,北京法院实行目标责任制考核,将二审改判发回重审率(错误)的基础值设定为2%,满意值设定为6%。这导致目标任务层层分解后,二审法院为了完成考核目标,不得不将属于法官自由裁量权、可以维持的案件改判,或者将属于改判一审审判瑕疵的案件归类为“错误”而改判。另一方面,上级法院的考核也对审判效率提出了更高的要求,案件不能仅仅在“法定审限”结案,而是要在尽可能短的时间内审结。这又促使了二审法官在面对裁判确有问题的一审案件时,选择更为简单的方式将案件发回重审,而非费时耗神地将案件改判。

二是出于减轻案件信访压力的考量。如果二审法院改判,按照“谁裁判谁负责”的信访包干化解要求,二审法院与法官将对当事人不断的信访、上访承担化解的工作,在重大假日、重大活动之时,还要不断地开展信访风险排查与报送。在这种信访压力和维稳态势下,二审法院为了回避矛盾、快速结案,对于一些确实存在问题、能够查清事实且应当改判的一审案件,如当事人较多、涉及农村土地承包纠纷的案件等,也不得不采用发回重审的方式结案。

(二)改发理由不充分

1. 改判理由不充分,说服力不足

在一些民事案件中,二审法官对一审裁判文书中涉及法官自由裁量的部分进行了改判,但却未在二审裁判文书中详细论述改判的基本依据与原因,使二审裁判文书内容干瘪、说服力不足。这类情形多出现在对赔偿金、违约金的调整和违约责任的划分等方面。一审法官通过综合当事人各方证据材料、庭审陈述、案件背景等多种因素作出裁判,且并未超出正当的自由裁量范围,改判后一审法官不仅无法明确得知改判原因,也无法从中总结类案审判经验,加剧了一审法官的抵触情绪。在一起案件租赁合同纠纷中,双方约定房屋租金为每月4700元,由于涉案房屋存在质量瑕疵,承租方拒绝向出租人交付租金。一审法院认为,承租方作为专门的房屋出租代理机构,在与出租人签订合同时,应当了解涉案房屋的基本状况,也应对合同风险有一定的预期,故可适当减少承租方的租金数额,酌定按每月4000元计算,二审法院认为一审酌定的租金数额不当,考虑到双方均存在一定过错,本着公平合理原则,酌情调整房屋租金为每月3000元。从判决结果看,一审在认定事实和适用法律方面并无不当,二审基于对双方过错程度的考量对租金进行了调整,在自由裁量的范围内变更了一审判决,但由于对调整比例及理由说理不够充分,这种改判依据的充足性有待商榷。

2. 发回重审案件理由笼统,指导性不强

不同审判领域对案件发回重审的要求和标准不一,发回重审裁定中理由阐述的详尽程度也存在一定差别。刑事案件因事实认定不清、证据不足发回重审的,裁定书中的发回重审理由相对简单,主要以向一审法院出具发回函的形式来详细说明二审意见;因程序违法而被发回重审的,则会在裁定书中充分说明理由原因。行政案件均因程序存在问题发回重审,裁定书理由阐述也比较充分。民事案件大部分的发回重审案件均能够详尽阐明发回理由，但也存在部分案件的裁判文书论理粗略、或完全不说明原因，在本院认为部分仅以"一审判决认定基本事实不清"的固定表述一笔带过，更枉论哪些是应当查清但尚未查清的事实，也未以发回函的形式对下级法院开展具体指导。调研中还发现个别案件发回重审的理由和依据毫不对应、十分牵强，属于"逃避责任型的发回"。如在一起房屋买卖合同纠纷中，二审法官认为一审法院在涉案房屋已存在查封，尚存执行障碍的情况下，判令当事人履行涉案房屋的过户手续属于适用法律不当，依照《民事诉讼法》第170条第1款第3项即"基本事实认定不清"将该案发回重审，但实际上原判法律适用错误属二审法院应依法改判的情形。此外，发回重审函过于简单、语义不清、多以疑问句为主、对发回重审的理由不作详细说明，这也是一审法官反映的突出问题。①

（三）程序要求不一致

改发案件审理过程中也存在一些问题，需要在辖区内达成一致。第一，二审法官是否应当在裁判前就改判或发回重审的核心问题与一审法院沟通？不同法院采取的做法不一致。就北京地区而言，高级人民法院对中级人民法院一审的案件，一般不采取先行沟通交流的方式，而直接出具裁判结果。但中级人民法院对基层法院一审案件，二审法官在裁判前多与一审法官先沟通，充分了解一审裁决时候的案件背景与考量的多重因素。第二，如果进行沟通，采取什么样的方式？调研发现二审法院与一审法院经常采取电话、即时通讯工具或函件等多渠道方式进行沟通，但大部分的沟通记录并未在卷宗中以工作记录等方式得以固定和保存。第三，改判与发回重审案件是否应当召开法官会议或需要向院庭长汇报？调研中，有的审判庭要求所有改判或发回案件都要召开法官会议，有的审判庭则无此要求。

（四）裁判标准不统一

这类问题的形成原因主要是案件涉及多重因素，在不同的专业化审判方向存在交叉，而二审法院不同审判庭的裁判思路与标准不一致。如在一起所有权确认纠纷中，被告与原告系父子关系。原告起诉请求法院确认涉案院落的房屋由其居住使用。因本案涉及农村房分割，一审法院向上级法院家事案件审判庭汇报请示，据此认定涉案院落内的房屋由原被告双方共有，双方各享有50%的份额。该案上诉至二审法院后移转至房地产纠纷审判庭，二审承办法官则认为一审法院认定涉案院落的房屋由原被告双方居住使用是正确的，但本案仅解决该院落的居住使用问题，不宜分割具体份额，该案二审结果为改判。随着基层法院内设机构改革、中级人民法院速裁团队建立、随机分案的落实，二审法院不同审判庭在裁判标准、裁判思路与法律适用上不统一问题将更加突出。以往，下级法院可以以请示、汇报等形式确保个案裁判不被改发，上级法院对口部门作出个案答复的方式可能不再适用。取而代之的应当是上级法院对下级法院多元化的审判指导和业务规范方式，如发布审判业务文件、召开审判业务会议、出台会议纪要、发布案例、开展错案分析与讲评等。但最为重要的是上级法院应当先行在统一其各部门的裁判标准与尺度要求。

（五）监督机制不到位

司法责任制下院庭长监督机制的缺失。"五五改革纲要"中将健全审判权力运行机

---

① 杜豫苏：《上下级法院审判业务关系研究》，北京大学出版社2015年版，第76页。

制、全面贯彻落实“让审理者裁判、由裁判者负责”作为改革的重要任务和方向，审判权下沉后，法官和合议庭的独立审判权得到更大限度的尊重和保护，改判和发回重审案件不再要求承办法官和合议庭向院庭长汇报，由合议庭自行签发文书，案件失去了院庭级层面的二次把关，在一定程度上减少了案件改判或发回的“决策成本”，但同时院庭长监督机制的缺乏，也为承办法官滥用发回权力预留了空间。据统计，我院 2017 年案件发回重审前召开法官会议的比例仅为 2% 左右。此外，“发回无错案”的固有观念也会影响二审法官和合议庭倾向于选择看似审判责任风险更小的发回重审作为结案方式。

四、完善二审改判和发回重审的举措

（一）审慎改发

改判和发回重审体现二审法院对一审裁决结果的监督、纠正乃至否定，发回重审也是原审法院自我纠正、维护当事人审级利益的有效路径，但发回重审一旦被滥用势必阻碍审判工作整体顺畅运行，招致审判效率的无效降低和司法资源的非理性占用。因此，应当具备限权思维，对于一审法院作出的裁决，应当在尊重一审法官自由裁量权的基础上，对有错误的案件区分情形加以改判或发回重审。

对于一审法院行使自由裁量权的案件，如明确违反法律、法规或司法解释的规定、幅度或原则，二审确有明确的法律依据可遵循的，应予改判；一审、二审法院对裁判结果确有不同意见、但没有明确的法律依据可遵循，一审自由裁量亦未违反法律法规、司法解释的规定内容、原则和幅度的，二审法院原则上不宜作改判或发回处理。

对于确属一审法院未查清基本事实的案件，二审法院必须坚持审慎发回的基本原则。对于民事和行政案件，二审法院在能够查清事实的基础上，经当事人同意，可以直接改判。对于案件情况已经发生重大变化，发回重审后一审法院也不可能查清的案件，可以根据举证责任的分配来进行裁判。

对于确属一审法院严重违反法定审理程序的案件，二审法院应当将案件发回重审。如果仅因为案件审理程序存在瑕疵，但不足以对当事人权利产生重大影响或对案件裁判结果产生颠覆性的影响，则二审法院可在指出程序瑕疵的基础上加以论述，维持裁判结果或予以改判。

对于一审裁判文书中出现的计算错误、文字错误等瑕疵，二审法院在审理中发现的，可采取不同做法：如果瑕疵出现在非主文部分，可令一审法院出具补正裁定。如果瑕疵出现在主文部分，如果该瑕疵不影响当事人的权利义务，则可由二审法院在裁判文书中进行说明更正后加以裁决。如果文字瑕疵足以对当事人权利义务产生影响或造成执行不能的后果，则案件必须改判或发回重审。不能以补正裁定纠正裁判文书主文中的瑕疵。

（二）充分论理

本次调研中发现 90% 以上的案件重审后都采纳了发回裁定中的意见，因此做好改判和发回重审案件裁判文书的说理工作，不仅能够就个案审判思路和审理方向做出有效指导，更是二审法院统一类案裁判尺度、发挥审级监督职能的必要路径。发回重审和改判案件必须详细阐述发改的理由和法律依据，不能仅以“一审事实不清”“严重违反法定程序”等空泛固定的表述，要具体指出认定一审裁判不当的问题，法官认为在文书中详论欠妥的,可通过附意见函的形式提示一审法院,以便于一审法官准确理解错误原因,降低排斥和抵触情绪,进行自我纠正完善,也有助于促进案件发回重审后的审理,减少重审过程中的无用功。

(三)规范程序

一要规范沟通方式。对于改发案件,一审、二审法官可通过附函、电话、法院内部通信软件等方式或当面进行沟通,但应将沟通内容和过程固定形成书面的工作记录,保存好相关的材料,一并附入卷宗副卷。二要规范审理流程。对于一审经法官会议讨论的案件,二审拟改判或发回重审的,应当召开法官会议研究;对于一审经审判委员会讨论的案件,二审拟改判或发回重审的,也应当召开审判委员会讨论决定。

(四)统一裁判

一是开展法院内部交流。实行专业化审判的法院,不同审判庭在审理范围上存在交叉重合的,可召开跨审判领域的专业法官会议,也可邀请高级人民法院相关领域法官列席会议,就存在法律适用分歧的问题进行交流研讨。

二是加强辖区法院交流。定期召开审判业务研讨会,学习典型案例、明确错误问题、统一上下级法院裁判尺度。

三是制定审判业务文件。发布会议纪要、指导性意见等,加强法律规则的统一适用,促进本辖区在类案审理思路和裁判尺度上保持一致。

四是发布典型案例。高级和中级人民法院可撰写改判发回案件分析报告,分析辖区法院案件被发改情况、原因分析及相关建议,对二审发现的共性问题进行集中统一提示,提请一审法院注意和把控案件质量问题。

五是规范请示答复。一审法院针对个案报请法律问题请示的,作出答复前由部门负责人决定是否召开专业法官会议对相关问题进行研讨,并整理成书面材料答复处理。

(五)强化监督

院庭长应加强对改判、发回重审案件的监督。对于一审经法官会议、审委会讨论的案件,二审拟改判或发回重审的,院庭长可以通过担任审判长、召开法官会议、提请审委会等方式开展监督指导。对于二审法院发回重审后、经一审法院再次审理又上诉的案件,应由院庭长承办或担任审判长办理。

(六)完善机制

建立三级法院之间发改案件的信息追踪、意见交流和异议反馈机制。上下级法院之间可通过案件评查、审判监督等方式和渠道建立对发改案件的信息追踪、意见交流和异议反馈机制。一是要做好对改判和发回重审案件的审理信息追踪和统计管理,建立改发案件台账,进行动态监控,及时更新案件审理进度,准确把握案件审判流程和审理结果。二是完善不同级别法院发改案件的意见交流渠道。上级法院通过改发对下级法院进行有效指导,下级法院收集和总结类案审判经验,统一裁判尺度。三是建立异议反馈机制。中级人民法院可定期收集辖区内法院对发改案件的反馈意见,如辖区内基层法院对我院作出的裁决结果有异议的,可将意见报送我院并提请审判管理部门纳入案件评查范围,案件评查后及时将结果和理由以书面形式反馈异议法院。确属二审工作存在问题的,通过审判监督程序提起再审,并向相关庭室提出工作建议。

第二篇

审判实务研究

社会关注案件的司法应对及风险防范研究*

序　言

习近平总书记在中央政法工作会议上将政法工作的任务概括为“维护社会大局稳定”“促进社会公平正义”“保障人民安居乐业”。① 党的十八大以来，中央要求政法机关不仅要承担国家政治职能，更要承担社会治理职能，这种职能定位上的发展和变化对人民法院来说影响是全方位的。② 近年来，社会关注案件日益增多，影响日益广泛，既反映出新时代我国社会主义社会主要矛盾的新变化、新特点，也对新时期人民法院审判工作提出新要求、新期待。社会的发展变化要求司法审判不仅要实现保障公民权利、维护公平正义的司法功能，更要发挥司法审判在规范社会秩序、建立规则体系方面的重要作用，进而提升司法在推动国家治理能力和治理体系现代化中的地位和作用。在这种背景下，研究和完善社会关注案件的司法应对和风险防范建设具有十分重要的意义。

第一，完善社会关注案件的司法应对和风险防范是建设中国特色社会主义司法制度的必然要求。中国特色社会主义司法制度最根本的特征是坚持党的领导。人民法院既是党领导下的人民民主专政的国家机关，又是代表国家行使审判权的国家审判机关。人民法院必须毫不动摇地坚持党的领导，紧紧围绕党和国家工作大局开展各项工作，同时紧密围绕人民群众的利益诉求，严格司法，公正司法。社会关注案件因受到公众广泛关注，关系到人民法院服务保障大局工作的实现，关系到人民法院的司法公信力和权威建设，因此要进一步加强对社会关注案件司法应对和风险防范的研究。

第二，完善社会关注案件的司法应对和风险防范是建设社会主义法治国家的必然要求。现代社会是风险社会，各种社会风险引发的案件不仅考验法院的个案裁决，还考验司法机关自身的应对能力。迄今为止，法学和公共管理学基本上是以确定性的或者可预测

---

* 课题主持人：吴在存，课题负责人：马立娜，课题主要参与人：伍涛、王玲芳、丁宇翔、江伟、陈实、周维平、高春乾、宁韬，课题其他参与人：陈博闻、丁少芃、宋振宇、崔丹妮、刘雅璠、曾巧艺、马相桐、田晓宇、尚潇、张春城、赵宝玉。

本课题为最高人民法院 2017 年度司法研究重大课题，获评最高人民法院 2017 年司法研究重大课题优秀等次。

① 2014 年 1 月 7 日至 8 日，在北京召开的中央政法工作会议上，中共中央总书记、国家主席、中央军委主席习近平出席会议并发表重要讲话。他强调，要把维护社会大局稳定作为基本任务，把促进社会公平正义作为核心价值追求，把保障人民安居乐业作为根本目标，坚持严格执法公正司法，积极深化改革，加强和改进政法工作，维护人民群众切身利益，为实现“两个一百年”奋斗目标、实现中华民族伟大复兴的中国梦提供有力保障。

② 江必新：《十八大以来中国特色社会主义司法理论的创新和发展》，载《中国审判新闻》2015 年第 126 期。

性为基本尺度,以稳定或者常态为研究对象,难以满足实践的迫切需求。[①] 社会关注案件作为具有特定风险属性的一类案件,其司法应对主要研究如何整合司法资源,协调各责任主体之间的分工,完善案件风险管理和突发应对制度机制建设,形成风险危机应对的综合框架和秩序要求,从而为国家的风险治理提供司法应对的综合方案。

第三,完善社会关注案件的司法应对和风险防范是实现"让人民群众在每一个司法案件中感受到公平正义"目标的必然要求。促进社会公平正义是政法工作的核心价值追求。中国正处在社会转型的历史发展阶段,矛盾纠纷多发,各种利益博弈明显。司法作为社会公平正义的最后一道防线,担负着社会转型时期维护社会秩序,平衡利益冲突,实现公平正义的重要任务。社会关注案件大部分都涉及经济发展和个人权益保护,传统与现代、世俗与法律之间的博弈,只有深入研究这类案件的规律特征,做好司法应对和风险防范工作,才能真正实现"让人民群众在每一个司法案件中感受到公平正义"的价值目标。

第一章 概　　述

一、社会关注案件的一般界定

(一)社会关注案件的基本概念

社会关注案件是引发社会公众广泛关注的一类案件,社会公众往往通过媒体报道关注司法个案,并随着舆论热点的聚焦不断表达自己对个案或跟个案相关的意见观点,从而使得这类案件具有社会关注的特征。本课题所研究的社会关注案件是指人民法院审理的,已经引发或者可能引发社会广泛关注,存在产生负面舆情、影响社会稳定等系列风险的司法案件。鉴于案件被社会关注后所呈现的舆论、民意特点,不仅对司法裁判产生极大的影响,也会产生相应的社会风险,因此人民法院需要建立科学完善的制度机制加以应对防范。

社会关注案件并非一个法律术语,而是一个习惯称谓,在界定时毋宁说是描述这一称谓所具有的特征。社会关注案件需要在两个要素上加以阐述,第一个要素是"案件",即人民法院正在审理的,已经审结的,还包括正在进行立案审查的纠纷才能成为"社会关注案件"讨论的范畴,不包括和"案件"无关的引发的社会关注,比如司法人员业外活动引发的舆情,尚未形成纠纷、尚未提起公诉的引发与法院有关的舆情。第二个要素是"社会关注",即不特定的公众关注,关注者或有直接利益或无直接利益,且大部分案件经由媒体报道,形成舆论势头,从而成为"社会关注"。社会关注与舆论、民意属于不同视角下的同质性表述,只存在细微差别。舆论是公众的舆论,社会关注是社会公众的舆论,民意也是社会公众的意见。案件被社会关注的效果即形成舆论、民意。

(二)社会关注案件与相关称谓的辨析

此前形容存在特殊因素的案件曾有过诸如重大敏感案件、舆情关注案件、涉群体性案件、影响性诉讼等称谓,这些名称都分别代表具有重大影响的一类案件,只不过侧重点不同。早在2011年,最高人民法院发布《关于新形势下进一步加强人民法院基层基础建设

---

① 季卫东:《法治构图》,法律出版社2012年版,第449页。

的若干意见》(以下简称《意见》),要求各级法院建立重大敏感案件风险评估机制。按照《意见》的划分方法,敏感案件从总体上主要分为两大类:一类是与社会稳定密切相关的案件,另一类是法律适用存在一定难度的案件。

舆情案件是人民法院审理或审结的案件引起媒体关注,从而形成一定的舆论压力,将影响人民法院裁判的公信力及其他严重后果的一类案件。舆情案件不完全等同于社会关注案件,虽然社会关注案件一般具有舆情的特征,但是有的社会关注案件则不一定会引发舆情。例如,涉民生群体性案件,虽涉及众多当事人,具有很高的区域稳定风险,但是未必会引起舆情。重大敏感案件中一般包括舆情案件、涉群体性案件、影响性诉讼等,而社会关注案件的范围比重大敏感案件更广。社会关注案件在重大敏感案件的基础上,还需加上"社会关注"的要素,才能成为"社会关注案件"。从重大敏感案件到社会关注案件称谓的变化,反映人民法院在应对这类特殊案件时,更多从社会本位出发,重视社会公众的关注和体验,进一步改进完善相应司法制度机制。

(三)社会关注案件的基本分类

社会关注是一类案件的特征,这种特征形成的原因多样,因此其分类可以从不同角度来加以划分。如果从引发社会关注的原因来划分,可以分为:社会发展进程中引发的、行政执法引发的、司法本身引发的;按照司法保护的公民宪法基本权利来划分,可以分为涉公民人身自由权利保护类(涉嫌冤假错案)、涉社会经济权利保护类(拆迁、非法集资等)、涉文化教育权利的保护类(受教育权等)、涉特殊群体权益保护类(儿童保护、妇女保护、老人权益保护)等。

参考此前对重大敏感案件的分类、舆情案件的分级分类,①同时考虑每一类案件的样本量至少要在50件以上,可以将社会关注案件划分为八种类型,分别为:

1. 涉嫌冤假错案类:已生效判决可能脱离事实根据,偏离法律准绳,对公民进行错误的刑事追究,致使公民合法权益受到司法侵害的案件。代表案件有聂树斌案、呼格案、汤兰兰案。

2. 涉贪腐案件类:主要包括各级政府官员的贪污腐败案件,司法系统的司法腐败案件,代表案件有薄熙来案、孙政才案、令计划案。

3. 涉民生群体性案件:主要包括环境污染、征地拆迁、公共卫生等民生领域的案件,及受害者众多的案件等,代表案件有常州毒地案、涉众型集资诈骗案等。

4. 情理法冲突案件:主要是指民众普通情感、一般认知与司法裁判观点相冲突的案件,代表案件有鹦鹉案、赵春华案。

5. 涉政治政策类案件:涉及意识形态、国家特定政策以及国家政治安全的案件,代表案件有狼牙山五壮士案等。

6. 涉伦理道德底线案件:造成严重后果,引起社会群众普遍愤慨的案件,人民法院予以严肃处理的案件,主要包括严重暴力犯罪、涉及面广的诈骗犯罪案件等,代表案件有杭州保姆纵火案、徐玉玉案。

---

① 从各地法院出台的规范性文件来看,重大敏感案件主要包括:涉及国家政策、地方政府的案件、群体性案件、引发社会情理法冲突的案件、舆情案件及司法裁判、作风存在瑕疵不当的案件。

7. 社会身份对立案件：主要包括身份阶层不同，引起仇官仇富心态的案件，以及针对政府机关、人民法院工作人员的暴力犯罪案件，代表案件有挖坑代表李某某案。

8. 涉名人知名机构案件：涉诉主体为知名人士、机构的案件，代表案件有涉某中央团体的执行案、王某某离婚案。

9. 其他：难以归入以上八种类型的其他案件。

二、社会关注案件司法应对及风险防范的基本情况

社会关注案件的司法应对主要涉及案件的审判执行、舆情应对、司法综合保障三个方面。对此课题组将一一进行对比分析。

（一）审判执行应对

社会关注案件主要集中在刑事领域。课题组选取了近五年来发生的六起重大的社会关注案件，涵盖涉嫌冤假错案类、涉贪腐类、涉民生群体类、情理法冲突类四种类型的刑事案件，进行司法处置措施上的对比分析，详见表1.1。

表1.1 社会关注案件典型案例处置对比分析

类别	某涉众型集资诈骗案（一审）	薄熙来案（一审）	聂树斌再审案	快播案（一审）	于欢案（二审）	赵春华案（二审）
发生时间	2018年	2013年	2016年	2016年	2017年	2017年
立案识别	√	√	√	√	二审识别	二审识别
庭前会议	√	√	√	√	√	√
庭审预案	√	√	√	√	√	√
预案级别	国家级	国家级	国家级	高院级	高院级	高院级
合议庭组成	庭长在内的精干力量	中院副院长领衔组建合议庭	二级大法官领衔组建合议庭	副院长在内的精干力量	精干力量	精干力量
听证程序	×	×	√	×	×	×
庭审公开	√	√（微博）	未开庭	√（图文+视频直播）	√	√
旁听人员	注重旁听的广泛参与性	注重旁听的广泛参与性	未开庭	注重旁听的广泛参与性	注重旁听的广泛参与性	注重旁听的广泛参与性
参审陪审	×	×	×	×	×	×
庭审纪律	良好	良好	未开庭	良好	良好	良好
证人出庭	√	√	×	√	√	×
全程留痕	√	√	√	√	√	√
专业法官会议	√	×	√	√	√	√
审委会	√	√		√	√	√

续表

类别	某涉众型集资诈骗案（一审）	薄熙来案（一审）	聂树斌再审案	快播案（一审）	于欢案（二审）	赵春华案（二审）
专家咨询论证	√多次论证，前期检察院召开论证会	×	√	√+委托论证座谈	√	√
公开宣判	√	√	√	√	√	√
公开文书	×	√	√	√	√	√
判后答疑	×	×	√	×	×	×

以上六个案件都曾产生全国性的重大影响，引发过多次一级舆情，从司法应对措施的统计来看，各院在应对重大社会关注案件时均已形成较为成熟的应对机制。其中具备共性的有以下几点：第一，所有案件均召开了庭前会议，制定了高级别的庭审预案，选取精干力量组成合议庭；第二，开庭的案件均做到了庭审公开，注重旁听人员的广泛代表性，包括人大代表、政协委员、媒体记者等，庭审纪律较好；第三，大部分案件经过审委会的讨论，司法改革后审理的聂树斌再审案、快播案、于欢案、赵春华案还经过了专业法官会议的讨论，就法律适用难题召开过专家论证会；第四，所有案件均公开宣判，通过新闻发布会等形式，向全社会及时公布判决结果。

此外，有些案件还具有可以借鉴的独特经验。审理薄熙来案的人民法院开创性地使用官方微博，将庭审的所有内容以及裁判文书的全文向社会公布，开此类案件司法公开之先河，让政治流言不攻自破。此外，该案的庭审预案极其细致，安排了证人出庭，充分保障辩护权的行使，促进庭审的实质化。聂树斌案作为涉嫌冤假错案的典型，虽然没有开庭审理，但承办申诉的法院通过听证程序，充分听取聂案申诉人和代理人的意见，在公开宣判后，通过说理详尽的裁判文书、充分细致的判后答疑以及多篇新闻报道、学术文章，向社会公开聂树斌案的细节、改判无罪的理由，解答社会公众的疑惑，取得良好的法律效果和社会效果。快播案则开创性地使用了第三方视频网站进行庭审直播，引发了社会公众的热烈讨论，但是一审庭审中由于对相关技术问题准备不充分，仍需引起重视，在今后审判工作中加以避免。

当然，人民法院在社会关注案件的审判执行应对中也有值得进一步改进的地方。首先，在个别情理法冲突类的案件中，法院在一审中并没有预先判断出潜在的舆情风险，导致舆情爆发后应对被动。其次，人民陪审员参审社会关注案件有待进一步加强。人民陪审员制度是保障公民依法参加审判活动，促进司法公正，提升司法公信的重要方式，随着新《人民陪审员法》的颁行，未来在社会关注案件的审理中，如何发挥人民陪审员的重要作用，组建高效公正的审判团队，将成为人民法院必须面对的重要课题。最后，社会关注案件应当实施更为严格的司法公开，但个别案件在公开方面还有提升空间，有必要进一步改进。

（二）司法舆情应对

社会关注案件多发生在东中部地区。因此，课题组前往济南市中院、南京市中院、上海市一中院、武汉市中院、长沙市中院以及广州市中院6家中级人民法院开展实地调研，了解各家法院在审判管理与舆情应对上的经验，结合课题组所在的北京一中院一起进行比较分析，详见表1.2。

表1.2 七家人民法院社会关注案件审判管理与舆情应对经验对比分析

类别	北京一中院	济南中院	南京中院	上海一中院	武汉中院	长沙中院	广州中院
舆情应对预案	√	√	√	√	√	√	√
预案级别	院级	院级	院级	院级	院级	院级	院级
政法委参与	统筹协调	牵头成立工作组并统筹协调	统筹协调	统筹协调	统筹协调	强化领导，统筹协调	依靠政法委，形成合力
内部信息报送	及时报送	及时报送	及时报送	及时报送	及时报送	重大事件每天一报，平时每周一报	全方面、多口报送
抢占舆论先机	及时发声，积极引导	及时发声，积极引导	官微发声，积极引导	及时发声，积极引导	流程规范、积极引导	专门新闻发声制度，专人负责舆情引导	官微迅速主动发声，协调政法委积极正面引导
宣传新闻部门参与	积极参与、配合（主要包括市委宣传部及网信办等）	积极参与、配合（主要包括市委宣传部及网信办等）	积极参与、配合（主要包括市委宣传部及网信办等）	积极参与、配合（主要包括市委宣传部及网信办等）	积极参与、配合（主要包括市委宣传部及网信办等）	积极参与、配合（主要包括市委宣传部及网信办、综治办等）	积极参与、配合（主要包括市委宣传部及网信办等）
新闻发布会	经常组织召开	有大要案时召开	有大要案时召开	一年至少四次	根据需求	根据需求	根据需求
新闻发言人	√	√	√	√	√	√	√
个案舆情回应	及时	及时	及时	及时	及时	及时	及时

由上述统计可知，各法院均高度重视司法舆情应对，并成立专门部门负责该项事务，形成了较为成熟的应对机制。其中具备共性的有：第一，各院均制定了院级的舆情应对预案，并由专人负责舆情监测；第二，政法委统筹协调，市委宣传部及网信办等部门积极参与配合，确保统一发声，提高发声的权威性；第三，第一时间通过新闻发布会、官方微信、微博等途径予以回应，积极掌握舆论宣传的主动权；第四，各院均主动应对司法舆情，依法公开案件信息，抢占舆论先机。

几家法院中，长沙中院的舆情汇报机制要求严格，要求建立重大事件每天一报，平时每周一报；此外，还建立了普法宣教机制，通过“互联网＋”创新网络服务平台及12368平台，积极引导当事人正面维权。北京一中院将新闻发布会常态化，一年举办各领域新闻发布会近20场，积极构建新型司法媒体关系，进一步深化司法公开。南京中院以及广州中院则充分利用其具有影响力的微信公众号，①及时主动发声。济南中院、上海一中院和广州中院还通过委托第三方社会化服务，大幅度提高舆情应对水平。

社会关注案件的司法舆情应对中，存在的问题包括：一是目前法院内部，尤其是审判业务部门的舆情风险意识有待进一步加强；二是在涉情理法冲突和涉伦理道德底线案件的办理中，对隐蔽的舆情风险点识别仍显不足；三是涉事法院针对舆情事件发声后，缺乏声援，在“互联网＋”时代，“孤军奋战”无法形成合力，难以达到预期的宣传效果；四是当前人民法院缺乏统一、指导性的舆情应对操作规范，各级法院限于自身应对能力和经验，在舆情处置应对方面仍是“摸着石头过河”。

综上所述，社会关注案件“高发区”的不少法院都已形成一套涵盖审判执行、审判管理与舆情应对的处理机制。相关规范意见具有很多共性，应该在充分总结后予以固化推广。针对实践中存在的问题，结合现有法院的成功经验以及各类社会关注案件的特点和舆情风险点，制定一套具有普遍指导意义的社会关注案件司法应对指南，将是人民法院在社会关注案件中把握主动权、提升司法公信力的必要之举。

（三）综合保障应对

综合保障是处理社会关注案件的重要一环，课题组所调研的7家法院在综合保障方面的经验对比分析详见表1.3。

表1.3　七家人民法院社会关注案件综合保障应对对比分析

类别	北京一中院	济南中院	南京中院	上海一中院	武汉中院	长沙中院	广州中院
审判管理预案	√	√	√	√	√	√	预案＋台账
政法委统筹	√	√	√	√	√	√	√
领导小组	院级	院级	院级	院级	院级	院级	院级
预案级别	院级	从院到各小组有三级预案	院级	院级	院级	院级	院级
细分工作小组	√	√	√	√	√	√	√
庭审应急预案	√	√	√	√	√	√	√
与公安等部门协调联动	√	√	√	√	√	√	√
信息汇总	专用通道＋及时汇报	专用通道＋及时汇报	专用通道＋及时汇报	专用通道＋及时汇报	专用通道＋及时汇报	专用通道＋及时汇报	专用通道＋及时汇报
涉密事项管理	严格	严格	严格	严格	严格	严格	严格
后勤保障	√	√	√	√	√	√	√

① 这两家法院的微信公众号具有全国性的影响力。

续表

类别	北京一中院	济南中院	南京中院	上海一中院	武汉中院	长沙中院	广州中院
技术设备保障	更新庭审系统,加强法院信息化建设	更新庭审系统,加强法院信息化建设	更新庭审系统,加强法院信息化建设	更新庭审系统,加强法院信息化建设	庭审现场视频指挥中心观摩、现场处置、安保监控三路同步	更新庭审系统,加强法院信息化建设	更新庭审系统加强信息化建设,充分利用微信小程序平台
医疗保障	院医务室	院医务室 + 救护车	院医务室	院医务室 + 周边三甲医院	院医务室 + 积极争取医疗卫生部门的配合	院医务室 + 积极争取医疗卫生部门的配合	院医务室 + 积极争取医疗卫生部门的配合
庭审警力	法警支队保证	法警队保证	法警队保证	法警队保证	法警队保证	法警队保证	法警队保证
外围安全保障	由属地公安部门协调配合	由属地公安部门协调配合	由属地公安部门协调配合	由属地公安部门协调配合	由属地公安部门协调配合	由属地公安部门、社区街道协调配合	由属地公安部门协调配合

从表1.3可以看出,各法院已经形成了一套大要案司法保障机制,包括审判管理、司法资源配置、突发事件应对等内容,不少法院还出台了敏感案件的处置办法。其中具备共性的有:第一,提高政治站位,严格贯彻"底线意识",由政法委统筹协调,制定院级审判管理预案;第二,建立院级领导小组,统一领导协调各方面工作,确保政令统一、分工协作;第三,建立专门的信息汇总制度,确保每个审判环节、每项处置措施均及时汇总分析;第四,与属地公安部门协调联动,在大要案的重要节点负责法院外围的安全保障;第五,举全院之力,加强各部门间的协作,在后勤、医疗、技术设备、庭审警力上予以充分支持与保障。

此外,一些法院的独特经验也值得借鉴。济南中院的审判管理预案分成三级,具体工作要求细致入微,为确保庭审的顺利进行,要求承办法官充分了解被告人的思想动态,掌握被告人的身体状况。南京中院在大要案办理中做到"一案一策",并高度重视信访接待工作,认真听取情况反映。在信访接待上,设立独立于法院本部的其他集中接待点,缓解法院本部接待压力。上海一中院实现了对大要案范围、确认、登记、报送、审理、成果转化等全流程的管控,在涉众型案件的审理时,采取"视频直播 + 开辟多个法庭"的方式,疏解旁听人群。武汉中院充分利用其信息化系统,在视频指挥中心实现了庭审观摩、现场处置、安保监控的三路同步。广州中院在大要案审判管理中强调"预案 + 台账"的运用,充分利用微信小程序平台,妥善处理涉众型破产案件的债权人会议问题。

课题组同时也发现当前社会关注案件在综合保障方面存在的问题。一是社会关注案件处置有待进一步形成合力。各家法院在社会关注案件的司法应对上还处于"各自为战",缺乏了解其他法院处置措施的渠道,缺乏统一的指导性意见。二是信息化建设仍有不足。当前社会关注案件司法应对中的信息化建设仍有待加强,表现为法院内部不同部门、上下级法院不同部门、法院与其他政府机关的信息流动不畅,导致实践中案件信息多头报送、重复报送、答复无期限等问题。

三、社会关注案件形成原因及分析

(一)社会层面原因

1. 社会矛盾风险在司法领域的反映

随着计划经济向市场经济的转变,社会资源重新分配,贫富差距逐步拉大,社会阶层结构分化断裂,社会阶层间的对立冲撞,社会流动阻塞形成的社会堰塞湖、社会发展滞后的改革"内轮差"效应和公共服务的"短腿"等成为典型的社会风险外壳。① 在这种社会背景下,带有各种社会矛盾的纠纷进入司法程序,必然带有社会关注的属性。司法作为社会公平正义的最后一道防线,人民群众更希望在司法程序中实现公平正义。

2. 偏重实体正义的司法文化因素

中国自古至今都有法律问题上的道德关怀甚于法理关怀,体现在中国司法文化则是对实体正义的备受推崇。人民群众对司法公平正义的心理期待和价值判断,通常来自案件事实和自身朴素的正义观,与程序所反映的司法正义并不总是一致的。司法文化更加偏重实质正义,当事人信访不信法,遇到纠纷更倾向寻找上级领导的明察秋毫,主持公道,当媒体舆论强大时也寄希望于媒体介入主持公道,不重视、不信任通过程序规则来寻求司法公正。

3. 网络参与下的大众心理特点

"当政府不受欢迎的时候,好的政策与坏的政策同样都会得罪人民。"这就是古罗马执政官塔西佗的名义,也是著名的"塔西佗陷阱"的内涵。自媒体建构的网民话语权,已经成为媒体话语权的力量之一。社会转型期,政府在依法执政、有效应对舆情上尚有一定差距,政府行为的瑕疵、不当甚至违法通过网络发酵、累积,形成舆论定势和声势浩大的舆情(马太效应)。当一个陌生群体因为一个事件聚集在一起,就构成了一个心理群体,这时"有意识人格消失,无意识人格得势,思想和情感因暗示和相互传染作用而转向一个共同的方向,并立刻把暗示的观念转化为行为的倾向。"②这些群体性的大众心理直接影响社会关注案件的舆情走向和发展。

4. 公众认知与法律认知的不一致

司法要以法律事实与程序正义为基础,以法律推理为逻辑纽带,以适法裁判为结果,不偏不倚、客观理性作为基本特征。网络舆论是公众朴素情感的集中外化,其以客观事实与实质正义为追求,以道德习俗为判断基准,以情感满足为结果,好恶分明、主观感性是网络舆论的鲜明标签。③ 鹦鹉案、赵春华摆气枪摊案即是典型的社会公众认知和法律认知不一致的案件,公众秉持的朴素正义观,难以接受饲养鹦鹉、摆气枪摊会触犯法律,要被判刑坐牢。

(二)司法层面原因

1. 人民群众日益增长的司法需求与司法供给之间存在矛盾

新时期,人民群众对民主、法治、公平、正义、安全、环境等方面需要日益增长,期待权

---

① 钟君:《当前中国的社会风险外壳初探》,载《国家行政学院学报》2014 年第 4 期。

② [法]古斯塔夫·勒庞:《乌合之众:大众心理研究》,冯克利译,中央编译出版社 2014 年版,第 18 页。

③ 徐骏:《司法应对网络舆论的理念与策略——基于 18 个典型案例的分析》,载《法学》2011 年第 12 期。

利有保障、权力受制约、公正可预期的良法善治。而司法资源的有限性以及发展不均衡、不充分等问题导致了人民群众对司法的“用户体验感”“满意度”与心理期待之间仍存在差距。要实现司法供需平衡，必须均衡司法领域的资源和利益配置，为此应当通过推进司法供给侧改革，加强司法需求侧管理，增强司法供给，规范司法需求。①

2. 司法舆情应对的理论制度机制有待完善

信息不对称是谣言产生的温床，以往的信息封锁，回应不及时、不充分的做法则产生更严重的次生舆情。建立符合现代信息传播规律的理论和应对机制，是人民法院的重要课题。当前审判独立与舆论监督的理论研究与制度设置均未达到成熟程度，突出表现为二者各自作用之领域界限模糊，整体处于失范失衡状态，导致以媒介审判假监督之名频越红线。②

3. 司法审判如何考量民意缺乏规范路径

当前“道德”“民意”“人民群众的期待”等未经法律程序过滤的价值考量因素容易进入诉讼程序，影响司法裁判的过程和结果。虽然最高人民法院近年推行“法律效果与社会效果的统一”，发布《关于进一步加强民意沟通工作的意见》，但仍是从制度建设和政治大局层面对司法和民意如何互通进行了宏观布局，并未指示“如何考量民意做出个案裁判”这一核心问题。③

4. 司法民主制度建设有待探索创新

当前法院在司法公开方面已经取得了前所未有的成绩，但是在社会关注案件上并未建立有效的特殊信息公开机制，尤其是对于刑事案件、未成年人案件的信息公开形式和内容范围，尚未充分研究和规范。在司法民主方式、途径上仍处于探索阶段，陪审员法在立法上已经做出较大创新，但仍缺乏实施的配套机制和条件，尚未用好、用足陪审制度。

（三）信息传播原因

1. 互联网信息传播方式自身特点及局限

话语设计是大众传媒制胜的主要手段。④ 在一系列司法案件被媒体报道时，所使用的创意词汇远胜于法言法语，如“躲猫猫”“临时性强奸”“喝开水死亡”“文身男被反杀”等词汇极具创意、易于传播，且这些创意词汇蕴含着价值判断，在引发公众广泛关注的同时，也决定了舆论走向。

2. 电子空间知识鸿沟导致信息传播不均

随着自媒体的发展，越来越多的人可以接收信息，但受到职业、学历、兴趣等影响，当下社会仍存在电子空间的知识鸿沟。⑤ 基于数字鸿沟，在社会关注的热点案件中形成的

---

① 方乐：《司法供给侧改革与需求侧管理——以司法的供需结构切入》，载《法制与社会发展》2017 年第 5 期。

② 刘春园：《论舆论监督、媒体审判与刑事司法独立关系》，载《法治现代化研究》2016 年第 5 期。

③ 陈林林：《公众意见在裁判结构中的地位》，载《法学研究》2012 年第 1 期。

④ 栗峥：《传媒与司法的偏差——以 2009 十大影响性诉讼案例为例》，载《政法论坛》2010 年第 5 期。

⑤ 截至 2018 年 6 月，我国网民规模达 8.02 亿人，非网民规模为 5.88 亿人。我国网民仍以中等学历群体为主，初中、高中/中专/技校学历、小学及以下的网民比例分别为 37.7%、25.1% 和 16.6%，构成网民学历的前三位。中国网民中学生群体最多，占比达 24.8%，其次是个体户/自由职业者占比 20.3%。相关资料来自中国互联网络信息中心官方网站。

意见是否足以概称为“民意”，不可一概而论。

3. 网络传播的涟漪性和裂变性

当前社会关注案件多由自媒体首发，通过视频、醒目的标题，引起公众关注，微信公众号、官媒大量转发，专家点评，形成一波一波的关注热潮。随着官方和非官方信息的不断披露，信息量不断累积裂变，不断汇聚成称牢不可破的“意见”。

四、社会关注案件司法应对的价值目标和基本原则

（一）司法应对的价值目标

1. 实现更高质量的司法公正

司法需转向关注更高质量的正义及运作机制，才能满足新时期人民对司法的需求和期待。司法多边主义的理论认为，法院要在一种更为开阔的视野下，面对不同阶层的利益开展敏感而精细的平衡和把握，逐渐建立能产生扩散的互惠性的制度安排，从而实现更高质量的“特殊正义”。[①] 从重新认识中国推行法治的问题出发，要树立一种多元化的、动态的、注重正当性论证的、通过反思而不断协调整合的、与社会对公平的诉求相对应的法治观。[②] 社会关注案件正是一个让人民群众感受司法公正的重要契机，人民法院要从社会关注案件中总结经验规律，创新工作机制和方法，努力从这类案件中实现更高质量的公平正义。

2. 满足人民群众的多元化司法需求

党的十九大报告中提出我国社会的主要矛盾已经转为人民日益增长的美好生活需求和不平衡不充分的发展之间的矛盾，这也为中国特色社会主义司法制度的发展提出了重要课题，即人民法院在新时代如何不断满足人民群众多元化的司法需求。社会关注案件往往涉及多数利益，被广泛的社会公众所关注，该类案件集中反映了人民群众对法治需求。人民法院要从加大人权司法保障、提供高质量的司法产品、创新司法为民的举措这三个方面来满足人民群众的多元司法需求。[③] 在严格依法裁判的基础上，通过司法与公众的互动，合理吸纳理性民意，拓宽司法民主，回应公众关切，公开审判信息，打消公众疑虑，真正为人民群众提供经得起历史和实践检验的高质量的司法产品。

3. 确保社会秩序稳定

习近平总书记指出，维护社会大局稳定是政法工作的基本任务。社会关注案件的应对目标之一就是要确保稳妥处置，具体需达到三个方面的要求：一是确保法院审理秩序的平稳。法院要采取有效措施确保案件审理各个环节的正常开展，法院要联合公检法等相关部门处置好各类突发事件；要及时处置危害法官权益的事件，做好保障庭审的各种物质、警力配置。二是确保涉案网络舆论的有效引导。在自媒体时代，人民法院要加强对社会关注案件的舆情监测、有效引导，这是确保网络舆情妥善应对的基本措施。三是确保社会秩序的稳定。社会关注案件中要严格贯彻落实“三同步”原则，特别是涉民生群体性案

---

① 杨力：《司法多边主义：以中国社会阶层化发展趋势为主线》，法律出版社 2010 年版，第 23 页。

② 季卫东：《法治构图》，法律出版社 2012 年版，第 457 页。

③ 李玉萍：《满足人民群众多元司法需求》，载《人民法院报》2018 年 1 月 30 日，第 2 版。

件等,既维护好当事人的合法权益,又要确保社会秩序的稳定。

(二)司法应对的基本原则

1. 坚持党的绝对领导,落实"三同步"原则

中国特色社会主义司法制度最根本的特征是坚持党的领导。在毫不动摇地坚持党对司法工作领导的同时,强调党对司法工作的领导是管方向、管政策、管原则、管干部。[①]"三同步"理念作为新时代法院工作的重要理念和思维方式,人民法院在贯彻落实"三同步"工作中,在出台重大工作决策、重大政策文件、处理重大敏感案事件时,要及时主动向上级法院党组和本级党委报告,争取支持。人民法院要在应对防范案件风险中实现司法效果和社会效果,就必须进一步坚持党的领导,强化党的领导,依靠党的领导。只有党的统一领导,统筹社会关注案件各方面工作,会同公安、宣传、网信等有关部门开展工作,才能充分调动社会治理资源,公正妥善地处置社会关注案件。

2. 坚持公开审判,确保公平公正

社会关注案件司法应对的第一要义就是公开公正审判。公开审判是一项基本的法治原则。"阳光是最好的防腐剂",当一个案件被"万众瞩目"时,法院越是要在公众关心关切的审判节点进行公开,消除公众质疑,让法院审判活动得到公众的信赖和信任。公众关注案件的背后,核心仍是公平正义。司法公正不仅要求裁判结果公正,认定事实准确,适用法律正确,实体处理妥当,而且要求严格遵照正当程序进行诉讼,充分尊重和保障参与人的合法权益。人民法院要认真对待社会关注案件,依法裁判,谨慎考量各种价值,妥善行使自由裁量权,通过裁判规范社会行为,塑造社会秩序,切实发挥法律实施的功能和作用。

3. 遵循客观规律,主动进行应对

自媒体高度发达的今天,司法已经不可避免地要主动积极回应舆论,构建坦诚、公开的司法媒体关系。人民法院必须认识网络传播规律和司法规律,积极回应社会舆论,把握舆论战场的主动权,法院向公众提供尽可能真实和完善的信息,取得公众信任理解,建立司法公信和权威。人民法院要建立健全舆情收集研判、信息发布、突发事件处理联动等有效的系列工作机制,正确把握舆情处置应对的时、效、度,既积极主动又适时冷处理,既回应关切又有理有据,才能真正掌握舆论引导的主动权和话语权,取得社会关注案件舆情应对的良好效果。

(三)司法应对的基本要求

1. 转变创新司法理念

中国社会快速发展,特别是"互联网+"时代的到来,"两微一端"传播格局的形成,客观上要求人民法院要转变司法理念,认真对待公众的声音和期待,提升司法与民意的互动关系。从课题组的实证研究情况来看,凡是认真对待社会公众诉求,依法有效公开信息的,都取得了比较好的社会效果。从一系列的案例研究来看,公众对刑事司法的评判多数是理性的,价值取向也是合乎情理的,很多社会关注案件都促进了立法、司法制度的完善

---

① 江必新:《十八大以来中国特色社会主义司法理论的创新和发展》,载《中国审判新闻》2015 年第 126 期。

和改革。人民法院对待社会关注案件要转变“或逃避”“或迎合”的两极化应对理念,认真理性对待公众意见和诉求,建立科学合乎规律的司法应对和风险防范策略机制,不仅要有效应对社会关注案件的个案,还要健全长效工作机制,切实建立起司法公信力和法治权威。

2. 不断提升司法能力

完善社会关注案件的司法应对和风险防范的本质要求是新时期对人民法院各级领导干部和广大干警履职能力提出的新要求、新期待。法院干警要肩负起新时代人民法院工作的职责使命,就要切实增强把握社情民意能力,切实增强化解矛盾纠纷能力。① 人民法院各级领导干部和广大干警要不断提升下列能力:一是纠纷化解的能力。法官不仅要有适用法律、查明案件事实的专业技能,还需要规范行使自由裁量权,统一裁判尺度,创新各种机制举措,提升纠纷化解能力。二是把握社情民意的能力。要倾听民意,把握民意,识别、分辨出合法合理的利益诉求,平衡司法决策与现有法律、司法解释的一致性,提升作群众工作的能力。三是司法决策能力。司法决策的考量因素、决策程序和决策效果评估都应当纳入科学有序的制度机制当中去,为解决特定领域的新问题、重大问题出台一系列行之有效的司法决策。

3. 健全完善制度机制

加快推进审判体系和审判能力现代化,是实现人民法院工作科学发展的必然要求,也是促进国家治理体系和治理能力现代化的重要保障。审判体系,是指人民法院的立案、审判、执行以及法院行政事务管理的制度机制和工作安排,是一套相互协调、相辅相成的工作体系。② 以完善审判体系来审视社会关注案件的司法和风险防范,将涉及一揽子工程,既需要法院内部立审执衔接,科学设置、合理安排以保障法院审判工作有序推进,更需要完善与相关司法部门、外部行政体系的协调联动机制,形成处置社会关注案件的合力。

五、社会关注案件风险防范的主要内容和基本要求

(一)社会关注案件的“风险”种类

风险是从概率和损失性的视角来检视,是指遭受伤害蒙受损失和发生损害的机会。③ 社会关注案件所引发的风险是多重风险,按照距离审判中心工作的远近依次可分为司法风险、舆情风险、政治风险。这里的司法风险是狭义的,专指损害司法公正、司法公信、司法权威,影响司法价值功能实现的风险。而舆情风险是人民法院在裁判案件过程中可能面临来自社会或网络的负面消息、虚假消息、谣言等,这些负面信息通过发酵可能产生舆情危机。政治风险则是破坏社会稳定、危及政治秩序、导致社会冲突、加剧社会分裂的损害可能性。

(二)社会关注案件的“风险”特征

案件风险具有社会风险的一般特征,具有不确定性,隐含风险的社会问题不易识别,

---

① 最高人民法院院长周强在国家法官学院举行2018年秋季开学典礼上的讲话。

② 马新岚:《加快推进审判体系和审判能力现代化》,载《人民法院报》2015年4月1日,第5版。

③ [英]尼克·皮金等:《风险的社会放大》,谭宏凯译,中国劳动社会保障出版社2010年版,第42页。

风险是否成为现实取决于多种变量因素。同时，还具有自己的特征：一是案件风险既来自案件本身，也来自司法过程。课题组发现2/3的案件在进入司法程序前即带有“社会关注”属性，隐含社会稳定风险。司法裁判过程中因程序瑕疵、作风等问题也易引发社会关注，这类风险往往直指司法公正。二是案件风险的累积性和系统性。风险的信息传递和社会反应机制产生涟漪效益，风险不断积累，且具有系统性，不仅对当前、今后的司法裁判施加压力影响，而且会侵蚀法院已生效类案的公信力和既判力。三是案件风险更多直指司法体制问题。大众媒体对于群体性事件的广泛传播，使人们将偶发性群体性事件的风险感知放大到整个体制的层面。[①] 如果没有正确引导，甚至可能上升到对政体国体的质疑，需要高度关注，加强防范。四是社会稳定风险形成中的人为因素。社会稳定风险在某种程度上是各种传媒特别是网络传媒营造出来的。自媒体时代人人都是自媒体，但同时先入为主，单方报道，断章取义，也极易引发恐慌焦虑情绪，加之“网络水军”人为的“引导”，案件风险中人为因素的参与显而易见。

（三）人民法院防范社会关注案件风险的制度机制

人民法院建立风险评估和防范机制可以阻断信息传播中的涟漪效应，通过正当程序从而促进当事人平等参与，对等沟通，通过裁判说理，公开心证等举措，救济微观层面的个人权利，在获得“看得见的正义”等方面具有重要意义。当前人民法院的社会关注案件风险防范机制也在逐步探索形成。一是通过审判识别、预警社会风险。从社会管理薄弱环节入手，发挥司法的预见性、前瞻性和能动性，加强对涉及全局工作、民生问题等案件信息的分析研判，预警社会风险，为创新社会管理提供参考。二是建立司法风险评估机制。人民法院要分析研判司法政策及个案判决的法律效果和社会效果，并就此探索建立案件社会风险评估机制。三是研究突发事件处置中的权利与义务、权益保护及其法律适用问题。[②]

法院风险防范和评估属于审判管理的范畴，风险防范机制不能仅仅停留在减少案件负面影响上，而是将此作为提升司法公信和权威的手段和途径，及时回应社会关切，扩宽司法公开和司法民主，培育社会法治精神。案件风险评估主体既包括人民法院，也包括党政机关，法院评估时关注司法公正和法律实施的效果，法律性质更明显；党政机关也是评估的重要主体，党委政府关注政策落实和社会稳定，更加注重政治效果和行政实施效果。在落实中央政法委提出的“三同步”工作时，对各类风险的评估要紧紧依靠党委，同时会同相关部门共同评定。

在风险识别方面，当前法院实施的是一种多维度、多角度、多渠道的识别机制。法院内部依据《法院敏感案件风险评估表》中的各类要素，法官在立审执各阶段来识别案件是否存在司法、舆情和社会稳定的风险。法院在临近各种重大的社会活动时，会落实各个层面的风险案件的上报工作。当前，人民法院可以通过线上和线下相结合，司法与行政信息沟通，各种渠道的反馈等多元化的方式来发现、识别案件风险，并交由相关组织作出决策应对。

---

① 徐亚文、伍德志：《论社会稳定风险评估机制的局限性及其建构》，载《政治与法律》2012年第1期。

② 倪寿明：《增强风险意识 提高应急能力》，载《人民司法》2012年第11期。

在重大敏感案件的风险评估和处置机制上，多地法院出台了相应的规范文件，根据案件的性质、紧急状况、风险程度等因素，将案件划分为相应的等级，并确立了相应的处置及防范原则、工作措施。① 在具体风险评估的层级上，各级法院都从总体上分为低、中、高三级，通过定性和定量来做出评估，但是做到准确的定性定量很难，通常考虑的因素包括案由、当事人、案件本身的复杂程度及法情道德交叉，总体来说，评估是综合理性的，通常需要综合各种因素。②

（四）加强社会关注案件风险防范的基本要求

1. 贯彻落实“三同步”原则，加强司法参与社会治理能力

司法参与社会治理是国家治理体系现代化的重要内容。法院不仅要承担起审判职责，还需要通过建立行为规范从而提前介入社会秩序的规制当中，在裁判过程中通过调解、发送司法建议和制定司法政策，从而丰富司法参与社会治理的手段和方式。尤其在社会关注案件中，基于该类案件所隐含的社会稳定风险，因此裁判中不仅需要严格贯彻落实“三同步”的要求，依法处置、舆论引导、社会面管控，还要建立起在该类案件中与党委政法委、政府部门和社会公益组织等单位部门的协调联动机制，联合建立突发危机处置和长效制度机制，共同发挥社会治理的合力。

2. 遵循司法规律，完善制度机制

人民法院在防范案件风险时首先应当符合司法规律，不能以防范社会风险为名违背司法规律和依法独立审判。司法之所以能够承担解决社会纠纷的职能，是人们在既有的纠纷解决模式基础上，经过反复的构建—修正—摒弃—重构，将其制度和体系化的结果，成熟的司法制度由专门的法律知识与固化的法律程序予以支撑，网络舆论因不确定性和非规则性而无法超越司法在解决纠纷上的正当性。③ 司法裁判要遵循司法规律，确保司法改革成效，建立科学规范的社会关注案件的司法应对和风险防范制度机制。在权力和资源配置上，要科学分配司法资源和权力，真正建立起以审判为中心的刑事诉讼制度，引入专家论证和公众参与，增加司法政策的正当性和程序性。在诉讼制度上，要完善审级监督制度，明确审判监督程序的定位与价值追求，细化刑事案件再审标准，确保再审纠错和权威的功能定位。在拓宽司法民主上，以社会关注案件为契机，探索新型陪审参审机制，确保陪审实质化，切实增强公众对社会关注案件司法审判的公信力。

3. 扩大司法参与，增进司法民主

我国人民法院重要的价值目标就是“让人民群众在每一个司法案件中感受到公平正义”，可以说我国国体政体的人民性决定了我国法院司法的人民性和民主性。④ 司法要体

---

① 2010 年，青海省高级人民法院《关于对重大事项进行社会稳定风险评估的意见》，广东省佛山市中院《重大敏感案件立案排查暂行办法》，海南省洋浦开发区法院《重大敏感案件风险评估防控分级管理办法》，2014 年，北京市高级人民法院《重大敏感案（事）件处置工作管理办法（试行）》，合肥市瑶海区人民法院发布《关于重大敏感案（事）件甄别评估跟踪监督办法（暂行）》。

② 亓晓萌：《民商事审判风险管理体系的构建：一个嵌入风险社会语境的逻辑证成》，载《政法论丛》2011 年第 5 期。

③ 徐骏：《司法应对网络舆论的理念与策略——基于 18 个典型案例的分析》，载《法学》2011 年第 12 期。

④ 孔祥俊：《从司法的属性：看审判和民意的关系》，载《法律适用》2010 年第 12 期。

现公众意见，增进司法民主，扩大司法民主，就要将大众道德标准引入裁判过程，从而为实现实质正义提供方式和路径。人民法院在审理社会关注案件中要认真贯彻人民陪审制度、人民监督制度、司法公开制度等司法民主制度，扩大人民群众对司法的监督与参与。人民法院应对社会公众的价值、观念、追求保有一定的开放性，同时基于法律体系内部的构造，还要构建舆情民意参与司法决策的过滤机制。民意只有在经过案件事实和法律范畴的筛选后，才可能成为司法决策依据的裁判理由。

4. 推进法律职业共同体建设，形成风险防范合力

鉴于法院司法裁判的专业性，很多时候能够解读理解其内涵和深意的是法律职业共同体，他们的认同与否有时甚至会直接影响公众意见。在紧密型的法律职业共同体中，由律师站出来为法官辩解，来解决"谁为法官说话"的问题。[①] 课题组在社会关注案件的实证分析中发现，如果法律职业共同体例如专家学者、知名律师适时多角度解读裁判观点，会产生良好的社会效果，让法院的裁判更易被社会公众所接受。反之，则法院判决的公信力和可接受性都大打折扣。人民法院要大力推进法律职业共同体的建设。当前，《关于依法保障律师执业权利的规定》《关于依法切实保障律师诉讼权利的规定》已经制定出台，法院系统要认真落实庭审实质化，从源头上确保审判程序正义，切实保障"律师八大诉讼权"。[②] 在重大影响案件的法律适用问题、裁判标准的确定中，让法律职业共同体参与进来，通过研讨、发表意见，扩大参与，广泛征求专业意见，争取理解支持，从而真正与法律职业共同体形成防范各类社会风险的合力。

第二章 社会关注案件的审判执行应对及风险防范

一、概述

（一）审判执行应对及风险防范的地位、功能和作用

审判执行工作是人民法院的第一要务，人民法院受理的依照普通程序或者简易程序处理的所有案件，除了极少部分在立案之初即因当事人撤回起诉，或因人民法院裁定驳回起诉，或因法定原因使诉讼无法继续进行或进行下去没有意义的，[③]其他案件都要经过审判程序，有执行内容的案件在当事人不主动履行生效裁判确定的义务时，也都要经过执行程序，社会关注案件当然也不例外。因而，审判执行应对是社会关注案件应对中极其重要的部分。

1. 审判应对是社会关注案件应对体系中最为核心的部分

社会关注案件均源于纠纷。无论哪一种纠纷，只有经过审判程序最终作出生效的裁判结果，诉讼当事人之间的争议才能被裁断，纠纷才能被从法律意义上解决。因而，社会关注案件经由审判得出裁判结果，才真正向社会昭示了刑事被告人的罪与非罪，昭示了行政诉讼和民事诉讼当事人之间的是非评价，彰显了公平正义。可以说，审判应对才是社会关注案件应对体系中的本体内容。

---

① 蒋惠岭：《司法改革的知与行》，法律出版社 2018 年版，第 301 页。

② 姬忠彪：《法院舆情危机预防和应对的现状与对策研究》，载《法律适用》2017 年第 9 期。

③ 谭兵主编：《民事诉讼法学》，法律出版社 2004 年版，第 331 页。

2. 执行应对是社会关注案件应对体系中的关键一环

生效法律文书的执行，是整个司法程序中的关键一环，事关人民群众合法权益的及时实现，事关经济社会发展的诚信基础，事关司法权威和司法公信力的有效提升，事关全面依法治国基本方略的贯彻落实。[①] 所以，执行程序是对生效判决所确定的权利的最终落实。周强院长在十二届人大四次会议上已经明确表示，要用两年到三年时间，基本解决执行难问题，破除实现公平正义的最后一道樊篱。[②] 从实际推进情况看，这一任务也基本完成，社会关注案件的圆满执行将得到坚强有力的保证。

3. 审判执行应对是社会关注案件其他应对举措的正当性基础

社会关注案件的应对体系非常丰富，但无论其内在体系如何丰富，都必须紧紧围绕审判执行来展开。只有审判执行中以事实为依据，以法律为准绳，得出妥当的裁判结果，采取规范合理的执行措施，才能为其他所有的应对措施奠定正当性的基础。课题组在实证研究中也发现，在聂树斌案、于欢案、李某某强奸案等一系列社会关注案件的应对过程中，首要的应对举措仍是司法公开公正，只有做到程序和实体的公正才能为其他环节的处置奠定正当性基础。

（二）审判执行应对及风险防范的基本任务

社会关注案件的审判执行应对及风险防范，主要承担这样的任务：审判阶段，应该在严格保障当事人的知情权、选择权、参与权等诉讼权利的基础上，严格认真审核认定证据，并根据对证据认证形成的认识，尽最大可能还原案件事实。在正确认定事实的基础上，通过对法律的解释、对法律漏洞的补充以及对不确定概念的价值补充等法律方法，严格适用法律，形成妥当的裁判结果。执行阶段，通过充分借助信息化手段，强化财产查控措施运用，落实财产报告制度和立即执行制度，积极参与上级法院网上查控系统建设，全程、各环节规范使用各类执行措施，使有财产可供执行的社会关注案件在法定期限内基本执行完毕。

（三）审判执行应对及风险防范的基本原则

1. 坚持现代诉讼理念，确保实体程序正义

一是坚持程序与实体并重的诉讼理念。司法公正包含程序公正和实体公正，裁判结果的实体公正在一些情况下是难以检验的，尤其是一些案涉纠纷尚未形成主流价值判断而仍在深入讨论阶段的案件。而正当程序则要求“公正必须首先是被看得见的公正”，二者不可有任何的偏废。长期以来，我国司法文化对实体正义备受推崇，因而在社会关注案件中，应当通过个案重视正当程序的独立价值，引导公众重视程序正义的价值取向。二是坚持直接言词原则。该原则要求法官通过开庭审理或在法庭上的询问，亲耳听到、亲眼看到当事人和其他诉讼参与人的陈述意见、质证意见和辩论意见，原汁原味形成自己的内心确信，作出裁判。[③] 基于社会关注案件广受关注的特点，一审不应采取简易程序而应采取

---

① 周强院长在2018年10月24日在第十三届全国人民代表大会常务委员会第六次会议上做的《关于人民法院解决“执行难”工作情况的报告》。

② 《周强提出时间表：用两到三年时间基本解决执行难》，载中国新闻网：http://www.chinanews.com/gn/2016/03-13/7795190.shtml，2018年11月3日最后访问。

③ 倪寿明：《保证庭审的决定性作用》，载《人民司法》2015年第11期。

普通程序,二审不应书面审理而应开庭审理。三是坚持集中审理原则。集中审理是指案件的审理应当不间断地持续进行,直到审理完毕。该原则主要要求社会关注案件审理时间的集中、审理主体的集中以及审理方式的集中,法官必须在公开的法庭上并在当事人参加的情况下审理社会关注案件。四是坚持证据裁判原则。证据裁判原则,是指对于诉讼中事实的认定,应依据有关的证据作出,没有证据,不得认定事实。[①] 该原则要求社会关注案件中裁判的形成必须以证据为依据;没有证据,不得认定犯罪事实;据以作出裁判的证据必须达到相应的要求。

2. 认真对待理性民意,探索构建规范路径

法院对外部公众的价值、观念、追求应保有一定的开放性,同时基于法律体系内部的构造,还要构建舆情民意参与司法决策的过滤机制。一方面,法院要警惕非理性民意对司法裁判权的侵蚀和不当影响;另一方面,要构建司法裁判考虑理性民意的规范路径。民意只有在经过案件事实和法律规范的筛选后,才可能成为司法决策的裁判理由。因此,有必要厘清司法决策体现民意和合理吸纳民意的合理边界。民意作为裁判理由必须接受三个维度的审查:宪法规范中的法理念、具体规范意图、社会通行的价值取向,[②]从而使包括社情民意在内的实质合理性因素注入于司法裁量中,不断修正制度运行存在的问题,回应社会诉求,树立司法权威,使"民众中蕴含的集体理性"和"司法决策者的专业理性"形成重叠性共识,汇聚成推动司法制度发展的巨大合力。

3. 坚持扩大社会参与,拓宽司法民主途径

社会关注案件在审判程序的推进过程中,除了涉及国家秘密、个人隐私等不应公开审理的案件之外,应尽量扩大案件的社会参与度。一方面,在一审程序中要尽可能地吸收人民陪审员参加合议庭。另一方面,要善于运用信息化的手段,拓宽司法民主的渠道。针对社会关注案件,可以考虑建立开庭全网直播的制度要求,督促裁判者在开庭审理过程中更为审慎,[③]杜绝各种暗箱操作或侵犯当事人诉讼权利的不规范行为。针对情理法冲突的案件,可以委托专业机构进行民意调查,探求相对真实的民意。

二、立案阶段:社会关注案件进入诉讼与有效识别

(一)当前司法的"为"与"不为"

法治的实现有赖于立法、执法、司法及社会的守法等各方面的协同运作,也有赖于各种非制度化的纠纷解决方式与正式的、制度化的纠纷解决方式的协同运作。司法仅仅是诸多社会纠纷解决机制中的一种,并且司法只是社会正义的最后一道防线,但并不一定是最有效的一道防线。基于此,2015 年最高人民法院《关于人民法院登记立案若干问题的规定》第 10 条明确列举了 6 种不予登记立案的情形,即违法起诉或者不符合法律规定的,涉及危害国家主权和领土完整的,危害国家安全的,破坏国家统一和民族团结的,破坏国家宗教政策的,所诉事项不属于人民法院主管的。社会关注案件如果属于上述情形,即使

---

① 樊崇义:《以审判为中心与证据裁判原则》,载《人民法治》2017 年第 7 期。

② 陈林林:《公众意见在裁判结构中的地位》,载《法学研究》2012 年第 1 期。

③ 陈晨:《庭审直播:法官心证公开的新样态》,载《法制与社会》2018 年第 4 期(下)。

有广泛的社会关注度，也不应进入法院诉讼。因此，在立案阶段，即使已经实行立案登记制，受诉法院仍然应对已经受到社会关注的潜在案件进行基于上述第10条规定范围内的认真审查。

（二）司法裁判与其他解纷手段的区分与衔接

最高人民法院在2016年曾出台《关于人民法院进一步深化多元化纠纷解决机制改革的意见》，对建立各类调解制度、完善诉调程序、加强诉调对接平台建设提出明确要求。对于社会关注的行政案件和民事案件，立案之前应引入诉前多元调解的纠纷解决方式，[①]无疑是审判执行应对体系中的重要一环。而且，在立案之前就通过多元纠纷解决机制化解争端，可以使社会关注案件以更为和谐的方式解决，避免法院进行实体审理可能产生的负面舆论影响，如果运用得当，显然是一种非常有效的应对机制。

（三）社会关注案件的有效识别

案件引起社会关注有类型化的原因，有些案件移送法院之前就已经形成社会关注，这类案件法院比较容易识别。有些案件在法院立案时尚未引起社会关注，但具有成为社会关注案件的可能，法院有效应对的前提是识别这些案件中存在受关注的潜在因素。这种识别工作主要应从立案伊始就予以展开，但不仅仅局限于立案阶段。[②]

根据前文对社会关注案件的种类区分，法院需要根据该8类案件的不同特点，结合当事人主张和所提交的材料，进行有效识别。如果发现所立案件属于其中的任何一类，都应严格按照社会关注案件的相关要求进行处理。

1. 涉嫌冤假错案类的识别

此类案件主要看接收到的案件材料是否存在如下情形：一是看是否有新的证据材料。比如聂树斌案中，王书金的供述。二是看是否有长期的信访。比如聂树斌案中，其家人曾有多年的信访史。三是看媒体报道材料的可信度。不少涉嫌冤假错案是通过媒体公诸于世的，媒体报道中如果提供给了较为详细的材料或线索，且均有据可查或有人可考的，则冤假错案的可能性较大。比如呼格案中，新华社记者汤计对呼格案的相关报道，其中几篇内参披露了一些重要的线索和材料。[③]

2. 涉贪腐案件类的识别

此类案件自调查工作开始，就已经成为全社会关注的案件。对这类案件的识别，主要考虑如下因素：一是涉案官员在当地的级别，级别较高的官员容易引发更广泛的关注。二是涉案官员是否涉及热点事件和热点人员。涉案官员虽然级别不高，但如果涉及热点事件，或者该案件与某些热点人员有关联，则极有可能成为社会关注案件。三是是否已经有媒体跟进关注。比如，重庆的雷政富案，在法院受理之前已经广受媒体关注。四是是否涉及民生领域。从司法实践的情况来看，凡是涉及食药品监管、交通、医疗、教育、房地产等民生领域官员的案件，极易成为社会关注焦点。

---

① 传统理论一般认为，行政诉讼不适用调解。但是，修改后的《行政诉讼法》在第60条确立了行政诉讼的有限调解原则，这也为行政诉讼的诉前多元调解拓宽了空间。

② 如目前刑事公诉案件的立案环节，由于受7天审查期间和专业能力的限制，实质性审查基本上只能到审理阶段才能有效进行。

③ 卢醒醒：《新闻舆论监督对司法审判的影响——以“呼格案”为例》，载《青年记者》2015年第21期。

3. 涉民生群体性案件的识别

识别此类案件主要从如下方面入手:一是争议问题是否涉及普通群众的切身利益。比如绿色发展基金会诉刘诗昆幼儿园环境污染责任纠纷案则涉及幼儿园有毒跑道,危及不特定幼儿的人身安全。二是涉及群众的数量。虽然案件争议的问题涉及普通老百姓的切身利益,但如果波及人数少,则一般不会成为社会关注案件。

4. 情理法冲突案件的识别

识别此类案件主要考虑如下因素:一是案件是否触及普通民众的朴素情感和认知。比如赵春华案中,关于赵春华摆设射击摊位所涉的"枪状物"是否属于非法持有枪支罪中的"枪支"的问题,普通民众的理解和认知与一审法院的判断不同。二是案件是否涉及某些专门事项的理解问题。比如鹦鹉案中,人工驯养繁殖的鹦鹉是否是刑法所指的"珍贵、濒危野生动物"就涉及专业界定。三是普通民众判断与法律专业上的判断之间是否存在较大差距。比如前述两起案件中,对于"枪支"和"珍贵野生动物"的理解,普通民众和法律专业人士之间存在明显的差距,如果完全按照专业判断而不考虑普通民众的认知去审理案件,很可能产生舆情,演化为社会关注案件。

5. 涉国家政策意识形态类案件的识别

识别此类案件主要考虑如下因素:一是案件是否涉及国家出台的重要政策;二是案件是否涉及意识形态领域的斗争。

6. 涉伦理道德底线案件的识别

识别此类案件主要考虑如下因素:一是作案手段是否超出一般人的容忍限度。比如2013年的大兴摔童案,被告人韩某将女童高举过头顶之后摔倒地上,导致女童重伤而亡,引起社会民众的极大愤慨。二是是否产生严重后果。虽然是一般的刑事案件,如果发生非常严重的后果,也可能引发社会的关注。比如杭州保姆纵火案中,保姆纵火导致业主家中大人及儿童4人死亡的严重后果。

7. 社会身份对立案件的识别

识别该类案件主要考虑以下因素:一是涉案当事人是否涉及富人或富家子弟。比如南京"6·20宝马撞人"案,肇事的宝马车司机被鉴定为"急性短暂性精神障碍",引发全国关注。二是涉案当事人是否涉及官员或官员子弟。比如"我爸是李某"案,肇事者因系某公安局副局长而被广泛关注。三是涉案当事人是否存在较为悬殊的身份差别。最典型的比如李某某案,一方为"军二代",另一方则为酒吧工作人员,二人身份差异之下,李某某对另一方所实施的不法行为极易引起公众关注。

8. 涉名人知名机构案件的识别

识别此类案件主要考虑如下因素:一是当事人是否涉及知名人士。比如王某强离婚案。二是当事人是否涉及知名机构。比如北大起诉邹某甫名誉权纠纷案,因涉及北京大学而广受关注。三是是否与知名人士或机构的案件相牵连。某些案件当事人虽然本身并非知名人士,但因与知名人士有牵连,也容易引发舆情关注。比如宋某案,因涉及王某强离婚事由,且侵吞王某强公司的财产,因而备受关注。

三、审判阶段:以公正审判提升司法权威

在现代法治的程序构造中,审判程序是程序构造的典型,因而诉讼程序可以认为是法治社会程序构造的核心。在诉讼程序中,当事人所争议的问题通过对话、论辩的形式进行处理,对立的当事人之间可以进行相互辩论,于是社会矛盾就可以在浓缩且受控制的前提之下以理性的方式进行处理。基于此,诉讼程序在一定程度上可以作为测评社会不满的程度的工具,也可以作为一种疏导和救济社会不满的工具。① 而在社会关注案件的诉讼程序中,客观上更需要疏导和救济社会的不满。因此,在社会关注案件的审判应对中,诉讼程序推进的严谨性,必须给予充分的重视。

(一)当事人权利的保障与权利滥用的规制

1. 充分保障当事人的知情权

在社会关注案件中,对当事人的知情权应该给予充分的保障,任何一个疏忽,都可能成为恶意炒作的借口。具体而言,在每一个程序环节,应该对当事人在该阶段的诉讼权利与诉讼义务进行充分的告知。对于重要的程序事项,应该对当事人进行告知。比如当事人对回避、举证期限等程序事项不理解的,应该进行释明。对于需要通过司法鉴定才能查明的问题,如果当事人没有申请司法鉴定的,也应向当事人释明不申请司法鉴定可能的诉讼后果。

2. 充分保障当事人的程序参与权

首先,应该保证当事人举证的充分性。当事人在举证期限之内确有正当理由不能如期提供证据,并提出延期举证申请的,应当予以准许。在当事人于举证期限即将届满时提交的证据,对方当事人需要提出反证的,应当予以准许。对于当事人因客观原因无法自行收集的证据,以及需要依职权调取的证据,人民法院也应积极进行调取。其次,应依法确保需要进入诉讼的人参加诉讼。再次,应依法确保当事人对证据进行充分质证。在开庭过程中,当事人对证据的真实性、合法性、关联性不予认可并需要对此进行说明的,应当允许。最后,应当依法确保当事人进行充分的辩论。

3. 充分保障当事人的选择权

当事人在民事诉讼中的选择权是民事诉讼处分原则的体现,也是实体法领域的"意思自治"原则在民事纠纷解决领域的具体体现和延伸。② 在案件审理过程中,当事人提出不公开审理的,人民法院经审查确属不公开审理的情况,应该不公开审理。在判决作出之前的任何阶段,当事人提出调解的,人民法院应该尊重当事人的调解意愿,并积极主持促成调解。经过调解努力而无法达成一致,当事人申请及时判决的,人民法院应该及时作出判决,不能强制调解、久调不决。

4. 从严要求审判及辅助人员的司法礼仪

司法礼仪是可以直接观察到的司法活动中的一种行为模式和规范,包括法官的法言法语,法官的衣着打扮,法官和司法辅助人员在庭审过程中的仪态,以及为了表达对于法

---

① 季卫东:《法律程序的意义》(增订版),中国法制出版社 2012 年版,第 47 ~49 页。

② 张卫平:《民事诉讼法》,法律出版社 2016 年版,第 48 页。

律的信仰的一些仪式性的做法。[①] 对于法官及司法辅助人员的司法礼仪,《法官行为规范》第8条作出了明确规定,《法官行为规范》第94条也规定,人民陪审员以及人民法院其他工作人员要参照《法官行为规范》执行。这表明,法官及司法辅助人员都需要遵守司法礼仪。社会关注案件的审判活动中,法官及司法辅助人员应以更严的标准遵守司法礼仪,从而进一步树立文明的司法形象,为社会关注案件赢得民意奠定基础。增强法院审判过程的神圣性,[②]提升公众对社会关注案件处理过程的情感认同,从而强化当事人及社会公众对于法律的信仰,提高对社会关注案件的法律认同。薄熙来案中,济南市中级人民法院从合议庭成员到书记员、司法警察以致其他工作人员,都表现出了优良的司法仪容仪表,极大地提升了人民群众对于法院的信任感,从而为案件的妥善解决奠定了很好的社会心理基础。

5. 妥善规制滥用诉讼权利的行为

社会关注案件的审理中,一方面需要充分保障当事人及其他诉讼参与人的诉讼权利,另一方面也要对滥用诉讼权利的行为给予坚决的规制。实践中,滥用诉讼权利的行为主要表现为:一是诉讼参加人不听从法庭指挥,严重违反法庭纪律的行为。实践中,一些当事人、代理人在法庭上不听从法庭指挥,严重违反法庭纪律的行为。比如,在杭州保姆纵火案中,被告人辩护人某律师擅自退出法庭的行为,又如贵阳小河、江西新余、广西北海等地发生的律师闹庭案件,辩护人滥用回避、非法证据排除、更换律师等诉讼权利,故意拖延庭审进程,影响司法公正。二是涉及当事人隐私、商业秘密的案件中律师擅自向外披露相关信息的行为。比如,在李某某等5人强奸案中,辩方律师泄露案件不可公开的信息、提前公开其辩护意见,不仅侵害受害人权益,而且影响司法公正。三是污蔑法院和法院工作人员的行为。比如,北京某律师反映其被法院工作人员"殴打",后监控显示并非如此。对于上述滥用诉讼权利,故意扰乱审理秩序的行为,法院一方面应当有效甄别认定其行为是否构成违反法庭规则或妨害诉讼的行为,如果构成,则依法予以训诫、罚款乃至拘留。构成犯罪的,依法追究其刑事责任。另一方面,针对此类行为要提前制定应对预案,在庭审中有效予以应对,坚决维护审判长对庭审的指挥权,避免庭审直播给司法权威带来的负面伤害。同时,如果滥用诉讼权利的行为已经造成负面舆情,法院仍然需要开展及时主动的舆论应对。

(二)审判决策中分散社会关注压力的若干程序性策略

1. 提交审判委员会讨论决定

虽然审判委员会制度一直是理论与实务界的热烈讨论话题,但自从人民法院"四五改革纲要"颁行以来,有关审判委员会制度改革的讨论,就更多地从制度存废的价值理念之争转向了如何对制度的工作机制与工作方式进行技术化改造上。[③] 也就是说,至少在现阶段,审判委员会不是存废的问题,而是如何更好地发挥作用的问题。社会关注案件无

---

① 吕芳:《法院文化的主要构成要素》,载《人民司法·应用》2008年第13期。

② 吕芳:《法院文化的主要构成要素》,载《人民司法·应用》2008年第13期。

③ 方乐:《审判委员会制度改革的类型化方案》,载《法学》2018年第4期。

疑是最应该归属于审判委员会讨论案件范围的，最高人民法院的有关文件对此已有规定。[①] 审判委员会讨论社会关注案件，不仅可以发挥审判委员会委员作为资深法官的智力优势，还可以分散合议庭成员的压力，让他们不过多考虑社会舆论对案件的关注，更加聚焦案件处理本身，提升裁判结果的准确性。

2. 对涉及专业问题的事项积极引入专家辅助人

社会关注案件审理过程中涉及部分专门性问题的，可以考虑引入精通该专门知识的专家，以补充合议庭法官专门知识的不足，并可以分散因专门知识不足所导致的裁判风险及由此而引发的舆论风险，这就是《民事诉讼法》第 79 条规定的专家辅助人，[②]或称“诉讼辅助人”。[③] 在社会关注案件的审理过程中，作为辅助人的专家，其对专门性问题所进行的陈述，视为当事人的陈述。[④] 即使专家辅助人所做陈述客观上对当事人本人不利，那也是诉讼当事人所应承担的固有风险，与承办案件的合议庭无涉。就此而言，将专家辅助人引入社会关注案件，不但有利于查清事实，也有利于分担法官的裁判风险。

3. 引入人民陪审员参与审判决策

人民陪审员作为合议庭组成人员参与司法决策是贯彻司法民主化的重要制度设计。在社会关注案件中，吸收人民陪审员进入合议庭直接行使审判权，可以借助社会的关注而向社会充分展示司法民主，使由人民陪审员参加的合议庭的判决结果，最大限度地得到社会的认同，从而为社会关注案件的妥善解决奠定良好的民意基础。根据 2018 年新修订的《人民陪审员法》第 15 条规定，涉及群体利益、公共利益的，人民群众广泛关注或者其他社会影响较大的，案情复杂或者有其他情形，需要由人民陪审员参加审判的一审民事案件，都应由法官和陪审员组成合议庭。按照该规定，社会关注案件原则上都应该吸收人民陪审员参加合议庭，这样也从制度上保证了社会关注案件审理过程的民主化，从而使社会关注案件的裁判结果最大限度地得到社会认同。

4. 交由不同层级的专业法官会议研讨

社会关注案件涉及重大法律争议问题的，可以组织召开专业法官会议进行讨论，听取相关领域专业法官的真知灼见，集思广益，从而形成更为完备且经得起推敲和检验的处理意见。专业法官会议是被《人民法院第四个五年改革纲要（2014—2018）》和最高人民法院《司法责任制实施意见（试行）》所肯定的制度设计，[⑤]但在现阶段，专业法官会议还只

① 参见《关于改革和完善人民法院审判委员会制度的实施意见》第 4 条规定。

② 在较受关注的吕某某与与御水苑房地产公司、西宇嘉业公司噪声污染侵权纠纷案中，北京市第一中级人民法院对于空调机组和冷却塔等噪声的等级是否符合《民用建筑隔声涉及规范》的相关标准要求的问题，引入了国内顶级的声学专家作为专家辅助人进行陈述，有力推动了案件的解决。参见北京市第一中级人民法院（2015）一中民终字第 02189 号民事判决书。

③ 张卫平：《民事诉讼法》，法律出版社 2016 年版，第 175 页。

④ 沈德咏主编：《最高人民法院民事诉讼法司法解释理解与适用》（上册），人民法院出版社 2015 年版，第 396 页。

⑤ 最高人民法院 2014 年发布的《人民法院第四个五年改革纲要（2014—2018）》第 30 条明确提出要完善主审法官会议、专业法官会议机制。最高人民法院《司法责任制实施意见（试行）》第 15 条、第 16 条对于专业法官会议的构成和讨论案件范围进行了明确规定。

是咨询性质的机构,[①]不能形成决议。然而,这一点并不妨害专业法官会议作为咨询机构发挥作用。毕竟,专业法官会议对于促进裁判尺度的统一,提升案件审判质量,过滤审判委员会研讨的案件,能够起到积极的作用。[②] 社会关注案件经过专业法官会议的讨论,能够为合议庭提供更为宽广的裁判思路,也有利于合议庭进一步修正其评议意见。同时,也可以在一定程度上强化案件评议结论在同行中的认同,有效抵御外部的舆论压力。

5. 引入院外专业力量

在于欢案中,最高人民检察院曾经两次组织专家论证会对是否构成正当防卫以及是否防卫过当的问题进行论证。[③] 在其他诸多社会关注案件中,法院组织召开专家论证会是一种常用的解决专业问题的手段。但专家论证会本身备受争议,[④]尤其是法院出面组织专家论证会是否妥当,还有待进一步商榷。基于此,课题组认为,在社会关注案件的审理过程中,法院可以自己尝试组织闭门的专家论证会,或者委托第三方组织召开专家论证会,在确保审级独立的基础上,严格保守审判秘密,保护当事人隐私,参考执行相应的回避规定,并不宜一律对外公开宣传,形成的意见也仅供合议庭参考。

(三)查明案件事实的证据认定策略

随着现代司法制度,尤其是现代法官制度的建立,自由心证原则逐渐取得优势地位,法定证据原则则处于补充和辅助地位。[⑤] 在社会关注案件中,有的案件因有录像,事实清晰,引发全民关于善恶是非的大讨论;而有些案件则是没有书证、物证、视听资料等直接证据,仅有当事人陈述、证人证言等间接证据,此时法官运用自由心证则冒着很大的风险,也容易被公众质疑。民事案件中涉及间接证据的认定,则是社会关注案件裁判的难点。彭宇案就是其中的典型,法院综合运用心证认定被告撞到了原告,但是这种心证形成过程因表述问题而备受质疑,甚至直接被舆论否定。由此得到的启示是,在民事诉讼间接证据的认定中,法官要不断提高认定间接证据的能力,要认真、细致、机智地调研、观察、判断和分析亲历事件的双方当事人的陈述和目击事实的证人,这样查明事实,获取心证的概率要增加许多倍。[⑥] 专家建议在类似案件中,应当要求第一位接触案发现场的警察或其他相关人员到庭接受询问,有助于在此类民事案件中法官更好地获得心证。

社会关注案件的类型多种多样,类型不同的案件,其证明标准也有不同。刑事案件的证明标准是排除合理怀疑,而民事诉讼中,证明标准是高度盖然性。刑事案件的证明标准远远高于民事案件,在涉嫌冤假错案类的社会关注案件中,往往都是因为未全面落实证据裁判原则而引发长达多年的信访申诉。法官在认定证据时要严格贯彻最高人民法院《关于全面推进以审判为中心的刑事诉讼制度改革的实施意见》,同时还要把握好三点:一是

---

① 陈健:《关于完善专业法官会议的思考》,载《人民法院报》2018 年 2 月 14 日,第 8 版。

② 陈健:《关于完善专业法官会议的思考》,载《人民法院报》2018 年 2 月 14 日,第 8 版。

③ 参见《最高人民检察院公诉厅负责人就于欢案答记者问》,载观察者网:https://www.guancha.cn/FaZhi/2017_05_28_410554.shtml,2018 年 8 月 18 日最后访问。

④ 麦子:《专家论证会:公正助推器还是法治绊脚石》,载《检察日报》2015 年 8 月 26 日,第 5 版。

⑤ 张卫平:《民事证据法》,法律出版社 2017 年版,第 253 ~ 255 页。

⑥ 傅郁林:《当信仰危机遭遇和谐司法——由彭宇案现象透视司法与传媒的关系》,载《法律适用》2012 年第 12 期。

司法机关认定任何案件事实都必须有相应的证据加以证明。二是任何证据都必须有证明力,证据的证明力必须真实可靠,证明力不足或者存在疑问的证据,不能作为认定事实的依据。三是证据的来源或者证据的形式必须合乎法律规定。[①]

(四)通过有效说理提升裁判的可接受性

经过对社会关注典型案例裁判文书的阅读分析,课题组认为人民法院在社会关注案件的裁判文书说理中要做到以下三点:

一是在日常工作中严格贯彻最高人民法院出台的相关裁判文书说理的规范要求,并切实运用到社会关注案件等敏感复杂案件的说理当中去。二是重视法律论证技术,遵循司法裁决论证的基本要求。法律论证的程度直接决定着裁判说理的程度,法律论证的质量直接决定着裁判结论的妥当性。当前司法裁判主要运用的论证技术是三段论的涵摄模式,基于此论证模式,首先要明确的是,在当事人有争议的案件中,即使法律有规定,法官也负有论证义务。其次,涵摄模式的论证中,需要正确寻找与客观事实相契合的大前提,在正确解释法律规则的基础上,确保司法裁判中法官所确立的裁判规则应该与已生效的和具有拘束力的制度规则相一致,[②]确保同样情形下能够得到同样的判断。最后,司法裁决论证是有限度的,需要法官针对当事人争议的焦点进行论证,不得将具体场景形成的法律判断扩张作为一般性的判断。三是充分运用多种说理方法。(1)逻辑的方法,逻辑的推理方法是最重要、最常用和最基础的一种推理方法。(2)修辞的方法。修辞是为了增强判决书说理效果而采取的语言表达和配置形式,包括判决形成过程中所有用以增强说服力的手段。[③] (3)对话(论辩)的方法。对话的方法,就是指在判决书写作中应适当把双方当事人的观点和主张概括地表达出来,在二审判决书中,尤其应将上诉人的观点和主张表达出来,从而形成立论和反驳的对话格局。在最高人民法院最近发布的第一批涉互联网典型案例中,第5个案例是庞某某诉中国东方航空股份有限公司、北京趣拿技术信息有限公司隐私权案,在该案的判决书中,法院就恰当地运用了对话(论辩)的方法。[④] (4)综合运用多种法律解释方法,包括文义、历史、目的、体系解释等方法。在社会关注案件当中,较难的但也经常涉及的是利益衡量的法律方法。针对当事人之间利益冲突,法官结合社会公共利益和善良风俗,对当事人之间发生冲突的利益进行价值权衡,寻求各方利益的妥当平衡,从而实现公平正义。社会关注案件中涉及的价值冲突有经济发展与环境权益保护、言论自由和权益保护、权益救济和行为自由等价值的衡量取舍。法官在个案中衡量取舍不仅要结合案情,而且要通过一定的途径吸纳理性民意来取舍。

(五)合理评价个性因素,优化法院业绩考核

目前,法院的业绩考核指标已经比较规范,能对审判工作予以正向积极引导。但考核中对个案的个性化因素往往考虑较少,从而也部分影响了对社会关注案件的应对效果。如法定审限内结案率、案件结收比等指标对于大多数案件来说,能够起到很好地促进效率

① 樊崇义:《只有程序公正才能实现实体公正》,载《法学杂志》2010年第7期。

② [英]尼尔·麦考密克:《法律推理与法律理论》,姜峰译,法律出版社2005年版,第191页。

③ 张纯辉:《司法判决书可接受性的修辞研究》,法律出版社2012年版,第58页。

④ 参见北京市第一中级人民法院(2017)京01民终509号。

的作用，但也可能造成复杂、疑难案件在年底仓促结案，从而引发社会关注。另外，改发率也会影响一些案件审理的效果。比如法定刑以下量刑程序，对解决特殊案件罪刑相适应问题提供了很好的处理方式。但由于改发率的存在，很少被审判机关适用。一个案件，如果报送法定刑以下减轻处罚，则意味着该案件没有法定减轻处罚的情节，具体影响其是否能在法定刑以下量刑的因素都是个案因素，但该因素能否被最高院核准，根据现有规定或者案例，很难得到较为准确的预判。与此同时，如果案件不能被核准，将面临被改判或者发回重审的风险，这就给法院的考核带来较大影响。

（六）强化社会关注案件的判后应对

宣判往往并不会停止案件的社会关注，有时反而可能引发新一轮的关注和炒作。因此，社会关注案件的判后应对也是需要重视的工作之一。在审判阶段的判后应对，主要应该做好以下两方面的工作。

一是应耐心细致地做好判后答疑工作。尽管大陆法系和英美法系的传统都认为"判决之外，法官无言"，但是在我国特有的司法传统之下，社会关注案件的判后答疑仍然是不应拒绝的一项机制。就社会关注案件而言，其判决书一般都会对判决结果所依据的法律条文和法理进行详细的阐述。但是，判决书并非包罗万象，其中没有论述或没有详细论述的地方，便存在判后答疑的空间。同时，专业法官撰写的判决书中难免存在晦涩难懂的法律专业术语，通过判后答疑有助于当事人更好地理解判决的理由，有助于提升司法公信力。因此，在我国的法律传统之下，尤其是在社会关注案件的处理中，判后答疑无疑具有其特有的价值。

二是应适时组织新闻通报会或发布新闻通稿解答公众疑虑。社会关注案件的开庭、宣判和判决结果中很多突发情况如果不向社会告知，很容易引起民众的误解，引发进一步的舆情。比如，杭州保姆纵火案开庭过程中，被告人保姆的辩护人党琳山律师在开庭过程中擅自退庭。对于这样的突发情况，如果可以在判决之后专门进行说明，则必然可以起到很好的舆论引导效果，同时也可以起到很好的普法效果。同时，社会关注案件既然已经被社会关注，则判决结果就可能关涉公众的知情权。此时，如果法院能积极主动对公众的关注进行回应，既可树立回应民众关切的正面形象，也可正面引导社会舆论，推动社会关注案件的有效解决。

（七）建立司法效果评估机制

政治效果、法律效果和社会效果的有机统一是司法工作追求的目标。社会效果由于没有法律效果、政治效果那样可以更为直接的感知和评判标准，往往难以被司法人员主动作为行为指引。然而，如果没有这种主动的追求社会效果的意识，就很难处理好社会关注案件。无论是案件的定罪问题还是量刑问题，目前，司法各环节主要的、有时甚至是唯一的考虑标准就是法律条文的规定，缺少考量社会公众接受度的程序。同时，在法院的审判管理体系中，也没有关于社会效果的评价体系。因此，建立一个对案件社会效果的考核指标体系，对于强化审判人员的三个效果有机统一的意识，提高案件办理的社会效果具有积极的作用。

（八）完善审判监督程序的运行机制

刑事申诉程序中潜存很多可能引发社会关注的因素。虽然申诉现象看似是申诉主体与被申诉主体之间的对抗,但其本质是社会冲突的一种表现形式,是“司法裁判不能得到当事人的普遍认可而引起的不满和抗争”,①是“主体的行为与社会既定秩序和制度以及主流道德意识的不协调或对之的反叛。”②

当前刑事案件申诉再审程序面临着下列问题:一是申诉、再审程序目前规定不够精细,申诉立案与再审立案之间界限不清。二是申诉审查的时限不明、程序不公开,当事人难以及时获知处理结果。受理申诉的决定权在原审法院手中,原审和再审的主体重叠,这种利益的牵连无疑会使法院对申诉的受理持一种消极态度,导致错案在很长一段时间内无法得到纠正。三是当前错案终身追责制缺乏操作的标准,导致实践中认定责任模糊。刑事案件中,无论是否存在故意或过失,司法人员承办的案件“遭遇”申诉,都会给自己带来一定的消极评价,导致他们往往不愿意承认错判,有时甚至会想方设法阻碍错案的认定。

审判监督程序有进行改革的必要性。首先,在刑事案件申诉的审查上,目前的立法还存在缺失,申诉审查的主体、审查的内容、审查的程序和审查效力等重要问题,还没有完善的法律规定。如果这种状况继续维持,很多可能成为社会关注焦点的问题会被进一步激化。其次,再审程序启动后,除了原审法院自己决定的再审案件,其他再审案件原则上不应再由原审法院管辖,避免案件再审程序中出现人为的阻碍。

四、执行阶段:以强有力的案件执行增进民意支持

在执行法律关系中,用以调整申请执行人和执行法院,申请执行人和被执行人之间关系的法律规则,与审判法律关系中调整原告与法院,原告与被告之间的关系的规则,具有高度一致性。审判程序与执行程序二者必须协同配合,审判程序中确定的权利最终实现,才能最终解决矛盾纠纷。在社会关注案件的整体处理过程中,执行人员不是坐等案件生效判决,而是需要提早做好准备。

(一)社会关注案件的执行准备

1. 提前介入

在司法实践中,法院一般都是依照当事人的申请而启动执行程序,执行行为具有明显的被动性。但在社会关注案件的处理中,则不应固守这种被动习惯,否则将可能出现生效判决确定的权利无法兑现的消极后果。因此,在社会关注案件的处理上,应提倡执行准备工作提前介入。课题组实地调研的6个中级人民法院也都表示社会关注案件应强化立审执工作衔接,提前介入主要在两个方面予以实现。

第一,审判阶段承办法官为案件的顺利执行打好基础。这就需要审判法官做好以下两点:一是保持与执行机构的经常性沟通,做好审判阶段相关预案,甚至可以在审判阶段的调解工作中直接促成执行。在处理备受社会关注的校园毒跑道公益诉讼案件时,北京市第四中级人民法院在案件审理阶段即从有利于案件执行的目的出发,努力协调各方,在主动履行相应的法律义务后达成调解,从而使社会关注案件成为社会点赞案件。二是审

---

① 胡铭:《刑事申诉论》,中国人民公安大学出版社2005年版,第158页。

② 顾培东:《社会冲突与诉讼机制》,法律出版社2004年版,第4页。

判过程中发现极有可能成为执行标的物的财产的,及时采取保全措施。在社会关注案件的审理阶段,如果确有必要采取保全措施而当事人没有提出申请的,法院可以向当事人释明,之后再根据当事人的申请采取保全措施。在处理季承诉北京大学返还原物纠纷案中,北京市第一中级人民法院在一审审理过程中对涉案的649件文物采取了查封的保全措施,[①]有效避免了涉案标的物在诉讼期间毁损灭失的风险。

第二,执行机构主动介入审理阶段,对审理过程中可能导致执行风险的事项进行预警。考虑到社会关注案件的特殊性,即使审判法官没有主动与执行机构沟通,执行机构也可以主动介入提供相关的预警甚至指导,以避免将来可能发生的执行风险,非法集资等涉众型刑事案件尤为需要执行机构主动介入。

2. 财产线索的查找

大部分案件的执行,都是对金钱或物的执行。某些涉及行为请求权的执行案件,最终也可能归结为对财产的执行。[②] 财产执行的前提是知道被执行人是否有财产以及财产在哪儿,因此,对被执行人财产状况的调查就成为必要。在社会关注案件的执行阶段,可以考虑要求被执行人申报其财产以代替执行人员的主动调查。如果嗣后发现被执行人申报不实,则可以将其认定为“在法律文书发生法律效力后隐藏财产的”妨害执行行为,依据《民事诉讼法》第111条处以罚款、拘留,直至追究刑事责任。

3. 可否执行到位的预估

社会关注案件在执行实施之前,可以根据前期财产调查情况或被执行人财产申报情况对可否执行到位进行预估。如果经过财产调查发现被执行人的财产根本上不足以满足债权,则一方面应继续千方百计查找财产线索,另一方面应将被执行人暂无执行能力的情况及时通知申请执行人,争取申请执行人的理解和配合,避免社会关注案件在执行阶段再起波澜。

(二)社会关注案件的执行实施

1. 综合运用多种执行方式

在执行程序中,不同请求所采用的执行方法有别。因此,执行人员应该在认真审核执行依据所记载的请求权性质的基础上分别采取不同的执行方法。

如果社会关注案件涉及金钱请求,则应执行债务人的现金。债务人没有现金,或者现金不足以满足债权的,应执行存款。债务人没有存款,或者存款不足以满足债权的,可以执行债务人的动产、不动产或债权、股权等。如果社会关注案件涉及物的交付请求,则应由执行人员传唤当事人当面交付。无法当面交付,或者不愿意当面交付的,可以交由执行人员转交,由被交付人签收。执行的标的物如果是特定物的,应执行原物。原物确已毁损或灭失的,经双方当事人同意,可以折价赔偿。但如果双方对于折价赔偿不能达成一致的,则执行人员不宜继续强制执行。考虑到社会关注案件的特殊性,为了避免将来出现不能返还原物而不得不另外诉讼的负累,在涉及返还特定物的案件中,审判程序中的承办法官可以向当事人释明如下情况,即如果涉案的特定物毁损或灭失导致不能返还时,可以在

---

① 参见北京市第一中级人民法院(2013)一中民初字第5602号。

② 董少谋:《民事强制执行法学》,法律出版社2016年版,第126页。

法庭辩论终结前提出替代性的损害赔偿诉讼请求。[①]

如果社会关注案件涉及行为请求的，则需要采取替代执行或间接执行的方法。在北京大学诉邹恒甫名誉权纠纷案、方舟子诉崔永元名誉权纠纷案等众多社会关注案件中，有不少请求就是在相关媒体上赔礼道歉，对于这样的行为请求，如果义务人不履行的，人民法院也不能直接强制义务人作出行为。从比较法上看，法国就是采取由他人替代履行的做法。[②] 我国实践中一般做法是，法院委托有关单位或他人完成，由被执行人负担所有费用。据此，当社会关注案件涉及行为请求时，应当依法采取间接执行的方法，严禁对被执行人进行直接强制，使矛盾激化。

2. 充分运用好保障执行的措施

第一，充分运用好执行前的保障措施。近年来，一些法院开展的“立案、保全、调解”同步进行的“立、保、调对接，立、审、执衔接”工作机制，充分发挥财产保全的制度功能，实现了“立保同步、保调对接、以保促调、以保促审、以保促执”，很好地保障了执行效果。

第二，充分运用好执行实施过程中的保障措施。在执行实施过程中，如果被执行的标的物在外地法院管辖范围而不便直接执行的，可以充分利用委托执行制度。在社会关注案件的执行中，委托执行还可以适度分散委托法院的舆论压力，同时也使执行工作更少地受到委托法院[③]所在地的各种影响，改善执行效果。此外，社会关注案件的执行中，法院还可以通过人民法院之间的协助以及其他单位和个人的协助，提升执行的效果。

第三，充分运用好妨害执行的处罚措施。在执行实施过程中，如果被执行人采取各种手段不配合、甚至抗拒执行的，人民法院可以采取训诫、责令具结悔过、拘传、罚款、拘留等处罚措施。对于情节特别严重的，则可以追究拒绝执行判决、裁定罪。[④] 在社会关注案件中，合理运用上述处罚措施，不但可以对本案的执行起到积极作用，还可以对社会法治观念的提升起到促进作用。

3. 涉众型经济犯罪案件的追赃挽损

涉众型经济犯罪案件近年来增长明显，尤以非法集资类案件为甚。此类案件的追赃挽损是社会关注的重点。法院在审理工作中，对于追赃挽损工作必须引起重视，否则，难以妥善处理此类案件。

(1)明确树立“保护性措施”的工作原则

按照国务院关于处理跨省非法集资案件“三统两分”的要求，在统一资产处置工作中必须树立“保护性追赃”的工作原则。该原则体现在三个方面：首先，对涉案财物广泛采取强制性措施。即侦查机关在开展确权工作前，对涉案资金流向中的账户、不动产及相关财产性权益立即采取冻结、查封、扣押等强制措施。这种方法虽然会增加后续资产确权、

---

① 丁宇翔：《返还原物请求权研究——一种失当物权关系矫正技术的阐述》，中国社会科学院研究生院 2017 年博士学位论文，第 294 页。

② 《法国民法典》第 1144 条。

③ 同时也是作出一审判决的法院。

④ 董少谋：《民事强制执行法学》，法律出版社 2016 年版，第 190 ~ 193 页。

处置、执行的工作难度,但有利于最大限度保障涉案资产的追缴和归集。其次,对涉案资产注意保值、增值。如在一起涉众型经济犯罪案件中,公安机关扣押了49辆机动车和大量办公家具以及作为礼品出售的鲜活农牧产品。在法院的建议下,公安机关启动提前处置程序,避免了数百万元涉案财物的价值损失,最大限度保障了投资人的利益。最后,扣押资产线索及时汇总,统一处置。如在某涉众型经济犯罪案中,为了统一处置涉案财物,法院多次与政法机关进行协商,及时掌握各地资产状况,确保资产处置的统一性,实现了不同地区相同案件的统一处理标准。

(2)严格审查证据,确保涉案资产权属明确

确权工作是资产处置的前提和基础,也是对案外人或者第三人合法权益保护的重要环节。在重大涉众型经济犯罪案件中,有必要设立集中确权的工作机制,即公检法在限定时间、固定场所集中进行资产确权。这样的确权方式效率高,针对性强,是实现追赃挽损工作中的必要环节。

(3)持续性追赃的必要性

以非法集资案件为主的涉众型经济犯罪案件,往往在案件生效后,仍有涉案财物未被追回的情形,还可能存在对部分扣押、查封财物未完成确权工作的情况。对此,应当在党委、政法委的领导下,明确执行阶段,原办案单位、人员仍应继续配合,确保追赃的稳定与持续。

第三章 社会关注案件的舆情司法应对及风险防范

一、社会关注案件舆情的实证分析

人民法院审理的社会关注案件所涉舆情属于政法舆情的一种。据法制网舆情监测中心数据显示,80%的网络舆情与政法工作有关。随着“互联网+”时代的到来,“两微一端”的普及,政法舆情的爆发从传统媒体逐渐转到新媒体,舆情爆发时间越来越短,传播速度越来越快。近年来,涉法院舆情占比呈逐年上升趋势。

(一)社会关注案件舆情的基本情况

课题组根据2016年至2018年5月各级法院上报最高人民法院的相关数据,统计出社会关注案件样本879件。参考此前对重大敏感案件的分类、舆情案件的分级分类,同时考虑每一类案件的样本量至少要在50件以上,将社会关注案件划分为8种主要类型,分别为:涉嫌冤假错案类、涉贪腐类、涉民生群体类、情理法冲突类、涉政治政策类、涉伦理道德底线类、社会身份对立类、涉名人知名机构类。

1. 案由维度

由简单的案由分析可见，在社会关注案件中，刑事案件占绝大多数，比例达到77.4%；民事案件次之，占比12.5%；而行政案件最少，仅占比10.1%。（见图3.1）

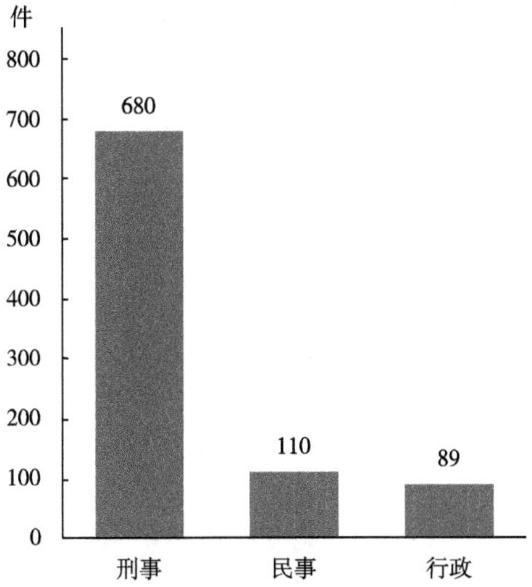

图3.1 社会关注案件案由统计

2. 时间维度

从案件类型与时间分布的关系上看，涉嫌冤假错案、涉贪涉腐案件的数量有逐渐减少的趋势，而涉民生、群体类案件，情理法冲突案件，涉伦理道德底线案，社会身份对立案件，涉名人知名机构案件数量均有逐年上升的趋势。（见图3.2）

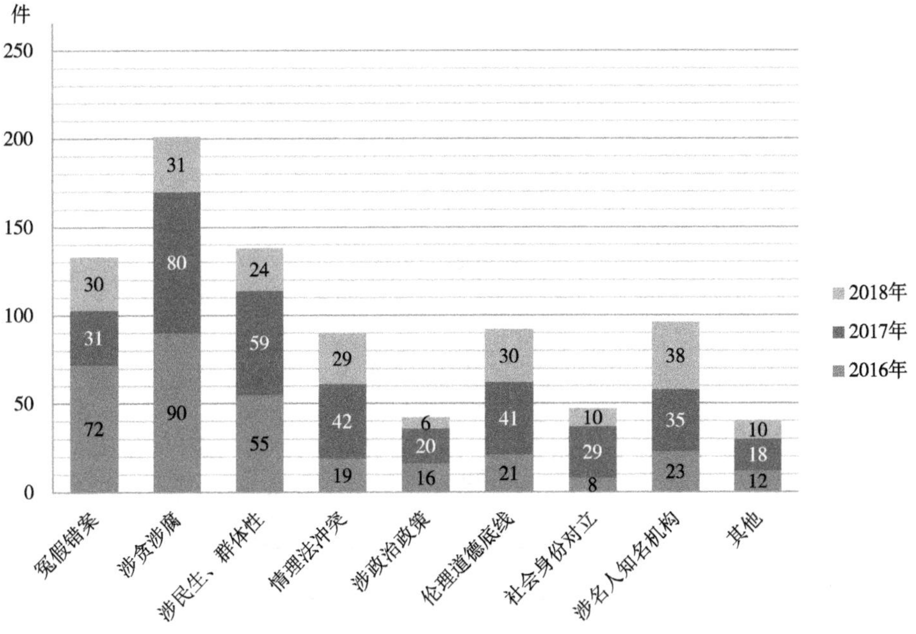

图3.2 各类社会关注案件时间分布统计

根据案件发生的时间跨度我们发现，绝大多数社会关注案件的持续时间在一周以内，这说明在信息爆炸的社会，社会公众难以对某一特定事件保持持续的关注，符合传播学的一般规律。在社会关注持续时间跨度超过半个月的案件，主要包括涉嫌冤假错案类、涉民生群体类、情理法冲突类以及涉伦理道德底线类的案件。（见图3.3）

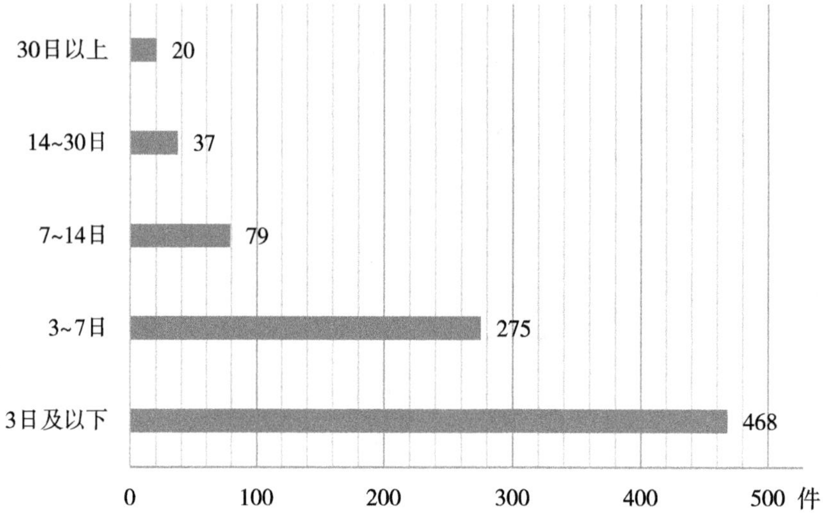

图3.3　社会关注案件持续时间统计

3. 地域维度

东部发达地区人民法院处理的社会关注案件最多，其中又以北京为首；中部地区社会关注案件量排在第二，其中河南省各级法院处理的最多；而西部地区的社会关注案件量最少。这与东中西部的人口密度、社会经济发展水平以及案件基数等都有一定的联系。

4. 影响维度

从总体来看，社会关注案件的舆情等级呈哑铃形分布。涉嫌冤假错案、涉贪腐类案件往往涉及省部级高官、涉事部门级别高，并可能存在提级再审、行政赔偿的现象，一级舆情的案件数量极多，总体上出现一级舆情的数量超过二级舆情。（见图3.4）

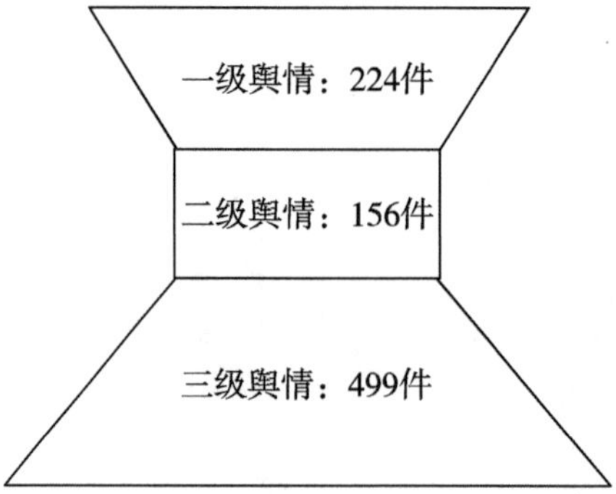

图3.4　社会关注案件舆情登记分布统计

从发生频度上看，绝大多数案件的关注次数在3次以下，关注超过7次的案件占比则不到1%。关注频度前15的案件无一例外至少引起了一次一级舆情，甚至案件的非司法问题也能引起广泛的社会关注。（见图3.5）

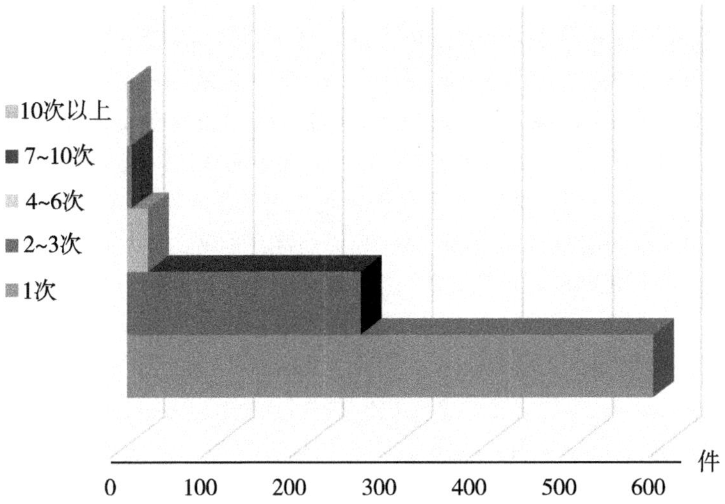

图3.5 社会关注案件发生频度统计

（二）社会关注案件舆情的类型化分析

1. 涉嫌冤假错案类案件

涉嫌冤假错案类案件，主要是指已生效的法院裁判可能对公民进行了错误的刑事追究，致使公民合法权益受到司法侵害的案件。此类案件中，三级舆情所占比例最高，一级舆情的数量要比二级多，这说明冤假错案极易引发社会高度关注。此类案件多由东部地区人民法院受理，一是东部发达地区的人民法院数量多，裁判案件数量多，提起申诉的刑事案件多；二是最高人民法院所在地北京属于东部地区，提级受理的再审案件多。涉嫌冤假错案的社会关注呈现长期性、反复性，一方面，在于当事人家属持续提起申诉，刑事案件的再审周期长，导致舆情持续反复；另一方面，此类案件中个别舆情的发生持续，背后有人为炒作的原因。

2. 涉贪腐类案件

党的十八大以来，党中央打击贪污腐败的力度空前加强，涉贪腐案件在所有案件类型中，基数最大，达到201件。涉贪腐案件99%以上为刑事案件。在贪污贿赂犯罪中，省部级及以上的高官占比较高，但此类案件的社会关注持续时间不长、频次也不高。

3. 涉民生群体类案件

涉民生群体类案件的案由较为丰富，行政案件中有2件为行政公益诉讼，民事案件公益诉讼的有12件。刑事案件则主要包括受害人多的案件、涉及社会管理秩序的案件、犯罪人数多的案件等。在案件类型中，非法集资案件数量最多，占比超过16%；环境污染案件、食药品安全案件和传销案件均由于标的大、受害者众多、波及面广而广受社会关注；征地拆迁类案件则多涉及拆迁部门与被拆迁人的矛盾，成为涉民生群体案件的重要组成部分。此类案件的等级分布属于典型的金字塔形，但从整体上看，关注的时长、频次以及引发的热度尚不突出。从地域上看,依旧是东部地区法院负责处理的最多,西部的案件量多于中部地区。

4. 情理法冲突类案件

情理法冲突案件,主要是指民众普通情感、一般认知与司法裁判观点相冲突的案件,此类案件会引发社会大讨论,容易形成质疑司法公正的负面舆论,存在较大的社会治理风险。刑事案件依旧占了绝大多数,达到 89%,关注的问题呈现多元化,既有法律问题、事实问题,也有社会问题。人民法院关注的重点主要在事实认定以及法律适用上,而社会公众的关注点则多在“是不是犯罪”“量刑是否过重或过轻”等常识、情感、道德上。尤其是在罪与非罪上,如果人民法院与社会公众一般认知存在冲突的,容易引起社会关注,出现由低等级舆情向高等级舆情转化的现象,比如深圳鹦鹉案及被称为“现象级舆情”的于欢案。

5. 涉政治政策类案件

涉政治政策类案件,主要是指涉及意识形态、国家政策以及国家政治安全的案件。此类案件话题较为敏感,风险较高,一级舆情占比达到近 20%。从地域来看,此类案件主要发生在东部地区。

6. 涉及社会伦理道德底线类案件

刑事案件占了此类的绝对统治地位,主要有恶性杀人伤害案件,受众面广的诈骗类案件,针对未成年人的犯罪(主要是各种性侵犯罪)等,往往触及社会伦理道德底线,人们普遍希望犯罪分子得到严惩。此类案件发生的地域依旧是东部最多,但东中西部差异较小,且西部发生的数量多于东部。舆情等级呈现典型的金字塔型。但需要指出的是,一些案件由于社会影响大,非司法审判问题也会成为舆情关注的热点,最为典型的就是杭州保姆纵火杀人案,曾出现 7 次大规模舆情,这就需要人民法院在依法公正审理之外,及时回应社会关注的各类问题。

7. 社会身份对立类案件

社会身份对立案件,主要是指因身份阶层不同,引起仇官仇富心态的案件,以及针对政府机关、人民法院工作人员的暴力犯罪案件。此类案件的案由主要为刑事,涉及身份敏感人物的犯罪,以及针对公检法、城管等政府机关的犯罪。另据统计,针对法官的恶性犯罪共有 13 件,占比达到 27.7%,此类案件往往引发司法工作人员的广泛关注,导致对法官群体人身安全保护的担忧与讨论。舆情分布为典型的金字塔型,一级舆情的 4 件均为伤害法官、民警的恶性案件。

8. 涉名人知名机构类案件

此类案件案由较为丰富,引起社会关注主要是因当事人的名人身份和机构的知名属性。此类案件中,民事案件的数量超过了刑事案件,人格权纠纷、知识产权纠纷的数量相对较多。一级舆情数量高于二级,公众更关注案件中当事人的各种“花絮”,舆情风险较小。

(三)小结

综上所述,人民法院负责处理的社会关注案件是政法舆情的重要来源之一。近三年里,社会关注案件总体数量保持高位,应对压力大;刑事案件占比高;发酵时间短,一定程度上呈现偶发性与爆发性;一些重大案件出现频次高、持续时间长。其中一级舆情多,涉事部门级别高;地域分布上以东部为主,与经济发展水平呈一定的相关性,北京作为首都和最高人民法院的所在地,舆情应对压力较大。

每一类型的社会关注案件在其案由、地域分布以及舆情等级上都有自身的特点。涉嫌冤假错案、涉贪腐、涉政治政策类案件,由于话题明确,容易被识别,可以及时应对。涉民生群体案件,涉社会伦理道德底线的案件,触及人民群众的自身利益或社会道德底线,影响范围较广,存在相应风险,需要加强司法公开,及时回应公众关切,特别在审理中要采用程序性策略以分散审判压力。情理法冲突案件,由于专业认知与民众情感、一般认知存在明显冲突,容易引起负面舆论,除了采取上述应对措施之外,尤其要厘清恪守司法准则与接受社会舆论监督的边界,既要尊重、接受社会舆论监督,同时要以事实为依据,以法律为准绳,确保人民法院依法独立行使审判权,避免受到不当干扰。

二、当前舆情司法应对存在的问题及原因分析

社会关注案件司法应对的根本对策仍是把好案件审理关,做到公平公正,让每个司法案件都经受住舆论和时间的检验。课题组在调研过程中发现,社会关注案件的处置首先仍是审判执行的应对,其次才是舆情本身的应对。

1. 审判执行应对

从审判应对流程上看,目前法院均已经形成了较为成熟的应对策略。其中共性特点有以下几点:第一,大部分案件都召开了庭前会议,制定了高级别的庭审预案,选取精干力量组成合议庭;第二,开庭的案件均做到了庭审公开,注重旁听人员的广泛代表性,确保良好有序的庭审秩序;第三,按照法律及司法解释的规定,对于社会关注案件审理的相应节点进行汇报,并通过笔录、录音录像做到了全程留痕;第四,所有案件均经过审委会的讨论决定,司法改革后审理的重大案件还经过专业法官会议的讨论,就法律适用疑难问题适时组织过专家论证会;第五,所有案件均做到了公开宣判,还通过新闻发布会等形式向全社会及时公开案件的审判信息。

但审判执行应对中也暴露出一些问题。首先,个别情理法冲突类案件,法院没有在一审中预判出潜在的风险,导致应对迟缓延后。其次,多数社会关注案件没有人民陪审员的参与。随着新《人民陪审员法》的颁行,如何在社会关注案件中,充分发挥人民陪审员制度的功能作用,将成为人民法院的重要课题。最后,案件审理中的作风纪律问题,容易引发公众议论,产生次生舆情。

2. 舆情本身的应对

从课题组调研的部分法院情况来看,均高度重视舆情应对,由专门部门负责该项事务,形成了较为成熟的机制。其中共性措施有:第一,制定院级舆情应对预案,并由专人负责舆情监测;第二,政法委统筹协调,相关部门参与配合,确保对外发声一致,提高发声的权威性;第三,发现舆情及时报送,及时议定处置办法,并第一时间通过新闻发布会、官方微信微博等途径予以回应,主动开展舆论宣传应对。

当前法院在舆情应对方面存在的主要问题有:一是目前,法院内部尤其是审判业务部门法官的舆情风险防范意识有待加强,"三同步"理念落实有待进一步深入;二是在情理

法冲突和涉伦理道德案件的办理中，对隐蔽的舆情风险点识别仍显不足；三是对于舆情处置的方案、应对策略，完全靠法院自己形成的经验，尚未在更高层面形成统一的、有效的应对规范；四是处置通报缺乏必要的事实和细节说明，新闻通稿内容简单、语气生硬，导致官方通报的权威性受到质疑，容易引发次生舆情。

三、司法审判与舆论监督的关系

（一）社会关注案件司法应对存在问题的原因分析

1. 舆情防范意识不足

负面信息如果能第一时间发现处置，就能最大限度地避免发酵和演变成舆情事件。目前仍有相当一部分审判人员对舆情的防范意识不够，发现苗头未予重视，不按程序加以上报，缺乏防范导致个别苗头事件最终发展成为舆情事件。

2. 舆情应对手段有限

限于司法的中立性、被动性，以及对未决案件信息的有限公开等原因，法院在应对案件舆情时手段不足、途径不多、效果不佳等问题。实践中，大部分审判人员未接受过舆情应对的能力培训，主动识别舆情能力不足，不少社会关注案件的舆情处置仍属于“即兴发挥”，缺乏应对的系统性和科学性。

3. 舆情应对效率不高

实践中，有的法院舆情发现部门与实际处置部门的联动效率不高，较难迅速形成一致意见，影响下一步预判。很多法院虽然已建立了各自的舆情研判处置协调机构，但协同作用发挥参差不齐。

4. 媒介素养能力欠佳

近年来案件舆情面临的新形势、新变化众多，在实际操作层面，人民法院仍然“心有余而力不足”，媒介素养能力欠佳。许多法院缺乏“会说话”的人，缺乏媒体沟通技巧。通过第三方发声，引导舆论的能力不足。在部分情理法冲突类案件的应对中，凸显出法院的公共关系建设不足。目前，针对案件舆情仍是被动应对多，主动设置议题少，舆论引导效果不佳。如何将社会关注案件转变成一堂生动的普法教育课，还需下大力气谋划。

（二）司法审判与舆论监督的统一性

1. 公平正义的共同价值追求

社会大众通过媒体了解案件情况，评论监督审判，追求社会伦理道德上的公平正义；司法审判则通过避免外界非法干预保证司法中立，追求法律上的公正。两者殊途同归，在维护公平正义这个共同的价值目标上具有统一性。①

2. 制约公权力的共同价值使命

媒体与审判都承担着制约与监督公权力的职责，一方面，人民法院依法独立审判是监督公权力的重要方式；另一方面，媒体通过公开报道亦对公权力进行监督。同时，媒体对人民法院依法独立行使审判权也开展监督，促进个案公正，推进司法公正。

---

① 黄洁：《论审判独立与新闻监督的冲突与平衡》，吉林大学2011年硕士学位论文，第3页。

3. 舆论监督有利于促进司法审判

社会公众通过舆论监督，把审判活动置于阳光之下，对人民法院行使审判权进行外部监督，进一步促进司法公开、公平、公正，杜绝“暗箱操作”。

（三）人民法院依法独立行使审判权与舆论监督的关系

1. “人民法院依法独立审判”和“媒体报道”存在各自边界

人民法院依法独立行使审判权，包括禁止新闻媒体在内的不当干预。媒体对审判行为的随意抨击，是舆论场发声不对等的情况下，对“沉默的司法”进行“攻击”，会引导舆论，影响司法权威，动摇司法公信力。反过来，舆论监督也意味着新闻从业人员和公众排斥包括来自法院方面对其采访权、报道权和评论权的非法限制。

2. “新闻舆论的真实”和“法理价值的真实”存在一定差距

新闻媒体对信息的收集和判断建立在自身掌握的事实基础上。而审判中所采信的事实则需要通过法定程序予以认定，审判机关对案件的判断是建立在去伪存真、严格审查的法律事实之上的。两者在搜集信息的渠道、程序等方面的不同，决定了对事实的认定会存在不一致。

3. 新闻舆论的“灵活新颖”与审判活动的“中立严谨”存在一定对立

新闻媒体的报道和评论需要吸引眼球，具有新颖性、引导性。而审判活动要求在严格的程序框架内进行，法官应当做冷静的、理性的居中裁断者。审判是依法的审慎判断，充满着法言法语，而媒体报道的主观色彩稍浓，语言更贴近大众，易被大众接受，因此在舆论场上，媒体报道更受公众喜好。

4. “法律正义标准”和“道德正义标准”结论判断存在一定差异

司法裁判认定的结果和基于社会道德的价值判断未必总是一致。当新闻媒体超越了监督的合理界限，使审判偏离了“法律正义”而导向“舆论正义”时，媒体对案情的报道和评论与公平审判权利之间便会产生冲突。舆论监督是一把“双刃剑”，可能正当行使，也可能被滥用，缺乏制约或运用不当便可能对司法公正造成负面的影响。①

（四）小结

课题组在实证研究中发现，案件能够引起社会公众关注都经过了媒体“放大”环节，并且媒体报道显示了其强大的影响力，不仅能引导民意走向，也能影响到司法审判。司法审判与舆论监督之间存在应然的和谐关系，也存在实然的紧张状态，很难在两者之间划出一道清晰的界限。从法治发达国家来看，司法与媒体关系也是各国面临的一大挑战，欧盟近年来发布了多份《司法—媒体—社会关系报告》，涉及法院新闻发言人、自媒体应用等5个领域，明确提出要积极主动抢占先机应对媒体；英国出台了《刑事法院案件报道指南》，确保法官在依法发布司法报道限令时，能引导、规范媒体报道刑事案件。我们可以借鉴这些国家的成熟经验，对刑事案件、未成年人案件制定特殊的报道规范，保护当事人合法权益，保障法院依法审理。在其他方面，也应继续加强研究，从个案、类案中一步步探索厘清各自的职能边界，达成规范共识，共同坚守公平正义的价值理念。

---

① 卞建林：《媒体监督与司法公正》，载《政法论坛》2000年第6期。

四、舆情司法应对及风险防范机制建设

人民法院要妥善应对社会关注案件的舆情，切实建立起常态长效的舆情应对机制，就要牢牢坚持党的领导，落实“三同步”原则，确保案件处理公平公正，遵循新闻传播规律和司法规律，把握舆情处置应对的时、效、度，掌握舆论引导的主动权和话语权，方能取得社会关注案件舆情应对的良好效果。

（一）注重预警监测，加强分析研判

1. 内外同步，全面预警

将大数据日常监控与人工重点筛查相结合，将“立、审、执、访”全程的主动甄别与舆情监测相结合，通过多渠道的监控平台，确保舆情第一时间被识别。通过法院信息化建设，建立内外同步的预警机制。从外部来讲，法院可以通过监控网络平台、关键词搜索，获取网络舆情，进而作出预警和预案。从内部来讲，通过办案平台，及时发现、申报、处置舆情苗头，避免其演变成真正的舆情事件。

2. 准确定性，详细分级

从性质上划分来说，舆论信息分为正面、中性和负面。在明确舆论性质后，还需要根据舆情发布主体、受众的参与频率、舆情所处阶段等因素，对舆情进行分级，进而归类总结风险点。对于正面普法宣传舆论，人民法院应积极利用官方网站、微博、公众号等进行转发宣传，增强舆论引导和公众普法力度。对于中性舆论，则要加强监测，并掌握节奏，根据社会公众的关注需求进行回应引导，避免演变为负面舆论。对于负面舆论，则可以采用关注范围和影响程度来划分，课题组建议分为三级。一级为最高级：涉及重大敏感案件，特别是社会敏感话题、极端事件，且在网上大规模传播，已经多家官方媒体报道，引起一省乃至全国普遍关注的舆情。二级为中级：案件被个别媒体报道或未经报道但引起网友广泛关注，特别被一些大“V”、意见领袖转发，舆论矛头直指法院司法公正的或在某个特定群体中引发广泛共鸣的。三级为最低级：网友反映个案问题，发布主体为一般网友，且仅在小范围内传播的。

3. 全面分析，综合研判

其一，结合8类社会关注案件的舆情风险点，把握舆情热点和社会热点。其二，舆情事件分为潜伏期、蔓延期、爆发期、平息期等不同阶段，每个阶段有其发展特点，必须对舆情事件所处的发展阶段有明确的判断。其三，定性分析与定量分析相结合，判断舆情目前的态势以及预测未来的发展。定性分析包括舆情价值研判、舆情来源和传播方式判断、舆情危害程度研判、舆情的社会情景研判。定量分析即通过“流量”统计判断舆情传播的规模和反应程度。

4. 多方联动，快速反应

社会关注案件的识别研判是一个系统工程。从法院内部来讲，办案部门和舆情宣传部门需要紧密结合“三同步”原则的要求，步调一致，保持沟通，统一行动，群策群力，结合专长，共同分析研判舆情发展趋势。从外部来讲，社会关注案件的处理要借助政法委、公安、网信等部门的帮助，共同采取有效应对措施。

(二)积极主动应对,适时全面发布

1. 组织保障,统筹资源

第一时间成立社会关注案(事)件处置工作领导小组,全面领导司法舆情应对工作。下设办公室统筹相关部门研究会商处置对策,各责任部门层层分解任务,制定切实可行的总体工作方案,建立一套灵活有效的工作机制,明确各方职责分工,尽量避免职能交叉、多头管理问题发生,搞好部门之间的协调与配合,统一发声。统一指挥,统筹资源,科学研判,快速反应,确保各部门畅通运转,及时沟通,同频共振,步调一致,为社会关注案件舆情应对打牢组织根基。

2. 快速澄清,慎下结论

在引起舆论广泛关注的社会关注案件中,抢占信息发布先机,掌握主导权,让权威官方的声音走在前面,把案件控制在最小范围内。社会关注案件原因和处理结果的公布要审慎:其一,掌控节奏,根据舆论中的社会公众需要适时回应,避免因不透明产生公众猜忌;其二,态度鲜明果断,简明有力,多使用可视化方式进行说理,公布监控视频等客观依据往往是较好的方式;其三,注重从不同角度、多种途径解读相关专业问题,包括既往法院裁判情况、学理研究、域外裁判等。

3. 主动发布,全面有效

首先,人民法院应在分析研判的基础上,注重把握媒体和公众心理,做好理论调研,为信息发布做好充分准备。其次,要适时用好新闻发布会机制,由发言人统一发布有关案件的新闻信息,同时注意收集、跟踪相关舆情,有针对性地解疑释惑,澄清事实,批驳谣言,引导舆论。再次,要拓宽发布渠道,线上线下有效配合,多点释放案件信息,扩大发声影响范围,并加强对虚假信息、不实言论的规制。最后,还要"会说话",统一信息发布口径,制定完整信息发布策略,信息发布从文字内容到语言表述等各方面做到严格把关,保证系统性和科学性。

4. 关注实情,标本兼治

社会关注案件舆情应对的同时,必须组织调查核实事实真相,第一时间掌握事态发展情况,在最短时间内掌握案件的前因后果和最新发展动态。因不当言行引发的负面舆情,应坦诚回应质疑,必要时,可以让相关部门或个人出面真诚道歉,以求赢得公众谅解。对于因官员或一般干部个人严重的失职或错误言行引发的负面舆情,应按照相关规定予以惩戒。在社会关注案件的舆情应对中要充分利用已有法律法规,及时处置故意传谣造谣的情形。依照三大诉讼法中规定的妨碍诉讼的强制措施、社会治安处罚等措施,在掌握有力证据后对肆意捏造、故意散布虚假案件信息的当事人、网民、代理人等不法行为人进行处罚惩戒。对于片面报告,歪曲报道等媒体,人民法院应向其主管部门发送司法建议,规范司法案件的媒体报道。

(三)注重长效机制建设,打造良性互联关系

1. 坚持公正审判,提升司法权威

社会关注案件中需要借助各种程序措施疏导和救济社会的不满,因此在案件的审判应对中要充分重视诉讼程序推进的严谨性。人民法院要充分保障当事人的知情权、程序参与权、选择权,规制当事人及代理人滥用诉权的行为,同时要从严要求审判及司法辅助

人员的司法礼仪。面对社会广泛关注的案件，要通过引入人民陪审员参与审判决策、交由不同层级的专业法官会议研讨疑难问题、提交审委会讨论决定、引入专家辅助人查明专业问题等程序性策略，来加强案件审理的专业性、参与性和公正性，确保作出的裁判最大限度地赢得公众认可和理解。

2. 加强宣传工作，凝聚法治共识

人民法院应主动适应媒体舆论发展变化，将法治理念培育融入信息公开和舆情引导当中，结合不同媒体受众需求，主动设置议题，有意识地吸引公众关注。可以通过以案说法、大家看法、庭审直击、百姓陪审员等具有鲜明特色的法律专题栏目，或开通直播账号，定期将一些司法热点、疑难案件等公共话题主动摆到公众面前，引发讨论和思考，既能普及司法理念和知识，又能获取民众的理解与支持。

3. 树立法律红线，规制不当言行

为避免当事人及代理人不当发布案件事实或故意制造舆论影响司法公正，人民法院一方面，要认真落实庭审实质化，从源头上确保审判程序正义，切实保障律师的诉讼权利，从而打造法律职业共同体，赢得律师等法律共同体成员的信任与支持；另一方面，要划出当事人及代理人在代理案件中的言行红线——“不得侵犯当事人及相关参与人的人格权利，不能故意散布捏造虚假谣言”。具体规范包括：(1)当事人、代理人发表的案件言论不得泄露案件当事人及相关人的隐私、个人信息和商业秘密；(2)不得向社会公开获取的全案的卷宗材料；(3)不得发布正在审理案件的庭审内容；(4)不得发布明知是不真实的言论；(5)不得故意歪曲事实进行发布。如果当事人及代理人违反上述规定，人民法院可以采取如下措施予以规制：一是依照诉讼法相关妨碍诉讼的法律规定进行惩戒；二是向违规律师所在的律协、司法局等社团组织、主管机关发送司法建议函，指出言行失当之处，要求改正并加强管理；三是视具体情节，由相关权利主体和权力机关追究违规行为人的相应法律责任。

4. 善用媒体，构建良性关系

人民法院构建与媒体的良性互动关系，善待、善管、善用媒体，是有效引导舆论的关键一环。坚持人民法院与媒体的良性互动，一要主动。要从实现公众的知情权、参与权、表达权、监督权的高度来正确认识和自觉接受新闻舆论监督，主动打开媒体监督大门。二要自觉。及时、准确、真实地向媒体发布权威信息，有效引导舆论，化解公众疑虑，消除炒作空间，树立法官的良好形象，提升人民法院的社会公信力。三要积极。正确对待媒体和公众的批评建议。对媒体反映的问题要高度重视，认真核查，情况属实的，要依法依纪严肃处理；情况不实或有偏差的，要客观平和地向社会各界说明情况，争取理解支持。四要长效。以科学、完善、健全、高效的机制建设，加强和改进新形势下的宣传工作。

第四章　社会关注案件的司法综合保障

一、概述

（一）司法综合保障重点内容

社会关注案件的成功应对及妥善处置，从来不是承办法官或合议庭单打独斗的结果，而是涉及诸多物质、人力、技术、警力、能力的综合保障问题。课题组拟从 4 个方面界定综合保障的范围。

1. 案件管理高效有序

社会关注案件因其自身特殊性，除了遵循法律依法裁判之外，还涉及对案件的管理监督、院内外各部门的沟通协调，这部分管理沟通性的事务是保障社会关注案件稳妥应对的前提。法院的审判管理职能属于行政权的范畴，需要遵循行政权的上令下行，但同时也要确保不能干扰审判独立。具体管理内容包括以下三点：一是审判管理，包括流程管理，即对审判活动全过程的管理和控制，以及案件质量管理，即对法院、审判庭、合议庭乃至法官个人的工作质量进行监督管理①；二是院内事务管理协调，即协调信访、办公室、后勤服务中心及法警等院内相关部门，保障审判工作的有序进行；三是外部管理沟通协调，社会关注案件的产生往往是由多种社会问题导致，案件处置、矛盾化解不仅需要法院内部协调一致，更需要党委的统一领导，多部门沟通协调，形成矛盾化解的合力。因而面对社会关注案件，法院应当在严格依法处置的基础上紧紧依靠党的领导，积极与宣传、网信、维稳等相关单位加强沟通协作，全力提升司法应对的社会效果，公正妥善地处理社会关注案件。

2. 司法资源有效配置

司法资源的内涵十分丰富，本章从案件综合保障的角度来研究，主要是指微观层面、法院内部视角的司法资源，主要包括司法人员、资金、物资等资源。司法资源的分配直接关系着司法公正。在构建法治社会的征途中，合理配置司法资源是为实现司法公正所做的基石铺垫，更是一种对正义诉求的机制安排。② 社会关注案件的影响力和存在的风险就决定了应该得到更多的资源配置。在分配司法资源时，应当首先侧重对法院审判执行核心职能的保障，确保法院在应对防范时能够充分调动各类物质人力资源，确保审执稳妥应对，确保司法公正。当前法院信息化技术建设成为法院发展的重要环节，借助信息化的手段可以实现更好的资源配置和流动，因此技术保障也是案件司法资源保障建设的重要内容。

3. 妥当处置突发事件

基于案件风险具有偶然性和不确定性，法院应重视风险预防和管理，采取各类措施防患于未然，出现突发事件则要及时有效加以应对。在社会关注案件中，突发事件和群体性事件是两大风险。只有预防处置好司法突发事件，审判执行活动才能正常开展，才能防止更大的损害发生。司法综合保障方面的风险管理包括审判管理、信息收集、传递、反馈、公开和参与决策的沟通行为，包含的范围非常之广，但是对于案件舆情等风险的突发性来

---

① 蒋惠岭：《司法改革的知与行》，法律出版社 2018 年版，第 220 页。

② 王文龙、刘宁：《分配的正义及其价值论基础》，载《浙江学刊》2006 年第 5 期。

说,风险管理势必要建立一套应急预案,做好突发应对,防止风险扩大,并将已发生的事件及时处理好。

4. 完善司法能力建设

新时期研究应对社会关注案件其核心要求是法院干警要提升司法能力。司法能力是一个复合性的概念,①更是一项系统性的工程,其内容是由司法的不同工作任务而确定的。周强院长提出,要坚持把提高司法能力作为教育培训工作的主线,坚持分类分级抓好重点培训,努力做到培训目标指向司法能力,培训内容偏重司法能力,培训方式着眼于司法能力。② 本章从提升完善综合保障工作的角度,主要是探讨人民法院在应对社会关注中相应的司法能力:坚持分类分级做好重点培训,针对领导干部,要提升驾驭全局、科学管理的能力,充分运用和尊重司法规律,提升司法管理的能力水平;针对法院干警,则要提高媒介素养,提升使用信息化平台的能力,从严队伍纪律,从而公正妥善地处理好社会关注案件。

(二)司法综合保障基本特点

1. 辅助性

对于社会关注案件的处理,审理工作是核心工作。相对审判执行的核心内部性,综合保障侧重在审判权外部开展。相对而言,综合保障工作属于辅助性工作,其需要服从、服务并保障于审判执行工作,确保审判执行工作妥善顺利进行。因此,在社会关注案件的处理中,法院内部不同部门之间需要处理好核心与外围、主责与辅业的关系,相应综合保障部门及人员要调整工作定位,切实做好辅助工作。

2. 非公开性

综合保障活动多具有非公开性特点。社会关注案件处理中,众多技术、人力、智力支持的保障人员,虽然其工作成果最终通过庭审稳定的秩序、平稳的舆情、公正的判决而展现出来,但其人员则不能直接面对当事人和社会公众。因此,在社会关注案件的办理过程中,法院内部不同部门之间需要处理好台前与台后、公开与秘密的关系,相应综合保障部门及人员要明确各自职责定位,以服务好审判执行为中心任务,以妥善处理好社会关注案件为整体业绩。

3. 系统性

综合保障方面的具体工作虽然较为琐碎,涉及内部外部协调、软件硬件建设、院内院外安保等方方面面。但从总体上看,综合保障工作不仅自身呈现出系统性特点,而且又与审判执行工作共同组成社会关注案件应对之大系统。在社会关注案件应对整体中,各部分均不可或缺。如果各部分均能各司其职各负其责,且相互协调一致,则会产生整体功能

① 学术界对司法能力其实并没有明确的界定。在司法实务界,也有许多不同的表述。大致可以分为三类,即本源说(认为司法能力是指司法机关实践活动的能力和本领)、职能说(认为司法能力是指人民法院履行宪法、法律赋予的依法独立行使审判职责,遵循司法审判工作规律,依照法律规定,促进司法公正,维护司法权威,在全社会促进公平正义的水平和能力)和目的说(认为司法能力是指人民法院具有认识和把握司法规律,运用司法手段解决矛盾纠纷,服务经济发展,保护群众根本利益的条件与本领)。参见吴家友主编:《法官论司法能力》序言,法律出版社2006年版。

② 2015年周强院长在全国法院教育培训工作会上的讲话。

大于部分功能之和的效果。因此,社会关注案件的办理需要处理好不同工作之间的整体与部分、部分与部分的关系,综合保障部门及人员要全力守好自己的"三分地",做好自己的本职工作。

(三)司法综合保障的基本原则

司法综合保障不仅直接参与案件的审理进程,而且直接影响社会关注案件的司法运行效果,甚至影响司法公正和效率。为了将审判团队从具体事务中解放出来,专注于审判,社会关注案件的综合保障需要遵循以下原则。

1. 统一领导,分工明确

社会关注案件的应对是一个系统工程,需要对审判执行、舆情应对及各项综合保障工作统一协调,确保步骤一致,及时到位,因而需要统一的领导,这样才能举全院之力,共同服务于社会关注案件的办理,保证各项综合保障机制间相互协调、有序衔接。各项综合保障机制均要明确责任分工,具体到人员、时限及要求,确保在社会关注案件办理过程中,所有综合保障机制均能发挥预期效果,所有综合保障措施均能及时准确到位。

2. 配置合理,保障审执

各项综合保障机制的建设方向和力度,要紧密围绕社会关注案件的办理,以满足审判执行工作的实际需要为目的,以实现社会关注案件办理效果最大化为目标。为此,对于必需的办案设施要及时加以改造,但也要最大限度减少对其他案件办理的影响,最大限度减少对社会公共秩序的干扰。

3. 安全优先,保证高效

所谓安全高效,即要求各项综合保障机制建设首先要保证安全,不仅要确保干警人身安全,更要确保案件信息安全;其次要保证高效,相关保障要及时到位,确保提供准确优质的保障服务。质效兼顾的综合保障工作,将大幅减少社会关注案件办理中出现的意外,避免人为产生新的社会关注热点。

(四)司法综合保障面临的主要问题及原因分析

人民法院优化配置司法资源是案件综合保障的核心问题。依据法经济学"成本—效益"的工具原理,社会关注案件的综合保障,无疑会涉及人民法院审判管理、后勤服务保障、信息技术资源等各方面司法资源的优化配置,同时涉及现有法院机构框架下的信息流通问题。资源配置错位,信息流通不畅,就会给案件的审判执行直接造成障碍。

1. 审判管理组织化、精细化有待强化

内部机构分立,需要加强组织协调,才能发挥应对重大事件的合力。考察目前法院的相关规定,案件处理的总体把控一般由分管副院长负责①,在上级法院一般由对口业务部门负责。在具体执行中,分管副院长会缺乏切实有效开展综合保障工作的有效抓手,而上级法院对口业务部门更缺乏统筹综合保障工作的实施条件。目前,现有的协调机构对社会关注案件各方面情况还不够熟悉,联席会议、协调会的机制较为松散,仅限于相互通报,协调指挥力度有限。

---

① 重大案件则由院长直接负责。

2. 司法资源配置效能有待提升

一是审判法庭的规格有待提高。对用于庭审及庭前会议的法庭，需要确保空间上容纳足够人员旁听、设计上符合法庭高大威严的形象，但目前多数法庭难以满足上述要求。二是办公场所的设置有待规范。社会关注案件办理中的卷宗材料需要严格保密，日常办公场所需要与常规案件办公场所完全隔离，为此需要建立规范化的社会关注案件办公场所。三是服务保障的标准有待明确。社会关注案件的办案人员往往办案压力大，需要在日常工作方面为其提供充分的服务保障，确保其能全身心投入案件办理。四是特殊情况下的经费支出没有保障机制。在社会关注案件的办理过程中，会涉及各种费用的支出，主要包括：专家咨询论证费、特殊情况下的鉴定费、外出调查费用等，这些费用的支出有较强的时效性，并没有建立专门"绿色通道"，可能延误办案和矛盾化解工作。五是审判管理信息系统运行稳定性不高，信息漏报、错报、误报较多，法院内部各部门、上级管理部门之间的信息流动不畅，存在信息多头报送以及信息"孤岛"等问题，增加了审判辅助人员的工作量。

3. 应急处置及安全保障措施有待完善

一是应急处置的常态机制有待建立。应急处置主要集中在以下问题：诉讼参与人成功逃避安检并携带危险物品、秘录、秘拍设备进入法庭后的处置？如何确保准时押解在押被告人到庭并有效防范其脱逃、伤人和自伤行为？如何防止人群无序聚集，有效管控院外公共秩序？如何有效保护当事人及其近亲属免受其他人员伤害？二是突发情况的医务保障有待跟进。目前，法院内设的医务室一般没有执业医师资格，而联系专业"120"医疗救助机构则存在费用支出问题。三是保障庭审顺利安全的信息技术手段有所不足。现有信息技术手段，难以有效切断诉讼参与人与外界的信息联系，难以防范诉讼参与人在法庭内未经允许私自录音录像，乃至同步网上直播。法院内外依旧存在监控盲点，难以确保全面全方位覆盖，一旦在监控盲区发生争执，法院工作人员可能"有口难辩"，引发次生舆情。

4. 司法能力有待提高

一是媒介素养有待提高。法院工作人员公关协调能力及舆情意识普遍不强，缺乏媒体沟通技巧，不利于社会关注案件的有效办理。二是信息平台使用能力及意识有待提高。随着智慧法院建设的推进，全国各级法院都已经开发了自己的信息技术平台，但融合性有待提升，加上缺乏技术培训，使用信息平台的能力和意识仍不高。三是纪律约束意识有待提高。部分社会关注案件的办理过程中，存在办案人员纪律意识不强，擅自对外表态、过失泄露案件信息等情况。这说明办理社会关注案件的工作人员必须加强培训，提升保密意识和纪律意识。

二、案件管理有序协调，保障要案高效审理

（一）领导小组统一负责

课题组综合各个法院的处理预案，发现在社会关注案件的管理中，往往需要设立一个专案领导小组，组长由院长或副院长担任。设置小组能够最大限度调动各种资源，并有效统筹协调各个部门，确保各项工作同步部署、同步推进和同步落实。专案领导小组虽因案而设，但是其组织方式、工作机制却可以固定下来，提高处理类案的效率。专案领导小组

视各院具体情况,可以设在办公室、审管办或其他部门。调研中,北京市第一中级人民法院在处置某集资诈骗案时,即将领导小组办公室设在办公室,由办公室主任负责履行整体协调、信息汇总、召集研究、督促检查、上传下达、汇总报告、综合分析等职责。而上海市高级人民法院《关于重大敏感案件的处置办法》及广州市中级人民法院《关于加强重大敏感案件处置工作监督指导的暂行办法》则规定,审判事务管理办公室为社会关注案件的常设性审判管理机构。

各级人民法院应设立社会关注案件司法应对与风险防范领导小组,统一负责案件管理工作。领导小组成员单位为各审判执行业务部门、审判管理办公室、办公室、监察室、诉讼服务办公室、法警支队、后勤服务中心。各部门指定一名中层副职作为社会关注案件司法应对与风险防范工作联络人,具体负责相关工作落实。领导小组办公室具体履行以下职责。

1. 信息汇总:对所有线索来源的社会关注案件统一登记、统一流转,建立台账,准确掌握数据及相关情况。

2. 研究部署:根据社会关注案件发生、发展的具体情况和工作需要或者根据领导小组意见,召集分管院领导及相关部门负责人,召开联席会议,研究处置工作指导及相关事宜,部署各部分相应工作。

3. 督促检查:及时将联席会议或各部门提出的社会关注案件应对意见、方案报经领导小组负责院领导审批同意后,形成监督指导意见下发,并全程跟踪处置工作,监督指导意见的贯彻落实。

4. 上传下达:与上级法院领导小组办公室建立固定工作联系,确保沟通渠道安全、通畅、快捷,及时上报本院各部门报送的社会关注案件线索、工作预案、处置方案、工作进展、处置效果等;对指导信息,在汇总分析后向审判团队进行反馈。

5. 汇总报告:定期汇总各成员单位社会关注案件处置工作情况并向领导小组汇报,及时向上级法院、有关机关或相关领导报告、回复社会关注案件处置进展情况及结果。

6. 综合分析:综合分析社会关注案件司法应对和风险防范工作中具有普遍性、倾向性的问题,总结经验、提出解决问题的意见和建议。

(二)审判管理综合把控

1. 审判管理部门具体负责

人民法院应明确由专门的案件管理机构对社会关注案件进行管理。一般情况下,法院设有审判事务管理办公室(以下简称审管办)进行管理,未设有专门机构的则由具有审判管理职能的部门进行管理。审管办作为综合性审判业务部门,该机构本身负责监督管理审判执行部门的案件办理工作,熟悉案件办理流程及相关审判管理规定,因此也应当对社会关注案件承担监督管理职责。相比传统的办公室职能,审管办能更好地融合协调综合保障与审判执行,综合管控社会关注案件审理的关键环节。

2. 审判流程管理

案件管理机构要从宏观方面全面指导审判执行、综合保障及办案进度时限。具体而言包括:一是案件审理信息的汇总,即从立案到审判执行,涉及案件的审理、处置、应对的信息汇总分析。二是加强关注案件的流程管理,强化对该类案件的舆情、审理关键节点的备案、统计汇总分析。加强对审判效率的监控，社会关注案件本身案件的复杂，需要鉴定、听证等诉讼程序，加之社会影响大，涉及各方协调，导致审限延长，此时更应加强对审限的监控，确保审判效率。

3. 审判质量管理

人民法院要充分发挥院庭长对案件的监督管理职责。司法改革建立的司法责任制强调"让审理者裁判，由裁判者负责"，在社会关注案件中要依法行使审判权，坚守审判权与行政管理权的各自界限，在司法运行流程、程序开展、各种部门协调、信息上报、信息对外发布方面，要充分发挥院庭长的监督管理、统筹协调职能，确保法律统一适用，确保正当程序，确保审判事务妥善及时处理。院庭长行使审判监督管理职责也符合最高人民法院《关于完善人民法院司法责任制的若干意见》的相关规定。实践中，为确保在社会关注案件中的依法审判，审判人员要落实《领导干部干预司法活动、插手具体案件处理的记录、通报和责任追究规定》，做好相关过问、汇报的记录工作，做好每次会商研讨的记录工作，做到集体议事，议事有记录，有权必有责。

（三）院内事务分工合作

专案领导小组所在部门应承担起协调好本院审判执行部门与综合保障部门、本院相关部门与上级法院相关部门的工作，避免因法院内部机构分立导致的各行其是，实现审判执行与综合保障之间的有效衔接。具体包括：(1)会商判定，对于汇总分析的信息，组织舆情监控部门及相关业务部门进行会商，判定是否属于社会关注案件，并根据判定情况指示相关业务部门起草工作预案。(2)预案审定，即对于相关业务部门起草的预案，承担指导、审查及送审职责。(3)组织协调，即在案件办理过程中，对于新出现的情况组织相关部门协调跟进，全面保障审判执行部门的处置措施开展。(4)督促落实，对于院长审定的工作预案，负责督促相关部门按照规定的时间和要求完成落实。

（四）院外事务沟通协调

专案领导小组内各职能部门按照预定方案，分别联络协调政府相关部门，做好相应的汇报、沟通和协作事务，并将相关处置信息及时汇报给专案领导小组。需要特别注意的是，社会关注案件要牢固树立"一盘棋"思想，加强内部统一，在严格依法处置的基础上充分借助外力，全力提升司法应对的社会效果。为妥善处理社会关注案件，法院各部门依法办理各项工作时，要考虑舆论引导、社会面管控的工作需要，舆论引导紧密配合依法办理、社会面管控进程，社会面管控切实为依法办理、舆论引导提供保障。要做好外部协调，获得党委和上级法院相关部门的支持与指导，积极与宣传、网信、维稳等相关单位加强沟通，确保各项工作同步部署、同步推进、同步落实。

三、优化司法资源配置，保障审执有序进行

（一）基本设施优先保障，全力支持要案办理

一是设立专门的独立场所，保障办案工作。在社会关注案件的办理中，一般应为审判团队提供独立的办公场所，内部配置与其他网络相隔离的电脑、打印机、密码柜及带有录音功能的电话机，确保卷宗保管、通信安全。二是开辟专门的阅卷场所。提供一间安装有不间断高清录音录像设备、复印机及供诉讼参与人观看视频证据的阅卷室，以防止卷宗遗

失及视频证据被损毁。三是妥善选取开庭场所。一般需要根据个案审理情况尽可能选择容纳足够人员旁听的中小法庭,[1]法庭的设施,除了信息技术设备外,还应符合威严高大等要求,审判台要明显高于当事人席位,符合安全要求,要有法官专门通道。在法庭审判席要配备一键呼救设备,直接连通法警队值班室,确保法庭内出现紧急情况时,司法警察能够在第一时间进入法庭。此外,还要有专人值班负责,保证求救应答及时有效。四是法庭的信息化技术要求。法庭要配备远程同步播放设备、录音录像播放设备、监控设备、同步录音录像设备,必要时配备无线信号屏蔽设备。开庭前,需进行多次调试演练,确保上述电子设备在开庭时能够正常运转。

(二)审判团队有效配置,集中力量攻坚克难

1. 审判团队的人员保障

审判团队是关注案件处理的重点,配置好团队人员就可以集中优势资源,集中攻关案件难题。课题组通过梳理总结现有社会关注案件的审判团队发现,重大社会关注案件均由政治素质过硬、专业能力过硬、办案经验丰富的法官组成,为司法公平公正奠定最坚实的基础。例如,"聂树斌案"再审审判团队,由最高人民法院二级大法官胡云腾领衔,"薄熙来案"审判长是济南中院副院长王旭光,都具有丰富的审判实践经验。因此,在社会关注案件中,原则上都要由符合政治素质过硬、专业能力过硬、办案经验丰富三方面要求的专家组成,确保审判团队的专业性和权威性。此外,根据案件的审理需要,加强审判辅助人员的配置。通常情况下一个法官配备一名助理,但是在社会关注案件中,根据案情的复杂程度和事务繁简情况,可增加外勤人员,辅助法官开展各类文书的送达工作;可增加一名法警,确保审判团队在法院开展的各种审理活动均有法警保障;视情况需求,可增加一名专门的事务助理,负责报送各种材料,撰写各类信息,统筹案件管理的各项事务。

2. 审判团队的物质保障

一是经费拨付。通常可能涉及的费用包括:专家咨询论证费、特殊情况下的鉴定费、外出调查费用等,这些环节的费用支出甚至直接影响案件事实的查明,需要建立专门的财务机制,提供此类案件办理的经费支出。二是要确保社会关注案件在办案过程中的车辆使用、调度便利供给,特别是针对涉高官贪腐、涉群体性案件,最好提供专门的车辆供审判团队使用。三是办案用品的配备。材料印制、用品领取及设备维护等方面为审判团队提供绿色通道,确保相关文书材料能及时印制报送。四是全方位的服务保障。尤其是在审判团队加班期间以及庭审期间的餐饮、住宿等服务保障,确保其精力充沛的投入案件审理进程中。

3. 审判团队的安全保障

一是设立保护法官人身权益的常规性保护组织。各级法院应当按照司法改革的相关要求,建立法官权益保护的专门组织,统一处理侵害法官权益的事件,做好信息登记、评估遭受的危险级别、专人负责协调沟通院内外相关部门采取相应措施。二是视具体情况,为法官配备执法记录仪。在可能遭遇跟踪、骚扰等不法行为时,应为法官配备执法记录仪,

---

① 如果属于涉民生、涉群体性案件,旁听人数过多,可学习上海一中院的做法,利用庭审直播系统开设多个法庭供旁听,从而分流旁听人群,避免拥挤踩踏隐患。

保留相应证据,为下一步依法采取措施提供依据。三是在评估风险的基础上,对有可能遭受严重侵害的承办法官配备法警护送,确保人身安全,同时采取行政、司法措施严厉打击。

(三)加强信息平台建设,有效开展监督管理

信息平台的构建与信息化技术手段的运用是加强社会关注案件科学管控的条件和基础,无论是流程管理、质量评查、绩效考核乃至层级管理,在相当程度上都有赖于信息化手段。①

首先,优化审判管理系统,促进案件科学管理。要实现对社会关注案件的公正妥善有序的处置,对案件进行科学严格精细的管理是前提条件。从当前实践来看,在智慧法院建设的背景下各级法院都在开发信息平台,接下来要在平台的融合性上下功夫,最终通过平台来实现对关注案件流程节点、诉讼程序、审限监控上管理,大幅提升管理效率,实现管理的精细化。针对涉民生群体性案件,可开发针对众多当事人身份信息、诉求、证据的电子录入平台,实现高效管理。对于情理法冲突类案件,可以通过法院或者第三方平台征集公众对案件涉及的价值观、是否善恶的判断,从而拓宽司法民主的渠道,有利于人民法院正确把握民意。

其次,借助信息化平台,实现法院内外信息共享流动。通过统一的平台信息报送,可以实现法院内部各部门、上级管理部门之间的信息共享和流动,极大降低报送的时间、成本,解决当前存在信息多头报送,部门信息"孤岛"的问题。

最后,信息化平台能够对上级及本级单位的监督管理进行留痕,防止不当干预。信息化平台不仅能够打破时间空间的阻隔,以最短时间、最快速度汇集各方信息,同时还具有的一大特征就是留痕功能,在平台上所有的操作都可以留下痕迹,从而可以确保审判独立,为实现科学合理的监督管理奠定基础。信息化平台不仅为院庭长行使监督职责提供了便捷高效的路径,同时也为报送信息的及时处理提供技术路径。

四、应急处置及时有效,保障法庭内外安全

(一)安全设施安装齐备,管控人员维护秩序

人民法院要规范建设安全设施,防止突发紧急情况。在旁听区与审判区之间建立隔离设施,防止参与旁听的当事人亲属与其他当事人在法庭内发生肢体接触。在刑事法庭内设置相对封闭的被告席,或者有效锁闭的约束椅,防止被告人在庭审中突然逃脱或者攻击其他人员。在审判席设置紧急呼救设备,确保出现紧急情况下,法官能及时呼叫司法警察进入法庭处置。

此外,还应做到管控维护双管齐下,确保法院内部有序。第一,在社会关注案件审理期间,强化对院内人员的管控,必要时为社会关注案件的处理设置专用通道及专用区域,并派专人在规定时间严加把守,将社会关注案件与其他常规案件的处理相隔离。第二,社会关注案件审理期间,视具体情况需求,协调院内其他庭审的办案时间以便能够有独立的空间场所开展审判工作。第三,旁听人员可以通过互联网方式提前预约,提前分配好座位,安排专门空间寄存旁听人员物品,安排专门房间供旁听人员休息,并安排有专门人员维持旁听秩序。第四,强化进入院内及法庭内人员的安检力度,确保危险物品、秘拍秘录

① 龙宗智:《审判管理:功效、局限及界限把握》,载《法学研究》2011 年第 4 期。

设备一律不得进入法庭,其他视案件具体情况明确告知旁听人员不得带入法庭的物品,如受害人的巨幅照片等。

(二)庭内警力配置充足,保证庭审平稳进行

第一,法庭内至少安排 4 名司法警察值庭,确保对刑事被告人的管束及对其他旁听人员的管控。庭审过程中,法警根据庭审程序提押被告人,并确保被告人在法庭受审时摘除戒具,便装出庭。对庭审中,被告人的饮水、如厕、临时发言提示方式、摆放各类用品(老花镜等)提前了解,做好准备工作。第二,明确司法警察应完全服从审判长指挥,执行审判长命令,按照审判长指示作出各种应急处理措施,有效管束诉讼参与人违反法庭秩序的行为。第三,对于存在被害人的刑事案件,需要将被告人与被害人及近亲属完全隔离,确保被告人在受审时绝对的人身安全。第四,对于其他诉讼参与人,一旦存在可能违反法庭规则并引发言语乃至肢体冲突时,司法警察需要根据审判长的指示将部分人员强制带离法庭,必要时审判长需休庭处置。第五,在法庭外的走道应安排法警巡逻,防范突发情况。第六,事先准备好一支机动法警队伍供特殊情况的紧急调动。

(三)押解过程多套方案,确保人员及时到庭

视具体被押解的人员制定押解方案,必要时由法院、公安、交警共同商讨决定。对于刑事案件,要制定两套以上押解被告人的方案,固定到时间点与责任人员,两套方案同时启用,确保刑事被告人能在规定时间,安全到达预定地点。每一套方案均要配备备用囚车,确保一旦出现意外,能保证被告人安全到达法院。此外,应事先及时向看守所了解被告人的思想动态及身体状况,商请看守所为出庭被告人准备餐食,确保庭审按时进行,并视被告人身体状况商请看守所派医护人员随行开庭,保障被告人顺利参与庭审。

(四)设施设备提前预备,医疗电力保障先行

一是设置旁听特别通道。对于民事、行政案件中的当事人,一般应提前联系并为其进入法院提供特别通道。二是电力供应保障。庭审前要为法庭提供备用电力供应及其他设备,确保出现电力中断或者其他紧急情况下,庭审能继续进行。三是医疗保障。审判团队经核实相关诉讼参与人存在病史或者有高龄、身体虚弱者,有医务保障需求的,需要及时联系急救车院内备勤,确保第一时间为相关人员提供紧急医疗救助。四是提前演练。涉民生、群体性、高官贪腐等重点类型的案件,法院在庭审前应进行多次演练,排除一切设施设备故障,确保庭审平稳进行。

(五)多方机构协调联动,共同维护周边秩序

第一,提前将相关工作预案报请党委政法委,通报同级公安机关,商请公安机关在案件办理期间提供安全警戒。第二,及时向公安机关提出需要警戒及管制的具体需求建议。第三,在法院与属地公安机关之间一般应建立常态化的应急联络及衔接工作机制。如在法院设立属地公安机关的工作站,公安机关和法院均派出具体人员负责日常对接工作,确保沟通畅通。

五、强化完善司法能力,从容应对防范风险

(一)提升法院干警应对风险的意识和能力

周强院长提出,要建立各级人民法院领导干部定期轮训长效机制,着力提高领导干部

驾驭全局、推进改革、科学管理的能力，充分运用和尊重司法规律，不断提高司法管理水平。[①] 结合社会关注案件的司法应对和风险防范，法院干警首先要提高危机意识。当前人民法院面临的社会矛盾极其复杂敏感，各种理性、非理性的利益诉求掺杂其中，稍有不慎就会引发舆情及相关风险，因此日常工作中牢牢树立危机意识，警惕案件引发的各类风险苗头，做好预案应急处置。其次，法院的领导干部要提高驾驭全局的能力，社会关注案件的应对工作是一项系统工程，需要办案部门、新闻舆论部门等部门通力合作，需要依法处置、舆论引导与社会面管控工作同步跟进，此外还常常涉政府各部门的协同配合，这些院内外各项工作的谋划实施都需要领导具有驾驭全局的能力。最后，法院干警要提高科学管理的能力。从实践调研来看，不少法院都制定出台了关于重大敏感案件、舆情案件的工作规范，这些规范的出台为有效应对社会关注案件奠定了规范基础。

（二）强化法院干警纪律保密的意识和能力

人民法院要从严开展纪律教育。审判团队成立之初，一般应对全体参与处置人员集中开展纪律教育，提高纪律意识和责任感。社会关注案件的各类文书材料应统一由专人负责，办案人员应严格遵守、执行保密纪律，不得对外擅自发布消息、接受采访、对外答复或进行不当评论。未经批准，不得以任何形式向负责人以外的任何人披露社会关注案件的信息及审理情况，不得在法院内与其他人员公开谈论案件办理情况。此外，还要强化物理防控措施，保守审判秘密。办公地点钥匙由专人保管，并确保人走门锁，任何无关人员严禁进入。所配置的笔记本电脑及移动硬盘不得带回家中，不得与任何外部网络连接。办公地点配备密码柜，专门用于放置案件卷宗，该卷宗不得带离办公地点，确保全部与案件有关的材料信息不被泄露。

（三）提升法院干警媒介素养的意识和能力

随着自媒体的迅速发展，人人都是一个麦克风，处处都有摄像头。媒体素养是社会公众对媒体新闻舆论的认识、评价和引导等理性应对的能力，更是人民法院领导干部和法官干警必备的能力之一，它既是一项政治性要求，也是新形势、新任务赋予我们的职责使命。[②] 首先，法院干警要对当前媒体监督持开放包容的态度，摈弃过去的“捂、拖、盖”的思维，要认识到舆论监督的重要作用，切实从思想上、行动上认同，支持媒体对人民法院工作各种形式的监督。其次，要牢固树立以人民为中心的司法理念，坚持“团结稳定鼓劲，正面宣传为主”，遵循司法工作规律和新闻传播规律，不断满足人民群众对司法的知情需求，在日常工作中多关注媒体中的政法事件报道，了解社会关切，谨慎对待每次采访和公共场合的发言。再次，通过传媒素养培训，着力提升全国法院干警，特别是各级领导干部的统筹协调能力、媒体沟通能力和学习创造能力，为人民法院新闻舆论工作提供有力支撑和保障。[③] 最后，要提高应用舆论的能力。舆论引导方案要围绕“说什么、怎么说、谁来说、何时说”来制定，对案件性质、所涉及的重要法律问题、可能引起关注或者炒作的焦点

---

① 2015 年周强在全国法院教育培训工作会上的讲话。

② 《如何提升法院人的媒体素养》，载搜狐网：http://www.sohu.com/a/164307933_170817，2018 年 11 月 26 日最后访问。

③ 徐家新：《不断开创人民法院新闻舆论工作新局面》，载人民网：http://legal.people.com.cn/n1/2018/0330/c42510-29898679.html，2018 年 11 月 26 日最后访问。

问题等作出研判，统一信息发布和答问口径。

（四）强化法院运用信息技术的意识和能力

首先，全院上下要统一思想，高度认识到社会关注案件办理中信息化装备运用的重要性。要让全院干警深刻认识到，信息化建设的最终目的，是利用现代化科技手段，努力把法官从繁杂的事务性工作中解放出来，是提高法院和法官司法能力和水平，提高审判和司法行政工作效率。[①] 其次，发挥现有平台、系统和设备优势，以全员使用、全员掌握、全员参与作为信息化装备运用的着力点，强化平台、系统和设备应用培训，让全体干警掌握系统应用方法。最后，重点培养既懂法律、又懂网络和管理的复合型人才，保证信息技术人才进得来、留得住、用得好、有发展，争取尽快在各级人民法院形成一支高素质的信息技术队伍。

第五章　社会关注案件的社会综合治理

一、社会治理视野下司法的地位与作用

（一）新时代社会治理体系的新要求

党的十九大报告中对社会治理作了新的表述，即提出“要加快完善党委领导、政府负责、社会协同、公众参与、法治保障的社会治理体制”，形成了新时代的社会治理体系的基本要求。相较以往使用的社会管理概念，新时代社会治理体系主要在以下几个方面有所区别。

1. 理念上的区别。社会管理强调控制、管理，而社会治理则强调共治、共建、共享，强调社会服务，突出以人为本。

2. 主体上的区别。社会管理的主体主要是政府，具有单一性，而社会治理的主体则是多元的，既有党政机关，也有社会组织，还有公众参与。

3. 方式上的区别。社会管理的方式主要是采用刚性约束的手段，而社会治理强调综合治理，坚持依法治国与以德治国相结合。

（二）司法的功能与社会治理的法治化

司法权具有中立性、消极性、独立性和终局性，在社会治理中具有特殊地位和作用。“司法在现代社会治理中的独特地位和作用表现为司法是现代社会进行社会控制的基本途径；司法是现代社会实现社会整合的有效形式；司法是社会秩序构成的重要基础。”[②]“在社会治理层面，各行为主体都自然要求通过司法裁判实现社会治理的优化。社会治理是社会秩序和社会生活的塑造过程，其核心目标是追求社会秩序的良性互动及其‘善治’，这是大国治理的社会基础。”[③]“治理所求的终归是创造条件以保证社会秩序和集体行动。”[④]行为主体对于秩序的追求，源于阻止混乱发生的心理期待。司法（法律）创造秩

---

① 冯浩然：《浅谈法院信息化的作用与问题》，载黑龙江省北安市法院网：http://hhba.hljcourt.gov.cn/public/detail.php? id = 1125，2018 年 11 月 26 日最后访问。

② 程竹汝：《论司法在现代社会治理中的独特地位和作用》，载《南京政治学院学报》2013 年第 6 期。

③ 沈德咏、曹士兵、施新州：《国家治理视野下的中国司法权构建》，载《中国社会科学》2015 年第 3 期。

④ ［英］格里·斯托克：《作为理论的治理：五个论点》，载《国际社会科学杂志（中文版）》1999 年第 1 期。

序，在许多领域能够避免冲突的发生。① 司法创造秩序的功能与社会治理的目的追求相吻合，司法权优化社会治理功能在社会转型时期体现得更为突出。

（三）司法参与社会治理的主要途径

从相关法律规定及司法实践来看，通过司法实现社会治理的途径主要有以下几种，详见表5.1。

表5.1 通过司法实现社会治理的途径

司法途径	延伸途径
1. 将社会关系涵摄到法律规范框架中予以裁判	1. 司法宣传，召开新闻发布会，发布司法白皮书等
2. 多元调解、司法确认调解协议等	2. 就相关社会问题发布司法调研报告或者前瞻性的纠纷预防对策建议
3. 审理程序中召开听证会、论证会等	3. 普法宣传或者法治教育
4. 利用程序内措施：人民陪审员、行政首长出庭应诉、向相关部门发出受理告知书等	4. 制定司法政策性文件或者提出司法建议，由相关部门解决
5. 司法救助、巡回审判等	5. 参与综治工作

二、社会治理视野下关注案件处置的形势任务和主要问题

（一）当前面临形势任务的复杂性和艰巨性

1. 参与领域不断扩大，方式途径不断丰富

司法面临的问题，既有传统领域中的疑难复杂问题，也有新兴领域中的新问题。其中涉及的社会治理问题，主要包括以下几种类型：（1）涉及经济社会发展重大问题需要相关方面积极加以应对的；（2）相关行业或者部门工作中存在的普遍性问题；（3）相关法律、规章规定存在较大争议的；（4）涉及劳动者权益、消费者权益保护等民生问题的。此外，还包括：（1）相关单位的规章制度、工作管理中存在严重漏洞或者重大风险的；（2）国家利益、社会公共利益受到损害或者威胁，需要有关单位采取措施的；（3）发现违法犯罪行为，需要有关单位对其依法进行处理的；（4）诉讼程序结束后，当事人之间的纠纷尚未彻底解决，或者有其他问题需要有关部门继续关注的。②

党的十八大以来，尤其是新一轮司法改革启动后，司法参与社会治理的方式有所调整，剔除了以往客观存在、但与司法权属性不符的参与社会治理的方式。由于案件中涉及的社会问题类型多，领域广，法院在处理时普遍较为困难，需要党委的坚强领导和政府部门的有力配合，需要协调环境保护部门、教育部门、卫生部门、宣传部门、公安部门、工商部门、税务部门、金融监管部门等，难度非常大，甚至超出了法院的能力范围，因而只有依靠党委领导，协调、调动各部门力量，才能实现最佳的处理效果。

---

① ［德］魏德士：《法理学》，丁晓春、吴越译，法律出版社2005年版，第40页。

② 这也是法院通过司法建议途径参与社会治理的重要方面。参见《最高人民法院关于加强司法建议工作的意见》（法〔2012〕74号）第7条。

2. 社会效果反映良好,机制待加强

从典型案例的应对与处置效果来看,均产生了良好的社会影响,舆情热度能够在案件裁判后迅速降温,详见表5.2。

表5.2 典型社会关注所涉问题及应对效果统计

案件类型	案件名称	涉及的社会问题	应对效果
行政诉讼	文学硕士遭拒录案	社会公平问题(大学生公平就业)	促进双方和解
刑事案件	赵春华非法持枪案	情理法冲突问题	定罪但在量刑上适用缓刑,推动出台司法解释
	快播案	新技术的监管问题(社会监管问题)	对涉案技术问题予以明确,规范企业行为
	"福喜"案	食品安全监管问题	依法定罪,恢复公众对食品安全的信心
民事案件	毒跑道案	环保问题	促成和解
	康菲溢油案	环保问题	依法打击环境污染事件
	文脉公司重整案	涉群体问题	实现重整,维护社会稳定

从调研情况来看,对于社会关注案件的司法应对与风险防范,各地法院基本上形成了相对完整的制度措施,但也存在长效性机制不强的问题。主要表现在处理方式仍是应急性地个案处理,缺少长效性、常态化的沟通协调机制。在个案中司法对于案件中涉及的社会问题可以通过多种途径予以妥善处理,却难以迅速有效地建立解决该类问题的长效机制。这与社会问题处理的复杂性、长期性有直接关系。从社会治理角度看,应当充分吸收个案处理的有益经验,及时对相关社会问题进行系统研究解决,修改完善相关制度,实现社会治理的法治化。

(二)主体意识不强,创新意识不足

在社会治理的理念下,参与主体具有多元化、协同性的特点,但从现实情况来看,社会治理的主体之间还缺少配合,主要体现在主体意识不强。对于司法案件中反映出来的需要政府、社会组织等协调配合解决的问题,协调过程往往比较复杂,有时相关部门以各种理由推诿,没有意识到作为社会治理主体主动参与纠纷解决。从调研情况来看,如果案件进入司法程序之前即受到相关部门的关注,那么后续处理中司法与相关部门的协调比较容易,效果也比较理想。而司法中发现需要相关部门协调处理的问题,寻求支持帮助时,效率相对就比较低,只有借助党委政府的支持才能取得较好的效果。有的部门对于"司法是维护社会公平正义的最后一道防线"理解有偏差,认为纠纷进入司法程序后由法院依法处理即可,其他部门、主体无须再介入。司法资源的有限性决定了司法不可能解决所有纠纷,司法的程序性、中立性等特点也决定了司法程序并不总是最有效率的纠纷解决途径,必须改变纠纷只能由司法解决的片面理解。

社会治理体系建设必须与经济社会发展特点相适应。尤其是在当前,随着移动互联网的发展,社会治理模式正在从单向管理转向双向互动、从线下转向线上线下融合、从单纯的政府监管向更加注重社会协同治理。从调研情况来看,对于社会关注案件的社会治理,各地采取的模式较为固定,方式较为单一,主要采取与政府部门沟通协调的方式,大数据、信息化手段较少,借助社会组织的力量比较少,创新意识不足,不利于社会治理的有效开展。

(三)保障制度有待加强,责任主体范围有待明确

首先,在调研中,有的法院反映,一线干警对于"三同步"原则了解不多,缺乏基本的应对能力和方法。其次,有关"三同步"原则的通知和文件,干警知悉的渠道和人员不多,落实上存在难度,尤其是核心岗位的人员流动后,工作衔接上比较难。最后,实践中法院与相关部门之间在信息与资源共享方面,还缺少制度性的互补机制。主要表现为常设的协调部门不明确;协调的周期长,影响审判效率;协调效果不理想。

从调研情况来看,各地法院在落实"三同步"原则时,牵头部门并不一致,有的由审判管理部门牵头,有的由办公室牵头,还有的由宣教部门牵头。成员单位虽然覆盖面比较广,但责任不清晰,程序衔接不顺畅。在细化责任范围、明确责任主体、协调整合力量等方面还有进一步提升的空间。

(四)应对防范的有效性仍待提升,存在非制度化现象

人民法院在深挖社会关注案件的形成根源方面,力度仍有待加强。实践中有时过于强调法律真实、不诉不理、消极中立等理念,导致法官容易忽视纠纷背后的真实、客观原因,忽略诉求背后的真正意图,忽视纠纷的实质性解决,从而导致源头防范措施不足,造成矛盾的衍生或转化。此外,处置人员的经验判断在社会关注案件的办理中起到了比较重要的作用,有些有效的应对方法处于尝试探索阶段或者仅对个案适用,不宜在其他案件中一概适用,存在"非制度化"现象。

(五)社会面管控参与主体单一,调动社会力量不足

从社会关注案件风险防范来看,存在参与主体单一的问题。仅靠法院和政府相关部门的力量,难以覆盖庞大繁杂的社会生活领域。在当前"放管服"改革中,为了避免一放就乱,还需要充分借助社会组织和公众的力量,尤其是借助大数据、信息化方式加强社会面的管控。此外,社会关注案件往往具有当事人多、身份敏感、审理周期长的特点,仅靠法院难以独臂支撑。当前的社会面管控工作,往往是由政法委统一领导安排,参与部门有限,可调动的社会力量仍有不足,应当进一步扩大覆盖面、明确参与主体、细化责任范围、加强组织协调。

三、社会治理过程中社会关注案件的司法应对

(一)准确把握司法参与社会治理的特殊规律

回应社会关注案件中各方的利益诉求,法院就需要优化配置各种制度资源,应恪守权力、市场和社会各守本分的基本框架。① 通过调研分析的典型案例来看,在社会关注案件

① 付兴、于文超:《司法资源参与社会创新新路径探析——以基层人民法院为视角》,载《山东农业工程学院学报》2017 年第 7 期。

中就涉案问题加强社会治理,应遵循以下基本要求。

一是应当符合矫正正义的属性特点。从分类来看,正义可分为分配正义、矫正正义和交换正义。“司法正义属于矫正正义。……矫正正义要求受到侵害的权利一定会得到保护和救济,违法犯罪活动一定要受到制裁和惩罚。”按照学者的观点,纠纷之所以产生,主要基于两种原因:寻租和产权不明确。① 处理好社会关注案件中的社会治理问题,从根本上而言,是一种对资源的重新分配和对违法犯罪行为的惩罚。无论是重新界定产权,还是打击违法犯罪,重新确立规则,都需要司法的权威,需要有效的保障及资源的调配,且不能超出救济的范围,对社会资源分配作出异于立法的标准。如前述赵春华非法持枪案,二审法院并未因为案件受到社会广泛关注,舆论压力大而突破法律底线,就罪与非罪的界限重新划定,仅是在量刑中综合考虑被告人的主观因素等,就个案处理结果予以调整,没有突破司法功能的界线。

二是应当恪守司法权的规律特点,不能在参与社会治理的主题内涵上随意扩张。司法可以且应当参与社会治理,但不能有违司法权中立、消极、独立和终局的特点。“如防止为单方代言,解纷方案不能违反法律强制性规定。要理性区分个案利益与个案正义,不能追求尽快结束纠纷处理程序,不能为一时或个别的便利而损害法治建设。”②

三是在行为方式上应当符合司法权的特点和规律。对于社会关注案件中反映出来的社会问题,法院可以通过向相关党政机关、企事业单位、社会团体及其他社会组织提出司法建议的方式,发挥审判职能作用。在特殊案件中,通过适度的前期介入和与相关部门沟通协调,做好审理前的准备工作,但应注意限度,区分案件类型和问题特点。

(二)积极争取党委政府的大力支持

社会关注案件的应对处置必须坚持党的领导,发挥党总揽全局、协调各方的领导核心作用。具体而言,主要做好以下工作。

一是找准切入点积极争取党委政府支持。主动向党委汇报,将重点领域的纠纷化解纳入总体工作部署,积极争取党委政府支持。结合法治政府考核、营商环境评估等重点工作,加强与政府相关部门的常态化沟通协调,为纠纷解决奠定良好的外部条件。

二是完善专报机制,明确应对程序,突出时效性。对于社会关注案件应及时制作重大敏感案(事)件信息专报报送上级法院和当地政法委。对已上报的案件,由相应的审判执行部门跟踪处置,做到对重大敏感案(事)件有效监督管理,确保得到依法、及时、稳妥、有效应对,保障司法公正,维护社会稳定。对于特定类型的社会关注案件坚持“一案一报”“专事专报”“当天上报”“逐级上报”原则,必须突出专报的及时有效性。

三是主动参与社会综合治理工作。通过社会矛盾排查,定期上报重点案件、重点人的信息,充分发挥综治力量在纠纷解决中的作用。定期总结上报社会关注案件的成因分析和对策建议,对于涉民生群体类案件、涉情理法冲突类案件等可通过报送内参等形式,引

① 朱苏力:《司法的边界》,载豆瓣网:https://www.douban.com/group/topic/118681547/,2018 年 11 月 18 日最后访问。

② 付兴、于文超:《司法资源参与社会创新新路径探析——以基层人民法院为视角》,载《山东农业工程学院学报》2017 年第 7 期。

起相关部门的关注和重视,协调各方共同解决矛盾纠纷。

(三)跨部门配合下的案件风险预警

1.强化信息串并与研判

加强司法信息与非司法信息的串并研判。从纠纷解决与预防角度来看,司法与非司法途径各有优势。进入司法程序的案件往往是反映经济社会发展情况的"提示灯",法院通过案件审理,可以发现和总结社会矛盾纠纷的数量、类型、程度、变化趋势等情况,结合大数据分析,及时发现社会治理中出现的问题和漏洞,了解纠纷当事人对社会治理的需求,有针对性地提出相关司法建议,促进公共政策的完善,为国家机关、社会组织和公民的行为起到提供依据和引导的作用。而"非司法制度资源在了解纠纷详情、掌握政策信息等方面具有明显的优势,应当提高非司法制度规范化程度,尤其是注意初次处理纠纷时对事实和解决方案记录的准确性、合法性和可执行性。对于涉及政策性较强的纠纷,如征地拆迁等,仅靠司法的资源是难以解决的,应当加大政府在此类纠纷解决中的主体性,依靠政策和政府掌握的财政等资源满足当事人的合法合理需求,以妥善解决纠纷。"①

2.完善跨部门协作机制

一是建立完善司法与非司法途径的协作机制。对于容易引发社会关注的领域,如涉民生群体类案件可建立司法与行业管理、政府监管部门的协作机制,完善常态化的信息交流与沟通。

二是建立风险预警的联合论证机制。对于社会关注案件处置中可能涉及的相关部门,可通过召开研讨会、座谈会等形式进行风险研判,从多角度全面综合地对案件风险进行分析判断,集思广益形成合力,避免风险误判。如涉民生群体类案件就可在案件处理过程中及时向有关部门通报相关情况,组织召开研讨会、座谈会等充分研判应对措施。

三是建立完善案件风险的提示机制。在不同审级之间,对于已经发现的社会关注案件,应及时上报"三同步"处理方案,同时做好风险隐患的同步提示。

(四)府院联动推动纠纷的实质性化解

1.加强对重点案件类型的分析研判。如针对涉及政策类的行政案件,加强与相关行政部门的沟通,在依法处理行政纠纷的同时,加大对纠纷实质性化解的力度。

2.用足用好司法救助。在涉及民生群体类案件中,注意落实《关于建立完善国家司法救助制度的意见(试行)》的规定,对受害人等适时救助,避免矛盾激化。同时探索运用司法救助金、财政拨付的救助基金购买商业保险等方式,扩大救助的范围和效果。

3.完善社会救助机制。全面了解当事人诉求,在涉情理法冲突案件、涉民生群体类案件、涉嫌冤假错案类案件等的应对中,对于法律之外、情理之中的合理诉求,积极协调通过社会救助的途径予以解决。及时将相关信息反馈给民政部门,通过民政部门、街道社区等做好案件当事人及其亲属的安抚工作。

4.争取财政资金支持。积极争取财政部门设立专项资金,解决纠纷解决中的现实困难,如设立管理人报酬基金、执行救助基金等。

---

① 付兴、于文超:《司法资源参与社会创新新路径探析——以基层人民法院为视角》,载《山东农业工程学院学报》2017年第7期。

（五）统一处置下的舆论引导与依法规制

1. 建立统一的舆情引导组织领导机制。在法院内部，成立舆情应对处置工作领导小组，具体负责网络舆情的研判与处置，以及加强对司法人员的培训。从调研情况来看，各地法院几乎都已成立舆情引导的领导机制，运行效果也比较好。在未来，建议加强跨部门的协调沟通。

2. 建立政法部门共享的舆情监测平台与研判机制。目前在法院内部，已有相对完善的舆情监测机制，四级法院的上下联动也比较成熟。但从社会关注案件的预防与风险防范来看，仅是系统内的舆情监测还不能满足现实需要，应当加强与公安、检察、司法等部门的信息共通共享，加强舆情信息的串并、研判，定期发布舆情热点、关键词。舆情监测平台与研判机构要定时提供网络舆情监测分析报告，监测报告可分为一般常态性监测和异常性监测两种，通过平台发布各责任单位。各责任单位也应及时上报相关舆情信息和特殊案件情况，保证信息流通的即时性和常态化。

3. 细化舆论引导机制。制定社会关注案件舆论引导工作预案，对已经引发舆论炒作的重大敏感案（事）件，应根据预案，认真做好舆情研判、应对和引导工作，把握好信息发布的时机、方式和节点，做到早预防、早发现、早处置。建立舆情应对响应机制，划分等级，区分应对措施，确保应对有力，处置有序。对于社会关注案件的应对，除进入程序后因审判工作要求不宜发声外，应当注意保持主动做好舆论引导。

4. 完善舆论发布机制。加强对舆论传播规律的认识和对舆论传播规律的应对方法的学习，完善舆论引导的发布机制。按照传播学理论，生活中的强势群体，就是舆论中的弱势群体，舆论要永远和弱势群体相连接，[①]在舆情应对时要注意方式方法。将舆论引导工作方案与敏感案（事）件处置方案同步送审、同步落实，坚决杜绝敏感案（事）件处置与舆论引导工作“两张皮”的现象。

（六）不断推进司法公开与司法民主的落实

1. 落实人民陪审制。按照《人民陪审员法》的规定，人民群众广泛关注或者其他社会影响较大的一审案件，属于由人民陪审员参审的案件类型。通过人民陪审落实司法民主。

2. 保障群众参与，争取群众支持。在司法调解、司法听证、涉诉信访等司法活动中保障人民群众参与。

3. 充分接受代表委员监督。庭审、宣判时可邀请代表委员旁听，通过代表委员的现场监督，确保程序的合法性。对于不公开审理的案件，在宣判时也可邀请代表委员旁听。在案件办理过程中，可以邀请专家学者旁听，通过专家学者建立司法与社会的联系。

4. 完善案件信息同步公开机制。应对社会关注案件不仅要严守法律底线，还要注意保护权利人的合法权益。针对社会关注案件因人数众多而造成的阅卷权等现实困难，大力推进案件信息的网上公开机制，审判流程信息、审理信息等同步公开，卷宗同步电子扫描上传后，研究开发专门的网上查阅卷宗系统，在进行身份验证、识别后可以远程查阅卷宗材料。

---

① 邹振东：《2015 年中国商战舆论战复盘》，载《发现》2016 年第 2 期。

四、社会治理视野下社会关注案件的风险防范

（一）部门联动融合与开放共治

树立社会治理“一盘棋”思想。统筹政法资源、社会资源、媒体资源，实现资源共享，建立联席会议制度，加强相关部门之间的工作协调和衔接配合。在加强政法系统信息化建设的同时，充分调动社会力量参与社会治理，加强与社会组织、企业的信息合作，充分利用企业、社会组织的信息资源，实现社会矛盾的早发现、早预防。

（二）完善社会治理与矛盾化解机制

1. 完善维护群众权益机制

一是进一步健全社情民情研判机制。一方面，加强政务信息的公开力度，确保广大群众的知情权、监督权、参与权；另一方面，加强对线上线下民意表达的发现、跟踪、汇总机制，充分利用大数据手段，提升社情民意分析研判的科学性。此外，应当培养具有较强权威性的民意调查组织，借助社会力量收集、分析民意。

二是进一步完善社情民意调研制度。相关部门定期收集人大代表、政协委员从群众中了解的社情民意，定期分析研判群众关注的热点、难点问题，提出工作建议。

三是进一步完善法律服务体系。完善法律援助制度，扩大援助范围，健全司法救助体系，保证人民群众在遇到法律问题或者权利受到侵害时获得及时有效的法律帮助。

2. 完善社会利益协调机制

社会利益协调机制的目的是消除不同社会成员、社会群体、社会集团在活动和相互关系上的矛盾和冲突，使社会系统保持有序状态。某些社会关注案件的产生，与当前社会利益协调机制不完善具有密切关系。完善社会利益协调机制，一是应当加强社会政策制定的科学性、合理性（如引发广泛关注的税收政策调整等），二是应当加强社会政策执行中的连续性、一致性，三是应当注意完善社会利益协调机制中的补偿规则。

3. 完善矛盾纠纷多元化解机制

一是深入开展多层次多形式法治创建活动，深化基层组织和部门、行业依法治理，支持各类社会主体自我约束、自我管理。发挥市民公约、乡规民约、行业规章、团体章程等社会规范在社会治理中的积极作用。

二是发挥人民团体和社会组织在法治社会建设中的积极作用。建立健全社会组织参与社会事务、维护公共利益、救助困难群众、帮教特殊人群、预防违法犯罪的机制和制度化渠道。支持行业协会商会类社会组织发挥行业自律和专业服务功能。发挥社会组织对其成员的行为导引、规则约束、权益维护作用。

三是健全社会矛盾纠纷预防化解机制，推动行政机关、人民调解组织、商事调解组织、行业调解组织、仲裁机构、公证机构等各类治理主体发挥预防与化解矛盾纠纷的作用，完善诉调对接工作平台建设，加强诉讼与非诉纠纷解决方式的有机衔接，促进纠纷的诉前分流。完善刑事诉讼中的和解、调解。促进行政调解、行政和解，积极支持行政机关依法裁决同行政管理活动密切相关的民事纠纷。

四是进一步推进落实最高人民法院发布《关于进一步推进案件繁简分流优化司法资源配置的若干意见》，加强立案环节案件的甄别分流，充分利用快速审判程序，提高案件

审理效率。

4. 加强社会心理服务体系建设

在社会治理体系中加强心理建设,“最重要的是在重大政策制定和实施过程中,准确把握各类群体的利益诉求和心理需要,逐步规范决策中的心理影响评估,注重疏导不公平感,从源头上预防和化解矛盾。心理影响评估的过程,也是向人民传导和沟通政策信息、提升公共政策满意度的过程。用心理学的理论和方法指导精细化的社会治理,有助于减少社会心理矛盾的发生、对多发易发问题进行及时有效干预、营造友好互信的人际关系和积极向上的社会氛围”。① 在案件应处与防范中,必要时由专家人员加强对当事人或者其亲属的心理沟通与疏导。

(三)加强社会稳定风险的综合治理

深入推进社会治安综合治理,一是要健全落实领导责任制,完善立体化社会治安防控体系;二是完善风险评估制度,建立民意调查、专家评价、听证评估为主要内容的信访风险评估机制;三是加强对突发事件监测预警机制,做到应急处置及时有效。

(四)完善社会治理领域的立法

一是要加快新兴领域内法律制度的完善,做到社会治理有法可依。对于争议比较大的领域,应当及时由监管部门明确态度,待条件成熟后及时制定法律法规。二是要及时修改法律回应社会需求。法律总是滞后的,在中国特色社会主义法律体系已基本建立的背景下,立法机关应及时关注法律领域的新变化,及时启动修法程序,回应社会需要,避免立法与实践脱节。三是及时清理立法、司法解释中的冲突,尤其是刑民交叉领域中的冲突问题,统一裁判规则,明确社会行为预期。

(五)加强法治宣传与理念普及

1. 切实加大法治宣传的力度

落实国家机关“谁执法,谁普法”的普法责任制,建立法官、检察官、行政执法人员、律师等以案释法制度,加强普法队伍建设,将社会关注案件的办理过程转变为法治的公开课,既要保证程序和结果经得起检验,也要传播法治理念。要加强新媒体新技术在普法中的运用,提高普法实效。对于系列性或者群体性社会关注案件,选取个别或少数案件先行示范诉讼,参照其裁判结果来处理其他同类案件,通过个案示范处理带动批量案件的高效解决。

2. 加强法律职业共同体建设

应当大力加强法律职业共同体建设,培养同质化的法律思维,尤其关注律师与法官群体间道德关系建设。在具体机制上,主要做好以下几点:一是积极支持律师依法执业,保障律师执业权利,发展公证员、基层法律服务工作者、人民调解员队伍。推动法律服务志愿者队伍建设。二是加强律师事务所管理,发挥律师协会自律作用,规范律师执业行为,监督律师严格遵守职业道德和职业操守,强化准入、退出管理,严格执行违法违规执业惩戒制度。三是完善法律职业的流动机制,增进职业了解和共识。

---

① 傅小兰:《加强社会心理服务体系建设》,载人民论坛网:http://www.rmlt.com.cn/2017/1028/501399.shtml? t=1509274634373,2018 年 11 月 5 日最后访问。

3. 大力弘扬社会主义核心价值观

在司法案件处理中应注意贯彻“平等、公正、法治、诚信”等社会主义核心价值观，营造良好的法治氛围。一是加强公民道德建设，弘扬中华优秀传统文化，增强法治的道德底蕴；二是强化规则意识，注重保护契约精神，弘扬公序良俗；三是加强社会诚信建设，健全公民和组织守法信用记录，完善守法诚信褒奖机制和违法失信行为惩戒机制；四是加大对虚假诉讼、恶意诉讼等非诚信诉讼行为的打击力度，促使当事人选择适当方式解决纠纷。

刑事涉案财产的裁判与执行研究*

序　言

(一)刑事涉案财产处置工作的重要意义

长期以来,刑事司法活动的中心始终定位在对被告人的定罪量刑上,对涉案财产的处理缺少足够的研究和重视,刑事司法工作人员对于涉案财产的处置工作存在很多模糊不清的认识和不统一的做法,刑事审判对涉案财产的处置工作与人民群众的司法需求还存在一定差距,社会各界希望进一步规范涉案财产处置工作的呼声高涨。十八届三中全会《中共中央关于全面深化改革若干重大问题的决定》、十八届四中全会《中共中央关于全面推进依法治国若干重大问题的决定》中,均提出要进一步规范查封、扣押、冻结、处理涉案财产的司法程序。2015 年 1 月 24 日,中共中央办公厅、国务院办公厅出台《关于进一步规范刑事诉讼涉案财物处置工作的意见》。2016 年 11 月 4 日,中共中央、国务院出台中共中央、国务院《关于完善产权保护制度依法保护产权的意见》,这些文件都要求严格规范涉案财产处置的法律程序,充分尊重和依法保护涉案财产利益相关方的合法权益。最高人民法院《关于深化人民法院司法体制综合配套改革的意见——人民法院第五个五年改革纲要(2019—2023)》(以下简称“五五改革纲要”)在推进刑事诉讼制度改革部分,更是明确提出要完善刑事裁判涉财产部分执行案件移送执行机制和退出执行机制。刑事司法改革的顶层设计均将涉案财产处置纳入改革范畴,旨在加速推进涉案财产处置的规范化建设。改革的设计源自实践的需要,在司法实践中,由于刑事诉讼缺少系统、全面的涉案财产处理机制,在立案、侦查、审查起诉、审判到执行等不同诉讼阶段,涉案财产的处置往往成为困扰司法机关的难题,也逐渐成为当事人及利害关系人质疑刑事司法工作的主要方面之一。对刑事涉案财产处理机制的改革与完善已经势在必行。总体来说,刑事涉案财产的规范应实现三个目标:一是在司法进程中保护公民(包括被告人、被害人、案外人等)的合法财产权利,将其与生命权、自由权等公民基本权利并重;二是确保司法裁判真正得到执行,剥夺罪犯的违法收益及再犯能力;三是提升司法效率和威严,有效降低处理涉案财产的司法成本。可以说,规范刑事诉讼涉案财产处理机制,是一件事关正确惩治犯罪、保障人权的大事,是一项促进司法公正、提高司法公信力的重要举措。我们只有高度重视涉案财产的处理问题,才能确保打击犯罪与保障人权的有机统一,全面地、不折不扣地实现正义。

---

* 课题主持人:周军,负责人:陶炜、江伟,执笔人:范红萍、鲍艳、丁睿智、张雪洋、李悦、江伟。

本课题为 2019 年北京法院重点调研课题。

(二)刑事涉案财产处置工作的现状

刑事涉案财产处置工作的现状并不令人满意,其主要存在的问题及原因是多方面的,由于参与该处置工作的主体众多,从侦查、起诉、审判到执行的各个环节的工作,都对涉案财产的处置起到重要影响。就目前的司法实践情况来看,刑事涉案财产的处置工作主要面临以下问题:一是对涉案财产的保全或者追缴工作力度不够,《刑事诉讼法》及相关司法解释中未规定完整、系统的刑事案件财产保全制度,司法机关对涉案财产采取强制措施不积极,难以有效挽回被害人损失。二是刑事审判对涉案财产的处置不够明确、具体,或者可操作性差。如实体法对于刑事涉案财产处置的规定过于笼统,司法实践对于继续追缴、责令退赔、没收、发还等规定认识不一致。刑事审判注重定罪量刑证据,忽视对所涉财产证据收集和审查,导致涉案财产的性质、权属及状态等难以确定。有利害关系的案外人无法参与刑事诉讼过程,在执行过程中提出异议并被保护的制度设计也不完善。三是刑事审判与执行部门缺少畅通的沟通机制,部分判决内容过于概括,导致执行陷入困境,部分异议究竟是原审判庭判断还是执行部门判断,存在争议。上述种种不足导致了诸如涉案财产处置效率不高、对他人合法财产权利的侵害、刑事涉案裁判的财产空判、执行难等重点问题,严重损害了司法公正和公信力。

有关刑事案件引起的长期信访中,相当比例与涉案财产的裁判与执行工作相关。只有通过明晰责任主体、细化实施标准、完善处置程序、健全保管机制、落实监督救济等途径,才能真正妥善处理刑事涉案财产。本课题组对实践当中发现的问题进行了梳理、分析,既深刻反思自身审判工作中的不足,又努力构建与侦查、起诉及执行部门之间的配合协作,提出一些合理化建议,以期改善现有的涉案财产处置工作的缺陷,希望能够为进一步规范涉案财产的处置工作提供一定借鉴。

一、刑事涉案财产的强制措施问题研究

(一)存在的问题

1. 涉案财产查封、扣押、冻结行为不规范或滥用

司法机关对涉案财产采取强制措施不规范的情况时有发生。如最高人民检察院通报的河北省河间市检察院副检察长赵永胜等人违规扣押涉案财产一案。2012 年 4 月,朱金仲、王任珠在查办杨某涉嫌非法倒卖土地使用权案时,收取当事人涉案款 80 万元,没有出具任何凭证,提取笔录没有缴款人的确认签字,未履行相关法律手续。移送审查起诉时,侦查卷宗中没有涉案款的任何记载,侦查终结报告中也未提及涉案款问题。同年 5 月 17 日,该院对杨某决定采取取保候审强制措施,朱金仲、王任珠将杨某家属所交 2 万元保证金交给内勤保管,内勤将该款存放在办公室里。2013 年 6 月,赵永胜受到警告处分,朱金仲、王任珠受到记过处分。除了对涉案财产采取强制措施不规范之外,还有的侦查机关对扣押物品范围把握不够准确,对与案件无关的被追诉人合法持有的物品也采取查封、扣押,给当事人带来不必要的损失等。①

---

① 龚举文:《论扣押、冻结款物强制性措施的司法控制》,载《中国刑事法杂志》2009 年第 8 期。

2. 涉案财产被扣押、冻结后丢失的情况时有发生

据媒体报道，北京的孙某称自己曾有两幅家传的名画，吴昌硕的《梅花》和李苦禅的《鹰》。1989 年，两幅画作被广东珠海警方以涉嫌走私文物为由扣押，后来查明并无犯罪事实发生，警方释放了孙某，但被扣押的画作，至今没有返还。珠海市公安局回应称，该画作经送广州鉴定后为赝品，但由于人员变动、办公场所搬迁、当时涉案物品保管、交接不规范等历史原因，画作丢失。2019 年 12 月 23 日，珠海市中院做出国家赔偿决定，公安机关赔偿孙某 44 万余元。[①] 此外，1990 年 3 月，一幅称为唐伯虎所作的《卧虎图》和一只玉镯被郑州阳东站派出所以涉嫌走私文物为由扣押，在证明并非走私文物后，警方归还了《卧虎图》，但玉镯却并未归还，警方回复称“没收了”。25 年来，当事人一直为此奔走讨要，洛阳铁路公安处回复称“丢了”。[②]

3. 冻结程序复杂且存在漏洞，影响司法效率和财物安全

近年来，非法集资、电信、网络诈骗等涉众型案件日益增多。这类案件的办理中，涉案账户查询难、冻结难、扣划难的问题非常突出，影响执法办案顺利进行，不利于保护当事人合法权益。目前，银行冻结存款的期限不超过一年，但随着经济犯罪案件的日益复杂，办案难度不断增加，从侦查、起诉到一审、二审审理终结，一般案件需要一年至两年甚至更长的时间，在案件办理过程中，需要办理多次续冻，如续冻不及时，易引发涉案钱款抽逃的风险。多数银行要求，即使是同一案件的侦查、公诉和审判机关，也无法针对同一账户直接续冻，而需对前一机关的冻结账户进行解冻然后再予冻结，或者做轮候冻结，但前后手续交接之间存在一定时间间隔。虽然时间较短，但在此期间通过银行网上交易系统等途径很容易将资金转移，增加了资金安全风险。

4. 查封、扣押、冻结后的关联性审查不主动、不及时

司法机关除了对涉案财产采取强制措施上存在上述问题之外，在对财物的涉案关联度的审查也存在不足之处。有的案件，在扣押、冻结了涉案财产之后，怠于对涉案财物与案件的关联性进行审查核实，致使被查封、扣押、冻结财物的相关权利人无法主张权利。且该种怠于确权的行为，亦没有明确的规范予以规制。因此，在法院作出生效判决之前，实践中很少出现对侦查机关采取强制措施处理的财物，因与案无关而发还给相关权利人的案例。例如，在孙某合同诈骗案中，孙某将骗得的钱款用于归还前期所欠李某的赌债，李某又转而归还购房时向张某的借款。侦查机关以涉案赃款流经相关账户为由将孙某、李某和张某的银行账户中的剩余款项全部冻结。张某提出异议称自己并不知相关钱款是非法所得，请求侦查机关解除冻结措施，但侦查机关未予办理。直到本案作出一审判决，判项中明确写明将张某的账户解除冻结，侦查机关仍未解除，理由是因被告人上诉，本案判决尚未生效。

5. 对涉案财产没有及时处置，导致价值贬损

对于类似股票、保值期短的财物等，如果不及时处置变现，很有可能会造成价值的贬

---

① 缺丹：《男子为两幅“名画”追讨三十年，如今获赔仍不满意》，载腾讯网：https://new.qq.com/omn/20200106/20200106A07BNA00.html?pgv_ref=aio2015，2019 年 1 月 30 日最后访问。

② 京华时报（记者袁国礼）：《公安部：下月起扣押财物与案无关须 3 日内退还》，载新浪新闻网：http://news.sina.cn/2015-08-12/detail-ifxftkpv7051840.d.html?vt=4&pos=108&wm=4007，2018 年 12 月 20 日最后访问。

损。但目前司法机关在判决前处置涉案财产的难度较大。如赵某诈骗一案，赵某骗取多名被害人共计800余万元，其中大部分款项被赵某挥霍，剩余200万元购买了股票。案件在侦查和审查起诉期间，股市大涨，赵某用200万元购买的股票升值为1000余万元。此时，被害人、被告人均申请检察机关出售赵某的股票以弥补损失，但检察机关以被告人未同意变卖股票为由，未予执行。最终，案件进入法院审理阶段后，股票价格大跌，当事人均要求法院延期审理，并继续申请法院在适当时机变现股票。后法院经过大量工作，最终在各方同意下，将股票变现价值700万元。

6. 未及时对涉案财产采取强制措施，错过追赃挽损时机

在侵财类犯罪中，司法机关及时对涉案财产采取强制措施对于案件最终的处理效果往往具有非常重要的影响。尤其是在电信诈骗、非法集资等案件中，要想追求尽可能追赃挽损的办理效果，必然要求要在第一时间对涉案财产进行追查和采取保全措施。但由于办案人员在侦查伊始重点往往是对定罪量刑证据的收集，等到工作重心转移至追赃挽损时，可能部分财产已被挥霍或转移，后续追赃挽损工作难免会陷入被动。

（二）原因分析

1. 观念偏差。现代社会公认的刑事诉讼价值目标，概括地说就是控制犯罪与保障人权。[①] 现代社会的基本人权主要包括生命权、自由权、财产权、关于国民个人地位的各项权利、涉及政府行为的权利、社会经济和文化权利。[②] 可见，在刑事诉讼中，人身权和财产权都属于基本人权的范畴，在观念上应当给予同样的重视，这是现代诉讼文明的要求。但在司法实践中，绝大多数人都把人身权利视为诉讼的终极目标，对财产权利的处置被放到次要地位。在这种价值排序的影响下，必然导致涉案财产被视为查明犯罪事实的工具和线索，没有其独立的价值。部分公安、司法人员认为只要最终处理结果正确，程序上出现一些偏差无关紧要，不影响大局。体现在涉案财产的处理上，就是重定罪量刑的实体证据的规范收集，忽视对涉案财产的及时保全，以及对财产采取措施的程序规范性和合目的性。上述情况都反映出目前我国司法观念普遍存在重人身权利、轻财产权利的认识偏差。

2. 定位不准。侦查机关、公诉机关和审判机关在刑事诉讼中具有不同职能、承担不同责任，各自具有不同的特点。这些特点体现在涉案财产的查封、扣押和冻结上主要包括以下几方面：第一，侦查机关和公诉机关承担证明查封、扣押、冻结涉案款物应当进行司法处理的义务，法院的职责是证明哪些涉案款物应当如何处理。第二，侦查机关和公诉机关承担着证明查封、扣押、冻结的行为正当性的义务，法院则根据控辩双方的意见判断上述行为是否正当。第三，侦查机关和公诉机关查封、扣押、冻结涉案财产具有范围广、关联程度尚不确定的特点，审判机关查封、扣押、冻结涉案财产则需以对现有证据存在疑问并需调查核实为前提，具有确定性的特点。但是，实践中却存在公检法对各自定位不准的情况。例如，有的案件当事人向侦查机关、公诉机关和审判机关同时反映被告人的财产线索，请求相关机关予以查封、扣押或冻结。部分侦查、起诉机关直接以案件已经起诉为由，不再采取工作。尽管法院在少数情况下，可以自行调查，但一般仅限于核实、补充证据，但按照

① 邢震：《论刑事查封、扣押与冻结中的权利保护》，载《辽宁警专学报》2013年第2期。

② 张文显：《二十世纪西方法哲学思潮研究》，法律出版社1996年版，第511页。

诉讼的结构，法院应该更多地实现居中裁判的功能，而尽量减少主动调查核实证据的行为，以免摧毁诉讼的根本价值。此外，检察机关除承担起诉的职能外，还有法律监督的职能，应更多承担对侦查机关涉案财产查封、扣押和冻结的监督职责。

3. 规范不明、落实不力。在对涉案财产采取强制措施方面，相关规定并不具体，这也给实践带来不少问题。在检察机关、公安机关各自的刑事诉讼办理规则中，均规定了对涉案财产应当采取一定强制措施的原则，但具体的操作细节规定不足，对于财物与案件的关联性，采取强制措施的时效性、比例原则等均没有更为细致的规定。这也给实践中的做法带来较大的不确定性和异化的空间。“徒法不足以自行”，一切法律制度得以发挥作用，关键在于落实。尽管目前相关的法律制度规定尚不完善，但毕竟已经有了原则性的规定，如果真正能引起重视，将涉案财产的查封、扣押和冻结有关的相关规定落实到位，那么实践中是可以取得一定效果的。但涉案财产的强制性手段不仅是某一个司法机关的内部行为，它牵扯诸多司法机关的配合，甚至要与银行等金融机构、房屋管理部门等行政机关建立起协调互助的工作模式。没有一个促进相关原则性规定落地实施的制度设计，现有的规定也难以实施。这也是相关规定落实不力的一个重要原因。

（三）针对涉案财产的强制措施的建议

目前《刑事诉讼法》规定的强制措施范畴仅包括对人身的强制措施，而没有构建起对物的强制措施。但是在德国，《刑事诉讼法典》将所有可能侵犯公民基本权利的侦查行为都同等地列为强制措施；在日本，《日本宪法》规定，对物和财产的搜查、扣押与对人身自由的限制一样，均同等地实行令状主义的原则；[①]在美国，《联邦宪法第四修正案》规定：“人民的人身、住宅、文件和财产不受无理搜查和扣押的权利，不得侵犯。”[②]可以看出，我国目前的法律规定与国际通行的惯例不符。因此，有必要将查封、扣押、冻结款物的行为纳入强制措施的范畴并进行严格控制。

所谓涉案财产强制措施，是指侦查机关及法院执行部门在刑事判决生效之前，为保证诉讼活动的顺利进行，依法对公民和组织采取的限制或者剥夺基本财产权利的各种具有强制性的方法。

1. 涉案财产强制措施的实施主体和法院的作用

《刑事诉讼法》第144条和《监察法》第23条规定，人民检察院、公安机关、监察机关根据侦查犯罪或者工作的需要，可以依照规定查询、冻结犯罪嫌疑人或者涉案单位和个人的存款、汇款、债券、股票、基金份额等财产。《刑事诉讼法》第196条还规定了人民法院调查核实证据，可以进行勘验、检查、查封、扣押、鉴定和查询、冻结。上述法律规定基本确定了我国的监察机关、公安机关、人民检察院和人民法院是刑事案件涉案财产强制措施的法定实施主体。但由于几乎参与刑事诉讼的各个司法机关都可以采取对财物的强制措施，反而导致现实中对涉案财产采取强制措施的责任不清的问题。一个案件如果最终在对财物采取强制措施存在错误或者遗漏时，往往因为多个司法机关均有责任，而无法在刑事诉讼程序中得到有效纠正或者弥补。对此，我们认为，根据目前司法实践的情况来看，

---

① ［日］土本武司：《刑事诉讼法要义》，有斐阁1991年版，第22页。

② 龚举文：《论扣押、冻结款物强制性措施的司法控制》，载《中国刑事法杂志》2009年第8期。

以审判为中心的刑事诉讼制度已经初步建立,法院作为刑事诉讼活动的最后一个环节,应当更多地承担起对涉案财产的强制措施的实质审查义务,对存在的问题引导其他司法机关开展工作,原则上不应过多地实施对财物的强制措施。也只有这样,才能在现有制度下尽可能推动对涉案财产强制措施的规范处置。

2. 对涉案财产采取强制措施的标准

根据法律的规定,与案件无关的财物不应当采取强制措施。因此,实践中常将涉案财产是否具有证明案件事实的证据属性作为采用强制措施的基本标准。但如此理解与案件无关的含义,对于大量经济犯罪追赃挽损不利。况且,财产虽不具有直接证明案件事实的证据效力,但是能够体现案件是否能够挽回被害人损失这一影响量刑的情节,亦非完全与案件无关。因此,我们认为对涉案财产强制措施的标准,应当从以下两个方面进行细化。

(1)对涉案财产采取强制措施的标准

一是有证据证明犯罪事实发生,需要追究刑事责任。这一前提条件自然是对财物采取强制措施的基础。需要注意的是,只要有证据证明有犯罪事实发生,需要追究刑事责任,即满足了对涉案财产采取强制措施的第一个条件,而不需以立案与否对其进行限制。当然,在采取强制措施的同时或之后,应当及时立案。

二是有证据证明即将被采取强制措施的财物与证明犯罪嫌疑人的主体身份、犯罪手段、犯罪对象、犯罪所得、赃款去向有直接关联。鉴于对涉案财产的强制措施对公民的财产权利进行限制和剥夺,因此必须在有限幅度和直接范围内事实,以在保护合法财物和扣缴非法财物之间进行平衡。

三是注意比例原则。即犯罪数额的大小和采取强制措施的对象的对应关系。例如,被害人报案称嫌疑人诈骗了其30万元,要求侦查机关冻结嫌疑人实施诈骗前曾购买的价值200万元的房屋,对此,由于该房产既不是证据,又不属于赃款的去向,同时又远大于犯罪数额,故司法机关不宜对该房屋实施查封等措施。

四是涉案财产不属于可豁免强制措施的范围。部分法治发达的国家都规定了一些不得扣押的财产范围,即涉案款物强制措施的豁免。我国金融监管部门发布的《银行业金融机构协助人民检察院、公安机关、国家安全机关查询冻结工作规定》中列出了十余种不应冻结的涉案财产和账户。[①] 涉案财产的强制措施,应遵循《刑法》关于没收财产的相关规定,并给予伦理道德及社会公序良俗的考虑,如相对人生存生活所依赖的财物、体现社

① 下列财产和账户不得冻结:(一)金融机构存款准备金和备付金;(二)特定非金融机构备付金;(三)封闭贷款专用账户(在封闭贷款未结清期间);(四)商业汇票保证金;(五)证券投资者保障基金、保险保障基金、存款保险基金、信托业保障基金;(六)党、团费账户和工会经费集中户;(七)社会保险基金;(八)国有企业下岗职工基本生活保障资金;(九)住房公积金和职工集资建房账户资金;(十)人民法院开立的执行账户;(十一)军队、武警部队一类保密单位开设的"特种预算存款"、"特种其他存款"和连队账户的存款;(十二)金融机构质押给中国人民银行的债券、股票、贷款;(十三)证券登记结算机构、银行间市场交易组织机构、银行间市场集中清算机构、银行间市场登记托管结算机构、经国务院批准或者同意设立的黄金交易组织机构和结算机构等依法按照业务规则收取并存放于专门清算交收账户内的特定股票、债券、票据、贵金属等有价凭证、资产和资金,以及按照业务规则要求金融机构等登记托管结算参与人、清算参与人、投资者或者发行人提供的、在交收或者清算结算完成之前的保证金、清算基金、回购质押券、价差担保物、履约担保物等担保物,支付机构客户备付金;(十四)其他法律、行政法规、司法解释、部门规章规定不得冻结的账户和款项。

会公共利益的财物及外交豁免的财物，确定涉案财产强制措施的豁免范围。当然，对于尚未有证据证明财物属于豁免范畴的，也应当先行采取强制措施后再与甄别。

(2)对涉案财产解除强制措施的标准

一是诉讼程序在侦查、起诉阶段终结。侦查机关、公诉机关作出撤销案件，不起诉决定的，应当解除对涉案财产的强制措施。二是强制措施的必要性消失。涉案财产强制措施的必要性一般是证据保全和追赃挽损两部分。如果这两点能够在不对涉案财产采取强制措施都能够保证的情况下，则应当解除强制措施。三是属于特殊法律规定的强制措施的豁免范围的，应当解除强制措施。

3. 涉案财产的保管、移送机制

长期以来，刑事诉讼中涉案财产的保管和移送做法不一，比较混乱。2015 年，中办、国办出台《关于进一步规范刑事诉讼涉案财物处置工作的意见》，要求健全处置涉案财产的程序、制度和机制，并提出各地要探索建立跨部门的地方涉案财产集中管理信息平台。2017 年 9 月 22 日，北京市出台并实施了《北京市刑事诉讼涉案财物管理实施办法(试行)》，在市区两级建立统分结合的跨部门涉案财产集中管理平台。但目前实际执行情况并不是十分理想，刑事案件的涉案财产依然存在实物流转，部分法官仍然担心如果只流转查封手续等，一旦出现问题会承担审查不严的责任，从而影响了对涉案财产统一保管、原则上只进行手续流转的效果。另外，在进行统一保管的情况下，如何进行涉案财产的调取尚未有明确的规定，执行起来也比较烦琐。因此，在对包括涉案财产在内的赃证物的统一保管和移送制度，还要加大探索适用的力度。

4. 涉案财产的先行处置

对涉案财产的及时处置主要有两点现实需求：一是对于易贬值、易损耗、易变质的财物，及时处置，保证其价值；二是及时处置涉案财产，是提前发还的重要保证，对于集资参与人众多、财产损失巨大的非法集资类案件中，及时返还财产是集资参与人的重要诉求。出于保障涉案财产价值、保护相关权利人财产利益的需要，中办、国办《关于进一步规范刑事诉讼涉案财物处置工作的意见》中，提出完善涉案财产先行处置程序，对易损毁、灭失、变质等不宜长期保存的物品，易贬值的汽车、船艇等物品，或者市场价格波动大的债券、股票、基金份额等财产，有效期即将届满的汇票、本票、支票等，经权利人同意或者申请，并经县级以上公安机关、国家安全机关、人民检察院或者人民法院主要负责人批准，可以依法出售、变现或者先行变卖、拍卖。目前，与法院相关的涉案财产先行处置的细则尚未出台，审判机关先行处置的法律规范尚不健全。涉案财产先行处置的实体性条件和程序要求尚不明确，开展先行处置工作中，如果出现先行处置不及时、信息公开不及时、涉案财产低价贱卖等问题，将严重损害司法的公信力。此外，如果先行处置的涉案财产具有证据属性，则意味着控辩双方无法接触证据的原始形态，无法有效地对上述证据展开举证质证，将影响法官对证据的实质审查。①

在对涉案财产的先行处置上，课题组认为：一是有关机关应当尽快制定涉案财产先行处置的相关规范。明确司法机关对于涉案财产先行处置的实体性条件和程序要求，确保

① 方柏兴：《刑事涉案财产的先行处置》，载《国家检察官学院学报》2018 年第 3 期。

办案人员有法可依，防止办案人员随意处置涉案财产。二是要先行处置要遵循公平公开的原则。涉案财产的先行处置工作要做到公开透明，先行处置需经权利人同意或者申请，财产处置方式，应尽量采用公开拍卖等相对市场化的方式，如多个网站上的司法拍卖。三是先行处置工作应突出重点案件。如涉众型经济犯罪案件，涉及人数众多，尤其是非法集资类案件，投资人追赃挽损诉求强烈，涉案财产先行处置有利于财产保值和加快资产返还进度，有利于保障投资人财产利益，化解社会矛盾。国务院《关于进一步做好防范和处置非法集资工作的意见》中亦提出"建立健全非法集资刑事诉讼涉案财物保管移送、审前返还、先行处置、违法所得追缴、执行等制度程序"。对非法集资案件涉案财产的先行处置提出要求。

二、刑事诉讼中涉案财产的裁判问题研究

（一）判决主文处置涉案财产的确定性原则

刑事判决主文一般会对涉案财产的处置方式予以明确，该内容也是最终执行程序的基本依据。目前，根据在案是否有扣押、冻结款物以及扣押、冻结的款物是否足以弥补犯罪损失的不同，表述方式存在差异。通过检索，目前刑事裁判文书对涉案财产的处理虽然表述方式各不相同，但基本思路大致相同：一是在案无任何扣押款物时，往往表述为"责令被告人A退赔人民币××，发还被害人"，或者"继续向被告人A追缴违法所得，发还被害人"。此时，在裁判时虽不涉及财物，但在执行阶段仍有可能涉及需要执行的被告人财物。二是在案存在扣押款物时：(1)扣押款物经评估后，判决时其价值超出犯罪数额的，表述为"在案扣押款物，变价后发还被害人（或者予以没收），剩余部分折抵罚金（或者发还被告人）"；(2)扣押款物经评估后，判决时不足犯罪数额时，表述为"在案扣押款物，变价后发还被害人（或者'予以没收'），责令被告人继续退赔不足部分，发还被害人"。

虽然多数裁判文书在坚持了上述基本思路，但在个案的裁判中仍然会出现以下问题。

一是处理方式不明确。比如，有的判决判项中针对涉案财产只列明"在案扣押钱款，依法处理"，至于是没收还是发还被害人无法从判决上看出，使执行缺失依据。如被告人冯某某票据诈骗一案，判项中列明：在案轮候查封的某地块一百亩，依法处理。至于如何依法处理，在判项中并未列明，也未在扣押物品清单中予以明确，使执行缺失明确依据。该案件合议庭意见是应当将地块发还被害单位，但由于该地块上存在一定争议，担心直接发还导致争议，故未明确。

二是发还对象不明确。如有的判项中关于"在案扣押物品变价后发还被害人，剩余部分发还被害人家属"。但发还家属的范围问题存在争议，如果将剩余钱款发还部分被告人家属，容易引发其他被告人家属的不满，也容易造成执行中的困扰。

三是涉案财产的价值认定出现偏差。收到客观不确定因素影响，很多经济犯罪案件的扣押、冻结财物中包括股票、房屋等，因为案件在一审判决时，上述房屋的评估价格可能远远高于犯罪数额，但是一旦案件经过二审完结、再转入执行程序后，可能已经是在一审判决一年之后，由于受市场的影响，上述物品的执行价格可远不足以弥补损失，而判项中仅仅表述了剩余部分发还被害人家属，却未判定责令被告人退赔不足部分，导致执行庭再行执行被告人其他财产时存在障碍。

四是追缴、责令退赔数额不明确。有的案件，因为事实认定的犯罪数额不清，仅概况表

述犯罪数额,在追缴或责令退赔项目中又未明确数额,致使执行部门无法确定具体执行数额。

造成上述问题的原因主要由以下几方面:第一,一些扣押财物的性质和处置方式由于受到一些不特定因素的影响,在判决时无法作出处理,只能笼统表述为依法处理,待执行时协调处理。第二,裁判思路上只是思考了赃款处置方式的准确性,未考虑到处置方式的可操作性。第三,裁判立足于宣判时间点的扣押款物价值,而未考虑到执行时间扣押财物的价值变动。第四,由于在事实认定部分,承办人已经通过证据确认了每名被害人的损失数额,因此,在描述被告人的犯罪数额时使用了余万元的概数表述,而在责令退赔或者追缴违法所得项中也未明确具体数额。

针对上述存在的问题。课题组建议:第一,裁判主文中必须明确扣押财物的处置方式,对于应当变价发还或者予以没收的,应当予以明确,杜绝"依法处理"模糊概念出现在判项中。第二,发还对象必须明确,判项中出现发还被告人家属时,往往这些财物应当发还被告人,但是由于被告人被羁押无法发还,故将财物发还其家属代为保管,在此种情形下,应当征求被告人意见,将财物发还给哪位家属代为保管。第三,判决时应考虑到在案扣押财物价值可能受到市场影响,进而在判项中列明各种情形出现时,应如何处理。比如,当案件中存在扣押房产时,在审判时可能房产变价后稍有剩余,存在发还被告人家属的可能性,但是,也应考虑到如果房产变价后不足以弥补被害人损失,同样需要责令被告人退赔不足部分,发还被害人。因此,可表述为"在案扣押房产变价后发还被害人,若有剩余,剩余部分发还被告人家属,若不足弥补被害人损失,责令被告人退赔不足部分,发还被害人"。第四,在事实认定部分应当明确被告人的具体犯罪数额,且在责令退赔或继续追缴违法所得项目中对数额亦予以明确。

(二)"继续追缴"和"责令退赔"的适用范围

继续追缴与责令退赔均是刑事判决涉财产部分的重要内容,但两者含义不同。《刑法》第 64 条规定,犯罪分子违法所得的一切财物,应当予以追缴或者责令退赔。《刑事诉讼法司法解释》第 366 条规定,确属违法所得或者依法应当追缴的其他涉案财物的,应当判决返还被害人,或者没收上缴国库。上述规定所提追缴的范围扩大至其他涉案财产。广义上的追缴,是指司法机关在刑事诉讼过程中追回、控制犯罪有关财物的司法行为,以及追回、控制犯罪有关财物并返还受害人或者没收的司法行为。责令退赔的含义相对清晰,指责令犯罪行为人退还原物,或者在原物不存在时,赔偿被害人的财产损失。

1987 年最高人民法院《关于被告人亲属主动为被告人退缴赃款应如何处理的批复》中,对于违法所得被挥霍或者使用的情形下,认为应对被告人判处责令退赔。[①] 1999 年

---

① 批复原文:一、被告人是成年人,其违法所得都由自己挥霍,无法追缴的,应责令被告人退赔,其家属没有代为退赔的义务。被告人在家庭共同财产中有其个人应有部分的,只能在其个人应有部分的范围内,责令被告人退赔。二、如果被告人的违法所得有一部分用于家庭日常生活,对这部分违法所得,被告人和家属均有退赔义务。三、如果被告人对责令其本人退赔的违法所得已无实际上的退赔能力,但其亲属应被告人的请求,或者主动提出并征得被告人同意,自愿代被告人退赔部分或者全部违法所得的,法院也可考虑其具体情况,收下其亲属自愿代被告人退赔的款项,并视为被告人主动退赔的款项。四、属于以上三种情况,已作了退赔的,均可视为被告人退赃较好,可以依法适用从宽处罚。五、如果被告人的罪行应当判处死刑,并必须执行,属于以上第一、第二两种情况的,法院可以接收退赔的款项;属于以上第三种情况的,其亲属自愿代为退赔的款项,法院不应接收。

《全国法院维护农村稳定刑事审判工作座谈会纪要》规定“如赃款赃物尚在的，应一律追缴；已被用掉、毁坏或挥霍的，应责令退赔。”2012年《刑事诉讼法司法解释》第139条规定：“被告人非法占有、处置被害人财产的，应当依法予以追缴或者责令退赔。”2014年最高人民法院《关于刑事裁判涉财产部分执行的若干规定》第10条、第11条规定，继续追缴的范围包括赃款赃物及其收益、犯罪行为人将赃款赃物投资或者置业形成的财产及其收益、赃款赃物与其他合法财产共同投资或者置业形成的财产中与赃款赃物对应的份额及其收益，以及第三人恶意获得的违法所得等。通过梳理上述法律、司法解释的规定，可以得出结论：继续追缴和责令退赔的适用范围有着较为明确的区分。继续追缴是针对被告人违法所得的一切财物，包括收益和孳息，当以上财物具有追缴的可能性时，使用“继续追缴”；如果没有追缴原物及其孳息的可能性时，应当使用“责令退赔”，即赔偿被害人损失。

在以往的刑事审判当中，对于继续追缴和责令退赔的适用条件往往并没有仔细进行甄别，所以在适用上可能存在混乱之处，有必要予以统一。此外，在具体适用继续追缴和责令退赔时还存在其他疑难的问题。

一是对于第三人是否属于善意取得赃款、物的认定问题。第三人善意取得涉案财产，不属于追缴范围，但在司法实践中，案件事实往往难以查清，无法确定赃款赃物持有人，是否属于善意取得亦难以查证，因此，有的刑事判决笼统表述为继续追缴赃物发还被害人。然而，对于执行部门而言，如果没有具体写明向谁追缴，将无法执行。鉴于此，为保障刑事判决的执行效果，保障被害人的财产利益，对于部分赃款赃物尚在部分赃款赃物已经不在的情况，判决主文可以不作区分，只写责令退赔；对于赃物虽然尚在但已被毁坏，或者不能排除第三方属于善意取得的，可以判决责令退赔。①

二是对违法所得的投资收益和孳息的追缴问题。违法所得的投资收益和孳息属于刑事裁判追缴的范围，但在实践中，如何追缴投资收益和孳息仍然存在一定的争议。据报道，2015年，郑州市公安局宣布破获一起16年前的特大持枪抢劫案，经过16年，主犯用抢劫所得起家经商，已身家过亿。由于涉及资产数额巨大，该起案件引起争议。对于该名被告人使用赃款进行投资、经营活动所获得的钱款如何处理，存在不同观点。有人认为，被告人的资产属于违法所得的孳息，应予追缴；也有人认为，这些资产包含被告人的自身劳动和智力投入，并非“孳息”，刑法上的孳息不包括“违法所得”的替代收益、混合收益、利益收益。② 学者、司法实务人员和社会公众对此都有不同认识，但司法实践必须要有一个基本统一的原则和做法。应当说，对于违法所得的投资收益和孳息，应当予以全面追缴，遵循“任何犯罪人不得从犯罪行为中获利”这一法谚的基本内涵，这样才能够有效预防和打击犯罪。如果能够明确收益系使用赃款获得，无论是否包含了其他因素，都应该予以追缴。

（三）共犯退赔责任的裁判方法

1. 责令共犯退赔的裁判实践

我国《刑法》第64条规定了对于犯罪分子违法所得的一切财物，应当予以追缴或者

---

① 黄应生：《〈关于刑法第六十四条有关问题的批复〉的解读》，载《人民司法》2014年第5期。

② 党小学：《亿万资产：国家的还是抢劫犯的?》，载《检察日报》2015年11月4日，第5版。

责令退赔[①]。在一人犯罪的情况下,该一人承担对全部违法所得的退赔责任不存在疑问。但是,在共同犯罪的场合,责令退赔的责任如何分配,相关法律规定和刑法理论研究均少有涉及,司法实践中也存在多种不同的裁判标准和方式。根据笔者查询的裁判文书,审判实践中对于如何裁判共犯间的退赔责任,大致存在两种方式。

第一,共犯间对共同犯罪的犯罪数额承担连带退赔责任。根据共犯参与共同犯罪的全部或部分,大体上有三种不同的裁判类型。一是共犯均参与了全部共同犯罪的类型,判决所有共犯对共同犯罪的数额承担退赔责任。如下列裁判文书中主文部分的表述。案件1:被告人苏某某、卫某某共同退赔被害人别某某20万元。案件2:责令被告人孙某某与白某某连带赔偿被害人李某某……的经济损失。案件3:责令被告人周某退赔犯罪所得不足部分,与另案处理的刁某某承担连带责任,钱款予以没收。二是仅参与了部分共同犯罪事实的,判决主犯对全部犯罪的违法所得承担退赔责任,其他共犯在各自参与部分与主犯间承担连带退赔责任。如下列文书中的表述。案件1:责令被告人白某某、牛某某、兰某某、邓某、陈某退赔被害人李某、袁某……的经济损失(被告人白某某对诈骗总额负责,其他被告人对各自参与的诈骗数额负责。共同参与的被告人,承担连带赔偿责任),分别予以发还。案件2:责令被告人李某某(从犯)对本院某判决书第二项,责令被告人魏某(主犯)退赔赃款人民币1,900,732.17元中的541,080.1元承担连带退赔责任,发还各被害人。三是共犯中的主犯对全部犯罪的违法所得承担退赔责任,从犯仅在自己实际违法所得的范围内与主犯承担连带退赔责任。如下列表述:责令被告人秦某某退赔被害人的经济损失;继续向被告人罗某追缴违法所得20万元,用于退赔被害人之经济损失[②]。

第二,共犯均只对自己的个人实际违法所得承担退赔责任(按份责任)。如下列裁判文书的表述。案件1:责令被告人刘某某退赔5万元,责令被告人孔某某退赔4万元,连同在案2万元,共计人民币11万元,退还首都医科大学附属某医院。案件2:责令被告人韩某某退赔1100万元发还某单位;责令董某某退赔500万元发还某单位;责令黄某某退赔300万元发还某单位;责令徐某某退赔100万元发还某单位[③]。

上述裁判文书对共犯责令退赔的裁判方式有所不同。有的判决包括从犯在内的所有共犯对共同犯罪的全部犯罪数额承担连带退赔责任;有的判决主犯对全部犯罪数额承担连带责任,但从犯仅对自己实际所得的违法所得承担退赔责任;还有的是判决各共犯仅对自己实际占有的违法所得承担退赔责任。[④]

---

① 本文根据《全国法院维护农村稳定刑事审判工作座谈会纪要》中有关追缴和责令退赔的表述,将追缴和责令退赔予以区分。即赃款赃物尚在的适用追缴;赃款、赃物已被用掉、毁坏或挥霍的,需用同等价值财物替代的,适用责令退赔。参见姚杏:《论我国刑法中涉罪财物之没收》,载《南京大学法律评论》2018年春季卷。

② 该案认定被告人秦某某和罗某构成共同犯罪,因秦某某存在超出共同故意的非法占有目的,故认定秦某某构成集资诈骗罪,罗某构成非法吸收公众存款罪。同时,认定罗某参与非法吸收公众存款900余万元,实际个人占有的违法所得为20万元。

③ 该案被告人仅韩某某一人,但实际赃款由韩某某、董某某、黄某某、徐某某4人分配。

④ 笔者翻阅了北京市约300份涉及退赔的共同犯罪裁判文书,其中绝大部分案件属于第一种类型,小部分裁判属于第二种类型,多为涉众案件;第三种类型的裁判文书数量仅为十件左右。

2. 各种退赔模式的理论分析

(1)连带责任分析

连带责任原本是民法上共同责任的一种。指数个债务人就同一债务各负全部给付的一种责任形式。即债权人可对债务人中的一人,数人或全体,同时或先后请求全部或部分给付的一种债务形式。刑事判决中的责令退赔的连带承担方式借鉴了民法上的连带责任的规定。在刑事责令退赔中,连带责任主要是指两个或者两个以上被告人对其共同违法所得(犯罪数额)均负有全部退赔的责任,刑事执行机关可向任一被告人执行全部或部分数额。并且,从司法实践的案例看,即使案件能够查明共犯间分配赃款、赃物的数额和比例,仍可责令共犯退赔超出自己实际违法所得的部分。①

认为共犯对违法所得应当承担连带退赔责任的理由主要是:一方面,共犯承担连带退赔责任与刑法上的共犯理论以及民事共同侵权人承担连带责任的理论具有一致性。只要认定成立共同犯罪,就要将法益侵害结果归属于各参与者的行为。既然各共犯人均按违法所得总额定罪量刑,也应当按照违法所得总额承担连带退赔责任才符合刑法理论的一致性。另一方面,共同犯罪行为符合共同侵权行为要件时,可能发生刑事责任与民事侵权责任之竞合,此时可适用共同侵权规则,而共同侵权行为的法律后果,是侵权人承担连带责任。因此,共同犯罪中各共犯人连带退赔责任的承担亦具有共同侵权赔偿责任承担之性质,两者之间具有理论上的一致性和包容性。② 还有学者建议在我国明文确立共犯退赃之连带责任的承担方式。因为法律的可实施性必须以个人追求效用最大化为前提,正是在这个意义上,我们把法律理解为一种激励机制。连带责任无疑是共犯退赃中最为强有力的激励方式,它的确立有利于鼓励犯罪分子积极退赃,改过自新,同时也使刑事被害人的利益能得到最大限度的保障。③ 在司法实践中,对于共犯承担连带退赔责任的观点目前占有主流地位,其理由基本如上所述,主要依据是部分行为全部责任的部分犯罪共同说的刑法共同犯罪理论和共同侵权的民事理论。

在认为共犯应当承担连带责任的基础上,关于连带的范围也存在不同的处理。上述司法实践的案例中,第一种方式的三种类型就是其不同体现。根据共犯退赔系连带责任的观点,共犯本应对全部共同违法所得(犯罪数额)承担连带退赔责任。但实际上,有的判决虽然认可退赔在共犯间系连带责任,但是仅要求从犯在其实际违法所得的范围内与主犯承担连带责任,这实际上也是对观念上共犯承担连带退赔责任的一种突破。其主要理由是根据刑法的规定,从犯是在共同犯罪中起到次要辅助作用的共犯,其实际获得的赃款、赃物往往远小于主犯,甚至是并未实际获得任何违法所得。因此,让其承担自己实际违法所得之外的其他退赔责任,有违责任主义。其更为本质的理由与下文提及的按份责任类似。

(2)按份责任分析

在连带责任之外,有的判决判处被告人各自承担自己实际所得的违法所得,即按照一

---

① 对于承担连带责任后,共犯内部追偿的民事诉讼是否支持,在民事审判实践中也并不统一。

② 刘晓峰、卞艳飞:《共同犯罪中各共犯人应当承担连带退赔责任》,载《人民法院报》2018 年 5 月 30 日,第 6 版。

③ 姜涛、张先昌:《我国共犯退赃模式的理性建构》,载《求索》2006 年第 9 期。

定份额各共犯独立承担退赔责任。司法实践中对按份责任的提倡主要源于客观上涉众型经济犯罪案件和近年来犯罪数额大幅提高有关。对于主张按份承担退赔责任的观点,其主要的理论基础是,连带责任在客观上是一种加重责任,即无论共犯实际得到多少赃款、赃物,一律要承担对全部赃款、赃物的连带退赔责任,连带责任固然能够起到最大限度保证违法所得被退赔的效果,从而最大限度地保障被害人的权利或者国家的没收制度。但当责令退赔极度追求这一保障被害人权利的效果时,作为法律的公平、秩序等价值往往难以顾及。让没有获得全部赃款的共犯,退赔全部数额的违法所得,显然是对其的一种不公平。正如民法学者在论述民法中绝对主义的连带责任所面临的问题一样,"作为保障连带责任最终落实的连带责任制度,它里面包含着多重价值目标,而且在一定程度下还难分高下。诚然,作为保障连带责任最终实现的连带责任制度要始终把最大限度地保障权利人的权利作为自己的最终关怀,但一旦到了操作制度层面,问题就复杂化了:连带责任所追求的价值目标是单一的明确的,可作为确保连带责任落实的一套制度除要把确保权利人利益作为自己的价值目标外,在连带责任制度的运行当中,法的基本价值目标即正义、公平、秩序、效率也是应予追求的。当然特别应该追求的是解决连带责任纠纷的整体效率的价值目标,尽快定分止争和恢复当事人之间的正常的社会秩序的价值目标,以及连带责任制度所应追求的当事人之间的社会正义和实质公平这一价值目标。"①

3. 共犯退赔责任的性质之辨

无论是连带责任的观点还是按份责任的观点,均具有一定的合理性,只是追求的价值和秉持的理念各有侧重。但作为司法审判活动,标准的统一对于维护法秩序的稳定尤为重要,因此,对于共犯的退赔责任仍应该有明确统一的标准。究竟应该采取哪种模式,抑或还有其他模式可以适用?在讨论这个问题之前,还应该结合《刑法》第 64 条中所规定的责令退赔的性质来进行系统的分析。

责令退赔的性质。从逻辑上分析,追缴和责令退赔是没收或者发还的前置条件,是一种程序上对款、物的强制措施,进而没收或发还才是最终的处分。近几年刑法理论针对第 64 条所规定的没收进行了较为深入的探讨,在这些研究中,多数将《刑法》第 64 条规定的没收作为"特别没收"区别于作为财产刑的"一般没收"予以讨论。② 但如前所述,没收和发还均以追缴和责令退赔为前提,尤其是在共犯的场合下,没收或者发还的比例在责令退赔时就已经确定,事实上,在判处责令退赔时就已经确立了对其财物处分的结果。因此,在讨论共犯的退赔责任时,责令退赔与之后的没收、发还处分具有相同的性质。那么这种具有强制力的措施究竟在法律上如何界定其性质呢?它是否应当遵循共犯的理论和承担共同侵权的作用呢?

首先,我国刑法规定的"责令退赔"不具有刑罚的性质。刑罚作为法律上的制裁,是指通过剥夺一定的利益,或者施加一定的不利益对违法行为作出否定评价,进而达到抑制

---

① 何文杰:《论连带责任制度从绝对主义向相对主义的转变》,载《兰州大学学报》(社会科学版)2003 年第 6 期。

② 张明楷:《论刑法中的没收》,载《法学家》2012 年第 3 期;万志鹏:《论犯罪所得之没收》,载《法商研究》2018 年第 3 期;尹振国、方明:《我国刑事特别没收手段的反思与重构》,载《法律适用》2019 年第 5 期。

违法行为目的的一切措施。据此,没收违法所得是对行为人利益的剥夺,因而是一种制裁,当然属于刑罚。现在,将没收违法所得的财物作为刑罚,基本上成为日本刑法理论的通说。① 我国台湾地区修订的"刑法"中也将"追征、追缴或抵偿"作为从刑予以规定。②但是,一般观念上认为,刑罚本身应当具有惩罚性,责令被告人退赔违法所得,仅是将其不应获得的非法利益予以剥夺,并未负有额外的惩罚,难以认为有刑罚的特征。同时,更为重要的是我国刑法所规定的刑事责任的体系中,主刑和附加刑均不包含《刑法》第64条规定的内容,即并未将"责令退赔"视为刑罚性质。《刑法》第64条被规定在刑法典的第四章"刑罚的具体运用"中,即可认为"责令退赔"属于可以影响量刑的情节,但其本身不属于刑罚。因此,在我国现行刑法体系中,不应认为责令退赔具有刑罚的性质。

其次,责令退赔的责任也不属于承担民事侵权责任的性质。在刑事审判中,责令退赔后的处理方式之一是发还被害人,这种发还与民事侵权责任中的返还财产具有相同特征。因此,有人认为责令退赔后发还被害人具有民事侵权责任的性质。③ 不可否认,责令退赔后发还被害人确实对被害人能够起到一定的补偿效果。但责令退赔的方式本身不具有民事赔偿的特征。第一,这种责令退赔后发还不属于刑事附带民事诉讼的范畴,其适用依据是《刑法》第64条,并不适用侵权责任法;第二,责令退赔后发还与民事侵权责任赔偿范围不同。如我国《民法通则》第117条关于财产损害的赔偿规定,受害人因此遭受其他重大损失的,侵害人并应当赔偿损失。即在民事侵权责任中除了返还财产外,还包括对可得利益、损失的赔偿,甚至在产品责任侵权等领域还有惩罚性的赔偿规定。而在刑事责令退赔并发还中,其发还对象仅包括违法所得。④ 况且,"既然刑法和民法之间已经形成了不同的法领域,那么就应该承认它们之间具有独立性,恰恰是这种独立性分别固定了刑事和民事程序的主要目的。"⑤因此,责令退赔并发还也不具有民事侵权责任的性质。

最后,责令退赔也不具有保安处分或者行政措施的性质。如果认为刑法规定的限制和剥夺权益的处罚和措施仅包括刑罚与保安处分,那么,排除了刑罚性质的责令退赔,必然是保安处分的性质。只有将没收违法所得作为保安处分或者行政措施,才能没收任何人的违法所得,从而实现刑法的公平正义。保安处分,是指国家基于保卫社会的稳定秩序与安全的需要,在行使刑罚权之外,对于具有特定危险的人,适用的治疗、从业禁止、资格剥夺、驱逐等具有司法处分性质的强制性措施,具有特殊预防的目的。可见,保安处分的本质是针对行为人的人身危险性进行犯罪的特殊预防。而责令退赔仅是剥夺行为人非法获得的利益,很难认为其具有特殊预防的目的。那么能否将其理解为行政处罚或行政性强制措施呢?笔者认为这种理解也有不妥之处。如果在没有特殊规定的情况下,认为刑事措施具有行政处罚或者行政性强制措施,那么同样可以认为其责令退赔后没收的依据

① 张明楷:《论刑法中的没收》,载《法学家》2012年第3期。黎宏:《日本刑法精义》,法律出版社2008年版,第325页。

② "台湾地区新刑法":载华律网:https://m.baidu.com/ala/c/s/mip.66law.cn/laws/85974.aspx,2019年11月21日最后访问。

③ 张文显:《二十世纪西方法哲学思潮研究》,法律出版社1996年版,第511页。

④ 如同时有孳息或者收益的,孳息和收益部分应当没收。

⑤ 于改之:《刑民分界论》,中国人民公安大学出版社2007年版,第90页。

是民事惩罚措施。我国《民法通则》中也规定了“双方恶意串通,实施民事行为损害国家的、集体的或者第三人的利益的,应当追缴双方取得的财产,收归国家、集体所有或者返还第三人”。刑法作为保障法,不宜认为其可以在刑事诉讼程序中进行民事或行政性的裁判。

综上所述,责令退赔后没收或者发还不具有刑罚、保安处分的性质,也不具有行使行政处罚或者民事裁判的性质。因此,在坚持原本含义的前提下,用上述理论去论证共犯退赔责任的承担模式,总显得不够充分。笔者认为,在刑事裁判中的责令退赔的目的只是恢复原状并剥夺被告人非法利益,应当赋予其独立的性质,可以称为非刑罚类的刑事强制措施。这样,既不与传统刑法上关于刑罚或者保安处分的理论冲突,也不会有刑法审判代行行政处罚或者民事裁判的嫌疑。“任何人不能因为犯罪行为而获利”是几乎所有人都能够认可的法律原则。因此,任何人因为犯罪而获得的一切财物都有退赔的责任,刑法应当强制保障其得以实施。因其具有剥夺行为人因犯罪而获得的不法财物的效应,是一种具有财产权利干预性质的独立刑事措施。①

课题组认为,共犯仅应该承担对自己实际违法所得的退赔责任,即共犯间实际承担按份退赔的责任。主要理由如下。

首先,依据共同犯罪理论不能得出共犯承担连带退赔责任的结论。尽管前文论及责令退赔不属于刑罚性质,但共同犯罪仍是共犯承担退赔责任的基础。对责令退赔的判罚不应违背共同犯罪原理。支持共犯承担连带退赔责任的主要理由之一也是该判罚符合“部分实行全部责任”的部分犯罪共同说的共犯原理。但是,共犯是不法形态的判断,不是责任的判断。“共同犯罪是一种违法形态,所解决的问题是将违法事实归宿于哪些参与人的行为”。“要论证共同犯罪是违法形态,只需说明主观责任不可能都共同、不可能都连带即可”。② “部分犯罪共同说的致命缺陷是忽视了共犯规定本身只是基于一个客观归因原则的事实,因而在共同关系的判断当中,混入了作为主观责任要素的故意内容,结果是将客观归因和主观归责混为一谈”。③ 可见,在共同犯罪中,“违法是连带的,责任是个别的”。④ 也正因如此,共犯虽然在构成要件重合的部分构成相同的罪名,但体现责任的刑罚是不同的。就责令退赔的责任而言,共犯各自占有的违法所得并不相同,让共犯对所有犯罪所得承担连带退赔的责任并不是共同犯罪原理的必然结论。因为在违法性的判断上共犯已经承担了连带责任,共犯仅对自己非法占有的违法所得承担退赔责任并不违背共同犯罪的原理。

其次,《刑法》第64条的规定是责令退赔违法所得,违法所得与犯罪数额不同。在共犯分赃后,各自的违法所得显然少于犯罪数额,既然刑法仅规定责令退赔的对象是违法所得,那么也难以得出共犯对全部犯罪数额承担连带退赔责任的结论。也许有人会认为,在共犯的场合下,违法所得是指共同犯罪的违法所得,一般也就是共同犯罪的犯罪数额,因

---

① 尹振国、方明:《我国刑事特别没收手段的反思与重构》,载《法律适用》2019年第5期。

② 张明楷:《共同犯罪是违法形态》,载《人民检察》2010年第13期。

③ 黎宏:《共同犯罪行为共同说的合理性及其应用》,载《法学》2012年第11期。

④ 周光权:《犯罪构成要件理论的论争及其长远影响》,载《政治与法律》2017年第3期。

此,共犯对全部犯罪数额应当承担连带退赔责任。但如前所述,责令退赔的目的不具有惩罚行为人的刑罚性质,只是恢复原状和剥夺不法利益,不施加额外的惩罚,故让共犯人承担自己没有获得的违法所得的退赔责任,并不妥当。基于上述分析,共犯根据《刑法》第64条需要承担的退赔责任,应当仅限于共犯本人所获得的违法所得及其收益,而非全部共同犯罪数额。

课题组建议,责令退赔后予以没收或者发还属于非刑罚性质的独立刑事措施,共犯仅应当退赔其本人所占有的违法所得及收益。根据上述结论。在司法实践中,根据共同犯罪的证据和具体情形,对共犯的退赔可以形成以下裁判规则。

第一,共犯分赃的场合。在共犯分配了赃款、物的情况下,能够证实各共犯自己的违法所得数额,应当按照各自的违法所得责令其承担退赔责任。

第二,共犯共同占有赃款、物,但并未分配或无法证明赃款、物的分配的场合。此种情形下,由于无法认定各共犯所占有的违法所得的数额,故应当责令共犯承担均等份额的退赔责任。之所以得出这样的结论,是因为推定共犯共同占有违法所得的基础事实已经被共同犯罪事实所确认,此时共犯具有举证证明自己所获得的违法所得的义务,此时不举证或者举证不力应当自行承担责任。

第三,共犯获得不属于犯罪对象的违法所得的场合。当部分共犯并未直接占有作为犯罪对象的款物,但是因为参与共同犯罪而获得了其他违法所得的,如单位形式实施的集资诈骗案件中,部分共犯并未占有赃款,但因为其参与了集资诈骗的部分行为,而获得作为工资、报酬的非法利益。或者使用违法所得投资、置业产生收益和孳息时,对于该部分违法所得的利益,也应当责令退赔并予以没收。但该部分违法所得,不得从其他共犯的退赔数额中扣减,其他共犯仍应承担对自己违法所得的退赔责任。

综上所述,课题组认为责令共犯退赔应当以各共犯实际所获得的违法所得为限,但由此确实会产生对被害人权利保障不力的问题。尤其是我国司法实践普遍遵循刑事审判已经作出责令退赔的情况下,就同一事实民事不再受理的原则。① 共同犯罪在多数情况下同样构成民事共同侵权,根据上述司法文件以及司法实践的操作,原本民事上共犯承担的连带赔偿责任被刑事上责令按份退赔的处理而削弱,造成对被害人保障的不利。对此,针对同一事实,在责令退赔不能实现对被害人权利的充分保护时,应当允许被害人另行提起共同侵权的民事诉讼。当民事进行裁判后,刑事执行的部分可以吸收并入民事裁判结果的执行内容之中。②

---

① 最高人民法院《关于在审理经济纠纷案件中涉及经济犯罪嫌疑若干问题的规定》第11条规定:人民法院作为经济纠纷受理的案件,经审理认为不属经济纠纷案件而有经济犯罪嫌疑的,应当裁定驳回起诉,将有关材料移送公安机关或检察机关。

最高人民法院《关于审理民间借贷案件适用法律若干问题的规定》第5条规定:人民法院立案后,发现民间借贷行为本身涉嫌非法集资犯罪的,应当裁定驳回起诉……

最高人民法院、最高人民检察院、公安部《关于办理非法集资刑事案件适用法律若干问题的意见》规定:公安机关、人民检察院、人民法院在侦查、起诉、审理非法集资刑事案件中,发现与人民法院正在审理的民事案件属同一事实,或者被申请执行的财物属于涉案财物的,应当及时通报相关人民法院。人民法院经审查认为确属涉嫌犯罪的,依照前款规定处理。

② 关于民刑并行的诉讼模式,还有待于进一步研究。

（四）涉案财产权利完整性的审查

刑事审判当中的涉案财产上常常会存在一定的权利瑕疵，如被告人利用赃款以按揭方式购买的房产，设立了抵押登记的汽车、地块等，又或者如其他司法机关因其他案件存在轮候冻结、查封等情形。涉案财产上存在他人的权利或者需要承担其他案件、债务等责任，会影响对涉案财产的处置。实践当中，存在的问题是法院在审判过程中，对涉案财产的相应权利是否完整缺乏审查的意识，导致处置出现偏差。如某诈骗案，法院判决将在案扣押的房产变价后发还被害人。后执行部门反映该房产上存在抵押，无法按照判决内容执行，根据物权法的有关规定，抵押权应当优先受偿，但如果先实现抵押权，则要变更刑事判决内容，且本财产属于刑事判决已经确定的财产，是依据执行异议处理，还是按照最高人民法院《关于刑事裁判涉财产部分执行的若干规定》第 15 条的规定，认为此种情形属于赃款赃物认定错误而由原刑事审判部门处理或审判监督程序处理始终存在争议。

实践中一旦出现上述问题，往往会造成执行拖沓，迟迟无法解决的局面，也造成了当事人时常信访的局面。要解决上述问题，仍有待于执行部门和刑事审判部门统一认识。但是，在刑事审判的前端如果对权利完整性进行一定的审查，可以很好地避免上述问题的出现。因此，刑事审判应当注意审查以下内容。

第一，审查在案处置的财产是否存在权利瑕疵。法院在接收公诉机关移送的赃证物清单时，应当要求移送机关不仅提供财物清单，并且要提供证明相关财物权利状态的相关证据。庭审中，也应当针对该问题，听取被告人和辩护人的意见。确保在刑事审判过程中，对涉案财产的权利完整性进行实质性的审查。

第二，对涉案财产进行查封、扣押、冻结等强制措施时，当发现存在权利瑕疵情形时，应及时书面通知侦、诉机关对该问题进行调查、核实。

第三，当确定了涉案财产存在权利瑕疵时，在进行刑事判决时应当详细列明处置方式。比如，对于轮候冻结的账户钱款，可列明在案扣押的账户待某某案件处置后，剩余钱款发还被害人等。具体的处置方式可以参照前文共同共有财产的处置，注意对其他权利人的合法权益的保护。

（五）刑事被害人的准确认定

刑事裁判财产处置的主要功能之一是对被害人权利的救济，因此对被害人进行准确认定是刑事案件的审理关键，也是刑事裁判财产处置的重要前提，是确保被害人损失得到充分、及时救济的重要基础。但是，在当前审判实务中，被害人身份的认定问题并没有得到充分的重视。由于法律没有具体规定认定被害人标准，在实践中，难免出现不审查，或者审查标准不统一的问题。审判机关往往根据起诉情况判决认定被害人之后，被害人不承认自己的被害人身份，从而进行信访。也存在其他案外人认为自己应当属于被害人而未被认定进行信访的情形。如某诈骗案件，判决认定杨某为被害人，但杨某坚持认为虽然被骗钱款属于自己，但自己不认识被告人，是其朋友李某被骗而处置了其在李某处的投资款项，从而引发了常年信访。

课题组认为，为了准确认定被害人的身份，应当从程序和实体上分别予以审查。一是在审理程序上，应当听取被害人的意见，从而确定起诉的被害人是否认可其被害人的身份。当发现被害人否认自己系被害人，或者主张还有其他被害人的时候，法院应当将该问题书面通知公诉机关，建议公诉机关针对该问题进行调查核实。必要时，应当通知被害人到庭，对被害人身份进行庭审调查。二是在实体把握上，被害人身份的确定包含三个方面的内容，即案件证据能够证明有犯罪事实发生；被害人是犯罪行为的侵害对象，被害后果和犯罪行为存在直接的因果关系；被害人法益因犯罪行为遭到侵害。[①] 当中，被害人是犯罪行为的侵害对象，尤为重要。一般情况下，刑事判决仅恢复被犯罪行为直接破坏的社会关系，并不确认财产的权属，原则上，不能仅根据涉案财产的权属来认定被害人。必须牢牢把握犯罪行为针对的对象来认定被害人。

（六）无法确定犯罪数额时对涉案财产的裁判方法

确定的犯罪数额是刑事裁判对涉案财产进行处罚的前提。但在具体案件中，确实会出现无法确定犯罪数额的情形。例如，在杨某盗窃案中，法院认定杨某分别盗窃被害人韩某和张某所有的电动自行车，涉案赃物均未起获，在案证据仅对被害人韩某被盗的电动自行车进行作价，被害人张某被盗的电动自行车未作价，且未起获，无法确定其价值，最终法院判处杨某仅向韩某承担退赔责任。[②] 本案中杨某的犯罪数额应为涉案的两辆电动自行车的价值，因被害人张某被盗的电动自行车无法作价且未起获，因此杨某的犯罪数额无法确定，进而无法确定杨某向张某的退赔数额，法院判决仅判处杨某向韩某承担退赔责任。在当前审判实务中，像上述案例一样因犯罪数额无法确定，进而无法确定追缴、退赔的具体数额，因此在判决中不予表述的现象屡见不鲜。但该类做法缺乏法律依据，严格意义上侵犯了被害人获得救济的权利，也不利于惩治犯罪。因此如认定被害人因犯罪行为遭受损失，法院判决则应当在判项中明确以追缴、退赔的方式对损失予以救济。

那么，在被害人损失无法认定、犯罪数额无法计算的情况下，如何判处追缴、退赔项对被害人损失进行救济？首先应对无法计算的原因进行分析，导致犯罪数额无法计算的原因较多。一是在案缺少赃物价值的证据，导致犯罪数额无法计算，如果相关证据尚有补充的可能性，那么应当建议公诉机关补充相关证据。二是根据案件证据情况，确实无法查明犯罪数额的。可以在无其他证据矛盾的情况下，总体上采用被告人自认的方式，按照有利于被告人的原则，以被告人自认的数额确定追缴、退赔数额，同时听取被害人的相关意见。综合审查，以确定相对合理的追缴、退赔数额。采用这样的认定方式，尽管最终确定的数额并不客观，但是能够保证数额的认定相对合理，维护了刑事判决的严肃性。同时，也避免了认定犯罪但无数额，被害人无法获得补偿，被告人因犯罪行为而获利的尴尬局面。

（七）追缴不法利益的裁判方式

根据最高人民法院、最高人民检察院《关于办理行贿刑事案件具体应用法律若干问题的解释》第 11 条的规定，行贿犯罪取得的不正当财产性利益应当依照《刑法》第 64 条的规定予以追缴、责令退赔或者返还被害人。类似的情形给刑事判决涉案财产的处置问题提出了新的挑战。传统的职务犯罪认定思路中，仅需要证明行贿人获取了不正当利益即可，不需要证明行贿人因行贿而获得的不正当利益的具体数量或者金额，因此，大量的行贿案件在起诉时并没有证据证明不正当财产性利益的具体情况。刑事审判中也大量存

① 兰跃军：《论被害人的认定》，载《甘肃政法学院学报》2012 年第 120 期。

② （2019）京 0108 刑初 1634 号。

在没有按照司法解释的规定,对因行贿而获得的不正当财产性利益进行处置,或者以罚金等财产刑的形式代替对不正当利益的处置的案例。应当说,这样的局面造成了公众对行贿人即使被认定行贿罪,仍能保持巨大利益的错误印象。

造成上述问题的主要原因在于司法机关办案人员对于行贿而获得的不正当利益需要追缴或者责令退赔的办案意识不足,同时,也由于部分案件不正当利益确实难以确定。调研组认为,首先,针对办案人员而言,行贿而获得的不正当利益需要予以追缴或者责令退赔,系司法解释明确规定,也是《刑法》第 64 条的应有之义,故应当判罚,且不能变相以罚金刑等财产刑予以替代。因而,在办案过程中,应当重视对不正当利益的具体金额的取证和审查工作。其次,在不正当利益确实难以认定的场合,可以通过其他证据予以佐证。一方面,可以利用相对客观的证据进行认定。如利用审计确定行贿获得的工程、项目等的利润。另一方面,无法取得客观证据的情况下,可以通过被告人自认、受贿人等相关人员的证言等进行综合认定。

(八)刑事审判中案外人异议的审查

刑事审判当中,案外人对涉案财产提出异议的如何处理,目前没有具体的规定,虽然刑事诉讼主要解决对被告人的定罪量刑问题,但是不能因刑事审判活动而造成案外人的财产损失。因此,对于案外人对涉案财产提出的异议,有必要予以审查。在司法实践中,对案外人财产权利造成损害的处理方式主要有以下几种,一是要求案外人书面提交异议申请,法院自行审查后,口头驳回异议申请;二是案外人提出书面异议,法官答复案外人在执行过程中提出异议,由执行部门统一处置;三是以涉案财产系公诉机关移送,授意案外人向公诉机关提交异议。上述三种实践中存在的做法,均未从程序和实体上充分保障案外人异议权利,忽视了案外人财产权利的保障,也在一定程度上影响了司法的公信力。根据《刑事诉讼法司法解释》第 364 条的规定,案外人有权对涉案财产提出权属异议,人民法院应当审查并依法处理。中办、国办发布的《关于进一步规范刑事诉讼涉案财物处置工作的意见》第 12 条意见指出,明确利害关系人诉讼权利。善意第三人等案外人与涉案财产处理存在利害关系的,公安机关、国家安全机关、人民检察院应当告知其相关诉讼权利,人民法院应当通知其参加诉讼并听取其意见。根据上述司法解释和规范性文件的规定,法院在审判阶段,对案外人针对涉案财产提出的异议,不进行实质性审查是不当的司法行为。

依据规定,审判过程中对案外人的异议应当进行审查。但是如何进行审查,目前没有明确的规定。在对案外人异议的审查上,实践中还存在一些问题。

一是侦查机关对于涉案财产的重视程度不够,导致进入审判视野中的涉案财产判断和审查无从着手。虽然部分地方侦查机关开始重视对涉案财产的调查,明确应当调查违法所得的具体数额、收益、转化、权属等情况,调查供犯罪所用财物的权属、使用、作用、去向等情况,并作出了积极探索。[①] 但从整体上看,侦查机关对涉案财产的调查取证工作还

① 2019 年 7 月 15 日,中共深圳市委政法委、市中级人民法院、市人民检察院、市公安局、市财政局共同出台《深圳市刑事诉讼涉案财产处置办法(试行)》(深政发〔2019〕4 号),载 http://pkulaw.cn/fulltext_form.aspx?Gid=9682629044bec6a8c60ea060d60e0f37bdfb#,2020 年 2 月 4 日最后访问。

有待于进一步提升。

二是审判机关的侦查能力有限,无法回应案外人在审判中提出的涉案财产异议问题,且法官独自审查关涉巨大利益的涉案财产异议,审判责任风险较大。且部分涉案财产涉及多方主体、多种法律关系,难以用刑事认定标准做出判断。

三是对案外人异议的审查方式缺乏程序设计。一个完善的审查程序不仅能够对异议进行实质性的审查,而且也是判断法官审查是否尽职的依据。在没有具体操作程序规范的情况下,难以给刑事法官以足够的指引。

针对上述问题,课题组建议,应当单独针对案外人对涉案财产的异议,制定专门的审查程序。为了避免造成庭审程序重点不突出、效率不高等问题,可以庭前会议作为异议审查的主要方式,以庭审方式审查作为例外性的补充。具体可以包括以下程序。

1. 根据案外人对涉案财产提出异议的情形,通过召开庭前会议方式听取案外人、公诉机关和其他当事人的意见。对于案外人提供自己对涉案财产享有所有权、担保物权或者与被告人之间发生民事关系的证据的,要求侦查机关予以补充侦查、核实。通过庭前会议仍不能解决的,应当在庭审通过法庭调查、法庭辩论对案外人异议进行审查。一方面,案外人参与庭前会议、庭审行使异议权能够与公诉方形成两造的诉讼模式,双方充分发表意见,保护公诉方与异议方的诉讼权利;另一方面,两造对抗模式督促公诉机关和侦查机关对涉案财产权属问题进行侦查,有利于法院对涉案财产认定和异议进行实质性审查,避免法院独自审查案外人异议可能出现的不公正问题。

案外人参与诉讼具体要注意以下问题。

一是程序的启动。案外人应当书面提出对涉案财产的异议,并提供其对涉案财产享有所有权、担保物权等权利的证据材料。对于单纯口头异议,不能提出证据的异议,法院经过审查后可以径行予以驳回。

二是侦查机关的补充侦查工作。对于有证据材料证明的案外人异议,将该异议作为关系案件审判的重大事项,要求侦查机关予以补充侦查,为异议的实质审查提供必要的依据。该举措能够引导侦查机关重视与涉案财产相关的取证工作,对于追赃挽损和案外人财产权利保障具有积极意义。

三是与涉案财产相关证据的出示和异议的审查。在庭前会议中对于侦查机关补证的证据和案外人提交的证据进行出示,公诉方和案外人对上述证据发表意见,能够在庭前会议上,对案外人异议进行处理的,合议庭可以在评议后直接公布处理结果。侦查机关在庭前会议前未补证且公诉方提出要补证的,或者合议庭认为公诉方有必要对涉案财产权属进行补证的,无法在庭前会议处理异议的,在庭审中进行审查,公诉机关应该当庭发表对该异议的处理意见。

2. 对涉案财产异议的审查标准,适用民事诉讼法的高度盖然性的证据证明标准。①

---

① 陈瑞华教授提出对物之诉适用民事诉讼的证明机制,对物之诉不涉及对被告人刑事责任的追究问题,因此不需要受到无罪推定原则的约束。陈瑞华:《刑事对物之诉的初步研究》,载《中国法学》2019 年第 1 期。刑事诉讼证明标准趋于多元化,对于定罪量刑适用排除合理怀疑标准,刑事涉案财产是被告人实施犯罪行为的附属产物,对该财物的处理在刑事裁判中的地位也要逊于定罪量刑部分,应适用较低于排除合理怀疑的证明标准。蒋晓亮:《论我国刑事涉案财产执行中的案外人救济》,载《法律适用》2016 年第 8 期。

对于涉案财产的异议审查不同于对被告人方定罪量刑的事实认定,且案外人异议涉及的是物权、合同等民事法律关系,一概适用刑事证据的排除合理怀疑标准,对公诉方和异议方都过于苛刻,对于涉案财产处置和相关异议的审查应当适用民事诉讼高度盖然性的证明标准。

一是公诉机关对财产系犯罪所得之物、所用之物等事实承担举证证明责任。公诉机关应当证明追缴、没收的财物与犯罪行为之间存在实质联系,属于本证范围。

二是案外人对于公诉机关证明应予追缴、没收的财物主张权利,需要提供证据证明对相关财物具有所有权、担保物权、或与被告人就该财物之间存在民事法律关系,使公诉机关的本证证明的事实处于真伪不明的状态。

三是根据优势证据标准采信上述本证和反证。证据处于劣势的一方,承担主张不能被支持的不利后果。法官严格证据裁判,对涉案财产的案外人异议进行审查决定。

3. 经合议庭审查,案外人异议不成立的,法院应当书面决定驳回案外人异议;案外人异议成立的,法院发函给查封、扣押、冻结等措施的作出机关,要求其解除查封、扣押、冻结等措施。

三、刑事涉案财产的执行问题研究

(一)判后发现财产的处理方式

法院在刑事案件在执行阶段常会发现刑事判决确定范围之外的被执行人财产,实践中包含两种情形:一是执行实施部门在涉财产部分刑事执行案件除已移送的财物外,另又发现被执行人名下有其他财物;二是在执行中,相关机关(公安、纪检委、检察机关)新发现或新移送给法院的财产。对于在执行阶段发现的这两种类型的财产,在执行的处置中有所不同。

1. 执行实施部门在涉财产部分刑事执行案件除已移送的财物外,发现被执行人名下有其他财产的处理

执行程序中,对于刑事案件移送财产执行的,与其他民事执行案件一样会通过最高查控系统与人行查询系统进行"统查",即查询被执行人名下土地房产、车辆、银行存款、股权及其他财产权益,被执行人户籍属于其他省市的还要委托户籍所在地法院进行财产查询。查询到被执行人名下有未经审判移送的财产时,如何处理实践中做法不一。随着执行标的到位率的考核,以及提高被害人的受偿率,对涉黑案件加大打财断血等制度和理念的推行,目前重民事执行轻刑事执行的传统观念有所转变。但是出于防止违法执行的顾虑,一般情况下,执行实施部门会严格依据刑事判决书进行执行,对于不同种类的财产部分执行案件查询到的财产处置有不同做法。

第一,执行没收财产或罚金刑等财产刑的案件。对执行中查询到的被执行人的财产进行处置,上交国库是执行的应有之义。但在实践中需要注意的是,没收个人财产案件的执行,应当执行刑事裁判生效时被执行人合法所有的财产,不得没收其家属所有或者应有的财产,亦不能执行判决后被执行人取得的合法财产。此外,执行没收财产或罚金刑的案件时,应当参照被扶养人住所地政府公布的上年度当地居民最低生活费标准,保留被执行人及其所扶养家属的生活必需费用。

第二，执行责令退赔案件。如上述第一点分析，责令退赔的财产可以是被执行人的合法财产，用以赔偿弥补被害人的损失，故执行中查询到被执行人的财产，经执行实施部门判断为被执行人的合法财产，由执行实施机构直接执行。

第三，执行继续追缴违法所得的案件。执行中查询到的财产可能是赃款赃物，也有可能是被执行人的合法财产，这部分财产的性质判断问题造成了执行实施部门的困扰，执行中能否将查询到的财产作为没法所得予以执行？如本调研前述分析，“追缴犯罪所得”是针对被告人违法所得而言，即对违法所得具有追缴的可能性时，发还被害人；如果被告人已经将非法占有的被害人的财产处置，因为已经没有追缴原物的可能性，应当使用“责令退赔”，即赔偿被害人损失。在实践中，由于执行实施部门并无判断哪些财物属于“违法所得”的程序以及判断权利，因此，关于哪些财物属于“违法所得”需要由审判部门来加以确定，且只有审判部门在明确哪些财物为违法所得的情况下，执行实施部门才能开展执行工作。而实践中，被告人的违法所得或者扣押在案，或者已经挥霍，扣押在案的财物在判决时，往往变价或直接发还被害人，而对于已经挥霍的财物是无法认定“违法所得”的存在。因此，一旦判处“继续追缴违法所得”，执行实施部门往往无法开展执行工作，即使被告人的其他财产被发现，由于执行实施部门无法认定上述财产的性质，也无依据对被告人的其他财产进行处置。

鉴于此，课题组认为，执行中查询到的被执行人的财物已经刑事审判部门查明并认定为赃款赃物或违法所得的，执行实施部门可以直接执行；该财物是否属于赃款赃物或者违法所得不明确的，执行实施部门交由刑事审判部门审查认定，刑事审判部门可以通过工作说明的方式予以明确。但在明确之前，执行实施部门可以对查询到的财产先行采取查封、扣押、冻结措施。

2. 执行程序中，相关机关新发现或移送给法院的财产

刑事判决生效移送执行后，有关司法机关出于各种原因又将判决上未涉及的财产移送执行实施部门进行处理。如张某某诈骗案执行中，继续追缴违法所得执行案件已经结案，但众多被害人的损失并未完全弥补。案件的执行阶段，公安机关又查封被告人配偶名下的房产及车辆，并移送法院执行实施部门，因该房产系被告人实施犯罪前配偶名下购买的房产，执行实施部门无法认定犯罪所得无法执行陷入僵局。又如田某某受贿执行一案中，没收财产执行案进入执行阶段后，法院案件执行结案后，纪检机关又将判决所涉之外的一批财产移送法院执行。但该财产早已经由有关机关扣押，审判时未移送法院，未经法院认定是否为被告人违法所得或应退赔财产，是否可以作为执行标的存在疑问。一旦被告人的配偶、子女等权利人向法院提出案外人异议，主张对涉案财产的所有权，则可能产生很大争议。

对于上述问题，课题组建议：一是在侦查阶段已经扣押的财产应当督促公诉机关是否移送，未移送的应当按照刑事诉讼法等法律规定及时移送相关涉案财产。涉案财产的属性应当经过刑事审判程序予以认定，便于执行实施部门合法处置涉案财产。二是对于确实因故无法严格按照上述程序完成的，移送上述类型财产的过程中，除了移送涉案财产外，需要移送财产涉案的其他相关证据，如在移送其他银行账户过程中，需要移送证明相关账户涉案以及该账户应当依法处理的依据；对于移送的扣押案外人的房产等财物，亦需

要移送证实上述房产系由本案赃款购买的证据等，由各部门会商决定后，刑事审判部门出具工作说明或者补正裁定，以便执行实施部门依法进行处理。

（二）执行中案外人异议的处理原则

根据财产性质不同，执行中的案外人异议主要包括两种类型：一是案外人针对退赔财产、没收财产、罚金、民事赔偿等所含部分或全部提出异议；二是案外人针对赃款赃物的性质认定提出异议。根据最高人民法院《关于刑事裁判涉财产部分执行的若干规定》第14、15条的规定，两种类型案外人所提异议的审查内容和救济方式有所不同。

1. 案外人对执行标的主张足以阻止执行的实体权利

刑事涉财产部分执行异议属于一个相对复杂、涉及利益主体众多，但是法律规定较少，未得到应有重视的问题。根据最高人民法院《关于刑事裁判涉财产部分执行的若干规定》第14条的规定，“执行过程中，当事人、利害关系人认为执行行为违反法律规定，或者案外人对执行标的主张足以阻止执行的实体权利，向执行法院提出书面异议的，执行法院应当依照民事诉讼法第二百二十五条的规定处理”。据此，案外人在刑事涉财产部分执行过程中提出案外人异议的，执行裁决部门应按照执行行为异议的相关规定予以审查。主要理由为：首先，便于与其他法律程序的衔接。根据《民事诉讼法》第227条的规定，案外人或当事人对裁定不服的，案外人异议将进入到异议之诉程序中。所谓“诉”即要求有相应的标的、原告、被告。在一般财产执行中，主要呈现为：申请执行人、被执行人的二元结构。而在此类案外人异议中，仅存在被执行人一方。这就导致若进入异议之诉程序后，缺少处于同一法律关系的原告或者被告，不符合民事诉讼法的相关规定。为避免法律上的冲突和救济途径选择的现实困境，刑事案件执行中，将案外人的救济途径指引到执行行为异议的道路上。而根据《民事诉讼法》第225条的规定，案外人如不服一审法院作出的裁定，可向上一级人民法院申请复议，充分保障了该类案件的案外人在救济程序上的正义。其次，为该类案件案外人提供有效的救济途径。案外人异议机制是保障涉案财产处置程序的正当性，维护公民财产权利的必要措施。① 一般案外人异议的程序性救济中，执行裁决部门只针对权利外观进行审查，如涉案不动产登记的权利人或涉案动产的占有人等，实体性救济则是在案外人异议之诉程序中。在异议之诉中，通常所有权、担保物权、用益物权、债权、占有等民事权益足以排除强制执行。②

执行的过程中，案外人提出异议的主要目的在于促使法院对财产权利的归属进行审查。鉴于此类案外人异议不会进入到异议之诉程序中，故在异议审查中，就要针对案件涉及的实体问题进行审理。如谢某为购买李某名下房产，自2003年11月起陆续向李某转账，后因李某涉刑事犯罪，责令其向被害人唐某退赔100余万元。执行过程中，法院执行实施部门冻结李某账户内余额23万余元，案外人谢某向法院提出异议，认为李某账户内

---

① 李蓉、邹啸弘：《涉案财产异议人诉讼地位探析》，载《湖南社会科学》2016年第5期。

② 肖建国、庄诗岳：《论案外人异议之诉中足以排除强制执行的民事权益——以虚假登记财产的执行为中心》，载《法律适用》2018年第15期。转引自肖建国：《〈民事诉讼法〉执行编修改的若干问题探讨——以民事强制执行救济制度的适用为中心》，载《法律适用》2008年第4期。张卫平：《案外人异议之诉》，载《法学研究》2009年第1期。汤维建、陈爱飞：《“足以排除强制执行民事权益”的类型分析》，载《苏州大学学报》（哲学社会科学版）2018年第2期。

23万余元是为了清偿确认房屋属谢某的房屋贷款,涉案房屋已判给了谢某且已通过另一民事判决确认谢某向李某汇入的23万元是用于支付涉案房屋的贷款。法院执行裁决部门经审查认为,虽然涉案财产存于被执行人李某账户内,但其实际上是案外人谢某为支付银行贷款而汇入到被执行人账户当中,属于专用款项,故不应作为被执行人的个人财产而被执行。执行裁决部门审查此案件就对本案涉案款项的权利归属进行了实体审查,而非仅对权利外观即“占有情况”进行审查。

值得思考的是,依照《民事诉讼法》第225条规定处理不是解决此类案外人权利救济的最优途径。在主体上,此类案外人异议中的适格主体是案外人,既不是执行案件的当事人,也不是最高人民法院《关于人民法院办理执行异议和复议案件若干问题的规定》第5条的规定之利害关系人,主体与《民事诉讼法》第225条规定不符。

2014年,在最高人民法院执行局负责人就《关于刑事裁判涉财产部分执行的若干规定》答记者问中,最高人民法院执行局工作人员就该司法解释第14条规定立法目的作出如下解释:“由于有些刑事财产执行案件中无申请执行人,如果要进入异议之诉,也缺乏相应的诉讼当事人。虽然在理论上可由检察机关或财政部门代表国家作为申请执行人,但在目前尚无明确法律规定的情况下,最高法院的司法解释难以作出相应规定。而对该问题适用民事诉讼法第二百二十五条的规定,不需要区分有无被害人,可一律通过异议、复议程序审查处理,程序简便、统一。”①鉴于此,上述法律规定是在2014年针对当时立法现状和案外人在刑事涉财产部分执行过程中维护权益的客观司法需求而制定出的程序简单、适应当时客观情况的立法选择。从立法技术和司法实践上,与目前“基本解决执行难”的执行历史节点不统一,也与“审执分离”的司法体制改革背景不统一。

2. 案外人主张涉案财产是否属于赃款赃物认定错误

赃款赃物,是指犯罪分子违法犯罪所得的一切财物,其具有两个方面的主要特征:一是具有证据价值和经济价值的双重属性;二是赃款赃物必须是行为人采用犯罪手段所获取的财物或者孳息。当案外人主张涉案财产认定赃款、物性质错误时,因案外人多主张对被认定为赃款赃物的涉案财产享有足以排除法院强制执行的实体权利,根据最高人民法院《关于刑事裁判涉财产部分执行的若干规定》第15条的规定,一方面,案外人的异议可以通过裁定补正的,执行法院应将异议材料移送刑事审判部门处理。另一方面,案外人的异议无法通过裁定补正的,应当告知异议人通过审判监督程序处理。但在实践中,刑事审判部门往往会以异议材料涉及变更刑事判决的裁判结果,该异议针对执行依据本身,无法通过裁定补正。若案外人向执行裁决部门提出异议,因不属于执行异议的审查范围,故执行裁决部门亦会驳回案外人的异议申请。案外人权益的最终救济途径则是进入到审判监督程序中。但运用审判监督程序进行救济存在较多弊端。首先,进入审判监督程序耗费时间周期长,给案外人造成诉累;其次,按照审判监督程序决定再审的案件,中止原判决的执行,进而影响财产处置和执行结案;最后,如刑事判决的定罪量刑正确,仅因个别财产归

---

① 最高人民法院执行局负责人就《关于刑事裁判涉财产部分执行的若干规定》答记者问《规范刑事裁判涉财产部分的执行 维护刑罚的严肃性和当事人合法权益》,资料来源人民法院报:http://rmfyb.chinacourt.org/paper/html/2014-11/06/content_90087.htm? div=-1。

属问题而启动再审程序,浪费司法资源,影响司法公信力,并且还会面临是否符合刑事诉讼法启动再审程序条件的质疑。

上述问题,常常会陷入一个死循环而迟迟不能解决。课题组建议,应当重塑刑事涉案财产执行的案外人异议的救济路径。“五五改革纲要”中规定,要将“补齐刑事案件执行短板”提上日程。① 案外人异议制度亦可趁此东风,建立一套专门的不同于一般财产刑执行的案外人异议制度。

一是引入特定主体,补足上述两类案外人异议中的申请执行人缺位。可能成为此类案件申请执行人的主体主要有以下三类:(1)检察机关作为申请执行人,检察机关作为申请执行人是“公诉权”内涵的扩充,促使检察机关追诉犯罪的职能向执行程序延伸。②(2)政府财政部门,部分刑事案件的案款会汇入到政府指定的账户当中,财政部门作为财产的管理者可充当一方当事人。但财政部门在刑事案款的保管和使用上处于被动地位,且无专业知识也不了解案件审理和执行情况。(3)退赔权利人。退赔权利人作为部分刑事案件执行财产最终所有者,参与到执行过程中作为申请执行人,申请强制执行,实现自身权益,具有合理性。但是可能存在刑事案件覆盖面广,涉及人数众多,在刑事案件执行中贸然引入退赔权利人,可能导致执行混乱。因此,目前引入特定主体作为申请执行人存在一定困难。

二是制定衔接顺畅、快速高效执行实施和执行裁判程序。具体方案如下:(1)为提高刑事涉财产类执行的效率,刑事涉财产类案外人异议可不进行案外人异议审查而直接进入到异议之诉程序当中,对财产权属进行审理。在庭审模式上,应采取公开庭审的方式,赋予退赔权利人参与庭审的机会。同时,可充分利用互联网,实现法院对被羁押被执行人询问。(2)在刑事审判过程中,赋予案外人第三人参与诉讼的法律地位。涉案财产处置毕竟涉及对财产权利的剥夺,这一刑民交叉的特殊领域可允许第三人(异议人)参加诉讼。③ 案外人作为涉案财产可能的实际所有权人,其在刑事诉讼中享有的权利是独立于控辩双方的,案外人不对刑事判决的刑事主刑部分发表意见,仅就涉案财产部分向法庭发表意见和进行举证,证明其享有实体权利。这种模式使案外人寻求权利救济的途径延伸到判决生效前,提升刑事判决量刑的准确性,减少刑事判决执行的难度,提高执行效率。

(三)涉财产部分执行案件退出执行程序

刑事涉财产部分执行案件退出执行程序主要包括两类情形:一是非正常退出的案件,即不符合执行立案条件但立案后终结执行退出的案件;二是执行后正常结案从而退出的执行案件。

非正常退出的案件类型中,主要的问题是执行部门发现生效裁判执行内容不明确的处理方式。根据《关于刑事裁判涉财产部分执行的若干规定》第 6 条规定,“刑事裁判涉财产部分的裁判内容,应当明确、具体。涉案财物或者被害人人数较多,不宜在判决主文

① “五五改革纲要”,资料来源中国法院网:https://www.chinacourt.org/article/subjectdetail/id/MzAwNMi2MIABAA.shtml。

② 蒋晓亮:《论我国刑事涉案财产执行中的案外人救济》,载《法律适用》2016 年第 8 期。

③ 李蓉、邹啸弘:《涉案财产异议人诉讼地位探析》,载《湖南社会科学》2016 年第 5 期。

中详细列明的,可以概括叙明并另附清单。判处没收部分财产的,应当明确没收的具体财物或者金额。判处追缴或者责令退赔的,应当明确追缴或者退赔的金额或财物的名称、数量等相关情况”。刑事附带民事裁判的执行,适用民事执行的有关规定。最高人民法院《关于人民法院执行工作若干问题的规定(试行)》第18条规定:“人民法院受理执行案件应当符合下列条件:(1)申请或移送执行的法律文书已经生效;(2)申请执行人是生效法律文书确定的权利人或其继承人、权利承受人;(3)申请执行人在法定期限内提出申请;(4)申请执行的法律文书有给付内容,且执行标的和被执行人明确;(5)义务人在生效法律文书确定的期限内未履行义务;(6)属于受申请执行的人民法院管辖。人民法院对符合上述条件的申请,应当在七日内予以立案;不符合上述条件之一的,应当在七日内裁定不予受理。”对于立案后才发现上述问题的,执行实施部门可以直接裁定驳回民事执行申请。但是对于刑事涉财产部分执行的案件显然不能适用驳回执行申请的退出机制。

那么执行部门立案后发现生效裁判执行内容不明确的,首先应当交由刑事审判部门予以补正。如果涉及不能补正的,执行实施部门通过裁定终结执行使案件退出执行,而不能滞留在执行程序中,增加执行难案件的比例。裁定终结后,被害人如何进行权利救济,如果参照民事执行依据《民事诉讼法》第225条规定通过执行异议复议程序救济,并不现实。原因有两个:一是这种执行内容明确与否的判断显而易见,执行实施法官有判断权,可以直接作出裁定,没有必要再通过执行裁决部门通过异议复议程序解决,二是为数众多的涉众案件被害人重复提起异议复议,将极大浪费司法资源。因执行内容不明确而终结执行,根源在于判决内容不明确,解决上述问题,应当由刑事审判部门审查通过补正或者审判监督程序解决。

刑事涉财产部分正常结案而退出执行程序的类型中,主要存在的问题是:一是财产调查滞后性。目前民事执行中解决执行难的长效机制之一,就是通过财产保全的方式提前控制财产,以便于后续执行。但由于目前刑事裁判与执行都是法院来完成,不存在提前控制财产的程序,故案件移送执行后,才启动财产的查控措施,不排除经过漫长的侦查程序、公诉程序、审判程序,被告人家属已经将被告人名下的财产转移的可能。财产调查存在严重滞后性,造成难以全面控制财产提高执行标的到位率的执行难情形。二是大量的被告人系京外人员,绝大多数刑事裁判涉财产部分执行的异地被告人常年在外,无固定住所和固定联系方式,而刑罚自由刑多为缓刑、拘役或者短期徒刑,进入执行程序后,下落不明,无法查找。委托户籍所在地法院进行财产调查的反馈率也不尽如人意。三是大部分被告人履行能力有限。侵财类犯罪的被告人绝大多数要么个人财产微乎其微要么违法所得已被肆意挥霍,退赔困难,导致刑事裁判涉财产部分的执行程序空转。四是无财产可供执行案件的程序、制度制约。刑事裁判涉财产部分执行依照的是民事执行程序,受现行民事执行程序的制约,有些案件在侦查、起诉、审判中能够明显地辨别是无财产可供执行的案件,而到了执行程序,法院执行部门又不得不按照程序展开对受罚人的财产调查,浪费人力、物力,耗费司法资源。虽然确定了罚金刑的“随时追缴”制度,但对于执行时无财产可供执行的受罚人却是收效甚微,也造成了执行的困难。

综上所述,刑事涉财产刑执行案件的执行标的到位率非常低,按照现在通行做法将其一并纳入民事执行案件考核,给执行质效造成特别明显的负面影响。尤其是近年日渐增多的涉众型案件涉案人数多、财产权属性质复杂、民刑法律关系竞合、矛盾比较激烈，这部分案件中涉及财产部分公检法协同机制不够顺畅，容易出现互相推诿现象，直接给执行造成很大障碍。而这部分案件的退出执行机制显得尤为必要。2017 年后，刑事涉财产部分的执行与民事执行的结案方式并轨，通过执行完毕与终结本次执行程序的方式结案。但仅有这两种方式还稍显欠缺，应当增加终结执行的方式，以便减少部分案件在执行阶段的淤积，使退出执行机制更加完善。

因此，课题组建议，应当建立执行完毕、终结执行、终结本次执行程序三种方式全部或部分退出执行程序的机制。

首先，刑事涉财产部分执行案件可以执行完毕结案的情形。依据刑事判决书的要求，全部执行内容均已执行完毕的可以结案。需要特别说明的是，如果一份生效判决书的判项同时有两种或两种以上类型的财产执行内容，必须同时满足全部执行完毕才能以执行完毕结案，否则只能依据以下两种情形，予以终结执行或终结本次执行程序。

其次，部分案件可以终结执行，使该部分执行案件可以完全退出执行程序的情形。包括：据以执行的判决、裁定被撤销的；被执行人死亡或者被执行死刑，且无财产可供执行的；被判处罚金的法人已经清算程序注销，无财产且无权利承继人的；依照《刑法》第 53 条规定免除罚金的；被判处没收全部财产的被执行人在刑事裁判生效时名下无财产，或虽有财产，但该财产有其他顺位在先的债务，且执行后无明显剩余可能的，可以裁定终结执行。

最后，部分案件符合终结本次执行程序条件，产生中止执行的法律后果，暂时退出执行程序。罚金刑、责令退赔案件执行过程中，被执行人确无财产或者履行能力，且符合最高人民法院《关于严格规范终结本次执行程序的规定（试行）》规定条件的，可以裁定终结本次执行程序。执行罚金刑案件中，发现被执行人名下虽有财产，但有其他顺位在先的债务要执行，且执行后无明显剩余可能的，也属于无财产可供执行的情形，可以裁定终结本次执行程序。对终结本次执行程序的案件，适用民事执行中的做法，应当每 6 个月通过网络查控系统查询一次被执行人的财产。对发现有财产可供执行的案件，或者被执行人家属要求代为缴纳罚金、退赔金额时，应当及时恢复执行。

（四）执行中涉及其他债务的处理方式

刑事涉财产部分执行中被执行人或执行标的涉及其他债务时，如何处理是比较困难和复杂的问题。主要问题集中在以下三个方面：一是关于被执行人在同一案件中应承担的不同类型的刑事责任的清偿顺位问题，二是被执行人应承担的刑事责任与其他民事责任的清偿顺位问题，三是涉及执行标的优先受偿权时的清偿顺位。

1. 关于被执行人在同一案件中应承担的不同类型的刑事责任的清偿顺位问题

最高人民法院《关于刑事裁判涉财产部分执行的若干规定》第 13 条已经作了明确规定："被执行人在执行中同时承担刑事责任、民事责任，其财产不足以支付的，按照下列顺序执行：（一）人身损害赔偿中的医疗费用；（二）退赔被害人的损失；（三）其他民事债务；（四）罚金；（五）没收财产。债权人对执行标的依法享有优先受偿权，其主张优先受偿的，人民法院应当在前款第（一）项规定的医疗费用受偿后，予以支持。"该条规定适用的前提是：被执行人同时承担刑事责任和民事责任；被执行人财产不足以支付其承担的法律责任。只有符合上述两项条件,出现“执行程序竞合”,因受保护法益重要性差异,才存在执行顺位。关于被执行人财产不足以支付,应注意,当被执行人为企业法人的,如进入破产程序,虽符合不足以支付的条件,但案件已进入破产程序,如何确定责任顺序,应由破产程序解决。① 生命权、健康权作为宪法赋予公民的基本人权,其受损害所产生的医疗费用,是对被害人最为直接的损害赔偿,属于被害人的“救命钱”与“保命钱”,放在第一顺位,符合宪法和法律的精神。《刑法》第36条规定的赔偿经济损失与民事优先原则,承担民事赔偿责任的犯罪分子,同时被判处罚金,其财产不足以全部支付的,或者被判处没收财产的,应当先承担对被害人的民事赔偿责任。根据“上位法优于下位法”的适用规则,最高人民法院《关于刑事裁判涉财产部分执行的若干规定》第13条与刑法规定相统一,将被执行人应承担的民事责任执行顺位放于财产刑执行之前,形成“先民后刑”的执行顺位。

在刑事责任上,遵循罚金在先,没收财产在后的原则。一般罚金用于罪行较轻的犯罪,而没收财产一般用于罪行较重的犯罪。没收财产又可分为没收部分个人财产和没收全部个人财产。最高人民法院《关于适用财产刑若干问题的规定》第3条的规定,罚金和没收全部财产的合并执行,只执行没收全部财产刑。按照先罚金后没收财产的执行顺位,符合公平原则。

2. 关于被执行人应承担的刑事责任与其他民事责任的清偿顺位问题

其中退赔被害人的损失是否应该一律优先于其他民事债务,并不可一概而论。在执行顺位上民事优于刑事判处的财产刑是符合法律规定的,但刑事退赔责任优先于其他民事债务的执行顺位,则在实践中存在争议。退赔,是指当犯罪分子因挥霍或者其他原因无法追回违法所得财物的情形下,要求其按照相应的折算价格进行退赔。② 刑事责令退赔不能完全从民法财产损害赔偿请求权(债权请求权)的角度看待,其在刑法上的评价,是作为犯罪人违法所得处理的,更类似于被害人的“物权请求权”,不能用这部分的财产作为犯罪人的民事责任财产。也有学者认为对于生效法律文书确认的民事债权,应当享有与被害人同等的权利,有权参与分配。③

课题组建议:“退赔”应包含两部分的内容。“退”,是指将赃款赃物及其转化物和收益退还被害人,退的财产部分呈现为返还原物、返还原物及收益等形式,其具有一定的物权属性。而“赔”则是用犯罪人个人的合法财产对被害人予以赔偿。从赔偿的层面上讲,执行所指向的对象是被执行人的合法财产,该财产没有明确的指向和特定化,也没有上述“物权化”的效力,理论上并不具备优先于其他民事债务的特性。部分特殊案件退赔损失相较于普通民事债务是否享有优先性,值得探讨。例如,被执行人犯挪用资金罪时所挪用的资金和向他人的借款混同时,执行实施部门在执行中,对侦查机关追回的款项应按照比例分配给被害单位和民间借贷的申请人,即按比例平等清偿,不应按照先刑后民或先民后

---

① 最高人民法院执行局编著:《最高人民法院关于刑事裁判涉财产部分执行的若干规定理解与适用》,中国法制出版社2007年版,第172~173页。

② 刘贵祥、闫燕:《〈关于刑事裁判涉财产部分执行的若干规定〉的理解与适用》,载《人民司法》2015年第1期。

③ 福建省厦门市中级人民法院刑二庭课题组:《刑事涉案财产处理程序问题研究》,载《法律适用》2014年第9期。

刑的原则处分混同财产。①

3. 关于执行标的优先受偿权的执行顺位应注意两个方面的内容

首先,基于特定执行标的而享有的抵押权、留置权、质权等担保物权应享有优先于其他民事债务的执行顺位。最高人民法院《关于刑事裁判涉财产部分执行的若干规定》第13条第2款规定:“债权人对执行标的依法享有优先受偿权,其主张优先受偿的,人民法院应当在前款第(一)项规定的医疗费用受偿后,予以支持。”按照该款解释,优先受偿权是在人身损害赔偿医疗费用之后而优先于其他权益。本款司法解释规定的优先受偿权既包括抵押权、质权、留置权等依据《担保法》《物权法》成立的担保物权,也包括破产费用的优先权及职工工资、劳动保险费用、税款等优先权,以及商业银行法规定银行破产的优先权(职工工资和保险、保险金、税款)、海商法规定的请求权人对扣押船只的优先权等。按照内容不同,可以划分为与人身权益和社会公共利益相关的优先权和其他就特定财产而享有的优先权,侧重于个人财产利益的保护。执行过程中,涉及两个方面的问题:一是司法解释并没有具体规定优先权内部的执行顺位;二是基于特定财产而产生的优先权是否能先于退赔损失的执行。涉及人身权益和社会公共利益的优先权具备先于退赔损失的法益基础,如职工工资、劳动保险费用等,这些优先权既关乎公民个人及其家庭的生存与发展,亦关系到保护劳动者权益这一社会政策,再如,税收作为国家财政的重要收入,税收的执行关系到社会公共利益,从价值衡量的角度,应优于退赔损失执行。而基于特定财产而享有的优先权,能否优先于退赔损失,应具体分析。所以,基于特定执行标的而享有的抵押权、留置权、质权等担保物权应享有优先于其他民事债务的执行顺位。

其次,刑事立案侦查是否影响生效民事判决、裁定及仲裁裁决的执行。根据最高人民检察院、公安部《关于公安机关办理经济犯罪案件的若干规定》第22条规定:“涉嫌经济犯罪的案件与人民法院正在审理或者作出生效裁判文书以及仲裁机构作出裁决的民事案件有关联但不属同一法律事实的,公安机关可以立案侦查,但是不得以刑事立案为由要求人民法院移送案件、裁定驳回起诉、中止诉讼、判决驳回诉讼请求、中止执行或者撤销判决、裁定,或者要求人民法院撤销仲裁裁决。”因此,无论立案侦查的案件与生效民事判决、裁定、仲裁裁决的民事案件是否属于同一法律事实,在执行依据未被依法撤销前,不得以刑事侦查立案为由要求法院中止对生效判决、裁决、裁定的执行。

课题组建议:一是按照案件类型,设立例外情形。可总结司法实践规定以退赔损失优于普通民事债务执行为原则,以非法集资类犯罪及其他破坏市场经济秩序类犯罪为例外,在例外情形下,退赔被害人损失与其他民事债权按比例平等受偿。二是细化优先受偿权分类及内容,明确同一顺位先执行保护人身权益的优先权的执行原则。对于执行标的享有优先受偿权先于退赔被害人损失和其他民事债务的执行顺位,无论刑事判决结果是否将该执行标的认定为赃款赃物,优先债权均应得到法律的保护。三是明确刑事侦查立案不影响其他民事案件执行的协调处理方式,避免因刑事侦查立案而影响其他生效法律文书的执行。

(五)刑事补正裁定的适用范围

最高人民法院《关于刑事裁判涉财产部分执行的若干规定》第15条规定了案外人、

① 罗伟:《财产刑的退赔与民事债务混同时的处置原则》,载《人民司法》(案例)2013年第20期。

被害人就执行依据中对赃款赃物认定提出异议的审查处理程序。[①] 有观点认为，采取补正裁定方式系为了在保证实体公正的同时，兼顾执行的效率，如果一再启动再审程序，难免过于耗费司法资源，因此执行机构经初步审查，应当视不同情况采取不同处理方式：一是认为异议理由明显不能成立的，告知异议人不予审查处理；二是认为刑事裁判对财物是否为赃款赃物的认定可能不当的，移送刑事审判庭，由刑事审判庭审查决定是否采取裁定补正的方式予以纠正，刑事审判庭认为异议不成立的，裁定驳回，认为异议理由成立的，裁定补正；三是认为关于赃款赃物的认定根本错误的，告知异议人通过审判监督程序解决，刑事审判庭在前述关于是否补正的审查中，如认为需要通过再审程序予以解决的，也可以提请本案院长启动再审程序。[②] 其流程如图 1 所示：

案外人或被害人提出赃款赃物认定异议 ⟶ 执行部门初步审查 ⟶

- 异议理由明显不成立，告知不予审查处理
- 可能不当的，移送审判庭
  - 异议不成立、裁定驳回
  - 成立，裁定补正
  - 提请本院院长启动再审程序
- 认定根本错误的，告知异议人通过审判监督程序解决

图 1　处理流程

上述观点虽然进一步说明对赃款赃物的认定可能不当的，移送刑事审判庭进行审查，但范围仍过于笼统，缺乏操作细则。课题组认为，可以通过裁定补正的适用范围应为认定事实和适用法律正确、量刑适当，对定罪量刑不产生实质影响的情况，具体包括：被害人或集资参与人的姓名等身份信息有误；被害人或集资参与人的退赔数额有误等情况。采取上述做法的主要原因是：

第一，根据《刑事诉讼法》第 253、254 条之规定，审判监督程序的适用范围是生效裁判认定的事实确有错误可能影响定罪量刑，或违反诉讼程序可能影响公正审判的案件，或适用法律确有错误的案件。

第二，《刑事诉讼法》中未对补正裁定的适用规定具体情形，刑事补正裁定也从未引用过具体法律依据。现行的刑事补正裁定的主要依据是 1999 年最高人民法院下发的《法院刑事诉讼文书样式》。根据该文书样式所附的说明，补正的内容仅限于裁判文书中的文字技术上的失误，不涉及对实体和程序问题的处理。尽管对上述课题组认为可以出具补正裁定的内容本质上并不属于文字技术上的失误，但上述内容确实并不足以引起审判监督程序，对其予以补正更加符合诉讼经济原则。

第三，根据《刑事诉讼法司法解释》第 390 条之规定，原判决、裁定认定被告人姓名等身份信息有误，但认定事实和适用法律正确、量刑适当的，作出生效判决、裁定的人民法院

---

① 最高人民法院《关于刑事裁判涉财产部分执行的若干规定》（法释〔2014〕13 号）第 15 条规定，执行过程中，案外人或被害人认为刑事裁判中对涉案财物是否属于赃款赃物认定错误或者应予认定而未认定，向执行法院提出书面异议，可以通过裁定补正的，执行机构应当将异议材料移送刑事审判部门处理；无法通过裁定补正的，应当告知异议人通过审判监督程序处理。

② 最高人民法院执行局：《最高人民法院关于刑事裁判涉财产部分执行的若干规定理解与适用》，中国法制出版社 2017 年版，第 206 页。

可以通过裁定对有关信息予以更正。

结 语

本课题针对刑事审判、执行过程中,涉案财产的处置问题进行了初步的分析。主要针对的是审判人员、执行人员在实践中常见的难题,对当中的一些主要问题进行了分析与建议。但刑事涉案财产的处置问题相当复杂,课题的难度也超出了申报时的预想。囿于水平和时间的关系,尚未涵盖刑事审判、执行中所有的涉案财产处置问题,报告涉及的内容也还有值得进一步探讨的地方,课题组将在接下来的时间里继续深化调研,继续加以完善。

关于规范刑事裁判涉财产处置问题的指导意见

（建议稿）

为进一步规范刑事裁判涉财产部分的执行,维护当事人合法权益,根据《中华人民共和国刑法》《中华人民共和国刑事诉讼法》《最高人民法院关于刑事裁判涉财产部分执行的若干规定》等法律文件的规定,结合人民法院审判、执行工作实际,制定本意见。

第一条 【刑事裁判所涉财产的范围】本意见所称刑事裁判涉财产处置,是指根据刑法第六十四条,在裁判主文及所附清单中,对财产及财产性权益采取的裁判处置以及根据执行的相关规定,对财产及财产性权益的执行处置。具体涉及下列财产性裁判和执行内容:

（一）罚金、没收财产;

（二）继续追缴和责令退赔;

（三）随案移送的赃款赃物的处理;

（四）没收随案移送的供犯罪所用本人财物;

（五）其他应当由人民法院执行的相关事项。

第二条 【审判阶段对涉案财产的立案审查】法院受理人民检察院移送的案件时,对涉案财产应当审查以下内容:

（一）是否有详细的涉案财产的清单;

（二）涉案财物的价值是否明显超出了刑事判决可能判处的范围;

（三）是否对涉案财产采取了查封、冻结、扣押等措施以及相应的期限;

（四）涉案财产的权属以及是否存在与他人共有或者设有抵押等他项权利等;

（五）人民检察院对涉案财产的处理意见。

第三条 【涉案财产的强制措施】人民法院发现涉案财产应当采取查封、冻结等措施而未采取的,应当书面通知公诉机关采取强制措施,必要时,人民法院可以自行采取查封、冻结等措施。

第四条 【对涉案财产进行裁判的确定性原则】刑事判决对涉案财产的裁判内容必

须在判决主文或者所附清单中予以明确。判决没收或者发还的,必须明确没收、发还的具体财产的名称、数量或者金额。判决责令退赔或继续追缴的,应当有具体的金额或者具体财产的名称、数量。判决时无法确定涉案财产价值的,可参考表述为"涉案财产变价后发还被害人,若有剩余,剩余部分发还被告人家属,若不足弥补被害人损失,责令被告人退赔不足部分,发还被害人"。

第五条 【继续追缴和责令退赔的适用范围】判决时继续追缴和责令退赔不能等同适用。被告人违法所得的一切财物,包括违法所得的收益和孳息尚在,且具有追缴的可能性时,应裁判对被告人继续追缴违法所得;已被挥霍、毁坏、消费,或者被他人善意取得的,应当判决责令被告人退赔。

第六条 【共犯退赔责任的分配原则和裁判方式】共同犯罪中,有证据证明各被告人实际占有的违法所得数额的,各被告人对各自占有的违法所得承担退赔责任。无法证明各被告人实际占有的违法所得数额的,应当责令各被告人承担均等份额的退赔责任。各被告人以工资、报酬等名义获得不属于直接犯罪对象的违法所得的,也应当责令各被告人退赔,但该部分退赔数额不影响其他被告人本人应承担的退赔责任。

第七条 【审判中对涉案财产权利完整性的审查】法院在案件审理中,或者在对涉案财产进行查封、扣押、冻结等强制措施时,发现涉案财产存在其他权利人的,应及时书面通知侦查机关、公诉机关对该问题进行调查、核实。

对于其他人对涉案财产享有部分权利的,刑事裁判时应当详细列明针对其他权利人的不同处置方式。

第八条 【刑事被害人的准确认定】准确认定被害人身份影响对涉案财产的处置工作。被害人应当是犯罪行为的侵害对象,不能仅根据涉案财产的权属来认定被害人。必须牢牢把握犯罪行为针对的对象来认定被害人。法庭审理过程中,被害人否认自己的被害人身份,或者主张还有其他被害人的,法院应当将该问题书面通知公诉机关,建议公诉机关针对该问题进行调查核实。必要时,应当通知被害人到庭,对被害人身份进行庭审调查。

第九条 【无法确定犯罪数额时对涉案财产的裁判方法】确定的犯罪数额是刑事裁判对涉案财产进行处置的前提。案件缺少证据,导致犯罪数额无法计算的,应当书面建议公诉机关补充相关证据。根据案件证据情况,确实无法查明确定的犯罪数额的,可以在无其他证据矛盾的情况下,总体上采用被告人自认的方式,按照有利于被告人的原则,以被告人自认的数额确定追缴、退赔数额,同时听取被害人的相关意见。综合审查,以确定相对合理的追缴、退赔数额。

第十条 【追缴不法利益的裁判方式】按照刑法第六十四条和两高《关于办理行贿刑事案件具体应用法律若干问题的解释》第十一条的规定,被告人因行贿而获得的不正当利益需要予以追缴或者责令退赔,故应当在办案过程中,应当重视对不正当利益的具体金额的取证和审查工作,明确判罚追缴或者退赔不正当利益,不能变相以罚金刑等财产刑予以替代。不正当利益的数额确实难以计算的,可以通过其他证据予以佐证。一方面可以利用相对客观的证据进行认定。如利用审计确定行贿获得的工程、项目等的利润;另一方面,无法取得客观证据的情况下,可以通过被告人自认、受贿人等相关人员的证言等进行综合认定。

第十一条 【审判中案外人异议的审查程序】案外人在刑事审判过程中对涉案财产主张权利的，应当书面提出申请，并提交相关证据。法院应审查，案外人不能提供证据证明其对涉案财产享有权利的，应当驳回其申请。确有证明证明案外人对涉案财产享有权利的，应当召集公诉人、被告人、辩护人以及异议申请人召开庭前会议对异议进行审查，听取各方的意见。需要补充调查的，应当建议公诉机关调查核实。

经审查，异议不成立的，法院应当书面决定驳回案外人异议；案外人异议成立的，法院应发函给查封、扣押、冻结等措施的作出机关，要求其解除查封、扣押、冻结等措施。

第十二条 【刑事补正裁定的适用】根据《最高人民法院关于刑事裁判涉财产部分执行的若干规定》第十五条的规定，刑事裁判中对涉案财物是否属于赃款赃物认定错误或者遗漏认定，可以通过裁定补正的，执行机构应当将异议材料移送刑事审判部门处理。据此，部分对涉案财产的异议审查可以通过补正裁定的方式进行。尤其是涉众型经济犯罪案件，对案外人提出的异议，应尽可能通过裁定予以补正。

补正裁定的适用限制是原裁判认定事实和适用法律正确、对被告人定罪、量刑适当，补正裁定不对定罪量刑产生实质影响情况，有可能影响原裁判认定的事实，以及影响对被告人定罪量刑的，应当通过审判监督程序予以纠正。

第十三条 【执行中发现财产的处理方式】法院在执行中发现被执行人名下有其他财物，应当根据下述情况分别处理：

（一）需执行没收财产或罚金刑的，直接予以执行。

（二）需执行追缴犯罪所得的，刑事审判部门已经认定为赃款赃物或违法所得的，直接予以执行。对于是否属于赃款赃物或者违法所得性质不明确的，执行实施机构应交由刑事审判部门审查认定，通过书面形式予以明确。但根据办案需要，执行实施部门可以先行采取查封、扣押、冻结措施。

（三）需执行责令退赔的，判断为被执行人的合法财产，符合退赔条件，直接予以执行。

案件执行中，相关司法机关发现或移送刑事裁判未涉及新财产的，还需要移送财产涉案的其他相关证据，由刑事审判部门出具书面意见后予以执行。

第十四条 【执行中案外人异议的处理原则】案件执行中，案外人对执行标的主张足以阻止执行的实体权利，并向执行法院提出书面异议的，执行裁决部门应当依照民事诉讼法第二百二十五条的规定处理，但应当对案外人主张的实体权利进行实体审查。

案外人或当事人认为刑事裁判中对涉案财物是否属于赃款赃物认定错误或者应予认定而未认定，向执行法院提出书面异议的，可以通过裁定补正的，执行裁决部门应当将异议材料移送刑事审判部门处理；无法通过裁定补正的，应当告知异议人通过审判监督程序处理。

第十五条 【不符合立案标准的程序性裁定终结执行】执行立案后，发现以下不符合移送立案条件，且已无法补正的，应当裁定终结执行：

（一）执行没收部分财产刑的，具体财物的名称、数量或者金额等均不明确；

（二）执行罚金刑的，具体金额及缴纳期限均不明确；

（三）执行追缴违法所得的，已查封、扣押、冻结在案财物的性质、具体名称、种类、数量、处置方式等均不明确；

（四）执行责令退赔的，退赔的主体，发还对象和金额、比例等均不明确。

刑事裁判有多个判项的，符合立案条件的判项执行后，其他可终结执行。

第十六条 【不具有可执行内容的实体性裁定终结执行】具有下列情形之一的，执行法院应当裁定终结执行：

（一）据以执行的判决、裁定被撤销的；

（二）被执行人死亡或者被执行死刑，且无财产可供执行的；

（三）被判处罚金的单位终止，且无财产可供执行的；

（四）依照刑法第五十三条规定免除罚金的；

（五）应当终结执行的其他情形。

没收全部财产执行中，被执行人刑事裁判生效时名下无财产，或被执行人名下虽有财产，但该财产有其他顺位在先的债务要执行或者退赔，且执行后无明显剩余可能的，可以裁定终结执行。

第十七条 【对涉案财产的执行完毕】案件执行中，符合下列情形的，执行法院应当以执行完毕结案：

（一）执行没收部分财产刑的，已将明确具体财物处置，将变价款上缴国库；

（二）执行罚金刑的，已将明确具体的金额上缴国库；

（三）执行追缴违法所得的，将明确已查封、扣押、冻结在案财物依法处置，将变价款上缴国库或发还被害人，且被害人的损失金额已经全额满足；

（四）执行责令退赔的，已经处置财产将变价款发还被害人，且被害人的损失金额已经全额满足。

刑事裁判有多个判项的，需同时满足上述情形方可执行完毕结案。

第十八条 【对涉案财产的裁定终结本次执行】具有下列情形之一的，执行法院应当裁定终结本次执行程序：

（一）执行责令退赔的，被执行人确无财产或者履行能力；

（二）执行罚金刑的，被执行人确无财产或者履行能力，或被执行人名下虽有可供执行财产，但有其他顺位在先的债务要执行，且执行后无明显剩余可能的。

对终结本次执行程序的案件，参照民事执行程序，应当每六个月通过网络查控系统查询一次被执行人的财产。对发现有财产可供执行的案件，或者被执行人要求缴纳罚金、退赔金额时，应当及时恢复执行。

第十九条 【涉案财产执行中涉及其他债务的处理方式】根据《最高人民法院关于刑事裁判涉财产部分执行的若干规定》第十三条的规定，被执行人同时承担刑事责任、民事责任，其财产不足以支付的，一般按照下列顺序清偿：

（一）人身损害赔偿中的医疗费用；

（二）退赔被害人的损失；

（三）其他民事债务；

（四）罚金；

(五)没收财产。

非法集资类犯罪及其他破坏市场经济秩序类犯罪中,退赔被害人损失与其他民事债权按比例平等受偿。

债权人对执行标的依法享有优先受偿权,其主张优先受偿的,人民法院应当在前款第(一)项规定的医疗费用受偿后,予以支持。

经济犯罪和贪贿犯罪中多发案件量刑实务研究*

引 言

近年来，侵犯财产类犯罪和职务犯罪中的主要罪名的刑罚结构和定罪量刑的标准随着多次刑法修正案和相关司法解释的出台有了不少变化，[①]新的刑法修正案和新的司法解释相继出台之后，解决了一些在侵财类犯罪和贪污贿赂犯罪中存在的旧有问题，体现了刑法对经济社会发展趋势的顺应，进一步调整和平衡了刑法中对侵财犯罪和贪腐犯罪的处罚。

但是，对于经济犯罪[②]的定罪量刑标准近年来变动较小，[③]随着新旧法律、司法解释的平稳过渡，在有关侵财类犯罪和贪渎犯罪的新法律、新解释也已经适用了一段时期后，对于经济犯罪定罪量刑标准，司法实践中也开始逐渐显露出了一些不适应社会发展变化的问题。一方面，从1997年至2011年这14年间，无论是社会经济、政治文明这些外在客观环境，还是作为法治思想、法学理论、执法水平等法治的内在因素，都是发展极为迅速的时期。这个时期在繁荣法治领域的同时，也使这个时期的一些惯有法律思维和观念十分牢固。在经济犯罪、贪污贿赂犯罪这些以数额为突出表现的犯罪当中，根据数额或者以数额为基础，对各个犯罪危害性进行对比留下的印象(尤其是对审判人员观念上)，在很大程度上影响着新标准的施行[④]以及对其效果的评价，这种固有观念亟待改变。另一方面，现行的新标准更改后，尤其是在2016年贪污贿赂类犯罪的新标准出台后，《刑法》中第三章、第五章和第八章中的部分罪名的理解和适用仍然存在一些问题，对于这些问题，多数

---

* 课题主持人：陆伟敏，课题负责人：陶炜，课题主要执笔人：江伟、宋振宇、吴迪、盖冰冰。

本课题为2016年院级重点课题，荣获北京市法院2016年调研成果优秀奖。

① 除历次的刑法修正案之外，司法解释也有了较大的变化。2011年3月1日“两高”《关于办理诈骗刑事案件具体应用法律若干问题的解释》；2012年8月8日“两高”《关于办理职务犯罪案件严格适用缓刑、免予刑事处罚若干问题的意见》；2012年12月26日“两高”《关于办理行贿刑事案件具体应用法律若干问题的解释》；2013年4月2日“两高”《关于办理盗窃刑事案件适用法律若干问题的解释》；2013年4月23日“两高”《关于办理敲诈勒索刑事案件适用法律若干问题的解释》；2013年11月11日“两高”《关于办理抢夺刑事案件适用法律若干问题的解释》；2014年11月3日“两高”《关于办理危害药品安全刑事案件适用法律若干问题的解释》；2016年3月28日“两高”《关于办理贪污贿赂刑事案件适用法律若干问题的解释》。“两高”指最高人民法院、最高人民检察院。

② 本调研课题中所称的经济犯罪指的是《刑法》第三章破坏社会主义市场经济秩序罪所涉罪名。

③ 其中涉及的多种类型的诈骗犯罪以及非国家工作人员受贿、职务侵占、挪用资金等罪名已经在财产犯罪和贪污贿赂犯罪的司法解释中予以改变。

④ 如以往诈骗50万元的量刑十年以上，贪污10万元的量刑十年以上，盗窃40万元在十年以上量刑。在贪污罪的量刑标准提高到300万元之后，各个罪之间影响刑期的数额间的比例关系受到了影响。

涉及数额标准、量刑情节,故可以作为一类问题进行系统性地梳理和总结。

总体而言,目前在经济犯罪和贪渎犯罪当中,主要存在以下主要的问题。

第一,各罪名之间相同刑罚幅度所对应的数额标准是否反映了不同罪名之间的危害性程度?

在新的定罪量刑标准出台后,经常听到审判人员将以往的规定所体现出来的两罪之间的刑罚比例关系,作为判断新标准实施后的刑罚判罚合理与否的依据。应当说,这是刑事司法当中惯性思维所导致的问题。首先,以往标准的合理性往往在旧有法律或者解释出台时具有现实依据,在新标准的有关法律规定出台时,一般也是当下的现实基础需要的;其次,如果认为,在具有同质性的罪名之间,这种对比还具有一定合理性的话,那么在罪质不同的罪名之间,这种对比则更加缺乏依据。例如,将经济犯罪中的诈骗罪的数额特别巨大的标准(50 万元)与贪污罪的数额特别巨大的标准(300 万元)进行对比,得出贪污比诈骗处罚更轻的结论,是难有说服力的,因为被比较的犯罪之间不具有同质性。因此,要引起重视的是,在某种犯罪的定罪量刑标准提高时,不能因此就断然地认为其他不同质的犯罪标准也应当有所提高,从而在量刑把握的尺度上有所放松。

第二,量刑情节在认定和裁判考量上不统一,导致量刑程序规范但结果差异较大。

尽管数额标准比较明确,关于影响量刑的情节法律规定也比较清楚;同时,量刑规范化程序也已经试用多年,但是,现实中,同案不同判的量刑差异问题依然存在。突出的表现在对影响量刑的情节的认定与把握上存在差异。如盗窃罪三年以下刑罚档中,大量的案件显示出对于累犯情节的把握程度差异很大①;又如贪贿犯罪中,被有关单位电话通知到案能否认定自动投案,并进而认定自首,标准较为混乱,导致自首情节认定的不统一,影响量刑的公正性。

另外,尽管有关定罪量刑标准的规定不断在更新,但是始终有部分罪名或者部分刑罚档的标准没有明确予以规定,需要发挥司法人员的司法智慧去把握适用。在此过程中,较为保守的观念仍然占据优势,对于需要通过类比、解释等方式可以采用更为合理的标准时,往往勇气不足。

第三,刑事政策导向不足,执法尺度难以统一。

在某些经济犯罪领域,由于缺少明确的刑事政策导向,因此,执法力度、方向以及标准都有不同的认识,执法尺度也不统一。如在经济犯罪当中,生产、销售有毒有害食品类的案件,其危害性大,要求加大打击力度的呼声高涨,但实际的量刑情况却是轻刑化趋势明显;另外,有的领域刑事政策虽然明确,但落实和执行存在打折扣现象。如职务犯罪缓免的问题,"两高"多次下文强调要严格控制职务犯罪缓免刑的适用,但是,从实际的统计数据来看,缓免率较高依然是现实。

除了上述几个具有一定普遍性的原因之外,在不同犯罪中影响定罪量刑不平衡的原因还有很多。正因如此,所以有必要对经济犯罪和贪贿犯罪的主要罪名的现实判罚情况进行梳理,了解量刑的基本状况,对存在的问题加以针对性整改。《刑法》第三章、第五

---

① 如累犯扒窃 200 元判刑一年、累犯盗窃 3000 元判刑一年、累犯盗窃 4500 元判处 9 个月徒刑,累犯盗窃自行车 4 辆(约 4000 余元)判刑一年等判例。

章、第八章涉及的罪名多达100余个，但实际高发的罪名仅有几个类型，故把握好这几个类型的犯罪的量刑问题，对于保证量刑的规范性和合理性至关重要。

自2013年1月1日以来①，北京市全市审结该三章罪名的一审案件来看，第三章破坏社会主义市场经济秩序罪中案件数较大的罪名包括涉食药品安全的案件，占该章全部案件数的28%；发票类占10.7%；合同诈骗案件占8.9%。② 第八章贪污贿赂犯罪中，受贿占该章全部罪名的41.3%；贪污占28.2%；行贿类案件占20.8%；挪用公款占6.6%。故主要以上述案件作为本次主要调研对象。

一、经济犯罪高发罪名的量刑现状和问题

（一）涉发票类案件

发票作为一种常见的商品购销凭证，是交易活动发生的书面证明，是会计核算、财务报销的原始依据，也是企业进行税务核算的凭据，直接关系到应纳税额的计算。随着市场经济的不断发展和商品流通的不断扩大，发票在整个社会经济活动中，特别是在税收征管中所起的作用越来越大。我国《刑法》在第三章第六节危害税收征管罪中，针对发票类犯罪共设置有13个罪名。具体而言，包括5种行为：伪造（包括非法制造）、出售、购买、虚开、持有；发票犯罪对象分为三种类型：增值税专用发票，可以用于骗取出口退税、抵扣税款的其他发票（以下简称抵税发票）以及可以用于骗取出口退税、抵扣税款之外的其他发票；在性质上可分为两种类型：真实的与伪造的（包括非法制造的）发票。经查找、调阅相关判决书，本市在2014年1月至2016年6月，共审理了250余件涉发票犯罪案件，罪名包括虚开增值税专用发票罪、虚开发票罪、非法持有发票罪、出售非法制造的发票罪以及非法持有发票罪。以下将对上述案件在司法实践中的定罪量刑情况以及存在的问题进行分析。

1. 虚开增值税专用发票罪

本罪一审案件中约49%的案件被判处三年以下有期徒刑的量刑幅度内；37%的案件属于虚开税款数额较大或有其他严重情节；11.6%的案件属于虚开税款数额巨大或有其他特别严重情节。案件犯罪金额在50万元至2200余万元；2.3%的案件被判处了无期徒刑，虚开数额为2500余万元至5000余万元。本罪在量刑上存在两个问题：一是数额的计算，二是标准的确定。

关于数额的计算问题，虚开增值税发票者通常形成虚假的进项税额和销项税额，计算作为虚开增值税专用发票罪法定刑升格条件的“虚开的税款税额”，是以销项税额计算还是以进项税额计算，抑或将两项合并计算，存在争论。理论上存在两种对立的观点：一种观点认为应将销项税额与进项税额累计计算。理由是，虚开销项发票给国家造成的损失体现为被他人（受票人）骗取抵扣税款；虚开进项发票给国家造成的损失体现为被行为人（出票人）自己骗取抵扣税款，在计算损失时，应当严格依据法律的规定，分别认定，累计

---

① 数据统计截至2016年11月。

② 第五章侵犯财产罪中盗窃占该章全部罪名的70%；诈骗占13.9%；抢劫占7.2%。因侵犯财产犯罪量刑已经有了明确的规范化规定，本课题不再涉及。

计算。另一种观点认为不应累计计算。理由是,税收的征收对象是一国范围内所发生的商品或劳务交易,而犯罪分子为虚开销项发票而同时虚开进项发票的情况下,国家因其行为的损失根源在于他人接受了其虚开的增值税专用发票后,得以虚构成本,不按实际发生的商品或者劳务交易向国家纳税,骗取抵扣应缴国家税款或出口退税款。犯罪分子虚开进项发票的目的是降低犯罪成本,掩盖自己虚开销项发票的犯罪事实。由于实际上在这一纳税环节并没有发生商品或者劳务交易,国家原本就不须在这一环节征税。从这一环节上看,国家税收实际没有损失。所以,在计算犯罪行为给国家造成损失时,应以其虚开的销项税款被抵扣所造成的实际损失为准,对自己为自己虚开的进项税款酌情考虑。我们认为,计算虚开的税款数额时,应考虑的是国家税款实际被非法抵扣的可能性。如果行为人为他人在真实的增值税专用上进行虚开,则不仅受票人通常会用之抵扣税款,而且行为人为避免缴纳增值税,必然会自己亲自虚开或者让他人为自己进行虚开(包括在伪造的发票上虚开),只要进项税额没有超出销项税额,因为行为人原本就没有缴纳增值税的义务(就为他人虚开的增值税额而言),国家实际可能遭受的税收损失来自受票人用虚开的增值税发票抵扣税款,因此,只需将为他人虚开增值税发票所形成的销项税额作为"虚开的税款数额"认定即可,但若进项税额超过了销项税额,由于本人抵扣税款的数额会超出受票人抵扣税款的数额,应以进项税额作为"虚开的税款数额";如果行为人为他人虚开的发票是伪造的增值税发票,由于是在伪造的发票上虚开,行为人不会因此产生纳税的义务,不仅受票人据之抵扣税款会造成国家税款损失,行为人自己亲自虚开或者让他人为自己虚开(无论真实的还是伪造的增值税发票),行为人也会用其抵扣税款而使国家遭受税款损失。由于为他人虚开的是伪造的发票,所谓销项税额与进项税额并没有关系,两头都会导致国家税款损失,故应合并计算(累计计算)。

关于本罪量刑标准的问题:最高人民法院研究室于 2014 年 11 月 27 日作出《关于如何适用法发〔1996〕30 号司法解释数额标准问题的电话答复》,为了贯彻罪刑相当原则,对虚开增值税专用发票案件的量刑数额标准,可以不再参照 1996 年的规定。在新的司法解释制定前,对于虚开增值税专用发票案件的定罪量刑标准,可以参照最高人民法院《关于审理骗取出口退税刑事案件具体应用法律若干问题的解释》的有关规定。根据最高人民法院研究室法官对电话答复的解读,虚开增值税专用发票案件的立案追诉标准没有变化,仍是虚开数额 1 万元以上或致使国家税款被骗取 5000 元以上;虚开的税款数额较大的标准由 10 万元提高到 50 万元,其他严重情节由致使国家税款被骗 5 万元增加到 30 万元,数额巨大的标准由 50 万元提高到 250 万元,其他特别严重情节由致使国家税款被骗 30 万元增加到 150 万元。对应上述标准,实践中上述一审案件有 30.2% 的案件适用了上述量刑标准。

2. 虚开发票罪

本罪有两个量刑幅度,情节严重的,判处有期徒刑 2 年以下,立案追诉标准为虚开发票 100 万元或虚开金额累计在 40 万元以上的;情节特别严重的,判处有期徒刑 2 年至 7 年。本罪近三年仅 1 件认定情节特别严重,虚开数额为 1600 万余元。另一件案件的虚开数额为 2600 万余元,但仅被认定为情节严重。可见,在情节特别严重的认定标准上,可能还需要统一尺度。

另外，在定性上，虚开发票罪中的发票是否限定于真发票存在争议，一种意见认为，虚开伪造的发票应以持有伪造的发票罪定罪，理由为法律已明确将虚开发票中的发票界定为除增值税、用于骗取出口退税、抵扣税款等专用发票以外的其他普通发票，根据文义解释，这里的发票仅指真发票。另一种意见认为，虚开发票罪中的发票是指除增值税专用发票和可以用于出口退税、抵扣税款发票以外的一切发票，既包括合法、真实、有效的发票，也包括伪造的发票。样本判决书中有4件案件，被告人有虚开伪造发票的行为，构成虚开发票罪，第二种观点得到了司法实践的支持。将虚开发票犯罪中的发票理解为包括真实的与伪造的，从体系解释上是协调的。从司法实践看，购买伪造的发票后进行虚开，也正是实施伪造、购买发票犯罪行为人的目的之所在，出售、虚开发票者也常常将伪造的发票冒充真实的发票进行出售和虚开，以骗取钱财，将虚开发票犯罪中的发票解释为包括伪造的，也不违背一般人的预测可能性，不至于违背罪刑法定原则。

3. 非法出售发票罪及出售非法制造的发票罪

在刑法中，对于出售真发票和假发票的量刑标准是统一的，即第一量刑档为二年以下有期徒刑，立案追诉标准为份数100份或票面额累计40万元，第二量刑档为情节严重，判处2年以上7年以下有期徒刑。上述两罪近三年共有100余件一审案件。从量刑结果来看，刑期较轻，47.2%的案件适用缓刑，30.9%的案件适用拘役，20.9%的案件判处有期徒刑，最高刑期不超过2年。在样本判决书中，有8件被认定为情节严重，发票份数从1200份到7200份，也存在份数刚过100件，但发票累计票面额达到2200万元的情况。现行法律及司法解释均未对何种情况构成“情节严重”作出明确规定。实践中不同法院存在不同做法，极易造成量刑标准不统一、同案不同判的现象；同时，由于无法明确是否应判处3年有期徒刑的标准，也一定程度造成适用的诉讼程序和审判组织的不统一。

在未遂情节的认定上，上述案件中近80%认定了被告人具有未遂情节，予以从轻处罚，未认定未遂的案件中也有相当一部分案件认定了被告人被当场抓获；有2件明确表述为举报人约购，但未认定具有未遂情节。因此，认定未遂情节也存在法律适用不统一的问题。

在上述案件中，有19件案件的发票属于北京市停车收费定额专用发票、一卡通充值发票等小面额发票。以往此类犯罪中，发票的形式多以空白发票和大面额发票为主，犯罪的打击对象主要是在空白发票上填写大额款项造成国家税收巨大损失的行为。而非法出售小面额发票的追诉标准尚未单独列出，导致只要非法出售车票、票根满100份，即使累计票面金额仅为几百元、几千元也纳入了刑法的调整范围，与上述规定中列出的40万元相差甚远，司法实践中对于销售发票100份作为此类行为的入刑标准存在罪责刑不相适应的问题，应适当提高销售小面额发票入刑的份数标准①。

4. 非法持有伪造的发票罪

本罪的犯罪对象包括三类：增值税专用发票、抵税发票和普通发票。按照发票的不同类型，立案追诉标准也有区别，增值税专用发票为50份或票面额累计在20万元以上，抵税发票为100份货票面额累计在40万元以上，普通发票为200份或票面额累计在80万

① 或者辅以但书规定，否则确实存在打击过大的问题。

元以上。就样本判决书而言,仅有1起案件涉及少量增值税专用发票,其余均为非法持有伪造的普通发票,其中5件为数量巨大,应在2年到7年之间量刑,发票份数最少3800张,最多34万张,数量巨大的标准需要进一步明确。

(二)涉食、药品安全犯罪

1. 审理现状和特点

涉食药品安全的刑事犯罪罪名主要包括生产、销售不符合安全(卫生)标准的食品罪,生产、销售有毒、有害食品罪,生产、销售假药罪和生产、销售劣药罪等。从全国法院的审判实践来看,近年来,涉及食品安全的案件有明显的上升趋势。2010年至2012年,全国法院共审结生产、销售不符合安全(卫生)标准的食品刑事案件和生产、销售有毒、有害食品刑事案件1533件[①]。同期,北京法院审结上述罪名的一审案件三年共计不到20件。而从2013年至2015年,北京法院审结上述罪名的一审刑事案件,2013年为230余件,2014年为920余件,2015年为600余件,三年共计1700余件,仅北京一地,该类案件数量已经超过前三年全国的总数,上升幅度巨大[②]。生产、销售假药罪和劣药罪从2010年至2012年的500余件下降为近三年的180余件。[③]

相当一部分生产、销售不符合安全(卫生)标准的食品的行为发生于小规模的经营者,北京近三年审理的涉上述4个罪名的案件中,约94.78%的案件仅为一名被告人。3名被告人以上的案件不足10件。[④] 该类经营行为的范围不大,经营方式不规范,多为自己生产或零散渠道进货销售,对此类案件的查处难以实现打击大规模危害食药品来源的目的。

该部分案件的犯罪手段相对比较专业,犯罪分子具有化工、医药等综合性专业知识。[⑤] 不少案件的销售方式开始从普通零售、批发转为通过互联网、电话推销、快递、物流来销售,因此使线索发现和证据收集均存在一定困难,不易查处。

2. 案件量刑中存在的问题

(1)刑事政策不够明确,执法人员认识模糊、重视不足

强化防止犯罪的对策,建立能有效抗击犯罪的社会,是当今刑事政策的目标。其核心是防止犯罪的国家活动,包括犯罪预防和抑制两个方面。[⑥] 食药品安全问题近年来不断

---

① 《关于办理危害食品安全刑事案件适用法律若干问题的解释》新闻发布稿:"2011年、2012年全国法院审结生产、销售不符合安全(卫生)标准的食品刑事案件和生产、销售有毒、有害食品刑事案件同比增长分别为179.83%、224.62%;生效判决人数同比增长分别为159.88%、257.48%。"载人民网:http://legal.people.com.cn/n/2013/0503/c42510-21360052.html,2016年5月8日最后访问。

② 此类案件数量的急剧上涨,主要原因是2013年之后打击力度的加强,但是此类行为的高发是现实基础。

③ 经过检索裁判文书,发现,2012年,涉及"毓婷"假避孕药案件集中爆发,有约290件案件均为假冒"毓婷"案件。除去该部分案件,近年来的假药、劣药案件数量没有明显变化。

④ 与一些文章所述此类案件中共犯所占比例较高的结论不同。参见胡成胜、盛宏文:《危害食品安全犯罪刑法规制的困境及出路》,载《重庆工商大学学报》(社会科学版)2015年第5期。

⑤ 《国务院食品安全委通报打击食品安全犯罪形势》答记者问。载北方网:http://news.enorth.com.cn/system/2011/09/27/007868534.shtml,2016年5月8日最后访问。

⑥ [日]大谷实:《刑事政策学》,黎宏译,中国人民大学出版社2009年版,第4页、第29页。

被提及,2013年还出台了有关食品安全的类罪司法解释,对于此类案件的审理提供了一定的指导。一定程度上增强了对此类案件的惩处力度。但是无论是从案发数还是从对社会公众对食药品安全的体感治安[①]来看,效果仍不明显。作为针对食药品安全问题的刑事政策仍然不够明确。一个明确的刑事政策,对刑事司法活动具有较强的指引作用。在抢劫罪、抢夺罪、危险驾驶等犯罪中,有“严打”的政策指引,对于行政执法、刑事执法和司法人员强化打击意识,能够有明显的作用。目前,该类政策在涉食药品领域的刑事领域中并不明显,导致执法人员,尤其是审判前阶段的执法人员对于该类行为的重视度不足,间接造成查处力度不够。

(2)刑罚轻缓化较为普遍

对于涉食药品安全的刑事案件的量刑,还普遍存在缓免率较高、刑罚相对较轻、罚金刑较低的现实问题。如北京市近三年审理的此类案件,94%的案件适用了简易程序,刑罚相对较轻[②],缓刑适用率较高,涉食品的两个罪名的缓刑率约为24.5%,涉药品的罪名的缓刑率在19%左右。[③]

3.对涉食药品安全案件完善量刑思路的对策建言

(1)统一执法理念,量刑中要有轻轻重重之分

在涉食药品安全的问题上,首先要有明确的政策指引或者理念指导。针对目前的市场环境和司法实践的现状,我们认为应当坚持两个方面的执法理念。

针对重大食药品安全事件,量刑时必须树立“严打”观念。所谓“治乱世用重典”,针对重大食药品安全事件,刑罚的功能要体现在严厉上,以发挥特殊预防的作用。如“三聚氰胺”“毒奶粉”等具有全国或者区域性的重大食药品安全案件,应当给予较为严厉的刑事处罚。另外,针对危害并不大的食药品案件,执法理念应当体现在“严而不厉”上,以充分发挥刑罚的一般预防作用。即只要存在违法行为,就应当受到处罚。对其量刑可以符合一般刑法规定即可,不必过分严厉。总之,根据具体案件的危害性区别对待。对于重大案件,要精准打击并严厉处罚,对一般案件,要有罪必罚,强调刑罚的及时性和必然性。两种情形分别体现宽严相济刑事政策的严宽两面,防止刑罚总效能的过分递减。从上文统计的北京地区的数据来看,对重大案件的处理和一般案件的有罪必罚两个方面可能还存在不足,在对一般案件从宽上基本已经实现。

(2)罚金刑的判罚标准

按照《关于办理危害食品安全刑事案件适用法律若干问题的解释》中的规定,犯生

---

① 体感治安,指在犯罪数值或者资料之外的,国民对治安的想象或感受到的治安水准。参见[日]大谷实:《刑事政策学》,黎宏译,中国人民大学出版社2009年版,第4页、第27页。

② 以生产、销售不符合卫生标准的食品罪为例,近三年,北京共判处了被告人164人。其中,判处主刑情况最高是有期徒刑5年,最低是拘役2个月,平均是11个月零4天。生产、销售有毒有害食品罪,北京市近三年判处了被告人1261人。其中,判处主刑情况最高是6年,最低是4个月,平均是6个月零26天。生产、销售假药罪,北京市近三年共判处被告人482人。其中,判处主刑情况最高是有期徒刑13年,最低是拘役1个月零7天,平均是11个月零6天。

③ 缓免率无法精确查询,通过查阅能够检索到的所有裁判文书,判处缓刑的涉食品刑事一审案件约434件,涉药品的一审案件约为36件,均无免予刑事处罚案件。2010年至2012年,涉药品的刑事一审案件缓刑率约为19%。

产、销售不符合安全标准的食品罪,生产、销售有毒、有害食品罪,一般应当依法判处生产、销售金额二倍以上的罚金。但实践中绝大部分案件因无法证明销售金额,导致司法解释中有关罚金刑的判罚标准几乎无法执行,多数案件仅判处数千元至一万元的罚金①,远低于犯罪分子无法被查明的获利。但此类犯罪的主要原因是追求经济利益,如果在无法查明销售金额或者违法所得的情况下,一律给予较轻的罚金刑,会造成犯罪成本低,刑罚威慑力丧失的弊端。因此,即便在销售金额无法查明的情况下,也应当适度加大罚金刑的判罚。如上文所述,应当结合违法经营活动的时间、所涉食药品的单价等因素加大罚金刑的处罚。课题组建议,原则上应当以一万元至五万元为罚金刑的起点。

(3)禁止令要判罚明确,监管要进一步落实

尽管在2011年《刑法修正案(八)》出台了禁止令的规定,但在2013年之前的案件,在食药品安全领域判处缓刑和管制刑的极少附加禁止令。2013年的司法解释明文规定要对实施涉食药品安全犯罪行为的,应当严格适用缓、免刑。对于适用缓刑的,应当同时宣告禁止令,禁止其在缓刑考验期限内从事食品生产、销售及相关活动。但是,对于禁止令的判罚,有的判决仅禁止从事特定食品的生产、销售活动②,并不完全符合禁止其从事食品生产、销售的司法解释精神;另外,对于禁止令的执行和监管,还应当予以明确,否则长期空判将会造成禁止令的威信丧失。

综上所述,在食药品领域危害行为的多发和潜在危害的巨大性,需要我们在量刑时更为针对性。在刑事法律层面,通过加大违法成本减少潜在的犯罪是管控的主要思路,现阶段应当强调处罚的及时性和必然性,对重大案件,要体现刑罚的严厉性。同时,尽可能地发挥附加刑和禁止令的作用。

(三)合同诈骗案件

1.案件审理现状和特点

近年来,合同诈骗案件数量呈现逐年上升的趋势,年均在160件左右。同期的上诉率约为30%。经过分析上述案件文书,发现合同诈骗案件在审理中存在以下特点:

(1)共同犯罪形态较多

认定了共同犯罪的案件占17.4%,涉及人数占45.3%。其中,区分主从犯的案件数量为63件,占共同犯罪案件中的58.3%。认定了单位犯罪的案件共有27件,其中将单位列为被告人的为12件,还有15件案件虽是单位犯罪,但并未将单位列为被告人。参与单位犯罪的被告人人数为108人,其中被认定为直接负责的主管人员的人数为44人,被认定为其他直接责任人员的人数为64人。

(2)影响量刑的情节较多

在量刑情节方面,上述案件认定累犯占全部被告人的8.8%。认定自首的占9.14%;认定如实供述的占31.78%;获得被害人谅解的占8.80%;在案扣押部分或者全部款物的案件占10.95%,其中部分法院认定全部退赃、部分退赃的情节,也有部分案件虽然扣押

---

① 从能够查阅的裁判文书来看,京津冀三地此类判决绝大多数判处了数千元不等的罚金,极少数案件判处10万元以内的罚金刑。

② 如河北顺平县(2014)顺刑初字第100号判决,判处禁止被告人缓刑考验期间从事豆芽生产、销售活动。

款部，但裁判文书未表述退赃。

(3)认定“以其他方法”实施合同诈骗的形式最多

引用了《刑法》第224条第1项的案件数量占比22%，引用了该条第2项的案件数量占比4.6%，引用了该条第3项的案件数量占比6.2%，引用了该条第4项的案件数量占比16.1%，引用了该条第5项的案件数量占比50%。

2. 量刑存在的问题及分析建议

(1)刑期分布不科学

根据统计，被判处无期徒刑的被告人数占比约50%，比例明显偏高。产生这一现象的主要原因是，虽然“数额特别巨大”的标准从以往的20万元提高至50万元，但北京市对中级人民法院管辖诈骗类案件的金额调整不大，犯罪金额在400万元以上而又无其他从轻处罚情节的，基本都被判处无期徒刑。无期徒刑作为诈骗类犯罪的最高刑，应当慎重适用，无论是纵向还是横向比较，这一标准都应进一步提高。以此来扩大合同诈骗案件中10年以上有期徒刑的适用比例，使刑期分布更加科学。此外，被判处5年到10年有期徒刑之间的被告人数量不但少于5年以下有期徒刑被告人的数量，还明显少于被判处10年至12年有期徒刑的被告人的数量。造成这一现象的原因在于诈骗类犯罪“唯数额论”的传统，只要犯罪数额超过50万元，如果没有法定减轻处罚的情节，就必将被判处10年以上有期徒刑，即使被告人已经全部退赔被害人的损失也在所不论。导致大量被告人在10年至12年有期徒刑刑档上“扎堆”。如何使该罪刑期分布更为合理，是理论和实践都需要考虑的问题。

(2)附加刑的规定幅度过大，适用不统一

首先是财产刑的判罚。在我们统计判决书的过程当中发现，有的罚金刑和主刑的刑期相差很大，主要的原因是在案扣押的款物或者被告人及其家属退赔数额超出犯罪数额及正常罚金的幅度，对于超出的部分，法院在判决时一并计算到罚金之内，予以收缴、没收了。尽管这样判处罚金刑也没有违反法律的规定，但是从统一判罚尺度来说是不利的。因此，应当尽量避免这样的罚金刑出现，同时，法律规定的罚金刑幅度也过于宽泛，应适当限制。其次是关于剥夺政治权利的附加刑的判罚。通过分析，实践中基本上对判处有期徒刑7年以上的诈骗罪被告人开始并处剥权的附加刑，而这种区别对待的刑罚又没有什么充分的理由，因此，这里存在判罚尺度不统一的问题。考虑到合同诈骗罪可能被判处的刑期和实践中附件刑的适用情况，同时尽可能地统一罚金刑和剥夺政治权利刑的适用。我们建议增加两条规定：一是“犯合同诈骗罪的，应当并处1千元以上，犯罪数额2倍以下罚金。”二是“对于因犯合同诈骗罪，被判处十年以上有期徒刑的被告人，应当并处剥夺政治权利。”

(3)被害人损失无法及时得到弥补

根据统计，在合同诈骗犯罪案件中，被害人的损失几乎无法得到及时弥补，即使不考虑全部追、退赃的情形，部分追、退赃的比例也非常低。刑法的价值之一，在于应当尽早使遭受损害的社会利益得以弥补、使破裂的社会关系得以修复，但至少在合同诈骗案件中，这一价值并未体现。除案件本身特点使然外，被告人消极退赃也是一个重要原因。作为合同诈骗案件的被告人，他们往往存在以下心理：一是在被害人报案之前，不退赃。二是在被害人报案后，如果退赃能“撤案”，则退赃。三是在被采取强制措施后，如果退赃能被取保候审，则退赃。四是如法定最高刑在有期徒刑3年以下，则一审宣判前退赃，否则在一审程序中，基本不退赃，以便试探法院在无从轻情节时对被告人所判处的刑罚。五是二审上诉审理期间，如退赔可能换取大幅度从轻处罚则退赔，否则不退赔。趋利避害乃人之天性，作为刑事案件的被告人更是如此，经统计，被告人主动退赃的行为主要发生在取保候审之前、法定最高刑3年以下的一审宣判前或者其他案件的二审宣判之前，主要目的是获得“自由”或大幅从轻处罚。因此，最高人民法院、最高人民检察院《关于办理诈骗刑事案件具体应用法律若干问题的解释》（以下简称《诈骗解释》）第3条第2项的规定对被害人损失的及时弥补确实起到了积极作用，那么，是否可更进一步，将部分退赔作为法定的从轻情节、将“数额巨大”“数额特别巨大”中全部退赔作为法定的减轻处罚情节，值得研究。建议将退赃作为合同诈骗罪中法定从轻情节予以规定，对于全部退赃的，可以依法减轻处罚。

（4）对冻结的股权、查封的房产、扣押的货物考量不足

据统计，部分案件虽扣押了被告人的股权、货物、房产等，但并未在判决部分表述部分赃款赃物已追回，在量刑时亦未对上述物品能否弥补被害人的损失进行充分考量。对此现象产生的原因，我们可以从两个角度进行分析。第一，无法准确判断相关股权、房产、货物的实际价值。上述物品的价值实时变化，且部分存在先行债务抵押关系，余值多少无法判断。第二，被害人基于自身利益的考量，不愿以相关股权、房产、货物折抵被骗金额。实践中，对类似赃物的处理容易产生两种错误倾向：一是只要在案扣押了可能弥补被害人损失的物品，即对被害人酌予从轻处罚，而不论可能弥补损失的多少；二是只要被害人的损失没有实际得到弥补，就不考虑对被告人从轻处罚。我们认为，应当理性对待股权、房产、货物等扣押财物，应当对相关财物的价值有所预估，可对相关扣押物品进行价格评估，再作为是否对被告人从轻处罚、从轻幅度的考量依据。

（5）共同犯罪中主从犯的认定标准不统一

目前实践中对共同犯罪中区分主从犯有不同的认识。有观点认为，在共同犯罪中的各被告人的作用只要有所区分，就应当尽量区分主从犯。还有观点认为，在共同犯罪中的各被告人的作用必须差距明显，方能区分主从犯。例如，被告人甲伙同被告人乙共同欺骗被害人丙，并由乙与丙签订购销合同，当被害人丙支付乙货款1000万元后，上述款项中的900万元被甲占有，100万元被乙占有。第一种观点认为乙应当认定为从犯，理由是乙听命于甲实施犯罪，目的就是为了占有部分好处费。第二种观点认为甲乙不应区分主从，理由是乙虽听命于甲，但乙是诈骗行为的直接实施者，且乙确实占有了部分赃款。我们认为，欺骗行为和占有赃款，是合同诈骗罪的两个关键考量因素，如果共同犯罪中多被告人均实施了诈骗行为，且均获得赃款，原则上不应当区分主从犯，但是如果部分被告人实际骗取的赃款与被害人实际损失的赃款差距较大，甚至涉及“档上档下”情形的，可以作为上述原则的例外。

（6）单位犯罪中不起诉单位

存在单位犯罪中只起诉个人而不起诉单位的情况。造成上述情况的原因是多方面的，如被告单位已经终结，根据最高人民检察院《关于涉嫌犯罪单位被撤销、注销、吊销营

业执照或者宣告破产的应如何进行追诉问题的批复》,对单位不再追诉。由于上述问题的存在,使单位不具有被告主体身份,能否处理单位账户中的款项,进而能否作为被告人从轻处罚的依据就存在一定疑问。建议法律明确规定,被告单位虽然被撤销、注销、吊销营业执照或者宣告破产,或者公诉机关虽未起诉单位但已将被告人作为单位中直接负责的主管人员或其他直接责任人员起诉的,如单位仍有条件承担相应的刑事责任,仍应当成为罚金刑、责令退赔或继续追缴的对象。

(7)不重视赃款用途对被告人责任的影响

经统计,绝大多数判决书未对被告人骗得赃款后的使用情况进行表述,在司法实践中,赃款去向是必须查明的事实之一,但在判决书中未对此予以表述,说明除退赔外,赃款去向并未成为考量被告人责任的因素。根据刑事归责理论,被告人的主观恶意应当成为归责对象。我们认为,赃款用途能够反映被告人的主观恶性,理应成为归责考量的因素。例如,有的被告人因身患重病急需医治而诈骗,有的被告人则是为了赌博、吸毒而诈骗,无论是从人身危险性、期待可能性、社会评价度的任何一个方面理解,前者的主观恶意明显低于后者,如不加区分,不对被告人进行责任大小的认定(刑事归责),而仅严格按照数额进行量刑,显失公允。按照犯罪构成四要件理论,对一个被告人科刑应当按照定罪、归责、量刑的逻辑顺序进行,目前我国刑事归责理论萎缩,使量刑的范围涵盖到了被告人的主观方面,似乎主观恶性和数额成了对等的平行关系而非逻辑的先后关系。建议明确赃款用途对被告人责任大小的影响,并以此为基础结合犯罪数额进行量刑。

(8)诈骗手段法条涵盖率低

根据统计,以虚构单位或者冒用他人的名义签订合同的比例为22.87%;以伪造、编造、作废的票据或者其他虚假的产权证明作担保的所占的比例为4.67%;没有实际履行能力,以先履行小额合同或者部分履行合同的方法,诱骗对方当事人继续签订和履行合同所占的比例为6.28%;收受对方当事人给付的货物、货款、预付款或者担保财产后逃匿的所占的比例为16.10%;以其他方式进行合同诈骗所占的比例为50.08%,可见,合同诈骗罪所规定的几种典型诈骗手段与案件具体情况已经严重脱节。造成此问题的原因主要有两个方面:一方面是某些犯罪手段的确不能为已有法条所涵盖。经统计,采用"托儿"的形式诱使被害人签订合同,进而骗取被害人钱款的情况较为常见。另一方面是部分诈骗手段随与已有规定较为接近,但为稳妥起见,适用"其他"条款。《刑法》第224条第3项业已明确的"没有实际履行能力,以先履行小额合同或者部分履行合同的方法,诱骗对方当事人继续签订和履行合同"的诈骗手段,基本能够涵盖上述形式,但适用该条款的比例过低,例如,较为常见的"一房多卖""一房多抵"等形式的诈骗手段,符合"没有实际履行能力"的规定,但因部分被告人没有实施"先履行小额合同或者部分履行合同"的行为,实践中援引该条款的案件并不多。建议进一步抽象合同诈骗罪中诈骗方式的具体条款,便于实践中灵活适用。

(9)合同诈骗与普通诈骗不宜在入罪和量刑的标准上有太大的区别

首先,两个罪名的差别不大。合同诈骗罪与普通诈骗罪在主观方面都是以非法占有为目的;犯罪方法都是采用虚构事实,隐瞒真相的方法;犯罪结果都是骗取他人财物。实践中把握作为特殊法条的合同诈骗罪与普通诈骗罪唯一的区别仅在于是否使用合同的方式。其次,两者不宜在入罪和量刑的标准上有太大的区别。1997 年《刑法》修订前,对利用合同骗取数额较大的公私财物的行为,都是以诈骗罪定罪的。1996 年的《诈骗解释》中明确规定,利用经济合同诈骗他人财物的数额较大的,构成诈骗罪。在 1997 年的新《刑法》中,增设了合同诈骗罪,这样规定的原因实际上是考虑到利用合同实施诈骗的行为不仅侵犯了他人的财产权利,而且侵犯了国家经济合同管理制度。应该说,根据当时的社会发展形势,1997 年《刑法》出于强调维护国家经济管理秩序的目的,将合同诈骗单独规定为一个罪名是恰当的。但是随着社会主义市场经济的进一步发展,合同已经渗入社会生活的各个领域,普通的诈骗行为与通过合同实施的诈骗行为在诈骗数额上的明显差异也基本上不复存在。另外,从司法实践的情况来看,被告人基于概括的犯罪故意实施的一系列犯罪行为中,既有通过合同实施的又有不是通过合同实施的诈骗行为的情况下,在定罪时,如果仅因使用合同与否就确定了不同的罪名,就使司法操作显得机械复杂,同时也增加了量刑的烦琐,还容易产生量刑不均衡的现象。可见,诈骗罪与合同诈骗罪在主观责任、客观危害上没有本质差别,两者在定罪量刑的标准上也应该统一,这样不仅在处罚上更加公平,能够做到罪刑相适应,而且也可以避免司法实践中的混乱。

二、贪污贿赂犯罪高发罪名的量刑现状和问题

我国《刑法》分则第八章关于贪污贿赂犯罪的法律规定,是司法机关审理贪污贿赂犯罪案件的主要依据,新出台的《刑法修正案(九)》及其司法解释,对司法实践中打击贪污贿赂职务犯罪具有重要的指导和规范作用,同时也逐渐暴露出一定的问题与不足。为掌握北京地区关于贪污贿赂犯罪的法律适用现状,课题组整理了北京市各级法院近三年以来审结的贪污贿赂类案件中,贪污罪占 25%,受贿类犯罪占 52%。其中共同犯罪类案件占比约 10%。

(一)审理现状和特点

1. 犯罪金额的分布与结构情况

经统计,贪污、受贿犯罪的犯罪金额分布主要集中于 3 万元以上不满 150 万元金额段,约占总体的 69%,其中贪污犯罪占其总体的 72%,受贿犯罪占其总体的 66%;在 300 万元以上不满 1000 万元犯罪金额段中,贪污犯罪占其总体的 6%,受贿犯罪占其总体的 14%;在 1000 万元以上犯罪金额段中,贪污犯罪占 7.4%,受贿犯罪占 11%。

行贿犯罪的犯罪金额分布主要集中于 3 万元以上不满 60 万元金额段,约占 78%,而单位行贿犯罪的犯罪金额分布主要集中于 70 万元以上不满 600 万元,约占 67%,而此区间内行贿犯罪案件数量占总体的 19%。

挪用公款犯罪的犯罪金额分布主要集中于 10 万元以上不满 100 万元金额段,约占其总体的 40%,在 500 万元以上区间内约占其总体的 27%,其中有 3 起案件犯罪金额超过了 1000 万元,一起案件的犯罪金额高达亿元。

2. 犯罪刑期的分布与结构情况

经统计,贪污、受贿犯罪的刑期实刑分布主要集中于有期徒刑 7 年以下,约占总体的 75%,其中贪污犯罪占其总体的 84%,受贿犯罪占其总体的 70%;贪污犯罪判处缓刑或免予刑事处罚约占其总体的 22%;受贿犯罪判处缓刑或免予刑事处罚约占其总体的 9%。

在10年以上有期徒刑区间内,贪污犯罪占其总体的13%,受贿犯罪占其总体的25%。

(单位)行贿犯罪的刑期实刑分布主要集中于有期徒刑3年以下,约占总体的86%。其中判处缓刑或免予刑事处罚占总体的51%。

挪用公款犯罪案件数相比较其他职务犯罪较少,但是刑期分布呈现比较明显的两极分化现象,10年以上有期徒刑、2年以下有期徒刑分布占总体的28%和61%,其中判处缓刑占总体的33%。

3. 罚金刑或没收财产的分布与结构情况

贪污、受贿犯罪的罚金刑或没收个人财产情况分布主要集中于1万元以上不满40万元段,约占总体的70%,其中贪污犯罪占其总体的78%,受贿犯罪占其总体的65%;适用100万元以上罚金刑仅占总体的5%。

(单位)行贿犯罪中判处自然人罚金刑,是《刑法修正案(九)》实施后出现的新变化,约占总体的18%,与未判处罚金刑的自然人相比占比相对较低,其中一起单位行贿案件中判处被告人罚金刑到达100余万元①。

4. 量刑情节和处罚情况的分布与结构情况

经统计,在各罪的量刑情节中,最多为自首,其次是全部退赃、认罪悔罪、一般如实供述和部分退赃。其中,自首情节约占全部情节的24.5%;退赃情节包括部分和全部退赃约占全部情节的42%。

在各罪的处罚情况中,最多为依法从轻处罚,约占总体的66%;其次是酌予从轻处罚和减轻处罚,分布约占总体的14.6%和12.2%;从轻处罚和减轻处罚共同占总体的92.8%,无从轻、减轻处罚情况的占总体的5%。

(二)量刑方面存在的问题及分析

2015年11月1日即《刑法修正案(九)》出台后,贪污贿赂犯罪案件审理出现的一些新的变化,为惩贪肃腐提供了更强有力的法律支持。例如,量刑档提高,罚金刑普遍适用以及量刑情节成为裁判重要的裁量因素,这些新的变化对于司法机关依法审理贪污贿赂案件、打击贪污贿赂犯罪,具有重要的推动作用。但是,通过第一部分对于样本的统计和分析也发现了一些问题,主要包括以下四个方面。

1. 缓免等轻刑比例较高

在司法实践中,贪污贿赂类案件判处刑罚的情况呈现明显的缓免率偏高的特点,尤其是在(单位)行贿犯罪中,判处缓刑或免予刑事处罚的比重超过了此类案件的一半以上,无法全面地体现法律的权威性和打击职务犯罪的力度。经统计,判处缓刑或免予刑事处罚约占样本总体的26%。其中,(单位)行贿犯罪判处缓刑或免予刑事处罚约占案件总数的51%。缓免率偏高在全国范围内也有不同程度的体现,造成这一现象的原因除了我国刑罚关于缓刑、免予刑事处罚适用的实质要件的规定过于抽象,缺乏针对性和可操作性之外,还有司法机关对从轻情节把握从宽、对行贿犯罪打击力度不够等因素。此处,由于此类案件多数具有自首、退赃等从轻、减轻量刑情节,也是轻刑化的客观原因。

---

① 因涉及从旧兼从轻的原则适用争议,故罚金刑的适用在一段时间内并不统一。

2. 罚金刑适用有待完善

在司法实践中,贪污贿赂案件总体判处的罚金刑力度相对较小,罚金刑的威慑效力有限,且在适用中存在不统一、不规范的情况。通过对比,犯罪金额与罚金刑数额基本成一致关系,但总体的罚金数额远远少于总体的犯罪数额,这与司法解释中规定的最高限即犯罪数额的二倍以下的标准,仍具有较大的差距。在(单位)行贿犯罪中判处自然人罚金刑,可能还存在如何理解适用从旧兼从轻原则。

3. 行受贿的处罚不够均衡

我国刑法理论和司法实务一般认为行贿罪和受贿罪是典型的对合犯,在贿赂关系中,如果没有一方支付利益,也就不会存在收受利益的情形,因此行贿犯罪是受贿等职务犯罪的重要诱因和源头,已成为当前滋生腐败的突出问题。然后,在司法实践中,行贿犯罪惩治不力的现象一直存在,不仅冲击了"从源头上治理腐败"的正确理念,又反过来助长了贿赂案件的多发势头。据统计,北京各级法院近三年审结的行贿和单位行贿案件数量仅占同期受贿罪案件数的42%。主要原因在于司法实践中存在一定"重受贿轻行贿"的观念导向,办案人员多通过讯问行贿人获取证言以支撑受贿罪的证成,形成了利用行贿人证言突破受贿人口供的做法,因此多根据《刑法》第390条第2款的规定,通过认定行贿人系"在被追诉前主动交代行贿行为"对行贿人从轻处罚甚至不处罚,以换取行贿人积极配合,客观上导致了行受贿案件数量不对等、行贿类案件较少的情况的产生。

(三)对策建议

贪污贿赂职务犯罪所呈现的缓免率高、轻刑化突出、罚金刑适用不完善以及行受贿对合性不强等问题的背后存在深层次的原因,常常相互纠结,呈现一种多向性的复杂结构。换句话说,这本身是一个系统工程,不能单纯依靠某一个机关或者某一项对策就能彻底根除,因此,应该从宏观上加以把握、从全局加以考虑,包括立法本身的规定到司法环节的操作、思想观念的问题到实践行动的实际。

1. 严格从轻、减轻情节认定

应进一步严格按照法律规定来认定符合自首、如实供述、立功等从轻、减轻情节的职务犯罪分子,严格适用缓刑、免刑的程序和范围。不能为了防止轻刑化和降低缓免率就剥夺其应有的正当权利,但是对于不符合法律规定的自首、立功情节以及缺乏正当性的减刑情节都应该严格加以审查予以纠正。在司法操作层面,应对涉及职务犯罪的自首、立功等从轻减轻情节的问题进行细化、审慎处理,通过从严掌握和统一裁判尺度标准以规制司法人员在该环节的自由裁量空间。此外,端正查办职务犯罪的思想观念,转变对职务犯罪的危害性认识,防止降低立案查处的起点,也是改善贪污贿赂犯罪缓免率高、轻刑化现状的关键因素。

2. 加大财产刑适用力度

对于贪污贿赂犯罪,仅仅通过追缴犯罪分子的赃款、财物并判处犯罪金额内的罚金或没收财产使其受到经济上的惩罚,是存在一定问题的。对于一定数量的职务犯罪分子来说,司法机关查处都存在一个"犯罪黑洞"的问题,即因为时代久远、侦查力度、证据缺失、行为性质难界定等原因,犯罪分子被司法机关查处的金额只占他们实际犯罪金额的一部分甚至是一小部分,"一时服刑、刑满享受"或"一人坐牢,全家享受"这种现象并非个例。

因此这种财产上的惩罚，不但不足以惩罚犯罪分子本人，也不能震慑潜在的腐败分子并难以遏制腐败犯罪。职务犯罪属于贪利性犯罪，理应付出大于获利的犯罪成本，通过根据职务犯罪对社会的危害程度适用不同的财产刑，并加大职务犯罪财产刑的适用范围和幅度，有效防范和避免犯罪分子案发时转移财产、刑满后继续享用的现象发生。同时，财产刑的适用也要依法、规范、公正，根据犯罪分子的具体犯罪金额结合不同情节确定，不能滥用、乱用，做到公正公平、不枉不纵。

3. 提高行贿犯罪惩罚力度

减少和遏制贿赂犯罪不仅需要严厉惩治受贿罪，同样须严惩行贿罪。“重受贿、轻行贿”的处罚模式，短时间内显现出的是查处受贿犯罪的大量增加，但是从长远来看这种非对等的处罚方式忽略了行贿、受贿犯罪的对合性，造成腐败犯罪更加有恃无恐的后果。建议应严格执行《刑法修正案（九）》及其解释对于行贿犯罪的新规定，充分认识行贿犯罪的社会危害性和贿赂犯罪的对合性，转变“重受贿、轻行贿”的思想观念，惩治行贿、受贿不能顾此失彼、“一手软一手硬”，而应当统筹兼顾、齐头并进。对于情节较轻的、被索贿的行贿人可以视案件情况予以从轻、减轻甚至免除处罚；但是对于情节严重的行贿犯罪，即使行贿人配合侦查提供了关于受贿事实的证言，也不宜免除或采取明显宽纵的处罚。只有把握好宽严相济政策与执法标准的尺度，才能避免造成行贿无事、放纵行贿的负面效应。

结　语

适当地量刑是刑事诉讼追求的目标，其过程则是量刑的逐步规范化。目前司法实践中采用的量刑规范化即是为此而努力的体现。但是，至少在可预见的未来，量刑仍旧是司法主体的裁量行为，仍然不可避免地存在问题和不足。因此，经常梳理和统计各罪的量刑现状，发现问题并寻找合适的解决方法，将会是不断将各罪的量刑推向进一步合理的具体路径。

存量房买卖中履行抗辩权行使之疑难问题研究*

摘要：履行抗辩权的条文在《合同法》中虽仅有4条，但履行抗辩权的行使会直接影响合同履行的顺畅程度，履行抗辩权的认定也会在争议发生后直接影响违约和解除权的认定。存量房买卖中存在诸多交易环节，衍生出买卖双方在不同的履行阶段所负担的不同义务，由此造成履行抗辩权问题的多发以及认定的复杂。本文旨在从存量房买卖中涉及履行抗辩权行使和认定的司法案例入手，分析其中可能存在的误区，分别梳理存量房买卖中三类履行抗辩权行使和认定的要点。

关键词：存量房买卖　履行抗辩权　适度扩张　转化违约

履行抗辩权是对于履行请求权的对抗，在符合法定条件时，当事人一方对抗相对人的履行请求，暂时拒绝履行其债务的抗辩。《合同法》中虽未直接使用"抗辩权"的概念，但《担保法》第20条第2款给抗辩权下了定义：抗辩权是在债权人行使债权时，债务人根据法定事由，对抗债权人行使请求权的权利。[①]《合同法》第66～69条分别规定了双务合同中履行抗辩权的实质内容，包含了通常所称的"同时履行抗辩权""先履行抗辩权""不安抗辩权"。双务合同履行中的抗辩权是债权保障的法律制度，以通过行使履行抗辩权，来保证互负给付与对待给付义务的当事人能够有效"防范信用风险、增益债权实现"[②]，就其防患于未然这点而言，作用较违约责任还积极，比债的担保亦不逊色。[③] 因此，履行抗辩权的认定在合同的履行和救济方面具有举足轻重的作用。

履行抗辩权存在于双务合同之中，房屋买卖合同属于典型的双务合同，但由于房屋买卖合同，尤其是存量房买卖合同交易过程的复杂性等原因，使存量房买卖合同中履行抗辩权的行使具有其特殊性和疑难性。当事人对于履行抗辩权的认识存在误区，可能导致正常的二手房交易出现不必要的履行障碍。法院对于履行抗辩权的把握存在偏差，可能导致对于违约事实以及合同解除的认定出现错误。因此，准确把握履行抗辩权的行使范围和认定方法，有利于厘清裁判思路，保障裁判的准确性。同时，通过司法裁判明确履行抗

---

* 课题主持人：马来客，课题组负责人：郭燕枝，课题组成员：王茂刚、张磊、柳适思、刘瑾、李正，课题执笔人：柳适思、刘瑾。

本课题为2019年部门级重点调研课题。

① 韩世远：《合同法总论》，法律出版社2018年版，第379页。

② 韩世远：《合同法总论》，法律出版社2018年版，第379页。

③ 崔建远主编：《合同法》，法律出版社2010年版，第137页。

辩权的行使界限，有利于引导当事人合理合法地行使己方权利、履行己方义务，促进和保障存量房买卖的及时顺畅履行，亦有利于维护社会稳定。

一、存量房买卖中履行抗辩权的现状

本次调研共收集整理北京、上海、广东、江苏4省市涉及履行抗辩权行使和认定的案例共计195件，其中涉及同时履行抗辩权的67件，涉及先履行抗辩权的75件，涉及不安抗辩权的53件[①]。（见表1）

表1 四省涉及履行抗辩权行使和认定的案例

地区	同时履行抗辩权	先履行抗辩权	不安抗辩权	小计
北京	9	20	20	49
上海	22	26	18	66
广东	20	14	11	45
江苏	16	15	4	35
小计	67	75	53	195

经过整理，课题组发现，对于履行抗辩权的行使和认定，主要存在以下问题。

（一）当事人对于履行抗辩权的认识误区

1. 在合同履行过程中未行使、未合理行使履行抗辩权

部分案件中，一方当事人的违约事实比较清楚，另一方随即向法院提起诉讼以主张权利，未在履行过程中向违约方表明要行使履行抗辩权。而一旦进入诉讼，就会直接使双方的合同履行陷入暂时的僵局，在此过程中提请诉讼的一方的义务如果届至履行期，其是否因为进入诉讼而无需继续履行其义务，是否还需要另行主张行使履行抗辩权？当事人的选择不一而同。部分案件中，守约方最初系行使履行抗辩权，但在履行障碍消除之后，合同具备继续履行条件之时，享有履行抗辩权的一方未及时恢复履行，则其行使履行抗辩权则不再具有正当性，其拒绝履行的行为可能转而转化为违约行为，当事人应当如何判断此中界限？

2. 对于相对方行使履行抗辩权的认识有误

部分案件中，一方正确行使履行抗辩权，但对方对此存在错误认识，未意识到该方是在正确行使权利，反而认为该方不愿意履行合同约定义务构成违约，因此不再履行己方义务，甚至主张其享有并要求解除合同。但由于一方实系行使履行抗辩权，因而不构成违约，此时主张解除合同的一方不享有合同解除权，反而可能因其行权不当而导致预期违约，从而触发相对方的合同解除权。

---

① 此次调研所涉案例均分别以“房屋买卖合同纠纷”以及“中华人民共和国合同法第六十六条”“中华人民共和国合同法第六十七条”“中华人民共和国合同法第六十八条”“中华人民共和国合同法第六十九条”为关键词，检索自无讼案例。

3. 在诉讼过程中未主张履行抗辩权

部分案件中,当事人不仅在履行过程中未主张行使履行抗辩权,甚至直至诉讼过程中,当事人也没有明确表示要行使何种类型的履行抗辩权,给法院认定是否享有履行抗辩权造成疑难。

（二）法院对于履行抗辩权的把握误区

1. 对履行抗辩权的诉辩意见总结疏漏或未进行合理释明

在收集的大部分案例中,并未直接显示法院在审理过程中是否对履行抗辩权进行了释明。部分案件中,诉辩称部分没有对于履行抗辩权进行交锋,事实查明部分也没有表述当事人行使履行抗辩权的事实,而仅在本院认为部分径行论述当事人的某一行为是否属于行使履行抗辩权或者行使权利是否适当。该种情形的出现,要么属于法院对于当事人诉辩称总结的疏漏,要么属于法院没有在庭审过程中对于履行抗辩权进行合理释明,未积极引导当事人针对履行抗辩权进行充分的举证质证和法庭辩论,至少在辩论环节和最终的判决论述中存在瑕疵。

2. 在“本院认为”部分采用履行抗辩权的理论,但未引用对应的法律法规

部分案件中,在本院认为部分论述了履行抗辩权的相关法条内容或者概念原理,但在引用法律条文部分没有对应性,未进行正确规范的援引。

例如,南通中院(2018)苏06民终4231号中,二审法院在本院认为部分引用了《合同法》第67条的规定认为买方支付房款的前提在于卖方提供其银行账号,因此在买方多次催促卖方提供银行账号但卖方均未予提供的情形下,买方未按约支付房款的行为不构成违约,并由此纠正了一审法院认定买方怠于履行付款义务的认定,二审法院作出改判判决。但二审法院并未在法条引用部分援引《合同法》第67条的规定。

3. 对于履行抗辩权是否需要当事人在履行或诉讼过程中行使的认定误区

部分案件中,当事人在合同履行阶段并未主张行使履行抗辩权,在诉讼中亦未明确表示行使何种履行抗辩权,法院是否应当认定该方当事人享有履行抗辩权,即履行抗辩权是否具有“存在效果”,存在不同的观点。

4. 对于对待给付义务能否扩张至从给付义务和附随义务的认定误区

履行抗辩权争议的义务可能出现在给付部分房款和解除抵押登记、配合办理贷款、产权转移登记、户口迁移、交付房屋之间。其中,除了给付房款和产权转移登记之间的义务均属于房屋买卖合同的主给付义务,其他诸如解除抵押登记、配合办理贷款、户口迁出、交付房屋等义务均不属于主给付义务。对于前述非主给付义务的性质的认定以及前述非主给付义务能否构成履行抗辩权中的给付和对待给付义务,法院存在不同的观点。

例如,珠海中院(2017)粤04民终873号中,合同约定:买卖双方须于2016年9月30日或之前办理完相关税费缴纳,未约定何时支付购房首付款。2016年9月8日,双方约定办理缴税及过户递件手续,见面后卖方要求买方先支付购房首付款,而买方要求先办理契税再支付购房首付款,卖方拒绝,缴税及过户递件手续遂未办理。法院生效判决认为,当事人应当遵循诚实信用原则,根据合同的性质、目的和交易习惯履行通知、协助、保密等义务。本案中,办理契税与支付购房首付款的先后顺序并无明确约定,双方应依买卖合同的

交易习惯确定双方的履行义务。法院生效判决引用《合同法》第 60 条第 2 款关于附随义务的规定，该类义务能否引发顺序履行抗辩权的行使，法院存在不同的认识。

5. 对于同时履行抗辩权的行使和双方违约行为的认定误区

部分案件中，双方互负需同时履行的义务，甲方在未履行其自身义务时即要求对方履行对待给付义务，乙方此时亦未履行其自身的对待给付义务。但乙方并未明确表示其系行使同时履行抗辩权，应认定双方均存在违约行为还是应认定乙方的未履行行为构成行使同时履行抗辩权，法院存在不同的观点。

部分案件中，双方互负需同时履行的义务，但到履行期限届至之时，双方均未履行亦未提出履行己方义务，亦未要求对方履行相应的对待给付义务，合同陷入履行僵局，此时是否构成双方违约？在双方违约的情形下，此时任一一方能否再履行己方义务，或者以提出履行的方式，要求对方同时履行对待给付义务？

例如，北京二中院（2015）二中民终字第 12244 号中，买方负有于 2012 年 4 月 30 日前支付购房款 83 万元的义务，而卖方负有于上述日期前办理注销抵押登记手续的义务。双方均主张未履行各自义务的原因是互相援引同时履行抗辩权。法院认为合同未能履行，不能归结于任意一方的违约行为所致，买卖双方对此均负有一定责任，双方均不享有合同解除权，双方签订的合同应当继续履行。合同中并未约定支付购房款 83 万元和办理抵押注销手续的先后履行顺序，故应认定需同时履行。合同履行过程中，双方均未履行亦未提出履行，而在诉讼中均主张未履行的原因系行使同时履行抗辩权，此时应认定系行使同时履行抗辩权还是应认定系双方违约？

又如，南京中院（2017）苏 01 民终 4423 号中，双方合同约定："卖方同意买方自留尾款 2 万元，在房屋交付时自行交割。双方定于全款结清时交付房屋，卖方应在正式交付房屋前腾空房屋。"后买方于 2016 年 11 月底联系卖方要求交房，卖方表示需要待 2016 年 12 月底交房，买方向卖方表示再不交房将从尾款 2 万元中扣除违约金。法院生效判决认为买方支付尾款 2 万元的义务与卖方腾空交付房屋的义务互为给付与对待给付义务，且需同时履行。在买方要求在 2016 年 11 月底交房的情形下，卖方主张要在 2016 年 12 月底交房，此时卖方的行为是否使得合同陷于迟延履行的状态，卖方是否构成违约？还是应当认为此时买方并未履行或提出履行支付 2 万元尾款的义务，买方仅要求卖方腾空交付房屋，卖方是否有权行使同时履行抗辩权？

再如，镇江中院（2017）苏 11 民终 64 号中，双方合同约定：于 2016 年 5 月 30 日前办理产权过户，买方于过户当日向卖方支付房款 18 万元，但未明确履行顺序。此时，买方支付 18 万元房款的义务与卖方办理过户的义务没有先后履行顺序，应当同时履行。交易过程中，双方均达到房产交易机构，但买方未支付 18 万元购房款，卖方因此对于买方的支付能力产生怀疑，中止办理过户手续。卖方前往房产交易机构的行为可否视为办理房屋产权转移登记义务的提出履行？如视为，此时卖方是否有权要求买方支付房款，买方能否要求卖方先办理权属转移登记手续再支付剩余房款？在买方不支付房款时，卖方是否有权暂不办理房屋产权转移登记手续，此时卖方不办理房屋产权转移登记手续的行为是否构成违约？

6. 对于履行抗辩权适用的选择误区

部分案件中，部分义务的履行时间并非一个确定的日期，而系一段期间，两方互负的义务的履行期间可能存在重合，在两个义务重合的履行期间内，如果一方要求对方履行，对方可行使同时履行抗辩权，自无异议；但若两个义务重合的履行期限届满，即一个义务的履行期限已经届满，另一个义务的履行期限虽已到来但尚未届满，此时两个义务属于存在先后履行顺序的义务，还是属于应当同时履行的义务？应当行使先履行抗辩权还是同时履行抗辩权还是履行期限尚未届满的抗辩权？

部分案件中，对于两个履行期限自始不同的义务，若两个义务的履行期限均已经届满，但尚未触发根本违约条款，在双方均尚不享有合同解除权的条件下，一方要求对方履行，对方，尤其是履行期限后届满的一方，能否行使同时履行抗辩权或者先履行抗辩权？

7. 对于不安抗辩权的行使和预期违约行为的认定误区

部分案件中，对于何种情形下可以行使不安抗辩权，存量房买卖中的不安情形与《合同法》第 68 条哪款的规定最为贴切？何种情形下应当视为不安抗辩权消灭？法院的认识亦存在不同。

例如，南通中院(2014)通中民终字第 0953 号中，卖方在收取买方支付的定金及购房款后，于订立合同的第二天即明确表示不卖房，卖方既没有按照双方的口头约定去银行办理还贷手续，亦未在合同约定期限内与买方办理收取购房款和房屋过户手续。此种情况下，卖方的行为是否属于以自己的行为明确表示不再履行房屋买卖合同？在买方不行使合同解除权的情形下，买方可否行使不安抗辩权暂时中止己方义务的履行？买受人未如约给付剩余购房款的行为是否构成违约？

又如，东莞中院(2017)粤 19 民终 5499 号中，买方提供了虚假的离婚证、离婚协议，并用以办理贷款手续，卖方据此认为买方的该行为可能导致贷款无法获批，买方不具备支付房款的能力。根据合同约定，卖方赎楼和买方办理抵押贷款的义务没有先后履行顺序，应为同时履行的义务，在买方提供虚假的离婚证、离婚协议不符合约定时，卖方进而拒绝履行赎楼手续，能否视为卖方行使同时履行抗辩权或者不安抗辩权？

二、存量房买卖中履行抗辩权行使的特殊性

(一)交易环节多，且存在交叉或关联

存量房买卖中所涉流程和环节比较复杂，据不完全统计，有中介介入的存量房买卖中可能涉及的交易环节多达 12 步有余，其中涉及(见图 1)：

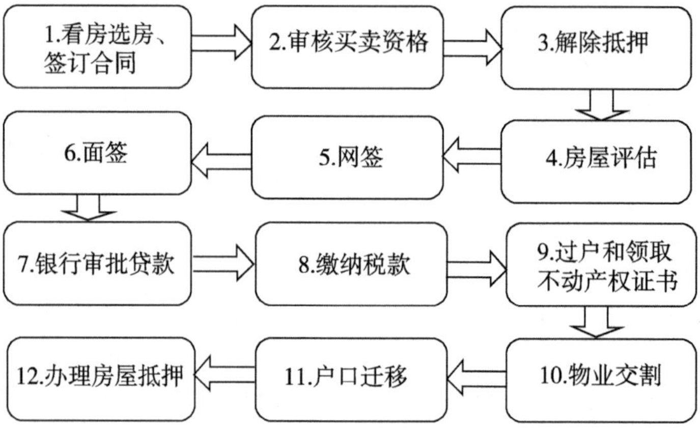

图1 有中介介入的存量房买卖可能涉及的交易环节

前述12个交易环节，仅为有中介介入的存量房买卖中较为常见的环节，在无中介介入的存量房买卖中可能涉及的交易环节会更多、更复杂，且买卖双方在交易之前难以对整个交易流程全面准确地进行了解和把握。在实际交易过程中，因房屋情况不同、合同约定不同等原因，部分环节的顺序亦可能存在变化，此种变化更加加剧了存量房买卖流程的复杂性和多变性。

（二）交易时间长且多存在连环买卖

据统计，存量房买卖的时间（从订立协议到履行完毕）多在三个月到半年之间，其中部分长达一年有余。交易时间越长必然导致交易过程中可能出现的不确定因素越多。买方可能因出现资金流转不畅而导致无法按约支付部分房款。卖方亦可能因房价大幅上涨而诱发不诚信行为，如要求提高房款或者拒绝继续售房甚至一房二卖。前述行为虽可以通过合同约定的违约责任予以制裁，但确会增加存量房买卖的不确定性和复杂性，给存量房买卖的正常履行增加风险。

此外，北上广地区的案例多涉及连环买卖。为了尽量避免房价上涨或者下跌的风险，此时第一手交易的卖方（第二手交易的买方）会尽可能缩短两手交易之间的间隔，由此签订的两份房屋买卖合同的履行时间即会存在一定重合。因此，第一手交易款项支付的及时与否可能直接影响第二手交易的款项支付；第一手交易能否按时办理过户亦会直接影响第二手交易的买方能否按约取得购房资格和预定的贷款资格。一旦第一手交易出现履行障碍，很可能会直接影响第二手交易的履行；在引发的诉讼中，第二手交易的赔偿额也可能会直接影响第一手交易中造成实际损失的数额。

（三）陌生人交易欠缺信任基础，对于中介过度依赖

存量房买卖多属于陌生人之间的交易，买卖双方缺乏对对方履约能力、信用品质的基本了解，双方的信任基础薄弱。加之房屋买卖交易额较高，双方均极易丧失信任。此外，多数买卖双方没有交易经验，不了解复杂的交易流程，为了减少烦琐的手续、提高交易成功的概率，往往会引入中介机制，双方对于中介的信任甚至强过于对交易对手的信任，对中介可能存在过度依赖。此时，如果中介公司或者经纪人出现工作失误，则会直接影响交易的流畅性，并极有可能引发履行障碍。在诉讼过程中，中介公司和经纪人所作出的陈

述,亦极有可能对法院认定案件事实产生较大影响。

(四)协议条款不周延、存在漏洞甚至冲突,多条款均可触发根本违约

绝大多数的存量房买卖存在不止一份协议,通常会签署房屋买卖合同(经纪成交版)、房屋买卖合同(自行成交版)、定金协议、补充协议,甚至可能出现多个补充协议。由于交易环节多、持续时间长、协议条款多,不同的协议条款之间可能并不周延,存在漏洞甚至冲突。如果双方直至实际履约过程中才发现此种漏洞或冲突,交易双方对于该漏洞或冲突往往会产生不同甚至截然相反的理解。诉讼中裁判者虽可适用合同法的漏洞填补规则去填补漏洞和弥补冲突,但交易双方往往并不具备此种能力,由此引发交易障碍,甚至导致违约情形出现。

同时,不同的协议中可能约定多种解除权,即多个条款都有可能触发根本违约。一旦触发根本违约条款,一方要求行使解除权,即无从讨论能否行使履行抗辩权。

三、存量房买卖中履行抗辩权的裁判要点

(一)熟悉存量房买卖流程和双方各自负担的义务

法官在审理存量房买卖合同之前,应对存量房买卖流程以及双方可能负担的相应义务予以全方位把握。此外,还需根据国家政策以及各地行政机关业务办理规范的不断调整,及时更新该部分专业知识,做到庭审时有的放矢,合理界定双方当事人所应负担的义务并划分相应的举证证明责任。以引入中介公司作为居间服务方的存量房买卖为例,主要存在以下要点:

1. 看房选房,确定交易标的物,签订协议。协议会确定定金、首付款、尾款的数额、支付时间和支付方式,税费负担方式,产权转移登记时间,户口迁出时间,房屋交付时间,违约条款等具体事项。

2. 审核买卖资格。买方需进行购房资格审核①,卖方需进行房源核验②。通过中介进行的房屋买卖,通常无须买卖双方亲自携带材料前往住建委办理买卖资格审核,但需要提前提交材料。

3. 解除抵押。有在先抵押的存量房,卖方需提前向银行申请预约还贷,待银行同意提前还贷后,按照银行指定的期间和账户偿还贷款,之后银行会出具相应证明并办理解除抵押手续。

4. 房屋评估。买卖双方需提供身份证和卖方的不动产权证书,并配合评估。③

5. 网签。通过中介进行的房屋买卖,通常无须买卖双方亲自到住建委办理网签手续,

---

① 购房资格审核,买方需提交:身份证明、户籍证明、婚姻证明、《家庭购房申请表》、《购房承诺书》等。前述材料的实际婚姻状况必须与户口簿上的婚姻状况一致,并提供结婚证、离婚证或离婚协议等有效文件。

② 房源核验,查询房屋是否存在抵押、查封等情况,卖方需提交:存量房源核验申请表、房产证、房主身份证;其中,央产房还需提交《在京中央单位已购住房产权变更登记通知单》等。

③ 因评估人员需进入房屋现场,故卖方需配合开锁或将钥匙交予经纪人;存在租户的房屋,还需提前与租户协商配合。此外,对于买方需采用国管公积金贷款的存量房买卖,还需卖方携带房产证原件和身份证亲自到场予以配合。

可提交相关材料①,提前(一般在签订房屋买卖合同之时)签署授权委托书,委托经纪人办理。

6. 面签。买方需办理银行抵押贷款的,需买卖双方和经纪人共同前往银行办理面签②。

7. 银行审批贷款。银行对贷款申请人资质进行审核,根据房屋评估价格,综合贷款人资质对贷款额度和期限进行审批。审批通过的,银行会出具《批贷函》并直接寄送给中介,再由中介告知买卖双方,向卖方证明银行同意放款给买方。

8. 缴纳税款。缴税业务需通过网络预审的方式进行预约③,再由买卖双方亲自或其委托代理人到场缴税。

9. 过户和领取不动产权证书。需买卖双方和经纪人携带相关材料共同前往区住建委不动产登记中心签字确认。④

10. 物业交割。(1)腾空房屋⑤;(2)清点约定赠送的设施设备等;(3)清算水、电、煤、供暖、物业等相关费用;(4)办理有线电视和网络过户手续或者注销、新办手续;(5)办理物业更名手续并签署《物业交割确认单》。

11. 户口迁移。在房屋过户之前,可由卖方携带身份证和不动产权证书,与买方共同前往派出所户籍科核实户口情况。在房屋过户之后,买方可携带身份证和新不动产权证书前往派出所户籍科核实户口迁出情况。

12. 办理房屋抵押。新不动产权证书办理完毕之后,需将新产权证书抵押给银行,办理他项权利证书。办理完毕抵押之后,银行会按照借款协议的约定,将贷款一次性或分次划入卖方在贷款行开立的存款账户,即视为买方支付贷款部分的购房款。

前述序号排列所对应的各个环节并非绝对存在先后顺序,需根据不同地区的具体要求以及不同合同的具体约定逐一甄别。

(二)准确把握三种履行抗辩权的不同特点

1. 同时履行抗辩权与先履行抗辩权的辨析

(1)概念的区分

同时履行抗辩权,是指双务合同的一方当事人,在对方当事人未为对待给付以前,可拒绝履行自己债务的权利。⑥ 法律设立同时履行抗辩权的目的,不在于追求双务合同中的给付与对待给付在同一时间相互作出,而在维持双务合同当事人之间在利益关系上的公平,强调双方债务在履行顺序上的制衡关系,一方当事人只有在已经履行或者已经提出履行给付的条件下,才能要求对方当事人履行给付,一方面担保己方债权的实现,另一方

---

① 买方需提交:身份证、以家庭为单位的户口簿、婚姻证明、银行卡号等;卖方需提交:房产证、身份证、户口簿、婚姻证明(已婚者需提交配偶同意出售证明)、银行卡号等。

② 买方需携带:身份证、婚姻证明(已婚者需夫妻双方同时到场)、收入证明、工资流水、学历证、银行卡。需办理公积金贷款的,还需提交公积金缴存查询书、公积金缴存明细、公积金账户的开户卡。卖方需携带:身份证、房产证、银行卡。

③ 通过中介进行的存量房买卖,通常由经纪人负责地税网络预审备件录入、上传、审核、提交等工作。

④ 对于卖方不能亲自到场的,需其委托代理人携带公证的授权委托书到场办理。

⑤ 尤其是有租户的房屋,需卖方提前要求租户腾房。

⑥ 韩世远:《合同法总论》,法律出版社 2018 年版,第 380 页。

面迫使对方履行合同。同时履行抗辩权的成立有四个要件:一是须因同一有效的双务合同而互负债务,且二债务之间具备牵连性;二是双方债务均已届履行期,且履行顺序上无先后之分;三是对方对其自己的债务未履行或未提供履行或者履行债务不符合约定而请求履行;四是对待履行是可为的。

先履行抗辩权,学说上亦有称为"后履行抗辩权"①,是指双务合同中约定了不同义务的先后履行顺序,在先履行义务的一方未为给付之前,后履行义务的一方可拒绝履行其在后的义务的权利。与同时履行抗辩权一样,先履行抗辩权的行使只是阻碍对方请求权的行使,属于延期的抗辩,在对方完全履行了合同义务之后,该抗辩权的行使条件已不存在,后履行的一方此时则应当依约履行自己的义务。对于一方当事人负有先履行义务而不履行,则将构成违约行为,对方可依据其违约而获取救济。先履行抗辩权的成立有三个要件:一是须因同一有效的双务合同而互负债务,且二债务之间具有牵连性;二是债务之间存在或法定或约定或基于诚实信用原则而产生的先后履行顺序;三是先履行一方不履行或履行不符合债的本旨。

(2)理论的争议

传统民法上有同时履行抗辩权和不安抗辩权的制度,但没有先履行抗辩权的概念,一般认为先履行抗辩权的概念被涵盖在同时履行抗辩权的概念之下,属于同时履行抗辩权的特殊情形之一。② 我国《合同法》首次明确而独立地规定了先履行抗辩权。③ 对于先履行抗辩权是否具备独立于同时履行抗辩权而存在的价值,我国理论界存在不同的观点。以韩世远教授、朱广新研究员为代表的观点认为,从法规则自身的逻辑性、简练性要求考虑,先履行抗辩权规则无单独规定的必要性。④ 而以崔建远教授和王利明教授为代表的观点则认为先履行抗辩权有其独立存在的价值。⑤

(3)实践的选择

同时履行抗辩权和先履行抗辩权最大的区别就在于互负的义务之间是否存在先后履行顺序,有先后履行顺序的可成立先履行抗辩权;履行顺序的约定不明或约定同时履行

① 王利明:《合同法研究》(第2卷),中国人民大学出版社2015年版,第60页。

② 韩世远:《合同法总论》,法律出版社2018年版,第412页。

③ 崔建远主编:《合同法》,法律出版社2007年版,第136页。

④ 《合同法》的现行规定,一是会导致当事人和法院甚至是法学教授在作出"一方在对方履行之前有权拒绝其履行要求"的判断之前需要先判别当事人互负债务,是"没有先后履行顺序"抑或"有先后履行顺序",增加了法律适用出错的概率。二是会导致合同履行过程中随着时间的推移,可能会出现"后发型同时履行抗辩权"的法律漏洞,韩世远教授倾向于对于"后发型同时履行抗辩权"可以类推适用《合同法》第66条的规定,因此先履行抗辩权已无必要。参见韩世远:《合同法总论》,法律出版社2018年版,第414页;朱广新:《先履行抗辩权之探究》,载《河南省政法管理干部学院学报》2006年第4期。

⑤ 先履行抗辩权制度的独立存在,尊重了当事人合意分配利益、风险的意思。可以避免"后发型同时履行抗辩权"的认定所带来的在先履行一方已经违约的情形下,却仍可以借助行使同时履行抗辩权而拒绝后履行一方关于继续履行的请求,使《合同法》第107条继续履行的规定徒有其名的不公平现象;可以更好地贯彻公平原则,维护后履行一方的期限利益,并认为现行法设计同时履行抗辩权和先履行抗辩权并存模式存在法律漏洞、先履行抗辩权缺乏正当性、应予取消的看法,过于偏激。参见崔建远:《合同法学》,法律出版社2015年版,第114～115页;崔建远:《履行抗辩权探微》,载《法学研究》2007年第3期;王利明:《合同法研究》(第2卷),中国人民大学出版社2015年版,第61页。

的,可成立同时履行抗辩权。

对于卓有争议的“后发型同时履行抗辩权”的疑难①,课题组也关注了正在审议的民法典合同编的草案。在二次审议稿中,第315条和第316条的规定较之于现行的《合同法》第66、67条的规定,并无明显变化。可见,理论界的普遍观点还是认为先履行抗辩权有其独立存在的必要。在此前提下,实务界需要探讨的是如何运用好先履行抗辩权的问题。

在存量房买卖中,对于是否存在履行顺序,以及履行顺序先后的判断,并非易事但也并非不可实现。对于交易流程的先后顺序,可能是基于法律法规的明确规定或者合同内容的明确约定,也可能是基于当地行政管理部门的规范流程,或是基于诚实信用原则所推导出来的交易惯例。法官一方面需要在审理案件之前准确把握当地存量房买卖的一般流程,据此判断是否存在交易惯例;另一方面需要结合合同的具体约定、买卖双方的各自陈述乃至中介的证人证言来具体判断当事人在签订合同当时的真实意思表示。通过此种方法所确定的履行先后顺序,是选择适用同时履行抗辩权和先履行抗辩权的裁判基础。

课题组以存量房买卖中支付房款的义务和办理产权转移登记的义务为例,总结了二义务之间可能存在的履行顺序的情形,分别分析了不同情形下不同阶段一方未履行其义务而请求对方履行时对方所分别享有的抗辩或抗辩权②。

(1)甲负有于6月1日至7月1日支付房款的义务,乙负有于6月1日至7月1日办理产权转移登记的义务。此种情形为同时履行抗辩权行使的标准情形。(见图2)

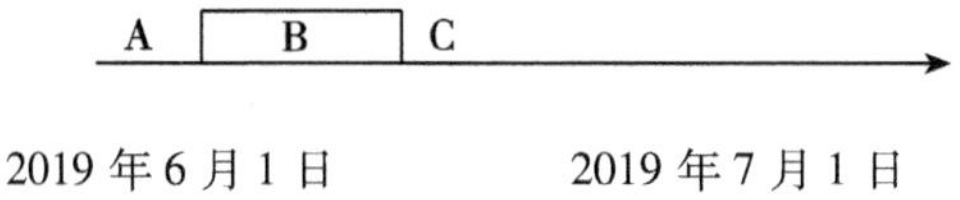

类别	A阶段	B阶段	C阶段
甲享有权利	未届至、未届满、同履	未届满、同履	甲乙均违约,但亦可主张同履
乙享有权利	未届至、未届满、同履	未届满、同履	

图2　同时履行抗辩权

① 对存在“后发型同时履行抗辩权”的场合,即两项债务的履行期有先有后,先履行的债务在履行期届满后,后履行的债务的履行期才届至的情形。韩世远教授认为,此时如果后履行的债务的履行期也已届满,此时两个债务又回归到了同一起跑线,如果后履行债务的一方要求先履行债务的一方履行其义务,则先履行的一方享有同时履行抗辩权,即所谓的“后发型同时履行抗辩权”。崔建远教授对此持截然不同的观点,认为此种情形应归属先履行抗辩权规范,在现行法律项下,无须申发“后发型同时履行抗辩权”。并且,“后发型同时履行抗辩权”的理论,还会额外赋予已经在先违约的一方新的抗辩权,逻辑上似有不妥且效果上也不公平。

② 为方便表格的表述,将“履行期尚未届满的抗辩权”简称为“未届满”,将“履行期尚未届至的抗辩权”简称为“未届至,将“同时履行抗辩权”简称为“同履”,将“先履行抗辩权”简称为“先履”。且前述讨论均以不存在不安抗辩权为前提。其中,履行期尚未届至的抗辩,是因为债务人在给付期之前并不负给付义务,债权人如在给付期之前请求给付,债务人即得以给付期尚未届至为由,拒绝给付。履行期尚未届满的抗辩,系因迟延履行乃债务人于履行期届满仍未履行债务的现象,故在履行期届满前,债务人不履行债务,不构成迟延履行,不承担违约责任。

(2)甲负有于6月1日至7月1日房款的义务,乙负有于8月1日至9月1日办理产权转移登记的义务。此种情形为先履行抗辩权行使的标准情形之一。(见图3)

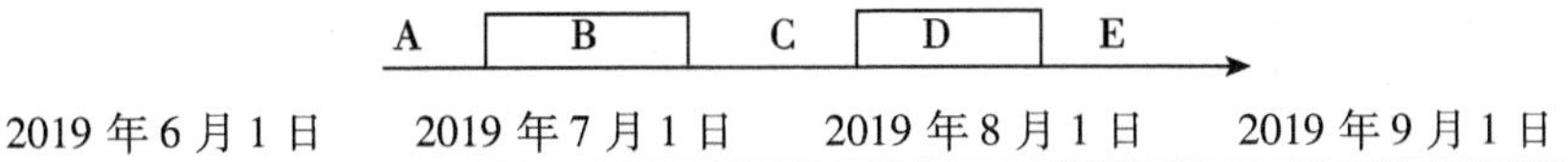

类别	A阶段	B阶段	C阶段	D阶段	E阶段
甲享有权利	未届至、未届满	未届满	甲已违约	甲已违约	甲乙均违约,乙仍然享有先履
乙享有权利	未届至、未届满、先履	未届至、未届满、先履	未届至、未届满、先履、违约损害赔偿请求权	未届满、先履、违约损害赔偿请求权	

图3　先履行抗辩权之一

(3)甲负有于6月1日至7月1日支付房款的义务,乙负有于7月1日至8月1日办理产权转移登记的义务。此种情形为先履行抗辩权行使的标准情形之二。(见图4)

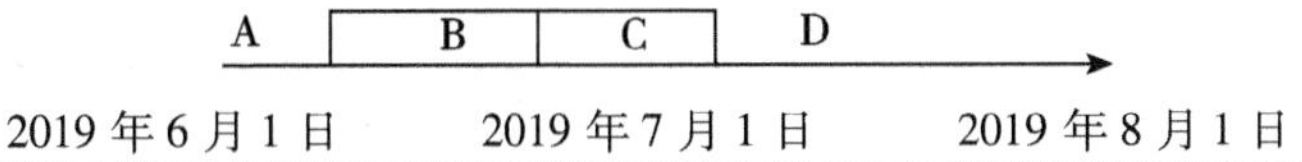

类别	A阶段	B阶段	C阶段	D阶段
甲享有权利	未届至、未届满	未届满	甲已违约	甲乙均违约,乙仍然享有先履
乙享有权利	未届至、未届满、先履	未届至、未届满、先履	未届满、先履、违约损害赔偿请求权	

图4　先履行抗辩权之二

(4)甲负有于6月1日至8月1日支付房款的义务,乙负有于7月1日至9月1日办理产权转移登记的义务,甲乙双方所附义务的履行期间的起始点均有不同,但存在一定重合。(见图5)

类别	A阶段	B阶段	C阶段	D阶段	E阶段
甲享有权利	未届至、未届满	未届满	未届满、同履	甲已违约，不再享有同履	甲乙均违约，不宜认甲有“后发型同时履行抗辩权”
乙享有权利	未届至、未届满、先履	未届至、未届满、先履	未届满、同履、先履	未届满、先履	

图5 双方均不享有抗辩权之一

(5)甲负有于6月1日至9月1日支付房款的义务，乙负有于7月1日至8月1日办理产权转移登记的义务，甲乙双方所附义务的履行期间的起始点均有不同，乙的履行期间包含在甲的履行期间之中。(见图6)

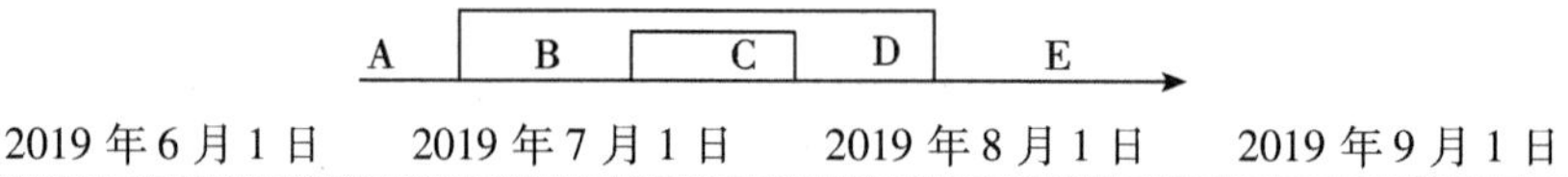

类别	A阶段	B阶段	C阶段	D阶段	E阶段
甲享有权利	未届至、未届满	未届满	未届至、未届满、同履	未届满、同履、违约损害赔偿请求权	甲乙均违约
乙享有权利	未届至、未届满	未届至、未届满	未届至、未届满、同履	乙已违约	

图6 双方均不享有抗辩权之二

(6)甲负有于6月1日至8月1日支付房款的义务，乙负有于7月1日至8月1日办理产权转移登记的义务，甲乙双方所附义务届至时间不同，但届满时间一致。(见图7)

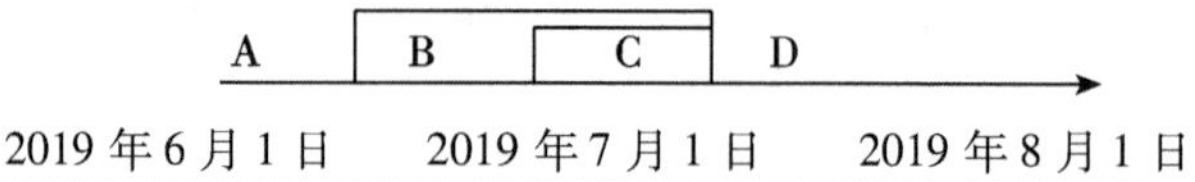

类别	A阶段	B阶段	C阶段	D阶段
甲享有权利	未届至、未届满	未届满	未届满、同履	甲乙均违约
乙享有权利	未届至、未届满	未届至、未届满	未届满、同履	

图7 双方均不享有抗辩权之三

各抗辩权及抗辩权存在的机理、重点、成立要件和运用领域不尽相同。[①] 前述抗辩或抗辩权在以存量房买卖合同为典型的双务合同中的并存,可赋予当事人更多的选择权,在个案中更好地主张自己的权利、维护其自身利益。因此,法院在判断当事人的行为是否构成何种抗辩或抗辩权时,需厘清当事人的具体主张,在存在多种抗辩或抗辩权可以适用的场合,选择更为贴切地适合个案的抗辩或抗辩权进行具体论述。

2. 存量房买卖中同时履行抗辩权和先履行抗辩权的适当扩张

(1)牵连关系理论

同时履行和先履行抗辩权的基础理论在于双务合同中互负给付与对待给付关系的义务之间存在牵连关系。[②] 履行抗辩权所强调的牵连关系主要指"履行上的牵连关系"。一般而言,只有在因同一双务合同而发生的两对立的主给付义务之间才存得以讨论此种牵连性,即存在是否成立同时履行或先履行抗辩权的问题。

(2)主给付义务、从给付义务与附随义务的区别与联系

主给付义务,指合同关系所固有、必备,并且用以决定合同关系类型的基本义务,即债之关系的要素,合同法上的合同关系即建立在主给付义务之上。根据《合同法》第130条的规定,买卖合同中,出卖人转移标的物所有权的义务和买受人支付价款的义务,即为买卖合同的主义务。房屋买卖合同属于典型的双务合同,买方的主给付义务为向卖方支付全部房款,卖方的主给付义务为将房屋转移登记至买方名下。但在存量房买卖实际上具有"合同关系上的义务群"[③]的特点,通常包含了主、从给付义务和附随义务。买方的主给付义务往往并非一次性完成;卖方的主给付义务较为置后,给付房款和办理权属转移登记之间难以真正实现"一手交钱、一手交货"。此时就需要探讨理论上所称的"同时履行抗辩权的扩张"的问题,准确把握存量房买卖中履行抗辩权的行使,需要从主、从给付义务和附随义务的区别与联系介入。

从给付义务,系指在主给付义务之外,债权人可以独立诉请履行,以完全满足给付利益的义务,其本身不具有独立的意义,仅具有辅助主给付义务的功能,确保债权人的利益

---

① 同时履行抗辩权存在的基础重在客观,在于给付(履行)的牵连性,该基础先天固有。而履行期尚未届至的抗辩、履行期尚未届满的抗辩的存在基础,重在义务未至必须履行的阶段,重在当事人的约定或法律的规定,在于当事人的意思自治,当事人或法律对于期限利益的分配、安排。特别是履行期尚未届至的抗辩、履行期尚未届满的抗辩,无须主张即可发生相应的法律效果,相较之于同时履行抗辩权、先履行抗辩权,对债务人更为有利。参见崔建远:《合同法学》,法律出版社2015年版,第107页。

② 主要指向成立上的牵连关系、履行上的牵连关系和存续上的牵连关系。所谓"成立上的牵连关系",即一方的债务因无效或撤销而归于消灭,对方的债务亦因此而消灭的关系。如因存量房屋买卖合同被认定为无效合同,则买方所负支付房款的义务归于消灭,卖方所负办理权属转移登记手续的义务亦归于消灭。所谓"履行上的牵连关系",即一方债务的履行与对方债务的履行在时期上或顺序上的关系,相应地发生同时履行与异时履行的抗辩权问题。如存量房买卖中不办理网签的情形下即不能办理贷款手续;又如,办理户口迁出手续的同时支付户口迁出保证金。所谓"存续上的牵连关系",即于一方债务后发履行不能场合,对方债务是否归于消灭的问题。如存量房买卖中,房屋因地震而毁损灭失,卖方无法再行办理产权转移登记和交付,此时风险尚未转移,买方亦无须再支付房款。韩世远:《合同法总论》,法律出版社2018年版,第76页。

③ 韩世远:《合同法总论》,法律出版社2018年版,第351页。

能够获得最大限度的满足。[①] 如存量房买卖中，出卖人应当向买受人交付水卡、电卡等义务即属于从给付义务。附随义务，系指除直接面向给付结果的给付义务之外，在合同关系存续和履行过程中的通知、协助、保密等义务，实系以诚实信用原则为依据，并参酌交易习惯[②]而确定，其功能在于促进实现主给付义务，维护对方当事人人身或财产上的利益，实现其保护功能。从给付义务与附随义务的区别，应以能否独立以诉请求履行为判断标准，能够独立以诉请求的为从给付义务，不能够以诉请求的为附随义务[③]，附随义务通常仅发生请求损害赔偿的问题。

（3）实践中的争议和选择

从给付义务和附随义务应否纳入双务合同履行上的牵连关系，一直以来存在争论。存量房买卖中，由于存在多处从给付义务与附随义务，争议尤其突出。

该问题虽有争论，但原则上应采肯定说，以崔建远教授为代表的学者将该问题表述为“同时履行抗辩权的扩张”。王泽鉴教授亦认为，在双务合同上，一方的从给付义务与对方的给付，是否立于互为对待给付的关系，进而发生同时履行关系，应视其对契约目的之达成是否必要而定。[④] 当从给付义务、附随义务与合同目的的实现有密切关系时，便具有了牵连关系。

买方支付房款的主给付义务通常分为：定金、首付款、房款、户口迁出保证金、物业交割保证金、尾款等。前述款项并非全部仅与卖方办理权属转移登记的主给付义务构成对待给付关系。例如，协议约定需先支付首付款给卖方，卖方再以该首付款偿还在先贷款并办理解除抵押，则支付首付款与解除抵押之间存在牵连关系。又如，卖方应交付房屋并办理物业交割，买方应支付物业交割保证金，如卖方不配合办理交房和物业交割，买方即使取得了房屋所有权，其占有使用房屋的合同目的亦将落空。再如，买方需以贷款形式支付房款，卖方需到场予以配合，如卖方不予配合会直接导致买方无法办理贷款并支付房款，因此卖方配合办理贷款与买方办理贷款用以支付房款亦存在牵连关系。由此可见，牵连关系既可基于法律的规定而产生于主给付义务之间，也可基于合同的约定或交易习惯的约束等而产生于主给付义务与从给付义务、附随义务之间。

此外，买卖双方的从给付义务（附随义务）之间，亦可构成牵连关系。例如，买方在网签前需进行购房资格核验，否则无法网签。因此，买方的购房资格核验与卖方配合办理网签之间存在牵连关系。又如，银行需根据房屋评估价值核准买方批贷金额，办理贷款需以卖方配合办理完毕评估为必要前提，卖方配合办理房屋评估的义务与买方办理贷款的义务之间亦存在牵连关系。

不难发现，如果从给付义务或者附随义务的不履行，会导致合同目的落空，即从给付

---

① 除主给付义务外，合同法同时基于诚信原则的运用，由近而远，渐次发生从给付义务，以及其他辅助实现给付利益及维护他方当事人人身及财产上利益为目的的附随义务，组成了义务体系。参见王泽鉴：《债法原理》（第1册），中国政法大学出版社2001年版，第37页。韩世远：《合同法总论》，法律出版社2018年版，第341页。

② ［德］卡尔·拉伦茨：《法学方法论》，陈爱娥译，商务印书馆2003年版，第343页。

③ 王泽鉴：《债法原理》（第1册），中国政法大学出版社2001年版，第40～41页。

④ 王泽鉴：《债法原理》，北京大学出版社2013年版，第80～81页。

义务、附随义务的履行与合同目的的实现具有密切关系时，即便从给付义务或附随义务的违反方已经履行了主给付义务，另一方的合同目的也可能无法实现，主给付义务与从给付义务（附随义务）之间、从给付义务（附随义务）与从给付义务（附随义务）之间，亦可成立牵连关系，构成对待给付义务，另一方当然可以行使履行抗辩权，拒绝履行自己的主给付义务。

此时需考虑从给付义务和附随义务对应的主给付义务的全部还是部分，或者说，需考虑从给付义务和附随义务的对应价值。法律要求双方在财产的交换尤其是金钱的交易上力求公平合理，避免显失公平的后果。[①] 当事人取得的财产权与其履行的财产义务之间在价值上大致相当，即为"等价"。[②] 此种"等价"并非严格意义上的市场价格相等，只是当事人观念上具有一定的相当性或是根据诚实信用原则而约定了一定的对应性。存量房买卖中此种对应现象比较明显。如户口迁出保证金和物业交割保证金即分别与迁出户口的义务和办理物业交割、交付房屋的义务相对应。法院在裁判之时，一方面需要将存量房买卖中的履行抗辩权适当扩张至与合同目的实现具有密切关系的从给付义务与附随义务之上，另一方面亦需要谨慎把握此种扩张的牵连关系的"价值"对应性，不应无限扩大。

3. 存量房买卖中宜有限度地认定"存在效果"

（1）"存在效果说"和"行使效果说"的辨析

同时履行抗辩权和先履行抗辩权是否必须采取行使或通知行使的方式方可认定的问题，直接影响到司法裁判中履行抗辩权行使效力的认定。该问题涉及理论上对履行抗辩权的效力究竟应采"存在效果说"还是"行使效果说"的争议。所谓"行使效果说"，即履行抗辩权需经行使才能排除迟延责任，已发生的迟延责任，不因抗辩权的行使而受影响。该学说为我国现行的通说。[③] 履行抗辩权在实体法上的效力即"行使的效力"最为典型的是其本体的效力，即拒绝履行权，是一种消极的防御性的权利，必待相对人请求履行时始得主张，平时自无从积极发动。所谓"存在效果说"，即履行抗辩权的债务人不陷于履行迟延[④]，抗辩权的存在本身即足以排除履行迟延的构成。[⑤] 仅需实际上一方已经处于可以主张同时履行抗辩权的状态，即已经享有同时履行抗辩权，就不应认定其陷入履行迟延而构成违约，亦不能认定请求的一方享有解除权。

（2）实践中的探索

以先履行抗辩权为例，先履行一方未依约履行，后履行一方于诉讼或仲裁之前一直沉默不语直至其履行期届满，从行为上看，后履行一方亦属于履行届满时未履行自己的债务。只是在诉讼中，在先履行一方主张构成双方违约时，后履行一方抗辩称其系行使先履行抗辩权，不构成违约。若采"存在效果说"，即履行抗辩权成立即发生效力，不考虑当事人是否明示行使履行抗辩权，后履行的一方未履行的行为自动被解释成为行使先履行抗

① 王利明：《合同法研究》（第2卷），中国人民大学出版社2015年版，第49页。

② 张新宝：《民事活动的基本原则》，法律出版社1986年版，第22页。

③ 王利明：《论双务合同中的同时履行抗辩权》，载梁慧星主编：《民商法论丛》（第3卷），法律出版社1995年版，第21～22页；崔建远主编：《新合同法原理与案例评释》（上），吉林大学出版社1999年版，第306～307页。

④ 此为德国通说和日本判例通说。

⑤ 韩世远：《合同法总论》，法律出版社2018年版，第399页。

辩权的行为，其未履行的行为不仅不构成违约，而且其还可继续追究先履行一方未予履行的违约责任。若采“行使效果说”，即履行抗辩权在成立后还需当事人行使始得发生效力。即后履行一方须在拒绝履行的同时表明其拒绝履行的行为系行使先履行抗辩权，才能阻却其未履行在后义务被认定为违约行为的风险。如果后履行一方未在拒绝履行的同时表示其系行使先履行抗辩权，而仅在诉讼中主张，则不发生行使先履行抗辩权的法律后果，其未履行在后义务的行为亦应被视为违约，此时即存在双方违约行为。

实践中，存量房买卖的双方当事人通常不具备专业的法律知识，因此很难要求普通百姓在日常交易中准确地判断其是否享有履行抗辩权并准确的表述是否行使。如果一律强调履行抗辩权须经行使始生效果，难免有失公平，悖于事理。因为从双务合同自身的特点及实质正义的立场出发，不宜将“权利须经行使”的理念贯彻到底。但如果全面接受“存在效果说”，则可能导致后履行一方在履行过程中，其当时未履行在后义务的行为可能并非系为了行使先履行抗辩权，其可能系因存在预期违约的想法而未继续履行，但因“存在效果说”的理论，则通常难以认定其存在违约行为，此处的结果似有不公。基于此，对于同时履行抗辩权，在“行使的效力”之外，实有必要承认若干“存在的效力”，以资救济。①

课题组认为，在存量房买卖中有限度的认可“存在效果说”具有其现实性和必要性。对此可参考崔建远教授在此问题上的区分：一是先履行一方尚未构成违约，亦未请求后履行一方履行的，先履行抗辩权无须明示就发生效力；先履行一方请求后履行一方履行的，后履行一方援用先履行抗辩权拒绝自己的履行的，则需要明示表示。二是先履行一方已经构成违约的，如未请求后履行一方履行债务，后履行一方运用先履行抗辩权是否需要明示，则需要区分先履行一方违约的类型：先履行一方仅为迟延履行的，后履行一方运用先履行抗辩权则无须明示；先履行一方违约属于瑕疵给付等类型的，后履行一方行使先履行抗辩权需要明示。三是先履行一方已经构成违约，并请求后履行一方履行的，先履行抗辩权的行使需要明示。②

在有限度的认定“存在效果”的同时，可认定援用履行抗辩权而拒绝履行属于合法行使权利的行为，不构成违约。但履行抗辩权属延期的抗辩，并无消灭对方请求权的效力，只是一时地拒绝对方的履行请求。其制度目的在于要求当事人不得随意拒绝履行自己的义务，但并非鼓励不履行，相反是要进一步促进履行，通过一方当事人行使抗辩权而催促对方履行义务。一旦产生抗辩权的事由消失，债务人仍应履行其债务。因此，法院在认定履行抗辩权的行使效果的同时，应当严格把握履行抗辩权的行使限度，防止履行抗辩权向双方违约的转化。在江门中院（2018）粤 07 民终 908 号中，合同约定卖方应于 2017 年 3 月 16 日前办理抵押注销手续，买方应于 2017 年 3 月 16 日前支付 20 万元房款，双方应于 2017 年 5 月 16 日前办理权属转移登记。但卖方直至 2017 年 3 月 28 日才还清银行贷款，2017 年 4 月 7 日才办理完毕抵押注销手续，卖方迟延还清贷款并办理抵押注销手续的行为构成违约，买方有权行使同时履行抗辩权，拒绝在 2017 年 3 月 16 日前支付 20 万元购房款。但在卖方于 2017 年 4 月 7 日办理完毕抵押注销手续并通知买方付款的情形下，买

---

① 韩世远：《合同法总论》，法律出版社 2018 年版，第 398 页。

② 崔建远：《合同法学》，法律出版社 2015 年版，第 117 页。

方此时仍拒绝支付20万元购房款的情形构成违约。本案中,双方当事人均存在违约行为,由此导致双方不能于2017年5月16日前办理权属转移登记,双方违约行为对合同履行进程业已产生实质性影响。加之,合同双方在前述约定过户期限届满之后乃至一审辩论终结之前,仍然未能就前述争议事项达成补充协议,由此延误交易进程并导致合同目的无法有效实现。此案即为较为典型的同时履行抗辩权向双方违约行为的转化。

双方违约,是指合同双方当事人分别违反了自己的合同义务。法律确认双方违约的目的旨在要求法官根据双方违约的事实,确定双方各自所应当负担的责任。一旦不能正确认定履行抗辩权的行使,或将正当的履行抗辩权的行使行为认定成违约行为,错误地认定成存在双方违约的现象,以至于不适当地扩大了双方违约的范围①,或将难以发现因履行抗辩权的行使不当已经转化为双方违约的风险。

4. 存量房买卖中宜适度把握"提出履行"的效果

所谓提出履行,又叫提出给付,他方于符合言词提出的要件时,为言词提出的,即为提出履行。② 一方虽未实际履行债务,但如果已经向对方提出履行,对方是否可以援用同时履行抗辩的问题。一种观点认为,此时不发生同时履行抗辩权的问题。③ 另一种观点认为,仅仅提出履行,并不意味着已经实际履行,并且在提出履行后,也可能会发生迟延履行、履行不适当等问题。既然迟延履行、履行不适当等也会使对方有权援用同时履行抗辩权,则仅提出履行仍应使对方有权援用同时履行抗辩。④

课题组认为,提出履行至少表明了一方的履约诚意,此时对方也应当表现履约的诚意,否则,不认可一方提出履行的行为,反而要求必须实际履行,就必然产生履行状态的先后,使得实际上先为履行的一方陷入被动,此时就与同时履行抗辩权的制定背景背道而驰。尤其是对于伴有经证明的现实给付的现实能力的言词提出履行,债务人不得再拒绝对待给付,不可再行使同时履行抗辩权。⑤ 例如,在存量房买卖中,买房人已经将约定数额的房款从理财账户中赎回,转入银行卡中,即证明买房人有履约的诚意,此时买房人表示已经筹集了足够房款,要求卖房人同时配合办理诸如银行贷款手续等义务,就不应再准予卖房人行使同时履行抗辩权要求买房人必须支付完约定的该笔房款才前往银行配合办理贷款手续,否则会增加买房人的风险。因此此时,提出履行的一方已经表明了其履约诚意并且出示了其履约能力的证明,对方再行主张需实际履行,有违诚实信用和公平原则。

5. 解除权和不安抗辩权的竞合

(1)不安抗辩权的概念

我国关于不安抗辩权的规定,规定在《合同法》第68条和第69条之中,不安抗辩权较之于同时履行抗辩权和先履行抗辩权而言较为独立。不安抗辩权实为赋予双务合同中本负有先履行义务的一方所享有的权利,为了使负有先履行义务的一方能够安心地履行其先履行义务,防止其先履行义务在履行之后,由于后履行义务的一方有丧失或者可能丧失

---

① 梁慧星:《民法学说判例与立法研究》,法律出版社2003年版,第82~83页。
② 邱聪智:《新订民法债编通则》(下),中国人民大学出版社2004年版,第523~524页。
③ 王家福主编:《民法债权》,法律出版社1991年版,第403页。
④ 王利明:《合同法研究》(第2卷),中国人民大学出版社2015年版,第51页。
⑤ 邱聪智:《新订民法债编通则》(下),中国人民大学出版社2004年版,第371页。

履行债务能力的风险，比如，经营状况严重恶化，或者转移财产、抽逃资金，以逃避债务，或丧失商业信誉等，使先履行义务的一方陷入被动的境地，而提前赋予先履行义务的一方的权利，该规定体现了实质正义的目标和追求。此时，如仍强迫先履行一方先为给付，则有悖于公平原则和诚实信用原则，故《合同法》第68条允许先履行债务的一方当事人中止履行，先履行方在后履行方提供适当担保或者恢复履行能力之前，可以拒绝后履行方给付请求的权利。不安抗辩权也属于一时性的抗辩，属于间接保障债权的手段。① 通过不安抗辩权的行使，可以使先履行一方可以暂时中止履行，并将该情况通知后履行一方，待后履行一方提供担保后，再恢复先履行一方的履行；若后履行一方未提供担保，则可转化为后履行一方的预期违约行为；先履行一方因其行使不安抗辩权而未如约履行在先义务，不因此构成违约。

不安抗辩权成立的要件，一般认为需要有以下几项：一是双方当事人因为同一双务合同而互负债务；二是后履行一方有丧失或者可能丧失履行债务能力的极大可能，并危及先履行一方债权的实现；三是先履行一方将不安情形通知后履行一方，并要求后履行一方提供担保。

（2）存量房买卖中的不安事由

对于存量房合同履行过程中，何种情况属于不安抗辩权构成要件第二项的情形，即何种情形属于不安事由，需要把握不安事由是否危及先履行一方在履行其义务之后其对应债权的实现。不安事由的出现，须使先履行一方的债权的实现受到威胁，始能发生不安抗辩权。如后履行一方的债权已附有担保，则其实现有相当的保障，并不能够发生不安抗辩权。在不安事由危及先履行一方的债权的实现上，论其程度，既可以是危及全部债权的实现，也可以是危及部分债权的实现。即使不安事由仅仅危及部分债权的实现，仍不妨认有终止全部债务履行的权利。②

《合同法》第68条规定了可以适用不安抗辩权的法定事由，但关于此类不安事由是"缔约后始生"抑或"缔约后始现"，法条中并未明确限定。在学理解释上，有解释为须缔约后始生者③，通常是要求"在合同订立后另一方的财产发生明显减少"或者他方之财产"于订约后显形减少"，均要求发生且发现在合同订立之后。因为，不安抗辩权被作为一种广义上的情势变更原则的具体适用情形，旨在避免因情况变化给当事人造成损失。如果在合同订立之前即存在前述不安事由，则无须通过行使不安抗辩权的行使维护权利，可以直接基于欺诈而主张撤销权以寻求救济。并且，如果先履行方明知诸此情事仍然进行缔约，则属于自甘冒险的投机行为，没有特别保护的必要，先履行方仍须履行其债务。④

不过，韩世远教授又认为，不安的事由只要是于缔约时始现，且不知者非属故意或者重大过失，仍可以发生不安抗辩权，认为这样解释也符合立法目的的法意解释，因为立法

① 韩世远：《合同法总论》，法律出版社2018年版，第415页。

② 韩世远：《合同法总论》，法律出版社2018年版，第421页。

③ 王利明、崔建远：《合同法新论·总则》，中国政法大学出版社2000年版，第350页；曹更生、侯卫国：《不安抗辩权的适用条件及效力》，载《人民法院报》2001年7月13日，第3版；崔建远主编：《合同法》，法律出版社2007年版，第140页。

④ 韩世远：《合同法总论》，法律出版社2018年版，第417页。

者规定不安抗辩权的目的之一便是"防止借合同进行欺诈"[①],不安抗辩权被作为合同法增加的有关防范合同欺诈、保护债权人合法权益的规定之一[②]。肯定缔约时既已存在的不安事由亦得发生不安抗辩权,也不应否定仍有构成重大误解或者欺诈的可能,这样,先履行义务人可选择,如主张合同撤销,自不生主张不安抗辩权的问题;如先履行义务人主张不安抗辩权,原则上宜认定其对于撤销权的放弃。[③]

在存量房买卖中,此种不安事由可被细化,诸如诉争房屋被另案查封、诉争房屋存在一房二卖的情形,买方获得房屋产权的期望可能落空,由此可以主张不安抗辩。诸如买方明确表示资金困难希望展期、买方办理银行贷款未被获批,卖方可能难以按照合同约定时间获得房屋价款,由此亦可主张不安抗辩。

(3)不安抗辩权行使的效果——中止履行、提供担保、恢复履行

与同时履行抗辩权和先履行抗辩权一样,不安抗辩权的作用也在于防御,而不在于攻击,因此必待他人之请求,始得对其行使抗辩权。故抗辩权被定性为被告对于原告之请求,有拒绝给付之权利。[④] 不安抗辩权又被称为拒绝权。[⑤] 但《合同法》第 68 条关于不安抗辩权的规定,并没有第 66 条及第 67 条那样使用"有权拒绝其履行要求"这样的表述,而是直接规定"可以中止履行"。韩世远教授认为"中止履行"和"拒绝履行"是有区别的,后者必须以请求为前提,前者则无须此前提,即使相对人未主动请求履行,也可以中止自己的履行。因此不安抗辩权的效果,不仅体现为拒绝履行,且包括了对于自愿履行行为的中止。[⑥] 也就是说,不待后履行义务人要求先履行义务人履行义务,只要先履行义务人发现了不安事由的存在,即可中止履行。

对于可以中止履行的内容,一般认为,对于当事人可以中止债务的履行,也可以中止履行准备行为。[⑦] 在先履行义务人应当履行义务的期限到来之前,其均可以因发现不安事由而主张中止履行或者中止履行准备,而无须等待履行期限到来之后再行主张。例如,在存量房买卖中,房屋上存在卖方的在先抵押,卖方需要先支付 80 万元赎楼后方办理解除抵押手续。合同约定卖方于 2017 年 9 月 1 日之前应办理解除抵押手续,买方在卖方办理解除抵押手续的当天向卖方支付 100 万元首付款。此种情形中,卖方手中通常并无 80 万元现金可直接用于赎楼,一般会申请过桥贷的形式找第三人代为支付赎楼款,卖方对于买方按时于办理解除抵押手续的当天支付 100 万元首付款具有合理的预期。如果买方于 2017 年 8 月 15 日即告知卖方其因资金周转困难,难以在 2017 年 9 月 1 日取得 100 万元首付款,希望卖方能够予以展期。此时,宜认定买方作为后履行一方可能存在丧失履行债务能力的极大可能,卖方作为先履行一方应当有权主张不安抗辩权,可以暂时中止为赎楼

---

① 顾昂然:《合同的履行》,载《中华人民共和国合同法立法资料选》,法律出版社 1999 年版,第 52 ~ 53 页。

② 胡康生访谈录:《合同法草案的焦点问题以及不同意见》,载《中华人民共和国合同法立法资料选》,法律出版社 1999 年版,第 68 页。

③ 韩世远:《合同法总论》,法律出版社 2018 年版,第 418 页。

④ 梁慧星:《民法总论》,法律出版社 2007 年版,第 74 ~ 75 页。

⑤ 王家福主编:《中国民法学 · 民法债权》,法律出版社 1991 年版,第 404 页。

⑥ 韩世远:《合同法总论》,法律出版社 2018 年版,第 421 页。

⑦ 葛云松:《不安抗辩权的效力与适用范围》,载《法律科学》2003 年第 1 期。

和办理解除抵押手续而与第三人办理过桥贷。先履行义务人结束其不安抗辩权的时点，应当是后履行方当事人提供担保或者恢复履行能力的时点，且以此等事由通知到达先履行方当事人时为准。① 即在前例中，如果买方在卖方行使不安抗辩权之后提供了其有权按约履行的担保，则卖方行使不安抗辩权的效力即告消灭，卖方应当恢复履行，否则应当承担违约责任。

(4)不安抗辩权的行使程序——及时通知义务和举证义务

为了平衡先履行一方和后履行一方的利益，也基于公平原则和诚实信用原则的考量，以防止先履行一方肆意通过行使不安抗辩权阻碍合同的正常履行，《合同法》第69条要求行使不安抗辩权的一方负有通知义务。行使不安抗辩权的一方作为权利人可直接行使不安抗辩权，而无须采取诉讼的方式，即在有证据证明存在不安事由时，以通知后履行一方的方式行使不安抗辩权，也称为一种自助权。另外，不安抗辩权的行使也无须经后履行一方的同意，后履行一方如请求履行，则不安抗辩权人也可拒绝其请求。法律之所以如此规定，实系为避免后履行一方因此遭受损害，同时也便于后履行一方在获此通知后及时提供适当担保，以消灭此不安抗辩权。因此，不同于同时履行抗辩权和先履行抗辩权，不安抗辩权非经通知行使不生效力。

除了及时通知义务之外，不安抗辩权人还负有举证义务。举证义务亦是为了防止先履行一方滥用不安抗辩权阻碍合同的正常履行而附加给先履行一方的义务，不允许先履行一方凭借任意借口肆意主张中止自己的先履行给付。如果先履行一方无法举证证明存在不安事由，则即使其已经通知，亦不产生中止履行其义务的效力，至其履行义务期限届至其仍未履行义务的先履行一方，应当承担相应的违约责任。

(5)不安抗辩权与违约、先期违约的衔接

由于不安抗辩权的行使会直接中止合同的继续履行，甚至会由此引发合同解除权，对于双方合同能否如期履行产生较大影响。在存量房买卖中，如前所述，由于买卖双方本就系陌生人，对于交易对手的履约能力和诚信程度预判不充分，合同标的价值高、履约期限跨度较大，本就容易引发信用危机。加之，存量房买卖中可能存在连环买卖，对于房款的支付时限和腾出购房资格的时限均有特殊预期，更容易使当事人陷入不安情形。而一旦当事人行使不安抗辩权不适当，比如没有通知后履行一方，或者不满足行使不安抗辩权的不安事由，那么先履行一方以为其系在行使不安抗辩权而中止履行，待先履行一方的履行期限届满之时，先履行一方未为履行，实则构成违约。

另外，不安抗辩权行使的效力中，不安抗辩权人需要以通知的后履行一方的形式行使不安抗辩权，此后，后履行一方可以提供适当担保以要求不安抗辩权人恢复履行，担保的提出属于对于不安抗辩的再抗辩。如果后履行一方未提供适当担保，按照《合同法》第69条的规定，中止履行后，对方在合理期限内未恢复履行能力并且未提供适当担保的，中止履行的一方可以解除合同。课题组就此也关注了正在审议的民法典合同编的草案，在二次审议稿中对该问题的规定更加细化，较之于《合同法》第69条最为明显的区别即在于，《民法典》合同编草案第528条明确规定“中止履行后，对方在合理期限内未恢复履行能

① 韩世远：《合同法总论》，法律出版社2018年版，第422页。

力并且未提供适当担保的,视为以自己的行为表明不履行合同主要义务,中止履行的一方可以解除合同并可以请求对方承担违约责任”。由此即产生了不安抗辩权与先期违约以及合同解除权的衔接点。

(三)做好履行抗辩权的释明工作,加强裁判文书的引用规范

此次调研中,课题组发现对于履行抗辩权的把握和适用,不仅当事人常因欠缺专业法律知识而存在行使上的误区,法官作为专业的司法裁判者在认定和适用上也存在很多困惑和障碍,由此导致司法裁判不确定、不统一的问题。因此,裁判者一方面要加强对于履行抗辩权的理解和把握,另一方面也要在庭审过程中充分发挥司法能动性,做好履行抗辩权的释明工作。

对于同时履行抗辩权和先履行抗辩权,由于在诉讼上和诉讼外均可主张,属于事实上的主张,因此应当允许当事人在第二审言词辩论终结前提出。① 一般认为,履行抗辩权须经当事人行使,法院方可审查。对于当事人在履行合同过程中虽未明确表示行使履行抗辩权,如果当事人在履行合同过程中确已采取相应行为,根据前已论述的“存在效果”和“行使效果”在不同情况下的把握,法院应当适时释明,对于能否认定具有“存在效果”的履行抗辩权的行使情况,引导当事人进行充分辩论。由此可避免当事人未在诉讼中援用履行抗辩权,而法院认为其履行过程中的行为表现具备履行抗辩权的“存在效果”的情形下所引发的尴尬。

此外,合格的裁判文书需要事实认定清楚、适用法律正确,这是对裁判者工作的基本要求。法官在适当释明的同时,应该认真选择法律适用,规范裁判文书的引用规范,加强文书校核工作的严谨性,避免因疏忽大意而造成适用法律错误的纰漏。

(四)“他山之石”——交换给付判决

所谓“交换给付判决”,是存在需要同时履行的互为给付与对待给付义务的情形中,在原告未为对待给付的情形下,通过诉讼请求被告给付,如果被告未援用同时履行抗辩权,则法院应判决原告胜诉;如果被告援用同时履行抗辩权,则法院仍不可驳回原告之诉,而应判决“被告于原告给付……时给付原告……”的判决。该判决形式是我国台湾地区涉同时履行情形下较为常见的判项形式。

在我国的审判实务中,由于法律缺乏对于“同时履行判决”的明确规定,此次调研中所显现出的法院裁判的方式和主文的表述亦有不同,但前述“交换给付判决”实为罕见。较为常见的判决形式有两种:一是对于被告主张的同时履行抗辩权成立的,法院便会驳回原告的诉讼请求,即相当于原告败诉,并负担诉讼费用。二是为一并解决当事人之间的纠纷,释明被告是否就后续履行问题提出反诉,经审理后判令原告于裁判文书指定期间内履行自己的义务,之后或同时由被告履行其剩余义务。

对于前述第一种判法,一般观点均认为“如果法院作出原告败诉的判决,那么原告收到败诉判决后,必须自己为给付后再提起诉讼,这会导致二次诉讼,徒增交易成本,从诉讼经济的立场出发,法院应当作出交换履行的判决。”②韩世远教授亦认为对于一个纠纷,其

① 韩世远:《合同法总论》,法律出版社2018年版,第401页。

② 马强:《试论同时履行抗辩权》,载《法学论坛》2001年第2期。

解决由当事人两次支付诉讼费，费时费力非金钱，不符合诉讼经济的理念，也不符合强调“以人为本”的司法理念。① 梁慧星教授亦曾指出“原告不能证明自己已履行或已提出履行其债务，或不能证明被告有先履行之义务，法庭或仲裁庭应当宣告被告之同时履行抗辩成立，并作出使原告和被告同时履行各自所负债务的裁判。”②课题组亦认可前述学者观点，认为司法裁判者应当充分发挥主观能动性，通过适当释明的方式，引导纠纷的一次性解决，可以减少当事人的维权成本，亦有利于交易的更快恢复履行。

我国台湾地区的“交换给付判决”实乃为债务的继续履行附加了一个条件，即同时履行义务人须为对待给付。在同时履行义务人未为对待给付内容之前，同时履行义务人尚无权依据生效判决申请对对方的强制执行。我国大陆地区虽罕见“交换给付判决”，尤其是对于存量房买卖所涉的案例中，“交换给付判决”存在其难以运用的现实障碍。为了便于执行，生效判决的判决主文通常要求清晰明确且具有可执行性，而存量房买卖中，在合同需要继续履行的情形下，所涉的后续履行步骤往往较多，步骤之间多存在先后顺序，难以通过“交换给付判决”中的“被告于原告给付……时给付原告……”的表述，在一个判项中一次性表述清楚。反观前述我国大陆地区的第二种判法，对于原告和被告所分别负担的合同义务，包含主给付义务、从给付义务乃至于附随义务，通过不同判项按照先后履行顺序，确定不同的履行期限，依次表述，此种判项更加清晰明确，具有可操作性，其效果不亚于“交换给付判决”。例如，(2015)二中民终字第12244号中，买方负有于2012年4月30日前支付购房款83万元的义务，而卖方负有于上述日期前办理注销抵押登记手续的义务。法院最终认定合同未能履行，不能归结于任意一方的违约行为所导致，并最终判令：(1)买方于本判决生效后7日内代卖方向银行偿还全部的剩余贷款本金及截至贷款还清之日止的全部利息等；(2)卖方及银行于偿还全部剩余贷款本金及利息等后10日内，协助买方办理注销抵押登记的相关手续；(3)卖方于注销抵押登记后10日内将房屋过户至买方名下。过户同时，买方一次性向王某雁支付全部剩余购房款(剩余购房款金额为177万元扣除买方代卖方偿还贷款本息金额后的金额)；(4)驳回卖方的全部反诉请求。该判决主文中既体现了经买方同意先支付房款用于清偿贷款以办理解除抵押的先后顺序，又尊重原合同约定的办理过户和支付剩余购房款应当同时履行的原意，判令在过户的同时一次性支付剩余购房款，此判决主文可以视为我国对于“交换给付判决”的一种变形。不过，“交换给付判决”的可供参考性，不仅仅在于其判项的表述，对于“交换给付判决”所反映出的此种需要“同时履行”否则不能申请强制执行的内涵，亦需要我们在司法实践和执行中予以参考和吸收，以保证履行抗辩权的行使效果。

---

① 韩世远：《合同法总论》，法律出版社2018年版，第404页。

② 王家福主编：《中国民法学·民法债权》，法律出版社1991年版，第404页。

雇主替代责任审判疑难问题调研报告*

随着经济形态、市场行为和生活方式的转变和丰富，私法关系中权利义务内容也呈现更为多样化的表现形式，这对司法实践中正确认定雇佣法律关系、确定责任归属带来了巨大挑战。为正确理解法律规定，合理适用替代责任，我们围绕雇主替代责任的认定适用，主要从雇主替代责任范畴的界定、法律关系认定及辨析、核心法律事实——职务行为的认定判断、责任形态的选择及适用4个方面开展了对雇主替代责任审判疑难问题的调研。其中，重点要解决的问题包括：一是雇主替代责任的概念厘清及所适用法律关系的界定；二是雇佣法律关系的内容构成及认定要素；三是雇佣法律关系与相关法律关系的辨析；四是职务行为认定的理论基点具体标准关联行为的区分；五是雇员致第三人损害责任形态的立法选择妥当性探讨；六是雇主替代责任下雇主与雇员内部责任的划分。

鉴于雇员致第三人损害问题分布在多种案由之中，我们以“提供劳务者致害纠纷”“雇员致害纠纷”“雇佣关系”“雇佣与承揽”“内在关联”“雇主/连带责任”等关键字进行搜索，共收集整理了从2010年至2015年的相关案例200件，个别案例调取了相关卷宗。其中，涉及雇主责任认定包括雇佣与承揽辨析的案件大约有121件，涉及职务行为认定的大约有82件，涉及雇主与雇员内部责任的5件，涉及赔偿问题的大约有157件，详细情况如表1、图1所示。本报告将以这些案例为素材展开。

表1　雇主替代责任案例分类

类型	数量（件）	比例（%）
涉及雇佣与承揽	121	60.5
涉及雇佣与委托	68	34
涉及职务行为认定	82	41
涉及雇主与雇员内部责任	5	2.5
涉及对外赔偿	157	78.5
注：本表中的类型纯粹是针对实践中的问题而提出，相互之间没有严格的排斥关系。		

* 课题主持人：孙国鸣，课题负责人：高萍、丁宇翔，执笔人：王国庆、王玲芳、宁韬。
本课题为2015年部门级重点课题。

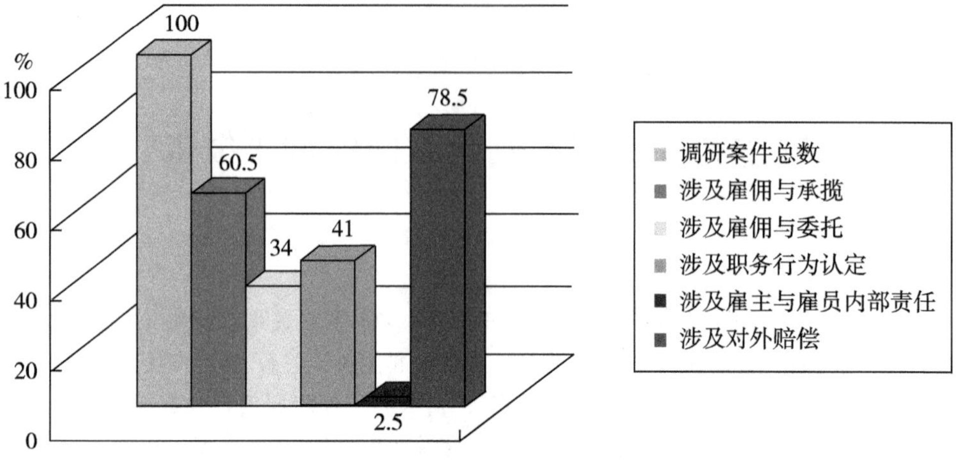

图1 雇主替代责任案例分类

一、雇主替代责任界定

(一)“雇主”概念的辨析与厘清

我国《侵权责任法》颁布之前,《民法通则》及《关于贯彻执行〈中华人民共和国民法通则〉若干问题的意见(试行)》(以下简称《民通意见》)中并没有雇主责任、个人劳务责任的规定,仅就法人对其法定代表人和其他工作人员在履行职务过程中的民事责任作出了规定,在相关规定中并没有区分法人机关责任和雇主责任。其后,最高人民法院《民事诉讼法司法解释》第45条规定,个体工商户、农村承包经营户、合伙组织雇佣的人员在进行雇佣合同规定的生产经营活动中造成他人损害的,其雇主是当事人。虽然该条规定系程序法上的规则,但是司法实践中常以该条为依据判决“接受劳务一方”承担雇佣责任,实则承担了实体法的功能。随后,在最高人民法院《关于审理人身损害赔偿案件适用法律若干问题的解释》(以下简称《人身损害赔偿解释》)第8~14条中,首次明确规定了雇主责任,其中第9条规定的雇主责任不仅包括私有制经济单位用人者,还包括个人用人者。与雇主概念相对应的是公有制经济组织用人者的责任,采用法人责任。之所以区分雇主责任、法人责任的不同称谓,是为了区分公有制和私有制不同的经济基础。

2009年颁布的《侵权责任法》第34条,不再使用“雇主”的概念,而是采用“用人单位”,用以阐述用人单位工作人员在执行任务过程造成损害的责任承担。该条规定称为“用人单位责任”,不再使用“雇主责任”或“使用人责任”,这与我国《劳动法》《劳动合同法》中使用的“用人单位”的称谓是一致的,用人单位的使用将单位的范围扩展至私营企业和个体经济组织,不再遵循以往区分所有制而设计不同规则的做法。用人单位的用工包括其与法定代表人之间的关系,也包括其与其他工作人员之间的关系,它实际上是法人自己侵权责任和雇主责任的结合。因用人单位责任不包含个人用工责任,故在《侵权责任法》第35条规定了个人劳务之间的法律责任。从这两条法律规定在法律中的位置来说,分别阐述了用人单位和自然人作为雇主雇佣雇员的侵权责任,且均为替代责任,但是其实不论雇主是企业或者是个人,其与雇佣的雇员之间形成的支配、从属关系,雇员对雇主具有一定人身依赖性的本质特征却并没有发生变化。所以调研认为,尽管《侵权责任法》中没有采用雇主的概念,但本报告中所采的“雇主”含义包含了用人单位和个人劳务中接受劳务一方。在司法实践中,《侵权责任法》并未表明其与其他法律规定或司法解释之间的关系,所以《人身损害赔偿解释》关于雇主责任的相关规定仍然发挥着细化用人单位责任的作用,司法裁判中亦大量适用该司法解释的相关规定。

(二)“雇主替代责任”的内容及适用范畴

本报告所研究的雇主替代责任系建立在雇佣关系基础上,雇主对雇员在从事雇佣活动中造成的第三人人身损害所承担的替代责任,所依据的法律规范是《侵权责任法》第34条、第35条和《人身损害赔偿解释》第9条。为论述之便,调研组通过扩张解释,将雇主含义扩展至所有雇佣他人为自己处理事务的主体,则雇佣关系包含了个人劳务关系、单位与个人劳务关系,雇主责任包括了用人单位责任、个人劳务责任。通常认为,雇主替代责任的构成要件是:第一,雇主与雇员之间存在雇佣关系;第二,雇员处于执行职务的状态;第三,雇员存在加害行为;第四,雇员的致害行为造成损害。对雇主是推定的过错还是无须考察过错,理论与实务中仍存在争议,但共识是雇主的过错程度不影响雇主对第三人人身损害的责任承担。

雇主替代责任中,雇主承担责任的依据是雇主和雇员之间存在的特定关系,不仅包括特定的人身、利益关系,还包括雇主与雇员所致损害之间存在特定的因果关系。雇主替代责任的前提是雇主与雇员之间形成的雇佣关系,雇佣关系一般是指根据当事人约定,一方于一定或不定的期限内为他方提供劳务,他方给付报酬的契约。《人身损害赔偿解释》第9条规定的雇佣关系是个大的概念,包括人事关系、劳动关系以及劳务关系中的各种雇佣情况。这三类雇佣关系中,无论形成何种具体的雇佣关系,当被雇佣人在履行职务过程中造成第三人损害,用人者就需对第三人承担赔偿责任。我国仅承认法人、合伙、个体工商户能与劳动者之间形成劳动关系,受劳动法调整。而国家机关、企事业单位等形成的是人事关系,无论形成的是劳动关系还是人事关系,工作人员在履行职务(非履行公职)过程中造成第三人损害,适用的是《人身损害赔偿解释》第8条的法人责任。而未纳入劳动法调整的劳务关系,包括个人之间的劳务关系和单位与个人之间的劳务关系,适用《人身损害赔偿解释》第9条规定的雇主替代责任。虽然法人责任和雇主替代责任在理论上存在适用范围、责任依据的不同,但适用结果上并无差异,司法实践中对雇员或者法人工作人员并没有特别加以区分,而直接适用《侵权责任法》第34条的规定。究其原因,法人责任和雇主责任制定之初系根据不同经济形态分别规定的责任制度,然而在实践中适用的结果并无差异,且《侵权责任法》第34条规定的用人单位责任实际属于法人自己侵权责任和雇主责任的结合,司法实践中受害第三人要求赔偿时,法院更多适用《侵权责任法》第34条,不再区分雇员和工作人员的不同。正确适用雇主替代责任,还需要与雇员在提供劳务中自身遭受人身损害的雇主责任相区分(雇员“工伤”),这种情况主要发生于没有纳入依照法律法规规定应当参加工伤保险统筹的雇佣关系(此处为狭义的雇佣关系,不包括劳动法所指的劳动关系)。一般而言,如果雇员参加了工伤保险统筹,应适用工伤保险进行赔偿,而这种情况下雇员受害则是由雇主承担赔偿,且雇主承担的无过错赔偿责任。

二、雇主替代责任疑难问题之一——雇佣法律关系的认定及区分

(一)实践中雇佣法律关系的内容构成及认定

雇主承担替代责任的前提是存在雇佣关系,然而对使用人与被用人之间是否存在雇佣关系不仅在学界富有争议,在审判实践中同样因为案情复杂、当事人举证困难、雇佣关系不典型等原因导致认定困难。根据诸多学者的研究,基于控制理论①、利益归属理论、紧密联系因素对雇佣关系的认定需要综合考量多种因素,具体包括:(1)受雇人是否受雇佣人选任、指挥和监督;(2)双方有无雇佣合同(口头的或书面的);(3)受雇人有无报酬;(4)受雇人有无提供劳务。审判实践中,受雇人与雇佣人之间因提供劳务时间短、层层选任及无书面雇佣合同,常常导致举证困难,事实不清。

雇主替代责任纠纷中,常因用人者层层委托受雇人或者他人选任受雇人,法院在认定谁是真正的雇主上陷入困境,特别在农村建房、建筑工程施工过程中,用人者通常以不认识受雇人为由,否认存在雇佣关系。而受雇人仅与选任人熟识,对法律意义上的雇主亦无法确认,故法院在审查该类案件中的雇佣关系时常常以受雇人提供劳务的利益归属作为认定法律意义上雇主的依据。例如,在认定肖某是否与被告公司存在雇佣关系一案中,通过肖某提供劳务的地点、劳务的性质和劳务的受益人,从而最终认定雇佣关系中的雇主身份。②

在一起道路交通事故责任纠纷中,被告一将车辆登记在被告二单位名下,双方签订有车辆使用协议,被告一向被告二单位交纳管理费。发生交通事故后,被告一个人与被告二单位之间是否形成雇佣关系成为争议焦点,最终法院认为:被告二具有法人资格,其经营范围包含境内长途旅客运输,属于营利性企业。根据被告一与其签订的协议可以证实,被告一将车辆作为出资入股被告二,车辆的所有权也变更至被告二名下,从而认定被告一的驾车营运行为属于职务行为,适用了雇主替代责任,对第三人承担赔偿责任。③ 在此案件中被告一对运营车辆的行为具有很大的自主性,对被告二的人身依附性也不强,此时法院仍认为构成雇佣关系系基于被告二在被告一的运营行为中获益,但此种获益相比之下较为微薄,能否必然构成雇佣关系,值得讨论,从该类案件可以看出法院在确定是否构成雇佣关系时,单位从运营活动中是否受益作为重点考察。

可见,在民法理论上清晰的判断标准,在司法实践中却不能轻松地加以适用,法院在不同案件中考量的因素并不相同,标准尚不清晰,缺乏系统性的认定要素体系,导致易与其他法律关系产生混淆。调研相关年度的生效判决,受到侵害的第三人作为原告难以举

① 控制理论认为,雇佣关系是一种管理上的隶属关系,它以雇员受雇主的控制和监督作为此种法律关系存在的前提。支持此种观点的学者主要有王利明教授、杨立新教授、张民安教授、王泽鉴教授。

② (2015)一中民终字第3123号。

③ (2011)一中民终字第15250号,相同的案件可见(2012)一中民终字第3452号,将挂靠车辆的司机认定为被单位的工作人员,适用的是《侵权责任法》第34条判决被挂靠单位承担赔偿责任。但是,本案中因挂靠的行为存在,司机实际每月并不从被挂靠单位获取报酬,反而需要向其交纳管理费。尽管之后出台的最高人民法院《关于审理道路交通事故损害赔偿案件适用法律若干问题的解释》第3条规定,以挂靠形式从事道路运输经营活动的机动车发生交通事故造成损害,属于该机动车一方责任,当事人请求由挂靠人和被挂靠人承担连带责任的,人民法院应予支持。此条规定连带责任的基础乃是共同侵权,非职务行为。

出侵害人与其雇主之间存在具体雇佣关系的证据，故法院在认定雇佣关系时，仍应重点考量下列因素：(1)纠纷发生的时间、地点。(2)原告受到伤害时，受雇人实施的行为是否属于雇用人的业务范围。例如，在某停车场内收费员侵害第三人、身着某快递公司的快递员侵害第三人①，在此类案件中，公司常以不存在雇佣关系为由抗辩，而原告又难以举证双方存在书面或口头雇佣合同、报酬发放情况，故法院常以工作地点、受雇人在实施侵权行为前所从事的工作任务来判断侵权人与雇佣人之间的法律关系。(3)案件所涉工作人员日常工作的内容，是否属于该用人单位交办的业务。(4)雇佣人是否发放报酬。(5)雇佣人是否对该受雇人进行日常的管理、约束和监督。②

（二）雇佣法律关系与相关法律易产生混淆，需明确区分标准和要素

1. 雇佣关系与承揽关系的辨析

承揽合同是以承揽人交付一定的工作成果为合同目的，承揽人在完成工作中具有独立性，定作人只有在不影响承揽人工作的前提下，才能对承揽人的工作情况进行指示、监督和检查。在此前提下，承揽人自行承担风险独立完成工作。审判实践中，因具体案情不同，对雇佣关系和承揽关系考量因素较多，从而并未形成一致的评价标准，甚至是作出与理论上评价标准相左的判断。以农村建房为例，房主与工头口头或书面约定建房几间，建房所需材料由房主提供，工头自带工具设备，雇有多名工人共同建房，房主与工头约定一次性给付报酬，建房工人吃住由房主负责。当发生相关人身损害时，房主与工头形成的法律关系是承揽抑或是雇佣关系？如从运用工头建房技能、经验完成建房任务、交付建房成果、一次性给付报酬、对房屋质量承担相应义务等角度来看，双方应为承揽合同。然而从建房材料系由房主提供、房主可以支配控制工程进度的角度来看，房主和工头之间亦可存在雇佣关系。在认定房主和工头之间的法律关系后，才能够认定工头雇佣的工人与工头、房主之间的法律关系。审判实践中，在此种纠纷中认定房主与工头之间的法律关系，既有承揽又有雇佣，以承揽居多。③ 此次调研样本中，涉及该类问题的较为普遍，有 121 件，占到调研样本的 60.5%。

我们发现，虽然裁判时考量的因素较多，但是综合两种法律关系的特征，仍应将下列因素作为考量重点：(1)当事人之间存在控制、支配和从属关系的程度，雇佣关系在人身依赖、控制上较承揽关系更强、更紧密。(2)是否在一方指定的工作场所、规定的工作时间、由其提供劳动工具或设备。(3)给付劳动报酬的方式，是一次性结算还是长期固定劳动报酬。雇佣关系中，雇员在较长的时间内将取得稳定的报酬，报酬的数额是根据市场劳动力的价格结合相应的行业标准而确定，雇员较少有收益减少的风险。而承揽关系中的

---

① (2015)一中民终字第 388 号。

② (2012)一中民终字第 2235 号。

③ (2015)一中民终字第 3331 号，法院认定房主与包工头签订的建房合同，因包工头并不受房主管理，独立完成所约定工程，故双方之间形成承揽关系，并非雇佣关系。(2014)一中民终字第 08459 号，认定房主与实际施工工人之间不存在雇佣，工人与包工头之间形成雇佣关系。(2015)一中民终字第 02544 号，对拆除大棚的房主对实施拆除工人的人身损害，虽未认定形成雇佣关系，但是以房主将拆除工程发包给无资质人员为由，要求房主对赔偿承担连带责任。

劳动报酬是基于自身的技能或生产规模,原材料的价格等确定的,承揽方有潜在的亏损风险。[①] (4)提供劳务时间的长度,通常提供连续性劳务为雇佣,而一次性提供劳动成果则常为承揽。第三、四点标准应为判断雇佣和承揽关系的重要因素,典型案例如业主雇佣钟点工打扫房屋,钟点工受伤,用人者和钟点工个人系一次性提供劳务成果,一次性支付报酬,从上述分析的判断因素来看,应为承揽,实践中多数认定为承揽。[②] 在多次提供工作机会,技术含量不高的劳务中,法院也有时认定介绍业务、抽取提成的公司法人与接收介绍、提供劳务的操作人形成雇佣关系。[③] (5)雇佣关系中,雇主关注雇员的劳动技能,雇员关注劳动报酬,而承揽关系中,定作人选任承揽方时,主要考察承揽方的技能、生产设备或生产规模、信誉等能否提供交付相应的劳动成果,而承揽方关注自己的技能或生产能力能否完成工作,交付工作成果。(6)雇佣关系中,雇员只能自己完成提供劳务的义务,不能再行委托他人,承揽关系中,如无特殊约定,承揽人可以将承揽的辅助工作交由第三人完成,也可以与人合伙完成工作,还可以雇佣他人完成工作。

2.雇佣关系与委托关系的辨析

委托合同系由受托人为委托人办理委托事务,委托人支付约定报酬或不支付报酬的合同。办理委托事务中也需要提供劳务,需要受托人自身的技能,因此司法实务中,就雇佣和委托合同关系有时也容易产生混淆。调研的案例样本中,涉及该问题的有68件,占到34%。根据《合同法》的规定,委托合同具有如下特征:首先,委托合同是建立在委托人对受托人的办事能力和信誉的了解、信任基础上进行的委托。在委托合同中,受托人应当亲自处理受托的事务,不经委托人的同意,不能转托他人处理受托的事务。同时,在委托合同建立后,任何一方都可以随时终止委托合同,此种任意解除权的行使亦是建立在互相信任的基础上。其次,委托合同的标的是处理委托事务。委托合同是提供劳务类合同,其标的为劳务,这种劳务体现为委托人为受托人处理委托事务,可以是一项或者多项事务,也可以是一切事务。最后,委托合同一般是受托人以委托人的名义和费用处理委托事务。受托人处理事务,除法律另有规定外,不是以自己的名义和费用,而是以委托人的名义和费用进行的。因此,委托合同的受托人处理受托事务的后果,直接归受托人承受。在有些情况下,受托人也可以以自己的名义与第三人为民事法律行为。

虽然委托合同和雇佣合同均是以给付劳务为内容,但在审判实践中主要区别要点如下:(1)委托合同的目的在于处理委托事务,实现委托人的预期利益,虽然受托人处理事务时也包含了提供劳务,但提供劳务并非合同目的,提供劳务仅是处理事务的手段,而雇

---

① (2011)一中民终字第8782号,法院认为:原告包某需要按照自己的意思,通过独立思考来完成完成该项维修工作,无须被告某公司的监督。包某获得的报酬是维修工作成果的市场价格,而非其劳动力的市场价格,此报酬除包括劳动力的价格外,还包括包某为完成维修工作付出的独立思考、维修技术等价格。综上所述,法院认为该公司与包某之间构成承揽关系。

② (2006)朝民初字第19443号,法院认为原告(钟点工)到被告(业主)处从事的小时工工作,双方之间并不存在从属关系,劳动工具和设备由原告等人自带,报酬一次性给付,所提供的劳务并非被告的生产经营活动,双方之间的法律关系应该认定为承揽关系。同样的裁判理由可见,(2008)二中民终字第11922号。

③ (2015)一中民终字第2397号,法院认为:唐某所从事工作的技术含金量相对较低,工作机会均系某公司提供,且该公司法定代表人在工作地点指挥和监督,更符合雇佣关系的特性,故法院对该公司主张双方形成加工承揽关系的抗辩意见不予采纳。

佣合同以雇员提供劳务为合同目的。(2)委托合同中的受托人有权独立地处理委托事务,其中最重要的表现为财务独立、组织独立;而雇佣合同中,受雇人无独立的支配权。[①](3)委托合同中,受托人原则上应以委托人的名义处理委托事务,但亦可以自己的名义处理事务,在处理委托事务时可以转委托,而在雇佣合同中,受雇人只能以雇主的名义开展工作,不能再行委托他人完成委托事务。[②] (4)雇佣合同中,受雇人订立合同的目的是为获取报酬,报酬稳定且具有相应的行业水准,而委托合同中,受托人可以收取报酬,也可以无偿为委托人办理事务,即便收取报酬也因具体事务不同导致报酬不均,且报酬的支付方式可以是一次性,也可以是阶段性的。[③]

三、雇主替代责任疑难问题之二——职务行为的认定判断

(一)多元理论背景下职务行为的认定的选择

职务行为的认定是适用雇主替代责任的又一重要构成要件,实践中也是雇主替代责任案件常常遇到的问题,调研案例样本中有 82 件、41% 的案件涉及这一情况。对此,理论界主要有以下几种观点:(1)主观说,即以雇主或者雇员的主观意思为准。[④] 无论采雇主主观说还是雇员主观说,对于另一方权益的保护都存在缺陷,故此种学说实践中采用较少。(2)客观说,即以雇员行为的外观为标准。只要从外观上看可以认为属于社会观念上的执行职务,不论雇主或受雇人主观上意思如何,该行为都属于职务行为的范畴。[⑤] 客观说在实践中不当扩大了雇主负责的范围。(3)折中说,如果雇员行为构成过错侵权,对于雇员执行工作任务范围的界定要将主客观说相结合。

比较法上,现代各国基本上都放弃了主观说。比如德国、日本等国家。根据德国理论和实务的看法,作为认定执行职务行为标准的"内在的关联性"是指从受托事项的目的和方式来看,雇员的致害行为与受委托事项之间具有紧密的或直接的内在联系。[⑥] 在日本判例中,采纳了行为外观说,认为雇员的行为与执行职务具有同一外观时,无论雇员是否为自己而为之,均应认定为执行职务行为。[⑦]

《人身损害赔偿解释》第 9 条第 2 款规定了"从事雇佣活动"的范围,即从事雇主授权或者指示范围的生产经营活动或者其他劳务活动。雇员的行为超出授权范围,但其表现

---

① (2013)一中民终字第 12128 号,法院认为,周某在公司提供的房屋内进行研发工作,工作设备由公司提供,公司通过银行转账支付周某每月 10,000 元工资,公司财务单据中报款人亦有周某签字,故双方为事实上的雇佣关系,并非委托关系。

② (2011)一中民终字第 16323 号,法院认为:某公司委托杨某为其种植花草,在杨某完成委托事项之后向杨某支付报酬,双方当事人约定的权利义务符合委托合同的构成要件,故本案的案由应当为委托合同纠纷。依据法律规定,在委托人同意的情况下,受托人可以转委托,即杨某可以转委托他人为公司培育花草,且该公司为工人支付工资的行为应当视为同意杨某将部分委托事项转委托给他人,故公司应当自行承担这部分工资款。

③ (2010)一中民终字第 15147 号,法院认为:被告李某称其是某国旅公司的工作人员,但未提供证据证明其与国旅公司是劳动雇佣关系。该公司坚持称与李某是委托代理关系,但未提供相应证据证明具体委托事项。双方均认可李某的工作报酬只源于业绩提成,故李某与该公司之间可以认定为委托代理关系。

④ 张新宝:《侵权责任法原理》,中国人民大学出版社 2005 年版,第 298 页。

⑤ 史尚宽:《债法总论》,中国政法大学出版社 2000 年版,第 191 页。

⑥ 王利明、周友军、高圣平:《中国侵权责任法教程》,人民法院出版社 2010 年版,第 495 页。

⑦ [日]圆谷峻:《判例形成中的日本新侵权行为法》,赵莉译,法律出版社 2008 年版,第 290 页。

形式是履行职务或者与履行职务有内在联系的,应当认定为“从事雇佣活动”。该条款前段采纳雇主主观说,后段则借鉴了客观说的合理因素。我们认为,折中说既考虑到雇员侵权行为的外观表现,又兼顾到与雇佣行为的内在联系,符合社会评价的一般标准,更为妥当。例如,(2012)一中民终字第2235号民事判决中,法院分析职务行为时,考虑了纠纷发生的时间、地点、雇主的正常业务范围、雇员的日常工作内容以及雇员行为的受益人。该判决较好地吸收了折中说的精神,雇主的正常业务范围、雇员的日常工作内容是雇主的授权范围,而纠纷发生的时间、地点、以及雇员行为的受益人均是分析是否构成职务行为的客观表现。结合两者进行的认定,较为准确地界定了职务行为。①

（二）几种非典型行为是否构成职务行为的类型化分析

《侵权责任法》第34条对职务行为未作出界定。而《人身损害赔偿解释》也仅从宏观方面界定了“从事雇佣活动”的范围,在司法实践中适用该条会存在诸多问题,导致法律适用的不统一。下文重点分析一些存在争议的行为是否与职务行为具备内在关联性,以期建立具体的要素体系来正确理解内在关联性标准的应用。

1.利用履行职务的便利实施的侵权行为

我们认为,对于利用职务上给予机会,造成他人损害的,是否构成职务行为,不能一概而论,应分析侵权行为与履行职务内容是否有内在的关联性,而此种内在关联性多体现在雇主对于雇员的行为是否有风险控制的预期和能力以及雇员实施的侵权行为是否违反了职务应有的核心要求。

具体分析实践中雇员利用职务上的便利侵害他人权利的情形,如快递公司雇员私自开拆包裹窃取顾客财物,搬家公司雇员搬家过程中偷盗财物,银行职员利用职务便利偷改存款人存折密码而盗取其内现金的行为。我们认为,这些案例中的雇主均应当承担雇主责任,理由为快递公司、搬家公司的核心工作要求为保障顾客的货物、财物安全、完整地送达另一地点,银行的核心工作要求是保障顾客储蓄的安全。故上述雇员实施的侵权行为未尽职务应有的核心要求,导致雇主未能履行其基本工作要求,而正是因为雇员违反的是职务的核心要求,故雇主对雇员的侵权行为应有风险控制的预期,在此种情况下雇主应承担替代责任。② 反之,如果雇员利用职务便利所为的行为与其职务性质无关,而雇主对此不具有风险控制的预期和能力,则不应由雇主承担替代责任。如出租车司机利用载客便利,将乘客杀死的行为。我们认为,出租车行业的核心工作要求是通过司机的安全驾驶行为,将乘客送达目的地。出租车司机的杀人行为已经脱离了工作要求,雇主对此无法预知和防范。当然,如果是因为司机的驾驶行为导致顾客受伤,出租车公司应当承担雇主替代

① (2012)一中民终字第2235号。本案中,法院认定职务行为时,分析认为“1.本案纠纷发生的时间、地点均为人寿保险北京分公司下设的延庆板泉路营销服务部日常营业时间和地点;2.赵东芳与王寒瑶接洽事宜属人寿保险北京分公司正常业务范围,王寒瑶代表人寿保险北京分公司与赵东芳进行交涉,且双方发生争执的起因属业务性质;3.根据王寒瑶日常工作的内容,其性质属人寿保险北京分公司内部日常管理,利益归属亦为人寿保险北京分公司;4.王寒瑶、人寿保险北京分公司均否认两者之间存在劳动合同关系,该情况属于人寿保险北京分公司内部特殊的业务形式及人事管理制度所致,并不能依此改变人寿保险北京分公司在具体案件中实质上成为王寒瑶‘用人单位’的法律属性。”

② 例如《保姆行窃,雇主家政公司应当赔偿》,载《检察日报》2013年6月19日。该案中,保姆王秀英利用在梁芳家做保姆的职务便利,偷盗梁芳家财物共计4万元,最终法院判决家政公司承担雇主替代责任。

责任。

2. 为实现雇主利益而实施的侵权行为

我们认为雇员从事的此类行为与其职务并没有相当因果关系，但是雇员此种行为是为了雇主的利益或者是为了实现雇主的商业目的，则应当认为雇员的侵权行为与执行工作任务有内在关联性，进而认定属于职务行为，由雇主承担替代责任。

调研中我们发现有这样的案例。例如，原告苏某的住所与被告绿荫公司房屋相邻，绿荫公司在与苏某住所相邻的房墙上放置一些铁料，苏某认为绿荫公司的行为有安全隐患。后苏某来到绿荫公司，与绿荫公司雇员张某、李某、陈某对拆除铁料事宜发生口角，进而苏某与张某、李某、陈某发生厮打推搡，苏某在争执中受伤。后苏某起诉至法院要求张某、李某、陈某及绿荫公司承担各项损失。法院经审理后认为"张某、李某、陈某殴打行为虽是违法行为，但是仍是在维护公司的利益的基础上做出的，从发生的时间、场合以及目的来看都表明这是执行绿荫公司职务的行为，故绿荫公司对于打架行为乃是个人行为的抗辩法院不予认可。"最终判决绿荫公司承担赔偿责任。① 相反，消费者在饭店用餐后因指责饭菜质量问题拒付款项而遭到饭店服务员的暴力殴打，比如网上曾经热议的火锅店服务员用高汤浇女顾客案。该案中，火锅店服务员朱某因女顾客发了一条微博，反映其服务态度恶劣，而拿了一锅滚烫高汤浇在了该顾客头上。该行为中火锅店是否应承担雇主替代责任，意见不一。我们认为，从实现雇主利益的角度来看，朱某的行为系为了泄私愤，侵权行为本身并不是为了实现雇主的利益，火锅店不应承担雇主替代责任。

3. 履行职务过程中发生的犯罪行为

此类行为，例如出租车司机在载客过程中，与乘客发生口角，最后将乘客杀死。此类案例在实践的处理上有很大争议，例如(2011)西民初字第1751号。该案一审认为出租车司机的杀人行为系在履行职务的过程中，双方也系因乘车事项发生纠纷，故出租车公司应对司机行为承担雇主责任。该案二审时，争议颇大，最终调解结案。再如浙江省高级人民法院(2005)浙民一终字第267号。该案一审、二审法院均认为出租车司机杀害乘客的行为不构成职务行为。理由如下：第一，没有证据证明勾某某(出租车司机)对吴某某(死者)实施的侵权行为系倪某某(雇主)授权，或倪某某在事后给予追认；第二，勾某某的故意杀人及盗窃行为，并不是一名客运车辆驾驶人员所应正常实施的驾驶服务行为；第三，对受害人所实施的侵害行为是否基于其自身的犯罪故意，并非出于履行雇佣事务过程中的客观需要，且与倪某某雇佣其的利益期待缺乏必要的客观联系。法院同时认为，勾某某所实施的侵害行为，为雇主自身的风险控制能力所不及，超出了倪某某作为客运出租车辆经营者所应负担安全保障义务的合理范围。勾某某杀害吴某某的行为与其雇员身份并无直接和密切的联系，乃出于其个人的犯罪故意，与雇主倪某某的利益亦不具有客观联系，因此本案中雇主替代责任不成立。

我们认为，从职务行为的折衷说出发，浙江法院对于履行职务过程中发生犯罪行为是否属于职务行为的认定更为准确。首先，该案从主观说的角度分析了雇员实施的行为是否有雇主的授权或时候追认；其次，从客观说的角度分析了雇员实施的该行为是否为履行

① (2012)一中民终字第00270号。

职务的需要，与雇主利益期待之间是否具有内在联系，以及雇主能否对该雇员的行为进行风险控制。同样的雇员行为，如果仅从雇员行为发生的时间、地点和事件起因的基础上做分析，则会加重雇主的责任。

（三）职务行为认定的要素体系及认定标准

通过以上分析，我们认为应从以下方面认定和把握职务行为。

1. 形式性要素

指职务行为通常外观表现出的情形，实践中可以通过分析此类要素，作为判断是否属于职务行为的参考，但具备此类要素并不表示即为职务行为。

第一，时间因素，雇员实施侵权行为时是否在工作时间或是否在雇主指示实施雇佣行为的时间。

第二，地点因素，雇员实施侵权行为是否在办公场所或受雇主的指示到办公场所以外的地点。

第三，名义因素，雇员实施侵权行为时是否以雇主的名义。

2. 实质性因素

指分析侵权行为具备以下因素中的一个或几个，基本即可确认为职务行为，由雇主承担替代责任。

第一，利益因素，雇员实施侵权行为时是否为雇主利益。具体认定时，主要考虑雇员行为与雇主利益之间的内在联系或客观联系程度。例如，（2015）一中民终字第00365号民事案件。[①] 该案中，经法院查实，雇员实施侵权行为的起因是因为工作关系，且系维护雇主利益，故判决雇主承担替代责任。

第二，行为方式因素，雇员实施行为时是否采取符合实现雇佣事业目的的方式。这一因素主要考虑雇员的行为方式与雇用事业目的之间的客观联系程度。如上文所述的利用职务便利的几个案例。

第三，经营范围因素，雇员实施的侵权行为是否属于雇主的经营范围之内。

第四，风险控制因素，雇主对于雇员实施的侵权行为有风险控制的预知或可能性。因为对于这些行为，雇主根据自己的工作经验和经营性质，通常可以预见，可以事先防范，并计算可能的损害，然后将其内化为营运成本加以分散出去。

当然，职务行为的认定本质上是价值判断问题，以折衷说界定执行职务任务更为合

---

① （2015）一中民终字第00365号。该案中，王金柱原系金卫伟业公司保安员，李会峰原系金卫伟业公司保安队长。2013年6月25日12时许，在北京市昌平区东小口镇天通苑东二区保安队宿舍楼道内，王金柱与李会峰发生口角并引发肢体冲突，在双方争执过程中，王金柱的眼部被打伤。法院审理后认为在判断工作人员的行为是否属于职务行为时应当综合考虑以下因素：行为的内容，行为是否以用人单位的名义进行，行为的受益人等。特定情况下，工作人员的行为即使超出职权范围，但如果行为的外观与用人单位工作业务有相当关联，也应构成用人单位的行为，由用人单位承担责任。本案中，根据王金柱和李会峰在北京市公安局昌平分局案件卷宗中的笔录记载，李会峰根据王金柱的要求，准备给其开工单，到公司结工资并解除合同。从该行为内容上看，李会峰是在执行工作任务。从李会峰“我对他说，你与公司签有合同，你未按合同的规定干满合同期限，公司要扣一定的违约金……我给你开个工单，你拿着工单到公司结工资解除合同”的陈述内容看，李会峰也是以金卫伟业公司的名义与王金柱谈论工资及解除合同事宜。同时，李会峰的上述行为也是在维护金卫伟业公司的利益。因此，从行为的内容、行为的名义、行为的受益人等方面看，李会峰的行为应当认定为执行工作任务的行为。

理,但在具体判断某一行为是否构成职务行为的时候,仍要根据案件的具体案情和证据情况,综合予以判断。

四、雇主替代责任疑难问题之三——责任形态与适用

关于雇主和雇员如何承担责任,也是司法实践中颇为棘手的问题。调研的案例中,有157件案件都要解决赔偿问题,占78.5%;另有5件、2.5%的案例还涉及内部责任分担。就雇主和雇员如何承担责任的问题,目前司法中争议的问题主要有两个:一是雇主和雇员是否承担连带责任的问题;二是依据现行法,雇主承担责任后是否享有追偿权的问题。

(一)雇主和雇员是否承担连带责任的问题

1. 立法与司法衔接的不畅

依通说,替代责任是一种为他人行为而承担责任的形态。《侵权责任法》第34条、第35条已明确替代责任的此种属性,理论上并无太多分歧。但雇员对外是否应该承担责任以及是否应该与雇主承担连带责任的问题,则多有争议。《人身损害赔偿解释》第9条第1款规定,雇员在从事雇佣活动中致人损害的,雇主应当承担赔偿责任;雇员因故意或者重大过失致人损害的,应当与雇主承担连带赔偿责任。雇主承担连带赔偿责任的,可以向雇员追偿。而《侵权责任法》对于连带责任以及追偿权的规定却付之阙如。这一不足可能导致受害人不能充分获得赔偿的后果。因为其一,雇主拥有更多的资本、有更好的控制能力,有更强的风险分散能力,只是理论上的逻辑假定。个人作为雇主,其清偿能力并不总能得到保证,在司法实践中这样的例子不在少数。① 其二,《公司法》修订后,注册资本制度改为认缴登记制,由公司章程自主约定认缴出资额、出资方式和期限,这无疑又一次降低了作为雇主的公司的实际清偿能力。其三,赔偿额度逐年递增,也加大了雇主清偿不能的风险。以北京为例,居民年可支配收入逐年升高,这就必然导致以其为计算基准的死亡赔偿金和残疾赔偿金逐年增高。

此外,雇员责任保险强制性的缺失,也会制约受害人获得充分赔偿。在雇主没有投保雇员责任保险的情况下,受害人就不可能通过保险机制获得赔偿。

2. 比较法上的观察

从比较法上看,各国就雇员致害时雇主是承担替代责任还是与雇员承担连带责任的问题,做法并不完全一致。德国民法在雇主责任成立上采纳了过错推定效果,使用人在置办或者指挥时,尽了交易中必要的注意,或者即使尽此注意损害也会发生的,赔偿义务即不发生。同时在效果上,二人以上对因侵权行为而发生的损害一起负有责任的,即作为连带债务人负责任。我国台湾地区"民法"第188条规定,受雇人因执行职务,不法侵害他人之权利者,由雇用人与行为人连带负损害赔偿责任。但选任受雇人及监督其职务之执行,已尽相当之注意或者加以相当之注意而仍不免发生损害者,雇用人不负赔偿责任。法

---

① (2015)一中民终字第7754号。案情是,2014年3月,高某东(雇主)临时雇请张某仁(雇员)搬运物品,直接给张某仁50元作为报酬的事实,二者形成雇佣关系。在北京市海淀区知春路路口西北角,张某仁驾驶三轮车由西向北逆行,适有行人张某琴原地站立,张某仁驾驶的三轮车上所载物品与行人张某琴(原告)身体接触,造成行人张某琴受到严重伤害。原告起诉雇员和雇主要求承担连带赔偿责任。

国的司法和判例都认为，如果符合替代责任的构成要件，雇主当然应当就其雇员的侵权行为对受害人承担侵权责任，受害人有权向法院起诉，要求雇主就起雇员的侵权行为对自己承担侵权责任。受害人除了有权要求雇主就雇员的侵权行为对自己承担侵权责任之外，还有权要求雇员单独就其过错侵权行为对自己承担侵权责任或要求雇主同雇员一起对自己承担雇主责任和连带责任。① 日本法则采纳的是不真正连带责任。“要认定雇佣者责任成立，需被雇佣者的行为满足第709条规定的要件；即使认定了雇佣者责任，也不能免除被雇佣者的第709条规定的责任。两者对受害人要承担不真正连带债务。”②《意大利民法》第2049条之规定，雇主和本人对其雇员在执行受雇事务时事实的侵权行为所造成的损害承担责任。在责任效果上，该法典第2055条规定，雇主和雇员应当作为连带债务人承担连带责任。③

在英美法系国家，学说上和司法判例中都采取了这样的规则，即认定雇员实施侵权行为时，受害人或者单独起诉雇主，或者受害者单独起诉雇员，或者共同起诉雇主和雇员，要求他们对自己遭受的损害承担连带责任。Heuston 和 Buckley 指出：“如果雇员在其职务范围内实施了侵权行为，雇主要就其雇员实施的侵权行为承担对受害人承担共同责任和连带责任。”④

3. 坚持雇主与雇员承担连带责任的价值选择

通过比较法上的考察，可以得到如下启示：一是雇主与雇员是否承担连带责任与雇主责任所采取的归责原则没有关联。将个人责任与雇主责任结合，是对受害人保护的加强。其理论依据是，雇主责任是为了保护受害人而不是为了保护雇员而构建，一个人绝不会因为其在雇佣期间实施侵权行为而被免除责任。⑤ 二是应坚持雇员直接责任与雇主间接责任的区别。只有当雇员本人要就其实施的侵权行为承担侵权责任的时候，雇主才就他们实施的侵权行为承担替代侵权责任。三是应将受害人的保护作为替代责任的首要问题。应该说，仅仅责令雇主承担责任对受害人十分不利，如果雇主已经陷入无法清偿状态，则受害人根本无法要求雇主就其雇员的侵权行为对自己承担侵权责任。调研组认为，我们应该坚持上述比较法启示，其与我国侵权责任所确定的填补和惩罚双重功能是一致的。虽然作为“新法”的侵权责任法并无此规定，似乎法官在适用《人身损害赔偿解释》时存在障碍，但比较法律条文可知，侵权责任法仅仅是在“雇主替代”这一问题上即对“纯粹替代”的规定，并没有明确取消《人身损害赔偿解释》的连带责任问题。从客观目的论上解释，既然法律并没有取消，且连带责任能够契合立法目的，那么我们当然可以适用人损解释规定处理连带责任的问题。

---

① 张民安：《侵权法上的替代责任》，北京大学出版社2010年版，第286页。

② ［日］工藤佑严：《日本侵权行为法中的责任主体》，载中国民商法律网：http://www.civillaw.com.cn/article/default.asp? id=58649，2014年4月15日最后访问。

③ ［德］克里斯蒂安·冯·巴尔、乌里希·德罗布尼希主编：《欧洲合同法与侵权法及财产法的互动》，吴越、王洪、李兆玉、施鹏鹏等译，法律出版社2007年版，第125页。

④ R. F. V. Heuston, R. A. Buckley, *Salmond and Heuston on the Law of Torts*（*twentyfirst edition*），Sweet & Maxwell Led.，1996，p. 43. 转引自张民安：《侵权法上的替代责任》，北京大学出版社2010年版，第287页。

⑤ 王利明、周友军、高圣平：《中国侵权责任法教程》，人民法院出版社2010年版，第482页。

(二)关于雇主追偿权的问题

调研组认为,在雇主承担替代责任之后,还是应根据雇主、雇员各自对损害发生的过错分担责任。虽然《侵权责任法》第34条对用人单位承担责任后是否能够向员工追偿亦未明确,但如果认为根据第34条雇员自身不应承担责任,则不利于实现侵权法的预防功能。但是,如果仅仅依据过错而不对过错的种类予以区分,实际上会导致不公平的情况。毕竟,雇员是在"利益"雇主的过程中导致他人损害的。因此,法院虽应在考察雇主、雇员各自对损害发生的过错、原因力、风险等因素基础上,将损害赔偿责任在雇主和雇员之间的分担,但在考察雇员的过错时,应该确定只有在雇员具有重大过失和故意时,方能进行追偿。另外,在雇主对第三人承担责任时,雇主自己在雇员致害案中是否也存在过错?调研发现,法院在判断雇主是否应对雇员对第三人致害承担替代责任时,均不同程度考察雇员的过错,同时也考虑雇主的过错。例如受雇司机因违章驾驶导致的机动车交通事故损害赔偿、雇员操作生产设备时致害均考察了雇员和雇主的主观过错状态。① 在北京八方达客运有限责任公司延庆分公司诉池某其他债务纠纷一案中,池某为该公司司机,对发生的交通事故负全部责任,该公司在向乘客承担全部赔偿后向池某追偿经济损失。法院判决支持了该公司的部分诉求。审判实践中法院会在考虑雇员和雇主过错情况的基础上做出裁判。

另外,雇主对雇员的致害行为承担替代责任,此时是否要求雇员具备民事责任能力,现行法律并无规定。审判实践中,雇主雇用未成年的劳动者时,雇主能否以被用人无民事责任能力免责?答案是否定的,在雇主对第三人承担近乎无过错责任的前提下,雇主不能借雇佣无责任能力人执行职务而逃避责任,雇主仍需要因为其选任雇员上存在的过失承担责任。此时,雇主所承担的责任仍然是替代责任,②但在对内关系上是否可以向无责任能力者追偿,则应分别而论。如果雇主尽到谨慎注意义务仍无法得知被雇佣人是无责任能力者,则应可以追偿,并且应以其监护人作为共同被告。如果雇主因重大过失未尽到相应的审查义务或者故意雇佣无责任能力者,则法院不应支持其追偿请求。

---

① (2011)一中民终字第8119号,(2011)一中民终字第15159号,(2015)一中民终字第125号。

② 但也有不同意见,参见周友军:《论中国侵权法上的雇主责任》,载《中国地质大学学报》2013年第2期。

劳动合同解除疑难问题研究*

前　言

劳动合同解除，是指劳动合同当事人提前消灭劳动合同关系的法律行为。① 从司法实践层面来看，劳动合同解除是引发各类劳动争议的主要原因。从整个劳动法律体系来看，在《劳动合同法》中单设劳动合同解除一章，在《劳动法》、《劳动合同法实施条例》、相关司法解释以及原劳动部的各项规章办法中也有劳动合同解除的规定，条文规定涉及的解除类型多样、情形复杂，但各种规定在适用过程中都显得较为原则，甚至存在冲突，法官在处理案件过程中对法律的理解与适用存在很多分歧。

鉴于劳动合同解除在劳动关系法律体系、司法审判实践、对双方当事人的法律后果等诸多方面都具有重要意义，北京市第一中级人民法院民六庭组成课题组对其进行专门调研，通过本庭2012年以来审结的相关案件，总结提炼突出问题，分析原因并提出对策建议。

一、劳动合同解除案件概况

（一）涉及劳动合同解除诉求的案件在全部劳动争议中占比较高，且数量远远多于其他诉求案件

从当事人的诉讼请求来看，诉求中涉及劳动合同解除内容的案件数量较大，在全部劳动争议案件中占绝对多数比例。2012年至2014年，我院共审结各类劳动争议案件9239件，以判决方式结案的二审案件5237件，其中涉及劳动合同解除诉求的案件3226件，占全部二审判决案件的61.6%，在全部劳动争议案件中占比较高。（见图1）

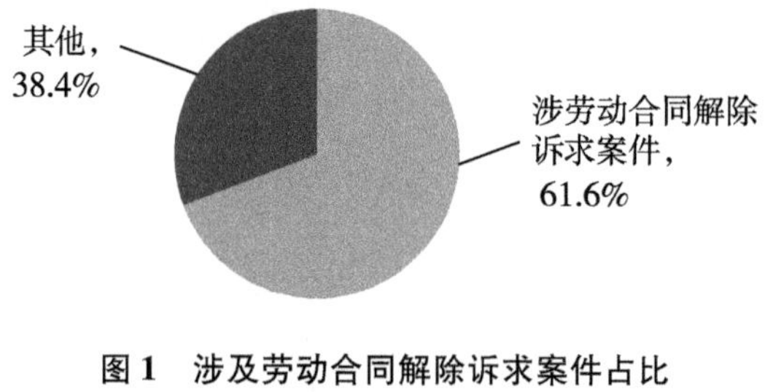

图1　涉及劳动合同解除诉求案件占比

---

* 课题主持人：孙国鸣，课题组负责人：赵悦，课题组成员：赵悦、高海鹏、何锐、刘佳洁、吴博文、张晓蓓，课题执笔人：刘佳洁。

本课题为2015年部门级重点课题。

① 王全兴：《劳动法》，法律出版社2008年版，第171页。

与劳动争议项下的索要劳动报酬、确认劳动关系、社会保险补偿等其他诉讼请求相比，劳动者或用人单位提出涉劳动合同解除的诉讼请求案件数量仅次于追索劳动报酬纠纷案件数量，并远多于其他诉求案件。以2014年为例，以判决结案的二审案件中，索要劳动报酬案件692件，涉劳动合同解除诉求的案件621件，索要2倍工资案件278件，索要各类社会保险补偿或赔偿案件171件，要求确认劳动关系案件141件，涉及无固定期劳动合同案件62件，要求支付竞业限制补偿金案件60件。（见图2）

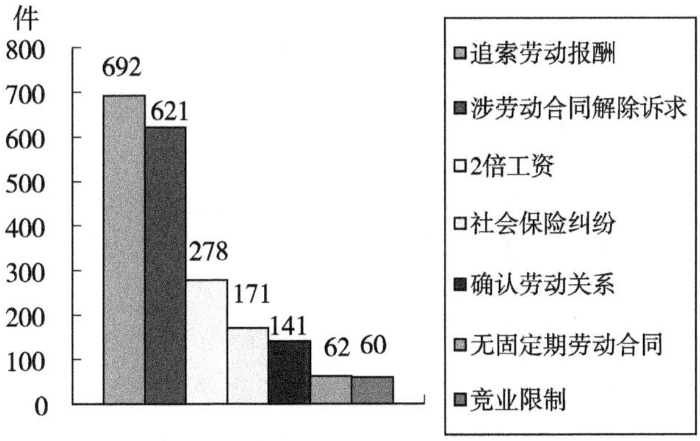

图2　涉劳动合同纠纷案件分类统计

（二）当事人主张解除劳动合同经济补偿金诉求最为常见，该类案件在涉劳动合同解除案件中占比最高

当事人提出涉及劳动合同解除的诉求包括要求用人单位支付解除劳动合同经济补偿金、违法解除劳动合同赔偿金、未提前30日书面通知解除的代通知金，以及撤销违法解除决定继续履行劳动合同四类情形。2012年至2014年，我院以判决方式审结解除劳动合同经济补偿金案件1872件，违法解除赔偿金案件947件，要求继续履行劳动合同案件324件，未提前一个月通知解除的代通知金案件196件。（见图3）

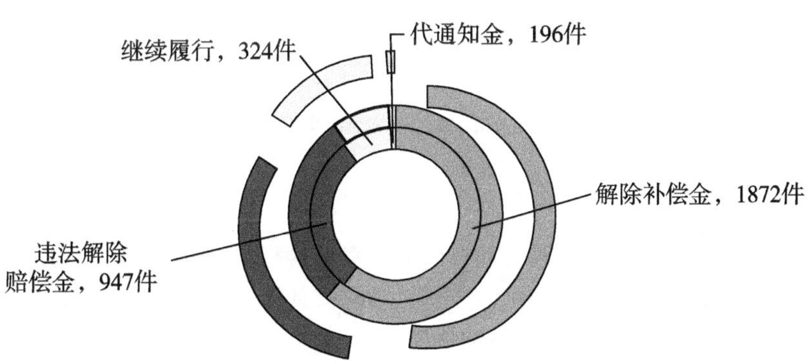

图3　涉劳动合同解除的不同诉求统计

其中，解除劳动合同经济补偿金案件在全部涉劳动合同解除案件中数量最多，比例最大。以2014年为例，2014年判决审结涉劳动合同解除案件621件，其中解除劳动合同经

济补偿金案件347件,占55.9%;违法解除赔偿金案件198件,占31.9%;继续履行劳动合同案件92件,占14.8;代通知金案件67件,占10.8%。(见图4)

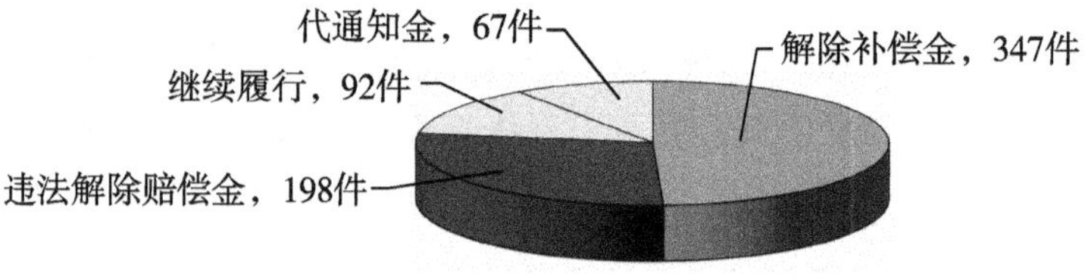

图4 涉劳动合同解除的不同诉求饼状图

(三)涉解除劳动合同经济补偿金案件中用人单位作为原告起诉数量较多,胜诉方多为劳动者

仲裁裁决后用人单位不服作为原告提起诉讼、请求法院判令无须支付解除劳动合同经济补偿金的案件数量多于劳动者作为原告起诉的案件,如果加上用人单位不服终局裁决向中院提起撤销的案件,用人单位作为原告的案件数量更大。

2014年审结214件解除劳动合同经济补偿金案件中,单位作为原告起诉的有97件,劳动者起诉的88件,双上诉案件12件。从判决结果来看,劳动者胜诉的比例远远高于用人单位。上述214件案件中,判决要求用人单位向劳动者支付解除劳动合同经济补偿金的有161件,劳动者胜诉率高达75.2%,判决用人单位无须向劳动者支付解除劳动合同经济补偿金或驳回劳动者诉讼请求的仅53件,用人单位胜诉率仅有24.8%。(见图5)

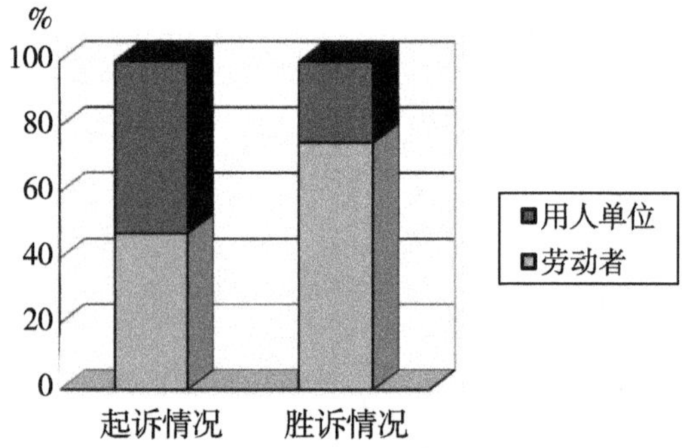

图5 用人单位和劳动者起诉和胜诉情况

二、存在的问题

通过调研,我们发现在审理涉劳动合同解除案件过程中,现实劳动关系的复杂性、解除情形的多样性和法律条文的简约性存在较大冲突,具体审理中如何理解适用相关解除的法律法规及司法解释存在较大分歧和争议。

(一)劳动合同解除认定举证责任分配随意化

《民事诉讼证据规定》及最高人民法院《关于审理劳动争议案件适用法律若干问题的解释》(以下简称《劳动争议解释一》)对劳动争议案件中的一些特定情形做出了举证责任

倒置的规定。① 这就决定了劳动争议中的举证责任分配原则有二:一是"谁主张谁举证"的一般举证责任,二是举证责任倒置的特殊举证责任。在双方当事人对解除原因各执一词而又均无证据或证据很弱的情况下,如何适用司法解释一中关于举证责任倒置的规定,实践中存在分歧。有些判决认为该条规定就是明确将解除原因的举证责任分配给用人单位,据此认定用人单位不能提供证据应承担不利后果,采信劳动者关于违法解除的主张。② 也有判决认为该条规定举证责任倒置仅适用于用人单位提出解除的情况,在劳动者和用人单位都没有提交证据或证据不足以证明各自的主张的情况下不应当由用人单位承担全部举证责任,故视为由用人单位提出、协商一致解除劳动合同。③

目前,第二种观点在审判实践中更为普遍。在事实不清的状态下,法院采用"视为协商一致、用人单位提出解除"的这种做法,是综合考虑劳动者弱势地位和避免用人单位无法律依据情况下承担过重举证责任的一种折衷产物。调研发现,近几年通过"视为"方式认定事实并判决用人单位支付劳动者经济补偿金的案件越来越多,以 2014 年为例,以该种方式处理的案件占比达 22.4% 。

(二)"未及时足额支付劳动报酬"理解存在分歧

《劳动合同法》第 38 条规定了 6 种情形下劳动者无须向用人单位预告即可随时辞职的情形,该条中劳动者以用人单位"未及时足额支付劳动报酬"为由提出解除的情形最为常见,占全部解除劳动合同争议的 47.7% 。

1. 未休年假工资是否属于本条规定的劳动报酬?

就未休年假工资的性质,实践中有两种不同观点。一种观点认为,根据《职工带薪年休假条例》及其实施办法的规定,"年休假工资报酬"系立法用语,当然属于劳动报酬。用人单位未向劳动者及时足额支付年休假工资的,劳动者以此为由解除劳动合同,用人单位应当支付解除劳动合同的经济补偿金。④ 另一种观点则认为,年休假保障的是劳动者的休息休假权,用人单位未安排劳动者休年假支付的工资属于未休假的一种经济补偿,劳动者仅以用人单位未支付年休假工资为由解除劳动合同并要求用人单位支付经济补偿金的,法院不应支持。⑤

2. 如何理解"及时"?

一是关于"及时"本身含义的理解存在差异。一种意见认为只要晚于约定日期支付工资,均构成未及时支付劳动报酬。另一种意见则认为及时并非按时,只要在相应的工资支付周期内支付劳动报酬即可。但持这种观点的法官对于迟发工资多长时间构成拖欠也存在分歧,有的认为根据北京市高级人民法院、北京市劳动争议仲裁委员会《关于劳动争议案件法律适用问题研讨会会议纪要》(以下简称《北京劳动争议纪要》)的规定,最迟不应超过约定支付日期的 7 天,有的则认为最迟不应超过一个工资支付周期即 30 天。

---

① 《劳动争议解释一》第 13 条规定,因用人单位作出的开除、除名、辞退、解除劳动合同、减少劳动报酬、计算劳动者工作年限等决定而发生的劳动争议,用人单位负举证责任。

② (2011)一中民终字第 10907 号。

③ (2014)一中民终字第 2347 号。

④ (2014)一中民终字第 1688 号。

⑤ (2014)一中民终字第 1268 号。

二是对“未及时”的“时态”理解不同。在用人单位曾经拖欠劳动者工资，但后来一次性补足的情况下，劳动者以用人单位曾经存在拖欠劳动报酬为由提出解除劳动合同，劳动者能否以此为由要求用人单位支付经济补偿金存在争议。一种观点认为只要存在未及时足额支付劳动报酬的情形，用人单位都应当向劳动者支付经济补偿金。[①] 另一种观点则认为用人单位曾经拖欠工资后足额补发已经弥补了过错，在单位补足后再以此为由解除劳动合同，未及时支付劳动报酬的现实损害已经不复存在，单位可以不支付解除劳动合同的经济补偿金。[②]

（三）“规章制度”成为用人单位单方解除劳动合同的壁垒

《劳动合同法》第 39 条规定了用人单位无须提前通知劳动者也无须支付额外一个月工资的代通知金，解除后亦无须支付解除劳动合同经济补偿金的 6 种情形。其中，用人单位以劳动者“严重违反用人单位规章制度”为由提出解除或作为答辩意见的情形最为常见。虽然法律赋予了用人单位在劳动者存在严重违反单位规章制度的情况下有单方解除劳动合同的权利，但在实践中对该条的严苛理解使用人单位的该项权利形式意义大于实际意义。

1. 劳动者的违规行为因制度实体瑕疵无法得到处理。很多用人单位在规章制度中只是泛泛的对劳动纪律要求作出规定，并未完全明确违反规章的后果。有些用人单位的规章虽然规定了违反劳动纪律的后果，但仍无法细致到何种情况构成“严重违反”。这就导致一些案件中确已查明劳动者存在性骚扰、殴打他人等行为，但由于用人单位规章制度没有相关禁止性规定，仍然导致用人单位败诉。

2. 劳动者的违规行为因程序瑕疵无法得到处理。程序瑕疵包括的情形比较广泛，较为常见的是送达瑕疵，比如用人单位未在违规行为发生时立即送达解除通知等。如一起案件中[③]，用人单位提交的证据足以证明劳动者存在殴打他人的事实，但未能举证证明于事发当日即送达解除合同通知，法院就认为该单位事发后 15 日发送解除通知没有合法依据，最终认定违法解除劳动合同。

（四）解除协议效力认定的判断标准掌握不一致

最高人民法院《关于审理劳动争议案件适用法律若干问题的解释（三）》（以下简称《劳动争议解释三》）第 10 条规定了劳动者和用人单位解除协议的效力判断标准。审判实践中对该条的理解分歧主要表现在实体和程序两个方面。

1. 实体上如何理解“重大误解”和“显失公平”？

在审判实践中对解除协议是否属于可撤销情形的判断存在多种标准。一是以数额为标准，将协议内容确定的补偿数额与法定补偿数额相比较，如果数额差距不大，则认为协议有效；[④]如果数额差距较大，则认为协议内容应当调整。[⑤] 二是以身份为标准，根据劳动者的知识水平、素质能力、身份职位考量判断劳动者是否有足够的认知能力签订解除协议

---

① （2014）一中民终字第 519 号。

② （2014）一中民终字第 8912 号。

③ （2015）一中民终字第 918 号。

④ （2014）一中民终字第 5462 号。

⑤ （2014）一中民终字第 6609 号。

来判断协议的效力。[①] 三是以种类为标准,将解除协议中确定的补偿项目与用人单位应当向劳动者支付的工资、补偿项目进行比较,以种类项目是否完全契合作为判断协议效力的标准。

2. 当事人请求撤销的程序要求含混不清

该条文对于当事人请求撤销的具体程序要求规定不明确,引发了实践中的不同理解。

首先,对撤销的提出方式存在不同理解。一是要求当事人必须提出单独的撤销之诉,法院判决撤销协议后才能继续主张实体权利。二是当事人提出撤销解除协议的诉求即可,无须单独起诉。三是当事人在诉求或答辩意见中无须明示撤销,只要有撤销协议变更协议内容的意思表示,法院即可对协议是否属于可撤销的情况进行审查。

其次,是否可以直接对协议内容进行调整存在分歧。一种意见认为当事人提出撤销的诉讼请求,对于可撤销的协议应当判决撤销,告知当事人另诉主张实体权利。另一种意见则认为应当尽量减少当事人的诉累,在当事人有撤销意思表示的情况下,符合撤销条件的可以直接对协议内容进行变更,无须当事人另诉。

(五)继续履行劳动合同的判断标准缺失

《劳动合同法》第 48 条规定了用人单位违法解除劳动合同的两种法律后果,只有在劳动者不要求继续履行、劳动合同也已经不能继续履行的情况下才判决解除的赔偿金,否则判决继续履行劳动合同。

如何理解该条文中的"已经不能继续履行"实践中存在分歧。有观点认为劳动合同具有一定的人身依附性,劳动者与用人单位经过仲裁、诉讼后,基本的信任关系已经被打破,因此轻易不宜判决继续履行。还有观点认为应当按照客观情况作为不能继续履行的判断标准,如工作岗位不复存在、部门撤并等,除此之外只要劳动者主张继续履行均应判决继续履行。另有观点认为不能履行的判断标准不宜过于严苛,不能仅限于客观不能,如果存在主观因素,如用人单位坚持反对继续履行或原岗位已经有他人代替等,均不能判决继续履行。

调研发现,由于判断标准的缺失,劳动者提出继续履行的诉求大多得到了支持。实践中判决继续履行劳动合同带来了很多不利影响,最突出的就是执行问题。与其他劳动争议判决相比,继续履行劳动合同的判决自动履行率较低,申请执行率却达到了所有劳动争议案件平均申请执行率的 2 倍。同时,这类判决在具体执行过程中还面临无法执行的现实困难。此外,判决继续履行劳动合同后,劳动者主张违法解除后的工资或生活费的案件随之产生,更有甚者分阶段按月提出仲裁和诉讼,引发连环诉讼。

三、原因分析

(一)劳动合同法律关系的特殊性

劳动关系是一种人身关系属性和财产关系属性结合的社会关系。[②] 基于劳动关系的这一特征,劳动合同关系自然有别于普通民事合同关系,劳动合同关系不仅调整合同当事

---

① (2014)一中民终字第 6609 号、(2015)一中民终字第 3795 号。

② 王全兴:《劳动法》,法律出版社 2008 年版,第 29 页。

人之间的财产关系，劳动者和用人单位之间还具有很强的人身依附性。按照劳动合同的约定和要求，劳动者在身份上、组织上、经济上从属于用人单位，遵照用人单位的要求和管理，为用人单位提供劳动。而劳动合同的订立和履行更是依赖于双方当事人的高度信任，而双方因劳动合同履行、变更，尤其是解除发生诉讼，劳动者和用人单位之间的这种最大信任都遭到极大破坏，双方之间人身依附关系的基础被极大削弱。因此，劳动合同的解除也自然不仅涉及财产关系，还是一种人身依附关系的终结。

正是因为劳动合同法律关系的特殊，劳动合同解除的法律后果不仅局限于财产的赔偿，还可能涉及人身依附关系的恢复原状。最典型的表现就是违法解除的情况下，如果劳动者要求继续履行劳动合同，法律规定可以判决继续履行。正是由于考虑到劳动合同的人身属性特征，才出现了对法条理解的分歧，才导致了执行阶段出现了无法执行的困境。

（二）劳动争议审判理念的不确定性

对案件的审理裁判过程，实质上是法官对案件事实进行认定并适用法律的过程，是将具体的案件事实和抽象的法律规范结合的过程。将事实与法律进行何种结合，除了法律的分析、判断、推理等方法外，一定意义是要依靠司法审判的价值取向、裁判思维等审判理念所决定的。如在商事审判领域，为保障并推动商事活动的健康发展、促进市场经济的繁荣，在审判中往往更倾向于效率的追求。在普通民事审判领域，由于民法调整的是平等主体之间的财产关系和人身关系，在民事审判中更多的是强调公平。

然而，劳动合同的主体双方之间具有从属性，劳动者和用人单位之间并非完全平等的民事主体。鉴于劳动者在劳动关系中的弱势地位，倾斜保护成为调整劳动法律关系的一项基本立法原则，在这一原则的指导下，司法领域也形成了倾斜保护的审判理念。但近年来随着小微企业的兴盛和劳动者维权意识的矫枉过正，审判中逐渐出现另外一种理念趋势就是平衡保护劳动者的合法权益和用人单位的经营自主权。至今，劳动争议审判领域尚未形成统一的审判理念，而审判理念的变化和不确定性，直接导致法官在将事实与法律结合的过程产生不同的认识和理解。

（三）劳资纠纷现实样态的复杂性

劳动法律关系是一种社会法律关系，具有很强的社会性。随着社会经济形式的不断丰富，用人单位的用工形式也越来越多样，用人单位对劳动者的要求越来越多元、工作形式和劳动状态也越来越多样化，同时，劳动者选择的机会也越来越多。在万象丛生的社会现实生活中，劳动合同的履行和解除过程中出现的问题和争议也是千奇百怪。

此外，每一个用人单位都有其行业的特殊性、经营的独特性，这些特质直接决定了用人单位与众不同的经营管理权，于是就会出现纷繁复杂、情况多样的规章制度和协议约定。而法律具有一定的原则性和高度概括性，在多样的制度、协议和法律之间存在一定的空隙和“灰色地带”，劳动者的行为是否违反了用人单位的规章制度、是否没有全面履行劳动合同也无法一概而论，不同的案件自然出现了不同的理解和处理结果。

（四）当事人诉讼能力的差异性

通常情况下，我们默认为劳动者在劳动关系中以及在劳动争议诉讼中均处于弱势地位，其在诉讼能力、举证能力等方面均处于不利地位。劳动者和用人单位之间这种天然不对等的关系，直接导致法官将举证责任更多地分配给付有管理义务的用人单位一方，而忽略或很少适用“谁主张，谁举证”的一般举证原则。

劳动者处于弱势地位是一种通常的认识和看法，但司法实践的现实也呈现另一种相反的情形：有些案件中用人单位由于缺乏证据意识承担了不利的法律后果。个别劳动者通过诉讼掌握了丰富的劳动法律知识，通过短期内变换多家工作单位的方式，与多家用人单位产生争议并通过诉讼的方式“维权”，成为劳动争议“诉讼专业户”。还有一些劳动者在接到继续履行劳动合同的判决后，每两个月提起一次仲裁要求用人单位支付生活费，与用人单位发生的劳动争议多达上百件。那么，对于上述情形下的劳动争议，法官在审理过程中自然会对法律条文作出与一般案件不同的理解和认识。

（五）法律制度的不完善性

为保障法律制度的稳定性，法律条文往往表现出原则性和高度概括性的特征，同时，与不断变化发展的社会现实相比，法律也呈现滞后性和一定的局限性。鉴于法律制度的上述不完善性，司法解释的出台虽然弥补了一些空白，但仍不能涵盖社会生活的方方面面，法官在将客观事实与法律条文结合的过程中势必需要加入个人对法律条文的理解，也就不可避免地出现了分歧意见。

从北京劳动争议审判的实际情况出发，在法律法规司法解释没有作出规定的情况下，通过会议纪要的方式统一裁判尺度。随着司法解释的出台，会议纪要和司法解释之间存在一定的重合，由于没有明确的废止规定以及法官的思维定式，就会出现适用司法解释还是会议纪要的冲突。

四、对策与建议

2015 年 3 月中共中央、国务院《关于构建和谐劳动关系的意见》中指出，要充分认识构建和谐劳动关系的重大意义，坚持促进企业发展、维护职工权益，最低限度增加劳动关系和谐因素，最大限度减少不和谐因素，促进经济持续健康发展和社会和谐稳定。因此，课题组认为，对于前述劳动合同解除中的问题，应当以有利于构建和谐劳动关系作为基本解决思路。

（一）依法恰当分配劳动合同解除的举证责任

关于劳动合同解除的举证责任分配，课题组认为可以切分为三个层次考量。

1. 关于劳动合同解除的事实。双方当事人对劳动合同是否已经解除存在分歧的，可以参照《民事诉讼证据规定》第 5 条，由提出劳动合同解除的一方当事人就劳动合同的解除事实承担举证责任。

2. 关于劳动合同解除的时间。鉴于用人单位的管理义务及《劳动争议解释一》第 13 条中关于计算劳动者工作年限由用人单位负举证责任的规定，用人单位应当就劳动合同解除的具体时间承担举证责任。

3. 关于劳动合同解除的原因。在首先确定劳动合同已经解除及解除时间的前提下，如果用人单位和劳动者对解除原因各执一词又都没有证据证实的情况下，鉴于劳动关系中用人单位对劳动者的法定管理职权，从有利于引导用人单位依法规范行使管理职权角度出发，应当由用人单位就解除原因承担举证不能的不利后果，根据劳动者主张判令用人单位支付解除补偿金或违法解除赔偿金。

（二）合理把握“未及时足额支付劳动报酬”的判断标准

1. 重新定位年休假工资的法律性质。休息休假是劳动者的基本劳动权利，《职工带薪年休假条例》的立法目的在于维护职工休息休假的权利，而非鼓励职工获取年休假工资。因此课题组认为，条例中的年休假工资是对职工依法享受休假权的金钱保障，是对单位未依法安排职工休假的惩罚，不能将其简单等同于一般意义的劳动报酬；并且，在现实中用人单位安排年休假有一定的自主灵活性，对年休假工资的支付时间法律未作明确规定。因此，劳动者仅以用人单位没有及时足额支付年休假工资为由提出解除劳动合同并要求用人单位支付经济补偿金的，不应支持。

2. 客观理解“未及时足额”的内涵。劳动报酬的支付时间，在现实社会中受到很多主客观因素的影响，而法律规定的目的在与促使劳动合同当事人双方都诚信履行劳动合同，如果用人单位存在有悖诚信的情况，故意拖延支付或拒绝支付工资报酬，才属于法律所要规制的对象。因此，法律规定的“未及时足额”应当是指一种恶意拖欠、无故拖欠的主观过错行为，对于用人单位遇有意外事件、不可抗力等客观情形，应当给予一定的合理宽限期。

3. 准确理解“未及时足额”的发生时态。“未及时足额支付劳动报酬”作为法律赋予劳动者提出解除并要求经济补偿金的权利构成要件，应当是在劳动者提出解除之时该要件成就。对于用人单位确有延期发放工资的情况，但在劳动者提出解除之前补足的，因“未及时足额”的状态已经结束，在劳动者提出解除时法定构成要件不成就，故对劳动者再以用人单位曾经拖欠工资为由提出解除并要求经济补偿金的，不应支持。

（三）审慎看待“严重违反规章制度”的实体和程序要求

首先，劳动合同的履行应当遵循依法、诚实信用的原则，对于劳动者而言，在履行劳动合同的过程中，除了遵守用人单位的规章制度，还应当遵守劳动纪律和职业道德，这是劳动法对劳动者的基本要求，也是社会基本公共准则。在用人单位的规章制度没有明文规定的情况下，劳动者严重违反与其工作性质和岗位职责密切相关的劳动纪律或职业道德时，用人单位有权单方解除，不宜以规章制度没有明文规定为由认定用人单位违法解除。

其次，劳动者严重违反规章制度的情况下，用人单位应当在合理期间内以此为由提出解除。合理期间应当自用人单位知道或应当知道时起算，并考虑用人单位正常进行调查取证、研究处理的所需时间，不宜过苛。如果用人单位明知劳动者存在特定严重违反规章制度行为，在合理期间内不予处理，或者在合理期间内仅作出警告、记过、罚款等处罚的，如无其他新事实情况，超出合理期间后又仅因该行为再提出解除的，不应当支持。

最后，《劳动合同法》第39条规定的“严重违反用人单位的规章制度”是一个法定标准，在用人单位规章制度没有规定后果的情况下，法官对劳动者是否构成“严重”违反规章制度有自由裁量权，可以综合考虑行业惯例、劳动者的岗位特点、劳动者行为对用人单位的影响程度或造成损失的情况来认定。

（四）明确撤销解除协议的标准和程序

1.《北京劳动争议纪要》和《劳动争议解释三》关于解除协议效力规定的关系（见表1）

表1 《北京劳动争议纪要》和《劳动争议解释三》关于解除协议效力规定比较

类别	《劳动争议解释三》	《北京劳动争议纪要》
适用情形	（1）违反法律、行政法规的强制性规定，存在欺诈、胁迫或者乘人之危 （2）存在重大误解或者显失公平情形	（1）不违反法律和行政法规的强制性规定＋履行完毕 （2）双方的权利义务明显失衡
程序要求	当事人请求撤销	无
法律后果	（1）无效或撤销 （2）按照法定标准补足	适当调整
特殊情形	无	工伤保险待遇达成的协议

从表1可以看出，关于解除协议效力的规定，《劳动争议解释三》对《北京劳动争议纪要》进行了补充和修订，在适用情形上规定的更为完善，对程序提出了相应的要求，在法律后果上也更加符合围绕当事人诉讼请求进行审理的要求，应该说《劳动争议解释三》的规定取代了《北京劳动争议纪要》的规定，在处理案件中不宜再按照会议纪要的精神进行判决，应当充分尊重双方在解除劳动合同时达成的协议效力。

2. 对重大误解和显失公平的理解

在合同法领域，重大误解，是指误解人作出意思表示时，对涉及合同法律效果的重要事项存在认识上的显著缺陷，其后果是使误解人受到较大损失，以至于根本达不到缔约目的。对重大误解的具体确定，应分辨误解人所误解的不同情况，考虑当事人的状况、活动性质、交易习惯等各方面的因素。① 显失公平，是指双方当事人的权利义务明显不对等，使一方遭受重大不利。其构成要件为：双方当事人的权利义务明显不对等；这种不对等违反公平原则，超过了法律允许的限度；不属于因欺诈、胁迫、乘人之危、恶意串通损害他人利益等原因导致的显示公平。②

在劳动争议领域，不应当继续按照会议纪要一中所述的"双方的权利义务明显失衡"作为撤销解除协议的判断标准，可以参照合同法领域对重大误解、显失公平的理解，考虑劳动者的身份地位、知识水平以及协议约定的数额是否远远低于法定标准等综合因素后，再行对协议效力进行判断。

3. 撤销解除协议的程序要求

按照"不告不理"基本原则，在程序上要求当事人必须提出撤销解除协议的诉讼请求法院才可以进行审理。当然，从诉讼便利的角度出发，不必要求当事人必须首先提出一个撤销之诉再主张后续的权利，只要当事人在诉讼请求中包含了协议应撤销的主张即可，如当事人只要求按法定标准补足差额的情况，法官应当予以释明当事人增加

---

① 崔建远：《合同法总论》（上卷），中国人民大学出版社2008年版，第302页。

② 崔建远：《合同法总论》（上卷），中国人民大学出版社2008年版，第303页。

诉讼请求。

4.解除协议效力认定的特殊情形

劳动法、劳动合同法都规定用人单位支付劳动者的工资不得低于当地最低工资标准，该规定是影响合同效力的效力性规范。如果双方在解除协议中关于支付工资报酬的约定如果低于最低工资标准的，应将该协议认定为部分无效，即低于最低工资标准的部分无效，判决按照最低工资标准认定协议关于工资数额的约定。①

（五）准确界定“继续履行劳动合同”的法定情形

在用人单位违法解除劳动合同的情形下，对于劳动合同能否继续履行的判断，应当以实质解决劳资纠纷作为出发点，判决在价值选择上应当从最有利于双方矛盾化解、一次性解决纠纷的角度出发。因此，课题组认为，对继续履行劳动合同的判决应当有所限制，明确能否继续履行劳动合同的判断标准。

第一，对《劳动合同法》第48条中规定的“劳动者不要求继续履行”应当适当做扩大解释，即劳动者提出要求继续履行劳动合同的诉讼请求并非直接认定劳动者“不要求继续履行”的唯一标准，而应当综合整个案件情况和事实经过进行考量。存在以下情形的可以认定为劳动者通过实际行为作出了同意解除并不要求继续履行的意思表示：一是劳动者在劳动合同解除后重新入职新单位；二是劳动者在劳动合同解除后有不希望继续履行的意思表示；三是仲裁或诉讼过程中，用人单位向劳动者送达复工通知，要求劳动者继续工作，但劳动者拒绝的。

第二，对劳动合同法“已经不能继续履行”的认定标准可以参考以下情形：一是客观情况发生变化导致不能继续履行。主要是指用人单位因合并、分立、破产、重整或者出于市场需求进行经营战略、产业结构调整等客观情况，造成的劳动者原工作岗位被撤销。二是仅因解除程序违法的不宜继续履行。如果用人单位解除劳动合同的事实及法律依据等实体方面没有问题，仅有告知、送达等解除程序事项违法的，由于用人单位可以补正程序事项后再作出解除，劳动者实际上已不享有继续履行的利益，所以不宜判决继续履行劳动合同。三是特殊情形下的劳动者岗位被他人取代也可以认为合同不能履行，这里主要是指已经依公司法规定的程序免职的高管人员，而该劳动者又不愿意接受其他工作岗位的情形。

在诉讼程序方面，劳动者请求继续履行劳动合同，但法院经审理认为不宜判决继续履行劳动合同的，应当向劳动者释明变更诉讼请求，如果劳动者拒绝、坚持要求继续履行劳动合同的，应当判决驳回劳动者的诉讼请求，并在判决书中载明劳动者可以另行主张违法解除赔偿金。

结 语

劳动合同解除，实质上是劳动者就业保障与用人单位自主经营管理之间的博弈，它对劳动者和用人单位的利益影响是巨大的。在具体的劳动争议案件处理中，出现法律适用

---

① 最高人民法院民事审判第一庭编著：《最高人民法院劳动争议司法解释（三）的理解与适用》，人民法院出版社2010年版，第130～135页。

上的分歧观点,在所难免。本调研报告围绕现实案件中的一些突出问题,分析原因并提出对策建议,希望能够完善该类案件的审查处理规则,化解法律适用中的分歧,促进审判标准统一,以期推动和谐劳动关系的实现。本调研报告中的观点,或有不妥之处,敬请批评指正。

婚姻家庭案件中涉农村房分割疑难问题研究*

第一部分　概　　述

当前离婚、分家析产、继承等婚姻家庭案件中，涉农村房分割问题占有较大的比重。作为农村集体经济组织成员最重要的生活资料之一，农村房对保障农村人口基本生活意义重大。而在目前农村大规模拆迁背景下，农村房因附着的巨大经济利益更是成为当事人诉讼争议的焦点。正确处理此类纠纷对于有效化解矛盾、维护当事人合法权益、促进社会和谐稳定有着重要的现实意义。根据统计，2011 年以来，北京市第一中级人民法院以判决方式审结婚姻家庭类案件 2386 件，其中涉及农村房分割的案件约 360 件，占到此类案件的 15% 左右。

由于农村房与我国宅基地制度密切相关，此类案件所涉问题呈现政策性强、区域差别大的特点，涉及婚姻法、继承法、物权法以及国家土地制度、拆迁政策等协调统一问题，十分复杂，成为了审判实务中疑难问题多发的领域。例如，在“一户一宅”制度框架下，如何确定宅基地利益主体范围？“房地一体”原则在实务中如何具体适用，地随房走、房随地走如何选择？离婚诉讼中，一方婚前继承的农村房屋，婚后拆除重建，离婚时该房屋的性质如何认定？没有经过审批所建的房屋能否分割，当事人享有是何种权利？如何认定家庭成员中对宅基地区位补偿价的权利主体，嫁入儿媳是否为适格主体？子女在父母申请的宅基地上所建房屋性质如何认定？拆迁协议被安置人口之外是否还有拆迁利益主体，其权利如何救济？同为拆迁安置人口，取得的拆迁利益是否相同，区分的标准是什么？

诸如上述所列问题在此类案件中其实很多，而实务中法官在处理此类案件时思路不明确，尺度不统一，同案不同判的现象突出。根据抽样统计，此类案件的二审改发率较其他一般民事案件高出近 4.2 个百分点，也从侧面反映了此类案件的复杂和裁判不统一的程度。北京市高级人民法院在拟出台的《审理婚姻纠纷案件若干问题的指导意见》征求意见时，本课题所涉问题成为各级法院最为关注的焦点之一，但因争议很大，多数问题无法形成统一的处理意见，须要进一步系统研究。通过前期的初步调研，我们认为本课题研究具有很强的紧迫性和必要性，需要对实务中反映出的典型问题进行系统总结，全面梳理解读现行政策，结合对法律的理解分析，归纳出具有指导意义的裁判规范。

因涉及的问题繁多复杂，在撰写本调研课题内容时，我们尝试将抽象归纳出来的共性问题与实务中较为突出的个性问题分别予以讨论，力图通过点面结合的方式将相关问题

---

* 课题主持人：孙国鸣，课题负责人：张军，课题执笔人：李军、杨磊、刘福春、王爽。
本课题为 2015 年部门级重点课题。

阐释的更加清晰。同时,在对实体问题进行探讨时,针对部分具有典型意义的程序问题,我们也进行了归纳总结,提出了意见和建议,以期使在审理婚姻家庭案件的程序设置上更加合理和规范。

第二部分 婚姻家庭案件中涉农村房分割基础性问题研究

一、农村宅基地利益主体认定标准——以“一户一宅”及“房地一体”原则为切入点

(一)存在的问题

随着我国近年来城镇化进程的不断加快推进,尤其是像北京这种发达地区,涉及农村房屋的拆迁大量出现。一旦进入拆迁程序,农村房屋常常会转化成为巨大的经济利益。相应地,即便是没有进入拆迁计划尤其是城市近郊的农村房屋,也可能蕴含着潜在的可观经济价值。而农村房屋体现的经济价值中,最为重要的通常是宅基地的利益。因此,婚姻家庭类案件,在处理涉及农村房屋及其利益的争议时,基本上都回避不了宅基地利益的分配。当事人争议的院落和房屋一般都涉及较长的时间跨度,家庭成员因为婚姻等原因存在迁入、迁出以及部分家庭成员生老病死等情况,房屋亦常有过翻建、扩建等物理形态上的变化。同时,由于宅基地问题的政策性极强,使宅基地利益的分配问题成为审判实践中的难点问题。

先看3个涉及离婚的案例。3个案例都是夫妻一方因结婚将户口迁入配偶所在集体经济组织,并且均是原住民一方在结婚前取得宅基地使用权,但在婚后是否对房屋进行过翻建存在区别。案例一①中,法院认定“因该院的房屋是男方婚前所有,②婚后双方在居住期间,虽对该房屋进行过多次装修并进行了部分添附,但不能改变房屋所有权的归属,故女方要求将该房屋作为共同财产并进行分割的主张,缺乏法律依据,法院不予支持。但男方就共同进行的装修及添附在离婚时应给付女方一定数额的补偿。”案例二、案例三所涉院落均已拆迁。案例二③中,法院认定“双方婚后扩建的房屋面积,拆迁时获得的房屋重置成新价款,属夫妻共同财产,应依法分割”,而对于相关宅基地的拆迁利益完全不予支持,甚至在判决书的事实查明部分对于宅基地的拆迁利益没有表述。而案例三④中,在婚后夫妻双方对房屋并无翻建的情况下,法院认定女方“结婚后即将自己的户口迁至涉案院内,且为农业户口。现因该院已被拆迁,其作为该宅院的使用权人之一对该宅院被拆迁后所取得的宅基地补偿款享有自己的份额。”

不难看出,上述案例中,虽然存在所涉院落是否拆迁的区别,但只是宅基地利益的不同表现形式而已。法院对于夫妻一方因结婚而迁入某村,如果婚后双方对房屋有过翻建、装饰等行为,那么对房屋利益进行分割并无争议,但案例一认定“装修等添附行为不能改变房屋所有权的归属”而判定房屋产权人对配偶进行补偿;案例二中,法院因夫妻婚后有翻建行为认定房屋为夫妻共同财产,进行了分割。而上述案例最大的分歧,则在于迁入一

① (2012)一中民终字第7477号。

② 宅基地取得时间也是男方婚前取得。

③ (2011)一中民终字第9850号。

④ (2012)一中民终字第4930号。

方在离婚时是否享有原住民一方在结婚前取得的宅基地使用权利益。案例一中，房屋的装修、添附尚且改变不了房屋的归属，宅基地利益归属更无改变之余地；案例二中，婚后共同翻建的房屋属于夫妻共同财产，但无法改变宅基地利益归属；案例三则认定，一方因结婚将户口迁至涉案院内，就当然享有宅基地利益。

涉及宅基地利益分割，不仅离婚诉讼中，在分家析产、继承等案件中亦存在较大的认识分歧。如在案例四①的分家析产纠纷中，法院认定作为儿子的原告因为参与建房（宅基地使用权人为其父），尽管其已经为居民身份，但有权获得涉案房屋的拆迁利益，并且明确"因房地一体的特殊属性，该利益应包括地上物重置价值与对应的土地利益"。案例五②的继承纠纷中，遗产为农村房屋，法院判定房产归属于本集体经济组织成员的继承人甲所有，并由其仅支付非本集体经济组织成员的乙继承人房屋折价款10，000元，未考虑宅基地利益的折价。法院的理由为，乙"并非院落所在集体经济组织成员，其主张权利应以地上物价值为限"。

而且，由于不少案件中离婚、分家析产、继承等法律关系相互交织，使相关宅基地利益主体问题更加复杂，成为困扰审判实务的重要难点。

（二）问题的分析

关于宅基地利益主体问题的不同认识，主要源于对宅基地使用权的性质等基础问题存在分歧，尤其是对"一户一宅"原则的理解存在混乱。另外，从物理形态上看，是"房地一体"，但名义上的宅基地使用权人与房屋实际所有权人往往存在不一致，更是加剧了认识分歧。

1. 理论层面的原因

在我国《物权法》第三编"用益物权"中，规定了宅基地使用权等4种用益物权种类。依据该法第117条的规定，用益物权是对他人所有的不动产或者动产，依法享有的占有、使用和收益的权利。用益物权是一种古老的物权类型，罗马法上的用益物权包括地上权、永租权和役权（地役权与人役权）。③ 其后，虽然各国尤其是大陆法系的立法体例以及对用益物权具体类型等存在差别，但包括我国在内的各国理论界对传统的用益物权问题的研究成果可谓十分丰富。然而，"'宅基地'一词带有浓郁的民族性，为我国法律所独有。"④"宅基地使用权"这一随着我国社会制度以及特定的历史发展时期而出现的特殊用益物权类型，在理论界还缺乏深入、系统的研究。"宅基地制度作为中国土地制度的有机组成部分，具有非常独特的以及至今法律和法学界仍纠缠不清的制度品格。"⑤相关研究大多仅停留在结合《物权法》关于"宅基地使用权"的相关规定与传统类型的用益物权类型进行简要对比，以期将这个另类的"权利"归入传统的用益物权体系。而关于宅基地利益主体、"一户一宅"原则等牵涉各方切身利益的具体问题，更是研究成果甚少，造成审判

---

① （2013）一中民终字第9176号。

② （2015）海民初字5341号。

③ 李康宁：《用益物权客体的三维考察——兼评我国〈物权法〉第117条》，载《法学论坛》2012年第1期。

④ 陈小君、蒋省三：《宅基地适用权制度：规范解析、实践挑战及其立法回应》，载《管理世界》2010年第10期。

⑤ 郑尚元：《宅基地使用性质及农民居住权利之保障》，载《中国法学》2014年第2期。

实践的理论支撑不足。

2. 立法层面的原因

从解放初期到土改、人民公社化初期的20世纪60年代初期，农村宅基地的所有权归农民所有。如1954年《宪法》第8条就规定“国家依照法律规定保护农民的土地所有权和其他生产资料所有权”，上述“土地所有权”自然包括国家分配的宅基地。直到1962年《农村人民公社工作条例修正草案》（中共八届十中全会通过）第20条明确规定，包括宅基地在内的生产队范围内的土地都归生产队所有；第44、45条则规定，社员的房屋永远归社员所有，任何人不得侵犯。自此，宅基地制度是在土地“公有”背景下所形成的独特的“所有”与“使用”分离的制度安排。应当说，此后的几十年里，农民存在使用宅基地的事实和社会习惯与认知，但并未形成相应法律概念上的“宅基地使用权”，不论是在1978年以前很少颁布法律法规的年代里“宅基地使用权”概念不曾存在，1982年颁布的《村镇建房用地管理条例》亦没有“宅基地使用权”的规定，1986年颁布的《民法通则》也未涉及农村宅基地的权利问题，即便是1986年颁布、后经过三次修订的《土地管理法》同样未创制“宅基地使用权”概念。2007年颁布的《物权法》明确规定了“宅基地使用权”，这是第一次以法律的形式明确“宅基地使用权”概念。但是，《物权法》有关“宅基地使用权”的条文只有区区4条，除了明确宅基地使用人对于宅基地占有、使用的权利之外，并无其他有实质内容的干货。作为专门调整土地问题的《土地管理法》，对于宅基地问题的规定，主要是该法的第62条，其主要规定了宅基地的审批程序、“一户一宅”原则以及“农民出卖、出租住房后，再申请宅基地的，不予批准”。除此之外，再无相关具有可操作性的法律依据。更常见的是一些全国及地方性的规范性文件，因效力层次比较低，难以成为法院处理案件的法律依据。《物权法》《土地管理法》是法院处理宅基地问题的主要法律依据，但因相关规定还较为原则并且理解上亦容易出现分歧，容易导致法律适用上的不统一。

3. 行政管理、政策等方面的原因

由于我国幅员辽阔，各地的土地状况、历史情况等存在差异，法律法规将一些宅基地管理的具体权力授权地方政府。而地方的行政机关尤其是基层村委会在行使相应管理权限时，不能不考虑农村的风俗习惯、村规民约等因素。比如，北京不少农村，如果某家有两个儿子，在一个儿子已经经审批得到一处宅基地的情况下，另一个儿子则不再另批宅基地，其成家时通常与父母共用父母的宅基地，在父母去世后该宅基地归同住儿子使用。但由于上述情况并无明确法律规定，造成在父母去世后，其他子女主张继承相关宅院利益等案件也非常常见。此外，宅基地的申请、批准、发证等程序虽较为规范，但审批后的宅基地往往随着时间的推移，房屋的翻建、扩建等以及实际使用权人的变化等情况时有发生，而宅基地使用权人变化情况及房屋所有权的行政管理存在弱化的情况，“房”和“地”权利主体不对应的情况也非常常见。此外，房屋的翻建等依照规定应当进行审批，但实践中农民不经过审批建房的情况比比皆是，农村房屋又无产权登记的硬性要求。而且，即便经过审批建房，也有不少审批表因填写不规范，造成翻建房屋权利人主体存在争议。加之农村房屋、宅基地所涉纠纷一般历史沿革较为久远，当事人举证普遍较为困难，法院查明事实面临困难。

因此，法官处理相关案件，除了力求准确适用法律，还要兼顾政策、行政管理现状、风俗习惯等诸多因素,农村宅基地及房屋争议成为民事审判领域的最难点问题之一就不足为奇了。

(三)问题的解决

依据法律规定及通说,宅基地使用权,是指农村集体组织的成员享有的在宅基地上建设住宅及附属设施的权利。所谓宅基地,是指农村集体组织的成员经依法批准用以建造个人住宅及附属设施的农民集体所有的土地。①

审判实践处理婚姻家庭案件的“宅基地利益主体”问题,最主要依据的法律条款是《土地管理法》第62条第1款的规定:“农村村民一户只能拥有一处宅基地,其宅基地的面积不得超过省、自治区、直辖市规定的标准。”该条的理解,应认为是农民“只能拥有一处宅基地,主要是就申请而言的,‘一户只能拥有一处宅基地’的限制性规定,是基于宅基地的福利性及其所承载的社会保障功能而对宅基地使用权初始取得的限制,而不是对宅基地使用权继受取得的限制。”②

而从上述规定看,原始取得的申请一般是以本集体经济组织中的“户”为主体。而“户”并非一个法律概念,也不简单等同于生活中存在直系血缘关系的家庭。我们认为,申请宅基地的法定主体资格,实际上是以分家立户、迁移入户为准的。前者,一般发生在既有家庭中儿子即将成年、成家立业,符合分户条件,需要独立的“婚房”而申请宅基地,也有男至女家并承担女方老人赡养义务而至女方落户申请宅基地。后者,整个家庭迁移或即将成年的男子迁移至当地,即可在该地申请宅基地。那么在原始取得情况下,虽然宅基地使用权证上通常只记载户主一人,但宅基地的保障功能显然是及于经审批确认的该“户”的全体人员,他们与户主一样均享有平等宅基地的使用权。

从前述案例可以看出,离婚诉讼中关于宅基地的诉讼,最大的争议在于夫妻一方婚前在本村取得③宅基地,结婚后配偶入户,离婚时后迁入一方能否取得宅基地利益?实践中主要有三种观点。第一种观点认为,根据宅基地的保障功能,其使用权人应当是与户主同在一“户”的所有成员,因此宅基地利益应属家庭共有财产。第二种观点认为,根据《婚姻法》第18条的规定,一方的婚前财产属于夫妻一方财产,宅基地属于一方婚前取得,应属于该方个人财产。第三种观点认为,应当区分双方婚后是否对宅基地上房屋进行过翻扩建等,如果有,则双方共同享有宅基地使用权。

我们不赞同观点一。一是从宅基地的保障功能看,确实具有保障一“户”成员的功能。但是,将一方婚前取得的宅基地使用权一概认定为与其未来所形成夫妻关系的夫妻双方共同财产,不符合婚姻法的规定精神。二是如果照此认定,不排除某方配偶通过数次婚姻而取得若干处宅基地的可能。三是一方离婚未获得配偶一方的宅基地,如其属于农民户籍,依然可以在符合条件的情况下回原村申请宅基地。观点二则机械地适用婚姻法,忽视了宅基地使用权这种财产性权利的特殊性以及房地一体情形下的应对。

我们同意观点三。该观点既符合婚姻法的规定,又考虑了夫妻双方因为共同建造房

---

① 王利明、杨立新、王轶、程啸:《民法学》,法律出版社2005年版,第355页。

② 王利明:《物权法研究》(下卷),中国人民大学出版社2007年版,第196页。

③ 可能是经审批原始取得,也可能是继受取得。

屋及“房地一体”原则,共同享有宅基地使用权,也符合后入户一方因为配偶允许双方共同建房,而继受取得原宅基地使用权人对于部分宅基地权利的让渡。因此,上述案例中,案例一对于一方婚前取得的宅基地及房屋,夫妻双方婚后仅对房屋有过装修的情况,认定宅基地利益属于一方婚前财产是妥当的;案例二则应适当考虑宅基地利益而未考虑值得商榷;案例三则显然与上述观点一一致,亦有不妥。

“一户一宅”是在申请宅基地即初始取得宅基地应遵循的原则,并不适用于宅基地使用权继受取得。根据“房地一体”原则,当事人可以通过经过允许在他人宅基地上建造或参与共同建造房屋,以及通过继承房屋所有权而取得相应宅基地使用权。

在分家析产案件中,其他家庭成员与宅基地使用权人共同出资出力、建造房屋,有约定从约定。无约定时,除非认定为是对宅基地使用权人的帮助或者债权以外,出资出力人对房屋享有共有份额并无争议。但分歧在于,出资出力人是否因为对房屋享有共有份额进而享有相应宅基地利益。上述案例四的观点持肯定态度。宅基地使用权人通过允许其他家庭成员共同建房,根据“房地一体”的现实,实际上其拟制的意思表示是让渡部分宅基地使用权。由此带来的另一个争议,是宅基地使用权人的权利界限问题,即该权利人是否有权让渡部分宅基地使用权。申言之,就是宅基地使用权人除对宅基地享有占有、使用的权利①之外,是否享有一定的处分权。当然,这种处分权依然局限于对使用权的处分。根据《土地管理法》第 62 条第 4 款的规定,“农村村民出卖、出租住房后,再申请宅基地的,不予批准。”该条表面上是规定的村民出卖、出租住房的法律后果,但由于房地一体,实际上规定了村民因处分房屋而处分宅基地使用权而产生的丧失再次审批宅基地权利的后果。因此,法律并未禁止对宅基地使用权进行有限制处分的权利。从北京的审判实践看,法院对于同一集体经济组织成员间农村房屋买卖合同的效力是认定为有效的。举重以明轻,法律对于转让农村房屋及其宅基地使用权的交易行为尚且不予禁止,那么对于宅基地使用权人因允许其他家庭成员通过共同建房等情况让渡一部分宅基地使用权的行为,更没有理由禁止。

在继承纠纷中,因为作为宅基地使用权人的被继承人已经死亡,无论是遗嘱继承还是法定继承人,根据房地一体原则,享有继承权的继承人因继承相应房屋而享有相应宅基地使用权,不因继承人是否为本村集体经济组织成员而有差异。案例五的观点,值得商榷。

但对于宅基地的利益主体理解,其基本原则应当是一致的。首先,必须正确理解“一户一宅”的含义及适用对象,明确宅基地使用权原始取得时的利益主体范围。其次,其他家庭成员可以通过共同建房或者继承而继受取得原宅基地使用权人的相应权利。在家庭成员共同对进行老房翻扩建等情况下,要区分不同主体出资、出力行为的真实意思及性质,界定其对所建房屋享有何种权利,进而判断其是否可以继受取得相应的宅基地使用权。最后,应当结合当地的风俗习惯、政策执行状况等综合因素,力求公正处理个案。

---

① 《物权法》第 152 条规定了宅基地使用权,对集体土地有占有和使用的权利。

二、农村房屋与农村宅基地的权属对应关系问题

(一)存在的问题

在房地一体、地随房走的原则下,我们需要进一步探讨的是:在当事人享有相应房屋权利的同时,其能够享有的宅基地使用权范围是多大,是只享有房屋对应的宅基地使用权,还是可以更多。对此实务中界定的标准不一。

我们以几个案例为例。在离婚类案例一①中,夫妻解除婚姻关系后一方获得了房屋份额,就多大范围内获得宅基地的相关利益,法院这样论述:"刘×(妻子)系×屯村村民,在该村与王×共同建有房屋,刘×对其应得的房屋所占用范围内的宅基地享有使用权"。而在案例二②中,尽管宅基地系男方父亲为男方在婚前申请,在离婚时双方约定房屋全部归女方所有,法院认定"该房屋所在的宅基地使用权亦应当为朱×享有,因此基于该房屋所产生的区位补偿价及搬家补助费应归朱×所有"。案例一中法院仅支持另一方获得房屋所占用范围内的宅基地使用权获得的利益;而案例二中,因另一方获得所有房屋,法院将整个院落宅基地使用权的利益均判给了该方。

在分家析产、继承类纠纷中,也存在同样的问题。案例三③中,家庭成员依据协议获得了建房权利,因此享有房屋所有权,拆迁时就宅基地使用权的区位补偿款,法院认为"在房屋拆迁时,权利人有权获得房屋重置成新价补偿款(房屋补偿款)和相关宅基地区位补偿款(宅基地补偿款)等,但鉴于秦×非集体经济组织成员,故不应享有其所建房屋占用的宅基地以外宅基地区位补偿款。"案例四④中,当事人因建房行为享有房屋所有权份额,就宅基地区位补偿价款的权利归属,法院论述为"因无其他合理方式确定5间北房对应的除房屋重置成新价外的其他拆迁补偿数额,法院认为应以5间北房的建筑面积在诉争院落房屋总建筑面积中所占比例来确定5间北房的其他拆迁补偿数额。"案例五⑤中,当事人因继承父母老房,要求获得安置房和未置换宅基地的空地补偿款,因安置房尚未交付不予处理的同时,就空地补偿款,二审法院认为"未置换房屋的宅基地补偿仅针对生活于该院落的家庭成员,安××自成家后并未在此居住,且历次建房审批表中,安××也未作为家庭成员,故安××不应分得未置换房屋的宅基地补偿。"

上述案例中亦不难看出,获得农村房屋的同时,相应的宅基地使用权的利益范围如何界定存在争议。案例三中仅认可房屋所对应的宅基地的区位补偿价款,案例四则按照房屋占所有建筑面积的比例,来确定其享有的宅基地区位补偿价的比例;案例五则明确否定了房屋之外的宅基地区位补偿利益,而对是否享有房屋对应的宅基地的补偿,则未予涉及。

(二)问题的分析

1. 立法层面

相关法律法规的缺位。尽管我国立法例中承认"房地一体",但是针对农村房屋和宅

---

① (2012)一中民终字第08957号。

② (2010)一中民终字第03594号。

③ (2015)一中民终字第302号。

④ (2011)一中民终字第05554号。

⑤ (2014)一中民终字第10041号。

基地之间的权属关系，相关法律法规尚付阙如，案件的处理需要更多地考虑土地政策、行政管理以及具体的拆迁方案等。就农村房屋与农村宅基地使用权之间的关系，现今并无明确的规定。而对于宅基地使用权应在多大范围内跟随房屋的所有权而转移，则是在明晰农村房地产权归属之上的、需要进一步解决的子问题。故举重以明轻，在农村房屋和宅基地的权属关系尚无法律法规予以规范的条件下，对当事人享有相应房屋权利的同时，其能够享有多大范围的宅基地使用权，亦缺乏法律法规、相关政策规范。

2. 实务层面

司法实务中，存有当事人获得房屋所对应的宅基地的区位补偿价款、根据房屋占所有建筑面积的比例获得相应比例的宅基地区位补偿价、获得全部安置利益等多种处理路径。其一，在于缺乏明确的法律法规的指导，使得实务中无法、无据可依，为实务操作带来不小的困难；其二，在于无论是理论界还是实务界都存在较大的争议，对于此问题存在不同的看法，而这种不同的看法事实上分歧巨大，故在相关问题的解决上，针对同类型的案件，不同的法官极有可能会作出相去甚远的裁判。

（三）问题的解决

无论是离婚后财产纠纷还是析产继承纠纷，处理此类纠纷一般有三种裁判模式：第一种是随房屋将院落的全部宅基地使用权一并予以支持；第二种是根据房屋的建筑面积在诉争院落房屋总建筑面积中所占比例，来确定房屋所有权人所应享有的宅基地的相关利益；第三种是仅仅认定享有房屋所占宅基地的使用权，其他土地的使用权与房屋所有权人无关。其中以第二种和第三种的处理方式较为普遍。

我们不赞同第一种裁判模式。当然，该案例是在一个特殊情形下，离婚时夫妻以协议的方式约定将院内所有房屋归女方所有，即使宅基地系男方婚前申请，但因院落房屋全部归与女方而丧失了宅基地使用权的相关利益。① 一般来说，因建房或继承取得房屋，而宅基地使用权已经另属他人的情况下，建房或继承等行为，不可能对抗村集体经济组织所确认的宅基地使用权主体。因此第一种裁判模式并不可取。

而通过对第二种和第三种相对合理的裁判模式进行对比后，我们认为第三种处理方式，即房屋所有权人享有的宅基地使用权仅应限于房屋对应的宅基地，相较之下更为妥当。仔细分析两种裁判路径，我们发现二者的最大区别在于对房屋对应的宅基地以外的宅基地使用权的归属，存在差异。按照第二种裁判的思路，房屋的所有权人还可以获得未建房屋的空地的部分宅基地使用权，其大小取决于房屋占所有建筑面积的比例。而第三种裁判则杜绝了房屋所有权人获得除房屋所对应的宅基地之外的一切宅基地使用权及相关利益。

根据我国宅基地使用权的相关政策，宅基地具有特殊的保障功能，承担着为农村集体经济组织成员提供基本居所的职能。在当今严峻的宅基地使用形势下，对宅基地使用权的认定应采取严谨审慎的态度，而不宜随意扩大。

如前所述，按照村集体经济组织的审批，一方获得了宅基地使用权，而他人因继承或建房获得该宅基地上部分房屋时，其因此获得的宅基地使用权也是有限度的。该种限度在于，除与房屋对应的宅基地密不可分外，其余空地的使用权，不应随之一并获得，质言

① 女方也是该村集体经济组织成员。

之,即房屋所有权人获得空地使用权缺乏权利来源基础;在继承的情况下,当院落宅基地使用权已经被村集体经济组织重新分配时,继承并不可对抗宅基地的合法审批;在家庭成员共建房屋的情况下,宅基地使用权人让渡的,亦仅是房屋所对应的宅基地,而并不包括空地的使用权。进一步来说,尽管村民私下让渡家庭成员部分宅基地使用权不为法律明文禁止,但该种让渡必须在有限的限度内进行。

因此我们认为,解决农村房屋和宅基地的权属关系,应当按照"地随房走"的准则,因建房或继承获取农村房屋的所有权人,仅应享有房屋所对应的宅基地使用权及相关利益。

三、未取得合法审批手续农村房屋的处理原则

(一)存在的问题

关于婚姻家庭案件中农村房屋的利益分割问题,不少是涉及未取得合法审批手续农村房屋的。上述房屋,如果已经进入拆迁程序而转化为了相应的拆迁利益,法院根据个案的事实依法分割即可。在司法实践中,分歧主要集中于如何分割没有进行拆迁的相关房屋。如在涉及分家析产、离婚后财产纠纷中的案例一①中,法院认定判定某院内"东屋两间由原告享有使用权,该院内其余房屋由两被告共同享有使用权。"涉及相同案由的案例二②中,对于没有审批手续的数间房屋,判归此前已离婚的双方共同使用,其中每人占有50%的份额。案例三③为涉及一栋没有合法审批手续的三层楼房的分家析产纠纷,由于双方当事人就楼房的权属分割比例已达成一致意见,法院据此判定各方当事人各占该楼房上权利份额比例。离婚纠纷案例四④中,法院以当事人主张分割的东房4间,因该房屋未获取集体土地建设用地使用证,亦未经审批为由,不予处理。案例四中房屋未获取集体土地建设用地使用证亦未经审批建房,故法院未予处理;前三个案例中,对于其他仅未办理相应审批手续的房屋分割,法院通常是对房屋的使用权予以分割。进一步分析前三个案例,案例一是判定具体房间的使用权归属;案例二则没有对具体房屋的使用权归属进行明确,而是判定已经离婚的双方对数间房屋各占的比例以及双方共同使用;案例三与案例二相似,只是主文并无"各方共同使用"的内容。可以看出,在处理未取得合法审批手续农村房屋分割问题上,司法实践存在分歧。

(二)问题的分析

未办理相应审批手续的农村房屋,与经审批建设的房屋具有同样的使用价值。而且,如果相关房屋一旦进入拆迁程序,也蕴含着可观的拆迁利益。法院不同的处理方式,直接影响到当事人的切身利益。以下几个因素,是造成法院对相关问题认识不统一的主要原因。

1. 法律问题与行政管理问题交织,增加了案件审理难度

关于农民审批建房,《土地管理法》第62条第2款规定,"农村村民建住宅,应当符合乡(镇)土地利用总体规划,并尽量使用原有的宅基地和村内空闲地";《城乡规划法》第

---

① (2012)一中民终字第12260号。
② (2011)一中民终字第15974号。
③ (2015)一中民终字第175号。
④ (2011)一中民终字第8611号。

41 条第 2 款规定,"在乡、村庄规划区内使用原有宅基地进行农村村民住宅建设的规划管理办法,由省、自治区、直辖市制定";北京市《关于加强农村村民建房用地管理若干规定》第 8 条规定,村民建房,占用原有宅基地、村内空闲地或其他非耕地的,报乡人民政府批准,并报区、县地管理机关备案。不难看出,上述法律、规章,主要是从行政管理的角度进行规范,规定的法律责任也均是行政责任。① 而在行政管理中,由于我国农村特有的客观情况②,上述规定的严格执行往往大打折扣。农民未经审批,但如果已经生米煮成熟饭,房已建好,相关行政部门敢于强拆的,极其少见。这就造成未经合法审批手续建设的农村房屋大量存在。法院处理婚姻家庭类中农村房分割问题,主要依据是民事法律,而这方面缺乏明确的规定;对于行政管理方面法律、法规的理解与民事案件的处理如何有效衔接,又为民事法官出了难题。

2. 拆迁政策的不确定性,导致难以兼顾现实利益与未来利益

如前所述,相关法律法规对于未经审批建房是严格禁止的,但执行的效果并不好。另外,实践中还有一个更有趣的现象,在不少地区的拆迁中,即便是未经审批建设的农民房也可以获得一定的拆迁利益,甚至享有与经审批建设房屋同样标准的利益。这主要是拆迁单位、地方政府为了快速推进拆迁项目、减少拆迁阻力,而作出的选择。因此,北京的不同区域具体的拆迁方案均存在较大差异,政策性极强。法院在处理农村房实物分割时,由于该房是否将来会进入拆迁程序不得而知,对于如果进入拆迁程序,未来的拆迁政策内容及院落、房屋的拆迁利益如何认定更是无从判断。而通常,当事人争夺农村房的利益,最主要的是出于对该处房产持有拆迁的预期,希望通过诉讼为将来获得更多的拆迁利益打下基础。因此,处理涉及未经审批建设农民房个案时,法官又会面临如何兼顾现实利益和具有不确定性拆迁利益的难题。

3. "法律效果和社会效果相统一"的理念仍需加强

因为案件处理的上述客观困难,法官在处理相关个案时无疑具有较大的自由裁量权,而裁量权的行使应当立足合法、妥善处理矛盾。例如,上述案例二、案例三中,法院的判决明确了各方当事人在涉案房屋上的权利比例并判决共同使用,在法律适用上应当说是正确的。但是,法院判决各方本已势同水火的当事人共同使用涉案房屋整体而未明确各自使用的具体部分,容易导致新的矛盾和诉讼。因此,如何在数种均在合法范围内的裁判结果中择优甚至是最优判决,必须坚持"法律效果和社会效果相统一"的理念。

(三)问题的解决

我们认为,未经审批建设的农村房屋分割问题,法院应当把握的基本原则是,不能判决房屋的所有权归属,在条件允许的情况下可以判断使用权及利益份额。这是因为,如上文分析的那样,尽管行政管理及拆迁政策的实践中,对于上述房屋违反法律规定未经审批进行建设的行为往往没有严格的制裁和相应的否定性评价,但其毕竟是违法行为。法院如果判决分割所有权,则是通过司法权形式确认了行政违法行为的合法性,无疑是不妥

---

① 如《城乡规划法》第 65 条规定,在乡、村庄规划区内未依法取得乡村建设规划许可证或者未按照乡村建设规划许可证的规定进行建设的,由乡、镇人民政府责令停止建设、限期改正;逾期不改正的,可以拆除。

② 上文已有涉及,不做赘述。

的。具体来说,要进一步区分房屋的不同情况,分别处理。

1. 在合法宅基地范围内,未经审批建设的农村房屋

该类房屋,法院应当在查明事实的情况下,首先确定当事人所应享有的份额比例。同时,法院应当根据当事人提交的证据,充分了解房屋的现状,如总面积、间数、各间房屋面积、结构、使用情况等,必要时应当去现场进行勘验。在此基础上,法官应当在立足现实居住利益与未来可能的拆迁利益,综合进行考量。判决对房屋使用权与份额比例的表述也应区分不同情形:

(1)房屋结构只有一层,基本可以认定将来房屋各部分拆迁利益不存在差异的情况。应依据各方利益份额,根据房屋的结构客观情况,进行处理:①各方当事人享有房屋的份额,和房屋的相应间数独立房间的面积相对应的,可直接判定当事人对不同房间享有使用权,不用再明确份额比例。如案例一即采用此方式。②各方当事人享有房屋的份额,和房屋的相应间数独立房间的面积无法对应的。法院应当首先判定各方对房屋整体所享有的份额比例,再依据房屋及当事人居住情况等因素,从方便生活、减少矛盾的原则,另行判定各方当事人对房屋的具体方位的独立房间享有使用权。案例二判定了各方的使用权份额,但未明确具体的使用范围,有所欠缺。

(2)房屋结构超过一层,将来房屋各部分尤其是各层拆迁利益可能存在差异的情况。对农村建房审批的实践中,通常对于高度有一定的限制。所以,人们对于相应拆迁政策的预期,对于超过一层的房屋补偿利益普遍要低于一层。为了尽量避免当事人间的利益失衡,此种情况法院应当首先判定各方对房屋整体所享有的份额比例,再依据房屋及当事人居住情况等因素,从方便生活、减少矛盾的原则,另行判定各方当事人对房屋的具体方位的独立房间享有使用权。案例三即属于这种状况,判定了各方的使用权份额,但未明确具体的使用范围,亦有不足。

2. 在合法宅基地范围以外,未经审批建设的农村房屋

此类房屋,不仅是未经审批建设,而是占地亦是违法,更谈不上能够有得到审批建房的可能性了。它主要表现为,超越宅基地范围、占道(公共道路)建设以及侵占邻居宅基地或者在未经审批的其他农村集体土地上建房,其违法性无疑更大。法院对于相关房屋如何进行处理,争议也尤为激烈。如上文案例四中,法院对此未予处理。持该种观点的理由非常明确,法律不应该保护违法利益,如果说在合法宅基地未经审批建房,违反的是仅仅行政管理秩序,尚且可以处理使用权的话;那么在合法宅基地范围以外未经审批建设的农村房屋的行为,则同时构成了侵权行为,应完全不予处理。也有观点认为,该类房屋本身具有使用价值,在行政机关未予拆除的情况下,当事人要求分割,属于民事案件,从解决争议、化解矛盾、促进物的利用的角度,法院应当对使用权进行分割。

应该说,案例四的处理以及相关观点是符合法律规定精神的。但是,在包括农村、农民等诸多特殊情况的国情背景下,考虑房屋对农民的重要意义以及法院定分止争的功能定位,如果法院一概不予处理,当事人的纠纷很可能将永远无法解决。我们认为,对此类房屋,法院可以参照在合法宅基地范围内、未经审批建设的农村房屋的处理原则。但在判决书中应当明确,法院的处理,不作为确认其合法性的依据,不影响其他民事主体主张相关民事权利及要求承担责任,不影响相关行政机关依法作出的处理。

四、婚姻家庭案件中涉农村房分割程序问题

(一)存在的问题

实务中发现,农村房屋分割、宅基地使用权等相关利益的争议在很大程度上存在程序失范问题,主要表现在涉第三人利益的离婚财产纠纷处理上。由于农村房屋、土地的特殊性,离婚分割夫妻共同财产时,通常会涉及其他家庭成员是宅基地审批或使用权人、或者其他家庭成员参与建房等情形,因此在离婚类纠纷涉及财产分割时,通常会面临以下程序问题:如何选择合适的案由?应另案处理还是允许第三人参与到诉讼中?除离婚双方之外的第三人的诉讼地位如何认定?

我们以几个案例为例。几个案例的情形都属于离婚后双方就农村房屋的分割或者院落拆迁利益的分割发生争议,但因涉及第三人利益的原因,离婚纠纷中并未予以解决,当事人另行提起诉讼。案例一[①]的是离婚后财产纠纷,诉讼主体仅有男女双方,并未有第三人参诉。女方要求分割婚后财产、房屋及宅院,男方辩称涉诉房屋及院落系其父母财产,最终法院对房屋及宅院要求当事人另行解决。案例二[②]同样是离婚后财产纠纷,但该案的诉讼主体则不仅限于离婚的夫妻双方,男方的父母同样作为该案的诉讼主体,且其诉讼地位为原审被告;该案中就各方争议的房屋及拆迁利益进行了实体处理。案例三[③]是分家析产纠纷,诉讼当事人包括男女双方、一方的父母亲属。案例四虽然以分家析产为案由,但因案例二的离婚后财产纠纷已经进行了实体处理,法院认为"依据一事不再理的原则,不能以同一事实和同一理由,针对相同的诉讼标的再行起诉。"裁定驳回了原告的诉求,二审维持了原裁定。

不难看出,针对离婚后涉及第三人利益(通常是家庭成员)的农村房地的分割,在实务中诉讼程序非常混乱。其存在的问题主要有两个:一是案由不统一。当事人另案起诉的案由主要包括离婚后财产纠纷、分家析产纠纷、物权确认纠纷等,较为随意,而法院审查时亦没有统一的标准,均予以立案,导致诉争问题相同,但案由各异。不同的案由对应着不同的争议范围,进而影响当事人的请求范围、举证责任和法律适用等。夫妻财产涉及案外第三人利益的案件,既涉及把夫妻财产从涉及第三人利益的家庭共同财产中分割出来,又涉及夫妻双方之间进行财产分割的问题,所以现行案由似乎均难以准确涵盖。二是当事人诉讼地位不统一。以通过离婚后财产纠纷起诉的案件为例,有的案件将此类案由的诉讼主体仅限于离婚之诉的男女双方,第三人非此类诉讼的适格主体;有的案件除离婚之诉的男女双方之外,还允许将其他人列为诉讼主体,但对于其他人的诉讼地位,有的案件列为被告,有的案件列为第三人。

(二)问题的分析

1.案由设置的不尽合理

人民法院在审理民事案件时就纠纷类型设立相应的案由,无论是对立案还是对审判

---

① (2012)一中民终字第7583号。

② (2011)一中民终字第05022号。

③ (2015)一中民终字第1638号。

都有其指导意义。就离婚后未予处理的财产或新发现的财产，可通过离婚后财产纠纷进行解决；就家庭成员之间关于财产的纠纷，可通过分家析产纠纷予以处理。但就离婚后涉及第三人利益的财产分割，尤其是对农村中具有较大经济价值的房屋和土地，该种特定情形选择上述任意一种案由恐怕都存在一定障碍。而该类纠纷在农村房屋与土地利益的分割中占有相当大的比重，为其设置较为合理的诉讼案由需引起关注。

2. 实务对此问题重视程度不足

由于缺乏统一的程序设置，各法院在处理此类纠纷，特别是立案时，并不会对此进行特别的审查。甚至是同类案件，同一立案部门可能会立不同的案由。同时，对当事人的诉讼地位的审查亦不够重视。往往只重视案件实体问题的解决，却忽视程序的正当性。

（三）问题的解决

首先，考虑离婚财产分割的纠纷中允许第三人的加入。采用此种处理方式的优点有两个：其一，有利于案件事实的查明。允许第三人加入诉讼中，陈述自身诉求、提供证据、行使辩论权利，相较于仅有夫妻双方参加的、涉及第三人利益的财产纠纷而言，更有助于法官全面调查案件并进而更加接近客观真实。其二，有助于纠纷的一次性解决。第三人参加到诉讼中来，法院通过合并之诉进行审理，既免除了当事人另案起诉的诉累，也大大减少因离婚案件财产分割影响第三人利益、而提起第三人撤销之诉的可能性。

然而，此类解决方式亦有其无可回避的弊端：其一，离婚诉讼除财产外，更涉及人身关系，同样涉及当事人隐私权，允许第三人加入诉讼，一方面，会对当事人的上述人身权利构成影响；另一方面，亦与离婚或离婚后财产纠纷这类本应解决夫妻间身份、财产关系的案由设定不符。其二，参加到诉讼的第三人因认为涉诉财产有自己的份额而加入，因此其诉讼地位应为有独立请求权第三人。根据《民事诉讼法》之规定，该类当事人应当以主动申请的方式参加到诉讼中来，这意味着人民法院不得主动追加该类第三人。因此如果第三人不主动参加诉讼，那么离婚财产分割因损害第三人利益而被提起第三人撤销之诉的隐忧仍然存在。

其次，可以考虑借鉴实务中创设的析产继承案由，设立较为宽泛的以离婚析产为内容的案由。采用此种处理方式能够有效避免现行案由模式下此类纠纷的程序运用混乱。因如果选择以离婚后财产纠纷为案由提起诉讼，固然其法律关系、诉讼焦点都简单明确，围绕在离婚后财产的分割上。但实务中诉讼主体混乱，就涉诉财产涉及利益的案外人的诉讼地位并不明朗。有的诉讼中直接将案外人列为离婚后财产纠纷的主体，而有的案件则将案外人作为第三人。而如果选择以分家析产为案由提起诉讼，固然将所有涉案财产的利益主体拉入到一个诉讼中，使纠纷一次性解决，但以分家析产作为案由本质上解决的是离婚后的财产分割问题，容易引起法律关系上的混乱。

同样，此种解决方式的缺点在于，目前案由规定并不完善，最高人民法院的民事案由中并无针对此类纠纷的特别规定，因此此类建议是否能够落实尚需相关规定的完善。

通过以上两种问题解决路径的分析，我们建议，在离婚案件涉及第三人利益的财产分割中，如果有案外人主动申请参加到诉讼中，而夫妻双方亦均没有异议的情形下，人民法院可以一并进行处理，需要注意的是案外人的诉讼地位应列明为有独立请求权第三人；而案外人不主动参加诉讼、夫妻一方不同意案外人加入到诉讼等情况下，就财产问题只能另案解决。而另案解决的方式,我们建议设立一个较为宽泛的、意在解决离婚析产纠纷的案由予以规范。

第三部分 婚姻家庭案件中涉农村房分割典型疑难问题研究

一、离婚案件[①]中疑难问题研究

夫妻一方拆迁时按人口享有的优惠购房指标是否能作为享有安置房所有权的依据?

1. 问题的提出

目前在涉及拆迁安置房补偿时,较为普遍的一种方式就按照拆迁安置人口的数量给予每人一定的购房面积优惠,具体面积根据拆迁政策而定。审判实务中,一方在离婚时,对于自己作为被安置人口签订的拆迁协议,因明确了自己享有的优惠购房面积,往往据此要求分割取得相应的拆迁安置房。而能否因为一方享有优惠购房指标就判决其享有安置房屋的产权,目前实务中的认定并不统一。

如在案例一[②]民事判决中,原告(女方)以拆迁利益中有其份额为由,要求确认分割一套拆迁安置房屋归其所有。法院审查后认定拆迁安置房"明显是计算了女方在内的四个人的人口数量,才能获得购买三套住房的资格。但是,这并不表明女方对房屋有所有权。因三套房屋系他人用拆迁补偿款购买,女方对该房屋并无出资,其无权要求将房屋过户至自己名下,对其主张法院不予支持。如女方认为他人因为计算了她的人口数而获得购买超出购房面积标准的房屋的权利受益,从而损害了其利益,可另行主张权利。该判决并没有支持女方要求分割安置房的请求。而在案例二[③]中,原告(男方)以自己是宅院搬迁腾退的被安置人为由,要求分割该宅院搬迁腾退安置补偿款及享有65平方米的安置房。一审法院查明被拆迁房屋的宅基地使用权人是原告岳父,宅院内房屋由其岳父母建造。原告婚后将户口迁入,但未在此常住,也未参与房屋建设。但法院判决认定,实际取得安置房屋面积大于安置补偿协议中认定有效宅基地面积可置换安置房屋建筑面积,原告可享有一定的安置房屋。

通过对审判实务中就此问题不同判决的梳理,我们发现,目前法院的处理方式主要有以下几种:一是夫妻一方如果对于宅基地的取得及房屋的建设没有贡献,即使其作为被安置人口享有优惠购房面积,也不能因此获得相应的拆迁安置房屋;二是如果夫妻一方被列为拆迁安置人口,即可以享有对应的拆迁安置面积,按照其享受的优惠面积判决对应的拆迁安置房屋。但在这类判决中,法院综合考虑的因素也不尽相同,有判决认为拆迁安置的社会职能,除了对所有权人权利的补偿外,还需兼顾被安置人的利益,因此被安置人可以享受拆迁安置房屋。另有判决则认为因安置人口享有优惠购房面积致使安置房屋面积增加,故其应当获得对应的安置房屋,否则有失公平。

---

① 因农村房屋的宅基地使用权人与建房人往往并不一致,权利主体较多,一般离婚纠纷中以涉及案外人利益不予处理,在离婚之后由当事人在离婚后财产纠纷或者分家析产中予以主张。但当事人主张权利的基础大多仍然基于婚姻关系。因此,本部分讨论时引用的案例的案由中亦包含了部分分家析产案件。在此予以说明。

② (2013)一中民终字第13749号。

③ (2013)一中民终字第8241号。

2. 问题的分析与解决

正如调研课题前面所述，导致法院裁判存在分歧的主要原因是目前涉及农村房屋拆迁安置主要由拆迁政策而定，拆迁所得的安置房的性质在法律上并不明确。其是仅对原有住房拆迁的补偿还是兼具保障居住利益的功能认定并不统一，导致产权人之外的安置人口的拆迁利益性质认定存有分歧。我们认为，对于夫妻一方享有的优惠购房指标，能否作为享有安置房所有权的依据，应当兼顾婚姻法、物权法上确定的共有人对于共有物取得的贡献，考虑一方的实际居住困难予以认定。一是夫妻一方如果对于宅基地的取得及房屋的建设没有贡献，即使其作为被安置人口享有优惠购房面积，也不能据此获得相应的拆迁安置房屋；但如果其实际住房存有困难，可以判决安置房由其居住一定年限或给予相应的经济帮助。二是如果夫妻一方对于被列为拆迁安置人口，且对于房屋享有相应的贡献，则应当享有分割拆迁安置房屋的权利，具体可以根据拆迁协议中其所享有的具体权利（如优惠购房指标）及安置房的套数、面积等情况判决其享有该套安置房所有权。

二、分家析产继承纠纷中疑难问题研究

（一）子女在父母建房时出资出力性质如何认定？

1. 存在的问题

子女在父母建房时出资出力，实践中一般是指在以父亲、母亲一方或双方名义申请的宅基地上建房，成年子女或虽未成年但是已参加工作有固定收入来源的子女对父母建房进行经济上或劳力上的支持。在分家析产案件中，这种子女对父母建房出资出力性质的认定是常见的且把握标准不一的难题。

关于子女在父母建房时出资出力之性质，有的案件将该出资出力直接认定为子女个人的房产份额，转化为子女个人的权益。如在案例一①中，法院认定老北房四间翻建后为其父母与子女的家庭共有财产，并根据其父母的身体状况、收入情况及其子女的资金帮助的具体情节，对翻建后房屋予以分割。有的案件将子女的出资处理认定为其对父母的帮助，并不享有房屋的产权份额。如在案例二②中，法院认定父母取得建房许可证，对原有房屋进行翻建，其女儿提交的《翻房协议书》系在翻建房屋中对出资比例的约定，仅能证明张某兰出资的情况，并非分家协议，不能以此作为确定所有权的根据，其女儿仅以自己在翻建房屋中有出资为由主张所有权，依据不足。

实践中，子女在父母建房时出资出力被确定的情况下，其性质的认定主要存在两种观点：一是认定子女在父母建房时的出资出力可以直接转化为物权；二是认定子女在父母建房时的出资出力不能直接转化为物权，可以通过其他形式获得补偿。

2. 问题的分析与解决

正如上文所述，我国现行法律中并无专门的法律对宅基地及其相关权益做出规定，而我国传统家庭关系的特殊性，以及现实生活的复杂性，特别是家庭成员中的男性子女与女性子女在法律规定上的权利平等与现实中的差异，决定了农村宅基地上房屋归属的复杂

---

① （2011）一中民终字第 3854 号。

② （2014）一中民终字第 5580 号。

性，这也是引起争议的重要原因。

对于农村宅基地上房屋权属的认定，一般来讲，农村宅基地上房屋在分家前均为家庭共有财产，原则上由一人作为申请人，其他人作为共居人，除未成年人外，该房屋为共同共有。父母在世时房屋经翻建的，原共有人与参与翻建人应当视为形成新的共有关系，主张因参与翻建而要求房屋权属份额变动的当事人应承担举证责任，在实践中，对于子女在父母建房时的出资出力情况，一般可以从下面几个角度进行把握：

一是出资出力的情况难以查清或认定的，只能根据举证责任分配来确定：原则上而言，如果尚未分家析产，应当推定宅基地使用权人为新建房屋的产权人，子女主张出资出力，应当提供举证责任。

二是依据建房审批表中申请人的成员组成等作为参照依据，一般而言，如果子女是建设房屋申请审批表中的成员，应当认定其在建设房屋中的份额。

三是依据建设房屋时父母与子女的年龄、劳动力情况、经济收入等相关情况，如果建房时父母年龄较大，且其无固定的工作及收入，出资出力一方子女已参加工作且有固定收入来源，可以认定子女对农村房享有一定权益。

总之，对于子女对父母建设农村房出资出力性质的认定，要结合其家庭生活情况、子女与父母的工作收入状况、是否分家析产等状况综合认定。

（二）子女一方翻建老房后房屋性质的认定？

1. 存在的问题

子女翻建老房后房屋性质，一般是指子女一方将父母原有宅基地上的老房进行翻建，翻建后的房屋是定性为翻建子女的个人财产还是有父母的原有财产份额的转化。

实践中，子女翻建老房后房屋性质问题主要体现为两种观点：一种是认为子女一方翻建老房后该房屋的性质已完全发生变化，该房屋的产权人完全是翻建子女；另一种是认为子女一方翻建老房后该房屋的性质尚未完全发生变更，其包含了父母的一定产权份额。

子女一方翻建老房后该房屋的性质已完全发生变化，该房屋的产权人完全是翻建子女：在案例三①中，法院认定彭某无法就院落内老房情况举证，且原有房屋已坍塌破落，现即使存在，已无残值，综上所述，对于彭某要求分割房屋的诉讼请求，法院依法不予支持。子女一方翻建老房后该房屋的性质尚未完全发生变更，其包含了父母的一定产权份额。在案例四②中，原审法院认定涉诉房产原系其父母所留遗产，后经其子及其家庭成员翻建，在这一过程中父母所有原房屋的残值在翻建过程中转移至新建房屋当中，其拆迁利益由父母的继承人平均继承。

2. 问题的分析与解决

从性质上说，如果说子女翻建老房会形成物权共有的话，那只能通过添附的形式实现。添附是财产所有权取得的一种形式，也是物权变动的一项重要规则，是物权法的范畴，但我国物权法对此没有规定，这就造成了实践中的困境。

子女翻建老房后性质难以认定的原因更在于其与基本的物权理论相冲突。按照一般

---

① （2014）一中民终字第04305号。

② （2014）一中民终字第05197号。

的物权理论，子女翻建老房后，老房自然灭失，其已经从物理上予以消灭，按说应该不存在翻建后已经不存在的老房的物权问题，老房灭失，新房成立，房屋的产权已经很清楚。但实际上并非如此，由于宅基地的特殊性，子女翻建房屋后其性质并非自然就是翻建子女一方，其存在多种可能性，影响其定性的因素较多，下面予以分析。

对于农村宅基地上房屋经翻建的，原共有人与参与翻建人应当视为形成新的共有关系，主张因参与翻建而要求房屋权属份额变动的当事人应承担举证责任，原共有权人和后来翻建人的权利份额应怎样分配，应当根据实际情况予以划分，如果以下情况都满足，则应结合我国农村宅基地的实际情况考虑翻建后的房屋为翻建子女一方所有。

一是子女翻建房屋是否经过规划审批。如果后来翻建人已经取得三级规划审批且建房后实际居住多年，且为翻建房屋子女的唯一宅基地。

二是原老房权利人是否知情并主张权利。在原权利人均未主张权利的情况下，如果原权利人知道房屋翻建的事实而未提出异议，原则上就不再考虑原权利人的权利，但对于翻建人有意隐瞒事实，原权利人因居住在外区或外地，不知道翻建事实的情况下，还应该适当考虑原权利人的利益。

三是在翻建老房时，该房屋的情况。如果子女在翻建老房时原房屋已经坍塌无法实际居住，则不再考虑原权利人的利益。

在实践中，应结合上述情况综合予以判断。

（三）农村房拆迁宅基地区位补偿价享受主体如何认定？

1. 存在的问题

农村房拆迁其补偿主要可以区分为宅基地区位补偿价、房屋重置成新价、各项奖励补助等。其中，宅基地区位补偿价在补偿中占有的比例较大，且其性质理解不一，容易产生争议。

实践中，农村房宅基地区位补偿价争议焦点往往是其享受主体的区分，存在两种观点：一是只有宅基地的使用人才能享有宅基地区位补偿价，二是不仅宅基地的使用权人，其他跟宅基地有关联之人亦可以享受宅基地区位补偿价。

在案例五①中，一审认为就农村房拆迁区位补偿价，其他跟宅基地有关联之人亦可以享受宅基地区位补偿价。原审法院认定：房屋重置价以房屋建设情况为基础，作为父母相应房屋份额的继承人之一，安某有权主张房屋的宅基地补偿，至于具体比例，法院将根据建设投入、使用维护、房屋材质、建房面积、未置换房屋的宅基地面积比例等情况予以确认。二审法院认为只有宅基地的实际使用人才能享有宅基地区位补偿价，认定未置换房屋的宅基地补偿仅针对生活于该院落的家庭成员，安某自成家后并未在此居住，且历次建房审批表中，安某也未作为家庭成员，故安某不应分得未置换房屋的宅基地补偿。

2. 问题的分析与解决

目前涉及农村房拆迁的民事规范较少，特别是对于拆迁利益的定性以及其与被拆迁农村房以及其上居住生活人口之关系，并未明确予以规范。这就造成了农村房拆迁中的无法可依，特别是因为拆迁利益引起民事纠纷之后，针对拆迁产生的各项利益，其依据、享

① （2014）一中民终字第10041号。

受主体、利益性质等都比较模糊，不但造成了当事人之间矛盾，而且对于法院正确处理案件、缓和矛盾也是不利的。

根据我国土地法的规定以及土地的基本理论，农村宅基地之性质为保障村集体成员居住利益而由一定条件下分配给本村集体成员使用。村集体成员获得的只是使用权而非所有权，按照物权的基本理论，在土地被征收或拆迁的条件下，拆迁利益应该归属土地的所有者即全体村集体成员所有，但现实是谁占据这块宅基地，谁在宅基地上修建农村房，谁就可以在拆迁时获得包含区位补偿价在内的大部分拆迁利益，这是与物权法的基本规定相矛盾的。

退一步而言，如果我们将农村房屋的拆迁解释为国家对农民、农村集体成员的一种补偿，而不是严格按照物权法的规定将拆迁利益归于全体集体成员。接下来的问题就是，这个补偿的对象是谁？在父母申请宅基地的情况下，一方子女虽父母一起居住生活，父母去世之后也未再分配新的宅基地，但是宅基地使用权人并未变更，如果此种情况之下拆迁，该宅基地的区位补偿价的对象是谁？是宅基地的申请人其父母，还是宅基地的现在使用人子女？如果是给付其父母，如何解释宅基地保障村集体成员居住使用之基本功能？如果是给子女，作为继承人的其他兄弟姐妹之利益如何保障？

我们认为，在农村房被拆迁的情况之下，应该根据宅基地的居住使用情况分情形予以处理：

一是如果该宅基地上有与父母共居之子女，且该子女为本村集体经济组织之成员，且未另行分配宅基地，该宅基地之区位补偿价应该归该共居子女个较为恰当。

二是如果该宅基地上没有与父母共居之子女，宅基地拆迁所产生的区位补偿价所有子女都应该享有继承权。

（四）未被列为被安置人口、共居人口，能否分配拆迁安置房？

1. 存在的问题

实践中，就农村房拆迁回迁安置房的补偿与分割问题，一般有两种观点：一种是只要未被列为拆迁房屋中的共居人、被安置人就无义务保障其居住利益，不应该分配其回迁安置房，可以通过其他方式对其进行补偿；另一种是虽然未被列为拆迁房的共居人、被安置人，但也可以给予其安置房。

拆迁时未被列为共居人口，不应分配其回迁安置房屋，通过其他利益给予其补偿：在案例六①中，就王某等提起的要求分割回迁安置房的诉讼请求，法院认定对于原告主张分割拆迁安置房的请求，因拆迁安置房系对实际居住人的住房补偿，具有政策福利的属性，由原告享有房屋不符合拆迁安置政策，且其相关财产份额的转化利益，已通过货币方式予以补偿，故法院对拆迁安置房不予分割。该部分利益应由拆迁协议签署人王某代表该院的其他实际居住人享有。虽然未被列为拆迁房的共居人或者列为被安置人，但也可以给予其安置房：在案例七②中，原审法院认定根据八家地区整体改造土地拆迁补偿安置方案，被拆迁人是被拆迁房屋的所有权人。欧某虽然作为被拆迁人与北京市土地整理储备

---

① （2011）一中民终字第4671号。

② （2015）一中民终字第2671号。

中心海淀区分中心签订拆迁协议，但拆迁取得的利益应当归诉争院落房屋全部产权人所有。

2. 问题的分析与解决

该问题之所以引发争议，首先是对于农村房拆迁产生的安置房的定性问题存有分歧：回迁安置房究竟是应为农村房拆迁产生的对于原有的房屋的补偿，还是因为农村宅基地被征用而针对宅基地产生的安置利益，还是因为针对居住于被拆迁房屋的人口因为丧失了农村房的居住而对该人口产生的居住保障利益？目前并没有统一的认识。其次，对于拆迁协议中约定的被安置人口或者共同居住人口，是否不分情形就是拆迁安置协议中的回迁安置房之权利人？对于共居人口在拆迁中的地位以及其应该享受的安置利益，在理论及实务上都争议较大。

我们认为，根据实践中的经验以及拆迁政策，在分配农村房拆迁回迁安置房时，可以从以下几个角度予以考量。

一是如果拆迁协议中列明的共同居住人是因为与宅基地使用权房或农村房所有权人因婚姻、家庭等身份关系即双方之间为夫妻关系、父母子女关系且子女一方未另行分配宅基地的，在分割回迁安置房之时，应该考虑保障此种身份关系之共居人之居住利益，尽量给其分配回迁房以供居住生活。

二是如果拆迁协议中列明的共同居住人是因为与宅基地使用权房或农村房所有权人无婚姻等家庭关系，其被列为共同居住人仅仅是因为户口等因素且其未实际在此居住的，在分割回迁安置房屋时，其居住利益不是必须考虑之条件，可以通过其他方式对其予以补偿。

（五）非农村集体成员之身份对其继承农村房屋是否有影响？

1. 存在的问题

非农村集体成员之身份对继承农村房屋的影响主要是指由于参军、上学、就业等使自己的身份由村集体成员转为非农村集体成员，此种身份之转变对其继承农村房屋是否造成影响。

实践中，非农村集体成员之身份对继承农村房屋的影响主要有两种观点：一种认为丧失集体成员身份之后，其对于农村房屋也丧失了继承权，仅能获得补偿；另一种认为其农村集体成员身份的改变不影响区对农村房屋的继承，其仍然可以对农村房屋享有继承权。

丧失集体成员身份之后，其对于农村房屋也丧失了继承权，仅能获得补偿。在案例八①中，原审法院认定关于遗产范围问题，本院以为诉争院落内原有房屋确系其父母遗产，但不可否认，甄某并非院落所在集体经济组织成员，其主张权利应以地上物价值为限。其农村集体成员身份的改变不影响区对农村房屋的继承，其仍然可以对农村房屋享有继承权。在案例九②中，郭某丧失了村集体成员之身份，但考虑到郭某之弟在千家店村已有一处宅院，从民风民俗的角度以及其他家庭成员的意见，法院认为郭某要求房屋归其所有，由其支付其余继承人折价款的主张合情合理，法院予以支持。

---

① （2015）一中民终第5341号。

② （2015）一中民终字第3028号。

2. 问题的分析与解决

根据我国土地管理法的相关规定以及我国农村宅基地的基本管理精神，农村宅基地为解决本村集体成员住房问题而分配使用，所以，获取农村宅基地之前提条件就是身份关系，其必须是村集体经济组织成员。如果子女因为上学、参军、就业等转为城镇户口，丧失本村集体经济组织成员之身份，自然就不应该享有村集体宅基地之使用权。而根据继承法的规定，农村宅基地上的房屋是公民的遗产，子女作为父母的合法继承人，虽然其并非本村集体经济组织之成员，但是其继承权不能因为其身份的转变而丧失，其对于父母遗留的农村房仍然享有继承权，不应该被剥夺。

根据房地一体理论，土地作为房屋的载体，其不能脱离房屋而单独存在，反之亦然。这造成的另外一个困境就是持有折中观点的丧失村集体成员身份的子女可以继承农村房屋，但是不能继承宅基地及其相关利益，此种观点不攻自破，且不说从法理上难以解释房地一体之理论，单单是从物理上就难以解释。

我们认为，从司法实践而言，在现有的我国土地理论框架之下，符合我国现行土地法律法规的前提下，针对非农村集体成员之身份对其继承农村房之问题，可以从以下几个角度考虑。

一是如果非农子女为农村房之唯一继承人，那么，按照继承法的规定，其合法继承权应该予以保护，其可以继承父母农村宅基地之房屋。

二是如果非农子女不为农村房之唯一继承人，且其他子女均已申请或分配宅基地，非农子女要求继承农村房的，仍可以考虑其诉求。

三是如果非农子女不为农村房之唯一继承人，其有其他村集体成员子女未分配新的宅基地，其在诉争农村房居住生活，那么就应该考虑给房屋首先应保障本村集体成员之居住生活，该农村房应该由该集体成员子女居住适用，可以考虑给予非农子女一定其他方式之补偿。

（六）农村房继承的时效问题

1. 存在的问题

在实践中，对于农村房继承中的时效问题，把握并不一致，主要有两种标准：一是适用《继承法》第 8 条之规定，如果当事人提起诉讼的时间超过了 20 年，驳回其诉讼请求。二是认为继承中不存在时效问题，故《继承法》第 8 条成为具文，无法适用。

适用《继承法》第 8 条之规定，如果当事人提起诉讼的时间超过了 20 年，驳回其诉讼请求。在案例十①中，原审法院认定关于王某的父母早在 20 世纪 60 年代就已死亡，而王某未在 20 年内提起诉讼。继承权纠纷提起诉讼的期限为 2 年，自继承人知道或者应当知道其权利被侵犯之日起计算。但是，自继承开始之日起超过 20 年的，不得再提起诉讼，且对方提出了诉讼时效的抗辩，所以王某的诉求，因超过诉讼时效而得不到法律保护。认为继承中不存在时效问题，故《继承法》第 8 条成为具文，无法适用。在案例十一②中，原审法院认定丁某虽主张其母亲去世多年，原告要求继承其份额的诉求超过诉讼时效期限，考

---

① （2013）一中民终字第 715 号。

② （2015）一中民终字第 1911 号。

虑到其母亲去世后，诉争房屋各方一直未予分割，故原告就本案诉讼并未超过诉讼时效期限。

2. 问题的分析与解决

现行的法律及司法解释中，对继承中的诉讼时效作出了规定，但并不一致。其中2年的诉讼时效也是我国民法通则规定的一般诉讼时效，容易理解。但是，继承之日开始超过20年的，不得提起诉讼这一规定，在实践中往往会难以适用。因为按照一般的物权理论，继承开始后，如果作为遗产的农村房没有分割的话，其就转化为继承人的共同物权而在物权中，是不存在时效问题的。

案件性质的确定基于对纠纷所侵害的权利对象的认识。继承权虽因身份而产生但具备取得遗产的权能，因而兼具人身权与财产权的双重属性，当遗产为物时，就存在与物权产生冲突的可能。但实践中，由于放弃继承情形的存在，继承权更多地体现为一种取得资格，即对遗产物的或然性所有。而我国法律设置的拟制继承，显然有助于消除此种权利的不安定状态。换言之，通过法律的拟制，将未表示放弃继承的视为接受，从而加快了遗产物的继承过程，将待定的物之或然性取得变更为确定的物之必然性共有。在这一过程中，以“取得”为特征的继承权纠纷也被技巧性地转化为以“确认与分割”为特征的物权纠纷。

此过程大致存在三大步骤：一是继承的拟制接受或称继承的拟制完成，依照《继承法》第25条第1款的规定，将遗产分割前未放弃继承的视为接受继承，从而结束继承。二是确定继承之物的权利状态，《物权法》第103条将无约定或约定不明的共有物默认推定为按份共有，但有家庭关系等情形的确定为共同共有。三是依照一般物权纠纷的相关法律，根据当事人的诉求作出相应裁判。

在案件性质被确定为物权纠纷后，时效的探讨已失去实际意义。这是由于我国主流观点认为诉讼时效只约束债权请求权，目前立法未对物权进行特殊时效限制，并且也欠缺取得时效制度。但若进一步讨论，各类物权纠纷不适用时效的原因则不尽相同，常见的物权确认诉讼与物之分割诉讼，分属确认之诉与形成之诉，分别对应权利体系中的支配权与形成权，不适用诉讼时效是其性质使然。而《物权法》第34条至第36条的规定分别对应返还原物、排除妨害、消除危险三大物权请求权，不适用诉讼时效的原因是我国物权制度的立论基础不同，域外立法明文规定时效制度同时约束物、债两类请求权者并不鲜见。

我们认为，在继承案件中，双方当事人就继承的时效产生争议的，对于继承时效应该慎重把握，不能轻易适用时效驳回当事人的诉讼请求，具体可按照以下情形分别予以处理。一是在继承权被侵害时提起继承诉讼的时效适用《继承法》第8条关于2年或20年的规定；二是继承开始后，继承人接受继承但遗产未分割的，即为共同共有，不适用《继承法》关于继承权的诉讼时效，而应适用《民法通则》关于共同共有的所有权保护的诉讼时效；三是继承的诉讼时效的中止适用《民法通则》的有关规定。诉讼时效中止，是指在诉讼时效进行期间，因发生法定事由阻碍权利人行使请求权，诉讼依法暂时停止进行，并在法定事由消失之日起继续进行的情况，又称为时效的暂停。对此，我国《民法通则》第139条予以规定，在诉讼时效期间的最后6个月内，因不可抗力或者其他障碍不能行使请求权的，诉讼时效中止，诉讼时效从中止时效的原因消除之日起继续计算。

关于继承纠纷中疑难问题的研究报告*

前　言

继承是家庭财富传承的重要方式，是家庭稳定，社会发展的推动力、稳定剂，具有重要的社会意义。近年来，随着社会各领域变革的深入，人们家庭观念的变化，现实利益的冲击，新的理念、思想逐渐侵蚀着传统家庭伦理观念，家庭继承中的新情况、新问题不断涌现，矛盾化解难度日益加大，继承案件审理受到严峻挑战。社会财富的积累及家庭财产的增加，使继承在家庭财富传承中发挥着越来越大的作用，继承案件数量总体呈上升趋势。通过对近三年北京市一中院家事案件审理情况的分析，离婚类案件之外，继承类案件数量最多，涵盖的案件类型最广（见图1）。①

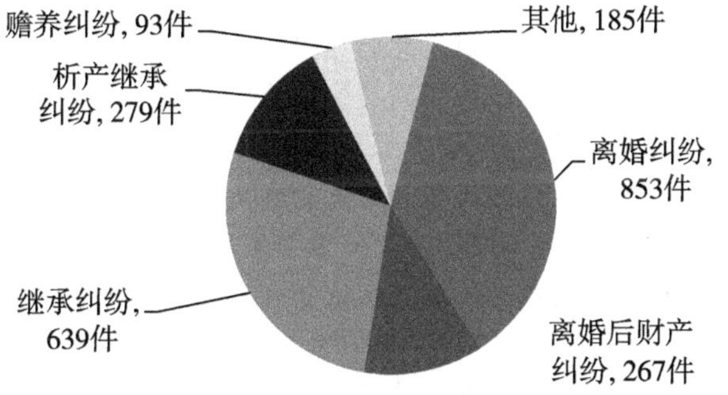

图1　北京一中院审理家事案件类型分布（2014年4月至2017年6月）

通过对近几年继承纠纷案件的总结，其具有以下特点。

1.法律规定相对滞后，实践中争议较大。现行《继承法》是1985年颁布实施的，尽管最高人民法院同时发布了《继承法司法解释》，但其距今已有三十多年。这期间中国有了举世瞩目的发展，社会变化纷繁复杂，思想观念冲击碰撞，家庭财富迅速积累，这些情况使《继承法》已经远远不能满足现在社会的需求。新的情况不断涌现，新的问题不断发现，

---

* 课题主持人：孙国鸣，课题责任人：张军，课题组成员：高海鹏、刘福春、杨磊、吴扬新、王欣，撰稿人：刘福春。

本课题为2017年部门级重点课题。

① 2014年4月1日至2017年6月30日，我院共审理各类家事纠纷案件2316件，其中一审案件（包括申请承认外国法院判决案件）54件，二审案件2262件。以时间为节点，2014年共审结559件，2015年共审结774件，2016年共审结599件，截至2017年6月30日共审结384件。在近三年审结的家事案件中，离婚案件853件，离婚后财产案件267件，继承案件639件，分家析产案件279件，赡养案件93件。上述5类案件占全部案件的92%以上。

亟待新的继承法规、继承理论予以解决。法律的滞后性导致实践中对于继承理论很多问题认识不一，对于继承案件涉及的具体问题判断不一。

2. 法律关系复杂，案件类型较多。继承关系并非简单的人身关系或财产关系，其引发的纠纷也不是人身纠纷与财产纠纷的简单叠加，而是涉及伦理、道德、法律多个角度，家庭、社会、国家多个层面。由于现实生活中财产状况的复杂性，往往难以直接对被继承人的财产进行继承处理，其可能涉及财产的确权、析产、债务的清偿等法律关系继承所涉及的法律关系较多，案由类型较广，其中包括析产继承纠纷、继承纠纷、法定继承纠纷、遗嘱继承纠纷、被继承人债务清偿纠纷、遗赠纠纷、遗赠扶养协议纠纷等案件类型。

3. 涉案人数众多，矛盾较为突出。继承纠纷由于其案件类型的特点，案件当事人往往较多。特别是当涉及代位继承、转继承等类型的案件时，当事人数更多、关系更为复杂。继承案件继承人之间亲疏关系、感情纠葛较多，内部关系较为复杂，在遗赠、遗赠扶养协议等案件中，当事人之间的关系更是错综繁杂，难以厘清。另外，继承案件多涉房产，财产利益巨大。这些都导致继承纠纷中当事人之间往往矛盾较大，难以化解。

4. 具有伦理、情感因素，兼具社会性、隐私性。继承纠纷始于家庭生活，当家庭成员间的情感、经济关系失衡，往往演化为家事纠纷。继承纠纷不同于一般民事纠纷的最大特点就是掺杂有大量的个人情感因素，具有很强的伦理性。家庭是亲属间构成的生活单位，其涉及家庭成员间的相互关系、父母子女的亲疏、兄弟姐妹的远近。继承纠纷则直接揭露了家庭的财产状况以及人性的本来面目。此类纠纷中一般都会有关于亲属长幼关系、感情深浅、伦理辈分的情况，这些因素导致了该类纷争的隐秘性。

5. 当事人法律知识欠缺，遗嘱无效或部分无效比例较高。在我院三年多审理的涉遗嘱继承案件中，根据统计，存在遗嘱被认定为无效或者部分无效的情形占比超35%，维持在一个较高的状态，给本来没有争议的遗产分割带来不必要的讼争，影响家庭关系和谐。主要原因集中在被继承人对夫妻共同财产的认知度不够、被继承人对遗嘱本身的性质和效力理解不准确、订立的遗嘱缺乏要件三个方面。

通过对近几年继承纠纷审判实践的分析以及特点的总结，我们凝练出一些审判实务中易发常见、影响范围较广、实践中争议较大的问题，涉及继承的理论及实践问题。本报告除综述外，分为四个部分：第一部分分析继承权丧失的情形；第二部分就遗嘱继承的争议问题进行研究，主要包括遗嘱的效力及其认定、遗嘱的撤销与变更、遗赠的适用等问题；第三部分对遗产处理中的问题进行分析，主要是遗产的转化、遗产范围的界定、遗产分配的原则等问题；第四部分就继承权的理解问题进行一定解析。通过对上述多发性、疑难性问题的总结，本报告以案例分析为切入点，深入分析普遍争议问题，探究问题成因，提出解决路径，以期对《继承法》的理解与适用有所裨益。

一、继承权的丧失

《继承法》第7条规定了继承人丧失继承权的情形，[①]是任何人不得于其不法行为中

---

① 《继承法》第7条规定：继承人有下列行为之一的，丧失继承权：（一）故意杀害被继承人的；（二）为争夺遗产而杀害其他继承人的；（三）遗弃被继承人的，或者虐待被继承人情节严重的；（四）伪造、篡改或者销毁遗嘱，情节严重的。上述条文确认了继承权丧失制度。

获利原则的体现,目的是维护社会的人伦道德和家庭秩序,维持稳定的遗产继承秩序,维护被继承人的遗嘱自由。但其在具体条款的理解适用上存在一定的争议,特别是第4种情形容易产生误解。实践中,对于伪造、变造、隐匿、篡改或销毁遗嘱的理解并不一致,且对于实施上述行为后丧失继承权的要件把握并不准确。

王甲诉王乙、王丙继承纠纷案中[①],王甲、王乙、王丙为叶某夫妇之子女,2000年,叶某去世,未留有遗嘱。2010年,其母亲去世,未留有遗嘱。1号房屋、2号房屋系叶某夫妇生前的夫妻共同财产。2001年,王甲与其母亲依据一份并不存在的公证书表示其他子女放弃继承,办理了2号房屋过户到其母亲名下、1号房屋过户到王甲名下的房屋所有权证。一审法院认为,王甲与其母亲伪造遗嘱的行为严重侵犯其他继承人的合法权益,故王甲丧失对1号房屋的继承权,王甲之母亲丧失了对叶某享有2号房屋份额的继承权。王甲持伪造的公证书办理了2号房屋的上市交易手续,丧失对叶某享有2号房屋份额的继承权。二审法院认为,王甲与其母亲行为的性质,不属于伪造遗嘱,属虚构其他子女放弃继承的事实侵害其他子女继承权的行为。该其他子女不属于缺乏劳动能力又无生活来源,且该行为亦未导致其生活困难,故无法认定其行为情节严重。王甲与其母亲的行为不属于伪造遗嘱的行为,不能剥夺其继承权,鉴于二人之行为,应当减少二人应继承的遗产份额。继承人为达到争夺或独吞遗产的目的,通过篡改、伪造或者销毁遗嘱的方式,歪曲或破坏被继承人遗产处分的真实意思,侵害了被继承人的遗嘱自由权利,应受到法律的制裁。但是,并非发生上述行为就要剥夺其继承权,其实现需满足必要的条件:实施了伪造、篡改或销毁遗嘱的行为,且情节严重。

伪造、篡改或销毁遗嘱。伪造遗嘱,是指继承人以被继承人的名义制作假遗嘱,伪造遗嘱一般是在被继承人未立有遗嘱的情况下实施,但被继承人立有遗嘱的情形下继承人将其隐瞒、毁弃而另外制作一份假遗嘱,也属伪造遗嘱的情形。篡改遗嘱,是指继承人擅自改变被继承人所立的遗嘱的全部或部分内容。销毁遗嘱,是指继承人将被继承人所立的遗嘱完全破坏。伪造、变造、隐匿、篡改或销毁遗嘱,上述行为应为既遂且故意,如果未遂或过失实施,不应发生继承权丧失的后果。

情节严重。侵害了缺乏劳动能力又无生活来源的继承人的利益,并造成其生活困难的,才能认定其行为情节严重。[②] 根据上述规定,伪造、篡改或者销毁遗嘱的继承人,只要未达到"情节严重"的程度,即不能随意剥夺其作为继承人的资格,其仍然可以以法定继承人或者遗嘱继承人的资格继承遗产。

虽然继承人实施了伪造、篡改或者销毁遗嘱的行为,尚未达到情节严重的程度,或者继承人未实施了伪造、篡改或者销毁遗嘱的行为,但是实施其他行为侵害其他继承人的继承权,按照现行法律规定,并不能对其剥夺继承权或者其他对其此种行为制裁的措施。但是否意味着继承人实施此种侵害其他继承人权益的行为就没有成本、代价,不受制裁?根据《继承法司法解释》第59条的规定,人民法院对故意隐匿、侵吞或争抢遗产的继承人,

---

① (2016)京01民终3343号。

② 《继承法司法解释》第14条规定:继承人伪造、篡改或者销毁遗嘱,侵害了缺乏劳动能力又无生活来源的继承人的利益,并造成其生活困难的,应认定其行为情节严重。

可以酌情减少其应继承的遗产。虽然该条规定是规制继承人隐匿、侵吞或者争抢遗产的行为,其行为对象是遗产。但是该规定对于继承人行为对象为遗产以外的其他行为也提供了一种参照,行为人侵害其他继承人权益的行为对象虽然不是遗产,但其行为目的就是要侵吞其他继承人应继承的遗产,故应当对此种行为进行处罚,否则既不利于继承秩序的维护,又不能够保护善良继承人的权益。所以,尽管继承人侵害其他继承人行为的对象为非遗产本身,但是应根据其行为情节,可以减少其继承的份额。

综上所述,虚构放弃继承权的违法事实不能够等同于伪造遗嘱,且是否情节严重应从个案角度综合衡量。针对此种情形,可以适用以下规则:继承人伪造、篡改或者销毁遗嘱,尚未达到情节严重的情形,或者继承人实施了其他对象为非遗产本身的,侵害其他继承人的继承权的行为,可以酌情减少其应继承的遗产。

二、遗嘱继承和遗赠

(一)遗嘱瑕疵与遗嘱效力

遗嘱订立的形式要件是遗嘱人真实意思表示得以实现的保证。西方经历了严格的形式主义,现在基本无瑕疵的情况下对少数有瑕疵的遗嘱采取放宽的态度,允许法院对一些无害的错误,享有司法特权。而我国民众对遗嘱的形式要件十分陌生的情况下,采取放宽的处理方式可能会存在下列问题:一是与现行的《继承法司法解释》相悖①;二是遗嘱形式要件实际上被废除了,将遗嘱人的真实意思作为重点,势必在司法实践中不断扩大瑕疵的范围,如此,则遗嘱的形式要件将越来越不被重视;三是当事人对任何有瑕疵的遗嘱都可以主张依据证据推断遗嘱人的意思,司法成本过高,效率无法保证,法院多少会被当事人左右,出现偏听偏信或者主管推断。所以,在司法实践中,应当对遗嘱的形式要件严格把握。为了保证遗嘱能够真实反映立遗嘱人的真实意思表示,《继承法》第 17 条对于遗嘱的类型及其形式要件都做了规定。②《继承法》对遗嘱采取了强制规定的方式,包括遗嘱类型法定和遗嘱形式的要式主义,遗嘱人若不依照法律规定的类型设立遗嘱则不生效力,如果遗嘱不符合形式要件也不生效力。

但是在实践中,由于当事人法律知识的缺乏以及各种客观原因,导致遗嘱瑕疵的情况时有发生,特别是遗嘱中书写日期不全,及遗嘱人在遗嘱中以按捺手印的方式代替签字等情形,此种情况下遗嘱是否有效,理论及实践中争议较大。

在李甲诉李乙等继承纠纷案中③,李甲共有兄弟姐妹 6 人,其父亲于 2000 年死亡,母亲于 2014 年死亡。李甲主张其母亲郝某立有代书遗嘱,将其名下财产归其所有。立遗嘱人处"郝某"的签名及日期系律师代签。法院经审查认为,代书遗嘱并非郝某签名,形式上具有瑕疵,但两位证人均出庭证实郝某立遗嘱的情形,结合律师事务所出具的见证书、

① 《继承法司法解释》第 35 条规定:继承法实施前订立的,形式上稍有欠缺的遗嘱,如内容合法,又有充分证据证明确为遗嘱人真实意思表示的,可以认定遗嘱有效。

② 《继承法》第 17 条规定:公证遗嘱由遗嘱人经公证机关办理。自书遗嘱由遗嘱人亲笔书写,签名,注明年、月、日。代书遗嘱应当有两个以上见证人在场见证,由其中一人代书,注明年、月、日,并由代书人、其他见证人和遗嘱人签名。

③ (2015)一中民终字第 5042 号。

谈话笔录及照片，能够认定郝某生前立遗嘱将其名下拆迁补偿利益遗留给李甲的事实。郝某所立遗嘱中对其个人财产部分的处分有效，对个人财产之外部分的处分应当无效。

在遗嘱继承中，应当严格遵守《继承法》所规定的遗嘱形式要件，遗嘱形式要件的要求，核心问题是如何保障遗嘱人的真实意思表示得以落实，其实质是要求遗嘱人想表达的意思表示在遗嘱中要有反映出立遗嘱人订立遗嘱且独立于个人的外部特征。遗嘱形式要件是遗嘱人个人痕迹的载体，其并非唯一的，特殊情况下，如果有相应证据足以证明该遗嘱是遗嘱人的真实意思表示，即使是遗嘱略有瑕疵，也可以认定该遗嘱的效力。

遗嘱中书写日期不全。遗嘱中的年月日，其意义在于确认遗嘱人遗嘱能力和数份遗嘱的时间先后。如果没有数份遗嘱且不影响判断遗嘱能力的问题时，年月日书写的瑕疵不影响遗嘱人真实意思表示认定的，应不影响遗嘱效力。遗嘱人的遗嘱能力一般只要年月即可判断。日期记载不全，但通过遗嘱内容或其他证据可确定的遗嘱书写日期或者判断遗嘱人立遗嘱时的行为能力的，尊重遗嘱人的意思确认遗嘱有效比较合理。具体而言，通过其他方式能够确定该日期，同时此日期可以判断遗嘱人当时有遗嘱处分能力、遗嘱的先后顺序或者对其他处分有效等情况下，可以认定遗嘱有效。

遗嘱人在遗嘱中以按捺手印的方式代替签字。遗嘱人签名具有认可遗嘱内容是其真实意思表示的意义。自书遗嘱中，遗嘱人亲笔书写遗嘱全文足以认定遗嘱的真实性，遗嘱人亲笔签名的意义是明确遗嘱人愿意使遗嘱发生效力的意思，不可缺少，但形式上是否必须严格限制值得探讨。特别是遗嘱人以大家知晓的曾用名签名，可以放宽要求，在继承人能够证明被继承人确有曾用名的情况下，遗嘱中的签名能表明确实为遗嘱人所签就可。代书遗嘱、打印遗嘱中，遗嘱人亲笔签名是其唯一体现，必须要签真实姓名。但是由于历史发展水平，立遗嘱人未必会书写自己的名字，如果遗嘱人仅仅是按捺手印或者是在别人代替其签名后按捺手印予以确认，且该遗嘱人确属不具有书写能力，由于指印属于遗嘱人个人痕迹，而且是唯一的，并且在现有条件下可以比较容易判断其真伪，应该进行认定。综上所述，自书遗嘱中，遗嘱人书写大家认可的曾用名的情况下，不应仅因签名问题判断遗嘱无效。代书遗嘱、打印遗嘱中，必须本人签名确认；遗嘱人仅仅是按捺手印或者是在别人代替其签名后按捺手印予以确认，有证据证明遗嘱人无书写能力、知晓遗嘱内容，该手印为遗嘱人所留，可以认定遗嘱的效力。印章容易被伪造、盗盖，盖印章只能作为证据，不能替代遗嘱中的亲笔签名和按捺指印。

（二）遗嘱的撤销、变更、无效

在遗嘱的撤回或变更中，实践中经常出现且争议较大的问题是，对于撤回前遗嘱的遗嘱被撤回之后，前遗嘱是否自行恢复效力。

在谢甲诉梁乙等继承纠纷案中①，谢甲有兄弟姐妹4人，其父于2014年去世。其父亲与其母亲梁某购得诉争房屋。2000年，其父亲自书遗嘱，将诉争房屋由长子谢甲继承。2006年，其父亲立有公证遗嘱，将诉争房屋中属于其本人所有的房产份额均遗留给谢甲继承，谢甲继承后为他个人财产。同日其母亲梁某亦进行公证将此房中归属自己的份额

① （2015）一中民终字第3922号。

在其去世后遗留给谢甲。2013年,其父母在公证处作出了撤销遗嘱声明书。一审法院认为,遗嘱人以不同形式立有数份内容相抵触的遗嘱,以最后所立的遗嘱为准。其父亲在其去世前立有自书遗嘱及公证遗嘱,应当以公证遗嘱的内容确立继承份额,公证遗嘱外的其他遗嘱应自然失效。本案中,其父亲在生前将其所作公证遗嘱经合法程序予以撤销,视为其未留有遗嘱,应按法定继承对其父亲的财产进行继承。二审法院认为,其父亲2000年的自书遗嘱及2006年的公证遗嘱,将诉争房屋留给谢甲继承。2013年,其父亲在公证机关撤销2006年的公证遗嘱。其父亲2006年的公证遗嘱被撤销并非意味着2000年的自书遗嘱自然生效。其父亲将公证遗嘱撤销,既是对诉争房屋由谢甲继承的意思表示予以撤销,其生前虽未以明确的意思表示撤销其所立的自书遗嘱,但其撤销内容基本相同的后一份公证形式遗嘱的行为即可推定其撤销了上述自书遗嘱,否则即与其父生前真实意思相背。

上述案例提出一个问题,遗嘱人立新遗嘱撤销旧遗嘱,新遗嘱却因为某种原因被确认无效,旧遗嘱的效力是否恢复?遗嘱人的遗产按无遗嘱分配还是按旧遗嘱分配?遗嘱是遗嘱人生前在法律允许的范围内,按照法律规定的方式对其遗产或其他事务所作的个人处分,并于遗嘱人死亡时发生效力的法律行为。遗嘱人在遗嘱中对财产的处分,本质上是遗嘱人基于其对该财产的所有权,自由处分其财产的一种表现形式。遗嘱人在立遗嘱后,还可通过各种法律允许的方式撤销其在原遗嘱中的财产处分行为。理论上而言,遗嘱系遗嘱人处分其身后财产的意思表示,遗嘱具有可撤销性。一方面,法律规定推定某种事件的发生会导致遗嘱部分或全部内容不发生法律效力,从而改变了遗嘱人的意思表示,依法撤销该部分或全部遗嘱。另一方面,遗嘱人立遗嘱是单方民事法律行为,只有立遗嘱人死亡时遗嘱才具有法律效力,在此期间,遗嘱人可以随时改变其意思表示,撤销其所立遗嘱。这是遗嘱人变更遗嘱的理论依据。遗嘱自被继承人死亡时发生法律效力,被继承人死亡之前可以撤销其所立遗嘱。继承法规定了3种遗嘱变更、撤回方式:一是遗嘱人通过行为撤回或变更遗嘱,遗嘱人生前处分遗嘱财产,[①]即遗嘱人通过将遗嘱中处分的财产损坏、销毁、转卖、赠与等与遗嘱内容相反的行为表示撤回或变更遗嘱。二是遗嘱人立有数份遗嘱,内容相抵触的,视为最后遗嘱撤回或变更前遗嘱。[②] 三是遗嘱人另立遗嘱明确表示撤回前遗嘱。遗嘱效力恢复制度,在一定程度上是一种权利救济手段,也是对遗嘱人意愿的尊重。应从最大限度尊重遗嘱人意愿的角度出发适用遗嘱撤销的推定规则。在遗嘱人撤销旧遗嘱,之后又毁损、撤销新遗嘱的情况下,导致遗嘱人意愿外在表达的缺失或导致争议时,应从一个理性的立场出发推测遗嘱人的意愿,并充分尊重遗嘱人意愿,可以对此类问题进行一定程度的理解:

首先,遗嘱人针对同一财产立有数份内容相抵触的遗嘱的,其最后一份遗嘱经法院审查认定无效的,应当对其在先一份遗嘱的真实性、效力性进行审查。

---

① 《继承法司法解释》第39条规定:遗嘱人生前的行为与遗嘱的意思表示相反,而使遗嘱处分的财产在继承开始前灭失,部分灭失或所有权转移、部分转移的,遗嘱视为被撤销或部分被撤销。

② 《继承法》第20条规定:遗嘱人可以撤销、变更自己所立的遗嘱。立有数份遗嘱,内容相抵触的,以最后的遗嘱为准。自书、代书、录音、口头遗嘱,不得撤销、变更公证遗嘱。

其次，遗嘱人针对同一财产立有数份内容相抵触的遗嘱的，其最后一份遗嘱经被继承人生前撤销的，应当审查撤销原因、有无恢复原遗嘱的意愿等，否则原则上按照法定继承处理。

（三）遗嘱内容相抵触的理解与适用

如何理解"遗嘱内容相抵触"，其实就是在遗嘱人死亡后，如何确认遗嘱人在遗嘱中表达的真实意思，只有准确地推知遗嘱人在遗嘱中表达的真实意思，才能切实地体现遗嘱人的真实意愿。被继承人立遗嘱将其两套房屋分别给甲、乙各一套，后被继承人立遗嘱仅表述将其中一套房屋给甲。对于上述情况有两种不同的观点：一种认为，两份遗嘱均有效，但是两份遗嘱部分相抵触，仅不相抵触的部分有执行力。理由是第二份遗嘱可以理解为其中一套房屋归甲所有，其余的按照法定继承办理，两份遗嘱部分相抵触，抵触部分以第二份遗嘱为准。另一种观点认为，两份遗嘱均有效，应按照第一份遗嘱的规定办理，理由是该案两遗嘱不存在抵触的问题，第二份遗嘱只是重复了第一份遗嘱中的部分内容，并没有明确否定第一份遗嘱。

根据《继承法》第 20 条的规定，遗嘱人可以撤销、变更自己所立的遗嘱。立有数份遗嘱，内容相抵触的，以最后的遗嘱为准。自书、代书、录音、口头遗嘱，不得撤销、变更公证遗嘱。《继承法司法解释》第 42 条规定，遗嘱人以不同形式立有数份内容相抵触的遗嘱，其中有公证遗嘱的，以最后所立公证遗嘱为准；没有公证遗嘱的，以最后所立的遗嘱为准。由此引发一个实践中经常出现的问题，即对"遗嘱内容相抵触"的理解与适用。遗嘱内容相抵触主要是前后数份遗嘱中针对同一财产的身后处分作出数次意思表示的情形，如果是遗嘱针对不同的财产，自然就不存在抵触的问题。那么，在遗嘱人立有数份遗嘱的情况下，上述规定可否进一步理解为：内容不相抵触的，前后遗嘱分别有效；内容部分相抵触的，仅抵触部分无效，未抵触部分继续有效？

根据法条规定，内容相抵触的，以最后的遗嘱为准。其隐含的含义还有内容不相抵触的，前后遗嘱分别有效，但应以后遗嘱为准。那么，内容部分相抵触的情况下，应该如何认定，未抵触部分是否继续有效呢？遗嘱内容部分相抵触，后遗嘱仅仅是对前遗嘱部分内容作出了变更处分，不能进一步推定前遗嘱被撤销或者变更。后遗嘱中未涉及的内容，前遗嘱该部分内容仍然具有效力，所以，遗嘱内容部分相抵触的，仅抵触部分无效，未抵触部分继续有效。就上述案例，遗嘱人立第二份遗嘱来重复第一份遗嘱中的部分内容，第二份遗嘱的意思是房屋一套归甲继承，未涉及的财产部分应该按照第一份遗嘱处理。

如何理解"遗嘱内容相抵触"的问题，是一个涉及当事人意思推定、遗嘱解释的问题，目前继承法对于撤回、变更遗嘱的规定还不足以解决现实中的遗嘱纠纷，特别是在对遗嘱内容是否相抵触问题的判断上。为了更好地理解"遗嘱内容相抵触"，在推定撤回、变更遗嘱部分内容时，应理解为：一是被继承人对不同财产设立数份遗嘱，不能视为前后遗嘱相抵触，前后遗嘱分别有效。二是被继承人对同一财产设立数份遗嘱，如前后遗嘱相抵触，则视为前遗嘱被撤销。三是被继承人订立数份遗嘱，新遗嘱处分的财产包含在旧遗嘱中，新旧遗嘱均有效力的情况下，遗产应按新遗嘱处理，新遗嘱未涉及的财产内容按照旧遗嘱处理。

(四)共同遗嘱的效力及撤销

社会生活中大量存在共同遗嘱的形式①,但法律上没有对共同遗嘱的效力作出明确规定。

在蔡甲诉蔡乙等继承纠纷案中②,蔡甲系被继承人的孙子,蔡乙系被继承人的女儿。1991 年被继承人蔡某取得诉争房屋 1 套。1995 年,蔡某立公证遗嘱 1 份,将诉争房屋在其去世后留给其妻子刘某继承,刘某去世后由蔡甲继承。同日,刘某立公证遗嘱 1 份,自愿将诉争房屋在其去世后留给蔡某继承,蔡某去世后由蔡甲继承。刘某去世后,蔡某立有公证遗嘱 1 份,自愿将诉争房屋在其去世后留给蔡乙所有。一审法院认为,刘某在生前所立的公证遗嘱中明确表示,其去世后诉争房屋由蔡某继承,而蔡某亦根据刘某上述公证遗嘱,依法继承了诉争房屋中属于刘某的部分。自此,诉争房屋的全部份额应归蔡某所有,蔡某有权立遗嘱决定去世后房屋归属,亦有权撤销、变更自己所立的遗嘱。二审经审查认为,遗嘱应反映立遗嘱人的真实意思表示,刘某所立公证遗嘱,根据其内容,刘某所表达的真实意思为诉争房屋最终由蔡甲继承取得。遗嘱继承或者遗赠附有义务的,继承人或者受遗赠人应当履行义务。刘某所立公证遗嘱与蔡某所立公证遗嘱,其内容均为诉争房屋在一方去世后由另一方继承,另一方去世后由蔡甲继承,相互制约,互负义务,蔡某在刘某去世后无权变更刘某所立遗嘱,刘某关于诉争房屋中其份额最终由蔡甲继承的意思表示不应被改变。根据上述分析,诉争房屋中刘某的份额应由蔡甲继承取得。遗嘱人可以撤销、变更自己所立的遗嘱。蔡某立公证遗嘱后,又立有数份遗嘱,蔡某有权依最后所立公证遗嘱变更自己之前所立遗嘱,将诉争房屋中属于自己的份额部分由蔡乙继承取得。综上所述,根据刘某所立公证遗嘱及蔡某所立公证遗嘱,诉争房屋应由蔡甲与蔡乙继承。

对上述案例有三种观点。第一种观点认为,应确立共同遗嘱的效力,其主要理由是共同遗嘱与我国的继承传统相一致,也有利于简化订立遗嘱的方式;共同遗嘱与我国家庭财产共有性质和现状相符合。第二种观点认为,不应承认共同遗嘱的效力,其理由为共同遗嘱在一定程度上限制了遗嘱自由;《继承法》未确认共同遗嘱的形式。第三种观点认为,应有限度的承认共同遗嘱,即只承认夫妻作为共同遗嘱人对共同财产订立的共同遗嘱。除了观点一的理由外,考虑到共同遗嘱存在限制遗嘱自由的可能,将之限制于夫妻处置共同财产更为合适。现在主流观点有限度的认可共同遗嘱的效力,③认为夫妻双方基于共同的意思表示对夫妻共同财产订立遗嘱,一方书写遗嘱内容并由双方签名确认的,系双方对其共同财产进行的处分,应认定双方所立遗嘱合法有效,不适用《继承法》第 17 条第 3 款有关代书遗嘱的规定。虽然对共同遗嘱达成共识,但是对于共同遗嘱的生效、撤销,实践中争议较大。

共同遗嘱的核心是双方处分的关联性或相互依存性,即配偶一方系因对方设立特定内容的遗嘱,才作出自己的意思处分;遗嘱基于双方的意愿而紧密关联、相互依赖,在效力

---

① 我国法律对共同遗嘱并无规定,仅司法部《遗嘱公证细则》第 15 条规定可以办理共同遗嘱公证。《遗嘱公证细则》(2000 年 3 月发布)第 15 条规定:两个以上的遗嘱人申请办理共同遗嘱公证的,公证处应当引导他们分别设立遗嘱。遗嘱人坚持申请办理共同遗嘱公证的,共同遗嘱中应当明确遗嘱变更、撤销及生效的条件。

② (2015)一中民终字第 7387 号。

③ 北京法院参阅案例第 20 号,姚某甲、姚某乙诉姚某丙、姚某丁、姚某戊、姚己分家析产、继承纠纷案。

上互为条件;双方受该处分约束,另一方不得修改其处分。实践中共同遗嘱一般表现为三种形式:(1)互相指定对方为自己的遗产继承人,如夫妻二人在遗嘱中约定,后去世方为先去世方的单独继承人。(2)共同指定第三人为遗产继承人,如在共同遗嘱中指定子女为双方的唯一继承人。(3)相互指定对方为继承人,并约定后去世方将遗产留给第三人,如上述案例情形,是实践中最为常见的共同遗嘱类型。

对于共同遗嘱的生效时间及效力认识不一:认为共同遗嘱人之一死亡,共同遗嘱不发生效力,只有当共同遗嘱人全部死亡时,遗嘱才全部生效;认为共同遗嘱人中一人死亡时,遗嘱中涉及该遗嘱人遗产的内容应发生效力,涉及未死亡的遗嘱人的遗嘱内容则不能发生效力,只有在共同遗嘱人全部死亡的情况下,共同遗嘱才能全部生效。

共同遗嘱不妨碍配偶双方生前处分个人财产,无论另一方是否去世。若立遗嘱人一方死亡,就要考虑如何防止后去世方滥用生前处分权侵害遗嘱指定继承人的利益,尤其是后去世方生前的赠与等无偿行为。共同遗嘱的本质特征是处分的关联性,同时具有契约特征,相互制约。在立遗嘱双方均在世时,任何一方均可自由撤回其处分;但是共同遗嘱的处分涉及他方利益,撤回的意思表示应当在形式上有所规定,以确保另一方知晓该撤回。配偶一方去世后,另一方对其处分的撤回权应被消灭,此时关联性处分即产生约束力,生存方原则上不应变更、撤销遗嘱或进行与另一方遗嘱内容相违背的财产处分。通过上述分析可以看出,由于共同遗嘱的关联处分性,第二种观点更为科学,也在实践中多被采纳。

实践中,应适用以下规则:共同遗嘱人中一人死亡时,遗嘱中涉及该遗嘱人遗产的内容应发生效力,涉及未死亡遗嘱人的遗嘱内容则不能发生效力;只有在共同遗嘱人全部死亡的情况下,共同遗嘱才能全部生效。

共同遗嘱人都未死亡,可以变更撤销共同遗嘱,但是应通知对方;共同遗嘱人一方死亡时,未死亡遗嘱人可以变更撤销关于其财产部分的遗嘱内容,但是不能变更撤销涉及已死亡一方的遗嘱内容。

处理涉及共同遗嘱案件时,注意审查共同遗嘱被继承人的遗产范围。

(五)遗赠的适用

遗赠是《继承法》的一项重要制度,是遗嘱自由的重要体现。遗赠基于遗嘱,遗嘱自由是一项基本原则和宗旨,受遗赠权应受到法律保护。① 但是,遗赠关系到受遗赠人和继承人之间的利益平衡,关系到家庭的和谐稳定,也应受到合理的限制。

张甲诉孟乙继承纠纷案中②,被继承人孟丙(2008 年死亡)与蔡丁原系夫妻,无子女。2014 年,蔡丁与张甲结婚,婚后无子女。2015 年,蔡丁死亡。孟乙系孟丙之姐之女。孟丙与蔡丁婚后购买诉争房屋,折算了二人工龄。2013 年诉争房屋登记于蔡丙名下。孟乙提交 2008 年孟丙立自书遗嘱一份,将房屋赠与孟乙。张甲表示孟乙已经超过接受遗赠两个

---

① 《继承法》第 16 条规定:公民可以立遗嘱将个人财产赠给国家、集体或者法定继承人以外的人。第 25 条第 2 款规定:受遗赠人应当在知道受遗赠后两个月内,作出接受或者放弃受遗赠的表示。到期没有表示的,视为放弃受遗赠。

② (2016)京 01 民终 4778 号。

月内主张权利的期间。就此，孟乙称其在蔡丁去世后才获知遗赠事实，提交了其叔叔证言一份，证明孟丙书写“遗嘱”一份，并怕蔡丁见到遗嘱影响心情，让其在蔡丁去世后，再把“遗嘱”交给孟乙。二审法院认为：(1)关于张甲与孟乙诉争房屋权利性质，应当认定为孟丙与蔡丁的夫妻共同财产；(2)关于孟丙所立遗赠效力问题，孟丙设立遗嘱遗赠给孟乙全部房产，处分了蔡丁的财产部分，故孟丙设立的遗赠涉及其财产部分有效；(3)关于受遗赠人孟乙是否放弃受遗赠问题。孟乙的叔叔对本案诉争房屋不享有任何利益，孟乙的叔叔与孟乙之间虽有亲属关系，其为孟乙作证亦属正常。

司法实践中，根据《继承法》第25条，遗赠案件的问题主要集中于以下三个问题。

1. 知道受遗赠的起算时间

根据《继承法》的规定，受遗赠人应当在知道受遗赠后两个月内，作出接受或者放弃受遗赠的表示，但是就该两个月的起算时间，法律并未明确规定，实践中理解也较为混乱：一是认为根据法条的字面理解作出文义解释，即受遗赠人知道遗赠的存在就应该起算；二是认为自遗赠人死亡时就要起算；三是认为该两个月时效的起算应当满足两个条件，遗赠死亡时才生效，故而应知悉死亡和遗赠存在。根据《继承法》的立法精神，从尊重被继承人的真实意思表示出发，第三种观点更符合实践情况，契合法律精神。知道受遗赠不应该作文义解释，如果承认在遗赠人生前，受遗赠人的接受意思表示能够产生接受遗赠的法律效果的话，就意味着承认受遗赠人的意思表示可以制约遗赠人遗嘱的自由。遗赠人死亡是受遗赠人取得并行使受遗赠权的前提条件。对于一个没有生效的遗赠作出的意思表示，没有实际意义，不应发生任何法律效力。因此，知道受遗赠的起算应从受遗赠人知晓遗嘱内容和知晓遗赠人死亡事实开始。知晓遗赠内容在先，从知晓遗赠人死亡事实时开始；知晓遗赠人死亡事实在先，从知晓遗赠内容时开始。

2. 法定期限内，接受或者放弃受遗赠的表示向谁作出

《继承法》以及相关司法解释均未明确规定该意思表示应当向何人作出，在实践中理解较为混乱，也容易在继承人与受遗赠人之间产生意见分歧。该问题的核心是接受或者放弃受遗赠的表示是否必须以继承人或其他利害关系人等特定人为意思表示相对人。在法无明文规定的情况下，应采取从宽原则，该意思表示不必以向继承人或其他利害关系人等特定人作出为生效要件，即只要有证据证明受遗赠人在知道受遗赠后两个月内确有接受遗赠的真实意思表示即可，而无论该意思表示向何人作出。这样有利于受遗赠人行使权利，防止因法律规定的模糊导致其权利未及时行使而丧失；同时，在法无明文规定的情况下要求受遗赠人必须以特定人为意思表示对象，加重了受遗赠人的负担；还体现了对遗赠人和受遗赠人真实意思的尊重，有助于对遗赠人真实意思的实现。

当然，从司法实践出发，为了减少矛盾冲突，受遗赠人作出接受或放弃之意思表示，原则上应向继承人作出；当遗赠有遗嘱执行人或遗产管理人时，也可以向其作出意思表示；当上述人员不存在或者无法取得联系之时，也可以通过公证等其他方式固定其接受遗赠的意思表示。而意思表示的相对方是否接受或认同受遗赠人的表示则不影响其效力。

3. 法定期限内，接受或者放弃受遗赠的表示以何种方式如何作出

接受或者放弃受遗赠的表示如何作出即该意思表示的形式要件问题，法律并未作出明确要求。所以，接受或放弃的意思表示不限于口头、书面等明示的方式，也可以以实际

行动做出，如接受或拒绝遗赠标的物的给付、请求给付遗赠标的物、干涉遗赠标的物的处分等行为均可视为接受或放弃遗赠的意思表示。当受遗赠人向特定人作出意思表示存在客观障碍如无法取得联系或者被对方拒绝时，受遗赠人可以通过公证、诉讼等方式证明其在规定时间内为接受或放弃遗赠之意思表示。

总之，就接受或者放弃遗赠的表示的形式要件问题，要求不宜过严，只要可以判断受遗赠人在规定的时效内做出明确的意思表示即可。

(六)遗赠与遗嘱的认定

根据《继承法》第16条的规定，公民可以依照本法规定立遗嘱处分个人财产。公民可以立遗嘱将个人财产指定由法定继承人的一人或者数人继承。公民可以立遗嘱将个人财产赠给国家、集体或者法定继承人以外的人。上述条文，规定了遗嘱以及遗赠的适用范围，立遗嘱人将遗产留给法定继承人则性质上属于遗嘱，立遗嘱人将遗产留给法定继承人以外的人则性质上属于遗赠。看起来规定比较清楚，但是在实践中，遗嘱与遗赠也容易产生混淆。

在赵甲诉师乙遗嘱纠纷一案中[①]，被继承人赵丙系赵甲之姐，师乙之妻，赵丙于2001年死亡。赵丙、师乙均系残疾人，无子女。赵甲诉称赵丙去世前半年左右立下遗嘱，将诉争房屋属于赵丙的1/2产权份额赠与赵甲。赵丙去世办完丧事约一周后，赵甲曾去师乙的住处向师乙出示了遗嘱复印件，师乙没有回应，后赵甲就把遗嘱留了起来。2013年9月，赵甲得知师乙把诉争房屋出售，找师乙协商解决无果。一审法院认为，赵甲主张其在赵丙去世半年前即取得并持有两份遗嘱，其内容及形式属于遗赠法律关系。故赵甲应对其在知道受遗赠后两个月内作出接受遗赠的意思表示负有举证责任。依据本案所查明的事实，赵甲在知道受遗赠后两个月内并未作出诉讼、公证、占有受赠房屋等积极行为表示其接受遗赠。因赵甲未在知道受遗赠后2个月内作出接受遗赠的意思表示，属于对自己受遗赠权利的放弃，因此，赵丙的遗赠不能发生法律效力。二审法院认为，公民可以立遗嘱将个人财产指定由法定继承人的一人或者数人继承。公民可以立遗嘱将个人财产赠给国家、集体或者法定继承人以外的人。遗嘱应当对缺乏劳动能力又没有生活来源的继承人保留必要的遗产份额。对赵丙于2001年立下的自书遗嘱，师乙在一审、二审均对其真实性不予认可，故应对遗嘱的真实性进行审查认定。如果认定赵丙所立遗嘱的真实性，那么赵甲作为赵丙的法定继承人，赵丙将其遗产立遗嘱由赵甲继承，符合相关法律规定，其性质应属于遗嘱，一审法院认定其为遗赠，定性不准确。师乙作为聋哑人，应对其生活来源及劳动能力进行审查，以确定赵丙所立遗嘱是否侵害其合法权益。

上述案例对于遗嘱与遗赠的定性产生了分歧，其核心问题是对于法定继承人范围的理解以及在存在第一顺位继承人的情况下，立遗嘱人将财产留给第二顺位继承人，性质上该如何定性。法定继承人的范围，是在法定继承时，哪些人能够作为被继承人遗产的继承人。法定继承人范围的确定直接关系被继承人亲属的权益。继承法依血缘关系和婚姻关系所产生的亲属关系为基础确定法定继承人的范围，法定继承人的范围规定仅限于法定的近亲属。按照《继承法》第10条的规定，遗产按照下列顺序继承，第一顺序：配偶、子

① 2015年一中民终字第05606号。

女、父母。第二顺序:兄弟姐妹、祖父母、外祖父母。本法所说的子女,包括婚生子女、非婚生子女、养子女和有扶养关系的继子女。本法所说的父母,包括生父母、养父母和有扶养关系的继父母。本法所说的兄弟姐妹,包括同父母的兄弟姐妹、同父异母或者同母异父的兄弟姐妹、养兄弟姐妹、有扶养关系的继兄弟姐妹。同时,根据《继承法》第16条的规定,公民可以立遗嘱将个人财产指定由法定继承人的一人或者数人继承。一方面,《继承法》明确规定了法定继承人的范围;另一方面,《继承法》明确规定公民可以立遗嘱将个人财产指定由法定继承人的一人或者数人继承属于遗嘱,公民可以立遗嘱将个人财产赠给国家、集体或者法定继承人以外的人属于遗赠。虽然在法定继承中,由第一顺序继承人继承,第二顺序继承人不继承,没有第一顺序继承人继承的,由第二顺序继承人继承,但是遗嘱继承及遗赠本来就排除了法定继承方式的适用,在遗嘱及遗赠中并没有关于继承人顺序的规定,所以,法定继承人顺位的问题并不影响判断遗嘱及遗赠的性质。

综上所述,即使存在第一顺位继承人,被继承人将其财产留给第二顺位继承人,其性质上属于遗嘱,而不属于遗赠。

三、遗产的处理

(一)遗产转化

遗嘱中所涉特定财产在继承开始前发生形态变化的,被继承人未对形态变化后的财产安排再次作出遗嘱意思表示的,应当如何处理,此种情况之下,是视为原遗嘱效力及于形态变化后的财产还是视为原遗嘱已撤销,这两种观点争议较大。

在吴甲与钱乙分家析产、遗嘱继承纠纷案中①,吴甲、钱乙系同母异父的兄妹,两人的母亲费丙于2005年过世。1982年,吴甲及其父亲(1994年过世)向案外人购置房屋一幢,之后,该房登记在费丙名下,为吴甲、费丙夫妇三人共同共有。1998年,费丙订立公证遗嘱一份,明确房屋中属于其的产权份额,在其故世后全部由儿子钱乙继承;遗嘱委托外甥执行。2003年,房屋拆迁,由费丙与吴甲作为被拆迁人,与拆迁单位签订房屋拆迁补偿安置协议一份,约定由动迁单位提供房屋(系争房屋)一套进行安置。法院经审查认为,房屋遇动迁被拆,虽已不复存在,但从费丙和吴甲与动迁单位签订的补偿协议内容看,费丙和吴甲现共同共有的系争房屋系由原房屋动迁安置所得。费丙对其在系争房屋所拥有的50%产权份额,虽未立新的遗嘱加以处分,但费丙希望在其死后将属于自己的产权份额全部由其子钱乙继承的意思表示从未改变。房屋中属费丙所有的份额全部由钱乙继承,体现了立遗嘱人费丙生前的意思表示。

遗嘱人在遗嘱中约定给继承人的房屋在被继承人死亡前已被拆除,但遗嘱人并未因此修改遗嘱。遗嘱人死亡后,遗嘱中确定的原房屋继承人能否以原房屋被拆迁后所得补偿房屋或补偿款为原房屋的变更物主张继承?实践中主要有两种观点,除了上述支持将原房屋拆迁后所得拆迁利益为原房屋的转化物的观点,即认为遗产形态可以发生转化。另一种观点持相反意见,遗嘱人遗嘱中所涉标的物被拆迁后所获得的利益与原标的物为不同的物,该拆迁利益属于立遗嘱后新获得的财产。由于遗嘱人并未明确表示标的物的

① (2014)沪高民一(民)再提字第3号。

拆迁利益的处分方式作为遗嘱的组成部分,故不能将拆迁利益作为遗嘱中标的物的变更。根据《继承法司法解释》第39条的规定,遗嘱人生前的行为与遗嘱的意思表示相反,而使遗嘱处分的财产在继承开始前灭失,部分灭失或所有权转移、部分转移的,遗嘱视为被撤销或部分被撤销,该遗嘱涉及标的物被拆迁的部分应被视为撤销。

分析上述两种观点,各有其道理。遗嘱是遗嘱人真实意思的表示,所以,应该从遗嘱人的真实意思表示来分析这个问题。遗嘱人立有遗嘱后,理论上有两种变更遗嘱的方式:要么订立新的遗嘱来取代或者撤销旧的遗嘱,此种情况下,行为人主动作出行为,其意思表示明确,不存在异议;要么以实际行为使标的物转移或者灭失,此种情况下,要区分行为人是否主动作出该种行为,分析其意思表示是否明确。所以,遗嘱中所涉特定财产在继承开始前发生形态变化的,被继承人未对形态变化后的财产安排再次作出遗嘱意思表示的,应该区分遗嘱人是否主动有使特定财产发生形态变化的意思表示,如果行为人是主动作出该种行为,视为其有作出新的意思表示,原遗嘱撤销,如果行为人并无主动变更财产形态的意思表示,则视为其没有作出新的意思表示,视为原遗嘱继续有效。

综上所述,可以确定下列规则。

一是遗嘱中所涉特定财产在继承开始前非因被继承人原因发生形态变化的,如拆迁、损害赔偿等,被继承人未对形态变化后的财产安排再次作出遗嘱意思表示的,视为原遗嘱效力及于形态变化后的财产。

二是遗嘱中所涉特定财产在继承开始前因被继承人主动行为发生形态变化的,如出售、赠与等,被继承人未对形态变化后的财产安排再次作出遗嘱意思表示的,视为原遗嘱已撤销。

三是遗嘱中所涉特定财产在继承开始后发生形态变化的,不影响遗嘱的效力。

(二)转移到继承人名下的被继承人的款项的认定

继承案件中,核心问题之一是对于遗产范围的认定,查明遗产范围是处理继承案件的基础。实践中,经常发生的一类案件是被继承人的款项生前转移到一方或几方继承人名下,但是该继承人并没有被继承人处分其财产意思表示的证据,生前转移的款项是否认定为遗产。被继承人的财产在生前已转移到子女或其他人名下,这种转移行为的触发原因可能是赠予,可能是委托,可能是保管,可能是侵权,应如何界定?此外,还有举证责任分配问题,需要将其予以厘清。

在王甲等诉蒋乙、王丙等继承纠纷案中①,被继承人系夫妻,育有王甲等4名子女,父亲于1992年去世,母亲许丁于2013年去世。王丙系被继承人的孙子,蒋乙系被继承人的儿媳。2011年,许丁获得拆迁款300余万元,王甲等要求将该笔款项作为遗产分割,蒋乙、王丙开始表示对许丁的拆迁款具体数额及去向不清楚,后表示已经赠与王丙。法院经审查认为,关于王丙将许丁账户内的款项转移至其名下的行为是否属于赠与行为一节,许丁名下收到该笔款项十几天后,王丙将该笔款项转出至其名下银行账户中。此时许丁年事已高,与王丙一家人共同居住生活,且各方当事人均认可许丁已瘫痪在床,基于上述事实,王丙主张其将该笔款项转移至其名下系许丁对其的赠与行为,应当提交充分有效的证

① (2017)京01民终6116号。

据予以证明。但王丙对此未能提交证据予以证明，且在一审法院两次开庭过程中，均否认知道该笔拆迁款的存在和去向，二审期间王丙对此亦未能作出合理解释，故王丙辩称该笔钱款系许丁对其的赠与，缺乏相应的事实与法律依据，法院对此不予采信。

在杜甲与杜乙等继承纠纷案中①，杜甲与杜乙等系被继承人的子女。其母亲于1979年去世，父亲于2011年去世。2009年，父亲取得拆迁款220万元。2009年6月22日，父亲收到拆迁补偿款，后杜甲将上述款项存至其个人名下。就拆迁补偿款的支取与转存，杜甲称相应手续系父亲要求其代办的。就父亲对220万元款项的处理意见，杜甲多次变更陈述。法院经审查认为，针对父亲生前获得的220万元拆迁补偿款，杜甲主张父亲生前已处分完毕，但现有证据显示相应支取、转存均由杜甲代为办理。就父亲对上述款项的处理意见，杜甲的陈述前后矛盾，且杜甲未就此提交相应证据，法院对杜甲的上述主张无法予以采信。上述220万元应视为杜甲代为保管的款项，应作为父亲遗产予以分割。

对于上述案例中涉案拆迁款的法律性质确定存争议：一种意见认为上述款项不应该作为遗产进行分割，主要理由有：一是该笔拆迁款在被继承人死亡时，已在其生前进行了处分，因此从性质上不属于遗产；二是根据《物权法》，款项已于被继承人生前由其账户转移到继承人的账户，所有权已发生转移；三是对于转款行为的举证责任，如果由占有款项继承人承担赠与关系的举证责任，在家庭关系中一般很难签订赠与合同或留有书面证据，这种实际转款行为和事后赠与人未提出异议等事实，是否能认定赠与关系成立。另一种意见跟上述意见相反，认为涉案款项应该作为遗产分割，主张赠与关系存在的一方应该承担举证责任。对于上述案例，第一个案例法院经审查认为，被继承人生前与王丙共同生活，王并将被继承人名下之拆迁款转移至自身名下，其主张该笔款项为赠与应当有充分的证据材料证明被继承人有将自己的财产无偿赠予其的意思表示。第二个案例持同样观点。

根据《合同法》第185条的规定，赠与合同是赠与人将自己的财产无偿给予受赠人，受赠人表示接受赠与的合同。赠与合同中，其核心问题是赠与的意思表示，主要问题是考察赠与关系是否成立。尽管是被继承人的存款已经转移到某一个或者几个继承人名下，但是转移的原因可能有很多种，不能以结果来推测原因，仅仅因为款项已经转移就认定构成赠与关系。也就是说，款项由被继承人名下转移到继承人名下，其原因可能是多种，存在借贷、侵权、赠与等多种可能性，此类案件需要审查的就是款项转移的原因。所以，这种情况之下，举证责任的分配是关键。款项由被继承人名下转移到继承人名下，在被继承人已经去世的情况下，继承人主张存在赠与关系的，其应承担举证责任。举证责任的分配主要解决对证明对象应由谁来承担举证责任，民事举证责任分配的一般规则是，当事人就自己提出的利己的实体事实承担行为和结果举证责任。此类案件中，被继承人名下款项的转移需要一个合理的解释，只能由占有款项之继承人来承担。

综上所述，被继承人所有的款项在其生前被转移到继承人名下，应当审查转移金额、时间、原因等，综合情况进行判断，占有款项之继承人主张构成赠与的，其应当提交相应的证据予以证明，否则，该笔款项应作为遗产分割。

---

① （2014）一中民终字第9440号。

(三)尽主要赡养义务与遗产分配

根据《继承法》第13条的规定,对被继承人尽了主要扶养义务或者与被继承人共同生活的继承人,分配遗产时,可以多分。《继承法司法解释》第30条规定,对被继承人生活提供了主要经济来源,或在劳务等方面给予了主要扶助的,应当认定其尽了主要赡养义务或主要扶养义务。在实践中,经常有继承人主张其对被继承人尽了主要赡养义务要求多分财产,同时,其提供大量证据证明自己对被继承人有过金钱上的付出,并要求将其从遗产中予以扣除的情形。

在刘甲与刘乙等继承纠纷一案中①,两被继承人生有刘甲、刘乙等5个子女。刘甲主张其对其父母尽主要赡养义务,并提供票据证明其为母亲进行过日常看病等的花费,同时其提交票据证明母亲的丧葬费用系其支付,上述款项应一并从遗产中扣除。法院经审查认为,刘甲主张的日常看病等花费系刘甲支付,应先从其母亲所遗留的财产中予以扣除;刘甲、刘乙所支出的费用均是为了办理其母亲的丧事,均应先从所遗留的财产中予以扣除。遗产在继承人之间进行平均分割。

根据法律规定,对被继承人生活提供了主要经济来源,的,应当认定其尽了主要赡养义务。所以,尽了主要赡养义务的内涵就是继承人对被继承人在经济上的付出,如果既主张尽了主要赡养义务要求多分财产,又要求其经济支出从遗产中扣除,那么,这两种请求是相互矛盾的。要么心甘情愿地为被继承人付出,可以认定尽了主要赡养义务,要么把自己的经济付出从遗产中扣除,自然就不能认定为尽了主要赡养义务。而且,无论是从亲情伦理的角度还是从法律规定的要求,子女对父母的付出都不应该作为一种市场行为要求回报,否则,既有悖于人伦,又违反法律。

综上所述,应当确定以下规则:

一是继承纠纷中,继承人既主张尽了主要赡养义务要求多分财产,又要求其经济支出从遗产中扣除的,应引导其选择其中一项诉请。继承人非因赡养而垫付的大额医疗费用、丧葬费用等可以从遗产中扣除。

二是对被继承人尽了主要扶养义务或者与被继承人共同生活的继承人,分配遗产时,可以多分,多分比例可根据继承人(尽主要赡养义务和其他继承人)对被继承人经济帮助、精神心理抚慰、陪伴时间、劳务付出等情况综合认定。

(四)离婚时尚未分割的遗产,另一方能否主张权利

离婚时一方在婚姻关系存续期间取得但尚未实际分割的遗产,配偶方请求确认并分割该遗产中的权利,能否得到支持?

隋甲诉陈乙离婚后财产纠纷案中②,隋甲与陈乙原系夫妻,2013年离婚,未对诉争房屋进行处理。诉争房屋原系陈乙父亲于1999年购买,陈乙母亲于2008年去世,陈乙父亲于2013年去世。陈乙母亲去世后未留有遗嘱,遗产未进行分割,2012年,陈乙放弃继承其母亲的遗产,其母亲的遗产由其丈夫继承,由公证处进行公证。2012年,陈乙父亲进行遗嘱公证,将其个人全部财产(包括诉争房屋)留给陈乙作为陈乙的个人财产,2014年,诉

---

① (2017)京01民终1080号。

② (2016)京01民终6247号。

争房屋过户到陈乙名下。法院认为，诉争房屋系陈乙父母的夫妻共同财产，陈乙母亲去世后，陈乙作为法定继承人，有权放弃诉争房屋的继承权，并不影响原夫妻关系的另一方履行对其子女、配偶的法定义务。继承开始后遗产分割前，继承的遗产为期待利益，而非实际财产，不属于夫妻共同财产，不存在恶意转移夫妻共有财产的行为，陈乙放弃对其母亲遗产的继承权应属合法有效。陈乙父亲作为诉争房屋的合法所有人有权通过遗嘱处分该房屋，可将该房屋指定由陈乙一人继承，陈乙继承其父亲遗产获得诉争房屋产权亦属合法有效。诉争房屋属陈乙个人财产，不属于隋甲与陈乙的夫妻共同财产。

这个问题源于《继承法》与《婚姻法》的冲突①，在理论及实践中便产生了一个问题：在夫妻关系存续期间，若被继承人未立遗嘱或所立遗嘱未明确表明遗产只归作为继承人的夫或妻一方，夫或妻可否在继承开始后、遗产分割前，不征得其配偶的同意而单独作出放弃继承的意思表示？对于该问题的处理，有两种不同的观点：第一，继承人一方无权单独作出放弃继承的意思表示，其主要论据有：一是按照法律规定②，可以作出如下逻辑推断：被继承人死亡，继承开始；被继承人未立遗嘱，按法定继承进行，继承人获得遗产；处于婚姻关系存续期间，转化为夫妻共同财产；夫妻共同财产，继承人无权单独处分。因此得出继承人无权单独放弃继承，否则其放弃继承的行为无效的结论。二是继承人放弃继承的行为属于规避法律、钻法律漏洞的行为，不符合诚实信用原则和权利不得滥用原则。第二，继承人一方可以单独作出放弃继承的意思表示，而不必征得配偶方的同意，其主要依据：一是继承的开始不等于继承的实现，在遗产实际分割前，继承人放弃的是继承权而不是所有权。二是继承人与被继承人、继承人与其配偶之间分属于不同法律关系。三是放弃继承是继承人的一种权利，具有身份权的性质，属于继承人的专属权。放弃继承是继承人的一种单方法律行为，依继承人单方面的意思表示即发生法律效力，而且这种法律效力是绝对的，可以对抗一切人。

该问题的实质是《继承法》第25条与《婚姻法》第17条的法律适用，其实质是法律规范内部的冲突，尽管考察婚姻法的立法进程已经考虑到二者的冲突，婚姻法的现行规定实际上是改变了继承法的规定，即在法定继承领域排除了继承人一方单独放弃继承的可能，但是其并未明确予以进行规定。如果继承人放弃继承权不会影响其履行法定义务的，这种放弃就是有效的。③ 所以，继承权作为一项民事权利，从继承开始到遗产分割前，继承人可以根据自己的意志决定接受还是放弃继承权，其他人不得干涉，故继承人的配偶无权左右继承人作出是否放弃继承的决定。

---

① 《继承法》第25条规定，继承开始后，继承人放弃继承的，应当在遗产处理前，作出放弃继承的表示。没有表示的，视为接受继承。而《婚姻法》第17条第1款第4项规定，夫妻在婚姻关系存续期间因继承所得的财产，归夫妻共同所有，但遗嘱中确定只归夫或妻一方的财产除外。

② 根据《继承法》第2条的规定，继承从被继承人死亡时开始；根据《物权法》第29条的规定，因继承或者受遗赠取得物权的，自继承或者受遗赠开始时发生效力；根据《婚姻法》第17条的规定，夫妻在婚姻关系存续期间因继承所得的财产，归夫妻共同所有，但遗嘱中确定只归夫或妻一方的财产除外；根据《继承法司法解释》第46条的规定，继承人因放弃继承权，致其不能履行法定义务的，放弃继承权的行为无效。

③ 根据《继承法司法解释》第46条的规定，继承人因放弃继承权，致其不能履行法定义务的，放弃继承权的行为无效，即禁止继承人以放弃继承权为条件而不履行法定义务，如不清偿个人债务，不承担抚养、扶养、赡养义务等。

鉴于上述分析，对于该问题应该区分不同情况，根据夫妻一方是否为被继承人的唯一继承人。一是如果夫或妻是其父母唯一继承人，原则上人民法院应对涉及的遗产进行审查，并对配偶方确认并分割该遗产中权利的请求应予支持。在处理涉及遗产时，审查是否具有《婚姻法》第18条第3款[有下列情形之一的，为夫妻一方的财产：(三)遗嘱或赠与合同中确定只归夫或妻一方的财产]规定的情形。二是如果夫或妻非其父母唯一继承人，应当适用《婚姻法司法解释三》第15条的规定，婚姻关系存续期间，夫妻一方作为继承人依法可以继承的遗产，在继承人之间尚未实际分割，起诉离婚时另一方请求分割的，人民法院应当告知当事人在继承人之间实际分割遗产后另行起诉。

结　尾

以上是本调研报告对实践争议问题的总结与法律适用研究。可以看到，司法实践中对继承权的理解、继承权的得丧、遗嘱继承、遗产的分配处理等领域均存在不同程度的认识不统一现象。同时，我们也感到，随着社会经济形势的发展变化，司法也面临越来越多的新问题的挑战。如何破解这些法律适用难题，不仅仅要求助于立法完善，更要在个案中通过准确把握立法旨意，准确分析规范并结合相关理论进行认真的研判。本案报告正是立足于家事案件专业化审判，以真实案例为切入点，以提出问题引发思考为手段，以分析实践争议和理论争鸣为路径，在理论和实践的结合中提出问题解决思路，避免宏大叙事，力求小而精深，寄希望对相关法律问题的研究和适用有所助益。

关于在《中华人民共和国民法典》合同编借款合同章中区分一般性放贷与经营性放贷的调研报告*

前　言

资金融通，是社会主义市场经济的重要课题，是国家重要的核心竞争力。依据现行《合同法》及《民间借贷若干问题规定》等司法解释，借贷行为被按照主体简单区分为金融借款和民间借贷。事实上，民间借贷在我国存在深厚的社会基础和历史渊源，与经济发展、社会生活息息相关。随着社会的发展，民间借贷更是以其手续简便、门槛较低、放款灵活、收益可观等优势而日趋活跃，有效缓解了社会融资需求，增强了经济发展活力。但由于民间借贷范围涵涉除金融机构外的自然人、法人、非法人组织之间及相互之间的所有资金融通行为，外延宽泛，加之现行立法、司法相对规制不足，使大量民间资本游离于国家监管之外，引发了资金空转、脱实向虚、暴力讨债等一系列经济、社会问题，影响国家金融稳定及经济发展大局。

《中华人民共和国民法典》合同编（以下简称《民法典》“合同编”）正在制定当中，我们建议在借款合同章中以借款行为标准，将借款合同划分为一般性借贷与经营性借贷，将经营性借贷纳入国家监管。通过委任性规范等立法技术，吸收立法、司法实践经验，消弭现《合同法》第十二章对借款合同立法较为单薄、规范供给不足的问题。通过立法、行政等规制模式，逐步实现对经营性借贷监管的全覆盖，从而实现对民间资本的有效规范指引，推动国家金融治理能力和治理体系现代化，维护社会繁荣稳定。

一、区分一般性放贷与经营性放贷的必要性

（一）建立现代金融监管体系，维护国家金融安全

改革开放四十年来，我国经济社会发展取得了举世瞩目的成就。当前，我国经济发展正面临新旧动能转换的关键时期，着力解决融资难，降低融资成本，防范金融风险，建立完善多层次资本市场，是当前经济发展的重要任务。以银行业金融机构为核心的金融资本，长期以来在金融体系中居于主导地位。近年来，作为资本市场重要组成部分的民间资本日益活跃，在满足社会资金需求的同时，由于其粗放、盲目、自发的固有弊端，一直游离于国家金融监管体系的边缘，问题日积月累叠加凸显，成为影响国家金融安全，削弱国家调控治理能力的重要因素。未得到有效监管的民间资本，不少成为“影子银行”，构建起规

---

* 课题主持人：马立娜，课题负责人：李利，课题组成员：李利、强刚华、郭帅、苑珊，主要执笔人：郭帅、苑珊。本课题为2018年部门级重点课题。

模可观的资金池，通过民间借贷、资金拆借等，对整个金融体系造成冲击。2011 年 7 月 20 日，中国人民银行温州支行发布的《温州民间借贷市场报告》显示，仅温州地区的民间借贷市场规模在当时就高达 1100 亿元，年综合利率水平为 24.4%，约 59% 的企业和 89% 的家庭参与了民间借贷。而据媒体报告，鄂尔多斯地区的民间借贷规模自 2011 年下半年起，就超过了 2000 亿元，人均放贷 14 万元，几乎到了全民放贷的地步。巨大的民间资本任意流动而未受到约束和监管，对我国金融安全构成巨大威胁。党的十九大报告指出，要深化金融体制改革，促进多层次资本市场健康发展，健全金融监管体系，守住不发生系统性金融风险的底线。自由不等于无序，民间资本作为金融风险的"灰犀牛"，也需要被纳入监管。因此，在借助《民法典》各分编制定之契机，把借款合同区分一般性借贷和经营性借贷，将经营性借贷予以妥善规制，是构建与现代经济体系相匹配的现代金融体系，维护国家金融安全的必由之路。

（二）遵循资本发展规律，服务实体经济繁荣

从基本价值取向来看，我国金融资本、民间资本的发展离不开扎根实体经济、服务实体经济的基本价值理念。民间资本作为金融资本的重要组成部分，随着其服务主体的不断丰富和完善，长久的目标必然是要惠及民众，促进国家经济繁荣社会稳定。从这个角度来讲，金融资本与民间资本可以说是殊途同归，珠联璧合。从目前的实践来看，由于监管的缺位和错位，当前的民间资本市场存在两方面的严重问题：一是资本空转现象严重。大量民间资本脱实向虚、自我循环、虚假繁荣。长期以来，我国对企业间拆借采取严厉的管制态度，司法实践亦不认可企业间借贷合同的效力，在特定的历史背景下，有效维护了金融市场的稳定。随着民间资本市场化的进一步发展，以及中小企业融资的现实需求，我国逐步对企业间借贷持宽容态度，有条件放开。然而，在不断放开的同时，配套的监管措施并未有效跟进，导致不少企业以此为主要或重要经营业务。司法实践对"临时性资金拆借"的把控手段也有限，客观上影响了国家宏观政策调控及金融秩序稳定。二是当前民间资本利率相对偏高，一定程度上引起不良示范。按照《民间借贷若干问题规定》，民间借贷的利率被划分为"两线三区"，"两线"指的是年利率 24% 和年利率 36%，"三区"是依据两线而划分的司法保护区、自然债务区、无效区。年利率 24% 以下是司法绝对保护的区间，24% 到 36% 为相对保护区。较高利率的司法保护区使得大量民间资本追逐暴利，部分企业、个人以放贷为业，甚至暴力催收，引发一系列社会问题。因此，通过在借款合同中区分一般性借贷和经营性借贷，将经营性借贷纳入国家监管，实现对民间借贷利率的有效调控，引导经营性借贷向实体经济倾斜，以此服务实体经济繁荣发展。

（三）反映借款市场现状，强化分类引导管理

当前借贷市场是按照借贷主体进行划分为金融借款和民间借贷。金融机构贷款，是指经金融监管部门批准设立的从事贷款业务的金融机构及其分支机构发放贷款的行为。金融借款一直受国家政策强有力的监管，处于规范、有序的状态。而民间借贷由于缺乏监管，相对处于盲目、自发、无序的状态。近年来，民间借贷纠纷大量成讼涌入法院，已经成为民商事审判第一大案，迫切需要引起关注。从图 1 可见，自 2012 年以来，全国法院受理的民间借贷案件数量持续攀升，2017 年案件量达到 1,103,011 件（数据来自中国裁判文书网）。

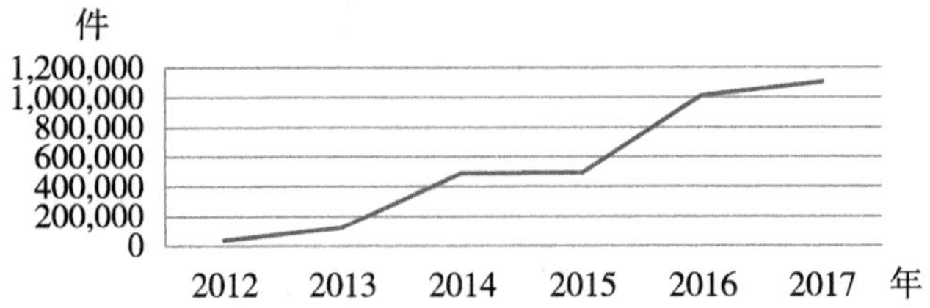

图1 民间借贷案件数量走势

司法实践中,一般性借贷与经营性借贷具有明显不同。一般性借贷作为偶发性资金借贷行为,以个性特征为主,借贷双方对事实的认定一般没有争议,纠纷比较容易解决,一般不会造成利益失衡或局部风险。而经营性借贷涉及小贷公司、职业放贷人等群体,在保护其合法利益的同时,亦应重视对其进行有效管理、规范,如打击畸高利息、规范交易流程、监管资金流向等,以避免出现局部甚至系统性金融风险。此外,随着"互联网+"与社会各领域的深度融合,部分经营性借贷也以"P2P网络借贷"的模式实现飞跃,满足了新形势下个体借贷与大众理财的需求,催生了新的商业模式与机会,也事实上催生了一批互联网金融消费者,故需要进一步加强信息披露、加强对金融消费者利益的保护。进一步区分一般性借贷与经营性借贷,可有效反映借款市场现状,并据此通过分类管理、分类引导,实现借贷市场的健康稳定。

(四)区分两者特性,明确两者规制思路

由于民间借贷主体涉及自然人、法人、其他组织,借贷形式多种多样,借贷市场发生的借贷性质也不尽相同。因此,在看到共性问题的基础上,更应区分民间借贷中的特性问题,以适用不同的规制措施。目前,我国对于民间借贷只是在司法解释上对其概念进行原则性规定,对民间借贷性质没有区分,而是实行统一的规范标准,对利率设定统一的最高利率标准。本调研认为,一般性借贷属于传统的民事法律行为,法律关系简单,依照《民法总则》及《合同法》等有关规定即可对其予以调整并妥善处理。而经营性借贷则具备一定的商事特征,属于金融行为,需要考量更多因素。现有的《合同法》中仅仅按照主体对借款合同进行规制已经不能满足现实需要,无法保护在经营性借贷中的商主体与"金融消费者"的合法权益,需要予以完善来实现利益平衡。

二、区分一般性放贷与经营性放贷的可行性

(一)一般性放贷与经营性放贷的概念界定

一般性借贷,是指偶发性资金借贷行为。如个人为亲朋好友资金需求偶尔进行的借贷,企业之间临时性、非经营性资金拆借行为等。一般性借贷特点在于偶发、临时、不以此为日常业务或主要业务。

经营性借贷,是指以放贷为业并获取收益的行为。经营性借贷的放贷主体主要分为银行业金融机构和非银行业金融机构,后者如小额贷款公司放贷、民间职业放贷人放贷等。经营性借贷的特点在于频发、经常、以此为日常业务或主要业务。

(二)一般性放贷与经营性放贷的区别

1. 两者的本质属性不同。经营性借贷相对于一般性借贷而言,具有突出的频发、经

常、营利性特征，并以此为日常业务或主要业务，需要纳入国家金融监管体系。一般性借贷具有偶发性，风险传导相对较小，在法律对社会经济生活的适度容忍范围之内。

2. 两者的主体资格不同。经营性借贷中放贷人以放贷为业，放贷是其日常营业业务之一。根据1998年颁布施行的《非法金融机构和非法金融业务活动取缔办法》规定，获得中国人民银行（以下简称“央行”）的批准是发放贷款的前提，该办法确立了商业银行的贷款专营权。2015年，国务院法制办公室就《非存款类放贷组织条例（征求意见稿）》公开征求意见，根据《非存款类放贷组织条例（征求意见稿）》第4、14、36条的规定，市场主体只有领取了经营放贷业务许可证，完成工商登记，并加入行业自律组织才能成为适格的非存款类放贷人。2017年，互联网金融风险专项整治工作领导小组办公室、P2P网贷风险专项整治工作领导小组办公室下发了《关于规范整顿“现金贷”业务的通知》第1项第1款中规定，设立金融机构，从事金融活动，必须依法接受准入管理；未依法取得经营放贷业务资质，任何组织和个人不得经营放贷业务。2018年，中国银行保险监督管理委员会、中华人民共和国公安部、国家市场监督管理总局、中国人民银行联合下发了《关于规范民间借贷行为维护经济金融秩序有关事项的通知》，再次重申未经有权机关批准，任何单位和个人不得从事放贷业务。因此，在市场经济活动中，从事经营性放贷业务的主体必须具有相应的“经营放贷业务资质”，才能成为适格的放贷主体。而对于一般性借贷则并不需要取得相应的放贷人资质。

3. 两者的行为性质不同。一般性借贷与经营性借贷的最重要、最根本区别在于，一般性借贷属民事行为范畴，经营性借贷属商行为范畴。在一般性借贷中，借款合同关系往往是基于地缘、亲缘、血缘关系而形成，借款的凭证一般是简单的借条甚至是口头承诺，是一种简单、互助的民事行为，不以营利为主要目的。因此，在民法理论上普遍认为，自然人之间的借款为要物行为，需要实际交付款项后，借款合同才发生效力，除此以外，一般认为借款系诺成性合同，以双方意思表示一致即合同成立。《合同法》第210条规定“自然人之间的借款合同，自贷款人提供借款时成立”。该种立法模式，恰恰体现了在《合同法》中将自然人之间的借贷理解为一般性借贷，这种实践性规定保护了好意施惠的互助行为。随着民间借贷规模的不断扩大，民间借贷已由传统的一般性借贷向经营性借贷转变，对营利目的的追逐，对双方合意的期许，经营性借款合同已经远非实践性合同所能周延保护，经营性借贷的商事营利性特征已经突破了对偶发性、互助性一般性借贷的认知。因此，如果继续以实践性为标准对经营性借贷中双方的缔结关系进行规制，那么对放贷人的商主体利益及金融消费者的利益保护有失公正。因此，通过区分一般性借贷和经营性借贷，符合商事行为的利益期许，也保护了金融消费者的合法权益。

4. 两者的借款目的不同。经营性借贷中，放贷人出借资金的主要目的是以此进行收益，为有偿的法律行为，因此放贷行为具有经营性，对担保等增信措施的要求相对较高。一般性借贷则不以营利为主要目的，具有临时性，对担保等增信措施的要求较低。正因为两者的收益效果不同，非银行业金融机构的经营性借贷更易引发暴力催收、非法拘禁等一系列非法行为，更应受到管制。

5. 两者的社会影响不同。经营性借贷主体从事放贷业务追求的是财产的资本价值，具有商事营利性。在利息回报、各种收费名目的利益驱使下，非银行业金融机构的借贷规模不断扩大,放贷金额体量剧增,形成一种商业模式,甚至出现产业联盟,引发一系列严重的社会问题。正是由于经营性借贷的营利性,使一些非银行业金融机构采取各种手段掩盖其非法经营性放贷的本质,逃避金融监管,从事地下隐性放贷活动。放贷人通过签订"霸王借贷合同""换据""利滚利""砍头息"等方式,变相提高利率,蒙蔽司法机关逃避法律责任。非银行业金融机构经营性借贷的隐性和地下性游离于法律的监管视线范围之外,破坏了正常的金融秩序和民间信用,可能引发民间金融危机,不利于金融系统稳定和金融安全。非银行业金融机构经营性借贷从缔结到消灭都潜伏着各种风险,不利于金融消费者合法权益的保护,引发诸多法律纠纷,破坏了社会和谐,提高了司法成本和规制难度。由其引发的非法集资、高利贷、绑架、非法拘禁、故意伤害等犯罪,威胁着社会的稳定和人民人身、财产安全。而一般性借贷不具有商事营利性,仅仅是出借人基于友谊或亲情的偶发性放贷行为,风险性较少,并不会引发诸如非银行业金融机构经营性借贷的金融安全问题。因此,非银行业金融机构经营性借贷对民间金融秩序和社会稳定影响比较大,应当成为金融监管的重点。

三、一般性放贷与经营性放贷区分后的规范处理思路

(一)域外立法简述

鉴于银行业金融机构从事的经营性借贷在各国均有较为完善的、系统的法律规制,在严谨的监管之下,银行业金融机构的贷款行为形成了良好的行业规范,处于有序、健康和可控的运行状态,故本调研对该领域不再赘述。本调研主要就非金融金融机构从事的经营性借贷行为采他山之石,研究各国的立法规制经验。

民间借贷在世界范围内广泛存在,各国因国情不同,对民间借贷的态度亦有所区别,域外许多国家和地区多有专门针对放贷进行规制的立法范例,如中国香港特别行政区《放债人条例》、《日本贷金业法》、《英国消费者信贷法》等。通过了解其他国家及地区的先进做法,可以从中吸取经验教训,以便对相关问题进行借鉴。

1. 美国

美国联邦政府没有对放贷人进行统一的管理,而是由各个州根据民间资本流通情况制定相应政策对本州放贷经营活动进行规制。美国将非吸收存款类放贷人分为商业类和消费类两种,商业类主要给公司法人提供贷款,消费类主要给个人消费提供贷款。主要法律制度包括以下几个方面的内容:一是放贷人准入制度。美国根据不同的放贷类别施行不同的登记制度,如消费类放贷机构必须持有州牌照。二是放贷人的监管制度。监管由州政府负责,主要监管放贷人是否取得放贷牌照、是否按期向监管部门提交报告以及是否符合监管部门的定期检查。[①] 三是利率监管制度。美国各个州基本制定了本州的法律用以规范民间借贷的相关法律问题,虽然各州对借贷利率的具体规定不同,但整体来看有着严格监管,有些州甚至将情节较为严重的放贷行为入罪。如在阿拉巴马州,州法律规定了私人交易利率上限8%的普遍限制;加利福尼亚州的普遍利率限制为7%,至高不超过10%;纽约州法律规定,收取超过16%的年息将触犯民法,而收取超过25%的年息将触犯

① 赵莹、雷兴虎:《我国商事民间借贷的立法体系建构》,载《湖南社会科学》2014年第3期。

刑法。美国在违法利率上限规定的处罚方面,采取民事与刑事相结合的方法。在民事方面,各个州基本规定了超过利率上限则丧失法律对其借款的保护,这会导致其丧失借款本金和法定利息的返还请求权。在刑罚方面,美国制定的《反犯罪组织侵蚀合法组织法》(*Racketeer Influenced and Corrupt Organizations Act*)规定,高于当地法定利率的两倍放贷并且收取该"非法债务"的行为构成重罪。

2. 香港

香港是国际著名的金融中心,其发达的金融业与民间借贷不无密切关系。1980 年香港出台了《香港放债人条例》,推动了民间资本进入金融市场并实现规范发展。在放债人管理方面,香港实行严格的注册许可制度。根据《香港放债人条例》第 7 条的规定,任何人士未领有牌照,均不得经营放债业务;第 23 条规定,未持有牌照的放债人不得在任何法庭追讨借款本息及行使抵押权利;第 29 条和第 32 条规定,未持有牌照而从事放债业务属违法行为,将被判处罚款十万元及两年的监禁。《香港放债人条例》不仅对非持牌人放贷的后果进行了严格的规定,对于取得牌照的放债人也进行了严格的监管。根据《香港放债人条例》的相关规定,获得牌照后,放贷人应按照牌照上的授权放贷业务范围、业务内容和经营的地域区间开展放贷活动,放债人的股东及控制权、营业地点等发生变动必须提交书面变动通知,并按照要求提供相关材料。此外,为了保证放贷人持续具备合格的放贷资格和从业能力,第 12、13 条规定香港放贷人的放贷资格有效期间为 12 个月,如需继续经营放贷业务的,应当在牌照有效期届满之前 3 个月申请续期。根据《香港放债人条例》第 23 条的规定,除非放债人持有牌照,否则不得追讨贷款或与该贷款有关的任何利息以及其他权利。对于借款合同的形式和内容也有严格的要求,且借款合同必须给付借款人;对于利率限制制度,香港将利率划分两层不同的保护与限制架构。根据《香港放债人条例》第 24、25 条的规定,以年利率 48% 和 60% 为线,划定三个区域。任何人(无论是否为放债人)贷款或者提供贷款,其实际利率超过 60%,即属违法行为,将被罚款 10 万元及监禁两年。同时法律对其借款合同不予保护,任何有关贷款、利息以及抵押事项,均不得执行。

整体来讲,香港关于放贷的规定实行严格的准入许可制度,对放债人的准入门槛设置了严格标准,放债人取得牌照后,在经营地点、借贷方式、利率约定等方面必须接受严格的监管。对于未取得牌照放贷,或者虽取得牌照但是违反规定放贷的,实行民刑两方面的处罚,不仅民事上不保护债权,刑事上还必须接受两年的监禁。在如此严格的规定下,香港的借贷市场不仅没有低迷无序,反而是繁荣活跃、秩序井然,成为国际著名的金融中心。

3. 日本

日本从 20 世纪 70 年代开始,由高利贷等相关原因引发的债务者自杀和跑路等现象频发,成为严重的社会问题。在日本金融消费者中,以提供无担保贷款为主要业务的贷金业,在日本消费信贷市场中占有举足轻重的地位。贷金公司主营业务是消费贷款和小企业融资,也包括贷款担保、贷款管理和催收等业务。①

1983 年,日本制定并实施了《贷金业规制法》。主要内容包括对贷款业采取登记制、

① 朱军:《日本贷金业法制度的变迁与效果分析》,载《现代日本经济》2014 年第 1 期。

禁止过剩贷款①并对贷款的追讨等业务行为进行限制。2003 年,《地下金融对策法》彻底取缔无登记营业者,严格禁止没有进行登记的贷金业者进行广告、劝诱等行为并对该行为予以处罚。对于贷金业者的法律监管,日本建立了一套以《贷金业法》(*Money Lending Business Act*)为主要内容的放贷人监管法律制度,对放贷业进行了三个限制:总额限制、行为限制、利率限制。《贷金业法》对于总额限制局限于个人借贷,对于中小企业并没有总额限制,该法考虑到了两种主体的特殊性,以及民事行为与商事行为的特性,在对于资金需求者进行保护时采取了不同的态度。行为限制主要针对放贷人的宣传和劝诱行为,除了合法的贷金业者之外,任何表示经营放贷业务或者以此为目的的广告或者劝诱活动都是禁止的,违反者会被处以一年以下监禁及处以 300 万日元以下的罚金。在利息限制方面,2010 年《贷金业法》修改后全面施行,明确非法高利贷罪的利率界限,由年利率 29.2% 下调至年利率 20%。在放贷人监管方面,主要有登记准入制度、贷金业务主任制度、贷金业协会管理制度等。登记准入制度指经营放贷业必须在政府进行登记。贷金业登记机关分为财政局和都道府县地方政府两级。若贷金业者在两个以上的都道府县区域内设置营业场所或事务所,应当向财政局申请登记;若贷金业者仅在一个都道府县范围内设置营业场所,该申请登记的机关就是都道府县的地方政府。《贷金业法》规定,根据放贷规模强制设置相应数量的贷金业务主任。每个营业场所都必须根据法律规定在从事贷金业务者中选任贷金业务主任,由该贷金业务主任对贷金业者以及其他员工业务实施过程中的合法正当性提供指导和建议,业务主任的人选必须通过国家贷金业主任资格考试,是放贷人行为合法性合规性的监督人。

4. 英国

英国的消费者信贷市场比较成熟,并制定了《消费者信贷法》(*National Credit Act*, 2005)来规范放贷行业。该法规定了消费者信贷行业的准入标准,重在加强对消费者信贷机构体系的管理,明确对信贷信息披露的条件,对不公平的信贷业务规定了处理措施。根据该法规定,一切向个人提供高利率贷款或是与高利率贷款有关的服务,必须持有英国消费者信贷审批和监管机构组织颁发的营业牌照,如果无照经营,将被认定为非法交易。

除上述国家和地区外,其他国家在对民间借贷方面也有较为全面且细致的规定。例如,在南非,专门成立了国家信贷监管委员会负责放贷人的登记注册工作。南非《国民信贷法》规定,当放贷人个人拥有或与其他关系人共同拥有 100 份以上持续性的放贷协议时,必须进行注册登记。新加坡《放贷人法案》(*Moneylenders Act*)中规定,任何人无论以何种方式经营放贷业务,也无论是作为主业还是副业,都必须到注册部长处领取牌照,否则其放贷行为不受法律保护。在无牌照放款的情况下,款项无法收回时,法院对此诉讼不予受理。

通过上文对域外国家及地区有关民间借贷的法律规制分析可以看出,首先,大部分国家及地区立法对放贷业务实行严格的批准准入制度,未合法取得放贷人资质的行为人所开展的放贷业务被明确认定为违法甚至犯罪行为,并给予严厉的民事、刑事处罚。其次,

---

① 过剩贷款在日本贷金业规制中被明令禁止。该法要求贷款业者在贷款前,要求资金需求者、保证人的财力和信用,借款的应用状况以及还款计划等进行详尽调查,超过偿还能力的贷款协议视为无效。

对超过利率上限的放贷行为不予立法保护，放贷人丧失对借款本金和法定利息的返还请求权。上述立法均体现出对民间借贷行为的民刑联合规制，对非持牌经营以及超过利率上限的放贷行为在民法上认定为整个借款合同无效，产生“自然之债”的法律后果。在刑法上认定为犯罪行为，对违法行为人进行刑事处罚。最后，对于持牌的放贷人实行严格的监管制度。对于获得放贷资质的放贷人，对其经营场所、借款合同形式等方面都实行严格的监管，形成了系统、完善的立法规制机制，保障了放贷市场的有序、稳定运行。

（二）我国目前立法梳理

我国对银行业金融机构从事的经营性借贷行为作出了较为系统的规定，对借贷主体的设立、准入批准、经营范围、利率限制及从业规范等方面都作出了较为全面的规定。根据《银行业监督管理法》第 18 条的规定，银行业金融机构业务范围内的业务品种，应当按照规定经国务院银行业监督管理机构审查批准或者备案；第 19 条规定，未经国务院银行业监督管理机构批准，任何单位或者个人不得设立银行业金融机构或者从事银行业金融机构的业务活动；第 39 条规定，银行业金融机构有违法经营、经营管理不善等情形，不予撤销将严重危害金融秩序、损害公众利益的，国务院银行业监督管理机构有权予以撤销；第 44 条规定，擅自设立银行业金融机构或者非法从事银行业金融机构的业务活动的，由国务院银行业监督管理机构予以取缔；构成犯罪的，依法追究刑事责任；尚不构成犯罪的，由国务院银行业监督管理机构没收违法所得，违法所得 50 万元以上的，并处违法所得 1 倍以上 5 倍以下罚款；没有违法所得或者违法所得不足 50 万元的，处 50 万元以上 200 万元以下罚款。《银行业监督管理法》对从事经营性借贷行为的银行业金融机构的资质取得进行了明确规定，只有在经过国务院银行业监督管理机构的批准，才能够从事相关经营性借贷业务。《银行业监督管理法》不仅对资质进行了规定，对于获得批准的银行业金融机构的经营性行为也进行了严格的规定，对其违反相关利率限制规定贷款的，给予相应的处罚。《商业银行法》第 81 条规定，未经国务院银行业监督管理机构批准，擅自设立商业银行，或者非法吸收公众存款、变相吸收公众存款，构成犯罪的，依法追究刑事责任；并由国务院银行业监督管理机构予以取缔。《商业银行法》明确规定了设立商业银行的批准条件，并对其非法行为予以刑法打击。《消费金融公司试点管理办法》第 2 条规定，本办法所称消费金融公司，是指经银监会批准，在中华人民共和国境内设立的，不吸收公众存款，以小额、分散为原则，为中国境内居民个人提供以消费为目的的贷款的非银行金融机构；第 4 条规定，消费金融公司名称中应当标明“消费金融”字样。未经银监会批准，任何机构不得在名称中使用“消费金融”字样。《消费金融公司试点管理办法》规定了银监会对非银行金融机构提供以消费为目的的贷款资质的审批权，并对该类机构的名称字样进行严格的限定，不仅有利于监管机构的监督管理，更加有利于借款人识别与审查该类非银行类金融机构的放贷资质，维护金融消费者的合法权益。

对于民间借贷中的经营性借贷行为，我国立法中并未对其进行专门的立法规制，相关规定散见于《合同法》《民间借贷若干问题规定》《关于小额贷款公司试点的指导意见》《非存款类放贷组织条例（征求意见稿）》等相关法律规范中。

1. 法律规范层面主要为《民法总则》和《合同法》。作为规制合同关系的专门法，其中关于借款合同的规定系民间借贷合同的主要和直接的法律依据。经营性借贷作为借款合同的一类，适用借款合同章中关于借款的一般性规定，比如利息不得预先在本金中扣除、借款人应当按照约定的期限支付利息并应当按照约定的期限返还借款本金等。《合同法》借款合同分为自然人之间的借贷与非自然人之间借贷，并采取不同的规制，如自然人之间的借款合同自贷款人提供借款时生效。本调研认为，在借贷行为中，应当以“行为”作为主要区分标准，区分为一般性借贷与经营性借贷，并对其进行不同的调控。

2. 司法解释层面。2015年《民间借贷若干问题规定》出台实施，是司法实践领域针对民间借贷最重要的一部司法解释。其充分吸收了民间借贷纠纷司法实践中的有益经验，第一次在司法解释层面以主体为标准将借款合同分为金融借款和民间借贷，从民间借贷的界定、受理与管辖、合同效力、互联网金融借贷平台的责任、借贷的利率与利息等方面对民间借贷涉及的主要问题进行了系统规制，及时回应了司法实践的迫切需要。值得注意的是，该司法解释提出的24%的利息标准，对我国整个资本市场产生重要影响，不仅直接影响了民间借贷的利率规定，对金融借款、融资租赁、委托理财等利率或收益预期均产生了巨大的示范作用。24%的年利率标准，对民间资本形成了预期指引，有效打击了高利贷等投机行为，具有积极作用。当然，必须注意的是，在金融要服务实体经济的指引下，24%的年利率标准有进一步降低的空间。只有将资本的利率收益与实体经济效益有效匹配起来，才能有效降低实体经济融资成本，实现金融资本与实体产业的共同繁荣。

3. 行政法规层面。国务院法制办公室于2015年8月12日就《非存款类放贷组织条例（征求意见稿）》公开征求意见，该条例作为行政法规，其适用主体为经营放贷业务但不吸收公众存款的机构，如小贷公司及没有明确监督管理部门的其他非存款类放贷组织。但国务院决定由有关部门监管的典当行、证券期货经营机构、消费金融公司、汽车金融公司、贷款公司等非存款类放贷组织不适用于该条例。该条例针对非存款类放贷组织的设立终止条件、业务经营规范、业务经营的监督管理与法律责任进行了规定。《非存款类放贷组织条例（征求意见稿）》已经列入2018年国务院的立法计划。其提出的经营性放贷等概念，为《民法典》“合同编”借款合同章中区分一般性放贷与经营性放贷提供了有益的立法支持。

4. 部门规范性文件层面。2008年银监会和中国人民银行联合发布《关于小额贷款公司试点的指导意见》，明确了小额贷款公司的设立主体、资金来源，界定小额贷款公司是由自然人、企业法人与其他社会组织投资设立，不吸收公众存款，经营小额贷款的有限责任公司和股份有限公司，其资金来源为股东缴纳的资本金、捐赠资金以及不超过两个银行业金融机构的融入资金。该指导意见针对经营性放贷的主要主体——小额贷款公司进行了规制，为小额贷款公司的设立与运作提供了规范依据。根据中国人民银行官方网站公布的统计数据，2012年至2018年全国小额贷款公司数量及贷款余额均呈现不断上升趋势，其中小额贷款公司数量在2015年达到顶峰8910家，贷款余额在2017年达到9799亿元。可以说，对小额贷款公司通过准入门槛的设立，对民间资本实现了具有积极意义的有效规制，推动了多层次资本市场的建立完善。小贷公司的发展现状，亦符合对作为经营性放贷行为进行规制的分类初衷，为经营性放贷的有效开展做了生动的注解。

表1 全国小额贷款公司数量及贷款余额

时间	小贷公司数量(家)	贷款余额(亿元)
2012年	6080	5921
2013年9月末	7398	7535
2014年	8791	9420
2015年	8910	9412
2016年9月末	8741	9293
2017年	8551	9799

(三)规范处理思路设想

在《民法典》"合同编"借款合同章节中,以借贷行为为标准将借贷区分一般性借贷与经营性借贷,作为基本法律层面的框架基础。通过委任性规范等立法技术将非银行业金融机构经营性借贷也纳入监管。同时,对于经营性借贷进行监管时,应当看到经营性放贷主体具有商主体的属性,放贷人在借贷关系中相对处于主导地位,而其合同相对方处于较为弱势的地位。故对经营性借贷还应当从信息披露、禁止捆绑搭售、禁止掠夺性放贷和客户信息保护等方面进行规范,平衡保护借贷双方的合法权益的同时,进一步凸显对金融消费者的保护。目前在经营性借贷中我国信贷体系的包容度仍有不足,针对小微企业、"三农"和中低收入人群的服务还存在短板。民间借贷中的经营性放贷应主要定位于"小额、短期、分散"这一细分市场,为经济社会发展提供有力支持。

依照《非存款类放贷组织条例(征求意见稿)》的规定,目前能够从事非存款类放贷业务的主体仅限于股份有限公司与有限责任公司,不包括其他类型的主体。将准入范围限制于公司法人有其现实依据,在目前监管能力有限的情况下,因自然人从事借贷行为存在隐蔽性,对其监管存在天然困难。对于法人组织,可以通过工商注册登记、市场准入条件限制进行监管。但实践中,自然人隐性从事经营性放贷在我国非常常见,"职业放贷人"已然成为民间借贷的重要力量之一。不少职业放贷人形成团伙与黑恶势力勾结、暴力催收。因此,长远来看,必然要将自然人的经营性放贷纳入监管。

四、具体建议条款、建议稿

本报告在调研的基础上,结合《民法》"合同编"征求意见稿,提出两版借款合同章节建议稿。第一版是在征求意见稿的基础上进行小动微改,在将借款合同进行划分的基础上,通过增加一条委任性条款将经营性借款合同的资质、信息披露、借款人信息安全、网络贷款平台监管、金融消费者保护等进行规范。第二版是按照借款行为进行整体划分,将整个借款合同章节按照经营性借款与一般性借款进行划分,并最终增加一条委任性条款将经营性借款合同的资质、信息披露、借款人信息安全、网络贷款平台监管、金融消费者保护等进行规范。

版本一：小动微改

第四百五十七条 借款合同是借款人向贷款人借款，到期返还借款并支付利息的合同。

借款合同分为经营性借款合同与一般性借款合同。经营性借款合同是指以营利为目的，具有经营性特征的组织或自然人，向借款人出借资金并按约定获取收益的合同。一般性借款合同是指不以发放贷款为业的出借人偶发地向借款人出借资金的合同。

第四百五十八条 借款合同采用书面形式，但是自然人之间借款另有约定的除外。

借款合同的内容包括借款种类、币种、用途、数额、利率、期限和还款方式等条款。

第四百五十九条 订立借款合同，借款人应当按照贷款人的要求提供与借款有关的业务活动和财务状况的真实情况。

第四百六十条 借款的利息不得预先在本金中扣除。利息预先在本金中扣除的，应当按照实际借款数额返还借款并计算利息。

第四百六十一条 贷款人未按照约定的日期、数额提供借款，造成借款人损失的，应当赔偿损失。

借款人未按照约定的日期、数额收取借款的，应当按照约定的日期、数额支付利息。

第四百六十二条 贷款人按照约定可以检查、监督借款的使用情况。借款人应当按照约定向贷款人定期提供有关财务会计报表等资料。

第四百六十三条 借款人未按照约定的借款用途使用借款的，贷款人可以停止发放借款、提前收回借款或者解除合同。

第四百六十四条 借款人应当按照约定的期限支付利息。对支付利息的期限没有约定或者约定不明确，依照本法第三百零一条的规定仍不能确定，借款期间不满一年的，应当在返还借款时一并支付；借款期间一年以上的，应当在每届满一年时支付，剩余期间不满一年的，应当在返还借款时一并支付。

第四百六十五条 借款人应当按照约定的期限返还借款。对借款期限没有约定或者约定不明确，依照本法第三百零一条的规定仍不能确定的，借款人可以随时返还；贷款人可以催告借款人在合理期限内返还。

第四百六十六条 借款人未按照约定的期限返还借款的，应当按照约定或者国家有关规定支付逾期利息。

第四百六十七条 借款人提前偿还借款的，除当事人另有约定的以外，应当按照实际借款的期间计算利息。

第四百六十八条 借款人可以在还款期限届满之前向贷款人申请展期。贷款人同意的，可以展期。

第四百六十九条 自然人之间的借款合同，自贷款人提供借款时成立。

第四百七十条 借款合同约定支付利息的，借款的利率不得违反国家的有关规定；对支付利息没有约定或者约定不明确的，按照当地或者当事人的交易方式、交易习惯、市场利率等因素确定利息。

自然人之间的借款合同对支付利息没有约定或者约定不明确的，视为不支付利息。

第四百七十一条 法律、行政法规对于经营性借款合同的贷款人的资质、信息披露、借款人信息安全、网络贷款平台监管、金融消费者保护等另有规定的,依照其规定。

版本二:按照借款行为进行整体划分

第四百五十七条 借款合同是借款人向贷款人借款,到期返还借款并支付利息的合同。

借款合同分为经营性借款合同与一般性借款合同。经营性借款合同是指以营利为目的,具有经营性特征的组织或自然人,向借款人出借资金并按约定获取收益的合同。一般性借款合同是指不以发放贷款为业的出借人偶发地向借款人出借资金的合同。

第四百五十八条 借款合同采用书面形式,但是自然人之间借款另有约定的除外。

借款合同的内容包括借款种类、币种、用途、数额、利率、期限和还款方式等条款。

第四百五十九条 借款的利息不得预先在本金中扣除。利息预先在本金中扣除的,应当按照实际借款数额返还借款并计算利息。

第四百六十条 借款人应当按照约定的期限支付利息。对支付利息的期限没有约定或者约定不明确,依照本法第三百零一条的规定仍不能确定,借款期间不满一年的,应当在返还借款时一并支付;借款期间一年以上的,应当在每届满一年时支付,剩余期间不满一年的,应当在返还借款时一并支付。

第四百六十一条 借款人应当按照约定的期限返还借款。对借款期限没有约定或者约定不明确,依照本法第三百零一条的规定仍不能确定的,借款人可以随时返还;贷款人可以催告借款人在合理期限内返还。

第四百六十二条 借款人未按照约定的期限返还借款的,应当按照约定或者国家有关规定支付逾期利息。

第四百六十三条 借款人提前偿还借款的,除当事人另有约定的以外,应当按照实际借款的期间计算利息。

第四百六十四条 借款人可以在还款期限届满之前向贷款人申请展期。贷款人同意的,可以展期。

第四百六十五条 贷款人按照约定可以检查、监督借款的使用情况。借款人应当按照约定向贷款人定期提供有关财务会计报表等资料。

第四百六十六条 借款人未按照约定的借款用途使用借款的,贷款人可以停止发放借款、提前收回借款或者解除合同。

第四百六十七条 经营性借款合同的贷款人未按照约定的日期、数额提供借款,造成借款人损失的,应当赔偿损失。

经营性借款合同的借款人未按照约定的日期、数额收取借款的,应当按照约定的日期、数额支付利息。

第四百六十八条 一般性借款合同,自贷款人提供借款时成立。

第四百六十九条 借款合同约定支付利息的,借款的利率不得违反国家有关限制借款利率的规定。限制借款利率的具体标准由国务院确定,并报全国人民代表大会常务委员会备案。

一般性借款合同对支付利息没有约定或者约定不明确的,视为不支付利息。

第四百七十条 借款合同约定的利率超过国家有关限制借款利率规定的,借款合同无效。

第四百七十一条 (方案一)未经有权机关依法批准从事经营性借款的,出借人请求返还本息的,人民法院不予支持;借款人已经按照合同约定偿还借款本金或者法定利率上限以内利息,请求返还的,人民法院亦不予支持。

第四百七十一条 (方案二:可以与第四百七十条进行合并)有下列情形之一的,借款合同无效:

(一)未经有权机关依法批准从事经营性借款的;

(二)合同约定的借款利率超过国家有关限制规定的。

第四百七十二条 法律、行政法规对于经营性借款合同的贷款人的资质、信息披露、借款人信息安全、网络贷款平台监管、金融消费者保护等另有规定的,依照其规定。

关于证券虚假陈述责任纠纷中揭露日判断的疑难问题研究*

一、证券虚假陈述责任纠纷揭露日的司法概况

在因发行人、上市公司虚假陈述而引发的证券民事赔偿责任纠纷中，投资者起诉以及人民法院审判的依据均为最高人民法院《关于审理证券市场因虚假陈述引发的民事赔偿案件的若干规定》依据（以下简称《证券市场若干规定》）。依据《证券市场若干规定》所确立的投资差额损失赔偿与计算规则，投资者投资差额损失的计算前提是确定发行人、上市公司虚假陈述的实施日、揭露日（更正日）、基准日，因此，上述三个日期的确定是证券虚假陈述责任纠纷中投资差额损失计算最为重要的部分。

而在其中，揭露日（更正日）无疑是最重要和最具决定性作用的时点，这种重要性体现在两个方面，一是其具有"分水岭"般的作用，其直接决定了可索赔的投资者范围以及投资者获赔金额的多少；二是在当前证券虚假陈述责任纠纷未采取集团诉讼的情况下，投资者分散起诉，人民法院受理案件便有先后之分，若在前期案件中确定了揭露日（更正日），为保证后续裁判尺度的统一，揭露日（更正日）就会对于所有的案件一体适用，一旦揭露日认定错误，在后续案件中人民法院也几乎不会再对此进行更改。因此，在此类纠纷中，揭露日（更正日）的认定成为司法实践中的关键以及争议问题。《证券市场若干规定》第20条第2款、第3款分别对揭露日和更正日规定，"虚假陈述揭露日，是指虚假陈述在全国范围发行或者播放的报刊、电台、电视台等媒体上，首次被公开揭露之日"。"虚假陈述更正日，是指虚假陈述行为人在中国证券监督管理委员会指定披露证券市场信息的媒体上，自行公告更正虚假陈述并按规定履行停牌手续之日。"对于上述定义，理论界多有异议，如认为该定义更侧重于虚假陈述的表现形式（如揭露载体、揭露方式等），但对更重要的内容未加以规定。即便是侧重于表现形式，规定也是较为原则、笼统，"这一定义虽规定了发布范围、媒体与首次等要素，但对司法实践中揭示日的具体认定意义不大"。①

为解决在证券虚假陈述责任纠纷案件中对于揭露日（更正日）认定的争议，明晰司法裁判规则，妥当解释《证券市场若干规定》第20条第2款、第3款的含义，更为完善证券侵权类案件司法解释的相关规定，本文将对证券虚假陈述责任纠纷案件中的揭露日（更正

---

* 课题主持人：马立娜，课题负责人：张家华，课题组成员：常洁、邵普、曹明哲，执笔人：曹明哲。

本课题为2018年部门级重点课题。

① 杨祥：《论证券虚假陈述诉讼中揭示日的认定》，载郭锋主编：《证券法律评论》（2017年卷），中国法制出版社2017年版，第99页。

日)进行系统研究。本文将首先分析与研究涉及揭露日(更正日)认定的案例,一方面通过数据统计研判规律;另一方面通过裁判分歧发现问题,在此基础上进行深入分析。

在对中国裁判文书网、北大法宝、威律先行案例数据库中已公开的57件案例[①]进行分析之后,发现揭露日(更正日)共表现为以下5种形态:第一,行政机关、司法机关对上市公司的立案调查通知书公告之日,这其中以中国证券监督管理委员会(以下简称证监会)的立案调查通知书公告之日为绝大多数,以该日作为虚假陈述揭露日的案件共有27件;第二,虚假陈述行为人自行更正之日作为更正日,以自行更正作为虚假陈述行为被揭示形式的案件共有13件;第三,媒体对虚假陈述行为的报道之日,以此种形式作为揭露日的案件共有7件;第四,以行政机关的行政处罚决定书(或事先告知书)或者刑事判决书公告之日作为揭露日的案件共有6件;第五,以证监会的行政监管措施决定书公告之日作为揭露日的案件共有4件。

从对案件样本的分析来看,证监会的立案调查通知公告之日在揭露日的表现形式中"独占鳌头",其占到了研究样本的47%;而在这27件以立案调查通知公告之日作为揭露日的案件中,又有14件案件即超过50%的案件,在当事人以及人民法院看来,立案调查通知公告之日作为揭露日是没有任何争议的,双方当事人径直将立案调查公告日作为揭露日。

二、立案调查公告能否作为揭露日

尽管立案调查通知公告之日是揭露日认定中最常采用的,但是,立案调查通知公告之日到底能不能作为揭露日,无论在理论中还是实践中,均存在争议。

第一种观点认为,立案调查通知公告之日不能作为虚假陈述行为的揭露日。主要理由在于仅仅是立案调查并没有揭露虚假陈述行为的内容,"因这类信息都是不确定信息,相比上市公司发布已收到证监会《行政处罚决定》或《行政处罚决定事先告知书》,后者显然是相对确定的重大利空消息,证券市场对后一信息的反应强度、剧烈程度都是远远超过前一信息的,给受损投资人造成损失的范围、程度,后者也是远大于前者的";[②]"其缺乏了信息揭露中最基本的要素——虚假陈述行为,且在我国的司法实践中,常发生证监会对某上市公司立案调查后又无下文之情形。投资者无法基于该消息得出被立案调查者一定实施了某虚假陈述行为的结论,如果要求投资者必须判断该信息并作出反应,实质上是将对虚假陈述者的惩罚转嫁到投资者身上,使投资者处于风险之中"。[③]

第二种观点认为,立案调查通知被公告之日可以成为虚假陈述行为的揭露日。理由有两点:一是证监会调查的权威性。"中国证监会通常是在已经掌握大量事实依据、极有可能认定该行为违法的情况下,才对上市公司进行立案调查,而且中国证监会的权威性、专业性也足以令市场相信,被立案调查的事项很有可能真实、从而比较确定地引起灌水被

---

① 由于和解、调解、撤诉等原因,并非所有的证券虚假陈述责任纠纷案件均有生效判决可查。

② 陶雨生、武峰、刘磊:《投资人索赔的分水岭——关于"虚假陈述揭露日"的确定》,载《中国律师》2009年第7期。

③ 林一青:《证券虚假陈述中揭露日之确定问题刍议》,载《公司法律评论》(2012年卷),第156~157页。

挤压。"①"官方的调查通知虽然并不一定必然导致处罚的结果,但是至少已经给投资者一个相对可靠的警示,而且信息受众广泛,投资者对政府监督行为的信任已经足以使诸多投资者采取一定的降低风险的措施。"②二是从理性投资者的认知角度,"鉴于证监会的职能(其负有揭露瑕疵信息的义务)及权威性,其立案调查的公告发布以后,足以说明被调查的股票存在虚假陈述的可能。对于理性的投资者,已经起到了充分的风险提示作用,具有高度的警示性,足以影响投资决策。"③

本文认为,立案调查通知公告之日在司法实践中被频繁的作为揭露日必然有其合理性,虚假陈述行为揭露日的判断中,揭露内容的一致性是应当考量的重要因素,但是,此时的一致性具有"弹性",非绝对的完全一致,"并不是说要从严格意义上必须要将事实完全揭露,为消除对该证券价格的错误认识,进行了必要程度的事实揭露就足够了。"由此,此种具有弹性的内容一致性要求,便给立案调查通知公告之日作为揭露日留下了解释的空间,也即,尽管立案调查通知被公告之日在揭露违法行为内容上有所欠缺,但是其毕竟在最低限度上明确了违法行为。在司法实践中,也有法院作此解释,如在云南云投生态案中,法院认为,"2010 年 3 月 18 日中国证监会的立案调查通知书的内容表述为'涉嫌信息披露违规',并未特指针对的是绿大地公司某个阶段或某个文件的虚假陈述行为,具有不特定性,应当涵盖虚假陈述的所有行为和内容。"④又如,闽越花雕案中,"神龙发展于 2003 年 10 月 24 日在《上海证券报》刊登的《被立案调查的公告》虽仅记载神龙发展因涉嫌违反证券法规,证监会决定对该公司立案调查,但虚假陈述行为亦属违反证券法规行为之一,且 2004 年 9 月 16 日中国证监会作出证监罚字(2004)34 号行政处罚决定书,亦是认定闽越花雕公司在 2001 年、2002 年年报中存在虚假陈述。"⑤

同时,立案调查通知公告后涉案上市公司的股价发生了波动(主要是指诱多型证券虚假陈述中股价的下跌)则是更为重要的因素,在司法实践中,在很多以立案调查通知公告之日作为揭露日的案件中,股价往往都发生波动。一项针对 2002 年至 2011 年发生的证监会立案调查样本的研究表明,"立案公告事件已经使得市场投资者重新调整了其对所投资公司的预期,并产生了足够重大的负面反应,且负反应程度已远远超过了监管机构处罚公告附近的市场负反应……因此潜在的虚假陈述行为与立案公告日附近的投资者损失之间体现出因果关系,因此该情形存在经验证据的支持。"⑥

因此,立案调查通知公告之日可以作为揭露日。

---

① 杨祥:《论证券虚假陈述诉讼中揭示日的认定》,载郭锋主编:《证券法律评论》(2017 年卷),中国法制出版社 2017 年版,第 112 页。

② 郭蠹:《证券虚假陈述中的因果关系研究》,载《福建法学》2012 年第 3 期。

③ 石一峰:《违反信息披露义务责任中损失计算的利益衡量》,载《法学评论》2017 年第 4 期。

④ "魏玉东与云南云投生态环境科技股份有限公司等证券虚假陈述责任纠纷上诉案",云南省高级人民法院(2015)云高民二终字第 144 号民事判决书。

⑤ "葛某诉福建省闽越花雕股份有限公司、上海上会会计师事务所有限公司、中勤万信会计师事务所有限公司上诉案",福建省高级人民法院(2007)闽民终字第 356 号民事判决书。

⑥ 吴溪、张俊生:《上市公司立案公告的市场反应及其含义》,载《会计研究》2014 年第 4 期。

三、媒体报道能否作为揭露形式

对此，理论与司法实践中一直存在两种观点。

一种观点认为，媒体报道不应作为揭露日。媒体的质疑性报道都是对公告瑕疵的一种边缘性猜测或者主观分析，并未对瑕疵内容进行确定的完整的公布，同时媒体以及专家学者本身没有揭露瑕疵的义务，其报道真正的目的也不在于去揭露瑕疵，而是通过对瑕疵的质疑来扩大媒体自身的影响。此种质疑对投资者虽然有一定的警示作用，但会因媒体性质，专家学者的水平等有差异，无法形成确定的类型化的信息揭露，因此实务上一般排除此种媒体（专家）的质疑作为揭露日标志，比较法上也因其不是确定化和类型化的信息而将之排除。

另一种观点认为，不应排除媒体报道作为揭露形式。“揭示日与具体的揭示形式与途径无关，应当从最宽泛的意义上理解揭示日。即便不存在《证券市场若干规定》中的更正公告或揭露公告情形，只要在虚假陈述实施之后，市场得以知悉虚假陈述所掩盖或扭曲的相关真相并作出股价反映，均应当认定为揭示日”。[①]

从司法实践认定媒体报道作为揭露日判断的角度而言，有以下几个特点。

一是揭露媒体相对权威。有如中央电视台的报道，如东方电子案中，中央电视台《证券时间》栏目第二时段（播出时间 16:25 ~ 16:55）播出题目为“东方电子：原来如此！”的报道，[②]岳阳兴长案中，《每日经济新闻》刊登了《大股东被注销——岳阳兴长股东大会合法性生疑》的报道。[③] 还有如权威纸媒的报道，如三联商社案中新华社记者在《人民日报》上发表文章，对郑百文在股票上市过程中存在虚假陈述行为进行了披露。[④]

二是股价波动是其中的重要佐证因素。在法院最终认为媒体报道成为揭露日的案件中，除了媒体报道的权威性因素之外，还有一个重要因素是新闻媒体报道后，涉案上市公司股价的波动，如紫鑫药业案中，媒体报道后的第二天即停牌，至 2011 年 10 月 24 日复牌，复牌后股价连续三日跌停，此后股价仍持续下跌，反映出虚假陈述被揭露后市场对于侵权行为的剧烈反应。[⑤] 由此可以看出，股价波动是人民法院认定媒体报道是否构成揭露的重要因素。

三是媒体报道作为揭露日在近年来越来越少。

本文认为，不能排除媒体报道作为揭露形式。

首先，揭露日研究应区分学术与司法实践。学者认为媒体报道成为揭露形式的原因

---

① 杨祥：《论证券虚假陈述诉讼中揭示日的认定》，载郭锋主编：《证券法律评论》（2017 年卷），中国法制出版社 2017 年版，第 110 页。

② “曹小妹诉烟台东方电子信息产业股份有限公司、烟台东方电子信息产业集团有限公司诉讼案”，山东省青岛市中级人民法院（2003）青民三初字第 45 号民事调解书。

③ “陈某诉三九医药股份有限公司证券虚假陈述责任纠纷案”，广东省深圳市中级人民法院（2003）深中法民二初字第 489 号民事判决书。

④ “范黎明诉三联商社股份有限公司上诉案”，河南省高级人民法院（2006）豫法民二终字第 159 号民事判决书。

⑤ “张立生诉吉林紫鑫药业股份有限公司等证券虚假陈述责任纠纷案”，吉林省长春市中级人民法院（2016）吉 01 民初 250 号民事判决书。

在于其无法类型化,但是无法类型化只是在学术归纳与学术总结方面的问题,与在具体个案中认定其作为揭露形式无关,应将二者区分。

其次,不应对揭露主体作出限制。尽管新闻媒体对上市公司并没有监管、监督的义务从而揭露虚假陈述行为,但是若其客观上确实揭露了违法事实,仍具有成为揭露形式的可能,至于因没有监管、监督义务而造成报道事实的失真并进而在实践中不易判断揭露日,则是司法实践判断揭露日标准的构建问题,亦不能以此否定其作为揭露形式。况且,从广义上讲,媒体仍然具有这种社会责任,在分工日益细化和社会多元化的今天,存在专门也研究证券市场为业的专业性媒体,无论是市场化动机还是专业性方面,其报道均有可能成为揭露形式,因而,本文认为,尽管媒体报道成为揭露形式的比较少,但是不能排除其作为揭露形式。

最后,从保护投资者角度,亦不应排除媒体作为揭露日形式。在证券市场中,对于同一个内容确定的信息,无论其被重复次数为多少,其对市场的影响都是相同的,并不因为重复次数加剧而影响放大,实质上在投资人作出选择时,该信息内容因素只会被考虑一次,其价值便丧失。因此若确实有媒体对上市公司违法行为进行了首次报道,在互联网信息传播较快的今天,投资者依次做出投资选择,涉案股票价格发生波动,那么该日就应该成为揭露日,否则在今后该信息再次披露时,基于信息使用的一次性,涉案公司的股票可能不会再发生波动,投资者能够挽回的损失就会变少。

因此,笔者认为无论媒体报道被认定为揭露形式的情况多与少,均不能完全排除媒体报道作为揭露形式。但是,本文同时认为,当案件中,当事人提出将媒体报道作为虚假陈述行为的揭露形式时,法院在认定媒体是否构成揭露形式时,应更为谨慎,原因在于,当前互联网媒体良莠不齐,为博取眼球、增加点击量,并获取利润,一些新闻媒体、网站捕风捉影,对上市公司的各类信息进行报道和转发转载,此类信息中的事实往往不具有明确的依据和证据,缺乏确定性,权威性较差,对投资者而言,警示性也较差。

人民法院在判断媒体报道能否成为揭露形式时,除依据全国性、首次等因素进行判断外,仍需依据以下内容一致性与股价波动性进行判断,因为"虚假陈述揭示日的认定,是在虚假陈述行为被确认之后,为认定虚假陈述行为与投资人损失之间的因果关系而往前追溯的一个时点",①也即揭露日的判断实际上一个事后重构的过程,因此其可以通过揭露日中内容一致性与股价波动性两项因素进行检验。

四、更正日中的更正是否要求准确完整

更正日中的"更正"是否要求实施虚假陈述行为的发行人、上市公司在更正虚假陈述行为时必须真实准确,抑或更正的相关内容不应与证监会最后行政处罚的结果相差过大?进一步而言,如果不要求更正的信息准确,实施虚假陈述行为的上市公司是不是就可以利用更正日来减少对投资者的赔偿。如果司法裁判认为更正不准确信息的日期可以作为更正日,是不是在鼓励上市公司不诚信的行为?一种观点认为,更正的内容必须准确,否则不存在更正日的问题;另一种观点认为,更正的内容不需要准确。

---

① 张勇健:《论虚假陈述侵权行为的几个时间点》,载《法律适用》2003 年第 4 期。

本文认为,更正的内容不需要准确。

第一,更正之后股价发生波动,股价的变化与波动情况尤其能够对此作出佐证。《证券市场若干规定》第20条对更正日的定义为“虚假陈述行为人在中国证券监督管理委员会指定披露证券市场信息的媒体上,自行公告更正虚假陈述并按规定履行停牌手续之日。”从更正日以及揭露日的意义上看,“虚假陈述被揭示的意义在于其对证券市场发出了一个警示信号,提醒投资人重新判断股票价值,进而对市场价格产生影响”。也就是说,更正日和揭露日的目的在于风险提醒的发出,只要达到了提醒投资者的目的,就可以作为更正日或者揭露日。因此,更正日或者揭露日的确定,股价的波动情况最能提供佐证。另一个角度,对投资者而言,数据上的差异对投资者的投资决策影响不大。在财务数据造假的数目绝对值已经较大的情况下,对于普通股民投资者来讲,虚增的数目其实意义不大,重要的是否存在虚假陈述行为。

第二,在财务造假等虚假陈述行为上,信息“质”的确定性比信息“量”的准确性更为重要,所谓的“一致性”更应该是“质”的一致性。所谓信息被揭露的内涵是被掩盖的信息与被揭示的信息应当具有前后“一致性”,否则不存在“揭示”一说。因此,若前后信息并不具有“一致性”,则难以认定该信息被揭露。所以,在揭露日、更正日的认定上,“一致性”亦应是除“首次”“对股价产生波动”等之外的另一个重要因素。但是本文认为,所谓“一致性”要求应区分不同虚假陈述行为的类型,以及虚假陈述行为被揭露的程度。具体而言,在财务造假此种虚假陈述行为之下,上市公司通常通过粉饰财务报表、虚增收入、利润等方式来操作,虚假陈述行为的“质”是财务造假,“量”则是财务造假的具体数据。通过案件情况,只要认定财务造假这一“质”的事实被揭露,且对市场产生了警示作用,即可认为该日作为揭露日或者更正日,“量”的差异并非最重要的判断依据。也就是说,只要在行为性质的“质”上前后保持一致性即是揭露日、更正日中“一致性”的内涵。

第三,就实践的角度而言,无论是更正日更正的信息还是揭露日揭示的信息,不能完全要求更正日、揭露日的更正和披露与证监会认定的虚假陈述行为具有高度的一一对应性和完全的一致性。

一是就客观角度而言,若要求高度的一致性,则虚假陈述行为的揭露日只能剩下一种可能,就是在证监会行政处罚决定书、或者行政处罚事先告知书被公布之日,因为无论是从主体认知、事实掌握情况还是主观目的而言,自行更正、媒体报道等虚假陈述行为的揭示方式都不会与证监会行政处罚决定书中最终认定的违法事实完全一致。若紧扣“一致性”要求将证监会行政处罚决定书作为揭露日既与司法实践情况不符,也对投资者不公平。

具体而言,在司法实践中,很多案件的虚假陈述行为揭露日均为上市公司发布关于收到证监会立案调查(或稽查)的公告之日,事实上,在这种认定中,立案调查公告中任何虚假陈述行为类型都没有被公告和显示,但是也不妨碍在具体案件中将其作为揭露日。若将行政处罚决定书被公布之日作为揭露日,根据司法实践以及股票市场运行规律看,股价多数情况下仅发生极小的变动甚至没有变动,原因在于证监会的行政处罚决定书被公告之日相对于虚假陈述行为首次被揭示往往时间靠后,在前期利空消息出尽的情况下,行政处罚决定书被公告之日股价已经难以发生波动,甚至出现上涨的情况,在此种情况下,投资者的损失则无法得到完全弥补,前期因各种消息的披露导致股价的下跌,投资者在案件中无法索赔。

二是就主观角度而言,更正的信息与证监会认定的不一致的情况其实是正常现象。由于在证监会具体调查过程中的各种情况,如发现新的证据、事实,或者基于对违法行为和事实的考量,证监会决定进行处罚的具体违法行为与其先前立案调查认为上市公司存在的虚假陈述行为可能存在差异,即证监会最终的处罚结果与先前被公布的(无论是自行更正还是揭露)信息不一定就是一一对应的。

因此,就主客观角度而言,不能完全要求更正日、揭露日的更正和披露与证监会认定的虚假陈述行为具有高度的一一对应性和完全的一致性。

综合上述,证券虚假陈述责任纠纷中,揭露日、更正日揭示的虚假陈述行为信息应导致股价的波动,且被揭示的虚假陈述行为应与证监会行政处罚书中认定的结果具有"一致性"。但是,此种一致性要求,在财务造假此种虚假陈述行为类型上,应为一种行为性质的"质"的一致性,不应过分强调"量"的一致性。因此,即便上市公司自行更正的财务造假数据与证监会的最终认定存在差距,也不妨碍自行更正之日作为更正日。

五、从全无全有到动态系统论——揭露日判断的综合考量

从本文的论证过程可以看出,立案调查通知公告之日作为揭露日,并非仅仅因为其系证监会发出,仅依此理由作为判断依据回避了法官的说理和论证责任,也不足以说明揭露之本质,揭露之本质要求被揭露的虚假陈述行为内容与虚假陈述行为人实施的虚假陈述行为相一致,这种一致又是具有弹性的一致,股价的波动恰恰弥补了内容一致性的因素欠缺。此一判断过程,绝非某一个因素决定,既非揭露主体是否权威单独决定,因为媒体报道同样可以成为揭露形式,也非股价波动来单独决定,同时,亦不能死板地要求揭露内容必须具有内容一致性。

此种判断过程不是全有全无之方法,而是综合判断和综合考量的过程,或称"动态系统论",即法律后果的形成,是基于多种因素(或称"多种动态作用力")的"协同作用",[①] 故应以弹性的解决办法替代"全有全无"规则。[②] 这种判断方式其实在许多法律、司法解释中广泛存在,如最高人民法院《关于适用〈中华人民共和国合同法〉若干问题的解释(二)》(以下简称《合同法司法解释二》)第 29 条、最高人民法院《关于当前形势下审理民商事合同纠纷案件若干问题的指导意见》第 7 条关于违约金调整的规定,实际上就是在动态系统论的指导下进行的判断,学术界也有诸多研究将该方法运用到善意取得、缔约过失、过失相抵等多方面。[③]

---

① [日]山本敬三:《民法中的动态系统论———有关法律评价及方法的绪论性考察》,解亘译,载《民商法论丛》(第 23 卷),金桥文化出版(香港)有限公司 2002 年版,第 177 页。

② [奥]海尔穆特·库齐奥:《动态系统论导论》,张玉东译,载《甘肃政法学院学报》2013 年第 4 期。

③ 上述运用与研究可分别参见吴国喆:《善意认定的属性及反推技术》,载《法学研究》2007 年第 6 期;尚连杰:《缔约过程中说明义务的动态系统论》,载《法学研究》2016 年第 3 期;周晓晨:《过失相抵制度的重构——动态系统论的研究路径》,载《清华法学》2016 年第 4 期。当然,新近也有学者对该方法的过度运用提出质疑,可参见解亘、班天可:《被误解和被高估的动态系统论》,载《法学研究》2017 年第 2 期。

基于本文的论证,立案调查通知公告之日作为揭露日便有了解释上的正当性,以此延伸,本文认为,证券虚假陈述责任纠纷中揭露日(或更正日)的判断应结合揭露形式所揭示的内容繁简程度、揭示内容与虚假陈述行为的对应程度、揭露信息之后的股价反应、与虚假陈述行为有关的各事件的发生时间等因素,以保护投资者利益为原则,进行综合判断。

涉部委投诉举报类行政案件审理标准研究*

一、案件总体情况分析——涉部委投诉举报类案件受理概况

近年来，我院涉部委的投诉举报类的案件数量呈明显上升趋势。具体而言，2013年共受理涉部委投诉举报类案件24件，2014年共受理22件，2015年共受理94件。2015年以来，案件数量更是有了大幅攀升，其中2015年受理的涉部委投诉举报类案件较前两年受理数量增长300%左右，占全年新收一审案件的8.6%。（见图1）

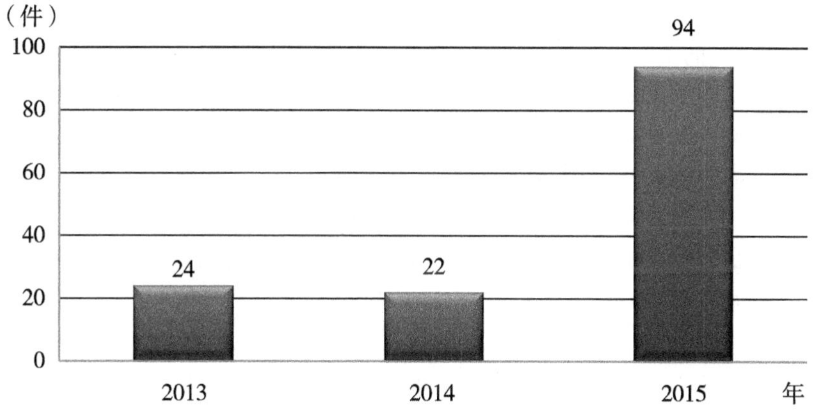

图1　2013年至2015年涉部委投诉举报类案件数量

（一）涉部委投诉举报类案件特点

除案件数量大幅增长外，涉部委投诉举报类案件还呈现如下特点。

1.行政领域扩张——涉部委投诉举报类案件所涉行政机关、行政管理领域不断扩展

近年来涉部委的投诉举报类案件涉及的领域呈不断扩张趋势，最初的投诉举报类案件所涉及的行政管理领域通常集中于土地、房屋、卫生、质量监管、税务、交通管理等传统行政管理领域，近年来则逐渐扩展到财政、证券、教育、外汇管理、环保、通讯、保险监管、银行监管等诸多行政管理领域，这与社会的不断发展与法治观念的深入人心息息相关，与此对应的，此类型案件所涉及的国家部委也达20余个。

---

* 课题主持人：马立娜，课题负责人：齐莹、龙非，课题组成员：赵锋、杨晓琼、魏浩锋、张美红、徐钟佳、李赟乐、张婷婷、祝飞宇。

本课题为2016年院级重点课题。

2. 当事人相对集中——当事人反复投诉举报现象普遍存在

涉部委投诉举报类案件的数量虽然增长迅速，案件涉及的行政领域也逐渐增多，但向法院提起此类案件的当事人却较为集中，某一两个当事人起诉数件乃至数十件案件的情形屡见不鲜，还有的当事人就同一事项反复投诉举报。例如2013年的24起涉部委投诉举报类案件中，邹某某作为原告的案件占了此类型案件全年总量的1/4；2014年的22起上述类型案件中，石家庄市如果爱婚姻服务有限公司为原告的案件占了此类型案件全年总量的近1/5；2016年的94起上述类型案件中，许某某为原告的案件数占了此类型案件全年总量的近1/8。当事人的反复投诉举报又分为就同一事项的不同环节向同一部委反复投诉举报，以及就同一事项的不同方面向涉及的多个部委投诉举报两种。

3. 案件类型交叉——涉部委举报投诉类案件多与信息公开类案件、行政复议案件相关联

举报投诉类案件还经常与政府信息公开类案件、行政复议案件存在交叉。具体而言，至少包括以下三种情形：一是当事人提出举报投诉后未能得到回复，便以行政机关不履责为由提起行政复议；二是当事人提出政府信息公开申请要求公开其举报投诉事项的处理结果；三是当事人向下级机关提起行政复议后未得到处理，进而向国家部委投诉举报的情形。由此可以反映出来的一部分问题是，在当事人诉求没有得到支持的案件中，很多当事人的诉讼思路和诉讼目的并不十分明确，常常希望通过一个行政诉讼来解决其所有的争议，甚至将好几个行政行为放在一个案件中来诉，其诉讼目的自然也就难以实现。

4. 案件焦点集中——通常集中为原告资格判断问题以及履责主体职权之确定问题

涉部委投诉举报类案件的争议焦点相对集中，一般法院的审理焦点主要集中在原告资格判断和履责主体职权之确定问题上，其中原告资格的实质是利害关系的判断，而履责主体职权之确定即判断相应的行政机关是否具有履行相关义务的职责，相对而言对于国家部委对投诉举报实体处理是否得当的审查相对较少。本次课题组统计的140起涉部委投诉举报类型案件中，争议焦点为原告资格判断的案件共计36件，占案件总数的26%，争议焦点为涉及投诉举报事项是否属于被告职责范围的案件共计28件，占案件总数的20%。（见图2）

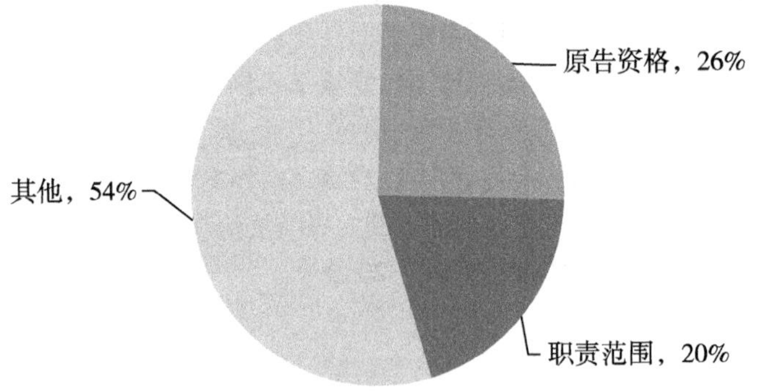

图2 争议焦点

（二）国家部委对涉部委投诉举报类案件的处理情况

1.国家部委对于当事人的此类举报投诉多数按信访处理。涉案的国家部委大多认为当事人的举报事项不属于本机关职责范围，所以按照信访事项将原告的投诉事项转交下级行政机关处理。由此可知，有些国家部委对于投诉举报类案件的处理方式及思路过于单一，应当将属于信访渠道解决的案件与其他应当走复议程序或者信息公开程序的案件区分开，否则将增大自身败诉的可能。

2.国家部委将行政复议案件、政府信息公开类案件与单纯的投诉举报类案件混淆处理。如上文分析，涉部委投诉举报类案件多与行政复议案件与政府信息公开类案件存在交叉，在此类案件的当事人起诉要求履行行政复议或政府信息公开职责的案件中，国家部委均认为案件实质为举报投诉事项，故未按照行政复议程序或政府信息公开的程序处理。

（三）人民法院对涉部委投诉举报类案件的审理情况

1.从裁判结果来看，此类案件呈现裁定驳回原告起诉和判决被告履行法定职责两项审理结果居多的情况。本次课题组统计的140件案件中，裁定驳回原告起诉的案件共计54件，判决被告履行法定职责的案件共计20件，分别占全部案件数量的39%和14%。而判决被告履行法定职责的案件则多因被告未按照复议程序或政府信息公开程序处理。（见图3）

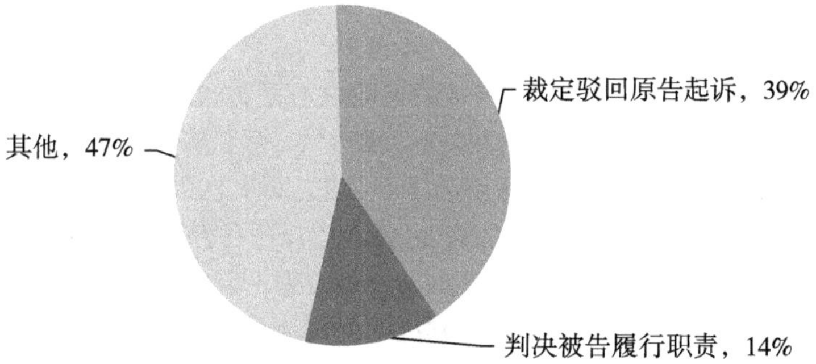

图3 裁判结果

2.人民法院实体审理国家部委对原告举报投诉事项处理是否恰当的案件数量相对较少。前一点决定了法院认为在多数涉部委投诉举报类案件中，当事人与举报投诉事项之间并不具有利害关系或者国家部委对原告举报投诉的事项并无法定职责，所以人民法院往往并不涉及国家部委对原告举报投诉事项实体处理是否恰当的审理。

3.人民法院裁判标准尚不统一。对于国家部委认为不属于其法定职责范围，转信访程序处理的案件，我院的审理结果出现判决驳回诉讼请求和裁定驳回起诉两种。

二、原告资格的判断

原告资格的判断是行政诉讼的“老大难”问题，在涉部委投诉举报类案件中尤为突出。与行政处罚类传统行政案件不同，投诉举报类案件系因当事人的申请而发生。在考量此类案件的原告资格时，需进行“一破一立”，即破除“相对人理论”的简单套用，确立以诉讼利益为核心的原告资格判断标准。

（一）“相对人理论”的摒弃

“相对人理论”是一种原告资格的判断标准，依据该标准，任何行政行为的相对人都具有针对该行政行为起诉的原告资格。在撤销之诉中，被诉行政行为本身就是行政机关针对相对人作出的不利处分，相对人与该行政行为之间当然具有利害关系，也就当然具有原告资格。

但投诉举报类案件属于课予义务之诉，并非撤销之诉。即便在拒绝申请之诉中包含了撤销某个具体行政行为的内容，但其最终目的并不止于此，其最终还是要求行政机关作出某种“给付”，这一点是撤销诉讼所不具备的。正如弗里德赫尔穆·胡芬所言：“对于行政机关否定决定提起的诉讼，从根本上看针对的也不是否定决定本身，而是要求履行某一种给付义务。也就是说，否定决定之诉并不包含任何（对否定决定本身的）撤销，因为这种诉讼纯粹是义务之诉，尽管在义务之诉的判决中宣布的，通常是对否定决定或复议决定的撤销。”①

在课予义务之诉中简单套用“相对人理论”会导致滥诉产生，严重减损司法效能的发挥。理由在于，投诉举报人可以轻易向行政机关提出若干份申请，这些申请可能与申请人自身的合法权益毫无关联，与此相关的诉讼也不会给申请人带来任何实体权利救济。如果此时赋予相对人原告资格，会使大量无意义的案件进入实体审理，徒增法院的工作量，也会浪费大量的行政资源，导致原告资格筛查这一“诉讼调节阀”丧失功能。

（二）以诉讼利益考量原告资格

原告资格的实质是利害关系，而利害关系的核心是诉讼利益。事实上，“相对人理论”适用于撤销之诉时，其亦符合诉讼利益的判断标准，两者属于形式与实质的关系。只是“相对人理论”这种形式判断标准适用于课予义务之诉时发生了“南辕北辙”之效果，故需要我们回归到原告资格的实质去进行考量，即考察原告是否具有诉讼利益。

关于诉讼利益，日本和我国台湾地区的行政诉讼理论研究较为深入。根据我国台湾地区的通论，诉讼利益是指法院作出本案判决的必要性。诉讼利益可进一步划分为当事人适格（主观诉之利益）和权利保护必要（客观诉之利益）。所谓当事人适格，是指就具体之特定诉讼，得以自己名义为原告或被告，因而得受本案判决者而言。所谓权利保护必要，是指“系争事件性质适于法院介入并加以审判者而言。② 在日本，依据权利保护请求权说③，诉讼利益可分为权利保护资格（审判对象适格）、当事人适格和权利保护利益（狭

---

① ［德］弗里德赫尔穆·胡芬：《行政诉讼法》，莫光华译，法律出版社2003年版，第205～282页。

② 翁岳生编：《行政法》，中国法制出版社2009年版，第1428～1429页。

③ 权利保护请求权说（Theorie vom Rechtsschutzanspruch）在1880年由近代公法学者Laband及诉讼法学者Wach提倡以后，由Hellwig、Stein、Seuffent等学者继续主张，一度成为德国学术界的通说。该学说是一种诉权学说，认为诉权是当事人就具体内容请求法院作出利己裁判的权利。根据这一学说，诉权的存在必须要具备权利保护要件，这种权利保护要件可以分为实体要件和诉讼要件。也就是说，该诉权学说发现了诉讼上的权利保护要件，将诉权和实体法上的权利予以区分、确认，承认诉权是依据公法产生的权利的同时，将原告的具体权利主张作为诉权的内容，并以个案来解释诉权的具体化。

义诉之利益),三者合称为诉讼上权利保护要件。①

关于诉讼利益的判断,日本法院所采取的框架可以概括为如下三个要件:“第一,该起诉者是否因系争行政行为而受到利益侵害(不利要件)?第二,该利益是否受到行政法规的保护(保护范围要件)?第三,行政法规是否对该利益施以个别性保护(个别保护要件)?”②

循此标准,投诉举报人只有与其提出的投诉举报事项具有诉讼利益时方才具有原告资格,其具体审查思路为:第一,行政机关对于原告的投诉举报事项作出的处理(或是不予答复)是否对原告造成利益侵害;第二,这种利益侵害是否属于特定的行政法律规范所明确保护的合法权益;第三,特定的行政法律规范所提供的权利保护是否属于个别性保护,而不是基于行政管理秩序的维护所产生的针对不特定公众所提供的一般性权利保护。例如,工商机关打击制假贩假,当然会对消费者起到保护作用;金融监管机关打击金融违法行为,当然会对投资者起到保护作用;食品药品监管机关打击违反食品药品安全法律的违法行为,当然会对食品药品的消费者起到保护作用;市场监管机关对不正当竞争行为进行打击,当然会对市场竞争者起到保护作用。但是,如果行政机关的监管行为只是维护公共利益,并进而客观上起到保护不特定的市场参与主体合法权益的功能,对于具体的市场主体而言,则只是获得一种“反射利益”,不是产生原告资格所需的诉讼利益。

(三)诉讼利益判断标准的具体适用

诉讼利益判断的基础是实体权利保护规范,即行政法律规范中的实体权利保护条款。但是,我国的行政管理部门十分庞杂,每一个部门的行政管理规范数量也蔚为壮观,实难一一穷尽。故课题组选取了实践中涉及较多的几个部门作为研究对象,结合前述判断标准和步骤进行评析,以期能够有助于准确理解和适用诉讼利益的判断标准。

1. 金融管理领域投诉举报人的利害关系分析

在原告曾某某诉被告中国银监会要求履行法定职责一案中③,原告诉称,其发现北京农商银行王府井支行违规销售理财产品,遂向被告的派出机构北京银监局递交投诉举报材料,但北京银监局拒绝履行监管职责,故请求法院判令北京银监局依法对原告的投诉举报材料作出处理决定。法院经审理认为,原告以北京农商银行王府井支行违规销售理财产品为由向北京银监局投诉举报,认为北京银监局未履行法定监管职责而以银监会为被告提起本案之诉。原告并未购买其投诉举报的理财产品,故其与该投诉举报的处理不存在利害关系,其提起本案之诉,不符合原告主体资格的要求。且原告系向北京银监局递交投诉举报材料,北京银监局亦为独立的事业法人,故原告以银监会为被告提起本案之诉亦缺乏事实根据。综上,法院裁定驳回原告起诉。

在上述案件中,原告针对违法销售理财产品行为向行政机关提出投诉,但原告本身并未购买该理财产品,即便违法销售理财产品行为确实存在且行政机关未对其投诉进行处

① [日]原田尚彦:《诉之利益》,东京弘文堂1973年版,第1~3页。转引自王天华:《行政诉讼的构造:日本行政诉讼法研究》,法律出版社2010年版,第42~43页。

② 王天华:《行政诉讼的构造:日本行政诉讼法研究》,法律出版社2010年版,第23~24页。

③ (2015)一中行初字第1595号。

理,也不会导致原告的合法权益受损。因此,本案之诉欠缺不利要件,原告不具有提起本案之诉的原告资格。

2. 社会保险领域投诉举报人的利害关系分析

在原告邹某某诉被告全国社会保障基金理事会(以下简称社保理事会)不履行法定职责一案中①,原告提出,被告拒不履行《社会保险法》第 71 条和《全国社会保障基金投资管理暂行办法》第 14 条第 5 项规定的法定职责,在鼎晖违反忠诚条款的情况下,拒不依法收回鼎晖管理的 50 亿元社保基金,拒绝原告要求保护涉及本人财产利益的社会保障基金的申请,故请求法院判令被告履行上述法定职责,收回非法挪用给鼎晖管理的 50 亿元社保基金。

法院经审理认为,《社会保险法》第 71 条规定,全国社会保障基金由全国社会保障基金管理运营机构负责管理运营,在保证安全的前提下实现保值增值。被告作为全国社会保障基金管理运营机构,其对全国社会保障基金进行管理运营,并在保证安全的前提下实现全国社会保障基金的保值增值等,均系维护社会公共利益,并非保护特定利害关系人的权益。原告主张自己作为社会保险的参加人所享有的权利是任何不特定的社会保险参加人均享有的权益,并不能作为原告请求被告履行全国社会保障基金管理运营及相关职责的权利依据,原告与请求被告履行的职责之间并不具有法律上利害关系,其不具备提起本案诉讼的原告资格。据此,法院裁定驳回原告的起诉。

在上述案件中,原告作为社会保险的参加人,社会保障基金的管理和运营最终可能会影响到其个人利益。但是,《社会保险法》第 71 条之规定立足于全国社会保障基金的安全和保值增值,着眼于全体社会保险参加人的利益保护,即维护的是社会公共利益,并不强调对特定社会保险参加人权利的保护。原告作为众多社会保险参加人中的一员,其提起的本案之诉欠缺个别保护要件,故也不具备原告资格。

3. 住房和城乡建设领域投诉举报人的利害关系分析

在原告范某某诉被告住房和城乡建设部要求履行法定职责一案中②,原告向被告举报苏州新东方公司"申报资质弄虚作假,不具备甲级设计资质承揽业务的技术能力。"因认为被告未依法履行查处职责,原告向本院提起行政诉讼,请求法院判令被告针对其举报予以调查处理。在案件开庭审理过程中,原告表示其与苏州新东方公司存在劳动争议,其有权在被告网上公示苏州新东方公司甲级建筑设计资质核准期间进行举报。法院经审理认为,原告举报反映的苏州新东方公司"申报资质弄虚作假,不具备甲级设计资质承揽业务的技术能力"等问题,与原告不具有法律上的利害关系,其不具有提起本案诉讼的原告主体资格,最终裁定驳回原告起诉。

在上述案件中,原告提出的投诉举报事项涉及建筑许可这一行政管理领域。对此,《建筑法》第 13 条规定,从事建筑活动的建筑施工企业、勘察单位、设计单位和工程监理单位,按照其拥有的注册资本、专业技术人员、技术装备和已完成的建筑工程业绩等资质条件,划分为不同的资质等级,经资质审查合格,取得相应等级的资质证书后,方可在其资

---

① 本院(2015)一中行初字第 155 号。

② 本院(2015)一中行初字第 2446 号。

质等级许可的范围内从事建筑活动。结合该法第 1 条之规定可知,对建筑行业从业资格进行管理的目的是维护建筑市场秩序,保证建筑工程的质量和安全,促进建筑业健康发展。而原告所主张的受损权益产生于其与苏州新东方公司之间的劳动争议,该权益并非行政机关在进行建筑许可时所需考量的内容。换言之,即便原告因与苏州新东方公司之间的劳动争议确实受到权益损害,该受损权益也不在建筑许可相关行政法律规范保护的范围之内,不能通过与建筑许可相关的行政诉讼途径解决,而应当通过劳动仲裁或是民事诉讼途径进行救济。

4. 环境保护管理领域投诉举报人的利害关系分析

在原告杨某诉被告环境保护部要求履行法定职责一案中,原告向被告提出申请,要求被告对汪某某超出登记类别从事环境影响评价的行为作出处罚并给予原告书面处理结果。因被告未给予答复,原告诉请法院判决确认被告不履行环境影响评价工程师职业资格登记管理职责违法,并判令被告履行职责并给予书面处理结果。法院经审理认为,原告与其举报的事项不具有法律上的利害关系,其提起的本案诉讼不符合法定起诉条件,遂裁定驳回其起诉。

本案涉及环境影响评价工程师职业资格管理领域,对此,《环境影响评价工程师职业资格制度暂行规定》第 1 条规定,其制定目的在于加强对环境影响评价专业技术人员的管理,规范环境影响评价行为,提高环境影响评价专业技术人员素质和业务水平,维护国家环境安全和公众利益。《环境影响评价工程师职业资格登记管理暂行办法》第 1 条规定,其制定目的在于保证环境影响评价工程师职业资格制度的实施,加强对环境影响评价工程师职业资格的登记管理。由此可知,环境影响评价工程师职业资格管理制度设立的目的并不在于保护特定公民或组织的环境权利。即使环境影响评价工程师出现违法违纪行为,行政主管部门在进行处罚时,也是从职业资格管理制度设立的上述宗旨出发来考量,并不考虑违法环境影响评价行为所涉及的特定公民或组织的环境权利。况且,在上述环境影响评价工程师职业资格管理的法律规范中,也未提及行政主管部门在作出行政处罚的过程中需要征求或听取投诉举报人的意见。因此,投诉人基于其环境权利受到的损害与环境影响评价工程师超出登记范围从事环境影响评价行为之间存在利害关系。

5. 工商行政管理领域投诉举报人的利害关系分析

在原告王某某诉被告国家工商行政管理总局作出的不予受理行政复议申请决定一案中①,原告向西藏自治区工商行政管理局举报西藏电视台"艾迪生助听器"和"大屏省电手机"两则广告违法,西藏自治区工商行政管理局经审查未作出立案决定。原告不服,向被告提出行政复议。被告经审查认为,原告与其投诉事项不具有利害关系,决定不予受理复议申请。本院经审理认为,被告作出的上述认定正确,遂判决驳回原告诉讼请求。

本案中,原告认为西藏工商局针对其举报西藏电视台"艾迪生助听器"和"大屏省电手机"两则广告未作出立案决定违法,并以此为由向被告提出行政复议。但是,原告并未提交证据证明其自身合法权益受到上述广告行为的侵害,且西藏工商局对其举报未作出

① (2015)一中行初字第 2444 号。

立案决定的行为对原告的合法权益直接造成不利影响。仅仅基于举报行为本身,原告并不能与其申请复议的行为之间建立法律上的利害关系。

三、投诉举报履责主体法定职责之确定

(一)法定职责概念辨析

1. 法定职责与作为义务

《行政诉讼法》中“法定职责”一词共出现了 8 处[①],但并无具体规定。就文意理解,法定职责,即法律规定的行政机关的作为义务。该作为义务,或为实现法律所规定的公共秩序、行政目的,或同时实现公民、法人人身权、财产权等利益。

一般而言,行政机关的作为义务有以下来源:一是法律规定;二是行政合同、行政承诺等行政行为设定;三是先行行为引起等。[②] 就投诉举报履责案件而言,法定职责仅指法律规定的作为义务。此处,“法律”应作广义理解,不仅包括法律,还应当包括法规、规章、自治条例及单行条例。同时,可参照其他规范性文件的具体规定以确定,但应以不与上位法规定相抵触为前提。[③]

另外,并非所有的法律规定的作为义务,均是履责案件中确定履责主体意义上的法定职责。如《行政处罚法》第 31 条规定,行政机关在作出行政处罚决定之前,应当告知当事人作出行政处罚决定的事实、理由及依据,并告知当事人依法享有的权利。该条所规定的行政机关负有的告知义务,虽然是法定作为义务,但显然并非此处所探讨的法定职责。

2. 法定职责与管辖权[④]

实际上,履责之诉中的法定职责,是指作出某一行政行为、行政处理或者给付的作为义务。该职责源于行政机关对特定领域行政事务的主管权力,即管辖权。所以,确定履责主体的法定职责,应以确定行政机关的管辖权为根据。

行政机关的管辖权,大致分为三类:一是行政部门管辖,即同一级政府或政府部门之间对行政事务的管辖分工;二是级别管辖,即不同级别行政机关之间对行政事务的管辖分工;三是地域管辖,同一行政领域不同地域之间的行政机关的管辖分工。如《行政处罚法》第 20 条规定,行政处罚由违法行为发生地的县级以上地方人民政府具有行政处罚权的行政机关管辖,即是对行政处罚地域管辖之概括规定。

由于地域管辖通常较为具体、明确,不会产生争议。但对于部门管辖及级别管辖,由于行政管理领域范围较广,有的领域相关法律规定不尽完善,对于职责规定不够清晰,在确定履责主体时较为困难。故下文着重讨论。

(二)部门管辖

部门管辖是对同一行政层级不同行政机关之间横向的管辖权确定,类似于法院受案范围的规定。如《环境保护法》第 10 条第 1 款规定,国务院环境保护主管部门,对全国环

---

① 参见《行政诉讼法》第 12、38、47、69、72、74 条。

② 江必新、梁凤云:《行政诉讼法理论与实务》,北京大学出版社 2011 年版,第 209 ~ 212 页。

③ 详细论述可参见江必新、梁凤云:《行政诉讼法理论与实务》,北京大学出版社 2011 年版,第 205 ~ 207 页。

④ 管辖权内容,参见何海波:《行政诉讼法》,法律出版社 2011 年版,第 259 页。

境保护工作实施统一监督管理;县级以上地方人民政府环境保护主管部门,对本行政区域环境保护工作实施统一监督管理。此规定确定了环境保护主管部门对环境保护领域的部门管辖权。但此种规定,较为概括笼统,需要参考具体规定加以把握。司法实践中,对部委投诉举报履责类案件中确定部门管辖权时,有如下具体方法。

1. 根据具体职权确定职责

法律仅笼统地规定了行政机关对某领域或行业具有监管职责,尚不足以构成确定的法定职责。此时,需根据原告投诉举报所涉事项的具体内容,结合行政机关具体职权(如处罚权、许可权、审批权)加以认定。

例如,申请人向保监会投诉保险合同欺诈行为,要求保监会履行查处保险公司合同欺诈行为的法定职责。《保险法》第9条第1款仅规定,国务院保险监督管理机构依法对保险业实施监督管理。但根据该法第116条第1项、第161条的相关规定①,保险监督管理机构对保险公司及其工作人员在保险业务活动中欺骗投保人、被保险人或者受益人的行为,有行政处罚权。②

又如,申请人向工信部投诉小灵通通信收费服务问题。《无线电管理条例》第22条第2款规定了国家无线电管理机构、地方无线电管理机构根据设台(站)审批权限对无线电频率进行指配。但并未具体规定国家与地方机构的审批权限的划分。而《设置使用微波接力通信台站管理规定》第5、6条③则对相关审批权限作了进一步的规定。所以,在法律没有对举报投诉的具体事项权限作出明确规定的时候,可通过审批权确定相关领域的管理职权。④

2. 以有权作出行政行为须审查的内容判断职责

在判断投诉举报事项是否属于被告职责时,通常审查其投诉举报事项所涉及的领域或者行业范围是否属于行政机关的主管范围。可通过该行政机关实施监管时所作行政行为须审查的内容,是否与投诉举报事项相关,作为判断其是否对投诉举报具有查处职责的标准。

例如,根据《环境影响评价法》第2条的规定,环境影响评价是指对规划和建设项目实施后可能造成的环境影响进行分析、预测和评估,提出预防或者减轻不良环境影响的对策和措施,进行跟踪监测的方法与制度。原告请求环保部调查并评价某地块上的建设行为是否对地铁3号线构成重大安全危险,而其要求调查处理的问题系建设安全问题,依法

---

① 《保险法》第116条第1项规定,保险公司及其工作人员在保险业务活动中不得欺骗投保人、被保险人或者受益人。第161条规定,保险公司有本法第116条规定行为之一的,由保险监督管理机构责令改正,处5万元以上30万元以下的罚款;情节严重的,限制其业务范围、责令停止接受新业务或者吊销业务许可证。

② (2016)京行终426号。

③ 《设置使用微波接力通信台站管理规定》第5条:设置、使用对境外及港澳台地区通信的微波接力通信台站;设置、使用跨省(自治区、直辖市)通信的微波接力通信台站;中央国家机关(含其在京直属单位)设置、使用的微波接力通信台站;在3400~7125MHz频段内设置、使用的微波接力通信台站,由国家无线电管理委员会办公室审批。第6条:除上述以外的省内通信的微波接力通信台站,由台站所在省(自治区、直辖市)无线电管理委员会办公室审批,并报国家无线电管理委员会办公室备案。

④ (2015)一中行初字第1355号。

不属于被告作出的涉案环评批复的范畴，不属于被告的职责范畴。①

3. 法律明确规定属于其他行政机关的法定职责

虽然法律规定国务院部委对某领域或者行业具有监督管理职权，但对于具体事项的管辖，明确规定属于人民政府或其他机关法定职责的，应以特别规定为准。

例如，根据《土地管理法实施条例》第25条第3款、《征收土地公告办法》第15条，在农用地征地过程中，对补偿标准存在争议的，由县级以上地方人民政府协调，协调不成的，由批准征用土地的人民政府裁决。因未按照依法批准的征用土地方案和征地补偿、安置方案进行补偿、安置引发争议的，由市、县人民政府协调；协调不成的，由上一级地方人民政府裁决。虽然《土地管理法》第5条规定，国务院土地行政主管部门统一负责全国土地的管理和监督工作。但依据前述具体规定，国土部并不具有对因补偿安置标准产生争议，或因未按照补偿安置方案进行补偿、安置引发的争议进行处理的法定职责。②

4. 以作出行政行为的行政机关判断职责

一般情形下，行政机关作出行政行为，本机关及上级行政机关均有撤销之权。所以，作出行政行为的机关或者其上级行政机关以外的其他机关，并无撤销该行政行为之权。③

例如，原告提出的控告信要求国土部确认浙江省杭州市人民政府颁发的土地证书无效并予以撤销，根据《土地管理法》相关规定，土地证书由市、县人民政府颁发。故，国土部并无撤销地方人民政府颁发的土地证书的法定职责。④

5. 其他公共组织自主权与行政职责的确定

虽然法律规定国务院部委对某领域或者行业具有监督管理职权，但同时确定了其他公共组织对具体事务具有自主管理权的，宜认定国务院部委对该具体事务不具有处理职责。

例如，《教育法》第15条虽然规定，国务院教育行政部门主管全国教育工作，统筹规划、协调管理全国的教育事业。但，同时该法第29条第1款第3项规定，学校及其他教育机构行使招收学生或者其他受教育者的权利。《高等教育法》第32条亦规定，高等学校根据社会需求、办学条件和国家核定的办学规模，制定招生方案，自主调节系科招生比例。因此，高等学校招生权属于高等学校办学自主权的范畴。原告申诉认为涉案学校在硕士生招生工作中存在违法问题，要求教育部履行查处职责缺乏法律依据。⑤

（三）级别管辖

级别管辖系对同一行政领域不同层级机关之间纵向的管辖权划分。与诉讼法上确定的法院级别管辖类似，级别管辖的划分主要遵循行政效率原则，将主要的纠纷化解在当地、化解在基层。同时，也考虑不同层级行政机关的职权重点。较为基层部门主要执行法

---

① （2015）一中行初字第2155号。

② （2015）一中行初字第1342号。

③ 如《行政许可法》第69条第1款规定：作出行政许可决定的行政机关或者其上级行政机关，根据利害关系人的请求或者依据职权，可以撤销行政许可。

④ （2015）一中行初字第2144号。

⑤ （2014）一中行初字第1957号。

律、政策，高级别部门则统一政策研究、制定及实施监督。如前所述，《环境保护法》第10条第1款规定了国务院环境保护主管部门，对全国环境保护工作实施统一监督管理；县级以上地方人民政府环境保护主管部门，对本行政区域环境保护工作实施统一监督管理。但此种规定，仅是确立了级别管辖的原则，并未作具体规定。所以在实践中，需要参考具体规定加以确定。如无具体规定，则应遵循属地原则加以确定。

1. 法律明确规定级别管辖

按照职权法定的原则，法律明确规定由下级行政机关查处的，主管部委不具有管辖权。申请人向该部委投诉举报的，要求其履行职责的，缺乏法律依据，应裁定驳回其起诉。例如，根据《医疗事故处理条例》第38条第1款，发生医疗事故争议，当事人申请卫生行政部门处理的，由医疗机构所在地的县级人民政府卫生行政部门受理。如符合该条第2款情形的，县级人民政府卫生行政部门应当自接到医疗机构的报告或者当事人提出医疗事故争议处理申请之日起7日内移送上一级人民政府卫生行政部门处理。原告向国家卫计委提出投诉，要求针对其所称的医疗事故争议进行处理。依据上述条例规定，应由县级人民政府卫生行政部门受理，国家卫计委并无管辖权。① 又如，《工商行政管理部门处理消费者投诉办法》第6条规定，消费者投诉由经营者所在地或者经营行为发生地的县（市）、区工商行政管理部门管辖。此即通过规章直接确定消费者投诉的级别管辖机关。

2. 按照属地化管理原则确定职责

对于法律规定国务院部委及地方各级主管行政机关均有对某领域或者行业具有监督管理职权的情况下，如法律明确规定下级机关有具体管辖职责的，或者虽无明确规定，但国务院部委收到投诉举报后认为应由属于下级机关处理为宜的，有权依照规定或按照属地化管辖的原则转送下级主管机关处理。但法律明确规定属于其管辖的除外。如原《城市房屋拆迁管理条例》第5条规定，国务院建设行政主管部门对全国城市房屋拆迁工作实施监督管理。县级以上地方人民政府负责管理房屋拆迁工作的部门（以下简称房屋拆迁管理部门）对本行政区域内的城市房屋拆迁工作实施监督管理。原告向住建部提出申请，要求对强拆其房屋的相关行为进行查处。因为条例明确规定了地方房屋拆迁管理部门对本行政区域内的城市房屋拆迁工作实施监督管理，故，实际上确定了属地化管辖的原则。所以，原告直接申请住建部进行查处，显然不妥。② 如《土地管理法》第66条规定，县级以上人民政府土地行政主管部门对违反土地管理法律、法规的行为进行监督检查。该法第6条规定，任何单位和个人有权对违反土地管理法律、法规的行为提出检举和控告。原告向国土部提交查处申请，要求对其承包土地被违法使用、侵占等事项进行处理。而根据《国土资源违法行为查处工作规程》的相关规定，国土部管辖全国范围内重大、复杂和法律法规规定应当由其管辖的国土资源违法案件。国土部收到原告举报后，认为其举报事项不属于本机关管辖权限范围，根据原告举报涉嫌违法用地行为发生地等情况，将举报材料转至福建省国土资源厅。③

---

① （2015）一中行初字第1379号。

② （2016）京01行初95号。

③ （2015）一中行初字第2413号。

例外情况则是法律明确规定投诉举报事项归国务院部委管辖的，则不得移送下级机关或者派出机关。

(四)法定职责确定的其他问题

1. 特别救济程序前置

虽然法律规定国务院部委对某领域或者行业具有监督管理职权，但对于具体争议，设定了特别救济程序的，应按照该特别规定先行寻求救济。申请人直接向国务院部委投诉举报的，应予驳回。例如，《普通高等学校学生管理规定》第30、61、62、63条的规定，对处分及退学处理不服的，学生应当向学校学生申诉处理委员会提出申诉，对学生申诉处理委员会的复查决定不服的，应当向学校所在地省级教育行政部门提出申诉，由学校所在地省级教育行政部门进行处理并作出答复。所以，虽然《高等教育法》第14条规定国务院教育行政部门主管全国高等教育工作，管理由国务院确定的主要为全国培养人才的高等学校。教育部亦不具有直接受理学生对处分及退学处理的申诉，并作出处理的法定职责。①

2. 行政机关系统监督规定不能作为法定职责依据

在投诉举报类案件中，申请人经常依照组织法或者单行法中指导、监督条款，请求国务院部委履行监督下级厅、局的职责；还存在要求行政复议机关监督被申请人对复议决定履行的职责等。在组织法意义上，国务院部委负责全国某领域或行业的监督管理。同时，也负责对下级对口厅、局进行指导、监督。但此类指导、监督，属于行政机关系统内部基于公共利益和业务管理采取的措施，具有相当大的政策性和自由裁量空间。法院无权也不可能去审查行政机关基于此类规定是否履行职责。如果投诉举报人是对具体的行政行为不服，要求上级监督、撤销或者变更的，则可以直接依据法律规定提起行政复议或者诉讼，而不是提起履责之诉。基于上述考虑，目前司法实践中，对于此类案件，法院均以原告起诉不具有事实依据裁定驳回起诉。②

3. 原告对被告具有职责的说明责任

根据最高人民法院《关于行政诉讼证据若干问题的规定》(以下简称《行政诉讼证据规定》)第4条，原告起诉时，应当提供符合起诉条件的相应证据材料。同时，在不作为案件中，须对行政程序中提出过申请举证。在司法实践中，被告如无法定职责，法院一般以原告起诉没有事实依据裁定驳回起诉，属于起诉条件的审查。但是，确定是否有法定职责，并非须通过证据证明的事实问题，而是须依据相关规定确定的法律问题。故应由法院依据法律规定判断。基于此，不应以原告或者被告对有无职责未尽到举证责任，而依据证据规则判其败诉。现实中，除非要求履行的职责并非被告职责，而是其他行政机关职责的情形外，被告无法通过法律规定来说明其不具有某项职责。在此情形下，原告则更多地承担了通过法律规定来说明被告具有某项职责的责任，否则无法支持自己的起诉主张。但

---

① (2014)一中行初字第1653号。

② (2016)京01行初90号案件中，原告申请国土部履行对天津市国土资源和房屋管理局、天津市南开区房地产管理局监督的职责；(2015)一中行初字第1379号案件中，原告申请国家卫计委对其信访材料转至四川省卫生厅后的办理情况进行监督，均属此例。

需要注意，无论何种情况下，原告也仅对自己的主张有说明责任，而并非举证责任。①

四、履责程序的审查

我国尚未制定统一的行政程序法典，对于行政程序的规定，散落于各个专门的行政法律法规之中，比如《行政许可法》《行政处罚法》《行政强制法》等，但这些专门法有关行政程序的规定，难以适用于投诉举报类案件。近年来，一些部委陆续制定实施了有关投诉举报事项的处理办法，如工商总局制定的消费者投诉办法、工商行政处罚程序规定，食药总局制定的投诉办法等②，这些规章一般从职权划分、受理范围、办理程序、监督管理等方面进行了明确，但从具体的规定上看，存在两个问题：一是"各出各门"，不同的部委对投诉举报的办理程序规定不一。如同样是对食品的投诉举报，工商部门和食药部门的规定就有很大的差异。工商总局首先将投诉和举报予以区分，明确投诉人只能是基于消费者权益受损的主体，举报人则可以是公益性的；其次，规定工商机关收到后7个工作日内要作出是否受理的决定并告知投诉人，对于举报，工商机关应将处理结果告知具名举报人。而食药部门则将投诉、举报一并规定之，明确在收到投诉举报后5日内作出是否受理的决定，不予受理的，15日内将这一结果以适当方式告知投诉举报人，受理的，在办结之后将处理结果以适当方式告知投诉举报人；并明确规定了转办的期限和程序。二是规定不够明确。如将处理结果告知投诉举报人，如何告知？不予告知有何后果？再如转办，认为不属于自己职责范畴的，应否转办？如何转办？对于这些在处理程序中必然会遇到的问题，各个部委的规定并不明确。

实践中，涉部委投诉举报类案件的特点在于，国家部委因职能的宏观性，对于属于一线执法的投诉举报问题，大多不具有直接进行受理并查处的职责，甚至有很大一部分不属于本机关职责。数据显示，2014至2016年来，我院涉部委投诉举报案件，20%的案件因投诉举报事项不属于被告职责范畴而裁定驳回了原告的起诉，11%的案件系因行政机关受到投诉举报后，转办下级机关或其他机关办理而引发纠纷。因此，对于涉部委的投诉举报案件，在审查其履责程序时，主要存在四个方面的问题：

1. 对于不属于本机关职权范围的投诉举报，应如何处理？一种观点认为，如所投诉举报事项不属于行政机关的职权范围，该部委应予以转办或者告知投诉举报人向有权机关再次提交，否则，当事人有权起诉要求履责。如果该事项属于下级机关的职责范畴，则该机关转办下级机关处理后，还应将处理结果告知投诉举报人。另一种观点认为，需要区分投诉举报事项是属于该机关系统内职责事项但不属于该机关职责事项、还是属于其他系统的事项来进行处理。对于不属于本系统的投诉举报事项，因自始不具有职责，故行政机关无论处理与否、处理正确与否，都对投诉举报人不产生实际影响，法院无须对该处理程

---

① (2015)一中行初字第1377号案件行政裁定书的说理值得商榷。

② 主要有：《工商行政管理机关行政处罚程序规定》《工商行政管理部门处理消费者投诉办法》《食品药品投诉举报管理办法》《保险消费投诉处理管理办法》《保险违法行为举报处理工作办法》《住房城乡建设领域违法违规行为举报管理办法》《旅游投诉处理办法》《铁路工程建设投诉举报处理办法(2016)》《电信用户申诉处理暂行办法》《政府采购供应商投诉处理办法》《国家能源局12398能源监管热线投诉举报处理暂行办法》《征信投诉办理规程》《无证行医查处工作规范》。

序进行审查。而对于属于该行政机关系统的职权事项但不属于该部委的处理事项，收到投诉举报的部委负有转送下级有权机关办理的职责。

2. 属于本机关职权范围的投诉举报，行政机关的处理程序中，事关投诉举报人的应有哪些？一种观点认为，行政机关对于受理与否的决定、处理结果，在法律、法规、规章明确规定了告知义务的情况下，应履行告知义务，否则将承担程序不正当的法律后果。投诉举报人作为该投诉举报事项查处程序的提起人，处理结果与其有利害关系，对违法处理的程序、结果不服的，均有权提起诉讼，法院应据此对被诉行政行为合法性进行全面审查。另一种观点认为，行政机关将投诉举报的受理、处理结果告知投诉举报人，属于程序性告知，该告知行为实际对当事人的权利义务并不产生实际影响，故而对该告知程序进行审查，没有实际意义。而至于行政机关的投诉处理结果，投诉举报人只是提供了违法线索，该办理结果对投诉举报人的权利义务并无影响，故投诉举报就处理结果不服提起诉讼的，法院无须进入实体审查。

3. 收到投诉举报后，转信访程序办理的，该程序的合法性如何判断？当事人不服该信访答复的，能否起诉？部委因职权特殊，一般进行宏观性监管，直接进行调查处理的事项极其有限，对于所受投诉举报，部分部委自行制定了规定来规制处理程序。但实践中，一方面，明确处理程序的规定十分有限，另一方面，投诉举报的形式多样，甚至有的以信访形式提出。对此，一种观点认为，不能简单易作出答复的形式来判断，如行政机关对投诉举报事项有查处职责，则即便行政机关以信访答复的形式作出，亦不能规避司法审查。另一种观点认为，要考虑部委的职权特殊性，在法律没有就具体职权事项、投诉举报处理程序作出规定的情况下，行政机关以何种程序处理，均不宜进入司法程序进行审查，相反，司法要鼓励行政机关依据实际情况作出转办这一积极作为，如司法审查过严，会打击行政机关主动作为的积极性。

4. 对于转下级机关办理的，如何认定转办的效力？实践中，行政机关有一种操作办法：收到投诉举报后，转下级机关办理，下级机关办理完结后报告处理结果，行政机关再将处理结果告知投诉举报人。此种情况下，一个需要首选判断的问题是行政机关的这一转办行为是委托还是授权？委托与授权归属不同的法律效力，这是毋庸置疑的。部委的特殊性在于，一般情况下，法律都会泛泛规定某某部委系行业监管机关。至于怎么监管，由部委自行去斟酌。有的部委授权下级机关、属地办理，有的部委在授权的同时，保留自行处理的空间，做法不一，导致诉讼中审查的范围和深度也不能一概而论。曾某某诉银监会案即是典型的案例。一种观点认为，银监会已经明确属地管辖，且交由地方银监局办理的情况下，即已经履行了自身职责。另一种观点则认为，银监会明确属地管辖的办理程序是通过一个会议纪要，该会议纪要系内部文件，系对内部程序的分工，不能视为属于授权，而应属于委托，法律后果依法应由银监会承担；且即便属于授权，亦未排除银监会自身的职责，因此在转交地方银监局办理后，银监会应对办理程序、办理结果承担法律责任。

基于上述分析，审查涉部委投诉举报案件，需要基于部委的职能、案件性质具体判断，区别于直接向一线执法部门提出的投诉举报。在投诉举报类案件中，对履责程序的审查，要与诉讼主体资格、权益保护、正当程序原则等问题结合起来，综合判断分析。故我们认为，前述 4 个履责程序问题，宜采取以下方案来统一把握裁判标准：

1. 对于非属该部委所辖事项的,因对投诉举报事项自始不具有职权,故部委在收到投诉举报后,不具有转办的法定职责,其是否转有权机关、是否反馈投诉举报人,均不能导致案件进入实体审理之结果。

2. 对于非属部委直接履责事项,但属于部委所辖事项的,部委在收到投诉举报后,应转下级有权机关办理,或者告知投诉举报人直接向该有权机关提出。此种情况下,部委虽负有就转办予以程序告知义务,但鉴于该告知行为对当事人的权利义务并不产生实际影响,从避免引发大量诉讼、确保司法资源的有效利用的角度考量,不宜因此认定为程序违法。当事人仅对告知行为不服提起行政诉讼的,不宜纳入实体审查范围。

3. 对属部委履责事项的投诉举报。部委收到投诉举报后,负有将处理结果及时告知投诉举报人之义务,但同样基于前述第 2 点之考虑,我们认为,不宜对该告知义务的不当履行进行严格审查,只要以适当方式,让投诉举报人知晓处理结果即可。部委在收到投诉举报后,如未进行处理,投诉举报人作为程序提起人,有权起诉要求履行职责,法院应就部委未进行处理是否合法进行审查。但对于处理结果,不管是消费者基于自身消费权益受损提起投诉,还是举报人基于违法行为提起举报,行政机关的处理是否合法正当,均对投诉举报人不产生实际影响。消费者基于自身权益受损提起的投诉,其实际是要求部委帮助其解决民事纠纷,部委对该投诉的调解处理,只是其解决民事纠纷的一种途径,其对该处理不服,可以通过其他途径再行处理。而对违法行为的举报,则系为部委监管执法提供违法线索,部委在该违法线索的基础上展开监管执法,是基于维护市场秩序、行业管理秩序之必要,而非基于特定个体权益保护。

4. 对于委托下级机关办理,以及属部委与下级机关共同履责之事项,部委转下级机关办理后,不能排除其自身的职责,其依法应将处理结果告知投诉举报人;对于授权下级机关办理的投诉举报事项,部委在转办下级机关之后,即应视为履行了职责。

5. 对于转信访程序办理的问题。行政机关在收到投诉举报后,有的为规避处理,直接转信访程序办理,有的因没有设定投诉举报办理通告而转信访程序办理,有的则是误将投诉举报当信访件处理。此种情况下,要视该投诉举报事项是否为部委职责而定,在确定职责归属后,依法按照前述 4 种情况进行处理,不一概以信访事项论处。

五、滥诉的规制

(一)基本原则

1. 规制与保护相结合

滥诉现象的存在是诉权失范的表现之一,在对滥诉现象进行规制、引导公民理性诉讼的同时,必须兼顾到合法诉权的保护。行政诉讼的双方存在天然的不平等地位,法院必须准确识别原告方合理合法的诉求。这要求在实践中,不能以原告方的诉求所涉事项轻微或标的额较小就直接定性为滥诉,亦不能以原告先前的滥诉行为而将现行诉求定性为滥诉。滥诉嫌疑人合法行使诉权的行为理应得到法院支持。

2. 滥诉认定与处置权由人民法院依职权行使

行政诉讼中被告主张原告滥诉的,是否构成滥诉以及如何处置由人民法院依职权认定。滥诉虽造成行政资源与司法资源的巨大浪费,但作为诉讼程序启动以及进行中的行为,其定性应由人民法院统一进行。行政机关主张原告构成滥诉,仅是人民法院判断滥诉的一个考量因素。人民法院应综合考量原告在本诉中是否存在诉的利益、是否存在主观恶意、是否滥用诉讼权利等情节,在此基础上,参照相关标准决定采取相应的处置措施。

3. 正当程序

人民法院对滥诉行为人采取相应的处置,是对公民宪法权利的重大限制,直接影响到人民诉诸司法权利的实现,有些处置影响公民的财产权与人身权,必须符合正当程序原则。首先,限制性或惩罚性处置措施必须由法律法规作出明确规定。法律法规为滥诉行为人提供明确的救济渠道,比如复议权、陈述申辩权等。其次,人民法院经审查认为滥诉成立,在决定采取相应的处置措施前,应当听取行为人意见,并保障其陈述申辩权,必要时可以举行听证。比如对滥诉行为人采取禁诉措施前,应当将法院决定考虑的因素向其告知,并给予其对事实认定和法律适用提出异议的机会。最后,对滥诉的规制亦不能“滥”,须把握好度。所谓“滥”,即为过度使用。规制过“滥”会造成公民惧怕行使诉权,损害的是司法自身的公信力。“滥”用规制手段表现出的是司法的恣意、专横,是对正当程序原则的背离。

(二)可能的规制手段

1. 明确投诉举报类案件受理与裁判标准

调研认为,有下列情形之一,已经立案的,人民法院可以裁定驳回起诉,法律法规另有规定的除外:(1)原告认为行政机关对其投诉举报等不予答复或者拒绝履行法定职责提起诉讼,但不能证明其与投诉举报事项具有利害关系或者行政机关履行法定职责仅以保护公共利益为目的的;(2)原告认为上级机关不履行对下级机关的监督职责或者监察机关不履行监察职责提起诉讼的;(3)请求事项或争议已为生效裁判或行政机关的处理决定所羁束,原告仍基于相同的诉讼目的,围绕同一争议事项向各级行政机关提出履责请求并反复提起诉讼,且不能合理说明理由的;(4)就相关争议已经自愿签订和解或者补偿协议后,且协议尚未被已依法撤销或解除的情况下,原告仍围绕同一争议针对各行政机关反复提起履责之诉,且不能合理说明理由的。

需要指出的是,对于投诉举报滥诉类案件,人民法院立案审查部门应当严把审查关,能够根据有关事实定性的,由立案审查部门直接作出不予受理决定。这样可以避免程序空转,节省司法资源。立案审查部门在立案审查时,有必要与部委保持定期的通报制度,并加强研判,区分处理滥诉与正常的诉讼行为。

2. 以诚信原则作为裁判依据

根据《行政诉讼法》第 1 条的规定,行政诉讼的目的之一在于保护公民、法人或其他组织的合法权益。参照最高人民法院公布的典型案例(陆红霞案)的裁判要旨,无论是缺乏诉的利益、目的不当或有悖诉权行使的必要性、缺乏权利保护的正当性,滥诉行为的实质是一种缺乏诚信的诉讼行为。

诚信原则作为民法的帝王条款,其基本语意是要求人们在民事活动中行使民事权利和履行民事义务时应当讲究信用,严守诺言,诚实不欺,在不损害他人利益的前提下追求自己的利益,否则将获得不利的法律评价。诉讼行为同样需要遵循诚信原则。我们以诚信原则作为规制滥诉行为的原则依据,主要基于以下考虑:(1)《行政诉讼法》与司法解释提供的滥诉规制手段欠缺;(2)诚信原则内涵丰富,具备适用上的灵活性;(3)诚信原则与规制滥诉具有价值层面上的一致性。

在适用诚信原则时,需要由行政法官结合具体情节进行解释。保护诉权与规制滥诉是对行政法官自由裁量权行使效果进行评价的重要指标之一。行政法官在处理滥诉问题上一定程度上起到公民教官的作用。为保障自由裁量权的规范行使,有必要在市法院层面统一建立指导案例库,为司法裁量提供标准与指导。

3. 滥诉方支付对方合理费用

滥诉者的主观目的不在于取得胜诉的结果,而在于给对方当事人增加不合理的讼累,从而取得诉讼外的不当利益。用经济手段对滥诉行为加以规制,效果是最直接的。滥诉者会对其行为进行成本效益分析,若成本高于效益,自然不会实施滥诉行为。

我国诉讼法上以经济手段进行滥诉规制的规定,散见于有关部门法中。主要包括:《民事诉讼法》第7条,《民事诉讼法司法解释》第102条第3款、第112条第2款、第118条,《行政诉讼证据规定》第75条,《诉讼费用交纳办法》第29条。由败诉方承担对方当事人律师费等合理费用的规定主要散见于知识产权侵权、不正当竞争、法律援助、合同纠纷等领域的司法解释中。实践中,该部分费用一般由法院根据案情酌定。

分析上述规定,除当事人在证据提交方面存在恶意或重大过失的情形外,将律师费、交通费用等费用列入行政诉讼合理费用范围,由法院酌定负担,并无现行法的依据。调研认为,律师费、交通费用等费用作为合理费用由法院酌定败诉方向对方支付,是考虑了败诉方的诉讼行为或由其引起的诉讼行为给胜诉方造成了额外的讼累,是一种侵权行为。滥诉方的直接目的即为增加对方的讼累,可以考虑将律师费、交通费等费用列入行政诉讼合理费用的范围,由法院依据公平原则酌定负担。

4. 建立统一的投诉举报类案件处理程序

涉部委投诉举报类案件之所以形成滥诉,根本原因在于部委在处理投诉举报类案件时缺乏统一的标准,不能将行政争议有效化解在处理过程中。从制度层面分析,部委处理投诉举报类案件的程序并不完善,规范缺失或位阶较低,与信访程序杂糅等是普遍存在的问题。故由国务院法制部门牵头起草投诉举报类案件处理程序规则十分必要。

个案层面,人民法院可以针对个别领域中投诉举报案件处理程序提出相应的完善建议。另外,人民法院与辖区部委之间有必要建立定期案情通报机制,对于案件审理过程中发现的共性问题及时沟通。

(三)制度完善的思路

投诉举报类案件引发的滥诉行为极大浪费了行政资源与司法资源,有必要从立法层面探讨滥诉规制制度完善的路径。调研认为,可从以下几个方面入手:

1. 提高行政诉讼诉讼费用交纳标准

2007年4月1日起施行至今的《诉讼费用交纳办法》规定行政案件的案件受理费交纳标准为:(1)商标、专利、海事行政案件每件交纳100元;(2)其他行政案件每件交纳50元。而根据国家统计局发布的数据,2006年全年全国城镇居民人均可支配收入为11,759元,农村居民人均纯收入为3587元;2015年全年全国居民人均可支配收入为21,966元,城镇居民人均可支配收入31,195元,农村居民人均可支配收入11,422元。两相比较,可以说行政诉讼案件受理费用收取一直维持在较低的水平，这种低水平收费一方面的确有利于当事人积极行使诉权，但是另一方面也使其基本丧失了限制诉讼的功能。因此应当结合当前全国居民收入水平、行政诉讼的定位、限制滥诉的需要，适当提高行政案件诉讼费用交纳标准。

2. 明确滥诉行为界定标准

目前虽然行政审判法官不同程度地感受到滥诉行为带来的困扰，但对滥诉行为的界定却标准不一。有观点主张从当事人进行诉讼的主观动机进行界定，亦有观点认为应分析当事人进行诉讼的客观表现，还有观点是将前述两方面结合定性滥诉。调研认为，着重分析当事人进行诉讼的客观表现，集合其诉讼中表现及陈述的主观动机，分析其是否具有诉的利益不失为判断是否构成滥诉行为的较为妥当的标准。归根结底，当事人提起诉讼及法院决定对于诉讼请求进行审判，即是因该诉讼存在审判的必要性和实效性即诉的利益。

3. 完善处罚措施的适用

目前包括行政诉讼法在内的我国法律中并未明确规定滥诉行为，就更谈不上针对滥诉行为的完善的处罚措施体系。目前根据行政诉讼法并参照民事诉讼法能够适用的仅有经济手段的规制即通过对方当事人的律师费、交通费用由滥诉行为人承担。调研认为，参考域外对于滥诉行为规制的经验，在我国现有的经济手段规制的基础上，亟须建立规范化的禁诉制度。

实质化解争议语境下的行政裁判思路研究*

第一章　实质解决争议与行政审判的功能定位

第一节　基 本 情 况

2014 年,《行政诉讼法》修改,明确将"解决行政争议"明确规定为行政诉讼法的宗旨之一,这一修改,一方面是基于对德国、我国台湾地区等大陆法系国家和地区经验的借鉴;另一方面也是对行政诉讼制度功能的一次重大调整。但是,对于行政争议的内涵以及行政诉讼应当如何解决行政争议并没有明确的界定。实践中,强调监督行政严格执法,却给行政争议的解决造成了一定的困扰。

第一,导致行政诉讼程序空转。有些行政行为确实存在违法情形,但明显不影响结果。比如,事实或者理由存在不当,但结论仍然正确,被法院撤销回去重作之后结果仍然与原来一样,给双方当事人均造成严重讼累。重作的行政行为不仅耗费了大量的行政资源和司法资源,同样也给原告造成了严重的讼累。

第二,推动了行政诉讼的信访化趋势。由于许多行政机关败诉的结果对原告不具有权利救济的价值,一方面,一些真正希望寻求权利救济的原告开始对行政诉讼制度的实效性产生怀疑,担心诉讼的结果既不能解决实际问题,反而还可能使自己处于更为不利的地位。另一方面,有的长期缠诉缠访当事人开始利用行政诉讼这一特点,以监督依法行政为名,实际上是为了解决其他问题,或者甚至就是为了让行政机关始终处于被诉的状态,反复制造行政纠纷和提起诉讼,客观上助长了行政诉讼的信访化趋势。

第三,加剧了参与行政审判的各方之间的对抗。行政法官在审理行政案件时,不关注争议的解决,而只关注发现行政活动中的问题和瑕疵,影响了当事人对行政裁判法律效果和社会效果的认同度,客观上加剧了法院、行政机关和其他当事人之间的对抗情绪。

第二节　问题及原因分析

问题产生的根本原因在于行政诉讼制度功能定位的不明确。原告对于行政违法所提出的异议不是诉讼意义上的行政争议,任何人都可以对违法的行政行为提出质疑。如果是在民众诉讼的模式之下,法院对行政行为合法性的审查不需要考虑对原告是否具有救

---

* 课题主持人:马立娜,负责人:薛峰,课题组成员:龙非、赵锋、梁菲、何君慧、魏浩锋、杨晓琼、张婷婷、肖克,统稿人:龙非,执笔人(按章节顺序):龙非、张婷婷、赵锋、杨晓琼、肖克。

本课题为 2018 年院级重点课题,荣获北京市法院 2018 年优秀调研成果三等奖,荣获第七届全国行政审判优秀业务成果(报告类)一等奖。

济价值，因为原告仅仅是行政诉讼程序的启动者而已。但是，诉讼意义上的争议必然是两造当事人之间的纠纷，这种对于行政行为合法性的单向性审查显然是不以解决争议作为出发点的，从而就不可避免地面临裁判之后双方当事人皆不满意的问题。

我国的行政诉讼制度长期以来是对行政行为的合法性进行单向性审查，这在《行政诉讼法》的诸多规定中均能得到充分体现。比如第6条关于审查范围的规定，第34条关于被告举证责任的规定，第70条关于撤销行政行为的规定①，第74条关于确认违法的规定，等等。在这种强烈的“行政诉讼就是监督依法行政”的功能导向之下，原告的权利是否得到救济，两造当事人之间的行政争议是否得到实质性的解决，反而弱化为了监督依法行政功能之下的附带性功能，或者在三大功能出现价值优位选择时，法官会优先选择监督而非争议的解决。

监督优先强调司法裁判的任务在于为行政执法树立一个完美的“正确范本”，因此对于任何偏离“正确范本”的行为，严格意义上都应当通过裁判予以纠正，而“争议优先”则认为，司法裁判的首要功能在于尽可能实现争议的一次性解决，并救济公民的合法权益。两种不同的价值取向标准对于行政审判的基本思路产生深刻影响。主要体现在：在起诉条件方面，应当以具有监督的价值还是以具有权利救济的价值作为设定起诉条件的判断标准；在审查范围方面，尤其是在履责类诉讼当中，是应当以行政机关的拒绝性答复作为审查标的，还是以当事人的诉请作为审查标的；在证明责任方面，是应当遵循行政机关举证主义还是需要引入法院依职权调查主义；在程序价值方面，是否认可行政行为瑕疵的治愈；在裁判方式方面，确认违法判决的适用范围应当扩大还是限制，等等。

监督优先产生有其深刻的历史和制度背景。主要因素有三个方面：一是行政监督体制的不完善的客观需求。从实践效果来看，司法裁判的监督效果最为刚性，而程序启动的难度又相对较小，在针对行政机关监督机制不完善的情况下，公众很自然地就会期待司法机关能够在监督方面发挥更大的作用。二是树立行政审判权威的主观需求。我国司法机关权威性一向不足，相比于解决争议，监督依法行政无疑更能对外彰显司法机关的刚硬，尤其是在行政审判制度发展的初期，树立这种权威的主观需求比较强烈。三是早期理论和制度移植的影响。由于我国行政诉讼建立之初，无论是理论还是制度架构都受到法国行政法的影响更为深刻，因此以法国为代表的客观合法性审查观念也深入人心。

第三节 对策建议

监督优先还是争议解决优先看似只是单纯的价值选择，实则与不同行政诉讼制度的设置密切相关。以由司法机关审理行政案件的国家，很少采取监督优先的模式。主要原因大致有三个方面：一是司法权与行政权的分权问题。法国之所以以客观合法性审查为主，与法国以行政系统内部审查的行政诉讼制度密不可分。司法权作为与行政权平行的国家权力，如果定位于监督行政机关，无疑在权力地位上存在问题。二是司法权的固有功能是解决争议而非监督。“定分止争”是司法审判的固有功能，由司法机关职掌行政诉讼

① 《行政诉讼法》第70条对于撤销行政行为的条件仅限于行政行为违法，对于是否侵犯原告合法权益则在所不论。

制度,很自然地就应当以解决争议作为首要任务。三是司法权监督行政机关的局限性。行政诉讼必然具有监督功能,但是司法审判具有受理案件的被动性、审查角度的个案性、处理方式的单一性等固有的局限性,而与行政活动的广泛性、行政决策的复杂性、执法效果的多向性存在先天的冲突,从而难以将监督作为司法审判的首要任务。

我国虽然不存在宪法意义上的分权,但是司法权与行政权的分工仍然存在,而且从一定程度上,司法权干预行政权还会面临更多文化和制度上的障碍,而其他考虑因素同样适用于我国的行政诉讼。特别是随着行政审判制度的发展,这种过于强调监督的制度模式所带来的问题已经日益明显。监督优先观念引导下的行政诉讼缺乏解决问题的意识,司法机关如同一个负责残次品检测的仪器,只负责发现瑕疵,不参与产品的生产和制作。这与人民群众的新期待不相适应,也与服务经济社会发展的要求不相适应。

以实质解决争议为导向的行政诉讼,可以从几个方面强化争议解决导向。一是起诉条件方面,从行政诉讼在争议解决的实效性和权利救济的必要性方面审查原告的起诉条件。二是审理范围方面,从争议的实质内容方面判断诉讼标的以及审查范围,尤其是对于履责之诉,有必要调整传统的单一行为审查思路,进一步强化以原告请求为导向的争议解决思路。三是举证责任方面,探索以争议解决为目标的证明责任分配方式,进一步扩展法院的依职权调查范围。四是程序审查方面,探索行政程序的瑕疵治愈制度,提升行政诉讼解决争议的实效性。五是裁判方式方面,强化具有争议解决效果的裁判方式,例如具有具体行为内容的履责判决,规范确认违法判决的适用条件。六是司法行政良性互动方面,进一步加强司法建议等审判手段的运用,弥补司法裁判在监督依法行政的局限性,规范案外协调,形成立体化的争议解决机制。

第二章　审理范围与裁判方式

第一节　基 本 情 况

行政诉讼的审理范围,横向上分为实体与程序两个部分,纵向上有广度和深度两个维度。审理范围是裁判的基础,适用何种裁判方式,取决于对实体合法性及程序合法性的审理广度和深度。

(一)实体合法性与程序合法性

程序合法性审查的广度和深度是影响行政争议实质解决的重要问题。程序违法可以分为三种情形:一是可能影响处罚结论合法性或者正当性的程序违法情形,如未听证、未保障陈述申辩权等;二是对当事人权益可能有影响,但在具体个案中并未产生实际影响,比如超过法定处理期限等;三是对当事人权益不可能产生直接影响的,比如未提交证据证明重大案件未经领导班子集体讨论、征收决定作出前未进行社会风险评估等。

目前对于任何违反法律规定或者正当程序的程序违法情形均会判决行政机关败诉,区别主要在于是直接判决撤销还是判决确认违法。如果行政行为违反法定程序或者正当程序,并可能影响结论的合法性,如未听证、未听取陈述申辩意见等,通常做法为判决撤销。如果行政行为存在程序违法情形,但在个案中对于当事人的合法权益未产生实际影响,存在判决撤销和确认违法两种做法。如果行政行为的内部程序存在不符合法律规定的情形，但对当事人合法权益未产生实际影响，存在判决撤销、确认违法和判决驳回诉讼请求三种不同的做法。

实体合法性审查范围则主要是行政行为的理由合法性，包括事实依据是否充分以及法律适用是否正确。通常也有两种情形：一是理由不当已经影响到处理结论的合法性，如行政机关认定事实不清，适用法律错误等；二是理由虽然不当，但明显不影响到处理结论的合法性。

对于第一种情形，目前均会判决撤销被诉行政行为，除非属于《行政诉讼法》第74条所规定的情形。对于第二种情形则存在不同做法。如果行政行为是侵益行政行为，比如行政处罚，通常做法是判决撤销被诉行政行为。如果行政行为不对当事人课以义务，如履责之诉中行政机关的拒绝性答复，则存在判决撤销和判决驳回诉讼请求的不同做法，比如法院有时在查明案件事实或者变更法律适用的基础上判决驳回诉讼请求。

（二）两种典型的诉讼类型与三种主要的裁判方式

1. 撤销之诉和履责之诉

撤销之诉是行政诉讼最为典型的诉讼类型。对于撤销之诉的审查范围，通常理解为是对被诉行政行为合法性的审查，行政机关在诉讼中变更行政行为原告拒不撤诉的，人民法院仍然要对原行政行为的合法性作出确认判决。

对于履责之诉的审查，目前分歧较大。一是在履责之诉中可能出现基于同一履责请求存在多个行政行为的情形。比如在一起申请残疾人抚恤金的案件中，被告在几年内针对原告的申请作出了多个拒绝性的答复。原告在一个诉讼中要求被告补发几年的抚恤金，这就出现了究竟是否需要分案以及每年的答复之间的关系如何把握的争议，最终法院是在一个案件中对几年的补发争议一并进行了审理和裁判。二是被告在诉讼中履责、重新作出答复，是审原履责行为，还是审新的履职行为。在一起信息公开案件中，法院决定按照诉讼中新的答复结论进行审查。此外，行政机关在诉讼中改变了原来的履责理由，究竟应当审查改变前的答复还是审查改变后的答复也产生争论。

2. 三种主要的裁判方式

实践中，除了驳回裁定、驳回判决以外，最为主要的是撤销判决、履行判决、确认违法判决三种。调研结果显示，2017年《行政诉讼法》施行三年，北京市第一中级人民法院作出实体裁判的一审案件中，判决撤销的占19.2%，判决履行（或者给付）的占4.3%，判决确认违法的占3.7%。

对于撤销判决的适用，分歧最大的情形来自履责之诉。如果诉讼中被告变更履责，后续应该如何裁判，实践中存在确认原行为违法（继续审查原行为）、判决撤销不予公开决定并驳回原告其他诉讼请求（审查原行为，但因被告已经公开信息，对原告要求公开的请求予以驳回）、判决驳回原告诉讼请求（审查被告变更后的行为）三种不同的观点。

确认违法判决的适用争议在于何种情形下构成程序轻微违法。比如，复议机关未向被复议机关发书面答辩通知、征收决定没有经过社会风险评估等，较为通行的做法是确认违法。但也有观点认为，这些均属于行政决定作出前的内部程序事项，没有对当事人发生权利义务被处断的效果，不属于是否合法的评价范畴。

履行判决的适用上，各方意见比较统一。细小的分歧可能在于信息公开案件中，对于是直接判决公开，还是判决行政行为重新答复的区分上。①

第二节 问题及原因分析

(一)存在的问题

当前审理裁判存在的突出问题是“程序空转”。

前述三种程序违法情形，除了可能影响处理结论的程序违法情形之外，其余两种违法情形，法院撤销判决和确认违法判决对于实质解决行政争议无直接效果，相反可能会激发新的行政争议。例如，征收决定未经社会稳定风险评估，如果仅仅基于这一个情形认定征收决定程序不合法判决撤销或者确认违法，均可能导致征收决定所涉及的法律关系出现变动而引发系统性的诉讼风险，造成行政执法秩序和社会秩序的不稳定。

尤其是在适用《行政诉讼法》第 74 条第 1 款第 2 项判决确认违法时，存在较大争议。有法官在对确认违法判决适用情况进行统计分析时指出，法院在确认违法判决的本诉中实质性化解纠纷的比重仅为 8.03%②。目前对于何为“程序轻微违法”，存在较为“一刀切”的做法——一旦程序存在不合法之处，则要么属于“违反法定程序”，要么就是“轻微违法”，而对于二者的内涵，尤其是“轻微违法”的内涵，没有作出周延的逻辑分析和把握。

对于实体合法性的审查同样存在类似的问题，比如行政行为理由不当但结论错误的情形。如果行政机关拒绝履责的理由确实不当，但原告要求行政机关履行法定职责的请求不能成立，此时，判令行政机关重新作出行政行为，虽然事实和理由得以纠正，但对于原告而言诉讼的目的显然不仅仅是让行政机关换个理由而已，争议没有得到解决，当事人的诉讼成本大大增加，后续的信访风险反而提高。

在履责之诉中严格将拒绝性答复作为合法性审查的对象，容易导致同一争议被人为切割到多个诉讼当中，不仅仅是增加当事人的讼累，更有可能因不同诉讼之间的衔接问题而导致争议难以得到有效的解决。比如，被告在诉讼中改变答复理由的信息公开案件中，如果简单审理原答复，就会出现对于同一信息是否应当公开这一问题，在新、旧两个答复的案件中重复审理的问题。

(二)原因分析

产生问题的原因主要有两个方面。

一是过于强调司法对行政的监督，对于司法“定分止争”功能的发挥效果关注不够。行政审判比较强调发现行政行为在合法性方面的瑕疵，简单讲就是把行政行为和法律规定“对表”，有错就必须指出来，至于这个错误或者瑕疵在具体案件中对于解决行政争议有没有实际意义则在所不问。这种以发现行政行为的瑕疵为核心目的的审判观念，很自然地就会弱化司法审判的争议解决功能。

二是过于强调以行政行为作为审查的中心，对于原告的诉讼目标和权利救济关注不

---

① 比如，原告申请公开的信息，被告以需要汇总加工为由不予公开，但诉讼中，被告认可相关信息可进行区分处理，则存在判决撤销不予公开答复并责令被告重新答复，与直接在诉讼中进一步查明后判决公开两种不同的做法。

② 贺荣主编：《深化司法改革与行政审判实践研究》(下)，人民法院出版社 2016 年版，第 1637 页。

够。以行政行为为中心的审判思路，所带来的最大的问题，是审理范围与原告的诉讼目的不能对应。无论是行政诉讼法的规定，还是传统审判思路的指导，法院的审查思路都是行政行为作为审判的中心，并没有将原告的诉讼目的作为考量范围，这尤其体现在履责之诉上。在履责之诉中，原告的诉讼目标是请求行政机关作出一个其申请的行为，而不是仅仅撤销行政机关的拒绝性答复。因此，当法院仍然停留于将直观的行政行为作为审判对象时，很容易就将行政争议割裂开来，将一个独立、完整的行政争议，人为进行分割。或者裁判的最终内容不考虑原告诉讼的目的，而仅仅体现为对行政机关拒绝性答复是否正确的审查。

第三节 对策建议

（一）程序合法性的审理与裁判

程序合法性的审查应当兼顾司法权的边界和争议解决的实际效果。

首先，对于纯粹属于行政内部程序控制的程序活动，原则上排除司法审查，进而不对该程序活动的合法性进行裁判。是否属于纯粹内部程序控制，应当结合法律规定的目的和功能，判断其是否具有直接对外处分当事人权利义务的效果。纯粹内部的程序控制，不需要当事人参与，也不直接处分当事人的程序性权利义务，只是为了保障行政行为的合法性或者实现有效的社会风险防控，而在行政系统内部所设置的内控程序。比如，行政决定在作出之前是否经过领导的内部审批、是否经过领导班子的集体讨论、征地决定是否经过社会风险评估，行政复议程序中是否经过被申请人的依法答辩等。

其次，是在第三方提起的撤销之诉中，对于行政程序中不具有第三方权利保护价值的程序性事项，一般不属于案件审查范围。比如利害关系人针对颁发给申请人的行政许可，该行政许可程序中不具有保护利害关系人功能的程序事项，不属于案件的审理范围。①但是，如果行政行为的相对人在诉讼中明确提出异议，请求法院予以审查，由于相对人在诉讼中处于诉讼第三人地位，有权提出独立的诉讼主张，此种情况下，人民法院应当对相关程序事项进行审查后作出相应的裁判。

（二）实体合法性的审理与裁判

对于行政行为的实体合法性，原则上均属于司法机关的审查范畴。但对于实体问题的裁判方式，也应当兼顾对行政权的监督和争议的解决。

第一，诉讼经济系作出实体裁判需要恪守的价值取向。履责之诉中，将原告的诉讼目标作为裁判的基础，对行政机关的拒绝性答复与履责事项作为整体看待。针对同一履责请求，行政机关作出的多个相关联的行政行为的，纳入一个诉讼中一并解决。针对同一类履责请求所产生的不同时间的争议，原告作为一个诉讼请求提起诉讼的，可以作为一个案

---

① 比如，矿产资源行政许可案件，利害关系人针对颁发给申请人的行政许可，就许可程序，利害关系人仅能就与其自身权益相关的范围提出争议，如只能就自己相邻权的范畴提出争议，至于其他第三方的相邻权的范畴，行政机关在作出相关审查行为时，并不负有考量和保护该利害关系人的义务，该利害关系人就此无请求权，应裁定驳回该利害关系人的起诉。

件予以审理。[①] 针对同一履责请求，原告因新的事实具备请求权，且被告在开庭审理前改变答复理由或者作出新的答复的，可以作为一个案件予以审理。[②]

第二，针对同一履责请求，行政机关作出多次且理由不同的答复的，原则上应当作为一个案件予以处理。原告坚持针对多次答复分别起诉的，应当具有正当理由，否则可认定不具有权利保护必要而裁定驳回其起诉。针对同一履责请求，行政机关在诉讼中改变答复的理由，原告仍坚持起诉原答复的，应当具有正当理由，否则可认定不具有权利保护必要而裁定驳回其起诉。

第三，行政机关作出行政行为或者拒绝履行职责的理由虽然不当，但结论正确的，宜判决驳回诉讼请求，避免将争议再次交还行政机关，造成程序空转。

（三）“程序轻微违法”与确认违法判决的适用

对于《行政诉讼法》第 74 条第 1 款第 2 项以及最高人民法院《关于适用〈中华人民共和国行政诉讼法〉的解释》（以下简称《行政诉讼法解释》）第 96 条关于确认违法情形的规定，需要结合其他条款，进行整体观察和理解。“对原告权利不产生实际影响”的“权利”，应当是与《行政诉讼法》第 2 条所规定的“合法权益”含义一致。如果原告的合法权益本身未受到侵害或者不具有受到侵害的可能性，则“对原告权利不产生实际影响”的判断无从谈起。因而，这一确认违法情形指向的应当是可能侵犯原告的合法权益，但对原告的合法权益还没有造成实质上的不利影响的情形。对于虽然程序存在瑕疵，但是该程序事项本身并不具有个人权利保护功能的，则不属于应确认违法的情形。对于行政程序中不具有对外处断当事人权利义务的内部程序事项，同样也不属于应确认违法的情形。

第三章　证 据 审 查

第一节　基 本 情 况

一般认为，我国行政诉讼中实行举证责任倒置，即由被告承担举证责任。作为例外，原告仅对特定事项承担举证责任，如在起诉被告行政不作为的案件中，需举证证明其曾向被告提出过履责申请。为了进一步强调行政诉讼制度的权利救济功能，我国行政诉讼法对被告的证明责任进行了严格的限定，如举证期限的刚性约束、事后取证的禁止等。这种单一的严格的证明责任制度体系确实在监督行政机关依法行政方面发挥了积极的作用，但在司法实践中也遇到不少问题。

被告负举证责任的一元证明责任体系，未能考虑到诉讼类型的影响，从而在某些案件中难以有效运行。例如，在原告起诉被告要求支付抚恤金的案件中，要求被告举证证明原告不符合领取抚恤金的条件就不太合理。此类案件的核心问题为原告是否符合领取抚恤金的条件，而原告比被告更清楚自身是否符合条件，也更容易搜集与其自身情况相关的证据。

---

① 比如，原告请求给付同一抚恤金，核发的基础事实相同，仅因为每年均需要单独申请和审核而产生多个审批决定的，原告针对多个审批决定提起一个诉讼，或者直接要求给付几年以来的抚恤金，对于没有超过起诉期限的部分，可以在一个诉讼中一并解决。

② 比如，原告请求支付退休补助，但在提出该申请时尚不符合年龄条件。诉讼中，原告达到年龄标准，被告也针对这一新事实作出了答复，对于新的答复，可以在一个诉讼中一并解决。

第二节 问题及原因分析

(一)存在的问题

从上文描述的情况来看,目前我国行政诉讼证明责任制度主要存在两个方面的突出问题:一是过分强调被告承担证明责任,没有考虑到在撤销之诉和履责之诉中诉讼标的的差异性。履责诉讼的核心在于原告的履责请求是否成立,因此对于行政机关应当履责职责的证明责任严格意义上应当在原告而不是被告,而现在是单纯"行为之诉"的审理思路,将履责之诉的审查重点放在了行政机关的拒绝性答复理由是否正确上,进一步导致证明责任的分配出现偏差。二是对于证明期限规定得过于机械。举证期限的目的在于防止拖延诉讼,对于行政机关而言还有督促其应诉的作用。但是,如果将举证期限过于机械化,可能会导致仅仅因为被告应诉的问题令争议循环往复。而且,行政机关也可能因为对案件争议的理解和把握问题,需要在诉讼中提交一些证据,有的证据在行政程序中已经搜集,或者只是为了补强一些事实,是否都严格限定在 15 日举证期内,值得研究。

(二)原因分析

行政诉讼证明责任分配存在问题的原因主要有两个层面。

第一,是现行行政诉讼法过于强调当事人主义,将举证责任完全交由当事人承担。这种当事人主义的证明责任,并不完全符合行政诉讼的特点。行政诉讼审理的是行政争议,法院除了维护个人利益之外,还承担着对公共利益的维护职责,因此将查明案件事实的责任完全交由当事人是不合理的。

第二,被告负举证责任的一元证明责任体系是围绕着撤销诉讼建立起来的,其适用于行政处罚、行政强制等案件顺理成章,但在行政许可、信息公开等案件的审理中则捉襟见肘,其造成的直接后果就是循环诉讼,致使行政争议迟迟不能解决。

针对负担行政行为要求行政机关对其作出的行政行为承担证明责任是合理的,但在在履责诉讼中,真正的诉讼标的是原告的履责请求,而非被告的拒绝性答复或不答复。如果各方能够围绕原告的履责请求来举证,法院则直接判断原告的履责请求能否成立,就能一次性解决争议。此外,对被告举证期限的严格限制,会导致法院丧失在案件中一次性查明原告履责请求能否成立这一关键问题的机会,从而将该问题交给了后续的循环诉讼案件,阻碍行政争议的实质解决。

第三节 对策及建议

针对上述分析,为更高效地实质性解决行政争议,特提出以下关于证明责任分配和举证期限的改进建议。

(一)履责诉讼中证明责任的再分配

1. 原告对履责申请的成立承担证明责任

履责申请是否满足给付条件,主要有两个方面的考量因素:一是原告自身所具备的客观条件;二是履责相关的法律规定或政策。第一点涉及事实问题,需要用证据证明。第二点涉及法律适用,与事实无关。很显然,原告比被告更了解自身的情况,更容易获取证明自身客观条件的证据,所以由原告来承担证明责任较为合理。

此外,履责申请的本质是权利主张,其依据的是能够产生某种权利的规范,即请求权规范,这一点与民事诉讼相同。不同的是,原告所依据的请求权规范为行政法律规范,而非民事实体法律规范。但这一差异并不影响权利主张者的认定。可以说,此类行政诉讼的原告与民事诉讼的原告并无本质差异。因此,在怠于作为之诉中,原告应当对权利产生的法律要件事实承担客观证明责任,即要举证证明其申请符合特定的行政法律规范,被告应当依据该规范给予原告所申请的内容,而不仅仅是行政诉讼法所规定的对其提出申请的事实承担证明责任。

对于拒绝作为之诉,虽然被告作出了拒绝性答复,但该答复相对于给付请求具有附随性。正如弗里德赫尔穆·胡芬所言,对于行政机关否定决定提起的诉讼,从根本上看针对的也不是否定决定本身,而是要求履行某一种给付义务。被告作出的拒绝性答复并不足以成为一个独立的诉讼标的,其可视为被告对于原告给付请求提出的抗辩事由。拒绝作为之诉的诉讼标的仍为原告给付请求的合法性。虽然被告作为否认权利存在的一方,应就权利妨碍、权利消灭或权利限制的法律要件事实进行举证,但其性质属于反证,并不能据此免除原告对其履责申请的成立所承担的证明责任。

2. 被告对履责程序的合法性承担证明责任

关于履责程序合法性的客观证明责任分配问题,《行政诉讼法》第 74 条第 1 款第 2 项规定,行政行为程序轻微违法,但对原告权利不产生实际影响的,法院应当判决确认违法,但不撤销行政行为。如果相关的行政法律规范对于被告的履责程序有明确的要求(如明确规定答复期限),被告怠于答复本身就构成程序违法。鉴于遵循法律程序履行职责系行政机关的义务,且被告作为程序的履行者,其比原告更了解程序经过,故被告应当就履责程序的合法性承担客观证明责任,这一点与撤销之诉一致。

(二)适当放宽履责诉讼的举证期限

1. 举证期限的确定方式

可以参考民事诉讼中的指定举证期限制度,更切合于给付之诉,有以下益处:一是给原告和被告提供更好的沟通平台,双方在协商举证期限或证据交换的过程中,有可能消弭因行政程序沟通不畅造成的误会,解决原告的诉求;二是能够使各方当事人更充分地了解对方的观点以及相应的证据,从而及时补充己方证据,保证举证的充分性和有效性;三是在充分、有效举证的基础上,被告能够对原告的履责主张进行充分的考量,进而作出最终的判断,避免循环诉讼。

2. 举证期限的初次设定与延长

结合行政诉讼法关于答辩期限、举证期限的相关规定,并参照民事诉讼举证期限的相关规定,可对给付之诉的举证期限作如下设定:

第一,举证期限可以由双方当事人协商确定,但须经法院准许。

第二,法院应当在送达受理通知书和应诉通知书的同时向当事人送达举证通知书,其中指定的举证期限不得少于 15 日,适用简易程序审理案件的不受此限。

第三,法院可以组织当事人在答辩期届满后、开庭审理前交换证据,证据交换之日举证期限届满。

第四,当事人因正当事由无法在举证期限内提供证据的,可在举证期限届满前提出延期举证申请,法院决定准许的,应再次指定举证期限。

第五,举证期限届满后,当事人对已提供的证据,申请提供反驳证据或者对证据来源、形式等方面的瑕疵进行补正的,人民法院可以酌情再次确定举证期限,该期限不受前述规定的限制。此外,当事人收到对方交换的证据后提出反驳并提出新证据的,人民法院应当通知当事人在指定的时间进行交换。证据交换一般不超过两次。但重大、疑难和案情特别复杂的案件,人民法院认为确有必要再次进行证据交换的除外。

第四章 庭 审 程 序

第一节 基 本 情 况

一般认为通过审判解决案件实体问题才能够实质解决争议,但近期实践发现,行政争议的实质解决不仅体现在通过判决行政机关败诉,监督行政机关依法行使职权的方式来实现,也可通过充分发挥庭审程序促进当事人协商合作的功能,满足当事人根本诉求的方式得以实现。其实行政审判法官在坚持行政诉讼法及司法解释规定的法定审判程序的同时,也在审判实践中坚持着司法能动主义,通过行使释明权促进各方达成解决争议的共识,进而达到争议实质解决的效果。本章旨在梳理现有法定审理程序在解决争议方面的不足,发现法官在实质解决争议方面的有益实践。

第二节 存在问题及原因分析

(一)争议解决功能不突出,庭审程序缺乏针对性

对抗式庭审程序强调法官作为中立的裁判者,消极地处于倾听者的位置,并未根据案件的具体情况设置有灵活性的职权探知程序。实践中,法官往往将法律规定的庭审程序作为规定动作,局限于合法性审查中对于行政行为认定事实、适用法律、程序是否合法等问题进行审查。法官并没有将程序理解为探知争议的性质、当事人根本诉求的场所,没有积极能动地利用法院在协议各方资源方面的优势,促进争议各方达成合作,从而解决行政争议。

(二)调解范围有限,和解程序缺失

行政诉讼法对于调解范围的规定,限制了法官行使调解权的裁量空间,不适用调解原则也在客观上形成了一种惯性思维,导致法律规定可以适用调解的案件中,法官对于调解的慎用。另外行政诉讼法并未规定和解制度,而是以撤诉制度部分承担了和解制度的功能,然而撤诉制度与和解制度是有本质区别的,和解是积极地行使诉权和实体处分权,而撤诉是消极地不行使程序诉权和实体处分权,撤诉制度难以涵盖和解制度的功能。

(三)庭前准备程序不完备,法官释明权行使不充分

庭前准备程序仅体现在为开庭做准备,未起到繁简分流的功能,甚至囿于司法资源有限和案件量大之间的矛盾,法官可能到庭审时才介入案件。另外,行政审判程序中的双方对抗情绪浓烈,法官释明权行使不到位,或者从另一个角度看,当事人对于法官释明行为并不信任,甚至原告将法官理解为与行政机关"官官相护",释明权一旦行使不当,可能会陷入被投诉的风险,导致法官缺乏充分行使释明权的动力。

导致上述问题的原因是多方面的，主要体现为以下几点。

一是行政审判的功能定位不准确、程序功能单一。行政诉讼制度脱胎于民事诉讼制度，为了突出个性，我国行政诉讼构建了一套以行政行为合法性审查为核心的审查制度，庭审程序表现为对行政行为构成要件的分步骤合法性审查。但是行政诉讼作为诉讼的一种，其作为诉讼应以解决争议为导向的共性并不突出，导致庭审程序并未针对具体争议，而是针对行为审查。由于当事人的诉讼目的的不同，行政争议的类型多样，以行为审查为核心的程序难以适应争议的多样性，争议化解功能受限。

二是行政诉讼理论供给不足、实践认识存在误区。行政诉讼不适用调解原则的主要理由是公权力具有不可处分性。基于传统行政法理论，行政机关作为公权力的代表，由于公权力的特殊性质，其不得随意处分。另外，行政诉讼中调解和解制度可能存在行政机关让渡公共利益以满足私人利益的情形，应给予严格限制。上述观点把公共利益和私人利益看成是零和博弈的关系。此外行政机关存在官本位思想，将自己作为处断机关，而不是平等的参与主体。行政机关与当事人是管理控制的关系，而非提供公共服务的关系。

三是繁简分流机制不畅，法官释明权行使受限。案多人少背景下，庭前繁简分流机制缺失，导致简单案件与复杂案件的处理缺乏对应的审判程序选择。另外，繁简分流的基础之一是法官释明权的有效行使。目前法官释明权行使不到位、不准确的情况时有发生，进而影响释明权的受尊重程度。同时当事人对于司法权威的怀疑，除了表现为不听从法官引导外，投诉举报法官渎职的情况也时有发生，导致法官行使释明权的动力不足。释明权行使受限必然导致法官不敢发挥能动性，进而导致庭审程序缺乏灵活性。

第三节 对策建议

针对上述问题，笔者提出以下对策建议：

一是以争议解决为立足点，进行争议类型化。司法实践中，行政争议的类型多样。笔者认为，可以针对几类特殊的争议类型设置特殊程序。如行民交叉型争议中探索一并解决民事争议制度；续发型行政争议中充分行使法官释明权制度，引导其去解决基础性争议；社会冲突型行政争议中探索集团诉讼和解程序；涉部委行政争议中建立沟通预防化解程序，源头预防、合力化解争议；公益维护型行政争议中完善检察机关提起公益诉讼程序。

二是奉行合作主义理念、合法适度引入调解和解程序。推行合作主义庭审模式。一方面，法官和当事人之间合作，当事人根据法官总结的焦点问题陈述事实、提交证据，法官根据当事人的陈述情况引导程序进行。另一方面，当事人之间的合作，法官以行政诉讼为平台，为双方合作提供机会。另外，法官应该认识到行政争议通过沟通、协调、和解的方式来解决的必要性，能动积极地化解争议。需要强调调解和解应该建立在案件基本事实清楚、案件法律关系明晰的基础之上，避免“和稀泥”。不能以使当事人处于更为不利处境而强制调解和解，也不能以牺牲公共利益为代价调解和解。

三是庭前程序承担分流功能、保障法官释明权行使。传统意义上的庭前准备强调的是通过阅卷了解案件的背景情况，梳理案件的争议焦点，合理安排庭审等。笔者认为，可以深入挖掘庭前程序的繁简分流功能，通过阅卷、当面询问及电话询问等方式了解案件情况，进而繁简分流，繁案精审，简案快审。在庭审程序中，充分行使法官释明权，规范当事人诉讼请求、引导庭审规范高效运行、释明法律关系及争议救济途径,以提高司法的透明度和可接受性。

第五章 多元化争议解决

第一节 基本情况

除了通过行政裁判的方式去化解行政争议外,在司法实践中,法院还可以通过协调处理、发送司法建议、司法行政良性互动等途径化解行政争议。

(一)协调处理解决纠纷

《行政诉讼法》第60条规定,人民法院审理行政案件,不适用调解。但是,行政赔偿、补偿以及行政机关行使法律、法规规定的自由裁量权的案件可以调解。该条规定,和2014年《行政诉讼法》第50条的所规定的"人民法院审理行政案件,不适用调解"相比,已经有所突破。司法实践中,行政案件的法官也经常通过协调处理,原告撤诉的方式化解争议。在普世的正义价值判断下,撤诉为诉讼纠纷平息、争议化解的重要特征。经统计,近年来本庭案件中,通过撤诉方式结案的案件占案件总数的10%左右。

(二)发送司法建议

司法建议作为法院承担社会管理职能的题中应有之义,通常是指人民法院在审判、执行等司法工作中,以纠纷化解、缺漏弥补和犯罪预防等目的为指向,对于与案件有关但依人民法院司法职权无法有效解决的社会问题,向有关单位和管理部门提出合理化建议,以促进规章制度的健全、管理栓塞的疏通以及不利因素的消弭。相应地,行政性司法建议特指在行政诉讼中,以纠正违法或不当行政行为为指向,在法院审判职权之外向被诉行政主体发出的非强制性整改建议。2007年3月,最高人民法院《关于进一步加强司法建议工作为构建社会主义和谐社会提供司法服务的通知》(法发〔2007〕10号)将司法建议定位于人民法院审判职能的延伸。

(三)府院联动

无论是协调化解行政纠纷还是发送司法建议,都是在行政纠纷已然形成并诉至法院后的一种争议化解途径。而府院联动机制则可以通过事先介入和事后协调的方式,对化解矛盾纠纷的事中事后有效沟通的积极作用,从源头处化解行政争议,并节约行政成本和司法资源。

第二节 问题及原因分析

(一)协调撤诉的方式存在的问题及原因分析

协调撤诉固然可以化解纠纷,但如果当事人撤诉是存在利益瑕疵的非理性撤诉,行政诉讼程序便可能因撤诉本身流于形式而诱发潜在矛盾,转化为衍生诉讼需求乃至涉诉信访等诉后纠纷。

存在该问题的原因在于:

1. 案件当事人对撤诉引发的关联问题或深层次问题怠于深究,以及法院贸然对原告撤诉申请"绿灯放行"等。浅尝辄止的司法取向,直接加剧了当事人在撤诉问题上的认识错误,为纠纷持续乃至恶化埋下了隐患。

2. 当事人与行政机关达成和解协议(书面或口头)的行政撤诉,其后诉讼风险主要来自和解协议本身是否违反法律的强制性规定、和解协议对行政机关是否具有法定约束力以及该和解协议是否因涉及第三方利益而无法履行。例如,甲不服某区住房和城乡建设委员会作出的公房承租人变更行为,向一审法院提起诉讼,法院追加涉案房屋的现承租人乙为第三人。一审诉讼期间,被告因年代久远致档案遗失,未能在举证期限内提交证据,法院遂认定该具体行政行为缺乏证据依据,判决撤销了被诉的公房承租人变更行为,第三人乙因不服一审判决向二审法院提起上诉。后经法院协调,某区住房和城乡建设委员会承诺第三人乙虽不具有公房承租合同,但仍可享有公房承租人待遇,乙随即撤回上诉。后在该房拆迁过程中,乙因不具有合法有效的公房租赁合同无法获得补偿而长期上访。

3. 行政机关改变被诉具体行政行为,其后诉讼风险主要来自其他关联诉讼所产生的讼累以及无法参与相关诉讼而导致的诉讼失权风险。例如,丙不服某区人民政府颁给其弟丁的集体土地建设用地使用证,向法院提起诉讼。法院审理期间,区人民政府因发现其颁发的使用证确实存在问题,自行撤销了该使用证,丙遂撤回起诉。后丁针对区人民政府撤销使用证的行为另行提起行政诉讼,丙无法参与该诉讼,只能就后续争议另行对丁提起民事诉讼。

(二)发送司法建议存在的问题及原因分析

随着司法改革的深入,审判环境的改善,司法建议开始被忽视,开始有观点认为应当尽可能将行政机关的行政活动都纳入行政审判的范畴来监督。但我们不应忽视司法建议对社会管理的柔性填补功能,在司法职权无法触及或囿于司法的局限性不能有效化解违法违规行政执法问题的情况下,司法建议恰如社会管理漏洞的凝胶,其应然性既表现为社会管理的创新需求,也表现为类型化司法建议对社会管理不同层面的有的放矢,从而在一定程度上具备了能动介入社会管理的潜能。

(三)府院联动可能存在的问题

府院联动作为纠纷化解的一种方式,然后法院和行政机关本身是属于裁判者和被裁判者的身份,如何在与行政机关良性互动的过程中保持好司法机关的中立性,也是府院联动机制必须要面对的问题。

第三节 对策建议

(一)协调撤诉

为了避免单纯追求协调撤诉带来的后续隐患,实质化解争议,可以根据案件类型决定是否能否采用协调撤诉的方式处理案件。具体来讲:(1)一般来讲对于履责之诉的案件,可以进行协调,且不易产生影响第三人的结果。故依托新《行政诉讼法》的规定,对于行政赔偿、补偿,尤其是行政机关行驶自由裁量权的案件,直接适用调解,并把调解协议的内容直接记载在调解书上予以固定;对于不属于《行政诉讼法》第60条规定的案件类型,达成相应协议,当事人撤诉的情况下,亦应当在撤诉裁定中对相关事实予以记载,行政机关如果后期违约,当事人可以通过提起行政协议诉讼的方式解决。(2)对于撤销之诉的案件,一般来讲,不适宜用协调的方式处理。被告自行撤销行政行为的除外。(3)法官在审查原告的撤诉申请时,不仅要对各方当事人之间的权利义务进行梳理,更要避免原告与被告达成和解的成本外部化于第三人或案外人。(4)寻找案件背后当事人真实的利益诉求,从而从根本上解决争议。例如,很多信息公开的案件实质上均是因为征地拆迁引发,解决了补偿问题,就能从根本上化解争议。

(二)司法建议

对于司法建议工作可以从如下几个方面予以改进。

1. 针对行政机关作出行政行为存在违法之处的案件,应当作出相应的行政判决,坚决杜绝用司法建议代替判决。

2. 完善司法建议的职能定位。突出其在一定程度上突破司法审查仅针对具体行政行为合法性的局限,使司法建议管理机能的发挥更加全面、系统的功能。例如,针对行政机关在应诉工作、规范性文件与上位法冲突、欠缺严谨、存在漏洞或合法不合理、行政行为合法但不合理等方面存在的问题,发送司法建议。

3. 增强司法建议本身的说服力。司法建议质量的增强不仅要从司法建议本身入手,亦要在司法建议的发出前后,做好与行政主体的沟通工作,取得行政主体的认同,避免片面追求回函件率等问题。

(三)府院联动

为了实现该机制的良性运转,可以从以下几个方面入手。

1. 建议行政机关设立专门的应诉工作联络人。这样既有利于法院在收到当事人的起诉材料后能够及时送达被告,又有利于法院进行协调工作或者发送司法建议时,能及时跟行政机关进行沟通。

2. 形成定期沟通机制与针对特殊案件的临时沟通机制。可以通过定期发布典型案例,通报辖区内行政机关应诉情况的形式,确立定期的沟通机制。对于特殊案件,可以在尚未进入行政诉讼阶段时,提前介入。例如,针对涉疫苗事件可能引发的行政诉讼,本庭展开前瞻性研究,并向涉及的行政机关进行通报,帮助其做好应对和化解工作,从源头处化解纠纷,发挥司法的能动性,而避免形成诉讼案件后的被动局面。

3. 及时总结行政机关应诉工作中存在的具体问题,向有关行政机关进行通报。通过互相参与培训、授课等形式,提高行政机关的应诉能力和法官的专业化水平。

关于将社会力量引入少年审判工作机制的调研报告*

——以北京法院为例

引　言

未成年人保护是一项长期性、系统性的社会工程，涉及国家政策法律、家庭监护、学校教育、社会关爱，需要社会各界的共同参与和努力。为未成年人营造良好的成长环境、解决涉未成年人矛盾纠纷、对未成年人的差错行为进行矫治，不能仅仅依靠法院"单打独斗"。只有积极引入社会力量参与到少年审判工作中，才能够尽快健全完善衔接配合机制，构建未成年人司法保护的配套体系。

少年司法工作开展三十余年来，各地法院都在引入社会力量、帮扶未成年人方面做出了有益探索，在心理疏导、观护帮教、合适成年人到场等工作中积累了丰富的经验。将现有社会资源进行整合，深度参与到少年审判和未成年人司法保护工作中来，探索把调解、心理疏导、判后跟踪回访、日常普法教育等工作交由社会力量开展，建立跨机构、跨部门、跨组织的合作机制，不仅能够有效减轻法院案多人少困境下的工作压力，也能进一步优化少年审判工作质效，提高未成年人权益保护工作的专业性和及时性。

本次调研主要以律师协会、群众组织、专业化社会机构、未成年人救助基金会等社会力量为研究对象，发现社会力量在少年审判工作中存在的问题并提出对策，以期形成具体、完备、可复制、可推广的少年审判改革成果，为未成年人健康成长构筑起坚固的司法与社会防线。

一、何为社会力量？

少年司法是现代国家法治文明程度的重要标杆，也是维护社会治安、预防犯罪、保障社会稳定的基础性制度。三十余年来，少年审判制度逐步完善，已经形成了相对独立的审判工作体系，组建了专业化的少年司法队伍，形成了别具特色的少年审判机制。在少年审判工作中引入社会力量的参与，是随着法院深入参与社会治安综合治理工作发展起来的。这里的"社会力量"内涵广泛，它包含了除公、检、法、司、机关外一切能够参与、作用、服务于少年审判工作的自然人、社会组织和社会团体、党政机关事业单位、非政府组织等。多

---

* 课题主持人：陆伟敏，课题负责人：李纪红，课题组成员：赖琪、谷世波、仇芳芳、宋莉、石楚楚、赵旭涛、王泽恒，课题执笔人：宋莉、仇芳芳、石楚楚、赵旭涛。

本课题为2018年部门级重点课题。

年来，北京法院不断尝试将政府部门、公共事业单位、民间团体、非政府组织、志愿者等社会力量引入少年审判工作，突破性地探索出社会观护、心理干预、被害人保护等多项专门针对未成年人的司法保护措施。限于本次调研的时间与精力，本次课题主要围绕近年来北京法院在引入社会力量参与少年审判方面实践较多、成果显著的几个方面进行研究，重点针对律师协会、群众组织、心理咨询机构、社会观护组织、涉未成年人救助基金等社会力量展开调研。

具体来说，以律师协会为代表的行业自治组织作为为未成年人提供法律援助的社会力量，对因经济困难无力支付法律服务费用的案件以及某些特殊案件的未成年人提供免费法律服务，在诉讼中代理未成年人进行诉讼，保证法律赋予的未成年人各项权利的实现。① 以妇联、共青团为代表的群众组织作为为未成年人提供深入权益保护的社会力量，在涉未成年人案件中承担着推动保障未成年人权益法律政策的实施，为受害儿童、青少年提供帮扶，监督未成年人法律法规执行，推动全社会为未成年人的健康成长服务的职能。② 心理咨询机构作为为涉案未成年人提供心理干预的社会力量，在对涉案未成年人心理矫治、情绪安抚、心理创伤愈合方面发挥着重要作用。社会观护组织作为专业观护涉案未成年人的社会力量，能够对案件中未成年人开展社会调查，为案件审判提供更为客观、全面的参考依据，并在结案后对未成年人及其家庭进行回访，确保案件的社会效果持续发挥。各类基金会、救助会等社会力量为困难未成年人提供经济和物质帮助，帮助未成年人解决就业、就学等现实问题，确保他们能够顺利成长成才。

二、社会力量参与少年审判工作的重大意义

作为关爱未成年人健康成长的重要组织，律师协会、妇联、共青团、心理咨询机构、社会观护组织、各类未成年人救助基金会等社会力量不仅在预防未成年人犯罪、未成年人维权、涉未成年人家事纠纷调解等方面具有丰富实践经验及完善的工作制度，同时也拥有大量专职从事未成年人教育保护工作的专业人员及团队，引入这些社会力量深入参与少年审判工作，具有天然的优势条件。

（一）社会力量是法院与当事人之间的沟通桥梁

涉未成年人案件往往涉及家庭关系，家庭关系是具有高度情感色彩和道德伦理性的社会关系，家事纠纷的化解、未成年人权益的保护需要从根本上解决情感交流和心理沟通的问题。少年审判工作历来重视未成年人家庭和心理问题的诊断、修复和治疗，重视情感修复和亲情弥合。各类社会力量具有天然的“易沟通性”和中立性，能在个案中迅速取得未成年人或其亲属的信任，也能够获取更多未成年人真实的意思与心理状态情况。此外，引入社会力量还能够合理介入甄别当事人婚姻状态和家庭成员关系，对引发家庭矛盾的行为进行疏导和指引，对涉罪未成年人的家庭氛围进行调查和优化，可以使当事人充分感受到司法柔性和人文关怀，这也是少年审判的内在要求。

---

① 韩冰：《论我国未成年人法律援助与司法人权保障》，载《青少年保护》2008 年第 4 期。

② 参见《中华全国妇女联合会章程》，载中央人民政府网：www. gov. cn/jrzg/2008 - 11/01/content - 1137456. htm，2018 年 10 月 21 日最后访问。

（二）社会力量能够满足未成年人多元化的司法需求

新时期背景下，人民群众的司法需求越来越呈现多元化、多样化。当事人不仅期待司法机关能够“定分止争”，还希望通过法院审判，获得更多地来自司法的关怀、帮助、倾听和理解。在少年审判中，由于绝大多数案件为家事案件，当事人对家事审判发挥权益保障、情感弥合、关系修复职能的期待越来越高。引入社会力量，能够满足少年审判中未成年人多元化的司法需求，社会力量可以在家事案件中进行家事调解、心理辅导，在涉少刑事审判中为其提供法律援助、司法救助等，在为未成年人提供司法保护的同时，充分发挥少年司法的能动作用，减少纠纷给未成年人带来的心理创伤，促进未成年人的健康成长。

（三）缓解“案多人少”矛盾，节约司法资源

当前，“案多人少”已经成为法院工作的常态性的问题，很多地区已经进行多重有益探索来解决这一问题。缓解“案多人少”的重要途径一是挖掘发掘自身潜力；二是借助社会力量，充分发掘社会力量协助承担审判服务性、保障性、辅助性工作的潜力，加大社会化服务的购买和引入力度。在以往的少年审判中，法官需要大量的时间进行社会调查、社会观护、心理辅导等审判延伸工作，在案件数量逐年增加的情况下，为了保证案件及时、顺利审结，只能压缩审判延伸工作时间。引入社会力量，“让专业的人做专业的事”，拓展审判辅助工作的参与主体，能够极大地缓解案多人少矛盾，节约司法资源，既不削弱审判延伸工作时间，也能够确保案件审理深入细致，提高案件审判质量。

三、在少年审判中引入社会力量之现状及困境

（一）律师协会参与少年审判之现状及困境

在长期的司法实践中，律师协会一直以提供法律援助的形式参与少年审判。以涉少刑事审判为例，办案法官在收案后第一时间通知法律援助机构，指派律师为涉案未成年人提供辩护，并且及时与指派律师联系，安排律师阅卷，督促并确保律师及时会见未成年被告人，充分听取辩护人的意见，让未成年被告人的想法和意见能够无障碍地表达，切实弥补未成年人参与诉讼能力的短板，保障其诉讼权利得到全面实现。在涉未成年人法律援助方面，北京法院通过合作共建打通了法律援助通道，北京一中院实现了未成年被告人法律援助100%全覆盖，为涉罪未成年人提供了全方位的司法保护。2018年，北京一中院还与北京青少年法律援助与研究中心签订了《强化未成年人权益司法保障合作框架协议》，该协议明确了建立稳定律师库，组建相对固定的未成年人法律援助团队；建立绿色通道进一步简化法律援助工作申请流程，缩短周期；对诉讼中困难的未成年人提供小额爱心基金等合作措施。协议还约定双方将共同参与案件矛盾化解，开展调查研究，助力公益事业参与。调研发现，就目前司法实践中律师协会参与少年审判，特别是以未成年人法律援助形式参与少年审判而言，仍然存在一些问题。

1. 法律援助范围局限

从立法角度看，未成年人法律援助范围侧重点在刑事领域未成年人指定辩护制度。刑事法律援助制度较民事法律援助制度更为完善，前者作为国家层面的制度设计，由刑事

诉讼法确立,明确规定了适用的范围和程序。[①] 由于刑事诉讼通常涉及当事人的生命、自由等根本权利,在公、检、法、辩等各方的努力之下,刑事领域的法律援助制度已有力落地生根,在弥补未成年人犯罪嫌疑人、被告人的刑事诉讼能力,实现刑事法律的实质公平正义等方面发挥着持久而深远的作用。而民事、行政领域的法律援助制度依据则散见于《未成年人保护法》《法律援助条例》等法律法规[②],并未有专门针对未成年人在民事诉讼、行政诉讼过程中申请法律援助的特别规定。法律规定的未成年人申请法律援助委托代理人的范围主要为请求给付赡养费、抚养费、扶养费,主张因见义勇为行为产生的民事权益等情形,对人身损害赔偿类案件等数量较多的案由却没有明确规定。从实践层面来看,无论是刑事案件抑或是民事案件、行政案件,在法律援助范围问题上,现实情况和立法高度还是有一定差距的。刑事案件中的未成年人法律援助的范围主要局限为未成年犯罪嫌疑人、被告人的指定辩护,而对于未成年被害人委托代理人的法律援助则少之又少。民事、行政领域未成年人委托代理人的法律援助在实践中则更是难得一见。

2. 法律援助质量有待提高

以北京法院为例,未成年人刑事案件立案后3日内,法院的审判人员即向法律援助中心寄送指定辩护函,法律援助中心收到来函后在律所中随机指定辩护律师,每名指定律师可以收到2000元的报酬。相比较委托律师,指定律师个案收入低,业务水平更加参差不齐。有些律所甚至专门指派新手律师,把指定辩护的案件当作锻炼机会。在内外因的联合作用下,指定辩护律师的作用往往仅限于阅卷、会见未成年被告人、发表千篇一律的辩护意见,难以为未成年人提供专门有针对性的服务。距离形成能了解未成年人身心特点,精通未成年人的办案流程和辩护策略,提供行之有效具有专门性和针对性的辩护方案的法援律师群体尚有相当长的道路要走。

3. 法律援助申请通道遇阻

未成年人法律援助分为指定援助和申请援助两个大类,指定援助有公、检、法从中发力,更易实现,法律援助中心在接到司法机关的指定函后,一般不会拒绝提供服务。但相当一部分案件属于符合申请援助的情形,由于法律规定的非强制性、经济困难的条件限制、援助经费有限等原因,一部分案件未成年人法律援助申请通道受阻。需要法律援助的未成年当事人通常是属于经济困难的人群,受物质条件限制,他们可能消息闭塞、信息来源不畅,有些人甚至不知晓存在法律援助的申请途径。种种原因导致了在未成年人案件中,在一部分当事人中存在不知道可以申请、不知道如何申请、申请不下来等法律援助申请通道遇阻的情形。

---

① 如《刑事诉讼法》第267条规定,未成年犯罪嫌疑人、被告人没有委托辩护人的,人民法院、人民检察院、公安机关应当通知法律援助机构指派律师为其提供辩护。

② 如《未成年人保护法》第51条规定,在司法活动中对需要法律援助或者司法救助的未成年人,法律援助机构或者人民法院应当给予帮助,依法为其提供法律援助或者司法救助。《法律援助条例》第10条规定,公民对依法请求国家赔偿;请求给予社会保险待遇或者最低生活保障待遇;请求发给抚恤金、救济金的;请求给付赡养费、抚养费、扶养费的;请求支付劳动报酬;主张因见义勇为行为产生的民事权益等事项,需要代理,因经济困难没有委托代理人的,可以向法律援助机构申请法律援助。

(二)群众组织参与少年审判之现状与困境

共青团、妇联等群众组织应当在管理国家和社会事务中发挥民主参与和民主监督作用。群众组织具有与儿童、青少年群体及其家庭密切联系的优势。妇联长期面向妇女工作,维护妇女权益,对于涉未成年人案件中的女性群体有着天然的沟通优势,能够深入广大女性群体当中。而共青团组织具备枢纽型社会组织优势,组织体系健全,社会动员力突出。作为社会矛盾突出、弱势群体较为集中的国家事务,未成年人司法保护工作需要群众组织的广泛参与。一方面,司法审判的职能属性要求对未成年人等弱势群体的保护原则以程序性保护为主,而群众组织的职能均是以实体性保护为根本任务。另一方面,司法审判囿于审理期限,往往对弱势群体司法保护的时长有限,而群众组织可以在较长时间内开展范围更为全面的社会保护与帮扶。

北京法院少年审判工作历来与群众组织联系紧密,对于涉及未成年人人身权益的家事纠纷,通常由群众组织选任具有丰富社会知识、经验和高度责任意识的妇女干部、社会工作者等参与案件调解与案后跟踪回访帮扶。对于需要客观评价未成年人成长环境的案件,则由群众组织推荐具备相应资质的第三方机构开展社会观护,形成内容翔实的观护报告。对于涉诉困难未成年人,由群众组织协助寻求社会帮扶、社会救助,帮助涉诉未成年人脱离生活困境。对于人民法院发现的存在心理隐患或者心理疾病的未成年人,由群众组织推荐具有相关资质的专业人员对涉诉未成年人开展心理干预。对于无监护人或者监护人不履行监护职责的未成年人,则有群众组织协助寻求国家福利救济。北京市石景山区人民法院于2015年探索与区妇联的深度合作,共同建立“相伴青春”观护站,开展未成年人民事审判社会观护工作,双方合作共同聘请具有一定的法学、心理学、教育学等相关知识背景并热心公益、自愿参加未成年人权益保护和预防未成年人违法犯罪工作的妇联干部、律师、教师和未成年人司法保护工作的人员担任社会观护员。观护站成为法院和妇联深化合作、实现资源优势互补的未成年人维权共建载体。

在司法实践中,以妇联、团委为代表的群众组织参与少年审判,主要存在以下问题。

1. 责权不明导致群众组织参与少年审判难度大

群众组织相较于国家机关而言,并没有法律意义上的专门处理涉诉未成年人的义务和职责,群众组织参与少年审判的权利和责任均不明确。也就是说,参与涉未成年人纠纷案件的司法保护工作只是群众组织众多功能中所涉及的功能之一,而不是其主要职责。并且此项功能往往不具有强制性要求,群众组织对是否跟进相关工作有绝对的选择权。责权不明不仅增加了群众组织参与少年审判工作的难度,也因此削弱了其参与涉未成年人案件纠纷的积极性。

2. 群众组织参与的司法案件数量与司法保护需求差距大

由于在案件审理中保护未成年人合法权益仅是群众组织众多工作内容之一,且限于经费来源、组织结构、工作效力等因素,妇联、共青团等群众组织目前参与少年审判案件的数量较少,参与的形式较为单一。而目前的涉诉未成年人司法保护需求量较大,几乎每个涉未成年人刑事、民事案件都可以引入相关组织参与。此外,由于少年审判涉及刑事、民事、行政案件等多种类型,不同类型案件中未成年人对群众组织关爱保护的需求各不相同,群众组织有限的工作资源难以满足目前司法实践的需要。

3. 不同群众组织之间缺乏有效衔接

目前，妇联与共青团对未成年人保护的阶段划分一般以三周岁年龄为界，即三周岁以下的儿童保护由妇联负责，三周岁以上的儿童保护由共青团负责。但涉诉的未成年人由于诉讼期限的原因，一个案件往往同时需要妇联和共青团的参与保护。在一些涉及未成年人抚养等人身权益的家事纠纷案件及侵害年幼未成年人人身权益的刑事案件中，妇联与共青团之间缺乏有效的工作衔接机制，往往导致诉讼中群众组织的参与出现断档或空缺，且由于不同群众组织的保护机制存在差异，工作措施缺乏一贯性，易导致未成年人不能及时适应和接受不同的工作方法。

4. 群众组织跨区域协调难度大

目前群众组织的工作基本遵循户籍保护原则，以北京为例，案件中涉及大量的外来人口、流动人口、外来务工人员子女等，群众组织参与此类涉诉未成年人的权益保护时往往需要进行跨区域协调。在有限的人力、物力和相对固定的工作机制条件下，群众组织跨区协调的难度较大，在有限的司法阶段内，跨区域的协调保护很难达到预期的保护效果。

（三）心理咨询机构参与少年审判之现状与困境

随着少年审判司法实践的不断深入，心理咨询机构、心理咨询师参与少年审判的案件日益增多。对于一些未成年被告人或因犯罪、家庭纠纷而导致较为严重心理创伤的未成年人，法院会根据情况联系心理咨询机构，邀请富有经验的心理咨询师进行一对一的心理干预，由心理咨询师运用心理学专业知识，帮助未成年人缓解进入审判的焦虑状态，消除对审判、法庭的恐惧心理和抵触情绪，对未成年被告人而言，还能帮助他们平缓地度过入监适应期，降低因犯罪、服刑导致的情绪波动，更加积极地面对教育和改造。以北京市第一中级人民法院为例，未审庭通过与相关部门签订协议，针对涉罪未成年人制定心理干预相关规定，推行未成年人心理评估与干预标准化、专业化。设置专门的心理咨询室，多次对涉案未成年人开展心理干预，有效矫正了未成年被告人的不健康心理，保障了诉讼活动的顺利进行。在一起未成年人故意杀人案件中，17 岁的女性未成年人小季在卫生间内产下一名婴儿后，随即将婴儿从卫生间窗户抛至楼下，致使该婴儿因重度颅脑损伤而死亡。法院接到该案后，为了了解小季的犯罪动机，消除犯罪对小季带来的心理障碍，邀请心理咨询师对小季进行了专业的心理干预。经过与小季长达数小时的谈话、谈心、心理调查问卷以后，心理辅导专家出具了心理辅导报告，在报告中对小季的情况进行了客观的评述，并提出了相关疏导建议。根据心理专家的建议，法院对小季及小季的父母进行了教育，引导他们正确对待青春期未成年人的冲动和叛逆，适当包容，积极疏导。本案中，心理咨询师为未成年人进行的心理干预是确保案件顺利审结的重要因素之一，小季在宣判后表示，其已经深刻地认识到自身行为的严重错误，愿意接受法律的处罚，并希望能够通过积极改造尽早出狱，以全新的面貌重新步入社会。

尽管目前落实心理干预的案件均取得了良好的效果，但在审判实践中，心理咨询机构参与少年审判主要存在以下两个方面的问题。

1. 缺乏法律依据及操作规范

与心理咨询机构相关的涉少司法制度是心理干预制度，而该制度目前并无明确的法律依据，现行法律和司法解释也鲜有提及。这使心理干预仅能够作为审判中的辅助工作，而心理咨询机构针对未成年当事人的心理状况提出的心理测验报告等无法作为被法庭认可的证据。这很大程度上制约了心理咨询机构的作用发挥。

2. 实践操作有待规范统一

心理咨询机构参与少年审判的实践尚处在探索阶段,在实践操作中存在一些不规范、随意的状况。例如,由于法律并无规定哪些涉案未成年人应当进行心理干预,司法机关在选择心理干预对象时存在不确定性、随意性;一些法院心理咨询师、心理咨询室等软硬件配套不完善,亦缺乏相关的经费予以支持,制约了心理咨询机构参与少年审判的积极性;实践中无法量化未成年人审判中心理干预制度的工作量,这必然影响法院引入心理干预制度的积极性;心理干预中往往涉及未成年人的个人隐私,没有相关的保密制度,一旦泄露可能对涉案未成年人造成恶劣的影响。

(四)社会观护组织参与少年审判的现状与困境

社会观护组织作为参与少年审判的专业化社会机构之一,主要承担案件开庭审理前的社会观护等工作。北京市作为我国的首善之都,在社会观护方面走在全国前列。2010年以来,北京法院积极在涉少家事案件中探索应用社会观护制度。之后,北京市高级人民法院在总结全国各地应用社会观护制度经验基础上,于2016年年初出台《北京法院少年法庭涉少民事社会观护百例试点工作座谈会纪要》,该纪要不仅决定在北京开展百例社会观护试点工作,同时还对社会观护制度做了顶层设计以指导实践。在北京法院的审判实践中,目前由北京超越青少年社工事务所作为第三方中立、专业的社会组织,在获得北京市各级法院委托后开展社会观护工作。司法实践中,人民法院一般在送达起诉阶段或第一次谈话时向双方当事人发放告知函和释明,征询是否同意进行社会观护的意见并记录在案。之后,人民法院向第三方社会观护组织出具委托函,列明人民法院所需要调查的具体内容及目的,并释明其未经法院准许不得以任何形式泄露案情及当事人的个人信息。此外,还需要将起诉书、上诉状、一审法律文书以及当事人联系方式等一并交于社会观护组织。

就目前专业化社会机构组织参与少年审判的实践而言,主要存在以下问题。

1. 程序设置和文书表达差异大

对社会观护员的法律地位、观护报告的性质以及如何在文书中引用报告内容,目前并无统一规定。社会观护员是否参与开庭审理,如果参加,则以何种身份出庭并不明确,观护员是在开庭中某一阶段进入法庭,还是像当事人、代理人一样自始至终都在法庭,社会观护员进入法庭后坐在哪个位置,这些具体问题在司法实践中都无统一标准。此外,对是否让社会观护员参与庭审调解问题也存在争议。目前,北京市各试点法院在程序设置上也各不相同,庭审时,有的观护员仅以证人身份宣读观护报告,接受当事人提问,不全程参与庭审,有的则以独立观护员身份全程参与庭审;参加庭审时,有观护员于法庭调查阶段在法院工作人员引导下进入法庭,有的则全程参加庭审。文书表达方式也大相径庭,一般都在被告辩称之后、审理查明前用一独立自然段简述报告主要内容,并作为判决参考;也有少数文书在法院认为部分中将报告作为判决结论的依据。这些区别不仅仅是形式上的,更多涉及对观护制度本质的理解,如果没有相对统一的规范,将有损观护制度的严肃性和良性发展。

2. 案件审结后的观护回访缺失

当前,从北京市各级人民法院引入社会力量在涉少民事案件中对未成年人进行社会观护的实践来看,一般的程序是先由法院委托第三方社会观护组织,后由该组织中的社会观护员对涉案未成年人的成长背景、性格、家庭状况等进行访谈、调查,形成观护报告并提交法院,最后法院依据观护报告作出最有利于未成年人的判决或调解。但对结案后的情况则未涉及,如当事人对生效判决或调解文书的态度、履行情况,是否依然存在侵害未成年人利益的情况,未成年人的心理、生活是否存在问题等,都未予以进一步的跟踪、调查。结案后回访、帮助的缺失,不利于全方位保护未成年人利益。

3. 观护员安全保障和观护经费缺乏。

从制度规范方面来看,多数适用社会观护制度规范都未涉及观护员的安全保障和工作经费问题。以北京市为例,当前北京市百例社会观护的经费主要来自团市委,但经费有限,致使人员紧张。由于北京每年涉少家事案件数量庞大,应当进行社会观护的案件多,客观上需要投入大量的人力、物力予以保障,而这都离不开经费的投入。人力、物力、经费的缺乏不仅导致一些急需进行社会观护的案件得不到应有的司法保护,也使社会观护的实际质量难以得到有效保障。此外,在实践中,社会观护员往往会遇到当事人的电话骚扰、恐吓、辱骂等情况,如何保障社会观护员的人身安全也是亟待解决的问题。

(五)救助基金参与少年审判的现状与困境

2007 年 1 月,最高人民法院发布《关于为构建社会主义和谐社会提供司法保障的若干意见》,提出完善司法救助制度,建立特困群众救助基金。该意见是司法救助基金的理论依据和法律基础。关于救助基金,当前通常是在财政部门设立专门执行案件司法救助基金账户,由政府解决先期资金,然后每年再注入一定数额资金,来源由财政预算拨款,社会团体、企事业单位和个人自愿捐款,以及救助基金产生的孳息等组成。

以北京法院为例,2008 年起,北京市高级人民法院在总结基层法院试点经验的基础上,先后与全国律协未成年人保护专业委员会、公益性非政府组织"中国人权发展基金会"合作,设立了"未成年人司法救助基金"。"未成年人司法救助基金"有效地解决了救助资金短缺、救助机制衔接不畅等问题。截至 2017 年年底,全市法院已累计对 260 余名特困未成年人给予了总计人民币 170 余万元的救助。他们当中,有来自汶川灾区的留守儿童,也有来自偏远地区的孤贫少年,还有部分残障未成年人。许多未成年人受助后重新开始积极人生,30 余人考上大学或中专技校,40 余人走上工作岗位。此外,对经济困难的未成年被害人,可以通过"北京法院涉诉未成年人救助基金""北京市尚秀云涉诉少年救助中心""泉计划"等救助平台为其提供司法救助,及时缓解其生活困境,将来自政府和社会的关爱传递给未成年被害人及其家庭。这些救助基金以政府拨款兼社会捐助为主,吸纳了社会力量的财力资源。

在实践中发现,救助基金设立的初衷是"救急不救穷",但司法救助基金"僧多粥少",已是各类基金不得不面临的现状。例如,个案救助金额较小,对于需要物质经济救助的涉案未成年人而言杯水车薪;救助资金来源较单一,这一方面加重了国家的财政负担,也使救助资金不足,限制了对涉案未成年人的救助力度;救助标准过于灵活而缺乏统一性,比如到年底时救助资金较为充裕,为用完本年度的救助额度,则会适当放宽救助标准,而当年底救助资金较紧张时，则会严格救助标准；年度救助资金额度受到限制，本年度如果未用完额度则导致下一年度救助资金额度相应减少等，这些都限制了未成年人救助功能的有效发挥。

四、深入挖掘社会力量资源，全面提升少年审判质效

积极引入社会力量参与审判辅助工作，充分发挥社会力量在社会调查、家事调解、心理疏导、回访帮教等个案服务的职能作用，是司法改革背景下少年审判提高审判质量、提升未成年人司法保护水平的必由之路。目前，随着在少年审判中引入社会力量的工作实践不断深入，各种社会力量在机构对接、工作机制、考评体系、经费支持、制度保障等方面的问题也不断凸显。因此，应当将引入社会力量参与少年审判作为一项长期性的工作来抓，将社会力量和司法力量进行有机整合，充分发挥各类社会力量的专业作用，构建"沟通协调机制、依法协助机制、专业提升机制、规范参与机制、服务保障机制"五位一体、科学高效的长效工作机制，努力实现少年审判工作专业化提升、社会力量多元化参与、权益维护法治化发展，切实保护涉诉未成年人的合法权益。

（一）多措并举，构建少年审判与社会力量沟通协调机制

在以往的司法实践中，涉少案件审判中只有法院和案件当事人两个角色，由于办案时间、办案精力的限制，很多工作做得并不到位、不专业。社会力量的引入，能够极大地提高少年审判的工作效率及案件质量。因此，应当在全社会范围内广泛发掘可以参与少年审判中的各种机构、力量、人员。以法院为核心，建立法院与律师协会、法律援助中心、各级团委、妇联组织、各类心理咨询机构、社会观护组织以及爱心志愿者的多元沟通机制，通过召开联席会议、签署合作协议、创建合作机制等正式、非正式渠道加强沟通联系，尽可能地吸引、接纳更多的多元化社会力量共同参与未成年人保护工作。通过建立多部门、多机构的沟通协调机制，最大限度实现资源整合与资源共享。例如，在家事纠纷中积极引入妇联、街道人民调解委员会等组织，通过妇联干部、共青团干部、人民调解员介入疏导，共同对涉家庭暴力、遗弃等问题的家庭开展咨询、跟踪调查、日常巡视、劝慰、调解等工作，帮助当事人稳定情绪，在诉讼中理性接受判决，在诉讼外积极化解矛盾。再如，有条件地引入青年志愿者参与未成年人帮教回访工作中来，利用青年人与未成年人年龄相仿、易沟通等特点，督促涉罪未成年人正确认识自身行为，认真接受教育改造。此外，还应大胆拓展社会观护组织、妇联、团委等社会力量的职能作用，建立社会力量案后跟踪回访及帮扶制度，由社会力量协助法院或独立前往涉案当事人的居住地、工作单位了解其在诉讼后的生活、学习情况，了解其在生活上遇到的困难，并将相关情况形成书面报告向法院提交。当发现未成年人权益受到侵害时，人民法院可对其申请司法救助、心理疏导等，必要时还可联合妇联、学校、教育等部门对未成年人予以救助。

需要强调的是，将社会力量引入少年审判，并不意味着法院与每种社会力量的单独对接、合作，而应当将多种社会力量进行整合，共同为未成年人提供全方位、多元化的权益保护。由于各类社会力量的职能、专长各不相同，在同一案件中可以为未成年人提供不同领域、不同角度的多元保护，同时也使社会力量在少年审判中的参与度更加立体和深入，建立"一体化、大格局"的保护规划，最终实现国家儿童福利的全面覆盖。

（二）依托法律，构建社会力量依法协助机制

现有法律、规范性文件对社会力量参与少年审判的职责、权限、范围规定并不明确，仅在未成年被告人法律援助、未成年罪犯心理干预、回访帮教、合适成年人参与诉讼等方面进行了粗略的规定。未来，应当从法律层面对社会力量参与审判的正当性进行更明确的规定，构建社会力量依法协助审判的长效工作机制。就目前情况而言，在法律没有明确规定之前，法院可以依托现有规定，探索让社会力量以担任人民陪审员的形式参与涉少诉讼。人民陪审员制度作为我国的一项独特的司法制度，拥有英美的陪审团式、德法的参审式等民众参与司法方式所应具有的所有价值，这些价值主要体现在它实现了纯粹由专业法官审理时难以完全实现的自由、民主、公正、人道。人民陪审员可以将“民间智慧”引入司法，应当成为社会力量参与少年审判的重要形式。目前，人民陪审员制度由于其独特的价值，越来越受到法院的重视，也因其发挥的实际作用而受到了社会大众的认可。人民陪审员制度作为目前法律明确规定的社会力量参与审判的制度，其作用应该得到更大程度的发挥。就少年审判而言，具有丰富参与诉讼经验的社会力量，人民法院可以视情况纳入人民陪审员名单，更加深入地参与整个案件的法律程序，切实达到保护未成年人权益实现的目的。将社会力量纳入人民陪审员制度，既推动了社会力量参与审判的法律正当性，也能够增强裁判的可接受性与社会认同感。

（三）规范制度，构建社会力量规范参与机制

社会力量参与少年审判不是一个案件、两个案件的问题，而应当形成在涉少刑事、民事案件中均适用的常态机制、规范制度。从法律、文件层面对少年审判中社会力量的参与形式、参与方式、职能权限、权利义务等进行明确规定，以“原则 + 规范”的形式将刑事、民事、行政案件中社会力量参与诉讼的工作方式、合作措施、评价机制进行固化。例如，可以明确观护员是否能够全程参与庭审、观护报告能否作为判决依据等问题。社会观护员是未成年人利益的代言人，在诉讼双方当事人间中立，这不同于证人，故观护员应具备独立的法律身份并全程参与庭审，人民法院宜在相对于法官的法庭中间位置处给观护员设置单独座位。在当前法律未有明确规定情况下，观护报告内容不宜直接作为证据使用，而宜作为法院认定事实作出判决时的重要参考。在如何引用观护报告内容方面，由于观护报告是法院认定事实作出判决的重要参考，故可在文书中法院认为部分引用来论证判决结果。观护员应在法庭调查阶段宣读观护报告，接受双方质询和法庭提问，在法庭引导下参与庭审调解、法庭教育。针对未成年人、家庭、父母以及子女教育方面存在的问题给出解决建议。再如，可以与律师协会达成协议，明确约定法律援助范围①、申请方式、申请途径、审查程序等内容。固化的制度能在一定程度上突破时间的限制，成为指引三方工作的备忘录，长久而稳定的推动未成年人审判工作稳步向前。

（四）加强培训，构建社会力量专业化提升机制

社会力量参与少年审判的优势之一在于专业化。少年审判同时兼有涉少刑事案件及涉少民事、家事等多类案件，提升社会力量参与少年审判的水平，关键在于构建参与人员

---

① 未成年被害人委托代理人的法律援助以及未成年人人身损害赔偿类的法律援助列入法律援助范围，并作为重点试行内容在实践中推进。

专业化提升机制，强化专业化人才队伍的培养。在司法实践中，要把“专业化、精准化”理念贯穿到社会力量引进、人员选用等各个环节，建立“社会力量专业化人才库”，选拔一批品行兼优、熟悉未成年人特点、善沟通、亲和力强、社会经验丰富、专业知识过硬的高水平人才队伍，以见习指导、实践交流、人才讲坛、研讨互动等多种方式重点培养，以考核方式严格管理人才库的进入、退出机制，确保人才库常存、常新、常效。例如，面向未成年人提供法律援助的律师，不仅要有足够的法律知识储备与丰富的辩护代理经验，更要熟悉未成年人身心发展的特点，了解未成年人相关的心理学、社会学知识。为了打造出具备上述素质的面向未成年人提供法律援助的律师队伍，法援中心与律协可共设未成年人法援律师名录库，重点培养。司法机关、法援中心与律协可定期举办培训讲座，教授未成年人相关心理学、社会学以及办案知识，交流办案过程中的经验与体会，进一步提升未成年人法援律师的社会责任感与知识储备。再如，针对涉少家事案件审判，应切实做好社会力量参与人员分类，选任有丰富生活阅历、熟悉未成年人身心发展特点、擅长纠纷调解与矛盾化解的社会力量人员担任家事调查员，协助处理家事纠纷。在妇联、团委、专业化社会机构选人用人时，也应该尽可能多吸纳具有心理学、教育学、社会学知识背景的人员，设置可以将心理专家、教育专家、社会学专家作为特邀人员参与到少年审判中来。法院作为组织者，应当定期组织社会力量相关人员进行培训，帮助他们熟悉少年审判审理流程、法律规定，以确保更好地发挥专业作用。

（五）互助共享，构建社会力量参与少年审判服务保障机制

以往社会力量参与审判工作，要么依靠社会力量的纯公益参与，要么难以突破“等、靠、要”的困局，用于保障社会力量参与的经费少之又少。社会力量参与少年审判的经费保障，要重视“开源节流”，一方面从司法机关财政经费、社会捐赠等角度拓宽资金来源渠道；另一方面要加强经费预算、决算管理，公开透明收支及经费使用情况，确保“每一分钱都花在刀刃上”。例如，当前法律援助经费较为紧张，想要突破政府拨款的数额限制，可以由律师协会牵头，加大宣传力度，鼓励关爱保护未成年人相关的非政府组织、企事业单位和个人通过捐赠等方式，设立未成年人法律援助专项基金，专门用于法律援助物质和资金保障。如果能在物质基础上有所突破，法律援助的范围、援助阶段、援助数量和质量都将会有质的飞跃。再如，对未成年人进行的心理干预时间较长、专业性较强，费用也相对较高，限于费用，心理干预的案件数量、次数往往较少，可以由司法机关与心理咨询机构统一筹划，通过统一购买社会服务的方式确定相对固定的心理咨询机构，每年固定为一定数量案件、一定人数未成年人提供心理咨询与心理干预服务。需要强调的是，法院作为支配社会力量参与审判经费的使用者和管理者，应当进行年度、季度经费预算，建立专项经费机制，在严格审批、严格监管的基础上灵活使用专项经费组织和开展各类审判辅助工作，为社会力量参与少年审判提供有力的经费支持。

刑事案外人权益保护机制的实践困境与实现路径*

——以完善刑事案外人申诉制度为视角

依据《刑事诉讼法司法解释》第 371 条第 2 款规定,刑事案件中案外人对侵害其合法权益的生效裁判,有权提出申诉。该项规定扩展了有权提起申诉主体的范围,但是在刑事申诉审判实践中,增设的刑事案外人申诉制度,存在制度构架不清与实践经验缺乏等问题,导致人民法院目前对此类案件在立案、审判等环节,面临诸多认识及实施障碍。因此需要对人民法院审理此类案件,提出切实可行的具体措施,以期尽快改变"立不清、审不明"现状,满足刑事案外人维护权利的紧迫司法需求,实现刑事诉讼法律的立法本意。

一、刑事案外人权益保护机制的立法演变

(一)立法空白无序阶段——2010 年最高人民法院《关于财产刑执行问题的若干规定》(以下简称《财产刑执行规定》)施行之前

从 1979 年制定的《刑法》、1997 年修订的《刑法》到 2009 年修正的《刑法》,对于刑事涉案财物的关注点主要集中于犯罪行为所涉及的财物,将涉案财物进行犯罪分子所得财物与被害人合法财产的性质区分,并未将涉案财物权属可能属于案外人纳入保护的范畴。与之对应的 1979 年制定《刑事诉讼法》和 1996 年修订的《刑事诉讼法》,在第二审程序中规定:"人民法院作出的判决生效以后,对被扣押、冻结的赃款赃物及其孳息,除依法返还被害人的以外,一律没收,上缴国库。"亦未考虑到案外人主张权益的范畴。

结合当时立法的社会背景,当时的《刑法》和《刑事诉讼法》关于刑事涉案财物处置的规定必然系笼统、模糊,具体到涉案财物执行的主体、期间等程序根本不具有现实可能性。在执行的完整性和规范性尚难以保障的情况下,案外人对刑事涉案财物主张实体权利并寻求法律救济,基本没有法律依据,极度困难。除了少部分的案外人通过信访或协商等非法律程序途径追索回刑事涉案财物外,大多数情况下则案外人就刑事涉案财物主张权益均以失败而告终。①

(二)参照民事案外人异议阶段——2010 年《财产刑执行规定》施行后至 2012 年《刑事诉讼法》及《刑事诉讼法司法解释》施行前

随着刑事审判中案外人就涉案财物主张权利的司法需求逐渐凸显,如何解决刑事案

---

* 课题主持人:马来客,课题负责人:董建铁,课题组成员:冯哲、姚志伟、蒋慧、张艳。

本课题为 2018 年部门级重点课题。

① 蒋晓亮:《论我国刑事涉案财物执行中的案外人救济》,载《法律适用》2016 年第 8 期。

外人的实体性救济问题,成为司法实践中不得不面对的难题。基于案外人对刑事涉案财物主张权益的民事属性与民事权益应以民事救济的逻辑相同,以及刑事涉案财物执行与民事执行具有一定程序相同性的考虑,《财产刑执行规定》第 5 条规定:"执行财产刑时,案外人对被执行财产提出权属异议的,人民法院应当审查并参照民事诉讼法的有关规定处理。"即案外人对刑事涉案财物主张权利,参照 2007 年修正的《民事诉讼法》所增设的第 204 条关于案外人异议的规定。

《财产刑执行规定》通过将民事执行程序中执行异议规定引入到刑事执行程序中,从法律上首次明确了刑事案外人对涉案财物主张权益的救济途径,奠定了将刑事案外人实体性救济权利纳入法律体系内的基础。

(三)多种救济途径并存阶段——2012 年《刑事诉讼法》及《刑事诉讼法司法解释》施行至 2014 年最高人民法院《关于刑事裁判涉财产部分执行的若干规定》(以下简称《刑事财产执行规定》)施行之前

基于保护公民财产权利理念不断在刑事审判中深入,刑事涉案财物权属的裁判与对被告人的定罪量刑裁判、刑事诉讼的程序性裁判[①]并驾齐驱,构成了刑事审判中应有的裁判内容。对于刑事案外人实体性救济,除了已有的在刑事执行程序中提起执行异议之外,还在刑事审判程序和审判监督程序中分别赋予案外人实体救济权利。

1. 刑事审判中就涉案财物权属进行裁判

2012 年修改的《刑事诉讼法》第 234 条第 3 款规定:"人民法院作出的判决,应当对查封、扣押、冻结的财物及其孳息作出处理。"《刑事诉讼法司法解释》第 364 条第 2 款进一步规定:"案外人对查封、扣押、冻结的财物及其孳息提出权属异议的,人民法院应当审查并依法处理。"依据上述规定,刑事裁判中有关涉案财物处理体现如下特点:一是法院是唯一有权对权属不明确的涉案财物进行认定和处理的主体,且对于公诉机关提起明确指控的,法院必须进行审查并作出处理结论;二是法院必须在判决书中对于涉案财物的处理决定予以表述;三是法院对涉案财物的处理内容应当明确具体,根据涉案财物的性质分别作出不同的处理。[②]

2. 审判监督程序中提起申诉

《刑事诉讼法司法解释》第 371 条第 2 款规定:"案外人认为已经发生法律效力的判决、裁定侵害其合法权益,提出申诉的,人民法院应当审查处理。"即明确了案外人就生效刑事裁判有权提起申诉,打通了案外人寻求权利保护的法律程序途径。

(四)细化完善阶段——2014 年《刑事财产执行规定》实施之后

针对案外人就刑事涉案财物主张权益已有的"审判中认定、执行中异议、审判监督中申诉"格局,就案外人在刑事执行程序中提出异议的救济途径进行完善,并就执行异议程序与案外人提起申诉程序如何衔接作出规定。

《刑事财产执行规定》第 14 条规定,在刑事案件涉案财物执行过程中,案外人如果向执行法院提出书面异议,对执行标的主张足以阻止执行的实体权利,执行法院应当依照

---

① 陈瑞华:《刑事司法裁判的三种形态》,载《中外法学》2012 年第 6 期。

② 乔宇:《执行中利害关系人对刑事涉案财物主张权利的处理》,载《人民司法·案例》2017 年第 20 期。

《民事诉讼法》第225条的规定处理。即按照实体法的相关规定，按照执行异议之诉的标准，就案外人对执行标的是否存在足以排除执行的权利进行实质性审查判断；[①]第15条规定，案外人认为刑事裁判中对涉案财物是否属于赃款赃物认定错误向执行法院提出书面异议，无法通过裁定补正的，应当告知异议人通过审判监督程序处理。

二、刑事案外人权益保护机制的运行困境

在我国现已初步构建成形的刑事案外人权益保护机制下，刑事案外人的权益相比以往得到了明显有效的维护，但是源于各种救济程序自身存在的不足，呈现出刑事案外人权益无法得到及时保护的现实困境。

（一）刑事审判中涉案财物权属审查不准

1. 案外人对于刑事审判程序参与度不足

立法者基于及时保护案外人财产权的目的，在案外人参与刑事涉案财物的审判方式上，选择了完全合并模式，即将案外人就涉案财物主张权利的审理程序与追究被告人刑事责任的诉讼程序相结合[②]，但是在案外人以何种渠道、何种方式、具体期限以及案外人就涉案财物主张权利需要在法庭中如何举证、质证等方面，法律与司法解释均未涉及。[③] 基于刑事涉案财物处置的程序依附于对于被告人定罪量刑的刑事责任程序的现状，法庭调查与辩论必然基本围绕着如何追究被告人刑事责任的核心内容进行，控辩双方也将主要精力投入到定罪量刑问题上进行相应的举证质证并展开辩论。此时要求法院再次启动另外的涉案财物权属审理程序，明显与刑事审判实践存在脱离。在刑事审判实践中，法院并不会通知权益可能受到侵害的案外人单独就涉案财物权属争议参加庭审审理，案外人也就几乎完全丧失了通过有效参与庭审就涉案财物进行主张权利的机会。[④]

2. 刑事审判查清涉案财物权属存有客观难度

刑事审判的任务主要是处理被告人的定罪量刑问题。面对当前社会各种新颖、复杂与突发的犯罪案件，考虑到现实结案压力，法官必定将主要精力投入被告人的定罪量刑方面，对于涉案财物权属的认定显然处于次要位置。同时，刑事审判实践中存在公诉机关移交涉案的资金账户与其起诉不同步，移交证据材料不规范、不完整等司法机关之间工作机制衔接不畅等情形，如果碰巧案件中涉案的财物不仅数量众多、而且种类繁杂，那么刑事审判显然难以对涉案财物逐件认定。为了在法律规定的审理期限内审结案件，只好在涉案财物部分作出模糊笼统的裁判内容，这无疑会引发后续的涉案财物权属争议。

例如，案外人A与被告人B在B实施犯罪行为之前就B名下的房屋签订房屋买卖合同，在合同履行过程中，因B涉嫌犯罪被羁押而无法继续履行合同。刑事审判中调查发现B已将该房屋出卖给他人的部分线索，但是由于B的犯罪行为涉及财物的种类与数量

---

① 刘旭峰、高可：《对刑事裁判涉财产部分的案外人异议应实质审查》，载《人民司法·案例》2017年第17期。

② 乔宇：《执行中利害关系人对刑事涉案财物主张权利的处理》，载《人民司法·案例》2017年第20期。

③ 张军、江必新主编：《新刑事诉讼法及司法解释适用解答》，人民法院出版社2013年版，第348页。

④ 方柏兴：《论刑事诉讼中的"对物之诉"——一种以涉案财物处置为中心的裁判理论》，载《华东政法大学学报》2017年第5期。

较多，法院并未对该房屋的权属状况进行严格审查认定，亦未通知该案的案外人 A 参加庭审，而是直接把该房屋认定为 B 的个人财产，并将该房屋列为扣押物清单进行拍卖予以发还被害人。

（二）执行程序无法解决涉案财物权属争议

1. 刑事案外人主张权利范围受到限缩

为了解决刑事涉案财物执行程序因缺乏申请执行人而无法展开执行异议之诉程序二元构造现实障碍，《刑事财产执行规定》应运而生。该规定推翻了《财产刑执行规定》确定的参照适用案外人异议规定的原则，将刑事案外人在执行阶段，就刑事涉案财物的权属提出的异议并入到执行行为异议，执行复议成为其终局的救济途径。该规定将案外人享有的实体性救济严格限制在执行程序中，剥夺了案外人通过执行异议之诉的方式就刑事涉案财物主张权利的救济机会。①

2. 刑事案外人提出执行行为异议作用有限

案外人就刑事审判涉案财物主张权利，实质要求为调整对其构成侵害或妨碍的生效刑事裁判效力，但是案外人无法通过提出执行行为异议直接满足，因为案外人循此渠道提出执行行为异议，只能取得停止执行的效果，而这仅仅只是第一步，还需要继续通过提起刑事申诉或另行提起具体民事诉讼的方式才能实现，这种途径与目标出现的曲折是立法构架原因造成，使得执行异议程序缺乏维护刑事案外人合法权益应有的公正与效率。

例如，法院认定 A 公司账户中 600 万元款项系被告人个人财产而予以冻结，执行机构依据生效刑事判决执行该 600 万元款项时，A 公司向执行机构提出执行行为异议，执行机构答复系依据生效刑事判决执行，A 公司于是撤销提出的执行行为异议，转而就 600 万元款项的权属提出申诉，要求退还 600 万元款项至其账户。

3. 裁定补正在司法实践中运用保守

《刑事财产执行规定》第 15 条规定的刑事审判部门就刑事审判对涉案财物认定错误进行裁定补正的方式，本意是希望通过一种快速、简便的方式给予刑事案外人合法权益及时救济，但是由于执行部门与刑事审判部门就裁定补正有关表述是否明确、适用具体范围以及效力如何认定等方面存在不同意见，加之如何适用裁定补正又缺乏明确规定与实践经验，刑事审判部门对此方式顾虑重重，并不倾向于在司法审判实践中采用。

（三）案外人申诉制度依据缺乏不易启动

1. 采用民事审判证明标准不易接受

刑事案外人申诉的目的在于排除刑事裁判对其合法享有涉案财物民事权益的障碍，故法院就案外人申诉理由的审查认证，紧密围绕刑事涉案财物权属进行，更多是采用民事审判对于财物权属认定的证明标准，与刑事审判“确实、充分、排除合理怀疑”的定罪证明标准相比，明显偏低。以民事审判证明标准认定刑事审判对涉案财物权属认定存有不当的理念，在司法实践被接受显属不易。

2. 适用案外人申诉救济程序亟待规范

《刑事诉讼法司法解释》虽然规定了案外人对侵害其合法权益的生效刑事裁判享有

---

① 蒋晓亮：《论我国刑事涉案财物执行中的案外人救济》，载《法律适用》2016 年第 8 期。

提出申诉的权利,但是如何在审判监督程序中落到实处,并无相应的配套规定。在刑事申诉实践中,需要明确以下问题:一是案外人申诉立案审查标准。判断刑事裁判的“案外人”申诉主体地位所需具备的要件如何界定。二是文书撰写技术层面标准。现有法律规定应予重新审判的情形,均是针对定罪量刑方向,缺乏就案外人合法民事权益应得到保护的法律条款。案外人申诉主张权利一般针对刑事裁判中扣押款、物清单中的某项,需要对其进行调整变动,如何表述“中止原裁判执行”这一判项。

三、实现刑事案外人权益保护机制的司法路径

在刑事案外人权益保护机制下,参与刑事审判程序、提出执行异议和提出申诉等各种救济途径,适用阶段与功能作用存有显著不同。这就需要从刑事案外人权益保护机制的整体出发,正确厘清各种救济途径的职能定位与关联,有的放矢。就案外人对刑事涉案财物主张权利而言,案外人参与刑事审判程序,就涉案财物提出权属主张无疑是最为优先、积极的救济措施,居于首要地位;案外人提出执行异议和提出申诉则均属于滞后、消极的救济措施,其中执行异议居于辅助地位,案外人申诉居于补救地位。据此,实现刑事案外人权益保护机制的司法路径应当是,以充分保护案外人参与刑事审判程序主张涉案财物权利为重心,辅助以执行异议适当弥补,再加案外人申诉程序救济两翼,构成“一心两翼”的体系。案外人通过参与刑事审判程序就涉案财物主张权利,毫无疑问充当前进方向指引,执行异议和案外人申诉则依据不同方式对偏离的方向进行调整,案外人申诉并承担反向推动前进方向。(见图1)

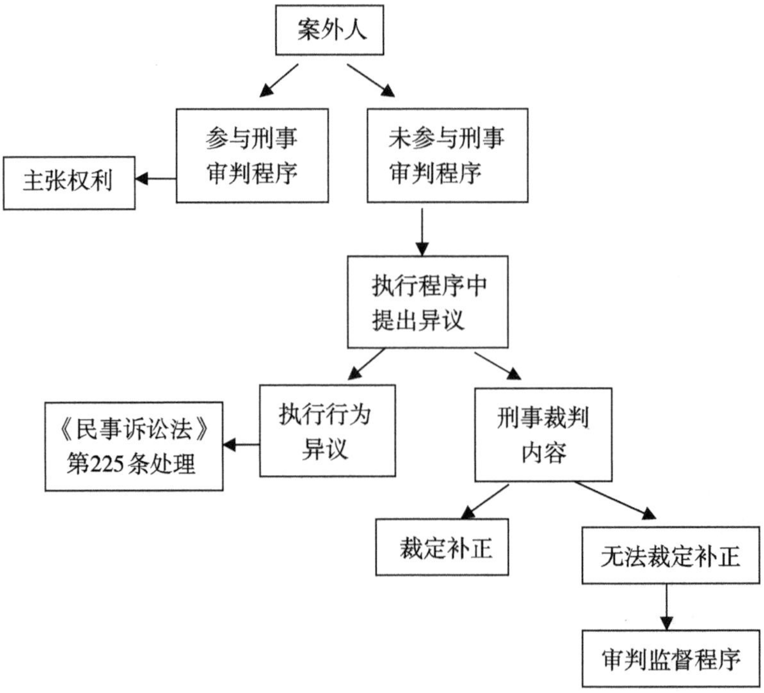

图1 刑事案外人权益保护实现路径流程

（一）刑事审判——独立听审程序保障准确审查涉案财物权属

《刑事诉讼法》确立了“对于不能确定所有权人或涉及第三人利益时的涉案财物的执行，只有通过法院的生效裁判才能确定涉案财物的最终处置”①的原则，从确保刑事裁判的准确性和保护案外人有效参与的角度，有关涉案财物权属认定程序应与定罪量刑程序并存在于刑事审判之中，并完全独立于定罪量刑程序。②

按照《刑事诉讼法司法解释》第364条第2款有关案外人对涉案财物提出权属异议的规定，法院在进行刑事审判时，如果发现涉案查封、扣押、冻结财物涉及案外人财产利益的，应当发出公告或通知相应案外人。一旦案外人对涉案财物主张合法权益并申请参加诉讼，法院就应在定罪量刑程序之后举行单独的听审程序，就涉案财物的权属归属进行审理并作出相应的决定。③

在此单独的听审程序中，案外人通过行使向法院提交证据，针对公诉机关主张涉案财物具有非法性与被告人主张涉案财物不具有违法性，发表相关意见等权利，并就涉案财物部分或全部主张自己相应的民事权益，法官则根据各方提出的意见以及举证情况，居中作出裁断。从某种程度上而言，拥有独立诉讼主张的案外人类似于民事诉讼中的“有独立请求权的第三人”，已有的公诉方与被告方之间的诉讼相当于民事诉讼中的“本诉”，案外人与原控辩双方之间的诉讼则近似于民事诉讼中的“参加之诉”。④

（二）执行异议——兼顾刑事审判补救和案外人申诉筛选

源于刑事裁判涉案财物部分案件的执行程序具有的特殊性，《刑事财产执行规定》对案外人提出执行异议的处理方式，依据不同的情形加以细化分类。其中，《刑事财产执行规定》第14条所规定的案外人异议，系指案外人针对法院的执行行为而提出的异议，与法院据以执行的刑事裁判、裁定并不相关。⑤ 对于此类执行异议，应当指引案外人依据《民事诉讼法》第225条规定处理，而不是通过审判监督程序寻求救济。而《刑事财产执行规定》第15条规定的案外人异议，系指案外人对刑事裁判内容所涉及的财物是否属于赃款赃物认定错误或者应予认定而未认定提出的异议。如果案外人提起的执行异议成立，那么必然涉及刑事裁判存在错误应当予以纠正的问题，案外人的救济途径理应是通过审判监督程序对刑事裁判存在的错误进行纠正。但是基于尽可能维护生效刑事裁判的既判力之目的，通过赋予执行异议审查机构的一定的判断权力，在此再次区分情形：如果案外人对是否属于赃款赃物认定错误或者应予认定而未认定提出的异议成立，但是并不必然会导致刑事裁判认定的基本犯罪事实等所解决的定罪量刑的核心内容发生变动，可以通过裁定补正的形式予以救济的，则执行机构应当将异议材料移送至刑事审判部门处理；如果

---

① 吴光升：《刑事涉案财物处理程序的正当化》，载《法律适用》2007年第10期。转引自罗伟：《财产刑的退赔和民事债务混同时的处置原则》，载《人民司法·案例》2013年第20期。

② 江必新主编：《〈最高人民法院关于适用《中华人民共和国刑事诉讼法》的解释〉理解与适用》，中国法制出版社2013年版，第323页。

③ 方柏兴：《论刑事诉讼中的“对物之诉”——一种以涉案财物处置为中心的裁判理论》，载《华东政法大学学报》2017年第5期。

④ 江伟：《民事诉讼法学》，北京大学出版社2012年版，第158～161页。转引自方柏兴：《论刑事诉讼中的“对物之诉”——一种以涉案财物处置为中心的裁判理论》，载《华东政法大学学报》2017年第5期。

⑤ 袁楠：《刑事裁判涉财产部分执行中案外人异议之法条适用》，载《人民司法·案例》2015年第10期。

通过裁定补正也无法补救的，则再告知案外人通过审判监督程序处理。

因此，在司法实践中，就案外人能否选择申诉进入刑事审判监督程序寻求救济，应当注重执行异议的前置分流作用，避免忽略执行异议功能，不分情形一律引导案外人通过审判监督程序寻求救济，扩大审判监督程序正式立案审查的大门，增加案外人不必要的诉讼负担，浪费有限的司法资源。

（三）案外人申诉——审判监督程序补救

虽然案外人申诉制度和案外人提出执行异议均属于消极补救措施，但是二者亦存有差异。案外人提出申诉是其在刑事裁判涉财物执行中采取异议制度未能达到保护其财产权益的状况下，从而采用审判监督程序，对其财产权寻求保护的后续进程。审判监督程序和案外人异议的结合，形成了案外人财产权益保护消极层面上拾遗补阙的结构效果，这就意味着并不是在所有案外人就刑事涉案财物主张权利的案件中都应适用审判监督程序。

权利救济是再审制度的应然价值，故刑事案外人申诉制度的设计，应在尊重法律真实的前提下进行权利救济，同时又以制度调和且慎用再审程序来保持法的安定性之目的。①《刑事财产执行规定》鲜明地体现了这一原则，通过异议权与复议权的双重保障来保护案外人就执行行为提出异议的权利得到实现，即便是对涉案财物是否属于赃款赃物这一事实问题认定产生错误，也设置了裁定补正的调和方式暂缓启动再审程序，防止仅因财产问题破坏生效刑事裁判稳定性。

所以在案外人提起申诉就刑事审判涉案财物主张权利时，应当对案外人提起申诉的主体地位是否适当，进行严格审查，只有当案外人在执行程序中认为刑事裁判对涉案财物是否属于赃款赃物认定错误的事由成立并获得认可，而且确实无法通过裁定补正方式予以救济的情形下，案外人才享有申诉的权利。

四、刑事案外人权益保护机制下申诉救济制度的完善建议

从制度设计的理论上讲，如果刑事审判涉案财物的案外人参与审判程序，则基本不会发生刑事案外人提起申诉的情形，但是司法审判实践往往和理论存在出入，大量案外人选择通过刑事申诉的途径寻求权利救济。而刑事案外人申诉制度目前尚处于实践探索阶段，无法满足当下日益增长的刑事案外人权益保护的司法需求。结合现有的司法实践而言，在刑事审判无法确保完全准确认定涉案财物权属、执行异议发挥作用有限的情况下，细化完善刑事案外人申诉制度，无疑是最无奈却又最有效的应对措施。

（一）立案审查阶段基本问题的规范

梳理《刑事诉讼法》与《刑事诉讼法司法解释》，发现二者对于案外人的用语存有差异。《刑事诉讼法》第 281 条和第 282 条，采用“利害关系人”指称对涉案财物主张权利的案外人，而《刑事诉讼法司法解释》第 364 条第 2 款规定用“案外人”指称当事人以外对涉案财物提出权利主张的第三人，但是从二者在法律地位、参与程序、抗辩理由方面进行比较，实质上并无根本区别。②《刑事诉讼法司法解释》第 371 条第 2 款亦采用了“案外人”

---

① 徐玲利、黄学昌：《基于实证考察的刑事再审制度之重构》，载《中国刑事法杂志》2014 年第 4 期。

② 乔宇：《执行中利害关系人对刑事涉案财物主张权利的处理》，载《人民司法·案例》2017 年第 20 期。

的指称,而且该条款是刑事案件中的案外人享有申诉权利的法律依据,故在立案阶段应严格依据该条款的规定进行审查。

1. 案外人申诉的主体认定

《刑事诉讼法》以及《刑事诉讼法司法解释》均确认了"当事人及其法定代理人、近亲属"对生效刑事裁判提起申诉的权利,"案外人"享有申诉权利来自《刑事诉讼法司法解释》第 371 条第 2 款之规定。该条款与《刑事诉讼法司法解释》第 371 条第 1 款处于并列关系,即"案外人"与"当事人及其法定代理人、近亲属"同属刑事申诉主体,故刑事申诉的案外人应指《刑事诉讼法》第 241 条所规定的"当事人及其法定代理人、近亲属"之外的主体。

2. 案外人申诉的对象及范围

依据《刑事诉讼法司法解释》第 371 条规定,生效刑事裁判侵害了案外人合法权益,案外人方可提出申诉。就审判实践所见,案外人被刑事裁判侵害的只能是民事权益,一般在刑事案件处分涉案财物时发生,因此案外人只能对刑事裁判对其构成侵害的部分提出申诉,对其他部分无申诉权,以上两个条件必须同时具备缺一不可。符合申诉主体条件,但不符合"侵害案外人合法权益"条件,则属于涉诉信访范畴,不应予以立案审查。

3. 案外人提交证据材料审查

案外人提起申诉时,应重点指导案外人提交其对刑事涉案财物享有合法权益的证明材料,并对该证明材料进行必要的审查。

(二)审查认证阶段基本问题的规范

无论是刑事诉讼,还是民事诉讼,有关诉讼各方当事人如何承担举证责任以及证明标准高低的如何认定,均直接影响诉争利益在各方当事人之间分配。在证据量及其证明力不变情况下,证明标准设置和实际掌握宽严在一定情况下直接决定着案件实体的最终处理结果。① 刑事案外人对涉案财物主张权利,其就必须提出充足有效的证据证明涉案财物是"无辜"的,故在刑事案件的申诉审查阶段,就案外人一方对涉案财物的申诉主张采取何种证明标准,直接关系到案外人权利实现程度。

证明标准高低的设定取决于审理程序类型本身重要程度。刑事诉讼程序采用"确实、充分、排除合理怀疑"的证明标准,系因刑事诉讼程序结果直接关乎到被告人的生命权、人身自由权等重大事项,一旦出现错误,就将导致被告人的基本人权遭受到不可逆转的重大损害。② 但是刑事涉案财物的处理作为"对物之诉",其实质上是一种财产性质的纠纷,与财产类民事诉讼在本质上具有相同性,与刑事诉讼的定罪程序存在明显的内在差异,并不涉及人身权利,故无须适用刑事诉讼定罪的证明标准,适用民事诉讼程序的"优势证据"证明标准并无不妥。③

在审判监督程序进行实体审理时,案外人与公诉机关相比,虽然存在公权力与私权利的性质显著差异,但是两方在刑事涉案财物权属这一待证事实上的举证能力相对均衡,而

① 李玉华:《诉讼证明标准研究》,中国政法大学出版社 2010 年版,第 101 页。转引自初殿清:《"未经定罪之没收"的证明标准》,载《大连理工大学学报》2013 年第 2 期。

② 万毅:《独立没收程序的证据法难题及其破解》,载《法学》2012 年第 4 期。

③ 戴长林:《依法规范刑事案件涉案财物处理程序》,载《中国法律评论》2014 年第 2 期。

且还有后续补救方法。因此适用与民事诉讼程序持平的证明标准,有其现实合理性,同时也符合在刑事涉案财物权属证明对象上"谁主张、谁举证"的证明责任配置规则。[①]

(三)文书撰写阶段基本问题的规范

1. 案外人申诉地位表述问题

因《刑事诉讼法》第241条明确规定,刑事诉讼中的申诉人系指"当事人及其法定代理人、近亲属",《刑事诉讼法司法解释》第371条第1款再次明确了上述刑事申诉人的范围,而第2款单独赋予了生效裁判侵害其合法权益的案外人提起申诉的权利,即将案外人作为申诉人范围之外的一种独立的申诉主体,故在申诉审查法律文书表述中,案外人的申诉地位应当列为案外人,而不能混同于申诉人。

2. 再审法律条款引用问题

《刑事诉讼法》第242条和《刑事诉讼法司法解释》第375条,对于刑事案件应当重新审判的情形作出了明确规定,但是并未延伸到案外人民事权益保护范围,对此需要破解保护案外人合法民事权益没有法律适用依据的障碍。《刑事诉讼法》对申诉人以及案外人的申诉权利,并没有从立法上实施诉权的构建,因此也就没有符合法定条件应当再审的具体规定,故仍应当沿用原判确有错误的审查及提起再审原则。对于提起再审的适用法律依据亦应遵守这一原则,简明适用《刑事诉讼法》第242条第3项"原判决、裁定适用法律确有错误的"这一口袋规定,同时适用《刑事诉讼法司法解释》第371条第2款,表明对案外人申诉的案件予以立案审查的依据。

3. 再审裁定文书中判项的表述问题

案外人申诉对象如果仅涉及判决主文判项,裁定再审对象目标明确,并无疑虑。但是刑事判决涉案财物往往含有多项,不宜在判决主文中详细列明,故《刑事诉讼法司法解释》第365条[②]以及《刑事财产执行规定》第6条[③]均规定可附清单。司法审判实践中,案外人申诉的目标范围亦大多系对判决主文中另附清单的个别项目,此时裁定再审对象该如何表述就是绕不开的问题。结合上述涉案财物的相关法律规定,刑事案件中涉案财物权属的认定,也是刑事审判的一项重要内容,而刑事判决书中扣押款项处理清单,作为刑事裁判结果的直观体现,据此亦应属于裁判文书中主文的范畴。由于案外人的申诉理由并不涉及定罪量刑,故而再审裁定主文表述为"一、由本院另行组成合议庭,对本案原判决第××项中《财产清单》第××项之财产处理进行再审;二、再审期间中止《财产清单》第××项内容的执行。"

综观我国有关刑事涉案财物的处置程序的历史演进,即可窥见我国对于刑事案外人权益保护机制从无到有、法治化水平不断提升的过程。在刑事审判中单独设立涉案财物处理程序无疑是保护刑事案外人权益的最佳路径,但是在较短时间内无法达到最优状态的情况下,通过完善刑事案外人申诉制度,发挥审判监督程序应有的审判监督作用,从而反向推动前面的刑事审判对于涉案财物权属的严格审查,不失为一种现实且有效的选择。

---

① 邓晓东:《利害关系人视域下的"未经定罪之没收"》,载《福建师范大学学报》2017年第4期。

② 《刑事诉讼法解释》第365条规定:对查封、扣押、冻结的财物及其孳息,应当在判决书中写明名称、金额、数量、存放地点及其处理方式等。涉案财物较多,不宜在判决主文中详细列明的,可以附清单。

③ 《刑事财产执行规定》第6条规定:刑事裁判涉财产部分的裁判内容,应当明确、具体。涉案财物或者被害人人数较多,不宜在判决主文中详细列明的,可以概括叙明并另附清单。

关于强制执行中财产处置存在问题及建议的调查研究*

一、前言

对被执行人财产的处置是强制执行的关键环节，关系案件的执行效果，直接决定案件当事人合法权益的最终兑现。现实中被执行人财产种类多样，同类财产法律性质也有区分，财产现状各案又有不同，造成实际执行中财产处置情况相当复杂。而现有法律规定对财产处置规范过于笼统，对具体特定财产执行缺乏明确规范。在法律规范尚未完善情况下，出于不同立场考虑，案件申请执行人、被执行人、相关权利人、协助义务人对于涉案财产如何处置认识和主张不同，造成实际执行中人民法院对于财产处置困难，甚至对同类财产存在不同的处置方式，形成执行环节对财产"难处置""乱处置"。这是长期困扰执行工作的"执行难"重要表现形式，亟待解决。

党的十八届四中全会专门就"切实解决执行难""依法保障胜诉当事人及时实现权益"提出了具体要求，其中就包括"规范处理涉案财物的司法程序"，而最高人民法院作出"用两到三年的时间基本解决执行难"的庄严承诺，总体目标之一即"有财产可供执行案件在法定期限内基本执行完毕"。为此，梳理强制执行中财产处置环节存在的各种问题，分析产生问题的原因，总结归纳各案对于财产处置的有益经验，形成解决财产处置各类问题的操作规则，这对于高效、及时处置涉案财产，规范执行行为具有实际指导意义。

本次调研考虑首先将强制执行中财产处置根据执行依据不同划分为生效法律文书明确的特定物的处置和为执行生效法律文书而对被执行人财产的处置，也就是非特定物的处置，以上划分的依据主要是特定物的处置严格根据生效法律文书确定的要求执行，与非特定物的执行具有明显区别。

二、执行中一般财产处置

对于执行中查封的财产，除双方当事人可通过和解程序自行处置且不损害第三方权益以外，都要通过法院评估拍卖程序才能实现财产的变现。然而，现有的随机选中评估公司、网上司法拍卖等方式虽然提高了评估拍卖工作的透明度，但却并没有从根本上解决财产评估难、处置难的问题。在经过对大量执行案件的实地调研分析后，笔者认为评估拍卖

---

* 课题主持人：马来客，课题负责人：吴小成，课题组成员：刘全新、李晓芳、栗俊海、范志勇、洪文光、刘金龙、杜占石，课题具体负责人：佟海东、高卫、林骁，课题执笔人：林骁（统稿）、洪文光、刘金龙。

本课题为2017年部门级重点课题。

工作所面临的障碍除执行中常见的“人难找、财难寻、事难办”以外，还面临着“进门难、评估难、过户难”等难题。上述问题的存在，一方面根源于执行难的痼疾，评估拍卖工作包含在执行实施工作中，主要依赖于执行人员“单打独斗”，对于评估、拍卖工作中的现场勘察、财物控制、人员安置、政策协调等问题都需要法院执行人员一一解决；另一方面也源于部分民众及行政机关法制意识淡薄，遇有法院执行部门请求协助的事项，“拖推慢”现象较为严重，人为制造了执行障碍。

笔者现简要依据据评估拍卖特点，对上述工作中所面临的各项问题予以分析。

（一）评估财产适格问题

评估是拍卖的前置程序，而评估对象适格与否，是决定被查封财产能否进入处置范围的前提。实践中，对于商标、地下管廊、违法搭建物、厂房附属净污排污设施、技术秘密等是否具有评估价值争议较大。笔者认为，合法性、完整性、价值性是衡量评估对象适格的重要标准。

1. 合法性是评估对象适格的根本前提。实践中，被执行人为方便生产经营，往往会有大量的“私搭乱建”，有的被执行人在承包了医院、酒店、厂房后，会在规划外搭建违规建筑。在执行中，常有被执行人据此要价，或是要求申请执行人对违建作价抵偿，或是要求法院将违建纳入评估范围。

笔者认为，违建由于没有得到规划许可，应当属于行政机关强制拆除范围，不可纳入评估范围内，被执行人的违法行为不可通过法院的执行行为变为合法。此外，关于违建是否需要在执行中予以拆除的问题。笔者认为，拆除违建属于行政执法行为，应当由申请执行人或买受人自行决定。如果执行中双方当事人就违建使用情况自行协商并达成相应的协议，则执行人员不应当将其纳入执行案件中。其原因在于法院执行工作的根本原则是维护申请执行人的合法权益，法院本身并不是行政执法机构。

2. 完整性是选定评估对象的重要参考因素。目前，执行实践中对于企业资产的评估，主要是按照分割评估的方法进行价值评估，企业的房产及土地使用权、机器设备及存货、车辆等动产由不同的评估公司分开评估，而地下管廊、厂房附属净污排污设施由于不具有独立的使用价值则无法选定评估公司予以评估。上述评估方法既人为地割裂了企业财产价值的整体性，也不利于后续对企业的整体处置，不利于企业早日恢复生产。

笔者认为，法院评估工作应当按照有利于整体处置的原则，对企业的动产（包括车辆、机器设备）、不动产（包括土地使用权、厂房）、商标、基建、库存等进行打包评估。特别是对于企业的地下管廊、商标权、专利权、技术秘密、厂房附属净污排污设施等财产，由于其附属于企业，为企业生产经营所需，单独评估则价值难以估量，应当予以整体考虑，在评估报告中对上述财产参照成本、市价、生产贡献占比等因素进行价值评估。

3. 价值性是评估对象适格的重要参考标准。实践中，财产只有被评估法院予以查封并实际控制才能进入评估程序，但这并不意味着所有被查封的财产都可以评估，如果在可预期的范围内，财产对于申请执行人并无价值则不能进入评估程序。执行中，如企业积存的奥运福娃、西部偏远地区的林地、第三方所设抵押权或质押权明显超出财产本身价值。上述财产因其价值严重贬损，或属无益拍卖而不具备处置价值而导致无执行价值，不宜纳入评估程序中。

评估财产适格与否直接关系到评估工作的开展,执行法官对此负有审查把关的责任,将不适格的财产纳入评估中,不仅会有违法执行的风险,也会浪费已经极为紧张的执行资源。

(二)评估对象调查问题

根据最高人民法院《关于人民法院民事执行中拍卖、变卖财产的规定》第10条之规定,执行人员应当对评估标的的权属状况、占有使用情况等进行必要的调查,制作财产现状的调查笔录或者收集其他有关资料。

可见,评估对象的调查工作主要由执行人员完成。然而,有限的执行资源不仅要面对无限的执行案件,还要面对纷繁复杂且多变的评估对象,其完成难度可想而知。笔者认为,评估对象的调查工作主要面临以下难题。

1. 股权评估中的材料提取问题。对于沪深两市的上市公司、新三板公司,由于其公司治理具有较高的规范性,股权价格或是直接以其市价作为评估价,或是以其完整且连续的企业年报作为评估依据,并不存在评估材料提取的问题。对于非上市公司,根据现行的企业工商管理制度,并不需要企业每年都上报年报,对于常年不申报年报的企业,工商局也只是将其纳入异常经营名录。因此,在评估企业股权的过程中,提取其最近三年的经营报表至为重要。

实践中,对于被执行人有对外股权投资的,执行人员要前往被投资公司实地调查提取被投资方的会计报表等材料。然而,对于没有在工商局主动申报年报的企业,执行人员在实际提取过程中却常常面临着"人难找、事难办"的局面,特别是在属地以外,这种情况更是常见。执行人员或是找不到被持股公司准确的经营地或办公地,或是被持股公司拒绝提供财务资料,及至提供虚假的财务资料。对于上述情形,仅依靠执行员及书记员两个人事实上根本无法完成强制提取工作。笔者建议,对于被持股公司拒绝配合的行为,可以利用执法记录仪现场取证,情节严重的,可以依职权作出罚款决定。实践证明,如果不采取对应的惩罚措施,执行人员事实上难以完成提取股权评估工作所需的材料。

2. 房产评估中的相关问题。对于发达地区的商品房,可以直接依据当地市场最近交易价格予以确定。对于偏远地区房产、农村宅基地、两限房、央产房等特殊房产的评估,则需要执行人员现场提取相关评估资料。以上房产的评估不仅需要执行人员现场了解房产所在地的政府限购政策,甚至还需要得到原房屋产权属单位的函复(如央产房),以确定房产是否可以用于交易。

实践中,偏远地区的房产、农村宅基地在评估过程中,普遍存在着房产权证资料不足、房产确权困难、房产可交易范围狭窄的问题。对此,笔者建议在评估中可选择性参照房产市价、成本价、土地使用权价格、同区域成交价等价格作为参照进行评估。

对于央产房,因其具有极强的政策性,导致有的央产房不可上市交易,个人仅具有房产居住权,有的央产房虽然可上市交易,但原单位具有成本价回购权或优先回购权。这就要求执行人员务必及时咨询相关房产的权属单位,并根据不同单位的不同政策以确定被查封财产是否具备评估拍卖价值。然而,对于执行法院的咨询,相关单位(包括央企、国家部委)的"拖推慢"现象较为普遍,严重影响了案件的执行进展,对于此类行为,除发函督促以外,是否还有其他救济渠道值得商榷。

3. 机器设备等动产评估中的问题。对于机器设备，此前，国家政策规定企业在购买机器设备时要在属地的工商管理部门进行备案登记，但现在已无此要求。在评估机器设备时，特别是评估从国外进口的机器设备时，因其使用方法和使用寿命较国内同类设备并不具备参照性，因而在评估过程中往往难以确定其价值，如果企业处于停业状态，则更加无法寻找其原始单据与机器规格材料。此外，机器设备不同于一般动产，原地继续使用与搬迁后安装使用，其价值将会有很大不同，部分评估公司因此对于机器设备往往会给出两种评估价（包括原地使用价格与搬迁使用价格）。

笔者建议，不能因机器设备无法得到原始单据或材料而放弃对其评估，评估可参考国内外市场类似设备、类似型号，以其价格低者为评估价。对于得出两种评估价的情形，建议以价格低者为拍卖底价，避免机器设备严重折旧，最大限度地促成拍卖成功。

4. 车辆评估中的问题。目前，单就车辆评估本身而言，并不会产生较多的争议，车辆评估过程中出现的问题主要集中在两点：一是车辆过户问题；二是车辆牌照问题。以北京市车辆评估为例，自 2015 年起，我市法院所有执行中的车辆均按照“带牌拍卖”政策进行处理。预期虽好，过程却十分漫长。2017 年 11 月，第四批带牌拍卖车辆拍卖成功，但因此而排队等待此政策的车辆已超千辆。部分车辆因长时间的搁置，其价值已经严重贬损。再以上海市车辆拍卖为例，上海市实行“车牌分离”政策，车辆单独拍卖，车辆牌照单独拍卖。法院查封车辆以后，只能就车辆本身进行拍卖，买受人如果想要车辆挂上“沪牌”，就需要自行参与“沪牌”的竞拍，原车的车牌等同作废。又以天津市为例，天津市实行车辆限购政策以后，只有天津市法院自执案件才可以办理过户，津外法院拍卖的车辆无法在天津本市过户办理牌照。同样，深圳市在实行限购政策以后，车辆与牌照分开也必然成为趋势。可见，车辆评估中出现的问题多是政策问题，需要执行人员仔细了解车辆所在地政策以便于最大限度提升车辆处置价值。

综上所述，对于评估财产的调查，是后续评估结果能否依法合理反映评估财产价值的关键，直接关系到财产能否完成拍卖。事实上，执行中常说的评估难，关键在于调查难，因为财产调查不仅面对财产自身的瑕疵，也会面临各方的阻碍。执行人员在请求第三方协助过程中，经常会面临各类消极对抗，从而导致评估工作陷于停顿。只有加大对各类拒绝协助执行行为的惩罚力度，才能树立执行威慑力，推动评估工作快速推进。

（三）评估现场勘验问题

对财产进行评估，不仅需要调查，还需要评估人员进一步深入现场进行测绘，了解财产现状及折旧程度。而目前评估现场勘验问题所面临的最大问题就是“进门难”。在评估个人房产时，经常会遇到房产居住人（包括房屋产权人及其家人，房屋租赁人等）闭门锁屋，拒绝配合评估人员进场。在评估企业厂房时，经常会有企业员工锁闭厂房，甚至围攻执行人员。

面对上述问题，笔者建议可严格按照相关执行程序完成现场勘验。对于本市的房产，在依法张贴公告后，如房屋居住人拒绝配合现场勘验，可在邀请属地派出所、居委会等部门人员到场后，依法强制开锁，强制完成勘验工作。对于企业厂房，也可在请求属地公安部门协助后，依法组织警力强制入场勘验。对于现场勘验过程中出现的暴力抗法行为，应当依法采取强制措施。对于本市以外的房产，在张贴评估拍卖公告后，如房屋居住人拒绝配合，则可要求评估公司依照调查所取得的材料直接评估。

（四）评估协助问题

法院评估工作不同于普通的商业评估工作，它既依赖于评估公司的评估资质与评估技术，同时它又是以法院的强制力作为后盾，对于评估工作中出现的各类拒绝协助行为，法院有权对相关单位或个人处以罚款、拘留。在执行实施与评估拍卖工作没有分离之前，这一点是毋庸置疑的。但在执行实施与评估拍卖分离之后，对于评估过程中出现的各类拒绝协助行为，负责评估的执行人员认为应当报告给执行实施人员，并由其决定是否采取相对应的处罚措施，而执行实施部门则普遍认为案件进入评估拍卖后，对于具体的评估拍卖工作，执行实施人员无权介入其中，否则便有滥权之嫌。

笔者认为，虽然案件执行工作分为执行实施、执行异议、评估拍卖三个类型，但只有执行实施部门才对整个案件的执行进展负有不可推卸的责任，并对申请执行人的权益是否实现负有执行之责。因此，如评估阶段有部门或个人拒绝对评估工作予以协助，负责评估工作的执行人员请求执行实施法官作出处罚决定，执行实施法官理当采取相应措施。

（五）拍卖中的相关问题

评估工作是拍卖工作的基础，扎实的评估工作可以有利的节省拍卖时间、提升拍卖价值。然而，就拍卖工作而言，仍然会面临较多的执行障碍，现简述如下。

1."唯一住房"的拍卖问题。对于个人名下唯一住房是否具备可执行性，最高人民法院司法解释已经给出明确答复，即在具备一定条件下是可以执行的，但在实际执行过程中仍会有较多问题。一是唯一住房的调查责任人仍然不明。由于我国不动产仍然没有完成全国性联网，因此，除被执行人及其家属主动声明以外，执行法院事实上难以确认被执行人实际住房是否其唯一住房。二是唯一住房拍卖后的腾退问题。拍卖唯一住房后最大的问题就是腾退问题，为买受人解决腾退是否成为法院的义务，法院对此意见并不一致，有的省市法院要求拍卖后务必完成腾退工作，腾退住户是法院执行人员的义务，有的法院则是在拍卖公告中明确披露房屋内有住户，法院不保证腾退。笔者认为，法院是否做腾退工作必须明确三个道理：一是申请执行人或其他机构是否愿意做好预先安置工作，法院本身没有能力或财力来做好被执行人的安置工作；二是拍卖公告中是否明确载明相应的风险，依据风险明示、责任自担的原则，可以据此确定买受人在明知"法拍房"有瑕疵的情况下仍然购买，腾退工作由其自行完成；三是对于非在本院辖区的房产，特别是跨省市的房产拍卖，执行法院事实上是没有能力做到强制腾退的。

2.拍卖中的政策风险问题。近年来，我国各省市对于房产、车辆的限购政策层出不穷，法院在拍卖房产、车辆过程中经常会出现买受人在交付完竞买款后无法办理过户的问题。笔者认为，法院的拍卖行为虽然属于司法行为，但从客观实际角度考虑，司法拍卖行为仍然要服从于属地的政府政策。对于房产、车辆的拍卖，如果限购政策是在竞买人参与竞买之前颁布的，应当视为买受人自行承担已有的政策风险，对于因政策原因而无法办理过户的，法院不退还竞买款。如果是在竞买结束之后，办理房产、车辆过户之前颁布的政策，买受人因不符合政策要求而无法办理过户的，执行部门理当退回其竞买款，重新启动拍卖。

对于因政府政策而造成财产价值大幅波动的财产，如北京市2017年发布的《关于进一步加强商业、办公类项目管理的公告》,导致商住房迅速回归商业办公所用,其市场价值大幅回调。买受人如以此为理由要求退回竞买款,重新启动拍卖,执行部门理当拒绝,此类风险表面属政策风险,实际属于正常的商业风险,理应买者自负。

3. 拍卖公平问题。拍卖过程中,有些买受人因为资金问题提出延期付款,应该如何处理。实践中,如果竞买人延期时间较短,执行法官为方便案件结案,可能会同意。时间较长的,一般会直接重新启动拍卖,并没收竞买人交纳的保证金。这样做固然有经济方便的考虑,但其实是侵犯了其他参与竞买人的利益,也不利于塑造公开、公平的竞拍环境。如果是拍卖公司自行同意竞买人延期交纳拍卖款,则属于违约行为,委托法院可以直接撤销此次拍卖,并对拍卖公司采取警告等惩戒措施。

2016 年,最高人民法院周强院长在两会工作报告中庄严承诺,“向执行难全面宣战,深化执行体制改革,提高执行信息化水平……用两到三年时间,基本解决执行难问题”。现距离基本解决执行难只有一年时间,笔者认为,如不认真解决评估拍卖工作中所面临的问题,就难以让申请执行人早日拿到案款,让其在基本解决执行难这一场战役中得到实惠。

三、执行中特定物的处置

(一)特定物处置的概述

特定物的处置具体指执行法院对作为执行依据的生效法律文书明确的财产予以处置。实际执行中,作为执行依据的刑事判决书、民事判决书、调解书、仲裁裁决书和公证债权文书都涉及特定物的处置,这可以简单归纳为刑事案件中特定物的处置和民事案件中特定物的处置。刑事案件中特定物的处置主要是对于刑事审判中查明的涉案财产进行变价后退赔被害人或没收。民事案件特定物的处置主要是对民事审判已确认优先债权的涉案财产按照明确的处置方式变价。由于作为执行依据的生效法律文书对特定物的处置已经进行了相关明确,相比执行中一般财产的处置就有相应区别。

1. 生效法律文书已事先确定了清偿权或优先清偿权。作为执行依据的生效法律文书一般明确了该财产的受偿人。如刑事案件中,判决对登记在非被执行人名下的房产等财产进行处置发还被害人或者没收,这就是执行法院处置财产的直接依据。在民事案件中,生效法律文书一般明确了财产的抵押权、工程款优先权,也对于财产变价款的清偿顺序进行了明确。而一般执行案件中,执行法院只能对登记在被执行人名下的财产进行查封和处置,而对于清偿顺序需要执行中查明,或者根据权利人主张而进行判断决定。

2. 生效法律文书已确定了财产的变价方式。刑事判决书明确了财产的处置方式,如直接发还被害人或变价后发还被害人。被害人只有受偿权,但一般不能对于财产的处置方式进行主张权利,如与财产权利人达成执行和解的方式对涉案财产以物抵债。一般财产执行中,生效法律文书没有明确处置方式,执行中有相对的灵活性,当事人可以对于财产的处置方式进行选择,如不经变价直接以物抵债,或者达成和解而暂缓或者放弃强制处置。

(二)特定物处置中存在的问题

1. 特定物相关查封信息移送不顺畅。刑事判决的强制执行方式为刑事审判庭移送执行，刑庭移送执行中对于查封财产仅移送相关查封材料复印件，无相关正式说明。实际执行中，执行员需要翻阅查封协执复印件才能明确查封期限，而某些查封协执上没有注明查封到期日，需要执行员与刑庭再进行核实，实际中有经核实，查封到期日已经非常临近，造成执行员实际采取续封措施时非常仓促，打乱执行员工作安排。更有查封协执稿件注明的查封财产到期日与实际财产登记机关登记日期不符，而造成查封财产未能及时续行查封。也有查封特定财产，相关部门对查封手续有特别要求，但是刑庭在保全时未特别说明，导致续封时出现障碍，如在保全天弘基金管理公司"余额宝"内资金时，协助单位明确要求提供的冻结文书形式为协助执行通知书，但是刑庭冻结时采用的是冻结银行存款通知书，执行员再次续行保全时沿用刑庭的文书形式，现场办理时协助机关提出已经告知刑庭下次保全应当改正文书形式，从而导致现场续封不顺畅。

民事执行中，诉讼中保全信息未书面告知当事人，导致申请执行人申请执行时无法提供保全相关信息。执行法院只能联系审判机关调阅保全材料，延误时间。

另有查询档案、抵押信息、查封顺序在保全中已经调查，但在移送执行中未予提供，导致执行员重复调查。

2. 涉案财产存在权利瑕疵未考虑。如经济类刑事犯罪案件，经常存在在案扣押、冻结的钱款、土地、房屋等情形，刑事判决在案扣押的财产变价发还被害人。但被执行人除刑事案件外还有民事案件，其所有的财产往往被不同案件被各个法院冻结。另被执行人的财产在刑事案件查封前已抵押第三人。造成在执行环节，执行庭因未首封无法执行，或因有抵押等法定优先权，而无法首先发还被害人。

有民事调解书确认被执行人将某房产过户并交付申请执行人。进入执行程序后查证涉案房产已与第三人进行了网签，房产也已出租，造成实际执行困难。另有调解书约定将尚未过户至被执行人名下房产过户至申请执行人名下。

3. 涉案财产查封后未妥善保管。如刑事判决将扣押在某仓库的钢材变价发还被执行人。但实际查封时未指定保管人，导致钢材遗失、减损，另外多个债权人均对财产主张已在先查封并主张受偿权利。

4. 财产扣押后长期未处理导致财产价值贬损。目前北京法院对于扣押车辆的处置统一有市高级人民法院部署分批拍卖，目前各法院均由扣押的车辆长时间未处置，车辆存放时间过长而导致车辆毁坏，并且案件长期无法执结。

5. 刑事案件扣押物品价值过低导致评估拍卖意义不大。有刑事案件扣押物品为手机、手表及包等物品，判决书明确上述财产予以变价后发还被害人，但实际中物品价值过低，变价后的金额太少，甚至评估拍卖产生的实际费用都无法抵扣，实际处置导致司法资源浪费。

6. 评估、拍卖费用的承担。评估、拍卖刑事特定物，遇到价值过低或者无法拍卖处置时，评估费用、拍卖费用无法支付评估、拍卖机构。

（三）建议

1. 对于判决特定物查封信息由审判庭书面说明或者询问审判庭予以明确。对涉案财产保全是执行中进行处置的前提，直接关系到案件权利人权益的实现。对于刑事案件保全的查封财产应当由刑庭在移送立案执行时出具正式说明，明确查封财产名称、登记机关、查封顺序、查封到期日及有无在先权利人等基本信息,一方面刑庭对于涉案特定物应当已经调查核实,否则无法在刑事判决书中明确特定财产的处置意见;另一方面刑庭或者公安检察机关现场保全时完全可以调查核实上述涉案财产的基本信息。另刑庭移送执行时如涉案财产已临到期日应当由刑庭事先进行续封后再移送立案执行。

对于民事案件的保全信息,应当在向申请执行人发送的书面通知中明确查封财产的登记机关和查封期限,方便执行法院据此及时高效续行保全。

2. 对于特定物的现状和权利负担到现场和登记机关核实。生效法律文书确定了特定物的处置和清偿,但是这替代不了执行中执行员对涉案财产的进一步调查核实,一方面是与生效法律文书确定的基本信息进行核对,检验生效法律文书是否调查核实清楚;另一方面根据处置需要对财产基本信息和某些特别事项进行进一步的调查核实,为财产的处置提供必要的调查信息。

3. 对于特定物的执行询问案件当事人意见,争取协商解决。对于民事案件的特定物执行,案件双方当事人可以协商解决,有权在不违背法律规定下调整特定物的处置方式。实际执行中,双方当事人可以协商达成一致,如达成采取分期履行的执行和解,停止对判决特定物的执行,也可以在不违背法律规定和其他第三人利益的情形下以以物抵债的形式处置特定物,调整判决确定的处置方式。

4. 对于特定物已毁损或者灭失的可以经双方当事人协商一致折价赔偿。进入执行程序后,特定物的实际现状可能已经与生效法律文书作出时发生变化,如特定物发生减损或者灭失。实际执行中,存在判决确定申请执行人对特定抵押物予以变价并享有优先受偿权,而进入执行程序后,经核实特定物已由其他法院审理确认归第三人所有并完成过户。根据法律规定,执行标的物为特定物的,应当执行原物。原物确已毁损或者灭失的,经双方当事人同意,可以折价赔偿。双方当事人对折价赔偿不能协商一致的,人民法院应当终结执行程序。申请执行人可以另行起诉。

5. 对涉案财产妥善保管,扣押和处置分离,尽快处置。案件审理保全财产为动产时,应当指定保管人,并且依法张贴查封公告,从而避免不同案件对查封顺序产生争议,或者没有保管人造成财产减损灭失。

医疗损害责任纠纷审判疑难问题研究*

《侵权责任法》实施八年以来，司法审判领域告别了医疗损害责任体系二元化结构的混乱局面。这一点虽然在整体上促进了医疗损害责任纠纷案件的科学化合理化审判，但近年来，医患矛盾依然存在并且日趋激烈和升级，医疗纠纷案件的审理难度也进一步加大，总体上呈现出案情复杂、内容专业、冲突剧烈、损害严重、影响广泛等特征。当前，如何通过对医疗纠纷案件的公正妥善审理，明确医患双方的行为规则、规范就医诊疗行为、缓解医患对立关系、化解医患矛盾是司法审判的一项重大课题和重要使命。为此，课题组对《侵权责任法》实施八年来的医疗损害责任纠纷案件进行了详细的梳理，以期通过对既有医疗案件的总结分析，得出对未来医疗案件审判的指导规则。

一、《侵权责任法》实施以来我院审理医疗损害责任纠纷案件的基本情况和特点

（一）基本情况

1. 结案整体情况

《侵权责任法》实施（2010 年 7 月 1 日）以来我院共审理医疗损害责任纠纷 685 件，其中一审 4 件，二审案件 641 件。其他类型（包括申诉再审等）40 件。在 641 件二审案件中，结案方式为维持的有 444 件，改判为 34 件，发回重审的有 46 件，调解 70 件、撤诉（包括按撤诉处理）37 件，剩余 10 件为立案庭对管辖权异议案件作出的驳回裁判。（见图 1）

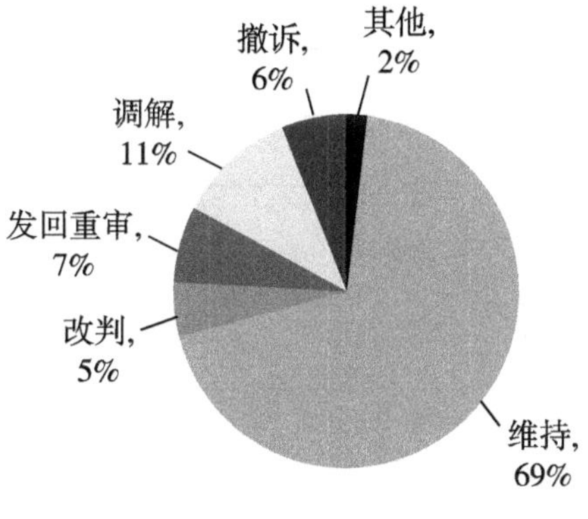

图 1　二审案件结案方式

---

* 课题主持人：孙国鸣，课题负责人：高萍，课题组成员：丁宇翔、王国庆、张琦、赵小军、丁少芃、刘雅璠，课题执笔人：丁宇翔、张琦、赵小军、丁少芃、刘雅璠，统稿人：丁宇翔。

本课题为 2018 年院级重点课题。

以年度结案情况计,2010 年下半年结案 48 件,2011 年共结案 117 件,2012 年共结案 111 件,2013 年共结案 97 件,2014 年共结案 62 件,2015 年共结案 61 件,2016 年共结案 63 件,2017 年共结案 63 件,截至 2018 年 9 月 30 日共结案 63 件。(见图 2)

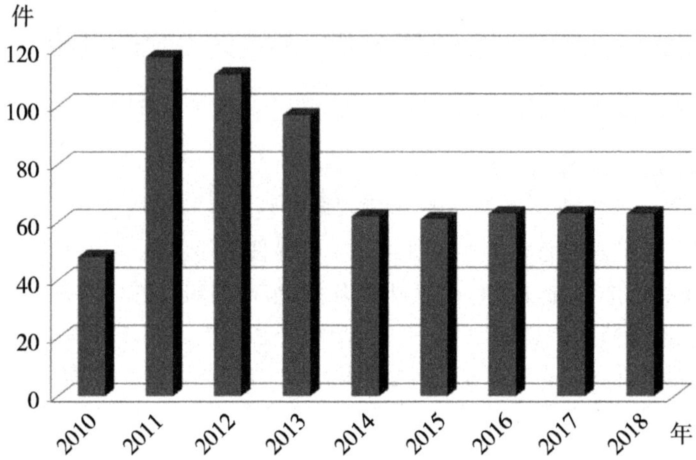

图 2　年度结案数据统计①

2. 调解、撤诉情况

医疗损害责任纠纷因专业性强、案情复杂且医患矛盾尖锐等因素,审判实践中调解、撤诉工作的难度较大。经课题组统计,医疗纠纷中调解撤诉数据为:2010 年调撤案件 5 件,占该类案件 10.41%;2011 年调撤案件 17 件,占比 14.52%;2012 年调撤案件 15 件,占比 13.51%;2013 年调撤案件 22 件,占比 22.68%;2014 年调撤案件 17 件,占比 22.58%;2015 年调撤案件 12 件,占比 19.67%;2016 年调撤案件 10 件,占比 15.87%;2017 年调撤案件 10 件,占比 15.8%;2018 年调撤案件 5 件,占比 7.93%。(见图 3、图 4)

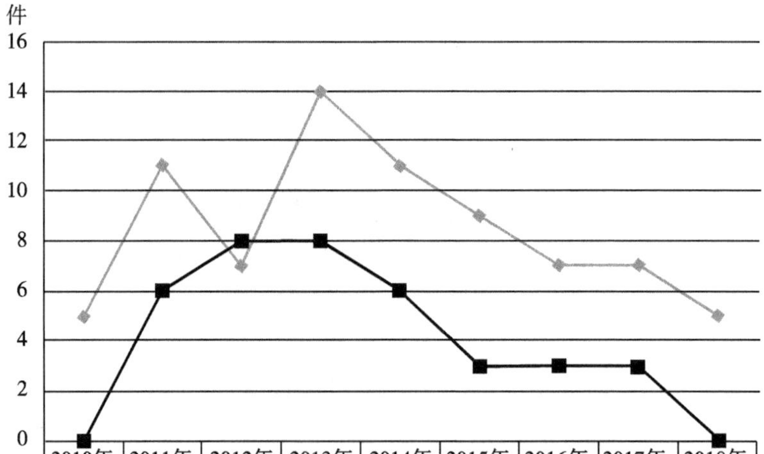

	2010年	2011年	2012年	2013年	2014年	2015年	2016年	2017年	2018年
调解(件)	5	11	7	14	11	9	7	7	5
撤诉(件)	0	6	8	8	6	3	3	3	0

图 3　年度调撤数据统计

① 本报告统计 2010 年为半年数,2018 年数据截至 9 月 30 日。

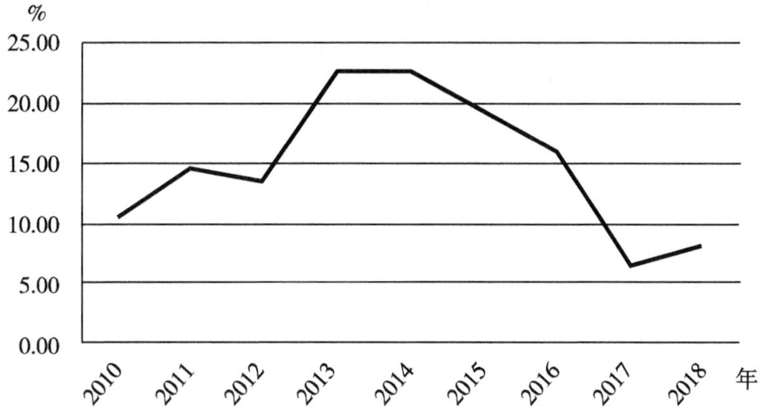

图 4 调撤率折线

3. 鉴定程序启动情况

在医疗纠纷二审案件中,涉及医疗鉴定的 538 件,鉴定比例高达 83.93%。双方当事人对鉴定结论有异议的案件为 387 件,占鉴定案件的 71.93%。对鉴定意见完整采信 382 件,完整采信率达到 71%。部分采信 148 件,部分采信率达到 27.51%。完全不采信推翻鉴定意见 8 件,不采信率仅为 1.49%。在所有医疗鉴定案件中,鉴定人出庭质证有 122 件,占所有鉴定案件的 22.67%,占有异议鉴定案件的 31.52%。此外,在统计的所有医疗损害赔偿纠纷中,涉及专家辅助人出庭发表意见的案件数为仅 1 件。(见图 5)

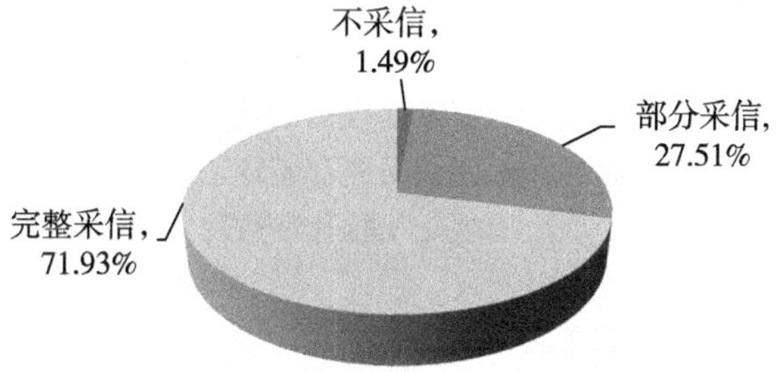

图 5 鉴定意见采信率

上述统计表明,医疗损害赔偿纠纷案件量尽管在 2014 年后有较为明显的下降,此与医疗体系改革、纠纷多元化解以及法院专业化审判和管辖调整不无关系,但近几年来仍保持相对平稳的案件数量。在二审案件中,仍以维持为最主要的结案方式,同时改判、发回重审比重较低。调撤率基本随着结案数的变化而变化。此外,通过对医疗鉴定情况的统计,可体现医疗鉴定程序在该类纠纷中的重要地位,而对鉴定意见的异议是双方当事人的实质争议和审理核心。实践中对医疗鉴定的采信率极高,反映出当前法官对医疗鉴定意见的过度依赖,证据审查流于形式化和表面化,未深入到鉴定意见的争议实质。

(二)医疗损害责任纠纷案件的基本特征

通过上述数据的统计分析,我们认为当前医疗损害责任纠纷审理中呈现出以下特点:

1. 案件起因呈现多元化、交叉性的特征

现阶段我国的医疗损害责任纠纷从案件起因的角度来看呈现出多元化、交叉性的特点，既源于医疗技术的飞速发展，也是患者法律意识和维权意识提升的体现。实务中，该类案件有因医疗消极结果引发的纠纷，也有因医疗技术运用是否得当引发的争议，近几年也出现了因医疗产品、医疗费用（过度医疗）、医疗美容等新型因素、交叉因素引发的纠纷，增加了医疗纠纷妥善处理的难度。

2. 纠纷矛盾呈现尖锐化、不易调和性的特征

上述数据表明，在医疗损害责任纠纷案件数量呈下降趋势时，其调解和撤诉的比例却未提升，特别是在2014年之后调撤率明显下降。这意味着近几年来医患矛盾依旧难以化解，实践中还出现相互质疑甚至相互敌对等极端情绪。该类案件不仅调解难度大，而且也深埋着社会隐患。虽然《侵权责任法》等一系列法律法规的出台和实施，使司法审判领域告别了医疗损害责任体系的二元化结构的混乱局面，整体上促进了医疗损害责任纠纷案件的科学化审理。但不可否认的是，近年来，医患矛盾依然存在并且日趋激烈和升级，究其原因一方面是医疗资源的积累和分配矛盾、医疗体制自身的缺陷，医患之间的低社会信任度等因素所引发。另一方面也在于该类纠纷处理机制不健全以及法律救济存在弊端和不足。

3. 审判过程呈现专业化、依赖程度高的特征

医疗技术的不断发展，在提升了医疗水平的同时也使得诊疗过程日趋专业化，形成了医疗机构及医务人员对医疗知识、技术的垄断局面。在法院处理该类案件时，由于法官缺乏复合型知识背景，这就导致案件审理对于鉴定程序的依赖性非常高。《民事诉讼法》中将原来作为证据种类的“鉴定结论”修改为“鉴定意见”，也体现了这样一种思路，即强调鉴定意见的证据属性，在审判中不能因其具有较高的证明力而忽视了对其进行审查和质证。但根据上述数据的统计分析可知，法院对医疗鉴定采信度非常高，不少案件审理中对鉴定意见缺乏实质性的审理和认证，有鉴定机构代替法院实质审理的趋势，甚至形成了无鉴不审、无鉴不判的现象。

4. 责任认定呈现复杂化、审理周期长的特征

医疗损害责任纠纷因涉及患者在诊疗过程中受到的人身财产损害，而诊疗过程本身专业性极强。出现损害后，对于院方过错、因果关系参与度以及损害后果等问题均需要专业性的全方位考察，且该类纠纷中患者普遍主张的赔偿数额较大、费用项目庞杂，均加大了该类案件的复杂性及审理难度。此外，由于医疗纠纷大都需要启动鉴定程序，甚至二次鉴定，实践中呈现审理周期长的特点。实践中，很多医疗损害纠纷案件的一审程序少则一年，多则两年三年，甚至出现三年以上长期未结案。

二、审理医疗损害责任纠纷案件需要处理好四个关系

（一）处理好调处医患纠纷与依法裁判的关系

面对医患矛盾持续激烈的形势，要形成调解与裁判相结合的整体思路。首先，在诉讼前要建立健全人民调解的非诉讼纠纷解决机制，同时做好人民调解与司法裁判的衔接。其次，在诉讼中秉持当事人意思自治的原则，加强调解工作的开展。一方面注重法院调解

技巧的提升;另一方面把握医疗风险分担理念,保证医疗纠纷调解结果相对的公正与公平。最后,要能调则调,当判则判,避免久调不决。和谐化解医患纠纷虽然是我们所追求的,但依法裁判也是我们的价值目标。当医患纠纷无法通过调解解决时,应当立即依法作出判决。

(二)处理好司法审判与专业判断的关系

如前所述,医疗纠纷具备极强的专业性和复杂性,在难以苛求法官具备医疗专业知识的前提下,如何处理好司法审判与专业判断的关系至关重要。审判中,要理性看待和运用鉴定制度及专家辅助人制度,既不能忽视也不宜过度依赖。要力求整合法学与医学领域的专业知识,既要考虑诊疗行为本身的专业性、风险性等特点,科学判定诊疗过错及原因力大小等事实争议,又要准确把握侵权责任法等相关法律规定,依法确定医疗损害的责任原则和举证规则,实现法学与医学的有机融合,确保审判的法律效果与社会效果的有机统一。

(三)处理好保护患者合法权益与维护医疗机构合法权利的关系

依据民法学家梁慧星的观点,医疗机构与患者之间是一种特殊的委托合同关系①。但考虑到医疗行为具有高技术性和高风险性的特点,且肩负着维护人民生命健康的神圣使命,如果从立法司法上给医疗机构承担过多的风险,势必会削弱医疗机构进行积极救治和医学探索的主动性和积极性,归根到底仍会是患者的合法权益受有损失。因此,在审判中要兼顾患者和医疗机构的合法权益,在法律框架内适用过错原则和分配举证责任,合法合理的认定责任。

(四)处理好鉴定意见与专家辅助人意见的关系

在《民事诉讼法》第 63 条规定的证据种类中,鉴定意见是其中一种。并且,这里的"鉴定意见"是从原来的"鉴定结论"修正而来的。这种表述的变化,表明立法者已经意识到"鉴定意见"与其他证据一样,仅仅是一种证据,如果称为"鉴定结论"有人为地赋予其"结论性"效力的嫌疑,不利于对证据客观、全面地审查认定。然而,即使不是"鉴定结论",而仅仅是"鉴定意见",对于并不具备相应专业知识的普通当事人来说,对作为证据的"鉴定意见"进行有效质证也是非常困难的。因此,《民事诉讼法》第 79 条专门规定了专家辅助人制度,《民事诉讼法司法解释》第 122、123 条以及最高人民法院《关于审理医疗损害责任纠纷案件适用法律若干问题的解释》(以下简称《医疗损害司法解释》)第 14 条又对专家辅助人制度进一步完善。在审理医疗损害纠纷案件中,我们既应重视鉴定意见的证据作用,同时也要重视专家辅助人的补充作用。在医疗损害责任纠纷审判实践中,专家辅助人和鉴定人员的对质,可以对鉴定人的行为和作用形成有效制约,防止鉴定人过度介入诉讼而成为事实上的裁判者,有利于法官综合各方面因素对专业问题作出客观全面的判断。②

① 梁慧星:《论〈侵权责任法〉中的医疗损害责任》,载《法商研究》2010 年第 6 期。

② 沈德咏主编:《最高人民法院民事诉讼法司法解释理解与适用》(上),人民法院出版社 2015 年版,第 396 页。

三、医疗损害纠纷案件中的证明

（一）医疗损害责任纠纷中的证明责任问题

1. 证明责任的分配不宜“一刀切”

在此次调研的341个案件中，医疗损害责任纠纷均由患者提出鉴定申请，并就医疗机构存在过错进行举证证明。但在医疗损害诉讼中，一般的举证责任规则难以做到兼顾医患双方利益。在就医过程中，医患双方当事人的悬殊地位，导致纠纷发生时患者在举证责任中处于弱势状态。首先，医患双方掌握的信息不对称，患者绝大部分的诊疗信息来源均是通过医疗机构方获得的；其次，医疗案件的专业性强，一般的患者难以理解所有的诊疗知识；再次，一部分患者在诊疗中意识状态比较差，无法注意周围的其他事实；最后，鉴定机构的特殊地位有时难以保持完全中立的立场。（见图6）

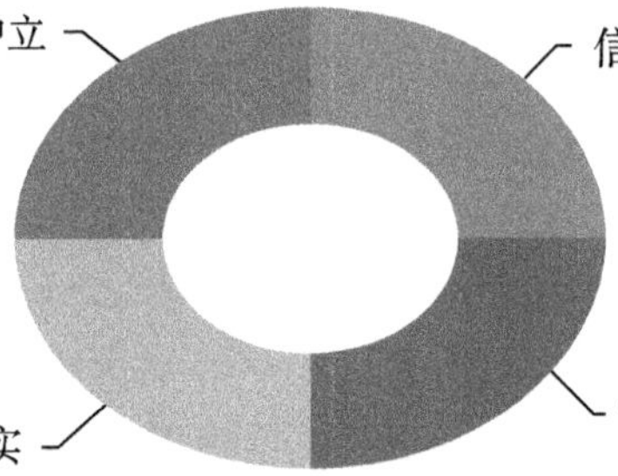

图6　现有举证规则弊端

为平衡医患双方当事人的利益，在一般的举证责任规则不能完全顾及受害患者方利益的情形下，应该重新考虑设置规则体系。正是在这种情况下，理论界与实务界都提出在医疗损害责任案件中，推动患者举证责任的缓和。①

2. 医疗损害案件患者举证责任的缓和。

所谓患者举证责任缓和，是指依据法律的规定，在诉讼中原告的举证存在障碍，无法达到法律要求的证明标准，适当降低原告的证明标准，原告的证明达到一定标准的情况下，视为其已经完成举证责任，实行举证责任转换，由被告承担举证责任的一种举证责任方式。举证责任缓和的要求是，原告应当首先证明被证明对象的可能性，然后实行举证责任转换，由被告举证否认原告提出的证明对象的可能性；能够否认原告证明的可能性的，被告胜诉；不能否认原告证明的可能性的，原告的可能性证明得到确认，原告胜诉。②

结合我国《侵权责任法》第54、58条和《医疗损害司法解释》第4条至第7条之规定，司法实践中，在坚持医疗损害责任纠纷一般举证责任规则（“谁主张，谁举证”）的前提下，应从以下方面对患者举证责任予以缓和。

第一，在无法证明医疗机构的过错和因果关系时，患者可以通过鉴定完成其举证证明责任。根据《医疗损害司法解释》第4条第2款的规定，患者无法提交医疗机构及其医务

---

① 艾尔肯：《医疗损害举证责任之缓和规则》，载《北方法学》2014年第5期。

② 杨立新：《民法思维与司法对策》（下卷），北京大学出版社2017年版，第1991页、第2019页。

人员有过错、诊疗行为与损害之间具有因果关系的证据，依法提出医疗损害鉴定申请的，人民法院应予准许。由专业的鉴定该机构对医疗机构是否存在过错及医疗行为与损害结果之间的因果关系进行鉴定，能够在很大程度上弥补患者举证能力的不足，缓和了其举证负担。

第二，在特定情况下推定医疗机构存在诊疗过错。根据《侵权责任法》第55、58条，《医疗损害司法解释》第5条，医疗机构在诊疗活动中实施手术、特殊检查、特殊治疗而未提供患者或其近亲属书面同意的证据；或者违反法律、行政法规、规章以及其他有关诊疗规范的规定；或者隐匿、拒绝提供与纠纷有关的病历资料；或者伪造、篡改或者销毁病历资料的，法院应认定医疗机构的过错，从而免除患者在上述情况下就诊疗过错承担的举证证明责任。

第三，在医疗产品致害和输血感染致害的情况下适用特殊的举证证明规则。一方面，在《侵权责任法》第59条规定之下，对于医疗产品责任和输血感染责任从一般诊疗责任中分离出来，适用无过错责任。[①] 这就意味着，在医疗产品致害和输血感染的情况下，患者不需要就医疗机构的过错承担举证证明责任。另一方面，在《医疗损害司法解释》第7条规定之下，医疗机构需要对医疗产品不存在缺陷或血液合格以及其他减责与免责事由承担举证证明责任。这就使患者在不就医疗机构的过错承担举证证明责任的同时，也不需要就产品存在缺陷进行举证。在这里，《医疗损害司法解释》将医疗产品责任的缺陷要件的举证证明责任，分配给了医疗产品生产者、销售者以及医疗机构和血液提供机构。这样的规定，不仅对于医疗产品损害责任的举证责任分配具有重要意义，而且对于《侵权责任法》第五章规定的产品责任的举证责任分配也具有重要意义。[②] 于是，患者的举证证明责任负担得到了进一步的缓和。

(二)医疗损害案件证明中的司法鉴定

1.鉴定意见的模糊表述问题及其克服

实践中，鉴定意见的表述经常存在“不排除”“不确定”“可能”“因果关系难以认定”等模糊词语。在王某某与北京市门头沟某医院的医疗损害赔偿纠纷一案中，北京华大方瑞司法物证鉴定中心出具的司法鉴定意见书，在鉴定结论部分载明：“门头沟区医院的上述医疗过错行为与王某某所述的损害后果之间的因果关系难以认定。”这里的“难以认定”是指没有因果关系还是由于现有的科学技术水平所限对本案中的因果关系无法进行判断？鉴定结论中并未明确说明。如果是无因果关系，那么鉴定结论中应当明确使用“没有因果关系”的表述；如果是技术水平所限，那么鉴定机构应当向委托法院作出说明，退回鉴定，同时向当事人退还收取的鉴定费用。这样也便于法院再去委托技术水平先进的鉴定机构或者通过其他辅助途径如专家咨询等方式对因果关系作出判断。但很遗憾的是，在司法实践中，鉴定意见中出现含糊其词的情况并不在少数，给法院的审判实践工作

---

① 沈德咏、杜万华主编：《最高人民法院医疗损害责任司法解释理解与适用》，人民法院出版社2018年版，第84页。

② 杨立新：《〈最高人民法院关于审理医疗损害责任纠纷案件适用法律若干问题的解释〉条文释评》，载《法律适用》2018年第1期。

带来不便,也不利于当事人诉讼权利的保护。

我们认为,实践中应当从以下方面对鉴定意见的模糊表述问题加以遏制:一是明确鉴定委托事项。有些情况下,鉴定意见的模糊表述与法院委托鉴定时的表述有关系,委托事项本身的表述不明确,会导致鉴定意见表述的不明确。因此,法院在确定委托鉴定的事项时必须使用确定的、有针对性的语言表述。二是加大补充鉴定的力度。法院在收到鉴定意见后应进行审查,如果认为鉴定意见中存在模糊表述导致鉴定意见不明确的,应该退回鉴定机构进行补充鉴定。三是强化鉴定人员的出庭说明义务。法院在审查鉴定意见过程中,如果认为鉴定意见表述模糊的,可以书面要求鉴定人员出庭接受询问,出庭的相关费用由鉴定机构自己承担。四是完善对鉴定机构的管理。建议司法鉴定机构管理部门定期对司法鉴定机构的工作规范化水平进行评估,将模糊性鉴定意见作为负面评价的重要考虑因素,督促鉴定机构不断提升规范化、科学化水平。

2. 鉴定意见致害的民事责任辨析

理论界和实务界对于因重大疏漏作出错误鉴定的鉴定人和鉴定机构应当承担刑事责任和行政责任的认识比较统一。但对于鉴定机构是否应当就错误鉴定承担民事责任,则存在分歧。课题组选取了北京市高级人民法院网站司法辅助平台发布的法医类鉴定机构入围名册中的 20 个鉴定机构作为原审被告在案件查询系统中以 2007 年 1 月 1 日至 2017 年 12 月 31 日为时间范围进行检索,共检索到相关民事案件 16 件,除去 1 件是当事人与鉴定机构之间的买卖合同纠纷外,其他 15 件民事案件均涉及错误鉴定的问题,具体统计结果如图 7 所示:

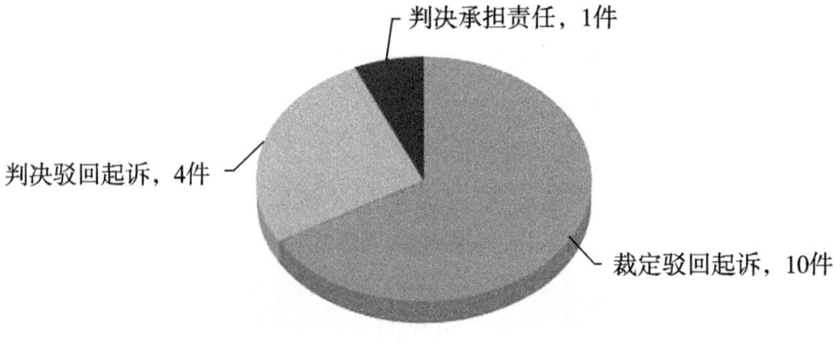

图 7 涉错误鉴定案件的结案方式统计

由图 7 统计数据可以看出,在司法实践中,对如何处理当事人因鉴定存在瑕疵与鉴定机构之间的纠纷如何解决,各个法院的处理方式并不一致。在 15 件案件中,4 件是判决驳回起诉,占到总数的 26%;1 件判决承担责任,占到总数的 7%;10 件是裁定驳回起诉,占到总数的 67%。判决驳回起诉的案件多是以证据不足为理由,而裁定驳回起诉的处理方式则意味着法院对此类案件不应当受理。

法院裁定驳回起诉或判决驳回诉讼请求的理由之一是,当事人与司法鉴定中心之间的纠纷并非平等主体间的民事纠纷,不属于人民法院民事诉讼的受案范围。① 理由之二

① (2009)洛民立终字第 109 号。

是,法院委托鉴定属于司法行为,法院委托的鉴定机构是在鉴定中运用自己的专业知识、技术设备独立作出鉴定结论,当事人与法院委托的鉴定机构之间不存在民事法律关系。[①]理由之三是,鉴定申请人与鉴定机构之间不存在服务合同关系,是法院与鉴定机构之间存在委托合同,因而鉴定申请人起诉鉴定机构不具备诉的利益。[②]

我们认为,《司法鉴定机构登记管理办法》第41条和《司法鉴定人登记管理办法》第31条已经明确,鉴定机构或鉴定人在开展司法鉴定活动中存在违法和过错行为造成当事人损失,是需要承担民事责任的。因此,一概将鉴定机构的错误鉴定致害行为排除在民事救济之外并不可取。

一方面,认定鉴定申请人与鉴定机构之间存在合同关系并无障碍。实践中,有判决认为司法鉴定中,鉴定申请人和鉴定机构之间不存在合同关系,而是法院与鉴定机构存在委托关系。我们认为,在司法鉴定法律关系中存在三方主体,一是鉴定申请人;二是法院;三是鉴定机构。表面看来,司法鉴定是由法院依鉴定申请人申请而委托,但实际上预交鉴定费的是鉴定申请人而不是法院,承受委托鉴定合同的法律效果的也是鉴定申请人而不是法院。根据大陆法系关于代理权来源的通说,基于法律、国家行为或职务的承担也是代理权产生的重要根据。[③] 在委托司法鉴定中,法院实际是基于其司法审判机关的特殊职责,从而产生了在司法鉴定事项上代理被鉴定人进行委托鉴定的权利。即使是完全由法院依职权委托鉴定的情况下,委托鉴定合同的法律效果也是由当事人承受而不是法院承受,法院实际上也仍然是被鉴定人的代理人。因此,从法理上看,被鉴定人与鉴定机构之间并非不存在合同关系。如果错误鉴定导致被鉴定人损失(如判决生效后发现鉴定错误导致该案件其后被再审改判,则被鉴定人为进行前次诉讼而支出的交通费、律师费、误工损失等),则该损失应属于违约损害赔偿的范围。

另一方面,即使不考虑鉴定申请人与鉴定机构之间存在合同关系,但也不能否认二者存在侵权法律关系的可能。根据《司法鉴定人登记管理办法》第31条的规定,司法鉴定人在执业活动中,因故意或者重大过失行为给当事人造成损失的,其所在的司法鉴定机构依法承担赔偿责任后,可以向有过错行为的司法鉴定人追偿。同时,《司法鉴定登记机构管理办法》第41条也规定,司法鉴定机构在开展司法鉴定活动中因违法和过错行为应当承担民事责任的,按照民事法律的有关规定执行。这就表明,司法鉴定人因故意或重大过失导致鉴定错误从而给当事人造成损失的,所在司法鉴定机构应对诉讼当事人承担民事赔偿责任。在此,鉴定机构的鉴定错误行为、损害结果、因果关系、主观过错等要件事实都可具备,在此情况下,启动侵权损害赔偿救济并无障碍。唯一有疑问的是,在司法鉴定错误导致当事人损失的情况下,鉴定机构侵犯的是当事人的什么权利。从当事人损失的性质上看,该损失实为绝对权之外的纯粹财产利益的损失,并非因人格权或财产权(有体财产权和无体财产权)受侵害而发生的损失,[④]即学理上所谓纯粹经济损失。我国学者认

---

① (2014)乌中民一终字第117号。

② (2016)京0108民初第14650号,(2014)南中法民终字第1560号。

③ [德]维尔纳·弗卢梅:《法律行为论》,迟颖译,法律出版社2013年版,第931页。

④ [奥]库齐奥:《欧盟纯粹经济损失赔偿研究》,朱岩、张玉东译,载《北大法律评论》第10卷第1辑,北京大学出版社2009年版,第243页。

为,《侵权责任法》第2条和《民法通则》第106条第2款并未将纯粹经济损失排除到侵权法的保护范围之外,[①]因此,纯粹经济损失通过侵权法获得救济并无障碍。具体而言,对于故意进行错误鉴定导致当事人损失(纯粹经济损失)的,应成立侵权行为,可直接依据《侵权责任法》第6条第1款和第2款,判决承担损害赔偿责任。对于因重大过失导致鉴定错误导致当事人损失的,根据前述《司法鉴定人登记管理办法》第31条和《司法鉴定登记机构管理办法》第41条,也应认定成立侵权行为,承担相应的损害赔偿责任。

但是,无论是故意还是重大过失,在具体的审判实践中,都应严格掌握责任范围上的因果关系,不可无限制扩大鉴定机关的赔偿范围。一般而言,当事人基于错误鉴定可以请求赔偿的损失范主要包括:为该错误的司法鉴定所支付的鉴定费、为推翻基于错误鉴定所作的生效判决而支出合理费用(包括合理的调查费用、参加再审程序而支出的合理的律师费、交通费、住宿费)。另外需要指出的是,对于当事人因法院依据错误鉴定意见作出判决而发生的败诉损失(因错误鉴定而未被法院支持的请求数额)则不应属于错误鉴定损害赔偿的范围。比如,乙施工单位为甲开发商进行建设工程施工,工程造价款本应为200万元,但被鉴定机构鉴定为140万元,法院据此判令甲开发商向乙施工单位支付工程造价款140万元,对于乙施工单位因此而发生的60万元工程款损失,则不应属于错误鉴定损害赔偿范围。对于这一部分损失,应结合原案审理中的相关证据进行综合认定,当事人应依法对原案启动再审程序,通过再审程序纠正原判决,从而获得救济。[②]

(三)医疗损害案件证明中的专家辅助人

1. 专家辅助人制度的运行实践分析

《民事诉讼法》、《民事诉讼法司法解释》以及于2017年12月14日开始实施的《医疗纠纷司法解释》均明确了专家辅助人制度。从宏观上看,专家辅助人是对我国鉴定制度的补充,其就医疗专业问题所陈述的意见不仅是对其一方当事人的辅助,同样也为法官补强了自由心证之路。此外,在出现鉴定申请被驳回或无法鉴定、无须鉴定的情形下,申请专家辅助人出庭就诉讼中的专门性问题提出专家意见,弥补了因鉴定不能造成的举证不能。而在医疗案件中,专家辅助人的专业知识也可以对鉴定意见形成有效对抗,促进鉴定人员的专业素养,提升司法鉴定的质量。但是,从调研所得数据看,自2015年《民事诉讼法司法解释》实施以来,医疗类案件中适用专家辅助人制度的只有1件,专家辅助人制度并未真正得到有效运行。究其原因,主要有以下几点。

(1)定位模糊导致效力难统一

由于现行法律并没有明确规定,专家辅助人之定位及其意见效力一直是理论界和实务界争论的焦点,因为诉讼地位的模糊也导致了意见效力的漂移[③]。有关专家辅助人的定位,大致可概括为诉讼辅佐人说、专家证人说和诉讼辅助人说三种。但无论何种学说,都是在争论专家辅助人之地位究竟属于证人还是当事人的代理人。《民事诉讼法司法解

① 王利明:《侵权法一般条款的保护范围》,载《法学家》2009年第3期;葛云松:《纯粹经济损失的赔偿与一般侵权行为条款》,载《中外法学》2009年第5期。

② 冯建生:《司法鉴定错误损害赔偿诉讼的法理基础与实证考察》,载《北方法学》2017年第3期。

③ 李永泉:《功能主义视角下专家辅助人诉讼地位再认识》,载《现代法学》2018年第1期。

释》及《医疗损害司法解释》中，均明确了专家辅助人提出的意见，视为当事人的陈述。因此，专家辅助人之地位不同于英美法系之专家证人，尽管二者在对抗性功能发挥上有异曲同工之处。同时，就案件客观事实进行陈述，不能有主观意见之表达，此系对我国法律框架内证人制度的基本和核心要求，而专家辅助人之职能就是对专业性问题发表意见，申言之，由于与我国证人制度存在冲突，专家辅助人与证人之间存在本质的区别。定位模糊导致意见效力不统一等诸多问题，也深刻地反映在司法实践中，使其成了一项法官不愿用、当事人不敢用的制度。

(2)天然矛盾致使适用存困惑

由于法律的拟制，使得专家辅助人进入诉讼的方式及意见效力决定了其自参与到诉讼中起便带有一种拟制的偏向性。而法律设置专家辅助人制度正是由于法庭对专业性知识的强烈需求，一旦涉及专业性知识势必会要求其意见具备一定的客观性和中立性，否则专家辅助人将与普通代理人无异，根本无法达到对鉴定意见的有效质询以及专业性问题的交锋。当拟制的偏向性与天然的中立性集于一身时，便形成了难以调和的矛盾。这在很大程度上影响了专家辅助人意见的质量和可信度，也使司法实践中法院适用该制度时并不自信。

(3)操作规则尚付阙如

专家辅助人制度未得到有效运行及预期效果，既与理论模糊相关，也与实务操作规则不明相关。首先，在诉前对专家的资格语焉不详，如何理解"具有医学专门知识的人"，是否该对专家适用统一的资格标准和审查，都是其参与诉讼的前置性问题。其次，在诉中，专家辅助人出庭应坐在什么位置，实践中做法十分混乱，有的安排在证人席上，有的安排在诉讼代理人席上，有的则安排在旁听席上。而专家辅助人的权利义务、陈述意见范围、询问规则到质证要求、采信标准等均有待理论上的厘清及更为详细的规则设计。

2. 专家辅助人基本规则设计

(1)来源

针对专家辅助人的资质，我们认为不必苛求其必须具有高学历、高职称的医学地位，因其毕竟不同于鉴定人，只要在诊疗、护理、医疗器械等医疗领域具备必要的专业知识、技能与经验的人即可。

(2)启动

依照法律规定，专家辅助人程序的启动应先由当事人申请，后经过人民法院的准许，两条件缺一不可。为避免恶意拖延诉讼时间，经法院审查认为申请专家辅助人出庭没有必要的，可以予以驳回。由于法院依职权启动该程序可能会致使法院的中立性发生偏移且存在费用承担的问题，故在现有法律制度框架内还不宜实现法院可以依职权启动专家辅助人程序的突破。此外，对专家辅助人的申请应在举证期限届满前。

(3)出庭

首先，专家辅助人的意见应以出庭为前提，此不仅仅是法律规定的题中应有之义，也是法院对专家辅助人及其意见进行有效审查的必然逻辑①，更是本制度价值实现的合理

---

① 因对专家辅助人之资质不做严格的要求，故对不具有相应资质或学历的专家辅助人的资格审查只能在诉讼中得以实现，而即使具备相应资质的专家，其意见的科学性及个案适宜性亦需要专家出庭才能保障。

保障。其次,为保证专家辅助人意见维持基本的科学性和专业性,专家辅助人出庭应签署保证书,不得违背科学规范和职业操守。此外,由于专家辅助人意见视为当事人陈述,故其使命为辅助当事人进行庭审活动,其庭审座位应与申请其出庭的当事人同侧,且不适用回避制度。但需要强调的是,专家辅助人的庭审参与应仅限于专门性问题的事实查明,即除此之外的其他庭审环节专家辅助人不应参与。故当该环节结束后,法官应告知专家辅助人退出审判区。

(4)意见表达

在庭审过程中,专家辅助人有发表意见、协助询问、参与质证和进行辩论的权利。具体而言,专家辅助人可以围绕案件中涉及医学专业的问题提出意见并就鉴定意见向鉴定人提出质疑和询问。如果双方当事人均申请了专家辅助人,则经过法庭允许,可以向对方专家辅助人进行询问,专家辅助人之间也可以进行辩论。但专家辅助人的上述庭审活动均仅限于关涉案件专业性问题的事实认定,无关专业或法律适用方面的问题,专家辅助人无权发表意见或提出质疑。

(5)法律责任

首先,民事责任,民事责任又可分为违约责任和侵权责任。前者基于专家辅助人与当事人之间的契约关系,双方因聘任合同产生各自的权利义务,当专家辅助人违背合同义务致使合同目的部分或全部无法实现的,则其应承担违约责任。后者是指专家辅助人因故意或过失造成当事人或其他诉讼参加人人身财产损害的,应承担相应侵权责任。其次,诉讼法上的责任,也即违反法庭秩序责任。专家辅助人违反法庭秩序的,法院可以依照民事诉讼法的相关规定,采取一定的制裁措施。最后,建议以专家库为基础建立相应的出庭不良记录及黑名单制度以完善专家辅助人的人员管理。

四、医疗损害纠纷典型抗辩事由分析

(一)抗辩事由认定中的障碍

1. 对抗辩事由缺乏举证证明

《侵权责任法》第60条规定的抗辩事由主要有:(1)患者或者其近亲属不配合医疗机构进行符合诊疗规范的诊疗;(2)医务人员在抢救生命垂危的患者等紧急情况下已经尽到合理诊疗义务;(3)限于当时的医疗水平难以诊疗。(见图8)

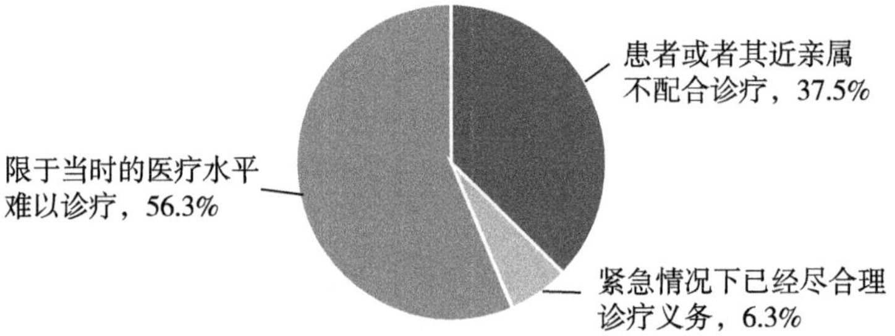

图8 各种抗辩理由所占比例

实践中，医院在进行抗辩时，往往仅提出了抗辩事由，但就抗辩事由的成立未提供充分证据。在调研的案件中，主张"患者或者其近亲属不配合医疗机构进行符合诊疗规范的诊疗"抗辩的，可能只是提供医院的单方说明，甚至不提供任何证据材料。主张"在抢救生命垂危的患者等紧急情况下已经尽到合理诊疗义务"抗辩的，可能只是提供门诊病历或住院病历中的相关记载，但合议庭法官只从病历中常常无法得出医院已尽到合理诊疗义务的结论。

2."当时医疗水平"证明标准的缺失

医疗过失在案件中表现出来的是一种法律上的判断，但最终必须求助于医学的判断，因此《侵权责任法》第57条规定，医务人员在诊疗活动中应当尽到与"当时的医疗水平"相应的诊疗义务。尽管《侵权责任法》将"当时的医疗水平"设定为医务人员过失的判断标准，但是其本身并未明确"当时的医疗水平"的内涵，也就是"当时医疗水平"证明标准尚付阙如。实践中，不同法官对于"当时医疗水平"的掌握分寸也无法完全一致，这就需要在实践中不断积累，逐步予以类型化。

3.患者体质导致的必然性损害后果没有作出正确认定

在侵权法中，受害人的特殊体质往往是侵权人提出的一项重要抗辩事由。但对于侵权人提出的这一所谓的重要抗辩事由，理论与实务界似乎并不买账。因为，针对受害人特殊体质，绝大部分国家和地区所持的立场为侵权人应就扩大损害负责，不能以特殊体质与侵权行为竞合为由减轻责任，此即所谓"蛋壳脑袋"规则（egg shell skull rule）。[①] 最高人民法院在第24号指导案例中，确定了"交通事故的受害人没有过错，其体质状况对损害后果的影响不属于可以减轻侵权人责任的法定情形"的裁判规则，[②]这成为我国侵权法上"蛋壳脑袋"规则的最权威依据。在医疗损害责任纠纷中，同样存在"蛋壳脑袋"规则适用的空间。例如在郑某诉海淀医院侵权责任纠纷中，因海淀医院未考虑郑某因肾脏透析必然导致较重的骨质疏松，在诊疗过程中未对郑某采取固定措施，导致郑某发生骨折。医院应当承担全部的赔偿责任。如果医院为郑某进行了固定，则郑某不会因骨质疏松发生骨折。

然而，在审判实践中还存在一种情况，与"蛋壳脑袋"规则适用的情况存在区别，即患者体质必然导致损害后果发生的情况。患者体质导致的必然性损害后果，是指即使没有医院的诊疗行为过错，当事人本身的疾病发展也足以导致损害后果的全部或者部分发生。例如，在上诉人北京市某医院因与被上诉人赵某、东南大学某医院、中国人民解放军某医院医疗损害责任纠纷一案中，对于赵某鼻咽癌治疗所产生的所有的费用均由医院方承担赔偿责任，属于未考虑受害人本身疾病对损害后果的必然影响。赵某至医院进行诊疗时为鼻咽癌晚期，即使没有医院的延误治疗，其所患鼻咽癌也为不可逆转的疾病，所以法院的此种认定有失妥当。因此，对于患者体质对损害后果的影响需要结合体质及医疗过错

① 关于"蛋壳脑袋"规则的阐述，参见孙鹏：《"蛋壳脑袋"规则之反思与重构》，载《中国法学》2017年第1期。

② 最高人民法院指导案例24号"荣宝英诉王阳、永诚财产保险股份有限公司江阴支公司机动车交通事故责任纠纷案"。

之间原因力的大小具体考量。

之所以出现以上的认定障碍，我们认为，一是我国《侵权责任法》第60条规定的医院的抗辩事由本身存在举证和认证的困难。如“患者或者其近亲属不配合医疗机构进行符合诊疗规范的诊疗”、“患者存在生命垂危等紧急情况”，这些情况产生时，往往处于比较紧急或者混乱的环境之中，院方既要积极进行诊疗，又要和患者及家属进行沟通、协调，往往对相关过程的证据保留存在疏漏。如何判断何为“当时的医疗水平”，医院在举证中存在困难，而法院对相关事实的判断也易产生争议。二是因《侵权责任法》规定的是过错责任原则，由患者对医疗机构存在过错进行举证，故医院往往只是提出抗辩事由，而疏于对其提出的抗辩事由进行举证。三是审判实践中对上述抗辩事由所涉及证据的审查认定经验还需要进一步积累，需要进一步通过类型化进行经验的固定。

（二）抗辩事由认定障碍的初步解决思路

1. 引导当事人对于抗辩事由所涉事实进行证明

医疗机构对抗辩事由的成立进行举证，需要对下列情况进行证明：一是对抗辩事由相关事实的存在予以举证，如患者或近亲属确实存在不配合的情况，患者确实存在生命垂危的情况。二是对损害后果与抗辩事由具有因果关系予以举证。如患者产生的损害后果系因家属不配合的行为而产生。在具体的案件审判中，如果提出抗辩事由的一方并未对上述事实进行举证，法官需要就此进行释明，询问其抗辩事由是否有证据支持，如果没有证据支持或证据不充分，则应认定抗辩事由不成立。

2. 对于“当时的医疗水平”应以过失的一般判断标准为基础进行认定

“当时的医疗水平”不仅应当包含医务人员必须具备的“为达成治疗目标所必须的、并且经过实践检验的自然科学知识及个人经验”，还应当要求医务人员对于所处情势及危险不断地进行调整和应对。时间、地点、医疗机构的等级，以及医生的个人资质等因素，恰恰主要构成了医务人员实施诊疗行为时的具体情境，需要医务人员合理运用医学知识进行适当调整与应对，因此当然属于判断“当时的医疗水平”时的考察内容。需要注意的是，法官在具体认定时，不能以现在的医疗水平去衡量医疗当时的医疗水平，并以此判断医疗行为是否有过错。①

3. 对于受害人体质与医院诊疗行为对损害后果的原因力作出正确认定

与普通的侵权案件可以直接适用“蛋壳脑袋”规则不同，在医疗损害责任纠纷的案件中判断因果关系时，疾病因素往往会与医疗侵害因素发生竞合。即便最终判定为医疗行为与损害后果之间具有相当因果关系，医疗行为在损害后果的发生上也不可能是百分之百地发挥作用。因此，从定量的角度上来说，参与度几乎不可能达到100%。此外，尤其需注意的是，在其他侵权行为中，受害人自身体质虽然会使损害结果加重，但受害人自身对此并无任何过错，因而适用“蛋壳脑袋”规则并无任何问题。但在医疗损害案件中，则极有可能出现这种情况，即受害人（患者）对自己的部分既有疾病予以隐瞒，导致医院在确定治疗方案时未能考虑既往疾病，从而出现治疗上的偏差，最终导致患者损害。这种情

① 最高人民法院侵权责任法研究小组：《中华人民共和国侵权责任法条文理解与适用》，人民法院出版社2010年版，第424页。

况下，在对原因力进行判断时，应当重点考量以下因素。

一是侵权诊疗行为是否存在故意或者重大过失。加害人应就其故意行为所生的一切损害负责，该原则在侵害特殊体质受害人的情况下仍然适用，加害人不能援引受害人特殊体质减轻责任。在医疗损害责任纠纷中，因医生一般不会发生故意加害病人的情况，而多数表现为重大过失，因此，应当认定在故意或者重大过失的情况下，医院应当承担全部的赔偿责任，绝对地适用"蛋壳脑袋"规则。

二是医方对受害人体质的知悉程度。作为专业的诊疗机构，即使医院虽无实施侵权行为之故意，但如果有证据证明医院知悉或应当知悉受害人的特殊体质，无论受害人对其特殊体质是否知情，医院均应承担比面对一般身体健康者时更高的注意义务。如此虽会提高医院的医疗成本，但损害预防的社会总成本并未增加。而且，将损害预防义务分配给医院而非患者，也完全符合这种情况下医方和患方的实际情况，完全符合法律的公平价值和朴素正义理念。

三是仅患者知悉其特殊体质的情况。由于过错和因果关系在责任是否成立的判断方面干系重大，故在医方与患者都具有可归责性的情况下，应当按照患者特殊体质与损害之间（事实上）的原因力大小，相应缩减医方的责任。在有些情况下，因医疗信息未达到完全共享，如患者第一次至医院进行诊疗、患者患有与诊疗无直接关系的基础性疾病或者故意对其他疾病进行隐瞒，医方很难知道患者所患其他疾病。在此种情况下，医方只需要达到对一般人的注意程度即可，这样的权利义务配置能兼顾效率与公平。当侵权行为现实发生时，若特殊体质受害人未尽到应有的注意义务，则双方都应对最终的损害承担责任。但患者系其身体的主体，其对自身的诊疗历史和身体状况有最为确切的了解。对于医方尽到合理注意义务仍无法发现的患者疾病或者对于患者故意隐瞒自身固有疾病及特殊体质的情况下，应当课以患者较高的义务，这一义务应为患者的告知义务，即将自身患有疾病的情况告知医方，如患者疏于履行该义务时，则患者主观上有过错，该过错与特殊体质及损害之间（事实上）的因果关系相结合，患者应当分担。

五、医疗损害责任纠纷案件中损害赔偿的确定

医疗损害，是指在诊疗护理过程中，医疗行为对患者产生的不利的事实，主要包括患者在医疗过程中所遭受的身体权、健康权、生命权、名誉权、隐私权的侵害，以及患者本人及其近亲属所遭受的财产损失和精神损失。医疗损害责任作为《侵权责任法》专章规定的一类侵权责任类型，其损害赔偿的范围以及赔偿标准受《侵权责任法》第 16 条和第 22 条有关损害赔偿范围以及《人身损害赔偿司法解释》有关赔偿标准的规定调整。调研中发现，医疗损害赔偿纠纷中涉及如下费用的赔偿，经常成为实务操作中的棘手问题。

（一）医疗费

第一，患者已通过医疗保险、新型农村合作医疗保险（以下简称新农合保险）负担或报销的医疗费，是否应计入医方的赔偿数额在实践中存在分歧。

在涉及此类问题的案件中，有 78.6% 的案件仅支持患者自行承担的医疗费，未支持已通过医保和新农合保险负担或报销的医疗费，且医院未因此提出上诉，有 21.4% 的案件支持了患者全部的医疗费。法院认为，医疗保险是为了解决就医困难的保险制度，属于

社会保障制度的范畴,从医疗保险的目的来看,因交通事故、医疗损害赔偿或者其他责任事故造成伤害而花费的医疗费用,并不属于医疗保险报销的范畴。同样的道理,也不能因为报销了部分医疗费用而免除医疗损害赔偿而应承担的赔偿责任。至于患者已经报销的费用,属于患者与医疗保险部门之间的关系问题,不能因此而免除医院的赔偿责任。[①](见图9)

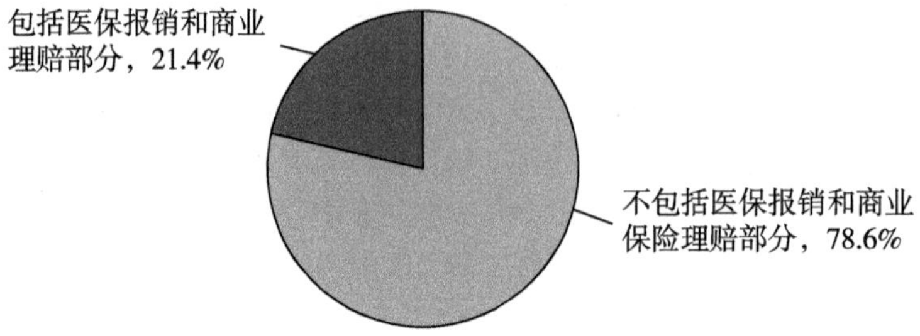

图9 纳入医疗费赔偿范围情况统计

我们认为,《侵权责任法》中的损害赔偿应遵循"损失填平"原则,患者已由基本医疗保险或新农合保险负担或报销的医疗费不应再计入医方的赔偿数额。基本医疗保险基金向患者支付的医疗费,可依据《社会保险法》第30条的规定,向医方追偿。

社会保险是一种社会性风险分担机制,是对受害人的一种基本社会保障,没有分散侵权人侵权责任的功能,而侵权责任是行为人因自己侵害他人权益所应承担的责任,两者在立法目的、价值取向、保护范围、适用条件等方面均有明显不同。在医疗损害责任纠纷中,医方的侵权责任不能因为患者获得社会保险的给付而减轻或免除;社会保险制度规定社会保险管理机构向患者支付保险待遇后有权就其中的部分或者全部向医方追偿,在相应的侵权纠纷案件中,可以通知社会保险管理机构参加诉讼。

第二,患者通过医疗费用类保险获得理赔的医疗费,是否影响医方的赔偿数额?

否定观点认为,患者在获得医疗费用类保险理赔医疗费用后,患者不可就此再向医方主张赔偿。理由:(1)医疗费用类保险目的仅在于补偿被保险人因治疗疾病或医治伤害所发生的费用损失,被保险人不得因伤病或受伤治疗而获利,应当适用损失补偿原则和保险代位制度。(2)损害赔偿的原则为填平原则,如医疗费用类保险已理赔的医疗费再判决由医方承担,则患者得到双重赔偿,会取得额外的利益,极有可能出现过度医疗的现象,导致社会资源的浪费。这既有悖于损害赔偿制度设计的初衷,也违反了社会公平原则。

肯定观点认为,患者在获得医疗费用类保险理赔医疗费用后,患者仍可就此向医方主张赔偿。在此类案件中,法院认为,医疗费用通过商业保险理赔,并非免除医院在本案中承担侵权责任的事由,就该部分理赔费用,医院仍应承担赔偿责任。[②] 患者报销的商业保险部分,是为其支付商业保险费用后所获得的赔偿,并不因此减少医院的赔偿责任。[③] 结合法院裁判,归纳理由如下:(1)患者获得医疗费用类保险理赔系基于保险合同法律关

① (2011)一中民终字第04489号;(2016)京01民终543号。

② (2016)京01民终1548号。

③ (2012)一中民终字第11577号。

系，而患者向医方主张医疗费是基于医疗损害侵权责任法律关系，二者的请求权基础不同、当事人不同，患者可以依据医疗损害责任纠纷向医方主张医疗费；(2)医疗费用保险属于人身保险，根据保险法的规定，不适用补偿原则和保险代位制度。人身保险的保险标的为被保险人的生命或者身体，保险利益为被保险人的人格利益，不能用金钱价值予以准确衡量。被保险人或者受益人依照保险合同请求给付的保险金，并非被保险人人格利益的价值体现。而且，医疗费用类保险只能补偿患者由于疾病所受的经济上的损失，而身体及精神上的损伤在短期内同样是无法估量，也无法弥补的。故患者获得医疗费用类保险理赔，不属于获得双重赔偿。

鉴于医疗费用保险是否适用损失补偿原则，理论界存在不同观点。而最高人民法院采纳的亦是折中观点，即对医疗费用保险是否适用损失补偿原则，区分补偿性医疗费用保险和定额给付型医疗费用保险进行规定。故现阶段，针对患者通过医疗费用类保险获得理赔后，患者仍可就此向医方主张赔偿。理由是：(1)根据最高人民法院司法解释的规定，医疗费用类保险是否适用损失补偿原则，应根据不同类型的保险合同内容，区别适用。但在审理医疗损害责任纠纷案件过程中，法官难以审查患者所投保医疗费用类保险的性质和类型，专业化审判也使得审理医疗纠纷案件的法官对保险合同案件的有关法律、法规不甚了解，审查患者所投保的医疗费用类保险的性质和类型会影响医疗损害责任纠纷案件的审理。(2)无论医疗费用类保险的性质和类型如何，医方作为终局责任人承担患者主张的医疗费，对医方的权利义务均无影响；如果患者投保的系“补偿性医疗费用保险”，保险人可依据保险合同向患者主张返还已理赔的医疗费；如果患者投保的是“定额给付型医疗费用保险”，则患者获得保险理赔和医方赔偿均有合法依据。另外，需要强调的是，人身保险中，仅有医疗费用类保险可能会适用“损失补偿原则”，涉及死亡和伤残类的保险，因无法用金钱来衡量的生命或身体的赔偿，故而不受“损失补偿原则”约束，换言之，患者或其近亲属依据商业保险获得死亡和伤残理赔后，不应影响其向医方再行主张死亡和伤残赔偿。

第三，患方在医疗过错行为发生前、后产生的医疗费，是否均应计入医方的赔偿数额？

(1)医疗过错行为发生之前，患者已支付的医疗费用，是否应由有医疗过错的医方承担赔偿责任。有观点认为，医方医疗过错行为造成患者损害后果的，患者为治疗同一疾病已支付的医疗费用付之东流，已取得医疗成果前功尽弃，故患者为同一疾病已支付的医疗费用，应作为患者的损失由有过错的医方承担赔偿责任。①

我们认为，医疗费，是指自然人的身体受到损伤后接受医学上的检查、治疗和康复中必需的费用。常见医疗费是有下列内容组成：挂号费、检查费、药费、治疗费等费用。医疗过错行为发生之前支付的医疗费用，是患者为治疗原发疾病而支付的费用，其与医方过错行为造成的损害后果无关，故从医疗损害责任纠纷角度，该部分医疗费不在医疗损害责任的赔偿范围内，其不属于人身损害赔偿范畴。但是，从医疗服务合同角度，医方的医疗过错行为属于违约行为，由此造成的患者的损害后果属于加害给付，而患者已支付的医疗费

① (2012)一中民终字第11879号；(2012)一中民终字第12310号；(2012)一中民终字第00484号；(2013)一中民终字第04959号。

用属于医方违约造成的损失，该部分医疗费在医疗服务合同违约责任的赔偿范围内，其属于财产损失赔偿范畴。由此可见，患者已付医疗费用在医疗损害责任纠纷案件中由医方承担赔偿责任是有请求权基础障碍的。但是，司法审判中，大量案件都将患者已付医疗费用在医疗损害责任纠纷案件中一并处理。就结果而言，这样处理只是起到方便当事人，减少诉讼，节约司法资源的作用，并无相应的法理依据。另外，在患者拖欠医疗费用时，由于法律关系不同，医方在医疗损害责任纠纷案件中无法针对拖欠的医疗费用向患者提出反诉，从诉讼程序角度，这对医方并不公平。综上所述，我们认为，针对患者在医疗过错发生之前已支付的医疗费用，如果允许患者在医疗损害责任纠纷案件中一并主张，则在患者拖欠医疗费用的情况下，医方明确要求就拖欠的医疗费用一并处理时，法院也应一并处理。具体操作程序，可参照机动车交通事故责任纠纷中肇事者先行垫付费用的一并处理模式。此外，需要指出的是，如果患者医疗损害责任纠纷为由起诉多家医疗机构时，经审理查明，其中部分医疗机构有医疗过错，患者在医疗过错行为发生前已支付的医疗费用，根据合同的相对性原理以及违约损害赔偿的可预见性规则，有过错的医疗机构应就患者在该医疗机构已付的医疗费用承担违约损害赔偿责任。

（2）医疗过错行为发生之后，患者支付的医疗费用是否均应由医方承担相应的赔偿责任。我们认为，这主要根据该部分医疗费用与医疗过错行为造成的损害后果之间是否存在因果关系来判断。司法实践中，也是采用此种标准来裁判的。[①] 如果该部分医疗费用是用来检查、治疗、康复医疗过错行为所造成的损害后果，则医方应承担相应的赔偿责任。反之，医方应予免责。在审判实践中，一般根据患方的病历、诊断证明以及医疗费用凭证等证据认定上述因果关系，如医方对该部分医疗费用的合理性和必要性有异议的，应当承担相应的举证责任。此外，后续治疗费用，属于尚未发生的损失，在案件审理时，后续治疗费用具有不可确定性，原则上应当在实际发生后另行起诉，但是，疾病的发展和治疗过程固然有其不可预料性，但是在损害后果和治疗措施确定明晰的情况下，根据有关证明文件，可以同实际发生的医疗费用同时支付。[②] 当然，如医方对此有异议，其应负有相应的举证责任。

（二）护理费

护理根据受害人所处的治疗阶段分为治疗期间的护理费和定残以后的护理，它不是医疗机构护理人员在诊疗期间提供的护理，而是由受害人的亲属在治疗或者康复期间进行或者雇人进行的护理。这里所指的护理人员不是医疗机构的护理人员，而是在受害人住院或者在家休养期间专门陪伴他们、为其做些日常生活料理、简单医务护理工作的人，因此护理费或者是以亲属等专门护理的人员误工费为表现形式，或者是以支付给雇用的专门护工的费用为表现形式。

护理费中，定残后的护理费是审判实践中一个比较有争议的问题，主要集中在定残后的护理费计算。

---

① （2010）一中民终字第08252号；（2011）一中民终字第00135号；（2011）一中民终字第09391号；（2011）一中民终字第11504号；（2016）京01民终1631号；（2010）一中民终字第14924号。

② （2011）一中民终字第11774号。

根据《人身损害赔偿司法解释》第21条第1款的规定,护理费根据护理人员的收入状况和护理人数、护理期限确定。实际上,护理费的计算公式为:护理人员的收入 × 护理期间 × 护理人数。定残后的护理费除需要按照上述公式计算外,还要考虑受害人的护理依赖程度。通常护理依赖程度可以通过鉴定方式予以确定。现在,司法鉴定对护理依赖程度进行的鉴定依据为《人身损害护理依赖程度评定》(GA/T800—2008),该标准规定了损伤参与度以及护理依赖赔付比例。损伤参与度指损害因素对护理依赖后果作用的大小,采用百分比表示,分为:100%(完全),75%(主要),50%(共同),25%(次要),0(无)五种。护理依赖赔付比例是指各护理依赖程度等级所需护理费用的比例,分以下三等:(1)完全护理依赖100%;(2)大部分护理依赖80%;(3)部分护理依赖50%。通常情况下,定残后的护理费计算公式为:护理人员的收入 × 护理依赖程度等级 × 损伤参与度 × 护理期间 × 护理人数。需要强调的是,定残前、后护理费的计算区别。实践中,定残前的护理费(被护理人未恢复生活自理能力直至定残前一日的护理费),系以完全护理依赖程度等级标准为预设,确定当地护理人员的收入标准;定残后的护理费,则要以完全护理依赖程度等级的护理人员的收入标准为参照系,乘以护理依赖程度等级(系数),确定该护理级别(护理依赖程度等级)的护理人员收入标准。并且,在涉及护理费争议的案件中,在当事人没有证据证明护理费的发生或者护理人员误工损失的情况下,有21%的案件法院未支持患者护理费的诉讼请求,79%的案件均根据患者病情、医方的过错程度以及护理依赖程度等,酌定支持了患者的该项诉请。(见图10)

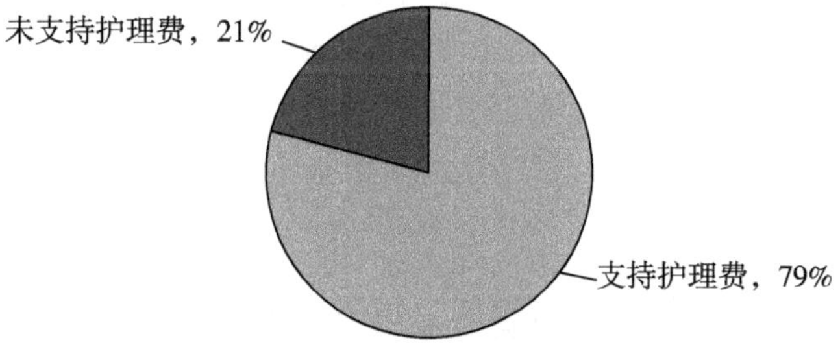

图10 护理费裁判情况统计

(三)残疾赔偿金

计算残疾赔偿金时,受害人的年龄是应以侵权人侵权之日的年龄为标准,还是应以受害人定残之日的年龄为标准。由于医学具有高技术性、探索性、风险性的特征,使医疗损害责任纠纷具有很强的专业性,法院在审查患者伤残等级、医方是否存在过错以及与损害后果之间存在因果关系时,常常需要通过司法鉴定的方式予以查明。而医学的专业性、鉴定的复杂性,使医疗损害责任纠纷案件的审理时间往往比一般案件要长,这就导致侵权行为发生之日与受害人定残之日相隔一年乃至数年。而年龄的确定标准不同,会影响残疾赔偿金的赔偿数额认定,故受害人和侵权人均会趋利避害,选择对己方有利的时日作为确定年龄的标准。

我们认为,与受害人定残有关的赔偿项目,在确定受害人年龄时均应因定残之日为标准。这是因为定残意味着受害人治疗终结且伤情已经稳定,否则,不具备定残条件,无法进行定残。受害人伤残的损害后果亦是从定残之日方能确定，故以此日确定受害人的年龄，并以此年龄计算残疾赔偿金最为适当。同理，与受害人定残有关的被扶养人生活费计算，亦需要先确定被扶养人的年龄，其年龄也应亦受害人定残之日的年龄为标准。

（四）死亡赔偿金

第一，死亡赔偿金是否可以作为遗产分割？

死亡赔偿金不是对死者的赔付，而是对死者近亲属的赔付，因此，死亡赔偿金不能看成是死者的遗产。死亡赔偿金是被侵权人死亡以后确定的，人死了以后，就不能作为法律关系的主体，不再是权利义务的主体，既不享有权利，也不承担义务，当然不能够以自己名义接受死亡赔偿金。死亡赔偿金本身是对死者劳动收入的丧失所给予的财产性补偿，是补偿给死者近亲属的，而不是死者本人，把它作为死者遗产来处理是不合适的。

第二，“胎儿死亡”的受害主体是谁？

该受害人是否可主张死亡赔偿金、丧葬费。我们认为，“胎儿死亡”是医学术语而非法律术语。《民法通则》第9条规定，公民从出生时起到死亡时止，具有民事权利能力，依法享有民事权利，承担民事义务。该法第98条规定，公民享有生命健康权。根据上述法律规定，自然人的民事权利能力始于出生，终于死亡。出生是胎儿脱离母体并生存的法律事实。出生须具备两项要件：一是胎儿与母体分离，与母体分离之前为胎儿，分离之后即成为法律上的人；二是与母体分离之际保有生命。分离之际保有生命的，即是“出生”，而无论其出生后生命延续的时间长短。胎儿在与母体分离时已经没有生命的，其不是法律意义上的自然人，没有民事权利能力，不享有民事权利。承担死亡赔偿金的前提是自然人死亡，而自然人死亡的前提是自然人出生。胎儿与母体分离时无生命的，是死体，没有生命，就无所谓生。没有生就无所谓死。胎儿未出生时，其是母体的一部分，侵权人行为导致“胎儿死亡”，实质上是对母体健康权的侵犯，故“胎儿死亡”的受害人应为产妇本人，并非“胎儿”。[①]

丧葬费，为死者办理丧事而支付的费用，它是因侵害生命权中而产生的一种独特的财产损害。[②] 根据我国大部分地区的实际情况，丧葬费通常在以下几个方面使用：丧礼费（包括尸体存放费、尸体运送费、尸体整容费、寿衣费、花圈费、孝布费、追悼会费用、治丧期间的有关的人员所为的吃住、交通费等）、火化费（燃料费、骨灰盒费、骨灰盒存放费）、土葬费（对允许土葬地区可以土葬，因此包括购买的地皮费、棺木费等）。“胎儿死亡”后，其必须脱离母体，其脱离母体后不能随意处置，此时处置方法与一般死者遗体安葬通常并无二致，且根据公序良俗也需要对“死胎”安葬处置。故“胎儿死亡”，胎儿的母亲作为权利人，有权主张丧葬费。概言之，丧葬费并非对受害人（死者）的赔偿，而是对其近亲属或实际支付丧葬费主体的赔偿。

（五）鉴定费、尸检费

在患者死亡的医疗损害责任纠纷案件中，查明案件事实往往离不开医疗过错及因果关系鉴定，而此项鉴定又通常以尸检鉴定确定死因为前提。由这两项鉴定产生的鉴定费、

---

① （2017）京01民终4095号。

② 程啸：《侵权责任法》，法律出版社2015年版，第683页。

尸检费性质并无法律明确规定，但通说认为尸检费属于法医鉴定费用范畴，而法医鉴定作为司法鉴定，其费用属于案件受理费。在审判实践中，大量医疗损害责任纠纷案件，当事人对鉴定费、尸检费的分担均存在异议。以鉴定费为例，60%的案件的鉴定费是由医院承担，具体理由包括：诉讼是因医院和患者沟通不足所引起的[①]，医院的医疗服务存在缺陷[②]。并且，在医院给予一次性补偿的案件中，鉴定费和鉴定人出庭接受质询的费用，也由医院承担[③]；有40%的案件的鉴定费是由医院和患者按一定的比例共同承担。法院认为，鉴定费用为患者预交且为其主张权利所必要的诉讼成本，故应由双方均担。[④] 造成此种情况的原因，主要在于缺乏相关法律、法规的规定，作为依据。

我们认为，从性质上讲，鉴定费、尸检费应属于案件受理费，其应受国务院制定的《诉讼费用交纳办法》调整。该办法第29条第1款和第2款规定，诉讼费用由败诉方负担，胜诉方自愿承担的除外。部分胜诉、部分败诉的，人民法院根据案件的具体情况决定当事人各自负担的诉讼费用数额。根据上述规定，诉讼费用并无明确的计算、分担方式，但通常司法实践中，按照诉讼请求胜败比例，确定诉讼费分担比例最为妥当。但鉴定费不同于诉讼费，鉴定费往往与诉讼标的金额无直接关联性，其更与鉴定事项也就是待证事实的真伪或参与度有关。故我们认为鉴定费，应以鉴定意见对待证事实或鉴定事项鉴定出的真伪程度作为分担原则和依据。具体言之，在医疗损害责任纠纷案件中，医疗过错、因果关系以及伤残鉴定应以医疗机构是否存医疗过错以及过错参与度作为鉴定费的分担标准和依据；尸检费，应以尸检结果与医患双方在尸检前对受害人死因主张的一致程度作为分担标准和依据。

六、医疗损害责任纠纷中的若干前沿问题

（一）缺陷出生医疗损害责任分析

目前产前孕检已成为我国预防先天残疾或患疾新生儿出生，有效提升出生人口健康质量的普适方式。但在此过程中，新的法律问题也随之产生，缺陷出生纠纷就是近年来日益凸显的问题。缺陷出生纠纷，指的是由于医生检查中的过失，未能检查出胎儿存在的先天性缺陷，或者未向孕妇及家属进行充分告知，致使孕妇没有选择实施堕胎手术生下缺陷婴儿而引发的纠纷。[⑤] 在调研中，我们共检索出涉及缺陷出生问题的案件共58件，经基层法院审理了49件，经中级人民法院审理了14件。经逐一筛查，不属于本文探讨的出生缺陷范畴的共32件，其余26件均系因本文探讨的缺陷出生导致的医疗损害责任纠纷。

1. 缺陷出生案件的主要特点

第一，请求权主体构成混乱。在涉及缺陷出生的案件中，有父母亲作为原告的，也有父母亲及缺陷儿做原告的，还有父母做原告、缺陷儿做第三人的，更有缺陷儿独自做原告

---

① （2010）一中民终字第08469号。

② （2012）一中民终字第09923号。

③ （2010）一中民终字第07059号。

④ （2012）一中民终字第11015号。

⑤ 北京高级人民法院研究室：《北京法院缺陷出生纠纷案件疑难问题研究综述》，载“北京审判”微信公众号2018年5月27日原创推送，2018年8月12日最后访问。

的。总体来看,启动诉讼的请求权全体较为混乱。(见图11)

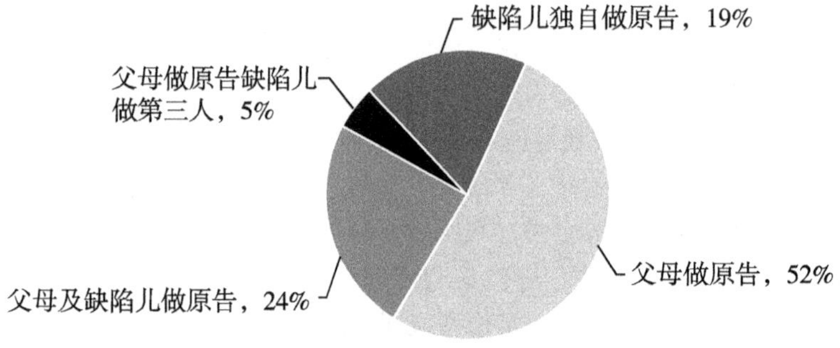

图11 缺陷出生案件的原告诉讼主体分布件数占比

第二,诉讼理由相对集中。主要表现为因在产检期间对缺陷儿情况未充分了解,导致丧失对缺陷儿放弃生育的选择权,主要诉争权利客体为知情权及优生优育选择权,也有部分诉讼理由为侵犯了缺陷儿的生命健康身体权。(见图12)

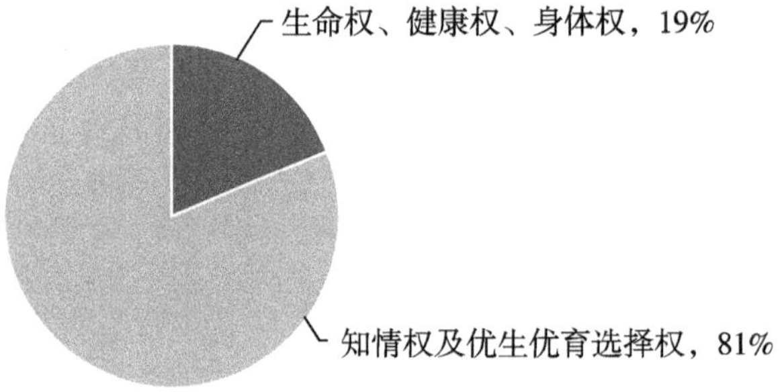

图12 缺陷出生案件诉请权利客体

第三,缺陷原因覆盖广泛。以脊柱骨骼缺陷、染色体缺陷、心肺系统缺陷为胎儿常见致死致残缺陷。多数案件中涉及的鉴定意见认为,缺陷儿所患畸形与产检法定排查范围不完全一致,医疗机构过错主要集中于未充分告知现有医学技术条件限制情况。(见图13)

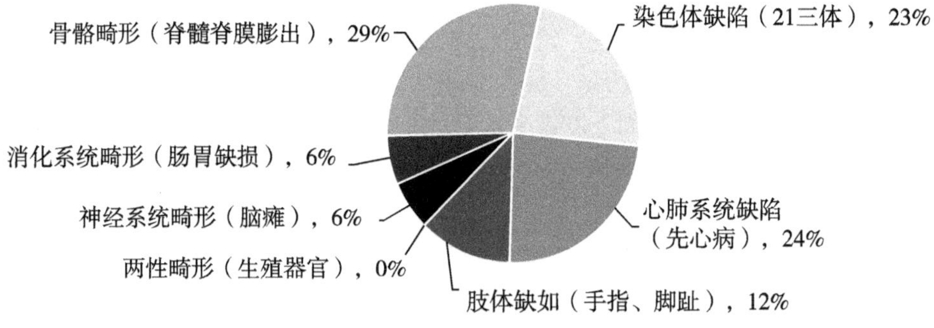

图13 缺陷问题具体分布

第四,请求赔偿的范围广泛,审理结果各不相同。诉请包括侵权责任法囊括的常规所有人身损害赔偿项目，又包括对缺陷儿的特殊养育费。法院判决对各项费用的支持不统一，对精神抚慰金的酌情标准不明确。在判决支持原告诉讼请求的 14 件案件中，在支持了其他项目费用外明确不支持精神抚慰金的 1 件，支持其他各项费用及精神抚慰金的 12 件，剩余 1 件法院认为可待缺陷儿长大后评残时一并主张再予以处理，精神抚慰金支持的金额从 1 万元至 4 万元大致平均分布。

2. 缺陷出生案件的问题辨析

第一，缺陷出生损害赔偿的请求权主体。缺陷出生损害赔偿的请求权主体应为缺陷儿的父母，缺陷儿自己不能作为请求权的主体。首先，从生命伦理的角度而言，生命的本质是平等的，缺陷儿出生这一事实本身并非损害后果，因为未有法律明文规定胎儿因其先天缺陷即应被阻止出生，其出生或不出生在于其父母的选择。其次，就父母尽抚养义务所应支出的一般费用角度来说，缺陷儿及其父母均非被侵权人。无论婴儿是否存在缺陷，对抚养子女的支出均不能认定为损害，对于缺陷儿的特殊抚养照顾义务也不可单独抽取出来而主张为损害。但父母为缺陷儿支出的超出一般抚养费用的特殊的医疗费、教育费和护理费、辅助器具费等项目，在大多数国家和地区都可获得赔偿。因此，在上述这些相较于一般抚养费用之外的额外支出费用方面，缺陷儿父母具有了被侵权人的地位。

第二，缺陷出生的侵权客体。《人口与计划生育法》允许胎儿父母可以在知晓胎儿存在缺陷时选择并决定是否允许胎儿出生，前提是其充分且准确掌握胎儿信息。《母婴保健法》规定医疗机构及其医务人员应当全面、真实、准确、客观地履行告知义务，不能有所选择或保留。知情权设立初衷在于通过医疗机构对孕妇和胎儿的专业、科学的观测和检查，对胎儿父母进行充分告知，改变胎儿父母的专业信息弱势地位，维护胎儿父母的选择权益，促进国民人口优生优育的有效落实。缺陷出生案件中医疗机构的过错造成胎儿父母无法充分了解胎儿存在的先天性缺陷，进而丧失据此选择终止妊娠的机会，因此直接侵害的是胎儿父母的知情权，最终侵害的是胎儿父母的生育选择权。知情权已有数部法律明文规定。生育选择权是公民重要的人身权利，《人口与计划生育法》《母婴保健法》等法律虽未使用生育选择权一词，但显然对该权利持肯定态度。因此，知情权和生育选择权应属于侵权法保护的民事权利。

第三，缺陷出生损害赔偿的范围。一个存在缺陷的新生儿确实会给家庭带来额外的抚养成本，其成年家庭成员确实会承受不同程度上的精神痛苦，因此缺陷出生案件既应赔偿精神损失，又应赔偿特别抚养费，即抚养一个残疾孩子比抚养一个健康孩子多支出的额外费用。医疗机构的过错只有与缺陷儿的出生存在因果关系，才与该父母抚养缺陷儿所额外支出的费用存在因果关系。法院应在个案中结合实际情况判定特别抚养费，对缺陷儿父母给予适当、充分的救济。因此，医疗机构的过错给缺陷儿父母带来的损失应限于特别抚养费及精神损失。

第四，特别抚养费的项目范围、计算方式和标准。由于缺陷儿的缺陷原因、缺陷程度，额外照顾、治疗、教育等方面需求不尽相同，特别抚养费的计算标准不便于“一刀切”确定，因此对于缺陷儿的特别抚养费应根据个案的实际情况核定具体赔偿项目及金额。

我国《侵权责任法》第16条①及《人身损害赔偿司法解释》第17条②规定的侵权损害赔偿项目主要包括：一是医疗费、护理费、交通费、住宿费、住院伙食补助费、营养费等为治疗和康复支出的合理费用；二是因误工减少的收入；三是受害人因伤致残的，其因增加生活上需要所支出的必要费用以及因丧失劳动能力导致的收入损失，包括残疾赔偿金、残疾辅助器具费、被扶养人生活费，以及因康复护理、继续治疗实际发生的必要的康复费、护理费、后续治疗费等。因此，对于特殊抚养费的细化应当在上述法律规定和司法解释的范围内展开。

在第一组项目中，孕妇产检和分娩缺陷儿的费用不在赔偿范围之内，缺陷儿的出生过程与健全婴儿的出生过程并无区别，且均为必然发生的费用，不因是否存在缺陷而有本质上的区别。且如上文所述，缺陷出生纠纷的赔偿范围是精神损失与特别抚养费，不能以缺陷儿不出生为前提来计算其损失；关于为治疗和康复支出的合理费用、残疾辅助器具费、后续治疗费，虽然是以缺陷儿为消费主体计算得出的具体费用，但亦属于缺陷儿父母为抚养缺陷儿需要额外支出的费用，故应属本类纠纷的赔偿范围。在第二组项目中，部分缺陷儿需要父母经常或持续长时间地请假陪同治疗，因此而产生的误工损失应结合案件具体情况予以支持。在第三组项目中，残疾赔偿金不属于缺陷出生类案件的赔偿范围。缺陷出生损害赔偿的请求权主体是缺陷儿的父母，而残疾赔偿金补偿的对象如果成立的话，应当是缺陷儿本身而非其父母，因此，从赔偿主体来讲，缺陷出生案件的原告无法主张残疾赔偿金。更何况缺陷儿的残疾与医院的诊疗行为之间并无直接的因果关系，缺陷儿劳动能力的丧失并非由于不当的诊疗行为导致。③

（二）关于临床试验受试者损害问题分析

调研中，检索出涉及临床试验受试者损害责任问题的共20个文书，其中包括1件医疗产品责任纠纷④。经逐一筛查，共有8件临床试验导致的医疗损害纠纷，且全部为患者在接受常规诊疗过程中接受医院进行的新型手术措施或者药物试验，其中仅有1起所用药品经过国家行政机构审批，其余药品及手术方案，未经国家审批通过。患者同意进行临床的原因主要有：多年慢性疾病缠身且无明确成熟有效的治疗方案、经济无力负担现有治

---

① 《侵权责任法》第16条规定：侵害他人造成人身损害的，应当赔偿医疗费、护理费、交通费等为治疗和康复支出的合理费用，以及因误工减少的收入。造成残疾的，还应当赔偿残疾生活辅助具费和残疾赔偿金。造成死亡的，还应当赔偿丧葬费和死亡赔偿金。

② 《人身损害赔偿司法解释》第17条规定：受害人遭受人身损害，因就医治疗支出的各项费用以及因误工减少的收入，包括医疗费、误工费、护理费、交通费、住宿费、住院伙食补助费、必要的营养费，赔偿义务人应当予以赔偿。受害人因伤致残的，其因增加生活上需要所支出的必要费用以及因丧失劳动能力导致的收入损失，包括残疾赔偿金、残疾辅助器具费、被扶养人生活费，以及因康复护理、继续治疗实际发生的必要的康复费、护理费、后续治疗费，赔偿义务人也应当予以赔偿。受害人死亡的，赔偿义务人除应当根据抢救治疗情况赔偿本条第一款规定的相关费用外，还应当赔偿丧葬费、被扶养人生活费、死亡补偿费以及受害人亲属办理丧葬事宜支出的交通费、住宿费和误工损失等其他合理费用。

③ 本章节辨析的观点，与北京市高级人民法院已出台的统一意见保持一致，具体内容参见北京高级人民法院研究室：《北京法院缺陷出生纠纷案件疑难问题研究综述》，载"北京审判"微信公众号2018年5月27日原创推送，2018年8月12日最后访问。

④ 五级案由，二审尚未生效，实质属于疫苗接种损害，不属于本节探讨的临床试验受试者损害问题。

疗方案、恶性疾病终末期已穷尽治疗手段等。该8起案件中有6起案件的患者死亡，此6起案件中，试验新型手术措施的有2起，有3起为采用试验期药品，还有1起两者兼而有之。（见图14）

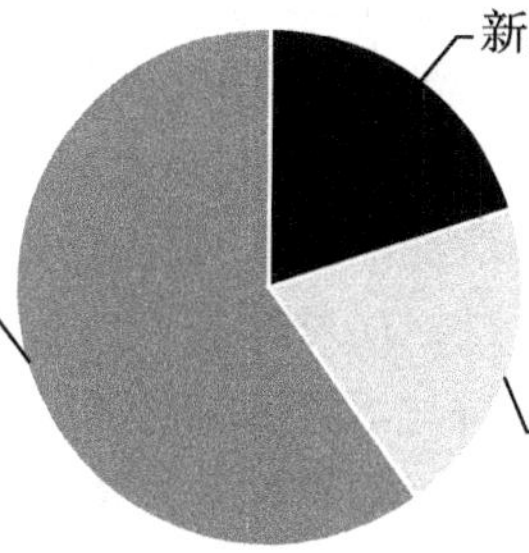

图14　临床试验内容分布

1. 法规依据及归责原则

根据我国关于医疗器械及药物临床试验的规范性文件以及国际通行的医学伦理准则的规定①，药物或器械临床试验采取无过错的补偿原则。申办者应当为发生与临床试验相关的伤害或者死亡的受试者承担治疗的费用及相应的经济补偿，即诉讼中的鉴定事项：受试者伤害或者死亡与临床试验是否相关，如果相关，其相关比例是多少（除外自身疾病和不依从试验方案导致的损害）。按照相关比例，申办者承担受试者治疗的费用及提供相应的经济补偿，即药物或器械临床试验采取无过错的补偿原则。② 依据《医疗器械临床试验质量管理规范》第48条和《药物临床试验质量管理规范》第43条，过错导致受试者损害，申办方免责。③

2. 责任主体、法律关系及鉴定选择

我们认为，因受试者与研究者之间存在知情同意书等受试协议，而研究者依据相关规范性文件的规定，需要具备法定资质，并在法定医疗机构内实施临床试验行为，通常来说，研究者多见为承载申办者发起的临床试验的医疗机构的执业医生，而在进行临床试验之

---

① 《医疗器械临床试验质量管理规范》第13条规定：医疗器械临床试验应当遵循《世界医学大会赫尔辛基宣言》确定的伦理准则。第48条规定：申办者应当为发生与临床试验相关的伤害或者死亡的受试者承担治疗的费用以及相应的经济补偿，但在诊疗活动中由医疗机构及其医务人员过错造成的损害除外。

《药物临床试验质量管理规范》第4条规定：所有以人为对象的研究必须符合《世界医学大会赫尔辛基宣言》（附录1），即公正、尊重人格、力求使受试者最大程度受益和尽可能避免伤害。第43条规定：申办者应对参加临床试验的受试者提供保险，对于发生与试验相关的损害或死亡的受试者承担治疗的费用及相应的经济补偿。申办者应向研究者提供法律上与经济上的担保，但由医疗事故所致者除外。

《涉及人的生物医学研究伦理审查办法》第18条规定，涉及人的生物医学研究应当符合知情同意、控制风险、免费和补偿、保护隐私、依法赔偿、特殊保护等六项原则。

《世界医学协会赫尔辛基宣言》（2013年最新修订）第15条规定：因参加研究而遭受伤害的受试者，必须确保为其提供适当的补偿和治疗。

② STAUCH M., WHEAT K., *Cases and Materials on Medical Law and Ethics*. London, Routledge, 2012, pp. 498-499.

③ 母双、范贞：《1例临床试验受试者损害的赔偿》，载《中国临床药理学杂志》2018年第2期。

前,医疗机构与申办方也会签订书面协议[①],因此,受试者针对自己在临床试验过程中受到的损害,既可以合同法律关系又可以侵权法律关系作为请求权基础。在医疗损害责任纠纷的案由项下,受试者的权益相对会得到更为全面的保护。

在侵权法律关系中,不同的案由也可能导致不同主体作为被告。如受试者以生命权、健康权、身体权纠纷为由,在未有明确证据证明因果关系参与度的情况下,可以先以申办方(常见为某药品制造商)以及医疗机构作为共同被告起诉;而以医疗损害责任纠纷为案由,则应以医疗机构作为被告。在上述两种情况下,原告均需承担证明被告存在侵权错过的举证责任,因此一般情况下均需要启动司法鉴定程序。而如果能够通过司法鉴定查明医疗机构未存在医疗过错,或该医疗过错与损害后果之间存在部分因果关系或无因果关系,此时原告可在第一种情况下同时主张医疗机构的过错责任以及申办方的无过错补偿责任,也可以在第二种情况下另案起诉申办方主张无过错补偿责任。

(三)疫苗接种损害问题分析

这里讨论的疫苗接种损害,限于按照我国《传染病防治法》和国家免疫规划的规定,接种人接种疫苗后发生的发病以及作为发病后果的器官、组织损伤、残疾或死亡等人身损害。在调研中,我们检索到2起涉及疫苗接种损害的案件,1起一审已生效(以下简称A案)[②],1起目前处于上诉移送期(以下简称B案)[③]。涉及疫苗接种损害的调研样本虽然很少,但因该问题是近年来屡屡受到社会关注的重大医疗伦理问题,[④]我们认为有必要对此进行分析。

1. 责任承担主体

疫苗接种,既是生物制药产品的使用,又是广义范畴上的医疗行为,因此,疫苗接种损害赔偿责任,可以适用民法中的产品责任和医疗损害责任。《疫苗流通和预防接种管理条例》第47条规定,因疫苗质量不合格给受种者造成损害的,依照药品管理法的有关规定处理;因接种单位违反预防接种工作规范、免疫程序、疫苗使用指导原则、接种方案给受种者造成损害的,依照《医疗事故处理条例》的有关规定处理。依据《侵权责任法》第59条[⑤]的规定,我们认为,患者可以向疫苗的生产者请求赔偿,也可以向医疗机构请求赔偿,当患者在同一案件中向两方请求赔偿,法院应当依法向患者释明引导其进行选择。如果经鉴定,接种各方均无过错,而受种者依然出现《预防接种异常反应鉴定办法》[⑥]第2条规定的预防接种异常反应,则可根据《疫苗流通和预防接种管理条例》第46条的规定,申请相关

---

① 《医疗器械临床试验质量管理规范》第44条;《药物临床试验质量管理规范》第7条。

② (2013)丰民初字第07604号。

③ (2014)海少民初字第47号。

④ 如2018年长春长生生物科技有限责任公司生产的狂犬疫苗以及"白百破"等问题疫苗事件在媒体广泛曝光,疫苗接种损害问题再一次成为了公众舆论极为关注的民生争议。

⑤ 《侵权责任法》第59条规定:因药品、消毒药剂、医疗器械的缺陷,或者输入不合格的血液造成患者损害的,患者可以向生产者或者血液提供机构请求赔偿,也可以向医疗机构请求赔偿。患者向医疗机构请求赔偿的,医疗机构赔偿后,有权向负有责任的生产者或者血液提供机构追偿。

⑥ 《预防接种异常反应鉴定办法》第2条规定:预防接种异常反应,是指合格的疫苗在实施规范接种过程中或者实施规范接种后造成受种者机体组织器官、功能损害,相关各方均无过错的药品不良反应。

部门的补偿。①

2. 疫苗产品的缺陷认定

《产品质量法》第46条②的规定，如果产品没有国家标准、行业标准可循，则以该产品是否存在危及人身他人财产的不合理的危险作为判断有无缺陷的标准。即便产品符合保障人体健康和人身、财产安全的国家标准、行业标准，是合格产品，也只能初步表明该产品没有缺陷，并不等于该产品是没有缺陷的产品。如果能够证明产品存在危及人身、财产安全的不合理危险，仍应认定其存在缺陷。③

调研的两个案件中，均未认定疫苗产品存在缺陷。后一个案件中，原告一方主张因疫苗产品存在设计缺陷与警示缺陷，应推定为产品存在缺陷，但法院依然采纳了鉴定意见，因材料部分缺失，故未认定涉案疫苗属于缺陷产品，但后一个案件中法院却酌定疫苗生产商40%的责任比例，实际上并不排除法官内心对于疫苗生产商对相关材料的保存缺失与疫苗不符合质量或功效标准之间存在一定可能性的事实确认。因此，疫苗是否属于缺陷产品的认定，应视为实践中的一大难点，目前的认定规则亦值得进一步考虑其合理性与可变革性。我们认为，疫苗产品缺陷，不仅包括疫苗生产过程中的制造缺陷，还包括疫苗设计缺陷、警示缺陷等其他方面的缺陷。

3. 接种相关各方的过错

第一，关于医疗机构。根据《侵权责任法》第58条④的规定，如果具体开展接种工作的医疗机构违反了预防接种的工作规范、免疫程序、疫苗使用指导原则、接种方案，应依据上述条款推定其存在过错。

第二，关于受种方。在疫苗接种损害责任纠纷中，受种方的过失主要表现在监护人对于受种者身体状况包括接种禁忌症的告知义务的违反。如果受种方未将受种者的身体状况如实告知接种单位导致发生疫苗接种异常反应的，受种方即存在过失。关于接种注意事项尤其是禁忌症，是接种单位与受种方进行信息沟通与交流的过程。禁忌症反应若要排除异常反应，依赖于接种单位明确清晰地提示相关风险。原则上，接种单位在进行信息传递的过程中，需要考虑对方的信息接受能力和理解能力。实际案例中，医方多主张已经在接种场所张贴相关接种注意事项并要求受种方签署知情同意书，但法院仍然可能认定

---

① 《疫苗流通和预防接种管理条例》第46条规定：因预防接种异常反应造成受种者死亡、严重残疾或者器官组织损伤的，应当给予一次性补偿。因接种第一类疫苗引起预防接种异常反应需要对受种者予以补偿的，补偿费用由省、自治区、直辖市人民政府财政部门在预防接种工作经费中安排。因接种第二类疫苗引起预防接种异常反应需要对受种者予以补偿的，补偿费用由相关的疫苗生产企业承担。预防接种异常反应具体补偿办法由省、自治区、直辖市人民政府制定。

② 《产品质量法》第46条规定：本法所称缺陷，是指产品存在危及人身、他人财产安全的不合理的危险；产品有保障人体健康和人身、财产安全的国家标准、行业标准的，是指不符合该标准。

③ 程啸：《侵权责任法教程》，中国人民大学出版社2011年版，第206页、第209页。

④ 《侵权责任法》第58条规定：患者有损害，因下列情形之一的，推定医疗机构有过错：（一）违反法律、行政法规、规章以及其他有关诊疗规范的规定；（二）隐匿或者拒绝提供与纠纷有关的病历资料；（三）伪造、篡改或者销毁病历资料。

医方在禁忌症的告知义务方面存在过失从而要求医方承担侵权责任。①

4. 鉴定意见的采信

虽然目前我国免疫学和遗传学、流行病学知识已经有了长足的进展，但大部分免疫接种后严重不良反应仍然没有确凿的临床的或实验室的指征以将之与疫苗联系起来。因此，对于什么样的伤害或死亡真正与疫苗相关，仍然存在诊断上的不确定性。② 因此目前有关疫苗损害的医疗侵权诉讼不得不依赖鉴定意见。在调研的 A 案中，涉及两次以上鉴定，且鉴定结论存在差异。在一定程度上，鉴定结论决定着受种方损害赔偿或补偿请求的成立与否。医学会的事故鉴定偏重于免疫学上的因果关系评估，倾向于从严认定异常反应；而法医学的司法鉴定倾向于在个案中从医疗机构的客观操作行为上来评估是否存在过错，进而鉴定参与度。

预防接种救济制度之目的，系因现代医学对于预防接种与副作用间之因果关系尚无法完全了解，故必须借助此制度方能补其不可避免之缺憾。然而在救济上却又坚持采行严格审理因果关系之态度，此无异于将接受疫苗注射可能发生之不可知风险，让被害者去负担。③ 因此，对于参与度的认定，应考虑在日后的疫苗接种损害责任纠纷中，充分承认医学常识与规律的认知局限，尝试适当引入专家辅助人参与诉讼以辅助对参与度进行合理界定。

---

① 冯珏：《民事责任体系与无过错补偿计划的互动——以我国疫苗接种损害救济体系建设为中心》，载《中外法学》2016 年第 6 期。

② 冯珏：《民事责任体系与无过错补偿计划的互动——以我国疫苗接种损害救济体系建设为中心》，载《中外法学》2016 年第 6 期。

③ 冯珏：《民事责任体系与无过错补偿计划的互动——以我国疫苗接种损害救济体系建设为中心》，载《中外法学》2016 年第 6 期。邱玟惠：《由美、日经验检讨我国预防接种救济制度：从 H1N1 新型流感疫苗谈起》，载《“国立”台湾大学法学论丛》2010 年第 40 卷第 2 期。

关于“回收率”指标的法律分析及提升路径构建*

——基于我国当前破产审判的实证研究

一、世界银行营商环境评估中我国“回收率”指标得分的现状

(一)“回收率”指标的解读

市场经济中,债务的清偿是经济流转和市场信用的保障。① 到期债务如果得到及时清偿,市场交易才能正常运行,经济才能健康发展;如遭遇资不抵债,则需要通过实施破产法律制度来清偿债务。因此,债务的清偿情况是一个国家营商环境的重要评估指标。在世界银行(以下简称世行)营商环境评估中,“回收率”作为“办理破产”的二级指标,旨在评估各经济体的债务清偿情况,以此来评价市场经济是否有序运行,破产制度是否得到有效实施。

世行的“回收率”即清偿率,是指担保债权人通过重整、清算或债权追回程序收回的美分在1美元中的占比。世行通过给出假设案例,Mirage作为一家酒店,在资不抵债时如何处理,答卷人结合中国法律规定和破产案件处理经验作答后得出该项得分。“回收率”的计算公式是:回收率 =(100×GC+70×(1-GC)-cost-a×20%×time)/[(1+lending rate)∧time]。其中,GC(持续经营,Going Concern)值的确定方法是,如果一个公司可以继续经营则为1,如果零碎出售则为0;cost指回收债权所需成本,以占债务人不动产价值的百分比表示;a×20%×time中,a是指固定资产占资产总额的比重,20%是年折旧率,time是回收债权所需时间;lending rate是指贷款利率。

上述计算公式中,“回收率”函数中的时间是指从债务人违约到最终实现继续经营或是拆分处理,即从债务人违约到债权人受偿为止。相比“执行合同”指标考察初级法院解决一起商业纠纷所耗费的时间、成本及司法程序质量指数,在债权回收的效率当中实际包括了法院处理诉讼的时间、成本等因素,因此在本文所讨论的“回收率”不包括非破产程序的债权回收问题。同时,“破产框架力度指数”作为“办理破产”的另一项二级指标,具体包括:启动程序指数,债务人资产管理指数,重整程序指数和债权人参与指数。其中债务人资产管理指数关系到“回收率”指标中“a”的实际数值,而重整程序指数不仅关系GC的数值,而且关系到选择重整的激励因素,因此“破产框架力度指数”与“回收率”指标息

---

* 课题主持人:吴在存,负责人:马立娜,课题组成员:郑伟华、邹明宇、苏汀珺、樊星、尚潇,课题执笔人:王玲芳。

本课题为2019年院级重点课题。

① 胡健:《破产立法二十年:回顾与展望》,载《华东政法学院学报》2006年第6期。

息相关,并且相互影响。

(二)当前我国债务“回收率”的基本情况

就世行评估的190多个经济体的债权“回收率”的平均值而言, Mirage的破产需要2.64年的时间来解决,花费14%的财产,并且仅在36%的情况下保留Mirage作为持续经营。全球平均效率指标为51.97%,这意味着几乎一半的Mirage价值在债务执行中丧失。① 而在近三年2017年度、2018年度、2019年度的世行报告中,中国“办理破产”总得分为55.82分,其中时间是1.7年,破产成本是破产财产的22%,每美元的清偿率是36.9分,破产框架力度指数11.5分,居于中上水平。全球单项排名分别是53位、56位和61位。(见表1、表2)

表1 2018年世行营商环境报告“回收率”指标对比

类别	破产时间(年)	破产成本(%)	回收率(%)	办理破产排名
中国	1.7	22	36.9	56
日本	0.6	4.2	92.4	1
美国	1.0	10.0	82.1	3
澳大利亚	1.0	8.0	82.5	18
中国香港	0.8	5.0	87.2	43

表2 2019年世行营商环境报告“回收率”指标对比

类别	破产时间(年)	破产成本(%)	回收率(%)	办理破产排名
中国	1.7	22	36.9	61
日本	0.6	4.2	92.4	1
美国	1.0	10.0	81.81	3
澳大利亚	1.0	8.0	82.7	20
中国香港	0.8	5.0	87.2	44

2019年营商环境报告中我国的“回收率”测算值是表现最好国家日本的1/3。世行环境评估从一个侧面反映我国营商环境的质量和水平,也为我国优化提升营商环境,尤其是债务清偿中运用实施破产制度,提供了完善优化的具体路径。

(三)影响“回收率”的主要因素

“回收率”受办理破产案件的时间、成本和结果以及该国贷款利率的影响。本文将涉及法院破产审判的相关因素分析如下:

1. 破产时间。“回收率”函数中的时间是从债务人违约到最终实现继续经营或是拆分处理,也可以理解为从债务人违约到债权人受偿为止。回收债权的时间包括:商事案件

① Djankov S., Hart O., Mcliesh C., et al., “Debt Enforcement around the World”, *Journal of Political Economy* 116, 2008, pp. 1111 - 1112.

的审理+执行+破产。在破产程序推进过程中,如果通过和解、重整方式实现债务清偿,则可以大幅提升此阶段分值;如果适用清算程序则需要通过快审机制来加快审理进程。我国破产案件需要1.7年时间才能结束,是全球表现最好国家爱尔兰的4倍。

2. 破产成本。破产成本,是指破产相关费用占债务人财产的比重,破产费用包括法院费用、破产管理人费用、律师费用、评估和拍卖的费用以及其他相关费用。我国的破产成本约为破产企业财产的22%,总成本包括法庭费用(0.5%)、律师费(5%~10%)、通知和公告费用(1%)、破产代理费(5%~10%)、会计师、评估师和其他专业人员费用(7%)、拍卖师费用(1%~5%)、服务提供者费用和/或政府收费(5%)。成本越高,就意味着有更大比例可用于债权人分配的财产被破产程序所占用,从而影响债务清偿率。我国办理一件破产案件的成本相当于破产资产价值的22%,多于日本的5倍,多于韩国近7倍。(见表3)

表3 2018年破产成本之中日两国比较

国家	法院或政府代理费	律师费	公告费用	破产代理或接管费用	会计师、评估费、拍卖费及其他	占比
日本	1%	2%	<1%	1%	<1%	<4.5%
中国	0.5%	5%~10%	1%	5%~10%	7%~12%	22%

3. 破产实施的效果。如果在破产程序中,企业能够存活,则债权"回收率"高,而企业被分拆零散售出,则债权"回收率"会下降。因此,在整个计算公式中,企业的最终形态是重要的影响因素。在此公式中,破产程序的时间、成本和结果都是影响回收率的变量,但其中"破产程序的结果"即债务人企业是否会继续经营对"回收率"的影响最大。①

4. 破产制度实施过程中相关主体的了解和认知。办理破产指标的评价数据主要来自破产从业单位(主要是律师)对世行调查问卷的答复,并且世行通过对被测评经济体有关破产制度的法律法规及公共信息的研究加以验证。其中,"回收率"数据(包括时间、成本、结果)得自于答卷人对问卷中假设案例的分析,答题人对案例的理解、法律的理解和是否具有资深的实践经验具有密切的关系。

债权"回收率"中,破产时间、成本和效果都是直接影响因素,但是深层次的影响债权的回收,则涉及一国经济运行、行政、司法、非政府等部门对危困企业的各种挽救制度和政策,其中一种可能性是行政或司法能力的差异,这导致中低收入国家几乎总是在康复中失败。② 破产审判的司法能力包括法官、管理人的能力,因此要提高债权"回收率"就要加大对法官、管理人的培训,不断提高法官、管理人的专业能力水平。同时需要指出的是,世行的书面案例和问题测评仅是营商环境评估的一个数据信息来源,此外,世行还通过大量的走访、调查来最终实现对目标城市相关数据的收集评估工作。因此,尽管我们可以从案例

---

① 容红、高春乾、邹玉玲:《办理破产之国际比较——解析世行营商环境评估报告》,载《中国经济报告》2018年第9期。

② Ayotte K., Yun H., "Matching Bankruptcy Laws to Legal Environments", *Journal of Law Economics & Organization* 25, 2007, pp. 2-30.

分析、答题要求分析出世行的评分标准,但是真正要提高债权“回收率”分值则需要不断健全完善我国破产法律制度的立法及实施,从根本上提升我国破产法实施的效果,提高债权回收效率。

二、当前制约我国“回收率”的主要原因及分析

(一)制度供给层面:破产相关规范缺失,制约债务清偿效率

1. 担保债权在清算重整程序中面临的障碍。“回收率”评价的是担保债权的“回收率”。世行之所以选取担保债权是因为企业在不能清偿到期债务时,极有可能清偿担保债权,因此选择担保债权作为评价全球190个经济体“回收率”的对象。在我国,司法实践中各种优先债权(见表4)冲击担保债权的实现。国家优先权规则破坏债的执行,特别是在中低收入和法国法律渊源的国家。[①] 司法实践中,建设工程款优先权、税收债权、非法集资损失等优先权,致使担保债权的实现面临阻碍。在房地产类企业的破产清算中,税收债权、购房者物权期待权、拆迁安置户物权期待权、非法集资损失等各种形态的优先权,因为政策、特殊群体利益、部分群体生存权的考量,导致实践中在该类企业的破产中,担保债权人能否顺利实现还存在一定的不确定性。

表4 当前可能影响担保债权实现的其他优先权

	法律依据	实践操作
税收债权	《税收征收管理法》第45条规定,发生在先的税收债权优先于有担保债权受偿,而《企业破产法》则规定有担保债权优先于税收债权受偿	如果不先行支付税收,将导致清算和重整程序实际无法推进
建设工程款	最高人民法院《关于建设工程价款优先受偿权问题的批复》	最高法院2016年第15批指导案例73号,案号(2014)皖民一终字第00054号确认了建设工程款优先受偿的地位
购房者物权期待权	最高人民法院《关于人民法院办理执行异议和复议案件若干问题的规定》第28条规定	执行程序中购房者的物权期待权优先于金钱债权
非法集资损失	《关于办理非法集资刑事案件若干问题的意见》第9条规定,退赔集资参与人的损失一般优先于其他民事债务以及罚金、没收财产的执行	暂无案例

《企业破产法》第75条规定,在重整期间,对债务人的特定财产享有的担保权暂停行使。这意味着担保债权人在重整期间,其债权的清偿和实现方式受到重整计划的调整和限制。如果重整计划草案未获通过或批准,那么对担保债权延期清偿的损失如何保护,并没有明确规定。此外,在逐年攀升的关联企业合并清算重整案件中,担保债权面临着清偿

① Djankov S., Hart O., Mcliesh C., et al., “Debt Enforcement around the World”, *Journal of Political Economy* 116, 2008, pp. 1111 – 1112.

比例降低甚至丧失的风险，而担保债权人能否对法院实施合并破产的裁定进行上诉，其他诉讼程序中如何保障担保债权人的权益，现实中缺乏规范指引，做法不一，裁判缺乏可预见性。

2. 逾期申报债权影响破产程序效率。《企业破产法》第 45 条规定了债权申报的期限最长三个月，第 56 条规定了补充申报债权的规定，第 92 条第 2 款规定未依据《企业破产法》申报债权的清偿条件。司法实践中，基于各种主客观原因，存在大量的逾期申报债权行为。在破产财产分配方案确定后、财产分配前，逾期申报债权，将致程序延迟，增加核实成本；在重整计划执行完毕后，再行向债务人主张债权，例如税收债权，将会直接导致企业进入二度破产。

3. 企业重整程序规范不足。世行营商环境评估高度重视困境企业能够加快重整，而我国关于重整制度规定尚不能满足实践需求。从影响“回收率”的因素来看，主要表现为：预重整、重整变更和重整计划执行制度供给不足。预重整作为非法定程序内的一种解决困境的方式，具有灵活性、有效性，应当得到更多地采用。课题组针对近两年全国重整案件的不完全统计，采用预重整的方式比例较小，①实践中还没有被大量采用。作为现有程序外的预重整，仍缺乏法律规范，在实施过程中计划草案的效力、程序主导者、费用负担等问题则成为制约预重整制度功能发挥的“瓶颈”，加之预重整没有时间限制，亦会拖延不决、增加成本，降低债权回收效率。

重整计划的执行是对重整计划的具体实施，是重整程序的最终落脚点。② 我国《企业破产法》第 86 条规定，法院批准重整计划后，即终止重整程序。第 89 条规定，债务人负责执行重整计划。从实践来看，重整计划涉及各方利益，实施期限较长，特别是分期偿债的中断、延期、拒付等情形，导致重整计划执行难，能否变更重整计划、如何变更、如何进一步推进计划执行，现有《企业破产法》并未就上述情况加以明确。

4. 行政配套制度供给缺失。《企业破产法》的实施不仅需要破产法本身法律制度层面的完善健全，而且需要在企业简易注销、税款减免、信用修复、打击逃废债上建立配套制度。随着政府深化“放管服”改革的推进，国家税务总局发文明确，凭法院终结破产程序裁定书可向税务机关申请税务注销，解决了司法实践中的宣告破产企业税务注销难的顽疾。但是针对企业重整后依法豁免的滞纳金、重整程序的税收债务减免等问题，需要从立法上修改税法的相关规则。从地方法院已有的实践来看，温州中院与地方税务局、国税局出台了三个税费协作的会议纪要，解决了破产审判中企业所得税退税机制、税收债权申报清偿、税收滞纳金核销等难题，但是税收相关政策是国家统一规定的，是中央事权范围，地方税务部门无法突破现有税收政策规定，只能在现有税收政策框架内作适当的变通，因此局限性特点非常显著。③ 同样的问题也反映在工商、土地、房产等行政配套制度上。

---

① 课题组以“预重整、重整”为关键词，在全国企业破产重整案件信息网上搜索，2017 年、2018 年重整的案件大致在 520 余件。预重整作为司法程序外的措施，除在法院的法律文书出现之外，还以新闻动态、招募投资人公告被知悉，通过这三种形式，统计出 2017 年、2018 年的预重整约 30 件。

② 李永军：《破产法——理论与规范研究》，中国政法大学出版社 2013 年版，第 379 页。

③ 浙江省温州市中级人民法院联合课题组：《论破产涉税若干问题的解决路径——基于温州法院的实践展开》，载《法律适用》2018 年第 15 期。

（二）法律实施层面：破产审判制度机制有待完善，影响破产审判质效

1. 管理人市场化程度不高。任何破产制度的成功，在很大程度上取决于谁在推进具体事务。在现有破产法制度下，通过摇号随机指定管理人的方式，还不能充分开展市场竞争。管理人选任的市场化程度不高，一方面难以选任出合格有效的管理人，制约着破产程序推进和企业经营管理，直接关系到债务清偿；另一方面，不能形成市场化的报酬机制，导致破产成本在此部分费用不能加以调整。最高人民法院《关于审理企业破产案件确定管理人报酬的规定》确定了管理人报酬由法院确定的规则，并确立了0.5%～12%的超率累退法计算管理费，缺乏上下调节的灵活性，难以通过商业谈判获得突破司法解释的报酬。

2. 推进快审程序存在障碍。当前广东高级人民法院、河南高级人民法院、北京高级人民法院相继出台关于加快破产案件审理的规范意见，其中均对无产可破、破产财产明显不足以清偿破产费用的案件，建立快速审理机制。破产案件的快审机制，有利于提升审理效率，加快债务清偿，是影响"回收率"指标的重要因素。由于快速审理涉及破产程序参与人的权利减损，因此有必要总结相关地区较为成熟的规范意见，制定效力层次较高的法律规范或司法解释。

3. 现有信息化水平尚未充分发挥效能。当前破产审判多网分立，内外不连通。各地法院的审判系统内网和最高的全国企业破产重整案件信息网尚未整合，案件信息需要填写两次，审判流程需要两次填报，无形中增加多重工作量。各种系统网络的主体参与性有待进一步拓宽，全国企业破产重整案件信息网有法官和管理人平台（以下简称一网两平台），债权人也可进入随时查看审判流程，但是债权人申报债权、线上债权人会议尚不能开展。现有破产审判信息化建设远未实现智能化，还不能实现破产审判信息数据的收集、归类、利用、提取，不能自动生成各种格式化的申请书、裁定书，信息化建设水平质量有待进一步提高。

4. 债务人财产处置难。债务人资产最大化与"回收率"指标息息相关。破产属于概括执行范畴，破产程序中债务人企业资产的清查和变现需要借助现有的执行系统和工作机制来开展。从法院内部来看，有地方法院对于债务人财产状况缺乏便捷的司法查询手段，虽可以通过执行系统查询，但系统、权限的分立制约查询效率。在特殊的债务人财产处置中，利用司法拍卖的效率仍不高，如进行破产财产拍卖，又不能借助司法拍卖的政策优势。比如，在北京地区破产财产的拍卖中，无法实现车辆和牌照一起拍卖，导致该类财产处置效率不高。破产企业的资产出售时，还面临着产权变更登记、支付勘验评估、土地出让金、契税和交易费等，这些费用甚至可以占到处置资产的25%，[①]造成公众购买破产财产意愿低，影响破产财产的有效处置。

（三）观念层面：对破产制度功能的不同认知

父债子还，子债父偿，在中国传统儒家文化中，债的清偿成为一种道德诉求。近亲属成员承担彼此债务，被宣扬为一种有责任和担当的美德，债权人宁可由债务人一辈子承担着债务，或寄希望于其近亲属承担，也不愿意通过破产程序进行清偿，从而结束债权债务

---

① 杨粿、董王超、杨帆：《审慎处理破产案件 维护市场运行秩序——河南省罗山县人民法院关于企业破产案件审理情况的调研报告》，载《人民法院报》2014年4月17日，第8版。

关系。因此,源于一国文化传统,对债务清偿的道德要求,一定程度阻碍现代破产程序的推进。虽然全国法院近年来受理的破产清算案件逐年攀升,但是绝对数量是商事一审案件数的0.4%,①破产申请仅是企业注销的0.5%,导致破产程序在整个法律体系中适用比例很小,法律职业共同体内部对破产程序尚不熟悉,直接反映到世行收集的相关信息和数据中。因此,在推进破产制度的实施过程中,当事人及破产程序参与人对现代破产制度的认知和理念影响到破产程序各个环节的推进,从申请破产、到积极参与破产、到破产中重整、和解程序的选择,都面临着法律实施成本较高的问题。

三、提升“回收率”指标的路径构建

提高“回收率”涉及立法、行政、司法等各方面的系统举措,本文围绕破产审理的时间、效率、效果,从破产法律制度、司法审判机制、社会理念培育三个层面展开论述,以期从制度供给层面推进立法健全完善,从司法审判层面提升破产审判质效,从社会理念层面增强对破产制度的认同,从制度机制建设的根上提高债权“回收率”,提升我国营商环境法治化水平。

(一)保障债权人权益,提高担保债权清偿率

1. 法律、司法解释要明确担保债权与其他优先权的关系。当前在已有担保物权制度的基础上,出现的其他类型、种类的权利是否处于优先权地位,如税收债权、购房者物权期待权、拆迁安置户物权期待权、非法集资损失是否优先于担保债权,需要进一步明确,以保障担保物权的顺利实现。课题组认为,基于我国现有的物权法、担保法等相关规定,以及各种生存权保障、投资损失考量的优先权在破产程序中应当劣后于担保物权;税收债权应在法定期限内申报,②如果税收债权要获得优先受偿地位,就要建立起如同担保登记制度效果类似的公示制度,否则因为逾期申报,加之因行政关系产生的债权,将直接导致担保债权的落空。

2. 完善《企业破产法》中担保债权的相关规定。担保权暂停行使的范围,必须根据企业重整是否需要使用该项担保财产确定,对没有使用需要的财产就不必暂停担保权的行使,而应当及时变卖清偿担保债权人。③ 如果重整计划未获通过,或最终转入清算程序,且未有约定的情况下,根据《物权法》第173条的规定,担保物权的担保范围包括主债权及其利息、违约金、损害赔偿金、保管担保财产和实现担保物权的费用,因重整暂停的担保物权行使的延期清偿损失应当纳入担保物权的担保范围,一并优先受偿。

3. 关联企业实质合并中对担保债权的保护。在总结已有的司法经验基础上,应当通过司法解释等形式,对关联企业的实质合并制定相应的司法裁判规范。法院是采用单一标准还多个标准来认定“法人人格高度混同”,需要进一步明确。深圳中院出台的《审理企业重整案件的工作指引》对关联企业能否实质合并重整明确了“人格高度混同”和合并

---

① 2019年最高人民法院工作报告显示,全国审结的一审商事案件为341.8万件,破产清算案件为1.6万件。

② 徐阳光:《破产程序中的税法问题研究》,载《中国法学》2018年第2期。

③ 王欣新:《论破产程序中担保债权的行使与保障》,载《中国政法大学学报》2017年第3期。

使债权人受益的标准；当前司法实践，多数采用了“人格高度混同”的单一标准来判断。① 法院在决定是否对关联企业进行实质合并时，应将对担保债权清偿率的影响应当作为衡量的一个重要标准。同时，应当赋予担保债权人对法院出具的实质合并裁定的异议权，这种异议不仅可以通过听证形式主张，也应赋予其上诉权。《审理企业重整案件的工作指引》第44、45条明确了关联企业间的债权应当劣后，而且不得就关联企业成员提供的特定财产优先受偿，一定程度上保障了关联企业合并重整中担保债权的实现。

（二）完善重整法律制度，最大限度维护企业营运价值

1. 健全预重整制度规范。预重整制度是重整的配套制度，我国《企业破产法》在借鉴美国等国的重整制度时，没有一并引进预重整的配套制度，以法国、韩国、日本为代表，法庭外债务重组与法庭内重整相对应衔接，从不明文的规则转向准则型、规则性的程序。② 因此，我国《企业破产法》对预重整制度加以规定势在必行。（见表5）

表5 预重整典型案例及相关规定

	启动方式	管理人选任	投资招募	预重整协议效力	费用性质及支付
深圳中院《审理企业重整案件的工作指引》	合议庭决定	法院指定	债务人或管理人协商、公开招募、债权人推荐	在重整阶段提交债权人会议表决	债务人财产随时支付，重整阶段列入破产费用
深圳福昌电子重整案	债权人申请重整，法院决定预重整	法院预先指定管理人，进入重整程序后，批准债务人自行管理、重整	意向重整方引进	通过预重整对企业状况进行全面摸底、分类、分析	
北京两网公司重整案	债权人申请重整，法院决定预重整	法院摇号预指定	债权人指定投资人	重整计划草案在第二次债权人会议中通过	
温州吉尔达鞋业有限公司重整案	政府启动	法院指定	公开招募	重整计划草案在第一次债权人会议中通过	
苏州市正信电子科技有限公司重整案	股东申请重整	法院指定	公开招募	重整协议草案在第二次债权人会议中通过	

从我国深圳、北京、浙江、江苏等地的探索实践来看，多数预重整是作为重整的前置程

---

① 赵惠妙：《我国关联企业实质合并的裁定标准及误区》，未刊稿，作者对我国法院在司法实践中229家关联企业实质合并破产进行了实证研究，在可以确定合并破产理由的134件裁定中，以“人格混同、高度混同”作为实质合并理由的有107例，以人格混同为基础标准，同时附加其他辅助标准的案件有27件。

② 金春、任一民、池伟宏：《预重整的制度框架分析和实践模式探索（上）》，载王卫国、郑志斌主编：《法庭外债务重组》，法律出版社2017年版，第105页。

序开展。在程序的主导者选任方面，上述典型案例中均是由法院选定管理人开展相关工作，对于如何衔接预重整和重整阶段的管理人问题也需进一步加以明确。① 关于预重整方案的效力问题，实践中通过进入重整程序，提交债权人会议决议确认效力。如果在法律层面事先确认预重整草案的效力，则预重整的效力会更强。从司法实践来看，对预重整的程序启动、适用范围、职能分工和程序终结，特别是规定预重整期间的中止执行效力和预重整方案对后续重整的法律效力，已经达成了诸多的实践共识，有必要在修改《企业破产法》或最高人民法院制定司法解释时加以明确。

2. 制定重整计划的变更、执行规范。《全国法院破产审判工作会议纪要》明确重整计划的变更申请、批准等程序，接下来应当在《企业破产法》的修订中进一步将重整计划变更的条件、程序加以细化明确，成为具有明确法律效力的规范依据。就重整计划的执行问题，债务人在重整程序中存在破产欺诈或者其他严重损害债权人利益行为的，重整计划由管理人负责执行。② 从实务来看，在重整计划执行过程中，人民法院协助执行已经成为常态，且从法理和社会责任的角度亦有正当性、合法性，③因此，未来有必要就重整执行中人民法院协助执行作出规范。因重整计划不能执行导致的终止执行，应当进一步区分除债务人之外的其他主体导致的无法执行，已经进行的权利清偿、实物清偿如何处理，重整计划内外的主体是否应当在考察过错的基础上承担相应的责任，应当予以明确。

（三）缩短破产处理时间，加快推进破产程序

1. 建立统一的快速审理程序。《全国法院破产审判工作会议纪要》明确要求建立破产案件审理的繁简分流机制。快审机制需要平衡公正和效率的关系，在加快简易案件审理流程的同时，要确保正当程序和保障当事人权益。从各地高院和中院发布的快速审理办法可见，在审理流程上，认为要缩短债权申报期限、简化债权人会议、简化公告等内容；对于简易案件的判断标准上，都采用了“一般标准 + 列举排除”的方法，如北京高院出台的快审机制，就明确了六种积极条件和六种消极条件。④ 河南高级人民法院出台的《探索繁简分流 建立简单破产案件快速审理机制》，除了北京高级人民法院规定的积极条件的前三项标准，还具体列出了：“（四）债务人账面资产在1000万元以下，债权人在20人以下，其职工债权人数为零的；（五）债务人账面资产在300万元以下的，职工债权人人数为

---

① 深圳中院出台的《审理企业重整案件的工作指引》第43条明确，预重整期间已经指定管理人的，指定预重整管理人为债务人管理人。

② 王欣新：《试论重整制度之立法完善》，载《昆明理工大学学报》2010年第10卷第5期。

③ 王欣新：《谈重整计划执行中的协助执行》，载《人民法院报》2016年7月13日，第7版。

④ 北京市高级人民法院《关于加快破产案件审理的意见》4.（积极条件）债权债务关系明确、债务人财产状况清楚并且具备下列情形之一的破产案件，可以适用本意见第四部分的规定快速审理：（1）债务人资产和债权人人数均较少的；（2）破产财产可能不足以支付全部破产费用的；（3）债务人无财产或财产较少，且账簿、重要文件等灭失或人员下落不明的；（4）债务人财产易于变价或无需变价的；（5）债务人经过强制清算，资产和负债均已确认完毕的；（6）其他适宜适用快速审理的情形。5.（消极条件）具有下列情形之一的破产案件，原则上不适用快速审理：（1）破产重整案件；（2）涉及人数众多、存在职工安置困难等复杂情形的破产案件；（3）债务人资产情况复杂或难以变现的；（4）债权债务关系复杂，可能需要进行审计等；（5）存在未结诉讼、仲裁纠纷，或受理后可能发生衍生诉讼，有可能影响案件快速审结的；（6）其他不宜适用快速审理的情形。6.（范围）快速审理适用于破产案件受理之后。

20人以下的”，同时规定了关联企业合并破产、董监高逃避法律责任、涉及刑民交叉等例外情形。南京中级人民法院判断的一般标准是北京高院的前三项，除外则规定了涉及刑民交叉的。可见，在破产简易案件的快审机制上，基本理念、简化流程、缩短时限都已达成共识，但是在判断标准上仍各有差异，需要在全国层面上作出统一的规定，以明确破产简易案件适用快审程序的标准，加快快审程序的健全完善。

2. 设立逾期申报债权的限制。我国《企业破产法》第56条，对于逾期未申报的债权，无论债权人因何种原因未申报，只要在最后分配前补充申报，都被允许。虽然对债权的补充申报采取了较为宽松的政策，但是从实践来看，大量的逾期申报造成破产程序的拖延，有必要在逾期申报时加以一定限制。首先，在清算程序中，应当明确逾期申报应当在破产财产最后分配前，否则会造成破产程序的浪费与不当延误，损害大多数债权人的利益。[①]其次，在重整、和解程序中，债权人逾期申报应当在和解协议草案或重整计划草案提交债权人会议表决之前。《企业破产法》第92、100条规定，可在计划、协议执行完毕后按其中约定的清偿条件行使权利，但是此时为制止故意在此阶段申报剩余债权的行为，应当参照我国台湾地区“公司法”第297条第3款规定的，申报人因不可归责于自己的事由，致未依期申报者，得于事由终止后15日内补充申报。对于在重整计划、和解协议执行完毕后故意逾期申报债权的，人民法院不予支持。

3. 建立行政配套制度机制的“两步走”方案。从长远来看，如若系统性、规范性地解决行政配套制度的缺失问题，需要从立法层面进行构建，出台针对企业出清重整的各类审批、三证注销、税费减免等制度规范，为市场主体有序出清提供政策支持，同时降低债权回收成本，提高债务清偿率。从当前来看，行政配套制度的立法工作很难在短期内解决，各级法院，特别是上级法院应通过府院协调机制建立起破产司法和行政的协作。

从已有的各地探索实践来看，成立类似于市场主体出清联合工作组，由市政府主要领导担任组长，市委办公厅牵头包括市发展改革委、市经信委、市国资委、市规划、自然资源等部门，从而建立起府院日常工作协调机制。统一协调机制的主要内容包括：建立日常信息传递与共享机制，通过情况通报、案件要报、审判白皮书等定期和不定期的信息传递机制，确保成员单位间信息沟通及时有效。联合工作组对破产审判中发现的新情况、新问题以及需要统一认识的问题，通过跨部门共同研究、达成共识后形成会议纪要，能够及时解决破产程序推进中各方面政策协调的问题。

（四）降低破产费用，提高债务清偿比例

1. 建立市场化的管理人选任方式。要解决当前摇号指定管理人带来的管理人履职能力与案件要求不匹配的问题，就要充分发挥管理人选任中的市场机制作用，探索竞争、随机和推荐模式的最优运行方式。一是在竞争选任机制的适用上，《全国法院破产审判工作会议纪要》第7条规定：“破产案件中可以引入竞争机制选任管理人，提升破产管理质量。”在实务运作中，在部分管理人市场培育不成熟的地区，可以突破管理人地域选任限制，扩大选任的对象范围，但同时应当考虑到竞争选任的成本问题，限制竞争选任案件的类型，在区分案件难易程度的基础上，以复杂案件的适用为原则。二是在优化随机选任管

---

① 王欣新：《论破产程序中的债权申报》，载《人民法院报》2010年8月4日，第7版。

理人模式方面，确立案件和管理人同步分级制度，依照不同难度的案件对应同等级别的管理人，并进行随机确定。亦有外地法院探索评分+随机指定的方式，[①]即由法院发布跨区域的管理人招募公告，并由法院的破产管理人评审管理监督工作小组对报名的管理人进行评分，通过评分结果选定入围随机摇号的中介机构数量，并最终确定一家中标管理人和候选管理人。三是推荐选任管理人模式，在各地法院实践中已有不少关于债权人与债务人联合推荐管理人的做法，虽然目前暂无法律直接依据且存在争议，但从长远的市场化操作发展和域外经验借鉴来看，这种方式的产生和存在确有其经济、高效、合理的积极意义。

2. 建立管理人费用保障机制。一方面，管理人的报酬缺乏有效竞争，导致费用不能实现充分的市场化竞争；另一方面，在没有管理人基本经费保障的情形下，制约着“三无企业”的出清和债权回收。课题组建议，应当在制度或政策层面统一建立破产费用保障基金，为“无产可破”案件的破产费用提供保障，提高管理人履职积极性的同时，真正解决因缺少费用而导致破产程序无法推进的现实问题。保障基金建立前还应当继续通过积极引导鼓励利害关系人垫付、适用破产案件交叉补贴等方式解决“无产可破”案件相关费用，为管理人队伍良性健康发展提供物质基础。

3. 加快建立破产财产网络拍卖制度。破产财产处置直接关系到债务清偿和债权实现，在清算环节直接关系到债权清偿比例。在传统的拍卖环节，周期长、成本高，很多破产企业无法支付评估费、拍卖费从而无法开展破产财产的变现。当前，北京高级人民法院出台的《关于破产程序中财产网络拍卖的实施办法》，明确规定在处置债务人财产时优先适用网络拍卖，并明确规定了管理人的独立发拍地位，对于降低拍卖成本，提高处置效率将产生重要的影响。从全国各地法院的破产财产网络拍卖实践来看，网络拍卖平台因其全天候、跨地域的特性，比线下拍卖更加高效公正，直接降低破产成本，提升债权回收效率。因此，有必要在综合调研全国破产网络拍卖的司法实践和已有规范的基础上，建立既有别于司法网络拍卖，又具有较高效力的统一网络拍卖规范，进一步降低破产财产处置的成本。

（五）加强破产审判信息化建设，提升破产审判质效

破产审判究其本质，仍是市场资源要素重新配置的过程。从提升债权“回收率”指标的情况来看，破产审判信息化在减少成本、提高效率方面发挥着重要作用。

1. 实现法院内部的不同部门和三级法院的数据连接。法院内部破产审判内网要与最高法院的一网相连接，提高案件信息上传效率。扩大信息网络平台的参与主体，赋权破产参与人运用系统，大幅提升审判事务处理效率。同时，法院内部要打通执行与破产在数据查询、信息共享上的障碍，提升破产财产查询和财产拍卖等环节的效率，推进快速审理、资产清查与财产处置。

2. 实现法院内部与外部平台的数据连接共享。通过互连共享的信息化平台建设，从而充分披露交易信息，大幅降低交易成本。要将破产公告、债权申报、资产拍卖变现、寻找战略投资人等各类信息与市场上的融资平台、交易平台进行连接、共享，打破信息流动壁垒，促进资本、技术、管理能力等要素在全球范围内的自由流动和有效配置，最大限度变现

---

① 周继业主编：《人民法院破产审判——江苏实践与经验》，法律出版社2018年版，第347页。

债务人资产，提高债权“回收率”。

3. 鼓励各级法院开展多元化的破产审判信息化建设。当前要给予各级法院就破产审判的信息化探索、创新和先行先试的机会。从已有的破产审判三种程序出发，清算程序中，对资产的数据化整理，对资产的变现方式，通过建立数据模型，为各个行业、各类企业的清算估值、变现方式、变价幅度提供基础的数据和测算，有助于提升类案的清算清偿效率。在重整模式中，汇集各类战略投资主体、总结各种资金引入方式、债股模式、公司结构，通过数据积累挖掘，为各类企业的重整提供预判和方案，最终实现某类案件的全流程线上化审理、推进程序，大幅提升破产审判质效。

（六）提升法官和管理人的专业能力　宣传普及破产保护理念

1. 加强对法官和管理人的培训工作。世行高度重视各经济体对破产法官和管理人的培训工作，认为这是提升专业履职能力的重要方式。法官的专业能力直接影响着破产案件的处理，在全国推进破产专业化审判庭和专业人才队伍建设的基础上，还要进一步加强对破产法官的培训，提升专业能力，养成复合型知识储备，统一破产法律适用，切实提高办理破产案件的能力水平。人民法院作为管理人的选任、监督单位，应当制定常态化的培训，通过培训提升管理人专业能力，增强履职责任，宣传法院出台的一系列履职保障制度机制，有助于在世行营商环境测评中真实反映当前破产配套制度机制的建设情况。

2. 加强管理人的履职保障建设。建议现阶段建立由相关政府部门牵头的府院破产统一协调机制，包括风险隐患预警与信息传递机制、跨部门联动与应急协调机制、工作例会制度等，通过府院统筹企业依法退出工作，协调解决管理人在办理企业信用修复、产权瑕疵、职工安置、税收优惠、工商税务注销以及刑民交叉、打击逃废债等事务中遇到的困难。① 当前各界对管理人法定身份的不了解，导致管理人在履职过程中不能得到认同和支持，除了法院在建立相关府院协调机制时进一步明确管理人身份，同时对故意不支持、推诿对待管理人的不当行为，进行相应的训诫和处罚，增强社会各界对管理人履职身份的认知和支持。

3. 宣传普及破产法保护理念。一是要弘扬破产法制的重要制度价值功能和基础性地位，尤其强调破产法对于企业的拯救作用和对于经济的稳定作用，彻底破除破产即逃债或失败的负面社会评价。二是要宣传破产法包容的精神内核，强调破产法具有保护企业家的独特功能、能够为“诚实而不幸”的债务人提供重新开始的机会，培育宽容、诚信的破产法律文化。三是要弘扬法治化破产理念，正确引导社会公众对于企业生死的正常心态，正面宣传破产法常态化实施能够实现的实体正义和程序正义，着力推动构建积极、包容、法治的破产社会理念，提升全体社会成员对于破产法的信赖和认同。

---

① 吴在存：《对美国破产重整及管理人制度的考察与启示》，载《人民司法》2018年第28期。

Beijing No.1
Intermediate People's Court,Beijing,P.R.China

深化司法体制综合配套改革
推进审判体系和审判能力现代化

法院改革与审判实践调研文集

（下册）

北京市第一中级人民法院／编

法律出版社
LAW PRESS·CHINA

深化司法体制综合配套改革
推进审判体系和审判能力现代化

——法院改革与审判实践调研文集

编辑委员会

目　　录

上　册

第一篇　司法体制改革

第二篇　审判实务研究

下 册

第三篇 法律适用问题

第四篇　制度机制创新

第五篇　法院队伍建设

第三篇

法律适用问题

共享经营模式下的侵权责任问题研究报告*

序　言

共享经营是信息化网络化时代下的新型产业模式。随着信息技术，特别是移动互联网与电子支付系统的快速发展，网络技术可以解决原有产业信息不对称以及原有市场供需不平衡的问题，这成为了共享经济发展的重要契机。目前我国处在初级发展阶段，共享经济受到党和国家的高度重视以及政策支持。2018 年我国共享经济交易规模达 29,420 亿元，共享经济参与者人数约 7.6 亿人，参与提供服务者人数约 7500 万人①。在此时代背景下，共享经营承载了不同于以往的特殊含义及功能价值，共享经营模式的功能已不局限于对闲置资源的利用，而是具有交易主体多元化、以个人信用体系为基础、数据信息海量增长与聚集等新特点，会引起新型法律关系的产生或传统法律关系的变动，也会带来市场、信用以及法律等方面的风险，给传统监管手段带来一定挑战，导致大量民事侵权纠纷的产生。

一、共享经营侵权责任的基本问题

（一）法律关系结构

共享经营模式的法律关系结构包括主体、客体和内容三要素。典型的共享经营模式涉及三方交易主体，即共享资源的供给方、共享资源的需求方以及交易平台。在这三方主体中，交易平台处于核心地位，交易平台通过吸纳共享资源的供给方和需求方，利用网络技术和算法，简单高效地将供给方和需求方信息匹配，最大限度地实现资源的优化配置。三方交易主体之间既可能有多种复杂的合同关系，也有可能存在侵权责任法律关系，还可能存在资源供给方与资源需求方之间因物权保护而产生的法律关系。本文重点研究共享经营模式下的侵权责任法律关系。

共享经营模式下的侵权行为所侵犯的民事权益包括人身权，财产权，个人信息利益，涉及人的自由与尊严的其他人身利益，涉及商业秘密、占有、纯粹经济损失等其他财产利益。

（二）平台法律地位

共享经济中平台的法律地位主要有两种：一是交易主体，这种法律地位的典型平台有

---

* 课题组主持人：吴在存，课题负责人：马来客，课题组成员：张军、伍涛、丁宇翔、王国庆、张琦、赵小军、张建清、丁少芃、赵蕾、唐兴华、刘雅璠，课题执笔人：丁宇翔、王国庆、张琦、赵小军、张建清、丁少芃、赵蕾、唐兴华、刘雅璠。

本课题为最高人民法院 2018 年司法研究重大课题，获评最高人民法院 2018 年司法研究重大课题优秀等次。

① 国家信息中心：《中国分享经济发展报告(2019)》。

共享出行中的“滴滴专车”平台、“摩拜单车”平台,共享住宿中将自有产权房屋出租时的“爱彼迎”平台,①制造业产能共享模式下的“鲁班世界”平台等。二是交易组织者,这种法律地位的典型平台有,共享出行中的“滴滴顺风车”平台、共享住宿中聚集他人闲散房屋资源的“小猪短租”平台、共享医疗中的“名医主刀”平台、共享物流中的“运满满”平台、制造业产能共享中的“淘工厂”平台、共享用工领域的“好活”平台等。

平台的不同法律地位,会对其侵权责任产生不同的影响。一是对认定是否为直接侵权产生影响。在平台为交易主体时,其作为资源提供方承担直接的侵权责任,即使实际实施侵权行为的是其工作人员或有其他劳务关系的人,平台也要先承担侵权责任。平台要基于其作为雇主未能合理地选任、监督、管理和培训其工作人员的过错承担责任。② 在平台作为交易组织者时,其并非资源提供者,提供产品或服务的主体才是侵权人,需要承担直接的侵权责任,共享经营平台则基于其对资源提供者(商家)的管理义务,③可能需要承担相应的责任,但这种责任不是直接侵权的责任。二是对认定作为侵权还是不作为侵权产生影响。平台作为交易主体时,其侵权行为可能表现为作为方式,如专车司机对乘客实施的侵权行为,也可能表现为不作为的方式,如摩拜平台未及时修理刹车失灵的共享单车导致骑车人撞伤;平台作为交易组织者时,法律赋予了其对平台内资源提供者的监管审核义务和最低限度保障产品、服务符合人身、财产安全要求的义务。④ 违反上述安全保障义务一般是不作为方式的侵权。如滴滴“顺风车”业务中,平台没有尽到对顺风车司机是否适格(是否有危险驾驶、吸毒、暴力犯罪等历史)、司机与车辆在线上线下是否一致等的审查义务,或者没有提供突发情况下的紧急求助途径,或者没有对车辆适驾性能进行检查等。在正常情况下,滴滴平台履行前述作为义务如果可能阻碍(损害)结果发生的⑤,即可认为滴滴平台违反安全保障义务的不作为构成侵权。三是对是否在直接交易关系中发生责任竞合产生影响。平台作为交易主体时,其履行行为如果不符合合同约定,造成对方当事人履行利益之外的其他损失的,将产生侵权责任请求权与违约责任请求权的竞合⑥。平台公司作为交易组织者时,其违反安全保障义务所致的损害,只可能构成侵权责任。

(三)共享经营侵权责任中的归责原则

1. 对于平台的归责原则

平台作为交易组织者时,根据《电子商务法》第 38 条的规定,平台也只是基于其安全保障义务,⑦承担连带责任或相应责任。审视我国《侵权责任法》第 37 条的规定,法律对安全保障义务并没有规定过错推定责任,故仍应坚持一般的过错责任原则。⑧ 而平台作

---

① 共享住宿中,共享平台也会提供自己拥有产权的部分房屋资源。因此,共享住宿中,平台既可能是交易者,也可能是交易组织者,需要根据其房源的不同来判断。

② 于敏、李昊等:《中国民法典侵权行为编规则》,社会科学文献出版社 2012 年版,第 471 页。

③ 丁道勤:《〈电子商务法〉平台责任“管道化”问题及其反思》,载《北京航空航天大学学报》(社会科学版)2008 年第 6 期。

④ 电子商务法起草组:《中华人民共和国电子商务法条文释义》,法律出版社 2018 年版,第 119 页。

⑤ Esser/Weyers, *Schuldrecht Besonderer Teil*, Teilband 2, 8. Auflage, Heiderberg, 2000, p. 169.

⑥ Larenz/Wolf, *Allgemeiner Teil des Bu rgerlichen Rechts*, 9. Auflage, Verlag C. H. Beck Mu nchen, 2004, p. 321.

⑦ 电子商务法起草组:《中华人民共和国电子商务法条文释义》,法律出版社 2018 年版,第 119 页。

⑧ 张新宝:《侵权责任法》,中国人民大学出版社 2013 年版,第 158 页。

为交易主体时，应按照《电子商务法》第37条第2款依法承担商品销售者或服务提供者的民事责任，即无过错责任。上述两种类型的平台雇员在从事雇佣活动中导致他人财产损失（人身伤害亦同）的，平台均将承担雇佣人的无过错责任。不过，这里的无过错实际上是相对于真正实施侵权行为的雇员而言的。

2. 对于资源提供者的归责原则

交易组织型的共享经营平台主要为交易提供组织和管理，在平台上活跃的用户既有经营性的用户，也有非经营用户。当平台内的经营者提供的共享产品因存在缺陷导致消费人身或财产损害时，经营者应承担类似于销售者的无过错责任。而对于缺陷服务的损害赔偿责任，在目前立法没有明确的情况下，司法实践中，还只能坚持以过错责任原则处理涉及服务缺陷致害的侵权案件。但是，基于倾斜保护消费者的原因，对于过错的认定应从宽掌握，坚持过错的客观化，只要服务的效果偏离了一般人的认知和接受程度，则应认定为存在过错。

当平台内的非经营用户提供的服务有缺陷而导致接受服务的消费者损害的，应该按照一般侵权行为对待，依照其是否有过错而承担责任。当然，基于《电子商务法》第27条规定，即使对于非经营用户，平台也有义务审核其身份信息，如果因平台未尽审核义务而导致消费者生命健康受损的，共享经营平台也要基于其安全保障义务而承担相应的责任。①

3. 对于资源需求者的归责原则

在共享经营平台内的资源需求者，大部分都是消费者，归责原则为一般的过错责任原则。

（四）共享经营侵权中可能的责任形态

1. 平台的“自己责任”与“替代责任”

作为交易主体或交易组织者的平台的经营行为与某一侵害（损害）后果存在因果关系时，平台均需就其行为承担自己责任。② 同时平台还需要承担“先行赔偿责任”和“雇佣人责任”。③ 当平台内经营者或非经营用户对他人构成侵权时，平台只是代替真正侵权人先行承担赔偿责任，在承担赔偿责任之后，可以向实施侵权行为的平台内经营者或非经营用户追偿。平台雇员在履行职务行为过程中对第三人构成侵权的，则由雇主承担替代责任。

2. 平台介入多数人侵权之债时的责任形态

一是按份责任。当平台作为交易主体时，其侵权行为与第三人的侵权行为共同造成损害结果，但二者不存在意思联络时，需要承担按份责任。当平台作为交易组织者时，其违反安全保障义务的行为与第三人过失侵权结合造成他人损害的，则根据平台和第三人各自的过错程度和原因力，④向受害人承担按份责任。只有在第三人故意侵权而平台违反安全保障义务时，才由第三人承担侵权责任，而由平台承担补充责任。需要指出的是，

---

① 《电子商务法》第38条第2款规定。

② 杨立新：《电子商务民事责任之立法基础与基本规则》，载《甘肃社会科学》2019年第1期。

③ 当然，对于平台的这种责任是否是替代责任也有不同意见。朱岩教授认为，无论是作为企业的雇主、国家还是医院，其本身都应当就其之于自身利益的组织活动承担责任，其归责法理基础不是基于特殊关系而承担他人的责任，而是就其本人的组织风险承担组织责任，本质上也是一种“自己责任”。参见朱岩：《侵权责任法通论·总论》（上册），法律出版社2011年版，第50页。

④ 谢鸿飞：《违反安保义务侵权补充责任的理论冲突与立法选择》，载《法学》2019年第2期。

在考虑抗辩的情况下，即使表面上的侵权人可能只是平台，但受害人与有过失的，平台承担的责任是考虑受害人过失之后减轻份额的责任，此种责任实质上也是一种按份责任。因为此时，平台并未造成受害人的全部损害，如果认定是平台承担全部责任，则与自己责任的法理不符。①

二是连带责任。共享经营平台承担连带责任必须有明确的法律依据或合同依据。在侵权责任场合，平台除了因偶然因素与他人构成共同侵权从而适用《侵权责任法》第8～11条规定的连带责任情形外，法律规定平台承担连带责任的典型情形主要就是《电子商务法》第38条第1款规定的连带责任。同时，共享经营平台还可能涉及，但并不典型的连带责任，是《侵权责任法》第36条第2款、第3款，《电子商务法》第42条第2款、第45条规定的情形。

三是补充责任。类推适用《侵权责任法》第37条第2款和《人身损害赔偿解释》第6条第2款，当发生第三人的侵权行为时，共享经营平台未尽到安全保障义务的，承担相应的补充赔偿责任。需要注意的是，补充责任只适用于作为交易组织者的平台，不适用于作为交易主体的平台；交易组织型的共享经营平台承担侵权补充责任的依据是《电子商务法》，同时需类推适用《侵权责任法》；平台承担的补充赔偿责任不是对全部赔偿责任的补充，而仅是对其有原因力的部分责任的补充，如果执行了平台的补充责任，则应允许其向真正导致损害结果的加害人追偿。

二、共享出行中的侵权责任问题分析

基于科技创新、互联网技术无界应用与法律监管滞后缺位的客观综合现状，实践中在共享出行领域已出现了多种类型的侵权纠纷②，分析该领域相关主体的侵权责任，首先需厘清共享出行中的商业模式及相应法律关系。

---

① 谢鸿飞：《违反安保义务侵权补充责任的理论冲突与立法选择》，载《法学》2019年第2期。

② 乘坐顺风车发生交通事故，责任该由谁来承担？河南省郑州市中原区人民法院一审判决认定，“滴滴出行”运营商不承担责任。郑州市中级人民法院在二审判决中对一审判决予以维持。载百家号：http://baijiahao.baidu.com/s? id = 1585363859318421366&wfr = spider&for = pc，2019年11月21日最后访问。2017年7月11日，宁波市鄞州区姜山镇发生一起电动自行车与共享单车相撞的交通事故。共享单车骑行人员肇事逃逸，骑电动车的男子送往医院后不治身亡。该共享单车公司曾在一个月前收到过对该辆单车的报修，但一直未进行维修。进而导致单车在有故障的情况下仍被借用，最终导致事故发生，且由于无骑行人员记录使肇事者得以逍遥法外。根据侵权责任法的相关规定，共享单车公司方应承担相应责任。在案件沟通中，由于后台有记录的最后骑行人员史某就是此辆共享单车二维码破坏者，其故意损坏车辆的行为在这起事故中负有一定责任，因此被告共享单车公司方将其追加为共同被告。经原被告、法院各方多次沟通协调，三方达成一致调解意向，并签署调解协议约定：共享单车公司以人道主义慰问金形式支付原告10余万元，史某给付6000元。载大众网：http://www.dzwww.com/xinwen/shehuixinwen/201801/t20180114_16911989.htm，2019年11月21日最后访问。李先生（案发时未满18周岁）通过手机下载了某共享电动自行车使用APP软件，并实名注册。在使用过程中与行人发生剐蹭，导致该行人经抢救无效死亡。李先生及其家属在与受害人家属达成协议后，一次性赔偿死者家属32万元。赔偿后李先生以租车公司为被告，要求赔偿相关损失。李先生使用电动自行车时未满18周岁，而电动自行车属于机动车。租车公司的免责条款针对16周岁以下人群不得注册使用，与法律规定相冲突，故而判决租车公司承担主要责任，符合法律规定。但如果是共享自行车，并不属于机动车范畴，使用者在使用过程中如发生了侵权事故，则主要责任仍在使用者。除非有证据证明使用者所使用的单车是不具备安全标准或者具有安全隐患的。北京市海淀法院判决租车公司承担七成赔偿责任。载新浪财经网：https://finance.sina.com.cn/roll/2017-12-07/doc-ifypnyqi1459805.shtml，2019年11月21日最后访问。

（一）网约车出行中的侵权责任类型化分析

网约车，即为利用互联网发布信息预约车辆的出行方式。网约车有狭义和广义之分，狭义的网约车是指网络预约出租汽车，它是区别于巡游出租汽车而出现的；广义的网约车除了上述网络预约出租汽车之外，还包括“顺风车”“拼车”等出行方式（司机不以营利为目的的搭载合乘者的出行方式）。①

近年来，网约车运营中各方利益主体不断发生纠纷冲突，使社会各界开始关注各种网约车模式下的用工关系问题，认为网约车司机的身份认定问题关系到网约车运营中各方主体的利益分配，也关系到网约车模式能否健康、持续的发展。目前，网约车的用工模式主要为三种形式：一是网约车平台提供车辆的 B2C 模式，包括：公司自营模式（神州专车和首汽约车）和四方协议模式（涉及网络平台公司、汽车租赁公司、劳务公司、司机四方签订相关协议，这一模式的代表有 AA 出行、滴滴）；二是司机以自有车辆加盟的 C2C 模式（如滴滴快车、专车）；三是中介模式（顺风车及出租车通过网约车平台接单）。当前网约车用工模式确与传统劳动关系的认定标准不相契合，在劳动关系认定问题上存在用工性质模糊、可能存在多重用工、司机对平台的从属性弱、业务相关性标准弱化等实践性挑战。课题组调研认为，对网约车市场用工的规制与法律应对，应以用工情况为基础，区分不同模式来认定劳动关系。公司提供车辆的 B2C 模式下司机与网约车平台公司之间可以认定劳动关系；自有车辆加盟模式下兼职司机与网约车平台公司之间不宜认定为劳动关系；自有车辆加盟模式下全职司机与平台公司应谨慎认定为劳动关系。

（二）网约车侵权的具体类型及其责任承担

网约车平台具有侵权责任主体地位。对于网约车所造成的侵权责任并没有明文规定，也不成熟，但网约车也是机动车的一种，可以借鉴传统机动车交通事故侵权责任的相关理论对其侵权责任进行明确。如果是网约车与机动车之间发生的事故造成乘客人身损害的，网约车同机动车之间适用过错责任原则，根据双方责任大小向乘客承担侵权责任；如果是网约车与行人或非机动车之间发生的事故造成乘客损害的，网约车同行人或非机动车之间适用无过错责任原则。但是无论哪种情况，只要对乘客造成损害，网约车平台对乘客都要适用无过错责任原则并且对乘客承担先行赔付责任，然后再由网约车平台向第三方进行追偿。对于网约车内部各方主体的责任，因网约车运营模式多样，涉及的主体较多，在赔偿责任的认定中，要根据不同模式中主体间的不同关系以及主体在网约车服务中是否尽到了应尽的义务来确定责任主体。

---

① 交通运输部、工业和信息化部、公安部、商务部、工商总局、质检总局、国家网信办于 2016 年 7 月 27 日公布的《网络预约出租汽车经营服务管理暂行办法》（以下简称《暂行办法》）第 2 条对狭义的网约车服务的法律属性进行了清晰的认定，即指在以互联网技术为依托构建服务平台，整合供需信息，使用符合条件的车辆和驾驶员，提供非巡游的预约出租汽车服务的经营活动。2016 年 7 月 26 日国务院办公厅发布的《关于深化改革推进出租汽车行业健康发展的指导意见》中对“顺风车”“拼车”的共享出行方式定义为“私人小客车合乘”，即指由合乘服务提供者事先发布出行信息，出行线路相同的人选择乘坐合乘服务提供者的小客车、分摊部分出行成本或免费互助的共享出行方式。

1. 平台自营模式

一是因驾驶员侵权，根据《侵权责任法》第34条第1款规定由网约车平台承担侵权责任，平台没有对驾驶员的追偿权，但可以通过克扣奖金、工资等内部管理方式对驾驶员进行适度惩罚。二是因车辆原因侵权，因致害车辆系平台购买，所有权属于网约车平台，故应由平台自行承担责任。

2. 四方协议模式

一是驾驶员原因侵权，根据《侵权责任法》第34条第2款规定，当网约车驾驶员给乘客造成损害时，由网约车平台承担损害赔偿责任，但是如果劳务派遣公司对网约车驾驶员给乘客造成损害这一行为具有过错时，如派去的驾驶员不具有驾驶能力，没有相关驾驶证书，或者明知该人员有过犯罪经历并且仇恨社会等报复心理依然欺骗网约车平台将其派遣到网约车平台，此时劳务派遣公司对受害乘客应承担补充责任，对网约车平台成立违约责任，网约车平台对乘客承担损害赔偿责任后可以向劳务派遣公司追偿。二是因车辆原因侵权，在该模式中网约车平台没有车辆，是其向汽车租赁公司租的车辆，网约车平台是机动车使用人，汽车租赁公司是机动车所有人，根据《侵权责任法》第49条的规定，当网约车驾驶员在运送乘客过程中因车辆原因使乘客受到损害的，先由保险公司在交强险范围内承担保险责任，不足部分由网约车平台承担，如果汽车租赁公司对此有过错，如明知自己的车辆有问题，将不符合安全标准的车辆出租给网约车平台，由此导致乘客受损，应当承担相应赔偿责任。此时网约车平台对乘客承担损害赔偿责任后可以向汽车租赁公司追偿。

3. 私家车与私家车主模式

一是因私家车车主原因侵权，该模式下网约车平台和私家车车主是雇佣关系，网约车平台是雇主，私家车车主是雇员，根据《人身损害赔偿解释》第9条第1款的规定，当私家车车主在运送乘客过程中给乘客造成损害时由网约车平台承担责任，如果私家车车主因故意或者重大过失给乘客造成损害，网约车平台对乘客承担损害赔偿责任后可以向私家车车主追偿。二是因车辆原因侵权，在该模式中车辆属于私家车车主的，私家车车主在运送乘客过程中因自己车辆性能出现问题给乘客造成损害的应当由私家车车主承担责任。但是私家车车主赔偿能力有限，而且乘客也无法分辨网约车各个模式是如何承担责任的，再加上乘客和网约车平台有客运合同，所以当乘客受伤时由网约车平台先行赔付，然后再向私家车车主追偿。

（三）共享单车出行中的侵权责任分析

共享单车①出行中的侵权责任具有一定特殊的侵权责任形态，调研组从以下几方面对共享单车的侵权责任问题进行阐述：

1. 驾驶人受害责任

驾驶人受害责任适用侵权责任法关于一般侵权责任的构成要件。调研发现，司法实

---

① 课题组认为，共享单车是指共享单车公司将自有品牌单车投放到不特定区域供公众使用，公众在首次使用共享单车前，需通过网络向共享单车公司缴纳押金或依据第三方平台以个人信用而免除押金，共享单车公司利用移动互联网技术对使用人进行分时租赁的经营模式。

践中判决共享单车公司承担侵权责任的理由主要有两点：一是共享单车公司提供的车辆存在质量瑕疵造成骑行人员受害；二是共享单车公司未能及时维修、维护车辆造成车辆存在安全隐患导致的骑行人员受害。免责事由主要包括受害人故意、第三人侵权①、不可抗力以及行为人自身存在过错适用过失相抵原则。

2. 未成年骑行人的侵权责任

调研发现，未成年人驾驶共享单车出行造成人身损害的案件是实践中的一类特殊案件，在该种案件中如何确定共享单车公司、驾驶人、监护人的责任，是实践中争议较大的问题。《道路交通安全法实施条例》第 72 条规定，在道路上驾驶共享单车、三轮车必须年满 12 周岁。根据该规定，12 周岁以下属绝对禁止驾驶共享单车的情形，但实践中许多共享单车在道路上被 12 周岁以下的未成年人驾驶，并发生交通事故的案件。认定共享单车公司在该种纠纷中的责任，应审查共享单车公司是否存在过错，其过错除确保共享单车不存在质量瑕疵、安全隐患外，还应考虑两点因素：一是提示提醒义务，即共享单车公司的安全保障义务中的警示义务。如果共享单车公司没有在共享单车的显著位置标注禁止 12 岁以下未成年人骑行，明确向驾驶人表明驾驶存在危险的警示标语，应认定为共享单车公司未尽到安全保障义务而承担侵权责任。在共享单车筐、扫描二维码处、或车身喷涂显著字体具有较醒目特征等情形，通常都应视为共享单车公司尽到了警示义务。二是实名驾驶的确认，即要求驾驶人系实名认证的人员在开启共享单车之前，驾驶人应通过手机终端上传自己的身份证信息，确保驾驶人系年满 12 周岁的人，不满足该项条件，共享单车则不能开启。如果满足该项条件，则共享单车公司应视为尽到了合理的审查义务。即便存在不满 12 周岁的未成年人盗取其他人员信息，开启车辆的行为，如果不能证明共享单车公司对该行为系应知或者已知的，共享单车公司均不应承担侵权责任。

3. 驾驶共享单车造成他人损害

驾驶共享单车造成他人损害，如果共享单车不存在质量瑕疵、安全隐患，则该责任应由驾驶人承担。如共享单车存在质量瑕疵、安全隐患或者共享单车公司未尽到对未成年人驾驶车辆的审查义务，进而发生交通事故的，应按照驾驶人过错与共享单车公司的具体原因力大小确定共享单车公司的侵权责任。如共享单车本身不存在质量瑕疵、安全隐患或者管理疏漏，损害后果均由驾驶人原因造成，则驾驶人应承担事故的全部责任。

4. 所有人受害责任

调研发现，通过共享单车经营模式交付用户使用的过程中，共享单车的毁损率较高，但共享单车公司追究驾驶人或第三人责任的情形较少，现有破坏共享单车行为主要体现为行政处罚和刑事责任，主张民事赔偿责任的案件较少。

5. 押金的侵权责任问题

用户的押金不能退回，产生违约责任和侵权责任的竞合问题，在侵权责任的探讨中，可以将押金问题作为一个共享单车侵权的一个重要类别。在该问题中，调研发现如下问

---

① 该种情况下，共享单车驾驶人驾驶的共享单车即便存在质量瑕疵，但该质量瑕疵并非造成事故发生的原因，故即便在共享单车存在质量瑕疵的情况下，也因为该情形与损害后果之间不存在因果关系，进而无须共享单车公司承担侵权责任。

题:一是用户的诉讼权利被排斥、维权不经济。共享单车公司与用户签署的电子合同,绝大多数公司均将争议解决方式约定为仲裁,且仲裁地点均选择在共享单车公司的所在地。由于用户遍布全国各地,除了北京、上海等一线城市或者共享单车公司所在地城市之外,其他用户欲通过法律途径解决纠纷,存在显著困难。二是应进一步扩大公益诉讼解决本类纠纷的规模。鉴于押金金额巨大、涉及人员众多,个体维权成本过高,故通过公益诉讼模式解决本类纠纷是最恰当的方式。[①]

6. 废弃单车的侵权责任

调研发现,因为共享单车的损害率高、报废率高,而绝大多共享单车公司并没有完善的废弃单车回收制度,进而成为城市治理和城市环境的顽疾。调研组将可能产生的环境污染侵权责任问题进行简要提示,以求未来在法律制度上能进一步加以规范和明确。

三、共享住宿中的侵权责任问题分析

(一)共享住宿的发展现状与特点

共享住宿是“利用自有或租赁住宅,通过共享住宿平台为房客提供短期住宿服务,房源房间数不超过相关法律规定要求”[②],以互联网平台为依托,整合共享海量、分散的住宿资源,满足多样化住宿需求的经济活动总和[③],是当前最为活跃的共享经济形态之一。2018 年我国共享住宿市场收入约 165 亿元,占全国住宿业客房收入的 6.1%,较上年提高了 1.4 个百分点,2018 年共享住宿用户规模为 7945 万人,在网民中的普及率由 2015 年 1.5% 提高到 9.9%。共享住宿业的发展极为迅猛,其在发展过程中伴随的问题也日益暴露。关于共享住宿领域中,房客被房东性侵、房东安装针孔摄像机偷拍房客、因房屋或产品缺陷造成房客人身伤亡、房客入住后偷盗屋内物品、房客利用短租房屋进行强迫卖淫或非法拘禁等犯罪活动等新闻报道不时出现,参与共享住宿活动主体的人身及财产权益面临着侵害隐患。与传统侵权行为样态不同的是,共享住宿行业中经营平台的出现使住宿需求方与住宿提供方之间的法律关系变得相对复杂和多样化,权利遭受侵害一方应该向谁追责、能否都向平台追责、如何追责、责任承担的形态等问题成为共享住宿经济发展过程中亟须解决的问题。

目前,我国国内的在线短租运营模式主要分为业主自营、商户经营和平台管理。第一类是共享住宿经营平台作为交易主体(B2C 模式),以途家和将自有产权房屋出租时的“爱彼迎”为典型的代表模式。第二类是经营平台作为交易的组织者(C2C 模式),出租他

---

① 调研发现,2018 年 3 月 22 日上午,广东省广州市中级人民法院公开开庭审理原告广东省消费者委员会诉被告广州悦骑信息科技有限公司民事公益诉讼案。法院最终判决:共享单车公司按承诺向消费者退还押金,如不能满足退还押金的承诺,则对新注册消费者暂停收取押金,同时在判决生效之日起十日内,将收取而未退还的押金向“小鸣单车”运营地的公证机关依法提存,并向未退还押金的消费者公告。该判决为解决本类纠纷提供了重要的法律范本,未来对类似不退的行为,通过公益诉讼的方式解决更为妥当。

② 参见国家信息中心分享经济研究中心于 2018 年 11 月 15 日发布的《共享住宿服务规范》。该规范文本参见 http://www.sic.gov.cn/archiver/SIC/UpFile/Files/Default/20181120205740011278.pdf,2018-11-21。

③ 国家信息中心:《中国共享住宿发展报告(2018)》,载 http://www.sic.gov.cn/archiver/SIC/UpFile/Files/Default/20180518161811753131.pdf.,2019 年 5 月 28 日最后访问。

人闲散房屋时的“爱彼迎”、小猪短租、蚂蚁短租等。第三类是业主自营(在网络上免费发布短租信息自行接受短租等)。共享住宿的业务流程主要包括以下环节:房源登记及核验、房客选房、付款交易、房客入住、房客退租、互相评价。参与主体主要包括住宿资源提供方、需求方以及住宿经营平台方。因经营平台方的涉入是共享住宿经济模式的关键性特征,对于经营平台方责任的认定也是当下最核心的难点,故下文主要围绕平台方在侵权责任承担中的定位展开分析论述。

(二)共享住宿经营平台的责任认定参考因素

共享住宿领域中相关主体的民事权益、侵权类型、归责原则以及责任形态等方面问题与前文所述基本能够保持一致,故此处不再重述,仅围绕平台责任认定的参考因素问题以可视化模型建构的方式予以讨论。

1. 平台的控制力因素

国内外对于平台责任认定依据的主要因素相对能够形成共识,具体因素如下①:一是平台对交易达成的控制力,即是否具备精准的信息匹配功能和完善的交互评价功能;二是平台对交易价格的控制力;三是平台对交易履行的控制力,即是否有强制督促或担保履约的能力;四是平台对违约责任的控制力,即违约惩戒功能。在国外的共享住宿领域发生的物品致房客人身损害的侵权案件中,如美国路易斯安那地方法院审理的 JUSTIN CARROLL 诉 AMERICAN EMPIRE SURPLUS LINES INSURANCE CO. 案件,法院亦以平台从侵权物件的直接控制程度(the right of direction and control over the thing)以及获利程度(kind of benefit the person derives from the thing)的角度评价判断共享住宿平台是否应承担赔偿责任。② 该判决确立了三个层次的裁判观点,即根据该地区法律规定,共享住宿运营平台与居住者不具有特别的联系,不具有直接掌控管理共享房屋内物品的权利,亦不能明知或应当知道屋内物品所存在的缺陷,因此在该案中,被告 Airbnb 平台对原告房客因租赁房屋内缺陷楼梯导致的人身损害不承担赔偿责任。③

2. 控制力因素的可视化模型

平台方对共享资料的控制程度不同,所承担的责任也应不同,平台方通过控制共享资料进行营利的能力不同,所承担的责任也应不同。以下图为例,在补充责任这一责任形态中,平台所应承担责任的程度:$L_3 > L_2 > L_1$。(见图1)④

---

① 蒋大兴、王首杰:《共享经济的法律规制》,载《中国社会科学》2017年第9期。

② Carroll v. American Empire Surplus Lines Insurance Co., 289 F. Supp. 3d 767 (2017).

③ 1. under Louisiana law, operator did not have a special relationship with occupant, as would have given rise to duty;2. operator did not have custody of property, under Louisiana law, as would have given rise to custodial liability; and3. there was no evidence that operator had actual or constructive knowledge of defect in stairs at property.

④ L_1 上的 A、D、E 点,所承担的责任应该相同。A 点是控制与营利均衡模式,D 点是高控制低营利模式,E 点是低控制高营利模式,若通过计算,三者得出的数值相等,则三者应承担同样责任,反映在示意图上,在一条线上。就同样的均衡模式而言,同样 A、B、C 三点,虽然都是均衡模式,但得出的数值不同,数值高的应该承担更重的责任。

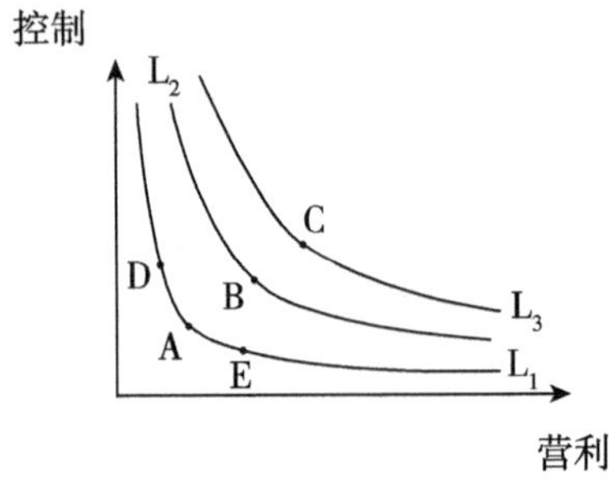

图1 平台责任影响因素

对于平台方而言,其对平台上的信息有着极高的控制能力。当平台方明知或应当知道平台上的信息可能导致人身、财产危险时,应该及时将共享资料的信息从平台上撤下。如未撤下导致损害发生,则平台方应按照前文所述承担其相应责任。

3. 责任认定的具体审查内容

一是安全保障义务。《电子商务法》第38条第2款规定了安全保障义务,将安全保障义务扩展到了网络空间,其主要理由是电子商务平台经营者是网络经营场所的提供者和管理者。① 对于共住宿中的安全保障义务,则存在线上线下两个方面。线上的安全保障义务强调对关系消费者生命健康的商品或者服务,电子商务平台经营者对平台内经营者的资质资格未尽到审核义务,其中审查内容主要包括行政许可的经营资质、相关参与主体之间的法律关系以及共享资源的权属明细等信息;线下的安全保障义务可参照《侵权责任法》第37条规定的经营者的安全保障义务范围。

四、共享医疗中的侵权责任问题分析

共享医疗是借助互联网平台进行医疗资源整合,提高医疗生产要素使用效率的重要方式。目前已涌现出"春雨医生""微集集团""平安好医生""就医160""名医主刀"等平台。在关系到全民素质和身体健康的医疗领域,应当明确法律责任从而为各方参与者划定清晰的行为底线。

(一)平台经营者侵权责任的类型

医疗平台企业的责任如何认定,目前尚没有现实案例及丰富讨论以兹借鉴。但根据现有法律法规,课题组认为,在侵权类案件中,平台可能涉及的责任有如下几个方面:

1. 因资质、资格审核不到位引发的责任。根据《执业医师法》第14条的规定,未经医师注册取得执业证书,不得从事医师执业活动。医生需要具备执业资格属于效力性强制规定,平台作为医生在平台执业的管理人应当承担资质、资格审核义务并应审慎履行该义务。

2. 因未尽到安全保障义务引发的责任。在共享医疗中,共享平台即是医生与患者进行交流的网络空间,共享平台的经营者对平台具有管控和管理的义务和能力,既承担对得知侵权行为采取的必要的删除、屏蔽、断开链接等义务,也承担在侵权行为发生前就整个

---

① 电子商务法起草组编著:《中华人民共和国电子商务法条文释义》,法律出版社2018年版,第119页。

平台活动空间进行巡查、必要的告知义务等。

3. 因知道侵权行为存在时的连带责任。平台明知道侵权人对被侵权人实施加害行为,但未采取必要措施的,此种情况应当承担连带赔偿责任。

4. 多平台执业[①]医生的侵权责任认定。《执业医师法》、《执业医师法实施细则》等相关法律法规没有对医师多点执业作出实际规定,目前尚属于空白领域。[②] 如医生未尽到高度注意义务而作出错误诊断或处方,医生未尽到忠实义务因多平台执业导致其未能达到基本的医疗服务标准或因个人精力原因未能解决患者疾病,医生未尽到告知义务有意隐瞒相关信息等侵权情形。《侵权责任法》第 54 条规定,患者在诊疗活动中受到损害,医疗机构及其医务人员有过错的,由医疗机构承担赔偿责任。无论注册医师与多平台之间是劳动法律关系还是雇佣法律关系,一般来说,发生医疗事故或争议的医疗卫生机构需承担外部民事责任。根据《关于推进和规范医师多点执业的若干意见》中的规定,确定医生的侵权责任应当在认定医生过错的基础上通过内部劳务合同分担侵权责任。但在合同无约定的情况下,医生承担责任应当考虑到过错问题。课题组认为,多点执业的医师依然要按照实施诊疗行为时行业公认的医疗行业水平作为判断标准,此举是为了提高医生的注意义务,避免医师借助平台而放松注意义务。

(二)共享医疗中的医疗产品责任问题

从外部责任来看,医疗产品责任中医疗机构与生产者对患者承担的是无过错责任。除非产品缺陷是因医疗机构与生产者共同侵权所致,此时二者承担连带责任,否则医疗机构与生产者之间的关系应为不真正连带责任,因为产品缺陷存在终局责任人。课题组认为,从案件事实的准确查明及减少当事人诉累出发,法院在患者仅起诉医疗机构或生产者时,应追加另一方为共同被告。除了生产者之外,患者应如何选择“医疗机构”作为被告?以下将结合不同模式进行具体分析。

1. 平台提供医疗产品以及诊疗一体化服务时,平台应作为医疗机构应向患者承担无过错赔偿责任。

2. 共享医疗平台仅为中间方,患者享受一家医院提供的医疗器械设施、药品等医疗产品及另一家医院医生提供的诊疗服务。课题组认为,此时不宜将共享医疗平台直接视为“医疗机构”而认定其对患者承担无过错责任。因为共享医疗平台仅为连接医生——患者——医院的中间方,其并未直接销售相关医疗产品,也不具备实质审核医疗产品安全的能力,即便对其施以与销售者相同的责任,亦不能对其增加过多的风险控制能力。对此类共享医疗平台应课以与资质审核及安全保障相符的过错责任。患者应起诉提供医疗产品

---

① 完善医师多点执业政策,鼓励执业医师开展“互联网 + 医疗健康”服务,并指出该项工作由国家卫生健康委员会负责。国务院办公厅《关于支持社会力量提供多层次多样化医疗服务的意见》中明确了政策配套措施,在医师注册等方面探索多点执业的方便之路。由此可见,从国家政策层面,对于医生多点多平台执业是鼓励并支持的。

② 《执业医师法》第 14 条规定,医师经注册后,可以在医疗、预防、保健机构中按照注册的执业地点、执业类别、执业范围执业,从事相应的医疗、预防、保健业务。该法第 17 条规定,医师变更执业地点、执业类别、执业范围等注册事项的,应当到准予注册的卫生行政部门依照本法第 13 条的规定办理变更注册手续。从该法的规定中可以看出来,医师的执业地点是一个重要的考核指标,除了注册地点以外的其他地点医师不可以执业,至于注册点的数量,医师法均没有具体规定。

的医院,该医院应对患者承担无过错责任。同时,在共享医疗平台经营者知道或者应当知道经营者销售的医疗产品不符合保障人身、财产安全的要求,未采取必要措施的,此时平台与医疗机构应共同向患者承担无过错的连带责任。如在已有患者对该医疗机构设施进行若干次负面评价或已出现相关负面新闻报道的情况下,平台仍安排患者前往该医院接受治疗,即应认定其构成"知道或应当知道"。如果不存在此种情况,则在共享医疗平台未尽到资质审核或安全保障义务的情况下,患者还可起诉该平台要求其按照过错责任予以赔偿。

3. 单纯线上共享医疗模式,患者通过共享医疗平台预约、就诊,而后自行购买或通过与共享医疗平台合作的药店购买医疗产品。此种模式多适用于简单病情或是慢性疾病的诊治。在出现医疗产品责任问题时,患者可起诉出售药品或医疗器械的商店,此时平台承担的责任义务类似于第二种类型中的资质审核或安全保障义务,但其明知或应知医疗产品问题未采取必要措施的除外。

(三)共享医疗模式中举证责任分配契约的应用与审查

共享医疗是通过电子平台享受医疗资源的医疗方式,这一特征导致相关证据具备即时性、数字性与非直接获取性、易损性等特点。当事人在举证时往往存在证据无法得到有效收集、对证据的真实性证明存在难度、取证成本高昂等困难。因此可尝试引入举证责任分配契约①机制,该机制在共享医疗中表现形式为,对于视频或者语音问诊的病历制作完整性、文件送达、语音或者视频问诊的图文及音频资料保存等事项的举证责任分配在订立医疗服务合同时进行相关约定。当事人仅是通过契约对证据提出的种类、时间、方式等进行约定,不影响法官是否采纳证据及对证据评价,亦可以突破制定法及规范对举证责任分配的局限性,是规避纠纷及高效解决纠纷的最佳选择。

(1)适用前提:契约适用应由当事人提出,法院不能主动释明

诉前举证责任分配契约的存在形式一般为诊疗合同的组成部分。举证责任分配契约的适用也应当遵循当事人主义的一般性原则,适用与否应当由当事人自主决定、自行提出。从合同法角度来看,诉前举证责任分配契约作为争议解决条款,是合同的一部分,依照私法意思自治的基本原则,当事人引用合同条款进行主张或者抗辩是当事人行使处分权的重要方式,公权力无权进行干预。当事人在诉讼中,未提出举证责任分配契约适用的相关主张或抗辩,同样当事人进行的正当处分。因此,是否适用举证责任分配契约的条款进行举证责任分配,应当由当事人提出。同合同中其他实体性条款一样,法院没有主动对此条款进行释明的义务,是否以此条约定为理由抗辩完全取决于举证义务人自身。

(2)提出时间:原则上应当在一审举证时限内提出

诉前举证责任分配契约一般包含主客观双重举证责任,其中,主观举证责任直接影响到证据的收集,当事人应当在一审举证期限届满前提出适用此条款的意见。一旦有当事人提出此类条款的适用,也免去了当事人对证据搜集和提出的不必要的时间和经济支出。在一审未提出适用请求,二审审理期间提出的,法院原则上应当不予支持。但因修改后的

---

① 举证责任分配契约是指在诉讼前或者诉讼中,当事人对如何分配主观举证责任和客观举证责任达成的对现行法律的补充性合意。

《民事诉讼法》及其司法解释[①]规定当事人超过举证时限提供的证据，如果直接关系到案件基本事实的认定，法院可以在对当事人进行训诫或罚款的前提下采纳该证据。因此，对于当事人超过一审举证时限或二审中提出的适用举证责任分配契约的主张或者抗辩，如果所涉及的证据关系到案件主要事实的认定，则应当有条件地加以允许。

（3）格式条款：对于格式性诉前举证责任分配契约的特殊规定

对于属于格式条款的举证责任分配契约，"不得以格式合同的形式，免除格式合同提供方的证明负担、举证负担或者加重、限制非格式合同提供方的举证负担、证据提出方法或有导致该方举证不能的其他情形。"[②]这一要求符合《合同法》及其司法解释[③]关于格式条款的规定。提供格式合同的一方应当采用足以引起对方注意的文字、符号等特别标识，并应当加重提供条款一方对该条款进行提示及说明的义务。举证责任分配契约作为合同中的争议解决条款，具有一定的专业性和复杂性，应尽量由双方当事人协商确定，避免通过格式合同加以规制，以便规避条款无效的风险及进行提示说明行为的证明负担。

（4）效力判断：应当符合合同法和诉讼法的双重要求

当事人提出此类条款的适用后，同其他合同条款一样，对其合法性及有效性的判断，应由法院在本案诉讼中依职权为之。举证责任分配契约生效应当符合《合同法》关于合同效力的一般性规定。"当事人对举证责任的分配有明确约定的，只要该约定不违反法律禁止性规定，属当事人真实意思表示，就应尊重当事人的约定进行分配。"[④]因该约定会产生诉讼法上的法律效果，又不得违反《民事诉讼法》等程序性法规对于举证责任分配的明确性规定，如《民事诉讼证据规定》第 5 条关于合同纠纷举证责任分配的一般性规定。关于举证责任分配契约的变更和撤销，因诉讼法领域并无类似规定，故应遵循《合同法》第 54 条关于民事合同可变更、可撤销的规定。值得注意的是，作为主合同组成部分的举证责任分配条款的效力具有独立性，该条款的效力变化与主合同的效力互不影响。进入诉讼程序后，如双方当事人协商一致，也可以解除举证责任分配条款的适用。

五、共享办公中的侵权责任分析

（一）共享办公中侵权行为的特殊性分析

1. 共享办公与传统租赁的区别

共享办公并不是简单的分租，以往写字楼市场上对于小单位、短租期办公的需求已由商务中心补足，共享办公强调的是线上平台与公共设施使用率的提升。共享办公空间商业模式的创新主要体现在价值主张创新，共享办公空间所特有的资源整合平台、便利个性服务以及共创社群服务中的资源共享、价值共创、主体共赢等价值主张。相较于传统房地产行业单一的租赁业务，共享办公空间的商业活动更为广泛，共享经济的理念决定共享办公室内会向一个开放性平台方向发展，定位于服务"大众创新、万众创业"的功能决定其

---

① 相关法条：《民事诉讼法》第 65 条，《民事诉讼法司法解释》第 99 条、第 102 条。

② 江伟主编：《中国证据法草案（建议稿）及立法理由书》，中国人民大学出版社 2004 年版，第 559 页。

③ 《合同法》第 39 条、第 40 条，最高人民法院《关于适用〈中华人民共和国合同法〉若干问题的解释（二）》第 6 条、第 9 条、第 10 条。

④ 最高人民法院民事诉讼法调研小组：《民事诉讼程序改革报告》，法律出版社 2003 年版，第 92 页。

能够整合创新创业资源，为广大创业者提供便利快捷的服务。由此，共享办公空间商业模式创新以价值主张创新为出发点，逐渐渗透到其余各个模块，从而实现传统房地产行业商业模式突破。

与传统租赁中出租人只提供房屋，承租人进行装修的经营方式不同，共享办公的服务提供商不仅为用户提供基础办公环境和设施，以及完整的办公服务解决方案，还提供工商财税法、融资等增值服务及人员等。

2. 共享办公中侵权行为的特殊性

传统经济中，交易基本由供需两方构成，侵权责任的主体也是明确的，而共享办公中存在多个主体，提供商、平台、使用者，之间的法律关系更为复杂，侵权行为表现多样，主体认定、归责原则、与违约责任的竞合等问题，对传统侵权责任法提出了挑战。共享办公相对于传统经济及其他共享经济具有以下特点：

首先，共享办公各种法律关系交织。不仅有侵权法律关系，还并存着合同法律关系，且这里的合同是包含租赁合同、服务合同、买卖合同、委托合同等多种不同合同的复合体。合同履行中的侵权行为，呈现以下特点：第一，一般侵权多为故意或者过失，而在合同侵权中，合同义务的不履行大多出于过失。第二，一般侵权行为与损害后果之间多属于直接关联，而合同不履行与损害后果的发生之间大多不存在直接关系，而属于间接关联。第三，确认因果关联的依据不同。确认一般侵权，可以依据“必然因果关系”理论或者“相当因果关系”理论，但是确认合同法上之因果关系，无法应用“必然因果关系”或者“相当因果关系”，而应当运用“法规目的说”来确认。第四，承担责任的范围不同。一般侵权如果构成，侵权人应当承担全部损害责任。而合同履行中的人身侵权如果构成，合同违约人只在合同过错范围内承担责任，也即承担的是部分侵权责任。

其次，侵权主体多元化。传统交易一般发生在双方之间，如买卖合同。在类似担保、代理等第二方作为独立主体参与的交易中，第二方的法律地位有别于交易主体，它只享有部分权利和承担部分义务，既有法律对其权利和义务较为明确。但是，在共享办公中，存在多个主体，提供商、平台、使用者。平台负责提供供需信息并实现高效匹配，据此收取一定的交易分成。鉴于平台在交易中的价格和信息控制地位，它更像是一种双方同时参与的交易模式，双方皆为当事人，这就产生了如何认定平台的法律地位问题，它应承担何种责任的法律问题。另外，平台和消费者、劳动者之间的关系在法律上如何确认，也决定侵权责任的认定。在责任划定方面，对出租人和承租者的关系上，传统法律认定两者的地位平等，但在共享经济中，使用者处于弱势，存在更大的健康、安全和财产风险。

再次，交易客体零散化。传统的租赁经济中，交易的客体一般是一套房屋或是一栋楼，而共享办公实现了办公室共享，每个工位都是独立交易客体，在陌生人间被大规模和反复交易，共享办公中，让渡他人使用的付费分享具有临时和偶然性特征，使交易客体更加分散和难以确定。

最后，侵权责任的归责原则复杂化。针对不同的主体，归责原则不尽相同。

（二）共享办公中的侵权行为样态

1. 提供者的侵权行为

共享办公提供者的角色如何定位？在共享办公中有三个角色：一个是场所经营者，一个是不动产权利人,一个是设备设施、服务的提供者。

提供者作为场所经营者,应当尽安全保障义务,未尽安全保障义务,造成他人损害的,应当承担侵权责任。由于共享办公具有去中心化的特点,交易主体不特定,人员流动性强,素不相识的人一起办公,共用办公设施,每个办公主体又有对应的客户,大家工作习惯,交流方式存在不同,容易产生冲突和纠纷。在这个过程经营者未能防范第三人致害,亦产生侵权责任。其中第三人的概念是相对于提供者与使用者的第三方,使用者相对于其他使用者亦为第三人。

提供者为不动产权利人,亦具有作为义务。不动产权利人是指占有或管理不动产、对不动产享有一定控制或支配权利的人,包括公共场所占有人或管理人、私人场所占有人或管理人。除了上述安全保障义务外,不动产义务人的义务之一是保证其不动产的安全,其提供的建筑物、构筑物或者其他设施及其搁置物、悬挂物发生脱落、坠落造成他人损害,应承担侵权责任。

提供商作为提供办公设施的主体,提供的产品,由于不符合质量标准,导致使用者受到损害,是否对消费者承担产品责任?出租人不构成产品责任上营利之中间商,不应以销售者身份承担产品责任。退一步讲,即使可将出租人视为销售者,从我国《产品质量法》的规定来看,出租人也不应承担赔偿责任。《产品质量法》第 29 条第 1 款规定,对于产品责任,生产者无论主观上是否存在过错,都应承担赔偿责任。而根据该法第 30 条的规定,由于过错使产品存在缺陷或者不能指明缺陷产品的生产者或者供货者,造成损害的,销售者才承担赔偿责任;销售者对销售缺陷产品没有过错的,对损害不承担赔偿责任。可见,我国《产品质量法》在归责原则上,对销售者实行的是过错责任制,不同于生产者的无过错责任制。出租人以出租人的身份(不是作为所有人)不对产品责任承担民事赔偿责任,已得到《国际融资租赁公约》的确认。该公约第 8 条第 1 款 6 项规定:"出租人不应以出租人的身份对第三者负由设备所造成的人身伤亡或财产损坏的责任"。

共享办公中,关于设备设施,提供者与使用者之间是租赁关系,提供者实际是将设备设施的使用权让与使用者,应比照销售者承担侵权责任。如提供者对设备设施没有进行定期安全检查,使设施在使用过程中由于存在安全隐患,造成使用者或者第三人损害的,应当承担侵权责任。

2. 使用者的侵权行为

使用者在使用网络平台时,违反法定义务,如已经注册的商标作为公司用户名,发布虚假、不实消息,使用者具有妥善保管、使用租赁物的法定义务。其侵权行为主要有,在使用过程中,故意或因过失损害办公设施,包括房屋及附属设施,办公设备等;恶意添附,即未经出租人同意或超出合同约定用途合理范围,擅自所为的添附;侵害其他共享使用者的人身权、财产权。

3. 共享办公平台的侵权行为

共享办公经济中的电子商务平台有的是共享办公经营者自己或关联公司、子公司、分公司开发的平台,出现在一些经营规模较大的企业,如优鲜集(优客工厂开发),纳什空间(纳什空间开发),主要负责对自己企业所有或承租的办公空间的销售推广,有的电子商务平台负责联系经营者和需求者，自己本身不经营共享办公企业，如点点租、秒租办公。二者的开发商及经营范围不同，法律地位亦有所不同。虽然都是经营者，但承担的安全保障义务的范围不同。前者承担与经营者属于同一主体，承担与经营者一样的责任。侵权行为表现形式与经营者有所不同。

(1)未尽资质、资格审查义务。共享办公的主要客户为创业者，以优客工厂开发的优鲜集为例，注册优鲜集账号，需要以企业的名义进行注册，提供企业的经营范围。这里就涉及各类企业，包括食品安全等特殊企业，但优鲜集在注册过程中，不需要提供企业的具体信息和资质证明，该平台对注册者的资质、资格未尽审查义务。

(2)违反安全保障义务。《电子商务法》第38条规定，电子商务平台经营者知道或者应当知道平台内经营者销售的商品或者提供的服务不符合保障人身、财产安全的要求，或者有其他侵害消费者合法权益行为，未采取必要措施的，依法与该平台内经营者承担连带责任。

对关系消费者生命健康的商品或者服务，电子商务平台经营者对平台内经营者的资质资格未尽到审核义务，或者对消费者未尽到安全保障义务，造成消费者损害的，依法承担相应的责任。

(3)违反自身承诺。共享办公的使用者是否是消费者？虽然消费者的定义一般认为是为了生活需要而购买用品的使用者，但是如果平台对应的用户区分为为了生活需要还是经营目的，那对使用者的保护是不公平的。因此平台对于用户应当遵守经营者对消费者的法定义务。包括违反自身承诺的义务。

(4)侵犯隐私权及商业秘密。平台对用户信息进行搜集和统计，将供应商和需求者进行匹配，在这个过程中容易发生泄露客户隐私和商业机密的侵权行为。

(5)侵犯商标权。从侵权行为来看，《商标法》第57条规定了侵犯商标专用权的行为，包括了直接侵权与间接侵权，第6项规定了故意为侵犯他人商标专用权行为提供便利条件，帮助他人实施侵权的情形。我国法律规定的商标间接侵权主要分为以下两种类型：教唆、引诱或帮助他人侵权；以及商标“直接侵权”的预备行为和扩大侵权后果的行为。现实情况下，网络平台责任以帮助型的间接侵权为主。如果平台知道(包括通过权利人通知的方式知道)侵害商标权行为的存在，而不采取相关措施；或者被认定应当知道侵害商标权的行为存在，而不采取相关措施，将构成间接侵权，承担商标侵权责任。

共享办公平台对注册的企业名称不进行初步的审查，任何人可以任何名称作为企业名称进行注册，存在侵犯其他企业商标权的隐患，亟须法律进行规制，但目前尚未有法律明文规定网络平台对商标侵权的事前审查义务。考虑到网络平台信息量庞大、平台控制能力和技术措施有限等客观因素，对网络平台不应苛以过于严格的审查义务。法律在设定此类审查义务时，也应根据不同的场景、业态和权利类型做细致的区分。除非必要情形，一般应为形式审查。但是，应当鼓励平台通过自律机制和平台规则，建立审查的标准和采取相应措施，避免不符合相关条件的销售者进入网络平台中，减少商标侵权行为的发生。

4. 第三人侵权行为

外来人员进入共享空间，损坏、盗窃个人财产甚至侵害人身权。

关于审理共享出行中损害赔偿案件适用法律若干问题的解释草案

（建议稿）

为正确审理共享出行中的侵权责任纠纷案件，依法保护当事人合法权益，根据《中华人民共和国民事诉讼法》等法律的规定，结合审判实践，制定本解释。

一、因网络预约出租汽车（简称网约车）经营服务产生的侵权责任

第一条 网络预约出租汽车经营者（以下简称网约车平台公司）在提供网络预约出租汽车（以下简称网约车）经营服务过程中，因交通事故造成本车人员以外的第三方（以下简称第三人）人身损害和财产损失，受害人起诉网约车平台公司要求承担侵权责任的，人民法院应予支持。

同时投保交强险和商业三者险的网约车发生交通事故造成损害，受害人同时起诉网约车平台和保险公司的，人民法院应当按照《最高人民法院关于审理道路交通事故损害赔偿案件适用法律若干问题的解释》第十六条[①]规定的规则确定其相应的赔偿责任。

条文说明：网约车平台在网约车订单生成中发挥着举足轻重的责任，并非传统意义上无任何作为的纯粹平台。而《网络预约出租汽车经营服务管理暂行办法》第十六条明确规定，网约车平台公司承担承运人责任。在此情况下，受害人起诉网约车平台公司要求承担侵权责任，实际上相当于要求传统的出租车公司承担责任，具有合理性和正当性。而实践中的交通事故责任纠纷基本都会涉及交强险，大部分也都同时涉及商业三者险，此时，理应适用《最高人民法院关于审理道路交通事故损害赔偿案件适用法律若干问题的解释》第十六条的规定。

第二条 注册登记为非营运车辆并按照非营运车辆的保费标准投保交强险和商业三者险的网约车，在提供网约车服务过程中发生交通事故造成第三人损害，承保交强险的保险公司以该网约车改变车辆用途为理由拒绝赔偿的，人民法院不予支持。但网约车投保人应按照营运车辆的保费标准向保险公司补缴相应的保费。

承保商业三者险的保险公司未就“车辆用途改变”免除赔偿责任的保险条款履行提示和说明义务的，保险公司以该网约车改变车辆用途为理由拒绝赔偿的，人民法院不予支持。

条文说明：法律设置交强险和商业三者险的制度功能是不同的。对于交强险而言，根据《机动车交通事故责任强制保险条例》第 1 条规定，其主要的目的是保障受害人依法获

---

① 该条规定，同时投保机动车第三者责任强制保险（以下简称交强险）和第三者责任商业保险（以下简称商业三者险）的机动车发生交通事故造成损害，当事人同时起诉侵权人和保险公司的，人民法院应当按照下列规则确定赔偿责任：（一）先由承保交强险的保险公司在责任限额范围内予以赔偿；（二）不足部分，由承保商业三者险的保险公司根据保险合同予以赔偿；（三）仍有不足的，依照道路交通安全法和侵权责任法的相关规定由侵权人予以赔偿。被侵权人或者其近亲属请求承保交强险的保险公司优先赔偿精神损害的，人民法院应予支持。

得赔偿,促进道路交通安全,而未必是,甚至不是分担侵权行为人的损失。也正因如此,交强险被认为具有强制性和公益性。但商业三者险则不同,它属于纯粹的商业保险,其功能主要在于分担被保险人的损失,而未必是,甚至不是保障受害人获得赔偿。基于上述不同,对于交强险和商业三者险就需要有不同的具体要求。在交强险之下,网约车即使改变用途,但因其公益性,不能允许保险公司以改变用途而拒绝赔偿,但需要网约车投保义务人根据营运车辆的标准补足保费。而在商业三者险之下,因其属于纯商业保险,不具有公益性,当网约车用途改变时,就需要考虑保险公司的正当利益,按照商业保险合同的约定免除赔偿责任,除非其就免责条款未尽提示说明义务。

第三条 网约车平台公司在提供网约车经营服务过程中,因交通事故或第三人加害行为导致本车乘客人身损害和财产损失,网约车平台公司或驾驶员存在过错,受害人以侵权责任纠纷为由要求网约车平台公司在其过错范围内承担赔偿责任的,人民法院应予支持。

条文说明:网约车提供服务的过程中,可能造成本车乘客的人身和财产损害。这种情况发生时,不论是网约车平台公司管理上的过错,抑或网约车驾驶人员的过错,在对外关系上,都应视为网约车平台公司的过错。从域外来看,英国法院在 Y Aslam 等诉优步有限公司、优步伦敦有限公司及优步英国有限公司案中曾认定,优步伦敦公司与司机之间存在合同、司机基于该合同为优步伦敦公司从事工作且其工作构成优步伦敦公司为伦敦乘客提供运输服务的业务的组成部分,即司机构成优步的员工。考虑到我国的实际情况较为复杂,可不认定二者之间的劳动关系,但在对外关系上,也应认定司机的过错即为网约车平台公司的过错。网约车驾驶人员与网约车平台公司之间关于对第三人承担责任的协议,只在其二者之间具有法律效力。本车上乘客的损失仍由网约车平台公司在过错范围内(包括驾驶人员的过错)承担责任。

第四条 网约车平台公司在提供网约车经营服务过程中,因交通事故或第三人加害行为导致驾驶员人身损害,网约车平台公司与驾驶员之间建立劳动关系的,人民法院应当根据《最高人民法院关于审理人身损害赔偿案件适用法律若干问题的解释》第十二条①规定的规则确定其相应的赔偿责任。

网约车平台公司与驾驶员之间未建立劳动关系,驾驶员提供网约车经营服务过程中因交通事故或第三人加害行为导致自身损害的,人民法院应当按照驾驶员注册时确认的服务协议内容确定网约车平台公司的赔偿责任。服务协议中对此未作约定、服务协议相关内容被确认无效或服务协议内容与实际情况不符,网约车平台公司对驾驶员所受损害存在过错的,网约车平台公司应承担相应的赔偿责任。

条文说明:网约车平台公司与其驾驶员之间建立劳动关系的,驾驶员提供网约车服务过程中发生人身损害或因第三人造成损害的,因符合《最高人民法院关于审理人身损害赔偿案件适用法律若干问题的解释》第十二条的情形,直接援引即可。但如果网约车平

---

① 该条规定,依法应当参加工伤保险统筹的用人单位的劳动者,因工伤事故遭受人身损害,劳动者或者其近亲属向人民法院起诉请求用人单位承担民事赔偿责任的,告知其按《工伤保险条例》的规定处理。因用人单位以外的第三人侵权造成劳动者人身损害,赔偿权利人请求第三人承担民事赔偿责任的,人民法院应予支持。

台公司并未与驾驶人员建立劳动关系，则应首先遵循其内部协议进行处理。只有当协议未作安排，或协议的内容被确认无效，或者协议内容与双方之间的实际操作不符时（如 Y Aslam 等诉优步有限公司、优步伦敦有限公司及优步英国有限公司案中），网约车平台公司才应该承担过错赔偿责任。

第五条　网约车经营服务过程中造成损害，网约车平台公司有下列情形之一，人民法院应当认定其对损害的发生有过错：

（一）网约车平台公司提供服务的网约车不具备合法营运资质、存在安全性能隐患、未投保交强险；

（二）网约车平台公司提供服务的驾驶员不具有合法从业资格；

（三）网约车平台公司泄露约车人和乘客个人信息的，但网约车平台公司证明其不存在过错的除外；

（四）超越提供网约车业务所必需的范围收集、存储、使用驾驶员、约车人和乘客的个人信息；

（五）实际提供服务的网约车与客户端显示的接单车辆不一致；

（六）提供服务的网约车司机与客户端显示的接单车辆司机不一致；

（七）司机无合理理由未按照平台 App 推荐路线行进，但乘客对行程路线有明确指示的除外；

（八）其他未履行对乘客安全保障义务的情形。

条文说明：本条是对第三条和第四条中网约车平台公司共的“过错”的解释性列举。由于实践中的情况非常多，为避免挂一漏万，用“其他未履行对乘客安全保障义务的情形”来概括。在将来的司法实践中，如果存在网约车平台公司及其驾驶员的不适当行为可以归入未履行安全保障义务的情况的，则应认定为网约车平台公司的过错。

二、因私人小客车合乘（也称顺风车）产生的侵权责任

第六条　私人小客车合乘过程中，因交通事故造成本车人员以外的第三人人身损害和财产损失，驾驶员或合乘者存在过错的，受害人要求驾驶员或合乘者承担侵权责任的，人民法院应予支持。

同时投保交强险和商业三者险的合乘车辆发生交通事故造成损害，受害人同时起诉驾驶员和保险公司的，人民法院应当按照《最高人民法院关于审理道路交通事故损害赔偿案件适用法律若干问题的解释》第十六条[①]规定的规则确定其相应的赔偿责任。

合乘信息服务平台对交通事故发生不存在过错，受害人起诉要求合乘信息服务平台承担侵权责任的，人民法院不予支持。

条文说明：私人小客车合乘是一种既有利于缓解交通压力，又有利于清洁环境，还有

---

①　该条规定，同时投保机动车第三者责任强制保险（以下简称交强险）和第三者责任商业保险（以下简称商业三者险）的机动车发生交通事故造成损害，当事人同时起诉侵权人和保险公司的，人民法院应当按照下列规则确定赔偿责任：（一）先由承保交强险的保险公司在责任限额范围内予以赔偿；（二）不足部分，由承保商业三者险的保险公司根据保险合同予以赔偿；（三）仍有不足的，依照道路交通安全法和侵权责任法的相关规定由侵权人予以赔偿。被侵权人或者其近亲属请求承保交强险的保险公司优先赔偿精神损害的，人民法院应予支持。

利于降低出行成本的多方共赢的出行方式,是最能体现共享理念的经济形态。这种定位,决定了其与网约车在法律关系结构和相应行为的法律后果上有较大的不同。尤其是合乘信息服务平台的法律地位与网约车平台公司的法律地位,是不能等同的。一般而言,合乘信息服务平台只对因自身过错而导致的损害,承担责任。并且,这种责任仅仅是对平台自身的责任,而不是对合乘驾驶人的过错所承担的替代责任。

第七条 合乘车辆在合乘过程中发生交通事故造成第三人损害,承保交强险的保险公司以该合乘车辆改变车辆用途为理由拒绝赔偿的,人民法院不予支持。承保商业三者险的保险公司以改变车辆用途为理由拒绝赔偿的,人民法院不予支持。

条文说明:合乘车辆出行是一种绿色出行方式,从法理上讲,合乘关系中的任何一方,都不以合乘谋利,而仅仅是通过合乘降低出行成本。合乘信息服务平台也仅是负责发布信息而不主动对车主进行派单,由车主自行匹配路线并接单,信息服务平台就匹配成功的订单收取很少的信息服务费。因此,车辆的合乘,并没有改变车辆本身的非营运性质,保险公司以此拒绝赔偿的,不应支持。

第八条 私人小客车合乘过程中发生交通事故造成合乘者损害,驾驶人有过错的,应当承担赔偿责任。合乘者有过错的,应当减轻驾驶员的责任。

条文说明:私人小客车合乘中的交通事故损害责任,在根据交强险和商业三者险赔偿之后,受害人仍然存在损失的,则按照本条和第九条的规定,根据驾驶人和合乘者的过错,承担过错责任。

第九条 私人小客车合乘过程中发生交通事故造成驾驶员损害,合乘者对损害的发生有过错的,应当承担赔偿责任。驾驶员有过错的,应当减轻合乘者的责任。

条文说明:私人小客车合乘中的交通事故损害责任,在根据交强险和商业三者险赔偿之后,受害人仍然存在损失的,则按照本条和第八条的规定,根据驾驶人和合乘者的过错,承担过错责任。

第十条 私人小客车合乘过程中造成损害,合乘信息服务平台有下列情形之一,人民法院应当认定其对损害的发生有过错:

(一)未履行对驾驶员、合乘者的实名注册审查义务的;

(二)为驾驶员和车辆不符合要求、登记事项不完备的合乘行为提供注册和合乘信息服务的;

(三)驾驶员和车辆如发生违法行为或不符合相关条件的,合乘信息服务平台未及时注销其注册信息、停止提供合乘信息服务的;

(四)未妥善保护合乘双方个人信息,侵害用户合法权益和社会公共利益的。

条文说明:在私人小客车合乘服务中,合乘信息服务平台主要提供信息服务,自身并不参与交易。在此,合乘信息服务平台在互联网中的作用和地位,非常类似于线下场景中的公共场所管理人的地位和作用。二者都不直接参与交易,但二者都对自己所管理的空间(线上或线下)负有确保其具备一般程度的安全的义务,这一义务就是侵权法上的安全保障义务。当合乘信息服务平台没有尽到安全保障义务时,就可以认定其存在过错,因而承担相应的损害赔偿责任。本条中列举的情况,就是属于合乘信息服务平台违反安全保障义务的情况,应当认定其存在过错,从而承担相应的责任。

三、互联网租赁自行车(也称共享单车)产生的侵权责任

第十一条 侵占、损毁互联网租赁自行车造成损害,车辆所有人要求侵权人赔偿的,人民法院应予支持。

条文说明:本条所规定的侵权行为属于在互联网背景下发生的新类型侵权行为。然而,所谓"新类型"其实只是从其表象而言的。从实质上看,其仍然属于一般侵权行为,应该坚持过错责任原则。

第十二条 互联网租赁自行车存在产品缺陷导致事故造成损害,受害人请求生产者或者销售者依照侵权责任法第五章的规定承担赔偿责任,人民法院应予支持。

互联网租赁自行车所有人不能指明缺陷自行车的生产者和消费者,受害人请求互联网租赁自行车所有人承担赔偿责任的,人民法院应予支持。

条文说明:共享单车存在产品缺陷而导致骑行人人身财产损害的,符合我国《侵权责任法》中的产品责任的调整范围,应当适用产品责任的相关规定进行处理。

第十三条 互联网租赁自行车因维护管理缺陷导致事故造成损害,受害人依照侵权责任法请求所有人承担赔偿责任的,人民法院应予支持。

条文说明:共享单车的经营模式中,共享单车的骑行人和自行车所有人之间建立了自行车短时租赁关系。互联网租赁自行车所有人作为出租人,应当确保租赁标的物处于适租的状态。如果违反这一义务,导致自行车使用人损害的,构成违约责任和侵权责任的竞合。此时,受害人有权依照侵权责任法的规定主张侵权损害赔偿。

第十四条 互联网租赁自行车的使用人因违反规定载人、擅自加装儿童座椅等不当使用原因导致事故造成他人损害,受害人请求使用人承担赔偿责任的,人民法院应予支持。

条文说明:共享单车的经营模式中,自行车所有人并非对所有损害都承担责任。根据过错责任的一般原则,当损害结果的发生,是因为自行车的使用人违规使用而导致,则应由使用人承担赔偿责任。

第十五条 有下列情形之一导致人身或财产损害的,受害人请求互联网租赁自行车的所有人或运营人在过错范围内承担赔偿的,人民法院应予支持:

(一)因对使用人身份未尽到提示提醒义务和实名审查义务,导致未满十二周岁的儿童使用互联网租赁自行车的;

(二)因未及时清理违规停放的互联网租赁自行车的;

(三)泄露互联网租赁自行车使用人个人信息的,但互联网租赁自行车的所有人或运营人证明其不存在过错的除外;

(四)超越提供互联网租赁自行车服务所必需的范围收集、存储、使用运营过程中采集的个人信息的。

条文说明:本条是根据实践中发生的因共享单车导致的侵权案件所进行的列举。同时,本条还适当考虑了当前共享单车领域个人信息管理中存在的风险,并借鉴理论和实务界关于个人信息保护的最新成果,从而就互联网租赁自行车所有人在个人信息泄露的情况规定了过错推定责任。

第十六条 互联网租赁自行车的所有人或运营人对于废弃或不能提供服务的车辆不进行收集、整理、处置，导致环境污染造成损害的，人民法院应当适用侵权责任法第八章的规定确定其应承担侵权责任。

条文说明：共享单车提供方便的同时，也在一定程度上影响了城市的环境秩序。当废弃的共享单车随处堆积时，必然对环境秩序造成破坏。比如，废弃的自行车轮胎会对周围环境产生污染。这种情况下，应当允许受害人依照环境污染责任的相关规定请求互联网租赁自行车所有人或运营者承担责任。

四、其他问题

第十七条 网络预约出租汽车经营服务，是指以互联网技术为依托构建服务平台，整合供需信息，使用符合条件的车辆和驾驶员，提供非巡游的预约出租汽车服务的经营活动。①

条文说明：本条是对网约车所做的法律界定，其内容与《网络预约出租汽车经营服务管理暂行办法》第二条保持了一致。

第十八条 私人小客车合乘，也称为拼车、顺风车，是由合乘服务提供者事先发布出行信息，出行线路相同的人选择乘坐驾驶员的小客车、分摊合乘部分的出行成本（燃料费和通行费）或免费互助的共享出行方式。② 私人小客车合乘是不以盈利为目的的民事行为，合乘双方可以合理分摊合乘里程消耗的油、气、电费用和道路通行费用。

条文说明：本条是对私人小客车合乘所做的法律界定，其内容与《北京市私人小客车合乘出行指导意见》第一条保持了一致。

第十九条 本解释施行后尚未终审的案件，适用本解释；本解释施行前已经终审，本解释施行后当事人申请再审或者按照审判监督程序决定再审的案件，不适用本解释。

条文说明：本条是对本司法解释生效时间以及溯及力的规定。在溯及力的问题上，原则上坚持法不溯及既往的原则，对于已经终审的案件，不适用本解释；对于正在审理的案件，则应当适用本解释。

---

① 交通运输部、工业和信息化部、公安部、商务部、工商总局、质检总局、国家网信办于2016年7月27日公布的《网络预约出租汽车经营服务管理暂行办法》第2条。

② 参见《北京市私人小客车合乘出行指导意见》第1条。

消费者权益保护法实施问题研究*

序　言

党的十八届四中全会提出全面推进依法治国，通过的决定指出，依法保障公民权利，加快完善体现权利公平、机会公平、规则公平的法律制度，保障公民人身权、财产权等各项权利不受侵犯，保障公民经济、文化、社会等各方面权利得到落实，实现公民权利，保障法治化。这对新形势下进一步完善消费者权益司法保护工作，营造安全放心的消费环境，促进社会和谐稳定和经济发展指明了方向，提出了新的更高的要求。

2009年以来，我国陆续颁布的《侵权责任法》、《消费者权益保护法》（以下简称新消法）、《食品安全法》、《网络交易管理办法》、《广告法》等法律法规纷纷强化了在交易领域对消费者的保护力度，以期进一步规制经营者的经营行为，维护正当的交易秩序。这其中最引人注目的就是新消法，新消法对近年来消费领域的热点难点问题均作出了相应规定，包括赋予消费者网购的“后悔权”；特殊情形下瑕疵产品的举证责任倒置；消费者个人信息安全的保护；金融领域的消费者保护；加强消费者领域的惩罚性赔偿力度等。这些规定都进一步体现了我国在立法上更加鲜明地保护消费者的合法权益，在法律制度上构建了保障消费者权益的多维规范体系。

消费者权益保护所涉的法律极为广泛，不仅涉及民法，还涉及程序法、经济法、行政法等诸多领域。课题组发现，在新消法的实施过程中，出现了纠纷裁判中请求权基础混乱、法律适用错位等问题，这些问题不仅因为抽象的“消费者主权”，打破了程序法、民商法、经济法、刑法等法律规范的固有构造；还在于，理论上缺乏对消费者保护的法律渊源体系、法律规范体系和实施体系的分类、整理和研究。此外，新消法在司法适用过程中还面临着，比如知假买假者主张惩罚性赔偿金是否应予支持？消费者领域的欺诈如何认定？网络交易平台提供者在网络交易中到底承担何种民事责任？金融领域如何界定消费者的概念等诸多分歧，这些新老问题都亟待我们在实证研究的基础上，提出切实可行的法律解释方案。

在新消法的实施过程中，作为司法审判机关，一方面，在对法律法规进行规范分析的基础上，应统一理解法律适用的尺度，提高司法裁判的权威和公信力；另一方面，为维护正常的交易秩序和促进互联网产业的创新发展，裁判纠纷中应注重平等保护经营者和消费

---

* 课题主持人：孙国鸣，课题负责人：高萍、李晓龙，课题组成员：王国庆、王玲芳、宁韬、唐兴华、刘雅璠、李程、耿瑗，课题执笔人：王国庆、王玲芳、宁韬、唐兴华、刘雅璠，统稿人：王玲芳。

本课题为最高人民法院2015年度审判理论一般课题，荣获北京市法院2016年调研成果优秀奖。

者的合法权益，在互联网交易纠纷中应充分考虑并尊重互联网的发展规律。据此，本次调研亦主要围绕新消法在司法适用领域出现的一些典型问题而展开，课题组在"无讼案例"平台上，以消费者、惩罚性赔偿、产品缺陷、网络交易平台提供者、金融消费者等关键词进行搜索，共选取3000余份已发生法律效力的判决，涉及北京、上海、江苏、浙江、福建、广州、陕西等多个省份，在数量和范围上能够真实反映当前司法审判状况。通过对法院生效判决的分析研究和总结，课题组认为，当前司法实践中主要存在以下问题，一是对惩罚性赔偿的司法适用存在误区；二是对网络交易平台提供者的民事责任承担存在诸多分歧；三是产品缺陷的认定、举证责任分配及责任形态值得进一步明确；四是对保护金融领域消费者的认知程度不足。这四个问题不仅占据了新消法实施中的绝大部分分歧，更涉及司法裁判尺度的统一，故课题组以上述四个问题为研究中心，完成此份调研报告，以期对长期困扰司法裁判的分歧做进一步地澄清。

一、惩罚性赔偿问题研究

（一）惩罚性赔偿在当前司法适用中的状况

1. 法律适用的请求权基础较为混乱

惩罚性赔偿的主要规范依据是《侵权责任法》第47条①，新消法第55条②以及新《食品安全法》第148条③。对于《侵权责任法》第47条的侵权规范性质，大家并无异议。但是对于新消法第55条以及新《食品安全法》第148条的规范性质，在实务中存在认识上的混乱。究竟是合同性质或侵权性质，还是包含违约与侵权在内的二元规范，众说纷纭。从调研的样本分析，存在消费者以侵权或违约不同类型的请求权基础主张权利的情形，而判决由于缺乏对规范性质的理解，将侵权和违约混同适用，通过对侵权责任"损害"的不当扩大理解，消融侵权与违约的二元划分。例如，消费者以合同之诉要求十倍惩罚性赔偿，判决认为商品没有违反安全标准，依据新消法第55条第1款，判决经营者承担三倍赔偿，同时认为生产者与销售者构成共同侵权，判决承担连带责任。再如，消费者以侵权之诉要求十倍赔偿，法院认为不存在食品安全问题，故以欺诈为由，适用新消法第55条第1款，

---

① 《侵权责任法》第47条规定，明知产品存在缺陷仍然生产、销售，造成他人死亡或者健康严重损害的，被侵权人有权请求相应的惩罚性赔偿。

② 《消费者权益保护法》第55条规定，经营者提供商品或者服务有欺诈行为的，应当按照消费者的要求增加赔偿其受到的损失，增加赔偿的金额为消费者购买商品的价款或者接受服务的费用的三倍；增加赔偿的金额不足五百元的，为五百元。法律另有规定的，依照其规定。经营者明知商品或者服务存在缺陷，仍然向消费者提供，造成消费者或者其他受害人死亡或者健康严重损害的，受害人有权要求经营者依照本法第四十九条、第五十一条等法律规定赔偿损失，并有权要求所受损失二倍以下的惩罚性赔偿。

③ 《食品安全法》第148条规定，消费者因不符合食品安全标准的食品受到损害的，可以向经营者要求赔偿损失，也可以向生产者要求赔偿损失。接到消费者赔偿要求的生产经营者，应当实行首负责任制，先行赔付，不得推诿；属于生产者责任的，经营者赔偿后有权向生产者追偿；属于经营者责任的，生产者赔偿后有权向经营者追偿。生产不符合食品安全标准的食品或者经营明知是不符合食品安全标准的食品，消费者除要求赔偿损失外，还可以向生产者或者经营者要求支付价款十倍或者损失三倍的赔偿金；增加赔偿的金额不足一千元的，为一千元。但是，食品的标签、说明书存在不影响食品安全且不会对消费者造成误导的瑕疵的除外。

判决经营者承担三倍赔偿。①

2. 对于是否构成欺诈、是否构成"不符合食品安全的食品"的认定存在不统一

调研发现，很多判决均支持职业打假人的知假买假，同时，否认知假买假可以请求惩罚性赔偿的案例也不在少数（见图1）。对于欺诈的构成中，有采纳主客观标准，即认为首先必须要求欺诈的主观的故意。② 而有的则相对宽松，从客观性标准出发，对经营者来说，"没有履行货物检验制度"就构成欺诈。③ 在"不符合食品安全的食品"的认定上，不同判决的认定也有宽严之分，比如，标签标注瑕疵是否属于不符合食品安全标准的食品进而适用十倍惩罚，判驳与支持的判决均存在（标签问题分类见图2）。

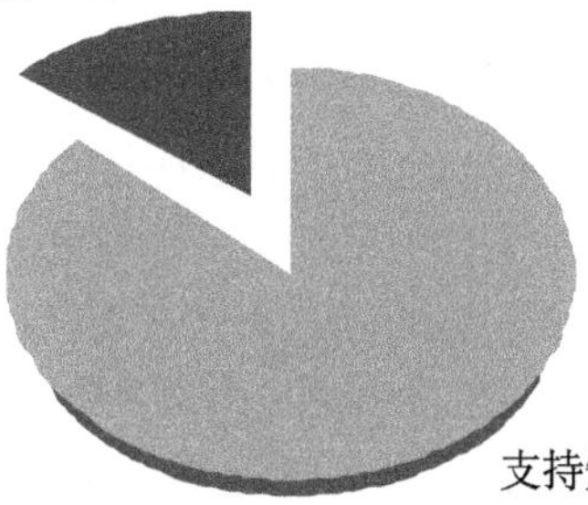

图1 支持与不支持知假买假占比

---

① (2015)鼓民初字第482号。该案为产品责任纠纷案由，消费者要求依据食品安全法十倍惩罚性赔偿，法院认为，就本案而言，鉴于涉案产品并不含有未标注的项目，未按要求进行标注并不足以造成消费者产生人身、财产或其他损害，龚××也未举证涉案产品已造成损害实际发生或可能造成损害发生。对龚××主张应超过三倍进行赔偿的诉讼请求，法院不予支持。涉案产品还违反预包装食品标签通则的规定，存在标注不合格的问题。涉案商品的包装宣传存在欺诈，××超市有限公司予以销售，应按照法律规定在退还货款外再予龚××龙购买金额三倍的赔偿。遂依据新消法第55条规定处理了本案。

② (2015)宁民终字第4094号。法院认为，最高人民法院《关于贯彻执行〈中华人民共和国民法通则〉若干问题的意见（试行）》第68条规定，"一方当事人故意告知对方虚假情况，或者故意隐瞒真实情况，诱使对方当事人作出错误意思表示的，可以认定为欺诈行为"。据此，欺诈是指故意告知对方虚假情况，或者故意隐瞒真实情况，诱使对方作出错误意思表示的行为。要认定构成欺诈，应包括以下要件，即在主观上有欺诈的故意，知道或应当知道自己虚假陈述或隐瞒真相并会导致对方陷入错误认识，而希望或放纵这种结果的发生。客观上实施了告知虚假情况或隐瞒真相的行为。

③ (2015)淮中民终字第02011号。判决认为，《产品质量法》第33条规定，销售者应当建立并执行进货检查验收制度，验明产品合格证明和其他标识。可见，销售者应当确保其销售的商品的标识内容真实，建立并执行进货检查验收制度的法定义务。本案上诉人××公司在销售涉案物品时未对产品标识的显著瑕疵进行严格核实，没有在涉案商品的吊牌上明确标注"生产厂的名称和地址"，可见上诉人××公司没有尽到法定义务，被上诉人严××基于对上诉人润淮公司的信赖而作出不真实的意思表示购买了不合格产品。

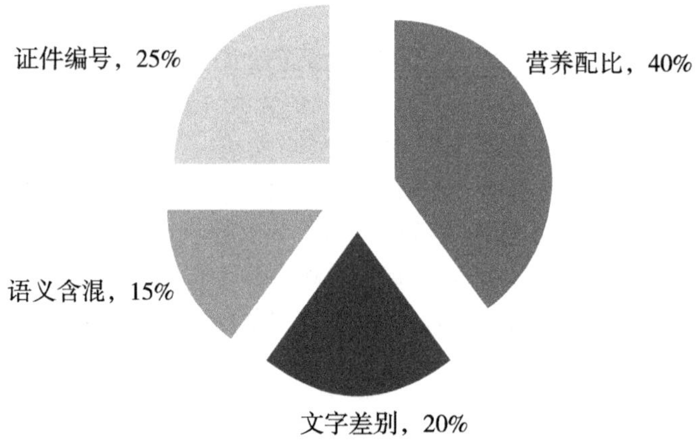

图2 标签问题分类

3. 对《食品安全法》中的惩罚性赔偿是否需要具备损害的要件，各个地区做法亦不统一

有些地方认为，构成十倍赔偿的条件是必须存在损害，而且该损害意指侵权责任领域之损害，即固有利益损害，合同中的履行利益损失或是价金损失，根本不属于此处的损害问题。[①] 有些地方认为，根本没有损害认定的必要，因为法律没有规定必须以损害为要件，只要存在规范条件中的违法行为即认为满足规范适用条件。[②]

4. 对于惩罚性赔偿的数额亦存在不统一现象

一方面，法院会对规范适用条件予以解释，对那些本应十倍惩罚的案件，在利益平衡的视角下，适用三倍赔偿。另一方面，对于具体赔偿数额，比如在消费者一次购买同种多个产品或者不同种类多个产品的情形下，到底是按照一次消费衡量，还是按照每个产品衡量，认识不统一。

（二）惩罚性赔偿适用问题的成因研究

1. 消费者保护领域法律的混合型特征对传统法律思维的挑战。消法类法规对消费者在交易过程中可能受到的损害予以一体保护，包括对消费者固有人身财产权益的保护，也包括对消费者履行利益等合同类利益的保护。此种一体保护模式对消费者而言是有利的，但对于法律适用者而言，难免会陷入体系性思维矛盾之中。例如，新消法第40条第1款规定："消费者在购买、使用商品时，其合法权益受到损害的，可以向销售者要求赔偿。销售者赔偿后，属于生产者的责任或者属于向销售者提供商品的其他销售者的责任的，销售者有权向生产者或者其他销售者追偿。"第2款规定："消费者或者其他受害人因商品缺陷造成人身、财产损害的，可以向销售者要求赔偿，也可以向生产者要求赔偿。属于生

① (2014)西中民四终字第00271号。判决认为，根据规定，适用十倍赔偿金的标准应具备两个条件：一是销售明知是不符合食品安全标准的食品；二是造成人身、财产或其他损害结果。十倍赔偿金是在损害赔偿基础上产生的惩罚性赔偿，并非单独适用的赔偿标准。故消费者请求赔偿的前提是违反《食品安全法》规定，造成人身、财产或者其他损害。

② (2016)京02民终271号。判决认为，只要食品经营者"销售明知是不符合食品安全标准的食品"，消费者就可以主张"十倍价款赔偿"，无论这一行为是否给消费者造成了损害。

产者责任的，销售者赔偿后，有权向生产者追偿。属于销售者责任的，生产者赔偿后，有权向销售者追偿。”第3款规定：“消费者在接受服务时，其合法权益受到损害的，可以向服务者要求赔偿。”从结构上分析，第1款与第3款均以“合法权益受到损害”为条件，第2款以“商品缺陷造成人身、财产损害”为条件。显然，“合法权益受到损害”的范围要广于第2款中“商品缺陷造成人身、财产损害”。那么是否可以得出结论认为“合法权益受到损害”系合同利益损失而不同于第2款侵权中的固有损失呢？显然，当我们观察第3款时，发现“合法权益受到损害”其实又包含侵权中的固有损失在内。事实上，消费者权益保护中运用了大量的“合法权益受到损害”“给消费者造成损失”等作为适用条件，将消费者不同利益损失糅合在一起，使很多法官既有的侵权和违约二元划分的体系思维在法条适用中产生矛盾，导致在一些案件中侵权和违约混同适用。

2. 规范分析不足引起法律适用在“克制”与“激进”中出现两极化趋向。从法条规范结构分析，作为完全性法条，它通常指一个具有构成要件以及法律效果的规定。① 构成要件是法律效果得以发生的充要条件。对调研样本的分析中，我们发现之所以会产生轻重不同的两极现象，根源于对构成要件的分析与理解不足。在《食品安全法》中的惩罚性赔偿适用上，对于构成要件之中是否应该存在损害问题，基于不同的理解当然会有不同的结论。在认为“损害”只能是固有利益损失时，一般在选择侵权法律关系救济时，法院才会基于是否存在损害而适用惩罚性赔偿。在认为“损失”既包括履行利益的损失也包括固有利益损失时，不论何种法律关系，惩罚性赔偿都会得到支持。在欺诈问题的认定上，到底是因为“欺诈陷入错误”还是因为“有欺诈行为”，对于惩罚性赔偿的适用会产生决定性作用，甚至对于知假买假者应否受到保护也会有不同的结论。因此，解决法律适用中的“两极”现象，关键在于对规范本身的统一理解。

3. 单向度以消费者保护为重心，对经营者保护不足。面对经营欺诈以及一些重大的食品安全事件，公众与司法形成了一种保护消费者权益的单向度思维，认为只有大力惩罚经营者不当行为，才能使市场得以良性运转。这样的初衷并无错误。但问题是，在上述观念的支配下，长期以来法官不再以平等主体身份看待消费者和经营者，而是将消费者作为一种当然的弱势主体看待。这样的眼光，遮蔽了许多有价值的思考，也必然使平等保护的基本法律原则受到动摇。课题组在关于欺诈的考察中，就发现司法中对欺诈的认定五花八门，大量存在过于保护消费者的倾向立场。例如，将商标的翻译错误、经营者发货错误、食品中含有杂质、不具有特殊地域性质的产地标注错误等情形均认定为欺诈。在《食品安全法》领域中，将食品的标签等形式上不符合情形均视为十倍惩罚的理由。

（三）惩罚性赔偿的理解与适用

1. 新消法以及《食品安全法》惩罚性赔偿规则体系阐释及分析

（1）惩罚性赔偿与损害

惩罚性损害赔偿，是指由法庭所作出的赔偿数额超出实际的损害数额的赔偿。② 惩

---

① 王泽鉴：《民法思维》，北京大学出版社2009年版，第46页。

② Note，“Ex emplary Damages in the Law of T orts”，70 Ha v. L. Rev. 517，517（1957），and Huckle v. Money，95 Eng. Rep. 768（K. B. 1763）. 转引自王利明：《惩罚性赔偿研究》，载《中国社会科学》2000年第4期。

罚性赔偿建立在受害人所受损害的基础之上,即由其填补性损失为基础而构造出来的特殊惩罚措施。王利明教授认为,从两者的关系上看,无法否定惩罚性赔偿和补偿性赔偿之间的联系。因为一方面,惩罚性赔偿是以补偿性赔偿的存在为前提,只有符合补偿性赔偿的构成要件,才能请求惩罚性赔偿。另一方面,惩罚性赔偿的数额确定与补偿性赔偿也有一定的关系。应当说,王利明教授的观点与现行法律关于惩罚性制度的规定是吻合的。第一,从《侵权责任法》第 47 条规定所设定的规范构成要件上分析,必须具备"造成他人死亡或者健康严重损害的"后果,被侵权人有权请求惩罚性赔偿。第二,新消法第 55 条第 1 款规定,"增加赔偿的金额为消费者购买商品的价款或者接受服务的费用的三倍;增加赔偿的金额不足五百元的,为五百元。"第 2 款规定,"造成消费者或者其他受害人死亡或者健康严重损害的,受害人有权要求经营者依照本法第四十九条、第五十一条等法律规定赔偿损失,并有权要求所受损失二倍以下的惩罚性赔偿"上述条款的构成要件中,对于惩罚性赔偿的适用均明确提出或者隐含性地提出以损失的存在为先决条件。《食品安全法》基于《侵权责任法》以及新消法的修订而作出的修改,理应认为在惩罚性赔偿的问题上采纳了与《侵权责任法》以及新消法一致的思路,否则即构成体系上的违反。

在理论和司法实务中,亦有观点认为惩罚性赔偿不应该以损害的存在为条件,但课题组认为,"损害"是否存在与如何界定"损害"相关联,我们不可能找到一种没有任何损害(即便是最广义的解释损害概念)而需要法律予以救济的事实。现实中之所以有人坚持不以损害为要件,实质上是忽视了法律规范的性质,以至于在合同与侵权的不同体系中解释规范构成而造成对"损害"的漏查。

(2)对新消法第 55 条的分析

新消法第 55 条第 1 款,除了对惩罚性赔偿数额的提高以及增加了引用性规定外,基本上沿袭了原消法第 49 条的规范精神。该条款中最大的争议之一为是否存在"损害"的要求。对于是否存在损害要求,应从该条款的性质以及损害的具体理解中寻找正确的解释方法。

第一,从法律体系上观察可知,第 1 款的性质应为合同责任,而不是侵权责任。王利明教授认为,一方面,我国合同法在违约责任中专门规定了损害赔偿责任,表明合同法已明确将此种责任归于合同责任制度中。另一方面,经营者对消费者提供假冒伪劣商品,或提供的服务存在着严重的瑕疵等,表明经营者的行为违反合同规定的质量标准,因此构成违约并应当负合同上的责任。这些行为尚不能表明经营者违反了侵权法所规定的不能侵犯他人财产和人身的规定,因为如果经营者提供的不合格的商品和服务本身并未对受害人的财产和人身造成损害,则不能认为其行为违反了侵权法规定的法定义务。[①]

第二,在不同的法域之中,损害的外延并不一致。在《侵权责任法》中,损害一般指的是固有利益的损失。在合同法中,有返还利益、信赖利益、固有利益、履行利益以及可得利益等不同利益类型。[②] 此第 1 款的构成条件为,经营者提供商品或者服务有欺诈行为。

---

① 王利明:《惩罚性赔偿研究》,载《中国社会科学》2000 年第 4 期。

② 最高人民法院民事审判第二庭编著:《最高人民法院关于买卖合同司法解释理解与适用》,人民法院出版社 2012 年版,第 448 页。

对于欺诈,一般而言都导致如下损害,当消费者基于欺诈要求撤销合同时,产生信赖利益损失;当消费者基于根本违约而要求退货时,会产生返还利益的损失;当消费者承认受欺诈的合同时,这种损失表现为实际支付的商品价款或服务费用与商品或服务应有价格或费用之间的差额。① 这是一种履行利益损失。因此,无论我们是否承认需要以损失为依据,损失总是一种已然存在的现象。第 55 条第 2 款系《侵权责任法》颁布后,消法为与之衔接而作出的修改。该款应为侵权性质的规范,需要符合侵权责任的所有构成要件,方可产生法律效果。

第三,欺诈的认定问题。传统对于欺诈的定义是,以使他人陷于错误并因而为意思表示为目的,故意陈述虚伪事实或者隐瞒真实情况的行为。② 基于法律体系内相同概念在无特殊规定下应作同一解释的原则,第 1 款中的欺诈行为应与此同义。欺诈包括积极性欺诈以及消极性欺诈两种。前者是故意编造虚假事实使对方陷入错误而为意思表示,后者是刻意隐瞒相关事实而使对方陷入错误而为意思表示。两者均存在欺诈的故意。但是,消费者对于经营者主观状态的举证异常困难,因此,应从主客观相结合的程度衡量欺诈问题。一是有证据证明经营者存在欺诈的故意;二是经营者违背了法律规范的相关规定,例如,违背消法以及《中华人民共和国产品质量法》(以下简称《产品质量法》)或者《食品安全法》所规定的进货检验制度,验明产品合格证明和其他标识。如果经营者没有履行相应的义务,应该是为其知道而故意予以隐瞒。

司法实践中,对欺诈认定的主要问题是,缺乏对商品质量的实质审查,而仅从形式上认定欺诈进而判定惩罚性赔偿。课题组认为,欺诈的根本目的是经营者意欲隐瞒一些商品的重要信息,而该信息对于产品本身或者消费者选择方向上存在重大的影响。《产品质量法》第 39 条规定,销售者销售产品,不得掺杂、掺假,不得以假充真、以次充好,不得以不合格产品冒充合格产品。结合该条款,我们认为,对于认定欺诈应主要从如下几个方面考虑:①商品是否有正规的来源;②商品是否达到其宣传的效用;③商品是否与其宣传的品质相吻合;④商品是否具备其应有的功能;⑤商品是否具有隐蔽瑕疵;⑥商品是否具备合理期待的安全性等。对于司法实践出现的标识瑕疵或者产地不准确等,如果并不存在上述因素,仅仅是一种形式上的瑕疵,不应该认定为欺诈并判令惩罚性赔偿。

第四,对于何为"明知"的问题。朱广新教授认为,明知亦称作实际知道,是与推定的知道相对称的法律概念,指人的头脑对客观事物的明确反映(认知),即明确认识或意识到某种事物。明知商品或者服务存在缺陷,指在向消费者提供商品或服务之时,经营者明确意识到该商品或服务事实上存在缺陷。因此,明知完全不同于"故意"或"恶意"概念,后者是一种意志活动,它除了包含明确意识到某物之义外,还具有按其意识积极去做之义。③ 明知在外延上包含故意在内。上述对"明知"含义的解释虽然有一定道理,如同过错在主观上难以判定一样,明知也同样难以证明。如果我们将明知的主观性证明转变为客观性证明,实际上明知与"可推知"之间的界限变得非常模糊。从调研样本中,我们发

① 朱广新:《惩罚性赔偿制度的演进与适用》,载《中国社会科学》2014 年第 3 期。

② 韩世远:《合同法总论》,法律出版社 2004 年版,第 207 页。

③ 朱广新:《惩罚性赔偿制度的演进与适用》,载《中国社会科学》2014 年第 3 期。

现司法实践中对于“欺诈”“明知”等已经进行了客观化的认定转变，[①]而这种转变对强化生产者和销售者的安全意识、对于减轻消费者的举证证明责任起到了很好的作用。因此，课题组认为，明知虽为主观性要素，但在认定上应该包括知道或者应当知道在内。对于何为应当知道，应该从客观标准出发去衡量。

(3)对《食品安全法》第148条的分析

第一，第148条规范性质理解。课题组认为，第148条第1款与第2款属于二元规范，其将侵权责任与合同责任糅合在同一规范中予以阐释。理由如下：首先，第148条作为消法的特别法规范，其在赔偿结构上不应该存在特殊性，且依据第147条、第148条的规定中所规定的“损害”理应包含合同与侵权不同法域之损害在内。其次，从规定内容上看，消费者向生产者与经营者主张权利以及生产者与经营者之间的追偿关系明显是《侵权责任法》产品责任规范的再现。课题组认为，法律规范的适用应该清晰明了，除了立法有特殊规定外，对规范的理解与适用，必须在既有的法律体系中完成。我们没有必要因为食品安全领域的特殊，就逾越合同的相对性原则，亦没有必要因为保护消费者，就否定侵权责任的构成要件。第148条第1款与第2款虽然规定了消费者可向经营者也可向生产者主张权利，但依据侵权与合同二元划分，我们应该理解为，在消费者因食品安全造成固有利益损害即符合产品责任构成时，消费者尚可请求经营者或者生产者承担责任。如果没有固有利益的损失，仅仅导致了合同类利益的损失，则应该坚守债的相对性原则，消费者只能请求与其有合同关系的相对方主张相应的赔偿责任。在消费者以合同起诉时，其损失的类型已如上述。但在消费者以侵权起诉时，其必须具有固有利益的损害这一事实要件。如果当事人以侵权之诉起诉，法院认为其虽然没有固有利益损失，但实际上还有价金损失以及其他合同损失进而判决承担惩罚性赔偿时，由于无法将价金等损失归入固有利益损失，我们就会认为没有损害亦应该承担惩罚性赔偿。当我们将损害界定为侵权法上固有利益损失时，我们发现依据合同起诉也符合法律规定。可见有没有损害都无所谓！但实质上，我们混淆了不同请求权基础对“损害”的界定。因而，法院在适用上述条文过程中，应该依据当事人的诉请进行释明，根据不同规范作出不同裁判，以解决请求权体系的混乱问题。

第二，对“不符合食品安全标准”以及“不影响食品安全”的分析。我国《产品质量法》规定，产品质量不应存在危及人身、财产安全的不合理的危险，有保障人体健康和人身、财产安全的国家标准、行业标准的，应当符合该标准。《食品安全法》亦规定，食品安全标准是强制执行的标准。最高人民法院《关于审理食品药品纠纷案件适用法律若干问题的规定》(以下简称《食药品司法解释》)第6条规定，认定食品是否合格，应当以国家标准为依据；没有国家标准的，应当以地方标准为依据；没有国家标准、地方标准的，应当以企业标准为依据。由此可见，所谓不符合食品安全标准，指的就是不符合国标、地标或者企标的食品。司法认定中，应以该“三标”为依据对是否符合食品安全标准进行认定。实践中争议较大的还有预包装食品的“标签”“说明书”等问题。《食品安全法》第26条规定了食品安全标准应当包括的内容。课题组认为，从《食品安全法》第26条规定上分析，与

---

① 例如，将销售者是否执行了进货检验制度作为衡量其欺诈的主要手段。

食品安全有关的标签说明等不符合的，当然可以认为是不符合食品安全标准。但问题是，因标签说明引起的食品安全问题是否可以获得十倍惩罚性赔偿？长期以来，司法实践中将标签等问题与惩罚性赔偿之间划等号，带来一些惩罚性赔偿的滥用。修改后的《食品安全法》对此专门予以规制，表现在第148条但书中。但书规定，食品的标签、说明书存在不影响食品安全且不会对消费者造成误导的瑕疵的除外。这里需要注意的有两点：一是标签说明不影响食品安全。所谓"食品安全"依据《食品安全法》的解释，是指食品无毒、无害，符合应当有的营养要求，对人体健康不造成任何急性、亚急性或者慢性危害。因而，标签说明等存在瑕疵，但不影响食品安全的，便不符合此处条件。但何种标注瑕疵会影响食品安全？实务界对此有不同的认识。因为此处并非食品是否安全的实质审查问题，而是是否"影响"食品安全的问题。因此课题组认为，对于标签瑕疵应该予以区分对待。对于生产日期、质保期、储存条件、食品添加剂的种类和数量、特定人群的特殊事项等涉及食品安全或者食用禁忌等标签说明瑕疵，应该认定为对食品安全有一定的影响。对于名称、规格、含量，产品标准代号，生产者的名称、地址、联系方式等不应该认为对食品安全有影响。另外，对于未标注生产许可证编号或者虚假的生产许可证编号，也应通过对食品的实质审查来确定是否安全，而不应认为缺少行政许可编号就会对食品安全有影响。比较特殊的是进口食品。对于进口食品，一般来说应当经出入境检验检疫机构依照进出口商品检验相关法律、行政法规的规定检验合格。但实践中出现一些案例，其特点是进口食品无任何中文标识，导致消费者对于其产品安全无从判断。此类情况，课题组认为我国《食品安全法》明令禁止进口无中文标签的食品，说明中文标签问题与食品安全息息相关。因此，食品缺失中文标签，不再是不影响食品安全的标签瑕疵问题，而是影响食品安全的根本性问题。无中文标签的进口食品尤其是无任何标签的食品，也必然给消费者选购、安全食用这些食品造成误导。① 二是不会对消费者造成误导。这些误导主要体现在，对商品名称的不当使用，对产地引人误解的描述，对营养成分和质量的夸大等。例如，(2015)宁商终字第325号中，某公司通过标签的展示版面将其"葵花籽调和油"包装成消费者误以为其系以橄榄油为主要成分或者重要成分的食品油产品加以销售，且标签未对橄榄油比例、成分进行标示，明显属于误导。

另外，根据但书规定，不影响食品安全并且不会对消费者造成误导逻辑上属于合取关系，只有二者同时满足的情况下，才可免除惩罚性赔偿。因此，标签影响食品或者虽然不影响但标签说明瑕疵会造成消费者误导时，均满足了法条的适用条件。

2. 司法实践中其他问题的分析

(1)知假买假问题

知假买假是否应受保护，更多取决于人们对消法"欺诈"概念的理解及对公平正义的内心感受。在"打假"蔚然成风的现实中，法官对明知而购买的打假者充满着一种矛盾的心态，既不愿让其通过诉讼额外获利，又寄希望于其能进一步遏制欺诈消费者的行为。《食药品司法解释》第3条的规定似乎对知假买假的问题予以定论，但由于其存在于食药安全领域，在其他领域是否应作同样的解释亦是问题。从目前来看，司法实践中支持

① (2015)锡民终字第3046号。

和不支持的判决均存在，在支持的判决中，法官惯常的做法就是否认其有知假买假的目的，认为其购买商品本身是为了生活消费。但是，打假者为了有利可图，往往一次购买大量的产品，或者多次购买一种产品，其是否为了生活消费从一般人的观念上即可作出区分。同时，在法院信息化时代，裁判者亦可通过查询已生效判决来明确原告购买产品的真实目的。

课题组认为，知假买假不应该予以支持，除非有特殊规定。理由是：首先，对欺诈的概念在立法者无特殊规定的情形下，应与现有法律体系保持一致解释，这是思维同一律和法律解释技术的基本要求。其次，从法官的解释法律技术上，如果要对相同的“欺诈”概念在相同的法律体系中作出不同的解释，从“法意解释”入手是最佳的方法，但是目前尚无可参考的立法理由。在最为权威的全国人大法工委编著的新消法理解适用一书中对欺诈的界定与传统民事无二。因此，法官严格适用欺诈概念，理由正当。相反，逾越该边界仅仅具有理论上的争论意义。

总结起来，课题组认为：第一，对于知假买假者基于违约，要求经营者承担退货、减价等违约责任时，法院应予以支持；第二，对于知假买假者基于欺诈，要求撤销合同并赔偿信赖利益损失的请求，法院不予支持；第三，除非法律、司法解释作出明确规定，对于知假买假者要求销售者承担惩罚性赔偿责任的，法院不予支持。

（2）惩罚性赔偿的计算问题

关于惩罚性赔偿数额，因司法实务中不断出现很多新情况，也值得我们探讨。比如，消费者一次购买同种类的多数产品，其赔偿额以单价计算还是以总价计算？消费者一次购买不同种类的产品，但拆分诉讼，每一宗都可以获得最低限额500元的赔偿，如何处理？对此课题组认为，如果属于同种类的，应在总额基础上计算，不足500元，按照500元计算，不应分别计算。对于不同种类的产品亦应该以上述原则计算。如果当事人拆分诉讼，明显具有恶意的，因前件商品已经获得500元赔偿，那么本次诉讼商品价格与前件商品计算惩罚性赔偿仍不足500元的，应直接依据单价的三倍计算，不应再适用最低500元限额的规定。① 从而兼顾经营者和消费者的利益平衡。

司法实践中争议较大的还有局部瑕疵惩罚性赔偿金计算问题，比如车辆前门处有损伤，经营者故意隐瞒构成欺诈时，是以整车价格的三倍还是以部分价值的三倍处理。对于欺诈的成立，实践中的认定没有异议，均认为部分瑕疵影响了消费者的选择权，属于典型的欺诈。但对于赔偿金的计算司法实践中的做法有不同之处。在消费者购买机动车案件中，有判决认为应以整车价格赔偿，②有判决认为应该按照瑕疵部分、对整体功能的影响

---

① （2015）锡民终字第01445号。判决认为，聂×于2014年9月23日在迪卡侬公司一次性购买了66件商品，××公司出具了一份购物清单，表明在聂×与××公司之间缔结了一个买卖合同关系。最高人民法院立案登记制度实施后，虽然聂×持同一份购物票据进行拆分诉讼，并依据最低赔偿额500元分别主张权利，合议庭经评议认为，本案应结合关联案件一并处理。据统计，在本次买卖合同中，因聂×拆分诉讼，××公司提起上诉36件案件，其中本院认定构成欺诈的案件涉及的商品总价款，按照3倍计算，增加赔偿的金额已超过最低赔偿额500元。因此，拆分案件均按涉案商品的3倍计算赔偿数额。本案应按照聂×购买涉案商品“高尔夫塑料球T”（货号为1360624）价款9元的3倍据实赔偿27元。

② 《4s店因欺诈被判退13万购车款另外赔偿三倍车款39万》，载环球网：http://society.huanqiu.com/shrd/2016-07/9150621.html。该案中车辆被认定为保险杠售前有补漆行为。

等酌情处理。[①] 课题组认为，惩罚性赔偿的立法目的在于惩戒经营者的欺诈行为，虽然消法规定以购买商品的价格的三倍确定惩罚性赔偿额，但因部分瑕疵并不影响商品的整体功能，以商品价格三倍计算确实会导致经营者和消费者保护之间的利益失衡，有违民法基本的公平原则。课题组认为，应当根据瑕疵的程度并结合消费者的其他损失，按照商品价格合理确定比例，再适用三倍赔偿为宜。当然，部分瑕疵是否影响整体功能，或者部分瑕疵的数量、经营者事后解决问题的态度等，都可作为确定标准的衡量依据。

小结：人民法院在考察是否判决惩罚性赔偿金时，要区分基于合同以及侵权的不同请求权基础而适用新消法等法律，坚持惩罚性赔偿与损害的不可分。司法裁判中，应从法律体系的角度解释"欺诈"的构成，对于知假买假者不应从受欺诈的层面加以保护。坚持"欺诈"以及"明知"认定的主客观结合标准，强化对消费者的保护。在食品标签的处理上，对于生产日期、质保期、储存条件、食品添加剂的种类和数量、特定人群的特殊事项等涉及食品安全或者食用禁忌等标签说明瑕疵，应该认定为对食品安全有一定的影响。对于实践中出现的拆分诉讼以获取惩罚性赔偿的现象，应从关联诉讼的审理获利情况衡量惩罚性赔偿的标准。对于局部瑕疵，应当根据瑕疵的程度并结合消费者的其他损失，按照商品价格合理确定比例，再适用惩罚性赔偿。

二、网络交易平台提供者民事责任研究

新消法第44条规定的网络交易平台仅指第三方经营的为交易提供网络空间与技术服务的信息网络系统，平台提供者自身并不参与交易，只是根据与买卖双方分别订立的协议提供技术服务以保证网上交易的顺利进行，此类平台属于中介型。[②] 根据该条规定，课题组认为，网络交易平台提供者仅指从事非自营业务的网络交易平台，如淘宝、滴滴出行；还包括在社交平台中开展营销业务的网络平台，如微信平台；不包括从事自营业务的网络平台。

（一）案例样本分析所呈现的特点和问题

课题组对中国裁判文书网2015年生效的，涉及网络交易平台提供者的民事二审判决进行梳理，同时结合典型案例，并通过与地方各级法院的法官开展座谈，形成以下调研内容：

---

① 参见宁波市鄞州区人民法院(2015)甬鄞望商初字第87号判决。判决认为，被告××公司虽未向原告刘×告知涉诉车辆曾进行发动机维修的瑕疵，但该瑕疵相较于车辆整体而言仅是部分瑕疵，原告刘×亦未举证证明涉诉车辆因该瑕疵而不符合相关质量、安全标准，因此法院对原告刘×要求被告××公司按《消费者权益保护法》的规定支付三倍赔偿款的诉讼请求不予支持。但本案原告刘×因购车、处理争议等产生的损失需得到弥补，被告××公司未履行经营者义务侵害消费者权益的行为亦需受到惩戒，综合考虑被告××公司隐瞒瑕疵的具体情节、瑕疵的严重程度、车辆的价格、付款的性质及时间、车辆的使用时间等因素，法院酌情认定被告××公司应赔偿原告刘×损失50,000元。

② 贾东明主编：《中华人民共和国消费者权益保护法解读》，中国法制出版社2013年版，第198页。

1. 新消法第 44 条涉及合同和侵权两大类案由(见图 3)

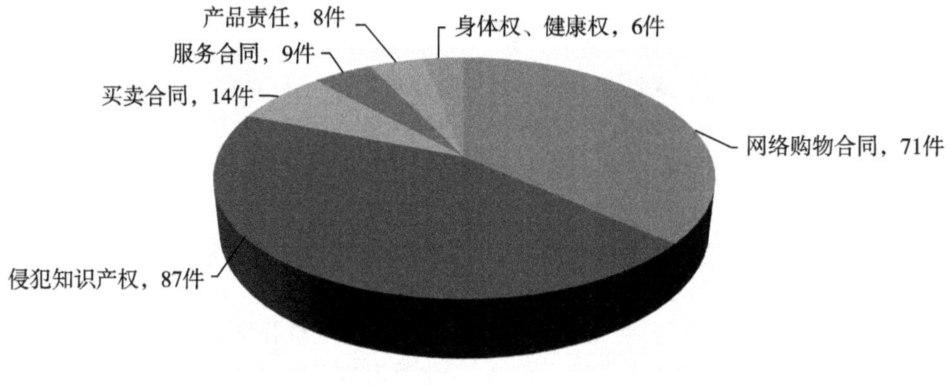

图 3 涉网络交易平台纠纷案件案由分布

涉网络交易平台提供者民事诉讼的案由,包括网络购物合同纠纷,买卖合同纠纷,服务合同纠纷,产品责任纠纷,健康权、身体权纠纷,侵犯商标权纠纷,侵犯网络信息传播权等,总体可以划分为合同纠纷和侵权纠纷,而无论是侵权还是合同,法院需要向当事人确认请求权基础,进行审理。实践中,网络服务合同纠纷的案由,适用于网络交易平台提供者自身作为交易主体产生的合同纠纷;网络侵权责任纠纷的案由,适用于侵权行为人利用网络为手段和工具实施侵权行为所应当承担的民事责任的纠纷,适用《侵权责任法》第 36 条的规定,此两类案由与新消法 44 条的适用无关。

2. 网络交易平台提供者披露信息"真实、有效"的判断标准不同

网络交易纠纷中,网络交易平台提供者在诉讼中提供的地址或联系方式,法院无法送达或进行有效联系,此时是否一概由网络交易平台提供者按照新消法第 44 条第 1 款承担赔偿责任,存在两种观点:一种观点认为,如网络交易平台能够证明其收集相关信息时是经过审核验证,并在登记后定期更新审核,此时网络交易平台已尽到其应尽的注意义务,不应承担民事赔偿责任;①反对的观点认为,经营者信息的真实、有效性需以诉讼时法院能够有效送达和联系为判断标准。② 因此,采用何种标准判断经营主体信息的真实性和有效性,成为判断网络交易平台提供者承担责任的关键。

---

① (2015)杭余民初字第 5029 号,法院认为,本案中××网络公司能提供被告谢××在注册成为平台会员时预留的真实名称、地址和联系方式,谢××之后离开其住所地或变更联系方式并非××网络公司所能控制的范围,在案件送达过程中无法联系谢××亦非××网络公司需承担连带责任的法定事由。(2015)沪二中民一(民)终字第 1231 号民事判决,法院认为:"网络交易平台公司在涉案卖家进驻平台时设定了准入标准,主动对涉案卖家的身份信息、联系方式和银行账户进行审查核实,发生纠纷时能够在权利范围内采取相应维权措施,具有向消费者提供卖家的身份信息和联系方式的信息披露申请程序,在庭审中能够提供涉案卖家的身份信息和联系方式,故可以认定,网络交易平台公司对于利用其经营的网络交易平台向消费者涂×提供商品的涉案卖家已经尽到了必要的审查、监管责任,从而未支持涂×要求网络交易平台承担赔偿责任的诉求。"

② (2015)渝一中法民终字第 04084 号,法院认为,直至 2014 年 9 月 17 日原告向我院起诉时,被告仍未告诉原告经营者的真实名称、地址和有效联系方式。原告作为消费者有权向作为网络交易平台提供者的被告要求赔偿。判决浙江××网络有限公司于本判决生效后立即退还原告崔×商品价款,并承担三倍赔偿。

3. 网络商品交易与网络服务交易在责任承担上的差异

相对于网络商品交易，在网络服务交易的过程中，消费者需与直接服务提供者见面才能完成交易，如代驾、专车、美容服务等，消费者在接受服务的过程中，即从直接服务提供者处获得了其真实的名称和有效联系方式，此时是否意味着网络交易平台提供者完成了信息披露义务？对此，实务中存在两种观点：一种观点认为，消费者在面对面的接受服务过程中，已经获得了直接服务提供者的真实名称、地址和有效联系方式，已经完成了新消法第 44 条第 1 款的义务；另一种观点认为，网络服务交易平台提供者应提供服务者及其受雇企业的真实名称、地址和有效联系方式，否则仍应承担相应责任。①

4. 新消法第 44 条 2 款网络交易平台提供者明知、应知的认定

调研发现，司法实践中判断网络交易平台提供者对经营者或者服务者利用平台侵害消费者合法权益的明知和应知的主观状态，均是通过其是否客观履行了下列法定义务来加以判断：(1)对交易平台上经营者发布的信息有无预见性；(2)是否参与对经营者宣传信息的制作、编辑或者给予推荐，还是按照一般操作规则对商品经营者提供的信息进行技术性的数据处理；(3)平台是否通过合理措施审核、验证注册商户的相关信息，并在纠纷处理过程中或诉讼中披露经营者的有效信息；(4)是否为买家提供发生纠纷后的售后退款、退货等维权方式；(5)在接到消费者投诉后，平台是否依法采取必要措施制止侵权行为，如断开链接、商品下架等措施。② 审判实践中，有种观点认为网络交易平台采取了必要措施，就可以推定其应知，这涉及对新消法第 44 条第 2 款第一句和第二句逻辑关系的解读，对此将在下文进行分析。

---

① (2015)徐民一(民)初字第 1731 号。

② (2015)仪民初字第 01055 号，王××与被告××礼品公司、被告××网络公司网络购物合同纠纷，××网络公司有无依法履行网络平台服务提供者的监管义务，关键是在于认定××网络公司事前审查义务的程度和条件。××网络公司属于网络交易平台，对本案涉及虚假宣传的广告信息并未参与制作、编辑或者给予推荐，而是按照一般操作规则对商品经营者提供的信息进行技术性的数据处理。××礼品公司作为商品经营者冒用他人生产许可证编号，发布虚假的广告信息，配装预包装食品进行销售，网络交易平台对此并无预见能力。若要求其承担对此类信息的事前审查义务，则网络交易平台必然需对商品信息逐一筛查，与网络交易平台以快速提供交易信息和交易渠道为优势的特点相悖，也将不适当地增加运营成本。因此，在××网络公司未直接参与或实施侵权行为时，应限制其对商品经营者的侵权行为承担连带责任的条件。原告在××礼品公司购买食用菌菇发生在工商行政管理局对××礼品公司予以行政处罚之前，且没有证据表明××网络公司知道或者应当知道××礼品公司冒用他人生产许可证编号并利用其网络服务实施销售不符合食品安全标准的食品后未采取必要措施。故对原告要求××网络公司承担连带责任不予支持。(2015)庐民一初字第 01565 号，蒋××诉××商城网站、××大药房连锁有限公司网络购物合同纠纷，××商城网站作为网络交易服务平台的提供者，并不参与网络平台上买家和卖家之间对交易对象和交易物品的选择和决定，与卖家之间亦不存在共同经营、共担风险的商业关系，故该公司与买家蒋××之间并不存在买卖合同关系。××商场网站对交易平台上卖家发布的信息无预见性，也没有参与对宣传信息的制作、编辑或者给予推荐，仅是按照一般操作规则对商品经营者提供的信息进行技术性的数据处理。如要求××商城网站对卖家发布的信息逐一进行实质性审查，势必阻碍网络交易便捷性、多样性的优势。××商城网站通过要求注册卖家进行实名认证、公示营业执照信息等方式审查其身份的真实性，并为买家提供售后退款、退货等维权方式，已尽到合理审查义务。另外，蒋××在本次诉讼前亦未向××商场网站提出维权申请，××商场网站在本案中及时提供了卖家的真实名称、联系地址及店铺网址，积极介入处理，可以视为该公司已履行了接到通知后采取必要措施以及在纠纷产生时披露卖家有效身份信息的法定义务。

5. 网络交易平台提供者是否承担基于新消法第44条第1款的惩罚性赔偿金

调研发现,2015年涉网络交易平台的案件中,凡是原告列网络交易平台提供者为被告的,均要求其对经营者的欺诈交易行为承担惩罚性赔偿。对此,法院作出两种不同的判决结果,绝大多数的案件中,法院不支持原告针对网络交易平台提供者关于惩罚性赔偿金的诉求,一般有以下两种论述路径:第一,网络交易平台提供者未参与交易,并非交易行为的当事人,未支持消费者的诉求;①第二,网络交易平台提供者作为网络商品交易第三方平台,已履行了相应的事前审查义务,虽然商户在经营过程中存在虚构企业名称、住所地等虚假宣传行为,但网络交易平台提供者并未参与该虚假信息的制作、编辑,不应对此行为承担责任。② 极个别判决认为:网络交易平台提供者应有能力举证证实平台商户真实的联系方式,但在诉讼中怠于提交,根据《食药品司法解释》第9条第1款的规定,网络交易平台提供者并未提供涉案产品的经营者的有效联系地址与联系方式,原告在本案中要求网络交易平台提供者承担责任,应予支持。③

（二）司法审判应尊重互联网自身的规律

在讨论、解决审判实践中的分歧时,裁判者除依法适用、解释法律之外,还应秉持尊重互联网本身的规律这一理念。网络空间与现实社会的最大差别之一在于网络空间的基本支撑主体是众多的互联网服务提供商或者中间平台。互联网平台的出现,带来交易成本的降低、生产和生活方式的深刻变化,然而网络平台交易中交易主体的资质、信誉难以判断,纠纷发生后,直接责任人确定难,取证难,因此消费者更愿意以网络交易平台提供者作为追责对象。然而,网络交易平台不同区别于传统的柜台租赁和撮合交易的中间人,平台

---

① (2015)永中法民一终字第504号民事判决,××网络公司为网络商品交易提供第三方交易平台,是提供网络交易平台服务的经营者。不参与买家和卖家之间对交易对象和交易物品的选择和决定,与卖家之间不存在共同经营、共担风险的商业关系,与原告不存在买卖合同关系。其次,根据新消法第44条的规定,现××网络公司能够提供卖家的真实姓名、地址及有效联系方式,原告的合法权益可以得到保障。最后,被告××网络公司作为网络服务平台,按照一般操作规则对商品经营者提供的信息进行技术性的数据处理,未对商品信息制作或给予推荐。原告未提供证据证明被告在本案中存在明知或者应知涉案卖家利用网络平台侵害消费者合法权益的情形。

② (2015)浙丽商终字第435号民事判决,上诉人吕×为与被上诉人××电器公司、××网络公司网络购物合同纠纷,法院认为,××网络公司作为网络商品交易第三方平台,在商家入驻平台时要求其提供营业执照,已履行了相应的事前审查义务,虽然××电器有限公司在经营过程中存在虚构企业名称、住所地等虚假宣传行为,但××网络公司并未参与该虚假信息的制作、编辑,不应对此行为承担责任。

③ (2015)穗中法民二终字第300号民事判决,上诉人××网络公司因与被上诉人冯××买卖合同纠纷,关于××网络公司的责任问题,冯××通过××网络公司的销售平台向××科技公司购买了涉案的产品。现产品的生产者××科技公司已经注销。而冯××通过网络交易平台向××科技公司主张赔偿被拒。冯××向××食品药品监督管理局提出申诉,该局经过调查发现,××科技公司的注册地址并无该公司近三年在此办公。上述因素均导致冯××无法向实际销售者主张权利。二审中,××网络公司提交的网络资料仅能证明涉案产品已经下架,并不能证明××科技公司已未在××网络公司提供的销售平台上经营。而××网络公司亦自称××科技公司在进入××网络公司提供的网络销售平台之时进行了登记,经过了××网络公司的审查。因此,××网络公司应有能力举证证实××公司真实的联系方式。但在本案的诉讼中,××网络公司亦怠于提交。根据《食药品司法解释》第9条第1款规定,××网络公司并无提供涉案产品的销售者的有效联系地址与联系方式,冯××在本案中要求网络交易平台提供者××网络公司承担责任,应予支持。2015年案例中尚有(2015)渝一中法民终字第04084号民事判决,崔×与××网络公司产品责任纠纷案中,法院亦判决网络交易平台提供者承担惩罚性赔偿责任。

上注册的海量经营者，多重的消费需求，使得法院在界定平台民事责任时，已经超越传统的责任承担规则。新消法第44条制定就考虑到了互联网的自身规律，确立了符合互联网发展特征的民事责任规则。

司法审判中加重网络交易平台提供者的赔偿责任，通常基于两个理由：第一，经营者在网络交易平台上从事经营，需向平台支付一定数额的服务费，从而认定网络交易平台参与经营，要承担连带赔偿。课题组认为，根据权利义务相对等的原则，此服务费乃是网络平台提供的技术服务或系统维护的对价，而非从商品销售中的营利，故不可将平台收取服务费认定为其参与经营。第二，网络交易平台有能力保护消费者，故应承担更重的责任。网络交易平台基于其互联网技术，可以从技术和制定交易规则上不断强化对消费者的保护，降低交易风险，但无法杜绝风险，也不具备社会管理和执法能力，不能将其无法负担的义务强加之，否则既无公平又会扼杀互联网技术的创新。

审判机关对涉网络交易平台提供者纠纷的处理，亦经历了从简单适用法律到认知互联网规律的过程。广东省高级人民法院(2014)粤高法民一提字第52号，××网络公司与姚××产品质量纠纷申请再审案中，法院从认为"××网络公司提供的是一个交易平台，售出的并非自己的货物，但在交易的过程中是获取利益的，××网络公司与××××公司(经营者)相结合形成电商的经营模式，因此可以认定××网络公司与××××公司系共同经营人，承担连带赔偿责任"到"××××公司作为商品经营者发布虚假的广告信息，网络交易平台对此并无预见能力。若要求其承担对此类信息的事前审查义务，则网络交易平台必然需对商品信息逐一筛查，与网络交易平台以快速提供交易信息和交易渠道为优势的特点相悖，也将不适当地增加运营成本。因此，在××网络公司未直接参与或实施侵权行为时，应限制其对商品经营者的侵权行为承担连带责任的条件。"的转变，最终通过再审程序改判驳回了原告对网络交易平台提供者的诉求。司法审判中，法院不仅要严格适用、解释法律，在衡量网络交易平台提供者的过错时，还要尊重互联网本身的规律，在尊重规律的背后是保护技术的创新和发展。

(三)统一司法裁判中的法律理解与适用

1. 法院应在区分请求权的基础上正确适用法律

当消费者向网络交易平台索赔时，需要区分消费者的请求权基础，是基于合同责任或者侵权责任。新消法第44条规定了网络交易平台提供者承担的是过错责任，不是过错推定，也不是无过错责任，因此，如果消费者向网络交易平台提供者主张索赔，则需要依据侵权请求权进行。在合同纠纷案由下，根据合同的相对性，消费者则无法主张网络交易平台承担违约责任。相关案件中，法院也认为"因原告明确本案主张的是合同之诉而非侵权之诉，故网络平台企业是否构成共同侵权不属于本案审查的范围，对该主张该院不作处理"①；还有法院认为："原告以消费者权益保护法对网络交易平台提供者和广告经营者、发布者所设定的义务以及《侵权责任法》的相关规定为依据，要求××网络公司承担先行赔付责任和连

---

① (2015)浙杭商终字第2477号，上诉人王××因与被上诉人××网络有限公司、汪××网络购物合同纠纷案，法院认为：王××主张××网络有限公司应承担共同侵权的连带责任，因王××明确本案主张的是合同之诉而非侵权之诉，故××网络有限公司是否构成共同侵权不属于本案审查的范围，对该主张该院不作处理。故王××针对××网络有限公司的诉请，该院均不予支持。

带赔偿责任，属于侵权之诉的范畴，须以××网络公司违反相应法定义务且存在过错为前提。”[①]新消法第44条第2款规定了“侵害消费者合法权益”，如在侵权纠纷案由下主张连带责任，则因为构成共同侵权或多数人侵权；如在合同纠纷项下，因我国没有制定债法总则，故在合同纠纷项下主张连带责任存在障碍。

2. 网络交易平台提供者的形式审查义务

为确保经营者登记信息和实际一致，网络交易平台通常在经营者入驻时，采用一定的方式对信息进行审核验证，但在诉讼中，法院使用相关信息时，或因经营者刻意逃避诉讼，或因经营者变更相关信息，未及时向平台报送，或因入驻平台之初即故意告知虚假信息，从而在诉讼中法院无法联系或无法确认当事人身份，故在法院无法有效联系或确认经营者身份时，对网络交易平台提供者的民事责任不可一概而论，应在确定其过错的基础上，再行确定责任承担。课题组认为，网络交易平台提供者在审核登记或更新经营者信息时，应尽的是形式审查义务，理由如下：

第一，新消法第44条第1款规定网络交易平台提供者承担的是过错责任，网络交易平台提供者的过错在于不能提供经营主体的真实、有效的信息，意味着其在审核、登记或更新经营者信息时存在过失，故承担相应的民事责任。根据《网络交易管理办法》第23条的规定[②]，对网络交易平台提供者的过失考察包括：登记信息时的审核验证措施，经营过程中对信息的定期核实更新，特殊情形下采取进一步措施加强审核或监督。如经营主体遭到消费者多次违约或欺诈投诉，才能确定网络交易平台提供者存在过错，从而需要承担民事责任。

第二，网络交易平台提供者的真实信息披露义务属于其应尽的安全保障义务之一，并非承担经营者违约或者欺诈的风险。网络交易平台作为民事主体，其对经营者进驻网络交易平台的资格要求、审核及在交易中提供技术辅助和支持时，应对平台上的交易尽到安全保障义务，负有采取直接或者间接措施避免或者减少网络交易风险，保护交易方财产利益不受损害的法律义务。该义务防范的交易风险主要是交易方实质性的虚假陈述及不归因于交易方的重要信息错误、延误、丢失或不能辨认，而不包括一般的违约行为及产品责任风险。[③]

第三，遵循民事权利和义务对等的原则，法律不能将民事主体无法尽到的义务赋予之。对比传统线下经营主体的行政审核，工商部门亦仅进行形式审核，无法确保其登记的企业信息时刻均为有效，诉讼中亦出现当事人不向法院告知有效送达地址的情形，故在行政和司法部门都无法尽到的实质审核义务，而要求线上网络交易平台提供者尽到该义务，既无法律之依据亦无现实之可能。故诉讼中，网络交易平台提供的信息无法联系或无法

---

① (2015)沪二中民一(民)终字第1231号。

② 《网络交易管理办法》第23条的规定，第三方交易平台经营者应当对申请进入平台销售商品或者提供服务的法人、其他经济组织或者个体工商户的经营主体身份进行审查和登记，建立登记档案并定期核实更新，在其从事经营活动的主页面醒目位置公开营业执照登载的信息或者其营业执照的电子链接标识。第三方交易平台经营者应当对尚不具备工商登记注册条件、申请进入平台销售商品或者提供服务的自然人的真实身份信息进行审查和登记，建立登记档案并定期核实更新，核发证明个人身份信息真实合法的标记，加载在其从事经营活动的主页面醒目位置。

③ 齐爱民、陈琛：《论网络交易平台提供商之交易安全保障义务》，载《法律科学》2011年第5期。

确认具体的民事主体，并不一定得出其必须承担民事责任的结论；人民法院在认定网络交易平台提供者是否承担信息披露不真实的责任时，应考察网络交易平台提供者在登记经营主体身份信息是否采取必要措施进行了审查，经营过程中是否定期对经营主体的身份信息进行核实更新。

3. 网络服务交易中的平台责任承担规则

网络平台上的商品交易，无论合同的订立还是履行，买卖双方都无法进行面对面的交易，因此法律才赋予网络交易平台提供者提供经营者真实名称、地址和联系方式的义务，从而确保消费者能够找到经营者进行索赔。但是在网络服务交易中，比如代驾、美甲、美睫服务过程中，买家和服务者进行的面对面的交易，买家已经知道了服务者的名称、联系方式，是否提供服务者所在的企业名称，则取决于平台依法登记信息的范围，在消费者已经知晓服务者的姓名、联系方式时，已经能够确定具体的服务者，不存在商品交易中无法知晓服务者的情况，故课题组认为，在网络服务交易中，如果消费者已经知晓提供服务者的具体名称、联系方式，则可以认定网络交易平台提供者已经履行了新消法第 44 条第 1 款规定的义务。

网络服务交易中，消费者和服务提供者进行面对面的交易，从而在确定网络交易平台提供者对消费者致害纠纷承担何种责任时，还应加以审慎地分析。在提供服务的网络交易平台上，对服务者的相关信息编辑和发布都是由网络交易平台提供，比如河狸家 App 上发布的美容师的信息、滴滴专车 App 发布的司机、车辆的信息，对这些发布的信息，仍需考察网络平台提供者是否尽到审核验证的义务。网络交易平台发布的服务信息应真实、客观，如果存在虚构、夸张的，足以误导消费者选择的，则需要承担相应的责任；如网络交易平台提供者故意提供虚假信息，则与服务者构成共同侵权，承担连带责任。如网络交易平台提供者存在过失，消费者通过网络交易平台接受服务造成损害的，杨立新教授认为，构成单向连带责任的共同侵权行为，即两个以上的行为人对于造成的同一损害结果具有部分主观关联或者客观关联共同，其中对于全部损害结果具有关联共同的行为，行为人应当对全部损害承担连带责任，对与部分关联共同行为，行为人应当承担按份责任（单独责任），参考适用《侵权责任法》第 9 条第 2 款和第 49 条的规定。①

司法实践中，在服务者致害消费者的纠纷中，网络服务交易平台存在过失时，法院判决：由被告韩××（服务提供者）全额承担赔偿责任，被告××公司（网络交易平台提供者）在 30% 的范围内承担补充赔偿责任。② 虽在该判决中法院没有明确适用补充赔偿责任的法律依据，但是可以推知适用的应是《侵权责任法》第 37 条第 2 款。补充赔偿责任不同于连带责任或按份责任，它在履行顺序上处于第二位，且违反的义务只是造成损害发生

---

① 杨立新：《网络交易平台提供者为消费者损害承担赔偿责任的法理基础》，载《法学》2016 年第 1 期。

② （2015）徐民一（民）初字第 1731 号，原告通过其手机中安装的被告××公司应用软件订购手艺人 Kerry 即被告韩××的"红色格子"提供美睫服务，后原告眼部不适，接受治疗，产生若干医疗费，遂起诉服务提供者韩××和××公司，要求连带赔偿。该案中，法院认为，被告××公司在接受被告韩××作为美甲师在其网络平台上服务信息之前，仅对被告韩××的身份证信息进行了认证，而对其今后提供的服务所可能涉及的相关资质等信息未进行审核，被告××公司主张其对被告韩××亦存在技能考核的明星认证，但其未提供证据予以证明，法院不予采信。

的一个条件并非原因；而如果适用《侵权责任法》第9条第2款和第49条规定的前提是监护人或者机动车所有人存在过错，该过错参与导致损害的发生，故承担的是相应的赔偿责任。因此，课题组认为，在服务提供者致害消费者的纠纷中，网络交易平台提供者因其存在的过错，应承担相应的责任，此部分按份责任并不影响行为人承担全部赔偿责任，行为人和平台承担责任的形态及履行顺序上的是否有先后，则取决于平台和行为人各自的侵权行为对损害后果的发生或扩大的作用力。

4. 网络交易平台对侵害消费者权益的明知或应知

新消法第44条第2款之规定，属于过错原则下的连带侵权责任。网络交易平台提供者所涉及的侵权纠纷主要是知识产权权利人对平台上的售假、盗版行为提起的诉讼。网络交易平台对平台经营者侵犯知识产权是否存在过错是认定其承担侵权责任的重点和难点，对于明知、应知的内涵，本文已在第一部分解读新消法第55条时加以阐述。实践中，对于"应知"的认定全部采用客观标准加以衡量，综合调研情况，课题组认为应知的判断标准应综合考虑以下因素：网络交易平台提供服务的性质、方式及其引发侵权的可能性大小，应当具备的管理信息的能力；所售商品或者服务的类型、知名度及侵权信息的明显程度；网络交易平台提供者是否设置便捷程序接收消费者投诉并及时作出合理的反应；网络交易平台提供者是否针对同一经营者的重复侵权行为采取了相应的合理措施等。①

网络交易平台采取了必要措施，是否可以推定其应知，涉及对新消法第44条第2款第一句和第二句的逻辑关系的解读，是并列的关系抑或是采取了必要措施即可推定网络交易平台明知或应知？从该条款一句和二句的关系来看，分别阐述网络交易平台的主观过错要件和侵权行为要件，故两者属于不同的责任构成要件，但因为在判断网络交易平台是否应知的时候均采用客观的评价方式，所以呈现这两种要素在判断时的重合。但有学者指出，网络交易平台提供者主动采取的预防措施一般不作为认定应知的理由。② 其实，主动采取的预防措施和针对消费者的通知或行政部门的侵权认定或处罚等采取的必要措施，不具有相同的效果，因此在阐述第44条第2款时，仍应分别考察，分别论述。

5. 网络交易平台提供者的责任承担及损害赔偿的类型

新消法第44条第1款的责任形态，一般认为属于特定条件下的先行赔付责任③或称为附条件的不真正连带责任④，消费者无法找到经营者的时候，网络交易平台提供者才承担责任，且在承担赔偿责任之后可以向经营者追偿；第2款系过错原则下的连带侵权责任。审判实践中，伴随着网络交易平台提供者的不同过错形式和侵权行为的竞合，呈现的责任形态已超出新消法第44条的规定。首先，网络服务交易中，网络交易平台提供者承担的责任与网络商品交易不同；其次，根据新消法第44条、《侵权责任法》第36条、《食药品司法解释》第9条、北京市高级人民法院《关于审理电子商务侵害知识产权

---

① 贾东明主编：《中华人民共和国消费者权益保护法解读》，中国法制出版社2013年版，第207页。

② 申屠彩芳：《网络交易平台提供商辅助侵权责任的过错认定——以C2C交易平台中商标权侵权为视角》，载《浙江学刊》2014年第4期。

③ 贾东明主编：《中华人民共和国消费者权益保护法解读》，中国法制出版社2013年版，第208页。

④ 杨立新：《网络交易平台提供服务的损害赔偿责任及规则》，载《法学论坛》2016年第1期。

纠纷案件若干问题的解答》第 4 条等规定，可以确定网络交易平台提供者应尽的法定义务包括：对网络用户身份的审查义务、一般性的事前、事中监控义务、事后补救及协助审查义务。网络交易平台提供者在新消法第44 条规定之外未履行法定义务，则需要考察其过错和侵权行为对损害发生及扩大的作用力，来确定其与经营者之间如何承担责任。

网络交易平台提供者对平台交易所负的安全保障义务仅限于交易方实质性的虚假陈述及不归因于交易方的重要信息错误、延误、丢失或不能辨认，而不包括一般的违约行为及产品责任风险，故在消费者要求经营者承担欺诈责任时，一般情况下网络交易平台不应承担欺诈的数倍惩罚性赔偿责任，除非网络交易平台有先行赔付承诺或参与经营交易行为。课题组认为，网络交易平台提供者不应承担基于新消法第 44 条第 1 款的惩罚性赔偿责任，理由有以下几点：首先，网络交易平台提供者是否承担惩罚性赔偿金，需要考察是否符合新消法第 55 条规定的情形，如存在欺诈或者缺陷产品造成严重损害的，而第 44 条第 1 款规定承担责任的前提是网络交易平台提供者不能提供真实名称、地址和有效联系方式，仅存在过失，不属于新消法规定的第 55 条适用的情形；其次，网络交易平台提供者作为第三方平台，并不参与消费者和经营者之间的买卖合同，故网络交易平台提供者不能称为新消法第 55 条规定的“经营者”；最后，新消法第 44 条第 1 款属于过错责任，从立法目的来看，是为救济找不到经营者的消费者的损害，承担的是损害填补责任，此责任也与其过错程度相适应，故此赔偿责任的范围不应包括惩罚性赔偿金。

小结：裁判涉网络交易平台提供者的纠纷，人民法院应当要求消费者确认所涉之诉的请求权基础，以明确诉讼所涉的法律关系及法律适用依据。（1）网络交易平台提供者除有先行赔付承诺外，其对消费者承担的是过错侵权责任。（2）人民法院在确认网络交易平台提供者披露经营者信息时是否承担责任，需考察其在登记经营者信息时，是否采取必要措施进行审核，此后是否定期对信息进行核实更新。网络交易平台提供者基于过错而未能披露经营者相关信息时，所承担的赔偿责任不包括惩罚性赔偿金。（3）人民法院在审理涉及网络服务交易的纠纷中，如消费者在交易中知晓服务提供者的名称、联系方式，则网络交易平台提供者无须再行提供。人民法院在确认网络服务交易平台提供者对服务提供者致害消费者纠纷中的责任承担时，应考察网络服务交易平台提供者的侵权行为对损害发生的作用力大小。

三、产品缺陷制度相关问题研究

课题组之所以在消费者权益保护领域选择将“缺陷制度”这个看似并不新颖的问题作为一个论述的重点，是基于在产品责任制度中，产品缺陷是核心，是认定产品责任的前提和基础。课题组在“无讼案例”平台输入“产品缺陷”“消费者权益保护法”等关键词，共检索出 1916 件以判决方式结案的民事案件，所涉案由广泛，具体分布在产品责任纠纷、违反安全保障义务责任纠纷、买卖合同纠纷、健康权纠纷等案件中。（见图 4）

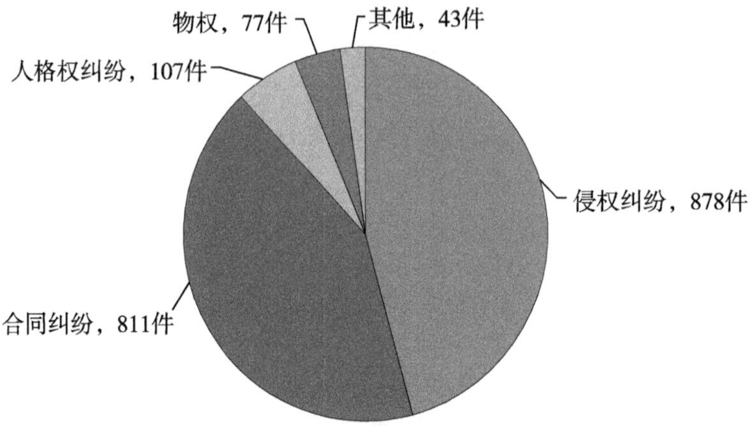

图4　产品缺陷案件分类

正是由于产品缺陷所涉纠纷广泛，故产品缺陷内涵的界定，将直接关系到缺陷产品的受害者权利能否得到有效救济，同时也是实现责任控制，防止过度归责的主要手段。而新消法并未对“缺陷”作出明确定义，目前学界和司法界对于缺陷的定义均引用《产品质量法》第46条①的规定，但在司法实践中仍然存在种种问题。

（一）样本考察分析产品缺陷制度存在的问题

1. 对于“产品缺陷”的认定，司法对立法的突破

我国《产品质量法》关于产品缺陷的认定确定了两个标准，即是否存在不合理危险的一般标准及是否符合有关国家、行业标准的安全标准。同时在立法层面规定了两个层次的适用规则，强制性标准优先于“不合理危险”标准。但司法适用中，法官常常突破了立法的规定，在被告方以“产品符合国家标准、行业标准”作为抗辩理由的情况下，在判决说理部分认为，“国家标准和行业标准是产品应当符合的最低标准，符合‘标准’的产品，也存在具有不合理危险的可能性。”②“即便是产品的各项性能指标都符合该产品的强制性标准，对于该强制性标准未作规定的指标如不符合保障人体和人身、财产安全的要求，可能造成他人损害的，仍应认定该产品存在缺陷。”③申言之，司法实践中，法官往往将产品缺陷的认定标准确定为“不合理危险”一个层面，而将强制性标准作为衡量是否构成“不合理危险”的一个考量因素。

2. 对于是否存在“产品缺陷”，举证责任分配不同

关于产品缺陷的举证责任，司法实践中也存在两种截然不同的裁判思维，一种是严格适用“谁主张、谁举证”的证明规则，将产品具有缺陷，作为消费者必须证明的事实之一，

---

① 《产品质量法》第46条规定：“本法所称缺陷，是指产品存在危及人身、他人财产安全的不合理的危险；产品有保障人体健康和人身、财产安全的国家标准、行业标准的，是指不符合该标准。”

② 参见最高人民法院公报案例2015年第12期，“马水法诉陕西重型汽车有限公司等健康权纠纷案二审民事判决书”。

③ （2015）苏民终字第00075号，“江苏南通二建集团有限公司与天津市鹏凯建筑机械设备有限公司、崔玉柱产品责任纠纷”二审民事判决书。

若当事人未举证证明产品具有缺陷,无论何种原因,均判决消费者承担举证不能的后果。① 另一种则认为根据《产品质量法》第29条的立法原意,产品缺陷的举证责任,应当由生产者承担。生产者如不能证明产品没有缺陷,就要承担产品责任。最高人民法院的公报案例"陈梅金、林德鑫诉日本三菱汽车工业株式会社损害赔偿纠纷二审案"采用此种观点。② 甚至有的法院直接认为根据最高人民法院《关于民事诉讼证据的若干规定》第4条第6项"因缺陷产品致人损害的侵权诉讼,由产品的生产者就法律规定的免责事由承担举证责任"的规定,举证责任分配应当是:生产者的举证责任是举证证明自己的产品不存在缺陷,方可免责。③

3. 产品责任诉讼中,各主体承担责任的形态适用不一

在我国的产品责任中,生产者承担严格责任已成为共识,但是销售者承担的是过错责任还是严格责任,理论与实践均存在不同观点。有的观点认为消费者只能择一起诉生产者或者销售者;有的观点认为应当赋予消费者选择权,可单一起诉也可提起共同诉讼。比较有代表性的两种判决是:其一,直接确定负有最终责任的一方承担赔偿责任,直接确定最终责任。这种判决往往采用了生产者严格责任,而销售者过错责任的归则原则,在消费者无法证明生产者存在过错导致缺陷产生的情况下,直接判决生产者承担了全部责任。④ 另一种判决则确定了生产者与销售者对消费者承担连带责任,而生产者与销售者之间的责任分担问题另行解决。⑤ 具体见表1:

---

① (2013)沪一中民四(商)终字第1296号案件中,法院认为,鉴于原告所称涉案设备部分已烧毁、部分已交保险公司处理的情况,现已不具备对涉案设备委托专业机构进行产品缺陷检测的条件。基于上述理由,就本案证据,难以认定被告××公司生产的涉案UPS设备存在缺陷。因原告未能对被告××公司应承担产品生产者侵权责任的构成要件予以充分举证,应承担不利的法律后果,故驳回了原告的全部诉讼请求。

② 最高人民法院的公报案例"陈梅金、林德鑫诉日本三菱汽车工业株式会社损害赔偿纠纷二审案"认为:"前挡风玻璃突然爆破是否属于该产品的缺陷,是本案双方当事人诉争的焦点。根据产品质量法第二十九条的立法原意,对这一问题的举证责任,应当由生产者承担。生产者如不能证明前挡风玻璃没有缺陷,而是受某一其他特定原因的作用发生爆破,就要承担产品责任。"

③ (2014)榕民终字第2077号,"刘××与××科技有限公司产品生产者责任纠纷"二审民事判决书。

④ (2014)普中民终字第237号,法院认为"对产品的生产者而言,适用无过错责任原则,即受害人无须证明生产者的主观过错因素,只需要证明产品存在缺陷。对销售者而言则适用过错责任原则……被告××烟花炮竹专营有限公司、白××、纪××作为烟花销售者,原告无证据证明××烟花炮竹专营有限公司、白××、纪××在烟花销售过程中有积极或消极的行为而使该产品存有缺陷,故××烟花炮竹专营有限公司、白××、纪××对段××受伤没有过错,不应承担赔偿责任。"最终法院判决生产者承担了全部的赔偿责任。

⑤ (2015)常民一终字第554号,法院认为:"本案属产品责任纠纷,承担责任的主体是生产者和销售者,产品责任在生产者和销售者之间属于不真正连带责任,即产品责任的承担者并非最终承担者时,可向产品的最终承担者追偿。本案中,严××主张王××、××家电配件经营部、××电器销售有限公司、××冷暖设备有限公司承担产品责任合法,原判决判决××冷暖设备有限公司承担产品责任,并由王××、武××家电配件经营部、××电器销售有限公司承担连带赔偿责任并无不当。产品缺陷由生产者造成的,销售者赔偿后,有权另案向生产者追偿。因销售者的过错使产品存在缺陷的,生产者赔偿后,有权另案向销售者追偿。"

表1 不同诉讼模式及裁判结果

诉讼模式	裁判结果
只能择一起诉生产者或销售者	1. 起诉生产者:适用严格责任
	2. 起诉销售者:(1)适用过错原则,由消费者举证证明销售者存在过错;(2)适用严格责任,判决销售者对消费者承担产品责任后,可向生产者追偿
可向生产者、销售者提起共同诉讼	1. 按照生产者严格责任,销售者过错责任为原则,判决最终责任人对外承担责任
	2. 按照严格责任,判决生产者、销售者对外承担连带责任。内部责任分担另案解决

(二)产品缺陷的认定标准重设

如前所述,我国立法对于缺陷的认定采用了强制性标准优先适用于不合理危险标准的两层适用原则。对此,学界一直呼吁废除强制性标准,将不合理危险作为认定产品是否存在缺陷的基本要素。① 而通过调研发现,我国目前的产品标准仍存在标准之间冲突,部分标准脱离实际,标准修订滞后,标准制定受到行业和企业不当影响等问题,由此导致司法对缺陷的认定已突破立法上的规定。实践中,法院认为即使符合国家的强制性标准,仍然有可能存在不合理的危险,构成产品缺陷,产生立法、理论以及实践的矛盾。

课题组认为,现阶段我国尚未形成完备的产品责任归责体系,市场标准化的自律性不高,对涉及人身安全、人体健康及财产安全的产品,国家确实有必要通过严格的"准入通行证"来允许此类产品在市场上流通。但对产品缺陷的司法判定上,借鉴国外的相关制度,可以发现对"产品缺陷"存在两种界定方法,美国采用"不合理危险",欧洲国家大多采用"有权期待的安全"。无论哪一种,其出发点均是以一个理智人的合理预期为基础,以产品的安全性为考量。若产品所存在的潜在危险超出了正常消费者的合理预期,则该产品存在缺陷,这是确定产品缺陷的基本前提。故课题组认为,产品缺陷的认定标准最终还是应确定在"是否存在不合理危险"层面,建议从立法层面,明确规定不合理危险作为根本原则,是主要标准;将强制性标准作为低位要求,是次要标准、辅助性标准。如此,符合我国目前的司法实践,也顺应国际上的通常做法。同时,作为"不合理危险"的具体适用与判断,也应结合案情予以分析。产品缺陷的认定是一个极其复杂但又十分重要的问题,在具体认定中要综合考虑公平、效益等多种社会价值,从而既不损害消费者的合法权益,又能尊重生产者、销售者的合法利益。

(三)产品缺陷举证责任分配的重构

一般而言,产品责任的主要构成要件包括:产品存在缺陷;损害事实的发生;产品缺陷与损害事实之间存在因果关系。至于过错要件,只有在适用过错归责原则时才能作为构成要件之一。通说认为,根据"谁主张,谁举证"的证明规则,消费者应就上述事实进行举证证明,而根据《民事诉讼证据规定》第4条第1款第6项的规定,由生产者就免责事项进

① 贺光辉:《产品缺陷认定标准的国际比较研究及对我国的借鉴》,载《现代经济探讨》2008年第3期。

行举证。根据样本研究分析，关于“产品是否存在缺陷”的举证责任，司法实践中判法不一。究其原因，部分法官认为，如果在产品质量领域严格适用“谁主张，谁举证”原则，会加大原告的证明责任，有违公平正义的司法理念。关于产品是否存在缺陷，很多时候涉及专业性、技术性的问题，普通的消费者不具备这些专业知识，尤其是在产品非能归责于消费者原因灭失的情况下，仍然将举证责任分配给消费者，必然导致消费者维权困难。在 2014 年“3·15 年度报告调查”中就有“80% 的参与调查者因举证难放弃维权”。但另一部分法官认为，如果适用“举证责任倒置”规则应当有法律的明确规定。按照现行法律，生产者仅就免责事项附有举证义务，而这也不是举证责任的倒置，而是正常的分配，即否认受害人权利主张的生产者，就其主张的阻碍受害人权利发生的要件事实进行举证，不能强加给经营者过大的举证责任。

课题组认为在现行法律未作出明确规定的前提下，不宜对产品缺陷适用举证责任倒置，但是消费者关于“产品存在缺陷”及“损害与缺陷之间因果关系”的举证义务需证明到何种程度是值得讨论的。故课题组认为可以引入“举证责任缓和”的概念。所谓举证责任缓和“是在证明规则规定由原告承担举证责任，在原告举证困难或者举证不能的情况下，为了保护弱势一方当事人的合法权益，缓和举证责任由原告承担的严峻形势，而确定由原告承担一定的举证责任，证明达到一定程度时，实行有条件的事实推定，转由被告承担举证责任，能够证明的，推翻其推定；不能证明的，推定的事实成立。”①是否适用“举证责任缓和”规则由法官决定，当法官根据案情判断，消费者承担了一定的举证责任之后，待证事实仍然不清楚，而又有必要让经营者对待证事实是否存在进行举证证明的情况下，才能够适用。有关举证责任缓和规则的概念，国内学界的讨论并不多见，至多有学者将此制度引申到医疗损害责任的举证责任分配上。关于举证责任缓和，简言之，即法律规定了一定程度的证明标准，但原告由于一些障碍无法完成该要求，此时可以对原告适当降低要求，只要原告达到该最低限度的标准，他的举证责任就已经完成，然后转由被告举证。可以说举证责任缓和是介于一般举证责任规则与举证责任倒置原则之间的一种缓和举证制度。

课题组初步设想在现有技术无法鉴定或产品灭失的情况下可以考虑做此种尝试，理由如下：首先无论是“谁主张，谁举证”原则还是“举证责任倒置”均不利于此类纠纷中双方当事人权益的保护。严格适用“谁主张，谁举证”原则对于消费者来说显得过于苛刻。消费者与经营者应属平等的民事主体，但由于双方在专业技术、信息资源占有等方面的巨大差异，导致了在诉讼中实际地位的不平等。因此，让消费者凭借自己的能力和有限的知识必须证明产品存在缺陷及因果关系的确非常困难，而往往司法鉴定的成本是很高的。“举证责任倒置”在深层次意义上来说体现了法律的价值取向，即法律向相对弱势群体的倾斜，使更多的人“实体法”上的权利可以得以实现。但是，任何事物都具有两面性，“举证责任倒置”的滥用，必然导致恶意诉讼及“滥诉”现象的产生。同时，经营者承担了过重的法律责任，会抑制产品经济的发展和高科技产品的研发应用。因此，在平衡两个利益群体的基础上，秉持平等保护的理念，课题组认为引入“举证责任缓和”原则是有益的探索。

① 杨立新：《医疗损害责任研究》，法律出版社 2009 年版，第 106 页。

其次，就实体角度而言，若现有技术无法鉴定出产品是否存在缺陷，而受害人能证明因正常使用产品而受伤，则不能完全排除产品存在缺陷，意味着生产者也不确定自己的产品是不是安全的，而生产者将不安全的产品投入市场，应承担由此导致的损害责任，此时由生产者进行免责事由的举证。若产品因为发生事故而灭失，从产品责任的性质来说，生产者了解、掌握和控制着产品设计、生产的全过程，了解产品的性质，有义务保证产品没有缺陷。产品因事故灭失，以原告的经济和技术实力显然无法确定证明产品是否存有缺陷。因此，采用举证责任缓和原则，法官可以允许消费者采取一些灵活的证明方法，比如实验室检验、化验、检测、数理统计以及间接反证等方法，当受害人证明到一定程度，法官可以根据案件的具体情况进行事实推定，认定产品具有缺陷。当然，上述推定，可以由生产者、销售者通过反证推翻。申言之，生产者、销售者对于产品没有缺陷的证明程度应当高于消费者对产品存在缺陷的证明程度。同样，关于因果关系的证明亦是如此。当确认产品存在缺陷，且消费者能够初步证明其损害与缺陷产品之间存在关联性，法官即可推定该因果关系存在。生产者、销售者此时必须举证，推翻此种推定，方能免责。

总之，课题组认为举证责任的分配问题从某种角度而言，就是立法者在不同群体之间利益平衡的结果，所以也有“举证之所在，败诉之所在”的俗语。对于产品缺陷举证责任的分配，要平衡消费者和经营者两个利益群体的关系，既要考虑消费者举证能力弱的实际情况，也要保障经营者合法的诉讼权利，应根据实际情况来分配产品缺陷的举证责任。

（四）产品责任的责任主体与责任形态探析

如前所述，关于产品责任各主体承担责任的责任形态，司法裁判不一，根源在于我国立法规定的不明确。首先，法律没有明确规定生产者、销售者之间的责任形态是连带责任还是不真正连带责任，受害人能否同时选择起诉生产者和销售者是诉讼中常遇见的问题。《民法通则》第 122 条规定“产品制造者、销售者应当依法承担民事责任。”《产品质量法》第 43 条规定“受害人可以向产品的生产者要求赔偿，也可以向产品的销售者要求赔偿。”《侵权责任法》第 43 条规定“因产品存在缺陷造成损害的，被侵权人可以向产品的生产者请求赔偿，也可以向产品的销售者请求赔偿。”新消法第 40 条第 2 款规定“消费者或者其他受害人因商品缺陷造成人身、财产损害的，可以向销售者要求赔偿，也可以向生产者要求赔偿。”对上述法律规定，学界及实务界有不同认识。有观点认为，共同向受害人承担直接责任的生产者和销售者之间是连带责任，受害人可选择其中之一或以二者作为被告请求赔偿。① 另一种观点认为，生产者和销售者之间是不真正连带责任。②

其次，法律没有明确规定生产者、销售者面向受害人的严格责任原则。如果说《侵权责任法》第41 条规定了生产者的严格责任；《侵权责任法》第42 条第1 款规定了销售者的过错责任。那么，受害人依据第 42 条起诉销售者时，是不是只能依据过错责任追究销售者的责任？如果销售者不存在过错，受害人将得不到赔偿。那么《侵权责任法》第 43 条及新消法第 40 条规定的追偿权是否还有意义？

最后，我国缺乏专门的产品责任立法，在《侵权责任法》和消费者权益保护领域，将

① 张新宝：《〈侵权责任法〉原理》，中国人民大学出版社 2005 年版，第 388 页。

② 杨立新：《侵权责任法》，法律出版社 2012 年版，第 327 页。

"销售者"概念宽泛化,包含了所有从事商业性销售行业的人员,从而造成了对销售者既最终依据过错原则追究责任,又令其对消费者承担严格责任的矛盾,同时也产生了诉讼模式上应采不真正连带责任还是连带责任的困惑。其实,我国产品责任的法律制度对美国的产品责任法与《欧共体产品责任指令》均有借鉴。在美国产品责任法中,对承担严格责任的销售商范围进行了一定限制,将其限制为自己生产并出售的销售商。《欧共体产品责任指令》将承担严格责任的销售者限定为进口商和不能指明产品制造者或者其前手供应者的供货商,并将二者视为拟制的制造人。正是因为生产者和销售者(准生产者、拟制生产者)的概念在产品责任法律制度中的统合性,其责任承担通常采取了连带责任的模式。

我国的产品责任法律制度尽管基于消费者权益保护的政策选择,将责任主体进行了延伸规制,但并未改变产品责任本质上是生产者责任、严格责任的实质。将产品责任规定为严格责任的立足点在于产品存在的设计缺陷、制造缺陷和警示缺陷均与生产者直接相关,而普通消费者对于产品缺陷的识别受到技术、知识方面的限制,即使生产者没有主观过错,也可能将缺陷产品生产出来流入市场,造成消费者人身、财产的损失。一般销售者虽然同样不具有此种专业判断能力,但其负有谨慎进货、选择可靠生产者、供应商的义务。课题组认同理论层面,生产者与销售者之间为不真正连带关系。此类关系符合"多数债务人就基于不同原因而偶尔产生的同一给付内容,各负全部履行义务,且因债务人之一的履行而使全部债务人的债务归于消灭"的不真正连带法律关系的内涵。

在诉讼模式的选择上,课题组认为应当允许消费者单独起诉生产者或销售者,或同时起诉生产者和销售者。理由基于两个层面的考虑,一是从消费者的诉讼能力而言,虽然生产者或销售者对其都承担严格责任,但一经选择,也就丧失了对其他主体的请求权,生产者和销售者的赔偿能力,普通消费者很难判断;二是就理论角度而言,课题组认为不真正连带责任与真正连带责任的区别主要表现在数个债务人之间责任承担的层次上。在真正连带责任中,虽然每个债务人之间责任具有连带性,但各债务人都处于同一个层次,都是终局债务人,所以存在内部分责的问题;而对不真正连带责任而言,因为各责任人都有全部给付义务,所以不存在内部分担关系,而只是存在中间责任,当中间责任人在履行完债务之后,可以向终局责任人追偿。申言之,不真正连带债务与连带债务都区分对内责任和对外责任,就对外责任而言,不真正连带债务人和真正连带债务人之间不存在区别,即每个债务人都可以对全部债务承担连带责任。① 但就对内责任而言,真正连带债务人仅承担属于自己的部分债务(按份责任);不真正连带债务人根据各自的归责原则确定最终责任人。

通过以上分析,理解《侵权责任法》第41～43条规定,即《侵权责任法》第41条规定了生产者最终归责原则为严格责任;第42条规定了销售者最终归责原则为过错责任;第43条规定了中间责任人承担责任后向最终责任人追偿的问题。以此为基础,课题组建议立法上明确区分产品责任的两个层次:第一个层次是生产者、销售者应该依据严格责任对消费者承担连带的外部责任原则;第二个层次是生产者或销售者在承担了对消费者的产品责任后,再根据《侵权责任法》第41条、第42条之规定向最终责任人追偿,此时分别考

---

① 罗恬漩、王亚新:《不真正连带责任诉讼问题探析》,载《法律适用》2015年第1期。

察生产者和销售者承担责任的形式。如此，使法律规定在内部逻辑上能够自洽。

小结：司法统计数据显示，产品缺陷制度中存在认定标准、举证责任分配及责任形态裁判不一的问题。通过分析论证，课题组认为：(1)在产品缺陷的认定上，将不合理危险作为根本原则。通过强制性标准、消费者合理期待、"风险—效用"等标准，来最终判断产品是否存在缺陷。(2)举证责任分配上，坚持"谁主张、谁举证"的基础上，建议在现有技术无法鉴定或产品灭失两种情况下，采取"举证责任缓和"原则，允许法官根据消费者的初步举证，对产品缺陷及因果关系的认定进行推定，但此种推定可被被告举证推翻。(3)在诉讼模式选择上，赋予消费者单一起诉或共同诉讼的选择权。消费者单一起诉生产者或者销售者时，均依据严格责任追究法律责任。共同诉讼时，生产者、销售者应该依据严格责任对消费者承担连带的外部责任原则，再根据《侵权责任法》第41条、第42条之规定向最终责任人追偿。

四、金融消费者权益司法保护的调研

新消法第2条规定，消费者为生活消费需要购买、使用商品或者接受服务，其权益受本法保护。第28条规定，网络、电视、电话、邮购等方式提供商品或者服务的经营者，以及提供证券、保险、银行等金融服务的经营者，应当向消费者提供经营地址、联系方式、商品或者服务的数量和质量、价款或者费用、履行期限和方式、安全注意事项和风险警示、售后服务、民事责任等信息。上述两个法条，结束了金融消费者应否受《消费权益保护法》保护这一争议，明确了消费者为生活消费需要，与金融机构成立金融服务合同关系，购买金融产品、接受金融业务服务理应受到《消费权益保护法》的保护这一结论。在司法实践领域，课题组经过调研，发现在金融消费者权益的司法保护方面存在下列问题。

（一）金融消费者的概念在司法实务中的认知程度较低

在证券、保险、期货等领域，当事人以新消法为请求权基础的案件数量极少。北京市第一中级人民法院于2016年3月14日召开过"金融消费类案件审理情况暨维权提示"新闻通报会，发布了金融消费领域的五大典型案例，彰显出人民法院在金融消费者权益保护方面的重视，上海、江苏也陆续发布了一些典型案例。但通过对上述法院相关调研报告与新闻发布会文稿的调研，结合有关法院的判决，课题组发现，"金融消费者"这一概念在司法实践中的认知程度非常低。

在证券虚假陈述责任纠纷案件中，通过最高人民法院的裁判文书网搜索相关案例，在该类案件中，出现"消费者"一词的案件数量为0。

在财产保险合同纠纷案件中，搜索自新消法实施以来最高人民法院已经公开的全部司法判决（见图5），财产保险合同纠纷的数量约为6万件，但其中关键词中含有"消费者"一词的案件仅仅有143件，占比为0.2%。其中部分案件认定了保险合同的投保人系消费者，并且从保护弱者的角度，在证据采信上作出了有利于消费者的判决。如在一起因机动车自燃而引发的财产保险纠纷案件中，法院认为，韩某购买的车辆自燃，公安消防大队对该火灾原因提出三种可能的倾向意见，在三种可能的原因中可以明确两种系保险公司赔偿的范围，保险公司认为汽车电器故障属于自燃应为其免责范围，法院认为因韩某的车辆属于非营运性质，亦应属于其赔偿范围，从平衡各方利益，保护保险消费者的角度，应支持韩某的诉讼请求。① 在另外一起案件中,法院明确使用了"金融消费者"的概念,法院认为本案诉争双方对事故经过及车辆投保情况没有异议,对事故造成的损失金额有争议,各方均有责任对自己的主张提供证据。双方对于定损发生争议时,保险公司作为保险服务提供方,有义务提供友好的争议解决机制并尽快理赔,以尊重金融消费者的合法利益。②足见在保险合同纠纷中,对金融消费者的认知程度亦属于偏低的水平。

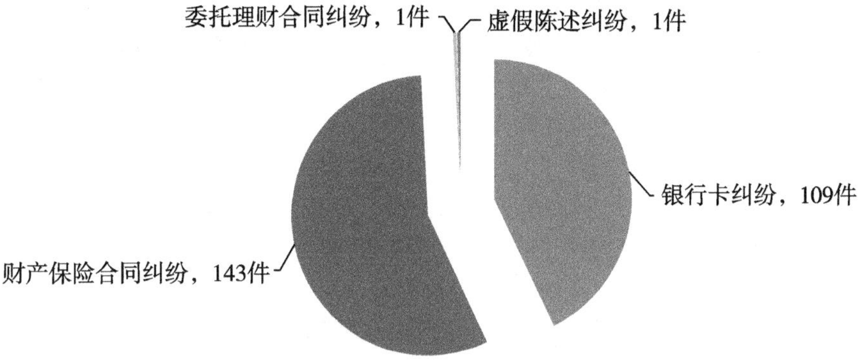

图5　各类金融纠纷中出现"消费者"一词的案件数量对比

在金融理财委托合同纠纷中,新消法实施后,全国共有110件公开裁判文书的金融理财委托合同纠纷案件,在文书中出现"消费者"一词的案件仅有1件。在该案中投资人主张自己是消费者,但法院并未认定投资人属于"消费者",而是认为查某(乙方)与东亚银行杭州分行(甲方)签订《境外理财委托协议》,其中约定:乙方将理财资金委托甲方于中国境外以投资于固定收益类产品的方式进行投资理财;甲方作为乙方的保管人保管投资产品,除了因甲方在执行本协议规定的责任(不包括其他责任)时,存在重大过失或故意失当不执行责任致使乙方蒙受损失或损害之外,乙方存放于甲方的投资产品概由乙方承担所有风险;投资产品的价格有时可能会波动很大。投资产品价格可升亦可跌,甚至变成毫无价值。因此,认购投资产品未必能够赚取利润,反而可能会招致损失。后查某委托的该理财产品出现亏损,查某起诉东亚银行杭州分行,最终法院认定查某败诉。查某在上诉中提到,东亚银行杭州分行亦应承担违反《广告法》第4条和新消法第20条的侵权责任,未获得法院的支持。③ 可见,在金融理财委托合同纠纷的司法审判实践中,难以认定投资人属于"金融消费者"。

在期货交易纠纷案件中,新消法实施后的裁判文书网已经公开的案件共有31件,在文书中出现"消费者"一词的案件为0。

在银行卡纠纷中,在新消法实施后,公开裁判文书的案件有137,086件,其中在文书中出现"消费者"一词的案件仅为109件,出现比例占总案件数的0.07%。在一起银行卡

---

① (2015)泰中商终字第00462号,该判决使用了"保护消费者权益"的提法,认定了投保人属于金融消费者。

② (2016)沪02民终936号,该判决书亦认定在保险合同中,投保人应视为金融消费者。

③ (2014)浙杭商外终字第24号,该判决认定,个人的金融投资理财活动,不属于消费者权益保护法的调整范畴,投资人也不属于消费者。

纠纷中,受害人通过诈骗短信诱导,自行使用电子密码器对外转账,法院认为本案不是不法分子自行通过非法网站直接窃取了俞某的电子密码器动态密码,而是俞某提供的动态密码,完成了转账交易,故俞某应当自行对使用电子密码器的行为负责,而银行不应当对俞某自行使用电子密码器完成不知情的“非法转账交易”负责。在适用法律时,法院适用新消法第18条之规定,驳回了俞某的诉讼请求。[①] 在仅有的109件案件中,当事人自己主张系消费者,应适用消法保护其合法权益,但人民法院在适用法律时并未予以采信的案件比例达到90%以上。足见在信用卡纠纷领域,司法实践对金融消费者概念的认知,也非常不充分。

(二)司法保护认知不足的原因分析

1. 金融消费者权益保护的立法缺失

我国并未针对金融消费者合法权益保护进行过单独立法。新消法第28条中出现了金融服务的概念,但并没有对金融消费者的概念予以界定,且该规定阐明的仅是金融服务提供者的信息披露义务,对金融服务提供者、金融产品经营者的其他义务,并没有作出明确的规定。金融消费者具有特殊性,在现行法律缺乏对金融消费者权益保护系统性规定的情况下,人民法院在适用法律时,难以找到充分的法律依据。

国务院于2015年11月4日颁布了国务院办公厅《关于加强金融消费者权益保护工作的指导意见》(国办发〔2015〕81号文),该文件第2条第(2)项,将金融消费者权益总结为:财产安全权、知情权、自主选择权、公平交易权、依法求偿权、受教育权、受尊重权、信息安全权等基本权利,但该规范的效力级别较低,难以起到新消法、合同法等法律规范的重要作用。

在已出台的《中国人民银行法》《银行业监督管理法》《商业银行法》《证券法》《保险法》等法律法规中,虽存在对于约束金融产品和金融服务的提供者、保护金融消费者的特定的法律概念如“存款人保护”“被保险人保护”等,但因上述法律仅仅是在价值层面作出的倡导性规定,在消费者的实体权利方面,未能体现出类似新消法对消费者的适度倾斜保护的基本原则,保护力度大打折扣。上述法律立足点在于维护金融机构的安全、避免系统性的金融风险,宣告对消费者进行保护是象征性的,且缺乏配套规定,导致金融消费者权益保护远不能达到新消法对消费者的保障程度。

近年来,各地人民银行基于维护金融稳定的目的,也相继制定了一些地方性的《金融消费者权益保护办法》,但也因该系列规范的效力级别较低,不能形成对金融消费者在国家立法层面强有力的制度保障。所以立法不足、不系统、不独立成为制约金融消费者权益司法保护的根本问题。

2. 金融消费者与一般的消费者存在重要区别,以至于难以形成对金融消费者保护的统一认识

金融消费主体购买金融产品、接受金融服务的根本目的是获得经济上的收益,并不是一般意义上的生活消费,这是金融消费者与普通消费者的核心区别。即便与日常消费关联性较强的保险、储蓄活动,亦与传统的消费品存在差异,兼有消费与投资的双重属性。所以对于金融活动的性质,在司法实践中没有统一的衡量标准,法官很难把握何种情形应

---

① (2014)郑民三终字第941号,该判决认定,在银行卡纠纷中,办理银行卡的个人是金融消费者。

认定为生活消费,何种情形应认定为投资。

金融消费具有高度的专业性,大部分金融服务与金融产品都存在很强的专业知识壁垒,与日常生活中普通消费者购买商品和接受服务的传统消费者权益保护问题存有天壤之别,这一点在新消法第2条制定过程中的争议,就能看出端倪。“有人认为,金融消费不同于一般消费,具有较大的特殊性,不宜纳入新消法的调整范围,应制定专门的金融消费者保护法或者行政法规,对金融消费者的内涵外延、金融消费者的权利、金融经营者的义务、金融消费者保护机构等问题作出明确规定。有人认为,金融消费者应否适用消费者权益保护法,应区分情况,基本的存贷业务、银行卡业务属于人们的生活消费范畴,可以适用消费者权益保护法;购买银行理财产品或者从事股票交易等,属于投资行为,不应适用”。① 所以,立法对金融消费者权益保护的范畴、方式缺乏共识,也是导致金融消费者权益司法保护力度不足的原因之一。

3. 司法机关对相关案件法律适用路径上的依赖

基于《证券法》《保险法》等法律对金融机构有明确的行政、民事责任的规定,人民法院在适用法律时,存在路径依赖,不主动适用对金融消费者合法权益保护有利的新消法。在一起期货内幕交易责任纠纷案件中,因某证券公司的内幕交易行为,给徐某造成了重大财产损失,当事人提出,新消法规定金融消费者在受到欺诈后能够获得惩罚性赔偿,故对某证券公司的内幕交易行为应当课以惩罚性赔偿。但法院在审查时,适用的法律,是《证券法》《期货交易管理条例》等专门法律,在认定当事人的权利义务时,没有将金融消费者作为相对于金融机构较为弱势的一方当事人,而是将消费者认定为普通的合同缔约主体,按照绝对平等的原则来认定双方之间的关系,认为内幕交易违背证券、期货市场公开、公平、公正的三公原则。内幕交易人利用内幕信息优势,与毫不知情的相对方进行交易,侵害了交易相对方的公平交易权,进而对交易相对方的合法财产权益构成严重威胁甚至造成实际损害,破坏证券市场交易制度的公平性,影响到一般投资人对证券市场公开、公正、公平的信赖。但关于本案是否适用新消法的问题,法院认为,我国消法所界定的消费行为主要是购买、使用商品或者接受服务的行为。上诉人徐某与证券公司之间不存在购买、使用商品或者接受服务的关系,故其交易损失不属于消费者权益保护法规范的范畴。② 足见司法机关在适用法律上的路径依赖,也是导致金融消费者权益司法保护力度不足的重要因素之一。

(三)加强金融消费者权益保护的相关建议

1. 根本途径在于加强针对金融消费者权益保护的专门立法

新消法是规范消费者、经营者权利义务的一般法,其本身的规则着眼点于传统商品与服务领域中的消费者保护,金融消费者较一般消费者而言的特殊性非常明显,且现行新消法中,仅在第28条规定了金融机构的信息披露义务,除此之外,再无针对金融消费者权益保护的特别规定,无法满足金融消费者合法权益保护的需求,所以,解决金融消费者合法

---

① 李适时:《中华人民共和国消费者权益保护法释义》,法律出版社2013年版,第11页。

② (2015)沪高民五(商)终字第61号,该判决认为,个人与证券公司之间不存在购买、使用商品或者接受服务的关系,故其交易损失不属于消费者权益保护法规范的范畴。

权益保护的治本之策仍在于立法,做到“有法可依”,从制度本源层面,解决司法实践中对相关概念理解不到位、适用法律不统一的问题。在立法过程中,尤其应明确金融消费者的概念,确立金融消费者有别于一般消费者的特殊保护规则,明确规定金融机构应负担的义务,从法律的供给侧层面解决消费者合法权益保护的制度困境。

2. 区分一般金融消费与金融投资,在审判中合理适用法律

其一,要从专业角度区分一般金融消费与专业金融投资。新消法第2条明确规定,适用新消法的前提是消费者为生活需要购买、使用商品或服务。在司法审判中,对何种行为属日常金融消费,何种行为属于专业金融投资,宜作必要的区分。课题组认为,区分的标准,应以该金融活动与日常生活的贴合度,以及在社会公众中的普及程度两个要素作为重要依据。与日常生活密切相关且在社会公众中普及度较高的储蓄行为、小额理财行为、日用品的财产保险行为(如机动车保险)等金融活动,理应纳入新消法的调整范围。而对专业的证券投资、大额基金运作、期货等金融活动,因其与日常生活的关系并不紧密,且在民众中的普及程度不高,可以考虑将其排除在新消法之外,而适用专门法予以调整。

其二,要从金额上予以审查,有人认为应以投资额度作为认定是否是投资于消费,额度大的属投资,额度小的属消费。但确定一个资金额度这种“一刀切”的办法,并未考虑不同人的资产状况的巨大差异,忽视了同一额度对不同投资主体的风险大小差异,因而该种认定并不科学。课题组认为,通过投资金额大小进而推定投资人行为属投资还是消费,应按照消费者投资的额度占其总资产的比例为标准。司法实践中,可以确定一个合理的限度(如确定50%的比例),当消费者的投资额度在一定合理比例范围内,从性质上可以认定为其系日常金融消费,适用新消法予以调整;但如果其投资额度占其总资产的比例超出了合理限度,应认定为专业的金融投资,此时可将投资者视为与金融机构平等的市场交易主体,不适用新消法,而认定为专业投资行为,迳行适用《证券法》等专门法予以调整。

3. 高度注重互联网金融领域的消费者权益保护

近年来互联网金融日渐兴起,如众筹、网贷、第三方支付、数字货币等新兴互联网金融模式发展突飞猛进,在调研过程中,通过案例检索,涉及互联网金融领域消费者合法权益保护的案件极少,但在日常生活中,这类互联网金融的知名度却非常高。这类案件呈现出:“现实热、审判冷”的现象。在一起股权众筹纠纷案件中,当事人对这一新型金融产品的关注程度,主要集中于相关协议的效力问题,法院认为,我国通过出台《关于促进互联网金融健康发展的指导意见》(银发〔2015〕221号)等规范性文件,对包括众筹融资交易在内的互联网金融创新交易予以鼓励和支持,为上述交易的实际开展提供了空间;另一方面,本案中的投资人均为经过“人人投”众筹平台实名认证的会员,且人数未超过200人上限;在此情况下,该院认为,从鼓励创新的角度,本案所涉众筹融资交易不属于“公开发行证券”,其交易未违反上述《证券法》第10条的规定。① 可见,法院对互联网金融产品的创新持开放的态度,对此我们应予肯定,但在肯定互联网金融创新的过程中,不能忽视对互联网金融消费者权益保护的重视,应通过司法审判,进一步确立相关审判规则,切实维

---

① (2015)一中民(商)终字第09220号,该判决从鼓励创新的角度,认定众筹融资交易不属于“公开发行证券”,不违反《证券法》第10条的规定,在判决中,体现出鼓励互联网金融创新的司法理念。

护好金融消费者的合法权益。而且，互联网金融案件存在以合法形式掩盖非法目的刑事犯罪问题，涉案金额大，造成极其恶劣的社会影响。如在一起刑事案件中，当事人以互联网众筹的名义，实际实施的却是高回报、高利息的非法吸收公众存款的行为，吸收资金共计5.9亿余元，行为人最终被判处刑罚。[①] 所以，审判机关应对以互联网金融为噱头的金融犯罪，保持高度警惕，在案件审理中发现刑事案件的相关线索，应及时将案件移交相关部门。

4. 审判中强化对金融机构信息披露义务的审查力度

新消法第28条明确规定了金融服务经营者的信息披露义务，这是本次新消法修订中，对金融消费者合法权益保护最直接、最明确的规定，在其他配套规定不完善的情况下，人民法院在审理案件中，应对该条规定予以充分重视。关于信息披露的内容，该条法律已经给出了明确的界定，即经营地址、联系方式、商品或者服务的数量和质量、价款或者费用、履行期限和方式、安全注意事项和风险警示、售后服务、民事责任等信息。同时其披露义务还需符合新消法第20条的规定，即其所披露的信息应当真实、全面，不得作虚假或者引人误解的宣传。在适用法律时，法院应明确金融服务经营者，违反信息披露的法律责任，因信息披露不真实等原因造成消费者重大误解的，支持消费者撤销合同的诉求；构成欺诈的，应根据新消法第55条的规定，支持其惩罚性赔偿金的诉求。

5. 加强对金融机构提供的格式条款效力的审查

在金融消费领域，格式条款的审查理应作为审查的重点，在实践中格式合同一般表现为金融风险告知书等，该类风险提示的内容，也是金融机构信息披露义务的重要载体，而这些信息披露往往成为金融机构主张自己免责的主要依据。调研中发现，在金融产品销售时，销售人员往往以承诺保底、保本等理由向消费者推荐金融产品，而实际签署风险告知书时，却诱导消费者仅仅浏览甚至不阅读相关风险提示书，发生纠纷后，消费者举证非常困难。在互联网金融领域，格式合同往往为电子格式，其是否进尽到了提示义务，消费者确认其知晓了风险提示书的内容，亦通过电子途径实现。故人民法院在审判实践中，应严格适用《电子签名法》，对电子签名的效力以严格审查，并在举证责任分配上，赋予互联网平台更高的举证义务，以切实维护消费者的合法权益。如经审查，格式合同被认定为无效，则可以适用新消法第28条的规定，认定金融机构未尽到信息披露义务。

6. 加强宣传，提高社会公众金融风险防范与依法维权的意识

金融消费者权益保护之所以在司法层面出现诸多问题，与社会公众的权利意识淡漠不无关系。从人民法院依法履职的情况来看，除了依法审判之外，法宣部门应加强对金融消费者合法权益保护的宣传力度，加强宣传金融消费者合法权益保护的案件与风险提示，提高社会公众的金融风险防范意识与依法维权意识，从源头上减少金融消费者合法权益被侵害的风险。

小结：新消法第28条，明确了消费者为生活消费需要，与金融机构成立金融服务合同关系，购买金融产品、接受金融业务服务理应受到消法保护这一结论。但在司法实践领

---

① (2014)沪二中刑终字第1340号，该判决通过追究以互联网金融为名义犯罪行为的刑事责任，实现对金融消费者合法权益的维护。

域,金融消费者权益并未因新消法的实施而得到有效的司法保护。究其根源,一是金融消费者权益保护的立法缺失;二是金融消费者与一般的消费者存在重要区别,以至于难以形成对金融消费者保护的共识;三是司法机关对金融消费者权益保护案件在适用法律上存在路径依赖。为加强金融消费者权益的司法保护,课题组认为:一要加强相关的专门立法;二要区分一般金融消费与金融投资,合理适用法律;三要高度注重互联网金融领域的消费者权益保护;四要强化对金融机构信息披露义务的审查力度;五要加强对金融机构提供的格式条款效力的审查;六要加强宣传,提高社会公众金融风险防范与依法维权的意识。

结 语

"徒法不足以自行",法律的生命在于有效的实施,我国目前基本已经形成了以新消法为核心的消费者权益保护体系,新消法的贯彻落实更是对惩罚性赔偿、金融消费者保护等重要制度进行了细化和补充。课题组结合理论前沿与司法审判实践中出现的争议和疑惑,通过真实案例对比和司法统计数据分析,对消法修改后仍存在且亟待解决的四大问题进行探讨和分析,并提出立法司法建议,包括惩罚性赔偿相关法律条文的规范分析,产品缺陷的认定标准和举证责任分配的重设,网络交易平台提供者的民事责任认定规则及金融消费者司法保护的完善等。本次调研试图在消费者权益保护框架下就相关问题为立法提供制度完善的建议,为法律适用提供启示,为审判实践提供思路,以填补消费者权益保护的空缺,完善我国消费者权益保护法的实施。

关于刑事案件被害人过错量刑情节法定化的调研报告*

被害人过错是审判实践中,特别是普通刑事案件的审判中,经常遇到的量刑情节。自2012年1月1日起至2016年12月31日止,我院共审理了369件侵犯人身权利类的一审刑事案件,其中辩方在庭审中提出被害人有过错的案件有168件,占案件总数的45.3%,而最终法庭采纳辩方意见认定被害人确有过错并据此对被告人从轻处罚的共有57件,占案件总数的15.4%,都集中在故意杀人案与故意伤害致人死亡案中。而且特别需要指出,在认定被害人有过错的57件案件中,没有一件最终判处死刑。虽然被害人过错作为一项重要的量刑情节,在审判实践中具有普遍性,但我国立法却对该问题缺乏足够的关注。可以说,在当前刑事审判实践中,被害人过错情节的认定问题已经成为一个不容回避的重点和难点问题。

一、国内外立法情况比较研究

(一)域外立法情况梳理

自20世纪40年代,德国犯罪学家汉斯·冯·亨廷(Hans Von Hentig)对被害人进行了深入研究以来,被害人与犯罪之间的密切关系就引起了人们的重视。随着犯罪学界对被害人学研究的日益深入,被害人之行为,特别是被害人过错行为的刑法学意义逐渐引起了人们的广泛关注。时至今日,纵观世界各国立法及判例,被害人过错行为已经成为一种为人们所普遍接受的法定的刑事责任的减轻事由。从这个角度来看,被害人过错情节可以说是一项舶来品,因此在将该情节法定化的过程中,有必要借鉴国外的立法成果。

由于受法律传统及社会心理等因素的影响,世界各国在立法方面对于被害人过错表述的侧重点有所不同,一般来说,大陆法系国家主要以被害人过错行为的客观性角度阐述,如《俄罗斯联邦刑法典》总则第10章第61条第1款规定了"由于被害人的行为不合法或不道德而实施犯罪"①作为与法定减轻处罚的情节。第107条、第113条还分别规定了"在激情状态中杀人""在激情状态中严重损害或中等损害他人健康",其前提均为"因被害人的暴力、挖苦或严重侮辱,或因被害人其他违法行为或不道德行为(不作为),以及由于被害人经常不断的违法行为或不道德行为而长期遭受精神创伤,从而在突发的强烈精

---

* 课题主持人:陆伟敏,课题负责人:周军,课题组成员:李洁、郑文伟,课题执笔人:张鹏、张璇。
本课题为2017年部门级重点课题。

① 《俄罗斯联邦刑法典》,黄道秀译,中国法制出版社2004年版,第25页。

神激动(激情)状态中"[1];《瑞士联邦刑法典》第64条规定:"在出于值得尊敬的动机、行为人因被害人行为的诱惑、非法刺激或侮辱造成行为人愤怒和痛苦这三种情况下,法官可对行为人从轻处罚[2]";《菲律宾新刑法典》总则第一篇第三章"减轻刑事责任之情形"中,第13条第4项规定:"行为人在行为前受到受害者足够的挑衅或威胁",第5项规定:"在配偶、血亲或者姻亲的直系尊亲遭到对方严重侵害后直接做出的保护行为",第6项规定:"罪犯因受到强烈刺激而引起愤怒或思维混乱的情况下做出犯罪行为"[3]。

而在英美法系国家中,则偏重于被告人因被害人过错行为而产生的情绪这一主观角度,如美国刑法理论认为"基于人类脆弱性或压力之下犯罪"是一个减轻事由,具体而言包括激怒、家庭或情绪压力等。以激怒为例,"激怒在普通法中可以成为被指控犯有谋杀罪的辩护理由,使其只能被指控犯有杀人罪。这一普通法原则在刑事上诉法院作为传统观点而表述如下:激怒是指死者向被控告人实施的某种或某些行为,会造成所有正常人(实际上造成被指控人)突然和暂时失去自我控制,导致被控告人面临一种压抑,从而一度不能把握自己的头脑。"[4]"典型的案例就是夫妻一方突然发现其配偶正在与他人性交,或按当时的情景可以马上判断出有通奸行为发生,在这种情形之下杀了奸夫(奸妇)或他(她)的配偶的行为,属于激怒之下的非预谋杀人。"[5]《美国联邦量刑指南》第五章K部分第二节第10条也明确规定了基于被害人过错行为的量刑原则:"当被害人的过错行为在相当程度上诱使了犯罪行为,为反映犯罪行为的性质和情节,法院可以在指南的幅度之下减轻量刑"。[6]

虽然各国立法角度及具体表述有所不同,但将被害人过错作为一个法定量刑情节在立法中加以规定并在判决书中常态化引用已经成为国际社会的主流。从立法技术上看,有的国家将被害人过错情节在刑法总则中规定,有的国家则将该情节体现在个罪之中在刑法分则中加以规定,但大多数国家在刑法总则和分则中均作出规定。

(二)被害人过错作为从轻处罚情节的依据

被害人过错之所以在刑事审判中能够作为对被告人从轻处罚的一种量刑情节,其理论依据有法益保护理论、期待可能性理论、刑罚目的论以及责任分担说与责任性降低说,其中得到最普遍认同的是责任分担说与责任性降低说。责任分担说主张被害人过错中被害人应承担责任,进而使行为人责任减轻,即所谓的根据被害人过错分配责任问题。责任性降低说(可归责性降低说)坚持认为,仅对犯罪的严重性产生影响的被害人过错才具刑法意义,这样的被害人过错方可减轻罪犯的刑事责任。责任分担说与责任性降低说均承认被害人过错有刑法后果,即被害人过错可导致罪犯刑事责任减轻,但前者认为被害人只要有过错就应承担责任,后者认为仅影响到被告人的应受谴责性的被害人过错才具刑法

---

① 《俄罗斯联邦刑法典》,黄道秀译,中国法制出版社2004年版,第50页、第53页。

② 徐跃飞:《论被害人的过错责任》,载《经济师》2007年第3期。

③ 《菲律宾刑法》,杨家庆译,北京大学出版社2006年版,第4页。

④ [英]J. C. 史密斯、B. 霍根:《英国刑法》,马清升等译,法律出版社2000年版,第393页。

⑤ 赵秉志主编:《英美刑法学》,中国人民大学出版社2004年版,第235页。

⑥ Tracey L. Meares: Exploring departures based on the victim's wrongful conduct: U. S. V. KOON; Federal Sentencing Reporter; Vol. 7.

意义。由于责任分担说有与侵权行为法的过错相混同之嫌,而民事法律解决平等主体间的利益冲突,刑法代表国家追击犯罪的职责,故责任性降低说日益占理论上风。课题组所持的被害人过错概念与责任性降低说是吻合的,即被害人过错之所以影响罪犯(定罪)量刑,须达到一定要求,这也是将被害人过错这一酌定量刑情节予以法定化并避免同案异判之所在。

(三)被害人过错情节在我国的立法处遇

新中国成立以来,由于深受苏联等社会主义国家法律理念的影响,我国刑法学界认为犯罪就是被告人对于国家和社会秩序的破坏,并以此为理论基础建立起国家与被告人之间的二元刑事法律关系。在这一模式之下,刑事立法及审判仅仅关注与刑法规范紧密联系的行为,而将与行为相关的行为原因置于犯罪学研究领域,这就导致作为犯罪原因中重要一环的被害人被逐出了刑法领域,也使被害人成为刑法上被忽视的角色,更谈不上关注被害人过错对于量刑的影响了。但近些年来,随着我国刑法学界逐渐认识到被害人作为被犯罪行为直接侵害的合法权益的享有者,理应被纳入国家、被告人和被害人的三元刑事法律关系之中①,并且在审判实践中"被害人过错作为一个法律术语在判决书中的引用已经常态化"②,无论是法学理论界还是实务部门均已认可被害人过错对于量刑具有重大影响。

但我国在立法方面对被害人过错问题的关注却仍远远落后于审判实践的需求,不但《刑法》未将被害人过错作为法定量刑情节加以规定,即使是相关司法解释对于该情节规定也仅仅是寥寥数语。据课题组的不完全统计,目前明确涉及被害人过错的司法解释类文件主要有五个:一是1999年最高人民法院《全国法院维护农村稳定刑事审判工作座谈会纪要》中规定,"对于被害人一方有明显过错或对矛盾激化负有直接责任的,一般不应判处死刑立即执行";二是2001年最高人民检察院《关于刑事抗诉工作的若干意见》中规定,"故意杀人案件,由于被害人一方有明显过错或者对矛盾激化负有直接责任,人民法院根据案件具体情况,判处被告人死刑缓期二年执行的……一般不宜按照审判监督程序提出抗诉";三是2007年最高人民法院《关于为构建社会主义和谐社会提供司法保障的若干意见》第18条规定,"因被害方的过错行为引发的案件,案发后真诚悔罪并积极赔偿被害人损失的案件,应慎用死刑立即执行";四是2010年最高人民法院发布的《人民法院量刑指导意见(试行)》关于故意伤害罪的量刑章节中规定,"因被害人的过错引发犯罪或对矛盾激化引发犯罪负有责任的"可以减少基准刑的20%以下;五是2013年4月最高人民法院、最高人民检察院《关于办理敲诈勒索刑事案件适用法律若干问题的解释》中规定"被害人对敲诈勒索的发生存在过错的,根据被害人过错程度和案件其他情况,可以对行为人酌情从宽处理;情节显著轻微危害不大的,不认为是犯罪。"

虽然以上五个司法解释文件明确了被害人过错作为一项重要酌定量刑情节的法律地位,但前三个文件仅将被害人过错情节局限于死刑案件的适用,而后两个文件则仅将被害

① 关于刑事被害人地位变化最为显著的标志就是1996年《刑事诉讼法》赋予了被害人刑事诉讼程序中当事人的地位。

② 潘庸鲁:《被害人过错问题研究》,载《法学论坛》2011年第5期。

人过错限制在故意伤害和敲诈勒索两个具体个罪范围，不但适用范围狭窄，而且对于如何认定被害人是否具有过错，也没有给出具体的可操作性的解释，这不但与该情节在刑事审判实践中的重要性不符，也与其他重要量刑情节所获得的立法关注不均衡①。

在此需要说明的是，虽然《刑法》并未明确规定被害人过错的条款，但已将部分被害人过错的情形吸纳入法条规范之中：如《刑法》第 20 条关于正当防卫和防卫过当的规定，在正当防卫和防卫过当的情形下，加害与被害关系有个互动、转换的过程，被害人的过错在先，促使被告人实施加害自身的行为，最初的加害者成为最终的被害人。该条中"不法侵害人"的称谓，实质上就是具有刑法意义的有过错的被害人。该条也是我国《刑法》条文中唯一一条由于被害人严重过错，导致行为人不负刑事责任或减轻免除刑事责任的条款；再如《刑法》关于非法拘禁罪与绑架罪区别的规定，根据 2000 年 7 月 13 日最高人民法院《关于对为索取法律不予保护的债务非法拘禁他人行为如何定罪问题的解释》的规定，行为人为索取高利贷、赌债等法律不予保护的债务，非法扣押、拘禁他人的，依照非法拘禁罪定罪处罚。在这种情况下，由于被害人不履行债务（含法律不予保护之债）导致行为人采取非法手段讨要债务，正是基于被害人存在过错，立法未将此类情形作为绑架罪或抢劫罪处理，而是作为科刑较轻的非法拘禁罪加以规置，这属于典型的因被害人过错而直接影响犯罪构成及罪名的情形。② 以上两种情况虽然也属于广义上的被害人过错情节，但该情节或成为违法阻却事由，或已为犯罪构成所吸纳，在判决时均不需要再作为一个独立的量刑情节加以评价。

2010 年最高人民法院发布的《人民法院量刑指导意见（试行）》虽然关于故意伤害罪的量刑章节中规定"因被害人的过错引发犯罪或对矛盾激化引发犯罪负有责任的"可以减少基准刑的 20% 以下，但是其后最高人民法院在 2014 年及 2016 年颁布的最高人民法院《关于常见犯罪的量刑指导意见》中，无论是在故意伤害罪的部分还是其他部分都没有提到被害人过错这一量刑情节的认定和适用，这与司法实践需求背道而驰，立法上的严重滞后也造成了审判实践中的诸多问题。

1. 被害人过错情节的虚置化

由于被害人过错不是法定量刑情节，只是由法官在量刑时灵活酌情适用的酌定情节，因此造成部分法院法官只将被害人过错情节作为内部合议汇报时考虑的情节，无论是否认定该情节、是否据此对被告人从轻处罚，在判决书中均语焉不详刻意回避，这样的判决必然无法得到当事人以及社会公众的认同，会降低司法的公信力。

2. 被害人过错情节认定的随意化

由于现行法律司法解释缺乏认定被害人过错情节的统一标准，造成实践中对于同类案件，甲法院的甲法官判决认定被害人对于案发具有过错，并据此对被告人从轻处罚，而乙法院的乙法官则可能判决被害人没有过错，不对被告人从轻处罚，如此同案不同判的现象必然造成社会公众对于法院执法尺度不一的消极印象。

---

① 以自首和立功情节为例，除《刑法》法条规定以外，最高人民法院专门发布了《关于处理自首和立功若干具体问题的意见》等具体司法解释，此外，《刑事审判参考》还曾就自首立功问题编辑专刊发布指导案例。

② 美国刑法中基于 provocation 而区分 murder 和 manslaughter 的立法例也是属于该种情形。

3. 被害人过错情节认定对于社会效果的盲从化

部分法院法官由于受到信访考核指标的压力，为了避免一旦认定被害人有过错引发被害人不满导致涉诉信访事件的产生，而在判决时不敢认定被害人具有过错，即使认定也会以“纠纷”或“事出有因”等概念代替过错，从而导致为片面追求社会效果而损害法律权威性的情况发生。

事实上实践中关于被害人过错情节认定的乱象远不止如此，无论是上述哪种情况，都与社会公众对于司法公正日益增加的需求以及量刑规范化改革的进程是相违背的。课题组认为，造成这一尴尬司法现状的直接原因就在于被害人过错对于量刑的重大影响与该情节作为酌定量刑情节的法律地位是不匹配的，因此明确将被害人过错规定为法定量刑情节，从而统一司法认定标准，是解决此困境的当务之急。

二、刑事审判实践中被害人过错情节量刑适用情况分析

课题组对北京市第一中级人民法院近五年来审理的故意伤害致人死亡案件进行了统计梳理，自 2012 年 1 月 1 日至 2016 年 12 月 31 日，我院共审结了故意伤害致人死亡案件 190 件，其中被告人或其辩护人提出被害人过错抗辩事由的有 112 件，法院认定被害人有过错的有 43 件[①]。课题组对这 190 件故意伤害致人死亡案件的判决书一一进行了研读分析，并对其中 50 余件案件的审理报告、合议笔录等卷宗进行了查阅，归纳总结出了在审判实践中关于被害人过错情节认定及适用的如下几方面特点：

（一）作为抗辩事由的提出比例与认定比例之间存在一定差距

经统计，在故意伤害致人死亡案件中，被害人过错作为抗辩事由占了总案件量的近 60%，但是其中被法院最后判决认定的只有不到 40%，经课题组调研分析发现，大量案件不被合议庭认可存在被害人过错情节的原因主要是以下三点：

1. 相关证据不足，合议庭无法认定被害人过错相关情节的真实性

一方面，课题组通过调研发现，虽然故意伤害致人死亡案件中有大部分被告人或辩护人都以被害人过错作为抗辩事由，但是绝大多数没有提供任何支持此抗辩事由的证据；另一方面，侦查机关对于有利于被告人证据的收集提取工作不到位，例如，在很多故意伤害案件中的被告人都辩称被害人先动手打了自己，并指出伤及的部位，但是，大多数情况下侦查机关都没有对被告人及时进行伤情鉴定。因此，很多被害人过错情节只有被告人一人的陈述，没有其他任何佐证，导致法院以证据不足驳回其被害人有过错的辩护意见。

2. 被害人过错程度达不到刑事案件对被害人过错的程度要求

所谓万事皆有因果，世界上没有无缘无故的恨，被告人伤害被害人致死案件的发生必定是有缘由的，但是“事出有因”不代表被害人构成过错情节。课题组经过调研发现，被告人及其辩护人从有利于被告人的角度出发，通常都会将“事出有因”中被害人的“因”作为被害人过错提出对被告人从轻或减轻处罚，但是，合议庭会对被害人行为性质的恶劣程

---

① 这 45 件被认定具有被害人过错量刑情节的案件包括在判决书中明确指出被害人有过错或重大过错，也包括课题组通过查阅案件审理报告及合议笔录确定量刑时考虑了被害人过错这一情节，只是出于特殊原因没有在判决中明确指出或以“被害人对案件发生负有责任”等其他表达方式予以呈现。

度及其对案件矛盾激化的“贡献度”进行评价，并判断是否能够构成刑事案件中的被害人过错。经过对数据样本进行分析，课题组归纳出以下几类常见情形通常不被认定构成被害人过错。

(1)轻微的行为失范及单纯不道德行为通常不被认定构成被害人过错。

刑事案件中考虑到被告人行为后果已经非常严重，其人身危险性也较大，被害人即使行为存在失范或失德，但是与被告人行为相比，其程度显著轻微，并且由于被告人的伤害行为，被害人的人身权利已经受到了极大伤害，此时如果要求仅仅行为轻微失范的被害人分担被告人犯罪行为应当承担的罪责有失公允。也就是说，被害人的单纯不道德、不守公德的行为一般不构成刑法意义上的过错，法院通常不予认定被害人存在过错。

例如，被害人孔某酒后在某过街天桥上小便，引发适逢在桥下经过的被告人张某的不满，后二人发生争执，张某持随身携带的折叠刀刺扎孔某腹部一刀，刺破腹腔，致孔某急性失血性休克死亡。被告人张某的辩护人提出被害人存在重大过错，法院经审查认为，被害人随地小便的行为系不文明行为，但该行为并非有意针对被告人张某，且被害人随地小便的行为仅仅是不公德的，达不到刑事案件要求的过错程度，不能因此认定被害人有过错。

此类情形在审判实践中还有很多复杂的呈现形式，其处理结果也应当有所区别。如果被害人的不道德行为是有意针对被告人，那么基本上就是对被告人的一种挑衅，如果因此引发了被告人的伤害行为，那么可以认定被害人存在过错，当然，此时还要结合具体案情并考虑被害人与被告人的行为恶劣程度的对比来作出最终的判断。

例如，被害人王某因不满其工资发放数量对负责人陈某进行辱骂并动手持一塑料盒捶打陈某胸背部，陈某被打后持随身携带的尖刀猛刺王某胸部一刀、左上臂一刀，王某因被伤及左侧颈总动脉致急性失血性休克死亡。法院认为，被害人王某在案件的起因上负有责任，对本案的发生负有过错，量刑时对被告人陈某予以从轻考虑。

(2)被告人与被害人争执结束后被告人寻机报复被害人的情况下通常不认定被害人存在过错。

此类案件中，通常被告人与被害人产生矛盾时，被害人也有言语和行为上的不当，被害人与被告人之间虽有言语争执甚至发生了互相的推搡，但是当争执结束后，被告人为了找回面子或是报复又单独或纠集他人返回对被害人一方实施报复伤害并致被害人一方人员死亡，此时，合议庭通常认为之前双方争执已经结束，随后被告人的报复行为属于主动挑起争端的行为，也体现了其较强的人身危险性，因此，通常不予认定被害人存在过错。

例如，被告人周某曾因琐事与黄某发生矛盾。2011 年 10 月 7 日 21 时许，周某在某区明某面馆门前与在此用餐的黄某等人相遇并发生争执。周某遂回到租住处纠集被告人蒋某返回面馆门前质问黄某等人，双方发生互殴。在互殴过程中，周某持随身携带的刀刺扎，蒋某持械殴打。黄某因被刺伤胸、腹部，造成腹主动脉被刺破，致急性失血性休克死亡。被告人周某及其辩护人提出被害人有过错，法院认为事发当日，周某与被害人一方的纠纷因周某的离开已经结束，但周某不肯罢休又纠集蒋某等人返回被害人一方所在的饭桌前，蒋某言语激烈引发双方殴斗，故不能认定被害人一方负有过错。

(3)被告人自身违法行为引发的案件，期间被害人虽也有违法行为，但通常不认定被害人有过错。

课题组发现，存在一种案件，其故意伤害后果的酿成原因非常复杂，最初是被告人作出了某种违法（甚至是犯罪）行为引起了被害人更为激烈的报复行为，随后被告人作出对抗，最终酿成被告人致被害人死亡的严重后果。在这种案件中，虽然被害人对被告人也实施了违法的报复行为，对双方矛盾的激化有着不可推卸的责任，但是由于被告人最先对被害人实施了违法行为，是始作俑者，其后双方其实是各有过错，这种混合过错由于矛盾的源头来自被告人的违法行为，且被害人已经付出了生命的代价，从公平角度考量，被告人应当为自己先前的违法行为负责，折抵被害人之后的违法行为，即被害人不再分担被告人伤害致人死亡的刑事责任，不再考虑将被害人过错作为对被告人的从轻处罚情节。

例如，被告人甲偷窃被害人乙手机一部，被害人乙纠集若干人将被告人甲捆绑至某垃圾处理场对甲实施殴打，被告人甲的同乡若干人闻讯前来解救甲，双方持木棍等进行打斗，被告人甲殴打被害人乙致其肝脏破裂死亡。

再如，被告人开设赌局并使诈诓骗被害人，被害人出于报复回家持棍返回赌局与被告人发生互殴，被告人持店内水果刀刺扎被害人致其死亡。

以上两个案例中，被告人及其辩护人均提出被害人有过错，但合议庭合议时均认为被告人的违法行为是引发案件的根源，随后被告人与被害人的互殴行为都是由被告人先前的违法行为引发，被告人应当为自己最初的违法行为负责，被害人不应当再分担被告人伤害致人死亡的刑事责任。

但是值得注意的是，以上两个案例，法院虽然均没有支持被告人及其辩护人认为被害人有过错的抗辩意见，但在合议笔录中都反映了合议庭认为被害人虽然不构成过错，但是对矛盾的激化负有一定责任，因此在量刑时也酌情考虑。这也是课题组在调研时发现的审判实践中关于被害人过错量刑情节认定和适用中的一个突出问题，即被害人过错与被害人有责任之间的关系问题，此问题下文中将有详细论述。

（4）互殴行为中通常不认定存在被害人过错。

被告人与被害人双方因为矛盾引发斗殴最终造成被害人一方死亡后果，这类案件中由于双方是互殴行为，难以区分双方在案件起因上的责任大小，实际上是双方都没有理智处理矛盾激发的案件，因此此类案件中不存在被害人过错的问题。

例如，被告人张某等人与被害人杨某等人因生意之事素有矛盾，某日双方因争抢某一工程项目谈判破裂，第二日双方各自纠集多人持械在工地发生斗殴致杨某死亡。此案是典型聚众斗殴行为引起的故意伤害致人死亡案件，此类案件中被害人一方是被害人同时也是违法者，相关责任人也要被处以治安处罚，构成犯罪的也要承担刑事责任，不存在被害人过错的量刑情节。

（二）大量案件中存在过错与防卫两种情节的区分适用问题

课题组经调研发现不少故意伤害致人死亡案件中，被告人或其辩护人提出被告人的行为“具有防卫性质”或是提出被告人是防卫过当的辩护意见，合议庭在评议案件时会对案情进行详细分析，作出判断，不少案件中，合议庭最终否定了被告人属于防卫过当，但是有时会认定存在被害人过错。经过对大量判决书及审理报告、合议笔录的分析研究，课题组认为，被害人过错与防卫情节虽有相似和重合之处，但是二者仍有所区别，在有些案件中虽然存在被害人过错的情节，但是不代表被告人的行为就构成防卫。

例如，被害人张某到某超市购买了两瓶啤酒，恰逢被告人呼某在超市与邻居玩牌，来到此处看牌的张某骂了正在玩牌的被告人呼某，导致二人发生互相撕扯，邻居、超市老板等人即上前将二人拉开，呼某即离开超市，十几分钟后张某走出超市追赶呼某并发生互殴。在张某被打倒后，呼某继续殴打倒地的张某，击打张某的面部数下，并踢踹张某的腰腹部、臀部数脚，伤及张某肝脏致失血性休克死亡。

法院审判中，被告人及其辩护人提出被告人属于防卫过当，法院经审理认为公安机关调取的监控录像能够证明在呼某与张某互殴的过程中，被害人张某被打倒在地后，呼某持续对张某实施殴打行为，因张某倒地后已丧失侵害他人的能力，对呼某的人身亦无危险，呼某此后的持续殴打行为已不具备防卫的时间要件和主观要件，而具有明显的伤害故意，故不能认定呼某的行为属于防卫过当。但是呼某对于案件的发生具有过错，酌情对被告人从轻处罚。因此，某些案件中，被害人虽然对案情的引发负有过错，但是随后被害人与被告人之间互殴且被告人打击力度明显强于被害人，最终致被害人死亡，此时，被告人的行为不构成防卫，只能认定存在被害人过错。

还有一类案件中，被告人或其辩护人提出被告人防卫过当，法院对案情进行综合分析后发现现有证据不足以判断被告人防卫过当的成立，因而不支持被告人构成防卫过当，但会认定被害人存在重大过错，给予被告人较大幅度的从轻。

例如，被告人吴某与妻子冯某因工作问题于 1994 年协议离婚后仍共同生活。2014 年，冯某与被害人金某发展为情人关系。后因冯某提出结束交往，金某多次与冯某及吴某发生争吵。2016 年 1 月，冯某在金某的威胁下搬去与金某共同居住，后因患病被家人接回，经医院诊断为抑郁状态。此后，金某多次到冯某亲属家以及冯某与吴某的居住地附近公开辱骂、威胁，多次拦截吴某，并给吴某及冯某的亲友打电话、发短信进行骚扰和威胁，要求冯某与其一起生活。导致吴某及冯某其他亲友多次报警。2016 年 4 月 17 日 17 时许，金某酒后持刀前往某区吴某与冯某居住地，要求带走冯某，并在楼道内对冯进行殴打。吴某报警后为此与金某发生争吵，并持家中水果刀刺扎金某胸部，伤及右肺，致金某急性失血性休克死亡。被告人吴某作案后再次报警并在现场附近等候，后被赶到现场的公安人员抓获归案。

法院经审理认为，现有证据无法证明在金某放开冯某后，吴某与金某在争吵继而持刀相向的过程中，吴某是在遭受到现实、紧迫的不法侵害后才实施的刺扎行为，故吴某的行为不符合正当防卫的法律规定，也不属于防卫过当。被害人金某因与冯某的情感问题长期骚扰、威胁吴某及其亲友，案发当天又酒后持刀在吴某家门前滋事，在本案起因上应承担全部责任，在矛盾激化过程中，被害人金某对冯某进行殴打，致其轻微伤，故被害人金某在本案中存在重大过错。

（三）被害人过错在量刑实践中大量适用，依过错程度影响对被告人的量刑

根据课题组调研统计，被害人过错性质的量刑情节在故意伤害致人死亡案件中大量适用，其提出及适用比例与自首、赔偿谅解不分伯仲，且有赶超之势。经课题组对 2012 年至 2016 年一中院审理的故意伤害致人死亡案件统计，涉及自首、赔偿谅解情节的案件比重分别为 61%、58%，而涉及被害人过错性质情节的案件占 59%。因此，虽然现行的法律及最高人民法院的司法解释对被害人过错情节的认定和适用并无明确规定，但是将案件

是否存在被害人过错情节作为一个需要专门评价的重要量刑因素已经成为刑事命案审判实践的常态。课题组认为,被害人有过错或被害人有责任基本上可以实现对被告人的刑罚1~2年的从轻效果,被害人有重大过错的情节一旦被认定,在同时具备自首、立功等可以从轻、减轻处罚情节的情况下,会优先达到对被告人减轻处罚的效果。因此,被害人过错已经成为故意伤害案件中重要的量刑情节,并且依被害人过错的程度对被告人的量刑产生相应幅度的从轻效果。

课题组在统计样本的过程中同时发现,在故意伤害致人死亡案件的判决文书中,“被害人有责任”与“被害人有过错”平分秋色,“被害人有责任”之类的表述在判决书中的出场率甚至高于“被害人有过错”。经过进一步梳理调研,课题组归纳出“被害人有责任”的适用可以分为两类情况:

一类情况是被害人确实存在过错,但是出于一些特殊原因没有在判决书上直接体现,而是采用“被害人有责任”的表达方式予以体现。此类情况实际上反映了被害人过错情节立法上的缺位造成的量刑实践中的问题,后文会有论述。

另一类情况是合议庭对案情进行评议后认为被告人虽然不构成刑法意义上的过错,但是对案件的发生或矛盾的激化有较明显的责任,因此驳回被告人一方认为被害人存在过错辩解的同时也作出对被害人有责任的认定,从而在量刑上对被告人予以一定从轻。这类情况实际上体现了在量刑实践中,审判方对被害人过错性质的情节进行了扩大化的适用,即将没有达到“过错”程度的被害人的不当行为也作为一种对被告人刑事责任进行从轻处置的情节。这种做法是否符合、在哪种情况下符合刑事法律及量刑规范化的量刑要求值得讨论。

课题组经调研发现,故意伤害致人死亡案件中法院认定被害人负有责任一般是指两种责任:一种是被害人对案件的发生负有直接责任,即被害人的不当行为直接引发了被告人的犯意;另一种是被害人的行为激化了矛盾,使其与被告人之间的矛盾升级导致严重后果。量刑实践中,在有充分证据证明的情况下,法院对这两种被害人有责任通常都会认定并对被告人的量刑酌情予以从轻。以下举例说明:

案例一:2012年某日傍晚,在某小区,被告人潘某下楼遛狗,适逢被害人张某领着其孙子外出。因潘某家的狗追逐张某的孙子,引起张某的不满,双方发生激烈争吵。史某恰逢路过此处,遂上前劝架并将双方劝开。后张某之子张某某赶到,与潘某等人发生争吵,并先踹打潘某,潘某予以反击,双方打在一起。史某见状后再次上前劝架,但被张某某殴打,后张某也上前参与。在互殴过程中,潘某先打了张某,张某倒地。后张某被钝性外力作用头部造成重度颅脑损伤合并肺部感染死亡。法院认为,本案中起先张某与被告人潘某的争端已经告一段落,但张某之子张某某赶到后又对被告人辱骂并率先动手殴打被告人,再次挑起事端,使双方的矛盾升级以致双方大打出手,因此,鉴于被害方对矛盾激化与升级负有一定的责任,对被告人从轻处罚。

案例二:2011年9月某日下午,在某综合市场内,被告人朱某与刘某之间因十字绣的买卖产生矛盾,继而发生争执并互相推打,致刘某倒地但未受伤,刘某与朱某先后离开现场。后刘某叫来李某等人踹砸朱某的十字绣摊位,朱某持刀返回现场后与刘某、李某互殴。在互殴过程中,朱某持刀刺扎刘某左锁骨内侧及剑突下各一刀,刺扎李某左肘后外侧及左大腿外侧各一刀。后经鉴定，刘某因伤及左侧肺脏、心包及心脏后壁，致急性失血性休克死亡，李某的伤情构成轻微伤。对于朱某的辩护人所提被害人对案件的发生具有严重过错，请求法院对朱某予以减轻处罚，并决定监外执行的辩护意见，法院认为，朱某在看见刘某、李某等人打砸其十字绣摊位后可以采取报警等正当合法的途径寻求解决，然而其却持尖刀返回现场并与对方互殴，因而不能认定被害人对本案的发生具有严重过错。但是，被害人刘某在其与朱某之间的争执结束后又纠集李某对朱某的摊位进行打砸，引发了被告人持刀反击的行为，对死伤结果的发生负有直接责任，故依法对被告人予以从轻处罚。

以上两个案例中，被害人对案件的引发和矛盾的激化都负有直接的责任，因此法院都作出了被害人负有责任的认定。在此类案件中，被害人对案件的引发或矛盾的激化负有直接、明显的责任，其本质也是一种过错，其实也是达到了被害人过错的程度，只是表现形式不同。还有一种案件中，法院认定被害人负有责任是基于被害人的行为不至于达到刑法意义上的过错，但是仍有一定程度的行为不当，因此予以认定有责任。

例如，2012 年 7 月某日，被告人杨某等四人在某农家乐院内喝酒，农家乐内可以点歌、唱歌，本案的被害人蔡某等人也在此处喝啤酒、吃烧烤。蔡某与农家乐老板蒋某认识，就免费点了几首歌唱。杨某因是游客，点歌每首收 10 元钱。蔡某唱完自己点的歌以后，杨某开始唱歌。此时，蔡某也拿着话筒跟着唱。杨某制止，说你别唱了，歌是自己点的。蔡某没有理会，说自己为什么不能唱，并继续唱。杨某便拽蔡某衣领，蔡某也拽他，二人发生撕扯，后双方发生互殴。被告人杨某一方的另一被告人陶某因恐对方是本地人，他们打架吃亏，便回到自己车上，从后备箱里拿了一把刀回到农家乐舞台前，划伤了蔡某的左前臂，致蔡某轻伤，后蔡某逃跑，陶某追赶，二人发生撕扯，陶某遂持刀刺扎蔡某右胸部一刀，蔡某因伤及膈肌及肝脏致急性失血性休克死亡。被告人杨某、陶某提出被害人有过错，法院认为，本案系被害人蔡某与被告人一方抢歌引发，虽然被害人蔡某一方期间态度比较恶劣，但是并无证据证明被害人一方系故意与被告人抢歌，有误会的可能性，而且被告人一方持刀具攻击并追打被害人蔡某致其死亡，行为性质更为恶劣，故被害人一方的行为不构成刑法意义上的过错，但考虑被害人一方对案件的引发负有一定责任，量刑时酌情对被告人予以从轻考虑。

这一案例中，被害人的行为与前面两个认定被害人有责任的案例相比，被害人的行为性质的恶劣性程度明显降低，被害人对案件引发和矛盾升级的作用力也明显降低，此类案件中认定被害人有责任并将其作为降低被告人刑事责任的因素是否恰当，课题组认为此值得商榷。

三、被害人过错情节成立标准的构建

（一）从实体角度，明确被害人过错作为法定量刑情节的构成要件

在司法实践中，被害人过错的形式多种多样，既可能是严重的犯罪行为，也有可能仅是轻微的行政违法和民事侵权行为，每个具体个案的表现形式都有所不同，每种过错对量刑的影响亦有所区别。将被害人过错情节法定化的主要目的就在于解决实践中认定标准不统一的问题，因此将该情节法定化的首要前提就是要明确该情节的基本构成要件。

参照国内法相关立法的原则主旨，结合对审判实践中被害人过错认定和适用的实际情况分析，课题组经调研认为，在刑事案件中被害人过错情节的认定应当包含对以下因素的考察：

从实体角度，明确被害人过错作为法定量刑情节的构成要件。在司法实践中，被害人过错的形式多种多样，既可能是严重的犯罪行为，也有可能仅是轻微的行政违法和民事侵权行为，每个具体个案的表现形式都有所不同，每种过错对量刑的影响亦有所区别。将被害人过错情节法定化的主要目的就在于解决实践中认定标准不统一的问题，因此将该情节法定化的首要前提就是立法明确该情节的基本构成要件。课题组认为被害人过错情节包含以下几个构成要件：

（1）被害人的行为具有客观性。

被害人所实施的过错行为是其主观心态的外化结果，无论这种过错行为是出于被害人的故意（如挑衅、侮辱、殴打等行为）还是过失（如疏忽等），其都是被害人自由意志下的行为，只有当这种被害人的自由意志转化为客观行为才能对被告人发生影响，进而引发被告人实施犯罪。① 换言之，被害人的过错行为必须是客观真实存在的，一方面如果仅仅是存在于被害人内心的主观想法，是无法对犯罪行为人发生效用的，被害人的思想活动不能构成过错；另一方面，被害人过错不能仅是被告人的主观臆想或怀疑，否则被害人过错与案件的发生就不具有规范意义上的因果关系。例如，范某故意杀人一案，范某与其妻子刘某婚后感情一直不合，虽然生下一女，但二人时常因家庭琐事争吵，后由于刘某提出离婚，范某在一次争吵后将刘某杀死。范某作案后主动投案自首，庭审时范某一直认可犯罪事实，但其提出之所以杀人很大程度是由于怀疑其女儿系刘某与他人存在婚外恋情而生，辩护人也提出被害人刘某对于案发具有过错的辩护意见。对于该案，合议庭没有采纳范某的辩解和辩护人的辩护意见，因为范某对于其妻子的怀疑不能提出任何确实可信的证据加以支持，其对妻子的怀疑属于一种主观臆断，虽然这种臆想确实刺激到范某在冲动下实施了杀人行为，但这种引发犯罪的冲动之力来自范某本人臆造的假想而非被害人的客观行为。对于此类情况，课题组认为可以概括称为“假想过错”。在假想过错的前提下，无论这一假想对于被告人实施犯罪行为起到了如何强烈的刺激作用，审判中均不能将此情节认定为被害人过错，更不能据此影响被告人的量刑。

（2）被害人在主观上具有可责性。

按照大多数学者的观点以及世界多数国家的立法情况，一般都认为被害人实施的过错行为应是一种有意识的行为，主要指故意心态，但也包括个别情况下的过失心态②，如交通肇事罪中被害人出于过失违反交通法规的行为就是重要的法定量刑情节。换言之，被害人必须是出于故意或过失的心理状态，基于主观上的过错而实施了违反法律法规的失范行为，损害了被告人的正当法益，进而引发了犯罪行为的发生。但课题组之所以在这里没有采纳被害人在主观上应出于故意或过失的观点，而是使用了主观上具有可责性的概念，主要是考虑在被害人不具有责任能力的前提下实施了针对被告人的侵害行为，被害

---

① 初红漫：《论构建以被害人过错为基础的刑事抗辩原则》，载《法学论坛》2010 年第 5 期。

② 姜伟：《被害人过错在量刑中的定量分析》，载《犯罪研究》2009 年第 6 期。

人的行为同样可以构成过错。如被告人刘某某故意杀人一案，刘某某的丈夫经诊断患有精神分裂症并具有暴力倾向，而且始终拒绝按照医嘱进行系统治疗。其丈夫平日病发时经常对刘某某进行虐待，最终在一次打骂后，刘某某因不堪忍受，趁其夫熟睡时将其勒死。在此案中，被害人是一名精神分裂症患者，其病发时对刘某某所实施的虐待行为既非故意也非过失，而完全是一种病态反映。如果仅强调被害人在主观上应出于故意或过失，那么对于该案就不能认定被害人有过错[①]，这显然对于被告人来说是不公平的。参考行为人对于无责任能力的精神病患者的不法侵害行为仍然可以实施正当防卫的理论通说[②]，被害人这种既非出于故意也非出于过失而实施的行为，同样可以构成过错。因此，课题组认为使用被害人在主观上具有可责性的概念比故意或过失，更加全面，也可以避免与正当防卫、紧急避险等法定情节，在构成要件上发生冲突。同时，使用可责性的概念也便于在具体量刑时，通过衡量被害人主观可责程度的大小，确定其对量刑结果的影响，即被害人的可责性越大，对被告人的从轻处罚幅度也应该越大，反之亦然。

（3）被害人的行为具有违法性。

被害人的行为应该具有违法性，这里的违法性并非仅指犯罪行为，而是包括为一般法律规范所禁止的造成法益侵害或法益侵害危险的行为，对于此点，相信不会有太大争议。而对于被害人所实施的不道德行为是否可以评价为过错行为，无论是大多数国家立法例还是国内理论界的通说，基本都持支持立场[③]，但课题组却认为被害人过错应当排除单纯的不道德行为。这是由于相比于确定的具体法律规范而言，道德规范具有抽象性和不确定性的特点。在一个价值多元的现代社会，社会公众对于道德的理解不可能存在一个统一的认识标准，不但不同民族、不同宗教信仰、不同知识层次的人之间对于道德的理解会存在不同的认识，即使是在法官这一群体中，由于受到家庭背景、人生经历的影响，也很难就道德问题达成完全的共识。如果立法认可被害人过错包括单纯的不道德行为，那么实际上就蕴含了法官将个人道德观念转化为国家法律判决的风险。可能有不同观点会认为，毕竟在全社会范围内还是存在一些绝对的、共同的一般道德价值标准（如不得杀人、盗窃等），但这类绝对的道德标准早已通过立法成为具体法律规范的组成部分，也就是说，那些影响社会生活一般秩序的共同道德标准已经法律化，因此对于这类不道德行为，完全可以用违法行为所涵盖。举例来说，对于丈夫因妻子有婚外情而杀人的案件，作为被害人的妻子毫无疑问是存在过错的，这是因为《婚姻法》中关于夫妻之间应当具有互相忠实义务的规定，已将婚外情这一道德问题加以法律化，此时妻子的婚外情已是一种违法行为而非仅仅是一般道德失范行为。此外，还应考虑一点，道德与法律不同，不道德行为无法进行量化，而违法行为则可以通过确定该行为违反的具体法条实现定量分析，越严重的

---

① 有些学者认为过错必须是被害人出于故意或过失而实施，从而将精神病人等无责任能力人对被告人实施的侵害行为排除在刑法学意义的被害人过错范围之外。类似观点参见任志中、汪敏：《被害人过错与死刑适用》，载《法律适用》2009 年第 1 期。

② 何秉松主编：《刑法学教科书》，中国法制出版社 2000 年版，第 335 页。

③ 为此国内主流观点往往将此特征点概括为被害人行为具有不正当性或逾越社会正当性。类似观点参见王新清、袁小刚《论刑事案件中的被害人过错》，载《中国刑事杂志》2008 年第 3 期；潘庸鲁：《被害人过错认定问题研究》，载《法学论坛》2011 年第 5 期。

违法行为对量刑的影响越大，从而更精确地规范该情节对量刑的影响幅度。

（4）被害人行为与被告人行为之间具有时间上的关联性。

时间上的关联性要求被害人过错行为的发生或过错状态的持续与被告人犯罪行为的发生之间的时间间隔较短。之所以强调时间上的关联性，很重要的原因之一就是法律要保护社会秩序的稳定性。社会秩序是社会稳定的前提，在现有秩序因被害人的行为被打破而尚未完全恢复时，被告人所实施的针对被害人的犯罪行为实质上是一种试图修复被破坏的社会秩序的救济行为（尽管被告人的该行为是违法的），此时被害人的行为与犯罪行为之间具有关联性；而当被被害人破坏的社会秩序已经恢复，或是该种被破坏的社会秩序已经事实上成为一种稳定的客观状态时，被告人再对被害人实施犯罪就已不再是对于社会秩序的修复，相反成为一种对社会秩序新的破坏，此时被害人行为与犯罪行为就没有关联性，即使被害人的先前行为属于违法行为，但由于被告人已经经过了"冷静时间"，其由于被害人行为所引发的冲动情绪已经平息，但仍然有预谋有准备的针对被害人实施的犯罪行为，对于被告人而言已经不具备由于被害人行为而引发的刺激性，故不能认定被害人的先前行为系过错。如我国香港地区刑法就要求犯罪人在受到挑衅行为时失去自我控制必须是"突然和暂时的"，"在犯罪人受到最后一个挑衅行为到实施致命的行为之间，一定没有时间让犯罪人去思考和作出理智的反应。如果受挑衅后所经过的时间可能表明随后的攻击是有计划的或是基于报复或惩罚的动机，就不符合失去自我控制的特征，因此也不符合受到挑衅作为辩护理由的条件"。①

（二）规范对被害人过错责任大小的认定

被害人过错责任的大小决定了对量刑的影响幅度，被害人过错责任越大则量刑的减轻幅度越大，反之亦然。确定被害人过错责任对减轻量刑的影响幅度，有利于限制法官的自由裁量权，防止法官的司法擅断，为规范量刑铺垫基础。课题组经调研认为，评价被害人过错责任的大小应当从绝对严重程度和相对严重程度两方面加以判断。

1. 被害人过错的绝对严重程度

判定被害人过错责任的大小，首先要考察被害人过错行为的绝对严重程度，也就是说，法官应该跳出案件，单独衡量被害人引发或加剧行为人犯罪的行为对社会道德、善良风俗、法律法规的违反程度，从行为对以上规范的实质违反程度去判断。绝对过错程度的衡量实质上是案件与案件之间被害人行为过错大小的比较，这种过错严重程度的划分有利于保持不同案件之间对被告人量刑的统一。课题组认为，从刑事审判的角度来说，被害人过错的绝对严重程度可以分为一般过错、明显过错、严重过错，通常来说，只有被害人构成明显过错和严重过错才能对被告人的量刑产生影响，一般过错通常就是单纯的道德失范行为，在刑事案件尤其是故意杀人、故意伤害致人死亡等重罪案件中，被害人单纯的道德失范行为通常不能评价为对被告人的量刑有影响的"过错"，至少是违反民事、行政法律法规的违法行为才有可能达到"明显"过错的程度并对被告人的量刑产生影响。当然，被害人过错行为的严重程度是一个线性的量变的区间而不是间断的层级，鉴于词汇的有限性我们并不能精确表达每一个过错程度，分层级的优点在于通过划分被害人过错严重

① 赵秉志主编：《香港刑法要论》，三联书店（香港）有限公司2002年版，第94页。

程度,确定被害人过错责任对量刑的影响幅度。从整体上来讲,“单纯违反道德的过错行为”的严重程度小于“违反民事、行政法律法规的过错行为”的严重程度小于违反“刑事法律的过错行为的严重程度。

2. 被害人过错的相对严重程度

所谓被害人过错的相对严重程度,是指在一个具体的案件中,被害人过错相对于行为人过错的严重程度,即被害人过错与行为人过错的比值,对被害人过错相对严重程度的考察是对个案中被告人量刑适当性的关注,体现量刑结果与个案被告人行为的恶劣程度和人身危险性大小的相适应。例如,张某与王某素有矛盾,某日张某路遇王某,随口辱骂王某一句,王某随即对张某拳脚相加致张某脾脏破裂而死。本案中张某仅仅是言语辱骂一句,而王某却将张某殴打致死,相较于王某的伤害致死行为来说,张某行为的恶劣程度十分轻微,达不到被评价为刑法意义上过错的程度,因此,本案不能认定存在被害人过错。但是如果本案中张某不是辱骂王某一句,而是路遇王某即打了张某胸部一拳,随后张某与王某拳脚互殴,王某踢踹张某致其脾脏破裂而死,这种情形中,张某是案件的引发者并且殴打王某,张某行为的相对恶劣程度显著提高,已经达到明显过错的程度,因此在这种情形下,应当认定张某构成被害人过错。如果张某路遇王某随即捶打王某胸部一拳,王某即刻掏出随身携带的折叠刀捅刺张某胸口致张某死亡。此种情形下,虽然张某也动手打了王某,但是与王某用锐器直接刺扎张某要害部位的行为相比,张某行为的恶劣程度明显较小,所以本案中,虽然张某对案件的引发负有责任,即使认定张某构成被害人过错,但是对王某从轻考虑的幅度也应当从严把握。

(三)从立法技术角度,分层次、分步骤实现被害人过错情节的法定化

1. 借助指导案例统一认定标准

修订法律是一个长期的过程,期间存在各种不确定因素,因此在《刑法》作出修订将被害人过错情节增加为法定量刑情节之前,首先可以通过典型案例的方式,在审判实践中统一对该情节的认识把握。具体而言,就是最高人民法院选择性地将全国各级法院认定被害人过错情节的有代表性的生效判决编纂成册,用以指导各级法院运用这一情节进行裁量的参考。虽然我国并非判例法国家,但是在成文法与判例法互相借鉴交融的今天,类似的方法目前其实在我国司法实践中已经在慢慢彰显其作用。例如,由最高人民法院编纂的《刑事审判参考》,业已成为法官进行审理判决的重要参考依据。有果就有因,其实绝大多数案件的发生都与被害人的行为有着千丝万缕的联系,但是何种情况下、何种程度上可以认定存在被害人过错并且能够对量刑产生影响是审判实践的疑难所在,也是最高人民法院选取典型案例时应当侧重考虑的方向,典型案例的颁布有利于审判人员在刑事案件认定被害人过错问题上有更为直观地理解和把握。

2. 通过司法解释改造刑法分则

在个罪中渗透。由于被害人过错情节主要发生在侵犯人身权利犯罪案件中,因此在《刑法》作出修订之前,可以通过制订司法解释的方式,对常见个罪进行改造,从而将被害人过错情节渗透其中。课题组认为,针对《刑法》第 234 条第 2 款故意伤害致人死亡或者以特别残忍手段致人重伤造成严重残疾的,处十年以上有期徒刑、无期徒刑或者死刑的规定可以颁布一条司法解释规定:故意伤害致人死亡,被害人存在明显过错的,应当从轻处

罚,被害人有重大过错的,应当从轻或减轻处罚,但是手段特别残忍、后果特别严重的除外。同时,针对《刑法》第232条"故意杀人的,处死刑、无期徒刑或者十年以上有期徒刑;情节较轻的,处三年以上十年以下有期徒刑"的规定,可以通过司法解释将"情节较轻"具体规定为包括被害人存在重大过错在内的几种情形,并同时规定手段特别残忍、后果特别严重的除外。被害人过错之所以能够成为一个对被告人从轻处罚的情节,主要是由于此类案件中被告人主观恶性和人身危险性的降低,从而在刑事责任上予以从轻,但是,手段特别残忍,危害后果特别严重的案件的被告人,其人身危险性较高,应当谨慎严格掌握从轻情节的认定。

3. 通过修订刑法作出原则性规定

在修订立法时机成熟的条件下,应当在《刑法》总则中作出被害人过错情节的原则性规定,起到统领全局的作用。如可以在《刑法》第61条之后增加1款:"在有被害人的犯罪当中,被害人在案件的起因或矛盾的激化上负有直接责任或明显过错的构成被害人过错,应当依照其过错大小,对被告人从轻或减轻处罚。案件中虽有被害人过错,但满足本法规定的其他情形的,从其规定。"这样一来,一方面真正实现了被害人过错情节的法定化,以解决量刑实践中运用该情节不统一、不均衡的问题;另一方面也避免了被害人过错情节与正当防卫、交通肇事罪等条款的重复适用问题。

关于规范办理诈骗案件的调研报告*

前　言

近十年来，诈骗案件还呈现出了较为明显的增长趋势。以北京市为例，北京市法院审理的一审诈骗类案件数量呈现出明显的逐年增长趋势，在2011年和2012年达到最高值，之后虽有所下降，但仍旧大幅高于十年前的数据。具体数据和增长幅度如表1、图1所示①：

表1　2006—2011年诈骗类案件数量

单位：件

审判年度	诈骗	合同诈骗	金融诈骗	合计
2006	567	138	106	811
2007	654	196	128	978
2008	883	168	172	1223
2009	957	179	175	1311
2010	1068	185	341	1594
2011	1066	182	721	1969
2012	985	256	839	2080
2013	976	177	507	1660
2014	830	159	631	1620
2015	841	196	543	1580
2016	716	207	373	1296

---

* 课题主持人：陆伟敏，课题负责人：陶炜、江伟，课题组成员和执笔人：江伟、宋振宇、吴迪、丁睿智。

本课题为2017年院级重点课题。

① 诈骗犯罪与合同诈骗、金融诈骗属于普通法条和特别法条的关系，罪名的基本构造相同，故仅针对诈骗罪展开讨论，但同样涉及合同诈骗、金融诈骗等诈骗类罪名。

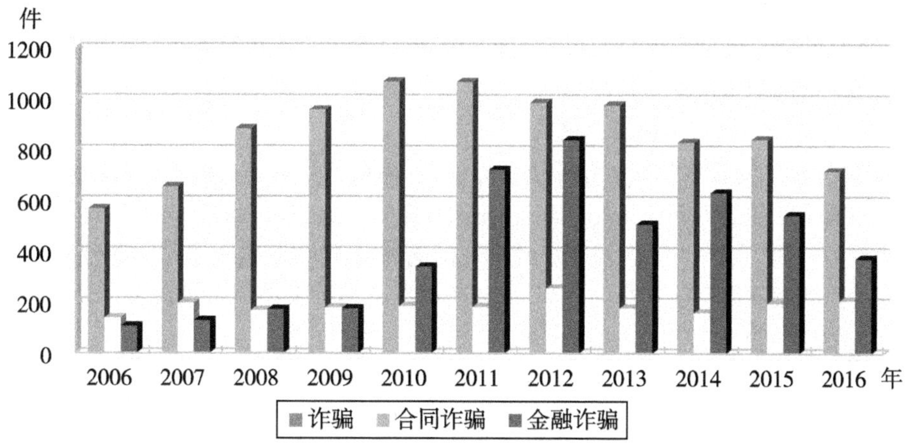

图 1 2006—2016 年诈骗类案件数量

从图 1 中能够看出除了合同诈骗案件的数量较为稳定之外，普通诈骗案件和金融诈骗案件的数量增长非常明显[①]。尽管诈骗罪和金融诈骗罪的数量分别在 2010 年、2012 年之后开始有所下降，但诈骗类案件的数量较 2010 年之前仍然具有非常明显的增长趋势。

诈骗案件不仅数量有所增加，其在所有刑事案件中也占有了相当的比例。以北京市 2016 年全年审结的案件情况来看，一审审结案件中诈骗类案件占所有案件的 7.7%，二审审结案件中诈骗类案件占 13.83%。[②] 以一中院刑二庭为例，诈骗案件数量已经占刑二庭审理刑法第三章、第五章、第八章、第九章所有罪名案件数量的 1/4。与此同时，随着新的犯罪手段在诈骗案件中逐渐增多，案件的复杂程度也在逐渐增加。在全市中级法院刑二庭被改判案件中，诈骗案件被改判数量占到所有被改判案件数量的 21%。可以说，办好诈骗类案件是审理经济犯罪案件最为重要的基础。

一、诈骗案件审理中存在的主要问题

通过梳理、总结审理诈骗类案件，我们发现在诈骗类案件的办理过程中，主要存在以下问题[③]：

（一）审理思路不清晰，缺乏体系性

诈骗类犯罪的案件，除了部分较为简单的案件之外，大部分中院受理的案件都属于事实复杂、证据较多，且大量案件在审判阶段仍需要进行补充侦查。在审理这些案件的过程中，审判人员往往对于虚构事实、隐瞒真相的手段和财产侵害结果比较关注，但是对于财产损害的后果与被告人行为之间的因果关系，被害人的处分意识、处分行为，以及诈骗罪主观目的和故意的形式等影响案件认定的因素，考虑得不够全面；对于认定诈骗罪与民事

---

① 金融诈骗案件中以信用卡诈骗罪和集资诈骗罪增长比较明显。

② 2016 年全市审结一审诈骗类案件的 1296 件，同期全市刑事一审案件为 16,000 余件；审结二审诈骗案件 380 件，同期全市二审案件为 2700 余件。

③ 由于合同诈骗、金融诈骗案件与普通诈骗案件的基本构造相同，属于特别法条与普通法条的关系。故对于诈骗类案件的共性问题一并探讨。

纠纷的区别，判决中赃款、物如何处理等，被害人如何确定等缺乏充分的讨论。究其原因，在于审判人员对于诈骗类案件尚未形成较为体系和清晰的审理思路，对于审理诈骗类犯罪可能出现的问题也缺乏足够的总结。

（二）定罪量刑的认定标准不规范

司法实践中，对诈骗犯罪的定罪量刑方面，还存在部分不统一的现象。在定罪方面，对诈骗犯罪中的非法占有为目的的认定、对共同犯罪中共犯数额的认定等问题，依然存在标准不一的问题；在量刑方面，虽然已经有规范化规定，但实际执行情况不理想，尤其是财产刑部分虽然强调区别化对待的原则，但判罚存在差异过大的不合理现象。导致产生同类不同判的问题。①

（三）新类型案件缺乏深入研究，难以准确把握

随着网络技术的发展、普及和金融创新的不断深化，新类型的诈骗犯罪尤其是涉网络、涉金融的诈骗案件层出不穷，由于案件相对新颖、复杂，审判人员缺乏相关审理经验，又对新的模式缺乏足够的感性认识，导致对部分新型诈骗案件中主观故意的认定、行为性质的认定等问题存在模糊地带。一定程度上影响了新类型诈骗案件审理的质量和效率。

二、审理诈骗案件的规范要点

审理诈骗类案件，要准确理解其构成要件和基本构造。诈骗罪构成要件中的主观要件、客体要件和客观要件是审理诈骗罪重点要审查的内容。依据目前通说的理解，客观方面要件的基本要素即为诈骗罪的基本构造②。通说认为，诈骗罪的基本构造为：实施欺骗行为，使他人陷入错误认识，并基于该错误认识而处分财产，被告人因此获得财产，被害人遭受财产损失。③ 其中，对于被告人获得财产、被害人遭受财产损失，审判人员一般均能够准确把握。而对于该基本构造的其他要素认识存在模糊之处，有必要对其重点内容进行梳理。

（一）基本构造的把握

1. 欺骗行为

诈骗罪中欺骗行为的一般形式是虚构事实、隐瞒真相，向受骗者传递不真实信息，从而让受骗者陷入处分财产的认知错误。诈骗罪中的欺骗行为必须使他人产生与客观真实不符的错误认识，并且要求该错误认识导致他人产生或者继续维持处分财产的行为。在审查被告人的欺骗行为时，应当重点审查欺骗行为的有无和程度。欺骗行为既可以是作为方式，也可以是不作为。在冒充身份的诈骗案件中，被告人自己并未虚构身份，但在被害人通过其他人介绍对其身份产生错误认识的情况下，仍不否认其身份。这种场合下应当认定被告人具有不作为的欺骗行为。另外，欺骗行为的程度也是影响诈骗罪成立与否

---

① 如诈骗数额同为200余万元的2件诈骗既遂案件，量刑情节并无多大区别，在不同审判人员的判决中，一件判处罚金10余万元，另一件判处罚金200万元。

② 诈骗罪的基本构造源自对刑法的体系解释，其本身不能取代构成要件，但却是判断构成诈骗罪以及区分于其他财产犯罪的关键因素。参见张明楷：《诈骗罪与金融诈骗罪研究》，清华大学出版社2006年版，第7～13页。

③ 张明楷：《诈骗罪与金融诈骗罪研究》，清华大学出版社2006年版，第13页。

的一个因素。欺骗行为应当达到一定的程度,其标准在于该欺骗行为是否足以让他人陷入或者维持错误认识而处分财产。此时,需要结合被骗对象的认知能力等具体因素来考察,但同时也要考察该行为是否具有一般意义上的欺骗程度。不能单纯依据最终处分财产的行为即认定欺骗行为的程度。如谭某诈骗案中,被害人称谭某以天神在人间的替身为名,要求被害人将钱款交给其保管,后被害人将1亿余元财产交给谭某保管。法院审理中,被告人谭某称是被害人称其是天神的,其没有事实该欺骗行为;同时法庭还查明,被害人接受过高等教育,精神状况正常,并没有相信迷信的充分证据,且双方具有同性恋以及共同经营公司等关系,故最终认定,该诈骗罪不能成立。该案中的欺骗行为就过于可疑,根据客观证据判断并未达到足以使被害人基于此而处分财产的程度。

2. 错误认识

诈骗罪中的受害人必须陷入错误认识。在审查诈骗罪中被害人是否陷入或维持错误认识时,应当注意:一是诈骗罪的受害人必须是具有处分财产的权限或者出于可以处分财产地位的人,而受骗者和被害人并不必然是同一人。及所谓的三角诈骗。实施欺骗手段,通过诉讼获得财物便是典型的被骗人与被害人不同的案例。二是虽然被害人陷入了错误认识,但是客观上持半信半疑的心态交付财物的场合,由于此时其仍然因欺骗行为产生了一定的错误认识,并且其交付财物的行为与其错误认识有直接关系,故其怀疑的心态不影响对其陷入错误认识的认定。三是部分案件中,欺骗行为对被害人的心理产生错误认识和精神强制的两种效果,此时要注意审查被害人交付财物的原因,是基于错误认识还是恐惧心理交付财物是认定诈骗和敲诈勒索的主要区别。如身着警服冒充警察抓赌的案件,如果被告人没有其他恐吓的行为,被害人基于相信警察身份而交出赌资的,应当认定为诈骗罪。

3. 他人基于错误认识处分财产

受骗者在错误认识下处分财产是诈骗罪基本构造的核心内容。该处分行为是主客观一致的表述,即必须同时具有处分意思和处分行为。审查处分行为时应当注意:(1)在受骗者对被处分的财物价值(数量)缺乏认识,但对处分对象有认识时,应当认为具备处分意思。但当对处分对象没有认识或者认识错误时,不应当认定具有处分的意思;(2)处分行为不要求必须转移给被告人,转移给第三人占有的亦属于处分行为;(3)处分行为与错误认识之间具有因果关系。即如果确有处分意思并作出了处分行为,但该处分与其陷入的错误认识并无关联,则该处分行为不符合诈骗罪的基本构造。上述谭某的案件中,认定其不构成诈骗罪的另一主要原因即在于不能确定交付钱款与错误认识之间有确定的因果关系。

(二)其他规范审查要点

其他诸如主体要件、主观要件和犯罪对象的审查内容为一般常规审理内容。本报告不再详述,仅对于其中容易产生分歧和需要重视的问题展开论述:

1. 主观要件的审查

(1)间接故意能否构成诈骗罪。

故意的内容包含认识因素和意志因素。其中,认识因素是“行为人必须明知自己的行为会发生刑法所规定的某种犯罪的危害结果”,其内容包括对客观事实的认识、对排除社会危害性事由的认识以及违法性的认识[①]。意志因素是“明知自己的行为会发生危害社会的结果,而希望或者放任这种结果的发生”。犯罪故意中根据意志因素的不同,将希望结果发生的心态认定为直接故意,而将放任的主观心态认定为间接故意,两者意义上的区别在于认定行为人人身危险性的差别。由于诈骗类犯罪系目的犯,要求行为人具有非法占有的主观目的。因此,长期以来,司法实践中均将诈骗类犯罪认定为仅能够由直接故意构成。但是这种观点无论从现行法律规定还是理论上看,均缺乏依据。首先,直接故意和间接故意仅为刑法理论上的区分,刑法总则中仅规定了犯罪故意,因此,将诈骗罪限定于直接故意并无实体法的依据;其次,目的和直接故意并非对应关系,否则也没有必要对目的进行规定。因此,非法占有目的是诈骗罪认定的核心因素并不意味着诈骗罪仅能由直接故意构成。

司法实践中的绝大多数诈骗类案件均能够证明行为人具有直接故意,但是在部分案件中,由于各种原因,证据往往不能达到证明行为人以非法目的占有或处分了财产,对于这类案件的认定,往往引起较大的争议。如行为人虚构自己的办事能力,取得他人信任后,获得财物。事后,查明行为人确实找过其他人办理该事,但并未取得任何实质性进展。事后,行为人拒不返还他人财物。在此类案件中,往往争议较大的是行为人主观上似乎也有希望促成事情办理成功的意愿,其意志因素并非持希望危害后果的发生。但是,根据证据能够认定行为人的主观心态是放任自己的行为对他人的财物造成侵害。因此,也应当认定为诈骗罪。再如,同样是上述案例,查明行为人确实向相关人员询问了所托事项能否办理,且其并未占有全部或绝大部分款项。但其对于所办理事项不可能办理成功有明确的认识后,仍拒不返还自己所占有的他人部分财物。此时也应当认定构成诈骗罪[②]。

(2)非法占有目的的认定。

通说认为,非法占有目的是诈骗罪必须具备的要素。即非法占有目的是主观要件的要素之一。其理由在于如果不将非法占有为目的作为诈骗罪的主观要素,将无法区分某些场合下的罪与非罪以及此罪彼罪问题。前者如骗用,后者如故意毁财等。因此,非法占有目的是成立诈骗罪必须具备的主观要素。

在具体认定被告人是否具有非法占有目的时,由于诈骗案件中被告人往往否定自己具有非法占有的目的,而对目的这一主观要素的认定,除了被告人供述之外,很难再有其他证据能够直接予以证实。因此,实践中非法占有目的的认定往往需要采用推定的方式。[③]“……作为推定前提的基础事实,大都是通过证据证明的客观行为,这种根据客观方面的事实来认定被告人主观心态的方法,是推定规范所发挥的主要功能。根据经验法则,行为人只要具有法定的客观行为,如非法获取资金后逃跑,肆意挥霍骗取的资金,或者使用骗取的资金进行违法犯罪活动的,那么,他通常也就具备了“以非法占有为目的”的

---

① 黎宏:《刑法学总论》,法律出版社2016年版,第180~187页。

② 该部分核心内容为确定诈骗类犯罪可由间接故意构成。在具体判断时仍应结合具体客观证据所证明的事实,结合行为人对具体办事人的身份能力是否进行了适当的核实,承诺办理的事项是否具有可能性,对获得财物的处理方式,是否向被害人说明了具体办理过程等因素综合认定。

③ 推定的基础事实和方法在多份司法解释中均有规定,不再详述。

要素。"[①]但是,需要审判人员注意的是,既然是推定,就应当允许反证。因此,当被告人提出排除其非法占有目的的辩解时,一定要予以审查。忽视对被告人辩解的审查是目前在审判中应当引起重视的共性问题。

2. 犯罪数额的计算

诈骗类犯罪作为侵犯财产的犯罪,其犯罪数额对于定罪量刑有较为直接的影响,对于诈骗类案件犯罪数额的计算主要要重点审查以下内容:

(1)案发前已归还的数额是否计入犯罪数额。

目前,在北京地区的司法实践中,把案发前已经归还的数额从犯罪数额中予以扣除,已经成了较为普遍的做法。但对于该做法的法律依据以及该做法是否适当,缺乏足够的讨论和重视。在全国范围内的司法实践看,该做法仍旧存在一定的争议。[②]

关于诈骗罪数额的计算问题,历史上有过多次相关的规定。分别体现在1991年最高人民法院研究室《关于申付强诈骗案如何认定诈骗数额问题的电话答复》[③]、1996年最高人民法院《关于审理诈骗案件具体应用法律的若干问题的解释》[④]、1998年最高人民检察院法律政策研究室《关于保险诈骗未遂能否按犯罪处理问题的答复》[⑤]、2001年《全国法院审理金融犯罪案件工作座谈会纪要》[⑥]、2011年最高人民法院、最高人民检察院《关于办理诈骗刑事案件具体应用法律若干问题的解释》[⑦]中。

首先,从法律位阶上考量上述规定,1991年、1998年和2001年的规定仅是电话答复或者会议纪要,在没有与其他法律冲突的情况下,可以作为规范性文件适用,但在有其他法律规定的情况下,应当适用其他法律规定。1996年的司法解释已经废止,事实上,从法律位阶上考量,仅有2011年的司法解释具有最高效力。

其次,2011年的司法解释中规定了以数额巨大的财物为诈骗目标的,应当认定诈骗未遂。即实际未取得数额巨大的财物的,也应当定罪,其数额当然计算入犯罪数额。但是,在案发前归还被骗财物的行为,一般情况下可以作为推翻被告人具有非法占有目的的基础事实,多数被告人及辩护人亦均以此作为辩护意见。多数情况下,该行为确实能够证明被告人没有非法占有的目的。同时,考虑到实际并未造成损失。因此,实践中将案发前已经归还的数额不计入犯罪数额有一定合理性。

---

① 陈瑞华:《论刑事法中的推定》,载《法学》2015年第5期。

② 潘丙林、赵宇翔:《案发前归还诈骗款不影响犯罪既遂》,载《人民司法案例》2014年第14期。

③ "即在具体认定诈骗犯罪数额时,应把案发前已被追回的被骗款额扣除,按最后实际诈骗所得数额计算。但在处罚时,对于这种情况应当做为从重情节予以考虑。"

④ 第9条规定:"对于多次进行诈骗,并以后次诈骗财物归还前次诈骗财物,在计算诈骗数额时,应当将案发前已经归还的数额扣除,按实际未归还的数额认定,量刑时可将多次行骗的数额作为从重情节予以考虑。"

⑤ "行为人已经着手实施保险诈骗行为,但由于其意志以外的原因未能获得保险赔偿的,是诈骗未遂,情节严重的,应依法追究刑事责任。"

⑥ "在具体认定金融诈骗犯罪的数额时,应当以行为人实际骗取的数额计算。对于行为人为实施金融诈骗活动而支付的中介费、手续费、回扣等,或者用于行贿、赠与等费用,均应计入金融诈骗的犯罪数额。但应当将案发前已归还的数额扣除。"

⑦ 第5条第1款规定:"诈骗未遂,以数额巨大的财物为诈骗目标的,或者具有其他严重情节的,应当定罪处罚。"

最后,将案发前已经退还的数额不计入犯罪数额时,还需要注意两个问题:一是案发前的掌握。案发前可能的理解包括被害人向司法机关报案和司法机关立案侦查这两个时间节点。由于扣除的前提是排除了被告人的非法占有目的,因此,当被告人基于害怕被追究刑事责任而退还不能推定其行为时没有非法占有目的,因此,该时间节点原则上应当以被害人报案的时间确定①。二是退还应当反映出一定的主观意愿,如果案发前通过被害人的自力救济等原因而追回的损失,不应当从犯罪数额中扣除,其理由同前。因此,1991年的电话答复中将被追回的数额予以扣除的表述并不合理。

(2)犯罪成本是否扣除。

在侵财类犯罪中,犯罪成本原则上不应从犯罪数额中扣除。但具体到诈骗类案件,由于被告人非法占有的财产数额应当与被害人的损失数额一致,而通过支付小部分财物而骗取他人较大财物时,被害人的实际损失可能要小于被骗财物的数额,此种情形下,将部分案件中的犯罪成本从犯罪数额中扣除更加符合客观事实。尤其在犯罪成本与犯罪数额差距较小的情况下,予以扣除的做法更加有必要。对于是否将犯罪成本从犯罪数额中予以扣除,在审查中应当重点审查是否同时符合以下几点:

一是犯罪成本必须客观上具有经济价值。被告人在实施诈骗行为时,交付给被害人的有客观经济价值且对被害人有主观价值的犯罪成本可以从犯罪数额中扣减。对该犯罪成本经济价值的判断要以其本身的属性为基础,以一般人的认识能力为判断准则,凡是能够在社会上流通和交换,具有市场价值的都应认为有客观价值。仅仅支付了成本的物品不一定有经济价值,在诈骗过程中提供的某些物品虽然也需付出对价,但却不能进入市场流通和交换,在客观上没有经济价值,不能减轻被害人的财产损失的不应扣除。

二是被告人交付给被害人的犯罪成本能够或者应当能够被被害人使用,如果因某种原因,无法被被害人使用,则该部分犯罪成本不应在犯罪数额中扣减。

三是一般情况下,犯罪成本只有被被害人占有和控制,才能减轻被害人的财产损失程度。但除了直接交付给被害人的犯罪成本,还有一些虽然没有直接交付给被害人,但代替被害人履行了部分义务,使被害人减轻了财产损失,也应从诈骗金额中扣减。

(3)犯罪数额的认定不包括预期的利息。

在以借贷方式诈骗、信用卡诈骗、集资诈骗等案件中,报案人报案时所称的被骗数额,或者合同、借据上所记载的数额往往计算了被骗的本金和预期的利息。在恶意透支型信用卡诈骗案件的办理初期,部分银行出具的未还款金额甚至还包含了复利和违约金②。对于这种情形,应当明确,认定被告人的行为构成诈骗类犯罪,刑法只针对其诈骗的对象进行处罚,因此,不应将利息计入犯罪数额。③ 同理,也不能根据《刑法》第64条的规定判处发还被害人利息部分。

---

① 个别案件中还应当考察被告人是否了解已经报案的事实,予以综合认定。

② 经过一段时间审判对侦查的影响,目前北京地区已经没有类似情况。

③ 部分观点认为成立诈骗罪其合同关系根据《合同法》第52条第4项的规定归于无效,故不应当保护利息,因此在刑事判决中不应予以保护。但该观点存在争议,另有观点认为存在欺诈关系的合同应当属于效力待定,不当然归于无效。但无论如何理解,并不影响不降利息计入犯罪数额的做法,同时,既然不属于犯罪数额自然不能判处发还被害人利息。至于被害人是否还能另行起诉民事诉讼,值得探讨。

3. 对层层转托型诈骗类案件的审查

当诈骗事项经由多人层层经手转达时，对每个经手的中间人如何处理，在近年来的二审改判诈骗类案件中出现的数量较多。说明对于此类情况下的处理审判人员还存在不同的认识。

如被害人因涉嫌渎职被检察院立案侦查并取保候审，遂欲请托他人帮助办理撤销案件一事。后经朋友介绍认识了薛某、程某，并请托二人为其在检察院撤销案件。薛某、程某明知自己没有相关的办事能力，仍谎称有能力办理。后程某经人介绍认识了赵某，赵某又经陈某介绍找到王某和高某，经高某介绍最终找到邹某办理，但均没有办成请托事项。在此过程中，被害人根据薛某、程某、赵某、王某、高某等人的要求，先后多次支付办事费用共计人民币 710 万元。其中程某参与诈骗金额为 200 万元，赵某参与诈骗金额为 192 万元，薛某参与诈骗金额为 170 万元，王某参与诈骗金额为 119 万元，高某参与诈骗金额为 35 万元。此案在办理过程中，各个经手人是应当对其可能认识到的全部数额负责，还是对其经手的数额负责，或者仅对其实际占有的数额负责，存在不同的认识。

首先，此案中的各经手人均明知自己没有办理请托事项的能力，也无法确定其他人是否有此能力，为了获取不法利益，分别采取虚构事实或隐瞒真相的手段，索要或接受被害人给予的巨额办事费用，并且在请托事项尚未办成的情况，对涉案钱款或者直接占有，或者肆意处置，足以说明被告人均在主观上对危害结果的发生完全持放任态度，即事情能办成则全部占有约定的款项，不能办成自己也能获取相应的好处，其行为是实质上就是一种变相的非法占有。因此，各经手人的行为应当认定为构成诈骗罪。

其次，在如何认定犯罪数额上，应当坚持主客观相一致的原则，同时，也应当坚持共同犯罪中部分行为全部责任的原则来综合予以认定。在层层转请托型的诈骗案件中，每一个环节的行为人都会接触一定数额的款项，但并不全额占有，涉案款项在多个行为人之间层层流转，又层层截留，因此确定各个行为人对涉案钱财是否具有非法占有的目的相对比较困难。尤其是某经手人是否应对其交给下一环节的数额负责，争议较大。对此，首先应当明确，在具有诈骗故意的前提下，行为人对其占有和处分（包括交给下一环节）的财物数额均有明确认识，无论其持有希望或者放任的主观心态，均应当对全部数额负责。这样的认定是符合主客观相一致的原则的。但需要明确的是，对于财物数额的认识属于主观故意当中认识因素的内容，不能因为认定具有放任的故意，而将下一环节的行为人无法知晓的上一环节人经手的数额予以认定。总之，应当按照主客观相一致的原则，以行为人个人实际占有和肆意处置的金额为基础，实事求是地加以认定。

最后，在此种类型的诈骗案件中，需要注意的是，如果已经确信办理请托事项无望，行为人及时、主动向前环节经手人退还办事费用的，该行为本身可以被推定为不具有非法占有目的，同时也符合最高人民法院相关司法解释、答复关于诈骗案件案发前归还的金额不计入诈骗数额的规定。故即使该行为人未将办事费用直接退还被害人本人，也应当不以诈骗罪论处。

4. 被害人的认定

诈骗案件中被害人（投资人）的认定一般不存在争议，但在特殊情形下，准确认定被害人对案件的妥善处理具有非常重要的意义。如被害人甲被骗交付给被告人共计 100 万元，而该钱款的来源系乙、丙、丁三人交付给甲的，且乙、丙、丁三人与被告人并无联系，案发前也不知晓甲被骗的情况。案发后，甲将被骗情况告知乙、丙、丁三人。此案侦查阶段，甲向侦查人员表示被骗的每个环节都提前告知了乙、丙、丁，侦查机关找乙、丙、丁三人作证，均证实其交付钱款给甲并被甲告知被告人诈骗钱款的事实，但侦查机关并未询问乙、丙、丁是否在被骗前就已经了解诈骗事实，并同意甲交付钱款。后公诉机关将甲、乙、丙、丁四人均作为被害人予以起诉。此案中，如果认定四人均为被害人，则实践中，乙、丙、丁再将该事实向法院另行起诉民事诉讼，要求甲返还财产，面临着民事诉讼基于该事实已经被刑事诉讼处理的理由而不予立案的困境。事实上，针对该案件，乙、丙、丁并未被被告人欺骗，并未陷入错误认识处分财产，故其不应成为诈骗罪的被害人。而甲是本案中的唯一被害人。如果不认真审查本案中的细节，只将关注焦点放在对被告人的定罪量刑上，这样难免引起判决后的长期信访问题。

5. 涉案财产的处理

诈骗类案件在案扣押、冻结的财产应当返还被害人。其依据是《刑法》第 64 条，但由于该条文规定较为笼统，在具体司法实践中，财产情况又具有多样性，因此，在具体处理方式上仍会有不同的做法。应当引起注意的情形包括：

(1) 在案扣押、冻结财产的赃款、物的性质或者财产权属存在争议。

在案件审理过程中，已经由侦查机关采取冻结、扣押等措施，并移送法院的，应当由侦查机关对其是否属于赃款、物或者权属予以明确。在审理中，如果发现财产的权属存在争议，应当尽可能明确其权属。如果仅依据刑事案件的审理不能确认权属，此时应当慎重，不能轻易判决发还被害人。可以证明权属的证据不足为由，建议退回移送机关处理。

(2) 被执行人将赃款赃物用于投资，并因此形成的财产及其收益如何处理。

参照最高人民法院《关于刑事裁判涉财产部分执行的若干规定》第 10 条的规定："对赃款赃物及其收益，人民法院应当一并追缴。被执行人将赃款赃物投资或者置业，对因此形成的财产及其收益，人民法院应予追缴。被执行人将赃款赃物与其他合法财产共同投资或者置业，对因此形成的财产中与赃款赃物对应的份额及其收益，人民法院应予追缴。"①故裁判时对于收益部分也应当予以追缴或责令退赔，发还被害人。需要注意的是，如果根据案件事实，已经财产及其收益已经高于诈骗数额，对于高出的部分应当判处没收。

(3) 在案扣押、冻结的财产系被告人及案外人的共有财产的处理。

根据前文所引的"若干规定"的精神，共有财产中具有被告人的份额，则应当用该份额弥补被害人的损失，不能因为系共有财产就不处理。当该份额存在疑问无法确定时，可表述为判罚执行该共有财产中被告人的份额。

(4) 赃款、物或被告人其他财产已被抵押、处分时，取得方是否属于善意。

赃款、物应当予以追缴，当已灭失时，应当责令被告人以其财产退赔。当面临赃款、物

---

① 尽管该规定主要针对执行环节，但其原理同样适用于审判。

或者被告人的其他财产已被处分给第三人的时候,应当尽量判断该第三人是否属于善意取得。其判断标准可参照最高人民法院《关于刑事裁判涉财产部分执行的若干规定》第11条:"……(一)第三人明知是涉案财物而接受的;(二)第三人无偿或者以明显低于市场的价格取得涉案财物的;(三)第三人通过非法债务清偿或者违法犯罪活动取得涉案财物的;(四)第三人通过其他恶意方式取得涉案财物的。"能够在审判阶段明确第三人属于善意取得的,或者无法确定其是否属于善意取得的,应当将该财产退回移送机关依法处理。

(5)诈骗事项因涉及行贿、购买违禁品等违法事由时的财产处理方式。

部分诈骗案件涉及违法事项,如以帮人疏通关系行贿未由实施诈骗、以帮助购买枪支、毒品等违禁品未由实施诈骗等。在以往的审理过程中,诈骗案件的财产一般均发还给被害人。近年来,陆续开始出现对于用途具有违法性的被骗财物予以没收的判例。在北京市的全市刑事审判工作会也明确了这一思路。该做法具有一定的合理性,在部分国家的刑法规定中也有类似规定。但由于我国刑法仅规定了违禁品和供犯罪所用的本人财物,应当予以没收。被诈骗的款项本身并未实际用于非法用途,故仅是诈骗犯罪的对象,而非犯罪工具或者成本;另外,"所谓违禁品,是指法律、法规明文禁止拥有、持有或交易的物品。理论上一般将违禁物分为绝对违禁物和相对违禁物。绝对违禁物,是指无论任何人于任何时间、地点持有,均为法律、法规所禁止持有之物。相对违禁物,是指原则上系违禁物,但经法律允许可以持有、制造之后,则可从违禁物中排除的物品。关于绝对违禁物品,中国法律没有明文规定。至于相对违禁物,如果行为人合法持有,且没有用于违法活动时,一般不应没收。"[①]显然,被诈骗的款项并不属于违禁品范围。故此种情形下,直接予以没收的法律依据存在不足。同时,考虑到该财物的性质尚不能确定为贿赂[②],故此做法客观上仍有讨论之必要。

三、探索的方向

(一)认罪认罚的幅度、空间

诈骗案件和其他侵财类犯罪案件相同,其所造成的损失一般主要体现在对被害人财产权益的侵害上。因此,通过刑事审判最大限度地挽回被害人经济损失应当是此类案件追求的结果之一。一方面,通过挽回损失,即弥补了被害人的利益,也剥夺了被告人通过犯罪行为所获得的利益,同时,如果能够给予了被告人较轻的处罚,也给予了其改过自新的机会。这样能够更好地体现刑罚的特殊预防和一般预防的功能。因此,在审理诈骗类

---

① 谢望原、肖怡:《中国中刑法的"没收"及其缺憾与完善》,载《法学论坛》2006年第21卷第4期。

② 孙国祥:《"截贿"行为的刑法性质辨析》,载《法治研究》2016年第1期。"财物本身无所谓合法与否,只有与人的行为结合起来才能作出评价。在贿赂犯罪中,财物的行贿犯罪组成物或犯罪工具性质只有与行贿的实行行为联系起来才能得以认定。行为人基于诈骗财物的故意,骗取委托人财物的交付或者委托,取得财物后进而占为己有的,其中,根本没有行贿行为的介入,充其量只是表现出委托人有行贿的故意而已,但委托人基于行贿的主观故意交付财物给受托人,在受托人没有转移支付给行贿对象时,还不能认定该行为是行贿行为的实行行为(在主动行贿的情况下,行贿罪客观方面的表现为非法给付国家工作人员财物并要求为其谋取不正当利益的行为),进而也就不能认定该委托的财物已经成为贿赂。

案件中，审判人员应当对如何追赃以及弥补被害人损失给予足够的重视。随着被告人认罪认罚制度的推行，这种审理思路应当更加值得提倡。

但是，由于数额犯对应的法定刑较为固定，以北京市诈骗类犯罪数额标准为例，一般诈骗数额在50万元以上，又不具有其他减轻处罚情节的，无论被告人是否具有认罪认罚、主动退赃的表现，均应当在有期徒刑十年以上进行量刑。由此带来的问题是，退赃与否均不影响量刑，实际上就是引导数额特别巨大的诈骗案件被告人拒不退赃，也使认罪认罚制度在中级法院管辖的诈骗案件中无法得到有效贯彻。实践中，已经有过多起诈骗案件被告人向法院表示，如果全额退赃，可以在十年以下量刑，则愿意交代赃款下落，愿意退赔。但囿于法律规定，这些案件被告人最终均未退赔，被害人的损失也得不到弥补。因此，建议对于诈骗类案件，应当增加“确系初犯，且能够认罪、悔罪，并全额退赃的，可以减轻处罚”。

（二）涉群体案件的审理方式

近年来，无论是普通诈骗案件，还是集资诈骗、合同诈骗案件，均越来越多地体现出事实多、金额高、被害人多的趋势。近两年，诈骗类案件的被告人数、被害人数均出现了以往从未有过的数量。涉群体案件的增加，给维稳、审理方式均提出了更高的要求和挑战。针对涉群体案件，在审理中应当关注被害人（投资人）的诉讼权利。审理涉群体的诈骗类案件，要充分重视对被害人（投资人）的诉讼权利的保障，但同时也要保证审判活动的顺利进行。从实践看，被害人要求得到保障的诉讼权利比较集中地体现在要求旁听案件庭审过程、要求了解追赃挽损的情况、要求表达诉求等方面。借鉴伤害等地的做法，部分案件如果有必要，可以设置专门的场所进行视频转播，组织被害人集中观看。另外，对于被害人的其他诉讼请求，可由承办法官提前搜集问题进行准备，并集中时间统一向被害人群体进行答复。对于人数众多，送达裁判文书的方式可以通过网上公开的方式进行，不再分别送达文书。

无权处分情形下的不动产纠纷裁判规范*

引　言

随着家庭经济实力的增强和商品房交易市场的形成，家庭购买并拥有多处房地产的情况普遍存在，而且随着房地产价格的上升，房产无疑成为家庭财产的主要构成部分。与房产有关的交易行为，如买卖、抵押等，成为社会生活的常态。因无权处分引发的纠纷，一直以来都是学界和实践中争议较大的问题之一。《合同法》出台后，就其第51条规定的理解和适用，学说中一直存在效力待定说和有效说两种争论，2012年7月最高人民法院《关于审理买卖合同纠纷案件适用法律问题的解释》（以下简称《买卖合同司法解释》）出台，其中第3条规定，"当事人一方以出卖人在缔约时对标的物没有所有权或者处分权为由主张合同无效的，人民法院不予支持。出卖人因未取得所有权或者处分权致使标的物所有权不能转移，买受人要求出卖人承担违约责任或者要求解除合同并主张损害赔偿的，人民法院应予支持。"从文义看，该款规定包含两种情形：无权处分人出卖他人之物和出卖将来之物，前款否定了合同无效说，后款明确了买受人因出卖人无处分权而不能取得标的物所有权的，出卖人构成违约，其前提即是买卖合同有效。这一规定，是否采纳了无权处分有效说，具体到实践中如何适用，如何与《合同法》第51条相衔接，都有待研究。

本调研报告采取解释论的方法，为法律适用确立一个基本理论，即在否认无因性原则的前提下，将物权行为概念应用于对此类案件法律关系的梳理，从而明确该类案件的常规诉讼路径和审判模式，以便审判机关针对不同的案情找到共同的切入点引导诉讼并进行裁判。

一、涉不动产无权处分案件的审理概况

本调研报告统计了近三年来的北京市法院涉不动产纠纷案件，从案件受理情况来看，2013年至2015年北京市一、二、三中院涉不动产无权处分有效案例162件，有关夫妻一方擅自处分房产的案件37件，继承人之一处分房产的案件36件，其他买卖合同41件，租赁合同14件，拆迁安置补偿合同25件，其他合同8件，其他类型1件。案件类型比较集中，主要是共有房产登记在一方名下，其未经其他共有人同意处分房产。

从原告的诉讼请求来看，请求解除合同的4件，请求继续履行合同的19件，请求确认

---

* 课题主持人：孙国鸣，课题负责人：郭燕枝、张磊，课题组成员：柳适思、赵蕾、刘磊、徐冰、朱文君、夏根辉、刘芳芳、郭仁鑫、林娜、叶康喜，课题执笔人：赵蕾、叶康喜。

本课题为2015年院级重点课题。

合同无效的130件。大部分案件当事人的诉讼请求仍然是要求确认无权处分合同无效。

从判决对无权处分行为的认定来看,认定构成无权处分的有62件,其中5件判理中适用了善意取得制度;认定不构成无权处分行为的70件,其中有11件被认定为恶意串通,3件被认定为无权代理,没有进行认定的有30件。

从对合同的效力认定来看,认定合同有效的案件数46件,其中因为追认而有效的3件,没有对合同效力进行认定的28件。

从法院的判理来看,单独适用司法解释第3条的34件,单独适用第51条的27件,两条并用的有2件。大部分存在说理不清,简单适用司法解释第3条对原告要求确认无效的诉讼请求予以驳回。

(一)无权处分行为成因分析

不动产涉无权处分纠纷发生的主要原因是由于不动产事实物权与法律物权存在不一致。事实物权没有法定的公示形式,社会公众不易了解该物权的存在。具有法律权利外观的当事人,以占有或登记的表彰方式使相对人信任其为真正权利人,从而与其进行交易,实际其权利来源并不存在或者为虚假,该行为即为无权处分行为。事实物权在现实生活中有不同表现形态,司法实践中主要有以下几种类型:(1)因他人恶意冒充权利人进行登记导致的不动产事实物权。(2)通过合法转让并已实际占有支配不动产,但因客观原因未办理好登记手续,且无其他善意第三人取得该不动产物权的情况。(3)夫妻共有或家庭共有等场合,不动产登记簿记载的物权人只有部分成员,欠缺其他共有人的信息。(4)因登记机关的错误登记而导致登记的物权状态与事实的物权状态不一致的情况。(5)农村房地产登记尚不规范,部分房屋没有进行登记。(6)登记机关的错误或疏漏。(7)不动产物权变动的原因行为被确认为无效或被撤销,或未被追认,不动产物权失去其变动的根据。(8)根据法律规定取得不动产物权,至今仍未办理过户登记。(9)出于规避法律或其他考虑,将自己购买的房屋等登记在他人名下,并无赠与的效果意思。

不动产登记产生物权变动的法律效果,在法律上推定这一物权事实的真实性,并保护善意交易第三人的合法权益。但不动产登记产生的是不是一种绝对的、不可推翻的效力,也就决定了事实物权权利人的合法权益在符合某些条件的情况下,亦应得到法律的承认和保护。

除了处分人具有权利外观的情形,实践中还存在权利人不存在任何法律规定的权利表彰形式,相对人仍与订立旨在转移物权的合同,此时相对人的主观状态就不能认定为善意,可能存在与处分人恶意串通之嫌。两种不同原因产生的无权处分行为,因相对人主观状态的不同,法律选择的保护对象应当有所不同,下文将予以论述。

(二)涉不动产无权处分的常见案件类型

通过调研发现,实践中无权处分案件类型比较集中,主要由以下几类:(1)共有人之一擅自处分房产,主要包括夫妻一方签订房屋买卖合同、部分继承人擅自处分房产、部分家庭成员签订拆迁安置合同;(2)伪造房产证、身份证冒名处分房产;(3)将他人之物设定抵押;(4)质权人、抵押人处分出质人财产;(5)登记错误,登记权利人处分房产;(6)未经权利人同意擅自转租。

二、涉不动产无权处分的司法困境

最高人民法院《买卖合同司法解释》自2012年7月1日起施行。该解释第3条规定：当事人一方以出卖人在缔约时对标的物没有所有权或者处分权为由主张合同无效的，人民法院不予支持。出卖人因未取得所有权或者处分权致使标的物所有权不能转移，买受人要求出卖人承担违约责任或者要求解除合同并主张损害赔偿的，人民法院应予支持。该解释一出，众人哗然，认为该规定是对以往许多规定的颠覆性改变。1999年《合同法》施行前，无权处分行为普遍认为是无效的，合同法施行后，无权处分行为普遍认为是效力待定的。而《买卖合同司法解释》第3条规定当事人一方以出卖人无处分权为由主张合同无效法院不予支持。有不少人对此迷惑不解。纷纷提出疑问：该规定是否与《合同法》第51条相矛盾？该规定能否适用于房屋等特定物的买卖？无权处分行为的效力到底应当怎样认定？

（一）无权处分的法律规范的“冲突”

无权处分问题涉及民法总则、合同法、物权法、侵权责任法等多个领域，不得不从整个民法体系进行通盘考虑。无论是效力待定说还是有效说，学界和实务界就此问题依然争论不休，无法达成一致认识。可能是因为中国现行的法律制度并非纯粹继受某一国的法体系，而是兼收并蓄，虽能博采众长，但就整个法律体系考量某一个法律问题应学习哪国规定时产生了极大的困难。从不同的侧面考量，会得出不同的结论。

《合同法》出台后，就其第51条规定的理解和适用，学说中一直存在效力待定说和有效说两种争论，2012年7月《买卖合同司法解释》出台，其中第3条规定，“当事人一方以出卖人在缔约时对标的物没有所有权或者处分权为由主张合同无效的，人民法院不予支持。出卖人因未取得所有权或者处分权致使标的物所有权不能转移，买受人要求出卖人承担违约责任或者要求解除合同并主张损害赔偿的，人民法院应予支持。”这一规定，是否采纳了无权处分有效说，具体到实践中如何适用，如何与《合同法》第51条相衔接，都有待研究。

（二）各个法院判决尺度不统一

各个法院对无权处分合同效力及物权转移登记行为效力没有进行区分，判决的处理态度也不明确。主要存在以下争议：

1. 是无权出售房屋行为是否一律认定有效存在争议

一种意见认为，既然司法解释已经将无权处分认定为有效，则只要当事人以无权处分为由要求认定房屋买卖合同无效的，一律应予以驳回。另一种意见认为，《买卖合同司法解释》第3条仅仅是对《合同法》第51条的修改，而《合同法》第52条亦规定了合同无效之情形，如果《买卖合同司法解释》第3条与《合同法》第52条相竞合，则应适用第52条之规定，认定合同无效。例如，房屋所有权人、无权处分人、买受人均为同一家庭的成员，对于此类家庭成员内部的房屋买卖案件，若查清属于《合同法》第52条第2款规定的“恶意串通，损害国家、集体或者第三人利益”情形，则应认定合同无效。

2. 是无权代理出售的房屋是否认定有效存在争议

一种意见认为，合同法规定无权代理，未经被代理人追认，行为对被代理人不发生法律效力。而《买卖合同司法解释》仅是对无权处分的效力问题进行了重新规定，并未涉及无权代理，故无权代理签订的房屋买卖合同，未经权利人追认，应当认定为无效合同。另一种意见认为，与无权处分相比较，二者的区别仅在于出卖方以谁之名义签订合同。例如，甲乙系夫妻，房屋登记在甲名下，甲不知情且不同意卖房，乙以自己的名义出卖，则为无权处分行为，合同有效；乙若提供虚假委托书，以甲名义出卖，而甲不予追认，则为无权代理行为，若认定合同无效，会出现相似案件处理结果大相径庭，社会效果欠佳，故无权代理亦应认定为有效。

3. 是无权转租行为是否认定有效存在争议

一种意见认为，依据现行法律和司法解释，未经出租人同意，承租人擅自将房屋转租他人的转租合同应当认定为无效合同。另一种意见认为，未经出租人同意擅自转租认定无效是基于承租人对于租赁物没有处分权，现在既然无权处分的买卖关系已经司法解释认定有效，那么基于无权处分产生的转租权无效的理论基础也就已经不存在了，故对于无权转租更应认定为有效。因为相比较而言，房屋买卖行为是比房屋租赁行为要求更为严格的法律行为，对房屋买卖中的无权处分行为，法律尚已作出了合同有效的规定，若对未经允许的无权转租行为仍然认定为无效，不利于保护次承租人的合法权益，亦有违司法公平正义之要求。

三、无权处分不动产行为的认定

经研究发现，法院所受理的不动产无权处分相关的诉讼主要围绕对无权处分行为的认定及效力问题。鉴于此，对于“无权处分行为”内涵的廓清就显得尤为重要。

处分是民法中的基本概念，在大陆法系传统的民法理论上，“处分”的语义有广狭之别。(1)最广义的处分，包括事实上及法律上的处分。事实上的处分，指就原物体加以物质的变形、改造或损毁的行为，法律上的处分，包含负担行为（债权行为，如悬赏广告、买卖、保证等），还包括处分行为[所有权的移转、抵押权的设定、所有权的抛弃（物权行为）、债权让与及债务免除（准物权行为）]。(2)广义的处分，仅指法律上的处分而言，事实上的处分不包含在内。(3)狭义的处分，专指“处分行为”而言。因而，民法上所称的“处分”的语义，不可一概而论，应斟酌其文义、法律体系及法律规范目的来认定。

1.《合同法》第 51 条所规定的“处分他人财产”

《合同法》第 51 条所规定的“处分他人财产”应属法律上的处分，而不包括事实上的处分。《合同法》立法采法国民法典“同一原则”立法模式，对负担行为与处分行为一体把握，将处分行为纳入债权行为之中，视标的物所有权变动为买卖合同直接发生的效果。因此，在我国《合同法》立法时立法思想不采纳负担行为与处分行为相区分的情况下，第 51 条规定的“处分”的立法本意是既包括负担行为又包括处分行为，是一体把握的。与买卖合同的定义相对应，《合同法》第 135 条规定，买卖合同，出卖人移转标的物所有权于买受人，买受人支付价款的合同。“移转标的物所有权是出卖人的义务”，依据该条，买卖合同不仅产生出卖人交付标的物的义务，还产生移转标的物所有权的义务。移转所有权，直接依据买卖合同，而不须在买卖合同之外，再有什么关于所有权移转的合意及物权行为。

2.《买卖合同司法解释》第3条中的无权出卖他人之物

《合同法》颁布时间是1999年3月15日，在随后2007年10月1日颁布的《物权法》第15条规定，"当事人之间订立有关设立、变更、转让和消灭不动产物权的合同，除法律另有规定或者合同另有约定外，自合同成立时生效；未办理物权登记的，不影响合同效力。"这是关于物权变动与原因行为相区分原则的规定。在出卖他人之物场合，所签订的买卖合同是负担行为，在当事人之间产生债权；标的物的交付或过户是处分行为，交付或过户的结果是产生物权的变动。再明确地说，交付或过户已不仅仅是履行合同的事实行为，而且是含有当事人的意思表示的处分行为，当事人的意思表示即是移转标的物的所有权。买卖合同是确定有效的，并不受有无处分权的影响；而处分行为的生效则要受到处分人事后是否得到权利人的追认或取得处分权的制约。《买卖合同司法解释》对无权处分行为进一步明确采纳区分原则。

因此坚持物权行为、债权行为区分原则是正确处理无权处分的法理基础。司法实践中，虽然引用《买卖合同司法解释》第3条已是普遍现象，但说理不透彻，论述不清晰，最高人民法院在这方面作出了表率。最高人民法院涉及无权处分的民事判决书认定，依照《合同法》第51条"无处分权的人处分他人财产，经权利人追认或者无处分权的人订立合同后取得处分权的，该合同有效"。虽然，2012年7月1日生效的《买卖合同司法解释》第3条规定，经出卖人无权处分他人财产的行为区分为债权行为和物权行为，案涉房屋买卖合同难谓无效，但是由于×××无权处分案涉房屋，在未取得城乡建设公司追认的情况下，××依法只能向×××行使违约赔偿或者损害赔偿的债权请求权，其在案涉房屋之上不能成立物权期待权，更不能取得所有权。上海市法院也有类似判决，上海市第一中级人民法院类案判决认定"《最高人民法院关于审理买卖合同纠纷案件适用法律问题的解释》第三条规定，当事人一方以出卖人在缔约时对标的物没有所有权或者处分权为由主张合同无效的，人民法院不予支持。根据上述司法解释，虽然出卖人在缔约时对标的物没有处分权，并不能影响买卖合同的效力，但是否发生所有权转移的物权变动效果，则取决于出卖人嗣后能否取得处分权。鉴于××的上述处分行为嗣后并未获得×××追认，故该处分行为无效，不发生物权变动之结果。"这两份判决是关于无权处分行为应区分债权行为、物权行为的最早认定，逻辑清晰、完整。

3. 无权代理行为

《合同法》第48条第1款规定，行为人没有代理权、超越代理权或者代理权终止后以被代理人名义订立的合同，未经被代理人追认，对被代理人不发生效力，由行为人承认责任。代理人签订的合同属于广义的无权处分行为，亦适用《合同法》第51条。

4. 善意取得中的无权处分行为

《物权法》第106条规定的不动产善意取得是善意取得制度基于登记的公信力，旨在维护交易的安全。仅在登记错误或者登记不全情形下才会发生。其中规定的无权处分是狭义的无权处分，即以自己名义实施的处分行为。在此不要将善意取得中的无权处分行为与无权代理行为相混淆，无权处分需以自己的名义实施行为，而意图将法律效果归属他人的行为为代理行为。无权处分与无权代理两者的区别表现在：一方面，无权代理是以本人的名义实施民事行为，而无权处分则是指无权处分人以自己的名义实施民事行为。因此无权代理人、无权处分人与相对人所订立的合同中的主体是不同的。另一方面，相对人的善意对行为后果所造成的影响是不完全相同的。在无权代理的情况下，如果相对人是善意的，则要进一步考虑是否符合表见代理的构成要件。如果确已构成表见代理，则此种无权代理行为将直接对本人发生效力。在无权处分人处分他人财产时，如果相对人善意，则可能直接依据善意取得制度取得该财产。

将无权代理存在一种比较难以辨别的代理行为即替名代理，或者冒名代理。当事人冒充他人名义实施法律行为的情形，对相对人来讲，缔结契约的主体是被冒名人，因此该行为类推无权代理行为。

夫妻一方未经配偶同意处分夫妻共同房产的行为，实践中较为常见，该类案件占到无权处分案件总量的23%。其中夫妻一方以自己名义处分登记在自己名下的夫妻共同房产的，为典型的无权处分行为，夫妻一方处分登记在配偶名下的房产为无权代理行为，夫妻一方以征得配偶同意为由处分夫妻共同房产的行为比较难判断，对此，《婚姻法司法解释一》第17条规定的夫或妻非因日常生活需要对夫妻共同财产做重要处理决定，夫妻双方应当平等协商，取得一致意见。他人有理由相信其为夫妻双方共同意思表示的，另一方不得以不同意或不知道为由对抗善意第三人。规定的就是该类行为。考察这类行为首先要分析其法律性质，共有人处分共同共有物需经过共有人同意，以自己名义处分的为无权处分，以全体共有人名义处分的，其处分行为中包含着自己的处分意思表示及共有人的意思表示，其中共有人意思表示由处分人以共有人名义表达，因此应当视为代理行为，故共有人处分共有财产因为无权处分及无权代理的综合行为。司法实践中往往不进行区分，一概认定为无权处分行为，导致的后果一是在判断相对人是否善意时以无权处分行为涉及的善意取得制度中的“善意”为标准，二是受侵害的配偶一方往往以无权处分行为提起诉讼，法院选择的审判途径也是认定是否构成无权处分行为。实际上，二者存在很大不同，处分人处分财产时向相对人披露共有人的存在，即赋予了相对人更高的注意义务，因我国未规定家事代理制度，在处分人未出具授权委托书时，甚至未经同意的配偶一方无过错的情况下，相对人无理由相信处分人是有权处分。

四、无权处分合同效力认定

（一）不发生物权变动的负担行为有效

前面谈到，根据行为后是产生债权债务法律关系，还是产生物权变动的法律后果，将民事主体实施的行为分为负担行为和处分行为。负担行为就是债权行为，而处分行为是权利人通过法律行为使自己的权利直接发生变更、设定负担或者归于消灭的行为，实质上是债权合同与交付或登记行为的结合体。根据《物权法》第15条的区分原则，负担行为的成立生效，不以标的物的成就为必要，不以对标的物的处分权为必要，而处分行为的成立生效，以标的物的成就为必要，以当事人具有处分权为必要；处分行为的生效与否不影响负担行为的效力。区分原则改变了《合同法》同一原则的立法指导思想，明确了在未发生物权变动的情况下，不管物权未发生变动的原因是不能变动或者没有必要变动，都不能以此否认有效成立的合同的效力。合同仍然是有效的合同，违约方要承担违约责任，守约方可以请求损害赔偿。

因此只要不符合《合同法》第 52 条关于无效情形的规定，双方达成的合同均认定为有效。因为合同本质是双方达成的合意，只要双方具备行为能力，意思表示真实，不违反法律行政法规的强制性规定，其应当被认定为有效，包括无权代理行为以及处分查封房产的负担行为有效，合同有效不必然得到履行，其能否履行亦不影响合同的效力。一旦一方违反其曾与对方达成的合意，即应当承担违约责任，而非合同无效后的返还与赔偿责任，这也是意思自治原则的体现。

但无权处分行为在某些情况下极有可能对权利人的利益造成损害，妨碍所有权人正常的享有和行使所有权，尤其是相对人可能对此情况也事先有所了解，甚至可能会与处分人恶意通谋，因此在无权处分情况下，尽管需要强调对相对人利益的保护，但也要根据其是善意还是恶意来决定应否对其予以保护。我国《合同法》第 151 条规定："买受人订立合同时知道或者应当知道第三人对买卖标的物享有权利的，出卖人不承担本法第一百五十条规定的义务。"可见，如果买受人在订约时知道第三人对买卖标的物享有权利的，出卖人不承担权利瑕疵担保义务。所谓买受人应当知道，是指买受人尽到合理的注意义务就可以知道第三人对买卖标的物享有权利，但因为疏忽大意或者过于自信而没有知道的，则应当推定买受人知道标的物权利瑕疵的存在。因此，相对人善意与否应为判断无权处分合同效力的因素之一。只有在相对人善意的情况下，无权处分的债权合同为有效。

相对人善意的判断标准是，第三人不知道或有理由相信无权处分人有权处分不动产。第三人不知道是指，无权处分人未告知第三人其无处分权，第三人也无法查询或依公示得知无权处分人无处分权，同时第三人不存在与权利人、无权处分人存在亲属关系、共同居住等按照日常生活经验可以推知第三人知道的情形，第三人有理由相信无权处分人有权处分不动产是指，无权处分人需要存在符合法律规定的权利表彰状态，主要是房屋所有权证书和房屋在其占有、使用的状态，且无法律规定的其他共有人情形。在房屋买卖合同案件中，因为双方缔约目的在于转移房屋所有权，因此房屋需登记在无处分权人名下，如房屋登记在处分人名下，处分人以其自己名义处分房屋，第三人不知房屋存在其他共有权人。同时，双方订立房屋买卖合同还存在交付使用的目的，因此处分人需具备占有或控制房屋的状态，相对人需现场看房排除他人占有房屋的情形，若房屋处于他人占有状态，处分人需证明房屋在自己控制下，出示诉争房屋的租赁合同或借用合同以排除合理怀疑，否则不应视为相对人尽了合理的注意义务。在房屋租赁合同中，相对人缔约目的在于对房屋的使用，因此相对人应当审查处分人是否是合法占有，处分人应当出示房屋所有权证明或者权利人同意转租的证明，且诉争房屋在其占有或控制下。在房屋拆迁安置补偿合同中，处分人应当证明其符合房屋拆迁安置补偿办法中规定的安置补偿对象的相应条件，如提供宅基地使用权证书、建房审批表、房屋所有权证书、户口簿等，同时证明房屋处于其居住、使用的状态。

（二）处分行为效力待定

物权法出台后，对《合同法》第 51 条中的涉及无权处分合同效力的"该合同"应作限缩解释，仅指处分行为，即标的物之物权的转移变更，而不包括负担行为即处分合同在内，在出卖他人之物情形，处分合同的效力并非未定，而是确定有效的；真正效力未定的应当是处分人履行合同的行为及履行合同的结果，即无权处分行为效力未定。

综上所述,无权处分场合真正效力未定的是处分行为,在权利人追认或者无权处分人取得处分权时当然发生权利变动的结果;在权利人不予追认或者无处分权人不能取得处分权场合,不发生权利变动的结果,无权处分人要承担违约责任;在处分行为被追认或者被补正前,权利变动的结果是否发生处于未定状态。权利人追认应当由无权处分人予以举证证明,但转租合同中,出租人六个月未提出异议应由主张无权处分一方举证证明。其他无权处分场合,在权利人明知无权处分人处分财产合理期限内未提出异议,应视为其同意处分行为。

(三)无权代理行为对被代理人不发生效力

在无权代理情形下,无权代理行为未经权利人追认对权利人不发生效力,但构成表见代理的除外。在司法实践中应注意以下两个问题:一是无权代理人与相对人之间的债权债务关系有效,但未经权利人追认对权利人不发生效力,亦不可能发生物权变动之效力。二是如何认定相对人有理由相信行为人有代理权,应把握以下几个因素:(1)相对人应当核查授权委托书及代理权限;(2)代理人具备足以让相对人相信授权委托书为真实的因素,如代理人与被代理人是夫妻、父子、母子等近亲属关系,代理人占有或控制房屋,代理人出示了被代理人的身份证、房产证等有效证件;(3)被代理人存在一定过失。如未保管好印章、身份证件、房产证件、委托书等情形。

(四)处分被查封、扣押、冻结的财产,对申请执行人不发生效力

最高人民法院《关于人民法院民事执行中查封、扣押、冻结财产的规定》第 26 条规定,被执行人就已经查封、扣押、冻结的财产所作的移转、设定权利负担或者其他有碍执行的行为,不得对抗申请执行人。第三人未经人民法院准许占有查封、扣押、冻结的财产或者实施其他有碍执行的行为的,人民法院可以依据申请执行人的申请或者依职权解除其占有或者排除其妨害。

被执行人出租、出售或者就被查封的房产设定抵押等行为,所签订的合同在被执行人与第三人之间有效,但不能对抗申请执行人及房屋的经拍卖后的买受人。相对人在不知道或没有理由知道的情况下,可以因履行不能要求解除合同并由处分人承担违约责任。

(五)不动产无权处分典型案件的裁判规则

1. 房屋买卖合同、赠与合同中无权处分行为的认定及效力

以上论述主要以房屋买卖合同为例,因此对房屋买卖合同中的无权处分行为的效力就不予赘述。合同法规定赠与合同是赠与人将自己的财产无偿地给予受赠人,受赠人表示接受赠与的合同。按照物权行为与债权行为相区分的原则,赠与合同中的无权处分合同应为有效。但由于赠与合同中,相对人未支付对价,因此不可能发生善意取得,若权利人拒绝追认,合同实际履行不能。

2. 租赁合同中的无权处分行为的认定及效力

在租赁合同中,出租人对房屋无处分权,而将该财产出租给他人,致使在租赁关系发生以后被他人主张权利,构成无权处分。根据《合同法》第 228 条规定:“因第三人主张权利,致使承租人不能对租赁物使用、收益的,出租人可以要求减少租金或者不支付租金。第三人主张权利的,承租人应当通知出租人。”据此也可以判断,该租赁合同有效,出租人

应当承担违约责任。

承租人未经同意将房屋转租给次承租人，构成《合同法》第 51 条的无权处分。该转租合同的效力如何？由于承租人与次承租人签订租赁合同系负担行为，并不发生物权变动的后果，因此按照《物权法》第 15 条及《买卖合同司法解释》第 3 条的立法本意，将负担行为与物权行为相区分，该转租合同应为有效。但《买卖合同司法解释》仅对买卖合同予以规定，关于租赁合同的具体规定还未出台，因此实践中仍使用《合同法》第 51 条，在无产权人同意的情况下，上述两类行为均被认定为无效。这导致善意的相对人不能按照合同约定主张违约责任，仅能就损失主张无效后的赔偿。因此，亟待出台司法解释对租赁合同中无权处分行为的效力及责任予以明确。

3. 拆迁安置补偿协议中的无权处分行为的认定及效力

拆迁安置补偿合同在《合同法》里没有规定，也是实践中争议比较大的一类合同。由于合同性质不同决定了法律救济途径的差异，所以必须正确判断房屋拆迁安置补偿协议的性质。《城市房屋拆迁管理条例》第 23 条规定，拆迁补偿的方式可以实行货币补偿，也可以实行房屋产权调换。若当事人采取货币补偿方式的拆迁安置补偿协议，被拆迁人以放弃房屋所有权为代价，取得相应的一定数量的货币，而拆迁人则是以支付一定数量的货币为对价，享有被拆迁房屋的所有权，这完全符合买卖合同的特征，属于买卖合同的一种类型，可以适用买卖合同的法定规则予以处理。若被拆迁人采取产权调换的方式，拆迁人的义务是以自行建造的房屋或者购买的房屋交付并转移所有权给被拆迁人，以此为对价而取得被拆迁人所有的房屋；被拆迁人则以丧失其所拥有的被拆迁房屋的所有权为对价，来换取拆迁人提供的房屋所有权，同时对被拆迁房屋的评估价与所调换房屋的市场价进行差价计算，多退少补。以产权调换为补偿方式的拆迁补偿协议为以物易物的互易合同。《合同法》第 175 条对互易合同适用法律做了规定，即当事人约定易货交易，转移标的物的所有权的，可以参照买卖合同的有关规定。

因此处理房屋拆迁补偿协议的相关纠纷，可以适用买卖合同的法律规定。拆迁部门或者房地产开发公司，根据房屋所有权的登记情况，被拆迁人口的户口登记情况、居住使用情况确定合同的另一方签订主体，其过程只要是善意的，尽了必要的注意义务，则即使存在事实权利人与合同签订主体不一致的情形，亦应认定拆迁安置补偿合同有效，但事实权利人可以直接对拆迁利益要求确认其权利。可以依据侵权行为和不当得利的请求权向处分人请求承担责任。

4. 处分借他人名义购买的房屋

事实权利人与名义权利人不一致的情形基本都是因为房屋登记存在错误，但在借名买房关系中，房屋登记在被借名人名下是否为登记错误？产生什么样的法律后果？借名买房关系中谁为真正的权利人，谁有权处分房屋？关于借名买房的性质，理论界与实务界都存在分歧。现北京市高级人民法院《关于审理房屋买卖合同纠纷案件若干疑难问题的会议纪要》规定：借名人以出名人（登记人）为被告提起诉讼，要求确认房屋归其所有，法院应当向其释明，告知其可以提起合同之诉，要求出名人为其办理房屋过户手续。该意见将借名买房定为债的关系，而非出资人直接依其出资和购房的真实意思而取得物权。符合我国债权形式主义物权变动模式，不动产所有权的取得，除了法律另有规定的情形外，只有在不动产登记簿上记载直呼,其方能取得包括所有权在内的所有不动产物权。因此,不动产真正的权利人为被借名人,出名人仅对其享有借名买房之债的请求权。被借名人处分房产为有权处分,但对借名人应当承担违约责任。借名人以自己名义处分房产为无权处分,其处分行为未经追认无效。

五、涉无权处分不动产合同的履行与救济

(一)诉讼途径及审判路径研究

1. 相对人作为原告起诉的情形

符合善意取得条件的相对人依照法律规定取得所有权,处分合同应作有效处理,不符合善意取得的善意相对人可以要求继续履行或解除合同,向无权处分人主张违约责任。

2. 权利人作为原告起诉的情形

权利人可以行使物权保护权能要求排除妨害,或者要求确认处分行为无效并恢复登记到自己名下,权利人亦可追认处分合同,向相对人主张不当得利返还。

(二)无权处分与强制履约

无权处分的买卖合同,在动产标的物未交付、不动产标的物未过户的情况下,如所有权人(出卖他人之物的情况)或标的物的其他共有人(共有人未得其他共有人同意出卖共有物的情况)不同意出卖,买受人如请求判令强制出卖人履行合同并交付标的物或办理过户,应否支持?此时,涉及所有权人或其他共有人不同意转让,出卖人不能履行合同是否属于履行不能的问题。履行不能,是指作为债权之客体的给付不可能的状态。履行不能可分为事实上的不能与法律上的不能,《合同法》第110条规定即使用了事实上的不能与法律上的不能的分类。事实上的不能指基于自然法则的不能,法律上的不能指基于法律规定的履行不能,或者说是指因法律的理由而导致的履行不能。履行不能还可分为客观不能与主观不能,任何人都不能作出的履行为客观不能,债务人不能履行但他人有能力履行的属于主观不能。作为“理性的经济人”的第三人绝对地对于任何人都不肯出卖的情形,非常罕见。对于买受人要求履行合同的请求,法院应查明所有权人或其他共有人是否确定地不同意出卖标的物。如果所有权人或其他共有人确定地对任何人、以任何价格都不同意出卖标的物,则属于法律上的履行不能、客观履行不能,法院应告知买受人,买受人可选择要求出卖人承担违约责任或解除合同要求损害赔偿。如果所有权人或其他共有人有出卖的可能,则并非履行不能,可以判决出卖人限期履行交付或过户义务,同时判决如果在限期内不能履行交付或过户义务的,则应承担相应的损害赔偿责任。

(三)无权处分与善意取得

善意取得又称即时取得,是指无处分权人将其动产或不动产转让给受让人,受让人取得该动产时出于善意,则受让人将依法取得对该动产的所有权或其他物权。善意取得作为所有权的一种原始取得方式,是无权处分行为的结果。《物权法》第106条明确规定了善意取得制度,从该制度法律规定分析,构成善意取得须符合下列条件:(1)无权处分行为;(2)受让人取得财产时出于善意;(3)支付了合理对价;(4)不动产已经依法登记。无权处分行为前面已经论述,下面对司法实践中如何认定“善意”、支付对价即过户登记确

立裁判规范。

1. 善意的认定标准

此处的"善意"应进行缩限解释,即受让人对出让人无处分权的事实知悉与否的善意。"善意"是行为人不知存在某种足以影响该行为法律效力的因素的一种心理状态,应当是"明知"或"应知"的问题,审判实践中一般以消极的善意作为认定标准,即不知道且不应当知道。对于善意的证明事项和举证责任的分配,应由原权利人就买受人为恶意承担举证责任,通过反证进行认定。善意的时间段应从签订房屋买卖合同时开始至办理过户登记手续时止。我国房产登记簿上显示的权利状态常常不准确。第三人可以推定房产证上登记的产权人就是房屋的权利人,但权利推定规则本身不排除受让人的查询义务。以房屋为标的物的不动产买卖中,善意第三人对真实权利状况的不知情应要求其不存在重大过失,若配偶没有在登记簿或权属证书上显示出来,受让人应尽一定查询义务。审判实践中,认定义务人查询到什么程度,要根据具体交易行为中的交易习惯,结合自由裁量权作出判断。房屋买受人与出卖人夫妻间的关系决定了查询的深入程度和注意义务大小,对存在比较密切关系人的重大过失的认定,证据的审查上就可略为宽松,认定重大过失的可能性要高,若为陌生人关系,对第三人查询义务的要求就应相应降低。占有亦是对不动产享有权利的一个特征表现,因此第三人应当查看受让的不动产是否被他人占有,且该占有是基于合法的占有,一些房屋买卖案件中,第三人在买房过程中未看房,也没有看同类型、同户型房屋,并无法作出合理解释,该行为一是不符合市场交易习惯,二是第三人未尽查询义务,存在此种情况的可以结合其他证据认定其不构成善意。

2. 合理价格的认定标准

《物权法》本身并不要求善意受让人已经实际支付了全部的房款,但从交易习惯看,以不动产为标的物的交易常表现为,买受人已先行支付部分价款才能要求转移该不动产所有权。所以,即使登记已经完成,若买受人尚未实际支付价款,除非有足以让人信服的理由或交易双方对付款有其他明确的约定,否则应认为不符合第 106 条第 1 款第 2 项规定。审判实践中,对于价格合理与否的认定标准,可参照最高人民法院《合同法司法解释二》第 19 条的规定,若转让价格达不到交易时交易地的指导价或者市场交易价 70% 的,一般可视为明显不合理的低价。

3. 不动产依照法律规定应当登记的已经登记

善意取得应当完成登记事项,但也存在例外,一是行政登记被撤销的情形,关于物权登记被撤销后,是否仍然符合善意取得要件的问题,有人认为应当完全按照物权法规定,登记一旦被撤销就应当认为自始无效,因此不符合善意取得的要件三,也有认为,在撤销物权登记前,善意取得已经完成,该撤销不影响善意取得的认定。二是物权登记行为是一个行政行为,其是否完成首先看是否符合行政行为的要件若其不符合登记的要件,当事人提供了虚假的材料,登记行为并未完成或者说得到了纠正。因此,实际物权登记并未完成。所以物权登记被撤销的,不应认为善意取得。

实践中还存在受让不动产本身无法登记,包括法律和事实上的不能登记。法律上未规定必须登记的,不需要适用该要件,如农村房屋,宅基地使用权及地上物的取得不以登记为要件,如果受让人已经实际占有、使用不动产,应当认为完成了交付。事实上不能登记的主要发生在房屋登记手续不全的情形中,如由于房屋初始登记手续不全,未完成初始登记,房屋拆迁安置房未取得房产证等,该类房屋事实上无法完成登记,应当比照法律未规定应当登记的情形,若第三人持续、稳定、公然的占有,应当视为房屋已经交付,所有权已经发生变更。

六、防范无权处分行为的对策和建议

(一)处理涉无权处分案件应当加强释明工作

建议当事人对不规范的诉讼请求进行变更。目前,不少权利人的诉讼请求是以出卖人无处分权为由要求确认买卖合同无效。买卖合同解释实施后,这是一个必然不能获得支持的诉讼请求。我估计,随着人们对《买卖合同司法解释》第 3 条的理解,这样的诉讼请求会越来越少,但在相当长的一段时间内,肯定还会有这样的诉讼请求。遇到这样的诉讼请求,法官就应该释明,如果房屋已交付,产权还没有转移,直接依据《物权法》第 34 条要求返还房屋,如果产权已转移,直接依据《物权法》第 106 条要求追回房屋。从买受人的角度讲,也只有权利人变更了诉讼请求,买受人才能有针对性地进行抗辩。

(二)立法应当明确负担行为与处分行为区分原则,第三人善意与否应当影响无权处分合同效力

《物权法》第 15 条虽然规定了负担行为和处分行为相区分的原则,但未出台司法解释对《合同法》第 51 条予以明确规定。在将来修订合同法时,现在的《合同法》第 51 条应该会被修改为:无处分权的人处分他人财产,经权利人追认或者无处分权的人订立合同后取得处分权的,该处分行为有效。现行法律,仅有房屋买卖合同中的无权处分行为可以依据《买卖合同司法解释》第 3 条的规定,确认为有效,但租赁合同、赠与合同、房屋拆迁安置补偿合同、无权代理合同,均仍适用《合同法》第 51 条做无效处理,法理上存在矛盾。因此,亟须司法解释明确买卖合同外的其他合同无权处分行为的认定及效力。

无权处分行为在某些情况下极有可能造成对权利人利益的损害,妨碍所有权人正常的享有和行使所有权,为了防范无权处分行为的发生,应当对第三人区分第三人是善意还是恶意的情况来确定无权处分合同的效力。若相对人明知处分人无处分权,则不应对其进行保护,在合同宣告无效后,将财产返还权利人。

(三)建立夫妻共有不动产公示强制登记制度

由于夫妻共有不动产在目前法院受理不动产共有权相关纠纷中所占比例较高,因此有必要在不动产登记中单独设立夫妻共有不动产公示强制登记制度。在不动产登记簿上必须准确记载不动产的共有权人夫妻婚姻状况和不动产的性质(系共同共有、按份共有还是一方所有)和用益物权等内容。因为不动产登记簿是不动产登记的载体,是不动产登记制度的核心,它是权利人享有不动产所有权的唯一合法凭证。同时鉴于夫妻共有隐名共有人的权利保护的特殊性,必须在征得隐名共有人书面同意的情况下,才能在夫妻共有不动产的登记簿上增加、更改、变动列明所有权状况、抵押权等用益物权状况。

关于民法总则民事责任部分法律适用的调研报告*

前言

《民法总则》已于2017年10月1日正式实施。作为未来民法典的重要组成部分,《民法总则》以提纲挈领式的"总则"这一"龙骨"勾画出了中国民事基本法律制度新的框架,具有极其重要的理论和现实意义。应当说,任何一部立法的完成总在时间维度中关联着历史、现实与未来。它是对过往法律理论和司法实践智慧的批判综合,也是立足当下国情对未来法权关系的重新安排。正是基于此,课题组认为,在《民法总则》实施之际,以司法实践问题为导向的调研选题正是契合时间维度思考的最佳面向。它将会在问题中勾连住立法、理论和司法实践的互动,在"目光往返流转"中,形成法律的最佳诠释、司法的最佳适用、理论的最佳选择。

课题组以自身侵权专业化审判庭为依托,以"中国裁判文书网""无讼案例"等网络为平台,抽取了500件包括合同与侵权类案件作为研究对象。经过总结与提炼,课题组发现司法审判中关于民事责任形态、责任承担方式、责任抗辩及责任竞合、聚合四大部分均不同程度存在认识不统一和法律适用问题,亟待解决。诸如,责任形态方面关于连带责任与按份责任的适用以及诉讼程序中关于责任承担主体方面存在问题。承担责任方式中存在判决主文中缺乏具体内容,导致执行困难;部分责任方式未实现设计初衷及应有功能;部分责任方式具体适用确定标准不一等问题。在责任抗辩条款中,对不可抗力以及紧急避险等条款的适用存在认识不统一,对于如何考量个体利益与公共利益的取舍还存在认识不充分的问题。在责任竞合、聚合部分中,司法实践在如何解决损害赔偿以外的其他责任方式的竞合问题以及在先行后民的诉讼语境下,如何真正实现民事责任优先的规范目的等均存在不同程度的认识不一致等问题。(见图1及表1)

---

* 课题主持人:孙国鸣,课题负责人:高萍,课题组成员:丁宇翔、王国庆、张琦、赵小军、宁韬、唐兴华、李程、刘雅璠、黄慧婧、詹浩,课题执笔人:王国庆、张琦、赵小军、宁韬、刘雅璠,统稿人:王国庆。

本课题为2017年院级重点课题,荣获北京市法院2017年调研成果优秀奖。

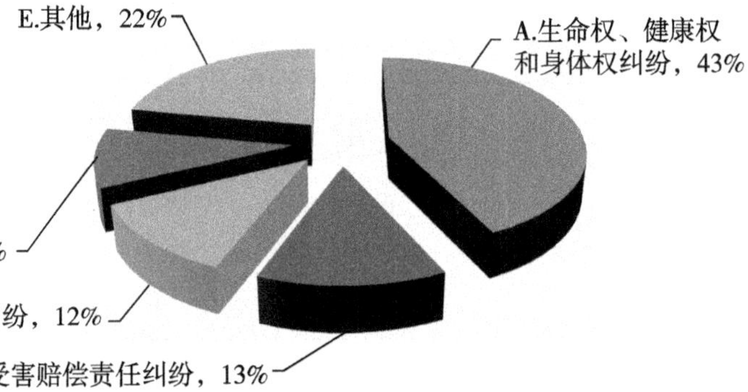

图 1 调研案由具体分布情况统计

表 1 主要条文及问题

课题章节	对应条文	主要研究问题
责任形态	第 177 条、第 178 条	对连带责任与按份责任的不当适用;诉讼程序中关于责任承担主体存在的问题
承担方式	第 179 条	部分责任方式在判决主文中缺乏具体内容,导致执行困难、部分责任方式未实现设计初衷及应有功能、部分责任方式具体适用确定标准不一
责任抗辩	第 180 ~ 184 条	在责任免除条款中,如何准确平衡个案正义与社会正义的冲突,考量个体利益与公共利益的取舍
竞合聚合	第 186 条、第 187 条	在统一民事责任制度的语境下,如何解决损害赔偿以外的其他责任方式的竞合问题以及在先行后民的诉讼语境下,如何真正实现民事责任优先的规范目的

众所周知,民事责任是违反民事义务所应当承担的法律后果。民事责任制度保证着权利的实现以及对违法行为的矫正,是法律制度效果得以实现的最终途径。可以说,民事责任制度在司法实践层面落实得好与坏关乎着法律正义的实现,而由于法律正义在当代也不时地与公众"主观正义"发生激烈碰撞,如何在司法实践中消融这一冲突更关乎着法律与社会的稳定。基于此,课题组以民事责任作为调研内容,以上述调研的问题为导向,秉持立法意旨,力图在既有理论基础上澄清"民事责任"部分条文的规范脉络,在问题、成因、建议三个层面,将规范的解释适用和司法实践有效衔接起来,以期对未来《民法总则》的正确适用有所助益。

一、关于民事责任形态的问题研究

(一)实践中对连带责任与按份责任运用存在的问题

在涉及责任形态的 132 件案件中,经过调研发现,审判实践中对于连带责任与按份责任审理中主要存在以下两大问题:

1. 对连带责任与按份责任的适用不当

(1)问题描述

实践中,对于连带责任与按份责任的不当适用,主要表现为对连带责任的滥用。此类

案件共6宗,占全部案件的4.4%。(见图2)

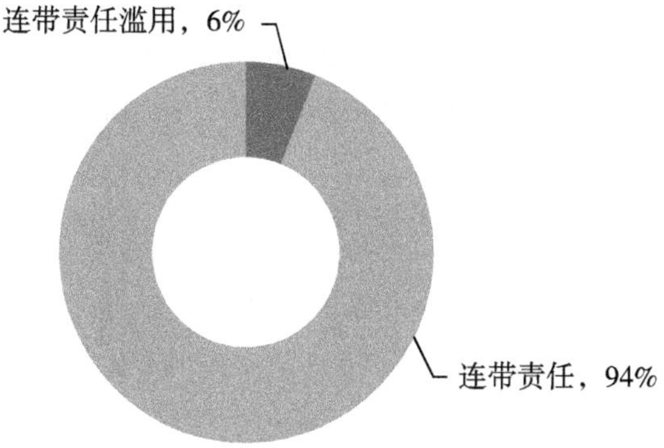

图2 连带责任适用情况

一般而言,连带责任可依法律行为产生或者依法律规定而产生。但调研中发现,部分案件处理上既无法律依据又无合同依据,但仍然判令当事人承担连带责任。例如,在张某、艾某和某保险公司生命权、身体权、健康权纠纷中,[①]张某提供劳务期间遭受艾某所有的吊车的侵害导致受伤,艾某作为侵权人,应承担赔偿责任。因艾某在某保险公司投保了第三者责任保险,应当由某保险公司承担赔偿责任,而该案却判令艾某和某保险公司承担连带赔偿责任。又如在李某与某商城公司、某开发公司、物业公司生命权、身体权、健康权纠纷中,[②]李某在夜晚光线不佳、路灯未正常发挥功能的情况下骑行至事发地点时,因排水井篦子塌陷,致使李某摔倒受伤,某商城公司将事发地点大厦出租给某开发公司,依据《物业管理项目分工表》,某商城公司负责商城外部道路工程、排水工程及照明工程的维修维护,某开发公司负责照明工程的日常维护保养和管理操作。后某商城公司、某开发公司分别将其项目管理职责委托给甲物业公司、乙物业公司。法院判令某商城公司、某开发公司和两个物业公司对李某的伤害承担连带责任。

(2)原因分析

第一,立法原因。连带责任在民商事立法中着墨甚多,其被广泛运用于司法裁判之中,但现行立法对于连带责任和按份责任的规定并不清晰,审判实践中对具体问题的掌握易产生困惑。以《侵权责任法》第11条为例,该条规定:“二人以上分别实施侵权行为造成同一损害,每个人的侵权行为都足以造成全部损害的,行为人承担连带责任。”对于二人以上分别实施侵权行为造成同一损害,每个人的侵权行为是否都足以造成全部损害,特别是在考虑不作为侵权与作为侵权分类时,明显存在理解与适用的困难。

第二,司法原因。从司法方面分析,造成连带责任滥用的原因主要有以下两个方面:一是司法实践中,部分法官对于法律更新把握存在不足,或者理解法律规定较为僵化。例如,在王某与朱某、张某提供劳务者受害责任纠纷一案中[③],因对于人损解释和侵权责任

---

① (2016)京0114民初16498号。

② (2014)昌民初字第02840号。

③ (2017)京0119民初1336号。

法适用的关系理解不当，导致实践中该是按份责任的判成连带，或者不应当承担连带责任的，仍然判连带。二是仅从保护受害人的角度对责任形式作出了判断。法律以连带责任作为责任承担原则，其目的是给予受害人更充分的救济，从而最大限度地保障受害人的合法利益，使其赔偿请求能够实现。但实践中部分法官一味考虑受害人利益，对法律适用作出了错误的判断。

2. 诉讼程序中关于责任承担主体存在的问题

（1）问题描述

第一，部分责任人未参加诉讼不利于责任人实体权利保护。在连带责任中，权利主体的请求权包含可选择性的特征，即权利主体对责任承担主体、内容、形式可以自行选择。在权利人选择多个责任主体的其中一人进行诉讼时，责任人的实体权利往往得不到相应的保障，在连带责任中表现尤为突出。在调研的132件案件中，当事人行使追偿权的案件只有1件。（见图3）

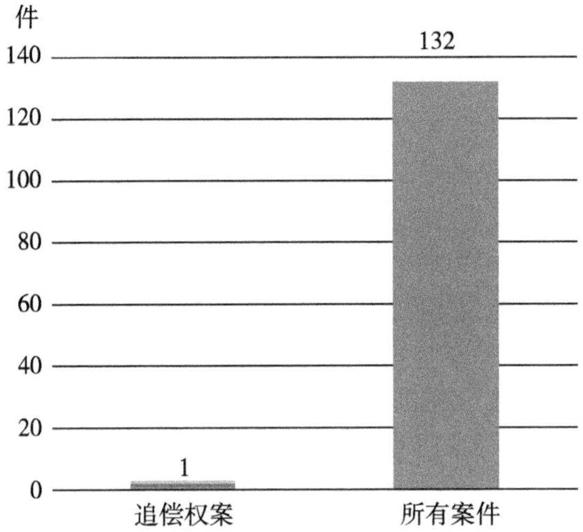

图3 追偿权案件占比

例如，在司某与某物业公司财产损害赔偿一案中，[①]法院通过审理认为物业公司与司某所在单元的房屋实际使用人应当对司某的损失承担连带赔偿责任，因司某选择了物业公司作为诉讼主体，在物业公司承担赔偿责任后，可以向房屋的实际使用人追偿，但实践中，物业公司寻找实际使用人及要求实际使用人承担责任都存在一定的困难。由此可见，连带责任虽然使权利人的权利得到了最迅速、最充分、最有力的保护，但是对各个责任人内部追索方面，却会增加一些责任人的负担。在权利人追偿过程中，很可能会使那些未必是真正的责任人只因其具有清偿能力而先行承担清偿责任。承担责任之后，按照法理他们本可以向其他责任人追偿相应的份额，而如果其他责任人没有能力清偿，从司法实践角度来看，先行承担清偿责任的责任人就只能自己承担责任。

第二，部分责任人未参加诉讼不利于责任人程序权利保护。未参加诉讼的部分责任

① （2016）京0114民初871号，类似案例还有（2014）昌民初字第00307号，（2014）昌民初字第03125号。

人的抗辩权利无法得到保障。对于未参加诉讼的共同诉讼人来说,他们并未就涉及自己的权利义务进行过辩论,也没有就争议的诉讼标的表达自己的意见,不仅剥夺了未参加诉讼的共同诉讼人的诉权,而且在其未参加诉讼的情况下,却判令其承担连带责任,可能使其沦为他人合谋的牺牲品。例如,在上述案例中,司某的损失是在该案件中确定的,其他房屋使用人并未参加诉讼,未对司某的损失数额进行抗辩,在物业公司追偿案件中,其对司某的损失进行抗辩又存在障碍,程序性权利无法得到保障。

(2)原因分析

第一,立法原因。实践中,往往因立法的不统一及不明确给正确认定和处理现实中各类涉及连带责任的纠纷带来了困惑。《人身损害赔偿司法解释》第5条①将释明权和处分权相结合,确定连带责任之诉规定为必要共同之诉,但《侵权责任法》第13条②并未从诉的角度设计规范。这样的一种不统一,导致连带责任制度的诉讼程序设计与实体权利义务规定未能有机联系起来,加之对连带责任中权利人自由行使请求权的过分强调,法官及当事人认识的偏差,故而极易造成连带责任司法裁判中对连带责任的滥用。

第二,司法原因。连带责任的实体法规定是静态的权利义务分配,而其司法裁判则是静态的、字面上的权利义务实现的动态过程。司法实践中,法院在审理连带责任的案件时,往往只解决权利人与责任人的外部纠纷,明确连带责任人对权利人应当负连带责任,而对于连带责任人内部的责任分担则不予裁判,由责任人自己内部解决,只有责任人自己解决不了诉请到法院时,法院才就连带责任人之间的责任承担问题予以受理并进行裁决。目前的司法环境下,人口流动性较大,寻找当事人及送达相关的通知和手续存在一定的困难,部分法官为了减少案件审理中的工作负担,并不愿追加其他责任人作为共同诉讼人或者第三人。

(二)对策建议

1.立法方面

第一,应当对按份责任与连带责任的适用作出更为明确的规定。我国法律上的制度整体趋向于建构和完善连带责任规范体系,但仍存在不完善之处。首先,应当在《民法总则》及相关司法解释对连带责任及按份责任的适用情形作出统一的规定,防止现行法律规定不一致带来的适用困扰。其次,应当明确连带责任及按份责任的适用情形。此处的明确应当是具备实践可操作性。最后,应当在指导案例制度中增强对此类案件和案例的指导。

第二,应当确立连带责任的必要共同诉讼模式。在连带责任诉讼中采用固有必要共同诉讼模式,要求全体共同诉讼人共同参加诉讼,而不允许权利人选择个别、部分责任人提起诉讼,就是为了通过当事人的主张和辩驳,回到案件起始点,查清连带责任纠纷事实,以确定各责任人是否存在连带关系,是否需要承担连带责任,并明确各个责任人之间如何

---

① 第5条规定:赔偿权利人起诉部分共同侵权人的,人民法院应当追加其他共同侵权人作为共同被告……人民法院应当将放弃诉讼请求的法律后果告知赔偿权利人,并将放弃诉讼请求的情况在法律文书中叙明。

② 第13条规定:法律规定承担连带责任的,被侵权人有权请求部分或者全部连带责任人承担责任。

承担责任。首先,有利于全体当事人实体权利的保护。对权利人而言,其权利总额并不会因此而减少,对责任人而言,则能初步保证他们首先要尽力承担各自的责任份额,保证连带责任人之间责任承担的相对公平,尽量避免发生连带责任人内部的追偿问题。其次,有利于诉讼效率的提高。要求全体共同诉讼人共同参加诉讼,法院就全部责任的承担进行审理,统一决定其胜诉或败诉,从而避免了讼累,有效地利用了审判资源,节省了各当事人特别是责任人的人力和物力,符合诉讼效益原则的要求,有利于诉讼效率的提高。最后,有利于司法尺度的统一和司法权威的维护。必要共同诉讼要求全体共同诉讼人共同参加诉讼,有利于各方当事人之间纷争的全面解决,避免了实践中权利人就同一争议的法律关系重新起诉,避免了法院作出相互矛盾的裁判,从而体现出民事诉讼中"一事不再理"的原则,维护了法院判决的既判力,确保了法院判决的权威。

2. 司法方面

连带责任司法实践中,尽管对权利人的权利保护非常充分、迅速和有效,但对于保障所有当事人合法权益实现却显得不足,尽管充分满足了迅速解决个案的需要,却未能体现提高诉讼整体效益的要求。因此,在法官判令当事人承担连带责任时,一定要严守恪守法律依据或合同依据的底线。确立正确的连带责任案件诉讼形式,能够为立法和实务部门对连带责任的科学立法和运行提供足够的理论支持,从而使连带责任制度产生良好效果。我国连带责任案件应确立固有必要共同诉讼形式。但在固有必要共同诉讼形式未为法律确认之前,法院在涉及连带责任承担的案件中应当及时追加当事人未诉及的其他责任人作为第三人参加诉讼,以便切实保护所有责任人的合法权益。

二、关于民事责任承担方式的问题研究

《民法总则》在吸收、总结《民法通则》等各有关法律基础上,进一步明确并增加规定了包括"继续履行"与"惩罚性赔偿"在内的12种承担民事责任的方式。课题组对所搜集案例进行分析后认为,侵权责任领域中因责任承担方式显现的问题较多。

(一)部分责任方式在判决主文中缺乏具体内容和方式,导致执行困难

1. 问题描述

此类问题主要集中在行为给付型责任方式中。例如,调研发现,在涉及人格权纠纷的案件中,有79%的主文判项中缺乏消除影响、恢复名誉的具体内容和方式,仅仅简单表述"消除影响、恢复名誉",从而使主文中的此判项缺乏可执行的具体内容。再如,在排除妨碍纠纷、相邻关系纠纷、财产损害赔偿纠纷中,主文仅表述为"停止侵害""排除妨碍""恢复原状",而此类责任承担方式是要求义务人为一定的行为,而当义务人不主动履行时,未充分考察能否强制执行。[①](见图4)

---

① (2012)西民初字第16229号,一审法院判决,"自本判决生效之日起十日内,陈娟娟在其腾讯微博及新浪微博上向王艳发表经本院核准的道歉信,为期持续十天"。因微博的发布只能由其本人操作和实施,一旦其不主动履行,法院难以对其强制执行。

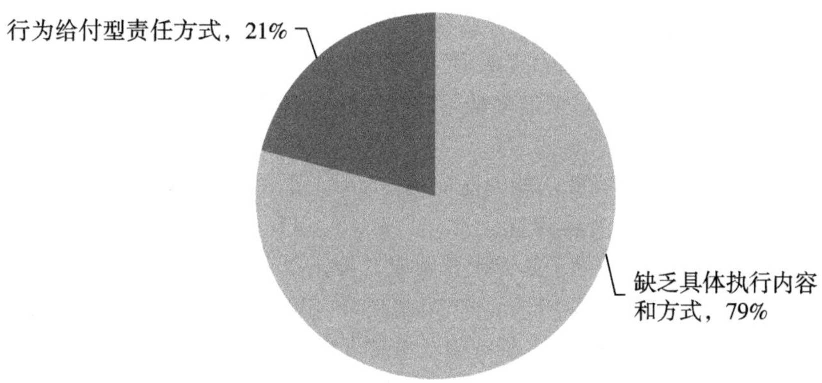

图4　判决中的给付方式

2. 原因分析

存在上述问题的原因在于以下几个方面：其一，当事人本身诉讼请求不明确。如对于需要义务人为一定行为的诉讼请求，权利人往往依据法条规定，仅表述为“消除影响、恢复名誉、停止侵害、消除危险”，但对于行为方式、范围、是否可替代等内容均未具体明确。法官根据当事人诉讼请求进行判决时，虽然认为应当支持，但鉴于当事人没有予以明确，法院认为不宜代替当事人对具体方式、内容或范围进行判断。其二，司法实践中存在审执分离的现状。部分审判庭法官认为对于权能恢复性救济方式，其目的和作用在于使被侵权人的人格利益恢复到受侵害前的状态，因此恢复名誉具体范围和方式应当与侵权行为的方式和影响适用对等原则。法院要做出适宜的具体方式的判项，需要对侵权行为的性质、方式，造成的后果大小，影响的范围有较清晰的认识，而这一点在具体案件中却是最难判断的，因此法官为了避免失之偏颇，往往简单下判，而将执行中可能面临的困难推脱给执行法官。

3. 对策建议

在裁断权行使的过程中，应充分考虑当事人请求内容的可执行性，特别是在涉及行为给付内容时，应当进一步说明当义务人拒绝履行时，可以采取何种替代方案实施强制执行，并且对于其拒绝履行行为，应当承担何种相应的法律责任，并对当事人予以充分释明。课题组认为可以考虑在其不履行时责令替代以相应的金钱赔偿义务，敦促其积极履行行为义务，当然这需要立法上进一步完善和衔接。

（二）部分责任方式在实践中未能发挥其制度设计初衷及应有作用

1. 问题描述

此类问题包括两个方面：其一，体现在应当具有预防型功能的责任方式上，而司法实践中未发挥该项制度设计的初衷，如停止侵害、消除危险等。一般认为预防型民事责任是指权利相对人违反其义务，对权利人的权利已经造成损害而且还在继续侵害时，或者虽然没有造成损害但存在造成侵害的危险时承担的民事责任。由于学界及司法实践对于补偿型民事责任方式的关注远高于预防型责任方式，这就导致了虽然当事人从起诉时在诉状中或以申请的方式提出适用预防型责任方式，如立即停止侵害，但法院很少对其有明确的处理意见，仅在案件最终判决阶段适用此类责任方式，从而使诉前及诉中的适用丧失了可能性。其二,体现在精神型责任方式存在功能和性质混同的问题,如实践中存在“消除影响、恢复名誉”与“赔礼道歉”的混同,致使大量“致歉声明”的内容包含了“消除影响、恢复名誉”内容,使得“消除影响、恢复名誉”存在的独立性丧失。①

2. 原因分析

第一,立法原因。责任方式功能的发挥,必须依赖相关法律及配套制度的完善。在诉前或诉中提出的停止侵害,在英美法上称作“禁令”,在我国的民事诉讼法中,对应的是“先予执行”制度,但实践中,除了知识产权领域,“停止侵害”的先予执行缺乏相应的程序设置和实体规范。对申请主体、申请时间、申请形式、申请范围、审理方式、复议或上诉程序以及配套的担保制度、听证制度、救济赔偿等制度都缺乏明确的法律规范。这导致审判实践中,法院面对当事人的申请因缺乏规范程序而无所适从,一般在当事人要求不特别强烈的情况下,法院对申请不予处理,或者久拖不决,直至案件最终审结,再判决是否停止侵害。

第二,司法原因。实务界对部分责任方式缺乏系统研究,致使性质定位错误,混淆了适用的对象。实践中往往将“赔礼道歉与消除影响、恢复名誉”一起作为判项内容,而并未对其各自定位及作用进行分析,判决在相关媒体上刊登致歉声明,并在内容中包含消除影响、恢复名誉的内容,虽然表面上看似经济、效率。但却在本质上混淆了两者的性质和作用的对象,进而架空了消除影响、恢复名誉的责任承担方式。

3. 对策建议

第一,立法方面。建议完善停止侵害、先予执行的相关法律规范。目前停止侵害先予执行适用不充分,很大程度上因为法官的主观排斥,而其排斥的根源在于审查原则和机制的不明确,从而导致法官容易被追责。对于此类申请,不应过分苛求法官对于实体法律内容的正确性判断程度。先予执行作为一种临时性救济措施,并不意味着案件最终判决,判断标准应当相应降低,而且还有担保制度和损害赔偿制度对被申请人予以相应的救济。因此,一旦从行为表征上判断带有侵权性质,并且侵权行为是持续的状态,法官即有权作出停止侵害的裁定。对于此种裁定不应当适用再审程序和错案追究机制,以降低法官的办案风险和心理压力,对裁定错误或裁定不成立仍可以利用担保制度和损害赔偿制度予以救济。

第二,司法方面。应合理行使释明权和裁断权,还原赔礼道歉与消除影响、恢复名誉的各自功能,作出分项判决。合理行使释明权和裁断权,明确消除影响、恢复名誉的具体方式和范围。判决中应当对两者分项判决,各自赋予其内容,实现其不同的救济功能。实际上,赔礼道歉是否应当公开和强制进行,是值得商榷的。从本质上看,赔礼道歉是法律强加的一项道德义务,而这项道德义务的真正实现,是依赖于侵权人发自内心的歉意与愧

---

① 如李某峰等诉安徽电视台等侵犯名誉权、肖像权纠纷一案,判决赔礼道歉,以消除影响、恢复名誉,使“消除影响、恢复名誉”存在的独立性丧失。

疚。在侵权人没有歉意的情况下，赔礼道歉从其内涵来说就已经无法实现。①

（三）部分责任方式的裁判标准不一且易缺乏说理解释

1. 问题描述

此类问题主要体现在损害赔偿责任方式中如何界定"损失"范围和数额上。当事人证明损害的发生，却无法证明损失额或者难以证明的情形下，部分法官用举证责任全部驳回当事人的诉讼请求，②而部分法院则酌情判定损失数额，③法官自由裁量权过大。特别是在部分涉及名人名誉权的案件中，即使支持了经济损失，在法院判理中也多以"法院结合案件实际情况，酌情确定相应赔偿数额"一笔带过，缺乏具体计算依据。④ 课题组认为酌情确定经济损失并非法律所禁止，但判决说理是裁判文书的生命，公开酌定的原则也十分必要。

2. 原因分析

出现上述问题的原因主要在于立法空缺，我国目前尚无损害额酌定制度的一般性规定，导致法官自由裁量权的尺度难以准确把握。对于此类案件的损失赔偿数额的确定，立法上赋予了法官较大的自由裁量权。《侵权责任法》第 20 条在确定一定计算方法的基础上，赋予法官"可以根据实际情况确定"的权力，而《民通意见》第 150 条也规定人民法院可以根据侵权人的过错程度、侵权行为的具体情节，后果和影响确定其赔偿责任。自由裁量权的尺度难以准确把握，究其根源在于此类损失的无形性、间接性和将来性的特征，侵权行为与损失的发生之间需要一系列的因果关系来连接和转化。认定财产损失是否真实客观的关键在于对因果关系的确认，并且要求这种因果关系要达到相当的程度。这种判断因个案的不同而不同，因法官的主观认识不同而不同，因此实践中统一的裁判尺度难以形成，自由裁量权的运用也难以寻求的一个客观标准。

---

① 如（2016）京 01 民终 1763 号王梓铭诉北京市昌平区赛亚宝贝艺术幼儿园生命权、健康权、身体权纠纷一案中，法院最终判决北京市昌平区赛亚宝贝艺术幼儿园向王梓铭出具书面道歉声明，向其赔礼道歉；若逾期未履行，由法院选择一家北京地区公开发行的报纸刊登判决主要内容，费用由北京市昌平区赛亚宝贝艺术幼儿园负担。虽然法院考虑了被告不主动致歉的情形，但是这种代为履行道歉内容的方式已经背离了赔礼道歉的真正意义。

② 如（2016）最高法民终 550 号，沈阳市土地交易中心等诉南华资产控股有限公司土地出让合同纠纷一案，间接损失应证据不足，无法认定土地增值数额，未得到支持。

③ 如（2004）沪高民二（商）终字第 146 号，宝威仓储（上海）有限公司诉上海华冶钢铁集团有限公司买卖合同纠纷案，证据无法直接得出损失数额，法院对于损失数额予以酌定。

④ （2011）朝民初字第 20947 号；（2011）二中民终字第 19948 号。该案一审判决"法院将综合确定李文静及北工大出版社赔偿杨澜经济损失的具体数额。"从而判决北工大出版社、李文静共同赔偿杨澜经济损失人民币四十万元。判决后，李文静和北工大出版社均不服一审判决提出上诉，上诉理由之一即认为判决主文对于侵犯杨澜姓名权及肖像权而赔偿经济损失的数额未分别作判断。北京市第二中级人民法院进行二审后认为"杨澜作为公众人物，其肖像权及姓名权因涉案作品被侵害，具体经济损失数额确实难以确定，而李文静及北工大出版社就涉案作品的收益情况也不能明确，在此情况下，原审法院考虑李文静及北工大出版社使用杨澜大幅照片、书名及以杨澜口吻陈述的混同做法，确有利用杨澜的社会形象促进涉案作品销售额增加的故意，且该作品内容来源部分与杨澜的《杨澜散文选——凭海临风》及《杨澜访谈录——一问一世界》相似，也会给杨澜授权出版的上述两本图书版税收益带来不利影响，此基础上又结合双方举证情况，李文静及北工大出版社因涉案作品受益情况及其在涉案作品的编著、出版、发行、销售过程中，主观具有的明显过错，以及在杨澜提出异议后仍消极应对，未采取有效措施防止侵权损害后果的进一步扩大等实际情况，酌情确定李文静及北工大出版社赔偿杨澜经济损失的具体数额，也无不可。李文静及北工大出版社坚持认为应将侵犯肖像权与侵犯姓名权应承担的赔偿数额分列、原审判决确定的数额无依据，没有明确依据，本院实难支持。"

3. 对策建议

课题组认为首先应当明确的是，当出现“损害确已发生”的情形时，在满足其他要件的情况下，应当发挥法律的补偿功能，且我国的法律法规中已经构造了有关酌定损失额的具体制度。[①] 只是这些规定相对散乱，无一般条款的指引。其次，课题组认为自由裁量并非任意裁量，法官对于损害酌定的心证过程应当在判决书中充分公开，对于财产损害赔偿应当根据损害填平原则，让当事人充分证明其财产损失的大小，对于可期待利益限定在与侵权行为造成后果相当的程度之内，以确定合理财产损失赔偿数额。例如，在侵犯人格权造成财产损失的赔偿，除了合理支出费用外，对于实际损失、可得利益损失，应严格按照《侵权责任法》第 20 条规定的逻辑层次进行判断。第一步，考察侵权人因此受到的损失，若能确定，则按照侵权人所受损失赔偿，这是侵权法填补损害原则的基本要求。第二步，只有被侵权人的损失难以确定，尤其是在被侵权人的名誉受损、隐私被披露等侵害非物质性人身权益的情况下，很难确定财产损失，而侵权人却因此获得利益的，才按照侵权获得的利益赔偿。第三步，即使侵权人所获利益也不能确定，还可以由侵权人和被侵权人协商确定赔偿数额。最后，被侵权人和侵权人就赔偿数额协商不一致的，向人民法院提起诉讼的，才由法院根据实际情况行使自由裁量权，确定赔偿数额。此时，法院酌定的赔偿数额应该根据侵权人的过错程度、具体侵权行为和方式、造成的后果和影响，包括受诉法院平均生活水平来综合予以确定。总之，课题组认为法官在适用自由裁量权的时候，应该优先考虑法律的明确规定，在确实法无明确规定的前提下方可根据案件实际情况加以自由裁量。判决书的“本院认为”部分至少应该明确写明法官的逻辑推演过程，而不能仅仅一句“本院予以酌情确定”就忽略了法律适用的过程。

三、关于民事责任抗辩的问题研究

《民法总则》关于责任抗辩概括起来主要有五种：不可抗力、正当防卫、紧急避险、见义勇为以及自愿紧急救助行为。除了紧急救助属于新增条文之外，其他条文均在《民法通则》《侵权责任法》以及最高人民法院相关司法解释文件中有过规定。但尽管如此，我们仍发现一些条文在具体表述甚至设置上有一些变化，不能不引起我们的重视。另外，除不可抗力之外的其他免责事由，均与社会道德、公共利益有密切关联，立法针对不同情形以“不承担责任”“承担适当责任”“适当补偿”等方式予以规制，反映了立法在法律与道德交错地带的慎重考量。如何正确适用这些条文，不仅仅关系到个案正义，更关涉社会核心价值在法律领域的最终落实。课题组针对所收集案例，认为实践中关于责任抗辩的法律适用亦存在一些问题。

（一）关于不可抗力的法律适用问题

1. 问题描述

（1）不可抗力作为侵权免责事由的适用存在偏差

在司法实践中不可抗力通常作为侵权责任以及合同责任的免责事由出现。但实践中涉及侵权责任免责事由的法律适用时，存在对过错责任或无过错责任不做区别一体适用

---

① 例如，《关于确定民事侵权精神损害赔偿责任若干问题的解释》第 10 条。

的情形,此种方式有待商榷。在过错责任中不可抗力其实通过阻却过错要件和因果关系要件成立,进而从根本上阻却了侵权责任的构成,侵权行为不成立,免责与否也就无从谈起。但在实践中有一些案件将不可抗力作为侵权责任成立阻却事由和免责事由混淆适用。例如,在(2013)二中民终字第15696号案件中,该判决认定因不可抗力造成的损害导致缺少过错、因果关系的要件,侵权责任不能成立,但同时又认定不可抗力作为侵权行为的免责事由。

(2)"不可预见性"的认定存在审判尺度不一

《民法总则》第180条第2款对不可抗力的概念进行了界定,即"不可抗力是指不能预见、不能避免且不能克服的客观情况"。上述概念对不可抗力的构成要件进行了描述,相比于其他的构成要件,不可预见性作为不可抗力的一项构成要件,在司法审判实践中存在审判尺度不统一的问题,其中最典型的例子是对于台风、洪灾等自然灾害是否构成不可抗力的审查判断上。例如,台州市黄岩区人民法院的判决中认定,在气象等相关科学高度发展的今天,台风是可以预见的,通过采取适当的措施可以将损失减小到最低程度,因此台风不属于不可抗力。而在天津市高级人民法院的公报案例的判决中认定,虽然国家海洋预报台发出预报,但在目前的科学技术条件下,从发出预报到货物受损时,当事人无能力保障货物安全,因此该台风仍然属于不可抗力。可见,目前的司法判断对于不可预见性的认定存在较大不一致,直接导致了对不可抗力认定的裁判尺度不统一。

(3)不可抗力适用中对原因力因素的判断认识不统一

在损害仅由不可抗力造成,即不可抗力是造成损害的唯一原因力的情况下,司法审判实践掌握比较一致,基本均以不可抗力导致全部免责。但在实际民事纠纷中,损害结果的发生往往由多个原因所共同导致,而不可抗力作为众多原因中的其中一种原因时,不可抗力的适用规则在实践中存在认识、处理不一致情况。例如,在(2013)武民终字第4号案件的判决中,认定二被告所谓的不可抗力实践不是本案损害发生的全部原因或唯一原因,而是自然原因与二被告在设置通讯线杆时存在缺陷或过错共同造成的,故不应因不可抗力导致免责。而在(2015)海南二中民一终字第622号判决中认定,如果不可抗力与其他原因相结合共同造成损害,即不可抗力仅是损害发生的原因之一,此时应根据不可抗力在损害发生的因果关系链条中所起作用确定免责范围。

2. 原因分析

一是对"免责事由"的内在含义理解缺失。免责事由成立的前提是加害人的行为已经构成侵权,需要承担责任,基于免责事由而免除其责任。在侵权领域,因免责事由的适用前提是侵权责任的成立。侵权责任分为责任成立和责任承担两个阶段,免责事由仅在责任承担阶段才会涉及。[①] 在侵权责任体系中,阻却责任成立事由和免责事由的适用泾渭分明,虽然两种适用方法对于最终判决结果可能一致,但将二者混淆使用会导致判决的法理不周延。二是对于不可抗力的构成要件界定不清。不可抗力的构成要件看似简单直白,但不可预见性这一带有主观性质的构成要件确有比不可克服性和不可避免性更难把

---

① 袁文全:《不可抗力作为侵权免责事由规定的理解与适用——兼释〈中华人民共和国侵权责任法〉第29条》,载《法律适用》2015年第1期。

握的特点，且随着主体身份的不同、时代背景和科技水平的不同，不可预见性的构成要件需要综合把握。三是对于因不可抗力导致部分免责的法律适用不够准确。在现有法律中对于不可抗力的法律规定较为简单，对于“多因一果”情形下不可抗力适用规则缺乏明确规定，致使司法实践出现不一致的认定。

3. 对策建议

（1）要注重不可抗力免责理论之分析

侵权责任成立通说包括主观过错、侵权行为、损害后果以及因果关系四个构成要件。而不可抗力主要体现在对主观过错和因果关系的影响上。因不可抗力属于不可预见的客观情况，故行为人就不负有相关的注意义务，进而不存在对注意义务的违反，即不具备主观过错要件，不构成侵权。就因果关系而言，若损害仅由不可抗力导致，那么不可抗力便阻断了侵权行为和侵害后果之间的因果关系，此时仍不构成侵权。由此可见，在过错责任中，不可抗力造成的损害因侵权责任构成要件中过错和因果关系欠缺，因此不构成侵权，不存在免责的前提。这也是在《德国民法典》《日本民法典》并无关于不可抗力一般规定的理由，因为不可抗力的免责功能可以部分的为构成要件理论所替代。[①] 而在无过错责任中，因不以过错为判断标准且基于因果关系认定的特殊性，不可抗力作为免责事由出现。

（2）要准确界定不可预见性这一构成要件

不可预见性是一个主观性较强的构成要件，当事人在举证时应证明自己已经尽到了一个善良理性之人通常的合理谨慎义务。在司法实践中一般应重点把握以下几方面因素：

一是个人的预见能力。因个人对特定事件的预见能力不同，直接导致了相关事件对其是否具备不可预见性，如普通人和专家预见能力的差别。如在（2013）粤高法审监民提字第 169 号判决中，法院认定对于强台风可能对广州造成的不良影响，气象部门及各大媒体已在台风到达前作出了大量预报，玮骏物流公司作为专业仓储物流公司应当比一般市场主体具有更专业的预见能力，并可以及时采取必要措施，由于具有可预见性和可避免性，故该台风不属于不可抗力。

二是客观历史时期和科技发展水平。不可预见性是指根据现有的技术水平对某种事件的发生不可预见。因此，对不可预见性的考察应放在特殊的时代背景和科技发展水平背景下。例如，对于一般的暴雨强降水天气是否构成不可抗力，考虑到目前的科技发展水平已经具备对恶劣天气的预报预警，在有证据证明灾害来临前作出了大量预报工作的情况下，对于是否构成不可抗力的审查应当综合考虑并谨慎判断。

三是不可抗力的程度。不可预见性仅是不可抗力构成要件中的一般原则，在具体实务操作中并非所有的不可抗力均必须满足不能预见的要求，这主要取决于该自然灾害的程度。当出现较大范围内的毁灭性自然灾害，如“非典”疫情、“汶川”地震等情况下，即便一般个人通过预报能够预见灾害的发生，但是往往无法采取相应的措施成功避免灾害所造成的损失，在这种情况下，可预见性因素并不当然阻却不可抗力的构成。

---

① 陈本寒、艾围利：《侵权责任法不可抗力使用规则研究——兼评〈侵权责任法〉第 29 条》，载《现代法学》2011 年第 33 卷第 1 期。

(3)要明确不可抗力对于损害结果的原因力大小

当不可抗力与其他原因力共同造成同一损害结果的情况下,司法审判应重点明确各种原因力的大小,从而明确不可抗力的免责范围。当不可抗力与其他原因同时发生时,重点应区分各原因力对最终损害的作用程度。如各原因均可独立造成最终损害发生,不可抗力不能免除其他原因如第三人过错造成损害的赔偿责任;如各原因无法单独导致最终损害,而系共同叠加导致损害结果的发生,不可抗力只能在因造成的损害范围内免责。

当不可抗力与其他原因不同时发生时,重点应审查各原因力之间的因果关系。如不可抗力作为前因引发了后因,即不可抗力引发了违约行为或侵权行为,因不可抗力并未阻断行为与损害之间的因果关系,其不是免责事由;如不可抗力与其他原因力之间并无因果关系,而是单独作用共同造成损害结果时,不可抗力在因造成的损害范围内免责。

(二)关于正当防卫的法律适用问题

1. 问题描述

(1)有忽视对正当防卫构成要件进行梳理的倾向,在多数判决中缺乏基本阐述,而系根据事实直接认定是否构成正当防卫,存在论理不充分的问题。

(2)有将互相斗殴等行为直接否定正当防卫的适用空间,而缺少对不法侵害转化为正当防卫情形的审查判断,存在对正当防卫概念机械适用的问题,如(2014)韶中法民一终字第775号案件直接以互相斗殴不具有保护合法权益目的为由作出判决。

2. 原因分析

我国民事立法中没有关于正当防卫概念的界定,仅从正当防卫人是否应当承担民事责任的角度来进行规定,缺少正当防卫构成要件的内容,司法实践中往往只能采取比较法的方法,借鉴刑法或刑法学说,致使民事纠纷中正当防卫构成要件的概念存在认识不统一的问题。

3. 对策建议

(1)要准确把握正当防卫构成要件,主要涉及以下几个方面内容:一是行为的合理性要求,即在来不及公权力救济的情况下,在必要限度内实施防卫;二是行为的目的性要求,即行为目的在于防卫自己或他人权益;三是行为的对象,即行为必须针对正在发生的不法侵害人本人实施。其中,不法侵害只要在外形上具备侵害他人权益的可能性即可,无须达到构成侵权行为的要件。

(2)要辨清不法侵害转化为正当防卫情形的审查。一般情况下,互相斗殴、恶意报复因其主观没有防卫的意图和目的,因此不能认定为正当防卫,但是需要注意的是以下两种情况下互相斗殴可以转化为正当防卫:一是一方已经停止斗殴,向另一方求饶或者逃跑,而另一方仍紧追不舍,继续实施侵害的;二是在一般性的轻微殴斗中,一方突然使用杀伤力很强的凶器,另一方生命受到严重威胁的。

(三)关于紧急避险的法律适用问题

1. 问题描述

(1)有将紧急避险的正当性与避险行为的合法性等同的倾向

紧急避险属于法定免责事由,“是为了使公共利益、本身或者他人的合法权益免受更大的损害，在迫不得已的情形下采取的牺牲其中较轻的利益，保全较重利益的行为”。①紧急避险因为避险人于危机困境中，不得已采取的保全重大利益的行为而获得其正当性。由此，紧急避险的正当性被法律及道德所肯定。但是，司法实践中在坚持紧急避险的正当性时，却有将该正当性与避险行为的合法性等同的倾向。即一个避险行为似乎“先天”地具有合法性，而一个行为如果是不合法的，则有可能将其排除在紧急避险之外。这种倾向不仅仅改变了紧急避险的构成，而且在结果上也无助于利益平衡。最典型的例子是在交通事故纠纷中。例如，(2016)渝0111民初557号案件中，因艾某由于操作不当与何某驾驶的小型客车发生碰撞。事故发生后短短几秒钟，任某驾驶小型客车在遇到上述事故后，采取紧急措施时驶出路外撞上路边行道树。道路事故认定书认定任某的行为违反了《道路交通安全法》第22条第1款：“机动车驾驶人应当遵守道路交通安全法律、法规的规定，按照操作规范安全驾驶、文明驾驶。”之规定，认定当事人任某负此事事故的全部责任。法院认为任某不构成紧急避险的原因有二，一是任某违反道路交通安全法，有违法行为，二是措施不当。可见，该案处理将避险行为与违法行为予以比较，明显已经逾越了紧急避险的构成条件。且即便措施不当，也不能排除在性质上属于紧急避险的可能。

(2)对公益避险的处理结果不统一

在英美普通法中，紧急避险依据受益人是否具有公共性，可以划分为私避险与公避险，并提供不同的救济方式。“对于那些为了国家、社会利益紧急避险而造成的损失，紧急避险人不用承担赔偿或补偿责任。”②在我国，民法理论中并不强调此种区分，但从紧急避险受益人的角度观察，此种区分显然属于一种事实之存在。问题就是，这种分别是否会引起不同后果。审判实践中，我们就发现了不同的处理方法。例如，在(2015)抚中民终字第01189号案件中，避险人村委会因洪水危机掘开塘坝导致受害人建在下游的房屋被冲毁，法院认为构成紧急避险但未补偿受害人损失。在(2014)濮中法民一终字第119号判决中，被告因H7N9病毒可能带来的对社区居民健康的风险，将原告的信鸽予以转移，转移过程中发生部分信鸽死亡。法院认定该案构成紧急避险，且为了公共利益，最终依据公平原则，补偿了原告部分损失。不同处理结果显示了司法实践中对为公共利益而紧急避险是否应该承担适当责任的理解不一致。

2. 原因分析

(1)对于紧急避险的把握不够准确

紧急避险通常区分为防御性紧急避险与进攻性紧急避险两种类型。在各类型中，根据紧急避险所涉主体，可以区分为引起险情人，避险实施人，避险受益人，避险受害人。在具体个案中，上述主体可以相互独立亦有可能相互结合。例如，引起险情人可以同时为避险实施人，避险实施人亦可能为受益人或者受害人，引起险情人也可能是避险受害人。正确区分不同类型的主体，对于紧急避险的认定非常关键。司法实践中之所以有将紧急避险的正当性与避险行为的合法性等同的倾向，一个重要原因就是在此类案件中疏于对引

① 最高人民法院侵权责任法研究小组编著：《〈中华人民共和国侵权责任法〉条文理解与适用》，人民法院出版社2010年版，第229页。

② 傅强：《紧急避险的民事责任》，载《浙江学刊》2010年第4期。

起险情人和避险实施人的正确区分。在因前方事故而导致的后方车辆避险中,后方车辆虽然可能也具有超速等原因,但此可以认定系多方原因导致的险情出现,也即引起险情人为多人,但不足以否定避险实施人属于“紧急避险”。因为紧急避险更多的不在于评价其引起险情的原因是否具有违法性,而在于衡量其避险行为是否符合其中心思想“两害相权取其轻”。[①]

(2)法律规范有待进一步完善

对于紧急避险,《民法总则》、《民法通则》、《民通意见》以及《侵权责任法》均有规定,但仔细比较,可以发现立法在规范设置上存在一些差异与不足。[②] 表现在:第一,对于自然原因引起的险情,《民法通则》规定避险人可承担适当的民事责任,而《侵权责任法》和《民法总则》均规定为“给予适当补偿”。此变化反映了立法机关对自然原因引起的紧急避险责任的价值重估,更加强化了对于紧急避险道德性的鼓励与褒扬。第二,除了最高人民法院的民通意见,其他规范均未确定受益人责任。这难免让人产生困惑,受益人到底需不需要承担相应的补偿责任?如果说受益人同时为避险人时可以解释上述规范,但如果受益人与避险人各异时,或者人为原因产生危险,引起险情人与受益人以及受害人各异时,受益人是否应该予以补偿,从规范文义中很难推断出来。第三,均未区分公益避险与私避险,在受益人是否应该予以补偿问题上再次陷入困境之中。实践中出现的对公益性紧急避险处理的差异,其实正是反映立法对受益人是否应当给予补偿的立法旨意不清所导致。

(3)紧急避险的免责性让司法审判望而却步

紧急避险作为免责事由无疑会阻断加害人责任的承担,这与当前司法实践中强化对受害人保护的做法相互背离,法官不愿认定紧急避险显然更符合其内心感触。当然,对受益人是否承担责任的不明,也迫使法官在分散损害、为受害人寻求救济时尽量收紧紧急避险的适用,何况在一些交通事故中,事故车辆往往会有交强险以及商业险的理赔,如此判决也不会让避险人承担过多的损失。

3. 对策建议

(1)要正确区分紧急避险关联主体

紧急避险之所以能够免责,其法律基础在于,“紧急避险所避免的危险所造成的损害程度大于紧急避险行为所造成的损害。”它“更强调不同权益的取舍和牺牲,法益权衡原

---

① 龙卫球:《民法总论》,中国法制出版社 2002 年版,第 141 页。

② 《民法通则》第 129 条规定,因紧急避险造成损害的,由引起险情发生的人承担民事责任。如果危险是由自然原因引起的,紧急避险人不承担民事责任或者承担适当的民事责任。因紧急避险采取措施不当或者超过必要的限度,造成不应有的损害的,紧急避险人应当承担适当的民事责任。《民通意见》第 156 条规定,因紧急避险造成他人损失的,如果险情是由自然原因引起,行为人采取的措施又无不当,则行为人不承担民事责任。受害人要求补偿的,可以责令受益人适当补偿。《侵权责任法》第 31 条规定,因紧急避险造成损害的,由引起险情发生的人承担责任。如果危险是由自然原因引起的,紧急避险人不承担责任或者给予适当补偿。紧急避险采取措施不当或者超过必要的限度,造成不应有的损害的,紧急避险人应当承担适当的责任。《民法总则》第 182 条规定,因紧急避险造成损害的,由引起险情发生的人承担民事责任。危险由自然原因引起的,紧急避险人不承担民事责任,可以给予适当补偿。紧急避险采取措施不当或者超过必要的限度,造成不应有的损害的,紧急避险人应当承担适当的民事责任。

则于此更加重要”。[①] 基于此，紧急避险所带来的损害无疑是被更大利益权衡掉的那些“小利益”，那么在涉及利益平衡时，我们就不应该仅仅权衡避险人与受害人之间的利益，而要权衡更大利益的受益者与小利益的受损者之前的平衡才更显公正。此种权衡的前提是，我们应该注意紧急避险关联主体的区分，以准确界定其利益状况。具体来讲：

第一，具体个案中要区分引起险情人，避险实施人，避险受益人，避险受害人。

第二，要注意各个关联主体身份的变化。引起险情人可以同时为避险实施人或者受益人或者受害人。避险实施人也可以为同时为受益人或自身为受害人。受益人和受害人也可以为同一主体。

（2）要合理确定受益人的补偿责任

如上所述，除了《民通意见》出现受益人角色之外，其他规范之中并无受益人出现。到底是立法中彻底排除了受益人的补偿责任，还是并未否定受益人的责任，抑或立法欲通过《侵权责任法》第 24 条公平分担损失予以解决？解决这一疑问，我们需要在利益平衡的视角下通过对规范的分析予以考察。

《民法通则》、《侵权责任法》以及《民法总则》均规定因自然原因引起险情的情形下，紧急避险人应该承担适当的责任（补偿责任）。如果受益人与避险人为同一人时，可以确定受益人给予补偿是有合法依据的。如果避险人与受益人非同一人，且受益人也非引起险情的人，那么此时受益人是否应该给予适当补偿不无疑问。课题组认为，此时避险人根据上述规定应该承担补偿责任无疑，但避险人系为了受益人的利益而采取避险行为，其性质上应该属于无因管理，受益人承担部分的责任本具有合法依据，因此，此时令受益人承担补偿责任合乎法理。若非如此，特别是在避险人同时也为受害人的情况下，受害人的损失得不到合理救济将会影响到紧急避险功能的发挥。

关于见义勇为，《民法总则》第 183 条、《侵权责任法》第 23 条、《民法通则》第 109 条等均规定受益人的补偿责任，而通说亦认为，见义勇为者与受益人之间系无因管理之关系，事务依其本质应为同一之处理，因而，肯定紧急避险中受益人补偿责任系可以通过其他规范旨意推论而得，此应符合立法之本意。

在因人为原因引起的紧急避险中，在引起险情的人不足以承担全部责任时，考虑受益人责任亦符合法律旨意。上述见义勇为规范中确定受益人补偿责任的前提是没有侵权人、侵权人逃逸或者无力承担民事责任。故紧急避险亦可以同理适用。

但是，考虑《民法总则》第 182 条之表述，似并无文义扩大解释之余地。因而法律适用中，我们坚持还是将该条文作为典型的紧急避险情况看待，即受益人与避险人为同一人。如若出现受益人与避险人等分离情况，应类推适用见义勇为条款有关规定予以解决。

（3）应谨慎确定公益紧急避险的受益人补偿责任

公益紧急避险中，受益主体往往人数众多，确定受益人的责任技术上有一定难度。但是完全排除受益人补偿责任很难说符合公平原则。比如，案例中的因预防洪水等避险行为，对受害人造成的损失无人补偿应具有合理性。因为紧急避险中受害人的损失与避险行为虽然看似具有因果联系，但实际上紧迫的危险亦可致其损失发生。此种“假设因果

---

① 王泽鉴：《侵权行为》，北京大学出版社 2009 年版，第 224 页。

关系”因紧急避险利益考量而具有合理性。但是在另外情形中,比如担心洪水冲毁岸堤,而将上游本无影响的受害人之房屋拆毁筑罢,于此不予补偿似乎不符合公平原则。但此通过民事诉讼将很难得到救济,我们建议在国家层面通过多元化救助体系解决。

(四)关于自愿紧急救助的法律适用问题

《民法总则》第184条[①]为自愿紧急救助免责条款。因属于新增条款,实践中并无相应案例,故我们仅仅对该条款适用中的一些可能问题提出规范意见。

1. 坚持自愿、紧急、利他原则

紧急救助行为首先是一种自愿行为,没有约定或法定义务。而且所谓法定义务不仅包括法律明文规定的义务,还包括“法律虽未明文规定但基于职务上、先前行为上的甚至社会一般行为规则上的义务。”其次,需要情势紧急。如果不存在紧迫情势,紧急救助的注意义务将会提高,进而可能产生需要赔偿的法律责任问题。最后,必须具有利他原则,即为了防止受害人损害的扩大。主观上为了他人利益是法律对紧急救助行为免责的一项主要道德要求。

2. 自愿紧急救助行为是否应该完全予以免责

《民法总则》该条立足于救人于危难的崇高道德要求,担心动辄得咎将会损及社会互助行为,在最终审议时,将“重大过失”除外条款删除。而重大过失是最高程度过失,以一般人的注意义务为标准。这就意味着自愿紧急救助行为产生损害时,救助人完全免责。

自愿紧急救助行为的免责性很大程度上因为损害已经发生,且情况危急。要求在此紧急关头,任何人作出较为合理的救助计划实际上强人所难。但是,自愿救助不等同于任意救助。当救助行为无效时,救助者理应通知医疗机关或者其他单位实施正规救助。如果此时仍然滞留伤者或者生拉硬拽或者采取一些“土办法”“偏方”甚至随意用药、实施危险方法,就脱离了自愿紧急救助的范围,而过渡到侵权领域。因此,本条的重点在于掌握紧急救助的范围。在案件审理中,要把握好紧急救助的时间节点,将救助人采用的方法和效果以及主观认识结合起来统一衡量。既要鼓励紧急救助,也要矫正明知不能为而乱为的加害行为。

四、关于民事责任竞合与聚合的问题研究

(一)民事责任竞合规范法律适用问题

关于民事责任竞合的问题,现行法采请求权竞合说。课题组通过梳理相关案例后发现,在司法实践中,责任竞合规范所要解决的问题主要集中在因一方当事人的违约行为侵害了另一方当事人固有利益的情形,以往学界所讨论的违约责任和侵权责任在构成要件、管辖、举证责任和诉讼时效等方面的差别,绝大多数并不是真实存在于责任竞合类案件之中。在一定程度上,民事责任的竞合甚至可以直接等同于违约损害赔偿责任与侵权损害赔偿责任之间的竞合。(见图5)

---

① 该条款规定:因自愿实施紧急救助行为造成受助人损害的,救助人不承担民事责任。

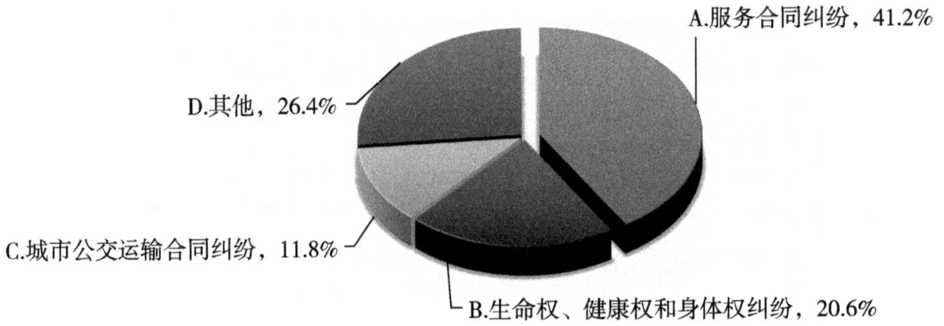

图5 民事竞合案件整体状况

1. 问题描述

(1)责任竞合不利于纠纷的一次性解决

通过总结和归纳已搜集案例的诉讼请求等内容可以得知，当事人在提起诉讼的时候，很少会非常明确自己所选择的诉讼是什么、请求权基础又在哪里，绝大多数的诉讼请求为损害赔偿。对于当事人来讲，损害后“赔偿损失”的应然性仅仅取决于损害本身，而不是规范本身。由于责任竞合背后的请求权规范设置不同，很显然规范结构与当事人诉求存在不协调的问题。比如，产品存在问题，原告主张侵权责任但同时要求被告返还货款，部分法院会以返还货款系履约问题，不属于同一法律关系而不予处理。返还货款的诉讼请求没有得到支持是因为原告在责任竞合中作出了“选择”，但很直观地可以看到，纠纷本身并没有因此次诉讼而得到一次性解决，也非当事人提起诉讼的初衷。

(2)法院释明权的行使不规范

释明权的行使无疑会对当事人在诉讼程序中的处分权产生影响。在当事人未作出选择，包括既主张被告承担侵权责任，又主张被告承担违约责任的情形时，部分法院会行使释明权，由当事人作出选择，进而确定案由，进行下一步的审判。而亦存在法院释明不当或者未释明的问题，导致二审法院以一审法院存在程序违法，从而撤销原判、发回重审。

2. 原因分析

(1)合同法和侵权法之间胶着的状态、彼此之间在保护法益上的联系和区别，功能上的不同，各自调整范围的扩张和重叠，加剧了责任竞合问题处理的难度。从调整范围和保护的法益来看，合同法更多的是对履行利益和信赖利益的保护，侵权法更多的是对固有利益的保护且不以合同关系存在为前提。而导致民事责任竞合产生诸多问题的根本原因，即在于两者在保护法益上的重叠。梳理已搜集到的案例不难发现，绝大多数甚至可以说几乎全部的责任竞合类案件的特点，都是一方当事人为自然人，另一方当事人的行为既构成违约责任，同时也构成侵权责任。

(2)在统一民事责任制度的背景下，责任的类型和责任承担的具体方式之间，并不应该是绝对的一一对应的关系。而在司法实践中，法院基本上会偏保守地把握两者之间的关系，从而导致了对当事人权利救济的不充分、无法真正案结事了，从而使纠纷得到一次性解决。

3. 对策建议

无论是讨论责任竞合问题还是责任聚合问题,都有一个共通的问题:无论是在《民法通则》时代,还是在《民法总则》时代,我国都是采用统一民事责任制度的方式来规范各类具体的民事责任及其具体的责任承担方式。而民事责任的类型与承担责任的具体方式之间,并不完全是一一对应的关系,以损害赔偿为例,它既是一种违约责任的承担方式,同时也是侵权责任的一种承担方式。从责任竞合的角度看,难以从当事人的诉请来判断当事人在竞合的责任类型中所作出的选择,虽然案由不能直接等同于具体的法律关系,但案由似乎成为判断当事人选择结果的最重要的甚至是唯一的途径。在这种统一的民事责任制度的背景下,断然地区分各种责任承担方式的性质,对当事人的救济和纠纷的解决可能并不具有多少实益,责任承担方式的典型作用场合并不能完全等同于该方式本身的性质,精神损害赔偿、赔礼道歉即为典例。

实践中,法院在解决竞合问题时,要对当事人的诉讼请求予以明确,了解其诉求合理理由,准确分析责任承担方式与请求权基础之间的关系,在确实无法调和的现实下,准确进行法律释明,保证当事人实体权利的同时强化对程序问题的关注。

(二)民事责任聚合规范法律适用问题

民事责任聚合主要发生在刑民交叉类案件之中,从民事案由的角度来进行观察,则主要集中在机动车交通事故责任纠纷和生命权、健康权和身体权纠纷这两大类案件之中。(见图6)

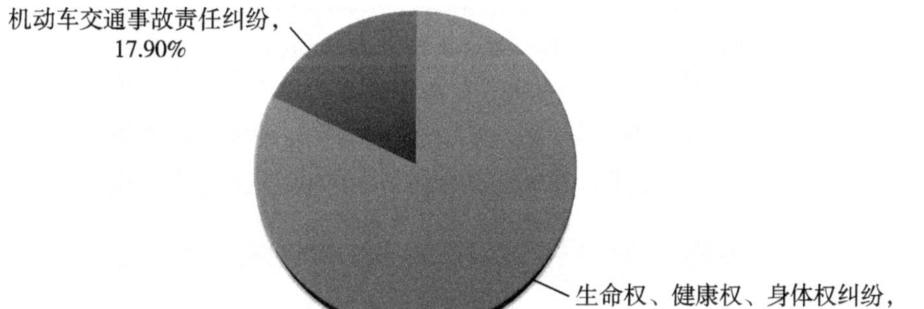

图6 民事聚合案件整体情况

1. 问题描述

刑民交叉案件中,司法实践对精神损害赔偿做法不一。在搜集的涉及责任聚合的28件案例中,有12件案件支持了精神损害赔偿,占比42.8%;有14件案件未支持精神损害赔偿,占比50%;有1件案件,是未支持精神损害赔偿但支持了赔礼道歉的诉讼请求,还有1件案件试将残疾赔偿金纳入精神损害赔偿的范围内加以支持。由此可见,在行为人已经承担了刑事责任当事人又提起民事诉讼的情况下,是否要支持其精神损害赔偿请求,各级法院存在较大分歧。(见图7)

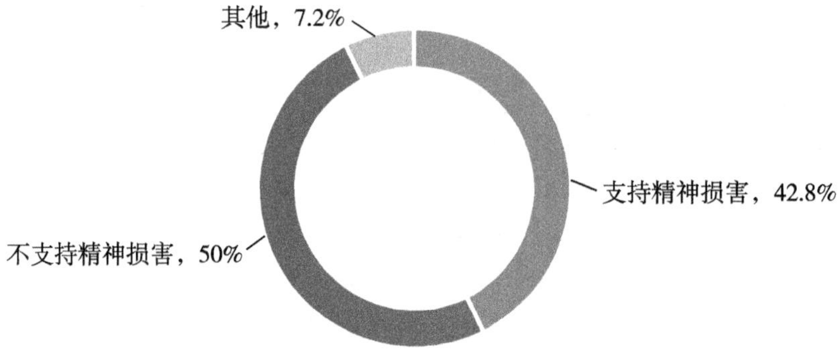

图7 刑民交叉中精神损害赔偿概览

2. 原因分析

对人格权和精神损害赔偿问题的认识存在历史性的不足。由司法解释所确认的，不支持当事人向已经追究刑事责任的当事人要求精神损害赔偿的做法，从表面上看，是精神损害赔偿的问题，其实质是在现历史阶段，由于相关规范的不足和社会发展阶段所限，对人格权的保护尚存在不足，这不是一个是非判断的问题，而是一个历史性问题。

3. 对策建议

法律是社会调整的一种重要的手段，法的安定性是法律人和社会民众所共同追求的价值。因此，尽可能地在不改变现有规则的情况下，通过结合的方式来适用法律是司法实践的第一要义。但是，在民事责任聚合实践中所存在的问题，如果不通过修改“先刑后民”等实定法规范，则很难从根本上使相关问题得到解决。基于此种现状，本文主张，在《民法总则》通过之后，应梳理司法解释等相关规范，删除与民事责任优先等规则不相适应的司法解释内容。同时，改变现有规则，支持被害人在附带民事诉讼或者民事诉讼中提起的精神损害赔偿请求。

结 语

以上是本次调研的主要内容，由于司法实践中涉及民事责任部分的问题较多，囿于篇幅所限，课题组也只能是就某一个规范适用中存在的典型问题进行论述，并不能反映民事责任适用的全部状况。通过以上分析，我们发现在责任形态、责任形式、责任抗辩、责任竞合与聚合规范适用中，既有立法导致的规范本身设置问题，也有与规范适用所依赖的理论把握不准确的问题。既有法律体系之间的冲突不协调的问题，也有规范适用中对理念的把握、价值的取舍不当问题。建议立法机关对相关规范进行价值重估、要求司法实践准确把握规范以及规范适用理论、强化个案中对社会公正的考量是解决当前问题的主要路径。希望本次调研对解决司法实践中的相关问题有所助益。

关于民事责任法律适用的规范性意见

（讨论稿）

为准确适用民事责任的相关规范，保证民事责任的适用统一性，依据《中华人民共和国民法总则》（以下简称民法总则）及《中华人民共和国侵权责任法》（以下简称侵权责任法）相关规定，研究并结合司法审判中民事责任的适用情况，特制订以下规范意见。

第一条　【约定连带责任】当事人在合同中约定数个债务人对合同债务承担连带责任的，应当依法适用民法总则第一百七十八条之规定，依据当事人主张判决债务人承担连带责任。

第二条　【法定连带责任】多个侵权人是否承担连带责任，应依据法律规定处理，不得依据公平原则和自由裁量判决当事人对外承担连带责任。

第三条　【共同侵权排除】多个侵权人分别实施数个侵权行为导致同一损害的，如果各侵权人之间并无共同的意思联络，应适用侵权责任法第十一条或者第十二条处理。

第四条　【连带责任人的追加】诉讼中经审查认为存在连带责任适用情形的，应释明当事人追加连带债务人为本案被告或者第三人，连带债务人不明确或者无法联络的除外。

第五条　【非财产损害责任方式和范围的释明】当事人起诉要求赔礼道歉、消除影响、恢复名誉的，应当向当事人释明，要求其明确赔礼道歉、消除影响、恢复名誉的具体方式和范围。

第六条　【非财产损害责任方式的处理】当事人起诉要求赔礼道歉、消除影响、恢复名誉，经审理后认为应予支持的，应当在判决主文中分项列明，区分具体责任承担方式及范围。

第七条　【替代性赔偿方式的释明】当事人起诉要求相对方承担行为给付型责任时，法官应当向当事人释明，明确义务人拒绝履行时，是否采取替代性赔偿方式。

第八条　【精神损害赔偿的确定因素】当事人起诉要求精神损害赔偿的，应当根据侵权人的过错程度、具体侵权行为和方式、造成的后果和影响、受诉法院平均生活水平等具体案件因素，酌情判定损失数额。

第九条　【损害赔偿的酌定】损害无法准确确定的，可酌定损害赔偿数额，但应当在判决书中写明酌情所考虑的因素以及裁量理由。

第十条　【不可抗力的适用逻辑】行为人以不可抗力作为免责事由的，应首先审查责任是否成立，责任成立后适用不可抗力的免责规定。

第十一条　【“不能预见”的认定】当事人主张不可抗力免责的，对于何为“不能预见”，应结合一般人的预见能力、客观历史时期的科技发展水平综合判断。个人的预见能力高于一般人的预见能力的，以该当事人的预见能力为准。

第十二条　【不可抗力的扩大适用】当事人主张不可抗力免责的，经审查认为，不可抗力虽然可以预见，但已经无法避免且无法克服，仍应适用不可抗力之规定。

第十三条 【多因一果中不可抗力的免责范围】当不可抗力与其他原因结合共同造成同一损害结果的情况下，应查明各种原因力的大小，从而确定不可抗力的免责范围。

第十四条 【紧急避险受益人的补偿责任】因紧急避险造成损害的，如果引起险情的人逃逸或者无力承担民事责任或者危险系因自然原因引起的，受益人可以给予适当的补偿。

第十五条 【自愿紧急救助的责任承担】因自愿实施紧急救助行为造成受助人损害的，救助人不承担民事责任。但是，救助人明知自己的行为不利于被救助人且导致救助人受到伤害的除外。

第十六条 【法律关系的释明和处理】一审诉讼过程中，当事人主张的民事责任的基础法律关系的性质与一审法院根据案件事实作出的认定不一致的，一审法院应当告知当事人可以变更诉讼请求，并依照《最高人民法院关于民事诉讼证据的若干规定》第三十五条的规定处理。

第十七条 【涉刑事案件的民事损害范围】刑事案件的受害人就民事赔偿另行向犯罪人提起民事诉讼的，法院应依据民法总则第一百八十七条，侵权责任法第四条、第二十二条及其他相关规定，依法全面确定受害人的损害范围。

第十八条 【本规范意见的解释】本规范性意见由北京市第一中级人民法院审判委员会负责解释。

涉竞业限制劳动争议案件疑难问题的调研报告*

一、引言

竞业限制，根据《劳动合同法》的相关规定，是指用人单位与负有保密义务的劳动者约定，劳动者离职后在一定期限内，不得到与本单位有竞争关系的其他单位从事同类产品及业务或者自己从事与原单位有竞争关系的生产经营活动。竞业限制制度的目的是保护用人单位的商业秘密和与知识产权相关的保密事项，这些事项与企业生存发展休戚相关，对商业秘密的保护程度直接关系着营商环境的好坏。因为一旦负有保密义务的职工从原用人单位离职后，利用其掌握的秘密为原用人单位的竞争对手提供劳动，便会对原用人单位造成重大的损害，而签订竞业限制协议有利于保持原用人单位的竞争力，降低人力成本。同时竞业限制条款一定程度上虽然限制了劳动者的择业自由，但是另一方面也会降低劳动者的离职率，促使用人单位有更大的动力投入资源和成本对劳动者进行培训，提高他们的工作技能。就此可言，竞业限制的确能够通过保护用人单位的商业秘密和与知识产权相关的保密事项，合理规制市场经济，最终保护社会公共利益。但是市场经济的活力在于竞争，人才流动是竞争的动力，若不合理地、过渡地限制劳动者自主择业权，最终将不利于促进市场诚信和激发市场活力。

可见，竞业限制制度是一把“双刃剑”，其宽严分寸的拿捏，既关乎用人单位的商业秘密和与知识产权相关的保密事项的保护程度，又关乎劳动者的劳动权尤其是择业自由权的实现程度。此次调研通过梳理我院2014年以来竞业限制案件审理的基本情况，总结出该制度在实践运行中主要存在五大问题：一是竞业限制的劳动者范围严重扩张；二是竞业限制所欲保护的标的界定困难；三是未依法约定竞业限制条款，法律后果不明确；四是竞业限制下经济补偿法律地位争论不一；五是认定劳动者的违约行为和违约责任范围困难。调研组通过对上述问题进行分析，以平衡保护各方利益为价值取向，提出相应解决对策和建议，力求为审判实践提供支持。

二、我院竞业限制案件基本情况

2014年至2019年6月，我院审结竞业限制案件211件，整体呈现稳中有进趋势，2019年结案量大幅增长，仅上半年就审结案件30余件，接近之前年度全年结案数。具体来看，

---

* 课题主持人：单国钧，负责人：赵悦，课题组成员：李军、何锐、张建清、吴博文、王飞、李湉、甄乾龙，课题执笔人：张建清、吴博文、王飞、李湉。

本课题为2019年部门级重点调研课题。

案件呈现以下特点：

（一）涉诉行业主要集中在计算机互联网、教育培训业

该类案件涉诉行业虽然具有广泛性，广告传媒、机械制造、公路建设、生物科技、投资咨询、旅游、能源、医疗、航空等行业均有涉及，但多集中在计算机互联网行业、教育培训业，分别占比43.13%、18.01%。（见图1）

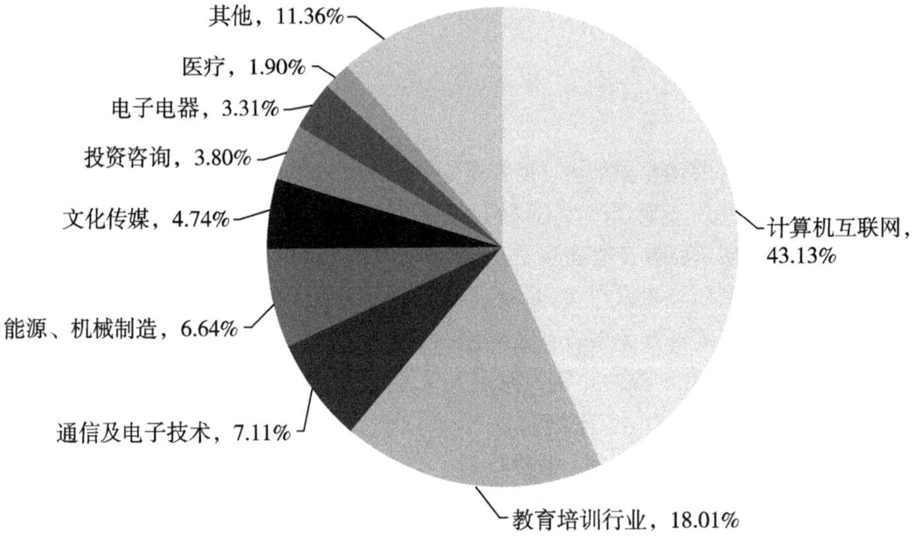

图1 涉诉行业分布

（二）涉诉义务主体多属于其他负有保密义务人员

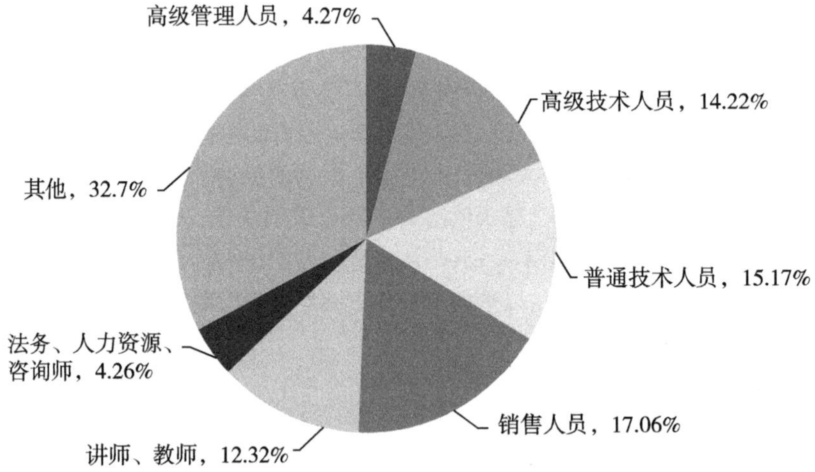

图2 涉诉义务主体分布

法律规定的竞业限制义务主体有高级管理人员、高级技术人员和其他负有保密义务的人员。前两类人员中，涉高级管理人员的案件9件，占比4.27%；涉高级技术人员的案件30件，占比14.22%；其余八成涉及的义务主体均为其他负有保密义务的人员（第三类

人员),且岗位多集中在产品销售岗、普通技术工人岗、培训教学岗,分别占比 17.06%、15.17% 和 12.32%,法务、咨询、人事、财务、编导、行政等岗位亦有此类案件发生。(见图2)

(三)约定的竞业限制经济补偿比例过低

按劳动者离职后每月能获取的经济补偿占其在职期间月平均收入的比例统计,不高于 10% 的案件为 33 件,占比 15.64%;10% 以上至 20% 的案件为 78 件,占比 37%;20% 以上至 30% 的案件 95 件,占比为 45%,其中有不少案件是竞业限制协议中没有约定经济补偿,法院依法按照劳动者月平均工资的 30% 确定;超过 30% 的案件仅为 5 件,占比 2.36%。

(四)法院对约定的违约金数额调整幅度大

竞业限制协议中约定违约金数额绝大多数为劳动者一年全部收入的数倍,有的甚至高达劳动者一年收入的 50 倍。在劳动者违反竞业限制义务,用人单位诉请支付违约金的 71 件案件中,获得法院支持的有 57 件。这些案件中,法院调低幅度在 20% 以下的为 0,调低幅度在 20% ~50% 的 21 件,调低幅度在 50% 以上的 27 件,还有个别案件调整幅度在 90% 以上,按照约定的违约金数额支持的仅 9 件。调整之后的违约金数额平均为 25.3 万元,其中最低的是 4000 元,最高的是 121 万元。

三、竞业限制案件审理中的主要问题

现实中由于竞业限制条款被部分用人单位滥用、加之立法规定不尽完善、司法尺度又不统一,导致了双方利益失衡。梳理总结我院审结的 211 件竞业限制类案件,发现主要存在以下问题:

(一)竞业限制的劳动者范围严重扩张

211 件竞业限制案件中,有八成的竞业限制义务主体是其他负有保密义务的人员,但是对于何为"其他负有保密义务的人员"并无明确法律规定。实践中存在仅以保密协议和离职证明中约定了劳动者负有保密和竞业限制义务为由,就认定劳动者属于法律规定的竞业限制人员的情形,从而认定劳动者受竞业限制的约束①。换言之,只要双方约定劳动者知晓商业秘密或者与之签订了竞业限制协议,就认定劳动者属于"其他负有保密义务的人员"。同时还存在《员工手册》等规则制度中规定劳动者应当履行竞业限制义务的情况。这使义务主体具有扩张到普通劳动者的趋势。实践中还存在竞业限制协议的义务主体范围扩张到劳动者的近亲属,要求劳动者的近亲属不得从事竞业行为,或者劳动者对其近亲属的竞业行为承担违约责任。

(二)竞业限制条款所欲保护的标的界定困难

根据《劳动合同法》第 23 条的规定,竞业限制条款保护的是用人单位的商业秘密和与知识产权相关的保密事项。但是竞业限制案件涉及行业极其广泛,又缺乏可操作性的规则,司法实践中存在界定竞业限制条款所欲保护的标的困难的问题。

调研发现,除了计算机互联网行业、教育培训业中广泛适用竞业限制条款外,在汽车

---

① (2016)京 0102 民初 8309 号、(2019)京 0106 民初 29806 号。

修理[①]、印刷行业[②]、美容美发[③]、家政服务[④]等基础服务行业也存在用人单位与劳动者约定竞业限制条款的情况。在司法实践中，用人单位与相似岗位劳动者的竞业限制案件，法院裁判结果却完全不同。例如，在一起案件中[⑤]，劳动者担任发型师，约定了竞业限制条款，法院生效裁判认为劳动者系发型师，了解用人单位一定的客户信息及交易记录等商业秘密，进而认定双方约定的竞业限制条款符合法律规定。但在另一起案件中[⑥]，劳动者同样是发型师，法院生效裁判却认为，竞业限制条款无效，劳动者无须履行竞业限制义务。相似案件，出现不同的裁判结论，主要是对“商业秘密和与知识产权相关的保密事项”有不同理解所致，实务中认识分歧亟待解决。

（三）未依法约定竞业限制条款的法律后果不明确

我国《劳动合同法》第23条、第24条对竞业限制的义务主体，范围、地域、期限，以及给予劳动者经济补偿的方式有明确规定，但是并未规定未依法约定竞业限制条款的法律后果，进而容易导致同案不同判的现象出现。

在我院受理的竞业限制案件中，有超过1/3案件是劳动者主张已经履行了竞业限制义务，要求用人单位支付竞业限制经济补偿的。在这类案件中，若劳动者属于非负有保密义务人员，并且用人单位提出了此种抗辩，主张双方签订的竞业限制协议无效，据此不同意支付经济补偿，法院对是否采纳用人单位的主张不无争议。广东省深圳市中级人民法院有判例认为，为了避免对劳动者不公，此种状况下可认定竞业限制条款是有效的。[⑦] 但该种观点却无法解释在用人单位以劳动者违反竞业限制义务进而主张违约金的案件中，法院一般都认为因劳动者不属于负有保密义务的主体，双方签订的竞业限制协议无效，劳动者无须履行竞业限制义务。正是由于《劳动合同法》对未依法约定竞业限制条款的法律后果未作出明确规定，导致了上述裁判不统一的情况。

（四）竞业限制下经济补偿的法律地位争论不一

关于竞业限制经济补偿的法律地位，实践中主要有三大问题：一是对于经济补偿的法律性质认识不一；二是对于未支付经济补偿的法律后果，裁判尺度不一；三是对于约定经济补偿过低的，法院可否根据劳动者的请求予以调整，未有定论。

对于竞业限制经济补偿的法律性质，有观点认为属于劳动者履行竞业限制义务而获得的对价，亦即竞业限制条款是一种典型的双务合同——用人单位支付经济补偿，劳动者履行竞业限制义务。但是该观点无法解释实践中用人单位未支付竞业限制经济补偿，劳动者依然需要履行竞业限制义务的现象。因为如果是典型的双务合同，用人单位不支付经济补偿，劳动者可享有抗辩权——不履行竞业限制义务。所以竞业限制下经济补偿的性质是解决后续问题的理论基础，不可不辩。

---

① （2014）唐民一终字第533号、（2016）沪01民终4882号。

② （2014）济民一终字第1124号、（2015）济民一终字第1181号、（2016）济民一终字第478号。

③ （2012）杭下民初字第164号、（2015）魏民一初字第432号、（2016）甘0102民初2061号。

④ （2013）浦民一（民）初字第44893号、（2014）浦民一（民）初字第874号、（2017）浙0105民初6175号。

⑤ （2016）甘0102民初2061号。

⑥ （2012）杭下民初字第164号。

⑦ （2018）粤03民终14011、14012号。

对于用人单位未支付经济补偿的情况,劳动者是否依然需要履行竞业限制义务的问题。有观点认为,用人单位未按照约定在劳动合同终止或者解除时向劳动者支付竞业限制经济补偿的,竞业限制条款失效。这是竞业限制条款生效的条件和劳动者遵守竞业限制义务的前提。[①] 也有观点认为,用人单位未按照约定给予劳动者经济补偿的,劳动者可以不履行竞业限制义务。[②] 即用人单位未支付经济补偿,劳动者享有抗辩权。还有第三种观点认为属于劳动者接触竞业限制协议的条件,[③]即未支付竞业限制经济补偿以及约定经济补偿过低的,不应据此认定竞业限制条款无效。只有在因用人单位的原因导致3个月未支付经济补偿时,劳动者才可以解除竞业限制协议。

实践中约定的竞业限制经济补偿过低的现象比较普遍,有的甚至不能满足劳动者的基本生存需要,更不用说顾及劳动者职业发展前景及竞业限制对劳动者长远生存条件所造成的减损乃至剥夺。那么在双方已经明确约定竞业限制经济补偿的情况下,法院是否可以根据劳动者的请求提高经济补偿的数额?若予以调整的话,法院可能面临对市场交易具体事项干涉过多的问题,且如何确定合理经济补偿数额存在困难;若不予调整的话,又可能对劳动者不公,损害其正当权益。

(五)认定劳动者的违约行为和责任范围困难

竞业限制案件中,用人单位应承担劳动者违反竞业限制义务的证明责任,但是原用人单位往往很难知悉劳动者新的工作内容,也很难进入其工作场所收集相关证据。在此情况下如何判断劳动者是否违反竞业限制义务,亦即原用人单位提供的证据证明到什么程度就完成了证明责任,是每一个裁判者不得不面对的现实问题。

在认定劳动者责任范围方面,问题主要集中在违约金数额的确定以及劳动者持续违反履行义务如何处理两方面。[④] 在现有背景下,法院调低违约金数额成为常态,但是酌定违约金数额应考量哪些因素却未达成统一尺度。另外,实践中还存在协议中约定劳动者违反竞业限制义务支付违约金的同时,还要求劳动者返还已经支付竞业限制的经济补偿的案件,[⑤]对于用人单位的该项请求是否予以支持,不无争论。

对于继续履行竞业限制义务,不仅存在不作为义务执行难的问题,还存在其特有的问题——生效法律文书判令劳动者继续履行竞业限制义务,但是其仍不履行的,用人单位再次起诉要求劳动者支付违约金,是否应当支持?尤其是前案已经按照约定违约金数额支持用人单位请求的情况下,该问题显得更为突出。[⑥] 对此有观点认为因为违约金是对劳动者不履行竞业限制义务所能造成全部损失的预定,既然用人单位在前一案中已经获得约定的全额违约金,后案中自然不能再通过违约金条款主张相应权益。但是这样的话,势

① 全国人大常委会法制工作委员会行政法室编著:《中华人民共和国劳动合同法释义》,法律出版社2013年版,第82页。

② 《江苏省劳动合同条例》第28条第2款。

③ 最高人民法院《关于审理劳动争议案件适用法律若干问题的解释(四)》第6条、第8条以及北京市高级人民法院、北京市劳动争议仲裁委员会《关于劳动争议案件法律适用问题研讨会会议纪要》第38条。

④ 法律依据:《劳动合同法》第23条、最高人民法院《关于审理劳动争议案件适用法律若干问题的解释(四)》第10条。

⑤ (2019)浙01民终5071号。

⑥ (2018)京01民终4126号、(2019)京01民终2079号。

必会导致用人单位的商业秘密进一步泄露,不利于保护用人单位合法权益。因此,如何理顺劳动者支付违约金与继续履行竞业限制义务之间的法律关系,是保护用人单位商业秘密的关键。

四、问题的分析与解决

(一)准确界定其他负有保密义务人员的范围

1. 竞业限制义务主体的范围

竞业限制的目的在于保护用人单位的商业秘密和与知识产权相关的保密事项,只有高级管理人员、高级技术人员和其他负有保密义务的人员才具有接触或知悉相关保密事项的可能,所以竞业限制的义务主体应该仅限劳动者本人。现实中将义务主体扩张到劳动者近亲属等第三人的情况,属于由第三人履行竞业限制协议,第三人未接触或知悉用人单位的商业秘密和与知识产权相关的保密事项,由第三人履行竞业限制义务无法律和法理依据。同时用人单位要求劳动者对近亲属的竞业行为承担违约责任,也有违该制度的目的,不应支持。但是当劳动者借近亲属等第三人之名从事竞争性行为时,用人单位可以要求劳动者承担违约责任。

针对用人单位通过《员工手册》等规章制度要求劳动者承担竞业限制义务的问题。由于《员工手册》是用人单位规章制度的一种,是用人单位行使用工管理权的方式之一,不具有契约属性。竞业限制的内容应由双方平等协商约定,不应通过规章制度来事先确定。通过《员工手册》要求劳动者承担竞业限制义务有可能导致竞业限制协议对全体员工统一适用,不当扩大了其适用范围。因此,用人单位在规章制度中规定竞业限制义务的,对劳动者不具有法律约束力。

2. 第三类人员事项的证明责任

不少裁判者认为只要双方约定了竞业限制条款,则根据《合同法》意思自由的基本原则,就推定劳动者属于《劳动合同法》第23条规定的第三类人员,用人单位即完成了初步的证明责任,裁判者不应当对缔约双方的意思自由过多干涉。

但是调研组认为,对于劳动者是否属于第三类人员,用人单位应承担严格的证明责任,其未能提供证据或者证据不足以证明该事项的,不能认定劳动者属于第三类人员。理由在于:第一,商业秘密和与知识产权相关的保密事项与竞业限制是单向的逻辑关系,商业秘密是前提、是存在基础。由于竞业限制条款的缔约双方地位并不平等,劳动者为了顺利地工作,通常没有能力拒签竞业限制条款,并且竞业限制条款对劳动者将来工作会产生巨大的影响,劳动者往往对此缺乏判断能力,所以不能通过劳动者签订了竞业限制协议就推定其接触或知悉用人单位的商业秘密和与知识产权相关的保密事项。第二,用人单位管理和安排劳动者的日常工作,劳动者在工作中有没有接触或知悉商业秘密和与知识产权相关的保密事项,用人单位更容易证明。第三,若要求劳动者证明其工作中不曾接触或知悉商业秘密,系属令其自证其无,有违证明责任分配的基本规则——令其证明一个不存在的事实,劳动者必然无法自证清白。需要强调的是若双方对劳动者属于竞业限制义务主体没有争议,司法机关无须再行审查。

3. 第三类人员事项的司法审查

我们认为司法机关应实质审查竞业限制的义务主体是否属于接触或知悉商业秘密和与知识产权相关保密事项的人员。

实质审查时可以考虑以下几个因素：一是岗位。当劳动者的岗位为总经理、经理、店长时，更有可能接触或知悉商业秘密和与知识产权相关的保密事项。当劳动者岗位是业务员、一般销售人员、讲师等岗位时，因其非重要决策人员，通常难以接触或知悉相关事项。二是工作内容。高级管理人员和高级技术人员属于竞业限制的义务主体，本质在于若该用人单位存在商业秘密和与知识产权相关的保密事项，基于工作的需要，他们自然容易知晓。但其他劳动者是否属于其他负有保密义务的人员，需要从其工作内容界定，即工作上是否存在接触或知悉相关事项的可能。三是劳动者的收入。德国审判中有观点认为，如果劳动者属于低薪资的职工，考虑其所处职位不高，不易接触用人单位的商业秘密，故不属于竞业限制的义务主体。低薪资类似我国的最低工资标准①。《比利时雇佣合同法》第65条也规定，年收入不超过25万法郎的雇佣合同中的竞业限制条款无效，年收入在25万到50万法郎的雇佣合同，其竞业限制条款也仅适用于集体劳动合同所规定的某些职务及某类职务中。② 此种规定值得借鉴，即劳动者的收入水平可以作为参照对象。四是劳动者的工作年限③。劳动者工作年限越长，越有可能接触或知悉商业秘密和与知识产权相关的保密事项，并且其与用人单位之间的信赖关系伴随着工龄的增长亦会更加牢靠，更有可能获知相关事项。实践中也存在竞业限制条款明确规定竞业限制的对象是在公司连续工作3年以上的人员，④此时劳动者的工作年限应作为认定劳动者是否属于竞业限制义务主体的构成要件。

（二）正确认定竞业限制条款所欲保护标的的范畴

根据《反不正当竞争法》的相关规定，商业秘密是指不为公众所知悉、具有商业价值并经权利人采取相应保密措施的技术信息和经营信息。竞业限制条款所欲保护的标的不仅包括商业秘密，还包括与知识产权相关的保密事项。通过对相关判决的梳理以及域外法的比较总结，竞业限制条款欲保护的标的，大致有以下特征：

1. 非公开性

如果用人单位收集的信息已经向社会、竞争对手公开或者是通过公共渠道可以获取，则不值得保护。如上海的生效判决认为⑤，原用人单位自行将劳动者负责维护的客户名单发送给了新用人单位，现又称客户名单是商业秘密，实难采信。另外，往往能通过网络等公开渠道查询的信息，亦难得到保护⑥。是否具有非公开性，是一个消极的事实，劳动者予以否认或主张属于公知信息的，应当承担证明责任。若劳动者提供的证据证明其使

---

① 邓恒：《德国的竞业限制制度与商业秘密保护及其启示》，载《法学杂志》2017年第3期。

② 王博：《竞业限制制度研究——以权利冲突及其化解为视角》，武汉大学出版社2016年版，第187页、第188页。

③ （2019）苏0404民初4184号。

④ （2017）浙04民终2108号。

⑤ （2017）沪01民终3084号。

⑥ （2017）苏02民终761号、（2015）鼓民初字第676号。

用的信息与用人单位主张的商业秘密不同，亦不存在侵害用人单位商业秘密的问题。

在实践中还有用人单位将对劳动者培训的内容作为商业秘密，要求劳动者离职后履行竞业限制义务。[①] 例如，约定劳动者参加专项技术培训后，保证在企业工作5年，私自离职，承担培训期间的一切费用，并保证不得从事与企业有竞争性的行为，否则赔偿损失20万元。[②] 若培训的内容是行业所公知的，不管采取何种授课方案，都不构成用人单位的商业秘密。劳动者通过培训增加的知识、经验和技能，构成其人格的组成部分，职工离职后有自主利用的自由。所以用人单位为劳动者提供培训，与之订立竞业限制协议的，司法实践面临该类竞业限制案件时，应保持谨慎。

2. 商业价值性

判断相关事项是否具有"商业价值性"，可审查用人单位是否对其投入时间、精力与金钱，并综合考虑该事项是否具有特别的价值。一般而言下列情形具有一定的商业价值：战略规划、管理方法、商业模式、进货渠道、财务信息、投融资决策、产购销策略、资源储备、客户信息、招投标事项等经营信息以及设计、程序、产品配方、制作工艺、制作方法、技术诀窍等技术信息。比如推销专员，他们的工作内容就是开发客户与维持客户关系，用人单位与之明确约定开发新的客户会有额外奖励，由此可见他们的客户具有很高的商业价值，此时这种客户关系就属于商业秘密。又如健身房、理发店等行业通过散发小广告，对感兴趣的人员进行登记，记载联系方式，这些客户即为潜在的消费者，这些客户名单也具有商业价值。

此外，还可以根据相关事项的具体内容判断其是否具有商业价值。比如客户名单不仅记载了客户的姓名、联系方式，还记载了客户的交易习惯、交易需求、价格承受能力甚至客户购买意愿等事项，这些事项往往能够更快更好地促进交易的达成，足以认定其具有商业价值性。

3. 采取保密措施

虽然根据最高人民法院《关于审理不正当竞争民事案件应用法律若干问题的解释》的相关规定，签订保密协议在正常情况下，就属于采取了保密措施。但是竞业限制案件中，由于保密条款几乎与竞业限制协议中的必备条款，所以不能仅以双方签订了竞业限制协议或保密协议就认定用人单位采取了保密措施。在上海学而思教育培训有限公司与讲师刘某一案中，[③]公司所使用的讲义均是其系统自行研发，且讲义内容均是加密文档，由教研部统一管理，故法院认为教学策划、业务操作系统、教学规划、讲义档案、教学资料等教育信息属于企业的商业秘密，不能外流。若用人单位所谓的商业秘密，实际上任何人员均有可能获取，用人单位又未加密，甚至都没有注明内部资料、禁止外泄等字样，则其主张的信息难以得到保护。

（三）明确未依法约定竞业限制条款的法律后果

1. 未按月给予经济补偿的法律后果

实践中存在用人单位按季度或按年给予经济补偿，甚至在确定劳动者违反竞业限制

---

① （2016）浙02民终1259号、（2018）苏05民众6584、6585号。

② （2018）豫1602民初2078号。

③ （2019）沪0104民初3541号。

义务，提起仲裁之后才给予经济补偿的情况。总的来说，存在提前给予或延期给予经济补偿的情况。

有观点认为法律明确规定了经济补偿应在竞业限制期限内按月发放，主要目的是保障竞业限制期限内劳动者的生活，防止劳动者因承受竞业限制义务而陷入生活困境。用人单位提前支付或者延期支付，均有可能使劳动者陷入生活困境，劳动者因此违反竞业限制的约定，无须承担违约责任。但调研组认为，对于用人单位提前给予的，如在离职之后就一次性给予全部经济补偿，属于用人单位提前履行给付义务，劳动者已经受领该给予，并且这种履行方式对劳动者并无不利影响，在此情况下劳动者违反竞业限制约定的，应承担违约责任。对于用人单位延后给予的，根据相关司法解释的规定，三个月未支付经济补偿的，劳动者才可以解除竞业限制协议，但在解除之前仍应履行竞业限制义务。另外需要注意的是，实践中存在因用人单位的原因3个月未支付经济补偿，但是之后补足的情形。因劳动者受领该给付后，“未支付”的状态已经结束，此时劳动者提出解除时法定构成要件不成就，故劳动者以用人单位曾经3个月未支付经济补偿提出解除竞业限制协议的，不应支持。

2. 未依法约定地域、范围以及期限的法律后果

有观点认为应采取“全有或全无”规则，即若竞业限制条款约定的地域过广、范围过大、年限过长，则劳动者无须履行竞业限制义务，理由是这样有利于督促用人单位尽可能地将竞业限制条款约定在合理的范围，以确保竞业限制条款在任何情况下都能经得起合法合理的检视。但是调研组认为，超出合理的地域、范围对劳动者没有法律约束力，主要理由是若因上述事项约定不合理，就导致负有保密义务的劳动者无须履行竞业限制义务，这对于需要保护商业秘密的用人单位而言未免显失公平。司法实践中以及域外法中也有采取此种方式。当约定的期限超过2年时，由于法律明确规定竞业限制期限不得超过2年，超过2年的部分应为无效。

3. 约定的义务主体为非涉密人员的法律后果

对于竞业限制条款约定的义务主体为非负有保密义务的劳动者时，该条款的法律效力如何，争议较大。有观点认为，可以参照德国联邦劳动法院的做法，认为上述情形属于雇主无值得保护的利益，赋予了劳动者选择权，即劳动者于离职时表示愿意遵守竞业限制约定的，仍得请求竞业限制经济补偿。① 但是调研组倾向认为此种情况下竞业限制条款是无效的。因为《劳动合同法》第23条明确规定，竞业限制的人员限于用人单位的高级管理人员、高级技术人员和其他负有保密义务的人员。用人单位与非负有保密义务的劳动者签订竞业限制协议，因该协议违反了法律的强制性规定，故而无效。但是劳动者因该协议没有从事竞业行为，请求按照约定的经济补偿标准赔偿损失的，应当支持。

（四）明确竞业限制经济补偿的法律地位

1. 竞业限制协议及经济补偿的法律性质

要理解竞业限制协议的法律性质，需要从劳动关系和普通民事契约关系双重角度分析。竞业限制协议虽然具有民事契约的特点，但是在订立该契约时，双方不仅属于普通合

---

① 邓恒：《德国的竞业限制制度与商业秘密保护及其启示》，载《法学杂志》2017年第3期。

同的民事主体，而且是经济性和人身依附性相统一的劳动关系主体，[①]并且后者其实更为重要。最初普遍认为竞业限制协议违背了经济自由的原则，因此是无效的；从权利的位阶秩序理论看，劳动者获得的经济补偿是一种经济方面的权利，自由择业是人身方面的权利，两权相较，自由择业应更值得保护；从利益比较的角度看，总体上，用人单位通过该协议获得比较利益远远高于支出的经济补偿，而劳动者的经济补偿不足以弥补因履行竞业限制义务而遭受的经济损失，竞业限制协议下，双方的利益是失衡的；从缔约时双方法律地位来看，劳动者居于缔约的劣势地位，签订竞业限制协议时很难谓劳动者与用人单位具有相同的协商能力。所以仅仅以普通的民事契约中契约自由的原则不足以论证其合法性基础。而劳动合同法之所以承认其合法性，乃是确认了劳资伦理关系的正当合法，即竞业限制协议是以劳动关系的身份伦理为依托而能够成立的民事契约，劳动者对原单位履行忠实义务，不损害用人单位利益，体现的是劳资伦理责任。[②] 所以竞业限制是以民事协议为表象，以劳动关系伦理为内核的法律契约。[③]

同理，对于用人单位支付的经济补偿的法律性质，也需要以劳动法和民法的双重思维来思考。其不仅仅是劳动者基于契约而获得的对价，而且也是用人单位履行照顾、关怀和保护劳动者的劳资伦理责任的延续。最高人民法院《关于审理劳动争议案件适用法律若干问题的解释（四）》（以下简称《劳动争议解释四》）第 8 条和第 9 条即彰显了这种价值。对劳动者来说，当用人单位未支付经济补偿时，劳动者依然应当履行竞业限制义务；对用人单位来说，其解除竞业限制协议，需要再额外支付劳动者 3 个月经济补偿。这正是由于双方义务不仅仅源于契约之约定，而且也是源于劳资伦理责任的要求。

2. 未支付经济补偿的法律后果

用人单位未支付经济补偿，劳动者仍应履行竞业限制义务。一是竞业限制制度设立的目的在于保护用人单位的商业秘密和与知识产权相关的保密事项，若用人单位的确存在这些值得保护的利益，因其未支付经济补偿，就认为劳动者可以带着这些专业生产技术、知识产权前往竞争对手，未免显失公平。二是如上所述，劳动者是否履行竞业限制义务并不仅仅源于用人单位支付了经济补偿，故用人单位未支付经济补偿自不影响该条款的效力。三是司法解释也赋予了劳动者相应的救济途径，即因用人单位原因 3 个月未支付经济补偿，劳动者可以解除竞业限制协议。这样足以平衡劳动者的权益，不会对劳动者的生活造成过重负担。

3. 约定的经济补偿过低的法律后果

《劳动争议解释四》对双方未约定经济补偿，提供了一种解决方案。但是对约定的经济补偿过低时，法院可否根据劳动者的请求予以调整，并无明确规定。有观点认为，约定经济补偿过低的，双方的权利义务明显失衡，劳动者可以以显失公平为由撤销竞业限制协议或者撤销关于经济补偿的条款。但是调研组倾向性认为对于约定的竞业限制经济补偿过低的，法院可以根据劳动者的请求直接予以调整。调整的数额可以参照《劳动争议解

---

① 秦国荣：《约定竞业限制的性质判断与效力分析》，载《法商研究》2015 年第 6 期。

② 秦国荣：《约定竞业限制的性质判断与效力分析》，载《法商研究》2015 年第 6 期。

③ 秦国荣：《约定竞业限制的性质判断与效力分析》，载《法商研究》2015 年第 6 期。

释四》第6条的规定,即竞业限制的经济补偿不低于劳动者月平均工资的30%,且不得低于当地最低工资标准。因为从经济补偿的性质看,其并非劳动者履行竞业限制义务的前提和基础。从《劳动争议解释四》第8条来看,当用人单位未支付经济补偿时,劳动者依然应履行竞业限制的义务,举重以明轻,故在用人单位支付的经济补偿过低的情况下,劳动者依然应履行竞业限制义务。在此种状况下,如果不允许根据劳动者的请求对约定的经济补偿予以调整未免不当。因为经济补偿不同于普通债权,若该标准过低,会有可能影响劳动者的基本生存。并且,域外法普遍确定了最低标准。德国、比利时等国家均规定经济补偿数额至少是在竞业限制期间内,劳动者依原先契约最后可获得给付的半数;法国甚至规定竞业限制未超过两年,则全额支付①。

(五)依法认定劳动者违约行为和违约责任

1. 依法认定劳动者的违约行为

如何判断劳动者是否存在违约行为。调研组倾向性意见是,只要用人单位证明劳动者入职了有竞争性的其他用人单位,证明责任就发生转移,亦即劳动者需要证明其在新单位没有从事有竞争性的工作,若其未提供证据或者其提供的证据不足以证明的,应当承担不利后果。之所以这样认定,一方面用人单位依然负担初步的证明责任,如此,并不会使得劳动者负担过重的证明责任。另一方面劳动者掌握着其在新单位的工作内容的证据,更容易举证。譬如对于技术研发型人员,其工作的研发车间安保措施管理严格,原用人单位无法了解劳动者新的工作内容。实践中已经有相关判例采取了这种思路。珠海市中级人民法院审理过药企与研发人员之间的竞业限制案件,在原用人单位完成初步证明责任之后,劳动者证明其前后研发的药物主要功能并不相同,法院据此认定劳动者不存在违反竞业限制义务的行为。

2. 确定违约金数额需考量的因素

针对约定的违约金数额过高的问题。根据《第八次全国法院民事商事审判工作会议纪要》的相关内容,一般情况下,劳动者违反竞业限制义务,法院支持的金额不超过造成损失的30%,并以实际损失为基础、兼顾合同的履行情况、当事人的过错程度以及预期利益等综合因素,根据公平原则和诚实信用原则最终确定违约金的数额。具体到竞业限制案件中来说,应考虑劳动者掌握商业秘密的程度、商业秘密的重要性、劳动者的过错程度、违反竞业限制义务的持续时间、约定的以及已经支付的经济补偿、劳动者的经济收入水平、劳动者因违法义务所获得的利益等因素确定损失。

3. 竞业限制义务的继续履行

《劳动争议解释四》第10条规定,劳动者违反竞业限制义务后,用人单位要求劳动者按照约定继续履行竞业限制义务的,人民法院应予支持。虽然法律没有明确规定,劳动者仍不履行竞业限制义务是否还应当支付违约金,但是调研组认为,原用人单位可以再次请求劳动者支付违约金。因为已生效的裁判文书系对裁判生效前的违约行为作出的处理结果;此后,若劳动者持续处于违约状态,仍应承担相应的违约责任,这也是《劳动争议解释四》第10条的应有之义。但是需要注意:如果用人单位在前案中主张的劳动者违反竞业

---

① 王博:《竞业限制制度研究——以权利冲突及其化解为视角》,武汉大学出版社2016年版,第204页。

限制义务的行为在判决生效后才产生相应后果，由于前案已经对该行为进行了处理，该行为不属于新的违反竞业限制义务的行为，用人单位自不得再次获得违约金。例如，劳动者在前案中为竞争性单位进行投标，在后一案件中原用人单位就新单位中标该项目而主张违约金，诚如北京市海淀区人民法院所认定的，一审法院在认定前案违约金数额时，已从违约行为的延续性、违约情节、损失数额等方面对上述情形予以综合考量。[①] 所以针对后一案中的中标，劳动者无须就此承担违约责任。另外需要注意的是，由于违约金是用人单位对劳动者不履行竞业限制义务所造成损失的预估，所以前后两案中判令的违约金不应超过约定的数额，但是用人单位提供证据证明劳动者违反竞业限制义务造成的损失超过约定违约金总额的除外。[②] 这实际上属于约定违约金数额过低的情形，可以参照《合同法》的相关规定予以调整。比如，在前案中法院判令劳动者按照约定数额支付违约金并要求其继续履行竞业限制义务，但是劳动者仍不履行，用人单位再次起诉要求劳动者支付违约金的，除非用人单位提供证据证明劳动者在本案中给其造成了损失，否则用人单位的请求不应支持。

4. 已支付经济补偿的返还

竞业限制协议中明确约定劳动者违反竞业限制义务应全额返还用人单位已经支付经济补偿，用人单位依约主张返还的，是否应当支持？调研组认为，经济补偿是对劳动者履行竞业限制义务的一种补偿，劳动者已经履行竞业限制义务而受领的经济补偿，无须返还；其未履行竞业限制义务自然不能获取相应的经济补偿，针对该部分的经济补偿，用人单位诉请返还的，应予支持。但是在劳动者返还竞业限制经济补偿后，法院在确定违约金数额时，也应考虑此因素。在确定劳动者违反竞业限制义务期间时，虽然竞业限制义务是一种持续性的不作为义务，但是用人单位无须证明劳动者持续性违反该义务，在用人单位证明劳动者违反竞业限制义务之日起，就推定劳动者在持续性违反竞业限制义务，劳动者若主张其已经没有从事竞业行为，应当提供证据予以证明。比如劳动者 2018 年 1 月 1 日离职，用人单位于 2018 年 12 月 1 日起诉并证明劳动者入职有竞争性单位的时间为 2018 年 6 月 1 日。法院在确定劳动者违反竞业限制义务的期间，如果劳动者不能证明其在生效判决作出之前从竞争性单位离职或者没有从事竞争性工作，那么从 2018 年 6 月 1 日至生效判决作出之日为劳动者违反竞业限制义务期间。

五、结语

竞业限制制度对劳动权保障、经营权维护均具有重要意义，同时涉及对民事主体的私权保护以及社会公共利益等多重权利保护的内在价值诉求，实现各种价值诉求必须以公平、平等保护各方利益为基准，在保护经营权的同时，也要尽可能地减少或避免对劳动者合法权利的不合理限制。合理的竞业限制制度正是解决这一问题的良方，司法实践的意义在于努力使二者在冲突与博弈中实现共赢。此次调研通过对实践中常见的五大问题进行分析，从司法审判角度提出相应的解决方案，以期确定双方当事人自由协商的范围或空间，为劳资双方划定相对清晰的权利界限，使竞业限制制度能够更好地发挥其功能。

---

① （2018）京 0108 民初 15533 号。

② （2019）京 01 民终 2079 号。

家事案件涉夫妻共同债务法律适用问题的调研报告*

引 言

近年来随着经济的发展，夫妻之间的人身关系和财产关系更为独立，债权债务关系逐渐增多，涉夫妻共债的案件数量呈上升趋势。与常见的民间借贷纠纷类似，夫妻共同债务的认定亦成为离婚纠纷、离婚后财产纠纷、婚姻家庭纠纷等家事案件中的焦点问题之一。但与常见的民间借贷纠纷不同，夫妻共同债务问题在家事案件中表现出其独有的特征，同时也给审判实践造成多种困境。本文从涉夫妻共同债务家事案件的特征出发，以北京市第一中级人民法院家事审判庭近两年审理的涉夫妻共同债务问题的家事案件为样本，分析夫妻债务问题在家事审判实践中的审理困境及成因，进而从实体认定及程序适用两方面提出具体化建议，以期对促进家事案件中涉夫妻共同债务问题法律的统一适用及推动个案效果与类案同判的平衡有所助益。

一、涉夫妻共同债务家事案件的一般及独有特征

我国关于夫妻共同债务的立法至今大致经历了用途论阶段、时间论阶段、纠偏时间论阶段以及重回用途论阶段四个时期，以 2018 年 1 月 18 日最高人民法院《关于审理涉及夫妻债务纠纷案件适用法律有关问题的解释》（法释〔2018〕2 号，以下简称《夫妻债务纠纷解释》）为分界点，可依据现行有效的法律规定对涉夫妻共同债务案件的特征进行以下总结划分。

（一）涉夫妻共同债务家事案件的一般特征

夫妻共同债务是指“夫妻双方因婚姻共同生活及在婚姻关系存续期间履行法定扶养义务所负的债务。一般包括夫妻在婚姻关系存续期间为解决共同生活所需的衣、食、住、行、医等活动以及履行法定义务和共同生产、经营过程中所负的债务”。① 夫妻共同债务作为债的一种，兼具人身属性和财产属性，一般而言具体有以下四个特征：

1. 发生于婚姻关系存续期间的时间特征

根据《婚姻法》第 17 条之规定，夫妻在婚姻关系存续期间所得的工资、奖金、生产经

---

* 课题主持人：单国钧，课题负责人：张琳，课题组成员：王国庆、杨磊、刘福春、吴扬新、方硕、葛媛媛，课题执笔人：方硕，统稿人：王国庆。

本课题为 2019 年部门级重点调研课题。

① 最高人民法院民事审判第一庭：《最高人民法院婚姻法司法解释（二）的理解与适用》，人民法院出版社 2015 年版，第 257 页。

营的收益、知识产权的收益等均归夫妻共同所有，与此相对应的，夫妻共同债务的发生时间通常认为是在婚姻关系存续期间，换言之，自男女双方婚姻登记之日至婚姻关系终止之日。其计算标准以法律意义上的婚姻登记为效力时间，而非民俗文化上的婚礼时间，无论是否举办婚礼，只要进行了婚姻登记，夫妻共同债务的产生时间即开始计时。此外，对于婚姻关系存续期间夫妻二人又分居的，此时二人只是进行了生活、工作上的人为分离，而非法定意义上的婚姻关系解除，因此也为夫妻共同债务的发生时间。同样，夫妻一方向法院提起请求准予离婚的诉讼之后，在离婚诉讼尚未审理结案之时，或判决准予双方离婚的判决书尚未生效之时，也为夫妻共同债务发生的时间①。

此外较为特殊的是，我国婚姻法及司法解释虽然以婚姻登记这一时间标准区分了婚前个人债务与婚后夫妻共同债务，但根据最高人民法院《关于适用〈中华人民共和国婚姻法〉若干问题的解释（二）》（以下简称《婚姻法司法解释二》）第23条②之规定，在婚姻关系成立的预备阶段所产生的特定债务也认定为夫妻共同债务，即我们所说的婚前转化之债。婚前转化之债虽然债务时间发生于婚前，但其实际用于了婚后，因此亦符合上述时间特征。

2. 用于家庭共同生活或共同生产经营的行为特征

根据《婚姻法》第41条③及《夫妻债务纠纷解释》第2条④、第3条⑤之规定，按照夫妻债务用途来分，夫妻共同债务一般分为日常生活性债务和经营生产性债务。日常生活性债务主要包括因婚姻家庭日常共同生活、抚养教育子女、赡养父母等产生的共同债务。经营生产性债务主要是指夫妻双方为收益、增加共同财产而进行的经营生产活动而产生的债务。当今社会经济高速发展，国际交往活动越趋频繁，夫妻双方或夫妻一方在社会中进行经济交易的现象也越来越多，夫妻共同财产的种类随之日趋多样化，夫妻之间的消极财产即夫妻共同债务当然也随之更加多样复杂化。

（1）日常生活性债务即基于家庭日常生活需要所负的夫妻共同债务。一般包括：购买婚姻家庭日常生活消费品所负的债务、购置装修家庭居住用房所负的债务、购置家庭生活所用车辆所负的债务、为家庭成员治疗疾病支付医疗费用所负的债务、为抚养教育子女赡养老人所负的债务、夫妻合意从事的正常文娱体育活动所负的债务、婚前购置为婚后家庭共同生活所负的债务等。但在某些特例中，如夫妻一方常年不履行家庭义务，贪图享乐，为饱一己私欲去夜店玩乐、出国旅游等而向第三人借了较大数额的款项，虽然适当的娱乐也是日常生活中的一部分，但这样的娱乐并非为了夫妻双方或家庭生活的共同需要，

---

① 蒋月：《夫妻的权利与义务》，法律出版社2001年版，第210页。

② 《婚姻法司法解释（二）》第23条规定：债权人就一方婚前所负个人债务向债务人的配偶主张权利的，人民法院不予支持。但债权人能够证明所负债务用于婚后家庭共同生活的除外。

③ 《婚姻法》第41条规定：离婚时，原为夫妻共同生活所负的债务，应当共同偿还。共同财产不足清偿的，或财产归各自所有的，由双方协议清偿；协议不成时，由人民法院判决。

④ 《夫妻债务纠纷解释》第2条规定：夫妻一方在婚姻关系存续期间以个人名义为家庭日常生活需要所负的债务，债权人以属于夫妻共同债务为由主张权利的，人民法院应予支持。

⑤ 《夫妻债务纠纷解释》第3条规定：夫妻一方在婚姻关系存续期间以个人名义超出家庭日常生活需要所负的债务，债权人以属于夫妻共同债务为由主张权利的，人民法院不予支持，但债权人能够证明该债务用于夫妻共同生活、共同生产经营或者基于夫妻双方共同意思表示的除外。

对家庭生活的发展并未产生积极意义，反而造成影响夫妻感情、家庭成员利益的获得等消极影响，此类债务一般不予认定为本文所述的日常生活性债务。

（2）经营生产性债务即从事生产经营所负的夫妻共同债务。一般包括：购买生产资料所负的债务、进行工商业活动所负的债务、进行农村承包经营所负的债务、夫妻共同投资或其他金融活动所负的债务、进行上述经营生产活动所产生的税费税款等。上述包含的经营生产性债务须是在婚姻关系存续期间产生的，且一般应满足两个条件①之一，才能被认定为夫妻共同债务。

（3）基于夫妻为履行法定义务所负的债务。一般包括：对负有赡养、扶养、抚养义务的人所支付的必要生活费用、医疗费用、教育费用等所负的债务，夫妻双方或一方在婚姻关系存续期间因日常生活正常社会交往而支出的必要交际费用所负的债务，比如因婚丧嫁娶而支付的份子钱。

3. 基于共同共有前提的性质特征

从物权法角度理解的夫妻共同债务，基于夫妻共同债务“合伙债务说”，通说认可夫妻共同债务系共同共有关系的性质②。共同共有是指两个以上的人基于共同关系，共同享有一物的所有权。共同共有人的权利，及于共有物的全部③。因共有的不动产或者动产产生的债权债务，在对外关系上，共有人享有连带债权、承担连带债务，但法律另有规定或者第三人知道共有人不具有连带债务关系的除外；在共有人内部关系上，除共有人另有约定外，共同共有人共同享有债权、承担债务④。基于此，将夫妻双方视为一个整体，对于债权人来说，夫妻双方作为一个整体系该债权债务法律关系的相对方，夫妻双方对外意思表示具备同一性，且对夫妻双方均产生约束力⑤。债权人可以向夫妻间的任何一方主张权利。

4. 兼具人身与财产关系的双重属性特征

婚姻家庭关系是以夫妻感情为纽带，兼具人身关系与财产关系的综合体。夫妻关系的特定身份属性决定了夫妻财产制度的产生，从而导致了夫妻消极财产即夫妻共同债务的产生。合法成立的婚姻关系是夫妻共同债务产生的前提和基础，夫妻共同债务的性质认定不能脱离夫妻这一身份属性而独立存在，是其区别于其他债务的关键所在。只有当社会成员个体组成家庭整体单元后，才会产生夫妻财产制度问题和夫妻共同债务问题。夫妻共同债务兼具人身和财产的双重属性。

（二）涉夫妻共同债务家事案件的独有特征

通常理论界与实务界讨论较多的夫妻共同债务问题集中于民间借贷领域，因其涉及完整的三方参与诉讼，即债权人、举债配偶一方与未举债配偶一方，其亦符合上述总结涉

① 两个条件：一是夫妻双方共同从事的活动；二是夫妻一方从事，但是收益由夫妻共同享用的活动。比如，夫妻一方以个人名义从事的生产经营活动所负债务，该经营收入用于夫妻共同生活或已转化为夫妻共同财产的，应认定为夫妻共同债务。吴小成：《婚姻法适用与审判实务》，中国法制出版社 2008 年版，第 377 页。

② 李洪祥：《夫妻共同债务制度立法路径研究》，载《第六届中国婚姻家事法实务论坛论文集》，第 338 页。

③ 魏振瀛：《民法》，北京大学出版社、高等教育出版社 2013 年版，第 278 页。

④ 魏振瀛：《民法》，北京大学出版社、高等教育出版社 2013 年版，第 279 页。

⑤ 史尚宽：《债法总论》，中国政法大学出版社 2000 年版，第 688 页。

夫妻共同债务案件的一般特征。但在家事案件领域，涉夫妻共同债务案件除具有上述一般特征外，还有其更为明显的特征，本文将其概括为“四多四少”。

1. 债权债务人之间亲属关系居多，其他身份关系较少

家事案件中，举债配偶一方通常主张与其父母、兄弟姐妹等亲属之间有借贷关系，而鲜少主张与公司、企业、法人、社会团体等之间有经济往来，这一点区别于常见的民间借贷纠纷。家事领域的夫妻债务问题通常发生在家庭成员之间，具有极强的人身依附性，且夫妻债务问题多由夫妻一方或双方提出，以主张父母转账或出资为借款最为常见。

2. 夫妻双方参与诉讼居多，债权人直接参与诉讼较少

离婚纠纷在家事案件中占据较大比重，通常认为离婚纠纷系解决夫妻双方身份关系及财产关系的诉讼，即使夫妻双方在财产的处理上常涉及与第三人的债务问题，离婚纠纷中一般也不允许有第三人加入，因此表现在日常家事案件的审理中，仅限于夫妻双方就债务问题进行认可与不认可的诉辩往复，债务真实与举证不能的结果交替，债务真实性的核实力度要远远高于债务是否已偿还的审查标准，这一点也明显区别于其他涉夫妻共同债务问题的诉讼，债权人在家事案件中不掌握主动权甚至不参与诉讼。

3. 家庭共同生活主张较多，共意或共同生产经营主张较少

上述用于家庭共同生活或共同生产经营的行为特征反映在家事案件中，主要表现为前者。除去占比较高的离婚纠纷，即使在离婚后财产纠纷及婚姻家庭纠纷等案件中，举债人或债权人主张更多的为诉争债务用于了家庭共同生活，未举债的配偶一方提出反驳更多的亦为诉争债务未用于家庭共同生活。主张诉争债务系基于或非基于夫妻双方合意，用于或未用于共同生产经营的案件并不多见。

4. 不公开情形较多，公示效应较少

区别于经济案件的经济属性，家事案件还具有极强的人身属性和隐私性。以家事案件中涉夫妻共同债务问题最多的离婚纠纷为例，《民事诉讼法》第 134 条规定，人民法院审理民事案件，除涉及国家秘密、个人隐私或者法律另有规定的以外，应当公开进行。离婚案件，涉及商业秘密的案件，当事人申请不公开审理的，可以不公开审理。最高人民法院《关于人民法院在互联网公布裁判文书的规定》第 4 条规定，离婚诉讼或者涉及未成年子女抚养、监护的不在互联网公布。由此形成的离婚诉讼不公开审理，相应的裁判文书不进行上网公开等原则使部分涉夫妻共同债务的家事案件透明程度偏低。

二、我院审理涉夫妻共同债务家事案件的现状

（一）案件总体情况

家事纠纷所涉案由中，有关夫妻共同债务问题的案由主要集中在离婚纠纷、离婚后财产纠纷以及较为概括的婚姻家庭纠纷三类下。北京市第一中级人民法院团河法庭 2018 年至 2019 年 9 月审理以上三类案件共 592 件。其中，离婚纠纷 432 件，离婚后财产纠纷 135 件，婚姻家庭纠纷 25 件。在这 592 件案件中，涉及夫妻共同债务问题的案件共 123 件，占比 20.8%，包括离婚纠纷 99 件，离婚后财产纠纷 12 件，婚姻家庭纠纷 12 件。（见表 1）

表 1 北京一中院团河法庭审理涉及夫妻共同债务问题家事案件数量统计（2018—2019 年 9 月）

案由	总数(件)	涉夫妻共债案件数量(件)	占比(%)
离婚纠纷	432	99	22.9
离婚后财产纠纷	135	12	8.9
婚姻家庭纠纷	25	12	48
总计	592	123	20.8

在上述筛选出的 123 件案件中，二审以调解、撤诉、撤回起诉方式结案的有 40 件。因本文侧重于司法实务中涉夫妻共同债务问题法律适用情况的调研，故上述 40 件未作出实体认定的案件不作为此次调研的样本案件，同时将以下几种情形的案件予以排除：一是离婚纠纷中法院判决驳回离婚诉讼请求，因而未对债务问题进行处理的；二是主张夫妻共同债务的一方在审理过程中明确放弃该项诉讼请求的；三是双方对共同债务均认可，法院未持异议的。将此三类情形筛除之后，剩余 73 件案件，包括离婚纠纷 58 件，离婚后财产纠纷 10 件，婚姻家庭纠纷 5 件，由此构成本次调研最终选取的样本案件，即北京市第一中级人民法院团河法庭 2018 年至 2019 年 9 月二审法院对涉夫妻共同债务问题作出实体认定和处理的 73 件家事案件。（见图 1）

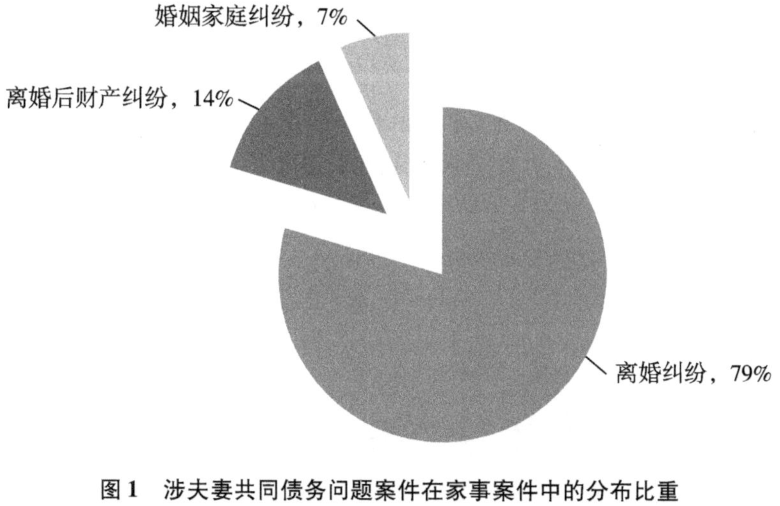

图 1 涉夫妻共同债务问题案件在家事案件中的分布比重

总体来看，涉夫妻共同债务问题的案件在家事案件中占比超过 20%，其中以离婚纠纷中涉及最为广泛。侧面反映出随着近年来夫妻之间人身关系和财产关系独立性的提升，涉夫妻共债问题频出，且案情渐趋复杂多样，由此给人民法院审理此类案件在事实认定及法律关系的厘清等方面造成一定难度。

（二）裁判结果情况

1. 对夫妻共同债务的认定情况

73 件样本案件对夫妻共同债务的认定可分为四种情形：一是全部认定为夫妻共同债

务的有21件,其中离婚纠纷13件,离婚后财产纠纷6件,婚姻家庭纠纷2件;二是全部未认定为夫妻共同债务的有39件,包括离婚纠纷33件,离婚后财产纠纷3件,婚姻家庭纠纷3件;三是部分认定为夫妻共同债务的有10件,全部分布于离婚纠纷中;四是未对夫妻共同债务问题作出认定,建议另案处理的有3件,包括离婚纠纷2件,离婚后财产纠纷1件。(见图2)

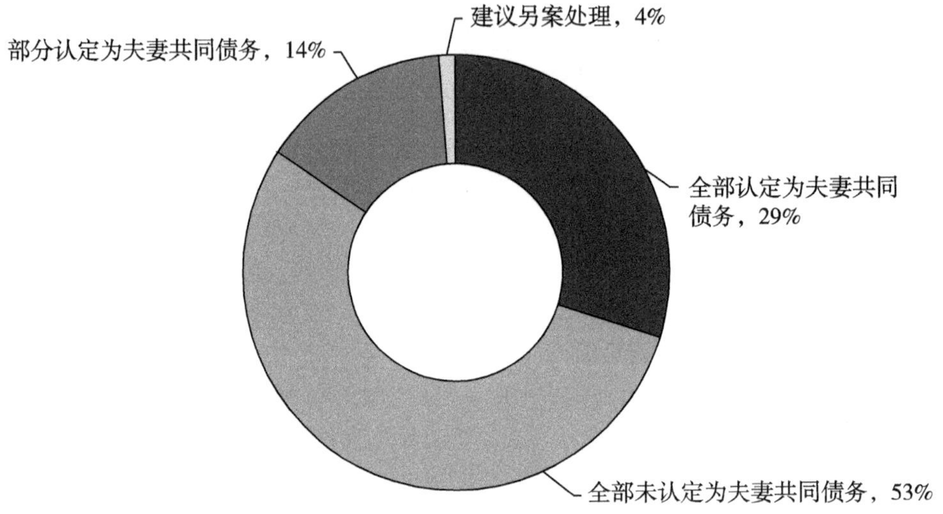

图2 样本案件对夫妻共同债务的认定情况比例

2. 认定为夫妻共同债务后的处理

全部或部分认定为夫妻共同债务的样本案件包含上述第一种、第三种情形,共计31件。法院在认定案涉债务为夫妻共同债务后,在夫妻双方承担债务比例上作出不同处理,可分为三种情形:一是举债方与未举债配偶一方平均分担债务的有23件;二是举债方承担较多债务的有7件;三是按照夫妻婚内财产协议的约定分担债务的有1件。(见图3)

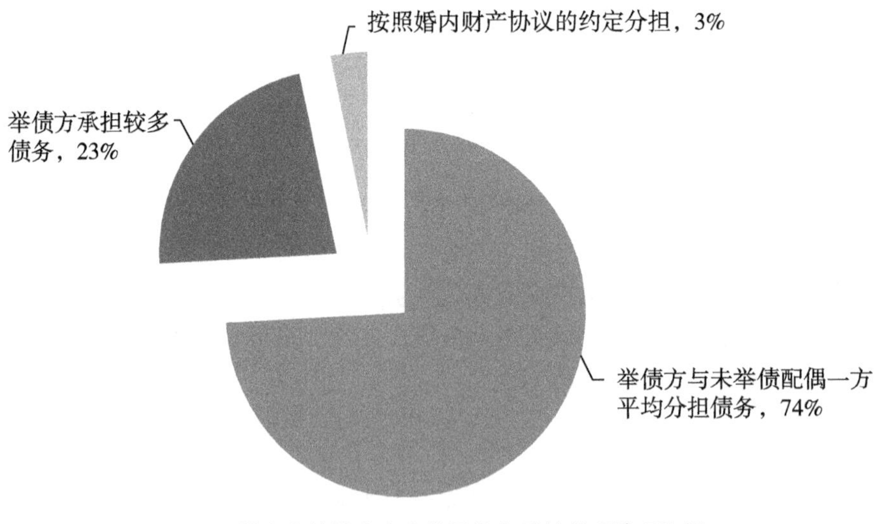

图3 样本案件认定夫妻共同债务后的处理情况比例

3. 二审针对一审夫妻共同债务判项的处理

73 件样本案件中,部分当事人认可一审判决中对夫妻债务问题的处理,未针对该项判决提起上诉。但针对一审夫妻共同债务判项提起上诉的案件仍占据较大比例,包括离婚纠纷 38 件,离婚后财产纠纷 9 件,婚姻家庭纠纷 5 件,共计 52 件案件的当事人就该判项提起上诉,占比 71.2%。二审法院维持一审法院关于夫妻共同债务处理结果的有 49 件,对该判项进行改判的有 2 件,发回一审法院重审的有 1 件。(见图 4)

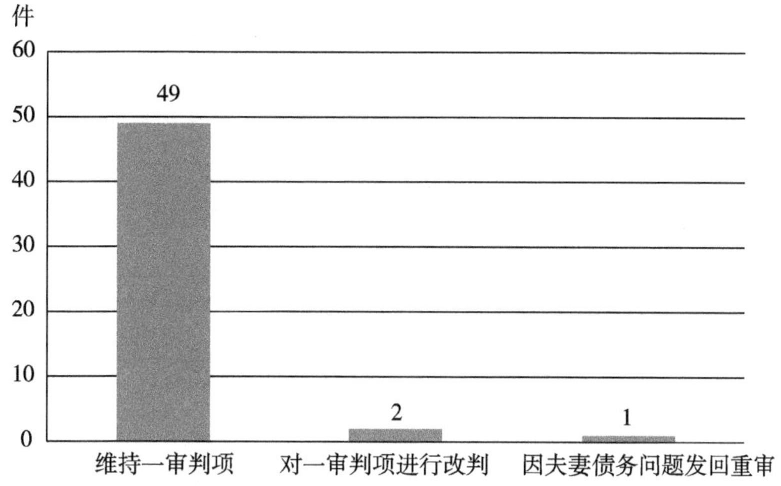

图 4　样本案件中二审针对一审夫妻共同债务判项的处理结果

综合上述裁判结果情况,对于当事人主张夫妻共同债务的请求,法院未认定为夫妻共同债务的比例超过 50%,加之其他部分未认定为夫妻共同债务的案件,该项占比更有所增加,在一定程度上反映出法院在处理此类问题时审查标准较为严格。此外,部分案件法院在夫妻债务问题上选择不予处理,建议当事人另案解决,一方面能够较好地维护当事人及案外人的权益,但另一方面,类似的案情部分案件选择在该案中将夫妻债务问题一并处理,部分案件选择不予处理,由此造成的分歧需引起重视,这一点将在后文详谈。在认定为夫妻共同债务的案件中,夫妻双方对债务承担的比例一般均等,部分案件考虑未举债一方为女性,本着照顾妇女的原则判决举债方(多为男性)多承担债务。需要指出的是,针对夫妻债务问题的上诉情形较为突出,由此导致的服判息诉工作开展相对困难。虽然大部分案件二审维持了一审的判项,但在个别问题的认识上两级法院认识有所差异,由此给当前个案效果与类案同判的平衡造成一定困境。

(三)裁判理由情况

结合上文对诉争债务是否属于夫妻共同债务的认定情况统计,可以将裁判结果简要概括为:认定为夫妻共同债务(包括全部认定以及部分认定)、不认定为夫妻共同债务(包括全部未认定以及部分未认定)①、另案处理三种情形。每一种情形的裁判依据以下分述之:

① 因某些案件对诉争债务作出部分认定、部分不认定的结果,故在这一部分的统计中有些案件会被重复统计。

1. 认定为夫妻共同债务的裁判理由

因样本案件排除了双方均认可共同债务而法院未持异议的情形，故样本中所见法院对债务作出实体认定的情形主要有以下几种：一是债务发生于双方婚姻存续且未分居期间并用于了家庭共同生活（主要为购房、购车、缴纳房租、装修等），此类情形有18件，其中离婚纠纷16件，离婚后财产纠纷2件；二是债务发生于分居期间但用于了家庭共同生活（主要为抚养孩子、一方治病等），此类情形有4件，全部分布于离婚纠纷中；三是担保债务系因婚姻关系存续期间共同生产经营而产生，此类情形分布于婚姻家庭纠纷共1件；四是债务经生效判决书或调解书确认且发生在婚姻关系存续期间，此类情形有5件，包括离婚纠纷2件，离婚后财产纠纷各3件；五是未举债一方未能证明债务未用于家庭共同生活，分布于离婚纠纷1件；六是债务因一方侵权行为产生，但系为家庭共同生活、生产经营而发生，分布于离婚后财产纠纷1件。（见表2）

表2　样本案件认定为夫妻共同债务的裁判理由

单位：件

裁判理由	离婚纠纷	离婚后财产纠纷	婚姻家庭纠纷	总计
债务发生于双方婚姻存续且未分居期间并用于了家庭共同生活	16	2	0	18
债务发生于分居期间但用于了家庭共同生活	4	0	0	4
担保债务系因婚姻关系存续期间共同生产经营而产生	0	0	1	1
债务经生效判决书或调解书确认且发生在婚姻关系存续期间	2	3	0	5
未举债一方未能证明债务未用于家庭共同生活	1	0	0	1
债务因一方侵权行为产生，但系为家庭共同生活、生产经营而发生	0	1	0	1

2. 不认定为夫妻共同债务的裁判理由

全部未认定与部分未认定为夫妻共同债务的案件共计50件，占到样本案件近70%的比例。一是债务真实性举证不足，此种情形有24件，其中离婚纠纷23件，离婚后财产纠纷1件；二是债务用于家庭共同生活或共同生产经营举证不足，此种情形有16件，包括离婚纠纷13件，婚姻家庭纠纷2件，离婚后财产纠纷1件；三是债务发生在分居、诉讼期间且未证明用于了家庭共同生活，此类情形有4件，分布于离婚纠纷中；四是双方未构成举债合意（主要为未举债一方不知情且未签字），此种情形分布于离婚纠纷共2件；五是经法院确认的离婚协议中已确认为个人债务，此种情形共1件，分布于离婚后财产纠纷中；六是债务系因一方侵权而产生共1件，分布于婚姻家庭纠纷中；七是债务系为一方父母治病，未举债一方未从中获益，分布于离婚纠纷中共1件。（见表3）

表 3　样本案件不认定为夫妻共同债务的裁判理由

单位：件

裁判理由	离婚纠纷	离婚后财产纠纷	婚姻家庭纠纷	总计
债务真实性举证不足	23	1	0	24
债务用于家庭共同生活或共同生产经营举证不足	13	2	1	16
债务发生在分居、诉讼期间且未证明用于了家庭共同生活	4	0	0	4
双方未构成举债合意	2	0	0	2
经法院确认的离婚协议中已确认为个人债务	0	1	0	1
债务系因一方侵权而产生	0	0	1	1
债务系为一方父母治病，未举债一方未从中获益	1	0	0	1

3. 另案处理的裁判理由

另案处理一般系因债务涉及案外人利益而采取的处理方式。针对夫妻债务问题建议另案处理的 3 件样本案件中，1 件因存在多个权利人，1 件因考虑涉及案外人利益，不宜在离婚案件中进行处理，1 件因债权人已另案起诉民间借贷纠纷。虽然此种判决结果在样本案件中占比只有 4%，但 3 件案件的裁判理由各有不同，其中涉及裁判标准的问题有待进一步思考。（见图 5）

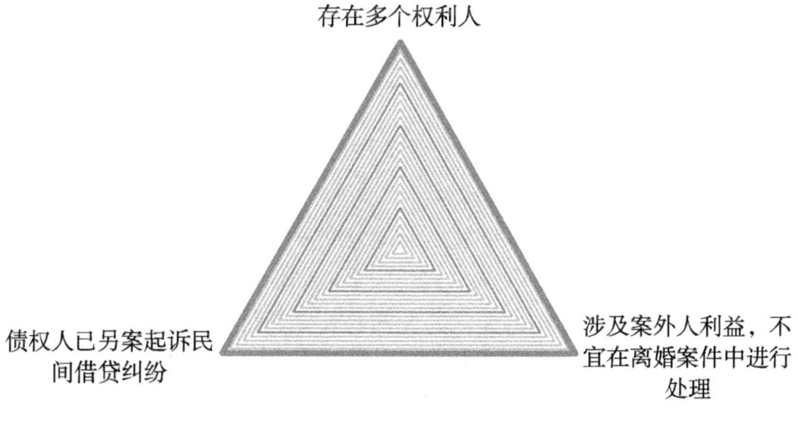

图 5　样本案件建议另案处理的裁判理由

综合上述裁判理由情况，债务真实性及用途成为法院认定家事案件中夫妻共同债务的主要审查依据。总体而言，家事案件中认定夫妻共同债务需同时满足三个要件：一是债务真实存在，二是债务发生于婚姻关系存续期间，三是债务用于家庭共同生活或共同生产经营。具体而言，债务真实性还可继续细分为以下几种：一是举债方未提交转账记录等证据证明资金实际流转，无法证实借款事实的存在；二是提交的证据证明力弱（如借条为复印件、借条无签字、内容形式完全一致的批量借条、仅有证人证言而无其他佐证等）；三是借款方系举债方的近亲属、朋友或存在利害关系，不能确定借贷关系；四是债权人未出庭作证或证人与举债方有利害关系。用于家庭共同生活多为购房、购车、缴纳房租、装修、抚养子女等，共同生产经营多为夫妻双方均为股东共同经营公司。但在个案判断上不同法官对二者的界定仍有差异。

（四）证明责任情况

1. 证明责任分配情况

73 件样本案件中，裁判文书中明确证明责任分配的有 60 件。其中 52 件将证明责任全部分配给举债一方，包括离婚纠纷 48 件，离婚后财产纠纷 4 件；3 件将证明责任全部分配给未举债配偶一方，包括离婚纠纷 2 件，离婚后财产纠纷 1 件；3 件将证明责任全部分配给债权人一方，分布于婚姻家庭纠纷；1 件将证明责任同时分配给举债方与未举债配偶一方；1 件将证明责任分配给债权人和未举债配偶一方。（见图 6）

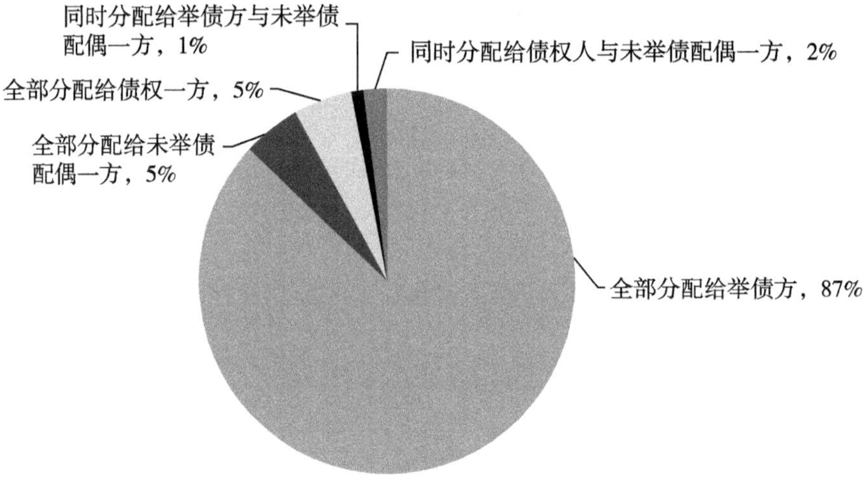

图 6　样本案件对证明责任分配比例

2. 证明责任分配导致裁判结果情况

证明责任全部分配给举债一方的 52 件样本案件中，13 件最终认定为夫妻共同债务，9 件部分认定为夫妻共同债务，30 件未认定为夫妻共同债务；证明责任全部分配给未举债配偶一方的 3 件样本案件中，3 件全部认定为属于夫妻共同债务；证明责任全部分配给债权人一方的 3 件样本案件中，3 件全部未认定为属于夫妻共同债务；证明责任同时分配给举债方与未举债配偶一方的 1 件样本案件及同时分配给债权人与未举债配偶一方的 1 件样本案件，均认定为夫妻共同债务。（见表 4）

表 4　样本案件证明责任分配导致不同裁判结果统计

单位：件

证明责任分配情形	全部认定为夫妻共债	部分认定为夫妻共债	未认定为夫妻共债
全部分配给举债一方	13	9	30
全部分配给未举债配偶一方	3	0	0

续表

证明责任分配情形	全部认定为夫妻共债	部分认定为夫妻共债	未认定为夫妻共债
全部分配给债权人一方	0	0	3
同时分配给举债方与未举债配偶一方	1	0	0
同时分配给债权人与未举债配偶一方	1	0	0

综合上述证明责任情况，离婚纠纷因一方面主要解决夫妻双方身份关系，当事人一般为夫妻双方，因而证明债务系夫妻共同债务或不属于夫妻共同债务的责任仅涉及举债方与未举债一方，未涉及债权人。此时法院倾向于将证明责任分配给举债方，由其证明债务真实存在及具体用途等，但仍有部分案件将证明责任分配给未举债配偶一方，由其证明债务未用于家庭共同生活或共同生产经营。离婚后财产纠纷及婚姻家庭纠纷因主要解决夫妻双方财产关系或夫妻双方与第三人的多种法律关系，当事人除夫妻双方外，部分案件会有第三人加入，因此这两类纠纷中证明债务属于夫妻共同债务或不属于夫妻共同债务的责任涉及举债方、未举债一方以及债权人三方。在有债权人加入的案件中，法院倾向于由债权人承担证明责任，由其证明债务系夫妻双方合意或用于了家庭共同生活、共同生产经营。值得指出的是，从证明责任分配导致的裁判结果来看，承担证明责任一方诉讼请求未获支持概率高达78.3%①。

（五）诉讼主体参与情况

上文提到离婚纠纷一般仅涉及夫妻双方参与诉讼，故对离婚纠纷中诉讼主体参与情况在此不再赘述。离婚后财产纠纷及婚姻家庭纠纷的样本案件在诉讼主体参与方面有所不同，可细分为以下几种情形：（1）仅有夫妻双方作为原被告参与诉讼（9件，均分布于离婚后财产纠纷中，其中一件因债权人另案起诉，法院建议另案处理）；（2）债权人作为原告，仅将未举债配偶一方列为被告（1件，分布于婚姻家庭纠纷中）；（3）债权人作为原告，将举债方与未举债配偶一方均列为被告（2件，分布于婚姻家庭纠纷中）；（4）债权人作为原告，未举债配偶一方列为被告，举债方列为第三人（2件，分布于婚姻家庭纠纷中）；（5）夫妻双方为原被告，债权人列为第三人（1件，分布于离婚后财产纠纷中）。（见图7）

① 该数据将部分诉求未获支持的案件亦计算在内。

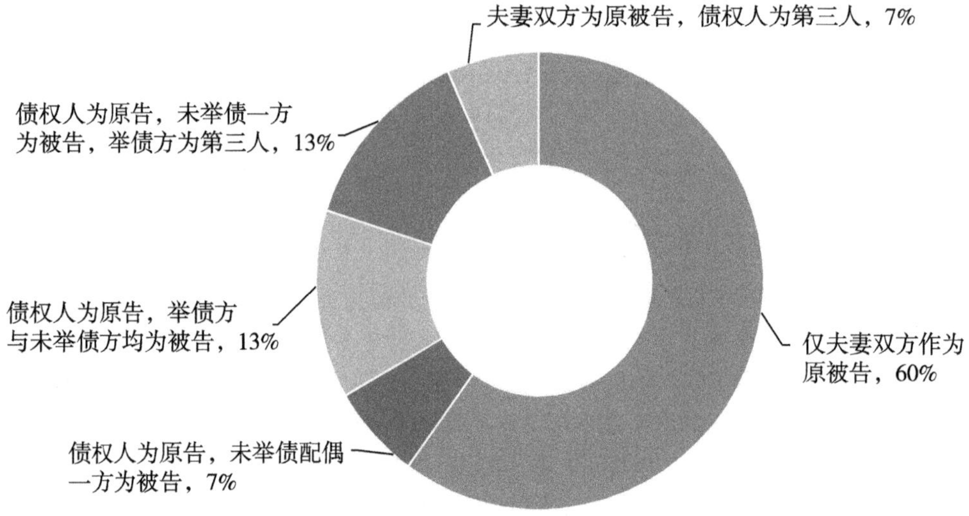

图 7 离婚后财产纠纷与婚姻家庭纠纷中诉讼主体参与情况

相较于离婚纠纷与离婚后财产纠纷，婚姻家庭纠纷基于民间借贷、担保之债、侵权之债等产生，多为债权人提起，要求确认诉争债务为夫妻共同债务。但实践中诉讼主体参与情况各一，仅本次 5 件婚姻家庭纠纷的样本案件中，就有三种不同的参与情况：先前诉讼中已确认的债务，有的债权人将夫妻双方均列为被告，有的债权人仅将未举债的配偶一方列为被告，未将举债一方加入诉讼，有的虽然将举债一方列入诉讼，但是以第三人身份列入。由此可以发现，诉讼主体的参与情况在审判实践中并不统一，举债配偶一方究竟应否参与到诉讼中，应以何种身份参与尚待进一步明确。

三、家事案件中涉夫妻债务纠纷的审理困境及成因分析

2018 年《夫妻债务纠纷解释》的出台推动夫妻共同债务问题重回用途论阶段，该《夫妻债务纠纷解释》对夫妻债务如何科学认定以及合理分配举证责任都具有十分积极的意义。但众所周知，法律本身存在滞后性等固有缺陷，我们很难期待有一部人人称赞的完美法律存在，因此即使本文认为《夫妻债务纠纷解释》的出台回归了《婚姻法》立法的初衷，但结合上文对我院审理夫妻共同债务家事案件的现状分析，实践中仍不可避免的存在多种审理困境。本文选择用“困境”而不是“问题”一词，是因为这些困境不是由于《夫妻债务纠纷解释》本身所导致的，而是基于法律体系的不健全及相关制度的不完善所产生的，这些困境在《夫妻债务纠纷解释》出台之前就已经存在且并未因为解释的出台而得以改善。

（一）建议另案处理的裁判标准不明

结合上述现状分析，涉夫妻共同债务的部分家事案件法院直接作出认定或不予认定的裁判结果，但部分案件法院仅处理了夫妻双方的身份关系及积极财产部分，对夫妻双方的消极财产剥离出去，未作认定。虽然此种判决结果在样本案件中占比只有 4%，但 3 件案件的裁判理由各有不同。以（2018）京 01 民终 4936 号和（2018）京 01 民终 1182 号案件为例，同样是举债配偶一方主张对父母借款购房，前者判决载明“因本案诉争债务涉及案

外权利人,故本案不宜直接处理[①]",而后者则直接结合举债配偶一方与其父母之间的财产往来状况等对诉争债务作出不予认定为夫妻共同债务的裁决。再如同样是建议另案处理的两起纠纷,(2018)京01民终7244号民事判决因债权人已另案起诉民间借贷,故建议当事人另案处理,而(2018)京01民终7133号民事判决以诉争债务涉及多个权利人为由即建议另案处理。综合上述,对于夫妻债务问题究竟应否建议当事人另案解决,何种情形下应建议当事人另案处理在审判实践中尚无统一认识,由此一方面可能产生同案不同判、增加当事人诉累的消极影响,另一方面可能有损夫妻财产分配的合理性,若将债务问题剥离出去,那么在本案中可以不考虑债权人因素,但若将债务问题直接在没有债权人参与的本案中解决,则会存在事实不清、损害债权人利益的情形。

(二)构成共同债务的认定标准不一

关于夫妻共同债务的认定标准,纵向来看,上述数据中二审改判发回率相对较低,两级法院对于家事案件中的夫妻债务问题认识较为一致;横向来看,相似的案情有时会产生不同的裁判结果,主要集中在以下三方面。

1. 分居期间及诉讼期间的债务认定

诚如上文所言,夫妻共同债务计算标准以法律意义上的婚姻登记为效力时间,自男女双方终止婚姻关系时止。即使双方发生分居、离婚诉讼等情况,因尚未解除法律意义上的婚姻关系,仍应属夫妻共同债务的计算期间。但是否只要满足该计算期间就应认定为夫妻共同债务?(2017)京0114民初16453号民事判决的法院论理部分载明"因诉争债务发生于双方分居期间,且李某未能提供充分证据证明债务真实发生,故本院无法认定该债务为夫妻共同债务"[②],从而作出诉争债务不属于夫妻共同债务的认定。(2017)京0108民初51057号民事判决载明"关于夫妻共同债务,法院认为双方所举证的共同债务基本均为诉讼过程中发生,且均未经过夫妻另一方同意,故法院对于双方所主张的共同债务均不予认可"[③]。(2016)京0109民初1648号民事判决则以诉争债务虽发生于双方分居期间,但系因一方治病而产生,故法院认定诉争债务属于夫妻共同债务。同样是发生在分居期间或诉讼期间的债务,法院作出了截然相反的裁判结果,因此对此期间产生的债务审查标准为何尚需进一步明确。

2. 父母等亲属出资的性质认定

举债配偶一方的亲属为债权人系涉夫妻共同债务家事案件的典型特征之一,亲属尤其是父母出资为子女购房、购车也是我国社会的常态,但实践中关于父母等亲属的出资应认定为赠与还是借贷的观点尚不统一。借贷与赠与均为合同关系,依据我国《合同法》第196条之规定,借款合同是指借款人向贷款人借款,到期返还借款并支付利息的合同。有学者认为借款合同中转移的只是货币的处分权[④],但其实货币作为一种特殊物,自身属性

---

① (2018)京01民终4936号。
② (2017)京0114民初16453号。
③ (2017)京0108民初51057号。
④ 江平:《中华人民共和国合同法精解》,中国政法大学出版社1999年版,第158页。

也更特殊,称之为"占有即所有"[①]。一般父母给付子女款项时,双方不会书写借款合同,那么没有借款合同,借贷关系是否就当然不能成立呢?(2018)京01民终6596号民事判决以举债配偶一方与其母亲之间的转账凭证及借条证明,认定其母亲出资购房属于夫妻双方的共同债务,而(2019)京01民终4897号民事判决虽确认举债配偶一方父母确有出资,但因举债方未能提供其与父母之间的借款凭证,故将该出资认定为父母对夫妻双方的赠与,不作为夫妻共同债务。赠与还是借贷,这一问题在实践中尚未厘清。

3. 因侵权等行为产生的法定之债性质认定

因一方行为等原因依据侵权行为、无因管理、不当得利和法律的其他规定产生的法定之债,是否应当和配偶一方超出家庭日常生活需要通过意思表示产生的约定之债同等对待?以侵权之债为例,关于此类案件实践中存在"推定论"、"目的论"及"共同侵权论"等多种裁判思路。

"推定论"依据侵权行为发生时侵权人及其配偶存在婚姻关系,将夫妻一方所产生的侵权之债推定为夫妻共同债务,此种裁判思路可具体分为以下两种:一是从时间角度出发,法院依据侵权行为发生于婚姻关系存续期间推定该侵权之债为夫妻共同债务;二是从共同财产角度出发,夫妻不仅共同享有积极财产所带来的利益,同样也应共同承担积极财产所产生的相应消极财产,如(2018)渝05民终4195号民事判决"侵权之债是在黄某与张某夫妻关系存续期间,黄某贩卖水果过程中驾驶三轮车发生交通事故所产生,张某举示的证据不足以证明其与黄某在夫妻关系存续期间财产各自独立,一审认定本案所涉侵权之债为夫妻共同债务并判决张某与黄某承担连带赔偿责任并无不当[②]"。"目的论"则主要审查侵权行为是否为夫妻共同生活或共同生产经营以及是否为夫妻双方带来利益,进而判断该侵权之债是否为夫妻共同债务,如(2019)京01民终3660号民事判决以"侵权之债并非双方获益行为,具有突发性和不确定性[③]"为由未将诉争侵权之债认定为夫妻共同债务。"共同侵权论"从侵权责任认定的逻辑出发,用侵权责任的构成要件来分析侵权人配偶是否承担赔偿责任。如(2018)鄂01民终4610号民事判决"邱某驾驶车辆致人伤残,属于个人的侵权行为,其应赔付韩某的款项为侵权之债,不必然构成夫妻共同债务。叶某与邱某虽系夫妻关系,但本案交通事故并非两人的共同侵权行为,故韩某要求叶某承担共同赔偿责任,于法无据,法院不予支持[④]"。不同的裁判思路导致相似的案情产生了迥异的审判结果。

(三)债务真实性及用途举证不易

从上述证明责任分配导致的裁判结果来看,承担证明责任一方诉讼请求未获支持概率高达78.3%,换言之,家事案件中对夫妻共同债务的审理近乎形成了"谁承担举证责任谁负担败诉后果"的局面。对债权人、举债配偶一方、未举债配偶一方而言,均存在于己不利的举证困境。

---

① 兰玉梅:《父母为子女购房出资,借与赠应如何认定》,载《第六届中国婚姻家事法实务论坛论文集》,第678页。

② (2018)渝05民终4195号。

③ (2019)京01民终3660号。

④ (2018)鄂01民终4610号。

1. 举债配偶一方的举证困境

在仅有举债配偶一方与未举债配偶一方参与的诉讼中,法院一般倾向于将证明债务真实性及用途的责任分配给举债配偶一方。但举债配偶一方常止步于证明的第一步,如(2019)京01民终8137号民事判决中表述"关于李某上诉主张依法改判双方共同债务为99,978.86元,綦某给付李某49,989.43元一节,李某在一审主张向其妹妹李某萍借款10万元用于给父亲看病,二审中主张向其妹妹李某萍借款8万元用于给父亲看病,借款1万元用于家庭日常生活,主张数额前后不一,且李某与李某萍系亲属关系,李某萍未到庭佐证,李某亦未提交充分证据证明债务的真实性,故对李某上诉主张向其妹妹借款应属夫妻共同债务本院不予支持"①。因涉夫妻债务的家事纠纷大多发生在家庭成员之间,持续时间长,往往伴随着亲情等因素,当事人之间在经济往来发生时出于情面等因素,不注重证据保存。即便有知情人,也往往囿于与当事人之间有种种利害关系,碍于情面不愿作证或即使作证,证明力也较弱,由此导致举债配偶一方难以证明债务真实发生。在举债配偶一方能够提供转账凭证、借款协议等佐证债务真实发生时,因家庭生活支出较为琐碎,较少有人能够保存各种家庭生活支出的凭证,如购物小票、收据等多数人不会留存,那么在另一方配偶否认的情况下,举债配偶一方用以证明债务用于家庭共同生活的难度就大了很多。

2. 未举债配偶一方的举证困境

2018年《夫妻债务纠纷解释》的出台,重新划分了举证责任,对超出家庭日常生活的债务,由债权人来承担证明债务用于家庭生活的责任。但通过上述现状分析可以发现实践中,仍有部分案件在举债数额较大的情况下将证明责任分配给未举债的配偶一方,如(2017)京0108民初18274号民事判决中表述"苏某主张其于2014年10月17日向平安银行借款23万元,至2016年7月20日尚有113,852.13元未偿还,完某表示借款合同系苏某个人签署,对此并不知情,但未提交相关证据予以证明,故依法认定尚未偿还平安银行的113,852.13元应为夫妻共同债务"。② 于未举债的配偶一方而言,其用来证明争议债务并未用于家庭生活的证据多为举债一方配偶日常收入凭证(工资证明、劳务证明等)、消费清单、银行流水、银行账单等,这些证据通常只能证明举债配偶一方的收入与支出不相符,而无法证明争议债务的具体用途。

3. 债权人一方的举证困境

关于债权人举证难的讨论在2018年《夫妻债务纠纷解释》出台后一直存在且愈演愈烈,《夫妻债务纠纷解释》第3条规定,夫妻一方在婚姻关系存续期间以个人名义超出家庭日常生活需要所负的债务,债权人以属于夫妻共同债务为由主张权利的,人民法院不予支持,但债权人能够证明该债务用于夫妻共同生活、共同生产经营或者基于夫妻双方共同意思表示的除外。审判实践中依据该条文作出认定的案件不在少数,如(2018)京0108民初40254号民事判决中,对于债权人承担举证责任表述"本案中,林某所举债务数额为500万元,在没有明显证据显示其举债时林某与赵某所组成的家庭存在如此巨大的资金

① (2019)京01民终8137号。
② (2017)京0108民初18274号。

需要用于家庭生活的情况下，应认定为林某所负债务已经超出了家庭日常生活需要，因此李某作为债权人，现其主张林某以其个人名义负债系夫妻共同债务，应承担证明该债务用于夫妻共同生活、共同生产经营或者基于夫妻双方共同意思表示的举证责任。然而，根据李某提供的林某取款及转账等支出明细，无法证明林某借款流向了家庭共同生活。因此，依照现有证据，李某以承担夫妻共同债务为由，要求赵某负担林某向其借款所负的债务本金及利息的诉讼请求，缺乏事实依据，本院不予支持"①。对于债权人来说，由于其并未参与到夫妻共同生活之中，很难得知其出借的款项是否真正用于了举债人所称的共同生活，加之我国并未建立财产登记公示制度，债权人想要了解夫妻之间的财产动态也实属不易。纵观上述现状分析中将举证责任分配给债权人的案件，诉争债务最终均未被认定为夫妻共同债务。

（四）诉讼主体参与案件情况各异

1. 债权人参与诉讼地位尴尬

通常离婚后财产纠纷与婚姻家庭纠纷中涉及债权人的诉讼，债权人均为原告方提出诉讼请求，实践中也并无太多争议。这一部分要指出的是离婚纠纷中债权人参与诉讼的尴尬处境，债权人能否以第三人身份参加债务人的离婚诉讼？部分诉讼法学者认为，离婚案件不存在第三人参加诉讼的问题，因为财产分割与子女抚养不能成为独立之诉，只能与主诉离婚一并处理。受此理论的影响，债权人无法参加债务人的离婚诉讼，一方面导致夫妻分割共同财产时无视夫妻共同债务的存在，使债权人的权利因债务人的离婚诉讼而处于风雨飘摇之中；另一方面在举债配偶一方提出诉争债务时，债权人的缺席会加大债务真实性的核实难度，甚至在举债配偶一方已经偿还债务但仍恶意主张夫妻共同债务的情形下法院无从查明，对举债方与未举债配偶一方均有不利之处。

2. 举债方参与诉讼规定不明

在债权人为原告，未举债配偶一方为被告，债权人要求确认诉争债务为夫妻共同债务的诉讼中，举债方是否有必要参与诉讼，应以被告抑或是第三人身份参与诉讼？在上述现状分析中可以发现实践中做法各异。

其一，举债方是否有必要参与诉讼。（2018）京 0114 民初 18179 号案件中，曾某因驾驶电动三轮车致张某伤残，经法院判决曾某对张某负有侵权之债，曾某名下并无可执行的财产，故张某将曾某之夫邓某诉至法院，要求确认诉争侵权之债属于夫妻共同债务，但张某仅将邓某列为被告，未将曾某列入诉讼之中，曾某未出庭参加诉讼，法院亦未追加曾某为案件当事人。该案二审法院默许一审法院做法，同样未对曾某进行询问等程序。此种做法在一定程度上会增加查明案件事实的模糊性，侵权之债系因曾某本人引起，那么债务是否因家庭共同生活或共同生产经营而产生，曾某之夫邓某对该事实的了解程度远不及曾某，从还原事实、准确定性的角度出发，债务人本人未参与诉讼本文认为有待商榷。

其二，举债人应以被告还是第三人身份参与诉讼。（2019）京 01 民终 5042 号案件与（2018）京 01 民终 8017 号案件虽均将举债方列入诉讼，但前者举债方作为被告身份参与诉讼，后者则以第三人身份参与诉讼。民事诉讼法中，共同被告与第三人的区别较为明

① （2018）京 0108 民初 40254 号。

显,由于现有法律并未对此类案件中举债人参与诉讼的程序予以明确,导致审判实践中做法较为混乱,本文认为有必要对此加以规范,后文中对此进行具体论述。

四、家事案件中涉夫妻债务问题的实体认定及程序适用建议

(一)夫妻共同债务的实体认定

为解决上述关于共同债务认定标准不一的困境,本文认为确认婚姻关系存续期间的债务属于夫妻个人债务还是夫妻共同债务,可以考虑"共意"与"共享"两个标准。以下分述之。(见图8)

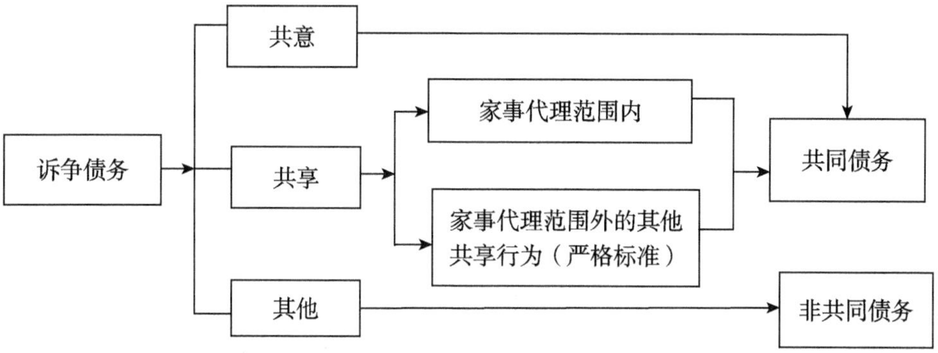

图8 夫妻共同债务实体认定的标准

1. 明确"共意"与"共享"的标准

两个判断标准可以理解为:(1)夫妻是否有举债之合意。此类债务基于夫妻双方的共同意思表示而产生,除夫妻共同举债外,还包括夫妻一方举债,配偶事后进行追认的债务。意思自治作为我国民事活动的基本原则,夫妻双方在不违背法律禁止性规定的情况下,除部分具有人身属性的债务外,不仅可以对婚姻关系存续期间夫妻财产归属、处分等问题作出约定,还有对夫妻共同债务进行内部的约定划分,且约定规则在夫妻共同债务的划分上优先适用①。如果夫妻有共同举债之合意,则不论该债务所带来的利益是否为夫妻共享,该债务均应视为夫妻共同债务,本文将该构成要件概括为"共意"。

(2)夫妻是否分享了债务所带来的利益②。尽管夫妻事先或事后均没有共同举债的合意,但该债务发生后,夫妻双方共同分享了该债务所带来的利益,则同样应视其为共同债务③,本文将该项构成要件简要概括为"共享"。"共享"的标准,在《婚姻法》和《婚姻法司法解释二》中亦有印证。《婚姻法》第41条设定离婚时判断夫妻共同债务的标准为"原为夫妻共同生活所负债务"。《婚姻法司法解释二》第23条明确规定"债权人就一方婚前

① 刘莉、张雨梅:《浅议夫妻共同债务清偿问题的立法缺陷及完善》,载《万鄂湘:婚姻法理论与适用》,人民法院出版社2005年版,第267页。

② 最高人民法院民事审判一庭:《最高人民法院婚姻法司法解释(二)的理解与适用》,人民法院出版社2015年版,第260页。

③ 蒋月:《夫妻的权利与义务》,法律出版社2001年版,第206页。

所负个人债务向债权人配偶主张权利的，人民法院不予支持。但债权人能够证明所负债务用于婚后家庭共同生活的除外”。即可将“夫妻共同债务”实质构成要件归纳为“共意或共享，二者必居其一，无须同时具备”。在明确上述两个标准后，可以对复杂的债务问题做减法，在约定之债与法定之债中均可适用。

约定之债中，认定夫妻共同债务时，在缺乏“共同意思表示”即“共意”的构成要件下，只要能够证明债务用于家庭共同生活或共同生产经营，未举债配偶一方分享了该债务所带来的利益，即“共享”要件，即可认定为夫妻共同债务。在此可以回应上文中提到的分居期间、诉讼期间债务以及与父母等亲属之间债务性质的认定，在证明债务真实存在的情况下，只要证明债务符合“共享”的要件，如分居期间一方为子女支付的学费、生活费，一方因生病而支付的医疗费，一方偿还的车贷、房贷等均应属于夫妻共同债务，而不问债务发生于分居期间、诉讼期间抑或是日常生活期间，亦不论债务源于父母亲属还是公司法人等。

法定之债同理，如果法定之债是因为共同生活或共同生产经营而负担的，家庭通过债务人的活动从中受益，如配偶一方从事运输工作的收入用于共同生活，增加共同财产，则在运输过程中发生交通事故造成他人损失，这应属于配偶双方的共同债务，配偶双方应当按照共同债务的规则承担责任；但是，如果该债务并未用于共同生活，债务人的活动并非为了家庭利益且家庭也未从中受益的，则应当认定为该方的个人债务。

2. 具化“共享”的范围

本文认为共享的标准包含两方面：一是家事代理范围内的共享，二是家事代理范围外的其他共享行为。

在此要引入“家事代理权”的概念，通俗地说，家事代理权可以理解为夫或妻一方为了家庭共同生活或者共同生产经营的需要，而独自对外行使一定民事行为的权利，这种民事行为的法律后果对被代表的配偶一方同样产生效力，即夫妻双方共享由此民事行为所获得的利益，也共同负担由此民事行为所产生的债务。家事代理权与常见的一般民事代理权不同，在家事代理权的概念里，夫妻双方应该承担因为夫或妻一方行使家事代理权而产生的行为后果，并不是都作为被代理人对待，也并不都是法律行为的主体①。有学者将家庭日用品的购买、医药医疗与文化娱乐消费、子女的教育支出以及家庭雇佣工人的支出等为家庭生活必要的行为列举为符合日常家事代理的行为②。也有学者将日常家事代理的范围概括为“一家之食物、光热、衣着等之购买，保健（正当）、娱乐、医疗、子女之教养，家具及日常用品之购买，女仆、家庭教师之雇佣，亲友之馈赠，报纸杂志之订购等”③。由此可见对于日常家事代理行为所涉及的财产等价值不大这一观点是一致的，基于此，家事代理范围内的债务在实践中争议并不大，认定标准也相对统一。

但是随着社会经济的发展和人民生活水平的不断提高，婚姻家庭的功能已远远超出

---

① 曹险峰：《论家事代理权的内涵》，载《甘肃政法学院学报》2008 年第 3 期。

② 蒋月：《夫妻的权利与义务》，法律出版社 2001 年版，第 63 页。

③ 史尚宽：《亲属法论》，中国政法大学出版社 2000 年版，第 361 页。

“居家度日、解决温饱、赡养老人、抚养子女”等传统生活单位的功能,生活开始亦朝着改善生存条件、提高生活质量等满足升级消费需求转变,如“出国留学、出国旅行、购买不动产”等大额支出,甚至有机会成为市场积极的参与主体。上述改变揭示,对家事代理的传统理解已不能满足当前生活的需要及审判的实际,应对家事代理作出符合现实的认识发展,本文将其概括为超出传统家事代理范围的其他共享行为。如夫妻一方为双方共同经营之公司所负担保之债、夫妻一方因共同生活而产生的侵权之债等。

具体而言,根据我们以日常生活经验法则来对家庭共同生活所可能涉及的合同进行排查,对上述“共享”的情形可以类型化到如下五点:其一,家庭日常生活消费。举例来说,柴米油盐酱醋茶等日用饮食方面的消费,水电煤等日常家居使用的消费,北方可能还有供暖所产生的费用。这些都是维系整个家庭日常生活需要所必须支出的费用,因此无论是由夫或者妻单方对外以个人名义进行相关的民事活动,其所指向的法律后果(包括享有之权利及支付对价之义务)均应当由整个家庭来共享共担。其二,家庭重大事项开支。举例来说,购房、购车、出国旅行、婚丧嫁娶等所涉及的费用。由于消费额度较大,属于家庭重大开支。因相关合同涉及的债务,即便系夫或妻一方对外以个人名义所举,权利人仍可以符合家事代理的表象特征来主张夫妻共同承担。其三,家庭成员的必要支出。举例来说,抚养费、赡养费、生活费、医疗费、学杂费等,在此需要指出的是,上述费用涵盖每一位家庭成员,基于家庭成员的生存发展所必须,因此,即便是夫或妻一方对外以个人名义作出相关民事行为的意思表示或者所举相应的债务,这样的债务也可直接推定为夫妻共同债务。其四,共同生产经营产生的债务。举例来说,夫妻双方同为公司股东,二人共占有公司100%股权,其中夫妻一方为公司借款签订担保书,由此产生的担保债务虽然另一方配偶并未在担保书上签字,但基于双方共同经营的事实,此担保债务应属夫妻共同债务。其五,共同生活产生的法定债务。举例来说,夫妻一方在接送孩子上下学途中、购买家庭生活用品途中、送家庭成员就医途中等发生交通事故,因需要赔偿被害人而形成的侵权之债,虽缺乏夫妻双方合意,非共同侵权行为,亦不属常见的家事代理行为,但该债务系因家庭共同生活产生,本文认为应属传统家事代理范围外其他共享行为,认定为夫妻共同债务更为适宜。

3. 指明夫妻共同债务实体认定的导向

在明确上述认定夫妻共同债务的标准及厘清“共享”要件的范围后,需要法官结合具体的案件,依据当地经济水平、家庭收入状况等使用自身的自由裁量权加以判定。本文认为,法官在裁判标准的衡量上,宜采取“宽严相济”的原则,即对上述“共意”与“共享”中家事代理范围内的债务可适当放宽标准,在证据的采用、举证目的的实现、债务真实性的认定等方面能够基本形成内心确信即可,不必过度严苛。而对“共享”中传统家事代理范围外的其他共享行为产生的债务应严格把握,在证据的采用、证明责任的分配、举证目的的实现、债务真实性的认定、债务用途的证明等方面必须有明确的依据,法官内心应形成足够的内心确信,适当提高认定标准。此种做法的目的是引导夫妻共同债务向“共意”的方向发展,债权人在出借款项时必须尽到合理的审慎注意义务,在夫妻双方未共同签字或未有其他共同意思表示的情况下,债权人应承担由此可能带来的风险。

(二)夫妻债务的程序规范与证明责任分配

1.允许债权人参与涉夫妻债务的离婚诉讼

为缓解上述另案处理裁判标准不明与诉讼主体参与案件情况各异的困境,本文认为,应当允许债权人以无独立请求权的第三人身份参与离婚诉讼。

(1)债权人参与涉夫妻债务离婚诉讼的必要性

于债权人参与离婚诉讼的必要性而言,我国《民事诉讼法司法解释》第297条第2款规定,"对婚姻无效、撤销或者解除婚姻关系等判决、裁定、调解书中涉及身份关系的内容提起第三人撤销之诉的,人民法院不予受理",依据反对解释,推论本条之反对结果,对除上述内容之外的离婚诉讼(比如财产分割)提起第三人撤销之诉的,人民法院应予受理。故债权人作为可能对夫妻共同的消极财产享有债权的一方,可以参与其离婚诉讼之中。一方面,如果将离婚诉讼中涉夫妻共同债务的部分全剥离出去,作另案处理,容易增加当事人诉累,导致案件久拖不决,违背"两便"原则和诉讼效率原则,甚至容易发生两案处理结果相互矛盾的情况;另一方面,由于离婚诉讼不公开的特征,债权人较难了解举债方的婚姻状态,且夫妻共同债务问题必然涉及债权人、举债人、未举债配偶三方,从事实查明与举证分配的角度出发,仅有义务人(夫妻双方)参与而缺少权利人(债权人)加入并不符合我们审理案件的一般逻辑。尤其是在涉及夫妻共同债务的家事案件中,父母等亲属作为债权人出具证人证言的效力本就力度偏低,将其纳入离婚诉讼的程序之中,能够明确其参与诉讼的权利义务,特别是举证的权利和义务,对于查清案件事实,准确做出认定十分有益。

(2)债权人参与涉夫妻债务离婚诉讼的主体地位

于债权人参与离婚诉讼的主体地位而言,债权人符合无独立请求权第三人的条件,这里分为两个层面来解释。

第一个层面,债权人符合民事诉讼法中关于第三人的规定。"民事诉讼中的第三人,指对他人之间的诉讼标的有独立的请求权,或者虽然没有独立的请求权,但同案件处理结果有法律上的利害关系,而参加他人之间正在进行的诉讼的人"①。参加他人正在进行的诉讼、与正在进行的诉讼有法律上的利害关系、在诉讼中具有独立的地位是民事诉讼法中第三人的特征。债权人与涉夫妻债务的离婚诉讼案件具有法律上的利害关系。利害关系的存在,是第三人参加诉讼的前提和依据,这种利害关系有三种情形:"一是原、被告争执的诉讼标的侵害了第三人的民事权益;二是法院对诉讼的处理结果影响到第三人与一方诉讼当事人的法律关系,给第三人带来不利的或有利的影响;三是法院作出的判决书、裁定书、调解书损害了第三人的利益"②。对于离婚诉讼中涉及的债务而言,在债权人没有参与诉讼的情况下,若最终认定为夫妻共同债务对债权人的利益并无较大影响,但若最终认定为夫妻一方个人债务则存在损害债权人利益的可能,其并未通过诉讼行使自身的权利、提出自身的诉求,在其可能认为系夫妻共同债务的情况下直接得到法院认定为个人债务的判决,此种裁判方式具有损害债权人利益的风险。一般而言,债权人

---

① 李浩:《民事诉讼法学》,法律出版社2016年版,第101页。

② 李浩:《民事诉讼法学》,法律出版社2016年版,第101页。

与离婚案件的原被告之间不存在共同的权利义务关系，却可能对原被告双方拥有共同债权。债权人既不能同原告成为共同的原告，也不会同被告成为共同的被告，因此债权人在涉夫妻债务的离婚诉讼案件中的诉讼行为具有相当的独立性，债权人不属于共同诉讼人，而是属于第三人。

第二个层面，债权人具有无独立请求权第三人的诉讼价值。无独立请求权的第三人参加诉讼，是为了维护自己的合法权益，避免被参加一方当事人败诉而影响自身的权益，其并未向法院提出任何诉讼请求，但与案件处理结果有法律上的利害关系。一方面，基于上述关于债权人符合第三人要素的分析，涉夫妻债务的离婚诉讼可能涉及债权人的利益，在债务被直接认定为夫妻一方个人债务时可能损害债权人的权益，因此债权人与该诉讼的处理结果有法律上的利害关系。另一方面，在离婚诉讼中，债权人不具有相当于原告的诉讼地位，亦不具有提出独立请求权的权利。离婚诉讼只能确认债务性质属于夫妻共同债务或是夫妻一方个人债务以及夫妻双方对该债务承担何种责任，而不能直接判决夫妻一方或双方偿还债务。在原告方撤诉时，该诉讼即终止，债权人不会当然成为原告继续诉讼。上述均满足无独立请求权第三人的特征，故债权人更适宜作为无独立请求权第三人参与涉夫妻债务的离婚诉讼。

(3)债权人参与涉夫妻债务离婚诉讼的程序规范

我国现行法律虽然并未明确禁止离婚诉讼中加入第三人，但本文调研发现实践中未有一例离婚诉讼中有第三人加入，即使有债权人的出现也是以证人的身份参与诉讼。本文认为，允许债权人以无独立请求权的第三人身份参与离婚诉讼是一项有益的尝试。关于债权人应否必须参加离婚诉讼，债权人参与离婚诉讼的程序，债权人参与离婚诉讼的相关后续规定本文提出以下设想。(见图9)

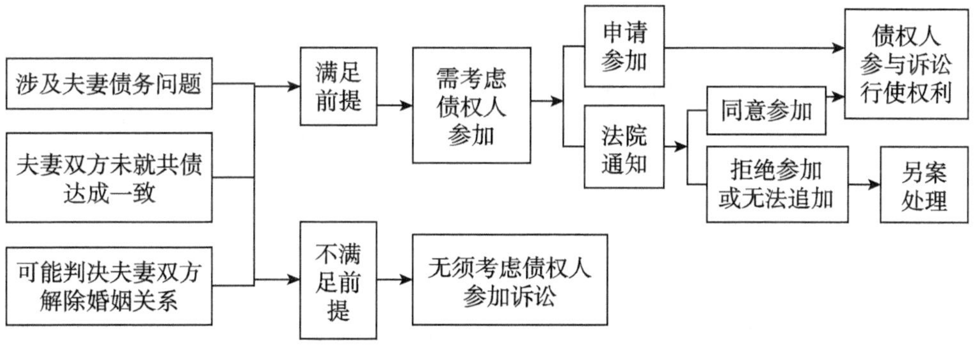

图9 债权人参与涉夫妻债务离婚诉讼的程序规范

首先，债权人参加离婚诉讼的前提。包括：(1)离婚诉讼涉及夫妻债务问题；(2)夫妻双方未就诉争债务属于夫妻共债达成一致意见；(3)该诉讼可能判决夫妻双方解除婚姻关系。夫妻共同财产的分割(包括积极财产和消极财产)应发生在双方确认离婚之时，若双方已就诉争债务属于夫妻共同债务达成一致，此时不需法院再就债务问题作出实体认定，亦不损害债权人利益，债权人当然不需参加离婚诉讼。但在夫妻双方就诉争债务产生争议时，需要法官做好初步审查工作，即判断该案中夫妻双方能否解除婚姻关系。若经审查夫妻双方感情并未完全破裂或有其他婚姻法规定的不满足离婚条件的情形，则该案并不涉及夫妻财产的分割问题，债权人亦当然不需要参与诉讼。若经审查夫妻双方感情确已破裂，该案中可能判决双方解除婚姻关系，涉及夫妻债务的认定及分割，那么债权人就可以参与到此次离婚诉讼中来。

其次，债权人参加离婚诉讼的方式。依据我国《民事诉讼法》第56条第2款之规定，债权人作为无独立请求权的第三人，可通过申请参加或法院通知其参加的方式参与离婚诉讼。本文认为，当法院通知其参加时，债权人有权利选择参加或不参加。在符合上述债权人参与离婚诉讼的前提条件时，若债权人在法院受理诉讼后作出裁判前主动申请参加离婚诉讼，法院应予准许。若债权人未提出申请，法院应在受理诉讼后作出裁判前依法通知债权人有参加本次离婚诉讼的权利，债权人选择参加诉讼时，法院应在本次诉讼中一并解决夫妻债务问题；债权人选择不参加诉讼或者法院无法通知到债权人时，则意味着债权人选择另案解决债务问题或债权人放弃相应主张债权的权利，那么法院就可以将债务问题剥离出去，建议另案处理。

最后，债权人参加离婚诉讼的权利。债权人在离婚诉讼中的诉讼地位既有从属性一面，也有独立性一面。其一，债权人不得实施与参加人地位和参加目的相悖的诉讼行为，如不得对管辖权提出异议，不得申请撤回诉讼或放弃诉讼请求，不得提出反诉，不得承认对方当事人的诉讼请求，不得在被参加一方反对的情况下申请调解。其二，债权人享有一些独立的诉讼权利，如有权委托代理人进行诉讼，有权向法庭陈述自己的意见，有权提供证据并参加质证活动，有权参加法庭辩论等。

2. 举债方应以共同被告身份列入诉讼

关于举债方参与诉讼的规范，亦可分为两部分讨论。

其一，举债方是否必须参与涉夫妻债务的家事案件诉讼。本文认为，举债方参与诉讼是必须的。债是特定的人之间根据特定的法律事实请求一定给付的法律关系。在债的关系中，债权人基于债的关系，可以向债务人请求给付，请求给付的一方当事人，享有债权，称为债权人；负有给付义务的一方当事人，负有义务，称为债务人。债权人只能向债务人请求给付，而不能向债务人以外的人请求给付，这种特定债权人仅能向特定债务人请求给付的法律关系，学说上称为债权的相对性[①]。因婚姻关系将夫妻视为一个经济共同体，从而有了夫妻共同债务的概念，但夫妻共同债务产生的本源系夫妻一方对外举债，如上文所述，夫妻共同债务问题必然涉及债权人、举债人、未举债配偶三方，作为本源之债的相对方，即举债配偶一方当然应参与到关于夫妻共同债务认定的案件中来。

其二，举债方应以何种身份参与诉讼。实践中有两种做法，一是举债方与未举债配偶一方作为共同被告，二是举债方作为第三人参与诉讼。民诉法中认为，二者的区别之一表现在诉讼标的上。第三人的请求权是独立的，与本诉当事人争议的法律关系不同，但又对本诉的诉讼标的主张权益。而必要共同诉讼中存在的请求权是因一方或双

① 最高人民法院民事审判一庭：《最高人民法院婚姻法司法解释（二）的理解与适用》，人民法院出版社2015年版，第247页。

方当事人共同的权利义务关系而具有共同性，将要参与到既有诉讼的人所主张的内容与诉讼的当事人一方必然是相同的。认定请求权的属性特征，应以判断参加既有诉讼的案外人之主张是与诉讼当事人所争议的法律关系相同还是独立存在为认定标准。如果案外人所主张的诉讼立场与诉讼双方当事人争议的法律关系属同一个，即实际上是诉讼的当事人因同一诉讼标的或法律关系而参与诉讼，其整体的外在表现是共同享有权利，承担义务的共同当事人。案外人因既有诉讼当事人争议的诉讼标的而参与到既有诉讼，参加既有诉讼的关系人其主张的基础独立于与本诉争议的法律关系之外，其表现为关系人对既有诉讼当事人主张均予以否认，那么该请求权人是有独立请求权的第三人；而当参加既有诉讼的关系人其主张的基础是本诉争议的法律关系时，那即表明此关系人必属于该诉讼的一方当事人，与其成为共同诉讼方。① 基于举债方与债权人、未举债配偶一方诉争债务同属一个法律关系，故举债方更适宜作为共同被告，而非第三人参与诉讼。由此本文建议审判实践中统一规范举债人的诉讼地位，避免出现诉讼主体错位混乱的现象。

3. 遵循证明责任分配“三步走”原则

为缓解上述各方当事人举证不易的困境，本文认为在坚持婚姻法的立法宗旨及我国司法实践经验的基础之上，可以首先从夫妻共同债务的认定角度出发，结合证明责任的相关理论，立足夫妻共同债务的法理基础和法律性质，将涉夫妻共同债务问题的家事案件中对证明责任的分配划分成三个步骤。

第一个步骤，符合家事代理范围的债务由未举债的配偶一方承担反证责任。根据新《夫妻债务纠纷解释》的规定以及上文的论述，在认定夫妻共同债务时，可以将家事代理范围内的夫妻债务直接推定为夫妻共同债务，由夫妻双方共同承担偿还债务的责任。此类债务金额相对较小，且有理由推定夫妻双方共享了该债务所带来的利益，对于未举债的配偶一方来说由其共同承担还款责任符合基本法理，在具体实践中也并无太大争议。因此当夫妻一方在婚姻关系存续期间对外借贷时，如果符合家事代理的基本要求和具体范畴，那么可以不用考虑未举债一方是否知情或是否同意，都可以将该债务直接推定为夫妻共同债务。在这种情况下，举债方或债权人只需证明借贷关系的真实成立，从而免除举债方或债权人证明债务用途的举证义务。如果未举债的配偶一方对此提出抗辩则应承担证明该债务并未用于夫妻共同生活的举证责任，也即反证。在司法实践中，未举债的配偶一方用于反证的证据一般包括：用于无偿赠与他人的证明，如用于与举债一方具有婚外关系的人购买消费品；虽属于履行法定义务但明显具有隐瞒另一方配偶单方借贷的意思，如用于支付另一方配偶不知情、与他人的非婚生子女的各种开支等；用于从事违法犯罪活动的开支，如未举债的配偶一方不具有共犯情形，但借贷款项用于吸毒、嫖娼、传销、诈骗、行贿、走私等。

第二个步骤，超出传统家事代理范围的债务一般由债权人承担证明责任，在这里应该综合考虑该债务的举债目的以及是否属于举债合意。首先，判断该债务在夫妻双方之间是否具有举债合意，此时应坚持“谁主张，谁举证”的原则，应由提出诉求的债权人举证证

① 赵敬轩：《有独立请求权第三人被错列为共同被告之案例分析》，西南政法大学2016年硕士毕业论文。

明，如果确能提供双方签字等证据证明该债务系双方共同意思表示进行的借贷，那么根据民法的一般原理可以将该债务认定为夫妻共同债务，如果债权人无法举证，则由法官综合全案作出判定，此时债权人可能承担对己不利的后果。其次，判断该债务举债目的是否应用于家庭日常生活，即是否满足其他共享行为。“用于家庭日常生活”这一举证责任由债权人承担，这一方面对于债权人举证确实有难度，但是这也提醒债权人在出借款项时应尽到审慎注意义务，如果举债人声称用于家庭日常生活而根据我们的日常经验法则明显偏离家庭日常生活，那么债权人也应在出借款项时有所判断，贸然出借款项也可能会承担举证不能的法律后果。值得指出的是，若此时举债一方声称该债务用于了家庭日常生活，举债一方也应承担一定的举证责任。在具体实践中，举债一方能够证实债务属于夫妻共同债务的证据表现为：用于家庭消费的证明。例如，其所借款项用于了购买夫妻共同生活所居住的房屋、共同使用的汽车等；用于家庭生活开支或履行法定义务的证明。例如，所借款项用于支付未成年子女的抚养费、借读费、保险费等，或用于支付无劳动能力的双方父母的医疗费、赡养费等；用于共同经营活动的证明，比如所借款项又转借给了夫妻之外的第三人，且以未举债人配偶一方的名义或者以夫妻双方的共同名义进行的外借等。若债权人以及举债人都不能提供证据证明所借债务用于了家庭日常生活，则该债务就不能认定为夫妻共同债务，二者均应承担对己方不利的法律后果，此时也免除了未举债配偶一方的举证义务。

第三个步骤，本文建议债权人的合法权益由“表见代理”相关规定予以保护。在经过了前两个步骤后，如果债权人无法举证证明夫妻双方存在借贷合意或者该债务用于了家庭日常生活，是不是就必然意味着债权人要求夫妻双方共同还款的诉求就无法得到满足了呢？本文认为答案当然是否定的，如上文所述，我们不应将夫妻共同债务视为保障债权人权益的手段，保护债权人的权益并不是只能通过将债务认定为夫妻共同债务来实现。为了达到平衡各方当事人利益的目的，如果不能将债务认定为夫妻共同债务，可以通过《合同法》中的表见代理制度来处理。如果经过举证，发现夫或妻一方对外举债的行为符合表见代理的全部要件，那么即使未举债的配偶一方并没有参与举债，其仍需承担相应的清偿债务责任。

4. 扩大司法公开的范围

结合上文提到涉夫妻共同债务问题的家事案件具有不公开情形较“多”，公开信息较“少”的特点，本文认为应适当扩大司法公开的范围，便于各方当事人尤其是债权人了解举债方与其配偶的婚姻状况，适时主张自身相应权利。应当指出的是，在此提到的司法公开主要是指离婚诉讼裁判文书上网公开。

裁判文书上网公开是向公众展示法官认定案件事实、正确适用法律、客观公平裁判的说理过程①。对于法律研究者而言，裁判文书是实证研究的样本来源，对于法律求学者来说，裁判文书是一个个鲜活的实例教材，对于法律从业者来说，裁判文书是工作参考的重要依据，对于社会公众来说，裁判文书是了解司法甚至参与司法的有效途径，社会公众的

---

① 杨贵孚、王玉敏：《关于“温情判决”的法理思考：家事判决说理模式改革现状分析与规范进路》，载“中国家事审判改革与探索”微信公众号，2019年1月30日。

监督也倒逼法官对裁判文书责任感、重视度的提升。本文调研过程中发现当前对家事案件中涉夫妻共同债务问题的研究十分有限,原因之一就在于占据家事领域半壁江山的离婚案件以不公开为原则,网络上有关离婚案件的信息多以媒体报道、法院案例的形式出现,搜索到的有效信息少之又少。作为和社会公众息息相关的法律判决,本文认为一刀切地不予公开离婚诉讼裁判文书并不恰当。对于此类裁判文书可以区分不同标准进行公开,对于公开可能造成严重不良社会影响的离婚纠纷裁判文书,经过内部讨论审批后可以不公开;对于当事人认为可能涉及隐私或具有其他不宜公开的理由,经当事人申请应当不公开;其他离婚纠纷裁判文书在对当事人姓名等关键信息进行技术处理后应当公开。

(三)涉夫妻债务家事案件的总体审判思路

综合上述关于夫妻共同债务实体认定与程序规范的建议,本文将涉夫妻债务家事案件的总体审判思路总结如下。(见图10)

首先,确定诉讼参与人及其诉讼地位。如上文所述,涉夫妻债务家事案件必然涉及债权人、举债方、未举债配偶三方,在债权人作为原告的案件中,举债方与未举债配偶一方应作为共同被告参与诉讼;在债权人未参加的离婚案件中,若满足夫妻双方未就共债达成一致及可能判决解除婚姻关系两项前提,需考虑债权人参加诉讼;在债权人未参加的离婚后财产纠纷中,若满足夫妻双方未就共债达成一致这一前提,即需考虑债权人参加诉讼。债权人可申请参加,也可由法院通知其参加,在债权人拒绝参加或无法追加债权人时,则可将该部分问题建议另案解决。

其次,审查债务真实性。债务真实存在是认定债务性质的首要前提,也是涉夫妻债务家事案件中审查的重点。关于债务真实性的证明,遵循"谁主张,谁举证"的原则,由哪一方提起诉争债务应属夫妻共同债务,则由哪一方证明债务真实成立。

最后,审查债务是否满足"共意"或"共享"的要件。在债务真实成立的前提下,若满足"共意"或"共享"之一,则可认定为夫妻共同债务。此环节的证明同样遵循"谁主张,谁举证"的原则,较为特殊的一点是,若属于"共享"中家事代理行为产生的债务,则一般推定为夫妻共同债务,由未举债配偶一方来提供反证。同时,"共意"与"共享"中符合家事代理行为产生的债务审查标准相对宽松,"共享"中传统家事代理范围外其他共享行为产生的债务应从严审查。

结　语

夫妻共同债务问题是当下理论界与实务界讨论的热点亦是难点,但当前对家事案件中涉夫妻共同债务问题的研究还十分有限,本文借助北京一中院家事审判的平台,将夫妻共债问题从常见的民间借贷领域剥离出来置于家事领域,总结共性,区分个性,在调研现状的基础上整合一线家事法官的观点提出几点思考,希望能对夫妻共债问题的认定、裁判尺度的统一有所助益。但本调研课题组深知此问题仍有许多细节需要探讨,期待有更多同仁参与到此项研究中来,实现当代法官的历史使命,共同打开新的视界。

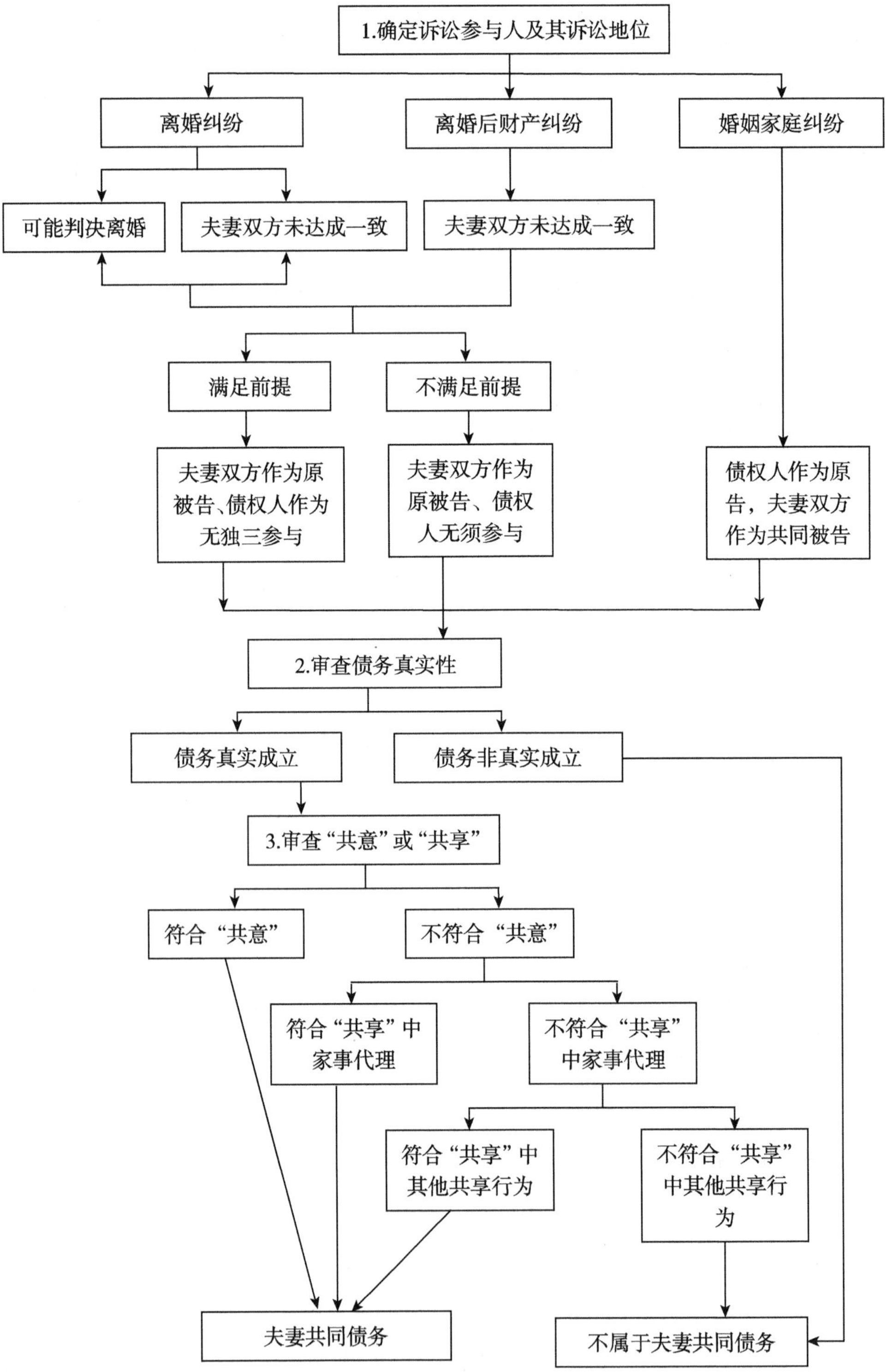

图 10 涉夫妻债务家事案件的总体审判思路

北京市第一中级人民法院关于审理家事案件涉夫妻共同债务疑难问题的解答

根据《中华人民共和国婚姻法》、《中华人民共和国民事诉讼法》、《最高人民法院关于适用〈中华人民共和国婚姻法〉若干问题的解释(一)》、《最高人民法院关于适用〈中华人民共和国婚姻法〉若干问题的解释(二)》、《最高人民法院关于审理涉及夫妻债务纠纷案件适用法律有关问题的解释》、《最高人民法院关于适用〈中华人民共和国民事诉讼法〉的解释》等法律规范,依据《北京市高级人民法院民一庭关于审理婚姻纠纷案件若干疑难问题的参考意见》,结合辖区审判实践,特制定以下问题解答供审理时参考。

一、认定夫妻共同债务的原则是什么

依据《中华人民共和国民法总则》关于法律行为的规定并结合《中华人民共和国婚姻法》、《最高人民法院关于审理涉及夫妻债务纠纷案件适用法律有关问题的解释》等规范意见,我们认为,认定夫妻共同债务应坚持两个原则,二者居其一即可。一是夫妻之间形成"共意",包括债务形成时的共同意思以及夫妻一方的事后追认;二是夫妻之间实际"共享",包括基于日常家事代理形成的"共享"以及超出日常家事代理范围但债务用于夫妻共同生活、共同生产经营等形成的"共享"。

二、双方分居后或提起离婚诉讼后,夫妻一方新形成的债务是否属于夫妻共债

夫妻双方分居或提起离婚诉讼后新形成的债务因缺乏双方共同意思,或未用于夫妻共同生活或共同生产经营,不宜认定为夫妻共同债务。但一方或双方确有证据证明该债务基于双方合意或因家庭共同生活或共同生产经营产生,则应认定为夫妻共同债务。

三、对夫妻共同债务的分配是否应坚持婚姻法中对妇女权益的特殊保护原则

根据我国《婚姻法》第三十九条之规定,离婚时对夫妻共同财产的处理依照顾子女和女方权益的原则判决。债务作为夫妻共同财产中消极财产的一部分,法院在夫妻内部分配共同债务时,应该在考虑离婚原因、子女抚养的同时,对妇女合法权益予以特殊保护。

四、实践中,如何认定夫妻一方行为属于日常家事代理范围

对日常家事代理范围的衡量应侧重于夫妻家庭生活需求的"日常性"与"合理性"。对"日常性"行为的理解一般应结合普通人的观念加以衡量,包括日常生活消费、日常精神消费、日常投资性消费以及为赡养老人、教育抚育子女的合理花费等。对"合理性"特征的衡量亦应根据"日常性"判断并结合夫妻共同财产收入、当地消费水平等情况予以认定。

法院在认定日常家事代理范围时,不宜"一刀切"地以债务"数额"为标准或责令当事人提供超出举证能力范围的证据,应综合家庭生活,妥善平衡夫妻双方以及债权人的合法权益。

五、“共享”的特征是否适用于法定之债情形

对于法定之债是否属于夫妻共债，法律及司法解释欠缺明确的规定。《北京市高级人民法院民一庭关于审理婚姻纠纷案件若干疑难问题的参考意见》对侵权之债是否属于夫妻共同债务作出了回应，具有合理性。我们认为，法定之债是否属于夫妻共同债务仍然应该坚持“共享”的特征，理由如下：第一，夫妻一方在日常生活中所负侵权之债，多数系因家庭生活引起，本质上是为了家庭共同生活而负担；第二，无因管理之债通常是管理人为了本人利益，在管理事务中发生的债务，即无因管理的效果归属于夫妻双方；第三，在不当得利之债中，作为夫妻双方如果保有不当之利益，亦属于变相之“共享”。

六、侵权之债的“共享”标准如何进一步衡量

第一，侵权行为系在从事家事活动中产生。例如，上下班途中发生交通事故、家庭雇佣或承揽中产生的赔偿责任。第二，侵权行为所产生的利益由家庭享有。例如，个人侵犯他人知识产权获得非法利益用于家庭生活。第三，不是在从事家事活动中产生，亦无非法利益用于家庭生活，侵权行为是在日常普通生活中发生的。比如，与他人口角发生打架斗殴等。但夫妻一方从事非法活动或者蓄意加害他人，情节严重，构成犯罪的，一般不认为产生的债务构成夫妻共同债务。

七、如何认定构成共同生产经营

共同生产经营虽强调“共同性”，但并非指夫妻双方共同处理经营事务，而是指夫妻双方将经营活动纳入其共同的意志范围，作为其家庭收入的重要来源。不论是从事个体工商户经营，还是与他人合伙，创立独资企业，或者以其他形式创业等，都属于此处的共同生产经营。夫妻一方设立一人公司或者与他人设立有限责任公司，仅有该夫妻一方属于股东身份，且公司财产与家庭财产独立，虽然经营结果关系到家庭收入，但不宜认定为共同生产经营。

八、实践中，因“共享”构成夫妻共债的举证责任如何分配

仅有夫妻双方参与的诉讼中，由主张“共享”的一方承担举证责任。在有债权人作为无独立请求权第三人参与的诉讼中，由主张属于共债的债权人和夫妻一方承担举证责任。

九、离婚诉讼涉及共同债务的，是否应当允许债权人作为第三人参与诉讼

依据民事诉讼法规定，对是否属于共同债务的认定结果与债权人存在法律上的利害关系，债权人作为无独立请求权第三人可以申请或者由人民法院通知参加诉讼。但有下列情形的除外：法院判决夫妻双方不准离婚的；夫妻双方对属于共同债务达成一致意见的；债权人无法联系或不同意参加诉讼的。

十、债权人起诉未举债一方偿还借款的，如何确定案由以及举债方的诉讼地位

债权人作为原告起诉未举债一方承担偿还责任的，建议案由统一确定为民间借贷纠纷。债权人作为原告仅仅起诉未举债方的，法院应当将举债方列为共同被告。

商事审判理念指导下的商事裁判方法*

前　言

本文所讨论的商事裁判方法，是指审判人员认定事实和适用法律的方法论问题。从表现形式上来说，商事裁判方法是处理同类问题的裁判规范的高度提炼，裁判规范包括程序规范和实体规范，因而相对应的裁判方法也体现为程序以及实体方法；从作用上来说，商事裁判方法是指导审判人员行使司法权力，运用裁判规范处理商事法律纠纷的各种方法，是连接审判理念和裁判行为的逻辑桥梁；从构成上来说，商事裁判方法包括审判理念指导下的具体思维模式和解决同类问题的处理标准。可见，裁判方法既抽象于具体的裁判规范，又必须在审判理念的指导下落实于具体的商事法律纠纷，裁判方法具有总结性、前瞻性、可变更性的特点，是商事审判理念在审判工作中的实践，也是对裁判规范的补充。

商事审判从萌芽到现在已经走过了30多年的历程，就商事审判而言，裁判方法的确立或运用需要商事审判理念的指导。随着商事案件数量的显著增加，商事审判理论和实务研究的逐步深入和发展，商事审判区别于传统民事审判的核心特征也逐步显现，法官们普遍认识到人民法院商事审判应该尊重商事审判自身的客观规律，坚持符合商事审判要求的裁判理念。而在大民事格局下，如何找准商事审判理念、拓展商事审判思维、完善商事审判功能、优化商事审判方法成为人民法院做好商事审判工作的基础和关键。

上篇　商事审判理念

一、商事审判理念之定位

商事审判理念立足于商事审判之上。在审判实践中，商事审判与民事审判虽然在一定程度上存在混同，但两者是有截然不同的价值取向的。民事审判体现的是个人本位、家庭本位，以人为本，侧重对个人利益的终极保护，即以人的生命、健康、财产安全和人格尊严的保护为中心；商事审判体现的是市场本位、团体本位，倾向于保护市场交易的自由、效益、安全，保障资本的安全、高效流转；民事审判调整的财产关系以相对静止为常态，流转为例外，而商事审判调整的财产关系以动态安全为核心，强调财产的交换价值。如何定位商事审判的理念，我们从以下三个维度进行说明。

---

* 课题主持人：陈锐，课题负责人：张家华、钱俊清，课题组成员：杜卫红、李利、邹明宇、梁睿、杨力、苏汀珺、耿瑗，课题执笔人：苏汀珺、耿瑗。

本课题为2015年院级重点课题。

(一)在审理对象的价值诉求上

商事案件涉及的是商事法律关系,商事法律关系是指商主体从事商行为所形成的社会关系,而商主体与商行为是商事法律关系的两大核心要素。营利性是一切商事活动的本质所在。[①] 商事交易规律告诉我们,在同一时间内,交易次数越频繁,所获利润越高;单位资金周转频率越高,利润越丰厚。商事主体在利益的驱动下力求频繁的交易活动和加速运转资金,整个社会经济也希望在高速运转的经济关系中不断快速发展和繁荣。于是,时间成为资产,速度成为效益。营利活动的程序应当在时间、精力和费用上具有要求节省的性格。效率是指追求经济利益最大化的实现,故此,商事活动的营利性必然要求实现经济效益的最大化,即效率价值乃商事活动的价值诉求之一。商法的票据、提单、保险单、证券等制度,以及票据法的短期时效制度,都是商事活动效率价值的体现。但在商事主体类型复杂化、商事交易活动类型频繁出新的市场情形下,商人们只有在有秩序的市场环境里唯能实现其效率价值,因此意味着安全价值成为商事活动的第二大价值诉求。商法中的外观主义原则、严格责任制度、公示主义制度,这些原则与制度都是安全价值的诉求与体现,而与从商人与商人之间、商人与特定以及不特定第三人之间、商人与国家公权力之间的关系中,亦皆能体现出安全价值在商事活动中的普遍存在以及对于商事活动的约束,对商事法律关系秩序的构建。

(二)在审理案件的特点上

与传统民事案件一样,司法权力介入商事法律关系采取的是被动介入。同时,与民事案件不同的是,商人们在漫长的商事活动历史中,形成了相对完善的交易习惯、自治规则和自治组织,并依此约束其交易活动,因此法院在审理案件过程中表现出更多对商人意思表示的尊重和权力行使的克制性。与之前所提到的商事法律关系的价值取向相结合,我们认为商事案件呈现出如下特点:(1)商人意思表示的文义性,商人们依据外观文义判断,并决定是否进行交易。这个特点在票据类纠纷案件中最为突出,旨在维护票据的流通。票据的文义性是指一切票据权利义务的内容,应当严格按照票据上记载的文义并根据票据法的规定予以解释或者确定,此外的任何理由和事项都不得作为根据。(2)所涉领域的专业性,即不同的领域有不同的特殊习惯,有的是当事人之间指定的,有的是行业协会、商业习惯、社会公约,如在保险类案件中的理赔、精算类条款,海商海事类案件中的运输、定损类条款,以及海上国际运输公约等,均呈现出商事类案件的专业性特征。(3)财产关系的动态性,以循环买卖合同案件为例,在此类案件中商人所注重实现的是物之所有权的价值的实现,而非对物的占有、使用,故而在合同条款的设计以及合同的履行上,多呈现格式化、固定化、快速化的特点。(4)所涉当事人的多样性,既有经验丰富、实力雄厚的商主体,也有相对于前者的而言处于弱势的普通消费者;既有组织机构完善、决议程序完整的公司法人,也有对内与公司发生雇佣关系的高级管理人员、对外与公司发生债权债务关系的第三人等,并且因为商事交易的连续性以及商事交易的可担保性等因素,有时候案件所涉当事人人数众多。(5)所涉利益的多重性,不仅只有处于封闭法律关系中的双方当事人的个体利益,还经常涉及善意第三人的信赖利益、交易市场的效率以及安

① 王保树主编:《中国商事法》,人民法院出版社 1996 年版,第 4 页。

全利益、国家金融、证券市场的健康发展和秩序利益。

（三）在商事法律规范的整体建构上

“市场经济的基本内容、基本规则及基本运行方式翻译成法律语言就构成了商法规则”。① 我国目前没有统一的商事通则，商法规范散落于民法通则、各类民事法律规范、特殊的商事单行法、商事司法解释等各类法律渊源。通观我国目前的商事法律规范，该类规范呈现如下特点：(1)存在大量的强制性规范，当事人不得以其意志排除该类规范的适用，该类规范广泛存在于商主体成立、变更、消灭的规定中，是商主体法定主义的体现，如在公司法中对于公司发起人出资的规定，在保险法中对于保险公司设立的规定。(2)存在大量技术性规范，同时这些技术性规范大多以强制性规范的形式表现出来，其原理是利用强制性规范对交易方式、交易期限等外部因素作出强制性规定，并对交易中的权利义务关系强制性分配，来减少当事人的协商成本。正如有学者指出，商事交易是长期性、规模性的交易，交易行为内容与程式的标准化与技术化是盈利最大化的关键。对交易内容与交易程式的标准与技术性作强制性的界定，将直接减低交易费用，从而实现交易效率。商法规范的技术性在很大程度上是实现交易效率的技术手段。② (3)存在大量干预性规范。王保树教授指出，商事主体在商事活动中的自我调节机制是有局限性的，需要国家以社会的名义进行整体调节。因此，政府对于私法关系逐渐改变以往放任主义的态度，而采取积极干预的方式，这就是所谓的“私法公法化”。③ 在《证券法》《商业银行法》等关系市场经济秩序、国计民生的行业中，国家公权力介入商事法律关系的调整表现尤为明显，通过行政许可、行政处罚甚至是刑事责任的公法法律技术来实现国家权力对私人权利的控制。

二、商事审判理念的内涵

商事审判理念是人民法院对商事司法需求的高度回应，它对商事审判实践有普遍指导意义，深入研究商事审判理念并反过来影响商事审判实践，有助于提高商事裁判文书说理的正当性，进一步提高商事审判质量，使商事审判向专业化审判的方向迈进。商事审判主要调整和规范的商行为，主要体现为公司、保险、证券、期货、票据、破产、借款、担保等商事领域发生的合同纠纷和侵权纠纷。如上文所述，商事审判理念应定位于商事法律关系的价值诉求、商事案件的特点以及商事法律规范的整体构建上，同时，由于商事审判是国家司法权力对商事法律关系进行裁判，随着生效商事裁判文书对各方当事人产生的强制性通用力，商事审判实质上是国家司法权力对商人意思自治的重新调整和限制。结合商法中大量的强制性法律规范可以看出，商法中的国家干预是其明显不同于民法的一个显著特点。商事活动有时候不仅是双方当事人之间个体利益的分配，还涉及善意第三人的合理期待、信赖利益，以及整个交易市场、证券市场、金融市场的公共利益和秩序稳定。而国家司法权力在整个审判过程中，对于商人意思自治的介入需要达到什么样的程度，是审

---

① 赵万一：《论民商法价值取向的异同及其对我国民商立法的影响》，载《法学论坛》2003 年第 6 期。

② 曹兴权：《认真对待商法的强制性：多维视角的诠释》，载《甘肃政法学院学报》2004 年第 5 期。

③ 王保树：《商事法的理念与理念上的商事法》，载王保树：《商法的改革与变动的经济法》，法律出版社 2003 年版，第 9 页。

判人员在裁判过程中需要明确的审判理念，并以此来指导审判活动。

我们认为，商事审判理念应当依据商事法律关系所涉利益的不同，到底是封闭交易双方当事人之间的个体利益还是涉及第三人利益、乃至涉及公共利益、国家利益，来确定在审理不同的商事法律纠纷时适用不同的审判理念。当然，个体利益的判断并非绝对、恒常的标准，因为商事交易的连续性、广泛性，个体利益的调整同样或多或少影响到其他个体利益甚至市场的秩序，所以在这里所提出的个体利益是一个相对的概念。例如，同样是买卖合同的签订，如果仅仅是涉及在封闭的买卖关系中的争议，如货物的质量问题、货款的支付问题，那么就是只涉及买卖双方的利益分配；如果是以资金拆借为目的而签订的一系列买卖合同，则其中两方的诉争就不仅仅是涉及双方的利益，还关系到市场的稳定以及国家的金融秩序。

（一）对于诉争的商事法律关系主要涉及交易关系双方当事人的封闭的、个体利益的情况，我们认为在审判活动中应当遵循如下商事审判理念

1. 尊重商主体的意思自治

商主体被假定为理性经济人，其在思维方式、决策标准、表示方法上均与民事主体存在差异；对于缔约成本、经营风险、营利预期以及是否契合商业公平等，商主体都有其独特的价值判断标准。商人的营业自由是商人自治的集中表现，商人营业自由就是要尊重商人自主决策，自主商业判断。正是基于商主体总是保有对商业环境的理性判断，所以商主体的决策被认为是在衡量风险与收益的基础上作出的最优选择。尊重商主体意思自治包括两个方面：一方面尊重商主体内部自治，由商主体自主确定其内部结构和设计、经营管理规范等；另一方面是尊重商事合同约定。例如，充分尊重当事人的合同自由权利，尊重商事活动中所体现的契约精神；尊重商事交易惯例；慎重调整违约金；不轻易否定新类型合同及传统类型合同中新条款的效力；尊重公司自治权利，谨慎介入市场主体的自治领域，不以司法判断取代商业判断；谨慎使用情势变更原则等。

2. 对商事营利性的尊重和保护

作为商法调整对象和商法学中的“商”，就本质而言，乃是资本的营利活动。[①] 商事交易都是有偿互利的。商事审判只有抓住了商行为的脉络与精髓才能对商事纠纷的争议焦点形成正确的价值判断。区别于传统民事审判的损失补偿原则，商事审判对可得利益的保护是允许的。这是维护商主体营利性的基本要求，也是对企业商业利润和利益的保护。对可得利益的保护不力，实际上是否认了商业预期，是忽视商主体商业判断的表现。因此，在商事审判实践中，要偏重有偿性思维，要保护商事主体通过正当竞争手段和合法投资途径获取的经济利益，树立制裁失信者的价值判断标准，重视审判结果的经济合理性，充分合理补偿守约方的损失。

（二）对于诉争的商事法律关系涉及第三人利益乃至公共利益、国家利益的情况，我们认为在审判活动中应当遵循如下商事审判理念

1. 维护交易效率

效率价值作为商事交易最主要的价值诉求之一，为保护交易迅捷，商法确定了契约定

---

① 殷志刚：《商的本质论》，载《法律科学》2001 年第 6 期。

型化、权利证券化、交易便捷化等制度，一般而言，商事交易在法庭之外已经完成，而诉讼中冗长的司法程序、烦琐的举证过程，与商人所推崇的效率价值相悖，因此在审判程序中维护交易效率应当主要体现为三点：一是对于商事单行法规中所规定的各类期限进行严格把握，如票据权利的行使期间、货物买卖中的质量异议期、合同解除权的行使期限等；二是遵循票据法中的文义性、无因性，为促进交易效率，商法设计了简便的交易方式，形成交易客体定型化、权利证券化等制度，如票据、仓单、保险单等要式单证；三是从诉讼程序上把关，尽量节约诉讼资源，简化诉讼程序。

2. 维护交易安全

如上所述，安全价值也是商事法律关系的价值诉求之一，因此要加强对商事交易安全的维护。商事交易中的安全价值与民事活动中的安全价值不同，前者主要指的是动态安全，因此更多体现为形式公平，后者主要指静态安全，更多体现为实质公平。在商事审判活动中遵循保障交易安全理念，首先体现为适用外观主义原则，该原则在商事活动中被广泛使用，也意味着审判人员在适用该原则的案件审理中，应当侧重于保护善意第三人的信赖利益。外观主义原则主要运用在表见代理制度，亦体现在票据的文义性和无因性，交易相对人依登记外观开展活动。交易安全理念还体现在对商行为施以严格责任，其中包括了下文即将讨论的对商人苛以更高的注意义务，还包括合同中的无过错责任，发起人对公司不能设立所产生的债务承担连带责任，出票人、承兑人、背书人对持票人负有连带责任等责任承担上。

3. 维护市场诚信

诚实信用历来是商法的理念，更是整个私法的基本理念。诚实信用理念在商法适用中具有基础性地位。几乎所有的商事单行法都强调诚实信用。例如，《保险法》除明确规定诚实信用原则之外，还单独规定了投保人的如实告知义务、保险人的说明义务等。再如，《合同法》中对中介的如实告知义务更是有明确规定。由于商事关系复杂，立法难以预见各种各样的商事行为及其细节，商事关系中当事人的利益安排可能更多的要其自行协商并各自遵守诚实信用的要求。另外，在某些长期性的商事关系中，对当事人诚实信用的要求还更高。

4. 维护交易秩序

交易秩序除了体现为交易安全外，还体现为交易公平。公平是商法应当遵循的基本理念和法律价值，也是司法裁判的要旨。在商事活动中除了产生大量的商主体以外，还有同样众多的非商主体，如消费者、投保人，这些非商主体形成特定的社会阶层，相较于商主体在商事交易中处于弱势地位。因此，商事审判中应当注意运用商法中的强制性规范，纠正交易的不平等，维护交易秩序，实现正义价值。这些规范体现在《保险法》《消费者权益保护法》，如《保险法》中的疑义利益解释原则。但是在审判中也同时应当注意，不可滥用这些原则，因为由此矫枉过正而带来的营业成本、缔约成本，最后仍可能由商主体转移至消费者身上，因此在尊重当事人意思自治的基础上，适用运用这些原则。

（三）以下两点审判理念，涵盖了上述两种情形，应为通用的理念

1. 促进审判的专业化和便捷化

随着行业分工精细程度的提高，商事类案件呈现的专业性特征，也要求审判人员的专

业素质提高，不仅对于法律、行政法规的规定能够了然于胸，对于相应的审判领域也要有充分的了解。例如，证券行业的相关指数、K线图、保险行业的各种险种内容、买卖行业中的特殊种类物，都要求审判人员具备相关的专业知识。另外，商事活动的效率诉求，亦要求审判活动的便捷化。例如，在审判实践中能够通过各类证据综合判断得出结论的，不轻易启动审计鉴定程序；能够通过举证责任分配方法穷尽证据的，不轻易依职权调查；通过二审程序查清事实的，不发回重审增加当事人诉累；简短商事审判的期限，设立商事速裁庭，对于简单的商事案件实行速裁机制，降低商人的司法成本；再如，可以进一步优化商事审判程序，创新多元化的商事纠纷化解机制。

2. 尊重商事交易规则和惯例

由于商事活动极具专业性，新型交易模式和规则不断翻新，这些长期在商事活动中形成的交易规则和惯例，成为商事团体的自治规范，成为商人们从事商业活动必须遵守的规则，并维持着商事交易秩序有序运转。商事审判并非成文法文本的简单宣示，还应当重视因商业行为营利性和专业性而在商人中自发形成的上述交易规则、商业惯例，对于平衡成文法的滞后性与商事交易形态的创新性之间的矛盾起到重要的纽带作用。如国际贸易中形成的《托收统一规则》《跟单信用证统一惯例》等交易惯例，在商事交易中就得到了广泛的适用。

下篇　商事裁判方法

一、商事审判中的事实认定方法

（一）商事审判中的举证责任与证明标准

案件事实是整个司法活动的基础，对于案件有关事实的取舍、认定直接决定着裁判的结果。案件事实的初始状态表现为与特定案件相关的客观存在，但是最终用以裁判的事实必须是法律事实即符合法律规定的要件事实。可见，“案件事实并不等同于自然的客观事实，而是根据诉讼法的要求依据证据法规则认为构建的事实。”[①]商事类案件的一大特点就是证据复杂，因此，证据群的简单罗列，未必能够直接呈现案件事实，往往需要法官运用逻辑推理能力以及经验法则将它们串成一个具有内在秩序的整体，以最终确认案件事实。商事活动的类型化、专业化，更加要求法官运用审理案件中所积累的逻辑推理能力和审判经验与每一个单独的诉讼相结合，以对案件的事实作出准确的认定。而在事实认定阶段，法官在分配举证责任、适用证明标准等方面都存在自由裁量权，而如何规范、合理地运用自由裁量权，即是本节所要讨论的法官在事实认定中所要遵循的裁判规范之要义，具体从举证责任以及证明标准两方面加以讨论。

1. 商事审判中的举证责任

在商事案件中，由于案件情况复杂、争议焦点较多、举证责任来回转移等特点，大量存在法官运用自由裁量权分配举证责任的情况。在商事案件即包括了商事违约和商事侵权，下文试图通过对类型案件的分析，归纳出民、商事案件中举证责任分配的不同之处，以

① 刘治斌：《案件事实的形成及其法律判断》，载《法制与社会发展》2007年第2期。

及商事审判中举证责任分配的相关注意事项。

(1)商事合同案件中的举证责任

一般情况而言,“谁主张,谁举证”是民事诉讼法举证责任分配的基本规则。在民、商事案件中,各方当事人均应对其主张的事实承担行为上的举证责任。传统民事案件中,合同约定的权利义务较为简单、清晰,而商事案件中权利义务的约定则明显更为复杂。例如,买卖合同项下标的物是否存在质量问题、金融贷款合同中是否违规使用贷款、保险合同中保险人、投保人权利义务的行使,审判人员对于是否存在违约行为均需要在完成多轮举证责任的来回分配之后才能查清。

例如,在买卖合同案件中,大量纠纷是因为买卖标的物质量纠纷而产生。从我院受理的买卖合同纠纷案件的情况来看,2015 年 604 件买卖合同纠纷中有 74 件对质量问题提出异议;2014 年 978 件案件中有 109 件;2013 年 1325 件案件中有 148 件。(见图 1)

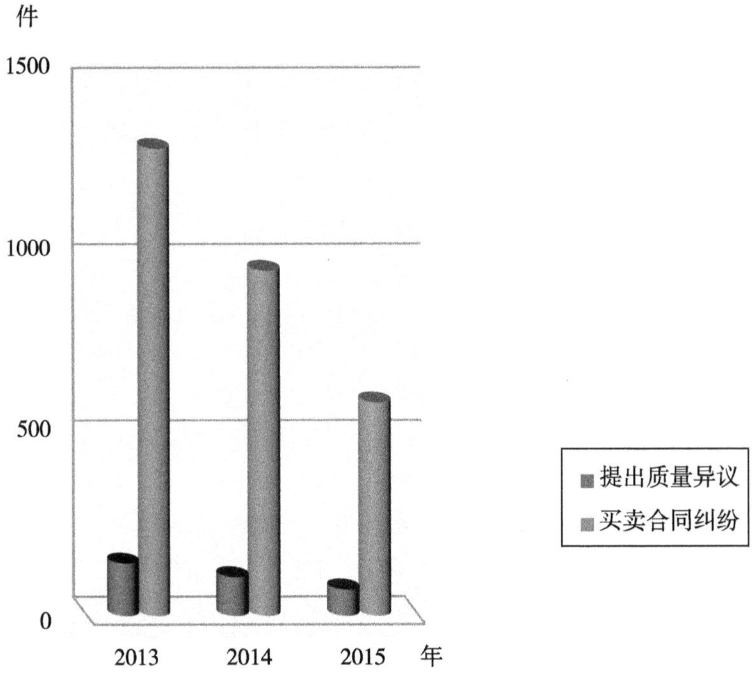

图 1　买卖合同纠纷案件

对于货物是否存在质量问题,如果主张货物有问题,应当由买方举证;卖方可以抗辩货物没有质量问题。但是在实际买卖纠纷中,由于货物的交付、对货物的占有存在不同的情形,故对于当事人的举证责任亦应当按照案件的实际情形进行分配。例如,买方声称卖方迟延交货,要求解除合同,卖方声称合同约定买方应当先验货,确认质量无问题再发货,而买方一直不予验货,因此卖方不应当承担迟延交货的责任。之后,案件的焦点逐渐集中在货物是否存在问题上。法院提出勘验机器,买方同意,卖方不同意。依照一般的证明责任分配,买方应当负责证明货物存在质量问题。但是在该案中,卖方占有机器,因此倘若没有卖方的配合,买方将难以单独完成证明责任,因此,法院有必要释明卖方若坚持不配合调查将有可能承担不利后果。

又如，在违约金的调整案件中，亦存在类似举证不能的问题。

在商事类案件中，当事人之间签订的合同一般都会对违约责任进行约定，其中常见的就是约定违约金。在一中院近 3 年受理的 5000 余件商事案件中，2015 年共有 568 件案件涉及违约金，2014 年为 772 件，2013 年为 1081 件。在上述调研的数据范围内，2015 年有 132 件法院将违约金进行酌定调整，2014 年为 124 件，2013 年为 110 件。（见图 2）

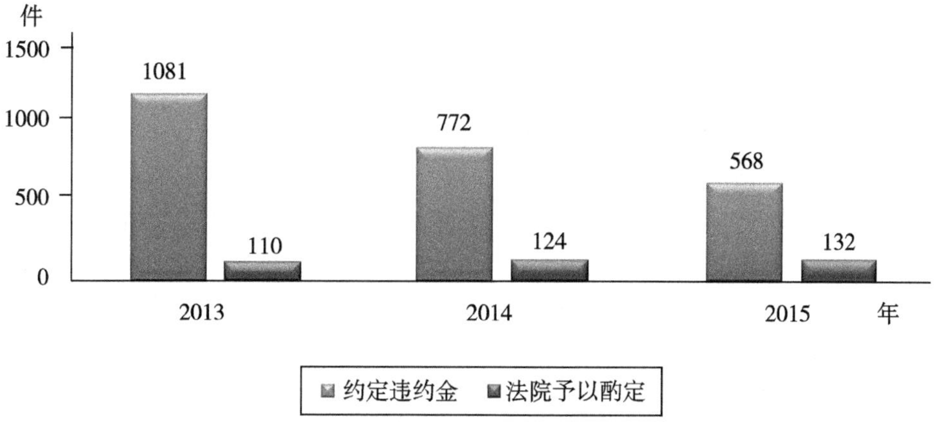

图 2　近三年违约金调整案件

根据《合同法》的相关规定，约定的违约金过分高于造成的损失的，当事人可以请求人民法院或者仲裁机构予以适当减少。而在证明违约金数额显著超过守约方损失的事实上，即产生举证责任分配的问题。违约金中举证责任的分配，由哪一方当事人举证证明损失的大小，是审判实践中的疑难问题，由违约方来证明守约方的损失，相当困难。如果无法举证就不调整，又显失公平。有学者认为，提出约定过高的一方，应当同时提出“约定过高”的证据，否则法院不予审查。“这些证据并不要求准确证明损失的具体金额，但是必须达到让法官对约定的公平性产生合理怀疑的程度。”但是在实践中，违约方通常声称守约方不存在损失，或者隐匿守约方损失的证据拒不提交法庭，在这种情况下，不能认为事实真伪不明即让违约方承担证明责任，即不调整违约金。我们认为，此时行为上的举证责任应当转移至守约方，由守约方提出证据证明损失以及陈述不应当降低违约金的理由，其提出的证据由法院来进行审核认定。因为守约方对自己的损失进行举证远较违约方来得容易，这样的举证责任分配主要是考虑违约方对于守约方具体损失进行举证的客观困难。

再如，在金融贷款类案件中，银行等金融机构将贷款发放给公司之后，如果出现公司违反合同约定未能按照约定用途使用贷款的情况，亦须由金融机构证明公司存在违约行为，而由于金钱为种类物，且公司如何安排资金的运转为公司内部的决议事项，金融机构要证明公司存在将该合同项下特定的款项投入风险更高的领域、偏离合同约定用途的行为，亦存在举证困难的情况，但对于该种情况，又不存在举证责任倒置的法律适用。

以上列举的是完成举证责任困难的情况，下面我们结合外观主义下的举证责任减轻，探讨商事合同案件中的举证责任分配规则。

对商人举证责任的减轻主要体现在适用外观主义的案件中。外观主义是指按照商法要求，商主体或商事交易的一些重要事实必须通过一定的外在形式显示出来，即使外在的显示与内在的事实不一致，商主体仍须受此外观显示的拘束，外观的显示优越于内在的事实，从而使外观依赖者的利益得以维护，交易安全得以保障。① 例如，在买卖合同纠纷中，如果第三人主张应适用表见代理制度并由此导致第三人与本人之间的合同关系成立，则其需要证明存在外观事实，通常情况下，这些事实包括其送货的地点有本人即买方的显著标识、买方的工作人员在场、双方固定的交易场所、交易习惯、合同上的签字人员的具体身份、合同上是否盖有公章等因素，正是从这些基础因素中得出"有代理权"这一事实，并以这一事实约束本人。

综上所述，结合上篇提及的商事审判理念，我们认为在商事合同案件中举证责任分配方面可适用如下规则：

第一，商事合同案件中的举证责任分配需要进行动态、来回地转移，通常需要数次反复之后才能完成行为上的举证责任；

第二，若需要证明相对方存在违约行为时存在举证困难，可由审判人员依据具体案情，向需要配合的一方当事人进行释明，如果不配合须承担相应的法律后果；

第三，从价值基础上来说，商人注重纠纷的高效、快速解决，而外观主义下善意第三人只需举证外观事实的存在，无须求证真实情况，故此保护了第三人的信赖利益。从商事审判理念的角度来讲，外观主义下举证责任的减轻，也是维护交易的安全价值，促进审判的便捷化在审判工作中的体现。因此，适当扩大外观主义中的推定性规则在商事审判的适用范围，可以节约证明成本，实现商事纠纷中举证责任的减轻，适当保护守约方的合法利益。

(2)商事侵权案件中的归责原则

商事侵权责任与民事侵权责任一样，构成要件包括侵权行为、侵权人的过错、损害事实以及因果关系。但是在商事侵权领域，由于在现代社会经济生活中商事侵权行为类型的多样化，侵权责任的归责原则亦呈现多元化的体系特征。与民事侵权案件不同的是，商事侵权中一是强调商事主体在履行其职责时负有合理的注意义务，二是注重过错判断的标准化，将侵权人是否违反法律法规、商业规则或惯例、行业自律性规范或者公司章程等作为判断侵权人是否具有过错的标准。②

例如，根据最高人民法院《关于在审理经济纠纷案件中涉及经济犯罪嫌疑若干问题的规定》中的有关规定，个人借用单位的业务介绍信、合同专用章或者盖有公章的空白合同书，以出借单位名义签订经济合同，骗取财物归个人占有、使用、处分或者进行其他犯罪活动，给对方造成经济损失构成犯罪的，除依法追究借用人的刑事责任外，出借业务介绍信、合同专用章或者盖有公章的空白合同书的单位，依法应当承担赔偿责任。而行为人盗窃、盗用单位的公章、业务介绍信、盖有公章的空白合同书，或者私刻单位的公章签订经济合同，骗取财物归个人占有、使用、处分或者进行其他犯罪活动构成犯罪的，单位对行为人

---

① 张秀全：《商法基本原则研究》，载《现代法学》1999年第5期。

② 马荣：《商事侵权责任初论》，南京大学2012年研究生毕业论文。

该犯罪行为所造成的经济损失不承担民事责任。在这里强调了“本人与因”，即本人在外观事实成立的情况下，如果需要免责则必须证明其本人已经尽到了高度的注意义务，除非完全是出于非本人的因素导致其对公章失去控制，否则即使是无过错的情形依然要对善意第三人承担责任。例如，将合同专用章出借给他人。一旦商人自己的言行给第三人造成错误的外观，他就必须依据这一外观对自己的行为负责。

又如，最高人民法院《关于审理票据纠纷案件若干问题的规定》第69条规定的付款人或者代理付款人的高度注意义务。其规定：“付款人或者代理付款人未能识别出伪造、变造的票据或者身份证件而错误付款，属于票据法第五十七条规定的‘重大过失’，给持票人造成损失的，应当依法承担民事责任。付款人或者代理付款人承担责任后有权向伪造者、变造者依法追偿。”其法理基础是：票据法规定的票据行为的无因性、文义性等特征在有利于实现效率这一价值目标的同时，也容易产生违法行为人利用上述行为特征而伪造、变造票据身份证件骗取票款、损害合法权利人利益、进而影响金融秩序安全的问题。因此，对于从事票据行为的金融机构而言，由于其具有专业性，法律苛以其严格审查义务，以避免上述问题的发生。

从商事审判理念的角度出发，课以商主体更重的注意义务以及采用过错归责的标准化，是保障交易安全的需要。商主体与普通民事主体相比，理应有更高的判断力，商人有着超乎于一般民事主体的职业敏感性和专业性，也具有更高的预测能力，故应承担更为严格的注意义务以及相应的法律责任，以确保社会及公众利益。同时过错责任的标准化，也在一定程度上节约了证明成本，实现了审判的便捷化，维护了商人的交易效率要求。

法院审核商主体是否尽到了高度的注意义务、是否具有过错，应按照主客观相结合的原则，集中从以下几方面进行审核：(1)商人的交易次数、对于类似交易的熟悉程度、商人对于其所从事的专业领域的经验积累程度；(2)法人内部的分工，该法人的公司规模，是否有专门的机构用以审核该种商业风险，进行法律提示，以及公司的权力分工是否在通常情形下正常行使；(3)法律是否对于内部分权有明文规定，商法中存在大量的强制性规范，这类规范规定了商主体的权利行使程序、商行为的进行界限，具有公示效果，第三人理应知道相应规定；(4)对方提供的资料是否有重大瑕疵，在此情况下商人是否承担了警觉时的注意义务，要求对方进一步提供补充证据证明其作为缔约对方的主体合法性。

在商事侵权案件的审理中，与课以商主体更重的注意义务类似的情形还包括：从严解释商人的告知义务、勤勉义务、忠诚义务等。但是同时我们应当注意的是，不能因为商人本身的专业性、职业敏感性，即课以其与主体能力和商事活动要求所不相应的注意义务、告知义务等，这也与商事活动的效率价值相违背。在不同的案件中，需要审判人员结合案件的具体情形进行判断。

2. 商事审判中的证明标准

所谓证明标准，指的是负担证明责任的人提供证据对案件事实加以证明所要达到的程度。[①] 从法院的角度说，它是指裁判者认定争议事实时证据证明力所必须达到的程度。证明标准主要是由法官加以把握的，即何时完成证明，何时达到法律所要求的最低程度悉

① 江伟主编：《证据法学》，法律出版社1999年版，第108页。

听法官决断。① 一般认为,我国民事诉讼证明标准采用的是“高度盖然性”的标准,根据《民事诉讼法司法解释》第108条规定:“对负有举证证明责任的当事人提供的证据,人民法院经审查并结合相关事实,确信待证事实的存在具有高度可能性的,应当认定该事实存在。对一方当事人为反驳负有举证证明责任的当事人所主张事实而提供的证据,人民法院经审查并结合相关事实,认为待证事实真伪不明的,应当认定该事实不存在。法律对于待证事实所应达到的证明标准另有规定的,从其规定。”在此,我们主要讨论证明标准“高度盖然性”的判断,即是否达到该标准应当如何判定。

证明标准制度建立在盖然性理论的基础之上的,可以说,证明盖然性判断的基础是经验,但是影响判断的因素,还包括了司法政策许可、程序公平原则、伦理法则等。在商事案件中,什么情况下可以认定一方提供的证据证明力达到了“高度盖然性”的标准,是适用该制度的关键。在近三年我院审理的商事纠纷中,共有7件案件采用了高度盖然性标准分配证明责任,其中2015年为2件,2014年为4件,2013年为1件,涉及的案由包括委托理财合同纠纷、民间借贷纠纷、买卖合同纠纷、合同纠纷、债权人撤销权纠纷等。本文中试举一例买卖合同纠纷进行实证分析。

原告与被告签订了一份买卖合同,约定先付款6万元后交货,剩余货款到货之后给付。后原告起诉被告,要求被告偿付剩余的货款。被告抗辩声称其没有收到货物。原告举证,包括一份装箱清单,委托物流公司发货的货运单,以及双方当事人的短信以及网络聊天记录。被告抗辩该装箱清单是原告公司自己制作的,委托物流公司发货的货运单上写明的委托公司不是原告,短信以及聊天记录不能判定就是双方当事人在沟通,真实性不予认可。法院经审理认为,装箱清单和货运单分别是在被告打款6万元之后的第二天和第三天产生的,而且货运单上虽然写明的委托运输公司不是原告,但是收货地址、联系电话均是双方合同约定的收货地址和联系电话,原告亦对为何不是其委托运输作出了合理的解释,同时还有双方的短信以及网络聊天记录进行佐证。故法院认定原告提供的证据已经达到了高度盖然性的标准,足以证实其向被告发货的事实,被告应当承担支付剩余款项的义务。

通过以上案例,我们可以看出,“高度盖然性”是在证据无法达到确实、充分的情况下,对证明待证事实发生的盖然性比较高的证据予以确认。从本质上来说,“高度盖然性”是法官在对证据和案件事实的认识达不到唯一性、必然性条件下不得不使用的手段,但是由于它符合事物发展的概率,并且弥补了“客观真实”原则所缺乏的可操作性,是最大限度接近“客观真实”的有效途径和重要手段。② 在上述案件中,虽然原告提出的单个证据确实存在瑕疵,但是已经能够形成证据链证明原告所主张的送货事实。而“高度盖然性”中的“高度”应当达到多大的概率,到底是90%,还是95%,这是无法用数据具体衡量,取决于法官的内心判断和自由裁量。

概言之,商事类案件的“高度盖然性”标准下所认定的事实,应当具备以下几个条件:

---

① 田平安:《民事诉讼证据初论》,中国检察出版社2002年版,第97页。

② 张永江:《高度盖然性证明标准探讨》,载 http://court.gmw.cn/m/? act = a&aid = 121477&cid = 1,2015年11月18日最后访问。

(1)符合商事类活动的普遍客观事实,如在买卖合同中,大宗送货有物流运输、买方确认、催款记录等,在企业金融借款合同中,有款项往来、收条、资金询证函等,即能有关键证据形成证据链。(2)该标准与证据数量有一定关系,证据越多,越容易形成证据链,但此并非绝对的规律,不能简单地从证据数量的多少来判断,而是应当根据证据证明力的大小,如果一个直接证据与数个间接证据发生矛盾,应当采用的是直接证据。(3)在诉讼中应当穷尽一切证明手段以查清事实,此亦是商事审判中商人诚实信用原则的体现。例如,在某些案件中,如果没有其中一方当事人的配合,另一个当事人无法完成举证责任,那么法院就应当向该当事人释明不配合则必须承担的法律后果,以便尽可能地接近客观事实。(4)鉴于商事活动的效率诉求,有部分是直接遵循商事交易惯例、实现商事定型化交易的情形下,应当结合商主体之前实施商行为的特征,对证明标准进行判断。(5)尊重当事人合意,尽可能实现当事人双方利益的最大化。商事活动以营利性为最终的目标,各方当事人在合同中可能对以后将出现的情形进行了详细的约定,因此即使在事实认定中亦应当尽量保持中立。(6)适用外观主义原则的案件,对于外观事实的认定,应当结合日常商事活动的外观性特征,亦要认识到必要时安全价值让位于效率价值。

(二)商事审判中的合同解释

1. 商事审判中合同解释的必要性与特殊性

在商事类案件中,常见当事人之间签订多份合同,或者订立的合同对权利义务的分配较为复杂,有时候意思表示亦存在含混不清之处。若履行合同过程中当事人对于签订合同的目的、合同条款的具体含义、合同未约定的权利义务存在争议而不能达成一致时,如何确定合同条款的真实意思成为审判人员事实查清的关键环节,这就要求我们在解释合同时,首先应当努力探求合同当事人的真实意思。但由于当事人的内心意思是一种内在的心理状态,是他人难以完全知晓的,所以必须通过其外部行为,采用包括文义解释、整体解释、习惯解释、目的解释以及诚信解释等在内的解释方法确定其内心的真实意思。

需要强调的是,在商事审判活动中,应当尊重商事逻辑和市场规律,注重商事审判理念的培育和树立。总体来讲,商事裁判强调交易秩序和规则意识,与民事裁判相比更加关注形式公平,注重对商事效益价值的追求,但最核心的理念在于强调尊重和维护当事人的意思自治,即以经济学上的经济人假设为出发点,认为每个理性人都会根据自身利益最大化需要作出判断和决定,通过自由交易,合理配置有限的资源,在实现个体利益同时亦实现社会整体利益的最大化。因此,在商事司法实践中,应注意将商事审判理念贯穿于合同解释的全过程。

2. 商事审判中合同解释的实证分析

举例一:目标公司有两个股东甲和乙,分别持股80%和20%。甲与丙签订了一份股权转让协议,约定甲将其在目标公司的全部股权转让给丙。同时,还约定乙同意将剩余20%的股权转让给甲。在甲受让该20%股权后将其转让给丙(丙间接受让乙持有的股权),或者在甲支付转让对价的前提下,协助丙直接受让该20%股权(直接受让)。丙在支付了目标公司100%股权对价后,要求甲依约协助其直接受让乙所持有的20%股权,甲认为既然丙选择了直接受让的方式,那么就应由丙自行同乙协商转股事宜,甲的协助义务仅指办理股权过户手续;丙则认为,无论直接受让还是间接受让,甲的协议义务中均包含与乙协商转股事宜。由此,双方就如何理解直接受让方式下的“协助”义务产生争议。

针对如何认定直接受让方式下的“协助”义务的问题,协议的表述是“在甲支付转让对价的前提下,协助丙直接受让该20%股权”,从文字来看,双方说法均具有一定的合理性。此时需结合其他解释方法认定当事人的真实意思。我们注意到,协议中除了上述内容外,还有“乙同意将剩余20%的股权转让给甲”的内容,可见,甲负有从乙处取得剩余股权的义务,甲取得剩余股权后方才涉及其“协助”义务的履行。从整体解释的角度来看,无论在直接受让还是间接受让的模式下,从乙处取得剩余股权均为甲的合同义务。同时,因乙同意将剩余股权转让给甲,而乙和丙之间并无合同关系,如果要求丙自行与乙协商转股事宜,将可能导致丙无法实现取得100%股权的合同目的,故从目的解释的角度来看,亦可印证上述结论的正确性。因此,法院最终采信了丙的意见。

举例二:A和B在“股权转让对价款”条款中约定,转让对价款由转让价款与投资补偿款组成,A转让目标公司75%股权以及其他股东转让剩余25%股权的股权转让对价款为1000万元,目标公司100%股权转让价款为100万元,B向A支付投资补偿款为900万元。后针对其他股东所持的25%股权未能完成转让,在涉及退款金额时双方产生争议,B起诉要求A退还转让对价款250万元,A则辩称应按照转让价款的25%退款即只退25万元。

我们在审理中认为,从尊重当事人意思自治的原则出发,应注意首先从合同的文义入手分析当事人的真实意思。从合同内容来看,双方已经明确约定目标公司100%股权的转让对价款为1000万元,在双方没有明确约定投资补偿款仅给付A而不涉及目标公司的其他股东时,按照文义解释应认定25%的对价款为250万元。并且,在签约后的往来函件中,A也曾表示B应与目标公司其他股东协商支付股权转让对价款问题,由此也能够说明B收购目标公司20%股权所应支付的对价款为250万元,而不是25万元。此例为文义解释的具体运用。

举例三:票务公司与嬉水会馆签订了票务代理合同,约定票务公司在支付30万元的独家代理费并保证每年销售额不少于1000万元的基础上,在三年内独家代理嬉水会馆的温泉套票。在票务公司支付了独家代理费和第一年的票款后,嬉水会馆又推出了“温泉加餐”套票并委托其他公司代为销售,双方就此产生纠纷并诉至法院。嬉水会馆认为,其推出的新套票与票务公司独家代理的温泉套票不同,新套票规定的消费时间为四个小时,而温泉套票无此限制。

法院经审理认为,对独家代理范围的认定离不开对双方交易的商业目的的考量。从双方订立合同的目的来看,在合同期内独家代理销售温泉套票是票务公司的主要合同目的,而嬉水会馆在授予票务公司独家代理权、并收取30万元独家代理费、预收1000万元票款后,所付出的对价就是其自我限制了在温泉的基础上再行开发新类型套票并向第三方大宗销售的权利。票务公司独家代理本身所指向的就是嬉水会馆温泉的票务市场,虽然新推出的套票在消费时限、是否含餐等方面与温泉套票有所区别,但其包括了进入温泉消费的核心内容,是否含餐并非该套票的核心内容。因此,法院认定嬉水会馆推出“温泉加餐”套票并委托其他公司代为销售的行为,无疑会对票务公司销售温泉套票造成巨大的冲击,明显与订立合同的目的相悖,已构成根本违约,从而维护双方之间业已确立的交易秩序。此例为目的解释的具体运用。

举例四：甲将承包的模板制作、拆安装等工程分包给乙，双方在协议中约定甲保证乙方的施工人员每人每月生活费500元；工程款以工作量单独核算，按模板接触面每平方米10元计算。后双方在结算时发生纠纷，争议的核心在于上述的工人生活费是否应包含在工程款之内，即甲方是否应在工程款之外另行支付乙方工人的生活费。

法院经审理认为，首先，从文义来看，合同条款并不明确；其次，从整体解释来看，合同中虽然约定了按工作量单独核算，按模板接触面每平方米10元的结算方式，但仅依此并不足以对双方争点作出准确判断。但法院在审理中查明，因乙方无法赶上甲的施工进度，所以双方协商将协议范围内的部分工程交由丙、丁完成。而在甲同丙和丁所签订的两份协议中，均有甲保证施工人员每人每月生活费500元的约定。并且乙在领取工人生活费时，双方并不核查确认上工的人员数量。同时查明，若按照乙的计算方法，甲需要向乙所支付的每平方米的施工费用将高于甲从最终发包方处取得的收入。综上所述，从甲乙双方履行协议的情况以及同一工程的相关类似协议的履行过程，加之合同只约定每人领取生活费的标准而不限定领取的人数范围的事实，乙方的说法明显与双方按工程量结算工程款的交易习惯不符。同时，甲方亏本同乙方签约则有悖于商事活动的效益价值，也与商事关系营利性的属性相冲突。因此，从习惯解释的角度，法院认定工人生活费不应在工程款外单独计算。

3. 商事审判中进行合同解释所需注意的问题

第一，关于整体解释，由于当事人的履行行为可能出现与合同约定内容相悖的情形，此时，如果当事人均认可履行行为的效力，则构成对书面合同内容的替代。因此，在进行整体解释时，除了要从合同的前后文进行分析，对于补充协议以及履行过程中的往来函件等，也应在解释中一并考量。

第二，关于目的解释，是合同解释的核心方法，当按照合同词句既可以作有效解释，也可以作无效、未成立或可撤销解释时，应按合同有效的含义进行解释，这样更符合当事人订立合同的目的。

第三，关于诚信解释，与其说是解释方法，实际上更多的是代表一种合同解释的方向，是在避免滥用意思自治机制的情况下，采用公权力介入的方式纠正失控的自治机制，从而更好地保障意思自治机制的有效运作。因该项解释方法的概括性很强，较为抽象，为防止滥用，一般仅在前述解释方法难以适用的情况下才求助于该方法。

二、商事审判中的法律适用方法

（一）商法强制性规范的适用规则

1. 商法中法律规范的特殊性

商法的基本构成单位是法律规范。以法律规范是否容许当事人的意思自主为标准，分为任意性规范与强制性规范。任意性规范是指当事人可以通过约定排除其适用的规范，其允许当事人在法律规定的范围内自由作出约定。而强制性规范是指当事人必须予以遵守而不能通过约定排除其适用的规范。① 商法属于私法，奉行意思自治，任意性规范

① 郑曙光：《现代商法：理论基点与规范体系》，人民大学出版社2013年版，第214页。

是商法的当然内容与基本内容。但是,构成与民法显著区别的是商法中存在大量强制性规范。

强制性规范在商法中无处不在,具体在商事组织法中体现为商主体法定,如商事登记、商事名称,商事组织的内外部关系,如股东大会的法定职权、董事对公司的忠诚义务、公司与债权人的关系等,商事主体的退出制度,如清算。在商行为法中体现为对特定商行为进行管理或控制,如股权转让、公司合并、破产法中的和解整顿等。在商事责任法中体现为违反强制性规范的行为设定行政与刑事责任。

2. 法官进行价值判断的必要性——强制性规范中法律后果的缺失

从法律规范的结构看,其由条件预设、行为模式、法律后果组成,而法律后果与条件预设、行为模式有时候并不处于同一法律条文中,而处于不同的规范甚至不同的部门法之中,或者对于法律后果没有相应的规定。因此,违反规范所规定的行为模式招致的法律后果就不是一目了然的,而是需要找寻和判断的。① 以《公司法》为例,目前我国《公司法》关于主体违反强制性法律规范之法律后果的规定主要有以下几个类型:(1)只明确规定了行为本身无效的法律后果,而没有其他关联行为效果的规定;(2)规定行为是可撤销的法律后果;(3)只规定了行为对公司、股东等内部的法律后果,而没有规定对第三人等外部的法律后果;(4)只规定公司、机构或相关人员的行政责任或刑事责任,没有规定其行为的民事法律后果;(5)没有规定任何法律后果。② 可见,除了以上第二种情况,其他法律后果均需要法官在适用法律时进行找寻和判断。找寻也就是结合各个不同的法律规范乃至不同的部门法,确定行为模式下相应的法律后果。而判断就需要对法律进行解释和价值衡量,法律解释包括通过文义解释、目的解释、体系解释、历史解释、比较法解释等解释方法明晰法律条文的含义、填补法律规定的空白。因为,通过法律解释,也只有最终通过法律解释,才能探明每一具体强制性规范的真正禁止目的,才能在具体情形下发现该特定强制性规范的现实需要和私法行为之间的冲突关系,从而作出具体情形下对问题的终极判断。③ 而法律解释常常需要法官探寻法律背后的价值取舍,探析立法者的原意,此即需要法官自由裁量权合理、充分的发挥,但无疑这项工作是复杂的,其难点关键在于各种强制性规范的目标价值的复杂多样性、重叠性和不确定性。④

3. 强制性规范中的价值衡量——商事审判理念下的价值取舍

(1)由于商事交易和一般的民事交易相比,具有交易的连续性、关系的复杂性、行为的技术性以及交易标的额较大等特点,加上商事主体自身强烈追求营利的动机,以致在商事交易中更容易发生交易风险。因此,如果缺乏必要的法律规范对商事交易的规则、责任等作出硬性规定,会引发更多的纠纷,这将影响整个商事实践的发展。强制性规范通过交易主体法定化、交易定型化、行为趋同化、交易结果确定化,实现了交易效率的提高,并保

---

① 贺少峰:《公司法强制性规范研究》,厦门大学出版社2010年版,第190页。

② 贺少峰:《公司法强制性规范研究》,厦门大学出版社2010年版,第190~191页。

③ 耿林:《强制规范与合同效力——以合同法第52条第5项为中心》,中国民主法制出版社2009年版,第158页。

④ 耿林:《强制规范与合同效力——以合同法第52条第5项为中心》,中国民主法制出版社2009年版,第158~159页。

证了交易安全。同时，强制性规范的制定也是兼顾商事交易中善意第三人的需要，因为如果任由双方自由协商，难免损及善意第三人、国家的利益。另外，我们还可以看到，《公司法》中关于公司责任的强制性规范，亦是公司责任等社会责任的强化。因此，商法中的强制性规范的实质是对商人们意思自治的限制。而违反强制性规范的法律后果，反映出强制性规范对商人行为效力的法律评价，并通过该种法律评价实现对商人行为的指引、控制作用。而强制性规范对商人意思自治的干预程度如何，即违反强制性规范的行为产生何种法律后果，在法律没有明文规定的情况下，应当坚持以价值判断为基础的法律解释方法，结合商事审判理念进行。基本的方法就是：首先明确某个法规中包含有多少利益关系，然后再对各种利益关系加以比较，最终找到该法律规范的最终价值指向。而商法强制性规范的价值基础，通常包括诚实信用、公序良俗、安全、效率、市场秩序以及实质正义。①

(2)对于强制性规范的分类，我国台湾地区学者史尚宽最早提出“取缔规定”与“效力规定”的观点。违反效力性规范的行为视为无效，而违反取缔性规范的行为并不否认其私法上的效力，而是要防止该行为发生，如果发生了，这需要承担相应责任。而我国亦有学者对于违反强制性规范的后果进一步区分，包括无效、相对无效、效力待定和可撤销，以及部分无效等后果。② 在此我们试图通过对于强制性规范的类型以及价值基础进行分类，以此来推导出违反强制性规范的后果。

1)区分是商法强制性规范中的技术性规范还是道德性规范。技术性规范是关于人们在处理人与自然、人与社会以及人与自己所创造的各种语言符号关系中所遵循的一些传统、原则以及相应的程序、步骤、技巧和方法，是一种认知性的、智能性的行为规范。它涉及个人或社会的利益，但不直接涉及人与人之间利害关系的平衡，因而在总体上是价值中立、无道德评价的。另一类是道德性规范，它主要是人在处理与他人、与社会、与国家关系时所遵循的行为准则。它在实质上都是一种涉及人们之间利害关系、涉及人们感情、良知和道德评价的一种价值非中性的行为规范。③ 商法中的技术性规范，体现在商事登记制度中，如对于公司设立、变更、终止的要求，还包括了公司履行决议前的程序安排，如会议的通知，以及公司机构的设置等。票据制度中亦大量存在此类技术性规范。此类技术性规范主要体现了商事活动中的效率价值。对于违反这类规范的法律后果，我们认为不应当认定为当然无效、绝对无效，因为该类规范主要保护的是效率价值，处理的是商主体内部或者封闭的、相对的商主体之间的法律关系，通常不涉及第三人或者市场秩序问题，因此若苛以当然无效、绝对无效的法律后果，未免过于严厉。例如，《公司法》中规定的有限责任公司股权转让的书面通知程序，或者是股东会议召开的通知时间等，倘若因为时间的一两天调整而因此即认定该行为无效，无疑将会降低商事活动的效率。对于这种违反的后果，应当采取相对无效或可撤销的方式，并允许当事人在事后对其行为的效力予以补正。

2)区分是违反了取缔性规范抑或效力性规范。违反前者，并不会导致商行为的私法

---

① 关于商法强制性规范的价值基础，详见张强：《商法强制性规范研究》，法律出版社2014年版，第40～69页。

② 耿林：《强制规范与合同效力——以合同法第52条第5项为中心》，中国民主法制出版社2009年版，第309～354页。

③ 魏宏：《法律的社会学分析》，山东人民出版社2003年版，第21页。

效力被否认，只是需要承担其他相应责任，而违反后者，商行为的效力将会受到影响。同时我们也要注意，在商法强行性规范中存在大量的体现国家公权力的规范。例如，《公司法》《保险法》中规定公司主体承担行政责任的规范，这些规范体现的是国家利益、社会利益价值，但是违反这些规范，并不一定导致其行为无效，盖因为国家利益、社会利益与商主体利益分属两个不同的范畴，所以即使“商法公法化”，亦不可因此即否定其私法上行为的效力。

3）区分违反的强制性规范是仅调整相对的、封闭的商事法律关系，抑或该法律关系涉及交易第三方，或者涉及公共利益。以法人超过经营范围签订的合同为例，目前该类合同并不当然无效，除了违反国家限制经营、特许经营以及法律、行政法规禁止经营规定的除外。可见，在涉及第三人利益的时候，商事审判应侧重于保护商事活动中的安全价值。

4）区分强制性规范所调整的关系中的商主体是否平等。对于一方是商主体而另一方不是商主体的单方商行为，规范设计要坚持权利义务倾向性保护原则。对于后者，应当仅赋予商主体一方形成权，且除斥期间规定严格。例如，在保险法中规定的投保人的如实告知义务、按期缴纳保费的义务，投保人违反该义务时，保险公司仅有解除权，而无确认合同无效的权利。对于此类违反后果的设定，体现了商法中实质正义价值，因为投保人相对于保险公司，从强弱对比上来说，显然属于弱势群体，但是同时他们又形成了一个特定的消费群体，因此从某种意义上来说，这样的后果设定亦体现了实质正义价值、秩序价值。

4. 强制性规范价值取舍之实证分析

在我院审结的一例对赌协议纠纷中，曹某某作为某生物技术有限公司的实际控制人、大股东，以首次上市公开发行股票为业绩目标向某投资中心等私募基金进行融资。该投资中心投资入股后，由于目标公司的 IPO 目标无法实现，各方签署退股协议，约定曹某某于协议签订之日 30 个工作日内，按照年 6% 的溢价回购某投资中心所持有目标公司的股份。到期后，曹某某未依约履行回购义务，投资中心诉至我院。我院经审理后认为，各方当事人签订的《股权转让协议》等均系真实意思表示，不违反法律、行政法规的强制性规定，应属合法有效。目标公司无法按照预期获准合格 IPO，曹某某有义务按照《股权转让协议》约定收购投资中心所持有的目标公司股权。我院判决曹某某支付股权转让款以及相应的利益。在此之前，最高人民法院在“甘肃世恒有色资源再利用有限公司”对赌协议第一案中，认定了无效情形仅限于以目标公司为主体的回购和补偿条款。而在上海瑞沨股权投资合伙企业与连云港鼎发投资有限公司等股权转让合同纠纷判决中，就所涉及的股权回购条款是否有效，上海一中院设定了四个应当同时遵循的原则，即鼓励交易、尊重当事人意思自治、维护公共利益和保护商事交易的过程正义。而可以说，上海一中院设立的这四个原则是商事审判理念在该类案件中的集中体现。

回顾“甘肃世恒有色资源再利用有限公司”对赌协议第一案，最高人民法院认定迪亚公司对于海富公司投资的补偿承诺并不损害甘肃世恒公司及公司债权人的利益，不违反法律法规的禁止性规定，是当事人的真实意思表示，应为有效。而在认定涉及甘肃世恒公司补偿条款无效时，特别强调了其无效的原因是因为海富公司可以取得的相对固定收益脱离了甘肃世恒公司的经营业绩，即固定收益与经营业绩相差 1100 余倍，从而损害了公司利益和公司债权人利益。也就是说，最高人民法院对对赌协议的效力不仅仅是因为投资人与公司对赌即认定为无效，而是在充分考虑了目标公司实际经营业绩的基础上作出的判决。①

从这几起对赌协议案件中可以看出，商事审判首先要尊重当事人意思自治，尊重当事人的契约精神，维护商事交易的过程正义，商人的意思自治往往能实现盈利的最大化。但是在涉及公司的秩序价值、公司股东和特定第三人即公司债权人的利益时，意思自治亦应当让位于诚实信用价值，即在商事交易中，必须以最大的善意来进行活动，不得损害他人利益或者滥用权利。

（二）商事法律适用中的解释规则

法官裁判案件，在查清案件事实之后，就要开始适用法律。在确定了适用于本案的法律条文之后，还需要确定法律条文的内容意义、适用范围，明确其构成要件及法律后果。这个工作，在法学方法论上叫狭义的法律解释。狭义的法律解释就是指审理案件的法官依据其对本案的裁判权而对法律、法规进行的解释。

1. 商事法律解释规则的实证分析

以保险关系为调整对象的保险法是一部专业性较强的商事特别法。保险业的经营对象是各种风险，在经营技术上有特定的要求。保险术语的专业化、概念化、保险法条文的高度概括化、保险合同的格式化等使在适用保险法对保险纠纷进行裁判的过程中，需要综合运用各种法律解释方法对保险法条文的适用范围等进行界定。下文所举的案例，正是商事审判中保护市场诚信、维护交易秩序的理念在法律解释规范运用时的高度体现。

甲为其轿车在保险公司处投保了机动车损失险与机动车第三者责任险。汽车修理公司的员工乙在修理甲车后的试车过程中与丙发生交通事故，导致甲、丙两车受损，乙负事故全部责任。事故发生后，甲赔偿了丙的损失并自行修理了自己的车辆。甲向法院起诉要求保险公司在机动车损失险及第三者责任保险项下承担赔偿责任。保险公司称，保险条款中约定了在试车过程中发生事故保险人不承担赔偿责任。一审、二审法院均以保险人未对免责条款进行了提示或明确说明为由，判决保险公司承担赔偿责任。后，保险公司以《保险法》第60条第1款规定为由，在机动车损失险及第三者责任保险项下向修理公司行使代位求偿权。修理公司认为其员工乙系甲允许的合法驾驶人，其并非《保险法》第60条第1款规定的第三者，保险公司不得向其行使代位求偿权，双方产生争议。

人民法院如何处理本案，关系着保险公司在责任保险项下赔偿了被保险人对第三者造成的损失之后，能否依据保险人代位求偿权从而使其经营风险得以化解，亦关系着被保险人允许的合法驾驶人能否对被保险人所投责任保险产生合理信赖，将被保险人及自己的风险得以化解，减轻被保险人及其允许的合法驾驶人在以后的社会生活中致人损害时主动承担责任的顾虑。

《保险法》第60条第1款规定，因第三者对保险标的的损害而造成保险事故的，保险人自向被保险人赔偿保险金之日起，在赔偿金额范围内代位行使被保险人对第三者请求赔偿的权利。在适用该条规定时需要对该条涉及的“第三者”的范围以及该条适用的财

---

① 于晖：《“甘肃世恒对赌案”后的一起“逆转”裁决》，载 www.topcapital.com.cn/pages/reportdata.asp? id=9937，2015年11月30日最后访问。

产保险的类别进行解释：

（1）文义解释。从字面上看该条涉及的“第三者”系保险合同以外人，即投保人、被保险人、保险人以外的人。从字面上看，该条款未对适用的财产保险的类别进行规定，从保险公司的角度而言，在任何财产保险关系中，只要其进行了赔偿，其就可以进行代位求偿，从而化解其经营风险。

（2）体系解释。结合《保险法》第62条规定，除被保险人的家庭成员或者其他组成人员故意造成本法第60条第1款规定的事故外，保险人不得对被保险人的家庭成员或者其组成人员行使代位求偿的权利。第60条第1款涉及的“第三者”还应将非故意造成保险事故的被保险人的家庭成员及其组成人员排除在外。《保险法》第58条至第64条的调整范围与财产损失保险合同高度契合。《保险法》第65条及第66条规调整的范围为责任保险。因此，从前后文来看，第60条第1款应该适用于财产损失保险或者非责任保险。

如果解释仅仅进行到这里，在以后的保险实践中，还是会出现保险人与被保险人或者被保险人允许的合法驾驶人在致人损害时的责任分歧，不利于交易的便捷及市场诚信的确立。商事审判理念中的促进交易便捷与维护市场诚信的意识，也不允许我们解释到这里。

（3）限缩解释及其与目的解释交叉运用。在对《保险法》第60条第1款涉及“第三者”及可适用的险种的范围进行文义解释、体系解释后，我们需要借助于目的解释来检验前述解释是否合理，以保证对法律条文的解释忠实于立法本意。《保险法》第60条第1款规定的代位求偿权，是为了保障保险人的利益，防范“第三者”的道德风险，鼓励诚信交易，维护保险业的经营秩序。被保险人与其允许的合法驾驶人之间有着特定关系（如亲属、员工、朋友等），其允许的合法驾驶人一般不会希望对被保险人的机动车造成损害。将被保险人允许的合法驾驶人排除在“第三者”的范围之外不会违背该条的立法目的。在发生事故后，允许保险人向被保险人允许的合法驾驶人追偿，实际上就是被保险人要求其允许的合法驾驶人赔偿。因此，《保险法》第60条第1款涉及的“第三者”在机动车损失保险项下，还应再依据保险条款的内容缩小适用范围，应将被保险人允许的合法驾驶人（排除生效的免责条款涉及的特定人员）排除在外。

《保险法》第65条规定责任保险的目的就是分散或化解被保险人对“第三者”依法应负的赔偿责任，同时保障“第三者”的利益。《保险法》第60条第1款规定的代位求偿权，是为了保障保险人的利益，防范“第三者”的道德风险。因此，《保险法》第65条所规定的第三者是“第三方受害者”，《保险法》第60条第1款规定的第三者是“第三方加害者”。责任保险的保险标的为被保险人对“第三者”依法应负的赔偿责任，被保险人是责任保险的责任方，“第三者”是受害者。将责任保险排除在《保险法》第60条第1款的适用范围之外，符合第65条的立法目的且不违反第60条第1款的立法目的。

2. 商事审判中进行法律解释需要注意的问题

（1）文义解释是首先必须进行的法律解释方法。商事法律的任何条文，只有当运用文义解释得出的结果不确定，或者不符合情理时，其他的法律解释方法才有适用的空间。如果文义解释的结果非常确定，也非常符合情理，我们就无须采用其他解释方法进行解释。

(2)关于体系解释与目的解释、限缩解释或扩张解释。体系解释可以保证法律条文在整体上的一致性,但是进行体系解释时,可能得出的结论并不周延。目的解释最能体现相关法律的立法目的,在体系解释得出结论不确定或者有疑义时,进行目的解释可以从根本上保证解释的正确性。此外,在对某一条文进行目的解释后,如果该条文中涉及了其他条文中涉及的抽象概念或术语,有可能还涉及对相关条文进行限缩或者扩张解释。

(3)运用商事审判理念对解释的结果进行综合判断,如果理念与解释的结果一致,则可以印证解释的正确性,否则,可能还需要反推解释是否合理、正确。

小　结

由于我国目前并没有统一的商事通则,而商事审判又长期处于大民事格局下,导致商事审判定位含混,民事审判和商事审判在价值取向和裁判理念上存在混同。法官对商事审判理念尚未形成明确和统一的认知,法官在商事审判活动中对商事审判理念的实践性不高,在审判实践中极易忽视商事裁判独有的内在规律,习惯于用传统的民事审判思维来处理商事案件,影响了商事案件的处理效果。同时,市场经济的逐步发展,特别是产业结构调整大背景下,经济发展的不断创新和深入,对商事审判亦提出了更高的要求。

本选题的出发点和落脚点就是立足商事审判的特点和规律,结合商事法律法规、司法解释、商事会议讲话精神等,总结指导商事审判的商事审判理念内涵,从事实认定和法律适用两个视角对商事裁判方法进行了梳理。

研究商事审判理念,在商事审判实践中培育和树立符合商事审判内在规律与特性、并顺应经济发展趋势的商事裁判理念,并以之作为商事审判工作的思维指引,最大可能地统一类型案件的裁判标准,对于提升商事审判质量无疑具有十分重要的价值。

证券期货类案件诉调对接机制的优化与完善*

一、问题：当前证券虚假陈述案件的审理模式及困境

（一）证券虚假陈述责任纠纷的特点

证券虚假陈述责任纠纷，根据最高人民法院2003年颁布的《证据市场若干规定》，是指证券市场投资人以信息披露义务人违反法律规定，进行虚假陈述并致使其遭受损失为由，而向人民法院提起诉讼的民事赔偿案件。近年来随着证券市场监管的加强、投资者保护意识的提高等，各地法院对此类案件的审理逐渐增多。目前，此类案件主要存在以下四个特点。

一是“多”，案件数量逐年增多。据统计，2015年全国各级人民法院共审结证券期货虚假陈述责任民事一审案件2795件，同比上升92.76%。2016年增加为3750件，同比上升34.17%；①二是“小”，原告多为中小投资者，即所谓普通散户；三是“久”，即收案周期及审理周期长；四是“难”，即案件专业性强，审理难度和争议较大。虽然《证券市场若干规定》为法院审理此类案件提供了法律依据，但该司法解释自2003年实施以来已经过去了十余年，近年来立案登记制改革、证券法修改、理论的完善、金融市场发展以及金融监管政策的变化等，给此类纠纷的审理带来了诸多新情况、新问题及不确定因素，这些都增加了此类案件的审理难度。

（二）基于普通审理模式而生的困境及由此产生的需求

目前，许多法院在审理此类案件时，仍将此类案件作为普通一审商事案件进行审理，但是，按照普通的一审商事案件审理此类纠纷，使法院陷入以下审理困境。

第一，无效与重复工作过多。以此类纠纷中非常典型的被告逐案提出管辖权异议为例，即被告针对投资者起诉每一案件逐案提出管辖权异议并针对每一裁定提出上诉，在中国裁判文书网存在着不少这样重复性的管辖权裁定，造成法院大量的重复与无效工作。②

第二，案件周期长。此类案件从被告管辖权异议申请的提出、人民法院作出裁定、上诉、上诉移送、上一级法院作出终审裁定，一般需要3～4个月的时间。而加之此类案件在

---

* 课题主持人：马来客，课题负责人：张家华，课题组成员：常洁、杜卫红、邵普、曹明哲、窦磊、童晶晶、德智，课题执笔人：曹明哲、窦磊、童晶晶。

本课题为2019年部门级重点调研课题。

① 山西省高级人民法院课题组：《证券期货虚假陈述责任案件专题分析报告》，载《法律适用》2018年第2期。

② 详见曹明哲：《证券虚假陈述责任纠纷中被告逐案提出管辖权异议的现象研究》，载张卫平、齐树洁主编：《司法改革论评》（总第25卷），厦门大学出版社2018年版，第84页。

信息重大性、因果关系、系统风险、投资差额损失计算等方面均存在的争议,由此导致此类纠纷的处理耗时更长。有学者统计,截至 2013 年 3 月 31 日,证券虚假陈述责任纠纷中,案件审理的平均值达到了 405.1 日(13.5 月),中位值也有 351.7 天(11.7 月)。① 甚至有的法院"在等待两年的诉讼时效届满后才开始安排审理"。②

第三,成本高、资源浪费。自法院证据交换和开庭而言,不同原告及其代理人与被告重复性如同"车轮战"一般就同一问题举证质证发表意见,法院重复性的组织开庭审理;自裁判文书的制作和出具而言,除了原告投资者买入卖出涉案股票的具体交易情况不同,其余案件事实和裁判理由完全一样,而按照目前的审理模式,人民法院要针对每一个原告出具单独的相同的法律文书。

第四,审判资源无法集中。前述的各类程序性、重复性事项耗费了法院的大量精力,导致法院在真正的实体争议上往往投入相对不足,法院无法做到"好钢用在刀刃上";同时,由于此类案件后续仍有较多数量,法院的个案审判思维可能忽略实体问题在批量案件中的示范作用。

综上所述,在当前的审理模式下,"受害者如果纷纷起诉,法院就须对相同或类似的案件反复进行立案和审理,不仅程序繁复,法院和原、被告都将不堪重负,而且极不经济"。③ 由此,无论是基于司法改革的大背景还是基于营商环境优化背景下对中小投资者的保护,在证券虚假陈述的审判中,快捷、高效、低成本、资源有效利用的诉讼程序审判模式必须取代旧的审判模式。

二、"示范判决+多元调解"的应然选择

(一)基于其他审理模式的排除:以构建成本最低为标准

事实上,就证券类案件审判模式的构建并非新鲜话题,理论界对此的研究浩如烟海。借鉴国际上的经验和我国现行立法,理论和实务界主要提出以下四种模式。第一,集团诉讼模式,以美国的"选择退出式"为代表。采此模式可减少成本,对案件批量处理。第二,公益诉讼模式。近年来我国立法与实践加大了对公益诉讼的探索,有观点认为在证券侵权领域引入公益诉讼,可以最大限度节省管理诉讼成本,提升诉讼效率。④ 在我国台湾地区,"证券投资人及期货交易人保护法"创设了证券团体基于证券投资人及期货交易人授权提起损害赔偿之诉的证券团体诉讼制度。⑤ 第三,代表人诉讼模式。第四,德国的示范诉讼模式。即将群体性诉讼中的共同事实或法律问题交给上级法院,由后者在一种"两造诉讼"的框架内先行审理,并以审理结果作为解决所有个别纠纷的基础。⑥

---

① 黄辉:《中国证券虚假陈述民事赔偿制度:实证分析与政策建议》,载黄红元主编:《证券法苑》(第九卷),法律出版社 2013 年版,第 978 页。

② 黄辉:《中国证券虚假陈述民事赔偿制度:实证分析与政策建议》,载黄红元主编:《证券法苑》(第九卷),法律出版社 2013 年版,第 977 页。

③ 耿利航:《群体诉讼与司法局限性——以证券欺诈民事集团诉讼为例》,载《法学研究》2006 年第 3 期。

④ 焦津洪、高旭:《美国证券欺诈赔偿检诉制度对我国的启示》,载《法学论坛》2015 年第 5 期。

⑤ 具体可参见薛永慧:《台湾证券团体诉讼制度:规范与借鉴》,载《台湾研究集刊》2016 年第 3 期。

⑥ 吴泽勇:《〈投资者示范诉讼法〉:一个群体性法律保护的完美方案?》,载《中国法学》2010 年第 5 期。

本文认为，当前对于证券群体诉讼的诉讼构造，应以“若无必要，勿增实体”为理念，以制度构建成本最低为标准，在尽量不触动民事诉讼基本构造，不借助过多立法论创设新制度的情况下构建，如此能够尽快在司法实践中运用起来，司法实践适应的成本、理论解释成本均较低。以此为标准，可得出示范诉讼模式为最佳选择。

第一，集团诉讼在我国没有实践、立法的支持，若采用此模式需推倒重来，制度构建成本较高。而且在《证券市场若干规定》中，起草者明确指出在证券虚假陈述责任纠纷中不采用美国的集团诉讼模式。① 第二，在我国公益诉讼模式在证券领域尚缺乏立法支持，具体的起诉主体、公益诉讼的起诉主体是否获得赔偿金、如何管理赔偿金等问题欠缺系统的研究，制度构建成本仍然较高。第三，值得注意的是，2019 年 4 月 26 日公开征求意见的《证券法》(修订草案三次审议稿)第 105 条规定，投资者提起虚假陈述、内幕交易、操纵市场等证券民事赔偿诉讼时，当事人一方人数众多的，可以依法推选代表人进行诉讼。尽管《证券法》意在鼓励代表人诉讼，但是《民事诉讼法》第 54 条的代表人诉讼制度在实践中基本被束之高阁。人数确定的代表人诉讼在证券领域由于法院的限制规则很少运用。人数不确定的代表人诉讼绝大多数法院是不愿适用的。② 以致有学者指出，《民事诉讼法》第 54 条的规定几乎已成为具文。③ 因而上述模式构造成本较高。

（二）基于顶层设计与地方的实践探索

最高人民法院《关于进一步推进案件繁简分流优化司法资源配置的若干意见》第 7 条规定：探索实行示范诉讼方式。对于系列性或者群体性民事案件和行政案件，选取个别或少数案件先行示范诉讼，参照其裁判结果来处理其他同类案件，通过个案示范处理带动批量案件的高效解决。

在具体的证券领域，2016 年最高人民法院、中国证券监督管理委员会《关于在全国部分地区开展证券期货纠纷多元化解机制试点工作的通知》第 13 条规定，建立示范判决机制，对因虚假陈述、内幕交易、操纵市场等行为所引发的民事赔偿纠纷，需要人民法院通过司法判决宣示法律规则、统一法律适用的，人民法院应当及时作出判决。在 2018 年最高人民法院、中国证券监督管理委员会《关于全面推进证券期货纠纷多元化解机制建设的意见》第 13 条亦继续规定建立示范判决机制。

在具体落实层面，就在 2019 年，上海金融法院、北京市高级人民法院分别就证券领域的示范判决机制作出了细化规定。2019 年 1 月上海金融法院制定《关于证券纠纷示范判决机制的规定（试行）》（以下简称《上海规定》），并于 2019 年 4 月 30 日公布；在 2019 年 5 月 5 日，适用示范判决机制公开宣判原告潘某等诉被告方正科技集团股份有限公司证券虚假陈述责任纠纷案。④ 北京市高级人民法院也在 2019 年 4 月 29 日发布《关于依法公正高效处理群体性证券纠纷的意见（试行）》（以下简称《北京意见》）。前者侧重于在示范

---

① 李国光主编：《最高人民法院关于审理证券市场虚假陈述案件司法解释的理解与适用》，人民法院出版社 2015 年版，第 171 ~ 172 页。

② 章武生：《我国证券集团诉讼的模式选择与制度重构》，载《中国法学》2017 年第 2 期。

③ 范愉：《集团诉讼问题研究》，北京大学出版社 2005 年版，第 54 页。

④ 《上海金融法院公开宣判全国首例证券群体性纠纷示范案件》，载上海金融法院官网 http://shjrfy.hshfy.sh.cn/jrfy/gweb/xx_view.jsp? pa = aaWQ9MTA4NAPdcssPdcssz，2019 年 5 月 11 日最后访问。

判决机制选定、审理等各方面,后者除了对示范判决机制的相关问题进行规定外,对于涉及证券虚假陈述纠纷的调解等问题亦进行了详细规定。

在顶层设计与地方实践下,“示范判决 + 多元调解”的具体落实有了规范依据。

(三)基于纠纷特点、审理困境、需求与“示范判决 + 多元调解”的契合

示范判决机制是目前为止在现有法律框架内较为经济、高效的证券群体性纠纷解决方式。一方面,示范判决机制克服了传统单独诉讼、共同诉讼无法适应群体性纠纷的弱点;另一方面,又具有较大的灵活性,方便快捷,摆脱了代表人诉讼中当事人与代表人之间契约成本过高的困境。具体而言,示范判决机制具有以下优势:一是有利于促进适法统一,提升审判效率。通过从群体性案件中选取在事实认定、法律适用上具有代表性的一个或若干个案作为示范案件,先行审理并及时作出判决,一方面,可以避免因案件众多而出现适用法律不统一的现象;另一方面,示范判决生效后,其他案件可以通过对示范判决的援引及诉讼程序的简化,快速推进群体性纠纷的诉讼进程,提升审判效率。二是有利于促进矛盾化解,节约司法资源。通过示范判决所确立的事实认定和法律适用标准,引导其他当事人树立合理的诉讼预期,并以此促使当事人通过调解等多元纠纷化解机制解决纠纷,提高矛盾化解效率,缓解司法审判压力,实现司法资源的有效利用。三是有利于降低诉讼成本,维护合法权益。对投资者而言,可以通过援引示范判决,诉调结合,尽快获得赔偿;对上市公司而言,可以避免因反复应诉而负担较高的诉讼成本。

三、“示范判决 + 多元调解”的构建

拆解“示范判决 + 多元调解”,主要系示范判决、多元调解,在流程上,主要涉及示范案件的选定、示范案件的判决、平行案件与示范案件的关系、平行案件与多元调解的衔接等。本文认为,可从上述环节构建“示范判决 + 多元调解”的模式。

(一)示范案件的选定

由于示范案件本身所具有的示范性、典型性,决定了其在整个证券诉讼中的重要性。结合《上海规定》和《北京意见》,示范案件的选定主要在以下两个方面进行完善。

第一,示范案件的要求。示范案件应当包含同类纠纷共同的事实和法律争议,并具有代表性,为多数案件所具备的。同时,笔者认为,示范案件并不一定限定为一个,亦可能为两个或者以上。例如,依据《证券法》第 69 条以及《证券市场若干规定》第 7 条,证券虚假陈述责任纠纷中的被告除了发行人、上市公司之外,根据具体情况还可能存在董事、监事、高级管理人员以及专业中介机构等所谓“其他虚假陈述行为人”。因此,此类案件的被告可能含有多个,或许选定的案件中并无除上市公司的其他被告;但若在示范案件作出后,出现了部分存在共同被告的案件,则对于此类案件仍可选定作为示范判决,就共同被告承担责任的问题再次进行审理和明确。

第二,示范案件选择标准。首先,示范案件的选定既可以依申请,即当事人认为其案件具有典型性的,可向法院提交申请请求法院选定作为示范案件;也可以依职权由法院在诸多案件中选定具有典型性的案件,对此,《上海规定》和《北京意见》均进行了规定。其次,鉴于示范案件的重要性,对于最终决定何者作为示范案件,应由庭级法官会议、跨部门法官会议或者审委会决定,以此作为示范案件典型性的内部程序性保障。再者,在此处可

以与公益诉讼的运行挂钩,即若是权威性、公益性的机构提起的案件,可以作为选定示范案件的一个标准,减少确定示范案件的成本并提升示范案件的权威性。对此,《上海规定》第6条指出,由国家机关或依法设立的公益性组织机构支持诉讼且符合示范案件选定条件的,优先选定作为示范案件,此规定值得采用。值得注意的是,公开征求意见的《证券法》(修订草案三次审议稿)第104条规定,国家设立的投资者保护机构对损害投资者利益的行为,可以依法支持投资者向人民法院提起诉讼。即若有投资者保护机构支持的案件亦可以作为示范案件。

(二)示范案件的判决

第一,示范判决的程序保障。示范判决的确定如示范案件的选定一样应同样得到重要的程序保障,如《上海规定》第45条规定,合议庭对示范案件评议后,作出示范判决前,应当提交本院证券业案件法官专业委员会讨论,必要时可以提请本院审判委员会讨论决定。

第二,争议的实体法律问题的完善。由于示范判决涉及案件中共同的法律和事实问题,若保证示范判决的权威性,就需要保证这些共通性事实与法律问题需要在价值判断结论上的妥当。如前所述,目前在此类案件中,存在一些重要的价值判断问题有较大的分歧,造成了裁判的不统一,典型如信息的重大性问题、揭露日的判断、系统风险的扣除与考量等。希冀最高人民法院能够尽快就上述问题进行完善,推动示范判决再更加顺畅。

(三)平行案件与示范案件的关系

第一,示范判决的应用。示范案件作出判决后,对于平行案件,应采取"原则适用、不适用个案审查"的思路,即具有相同情况的案件,法院可依申请或者依职权直接适用示范判决所确定的事实和法律,当事人有异议的,进行个案审查。

第二,示范案件选定后对平行案件的影响。一是示范性案件选定后应向已经立案的当事人公开,告知示范案件的开庭时间等具体情况,并告知其他平行案件中止审理;二是示范案件选定后,示范案件的各项程序性事项优先进行。

第三,平行案件的简化处理。对于适用示范判决的平行案件,《上海规定》和《北京意见》均规定,当事人要求裁判的,可采用表格式、要素式等简化方式明确投资人可以获得的赔偿项目及赔偿金额,以减少重复性工作并提升诉讼效率。

(四)平行案件与多元调解的衔接

第一,构建示范判决机制的主要目标是通过引导当事人树立合理的诉讼预期,以判促调,推动纠纷及时有效化解。《上海规定》明确,示范判决生效后,平行案件原则上应先行委托调解,即以示范判决所确立的事实认定和法律适用标准委托专业第三方调解机构进行调解,引导当事人通过证券纠纷多元化解机制解决纠纷,提高矛盾化解效率。《北京意见》第19条规定,就立案前调解,人民法院原则上应当引导当事人依照示范判决确定的赔偿标准进行和解,并根据情况分别进行处理:(1)当事人达成和解协议并自行履行的,人民法院应退回起诉材料;(2)当事人达成和解协议并请求人民法院确认的,人民法院应依法受理,并及时制作调解书;(3)当事人未达成和解协议的,人民法院应及时将后续当事人诉讼予以登记立案。根据两个意见稿,目前有三种调解路径:一是诉讼立案登记前先行调解;二是在法庭审理前委托调解;三是经法庭审理后委托调解。三种调解路径在审判实务当中第一种立案登记前的调解很少。示范判决形成后的平行案件后续应该主要以调解为主，个别极端情况再进入诉讼程序，目前在审判实务中，诉前调解几乎为零，都是进入诉讼中再进行调解，没有充分发挥示范判决的效用。笔者建议，一部分权利义务关系简单、投资者损失较少的平行案件可在诉前就进行调解，因为有示范案例作为参考依据，争议不大，标的小的投资者调解意愿更强烈，若诉前达成调解不仅节省诉讼资源，投资者也能尽快拿到赔偿款，节省诉讼成本。具体操作中可将同意委托调解书制成模板，在立案时将相关手续和同意委托调解书由立案庭直接邮寄给被委托的调解机构。在诉前调解的过程中需要注意两点：(1)示范判决作出后应该及时公布，并与立案庭做好沟通联动；(2)示范判决生效后，根据示范判决所认定的共通事实和法律适用标准，平行案件原则上应先行委托调解，诉前调解 30 天，调解未成功应立即予以立案，进入诉讼程序。该阶段时间应严格控制，不能有违立案登记制的初衷。

第二，在审判实践中，群体性证券纠纷在调解过程中往往会存在一些问题，尤其是因为案件量很大，第三方委托调解组织往往会将案子进行批量调解，时间周期往往很长，调解阶段每个时间节点没有相关规定，当事人一般都不知道调解具体进行到什么程度，委托调解组织因为没有具体的法律规定，进度一般很慢，法院也无法控制调解的进度，这样调解的效率和质量很难保证。有学者建议是否可以考虑整合我国证券期货行业各类调解组织，便于统一管理、防止重复建设，同时也方便投资者寻找调解组织的支持与服务。为此，可成立或授权一个组织统一负责我国证券期货纠纷调解工作。本文认为，为了解决一个问题专门成立一个机构不是最佳途径，我们应该在现有体制框架内寻求解决方案。依据《北京意见》第 17 条，充分运用在线纠纷解决方式开展工作。依托"中国投资网"建设证券期货纠纷在线解决平台，并与人民法院办案信息平台连通，方便诉讼与调解在线对接。调解组织应当充分运用"中国投资者网"等现代传媒手段，把"面对面"与网络对话、即时化解等方式有机结合，研究制定在线纠纷解决规则，并总结推广远程调解等做法。各级人民法院要借助互联网等现代科技手段，探索开展在线委托或委派调解、调解协议在线司法确认，通过接受相关申请、远程审查和确认、快捷专业服务渠道、电子督促、电子送达等方法方便当事人参与多元化解工作，提高工作质量。

结合《北京意见》第 17 条的内容，本文建议我们北京法院可以借鉴智慧云对外委托评估、鉴定平台的设置，由高院出台统一的对外委托调解平台关于调解时间节点以及委托流程等相关的规定，将整个委托调解流程都在网上系统公开，有些案件材料在平台网络上直接进行共享，节省材料转接时间，提高调解的速度。法院能够掌握整个调解进度，更方便做当事人工作，第三方委托调解组织有调解流程进度的时间规定会更加积极处理，提高调解的效率。

（五）技术性辅助措施的完善

第一，完善证券开户交易信息协助调取机制建设。在提高投资者举证能力方面，可考虑适当强化有关知情单位和个人的协助义务，减轻人民法院的调查取证负担，法院可以委托相关专业机构协助投资者调取开户信息及交易数据等证据，并进行损失计算，同时充分发挥律师在调查取证方面的职业作用，探索在民事诉讼中的律师调查令制度。

第二，完善证券专业领域专家陪审和专家证人的机制建设。在解决人民法院认证难问题上，需要考虑专家陪审和专家证人的制度设计。证券案件部分案件可以适当邀请证券行业专家作为人民陪审机，参与案件审理，一步提升证券纠纷审判的公信力。在专家证人的程序设计方面，进一步细化民事诉讼法司法解释的相关规定，使案件审理所涉及的会计、审计、投资理论、金融工程等多学科的专门知识能够在案件审理程序中得以充分展现，扩充案件审理的知识容量和审理深度，以增强司法民主，提升裁判结果的信服度。

第三，完善证券侵权损失第三方专业机构核算、专业鉴定机制建设。为优化资源配置，提高人民法院证券商事审判质量和效率，可以探索建立中立专业第三方就证券侵权事实、损失数额等予以独立核算、专业鉴定的制度。目前，部分证券投资者保护机构已就证券虚假称述案件中的损失计算问题探索出了损失计算软件，接受法院委托对案件所涉繁重的投资者具体损失数额进行精确计算，并积累了较为专业的技术力量，大大减轻了受诉法院的专业审判压力，对这些辅助支持工具法院应和相关机构进行友好合作，整合资源，提升商事审判工作效率。

第四，完善证券纠纷化解的集约化信息化机制建设。探索远程调解、视频调解等新型调解方式，提升调解工作的质量和效率；探索搭建信息共享和传递平台，实现全流程在线调解；同时，为了提升批量投资者损失数额的计算效率和精确程度，充分发挥调解组织在证券业务领域的专业性、技术上的优越性，在保守工作秘密的基础上，可以探索法院信息和金融监管信息和行业调处信息共享共建，打破证券领域府院和行业组织之间的信息孤岛，实现证券纠纷从监管部门到行业组织到法院系统全方位、全流程、全领域的化解。

第五，建立专业规范的联席会议机制。由于证券领域的新问题、新情况层出不穷，为更好地应对诉调衔接工作中出现的新问题、新情况，共同研判证券类案件领域的难点、敏感、热点问题，就日常工作进行沟通和定期对证券纠纷多元解决机制合作情况进行评估，法院与监管机构、调解组织应经常性地召开“联席会议”，定期对证券纠纷诉调衔接工作情况进行评估、总结、通报、宣传，对证券纠纷开展前瞻性调研，对领域内热点、难点问题进行研讨、交流；对群体性、敏感性和其他重大疑难证券纠纷进行联合矛盾化解、预防。

第六，建立府院行业组织双向培训机制。为不断提升调解员的理论、实务操作水平，法院与监管机构、调解组织应共同开展对调解员的培训工作，包括但不限于典型案例研讨、组织庭审旁听等方式提升调解员的理论和实务操作水平；同时，监管机构、调解组织的相关专业人士也可以定期对审判人员开展证券业务培训，增强对证券案件分析与调研能力。

四、证券侵权诉讼机制的全面建设

2019 年《全国法院民商事审判工作会议纪要》指出，案件审理方式方面，在传统的“一案一立、分别审理”的方式之外，一些人民法院已经进行了将部分案件合并审理、在示范判决基础上委托调解等改革，初步实现了案件审理的集约化和诉讼经济。在认真总结审判实践经验的基础上，有条件的地方人民法院可以选择个案以《民事诉讼法》第 54 条规定的代表人诉讼方式进行审理，逐步展开试点工作。就案件审理中涉及的适格原告范围认定、公告通知方式、投资者权利登记、代表人推选、执行款项的发放等具体工作，积极协调相关部门和有关方面，推动信息技术审判辅助平台和常态化、可持续的工作机制建设，保障投资者能够便捷、高效、透明和低成本地维护自身合法权益,为构建符合中国国情的证券民事诉讼制度积累审判经验,培养审判队伍。”因此,除了示范判决机制之外,还应在证券侵权诉讼的以下机制方面进一步推进。

一是探索推进代表人诉讼审理机制建设。《民事诉讼法》第 53 条、《民事诉讼法司法解释》第 76 条、第 77 条规定了在共同诉讼中适用代表人诉讼的基本程序和机制框架。但在证券侵权纠纷案件中该机制目前适用的并不多,其主要原因在于:在代表人诉讼制度中,因遭受损失的中小投资者数量众多、分散各地、互不认识,相互之间缺乏交流和信任,要从人数众多的投资人中选出 2 ~ 5 名诉讼代表人,缺乏信任基础;另外代表人诉讼如何在全国范围内征集受损投资者登记及如何拓展代表人诉讼判决的扩张效力上都需要有更精细化的机制建设。目前就该机制的建设,最高人民法院有意在北京市一中院、上海金融法院选取部分证券虚假陈述案件作代表人诉讼审理机制的试点,具体的机制建构可以在探索实践中进一步尝试。

二是探索推进支持诉讼审理机制建设。《民事诉讼法》第 15 条规定:“机关、社会团体、企事业单位对损害国家、集体或者个人民事权益的行为,可以支持受损害的单位或者个人向人民法院起诉。”该条为民事诉讼支持诉讼提供了法律依据。在证券领域,自 2017 年 5 月全国首例由投服中心支持诉讼的“匹凸匹公司证券虚假陈述责任纠纷案”审结,我国证券市场支持诉讼制度建设开始“破冰”,该机制甚至写入了最高人民法院在十三届全国人民代表大会的工作报告中,被评为“2017 年人民法院十大民事行政案件”。自该案起投服中心先后又提起康达新材案、上海绿新、安硕信息、鞍重股份、ST 大控、猛犸资产、锐奇股份、超华科技等诸多案件中提起支持诉讼。目前投服中心多是以指派案件代理的形式支持中小投资者提起证券支持诉讼,并制定了投服中心支持起诉的条件及范围。但是投服中心作为证券公益非营利组织提起支持起诉的诉讼地位及支持诉讼的形式上尚需进一步探索;另外,投服中心一方面作为原告支持起诉方,另一方面又具有证监会下设行业组织调解方的功能,在组织调解与支持诉讼上存在功能竞合,需要在下一步工作中进一步明确厘清。建议相关规范进一步明确证券公益组织支持诉讼的地位,证券公益组织支持诉讼除了为弱势投资人指派代理人的形式外,可以尝试作为弱势投资人的专家证人、专业鉴定人等方式,强化弱势投资人举证能力,或者作为独立第三方机构出具损失核算意见书或研发损失第三方独立核算软件的方式为法院认定事实等提供诉讼支持。

关于健全完善管理人制度的调研报告*

管理人制度是破产程序中独有的制度设计，2006 年颁布的《企业破产法》、最高人民法院《关于审理企业破产案件指定管理人的规定》及《关于审理企业破产案件确定管理人报酬的规定》等法律、司法解释确立了我国相对现代化、市场化的管理人制度框架。管理人制度的实施情况不仅关系到破产审判的质效，而且关乎破产制度价值的实现。2018 年，最高人民法院在《全国法院破产审判工作会议纪要》（以下简称《破产审判会议纪要》）中强调要“加快完善管理人制度，大力提升管理人职业素养和执业能力”。现行企业破产法实施十余年来，在法院的监督指导及管理人的推动下，破产法的救治与退出功能得到有效发挥，但同时管理人制度的运行也出现了很多新问题，一定程度制约和影响了市场化、法治化破产审判机制的健全和完善。为此，我院成立课题组，以北京法院及我院审理的破产案件为样本，对破产审判实践中反映出的管理人基本情况进行了系统梳理，对目前管理人制度运行中存在的突出问题进行深入调研分析，在认真听取专家以及管理人意见的基础上提出对策建议。

一、管理人制度运行基本情况

（一）管理人名册构成多样，近四成机构停止接受法院指定

2007 年北京市高级人民法院编制并公布管理人名册，入册管理人包括 100 家社会中介机构、20 名个人管理人。其中 100 家中介机构具体包括 65 家律师事务所、33 家会计师事务所及 2 家破产清算事务所；20 名个人管理人包括 10 名律师，10 名注册会计师。

自 2008 年起，北京法院从管理人名册中指定管理人，据统计，截至 2016 年，共计 695 件破产案件管理人从名册中产生。同时，部分在册管理人退出名册或申请停止接受法院破产案件的指定（“停摇”）。目前北京市在册 63 家律师事务所中 21 家“停摇”，22 家会计师事务所中 14 家“停摇”，总共占比近四成。（如图 1 所示）

---

* 课题主持人：马立娜，课题组成员：郑伟华、邹明宇、高春乾（执笔人）、苏汀珺、樊星（执笔人）。本课题为 2018 年院级重点课题，荣获北京市法院 2018 年优秀调研成果三等奖。

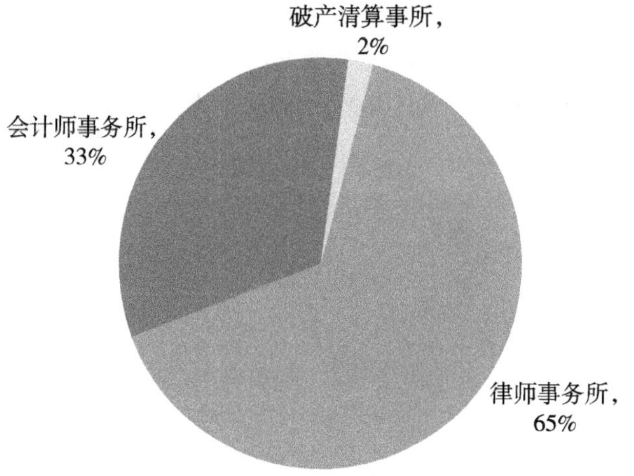

图 1 北京管理人名册(中介机构)构成情况

(二)管理人选任方式以摇号为主，中介机构重复摇中的概率偏低

以北京法院为例，自 2008 年至今，北京法院公开竞争选任管理人 4 件次，其余案件管理人均为随机产生，管理人选任方式以摇号为主。

自 2008 至 2014 年，北京法院共计从名册中产生 354 件清算、破产类案件的管理人，其中社会中介机构 351 件，涉及 77 家中介机构，个人 3 件。[①] 在 6 年的时间里，32 家中介机构被指定次数低于 2 次，占比 41.6%，重复摇中的概率极低。(如图 2 所示)

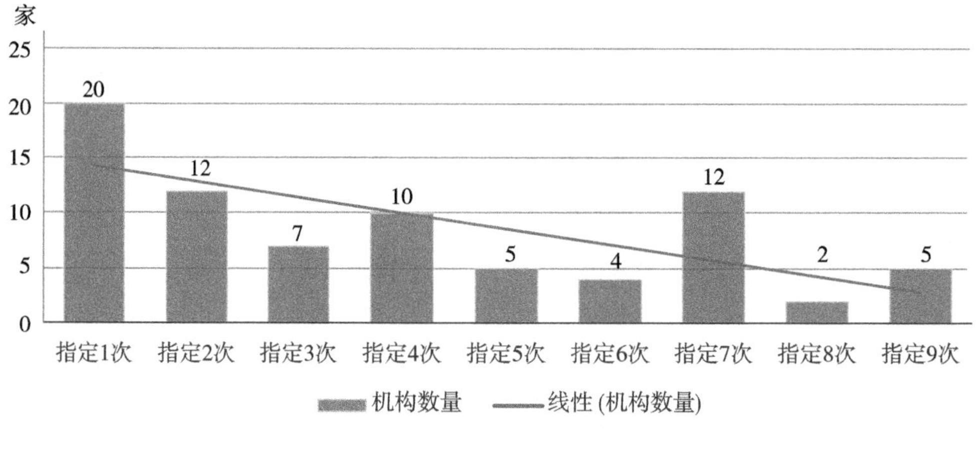

图 2 2008—2014 年中介机构接受清算、破产类案件指定频次

(三)清算组担任管理人占较大比例，清算组组成人员较机构管理人多一倍

以我院为例，现行企业破产法实施以来，我院受理的进入破产程序的案件共计 95 件，其中指定清算组为管理人 51 件，占比 54%；指定中介机构 44 件，占比 46%；未指定个人管理人。清算组主要由政府相关部门、企业上级主管部门及社会中介机构人员组成，团队

① 来源北京市高级人民法院 2015 年统计数据。

平均人数为11.5人。中介机构团队平均人数为5.1人。2件案件清算组发生团队成员变动,变动原因是人员执业单位变更所致。清算组担任管理人占比较高与2009年、2010年我院集中受理了一批政策性破产案件有关。(如图3、图4所示)

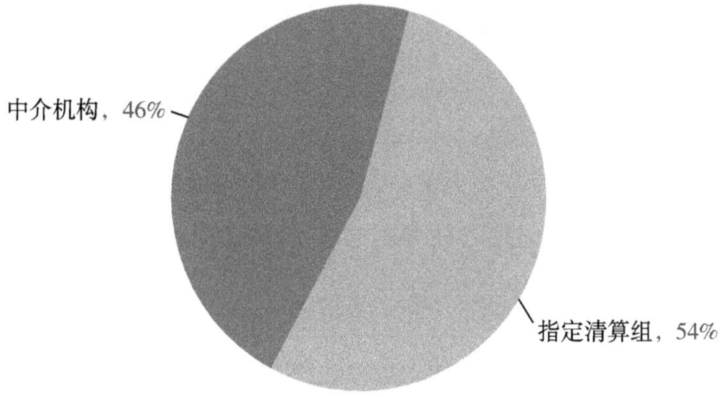

图3 管理人类型

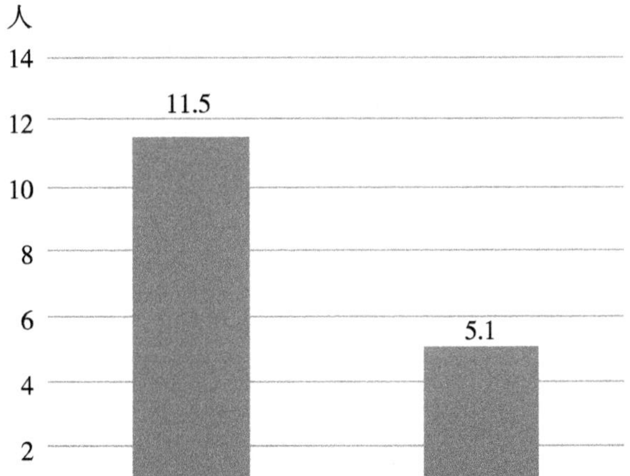

图4 清算组、中介机构管理人团队平均人数

(四)管理人报酬数额个案差别较大,部分案件无报酬可供支付

以我院审结的破产案件为例,破产案件中清算组平均获得报酬金额为7.7万元,中介机构为48.1万元(如图5所示);清算组报酬主要源于上级拨付和破产财产,中介机构报酬主要源于破产财产和利害关系人垫付,其中破产财产和利害关系人垫付比例各占一半。(如图6所示)

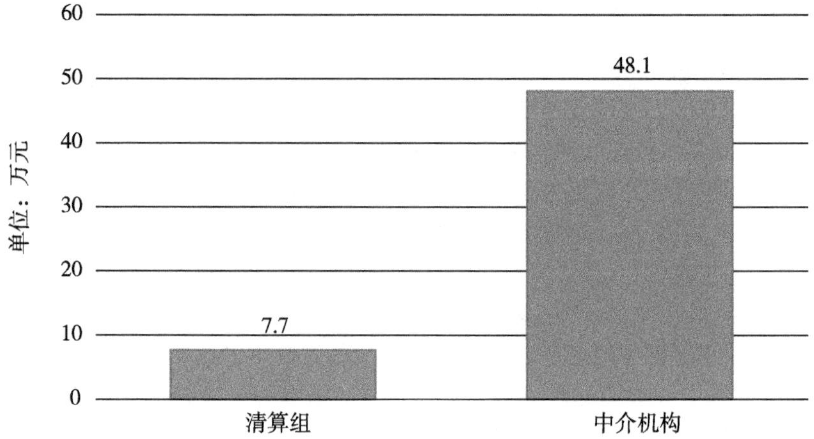

图5　清算组与中介机构平均报酬金额

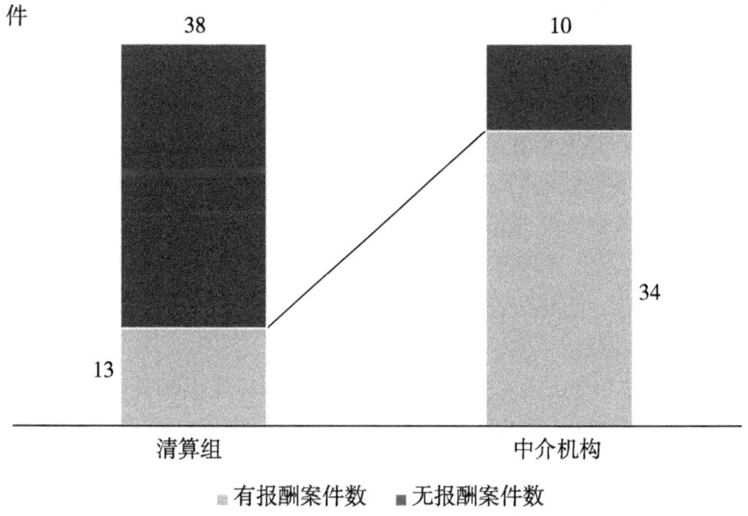

图6　清算组与中介机构无报酬案件数量

清算组无报酬案件数量达38件（总51件），占比75%，中介机构无报酬案件数量为10件（总44件），占比28%。（如表1所示）

表1　清算组与中介机构报酬来源

单位：件

	清算组	中介机构	合计
上级拨付	2	0	2
破产财产	12	17	29
利害关系人垫付	0	17	17
无报酬	38	10	48

注：有1件案件管理人报酬同时源于上级单位拨付和破产财产。

二、管理人制度运行中存在的主要问题和原因分析

（一）存在的主要问题

1. 管理人职业能力水平差异较大

近年来，管理人队伍在履职能力方面呈现两极分化，部分中介机构规模大、经验多、水平高、保障强，而少部分则缺乏基本的破产法律程序性知识和执业经验，人员少而流动性强，难以胜任企业接管、债权审核、财产追收等一系列复杂事务。个别管理人将债权人申报材料直接提请法院确认，或者将是否代表债务人提起诉讼等此类有明确法律规定的事项请示法院决定，甚至曾出现因为不知道召开第一次债权人会议需要提前十五天通知而导致债权人会议无法召开的情形。管理人的能力水平在一定范围上存在差距当属必然，水平提升也需要相当时间和适当内外部机制环境的培育（后文将予分析），然而就现阶段而言，管理人履职水准已经远离正态分布，两极分化现象在相当程度上制约了破产审判质效提升。

2. 管理人履职忠诚勤勉程度有待加强

从调研报告数据可见，破产程序整体周期较长，尤其中介机构团队人员较少，其作为管理人的案件中核查债权、变价和分配财产等程序周期相应明显更长，这在一定程度上与管理人推动程序不够积极存在关系。除了影响效率，忠诚勤勉程度不够也直接影响着破产程序的质量和效果。如个别管理人存在不主动尽责以追求破产财产最大化，怠于及时报告情况披露信息等不勤勉的情形，甚至出现关联交易、自我交易、私下交易，违反竞业限制等不忠诚之情况。虽然法院采取了要求管理人定期报告工作进展、网上公示管理人工作日志等手段对管理人的工作进行督促和监督，但法院对于发生在法庭之外的破产事务监督比较间接，难度较大，无法完全补足部分管理人在履职上的欠缺。

3. 管理人报酬难以保障

据统计，我院已结中介机构为管理人的破产案件中，无报酬案件占比达到28%。特别是在执行移送破产案件中，管理人报酬保障问题尤为突出。截至2018年10月，在执行移送我院破产审查的58件案件中，移送时经审查无财产案件达30件，占比过半。此类案件即使由利害关系人垫付费用，往往也仅能满足管理人基本的支出，很多案件仍然是管理人“干得越多、赔得越多”。管理人报酬长期无法保障，不但导致破产案件启动后进展缓慢或被迫停滞，使法院不得已成为“僵尸企业的停尸房”，严重影响破产审判质效，而且也影响了破产制度功能的发挥，如果破产财产不足以清偿破产费用，破产案件可能不得不提前裁定终结，而破产财产不仅包括债务人即时占有的财产，还包括管理人通过依法履职追回的财产。在尚无管理人履职保障机制或公共管理人的制度下，很可能一个债务人的财产越少，该企业控制人的破产欺诈行为就越难通过破产得到追究。

4. 管理人依法履职受到外部条件诸多限制

按照企业破产法的规定，管理人由人民法院指定后即在一定的监督指导下独立履行职责，并非协助人民法院履行职责，更非某些破产参与人的代理人。我院在实践中发现，管理人执行职务的行为往往无法得到社会，特别是行政机关、金融机构等单位的配合。如管理人需要调取工商档案信息、不动产登记信息、账户交易明细等材料时，相关单位往往要求法院工作人员持工作证前往方可查询提取有关信息；管理人开立账户、公司税务登记

和工商登记的注销则经常需要由法院在个案中专门沟通协调。同样依法履职的会计师或其他人员比执业律师更为受限。管理人在履职中受到诸多限制，导致案件承办人员不得不耗费大量时间精力进行协调，人为拉长破产周期、增加企业破产成本。

（二）存在上述问题的主要原因

1. 管理人名册更新周期长，名册相对固化

2008 年北京管理人名册制定后运行至今未作调整，除有部分中介机构因合并等自身原因退出名册或主动申请停止接受指定外，名册无变动。同时，对管理人的履职情况尚未实现动态考核及分级管理，相应也未能建立动态调整机制，册外有意愿组建破产团队的机构无法入册。名册相对固化导致在册管理人水平参差不齐，名册已不能完全反映中介机构的真实水平能力。

2. 管理人工作量不饱和，履职能力难以提升

整体来看，中介机构得到承办案件的机会较少。虽然近年来北京法院受理破产案件的数量逐年大幅增加，但相比之下在册管理人数量过多。2008 年至今中介机构平均每年得到我市法院指定不足 1 次，个别机构十年间只获得指定 1 次。社会中介机构得不到充分的履职机会，导致专业能力难以有效提升，管理人队伍难以稳定健康发展。

3. 选任方式相对单一，与个案需求无法匹配

企业破产法实施以来，我院有 1 件、全市共 4 件案件通过竞争方式选任管理人，其余案件全部为随机摇号产生管理人。在制度设计上，竞争的选任方式主要适用于影响重大、法律关系复杂的破产案件。但竞争选任各方面成本较高，加之尚未对管理人实现分级管理，以致选任方式单一，一定程度上导致个案中管理人能力水准不适应案件特点和需求。

4. 报酬保障制度机制缺位，制约管理人队伍健康发展

破产案件中管理人由人民法院依法指定，管理人无正当理由不得拒绝指定或辞去职务。司法解释对管理人的报酬只有向上而无向下的限制，只规定了债权人的审查权、异议权和法院的决定权，管理人至多只有“协商权”，在无法协商一致的情况下并无任何法律救济。在数量本身很少的竞争选任案件中，管理人不得不通过商业谈判获得突破司法解释的报酬，在无财产案件中则往往完全无法获取报酬。报酬的分派并不总是能够与案件所需专业服务的数量质量相适应，导致多数中介机构无力维持一支专业的破产队伍，在个案履职中需要同时承办其他案件获取收入，难以达到勤勉尽责的最低标准。

5. 管理人职责内容有待细化，监督责任体系有待完善

我国企业破产法规定的管理人职责包括可以适用于重整、和解以及清算程序的一般性职责，以及基于不同程序的特定职责，但规定不够具体细化。① 例如，《企业破产法》第 23 条规定，管理人应当向人民法院报告工作，向债权人会议报告执行职务情况，这既属于管理人的职责内容，又是对管理人的监督方式。然而在破产案件的各程序节点中，此种报告的性质与法律后果并不明确，具体形式要求、时间要求亦不明确。再如，作为中介机构

---

① 郁琳：《破产程序中管理人职责履行的强化与监督完善——以管理人的法律地位和制度构架为视角》，载《法律适用》2017 年第 15 期。

的管理人如何针对个案组建团队行使内部管理职责，一般的调查、接管、权利审核职责与清算、重整、和解程序相应职责如何具体行使、如何监督、责任为何，企业破产法并无细化规定。另外，《企业破产法》对于管理人职责作出的“人民法院认为管理人应当履行的其他职责”的规定过于宽泛笼统，实践中个案掌握尺度不一。在实践中，管理人履职不到位、法院和债权人对管理人的监督流于形式等问题屡见不鲜。管理人怠于履行职责容易导致其从破产程序中的决策者变为简单的执行者。① 在立法上管理人职责内容不够细化，不仅在个案中导致管理人履职不到位，也使审理者无法统一对管理人提出要求并参照考核，一定程度上导致管理人能力水准难以得到整体提升。

6. 破产法律认知缺失，管理人履职缺少社会认同

管理人制度的实施，有赖于破产法律文化的普及。尤其与破产法实施有关联的相关机构的破产法律文化素养如何，更涉及破产法实施中的法律环境建设能否及时，能否健全。② 破产制度之于我国，无论是其制度本身还是其文化内涵严格来说皆属舶来品。③ 实践中，很多政府机构、银行等单位工作人员不了解破产制度中管理人的法定地位与法律职责，在观念上没有认识到破产衍生问题是政府的本职工作和应尽职责，在行政上没能承担起建立破产相关问题的常态化调整机制，导致管理人在履职中屡屡受阻。另外，社会公众对破产制度更加缺乏了解，比如，一些案件中债权人认为没有必要申报已经判决确认的债权，管理人应当主动确认，否则即为失职，这种法律认知上的缺失也给管理人工作带来阻力。

三、关于健全完善管理人制度的思考

（一）正确认识管理人的职责定位

1. 管理人的制度定位

联合国贸易法委员会的《破产法立法指南》指出，破产管理人要称职，拥有必要的知识、经验和个人素质，使之不但能确保程序的有效和高效率进行，而且能使人们对破产制度抱有信心。④ 管理人首先应该是一个企业家。⑤ 管理人与法院、其他破产参与人及破产财产的关系如何，权责边界为何，即所谓管理人在破产程序中的职责定位。从企业破产法对管理人的一系列规定来看，管理人在我国破产程序中是负责管理债务人财产和经营事务的法定专门机关，依破产法的规定以其自己的名义执行职务并接受监督。⑥ 考察德国破产法，德国破产管理人也负有接管、调查、确认债权、变价分配等类似义务，需要接受破

---

① 杜军：《管理人制度完善的路径与思考——〈全国法院破产审判工作会议纪要〉的解读（一）》，载《人民法院报》2018 年 3 月 21 日。

② 王福祥：《论破产法律文化》，载《2018 年深圳第二届市场化破产论坛论文集》。

③ ［美］查尔斯·J. 泰步：《美国破产法新论（第三版）》，韩长印、何欢、王之洲译，中国政法大学出版社 2017 年版，“总序”，第 2 页。

④ 联合国贸易法委员会：《破产法立法指南》，第二部分第三章 B 节。

⑤ 李曙光：《我们最后需要什么样的破产管理人》，载 http://opinion. caixin. com/2018 - 6 - 11/101268365. html，2018 年 10 月 6 日最后访问。

⑥ 郁琳：《破产程序中管理人职责履行的强化与监督完善——以管理人的法律地位和制度构架为视角》，载《法律适用》2017 年第 15 期。

产法院和债委会的监督。同时,德国破产法院不能像履行自己的职责一样给管理人任何指示,而只有在管理人违反正常履行职务的义务时才能介入;促使管理人正常履职的最有效动力,是德国破产法规定的失职时所承担的责任。① 美国的破产管理人又可称为破产信托人或受托人,是破产财团的代表人,尤其在传统意义上的破产清算中的管理人,其角色近似于自行清算中为债权人利益服务的受托人。② 管理人独立行使职责,向联邦政府交纳保证金以保证忠实履行职务。

横向比较具有代表性的域外法制,可以认为我国企业破产法就管理人职权的规定基本是与国际接轨的。《企业破产法》第 13 条、第 23 条和第 25 条就管理人及其地位的规定,基本上反映了破产程序中的管理人中心主义,即在破产程序开始后,除非应当由人民法院作出决定,破产程序中的事务管理应当由管理人来完成,而人民法院的作用应当被限定为争议的裁决者。③ 管理人制度之所以在西方国家近代破产立法之初被确立,正是因为司法者不适当也无力以自己的名义从事接管企业家的经营、参与各方谈判、最大化处置财产等商业事务,同时,为部分人的利益而占用过多的公共税收,其正当性也值得怀疑。一个专业、独立从事破产事务的执业者群体由此有独特的价值和存在的必要。

2. 管理人中心主义下的制度完善

虽然我国《企业破产法》的规定基本上确立了管理人中心主义,但管理人制度设计的精细化程度有待提高。我国破产立法所要解决的根本问题,并不是是否坚持管理人中心主义的问题,而是在管理人中心主义的构架下,如何协调管理人、人民法院和债权人之间的关系或者权利分配的问题。④

在理论上,既然管理人属于独立的法定专门机关,法律就应当向其分配相应的权力。以调查权为例,根据《民事诉讼法》的规定,诉讼代理人有权调查收集证据;人民法院有权向有关单位和个人调查取证,有关单位和个人不得拒绝。但根据企业破产法的规定,管理人仅有调查债务人的财产状况的权力,并仅有询问债务人内部人的职权。以文义解释,即法律并未赋予管理人对于债务人(包括其内部人)的身份状况,债务人的交易情况等外部事项的调查权。也就是说,管理人在破产案件中的调查权尚不及诉讼案件当事人的代理人。虽然这一缺陷可以通过由法院开具调查令而在个案中补足,但其弊端显而易见,在理论上也不符合管理人的独立地位。

以管理人中心主义为逻辑起点,立法为管理人分配的权力还应当相对确定。西方主要发达国家的破产立法都明确规定管理人的职责范围,而不设定模糊的由法院授予管理人职责之类的条款。⑤ 而我国《企业破产法》第 25 条在具体列举管理人的各项职责的最后,同时规定管理人应当履行人民法院认为管理人应当履行的其他职责。这种兜底式条

---

① [德]莱茵哈德·波克:《德国破产法导论(第六版)》,王艳柯译,北京大学出版社 2014 年版,第27~28 页。

② [美]查尔斯·J. 泰步:《美国破产法新论(第三版)》,韩长印、何欢、王之洲译,中国政法大学出版社 2017 年版,第 93 页。

③ 邹海林:《新企业破产法与管理人中心主义》,载《华东政法学院学报》2006 年第 6 期。

④ 邹海林:《新企业破产法与管理人中心主义》,载《华东政法学院学报》2006 年第 6 期。

⑤ 王欣新:《论我国破产管理人职责的完善》,载《政治与法律》2010 年第 9 期。

款使司法权力能在个案中酌情分配或不分配管理人职权，实践中随意性较大，理论上也与管理人中心主义相违背，反映出我国在立法上还没有完全将管理人作为一个独立的职业阶层对待。在这一点上我国的管理人制度立法也有进行完善的必要性。

3. 管理人中心主义下的制度实施

在破产法实施中，处理好管理人的中心、独立地位与人民法院的裁判、监督职能的关系是关键。现行企业破产法及相关司法解释并未规定人民法院可以或应当对管理人具体履职进行“指导”，实际上有关“指导”的内容和“向人民法院负责”的领导与被领导关系恰是新破产法所摒弃的①。鉴于管理人履职的现状，人民法院对于管理人的指导，可以存在于一般性的理论研讨、业务培训中，也可以通过业务考核、动态管理，或对优化队伍结构方面提出指导意见等形式体现，而非对于个案中履行具体职责的指导，人民法院对管理人的指导也应限于对管理人履职能力水平以及涉及维稳、历史遗留问题、管理人对外沟通协调难度较大等事项方面，原则上管理人职责范围内的事项，人民法院不应越俎代庖。② 对于履职质效不佳的管理人，人民法院可以依法酌减其报酬给以负面评价，造成债权人、债务人或者第三人损失的，管理人还要依法承担赔偿责任。对于能不配位的管理人，人民法院可以在名册中给予降低等级，或者裁汰出册处理。人民法院则行使其通知、裁判、决定、批准等法定职权并承担相应责任。总之对于具体案件，原则上人民法院与管理人都应当在法律规定的边界内各司其职，并承担相适应的责任。

（二）美国联邦托管人制度对完善我国管理人制度的启示

美国破产法以其广泛的调整对象、复杂的制度设计和高度的常态化实施著称。美国在 1978 年设置了新的联邦政府机构即联邦托管人机构，负责履行与破产案件有关的行政性职责。联邦托管人隶属于司法部，由司法部长任命和监督，独立保护破产相关各方利益而本身并无经济诉求。全美各地联邦托管人的行动由联邦托管人执行办公室在办公室主任的领导下统筹协调，其职能包括确定管理人名册，指定管理人，审查管理人报酬，监督重整计划或偿债计划的制定，指定和监督债权人委员会，监督破产案件的进程，进行破产审计等。③ 在被指定或选定的人不愿履职的情形下，联邦托管人还将成为管理人。美国破产法官之所以能够审结数量庞大的破产案件，很大程度上得益于美国的联邦托管人制度使其能够超脱于行政性工作。我国借鉴这种设置的合理性有以下两点：

一是有利于司法与行政权力的适当分离。归纳梳理人民法院目前承担的破产事务性工作，主要包括名册编制和维护，管理人考核、分级、教育培训，行业协会的建立和主管，报酬援助基金的推动和监督，个案中管理人的指定和报酬的发放及评估、审计机构的产生

---

① 《企业破产法（试行）》第 24 条第 3 款：“清算组对人民法院负责并且报告工作。”以及最高人民法院《关于审理企业破产案件若干问题的规定》第 51 条：“清算组对人民法院负责并且报告工作，接受人民法院的监督。人民法院应当及时指导清算组的工作，明确清算组的职权与责任，帮助清算组拟订工作计划，听取清算组汇报工作。”

② 郑伟华：《破产审判中法院的角色定位——基于典型案例的思考》，载《法律适用（司法案例）》2017 年第 22 期。

③ ［美］查尔斯 · J. 泰步：《美国破产法新论（第三版）》，韩长印、何欢、王之洲译，中国政法大学出版社 2017 年版，第 96 页。

等。此类事务体量庞大而种类繁杂，在性质上类似行政管理工作。然而由于企业破产法规定，指定管理人和确定管理人报酬的办法由最高人民法院规定，加之法律没有设定专门的行政机构，相应的名册编制维护、考核分级等一系列破产事务管理工作也就只得由人民法院承担。这种体制极容易滋生腐败，也没有效率。[①] 在理论上破产事务管理权与司法审判权有着明显的性质区别，前者不以任何一部诉讼法为直接依据，也不以任何一份生效法律文书为载体，具有主动性、非中立性以及公共管理的性质，因此更宜交由行政机关专门行使。另外，在司法改革的背景下，各人民法院和业务部门的员额法官配备系围绕审理案件数量进行，而此类事务管理职能相应的工作量无法纳入整体业绩情况考核，对破产审判能动性产生较大的消极影响，尤其对非专门破产审判部门影响更为明显。让人民法院更多向审判回归，无疑有利于更多企业走入破产程序，也有利于破产审判部门提高专业化水平。

二是有利于破产事务管理权更好发挥作用。其一，从理论上，为个案匹配管理人的工作，以及为管理人确定工作报酬的工作，其中带有商业判断。虽然很多国家此项工作同样由法院承担，但同时会允许债权人等利益相关者发挥相当的作用。将此类事务归由专门政府部门专业人员行使行政权力，行政相对人获得复议、诉讼等救济，可以避免滋生腐败等新弊端。其二，政府组成部门比人民法院更便于与同级行政部门沟通，便于向同级政府、上级部门汇报寻求协调（此等沟通协调由法院进行本身也不符合法治外观），也更便于制定出台配套规范文件。其三，政府组成部门还可以行使其他配套职能。例如，借鉴美国，在中介机构和私人职业者不愿参与的案件中成立公共管理人。例如，追踪破产法实施并整理法律实施数据，为决策者提供实证基础。[②] 再如追踪董事、监事和高管落实公司法规定的诚信义务情况。[③] 此类职能由于人民法院的工作方式，以及作为司法机关的中立被动性质而无法承担。

四、健全完善管理人制度的对策建议

（一）重新编制管理人名册

前已述及，以北京地区为例，管理人名册已沿用逾十年，管理人能力水平“两极分化”，部分管理人长期不接受法院指定，名册亟待重新编制。课题组起草《北京市高级法院企业破产案件管理人名册编制办法（草案）》，与原名册编制办法有较大不同：

一是调整评审程序和考核项目比重，纳入主观评价。采书面申报材料审查考核加面试票决的两轮评审程序，同时鉴于此次编制名册积累了十余年市场化破产经验，《名册编制草案》增加了相关业务经验在评审程序中所占分值比重，酌减了并不直接反映经验与能力的“业务收入”“执业年限”“经营场所面积”分值比重。评审考核纳入“全市法官评价情况”，建议选取近年案件样本由案件承办法官进行管理人评价。

二是取消个人管理人。实践中包括上海、深圳等全国大部分地区尚未建立个人管理

---

① 李曙光：《破产法的转型——李曙光破产法文选》，法律出版社 2013 年版，第 191 页。

② 李曙光：《破产法的转型——李曙光破产法文选》，法律出版社 2013 年版，第 189 页。

③ 李曙光：《破产法的转型——李曙光破产法文选》，法律出版社 2013 年版，第 190 页。

人名册，已经建立的法院也很少启用该名册，个人管理人在司法实践中基本处于边缘化状态。[①] 个人管理人在实践中运用过少，个人履职能力、责任能力相对不足，也无法实现动态考核、分级管理。个人管理人被多数西方国家包括日本所采用，前提在于大量破产案件和长期破产实施带来的较高的职业素养和完备的保障保险制度，可俟时机成熟再行根据机构内从业人员实际履职情况编制个人管理人名册。

三是减少入册机构数量，丰富从业人员类型。目前管理人履职机会相对较少，履职能力难以提升，不利于机构组建专门团队，也不利于法院动态考核管理。因此现阶段在加强破产立案工作的同时，可以适当减少在册机构数量。按照《破产审判会议纪要》的要求完善管理人队伍结构，引导在册机构吸收具有相当知识、能力的人员进入，相关情况后续可以作为动态考核中的加分项目。

四是原则纳入动态管理。管理人的动态管理符合破产审判工作需要，势在必行。然而鉴于管理人执业规范和评价考核机制尚未建立，管理人分级、增补除名等工作目前尚无法开展。《名册编制草案》将动态管理相关内容原则性纳入，即名册的增补按照本次编制办法进行；管理人的除名细则，以及管理人的评价考核、分级管理等办法，由市高院另行制定。

（二）规范化监督管理人履职

在“管理人中心”的市场化破产模式下，破产各项法律程序实际上围绕管理人职责展开，有必要将企业破产法所规定的各类管理人职责分解细化并形成规范性文件，作为管理人的履职指引，并用于对管理人进行培训和评价考核。为此，课题组依照法律、司法解释、《破产审判会议纪要》及《北京市高级人民法院企业破产案件审理规程》，起草《北京市第一中级人民法院破产案件管理人工作指引》作为完善管理人制度的重要措施。《工作指引》具有以下特点：

一是具体细化管理人各项职责。区分内部管理职责与对外职责，按照破产程序区分一般职责和重整、和解、清算特殊职责；以职责为主线编写的同时也划清了管理人与法院、其他破产参与人的职权边界。

二是以管理人独立履职为原则。强调管理人依法独立履行职责，不得以应当自行决定的事项请示法院，不得以任何形式推诿自己应当履行的职责。

三是强化对管理人的监督。规定除依法必须报告、报请法院决定、裁定的程序节点外，管理人在执行职务期间应当按照法院确定的期间向法院书面报告当期工作情况，遇重大突发事件，管理人则应当随时及时报告，并规定对于管理人接管企业、管理财产等具体履职行为的监督。

（三）优化管理人选任方式

1. 选任范围应以中介机构为主

选任管理人时要以市场化模式为导向尽量向社会机构倾斜，减少指定清算组案件的数量，逐步废除行政主导模式的适用。

---

① 刘东梅、张妍、范晓玲：《破旧立新：个人管理人的“僵尸”困境与出路——基于G市中院104件国有“僵尸企业”清算案的实证分析》，载《第九届中国破产法论坛论文集》。

2. 增加竞争选任管理人的案件比重

建议各地高级人民法院根据辖区具体情况制定竞争选任管理人相关规范，具备条件的地区（如北京地区）由高级法院成立人员相对固定的大评审委员会，评审委员主要由各院破产审判的主管院庭长和法官担任，由高级法院纪检监察负责监督并处理举报，定期在高级法院集中开展竞争评选工作，以制度化、规范化克服竞争选任方式程序烦琐、成本高企、标准不统一等弊端，同时充分释放司法者与执业者的主观能动。大胆探索由两家以上机构联合担任管理人，实现专业能力的优势互补。另外，建议借鉴浙江等外地经验，打破竞争选任区域限制，引入外省市优秀管理人单独或与本市管理人联合参与竞争。

3. 提高随机选任管理人的科学性

在管理人《工作指引》落地实施后，据此对管理人进行一段时间的统一履职评价和定期业绩考核，在此基础上根据实际情况实现管理人分级。另外，分级后仍要对管理人继续考核，以实现动态调整，避免阶层固化。相应地，区分重整、和解与清算程序，并根据破产财产价值、债务总额、债权人数量、债务人类型等因素确定将破产案件分类，使两级管理人与之相匹配，实现因案制宜、有针对性的科学选任，确保优胜劣汰、适者生存的市场机制发挥主要作用。

（四）完善管理人履职保障机制

1. 充分发挥管理人报酬的激励作用

在制度层面，建议改革现有竞争选任模式中的报酬制度，取消或适当提高竞争模式下的报酬上限，根据案件实际复杂疑难程度并尊重债权人自治计算管理人报酬。建议修改目前对有担保财产的计酬制度，在现有规定基础上，如果管理人的工作明显提升了担保物的变价或用益价值及时效（尤其在重整程序中），或者全部破产清偿都为担保权人而进行的情况下，当管理人不能与担保权人协商一致，应当赋予法院在10%以上确定管理人报酬的权力。同时，建议对于管理人与债权人会议就报酬无法协商一致的情况下，为管理人提供异议权的法律救济。另外，建议北京市高级法院依照最高人民法院《关于审理企业破产案件确定管理人报酬的规定》，参照现行比例将管理人报酬上浮30%，给案件审理者以更多报酬激励空间。

在实施层面，应当切实落实《破产审判会议纪要》根据案件的不同情况确定报酬支付方式的要求，杜绝一概在破产程序终结后支付报酬的惯性操作方式，尤其在破产周期过长、管理人垫付费用较多的案件中，应当根据实际情况在案件审理阶段先行支付一定报酬，发挥报酬对管理人工作的正向激励作用。另外，在管理人没有做到勤勉尽责的案件中，人民法院也要用好对管理人报酬的调整权和最终决定权，实现报酬的反向约束作用。

2. 推动建立管理人报酬保障制度

争取财政部门等各方面力量支持，尽早建立破产费用保障基金，为“无产可破”案件的破产费用提供保障，提高管理人履职积极性的同时，真正解决因缺少费用而导致破产程序无法推进、制度功能难以发挥的现实问题。保障基金建立前还应当继续通过积极引导鼓励利害关系人垫付、适用破产案件交叉补贴等方式解决“无产可破”案件相关费用，为管理人队伍良性健康发展提供物质基础。

3. 推动建立管理人行业自治组织

借鉴外地市普遍经验,多渠道破解主管单位难题,找准民间行业自律组织定位,推动成立北京市破产管理人协会,通过行业自治加强管理人管理、维护管理人合法权益,提升破产理论水平和职业素养。经过一段时间经验积累,建议借鉴美国破产协会、日本破产执业人协会等外国做法,成立全国性破产行业自治组织,在破产培训、标准制定、提升职业化程度方面发挥更大积极作用。

4. 建立府院破产统一协调机制

建议现阶段建立由相关政府部门牵头的府院破产统一协调机制,包括风险隐患预警与信息传递机制、跨部门联动与应急协调机制、工作例会制度等,通过府院统筹企业依法退出工作,协调解决管理人在办理企业信用修复、产权瑕疵、职工安置、税收优惠、工商税务注销以及刑民交叉、打击逃废债等事务中遇到的困难。①

5. 探索完善破产事务管理体系

考虑在条件成熟时,组建设立隶属于中央政府的破产事务管理总局,承接目前人民法院破产事务管理职权并行使上述其他有关职权,同时下设地方破产事务管理局,实行职能和属地的条块管理。

(五)推动构建健康的破产文化理念

要认识到破产常态化实施与健康破产理念互相促进、相辅相成的作用,着力推动构建积极、包容、法治的破产社会理念。一是要弘扬破产法制的重要制度价值功能和基础性地位,尤其强调破产法对于企业的拯救作用和对于经济的稳定作用,彻底破除破产即逃债或失败的负面社会评价。二是要宣传破产法包容的精神内核,强调破产法具有保护企业家的独特功能、能够为"诚实而不幸"的债务人提供重新开始的机会,培育宽容、诚信的破产法律文化。三是要弘扬法治化破产理念,正确引导社会公众对于企业生死的正常心态,正面宣传破产法常态化实施能够实现的实体正义和程序正义,提升全体社会成员对于破产法的信赖和认同。

北京市高级人民法院
企业破产案件管理人名册编制办法

（草案）

为公平、公正地编制我市破产管理人名册,保障我市破产审判工作顺利进行,促进我市管理人队伍健康发展,根据《中华人民共和国企业破产法》《最高人民法院关于审理企业破产案件指定管理人的规定》《全国法院破产审判工作会议纪要》等有关规定,结合我市破产审判和管理人名册编制管理实践,制定本办法。

第一条　(编制主体)北京市企业破产案件管理人名册由北京市高级人民法院企业

① 吴在存:《对美国破产重整及管理人制度的考察与启示》,载《人民司法》2018 年第 28 期。

破产管理人评审委员会(以下简称评审委员会)负责编制。

评审委员会根据公开、公平、公正的原则,负责制定评审规则、编制名册、决定管理人增补除名等评审工作。

第二条 (评委会组成)评审委员会由北京市高级人民法院主管院领导、民事审判第二庭、监察室、司法辅助部门等部门负责人、法官,北京市部分中级人民法院、基层人民法院审理破产、清算案件的审判庭负责人,以及人大代表、专家学者组成,评委人数为13人。

第三条 (评审事务办公室)评审委员会在高院民事审判第二庭下设评审事务办公室,负责评审委员会授权的文件草拟、公告联络、材料收集等事务性工作。

第四条 (回避)评审委员会成员及评审事务办公室人员与申报人有利害关系的,应当自行回避。

第五条 (名册规模)管理人名册由社会中介机构构成。本次编入机构管理人不超过30家。

第六条 (申请主体)在北京市依法设立的社会中介机构、异地社会中介机构在北京市依法设立的分支机构,符合下列条件的,可以申请编入北京市企业破产案件机构管理人名册:

(一)律师事务所应经有权机构核准执业3年以上,执业律师不少于10名。

(二)会计师事务所应经有权机构核准执业3年以上,执业注册会计师不少于40名。

(三)破产清算事务所应依法成立3年以上,具有法律职业资格证书、注册会计师资格证书的从业人员不少于5名,并拥有10名以上具有法律、会计或者经济管理专业大学本科或本科以上学历的专职从业人员。

第七条 (消极条件)有下列情形之一的社会中介机构,不能编入管理人名册:

(一)因故意犯罪受过刑事处罚;

(二)因执业、经营中故意或者重大过失行为,受到行政机关、监管机构或者行业自律组织行政处罚或者纪律处分之日起未逾3年;

(三)因不适当履行职务或者拒绝接受人民法院指定等原因,被人民法院从管理人名册除名之日起未逾3年的;

(四)因涉嫌违法行为正被相关部门调查;

(五)缺乏担任管理人所应具备的专业能力;

(六)缺乏承担民事责任的能力;

(七)人民法院认为可能影响履行管理人职责的其他情形。

第八条 (机构提交材料)社会中介机构申请入册,应按要求提交如下材料:

(一)律师事务所:

1. 律师事务所执业许可证;

2. 由司法局(律师协会)出具的自2014年至今关于行政处罚、纪律处分情况的证明文件;

3. 由司法局(律师协会)出具的律师事务所执业人数证明文件;

4. 由司法局(律师协会)出具的律师事务所执业律师名单,执业证书;

5. 本所执业律师中承接破产案件、强制清算案件的团队负责人及工作人员名单、履历；

6. 本所承办破产案件、强制清算案件的案件受理裁定书、案件终结裁定书、法院指定管理人（或者清算组）决定书，及其他能够客观证明本机构其他有关办理破产、清算案件的执业经验证明材料；

7. 能够证明符合评分标准所列项目的其他材料。

（二）会计师事务所：

1. 会计师事务所执业许可证、营业执照；

2. 由财政局（注册会计师协会）出具的关于行政处罚、纪律处分情况的证明文件；

3. 由财政局（注册会计师协会）出具的会计师事务所执业人数证明文件；

4. 由财政局（注册会计师协会）出具的会计师事务所执业的注册会计师名单；

5. 本所会计师中承接破产案件、强制清算案件的团队负责人及会计师名单、履历；

6. 本所承办破产案件、强制清算案件的案件受理裁定书、案件终结裁定书、法院指定管理人（或者清算组）决定书，及其他能够客观证明本机构其他有关办理破产、清算案件的执业经验证明材料；

7. 能够证明符合评分标准所列项目的其他材料。

（三）破产清算事务所：

1. 营业执照；

2. 本机构出具的专职从业人员劳动合同、社保缴费证明等证明文件；

3. 本机构专职从业人员的法律或者注册会计师资格证书，或者经营管理经历的证明材料，或者法律、会计、经营管理专业的学历证明；

4. 本机构承办破产案件、强制清算案件的案件受理裁定书、案件终结裁定书、法院指定管理人（或者清算组）决定书，及其他能够客观证明本机构其他有关办理破产、清算案件的执业经验证明材料；

5. 本所专职从业人员中承接破产案件、强制清算案件的团队负责人及人员名单、履历；

6. 能够证明符合评分标准所列项目的其他材料。

第九条　（团队成员的消极条件）有本办法第七条所列情形之一或曾被吊销相关专业职业证书的个人，不得申报为管理人团队成员；已经申报的，不计相应考核分数；瞒报的，按本办法第十条的规定处理。

第十条　（申报、评审程序）评审委员会负责对申报进行评审，具体申报、评审程序如下：

1. 申请编入管理人名册的社会中介机构应于申报期限届满前向评审事务办公室提交申报表及相关材料原件和复印件。除本办法另有规定外，申报材料中所涉项目的统计起始日期为 2007 年 6 月 1 日，截止时间为 2018 年某月某日。评审事务办公室负责登记，并对有关材料进行形式审查。材料不齐全的，由评审事务办公室通知申报人 3 日内补齐、补正。逾期申报或者未按期补交必要材料的机构，将不纳入本次评审范围。编制管理人名册的有关事项进行和申报的有关具体要求将在本市有影响的媒体、北京法院官方微博、微信及全国企业破产重整信息网发布公告。

申报人必须如实申报。凡弄虚作假、瞒报者一律取消申报资格;已被纳入管理人名册的,一旦发现上述情形将由评审委员会予以除名处理。

2. 评审程序分为两轮。第一轮评审为考核评分,满分100分,由评审委员会根据申报人申报的材料,按照本办法第十一条规定的评审项目和计分标准进行计分。具有本办法第七条规定的不得编入管理人名册的情形的,不纳入评审范围。申报数量超过拟录选名额的,按第一轮分数从高到低排序,以评审委员会决定的差额进入第二轮评审。第二轮评审由评审委员会进行现场面试,并综合全市法官评价情况形成本轮分数。按本轮分数从高到低排序和本办法第四条规定的名册规模,以评审委员会决定的差额确定初审名册。

3. 初审名册将在本市有影响的媒体、北京法院官方微博、微信及全国企业破产重整信息网发布公示,公示期10日。公示期内,任何单位和个人均可对编入初审名册的社会中介机构提出实名书面异议。

4. 公示期满后,评审委员会对有关异议进行审查,异议成立、申报人确实不宜担任管理人的,应将所涉社会中介机构从管理人初审名册中删除,并按第二轮评审的名次递补,形成的名册将按同样程序再次公示。

5. 审定后的最终名册将在本市有影响的媒体、北京法院官方微博、微信及全国企业破产重整信息网正式公布,并报最高人民法院备案。我市原个人管理人名册在本次最终名册正式公布并报最高人民法院备案后废止。

第十一条　(机构评分标准)考核评分满分为100分。社会中介机构管理人具体评分标准如下:

(一)律师事务所

1. 执业年限(10分)

律所执业年限每满1年加1分。本项最多不超过10分。

2. 机构规模(25分)

①从业人员。每拥有1名专职律师,计0.2分;超过50名的,每增加1名加0.25分。本项最多不超过15分。

②业务团队。本所中能够办理破产案件、强制清算案件的执业律师,每1名记1分。本项最多不超过10分。

3. 办理破产和清算案件的经验(35分)

①由现任本所执业律师担任管理人负责人办理破产案件的,每件案件计1分;

②由现任本所执业律师担任清算组成员办理强制清算案件的,每件案件计0.5分;

本项分数合计最多不超过35分。

4. 办理商事业务的经验(20分)

最近3年专职律师人均每年办理商事诉讼案件,或者资产重组、兼并收购、处置不良资产等非诉律师业务达到3件的,计5分;超过3件的,每增加1件加0.5分。本项最多不超过20分。

5. 专业水准(10分)

现任本所专职律师在社科中文核心期刊上发表过破产、清算方面专业文章的,每发表1篇计0.5分;撰写破产、清算方面专著的,自著的,每本书计2分;合著的,每本书计1分。

本项最多不超过10分。

如申报人总得分相同，则按下列项目顺序比较所得分数，分数高者优先：办理破产和清算案件的经验、从业人员、业务团队、办理商事业务的经验、执业年限、专业水准。

（二）会计师事务所

1. 执业年限（10分）

会计师事务所执业年限每满1年加1分。本项最多不超过10分。

2. 机构规模（25分）

①从业人员。每拥有1名注册会计师，计0.125分；超过40名的，每增加1名加0.1分。本项最多不超过15分。

②业务团队。本所中能够办理破产案件、强制清算案件的注册会计师，每1名记1分。本项最多不超过10分。

3. 办理破产和清算案件的经验（35分）

①由现任本所注册会计师担任管理人负责人办理破产案件的，每件案件计1分；

②由现任本所注册会计师担任清算组成员办理强制清算案件的，每件案件计0.5分；

本项分数合计最多不超过35分。

4. 执业能力（20分）

2017年度出具年度审计报告，被审计单位资产总额5000万元及以上的单位数量占年度审计报告总数30%以下的，计5分；超过30%的，每增加10%加1分。本项最多不超过10分。

2017年度人均出具审计报告数量10件以下的，计2分；超过10件的，每增加5件加1分。本项最多不超过10分。

5. 专业水准（10分）

现任本所注册会计师在社科中文核心期刊上发表过破产、清算方面专业文章的，每发表1篇计0.5分；撰写破产、清算方面专著的，自著的，每本书计2分；合著的，每本书计1分。本项最多不超过10分。

如申报人总得分相同，则按下列项目顺序比较所得分数，分数高者优先：办理破产和清算案件的经验、从业人员、业务团队、执业能力、执业年限、专业水准。

（三）破产清算事务所

1. 营业年限（10分）

营业年限每满1年加1分。本项最多不超过10分。

2. 机构规模（40分）

①从业人员。每拥有1名具有法律职业资格证书或者注册会计师资格证书的专职从业人员，计2分；拥有5名具有法律、会计或者经济管理专业大学本科或者本科以上学历的专职从业人员的，计2分；超过5名的，每增加1名加0.5分。本项最多不超过40分。

3. 办理破产和清算案件的经验（40分）

①由现任本所从业人员担任管理人负责人办理破产案件的，每件案件计1分；

②由现任本所从业人员担任清算组成员办理强制清算案件的，每件案件计0.5分；

本项分数合计最多不超过40分。

4. 专业水准(10 分)

本所现职具有法律职业资格证书或者注册会计师资格证书的专职从业人员在社科中文核心期刊上发表过破产、清算方面专业文章的,每发表 1 篇计 0.5 分;撰写破产、清算方面专著的,自著的,每本书计 2 分;合著的,每本书计 1 分。本项最多不超过 10 分。

如申报人总得分相同,则按下列项目顺序比较所得分数,分数高者优先:办理破产和清算案件的经验、从业人员、业务团队、营业年限、专业水准。

本条规定的办理破产和清算案件的经验,指 2007 年 6 月 1 日以后受理的破产和清算案件。

第十二条 (职责与法律责任)依照《中华人民共和国企业破产法》《最高人民法院关于审理企业破产案件指定管理人的规定》的有关规定,管理人应当履行的职责及应承担的法律责任如下:

(一)管理人履行下列职责:

1. 接管债务人的财产、印章和账簿、文书等资料;

2. 调查债务人财产状况,制作财产状况报告;

3. 决定债务人的内部管理事务;

4. 决定债务人的日常开支和其他必要开支;

5. 在第一次债权人会议召开之前,决定继续或者停止债务人的营业;

6. 管理和处分债务人的财产;

7. 代表债务人参加诉讼、仲裁或者其他法律程序;

8. 提议召开债权人会议;

9. 人民法院认为管理人应当履行的其他职责。

《中华人民共和国企业破产法》对管理人的职责另有规定的,适用其规定。

(二)管理人无正当理由,不得拒绝人民法院的指定。管理人一经指定,不得以任何形式将管理人应当履行的职责全部或者部分转给其他社会中介机构或者个人。

(三)管理人无正当理由不得辞去职务。管理人辞去职务应当经人民法院许可。

(四)管理人未依照《中华人民共和国企业破产法》的规定勤勉尽责,忠实执行职务的,人民法院可以依法处以罚款;给债权人、债务人或者第三人造成损失的,依法承担赔偿责任;违反《中华人民共和国企业破产法》规定,构成犯罪的,依法追究刑事责任。

第十三条 (动态管理)北京市高级人民法院评审委员会根据破产、清算案件的需要对管理人名册进行动态管理。名册的增补按照本办法进行。管理人的除名细则,以及管理人的评价考核、分级管理等办法,由北京市高级人民法院另行制定。

第十四条 (生效条款)本办法自公布之日起施行。

第十五条 (解释权力机构)本办法由北京市高级人民法院审判委员会负责解释。

北京市第一中级人民法院
破产案件管理人工作指引

第一章 总 则

第一条 （宗旨和依据）为规范破产管理人依法履职，充分发挥本院对破产管理人的指导和监督职能，切实提高破产案件审判质效，依据《中华人民共和国企业破产法》（以下简称《企业破产法》）、《中华人民共和国民事诉讼法》及相关司法解释，以及《最高人民法院关于执行案件移送破产审查若干问题的指导意见》《全国破产审判工作会议纪要》《北京市高级人民法院企业破产案件审理规程》《北京市高级人民法院关于加快破产案件审理的意见》等有关规定，结合本院审判实践，制定本指引。

第二条 （效力）本院依据本指引对管理人进行管理、考核。本院指定清算组为管理人的，参照适用本指引。

第三条 （总体要求）管理人应当全面依法独立高效履行职责，公平清理债权债务，全面执行本院裁决和债权人会议决议，向本院报告工作，接受本院及债权人会议、债权人委员会的监督，保护债权人、债务人及其他利益相关人的合法权益，保障破产程序顺利进行。

管理人不得以任何形式将应由自己决定的事项提请本院决定，或将自己应当履行的职责全部或部分转让给他人。

第四条 （忠实勤勉义务）管理人应当勤勉尽责、忠实执行职务，依法披露信息，不得利用管理人地位谋取不正当利益；尽到注意义务，避免给债权人、债务人及其他利益相关人造成损失。

第五条 （及时高效节约）管理人工作应当及时高效，并合理控制破产费用，不得把应从管理人报酬中列支的费用列为其他破产费用。

根据《北京市高级人民法院关于加快破产案件审理的意见》适用快速审理程序的破产案件，管理人一般应在裁定受理破产申请之日起六个月内办结。无任何财产、无账簿文书、企业人员下落不明的破产案件，管理人一般应在裁定受理破产申请之日起三个月内办结。

第六条 （工作报告制度）管理人在执行职务期间应当完整记录工作情况，并按本院确定的周期提交当期书面履职报告。

遇重大、突发事件，管理人应当及时报告本院和债权人会议主席；设立债权人委员会的，还应当及时报告债权人委员会。

第七条 （管理人权利）管理人履行职责，有权获得相应报酬。

管理人报酬由本院依照《最高人民法院关于审理企业破产案件确定管理人报酬的规定》确定，适用快速审理程序的破产案件，可以在破产程序终结后一次性向管理人支付报酬；其他破产案件原则上根据破产案件审理进度和管理人履职情况分期支付管理人报酬。

第二章　团队组建与内部管理职责

第八条　（不得拒绝指定）管理人无正当理由不得拒绝指定。

管理人无正当理由拒绝指定的，记入管理人动态考核档案。

第九条　（回避）管理人或其派出人员与本案有利害关系的，管理人应当及时、主动向本院申请回避并书面说明情况。

管理人的派出人员与本案有利害关系的，应当及时、主动提请召开管理人内部会议。

接受本院公告邀请参与竞争选任管理人的社会中介机构，在参与竞争过程中发现本机构与本案有利害关系的，应当及时、主动退出竞争。

管理人与本案的利害关系，依照《最高人民法院关于审理企业破产案件指定管理人的规定》认定。

第十条　（团队组建）社会中介机构自收到本院指定决定书之日起三日内组建由本机构人员参加的工作团队，将团队负责人、联系人及其他组成人员名单附身份证明或执业资格证明材料报本院备案。

本院因案件审理需要对管理人团队人员数量、专业等提出意见，管理人不能作出相应安排的，应当予以书面回复说明理由。

第十一条　（团队组成）管理人负责人对外代表管理人，对内全面负责团队管理。

管理人团队组成人员应当保持稳定，确需变更管理人负责人的，应当向本院提出申请。团队其他组成人员发生变更的应当及时向本院书面说明理由。采取竞争方式指定的管理人，在终止执行职务前团队负责人原则上不能变更。

第十二条　（聘用必要工作人员）管理人拟聘用工作人员的，应当向本院提交《关于提请人民法院许可聘用工作人员的报告》，并附拟签订的聘用合同副本，经本院许可后，可以聘用必要的工作人员，并应当与其签订聘用合同。

第十三条　（更换中介机构管理人）社会中介机构管理人有下列情形之一的，本院可以根据债权人会议的申请或者依职权迳行决定更换管理人：

（一）执业许可证或者营业执照被吊销或者注销；

（二）出现解散、破产事由或者丧失承担执业责任风险的能力；

（三）与本案有利害关系；

（四）履行职务时，因故意或者重大过失导致债权人利益受到损害；

（五）有重大债务纠纷或者因涉嫌违法行为正被相关部门调查；

（六）有其他不能依法、公正执行职务或者不能胜任职务情形的。

第十四条　（更换个人管理人）个人管理人有下列情形之一的，本院可以根据债权人会议的申请或者依职权迳行决定更换管理人：

（一）执业资格被取消、吊销；

（二）与本案有利害关系；

（三）履行职务时，因故意或者重大过失导致债权人利益受到损害；

（四）失踪、死亡或者丧失民事行为能力；

（五）因健康原因无法履行职务；

（六）执业责任保险失效；

（七）有重大债务纠纷或者因涉嫌违法行为正被相关部门调查；

（八）有其他不能依法、公正执行职务或者不能胜任职务情形的。

第十五条 （管理人交接）本院决定更换管理人的，原管理人应当自收到决定书之次日起，在本院监督下向新任管理人移交全部资料、财产、营业事务及管理人印章，并及时向新任管理人书面说明工作进展情况。原管理人不能履行上述职责的，新任管理人可以直接接管相关事务。

在破产程序终结前，原管理人应当随时接受新任管理人、债权人会议、本院关于其履行管理人职责情况的询问。

未依法终止执行职务，但北京市高级人民法院重新编制管理人名册时未入选的管理人，除本院依法予以更换的以外，应当继续执行职务。

第十六条 （管理人辞职）管理人没有正当理由不得辞去职务。管理人辞去职务应当经本院许可。正当理由的认定，可参照适用本指引第十三条、第十四条规定的情形。

本院对管理人申请辞去职务未予许可，管理人仍坚持辞去职务并不再履行管理人职责的，本院应当决定更换管理人。

第十七条 （工作制度）管理人应当在收到本院指定决定书之日起七个工作日内制定管理人工作制度，包括管理工作规程、会议议事规则、财务收支管理制度、证照和印章管理制度、档案管理制度、保密制度、应急预案等，报本院备案。

第十八条 （印章刻制与管理）管理人应当持本院受理破产申请裁定书、指定管理人决定书和刻制印章函，前往公安机关刻制管理人印章，印文为“×××（债务人名称）管理人”。管理人印章交本院封样备案后启用。管理人印章应有专人保管并设置使用登记台账，并不得在所涉破产事务之外的任何场合使用。

第十九条 （银行账户开立）管理人应当持本院受理破产申请裁定书、指定管理人决定书、管理人公章及账户开立通知书向银行申请开立管理人账户。

适用快速审理程序的破产案件，经初步调查未发现债务人任何财产的案件，管理人可以不开立银行账户。

第二十条 （账户管理）管理人应当将债务人的存款、财产变价款、清收的债权等划入管理人账户集中管理、接受监督。

第二十一条 （会计制度）破产清算案件中的企业会计处理，管理人应当按照财政部《企业破产清算有关会计处理规定》办理。

第二十二条 （财务收支）管理人应当严格执行财务收支管理制度，所有开支必须按内部审批程序批准后从管理人账户列支，不得将用于破产管理工作以外的事项费用列支为破产费用。大额支出应当及时报告债权人委员会；未设立债权人委员会的，应当及时报告本院批准。

第三章 破产案件管理人一般职责

第一节 接管职责

第二十三条 （通知工商部门）本院裁定受理破产申请后，管理人应当配合本院将受理破产申请裁定书送达债务人注册登记的工商行政管理部门，并告知需要其配合工作的有关事项。

第二十四条 （通知银行停止结算）本院裁定受理破产清算申请的，管理人应当配合本院通知债务人的开户银行停止债务人的账户支出，债务人的日常开支和其他必要开支由管理人审查批准并通知银行。

第二十五条 （通知已知债权人）管理人应当根据本院的授权，自本院裁定受理破产申请之日起二十五日内通知已知债权人申报债权。适用快速审理程序的破产案件，管理人应当在七日内通知已知债权人申报债权，并告知适用快速审理程序的内容。

第二十六条 （送达地址确认）管理人应当提交已知债权人《送达地址确认书》，并书面告知相应送达方式将会在破产程序及衍生诉讼中使用，因受送达人自己提供或者确认的送达地址不准确、送达地址变更未及时书面告知管理人及本院、受送达人本人或者受送达人指定的代收人拒绝签收，导致诉讼文书未能被受送达人实际接收的，文书退回之日即视为送达之日。

第二十七条 （通知税务机关）无论债务人是否有已知欠税记录，管理人均应通知税务机关申报债权。

管理人应当配合税务机关对破产企业开展税务清算核实工作，协助税务机关检查应纳税商品、货物或者其他财产。

第二十八条 （接管准备）管理人接受指定后，应当及时向债务人有关人员了解债务人财务状况，告知债务人及有关人员配合做好接管工作，并告知有关人员破产期间应当承担的法律义务和相应法律责任。

第二十九条 （接管方案）管理人应当制定接管方案，报本院备案。

第三十条 （全面接管）本院指定管理人后，管理人应当及时、全面接管债务人的财产、印章和账簿、文书等资料。

债务人占有或者管理但不属于债务人所有的财产，以及由他人占有或者管理的债务人财产，管理人应当一并接管。

第三十一条 （接管程序）管理人接管债务财产时，应当进行清点，制作交接书、交接清单和接管笔录，告知债务人有关人员法律责任，相关文书由管理人和债务人的有关人员签字确认。债务人有关人员下落不明或者无相关人员办理交接手续的，可以由管理人在债权人代表或本院的监督下，直接接管。

债务人财产已被采取保全措施的，管理人应当及时与相关单位联系，根据案件具体情况做好保全措施的衔接工作，并及时接收相关单位移交的财产和案款。

管理人应当根据接管情况制作《财产接管清单》。

第三十二条 （接管时间）接管债务人的财产，一般应当自管理人被指定之日起三十日内完成。确因客观原因无法完成的，或根据案件实际情况适宜分期、分批实施接管的，应当及时向本院书面报告相关情况。

第三十三条 （诉讼衔接）管理人在接管过程中，应当及时告知有关机关解除对债务人财产的保全措施、中止有关债务人的诉讼、仲裁或者执行程序。

根据案件的实际情况，对于可能因有关利益相关人的行为或者其他原因，影响破产程序依法进行的，管理人应当及时申请本院对债务人的全部或者部分财产采取保全措施。

管理人接管债务人的财产后，应当及时告知有关机关恢复诉讼或者仲裁。

第三十四条 （妨害接管处理）债务人或者相关单位和个人不协助管理人接管的，或者出现影响接管的其他情形的，管理人应当及时报告本院，并提出处理意见。

第三十五条 （妥善保管义务）管理人对所接管的债务人的财产、印章和账簿、文书等资料应当妥善保管，防止损毁或者遗失。

第三十六条 （会前决定债务人营业）在第一次债权人会议召开之前，管理人应当根据债务人继续营业是否有利于相关各方的利益，决定继续或者停止债务人的营业。管理人作出上述决定，应当向本院提交《关于提请人民法院许可继续/停止债务人营业的报告》并附《关于继续/停止债务人营业的分析报告》，由本院批准许可。

第三十七条 （会前财产处分行为）在第一次债权人会议召开之前，管理人拟实施《企业破产法》第六十九条规定行为之一的，应当向本院提交《关于拟实施处分债务人财产行为的报告》，由本院批准许可。

第二节 调 查 职 责

第三十八条 （调查内容）管理人接受指定后应当立即对债务人的财产、营业、职工、出资人的出资、签订的合同等情况进行全面调查。

执行移送破产审查案件，可以利用执行法院财产调查结果的，管理人可以不必再次调查。

管理人不得以债务人财产状况混乱、缺乏相应书面凭证或者有关人员下落不明为由拒绝或怠于行使调查职责。

第三十九条 （调查程序）管理人对债务人相关人员的调查，应由至少两名调查人员进行，并制作调查笔录或工作记录，调查人员、调查相对人应当在笔录或记录上签字确认。调查相对人拒不签字的，应当详细记录并说明相关情况。

第四十条 （妨害调查的处理）管理人可以要求债务人的有关人员协助调查，债务人的有关人员怠于或者拒绝协助调查的，管理人应当详细记录有关情况向本院报告，并提出处理意见。

管理人无法全面调查债务人状况时，应当向本院、债权人会议或者债权人委员会说明情况。

第四十一条 （调查完成后的工作）管理人应当根据调查情况制作《财产状况报告》，向本院报告并提交债权人会议审查。

第三节 财产管理职责

第四十二条 （财产管理方案）管理人有权决定债务人的内部管理事务。管理人应当拟订《关于×××（债务人名称）财产管理方案的报告》，并附《财产接管清单》《财产状况报告》及各类财产管理的规章制度提交本院，并提交债权人会议审议通过。

经债权人会议通过或者本院裁定认可的财产管理方案，管理人应当执行。

第四十三条 （分支机构）债务人设立的不具有法人资格的分支机构的财产，管理人应当将其列为债务人财产进行管理。

第四十四条 （财产清理）管理人对债务人财产应当及时登记、清理，并按实际情况进行资产评估、房地产评估、会计审计、工程造价及审计等工作。

第四十五条 （评估、审计机构的确定）经债权人会议通过，或由经债权人会议授权委托的债权人委员会同意，管理人可以委托自行确定的审计评估机构，或者依据京高法发〔2014〕461 号《北京市高级人民法院关于审判、执行程序中统一拍卖、变卖模式及评估机构选定等工作的通知》，通过本院向北京市高级人民法院鉴拍办提出申请，随机确定审计、评估机构。

第四十六条 （决定债务人的营业）在第一次债权人会议召开之前，债务人继续或者停止营业由管理人决定，管理人应当将该决定书面提交本院。管理人应当在第一次债权人会议召开时，将该事项提请债权人会议审议并表决决定。

第四十七条 （重大行为报告）管理人实施《企业破产法》第六十九条规定的行为前，应当向债权人委员会报告。债权人委员会向债权人会议主席提议召开债权人会议以决定相应事项的，管理人应当在三日内报告本院，并提前十五日通知已知的债权人。

未设立债权人委员会的，管理人实施以上行为应当事先报告本院。

第四十八条 （未履行合同处理）本院受理破产申请后，管理人对破产申请受理前成立而债务人和对方当事人均未履行完毕的合同有权决定解除或者继续履行，并通知对方当事人。

第四十九条 （分支机构财产清理）债务人设立的不具有法人资格的分支机构，管理人应当将其财产列为债务人财产进行管理和处置。

第五十条 （无形资产清理）管理人对债务人的知识产权、专有技术等无形资产应当及时清理，以确定权属。

第五十一条 （对外投资清理）对于债务人的对外投资以及收益，管理人应当依法行使出资人的权利。

管理人在清理债务人对外投资时，不得以该投资价值为负或者为零而不予清理。

第四节 财产追索职责

第五十二条 （通知次债务人、财产持有人）管理人应当向债务人的债务人或者财产持有人送达通知书，要求其于限期内向管理人清偿债务或者交付财产，并告知清偿债务或者交付财产的方式及相应法律责任。

债务人的债务人或者财产持有人拒绝清偿债务或者交付财产的，或者故意向债务人清偿债务或者交付财产，使债权人收到损失的，管理人应当代表债务人依法向本院提起诉讼。

第五十三条 （取回担保物）管理人通过清偿债务或者提供为债权人接受的担保取回质物、留置物，应当向相应担保权人送达通知书，告知担保权人担保物具体名称和数量、清偿方式或替代担保方式等内容。

管理人拟通过前款规定的方式取回担保物，或者与担保权人协议以担保物折价清偿债务等方式，进行对债权人利益有重大影响的财产处分行为的，应当及时报告债权人委员会。未设立债权人委员会的，管理人应当及时报告本院。如担保物的价值低于被担保的债权额时，应当以该担保物当时的市场价值为限。

第五十四条 （不当清偿的撤销）本院受理破产申请前一年内，涉及债务人财产的下列行为，管理人有权请求本院予以撤销：

（一）无偿转让财产的；

（二）以明显不合理的价格进行交易的；

（三）对没有财产担保的债务提供财产担保的；

（四）对未到期的债务提前清偿的；

（五）放弃债权的。

第五十五条 （个别清偿的撤销）本院受理破产申请前六个月内，债务人有《企业破产法》第二条第一款规定的情形，仍对个别债权人进行清偿的，管理人有权请求本院予以撤销。但是，符合下列条件的个别清偿除外：

（一）债务人为维系基本生产需要而支付水费、电费等的；

（二）债务人支付劳动报酬、人身损害赔偿金的；

（三）使债务人财产受益的其他个别清偿。

债务人经诉讼、仲裁、执行程序对债权人进行的个别清偿，管理人不得依据前款规定请求撤销。但是，债务人与债权人恶意串通损害其他债权人利益的除外。

第五十六条 （执行异议权告知）执行移送破产案件受理后，执行案件当事人、利害关系人对执行法院财产处置、案款分配等破产案件受理前的执行行为有异议的，管理人应当告知相关权利人可以在执行程序终结前，向执行法院提出。

第五十七条 （主张行为无效）管理人有权依据《企业破产法》第三十三条的规定提起诉讼，主张涉及债务人财产的下列行为无效：

（一）为逃避债务而隐匿、转移财产的；

（二）虚构债务或者承认不真实的债务的。

第五十八条 （追回因不当行为而取得的财产）相对人因《企业破产法》第三十一条、第三十二条或者第三十三条规定的行为而取得债务人财产的，管理人应当向占有财产的相对人送达通知书，告知相应财产名称和数量、返还方式和期限等内容，追回相应财产。返还财产确有困难或确已无法返还的，可以要求相对人支付等值的价款。

管理人向本院提起诉讼，请求撤销或者确认以上不当行为无效的，可以同时主张相对人返还财产。

第五十九条 （追究高管责任）债务人的董事、监事或者高级管理人员违反忠实义务、勤勉义务，致使债务人破产的，管理人有权代表债务人向本院提起诉讼，要求相关人员依法承担民事责任。

第六十条 （追究法定代表人责任）债务人有《企业破产法》第三十一条、第三十二条、第三十三条规定的行为，损害债权人利益的，管理人有权代表债务人向本院提起诉讼，要求债务人的法定代表人和其他直接责任人员依法承担赔偿责任。

第六十一条 （追缴出资）债务人的出资人尚未完全履行出资义务的，管理人应当及时向出资人送达通知书，要求该出资人限期缴纳所认缴的出资。债务人的出资人在限定时间内未履行出资义务的，管理人有权代表债务人依法向本院提起诉讼。

债务人的出资人抽逃出资，应当返还抽逃的出资本息的，管理人比照前款规定处理。

第六十二条 （追究出资责任）管理人有权依据《中华人民共和国公司法》的相关规定，代表债务人向本院提起诉讼，要求债务人的发起人和负有监督股东履行出资义务的董事、高级管理人员，或者协助抽逃出资的其他股东、董事、高级管理人员、实际控制人等，对股东违反出资义务或者抽逃出资承担相应责任，并将财产归入债务人财产的。

第六十三条 （管理人员非正常收入和侵占财产的追回）债务人的董事、监事和高级管理人员利用职权从企业获取的非正常收入和侵占的企业财产，管理人应当及时向有关人员送达通知书要求返还，并有权代表债务人依法向本院提起诉讼。

对于非正常收入的认定，管理人可以参照《最高人民法院关于适用〈中华人民共和国企业破产法〉若干问题的规定（二）》第二十四条的规定。

第五节 权利审核职责

第六十四条 （接受申报）管理人应当在本院公告确定的债权申报地点和期间内，安排专人负责接受债权申报并分类登记造册。

接收债权人提交的申报材料后，应当出具回执。

对申报材料不齐或有误的，管理人应当要求债权人在指定期限内补齐、补正。

第六十五条 （税款等债权的申报）税款、社会保险费、住房公积金等债权，由有关征管机关向管理人申报。

第六十六条 （职工债权）债务人所欠职工的工资和医疗、伤残补助、抚恤费用，所欠的应当划入职工个人账户的基本养老保险、基本医疗保险费用，以及法律、行政法规规定应当支付给职工的补偿金等依照《企业破产法》第四十八条第二款不必申报的债权，应当由管理人调查后列出清单并予以公示。

职工对清单记载有异议，要求管理人更正的，管理人应当与异议人进行核实；管理人经核实不予更正的，应当通知异议人、说明理由，并告知其诉讼权利。

第六十七条 （补充申报）债权人未在申报期限内申报债权，在破产财产最后分配前向管理人补充申报债权的，此前已进行的分配不再对其补充分配。管理人可以要求债权人承担审查和确认补充申报债权的费用。

第六十八条 （债权审查）管理人应当及时对申报债权的真实性、合法性、时效性等进行审查，根据审查结果在第一次债权人会议召开前编制债权表。

因特殊原因无法在第一次债权人会议核查，且第一次债权人会议无必须表决事项的，可以在以后的债权人会议上核查，但是不得迟于待表决事项进行表决之时。

管理人应当保存债权表和债权申报材料，供利害关系人查阅。

第六十九条 （异议债权处理）债务人、债权人对债权表有异议的，管理人应当根据异议人提出事实和理由作出解释或调整。经管理人复核异议人仍有异议的，管理人应告知异议人可以向本院提起债权确认诉讼。相应情况应当及时向本院报告。

债务人、债权人对债权表记载的债权无异议的，管理人应当及时提请本院裁定确认无异议债权。

对于债权人会议核查的债权，如该债权有担保人的，管理人应将审查情况书面告知担保人。担保人有异议的,可以要求管理人更正。管理人不予更正的,担保人可以在收到不予更正决定之日起十五日内,向受理破产案件的人民法院提起债权确认诉讼。逾期未起诉的,该债权确定。

第七十条　(取回权)权利人向管理人主张行使取回权,管理人经审查予以认可的,可将该财产返还取回权人,并及时向本院、债权人会议或债权人委员会报告。

第七十一条　(抵销权)权利人向管理人主张行使抵销权的,管理人应当依法审查,并及时向本院、债权人会议或者债权人委员会报告。

管理人不得主动抵销债务人与债权人的互负债务,但抵销使债务人财产受益的除外。

管理人对抵销主张有异议的,应当在约定的异议期限内或者自收到主张债务抵销的通知之日起三个月内向人民法院提起诉讼。

第六节　债权人会议职责

第七十二条　(债权人会议主席)第一次债权人会议召开前,管理人应当向本院提出债权人会议主席的建议人选,申请本院指定债权人会议主席。

第七十三条　(提议职责)管理人提议召开第一次债权人会议以后的债权人会议的,应当向债权人会议主席提交《关于提议召开债权人会议的报告》并列明拟表决的议题。

第七十四条　(通知职责)召开债权人会议,管理人应当制作通知书并附会议议程和议题清单,载明注意事项,提前十五日送达已知的债权人。

第七十五条　(筹备职责)管理人负责筹备债权人会议。

第七十六条　(会务职责)管理人应当完成以下必要会务工作:

(一)向债权人会议主席提议召开债权人会议之前,向本院提交草拟的会议议题和议程,与合议庭商定会议时间和地点;

(二)确定债权人、债务人的有关人员、职工代表等参会人员,通知有关人员参会;涉及审计、评估、拍卖事项的,可以通知委托的中介机构派员列席债权人会议;必要时,可以通知债务人的出资人和政府相关部门派员列席债权人会议;

(三)召开参会人员较多的债权人会议,应当提前布置并熟悉会场;

(四)会前向参会人员提供会议议程和议题清单,分发供审议、表决的文件及表决票,告知注意事项;

(五)核对登记参会人员身份,收取债权人的授权委托书,对参会人员身份有异议的,应作出相应处理,并向本院和债权人会议报告;

(六)列席债权人会议,将债权人会议所议事项形成会议记录,并根据实际需要、经本院许可,对会议过程进行录音录像;

(七)及时汇总并向本院报告到会情况及表决情况;

(八)保存有关债权人会议的文件材料;

(九)按照本院要求完成其他会务工作。

第七十七条　(会务预案)管理人筹备债权人会议应当拟定会务预案书面报送本院。会务预案一般应当包括:预计到会情况、会议流程预案、人员配备、物资配置、文件准备情况等。

召开规模较大或者可能存在不稳定因素的债权人会议，管理人还应当提前布置并熟悉会场，事先和相关参会人员进行充分沟通，制定保障方案报送本院。

第七十八条 （表决方式）债权人会议表决有关事项以债权人现场填写表决票的方式为主，并可以结合书面、数据电文、网络会议等非现场形式进行。

采取非现场方式表决的，管理人应当告知债权人表决程序和规则。

第七十九条 （确定临时债权额）债权人会议前尚未确定的债权，由管理人负责审查并决定是否向本院提请确定其临时债权额。

第八十条 （债权人委员会）债权人会议决定设立债权人委员会的，管理人应当根据债权人类型和债权结构，推荐债权人委员会名单，提出建议名单，由债权人会议表决。经债权人会议决定设立的，管理人应将债权人会议表决选任的债权人委员会成员名单提请本院决定认可。

第八十一条 （报告履职情况）管理人应当向债权人会议报告职务执行情况，并回答本院和债权人的询问。

第八十二条 （会议情况报告）管理人应当在债权人会议结束后的三个工作日内将会议的最终到会情况、表决情况及决议结果书面报告本院。

第八十三条 （提请法院裁定事项）债权人会议表决未通过债务人财产管理方案、破产财产变价方案的，或者经债权人会议二次表决仍未通过破产财产分配方案的，管理人应当在表决结束后五日内向本院提交《关于提请人民法院裁定××方案的报告》，提请本院裁定。适用快速审理程序的案件，管理人一般应当在会上提请本院裁定。

第四章 破产重整案件管理人职责

第八十四条 （基本职责）本院裁定债务人重整的，管理人应当依照本指引的规定履行接管、调查、财产管理、权利审核等破产案件管理人一般职责。

第八十五条 （预重整）预重整的，管理人应当在本院裁定债务人重整之前预先履行上述必要职责，并根据案件需要进行招募投资人、组织破产参与人谈判、起草重整计划草案等工作。

第八十六条 （对债务人自行管理的监督）在重整期间债务人申请自行管理财产和营业事务的，管理人应当就债务人是否具备完善内部治理结构、是否具有自行管理的实际可行措施、是否可能具有《企业破产法》第三十一条、第三十三条规定的行为等情况向本院提出书面法律意见。本院批准债务人自行管理财产和营业事务的申请的，管理人的职权由债务人行使，管理人已经接管债务人财产和营业事务的，应当及时向债务人移交。管理人应当制定监督制度，负责在重整期间对债务人进行监督，并向本院和债权人会议、债权人委员会报告监督情况。

第八十七条 （聘任人员）管理人负责管理债务人财产和营业事务的，管理人经向本院书面报告并经本院许可，可以聘任债务人的经营管理人员负责营业事务。

第八十八条 （转让股权、分配收益限制）在重整期间，债务人的董事、监事、高级管理人员申请向第三人转让股权的，管理人应当向本院提出是否同意的书面意见并说明理由，未经本院同意不得协助其办理股权转让手续。

在重整期间,管理人对出资人分配投资收益的申请不应准许。债务人自行管理财产和营业事务的,管理人应当监督债务人不得分配投资收益。

第八十九条 (工商登记变更)在重整期间,债务人拟变更名称、注册地址、注册资本等登记事项的,以及董事、监事、高级管理人员申请辞职或解除劳动关系的,管理人应当本着有利于重整程序顺利推进和债务人运营价值最大化的原则,履行管理或监督职责,并及时向本院报告有关情况。

第九十条 (行使担保权的限制)在重整期间,管理人应当妥善保管或监督债务人保管担保物,防止其损毁灭失。担保权人主张行使担保权的,管理人应当告知担保权人依法向本院提出相应请求;未经本院批准不得办理。

第九十一条 (行使取回权的限制)债务人合法占有的他人财产,权利人在重整期间要求取回的,管理人应当审查是否符合事先约定的条件。管理人同意或不同意取回要求的,应当制作相应通知书送达权利人。

第九十二条 (为继续经营借款)在重整期间,管理人为继续营业而借款的,可以为该借款设立担保,但应事先报告债权人委员会;未设立债权人委员会的,管理人应当事先报告本院。

第九十三条 (申请宣告破产)在重整期间,管理人发现债务人有《企业破产法》第七十八条规定的情形之一的,有权向本院提交《关于提请人民法院终止重整程序的报告》,请求本院裁定终止重整程序并宣告债务人破产。

第九十四条 (重整计划草案的制作主体)债务人自行管理财产和营业事务的,由债务人制作重整计划草案,管理人应当进行监督。管理人认为债务人制作的重整计划草案违反法律规定,或者不具有可行性的,应当向债务人提出相应修改意见。

管理人负责管理财产和营业事务的,由管理人制作重整计划草案。

管理人应当对重整计划草案的合法性和可行性进行分析并出具书面说明,供本院审查及债权人会议审议参考。

第九十五条 (重整计划草案的提交)管理人制作重整计划草案的,应当自本院裁定债务人重整之日起六个月内,同时向本院和债权人会议提交《关于提请审议重整计划草案的报告》,并附重整计划草案及相应说明。

前款规定的期限届满,管理人可以向本院提交《关于申请延期提交重整计划草案》,载明情况及正当理由,请求本院裁定延期三个月。

债务人申请延期的,管理人应当就该申请是否具备正当理由向本院提交监督意见。

第九十六条 (表决重整计划草案的分组)重整计划草案的表决可以设小额债权组。重整计划草案涉及出资人权益调整事项的,应当设出资人组。重整计划不得规定减免债务人欠缴的《企业破产法》第八十二条第一款第二项规定以外的社会保险费用;该项费用的债权人不参加重整计划草案的表决。

管理人应当依照《企业破产法》第八十二条、第八十三条、第八十五条的规定,根据案件的实际情况,在讨论表决重整计划草案的债权人会议前,向本院提交债权人的分组设置建议。

第九十七条 (提请裁定批准重整计划)各表决组均通过重整计划草案时,重整计划即为通过。

自重整计划通过之日起十日内，制作重整计划草案的管理人应当向本院提交《关于提请人民法院裁定批准重整计划的报告》。

债务人提请本院裁定批准重整计划的，管理人应当就债权人会议及出资人会议表决结果的合法性提出监督意见。

第九十八条　（再次表决）部分表决组未通过重整计划草案的，管理人可以组织债务人、重整投资人与未通过重整计划草案的表决组协商，并可以组织该表决组在协商后再表决一次，但协商的结果不得损害其他表决组的利益。

第九十九条　（提请裁定重整计划草案）未通过重整计划草案的表决组拒绝再次表决或者再次表决仍未通过重整计划草案，但重整计划草案符合《企业破产法》第八十七条第二款规定的条件的，债务人或者管理人可以申请人民法院批准重整计划草案。

债务人提请的，管理人应当对重整计划草案的合法性和可行性进行分析并出具书面说明。债权人分多组的，管理人还应当审查各表决组中反对者能够获得的清偿利益是否低于依照破产清算程序所能获得的利益。

管理人提请的，应当向本院提交《关于提请人民法院裁定批准重整计划草案的报告》。

第一百条　（未在申报期内申报债权的处理）债权人未在债权申报期限内申报债权，但其在重整计划草案提交债权人会议表决前补充申报债权的，管理应当参照本指引第六十八条第一款的规定予以审查，并可以参照本指引第六十八条第二款的规定提交债权人会议核查。在本院裁定批准重整计划或重整计划草案前经核查无异议的，管理人应当及时提请本院裁定确认。

前款债权经本院裁定确认的，债权人可依照本院批准的重整计划或重整计划草案获得清偿；未经本院裁定确认的，管理人应当告知债权人在重整计划执行期间不得行使权利，在重整计划执行完毕后向债务人按照重整计划规定的同类债权的清偿条件主张权利。

债权人在重整计划草案提交债权人会议表决后、重整程序终止前要求申报债权的，管理人比照本条第一款处理。

债权人在重整计划规定的监督期内申报债权，管理人应当接收材料、登记记录并转交债务人，并应当告知债权人重整程序已经终止。

对于在前两款期间内要求申报债权的债权人，管理人还应告知其在重整计划执行期间不得行使权利，在重整计划执行完毕后向债务人按照重整计划规定的同类债权的清偿条件主张权利。

第一百零一条　（财产和营业事务的移交）本院裁定批准重整计划或重整计划草案后，已接管财产和营业事务的管理人应当向债务人移交财产和营业事务。

第一百零二条　（重整计划执行的监督）自本院裁定批准重整计划之日起，在重整计划规定的监督期内，由管理人监督重整计划的执行。

管理人应当制定监督计划，明确监督方式、监督事项和监督职责并报本院备案。在监督期内，管理人应当审查债务人关于重整计划执行情况和债务人财务状况的报告。

第一百零三条　（监督期届满）监督期届满时，管理人应当向本院提交《关于重整计划执行情况的监督报告》,报告应附重整计划执行情况和债务人财务状况。自监督报告提交之日起,管理人的监督职责终止。

管理人认为存在需要延长重整计划执行监督期限的情形的,应当向本院提交《关于申请延长重整计划执行监督期限的报告》说明理由,申请本院裁定延长重整计划执行的监督期限。

第一百零四条 （重整计划执行中的变更）管理人应当监督债务人严格执行重整计划,但因出现国家政策调整、法律修改变化等特殊情况导致原重整计划无法执行的,管理人可以向本院提交《关于申请召开债权人会议审议变更重整计划的报告》,申请变更重整计划一次。本院认为有必要召开债权人会议的,管理应当向债权人会议充分说明申请变更的必要性和可行性,并债权人会议提交《关于提请债权人会议审议变更重整计划报告》。债权人会议决议同意变更重整计划的,应自决议通过之日起十日内向本院提交《关于申请批准变更重整计划的报告》并附表决结果,提请本院批准。债权人会议决议不同意或者本院不批准变更申请的,管理人应当请求本院裁定终止重整计划的执行,并宣告债务人破产。

第一百零五条 （新的重整计划的表决与批准）本院裁定同意变更重整计划的,债务人或者管理人仍应当在六个月内提出新的重整计划,管理人应当比照重整期间履行职责,但变更后的重整计划仅提交给因重整计划变更而遭受不利影响的债权人组和出资人组进行表决。

第一百零六条 （重整计划的终止）债务人不能执行或不执行重整计划的,管理人应当及时向本院提交《关于提请人民法院裁定终止重整计划的报告》,申请本院裁定终止重整计划的执行并宣告债务人破产。

第一百零七条 （转破产清算后的处理）本院裁定终止重整程序并宣告债务人破产的,管理人应当按照破产清算程序履行职责。

第五章 破产和解案件管理人职责

第一百零八条 （基本职责）债务人向本院申请和解,本院裁定和解的,管理人应当依照本指引履行破产案件管理人的一般职责,但债权人会议另有决议的除外。

第一百零九条 （提交债权人委员会）管理人应当协助债务人制作或修改和解协议草案,并向债权人会议提交《关于和解协议草案的合法性和可行性报告》,供债权人会议审议通过。

第一百一十条 （终止和解程序后的职责）债权人会议通过和解协议,本院裁定认可并终止和解程序的,管理人应当向债务人移交财产和营业事务,并向本院提交《管理人执行职务的工作报告》

第一百一十一条 （和解协议的无效）管理人发现和解协议属于因债务人的欺诈或者其他违法行为而成立的,应当及时向本院提交《关于提请人民法院裁定和解协议无效的报告》,提请本院裁定和解协议无效,并宣告债务人破产。

第一百一十二条 （终止和解协议的执行）债务人不能执行或者不执行和解协议的,管理人应当及时向本院提交《关于提请人民法院裁定终止和解协议的执行的报告》,提请本院裁定终止和解协议的执行并宣告债务人破产。

第一百一十三条　（裁定无效或终止执行后的职责）本院裁定和解协议无效或者终止和解协议的执行，并宣告债务人破产的，管理人应当立即接管债务人财产和营业事务，按照破产清算程序执行职务。

第六章　破产清算案件管理人职责

第一节　破产宣告

第一百一十四条　（申请宣告破产）第一次债权人会议召开之后，无人提出重整或和解申请，债务人符合《企业破产法》规定的宣告破产条件的，管理人可以申请本院裁定宣告债务人破产。

适用快速审理程序的破产案件符合前款条件的，管理人一般应当在第一次债权人会议召开之日起十五日内提请人民法院宣告债务人破产。

第一百一十五条　（申请以费用不足终结）破产申请受理后，管理人发现债务人财产不足以清偿破产费用，且无人代为清偿或予以垫付的，应当向本院提交《关于债务人财产不足以清偿破产费用提请人民法院终结破产程序的报告》，提请本院宣告债务人破产并裁定终结破产程序。

第二节　破产财产变价与分配

第一百一十六条　（财产变价方案）管理人应当以破产财产价值最大化为原则，兼顾处置效率，及时拟订《破产财产变价方案》，提交债权人会议讨论，并按照通过的方案变价出售破产财产。

破产财产变价方案一般应包括变价原则、财产状况、变价方式以及处置不能时的预备处置措施等内容。

第一百一十七条　（财产变价方式）经债权人会议通过，或由经债权人会议授权委托的债权人委员会同意，管理人可以委托自行确定的拍卖机构或网络服务提供者进行拍卖。

债权人会议决议不进行拍卖或者拍卖不成的破产财产，可以作价变卖，或者进行实物分配。变卖或者实物分配方案应当提交债权人会议表决。法律、行政法规明确规定了财产转让方式的应当从其规定，管理人应当对债权人会议的相关决议进行合法性审查。

第一百一十八条　（对外投资的收回）拍卖或者协议转让债务人持有的有限责任公司股权的，管理人应当依法通知该有限责任公司及全体股东；拍卖或者协议转让债务人投资的股份有限公司股权的，管理人应当依法通知该股份有限公司。

第一百一十九条　（执行行为效力的延续）执行程序中已经完成评估、审计、拍卖等程序，其效力可以延续至破产程序中的，相关程序无须再次进行。

第一百二十条　（破产财产分配方案）管理人应当及时拟订《破产财产分配方案》，提交债权人会议讨论。债权人会议通过后，由管理人向本院提交《关于提请人民法院裁定认可破产财产分配方案的报告》并附债权人会议表决结果，提请本院裁定认可。

第一百二十一条　（分配方式）管理人分配破产财产应当以货币分配方式进行。但债权人会议另有决议的除外。

适用快速审理程序的破产案件，管理人一般应当一次性分配破产财产。

第一百二十二条 （清偿顺序）管理人应当按照《企业破产法》第一百一十三规定的清偿顺序分配破产财产。破产财产不足以清偿同一顺序的清偿要求的，按照比例清偿。

第一百二十三条 （多次分配）管理人按照破产财产分配方案实施多次分配的，应当公告本次分配的财产额和债权额。

管理人实施最后分配的，应当在公告中指明，并依照《企业破产法》第一百一十七条第二款处理。

第一百二十四条 （附条件债权的分配）对于附生效条件或者解除条件的债权，管理人应当将其分配额提存。

在最后分配公告日，生效条件未成就或者解除条件成就的，管理人应当将提存的分配额分配给其他债权人；在最后分配公告日，生效条件成就或者解除条件未成就的，应当将提存的分配额交付给债权人。

第一百二十五条 （破产分配的受领）债权人未受领的破产财产分配额，管理人应当提存。债权人自最后分配公告日起满二个月仍不领取的，视为放弃受领分配的权利，由管理人或者本院将提存的分配额分配给其他债权人。

第一百二十六条 （诉讼未决债权的分配）破产财产分配时，对于诉讼或者仲裁未决的债权，管理人应当将其分配额提存。自破产程序终结之日起满二年仍不能受领的，由本院将提存的分配额分配给其他债权人。

第三节 终结程序

第一百二十七条 （因分配完毕而终结）管理人在破产财产最后分配完结后，应当及时向人民法院提交《关于破产财产分配执行情况的报告》，并申请本院终结破产程序。

第一百二十八条 （因无财产分配而终结）破产人无财产可供分配的，管理人应当请求本院裁定终结破产程序。

第一百二十九条 （办理注销手续）管理人应当自破产程序终结之日起十日内，持终结破产程序的裁定，向破产人的原登记机关办理注销登记。

管理人到破产人的原登记机关办理注销登记前，应当先办理税务注销。对于有特殊资质的破产人，管理人还应当到相应的特殊资质管理部门办理注销手续。

第一百三十条 （管理人终止执行职务）管理人办理完破产人注销登记手续后，应向本院提交《关于管理人终止执行职务的报告》，并于注销完毕的次日终止执行职务。

管理人终止执行职务后，应当将管理人印章交回公安机关或者法院销毁。

存在诉讼或者仲裁未决情况的，管理人自诉讼或者仲裁程序所涉事项全部办理完毕之次日终止执行职务。

第一百三十一条 （档案保管）破产程序终结后，破产企业的账册、文书等材料由管理人移交档案部门保存，保管费用比照破产费用由管理人在破产财产分配时预留。

第七章 附 则

第一百三十二条 （文书材料）管理人执行职务出具文书，应当按照最高人民法院

《管理人破产程序工作文书样式(试行)》制作。

第一百三十三条 (平台使用及信息公开)管理人应当按照最高人民法院《企业破产案件破产管理人工作平台使用办法(试行)》和《企业破产案件信息公开的规定(试行)》的要求,使用工作平台,披露流程节点,公开案件信息。

第一百三十四条 (诉讼事项决定)管理人应当以破产财产最大化为原则,向债权人会议或债权人委员会充分披露财产调查、财产追索中可能需要提起的诉讼,或者需要申请的仲裁、执行程序。管理人决定放弃相应司法救济途径的,应当经债权人会议或获得债权人会议授权委托的债权人委员会同意。

管理人在上述程序中决定部分或全部放弃权利的,应当征得债权人会议或获得债权人会议授权委托的债权人委员会同意。

第一百三十五条 (参照适用)管理人办理本市基层人民法院受理的破产案件,参照本指引执行。

第一百三十六条 (解释)本指引由本院审判委员会负责解释。

第一百三十七条 (施行日期)本指引自发布之日起施行。

行政协议案件的法律适用问题研究*

新《行政诉讼法》第12条第1款第11项规定，行政协议属于行政诉讼的受案范围。最高人民法院《关于适用〈中华人民共和国行政诉讼法〉若干问题的解释》（以下简称《行政诉讼法解释》）第11条进一步明确了行政协议的概念，并列举了几种可以纳入行政诉讼受案范围的行政协议，并在第12条至第16条中对行政协议案件的审理作出规定，这些都为我们审理行政协议案件提供了有力的指引。但是，行政协议案件作为一种新类型案件，在审理中暴露出来的问题不少，有很多法律适用的争议迫切需要解决，相关的审理思路也需要进一步澄清和统一。本次调研对诉讼请求的规范化、受案范围、原告资格、其他起诉条件、证据规则、判决方式、规范性文件附带审查以及一并解决民事争议等实践中较为关注的问题展开研究，以期澄清和统一行政协议案件的审理思路，提高行政协议案件的审理质量。

一、行政协议案件中诉讼请求的范式

类型化研究是目前较为流行的一种研究方法。虽然诉讼类型化具有诸多价值，但行政协议诉讼很难归入单一的传统诉讼类型中的撤销之诉、给付之诉、确认之诉中。这个问题已经在行政诉讼法修改过程中引起一定争议，但主要原因仍在于原告的诉讼目标、实体请求权、诉讼标的的多样化。鉴于行政协议案件中原告行政法上请求权的多样化以及立法层面予以类型化所面临的现实困境，行政协议不宜归入单一的某种诉讼类型，而是应当以原告的诉讼请求即其请求权基础为依据进行区分，由行政法官在司法实践中对行政协议的诉讼类型进行总结与续造。

行政协议作为兼具公私法特点的行政行为，其请求权必然包含公法上的请求权类型。也就是说，原告对行政协议的请求权呈现出公法上请求权与合同法上请求权重合交织的特征，这既是行政协议案件类型复杂性的重要原因，也是我们在对行政协议进行诉讼类型归属划分时存在困难的根本原因。实践中，需要行政法官在行政协议案件审理过程中了解原告的诉讼目标、真实诉求，在此基础上分析原告请求权的基础，并对原告的诉请进行适当的引导，进而采取不同的判决方式。因此，我们认为，有必要对原告的诉讼请求进行规范。

---

* 课题主持人：马立娜，课题负责人：闫洪升（门头沟法院）、齐莹、龙非，课题执笔人：许芳（门头沟法院）、韩明生（门头沟法院）、赵锋、魏浩锋、杨晓琼、范术伟、李赟乐、肖克。

本课题为2017年全院综合性调研课题，荣获第六届全国行政审判优秀业务成果评选（报告类调研成果）一等奖。

结合实践中行政协议案件原告常见的诉讼请求分析①,原告所针对的行政机关在行政协议订立、履行过程中的行为总体上可区分为两类:一类是行使行政优益权的行为,另一类是合同行为,包括订立、履行过程中的行为。行政机关行使行政优益权的行为包括单方变更、解除合同的行为,或者就协议履行过程中原告的行为进行的处罚等,此类行为属于高权行为,与一般的行政行为无异。原告实体法上的请求权属公法上的请求权,原告可以此为基础,提起撤销之诉,也可以提起确认之诉。

另外一类行为系除行使行政优益权之外的其他行政行为,此类行为更多地体现协议各方的合意性,在协议订立、履行的各个阶段均广泛存在。典型的行为是履行协议过程中出现的怠于履行或违约行为,此类行为可以在协议条款框架下进行规制,属于合同各方意思自治领域,均可以视为合同行为,也更应当由合同法等民事法律规范进行调整。在此主要考虑的理由包括:一是合同法上的请求权较之行政法上的请求权体系更为完备,能够为原告提供整体无漏洞的救济;二是行政机关的此类行为更能体现行政协议的"契约自由"原则,也能够通过协议条款加以规制;三是如果适用公法请求权对原告诉请进行审理,不可避免会与合同法上请求权产生交织,进而导致法律适用上的混乱,过分注重对合同行为以公共利益等原则进行不适当的考量,不利于平等主体的平等保护;四是行政协议案件的公共利益衡平可以置于民事合同法律规范进行,即民事法律规范已经对行政协议案件中公共利益原则的考量提供了充分的制度供给。鉴此,我们认为,原告针对此类行为提起诉讼的请求权基础属于合同法上的请求权,其诉讼请求应当符合合同法的有关规定。

基于上述分析,我们认为,行政法官应当对原告的请求权类别进行区分,在此基础上对其诉讼请求加以引导,使行政协议案件中原告的诉讼请求能够进一步规范化。具体而言:

原告不服行政机关行使行政优益权行为提起诉讼的,可以直接针对该行为提起撤销之诉,也可以提起确认之诉。撤销之诉对应的公法请求权为侵害行为排除请求权,指的是原告认为行政机关行使行政优益权的行为对其合法权益可能产生损害。确认之诉对应的确认请求权,具有备位性。即当撤销之诉、给付之诉能够更有效保护原告权益时,不能提起确认之诉。由于原告针对的行为具有特定性,即具有特定的请求内容,故可以在此类案件的诉讼请求中加以主张。如在确认具体行政行为无效的诉讼中,确认利益就是无效的具体行政行为会给当事人带来"事实上的负担效果",因此当事人有必要通过确认来除去该项负担。在一般确认诉讼中,原告的确认利益在于被诉请确认的法律关系能够期待在判决中澄清该法律关系中的具体争议。这与无具体请求内容的确认之诉存在区别。如原告仅笼统地提出确认行政协议违法的诉讼请求,则此类诉讼请求并无特定请求内容,并不规范②,法院应引导原告提出具体的诉讼请求。

针对行政协议订立、履行过程中的行政行为提起诉讼的,诉讼请求大致可以规范至如

---

① 参见门头沟区法院《关于房屋征收补偿协议案件审理情况的报告》,行政协议诉讼案件中原告的诉讼请求主要包括如下几类:请求履行协议、撤销协议、确认协议无效、有效及不成立、解除协议、确认履行行为(不过件、不盖章、不履行调查登记职责、改签)违法。

② 郭修江:《行政协议案件审理规则——对〈行政诉讼法〉及其适用解释关于行政协议案件规定的理解》,载《法律适用》2016 年第 12 期。

下几种类型:请求撤销、变更或解除协议;请求继续履行协议,请求确认具体履行行为违法;请求确认协议有效、无效、成立或不成立等。合同法上的撤销之诉对应的请求权则为合同的撤销权。合同法上的变更之诉对应的请求权为合同变更权。合同解除权也是形成权之一。履行合同之诉对应的请求权亦可区分为多种,如履行请求权(包括重新履行、修理或重做)、返还给付请求权、减少价金请求权、违约损害赔偿请求权等。诉请具体履行行为违法之诉,其诉讼目的仍是请求对方作出一定给付,即主张违约赔偿、返还原物、减少价金等,仍属于协议履行过程中的事项,故均可依照合同法上的给付请求权提起。民事合同的确认效力、成立或不成立之诉,其请求权为合同效力的确认权,是一种原权型的请求权。

在这里,需要特别探讨的问题是,原告诉请被告赔偿或补偿其损失的案件,是应作为单独的行政赔偿或补偿案件来审理,还是应作为行政案件来审理?这个问题不仅牵涉到是否需要分案的问题,还关系到诉讼费用收取标准的问题。如果作为单独的行政赔偿或补偿案件,则应当与其他诉求分案审理,案件也不能收取诉讼费用。课题组认为,此类案件不宜作为传统的行政赔偿或补偿案件来审查,理由在于:(1)无论是继续履行协议,还是采取补救措施、赔偿损失,均属于违约责任。《合同法》第107条规定:"当事人一方不履行合同义务或者履行合同义务不符合约定的,应当承担继续履行、采取补救措施或者赔偿损失等违约责任。"在审理此类型案件时,没有必要人为割裂原告诉求。(2)与传统的行政赔偿或补偿案件不同的是,行政协议案件中的赔偿或补偿标准一般源自协议约定,而非国家赔偿法的规定。法院在审理此类案件时,可根据协议约定一并予以裁判,没有必要单独启动行政赔偿或补偿诉讼程序,否则不仅会增加当事人的诉累,也会导致法院还要区分收取诉讼费用,增加法院工作负担,不符合诉讼经济原则。

二、行政协议案件的受案范围

(一)确定受案范围的一般原则

2004年1月发布的最高人民法院《关于规范行政案件案由的通知》中将行政合同作为行政行为之下的案由之一,但没有进一步明确行政合同的范围。《行政诉讼法》第12条规定,人民法院受理公民、法人或者其他组织提起的认为行政机关不依法履行、未按照约定履行或违法变更、解除政府特许经营协议、土地房屋征收补偿协议等协议的诉讼。《行政诉讼法解释》第11条进一步明确了行政协议的具体含义,是指为实现公共利益或行政管理目标,行政机关在其法定职责范围内,与公民、法人或者其他组织协商订立的具有行政法上权利义务内容的协议。类型包括但不限于政府特许经营协议和土地房屋征收补偿协议。基于行政诉讼法及《行政诉讼法解释》的明确规定,行政协议原则上均应属于行政诉讼的受案范围,除非有法律的明确排除。在确定一个协议纠纷是否属于行政诉讼受案范围时,我们重点是要考察该协议是否属于行政协议以及是否有法律明确将其排除在行政诉讼受案范围之外。

根据司法解释对于行政协议的界定,我们可从以下几点来把握行政协议:一是订立协议的一方主体必须是行政机关;二是协议的订立以实现公共利益或行政管理为目标;三是以设定、变更或消灭行政法上权利义务为内容。除此之外,课题组认为在司法实践中,还应将行政机关是否在协议中享有行政优益权，作为判断是否符合行政协议的条件。综合考虑协议主体、协议目标、协议内容、政府职责和是否存在行政优益权等来判断具体协议是否属于行政协议诉讼的受案范围。如前文所述，行政协议要满足行政性及契约性。契约性是合同成立的基本条件，而行政性是行政协议区别于民事合同的关键。

（二）从诉讼请求来审查受案范围

《行政诉讼法解释》第12条、第14条、第15条，针对原告的诉讼请求都进行了列举，原告的诉讼请求与上述三个条文涉及的诉讼请求相对应的，均属于行政诉讼受案范围。例如，被征收人要求确认协议不成立与被征收人要求确认协议有效的诉讼请求均在《行政诉讼法解释》第15条中有所体现，故均应予以受理。

此外，上文已将行政协议案件中原告所起诉的行为分为两类：一类是行使行政优益权的行为，另一类是合同行为，包括订立、履行过程中的行为。同时，报告还分析了针对两类行为起诉时所提诉讼请求的范式。原则上，只要符合诉讼请求范式的，均可认定属于受案范围。否则，则不应予以认定。

三、行政协议案件的原告资格

（一）原告资格审查的现状

目前，行政协议案件的主体为房屋征收补偿协议类案件。经调研分析发现，针对房屋征收补偿协议提起诉讼的主体有两类，即被征收人和房屋征收补偿协议双方当事人以外的人（以下简称协议双方以外的人）。就房屋征收补偿协议案件而言，被征收人作为行政相对人其原告诉讼主体资格自然不能否定。然而，协议双方以外的人与被征收人不同，其不是行政相对人，充其量与被诉房屋征收补偿协议存在利害关系。实践中，部分被征收房屋涉及买卖、共有、赠与、婚姻、继承及公房承租等民事法律关系，致使部分协议双方以外的人认为自己也属于被征收人或被补偿人却没有被纳入补偿法律关系之中，从而对其他主体签订的协议提起履行之诉、撤销之诉、确认无效之诉及解除之诉等。实践中，大量的案件因原告诉讼主体资格问题被挡在了门外，裁定驳回起诉率居高不下。

（二）存在的问题

起诉人是否具备原告诉讼主体资格，是案件进入实体审理前首先要解决的问题，也是整个行政诉讼启动和发展的前提性问题。原告诉讼主体资格认定过窄，不利于当事人合法权利的维护；认定过宽，将超出司法的承受能力，造成司法资源的浪费，且扰乱行政管理的连续性。然而准确划定原告诉讼主体资格的范围绝非易事，必须存在具体的认定标准。与其他国家相似，我国关于原告诉讼主体资格的认定标准采用了一个不确定的法律概念——利害关系。这种不确定的法律概念一方面能够适应社会发展的需要，另一方面也留给了法官较大的自由裁量空间。而民事诉讼则不同，一般情况下，只要当事人认为其潜在的利益受到损害，便可提起诉讼，案件大部分也可以进入实体审理。

在针对一般行政行为提起的行政诉讼中，一般是相对人起诉居多，利害关系人起诉并不占有很大比重。而就房屋征收补偿协议的诉讼实践来看，却大量存在协议双方以外的人起诉的情况。根据行政诉讼的惯常做法，是由原告对有无利害关系承担举证责任。这在利害关系人起诉比例不高的常规诉讼中，问题尚不明显。但在房屋征收补偿协议案件中，利害关系的证明责任显然加重了原告的负担。在上文分析中可见，裁定驳回起诉率居高不下，大量的案件因原告诉讼主体资格问题被挡在了法院门外。鉴于房屋征收补偿协议纠纷的这种情况，法院有必要更灵活地处理受理阶段利害关系的举证问题。如在原告陈某要求撤销被告某区房屋征收办公室与第三人签订的房屋征收补偿协议一案中，涉案房屋系刘某的个人房产，原告陈某与第三人系刘某的子女。刘某于2008年去世，后被告就涉案房屋与第三人签订了协议。陈某对涉案房屋是否享有权利成为认定原告诉讼主体资格的关键。在合议中存在一种主导性意见，认为应由陈某承担举证责任，即继承权只是一种权利能力，能否实现仍有很多不确定因素。应当认为，这种意见明显加重了原告的举证负担，致使案件无法进入实体审理。①

（三）原告资格认定标准的优化

在存在大量并非相对人，而仅仅是利害关系人的原告的情况下，若要体现以解决行政争议为导向，法院就应该承担更多的责任，而不是将举证负担都压在原告身上。法院需要主动区分不同的情况，坚持弹性的处理方式，就能更好地解决此类争议。具体如下：

1. 房屋征收补偿利益已经固定。面对常见的签订协议时产权不清的问题，法院在很多时候并不进行实体审理，更少作实体裁判。事实上，如果争议仅在于产权不清，尤其是仅仅涉及共有、婚姻、继承等基础性民事法律关系时，根据征收补偿政策一般会认为被征收房屋的补偿利益已经确定。然而，部分协议双方以外的人抱有幻想，认为如果撤销协议、解除协议或确认协议无效后与被告重新签订协议，可以多分户，多得征收利益，实际上征收补偿利益已经固定，不可能再增加。也有部分协议双方以外的人对于被征收房屋的补偿利益没有争议，只是因为未被纳入征收补偿法律关系从而提起诉讼。因此，当事人之间的争议实际上只是分配问题，可以通过民事诉讼分割征收补偿利益来维护自身的合法权益。对于该类案件，法院对原告诉讼主体资格标准应从严把握，在举证不能的情况下依法裁定驳回起诉。因为一旦判决撤销、解除或确认协议无效，实际上并不能有效保护当事人合法权益，可能会使房屋征收部门将该事宜搁置不提，使征收补偿利益处于悬而未决的状态，这与有效化解行政争议、实现实质正义的目的相悖。

2. 房屋征收补偿利益存在扩大的可能性。如上文提及的原告路某等4人确认被告某住房保障局与第三人所签房屋征收补偿协议无效一案，原告符合居住困难户的条件，而被告未认定居住困难，导致其户缺失部分补偿利益。在被诉协议确认无效后，被告可就原告居住困难增加部分补偿利益，进而重新签订协议。再如，孔某某诉泗水县人民政府房屋征收决定案中，根据《国有土地上房屋征收与补偿条例》的立法精神，对被征收房屋的补偿，应参照就近区位新建商品房的价格，以被征收人在房屋被征收后居住条件、生活质量不降低为宜。本案中，优惠价格显然低于市场价格，对被征收房屋的补偿价格也明显低于被征收人的出资购买价格。该征收补偿方案的规定对被征收人显失公平，违反了《国有土地上房屋征收与补偿条例》的相关规定。② 试想，如果孔某某以该补偿方案与被告签订房屋

① （2015）门行初字第125号。

② 《最高人民法院发布人民法院征收拆迁十大案例》，载《最高人民法院公报》2016年第2期，http://gongbao.court.gov.cn/Details/96de2b0abb969a1053e6823110e2b6.html，2017年7月8日最后访问。

征收补偿协议,其妻子作为被安置人发现了上述显失公平的情形,应从宽把握其妻子的原告诉讼主体资格。

（四）行政机关能否作原告的问题

课题组认为,行政机关不能作为原告提起诉讼。理由如下:(1)允许行政机关作为原告提起诉讼,与现行行政诉讼的体系相冲突。现行《行政诉讼法》第2条确定的是行政诉讼被告恒定为行政机关,且在行政诉讼法修订过程中只规定了行政相对人可以起诉行政机关。(2)主流观点认为行政机关不能作为原告,目前来讲,无论是全国人大,还是最高人民法院均不认可行政机关可以作为原告①。(3)客观上讲,行政机关并非没有救济途径。如果行政相对人不履行行政协议确定的义务,行政机关可以利用行政优益权作出相应的行政行为,原告如果对该行政行为不服,可以提起行政诉讼。如果原告未提起诉讼,行政机关则可以申请非诉执行。需要指出的是课题组认为行政机关不能直接针对行政协议本身申请人民法院强制执行。原因在于:一是行政机关申请执行行为协议的理由已经不充分,执行的名义应为“行政行为”或者“行政决定”,行政协议的执行内容还不够确定;二是相对人不履行协议的情况相对复杂,与非诉执行的审查强度不能匹配。

四、行政协议案件的其他起诉条件

（一）起诉期限

《行政诉讼法解释》第12条规定,公民、法人或者其他组织对行政机关不依法履行,未按照约定履行协议提起诉讼的,参照民事法律规范关于诉讼时效的规定;对行政机关单方变更、解除协议等行为提起诉讼的,适用行政诉讼法及其司法解释关于起诉期限的规定。

行政诉讼的起诉期限,是指公民、法人或者其他组织不服行政机关作出的具体行政行为,而向人民法院提起行政诉讼,其起诉可由人民法院立案受理的法定期限。行政诉讼起诉期限是法律设定的起诉条件之一,解决的是行政起诉能否进入司法实体审查的问题,法院应当主动审查。

诉讼时效是指民事权利受到侵害的权利人在法定的时效期间内不行使权利,当时效期间届满时,债务人获得诉讼时效抗辩权,债权人丧失胜诉权。债务人不提诉讼时效抗辩,法院不主动审查。

上述规定的前半部分针对的是合同行为,其更接近于民事诉讼。后半部分则针对的是行使行政优益权的行为,其更接近于行政诉讼。这一点,调研报告在第一部分中已经予以阐释,在此不再赘述。基于该法理,对于行政协议案件中涉及行使行政优益权的行为,应当适用行政诉讼的起诉期限的规定。而对于行政协议案件中不涉及行使行政优益权的行为,则应适用诉讼时效的规定。两者不可兼容,否则会出现法理上悖论。例如,原告认为出现导致行政协议不能履行的事由并据此提出解除协议,我们就无法用起诉期限去限

---

① 袁杰主编、全国人大常委会法制工作委员会行政法室编著:《中华人民共和国行政诉讼法解读》,中国法制出版社2014年版,第44～45页;江必新、梁凤云:《最高人民法院新行政诉讼法司法解释理解与适用》,中国法制出版社2015年版,第126～127页。

制其行使诉权。

（二）重复起诉

由于行政诉讼的审查客体恒为被诉行政行为，人民法院一旦受理行政案件，都将在对被诉行政行为的合法性进行全面审查的基础上，对被诉行政行为的合法性作出裁判，不会因为不同的当事人参加诉讼而对被诉行政行为的合法性作出不同的裁判。因此，行政诉讼以同一诉讼标的作为重复起诉的认定标准。

《民事诉讼法司法解释》第 247 条规定，当事人就已经提起诉讼的事项在诉讼过程中或者裁判生效后再次起诉，同时符合下列条件的，构成重复起诉：(1)后诉与前诉的当事人相同；(2)后诉与前诉的诉讼标的相同；(3)后诉与前诉的诉讼请求相同，或者后诉的诉讼请求实质上否定前诉裁判结果。在民事诉讼中，要构成重复起诉，必须同时符合上述三项条件。

一般的行政行为是行政机关依职权或依申请作出的，在原告向法院起诉时，该行政行为是确定的，法院对该行政行为的合法性作出判断即可。而在行政协议案件中，原告向法院起诉时，被诉行政协议虽然也是确定的，但是双方的争议焦点一般是协议的履行，法院不能仅仅对协议的合法性进行审查即结案，主要审查的是原告的诉讼请求能否成立。因此，行政协议案件中的重复起诉问题与一般行政案件中的重复起诉问题不同，课题组认为可根据调研报告第一部分对于行政协议案件诉讼请求的划分确定重复起诉的问题。对于涉及行政优益权行使的行政协议案件，应当适用一般行政行为案件的重复起诉问题的认定标准。而对于不涉及行政优益权行使的行政协议案件，则应参照《民事诉讼法司法解释》第 247 条的规定予以认定。

（三）收费标准

《行政诉讼法解释》第 16 条规定，对行政机关不依法履行、未按照约定履行协议提起诉讼的，诉讼费用准用民事案件交纳标准；对行政机关单方变更、解除协议等行为提起诉讼的，诉讼费用适用行政案件交纳标准。

该条规定的思路与《行政诉讼法解释》第 12 条规定的思路相通，即将行政协议案件中的行为区分为涉及行使行政优益权的行为和不涉及行使行政优益权的行为。对于行政机关单方变更、解除协议等涉及行使行政优益权行为提起诉讼的，诉讼费用适用行政案件交纳标准。对于其他不涉及行使行政优益权行为提起诉讼的，则应准用民事案件交纳标准，根据诉讼请求的金额或者价额，按照该项规定的比例分段累计交纳。

五、行政协议案件的证据规则

（一）举证责任

《行政诉讼法》第 34 条规定，被告对作出的行政行为负有举证责任，应当提供作出该行政行为的证据和所依据的规范性文件。被告不提供或者无正当理由逾期提供证据，视为没有相应证据。但是，被诉行政行为涉及第三人合法权益，第三人提供证据的除外。

课题组认为，应当秉持前述区分处理的思路来确定举证责任的分配。对于涉及行使行政优益权行为的案件，应当适用一般行政案件中采用的举证责任分配原则，即由被告来承担举证责任，由其提供证据来证明单方变更、解除协议的相关事实。而对于不涉及行使行政优益权行为的案件，则应遵循“谁主张，谁举证”之原则，由当事人对自己提出的主张提供证据。

（二）举证期限

《行政诉讼法》第67条规定，被告应当在收到起诉状副本之日起15日内向人民法院提交作出行政行为的证据和所依据的规范性文件。最高人民法院《关于行政诉讼证据若干问题的规定》第7条规定，原告或者第三人应当在开庭审理前或者人民法院指定的交换证据之日提供证据。按照上述规定，在一般行政案件中，被告应当在收到起诉状副本之日起15日内提交证据，原告或者第三人应当在开庭审理前或者人民法院指定的交换证据之日提供证据。

《民事诉讼法》第65条规定，人民法院根据当事人的主张和案件审理情况，确定当事人应当提供的证据及其期限。同时，应当适用《民事诉讼法司法解释》第102条的规定，当事人因故意或者重大过失逾期提供的证据，人民法院不予采纳。但该证据与案件基本事实有关的，人民法院应当采纳，并依照《民事诉讼法》第65条、第115条第1款的规定予以训诫、罚款。当事人非因故意或者重大过失逾期提供的证据，人民法院应当采纳，并对当事人予以训诫。

由此可知，行政诉讼与民事诉讼的举证期限存在较大区别。对于涉及行使行政优益权行为的案件，应当适用行政诉讼举证期限的相关规定，而对于不涉及行使行政优益权行为的案件，则应参照民事诉讼举证期限的相关规定，这样才更符合诉讼规律。

六、行政协议案件的判决方式

关于行政案件的判决方式，行政诉讼法中明确规定了判决驳回原告诉讼请求、判决撤销行政行为（责令重作）、判决变更行政行为、判决履行职责、判决履行给付义务、判决确认行政行为违法、判决确认行政行为无效等方式。而关于行政协议案件的判决方式，《行政诉讼法解释》第15条规定：“原告主张被告不依法履行、未按照约定履行协议或者单方变更、解除协议违法，理由成立的，人民法院可以根据原告的诉讼请求判决确认协议有效、判决被告继续履行协议，并明确继续履行的具体内容；被告无法继续履行或者继续履行已无实际意义的，判决被告采取相应的补救措施；给原告造成损失的，判决被告予以赔偿。原告请求解除协议或者确认协议无效，理由成立的，判决解除协议或者确认协议无效，并根据合同法等相关法律规定作出处理。被告因公共利益需要或者其他法定理由单方变更、解除协议，给原告造成损失的，判决被告予以补偿。”由上可知，行政协议案件的判决方式一方面应采用上述法定形式，另一方面还应与原告的诉讼请求相对应。此外，有些判决方式可以联合使用，如法院可根据原告的诉讼请求判决被告继续履行协议，并赔偿原告损失。

（一）形成判决

1. 判决撤销被告行使行政优益权作出的单方行政行为

被告行使行政优益权作出的单方行政行为主要变现为单方变更、解除协议。此类案件的审查焦点在于行政机关单方变更、解除协议的行为是否合法，如不合法，则应判决予以撤销。单方的变更、解除又称为法定的变更解除，是指行政机关在法律规定的条件成就时，依照法定程序通过变更、解除的方式终结合同效力的行为。相较于民事协议，行政协议的变更、解除较为特殊。

一方面，行政机关可以依据行政法律规范的规定，单方变更、解除合同。《德国行政程序法》第60条规定了特殊情况下合同的调整及解除："1.确定合同内容所依据的关系，如在合同成立后作出显著变更，以致遵守原合同对当事人一方不合理的，该当事人可要求将合同内容作出符合变更关系的调整，或不能调整或对合同当事人一方不合理的，作出解除合同通知。为避免或消除公共福利遭受严重不利，行政机关也可作出解约通知。2.解约通知须以书面作出，法规另有规定的，依其规定。通知中应当说明理由。"法定的变更解除权，由法律法规规章明确规定或者行政机关为了维护国家利益、社会公共利益而行使。例如，《市政公用事业特许经营管理办法》规定，获得特许经营权的企业在特许经营期间有下列行为之一的，主管部门应当依法终止特许经营协议，取消其特许经营权，并可以实施临时接管：擅自转让、出租特许经营权的；擅自将所经营的财产进行处置或者抵押的；因管理不善，发生重大质量、生产安全事故的；擅自停业、歇业，严重影响到社会公共利益和安全的；法律、法规禁止的其他行为。这里的"临时接管"即是法定的变更解除权。

另一方面，行政机关作为缔约一方，还可以依据合同法等民事法律规范的规定，单方变更、解除合同。例如，《合同法》第94条规定："有下列情形之一的，当事人可以解除合同：（一）因不可抗力致使不能实现合同目的；（二）在履行期限届满之前，当事人一方明确表示或者以自己的行为表明不履行主要债务；（三）当事人一方迟延履行主要债务，经催告后在合理期限内仍未履行；（四）当事人一方迟延履行债务或者有其他违约行为致使不能实现合同目的；（五）法律规定的其他情形。"

这里需要强调的是，只有基于行政法律规范所赋予的行政优益权所行使的单方变更、解除合同，才属于适用传统行政诉讼审理思路，采用合法性审查标准进行审理的案件。而对于行政机关基于合同法的相关规定单方解除、变更合同时，还是应当遵循民事协议案件的审理思路来进行审理，而不应当提出撤销诉讼，而可以提出要求继续履行协议的诉讼。

遵循传统案件的审理思路，并结合行政协议的自身特点，行政机关基于行政优益权的行使作出的单方变更、解除行政协议等情形存在下列情形的，应当被判决撤销：（1）主要证据不足；（2）适用法律、法规错误；（3）程序违法；（4）超越职权；（5）明显不当。

2.判决撤销、变更或解除行政协议

此类案件的原告只能是行政协议中的非行政机关一方，相关的审理标准可参照民事协议案件。

（二）给付判决

给付判决主要包括：判决被告继续履行协议，判决被告采取补救措施，判决被告赔偿损失，判决被告补偿损失等。这一点与《合同法》第107条之规定一致，即"当事人一方不履行合同义务或者履行合同义务不符合约定的，应当承担继续履行、采取补救措施或者赔偿损失等违约责任。"

一般情况下，为了维护公共利益，法院应当尽可能保证行政协议的有效性，尽可能使行政协议得到继续履行。因此，继续履行是首先要考虑的违约承担方式。此时需要强调的是，法院判决履行的内容必须明确具体，具有可执行性。当被告无法继续履行或者继续履行已无实际意义的，法院可判决被告采取相应的补救措施，如《合同法》规定的修理、更换、重作、退货、减少价款报酬等补救措施。原告合法权益因被告的“不依法履行、未按照约定履行”行为造成损失的，法院可以判决被告予以赔偿。

此外，《行政诉讼法》第78条第2款规定，被告变更、解除行政协议合法，但未依法给予补偿的，人民法院判决给予补偿。该条没有规定被告变更解除行政协议合法的具体情形。本条第3款规定，被告变更、解除行政协议合法是指被告因公共利益需要或者其他法定理由单方变更、解除协议。一般情况下，被告变更解除行政协议，应当基于公共利益的需要。关于具体的补偿标准，法官可以根据协议约定或惯例来予以确定。

（三）确认判决

确认判决主要包括：确认具体履行行为违法；确认行政协议有效或无效；确认行政协议成立或不成立。这其中的难点在于，行政协议的成立与生效的判断。只有在对行政协议的成立、生效以及合法与否等问题作出准确判断后，法院才能作出相应的确认判决。

1.行政协议成立与生效的概念

行政协议与民事合同都是契约，是契约双方的合意行为，从这个角度看，行政协议无可避免的具有合同属性。另外，行政协议在签订主体、协议目的、协议双方的权利义务等诸多方面存在特殊性，从这个角度看，行政协议属于公法契约，具有区别于普通民事合同的公法属性，即行政性。由此可见，行政协议涉及的问题是具有私法特点的公法性质的问题。

在民事合同理论和实践中，民事合同成立与生效的通说认为，合同成立与合同生效是两个不同的概念。合同成立是指要约和承诺符合法律规定，当事人意思表示一致。合同生效是指合同符合法定的生效条件，依法对当事人产生约束力。合同成立与否的问题纯属事实判断问题，探讨合同成立的意义在于识别合同是否已经存在，确定合同的类型化，以及区分合同行为与事实行为。合同成立的判断结果为成立与不成立。而合同生效与否属于法律价值判断问题，其意义在于识别某一合同是否符合法律的规定和精神，因而能否取得法律所认可的效力，其判断结果为有效、无效、效力未定、可撤销四种。①

在行政法理论上，行政行为的成立是指行政行为应该具备哪些要件，才能构成行政行为，具备行政行为的效力。行政行为的生效是指行政行为成立后，对相对人发生效力，产生确定力、约束力或者执行力。②“符合生效要件的行政行为，才能在实际生活中发生作用，并获得国家强制力的保障”。③

在考察民事合同成立与生效的通说和行政行为成立与生效理论的基础上，课题组认为，行政协议的成立是指具有缔约能力的主体以要式的方式达成一致的意思表示，创设行政法上的权利义务关系。而行政协议的生效则是指已经成立的行政协议在符合生效要件时开始产生全部或部分法律效力。协议成立是一种事实情况的判断，而生效则是一种法

---

① 隋彭生：《合同法律关系成立新探——从“法律事实”出发的理论分析》，载《政治与法律》2012年第7期。

② 张树义：《行政法学》，北京大学出版社2005年版，第156～157页。

③ 应松年主编：《行政法学新论》，中国方正出版社1999年版，第194页。

律上的价值判断。两者有着密切的关系,行政协议成立是生效的前提和基础,没有成立的行政协议谈不上生效与否。

2. 行政协议的成立与生效要件

在比较民事合同的成立与生效要件及行政行为成立与生效要件的基础上,考虑到行政协议自身的特点,课题组得出行政协议成立和生效的要件。

(1)关于成立要件。第一,主体包含行政主体。除法律特别规定外,行政协议至少有一方为行政主体。而此处的行政主体包括行政机关及法律、法规、规章授权组织。但是也有例外,在法律授予私人可决定公法上的权利义务归属的"处分权"情况下,私人之间的契约也有可能表现为行政契约。如大型市政工程建设合同,除总合同外还包括若干分合同,这应属于行政契约的范畴。[①] 第二,内容涉及公权力运行。行政协议与行政行为类似,需要涉及公权力的运行,因此要求行政协议具有执行公务的内容。行政协议的标的要涉及行政事务,这点也区别于民事合同。第三,意思表示一致。从意思表示的角度出发,行政协议与民事合同的成立要件是一致的,需要各方意思表示一致。行政协议不同于单方行政行为的单方决定性,而是需要行政主体与协议相对方进行协商和沟通,达成合意,只有当事人参与到行政协议的整个过程,才能使协议向对方积极的履行合同义务,更好地达成行政目的。第四,有创设行政法上权利义务关系的目的。"行政机关选择行政契约作为行为方式,性质上仍属公权力行政,而非私经济行政或国库行政,盖其适用规范及所生之效果均属公法性质,而非私法之故。"[②]行政协议要产生设定、变更或消灭行政法上权利义务的法律效果。第五,要采取书面形式。由于行政协议的标的和内容决定的,其会涉及公共利益的维护,同时合同一方为强势的行政主体,故行政协议应采取要式主义。相关法律规范中也基本规定了采取书面协议的方式。如《政府采购法》第 46 条规定,采购人与中标、成交供应商应当在中标、成交通知书发出之日起30 日内,按照采购文件确定的事项签订政府采购合同。《基础设施和公用事业特许经营管理办法》第 18 条规定,实施机构应当与依法选定的特许经营者签订特许经营协议。

(2)关于生效要件。第一,协议主体具有缔约能力。缔约能力即缔约上的行为能力,是指当事人依照自己的意志独立地缔结契约的能力,简言之,缔约能力是当事人订立合同的法律上的资格。[③] 缔约能力对于行政主体而言就是要具有缔结协议的行政职权,越权无效。对于协议相对人来讲就是要具有承担协议义务的能力,这种要求与行政协议要实现行政目的密切相关。确定履约能力的前提是具有明确的协议标的,标的确定、可能是民事合同的生效要件之一,但是对于行政协议而言,一般情况下多采取招标等方式进行,而此种方式的优势在于协议标的硬件确定,故课题组认为标的确定是缔约能力的一个方面。第二,意思表示真实。意思表示是民事合同的核心,同样对于行政协议也至关重要,因为行政协议也是协商一致的结果。借鉴民事合同理论,意思表示真实主要表现在不存在欺诈、胁迫、重大误解、显失公平等情形。第三,协议内容不违反法律规定或法治精神。包括

---

① 杨解君:《行政法学》,中国方正出版社 2002 年版,第 348 页。

② 吴庚:《行政法之理论与实用》,三民书局 1999 年版,第 398 页。

③ 李先波:《缔约能力制度比较研究》,载《中国法学》2001 年第 1 期。

不能违反法律强制性、禁止性规定,不能与法律原则相抵触,不得违反公序良俗,损害公共利益。这也是法律保留原则在行政协议领域的体现。第四,程序合法。一是遵守法律规定的程序。如果法律明确规定了缔结协议需要履行特定的程序,则应符合法律规定。如《招标投标法》第3条规定,大型基础设施、公用事业等关系社会公共利益、公众安全的项目;全部或者部分使用国有资金投资或者国家融资的项目;使用国际组织或者外国政府贷款、援助资金的项目的勘察、设计、施工、监理以及与工程建设有关的重要设备、材料等的采购,必须进行招标。二是参与保留,即缔结行政契约时必须征得有关行政机关(多为上级行政机关)的核准、同意或会同办理的程序规则。① 如《国有土地上房屋征收与补偿条例》第29条第2款规定,审计机关应当加强对征收补偿费用管理和使用情况的监督,并公布审计结果。三是行政协议损及第三人权利需得到第三人书面同意。如果事先未获得其同意,很可能使行政协议处于不安定的状态,影响协议目的的实现。课题组认为如果涉及可能侵害多数第三人权利的情况下,应采取听证程序,征求第三人同意。第五,附生效条件、附生效期限。附款在民事合同领域和行政行为理论中均有涉及,因此也是行政协议生效要件之一。附条件是指协议各方约定把一定条件的成就与否作为行政协议效力发生的根据。附期限,指协议各方约定以一定期限的届至作为行政协议效力发生的根据。需要强调的是附款应该各方当事人协商一致并不违反法律规定。

3. 行政协议生效的履行效力

理论分析的目的是指导实践,基于以上结论,课题组进一步探讨实践中存在的行政协议履行效力的产生问题,即协议双方已经签字成立的协议是否已经生效,是否当即具备履行效力。行政协议生效的履行效力,是指协议生效之后,双方当事人依据生效的协议履行或者要求履行义务并享有相应的权利。从履行效力的角度看,只有生效的协议才能在当事人之间形成履行效力,如果行政协议仅仅满足成立要件,而欠缺生效要件,协议并不能在当事人之间产生履行效力,其中一方不能以此主张另一方履行协议。在实践中,房屋征收与补偿协议需要审计部门通过审计后方可生效,将审计部门同意作为行政协议生效要件也是对于行政权进行必要监督的应有之意。双方当事人虽然在协议中签字,仅代表协议成立,如果未经审计部门同意,该协议并未生效,协议一方当事人也不能据此要求另一方履行协议。需要说明的问题是,如果其中一方当事人已经为履行合同作出了准备工作,先行履行了协议部分义务,也不能意味着协议的生效,但是出于信赖利益保护原则,如果协议未生效,作为协议一方的行政主体应该将未生效的原因进行充分的说明,并根据另一方当事人的损失承担相应的补偿责任。因此,行政协议是否发生履行效力,这就取决于该行政协议是否生效,对行政协议的履行发生争议的,应当在行政协议生效以后,法院也应当依据行政协议的生效要件对是否生效进行审查。

4. 不符合生效要件的协议是否当然无效

民事协议无效的情形主要法律规范依据是《合同法》第52条的规定的情形,包括一方以欺诈、胁迫的手段订立合同,损害国家利益的;恶意串通,损害国家、集体或者第三人的利益的;以合法形式掩盖非法目的的;损害社会公共利益的;违反法律、行政法规的强制

① 余凌云:《行政契约论》,中国人民大学出版社2000年版,第151页。

性规定的。

目前，学界关于无效行政行为的判断标准，存在欠缺合法构成要件论、不具备生效要件论、无实质内容的行政行为论、重复作出的具体行政行为论等理论，也有学者将判断标准总结为以下几项：(1)没有事实支持的行政行为；(2)法律依据模糊的行政行为；(3)无运行程序的行政行为；(4)行政相对人不知的行政行为；(5)适用法律无推论过程的行政行为。①

行政协议的生效要件不完全满足的情况下，不能一概视为协议无效，出于信赖利益保护原则的需要，应该严格限制无效行政协议的范围，只有协议明显重大违法情形，导致不能产生当事人预期的法律后果的情况下才能认定为协议无效。课题组认为，具体情况包括：相对人以欺诈的方式订立协议；恶意串通损害国家、集体或者第三人利益的；行政合同中的公平竞争原则；违反法律强制性或禁止性规定的情况。对于协议是否生效的问题要结合协议生效要件来进行判断，但如果欠缺部分生效要件可以通过补证的方式获得了生效要件，仍应该倾向于判定协议有效。

5.行政协议成立与生效的审查要点

(1)协议主体。审查协议主体分两个层次。从成立要件来看，主要审查协议中是否有一方属于行政主体；从生效要件来看，主要审查协议主体是否具有缔约能力，即行政主体是否具有与签订协议相应的法定职权，协议相对方是否具有履行协议义务的能力。

(2)协议双方的意思表示。审查意思表示分两个层次。从成立要件看，主要审查协议双方的意思表示是否一致，即双方是否在协议上签字盖章。从生效要件看，主要审查双方意思表示是否存在欺诈、胁迫、重大误解、显失公平等情形。

(3)协议目的。审查协议目的涉及协议是否成立，主要审查协议是否有产生、变更或消灭行政法上权利义务关系的法律效果。

(4)协议形式。审查协议形式涉及协议是否成立，主要审查法律是否规定了要式的方式，如签订协议书。

(5)协议内容。审查协议内容涉及协议是否生效，包括协议是否违反法律强制性、禁止性规定，是否违反公序良俗，是否损害公共利益。

(6)协议程序。审查协议程序体现在三个方面，一是协议是否履行了法律规定的特别程序。二是协议是否需要有关机关核准同意，是否取得核准同意。三是协议是否可能损害第三人利益，是获得第三人同意。

(7)协议附款。审查协议附款包括协议是否附条件或者期限，附款将直接影响协议生效的时间。

七、行政协议案件中的规范性文件附带审查

行政协议案件中的规范性文件附带审查的法律依据，与其他针对行政行为的诉讼同样，源于《行政诉讼法》第53条、第64条。审查、裁判基本问题也与其他针对行政行为的诉讼类似。但所涉及的法律问题有其特殊性：一是由于行政协议及所涉行为的合法性不

---

① 关保英：《无效行政行为的判定标准研究》，载《河南财经政法大学学报》2012年第4期。

仅适用行政法律规范，同时还须适用民事法律规范，则在规范性文件审查时，涉及两种规范竞合情形的认定及相关规范的选择适用；二是在附带审查时，规范性文件不仅涉及行政协议变更、解除等单方行为，还涉及协议的成立、生效等效力认定。

（一）附带审查的范围

附带审查的范围的确定，涉及是否启动一并审查程序。《行政诉讼法》第53条规定当事人认为行政行为所依据的规范性文件不合法时，可一并提起审查。所以，附带审查的范围，仅限于行政行为所依据的规范性文件，行政协议案件亦不例外。具体到行政协议案件，则涉及行政协议成立、生效、撤销、变更、无效、解除、履行及违约等所有争议可能涉及的规范性文件。

在确定属于审查范围时，有以下前提：(1)“所依据的”判断。附带审查的目的在于审查行政协议及相关行为的合法性，当事人申请附带审查规范性文件的范围也仅限于所诉行为所依据的规范性文件。首先，原告应当在提起一并审查请求时，提出其要求审查的规范性文件与其所诉行为的关系，如何可能影响到所诉行为合法性。其次，被告应对作出被诉行为时是否适用该规范性文件进行答辩，并阐述理由。最后，法院在审查被诉行政协议及相关行为的过程中，结合当事人陈述，确定是否需要适用该规范性文件，以确定该文件是否符合行政行为“所依据”的条件。如符合，则进一步审查其合法性；如不符合，则应在裁判中阐述不予准许审查的理由。(2)针对具体条文的审查。行政诉讼法及相关解释的条款，均规定针对规范性文件提起审查请求。但究竟是审查整部文件还是相关条款？该问题同样影响审查范围。实践中，规范性文件有多种形式，有多项条款、体系性较强的类似规章的文件，也有就某行政领域的单一具体问题所作的批复，所以并不能以文件的形式、条款多寡确定审查范围。但与第(1)点相同，法律规定的“所依据”条款，不仅事关审查哪个规范性文件，也关系到审查某一规范性文件的哪个部分。只有如此，才符合规范性文件的附带审查目的，即基于审查行政行为的需要附带审查规范性文件的合法性，而不是将不相关的规范性文件、或者整个规范性文件作为审查标的。(3)附带审查的必要性。实践中，可能存在原告所要求审查的规范性文件可能与其所诉行为合法性审查有关，但原告起诉本不符合起诉条件的，且规范性文件亦与审查其起诉条件无涉，则属于无必要审查的情形，也应不予准许。

总体来说，如果原告主张对某个规范性文件或规范性文件的所有条款请求审查，但又无法说明上述文件与其所诉协议或相关行为违法性之间关系的，且法院在审查该行为合法性时，亦无须适用的，则可以其审查请求不明确或者与被诉行为审查无关，不予准许。

如以不符合起诉条件裁定驳回原告起诉，且规范性文件亦与审查其起诉条件无涉，则该文件审查亦不予准许。

（二）附带审查中的规范冲突

根据《行政诉讼法》第64条的规定，规范性文件不合法的，不作为认定行政行为合法性的依据。具体到行政协议案件，规范性文件则涉及行政协议成立、生效、撤销、变更、无效、解除、履行及违约等情形。而审查规范性文件是否合法，则须依据其上位法进行审查。而此处的上位法，不仅包含行政规范，也涉及民事规范，尤其民事合同法律规范。在此情况下，可能涉及行政规范与民事规范冲突问题。

以合同确认无效的法律依据为例。最高人民法院《关于适用〈中华人民共和国合同法〉若干问题的解释(一)》第4条规定,合同法实施以后,人民法院确认合同无效,应当以全国人大及其常委会制定的法律和国务院制定的行政法规为依据,不得以地方性法规、行政规章为依据。依据该规定,民事合同的效力问题,则仅能以法律、行政法规为依据,这也与《合同法》第52条第5项规定契合。但如果是行政协议,《行政诉讼法》第63条规定,地方性法规可适用于本行政区域内发生的行政案件,规章也可参照。在此情形下,确认行政协议无效是否可依据地方性法规、规章?依据地方性法规、规章所制定的规范性文件,是否可以作为认定行政协议无效的依据?《行政诉讼法解释》第14条仅规定是否依法履行、按照约定履行协议或者单方变更、解除协议是否合法,而且确定了行政法律规范优先适用、不冲突的民事法律规范也可适用的原则。但该条规定的适用范围,从文义上而言,似不包含确认行政协议无效等情形。

规范冲突对行政协议案件带来的直接影响是:(1)附带审查时,规范性文件的上位法是什么。就上例而言,如当事人依据规范性文件主张确认行政协议无效,规章是否可以作为规范性文件的上位法,还是应以民事法律规范作为审查的上位法。合同法规定法律、行政法规外不得确认合同无效,某地方性法规抑或规章确定某种无效情形,相关规范性文件予以细化,是否可作为确认无效的依据?该问题的实质,则在于哪些层级的法律规范可以作为审查行政协议效力的依据,如果行政法律规范并未规定,是否适用合同法的规定。(2)规范性文件在无上位法的情况下,是否可以就协议效力、解除、变更事项作出规定。有观点认为,较低层级的规范性文件能否授权行政机关单方解除、变更协议,涉及合法与合约的关系,需要在相关实体法中予以研究和规定,由于涉及当事人合法权益,原则上规章以外规范性文件不应作出限制当事人合法权利的规定。

在解决上述问题时,目前可资利用的是特别法优于一般法的原则,涉及行政协议的行政法律规范较之于合同法属于特别法,所以在两法都有规定的情形下,则优先适用行政法律规范。所以在附带审查时应以行政法律规范作为审查依据。但另一种情形则是行政法律规范未作特别规定,则应当适用合同法等一般法,在此则可能会产生规章或者规范性文件被约束手脚的问题,但在上位法未授权的情况下,保障法律的统一性比自主立法、效率更为重要。在此情况下,审查规范性文件合法性时,可能需要以合同法为依据。以征收补偿协议为例,《国有土地上房屋征收与补偿条例》并未规定征收协议无效情形,所以仅能以合同法为依据。如地方性法规或规章规定了无效情形,规范性文件则不能以此规定为依据细化无效情形,否则,可能在附带审查中被认定违法。

八、行政协议案件中民事争议的一并解决

一并解决民事争议在行政协议案件中存在两种典型类型:其一,作为案件先决问题的民事争议;其二,行政协议案件的审理结果并不能直接满足当事人利益诉求,在审理结果的基础上,解决民事权益纠纷。由于不同类型的协议案件所依据的实体法存在差异,此部分主要以目前占比较大的国有土地上房屋征补协议案件为例。

具体到征补案件中,占比最多的民事争议是对被征收房屋所有权或者征补利益分配的争议,主要有两种情况:一是因涉案房屋存在共有、继承等基础性民事法律关系致使所

有权或使用权存在争议，从而影响到被征收人主体资格认定、原告主体资格认定或者安置人口认定，即上述民事争议作为征补协议案件审理的先决问题；二是征补利益确定后的分配，此时需要根据基础民事法律关系、通过民事诉讼程序分配征补利益。

（一）作为案件先决问题的民事争议

所谓先决问题，即现案的处理须依据另一法律事实的认定或者案件裁判的结果，上述认定、结果即构成现案的先决问题。先决问题一般有两种解决途径：（1）如果必须以另案处裁判结果为依据的，则应中止案件，待另案结果，此种情况是《行政诉讼法》第 61 条规定的典型的一并解决民事争议的情形。（2）如果属于法律事实的认定，虽然可能需要援用民事、商事法律规范进行认定，但不妨在行政案件中直接予以认定。此情况是广义上的先决问题，但并不构成现行行政诉讼法上一并解决民事争议的部分。

在此种争议中，继承民事争议较为复杂，以此为例。根据《物权法》第 29 条的规定，因继承或者受遗赠取得物权的，自继承或者受遗赠开始时发生效力。根据《继承法》第 2 条的规定，继承开始时即被继承人死亡时。结合房屋征补程序，如在征补协议成立前被征收房屋所有权人死亡的，则死者的继承人应为协议当事人。具体情况稍有不同：（1）征收决定前房屋所有人死亡的，继承人依法享有房屋所有权，均为被征收人；（2）在征收决定作出后到征补协议的成立期间被征收人死亡的，继承人均为被征收人，继承死者的补偿请求权，包括签订补偿协议的权利，即安置补偿的选择权。

通过上述分析可以看出，如果在征补协议成立前房屋所有权人死亡的，继承人是当然的被征收人。征补协议应当与所有的继承人签订（共同共有），或者由共同共有人委托其中一人处理。尤其是在被征收人数会影响安置补偿数额的情况下，则不仅涉及安置补偿利益的分割，也涉及安置补偿利益的协商和确定。所以在此种情况下，确定被征收房屋的继承民事法律关系，则是征补协议成立、补偿利益审查等行政诉讼案件的先决问题。如当事人一并提出确认继承民事法律关系的诉讼时，应先行中止行政案件的审查，确定其继承权有无、继承比例等民事关系，再行审查行政案件。

特殊的则是广义的先决问题，即如先决问题为一法律事实的认定，或不可能提起诉讼时，则不必再单独提起民事诉讼。实践中有原告主张其为死者唯一继承人的极端情形。因没有被告，无法直接提起继承权诉讼。在未诉讼情形下，一般是先由原告持死亡证明、基层组织出具的唯一法定继承人证明等，办理继承公证。但如原告提起针对征补协议的诉讼，如要求被告向其履行征补协议，提供安置房屋等诉求。此时，因法院有权审理继承案件，如再要求原告办理继承公证，似不合理。故，可按照行政协议先决问题在行政案件中予以审查，如原告所提供证据能够证明其为唯一继承人的，法院通过公告程序也确无其他利害关系人，则进入实体审理；如证据不足以证明其为唯一继承人，则应单独提起民事诉讼先行解决继承关系，而并非直接提起行政诉讼。

（二）民事利益分配的一并解决

仍是以征补协议行政案件为例。在大多征补协议案件中，如果征补协议的成立后原房屋所有权人死亡的，则协议当事人或者协议外的继承人提起行政诉讼的目的，并非否定征补利益，而是认为确定的征补利益与其有关，应向其分配。目前实践中，大多以没有利害关系裁驳，而让其提起民事诉讼。

实际上，征补协议成立后，继承人通过协议的概括继承，取得履行征补协议利益的请求权。此时其虽实质是被征收人，但在协议上并非名义被征收人，协议上的名义被征收人仍为死者。除非之后尚有补充协议签订，在所不论。此时应当通过继承民事诉讼来解决补偿利益分配，如当事人针对补偿协议提起行政诉讼时，可释明其要求一并解决民事争议。

实践中还有一种特殊作法，即针对被征收人多寡不影响安置补偿利益确定情形的，则径行与其中一人签订协议，而由此人承诺承担与他人的民事争议解决。根据前文的分析，如在协议成立前如此，则会侵害到被征收人对是否签订征补协议的缔约权利。但鉴于被征收人多寡不影响安置补偿利益确定，考虑到征收效率，所以一般情形下并不会依据无权处分处理还征补协议案件，而是由之后的民事诉讼程序解决征收利益分配。严格来讲，如不能确定继承等共有民事关系的，则在征补行政程序中不宜与无代理权的其中一人直接签订协议。此种方式，也容易将大量争议导入法院。

附：调研观点小结

第一条 公民、法人或者其他组织针对行政协议提起行政诉讼的，人民法院应当依法受理。法律、法规另有规定的，从其规定。

对于行政协议，可从以下四个方面进行审查：一是订立协议的一方主体是否有行政机关；二是协议的订立是否以实现公共利益或行政管理为目标；三是协议是否以设定、变更或消灭行政法上权利义务为内容；四是协议内容上，行政机关是否具有优益权。

第二条 作为行政协议一方的公民、法人或者其他组织在协议签订、履行过程中，认为行政机关的行为侵犯其合法权益的，有权提起诉讼。

行政协议以外的公民、法人或者其他组织认为该行政协议侵犯其合法权益的，有权提起诉讼。

作为行政协议一方的行政机关，不得以协议对方当事人不履行或拖延履行协议为由提起诉讼。

第三条 对于行政机关单方变更、解除协议等涉及行使行政优益权行为提起诉讼的，应当适用行政诉讼法律规范有关起诉期限的规定。对于不涉及行政优益权行使的行政协议案件，应参照民事法律规范有关诉讼时效的规定。

第四条 对于行政机关单方变更、解除协议等涉及行使行政优益权行为提起诉讼的案件，应当适用行政诉讼法及相关司法解释关于重复起诉的认定标准。对于不涉及行政优益权行使的案件，则应参照民事诉讼法适用解释第二百四十七条的规定予以认定。

第五条 对于行政机关单方变更、解除协议等涉及行使行政优益权行为提起诉讼的，诉讼费用适用行政案件交纳标准。对于不涉及行使行政优益权行为提起诉讼的，则应准用民事案件交纳标准。

第六条 对于行政机关单方变更、解除协议等涉及行使行政优益权行为提起诉讼的，应当适用行政诉讼法及相关司法解释的相关证据规定。对于不涉及行使行政优益权行为提起诉讼的，则应参照民事诉讼法及相关司法解释的相关证据规定。

第七条 行政机关行使行政优益权作出的单方变更、解除协议等行政行为有下列情形之一的，可判决予以撤销：

（一）主要证据不足的；

（二）适用法律、法规错误的；

（三）违法法定程序；

（四）超越职权；

（五）明显不当的。

第八条 行政协议具有下列情形之一的，可判决予以撤销：

（一）协议内容超越行政机关的法定职权；

（二）协议签订未履行法定程序；

但协议一方已经履行主要义务，且对方接受的，应判决确认该行政协议违法，并责令被告采取相应补救措施。

行政诉讼简易程序适用规则研究*

——《行政案件简易程序审理规范》论证报告

我国行政审判制度设立之初仅设置了普通程序，目的在于维护行政审判权威，追求行政纠纷更为公平的审理。但时至今日，行政诉讼面临的社会环境已有很大改变，面对部分简单行政案件，一味追求缜密繁冗的程序，反而会增加诉累。在此背景下，行政诉讼简易程序应运而生。早在2010年11月17日，最高人民法院就发布了《关于开展行政诉讼简易程序试点工作的通知》（法〔2010〕446号），多家法院参与了此次试点工作。目前，新修改的《行政诉讼法》第82条明确规定了行政诉讼简易程序的适用，但其仅对可适用简易程序审理的行政案件范围进行了限定，缺乏具体的操作规则。对于人民法院而言，如何更规范、更有效地适用简易程序审理行政案件，更快更好地解决行政争议，是一个极具研究价值和实践意义的问题。本课题的研究目的就是要在探讨行政诉讼简易程序的适用规则的基础上，制定切合我院行政审判工作实际的《行政案件简易程序审理规范》，规范我院的行政案件简易审工作程序，以实现当事人诉权保障和行政审判质效提升两大目标。

一、适用范围

（一）我院简易审案件范围

关于行政诉讼简易程序的适用范围，新修改的《行政诉讼法》第82条规定："人民法院审理下列第一审行政案件，认为事实清楚、权利义务关系明确、争议不大的，可以适用简易程序：（一）被诉行政行为是依法当场作出的；（二）案件涉及款额二千元以下的；（三）属于政府信息公开案件的。除前款规定以外的第一审行政案件，当事人各方同意适用简易程序的，可以适用简易程序。发回重审、按照审判监督程序再审的案件不适用简易程序。"由此可知，适用简易程序审理的行政案件主要包括两种情形：一是法定情形；二是各方当事人均同意适用简易程序的情形。

第一种情形须满足三个条件：(1)案件为第一审行政案件；(2)法院认为案件事实清楚、权利义务关系明确、争议不大；(3)属于上述规定所确定的三种具体案件类型。第二种情形须满足两个条件：(1)案件为第一审行政案件；(2)当事人各方同意适用简易程序。需强调的是，无论是哪一种情形，发回重审、按照审判监督程序再审的案件均不适用简易

---

* 课题主持人：马立娜，课题负责人：齐莹，课题组成员：梁菲、乔军、何君慧、赵锋、黄薇、蔡锟、杨晓琼、李赟乐，主要执笔人：赵锋、黄薇、蔡锟、杨晓琼、李赟乐。

本课题为2015年部门级重点课题。

程序。

对于我院而言，今年经过管辖调整后，我院目前审理的一审行政案件仅剩余以国家部委为被告的案件。因此，我院适用简易程序审理的行政案件范围只能在此类案件中确定。结合前述规定可知，此类案件中可适用简易程序审理的主要包括两种情形：一是政府信息公开案件；二是当事人各方均同意适用简易程序的案件。考虑到部分以国家部委为被告的案件专业性较强，案件事实争议较大，法律问题复杂以及社会影响大等因素，此类案件不适宜适用简易程序审理。相对而言，以复议决定为诉讼标的的案件和可能裁定驳回起诉类案件则相对简单，可考虑在征得当事人各方同意的前提下，适用简易程序进行审理。

为便于研究，课题组对我院近三年来审理的以国家部委为被告的一审案件情况进行了梳理（见表1）。

表1　2012—2015 年以国家部委为被告的一审案件

单位：件

年份	一审收案数	其中			结案诉部委案件裁驳数
		诉部委	诉部委信息公开案件数	诉部委复议不予受理/驳回案件数	
2012	172	110	19	6	23
2013	460	329	187	22	188
2014	695	590	245	9	182

由表1可知，在我院审理的一审行政案件中，以国家部委为被告的案件所占比例为70%左右，且案件数量较多。而在诉国家部委的案件中，信息公开案件的权重较大。除2012年所占比例较低（17.2%）外，2013年和2014年均超过40%，且案件数量较多，这些都为简易程序的适用提供了基础。此外，虽然涉及复议的案件数量不多，但被诉复议决定主要是复议不予受理决定和复议驳回决定，此类案件的事实争议较少，法律问题较为简单，可以适用简易程序审理。最后，法院裁定驳回起诉的案件数量不菲，2013年和2014年均达到180件，其中有的案件事实争议和法律问题都较为简单，甚至未经开庭就径行裁驳，因此可能裁驳的案件也有适用简易程序的空间。

综上所述，在我院审理的诉国家部委的一审行政案件中，以下案件可适用简易程序进行审理：（1）政府信息公开案件；（2）其他事实清楚、权利义务关系明确、争议不大，且当事人各方均同意适用简易程序审理的案件。

（二）简易程序的启动方式

1. 依职权启动

对于适用行政诉讼简易程序的法定情形，法院可以依职权启动，无须征得各方当事人的同意，这是法律赋予法院的职权。从新修改的《行政诉讼法》第82条规定的措辞来看，其使用的是“可以”，而非“应当”。这意味着法院对于该条第1款规定的三类案件可以酌定是否适用简易程序。如果认为案件事实复杂、权利义务关系不明确或争议较大，也可适用普通程序审理。因此，仅有政府信息公开案件可以依职权启动。

2. 协商启动

第二种情形下，简易程序的启动需要取得当事人各方的同意。一般而言，可由一方当事人向法院提出适用简易程序的申请，然后由法院征求其他各方的意见。如果能够达成一致，则可启动简易程序。法院如认为案件事实清楚、权利义务关系明确、争议不大的，也可主动征求各方当事人的意见，如果各方当事人均同意，则可启动简易程序。需要强调的是，只要有一方当事人不同意，则不能启动简易程序。对于原告而言，在其起诉时即可征求其意见，询问其是否同意适用简易程序。在原告同意的情况下，法院才有必须继续询问其他当事人是否同意适用简易程序。

（三）简易程序向普通程序的转化

新修改的《行政诉讼法》第 84 条规定："人民法院在审理过程中，发现案件不宜适用简易程序的，裁定转为普通程序。"对此，案件当事人可就适用简易程序提出异议，法院认为异议成立的，或者法院在审理过程中发现不宜适用简易程序的，应当裁定将案件转入普通程序。如果法院认为当事人的异议不能成立，可口头告知当事人并记入笔录。

出现下列情形时，法院应当裁定将简易程序转为普通程序：(1) 审理过程中出现重大事实争议，难以继续适用简易程序审理的；(2) 审理过程中追加新的案件当事人，且该当事人不同意适用简易程序；(3) 其他不宜适用简易程序的情形。

转为普通程序的，人民法院应当将合议庭组成人员及相关事项以书面形式通知双方当事人。转为普通程序前，双方当事人已确认的事实，可以不再进行举证、质证。

此外，已经按照普通程序审理的案件，在开庭后不得转为简易程序审理。

二、庭前准备

（一）启动简易程序

对于政府信息公开案件，法院可以依职权启动。法院可直接向各方当事人送达《简易程序审理通知书》和《简易程序事项告知书》，告知案件将适用简易程序进行审理以及行政诉讼简易程序的相关法律规定。

对于第二类案件，法院在原告起诉时即可向其送达《适用简易程序建议书》和《行政诉讼简易程序事项告知书》，询问其是否同意适用简易程序。如果原告同意，则可在向被告送达应诉通知书时一并送达《适用简易程序建议书》和《行政诉讼简易程序事项告知书》，询问其是否同意适用简易程序。同理，在向第三人送达参加诉讼通知书时，也可采取上述做法，征求其关于适用简易程序的意见。如果各方当事人一致同意适用简易程序，法院则可启动该程序。

（二）一次性告知模式

新《行政诉讼法》第 67 条规定："人民法院应当在立案之日起五日内，将起诉状副本发送被告。被告应当在收到起诉状副本之日起十五日内向人民法院提交作出行政行为的证据和所依据的规范性文件，并提出答辩状。人民法院应当在收到答辩状之日起五日内，将答辩状副本发送原告。被告不提出答辩状的，不影响人民法院审理。"新《行政诉讼法》第 83 条规定："适用简易程序审理的行政案件，由审判员一人独任审理，并应当在立案之日起四十五日内审结。"

由此可知,被告的答辩期较之前延长了五日。但如果适用简易程序,法院的审理期限又大大缩短。如果采取传统的应诉通知、证据交换及传唤开庭工作模式,时间肯定来不及。对此,可考虑将上述三个程序合并。具体做法为:法院依职权决定启动简易程序(政府信息公开案件)或经询问原告同意适用简易程序(其他可适用简易程序的案件)的,法院应在立案之日起五日内,将起诉状副本和《行政诉讼简易程序事项告知书》发送被告。属于政府信息公开案件的,同时发送《简易程序审理通知书》,告知其本案已经适用简易程序审理。如果不属于政府信息公开案件,则须同时发送《适用简易程序建议书》,询问其是否同意适用简易程序。与此同时,向被告发送举证通知书和开庭传票,开庭日期确定为被告的举证期满之日。此做法可大大缩减告知环节的时间,提高工作效率。山东省青岛市市南区人民法院在其《开展行政诉讼简易程序试点工作报告》中总结了其"经验做法",其中第一点即为"立案时即确定开庭时间,简化送达程序"。

关于证据,被告可在开庭前向法院提交证据,由法院组织证据交换。

需要强调的是,如果属于需各方当事人同意方能适用简易程序的案件,如果被告或第三人在收到法院的通知后,在开庭前明确表示不同意适用简易程序的,法院不得适用简易程序审理,可酌情保留原开庭日期或是重新确定新的开庭日期,并向当事人送达合议庭成员告知书。

(三)送达方式

有效送达的前提是准确掌握当事人的联系方式。

对于原告而言,我院目前的做法是,立案庭要求原告在立案时预留联系方式,然而在实践中却经常发生以下问题:原告预留的联系方式无法联系原告,向预留地址送达相关文件被退回;原告预留联系方式为代理人而非原告本人,但又没有委托手续等。这样会造成送达时的障碍,大大占用审理期限。对此,最高人民法院《关于适用简易程序审理民事案件的若干规定》第5条规定,当事人应当在起诉或者答辩时向人民法院提供自己准确的送达地址、收件人、电话号码等其他联系方式,并签名或者捺印确认。故行政诉讼简易程序的试点法院大都沿用这一做法,如《成都市青羊区人民法院行政案件简易程序审理规范》的第4条即为该规定内容。

借鉴上述做法,我院可要求原告在立案时向法院提供准确的送达地址、收件人、电话号码、电子邮箱、传真等其他联系方式,并签名或者捺印确认。如已确定委托代理人的,应同时提供相关的委托手续。同时,法院应明确告知原告,法院将按照其提供的联系方式送达相关法律文书,如不能送达,后果由其自己承担。

关于被告,我院审理的一审行政案件的被告均为国家部委,相对比较集中,可考虑与辖区内的各个国家部委建立长效联系机制,制作各国家部委的联系表,其中包括联系地址、联系部门、联系人、联系电话、电子邮箱等内容,同时将我院行政庭的联系方式告知各个国家部委。一方面方便送达法律文书,另一方面可及时沟通诉讼程序中的问题,如被告对于适用简易程序的意见。

关于第三人,可由其他当事人提供其联系方式或法院自行查询其联系方式,并将相关的诉讼事项书面进行告知。

需要强调的是,送达原则上采用书面方式进行,其他方式可作为书面送达方式的补充和加强。如可在书面送达的同时,给当事人打电话、发传真或是电子邮件予以确认。一方面保证及时将诉讼事项通知到当事人,另一方面也可防止当事人反悔造成的程序浪费。

三、开庭审理

(一)核实身份

目前,在庭审正式开始前,独任审判员应当核实当事人身份和权利义务告知。核实身份时应询问各方当事人对其他当事人及其诉讼代理人的出庭资格有无异议。一方当事人对其他当事人及诉讼代理人的身份提出异议的,独任审判员应当审查当事人及其诉讼代理人的身份并作出决定。

(二)对简易程序异议的处理

在开庭前,还需对简易程序的适用进行最后确定。当事人对简易程序的适用提出异议的,需区分情况处理。如果属于政府信息公开案件,则需对此进行审查并作出决定。异议不成立的,可口头告知当事人并记入笔录。异议成立的,应当裁定将案件转入普通程序,组成合议庭审理案件。

如果不属于政府信息公开案件,则直接告知各方当事人本案不适用简易程序审理,将组成合议庭择期开庭审理。为节约司法资源,可将本次预定的开庭转为证据交换,双方当事人可对对方证据发表质证意见,并记入笔录。

(三)简化庭审流程

目前,我院的庭审程序可分为三个阶段:法庭调查、法庭辩论和最后陈述。具体流程如下:(1)宣布开庭,包括审理依据、案号、合议庭成员及书记员名单、权利义务告知;(2)被诉具体行政行为的确定;(3)原告起诉期限的审查;(4)原告陈述诉讼请求及理由;(5)被告陈述答辩请求及理由;(6)被告职权的审查;(7)程序合法性审查;(8)事实根据的审查;(9)法律依据的审查;(10)法庭总结焦点问题,各方围绕焦点陈述意见;(11)举证和质证;(12)法庭辩论;(13)最后陈述。

适用简易程序的案件相对比较简单,争议不大,所以上述庭审程序可以适当简化。

1. 简化权利义务告知

就权利义务告知而言,鉴于开庭前已经告知当事人相关的诉讼权利义务,审判人员可概括询问当事人对于其享有的诉讼权利和应尽的诉讼义务是否已经清楚。如果当事人有不清楚的地方,审判人员可以予以解释。在这个环节,最为重要的是询问当事人是否申请审判人员和书记员回避。

2. 尽快确定争议焦点

庭审开始后,各方当事人不再宣读起诉状和答辩状,只是明确诉讼请求和答辩请求。独任审判员通过庭前阅卷并结合当事人当庭明确的诉讼请求和答辩请求,总结案件的焦点问题,并征求当事人的意见,以此来明确案件的争议焦点。

3. 前置举证质证程序

总结完焦点问题后,可直接进入举证质证环节,为后续的法庭调查及法庭辩论打下基础。需要强调的是,质证程序应正常进行。单纯缩短庭审时间不是目的,虽然有时当事人发表质证意见时较为拖沓,但质证程序放在庭审中进行相对来说还是最经济的选择。而且,简易审案件本身并不复杂,举证质证环节的简化对于司法效率的提升意义不大。

4. 合并法庭调查与法庭辩论

经历前面的阶段,案件的争议焦点已经明确,证据也得以固定。当事人可针对案件争议焦点发表综合性的意见,因此可将法庭调查与法庭辩论合并,不再设置单独的法庭辩论环节。

在此过程中,应强化职权主义的调查模式,独任审判员可针对焦点问题向各方当事人发问。当事人的陈述脱离案件争议焦点时,独任审判员可予以制止,提醒其针对焦点问题陈述意见。在此过程中,独任审判员可对各方当事人陈述的意见进行提炼,总结其主旨,并征求当事人的意见,看总结的意见是否有误解或遗漏。这样做有以下几点好处:一是可以向当事人充分展示审判人员对案情的把握,让当事人不再因担心审判人员没有注意而重复己方观点;二是可以帮助当事人捋清己方观点,避免无谓的重复或是偏离主题;三是可以帮助审判人员当庭将与裁判结果有关事实和理由全部固定下来,甚至直接得出处理意见,大大缩短庭后阅卷时间。需要强调的是,审判人员总结各方观点应客观中立,不可带有倾向性。

此外,最后陈述环节仍需保留。因为经过前面的质辩环节后,当事人的诉辩主张有可能变更。比如,原告撤诉或是原告撤回部分诉讼请求。

四、裁判文书

目前,最高人民法院已经制定最新的《行政诉讼文书样式》,其中也涉及了简易审案件的文书样式,其提供的文书模板可直接套用。但是,我们还是有必要对文书简化的相关背景做深入了解,以便在文书撰写的过程中更好地贯彻繁简适当的原则。

(一)经验做法

在全国行政诉讼简易程序试点工作期间,大家对文书简化有着基本一致的认识,即适用简易程序审理的案件的裁判文书应当简化。但对于如何简化,理解方式有所不同。

对于常规类型案件,有的主张表格化文书,只需填写当事人、裁判结果、理由等个性化内容,对于相同的部分,则使用现成表格。该种做法的好处是,大大提高了制作文书的效率,亦达到了统一文书样式的要求。但劣势也显而易见:一是行政诉讼案件文书类型化较为困难,因为行政诉讼在诉讼标的、案由、法律依据、事实方面,均缺乏显著一致性,难以全面概括;二是表格化文书,如较详细论理、回应案件争议焦点,则如前述,均需较大程度个性化内容,则表格化文书本身的价值降低,若简化至说理、回应千篇一律,则会影响到裁判文书通过说理定分止争的重要价值。故此种方式虽有尝试,但并未大面积使用。

另一做法则是依最高人民法院关于印发《一审行政判决书样式(试行)》的通知中文书样式为依托,结合案件具体争议焦点,对文书相应部分进行简化。即无争议的部分,略去不论;争议部分,有的放矢。

(二)文书简化的具体建议

文书制作的基本要求是突出焦点、详略得当。具体到文书内容,可从以下几个方面入手:

1. 首部

首部需交代案件由来，明确案件适用简易程序审理等，应诉答辩等内容则不再详细记载。

2. 事实和证据部分

（1）简化起诉答辩理由记载，可使用起诉答辩理由“主要为”或“略为”着重记载诉讼请求、争议部分理由。（2）简化证据。首先，对于当事人提交的证据无须一一列明，可采取概括列举的方式置于事实认定部分之后，而各方当事人无争议的证据可以省略。其次，对于各方当事人的质证意见也无须一一列明，对于与案件争议焦点密切相关的证据的质证意见，可概括置于本院认为部分，法官在判决中予以回应，阐述对于这些关键证据的意见，从而为裁判做好铺垫。之所以这样做，是因为实践中因当事人法律素养参差不齐，当事人提交的证据中有很多与案件的处理没有关系或是关联不大，详细列明这些证据会大大增加判决书的篇幅，因此有必要予以简化。此外，事实叙述的功能在于为判理部分提供事实根据，其是判决论理的基础，因此事实的叙述应紧扣争议焦点，与争议焦点无关的背景事实可省略。对于当事人无争议的事实，也可以简写。比如，在政府信息公开案件中，当事人对于信息公开的程序没有异议的，可省略被告履行信息公开程序经过的描述。

3. 文书说理部分

判理是判决的灵魂，因此文书说理部分需要加强。但加强说理不意味面面俱到，说理应针对案件争议焦点展开，对于焦点问题涉及的事实认定、法律适用或是程序争议要充分论证。比如，当事人对于案件事实存在争议，法官则须结合双方当事人提交证据的情况及质证意见，明确表明自己对于证据的意见以及基于此推导出的案件事实。这样不仅可以回应当事人的诉求，也可以使说理更为充分有据。与此相对，与案件焦点无关的诉讼理由，可不一一回应；正面可论证被诉行为合法的，原告异议理由也不必一一回应，或可在论证行为合法理由中夹议。另外，也可参考台湾地区行政诉讼简易程序文书简化方式，对案件事实、理由可不分项记载，只记载要领一并论述。

五、案件管理

简易程序对于我院而言属于新鲜事物，我院没有相关的经验积累。而且，简易程序适用独任审判，独任审判员对于案件的把握肯定不如合议庭全面和稳妥。因此，加强对简易审案件的管理十分必要。一般而言，简易审案件的管理可从以下几个环节抓起：

（一）简易审案件确定环节

受理的行政案件从立案庭转送到行政庭后，由分案内勤进行筛选，属于本报告第一部分所列的两类可能适用简易程序的案件的，进行特殊标记。此外，对于存在信访因素、涉众因素、闹诉因素的案件也应进行标记，以供确定简易审案件时参考。

与司法改革的总体要求和趋势相适应，案件是否适用简易程序应由承办法官来决定。如果承办法官决定适用简易程序，则需将案件在内勤备案，以便庭里及时了解简易审案件的情况。

（二）简转普审批环节

在案件审理过程中，案件当事人就适用简易程序提出异议，独任审判员认为异议成立的,或者独任审判员在审理过程中发现不宜适用简易程序的,应当及时向庭长汇报,由庭长决定是否裁定将案件转入普通程序。这样做可以规范简易程序向普通程序转化的程序,严格转化标准,确保审理程序的严肃性。

(三)案件通报与研讨

简易审案件实行独任审判,案件的主观性增强。由于审判员对于同一问题的理解可能大相径庭,由此可能导致“同案不同判”的现象频发,损害司法的公信力。对此,为保证裁判标准的一致性和科学性,在简易审案件中更需加强案件管理工作。具体而言,可从两个方面开展。

一是案件通报。庭里及时搜集简易审案件的裁判文书,从中选择具有典型意义的文书在庭里公布,其中既包括优秀典型,也包括反面教材。通过这种方式使全庭的审判员都能及时掌握简易审案件的动态,及时调整自己的工作思路和裁判标准。

二是案件研讨。庭里定期召开审判长联席会,对简易审案件中凸显的问题进行总结和研讨,通过讨论增进认识,统一标准,一方面提高案件的审判质量,另一方面也能避免重复劳动,少走弯路,提高审判效率。

总之,行政诉讼简易程序对于我院来讲是一个全新的课题,由于缺乏相关的经验,在适用简易程序审理行政案件的过程中,必然会出现很多的问题。对此,本课题对之前行政诉讼简易程序试点工作的经验进行了总结,同时借鉴了民事诉讼简易程序的相关规定,以期为我院即将开始的简易审实践提供帮助,但势必难以解决所有的问题。这需要我们在适用简易程序审理行政案件的过程中不断去摸索、总结和研究,不断完善我院的简易审程序规范。

北京市第一中级人民法院
行政案件简易程序审理规范

为了规范行政诉讼简易程序,保障和方便当事人依法行使诉讼权利,减轻当事人的诉讼负担,保证人民法院公正、及时、高效审理行政案件,依照《行政诉讼法》的有关规定,以及其他相关法律规范和司法解释,结合我院行政审判工作实际,特制定本规范。

第一章 适 用 范 围

第一条 适用简易程序审理行政案件适用本规范。

第二条 下列一审行政案件中,可以适用简易程序进行审理:

(一)政府信息公开案件;

(二)其他事实清楚、权利义务关系明确、争议不大,且当事人各方同意适用简易程序的案件。

第三条 下列案件,不适用简易程序:

(一)发回重审、按照审判监督程序再审的;

（二）事实争议较大、案情复杂的；

（三）当事人一方人数众多的；

（四）难以及时与当事人取得联系的；

（五）其他不宜适用简易程序的案件。

第四条 适用简易程序审理的行政案件，由审判员一人独任审理。当事人对适用简易程序提出异议，人民法院认为异议成立的，或者人民法院在审理过程中发现不宜适用简易程序的，应当裁定将案件转入普通程序审理。决定将案件由简易程序转为普通程序的，裁定书应当于立案之日起45日内送达各方当事人。

第二章 庭前准备

第五条 原告起诉时，除政府信息公开案件外，法院应当向其送达《简易程序事项告知书》，询问其是否申请适用简易程序，并以书面形式予以确定。

第六条 人民法院应当在立案之日起5日内，向被告发送应诉通知书、起诉状副本及原告在起诉时提交的相关证据材料。

属于本规范第二条第（一）项规定的案件，法院依职权决定适用简易程序的，应当同时向各方当事人发送《简易程序审理通知书》，告知案件将适用简易程序审理。

属于本规范第二条第（二）项规定的案件，原告申请适用简易程序的，法院应当同时向被告和第三人发送《适用简易程序建议书》，询问其是否同意适用简易程序审理，也可以通过电话、传真、电子邮件等简便方式征求意见。

第七条 法院向被告发送应诉通知书、起诉状副本时，应当一并向各方当事人发送《当事人权利义务告知书》和开庭传票，开庭日期应当确定在被告答辩期届满之日起5日内。原告和第三人的举证期限为开庭审理之前。

第三章 开庭审理

第八条 开庭审理前，独任审判员应当询问各方当事人对于适用简易程序是否有异议。各方当事人对此均无异议的，独任审判员可适用简易程序审理案件，并在开庭前组织当事人交换证据。

当事人对此提出异议的，如果属于本规范第二条第（一）项规定的案件，独任审判员可按本规范第四条之规定进行处理。如果属于本规范第二条第（二）项规定的案件，独任审判员可直接宣布本案不适用简易程序审理，开庭日期另行通知。本次预定的开庭直接转化为证据交换。

第九条 属于本规范第二条第（一）项规定的案件，经人民法院合法传唤，原告无正当理由拒不到庭，可以按照撤诉处理。被告无正当理由拒不到庭，可以缺席判决。

属于本规范第二条第（二）项规定的案件，经人民法院合法传唤，当事人拒不到庭，案件不适用简易程序审理，开庭日期另行通知。

第十条 属于本规范第二条第（一）项规定的案件，自人民法院作出《简易程序审理通知书》之日起，案件进入简易程序。属于本规范第二条第（二）项规定的案件，自独任审判员按照本规范第八条规定的程序宣布适用简易程序开庭审理时，案件进入简易程序。

案件进入简易程序后，如果需要转为普通程序，人民法院须作出相应裁定。

第十一条 庭审中，各方当事人不再宣读起诉状和答辩状，仅明确诉讼请求和答辩请求。独任审判员通过庭前阅卷并结合当事人当庭明确的诉讼请求和答辩请求，总结案件的焦点问题，并征求当事人的意见，以此来明确案件争议焦点。

第十二条 独任审判员可以将法庭调查和法庭辩论合并进行，并在法庭调查开始时明确告知各方当事人。

第十三条 法庭调查开始时，独任审判员可以先组织各方当事人进行举证、质证。对于与案件无关的证据，独任审判员可以直接予以排除并说明理由，不再进行举证、质证。

第十四条 适用简易程序审理的案件，应当一次开庭审结，但人民法院认为确有必要再次开庭的除外。独任审判员可以视情况决定是否当庭宣判。

第四章 裁判文书

第十五条 裁判文书由首部、事实、理由、主文和尾部五部分构成。裁判文书应当焦点突出、详略得当。

第十六条 首部包括法院名称、文书种类、案号、诉讼参加人及其基本情况，以及案件由来、审判组织和审判方式等。

第十七条 事实部分包括当事人的诉讼请求、事实和理由，法院认定的事实及证据。事实部分须准确记载当事人的诉讼请求、答辩请求及法院经审理查明的案件事实。在事实认定部分之后概括列举各方当事人提交的主要证据。对于各方当事人有争议且对案件事实认定有实际影响的证据，应当写明采纳或者不采纳的意见。

第十八条 理由部分包括判决的理由和判决所依据的法律。理由部分应当围绕案件争议焦点，加强说理，充分展示法官推导案件事实以及适用法律的逻辑过程，以增强裁判文书的说服力。

第五章 案件管理

第十九条 承办人认为案件符合本规范第二条规定之情形，可以决定适用简易程序进行审理，同时在内勤登记备案。

第二十条 在案件审理过程中，案件当事人就适用简易程序提出异议，独任审判员认为异议成立的，或者独任审判员在审理过程中发现不宜适用简易程序的，应当在立案之日起 35 日内向庭长汇报，由庭长决定是否裁定将案件转入普通程序。

第二十一条 实行简易审案件定期通报和研讨制度。行政庭及时搜集简易审案件的裁判文书，从中选择具有典型意义的文书在庭里公布，并对相关的审理标准进行阐释。同时，定期召开审判长联席会，对简易审案件中的突出问题进行研讨，统一审理标准，引导独任审判员规范适用简易程序。

第六章 附 则

第二十二条 本规范自 2015 年 5 月 1 日起施行。

关于立案登记制改革背景下统一民商事案件驳回起诉裁判标准的专题调研报告*

改革法院案件受理制度，变立案审查制为立案登记制，是党的十八届四中全会为推进司法体制改革作出的重大举措之一。2015 年 5 月 1 日，立案登记制改革由此在全国各级法院正式实施。为深化立案登记制改革，确保改革成效，北京市高级人民法院在 6 月 1 日发出《关于下发〈关于北京法院落实立案登记制改革加强当事人诉权保障的指导意见〉〈北京法院登记立案实施办法〉及两类案件归口审理（审查）的通知》，明确规定辖区法院民商事裁定驳回起诉（以下简称裁驳）上诉案件统一由上级法院立案庭归口审理。根据通知要求，我院立案庭自 2015 年 6 月 21 日起开始统一受理此类案件①。在裁驳案件由不同审判庭归口到立案庭审理后，立案庭面临着民事、商事及劳动争议等不同审判庭实际掌握标准的冲突、融合与协调问题。

通常认为，立案登记制改革降低了立案门槛，破除了限制立案的“土政策”，将可能带来案件数量大幅增加，进而导致立案后裁驳案件数量相应增加。因此，本调研首先通过比较改革前后的民商事审结案件数及裁驳案件数之间的数量关系，分析改革是否以及在多大程度上对驳回起诉这种裁判结果产生影响。其次，通过个案尤其是辖区法院判决上诉后被径行裁驳以及裁驳上诉后被指令审理案件的分析，探寻本院内部以及上下级法院之间具体裁驳标准的差异、成因及统一路径。

一、改革前后我院及辖区法院裁驳案件审理的基本情况

为最大限度扎实课题调研的数据基础，课题组以此类案件归口审理的 2015 年 6 月 21 日为界，统计分析了改革前后各两年的相关数据，即分别统计改革前的 2013 年 6 月 21 日至 2014 年 6 月 20 日（以下简称 13～14）、2014 年 6 月 21 日至 2015 年 6 月 20 日（以下简称 14～15），以及改革后的 2015 年 6 月 21 日至 2016 年 6 月 20 日（以下简称 15～16）、2016 年 6 月 21 日至 2017 年 6 月 20 日（以下简称 16～17）年的数据，力求能全面分析掌握此类案件基本审理概况。

---

* 课题主持人：马立娜，课题负责人：安李超、王晓巍，课题组成员：梁志雄、郭勇、周维平、张静、胡保峰、田晓宇、姜斐，课题主要执笔人：张静、周维平。

本课题为 2017 年部门级重点课题。

① 根据我院安排，在 2015 年 6 月 21 日至 2017 年 8 月，该类案件具体由立案庭与研究室共同承办，即立案庭承办传统民事案件，研究室承办商事和劳动争议案件。在 2017 年 8 月后，全部民商事裁驳上诉案件全部由立案庭承办。

(一)辖区法院裁驳案件审理的基本情况

1. 改革后民商事案件审结数量大幅增多

民商事审结案件数量从改革前两年的142,377件增加到改革后两年的169,626件,增幅达19.14%。但从具体年份情况看,改革后第一年审结案件数达到峰值的85,476件,第二年小幅下降。改革后第一年审结案件数量的大幅增加,显示了改革确实有效破除了限制立案的“土政策”;改革第二年审结案件数量小幅下降,显示了改革前应立而未立的案件存量在第一年得以逐渐消解,案件压力得以逐步释放。(具体详见表1及图1)。

表1 辖区法院民商事审结案件数量对比

单位:件

年份	海淀	昌平	石景山	门头沟	延庆	总计	改革对比
13~14	28,643	16,226	10,160	4103	6234	65,366	142,377
14~15	38,842	16,791	9667	4649	7062	77,011	
15~16	40,365	19,705	12,664	4363	8379	85,476	169,626
16~17	32,126	15,260	21,158	6690	8916	84,150	

2. 改革后民商事案件裁驳数量大幅减少

在审结案件数量大幅增加的同时,以裁驳方式审结案件的数量却在大幅降低,从改革前两年的1730件减少到改革后两年的1457件,降幅达15.78%。但从具体年份情况看,改革后第一年裁驳案件数一度曾从865件增加至907件,说明立案登记制改革初期,部分不符合起诉条件的案件获得立案;但第二年裁驳案件数量大幅下降至550件,说明裁驳案件归口审理后,统一严格的裁判标准初步遏制了辖区法院裁驳的内在驱动(具体详见表2及图1)。

表2 辖区法院民商事裁驳案件数量

单位:件

年份	海淀	昌平	石景山	门头沟	延庆	总计	改革对比
13~14	375	264	82	57	87	865	1730
14~15	456	177	70	59	103	865	
15~16	426	162	121	68	130	907	1457
16~17	241	88	64	61	96	550	

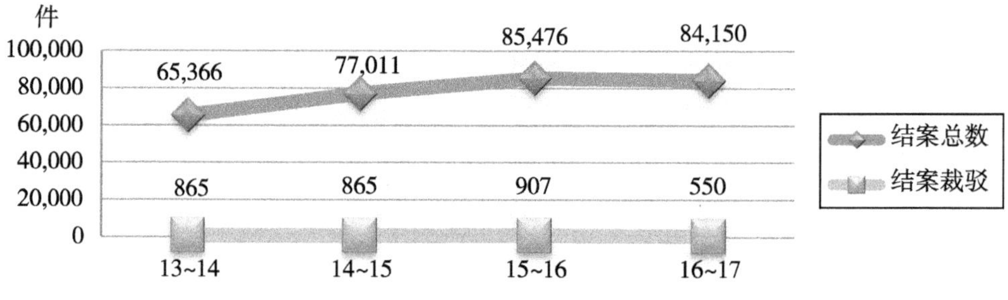

图1 辖区法院民商事审结及裁驳案件数对比

3. 改革后民商事案件裁驳比例大幅降低

就裁驳案件数占全部民商事审结案件数的比例来看，改革后，裁驳案件比例在总体上呈现明显下降趋势，从改革前两年的 1.22% 下降至改革后两年的 0.86% 件，降幅达 29.31%。此外，除石景山、门头沟及延庆等三家法院之外，海淀法院、昌平法院及辖区法院总体上的裁驳比例上呈现逐年稳定下降的趋势，改革后第二年的裁驳比例仅为改革前第二年的 50%（具体详见表 3）。

表 3　辖区法院民商事裁驳比例情况

单位：%

年份	海淀	昌平	石景山	门头沟	延庆	平均数	改革对比
13 ~ 14	1.31	1.63	0.81	1.39	1.40	1.32	1.22
14 ~ 15	1.17	1.05	0.72	1.27	1.46	1.12	
15 ~ 16	1.06	0.82	0.96	1.56	1.55	1.06	0.86
16 ~ 17	0.75	0.58	0.30	0.91	1.08	0.65	

基本结论：虽然在四个统计年度内，各法院民商事案件结案数总体呈现上升趋势，但裁驳案件总数及所占比例却呈现下降趋势。在期间没有其他外在政策作用的情况下，对这种反常现象的合理善意的原因解释包括，上诉案件的集中统一审理对辖区法院裁判方式的选择产生了一定的影响。

（二）我院裁驳案件二审的基本情况

1. 改革后我院二审直接裁驳案件比例相对稳定

根据最高人民法院《关于适用〈中华人民共和国民事诉讼法〉若干问题的解释》（以下简称《民事诉讼法司法解释》）第 330 条的规定，对于上诉案件，二审法院认为不应由人民法院受理的，可以直接裁定撤销原裁判，驳回起诉。在统计的四个年度里，我院审结的二审案件数量基本持平（13 ~ 14 年我院受理知识产权二审案件，之后该类案件由知识产权法院受理），二审直接裁驳的案件数量虽有起伏，但总体比例基本持平，稳定在0.27% 左右（具体详见表 4 及图 2）。

表 4　判决上诉后二审直接裁驳情况

年份	判决上诉案件（件）	二审裁驳案件（件）	裁驳比例（%）	改革对比（%）
13 ~ 14	9735	28	0.29	0.27
14 ~ 15	7748	20	0.26	
15 ~ 16	7197	23	0.32	0.28
16 ~ 17	7463	18	0.24	

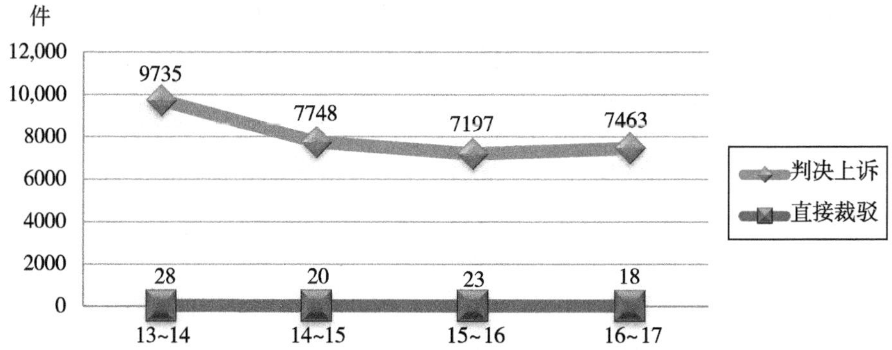

图 2　我院判决上诉案件中审结数量与直接裁驳数量对比

2. 改革后二审指令审理案件比例相对稳定

根据《民事诉讼法司法解释》第 332 条的规定，二审法院查明一审法院作出的驳回起诉裁定有错误的，应当在撤销原裁定的同时，指令第一审人民法院审理。在统计的四个年度里，我院审结的裁驳上诉案件数量虽有起伏，但基本稳定在 300 件左右，同时二审撤销一审裁定的案件数量也基本稳定在 30 件左右。虽然具体年份里，二审撤销一审裁定的比例在 7% ~12% 有所波动，但纵观改革前后的各两年，二审撤销一审裁定的比例基本相近，分别为 9.44% 和 9.56%（具体详见表 5 及图 3）。

表 5　裁驳上诉后二审指令审理情况

年份	裁驳上诉案件(件)	二审撤裁案件(件)	撤裁比例(%)	改革对比(%)
13 ~ 14	398	28	7.04	9.44
14 ~ 15	280	36	12.86	
15 ~ 16	357	40	11.20	9.56
16 ~ 17	365	29	7.95	

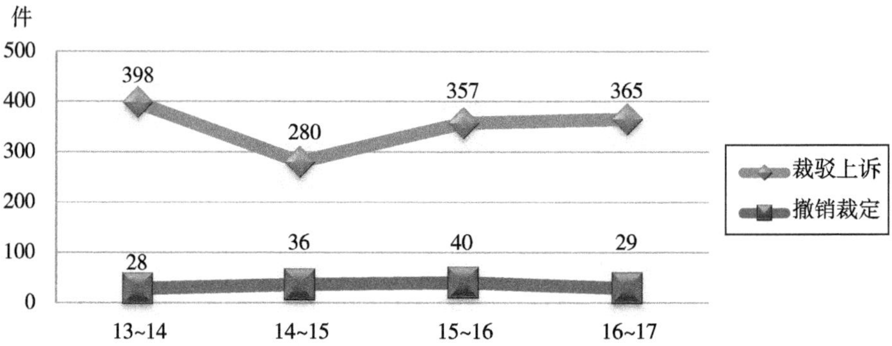

图 3　我院裁驳上诉案件中审结案件数与撤裁案件数比较

基本结论：裁驳上诉案件的归口集中审理后，我院二审改裁案件的数量和比例较为平稳，没有出现大起大落的情况。这与一审法院裁驳案件数量及比例的大幅下降形成鲜明对比，折射出我院立案庭能较为理性地处理集中审理后的裁判标准不一致情况，没有选择增加改裁案件数量的方式，而更多选择依托裁判文书说理和交流座谈方式向一审法院传导统一的裁判标准。事实上，在这期间，我院立案庭曾先后前往海淀法院和昌平法院，以座谈和授课的方式就裁驳案件的裁判标准与辖区法院部分民商事法官进行交流。

二、驳回起诉的职能定位及裁判标准之争

根据《民事诉讼法司法解释》第208条第3款的规定，裁定驳回起诉的适用条件为立案后发现不符合起诉条件或者属于《民事诉讼法》第124条规定情形。从法律规定来看，驳回起诉的适用条件应当等同于不予受理，二者只存在处理时间上的差异。裁定不予受理适用于立案阶段，裁定驳回起诉适用于审判阶段，可被视为立案后对错误受理的补救。但在审判实践中，驳回起诉往往被赋予其他功能，并与驳回诉讼请求之间在职能定位、划分依据及具体类案裁判标准方面存在诸多争议。

（一）职能定位之争

1. 学理定位

就驳回起诉与驳回诉讼请求的区别，在学理上基本不存在争议，基本认同驳回起诉是对原告起诉权的裁判，而驳回诉讼请求是对原告胜诉权的裁判。具体而言，裁定驳回起诉是人民法院对已经受理的案件，经过审理，发现原告的起诉不符合法律规定的起诉条件而予以驳回，是对当事人程序意义上诉权的否定；判决驳回诉讼请求是人民法院对审理的案件依照实体法的规定，认为当事人的实体请求不符合法律规定的条件而以判决形式予以拒绝，是对当事人实体意义上诉权的否定。

2. 实践定位

虽然理论上驳回起诉和驳回诉讼请求的职能定位非常明晰，可一旦回到审判实践中，驳回起诉与驳回诉讼请求之间的职能定位就变得模糊，而且存在很大争议，常见有三种区分观点。

（1）起诉条件观点

该观点认为，以起诉是否符合《民事诉讼法》第119条作为区别驳回起诉和驳回诉讼请求的标准。具体而言，如果起诉符合《民事诉讼法》第119条规定的起诉条件且不具有《民事诉讼法》第124条规定的情形，但法院认定原告的诉讼主张证据不足或者缺乏法律依据的，应判决驳回诉讼请求。如果起诉不符合《民事诉讼法》第119条规定的起诉条件或者具有《民事诉讼法》第124条规定的情形，则应裁定驳回起诉。

此种观点的实质是将驳回起诉的标准等同于不予受理的标准，这与《民事诉讼法》第123条[①]和《民事诉讼法司法解释》第208条第3款[②]精神一致，符合现行立法精神。但此种标准也存在外延不周全的问题，不能涵盖实践中的诸多情况。在审判实践中，部分案件虽然符合法律规定的起诉条件，但最终却采取裁定驳回起诉的方式结案，此种处理方式并非个案现象，而是实践中的一种通常做法，也是大家的共识。

例如，原告不具备民事行为能力但直接以本人名义提起的诉讼，或者原告以被监护人

---

① 《民事诉讼法》第123条。

② 《民事诉讼法司法解释》第208条第3款。

系限制民事行为能力人或者无民事行为能力人为由，未经启动行为能力确认的特别程序而直接以法定代理人身份提起民事诉讼。这两种情况显然都符合《民事诉讼法》第 119 条规定的四个条件，但法院不会直接做出实体判决，通常裁定驳回起诉①。

再如夫妻一方以对方不履行《婚姻法》第 4 条规定的夫妻双方互相忠实的义务为由提起诉讼。虽然该起诉符合《民事诉讼法》第 119 条规定的起诉条件，但相关司法解释及审判实践中通常也是裁定驳回起诉。

（2）开庭审理观点

该观点认为，以案件是否经过开庭审理为标准，区分驳回起诉与驳回诉讼请求。具体而言，如果案件尚未开庭审理，原被告双方尚未就原告的诉讼主张举证质证，法院尚未就原告的实体主张主持法庭调查和法庭辩论，或者开庭所查明的事项仅限于原告的起诉是否符合起诉条件，此时法院认定原告的起诉不符合起诉条件，则可以裁定驳回起诉。但如果案件已经过开庭审理，诉讼双方就原告的实体主张是否成立进行了举证质证，充分发表意见，此时法院认定原告的起诉不符合《民事诉讼法》第 119 条件规定的条件，则应当判决驳回诉讼请求。

客观的评价，此种观点符合案件审理的正常逻辑思维顺序，即先有起诉条件，再有判决条件，因而能为多数人所接受。实践中经过开庭审理后裁定驳回起诉的案件，尤其是经过多次开庭，审理期限长达数年，诉讼双方从未围绕《民事诉讼法》第 119 条举证质证并展开辩论，法院最终依据该法第 119 条裁定驳回起诉。这种做法不仅不能为当事人所接受，而且有突袭裁判之嫌，缺乏裁判的基本正当性。针对这种情况，实践中多数上诉人认为，一审法院的审判程序违法，因为一审法院没有就其起诉是否符合起诉条件进行法庭调查，剥夺其举证及法庭辩论的权利。

当然也有观点认为，原告是否与本案有直接利害关系、案件是否属于法院管辖等问题，常常要通过开庭审理才能查清。如果对这两种情形也以判决方式驳回诉讼请求，明显违反相应法律规定。对此，课题组认为，如果属于这种情况，则法官在法庭调查和法庭辩论中，应当预留一定的空间，引导当事人围绕《民事诉讼法》第 119 条进行举证质证和辩论。

但也要看到，此种观点如若严格执行也未免过于机械。对于起诉不属于法院受理民事诉讼范围的案件，法官在庭前审查中限于证据材料的有限性并未发现。但随着开庭审理的进行，证据材料的出现及案件事实的浮现，法官发现本案确实不属于民事诉讼受案范围，应当允许裁定驳回起诉。否则，即便作出实体判决，二审法院亦将依据《民事诉讼法解释》第 330 条直接裁驳。但在这种情况下，法官应当依职权引导双方就本案是否符合起诉条件进行举证质证，听取双方意见。

（3）裁判对象观点

此种观点认为，可以裁判对象在性质上属于程序还是实体来区分驳回起诉和驳回诉讼请求，即法院如果针对案件程序问题进行处理，可以裁定方式驳回起诉；但如果针对案

---

① 其实，这种情况下法院也可以裁定中止审理，待特别程序对民事行为能力予以确认后再决定驳回起诉还是继续审理。但实践中基于防止形成长时间未结案的考虑，通常先行裁定驳回起诉。

件实体问题进行处理，则可以判决方式驳回诉讼请求。

这种观点符合民事诉讼有关判决和裁定区分的基本法理，但问题在于，案件中的实体问题与程序问题往往交织在一起，难以区分。如原告与本案是否具有直接利害关系、案件是否由本院管辖等属于《民事诉讼法》第 119 条规定的审查内容，应当属于程序问题，但在实质上也具有实体性质。在合同纠纷案件的管辖审查时，合同性质决定合同履行地的判断，并决定案件是否属于专属管辖。对合同性质审查的前提是对合同内容尤其是双方的权利义务的审查，而这事实上已经涉及实体内容了。

（二）具体裁判标准之争

有关驳回起诉与驳回诉讼请求的区别在实践中的争议，最终将影响到具体类案的裁判标准上。审判实践中，二者的争议主要体现在如下类型的案件中。

1. 关于法律关系不正确问题的处理争议

法律关系不正确主要指当事人主张的法律关系与法院认定的不一致的情形，如原告按照房屋买卖合同纠纷起诉，但法院认定双方真实的法律关系是民间借贷关系；原告按照民间借贷纠纷起诉，但法院认定双方真实的法律关系是合伙关系；原告按照不当得利纠纷起诉，但法院认定双方之间真实的法律关系为民间借贷关系等。此时法院是按照当事人主张的法律关系进行审理，还是按照法院认定的法律关系（所谓的基础法律关系或者隐蔽法律关系）进行审理，实践中的争议较大。

所谓按照当事人主张的法律关系进行审理，就是当事人诉什么，法院就审什么，法院按照当事人自己选择的请求权及其法律关系基础进行裁判；所谓按照法院认定的法律关系进行审理，就是无论当事人选择什么样的法律关系，只要当事人陈述了事实，提出了请求，法院自行决定适用何种法律作出裁判，法院根据案件的事实情况为当事人选择法律。

当前司法解释并不鼓励按照当事人主张的法律关系进行审理，明确要求按照法院认定的基础法律关系审理，如：

《民间借贷司法解释》第 15 条：原告以借据、收据、欠条等债权凭证为依据提起民间借贷诉讼，被告依据基础法律关系提出抗辩或者反诉，并提供证据证明债权纠纷非民间借贷行为引起的，人民法院应当依据查明的案件事实，按照基础法律关系审理。

最高人民法院《关于防范和制裁虚假诉讼的指导意见》（法发〔2016〕13 号）提出，要加强对调解协议的审查力度。对人民调解协议司法确认案件，要按照民事诉讼法司法解释要求，注重审查基础法律关系的真实性。

最高人民法院《关于依法妥善审理涉及夫妻债务案件有关问题的通知》（法〔2017〕48 号）提出，对人民调解协议司法确认案件，应当按照《民事诉讼法司法解释》要求，注重审查基础法律关系的真实性。

问题在于，如果法院按照认定的法律关系（所谓基础法律关系）审理，则法官应当告知当事人变更诉讼请求及法律关系基础。但在当事人经释明后拒不变更的情况下，法院如何处理？实践中存在裁定驳回起诉与作出实体判决的两种观点，且各有依据。

（1）裁定驳回起诉的理由依据

其一，相关司法解释及市高级法院的相关规范性意见提供了裁判依据。

《民间借贷司法解释》第 24 条：当事人以签订买卖合同作为民间借贷合同的担保，借款到期后借款人不能还款，出借人请求履行买卖合同的，人民法院应当按照民间借贷法律关系审理，并向当事人释明变更诉讼请求。当事人拒不变更的，人民法院裁定驳回起诉。

《北京市高级人民法院审理经济纠纷案件若干问题的解答》（之一）①（京高法发〔1999〕442 号）：

一、对于原告起诉证据不足的案件应当分别不同情况予以处理：

1. 原告证据不足以证明当事人之间存在某种民事法律关系时，法院应当裁定驳回起诉。

2. 虽然有证据证明当事人之间存在某种民事法律关系的事实，但证据不足以证明其诉讼请求的成立，法院应判决驳回当事人的诉讼请求。

需要说明的是，前述市高级法院的文件已经被市高级法院审判委员会清理，目前已不再有效。

其二，案件进入实体审理存在难度。

由于当事人起诉的法律关系不正确，当事人不围绕法院认定的法律关系变更诉讼请求与举证质证，导致法官无法按照正确的法律关系进行审理，或者说按照正确的法律关系审理直至作出实体判决可能存在裁判风险。另外，由于部分法院实行专业化审判，不同案由的案件分由不同审判庭审理（如在海淀法院，民间借贷纠纷由民四庭审理，有关公司纠纷由民三庭审理），当事人变更法律关系与诉讼请求后，按照新的法律关系该案件可能不属于原审判庭审理范围，原审判庭也存在审理能力不足的问题，于是就直接裁定驳回原告的起诉。

其三，法官作出实体裁判存在较大风险。

在当事人起诉的法律关系不正确的情况下，法官如果作出实体处理，尤其是判决驳回诉讼请求后因为既判力的原因，一旦出现新的证据则案件将可能被提起再审，承办法官将会为此承受较大的审判风险。相对而言，从程序上裁定驳回起诉则在很大程度上可以规避这种风险，原告在变更诉讼请求后可以另行起诉，并没有彻底丧失诉权。

其四，最大限度地保障了原告的权益。

虽然裁定驳回起诉并未解决当事人之间固有的纠纷，实现原告的诉讼目的，但对原告而言，此种裁判方式毕竟避免了被判决驳回诉讼请求的更为不利结果。原告不仅可通过另行起诉的方式继续行使诉权，并且可避免由于败诉带来的诉讼费损失②。实践中，部分原告在权衡利益得失后通常也能接受这种处理方式。

（2）作出实体判决的理由

其一，作出实体判决符合《民事诉讼法》第 119 条及第 124 条的规定。

《民事诉讼法》第 119 条及第 124 条对于民事案件的起诉条件及分别处理的情形作出了详细规定。只要起诉符合第 119 条且不存在第 124 条的情形，依法均应进入实体审理程序。

其二，作出实体判决符合《民事诉讼法司法解释》第 154 条及第 208 条第 3 款的规定。

《民事诉讼法》第 154 条第 1 款的规定，民事裁定的适用范围仅限于程序性事项，其中

---

① 该份文件已不再有效。

② 《诉讼费用交纳办法》第 8 条规定，裁定驳回起诉的案件不交纳案件受理费。

包括不予受理和驳回起诉。《民事诉讼法司法解释》第208条第1款规定，人民法院接到当事人提交的民事起诉状时，对符合《民事诉讼法》第119条的规定，且不属于第124条规定情形的，应当登记立案。第3款规定立案后发现不符合起诉条件或者属于民事诉讼法第124条规定情形的，裁定驳回起诉。

据此，裁定驳回起诉的法律效力等同于裁定不予受理，解决的问题仅限于案件是否应当受理的程序性事项。裁定不予受理与裁定驳回起诉的区别主要在于，前者运用于登记立案之前而后者运用于登记立案之后，但是两者适用的条件和范围应当是一致的。因此裁定驳回起诉只适用于立案后发现不符合起诉条件或者属于《民事诉讼法》第124条规定情形的，以及其他法律、司法解释有明确规定的情形。除此之外，均应当进入实体审理程序。

其三，《民事诉讼证据规定》第35条不是人民法院裁定驳回起诉的法律依据。

辖区法院通常依据《北京市高级人民法院审理民商事案件若干问题的解答之五（试行）》第15条的规定裁定驳回起诉，而该项规定的直接依据是《民事诉讼证据规定》第35条。但《民事诉讼证据规定》第35条主要解决的是经法院释明后当事人变更诉讼请求后的举证期限问题，根本目的在于更好地保护当事人的举证权利，而非对原告作出失权裁判的根据。根据该条含义，如果当事人不变更诉讼请求的，法院只能继续审理，直至作出实体判决而非裁定驳回起诉。

其四，最高人民法院《关于印发修改后的〈民事案件案由规定〉的通知》（法〔2011〕42号）对作出实体判决亦提出了明确要求。

最高人民法院在该通知中明确提出，当事人起诉的法律关系与实际诉争的法律关系不一致的，人民法院结案时应当根据法庭查明的当事人之间实际存在的法律关系的性质，相应变更案件的案由。

根据该通知精神，当事人起诉的法律关系与实际诉争的法律关系不一致的，法院不能以裁定驳回起诉的方式拒绝审理，而应当继续审理，在变更案由后作出实体判决。

其五，当事人起诉的法律关系是否正确属于实体审理内容而非程序审查事项。

当事人选择以何种法律关系作为基础法律关系起诉属于当事人的诉讼权利。如果起诉的法律关系不正确，当事人应为此承担相应的法律后果。民事案件在立案受理后，法院应当对当事人之间是否存在原告所主张的法律关系以及法律关系的性质进行判断，并作出实体处理结果。如果法院在对当事人法律关系的性质作出实体认定之后又作出驳回起诉的程序性处理结果，有变相拒绝裁判之嫌。

其六，《民间借贷司法解释》对此作出了明确的规定。

《民间借贷司法解释》第15条第1款：原告以借据、收据、欠条等债权凭证为依据提起民间借贷诉讼，被告依据基础法律关系提出抗辩或者反诉，并提供证据证明债权纠纷非民间借贷行为引起的，人民法院应当依据查明的案件事实，按照基础法律关系审理。

该条规定正是针对民间借贷案件中当事人起诉的民间借贷法律关系不正确的情形。根据该规定，法院应当依据查明的案件事实，按照基础法律关系审理，而不能裁定驳回起诉。

此外，北京市高级人民法院《关于审理房屋买卖合同纠纷案件若干疑难问题的会议纪要》（京高法发〔2014〕489号）第4条第2款也作出了相似的规定。

其七，让此类案件进入实体审理程序符合立案登记制改革的要求。

北京市高级人民法院党组在《关于北京法院落实立案登记制改革　保障当事人诉权的指导意见》中，明确提出要统一程序问题裁判尺度，由立案庭统一审理不予受理、管辖权异议裁定上诉案件和民事案件驳回起诉裁定的上诉案件。课题组分析认为，市高院党组的用意有二：一是在立案登记制改革的背景下，要防止裁驳的不当扩大适用，避免消解立案登记制改革的红利；二是要统一规范裁驳的标准，避免不同专业化审判庭内部出现不同的标准。

让法院受理的案件尽可能进入实体审理程序，最终作出实体判决，实现民事司法定纷止争功能，应该是立案登记制改革的首要目标。如果当事人的起诉虽然在立案庭得以立案受理，但在审判庭却被不当裁驳，此时当事人的诉权行使回到了立案前的原初状态，这应该背离了立案登记制改革的初始目的。

其八，法官作出实体判决难度较大不是裁定驳回起诉的合理事由。

案件有难有易，此属正常现象。案件难以判决，可能是由于法律适用上的难题，也可能是由于事实认定上的难题。对于法律适用上的难题可以通过法律解释来解决，对于事实认定上的难题可以通过举证责任分配及法律推理来解决。无论如何，前述因素均不属法院裁定驳回起诉的合理事由。此外，法院内部实行专业化分工，将不同案由的案件分派到不同审判庭审理属于法院内部管理问题，这不能成为审判庭拒绝裁判的理由。该问题可以通过法院内部协调处理，如吸收其他审判庭的专业法官参加合议庭审理，或者召开跨领域专业法官会议等方式来解决。

其九，判决驳回诉讼请求后让原告承担诉讼费，将有利于推动当事人理性诉讼。

按照《诉讼费用交纳办法》的规定，法院对裁定驳回起诉案件不收取诉讼费，而经审理后判决驳回诉讼请求的案件则应收取诉讼费。在起诉的法律关系不正确情况下，法官释明但原告拒绝变更诉讼请求的，法院据此判决驳回原告的诉讼请求，并决定由原告承担全部诉讼费用，这不仅符合相关规定，而且有利于促进当事人理性诉讼，强化法官释明的力度及权威性。

其十，判决驳回诉讼请求后并非一概剥夺当事人的诉权。

原告基于主张的法律关系不正确被判决驳回诉讼请求后，其基于其他法律关系或诉讼请求再次提起诉讼的，根据《民事诉讼法司法解释》第 247 条①的规定，不构成重复起诉。虽然对诉讼标的存在不同理解，但目前在审判实践中，通行的观点是将诉讼标的理解为实体法上的权利义务或者法律关系。由此，原告因为诉称法律关系与法院认定的法律关系不一致败诉后，在重新起诉后，法院应予立案受理，以切实保护当事人的诉权。

2. 关于法律关系不存在问题的处理争议

所谓法律关系不存在，指法院经对原告诉称的法律关系进行审查后，认为原告提供的证据不能证明其与被告之间存在法律关系。此种情形在诉讼法理上称为被告不适格，但

---

① 《民事诉讼法司法解释》第 247 条规定：当事人就已经提起诉讼的事项在诉讼过程中或者裁判生效后再次起诉，同时符合下列条件的，构成重复起诉：（一）后诉与前诉的当事人相同；（二）后诉与前诉的诉讼标的相同；（三）后诉与前诉的诉讼请求相同，或者后诉的诉讼请求实质上否定前诉裁判结果。当事人重复起诉的，裁定不予受理；已经受理的，裁定驳回起诉，但法律、司法解释另有规定的除外。

在诉讼法条中并未存在当事人适格的概念,《民事诉讼法》第 119 条规定的起诉要件仅要求“有明确的被告”,并未要求“有适格的被告”。

对此,法院应该裁定驳回起诉还是做出实体判决,实践中存在争议。争议观点的依据除与法律关系不正确的情形一致外,各自还有如下依据。

(1)裁定驳回起诉的其他理由依据

其一,现行司法解释条文的类推适用。

《民事诉讼法司法解释》第 73 条:必须共同进行诉讼的当事人没有参加诉讼的,人民法院应当依照《民事诉讼法》第 132 条的规定,通知其参加;当事人也可以向人民法院申请追加。人民法院对当事人提出的申请,应当进行审查,申请理由不成立的,裁定驳回;申请理由成立的,书面通知被追加的当事人参加诉讼。

该条文中的“裁定驳回”指的就是“裁定驳回起诉”,依据即在于被告虽然明确但不适格,即被告与原告之间不存在法律关系,此规定可以类推适用于所有被告不适格的情形。此外,《行政诉讼法解释》中也作出了相类似的规定。

其二,原告适格与被告适格应遵循同一处理路径。

从诉讼法理上讲,原告适格与被告适格,都属于当事人适格的情形。现在法律规定原告不适格,应当裁定驳回起诉。但如果对被告不适格采取判决驳回诉讼请求的方式处理,一方面违反民事诉讼当事人平等原则,另一方面是对当事人适格这同一类型的法律问题作出了不同处理,有悖法律适用的统一性原则。

其三,该种处理方式符合《民事诉讼法解释理解与适用》一书的倾向性意见。

该书系最高人民法院司法解释起草人员撰写,在理解与适用具体司法解释条文时具有一定的参考性。该书在谈及原告与被告不存在法律关系问题时,虽然没有明确提出具体处理意见,但在分析不同观点后,最终委婉提出的倾向性意见是裁定驳回起诉①。

(2)判决驳回诉讼请求的其他理由依据

除前述有关法律关系不正确应予作出实体判决的十条理由之外,还有如下理由:

其一,法定起诉的要件是被告明确,而非被告适格。

其二,权威案例的影响。

最高人民法院在 2013 年作出黄山金马集团有限公司与中国环境保护公司等出资纠纷再审民事裁定,撤销市高级法院(2007)高民终字第 664 号民事裁定和我院(2006)一中民初字第 11346 号民事裁定,并指令该案由我院审理。据了解,该案的处理结果对我院的商事审判造成了较大影响,市高级法院商事审判庭也曾提出了转变相关案件审理思路的要求。

该裁定书认为,“人民法院不应以被告不是争议的法律关系中的义务主体或责任主体为由,裁定驳回原告对被告的起诉。只要原告提出了明确的被告,且符合其它(他)起诉条件,人民法院就应当受理并进入实体审理程序,以判决形式对双方权利义务和民事责任做出裁判。如果人民法院经过依法审理,最终确认被告不应承担民事责任,可以判决驳

---

① 沈德咏主编:《最高人民法院民事诉讼法司法解释理解与适用》,人民法院出版社 2015 年版,第 559 页;杜万华主编:《最高人民法院民间借贷司法解释理解与适用》,人民法院出版社 2015 年版,第 286 ~ 287 页。

回原告的诉讼请求”。

3. 关于村民自治问题处理的争议

属于村民自治范围内的行为，一般认为属于单位内部行为，不属于法院民事诉讼受理范围，因此村民自治的主要问题在于如何确定村民自治的边界。具体而言，哪类起诉可被认为属于村民自治范围，法院不应予以受理或者应予驳回起诉；而法院可以受理哪类案件并可作出实体判决？对此，目前唯有《物权法》①及《村民委员会组织法》②对村民（集体经济组织成员）的诉权作出了明确规定。

对此，部分观点认为，上述情形均应当以属于村民自治为由裁定驳回起诉。但也有部分观点认为，村民代表会议的决定应当在实体和程序两方面接受法院审查，对于决定违反法律、司法解释及相关政策的，以及决定产生的程序违反《村民委员会组织法》规定程序的，法院应当受理并予以撤销。

其实，在村民自治问题中最为敏感的是有关村民资格纠纷的处理，而实践中涉村民自治纠纷的诉讼多数源于村民资格纠纷。

此外，在村民或者村民之外的其他人对村民委员会提起侵权之诉③或者违约之诉④时，法院可否以村民自治为由裁定驳回起诉？实践中也存在争议。

4. 关于重复起诉认定标准的争议

在《民事诉讼法司法解释》施行前，审判实践中广泛运用一事不再理原则裁判案件，有时也用重复起诉的表述来裁判。但在《民事诉讼法司法解释》第 247 条对重复起诉作出严格界定后，是否还有一事不再理原则的适用空间。对此实践中存在不同观点，有观点认为，《民事诉讼法司法解释》第 247 条不能完全涵盖一事不再理原则的适用范围。对于虽不符合《民事诉讼法司法解释》第 247 条但前诉与后诉在实质上属于同一案件的，法院依然可以援引一事不再理原则裁定驳回起诉。

5. 有关土地使用权存在争议处理的争议

对于涉农村宅基地纠纷案件，实践中往往存在土地使用权的争议。对此实践中存在不同观点，一种观点认为，凡是双方对土地使用权存在争议，则一律援引《土地管理法》中有关“土地所有权和使用权争议，由当事人协商解决；协商不成的，由人民政府处理”的规定，裁定驳回原告的起诉。另一种观点认为，法院对于土地使用权是否确实存在“争议”应当进行审查。如经审查，根据现有证据可以确定权利归属，争议并不存在，法院应当据此作出实体裁判。

6. 其他争议

在小区单个业主是否具有起诉权以及标的物已不存在时如何处理等方面，审判实践中依然存在不同观点，在此不再一一赘述。

---

① 《物权法》第 63 条第 2 款。

② 《村民委员会组织法》第 36 条。

③ 张树亮诉村委会恢复原状案。

④ 北京海鑫园招待所有限公司诉北京市海淀区西北旺镇小牛坊村村民委员会物权纠纷案。

三、驳回起诉裁判标准争议的原因分析(上)——理论部分

在探讨审判实践中驳回起诉裁判标准存在争议的原因之前,首先应当明确,作为具有大陆法系传统的国家,我国实行的是成文法制度,司法裁判需要有明确的法条依据。唯有在法条依据不足时,才可考虑运用法律原则或者法学理论去裁判。就驳回起诉的法律依据而言,《民事诉讼法》第119条、第124条及《民事诉讼法司法解释》第208条第3款应该是驳回起诉的核心依据。但就驳回起诉的诉讼理论依据而言,则天然存在着理论上的争议及与法条的契合度问题。

(一)大陆法系有关驳回起诉制度的理论学说

1. 有关起诉要件、诉讼要件与权利保护要件划分理论

按照日本学者中村英郎的理论①,也是大陆法系在起诉方面的通说观点,诉权行使过程可划分为三个阶段:第一阶段要求诉讼必须适法提起,即"起诉要件"适法;第二阶段要求诉讼系属在程序上必须适法,即"诉讼要件"适法;第三阶段是就原告的请求可进行审理与判决,即具备"权利保护要件"或"本案要件",也可以称为胜诉要件。这三个阶段是依次推进的,前一个阶段具有充分性后才能进入下一个阶段。与此对应的是,起诉要件、诉讼要件与权利保护要件的审理也应具有逻辑顺序关系。只有当诉讼成立的前提下,诉的合法问题才具有判断价值;如果当事人起诉不符合起诉要件,诉还未成立,自然不必对诉的合法性问题进行审查。

起诉要件与诉讼要件作为两个具有独立地位的构成要件,既有区别,又有联系。区别在于:二者适用于不同的诉讼构造阶段。具体而言,起诉要件决定着诉是否成立的问题,对其审查应是在诉讼程序启动前;而诉讼要件解决的是诉是否合法的问题,其审查只能是在已经开始的诉讼程序中,因此欠缺诉讼要件,不影响诉的成立,但是该诉却无法开启审判程序的大门。起诉要件与诉讼要件又存在密切联系。诉讼要件的审理是以具备起诉要件为前提,只有具备了起诉条件,诉讼产生了系属效果,即案件具备了实体审理的条件,法院才能进一步审理诉的合法性问题。

在此基础上划分法院的裁判活动的必然性在于:首先,这是诉权与审判权的交互作用使然。在诉讼启动阶段,基于处分权主义的规制,必先考察当事人起诉是否成立,成立后才谈得上是否有效。有效的起诉将当事人与法院正式联结。其后,当事人与法院之间始才发生法律关系,案件便处于"待审"状态。② 反之,如果当事人的起诉不成立抑或无效,不仅不会发生实体法上的诸多效果,也会因此被法院拒之门外。

2. 有关对诉讼要件前置审查的理论学说

从德日的学说及实践看,诉讼要件的审查具有先决性。就诉讼要件与本案要件的审理顺序而言,因为现代德日程序本身并没有分为两个阶段,所以两者可以并行审理。问题在于,如果尚未确认诉讼要件存在,法官能否作出本案判决?德国的主流观点认为,只有

---

① [日]中村英郎:《新民事诉讼法讲义》,陈刚、林剑峰、郭美松译,法律出版社2001年版,第151~152页。

② 段文波:《日本重复起诉禁止原则及其类型化析解》,载《比较法研究》2014年第5期。

当满足合法性要件时才允许作出驳回诉讼请求的实体判决。① 只有当诉合法时，法院才应裁判诉是否有理由，所以，只有对诉的合法性没有疑虑时，才开始真正的对席辩论。② 如果法官确认诉不合法，则应以判决驳回诉讼。③ 对于缺乏诉讼要件所作出的实体裁判，可以上诉。④ 在日本，虽然现行民事诉讼法规定诉讼要件的调查与本案审理同时进行，但是通说认为，应先审查诉讼要件存在与否，确定其存在后方可审查本案请求是否有理由。如果已先行明确诉讼要件欠缺，则不能进一步进行本案审理，而应以诉不合法为由直接判决驳回诉讼。如果法院已经判明诉讼要件欠缺，而仍然作出本案判决，则该判决违法，并由此构成上诉撤销之理由。不能省略调查诉讼要件而径直作出驳回请求的本案判决，即认可诉讼要件与本案判决之间的逻辑先后关系，禁止跳跃。

总之，诉讼要件的审查具有先决性。所谓先决性，即在进入本案审理之前应当先行审理诉讼要件，或者至少应该在本案判决之前判明诉讼要件是否存在。一般而言，在实体判决之前对诉讼要件先行作出裁判，是符合当事人和法院利益的。⑤

3. 有关诉讼要件审查内容的理论学说

就诉讼要件审查的内容而言，学说上也存在不同观点。比较通行的观点认为，诉讼要件一般包括以下内容，即当事人实际存在、具有当事人能力、当事人适格、当事人实施起诉行为、实施了有效送达、不属于二重诉讼、具有诉的利益、属于法院裁判权范围及属于审理本案的法院管辖等⑥。

在上述审查内容中，有关诉的利益审查争议较大。关于诉的利益问题，日本的兼子一教授认为，诉之利益是诉权的要件，判断一个请求是否具有正当的利益必须从两个方面来进行：一是请求本身从性质上具有以判决确定的一般性的适当性（权利保护资格），二是原告对请求具有要求判决的现实必要性（权利保护利益）。⑦ 我国台湾地区的民诉法理论认为，诉的利益又可称为权利保护利益或权利保护必要，一般指原告要求法院就其私权主张予以裁判时所必须具备的必要性。我国澳门特别行政区民事诉讼法典将其表述为："如原告需要采用司法途径为合理者，则有诉之利益。"

德国法则遵循原则规范程序化的道路，将实体法中作为基本原则的禁止权利滥用条款作扩张性解释，认为任何权利（包括程序权利）均应被合理行使，如遇过度行使权利而致滥用了诉讼权利，超越了权利保护的必要性，则非立法设置法院的目的，法律上对于滥用权利者应予以禁止。德国 Zeiss 教授将诉讼上权利滥用的内涵进一步具体化为三个类

---

① ［德］汉斯·约阿希姆·穆泽拉克：《德国民事诉讼法基础教程》，周翠译，中国政法大学出版社 2005 年版，第 85 页。

② ［德］汉斯·约阿希姆·穆泽拉克：《德国民事诉讼法基础教程》，周翠译，中国政法大学出版社 2005 年版，第 58 页。

③ ［德］汉斯·约阿希姆·穆泽拉克：《德国民事诉讼法基础教程》，周翠译，中国政法大学出版社 2005 年版，第 70 页。

④ ［德］奥特马·尧厄尼希：《民事诉讼法》，周翠译，法律出版社 2003 年版，第 180 页。

⑤ ［德］罗森贝克等：《德国民事诉讼法》，李大雪译，中国法制出版社 2007 年版，第 683 页。

⑥ ［日］伊藤真：《民事诉讼法》，弘文堂 2002 年版，第 221 页。转引自张卫平：《起诉要件与实体判决要件》，载《法学研究》2004 年第 6 期。

⑦ ［日］兼子一、竹下守夫：《民事诉讼法》（新版），法律出版社 1995 年版，第 51 页。

型:第一,诉讼的提出对于原告并无任何好处;第二,权利可以不通过诉讼而是一个更简单的方式一样可以达成目的时,原告却选择更耗时耗力的法律诉讼来保护其权利,此时该诉讼亦应被认为滥用权利;第三,该诉讼所欲达成的目的,在整个法秩序中的评价结果是不被法律所认可的。

对于诉的利益的称谓,大陆法系各国(地区)不尽相同,法国称"利益",德国称"权利保护必要"或"权利保护利益",奥地利称"诉讼前提",日本、葡萄牙、澳门等称"诉的利益"。① 但诉的利益理论的核心在于:一个已经系属的诉,如果要进入实体审理,必须存在诉的利益,法院有实体审理的必要性和实效性;如果在诉讼程序中发现并不存在诉的利益,则案件将不再继续审理。一言以蔽之,"无诉的利益,则无实体审理"。

总之,诉的利益是对当事人提起的"诉"进行实体审理的条件,对于没有"诉的利益"的起诉,必然应予驳回。驳回起诉制度的适用条件即诉讼要件的规范,自然应当借鉴诉的利益理论。

(二)普通法中有关实质审理前终结诉讼程序的做法②

为了避免轻率诉讼和滥用司法资源的诉讼行为给司法系统、各方当事人增加不必要的诉讼负担,普通法系国家普遍采用一些不进入实质审理就终结诉讼程序的做法。这些做法包括:缺席判决(Default Judgment)、即时判决(Summary Judgment)、自愿撤诉(Voluntary Dismissal)、驳回起诉(Involuntary Dismissal)、和解(Settlement)。和本课题相关的做法主要有即时判决和驳回起诉。

1. 即时判决(Summary Judgment)

即时判决又被称为对法律问题的判决(Judgment as a matter of law),是法庭未经完整的审判程序即做出的有利于一方的判决。

在普通法系中,法官不太担任事实查明者的角色,查明事实的工作往往是由陪审团完成,而律师为了完成举证工作也需要经历复杂耗时的调查取证程序(Discovery)。

为了避免案件进入实质审理程序所耗费的时间和金钱,当事人一方有权提出即时判决的申请,申请即时判决的理由是案件的结果非常清楚,或是所有的证据只能让陪审团得出唯一一个有利于申请人的结论,或是双方并没有真正的事实争议,无须陪审团去做事实的查明工作。

《美国联邦民事诉讼程序规则》第56条规定了即时判决的条件。根据该条的规定,当法院认为申请人的申请证明双方之间并无实质的事实争议,法院仅需就法律问题作出判决,那么法院可以许可作出即时判决的申请。

根据美国联邦司法中心2008年的调查,在联邦民商事案件中有17%的案件一方当事人提出了即时判决的申请。由于近三分之二的联邦民商事案件被直接驳回起诉或和解,因此做出判决的民商事案件中有近一半是即时判决。71%的即时判决申请由被告作出,26%的申请系由原告作出。此外,36%的申请被驳回,64%的申请被全部或部分许可。

即时判决在普通法系的民商事诉讼中占据了非常重要的地位,有效地减少了司法资

---

① 廖永安:《论诉的利益》,载《法学家》2005年第6期。

② 感谢北京市律师协会民法专业委员会主任吴晨律师为本部分提供资料。

源的消耗和当事人诉讼费用的支出。

2. 驳回起诉(involuntarydismissal)

驳回起诉指法庭未经实质审理程序直接将原告的诉讼驳回,从而终结诉讼程序。

驳回起诉的申请通常由被告一方做出,其理由主要是原告未依法进行诉讼、或未遵守法庭的命令、或未遵守联邦民事诉讼程序规则。即便没有被告提出申请,法官也可依职权做出驳回起诉的裁定。驳回起诉是实质性的判决,除符合法定情形或法官在判决中另有表述外,驳回起诉后的案件不得再向法院提起。

《美国联邦民事诉讼程序规则》第41(b)条关于驳回起诉的规定如下:

(b)驳回起诉:如原告未能依法进行诉讼或未遵守本规则或未遵守法庭的命令,被告可提出驳回起诉的申请。除非法庭在驳回起诉的决定(order)中另有表述,非属因管辖问题作出的驳回起诉的决定视为实质性裁决。

从以上两种做法的功效看,驳回起诉在于督促原告遵守诉讼程序,树立司法程序的权威,而即时判决则更注重案件的实质问题。我国民事诉讼中的驳回起诉制度原本的设计理念是为了解决一些不符合起诉条件和人民法院主管案件的审理问题,重在解决程序性问题。但是随着立案登记制的普遍推行和员额制带来的法官人数减少所造成的审判资源紧张的问题,将驳回起诉制度扩展到一定的实体问题,成为简式审判的一种方法,也不失为值得考虑的选择。

(三)我国驳回起诉制度的设置背景

1. 驳回起诉制度的诞生背景

在20世纪90年代之前,我国各级法院长期实行“立审合一”制度,即谁立案谁审理。但随着审判工作的发展,“立审合一”制度的弊端逐步显现,集中表现为法院内部立案权限配置分散、立案程序无序失范,导致立案标准不统一、同案不同立、选择性立案等“立案难”与“立案乱”等问题①。

随后,法院系统开始探索“立审分立”制度。所谓“立审分立”制度,是指人民法院对所受理的各类案件,均由专门的立案机构统一立案审查、登记、收费和转办。② “立审分立”改革的精神实质在于将审判权分解为立案权和庭审权,并使之相互制约,从而强化人民法院审判活动的自我监督功能。立案机构独立化使我国民事诉讼程序在外观上呈现出立案和审理两阶段的程序划分,立案成为案件审理的前置程序。案件是否受理由立案庭依法决定,受理后的案件如何裁判由审判庭依法处理,其中包括对起诉是否符合受理条件的再次审查。由此,1992年最高人民法院《关于适用〈中华人民共和国民事诉讼法〉若干问题的意见》第139条首次规定,审判庭对经审查不符合受理条件的案件,裁定驳回起诉。

2. 驳回起诉制度的立法目的

“立审分立”制度形成了“统一立案、分类审判”的审判权运行模式,由此形成立案审查制,以合理控制民事司法调整的社会关系范畴,限制非正当性起诉。自此,对不符合受理条件的起诉,立案庭以裁定不予受理的方式将其阻挡于诉讼大门之外,但其中仍会有少

---

① 王靖红:《推行立审分离势在必行》,载《人民司法》1994年第9期。

② 姜启波、李玉林:《案件受理》,人民法院出版社2008年版,第53页。

数案件不符合受理条件，却因各种原因进入审判程序。对这部分案件，诉讼程序设置了第二个“过滤器”——驳回起诉制度，以此阻却审判程序的继续运行，终结业已开始的民事诉讼程序，以达到避免受诉法院对不应当受理的案件作出实体判决的目的。

（四）诉讼理论与法律条文的紧张关系

按照大陆法系的这种理论，不符合起诉要件的应该不予受理，立案后经审查不符合诉讼要件（实体判决要件）的，应当驳回起诉。但问题是，这种理论仅仅存在于法学论文中。

我国民事诉讼法对起诉条件虽然进行了单独规定，但并未根据大陆法系的通说区分起诉条件和诉讼要件（实体判决要件），也未探究诉讼要件究竟应为诉讼成立要件还是本案判决要件，只是简单地将两者等同并混淆地规定在一起。《民事诉讼法》第 119 条同时涵盖了起诉要件与诉讼要件的标准，于是产生了被长期诟病的“起诉高阶化”问题。

法理条文与诉讼理论的不协调以及立法对驳回起诉制度的适用缺乏必要限制，直接导致实践中驳回起诉制度适用的不当扩大乃至滥用。如部分案件在整个实体审理程序业已完毕的情况下，双方当事人围绕实体争议举证、质证乃至辩论后，法院却裁定驳回原告的起诉；再如部分法官直接运用法学理论来裁定驳回起诉时面临无法援引法条，无法援引第 119 条，结果要么只援引第 154 条第 1 款第 3 项，要么不援引任何法条。

四、驳回起诉裁判标准争议的原因分析（下）——实务部分

目前有关裁定驳回起诉的裁判标准争议，不仅源于法条与理论的紧张，还夹杂着实务中的种种其他因素。

（一）法律条文与法律条文的紧张关系

1.《民间借贷司法解释》与《民事诉讼法司法解释》的不一致

鉴于有关裁驳的规范多存在于司法解释或指导性文件中，这种冲突往往表现为司法解释之间的冲突。如《民事诉讼法司法解释》规定驳回起诉的条件等同于不予受理的条件，但在其他司法解释中，则作出不同规定。

《民间借贷司法解释》第 24 条：当事人以签订买卖合同作为民间借贷合同的担保，借款到期后借款人不能还款，出借人请求履行买卖合同的，人民法院应当按照民间借贷法律关系审理，并向当事人释明变更诉讼请求。当事人拒绝变更的，人民法院裁定驳回起诉。

对于上述司法解释之间的不一致，将《民事诉讼法司法解释》与《民间借贷解释》有关该问题的规定理解为普通法与特别法、新法与旧法的关系，可能是实务中处理二者关系的较好路径。

2. 最高人民法院出台的司法解释条文与出版的《理解与适用》观点的不一致

最高人民法院出版的《理解与适用》中对于法律关系不正确且经释明拒不变更的情形，以及对于法理关系不存在（被告明确但不正确）的情形，均在列明两种意见后提出了裁驳的倾向性意见。可是该意见本应该却没有在具体司法解释条文中明确表述出来。可能的原因是避免司法解释之间存在冲突，但这恰恰是造成裁判标准混乱的重要原因之一。

（二）法律条文与审判实践的紧张关系

长期以来，上下级法院对口业务庭之间，在案件审理及业务指导中形成了诸多内部掌

握的裁判标准。在裁驳案件上诉到上级法院对口审判庭时,问题并没有显现。但当此类上诉案件归口集中审理之后,不同审判部门原先内部标准的冲突逐渐显现,如法律关系不正确的处理,民事和商事审判庭之间的标准就不太一致。经查询,我院商事审判庭近两年几乎没有一例因为法律关系不正确而直接裁驳的,但民事审判庭却出现多例。

(三)法律条文与权威判决的紧张关系

最高人民法院在2013年作出的(2013)民提字第42号再审裁定书,撤销北京市高级人民法院(2007)高民终字第664号民事裁定和我院(2006)一中民初字第11346号民事裁定,并指令该案由我院审理。该份裁定对我院乃至全市法院的商事审判影响较大,可谓权威性判决。客观的评价,该裁定维护并重申了《民事诉讼法》第119条的规定,发出了与诉讼理论、先前审判实践及其他司法解释立场不一致的信号。

(四)法律条文与裁判风险的紧张关系

在裁驳与判驳之间,一审法官从裁判风险权衡角度出发,往往倾向于选择裁驳,理由在于即便裁定错误,案件一般无须提起再审,原告的诉权还可以通过重新起诉获得补救,无论从对当事人利益损害还是自身职业发展角度,风险均相对较小。

但事实上,在2012年《民事诉讼法》及2015年《民事诉讼法司法解释》颁布后,裁驳与判驳之间在裁判风险上基本没有本质区别。一是就二审改判的风险而言,都可能面临撤销一审裁定,指令继续审理或者撤销一审判决,驳回原告起诉的可能。二是就可否提起再审而言,两者没有区别。三是就原告可否另行起诉而言,根据《民事诉讼法司法解释》第247条规定,裁驳或者判驳后,只要重新起诉的诉讼请求或者诉讼标的(法律关系)变更了,都不能被认定为重复起诉,法院都应当予以立案。

五、统一民商事案件驳回起诉裁判标准的基本思路与具体建议

(一)统一民商事案件驳回起诉裁判标准的基本思路

1. 巩固立案登记制改革成果

立案登记制改革的目的在于破除对立案的不当限制,切实保护当事人的诉权行使,让符合法律规定的起诉均能进入审判程序。而对立案后驳回起诉裁判标准的放宽,对驳回起诉适用条件的不当扩大,将直接消解立案登记制改革的效果。为此,统一民商事驳回起诉案件裁驳标准的首要思路在于,要防止裁驳的不当扩大适用,避免消解立案登记制改革带来的制度红利。事实上,立案登记制改革前后,我院辖区法院民商事案件裁驳率始终维持在1%左右,并持续下降,这与严格规范统一的裁判标准是分不开的。可以说,与行政诉讼相比,立案登记制改革对民事诉讼的影响更大,当事人的获得感更高①。

2. 法官应充分行使释明权

在原告的起诉不符合《民事诉讼法》第119条时,法官在作出裁定驳回起诉之前,不

---

① 我院2015年行政案件审结752件,驳回起诉133件,裁驳率为17.69%;2016年行政案件审结1357件,驳回起诉420件,裁驳率为30.95%。2017年前八个月审结1153件,驳回起诉483件,裁驳率41.89%。昌平法院2015年行政案件审结222件,驳回起诉84件,裁驳率为37.84%;2016年行政案件审结246件,驳回起诉105件,裁驳率为42.68%。2017年前八个月审结128件,驳回起诉40件,裁驳率31.25%。

仅应实际向当事人予以释明，并有相关笔录显示法官确已释明且原告拒不变更。具体而言，如下所述：

（1）对于原告诉讼请求不明确的，法官应释明并要求其予以明确。原告拒不明确或者释明后仍不明确，可以裁定驳回起诉。

（2）原告在起诉状列写的被告姓名或者名称信息不明确，不足以认定为明确的被告的，法官应向原告释明，告知其补正。经原告补正后仍不能明确的，法院可以裁定驳回起诉。但对于起诉状列写的被告住所不明确，且查证不能的，法院应当向当事人释明，并通过公告方式送达①。

（3）对于起诉的法律关系不正确或者不存在的，法官应向其释明并引导其变更，且应将释明过程记录在卷，而不宜在未经释明的情况下作出裁判。

3. 优先考虑保护当事人诉权

在面临裁定驳回起诉和作出实体判决的选择时，如果有相关司法解释或者市高级法院规范性文件明确要求的，应按照具体规定办理；在没有明确规定的情况下，法院应尽可能作出实体判决。唯此，在切实保护当事人诉权的同时，让原告承担相应诉讼风险，以引导其理性诉讼，并提升法官释明的权威。

4. 驳回起诉裁判应有明确的法律依据

（1）裁判必须援引法律、法规等。

作为具有大陆法系传统的国家，我国的裁判文书不仅需要有事实基础，还需要有明确的成文法依据，这表现在裁判文书不仅要正确认定事实，还要准确适用法律；“本院认为”部分不仅要结合法条和事实阐述裁判理由，还需援引具体法条作为裁判主文的依据，但不得仅引用第154条第1款第3项作为裁判依据，因为该法条仅规定裁定的适用范围，而非裁驳的适用条件。

（2）失效规范不得作为裁判依据

市高级人民法院在2016年对规范性文件进行了系统梳理，部分文件已不再有效，实践中常用的民商事解答（一及五）不能再作为裁判依据。

（3）市高级人民法院的规范不得直接作为裁判依据

对于市高级法院或者相关审判庭出台的规范性文件或者指导性文件，虽然其精神可以作为裁判理由，但一般不得将文件名称直接表述在“本院认为”部分，且不得作为具体裁判依据予以援引。

（二）统一民商事案件驳回起诉裁判标准的具体建议②

1. 关于法律关系不正确问题的处理建议

具体情形：法院经审查发现，原告主张的法律关系与法院经审理查明的法律关系不一致的。

---

① 典型案例如(2015)一中民终字第07879号白燕诉铂涛集团酒店、7天酒店集团北京沙河地铁站店名誉权纠纷案。

② 在本报告中，暂列十个方面问题加以讨论，其余建议详见《北京市第一中级人民法院关于民商事裁定驳回起诉若干问题的解答》（讨论稿）。

处理建议:法院应就经审理查明的情况向原告释明,告知法院认定的正确法律关系内容,同时告知其可以变更诉讼请求与案由(诉称法律关系)。原告拒绝变更的,法院应当继续审理,并作出判决。

建议理由:所谓起诉的法律关系与法院认定的法律关系不一致的,实践中具体包括三种情形。

第一种情形:案件的审理涉及两种在逻辑上前后相继的法律关系,原告起诉时依据的是逻辑上在后的法律关系,法院认为先要起诉解决逻辑上在前的法律关系。如起诉要求物权保护,前提是物权确认;起诉要求确认所有权,前提是确定物权变动的合同是否有效。如果原告依据逻辑在后的法律关系起诉,部分法院曾在原告经释明拒不变更后,裁定驳回起诉①。

对此,课题组认为,此种情况下原告的起诉符合法律规定,法院应当先审理逻辑上在前的法律关系,在此基础上再审理逻辑上在后的法律关系,也就是原告起诉的法律关系,并作出实体判决。事实上,法院如此审理并不存在法律及证据上的障碍,而裁定驳回起诉则存在徒增原告诉累之嫌。

第二种情形:法院经审理认定的法律关系与原告起诉的法律关系之间有关联性,但不存在逻辑上的前后关系,而属于法律评价不同。如原告起诉的是不当得利纠纷,而法院认为是民间借贷纠纷;起诉的是民间借贷纠纷,法院认为是投资合伙纠纷等。

对此,课题组认为,原告的起诉符合《民事诉讼法》第119条的规定,法律关系认定不是原告的诉讼义务,法院对原被告之间法律关系的审查属于实体判断范畴。既然案件已经过实体审理,则法院可以根据实际查明的法律关系和在案证据材料,对其诉讼请求作出实体判决,并对诉讼费作出处理。即便法院认为原被告之间不存在诉称的法律关系,作出驳回原告诉讼请求的判决,并不影响原告再次起诉的权利。最高人民法院研究室负责人就发布最高人民法院《关于修改〈民事案件案由规定〉的决定》答记者问时曾明确指出,如果当事人起诉的法律关系与实际诉争的法律关系不一致,法院结案时应当根据法庭查明的当事人之间实际存在的法律关系的性质,相应变更案件的案由,而非驳回当事人起诉②。

当然,这种处理方式对法官的要求比较高,法官必须对全案有着正确的分析判断,准确判断真实的法律关系,同时要承受一定的裁判风险。目前,立案庭考虑到二审裁判对一审法官业绩考评的影响因素,提倡一种比较务实的处理方式,即考虑到裁驳与判驳的最终结果在实质上都是否定了原告的起诉,如果一审法院裁定驳回起诉,二审法院认为应当进行实体审理。在此情况下,立案庭要求二审法官还应当作出进一步判断,即该案经过实体审理后原告的诉讼请求能否得到支持。如果判断的结果是原告诉讼请求依然不能得到支持,则二审法院应予以维持一审裁定。但如果原告的诉讼请求可能得到支持,则一般撤销原裁定,指令一审法院进行审理。

第三种情形:原告起诉的诉讼请求中涵盖了相同种类或者不同种类的多个法律关系。

---

① 刘瑞诉北京思昂上网服务有限责任公司所有权确认纠纷案。

② 曹建明主编:《最高人民法院民事案件案由规定理解与适用》,人民法院出版社2011年版,第14页。

如在涉拆迁的诉讼中，原告与拆迁公司不仅签订了1份拆迁补偿协议，还分别签订了4份购买回迁安置房的合同。原告起诉要求拆迁公司履行上述全部协议，其中涉及不同合同及不同法律关系。对于此类起诉，部分法院要求原告拆分诉讼请求，将1个诉讼拆分为5个诉讼。一旦原告不同意，法院便裁定驳回起诉。

对此，课题组认为，原告的起诉符合法律规定，法院事实上也可以审理并作出判决。即便原告将一个诉讼拆分为多个诉讼，在法院内部也是由一个合议庭来审理，开一次庭，只是最终作出多份内容基本一致的判决，即所谓的“串案”。强行要求原告拆分起诉的做法，在一定意义上可以增加法官工作量方面的考核数据，但并非裁定驳回起诉的法定理由，且缺乏具体裁判依据。因此，法院可以引导原告拆分案件，但如果原告拒绝，法院没有法定理由裁定驳回起诉，应当将多个诉讼请求及法律关系合并审理，并作出一份涵盖多个主文的民事判决，如同刑事案件中常常在一个判决中认定多被告人的多起犯罪事实，最终在裁判主文中一并处理。

2. 关于法律关系不存在问题的处理建议

具体情形：法院经审查，原告与被告之间不存在法律关系。

处理建议：法院应就经审理查明的情况向原告释明，告知可以撤回起诉。原告拒绝撤回起诉的，判决驳回诉讼请求。

建议理由：对此种情形，课题组倾向于判决驳回诉讼请求的裁判方式，具体依据是《民事诉讼法司法解释》第208条第3款及《民事诉讼法》第119条。该规定首先要求原告与案件有直接利害关系，此为原告的主体资格问题，也称为原告的“适格性”，即适格原告应当是争议的法律关系的主体。但该条对于被告的主体资格问题规定与之不同，仅要求起诉时“有明确的被告”。法院不应以被告不是争议的法律关系中的义务主体或责任主体为由，裁定驳回原告对被告的起诉。只要原告提出了明确的被告，且符合其他起诉条件，人民法院就应受理该案并进行实体审理，最终以判决形式对双方权利义务和民事责任作出裁判。如果人民法院经过依法审理，最终确认被告不应承担民事责任，可以判决驳回原告的诉讼请求，而不应以程序性裁定来认定责任承担问题。①

对此，上海市长宁区人民法院《关于规范民事案件否定性裁判法律适用和主文表述的几点意见》②的观点也认为，当事人间没有民事法律关系的情况下，法院应当判决驳回诉讼请求。

上海市长宁区人民法院《关于规范民事案件否定性裁判法律适用和主文表述的几点意见》第9条：判决驳回诉讼请求，是指人民法院对已经受理的案件，经过实体审理后，认为当事人间没有民事法律关系，或者当事人诉讼请求无事实根据或证据不足，或者……其提出的诉讼主张依照有关实体法的规定不能成立，从实体上对原告起诉作出的否定性书面处理决定。

第13条：（1）凡被告姓名错误，或者无法判明姓名真假但该住址无诉状上被告此人

---

① 典型案例：（2016）京01民终3238号北京市金静昌龙建材商店诉北京金基源砼制品有限公司买卖合同纠纷案及（2016）京01民终5619姜国玉诉杨存荣民间借贷纠纷案。

② 邹碧华、许可、王闯、雷继平、林海权：《民商事审判方法》，法律出版社2017年版，第311页。

的,应当要求原告提供真实、准确的被告情况。否则,以“无明确的被告”为由,裁定驳回起诉。

凡错列或者误列被告的,应判决驳回原告对该被告的诉讼请求。

原告主体不适格与被告主体不适格应分别作程序和实体处理,原告主体不适格,应裁定不予受理或驳回起诉;被告主体不适格,应判决驳回诉讼请求。

在证据不足以证明当事人之间存在某种民事法律关系或虽然有证据证明当事人之间存在某种民事法律关系,但证据不足以证明其诉讼请求成立时,应判决驳回诉讼请求。

3. 关于涉村民自治问题的处理建议

具体情形:当事人起诉村民委员会的。

处理建议之一:村民自治的范围应限制在《村民委员会组织法》第 24 条范围。

建议理由:不能认为村委会作出的所有决定都属于村民自治的范围,都不属于法院受理民事诉讼的范围。单位内部的行为也要接受法律调整,而不能超越法律规定。村民自治的范围应当限制在《村民委员会组织法》第 24 条①规定的 9 项范围,对于超出第 24 条规定的事项,如村委会的违约行为及侵权行为不宜认定为村民自治范围。

处理建议之二:当事人认为村民委员会、村民会议或者村民代表会议通过的决定侵害其集体经济组织成员权益提起民事诉讼的,法院应当进行审理并作出实体判决。

建议理由:根据《村民委员会组织法》第 36 条的规定,为保护村民的合法利益,村委会或村委会成员作出的决定侵害村民合法权益的,受侵害的村民可以申请人民法院予以撤销。《物权法》也作出了基本类似的规定。在村民利益受到侵害的情况下,当事人可以就此提起民事诉讼,法院应予受理并审查村民会议的决定是否违反《村民委员会组织法》规定的程序,以及是否违反法律及法规的规定。

处理建议之三:当事人提起诉讼直接要求确认其具有集体经济组织成员资格的,法院应告知其向有关部门反映解决,并裁定驳回起诉。

建议理由:关于当事人提起诉讼直接要求确认其具有集体经济组织成员资格的情形,北京市高级法院在北京市高级人民法院《关于涉农纠纷受理问题的指导意见》中明确不予受理,但该文件已不再有效。纵观全国各地法院,多数高院的意见是受理并作出实体认定,少数高院明确不予受理。最高人民法院审委会在审议《关于审理涉及农村土地承包纠纷案件适用法律问题的解释》时认为,农村集体经济组织成员资格问题事关广大农民的基本民事权利,属于《立法法》第 42 条第 1 项规定的情形,其法律解释权在全国人大常委会,不宜通过司法解释对此重大事项进行规定。因此,应当根据《立法法》第 43 条规定,就农村集体经济组织成员资格问题,建议全国人大常委会作出立法解释或者相关规定。而全国人大常委会法制工作委员会于 2013 年在十二届全国人大一次会议中的答复意见曾明确:农村集体经济组织成员资格的认定,可在当地人民政府指导下,根据本地、本村实际情况,由所在村的村集体经济组织依照法定程序予以认定。

在这种情况下,对于当事人提起诉讼直接要求确认其具有集体经济组织成员资格的情形,暂不宜受理。但对于其他请求的,法院应予受理并进行审理。

---

① 《村民委员会组织法》第 24 条。

处理建议之四：因未实际取得土地承包经营权提起民事诉讼的，法院应当告知其向有关行政主管部门申请解决，并裁定驳回起诉。

建议理由：最高人民法院《关于审理涉及农村土地承包纠纷案件适用法律问题的解释》中作出了明确规定。

4. 关于重复起诉问题的处理建议

具体情形：重复起诉的判断标准与法条援引。

处理建议：法院应当严格依据《民事诉讼法司法解释》第 247 条所规定的三个条件来判断前后两个诉讼是否属于重复起诉，且不应直接援引“一事不再理”原则进行裁判。

建议理由：在《民事诉讼法司法解释》颁布之前，实践中多援引“一事不再理”原则判断重复起诉。但在《民事诉讼法司法解释》第 247 条对重复起诉作出明确限定的情况下，法院应当援引明确的司法解释条文来判断是否属于重复起诉，不应直接援引“一事不再理”原则进行裁判。

5. 关于刑民交叉问题的处理建议

具体情形之一：法院经审理认为案件事实本身涉嫌刑事犯罪的。

处理建议：应当裁定驳回起诉，并在裁定生效后将案件移送至公安机关或者监察机关。在公安机关、监察机关认为案件不属于刑事案件后，法院应当重新立案并继续审理。①

建议理由：该处理方式源于最高人民法院的相关司法解释，并根据实践情况特别明确，法院以涉嫌刑事犯罪为由裁定驳回起诉后，该案件必须移送公安机关或者监察机关。

最高人民法院《关于在审理经济纠纷案件中涉及经济犯罪嫌疑若干问题的规定》第 11 条：人民法院作为经济纠纷受理的案件，经审理认为不属经济纠纷案件而有经济犯罪嫌疑的，应当裁定驳回起诉，将有关材料移送公安机关或检察机关。

具体情形之二：法院经审理发现与本案有牵连，但与本案不是同一事实的经济犯罪嫌疑线索、材料的。

处理建议：法院应当将犯罪嫌疑线索、材料移送公安机关或监察机关查处，经济纠纷案件继续审理。但如果民事案件的审理必须以刑事案件审理结果作为依据，而该刑事案件尚未审结的，则应当裁定中止审理，不得裁定驳回起诉。

建议理由：该规定在内容上源自《民事诉讼法》及最高人民法院相关司法解释的规定。如《民事诉讼法》第 150 条，最高人民法院《关于在审理经济纠纷案件中涉及经济犯罪嫌疑若干问题的规定》（法释〔1998〕7 号）第 10 条，《民间借贷司法解释》第 6 条、第 7 条等。

6. 关于单个业主起诉问题的处理建议②

具体情形之一：对于开发商或者业主委员会与物业服务公司签署的物业服务合同，小

---

① 典型案例：（2016）京民终 48 号北京中铁工业有限公司诉宿州市鸿昊物资贸易有限公司等买卖合同纠纷案件。

② 该条规范源自我院召开的第一次跨部门专业法官会议的讨论成果，该次会议由马立娜副院长主持，时任院长吉罗洪参加。

区单个业主起诉请求确认合同或者合同相关条款无效,或者起诉解除合同的。

处理建议:可以。对于小区单个业主的起诉,法院不应裁定驳回起诉,而应当进行审理并作出实体判决。

建议理由:最高人民法院《关于审理物业服务纠纷案件具体应用法律若干问题的解释》第1条、第2条实际上赋予单个业主的起诉权利①。

具体情形之二:对于建设单位或者其他行为人擅自占用、处分业主共有部分、改变其使用功能或者进行经营性活动的,小区单个业主单独提起业主共有权之诉的。

处理建议:可以。对于小区单个业主的起诉,法院不应裁定驳回起诉,而应当进行审理并作出实体判决。

建议理由:最高人民法院《关于审理建筑物区分所有权纠纷案件具体应用法律若干问题的解释》第14条中的"权利人"没有明确排除单个业主,"应予支持"不仅理解为对起诉应予受理,更应理解为对其诉讼请求应予实体支持②。

7. 关于标的物不存在问题的处理建议

具体情形:当事人争议的标的物在起诉之前已不存在并转化为其他利益形态的。

处理建议:法院应当向当事人充分释明,告知其变更诉讼请求。原告拒绝变更的,判决驳回诉讼请求。

建议理由:实践中往往在继承或者拆迁案件中存在此种情况,如诉讼标的物为房屋,房屋已经灭失,并已转化为拆迁利益,或者原告起诉要求分配拆迁安置利益,但拆迁安置利益尚未确定等。对此,首先法院应当向当事人充分释明,引导其起诉分割拆迁利益或者待拆迁利益确定后再起诉。在原告拒绝变更诉讼请求的情况下,是裁定驳回起诉还是判决驳回诉讼请求,实践中我院和其他法院同时存在两种裁判方式。课题组倾向认为法院应当判决驳回诉讼,理由在于,原告的起诉符合《民事诉讼法》第119条的规定,标的物是否存在、原告的诉讼请求是否成立等均属于实体审理的范畴。鉴于标的物已不存在,法院的审理缺乏对象与基础,可以视为原告证据不足。实践中部分法院对此援引《民事诉讼法》第119条规定,以起诉没有事实依据为由驳回起诉,论理明显不足。③

8. 关于部分裁驳问题的处理建议

实践中的部分裁驳可以区分为驳回对部分被告的起诉和对部分诉讼请求以不明确为由驳回起诉。

具体情形之一:部分被告不适格。

处理建议:原则上应当通过判决吸收裁定的方式,在判决时一并处理,不建议对不适格被告先行裁定。

---

① 相关案例:(2016)京01民终1779号王惠君诉城翔物业公司物业服务合同纠纷案。

② (2016)京02民终2065号刘晓康诉物业服务公司拆除小区内所有车库违法加装的卷帘门及隔板案。

③ 典型案例:(2016)京01民终1047号张增林、张勇诉李国波共有权纠纷(驳回起诉)。(2016)京02民终430号郭尔玲诉佟竞、北京君达科贸有限公司返还原物纠纷案(实体判决)。

建议理由：第一，按照最高人民法院公报案例的精神①，对部分被告裁驳后，不得根据其他被告来判断本院没有管辖权，进而将该案移送管辖。即便将部分被告裁驳后，该院对余下被告没有管辖权，该院也不应将案件移送其他法院，而应继续审理。

第二，通过判决吸收裁定的方式一并处理，相对而言最为诉讼经济。

此外，实践中对被告适格的判断标准及处理建议存在争议。

具体情形之二：部分诉讼请求不符合起诉条件的。

处理建议：原则上应当通过最终判决一并处理，不建议先行裁定。

建议理由：如在房屋买卖合同纠纷中，卖房人违约，买房人提出诉讼请求，包括：(1)交付房屋，(2)支付违约金，(3)买房人将户口从涉案房屋中迁出。这类案件较为常见，法官一般是劝当事人撤回第三项诉讼请求，但如果当事人坚持不撤诉的，一般会在判决中以该请求不属于法院主管事项而不予处理，并在主文部分驳回诉讼请求。

当事人提出多个诉讼请求，其中部分明显不属于法院受案范围，这种情形在劳动争议案件中较为普遍。当前劳动争议审判庭的通常方式使以判决吸收裁定的方式一并处理，而非先行驳回部分请求。

9. 关于法条援引问题的处理建议

具体情形：法院裁定驳回起诉需要援引的具体法条。

处理建议：一般应当援引《民事诉讼法》第119条、第154条第1款第3项、《民事诉讼法司法解释》第208条第3款等法律、司法解释的法条等，但不能单独援引第154条第1款第3项作为裁判的法律依据。

建议理由：实践中部分基层法院在援引《民事诉讼法》第119条、第124条理由不充足时，直接援引第154条第1款第3项，甚至不援引任何法条。该做法不仅导致裁判主文缺乏法律依据，而且遭到当事人的广泛质疑。

10. 关于审查程序问题的处理建议

具体情形：一审法院裁定驳回起诉的具体审查程序。

处理建议：一审法院在裁定驳回起诉前，应组织双方当事人围绕该案是否具备起诉条件进行举证质证，并听取双方的意见。

建议理由：实践中部分法院在阅卷后直接裁定驳回起诉，或者开庭就实体问题进行审理后，合议庭评议直接裁定驳回起诉。这两种方式均存在法院未就裁判对象听取当事人意见的问题，当事人均未实质性参与一审驳回起诉的裁定，一审裁定存在"未审即判"或者"突袭裁判"弊端，程序正当性依据显然不足。因此，即便被告未提出原告起诉不符合起诉条件的答辩，法院也要就可能做出驳回起诉裁判听取双方意见。

---

① 参见《最高人民法院公报案例》2009年第7期，北京智扬伟博科技发展有限公司与创思生物技术工程（东莞）有限公司、河南省开封市城市管理局居间合同纠纷案。最高人民法院认为，即使人民法院查明开封城管局不是本案适格被告，裁定驳回了智扬公司对开封城管局的起诉，亦不影响已经开始的实体审理程序，不需再移送案件。

北京市第一中级人民法院
关于民商事裁定驳回起诉若干问题的解答

（讨论稿）

为规范民商事案件裁定驳回起诉的适用条件，统一辖区法院裁判标准，根据《中华人民共和国民事诉讼法》《最高人民法院关于适用〈中华人民共和国民事诉讼法〉的解释》等法律、司法解释的规定，针对当前审判工作中的一些问题，解答如下：

一、关于对原告主体资格的审查

1. 实践中如何把握原告与本案是否存在直接利害关系？

解答：经审查，原告并非争议法律关系的主体，法院应认定原告不适格，裁定驳回起诉。

（1）对于合同之诉，适格原告应是合同一方当事人。

（2）对于合同当事人之外的第三人提起确认合同效力之诉的，适格原告应与合同履行存在直接利害关系。

（3）对于返还原物、财产损害赔偿、排除妨害等之诉，适格原告应是具体权利人或者权利的继受人，或者是对他人的权利或者法律关系具有管理权或者处分权的第三人。

2. 原告以被监护人系限制民事行为能力人或者无民事行为能力人为由，直接以法定代理人身份提起民事诉讼的，如何处理？

解答：法院应向原告释明，并引导其按照特别程序先行处理"被监护人"的行为能力认定问题，并协议确定监护人或者依照法定程序指定监护人。经释明，原告仍坚持起诉的，裁定驳回起诉。

3. 对于开发商或者业主委员会与物业服务公司签署的物业服务合同，小区单个业主是否可以起诉请求确认合同或者合同相关条款无效，或者起诉解除合同的？

解答：可以。对于小区单个业主的起诉，法院不应裁定驳回起诉，而应在审理后作出实体判决。

4. 对于建设单位或者其他行为人擅自占用、处分业主共有部分、改变其使用功能或者进行经营性活动的，小区单个业主是否可以单独提起业主共有权之诉？

解答：可以。对于单个业主的起诉，法院不应裁定驳回起诉，而应在审理后作出实体判决。

二、关于对被告主体资格的审查

5. 起诉状中列明的被告不明确时，法院如何处理？

解答：被告是否明确的标准是"被告的姓名或者名称、住所等信息具体明确，足以使被告与他人相区别"。起诉状列写的被告姓名或者名称信息不明确，不足以认定为明确的被告的,法院应当向原告释明,告知其补正。经原告补正后仍不能明确的,法院可以裁定驳回起诉。

对于起诉状列写的被告住所不明确,且查证不能的,法院应当向当事人释明,并通过公告方式送达。

6. 经审查,原告与被告之间不存在法律关系的,法院应如何处理?

解答:法院应就经审理查明的情况向原告释明,告知可以撤回起诉。原告拒绝撤回起诉的,判决驳回诉讼请求。

7. 经审查,原告主张的法律关系与法院经审理查明的法律关系不一致的,如何处理?

解答:法院应就经审理查明的情况向原告释明,告知法院认定的正确法律关系,同时告知其可以变更诉讼请求。原告拒绝变更的,法院应当继续审理,并作出判决。

三、关于对具体的诉讼请求和事实、理由的审查

8. 当事人争议的标的物在起诉之前已不存在并转化为其他利益形态的,法院如何处理?

解答:法院应当向当事人充分释明,告知其变更诉讼请求。原告拒绝变更的,判决驳回诉讼请求。

四、关于对民事诉讼的受案范围的审查

9. 首次开庭前,被告提出双方存在仲裁协议的,法院应当如何处理?

解答:在当事人没有明确提出确认仲裁条款效力的情况下,法院重点审查仲裁协议是否符合《仲裁法》第十六条规定且不具有《仲裁法》第十七条规定的情形。对于仲裁机构约定不明以及或裁或审的条款约定,视为属于仲裁条款是否成立的问题,法院可以直接审查认定是否存在仲裁条款,进而判断是否属于法院主管范围。

在当事人明确提出仲裁协议效力的情况下,法院应向当事人释明,告知双方当事人向具有管辖权的中级人民法院提起仲裁协议效力确认之诉。当事人在一定时间内未提起申请确认仲裁协议效力之诉的,裁定驳回起诉;已经提起的,裁定中止审理。

10. 哪些涉及公有住房的纠纷不属于法院主管的范围?

解答:下列纠纷不属于平等主体之间的纠纷,不能作为民事案件受理:

(1)因单位内部建房、分房等而引起的占房、腾房等房地产纠纷,不属于人民法院主管工作的范围,应告知其找有关部门申请解决。

(2)职工对本单位分配自管住房方案、决定有意见,而与本单位发生的争议而提起的诉讼。

(3)直管公房承租人或承租人的共同居住人认为符合直管公房租赁变更条件,请求政府公房管理部门或直管公房经营管理单位变更直管公房租赁关系,政府公房管理部门或直管公房经营管理单位不予变更的,当事人向法院起诉要求变更承租人的,不属于民事诉讼受案范围,应告知其提起行政诉讼。

(4)房管局直管公房原承租人死亡后,其原共居人为确定新的承租关系而发生的纠

纷，当事人向法院起诉的，不予受理，应告知其向房管部门申请解决；如其共居人对政府公房管理部门或直管公房经营管理单位依职权变更直管公房承租人不服的，应提起行政诉讼。

（5）住用单位公房的职工离开原单位后，与原单位为房屋的使用权发生的纠纷，双方没有协议，市一级又无其他规定的。对以上情况，如当事人坚持起诉，法院应裁定不予受理或驳回起诉。

下列情况下，虽然涉及公有住房，但如果基于平等主体之间产生的合同、侵权等法律关系，法院仍可作为民事案件受理：

（1）平等主体之间以房管局直管公房为标的物发生的租赁、借用、换房及强占房屋等纠纷；

（2）单位分配给职工的房屋被其他职工抢占，被侵权人向法院起诉的；

（3）直管公房承租人与政府公房管理部门或直管公房经营管理单位在履行直管公房租赁合同过程中，因违反合同规定的房屋保护、维修、房屋租金交纳、承租人变更等权利义务发生的纠纷。

11. 对于涉违章建筑案件，法院如何处理？

解答：关于涉违章建筑的案件，应区分具体情况。如涉及请求或者变相请求确认违章建筑权利归属及内容的，裁定驳回起诉。如果系因违章建筑妨碍通行、通风、采光等民事权益而产生的相邻关系纠纷，或系以违章建筑为标的物发生的买卖、租赁、抵押等纠纷，不涉及违章建筑性质认定问题，应进行实体审理。

12. 当事人提起的与危旧房改造有关的纠纷，法院如何处理？

解答：当事人因危旧房改造过程中产生纠纷提起民事诉讼的，法院应向当事人释明，告知其按照《国有土地上房屋征收与补偿条例》规定的程序解决。当事人拒不撤诉的，裁定驳回起诉。

但如果拆迁人与被拆迁人已达成安置、补偿协议，并已部分履行，当事人因为履行协议发生纠纷而起诉的，应当可以作为民事案件受理。

13. 当事人起诉村民委员会的案件，一般如何处理？

解答：（1）村民自治的范围应限制在《村民委员会组织法》第 24 条范围之内。

（2）当事人认为村民委员会、村民会议或者村民代表会议通过的决定侵害其集体经济组织成员权益提起民事诉讼的，法院应当进行审理并作出实体判决。

（3）当事人提起诉讼直接要求确认其具有集体经济组织成员资格的，法院应告知其向有关部门反映解决，并裁定驳回起诉。

（4）因未实际取得土地承包经营权提起民事诉讼的，法院应当告知其向有关行政主管部门申请解决，并裁定驳回起诉。

14. 当事人对业委会及其负责人资格的认定、业主大会及业委会决定的表决程序有异议，向法院起诉的，应如何处理？

解答：该问题属于业主大会、业主委员会的内部自治管理事项，当事人就此提起诉讼的，不属于法院受案范围，法院应不予受理或驳回起诉。

15. 当事人认为行政机关或者行政机关授权的组织不依法履行、未按照约定履行或者违法变更、解除土地房屋征收补偿协议等,向人民法院提起民事诉讼的,如何处理?

解答:此类纠纷应属行政案件的处理范围,告知其提起行政诉讼;坚持起诉的,裁定驳回起诉。

16. 当事人起诉鉴定机构要求退还鉴定费,法院如何处理?

解答:如系当事人自行委托鉴定的,应进行审理并作出实体判决;如系法院委托鉴定机构进行鉴定的,则裁定驳回起诉。

五、关于其他问题

17. 当事人起诉请求恢复原状、排除妨害等,法院经审查发现作为权利基础的土地使用权存在争议的,如何处理?

解答:法院应向当事人释明,并告知双方当事人按照《土地管理法》等法律规定,协商解决争议;协商不成的,申请乡级人民政府或者县级以上人民政府进行裁决。原告坚持起诉的,裁定驳回起诉。

但根据双方当事人提供的权属证书等证据,法院可以判断土地使用权权属的,应当继续审理并据此作出判决。

18. 原告根据《中华人民共和国物权法》第二百四十五条规定提起占有保护(占有物返还、占有排除妨害、占有消除危险、占有物损害赔偿)之诉,但土地使用权存在争议的,该如何处理?

解答:土地使用权争议不影响占有保护纠纷的裁判,对于占有保护之诉,法院应当进行实体审理。

19. 对于重复起诉的案件,如何审查判断?

解答:法院应当严格依据《民事诉讼法解释》第二百四十七条所规定的三个条件来判断前后两个诉讼是否属于重复起诉,且不应直接援引"一事不再理"原则进行裁判。

20. 对于涉刑民交叉的案件,法院应当如何处理?

解答:(1)法院经审理认为案件事实本身涉嫌刑事犯罪的,应当裁定驳回起诉,并在裁定生效后将案件移送至公安机关或者监察机关。在公安机关、监察机关认为案件不属于刑事案件后,法院应当重新立案并继续审理。

(2)法院经审理发现与本案有牵连,但与本案不是同一事实的经济犯罪嫌疑线索、材料的,应当将犯罪嫌疑线索、材料移送公安机关或监察机关查处,经济纠纷案件继续审理。但如果民事案件的审理必须以刑事案件审理结果作为依据,而该刑事案件尚未审结的,则应当裁定中止审理,不得裁定驳回起诉。

21. 一审法院对裁定驳回起诉的案件,是否需要开庭审理?

解答:一审法院在裁定驳回起诉前,应组织双方当事人围绕该案是否具备起诉条件举证质证,并听取双方的意见。

22. 法院裁定驳回起诉时,一般应当援引哪些法条?

解答:一般应当援引《民事诉讼法》第一百一十九条(或第一百二十四条第×项)、第一百五十四条第一款第三项、《最高人民法院关于适用〈中华人民共和国民事诉讼法〉的解释》第二百零八条第三款及其他法律、司法解释的法条等,但不能单独援引《民事诉讼法》第一百五十四条第一款第三项作为裁判的法律依据。

23. 本《解答》从哪一天开始施行？

解答：本《解答》从 2018 年　月　日开始试行。试行后，如与上级法院新规定不符的，按上级法院新规定执行。

执行案件财产查封标准问题研究*

序　言

强制执行①是实现胜诉债权的终局性救济程序。在执行案件中，执行财产的查封标准②包括启动调查标准、权属判断标准、价值判断标准。准确判断责任财产的价值，是案件能否顺利执结，胜诉债权能否最终实现的必要前提；也是执行人员能否正确理解与适用法律、确保执行权高效运行的直接体现。鉴于此，课题组梳理了执行中较为常见的十种财产类型，对我院的财产查封工作进行了系统调研，并学习借鉴了兄弟法院的先进经验。在此基础上，撰写调研报告进行总结，并起草了我院财产查封标准。对于法院而言，可切实统一司法尺度，进一步规范执行行为；对于当事人而言，能有效实现胜诉债权，维护双方的合法权益；对于社会而言，有利于推动产权保护，优化营商环境。

一、财产查封标准的问题与现状

课题组分别对我院和A省地区部分中院的执行案件财产查封标准的实务操作情况进行了调研。

（一）我院财产查封标准的基本情况

1. 启动调查标准

财产调查就是查找债务人可供执行的责任财产。最高人民法院《关于人民法院执行工作若干问题的规定（试行）》第28～30条规定了被执行人财产查明的方式主要有三种：申请执行人提供被执行人财产状况或线索、被执行人如实报告其财产状况和人民法院依申请或依职权调查，但三种财产查明方式在实践中的表现差别迥异，以我院财产查明方式为例：

---

* 主持人：马来客，总负责人：佟海东，具体负责人：高卫，执笔人：林骁（统稿）、杜占石、洪文光、刘金龙。

本课题为2018年院级重点课题。

① 强制执行分为金钱债权执行和非金钱债权执行；非金钱债权执行包括交付财产执行和行为执行；民事强制执行主要为金钱债权和交付财产执行；很多行为执行案件，最终也以财产给付为依归。本调研以金钱给付执行为基本蓝本。

② 本调研所称查封是指现场查封，包括财产调查核实。查封可以分为网络查封和现场查封，是指对不动产、大型机器设备等难以移动财产的查封，对机动车等可移动财产的扣押，对存款、资产、债权等无形财产权益的冻结；执行实践中还包括作为查封前置程序和必要条件的财产调查核实工作。

表 1 我院近五年查明被执行人财产方式统计

项 目	申请执行人提供	被执行人申报	法院依申请或依职权调查
案件执结数(件)	1861	413	3166
各方式执结比例(%)	34.2	7.6	58.2
执结案件总数(件)	5440		

从表 1 可以看出,我院执行案件的财产调查工作主要依赖于法院调查和申请执行人提供线索。① 目前,法院财产调查的途径,一是利用执行网络查控系统,通过该系统可以普遍查询被执行人名下的银行存款、房产、车辆等信息。二是采取传统的现场调查方式调查被执行人财产、身份信息和户籍信息等。

表 2 申请人提供财产线索情形分布

项 目	有保全无其他财产线索	无保全而纯粹由申请人提供其他线索	既有保全又有其他线索
案件执结数(件)	531	193	658
各方式执结比例(%)	82.9	9.6	89.1
申请人提供财产线索案件总数(件)	1861		

从表 2 可以看出,申请人在案件进入执行程序前已进行财产保全的,对案件执结率贡献较高;纯粹由申请执行人提供执行法院尚未掌握的被执行人财产的案件数虽然占有一定比例,但对案件执结贡献不大。实践中,申请执行人所提供财产线索,多数与法院执行网络查控系统反馈信息重叠,而其提供的系统之外所谓“财产线索”,往往不够明确具体,使法院执行人员疲于对无效财产线索进行核实工作。

同时,我院的区域和层级定位决定了首都中院执行案件的平均标的额往往巨大,涉案财物多、分布范围广。执行网络查控系统目前虽然已基本囊括各类主要财产类型的查询功能,但许多财产类型尚未实现网络控制。随着经济交往的频繁和深入,被执行人财产分布亦呈现多样化态势。经初步统计,今年以来,我院执行案件中被执行人拥有分处于全国各地的公司股权达 50 家以上就有 19 件,其中有 3 件股权数超过 100。在现有条件下,对公司股权的执行需前往公司所在地进行,这还不包括前期进行股权判断的工作。另外,执行网络查控系统会将所有协执部门反馈的所有信息直接反馈至案件承办法官系统,执行法官需按照执行节点要求在规定时间内完成对网络反馈信息的甄别和相应的控制措施。以银行账户为例,今年以来,各地各类银行反馈被执行人账户有余额的案件占到所有新收案件的 86% ,1000 元以下的银行账户数量为 39,681 个,平均每件案件中有 16 个银行账户余额低于 1000 元。而我院今年的申请执行标的总额为 229 亿余元,平均每件案件执行

---

① 关于被执行人财产报告问题。虽然被执行人违反财产报告制度,但其往往下落不明,因法院缺乏查找被执行人的有效手段,故难以采取后续执行措施。

标的1036万元。

目前,法院对当事人所提供财产线索以及网络查控系统所反馈财产线索进行核实的渠道主要有三种:第一种是对材料中所谓"财产线索"从形式上看即可判断出其真伪有无,如申请人所提供材料中未说明被执行人房产具体信息,仅仅以"看到过被执行人法定代表人出入某小区"即怀疑被执行人在该地有不动产而提起执行措施申请,显属不当;第二种是通过与网络查控系统所反馈信息进行匹配,匹配一致的则证明其所提供财产线索真实性较高,但匹配不一致的不能证伪;第三种是准确性最高且也是最主要的核实方式,即前往协执单位或现场验证。

在执行收案大幅增加、案多人少矛盾日渐凸显的形势下,如果对系统所反馈的海量信息及当事人所提供众多财产线索不设定启动标准,在现有执行机制和方式及现有人力资源下,很难实现对系统反馈财产信息或当事人提供财产线索进行逐一核实。同时,这种工作方式缺乏实效性,在执行手段和执行目的之间缺乏相当性,容易使执行措施流于形式,造成执行资源的浪费。但现行执行规范体系对财产调查核实标准未作出规定。而执行程序启动后,查明被执行人财产将直接决定后续执行工作能否顺利进行。只有查明并实际控制被执行财产,"强制执行"才具备实现的物质基础。

概言之,执行实践亟待就被执行财产的调查启动标准制定可行性较强的参照标准。当事人所提供的财产线索应当明确、具体;执行网络查控系统所反馈财产线索应对执行标的有实质性影响,极少量财产或财产价值与申请标的之间差距巨大或经申请人同意的,执行法院不应启动进一步的财产调查核实措施。

2. 财产权属与价值判断标准

关于财产权属问题。查封是在一定期间内限制或剥夺财产所有人或合法占有人对特定财产处分的一种民事执行措施,是财产变现的前置程序。为防止被执行人转移财产,执行程序追求快捷高效。即使面对当事人纷繁复杂的经济交往和社会关系以及现代社会财产形态的多样化呈现,执行工作也无法通过严谨细致的庭审程序实现权属判断,对财产权属判断只能进行形式审查,即表面证据和初步证据规则。在具体判断时仅凭财产的权利外观所产生的公示公信来认定财产归属,查封的目的在于执行回财产而不是为了确定财产归属。当然,丰富的执行实践远不是仅仅依靠"外观主义"就能应对各种情况,像共有财产、未取得权证的"物"、隐名登记、涉及第三人权益的财产(见图1)等,进行权属判断殊为不易,绝不是因为有了财产实体法就能解决执行中的问题。

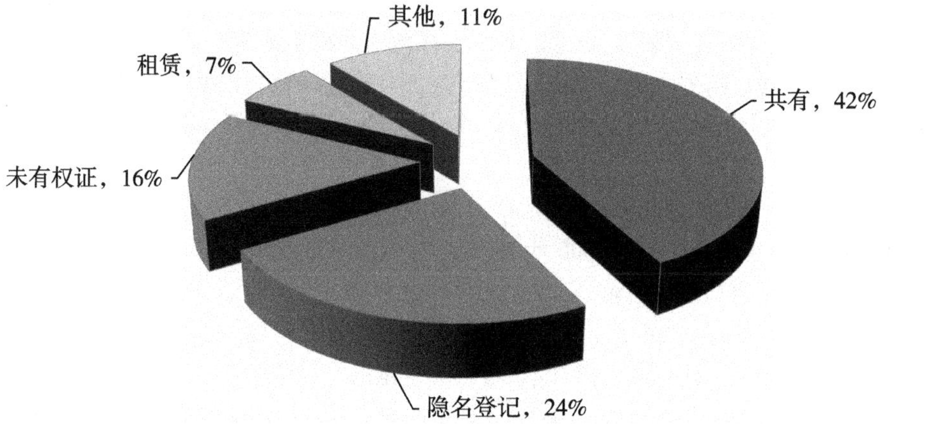

图1 权属不明常见情形

关于价值判断问题。查封财产以被执行人所有或占有的价值足以清偿债权及执行费用为限、不得明显超标的额进行查封，即遵循价值相当原则。查封不仅是执行措施，也是财产保全措施，其适用于执行阶段和财产保全阶段。该措施是在财产价格评估或询价以前完成，未经专业的评估或询价机制定价以前，执行法官如何在不同案件中确定每类查封财产的大体价值而不至超标的查封，现行规范体系亦没有作出规定。执行人员并非财产评估专业人士，且在追求查封效率、防止财产被转移的情况下，很难对财产价值有较为准确的估价；同时，查封的目的是实现财产变现以清偿被执行人债务，但查封财产能够以何种价值变现执行人员也很难预测。

以我院为例，2016 年至今，执行收案总计 4124 件，其中首次执行案件 3162 件。结案总计 3545 件，其中首次执行案件结案 2594 件，结案率 82.03%。

（二）A 省地区部分中院财产查封标准的基本情况

A 省高院对执行财产查封标准没有统一规定，实践中由各级法院自行掌握，形成一定的习惯做法。所调研的 B 中院和 C 中院均亦未在其市域范围内进行统一规范。两地法院执行实践中的财产查封标准主要呈现为以下样态：

1. 对当事人提供财产线索的核查标准由承办法官自行掌握。B 市部分基层法院提出，对当事人提供的执行网络查控系统所反馈财产以外的财产线索是否启动核查工作在实践中应从宽把握，只要申请人提供初始证据，执行法院就应进行相关的核查工作。C 市部分基层法院的做法是，对当事人所提供的财产线索，法院会根据案件具体情况，综合考虑该财产线索对案件执行的贡献大小继而酌情决定是否予以核查。尤其是当事人所提供的散见于全国多地并需要执行人员前往现场进行财产核实的财产线索，对这类财产线索的明确性、具体性和准确性要求则必然要高于其他类型财产线索。课题组注意到，上述法院对当事人提供财产线索标准要求的高低，与该法院执行案件收案情况以及当地经济发展水平呈正相关关系。若某地经济发展水平较高，则该地执行法院收案量容易偏多，在案件中涉及被执行人的财产线索也往往较多，“案多人少”的矛盾便较为凸显，执行人员因此对当事人所提供财产线索的质量更加关注。为尽可能发现被执行人的可供执行财产，A 省在 2017 年即开始在全省范围内推动委托调查令制度，在一定程度上缓解了执行法院

“案多人少”矛盾。

调查中还发现，近年来，两地法院面对执行网络查控系统所反馈的线索，尤其是当系统所反馈财产线索的价值偏小、数量众多时是否对其进行核查以及查封，同样存在困惑。该类财产线索对于案件执行意义不大，但现行执行规范体系并未明确允许因执行财产价值偏小而不予核实查封。C 市某区法院实践中所掌握的标准是对于财产价值小于申请执行标的 2% 且价值额低于 1000 元的财产可不进行查封；B 市某区法院的基本标准是对车龄超过 10 年的或是金额小于 1000 的银行账户以及查封时对抗性强或处置风险较大的财产酌情考虑是否启动查封措施。

2. 对权属判断遵从“外观主义”，真正权利人可行使救济权。C 市、B 市两地法院对该问题的认识以及在实践中的把握基本一致，认为在执行程序中执行人员不可能对执行财产的真正权属进行实质性审查与判断，只能依据权利外观所产生的公信力推断权利归属，即执行实施过程中执行人员只进行初步判断即可。若财产的真正权利人与名义权利人不一致，真正权利人可通过执行异议等程序实现救济。

3. 对财产价值判断标准因执行财产类型不同而有所差异。查封、扣押的财产以被执行人应当履行的责任范围为限，在学理上称为查封时的价值相当原则或者不得超标的额查封原则。该原则旨在防止因执行权的不当使用甚至滥用而侵害被执行人的合法权益。依据该原则，对于财产价值相对确定、有公开市场价格的财产，在查封时可直接按照市场价格确定。A 省地区目前普遍利用当地物价局的大数据报价系统对执行财产进行估价。对于特定的难以进行估价的财产，又分为以下几种类型：

一是不动产，分为可估价的不动产和难以估价的不动产。对于建设用地使用权、商品房等流通性较强的不动产，一般可通过询价系统确定财产的大致价值。对于政策性住房、宅基地等难以处置的财产，被调研法院目前亦存在实践上的困惑。对于可估价但是价值明显高于执行标的的不动产，被调研法院的具体做法也不尽相同：有的法院执行时会尝试使用替代方案；有的法院则基于该执行财产的不可分性，对该不动产进行整体查封，当事人则通过执行异议实现救济。

二是股权估价难以实现。被调研法院在该问题上没有明确的具体标准。B 市部分法院的做法是对于封闭型公司，可向工商部门查询年检报告，以确定大致股价；因《公司法》修订后已不要求对有限公司进行强制年检，所以对于未进行公司年检的公司股权，很难确定股权价值。B 市中院对该问题提出了对封闭型公司股权查封、处置时尤其要考虑公司的人和性，不能因执行程序损害其他股东利益。

三是到期债权实践中执行很少。C 市、A 省两地法院近些年很少在执行中成功将到期债权执行到案。原因是最高人民法院《执行规定》对到期债权执行的设置赋予了第三人对执行法院履行到期债权通知的异议权，即只要第三人提出异议，执行法院便不可以强制执行。A 省高院对此略有突破，即第三人一旦向被执行人履行了相应债务，原执行法院即可对该笔钱款进行强制执行。

四是知识产权与探矿、采矿权执行缺乏标准。两地法院实践中遇到的问题是通过当地的询价系统对这类财产无法估价，而评估机构也不愿接受此类财产的价值评估委托，在执行案件中即表现为因无法评估而不能启动财产处置程序。

二、财产查封标准的参考要素与基本原则

两地法院在具体财产查封标准的把握上不尽相同，其中有些差异体现出明显的地域或者是区域特征，而有些标准的掌握则更多地体现出一致性。面对实践中复杂多样的财产样态，自然不能要求各地各级法院遵循完全一致的查封标准，但查封标准所应参考的要素和应遵循的基本原则应具有共通性。

（一）制定财产查封标准应参考的主要因素

首先，查封标准的制定应体现出一定的地域和审级差异。执行案件不能仅仅以申请执行标的额大小为其主要特征，即使标的额完全相同的执行案件，其申请执行人的期望值及案件执行经过都很难一样。实践中，执行法院所处区域的经济发展情况、当地人文与政策性因素、被执行人性质及其财产线索情况和执行法院的层级及“人案构成”等因素，常常构成执行案件特点的重要方面。以首都地区中基层法院对比为例，中院执行案件收案数量相对基层法院较少，但其案件在标的数额，可供执行财产的分布、类型、多少等方面明显多于或高于基层法院执行案件，且中院执行案件当事人以公司法人为主体，基层法院执行案件自然人主体较多，相应案件有关当事人在执行过程中的预期和表现也必然存在一定的差异性。这些因素，成为查封标准制定时不得不考虑的基本因素。

其次，对财产的权属判断标准应遵循“外观主义”。基于“公示公信”和“物权法定”，权利外观是执行法院对财产进行权属判断时的直接和主要依据，该权利外观具备财产法上的权利推定的效果，即依据对财产的占有、登记等形式判断来推定是否为责任财产。执行实施具有职权性特点，在权利外观明确的情形下，执行法院不得以“权属不明”而拒绝执行。实践中，存在“隐名登记”、占有人与物权人不一致等情形，依据权利外观进行查封有可能导致查封第三人财产时，真正权利人则可通过执行异议、复议程序实现救济，执行裁判部门依据权利冲突规则进行实体审查。

再次，对于价值判断标准的制定，应当区分估价条件较为成熟的财产类型和尚需采取专业估价方式的财产类型，在制定标准时留有余地。以股权或股票查封为例，分为上市公司股票和非上市公司股权查封。即使是上市公司流通股，其股票价格也极难以确定。影响股票价值的因素既包括每股收益、每股净资产、每股销售收入等诸多内在因素的影响，同时受到经济环境、交易制度、股票及资金的流动性等因素、外部评价等外在因素的影响。对于这一类财产的估值及查封，只能在标准制定时进行不尽列举，而不能以固定制式相要求。

最后，财产查封标准的制定，还要考虑比例原则。该原则是关于“手段和效果”的关系，具体又包括查封措施的适当、必要和衡量。查封措施应有利于案件的执行，防止存在执行替代方案的情形下简单化采取查封措施，造成被执行人生活或经营困难，因查封而“封死”；查封应采取对被执行人损害最小的方式进行，防止明显超标的查封，造成对被执行人产权的实质侵害；查封措施的启动要和查封收益相匹配，具体是执行法院应以最小的查封成本获取最大的且不低于执行成本的执行收益。

（二）执行财产查封标准应遵循的基本原则

1. 启动调查的原则

启动调查应当遵循财产线索明确具体的原则，必要时当事人要提供一定的证据材料并说明来源，避免过度浪费司法资源。即当事人提供的财产线索明确、具体的，法院进行调查核实。法院可以要求当事人说明财产线索的来源。经执行查控系统查询没有当事人提供的财产的，当事人应当提交有关的权属证书、合同、发票、照片等证据材料。

2. 权属判断的原则

权属判断应当以外观主义为原则，并以第三人书面确认为补充，有利于迅速控制责任财产，出现权属争议则通过异议程序解决。即登记在被执行人名下的不动产、特定动产和财产权，或者被执行人占有的动产，法院进行查封。第三人占有的动产或者登记在第三人名下的财产，第三人书面确认该财产属于被执行人的，法院进行查封。

3. 价值判断的原则

价值判断应当遵循不明显超标的和客观参照的原则，有利于实际控制有效财产和真正推动产权保护，有异议首先通过评估或鉴定解决，也与后续财产处置相衔接。

（1）不明显超标的原则

不明显超标的原则以生效的查封为基准，不考虑尚未生效的轮候查封，且计算财产价值时要减去在先的优先受偿权。即查封被执行人的财产，以其价额足以清偿执行依据确定的债权额及执行费用为限，不得明显超标的额查封；但该财产为不可分物或者分割会严重减损其价值，且被执行人无其他可供执行的财产或者其他财产不足以清偿债务的除外。查封财产附有担保物权或工程款等优先受偿权的，应当查封的财产价值为享有上述优先权的债权总额与请求查封的价值之和。当事人提供的财产已被其他法院查封的，可以采取轮候查封措施，但在转为首先查封前不计入已查封数额。

（2）客观参照原则

客观参照原则是估算财产价值时主要参考市价或其他客观参照物，并考虑将来拍卖降价问题。即估算查封财产价值时，法院可以参考市价或其他客观参照物；对于共有财产，按照被执行人享有的份额估算查封财产价值。当事人对于财产价值有异议的，可以要求进行评估或鉴定；财产价值出现贬值时，当事人可以申请法院进行追加查封。

（三）无益执行问题的思考

关于无益执行问题在执行实践中较为突出，亟待加以规范。课题组通过组织执行人员进行讨论，梳理总结了执行工作实践中无益查封和无益处置的具体情形：

1. 关于无益查封问题。一是对于不足人民币 1000 元且小于执行标的额 10% 的银行存款，法院可以不查封。对于小于上述数额、比例的银行存款，申请执行人申请查封的，法院可以查封；对于大于上述数额、比例的银行存款，申请执行人申请不查封的，法院可以不查封。二是对于价值明显较低的其他财产，法院可以不查封。三是申请执行人表示不处置机动车的，法院可以不扣押。四是找不到机动车或股权所在单位的，法院可以不轮候查封机动车或股权。

2. 关于无益处置和处置不能的问题。一是申请执行人申请查封知识产权、探矿权、采矿权等价值难以估算的财产权，应当在查封后申请处置且垫付评估等处置费用；二是申请执行人表示不处置财产或无人负担询价、评估等费用的，法院不启动处置程序；三是处置不能的财产包括：登记查封的股权找不到股权所在单位的，登记查封的车辆未能实际扣押的，集体土地、央产房等政策法律规定的处置条件不明确的。

根据执行比例原则，执行中应当禁止无益查封，避免无益处置和处置不能，对于实现债权没有益处，又浪费司法资源；具体标准，可以综合考虑执行工作实际和北京的经济发展水平。鉴于调研论证中对于无益执行特别是无益查封问题争议较大，现行法律和司法解释又缺乏禁止无益查封的明确规定①，此次调研只作为问题提出来，在我院查封标准中暂不规范。

三、具体财产的查封标准

课题组梳理了我院执行中较为常见的十种财产类型，组织执行人员进行讨论，分别归纳总结了启动调查、权属判断和价值判断的具体标准。

（一）银行存款的查封标准②

1. 具体标准

查封银行存款的，申请执行人应当提供银行账号和开户行名称；法院按照金融机构登记的账户名称判断财产权属，按照银行账户的可用余额计算财产价值。没有可用余额的银行账户，法院可以不查封。

2. 主要考虑

银行存款是执行案件中最为常见的财产形式，可以说几乎每个执行案件被执行人都会有银行账户，实际执行中经常出现被执行人有几十个银行账户的情况。申请执行人提供被执行人财产线索的，银行存款在各种财产类型中也居多。对于申请人申请法院现场调查和冻结被执行人银行存款的，我们认为，申请执行人应当至少提供银行账号和开户行名称。申请执行人能提供相关书面凭证证明真实性、准确性的更好。对于申请执行人只提供开户行，要求法院调查的，法院可以提供财产线索不明确为由不予调查。原因是目前网络执行查控系统已经非常完善。以北京法院为例，目前财产查询有最高人民法院执行查控系统和北京高院点对点的查询系统。两个系统中都有银行存款查询，尤其是最高人民法院的银行存款查询实际中相比过去又全面又快速，而且后续的网络冻结相比现场冻结更高效便捷。另有人行查询反馈被执行人开户信息。所以对于申请人仅提出开户行信息要求查询的，法院可以不予调查。

查封银行存款的，法院按照金融机构登记的账户名称判断财产权属，这在最高人民法院《关于人民法院办理执行异议和复议案件若干问题的规定》第25条也进行了确认。对于特殊账户或特殊资金不得执行的，需要在实际中按照相关规定具体审查处理。

查封的银行存款，按照银行账户的可用余额计算财产价值。对于已被其他案件冻结的，或者已质押给第三人的，不计算在可用余额内。有权机关、金融机构或第三人对被执

---

① 最高人民法院《关于人民法院民事执行中拍卖、变卖财产的规定》第9条规定的无益拍卖，与无益处置还是有区别的。

② 对于互联网银行存款、住房公积金，参照执行。

行人银行账户中的存款及其他金融资产享有质押权、保证金等优先受偿权的，金融机构应当将所登记的优先受偿权信息在查询结果中载明。执行法院可以采取冻结措施，金融机构反馈查询结果中载明优先受偿权人的，人民法院应在冻结后将采取冻结措施的情况通知优先受偿权人。优先受偿权人可向执行法院主张权利，执行法院应当依法审查处理。审查处理期间，执行法院不得强制扣划。存款或金融资产的优先受偿权消灭前，其价值不计算在实际冻结总金额内；优先受偿权消灭后，执行法院可以依法采取扣划、强制变价等执行措施。

（二）上市股份的查封标准①

1. 具体标准

查封上市股份的，申请执行人应当提供股票名称、证券代码、股票数额、有关登记结算机构。法院按照登记结算机构登记的账户名称判断财产权属。查封无限售流通股的，按照查封前一天（或停牌前一天）的收盘价计算财产价值；查封限售流通股的，按照每股净资产计算财产价值；如果收盘价低于每股净资产的，按照收盘价计算财产价值；已查封的孳息计入查封数额。

2. 主要考虑

上市公司的股份是一种虚拟资本，其价值在于股票的持有人可以凭借股权参与上市公司的经营、分红、派息，以及通过买卖获得经济利益。因此，上市股份的价值既受单位每股权益的影响，也受上市公司发展预期的影响。因此，在分析上市股份的查封标准时，必须准确界定上市股份的范围，剖析影响上市股份价格的各项因素，并结合执行查封时考虑的后期处置流程来判定上市股份的查封标准。

（1）上市股份的范围②

上市股份，即可以在证券交易所挂牌公开交易的股份。一般是指在我国沪深交易所上市交易的股份，包括主板、中小板、创业板股份。目前，我国主板上市公司有1487家，中小板和创业板共有上市公司2118家，合计约3605家上市公司。上市公司一般应当符合四个条件，一是股票经证监会或其授权机构核准后向社会公开发行，可公开交易；二是向全国性证券交易所提出上市申请并获批准；三是股票的登记结算由中国证券登记结算机构负责；四是公司的日常经营管理及财务状况相对公开、透明，接受社会监督。

（2）影响上市股份价格的因素

上市股份（以下简称股票）作为虚拟商品，当然也会受内在价值规律的影响，表现为价格围绕价值，并受供求关系的影响，价格围绕价值上下波动。同时，由于其在公开市场进行交易，也要受到外部交易市场的影响，从而弱化或加剧其价格的波动。

一是上市公司自身因素对股票价格的影响。股票可以作为某一种所有权的凭证来获得上市公司经营过程中的利益而具备价值。影响股价值的因素包括每股收益、每股净资

---

① 新三板股票参照执行。

② 新三板：2013年12月31日，经国务院批准，全国中小企业股份转让系统（又称股转系统）向全国范围内接收企业挂牌申请，挂牌企业股份可以通过协议转让、做市转让、竞价转让等方式公开交易。股转系统与上海证券交易所、深圳证券交易所在场所性质和法律定位上是相同的，是我国第三家全国性的证券交易所。目前“新三板”的挂牌公司已经超过了一万家。

产、每股销售收入,目前常用的股票估值模型主要有三种。市盈率反映的是公司连续盈利时股票价值,但在公司亏损时则无法计算股价。市净率反映公司每股的净资产,易于得出公司账面价值,但在计算高科技创新性企业时,容易低估股票价值。市销率反映每股销售收入,但不能反映出每股成本的变化。因此,在对上市公司股票估值时,会根据每个公司性质、发展阶段的不同而采取不同的估值方式。

二是外在因素对股票价格的影响。影响股票价格的外在因素很多,主要包括经济环境、交易制度、股票及资金的流动性、外部评价等因素。以最近的长生生物公司为例,因其假疫苗事件对整个疫苗行业产生极为恶劣的影响。长生生物公司股价跌去90%,整个行业内其他上市公司的股价也平均跌去20% ~40%。

综上所述,上市股价的价格不同于房地产、车辆等实物的价格,其受多种因素影响,价格变化较大,遇有特殊情形时,股价完全可能一周内涨一倍或跌去一半,并非执行人员所能准确估值。

(3)关于查封标准的思考①

对在沪深交易所交易的A股(包括主板、中小板、创业板)股价。其交易非常活跃,上市公司质量相对较好,融资活动较为频繁,股价相对稳定,从长期来看,股价能相对反映出股票的自身价格。但这并不表示其有统一确定的标准,在查封中仍然要予以区分。一是股权不同于房产、车辆等财产,其价值变动较为频繁,查封标准应当不同于房产、车辆等传统财产。我国A股交易实行涨跌停板制度,每天股票的涨跌幅度不超过10%。但遇到极端情形如股灾时,当卖盘远超过买盘时,造成巨量卖单堆积在跌停板时,股票就有可能会连续跌停,一周五个交易日后,股票的交易价格就会被腰斩。二是股票价格并不能实时反映其自身价值,容易出现价格与价值的背离。由于股票不同于房产,其流通性更好,易于操纵,经常会出现股票连续涨停或跌停的现象。另外,也有上市公司因各种原因股票停牌,停牌时间如果较长的,在大盘下跌的情况下,一旦复牌,就会面临连续下跌。

因此,如何平衡被执行人的利益与执行干警的依法执行就尤其重要。对于查封数额较小的股票(查封总价值在500万元以下的),如果由执行实施人员直接要求证券营业部竞价交易,因从查封至处置变现时间短,查封数额不应当超出执行标的额的20%。如查封股票通过评估、拍卖程序变现,因执行流程较长,应当允许适量增加查封数额,以便于抵抗市场风险,查封数额可不超出执行标的额的40%。对于查封数额较大的股票(查封总价值在5000万元以上的),因执行流程较长,根据新的交易规定,如接盘方因新增股份超

---

① 新三板公司的质量普遍不如沪深交易所的股份。一是股票交易量低。绝大多数新三板公司股权没有交易量,2018年前三季度,新三板公司股权的交易额总计为706亿元,不及A股一天成交额的四分之一。二是挂牌公司质量差。至2018年前三季度,新三板公司因各种原因而摘牌的公司数量达1152家。三是挂牌公司融资困难。2018年前三季度,新三板公司仅有1196家公司实施了募资,募集资金数额达588亿元,发展预期较差。对于新三板股份的查封标准,要动态掌握,秉持三个原则,一是对于连续交易中的股权,查封中可参照挂牌公司每股净资产,对于交易价格跌破每股净资产的,按照其交易价格来计算财产价值。如其交易价格远高于行业同类公司交易价的,参考行业同类公司股价破净程度,对其交易价格予以适当的折扣计算,即就低不就高。二是对于已经停牌的公司,在查封时应当参照停牌时对应大盘的指数与现时的大盘指数,进行折扣计算,即跟着大盘走。三是对于少数股票价格走势异常的挂牌公司股票,应当允许执行人员扩大股价参照范围,可允许选择在该股权挂牌以来的最低价格为查封标准价格。

过上市公司股份相应百分比，则会产生禁售期，在禁售窗口期（一般为6个月或1年）影响接盘方变现。因此，应当允许查封数额超出执行标的额的50%以上，低于2倍以下。

以上只适用于正常交易的上市股份，对于有恶意欺诈、即将退市、股价走势极为异常的上市股份，其查封标准应当进一步放宽，以充分保障申请执行人权益为准。考虑到上市股份价格的不断变化，对于查封标准的判断也应当是动态的，即当时查封股价较低，此后股价不断上涨，也不应当认为查封超标的，当时查封股价较高，此后股价不断下跌，应当允许执行人员追加查封。

（三）不动产的查封标准

1. 具体标准

查封不动产的，申请执行人应当提供具体坐落或产权证号。法院按照房地产管理部门登记的房屋所有权人或土地使用权人判断财产权属。查封房产的，参照房产所在地的市场价格估算财产价值；查封土地或在建工程的，参照土地所在地的土地市场价格估算财产价值；已查封的租金计入查封数额。

2. 主要考虑

不动产是各种财产中属于相对高价值的财产，也是执行中常见的财产类型。对于申请执行人提出查封不动产的，应当提供具体坐落或产权证号。实际中，有申请人提供房产所属小区名称和门牌号，人民法院根据上述信息无法通过房产登记机关进行查询核实。对于申请执行人无法提供准确信息的，人民法院应当以执行查控系统反馈为准。

查封不动产的，法院按照房地产管理部门登记的房屋所有权人或土地使用权人判断财产权属。对被执行人与其他人共有的房产，人民法院可以查封、扣押、冻结，并及时通知共有人。未登记的建筑物和土地使用权，依据土地使用权的审批文件和其他相关证据确定权属。查封尚未进行权属登记的建筑物时，人民法院应当通知其管理人或者该建筑物的实际占有人，并在显著位置张贴公告。

查封房产的，参照房产所在地的市场价格估算财产价值。执行法院可以通过所在地区的房产中介查询当地目前房屋交易价格。查封土地或在建工程的，参照土地所在地的土地市场价格估算财产价值。以北京为例，北京市国土资源和规划委员会官网在土地市场专栏公布了土地招拍挂的各项数据，包括地区、面积、土地用途、成交价格。执行法官可以按照已公布的相同区域相同用途的土地成交价格估算查封土地的实际价值。

（四）机动车的查封标准

1. 具体标准

查封机动车的，申请执行人应当提供机动车号牌；需要转移扣押的，还应当提供存放地。法院按照车辆管理部门登记的所有权人判断财产权属；查封机动车并能够实际扣押的，参照机动车所在地的市场价格估算财产价值。

2. 主要考虑

机动车的价格主要受三个因素影响，一是机动车本身价值；二是机动车折旧程度；三是机动车相关政策。在执行中，还要充分考虑到机动车的执行难易度。

（1）机动车本身价值

法院对于机动车的查封应当既包括形式上的查封（在车辆管理所完成司法查封），也包括实际控制(可以是法院实际扣押车辆,也可以是指定申请执行人或他人保管车辆)。仅是形式意义上的查封,并无查封价值。在实际查封车辆过程中,除非是新车,或是保管完好,使用不足一个月的车辆,在查封中才参考车辆出厂价。已经使用一段时间的车辆,在查封时都应当考虑车辆折旧。

(2)机动车折旧程度

对于正在使用中的二手车查封,执行人员在实际控制后,应当充分考虑车辆的折旧程度计算查封价值。具体折旧程度可以参考就近地区的二手车市场或相应的网站,折旧报价应当就低不就高。

对于应当报废的车辆,虽然被执行人仍然在使用,但不应当计入查封价值;对于排放标准超出国家或地区规定不能上路的车辆,虽然也可以使用,但在查封中也不计入查封价值;对于破损严重的车辆,如其已经影响到安全驾驶,因其维修费用不能确定,在查封中也不建议计入查封价值。

(3)机动车相关政策

在实践中,政策因素对机动车价值也会产生较大影响。

一是对二手车的价格,不同的报废政策或限行政策可导致机动车在不同区域,其二手车价格就完全不一致。以北京市为例,因实行严格的摇号制度,导致二手车市场供大于求,价格较低。因此,对于机动车的查封,应当考虑就近处置的原则,参考机动车所在地的市场价格,而非执行法院所在地机动车的市场价格。

二是车辆变现难度加大。我市对于车辆的处置目前主要是实现带牌拍卖,但现状是查封扣押新增的车辆已经远超过带牌拍卖处置的速度,造成大量车辆堆积。实践中,对于京牌小客车,可采取车辆使用权转让的方式来实现申请执行人的权益。即被执行人将车辆交付申请执行人使用,以使用费的方式折抵债务,车辆查封价值则为使用费总和。

三是考虑处置成本。目前法院之间的相互委托执行,主要局限在委托送达、查封,委托处置财产的相对较少。执行法院在查封车辆后,如委托外地法院处置,容易被退回。这样就导致或是由申请执行人预付拖车费用,将被查封的车辆运回执行法院所在地,增加成本,不仅容易导致车辆贬损,也易加大车辆保管难度。

因此,对于车辆的查封,应当允许在当地市场价格上予以适当折扣,对于在外地查封并实际控制的车辆,应当在查封时允许增加处置成本。

(五)股权的查封标准

1. 具体标准

查封股权或投资权益的,申请执行人应当提供股权所在单位的名称、实际经营地址、投资数额、登记机构。法院按照工商管理部门的登记和公示等判断财产权属。查封的股权或投资权益,能够找到股权所在单位的,参照净资产、出资额估算财产价值;已查封的收益计入查封数额。

2. 主要考虑

查封股权或投资权益的,申请执行人除应当提供股权所在单位的名称、投资数额、登记机构外,特别应提供股权所在单位的实际经营地址。被执行人持有股权情况,目前完全可以通过企业信用网等网站进行检索。执行中发现,目前工商查询结果相当准确全面,包括股权所在单位名称，出资比例，注册住所地，登记机关都可以查询。目前注册制改革以来，公司设立更加便捷。相比以前，被执行人持有股权情况明显增加，呈现爆发式增长，一个案件被执行人持有数十个股权情况多有发生。随之出现的问题是，申请人要求查封众多股权。而实践中经常发生执行法官在工商部门办理冻结相关股权的公示手续后，前往股权所在单位的注册地查找，无法找到股权所在单位的情况。这样导致查封手续无法送达股权所在单位，也无法核实股权所在单位的经营和财产情况，继而无法评估拍卖。这样的查封无疑增加了执行法官的工作，又对案件实际执行没有实际效果。而且根据最高人民法院、国家工商总局《关于加强信息合作规范执行与协助执行的通知》相关规定，冻结股权的程序需要在股权所在单位送达冻结手续并在工商行政管理机关公示，因此对于无法查找到股权所在单位实际经营场所的，也就无法送达冻结手续，这种冻结手续相应也是不完善的。如果出现其他案件当事人查找到股权所在单位而送达了冻结手续的，两案对于股权查封先后顺序会发生冲突。所以申请人应当积极查找股权所在单位，核实股权所在单位是否有实际经营。对于申请人未经核实股权所在单位经营情况的和经核实股权所在单位没有实际经营的，执行法官可以不予查封。

查封股权或投资权益的，法院按照工商管理部门的登记和公示，结合出资证明、股东名册等判断财产权属。根据最高人民法院、国家工商总局《关于加强信息合作规范执行与协助执行的通知》相关规定，查封股权时，人民法院应先通过企业信用信息公示系统查询有关信息。需要进一步获取有关信息的，可以要求工商行政管理机关予以协助。人民法院对从工商行政管理机关业务系统、企业信用信息公示系统以及公司章程中查明属于被执行人名下的股权、其他投资权益，可以冻结。

对于判断股权价值，未经评估，无法准确判断。但是实际中，面对查询到被执行人持有股权，查封股权又必须面对股权价值的判断。对于股权价值判断，多数意见①是对于查封的股权或投资权益，能够找到股权所在单位的，参照净资产、出资额等估算财产价值。找不到股权所在单位的，因为股权无法评估，则不计入查封数额。

（六）债权的查封标准②

1. 具体标准

查封债权的，提供债务人名称、实际经营地址、债权数额及证明债权存在的书面材料。

查封债权的，法院按照债务人的承认情况判断有无债权及数额；找不到债务人的，法院无法查封；对生效法律文书确定的债权，债务人予以否认的，法院不予支持；法院还可以请有关执行法院协助扣留相应款项。查封债权的，参照债权数额等估算财产价值。

2. 主要考虑

对于债权或收入的查封，在实际执行过程中，可以参照债权数额估算财产价值。但仍然要考虑以下三个因素：

一是债权或收入实现期限。对于债权到期时间较长的，在查封中应当适当考虑到利

---

① 少数意见是对于查封的股权，直接参照出资额估算财产价值。

② 对于收入，参照本条执行。

息、迟延利息、违约金等因素,将未来可能产生的利息、迟延利息、违约金等因素计算到查封标准中。对于收入较低,需要较长时间收入抵债的,也需要综合计算其还款时间及利息之和。

二是债权或收入的实现成本。债权或收入不同于银行存款,冻结后是否能足额到位不仅需要漫长的时间等待,也需要申请执行人的不断努力与对被执行人监督,以及次债务人的密切配合。因此,在计算债权或收入的查封标准中,要充分考虑到对应的实现成本。如质保合同中质保金,一旦质保不合格,触及扣抵质保金条款,则债权实现便要受到影响;如被执行人生活条件恶化或工作发生变动,则收入查封不足额或数额降低。

三是债权或收入实现可能性。债权虽经债务人承认,但找不到债务人的,不能认定为可执行的债权。对于未到期的债权,还应当谨慎评价债务人还款能力,对于无还款能力的债务人,债权查封数额或是不计入查封数额或是予以相应的折扣计算。对于收入,如被执行人工作发生变动或失业,则收入降低或是无收入;如被执行人生活负担加重,则可能发生入不敷出的情况。以上情形的出现,极易导致债权或收入虽被查封,但实无收益的结果。

(七)机器设备的查封标准

1. 具体标准

查封机器设备的,提供机器设备名称、数量、所在地;财产不在被执行人处的,还应提供保管人名称、地址,并提交保管合同或仓单等证据材料。法院按照实际占有情况或合同、仓单等证据判断财产权属;参照机器设备所在地的市场价格或者原购买价等估算财产价值。

2. 主要考虑

公司作为被执行人的,实际执行中也可能涉及查封机器设备。对于申请执行人提出查封机器设备的,应该提供机器设备名称、数量、所在地;财产不在被执行人处的,还应提供保管人名称、地址,并提交保管合同或仓单等证据材料。

查封机器设备的,法院按照实际占有情况或合同、仓单等证据判断财产权属。对于被执行人实际占有的机械设备,应当认定为被执行人所有,法院可以查封。对于不在被执行人经营场所的、第三人占有的机械设备,第三人书面确认该财产属于被执行人的,或者根据相关合同、仓单等证据认定为被执行人所有的,法院可以查封。法院查封机械设备时制作扣押清单由现场各方签字后,交被执行人或占用人一份,并现场张贴查封公告或封条。

机械设备的价值在使用中会有磨损、贬损,这会影响其价值。关于查封机器设备的价值认定,执行法官可以参照机器设备所在地的市场价格认定,或者结合设备原购买价、已使用年限和使用寿命、折旧后估算财产价值。执行法官可以在扣押时现场勘察了解机械设备运行、使用情况,已使用年限。

(八)货物的查封标准

1. 具体标准

查封货物、产品、原材料的,提供名称、数量、存放地;财产不在被执行人处的,还应提供保管人名称、地址,并提交保管合同或仓单等证据材料;需要转移扣押的,还应当提供存放地。

查封货物、产品、原材料的，法院按照实际占有情况或合同、仓单等证据判断财产权属；申请执行人表示不处置货物、产品、原材料的，法院可以不转移扣押；查封的货物、产品、原材料，参照所在地的市场价格或者原购买价等估算财产价值。

2. 主要考虑

货物、产品、原材料不同于房产、车辆等特定物，一般没有对应的产权登记机关予以确权，且上述物品还存在保管、运输、清关、检疫、变现等问题。因此，对于货物、产品、原材料的查封，在实际操作中注意以下四个方面：

一是谨慎判断货物、产品、原材料的权属问题。由于货物、产品、原材料一般属于种类物，且一般无对应的登记机关，故执行人员在查封过程中无法完全依照形式标准判断其权属问题。对于有仓单、运单、保单、提货单等合同单据判断上述物品权属的，如无其他相反证据材料，应当可以直接依照单据判断上述物品权属。对于无任何单据予以证明权属的，则可以依据实际占有情况判断物品权属。如占有人书面陈述系代他人保管上述物品，则不可视为占有人之物品。对于权属存有争议的货物、产品、原材料，申请执行人坚持要求查封的，执行人员可要求申请执行人提供对应的担保。

二是做好货物、产品、原材料的保管工作。执行人员查封货物、产品、原材料的，应当做好保管工作，避免查封财产价值灭失。对于未妥善保管、冷藏，以及尚在运输中的货物、产品、原材料，申请执行人要求查封的，应由申请执行人垫付保管、冷藏、运输费用，上述费用应当计算到查封价值中，并从后期变价款中扣除发还申请执行人；对于有毒、有害、有辐射、未通过检疫的货物、原材料，应当先行提交相关检测、检疫机构进行安全评估，评估合格并做好安全保障后方可办理查封，上述检测、检疫、评估、隔离等费用可由申请执行人垫付，并计算到查封价值中，并从后期变价款中扣除发还申请执行人。对于货物、产品、原材料的保管，适宜交由仓储公司保管的，应当优先交由仓储公司保管；不宜运交仓储公司保管的，可原地保管的，可以责令被执行人妥善保管；不宜由被执行人保管的，可由申请执行人或指定第三人保管。

三是合理判断货物、产品、原材料的查封价值。对于货物、产品、原材料的查封价值计算，应当考虑从查封前至变价后所有可能产生的费用，包括运费、保管费、保险费、检测检疫费用、评估费、加工费用以及其他变价费用。此外，对于货物、产品、原材料的价格计算，可参照所在地的市场价格；无市场价格的，可参照购买时的价格；购买以后价格下跌的，参照现在的价格；价格波动较大的，可参照其最近一年内的最低价格。为确保执行中足值查封，以上价格就低者计。

四是查封货物、产品、原材料中的其他问题。执行人员在查封货物过程中，对铁路运输的货物，应尽量避免在中途站、中转站扣押，可选择中转编组站或方便卸货的站点扣押；对未办结海关手续的货物、产品，执行人员在办理查封过程时，应当责令有关当事人补交关税并办理其他海关手续。

(九)知识产权的查封标准

1. 具体标准

查封专利权、商标权、著作权的，申请执行人应当提供权利名称或登记号。

查封专利权、商标权、著作权的，法院按照有关管理部门的登记判断财产权属；查封的专利权、商标权、著作权因价值难以估算，在询价或评估前不计入查封数额。

2. 主要考虑

查封专利权、商标权、著作权的，申请执行人应当提供权利名称和登记号。专利权、商标权可以通过国家知识产权局官网输入当事人姓名或者专利（商标）名称、注册号公开进行检索。作品著作权和计算机软件著作权可以在中国版权保护中心官网查询。对于未公开的发明或者未发表的著作无法查询，按照最高人民法院《关于人民法院民事执行中查封、扣押、冻结财产的规定》也不能查封。

查封专利权、商标权、著作权的，法院按照国家知识产权局、中国版权保护中心的登记判断财产权属。根据最高人民法院《关于审理专利纠纷案件适用法律问题的若干规定》的规定，人民法院对专利权进行财产保全，应当向国务院专利行政部门发出协助执行通知书，载明要求协助执行的事项，以及对专利权保全的期限，并附人民法院作出的裁定书。根据最高人民法院《关于人民法院对注册商标权进行财产保全的解释》，人民法院根据民事诉讼法有关规定采取财产保全措施时，需要对注册商标权进行保全的，应当向国家工商行政管理局商标局（以下简称商标局）发出协助执行通知书，载明要求商标局协助保全的注册商标的名称、注册人、注册证号码、保全期限以及协助执行保全的内容，包括禁止转让、变更注册事项等。

一项知识产权的价值与它的研发成本没有直接的正比例关系，而与该知识产权预期或未来收益有很大关系。因此，知识产权价值需要结合产生的实际经济价值进行判断，执行法官查封时无法直接判断。因此，查封的专利权、商标权、著作权因价值难以确定，在询价或评估前不计入已查封数额。

（十）采矿权、探矿权的查封标准

1. 具体标准

查封采矿权、探矿权的，申请执行人应当提供权利名称、许可证号、登记机构。

查封采矿权、探矿权的，法院按照有关管理部门的登记判断财产权属；查封的采矿权、探矿权因价值难以估算，在询价或评估前不计入查封数额。

2. 主要考虑

关于采矿权、探矿权的查封，在实际操作过程中存有较大的争议。依据《矿产资源法》，采矿权、探矿权的取得，必须依法进行申请，经批准后方可取得。目前我国实行的行政许可制度，采矿权、探矿权的取得或转让必须经过行政机关的许可或审批，国家禁止将采矿权、探矿权倒卖牟利。需要明确的是，采矿权、探矿权都是严格受限的用益物权，其申请、转让、处置都受到严格的行政审批制度约束。从权利性质角度分析，采矿权、探矿权无疑是有价值的，我国实行采矿权、探矿权有偿取得制度，申请人必须缴纳费用后才可取得采矿权、探矿权；从权利主体分析，探矿权、采矿权的申请主体、转让主体、受让主体都必须符合对应的技术资质、生产年限、清缴费用等条件，且都要经过行政审批，其交易范围、交易环节皆严格受限。

然而，对于持有采矿权、探矿权的被执行人，如仅因上述权利严格受限，执行人员便放弃查封，对申请执行人也颇为不公。根据《矿产资源法》第6条的规定，探矿权、采矿权原则不得转让,但符合以下条件的,可以转让:(1)探矿权人有权在划定的勘查作业区内进行规定的勘查作业,有权优先取得勘查作业区内矿产资源的采矿权。探矿权人在完成规定的最低勘查投入后,经依法批准,可以将探矿权转让他人。(2)已取得采矿权的矿山企业,因企业合并、分立,与他人合资、合作经营,或者因企业资产出售以及有其他变更企业资产产权的情形而需要变更采矿权主体的,经依法批准可以将采矿权转让他人采矿。

可见,采矿权、探矿权的转让虽然受到了诸多限制,但只要法律法规允许其进行转让交易,就并不影响执行人员对其进行查封。执行法院在完成对采矿权、探矿权的查封后,应当及时向采矿权、探矿权的行政审批机构征询处置意见,并依法进行评估、拍卖。在评估前,对采矿权、探矿权的查封不计入查封价值。

北京市第一中级人民法院执行案件财产查封标准

(试行)

为规范查封行为,统一司法尺度,落实产权保护,根据民事诉讼法及司法解释等规定,结合执行工作实际,制定本标准。

第一条 〔查封标准的定义〕

本标准所称查封是指现场调查查封,查封标准包括执行财产的启动调查标准、权属判断标准、价值判断标准。

第二条 〔启动调查的原则〕

当事人提供的财产线索明确、具体的,法院进行调查核实。

法院可以要求当事人说明财产线索的来源。

经执行查控系统查询没有当事人提供的财产的,当事人应当提交有关的权属证书、合同、发票、照片等证据材料。

第三条 〔权属判断的原则〕

登记在被执行人名下的不动产、特定动产和财产权,或者被执行人占有的动产,法院进行查封。

第三人占有的动产或者登记在第三人名下的财产,第三人书面确认该财产属于被执行人的,法院进行查封。

第四条 〔价值判断原则之一:不明显超标的原则〕

查封被执行人的财产,以其价额足以清偿执行依据确定的债权额及执行费用为限,不得明显超标的额查封;但该财产为不可分物或者分割会严重减损其价值,且被执行人无其他可供执行的财产或者其他财产不足以清偿债务的除外。

查封财产附有担保物权或工程款等优先受偿权的,应当查封的财产价值为享有上述优先权的债权总额与请求查封的价值之和。

当事人提供的财产已被其他法院查封的,可以采取轮候查封措施,但在转为首先查封前不计入查封数额。

第五条　〔价值判断原则之二:客观参照原则〕

估算查封财产价值时,法院可以参考市价或其他客观参照物。

对于共有财产,法院按照被执行人享有的份额估算查封财产价值。

当事人对于查封财产价值有异议的,可以要求进行评估或鉴定。

查封财产价值出现贬值时,当事人可以申请法院进行追加查封。

第六条　〔银行存款的查封标准〕

查封银行存款的,申请执行人应当提供银行账号和开户行名称。

查封银行存款的,法院按照金融机构登记的账户名称判断财产权属。

查封的银行存款,按照银行账户的可用余额计算财产价值。

对于互联网银行存款、住房公积金,参照本条执行。

第七条　〔上市股份的查封标准〕

查封上市股份的,申请执行人应当提供股票名称、证券代码、股票数额、有关登记结算机构。

查封上市股份的,法院按照登记结算机构登记的账户名称判断财产权属。

查封无限售流通股的,按照查封前一天(或停牌前一天)的收盘价计算财产价值;查封限售流通股的,按照每股净资产计算财产价值。如果收盘价低于每股净资产的,按照收盘价计算财产价值。

查封上市股份的,同时查封股息、红利、红股等孳息;已查封的上述孳息计入查封数额。

对于新三板股份,参照本条执行。

第八条　〔不动产的查封标准〕

查封不动产的,申请执行人应当提供具体坐落或产权证号。

查封不动产的,法院按照房地产管理部门登记的房屋所有权人或土地使用权人判断财产权属。

查封房产的,参照房产所在地的市场价格估算财产价值;查封土地或在建工程的,参照土地所在地的土地市场价格估算财产价值。

查封的不动产在查封前已经出租的,可以查封租金;已查封的租金计入查封数额。

第九条　〔机动车的查封标准〕

查封机动车的,申请执行人应当提供机动车号牌;需要转移扣押的,还应当提供存放地。

查封机动车的,法院按照车辆管理部门登记的所有权人判断财产权属。

查封机动车并能够实际扣押的,参照机动车所在地的市场价格估算财产价值。

第十条　〔股权的查封标准〕

查封股权或投资权益的,申请执行人应当提供股权所在单位的名称、实际经营地址、投资数额、登记机构。

查封股权或投资权益的,法院按照工商管理部门的登记和公示等判断财产权属。

查封的股权或投资权益,能够找到股权所在单位的,参照净资产、出资额等估算财产价值。

查封股权或投资权益的,法院还可以到股权所在单位查封股权或投资权益以及股息、红利等收益;已查封的收益计入查封数额。

第十一条 〔债权的查封标准〕

查封债权的,申请执行人应当提供债务人名称、实际经营地址、债权数额及证明债权存在的书面材料。

查封债权的,法院按照债务人的承认情况判断有无债权及数额。找不到债务人的,法院无法查封。

对生效法律文书确定的债权,债务人予以否认的,法院不予支持。已经进入执行程序的,法院可以要求有关执行法院协助扣留相应款项。

查封债权的,参照债权数额等估算财产价值。

对于收入,参照本条执行。

第十二条 〔机器设备的查封标准〕

查封机器设备的,申请执行人应当提供机器设备名称、数量、所在地;财产不在被执行人处的,还应提供保管人名称、地址,并提交保管合同或仓单等证据材料。

查封机器设备的,法院按照实际占有情况或合同、仓单等证据判断财产权属。

查封机器设备的,参照机器设备所在地的市场价格或者原购买价等估算财产价值。

第十三条 〔货物的查封标准〕

查封货物、产品、原材料的,申请执行人应当提供名称、数量、存放地;财产不在被执行人处的,还应提供保管人名称、地址,并提交保管合同或仓单等证据材料;需要转移扣押的,还应当提供存放地。

查封货物、产品、原材料的,法院按照实际占有情况或合同、仓单等证据判断财产权属。申请执行人表示不处置货物、产品、原材料的,法院可以不转移扣押。

查封货物、产品、原材料的,参照所在地的市场价格或者原购买价等估算财产价值。

第十四条 〔知识产权的查封标准〕

查封专利权、商标权、著作权的,申请执行人应当提供权利名称或登记号。

查封专利权、商标权、著作权的,法院按照有关管理部门的登记判断财产权属。

查封的专利权、商标权、著作权因价值难以估算,在询价或评估前不计入查封数额。

第十五条 〔采矿权、探矿权的查封标准〕

查封采矿权、探矿权的,申请执行人应当提供权利名称、许可证号、登记机构。

查封采矿权、探矿权的,法院按照有关管理部门的登记判断财产权属。

查封的采矿权、探矿权因价值难以估算,在询价或评估前不计入查封数额。

第十六条 〔查封后告知申请人〕

查封或轮候查封财产后,法院书面告知申请执行人以下事项:

(一)查封的具体财产、查封期限及届满日;

(二)申请执行人申请续行查封的,应当在查封期限届满的十五个工作日以前提出书面申请,否则自行承担不能续行查封的法律后果;

(三)申请执行人申请对查封财产采取拍卖、变卖等处分性措施的,应当提出书面申请。

第十七条 〔首封财产限期履行〕

查封财产后，法院责令被执行人在指定期间履行生效法律文书确定的义务。被执行人逾期不履行的，法院可以依法拍卖、变卖查封财产。

第十八条 〔实行日期〕

本标准自××××年××月××日试行。

关于以审判与信息技术有效融合为依托，多元构建刑事诉讼智慧法院应用机制的专题调研*

——以构建远程视频庭审提讯应用机制为重点

刑事诉讼智慧法院建设通常包括类案自动推送、法规自动检索、卷宗随案生成、证据辅助审查、大数据跨部门协作等内容，在市委政法委已经启动北京市政法办案智能管理系统（BJCM项目）建设及我院推进智能办案辅助系统运用之后，上述智慧法院建设的多数需求已基本得到满足。当前，我院刑事审判部门及司法警察部门共同面临的课题在于，在司法改革及信息化的背景下，如何提升审判效率尤其是二审案件的审判效率，压缩司法成本，降低提押风险。对此，相关司改文件精神已经为此指明了基本方向。2000年，最高人民法院在《人民法院第三个五年改革纲要（2009—2013）》（以下简称"三五"改革纲要）中首次提出"探索推行远程审理等便民利民措施"。2019年2月27日，最高人民法院在"五五改革纲要"中进一步提出，要"全面推进智慧法院建设，推动建立跨部门大数据办案平台，促进语音识别、远程视频、智能辅助、电子卷宗等科技创新手段深度运用，有序扩大电子诉讼覆盖范围，推动实现审判方式、诉讼制度与互联网技术深度融合，构建中国特色社会主义现代化智慧法院应用体系。"但目前我院的刑事审判工作尚未调整传统的审理模式，刑事审判与信息技术的融合程度相对较低，远程庭审提讯工作并未开展，审判效率未有明显提升。

本课题着力从将智慧法院建设与执法办案有效衔接、将信息技术与司法改革相互融合、将司法数据汇集和法官办案需求予以对接的角度，就依托信息化手段建立刑事案件远程视频庭审提讯机制进行专项调研，以推动在我院及部分看守所之间建立较为完善的远程视频庭审提讯工作机制。

一、构建远程视频庭审提讯应用机制的必要性分析——刑事审判面临的风险与成本

（一）办案成本方面

1. 法官时间成本分析

目前，我院法警支队不负责提押在A区及B区看守所羁押的被告人，因而法官提讯在这两个看守所羁押的被告人时需要自行驾车前往。2017年北京市开始试点律师辩护

---

* 课题主持人：周军，课题具体负责人：王文波、张鹏，课题组成员：王文波、张鹏（刑一庭）、谭勇、张鹏（办公室）、周维平、郑文伟、李洁、戎京涛、杨晔、陈淼璐、吴炜佳，课题主要执笔人：戎京涛、周维平。

本课题为2019年院级重点课题。

全覆盖工作，由此承办法官在收到 A 区及 B 区法院上诉的案件后，必须在立案后 3 日内驾车前往看守所提讯被告人，告知其有权委托辩护人。2018 年年底我院实行新的案件分配机制，审判庭失去对案件分配的调整权，承办法官分配的二审案件来源哪个辖区法院完全不确定，由此导致原先集中提讯的做法不再可行。对于羁押在 A 区及 B 区看守所的被告人，承办法官需要逐案驾车前往看守所提讯，极端情况是法官前一天刚前往 B 区看守所提讯被告人，第二天又受理了 B 区法院移送上诉的案件，3 日内须两次自驾前往 B 区看守所提讯。

从统计数据看，最近三年我院刑事审判庭平均每年受理 A 区法院移送上诉的案件 155 件，涉及在押被告人 228 人；受理 B 区法院移送上诉的案件 27 件，涉及在押被告人 40 人。从年度情况看，案件数与被告人数总体均呈上升趋势。（具体见表 1、图 1、图 2）

表 1　刑事审判庭自行提讯宣判案件情况

年份	A 区		B 区	
	案件（件）	人数（人）	案件（件）	人数（人）
2016	110	172	28	39
2017	194	252	24	39
2018	160	261	30	41
平均	155	228	27	40

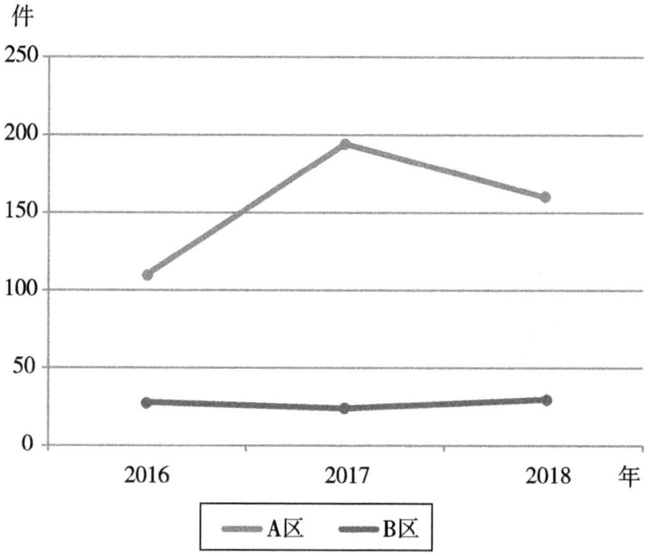

图 1　刑事审判庭自行提讯宣判案件数量示意

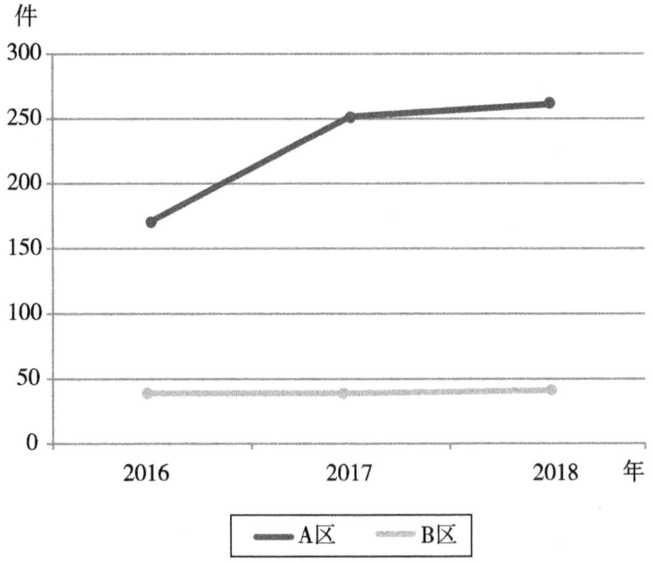

图 2 刑事审判庭自行提讯宣判被告人数量示意

从本院与看守所之间的距离看，A 区看守所距离本院 55.6 公里，驾车往返正常情况需要 2 小时；B 区看守所距离本院 90.2 公里，驾车往返正常情况需要 3 小时。在上述两个看守所每提讯或宣判一次，将耗费法官及助理至少半天时间。最为保守的估计，即不计算需要开庭、不计算宣判且每件案件仅提讯 1 次的情况下，每年我院刑庭的法官需要前往 A 区看守所 155 次提讯 228 人，平均每名法官需要前往 10 次提讯 15 人；前往 B 区看守所 27 次左右，平均每名法官需要前往 3 次左右提讯 3 人。此外，对于虽然羁押在 C 区、D 区及 E 区看守所的被告人，但因被告人患病或者结案时间与固定提押时间冲突等原因无法提押的，每年均有相当数量的案件需要法官亲自驾车前往看守所提讯或者宣判。由此，前往看守所提讯及宣判占据了法官及助理大量工作时间。

2. 提押人力成本分析

目前，我院法警支队负责提押在北京市 F 看守所、C 区看守所、E 区看守所及 D 区看守所羁押的被告人。从统计数据看，我院近三年受理的一审案件及 C 区、D 区、E 区法院上抗诉的二审案件，虽然案件数量总体平稳，但在押被告人数量呈现逐年上升趋势，尤其是在 C 区及 D 区看守所羁押的被告人数量更是逐年上升。按照每个案件仅提讯及宣判各 1 次计算，2016 年法警支队需要提押被告人 989 × 2 = 1978 人次，2017 年提押 995 × 2 = 1990 人次，2018 年提押 1038 × 2 = 2076 人次。（具体见表 2、图 3）

表 2 法警支队负责提押案件数量

单位：件，人

年份	C 区		F 看		D 区		E 区		总计	
	案件	人数	案件	人数	案件	人数	案件	人数	案件	人数
2016	412	568	141	247	97	126	38	48	688	989
2017	468	630	126	188	113	142	27	35	734	995

续表

年份	C 区		F 看		D 区		E 区		总计	
	案件	人数	案件	人数	案件	人数	案件	人数	案件	人数
2018	450	647	117	192	109	163	25	36	701	1038
平均	443	615	128	209	106	144	30	40	708	1007

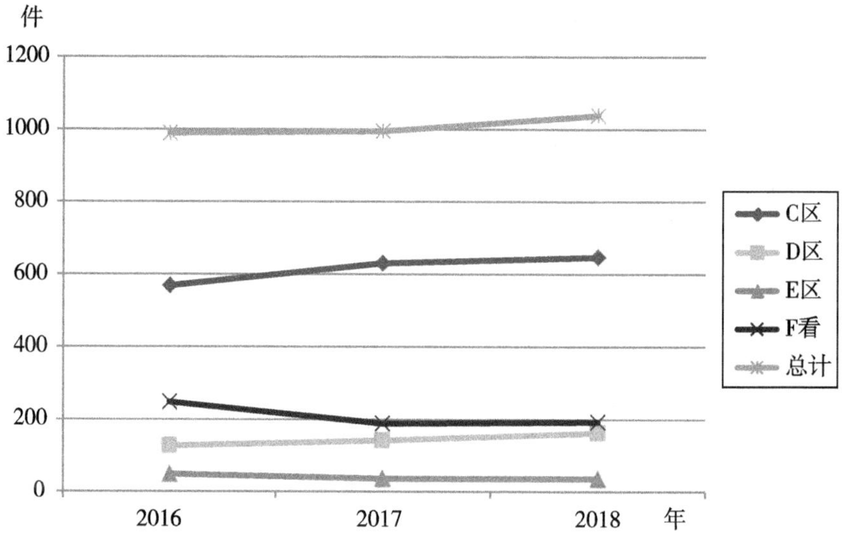

图 3　法警支队提押被告人数量示意

法警支队提供的提押工作量数据显示,2016 年提押被告人 1682 人次,2017 年提押 1700 人次,2018 年提押 1916 人次①,提押人次亦呈现逐年上升趋势。依据相关规定,每从看守所提押 1 名被告人,法警支队至少需要配备 2 名法警看守,在提押被告人较多或者存在其他安全隐患的情形还需要相应增加提押法警数量。逐年递增的提押人数,导致法警支队在肩负我院安全保卫及执行协助职责的同时,所承受的提押压力越来越大。

3. 车辆运行成本分析

我院目前共有 7 辆专门押解被告人的囚车,每辆囚车最多可容纳 6 名至 8 名被告人,遇到提押被告人数量较多时则需要派出全部囚车。同时我院配备给刑事审判庭提讯专用的警车共有 4 辆,随着辩护律师全覆盖工作的开展以及案件分配制度的改革,刑事法官驾车前往看守所提讯被告人的频次越来越高,行车里程数越来越多,车辆损耗情况越来越严重。

(二)提押风险方面

1. 法官人身风险分析

目前对于刑事法官自行前往看守所提讯与宣判的,所有看守所既未为我院提供提讯

---

① 法警支队实际提押被告人的次数少于应该提押的次数,系因为部分案件的提讯及宣判系因种种原因由刑事审判庭自行前往看守所提讯及宣判。

场所,也不负责被告人押解出监舍后的安全。同时,我院法警支队也从未安排法警负责提押安全保卫,导致法官及助理在面对被告人时人身安全处于极大风险之中。以前往A区看守所提讯为例,法官助理在出发前需要向法警支队借用手铐;到达看守所后,无论提讯多少被告人,法官助理均要一次性将全部被告人提押出监舍,并自行负责安全保卫;提讯时法官需要临时借用其他办案单位的提讯室,或者直接在看守所内走廊提讯,书记员站立靠墙记录。在没有法警、没有约束椅、没有专用提押室的情况下,法官及助理提讯及宣判时的人身安全无法得到基本保障。

2. 被告人脱逃风险分析

只要将被告人从看守所内提押出所并解至法院,在提押、运送、暂押、提讯及还押的每个环节都存在被告人脱逃的可能。可以说,每增加提押1名被告人,就增加1次被告人脱逃的风险。每年将近2000人次的提押工作量,法警支队承担着非常高的被告人脱逃风险。最大限度避免脱逃风险的方式选择,就是尽可能少的将被告人押解出看守所。

3. 交通安全风险分析

无论法警将在押被告人提押到法院,还是法官自行前往看守所提讯宣判,均需要驱车前往。目前,除D区看守所距离本院较近外,其余各看守所距离本院均超过25公里,其中E区看守所距离本院25.1公里,C区看守所距离本院37.8公里,A区看守所距离本院55.6公里,B区看守所距离本院90.2公里,北京市F看守所距离本院50.2公里。我院受理案件的被告人几乎全部关押在上述看守所内。无论是将被告人从看守所内押解来法院,还是法官自驾前往看守所,均面临着极大的交通安全隐患。特别是在出现交通拥堵或者极端天气时,押解被告人的囚车更是增加在途交通风险。以提押在C区看守所羁押的被告人为例,该看守所距离本院37.8公里,每名被告人因提讯与宣判而至少需要提押至本院2次,因而每名被告人至少需要在途151.2公里,这期间面临极大的交通安全风险。

4. 病犯传染风险分析

近年来,患有艾滋病、梅毒、肺结核等传染性疾病的被告人数量日趋增加,这些被告人多数关押在北京市第二看守所,少数关押在辖区看守所。据统计,从2018年至今关押在北京市第二看守所的此类被告人有25人,而关押在其他看守所的有18人。为避免其他被告人及法警自身遭受疾病传染,法警支队目前仅提押需要开庭的此类在押被告人,而对于提讯及宣判的此类被告人,则不予提押。对于需要提押此类被告人至法院开庭的,法警支队不仅需要单独押解,而且要做好大量人员及囚车的消毒等防护措施。

(三)审判效率方面

1. 因法官自行驾车前往看守所导致审理效率降低

法官员额制改革后,刑事法官数量大幅下降。在刑事辩护全覆盖试点及案件分配方法调整的双重影响下,刑事法官由于必须在立案后3日之内前往看守所提讯被告人,因而路途时间大幅增加,有效审理时间相应减少,审理效率实际降低。

2. 因危险驾驶案上诉人取保候审导致类案整体效率下降

酒驾入刑以来,我院受理的危险驾驶上诉案始终保持高位运行。据统计,2016年7月至2019年7月三年间,我院共审结危险驾驶上诉案件234件,其中每年分别为94件、64件与76件。在上述案件中,除二审维持38件外,其余196件全部裁定准许撤回上诉。

由于危险驾驶罪的法定刑种为拘役，一审法院多在被告人尚处于拘留期间内审理完毕，后在被告人上诉后将强制措施变更为取保候审。在二审期间，上诉人多以各种理由推迟前来法院接受讯问，甚至多名被告人出现脱保现象，为此刑事法官需要反复采取多种措施确保能够讯问上诉人，甚至函请一审法院对上诉人决定逮捕并请公安机关上网追逃，导致案件长期处于中止审理状态，严重影响二审法院对该类案件审理效率的提升。

3. 因程序衔接不配套导致速裁案件二审效率下降

根据《刑事诉讼法》第 225 条的规定，一审法院适用速裁程序审理案件，一般在受理后 10 日以内审结；对可能判处的有期徒刑超过一年的，可以延长至 15 日。对于一审适用速裁程序审理的案件，二审法院一般应当快速审理，唯此才能实现速裁程序的设计初衷与实践价值。经随机抽取我院 2018 年审结的辖区法院适用速裁程序上诉的 100 件案件，统计发现二审效率并不理想。

表 3　适用速裁程序上诉案件统计

单位：件

审理时间	10 天以下	10 天至 20 天	20 天至 1 个月	1 个月以上
案件数	13	31	36	20

由表 3 可见，在 100 件一审法院适用速裁程序的上诉案件中，二审法院在 10 天以内审结的案件仅占 13%，而审理时间超过 20 天的则高达 56%，还不考虑上诉移转的时间，由此出现速裁上诉案件"一审快二审慢"的现象。究其原因，这与二审法院提押被告人受限于提押时间及距离有较大关系。

二、构建远程视频庭审提讯应用机制的应对性分析——远程庭审提讯的构想与障碍

（一）基本构想

为有效降低刑事审判面临的上述风险与成本，有必要在看守所建设远程视频专用法庭，同时在看守所远程视频专用法庭与本院数字法庭之间搭建远程视频庭审提讯系统，着力解决在被告人不提押出看守所的情况下完成庭审、提讯及宣判工作。同时，考虑到部分案件既不适宜远程庭审提讯，也不适宜将被告人提押到法院开庭提讯，而需要在看守所内完成庭审提讯，因而有必要在看守所内建设标准的小法庭，既满足在看守所内开庭的需要，也为我院法官前往看守所提讯及宣判时提供一间合适场所。通过构建远程视频庭审提讯应用机制，欲达致如下基本目标。

1. 效率目标

该系统建成且工作机制有效运行后，我院刑事审判庭法官不用再自行驾车前往 A 区看守所及 B 区看守所提讯及宣判，初步测算由此每名法官每年可以节约 10 天的有效工作时间，将大幅提高审判效率。

2. 效益目标

一是对于 A 区及 B 区法院上诉的案件，在系统建成后可以采取集中远程提讯和宣判的做法，以避免承办法官逐案自行驾车前往提讯及宣判，将免除刑事审判庭法官驾驶警车

频繁外出提讯及宣判的车辆运行成本。二是对于 C 区、D 区及 E 区法院上诉的案件，在系统建成后因无须提押被告人来法院，因而每提押一次，原先由囚车在法院与看守所之间往返 4 次调整为普通警车往返 2 次，将降低 50% 以上的车辆运行成本。三是对于全部的一二审案件，借助该系统采取远程宣判后，将减少近 50% 的提押工作量。

3. 安全目标

一是免除刑事法官频繁自驾前往 A 区及 B 区看守所，同时减少囚车大量外出提押带来的交通安全风险；二是避免刑事法官在没有司法警察在场情况下提讯宣判带来的人身安全风险；三是因不再提押被告人出看守所而最大幅度降低被告人押解风险。

4. 公正目标

远程视频庭审提讯系统在提高审判效率与运行效益的同时，通过具体规则设计及机制构建确保刑事审判不降低公正水平，不弱化司法公信，并增强人民群众对于司法的认同感。

（二）若干障碍

鉴于远程视频庭审提讯工作要实现从无到有的飞跃，还存在多方事项需要协调与克服。

1. 看守所方面的障碍

最高人民法院与公安部在 2012 年联合下发《关于在看守所建设远程视频讯问室的通知》（法〔2012〕240 号）①，明确要求看守所提供一间讯问室或小法庭，用于建设远程视频讯问室。其中讯问室或小法庭的选择应便于审讯和开庭，由看守所、人民法院商定。后全国部分省高院立即联合公安厅着手落实该项工作②，不仅在看守所普遍建立视频讯问室或者远程法庭，而且在高院、中院和基层法院之间建立一体化的专网平台，实现三级法院与全部看守所之间的远程提讯、远程质证、远程开庭及远程调解工作在同一平台上运行。但据了解，北京高院未曾联系市公安局开展此项工作，因而全市三级法院与看守所之间并未建设一体化的远程视频专网。就我院辖区法院情况看，市 F 看守所、B 区看守所及 D 区看守所均未为法院提供独立的房间用于建设讯问室或者小法庭，而 C 区、A 区及 E 区看守所已经提供且对口法院均已在看守所内建成了远程视频法庭。

在我院提出在相关看守所建设远程视频法庭后，部分看守所或者因为建设时间较早、办公用房紧张而表示难以提供办公用房，部分看守所因为对口法院已经建设了远程视频法庭而无意提供。经课题组多方联系协调并前往上述看守所逐一考察交流，A 区看守所、D 区看守所及 B 区看守所表示可以为我院提供一间用于建设小法庭的房间；C 区看守所可以提供两间房间，其中一间用于建设小法庭，另一间用于建设提讯室；E 区看守所可以提供一间房间用于建设提讯室。

---

① 该通知的具体内容包括：1. 由看守所提供一间讯问室或小法庭，用于建设远程视频讯问室。讯问室或小法庭的选择应便于审讯和开庭，由看守所、人民法院商定。2. 远程视频讯问室的网络铺设、房间改造以及设备的选型、购置、安装、维护，由人民法院负责解决。3. 远程视频讯问室主要用于人民法院审讯，亦可用于人民法院开庭。在非远程视频审讯、开庭期间，讯问室可供其他办案部门讯问犯罪嫌疑人、被告人使用。

② 辽宁省已经具体落实，参见 http://news.hexun.com/2013-01-31/150814375.html，2019 年 10 月 2 日最后访问。此外，浙江省也以此种方式具体落实。

2. 技术设备方面的障碍

从技术的先进性角度看，当前建立的系统应当体现最新的科技水平。目前“点对点”（法院与某F看守所对接）式的远程视频庭审提讯系统在技术上已经相当成熟。事实上，我院与部分监狱之间已经完成了“点对点”式的远程庭审系统。考虑到部分案件的被告人基于种种原因被分押在不同看守所（如B区看守所仅关押男性被告人，女性被告人则分押在A区看守所；再如部分涉黑案件的被告人被分押在不同看守所），同时考虑到可能存在的远程作证需要，因而我院建设的远程视频庭审提讯系统应当超越于当前水平，实现从“点对点”向“一对多”的跨越，能够满足同时与两到三个看守所对接。

从系统的稳定性角度看，远程视频庭审提讯系统应当确保庭审提讯期间的稳定运行。刑事审判的严肃性决定了审判活动必须持续稳定进行，因技术原因导致程序中断不仅影响庭审效果，有损刑事审判权威，更会影响法官心证的正确形成。从课题组调研情况看，因设备或者网络问题影响系统运行稳定性的情况普遍出现。

从数据的安全性角度看，建设远程视频庭审提讯系统必须确保通过网络传输及保存的数据绝对安全。鉴于远程庭审及提讯时，相关数据要在法院及看守所之间通过网络传输及保存，这无疑增加了信息泄露的渠道，因而审判数据的安全性完全依赖于技术设备和互联网网络的安全保障。

综上所述，远程视频庭审提讯系统的建设，在技术先进性、系统稳定性及数据安全性等三方面的障碍需要克服。

3. 部门协作方面的障碍

远程视频庭审提讯系统的建设及远程视频庭审提讯机制的运行，不是单兵作战就能实现，而需要多个部门之间的通力合作。就远程视频庭审提讯系统的建设而言，在外部需要法院与看守所之间加强联系沟通协作，在法院内部需要办公室与刑事审判庭之间加强协作；就远程视频庭审提讯机制的运行，则更加需要刑事审判庭、办公室技术部门及司法警察部门通力合作，以充分发挥各相关部门的职能优势。

三、构建远程视频庭审提讯应用机制的参考性分析——其他兄弟法院的学习与借鉴

（一）A中院的融合方式

1. A中院的开展情况

A中院下辖14个基层法院，最远的看守所距离中院180公里，这给该院二审案件的审理带来较大不便。在浙江省高院与浙江省公安厅的统一部署下，目前A中院及辖区法院在14个区县看守所及A市看守所内全部建立了标准化的远程提讯室。其中，A中院在市看守所内建立了4个远程提讯室和1个远程视频法庭。鉴于长途提押的不安全性，A中院的法警支队对于推动远程庭审提讯工作非常积极，全力协调支持。目前该院的刑事法官、司法警察及技术保障人员对于远程庭审提讯工作配合较为默契，运转也较为流畅。该院辖区的基层法院从2008年就开展远程视频开庭工作，目前有大约30%的案件都是通过远程方式审理的；中级人民法院的远程庭审提讯工作则是在2012年建成，2014年全面推开。该院刑二庭专门负责二审案件的审理，目前采取集中方式安排远程提讯，每次安排6～10个案件。

2. A 中院的具体做法

(1)基础设施建设

基于浙江省高院与省公安厅的统一部署,A 市全部看守所均提供至少两间房间用于法院远程庭审提讯建设,其中一间房间用于暂押室建设,另一间房间用于远程提讯室建设。在 A 中院的安排下,基于对口建设的基本原则,在看守所建设远程提讯场所、在本院建设远程视频法庭并在看守所与本院之间搭建远程提讯系统的工作由各基层法院及中院分别负责,随后互相联网,互相打通。从实地考察来看,辖区看守所内基本没有建设完整的标准法庭,而是建设成相对简易的含有话筒、摄像头、电视、远程打印机等设备的提讯室。而在市看守所,则建设了较为完备的标准法庭和多个提讯室。

(2)适用案件类型

据了解,虽然目前该院并未制定有关制度规范,但基于实践经验,适用远程审理的案件仅限于不开庭审理的二审案件提讯及宣判。此外,对于事实争议较大的二审案件及社会影响重大的二审案件也排除在适用远程方式提讯的案件范围之外,具体情况则由承办法官掌握。

据介绍,该院曾经尝试运用远程庭审提讯系统开庭审理案件,但由于庭审的现场感较为缺乏,被告人无法感受到庭审的氛围,与法官、公诉人及辩护人的对话并不通畅,有争议的书证及物证借助物证展示系统的展示效果并不理想。此外,庭审中多方诉讼参与人发言的信号传输效果不理想,语音传输的滞后性与清晰度无法与现场开庭相媲美。基于此,该院目前仅将该系统运用于二审提讯及宣判工作。

(3)法院内部协调

由于中院和基层法院共用一条网络线路与看守所联系,因而中院在远程提讯前需要与基层法院协调提讯时间,以避免网络与场地冲突。实践中该项工作主要由法警支队来协调安排。

承办法官在收案后,基于阅卷情况判断案件是否适合远程方式提讯。承办法官认为可以通过远程方式提讯的,则由书记员到内勤处登记。当在某一看守所需要提讯的被告人数积攒到 10 人左右时,则由法警支队联系辖区法院及本院技术人员,协调统一的远程提讯时间。

远程提讯当日,法警支队派出法警前往看守所,负责看守所内远程提讯室设备的开启与调试、被告人的提押与看管、提讯笔录的指导签字与带回等工作。

3. A 中院的经验与不足

(1)中基层法院共用一间提讯室及一条网络线路,导致每次提讯时需要提前与辖区法院沟通协调,才能确保能够错开两级法院的庭审提讯工作。

(2)承办法官提讯前要充分阅卷,熟悉案情,提前梳理需要重点核实的问题;提讯时用语要简洁,缓慢,确保语音传输准确及时,提讯时间要控制。

(3)书记员记录要准确快速,在提讯结束时能够及时将笔录传输到看守所端。

(4)法警支队安排相对固定的法警从事远程提讯工作,刑庭和技术保障部门提前给从事该项工作的法警进行培训。

（二）B中院的融合方式

1. B中院的开展情况

B中院下辖9个区县法院，目前远程庭审提讯工作主要运用于远郊区县法院上诉的二审案件。对于城区较近的看守所，则由法警提押到本院开庭。此外，在关押死刑犯的第三看守所，市高院统一建设了远程庭审提讯系统，主要用于最高人民法院远程提讯用。对于远程庭审与提讯工作，该院的工作机制及实际运用已经较为成熟。对于4个远郊区县法院上诉的案件，该院原则上每周固定安排一天集中开庭审理某一区县案件。法警支队大力支持该项工作，认为该项改革大大节约了人力和物力，避免将被告人长途押解到本院，确保了路途安全及羁押安全。

2. B中院的具体做法

（1）基础设施建设

B市法院的远程庭审提讯工作开展并非由市高院统一协调部署，而系各法院自行开展。至今，该院辖区的远郊区县4个看守所也没有为法院提供用于建设远程提讯设备的场所。鉴于此，该院转而在本院与上述4个基层法院之间建设了远程庭审提讯系统，开庭时由本院派出法警将被告人从看守所押解到辖区法院的远程法庭，而法官、公诉人、辩护人及书记员则在本院，从而在两地之间实现远程庭审。

（2）适用案件类型

由于B市要求二审案件原则上都需要开庭，因此该院对于上述4个远郊辖区法院的上诉案件，除重大敏感或者事实争议较大的案件外，全部通过远程庭审系统开庭审理。鉴于开庭案件数量较多，该院对于二审案件的宣判工作，除社会关注度较高的案件以外，一般不再提押被告人到法院，而由法官助理前往看守所直接送达。

（3）法院内部协调

该院技术保障部门在每次开庭前都需要测试远程庭审提讯设备，确保庭审时信号传输无误。司法警察早七点前出发前往远郊看守所提押被告人，确保上午十点准时开庭。此外，司法警察负责远程端的庭审提讯系统与本院的调试及庭审笔录的指导签字等工作。开庭时，法官助理及书记员不再前往辖区法院或者看守所。

3. B中院的经验与不足

（1）未能协调在看守所内建设远程法庭或者提讯室

因为远程提讯室不是在看守所内建设，导致远程开庭时司法警察还需要将被告人押解出看守所，因而从看守所到辖区基层法院的路途及暂押的安全问题依然没有得到解决。

（2）未能充分运用该系统实现远程宣判

运用该系统宣判二审案件，既可以实现不提押被告人的安全便捷，同时可以实现公开宣判的法律规定，但该院对此没有充分关注。

（3）书记员记录要准确快速

鉴于每次集中开庭案件数量较多，而远程法庭只有一个，因而书记员需要在庭审一结束就将庭审笔录传输到远程视频法庭，否则耽误后续庭审的进行。而且，被告人与其他诉讼参与人分别在两份笔录上签字。

（4）法警支队安排相对固定的法警从事远程提讯工作，并承担庭审前的设备调试及庭审后的笔录指导签字和带回等工作。

（三）总结与借鉴

1. 专网专线建设

多家法院共用一条网络传输线路，共用一间远程法庭，在具体使用时再行协调的做法，虽然建设费用最为经济，但现有技术不能保障及时顺利切换信号，庭审安排不能保障两家法院同时使用，设备管理不能明确区分权属责任，因而建设远程庭审提讯系统的较好方案是建设专网专线，避免A中院的问题，即在我院与辖区看守所之间建设独立的信号传输网络，不仅确保安全，更确保信号传输质量。

2. 标准法庭建设

虽然在看守所内建设一间提讯室，也能满足当前远程提讯的需要，但对于需要在看守所内开庭的事实争议较大及抗诉等案件，简易的远程提讯室显然无法满足要求。同时，对于不宜通过远程方式提讯而被告人又因病等诸多原因无法押解出所的案件，在看守所内建设标准法庭，也为我院刑事法官前往看守所提讯提供一间合适场所。

3. 程序规范建设

在看守所内建设远程视频法庭并与本院互联互通，只是开展远程庭审提讯工作的物质基础。为长效推进该项工作机制，还需要制定相关程序规范，不仅要明确刑事审判庭、法警支队及技术保障部门各自的职责所在，同时还要通过制度规范确保远程庭审提讯在提升工作效率的同时符合刑事诉讼法的规范要求。

4. 保障机制建设

在远程庭审提讯系统投入使用后，一是技术保障部门要为设备的日常维护及具体运行提供技术保障，二是法警支队要为被告人的押解、看守所端远程提讯设备的开启与调试及笔录的指导打印等提供保障，三是刑事审判庭内勤要为集中提讯案件的管理协调提供统筹保障。

四、远程视频庭审提讯应用机制的规范构建——程序、安全、技术及机制

（一）诉讼程序保障

1. 保障诉讼权利

保障诉讼参与人诉讼权利原则，是我国刑事诉讼法基本原则之一。该原则要求，在刑事诉讼中，司法机关应当依法告知并为诉讼参与人行使诉讼权利提供保障，不得利用职权侵犯和剥夺诉讼参与人依法享有的诉讼权利。刑事案件中的被告人，多处于被羁押状态，其诉讼权利更应该得到保障，这既是法治文明的标志，也是社会主义民主和法治在刑事诉讼中的体现。远程视频庭审提讯作为信息技术与刑事审判的有机结合，在庭审提讯过程中不仅要明确告知被告人庭审提讯系通过远程方式进行，更要充分保障法律赋予其享有的全部诉讼权利，不得因技术原因而人为剥夺其诉讼权利。唯此才能使远程视频庭审提讯既能提高审判效率又能实现审判公正。

2. 遵守诉讼程序

《刑事诉讼法》第3条第2款规定："人民法院、人民检察院和公安机关进行刑事诉

讼,必须严格遵守本法和其他法律的有关规定。”这一规定确立了严格遵守诉讼程序原则。只有严格遵守法定程序,才能保证准确、及时地查明案件事实,保障办案质量,保障顺利实现刑事诉讼的任务和目的。虽然借助信息技术,远程视频庭审提讯将法庭分为两个空间,但不得变更诉讼程序的正常进行,不得妨碍当事人程序性权利的行使,包括“三项规程”之内的刑事诉讼程序需要得到有效保障。

3. 确保庭审效果

所谓庭审效果,具体指的是庭审能让控辩双方在审判长的指挥下能够充分发表意见,确保控辩双方能充分审视当庭出示的证据并有效发表质证意见。虽然借助远程视频庭审提讯系统,控辩双方分别位于本院的数字法庭及位于看守所内的远程法庭,但不因为物理空间的改变而影响到诉辩意见及质证意见的发表与获取。

(二)安全稳定保障

远程视频庭审提讯系统的建立,在技术上需要确保数据安全,并保证系统稳定。由于远程视频庭审提讯系统严重依赖于互联网技术,法院是否会受到商业公司的牵制甚至俘获,从而影响司法公正?① 这个问题也始终是公众对该系统的质疑声音之一。为此,法院在与技术公司合作时,不仅要在合作协议中明确各自的权利义务,签署保密协议确保数据安全,更要成为数据的实际控制者,对信息数据的安全性负责。同时,通过反复测试确保系统能长期稳定运行。

(三)技术系统保障

1. 法庭的改建

关于本院内的远程视频法庭,可以在既有数字法庭的基础上适当加以改造,增加如下功能。一是增加旁听功能。该数字法庭没有旁听席位,考虑到开庭及宣判时当事人家属及社会公众不能进入看守所内旁听,因而可将22、23法庭与该数字法庭连接,作为庭审及宣判时的旁听场所。二是便捷网络信号的切换。目前该法庭可以和部分监狱内的远程视频法庭连接,如果再增加多个看守所内的远程视频法庭对接的情况,网络传输信号切换的便捷性就至关重要。三是增加电视屏幕。现行数字法庭是基于“点对点”而建设的,如在实现“一对多”的情况下,则势必要增加能反映其他看守所画面的电视屏幕。

关于看守所内的远程视频法庭,在条件许可的情况下应当在每一个看守所建设一个标准化的小法庭和候审室。目前情况下,可以在A区、C区、B区及D区看守所建设一间标准化的小法庭,在门头沟看守所建设一间提讯室。

2. 设备的类型

法院通过数字法庭原有庭审主机或者提讯一体终端(内嵌提讯系统法院端),支持与看守所进行多方远程视频提讯。看守所通过提讯一体终端(内嵌提讯系统看守所端),实现与法院进行远程视频提讯终端业务。在远程法庭硬件建设上,法院端应至少包含高清庭审主机、话筒、摄像机、书记员电脑、显示设备、功放音箱、打印机、交换机等,看守所端应至少包含提讯一体终端、笔录签名设备、交换机、打印机等设备。

在同案被告人被分押在不同看守所,或者需要另一看守所在押人员在本案中出庭作

---

① 侯猛:《互联网技术对司法的影响》,载《法律适用》2018年第1期。

证等,本地数字法庭需要和多个看守所之间连接,进而要实现"一对多"的情况下,不仅本地数字法庭与不同看守所之间,而且不同看守所之间也能够实现音视频沟通交流。

3. 系统的功能

远程庭审系统主要由线路系统、音视频管理系统、证据管理与展示系统、庭审记录系统、音响系统和其设备等组成。线路系统的功能在于网络信号的传输,为确保信号安全,该线路应该建设成为专网;音视频管理系统的功能在于实现庭审过程的音视频信息采集、储存、播放等,包括音视频录制、处理与运用三大类软硬件设备;证据管理与展示系统的功能主要是方便证据的管理与展示,包括对文档数据、图片数据、录音录像甚至是实物的展示以及对质证信息的录入与储存;庭审记录系统的功能在于帮助法庭书记员完成庭审的记录工作,主要包括录音设备、语音智能识别设备等;庭审管理系统的功能在于实现庭审与案件信息管理系统的衔接与信息共享,通过庭审记录系统与庭审过程管理系统实现对庭审过程的管控等。①

(四)具体机制构建

1. 适用案件类型

原则上,在确保系统安全稳定及严格遵守程序的情况下,所有案件均可以通过远程视频庭审提讯系统完成庭审及提讯,但下列案件应当成为远程视频庭审提讯案件的首选。

(1)速裁程序上诉案件

根据《刑事诉讼法》第 222 条第 1 款之规定,一审法院适用速裁程序的基本条件在于案件事实清楚,证据确实、充分,且被告人认罪认罚。实践中,此类案件二审审查的重点在于一审法院是否严格遵守有关《刑事诉讼法》第 190 条第 2 款及第 201 条之规定,即是否当庭告知被告人享有的诉讼权利和认罪认罚的法律规定,是否严格审查认罪认罚的自愿性和认罪认罚具结书内容的真实性、合法性以及检察机关的起诉罪名、量刑建议是否适当。上述内容多数可以通过一审庭审录像及庭审笔录予以审查。此外,实践中部分被告人余刑较短,上诉目的在于拖延诉讼,避免移送监狱执行,或者危险驾驶案的被告人希望取保候审,拖延案件生效时间,以期在看守所服完余刑。对于此类上诉案件,通过远程提讯并辅之以电子卷宗移转,压缩一审、二审衔接时间及二审审理期限,以两级法院快移快审来遏制滥用上诉权的行为及趋势,从整体上减少非正常上诉,节约司法资源,降低提押风险。

(2)事实争议不大的案件

虽然刑事二审实行全面审查原则,但综合上诉理由及对全案证据审查判断本案事实争议不大,争议的焦点在于法律适用以及量刑,因而此类案件应成为远程方式审理的重点,直接听取上诉人有关法律适用及量刑的意见。

(3)提押风险过大案件

一是被告人患有疾病的案件。通过远程方式进行审理或者提讯,不仅减少办案人员被传染疾病的风险,还能降低病犯因长途羁押所带来的健康风险。二是被告人或其家属

---

① 郭烁:《司法过程的信息化应对——互联网时代法院建设的初步研究》,载《暨南学报》(哲学社会科学版)2017 年第 10 期。

情绪不稳定的案件。此类案件中被告人在提押出所及押至法院受审过程中容易受到家属的干扰，出于稳定安全考虑，法院必须要采取增加警力等多种防护措施，耗费大量司法资源，且容易引发安全问题。为此，可以选择让被告人在看守所接受远程审判。三是其他不宜提押被告人的案件，如存在多被告人的涉黑涉恶犯罪案件及邪教类案件，因被告人数较多，集中提押无法保证在押解过程中相互隔离，因而在押解过程中容易出现串供情况。

对于刑事一审案件，案情复杂、事实证据争议较大以及被告人是盲、聋、哑人或者尚未完全丧失辨认或者控制自己行为能力的精神病人的案件，一般不适宜通过远程方式审理。

2. 部门协作机制

(1)警务保障

在提押被告人、值庭、开启远程庭审及提讯系统以及从看守所带回相关法律文书等工作，需要有相关的警力保障。司法警察在开庭前需要完成两项工作：一是开启看守所内远程审判专用法庭的设备，并与本地端完成信号传输测试；二是在确认可以开庭或提讯后，将被告人提押至法庭候审。在远程庭审或提讯的过程中，需要司法警察做好看守所远程法庭内的值庭工作，保障庭审及提讯顺利进行。在庭审或提讯结束后，司法警察应当将被告人送回看守所继续羁押，同时关闭远程庭审设备，并将庭审或提讯笔录带回法院。

(2)技术保障

刑事案件远程庭审系统，由本地端（设在法院内的数字化法庭）和远程端（设在看守所内的远程审判专用法庭）组成。庭审及提讯时，本地端与远程端通过专用网线实时传输音视频，实现双向可视可听。在远程端应当配备远程数字法庭设备、专用电话及远程打印设备。技术部门的人员负责管理好法院的数字化法庭、看守所内的远程审判专用法庭，同时负责相关设备、线路的维护保障，远程庭审提讯的联通调试及庭审提讯过程中的技术保障。

(3)审判辅助保障

考虑到不同辖区法院上诉案件数量的差异及远程庭审提讯的容量限制，刑事审判庭内勤需要具体安排远程视频庭审提讯的案件数量及顺序，并协调法警支队与技术室提供保障。

3. 具体流程规范

(1)远程庭审

远程庭审依托于远程庭审系统，由审判人员、检察人员及辩护人在人民法院，被告人在看守所同步完成刑事案件庭审。对于远程庭审的流程设计，一是关于提押通知。刑事审判庭对在审案件决定适用远程视频方式开庭审理的，应当在开庭 3 日前向法警支队送达换押及提押手续，并在提押票上注明“视频开庭”字样及开庭时间。同时，刑事审判庭在开庭前 3 日，告知办公室技术部门庭审时间、被告人所在看守所等信息。二是关于系统调试。开庭前，技术人员与司法警察共同完成远程视频庭审系统的开启与调试，其中司法警察开启看守所内远程审判专用法庭的设备；技术人员开启法院内数字法庭设备，并指导司法警察完成信号传输调试；技术人员在确认信号传输无误后，告知法官助理庭审可以开始。三是关于庭审程序。适用远程视频方式审理案件的，审判长在庭审开始阶段要告知本案依法适用远程视频方式审理；检察人员和辩护人出示证据时，应通过设在本地端的“示证展台”将证据画面传递给被告人，并听取被告人的质证意见。四是关于庭审中断处理。庭审过程中发生信号中断、延迟的，应暂时停止审理并立即与技术部门联系处理。技术故障排除后可再恢复审理，但应首先对故障发生之前的审理内容进行固定。当事人因故障而提出异议，有异议的审理内容应重新审理；故障不能及时排除，应立即电话通知远程端的司法警察，告知被告人庭审改期。五是关于庭审笔录。庭审结束后，书记员通过远程设备打印庭审笔录，由司法警察交被告人核对并签字。被告人签字过程应通过录像固定。同时，其他诉讼参与人在本地端签署庭审笔录，由此将形成两份庭审笔录。六是关于休庭处理。休庭后，司法警察应将被告人送回看守所继续羁押，关闭远程视频设备，并将庭审笔录带回法院。

（2）远程提讯

远程提讯依托远程庭审系统，审判人员在人民法院，被告人在看守所同步完成提讯工作。与远程庭审相比，远程提讯将常态化集中进行。在提押通知方面，应当在提讯前一日向法警支队集中送达提押手续及提讯安排表，以便于法警支队安排提押。在其他方面，与远程庭审流程基本一致。

（3）远程宣判

对于所有案件，都可以采取远程方式宣判。对此，刑事审判庭内勤需提前一天将裁判文书、宣判笔录、提押手续及宣判安排表送交法警支队，其余流程与远程庭审基本一致。

关于家事案件中夫妻间协议法律适用问题的研究报告*

一、综述

（一）调研背景

当今社会，为维护婚姻关系稳定，越来越多的夫妻经双方平等协商缔结各类夫妻间协议，如婚前缔结的财产协议，婚内缔结的财产协议、“房产赠与协议”、“夫妻损害赔偿协议”、“婚外情赔偿协议”和为解除婚姻关系而缔结的离婚协议，以及涉及双方权利义务的各类声明、保证书、承诺书等，使夫妻关系尤其是夫妻之间的财产关系愈加复杂。而婚姻家庭作为财产的重要集散场所，不仅在市场经济中承担着重要角色，同时发挥着不容忽视的社会作用。随着其他财产制度的完善和规范功能的加强以及婚姻家庭财产的增长和财富的多样化，尤其是在近年来不动产价值的急剧增长使其成为大多数家庭主要财产的背景下，夫妻约定财产制对调整夫妻之间的财产关系发挥着越来越重要的作用。如何认定夫妻间通过协议处分的婚姻家庭财产归属，并形成一套清晰、明确的婚姻财产裁判规则，对于解决夫妻间的各类纠纷至关重要。

然而，立法层面关于夫妻间财产约定的规定仅限于笼统的原则，在司法实践中的操作性不强，法院在很多具体问题上面临法律适用的困境，尤其是婚姻法与物权法、合同法、公司法的衔接适用问题以及夫妻财产约定涉第三人利益时的处理均存在困难。身份法与财产法上的冲突、涉物权变动规则的法律规范和理论研究就法律间的衔接适用尚欠清晰等原因导致司法判断各持己见，常导致同案不同判的现象发生。虽然婚姻法调整基础的人身关系和与之相附随的财产关系，同时受到其他财产规范的约束，但若简单地从一般财产规范推导婚姻家庭财产关系适用规则，显然与家庭伦理关系的特殊意义不相匹配。① 在婚姻法和其他财产规范价值理念的冲突酝酿出的诸多纠纷中，若婚姻法和较晚制定的其他财产规范不一致时，或者婚姻法没有做出具体规定的情形下，依据婚姻法的价值理念可在多大程度上破除财产法一般规则对婚姻家庭财产关系的规制，就成为司法实务一直以来面临的难点。

鉴于此，本文将研究夫妻间协议的性质、物权变动效力、涉第三人利益等在司法实践中的法律适用疑难问题，通过理论考察、案例分析、实证研究和比较分析等方法，对夫妻间

---

* 课题主持人：周军，课题负责人：陶炜，课题组成员：江伟、丁睿智、张雪洋、李悦。

本课题为2018年部门级重点课题。

① 彭黎：《夫妻共同生活之用意之于不动产物权》，载《中华女子学院学报》2011年第1期。

协议进行类型化研究，以期理顺裁判规则，统一法律适用。一方面解决家庭内部的财产纠纷，维护婚姻家庭关系的稳定；另一方面合法保护第三人的利益，维护物权流转秩序。

（二）司法数据统计

经统计，北京市第一中级人民法院2015—2017年三年间二审以判决方式审结涉及夫妻间协议的家事案件共计115件，其中，2015年36件，2016年39件，2017年40件，呈平稳渐升态势。（见图1）

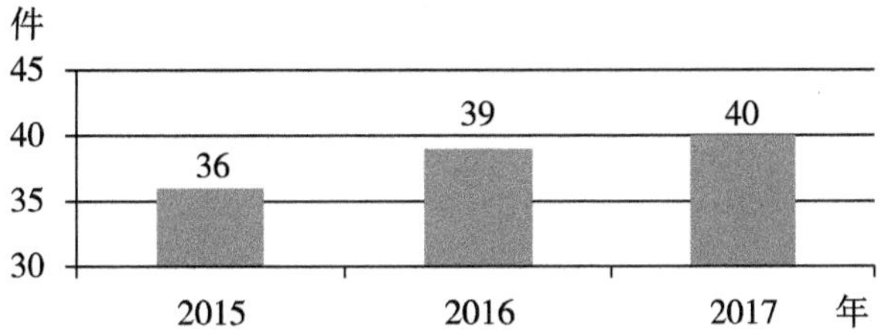

图1　北京一中院2015—2017年涉夫妻间协议家事案件数量趋势

从案由上看，集中于离婚纠纷和离婚后财产纠纷。其中，离婚纠纷39件，离婚后财产纠纷62件，另有14件散见于析产、继承、离婚后损害责任等案件中。（见图2、图3、图4）

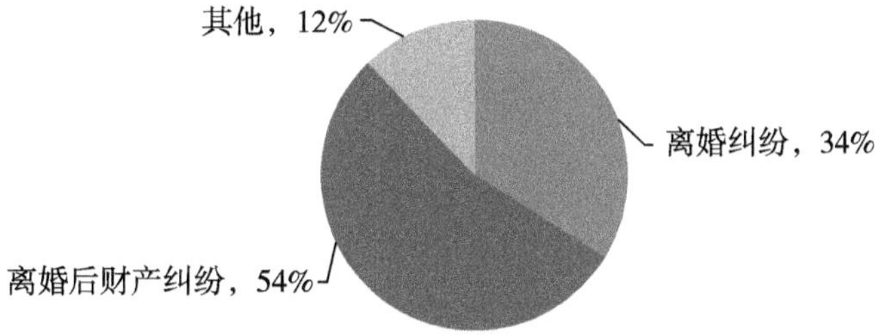

图2　北京一中院2015—2017年涉夫妻间协议家事案件案由分类占比

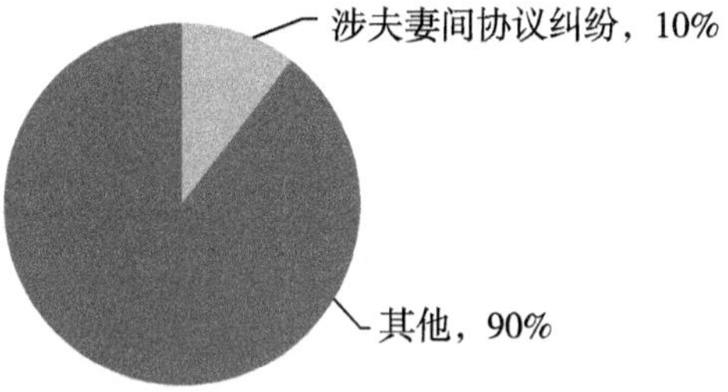

图3　北京一中院2015—2017年离婚纠纷中涉夫妻间协议的案件占比

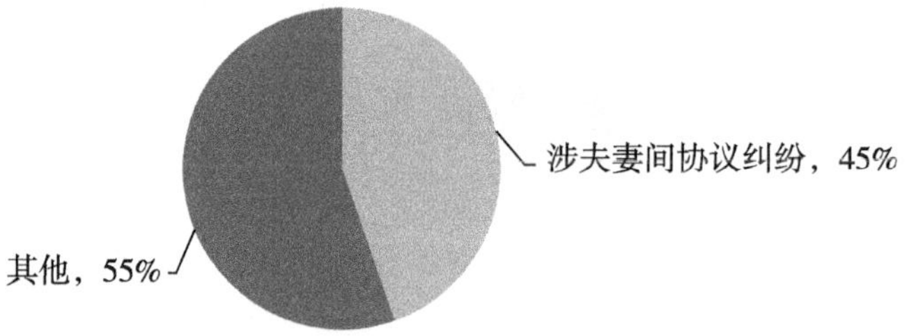

图 4　北京一中院 2015—2017 年离婚后财产纠纷中涉夫妻间协议的案件占比

从协议订立时间上看，在 115 件涉夫妻间协议的家事案件中，4 件系婚前财产约定，39 件系婚内订立的财产约定，其余是为解除婚姻关系而缔结的离婚协议。其中，有 7 件案件所涉协议系经公证的协议，占比仅有 6%。（见图 5）

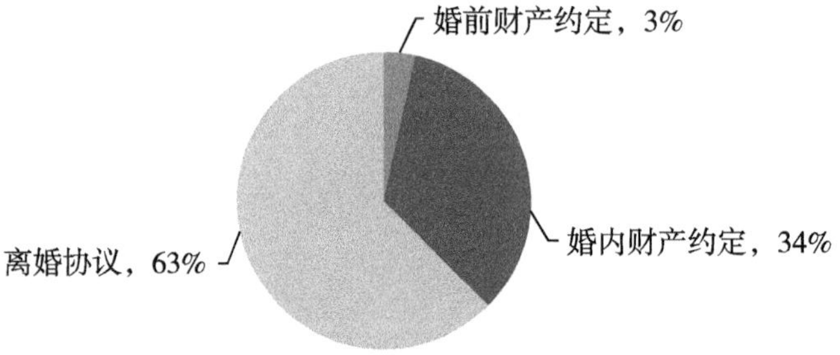

图 5　北京一中院 2015—2017 年家事案件的夫妻间协议类型占比

从协议订立主体上看，在 115 件涉夫妻间协议的家事案件中，9 件涉及夫妻间单方所作允诺性的书面材料，表现为保证书、承诺书、忏悔书、道歉书、声明等形式；其余均为夫妻双方合意订立的财产协议，其中有 7 件涉及第三人权利。（见图 6）

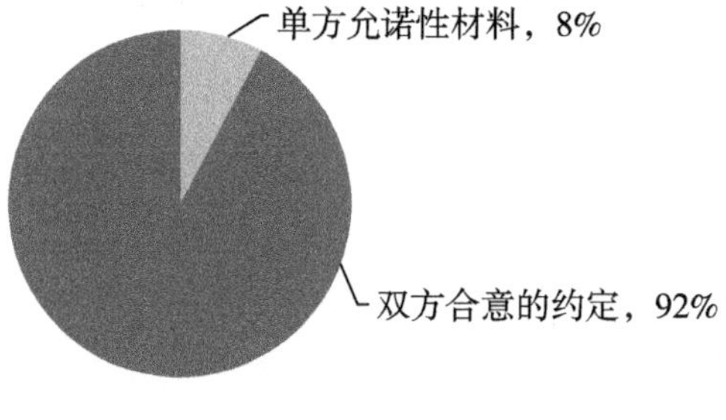

图 6　北京一中院 2015—2017 年家事案件中的夫妻间协议订立主体类型占比

从协议内容上看，夫妻间通过协议约定处分的财产形式较为多样，包括房产、车辆、存款、保险、债权债务、公司股权、股票、家电、贵重物品等。其中尤以房产占绝对多数，115 件样本案件中有 94 件涉及房产争议，占比 81.7%。（见图 7）

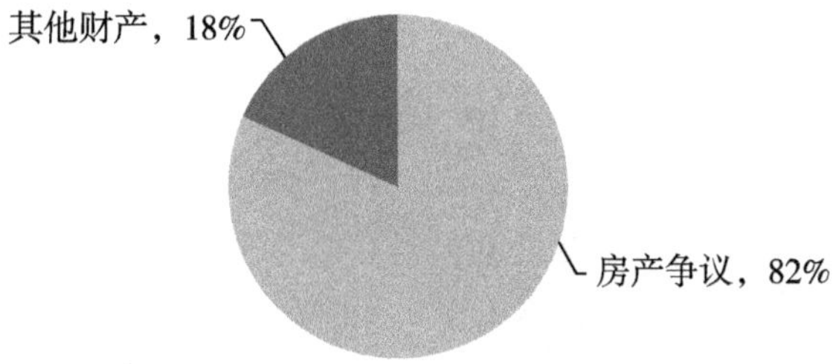

图7 北京一中院2015—2017年房产争议在涉夫妻间协议家事案件中的占比

从协议效力上看,夫妻间协议进入司法审查后,其效力问题往往成为当事人诉争的焦点。在115件样本案件中,有103件案件所涉夫妻间协议被法院认定为有效协议,2件为部分有效,10件为无效约定(无效原因包括形式要件不满足如签字不真实、只有一方签字等,或实质要件不满足如内容违反婚姻法精神和公序良俗原则等)。(见图8)

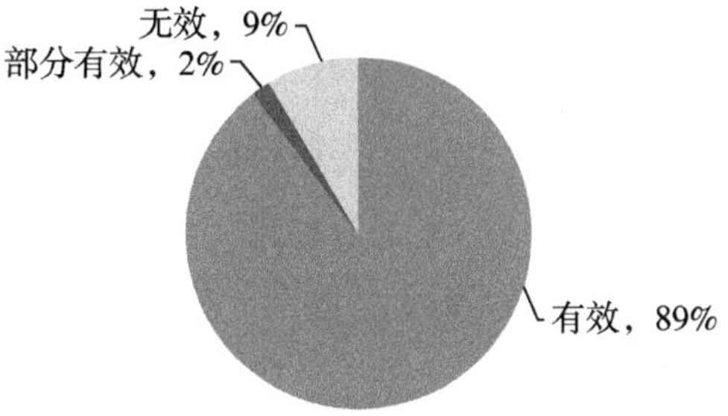

图8 北京一中院2015—2017年案件所涉夫妻间协议效力情形占比

由上观之,因夫妻间协议约定引发的纠纷已成为夫妻间财产纠纷的重要缘由,围绕其性质、效力、履行等方面的具体问题,尤其是涉及房产权属和分割的问题层出不穷。以下,本文将对夫妻间协议进行类型化研究,并将审判实务中涌现的疑难问题进行提炼和梳理,并形成初步统一的裁判意见。

二、夫妻间协议基本理论

(一)夫妻间协议的具体类型

综合调研中所涉及的夫妻间协议,可作出如下分类:

1.按照协议内容划分

按照协议内容或所调整的关系,夫妻间的协议可以分为夫妻身份协议和夫妻财产协议。夫妻身份协议是双方基于婚姻关系在平等协商的基础上订立的有关身份关系的协议,因身份权具有性质上的非财产性和行使上的专属性特征,①故夫妻身份协议所约定的夫妻人身方面的权利义务也是没有直接财产内容的权利义务,如我国《婚姻法》规定的夫妻之间姓名权、人身自由权、计划生育义务等。而夫妻财产协议是指夫妻双方订立的以财产关系为内容的协议,《婚姻法》第19条规定,夫妻可以约定婚姻关系存续期间所得的财

① 余延满:《亲属法原论》,法律出版社2007年版,第111~115页。

产以及婚前财产归各自所有、共同所有或部分各自所有、部分共同所有。也即夫妻可以就婚前的财产或者夫妻关系存续期间所得财产之一进行约定,也可以对二者均进行约定;可以选择共同财产制、分别财产制,也可以选择部分共同财产制、部分分别财产制的形式。

此外,实践中还经常看到夫妻忠诚协议,主要指夫妻双方经过平等协商,要求对方在婚姻关系存续期间以彼此忠诚为首要义务的有关人身、财产关系的协议,既具有夫妻间的特定人身属性,又以财产作为惩罚方式,学理上一般将其作为一种非典型契约。①

2. 按照订立时间划分

按照协议订立的时间,大致可分为婚前协议、婚内协议、离婚协议以及离婚后订立的与夫妻财产分割及子女抚养等内容相关的协议。

3. 按照协议是否涉及第三人利益划分

可分为一般协议与涉第三人利益的协议。实践中常见的协议是夫妻双方就二者的身份关系和(或)财产关系设定权利义务,继而就协议的效力和履行问题产生纠纷;同时也存在一定比例的涉第三人利益的协议。这类协议的订立主体一般为夫妻双方,但协议所处分的财产权利往往与子女、债权人、相关权利人等第三人相关,由此出现的问题在审判实务中也频频发生。

4. 按照债的发生依据划分

可分为双方协议与单方出具的书面材料。后者指实践中常见的保证书、承诺书、忏悔书、声明等形式的材料,只有夫妻一方签字。这类材料严格意义上不能归为"协议",但一方面,因婚姻关系中夫妻双方人身与财产密切关联,单方以书面形式承诺的给付财产、放弃权利等内容往往涉及双方权利义务;另一方面,夫妻一方签订这类书面材料,若另一方持有且并未提出异议,实践中视情况也往往将其看作夫妻之间达成了合意。因此,单方出具的书面材料虽然不属于严格意义上的"协议",但在婚姻家庭中确属常见的情形,故在本调研报告中也予以考虑。

(二)夫妻间涉财产关系协议的性质

实践中,除单纯解除夫妻关系的离婚协议之外,绝大部分夫妻间协议系对财产问题作出的约定处分,许多纷争也是因此而来。故对于夫妻间财产协议性质的探讨有助于从本质上认识现实中存在的各类现象和问题。

1. 对夫妻间财产协议性质的理论争论

夫妻财产约定,通常是婚姻当事人为了排除或变更法定财产制的适用,通过约定选择决定夫妻财产归属而订立的协议。由于夫妻财产的约定具有相当程度的特殊身份性,而内容又涉及财产关系,目前学界对其性质的认定主要有身份行为说和财产行为说两种。身份行为说认为,夫妻间的财产协议是以婚姻关系为基础的契约,②是附随于身份行为的行为,性质上也属于身份行为,③因此,因夫妻间财产协议产生的法律问题应当有规范身

---

① 许晓夫:《夫妻忠诚协议的性质界定与效力判断》,载国家法官学院编:《全国专家型法官司法意见精粹——婚姻家庭卷》,中国法制出版社 2013 年版,第 25 页。

② 史尚宽:《亲属法论》,中国政法大学出版社 2007 年版,第 103 页。

③ 丁慧:《身份行为效力判定的法律基准——在身份法理念和身份法规范之间》,载《法学杂志》2015 年第 2 期。

份行为的法律进行规制，进而排除财产法的适用。财产行为说认为，虽然夫妻间的财产协议包含某些身份关系的因素，但其作为夫妻之间在未解除婚姻关系的前提下自愿对双方之间共有财产的归属问题达成的约定，实质上属于财产法上的法律行为。身份行为是以身份变动为目的的法律行为，而夫妻间财产协议的最终落脚点则在于财产的重新分配和处分，其核心与目的均属于财产行为，受财产法一般原理的规范与指引。①

2. 理论取舍及原因

对此，结合审判实务和生活实际，我们认为，夫妻间的财产协议性质是财产行为。在目前《婚姻法》等亲属法领域的立法尚不完备的情况下，若单纯依据《婚姻法》来处理夫妻之间复杂的财产关系，显然是不能满足的。实践中经常需要参照《合同法》等处理财产关系的一般规定来解决纠纷。若将夫妻财产协议这一基于人身关系而发生财产关系的协议视为人身关系就会出现逻辑混乱、适用矛盾的尴尬处境。

但这并不意味着只能或必须适用财产法处理。夫妻间财产协议不同于一般的民事财产协议，协议中包含强烈的身份属性。对于婚内财产协议而言，其法律效果虽然是分配或处分双方财产，但夫妻双方追求的法律目的并不是一般意义上的产生债权债务关系，而是财产权的取得和转移；协议的订立往往也不是单纯地为了解决婚姻中的财产关系，最终目的还是为了更好规范夫妻的共同生活，促使婚姻关系可以长久持续。对于离婚协议而言，订立主体也并非单纯的处理共同财产的分配问题，其中还有解除婚姻关系的目的，以及涉及子女抚养等问题。正是因为这些身份关系牵涉其中，协议中财产条款的达成往往是双方基于身份和财产双重因素进行考量和妥协而达成的约定。因此夫妻间的财产协议性质上虽属于财产行为，但夫妻双方签订协议时往往不仅仅是纯粹的利益考量，更多地掺杂了婚姻关系、家庭关系以及情感和目的等因素。司法审查中应将这种婚姻家庭的伦理性考虑在内。

（三）夫妻间涉身份关系协议的性质

如前所述，实践中还经常看到涉及夫妻双方身份关系的协议，如要求对方在婚姻关系存续期间以彼此忠诚为首要义务的有关人身和财产关系的夫妻忠诚协议，或在财产协议中附加人身条件的协议等。以下对其理论争议和实务观点进行分析说明。

1. 夫妻忠诚协议的效力争论

（1）无效说。有学者认为，法律不允许通过协议来设定人身关系，人身权是法定的，不能通过合同来调整；《婚姻法》第 4 条有关忠实义务的规定为倡导性规定，而非强制性规定，对其违反不应施以制裁性法律后果，夫妻应相互忠实的道德义务与通常的法律义务之间存在很大的距离，不宜将道德、感情上的要求转变为法律上的要求并赋予强制执行力。并且，夫妻忠诚协议更多可能是情绪化的产物，不具有合同法上的效力，不属于以违反忠实义务为条件的赠与合同，其订立时的自愿与一般合同订立时的自愿大不相同。②夫妻关系的私密性和家庭生活的非计算性、情感性决定了法院不得以公权力对夫妻忠诚

① 蒋兴飞：《婚内财产分割协议的性质与效力研究》，南京大学 2017 年硕士学位论文。

② 陈甦：《婚内情感协议得否拥有强制执行力》，载《人民法院报》2007 年 1 月 11 日。

协议的效力进行肯定性评价。①

（2）有效说。《婚姻法司法解释三》草案曾考虑认定“忠诚协议”有效，主要基于两点理由：一是该协议是双方真实意思表示，且不违反法律、行政法规强制性规定，也未损害他人利益；二是《婚姻法》第4条规定夫妻间应当相互忠实，忠诚协议实质上是对婚姻法中抽象的夫妻忠实义务具体化。（注：正式出台的《婚姻法司法解释三》并未保留该条）最高人民法院民一庭的吴晓芳法官认为，夫妻忠诚协议使《婚姻法》中“夫妻应当互相忠实”的原则性规定得以具体化、具备了可诉性，夫妻忠诚协议符合婚姻法的基本精神，给付的金钱具有违约赔偿性质，这种协议应当受到法律保护。② 也有学者将夫妻忠诚协议与收养协议、遗赠抚养协议作相似对待，认为其也是基于特定身份关系的特殊合同，具有契约的根本属性。③

（3）区分说。有学者认为应将夫妻忠诚协议中的人身条款与财产条款区别对待，夫妻忠诚协议中有关特定身份权变动的约定（如丧失离婚同意权、监护权或探望权）将不具有法律效力，有关损害赔偿的约定应被视为附忠诚义务的夫妻财产约定具有法律效力。④有关财产给付的约定本质上是给付精神损害违约金的约定，其数额可参照《合同法》的有关规定予以调整。⑤

（4）不予处理。有些法院实务中对忠诚协议不予处理，如上海高院认为，《婚姻法》第4条规定的忠实义务，是一种道德义务，而不是法律义务，夫妻一方以此道德义务作为对价与另一方进行交换而订立的协议，不能理解为确定具体民事权利义务的协议。所以，对当事人仅以《婚姻法》第4条为依据提起诉讼的，人民法院不予受理，已经受理的，裁定驳回起诉；对夫妻双方签有忠实协议，现一方仅以对方违反忠实协议为由，起诉要求对方履行协议或支付违约金及赔偿损失的，人民法院不予处理；除《婚姻法》第46条规定的情形外，夫妻一方在离婚案件中以对方违反忠实协议或违背忠实义务为由，要求对方支付违约金或损害赔偿的，法院对此诉请不予处理。⑥

2. 实务观点及原因

关于夫妻忠诚协议的效力问题一向争议很大。我们认为，对于夫妻间“忠诚协议”中关于涉限制婚姻自由、子女抚养等身份关系的内容，法院应认定无效；对于夫妻间“忠诚协议”关于财产关系的内容，一般应认定有效；如果当事人约定的赔偿数额过高，超过了实际负担能力，经当事人申请，法院可以在审查基本情况后做适当调整。

因为婚姻本身即契约，一方在背叛对方之前，就得考虑违约所要付出的成本。只是在没有具体协议约束的情况下，双方承担的是道德义务，而道德成本对于个人来说是隐性的，是不确定的。一旦签订了协议，就将隐性化的道德成本显性化了，当事人很可能就会

---

① 郭站红：《夫妻忠诚协议的法学思考》，载《宁波大学学报》2010年第2期。

② 吴晓芳：《当前婚姻家庭案件的疑难问题探析》，载《人民司法·应用》2010年第1期。

③ 王旭冬：《“忠诚协议”引发的法律思考》，载《南通师范学院学报》2004年第4期。

④ 王歌雅：《夫妻忠诚协议：价值认知与效力判断》，载《政法论丛》2009年第5期。

⑤ 隋彭生：《夫妻忠诚协议分析——以法律关系为重心》，载《法学杂志》2011年第2期。

⑥ 《上海市高级人民法院民一庭民事法律适用问答选登（二）（婚姻家庭部分）》。

三思而行。从这个意义上说，忠诚协议对于维系婚姻稳定将起到积极作用。① 从法律规范上说，一方面，其符合《婚姻法》的基本精神，是对《婚姻法》中“夫妻应当互相忠实”规定的具体化，如若协议出自平等双方的真实意愿，既不损害他人利益，且有利于淳化善良风俗，则完全为法律所接受；另一方面，法律并没有禁止人们对有关身份关系进行协商达成协议，只不过这种有关身份关系的协议应由《婚姻法》《收养法》等法律进行调整，法院在确认有关身份关系协议的效力时，首先应审查该协议是否违反《婚姻法》《收养法》等法律的规定。

此外，实践中还时常出现在婚内财产协议中附有的“一方提出离婚，协议无效”或“谁提离婚，谁便净身出户”等限制他人离婚自由的约定，以作为婚内财产协议中的恩爱信诺，使双方打消离婚念头，一心一意经营婚姻。这些条款因限制他人离婚自由，违反婚姻自主原则等法律规定和公序良俗而无效。② 但该部分内容无效不影响协议其他条款的效力。

(四)夫妻间协议与一般协议相比的处理原则

由上可见，夫妻间协议虽属于协议范畴，但其基于婚姻家庭建立在身份关系上的情感及伦理因素，还具有自己的特殊属性。司法实践中不能简单将一般协议的审查规则直接用于夫妻间协议，对家事案件中的夫妻间协议的处理，需尤其注重考虑以下原则：

1. 坚持真意原则

在民事法律行为的理论中，意思表示，是指将企图发生一定私法上效果的内心意思表示于外部，内心的意思因外部表示而客观，合为一体，可分为客观要件及主观要件。客观要件，是指在客观上可认识其在表示某种法律效果意思。主观要件，是指内心的意思，可分为：行为意思、表示意思、效果意思。③ 夫妻间协议中关于夫妻财产归属及身份关系的意思表示亦应具备以上要件。具体而言，首先，夫妻间协议在客观上要表示出当事人欲达到的效果，即通过协议确定各自权利义务，明确共同财产与个人财产的界限，确定婚前及婚后财产归属与分割方式等内容。其次，夫妻间协议是在当事人双方协商一致的基础上签订的，这需要签订协议的双方当事人的相互信任，不得存在欺诈、胁迫等违背行为人真实意思的行为。最后，签订协议的双方当事人能够认识到此协议所可能达到的法律效果，以及此效果将对其权利义务有何影响。司法实践中对于这一原则的识别，大致与一般协议无异，但在确定欺诈、胁迫、显失公平等情形时，应充分考虑婚姻家庭领域在权利义务上不可能完全对等的特殊因素，这一点将在下文详述。

2. 坚持亲属法优先原则

如前所述，夫妻间协议订立主体为夫妻双方，是建立在身份关系基础上的，虽然其中涉及财产关系的内容，但双方关于财产归属的约定同样是基于身份、情感、道德、伦理等因素，通常还是维系感情、修复关系为目的，与通常市场交易主体签订的合同存在差异。而《婚姻法》的立法目的不以功利为创设和存在的目标，是调整夫妻间财产和人身关系的身

---

① 吴晓芳：《婚姻家庭纠纷审理热点、难点问答》，载《民事法律文件解读》2011 年第 11 期。

② (2015)一中民终字第 04081 号。

③ 王泽鉴：《民法概要》，中国政法大学出版社 2003 年版，第 104 页。

份法，其涉及的财产关系是附随于人身关系而存在的，立法宗旨是维护夫妻之间以及家庭共同体之间的整体利益，保护婚姻和家庭。因此，《婚姻法》等亲属法在立法目的上与夫妻间协议的订立有着高度的吻合性，应优先适用。况且，家事案件还通常涉及未成年人保护、亲属关系保护和家庭的和谐稳定，夫妻间协议的审查与处理原则亦应追随这一目标，优先适用亲属法更易实现目标的达成。这一点在涉及夫妻间协议的物权变动规则问题上尤为突出，将在下文第三部分详述。

3. 交易和伦理兼顾原则

家事案件的处理要保护婚姻稳定和家庭和谐，并不意味着婚姻利益占据绝对优先保护地位。在涉及第三人权益和市场交易秩序的问题上，若夫妻之间内部法律行为与第三人之间的外部法律行为出现交叉，则需要根据案件情况，兼顾交易秩序与家庭伦理。这一点将在第四部分具体论述。

三、夫妻间财产协议的法律适用问题

（一）夫妻间财产协议的效力问题

1. 协议效力的认定

夫妻间的财产协议首先应具备合同法上合同有效成立的基本特征，包括订立主体具有完全行为能力、意思表示真实、内容合法这三个民事法律行为有效的一般要件。具体而言：第一，订立主体为已经缔结婚姻关系并具有完全行为能力的夫妻双方；第二，内容为双方的婚前个人财产及婚后所得财产，即双方约定的标的需符合《婚姻法》对于夫妻约定财产制的规定，应当在《婚姻法》规定的范围内协议确定夫妻之间所适用的财产制，超出法律规定的部分，不具有夫妻财产协议的效力；第三，当事人双方应对夫妻财产的归属及利用有明确的意思表示。

同时，夫妻财产协议的内容不能违反法律法规的规定和公序良俗，否则也应认定为无效。正如有学者指出的，“在婚姻家庭中，当事人的权利与义务是密不可分的，与别的领域不同，在婚姻家庭领域中契约自由或者意思自治必须限制在伦理许可的范围内。”①

此外，依据我国《婚姻法》第 19 条的规定，夫妻财产协议应当采用书面形式，不需要经过公证或在婚姻证书上记载。但是，未签订书面协议的夫妻财产协议是否就一定是无效的呢？对此，理论上存在不同的观点：一种观点认为，书面要件是夫妻财产协议法定的成立要件，不采取书面形式，夫妻财产协议不发生法律效力；另一种观点认为，夫妻财产协议的当事人虽然没有采用书面形式，但是双方对此都予以认可，并有证据证明一直在按照协议履行的，可以认定为协议已经成立，并发生法律效力。对此，我们倾向于第二种观点。从形式要件上来讲，当事人应当采用书面形式，因为以书面形式为订立夫妻财产制协议的成立要件，可以使夫妻约定明确化，避免纠纷的产生，也有利于举证。但是如果当事人采用口头的形式约定，而且当事人双方对此均无异议，且能证明协议一直履行，也应当认定为协议已经成立。再者，《民法总则》第 135 条规定了民事法律行为的要式与非要式两类，民事法律行为可以采用书面形式、口头形式或者其他形式，因此，若夫妻财产协议的当

① 余延满：《亲属法原论》，法律出版社 2007 年版，第 58 页。

事人没有采用书面形式，但是双方对此都没有争议，并有证据证明一直在按照协议履行的，可以尊重当事人的意思自治，认定为协议已经成立，并发生法律效力。

最后需要提出的是，若夫妻间订立的财产协议是以登记离婚或到法院协议离婚为条件，在双方协议未成的情况而一方在离婚诉讼中反悔的情况下，该协议没有生效。此为《婚姻法司法解释三》第14条关于附协议离婚条件的财产协议在条件为成就时的效力规定。这里需要注意，这里说的附协议离婚条件，包括登记离婚和当事人为获得民事调解书而到法院协议离婚两种情形，如果当事人选择诉讼离婚并主张按照该协议分割财产，法院应当认定条件未成就，协议不生效。对这一问题，理论界和实务界存在两种观点，一种观点认为，离婚协议的目的是“协议离婚”，必须满足通过协议方式达到离婚的条件；另一种观点认为，所附条件应宽泛地理解为“离婚”，在诉讼中法院判决准许离婚时，该条件同样成就，协议生效。对此我们认为，应严格按照《婚姻法司法解释三》第14条的规定，将条件限制为“协议离婚”。因为夫妻双方在离婚诉讼前签订的离婚协议，可能存在一方或双方为达到离婚目的而在子女抚养、财产分割等方面作出的有条件的让步，如果当事人最终通过诉讼离婚，那么之前签订的协议则不能当然作为法院处理案件的直接依据。①

2. 协议的撤销

审判实践中，当事人往往主张协议在签订时存在欺诈、胁迫、重大误解、乘人之危、显失公平等情形，法院限于证据往往也难以认定。样本案例中无一例支持当事人关于协议可撤销情形的主张，法院在审查此类问题时的思路和要点，以下结合案例进行分析。

(1)欺诈、胁迫

与一般协议相比，一般协议的欺诈和胁迫可通过合同主体、合同条款、合同标的物、合同履行方式等方面，较为直观地进行认定，且具有较为常见的情形可以用于借鉴和分析。而夫妻间财产协议的欺诈胁迫则更具有隐蔽性和不确定性。北京一中院审理的相关案例中，若当事人以欺诈胁迫为由主张协议无效或撤销，法院大多以无充分证据证明为由予以驳回。② 此外，经公证的协议，法院也会认定没有欺诈胁迫情形。如在一起离婚后财产纠纷中，法院认为“该《离婚协议书》的内容已经公证处公证，在公证过程中，双方均表示其为自愿签署该协议，故该离婚协议的内容真实、有效。”③

法律规定欺诈的构成要件包括以下4方面：一是欺诈行为(包括积极作为和消极不作为)，二是欺诈故意，三是被欺诈方须因欺诈行为陷入错误认知并基于错误认知作出意思表示，四是被欺诈方的意思表示违背其真实意思。胁迫的构成要件包括以下5方面：一是胁迫行为，二是胁迫故意，三是胁迫须为非法，四是被胁迫人因胁迫而陷于恐惧并因恐惧而为意思表示，五是被胁迫人所作意思表示违背其真实意思。④ 通常，欺诈、胁迫需要主张一方当事人提供充分证据以证明相关行为符合上述构成要件，而实践中，当事人往往只

---

① 最高人民法院审判监督庭编著：《最高人民法院婚姻法司法解释(三)理解与适用》，人民法院出版社2011年版，第210～211页。

② (2015)一中民终字第01266号，(2016)京01民终5593号，(2017)京01民终5355号等。

③ (2015)一中民终字第00182号。

④ 沈德咏主编：《中华人民共和国民法总则条文理解与适用》，人民法院出版社2017年版，第988～989页、第999～1000页。

是以陈述的方式提供协议签订具体情节的表述，无法令裁判者产生存在欺诈胁迫情形的合理怀疑。法院会根据当事人行为动机等因素加以综合分析判断，并充分考虑婚姻关系的特殊性，在实践中一般不予支持这一可撤销情形。概言之，对于夫妻财产协议欺诈与胁迫的认定需要充分运用生活常识和经验规则，对各方订立协议的最初目的、协议的内容对各方的利弊，以及协议订立后各方的行为是否与最初的目的相一致等方面进行综合判断，进而认定协议是否符合欺诈胁迫的标准。①

《婚姻法司法解释二》第9条第2款规定，未发现订立财产分割协议时存在欺诈、胁迫等情形的，应当依法驳回当事人的诉讼请求。这一条列举了夫妻间协议的可撤销情形——欺诈和胁迫，但还有一"等"字，说明欺诈与胁迫并非唯一条件，若协议符合《民法总则》和《合同法》规定的重大误解、显失公平情形，仍然可以经审查予以撤销。司法实践中对当事人提出的重大误解、乘人之危、显失公平等主张，法院也会予以审查，具体情况在下文进行论述。

(2)重大误解

从《民通意见》第71条中可以归纳出重大误解的构成要件：一是行为人对协议内容发生了重大误解，二是表意人主观方面对事实真相的不知或错误认识，三是误解具有重大性且表意人因误解遭受较大损失。实践中，在面对当事人主张的重大误解，法院应结合生活常理、当事人自身素质和一般人的认识规律以及案件相关情节加以认定。如北京一中院在一起认定离婚协议是否存在重大误解问题时作出如下论述：

甲称其错误地认为协议书中关于共同财产的处理约定"存款：各自名下的存款保持不变"，存款应包括在同一银行卡账户内购买的基金。就甲购买的X基金，虽然基金的购买、赎回可通过同一网银和银行卡账户操作，但从其财产形式上而言，基金的性质明显不同于银行存款，甲认为"存款应当包含其所购买的X基金"不合常理，不能构成重大误解。②

上述案例可见，当事人的主张若系其自行理解，则无法构成法律意义上的重大误解。实践中重大误解主要有以下三种类型：一是对民事法律行为性质的错误认识，二是对民事法律行为相对人的错误认识，三是对标的物本身的错误认识。同时，实践中还需对后果("较大损失")进行考量，损失程度要从两个维度加以把握：一是错误所涉内容是否重大，对无关紧要细节的错误认识不构成重大误解；二是对表意人产生的不利后果是否重大。③

(3)显失公平

《民法总则》第151条规定，一方利用对方处于危困状态、缺乏判断能力等情形，致使民事法律行为成立时显失公平的，受损害方有权请求人民法院或者仲裁机构予以撤销。可见，《民法总则》没有采用《民法通则》和《合同法》将显失公平和乘人之危分别对待的观点，而采纳了将乘人之危作为显失公平前提条件的观点，在显失公平中吸收了乘人之危

---

① 《吴永刚诉施丽静夫妻财产约定纠纷案》，载《北京审判》2018年第5期。

② (2016)京01民终3417号。

③ 沈德咏主编：《中华人民共和国民法总则条文理解与适用》，人民法院出版社2017年版，第982～984页。

的要件。但《民法总则》施行前，法院仍将乘人之危与显失公平进行区别审查，故以下分别予以论述：

在北京一中院审结的一起案件中，对于当事人争议的涉案协议是否存在乘人之危情形，法院作出了如下认定：

按照认识规律，已经发生的事实是固定的。一是甲基于对儿子的信任而签署《离婚协议书》和被迫使签订《离婚协议书》是不同的事实，甲前后陈述不一致，其所述内容的真实性存疑。二是甲先后向相关行政机关申请房屋所有权转移登记的行为表明甲将涉案房屋转移给乙所有是慎重决定，是其真实的意思表示，也与《离婚协议书》的约定相一致。甲关于"乘人之危"的主张与其此前自主自愿将涉案房屋移转的行为相矛盾。三是无任何证据表甲某在签订该协议时有意识不清、行为能力受限等情形，即使甲当时不签署《离婚协议书》，也不会导致其病情加重或产生其他危难，因此不构成乘人之危。①

这一案例较为充分地体现出了法院在审查协议签订是否存在乘人之危情形的认定过程。从该案中可见，法院在认定时以乘人之危的法律规定为基础，根据当事人陈述尽量还原协议签订过程，并结合生活常理和认识规律分析当事人协议签订过程中的种种行为，综合考虑相关事实，认定协议的签订是否符合乘人之危的构成要件，是否系当事人的真实意思表示。实务中，判定主张协议签订存在乘人之危情形的一方其意思表示是否真实自愿，会因个体的差异而不同，很难确定一个普遍性的判断标准。但是一般而言，法院在审查其意思表示是否真实自愿时，会把握客观和主观两方面因素，考察当事人是否因危难状态而达到不得不违心地进行意思表示的程度。由此，识别何为危难状态就尤为重要，要结合当事人所处的具体环境，结合当事人个体特征予以综合分析，在考虑个体差异的同时也要根据社会一般评价尺度。但需要提出的是，婚姻家庭关系具有特殊性，其中掺杂很多情感因素，夫妻双方往往会在特殊情形下做出对自己不公平的财产分割决定，以求得离婚或其他利益。因此，法院审查时应以当事人协商的结果为主，在不违反法律法规的情况下，慎用乘人之危的可撤销情形。

关于协议是否"显失公平"的问题，以下列举北京一中院审理的两个案例加以说明：

案例一：甲与乙离婚时签订的《离婚协议书》中，除了对于财产的分割外，对婚姻关系的解除、债务的偿还、子女的抚养等事项都进行了约定，并不能仅凭财产分割的多少来认定是否属于显失公平。②

案例二：甲主张《离婚协议书》显失公平，但是《合同法》中将显失公平作为撤销合同的法定条件，并不当然适用于有关身份关系的离婚案件。同时显失公平是指一方当事人利用优势或者利用对方没有经验，致使双方的权利义务明显违反公平、等价有偿原则的情形。本案中，甲与乙签订的《离婚协议书》，除了对于财产的分割外，更是双方对于婚姻关系的一种解除，涉及身份关系。而涉及解除身份关系的财产安排是否公平合理，需要与身份关系的解除结合起来综合考量，并不能仅凭分得财产的多少来认定是否属于显失公平。

---

① (2016)京01民终5407号。

② (2016)京01民终3417号。

仅以《离婚协议书》中的财产分割条款主张显失公平依据不足。①

以上两个案例体现出一致的审理思路：在家事案件中，在涉及婚姻家庭特殊关系的情况下，不能将绝对适用《合同法》关于协议效力的相关规定，而应整体考虑。具体而言，许多夫妻间的协议，除了对于财产的分割外，还有双方对于婚姻关系的维系或解除，涉及身份关系。而涉及身份关系的财产安排是否公平合理，需要与身份关系结合起来综合考量，不能仅凭财产分割的多少来认定是否属于显失公平。

3. 夫妻间财产协议效力认定方法

综上所述，夫妻间财产协议的有效要件包括：

(1)订立主体为已经缔结婚姻关系并具有完全行为能力的夫妻双方；(2)协议约定系双方真实意思表示；(3)内容为双方的婚前个人财产及婚后所得财产；(4)当事人双方对夫妻财产的归属及利用的约定具体明确；(5)内容不违反法律法规的规定和公序良俗；(6)一般采用书面形式，如果采用口头形式约定，则在双方均无异议且能证明协议一直履行的情况下，也可认定协议效力。

对于夫妻间财产协议的可撤销情形，应当注意的是，婚姻家庭关系的缔结及维持始终是以家庭成员之间的感情为系。在婚姻存续期间，夫妻之间签订的协议往往也以感情为判断基础，一方在感情支配下，可能答应将夫妻共同财产的大部分给予对方，衡量这类协议是否公平、是否存在欺诈胁迫，不能简单以“等价有偿”原则作为唯一标准。② 但与此同时，此种特殊关系下欺诈等可撤销行为的表现也与一般协议中的类似行为有所不同，更具有隐蔽性和不确定性。隐蔽性，是指在感情的基础上，往往更不易发现签订协议的真实目的；不确定性，是指暴露真实目的的条件存在不确定性。鉴于婚姻家庭生活具有持续性、封闭性、不规范性的特点，其行为规则及方式不同于陌生人之间的民事交易行为，很难留存相应的证据材料。因此，涉及此类案件时，需要法院在对婚姻家庭生活的了解与掌握的基础上，充分运用生活常识与经验规则，对各方订立协议的最初目的、协议的内容对各方的利弊，以及协议订立后各方的行为是否与最初的目的相一致等方面进行综合判断，解决婚姻案件中的事实认定问题。一般情况下，不宜轻易以夫妻间协议存在欺诈、胁迫、显失公平为由支持当事人请求撤销协议的主张。

(二)夫妻间财产协议的物权变动问题

如前所述，夫妻间财产协议在司法审查时，面临《婚姻法》与《物权法》、《合同法》的衔接适用难点。三部法律在涉物权变动规则中，因法律规范及理论研究就法律间的衔接适用尚欠清晰，司法判断各持己见。其中一个重要的问题就是：对于夫妻将婚前或婚姻存续期间的财产约定为全部或部分为夫妻共同所有或者各自所有的协议，若未发生《物权法》第6条、第9条、第23条规定的物权变动，财产是否可直接依据《婚姻法》第19条规定发生所有权转移？进而，物权变动发生前，夫妻一方在将己方所有房产或其他财产赠与对方后可否依据《婚姻法司法解释三》第6条规定适用《合同法》第186条规定行使赠与合

① (2016)京01民终5407号。

② 最高人民法院民一庭编著：《婚姻法司法解释(二)的理解与适用》，人民法院出版社2004年版，第84页。

同撤销权？对于上述问题，以下通过区分涉物权变动协议的不同类型进行分析。

1. 涉物权变动的协议类型与划分必要性

实践中，依照所处分财产的原有归属，可分为涉及个人财产的物权变动协议和涉及共同财产的物权变动协议。其中，二者可以进一步划分为4种情形，即将夫妻一方个人财产约定赠给另一方所有、将夫妻一方个人财产约定为夫妻共有、将夫妻共同财产约定为一方所有、将夫妻共同财产约定为按份共有。（见图9）

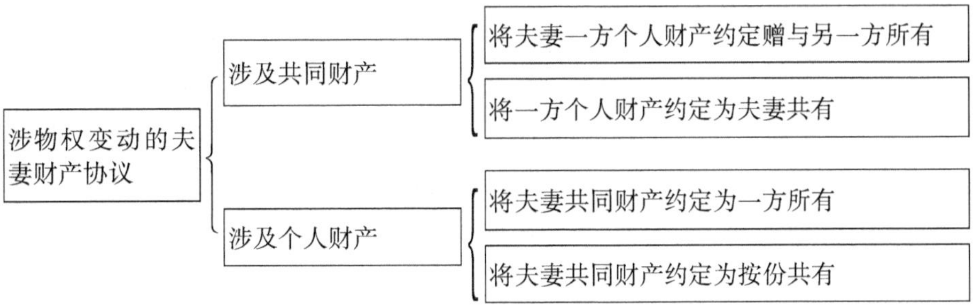

图9　个人和共同财产物权变动

之所以对上述协议类型进行区分，系因涉物权变动的财产约定在不同情形下适用不同的裁判规则，其能否产生物权变动效力也随之不同。以下从理论观点出发进行分别论述。

2. 夫妻财产协议物权变动效力的理论争议

关于夫妻间的财产协议是否可以直接产生物权变动的效力，学界有较大争议。认为不能直接产生物权变动效力的学者，提出了离婚要件说、赠与合同说；而认为可以直接产生物权变动效力的学者，提出了依婚姻法特别规定说和非基于法律行为的物权变动说。以下进行简要归纳。

（1）离婚要件说——不直接产生物权变动效力

有学者认为，夫妻婚内的财产协议在订立协议的夫妻之间不能直接产生物权变动效力。因为夫妻双方在婚姻关系存续期间，除了具有《婚姻法司法解释三》第4条规定两种重大理由以外（包括一方损害夫妻共同财产利益的情形和一方拒绝为另一方负法定扶养义务的人支付医疗费的情形），其他情形均不得分割夫妻共同财产。因此，婚内财产协议仅在离婚时始生效力，不离婚不生效，更不能在婚姻关系存续期间直接产生物权变动效力；离婚时，婚内财产协议可以作为分割夫妻财产的依据①。

我们认为，这一观点有待商榷。《婚姻法司法解释三》第4条是对于夫妻一方请求法院分割共同财产而言的，并没有限制夫妻双方通过约定分割共同财产的情形，夫妻双方通过约定分割共同财产不限于《婚姻法司法解释三》第4条规定的两种情形。因此，法律没有限制夫妻双方通过约定，以协议的方式在婚姻关系存续期间分割夫妻共有财产。婚内财产协议也不必以离婚为生效要件，除双方有特别约定的，婚内财产协议应当自成立时生

① 刘青文：《分割夫妻共有财产可否不以离婚为前提——兼评“婚姻法解释三”（征求意见稿第5条）》，载《苏州大学学报》2011年第6期。

效。至于其能否直接产生物权变动的效力，将在下文详述。

（2）赠与合同说——不直接产生物权变动效力①

有学者认为，将夫妻共同财产约定为一方所有，属于赠与方对其在夫妻共同财产中共有份额的处分，是将其共有财产份额无偿转让给另一方的行为，应当认定为赠与。按照此种理论，若婚内财产协议没有平均分配夫妻共同财产，则可以视为少分一方对其应得财产份额的处分，即该方将其部分应得财产份额赠与给另一方，使另一方的财产得到多分，亦应认定为赠与。持此观点的学者对于赠与人是否应当享有撤销权这一问题，目前亦未形成统一观点。其中，部分学者认为婚内财产协议与一般的赠与合同并无二致，应当完全适用《合同法》和《物权法》对赠与合同的相关规定。另有部分学者认为，发生在夫妻之间的此种赠与，对婚姻关系具有一定的附随性，不应完全等同于一般的赠与合同，特殊性表现为对赠与人法定撤销权的限制。赠与合同说认为，夫妻间的财产协议作为赠与合同，是物权变动基础的债权行为，不能直接在婚姻当事人之间产生物权变动效力。

我们认为，此种观点同样有待商榷，主要问题在于夫妻财产约定与赠与的区别。夫妻财产约定在行为性质、行为目的、意思表示形式等方面与赠与存在差别，实务中一般将夫妻双方将共有房产约定归一方所有的情形归于《婚姻法》第19条的夫妻财产约定。

（3）依婚姻法特别规定说——直接产生物权变动效力

有学者认为，夫妻间财产协议能够直接产生物权变动效力，因为就夫妻之间的财产关系而言，《婚姻法》较之《物权法》属于特别法，应当优先适用。②

我们认为，结合前述关于夫妻间协议基于身份关系所产生的情感伦理特殊性，以及亲属法在立法目的和立法宗旨上与夫妻间协议更为吻合因此需优先适用的原则，这种观点颇为合理。

（4）非基于法律行为的物权变动说——直接产生物权变动效力

有学者认为，参照《物权法》第28条至第30条的规定，婚内财产协议属于非基于法律行为的物权变动，不以动产交付或者不动产登记为物权变动的生效要件。③

我们认为，这种观点在结论上虽然与实务倾向一致，但解释路径存在商榷之处。夫妻财产协议是夫妻两人基于对财产处分的相同意思表示所作的契约，应当归为法律行为的范畴中。因此，由该协议引起的物权变动是当事人在合意上寻求的法律结果，不是通过法律条文的直接规定就能产生的效果，将其归为非基于法律行为的物权变动有些欠妥。

3. 各类涉物权变动夫妻协议的实务规则

由于认定夫妻间关于物权变动的约定是夫妻财产约定还是夫妻间赠与，会适用不同的法律进而导致不同的法律后果，而实务中所见大量的夫妻间涉物权变动财产协议，其形式与内容表述不尽相同，需要对约定是否具有明确的赠与的意思表示进行判断。如果夫妻一方具有明确赠与对方财产的意思表示，则适用合同法和物权法的相关规定。但有些

---

① 田韶华：《夫妻间赠与的若干法律问题》，载《法学》2014年第2期。

② 林秀雄：《夫妻财产制之研究》，中国政法大学出版社2001年版，第192页。

③ 刘耀东：《论基于夫妻财产制契约发生的不动产物权变动——非基于法律行为的物权变动解释路径》，载《时代法学》2016年第1期。

协议从表述上无法确定是否系赠与,当事人对此也有争议,那么司法实践中一般按以下原则处理。因实践中绝大多数争议系因房产约定而来,故以下讨论以房产为例进行阐述:

(1)夫妻将一方个人房产约定赠给另一方所有,在未办理产权变更登记前,赠与方享有任意撤销权。但如果协议经过公证,则即使房屋未过户,赠与也不能撤销。

(2)夫妻将一方个人房产约定为夫妻共有的情形。此时夫妻签订的财产协议应视为夫妻财产约定,可以直接产生物权变动效力。即使未办理房产变更登记手续,房屋原产权一方若反悔也不能行使任意撤销权。

(3)夫妻双方将共有房产约定为一方所有的情形,实践中多发生于夫妻中的过错方为了弥补错误、挽救婚姻或其他目的而自愿放弃了自己的房产份额。这种情况属于《婚姻法》第19条的夫妻财产约定,可以依据婚姻法直接产生物权变动效力。

(4)夫妻双方将共有房产约定为按份共有的情形,可基于婚姻法直接产生物权变动效力。若夫妻之间口头约定且双方均不持异议,视为该约定有效。

上述约定应采用书面形式,但若夫妻之间口头约定且双方均不持异议,视为该约定有效。

总之,涉物权变动的夫妻间财产协议的物权变动效力,需要在不同类型中加以区分。如上所述,除《婚姻法司法解释三》第6条规定的情形之外,均应适用《婚姻法》第19条的"约定",单方不得撤销;对于《婚姻法司法解释三》第6条适用"赠与"的情形,应限制在"一方个人房产约定赠给另一方个人所有",这种情况下,未完成产权登记变更前,一方享有撤销权。此外,对于物权效力问题,"约定"在夫妻间具有婚姻法上的效力,但不具有物权法上的效力,即对世效力,也不得对抗善意第三人。

4. 实务规则的理论要点

上述实务处理规则体现出三个理论上的要点需要注意:一是夫妻财产约定为何可以直接产生物权权利;二是关于协议内部效力和外部效力的区别;三是房产约定和房产赠与的区别。

(1)夫妻财产约定可以直接产生物权权利的依据

一是从我国夫妻财产制度的层面看,法律规定夫妻财产制度有法定财产制和约定财产制。这两种制度在法律地位上是平等的,亦应产生相对等的法律效果。法定财产制即婚后所得共同制,在婚姻关系存续期间,除个人特有财产和夫妻另有约定外,夫妻双方或一方所得财产均归夫妻共同共有,夫妻双方享有平等的财产所有权。与此相应,约定财产制全部或部分排除了法定财产制后,夫妻之间按照约定也应取得相应的财产所有权。《婚姻法》第19条第2款规定,夫妻对财产关系的约定,对双方具有约束力,也即双方可以根据约定享有财产所有权和管理权等权利,直接取得物权。

二是从私法领域意思自治的层面看,私法领域的个人享有自主设定权利义务、不受他人干涉的自由,这种自由包括夫妻双方可以自主协商处理财产、家务、子女抚育等问题。夫妻之间的约定,只要意思表示真实且符合法律规定,就应在夫妻之间形成约束力。通常情况下,家庭或夫妻不会对外公开自己的财产状况和真实权属,婚姻关系存续期间的财产所有权变动往往不会实际交付或变更登记,家庭财产的实际物权状况与权利外观并不一致。实践中,物权变动最初在本质上是由当事人意思自治触发并推进的,登记和交付是物权变动的表现形式,而在夫妻财产关系中,从亲情维系和社会习惯出发,若要求其权属变动均严格按照物权公示原则进行动产交付或不动产登记,不利于婚姻家庭关系的维系。

三是从诚实信用原则的层面看,诚实信用作为民法的基本原则,是道德准则法律化的表现。婚姻家庭不仅会受到民法大环境的规制,并且是非常强调道德性的领域,更要遵守诚实信用原则。具体到婚姻中,结合身份关系的伦理性,诚实就是要求夫妻真诚相待、彼此忠诚,信用则要求各方自觉遵守并履行承诺。夫妻之间的财产约定也是对感情的尊重和认可,其直接取得物权权利,有利于婚姻稳定,司法也要予以保护。

四是从社会引导的层面看,目前很多夫妻就协议引发的纷争都是出于协议订立后,双方在感情、身份等方面发生变化,使一方反悔不愿继续履行所导致。若审判实践中认定夫妻财产约定在交付/登记之前可以任意撤销,将对社会引导效果产生不良影响,并会使此类纷争越来越多。认定夫妻财产约定可以在夫妻内部直接产生物权变动效力,不仅可以对当事人在订立协议时的真实意思表示予以确认,促使社会公众在订立夫妻协议前进行慎重考虑且订立后依约履行,从而对和谐、诚信的社会风气和家庭道德予以引导,使当事人对订立协议的后果产生稳定的预期,减少此类纠纷的发生。

(2)区分内部效力和外部效力

由于婚姻家庭关系的特殊性,对夫妻当事人内部而言,配偶双方代表个体为内部法律行为,而当家庭与外部产生联系,涉及第三人时,夫妻一体性使当事人往往以一个家庭共同体的主体身份从事民事活动,这导致夫妻间协议引起的物权变动效力及物权对抗效力在对内与对外关系上具有特殊性。通常,司法实务中形成的规则是,物权变动效力作用于夫妻双方当事人内部财产的变动,而物权对抗效力适用于信息不对称或其他因素导致处于交易弱势地位的第三人与夫妻共同体交易时,内部与外部产生利益冲突,法律为利益平衡及交易安全通过物权对抗效力使内部物权变动产生的法律效果及于第三人。只有当约定具备了“第三人知道”这一必然条件,才能发生对外效力。① 物权对抗效力的行使不会阻碍物权变动效力的发生,而是在家庭共同体之间产生类似物权变动发生于夫妻内部关系的法律效力。② 夫妻内部的财产关系应适用《婚姻法》规定,夫妻财产与第三人的关系适用《物权法》《合同法》规定。

物权法领域是通过对物的物权关系来反映人与人之间的关系,某人对社会财产的排他性地占有、使用、收益和处分,或者对特定物的使用价值、交换价值的直接或者间接的利用、支配。而在婚姻法领域,婚姻家庭关系是以两性结合和血缘联系为特征的社会关系,其本质在于夫妻之间的精神感情关系,夫妻财产制附随于身份行为由婚姻共同生活关系而产生,主要内容是婚姻在何种程度上构成一个“财产及财产管理”共同体。婚姻法之创设具有强烈的人身属性及伦理性,其最终目的在于维护组成社会的细胞正常持续发展,可以说带有“公法”意味和社会保障、制度福利的色彩,将保护“弱者”和“利他”价值取向直接纳入权利义务关系的考量。③

综上所述,法院在审理时应区分夫妻财产约定的对内效力和对外效力。一是夫妻财

---

① 郭丽红:《冲突与平衡:〈婚姻法〉实践性问题研究》,人民法院出版社 2008 年版,第 98 页。

② 杨晓琰:《物权对抗力规则在夫妻财产制度中的适用》,载《科技与法律》2016 年第 3 期。

③ 王忠、朱伟:《夫妻约定财产制下的不动产物权变动》,载《人民司法》2015 年第 4 期。

产约定在内部可以实现夫妻财产权属的转移。婚姻关系存续期间的财产所有权变动往往不会实际交付或变更登记，若要求其权属变动均严格按照物权公示原则进行动产交付或不动产登记，不利于婚姻家庭关系的维系。因此，认定夫妻财产约定在内部效力上可以直接引起物权变动更为合理。二是需要明确，此种效力不具有对抗性，不得对抗善意第三人。

（3）区分房产约定和房产赠与

对于夫妻间相互赠与的任意撤销权应当适用《婚姻法司法解释三》第6条以及《合同法》的相关规定。这里值得注意的是，审查时应区分夫妻双方在"协议"的外观下，究竟是房产约定还是房产赠与，对这一问题的判断会影响到法律适用的选择，如下例：

夫妻双方在婚姻存续期间购买房屋，在取得该房屋登记证书之后，双方签署了关于该房屋归属的说明，载明一方同意自愿将该房产全部转给另一方。现赠与方主张撤销赠与。① 一审法院认为：双方签署的房屋归属的说明，应属于一方将其所有该房屋共有部分的份额赠与另一方，而根据《婚姻法司法解释三》第6条和《合同法》第186条规定，双方在签署前述房屋归属说明后，并未办理房屋产权变更登记，现赠与方坚持该房屋为夫妻共同财产予以分割，应视为其撤销了赠与，该房屋应为夫妻共同财产。

北京一中院改判认为：因房屋原系双方共有财产，后经双方共同签字书面约定为一方个人财产，故不属于单方赠与，依照约定，房屋属于受赠方个人财产。

可见，对协议性质的认定决定了案件的法律适用。赠与合同可以直接依据《合同法》《物权法》等财产法上的规定判断其法律效力；婚内财产分割协议因主体身份的特殊性需要综合考虑《婚姻法》及其司法解释等身份法上的特殊规定。那么区分协议性质是财产约定还是财产赠与就成为事实认定的一个关键问题。

一般而言，财产约定与赠与关系在以下三个方面存在区别：一是行为性质不同。夫妻之间的财产约定以合意双方的婚姻关系为前提，并紧紧依附于双方由婚姻产生的身份关系。赠与关系则不要求双方当事人具有任何身份上的联系，赠与是单纯的财产性行为，市场经济中的一般民事主体均可作为赠与的主体。二是意思表示的形式不同。夫妻财产约定是要式行为，可排除法定财产制的适用，因此婚姻法明确规定夫妻财产契约应采取书面形式。即便实务中存在个别口头形式的认定，但也需经过极为严格的司法审查。此举旨在提示夫妻双方在对财产进行概括性或者针对性的约定时，应秉持审慎态度。赠与则是不要式行为，双方当事人只要意思表示真实合法并达成一致，不拘形式即可成立赠与合同。三是行为目的及实现不同。夫妻财产约定的目的概括来讲无非两种，要么是维系婚姻关系的长久，要么是避免婚姻终止之时的财产分割纠缠，而不论哪一种目的，夫妻财产约定目的的实现必然都要经历一段相对漫长的过程。因夫妻财产约定引起的财产归属变动并不对夫妻任一方对物的用益物权产生实质影响，无论约定财产归属一方或双方共同所有，夫妻双方均可使用标的物，甚至财产孳息仍属于夫妻共同所有。赠与关系则不同，赠与合同成立之后，或者约定时间或者即时履行，受赠人总有一个指日可待的期限取得完整的物权。而赠与合同一旦履行，除非特别约定，赠与人与受赠人之间通常而言也无共同

① （2016）京01民终5591号。

使用标的财产之契机,赠与人自然也就不再享有标的物的用益物权。① 根据以上三方面的要素,则可以区分协议所表示的行为是夫妻财产约定还是赠与,进而适用不同的法律规则,产生不同的法律后果。

实践中有人认为,夫妻之间互相赠与的财产属于婚姻财产,应适用婚姻法规定,不适用合同法;也有人认为,单独的婚姻关系适用婚姻法,但夫妻之间赠与房产的关系是一种特殊的财产关系,其涉及不同的法律关系,调整这些关系,婚姻法、物权法、合同法的相关规定都可以适用,并在适用时不产生矛盾。虽然我们前面强调夫妻间协议的强烈身份属性带来的特殊性,在法律适用的问题上要秉持亲属法优先的原则,但这并不意味着排斥合同法的适用。就赠与问题来说,实际生活中,赠与往往发生在具有亲密关系或血缘关系的人之间,赠与行为背后的原因也多种多样,合同法对赠与问题的规定并没有指明"夫妻关系除外",所以夫妻一方赠与另一方不动产,在未办理过户手续之前,依照合同法的规定,赠与方享有任意撤销权,这与婚姻法的规定并不矛盾,也是对赠与合同双方权利义务的一种适度平衡。②

(三)夫妻单方出具承诺、保证、声明等的认定与处理

1. 实务概况和类型

夫妻间签订的协议除较为常见的离婚协议、婚内财产约定、财产协议等形式之外,还常有保证书、承诺书、忏悔书、声明、免除协议等书面材料,往往只有夫妻一方签字。这些书面材料内容杂乱且常常伴有强烈的情绪化,但因含有给付财产、放弃权利等内容涉及双方权利义务,当事人往往将其作为协议提出。对此,其性质和效力应如何认定,会给法院审查确认带来困难。

如前所述,115 件样本案件中有 9 件涉及单方出具的承诺类书面材料,具体情形如表 1 所示:

表 1 单方出具承诺书面材料案件

序号	案号	材料名称	效力	是否可作为财产分割的依据	备注
1	(2015)一中民终字第 01929 号	免除协议	无效	否	系经过裁切而形成,法院对其真实性不予认可
2	(2015)一中民终字第 2728 号	保证书 协议书 道歉书 承诺书	无效	否	内容均不严谨,不明确,且相互矛盾。仅凭保证书、协议书,道歉书、承诺书的内容,尚不足以认定双方已达成了婚内财产约定
3	(2015)一中民终字第 3887 号	承诺书	发回重审,未有定论		

① 参见北京市第二中级人民法院(2017)京 02 民终 2100 号案件法院评析:《夫妻间财产归属约定的性质认定和法律适用》,载《人民司法·案例》2018 年第 20 期。

② 最高人民法院审判监督庭编著:《最高人民法院婚姻法司法解释(三)理解与适用》,人民法院出版社 2011 年版,第 26~27 页。

续表

序号	案号	材料名称	效力	是否可作为财产分割的依据	备注
4	(2016)京01民终993号	保证书	有效	否	保证书无论从立书目的还是内容来看,双方均无必须离婚并分割财产之意,而且这份保证的内容也并非重在财产分割,而是对夫妻忠诚义务的确认和约束,因此不同于一般的民事合同和财产协议,亦非对财产分割的真实意思表示,故不能作为离婚时分割财产的依据
5	(2016)京01民终2537号	声明	有效	是	声明系其真实意思的表示,且不违反法律、行政法规的强制性规定,合法有效,应当遵守
6	(2016)京01民终4376号	声明	有效	是	形式上,该《声明》是以书面形式由丁植栋作为声明人出具并经金华签字确认的。内容上,《声明》中对房屋权属约定符合夫妻财产约定的形式要件和实质要件,该内容亦未违反法律、行政法规的强制性规定,属有效约定
7	(2016)京01民终5589号	声明	有效	否	《声明》内容涉及第三人权益,不予处理
8	(2016)京01民终5593号	保证书	有效	是	不违反法律规定
9	(2017)京01民终5775号	承诺书	有效	是	承诺书系对离婚协议的补充

这些材料的内容基本可以概括为“条件 + 后果”,从上述案例中看,条件大概有忠诚、暴力等行为,其后果可分为以下几类:一是财产给付类。如“如果尹某提出离婚或不好好过日子,找茬打架导致离婚,愿将尹某名下房子无条件给刘某”。① 二是权利放弃类。如“陈某承诺真心爱护李某,若发生打骂李某(打一下也算),或者辱骂李某,夜不归宿,故意不履行夫妻义务的,陈某向李某承诺自愿放弃陈某的一切财产与权益给李某,包括但不限于……”②三是任意处罚类。如“我打人骂人不对,一个月不回家不对,发誓痛改前非,恳求李某给我一次机会,如要再犯,任由李某处罚。”③

① (2016)京01民终993号。
② (2015)一中民终字第2728号。
③ (2015)一中民终字第2728号。

从这些书面材料所涉及的权利义务类型上，大致可以划分为仅涉身份关系的材料（如一方承诺不出轨、不打骂对方等）和同时涉及身份关系和财产关系的材料（财产内容通常作为违反身份承诺的补偿或惩罚措施）。

2. 认定与处理规则

（1）性质认定

夫妻间单方出具的承诺、保证、声明等，往往是为了修复关系、维系婚姻，这都与夫妻关系中的另一方的权利义务密切关联。实务中经常出现的情形是：此类材料只有夫妻一方签字，并以签字方为主体立下相关承诺，但另一方持有该材料且一直没有提出异议并作为证据提交。这种情况下，我们认为可以视为双方就材料中呈现的内容达成了合意。

具体而言，虽然这类承诺只有一方签字，在形式上欠缺"协议"的规范要件，但从合同成立的角度上讲，夫妻一方向对方出具承诺等的行为是一种要约，是希望与对方就婚姻中的身份关系和/或财产关系达成一致意见的意思表示。实践中所见的承诺等材料，大部分内容具体确定，且能够体现出具方在另一方同意后即受到材料内容的约束，故符合《合同法》第 14 条关于要约的规定。这一材料往往又由对方持有并提交法院，可见出具方的意思表示已经到达对方，根据《合同法》第 16 条的规定，该要约已经生效。对方持有该材料并对材料内容不持异议，是同意要约的意思表示，虽没有签字，但系以实际行动作出了承诺。而出具方对对方持有的行为也没有提出过异议，应视为承诺到达出具方。故夫妻间单方出具的承诺、保证、声明等，可视为夫妻双方达成的协议。

（2）处理规则

当事人以书面形式作出如上"条件 + 后果"的承诺，并不意味着条件事实成就时，法院就会支持约定的法律后果，其效力还需要慎重审查。上述实务案例可见，这类材料在效力判断思路上与一般的民事合同无异，均是从其形式要件与实质要件两方面进行把握，但除须具有一般民事行为有效要件外，其内容必须明确并还要符合法律规定以及家庭伦理、公序良俗。例如，现实生活中个别夫妻会在保证书中将"自愿放弃子女抚养权"作为惩罚性措施，但法院在审理时会考虑到，对子女的抚养权既是权利也是义务，不能以单方行为的方式放弃，且这种约定也与家庭伦理相悖。此外，实践中，如果保证书等材料是经过当事人考虑后签署的，是其真实意思表示，且对财产的归属有明确约定，没有违反公序良俗，那么这类承诺就可以视为夫妻双方对其所属财产的约定，应当具有法律效力。

根据在案证据对此类书面材料的效力进行确认后，下一步就是判断其是否可以作为财产分割的依据。通常情况下，在材料真实、约定明确且不涉及第三人利益的前提下，一般可以作为财产分割的依据。

综上所述，对于此类书面材料，法院在审理时，一方面，应严格审查协议的形式要件与实质要件，对于当事人对协议真实性提出异议的，通过鉴定程序依法认定。另一方面，应审查签订背景及原因，并结合双方家庭关系及情感状况和日常生活经验，根据认识规律和证据规则，依法认定其性质和效力。

（四）对夫妻间财产协议的解释问题

不同于普通的民事合同，在审理夫妻间签订的协议之时，应以合同法对合同的解释为原则，并尤为注意夫妻间协议的整体性、协调性和公平性。

1. 一般协议的解释原则

根据《合同法》第61条、第125条的规定，我国合同解释原则主要包括5项：文义解释原则、整体解释原则、目的解释原则、参照习惯与惯例原则、诚信解释原则。

所谓文义解释，指通过对合同所使用的文字词句的含义的解释，以探求合同所表达的当事人的真实意思。整体解释则指，要理解单个的合同条款，必须以对合同文本整体的理解为基础，在解释合同争议条款或词语时应当将其与合同中的其他部分相联系，确定其在合同中的特定的含义，而不是将其与整个合同割裂开来，按照单个条款或词语的一般意思来理解。目的解释，是指如果在解释合同的过程中，合同的条款、词句有两种或两种以上的解释时，应根据合同的目的来确定其含义。参照习惯与惯例原则，是指在合同条款、词句的含义存在疑义或者合同存在漏洞的情况下，依据习惯和惯例明确合同的含义、填补合同的漏洞。诚信解释原则，是指应遵循诚实信用原则解释合同。①

夫妻间协议作为协议的一种，在就当事人就协议内容产生争议时，法院可以根据合同解释的一般原则，妥善运用自由裁量权对协议进行解释和认定，探求当事人的真实意思。这里包括两方面的要求，一是对于协议争议问题，法院不能以约定不明为由不予审查或简单判定无效，而要妥善运用合同解释原理对夫妻间协议作出合理解释，从而保障实质上的公平，避免司法惰性；二是在对协议进行解释之时，应在原则规定的范围内，不能任意解释。同时，鉴于夫妻间协议的特殊性，在对其进行解释时同样也有特殊的考量。

2. 夫妻间协议的特殊考量因素

考虑到夫妻间协议的特殊性质，在处理协议解释的相关问题时，除符合一般协议的解释原则外，还要兼顾夫妻间协议诸多条款的整体性、协调性和公平性。要将协议作为一个互相关联的有机整体进行考量，不能将某一条款单独拿出来与协议整体相割裂。以下以一案例说明：

该案的基本案情是：甲乙系再婚夫妻，乙与前夫有一子丙。甲乙共同签署《分家方案（遗嘱）》，其中第3条约定某房屋全归丙一人所有。后甲诉至法院，要求确认《分家方案（遗嘱）》第3条无效，确认房屋归甲乙共同所有。甲认为，其与乙签署的《分家方案（遗嘱）》中第3条属于对丙的赠与，现因其不同意赠与，赠与合同不成立。乙、丙对该主张不予认可，请求驳回甲的诉讼请求。

北京一中院经审理认为：

判断甲在本案中的诉讼请求能否成立，应当明确甲乙所签《分家方案（遗嘱）》的性质及其产生的法律后果。本院经审查后认定该《分家方案（遗嘱）》属于婚内财产协议，不是赠与合同，甲的诉讼请求不能成立。

一是该协议属于婚内财产协议。该协议的签订主体是甲乙，签订该协议时，双方处于婚姻关系存续期间，虽然协议中提及双方的子女，但并没有处分子女的财产，特别是第3条中所涉房屋，当事人均确认协议签订之前属于甲乙的夫妻共同财产，甲乙当时作为具有完全民事行为能力的夫妻双方，在婚姻关系存续期间就财产分配达成的协议，在无其他明确法律关系界定下，应当参照婚姻法规定认定为双方的财产约定。二是该协议中的第3

① 韩世远：《合同法总论》，法律出版社2011年版，第702页。

条不属于赠与合同。该协议的签订主体是甲乙,丙并不是该协议的主体。该协议是甲乙基于双方夫妻间这种特殊身份关系,综合考虑各种因素最终达成一致意见的结果,其中每一条都是协议整体中的一部分,相互关联进而构成协议完整的意思表示。虽然协议第3条中明确房屋归丙所有,但该条是不可与协议的其他条款分割而单独存在的。在整体协议框架下,不能简单认定甲乙单独就该条中所涉房屋与丙之间达成了一个新的赠与合同。三是根据现有证据,并无违反法律规定导致无效或具有可撤销的情形,应当认定为是双方真实意思表示,对双方均具有约束力。①

该案明确了认定夫妻间协议的一个重要原则,即应将夫妻之间的协议作为整体审查而不能割裂看待。这一原则与前述合同解释一般原则中的“整体解释”有些类似,但两者的内涵存在较大差异。整体解释一般原则强调的是:解释者在解释合同时,应根据前后文的意思整体理解,把合同条款和构成部分看作一个统一的整体,从各个合同条款及构成部分的相互关联、所处的地位总体联系上阐明当事人有争议的合同用语的含义。它解决的是“合同用语”存在矛盾或龃龉时的理解问题。而夫妻间协议在审查时的整体性则侧重条款之间权利义务的关联与妥协,强调不能将某一条款割裂看待。以该案为例,涉案协议从签订主体、协议标的物以及当事人意思表示来看,系在不解除婚姻关系的前提下,夫妻双方就其共有财产权属问题所做的书面约定,由于身份关系的特殊性而区别于一般的民事合同。无论是该案中夫妻签订的分家方案,还是常见的离婚协议,均系在身份关系前提下(包括解除婚姻关系前提下)对子女抚育、财产分割作出的整体性处理,某一项财产即便在形式上符合一般赠与情形,但并非一个单独的赠与合同,任一条款均非孤立存在,而是一个有机联系的整体,与其他内容共同形成平衡的结果,不能任意分割,也不能任意撤销。这一原则在审查时应予注意。

四、涉第三人利益的夫妻间协议法律适用问题

(一)“第三人”的范围界定

学界和实务界对何为夫妻协议中的“第三人”存在不同观点。一种观点认为,“第三人”指存在于婚姻家庭关系之外,与夫妻一方有关系的人,例如,夫或妻处分夫妻财产的相对人是婚姻家庭关系之外的人,夫或妻与第三人之间的关系就是一般主体之间的财产关系,此时应该依据《物权法》以及其他相关法律规定来调整。② 另一种观点认为,“第三人”指与具有协议关系的夫妻双方或一方之间存在财产关系的人。《婚姻法》第19条中提到的不能对抗的“第三人”都是指与夫妻双方或一方发生交易行为的夫妻之外的人,“第三人”受到夫妻之间的协议约束的条件是知道夫妻之间存在协议,在这种情形下,“第三人”同夫妻双方或一方的财产关系才会被此协议影响。③

我们认为,上述观点都有道理,但实务中遇到的夫妻间协议所涉及的“第三人”,不仅与具有协议关系的夫妻双方或一方之间存在财产关系,还经常兼具财产关系和身份关系。

---

① (2017)京01民终947号。

② 参见唐某诉李某某、唐某乙继承纠纷案二审判决书。

③ 王海广:《夫妻约定财产法律制度研究》,上海大学2013年硕士学位论文。

而具有身份关系的第三人,在处理规则上亦有自己的特殊性。因此,本文所讨论的"第三人",指与具有协议关系的夫妻双方或一方之间存在财产关系或身份关系的人。

(二)涉第三人利益的夫妻协议类型

综合实务中常见的涉第三人利益的夫妻间协议,大致可分为以下两种类型:

一是无权处分协议。即第三人对夫妻间约定所处分的财产享有所有权或抵押权等物权权利,造成协议无权处分问题。

二是涉子女协议。比较常见的情形是:夫妻在离婚协议中约定某项财产归双方子女所有,协议签订后,夫妻一方基于不动产未办理过户手续或动产未交付而行使任意撤销权,这一情况法院应如何处理,应如何平衡保护子女利益。

(三)不同类型的处理规则

1. 无权处分协议

实践中,夫妻一方可能以财产涉及案外人权益为由主张协议无效,如115件样本案件中有7件涉及案外人权利,法院全部不予处理或另案处理。此种情况下,查清协议所处分财产的权属也存在一定障碍。对此我们认为,对于当事人主张协议所处分的财产涉及案外人权益的问题,法院应全面查清财产权属,合理分配举证责任,在协调夫妻财产权益保护和市场交易秩序维护的基础上,围绕证据认定和法律适用作出公正的裁决。

合同法及物权法上的无处分权人,就是对归属于他人的财产没有权利进行处置,或虽对财产拥有所有权,但由于在该财产上负有义务而不能自由处分的人。根据《合同法》第51条的规定,财产只能由有处分权的人进行处分,无处分权人对他人财产进行处分是对他人财产的侵害,即使是对共有财产享有共有权的共有人,也只能处分其应有的部分,不能擅自处分共有财产。因此,离婚诉讼中,对于夫妻间协议约定处分的财产涉及案外人权益的情况,若有初步证据证明,为保护案外人权益,法院将该部分财产不予处理是妥当的。

但实务中值得注意的是,部分案件一审中以"可能涉及其他人的利益"为由任意使用"另案处理",将本应当在该案件中处理的问题随意甩出,导致案件争议无法一次性解决,并引发新的诉讼,不仅增加当事人的诉累,更浪费了审判资源。不当另案处理的原因,可能出自法官的畏难心理,尤其是离婚案件中当事人提出的主张涵盖了解除婚姻、子女抚养、财产分割等内容,而财产往往又涉及房产、存款、股权、股票、债权债务等众多类型。部分财产分割程序较为复杂,查清事实耗时较长,部分法官认为当事人之后还可以通过离婚后财产纠纷予以解决,实体权利没有受到损害,从而选择让当事人另案处理。但有时系因对法律理解出现偏差。如一方当事人主张分割婚后所购房屋,另外一方父母提出异议,认为购房款中有部分他们出资,不应当分割。事实上这种情形下,在当事人没有提出充分证据证明父母出资时有借款或者共有的意思表示时,应当推定该出资为赠与,然后将房屋在离婚当事人之间进行分割。而部分法官没有正确理解法律推定的意思表示,只要有案外人提出异议,即认定为涉及案外人利益,要求当事人另案解决。对此我们认为,法院要本着对当事人高度负责任的态度,真正实现案结事了和纠纷的一次性解决。

2. 涉子女协议

对于夫妻离婚协议约定将房产赠与子女后是否可以撤销这一问题,我们认为,与前述原则一致,夫妻双方签订离婚协议时往往不仅仅是纯粹的利益考量,更多地掺杂了婚姻关系、家庭关系以及情感和目的等因素,故不宜轻易支持撤销或变更的请求。若涉及未成年子女的利益,还应秉承未成年人利益最大化的原则进行考虑。如北京一中院审理的一起离婚后财产纠纷中,当事人吴某与王某在离婚协议中约定,吴某放弃涉案房屋份额,涉案房屋归双方婚生子王小某所有。后王某作为王小某的监护人将该房屋出售,并将售房款作为王小某的出资款与王某的出资共同购买另一套房屋。吴某认为王某的行为侵害了吴某和王小某的权益,要求赔偿损失。法院经审理认为,从新购房屋中王小某所占该份额看,其所占的新购房产价值超过了原有房屋的房产价值,王某的买卖房屋的行为应属为了王小某的利益进行的买卖,并无不当,遂驳回了吴某的诉讼请求。①

我国《合同法》第186条规定,赠与人在赠与财产的权利转移之前可以单方面撤销赠与。赠与合同撤销权是法律赋予赠与人行使的一种权利,其目的是赋予赠与人在做出赠与意思表示后法定要件实现前的悔约权,以防止赠与人因一时情绪冲动,思虑欠周,贸然同意将不动产等价值贵重物品无偿给与他人。但同时,《合同法》第186条第2款对赠与人行使撤销权的范围进行了限制,即具有救灾、扶贫等社会公益、道德义务性质的赠与合同或者经过公证的赠与合同,赠与人不得行使任意撤销权。实际生活中,父母在离婚协议中达成将房产赠与未成年子女的内容,与解除婚姻关系密不可分,且亦有在物质上给予未成年子女一定补偿,保障未成年子女良好居住环境的意图,有利于未成年子女的健康成长,属于道德义务性质的赠与,应认定为不可撤销的赠与合同。因此,离婚协议中的赠与行为与单纯的赠与行为性质并不相同,父母对未成年子女的赠与,即使财产权利尚未转移,也不能任意撤销。

此外,在这类协议的履行中,还涉及程序上的诉权问题。有观点认为,一方面,前配偶可以基于合同的相对性,以夫妻财产约定纠纷或离婚后财产纠纷诉另一方要求履行协议,子女作为第三人参加诉讼;另一方面,子女可以基于赠与合同纠纷,以其父母双方为共同被告,起诉要求履行协议。② 但另有观点认为,由于作为受赠人的子女既不是离婚协议中的权利人,也不是民事义务的承受人,其只是民事权利所指向的对象,即离婚协议中赠与条款的受益人,其作为原告起诉不适格。③ 我们认同第二种观点。夫妻在离婚协议中作出将共有房产赠与子女的约定,只是夫妻作为处分权人单方形成的赠与意思表示的合意,并没有体现出子女表示接受赠与的意思表示,不符合合同法上赠与合同的构成要件。即使子女在协议之外作出了接受赠与的意思表示,但子女并非夫妻离婚协议的当事人,子女无权以权利人或第三人的身份在父母的离婚协议中与父母达成赠与合同。因此,子女没有独立的履行请求权,不能提起诉讼要求父母一方履行。

五、结语

当事人签订夫妻间协议,本质上是作为平等主体的自然人之间就变更民事权利义务

---

① (2016)京01民终3095号。

② 北京市第三中级人民法院民二庭:《婚姻家庭案件法律适用疑难问题研讨》,载"北京审判"微信公众号,2017年1月12日最后访问。

③ 吴晓芳:《〈婚姻法〉司法解释(三)适用中的疑难问题》,载《法律适用》2014年第1期。

关系达成的协议，因此，夫妻间协议与其他协议一样，受民法基本原则和相关规定的调整。但夫妻间协议所涉及的法律关系与人们的身份权及其相关利益有着密切的联系，除了纯粹的利益考虑外，常常会难以避免地掺杂一些感情因素。因此，夫妻间协议也笼罩了强烈的道德性、伦理性、内部性等特殊色彩，应在认定和处理上予以充分考虑，在法律适用上则表现为亲属法优先的原则。同时，夫妻间协议常常涉及财产权属的条款，对于此类协议的订立、生效、撤销、性质、履行等问题的认定和处理，在优先适用亲属法的基础上，也并不排斥合同法、物权法等财产法的适用。审判实践需要以法律为基础，并诸多法律之间寻求适用的协调和有机统一。

然而，实践中夫妻之间就协议问题所引发纷争的多样性和复杂性可能超出了立法者的想象，法院在适法过程中也常感到矛盾龃龉、无所适从，出现了不同的认识、理解与争鸣，仿佛成为司法实践中的沼泽地带。对此，我们不回避问题，不逃避争论，以法律规定为底色，以司法实践为立足点，试图通过对夫妻间协议的实务现状、性质认定、理论分析等方面进行类型化研究，归纳、提炼出一套处理各类夫妻间协议的实务规则，希望对司法实践中法律适用困境的理顺和解决有所助益。未尽事宜，还需理论界与实务界继续共同加以探讨。

第四篇

制度机制创新

关于司法改革背景下加强人民法院法律统一适用机制建设的调查研究*

——以中级法院审判职能作用发挥为视角

司法公正是法治社会的必然要求和重要保证,也是司法权运行的价值目标。十九大报告明确提出努力让人民群众在每一个司法案件中感受到公平正义。公平正义不仅包括将法律公正、平等地适用于个案中的原告和被告,而且包括法律在整个管辖权范围内平等、公正、统一、一致地适用于每个人。①

法律适用的统一性在各国司法制度价值目标中都占有重要位置。十八届四中全会审议通过的《中共中央关于全面推进依法治国若干重大问题的决定》将"统一法律适用标准"作为推进严格司法的重要任务之一。"四五改革纲要"也明确要求探索完善法律统一适用机制。司法改革通过构建专业化、扁平化的审判组织,落实司法责任制,去除司法权运行过程中的行政化因素,确保司法公平公正。法官员额制改革提升了法官队伍的整体专业素养,为法律适用的统一提供了重要保证,但是由于传统的法律统一适用机制也面临着改革调整,如何在司改背景下有效解决法律适用中的不统一问题,探索建立和完善符合司法规律的法律统一适用机制具有十分重要的价值和意义。

加强法律统一适用机制建设也是我国司法实践的现实需要。我国作为成文法国家,制定法具有较强的不确定性和模糊性。我国立法实践中一直秉持着"宜粗不宜细"的理念,导致法律适用过程中存在诸多不确定性和认知差异。另外,我国的司法体制是四级两审终审制,幅员辽阔的疆域、多民族的社会风俗、层出不穷的社会生活,要求司法裁判尊重地域差异、尊重风俗习惯,但法律统一适用要求必须有统一性的法律适用指引,不能无限度地强调差异,忽视法律适用的统一。这种法律适用不统一的问题,在我国审判实践中绝非仅存在于个别民事案件、抑或个别法院之中,而是比较普遍存在的裁判现象,亟待建立起一套行之有效的法律统一适用机制。

人民法院统一法律适用的传统机制主要包括审级监督、制定司法解释、出台法律适用规范性文件、发布指导性案例等,但上述传统机制并不能全面有效地发挥统一法律适用的功能作用。为此,最高人民法院在《关于完善人民法院司法责任制的若干意见》

---

* 课题主持人:吴在存,课题负责人:马立娜,课题组成员:伍涛、王玲芳、丁少芃、窦磊、张春城,执笔人:王玲芳、窦磊。

本课题为2017年全院综合性调研课题,荣获北京市法院2017年调研成果二等奖。

① 傅郁林:《审级制度的建构原理——从民事程序视角的比较分析》,载《中国社会科学》2002年第4期。

中,进一步就法律统一适用机制建设问题进行了规定,主要包括:一是明确专业法官会议统一法律适用的作用;二是明确审委会统一法律适用的职能;三是规定法律研讨机制统一法律适用,建立审判业务法律研讨机制,通过类案参考、案例评析等方式统一裁判尺度。法律统一适用机制的建设是一个包括法律统一适用识别机制、运行机制在内的系统性工程。本课题致力于在司法改革四梁八柱主体工程已经建竣的情况下,从传统法律统一适用机制的运行现状入手,分析法律统一适用存在的问题,明确法律统一适用的标准,并在司法责任制改革背景下探索建立健全新型法律统一适用的有效机制。

一、实践层面:法律统一适用情况的现状调查

(一)法律适用不统一的表现

1.“同案不同判”——法律适用不统一的基本表现形式

人们最常说的法律适用不统一就是“同案不同判”。所谓“同案不同判”,是指不同的审判组织对同一个“法律问题”作出不一致的判断,导致裁判发生冲突,造成司法不统一。[①] 此处所讨论的“同案不同判”主要是指类似或相同类型的案件在不同的法院中没有得出相同的结论,或事实认定或法律适用不同。[②] 这不仅涉及司法适用的统一性,且关涉司法权威与信赖,意义深远。

就“同案不同判”的具体表现,从主体出发,可以分为同一法院内部不同审判庭室和不同法院的适法不统一。出于审判专业化的要求,法院内部专业审判庭室划分越来越细,因此法律适用及解释的差异就容易产生。例如,违反《北京市小客车数量调控暂行规定》,借名人与出借人之间签订的购车指标出借协议的效力及借名下车辆的权属认定存在不同审判庭的不同认识,一种判理援引《物权法》第23条、第24条,认为机动车所有人为借名人,未否定双方借名买车的协议效力,并对这种违反规定的行为向相关行政主管部门发出司法建议;另一种判理认为:双方借名买车行为违反机动车登记规定,构成对机动车管理公共秩序的损害,侵害社会公共利益,认定双方借名买车协议无效,并将车辆返还给具有买车资格的出借人。

类似或相同类型的案件在不同的法院中没有得出相同结论的情形,又可以按照法律规定的情况可以分为两种:一是法律有明确规定,但是对规定的具体适用标准存有不确定理解。例如,《消费者权益保护法》第2条规定,消费者为生活消费需要购买、使用商品或者接受服务,其权益受本法保护。对于“职业索赔人”是否属于“消费者”就存在非常大的争议,一种认为,“职业索赔人”以营利为目的,不属于消费者;另一种认为,只要是购买商品用于生活就应当认定为消费者,不应将职业索赔人排除在消费者之外,[③]这两个观点至

---

① 陈杭平:《论“同案不同判”的产生与识别》,载《当代法学》2012年第5期。

② 段文波:《民事程序视角下的同案不同判》,载《当代法学》2012年第5期。

③ (2016)京03民终7348号民事判决认为,消费者是相对于生产经营者即生产者和销售者的概念,只要在市场交易中购买、使用商品是为了个人、家庭生活需要,而不是为了生产经营需要的,就应当认定为消费者,法律并没有对消费者的主观购买动机作出限制性规定,其合法权益就应当受消费者权益保护法、食品安全法的保护。

今仍没有取得共识。对于是否构成欺诈,一种观点认为必须要求欺诈的主观的故意。① 另一种观点则从客观性标准出发,对经营者来说,“没有履行货物检验制度”就构成欺诈。② 二是法律没有明确规定的情形,具体情形可以区分为法律规定的空白地带和部门法衔接的空白地带,审判实践中尤以后者居多。例如,工伤保险赔偿与第三人侵权损害赔偿竞合时双赔项目的范围不明确,虽然最高人民法院在《第八次全国法院民事商事审判工作会议(民事部分)纪要》已经明确劳动者可以获得“双赔”的原则,但是实践中对于误工费、停工留薪期工资、护理费、伙食补助费、残疾辅助器具费等项目是否双赔,处理并不一致。③ 如受害人在刑事诉讼外提起民事侵权赔偿,此时是否赔偿精神损害抚慰金,一种观点认为,按照侵权责任法的相关规定支持受害人的精神损害赔偿;④另一种观点认为,原告作为刑事案件被害人,在刑事案件审结后提起精神损害赔偿缺乏依据,未支持精神损害抚慰金该项诉讼请求。⑤

虽然“同案不同判”为大部分人所熟知,但是事实上没有两个案子完全一样,之所以冠以“同案”实际为其中涉及的法律适用问题的同一性。上述同一法律问题不同的解释适用在司法领域不胜枚举,通过区分不同的审判主体,会发现从不同的合议庭、审判庭,到不同的法院对同一法律问题的认识、法律适用的标准都存在不同的找法、释法路径和论证方法,也因此常常得出不同的裁判结论,于是产生了人们常说的“同案不同判”。

2. 审级监督视野下的法律适用不统一问题

审级监督的主要功能是纠错和保障法律适用的统一性。如果说“同案不同判”主要讨论类似或相同类型的案件在不同的法院中得出不同结论的情形,那么基于审级监督的上诉审则是通过上级法院纠正下级法院的错误裁判来统一法律适用。

经统计发现,2016 年全年改发案件的特点在于:一是随着我院将裁驳案件统一归口审理后,通过确定法院受理标准,对裁驳案件的法律适用尺度日渐统一,保障了当事人应有的诉权。二是常见的改发问题依然存在,新的问题不断涌现。常见问题如遗漏当事人、

---

① (2015)宁民终字第 4094 号认为,最高人民法院《关于贯彻执行〈中华人民共和国民法通则〉若干问题的意见(试行)》第 68 条规定,“一方当事人故意告知对方虚假情况,或者故意隐瞒真实情况,诱使对方当事人作出错误意思表示的,可以认定为欺诈行为”。据此,欺诈是指故意告知对方虚假情况,或者故意隐瞒真实情况,诱使对方作出错误意思表示的行为。要认定构成欺诈,应包括以下要件,即在主观上有欺诈的故意,知道或应当知道自己虚假陈述或隐瞒真相并会导致对方陷入错误认识,而希望或放纵这种结果的发生。客观上实施了告知虚假情况或隐瞒真相的行为。

② (2015)淮中民终字第 02011 号认为,《产品质量法》第 33 条规定,销售者应当建立并执行进货检查验收制度,验明产品合格证明和其他标识。可见,销售者应当确保其销售的商品的标识内容真实,建立并执行进货检查验收制度的法定义务。本案上诉人××公司在销售涉案物品时未对产品标识的显著瑕疵进行严格核实,没有在涉案商品的吊牌上明确标注;生产厂的名称和地址;可见上诉人××公司没有尽到法定义务,被上诉人严××基于对上诉人润淮公司的信赖而作出不真实的意思表示购买了不合格产品。

③ (2016)京 02 民终 10662 号、(2016)京 0101 民初 16388 号,法院认为上述赔偿项目只能获得一次赔偿。此处列举源于本院民六庭《关于工伤保险赔偿案件的调研报告》。

④ (2016)京 0108 民初 16093 号认为,加害人刘某应对自己的侵权行为负全部责任,赔偿受害人赵某因此次侵权行为产生的合理经济损失。赔偿项目包括精神损害抚慰金。

⑤ (2015)朝民初字第 19861 号。

法院释明等程序问题依然未得到有效解决；新问题则表现为新法适用带来的分歧和未及时更新的裁判理念。三是司改后，专业法官会议等配套管理制度逐步健全前，客观上使上下级法院法律统一适用上缺乏有效协调的载体和完善的机制。例如，经济犯罪中的犯罪数额认定、拆迁房屋权属性质认定等问题一直难以有效统一；“职业打假”案件中，对欺诈、惩罚性赔偿金的认定和适用，不仅一二审存在极大的争议，而且北京中院之间也存在分歧。

司改后，除了法律规定的专业法官会议、审委会、指导性案例这三种法定的统一法律适用方式以外，以北京中院层面为例，一中院与三中院仍保留传统的辖区审判工作座谈会制度。在2016年至2017年两年间，一中法院共召开辖区专业领域座谈会8次，三中院共召开辖区专业领域研讨会10次，涉及民事、刑事、行政、商事、执行和审判监督等多个审判领域；此外各中院还通过每年度的全院质量讲评大会、部门间个案会商、业务培训、案例研讨会、工作总结会、调研课题、精品案例评选等形式来统一院内各部门的法律适用。

新型审判权运行机制运行下，辖区专业审判领域座谈会仍不断发挥着统一法律适用的重要作用。辖区专业审判领域座谈会提供了上下级法院交流的平台，在交流研讨中不断取得法律适用方面的共识，降低一审法院裁判的改发率，因此在实践中仍广受基层法院的欢迎。经过调研发现，是否保留传统的辖区片会，中院层面仍存在不同认识，座谈会能否形成规范指导意见也有不同做法，有待进一步统一认识。

（二）现有法律统一适用机制的运行状况

1. 专业法官会议的运行现状及存在的问题

我院在总结前期庭室试点经验的基础上，结合工作实际，制定出台了《北京市第一中级人民法院专业法官会议工作规则（试行）》，完善了专业法官会议提起、召集、主持、议事等组织程序，形成了常态化的专业法官会议运作模式。自专业法官会议制度运行以来，我院院级层面召开专业法官会议20余次，庭级层面召开专业法官会议300余次，研究法律适用问题近200余次，研讨业务规范近100余项。专业法官会议的高效运行，切实提升了我院审判质效，助推了审判权运行机制改革，发挥了法官的主体地位和作用。（见表1）

表1 我院专业法官会议统一法律适用的功能表现及成效

统一法律适用的功能表现	统一法律适用的成效	
为个案提供咨询意见（件）	民商事案件	103
	刑事案件	45
	行政案件	58
	执行案件	12

续表

统一法律适用的功能表现	统一法律适用的成效	
总结类案法律适用(次)	民商事类案	12
	刑事类案	4
	行政类案	8
	执行类案	5
精品案例推介(2016 年度)(篇)	民商事案例	33
	刑事案例	8
	行政案例	7
	执行案例	2

专业法官会议在统一法律适用上存在的问题:一是专业法官会议难以实现高效统一法律适用的目标。就参加人员召集而言,院级专业法官会议人员参加范围跨越庭室且人数较多,无法实现经常性召集;庭级专业法官会议,由于受制于法官工作的忙闲程度,法官参与积极性不高。专业法官会议在法律适用问题的议事上效率不高,参加专业法官会议的人数一般较多,共识形成的难度较大,一般几个小时的会议仅能解决个别法律适用问题。二是专业法官会议缺少意见,固化交流机制难以真正有效起到统一法律适用的作用。专业法官会议的性质定位为案件审理提供咨询意见,会议形成的讨论意见仅供法官或合议庭参考,并非必须适用的裁判标准,在法官或合议庭未采纳专业法官会议多数意见时,缺乏强有力的说理论证约束机制。三是专业法官会议在统一法律适用上仍未摆脱行政化窠臼。专业法官会议组成人员的主要特点在于其专业性,而非其担任的行政职务。但从目前专业法官会议参加人员资格上看更多地强调的是院长、庭长、副庭长等高行政职务人员参会的资格,忽视了从学历、办案质效、办案数量及从事相关审判工作的年限等方面设定组成人员的条件,一定程度上,无法避免司法场域中法律意见的说服蜕变为行政科层制中下级对上级命令的服从。

2. 审委会统一法律适用的运行现状及存在的问题

近年来,我院承担全国法院审判理论重大课题《审判委员会制度改革研究》,积极探索审委会运行改革,形成了丰富成果。自 2015 年探索审委会制度改革以来,截至 2017 年 5 月 31 日,我院共召开审委会 23 次,讨论案件 51 件,调研课题、案例等 8 项,审判管理及态势分析 6 次,在统一全院法律适用上发挥了重要作用。

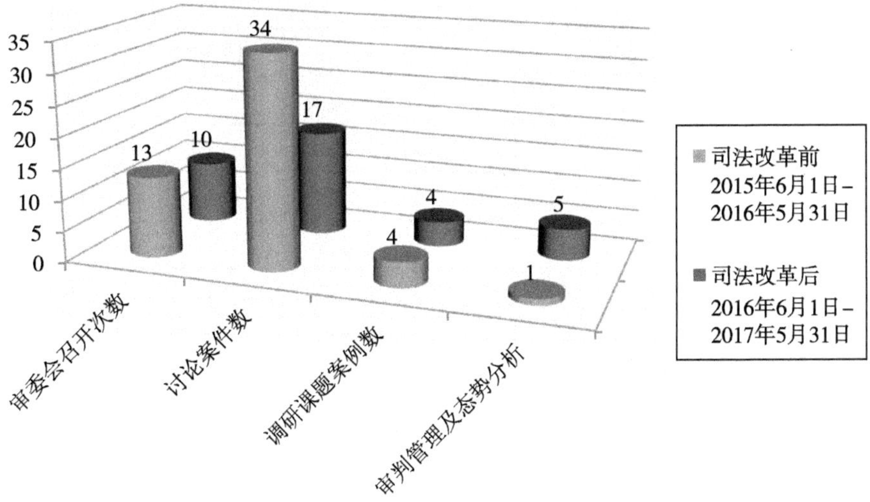

图1 我院审委会司改前后法律统一适用功能表现及成效

从图1来看，司法改革前审委会大量讨论具体案件法律适用问题，讨论案件数占到了审委会讨论事项的87.18%，但是司法改革后审委会讨论具体案件法律适用问题的数量大幅下降，讨论案件数占审委会讨论事项的65.38%。另外，司法改革前，审委会进行审判管理及态势分析等宏观事项管理仅占到审委会讨论事项的2.6%，但司法改革后，审委会进行审判管理及态势分析等宏观事项管理占到了审委会讨论事项的20.23%。审委会功能的发挥日趋趋向宏观事项的管理，在案件讨论法律统一适用作用的发挥上，却遇到了瓶颈。

审委会在统一法律适用上存在的问题：一是审委会统一法律适用职能发挥缺少组织法授权。《人民法院组织法》关于审判委员会制度的规定十分简略，审委会制度在司法实践中的具体运用主要依赖于司法解释与司法文件。二是审委会行政化色彩掩盖了统一法律适用的专业性。审判委员会委员大多数是由院庭长等具有行政领导职务的法官担任，行政化的方式直接制约了审委会审理案件的方式，不利于统一法律适用功能的有效发挥。三是审委会审理案件的机制不完善不利于统一法律适用职能的发挥。审判委员会制度的运行中，缺少审理环节和审理规则，以至于直接审理、言词审理、公开审理等原则缺少程序性的载体。审判责任也不明确，审委会与合议庭之间审判责任的划分含混不清，审判委员会委员之间审判责任也不清晰。

3. 裁判援引指导性案例的情况：以北京中院、高院裁判为例

自2011年12月至今，最高人民法院已经发布了十七批指导性案例。最高人民法院《〈关于案例指导工作的规定〉实施细则》明确规定了各级人民法院在裁判过程中引述指导性案例的各种要求。课题组从北京裁判文书内网搜索2011年至2017年当事人在中院及高院案件中援引各类案例作为控（诉）理由的案件，分析北京中、高法院援引参考指导性案例的情况。

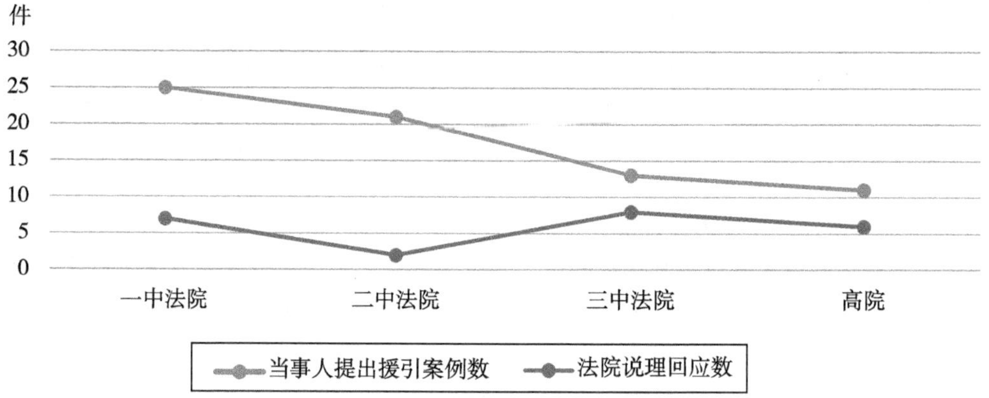

图 2　北京中院、高院援引指导性案例情况

从图 2 可见,相比中高院每年的收案量,当事人在诉讼中援引指导性案例作为控诉理由的所占比例极其微小,审理中当事人援引的案例不仅包括最高人民法院的指导性案例,还包括审理案件的法院生效裁判及最高人民法院编纂的案例选等,当事人对如何引述指导案例阐述理由也不尽相同。针对当事人引述案例作为控诉理由,裁判文书中予以回应的平均比例仅有 32.8%。个别判决在本院质证部分认为:“因指导性案例不属于《中华人民共和国民事诉讼法》及相关司法解释规定的证据类型,故法院不将其作为证据予以采纳。”①有的判决即便予以回应也未明示案例的编号和裁判要点。可见,法院对指导性案例统一法律适用的功能还有待进一步认识和加强。

虽然最高人民法院《〈关于案例指导工作的规定〉实施细则》明确规定了各级人民法院在裁判中引述指导性案例的各种要求,但相关规定仍比较宏观,对公布的众多指导性案例是否应当区分不同种类加以引述,如何比较待决案件与指导性案例的异同点仍有待进一步研究细化。司法实践中,各级法院在裁判中对各种案例的效力甄别、指导性案例的引述都意兴阑珊,即便进行了引述也没有按照最高人民法院的要求进行。究其原因包括:一是法官对指导性案例的接受程度尚处于较低的心理适应期,表现为法官在裁判过程中不主动查询、引述指导性案例,不积极回应当事人要求参考指导性案例的诉求;二是缺乏参照指导性案例的技能,对于如何有序识别应当参照的指导性案例,如何对比待决案与指导性案例的异同点还有待提高;三是对法官不引述指导性案例的法律后果并未明确。如果法院应参照而不参照能否提起再审?裁判不回应当事人引述案例的诉求,能否追责?这些问题没有厘清,就进一步降低法院引述参照指导性案例的积极性。

（三）法律统一适用识别难题:裁判文书说理公开现状

1. 北京三级法院裁判文书说理公开情况

为探讨法律统一适用的识别环节,课题组从中国裁判文书网上随机选取了近年来北京三级法院审结公开的裁判文书 650 份,通过对其裁判文书结构的完整性和说理内容的充分性进行研究。调研发现,目前裁判文书不说理或说理不充分的现象依然比较突出。

① 北京市第二中级人民法院在(2016)京 02 民终 6513 号判决中,对当事人提出的参照最高人民法院指导性案例的理由所做的回应。

从抽样文书来看,刑事发回重审裁定中,几乎不说理,仅以一审判决认定基本(部分)事实不清或违反法律规定为理由,发回重审的有45件,占抽样的90%;民事发回重审裁定中,以“本案基本事实不清,适用法律错误”、“与本案有关的基本事实尚需进一步查清”或者“一审法院在审理本案中,某些基本事实尚需进一步查清”为由,裁定发回重审的有14件,占抽样的28%。在归纳总结争议焦点方面,仅有5份民事判决书和2份刑事判决书明确、完整归纳和回应当事人的诉争焦点,进行了有针对性的说理。

为了进一步研究裁判文书说理充分性问题,课题组针对我院及辖区法院150件疑难复杂案件的正卷裁判文书及副卷审理报告进行了调查,其中抽样样本中民事案件50件、刑事案件50件、行政案件50件。

表2 裁判文书与审理报告说理字数对比

单位:字

类型		裁判文书说理字数	审理报告说理字数
民事案件	最大差值案件字数	1054	4026
	最小差值案件字数	327	759
	平均值	1028	2532
行政案件	最大差值案件字数	665	3658
	最小差值案件字数	232	761
	平均值	426	2472
刑事案件	最大差值案件字数	1347	5693
	最小差值案件字数	562	874
	平均值	874	3175

表3 审理报告阐述分歧意见、其他情况说明的统计

类型	阐述分歧意见的案件(件)/占比(%)		其他情况说明的案件(件)/占比(%)	
民事案件	36	72	8	16
行政案件	24	48	28	56
刑事案件	18	36	31	62

通过裁判文书与审理报告的对比见表2、表3,课题组发现审理报告较之裁判文书内容更为翔实、说理更为充分。审理报告因为具有不公开性,裁判者为把问题阐释得更加清楚,也把一些潜在考虑因素更为清晰地表现出来,往往敢于也愿意在审理报告中列出就本案而言存在的多数意见和少数分歧,并就多数意见和少数分歧会进行详细的评析说理,也会主动地阐明本案中需要注意或者说明的一些潜在问题,这些形式多样、层次分明的说理,明显更为充分。

2.裁判文书说理不充分导致难以深入研究法律适用情况

一是程式化的表述,不利于法律适用依据、理由的识别。如在不予受理和驳回起诉的裁定中,以不是本案适格主体、并非平等民事主体等固定表述作为理由;民事判决书中对于法律关系效力的认定以“意思表示真实,不违反法律规定”为固定表述;刑事文书中对量刑说理使用“手段残忍、情节恶劣、罪行严重”等笼统表述。在对证据认定的说理上,程式化现象更为明显,“与本案没有关联性”“现有证据无法核实、不能证明”等表述频繁出现,掩盖了对证据的认定理由。程式化表达,不注重结合个案实际情况对法条的立法精神进行具体阐述,不利于法律统一适用识别发现机制的建立。

二是审理报告与裁判文书“内外有别”,不利于裁判文书充分说理。保证法律适用统一的重要前提是类案的精准化检索和筛别,但在司法大数据统计工具尚不完善的情况下,对于同类案件的甄别、裁判理由和裁判结果的统计等大量的事务性工作需要法官人力完成,耗费大量时间精力却很难精准匹配,因此实务操作中极少有法官会主动全面进行类案的检索、分析。这种类案的检索、分析缺失,使裁判标准呈现出地方差异、审级差异、个案差异。这种差异化又在互联网时代被无限消极地放大在公众面前。法官,尤其是一审法官在裁判案件时往往被动受制于已经公开的裁判文书,在裁判说理和裁判尺度上趋于保守,以避免引起公众质疑,突出的表现就是正卷裁判文书与副卷审理报告内外有别,裁判文书不愿说理、不敢说理。

二、理念层面:关于法律统一适用问题的理性思考

(一)关于法律统一适用的再认识

当前对法律统一适用的关注更多集中在裁判结果是否相同这一标准上,但是这并不能揭示法律统一适用的标准和要求。司法裁判最为重要的任务就是将抽象的法律与具体的案件事实结合起来,这其中就要求裁判者依据案件事实对法律加以具体化,由此法官必然掌握了一定的裁量空间,法律统一适用的探讨总随着法官自由裁量权的行使,自由裁量需要受到法律统一适用的限制,因此需要在法律统一适用和司法自由裁量之间作出边界的划分,以期明确哪些属于法律需要统一适用的领域,哪些可以由法官行使自由裁量权。

法律统一适用是对一国司法领域的总体要求,但是在具体考察时发现,其并非是个绝对的命题,法律适用取决于具体的场景和情境。当要求裁判者同案同判的时候,其中潜在还隐藏着异案异判,以及容忍一定时间和范围内的同案异判。如果以裁判结果的相同与否来区分法律适用不统一的场合,可将其分为应予规制的法律适用不统一问题及应予保障的自由裁量权行使,两者之间则是应予进一步研究探索的法律适用问题。

1. 应予规制的法律适用不统一问题

自由裁量权始终随着司法权而产生,凡是有司法权之处,都存在自由裁量权。① 但是法官行使自由裁量权仍然受到程序法和实体法的规制,受到当事人请求权、遵循指导性案例、法律解释的规则方法、漏洞填补的规则方法、裁判文书说理等方面的限制。如果裁判者行使自由裁量权时突破或违反了上述规制,导致裁判结果违背公平和常理,这就必须要被纠正。可见,研究解决法律统一适用的重点和中心应当是这类适法不统一的问题,这类问题的特点就是能够区分裁量的对错,或者应当在两可的判理之中进行取舍,虽然这个标

---

① 王利明:《法学方法论》,中国人民大学出版社2012年版,第316页。

准仍具有一定的模糊性，但是在综合考察相关判理的规范性、逻辑性、体系性等基础上，有助于判断是否属于这类应当予以纠正的法律适用不统一的问题。在前述调研的内容中，比如借名买车协议的效力问题，就属于需要在不同判理中进行取舍的案例。在无其他因素介入的情况下，不能对同一事实既存在有效又存在无效的判断，此时需要考察两种判断中各自的法律发现、法律解释和论证的方法是否符合一般逻辑与价值判断，在此基础上判断取舍。司法实践中，法院通过审级监督和各类制度机制来纠正这类错误行使裁量的情形，保障统一法律适用，具有重要意义。

2. 应予保障的自由裁量权行使

最高人民法院《关于在审判执行工作中切实规范自由裁量权行使保障法律统一适用的指导意见》规定了人民法院行使自由裁量权的原则和具体要求。裁判者在裁判案件中，只要遵循了上述关于自由裁量权的行使原则和要求，对裁判理由进行了充分地说理论证，其裁量的结果就应该得到尊重。此处自由裁量裁判结果的特点是没有标准答案，而是只有最后的答案，即所谓："不存在正确的被发现，只是要最终的就是正确的。"在需要法官行使自由裁量权的案件中，相关的裁判均会出现不同的结果，如精神损害抚慰金的多少、主次责任中的具体比例、根据实际情况认定的过错程度等，这些依赖法官对基于法律和查明的事实，在自由意识支配下的判断裁量，应该得到尊重和保障。

3. 应予进一步研究探索的法律适用问题

面对客观世界不断发生的新情况、新事物，法律的应对总是滞后的。裁判者面对法律漏洞、空白的填补、解释，总是要基于一定历史时期司法经验的积累和法官自身的专业水平，因此对于一些疑难问题的法律适用需要一定判理的积累，才能总结和凝聚共识，最终形成可接受度高的法律统一适用规则。正如美国最高法院斯蒂文斯大法官所言："不同地区存在不同的法律规则并不总是一种不能容忍的罪恶。……如果联邦法律在所有联邦法院能统一适用更好，但在争议事项被最终解决前，对联邦法律规则相冲突之解释所积累的经验会有利于阐明该争议，并因而在规则制定过程中起到建设性作用。司法谦抑原则告诉我们，解决司法冲突时的耐心有时会产生最佳的效果"。① 当法律没有明确规定，法官进行漏洞填补和价值选择，只要不违反基本的逻辑和常理，就应当被容忍。比如"职业索赔人"是否能够获得惩罚性赔偿金的相关案件中，从食品安全法及最高院司法解释修订后一段时间内以"保护消费者"为名的"激进式"支持，随后引发理论与实务界的大讨论，到逐渐形成应支持食药领域惩罚性赔偿的共识，不断细化产品安全的认定标准，再到最高人民法院答复中的"逐步限制"，这一过程说明我国在社会转型时期，立法层面、行政执法和司法领域对"消费者"的定义、依法保护和维护正常商业秩序的认识在不断发展，因此这一领域虽然存在适法不统一的现象，但是只要在现有法律体系中能够有相应法律依据，不违背基本的逻辑和常理，也属于可以容忍的范畴。在司法裁判经验积累到一定时期，经过充分的论证和研究，再实现该类案件的法律统一适用。

---

① John Paul Stevens: Some Thoughts on Judicial Restraint, 66, Judicature 183 (1982). 转引自陈杭平：《论"同案不同判"的产生与识别》，载《当代法学》2012 年第 5 期。

(二)中院层面统一法律适用的总体要求

我国在法律统一适用机制方面的研究无非要解决两个问题:一是"为了避免人民法院出现法律适用不统一的情况,应当如何做?"二是"当人民法院出现法律适用不统一的情况时,如何补救?"①具体到中院层面,一方面要建立切实有效的机制,来预防和解决法律适用不统一的难题;另一方面应立足中院自身的职能发挥,从提高裁判能力和创新机制上发掘统一法律适用的着力点。

1. 预防法律适用不统一:同质化的法律思维

不管是中高级人民法院,还是最高人民法院,统一法律适用常用的方式就是制定规范性意见。这种方式有利于法官直接进行法律适用,统一裁判结果,但同时也在不断制造新的适法不统一的问题。比如,是否属于正式法源的疑问?不同规定之间如何衔接解释?针对特殊情况制定的规范遇到其他情况后能否继续合理正当?陷入遇到问题就制定规范的循环,是否会使法官产生僵化的思维,反而造成更多实质性的不公平?这一系列的问题拷问着我们究竟应该用什么方式来实现法律适用的统一。

无论是在专业法官会议上的研讨,还是合议庭的合议,常常出现"你辩你的,我判我的",法官的论辩很难进行有效的对话。当考察法律适用在司法裁判中的微观作用过程会发现,所谓同一个案件或法律问题得出不同的裁判结论只是表现和结果,根源问题是法官从找法、解释法律和论证环节已经出现了分歧,因此探求统一法律适用的机制和方法不仅要关注裁判的结果不一致,更重要的是法官要有最低限度的共识,共同的找法路径和解释论证的方法,能够达成这些共识就是同质化的法律思维。法律思维是依循法律逻辑,以价值取向的思考、合理的论证,解释适用法律。② 法律思维以法律规范为基础,运用逻辑推理,从整个法律体系中发现适用的法律,运用各种解释方法填补漏洞,以及必要时以价值判断和取向来作为裁判依据和取舍标准。其中法律发现的请求权基础分析法和法律关系分析法都包含在体系化思维当中。课题组认为,要预防或避免法律适用不统一,现阶段首先要培养和规范的就是法官同质化的法律思维。法律思维包含着众多的思维,然而较为重要和急迫的是规范思维、逻辑思维和体系思维,这些都是较为基础的法律思维,包含着法律解释论证的基本内容。如果能够树立这些规范的法律思维,那么法官研讨和裁判说理将不再是各说各话,而是凝聚了思维和方法上的共识,不仅有助于识别法律适用的问题所在,也有助于从源头上避免和解决法律适用的不统一。

2. 解决法律适用不统一:集体主义决策机制、公开透明、强化说理性指导

现有的审委会和专业法官会议在统一法律适用上都遵循集体决策机制,但是如何细化这一集体主义决策机制值得进一步探讨。首先,决策组织应当是专业化的集体组织。例如,美国联邦和各州上诉法院虽然分合议庭审判案件,但当出现司去判决冲突或需要形成新的判例时,也由上诉法院的全体法官共同决定。终审法院的高度集体主义决策机制保障了司法的统一性和终审判决至高无上的权威性。此外,德国最高法院若发现多次出现同一法律适用问题的案件时,就会成立由相应领域的法官组成的委员会,形成"专家意

---

① 蒋惠岭:《法律统一适用机制再认识》,载《法律适用》2007 年第 3 期。

② 王泽鉴:《民法思维》,北京大学出版社 2009 年版,第 1 页。

见”并作出有约束力的最终裁决。这就要求在统一法律适用问题时，应当尽可能地组建该领域专业化的法官组织进行研讨。其次，集体决策应该公开透明。在讨论专业审判问题时应当建立公开透明的机制，不仅可以允许旁听，讨论的过程及讨论形成的主要观点应当通过适当的方式予以公布。通过这种公开透明的专业、高质量的论辩，不仅可以展示各方观点，有助于法官了解当前主要分歧的代表观点；而且有助于倾向性意见的确立，在一定范围内影响今后的审理思路，客观上取得统一法律适用的效果。最后，集体决策机制应当侧重于说理，而不在于给出问题的结论。如何对具有分歧的观点进行澄清说理，可以借鉴德国的做法。在德国，高一级法院要作出“最好操作”的指导，必须遵循以下原则：(1)高一级法院必须明确哪些论据仅适用于特定案件，哪些则具有更广泛的适用性；(2)高一级法院表明的指导意见必须具有法律上的一致性；(3)高一级法院尊重有关事实查明和决定法律问题方面的多种可能性；(4)高一级法院禁止发布哪些概括力过强的声明，尤其是其后果不能被忽视的声明。①

三、机制层面：中院层面法律统一适用机制的主要内容

（一）健全完善法律统一适用识别发现机制

1. 健全完善裁判文书说理公开机制。进一步强调裁判文书公开说理，夯实法律适用不统一有效识别的前提性基础工作。强调裁判文书充分阐明法律适用的依据、条文及案件事实认定采信的证据及理由、法律推理过程及与裁判结果相关联的所有要素，通过加大裁判文书说理力度，有效公开法官法律推演及内心心证过程，追求对内审理报告与对外裁判文书说理的一致性，强化对法官法律适用的规范与约束。

2. 健全完善法律统一适用问题的发现机制。构建依托案件质量评查、改发案件研判、抗诉案件评查、信访问题剖析等级制，及时发现本院在法律统一适用上存在的问题；及时与相关兄弟法院、相关政府部门及律师协会沟通、交流，研判类案裁判的实践基础；同时，基于中院审判监督的职能定位，构建改发案件异议反馈程序，借助申诉审查、上诉等审理机制，善于纠正辖区内下级法院裁判不一致、法律适用不统一的情况。

3. 健全完善法律统一适用的沟通协调机制。中院层面建立法律统一适用的沟通协调机制主要涉及两个方面：一是本院及辖区内各基层法院内部审判庭内不同合议庭之间、不同审判庭之间法律统一适用机制的建立；二是基于中院对辖区基层法院的审判监督和业务指导职能的发挥，中院协调沟通本辖区内不同基层法院之间法律统一适用机制的建立问题。审判庭内部、不同审判庭之间发现法律适用不统一时，通过召开院级专业法官会议或者跨庭室会商会议，促进业务线条的交流、沟通，协商形成类案的裁处意见，统一全院不同审判业务庭室之间的裁判标准。辖区内各基层法院之间类案法律适用上存有争议时，涉及同一审判业务领域的，辖区内的各基层法院可以直接上报中院相关审判庭，由相关审判庭通过沟通协调、专业法官会议或者提交审委会讨论等方式，统一辖区内同一审判业务线条的裁判尺度；涉及不同审判业务领域的，可以由辖区内的各基层法院报送上级法院，

---

① 胡伟新：《德国葡萄牙法院案例在指导审判和保证法律统一适用方面的作用》，载《法律适用》2011 年第 2 期。

由上级法院相关部门,通过沟通协调、专业法官会议或者提交审委会讨论等方式,统一辖区内不同审判业务领域的裁判尺度。

（二）健全完善法律统一适用组织运行机制

1. 健全审判委员会制度的法律统一适用功能。一是强化审判委员会统一法律适用的功能定位。确立审判委员会作为人民法院最高审判组织和审判工作议事机构的性质和地位,强调审判委员会总结审判工作经验统一类案法律适用,讨论决定重大或疑难案件统一个案法律适用功能作用的发挥。以统一法律适用为标准确定审判委员会审理案件的范围,将审判委员会审理决定的案件限定为需要统一法律适用的案件。二是明确审判委员会统一法律适用的具体方式,可以包括:审理特定案件中的法律适用问题;统一行使再审案件决定权;制定规范性文件;发布指导性案例;管理、监督其他审判组织的审判行为。健全完善审判委员会审理案件的组织形式。在审判委员会下设立民事审判、刑事审判、行政审判等专业委员会,由专业委员会对相关领域内的法律统一问题进行第一裁判,遇专业委员会分歧较大的问题,扩大召开全体审判委员会,真正发挥审判委员会专业性审判的功能目的。三是健全完善审判委员会配套工作机制。一是建立审判委员会审理案件的提起及过滤程序。合议庭在审理案件过程中或者院庭在进行类案法律统一的监督管理上,如果发现属于应当提交审判委员会审理讨论案的事项或情形,应当向审判委员会提出申请。二是健全完善审判委员会审判经验公开、总结、运用机制。审委会总结审判经验,讨论、决定重大、疑难案件法律适用要每次或定期形成会议纪要,强调审委会表决结果对类似基本事实、类似法律适用案件的约束指导作用。三是健全审委会讨论案件裁决结果及理由的裁判文书公开机制。经审委会讨论的案件,在裁判文书说理上,应明示案件经审委会讨论,审委会的裁决结果合议庭应当执行。

2. 健全专业法官会议制度的法律统一适用功能。一是构建重大、敏感、疑难、复杂等案件会商分流机制。强化专业法官会议与庭室会商相结合的大格局,涉及重大、敏感、疑难、复杂等案件,可以按照程序召开专业法官会议,也可以在召开专业法官会议前召集案件涉及相关领域的法官进行会商,会商意见比较一致的可以不召开专业法官会议,提高专业法官会议统一法律适用的效率。二是构建专业法官会议专业性保障机制。强调专业法官会议参会人员的业务专业性,建议从学历、办案质效、办案数量及从事相关审判工作的年限等方面设定组成人员的条件,构建专业法官人才库。三是构建专业法官会议讨论案件合议庭的说理负担机制。专业法官会议为合议庭审理案件提供咨询意见,但经专业法官会议研究讨论的案件,合议庭应当对案件进行复议,重点就专业法官会议形成的多数意见进行研究并作出实质回应。案件最终形成的裁判文书报送会议主席。

3. 切实发挥案例指导制度的法律统一适用功能。构建最高人民法院指导性案例裁判要点适用硬性约束机制。最高人民法院发布的指导性案例的裁判要点对于同一类型、案件事实基本相同的案件具有指导作用。该指导作用主要体现在两个方面:一是依据最高人民法院《关于案例指导工作的规定》第 7 条,最高人民发布的指导案例,各级人民法院在审判类似案件时应当参照。二是依据最高人民法院《〈关于案例指导工作的规定〉实施细则》第9条,各级人民法院正在审理的案件,在基本案情和法律适用方面,与最高人民法院发布的指导性案例相类似的,应当参照相关指导性案例的裁判要点作出裁判。指导性案例的作用不仅体现在案件整体裁判的软性示范上，而且更多体现在裁判要点的硬性约束上，对于指导性案例裁判案例必须建立裁判要点适用硬性约束机制，要求对于在基本案情和法律适用与指导性案例类似的案件必须适用指导案例裁判要旨，拒绝采纳指导案例裁判要旨的，要在裁判文书中强化说理义务，并需要向本院审判管理部门或研究室进行报备说明。三是完善本院精品案例工作机制。细化、明确各类的编选标准、编选程序、发布方式和本院精品案例的指导规则，探索完善我院精品案例库建设及向辖区内法院通报的工作机制，力求在更大范围和效力上发挥我院精品案例统一法律适用的作用。

4. 有效发挥审判业务规范性文件归口管理制度的法律统一适用功能。一是规范和完善审判业务规范性文件的制定、发布、适用机制。针对本院及辖区法院审判执行及审判管理工作中某一类问题、某一类事项作出的具有规范指导意义的文件，围绕起草、论证、审议、发布等关键程序以及权限、效力等核心问题，作出具体的指引性规定，提供具有可操作性的规范性条文。积极吸纳一线法官乃至社会相关方面的意见与建议，及时形成审判业务文件，以加强业务指导，统一裁判标准，把握裁判尺度。二是建立审判业务规范性文件总结、提升、推广审判经验的运用机制。鼓励各审判业务部门努力编写各审判业务口案件审理规则，及时总结类案审判经验，把握类案审判规律，草拟、上会、发布审判业务规范性文件。基于中院业务指导的职能，强调中院发布的审判业务规范性文件，本院各部门应统一参照执行，同时指导辖区法院参照执行。三是建立健全审判业务规范性文件的归口管理机制。制定出台《审判业务规范性文件归口管理办法》，实现审判业务规范性文件归口管理的制度化运行。在起草环节，由相关领域的审判业务部门成立起草小组，并确定一名部门领导主管起草工作。涉及两个以上审判业务部门的，由一个牵头部门统筹起草工作。在论证环节，由起草小组集体研究讨论，征求本院相关领域审判业务部门的意见，必要时组织专业法官会议集体研究讨论，听取辖区法院建议，邀请相关专家学者、人大代表、政协委员等进行论证。在审议环节，明确规范性文件经起草部门负责人或主管院领导审阅后，交由研究室进行审核，并提交审委会审议。在发布环节，明确规范性文件以本院名义进行发布，具有诉讼程序指引性质的规范性文件，可向社会公众全面公开发布，由此发挥审判业务规范性文件统一法律适用的功能作用。

5. 健全完善院庭长审判监督管理机制的法律统一适用功能。审理典型示范案件，统一司法裁判尺度。强调院庭长参与案件审理，认真落实合议制的有关规定，注重规范审理流程，完善庭前阅卷，归纳庭审焦点，全面充分合议，严格依照合议平权原则作出裁判。通过院庭长审理疑难复杂案件，突出案件规范审理示范效果，统一法律适用尺度，切实履行了院庭长的审判职责。规范行使管理监督权，强化审判责任意识。为明确院庭长监督管理职责的具体内容，制定《关于规范院长、庭长审判监督管理职责的实施意见》，明确院庭长履行审判监督的基本原则、职责范围和程序要求，具体区分院庭长的审判管理职责及对个案的审判监督职责，强调对个案应通过参与审理，审委会讨论，组织召开专业法官会议等方式进行监督，通过审判监督管理权的行使促进法律统一适用。

（三）健全完善法律统一适用配套保障机制

1. 健全完善“同质化”的法律思维法律方法培训交流机制。强化审判专业技能培训、跨学科跨领域综合素养培训，通过多渠道、多样化的培训，培养法官群体遵循司法规律、把握法律价值取向的同质化的思维模式，掌握科学的法律适用方法，提升专业适法能力。健全规范法律适用的研判分析机制。同一业务线条的各纵向专业部门，对业务范围内适用的重点、难点问题，可以开展专题研讨会；不同业务线条的横向专业部门，对法律适用交叉问题，可以召开跨部门、跨专业业务交流会；也可以由审判管理部门或研究室牵头，组织审判业务专家、法学院校专家学者召开专家论证会，或依托重大课题调研平台开展专项调研进行深入研究交流。

2. 健全完善法律统一适用信息化技术支撑机制。一是研发案件信息自动关联和推送系统，借助“智慧法院”审判智能支持系统，系统自动提取案件相关信息并向法官推送案件适用的法律法规、司法解释、法律文献、类案文书等信息。二是研发裁决结果智能预测系统。裁决结果智能预测系统依托审判案例大数据系统，根据当事人的诉讼请求、辩论意见、庭审笔录及法院查明的事实、案件证据的质证认证情况，自动匹配近几年来类似案件法院的裁决结果，为当事人提供诉讼结果预测，为法官提供案件审理的指引。三是研发智能匹配约束反馈系统。当案件信息自动关联和推送系统向案件法官推送类案信息，裁决结果智能预测系统向法官推送类案法院的裁决结果，承担法官在这种情况下仍然作出了与类案裁判不一致的裁决，智能系统应将承办法官的裁决结果向承办法官所在庭室的庭长及审判管理办公室进行报送，庭长及审判管理办公室就本案有权提请专业法官会议或审委会进行研讨，将研讨结果向智能系统进行反馈，由此形成闭合式智能匹配约束反馈机制。四是建立完善重大、疑难案件网上咨询系统，建议高院建立各审判实务领域专家库，实时在线解答全市重大、疑难案件法律适用难题，统一全市法律统一适用；完善裁判文书上网工作机制，丰富网上裁判文书案例库内容，拓展网上规章制度汇编、审判业务规范性文件和裁判文书的查阅、检索功能，为法律适用中的问题发现、协调、研判、指导搭建便捷平台。

3. 探索完善特殊案件专业化审理机制。我院在推进特殊案件集中管辖和专业化审判方面具有得天独厚的优势条件。在行政审判领域，我院长期以来审理涉国家部委行政案件占到了涉国家部委行政案件的 70%；在减刑假释审判领域，我院每年审理的减刑假释案件占全市法院的 80% 以上；在涉军有偿服务审判领域，我院创新审理机制，与中原战区法院签订《关于共同建立军地法院司法协作机制的实施意见》，推动军地法院司法协作；在清算破产审判领域，成立了全市唯一有独立编制的破产清算审判庭。下一步要进一步加强对符合司法规律的专业化审判模式的探索力度，建议市高院指定我院对全市涉部委行政案件、减刑假释案件、涉军有偿服务纠纷及全市各级工商登记公司破产清算案件实施集中管辖，有效提升类案统一适法能力；创新探索专业化案件新的审理机制，对涉及较强专业性问题的审判，探索聘请具有专业知识的人士担任人民陪审员或专家辅助人等方式，推进人民陪审员制度改革，也提高法律适用事实认定的准确性和法律适用的准确性。

关于涉疏解整治不动产案件的司法对策的调研报告*

2014 年 2 月 26 日，习近平总书记在听取京津冀协同发展工作汇报时强调，实现京津冀协同发展是一个重大国家战略。2015 年 4 月 30 日，中共中央政治局召开会议，审议通过《京津冀协同发展规划纲要》，京津冀协同发展迎来实质发展期。北京非首都功能的疏解是京津冀协同发展的关键环节和重中之重，对于推动京津冀协同发展、落实首都城市战略定位具有重要的战略意义。习近平同志在 2017 年 10 月 18 日中国共产党第十九次全国代表大会上所作题为《决胜全面建成小康社会　夺取新时代中国特色社会主义伟大胜利》的报告中指出，"以疏解北京非首都功能为'牛鼻子'推动京津冀协同发展"。2015 年以来，北京市累计调整疏解市场 482 家、物流中心 83 个，截至 2017 年 8 月，全市累计疏解退出一般制造业企业 1940 家。北京市政府决定，2017 年至 2020 年，在全市范围内组织开展"疏解整治促提升"专项行动，进一步治理北京"大城市病"、提高城市治理能力和水平，优化提升首都核心功能，全面提升城市发展质量，加快建设国际一流的和谐宜居之都。

随着疏解整治工作力度不断加大，各类与之相关的刑事、民事及行政案件随之产生。人民法院作为法治建设的重要一员，对于疏解整治工作推进应当发挥积极作用，为非首都功能疏解的顺利推进创造稳定积极的司法环境，一方面扮演好定纷止争的司法裁判者角色，审理好每一个案件，解决好每一起纠纷，为疏解整治工作创造稳定的司法环境；另一方面扮演好普法强识的社会治理者角色，全力向疏解整治工作的参与者（包括政府部门、企业商家、人民团体以及普通群众等）普及法律知识、吃透政策法规，将可避免的纠纷化解在萌芽阶段甚至更早以前，为非首都功能疏解创造一个积极的司法环境。为此，北京市高级人民法院出台《关于为"疏解整治促提升"专项行动提供司法保障的意见》（以下简称《意见》），要求全市法院准确把握司法保障的总体要求，依法妥善处理涉及疏解整治的各类案件，建立完善司法保障工作机制，保障"疏解整治促提升"专项行动顺利开展。为落实上述《意见》精神，北京市各区县法院及中级法院就为"疏解整治促提升"专项行动提供司法保障明确了具体工作任务。北京市第一中级人民法院结合本院工作实际，制定出台《关于为"疏解整治促提升"专项行动提供司法保障的任务分解》（以下简称《任务分解》）、《关于为"疏解整治促提升"专项行动提供司法保障的工作方案》（以下简称《工作

---

* 课题主持人：孙国鸣，课题负责人：郭燕枝，课题组成员：张钢成、陈石磊、安辉、邢颖、钟蔚莉、王茂刚、张磊、范磊、朱文君、王湘羽、郭仁鑫、王梦、叶康喜、刘瑾，课题执笔人：张磊、朱文君、王湘羽。

本课题为 2017 年全院综合调研课题。

方案》）及《关于为“疏解整治促提升”专项行动提供司法保障的六项机制》（以下简称《六项机制》），将专项行动的司法保障任务细化为十三项重点任务，并在此基础上提出了六项机制及三十余项具体举措，努力为“疏解整治促提升”的专项行动提供有力司法保障。

因政府疏解整治工作的重点多在拆除违法建设、老旧危旧房屋改造、整治违法出租经营、疏解低端产业和区域性物流基地等方面，故引发的房屋租赁、物权保护、房屋买卖、拆迁安置等涉不动产的纠纷在各类纠纷中占较大比例。由于房屋、土地等不动产价值巨大、投资周期长且关涉人民的基本生产生活需要，相关不动产纠纷案件的妥善解决对于保障疏解整治工作的顺利推进至关重要。故本调研课题以北京疏解整治专项工作推进过程中引发的不动产纠纷审判现状的实证分析为基础，联系辖区内各基层法院，通过对相关案件的统计分析，总结疏解整治工作引发的不动产案件审理中的疑难问题并提出具体的处理建议，就案件中的常见法律风险点为相关行政部门的工作提供法律指引，并对涉疏解整治的不动产案件专门审判机制的探索建立提出初步的意见，形成此调研成果，现汇报如下：

一、涉疏解整治的不动产案件审理概况

北京市第一中级人民法院所辖区域①属于疏解整治工作集中的重点区域，其中海淀区、昌平区、石景山区在疏解低端产业、拆除违法建设及棚户区改造等专项工作中完成量在全市居于前列，而由此引发的不动产纠纷民事案件数量也颇为可观。经调研统计，2015年至2017年6月的两年半间，一中院辖区基层法院共审结因疏解整治工作引发的不动产纠纷一审民事案件431件；一中院审结因疏解整治工作引发的不动产纠纷二审民事案件171件。调研组通过查阅上述案件的裁判文书、翻阅卷宗以及对案件承办法官进行访谈等方式逐一梳理分析，发现该类不动产纠纷呈现出如下特点：

（一）群体性纠纷频发

疏解整治专项工作着力于区域性的功能调整，如大型物流基地外迁、区域性专业市场疏解、大面积违法建设拆除及棚户区改造等，涉及的业主、住户、租户人数众多，因此引发的不动产纠纷案件绝大多数为群体性纠纷。两年半间，一中院辖区内各基层法院审结因疏解整治工作引发的不动产纠纷一审案件431件，其中串案②11组共计290件，占该类案件的67.3%；一中院审结的该类不动产纠纷二审案件171件，串案11组共计148件，占该类案件的86.5%。这些串案中，涉及上百人的大规模群体性案件。鉴于群体性纠纷涉及人数众多，当事人之间往往相互集结，对当地社会的和谐稳定具有较大影响，案件处理难度明显增大。

（二）案件类型集中

由于疏解清理对象的特定性，因疏解整治工作引发不动产纠纷案件的类型相对集中，从案由来看，多体现为房屋租赁合同纠纷、房屋买卖合同纠纷、物权保护纠纷等。

---

① 包括北京市海淀区、昌平区、石景山区、门头沟区、延庆区。

② 审判实践中也称“套案”，本报告中指因同一或同类事件引发、一方当事人相同、经当事人同意合并审理的普通共同诉讼案件，如同一小区的多位业主因商品房买卖中的相同问题（如迟延办理产权证）而起诉开发商要求其承担违约责任。

经调研发现,2015 年至 2017 年 6 月一中院辖区内各基层法院审结该类不动产纠纷一审案件 431 件中,租赁合同类纠纷 189 件,占 43.9%(其中租赁合同纠纷 127 件,房屋租赁合同纠纷 56 件,土地租赁合同纠纷 6 件);物权保护类纠纷 166 件,占 38.5%(其中物权保护纠纷 110 件,恢复原状纠纷 28 件,排除妨害纠纷 26 件,返还原物纠纷 6 件);其他案件 76 件,占 17.6%。同期,一中院审结的该类不动产纠纷二审案件 171 件,其中物权保护类纠纷 75 件,占 43.9%(其中物权保护纠纷 40 件,恢复原状纠纷 21 件,排除妨害纠纷 9 件,返还原物纠纷 5 件);租赁合同类纠纷 61 件,占 35.7%(其中房屋租赁合同纠纷 51 件,租赁合同纠纷 7 件,土地租赁合同纠纷 3 件);房屋买卖合同纠纷 25 件,占 14.6%;其他案件 10 件,占 5.8%。

根据上述数据分析可以看出,因疏解整治工作引发的不动产纠纷多表现为物权保护类纠纷、租赁合同纠纷及房屋买卖合同纠纷,类型相对集中,具有类似的法律特征,审判实践中体现的问题具有一定的普遍性和典型性。

(三)各区域案件呈现不同特点

随着疏解整治工作的推进,由此引发的不动产纠纷随之进入诉讼程序,因此,相关诉讼的案件数量与当地清理工作推进的进度具有较强的关联性,清理工作进度快、人口多、面积大的区域引发诉讼案件数量较多,清理进度较缓、人口相对分散、占地面积小的区域引发案件数量少。同时,因为各区域的疏解工作侧重点不同,引发的不动产纠纷也具有不同特点,各区域的典型问题较为突出。

(四)案件处理注重法律效果与政治效果、社会效果的统一

房屋、土地等不动产价值巨大,关涉人民生产和生活的基本需要,因疏解清理工作引发的不动产案件往往规模较大,群体性纠纷频发,案件当事人上访、信访风险及舆情风险都显著提高,案件处理的示范效应显著,可能对当地的社会和谐稳定造成较大影响。而此类案件的妥善解决直接关涉疏解整治工作能否顺利推进,具有较高的政治敏感性。因此在此类案件的处理中,法院积极探索多元化的纠纷解决机制,提高纠纷解决的灵活性,动员多方力量,共同推动案件妥善处理。2015 年至 2017 年 6 月一中院辖区内各基层法院审结因疏解整治工作引发的不动产纠纷一审案件中,调解、撤诉案件 121 件,占 28.1%;一中院审结的该类不动产纠纷二审案件中,调解、撤诉案件 37 件,占 21.6%。

二、涉疏解整治的不动产案件审理中的疑难问题

(一)相关法律适用标准亟待统一

1. 租赁合同效力的认定争议较大

因疏解整治工作的需要,大量土地、房屋面临清退,出租人需要提前收回出租的土地、房屋,从而引发纠纷。在租赁合同纠纷中,无论当事人争议与否,租赁合同的效力问题都是法院应当依据职权进行审查的内容,且直接关系到承租人是否有权使用房屋以及相关损失的承担,是该类案件审判实践中的重点和难点问题。

最高人民法院《关于审理城镇房屋租赁合同纠纷案件具体应用法律若干问题的解释》(以下简称《房屋租赁合同解释》)规定,出租人就未取得建设工程规划许可证或者未按照建设工程规划许可证的规定建设的房屋,与承租人订立的租赁合同无效。出租人就

未经批准或者未按照批准内容建设的临时建筑,与承租人订立的租赁合同无效。租赁期限超过临时建筑的使用期限,超过部分无效。但该《房屋租赁合同解释》同时规定,本解释所称城镇房屋,是指城市、镇规划区内的房屋。故国有土地上的房屋,可以《房屋租赁合同解释》相关规定作为认定合同效力的依据,但集体所有土地上的房屋是否能够适用该规定,是实践中易引发争议的问题。

另外,《土地管理法》规定,除经依法审批兴办乡镇企业、村民建设住宅或乡(镇)村公共设施和公益事业建设可以使用农民集体土地之外,任何单位和个人进行建设必须依法申请使用国有土地。由此可见,除经依法审批用于上述三种用途外,若擅自将集体土地出租用于非农业建设,则违反法律强制性规定,该租赁合同应为无效。实践中,绝大多数的集体土地租赁合同中并未明确约定用于非农建设,但双方签订合同时对承租人将土地用于商业经营均系明知,或承租人将土地用于非农建设后,出租人明知但未提出异议,上述情形是否能够视为"擅自将集体土地出租用于非农业建设",在审判实践中尚存在较大的争议。

2. 租赁合同无效的过错认定标准不一

《合同法》规定,合同无效,有过错的一方应当赔偿对方因此所受到的损失,双方都有过错的,应当各自承担相应的责任。本次疏解整治所涉的很多大型专门性市场,建成经营已经十余年,承租人投入巨大,且若租赁合同被认定无效,承租人还将面临向次承租人承担责任的风险,损失难以估量。对出租人来说,其将拥有所有权或使用权的土地、房屋违法出租虽有过错,但可能有特定的历史时期监管不严的背景情况,若非本次疏解整治工作的要求,相关问题不会暴露,双方租赁合同顺利履行完毕就不会涉及损失和赔偿问题,且出租人多为集体经济组织,亦需考虑其赔偿能力等方面的情况。鉴于上述众多因素,法院在认定双方当事人对合同无效的责任时,既需要考虑双方当事人对合同无效的过错,也需要考虑签订合同当时的历史背景,结合公平原则和诚实信用原则予以综合考量,法官的自由裁量权较大,导致实践中的标准无法统一。

3. 租赁合同解除的理由及相关责任承担尚需明确

审判实践中发现,一些租赁合同合法有效且租赁期间尚未届满,但由于疏解整治工作时间上的紧迫性,出租人为了实现尽快清退的目的,采用断水、断电等强制手段阻碍租赁合同履行,迫使承租人腾退,双方产生纠纷诉至法院,承租人要求继续履行合同,出租人主张解除合同,但又无法证明自己享有法定或约定解除权。针对该类案件,出于疏解整治工作的需要,解除合同是必须的,但以何种理由解除以及解除后的责任如何分担是审判中的难点。

4. 产权式商铺产权人权利限制的合法化争议较大

在房地产市场上,产权式商铺是一种特殊的房地产产品形式,开发商作为物业的开发单位,将其开发的商场分割成不同面积单位出售给业主获取开发利润,同时通过委托经营、售后包租、带租约销售等方式保证小业主购买商铺后获取固定的收益。实践中,大多数产权式商铺的所有权与经营权完全分离,小业主通过委托或租赁的方式将商铺经营权交由开发商或统一的经营管理公司行使。亦有部分商场存在个别小业主独立出租经营的情况。由于这种分割后构成的销售单元在物理形态上不能构成独立、封闭的空间,不符合房屋的基本特征，有的仅仅是在地平线上划线示意分割权属单元，争议较大。在北京，此类产权式商铺权属证书的发放多在2003年左右，在此之后便不再发放。但作为特定历史时期的产物，该类产权式商铺的小业主对商铺享有的合法所有权仍应当受到法律的保护。此次疏解整治工作中，出于业态调整和产业结构升级的需要，政府暂时关停了一批此类专门性市场，要求转变经营范围，或变更统一经营管理公司以升级经营模式。由于关停期间的经营利益受损，或物业公司在关停期间关闭大门、停止水电供应等服务，导致小业主与物业公司或管理公司之间产生纠纷。统一经营管理过程中，一些独立经营的小业主未与管理公司达成委托协议，小业主主张管理公司的管理行为对其造成妨害，诉至法院要求物权保护。此类纠纷往往涉及市场统一管理的需求、经营范围调整的发展趋势与小业主所有权之间的冲突，在保证市场转型升级任务顺利完成的前提下，如何妥善保护小业主的利益，合法限制其所有权的行使，是审判实践中亟待解决的问题。

（二）民事诉讼的程序要求与疏解工作的紧迫性存在冲突

疏解整治工作时间紧、任务重。尤其是全市“疏解整治促提升”专项工作开展以来，各区县均对各自辖区内的专项工作任务制定了时间表、计划书。但由于民事诉讼的特点，为了充分保护各方当事人的程序权利和实体权利，法院在审判过程中必须严格遵守法定程序，与疏解工作的紧迫性产生冲突。

1. 鉴定、评估周期较长

疏解清理工作并非一清了之，还应当依据法律规定对权利受损的当事人予以补偿。因此，涉疏解整治的不动产案件审理中，往往需要对地上物或装饰装修的造价、残值等进行评估鉴定，以确定赔偿数额。而从当事人提出申请到北京市高院摇号或当事人共同选择确定鉴定评估机构，再到评估鉴定意见作出，少则两三个月，多则半年甚至更长，大大延长了审理周期，亦拖延了疏解整治工作的步伐。

2. 公告送达拖延诉讼进度

本次疏解整治工作的重点疏解对象包括各种违法建设、区域性的低端产业市场以及群租房和地下空间等，所涉及的承租人、经营者多为非京籍的外来务工人员，人口流动性大，直接送达困难重重。政府某些强制性的清退手段引发当事人不满，当事人通过逃避送达的方式拖延诉讼的情况亦时有发生。上述情况下，法院只能采取公告方式进行送达，导致诉讼进度拖延。

（三）案件敏感性高，处理难度大

疏解整治工作的顺利开展对于实现京津冀协同发展这一国家战略的重要性毋庸置疑，全心全意为人民服务是我们党的根本宗旨，因此保证人民满意和社会的和谐稳定关系着疏解整治工作的成败。但是在疏解整治的过程中，不可避免的，有部分群众的生活模式、经营模式被打破，易引起这部分群众的不满情绪，在诉讼中，则表现为当事人对法院的抗拒。同时，因疏解整治工作引发的不动产案件多为群体性纠纷，即使在诉讼中只表现为一个案件，其背后也可能涉及成百上千的经营者、承租人，这些人集结起来，更易导致情绪激化。这些因素与当前自媒体、新媒体手段的发达、便捷相叠加，使法院在处理该类案件时所面临的政治压力、社会压力、舆论压力空前巨大。

三、涉疏解整治的不动产案件的司法对策

司法是维护社会公平正义的最后一道防线，所有的社会矛盾最终都会汇集到法院，而法院的职责与使命决定了法院不得拒绝审判。同时，法院作为社会综合治理体系中的重要一环，在推动非首都功能疏解、促进京津冀协同发展的重要历史时期，也应当充分发挥职能，妥善处理相关案件，不断延伸审判职能，积极为“疏解整治促提升”专项行动的顺利开展营造安全稳定的社会环境和公正高效的法治环境。为此，本次调研在总结现有审判实践经验的基础上，结合民法和民事诉讼的基本原理，为优化完善相应的司法对策提供建议如下：

（一）完善涉疏解整治不动产案件法律统一适用机制

审判是人民法院的第一要务。针对疏解整治工作引发的不动产纠纷案件中的疑难问题，及时开展专题调研，明确法律适用标准，统一执法尺度，保证案件审判质量，是法院的首要任务。

1. 严格依据法律规定，正确认定合同效力

契约自由是民事活动的生命力所在，因此，意思自治原则是民法的基本原则之一。而认定合同无效是对当事人意思的彻底否定，故法律对认定合同无效的事由进行了明确规定，总体而言，只有在合同损害了国家利益、社会公共利益或第三人利益的时候，法律才会对合同效力作出否定性的评价，也就是说，合同效力问题不仅关涉当事人的自身利益，更关涉国家、社会的公共利益。

因此，法院在处理合同纠纷时，应当依职权对合同是否存在法律规定的无效情形进行审查。同时，在疏解整治工作中，相关合同的效力也是确定是否清退及如何清退的首要问题，故法院在处理疏解整治工作引发的不动产合同纠纷时，应当严格依据法律规定认定合同效力。

第一，关于房屋租赁合同效力的认定。

《合同法》及《房屋租赁合同解释》对房屋租赁合同无效的情形进行了具体的规定，具体而言，就下列房屋签订的租赁合同无效：(1)未取得建设工程规划许可证或者未按照建设工程规划许可证的规定建设的房屋；(2)未经批准或者未按照批准内容建设的临时建筑；(3)租赁期限超过临时建筑的使用期限，超过部分无效；(4)租赁期限超过二十年的，超过部分无效。对上述第(1)、(2)项的房屋，如果在一审法庭辩论终结前取得建设工程规划许可证或者经主管部门批准建设的，应当认定有效；对上述第(3)项的房屋，在一审法庭辩论终结前经主管部门批准延长使用期限的，人民法院应当认定延长使用期限内的租赁期间有效。

关于集体所有土地上的房屋是否适用《房屋租赁合同解释》的问题，调研认为，《房屋租赁合同解释》第1条明确规定，“本解释所称城镇房屋，是指城市、镇规划区内的房屋。乡、村庄规划区内的房屋租赁合同纠纷案件，可以参照本解释处理。但法律另有规定的，适用其规定”。由此可见，《房屋租赁合同解释》并未以房屋所在土地的所有权性质作为是否适用的标准，而是以是否在规划区内作为是否适用的标准。《城乡规划法》规定，县级以上地方人民政府根据本地农村经济社会发展水平，按照因地制宜、切实可行的原则，

确定应当制定乡规划、村庄规划的区域。在确定区域内的乡、村庄,应当依照本法制定规划,规划区内的乡、村庄建设应当符合规划要求。《北京市城乡规划条例》第2条规定,本市行政区域全部为规划区;第23条规定,本市依法实行规划许可制度,各项建设用地和建设工程应当符合城乡规划,依法取得规划许可……农村建设项目应当按照乡村建设规划许可证或者临时乡村建设规划许可证的许可内容进行建设。第41条规定,在规划农村地区,建设单位或者个人进行乡镇企业、乡村公共设施、公益事业建设和村民集中住宅建设的,应当向乡镇人民政府提出申请,由乡镇人民政府报规划行政主管部门核发乡村建设规划许可证。在规划农村地区,村民使用原有宅基地进行村民住宅建设,可以实行规划许可管理,规划许可管理应当依据村庄规划进行,管理应当与服务相结合,并发挥村民委员会的作用,具体办法由市人民政府制定。第42条规定,在规划村庄以外的现状村庄,在规划实施前确需进行建设的,由规划行政主管部门根据城市发展进程和规划实施的需要核发临时乡村建设规划许可证。根据上述规定,北京市行政区域内,无论是国有土地还是集体所有的土地,均为规划区,除村民使用其宅基地进行住宅建设之外,其余建设行为均应当办理建设规划许可手续。鉴于《房屋租赁合同解释》明确乡、村庄规划区内的房屋租赁合同纠纷案件可以参照该解释处理,故在认定房屋租赁合同效力时,除非租赁房屋属村民宅基地上的住宅或法律另有规定,均应当参照适用《房屋租赁合同解释》的相关规定。

另外需要注意的是,在处理疏解整治工作引发的不动产纠纷案件时,涉及的建筑物、构筑物多为无规划建设手续的违法建设,但人民法院并无认定违法建设的权力,除非相关国家行政机关已经依法作出违法建设的认定,否则人民法院不宜在裁判文书中直接认定案件所涉建筑物、构筑物为违法建设,只需依照《房屋租赁合同解释》的相关规定审查建筑物、构筑物是否具备建设工程规划许可证等建设手续即可。

第二,关于集体所有土地租赁合同效力的认定。

依据《合同法》和《土地管理法》的相关规定,当事人未经合法审批将集体所有土地出租用于非农业建设的,租赁合同因违反法律禁止性规定而无效。如果集体所有土地的租赁合同明确约定了租赁用途是用于建设厂房或商业经营等非农用途的,则该租赁合同无效。但现实生活中,为了规避法律和相关政策,当事人可能在租赁合同中并未明确约定土地的租赁用途,或约定的租赁用途与实际履行中的租赁用途不符,使法院在认定此类租赁合同的效力时遇到困难,就此本调研认为,可参照以下标准对该类租赁合同的效力作出认定:

首先,租赁合同并未约定土地用于非农业用途,但根据合同其他条款的内容可以确定土地出租的目的系用于非农建设的,该租赁合同无效。如一些合同约定承租方有权根据其生产经营需要安排经营项目或建设建筑设施,或约定承租方在其经营过程中在原料采购或人员招聘方面对出租方有所倾斜等,可以推定租赁合同双方在签订合同时即明知租赁土地将用于非农用途,故该合同违反了法律禁止性规定,应当认定无效。

其次,租赁合同未约定租赁土地的用途,或约定的租赁用途为农业生产,但承租方在实际使用土地过程中将土地用于非农建设,出租方同意的,该租赁合同无效。出租人知道或者应当知道承租人将土地用于非农建设,但在合理期限内未提出异议,或者在合理期限内提出异议后又继续履行合同或接受承租人履行义务的,可以视为租赁双方就土地用于非农建设达成合意,租赁合同应为无效。这是因为,出租人作为集体土地的所有权人或管理人,应当明知集体土地未经审批不得用于非农建设,即使其将土地出租,亦对土地的使用负有监督管理的职责和义务。且事实上,承租人将土地用于非农建设基本均征得了出租人的同意,若仅以承租人无法提供出租人明示同意的证据为由否认出租人对于合同无效的过错,甚至要求承租人承担相应的违约责任,则有悖于公平原则,亦与事实不符。至于合理期限的确定,调研认为可以参照北京市高级人民法院《关于审理房屋租赁合同纠纷案件若干疑难问题的解答》(以下简称《北京高院租赁问题解答》)第14条关于出租人对承租人装饰装修或扩建行为提出异议的合理期限的规定,确定为六个月。

2. 尊重历史,照顾现实,正确认定合同无效的责任

《合同法》规定,合同无效后,因该合同取得的财产,应当予以返还;不能返还或者没有必要返还的,应当折价补偿。有过错的一方应当赔偿对方因此所受到的损失,双方都有过错的,应当各自承担相应的责任。租赁合同被认定无效后,承租人应当腾退房屋、土地,但其因此所受到的损失,应当由双方当事人按照导致合同无效的过错分担。一般而言,出租人对其出租的房屋、土地是否具备合法建设手续以及是否可以用于非农建设系明知,承租人亦有义务审查其承租的房屋、土地是否合法,故如果租赁合同因房屋无合法建设手续或土地不可用于非农建设而认定无效,双方均应当承担责任。同时调研认为,在以下特殊情形中,应当适当减轻承租人的责任:

第一,有证据证明承租人对承租的房屋无合法建设手续或土地不可用于非农建设确不知情的。如签订合同时,出租人提供了伪造的房屋合法手续或土地审批手续等,则承租人对合同无效的过错较小,应当适当减轻其责任;

第二,存在特定历史原因或其他情形,承租人过错较小的。本次疏解整治涉及的对象中,很多属于在集体所有土地上建成经营已经十余年的大型专业性市场,承租人系在当地村委会甚至乡、镇政府主持的招商引资中与相关部门合作,承租土地并投入资金进行建设。经营过程中,在税收、吸收人口就业等方面为当地作出了一定贡献。此类土地租赁合同虽不能因存在特定原因而规避法律关于合同效力的规定,但可以在合同无效后的损失承担方面适当减轻承租人的责任,实现公平的目的。

3. 明确合同解除的理由及责任承担

疏解整治工作开展过程中,为了实现产业调整或房屋改造等目的,一些尚未届满的租赁合同必须提前解除。一些出租人出于政策要求,在协商不成的情况下,采取断水、断电、封门等强制手段进行清退,承租人诉至法院要求继续履行合同并追究违约责任的,调研认为应当按照如下原则处理:

第一,关于合同是否应当继续履行的问题。《合同法》第110条第1款第1项规定,当事人一方不履行非金钱债务或者履行非金钱债务不符合约定的,对方可以要求履行,但法律上或者事实上不能履行的除外。上述情形中,因租赁物已被停水、停电或封门,且基于疏解整治的政策要求必须清退,故该租赁合同在事实上不能履行,双方租赁合同应当解除;

第二,关于合同解除后的责任承担问题。《合同法》规定,当事人一方不履行合同义务或者履行合同义务不符合约定,给对方造成损失的,损失赔偿额应当相当于因违约所造成的损失,包括合同履行后可以获得的利益,但不得超过违反合同一方订立合同时预见到或者应当预见到的因违反合同可能造成的损失。基于此,出租人强行断水、断电、封门构

成违约并对承租人造成损失的，出租人应当承担赔偿责任。如果承租人存在迟延支付租金的违约行为，出租人在催告并事先告知的情况下采取断水、断电、封门等行为，不构成违约，就承租人因此遭受的损失，出租人仅对超过必要限度外的部分承担赔偿责任。出租人因疏解整治工作需要解除租赁合同，事先已向承租人充分告知相关政策要求、积极协商解决后续事宜并提前通知将采取断水、断电、封门等行为，承租人收到通知后未在合理期限内采取适当措施致使损失扩大的，不得就扩大的损失要求赔偿。

4. 规范特殊物权的合理限制

产权式商铺是特殊历史时期的产物。因为政府已经对产权式商铺进行所有权登记，并向业主颁发了正式的权属证书，故业主对产权式商铺享有的所有权应当受到法律保护。但是产权式商铺并非具有固定界限的房间，亦不具备独立使用的功能①，且在房屋买卖合同中产权人往往对权利内容进行了部分让渡，故业主对产权式商铺享有的物权应当受到必要限制。

调研发现，疏解整治过程中，因为市场关停，开发商、物业公司、经营管理公司通过停止经营、停止水、电供应或封闭大门等方式，敦促经营者撤离，导致产权人利益受损，产权人起诉的诉讼请求主要有以下几种：(1)依据房屋买卖合同主张交付房屋；(2)依据租赁合同或委托经营合同主张恢复原有经营模式或要求赔偿租金损失；(3)依据物业服务合同主张恢复水、电供应；(4)依据物权保护主张恢复原状、恢复经营或恢复水、电供应。针对上述请求，应当根据业主不同的请求权基础区别处理：(1)业主依据房屋买卖合同主张开发商交付房屋的，依据双方的房屋买卖合同内容处理；(2)业主依据租赁合同、委托经营合同主张交付房屋、恢复经营或要求赔偿租金损失的，依据双方的租赁合同、委托经营合同处理；(3)业主依据物业服务合同主张物业公司恢复水、电供应的，依据双方的物业服务合同处理；(4)业主依据物权保护要求对商铺恢复经营、恢复水、电供应的，应当依据事实情况审查，严格限定物权保护的范围。一般来说，大多数产权式商铺的房屋买卖合同、委托经营合同或租赁合同都会就商铺的统一经营、统一管理等对业主做出限制性的约定，业主应当受该约定的拘束。若一些未与经营管理公司达成统一委托经营管理协议的业主就经营管理公司的行为提出的诉讼，则可参照《物权法》对小区相关管理事项表决要求的规定，若经营管理公司已经取得专有部分占建筑物总面积三分之二以上的业主的授权，则经营管理公司的行为不构成对其他业主权利的侵犯。

（二）健全涉疏解整治案件审判工作机制

1. 积极统筹优化审判资源，建立健全专门审判团队

由于涉疏解整治的案件敏感性高，案件处理难度大，对审判质效要求严格，故应当在审判组织方面提供坚实保障。调研建议，应当在各不动产案件审判庭建立涉疏解整治案件的专门审判团队，由庭领导担任团队负责人，选择一批政治意识坚定、业务能力精深的

---

① 《房屋登记办法》第10条规定：房屋应当按照基本单元进行登记。房屋基本单元是指有固定界限、可以独立使用并且有明确、唯一的编号（幢号、室号等）的房屋或者特定空间。国有土地范围内成套住房，以套为基本单元进行登记；非成套住房，以房屋的幢、层、间等有固定界限的部分为基本单元进行登记。集体土地范围内村民住房，以宅基地上独立建筑为基本单元进行登记；在共有宅基地上建造的村民住房，以套、间等有固定界限的部分为基本单元进行登记。非住房以房屋的幢、层、套、间等有固定界限的部分为基本单元进行登记。

青年骨干,配备调解能手,集中优势力量全面负责涉疏解整治案件的审理、联络、调研等各项工作。专门审判团队的建立有利于推动类型化案件的专业化审理,保证裁判标准的统一,便于涉疏解整治案件各类信息的收集整合和调研工作的及时有效开展。

2. 严格依法公正审判,平等保护各方权益

涉疏解整治不动产案件审理过程中,法院应当坚持赴案件现场查看与勘验,积极与疏解工作的相关部门、企业取得联系,充分了解诉讼标的具体状况,掌握案件背景信息,如疏解工作开展进度、目前的主要障碍、所涉案件有何历史背景、是否存在特殊情形等,探究纠纷发生的深层原因,全面审查案件相关事实,更加公平公正的处理各方的权利义务关系。

3. 扩大司法社会效果,努力实现共赢

妥善处理涉疏解整治不动产案件,既要把疏解整治的目标要求落实到位,又要把群众的合法权益依法保护到位。疏解清理工作引发纠纷的症结主要在于赔偿和补偿问题。因此,在处理此类案件过程中,法院应当依法裁判、合理补偿,不断加大调解力度,不断拓宽调解思路,积极创造共赢局面。

4. 加强舆论引导,营造和谐稳定的法治环境

近年来,新媒体、自媒体的飞速发展给法院的审判工作带来了新的挑战和机遇。涉疏解整治案件普遍存在敏感性高、社会影响大等特点,在案件审理过程中应当注意与舆情监测部门加强合作,共同关注舆情变化,出现舆情及时妥当进行回应。与此同时,法院也应当运用好新媒体和舆论宣传的重要武器,积极宣传涉疏解整治不动产案件审理工作所取得的成绩及优秀典型,不断提高法院公信力,为法院审判工作的开展营造和谐稳定的环境。

(三)细化涉疏解整治不动产案件审判管理

1. 明确涉疏解整治不动产案件的甄别标准

明确标准、及时甄别是保证疏解整治工作引发的不动产纠纷得到公正高效处理的前提和基础。2017 年北京组织开展“疏解整治促提升”专项工作以来,陆续开展了拆除违法建设,占道经营、无证无照经营和“开墙打洞”整治,城乡结合部整治改造,中心城区老旧小区综合治理,中心城区重点区域整治提升,疏解一般制造业和“散乱污”企业治理,疏解区域性专业市场,疏解部分公共服务功能,地下空间和群租房整治,棚户区改造、直管公房及“商改住”清理整治,浅山区违法占地违法建设治理,建筑物屋顶广告牌匾集中清理,背街小巷环境整治等各项工作,同时,全面停止军队和武警部队有偿服务工作中也有部分涉及对象亦为疏解整治的对象,因此,凡属于上述工作引发的不动产纠纷,均应列入本调研所涉的案件范围中。人民法院在审判工作中,可通过询问当事人、调查相关政府文件、咨询当地村委会、居委会或政府机构的方式,确定案件是否属于涉疏解整治的不动产纠纷。

2. 建立涉疏解整治不动产案件专项工作台账及跟踪体系

各级法院不动产案件审判庭均应当建立涉疏解整治案件专项工作台账,及时统计整合各类信息,加强对专项案件的节点监控,为案件追踪、沟通联络及调研开展提供数据支持。

与此同时,建立涉疏解整治不动产案件跟踪体系,无论在立案、一审、二审或执行的任何一个诉讼阶段发现案件属于涉疏解整治的案件,都应当及时在电子审判系统及纸质卷

宗材料中进行特殊标记,保证在案件流转的每一个节点都能够及时作出提示。

3. 开通涉疏解整治案件的绿色通道

为保障涉疏解整治案件的审判效力,调研建议开通涉疏解整治案件的绿色通道:立案阶段设立涉疏解整治案件的专门立案窗口,优先立案;审理过程中加大调解力度,充分发挥专门审判团队中配备的调解能手的业务优势;审判过程中,在开庭的法庭安排、外出调查送达的车辆配备等方面优先保障,确保效率;审判、调解的同时应考虑执行的便利性,保证调解方案的可执行性并尽量推动调解的同时完成执行,引导当事人做好保全工作,确保判决执行,在调解、现场调查的同时为疏解工作的推进和执行工作的开展打好物质、思想基础;执行阶段,建立涉疏解整治案件的优先执行机制,在人力、物力等资源配备方面提供充分保障,畅通审判部门与执行部门之间的沟通联系,减少审判到执行的程序移转中的过渡时间。

4. 跟踪案件执行效果,不断优化审判行为

审判和执行程序终结后,法院应当与清退各相关部门保持联系,跟踪案件执行的后续情况,关注案件处理的政治效果和社会效果,并不断对自身的审判、执行行为进行修正;注重对同一清退项目具体进展的追踪,判断案件处理的示范效应,并对该清退项目是否仍有可能出现大规模的群体性诉讼进行预测。

(四)积极延伸审判职能,推动矛盾纠纷多元化解

1. 发布法律指引,做好风险提示

疏解整治促提升专项工作开展以来,各区均针对自身具体情况制定了专项工作计划,明确工作重点。法院可以通过向政府相关部门发布法律指引的方式,针对各区重点工作,对易产生纠纷的法律风险点和违法清退的法律责任进行提示,协助政府部门提前制定合理合法的疏解方案,避免纠纷产生。

2. 加大联合调解力度,推动纠纷调解解决

涉疏解整治不动产案件的纠纷集中于清退补偿的确定,这一问题的解决,离不开清退主管部门的参与。因此法院在处理该类纠纷时,可积极调动清退主管部门、相关企业的力量参与调解,同时亦可通过委派或委托基层自治组织调解委员会、街道社区、人民调解委员会、派出所等方式,充分发挥相关组织在矛盾纠纷化解方面的优势,帮助清退各方主体合理预测诉讼风险,引导其协商确定赔偿方案。

3. 加强法制宣传,引导合理预期

不断扩展涉疏解整治案件的司法公开广度和深度,通过庭审直播、公开宣判、裁判文书公开等方式,扩大案件的裁判示范效应,消解观望者不合理的诉讼期待。

法院可以根据审判实践的具体情况,通过召开新闻通报会、发布典型案例等形式,就涉疏解整治不动产案件的审理概况、常见纠纷类型、疑难问题、相关法律规定、法院处理原则等向社会公众予以通报,帮助社会公众,特别是疏解清理工作涉及的群众充分了解相关法律、吃透政策法规,对诉讼风险进行合理预期,并在此基础上合法、理性的保护自身权益,将可避免的纠纷化解在萌芽阶段,为疏解整治促提升专项工作的开展创造一个积极稳定的司法环境。

实现京津冀协同发展是一项利国利民的重大国家战略,在这一战略实施过程中引发了一些纠纷,这对人民法院来说,既是机遇,也是挑战。在这一特殊的历史时期,人民法院

更应当不断坚定历史感和使命感,勇于担当,开拓进取。针对涉疏解整治案件中的法律适用问题,及时开展调研,明确法律适用标准,统一裁判尺度。同时,不断建立健全审判工作机制,确保案件的优质高效审理,为北京市“疏解整治促提升”专项工作的顺利开展和京津冀协同发展战略的实现提供强有力的司法保障。

北京市第一中级人民法院
涉疏解整治案件疑难问题解答

1. 集体所有土地上房屋的租赁合同效力认定可否参照《最高人民法院关于审理城镇房屋租赁合同纠纷案件具体应用法律若干问题的解释》(以下简称《房屋租赁合同解释》)中的相关规定?

答:集体所有土地上属乡、村庄规划区内的房屋租赁合同效力的认定,应当参照《房屋租赁合同解释》中关于房屋租赁合同效力的相关规定。但租赁房屋属村民宅基地上的住宅或法律另有规定的除外。

2. 集体所有土地租赁合同的效力如何认定?

答:未经合法审批,集体所有土地的租赁合同约定租赁用途为建设厂房或商业经营等非农用途的,该租赁合同无效。

租赁合同并未约定土地用于非农业用途,但根据合同其他条款的内容可以确定土地出租的目的系用于非农建设的,租赁合同无效。

租赁合同未约定租赁土地的用途,或约定的租赁用途为农业生产,但承租人在实际使用土地过程中未经合法审批将土地用于非农建设,出租人同意的,该租赁合同无效。出租人知道或者应当知道承租人将土地用于非农建设,但在六个月的合理期限内未提出异议,或者在合理期限内提出异议后又继续履行合同或接受承租人履行义务的,视为租赁双方就土地用于非农建设达成合意,租赁合同无效。

3. 房屋、土地租赁合同被认定无效后的责任如何分担?

答:依据《中华人民共和国合同法》第二百一十四条、《最高人民法院关于审理城镇房屋租赁合同纠纷案件具体应用法律若干问题的解释》第二条、第三条认定房屋租赁合同无效,或因将集体土地用于非农业建设而认定土地租赁合同无效的,双方对合同无效均有过错,应当各自承担相应的责任,但有以下情形的,应当适当减轻承租人的责任:

(1)有证据证明承租人对承租的房屋无合法建设手续或土地不可用于非农建设确不知情的;

(2)存在特定历史原因或其他情形,承租人过错较小的。

4. 因疏解整治工作需要,出租人采取断电(水、气)等行为进行清退,给承租人造成损失,承租人要求继续履行合同并要求出租人承担违约责任的,如何处理?

答:因租赁物已被断电(水、气),且基于疏解整治的政策要求必须清退,故租赁合同在事实上不能履行,承租人要求继续履行合同的,不予支持。

出租人采取断电(水、气)等行为,对承租人造成损失的,出租人应当承担赔偿责任。如果承租人存在迟延支付租金的违约行为,出租人在催告并事先告知的情况下采取断水、断电、封门等行为,不构成违约,就承租人因此遭受的损失,出租人仅对超过必要限度外的部分承担赔偿责任。出租人因疏解整治工作需要解除租赁合同,事先已向承租人充分告知相关政策要求、积极协商解决后续事宜并提前通知将采取断水、断电、封门等行为,承租人收到通知后未在合理期限内采取适当措施致使损失扩大的,不得就扩大的损失要求赔偿。

5. 产权式商铺的所有权人依据房屋买卖合同、租赁合同、委托经营合同、物业服务合同或物权保护,起诉要求开发商、统一经营管理公司、物业服务公司等交付房屋、恢复经营、恢复水电供应的,如何处理?

答:房屋买卖合同、租赁合同、委托经营合同等就商铺的统一经营、统一管理等对产权式商铺的所有权人作出限制性约定的,该约定对所有权人具有约束力,开发商、统一经营管理公司、物业服务公司依据上述约定进行的经营管理行为不构成违约或侵权。

开发商、统一经营管理公司、物业服务公司已经取得专有部分占建筑物总面积三分之二以上的产权式商铺所有权人的授权,则其统一经营管理行为对其他未授权的所有权人不构成侵权。

关于完善劳动人事争议仲裁与诉讼衔接的调查研究*

党的十九大报告指出，就业是最大的民生。劳动关系是现代社会最重要、最常见的社会关系之一，劳动争议纠纷能否得到妥善、高效解决，关系社会和谐稳定，关系社会经济的健康良性运行。我国实行"仲裁前置、一裁两审"的劳动争议纠纷处理制度，实践证明该制度作用显著，但裁审两个程序互相独立、二者缺乏必要的兼容性，导致纠纷处理程序冗繁、时间过长。理顺、解决裁审衔接问题，推动制度有效运行受到社会各界高度关注。2015 年中共中央、国务院发布《关于构建和谐劳动关系的意见》，提出要加强裁审衔接与工作协调，积极探索建立诉讼与仲裁程序有效衔接、裁审标准统一的新规则、新制度。之后，2017 年，人社部、中央综治办、最高人民法院等联合颁布《关于进一步加强劳动人事争议调解仲裁完善多元处理机制的意见》进一步提出要建立仲裁与诉讼有效衔接的新规则、新制度，实现裁审衔接机制长效化、受理范围一致化、审理标准统一化。人社部、最高人民法院共同制定《关于加强劳动人事争议仲裁与诉讼衔接机制建设的意见》，对建设裁审衔接机制提出更为明确的目标和要求。调研法院所在的北京地区，市高级人民法院、市人力资源和社会保障局通过会议研讨方式形成了系列会议纪要，统一了裁审法律适用、加强了裁审衔接。

作为从事劳动争议案件处理的专业化审判庭室，是劳动争议处理制度运行的参与者、实践者，早在 2010 年我们就对建立裁审之间协调机制问题做了专项调研，针对性地提出了解决当时裁审衔接问题的意见和建议。经过 8 年的继续实践，劳动仲裁前置、一裁两审制度运行中又出现了很多新问题、新情况，促使我们要继续研究，更深入地去挖掘、分析、解决问题。本次调研以实证研究为基础，客观描述现行制度运行中的问题，探索分析困扰裁审衔接的深层原因，并针对性地提出符合实践需求的意见及建议。

一、劳动仲裁前置程序运行现状

（一）劳动仲裁能有效解决大量劳动争议案件

表 1　我院辖区 2015 年至 2017 年仲裁、一审、二审收案数量情况

单位：件

收案年度	仲裁收案数量	一审收案数量	二审收案数量
2015	19,790	6677	2097

---

* 课题主持人：孙国鸣，课题负责人：赵悦，课题组成员：李军、何锐、甄乾龙，课题执笔人：张建清、范楷强、王飞。本课题为 2018 年部门级重点课题，荣获北京市法院 2018 年调研成果优秀奖。

续表

收案年度	仲裁收案数量	一审收案数量	二审收案数量
2016	23,683	6412	2081
2017	23,207	6680	3016

从表1的数据看,2016年,仲裁收案数量虽较2015年度增长17.26%,但一审、二审收案数量呈持平状态;2017年,一、二审案件数量较以往年度有所增长,但主要因有806件集体性争议案件进入诉讼程序。从总体的形势看,近3年来我院辖区劳动争议案件收案数量变化不大,2/3以上的劳动争议案件通过仲裁程序得以解决,仲裁有效地处理、分流了劳动争议案件。

(二)劳动仲裁的裁审结果更趋一致

因现有司法统计中缺乏对裁审结果是否一致的有效统计,故为了尽可能客观评价裁审结果,此次调研中采用了三种方式来进行评估:一是从我院2018年1月至9月审结的二审劳动争议案件中随机选取1215件案件与2010年调研报告①作对比;二是对比分析我院2015年至2017年劳动争议案件撤裁率与二审对一审案件的改发率;三是针对仲裁裁决证据规则适用、裁决文书说理满意度两大问题,调研组成员通过座谈及电话调查的形式直接向负责审理劳动争议案件的20名法官及50名劳动争议案件的专业律师进行调查。具体情况如下:

表2 我院2010年与2018年等量二审劳动争议案件中裁审结果不一致的情况

项　　目		2010年	2018年
一审与仲裁结果不一致案件情况	数量(件)	338	271
	占比(%)	27.82	22.30
二审与仲裁结果不一致案件情况	数量(件)	256	209
	占比(%)	21.07	17.20

表3 我院2015年至2017年劳动争议案件撤裁率与二审改发率情况

单位:%

年度	撤裁率	二审改发率
2015	8.3	3.28
2016	2.8	2.68
2017	4.27	3.91

从表2的数据看,较之以往,裁审结果不一致的占比下降,说明裁审之间裁判标准及

① 我庭2010年《关于建立劳动争议案件仲裁与诉讼之间协调机制的调研报告》中以我院2010年1月—6月审结的1215件二审案件为统计对象,分析了一审与仲裁不一致案件数(件)及比例、二审与仲裁结果不一致案件数(件)及比例。

结果更趋一致;从表3的数据看,一裁终局案件的撤裁率在2016年明显下降且之后始终保持在低位运行,说明一裁终局仲裁裁决质量日益提升。

从被访对象回馈的结果看,全部呈现正面评价。具体而言,一是仲裁裁决中普遍适用最高人民法院民事证据规则作出裁决,这与2009年颁布《劳动人事争议仲裁办案规则》后实践中从最初的选择性参照到如今普遍适用,前后形成明显对比。二是仲裁裁决说理性明显增强,对当事人的仲裁申请请求能够进行充分且有针对性地说明,裁决结果与论理能保持逻辑一致。

(三)劳动仲裁裁决的认可度有待提高

表4 我院辖区2015—2017年劳动仲裁裁决起诉率①与一审判决上诉率情况

单位:%

年度	仲裁裁决起诉率	一审判决上诉率
2015	78.47	31.41
2016	63.69	32.45
2017	73.80	45.15

虽然裁审的裁判标准及结果更趋一致,但从表4看,当事人对仲裁裁决的起诉率居高不下,且该起诉率远高于一审判决的上诉率。以上情况说明,近年来裁审裁判标准及结果趋向一致并未相应地提升当事人对仲裁裁决的服从率和认可度。调研发现,造成这一现象的原因主要有两方面:一是裁审两个程序互相独立,裁判标准、执法尺度不统一,加剧了当事人对仲裁后诉讼程序的利益期待;二是程序启动成本低、裁审缺乏有效衔接、程序性权利多,降低了仲裁裁决的稳定性。比如,有的用人单位拖欠劳动报酬,某个劳动者经仲裁后得到支持,用人单位不服仲裁裁决提起诉讼,一、二审法院作出与仲裁裁决结果一致的判决,但对其他相同案件,该用人单位仍坚持对仲裁裁决继续诉讼,试图通过走完全部程序来达到特定的诉讼目的。

二、裁审衔接运行中存在的问题

虽然劳动仲裁前置程序作用明显,但是劳动仲裁与诉讼分属两个不同的系统,二者遵循着不同的制度运行逻辑和纠纷处理理念,导致裁审执法尺度不统一、裁审互相独立、彼此衔接存在问题。

(一)裁审在案件受理上不衔接

按照现行法律规定,劳动争议以仲裁前置为原则,这种刚性的法定前置原则,一般认为只有经过仲裁审理的仲裁请求才可以进入诉讼程序,但裁审两个程序分别奉行不同的制度运行逻辑及理念,在劳动争议案件的不予受理问题上不衔接,导致仲裁前置在一定情形下被虚置。《劳动争议司法解释一》第2条规定,对于仲裁以不属于劳动争议为由作出

① 仲裁裁决起诉率是指仲裁程序中以作出仲裁裁决书方式结案的,当事人不服仲裁裁决提起诉讼的比例。

不予受理的案件,法院予以受理。[①]《劳动争议调解仲裁法》第 29 条规定,对仲裁不予受理或者逾期未作出决定的,申请人可以就该劳动争议事项向人民法院起诉。上述司法解释及法律规定的目的在于发挥司法作为社会公正最后一道防线的作用,对经过仲裁程序但未予处理或不应受理的案件,进行处理,保证当事人权利得到及时救济。我们认为,虽然司法允许仲裁不予受理的案件进入诉讼,也应当是有限的、特定的。但因两个程序有不同的纠纷处理规则,导致仲裁不予受理的情形要比司法预设的范围广。《劳动人事争议仲裁办案规则》第 39 条[②]规定,按撤回仲裁申请处理的案件,再行申请仲裁的不予受理,这意味着当事人以相同事由及请求再行申请仲裁时,无须仲裁机关进行实体处理,即可进入诉讼程序,这与司法对按撤诉处理的认识完全不同。按照民事诉讼的一般理论,按撤诉处理应视为未经过实体处理,当事人以相同事由及请求提起诉讼时,法院仍需受理。而裁审在该问题上的处理方式和执法标准明显不同,这种差异为当事人选择规避仲裁前置提供了机会。

对此,调研组专门针对我院辖区近 3 年以来,劳动者申请仲裁后,在仲裁开庭之日,故意不按时到庭参加仲裁程序,被仲裁委按照撤回仲裁申请处理,之后劳动者再以相同的事实理由、仲裁申请请求申请劳动仲裁,仲裁委以一事不再理为由出具不予受理通知书,劳动者收到该通知后起诉至法院的情况进行了统计梳理,发现:一是此种情形呈现逐年增长趋势,二是当事人收到不予受理通知后立即提起诉讼的情况较多,三是此种方式比正常参加仲裁程序收到裁决书后提起诉讼的耗时明显要短。此外,统计中还发现个别劳动者在起诉后仍未按时到庭参加诉讼,法院按照撤诉处理,根据现行法律规定,劳动者仍然可以以相同事由及仲裁申请请求申请劳动仲裁,在仲裁委出具不予受理通知书后,要求法院对案件进行实体处理。这实则是利用裁审处理纠纷的理念与规则不同,规避劳动仲裁法定前置原则。

(二)裁审在管辖上衔接不畅

裁审彼此独立、缺乏兼容的一个表现还在于仲裁与诉讼的管辖分别确定。《劳动争议调解仲裁法》第 21 条规定,劳动争议由劳动合同履行地或者用人单位所在地的仲裁委员会管辖。双方当事人分别向劳动合同履行地和用人单位所在地的仲裁委员会申请仲裁的,由劳动合同履行地仲裁委员会管辖。《劳动人事争议仲裁办案规则》第 10 条规定,仲裁期间,当事人可在答辩期前提出管辖权异议。《劳动争议司法解释一》第 8 条规定,劳动争议案件由用人单位所在地或者劳动合同履行地的基层法院管辖。诉讼期间,当事人当然可以对管辖权提出异议。两个程序中均赋予当事人管辖选择权、管辖权异议,导致实践中有的当事人利用管辖权异议拖延程序耗时。

此次调研中,我们在中国裁判文书网按照“案件类型——民事案件”“二级案由——

---

① 《劳动争议司法解释一》第 2 条规定,劳动争议仲裁委员会以当事人申请仲裁的事项不属于劳动争议为由,作出不予受理的书面裁决、决定或者通知,当事人不服,依法向人民法院起诉的,人民法院应当分别情况予以处理:(一)属于劳动争议案件的,应当受理;(二)虽不属于劳动争议案件,但属于人民法院主管的其他案件,应当依法受理。

② 《劳动人事争议仲裁办案规则》第 39 条规定,申请人收到书面开庭通知,无正当理由拒不到庭或者未经仲裁庭同意中途退庭的,可以按撤回仲裁申请处理;申请人重新申请仲裁的,仲裁委员会不予受理。

劳动、人事争议”“管辖权异议”三层关键词，截至2018年8月30日共检索出10,498个结果。抛开劳动仲裁管辖权异议消耗的成本，起诉后，劳动争议纠纷实体处理前，法院仍需解决大量管辖权异议。大量的管辖权异议说明，虽然两个程序两次管辖选择权体现了法律对当事人权利的尊重，但对裁审程序运行及结果益处不大，除了造成纠纷处理效率低下外，也不便于当事人诉讼、不便于法院行使审判权。一方面，裁审管辖异地，两地机关的沟通难度变大，信息交流更加不畅，不利于案件事实查明，加剧了裁审结果不一致的风险。另一方面，裁审管辖异地易造成裁审结果出现地域性差异。我国规制劳动争议的高层阶规范性文件较少，多数为部门规章和地方性立法，劳动保护的力度也因地而异，一旦裁审管辖异地，裁判标准、执法尺度的差异性将更为明显，当事人将更倾向于不信任仲裁结果，提起诉讼，反而将更多案件引入诉讼。

（三）裁审在一裁终局上衔接不畅

为了及时解决劳动争议，高效落实对劳动者倾斜保护原则，2007年《劳动争议调解仲裁法》在坚持“一裁两审“制度基础上，允许两类案件①一裁终局。但一裁终局却成为裁审不畅、困扰司法实践的一大难题。一是对劳动者和用人单位设置不同的救济期限、不同的救济途径，未有效促进一裁终局仲裁裁决发生法律效力。一裁终局仲裁裁决对于劳动者而言可以在15日内的法定期间提起诉讼，对于用人单位则仅在法律列明的几种情形②下在30日内的法定期间向仲裁委所在地的中级人民法院申请撤销仲裁裁决。这一制度设计的初衷是为了维护一裁终局仲裁裁决的权威，通过对用人单位救济权予以适当限制，使裁决发生法律效力。但实践中，有的用人单位待劳动者15日的起诉期限届满后，利用其与劳动者不同的救济期限再行启动撤销仲裁裁决程序，这种情况下，劳动者往往应诉积极性不高，给后续法院特别程序的审查造成困难，也容易使劳动者对一裁终局能否产生法律效力产生质疑。二是对一裁终局仲裁裁决设置撤销仲裁裁决和不予执行两个审查程序，未体现出劳动仲裁一裁终局的特殊性。撤销仲裁裁决与不予执行仲裁裁决审查是民事诉讼法对普通民商事仲裁裁决的司法救济程序，对一裁终局的劳动仲裁裁决设置相同的救济程序，不符合劳动仲裁一裁终局的立法价值。三是一裁终局仲裁裁决被撤销后的后续诉讼程序衔接存在障碍：用人单位在后续诉讼中有无诉权规定不明。按照一裁终局现有救济规则，用人单位对一裁终局裁决无起诉权，但仲裁裁决被撤销后，法律又规定“当事人可以提起诉讼”③，从文字表述看，用人单位亦应有起诉权，这与裁决作出后法律仅赋予用人单位撤裁权相冲突。此外，还需注意的是，从一裁终局的案件类型看，无论提起仲裁

---

① 《劳动争议调解仲裁法》第47条规定，下列劳动争议，除本法另有规定的外，仲裁裁决为终局裁决，裁决书自作出之日起发生法律效力：（一）追索劳动报酬、工伤医疗费、经济补偿或者赔偿金，不超过当地月最低工资标准十二个月金额的争议；（二）因执行国家的劳动标准在工作时间、休息休假、社会保险等方面发生的争议。

② 《劳动争议调解仲裁法》第49条规定，用人单位有证据证明本法第47条规定的仲裁裁决有下列情形之一，可以自收到仲裁裁决书之日起三十日内向劳动争议仲裁委员会所在地的中级人民法院申请撤销裁决：（一）适用法律、法规确有错误的；（二）劳动争议仲裁委员会无管辖权的；（三）违反法定程序的；（四）裁决所根据的证据是伪造的；（五）对方当事人隐瞒了足以影响公正裁决的证据的；（六）仲裁员在仲裁该案时有索贿受贿、徇私舞弊、枉法裁决行为的。

③ 《劳动争议调解仲裁法》第49条规定，仲裁裁决被人民法院撤销的，当事人可以自收到裁定书之日起15日内就该劳动争议事项向人民法院提起诉讼。

还是仲裁裁决被撤销后提起诉讼,发起者一般是劳动者,用人单位基本没有动机主动启动相关程序,一旦仲裁裁决被撤销后,进入诉讼,因现行法律未指定后续管辖诉讼法院,劳动者起诉后,可能存在个别用人单位为了自身利益利用管辖权异议,拖延时间,一裁终局易陷入程序怪圈。综上所述,在当前裁审制度的运行中,一裁终局很难终局,规则设计实则与一裁终局应有的立法价值背道而驰,规则自身逻辑上亦存在先后矛盾之处。

(四)裁审在文书效力上衔接不畅

《劳动争议司法解释一》第 17 条①规定,仲裁裁决一经起诉全部不发生法律效力。《最高人民法院对劳动部〈关于人民法院审理劳动争议案件几个问题的函〉的答复》中规定,劳动争议当事人对仲裁决定不服,向人民法院起诉的,人民法院仍应以争议的双方为诉讼当事人。在判决书、裁定书、调解书中也不应含有撤销或者维持仲裁决定的内容。该答复虽于 2013 年 1 月被最高人民法院废止,但直至今日,司法实践仍坚持此做法。仲裁裁决一经起诉不发生法律效力、裁判文书不对仲裁裁决进行评判,造成裁审在效力方面衔接不畅,突出表现在:一是法院按撤诉处理后,仲裁裁决效力不明。当事人因不服仲裁裁决在法定期间内起诉,法院开庭审理时,原告无正当理由拒不到庭参加诉讼或者未经法庭许可中途退庭,根据民事诉讼法的规定,法院可以作出按撤诉处理,此时仲裁裁决未经诉讼程序实体审理,仲裁裁决是否发生法律效力,现行法律及司法解释却未予以明确,如果仅认为仲裁裁决经当事人起诉后绝对不发生法律效力,易造成仲裁裁决效力空白,当事人失去权利凭证,无法获得司法强制保护。二是一方当事人未就仲裁裁决提起诉讼的,裁决对其不产生拘束力。调研发现,实践中存在仲裁裁决作出后,用人单位认可仲裁裁决结果不起诉,而劳动者不服仲裁裁决提起诉讼,经一审法院审理后,一审结果与仲裁裁决结果一致,但由于双方矛盾激化,有的用人单位仍会选择继续上诉,此种情形下,法院仍要实体审理,而无法直接判定仲裁裁决对未起诉一方当事人的效力。三是当事人对仲裁裁决无异议部分的效力无法认定。按照民事诉讼"不告不理"原则,法院审理范围应以当事人的请求为限,劳动争议仲裁裁决一经起诉后即按照民事诉讼程序进行审理,亦应遵循此项原则。然而按照该原则,当事人无异议、未起诉的仲裁裁决部分内容不应纳入审理范围,但仲裁裁决一经起诉即不产生法律效力,由此导致,当事人无异议、未起诉的仲裁裁决部分内容的法律效力也无法认定。针对这一问题,有的地方法院与仲裁机关通过协调沟通作出符合实践需求的超前探索,要求法院作出判决时对当事人无异议的仲裁裁决内容直接在判决中予以确认。② 这一做法有效实用。但是,也要看到这一违背传统民事诉讼原则的规定,在缺乏法律依据的情况下,依然难以达成普遍共识,有的地方、有的法官仍然按照"不告不理"原则,对当事人未起诉的仲裁裁决内容不予处理,不在判决中予以确认。

(五)裁审在证据及当事人行为效力上不衔接

从仲裁法定前置原则的内涵看,其与后续的诉讼程序应当具有内在的连贯性、延续

---

① 《劳动争议司法解释一》第 17 条规定,劳动争议仲裁委员会作出仲裁裁决后,当事人对裁决中的部分事项不服,依法向人民法院起诉的,劳动争议仲裁裁决不发生法律效力。

② 例如,北京市高级人民法院、北京市劳动争议仲裁委员会《关于劳动争议案件法律适用问题研讨会会议纪要(二)》中"仲裁与诉讼的衔接和受理问题"第 3 条规定,对双方当事人均未起诉的仲裁裁决结果部分,可在"本院认为"中予以确认,并直接写入判决主文。

性，仲裁应作为诉讼审理的基础。但从涉及裁审两个程序的规范要求和实践层面看，仲裁裁决被起诉后失去法律效力，经过的仲裁程序对诉讼鲜有影响，当事人在诉讼阶段要重新投入时间、精力、金钱去主张和防御，诉讼初始化严重①，“一裁两审”沦为“三审”，仲裁后的诉讼仍是全新的诉讼，需要当事人重新准备诉讼材料、举证质证、参加庭审。

1. 仲裁程序的证据对诉讼不产生拘束力。一是当前裁审两个程序独立运行，互不干涉，两个程序分别赋予当事人举证、质证权利，诉讼不以仲裁证据为基础。双方当事人虽于仲裁程序举证质证，但进入诉讼程序后重来一遍，法院亦需重新审理、全面审查。二是经过仲裁程序后，当事人积累了经验，诉讼中的第二次机会，极易引发当事人推翻在先陈述或故意隐瞒不利己的证据，既不利于法院查明事实，又容易引发诉讼诚信风险。三是诉讼不以仲裁证据为基础，导致当事人在仲裁阶段消极举证，在诉讼阶段搞证据突袭。调研发现，有的当事人为了避免在仲裁阶段消耗更多时间，尽快走完仲裁程序，故意于仲裁阶段不提供证据或隐瞒证据，待提起诉讼后才充分举证，实则架空了仲裁实体审理，造成裁审结果不一致。

2. 仲裁程序中的当事人行为在诉讼中无法产生拘束力。一是仲裁程序中当事人确认送达地址的行为对诉讼不产生拘束力。《劳动人事争议仲裁办案规则》第20条②中规定可以参照民事诉讼关于送达方式的有关规定执行。实践中，仲裁委亦参照民事诉讼规定采取送达地址确认书制度来实现送达，但因现行法律规范中缺乏裁审两个程序就送达地址确认书制度进行衔接的规定，即便仲裁程序中当事人均已到庭并填写送达地址确认书，该地址确认书依然无法直接作为诉讼阶段的送达地址对当事人进行送达并产生相应后果。③ 有的地方法院与仲裁机关在加强裁审衔接机制建设的意见中，明确规定建立贯穿于仲裁、诉讼、执行全过程的送达地址确认制度，该做法反映了劳动争议实务界及当事人的呼声，回应了实践中的司法需求，有利于提高送达效率。但调研发现，因送达关系当事人仲裁、诉讼行为的法律效力及后果，可能导致当事人诉讼权利的丧失，在缺乏高位阶法律规范的支持下，实际运用时极易引发诉讼风险，尤其是有些法官对此还持比较审慎的态度。二是当事人于仲裁程序同意对方当事人仲裁申请请求的行为是否对诉讼产生效力不明确。有的当事人在仲裁程序明确表示同意对方当事人的部分仲裁申请请求，但因仲裁裁决或一审判决未达到其预期，导致其不服提起诉讼或上诉，因仲裁裁决一经起诉即失去法律效力，当事人的承认行为是否仍对诉讼产生拘束力实践中存在分歧，导致有的对该部

---

① 诉讼初始化，是指劳动争议案件经过仲裁程序后到诉讼程序，当事人仍像对待普通案件一样来准备和参加诉讼。董保华：《论劳动争议处理体制中“裁审关系”》，载《中国劳动》2004年第3期。

② 仲裁委员会送达仲裁文书必须有送达回证，由受送达人在送达回证上记明收到日期，并签名或者盖章。受送达人在送达回证上的签收日期为送达日期。因企业停业等原因导致无法送达且劳动者一方在十人以上的，或者受送达人拒绝签收仲裁文书的，通过在受送达人住所留置、张贴仲裁文书，并采用拍照、录像等方式记录的，自留置、张贴之日起经过三日即视为送达，不受本条第一款的限制。仲裁文书的送达方式，本规则未规定的，仲裁委员会可以参照民事诉讼关于送达方式的有关规定执行。

③ 2018年5月28日，北京市人力资源和社会保障局、北京市高级人民法院关于加强劳动人事争议仲裁与诉讼衔接机制建设的实施意见中明确规定建立贯穿于仲裁、诉讼、执行全过程的送达地址确认制度。由两个部门联合设计符合劳动人事争议处理特点、统一适用的送达地址确认书，在仲裁阶段交由当事人确认填写，使该送达地址确认书的效力延续于诉讼和执行阶段，加快劳动人事争议仲裁、诉讼的送达与执行效率。

分进行实体审理,有的则不实体审理。

三、正确定位裁审关系

从仲裁前置发挥的作用看,仲裁前置、一裁两审制度是符合我国国情的。经过多年实践,我国构建了富有成效的劳动仲裁机构,绝大多数案件经过仲裁即能解决,维护了当事人的合法权益,缓解了审判压力。从一裁两审衔接中出现的问题看,也让我们不得不重新检视制度设计的初衷,思考裁审关系的定位,反思仲裁法定前置原则对后续诉讼程序的意义。这些问题才是关系裁审两个程序能否有效有序运行的根本,也是优化两个程序衔接、保障制度顺畅的关键。

(一)劳动仲裁应是法定的准司法性仲裁

劳动仲裁制度在我国有着深厚的历史根基。新中国成立初期,我国就建立起劳动争议仲裁委员会,在公、私营企业中发挥解决劳动争议的功能,后因特殊历史原因处于停滞状态,1987 年劳动仲裁制度得以重新恢复,直至 1994 年我国劳动法出台,仲裁前置正式法定化。但长期以来,我国劳动仲裁的性质一直模糊不清,导致裁审互相衔接错位、出现问题。一是劳动仲裁带有普通民商事仲裁的色彩。1987 年恢复劳动仲裁制度之后,虽然学界、实务界一直在探讨劳动争议仲裁与普通民商事仲裁的区别①,但从《劳动争议调解仲裁法》规定的裁决规则看,劳动仲裁实行“首席裁决”原则,这实则与普通民商事仲裁的特征相符。另外,从司法对劳动仲裁裁决的救济方式看,劳动仲裁也表现出与普通民商事仲裁相符合的特征。现行民事诉讼法对普通民商事仲裁裁决的司法监督表现为撤销仲裁裁决和不予执行仲裁裁决两个审查程序,而现行民事诉讼法对一裁终局的审查方式亦与之吻合。二是劳动仲裁带有行政色彩。从仲裁机关的实际运行看,虽然《劳动争议调解仲裁法》第 19 条规定,劳动争议仲裁委员会由劳动行政部门代表、工会代表和企业方面代表组成。但现实中,我国劳动仲裁实则由行政机关负责运行。仲裁机关内设在劳动行政管理部门,其办公经费、专职仲裁员的编制、工资、职务晋升均与行政机关的公务员相同,工作模式也基本是按照行政机关的工作模式来进行,在当事人看来,仲裁机关属于政府行政机关、代表行政机关,仲裁机关熟悉劳动政策,仲裁裁决行政化倾向明显。从法律对仲裁裁决的效力态度看,仲裁裁决一经起诉失去法律效力,当事人需重新准备材料及证据提起诉讼,法院将经过仲裁程序的劳动争议案件视为一个全新的案件,表现出法律对仲裁裁决行政性的担忧,要求法院从事实和法律适用方面全面审理劳动争议案件。

我们认为,劳动仲裁不同于根据当事人意思自治选择的普通民商事仲裁,是法定的特殊仲裁程序,准司法性是劳动仲裁的本质属性。一是从劳动仲裁的程序要求看,《劳动调解仲裁法》《劳动人事争议仲裁办案规则》塑造了与民事诉讼程序相似的程序规则,整个程序遵循着法定的方式、方法、顺序及步骤,当事人权利行使与诉讼程序无异,严格的程序

---

① 课题组在中国知网,以劳动争议仲裁制度为关键词,搜索 1986 年至 1995 年的相关论文,共计搜到 12 篇,其中 7 篇中涉及劳动仲裁制度与普通民商事仲裁的区分。

规定使劳动仲裁具有公正性；二是从劳动仲裁的实体结果看，仲裁员选任[①]需符合法定条件，具备相应专业知识，仲裁员需遵循公正原则、依据事实，处理争议纠纷，作出裁决结果，这符合司法中“以事实为依据、以法律为准绳”的裁断原则，能够实现实体公正；三是从劳动仲裁裁决的效力看，其一旦生效即产生司法上的强制执行力。综上所述，劳动仲裁符合准司法性的要求。需要指出的是，近年来，随着矛盾纠纷多元化解机制建设的不断推进与深化，人社部、中央综治办、最高人民法院、司法部等部门在《关于进一步加强劳动人事争议调解仲裁完善多元处理机制的意见》中首次明确劳动仲裁的准司法性质[②]，这为准确定位仲裁程序的功能价值、理顺裁审关系，提供了依据。

（二）裁审衔接应符合效益与公正的价值

与普通民事争议相比，劳动争议关系到社会民生，矛盾易发、频发，具有群体性、波及性，涉及面广、影响面大，需要得到快速、便捷地解决，仲裁前置、一裁两审的制度设计就反映了劳动争议纠纷解决的这种内在需求。一是以效益为首要价值。从程序启动成本和仲裁管辖看，劳动仲裁启动成本低、管辖规则较为简单，便于当事人快速行使权利救济；从纠纷处理的原则看，劳动仲裁程序注重调解，便于修复劳资关系，促进劳动关系的和谐与稳定；从纠纷处理的效率看，劳动仲裁要求仲裁员具有一定专业性，要求其能在较短的时限内，公正、快速地调处纠纷、作出裁决。在诉讼前设置仲裁程序，符合快速解决纠纷的目标追求，能够有效地提前处理、解决、消化大量劳动争议案件。二是兼顾公正价值。从实践看，劳动仲裁效率优势明显，通过对仲裁员、仲裁纠纷处理原则提出要求，在突出纠纷处理效率的同时兼顾了一定公正性[③]，但因劳动仲裁程序自身缺乏有效的监督和纠错机制，如果缺乏后续救济，一旦出错，易引发社会风险，损害社会公平正义，因此有必要对劳动仲裁进行必要的司法救济，确保劳动争议纠纷处理的实体公正。

综上所述，从制度设计追求的价值与功能看，裁审两个程序之间的衔接亦应符合效益与公正两个价值目标，前置的仲裁程序应当对后续的诉讼程序产生拘束力。

（三）劳动仲裁应当对诉讼起基础性作用

从制度设计初衷看，仲裁前置是法定的，仲裁是第一道防线；后续的法院诉讼应是第二道防线，是当事人权益的最后救济。因此，在裁审关系中，仲裁应当对诉讼发挥基础性作用，实际上，也只有使仲裁具有基础性作用，当事人才不会随意启动诉讼程序，才能最大限度地发挥出仲裁程序的作用，这种基础性作用应体现在：一是劳动仲裁作为准司法性质的法定前置程序，具有认定事实、适用法律、居中裁决的职能，因此其应是实质性的前置而非程序性的前置。二是当事人对仲裁裁决提起诉讼后，仲裁程序要为后续诉讼奠定审理

---

① 《劳动调解仲裁法》第 20 条规定，仲裁员应当公道正派并符合下列条件之一：（一）曾任审判员的；（二）从事法律研究、教学工作并具有中级以上职称的；（三）具有法律知识、从事人力资源管理或者工会等专业工作满五年的；（四）律师执业满三年的。

② 人社部发〔2017〕26 号文中“一、总体要求”中的“基本原则”第 3 条规定，坚持依法处理、维护公平。完善劳动人事争议调解制度和仲裁准司法制度，发挥司法的引领、推动和保障作用，运用法治思维和法治方式处理劳动人事争议，切实维护用人单位和劳动者的合法权益。

③ 《劳动争议调解仲裁法》第 3 条，解决劳动争议，应当根据事实，遵循合法、公正、及时、着重调解原则，依法保护当事人的合法权益。

基础。我们认为,要实现裁审追求的效益目标,必须坚持仲裁是后续诉讼审理的基础这一原则,建立两个程序之间的效力约束关系,避免诉讼的初始化,具体表现在:诉讼审理的请求范围以仲裁申请请求为限①;诉讼管辖由仲裁管辖来直接确定;诉讼审理中以仲裁证据为主、以诉讼中补充提交的证据为辅;仲裁程序中的当事人行为于诉讼中依然有效。

四、完善裁审衔接的对策建议

在明确仲裁的准司法性质、仲裁是诉讼的基础,仲裁决定诉讼审理的认识后,调研建议进一步统一两个程序的制度运行逻辑与理念,尽快从法律规范层面、实务操作方面解决、完善裁审制度运行中的突出问题。

(一)加强仲裁的实质前置作用

在当前的裁审规则设计中,仲裁在不予受理、一事不再理问题上存在一定的虚置化,导致未经仲裁实体处理的案件被起诉至法院。对此,调研建议:一是在办案规则中明确仲裁实质前置的内容。如对于按撤回仲裁申请处理的案件,及时统一两个程序对“一事不再理”原则的认识,若当事人以相同事由及请求再行申请仲裁时,仲裁机关应进行实体审理,并作出裁决,强化仲裁在劳动争议处理中的实质作用,避免当事人利用现行程序性“一事不再理”来架空仲裁程序。又如,当前裁审在诉讼时效的适用上标准不同,有的案件仲裁主动适用时效,而诉讼被动适用时效,有些被仲裁以时效驳回的仲裁申请到了诉讼可能进行了实体处理,导致仲裁未发挥出其实体处理争议的作用。调研建议,统一裁审时效适用规则,采纳时效抗辩。二是搭建、畅通裁审交流沟通平台,逐步厘清不予受理的范围,使应纳入仲裁程序审理的案件全部纳入并经过实体处理,最大程度地发挥仲裁的专业优势。实践中的有益做法可资借鉴。例如,在劳动争议处理制度运行前期,对社会保险争议,裁审受案范围不一致,仲裁不予受理的,诉讼予以受理。近年来,随着劳动仲裁机关与法院交流沟通日益频繁,劳动仲裁机关与法院在社会保险争议受案范围上的认识趋同,统一了受案范围②。

(二)理顺裁审管辖衔接

劳动争议纠纷解决的模式与社会经济和社会制度相关,其形成现行制度既有深化的实践积累,亦有内在的功能价值,应在程序设计上充分发挥其特点,释放最大的制度优势。劳动争议案件相比普通民事纠纷,更要求实现程序效益原则。综上所述,我国裁审在管辖方面缺乏衔接,导致产生大量的管辖权异议,两个程序两次管辖异议权,易导致滥用管辖异议权。例如,调研发现在一起案件③中,仲裁裁决作出后,劳动者不服提起诉讼,用人单位以劳动合同中约定由某市劳动争议委员会管辖为由,提出管辖权异议,被驳回。因当前的规范中,仲裁管辖对诉讼不产生拘束力,裁审两个程序两次管辖选择权、两次管辖异议权,导致实践中这种无益的程序耗费确有生存空间。

---

① 鉴于劳动争议诉讼请求确有不可分性,《劳动争议司法解释一》第6条还应当坚持,避免劳动争议处理过于分割、程序过于繁复。

② 在调研法院所在地区,北京市高级法院、北京市劳动人事争议仲裁委员会通过会议研讨形成会议纪要的方式在案件受理范围等劳动争议案件法律适用问题上形成共识。

③ (2018)京01民终8658号。

针对管辖问题，我们还向我院辖区仲裁机关、外地法院进行了专门调研，发现北京地区有的仲裁机关已经先试先行，在其仲裁裁决中明确指明后续诉讼管辖法院，这一做法被当事人普遍接受。我们认为，设立前置程序的本意应当是便于后续诉讼进行，而非相反。与其他争议纠纷相比，劳动争议案件自身具有特殊性，尤其应当坚持和遵循便利当事人、便于诉讼原则。因此，调研认为，仲裁程序作为法定前置程序，在管辖确定上亦应有所体现，以仲裁管辖确定后续诉讼管辖符合法定前置原则的本质要求，也符合仲裁准司法程序的定位，更契合劳动争议处理制度的价值追求。调研建议，未来修订劳动立法时修改裁审管辖方面的规定，取消现行两个程序两次管辖选择权的规定，明确劳动争议案件的诉讼管辖地应由仲裁机关所在地决定，在诉讼程序不再赋予当事人管辖异议权。即当事人就劳动争议分别向劳动合同履行地或者用人单位所在地申请仲裁的，之后又不服仲裁裁决提起诉讼的，由受理该劳动争议案件的仲裁委员会所在地法院管辖。这种管辖原则，一方面便于劳动争议仲裁与后续诉讼在管辖上更易衔接，避免诉讼管辖权产生异议，能确保劳动争议得到及时处理。另一方面，这一管辖原则也方便仲裁与诉讼互相沟通，便于法院查清案件的事实，保证执法标准和裁判尺度的统一。

（三）完善一裁终局劳动仲裁裁决的司法救济程序

劳动争议仲裁应是不同于普通民商事仲裁的特殊仲裁，但对一裁终局劳动仲裁裁决，设置的救济程序过于复杂，背离了一裁终局劳动仲裁应追求的效益价值，一旦仲裁裁决被撤销，劳动争议事项又将重新进入诉讼程序，一裁终局实则变成了“一裁、一撤、两审”。调研认为，对一裁终局仲裁裁决，应当设置更为简便、高效的救济程序，适时、适当对现行制度进行改革。一是考虑在救济权上兼顾平等保护原则，逐步统一劳动者、用人单位的救济途径，在救济程序的设置上突出效益原则，促进一裁终局发生法律效力。调研建议在仲裁阶段设置复查程序，建立健全仲裁委的自行监督与纠错机制。当事人不服一裁终局裁决的，先行向仲裁委申请复查，经复查后，当事人仍不服复查结果的，允许进入诉讼程序。考虑到一裁终局案件的类型，法律关系明确、权利义务简单，建议在诉讼中实行一审终审制。二是因仲裁、诉讼程序修改涉及的方面过于广泛，短期内难以实现，调研认为，可以采取相对保守的策略。调研建议，首先，鉴于撤裁程序与劳动仲裁裁决不予执行的审查情形高度重叠，取消对一裁终局仲裁裁决的不予执行审查程序。其次，鉴于法律赋予用人单位申请撤裁长于劳动者提起诉讼的期限并无实际意义，调研建议修改该规定，设置同等期限的救济时限，劳动者提起诉讼在先的进入诉讼审理，劳动者认可仲裁裁决结果，用人单位申请撤裁的进入特别程序审查。再次，明确一裁终局劳动仲裁裁决被撤销后的起诉权归属，从现行规定看，用人单位不服仲裁裁决的救济权应限于撤裁权，对用人单位而言，一裁终局被撤销，用人单位即实现了其救济目的。从劳动争议发起者看，一裁终局案件的案件发起者一般为劳动者，用人单位缺乏启动动机，再行赋予用人单位起诉权，与一裁终局追求的效益原则不符。最后，简化一裁终局劳动仲裁裁决被撤销后的诉讼管辖规则，建议由作出裁决的仲裁机关所在地基层法院管辖，相应地不再赋予当事人管辖异议权。

（四）理顺裁审文书效力衔接

仲裁程序作为准司法程序，其作出的裁决应当产生法律效力，从长远看，加强裁审文书效力衔接，对于引导当事人知晓、理解仲裁的作用，形成对仲裁裁决的信服有积极影响。调研建议，在未来制定修改裁审法律规范时，制定相应规则，理顺并加强裁审文书在效力上的有效衔接。一是明确仲裁裁决恢复效力的情形。根据最高人民法院《对于经劳动争议仲裁裁决的纠纷准予撤诉或驳回起诉后仲裁裁决从何时起生效的解释》，仲裁裁决经起诉后仍产生法律效力的有两种，其一是当事人申请撤诉经法院审查后准予撤诉的；其二是因超过起诉期间被法院裁定驳回起诉的。调研认为，仲裁裁决起诉后，符合民事诉讼法规定按撤诉处理的，亦应明确仲裁裁决产生法律效力。二是明确一裁终局仲裁裁决可部分有效或部分无效。调研发现，一裁终局仲裁裁决，经撤裁程序审查确认仅部分裁决结果错误具有可撤销情形，但因是否可以部分撤销，以及部分撤销后，仲裁裁决未撤销部分的效力如何认定均无明确规定，司法实践中一般不采取部分撤销的做法，导致仲裁裁决被全部撤销。三是明确当事人对仲裁裁决结果无异议部分的效力。调研发现，非一裁终局案件存在双方当事人均认可部分裁决结果情形，但因现行法律规定的不足，该部分无异议裁决结果不能直接产生法律效力。我们认为，根据《劳动争议司法解释一》第 18 条的规定，对于集体性劳动争议作出的仲裁裁决，部分当事人不服提起诉讼的，仲裁裁决对部分当事人不发生法律效力，对其他未提起诉讼的当事人发生法律效力。可见，仲裁裁决可以对部分主体生效，参照该理念，明确仲裁裁决部分发生法律效力并不存在障碍，调研建议规定双方当事人均无异议的仲裁裁决结果直接产生法律效力。

（五）加强裁审证据衔接

证据是仲裁与诉讼程序的审理基础，诉讼程序以仲裁前置为基础，仲裁程序的证据应当作为诉讼的基础。调研建议，在裁审办案规范中，明确当事人于仲裁程序提交的证据在诉讼中依然具有效力。一是只在仲裁程序中规定举证期限，诉讼中如当事人无新证据，法院可不再给当事人规定举证期限。仲裁时的举证时限不仅在仲裁阶段有效，对于诉讼同样具有约束力。二是明确仲裁程序的质证意见对诉讼具有效力，诉讼阶段无须重新质证。三是明确对当事人在仲裁程序因故意或重大过失不提供证据，于诉讼程序才提供的，法院可以依照民事诉讼法的规定，在采纳后对当事人进行惩戒。四是明确法院在审理过程中，发现当事人在仲裁程序伪造证据的，可依法追究责任。仲裁作为法定前置的准司法程序，当事人伪造证据的行为，损害的不仅是对方当事人的权益，更是欺骗国家机关，损害国家利益，应当予以处理。

在裁审办案实践中，调研建议推进仲裁笔录的共享机制建设。无论是撤裁程序还是诉讼程序，为了自身利益，有些当事人易对另一方当事人于仲裁期间的陈述意见提出异议，而当前裁审两个程序缺乏有效的案件审理情况共享机制，法院往往需要当事人或依职权自行调取仲裁笔录，并再行安排质证，效率低下。仲裁笔录是仲裁审理过程的书面载体，记载着当事人对案件事实的陈述意见、对证据的质证意见，是仲裁裁决作出的重要依据，对事实查明至关重要，应当作为是诉讼审理的一部分。从现实操作看，互联网技术的发展为裁审之间实现仲裁笔录共享提供可能，能够建立起共享渠道，降低当事人推翻陈述机会，使裁审查明的事实一致。

（六）加强裁审当事人行为效力衔接

仲裁作为准司法性的法定前置程序，当事人在仲裁中的行为理应在后续诉讼中产生拘束力。调研建议，在未来裁审办案规范中，对此予以明确。一是确认当事人在仲裁程序处分权利的行为有效，不因起诉失去效力。综上所述，当事人于仲裁程序承认、认可仲裁申请请求，在诉讼程序是否发生法律效力，调研发现实践中存在两种截然相反的观点。一种观点认为，仲裁裁决一经起诉不产生法律效力，从这一精神看，当事人于仲裁程序的自认行为自应失效；另一种观点则认为，当事人承认对方仲裁申请请求系对自己权利的自由处分，应当发生法律效力，且诚实信用原则是民事主体进行法律活动的基本原则，使其不发生法律效力是对这一基本原则的违反。调研认为，第二种意见更为合理。劳动争议涉及的权利既包括公法上的一些权利，也包括私法领域中的权利。具有公法性质的权利一般不允许当事人违背强制性法律规定自行处分，而对于私法领域的权利，应当遵循当事人意思自治原则，允许当事人进行自由处分，这有利于从根本化解劳动争议矛盾纠纷，也有利于维护仲裁与诉讼的共同权威。二是明确仲裁程序送达地址确认书对诉讼产生法律效力。送达关乎当事人的诉讼权利，送达地址确认书制度是提高送达效率、实现有效送达的有益制度，实践中，因仲裁送达地址确认书不能在诉讼中产生效力，诉讼中只能重新送达，重新查找当事人联系方式，通知应诉，浪费司法资源，有的当事人为了达到拖延诉讼的目的，在提起诉讼后故意躲着法院，导致实践中送达、通知当事人十分困难，而确认仲裁程序当事人确认的送达地址对诉讼程序依然有效，可以有效解决送达难、通知难的问题。

综上所述，完善劳动人事争议仲裁与诉讼衔接运行机制，关键是准确定位仲裁程序意义、理顺裁审关系，改革现有裁审制度存在的问题，衔接好两个程序的运行，既要发挥仲裁法定前置程序快速解决纠纷的优势，又要发挥司法的最后保障作用。

网络借贷矛盾化解与风险防范*

摘要：当前，网络借贷行业进入全面清退与转型期，北京地区的行业数量及规模位居全国第一，妥善化解矛盾，防范社会风险，不仅事关投资人的利益，也事关和谐稳定的社会发展大局。前期监管的缺位及失灵造成了既有难题亟待解决。从现有实践及政策导向来看，平台清退主要有三种路径：向小贷公司转型、兜底债务后良性退出以及被刑事立案处理。无论采取何种路径，均面临如何追缴财产、催收海量债务的现实问题，而目前现有的纠纷解决机制均无法有效应对。如不能及时探索其他路径妥善化解矛盾，可能爆发严重的群体性事件，对营商环境产生负面效应，影响经济社会发展大局。

本文认为，为有效化解风险，避免群体性事件，应当坚持“以管理人为核心的总体统筹、多方联动”的解决思路。“总体统筹”是指对于网络借贷平台退出的风险化解，应当坚持在互联网金融风险专项整治工作领导小组、网络借贷风险专项整治工作领导小组的总体统筹下，依托属地党委政法委领导，各责任部门参与，建立工作专班。“以管理人为核心”是指通过引入第三方市场主体，发挥市场在债权债务清理中的决定性地位，最大程度维护投资者利益。“多方联动”是指，对于已经涉嫌刑事犯罪的，原则上通过刑事追赃、退赔程序解决，发挥管理人的市场化追赃挽损作用。对于转型及良性退出的平台，需要坚持多元化解程序前置、联合信用惩戒督促、第三方清收为主，诉讼手段为辅的处理思路，尽可能将纠纷化解在诉讼之外。同时，对于未来可能进入诉讼的案件，要积极探索利用互联网技术，通过在部分法院开展立案试点、集中管辖等方式，实现纠纷的公正、高效、快捷、低成本解决。

一、行业现状：强监管下的行业全面清退与转型

（一）行业发展概述

网络借贷是互联网背景下的产物，泛指自然人、法人和非法人组织之间通过网络借贷

---

* 课题主持人：马来客，课题负责人：李利，课题组成员：陈实、郭帅、苑珊、曲建婷、李晓桐，执笔人：陈实、郭帅、曲建婷。

本课题为2019年院级重点课题。

平台进行资金融通的行为①。从2007年第一家网络借贷平台拍拍贷②成立以来，传统的民间借贷借助于“互联网+”突破时间和空间的限制，成长为新的商业模式。2013年被誉为中国互联网金融元年，金融自由化与移动互联网几乎同时兴起，伴随着云计算、大数据、移动支付等新一代技术广泛应用，传统金融业态和格局迎来深刻变革，造就了互联网金融的热潮。网络借贷行业借助互联网金融的东风，进入野蛮生长期。据“网贷之家”网站统计，网贷平台数量从2011年的214家激增至2015年的2595家，增长12倍；2015年全年网贷成交量达9823.04亿元，比2014年（2528亿元）增长了288.57%③。在高速增长时期，为了争夺流量和客户，部分网贷平台一方面提高收益率，吸引更多投资人参与；同时放宽对贷款人的审核标准，一些平台甚至违规融资、恶意骗取资金，为日后“爆雷”埋下了隐患。2015年至2016年，网贷行业竞争更趋于白热化。2017年网贷规模达到顶峰，全年行业成交量达到了28,048.49亿元，行业总体贷款余额达到12,245.87亿元，同比2016年上升了50%，投资人数与借款人数分别约为1713万人和2243万人，较2016年分别增加24.58%和156.05%。

同时，由于监管与法律更新滞后，规模扩张过快的弊端逐步显现。为进一步加强协同监管，明确风险底线，2015年中国人民银行等十部委《关于促进互联网金融健康发展的指导意见》正式出台，对包括网络借贷在内的互联网金融统一进行了顶层设计。此时，随着经济环境不断趋紧，高收益产品难以为继，网贷行业风险迅速暴露，各种问题平台也不断曝光，倒闭、跑路、提现困难、延期兑付等情况也不断出现。在互联网金融频频“爆雷”情况下，政府密集出台了各项监管政策，网络借贷行业“1+3”（一个办法三个指引）④的制度框架设计基本完成。网贷行业在监管规范要求下进入了合规整改阶段。按照银保监会发布的《P2P网络借贷风险专项整治工作实施方案》，全部平台将按照合规类、整改类、取缔类分类处置，并于2016年末完成。但遗憾的是，由于整个网贷行业验收整改工作难度大，合规类网贷平台的备案时间不断延后，监管方至今并未给出明确的时间表。

随着2018年6月唐小僧拉开新一轮爆雷潮，监管思路日益趋严。2018年12月《关于做好网贷机构分类处置和风险防范工作的意见》明确提出，坚持以网贷平台退出为主要工作方向，除部分严格合规的网贷平台外，其余机构能退尽退，应关尽关。随着网贷巨头

---

① 关于网络借贷的定义，最高人民法院《关于审理网络借贷民事纠纷案件若干问题的规定（征求意见稿）》第1条：本规定所称的网络借贷是指自然人、法人和非法人组织之间通过网络借贷平台进行资金融通的行为。《关于促进互联网金融健康发展的指导意见》将网络借贷分为个体网络借贷（P2P网络借贷）和网络小额贷款。《网络借贷信息中介机构业务活动管理暂行办法》第2条：本办法所称网络借贷是指个体和个体之间通过互联网平台实现的直接借贷。个体包含自然人、法人及其他组织。

② 谢平、陈超等：《中国P2P网络借贷：市场、机构与模式》，中国金融出版社2015年版，第38页。

③ 盈灿咨询：《网贷之家发布〈2015年P2P网贷行业年报简报〉》，载网贷之家，https://www.wdzj.com/news/baogao/25555.html，2019年12月2日最后访问。

④ “1”指2016年四部委的《网络借贷信息中介机构业务活动管理暂行办法》；“3”指2016年的《网络借贷信息中介机构备案登记管理指引》，2017年的《网络借贷资金存管业务指引》和《网络借贷信息中介机构业务活动信息披露指引》。

红岭创投、陆金所等相继宣布退出网贷市场，“三降”①成为监管层明确的政策性要求，网贷平台正式进入了清退转型期，整个行业进入寒冬。据相关数据显示，2018年年底，全年行业成交量和贷款余额分别为17,948.01亿元与7889.65亿元，出借人数与借款人数1331万人和1992万人，各项数据较2017年均有大幅下降。

（二）当前现状分析

经过近一年的整治，截至2019年11月，网贷之家网站收录的平台数达6613家，但仍正常运营的平台仅456家，累计停业及问题平台数量达到了6157家。2019年11月单月行业成交量已经下降至506.23亿元，相比2017年顶峰时下降了近80%，已经跌至2015年同期水平。截至2019年11月底，456家平台行业贷款余额为5408.28亿元，当月投资人数129.03万人，当月借款人数138.46万人。②

目前的网贷行业地域集中度极高，北京、上海、深圳和杭州作为网贷行业的四大重镇，占据着网贷行业绝大多数的业务，四地正常运营平台数量占全国57.46%③，累计待收约占整个行业待收规模的90%。④ 因此，这些地区对于P2P网贷行业的政策动向，不仅会影响该地区的行业发展，同时或将间接影响其他地区跟进。

在待收规模方面，四地区均出现了单边下行的走势，通过将2019年9月底的数据与2018年11月底的数据对比可以明显发现：北京下降幅度最小，仅下降8.92%；而上海下降幅度最大，达到了25.37%；深圳下降了23.38%；杭州的降幅为20.46%。

在放贷规模方面，北京2019年10月环比下降19%，而11月却出现回升、环比上升2%；深圳10月环比下降22%、11月环比下降23%；杭州10月环比下降10%、11月继续大幅下降，环比降幅达25%；上海10月环比大降29%，而11月环比下降27%。

在存量出借人数方面，对比2019年9月底与2018年11月底的数据，深圳数量下降幅度最大，存量出借人数约下降了29.58%；上海下降幅度相对最小，仅下降了10%，但是9月出现了骤降，相比2018年11月底的存量出借人数下降了29.40%；杭州下降幅度略小于深圳、上海，约25.62%；北京下降幅度在四个地区中最为缓慢，约为17.19%。

在平台退出方面，北京从2018年9月256家下降至2019年11月112家，下降幅度为56.25%；上海同期从144家下降至38家，下降幅度为73.61%；深圳同期从215家下降至82家，下降幅度为61.86%，深圳退出平台数量上在四地中最大，达到133家；杭州则与上海降幅接近，同期从116家下降至29家，下降幅度达到75%。

---

① “三降”是指降机构数量、降行业规模、降涉及人数。关于“三降”的表述，2019年1月10日，互联网金融风险专项整治工作领导小组办公室和P2P网贷风险专项整治工作领导小组办公室联合发布的《关于进一步做实P2P网络借贷合规检查及后续工作的通知》第一次正式提出，要求每家P2P平台业务规模、出借人数以及借款人数实现“三降”。2019年7月第三季度网络借贷风险专项整治工作座谈会再次明确，将继续严格落实降机构数量、降行业规模、降涉及人数的“三降”要求，加大良性退出力度。

② 陈晓俊：《深度！网贷行业现状、转型及前路展望》，载https://www.wdzj.com/news/yc/5395798.html，网贷之家，2012年12月5日最后访问。

③ 网贷之家：《P2P网贷行业2019年11月月报》，载https://www.wdzj.com/news/yc/5370450.html，网贷之家，2019年12月2日最后访问。

④ 陈晓俊：《P2P现状：四大重镇都发生了哪些变化》，载https://www.wdzj.com/news/yc/5186435.html，网贷之家，2019年12月9日最后访问。

通过数据①比较可以看出，上海、深圳和杭州三地网贷平台“三降”力度远大于北京。北京以112家的数量成为目前全国唯一一个正常运营平台超过百家的地区②，待收规模约占据行业一半。同时，北京在成交量、贷款余额、投资人数、借款人数、平均借款期限等方面指标也位居全国前列。据11月数据统计，北京地区112家平台待还余额为2796.89亿元，当月投资人数为69.24万人，当月借款人数为53.02万人，均位居全国第一。妥善处理北京地区网贷平台行业的清退与转型，不仅事关投资人的利益，还关乎首都稳定及经济社会发展大局。

（三）清退路径选择

按照监管部门的分类处置方案，除部分严格合规的在营机构外，其余机构能退尽退，应关尽关。随着监管持续发力，多地发布了平台清退列表，河南、湖南、山东、重庆、四川等多地先后宣布辖区内无机构完全合规并通过验收，这些地区的平台将全部被清退。从实践中看，目前的平台清退主要有三种路径，即转型、良性退出以及刑事责任追究。而最后一种路径也可以说是前两种清退方式失败直接引发的结果。

1. 平台转型

平台转型主要是指由网贷行业向其他相关行业转型。据网贷之家网站不完全统计，截至2019年11月7日，有明确表明转型方向的平台仅有86家。而32.73%的平台转型做资产端业务，且主要聚焦于信用贷和消费分期业务，该类业务的进入门槛相对较低，模式较为简单，与P2P网贷业务关联度较高，是相对容易转型的方向之一。除了向助贷业务转型外，多家头部平台还在缩减网贷业务的同时，在其他投资端开始发力，发力包括如银行理财产品、基金代销、保险代销等业务。转型“理财超市”本身门槛较高，很多产品销售需要拥有代销资质，因此此类平台大多本身背景实力较强。其次是转型其他业务的占比18.18%，但其他业务覆盖的领域广泛，包括但不限于教育保险、贷款超市、虚拟币交易等。转型做股票基金类业务的平台数量占比也达到了16.36%，主要是指基金销售、私募等。10.91%的平台转型至外围服务行业，主要是系统服务商、大数据细分领域。众筹、汽车金融、供应链金融、黄金等行业也均有平台转型涉足。③

2019年11月27日，互金整治领导小组和网贷整治领导小组联合出台《关于网络借贷信息中介机构转型为小额贷款公司试点的指导意见》，对网贷机构转为小额贷款公司的指导思想、基本原则、基本条件、转型的工作步骤、出借人和借款人的资金处理进行了具体规定。其中，该意见明确要求：“转型为小贷公司后，为减少出借人数，可由小贷公司负责向出借人代偿资金或组织借款人到期偿付。对小贷公司代偿资金的，由小贷公司向出借人支付相应对价，出借人将其债权转让至小贷公司并通知借款人。由小贷公司与借款人完善相关借贷手续并行使债权。鼓励小贷公司在融资杠杆范围内通过银行借款、股东借款、发行债券或资产证券化产品等方式筹集资金，收购出借人债权……债权人相应变更

---

① 以上数据均源于网贷之家网站统计。

② 网贷之家：《P2P网贷行业2019年11月月报》，载https://www.wdzj.com/news/yc/5370450.html，网贷之家，2019年12月2日最后访问。

③ 刘美茹：《这180家P2P才是真正的良退　具备这些特征》，载https://www.wdzj.com/news/yc/5329600.html，网贷之家，2019年12月2日最后访问。

为小贷公司,借款人到期后归还给小贷公司。”由此可见,对于转型的平台,基本上需要对出借人的资金承担兜底责任。

2. 良性退出

良性退出,是指平台与出借人群体在沟通下完成兑付工作后退出。国内 P2P 发展路径见图 1,由图 1 可见,P2P 发展并不一帆风顺。真正良性退出的平台数量相对较少。据网贷之家不完全统计,截至 2019 年 11 月 7 日,完成兑付后良性退出平台仅有 180 家①。目前已经良性退出的平台大多为资金体量小、有自有资金或其他资金托底从而可以实现提前兑付的平台,且清退周期短,一般宣布清退即完成。可统计的平台中退出前剩余存量最大的平台东方金钰仅有 3.2 亿元未进行兑付,最小剩余存量仅 7 万元未进行兑付。与此相对,资金体量较大的平台,往往难以实现快速清退。实践中这些平台往往选择分期清退的方案,而在实施过程中,一旦出现债权情况恶化、资金链断裂等情况,将直接引发刑事风险。

3. 刑事责任追究

根据公安部公布的数据,2019 年 2 月,公安机关已依法对 380 余个涉嫌非法集资犯罪的网贷平台立案侦查,据不完全统计,查封、扣押、冻结涉案资产价值约百亿元。② 2019 年 9 月末,银保监会披露数据显示,全国已对 786 家网贷机构立案侦查③。可以看到涉案平台数量多,资金量大,牵涉面极广。这些被立案侦查的平台中,不乏已经公布良性退出方案但因各种原因无法继续履行的情况。

---

① 刘美茹:《这 180 家 P2P 才是真正的良退 具备这些特征》,载 https://www.wdzj.com/news/yc/5329600.html,网贷之家网站,2019 年 12 月 2 日最后访问。

② 公安部:《公安机关依法打击涉嫌非法集资犯罪 P2P 网贷平台》,载公安部网站,http://www.mps.gov.cn/n2253534/n2253535/c6404531/content.html,2019 年 12 月 2 日最后访问。

③ 欧阳剑环、彭扬:《786 家网贷机构被立案侦查! 银保监会公布,今年以来逾 1200 家停业,大部分为主动退出》,载链闻网,https://www.chainnews.com/articles/633143622816.htm,2019 年 12 月 2 日最后访问。

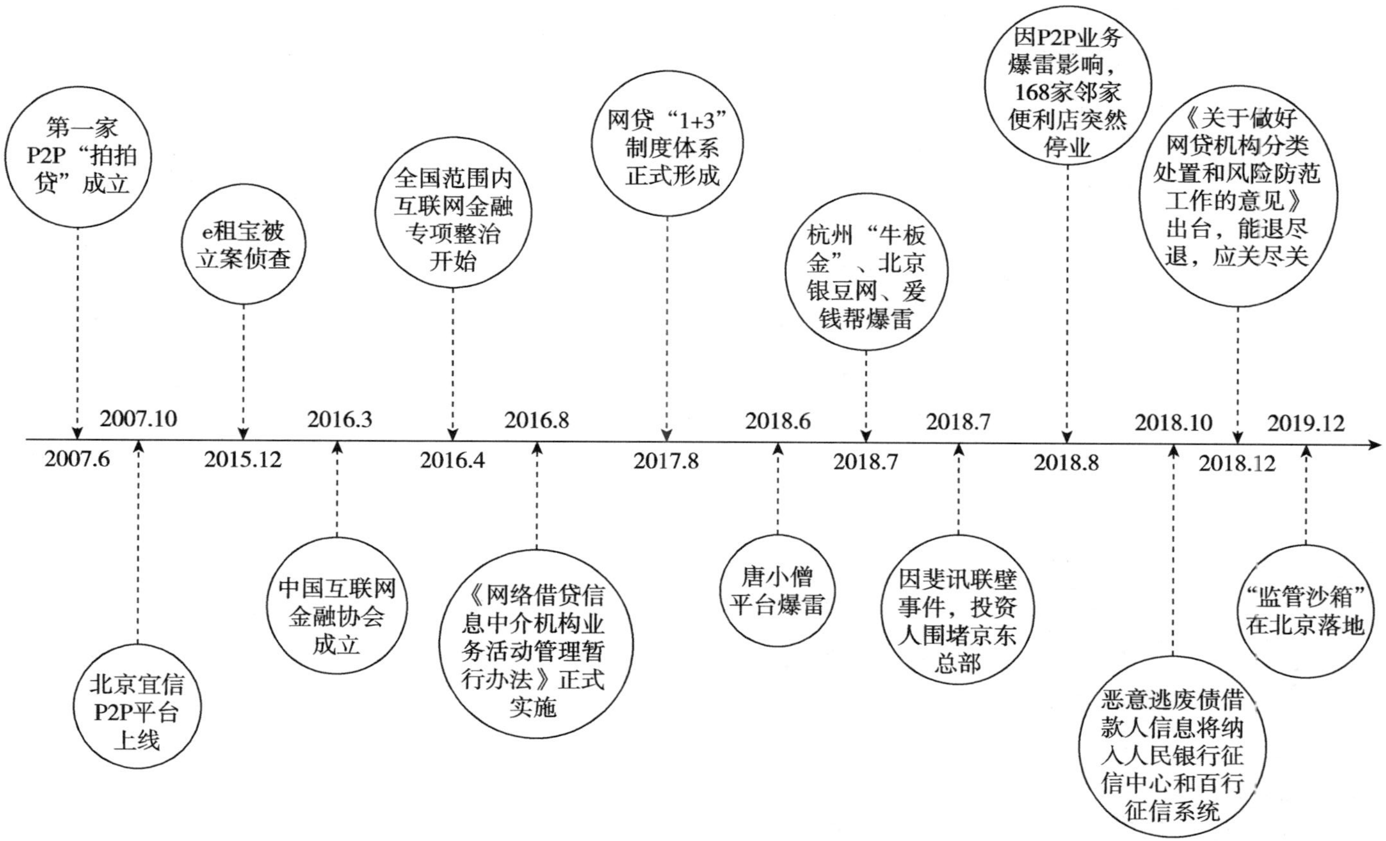

图1 国内P2P发展路径时间轴

二、当前困境:纠纷化解不畅可能引发社会风险

由于互联网金融急剧扩大了过去传统金融交易的客户范围,而网贷平台为了分散借贷风险,通常采用“多人借一人”模式①,这更进一步加剧了网贷领域风险的复杂性、隐蔽性和涉众性。在目前全面清退的环境之下,正常经营的网贷平台已是微乎其微,而无论平台是选择转型、良性退出,或是已经被刑事追责,都面临着对平台债权债务的全盘清理,网贷行业面临海量的潜在纠纷,逃废债现象的突出也进一步阻碍了平台转型、退出的进程和对出借人合法权利的保护。但在实践中,纠纷化解渠道并不通畅,出借人难以通过正常途径获得清偿。许多投资者缺乏基本辨别能力和防范意识,在未对相关项目情况进行核实、未对潜在风险作出预估预判的情况下,即倾其财力盲目投资,而且国内投资者大多存在刚性兑付的惯性思维,一旦投资受损,往往无法理性面对。在此情况下,网贷的涉众性则导致相关纠纷维权主体的集群效应更加突出。出借人群体往往通过QQ、微信等网络即时通信工具建立维权群体,募集资金,形成组织,集体信访压力骤增。部分出借人采取聚众上访、骚扰或威胁平台办公人员等非理性行为,甚至直接采取暴力手段,不仅导致平台清退的效率进一步降低,更埋藏着爆发大规模群体性事件的风险。

(一)债务纠纷清理困难

1. 债务纠纷数量庞大

当前并没有官方权威统计数据显示可能产生纠纷的网络借贷数量,但从相关统计数据中可以管中窥豹、见微知著。中国互联网金融行业协会全国互联网金融登记披露服务平台系网络借贷行业进行信息披露汇总的权威平台。由于中国互联网金融行业协会实行会员制,在营456家网贷平台中有82家系中国互联网金融行业协会会员,并进行信息披露。截至2019年12月6日,据82家网贷平台数据披露显示,金额逾期率②超过10%的有16家,累计借贷金额396,389,667万元,累计借贷笔数392,110,612笔③。为预估潜在的纠纷数量,以便有直观的感知,本文假定:纠纷数量=逾期笔数=累计借贷笔数×逾期率。逾期率各平台差异较大,且有47家平台披露的金额逾期率为0%,难免让人心生疑惑。我们认为,网贷行业的逾期率,可以参照商业银行的逾期率进行计算。在金融市场中,利率是个人社会信用的市场化表达。考虑到网贷行业利率成本高、客户资质弱的现状,商业银行的逾期率足以划定网贷行业逾期量的下限。易言之,从理论上讲,网贷行业的逾期率应当在商业银行逾期率之上。据银保监会数据统计,2019年度全国商业银行的不良贷款率为1.8%④。不良贷款率指不良贷款占总贷款余额的比重。假定每笔贷款金额相同,则

---

① 如有借款人发标100万元借款需求,平台将其分成10份,每标10万,则出借人为10人。故一旦发生借款逾期,理论上有10个纠纷需要解决。

② 根据中国互联网金融协会《互联网金融信息披露个体网络借贷》定义,金额逾期率指截至统计时点,逾期金额与待偿金额之比。

③ 数据来源,载中国互联网金融行业协会全国互联网金融登记披露服务平台,https://dp.nifa.org.cn/HomePage?method=getOperateInfo&currentPage=1,2019年12月6日最后访问。

④ 数据来源,载中国银行保险监督管理委员会官网,http://www.cbirc.gov.cn/cn/doc/9106/910601/509C3F6A431B48349DFF016531666DA8.html,2019年8月17日最后访问。其中第一季度不良贷款率为1.8%,第二季度为1.81%。

不良贷款笔数占总贷款笔数的比例仍为1.8%，即逾期率为1.8%。进行并不精准的预估，82家网贷平台潜在的纠纷数量≥累计借贷笔数392,110,612笔×逾期率1.8%≈706万件。考虑到目前仍正常经营的网络借贷平台456家，停业及问题平台6157家，再参考理论上具有普遍共识的“二八定律”法则，整个行业的潜在纠纷数量为：706万件÷0.8≈880万件。（见表1）

表1　82家头部网贷平台数据汇总

项目	累计借贷金额（万元）	累计借贷笔数（笔）	累计借款人数量（人）	累计出借人数量（人）
合计	396,389,667	392,110,612	138,129,138	36,389,666

当然，上述预估并不精准，甚至可能是相差甚大。但在第一手数据无法获得的情况下，运用逻辑思维的力量，至少能够得出一个数字，更加直观地展示网络借贷纠纷的海量，至少潜在纠纷数量在百万级别具有高度可能性。

2. 逃废债现象突出

逃废债一直是信贷行业存在的不良现象。自网贷行业2018年中期风险集中爆发后，逃废债现象在网贷行业也愈演愈烈，不仅进一步加剧了行业风险，使广大出借人权益受损，也对社会风气形成极大负面影响，极易引发行业动荡和社会稳定。无论是仍在正常经营的网贷机构还是已经转型、退出或“爆雷”的平台，都无一例外面临逃废债清收难的危机。所谓逃废债，是指借款人有履行能力但拒不履行债务的行为。当逃废债成为借款人普遍采取的行为时，就演变成了信贷危机性的事件。

2019年2月起，部分地区互联网金融协会在官网公示了P2P网贷平台的借款主体逃废债名单，据不完全统计，截至2019年8月1日，已有超42家平台上报并公示了逃废债名单，涉及超19万名恶意逃废债行为人。①

（二）纠纷化解渠道不畅

1. 民事常规路径化解难

网络借贷纠纷具有案件数量多、金额小、当事人地域分散的特点，这就意味着与之匹配的纠纷化解程序不仅需要高效、便捷，能够快速处理海量纠纷，而且要在有限的成本基础上突破区域限制，以克服管辖、送达、应诉等成本问题。网络借贷纠纷现有的化解途径主要包括民事诉讼、仲裁、公证、调解等途径。（见表2）

（1）民事诉讼。尽管诉讼途径对于纠纷化解而言并无实质障碍，但从网络借贷纠纷化解需要的高效、便捷、低成本来看，现有的诉讼模式尚无法满足。其一，现有的诉讼程序是针对传统的民商事纠纷设计的，强调公平有余而效率不足，与互联网背景下的纠纷解决理念存在张力。如当事人必须到立案庭提交书面证据材料，经审查合格后取得案号，纸质卷宗再移送至审判庭。纸质卷宗的样本并未发挥网络借贷电子证据为主的证据形式优势，反而带来了负担。其二，诉讼程序耗时过长，一审、二审程序结束一般需要半年以上，

---

① 刘美茹：《19万逃废债行为人分析：P2P老赖画像出炉》，载网贷之家，https://www.wdzj.com/news/yc/4791030.html，2019年12月15日最后访问。

与网络借贷纠纷追求的高效不相符。其三，有限的司法资源无法应对海量纠纷。据最高人民法院2019年工作报告显示，2018年全国四级法院共审理一审民事案件223.6万件。而根据上文测算数据，潜在网络借贷纠纷可能达百万量级，考虑到当前法院已经是超负荷运行，法官员额制背景下人员进一步减少，有效的司法资源无法消解海量纠纷。其四，鉴于网络借贷平台爆雷不断，自2018年下半年，凡是涉及网络借贷纠纷的案件，在不少法院立案环节受到较大阻力。诉讼解决纠纷的渠道进一步堵塞。

表2　现有纠纷化解途径特点汇总及匹配度评析

维度	诉讼	仲裁	公证	调解
先决条件	无	自愿选择	自愿选择	自愿选择
法律依据	《民事诉讼法》	《仲裁法》	《公证法》	《人民调解法》
处理方式	公开开庭审理	不公开开庭审理或书面审理	当面询问	当面调解
时间成本	一审6个月，二审3个月	未明确规定，一般4到6个月	15个工作日	未明确规定，一般2个月
费用成本	诉讼费、律师费、差旅费等	受理费、律师费、差旅费等	公证费、差旅费等	差旅费
管辖限制	存在地域管辖和级别管辖	约定仲裁，无限制	自愿公证，无限制	自愿调解，无限制
审级制度	两审终审	一裁终局	公证生效	调解生效
法律效力	出具裁判文书，有强制执行效力	出具裁决书或调解书，有强制执行效力	出具公证书、执行证书，有强制执行效力	经司法确认，有强制执行效力
匹配度指数评析				
维度	诉讼	仲裁	公证	调解
公正	★★★	★★	★★	★★
高效便捷	★	★★	★★	★★
低成本	★★★	★	★★★	★★★
成功率	★★★	★★★	★★★	★
当前阻力	立案难	无	无法开展	无
备注：三星为优秀；二星为良好；一星为一般。				

（2）仲裁。由于仲裁的高效、便捷的特点，网络借贷行业一直探索如何利用仲裁程序解决借贷纠纷。早在2016年，网络借贷行业与部分地方仲裁委合作，提出“无争议同时仲

裁”（也称为先予仲裁）的模式①，即在纠纷还未发生时，提前作出预先裁决，纠纷发生后，直接适用。据报道，部分仲裁机构近年受理此类案件数量达到百万件②。但最高人民法院《关于仲裁机构“先予仲裁”裁决或者调解书立案、执行等法律适用问题的批复》自2018年6月12日实施后，“先予仲裁”模式被否决了。③ 考虑到仲裁机构在某种程度上具有的市场属性，在纠纷化解的高效、便捷方面比诉讼更具优势，仲裁仍然是网络借贷纠纷化解的重要途径。但当前仲裁的时间成本、费用成本仍然相对较高，仍需进一步优化；在公平方面要注意保障当事人享有的申请仲裁员回避、提供证据、答辩等基本程序权利。

（3）公证。此处的公证特指强制执行公证，④主要流程为：首先，当事人双方共同向公证处提出申请并提供证明材料；其次公证员进行核实、询问后作出具有强制执行效力的公证书；再次，债务人违约后，债权人向公证处申请执行证书；最后，公证处出具执行证书，债权人向人民法院申请强制执行。公证费实行政府指导定价，债权金额在2000万元以下的按照金额的0.78‰收取，费用较低⑤。但是考虑公证需要双方同时到场申请，全过程记录存档的特点，无法较好适应网络借贷纠纷的跨地域分散性。此外，由于公证机构在民间借贷、房屋抵押等方面出现一些乱象，司法部于2017年8月14日发布了《关于公证执业“五不准”的通知》，已经明确规定有关管理办法出台之前，不准办理非金融机构融资合同公证。因此，网络借贷公证的路径目前已经无法走通。

（4）调解。双方当事人可自愿申请调解组织进行调解，成功后出具调解协议，如当事人认为有必要的，可以自调解协议生效之日起三十日内共同向人民法院申请司法确认，赋予强制执行效力。值得注意的是，纯粹依据《人民调解法》进行人民委员会调解的少之又少。司法实践中的调解，基本都是法院公权力主持下的诉前调解工作。在当事人启动诉讼程序后，由法院征询当事人意见，将案件导入到专业化的调解组织中去进行调解，调解成功后，由法院出具调解书，调解组织收取一定费用。此种运作模式，更接近于商事调解。目前不少地方对诉前调解进行了卓有成效的探索，但目前多元调解需要双方当事人到场，同样无法高效适应网络借贷纠纷的跨地域、分散性之特点，具有进一步优化空间。

由此可见，当前网络借贷纠纷化解渠道并不畅通，从效率、便捷、成本、成功率等角度来看，现有的诉讼、仲裁、公证、调解均存在明显“短板”及不足，无法有效适应网络借贷纠纷量多、小额、分散的特点。

---

① 指当事人在借贷合同签订的同时，一并约定通过仲裁机构就合同所涉及的内容提前仲裁，以调解方式结案，并出具调解书或裁决书，载湛江仲裁委员会官网，http://www.zjac.org/page/121/166.htm，2019年8月17日最后访问。

② 罗书臻：《严格贯彻落实仲裁法促进经济社会健康发展——最高人民法院执行局负责人就“先予仲裁”立案、执行等法律适用问题的批复答记者问》，载《人民法院报》2018年6月12日。

③ 该批复规定：“网络借贷合同当事人申请执行仲裁机构在纠纷发生前作出的仲裁裁决或者调解书的，人民法院应当裁定不予受理；已经受理的，裁定驳回执行申请”。

④ 即当事人自愿就具有给付内容的协议通过公证机关赋予强制执行效力，在债务人出现违约时，债权人可依法向人民法院申请强制执行。

⑤ 载北京市长安公证处官网，http://www.gongzheng.gov.cn/zhinan/v_getShowX.htm? id = ff8080816b4f7a5b016c274ac531000d，2019年8月17日最后访问。

2. 刑事追责处理难

通过强制手段被刑事立案的平台，虽然能够达到遏制网贷刑事犯罪的效果，但刑事案件的处理周期可能更加漫长，加之同样存在资源有限人手不足的问题，也无法满足高效便捷化解海量纠纷的需求。

一方面，网贷涉刑案件的侦查工作困难重重。网贷平台犯罪案件多存在真假标的混同、自融资金建立隐蔽资金池、为他人实体投资进行融资设立资金池等多种不法样态。而由于网络自身广域性、虚拟性的特点，不但使原有的侦查问题更加突出，更多的新问题也不断涌现。如调查取证工作占用侦查资源大的问题依然严峻，集群战役的运动式执法难以应付案件频发的现状，无法达到原有的社会管控效果。且由于缺少足够的技术支撑，造成侦查机关的网络巡控能力不足，难以主动发现涉嫌犯罪的线索情报，而海量证据的收集、分析和审查也都是网贷涉刑案件侦查急需破解的难题。

另一方面，涉案财物的追缴和处置工作也面临困境。追赃挽损是经济犯罪侦查的重要任务之一，尽早挽回经济损失是投资人的重要诉求，关乎投资人的根本利益和社会维稳工作的开展。由于网贷涉刑案件的涉众性特征以及投资人对涉案财物处置的公允性要求，使该类案件的涉案资产处置工作不只要满足“程序正义”“实体正义”的要求，更要追求“效率”和“价值”。由于网贷涉刑案件案情复杂、诉讼期限长，在不以效率为优先原则的刑事诉讼活动中，对涉案财物进行处置的法定期限及程序设置难以满足当今维稳工作的现实需求。① 而且，刑法的过度介入，并不能完全实现按照市场规律处置资产。公检法部门并非资产处置的专家，也难以像平台负责人一样了解网贷平台业务的实际情况。在资产处置上过于追求速度，难以实现资产的真实价值，最终不利于出借人利益的保障。② 更值得注意的是，从现有涉刑平台的财产追缴来看，有相当于一部分资金已经实际进入到一个个借款人手中，在刑事中如何进行催收，除了目前的公安机关发布公告催收、短信催收、上门催收、依托涉案平台催收人员进行催收外，还需要进一步探索催收手段。

除此之外，刑民交叉问题在网贷纠纷中也极为突出。网贷平台本应是单纯的信息中介，但实际上平台私设“资金池”、违规融资、恶意骗取资金等违规操作情况确实普遍存在，导致在清理债权债务引起的纠纷中极易产生司法程序判定标准不一、对涉案合同效力理解出现差异以及由于法律规范模糊导致的实操困难，都仍有待进一步厘清。

综上所述，早期松弛的监管思路以及缺失的退出机制，使大量网贷机构无序退出，出借人损失严重；而目前强监管的环境，以及严苛的退出机制，也并未从真正意义上解决网贷机构的退出问题。③ 现有的整治措施可能并未对症下药，或者说是“只及腠理，难及骨髓”。④ 而纠纷化解渠道的阻塞如果不能及时妥善疏解，爆发大规模群体性事件影响经济、社会平稳运行的风险依然存在。

---

① 单丹：《网络非法集资案件侦查研究》，中国人民公安大学2018年博士学位论文。

② 李有星、侯凌霄：《论网络借贷机构退出机制的构建——以契约理论为视角》，载《社会科学》2019年第4期。

③ 李有星、侯凌霄：《论网络借贷机构退出机制的构建——以契约理论为视角》，载《社会科学》2019年第4期。

④ 姚海放：《治标和治本：互联网金融监管法律制度新动向的审思》，载《政治与法律》2018年第12期。

三、解决风险机制研究

要解决网络借贷中存在的矛盾风险,核心是要解决如何最大限度挽回投资者损失的问题。对此,必须坚持“以管理人为核心的总体统筹、多方联动”的解决思路,即以管理人为抓手的工作专班进行总体统筹,在管理人参与下开展多方联动。

(一)以管理人为核心的总体统筹工作格局

1. 管理人制度及目的

针对涉及刑事犯罪、清退转型等已无法正常经营的网贷平台,为解决其债权债务清理的问题,我们认为,可以参考《公司法》强制清算和《企业破产法》破产程序中破产管理人的相关规定,设立“管理人”制度。管理人的职责在于,统一接管网络借贷平台,清理平台债权债务。

目前刑事、民事领域债权债务清理面临困境,行政清收周期长,效率低,而市场是配置资源的最有效方式,将追赃挽损的职能主要交给市场,而以行政清收为兜底,能够最大效率实现投资者的利益。因此,创设管理人制度之目的是通过引入第三方主体,建立市场化催收机制,协助清理平台的债权债务,提高涉案财产的市场化处置效率。

2. 管理人的组织领导

对于网络借贷平台退出的风险化解,应当建立党委政法委领导的,以平台管理人为抓手的工作专班。即在互联网金融风险专项整治工作领导小组、网络借贷风险专项整治工作领导小组的总体统筹下,依托属地党委政法委领导,各责任部门参与,以平台管理人为具体执行手段,形成一套体系健全的组织架构。

作为网络借贷风险整治的核心组织,工作专班本着专业、创新、担当的原则,发挥联合作战指挥中枢的作用,实现多部门、多层级集中办公,将指挥中心、舆情中心、研究中心统筹为一体。在当前网络借贷行业背景之下,工作专班的目标是:引导平台良性退出,整体降低网贷行业风险;打好追赃挽损持久战,最大化提高出借人受偿率,保障出借人合法利益;注重风险监测和预警,防患于未然,做好风险全面防控;降低网贷机构数量,降低涉众人数,降低待偿规模,提高清偿率,提高退赔效率。对此,可以借鉴深圳市网贷风险处置实体化工作专班,引导不合规的网贷机构良性退出市场或实现转型。

具体来讲,可参考现有的经验做法,由属地政法委牵头,由宣传部、网信办、金融局、银保监局、公安局、法院、检察院、司法局、市场监管局、信访局、银保监局、证监局、通信管理局等部门参与,进一步整合划分为五个工作组,工作组各司其职、配合联动,形成有机运转体系,从而实现有效化解纠纷,防范社会风险的目标。工作组具体包括:(1)综合协调组:由政法委、宣传部、司法局组成,负责传达上级决策、撰写综合性材料、统筹部署网贷风险专项整治工作、信息汇总统计等工作;(2)舆情信访组:由网信办、通信管理局组成,负责实行联合接访机制,畅通信访维稳渠道,加强信息收集,教育疏导和稳控重点人员;(3)监督引导组:由金融局、市场监管局组成,负责制定引导退出、转型工作计划,监督实施清退,指导平台转型,依法吊销僵尸类机构,数据监测;(4)专家支持组:由金融局、银保监局、证监局组成,负责统筹协调各相关行业协会、法律和会计等第三方专业机构,发挥智囊团作用,加强互联网金融专业问题研究,提供专业支持;(5)司法处置组:由公安局、法院、检察院组成，负责依法打击犯罪、追赃挽损、涉案财产强制处置、司法查控。

在工作组之下，进一步设立网络借贷平台“管理人”，具体负责对债权债务统一进行清理。各工作组协同配合，以网络借贷平台名义聘请专业的律师事务所、会计师事务等中介机构所作为管理人，保证一个平台设立一个管理人。（见图2）

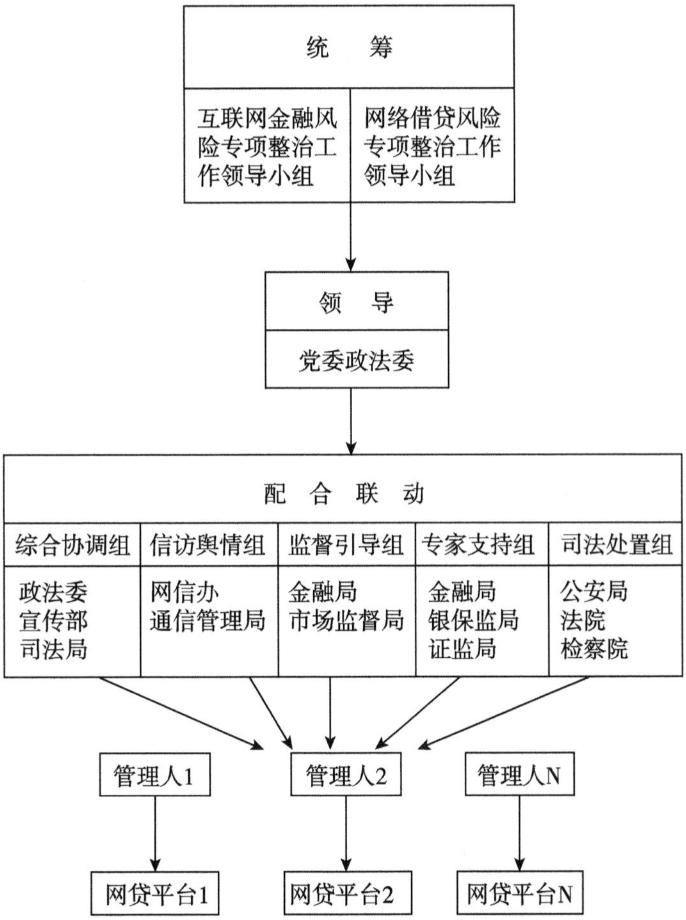

图2 网络借贷风险整治工作专班工作框架

3. 管理人的选任

关于管理人的选任，首先可以采用招投标的方式，定期向中介机构公布网贷平台名单、评定风险等级，由律师事务所、会计师事务所竞聘，相关部门从竞聘者中挑选具有良好资质的中介机构，指定其担任管理人。其次，可以由特定中介机构组成管理人库，政府部门在此范围内定期摇号，摇中者则被指定为管理人。管理人与网贷平台订立合同，从而获得全面接管平台、催收债务的资格。

或者参考人民法院从《破产管理人名册》中指定破产管理人的做法，将具有相应资质的中介机构纳入《网贷平台管理人名册》，金融监管部门从名册中指定网贷平台管理人，债权人认为管理人存在不能胜任职务情形的,可以申请更换。①

4. 管理人的运作

关于管理人的运作模式,可以借鉴破产管理人制度,由管理人全面接管网贷平台,负责协助平台自行清理债权债务,进行市场化催收。管理人取得平台的实际控制权,有权查明平台目前的债权债务状况,制定清收计划。管理人内部可以成立各小组,具体细分为行政协调组、债权审查组、债务催收组、财产调查组,分别负责接受工作专班行政部门的领导、清理债权债务、调查财产线索,各小组分工明确、各司其职,充分发挥市场化清收的职能。

管理人作为网贷平台的"大管家",对刑事和民事领域的债权债务清收发挥着至关重要的作用。对于涉嫌刑事犯罪的网贷平台,管理人负责配合协助公安机关追赃挽损,调查核实债权债务关系,整理"逃废债"名单并向公安机关报送。对于面临退出、转型的网贷平台,管理人负责代表平台向投资者退赔、向借款人追偿,统一清理平台的债权债务,从而实现良性退出、平稳转型。

管理人制度具体采用"双向负责制"。向下,管理人对其接管的平台负责,具有债权债务清算、催收、资产处理的决定权;向上,管理人对网络借贷风险整治工作专班负责,接受各工作组的直接管理、监督、指导,就平台清算问题定期向有关部门进行汇报。除此之外,还可以参照律师、会计师行业协会,探索设立管理人行业协会,通过行业自律规范对管理人职责加以明确,并发挥监督、指导的作用。

在经过市场化催收之后,投资者仍然没有挽回损失且最终诉至法院的情况下,管理人当然具有合法诉讼主体资格,应作为平台的诉讼代理人参与诉讼。

(二)以管理人为重心的多方联动工作机制

在成立分工明确、统筹协调的工作专班基础之上,为了切实化解网络借贷的矛盾和风险,还需要采取多样化手段,多方联动、多管齐下。在管理人的参与下,以"联合信用惩戒督促"为先导,以"多元化解程序"为前置条件,以"刑事追赃挽损"为过渡程序,以"互联网+诉讼"为兜底手段,合力防范化解风险。(见图3)

1. 联合信用惩戒督促

一段时间以来,网络借贷中"逃废债"情况较为严重。不少债务人在取得借款后,有还款能力而拒不按时还款。更有甚者,通过网络途径煽动其他债务人抵制还款,加速网络借贷平台资金链断裂,以此希望逃避还款义务。对此,早在2016年国务院《关于建立完善守信联合激励和失信联合惩戒制度加快推进社会诚信建设的指导意见》就进行了顶层设计,明确要求"落实加强和创新社会治理要求,加快推进社会信用体系建设,加强信用信息公开和共享,依法依规运用信用激励和约束手段,构建政府、社会共同参与的跨地区、跨部门、跨领域的守信联合激励和失信联合惩戒机制,营造诚信社会环境。"其后,国家发展改革委、人民银行等多部门下发了一系列的配套文件。2018年下半年,针对网络借贷"逃废债"现象,互联网金融风险专项整治工作领导小组先后发布了《关于报送P2P平台借款人逃废债信息的通知》和《关于进一步做好网贷行业失信惩戒有关工作的通知》,截至目前,已经有两批逃费债信息纳入了征信系统,第三批正在审核中。

---

① 易东柯:《浅谈破产管理人选任制度》,载《法制与社会》2019年第10期。

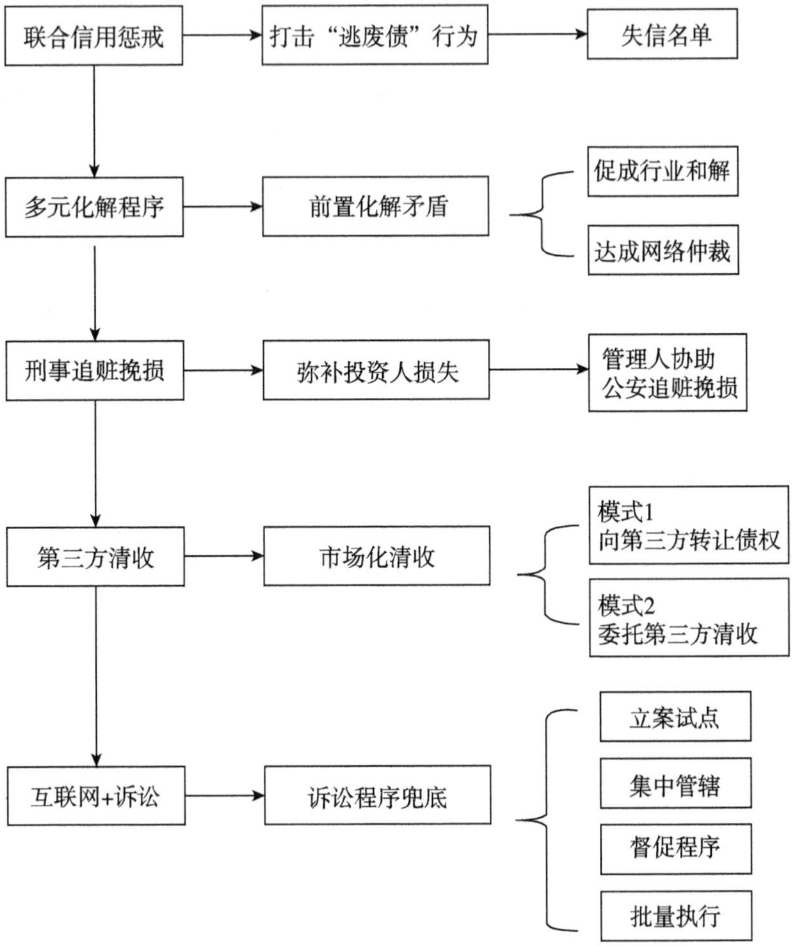

图 3 多方联动示意

联合信用惩戒是督促债务人按期还款，打击“逃费债”行为的利器，可以有效地实现资金回流，从而最大限度地保护投资人的合法权益。为进一步配合网络借贷市场风险出清，2019 年 9 月 2 日，互联网金融风险专项整治工作领导小组、网络借贷风险专项整治工作领导小组联合下发《关于加强 P2P 网贷领域征信体系建设的通知》，明确规定“支持在营 P2P 网贷机构接入征信系统”，加大对网贷领域失信人的惩戒力度。同时，“对已退出经营的 P2P 网贷机构相关恶意逃废债行为的打击”，对已经进行合法、必要的催收的借款人，可按标准收集、筛选失信信息并转送金融信用信息基础数据库运行机构、百行征信等征信机构。同时，为保护借款人的合法权益，通知明确要求“征信机构应当建立信息异议处理机制”，即利率超过有关人民法院支持的借贷利率的，信息主体有权按照《征信业管理条例》向征信机构或网贷机构提出异议，要求更正。

鉴于信用惩戒的权威性，管理人应当协助网贷机构依法合规收集相关信用信息，整理报送失信人名单，辅助征信系统进行惩戒督促，在数据口径、数据质量等方面高标准、严要求。同时，必须畅通异议处理机制，确保失信名单能进能出。

2. 多元化解程序前置

第一，发挥调解组织的作用。网贷平台管理人应当加强与商事调解组织、行业调解组织的沟通和对接，积极推动行业协会等设立行业调解组织，提供行业调解服务，完善调解规则和对接程序，发挥行业调解组织专业化、职业化优势。网贷平台是为借贷双方提供信息服务，交易撮合的居间人，具有天然的信息优势。可以借助于网贷平台的自律性行业协会，如中国互联网金融协会，各省市的互联网金融协会等，建立专业的调解组织。经双方当事人同意后，通过在线接受调解、在线发表意见、在线达成协议、在线签名盖章等方式，完成纠纷过滤。对于部分需要线下调解、确认的，亦可以通过线下调解方式解决。当事人达成调解协议后，可由行业协会与人民法院进行数据对接，依法进行司法确认，赋予强制执行效力。

第二，利用网络仲裁实现纠纷分流。仲裁具有方便、快捷、高效的优势，将事实清楚、法律关系简单的网络借贷纠纷批量进行仲裁，可以极大提高纠纷化解效力，降低纠纷化解成本。平台管理人可以与仲裁机构签订合作协议，约定在出现债权债务纠纷的情况下交由特定仲裁机构先行仲裁，从而畅通仲裁渠道，将事实清楚、权利义务关系简单的纠纷快速化解。目前，已经有不少仲裁机构试水网络仲裁业务，有些将在线仲裁的最低收费降至200 元，极大降低了费用负担。鉴于网络借贷纠纷的合同签订、履行均可通过电子证据形式表现，为网络借贷纠纷的批量导入提供了便利。当事人可以在线申请仲裁，仲裁机构利用在线仲裁平台完成案件受理、仲裁庭组成、仲裁审理和仲裁裁决的全过程。以“裁网字”为关键词在中国裁判文书网检索，截至 2019 年 8 月 17 日，可检索到裁定书 545 份，说明不少网络仲裁的案件已经进入到强制执行程序之中。

值得注意的是，由于不少地方仲裁委员会需要自负盈亏开展仲裁业务，客观上有开拓市场的压力和动力，而网络借贷的海量纠纷无疑是一座宝矿，在批量开展网络仲裁过程中，仲裁机构应当充分保障双方当事人，尤其是债务人一方举证质证、发表意见的基本程序权利。在采用电子送达方式过程中，应当充分释明电子送达的方式、途径、效力等，力争使双方实质性参与到网络仲裁中来。

3. 以管理人为抓手的刑事追赃挽损

现有法律框架下，网络借贷平台涉嫌刑事犯罪的，投资人的权益需要通过刑事追赃、退赔程序加以解决。对于涉嫌刑事犯罪的网贷平台，管理人应当积极协助追赃挽损，配合公安机关调查核实债权债务关系，整理“逃废债”名单并向公安机关报送；实时关注借款人动向，向公安机关报告相关人员、企业及财产线索；管理人在有条件的情况下也应当自行向借款人催收，实现债权债务的市场化清收。

《刑法》第 64 条规定：“犯罪分子违法所得的一切财物，应当予以追缴或者责令退赔；对被害人的合法财产，应当及时返还。”2012 年《刑事诉讼法司法解释》第 139 条规定，“被告人非法占有、处置被害人财产的，应当依法予以追缴或者责令退赔。被害人提起附带民事诉讼的，人民法院不予受理。追缴、退赔的情况，可以作为量刑情节考虑。”2013 年最高人民法院《关于适用刑法第六十四条有关问题的批复》规定，“追缴或者责令退赔的具体内容，应当在判决主文中写明；其中，判决前已经发还被害人的财产，应当注明。被害人提起附带民事诉讼，或者另行提起民事诉讼请求返还被非法占有、处置的财产的，人民法院不予受理。”通过上述规定,基本能够得出对非法占有、处置的财产不再通过民事途径解决的结论。

当然,我们也发现,在有的民事案件中,最高人民法院也认为“应最大限度地保护被害人的合法权益,即刑事追赃与民事诉讼不应是非此即彼的关系,在刑事追赃、退赔不能弥补被害人全部损失的情况下,应赋予被害人另行提起民事诉讼的权利”。此外,刑事审判中的追缴或者责令退赔,往往仅指本金,不保护合同中的利息收益,对于这一部分,是否能够另行提起民事诉讼,也存在争议。我们注意到最高人民法院《关于在审理民事纠纷案件中涉及刑事犯罪若干问题的规定(2019 年 12 月征求意见稿)》对此进行了关注,其中第 2 条规定目前设定了两种方案:“方案一:当事人基于刑事犯罪的同一事实另行提起民事诉讼,诉讼请求所主张的财产属于刑事诉讼法规定的追缴、责令退赔情形的,人民法院应当裁定不予受理。当事人诉讼请求所主张的财产不属于刑事诉讼法规定的追缴、责令退赔情形或生效刑事裁判未予追缴、责令退赔,起诉符合《民事诉讼法》第 119 条之规定的,人民法院应当予以受理。方案二:当事人基于涉及刑事犯罪的同一事实另行提起民事诉讼,诉讼请求所主张的财产属于刑事诉讼法规定的追缴、责令退赔情形的,人民法院应当裁定不予受理。当事人诉讼请求所主张的财产不属于刑事诉讼法规定的追缴、责令退赔情形或生效刑事裁判未予追缴、责令退赔,追缴、责令退赔不明确,起诉符合《民事诉讼法》第 119 条之规定的,人民法院应当予以受理。”我们倾向于认为适用方案二,具体情况可待该司法解释出台后进一步明确。

4. 引入第三方清收机制

对于需要退出、转型的平台,经过管理人市场化清收后仍然无法化解债权债务纠纷的,可以考虑引入第三方清收机制,将余下未处理的债权债务交由第三方机构统一管理,该机构在网络借贷风险整治工作专班的领导下依法合规进行清收。具体可以采取以下两种模式:

模式 1:如果网贷平台尚有经营能力、资金充足,应先由管理人代表平台对投资人兜底清偿全部债务,收回债权并转让给第三方机构。此时,平台退出,第三方机构转变为债权人向借款人清收。

模式 2:如果网贷平台已经无法收回债权,平台管理人可以另行委托第三方机构进行催收,平台还是债权人,第三方机构仅代表平台清理债权债务。第三方机构应定期将清收情况向管理人报告。

在以上两种模式下,网络借贷风险整治工作专班中的有关部门应出台优惠政策,支持第三方机构清收。例如,网信办、通信管理局应在网络通信方面对第三方机构给予技术支持,有利于尽快完成平台的债权债务清收工作。

5. “互联网 + ”技术下的诉讼兜底手段

如前文所述,司法机关并非网络借贷市场监管的核心主体,仅靠司法手段无法彻底解决网络借贷监管问题。因此,诉讼仅仅应当作为政策引导、行政监管、市场自我调节之后的兜底手段。但面对目前存在的海量纠纷,作为投资人权利救济的最后途径,司法也应当发挥其打击恶意逃废债、实现追赃挽损、助力网贷监管的作用。完善“互联网 + 诉讼”具有很强的现实意义。

通过网络进行全流程在线诉讼,一直广受理论界和实务届关注[①],不少法院以多种方式和角度对在线纠纷解决机制进行了卓有成效的探索。我们认为,可通过以下途径来解决纠纷。

(1)在个别法院开展立案试点

目前需要进入纠纷解决程序的网络借贷案件数量巨大,因此为了一定程度上克服司法障碍、提高法院案件受理率,可以本着"少量、精细"的原则,在个别法院试点受理个别网络借贷案件,考察试点效果。

基于网贷行业的地域集中性,应当率先在网贷平台集中和风险频发的北京、上海、深圳和杭州开展立案试点。在立案数量上,法院应当以少量受理为原则,对案件受理的总数进行控制,优先选择受理平台涉众范围广、社会影响大的个别案件,起到"审理一案,教育一片"的社会效果。对于在同一个网贷平台上发生的债权债务纠纷,应由管理人统一提起代表人诉讼,法院审理一案即可解决一系列纠纷,从而避免海量诉讼,节约司法资源,提高诉讼效率。

(2)指定部分法院利用互联网技术集中管辖

网络借贷纠纷产生于互联网,而消解之道也蕴含在互联网之内。互联网法院具有审理网络借贷案件得天独厚的优势。以网络科学技术为载体的法院,可以有效打破时空限制,实现全流程在线办案,提高审判效能。因此,指定互联网法院或其他部分法院利用互联网技术对网络借贷案件进行集中管辖能够有效整合司法资源,最大程度发挥"互联网+诉讼"的作用。通过网络庭审直播、自媒体平台信息推送和召开新闻发布会的形式,加大对网贷纠纷案件的宣传力度,起到督促债务人清偿的震慑作用。

随着杭州互联网法院、北京互联网法院、广州互联网法院相继成立,标志着通过网络进行全流程在线纠纷解决已经初步成型。例如,在举证及质证环节,系统会自动提示证据交换动态,便于当事人利用空余时间完成诉讼;庭审以视频方式进行,当事人只需一台电脑或者手机,足不出户便可参与庭审;庭审时,电子证据通过诉讼平台在线展示,双方围绕争议焦点进行调查和辩论,语音识别系统实时生成电子笔录。[②] 通过深入推进互联网、人工智能与司法审判的深度融合,总结提炼法律规则,推动网络空间治理法治化,让诉讼更加公正,实现司法规范化[③]。为进一步规范在线诉讼活动,最高人民法院《关于互联网法院审理案件若干问题的规定》正式确立了"以线上审理为原则,以线下审理为例外"的目标。网络借贷纠纷量多、小额、分散的特点,适宜进行线上庭审。对于少部分重大疑难复杂的案件,可以辅以线下诉讼活动。同时,在诉讼过程中,人民法院应当积极探索适用简

---

① 在中国知网以"在线纠纷解决"为关键词,共显示有222篇相关文章。如刘满达:《论争议的在线解决》,载《法学》2002年第8期;高薇:《论在线仲裁的机制》,载《上海交通大学学报》2014年第6期;程琥:《在线纠纷解决机制与我国矛盾纠纷多元化解机制的衔接》,载《法律适用》2016年第2期;龙飞:《中国在线纠纷解决机制的发展现状及未来前景》,载《法律适用》2016年第10期;胡晓霞:《我国在线纠纷解决机制发展的现实困境与未来出路》,载《法学论坛》2017年第3期。

② 载杭州互联网法院官网,http://hztl.zjcourt.cn/col/col1225177/index.html,2019年8月17日最后访问。

③ 载北京互联网法院官网,https://www.bjinternetcourt.gov.cn/index.html,2019年8月17日最后访问。

易程序，有效进行繁简分流，优化司法配置。对于符合《民事诉讼法》第162条规定的网络借贷案件，实行一审终审，进一步提高诉讼效率。

(3)激活督促程序，与诉讼程序两线并行

《民事诉讼法》第十七章专章规定了督促程序，对于债权债务关系明确、合法的案件，人民法院可以向债务人发出支付令；债务人收到支付令之日起十五日内清偿或向法院提出书面异议；未提出异议又不履行的，债权人可以向人民法院申请强制执行；债务人有异议的，支付令失效，转入诉讼程序。司法实践中，针对借款合同纠纷适用支付令的并不多见，而其中网络借贷案件更是凤毛麟角。网络借贷纠纷以借款人逾期为主要类型，借款合同已经近于标准化，一般情况下双方对事实争议不大。债权人起诉的目的主要是进行债权确认和债权实现，适用支付令这一非诉程序具有极大的优势。此外，相较于诉讼、仲裁程序，支付令这一非诉程序在司法资源投入和当事人诉讼成本上具有相当优势。人民法院在化解纠纷中，应当充分利用此项制度。支付令制度的有效运行需要支付令能够送达债务人，也需要债务人不提出异议，考虑到当前送达难、支付令生效率低的现状，可以采用两线并行模式来处理支付令与诉讼程序的关系衔接。即在网络借贷纠纷中，人民法院立案后可以将起诉状与支付令一并向债务人送达，债务人没有异议的，支付令生效；债务人有异议导致支付令无法生效的，继续进行民事诉讼程序。

(4)完善司法确认与简易程序

完善诉前委托调解与司法确认程序的衔接机制，合理拓宽司法确认程序的适用范围，经过行业协会、特邀调解组织、调解员等达成的民事调解协议，依法予以司法确认。完善简易程序，对简易程序的庭审规则和裁判文书进一步简化。完善小额诉讼程序。《民事诉讼法》第162条规定，基层人民法院和它派出的法庭审理符合本法第157条第1款规定的简单的民事案件，标的额为各省、自治区、直辖市上年度就业人员年平均工资30%以下的，实行一审终审。针对网络借贷案件，可以考虑适当提高小额诉讼程序金额上限，实行一审终审。

(5)探索网络借贷案件的批量执行

"互联网+"技术下的强制手段兜底，最终离不开强制执行措施的保障。在执行阶段，应当充分发挥网络查控系统的优势，通过网络执行查控系统对被执行人的存款、车辆及其他交通运输工具、不动产、有价证券等财产情况进行一键查询。按照最高人民法院《关于进一步规范近期执行工作相关问题的通知》，为充分保障当事人的合法权益，人民法院终结本次执行程序前，应穷尽财产调查措施①。同时，平台管理人应当充分发挥能动性，参与司法查控工作，积极寻找被执行人的财产线索，并及时向法院汇报。

---

① 最高人民法院《关于民事执行中财产调查若干问题的规定》第3条：本规定第一条第三项中的"已穷尽财产调查措施"，是指应当完成下列调查事项：(一)对申请执行人或者其他人提供的财产线索进行核查；(二)通过网络执行查控系统对被执行人的存款、车辆及其他交通运输工具、不动产、有价证券等财产情况进行查询；(三)无法通过网络执行查控系统查询本款第二项规定的财产情况的，在被执行人住所地或者可能隐匿、转移财产所在地进行必要调查；(四)被执行人隐匿财产、会计账簿等资料且拒不交出的，依法采取搜查措施；(五)经申请执行人申请，根据案件实际情况，依法采取审计调查、公告悬赏等调查措施；(六)法律、司法解释规定的其他财产调查措施。人民法院应当将财产调查情况记录入卷。

四、结语

“互联网 +”与资本的融合既产生了问题，也暗含了解决之道。网络借贷的矛盾化解与风险防范，需要在“总体统筹、区别对待”的情况下，积极探索利用互联网技术，以期实现纠纷的高效、快捷、低成本解决。

狄更斯在《双城记》中写道：“这是一个最好的时代，也是一个最坏的时代。”十余年间，网络借贷市场经历了萌芽、生长、监管、整顿、清退转型的全过程，金融创新神话的破灭也留下了许多值得反思的教训。无论何时，金融创新都不应成为放松监管的借口和理由，健全的监管体系恰恰是对金融创新最好的保护。而面对人民对美好生活的向往，投资者对较高收益的追求，也应该加强投资者教育，确保其风险承受能力与投资风险偏好相匹配。

凡是过往，皆为序章。我们在感叹之余，也欣喜地看到，中国版的“监管沙箱”已经于 2019 年 12 月正式启动，率先在北京地区落地。金融创新一时的挫折难免，但努力从未止步，也不会止步。

设立破产案件专业审判庭及构建相应审判机制的调研报告*

党的十八届五中全会提出要“更加注重运用市场机制、经济手段、法治办法化解产能过剩，加大政策引导力度，完善企业退出机制”。中央经济工作会议进一步强调，要加强供给侧结构性改革，抓好“三去一降一补”五大任务。推进供给侧结构性改革、化解产能过剩，既是经济持续健康发展的必要步骤，也是当前中央的重大工作部署。破产审判具有依法促进市场主体再生或有序退出、优化社会资源配置、完善优胜劣汰机制的独特功能，是人民法院为供给侧结构性改革提供司法保障、推动过剩产能化解的重要途径。最高人民法院在第八次全国法院民事商事审判工作会议上特别提出要加强企业破产案件审理工作以来，相继下发《关于依法开展破产案件审理积极稳妥推进破产企业救治和清算工作的通知》《关于在中级人民法院设立清算与破产审判庭的工作方案》等文件，对健全完善破产案件审判机制、充分发挥破产审判职能作用，推动破产审判工作常态化、规范化、法治化作出一系列重要部署，为推进破产审判工作、完善市场主体救治和退出机制提供方向指引。作为首都中级法院，如何立足破产案件审判工作的特点规律，更好地为市场化破产营造良好的司法环境，为首都供给侧结构性改革提供司法保障和司法服务，是人民法院工作的题中应有之义。为此，我院成立课题组结合目前破产案件的审判现状，针对供给侧结构性改革背景下，设立破产案件专门审判机构、转变审判理念、完善审判机制等方面进行深入调研。

一、设立破产案件专业审判庭的必要性

（一）设立破产案件专业审判庭是发挥破产审判助力供给侧改革职能作用的重要举措

当前我国经济发展进入新常态，“转入新常态，意味着我国经济发展的条件和环境已经或即将发生诸多重大转变，经济增长将与过去30多年10%左右的高速度基本告别，与传统的不平衡、不协调、不可持续的粗放增长模式基本告别。”①过去30多年的快速发展中，与投资、消费、出口为主的需求侧的改革和发展相比，更强调创新、技术、劳动力、资本等市场化要素的供给侧改革一直相对滞后。要实现习近平总书记在“七一”讲话中提出

---

* 课题主持人：马立娜，成员单位：北京市第一中级人民法院民三庭清破庭、干部处，课题组成员：郑伟华（执笔人）、邹明宇、高春乾（执笔人）、黄丽、李筱珊、苏汀珺。

本课题为2016年院级重点课题，荣获“第十八届中国破产法论坛暨《破产企业法》实施十周年纪念研讨会”征文三等奖。

① 参见360百科“经济新常态”。

的“经济更有效率、更有质量、更加公平、更可持续地发展”，就必须对经济发展方式作出结构性调整，通过促进产能过剩有效化解，增强供给侧结构对需求变化的适应性和灵活性，为经济持续健康发展提供源源不断的内生动力。在这个过程中，“僵尸企业”和“过剩产能”长期累积的深层次矛盾会充分暴露。据统计，2014 年商事登记制度改革后，2014 年 3 月至 2015 年 6 月，我国平均每天新增企业 1.08 万户，但成立后存活到 5 年的企业比例为68.9%，近一半的企业年龄在 5 年以下。① 大量“僵尸企业”经营困难、负债严重，但依靠政府补贴、银行续贷或者长期处于吊销状态仍然占用经济资源和市场空间，严重妨碍了市场活力的发挥。“僵尸企业”的处置不仅涉及市场出清和释放生产要素，还会涉及各方权益保护，而企业破产制度恰恰兼具公平保护债权人、债务人利益以及实现优胜劣汰、促进资源优化配置的功能作用，是法治化市场退出和救治的最有效的途径。从对债的保障看，其他任何法律都不具有破产法在债务人丧失清偿能力时解决债权人之间矛盾，对全体债权人公平、有序清偿，并维护债务人正当权益的作用。从价值取向来看，破产案件具有多元化价值取向，破产清算程序凸显对全体债权人利益的保护，破产重整程序则更多侧重于通过调整债务人经营方案挽救债务人，甚至预防其破产的作用，破产和解程序更注重在使债务人主体存续的情况下实现债权清偿的最大化和便捷性。因此，通过破产程序不仅可以实现债务的有序清偿，使符合条件的企业合法稳妥退出市场，而且可以使困境企业通过重整、和解等程序解困复兴，从而促进国家金融和社会秩序的稳定，实现对经济关系的正向调节。

（二）设立破产案件专业审判庭是推动破产审判持续科学发展的客观需要

2007 年《企业破产法》实施以后，人民法院受理的破产案件数量始终在低位徘徊，这种局面的形成是外部、内部多种原因综合作用的结果。从外部原因来看，除了政策性破产以外，大多数企业对破产的积极性不高，企业把进入破产程序等同于宣判死刑。据介绍，近年来，每年约 70 万家企业通过吊销或注销的行政方式退出市场，但实践中通过司法程序的只有 2000 家左右。② 即使近年来随着相关司法解释的相继出台以及探索破产审判方式改革试点工作的推动，破产案件数量有所上升，但与吊销、无营业公司的数量相比仍不匹配。从内部原因来看，2013 年全市三级法院受理破产案件（不包含破产申请审查案件）26 件，2014 年受理 22 件，2015 年受理 50 件；2013 年审结破产案件（不包含破产申请审查案件）22 件，2014 年审结 21 件，2015 年审结 28 件。由于破产案件审理时间长、难度大，且未建立单独的绩效考核制度，导致案件审理质效不高，“为市场经济量身定做、为市场经济平稳运行保驾护航”的《企业破产法》并未发挥应有的作用。新形势下，破产审判面临前所未有的发展机遇，2016 年 9 月中美两国元首在二十国集团杭州峰会期间举行会晤，就建立和完善破产制度和机制等问题达成一系列重要共识，更是为完善破产审判制度提供了有力契机。在此背景下，人民法院主动应对形势任务变化，按照将法院办成“生病企业的医院”的目标，通过完善专门审判机构的规划和设置，实现破产审判职能的专业化和明晰化，是调动法官办理破产案件的积极性，通过提高破产案件审判的专业化水平来打

① 杜万华：《依法开展破产案件审理稳妥处置“僵尸企业”》，载《中国审判》2016 年第 8 期。

② 张春波：《“僵尸企业”的司法处置之道》，载《中国审判》2016 年第 8 期。

破内外部“瓶颈”障碍、形成良性循环、推动破产审判快速发展的迫切需要。

（三）设立破产案件专业审判庭是适应破产案件审判规律特点的特殊要求

破产案件是以终止破产企业业务、处理破产企业财产、了结破产企业债权债务、消灭破产企业法人资格或者帮助破产企业再生为主要内容，以非诉程序为主要审理方式的特殊案件。其特殊性主要表现在：一是兼具立、审、执程序流程。破产申请的审查、破产案件的审理以及财产变价和分配等环节均在破产程序中完成。杜万华专委曾指出，司法审判工作机制不仅包括立案、审判、执行三个方面，而且应当包括破产。最高人民法院在《关于调整强制清算与破产案件类型划分的通知》中将破产案件从民事案件中分出，单独作为一大类案件。这说明与传统案件的不同流程由不同审判庭分别负责相比，破产程序是融合立、审、执三项职能的整体程序，无法仅用某一程序的特点来概括。二是破产案件审理周期长、难度大，程序外的工作任务多。由于破产程序的不可逆转性和破产主体的利益多元化，破产案件既需要严格依法审理，又要落实各项政策要求，更需要协调多方主体关系。因此，法官除了解决法律问题之外，还需要组织召开各类不同性质的会议，与多方主体进行谈判协商，与相关政府部门进行沟通协调。破产案件的最终效果是各个环节效果的总和，其审理特点与民商事案件相比存在显著区别。三是破产案件的衍生诉讼是破产案件的辅助程序。衍生诉讼形式上虽然与普通民商事案件相同，但其目的在于确定破产程序下的实体权利争议，以利于破产程序的进行，因此，更强调对形成争议以及解决争议密切相关的案件背景和综合情况的审查和把握。对衍生诉讼的审理如果绝对强调其程序的独立性，可能造成案件审理的法律效果出现偏差，应当将其与破产案件作为整体看待。综合以上，成立专门的破产审判庭，是破产案件自身特殊性对破产审判机制提出的特殊要求。

二、破产审判理念的重塑及转变

（一）从重清算价值向重运营价值转变

所谓清算价值，即变卖公司所有资产，得到偿付负债的可用现金①；运营价值，即企业作为营运实体的财产价值，或者说企业在持续经营状态下的价值。由于运营价值包含了资产的组合价值、无形资产的价值以及具有整体变卖的优势，企业的运营价值通常要高于它的清算价值。运营价值论是重整制度的最初理论根据之一。党的十八届五中全会以来，中央明确了处置“僵尸企业”的基本原则是“重组救活为主、破产退出为辅”。因此，改变以往只重清算的工作思路，创造一系列条件以重新分配市场资源，从重破产财产的清算价值向运营价值转变是今后破产审判的主要着力点。

从重清算价值向重运营价值转变，要准确把握清算程序、清算价值与重整程序、运营价值之间的关系。传统实践中，企业进入重整程序盘活资产，启动的是企业的运营程序，实现的是资产的运营价值；而企业进入破产清算程序，实现的是资产的清算价值。但是在某些情况下，破产企业的清算价值也即将企业整体业务在市场上“一揽子”出售的价款可

① 参见百度百科“清算价值”，2016年11月2日最后访问。

能会等同于重整所欲保留或拯救的运营价值。① 例如，在破产清算中，通过资产整体变现给战略投资人，使破产资产价值最大化。这种情况下，虽然企业资格被终结，但企业生产力、商业渠道和职工就业得到了整体或大部分维护，这种以保全企业运营价值为主旨的清算方式，与单纯的清算手段和以保全企业主体资格为主旨的典型重整手段相比较，有其独特的优势。② 亦有学者指出，重整制度可以被清算程序所取代，对于这个观点，我们认为有失偏颇。无论是否存在完美的资产市场交易环境，重整程序仍然具有实现企业资产变卖“1 + 1 > 2”的功能；另外，我国行政许可的不可转让性、上市公司的壳资源等种种现实因素，都对重整程序的适用提出了迫切的需求。因此，我们要认识到，重整程序、清算程序均可能实现破产财产运营价值的保全与攀升，对于法院而言，应当积极倡导推进重整程序而又不拘泥于重整程序，从而实现企业运营价值上涨路径的多样化、灵活化。

（二）从法院主导向市场主导转变

在我国，影响力较大的“僵尸企业”大多为规模较大、员工较多的国有企业。这些“僵尸企业”在地方经济布局上占有十分重要的地位，地方保护主义色彩较为浓厚，人民法院在破产审理上受到行政干扰的概率较大。③ 加之法院从前受理的破产案件多为政策性破产，法院只是作为政府处理破产企业的一个司法平台。因此无论从旧的沿袭还是现今掣肘来看，破产程序的运行或多或少受制于行政权力，破产程序中的法院主导不仅是司法权力的控制主导，在某种程度上来说也是政府的行政权力主导。但是，权力主导下的破产重整程序并不能实现真正的市场资源优化配置，而且鉴于目前的经济下行趋势，在重整过程中要找到新的投资方有时候并非易事，而“拉郎配”的做法更要坚决杜绝。故此，法院应当从司法权力“强拉硬拽”“揠苗助长”的家长式角色中退出，通过广泛发布重整信息、多渠道吸引第三方投资，实现信息市场化共享，通过市场主导实现资源的最优配置。

从法院主导向市场主导转变，要做好转变中的利弊权衡。法院导向下的破产程序，属于司法权力严格控制资源配置的程序走向，这种情况下政府的参与度更高，资源处置方案较为单一，管理人的选任方式较为简单。在这种情形下的破产程序，由于有政府部门直接参与，故对于破产案件的维稳亦有益处，但市场化程度较弱，不利于企业资源配置方式的多样化、管理效率的高效化。市场导向下的破产程序，吸收更多样的管理人和资产处置方式，将企业引入更广阔的平台以更合理的方式重新整合资源，但由于政府部门退出不再作为管理人，对于企业职工的安置、税收的优惠、企业信用的恢复等方面不如前一种方式。但在清退过剩产能的大环境下，坚持以市场为导向的破产程序应当是大方向。在破产审判中要综合上述两种方案的利弊，力争实现企业资源配置的市场化与破产程序推进的稳定、顺利相平衡。

---

① 张子年：《破产重整资产运营价值的再思考》，载王欣新、尹正友主编：《破产法论坛》（第 6 辑），法律出版社 2011 年版，第 129 页。

② 浙江省高级人民法院民事审判庭第二庭：《2014 年浙江法院企业破产审判报告》，载王欣新、郑志斌主编：《破产法论坛》（第 11 辑），法律出版社 2016 年版，第 55 页。

③ 崔永峰、王更：《论“僵尸企业”预先包裹式重整制度的构建》，载王欣新、郑志斌主编：《破产法论坛》（第 12 辑），法律出版社 2016 年版，第 256 页。

(三)从重裁判向裁判和服务并重转变

依法裁判是法院的基本职责,从破产程序的推进到实体权利义务的确认,司法权力的行使保障了程序的顺利进行。但我们同时要认识到,破产程序中仍然有各利益方的意思自治,尤其体现在重整程序中。在整个重整程序中,无论是程序的启动还是重整计划的制定、表决通过、监督与执行,债权人与债务人的意思自治仍发挥着基础性的作用,私法色彩浓重。公司重整计划说到底是债务人、债权人、股东等利害关系人间不断协商后达成的关于公司复兴、债务清偿的协议,因此就其性质而言实质上是私权性质的。① 只是因为各利益方出于自我的需求对于“公共池塘资源”可能出现的掠夺式分割,以及重整制度所需要实现的维护社会利益的价值,因此仍然需要法院作为公权力的象征对破产程序予以干涉。结合现今局势,从最高人民法院要求破产案件必须当场立案,再到要求法院慎重行使强制批准权②,破产审判从“重裁判”转变为“裁判与服务并重”,是现今格局下对破产审判的定位要求。

从重裁判向裁判和服务并重转变,要处理好裁判者与服务者的界限。法院何时充当裁判者,何时充当服务者,裁判、服务的内容各自为何,如何在两种身份之间灵活转化,同时又要避免既当服务者又对自己的服务进行评价的情形出现,是破产审判需要考虑的问题。由于破产案件以程序推进实现公平、公正,而破产程序又存在不可逆转的特点,因此,法院即要遵照裁判的规则,严格行使程序指挥权,引导程序的有序推进,又要与相关政府部门建立府院对接的协调机制,为企业的破产工作提供强有力的支撑;既要能对生病的企业集合各科专家进行联合会诊,又要能够自己操刀上阵、对生病企业“开膛破肚”,最后对于不能救治的企业宣布“死亡”。多重身份的转换,要求法院不能越位缺位,既不能大包大揽,又不能推脱责任,要在新形势下实现新的身份定位。

(四)从信息封闭向资源共享转变

信息化时代的审判工作离不开与互联网的深度融合。传统的破产案件属于民事诉讼特殊程序,没有审理信息公布的渠道和机制,由于利害关系人对破产案件程序的信息缺乏了解,导致破产案件的司法权威和公信力不高,极端情况下还容易引发涉案企业职工群访,带来较大的维稳压力。在信息化时代,破产审判必须转变理念,积极践行“互联网 +”思维,通过各种渠道的信息公开,既为破产案件利害关系人提供表达诉求、行使权利的有效渠道,也为人民法院破产案件审判工作提供对外公开和宣传的窗口。

目前,全国企业破产重整案件信息网已建成“一网两平台”。“一网”即面向全世界的全国企业破产重整案件信息互联网。“两平台”即全国企业破产重整案件法官工作平台和破产管理人工作平台。通过“一网两平台”实现破产案件全覆盖、利益主体全覆盖、法律流程全覆盖,将债权人、债务人企业、市场投资者、其他利害关系人以及人民法院紧密联系在一起。既可以实现企业破产程序的高效便捷启动,又有利于落实破产案件各环节正当法律程序,实现依法公平保护。信息网的建立运行还可有效促进资本、技术、管理能力

---

① 王卫国:《破产法》,人民法院出版社 1999 年版,第 227 页。

② 详见《最高法院公布企业破产重整及清算十大典型案例》,载 http://www. court. gov. cn/zixun - xiangqing - 22041. html,2016 年 11 月 12 日最后访问。

等要素在更广范围的自由流动和有效配置，打破以往企业重整信息地域局限性、信息公布迟延性，吸引更多的战略投资人，最大限度激活企业潜能，提高破产企业重整率。除了该平台之外，我院还通过在一中院官网、微博、微信等自媒体上扩大对案件的信息宣传，通过案件信息共享提高案件审理的透明度、破产案件的社会关注度，积极推动构建开放、动态、透明、便民的阳光司法机制。

三、构建符合破产程序特点的审判机制

（一）破产案件的审理机制

《企业破产法》第4条规定，破产案件的审理程序，本法没有规定的，适用《民事诉讼法》的有关规定。对于与普通民事诉讼案件审理程序的相同之处，本文不再赘述，以下着重探讨法院审理破清案件的特殊审理机制。

1. 建立“僵尸企业”的识别机制

目前我国是依当事人申请启动破产程序，但是在债权人申请破产的情况下，其对于债务人的企业状况并不清楚，因此在破产程序的适用、转换上，仍然可以由多方在对企业运营价值作出综合评估之后，由法院判断企业是否符合“僵尸企业”的特征以及是否适合重整。而评估的主体，不仅有法院、管理人，还要寻求多部门联合评估；不仅采用中介机构对企业资产的审计评估，而且利用政府主管部门、经信委等在甄别企业上的专业优势和信息资源，多方信息采集。

建立“僵尸企业”的识别机制，不同于普通民事诉讼中的当事人主体资格的法律审查，而是建立对债务人全方位的识别体系。基本原则是对于暂时出现经营困难但所处行业属于朝阳产业，企业生产技术先进的，着眼于企业维持与重生；对于未来发展前景可期但因资金链断裂后难以继续经营，债务人或债权人为寻求自身利益保护而申请破产的企业，要侧重运用重整、和解制度，尽可能维持企业的生存；对于人去楼空无产可破的企业，以及属于无技术创新优势，管理混乱无脱困可能的落后淘汰企业，主要运用破产清算制度依法退市，实现市场的优胜劣汰。

具体而言，识别机制的主要内容，不仅包括对债务人的流动资金、公司治理结构、产业布局、营销网络系统、商号价值以及各方主体的利益诉求等的具体分析，而且还要结合债务人主营业务的发展前景、国家的总体产业政策方向等综合判断。在债权人、债务人对企业未来发展道路选择出现分歧的情况下，采用破产清算抑或破产重整将导致企业走向完全不同的命运，而此时需要法院进行谨慎抉择，以债权人利益最大化为原则，兼顾债务人企业的重整价值，以及企业外部环境例如地方政府的总体发展规划。

2. 建立案件繁简分流机制

建立破产审判中的繁简分流机制，主要着眼于在不损害各方利益的前提下，提高审理效率。对于简化程序的启动，可由管理人提出建议、法院决定程序适用，法院亦可主动选择简化程序。

简化程序的适用范围应当进行严格把控，大抵可以归纳为以下几类：一是案件事实清楚、债权债务关系明确、争议不大，且债权人人数和债务人资产较少的，即债务人已具备破产原因的事实清楚，企业账册完整，债务人对于债权无异议，债权人亦容易就财产分配方

案达成一致；二是破产财产不足以支付全部破产费用、无经营、无财产、无账册的“三无企业”；三是申请人、被申请人及其他主要参与人协商一致同意简化审理程序的。同时规定有重大维稳隐患的破产案件、裁定破产重整的破产案件等，排除在简化程序的适用范围之外。

破产程序的简化，可通过如下规则确立：一是简化审理，期限上可以考虑设置内控审限，规则上则可以采取缩短债权申报期限、简化公告程序、送达方式、债权人表决方式、财产分配方式等；二是减轻费用，遵循诉讼效益原则，最大限度降低破产程序的费用支出，节约当事人参与破产程序的相关成本；三是赋予债权人会议更多程序性事项的决定权，如债权人会议确认或认可的缩短时限、简化或合并手续及处分权利的事项，不违反法律禁止性规定的，法院应予以认可。

3. 完善“执破衔接”机制

本机制因执行庭移送经该庭初步审查后、认定符合破产受理条件的“执行不能”案件而启动，亦可能因为执行当事人直接申请企业法人破产而启动。① 在本庭内部，拟成立专门的“执转破”案件小组对此类案件进行受理审查。

完善“执破衔接”机制，应从以下几个方面入手：一是对于该类案件是否符合受理条件，在执行庭审查的基础上予以二次审查。执行庭的移送行为仅具有程序上的约束力而不产生实体上的约束力，对于是否符合受理条件，还应当从对象要件、破产原因要件、意思要件三个要件进行审查；②二是对于受理后的破产案件进行繁简分流，适用不同的程序。财产不足以支付破产费用、不足以偿付优先权的案件，尽可能在法律既定的框架之下实现快审快结。而对于需要通过破产法上的撤销权制度等追回破产财产的，予以重点审查。由于“执转破”案件原属于“执行不能”的情形，且可供执行的财产线索在执行阶段已经基本排查，故进入破产程序后企业法人的财产亦难有新的增加，缺乏重整希望，因此大部分“执转破”案件只能适用破产清算程序；三是做好案件移送中的查封解封工作对接、资料对接，清算与破产审判庭除了与移送执行案件的法院对接之外，亦应当通知其他采取轮候查封、冻结等保全措施的执行法院，必要时由共同上级法院予以协调，防止轮候查封的法院成为首封后个别执行的恶意情形发生；四是与执行庭共同化解矛盾。对于执行案件移送破产审查案件，即使破产法院受理后，也不意味着执行法院可以甩手不管，对于执行程序中存在的瑕疵和相关问题，仍要予以解决，破产法院在坚持合法性审查的前提下，秉着化解各方矛盾、节约司法资源的宗旨，也要综合平衡各方债权人的利益，积极妥善化解执行程序中存在的问题。

4. 建立合法有序的利益平衡机制

如前所述，破产案件具有多元价值取向，在审理中必须要依法审理，并建立合法有序的利益平衡机制，保护破产案件中各方主体利益的实现。以破产重整程序为例，主要包括以下几个方面：

---

① 本调研文中主要讨论的是第一种情形，即由执行庭移送破产的案件情形。

② 关于三个要件的具体内容，详见2016年12月7日最高人民法院审委会专职委员杜万华于最高人民法院全国法院执转破工作视频会议上的讲话。

一是解决重整价值分配随意化的问题。要对企业的重整运营价值进行科学评估。在重整实践中逐步形成一套审计和评估的科学规则，并在网络上对该信息予以公开，做到信息透明化、公正化，对债务人企业重整程序中的假设企业清算价值、假设企业营运价值、企业重整重生时的价值、上市公司的净壳价值进行评估、公示。要在评估运营价值的基础上，对重整程序中债权人清偿比例、出资人权益调整比例、新的投资者成本与收益的比例问题确定标准，通过重整实践案例，根据重整的社会效果，逐步修正价值分配的标准，形成科学的量化、标准化的分配规则。①

二是重整方案中，出资人让渡的比例应大于债权人让渡的比例，因为出资人的分配利益劣后于债权人的分配利益；新的投资者的成本与收益要成正比，防止高风险低收入，更要杜绝低对价高收入的不合理现象。②

三是通过合理使用重整草案强制批准权平衡各方利益。法院对于债权调整和受偿方案的合法性进行审查，依法处理好职工工资、国家税收、担保债权、普通债权的实现顺序和实现方式；对出资人权益调整方案的合法性进行审查，并遵守强制批准时的三项基本原则，即坚持债权人利益最大化、公平对待和绝对优先权原则。

5. 建立衍生诉讼的统筹协调处理机制

衍生诉讼围绕债务人财产和债务的争议进行，其法律关系具有特殊性。破产衍生诉讼中涉及的抵销权、撤销权、别除权、取回权以及无效行为均为特定的法律概念，与民法上相似概念有着明显的区别；公司强制清算衍生诉讼更专门针对清算组成员履行职责行为的法律责任作出严格的规定，以设定法律责任的方式督促清算义务人依法进行清算。因此，衍生诉讼属于特殊的诉讼案件类型，是破产案件中的辅助程序，其目的在于确定破产程序和强制清算程序项下的实体权利争议，以利于破产程序和强制清算程序的进行。

对诉讼案件的审理，除了应明确诉讼请求、法律关系、争议焦点外，更应强调对形成争议以及解决争议密切相关的案件背景的审查。对于衍生诉讼的审理而言，尤其如此，不能完全“就案论案”。衍生诉讼在审理原则、思路和适用法律等方面具有特殊的要求，如果忽略了其与破产案件和公司清算案件之间的关系和审理目的，绝对的强调其程序的独立性、进而视为普通诉讼案件进行审理，则可能造成案件审理的法律效果出现偏差。当然，强调衍生诉讼的特殊性，是建立在其作为诉讼案件所必需的认定事实和适用法律正确的基础上，进而要体现破产案件中主程序与辅助程序紧密结合、辩证一体的特点。

（二）破产类案件的审判管理与保障机制

1. 建立与政府统一协调工作机制

（1）风险预警机制

一是建立风险隐患预警机制。对于尚未进入破产程序的企业，政府相关部门发现存

---

① 郑志斌：《中国公司重整实证研究》，载李曙光、郑志斌主编：《公司重整法律评论》，法律出版社 2011 年版，第 109 页。

② 郑志斌：《中国公司重整实证研究》，载李曙光、郑志斌主编：《公司重整法律评论》，法律出版社 2011 年版，第 110 页。

在维稳隐患的，及时通知法院；对于企业欠薪和职工就业问题突出、债权人矛盾突出、债务人弃企逃债等敏感类破产案件，法院及时向党委政府报送相关信息，密切关注涉企诉讼情况，及早沟通苗头性问题，防范风险。

二是建立日常的信息传递与共享机制。在法院与政府相关部门之间建立情况通报、案件要报、审判白皮书等定期和不定期的信息传递机制，确保信息沟通的及时有效。利用政府主管部门掌握的企业信息资源，建立信息共享途径。

（2）沟通协调机制

一是建立跨部门的联动机制。在重大企业破产案件中，建立由党政部门、法院等共同参加的工作团队，为协调各方共同推进破产案件处理提供方便，具体可包括一行三会、税务、工商、国土、财政等相关政府部门。

二是建立工作例会和应急协调机制。定期召开工作小组例会，就相关工作总结及计划进行通报；若破产案件中出现紧急情况，建立多部门应急机制，如发现破产企业高管企图出国（边）境，情况紧急的，可启动应急程序限制离境等。

（3）资金保障机制

为调动管理人的工作积极性，可由财政拨款或者在管理人报酬中提取一定比例的资金设立基金，解决无产可破案中管理人报酬的问题。另外，开拓资金保障渠道，如规定“经债权人会议确认，可以将债权人对债务人未知财产的追索权以及对公司股东、董事、实际控制人等相关责任人的民事请求权全部或部分转让给管理人，以折抵管理人报酬和管理人执行职务费用”。此种制度设计类似于风险代理，如确系双方自愿达成一致，法院可准许类似的市场行为。①

（4）联合调研机制

对于清算与破产案件中出现的新问题、需要统一认识的问题，通过建立跨部门的联合调研组，共同研究，在相关内容成熟后，经协调会成员单位同意，会签会议纪要，下发各单位执行。

2. 完善管理人选任及管理机制

（1）在管理人选任方式上，根据案件的审理难易程度不同，选择摇号或者竞争指定管理人，同时要扩充管理人队伍，多渠道拓展管理人来源。在企业救治实现市场化的大局导向下，破产企业的重整、和解、清算亦应当引入素质高、知识结构全面、综合协调管理能力强的管理人队伍，多方面吸收高科技人才、金融人才、专业咨询公司等作为管理人队伍的补强，对于公司进入重整程序之后的企业运营能力提高提供人才支持。

（2）在管理人的考评方式上，通过建立管理人重大事项汇报制度、建立履职资料库，实现对管理人的动态考评。一是就破产程序中常见重大事项建立汇报与沟通机制，摒弃对重大事宜之外日常事宜的微观指导，对管理人进行廉政监督，防止管理人在履行职务过程中因利益的驱动滥用权力，损害债务人或者债权人的事情发生；二是破产案件结束之后，合议庭听取债务人、债权人、新出资人、职工代表等利害关系人以及相关政府部门对管理人的反馈情况，制定详细的评分机制，对管理人的履职情况进行监督评分并在全国破产

① 徐阳光、殷华：《论简易破产程序的现实需求与制度设计》，载《法律适用》2015 年第 7 期。

重整信息网上予以公示；三是建立并丰富管理人履职资料库中的材料内容，定期进行材料更新，全面了解管理人的管理能力。履职资料库中的内容可包括社会中介机构管理人团队的建设情况报告、对管理人履职实效的嘉奖和其他社会评价证明材料、个案中债权人会议对管理人工作的评价意见、人民法院对管理人监督重整计划执行等履职情况的评价意见、管理人定期提交的《履职报告》和参加管理人业务培训的证明材料等①。

3. 建立法官会议讨论机制

清算与破产审判庭成立后，已制定法官会议工作规则，并通过召开数次法官会议落实、完善该规则。规则包括回避事项、会议效力、讨论的案件范围、召集程序、会议议程等多个方面进行了规定。根据该规定，法官在会议上充分发表意见，从法律、法规的适用，到与政府各部门的沟通协调机制，再到多元化化解群体性矛盾的途径方法，以及介绍同一破产程序中衍生诉讼的背景，通过定期、不定期召开法官会议的方式，与会法官为合议庭成员提供办案参考，同时逐步完善干警的知识储备，梳理案件的处理思路，并对之后类似的案件提供统一的裁判尺度，防止"同案不同判"情况出现。

4. 完善审判质效考评机制

建立对破产审判的科学考评机制，是审判保障机制的重点也是难点，对此，建议从以下几个方面完善：

(1)分类考评。适用清算、破产这些非诉程序进行审理的清破案件与适用普通诉讼程序审理的衍生诉讼、破产案件与清算案件、"申"字号案件与"破"字号以及"强清"字号案件制定不同的评分标准。从发挥《破产法》企业救治功能作用这一点出发，得分比重适当向适用重整、和解程序的破产案件倾斜。

(2)节点考核。实行依据案件审理节点评估的考评机制，指定管理人、开债权人会议、处理债务人财产、重整方案的批准等环节分别对应相同的分值，每个流程环节由于工作量不同分值不同，进入、完成一个流程的分数亦不相同。

(3)设定个案权重系数。区分案件类型，设定加权系数。如考虑案件的疑难程度(包括案件涉及人数、范围，是否涉及职工安置、是否引发媒体关注，是否需要相关政府部门配合参与等)、案件的综合效果(是否通过重整、和解程序实现了企业的重生，是否具有典型案例的指导效果，是否在更深层次上推动市场经济体制的良性发展)等设定不同案件的考核加权系数。

① 参见《浙江省高级人民法院关于〈关于规范企业破产案件管理人工作若干问题的意见〉》(2013 年)第3条第3款。

关于执行移送破产案件审理机制与相关法律问题的调研报告*

执行案件移送破产审查(以下简称执转破案件)是人民法院司法工作机制的创新。《民事诉讼法司法解释》第513条至第516条对执行移送破产审查案件的主要程序问题作出简要规定,最高人民法院《关于执行案件移送破产审查若干问题的指导意见》(以下简称《执转破指导意见》)细化了程序规定。执转破案件不仅在启动方式、移送程序等方面区别于普通破产案件,在审理机制上也有明显不同。由于执转破案件进入司法领域的时间不长,法律规定还不充分,在审理机制和相关法律问题上还存在诸多分歧。鉴于此,我院成立课题组,通过系统梳理执转破案件的审理情况,对执转破案件的审理机制和相关争议问题进行初步研究,形成以下调研报告。

一、我院审理执行移送破产案件的基本情况

(一)案件数量

按照《执转破指导意见》的规定,全市法院的执转破案件由我院集中管辖。截至目前,全市法院共向本院移送执转破案件27件。

(二)受理审查情况

已受理的案件平均审查时间20天。移送的案件对应执行案件300余件,最多110件,最少1件。目前已有3件案件已经召开第一次债权人会议,尚无破产案件终结。

(三)案件特点

(1)衍生诉讼集中多发。已受理的8件执转破案件共有衍生诉讼59件(已审结50件),主要是破产债权确认纠纷,但与执行程序中的案款分配、评估拍卖等密切相关。(2)破产费用不足问题突出。移送案件中无财产案件18件,其中申请人已垫付费用1件,其余案件面临受理后破产程序无法进行的困境。(3)部分债权人不积极。由于民诉法解释规定,执行案件移送破产审查仅需申请执行人之一或者被执行人同意即可,这样在执行案件中清偿顺位在后的申请执行人与清偿顺位在先的申请执行人之间存在博弈,清偿顺位在先的申请执行人往往并不同意执转破,加上之前执行工作中确实存在一些不规范行为,导致矛盾累积转移到破产程序中,债权人在破产程序中不配合法院和管理人工作。

---

* 课题主持人:马立娜,课题组成员:郑伟华、邹明宇、高春乾(执笔人)、苏汀珺、樊星(执笔人)、尚潇潇。本课题为2017年院级重点课题,荣获全国商事审判优秀调研成果三等奖。

二、审理执转破案件遇到的主要问题和困难

（一）执行法院移送行为不规范

执转破工作中，发现个别执行法院移送行为较为随意，尚欠规范，主要表现在：(1)不依法裁定中止执行即决定并移送、不保全财产即决定并移送案件；(2)在征询程序中不向当事人告知应当明确适用的破产程序；(3)将住所地非本市的被执行人、将非企业法人移送本院破产审查；(4)移送决定作出后不送达执行案件当事人、不书面通知已知执行法院的情况较为常见；(5)不如实告知案件存在的矛盾、风险；(6)卷宗混乱、必要材料缺失，或文字说明性材料与执行卷宗其他材料记载相冲突的现象更为普遍。移送行为不规范致使执破衔接程序不够顺畅，既拖延时间又耗费大量工作精力。

（二）财产交接难以在法定期限内完成

按照《执转破指导意见》的规定，执转破案件的财产交接工作应在案件受理后七日内完成，即直接移交管理人，或在管理人尚未产生的阶段由受理的法院暂时保管。该规定实际操作中难以实现。以案款的移交为例，首先需要管理人开立银行账户，届时除须向银行提交决定书、裁定书、通知书等法律文书，还须提交债务人现有银行账户明细并说明由管理人负责嗣后销户的文件，经过人民银行审批同意。管理人开户后，再向执行法院提交申请、案款收据，并由破产法院出函，经执行法院内部审批程序方可将案款汇出。以上每个程序都可能遇到相应问题。如果是法院之间转款，实践中仍要通过两院协调解决，之后再由法院转交管理人。再如实际扣押的动产的交接、查冻与解除的配合，即使都是本市范围内的工作，无论是直接移交管理人还是由法院代管，都难以在案件受理后七日内完成。同时，“暂时保管”导致了二次交接，客观上更不经济、更不效率，也更有风险。

（三）管理人财产查询手段欠缺

破产案件办理中，法院向管理人出具相应法律文书，管理人结合债务人账册等材料前往财产登记管理单位一一查询的模式，存在以下弊端：(1)查询效率低下。管理人需要逐一前往国土、车管、工商、银行等各单位进行查询。案件办理中根据案情需要再次查询的，仍要再次前往，增加破产程序的时间和金钱成本。(2)协助义务单位配合度不高。相关协助义务单位往往不认可管理人的法律地位，即使管理人工作人员持法院调查令前往查询亦不予协助并要求法院派员共同前往，耗费审判时间精力。(3)查询结果不全面。国土资源部、公安部交管局、人民银行等单位并不直接接受查询申请，目前查询的结果基本限于北京市或市辖区范围内，银行存款则只能前往开户行，无法统一查询。对于在工作中得到的财产线索，管理人只得逐一前往核实，在债务人账册材料缺失的情况下，管理人的财产调查工作往往无法全面开展。正因如上所述查询手段的欠缺，目前法院对于管理人履行财产调查职责的监督，基本局限于听取管理人汇报、审阅财产状况报告，无法对照债务人财产的现实情况进行核查，也无法做到信息化管理。管理人调查财产的工作难度大，也导致其缺乏履职积极性，往往将包袱甩给法院。破产程序的财产调查能力手段弱于执行程序，既影响债权人合法权益的实现，也不利于提高破产案件审判效率，长久以往还会成为债权人拒绝执转破的理由之一。

（四）无产可破案件居多，管理人缺乏工作积极性

执行法院移送的案件基本上为符合终结本次执行程序条件的案件。债务人法定代表人、主要负责人下落不明，账册资料和其他重要文件材料完全无从查找，导致难以核实资产负债，难以正常开展和推进清算程序。在已决定或拟决定移送我院的27个执转破案件中，法定代表人和债务人的有关人员无法联系的有21件，账册完全缺失的23件，部分缺失的1件。从现有情况来看，执转破案件债务人人员下落不明、账册缺失的比例远远高出传统破产案件。在27个执转破案件中，没有任何财产线索的案件占到18件，另有1件仅有存款7千余元。破产财产不足以支付破产费用或完全无产可破的案件中，当事人垫付相关费用的意愿低，管理人"干得越多，赔得越多"，从而缺乏核查、追讨、应诉等工作的积极性，不主动向法院汇报工作进展，导致破产清算工作进展缓慢或停滞。

（五）不规范的执行行为直接影响破产程序的进行

执行行为不规范的主要表现有：(1)在被执行人明显具备破产原因的情况下，执行法院没有及时统筹案件情况并启动征询、移送程序，而是继续个别执行、个别分配，在财产所剩无几时才移送破产审查，导致移送前后清偿率悬殊，部分债权人意见较大；(2)执行法院在涉同一被执行人的多个执行案件中，因保全财产行为不规范而无法确定保全顺位，或财产变价、分配中的执行行为不规范，导致债权人后续意见分歧较大，衍生诉讼集中出现；(3)执行法院卷宗管理不够规范，破产案件审查审理时难以调取必要的卷宗材料，导致清算及相应衍生诉讼工作难度增加、效率降低；(4)执行法院不及时受理执行异议案件，而破产程序中又无权对执行行为的合法性进行审查，导致权利人无奈之下选择滥诉、信访；(5)执行法院不作出书面裁定（如不出具拍卖成交裁定、中止执行裁定等），导致申请执行人无法通过法定程序进行救济。

（六）案件矛盾复杂，稳定风险突出

执行案件一般只涉及申请执行人和被执行人的债权债务关系，而一旦被执行人进入破产程序，往往还会衍生出执行案件当事人与企业职工、出资人等多方面的利益冲突。尤其是对于职工欠薪和安置问题突出、债权人矛盾激化、被执行人恶意逃债的执行案件，以及涉及国有资产或其他历史成因的敏感、涉众、具有维稳风险的执行案件，破产法院受理后往往难以处理。有的执行法院存在甩包袱的心理，将一些难以处理的执行积案引入破产程序。从目前受理审查的执转破案件来看，绝大多数存在稳定风险。

三、存在问题的原因分析

（一）执转破相关的法律规定尚不完善

执转破案件的审理涉及大量的程序性问题和实体问题，相关领域的法律规定较少。民诉法解释只作出了非常原则性、概括性的规定；《执转破指导意见》作为司法政策性文件，许多问题尚未予以明确规定，如破产程序中对当事人提出的执行行为违法如何处理、执行行为的结果能否在破产程序中直接适用、进入破产程序后原执行程序中的强制措施如何处理等。

（二）执转破的审理机制不顺畅

目前对于执转破案件的审理机制，虽然进行了一些探索，但尚未建立执行法院与破产

法院之间的常态化沟通协调机制，仍需个案协调。许多执行案件中的重要事实、环节，破产法院难以及时了解，执行程序与破产程序的衔接尚不顺畅，执行法院与破产法院（或法院部门之间）如何协力建立形成常态化、信息化、扁平化的工作机制，仍有待在实践中进一步完善。

（三）执行法院的积极性不高

一方面，执行案件移送破产占用执行法官较大精力，又不能明显提升考核结果，积极性并不高；另一方面，执行案件转入破产程序后，执行法院（法官）对于配合破产法院、管理人工作的积极性也不高，存在案件已经移出，应该由破产法院处理的心理，合力解决纠纷的意识不强。

（四）相关配套保障制度亟待完善

一是管理人报酬基金没有建立，无产可破案件大量存在，极大挫伤管理人的工作积极性；二是管理人的分级考核和动态调整机制没有建立，在册管理人的职业水准参差不齐，两极分化情况显现，无法应对复杂的执转破案件；三是管理人选任制度有待完善，随机摇号确定管理人虽然形式上公平，但存在重大的执转破案件审理出现“人案不匹配”的问题，影响破产案件审理质效；四是管理人履职的保障机制极不健全，管理人身份得不到相关政府部门的认可，无法单独履行法定职责；五是工商、税务等部门对于破产案件缺少必要的配合保障，如管理人持终结破产程序的裁定无法办理企业注销登记手续，破产程序终结后企业无法注销问题仍然存在。

四、执转破案件相关争议法律问题探讨

（一）执转破案件受理审查期间新发现的财产的处理问题

对于执转破案件，执行法院在移送决定作出后就可以中止执行，由于《执转破指导意见》中没有明确规定移送的期限，受移送法院还有一个月的审查期，由此，在执行法院裁定中止执行后，受移送法院受理破产案件前，被执行人有可能取得新的财产或者发现新的财产线索，对此如何处理，就可能在两个法院之间或者同一法院的两个部门之间产生争议。

我们认为应由执行部门及时采取财产查控措施。主要理由有三点：一是对于执转破案件而言，其特殊性在于《执转破指导意见》明确规定应当先中止、再移送，考虑到移送、接收和破产审查都需要时间，移送破产审查的结果也未必是破产案件的受理。因此，在执转破案件受理审查期间，由于破产程序尚未启动，受移送法院缺少对新发现财产予以处理的法律依据和程序基础。二是执行中止并不影响执行法院采取控制性执行措施。根据执行措施的功能与目的，在执行理论上一般可以把执行措施分为控制性、处分性和其他执行措施。保全属于控制性的执行措施，执行法院因移送破产审查而中止执行程序的，在破产审查期间仅应当中止处分性执行措施，不影响采取控制性执行措施。三是从《执转破指导意见》第9条的规定来看，“查封、扣押、冻结期限在破产审查期间届满的，申请执行人可以向执行法院申请延长期限，由执行法院负责办理”。由此可见，中止执行并非终结执行，中止执行期间采取控制性执行措施在司法实践中也并不必然代表着恢复执行，而仅仅是为了保障生效法律文书嗣后能够得到继续履行。为使执破衔接程序中不存在财产控制

的“空窗期”，防止财产转移、灭失，在破产审查期间执行法院应当对新财产及时采取保全措施。

执行案件移送破产审查后，在审查期间债权人向破产法院申请财产保全的，破产法院应告知其向执行法院申请。

（二）破产案件受理前已由执行法院制作分配方案的执行款或者已划入案款账户中的财产是否属于破产财产的问题

实务中，有的债权人认为在执行程序中，已由执行法院制作分配方案的执行款，或者已经打入执行案件对应账号中的款项，不应作为破产财产。该意见不应支持。《执转破指导意见》第 17 条规定，执行法院收到受移送法院受理裁定时，已通过拍卖程序处置且成交裁定已送达买受人的拍卖财产，通过以物抵债偿还债务且抵债裁定已送达债权人的抵债财产，已完成转账、汇款、现金交付的执行款，因财产所有权已经发生变动，不属于被执行人的财产，不再移交。对于已制作分配方案的执行款，由于尚未发生所有权变动，故仍属于破产财产。

最高人民法院《关于执行款物管理工作的规定》（2017 年）（以下简称《执行款物规定》）第 4 条第 2 款规定，人民法院应当采取一案一账号的方式，对执行款进行归集管理，案号、款项、被执行人或交款人应当一一对应。一案一账号是人民法院对执行案款进行规范管理的措施，通过建立一案一账号，实现对每个执行案件、每笔执行案款收取、发放等环节全程留痕、全程监督，但一案一账号并非确定案款所有权的法律依据。对于某一执行案件对应账号中的案款，在未发放给申请执行人前，所有权并未转移，申请人以某笔案款已划入对应的执行案款账号，即使执行案件转入破产程序，也不属于破产财产，应优先清偿其债权的意见，不应支持。

《执行款物规定》第 10 条规定，执行人员应当在收到财务部门执行款到账通知之日起 30 日内，完成执行款的核算、执行费用的结算、通知申请执行人领取和执行款发放等工作。实务中可能存在执行法院未按照上述规定通知申请执行人领、发放执行款的情形，导致申请执行人原本可以在执行程序中受偿的款项，转入破产程序后，无法优先受偿。对此，申请执行人可通过《民事诉讼法》第 225 条规定的执行行为异议程序解决，由执行法院审查是否存在延缓发放的法定理由。

（三）关于执行案件的迟延履行利息在破产程序中的确认问题

执行案件中，涉及债务利息的计算问题，主要包括履行期间的一般债务利息、迟延履行期间的一般债务利息和迟延履行期间的加倍部分债务利息。不同类型的利息在破产程序中的确认规则不同。

1. 迟延履行的一般债务利息。一般债务利息是指在生效法律文书中，根据实体法的相关规定确定的利息。对于履行期间的一般债务利息，在执行案件转入破产程序后，如履行期限截止日在破产案件受理日之前的，计算至履行期限届满之日；履行期限截止日在破产案件受理日之后的（如判决书中判决债务人支付合同签订之日起至款项实际付清之日的利息），则应计算至破产受理之日。迟延履行期间的一般债务利息属于破产债权，应与本金债权同一顺位清偿。①

2. 迟延履行的加倍部分债务利息。(1)债权性质。对于迟延履行期间的加倍部分的利息,是否属于破产债权,在理论和实务中尚有较大争议。第一种意见认为,最高人民法院《关于审理企业破产案件若干问题的规定》(2002 年)(以下简称《破产规定》)第 61 条第 1 款第 2 项的规定,人民法院受理破产案件后债务人未支付应付款项的滞纳金,包括债务人未执行生效法律文书应当加倍迟延利息和劳动保险金的滞纳金,不属于破产债权,按照此规定,破产案件受理后发生的加倍迟延利息,不属于破产债权,破产案件受理前发生的加倍迟延利息,属于破产债权。第二种意见认为,按照破产法公平保护全体债权人的立法精神,破产程序不支持惩罚性债权,债务人在破产案件受理前及受理后未付的加倍迟延利息均不属于破产债权。如深圳市中级人民法院《破产案件债权审核认定指引》(2017 年)第 54 条第 2 款规定,债务人未履行生效法律文书应当加倍支付的迟延利息和劳动保险金的滞纳金,在债权审核中不予认定。第三种意见认为,加倍支付的迟延利息属于破产债权,至于清偿顺位则取决于本金债权的性质。本金债权为优先债权的,加倍部分的迟延利息也应优先受偿,本金债权为普通债权的,加倍部分的迟延利息也应认定为普通债权。

我们的意见认为,第一种意见并不妥当,由于《破产规定》制订时间较早,且在新破产法实施之前,虽然尚未全部废止,但其中的规定已与新破产法的规定不一致,在适用时需要进一步辨析。仅从文义理解,《破产规定》第 61 条第 1 款第 2 项规定的是破产案件受理后的加倍支付的迟延利息不属于破产债权,那么破产案件受理前的加倍支付的迟延利息就应属于破产债权。但此文义理解并不准确,主要理由有以下几点:一是按照新《破产法》第 46 条的规定,附利息的债权自破产申请受理时停止计息,也就是说,破产案件受理后不存在继续计算加倍支付的迟延利息的问题,当然不属于破产债权,《破产规定》第 61 条关于加倍支付的迟延利息的规定,在新破产法实施后,已没有实际意义,易言之,不能仅依据该条规定按照破产案件受理的前后时间,对加倍支付的迟延利息是否属于破产债权进行分类讨论。二是以破产案件受理时点对加倍部分的迟延利息性质予以区分欠缺充分理由。第二种意见也不妥当。主要理由是加倍支付的迟延利息虽然具有惩罚性,但也兼具补偿性,②仅因其具有惩罚性就将其归入除斥债权,亦欠缺说服力。第三种意见将加倍部分的迟延利息与一般债务利息同样处理,忽视了加倍部分的迟延利息并非源自当事人约定,也不是基于本金债权产生的,“无论申请执行人是否申请,法院都应当依职权计算迟延履行期间的债务利息”,“计算加倍部分债务利息只是一项执行措施”③。

综合而言,从立法论角度,结合破产法理和迟延利息的特点,我们倾向于将加倍部分

---

① 如生效判决确定,债务人应支付自双方签订合同之日起至款项付清之日止,按双方合同约定的日万分之五的利率计算的利息。那么,在本案中,按照日万分之五计算的利息就是一般债务利息。2016 年 1 月 20 日的生效判决书,载明债务人应当在十日内偿还 1000 万元本金,自 2015 年 1 月 1 日起至 2015 年 7 月 1 日,按日万分之五计算利息。若债务人于 2016 年 2 月 1 日破产,履行期内的利息计算至 2015 年 7 月 1 日。

② 江必新、刘贵祥主编:《最高人民法院关于执行程序中计算迟延履行期间的债务利息司法解释理解与适用》,人民法院出版社 2014 年版,第 23 页。

③ 《发挥迟延履行利息制度作用积极推动执行工作有效开展——最高人民法院执行局负责人答记者问》,载《人民法院报》2014 年 7 月 31 日,第 3 版。

的迟延利息作为劣后债权处理。主要理由：一是加倍部分的迟延利息并非基于当事人约定或者当事人在诉讼中的请求产生的，而是法院在判决书中依职权添加的，在执行程序中不论申请执行人是否主张，法院均依职权计算，在执行程序中是可以的，但在破产程序中一概将这部分利息作为破产债权，会对其他债权人利益产生影响。二是《关于税务机关就破产企业欠缴税款产生的滞纳金提起的债权确认之诉应否受理问题的批复》中将破产案件受理前欠缴税款的滞纳金作为普通债权，是因为滞纳金“与税款本身密切相连，属于国家税收利益的重要组成部分”，加倍支付的迟延利息并不涉及国家利益，故也不能简单类推适用，将破产案件受理前的加倍迟延利息认定为普通破产债权。三是虽然法律、司法解释中对于劣后债权未予明确规定，但在司法实务中，对于劣后债权的认定并不少见。① 而且，在最高人民法院《关于依法审理和执行被风险处置证券公司相关案件的通知》中明确规定，刑事判决中罚金、没收财产等处罚，应当在破产程序债权人获得全额清偿后的剩余财产中执行，即是关于劣后债权的规定。

（2）利息计算截止日。“劣后债权是破产债权，可以参加破产程序，只是在清偿顺序上必须后于普通债权。劣后债权的债权人可以参加债权人会议，但是没有表决权。”②将加倍部分的迟延利息定性为劣后债权，就涉及这部分利息计算的截止日问题。最高人民法院《关于执行程序中计算迟延履行期间的债务利息适用法律若干问题的解释》（以下简称《迟延利息解释》）第3条规定：“加倍部分债务利息计算至被执行人履行完毕之日；被执行人分次履行的，相应部分的加倍部分债务利息计算至每次履行完毕之日。人民法院划拨、提取被执行人的存款、收入、股息、红利等财产的，相应部分的加倍部分债务利息计算至划拨、提取之日；人民法院对被执行人财产拍卖、变卖或者以物抵债的，计算至成交裁定或者抵债裁定生效之日；人民法院对被执行人财产通过其他方式变价的，计算至财产变价完成之日。”对于加倍部分的迟延利息，债务人分次履行或者部分履行的，应当扣除相应部分后，其余部分计算至破产受理之日。债务人全部未履行的，计算至破产受理之日。

由于迟延履行利息问题在执转破案件中普遍存在，建议在未来执转破的相关司法解释或者指导案例中对此问题予以明确。

（四）破产法院受理执转破案件后，相关主体还能否提起执行异议的问题

最高人民法院《关于人民法院办理执行异议和复议案件若干问题的规定》（法释〔2015〕10号）（以下简称《异议复议规定》）第7条规定：“当事人、利害关系人认为执行过程中或者执行保全、先予执行裁定过程中的下列行为违法提出异议的，人民法院应当依照民事诉讼法第二百二十五条规定进行审查：（一）查封、扣押、冻结、拍卖、变卖、以物抵债、

---

① （2016）京民终129号，该判决中认为：“目前泰丰公司已进入破产程序，其破产财产应由全体债权人公平分配，同一顺序的破产债权应得到公平受偿。如果将惩罚性债权赋予一般普通债权的清偿顺序，将降低处于同一清偿顺序的其他普通债权的清偿率，导致对债务人的法律惩罚转嫁到其他普通债权人身上，使其他普通债权人对此惩罚性债权承担连带责任，违反《中华人民共和国企业破产法》第一条规定的公平受偿原则。……本案220万元赔偿款虽应确认为破产债权，但为保证泰丰公司所有债权人的债权能得以公平受偿，该债权作为惩罚性债权应当劣后于普通破产债权清偿，即待此次破产程序中所有普通债权人的债权得以完全清偿后，仍有剩余破产财产可供清偿时，再予以清偿。”

② 沈志先主编：《破产案件审理实务》，法律出版社2015年版，第181页。

暂缓执行、中止执行、终结执行等执行措施;(二)执行的期间、顺序等应当遵守的法定程序;(三)人民法院作出的侵害当事人、利害关系人合法权益的其他行为。被执行人以债权消灭、丧失强制执行效力等执行依据生效之后的实体事由提出排除执行异议的,人民法院应当参照民事诉讼法第二百二十五条规定进行审查。”执行程序中的违法行为可能损害部分债权人利益,上述问题若在执行程序中没能得到妥善解决,则有可能成为破产案件审理中的障碍乃至不稳定因素。而在执行案件移送破产审查后,原来存在的违法执行行为不会因为移送而自然消失,那么,这些违法行为是在破产程序中处理,还是通过执行异议程序处理?

有观点认为,执行案件移送破产审查后,执行中止,执行法院无法再处理执行异议案件。此种观点是不正确的。《异议复议规定》第6条第1款规定:“当事人、利害关系人依照民事诉讼法第二百二十五条规定提出异议的,应当在执行程序终结之前提出,但对终结执行措施提出异议的除外。”执行行为异议的提出时间,应为执行程序终结之前,而非执行中止之时。最高人民法院执行局在《人民法院办理执行案件规范》第105条中明确规定:“中止执行期间,当事人、利害关系人依据民事诉讼法第二百二十五条的规定提出异议,或者案外人依据民事诉讼法第二百二十七条的规定提出异议的,执行法院应当依法进行审查并作出裁定。”按照该规范第100条第5项,执行中止的情形包括执行案件移送破产审查,因此在执转破案件中,对于执行行为异议和案外人执行异议的处理,均应由执行法院审查并作出裁定。我们认为,在执转破案件审理中,原则上受移送法院不审查执行行为的合法性。债权人、管理人对执行阶段的财产处置、案款分配等执行行为提出异议的,应当依照《民事诉讼法》第225条和《异议复议规定》第6条,在执行程序终结前向执行法院提出。执行法院审查认为异议成立或部分成立,裁定撤销或变更执行行为的,相应裁定生效后应当告知破产审理法院,执行回转的,相应财产属于债务人财产。

(五)基于执行和解的个别清偿能否撤销的问题

最高人民法院《关于适用〈中华人民共和国企业破产法〉若干问题的规定(二)》第15条规定了除恶意串通损害其他债权人利益外,经过执行程序的个别清偿,管理人不得请求撤销。问题是,在执行程序中被执行人与部分申请执行人达成执行和解,通过执行和解向部分债权人个别清偿,在破产程序中如何认定这种行为的效力?

这个问题涉及执行和解的性质、效力等理论上有重大争议的问题,存在不同观点。一种观点认为,执行和解协议属于私法上的契约,符合撤销条件的,管理人可以撤销。另一种观点认为,执行和解具有“公私法融合”的特点,能够产生中止执行的效力,仍属于执行行为,管理人原则上不得撤销,除非存在恶意串通。

我们的意见倾向于第二种观点。主要理由有三点:一是从生效条件来看,执行和解协议的生效需经法院的审查,与一般私法契约的生效条件不同。对此,《民事诉讼法》第230条第1款规定,在执行中,双方当事人自行和解达成协议的,执行员应当将协议内容记入笔录,由双方当事人签名或者盖章。实务中也认为,和解协议未提交执行法院审查认可的,不具备执行和解的效力。二是从法律效果来看,执行和解能够产生中止、终结执行的法律效果,与诉讼外和解明显不同,具有不同于一般私人契约的法律效力。三是从司法实践来看,将执行和解作为执行行为也符合司法现实。执行部门一般认为执行和解协议是对原执行依据的替代或变更。执行领域中，相当一部分观点认为，应当明确规定执行和解协议的执行力，在特定条件下可以替代原生效法律文书的执行。如果一概否认执行和解的执行行为属性，进而由管理人撤销执行和解下的个别清偿，可能会产生极大争议，对执转破案件的审理产生障碍。

虽然不能撤销是原则，但考虑到执行程序中执行和解制度的适用并不规范，管理人在审查时，除了应当审查和解协议是否存在恶意串通损害其他债权人利益之外，还应当审查和解协议是否为扩张性的执行和解协议，也就是和解协议的内容是否超出了法律规定或者生效裁判所确认的权利范围及条件要求。参考国外的执行理论，对该类执行和解协议的效力是不予认可的，管理人应当可以撤销依据该类执行和解协议的个别清偿行为。建议将来在制订相关司法解释时予以明确。

五、完善执转破案件审理机制的探索与建议

为了实现执转破工作的制度化、规范化，着力推动执转破工作开展，按照最高人民法院“切实发挥首创精神，勇于探索，切实完善体制机制”的明确要求，我院通过对执转破工作的调研，针对实践中遇到的工作障碍，积极探索建立完善相关工作机制体制，取得了一定成果。

（一）建议尽快制定相关司法解释，统一案件审查审理标准，推动建立完善工作机制

为解决执转破案件规范不足的问题，我院起草了《关于执行案件移送破产审查的操作指引（试行）》，主要包括执转破案件的管辖和移送方式、移送条件、移送程序以及受理后的执破衔接等内容。同时，中标《北京法院审判办案规范》中执转破案件办案规范的编写工作，相关工作规范已进入验收结项阶段。执转破案件的审理涉及强制执行、破产、合同、物权等多个法律部门，问题非常多，仅以司法政策性文件进行规范，效力不高，力度不强，建议最高人民法院就相关问题尽快制定相关司法解释。

（二）积极探索执破衔接工作模式，推动建立沟通会商机制，稳步推进执转破工作开展

为进一步保障执转破工作稳妥有序开展，必须加强执行法院与破产法院的协调配合。我院积极与北京高院执行局协调沟通，建立全市法院“执转破沟通会商机制”，确定联系人保持沟通会商的畅通。关于沟通会商方式，一般案件、一般事项通过邮件、电话等方式，由两院案件承办人直接沟通；对于存在特殊情形的重大、疑难、复杂案件，则以召开专门会议的方式进行；根据案件具体情况，必要时向市高院请示、汇报或申请协调。

（三）借力执行部门建立财产统查机制，切实提高工作质效

实现破产案件财产统一查询是执转破协调机制的重要内容，也是提高执转破审理效率的重要举措，经与高院执行局沟通，建立了通过本院执行部门向高院执行局报送查询需求、反馈查询结果的“特查”工作机制。破产案件实现财产统一信息化查询，大大提高了工作效率，降低了管理人工作成本，保障了债权人利益，方便了法院对照监督管理人工作。对于执行程序中的哪些工作内容、成果可以被破产程序吸收采用，还需要最高人民法院通过司法解释予以明确。

（四）探索运行破产清算费用垫付机制，努力适应当前形势，积极满足案件审理需要

在目前我市管理人报酬基金仍未设立的情况下，为确保相关法律程序顺利推进、保障管理人队伍长期稳定发展，我院积极探索应对机制，制定《破清案件当事人垫付费用收支流程》，在遵循当事人自愿原则的前提下，积极向案件当事人释明利害，鼓励当事人（或主管机关、上级单位等）垫付案件相关费用，并严格规范费用收支程序，要求做到全程登记、公开、留痕。机制运行以来收到了一定效果。同时，探索试行报酬较多案件与无产可破案件相搭配的选任方式，得到了管理人的积极配合。无产可破案件费用问题的最终解决还需要政府相关部门的协调配合，在前期调研的基础上，我院已就相关机制的建立向市高级人民法院书面请示，推动破产审判配套机制尽快落地。

首都营商环境的评价与优化*

——基于近五年涉营商环境行政案件的分析

一、研究思路

法治是最好的营商环境，营造稳定公平透明、可预期的营商环境是中央的重大部署。经济体制改革的核心问题是处理好政府和市场的关系，使市场在资源配置中起决定性作用和更好发挥政府作用。行政审判涉及市场准入、公平竞争、金融监管、商事登记、监管措施、产权保护等营商环境各个方面，与营商环境关系密切，对营商环境改善起着基础性和保障性作用。目前，对司法与营商环境建设关系的关注点多集中于民商事审判，忽视了行政审判对于营商环境作用的梳理和总结。

北京市第一中级人民法院管辖国家市场监管总局、财政部、国税总局等近 30 个中央部委的一审行政案件和部分北京市、区级行政机关二审行政案件，具有较强代表性。本课题在搜集首都涉营商环境行政案件数据①情况的基础上，以本院为样本，通过本院涉营商行政审判总体情况、当事人特征、案件特点等视角，分析出首都营商环境整体状况、存在的问题并提出进一步完善的建议。

二、涉营商环境行政纠纷总体情况

（一）自 2015 年以来涉营商行政案件超过 5 万件，在整个行政案件中占比超过 20%，整体呈上升趋势

2015 年至 2018 年，审结涉及涉营商行政案件共计 1150 件，每年分别为 11,089 件、12,471 件、13,036 件、22,161 件（见图 1）。2015 年以来，涉营商行政案件占比分别为 11.1%、9.5%、13.5%、17.6%。（见图 2）

---

* 课题负责人：薛峰，课题组成员：薛峰、李赟乐、张婷婷。

本课题为最高人民法院 2019 年第四届司法大数据专题写作研究课题，荣获第四届司法大数据专题协作研究三等奖。

① 本报告数据来源：人民法院大数据管理和服务平台项下的案件库、文书库，北京法院智能检索平台文书库。统计口径：2015 年 1 月 1 日至 2018 年 12 月 31 日北京法院审理的、原告为公司、企业、个体工商户、农业合作社（以下简称涉营商）的一审、二审审结案件。

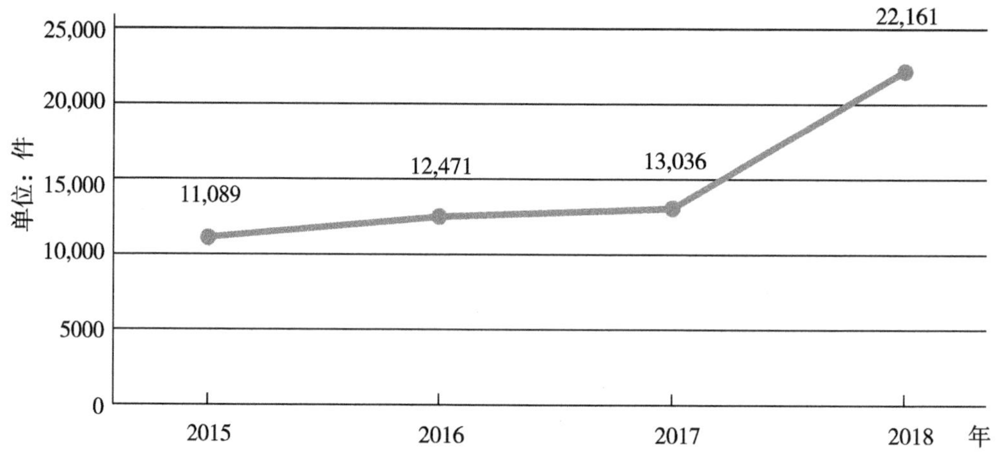

图 1 涉营商环境案件数量情况

从结案数占比看，涉营商行政案件结案数占同年结案总数比率整体高于 10%，相比于原告为自然人的行政诉讼案件，占比较低。① 结案数每年呈上升趋势，2016 年至 2018 年以来整体结案占比呈上升趋势。（见图 2）

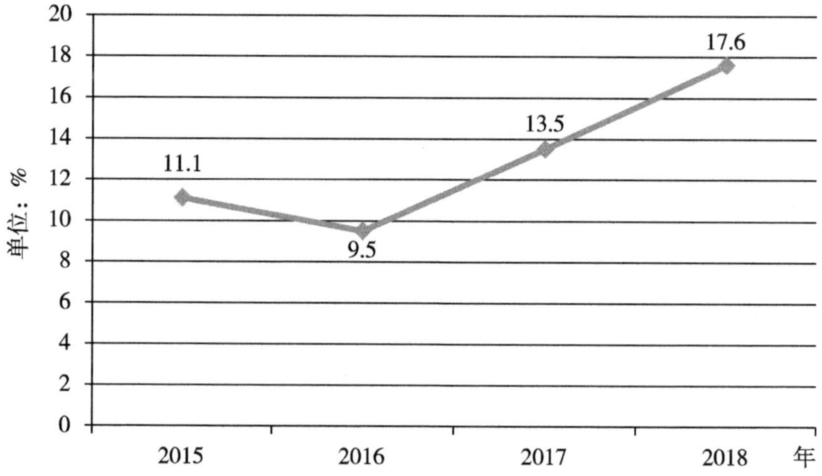

图 2 涉商案件占比情况

（二）从审级分布角度分析，一审案件总体占比高，增长幅度较大

从审级分布角度分析，4 年以来，涉营商一审行政案件总体占比高于二审案件，占比高达 60%。2015 年至 2018 年，涉营商一审行政案件占比分别为 40%、48%、60%、71%（见图 3）。一审、二审案件占比自 2017 年发生反转，涉营商一审行政案件占比逐年增大，二审案件占比呈下降趋势。一审、二审案件占比差距逐年拉大。

① 在自然人案件中，许多裁定驳回起诉案件、行政复议不予受理或驳回案件，均有可能涉营商，但并非商主体必须作为当事人参加诉讼，故未在本次统计范围内。如果增加该因素对案件数量的影响，案件占比将更高。

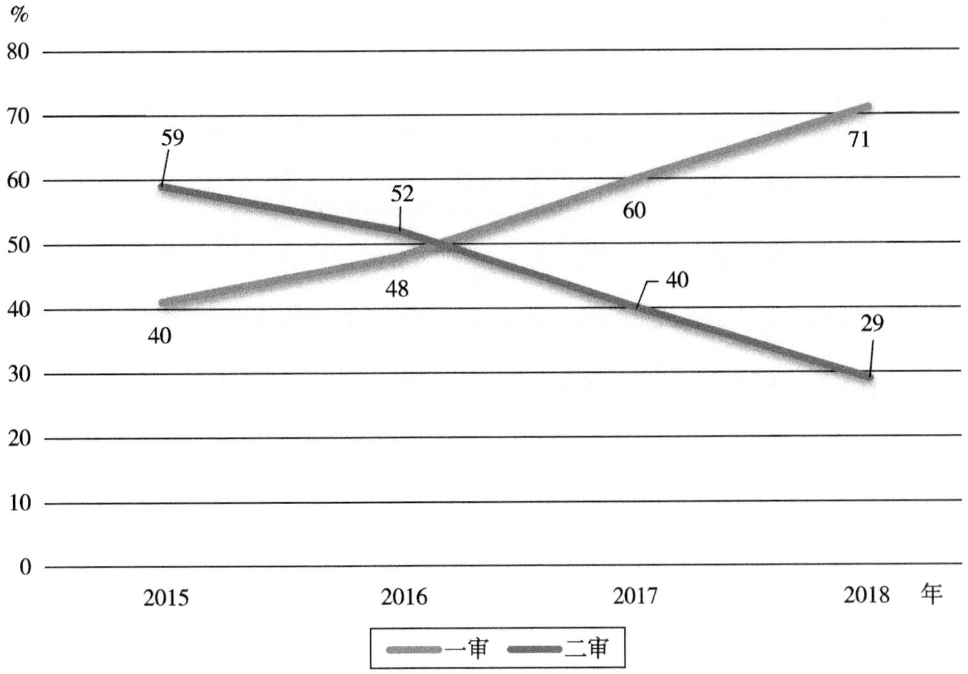

图 3 涉商案件审级分布情况

三、涉营商环境行政纠纷案件当事人特征分析

(一)从案件涉及原告类型看,基本为企业法人起诉案件,其他非企业组织占比极小

2015 年以来,涉营商行政案件公司、企业等法人作为原告的案件整体占比为 90%,至 2018 年占比分别为 94%、93%、77%、97%。个体工商户、农业合作社等非企业组织起诉的案件占比极小,2015 年、2016 年、2018 年三年平均不到 6%。除去 2017 年某个体工商户集中提起信息公开、履责诉讼的因素,起诉的原告类型较为稳定。(见图 4)

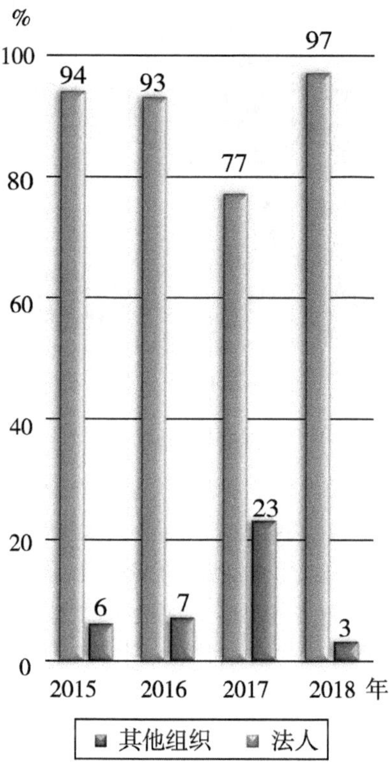

图 4　商主体占比情况

（二）涉营商案件涉及被告行政管理领域分散，个别领域案件较为集中

从涉及行政管理领域角度分析，涉营商案件基本涵盖所有行政管理领域。自 2015 年以来，占比超过 10% 的领域为商标、住建、工商、财政行政主管机关作为被告的案件，占比分别为 25.7%、12.5%、11.7%、10%。排除 2015 年全国商标行政确权案件集中管辖的因素，工商、财政领域则由于主要涉及商主体登记、反不正当竞争、政府采购案件，与商业主体资格、商业行为紧密相关，占比达 21.7%，占比最大。住建、国土领域主要涉及规划、城建、征地、拆迁及矿产权益案件，与国民经济发展阶段、发展特点紧密相关，占比近 1/5。劳动行政案件主要涉及以劳动行政主管部门、社会保险管理部门为被告的工伤认定及养老保险案件，大量劳动合同争议均属于民事案件，故此类案件占比 6.6%，占比不高。税务案件虽然与企业行为亦息息相关，但由于税务争议采取复议前置，且法定性较强，容易行政程序中解决，故占比极少，仅 2.5%。（见图 5）

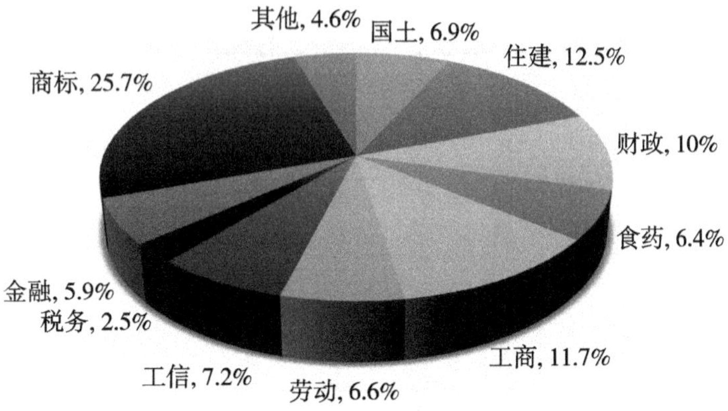

图 5 行政管理领域分布占比

(三)国家部委作为被告的案件呈逐年增加趋势,增长幅度较大

2015 年和 2016 年,涉营商行政案件主要是以市、区级政府及其工作部门为被告的案件,占比超过 1/2,国家部委作为被告的涉营商行政案件占比较小。2017 年开始发生变化,涉营商行政案件中以部委为被告的案件占比逐年增大,2017 年和 2018 年的增幅均达 10% 以上。4 年以来,国家部委作为被告的涉营商行政案件增长趋势明显。由于中央部委行政行为对全国各地相关行政行为具有示范性和标杆作用,市场主体起诉中央部委涉营商环境的行政案件反映出市场主体对良好市场环境的强烈要求。(见图 6)

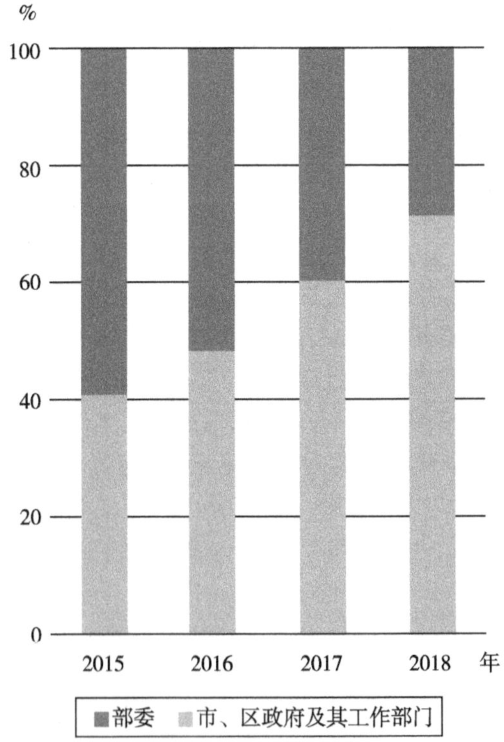

图 6 被告层级占比分布

四、涉营商行政案件审理与营商环境优化

（一）不同种类的行政行为均进入诉讼视角，涉营商行政案件直接反映商主体的权益保障需求

从涉及行政行为种类分析，涉营商案件基本涵盖所有行政行为。其中，行政裁决占比最大，达25.2%，这类案件主要是商标确权类案件。其次主要集中在信息公开、许可、复议、履责方面，占比分别为11%、10%、10%、8%。信息公开案件、履责案件占比较大，与近年行政案件整体趋势类似，主要与获取政府信息或案件证据、咨询相应行政程序处理结果目的相关。许可类案件直接关系到商主体资格或从事某一领域行为资格、资质，与商主体行为能力息息相关，亦属于行政管理主要方式，故占比较大。复议案件主要集中于不服部委或省厅行为而提起复议，复议机关不予受理或驳回申请的情况。此类情形相当于拒绝对商主体进行行政救济，而商主体希望进入行政复议程序解决纠纷，故提起复议愿望较，占比较大。（见图7）

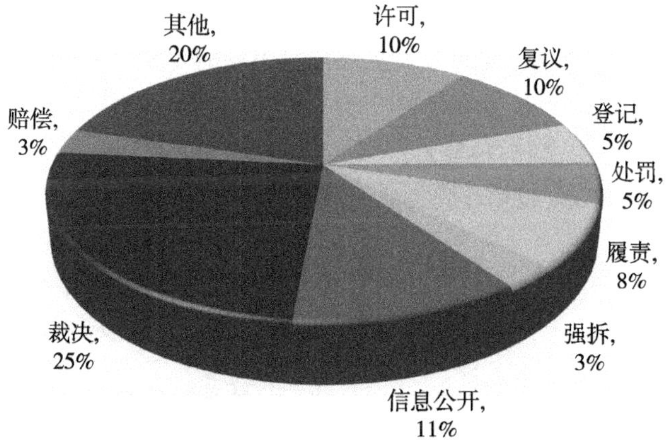

图7　被诉行政行为种类

（二）市场监管“一线”的新情况容易引发争议，进而形成诉讼

由于涉及领域特点、权益影响程度、推进进度等原因，“放管服”等优化营商环境的改革措施，并非均在行政诉讼中有所体现。但2015年以来部分改革领域集中引发行政诉讼，较为明显。如自2015年起的工商登记类案件中，冒用他人身份进行公司设立登记引发的案件占13.1%，此类纠纷的形成与推进工商注册制度改革息息相关。（见图8）

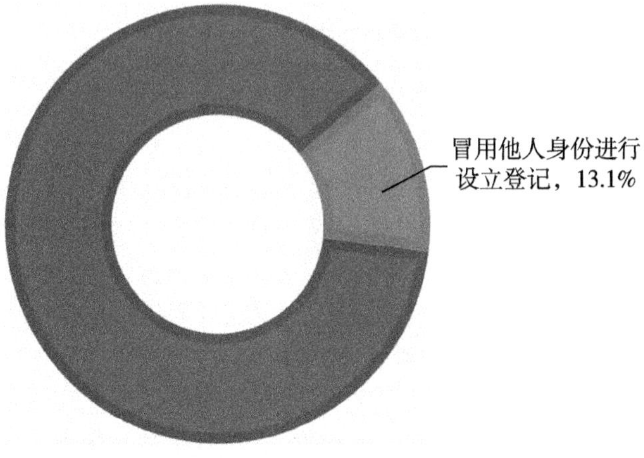

图 8　工商登记类案件中的新情况占比示意

新的市场监管动向促生大量首案。据统计，2015 年以来，以中国证监会为被告的证券行政处罚案件中，23% 的案件为首例案件，超过 50% 的案件中存在新的违法行为情形、新的法律适用难题。如随着金融市场发展和监管力度的不断增大，首例利用巨额错单交易信息进行内幕交易的“光大乌龙指”处罚案、首例涉及 IPO 欺诈发行的“欣泰电气”处罚案等层出不穷。又如，2015 年，证监会开展“证监法网专项执法行动”中打击大股东非法减持措施，直接引发了全国首例大股东非法减持处罚的“东亚真空”处罚案。（见图 9）

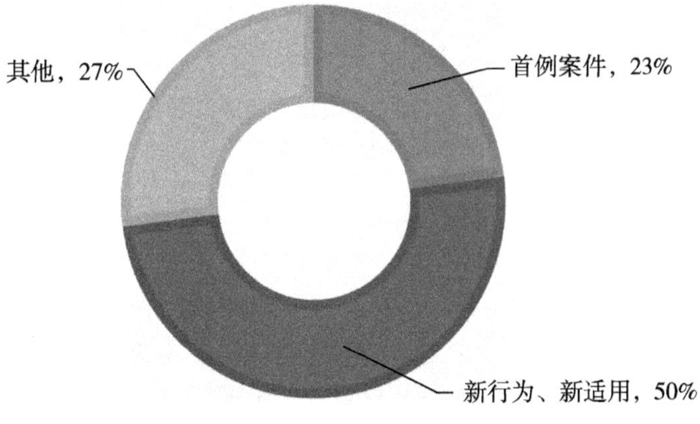

图 9　证券行政处罚案件新情况占比示意

（三）从重点领域看涉营商行政审判营商环境优化的促进①

1. 行政许可审批领域

行政许可类案件占全部行政案件的 27.04%，其中，84.2% 的案件涉及工商行政许可事项；15.8% 的案件涉及房屋、土地矿产资源等领域的行政许可事项。（见图 10）

---

① 本部分的统计数据，系以案件涉及事项为分析基础，与前述行政行为种类的分析基础不同，故数据结果存在差异。

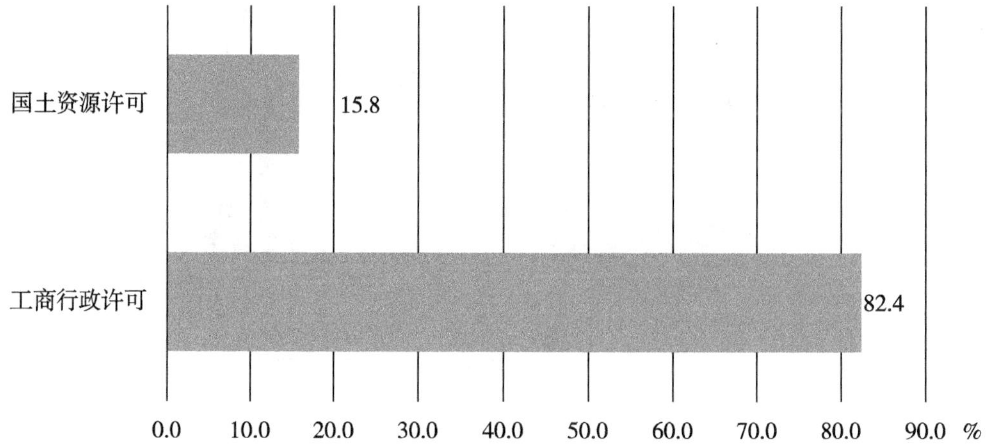

图 10　行政许可案件情况

涉营商行政许可案件中,91% 的案件支持了行政机关的实体认定结果;5% 的案件中存在行政机关超期许可的问题,被判决确认违法;4% 的案件中存在实体认定错误的问题,被判决予以撤销。(见图 11)

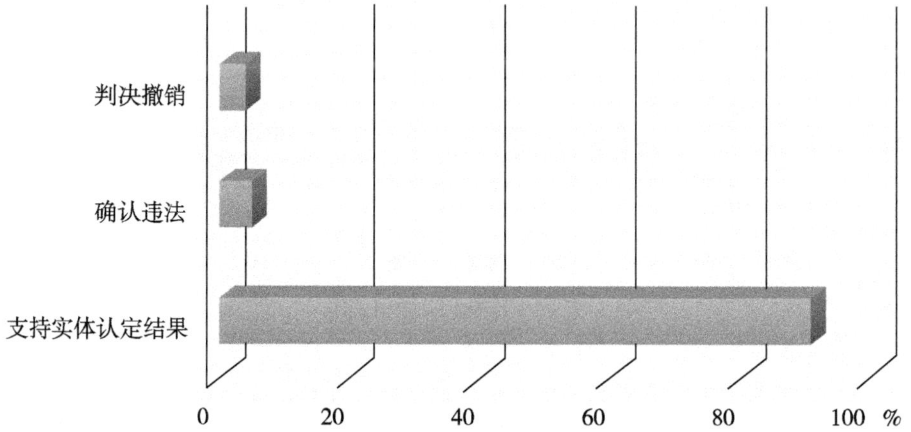

图 11　涉行政许可案件审理结果

2. 金融监管领域

金融行政案件占全部行政案件的 28.08%。其中,涉"一行两会"的金融行政案件占 10.09%,涉财政税收类案件占 17.89%,涉外汇类案件占 0.1%。(见图 12)

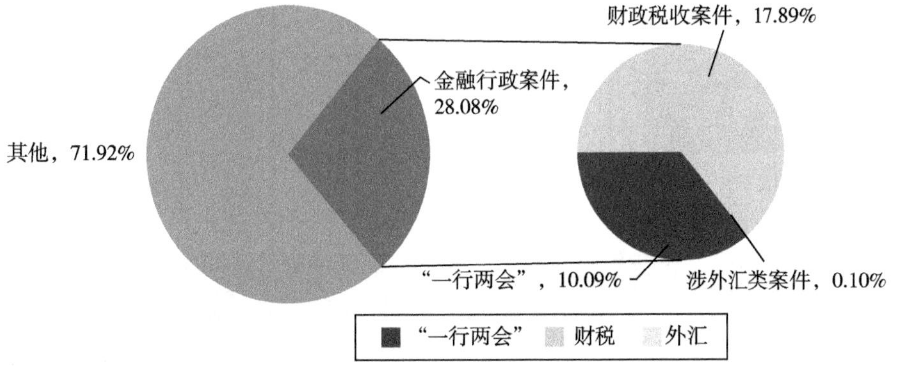

图 12 涉金融监管案件

金融行政案件中,一审实体判决行政机关败诉率 18.07%。一审行政机关总体败诉率为 7.42%。(见图 13)

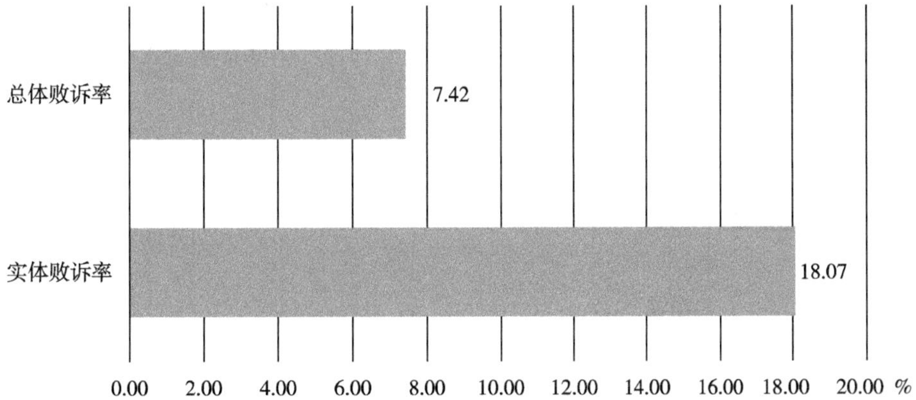

图 13 行政机关败诉情况

3. 市场监管领域

在全部行政案件中,涉及对商主体市场经营秩序、产品质量监管的案件占 15.71%。其中,涉及不正当竞争的案件占比 8.98%;涉及反垄断的案件占比 1.31%;涉及假冒伪劣商品的案件占比 2.85%,涉及虚假宣传的案件占比 1.24%;涉及价格欺诈的案件占比 1.33%。(见图 14)

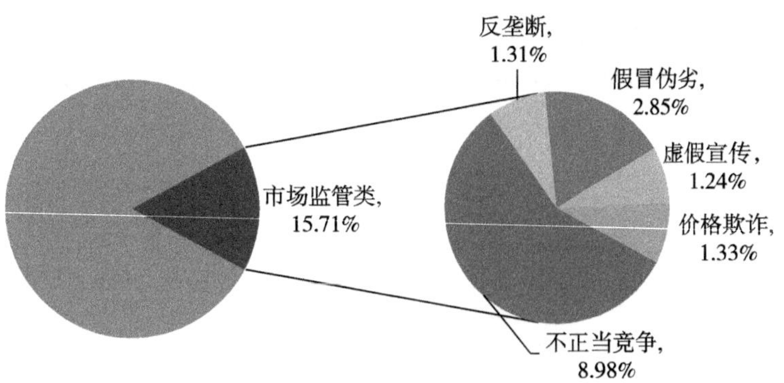

图 14 涉市场监管类案件情况

4. 商事登记领域

工商登记类案件占全部行政案件的 9.86%。2015 年以来，呈持续上涨趋势，2015 年占比 3.78%，2016 年占比 8.08%，2017 年占比 10.18%，2018 年占比 13.88%。在工商登记案件中，涉及提交虚假材料等违法登记类案件占比 12.20%，股东登记类案件占比 2.90%，未按照登记范围经营类案件占 15.10%。（见图 15、图 16）

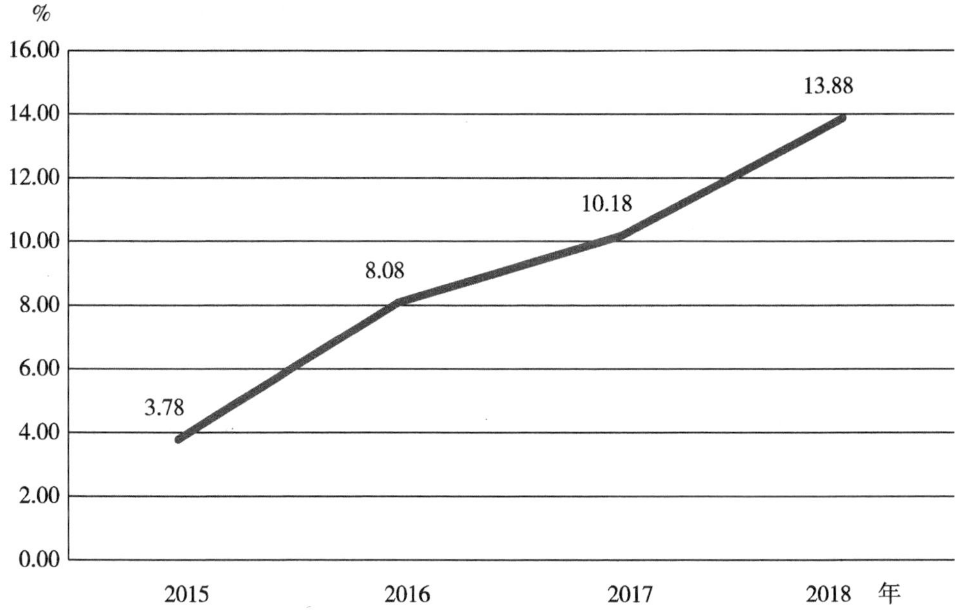

图 15 商事登记类案件占比情况

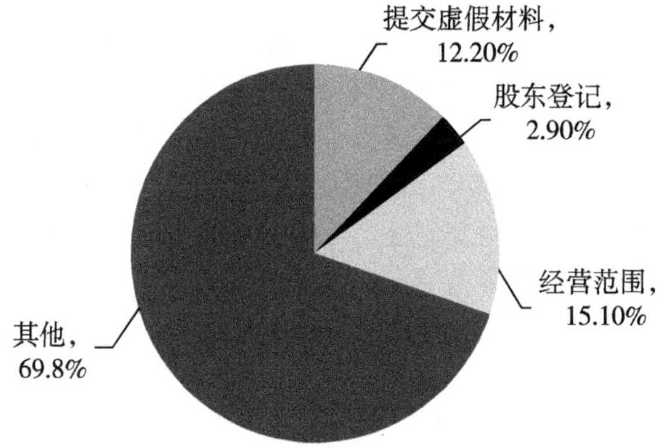

图 16 商事登记类案件分布

五、结论与建议

（一）重视涉营商行政案件审理，积极发挥司法职能，助力营造稳定公平透明、可预期的营商环境

从 2015 年至 2018 年，涉营商行政案件数量、占比整体呈现增长趋势。其中半数以上

案件的被告为中央国家机关，案件涉及工商、金融、财税、住建、食药等近30个行政管理领域。涉及市场准入、公平竞争、金融市场监管、商事制度改革、新型监管措施、涉营商产权保护等营商环境的各个方面，关系到企业产生、运营、消灭和市场交易等整个流程。案件的逐年上涨和涉及面的增加，说明涉营商行政纠纷日益多元、复杂，也说明行政诉讼在解决企业与政府之间、企业与市场之间的行政争议方面，发挥着日益重要的作用。在行政审判中，思想上高度重视党的十八届三中全会以来提出的经济体制改革重点工作、处理好政府和市场的关系等重大部署的必要性、重要性。通过行政审判工作，进一步助力和加强依法行政原则的贯彻落实，注重法律优位、法律保留、合乎比例、正当程序、信赖保护等行政法治原则的遵守、适用。尊重和维护商主体所有权、使用权、经营权等核心权益以及陈述、申辩、听证等程序权益，营造稳定公平透明、可预期的营商环境。

（二）对于诉讼重点领域、重点问题开展有针对性的研判，推进行政立法、行政执法法治化水平的提升和完善

对于工商行政领域冒用他人身份注册公司案件集中爆发的情况，建议工商行政管理部门规范和加强公司登记制度管理，推进企业信用系统建设，制定虚假登记公司退出机制规定，推进企业登记中介机构管理改革。对于纠纷较为集中的国土、住建征收拆迁领域，存在执法程序不规范、产权保护意识薄弱、“一刀切”“运动式”执法现象的情况，执法机关应当遵守和履行行政执法程序及重大决策程序规定，对商主体合法权益有重大影响的管制措施，要做到有法可依、有法必依。注重保持政策一贯性，保持行政政策执行的稳定性，打造诚信政府，注重保护企业信赖利益。

（三）商主体法律风险防范意识有待提升，依法维权能力有待加强

在涉及商主体工商登记案件中，用于合作出资的土地使用证、合作方营业执照、委托授权、股权协议等系虚假材料，构成提供虚假材料登记，导致企业、合作方权益无法有效保障。以上现象说明商主体设立登记、变更登记时法律风险防范意识不强，风控能力有待提高，有时也存在侥幸心理，对法律后果认识不清。本院审理的证券行政处罚近一半属于信息披露违法类案件，其中一半原告为公司独立董事。前来诉讼的独立董事，几乎都无一例外地主张，对公司违法不知情、未参与，这种情况体现出公司治理中，独立董事制度形同虚设、公司议事和决策机制缺乏民主和监督。再如在拆迁、拆违案件中，部分企业通过报警、要求公安履责寻求救济，对行政诉讼、行政复议救济制度不了解，也未聘请律师代理，未寻找最直接救济途径，反映出企业依法维权能力有待提高。

关于有效提升“立保调对接、立审执衔接”工作机制便捷化、信息化及规范化水平的专题调研报告*

立案登记制改革以后,法院受理民事案件的数量大幅增长。而启动于2014年的法官员额制改革也已全面完成,享有审判权限的法官数量大幅减少。两项改革效果相互叠加,致使法院内部“人案比”失衡现象普遍。同时,党的十八届四中全会提出要切实解决执行难,依法保障胜诉当事人及时实现权益,今年已是最高人民法院提出“基本解决执行难”的决战之年。在此背景下,如何有效消化大量民事纠纷,切实保障当事人胜诉权益实现,是司法工作当前面临的一项严峻挑战。从诉讼源头化解纠纷,从程序优化提升效率,应该是切实可行的一条路径。为此,我院提出并不断完善“立保调对接、立审执衔接”工作机制,力求从诉讼程序的优化完善中挖掘自身潜力,建立一套以财产保全制度为核心,贯穿立审执各个流程环节的快速化解矛盾、提升审判质效的纠纷解决机制。

一、“立保调对接、立审执衔接”机制的基本内涵及价值功能

2017年年底,我院审委会讨论通过《关于完善“立保调对接、立审执衔接”工作机制的若干规定》,随后下发全院执行。该项工作机制系对我院“立保同步,保调对接”工作机制的继承与提升,目的在于立足诉讼源头,着眼全院大局,全面整合部门资源力量,充分发挥保全制度功能,借助精准快捷的保全措施和立保调审执的有序衔接,建立部门协同机制,优化工作流程,推动矛盾纠纷及时化解。

(一)基本内涵

“立保调对接、立审执衔接”作为一项“全域覆盖,全程解纷”的工作机制,具体包括三项内容。

1. 在立案阶段建立起“立保同步”机制。立案阶段主动释明保全程序规则和制度优势,引导当事人申请财产保全;保全申请符合条件的,民事起诉立案与保全申请立案一并进行,并在保全立案当日移送实施,实现“立保同步”。

2. 在保全阶段建立起“保调对接”机制。保全实施人员第一时间告知保全具体情况并以最快速度反馈保全材料,调解法官和调解组织派驻人员第一时间介入并联系当事人,

---

* 课题主持人:马立娜,课题负责人:王利军、安李超,课题组成员:王晓巍、周麟、梁志雄、许广会、郭勇、李妮、张静、胡保峰,主要执笔人:周维平、田晓宇。

本课题为2018年部门级重点课题。

了解真实诉求、掌握调解底线，释明多元化解优势及调解规则，积极引导当事人选择多元化解方式解决纠纷，实现“保调对接”。

3. 在调解阶段建立起“以保促调”制度。立保调工作积极配合、高效运转，借助保全遏制拖延诉讼及转移财产行为，有力促成案件在进入审判程序前以调解或者撤诉方式解决，实现“以保促调”。

总体而言，该项工作机制的运行强调扁平化管理，完善工作衔接，立案、审判、执行部门依法履责、各司其职、各负其责，同步对接，加强沟通协调，前程序为后程序创造条件、后程序为前程序拾遗补漏，形成互助协作、相互配合的立审执衔接一体化工作格局。

（二）价值功能

1. 借助保全推动案件调解以防范“审判难”，促使矛盾纠纷及时化解

在起诉阶段，借助诉前保全措施，有力促成案件在立案前快速调解，大幅提升多元化解成功率。调解组织接受调解后立即开展调解工作，利用保全措施形成的经济和心理压力，对被保全人进行说服教育，促使双方当事人尽快达成调解协议。调解成功的，立案庭出具调解书或以撤诉方式结案；调解不成的，立案庭将诉前调解报告和调解记录一并移送至审判庭，审判庭继续开展矛盾化解，使当事人尽早达成调解协议，从源头上减少进入执行程序案件的数量。

在审判阶段，依托财产保全措施，有效遏制当事人拖延诉讼、恶意诉讼及躲避送达等行为，达到缩短案件审理周期进行快速裁判，促成案件在审判阶段达成和解之功能，尽最大可能防范“审判难”问题。

2. 通过提前控制被告财产以防范“执行难”，确保生效裁决得以执行

以财产保全为切入口，利用迅速及时的财产保全措施，以保施压、以保促执，从源头助力执行攻坚，防范化解财产转移风险，最大限度发挥财产保全在保障执行方面的作用，有效杜绝“执行难”情况出现，实现“以保促执”。此外，由于仲裁保全申请和仲裁裁决执行的管辖法院均为被申请人住所地或者主要财产所在地的中级法院。因而，法院积极办理一件仲裁保全案件，就意味着未来减少一件仲裁裁决“执行难”案件。

3. 加大仲裁保全办理力度以提升仲裁“吸引力”，推动解纷机制多元发展

实践中，部分法官对于仲裁保全的重要性认识不够，认为法院办理仲裁保全只便利了仲裁机构，却加重了法院的工作负担。事实上，加大仲裁保全案件的办理力度，除有利于防止仲裁裁决“执行难”之外，还有利于提高仲裁制度的吸引力，减轻法院审判压力。仲裁保全的实施效果直接影响仲裁程序对当事人的吸引力，而仲裁保全效果的提升能促使当事人更多的选择仲裁解决纠纷，进而减少进入审判程序的案件数量，减轻法院的审判压力。

二、“立保调对接、立审执衔接”机制的运行成效及制约因素

作为能贯穿立案、调解、审判及执行的全流程机制，“立保调对接、立审执衔接”的生命活力在于保全，而保全的关键在于快速，即在被申请人获悉诉讼并转移财产之前，快速查控其财产。在设计机制运转模式和优化程序衔接时，应当牢牢把握提高保全立案率、加快保全实施效率、缩短保全办理周期这三个要点，全面提升机制运行成效。

(一)运行成效

1. 裁定保全案件情况

从裁定保全案件数量看,截至2018年11月16日,我院立案及民商事审判庭共裁定保全案件218件,较2017年全年(98件)增加122%,较2016年全年(54件)增加304%。保全标的额总计达157.26亿元,较2017年全年(112.65亿元)增加39.6%,较2016年全年(36.85亿元)增加327%。

其中,立案庭裁定诉前保全案件21件,与2017年全年持平,但较2016年全年增加214%。裁定仲裁保全案件137件,较2017年全年(51件)增加159%,较2016年全年(19件)增加621%。(见表1)

表1 立案庭裁定保全基本情况

项目	2015年全年	2016年全年	2017年全年	2018年(截至11月16日)
财产保全案件(件)	20	26	73	158
保全标的额(亿元)	5.51	11.85	68.65	104.25
诉前保全案件(件)	0	7	23	21
仲裁保全案件(件)	20	19	51	137

2. 执行保全案件情况

截至2018年11月16日,执行一庭已经执行保全案件321件,较2017年全年(194件)增加65.46%,较2016年全年(61件)增加426%。

3. 多元化解工作成效情况

截至11月16日,我院立案及民商事审判庭成功化解民商事一审案件25件,较2017年全年(23件)增加8.7%;调解案件标的额30.44亿元,较2017年全年(27.44亿元)增加10.94%。

其中,立案庭前端化解成功民商事一审案件10件,标的额15.14亿元。化解案件数量及标的额与2017年全年基本持平。在10件调解成功的案件中,立案庭自行调解2件,委托北京多元调解发展促进会调解6件,委托“一带一路”国际商事调解中心调解2件。(见 表2)

表2 立案庭多元化解案件情况

项目	2015年全年	2016年全年	2017年全年	2018年(截至11月16日)
化解案件总数(件)	0	3	11	10
化解案件标的额(亿元)	0	2.5	17.24	15.14

在市高级人民法院“多元调解+速裁”工作排名情况通报中,我院立案庭前三季度的多元化解导出案件率达46%,高出其他中级法院45个百分点;调解成功10件,遥遥领先于其他中级法院。

（二）制约因素

1. 工作机制的内外协调方面

“立保调对接、立审执衔接”机制对内涉及立案、审判、调解、执行等多个部门，对外涉及仲裁委员会、保险公司、调解组织等多个机构。各部门之间的协调联动、密切配合对机制效能的发挥至关重要。保全的裁定、执行及流转等均占用了审理期限，实践中每增加一个流转环节，就意味着增加部门间和部门内工作衔接的时间，相应地就降低了财产保全的效率、减损财产保全的价值，同时挤占案件审理的时限，从而使机制的质效大打折扣。今年以来，相关部门的职责职能得以优化，该项机制的运转效率已经得到大幅提升，但在如何进一步减少运转环节、优化工作程序、提高运转效率、最大限度便利申请人等方面，都有待继续借鉴完善。

2. 工作机制的规范化建设方面

程序规范是产品品质的保障。该项工作机制现已成为我院的特色品牌之一，而最终的产品质量体现在高效的保全及调解之中。为确保保全办案行为依法合规，保全实施严格遵行承诺时限，唯有对内制定更加严密、更加明确的制度规范，才能提升机制运行质效，确保对外提供高质量的司法产品。虽然立案庭今年以来陆续起草了一些流程规范，但不够全面，规范过于细碎，尚未形成体系。

3. 工作机制的宣传引导方面

财产保全共分为五大类，包括仲裁前保全、仲裁保全、诉前保全、诉中保全及执行前保全。对于诉前保全，立案庭在民事一审立案时充分尽到释明引导告知责任，尽力引导当事人选择该项工作机制。随着保险公司的积极介入，目前诉中保全和仲裁中保全业务也在蓬勃发展，但对于解决“执行难”同样具有关键意义的执行保全业务目前较少展开。2015年2月8日开始实施的《民事诉讼法司法解释》第163条增加规定了有关执行保全的内容，该规定对于防范化解执行难的意义重大。但为避免该项法律规定处于沉睡状态，仲裁机构及我院民事审判庭有必要在作出给付类裁判时，向胜诉当事人加以释明告知。

4. 工作机制的移转衔接方面

具体而言，一是材料移转方式相对落后。一件保全案件从提出申请到符合条件，所有材料均通过人工或邮寄方式移送，流程较为烦琐，导致移转效率较低；二是释明指导方式相对落后。需要补正材料时，法官需要通过电话或者现场告知的方式，向申请人、仲裁委员会及保险公司反复释明指导，有效工作时间被碎片化，导致审核效率较低；三是内部衔接方式相对落后。保全案件的审查、裁定及执行，涉及立审执三个部门，报请庭院长依次审核，历经两次立案手续，所有工作衔接全部通过线下人工完成，导致办案效率较低。移转衔接流程不合理，移转方式不高效，直接限制了保全制度自身价值的实现。

三、提升“立保调对接、立审执衔接”机制运行质效的参考模式

在课题调研期间，课题组曾前往部分外地法院，调研考察财产保全工作运行情况。这些法院都在针对财产保全工作进行改革，力求充分发挥财产保全的诉讼保障功能。改革的过程及结果均对我院提升该项工作机制的运行质效提供有益参考。

（一）鼓楼模式——以信息化提升工作效率

江西省赣州市章贡区法院及福建省福州市鼓楼区法院均在探索如何借助现代信息技术，优化改进保全案件的内外衔接流程，提升加速保全案件办理速度。在两地法院的比较中，福州市鼓楼区法院的信息化最为特色，力度也最大，是为鼓楼模式。

1. 鼓楼模式的运行特色

该院财产保全工作最大的亮点在于自主研发设计的网上保全系统，并成为该院“智慧司法云”平台的一部分。“智慧司法云”平台连接当事人、律师、法院、银行、保险、司法局等各个端口，以“网上立案、网上保全”创新司法服务，提升审判质效，实现协同合作、无纸化和自动化办公目标。

在外网，律师及仲裁委员会（该系统排除当事人登录，仅限制法律素质较高的律师登录）在登录系统后，按照系统设计的流程填写保全申请的相关信息，上传相关材料的扫描件，并在确认无误点击提交后，上述信息及材料进入外网的法院端。窗口人员在外网电脑接收到保全申请后，无论是诉前保全还是诉中保全，均将保全申请直接分派给“执行110”团队中的专职保全审查法官，由其统一审查并作出裁定。需要说明的是，鼓楼法院实行保全案件的集中审查裁定制度，全部保全案件的审查裁定由一名设在执行庭的法官专职负责，即便是当事人在诉讼中提出的保全申请，审判庭也是将相关材料移送至该法官处审查并出具裁定。同时，该法官还有权根据申请人提供的财产线索，运用网络查控系统查询被保全人的财产信息。

保全法官在作出保全裁定后，自行进入立案系统立“执保”案号，随后将保全案件材料直接移交“执行110”团队执行。在“执行110”团队执行完毕后，保全法官直接向申请人送达保全裁定书及保全反馈材料。由于保全法官编入执行庭，因而保全案件的审查、立案、执行等移转基本实现无缝对接。

2. 鼓楼模式的运行成效

据该院介绍，2017年该院通过网上办理保全案件1586件，截至2018年5月28日，已办理545件。经调研发现，鼓楼法院网上保全案件量增长的原因在于三个方面：一是该院高度重视保全案件的审查，将其视为“促进民事案件的调解与执行，从源头上减少执行案件数量”的有效举措。二是该院强大的保全宣传引导力度。“智慧司法云”系统上线后，该院不仅在1月召开了新闻发布会，并在2018年4月邀请众多媒体参观，同时积极与福州市律协、仲裁委员会协调共同推进。三是该院调整保全案件办理中的立审执部门关系。该院对保全案件实行归口集中审理，即统一保全案件审查尺度，由1名员额法官负责全部保全案件（包括诉前保全及诉中保全）的审查、裁定、立案及送达，确保全院的保全案件对外只存在同一个入口与出口；简化保全案件流传环节，将该员额法官设在“执行110”团队，保全案件采取“裁执”的内分模式，确保受理、交费、裁定、实施最短可缩短至半个工作日。四保全担保极为便捷，福州市的诉讼财产保全责任保险发展较快，保全担保基本都是采取保险方式。该院的网上保全系统为江苏“速速保”网络科技有限公司开发的“速速保”专业保险经纪平台提供了接口，申请人可以在网上直接购买保险，保险公司可以在网上向法院推送保函。

3. 鼓楼模式的运行不足

鼓楼法院的网上保全系统的运行也存在若干不足，一是该系统目前尚未与内网对接。外网申请的相关数据需要依靠人工通过光盘拷贝的方式进入内网的立案系统，同时法院内部材料的移转（如审判庭将诉中保全申请移送给保全法官）依然是人工方式，无法实现无纸化网上移转。二是对于保险公司提供的担保，该院没有制定相关的审查规范或者申请指南，统一并规范保全担保。因而对于每一个担保，保险公司均需提交全部担保材料，手续较为烦琐，担保不够便捷。

（二）重庆模式——以集中化优化工作流程

四川省成都市中级法院及重庆市三级法院均在探索通过调整保全案件办案流程环节，达到提升加速保全案件办理速度的目的。重庆市高级人民法院在 2016 年 5 月制定下发《关于全市法院建立民事财产保全中心，规范高效开展保全工作》的通知，在全市三级法院统一建立民事财产保全中心，专职负责民事财产保全工作。因而在两地法院的比较中，重庆市最有特色，工作最为系统，姑且命名为重庆模式。

1. 重庆模式的运行特色

重庆五中院于 2016 年 7 月 1 日正式设立民事财产保全中心，实行财产保全集中化运行。具体而言，一是保全职能集中。该院将五类财产保全的工作从立案庭和审判庭分离出来，同时整合审查、裁定、执行及复议等四项保全职能，统一交由在执行局下设的民事财产保全中心承担负责，确保审判法官专注于案件审理，立案法官专注于立案登记。二是保全人员固定。该院民事财产保全中心有固定人员，专职办理保全案件，现有干警 9 人，其中主任由执行局副局长兼任，副主任由执行监督处副处长担任，另有员额法官 2 人，法官助理 1 人，法警 2 人，书记员 2 人。三是保全业务集约。鉴于全部保全案件均由同一部门审查、裁定和执行，因而可以对所有保全案件进行同一统一管理，类型化案件集约办理。如对被申请人相同、被保全标的物在同一地点的财产保全案件，保全中心协调安排一人集中办理，减少重复劳动，提升工作效率，切实维护当事人合法权益。

2. 重庆模式的运行成效

该院去年全年共受理保全案件 852 件，其中诉前保全 186 件，诉中保全 666 件，月结案率已达 100%。其中，市内保全案件平均结案期限压缩至 5 ~ 7 日，阜外保全案件结案期限压缩至 10 ~ 15 日。该院民事财产保全工作集中运行后，保全案件数量并未大幅增加，主要原因是该院作为重庆主城区的两个中院之一，保全案件数量相对较多，但仅配置 3 名员额法官，人员资源配置不够。

3. 重庆模式的运行不足

虽然重庆法院的财产保全运行模式较为新颖，但也存在一些不足。一是信息化缺失。保全案件的办理一般需要立审执三个部门配合，并经历十个环节，即接收申请、材料审查、合议审批、保全立案、执行立案、移送执行、保全执行、保全送达、保全反馈、保全解除等。无论如何调整工作职能，一般难以从根本上改变工作模式。而在互联网时代，如果不以科技手段作为革新动力，难以从根本上提升工作质效。而川渝两地法院的保全工作恰恰没有充分利用互联网信息技术。二是担保不便捷。虽然两地曾发布相关通知，也仅是告知下级法院可以接受保险公司以保单保函形式提供的担保，但对于担保材料的审查方面，尚未制定出严格规范的指导意见，更遑论担保的便捷化方面。此外，两地法院工作机制运转中还存在驳回申请较多、立案程序复杂及对外联系不畅等弊端。

四、提升“立保调对接、立审执衔接”机制运行质效的价值立场与具体路径

要坚决破除保全案件线下办理模式的弊端，加大保全案件办理力度，应当以智慧法院建设为契机，以信息化技术为依托，以“互联网+保全服务”为理念，全力搭建保全案件全业务线上办理、全流程依法公开、全方位智能服务的保全案件办理平台，力争实现当事人向我院申请财产保全“最多跑一次，一次就办成”的目标。

（一）提升机制运行质效的基本立场

在提出“互联网+保全服务”理念，搭建保全案件全流程线上办理平台时，必须坚持几项基本立场，确保切实能提升“立保调对接、立审执衔接”工作机制运行成效。

1. 便民。在互联网时代，机制的运行一定要最大限度便民，尽可能将材料申请及反馈送达从线下改为线上，免除纸质申请材料及担保材料线下移转带来的时间耽搁与费用支出，方便了当事人和相关机构。

2. 规范。便民的前提是规范。唯有程序规范方才保障便民而不失范。为此，必须制定一系列有关保全的工作规范，统一保全申请材料，规范保全办案程序；制定保全审查指南，明确保险担保手续；建立保险备案制度，破除担保信息“孤岛”、聚合社会资源力量，方可向当事人提供公开透明的保全司法服务。

3. 高效。该项机制运行的核心价值在于速度，如果不能提升机制运行效率，则任何改革都将失去意义。运用互联网信息技术的目的，就在于要建立起来线上申请、线上担保、线上审核、线上反馈、线上跟踪的“互联网+保全服务”新模式，确保大幅提高保全办理效率。

4. 安全。鉴于互联网信息技术的特点，为确保相关案件信息能在网上安全运行而不泄露，必须对相关数据从开始就进行了加密处理和备份存储，确保数据传输及存储的安全性和保密性。

（二）提升“立保调对接、立审执衔接”机制运行质效的具体路径

1. 提升机制运行质效的信息化路径

（1）外网申请与内网审核并行化运行

我院建设的保全系统分为外网和内网两部分，其中外网连接律师、仲裁委员会及保险公司，内网联通立案、审判、执行及院庭长等环节。对于申请人在外网申请的信息、上传的诉讼材料，以及保险公司上传推送的保函等都可以进入内网，由立案庭法官或者审判庭法官在内网后台审核，并将审核结果反馈到外网，并能通知到申请人的手机。保全审查过程中的这种内外网信息交互会出现多次，但仅限于网上保全系统之间，不涉及立案系统。在保全申请及担保等符合保全立案条件后，法官可以将网上保全系统中的相关信息一键“同步”进入立案系统，顺利生成案号及交费通知书，从而完成保全案件的立案工作。

（2）保全审查与保全审批一体化运行

保全审查指的是立案法官或审判法官对保全申请及担保是否符合保全条件而进行的

审查，保全审批指的是在立案法官或审判法官审查完毕后，院庭长基于审判管理的需要对是否采取保全措施进行的最后审查批准。为提高保全案件的审查及审批效率，可以将保全审查与保全审批环节全部放在网上保全系统，实行一体化运行。换言之，可将目前已经在智慧云系统运行的庭院长审批流程改为在网上保全系统中运行，《保全呈批表》及《冻结存款通知书存根》等审批表格实行格式化自动填入，提高办公自动化效率。

（3）部门衔接与材料移转无纸化运行

在法院内部的立案、审判、执行部门，均安装网上保全系统的相应客户端，并配备扫描仪。立审执部门在案件办理过程中产生的纸质材料均同步扫描上传至保全系统。对于申请人从外网提交的信息及上传的材料，以及立审执部门出具的材料，均通过网上保全系统相互移转。对于材料不全需要补充的，相关部门也可以通过网上保全系统相互告知。由此，立审执部门之间再也无须人工移转案件材料，可大幅提高案件办理效率。

2. 提升机制运行质效的便捷化路径

在移动互联网时代，保全服务便捷化举措要集中体现在真正紧扣时代发展脉搏，所设计出的信息系统既要贴合人民群众实际需求并给人民群众提供“足不出户”的便捷服务，便利当事人申请，还要便利法官办案、便利领导决策管理，

（1）便利法官办案

网上保全系统能为法官提供高效办案的智能辅助工具，大幅精简办案程序，提升工作效率。一是简化文字录入程序，提高保全立案效率。网上保全系统可以将当事人申请立案的所有纸质版保全材料转化为 Word 格式，保全立案法官根据需要复制、粘贴所需信息，简化了手动录入案件信息、撰写裁定书等程序，同时有效避免手动录入错误等问题，提高保全案件信息的准确性。二是简化担保审查流程，提高保全担保效率。建立诉讼财产责任保险公司名录，对于名录中的保险公司，提前备案业务资质文件，可以大幅简化审查流程，提高担保效率。三是简化保全材料流转手续，提高保全移转效率。网上保全系统能自动生成电子卷宗，保全材料一键点击即时送达，免去部门之间接收纸质材料时烦琐的衔接手续。将材料流转环节的损耗时间降至为零，缩短保全案件办理周期，避免了保全材料收取移送不及时造成的程序拖延等问题，提高运转效率。

（2）便利当事人申请

如果按照线下保全立案操作方式，当事人须先到保全立案窗口提交保全申请，审核通过后，当事人提交保全担保材料，经过内部报批，保全立案法官再通知当事人来立案大厅提交担保手续及交纳保全申请费用，当事人必须多次往返法院。如果当事人需要补正材料或异地申请担保，则势必会进一步加剧当事人诉累。

网上保全立案系统要能够打通司法服务人民群众的“最后一公里”距离，让保全立案变成指尖上的诉讼。一是当事人远程申请立案与保全。利用网上保全系统，当事人或律师在网上远程申请起诉立案及保全申请，并通过网上向保全立案法官上传提交相关诉讼材料。二是保险公司远程提供担保文件。当事人在联系并得到保全责任保险公司的担保后，相关保险公司在网上向保全立案法官提供包括包含在内的全部保全担保材料，同时向保全立案法官邮寄提交纸质版担保材料。三是保全法官一次性告知补正材料。对于保全申请及担保材料，保全立案法官可在后台审核是否符合保全条件。凡是不符合条件的，保

全立案法官一次性告知补正，以避免当事人因保全材料不完整和手续不齐备等问题来回奔波法院，极大便利了异地申请保全的当事人。

（3）便利领导决策管理

传统意义上的领导决策管理模式在于，对于个案主要靠听取口头汇报或者查阅纸质卷宗，对于类案主要依靠浏览审判系统或者查看审判数据。但这种传统模式，一是无法将统计数据及案卷材料相互结合；二是完全线下操作耽误时间精力。而网上保全立案系统设立庭院长端口，个案报请审批从线下改为线上报请，庭院长随时可以在线上审批，并可以在审批时进入系统，查看全部申请材料。同时，对于保全案件办理中的相关数据，庭院长随时可以查看，并可以调阅既往卷宗材料。显然，网上保全立案系统有效解决了传统模式下信息获取及统计分析功能的不足，方便庭院长审批个案和分析类案。

3. 提升机制运行质效的规范化路径

实践中，财产保全普遍存在保全行为规范化程度不高，对符合保全立案条件的案件违规不予受理，对恶意保全审查不严格等问题，不利于财产保全功能制度的发挥和机制的良性运转。

网上保全系统以科技助力规范保全案件办理流程，实现财产保全案件统一标准化办理。一是规范当事人材料申请。依托网上保全系统，可以为当事人提供格式化的材料申请清单和模板。当事人依照系统提示的申请步骤上传申请材料和担保文件，避免因材料缺漏而反复补正修改。二是规范审查标准。起草保全审查指南，从实体方面明确各类保全的审查要点和注意事项，避免因审查标准不统一导致裁判标准不一致的现象。三是规范审查流程。制定保全办案程序规范，明确各部门职责和办案程序。四是规范保险公司准入。制定保险公司备案制度，设定基本原则，简化保险担保手续，破除担保信息孤岛、聚合社会资源力量，向当事人提供细致周到的保全司法服务。五是规范保险公司担保材料。统一规范保险公司提交的包括保函在内的所有担保材料。明确各类文件提交的格式和手续。强制使用我院推荐的保单保函样式，以避免因保险公司设定免责条款导致申请人赔偿不能的情况出现。

财产保全办理程序规范

为规范诉前保全、诉中保全、仲裁保全、仲裁前保全及执行保全等各类财产保全案件的办理流程，统一办理标准，根据《中华人民共和国民事诉讼法》《最高人民法院关于适用〈中华人民共和国民事诉讼法〉的解释》《最高人民法院关于人民法院办理财产保全案件若干问题的规定》《最高人民法院关于人民法院立案、审判与执行工作协调运行的意见》及上级法院的相关规定，制定本流程规范。

第一章 部 门 职 责

第一条 **【保全审查】**诉前保全、仲裁保全、仲裁前保全、执行保全及相应的续行保全、追加保全、变更保全、解除保全由立案庭接收申请并进行审查。

诉中保全及相应的续行保全、追加保全、变更保全、解除保全由审判庭接收申请并进行审查。

第二条 【保全立案】诉前保全、仲裁保全、仲裁前保全及执行保全应单独立案，案号为“京 01 财保”。相应的续行保全、追加保全、变更保全及解除保全不再单独立案，但需另行出具裁定书，案号为“京 01 财保之”。

诉中保全不再单独立案，案号沿用“京 01 民初”或“京 01 民终”。相应的续行保全、追加保全、变更保全及解除保全亦不再单独立案，但需另行出具裁定书，案号为“京 01 民初之”或“京 01 民终之”。

财产保全及相应的追加保全、变更保全、续行保全、解除保全在移送执行前，均由立案庭登记立案，执行案号为“京 01 执保”。

第三条 【保全执行】财产保全案件统一移送执行一庭负责执行实施。

第二章 仲裁保全案件办理程序

第四条 【接收材料】当事人在仲裁过程中申请财产保全的，应当通过仲裁委员会向法院立案庭提交。

仲裁委员会向法院提交的仲裁保全申请材料应当包括保全申请材料、争议纠纷材料及保全担保材料，并附有《仲裁保全移送函》。

(1)保全申请材料一般包括财产保全申请书、申请人及被申请人的主体资格证明、授权委托手续、明确的被保全财产信息或者具体的被保全财产线索、保全必要性的证据材料或者说明等。

(2)争议纠纷材料一般包括仲裁申请书及含有仲裁条款的合同等材料。

(3)保全担保材料一般包括担保机构出具的保全担保材料、业务资质材料及偿付能力材料等。

保全担保材料也可以在保全申请材料及争议纠纷材料审查合格后直接向法院提交。

第五条 【材料审查】对仲裁委员会提交的仲裁保全申请材料，立案庭采取单向书面方式进行审查。

对于保全申请材料不齐全的，保全法官一次性告知申请人补正。

第六条 【评议研究】对于保全申请材料齐全的，立案庭组成合议庭进行评议，重点评议申请是否符合仲裁保全条件。

对于不符合仲裁保全条件的申请，立案庭裁定驳回申请；对于符合仲裁保全条件的申请，合议庭同意采取保全措施。

第七条 【报请审批】合议庭经评议同意保全的，保全法官起草保全裁定书及协助冻结银行存款通知书，并向庭院长依次报请审批。

第八条 【保全立案】院长同意保全的，保全法官通知申请人交纳保全申请费，在立案系统中录入保全立案信息，生成财产保全案号(京 01 财保)，打印保全案件立案信息表，制作保全裁定书及协助冻结银行存款通知书。

立案庭法官助理立即送印保全裁定书及协助冻结银行存款通知书，并将保全卷宗材料同步送扫描室完成电子扫描。

第九条　【执行立案】保全法官同步在立案系统中录入财产保全执行案件信息，生成财产保全执行案号（京01执保），打印执行案件立案信息表。

第十条　【移送执行】立案庭法官助理整理移送保全执行材料，具体包括：

（1）保全裁定书正本及电子版，其中裁定书正本数量为保全财产线索数量再加十份；

（2）仲裁保全申请书复印件；

（3）明确的被保全财产信息或具体的被保全财产线索复印件；

（4）申请人的主体资格证明材料及授权委托手续的复印件；

（5）被申请人的主体资格证明材料复印件；

（6）保全案件呈批表复印件；

（7）保全案件移送执行表；

（8）协助冻结存款通知书原件及其他有必要移送的材料。

上述材料整理完毕后，立案庭法官助理当日在送扫描室完成电子扫描后，立即送至执行一庭，并完成签收工作。

第十一条　【保全执行】执行一庭在收到立案庭移送的保全执行材料后，制作相应协助执行手续，并立即启动保全执行工作。

第十二条　【保全送达】执行一庭保全执行完毕后，向申请人及被申请人送达保全裁定书及保全执行结果材料。

第十三条　【保全反馈】保全执行完毕后，执行一庭法官即时向保全法官反馈保全结果，执行一庭法官助理在保全执行完毕后两日内向立案庭反馈保全送达手续及保全执行结果材料，并由立案庭法官助理签收入卷。

执行一庭反馈的保全执行结果材料一般包括：

（1）《财产保全措施告知书》复印件；

（2）采取保全措施的相关材料：

冻结存款账户的，反馈《协助冻结存款通知书》回执；

查封不动产及车辆的，反馈向不动产登记管理机关、车管所送达的《协助执行通知书》回执及回证；

冻结股权的，反馈《协助执行通知书》回执；

查封、扣押、冻结其他财产的，反馈向市场监督管理机关送达的《协助公示通知书》《协助公示执行信息需求书》《协助执行通知书》及回证等；

（3）《保全案件执行反馈表》；

（4）其他应当移送的材料。

立案庭向仲裁委员会反馈保全裁定书及保全执行结果材料。

第十四条　【追加保全】保全申请人发现新的财产线索，向法院申请追加保全的，由立案庭接收材料并负责审查。

经审查符合追加保全条件的，保全法官办理追加保全手续，在立案系统中录入财产保全执行案件信息，生成财产保全执行案号（京01执保），打印执行案件立案信息表。

立案庭法官助理整理保全执行材料，经扫描后移送至执行一庭执行。

第十五条　【续行保全】保全申请人申请续行财产保全的，由立案庭接收材料并负责审查。

经审查符合续行保全条件的，保全法官办理续行保全手续，并在立案系统中录入财产保全执行案件信息，生成财产保全执行案号（京 01 执保），打印执行案件立案信息表。

立案庭法官助理整理保全执行材料，经扫描后移送至执行一庭负责执行。

第十六条 【变更保全】保全执行后，被申请人申请变更保全标的物，自己或者第三人提供其他等值担保财产且有利于执行的，由立案庭接收材料并负责审查。

经审查符合变更保全条件的，保全法官裁定变更保全标的物为被申请人或者第三人提供的担保财产（案号为京 01 财保之），在立案系统中录入财产保全执行案件信息，生成财产保全执行案号（京 01 执保），打印执行案件立案信息表。

立案庭法官助理整理保全执行材料，经扫描后移送至执行一庭执行。

第十七条 【解除保全】裁定采取保全措施后，发现存在保全错误、申请人撤回保全申请、申请人的起诉或者诉讼请求被生效裁判驳回或者法院认为应当解除保全等情形的，立案庭接收材料并负责审查。

经审查符合解除保全条件的，保全法官按照评议研究、报请审批等程序办理解除保全手续，出具解除保全裁定书（案号为京 01 财保之），在立案系统中录入财产保全执行案件信息，生成财产保全执行案号（京 01 执保），打印执行案件立案信息表。

立案庭法官助理整理保全执行材料，经扫描后移送至执行一庭执行。

第十八条 【保全异议】保全申请人、被申请人、利害关系人对保全裁定不服提出复议或异议的，立案庭接收材料并负责审查。

立案庭经审查认为裁定结果正确的，驳回当事人的申请；认为裁定不当的，变更或者撤销原裁定。

第三章 诉前/仲裁前保全案件办理程序

第十九条 【接收材料】当事人在诉前/仲裁前申请财产保全的，应当直接向立案庭提交申请材料。

当事人提交的申请材料应当包括保全申请材料、争议纠纷材料及保全担保材料。

第二十条 【解除保全】在执行一庭采取保全措施后三十日内，申请人已起诉或者申请仲裁的，诉前/仲裁前保全自动转化为诉中保全/仲裁保全；未起诉或申请仲裁的，立案庭直接按照解除保全的程序裁定解除保全。

第四章 执行保全案件办理程序

第二十一条 【接收材料】当事人在申请执行前申请财产保全的，应当直接向立案庭提交申请材料。

当事人提交的申请材料应当包括保全申请材料、申请执行材料、保全担保材料及生效法律文书原件。

第五章 诉中保全案件办理程序

第二十二条 【接收材料】当事人在诉讼中申请财产保全的，应当直接向法院审判庭提交申请材料，由审判庭承担材料审查、评议研究、报请审批及裁定等工作。

第二十三条 【移送执行】裁定保全后，审判庭法官助理整理保全执行材料移送至立案庭。

立案庭法官助理经审查合格后，在立案系统中录入财产保全执行案件信息，生成财产保全执行案号（京01执保），打印执行案件立案信息表。

审判庭法官助理立即送扫描室完成电子扫描，并在扫描完毕后，立即送至执行一庭，完成签收工作。

第二十四条 【保全反馈】保全执行完毕后，执行一庭法官即时向审判庭法官反馈保全结果，执行一庭法官助理在保全执行完毕后两日内向立案庭反馈保全送达手续及保全执行结果材料，立案庭法官助理签收后转交审判庭。

第六章 其 他

第二十五条 【规范适用】诉前/仲裁前保全、执行保全及诉中保全未规定的，适用于仲裁保全的程序规定。

第二十六条 【生效日期】本程序规范自2019年1月1日开始实施。

民事二审案件速裁机制问题研究*

引　言

“公正与效率”是21世纪人民法院工作的主题，也是现代司法权运作的两大目标。①一套方便、公正、合理的程序制度，是确保司法公正、提高司法效率的关键。2019年1月16日，习近平总书记在中央政法工作会议上提出，“把非诉讼纠纷解决机制挺在前面”“深化诉讼制度改革，推进案件繁简分流、轻重分离、快慢分道。”周强院长在北京调研“多元调解＋速裁”工作，要求深入总结“多元调解＋速裁”工作经验，确保实现将60%的民商事案件解决在诉讼前端的工作目标。民事速裁程序的诞生，彰显着我国司法改革的进步，是顺应时代发展与变革需求的产物。作为一种司法改革过程中的新生事物，民事速裁程序本身折射出普通民事诉讼程序不可替代的价值与功能，但在运行过程中也存在一些缺漏与问题。今后的改革走向与路径选择，是完善这一制度必须审视与探讨的问题。本次调研以北京市第一中级人民法院民事二审速裁工作机制为样本展开研究，②试图为民事速裁程序的完善提供一些有益的参考。

一、民事二审速裁工作机制的运行现状分析

速裁快审工作通过“简案快审、繁案精审”，提高办案效率，降低后端精审法官的承办案件量，缓解法院“案多人少”的难题。为提高审判效率，北京市法院通过深化审判方式改革，合理配置司法资源，全面推行速裁快审机制。2019年5月开始，我院立案庭启动二审民事案件简案快审机制建设，在对一审法院大量速裁案件调研的基础上，确定了二审速裁案件的收案范围、收案数量、审判团队组建、人案配比及办案流程。本文以我院的改革实践为样本，以速裁快审机制运行中的实证性数据资料为基础，尽可能全面、完整地把握与描述中级法院民事二审速裁机制的运行状况。

（一）速裁快审团队的组建及职责分工

实践中，速裁快审团队的组建主要有速裁庭和速裁组两种形式。其中，速裁组由分为两种模式：一是在立案庭内设置速裁组；二是在审判业务庭内设置速裁组。我院于2019

---

* 课题主持人：单国钧，课题负责人：潘洁，课题组成员：张寒松、胡保峰、田晓宇、徐冰、梁睿、赵小军、徐硕、任可娜、王靖康、叶康喜、杨颜金。

本课题为2019年部门级重点调研课题。

① ［英］阿德里安A. S. 朱曼克：《危机中的民事司法——民事诉讼程序的比较视角》，傅郁林等译，中国政法大学出版社2005年版，第45页。

② 民事案件包含商事案件。

年7月分批分次从民商事业务庭抽调9个快审团队，与立案庭原二审组6名法官组建成15个审判团队，5个合议庭，共45名成员，并按照员额法官、法官助理、书记员1∶1∶1模式配备，专门审理快审案件。① 为了保证快审案件审判质效，在确定快审法官时，优先选任40岁以下、年轻且有一定审判经验的法官。

将民商审判领域的快审案件全部归集由快审团队审理，并专设在立案庭的意义在于：一是有助于审判资源的集约化配置和调整。在目前审判资源特别是人力资源短缺的情况下，很难在每一个审判庭都设置这样的快审合议庭，且简案数量难以预估，很可能出现工作量严重超标或不饱和的情况。集中放在一个庭审理，既便于审判管理的统计、分析及审判业绩的考核，又能实现人力资源和案件的平衡配置。二是有助于案件繁简分流，实现立审有效衔接。简单案件的筛选、立案及审理均在一个庭室完成，可以切实减少内部流转衔接造成的不必要的时间耽搁和资源损耗，避免选案与审案脱节造成的衔接不畅，减少工作矛盾，使案件快速进入审理程序，更符合简案快审高度紧凑的程序特点。三是有助于构建前端诉调快审和后端难案精审紧密衔接的梯次纠纷化解体系。快审机制能够立足前端，成为辐射后端专业化审判及重塑审判格局的动力引擎。四是有助于集中优势资源，激发审判团队潜力。快审案件的审理时间短、流转快，要求承办法官对于特别问题和特殊案件有敏锐的分析鉴别能力，能够及时发现审判中的法律适用问题，对各种类型的案件都能判断到位、把握精准。因此，快审法官的选任是从民商事审判庭抽调能力突出、审判经验丰富的法官。

快审团队的管理方面，法官是审判团队的核心，也是团队的组织者和管理者，负责团队的分工协作及部分庭级事务的上传下达。承办法官主要行使裁判权，负责询问、开庭、评议、撰写或审核裁判文书；法官助理主要行使程序性管理权，负责审查诉讼材料、办理调查取证、鉴定等程序性工作、草拟裁判文书；书记员主要行使事务性工作管理权，负责送达、法庭记录、归档等工作。另外，还有3名社会化外包服务人员，负责分担法官助理和书记员承担的部分整卷归档、传唤及送达等事务性工作，目前正在试点过程中，会根据快审团队的需要对外包工作内容不断进行调整。

（二）审判权运行方式及衔接机制

一审、二审案件的有效衔接是案件不断提质增效的有力保障，以我院为例，立案庭与辖区法院建立了包括审判业务、工作流程及审判管理等各个层面的衔接机制。在审判业务上，制定了《速裁快审案件沟通会商工作规范（试行）》，主要是加强典型案件、示范案件、类型化案件及疑难复杂案件的沟通会商，联合开展调研活动，对重点问题和突出问题进行深入调研，同时充分发挥二审审级监督职能，确保法律适用和裁判标准的统一。在工作流程上，制定了《速裁快审案件工作衔接机制（试行）》，建立了一审、二审案件事务管理台账和信息通报机制，定期汇总分析案件情况，做到一审、二审法院统筹推进、信息共享、

---

① “在速裁机构的设置上：主要有速裁庭和速裁组两种。速裁庭是法院在内部设立专门审理速裁案件的庭室。速裁组是法院审理速裁案件的组织，有的设立在立案庭内，有的设立在民商事审判业务庭内，由固定的专门人员审理速裁案件。”钱斌、李青春：《寻求公正与效率的衡平——民事速裁机制实践探微与本土化构建》，载《法学论坛》2009年第1期。

协调联动，保障速裁快审工作精细化、制度化、规范化运行。在审判管理上，一审法院设定繁简分流标准，在审判系统和上诉案件中均用显著方式标识简单案件，并以均衡结案、均衡移送的方式移送我院。所有一审法院速裁上诉的案件原则上均由我院立案庭快审团队进行审理。我院提前与一审法院沟通，预估快审案件数量，动态调整收案范围，确保法官工作业绩达到设定标准。

（三）速裁快审机制的运行效果

据统计，速裁快审案件的审限一般为30日以内，速裁快审机制在审判效果上普遍具有平均审理天数少、审理周期缩短的优势。经调研分析，我院自2019年7月立案庭正式审理快审案件以来，截至2019年11月，快审团队15名法官审结了2957件案件，月人均结案39.4件，前后端法官人均结案比达到4.3∶1，占全院同期民商事二审案件的35%，快审案件最长审理期限为30天，最短审理期限为3天，平均审理用时19天，整体运行良好，审判质效稳步提升，实现了简化诉讼程序、缩短办案周期、提高审判效率的预期目标。

二、制约二审速裁机制的问题分析

（一）案件繁简分流的界限模糊

对案件进行繁简分流是对简单案件进行速裁，实现简案快审的前提①。但是结合二审速裁程序的特点来看，以什么样的标准界定简案和繁案，按什么样的方式进行繁简的分流，分流之后能否“回流”，按什么样的标准“回流”，不仅存在认识上的分歧，而且实践中做法也不统一，这给二审速裁机制的有序运行带来了困扰。

目前，界定二审简案主要从以下几个方面来考虑：(1)程序审二审案件，统一界定为简案。主要包括：管辖权异议上诉案件，裁定不予受理或驳回起诉的上诉案件。(2)实体审二审案件，针对一审中适用速裁进行审理的案件。② 这种二审快慢分道的做法显然过于简单和绝对。常见的问题有：(1)部分程序性二审案件比实体性二审案件更为复杂，不适合通过速裁程序审理。(2)一审中适用速裁程序审理的案件，在二审中出现了“水土不服”的情况，有时候过于强调快，有些基本事实不清，有时候需要鉴定、勘验甚至调查取证，更有甚者同时违反了法定程序，从二审的审理需要而言，并不适宜快审。

（二）速裁团队组建模式和职责分工需进一步优化

1. 我院速裁团队自2019年7月1日成立至今，已经办理民事案件约3000件，案件基数大，审理期限短导致司法辅助事务工作骤增，速裁团队人员职责分工对短时间内大量案件的审结起到至关重要的作用。通过调研发现存在以下问题：法官助理和书记员大多会共同承担司法辅助事务，两者的工作职责存在一定程度的天然重合性。速裁团队司法辅助任务的繁重，进一步加剧了法官助理与书记员职责分工模糊的问题。比如，重复传唤当

---

① 王晓利：《民事速裁程序之完善》，载《法学论坛》2013年第3期。

② 北京法院主要是以人员为标准进行分类，即一审法院将一定的数量的人员，按照办案的案由不同编入不同的速裁团队，当事人不服前述速裁团队成员作出的一审判决，统一由二审快审团队进行审理。快审案件中，只有少数纠纷较为固定，其他纠纷类型则比较分散，案由分布广泛，立案庭采取正向列举和反向排除等方式界定快审案件收案范围，基本上依托于一审法院，所有一审速裁上诉的案件均按照快审程序进行审理，只有在速裁上诉案件数量有较大波动或严重失衡的情况下对案件分工进行微调。

事人、排期开庭冲突、重复收取案卷材料等。当事人到庭延误以及工作拖沓会降低民事二审速裁审理的诉讼效率和结案质量，速裁团队人员分工不明确的现状也使司法辅助人员为法官分担审判工作压力的功效会有所折扣。

2. 在案件管理上，民事二审速裁案件难度没有细化规则。在选案分案环节，没有任何案件难度区分的随机分案模式看似相对公平，实则可能影响审判效率。此外，在选案分案、庭前准备、庭审询问、庭后评议等重要诉讼环节上缺乏规范的监督管理机制。这将直接影响到整个速裁团队的办案质量以及结案率的高低。

3. 速裁团队与普通民商事庭间的审判业务衔接不畅通。（1）二者之间的案件分流比例略显僵化。接收上诉案件数量的不确定性与案件分流比例不协调性的制约使我院接收的民事二审速裁案件在一定周期内便可能出现数量大幅波动。民事二审速裁案件数量不足或溢满的现象以及速裁团队与普通民商事庭间的法官缺乏轮岗流动性，这就可能会造成二者内部出现案件量与法官人数不协调不均衡的问题。（2）对于涉众广、社会影响大的民商事案件，速裁团队与各普通民商事庭之间缺乏沟通交流，审判前后期法律适用、裁判尺度不统一等隐患必然存在。（3）速裁团队与普通民商事庭间速裁案件回流机制缺位。速裁团队审理速裁案件后发现存在不适宜快速审结情形的，该类案件是突破30天快审期限继续由速裁法官审理还是回流至普通民商事庭以及如何回流都是此次民事二审速裁机制改革实践中值得探讨的潜在问题。

（三）速裁快审模式下民事二审程序中存在的问题

1. 庭前准备工作不够充分。速裁案件中，要提高庭审程序的效率，同时又要保障案件审理质量，庭前准备工作就是破局的重中之重。庭前准备工作不够充分是目前速裁程序中普遍面临的问题。以往的庭前准备工作往往只是单方面强调法官的准备，这种认识缺乏全面性。庭前准备应当是各方诉讼主体均应当进行的必要工作。一方面从法官的角度来看，我院的速裁法院承办案件与后端业务庭室承办案件的比例为4.3∶1，①较大的案件数量极度挤压了有限的案件审理时间，在个案审理时间紧迫的情况下，部分速裁法官未遵守民诉法关于庭前准备的规定，庭前未仔细阅读卷宗及审核诉讼材料，亦未进行较为深入的争点整理工作。另一方面从当事人角度来看，因速裁案件多为事实简单、纠纷争议不大的民事案件，当事人聘请律师的比例较低，因法律专业素养的欠缺及自身未意识到庭前准备的重要意义，故未做庭前准备工作。

2. 法庭调查和法庭辩论之间内容重复，降低效率。与普通二审案件相比，速裁案件中法庭调查和法庭辩论并存的庭审程序显得过于重复。一是由于速裁程序中，因案件的争议不大、纠纷简单，简单的纠纷本身就不易截然区分事实问题和法律问题。二是由于速裁案件当事人聘请律师的比例较普通程序低，缺乏法律专业知识的当事人无法分清何为事实问题、何为法律问题。在法庭调查阶段，当事人陈述的内容经常既包含事实问题，又包含法律问题。民事诉讼法规定的法庭辩论与最后陈述环节就显得索然无味，内容空洞，纯属形式上的庭审“规定动作”。如在中煤财产保险股份有限公司上诉徐某、段某等机动车

① 以北京市第一中级人民法院自2019年7月至11月的统计数据为研究对象。

交通事故责任纠纷一案中,[①]保险公司上诉的理由仅是对一审采信的鉴定意见存在鉴定程序违法的问题。在法庭调查的陈述上诉事实和理由阶段,保险公司已经指出了鉴定程序问题,并说明了违反的法律依据。到法庭辩论阶段,还是同样的观点进行重复,导致速裁庭审程序拖沓。

3. 法庭规则、权利义务的宣告占据大量庭审时间。根据《民事诉讼法》及相关司法解释的规定,庭审程序的初始阶段包括以下几个必要内容:一是书记员宣告法庭纪律;二是书记员核实当事人身份;三是法官宣告诉讼权利和诉讼义务;四是法官告知诉讼文书送达及上网事项。这些程序性事项的宣告占据了大量庭审时间。还是以中煤财产保险股份有限公司上诉徐某、段某等机动车交通事故责任纠纷一案为例,当事人陈述自己的请求和理由可能只需要三分钟,而书记员和法官宣告相关内容则需要至少十分钟。而且当事人经过一审程序,到了二审阶段,其实已经对基本的法庭纪律及权利、义务有所了解。二审占用庭审时间的逐一宣告极易挤压速裁案件庭审时间,也必然导致程序拖沓。

(四)送达程序中存在的问题

1. 传唤当事人到庭参加二审谈话手段单一,拘束力弱。目前,北京法院速裁案件通知到庭参加谈话的方式为电话通知。[②] 电话通知存在以下弊端:(1)当事人可以通过拒接电话的方式逃避送达。速裁案件中,有一定数量的案件,当事人上诉的目的仅是拖延诉讼时间。此种案件中,当事人往往拒绝接听法院电话,人为制造联系困难。(2)拘束力差,当事人未按通知时间到庭,也不会产生任何法律后果。电话通知并非法律规定的通知到庭方式,时常发生当事人答应到庭,但却未按时到庭的情况。在传票通知开庭的情况下,当事人未按照传唤时间到庭,对于上诉人可以按撤诉处理,对于被上诉人可以缺席判决。但对于电话通知到庭谈话的当事人,只能再次安排时间询问谈话。此种后果不仅浪费了法官、书记员的时间,导致法庭空置,而且也会使到庭当事人产生质疑,有损法院的司法权威。

2. 文书送达方式单一,在途时间占据审理期间比重过大。除部分调解、撤诉案件能够实现当庭直接送达外,多数速裁案件仍采用邮寄送达方式完成送达工作。根据最高人民法院《关于以法院专递方式邮寄送达民事诉讼文书的若干规定》第6条的规定,[③]案件需要遵循5日内3次投递的原则,故在送达上存在7日周期,对于就立到结仅有30天的速裁案件而言,占据1/4审限,极大地压缩了前阶段对案件的实质审理,又严重影响案件的审理用时计算。

3. 文书送达跟进工作繁重,与第三方沟通成本较高。裁判文书交寄给第三方后,仍需要法官助理或书记员跟进文书送达情况,有时出现快递员未投递、当事人反映未接到电

① (2019)京01民终11272号。

② 通知当事人开庭才会采用传票通知。传票是《民事诉讼法》规定的开庭传唤方式,对于不开庭而采取谈话程序的速裁案件而言,电话是实践中统一适用的通知方式。

③ 最高人民法院《关于以法院专递方式邮寄送达民事诉讼文书的若干规定》第6条规定:邮政机构按照当事人提供或者确认的送达地址送达的,应当在规定的日期内将回执退回人民法院。邮政机构按照当事人提供或确认的送达地址在五日内投送三次以上未能送达,通过电话或者其他联系方式又无法告知受送达人的,应当将邮件在规定的日期内退回人民法院,并说明退回的理由。

话、快递签收后更新不及时等情况，需要法院人员在双方之间反复确认沟通协调，尚未充分发挥社会化购买服务的积极效能。

三、完善二审速裁工作机制的思考及措施

（一）科学合理的繁简分流是速裁工作机制的前提保障

理论界将速裁程序分为普通程序“速裁审”、简易程序“速裁审”、特别程序“速裁审”与小额诉讼“速裁审”四种类型。① 但在二审中，对于一审的何种案件在二审中可以适用速裁程序，还必须对案件进行繁简分流、区别对待。② 外地法院对此曾进行过有益探索，如萧山法院规定“事实清楚、争议不大、权利义务关系明确的民商事案件”由速裁庭审理；云南省宣威市法院规定“额度在2000元以下的市场交易纠纷、拖欠税费及当事人之间性质单一的经济往来纠纷”适用速裁程序。③ 在大陆法系国家，如德国、日本也倾向于使用标的数额作为速裁案件界定的标准。④ 第一种标准范围过广；第二种标准又过于机械。课题组认为程序性案件原则上适宜速裁，但也存在例外。争议不大的实体审案件适合速裁，但也要具体案件具体分析。

1. 程序审民事二审案件不宜速裁的情况

（1）因法律关系存在争议而裁定驳回起诉的案件。实践中对于原告提供的证据不足以证明其主张的法律关系成立时究竟是应当裁定驳回起诉，还是判决驳回原告的诉讼请求存在处理上的分歧。目前裁定驳回起诉案件统一纳入了二审速裁案件的审理范围。上诉后，原告又通过提交新证据的方式对其证据进行了补充或针对被告证据提供反驳证据，此时指令一审法院进行审理的可能性非常大。但是在这个过程中，由于需要对原告在二审提交的证据进行举证、质证和认证，并不能通过一次法庭询问就可以固定事实，在涉及需要鉴定或者调查取证的情形时，可能还需要多次开庭。例如，原告依据转账凭证起诉被告主张双方存在民间借贷关系，被告抗辩双之间存在投资法律关系，在被告初步举证后，一审法院以原告提供的证据不足以证明双方之间存在民间借贷关系为由裁定驳回起诉。二审中，原告针对被告在一审中所举证据提供反驳证据，认为被告所主张的投资关系不存在或者与原告主张的民间借贷关系无关。二审中，需要根据原告提供的证据对被告所主张的投资法律关系是否存在或投资的对象，双方之间的往来款的具体情况等进行审查。此类裁驳类案件并不适宜适用二审快审程序进行审理。如果审理中涉及对被告签名进行鉴定，或者需要对被告所主张的投资法律关系向第三方机构进行核实，则更不适宜进行二审快审。

（2）部分管辖异议类上诉案件。如果被告提出管辖异议所依据的确定管辖权的连接点是依据其主要办事机构所在地、经常居住地等与注册地址或户籍地址不同的连接点而提出，而在一审亦未对经常居住地与主要办事机构所在地进行审查的情况下，直接驳回被告提出的管辖权异议。例如，在各类合同纠纷中，原告系以被告登记注册地或者户籍地作

① 廖中洪：《“民事速裁”：类型、特征与设置原理研究》，载《现代法学》2011年第1期。

② 章武生、段厚省：《民事诉讼法学原理》，上海人民出版社2005年版，第353页。

③ 杨治、李志芬：《对进一步完善民事速裁机制的调查与思考》，载《法律适用》2010年第5期。

④ ［德］米夏埃尔·施蒂尔纳：《德国民事诉讼法学文萃》，赵秀举译，中国政法大学出版社2005年版，第156页。［日］中村英郎：《新民事诉讼法讲义》，陈刚等译，法律出版社2001年版，第293页。

为确定管辖权的连接点而向一审法院提起的诉讼，如果合同中对于合同履行地未作约定，或者合同约定的履行地与被告住所地或户籍地并不一致，被告以其主要办事机构所在地或者经常居住地与登记注册地或者户籍地不一致为由提出管辖权异议，但并未提供证据或者仅提供了证据线索或者证据并不充分，一审法院如果以被告未提供证据或者提供的证据不足以证明其主要办事机构所在地或者经常居住地为由驳回其管辖权异议，二审中，如果被告对其主张提供了相应的证据线索或者补充了证据但仍然需要进一步核实的，由于管辖权问题亦属于法院依职权审查的事项，虽由二审法院在二审中审查核实此类问题，但此类案件并不适宜用二审速裁程序进行审理。

2. 实体审民事二审案件不宜速裁的情况

目前北京的一审法院对于什么样的案件是事实清楚，权利义务关系明确，争议不大的案件一般是以特定案由再结合诉讼标的额为准进行界定，但是这种界定方法过于原则，缺乏可操作性。具体来看以下案件不适合适用二审速裁程序审理：

（1）当事人对一审与请求权基础相关的要件事实不服提出上诉的案件。如果此类案件中当事人能提供新证据，或者要件事实需要进行调查取证、鉴定，则无法适用速裁程序。例如，原告在买卖合同项下以其已向被告交付货物，而被告在收货后拒不付款为由提起诉讼。实践中存在不适宜快审的情形可能包括：①被告一审中否认双方存在买卖合同关系，但未提供相应证据。二审中，被告依然否认并主张买卖合同中所加盖公章为假，进而进提鉴定申请。②双方在合同中并未约定交货地点及签收人，被告否认收到货物，原告主张货物签人为被告工作人员，被告予以否认。二审中，被告提供其所有员工名单、工资发放记录、员工社保缴费记录等否认签收人为其员工。③被告主张原告交付的货物存在质量问题，并在质量异议期间提出有效的质量异议，二审中，被告主张对标的物质量进行鉴定。④原告交付的货物是成套货物，分批交付，需要分批分阶段验收，被告在约定的质量异议期间内对其中的部分标的物质量提出异议，需要判断部分标的物的质量是否影响成套货物的使用或整体效用的。⑤未约定质量异议期间，需要借助行业惯例或者专业知识确定质量异议合理期间，进而判断被告是否提出有效的质量异议的。⑥被告主张原告交付的标的物存在质量问题，给其造成除标的物之外的其他人身、财产损害的。⑦双方之间存在多次同类交易，每次均为分期付款，付款与发货行为不能完全对应，被告主张已经支付完全全部货款，需要对双方之间一定期限内的交易往来进行整体核对的。

（2）对于一审法院酌定的损失数额提出上诉的案件。双方对于损失的事实无争议或者争议不大的，或者仅否认损失，但无合理理由，如果不存在可以进行折抵或者过失相抵的情形的可以直接速裁。如果涉及折抵或者过失相抵的情形，则要根据双方提供的证据的多少，对证据的争议大小以及证据的复杂程度等考虑是否适宜进行二审速裁。例如，原告主张被告逾期交货行为给其造成了损失，并提供了其与下家之间的转售合同、超期仓储等费用的票据。被告认为原告迟延付款，享有后履行抗辩权，原告应支付迟延付款违约付款违约金；原告曾经要求被告迟延交付货物，原告予以否认；以原告在履行开始后变更交货地点或者交易方式给被告造成额外费用为由要求原告支付相关费用。此类案件，在二审中需要对原告主张的损失的合理性，原告是否存在迟延付款，原告是否变更交付期限及交货方式，双方对变更交付方式或地点有无明确约定，并在此基础上判断在此导致的履行费用的增加应当由谁承担。

(3)当事人较多或住所地为京外地区的案件。此类案件中存在以下障碍:一是当事人能够全部到庭应诉存在困难。如果部分当事人不到庭,要件事实有无法查清或者存疑的可能。二是文书送达存在困难。相对于速裁一个月的审理期限而言,此类案件送达程序将成为案件按时审结的最大障碍,故不适用速裁。例如:被告有五人,其中一人在新疆、一人在西藏,向法院明确均不出庭,但提交书面答辩状。若新疆的被告,二审中提出证据认为原告所出示的合同并非最终形成的合同,并出示己方留存的合同,而两份合同在履行时间、交付方式、交付地点、争议解决等均存在区别。位于西藏的被告二审中依然未出庭应诉,但被告一的主张是否成立,影响被告二责任承担的方式和范围等。

(4)一审中缺席判决的部分案件。①缺席的被告提出上诉的部分案件。如果其二审针对一审判决认定的法律关系要件事实提出相反证据或者提出合理质疑时不适用速裁程序。因被告的质疑需要通过补充证据、申请鉴定或者调查取证才能最终确定,一审程序因缺乏充分对抗导致大量工作推到二审进行,此类案件短时间内很难保质保量审结。例如,在合同类纠纷,一审被告缺席未到庭。二审中被告否认存在合同关系,并提起鉴定;被告二审中要求对原告一审提交的证据进行质证后,要求举证期限的;被告主张已履行完毕相应的合同,并初步提供了证据,原告否认被告提供的证据的关联性,要求新的举证期限的。②原告就与请求权基础相关的要件事实上诉的案件。对于被告缺席审理,但一审法院又基于原告提供的证据不足以证明其诉讼请求成立而驳回原告诉讼请求的案件。例如,原告主张向被告交付了货物或者约定的成果,要求被告付款。一审法院以原告提供的证据不足以认定向被告交付了货物或者成果为判决驳回原告的诉讼请求。二审中,原告要求法院调取被告为其员工缴纳社会保险的记录以证明收货人为被告员工;要求法院向主管机关核实被告曾经在某地有工地承揽了某工程的;要求法院向运输企业或者快递企业等第三方调查货物签收等情况的。考虑到二审中既要对被告进行公告送达,又要重新审核原告的请求权基础的要件事实是否成立或者其提供的证据能否证明要件事实成立进行判断,故此类案件二审中不适宜速裁。

(5)对于一审中存在反诉,而上诉一方对于本诉及反诉均提出上诉的案件。如果上诉针对的本诉及反诉的要件事实存在无证据证明、证明力存在瑕疵、要件事实需要进行鉴定或者调查取证,以及案件事实复杂,证据较多的情形,此类案件不适宜进行二审速裁。对于双方均提出上诉的案件,如果其上诉理由中,有一人的上诉理由针对本诉或反诉的要件事实提出,则此类案件不适宜进行速裁。例如,原告要求被告一支付剩余的股权转让款,被告二承担连带保证责任。被告一抗辩称股权转让合同上的签章并非其真实意思表示,签章为假,即便签章为真签署该合同未经主管机关批准,合同未生效,反诉要求返还已支付的款项。被告二抗辩称合同未生效,其没有过错,不应承担保证责任,被告二提供担保未按照法律规定或者公司章程规定由股东会或董事会决议,担保合同未生效。原告主张未经批准不影响合同效力,被告一称目标公司属于特许经营的行业,转让股权需要经过主管机关的批准,被告二签署担保合同即便未经意思机关决议,属内部事项,不影响其外部担保责任的承担。

(6)当事人已针对与本案要件法律事实认定有关的生效判决提起再审申请或者申请

检察院抗诉的案件。例如，原告主张被告支付剩余房款，被告抗辩房屋存在质量问题。另案中，有效判决认定涉案房屋没有质量问题，但在该判决做出后，涉案房屋发生基础倾斜或基础开裂，该案当事人以涉案房屋存在质量问题为由申请再审，相关法院已决定再审。考虑到再审结果直接决定本案的处理结果，则该案件不宜进行二审快审。

（7）一审对于当事人所提鉴定异议未予准确回应的案件。如果上诉方对于鉴定结论有异议，一审中上诉方已提出异议，鉴定机构未予回应，鉴定人亦未出庭的，此时鉴定结论不得作为证据采用，一审判决以鉴定结论的认定结果作为要件事实作出的。如果鉴定结论不被采纳，则需要从整体上根据原告提供的证据，来判断各个要件事实是否具备并在此基础上进行裁判。例如，在机动车交通事故纠纷中，受害人原告对鉴定机构出具的鉴定报告中的误工期、营养期、护理期等认定均有疑问，并且提供相应的医疗费用发票以及相关支出凭证、人员雇佣合同等反驳鉴定结论，一审法院对于受害人提出的异议并未回应，亦未让鉴定人员出庭进行解释，径行以鉴定报告中涉及的相关数据作为认定原告损失的依据，原告方提出上诉，被告认为鉴定报告认定的相关期限过长，亦提出上诉。在二审中，鉴定机构人员出庭能否弥补一审法院的程序瑕疵，如果鉴定结论不应采纳，则原告的诉讼请求所依据的各项要件事实，需要综合其他证据来进行认定，特别是对于误工期、护理费、营养期等能否依据原告单方提供的证据进行认定，被告的质疑是否合理，被告的主张有无相应证据支撑等。

3. 部分一审通过非速裁审理的案件，在特定情形下，二审中亦可进行快审

一审由非速裁团队审理的案件，如果案件事实清楚，或者案件事实已经通过鉴定、勘验、调查取证等手段核查清楚，当事人仅是对是否应当承担责任、违约金调整、是否应当承担违约责任、是否应当赔偿损失、损失赔偿的数额如何界定、一审法院酌定的数额有异议等情形，则此类案件完全可以进行二审快审。此类案件有时候甚至比大部分速裁案件本身都容易审理和作出判断。例如：在房屋买卖合同、机动车交通事故、建设工程施工合同、排除妨碍纠纷等案件中，如果经过鉴定机构的鉴定、调查取证、现场勘验等手段查明了房屋是否存在质量问题，建设工程的质量及工程量，是否存在妨碍等，当事人对于案件事实没有争议，只是对于责任是否应当承担、违约金的数额、损失的数额等有疑问，此类案件如果已有成熟处理方式，则该类案件非常适宜快审。

（二）合理地职责分工是速裁团队职能发挥的保证

1. 法官与审判辅助人员配置合理化

在民事二审速裁案件审理过程中，探索“1 + N”模式的可能性，小审判团队细化为两个工作小组。案情复杂的案件由一名法官与一名书记员或法官助理配合进行审理；而对于案情简单的案件，以法官委托为前提，则可以由一名法官助理与一名书记员进行庭前询问以及案件调解等工作，让法官助理切实成为“办案点”，有效缓解法官的审判压力和职业倦怠，①以提升速裁审判工作质效。

---

① 因司法责任制的全面铺开，案件终身追责，法官承受着比以往更大的压力，更易产生职业倦怠。职业倦怠是在人际接触频繁、密切的职业中，尤其是服务行业中，因持续的工作压力而产生的消极情绪。症状主要有感觉疲乏、力不从心、厌倦、缺乏激情、易怒、焦虑、抑郁、注意力涣散等，多发人群为老师、警察、记者、公务员等。杨治、李志芬：《对进一步完善民事速裁机制的调查与思考》，载《法律适用》2010 年第 5 期。

2. 速裁团队分工科学化

管理出效益，团队分工科学化是营造良好团队运行环境的基础，也利于民事二审速裁机制发挥更大的功效。尝试将民事二审速裁案件诉讼流程细化，以时间轴形式将其分为庭前、庭中、庭后三个阶段，再具体分为立案分案、排期传唤、审理案件、开庭记录、撰写文书、送达判决、点结案件、退卷归档等阶段，在此流程基础上，探索研究法官、法官助理、书记员在各诉讼流程节点的任务分配：[①]法官应主要负责筛选案件、开庭审理、合议案件、撰写文书等专业审判工作；法官助理应主要负责审查案件材料、撰写阅卷笔录、草拟校核文书、撰写合议笔录等专业性审判辅助事务；书记员应主要负责排期传人、庭审记录、送达文书、退卷归档等一般性审判辅助事务。由于民事二审速裁案件基数巨大，一般性审判辅助事务繁重，年轻的法官助理应协助书记员开展工作，这既可以缓解其工作压力，也利于法官助理尽快熟悉民事诉讼程序。此外，为保证速裁团队的活力，也可以探讨建立速裁团队流动轮岗机制的可能性，增强人员流动性。[②]

3. 速裁案件管理动态化

在案件管理方面，实现对民事二审速裁案件纵向和横向的双向动态管理。[③]（1）畅通上下级法院之间的纵向沟通交流渠道，了解基层法院的速裁案件情况，以对上诉速裁案件数量及难度进行较为准确预判，规避二审速裁案件在短期内出现较大波动的现象。（2）拓展速裁团队与普通民商事庭的横向交流方式，协调优化案件分流比例，同时对涉众广、影响大的相对棘手民事案件进行探讨，统一法律适用，防止涉法信访舆情问题滋生。（3）构建民事二审速裁案件流程节点和审限的横向动态管理制度。在整个案件审判流程中，有繁简案件的分流衔接，也有削峰填谷的动态调配，案件流程管理需要动态化和规范化。首先，重点管理选案分案、庭前询问、法官合议等关键案件节点。特别是选案分案环节，这直接影响到快审诉讼机制的运行效果。当前，我院速裁团队采取的是电脑随机分案，人工辅助调配案件的分案模式，应有配套的监督机制防止过多的主观因素影响分案环节。其次，强化对审限的监督管理。当出现公告送达、二审新证据复杂、二审申请鉴定等特殊情况，案件无法在速裁时限内审结的，应当及时报主管庭长审核审批，因个人原因导致案件超期审结同时未事先报告的，应当在年度考核考评中进行适当扣分。

4. 速裁团队考评考核机制精细化

完备的考评考核机制是保障团队活力的关键所在。法官是速裁团队核心，法官考评考核制度精细化是完善团队考评考核机制的重中之重。对于速裁法官的考评考核要以民事二审速裁案件为基础，考核指标的衡量标准应以案件难易程度、案件审理数量以及案件质效三项指标为主要依据。[④] 首先，精细划分民事二审速裁案件的难易程度。对低、中、高不同难度的民事案件制定详细的案件难度系数规则。其次，速裁团队法官与普通民商事庭法官相比在办理案件数量上有明显的优势，应建立科学有别的团队考评制度，制定合

---

① 王亚明：《司法辅助事务配置研究》，载《江苏社会科学》2019 年第 3 期。

② 姚奎彦：《民事二审案件简案快审机制考察表报告》，载《人民司法》2013 年第 13 期。

③ 庞温淙、何健：《中级法院推进案件繁简分流的实践思考》，载《人民司法》2017 年第 10 期。

④ 刘金刚、杨玲：《对于速裁机制相关问题的思考》，载《管理科学》2019 年第 1 期。

理案件饱和量，设定科学的民事二审速裁案件办理数量与普通民商事案件办理数量的转换比例，比如，速裁法官年均审结民事二审速裁案件数量是普通民商事业务庭法官审结案件的1.5倍。案件质效指标标准则可从结案期限、结案率、调撤率等方面予以衡量和考评。制定法官考评考核机制过程中，应邀请速裁法官以及民商事业务庭法官共同参与，对民事案件难易系数细则、结案数量指标比例、案件质效指标等内容进行共同商讨和确定。此外，精细化速裁团队考评考核机制还需要事前、事中、事后的动态监督约束机制与之相配套。

（三）科学设置审判程序是速裁机制提高效率的核心

1. 完善庭前准备工作，核心在于完成争点确认

针对速裁程序的特点，庭前准备程序必不可少，其地位的重要性应当得到重视，而其具体操作则应当有所简化。① 首先，从主体方面来看，要求法官和当事人均要进行保质保量的准备工作。具体准备联系工作的实施者可以是法官助理。其次，从程序方面来看，由法官助理通过阅卷，初步整理焦点，向法官进行汇报。同时，法官助理应当及时通知当事人，要求其将诉讼材料进行梳理，告知其在案件中的争议焦点，并围绕争议焦点准备好诸如当庭陈述、诉讼材料等诉讼文件。最后，做好争点和庭前准备工作的及时调整。根据诉讼阶段的发展，至庭审前持续跟踪调整。争点在诉讼中是由大而小不断变化的，而且争点是有层次的，有一级争点、二级争点、三级争点等。一级争点就是法律要件事实；二级争点就是要件事实下的具体事实；三级争点就是证据事实；四级争点就是辅助事实等。应当像抽丝剥茧一样，形成一个金字塔形的争点结构图。② 在开庭日，当事人均到场的情况下，法官助理应当结合当事人提供的材料，最终确定争点，向法官汇报并再次提示当事人开庭应当围绕争点展开陈述。

2. 简化法庭辩论环节，实现法庭调查和法庭辩论的有效合并

速裁庭审程序与普通案件庭审程序的实质化差异在于速裁案件庭审程序的简化，其中最具有代表性的就是法庭调查和法庭辩论的有效合并。具体制度实现应当依赖于：其一案件纠纷简单，争议焦点明确，其二庭前准备工作充分，争点等核心要素齐备，其三法官把握庭审流程，各环节详略得当。③ （1）充分利用庭前准备工作，由法官助理帮助当事人明确诉讼请求和理由，按照证据名称、内容、来源、目的的思路组织一方举证，按照证据真实性、关联性、合法性的思路组织对方质证。（2）在法庭调查的陈述上诉请求和理由阶段，进行程序简化。当事人的上诉状已经随卷宗移送至二审法院，法官可以在庭准备阶段对上诉状进行阅读，而被上诉人也已收到上诉状。所以法庭调查阶段仅需要询问上诉人"上诉请求和理由与上诉状是否相同，是否有补充"即可。而没有必要再由上诉人将上诉状内容进行宣读。（3）将庭审重点集中于法庭调查的举证、质证及法官对事实进行询问。要向当事人强调应当围绕争议焦点进行举证、质证。法官亦应当围绕争议焦点，按照法律关系的要素进行有逻辑的、逐层递进的发问。以人身损害赔偿纠纷为例，案件的审理重点

① ［日］小岛武司：《诉公制度改革的法理与实证》，陈刚等译，法律出版社2001年版，第141页。
② ［日］新堂幸司：《新民事诉讼法》，林剑锋译，法律出版社2008年版，第235页。
③ ［日］高桥宏志：《重点讲义民事诉讼法》，张卫平、许可译，法律出版社2007年版，第312页。

可分为两个部分：一是侵权行为的认定。二是具体赔偿数额的认定。在侵权行为认定中要严格按照侵权行为、主观过错、损害后果、因果关系的要素，结合当事人上诉主张提出的疑义进行询问。在速裁程序的法庭调查阶段，法官的有效询问可以提高诉讼效率，因为速裁案件存在律师代理率低的情况，缺乏法律常识的当事人往往无法准确按照法律关系的要素有逻辑地进行事实陈述。当事人漫无目的的陈述存在重复率高、抓不住要点的问题。因此，通过法官发问多于当事人自主陈述的方式进行法庭调查，可以节省时间，同时提高庭审质量。(4)在事实调查的同时，可以进行法律意见的询问，实现法庭调查与法庭辩论的合并。辩论也以法官引导提问为主，对于与案件无关的发言必要时打断、警告和训诫。

3. 实现法官助理与法官的交叉性询问

法官在就案件进行询问谈话时，法官助理在庭外组织等候谈话的案件当事人进行简单会面。主要工作是法官助理向当事人进行庭审权利、义务等程序性问题的宣告，并进行庭前调解。为保证当事人如实陈述事实，必要时可以引入"宣誓"规则，在庭前由法官助理向当事人宣告诚实信用原则及虚假陈述的法律后果，要求当事人宣读保证书。如调解不成，则由法官对案件进行询问谈话。

4. 庭审阶段法官应当形成初步心证，完成从卷宗复核主义到卷宗生成主义的转变

心证包含对案件基本事实、法律适用、证据采纳的初步内心确信。卷宗复核主义就是在庭前，法官收集各方诉讼资料包括证据等材料，形成庭审卷宗来作为判决的依据。庭审反而成为对卷宗的复核。但是在庭审优质化改革中，要求的是卷宗生成主义，作为裁判依据的所有信息，都应该在正式的庭审中形成。速裁审判本身存在案件数量多、审理时间短的特点，心证形成于庭审有利于提高审理效率，法官在庭审之后，即可进行合议并将案卷交给法官助理草拟案件文书，有利于速裁审判指标的完成及审理质量的提高。

5. 改进速裁案件送达程序

第一，通过契约方式在速裁案件中扩展送达方式。

除传统邮寄送达方式确保当事人能够收到文书外，在一审审理时可以向当事人征询邮箱、微信号等电子送达方式，要求当事人签署同意电子送达的意见书。虽然《民事诉讼法》第 87 条以传真、电子邮件等方式送达的规定中，明确将判决书、裁定书、调解书排除在外，但将互联网、移动终端技术全面引入到送达工作中来，随着技术水平、通信设备、电子签章等技术的齐备，可以全面付诸实施。这些技术具有方便、快捷、易于传输的特点，与快审案件"简案快审"的要求十分契合，不仅大量节约了邮寄送达的人力成本，亦能基本不计在途时间，还可以避免当事人寻找各种理由塞责拒收。为了突破《民事诉讼法》规定的缺陷，可以采用当事人签署诉讼契约的方式，①通过同意书的签订，赋予二审速裁案件进行电子送达的正当性。②

---

① 民事诉讼契约是指民事诉讼中双方当事人通过就程序性事项达成一致意见自由处分自身诉讼权利的合同。张嘉军：《论诉讼契约的效力》，载《法学家》2010 年第 2 期。

② 外地法院在送达问题上的规定可以充分借鉴。2009 年，浙江省高级人民法院制定了《浙江省高级人民法院关民商事案件诉讼文书送达问题的若干规定》，该规定在通知当事人领取诉讼文书、定期宣判时的送达、以现代通信方式送达，尤其是在扩大转交送达主体、放宽留置送达的适用条件和见证人范围、在留置送达见证人不配合或无见证人情形下的变通处理等方面对民事诉讼法的规定有所突破。

第二，细化邮寄送达流程，充分发掘社会化购买服务力量潜力。

裁判文书邮寄送达工作由社会化购买完成后，应当明确送达职责和流程。法官助理和书记员负责文书审核和交寄工作，邮寄送达地址填写、信息录入、邮件跟踪、送达情况查询等应当由社会化服务人员统一完成。一是确保专人负责，使得邮寄送达工作整体性和完整性有所保障。二是将法官助理和书记员从跟踪邮件、沟通送收双方的工作中抽离出来，将时间用到更专业的法律事务上来。三是能够充分发挥社会化购买力量的潜力，避免购买资源的浪费。

第三，重新确定结案时间，以交寄时间为依据。

调整结案日期的确定依据，邮寄送达的案件，以交件时间为案件点结时间更为合理。案件点结是人民法院审理案件节点化的内部程序性事项，交寄裁判文书意味着案件已经合议得出审理结果，从审判程序上讲，案件审理工作已经可以点结。邮寄送达裁判文书是审判工作的后续工作，不应计入案件审理期限。2019 年 9 月 26 日，最高人民法院作出最高人民法院办公厅《关于印发〈进一步加强最高人民法院审判监督管理工作的意见（试行）〉的通知》，其中根据第 17 条规定，邮寄送达的，以交邮日期为送达日期。因此应当以交给第三方送达之日作为结案日。

四、多元调解在二审速裁程序中的适用

作为落实党中央决策部署的具体行动，以及深化司法体制改革的具体实践，根据北京市高院公布的统计数据，2019 年 1 月至 8 月，全市 84.8% 的案件经过“多元调解 + 速裁”的程序处理，调解成功案件与速裁案件的结案数占同期民事结案量的 60.1%。二审速裁程序中也应当加强多元调解机制的应用，以期更好地化解矛盾。

（一）二审阶段开展多元调解的可行性

1. 当事人现实需要的可行性

一些案件经过此前一审的调解、审理、裁判的过程，特别是在一审裁判后，部分上诉人对案件已有相较此前更为客观的认识，具有一定的心理预期，更容易放弃不切实际的想法。因此二审法院可联动多方力量，创造性拓展纠纷解决方式，与现行二审速裁快审程序一道有效解决二审法院面临的现实压力，更好地服务当事人。

2. 结合案件性质对速裁二审民事案件是否适合多元调解的分析

（1）上诉率最高的劳动争议案件。① 基于此前对于二审快审程序适用案件类型的调研数据，2018 年度我院辖区内基层法院速裁程序审结案件，按照案由内案件数量的排列依次为：物业合同纠纷、民间借贷纠纷、供用水电气合同纠纷、道路交通纠纷、买卖合同纠纷，上诉案件的案由按照数量排列为劳动争议（含劳务）、民间借贷纠纷、买卖合同纠纷、道路交通纠纷；按照上诉案件比例计算，前五名则依次为劳动争议、买卖合同纠纷、道路交

---

① 理论界，有一种观点认为速裁通常不适用于劳动争议案件。参见姜启波、张力：《民事审前准备》，人民法院出版社 2005 年版，第 216 页。课题组不同意此种观点，劳动争议案件适用法律的难度较大，民事法官通常畏难。但这是法官司法能力的问题，并非是案件本身的原因，况且该类案件结果牵涉劳动者的切身利益，所以更应缩短解决纠纷的时间、避免矛盾的加剧。因此劳动争议案件应纳入速裁范围。对于此种案件，更应当弱化对抗、突出调解。

通纠纷、民间借贷纠纷、供热水电气合同纠纷。其中，劳动争议案件具有42.1%的上诉率，大大高于第二名买卖合同纠纷的10.2%。（见表1）

表1　2018年度我院辖区基层法院速裁案件统计

单位：件

案由	2018年度	
	审　结	上　诉
物业合同	10,893	169
民间借贷	8764	211
买卖合同	1910	194
劳务（含劳动争议）	954	402
道路交通	1853	112
供热水电气	4577	81
其他	19,394	367
合计	48,345	1536

劳动争议案件的上诉率畸高，并不能说明劳动争议案件的争议最为激烈，最不具有调解的可能。相反，劳动争议案件二审调解的比例并不明显低于其他案由。在此情形下，二审阶段对于劳动争议进行调解具有重要的意义。在二审阶段，双方当事人已经经过了仲裁以及一审程序，对于案件事实已经基本查清，双方当事人也具有了较为客观的认识和预期。上诉更多是对于个人的情绪表达或者诉讼策略的执行。建立在确定的事实基础上，具有更明确的目的性和针对性，在二审阶段开展对于专业性较强的非诉调解工作，调解成功的可能性会明显增加。

（2）一审速裁程序的上诉案件。此类案件属于标的金额较小、"事实清楚、权利义务关系明确、当事人争议不大的纠纷"，适用速裁程序的目的在于优化审判资源的配置。在此类案件中，当事人在一审中经历了全面事实调查、证据交换、逐项质证以及法庭辩论的复杂司法程序，无论胜诉方还是败诉方均支出了大量的经济和时间成本。二审中对此类案件仍然应当坚持强调诉讼效益价值，继续为此类案件提供与其性质最为适宜的程序，使其有机会通过调解化解纠纷，有助于实现节约司法资源的目的。

（3）其他适用速裁程序的二审案件。目前中级法院二审快审案件的兜底条款为"其他事实清楚、权利义务明确，当事人提出上诉且没有提出新事实、新证据、新理由的上诉案件"。可见，此类案件的特点是事实相对清楚固定，双方当事人针对一审判决的争议明确且集中，属于具备快审条件的相对简单案件，本身具有较高的调解成功可能。而且实践中，此类案件属于动态调整的范围，在一定程度上起到缓解不同业务庭收案数量不均的作用。而在二审立案阶段即对此类案件进行识别与分流，对有针对性地开展多元调解提供了客观条件，使其能够更快进入化解程序，也符合对审判资源的合理配置和动态疏导。

(二)二审多元调解工作的特殊要求

1. 准确确定前置调解案件的范围

一是排除不符合二审程序价值与功能的案件。民事上诉审程序的价值,并非是单纯解决双方当事人之间的私权利,至少还同时肩负统一法律适用、监督一审法院全面、正确行使审判权等功能。因此对于二审案件的调解范围的确定不能有损于二审程序价值的实现。二审的程序价值与功能,要求将特定类型案件排除于前置多元调解程序之外。例如,对于舆论热点案件、具有法律统一适用价值的案件,以及可能存在程序违法的一审案件等等。而有一些案件则有必要设置调解前置,较为典型的是家事案件。① 二是利用技术手段增强案件选定的针对性。与一审多元调解的普适性不同,二审案件调解的难度大,不同案件之间的差异性也较大。如前所述,劳动争议的二审上诉案件,诉讼费用的低廉是导致上诉率高的主要原因,而并非双方之间的矛盾激烈程度较其他案件更高。据此,应当加强调解程序应用的针对性,以提高诉前调解的成功率。具体而言,可以利用现有的大数据采集和分析技术,在现有的诉讼服务平台设立以案件特征为输入因素的程序选择分析模块,对于案件调解成功率进行分析。将案件法律关系、当事人身份信息、基本案情、诉讼成本等因素作为输入参数,输出类案胜诉概率、可选非诉程序成本、调解成功概率等结果,同时显示不同程序之间的成本收益对比,并推荐个案的最优解决程序。在法院掌握案件调解成功概率的同时,也能够在立案之前为个案当事人的诉讼前景提供预测,增强其选择调解的主动性和自愿性。

2. 兼顾二审多元调解与审判效率

首先,二审多元调解程序的启动取决于双方当事人的同意。在案件进入审判程序前先进行非诉调解,必然会在客观上增加审理的时间,其正当性完全取决于双方当事人的同意。因此,对符合矛盾纠纷多元化解条件的案件,必须在征得当事人同意的前提下,暂缓立案,交由专业调解组织开展化解工作。如果当事人不愿意通过矛盾纠纷多元化解机制解决纠纷,或在调解过程中拒绝继续调解,法院应当及时立案,转入快审程序进行审理。

其次,建立二审集中调解机制。在二审中,快审程序的正常审理期限本身只有 30 天,如果将调解程序分散至各个调解机构,再由各个机构完成通知、询问、调解、返回确认的流程,调解程序将会占用过长时间,与快审程序审理时间的配比将产生严重失调。因此,在二审中的多元调解,应当以在法院内设立的多元调解中心为依托,进行集中调解。

再次,严格设定调解流程的时间限制。根据最高人民法院《关于人民法院特邀调解的规定》第 27 条的规定,人民法院委派调解的案件,调解期限为 30 日。人民法院委托调解的案件,适用普通程序的调解期限为 15 日,适用简易程序的调解期限为 7 日。但是双方当事人同意延长调解期限的,不受此限。延长的调解期限不计入审理期限。参考上述规定确定的一审调解期限,建立在集中调解基础上的二审多元调解,立案前的专门调解时

---

① “在德国和日本等国家和地区的家事诉讼程序中,调解是审判的前置必经阶段;在美国,婚姻家庭纠纷、特别是离婚案件一般属于法院建议或是指定以调解或和解解决的范围。”钱斌、李青春:《寻求公正与效率的衡平——民事速裁机制实践探微与本土化构建》,载《法学论坛》2009 年第 1 期。

间应控制在10日以内。同时,快审流程控制的最核心问题是内部程序各端口之间的规范衔接,包括一审、二审移送接收环节、调审对接环节在内的时间节点应当尽量做到公开化、透明化,让流程时间节点接受当事人的监督是确保二审多元调解时限压缩在最小空间的有效保障。

最后,形成快审程序与调解机制的高效衔接与灵活转换。在二审立案前的多元调解阶段即应当为该案件确定快审程序的承办法官与合议庭,加强两个程序之间的衔接与沟通,增强对于效率的保障。一方面,在调解阶段,法官可以及时了解案件的调解方案与调解意愿,以及未能达成调解的矛盾根源,便于转入快审程序后法官快速地掌握案情焦点,提高审判工作效率。在案件进入快审程序后,如果承办法官发现双方仍具有调解基础,仍可以邀请专业调解人员进行调解,化解矛盾纠纷。对于调解成功的,由当事人撤回上诉或由二审法院对调解协议予以确认。对于在期限内调解不成的,仍正常进行裁判。

结　语

由于我国《民事诉讼法》只规定了普通程序和简易程序两种民事诉讼程序,其中并不包括速裁程序规则,民事速裁程序规则缺乏立法指导。为了配合司法改革的需要,民事速裁制度的顺利运行势必需要一定的民事审判程序的支撑,课题组试图在符合民事基本原则的基础上做出程序设计。但改革之路漫漫,诸多方案是否符合现代民事审判方式改革的需要,是否能够协调好法官权力扩张与当事人权利保障之间的关系,还有待实践检验。

新时代司法改革语境下关于构建强制亲职教育制度的调研报告*

近年来我国少年司法制度得到了长足的发展,在秉持着有别于一般司法审判的"特殊、优先保护"和"教育为主、惩罚为辅"的专门理念之下,少年司法不仅在机构设置上陆续发展和完善了少年法庭、未成年人检察处等专门司法部门,在规范机制上也针对未成年人特殊需求通过立法或部门规范设置了未成年人刑事案件诉讼程序、未检捕诉监防一体机制等专门制度。

然而,在当前司法改革的大背景下,由于法官员额制改革、内设机构改革的影响,针对未来少年司法的发展方向,各地出现了不同的目标诉求和价值理念:一方面,少年审判案件整体数量下降,少年法庭的法官员额数量严重缩减,相当数量的法院出现了少年法庭撤编或者与其他业务庭并编的情况;另一方面,少年法庭职能作用遭受质疑,诸多延伸工作可以由其他未成年人保护机构完成;此外,在社会舆论和大众认知领域,随着诸如 12 岁女孩投毒、13 岁抢劫杀人等低龄化、暴力化少年恶性案件屡见网络报端、引发社会强烈关注,民众逐渐形成了未成年人违法犯罪持续高发与程度加剧的认知,认为当前对少年违法犯罪治理不力、少年司法实践效果非常有限。

新时代的司法改革对少年司法提出了更高的期待和要求,在此背景下,少年司法需要做出何种应对与调整?这无疑都需要少年司法以不断探索、创新发展的视角开展审判延伸工作。

一、少年司法向家庭延伸的司法保护精准落地需求

(一)新时代少年司法的审判延伸工作定位

少年司法的特殊性是源于未成年人犯罪问题,未成年人的身心发育不成熟,不具备完全的情绪和行为控制能力,对社会的认知能力不足,极易受外界环境的影响,既容易受到不良因素的负面影响,也具备较高的矫正可能性。未成年人是一个国家的希望,是一个民族的未来。未成年的健康成长与否,关系到一个国家和一个民族能否立足于世界与民族之林。

随着新时代的不断发展,人民群众对未成年人保护和犯罪预防提出了新需求新期待,

---

* 课题主持人:周军,课题负责人:徐庆斌,课题组成员:冯哲、赖琪、谷世波、仇芳芳、宋莉、石楚楚,执笔人:仇芳芳、宋莉、石楚楚。

本课题为 2019 年部门级重点调研课题。

少年司法应当积极回应社会关切，以促进未成年人健康成长为目标，立足司法向外延伸。

案件延伸工作是少年审判的特色所在，也是少年审判区别于其他审判的重要特征。少年审判区别于其他审判的一个重要理论支撑就是国家亲权理论。国家亲权理论是指国家通过公权力干预失职监护人从而保障未成年人权益的一种基本理念。这在我国《未成年人保护法》《关于依法处理监护人侵害未成年人权益行为若干问题的意见》等法律法规中均有明确的体现。在此指导下，少年审判是作为国家主体责任的体现，不能被替代，更不能被取消。而由此延伸发展的“教育、感化、挽救”的工作更是题中之义，开展庭前调查、法庭教育、判后回访帮教、心理评估干预等诸多延伸工作，实际上是少年审判代为行使国家主体责任的重要组成部分。少年司法具有高度社会化的特质。当前少年法庭的庭前延伸、法庭教育、判后帮教工作已成体系，少年法庭积极参与社会治安综合治理，开展未成年人普法宣传教育已经积累了丰富的经验。这些工作模式、工作经验不能丢掉。

当前少年法庭的发展面临改革的“分水岭”，致使少年司法的发展遭遇诸多“瓶颈”和困难，其中既包括法律政策层面的不足，也包括工作实践方面的问题。少年司法的特殊性和30年历程带来的巨大社会效果都彰显了少年司法的重要性和必要性，如何突破少年审判的发展“瓶颈”就成为当下的改革重点。

（二）少年司法向家庭延伸的现实需求与理论意义

家庭的缺陷、监护人失格等家庭问题对未成年人的伤害是多重的，且影响深远，一方面，由于家庭的私密性、未成年人主动寻求帮助的能力有限等原因，家庭问题导致未成年人健康成长环境严重受损，直接影响未成年人正常生活。另一方面，此类未成年人由于缺少监护，容易遭受外来伤害，损害未成年人合法权益。北京一中院《未成年人权益保护创新发展白皮书（2009.6－2019.8）》中曾总结十年来受理未成年人犯罪案件的数据，流动家庭、离异家庭、来京务工家庭、单亲家庭、再婚家庭的未成年犯罪人占比长期居高，始终处于家庭背景分析的前五位，充分说明上述家庭中的相关因素对未成年人健康成长影响巨大。被判处七年以上有期徒刑的重刑未成年犯中，来自非常态家庭的超过60%。性侵害未成年人案件中，非常态家庭儿童占比超过65%。这些家庭既没有给儿童提供安全的家庭成长环境，更没有对儿童进行必要的家庭日常教育，导致很多儿童性别意识薄弱，缺乏必要的自我保护能力，在遭到不法侵害时不能准确识别危险并采取相应的自救行为，导致严重后果。

为未成年人营造良好的成长环境、对未成年人的行为进行矫治，不能仅仅依靠社会参与，更需要从“家庭”这一社会基本单位做起。家庭是人生的第一个课堂，父母是孩子的第一任老师。家庭保护是未成年人社会化最重要的途径，未成年人的监护人应当言传身教，加强家长的监护责任。

少年司法工作开展三十余年来，各地法院都在积极维护未成年人成长环境方面作出了有益探索，在家庭观护、亲职教育等工作中积累了一定的经验。以四川省成都市为例，成都市司法系统于2015年开始联合成都云公益发展促进会开展涉罪未成年人监护人强制亲职教育，作为司法职能的拓展与延伸，成都市以未成年人保护法、预防未成年人犯罪法等相关法律法规为依据，以司法机关为主体，强制涉案未成年人的监护人接受亲职教育，在国内属于首例。此次调研，北京一中院尝试探索强制亲职教育程序，对于家庭教育缺失、对孩子疏于监管的家长将其列入强制亲职教育名单，邀请心理专家、法律专家、社会学专家为家长和未成年人授课，不仅能促进涉罪、高危未成年人回归社会、预防再犯，更是健全国家监护干预体系的需要。

（三）人民法院开展强制亲职教育的目的

强制亲职教育是人民法院对未能正确履行监护职责、导致未成年人成长受损的涉案未成年人父母或者其他监护人，提供强制性家庭教育指导，帮助监护人更好地处理亲子关系和家庭生活，修复未成年人因案件被破坏的社会关系、改善未成年人成长环境，对涉案未成年人进行司法保护的国家亲权干预机制。人民法院开展强制亲职教育的目的，是根据儿童利益最大化原则，指导督促涉案未成年人父母及其他监护人正确履行监护职责，改善涉案未成年人不良原生环境，保护涉案未成年人的合法权益。对涉罪未成年人进行全面的教育、感化、挽救，充分实现人民法院对涉罪未成年人的教育矫治，通过系统干预开展特殊预防，双向保护涉案被害未成年人合法权益，依据未成年人身心发展特点对负面监护环境予以纠正，特殊、优先保护未成年人健康成长。

亲职教育，是指以家庭监护责任及教育方法为主要培训内容，以提高教育监护未成年人的能力为目标，对未成年人的父母或者其他监护人实施的教育和影响。不同于普通的亲职教育，本次调研所讨论的强制亲职教育，是人民法院作为国家机关，依据《未成年人保护法》第12条之规定，为未成年人的父母或者其他监护人提供家庭教育指导，通过国家强制力督促失职、瑕疵监护人切实正确履行监护职责，增强监护责任意识的强制性举措，是国家公权力强制介入干预家庭监护的一种方式，属于国家亲权行使监护干预职能中非常重要的机制衔接，其目的不仅在于提升父母教养子女的技巧与能力，更在于督促监护人切实履行监护教育职责，切实保障涉案未成年人的健康成长。

本次调研讨论的强制亲职教育，主要目的包括两个方面：一方面，对涉罪未成年人的监护人进行强制亲职教育，是对涉罪未成年人教育、感化、挽救的重要一环，也是题中要义。实现对涉罪未成年人的教育矫治，切断造成未成年人犯罪的家庭诱因，改善未成年人不良原生环境，修复家庭关系，防止未成年人再次实行违法犯罪行为。另一方面，对涉案被害未成年人的失职、瑕疵监护人进行教育，既是保护未成年人的合法权益的双向保护举措，也是防止再次被害、被害人走向歧途的特殊预防。

亲职教育属于广泛的社会学概念，未成年人监护人通过各种途径学习到家庭教育知识都属于亲职教育的范畴。但强制亲职教育工作的重点在于“强制”，换言之，强制亲职教育的对象，是未成年人的负面监护环境尚未达到需要撤销监护权的程度，但已经影响到了未成年人的健康成长，最终导致了未成年人犯罪或未成年人受害等不良后果的发生。由此，启动强制亲职教育，需要国家机关对未成年人监护人的监护行为进行最终评价。依据《民法总则》，最高人民法院、最高人民检察院、公安部、民政部《关于依法处理监护人侵害未成年人权益行为若干问题的意见》等规定，人民法院负责对监护行为的性质进行确定性评价，当监护人存在不利于未成年人健康成长的行为时，人民法院评价该监护人行为属于应当撤销监护权的情形还是瑕疵或失职履行监护权。

二、少年审判延伸视野中强制亲职教育的必要探索

在少年司法审判中，强制亲职教育是指人民法院发现涉案未成年人，包括未成年被告人、未成年被害人的监护人存在监护失职、监护瑕疵等情形时，强制其在一定时间内接受有关提高教育、抚养未成年子女的技巧和能力的教育，以修复未成年人的亲权关系，促使涉案未成年人从根本上回归家庭，回归社会。强制亲职教育，是对私人领域的家庭监护运行的一种强行干预，这种干预既是迫于亲权“不亲”的现实无奈，也是出于未成年人全面保护的社会需要，更是一项预防未成年人再犯罪和促进失足未成年人重新社会化的创新举措。

（一）社会转型期亲权问题凸显：肩负教育职责的监护人同样需要教育

亲权关系是指父母和子女之间因血缘而天然存在的人身和财产关系，父母对子女的人身看护和照顾是亲权关系的重要内容。但随着时代的发展，经济水平的提高，人口流动性越来越大，亲权关系存在的问题也逐步凸显。在广大农村地区，农民工潮向着城市涌动，他们追求梦想的背后却留下了数千万的留守儿童在原地散漫生长。迫于无奈代替父母监护的祖辈监护又衍生出了新的问题，过分的隔代宠溺、落后的沟通教育观念、有限的管教手段等，都将留守儿童们实际上置于一种监护缺失的状态。长期的情感需求得不到满足，成长缺乏榜样指导，精神层面空虚，缺乏亲子沟通等，这些都在慢慢侵蚀未成年人的灵魂，并极有可能慢慢演化成无形的罪恶之手将未成年人推向违法犯罪的深渊。在经济水平相对较高的城市地区，表面上看未成年人并未被打工潮带来的父母远走问题而波及，但父母监护的缺失、隔代监护的问题同样存在，甚至要面临更普遍的单亲监护。社会转型期，各行各业的年轻人都面临着巨大的压力，甚至随时随地失业的恐慌感如影随形。高压下的父母，在打拼事业和照顾家庭的天平两端苦苦挣扎，最后不得不作出家庭让位于事业的选择，祖辈补位现象同样存在。而且城市里的孩子面临着更普遍的父母离异问题。单亲监护的脆弱和力不从心的陪伴，让孩子的情感世界更单薄，同时这些孩子又要承担家庭不健全的精神压力，他们难以自信乐观地面对生活、学习的困难，在各种各样的诱惑和同辈失范行为传导面前，显得不堪一击。当父母难以提供有效监护时，“陪伴不够，物质能凑”的错误监护观念又加剧了亲子沟通不畅的问题。父母对未成年人成长需求理解的偏差让亲子关系渐渐疏远，从而使亲子关系落入恶性循环的怪圈。因此，当今社会中，无论是文化水平有限的农村父母还是知识层次相对较高的城市爸妈，实际上都或多或少存在监护观念不科学、监护安排不合理、监护实施不到位、不理想，甚至监护缺乏等问题。父母们的监护教育能力有待提高。

（二）未成年人全面保护需升级：必要时司法保护补足家庭保护的短板

对未成年人进行全面保护是整个社会的共识。我国《未成年人保护法》第6条规定，保护未成年人，是国家机关、武装力量、政党、社会团体、企业事业组织、城乡基层群众性自治组织、未成年人的监护人和其他成年公民的共同责任。一方面，未成年人保护关系到每一个未成年人的个人前途命运，未成年人是弱小无助的，需要社会提供一个良好的成长环境；另一方面，如果社会不能对未成年人实施全面、优先的保护，人类整体的命运发展也会受到限制。通常情况下，未成年人的保护首先依赖于家庭保护。对于一名未成年人来说，

父母提供的教养环境、物质条件等支撑起了未成年人的生存和发展,从衣食住行到娱乐教育无所不包。换个角度来看,父母提供的教养环境、物质条件等同样会限制未成年人的生存和发展。虽然父母对未成年人的家庭保护是在一个相对自由和宽松的环境里进行,但这并不意味着家庭保护不受外在的任何约束。法律不能约束善,但应当禁止恶。从现行法律来看,当未成年人的父母或监护人对未成年人实施虐待、遗弃、性侵等犯罪行为时,可以通过撤销监护权的制度实现对未成年人的保护。但对于父母或其他监护人怠于行使监护权导致未成年人犯罪或成为犯罪被侵害对象时,司法机关也应当有所作为,积极发挥主观能动性,采取一系列措施,敦促父母积极履行监护权。必要时司法机关可以通过具体教育手段提高父母或其他监护人监护和照顾未成年人的能力和技巧,这是未成年人司法保护的题中应有之义,也是对未成年人全面保护进一步周延升级的重要措施。

(三)未成年人犯罪预防应加码:司法机关要针对家庭因素对症下猛药

少年审判的司法实践,用一个个典型案例,警示公众,家庭因素是未成年人犯罪的罪恶之源。每一个问题孩子的背后,都是一个问题家庭。家庭的缺陷、监护的缺失、监护权履行不当会对未成年人的情感观、生命观、人生观、价值观造成难以估量的负面影响。如果一个孩子在家庭里没有得到正确的教育,缺乏及时的引导,在日常的生活和学习中,就缺乏抵御犯罪的能力,再加上未成年人易受影响、判断力低、自控能力差,极易作出越轨行为。同样地,如果一个孩子在家庭里没有得到恰当的保护,缺乏自我保护的意识和能力,就极易成为犯罪的潜在对象。

司法机关肩负着未成年人犯罪预防和改造的社会责任,是未成年人保护的最后一道防线。在审判实践中,当司法机关发现涉案未成年人的监护人履行监护权不当,且与未成年人犯罪或被害存在因果关系时,应当提起高度重视,对未成年人的监护人采取强制性教育措施,对症下药,挽救破损的亲子关系,着力消除未成年人犯罪或被侵害的家庭因素,避免未成年人再犯罪或二次遭受侵害。以往的犯罪预防存在针对性不强的问题,但如果能针对个案中识别出的问题,对症下猛药,从改善未成年人原生的家庭环境因素入手,就能精准打击犯罪诱发因素。

三、人民法院开展强制亲职教育的理论论证

(一)强制亲职教育制度的法律正当性

我国一贯强调对涉罪未成年人实施教育、感化、挽救的方针和教育为主、惩罚为辅的原则。其中,教育作为针对涉罪未成年人的基本手段,发挥着基础性的作用。通过对未成年人的有效教育,不仅能够让他们更好地认识到自身犯罪行为的严重后果,也能够提高涉罪未成年人教育改造效果,避免未成年人在改造过程中的交叉感染,从而达到预防犯罪、减少犯罪的目的。

长期的司法实践表明,未成年人走上犯罪道路、遭遇不法侵害,与监护人履行监护职责失职、瑕疵履行监护职责的关系极为密切。由于一些监护人文化水平低、子女教育经验匮乏、责任心不强、自身行为失范等诸多原因,部分监护人往往不能正确、有效地对未成年人进行教育、监督和管理,导致一些未成年人缺乏监管,走上犯罪道路;一些未成年人自我保护意识薄弱,遭受了不法侵害。监护人能够审慎履行监护职责,是未成年人能否健康成

长、顺利成才的关键。强制亲职教育正是为了解决监护职责缺失、监护职责瑕疵问题而设计的。以往的亲职教育往往是司法部门建议监护人参与,并无强制性,而强制亲职教育制度与普通的亲职教育相比,最大的特点恰恰在于其强制性。该制度意味着国家可以利用公权力,强制监护人接受亲职教育,监护人拒不接受的,将接受国家公权力的依法制裁。

就我国当前的法律制度体系而言,诸多法律法规及相关文件均直接或间接对国家干预监护权行使、保障未成年人合法权益作出了相应规定,这为强制亲职教育提供了较为坚实的法律依据,亦赋予了强制亲职教育制度以法律上的正当性。

《未成年人保护法》第 3 条第 1 款规定“未成年人享有生存权、发展权、受保护权、参与权等权利,国家根据未成年人身心特点给予特殊、优先保护,保障未成年人的合法权益不受侵犯”;第 11 条规定“父母或者其他监护人应当关注未成年人的生理、心理状况和行为习惯,以健康的思想、良好的品行和适当的方法教育和影响未成年人,引导未成年人进行有益身心健康的活动,预防和制止未成年人吸烟、酗酒、流浪、沉迷网络以及赌博、吸毒、卖淫等行为”;第 12 条规定“父母或者其他监护人应当学习家庭教育知识,正确履行监护职责,抚养教育未成年人。有关国家机关和社会组织应当为未成年人的父母或者其他监护人提供家庭教育指导。”《中国儿童发展纲要(2011—2020)》明确提出,要坚持“完善儿童监护制度,保障儿童获得有效监护”的工作目标,建立完善儿童监护制度。在多部委共同发布的《关于依法处理监护人侵害未成年人权益行为若干问题的意见》中,也细化了未成年人监护干预和临时安置措施,明确了监护侵害事件干预的处置流程、资格转移流程等。

上述规定从监护人责任、监护权履行、监护失职的惩处方式等多个角度进行了相关规定,尽管这些规定并未形成完整的体系,且散见于不同效力等级的规范性文件中,但仍然能够在实质上体现出法律赋予了国家对监护权的监督和干预权力。

(二)强制亲职教育制度的必要性

1. 有利于充分发挥家庭教育对未成年人犯罪预防和权益保护的作用

司法实践中绝大多数的未成年人犯罪、未成年人受侵害案件中,都暴露出未成年人监护人在家庭教育、成长环境营造方面的不足和缺陷。生而不教、养而不教的现象如果不能得到有效遏制,就无法真正从根源上减少和预防未成年人犯罪、保护未成年人免受犯罪侵害。通过国家强制力让监护人接受强制性的亲职教育,能够使监护人意识到家庭教育的重要性、明确作为监护人所担负的职责和使命,习得教育和监管未成年人的方法和技巧。通过强制让监护人接受教育,能够让其在思想上更深刻地意识到自身责任的重要性,在监护行为上更加审慎、高效,必将提高监护人对未成年人的教育、监督、管理效果,有利于真正从根源上优化未成年人保护工作的实际效果。

2. 健全我国监护人制度的必然要求

我国《民法总则》《未成年人保护法》等都对监护人制度作出了相关规定。从监护人的范围、监护人的选任、监护权的内容、监护权的给予和剥夺等,都有较为详尽的实体和程序性规定。《关于依法处理监护人侵害未成年人权益行为若干问题的意见》中,又对监护人侵害未成年人权益的行为如何界定、如何处理进行了规定。随着国家对未成年人权益保护的立法和司法高度重视,监护人制度的法律框架、制度体系构建必将日益完善和充实。强制亲职教育制度，是国家运用公权力督促监护人更好履行职责的一个重要方面，是对国家对监护人监督法律空白的有效弥补。随着未成年人保护法最新修订，亲职教育又将作为一项重要制度明确纳入法律规定，这一制度必将成为监护人制度体系、未成年人保护法律体系中更为有力的组成部分。

3. 我国遵守国际公约、实现儿童利益最大化的必然举措

联合国《儿童权利公约》中指出，缔约国应尽最大努力，确保父母双方对儿童的养育和发展负有共同责任的原则得到确认……缔约国应在父母和法定监护人履行其抚养儿童的责任方面给予适当协助。在该公约的引导和倡导下，世界上越来越多的国家开始运用公权力对监护人职责的履行进行监督和约束，以确保儿童的利益得到最大化的保护和实现。中国作为《儿童权利公约》的缔约国之一，也应该紧密结合公约的要求，在监护人的监护职责发挥不足、不当导致未成年人犯罪或未成年人受侵害时，要求监护人接受强制性的亲职教育。强制性亲职教育制度建立的意义，不仅在于为监护人职责的履行进行必要的监督和约束，更是我国作为国际社会中负责任的大国，在世界范围内展示我国坚决保护儿童合法权益的决心和坚定举措、展示我国现代法治建设成果的必要举措。

（三）强制亲职教育制度的可行性

1. 国家亲权理论与儿童利益最大化的理论基础

“儿童利益最大化”是当前世界范围内儿童权益保护的重要国际准则，该原则被认为是所有涉及儿童行为和权利时需要考虑的首要原则。它追求儿童作为权利主体的个体的利益最大化，是对立法、司法保护提出要求的纲领性条款。当前世界上许多国家都通过立法、司法的形式认可并执行了该原则。

我国《未成年人保护法》中规定“未成年人享有生存权、发展权、受保护权、参与权等权利，国家根据未成年人身心发展特点给予特殊、优先保护，保障未成年人的合法权益不受侵犯。”在该条中，我国实际上确立了“儿童利益优先原则”，即在国家的立法、司法、行政活动中应优先考虑儿童的权利和利益。在该原则所涵盖的领域内，实现监护人对儿童的教育、监督、管理、保护，是儿童利益最大化原则在家庭教育领域最核心的体现。国家通过对未成年被告人、被害人的父母进行规定期限、规定内容的强制性教育，帮助他们改变以往的教育和管理方法，纠正监护失职、监护瑕疵等情形，让未成年人接受科学、有效的家庭教育，拥有良好的家庭环境，这是国家在儿童权益保护方面的法律精髓与儿童利益最大化原则的精神契合。

国家亲权思想起源于西方，近年来也逐渐为我国的司法理论与实践所认同。《未成年人保护法的修订草案》对国家亲权责任进行了明确，草案第 8 条规定，父母或者其他监护人对未成年人承担监护职责；未成年人的父母或者其他监护人不能履行监护职责，严重侵害未成年人合法权益或者未成年人没有其他合法监护人的，由国家承担监护职责。

国家亲权理论让教育、管理子女不再是“家务事”，而是让公权力向家庭教育中渗透，让血缘关系赋予父母的监护权运行在国家规定的框架中，“监督中监护”将为未成年人的权益保障提供更多一道保护“屏障”。基于国家亲权理论，国家应当采取适当措施帮助未成年人改善家庭环境，既可以对严重侵害未成年人权利的监护人进行法律制裁、惩罚惩处，也可以通过强制性的亲职教育，要求监护人履行家庭监护职责。

2. 司法探索中效果优、可借鉴的实践经验

当前一部分省市已经开展了对涉罪未成年人的监护人开展亲职教育，特别是强制亲职教育的实践探索，这些实践探索根据不同省市的具体情况，因地制宜地总结了非常丰富的经验，这将成为在全国范围内全面推行强制亲职教育制度宝贵的实践经验和实践基础。自2016年起，成都市机关在全国范围内率先探索开展强制亲职教育工作。对于在执法办案中发现的因监护失职或者失误导致未成年人违法犯罪或者受犯罪侵害的监护人，通过政府购买服务的方式组织专门力量对其开展包含家庭沟通、亲子关系、情绪疏导等内容的亲职教育课程；对于拒不接受强制亲职教育课程、拒不履行监护职责的教养失职父母，会同公安机关部门依据《治安管理处罚法》第45条对拒不出席的家长予以行政处罚对其予以训诫、警告、拘留等行政处罚，强制其接受亲职教育课程、正确履行监护职责。成都市锦江区检察院还积极探索“互联网+”强制亲职教育模式，联合公益组织对异地涉罪未成年人父母以远程微信课堂的形式开展强制亲职教育，为流动涉罪未成年人监护人参与强制亲职教育提供了便利。在制度层面，成都市崇州市院与市公安局、市法院、市民政局、团市委会签的《强制亲职教育实施办法》，详细规定了亲职教育的受教育对象、启动程序、教育内容等，以及未按规定参与亲职教育的法律后果；彭州市院制定的《实施强制亲职教育操作规程》，对强制亲职教育工作流程标准进一步规范；新都区院与区法院、公安局会签的《强制亲职教育实施办法》，对受教育对象范围及教育的方式予以明确，规定了各单位在强制亲职教育流程中的权利和义务……成都市对于强制亲职教育的司法实践，为各地制定规范、开展实践提供了丰富的、可复制、可借鉴的参考。

此外，民政部从2013年6月起开展了以未成年人监护干预为核心的未成年人社会保护试点工作，通过摸底排查、主动报告等形式，对困境未成年人和家庭进行帮助，对未成年人监护状况的调查和研究，这也为强制亲职教育的开展提供了丰富的实践案例和数据支持。

四、人民法院开展强制亲职教育的制度设计

在未成年人审判工作中，人民法院对存在失职监护、瑕疵监护行为的涉案未成年人父母及其他监护人开展强制亲职教育，旨在帮助监护人掌握科学的教育观念和方法，督促失职、瑕疵监护人切实正确履行监护职责，帮助涉案未成年人顺利回归社会，以保障未成年人全面健康成长，预防未成年人犯罪，建设幸福家庭与和谐社会。

（一）强制亲职教育需要多方联动

强制亲职教育工作，是由人民法院负责开展过程中的决策、统筹、协调、评估、监督指导等工作，牵头对强制亲职教育进行部署，明确公检法司等相关单位职责，搭建资源平台，联合民政、团市委、妇联、综治、社会公益组织、第三方机构等，充分运用心理咨询、家庭关系指导等手段开展强制亲职教育。

少年司法最核心的特征就是多部门的、多元化的联动和协作，各种资源合力才能实现对未成年人的有效保护。《关于依法处理监护人侵害未成年人权益行为若干问题的意见》第37条规定，判决不撤销监护人资格的，人民法院可以根据需要走访未成年人及其家庭，也可以向当地民政部门、辖区公安派出所、村（居）民委员会、共青团、妇联、未成年人

所在学校、监护人所在单位等发出司法建议，加强对未成年人的保护和对监护人的监督指导。此条明确了人民法院对于尚未达到严重侵害未成年人合法权益的监护失职或瑕疵行为开展司法干预的核心主导地位和监督指导职能。

教育部《关于加强家庭教育工作的指导意见》中提到要推动形成政府主导、部门协作、家长参与、学校组织、社会支持的家庭教育工作格局，构建家庭教育社区支持体系。强制亲职教育制度应当纳入以各级政府为主导，多部门、多领域协同配合的家庭教育社区服务体系建设之中，完善强制亲职教育制度落实的载体，有关经费由政府财政统一拨付。

（二）强制亲职教育由人民法院依职权启动

人民法院在案件审理过程中，发现未成年人监护人存在下列监护失职或监护瑕疵问题，在案件生效后，依职权启动强制亲职教育程序：(1)未成年人犯罪的案件中，社会调查报告、心理干预报告等在案证据材料显示未成年被告人成长经历、家庭环境等存在监护人履行监护职责失职或存在瑕疵的；(2)未成年人犯罪案件审理过程中，未成年被告人监护人怠于履行法定代理人义务的；(3)未成年人被害案件中，社会调查报告、心理干预报告等在案证据材料显示未成年人被害原因存在监护人履行监护职责失职或存在瑕疵的；(4)未成年人被害案件审理过程中，未成年被害人监护人怠于履行法定代理人义务的；(5)经第三方机构评估，其他的人民法院认为监护人存在危害涉案未成年人健康成长行为，有必要启动强制亲职教育程序的。

需要进行强制亲职教育的监护人履行监护职责失职是指该监护人没有履行或部分没有履行监护职责，或该监护人自身存在不良行为习惯，导致涉案后果发生，但尚未达到严重侵害未成年人合法权益程度。履行监护职责瑕疵是指该监护人履行监护职责不当，或该监护人教育、影响未成年人方法不科学，导致涉案后果发生，但尚未达到严重侵害未成年人合法权益程度。

从维护未成年人合法权益，预防未成年人犯罪的目的出发，强制亲职教育可以适用于监护失职与监护瑕疵的所有情形。所有违法犯罪的未成年人的监护人、遭受违法犯罪侵害的未成年人的监护人，甚至有严重不良行为但尚未达到违法犯罪的未成年人的监护人都可以纳入强制亲职教育的范围。但是，从现实情况和法律的谦抑性出发，强制亲职教育暂时不宜扩大适用范围。

本次调研讨论的强制亲职教育仅限于涉未成年人刑事案件，包括未成年人犯罪案件和未成年人被害刑事案件。民事案件由于证据的举证责任等原因，暂不宜开展强制亲职教育。

强制亲职教育的启动应当以对涉未成年人刑事案件作出相应的生效裁判为前提。由于强制亲职教育带有一定的强制性，并且不是针对当事人而开展的一项规范性活动，人民法院不能随意启动强制亲职教育。特别是在尚未对未成年人的犯罪行为、未成年人被害因果关系进行评价和作出相应的处理之前，对未成年人的监护人进行强制性的亲职教育，不太妥当。

最高人民法院、最高人民检察院、公安部、民政部《关于依法处理监护人侵害未成年人权益行为若干问题的意见》中规定了撤销监护人资格的处罚措施，但仅限于监护人有该意见第35条规定的七种严重侵害未成年人合法权益行为的情形。撤销监护权等国家直接以监护人的身份承担实际监护职责的直接干预方式存在两个方面的局限：一是采用强行割断未成年人与父母之间联结与依恋的直接干预方式是否符合“儿童最大利益”尚待实践检验。剥夺其监护人资格需要非常慎重，且需要符合比例原则。从未成年人的角度来看，由于年纪尚幼，他们对父母和家人往往有比较强的依赖性，而且在家里更容易体会到自身价值和存在感，剥夺监护人资格而致家庭分离，可能会给未成年人造成严重的负面影响，给未成年人带来更加复杂的心理问题和社会问题。二是直接干预不能涵盖监护失职与监护瑕疵的全部情形。对监护失职或者监护瑕疵的监护人开展强制亲职教育，能够在不脱离家庭监护、割裂亲子情感依附的基础上改善亲子关系、增进家庭监护，作为一种干预程度相对较低的监护干预，可以适用于监护失职与监护瑕疵的所有情形，从而填补撤销监护权留下的制度空白，使国家监护干预体系更加体系化、层次化。

（三）强制亲职教育由人民法院与专业教师团队共同执行

强制亲职教育的形式包括个体辅导、团体培训、讲座等多种形式。强制亲职教育的内容由人民法院与具体开展强制亲职教育的家庭教育辅导机构或有关专业人员共同讨论商定。需要未成年人参加的亲职教育项目，应当尊重未成年人的意愿，不得给其造成不利影响。

授课师资应当选择有未成年人教育经验的专家、学者、心理咨询师等，接受过相关课程学习和具有相关经验的社工也可以纳入强制亲职教育的教师团队之内。地点应当尽量固定，课程数量不宜过少，以保证强制亲职教育的效果。具体执行强制亲职教育的机构或人员应当定期将有关情况向人民法院报告。

应当充分发挥心理咨询师的专业作用。将专业的心理服务团队和心理治疗机构引入强制亲职教育中，借助心理干预机制对亲子关系中的顽疾进行评估与疏导，增强强制亲职教育的针对性、可行性和科学性，促使双方建立有效的沟通机制，促使监护人切实履行监护职责。

（四）强制亲职教育需要配套的评估与惩戒机制

在课程结束时，人民法院、具体开展亲职教育的机构或人员分别对强制亲职教育的效果进行评估。评估强制亲职教育的效果可以从两个方面进行。一是客观性标准，即是否按照要求完成亲职教育的内容和时数。完成指定的教育内容和时数，即为达标；反之，则为不达标。二是主观性标准，即是否取得人民法院的预期目的和参加亲职教育的人有所收获。达到预期目的、有所收获，即为达到效果；反之，则为没有达到效果。可以通过对参加亲职教育的监护人进行“参加前—参加后”的测量和满意度调查来进行主观性标准的评价，也可采取走访涉案未成年人家庭的方式来进行强制亲职教育效果的评估。

监护人拒绝参加强制亲职教育或者未达到预期效果的，人民法院可以要求其再次接受强制亲职教育。再次强制亲职教育仍然拒绝参加或者未达到预期效果的，人民法院可以依情况做出不同处理。（1）第一次无故不配合强制亲职教育的监护人，人民法院书面送达《不接受强制亲职教育告诫书》，将线索移交公安机关，并建议对其予以训诫等处罚。（2）拒不参加强制亲职教育或者经两次通知无故不配合强制亲职教育的，人民法院可以将其纳入社会征信系统名单。（3）对于在教育过程中发现教养失职父母不履行监护职责严重危害未成年人身心健康或存在虐待、遗弃等监护侵害行为的，将线索移交民政部门，由民政部门依法向人民法院申请撤销其监护权。(4)在工作中发现涉嫌犯罪线索的,依法移送公安机关树立。

对于涉案未成年人的父母或其他监护人逃避参加或者拒不参加亲职教育的,应当采取强制力要求他们参加亲职教育活动,并可以依法对其作出相应处罚。《预防未成年人犯罪法》第49条规定,公安机关有权对未成年人的父母或者其他监护人予以训诫,责令父母或其他监护人严加管教有不良或严重不良行为的未成年人。

习近平总书记强调,“搞改革,现有的工作格局和体制运行不可能一点都不打破”。新时代司法改革背景下,少年审判的发展不仅要立足于案件审理职能,更应当定点于未成年人保护这一基本点向案外合理延伸。社会征信系统包括了公共信用信息,对于监护义务这一关系到国家未来发展的法定义务的履行情况,应当作为公共信用的重要组成部分。

(五)进一步探索强制亲职教育的功能拓展

人民法院与公检法司继续探索强制亲职教育延伸范围,论证对未达到刑事责任年龄、但行为已触犯刑法分则相应罪名的未成年人及其监护人纳入强制亲职教育的可行性和方式。

少年司法延伸发展的重要一环,就是将这些有严重不良行为但未达到刑事犯罪的未成年人纳入可控、可管理、可干预的程序当中,通过合理、合法、符合未成年人发展规律、有利于社会稳定的程序,对此类未成年人予以恰当的处遇。这其实也是少年司法科学发展三十年来的精神原则,更是新时代司法改革对少年司法提出的发展要求。

信息化建设发展规划及信息化应用功能拓展专项调研*

一、前言

随着信息化进程的不断推进，人民法院的审判管理和服务大众也面临转型升级。而智能时代和大数据时代的到来，为变革带来了技术支撑。诚然，科技力量不是无所不能的，但技术中蕴藏着巨大价值，将反推思维方式和工作方式等多方面的变革。分析一中法院信息化建设所经历的三个阶段以及在实践中取得的成效，并在此基础上，以服务法院中心工作为出发点，结合大数据技术、人工智能技术探析未来法院信息化建设工作的具体发力点，并对人工智能技术在审判工作中的定位进行了理性分析。

信息技术是当今世界创新速度最快、通用性最广、渗透能力最强的高新技术之一，它不仅推动观念变化、工作方式变化，而且还推动制度和体制的变化。信息技术的不断发展，对司法工作已经产生并将进一步产生深刻影响。促进新技术在审判工作中的深度应用，通过技术创新手段的运用提高审判质量和效率，是新时期人民法院的一项重要任务。近年来，北京市第一中级人民法院按照最高人民法院提出的加快建设人民法院信息化3.0版，加快建设“智慧法院”的统一部署，积极运用大数据、人工智能技术思维，依托科技不断探索司法为民、司法公开、服务审判的新举措、新办法。

二、我院信息化建设工作发展历程

我院的信息化建设工作起步于20世纪90年代中期，主要经历了三个发展阶段：

1995年到2002年，为起步阶段。自1995年建院以来，我院高度重视信息技术的应用，我院是北京法院系统最早引进信息化技术的单位之一。其间，我院逐步购置了计算机、打印机、传真机、复印机、庭审记录等现代化办公设备，院局域网在2000年成为北京法院网的重要组成部分之一。

2002年到2012年，为发展阶段。我院的信息化建设工作进入发展时期，审判业务的方方面面都相继引入科技手段以提高效率。这期间，我院扩充了机房的服务器、交换机以及存储的数量，建设了高清视频会议室，高清数字法庭和远程法庭，引进了网络打印机。为后续的信息化建设工作打下了坚实基础。

2012年至今，为深度融合阶段。近年来，我院相继开发了大数据平台系统，建设了高

---

* 课题主持人：马立娜，课题负责人：王利军、陈实，课题组成员：张鹏、王燕生、周麟，执笔人：张鹏。
本课题为2017年部门级重点课题。

清庭审视频网络直播系统、执行指挥中心系统,开发了司法公众服务App,电子送达系统,法庭管理系统,法庭旁听网上预订系统,诉讼服务大厅综合服务系统等一系列有代表性的审判业务系统,通过信息技术与审判业务的深度融合,为我院的司法公开和司法为民工作提供更为高效的、便捷的信息技术保障。

通过与兄弟法院的座谈交流,我们了解到,我院信息化工作的发展历程,也是北京法院系统信息化发展的一个缩影,这个过程可以概括为:(1)信息化的引入阶段:初期的信息化建设主要以办公信息化设备采购,局域网的建设和完善为主,传统的审判业务工作中融入了信息化的元素;(2)信息化的发展阶段:这期间,各类审判应用系统应运而生,数据库和存储设备在不断扩容壮大,数字法庭投入使用,法院开始运用信息化手段规范和完善了审判流程;(3)信息化与审判工作的融合阶段:在这个阶段,各类已开发的信息化系统面临着梳理、组合与重构,在大数据、人工智能时代,法院积累的丰富的审判数据亟须被唤醒,新媒体时代的司法公开任重而道远,信息化工作已经与法院各项工作深度融合。

三、我院信息化建设工作近年来取得的实效

近年来,我院紧紧围绕"努力让人民群众在每一个司法案件中感受到公平正义"的目标,牢牢抓住司法为民公正司法这条主线,以加快建设人民法院信息化3.0版,加快建设"智慧法院"为指引,依托信息技术破解难题,促进法院的司法水平不断提升。

(一)依托信息技术,实现多平台司法公开

周强院长指出,"公开是最好的防腐剂,公开是树立公信的前提,公开是打消当事人疑虑的最好办法"。美国当代著名法学家伯尔曼曾在其《法律与宗教》一书断言:"没有公开则无所谓正义",新的时代对司法公开提出了更高的要求,如何依托信息技术,掌握法院司法公开的主动权,刻不容缓。

1998年,北京市第一中级人民法院在全国率先落实审判公开制度,此后,我们一直注重在司法公开的广度、深度上下功夫,不断扩大我院司法公开的影响力。近年来,我们依托现代信息技术,加强了审判流程、裁判文书、执行信息三大公开平台的科技化和规范化建设,同时探索利用新媒体手段推进司法公开的新途径,努力构建"开放、动态、透明、便民的阳光司法机制"。

1. 三大平台,全程公开。我院从审判流程到执行信息再到裁判文书,全流程的公开,让法院的所有工作都展示在阳光下。我院全部54个法庭均实现高清数字化,可实现庭审过程全程录音、录像,并全程向社会公开;在立案大厅门口的诉讼服务一体机上,当事人可以直接实时查询到自己案件的立案、庭审、宣判等诉讼全过程,并得到全市同质化服务。在中国裁判文书网上,我院已将除保密要求不便公开以外的各类裁判文书全部上传,向社会公开法院审判工作的最终"产品"——裁判文书,并接受公众的监督;我院通过"全国法院执行案件信息管理系统""北京法院审判信息网",官方微博等平台,向社会公布失信被执行人信息,强化对失信被执行人的司法制裁,保障当事人胜诉权益。

2. 庭审直播,开放透明。2005年,我院通过中国法院网、北京法院网开始对案件进行图文直播,2013年10月16日,我院通过官方微博首次对《百度诉奇虎索赔一亿元案》进行微博图文直播,2014年4月21日,我院通过北京法院审判信息网,对《奇虎360诉百度

商业诋毁案》进行庭审视频直播，成为北京市首家利用数字法庭传输视频信号实现庭审视频直播的法院，2015 年 6 月 26 日，我院开始在官方微博上实现庭审的图文和视频同步直播。自 2005 年至今的十二年间，我院借助各类网络平台，开展各类直播 700 余场，直播形式、直播频率和直播数量的飞速增加，从另一个侧面反映了司法的日益开放与透明。

（二）依托信息技术，减轻当事人诉累，提升办案效率

近年来，我们始终坚持以“司法为民”为宗旨，借助信息化手段不断提升司法为民的能力与水平，创新和完善各项便民利民措施，不断满足人民群众的司法需求。法院工作的对象是当事人，让当事人参与诉讼更方便，让当事人在诉讼过程中少花钱、少跑路、少受累自然是法院信息化建设工作的一个重要出发点，让使用对象的使用成本降低，提升效率，这也是技术创新的价值所在。

1. 司法文书电子送达。我院通过手机短信确认和互联网客户端下载的方式将法院除裁判文书以外的司法文书送达给当事人，把传统纸质的司法文书送达方式改为电子方式，大量减少了传统送达方式带来的人力、物力、财力的消耗，有效提升了审判效率。

2. 法院访客自助登记。为提升法院访客的管理效度，我们将法院访客安检系统与法院数据库相关联，可提前自动获取次日需要进入法院的人员信息，并预先传送到法院门外的自助终端机上。当天来法院参加庭审、旁听、谈话、阅卷的当事人只需在自助终端机上扫描身份证，进行数据比对，如身份吻合，即可自助获取进门票，在闸机入口刷票，就能快捷进入安检环节。与此同时，当事人来到法院的信息也将自动发送到法官和书记员的手机上，审判人员可提前做好庭前准备。庭审结束后，当事人离开法院时再次扫描门票，系统会记录当事人离院时间，并以短信形式通知法官，从而使当事人的诉讼流程得到闭合式管理。

3. 法院旁听网上预定。当事人通过互联网登录该系统，或者关注我院 App、微信，只要填写姓名、身份证号码、手机号码等信息即可对旁听席位进行预订。开庭当日，当事人通过我院自助登记终端领取通行证后，可进入法庭参加旁听。目前已实现互联网、微信、手机 App 三个渠道的预约。

4. 远程提询、庭审。自最高人民法院出台减刑假释审理程序规定后，六类案件明确要求开庭审理。这在客观上增加了审监庭法官的开庭压力。我院审监庭有许多减刑假释案件需要在延庆监狱开庭，单程就有近 90 公里，来回四五小时的车程让法官的许多时间都浪费在了路上。为了更好地适应法律规定，提升审判效率，我院与延庆监狱合作，重点研究了远程庭审的设备配置、信号检测及线路铺设等工作，于今年上半年完成了远程庭审信息化项目的主体工程，系统投入使用后，有效提高了减刑假释案件的开庭效率，这也是信息化在审判过程中的又一具有很强实效性的应用。

5. 诉讼服务大厅信息化建设。我院结合诉讼服务大厅改建工程，依托信息技术手段，整合了集诉讼指导、案件查询、法律咨询、法律援助、集约送达、电子扫描、立案登记、跨域立案、特邀调解、来访接待、远程接访、机器人智能服务及诉费缴纳等三十余项功能于一体的司法为民服务平台，实现了自助立案信息填报，当事人自助式一体化评价，京津冀三地当事人就近立案，智能机器人“小法”提供智能式人工服务，案件卷宗电子化管理等一系列科技化的便民举措，努力为当事人在整个诉讼过程中提供多方位的

技术服务。

(三)依托信息技术,提升审判数据利用率,强化审判流程管理

1. 抢救整理海量历史审判数据。法院核心的资源是案件,法院的核心信息就是案件信息。我院自2013年起,从容量、种类、速度和价值四个关键点入手,对海量历史审判数据进行甄别、比对、筛选和合成,全部导入数据库,建立了我院自己的审判业务大数据平台。通过平台将案件的所有数据进行了有效整合与一体化管理,实现了审判业务质量、效率的大幅提高。已有审判数据的资源化,也赋予了数据新的生命力和更多的利用价值。

2. 强化审判全流程可视化管理。法院的核心业务工作包括立案、审判和执行,三者密不可分。立案是审判的前提,审判是执行的基础,执行是立案和审判的保障和实现。近年来,我院2012年提出的“三位一体”的信息化建设理念,让信息技术融入“立案、审判、执行”三个核心环节并实现连接。我院利用物联网技术,将纸质卷宗的管理从归档环节前移至立案环节,从立案开始就对案件材料加贴机读电子标签,在立案、审判、归档环节进行信息扫描登记,实现对卷宗线上、线下的双重管理。确保了案件进程管理权责到人,解决了纸质卷宗在流转过程中可能遗失的问题。以可视化指挥调控应用为核心,将庭审视频、远程执法等视频信息统一显示在控制中心屏幕上,方便管理者查看,提升对诉讼过程的管理效率和精确度。我院的执行指挥中心系统,既可与高院实现互联互通,又可通过配发给干警的执法记录仪实现执行过程实时监控。系统的全程录像和网络传输功能,方便日后查询。该系统投入使用后,增强了执法人员的责任心,提升了执行工作的透明度和监控度。

3. 提升审判数据利用率。依托大数据技术加强了对现有审判业务数据的统计、分析和比对,通过对审判数据的分析,可以为领导提供案件评查、审务督察、执法执纪、联席检查、教育培训、观摩交流所需要的各类统计信息,使司法管理更加精细化、系统化。为整合已有各类庭审数据资源,方便干警快速查阅各类审判数据,我院开发了审判业务统一数据平台,该数据平台整合了案件基础信息库、电子档案数据库、庭审视频数据库和人员信息库等内容,涵盖了电子扫描案卷,案件基础信息和庭审视频录像。方便快捷地查寻案件的相关信息,从而通过“一键通”的智能模式,有效地提高法官的工作效率。

四、我院信息化建设工作的规划及审判应用功能的拓展分析

“智慧法院”的建设任重而道远,北京市第一中级人民法院之前在这方面做了一些有益的尝试,但离最高人民法院制定的“智慧法院”目标还有一定差距。下一步,我们将继续以实现审判体系和审判能力现代化为目标,坚持服务人民群众、服务审判执行、服务司法管理为主线,将法院的业务工作与大数据、人工智能等高新技术有效结合,推动一中院尽快走上“智慧司法快车道”。

(一)利用大数据技术深度挖掘法院相关数据资源价值

近年来,“大数据”越来越广为人知,合理运用大数据技术中蕴藏的巨大价值,有助于提升司法能力、提高司法公正、促进法院与社会公众良性互动。大数据技术不仅意味着处理大量的数据。它与传统的数据处理技术相比,除了数据容量更大的表象特点之外,还体现了一些其他特点。国际数据中心IDC的报告中对大数据给出了如下的属性定义:“大

数据技术描述了一个技术和体系的新时代，被设计于从大规模多样化的数据中通过高速捕获、发现和分析技术提取数据的价值”。这个定义刻画了大数据的四项显著特征，即数据体量大（volume）、数据类型多样（variety）、数据处理速度快（velocity）和数据价值密度低（value）。这就是通常所说的“4V”定义。大数据分析作为一种新型的研究范式和决策辅助方法，正无孔不入地渗透社会生活的方方面面，为人类活动提供信息参考。法院工作领域也不例外。除案件相关领域的数据外，司法活动本身也在源源不断地产生案件判决、庭审笔录、庭审视频、证据材料等各类业务数据。此外，社会各界对于审判活动有着密切的关注，各大门户网站、社交媒体上均存在大量对审判案件、某个法院甚至某个具体法官的报道和评论。对海量异构的案件数据、审判业务数据及互联网数据的分析，将会为法院工作智能化、司法公正的促进、法院资源的优化配置、法院与社会公众的良性互动等方面都提供有益的辅助支持。

前文提到，一中院近年来已经对建院以来的历史审判数据进行了筛选、分类、整理，并已取得了一定的成效，这为大数据的运用奠定了基础。数据的生命力在于对其的挖掘和运用，开发数据中蕴藏的价值，实现这一目的，需要构建数据模型，使其发挥更大的作用。下面探索性地分析三种大数据应用模型：

1. 大数据技术有助于法院对资源进行优化配置。可以建立针对案件审理流程的大数据分析模型。例如，通过大数据技术对案件繁简分流及合并拆分审理等过程中的规律进行分析，辅助进行案件繁简分流及合并、拆分审理的决策建议，提升法院工作效率。可以应用大数据技术测算不同庭室的审判工作量，辅助评估每个法官、法官助理及书记员的办案质量、效果及专长，并进行审判人员的优化配置。特别在当前的司法改革工作中，以大数据为依据，科学进行调查研究，科学测定法官、司法辅助人员的工作量，科学推动审判权监督管理方式改革，科学推动审判辅助及案件执行改革，从而确保法院司法改革取得应有的实效。

2. 大数据技术可以对类型化案件进行归类、总结、分析，从而助推社会管理。可以建立针对审结案件的大数据分析模型，对不同数据源的数据进行比对、关联、分析和预测，对原本以碎片化电子数据存在的全体案件样本进行相关性分析，形成数据化的统计和规律，从而对社会管理以及相关行政单位的工作产生预警、辅助决策等作用。例如，对经济犯罪类案件进行大数据分析，就可能会获取廉政管理方面的预警参考；对未成年犯罪案件的大数据分析，有助于总结对未成年管理、引导方面更科学的办法；对某一地区行政类案件的大数据分析，就可能为今后的行政立法、行政执法提供更加妥善的决策依据。

3. 大数据技术可以辅助促进法院与社会公众的良性互动。在当今网络信息时代，公众对审判信息需求量越来越大，对司法公开的信息及时性要求越来越高。法院工作领域的热点多、触点多、燃点低，公众在互联网上的舆论可能包含改进法院工作的有益建议，也可能是基于信息不对称或错误信息而产生的不符合实际情况的认识，后者常常给相关法院的工作人员带来压力。在坚持审判独立原则的前提下，可以应用大数据技术，发现公众心理和舆论传播的特点，进行舆论风险预警和适当的、及时的信息发布，从而构建法院与社会公众的良性互动关系，此举有助于缓解舆论对于法院的压力，辅助审判独立的实现。同时，大数据技术可还以帮助法院干警从众多司法业务数据和互联网信息中挖掘司法为民目标的实现和提升路径,进而辅助提高社会公众对司法工作的满意度。

综上所述,大数据技术可对法院的多项工作提供支撑。对数据进行分析挖掘,可以发现隐藏在大量细节背后的规律。依据规律,可预测未来。收集分析海量的各种类型的数据,并快速获取影响未来的信息能力,这正是大数据技术的魅力所在。

(二)人工智能技术助推审判质效全面提升

周强院长在2016年7月15日提出“加快建设人民法院信息化3.0版,加快建设‘智慧法院’,推进审判体系和审判能力现代化”。智慧法院主要在四个方面实现智能化:审判、执行、服务与管理。其中,审判是基础、是核心。建成智慧法院需要在审判领域引入人工智能技术。

“人工智能”(Artificial Intelligence,AI)一词最初是在1956年达特默斯(Dartmouth)学会上提出,它是研究、开发用于模拟、延伸和扩展人的智能的理论、方法、技术及应用系统的一门新的技术科学。它的研究领域包括:机器人、语言识别、图像识别、认识与推理、机器学习等方面。人工智能在法院系统的发展源于两种动力。一是法院实践自身的要求。随着社会生活和法律关系的日趋复杂化、精细化,法院审判工作需要新的思维辅助工具。二是人工智能发展的需要,人工智能以模拟人的全部思维活动为目标,但又必须以具体思维活动全面、系统掌握为过程。它需要通过对某一具体思维领域的深度学习,来实现和达到接近或类似人类思维的智能模型。此外,人工智能技术运用在司法审判辅助领域,还有下述原因:其一,尽管法律推理十分复杂,但它有相对稳定的对象(案件)、相对明确的前提(法律规则、法律事实)及严格的程序规则,且须得出确定的判决结论。这为人工智能模拟提供了有利的条件。其二,审判工作长期积累的完备档案,为机器学习审判知识提供了丰富、准确的数据资源,截至2017年11月30日,中国裁判文书网上已收录的三千七百余万篇裁判文书,就是一个可供机器学习的巨大资源库。

1. 人工智能审判模型能够为司法审判人员带来的帮助。通过建立人工智能审判辅助模型,预期可以实现以下的帮助:

(1)为法官提供类案推送服务,为案件审理提供“相似案例”的参考,节省法官搜集相关案例的时间,将更多的时间和精力运用到审判工作当中。

(2)依托人工智能技术,根据输入的案件资料与信息,将给法官提供在一定区间内的裁判结果,供法官参考,即人工智能辅助审判,在法律适用领域的位阶应当是刑法优于行政法优于民商法。

(3)为法官自动提供同一法律事实可能产生的法条竞合,方便法官拓展审判思路。随着依法治国的不断推进,我国的法律规范越来越详细,每年都会有数部法律颁布或修订,基于同一法律事实,可能会涉及数个法律规范的不同法条,在此种情况下,依托人工智能技术为法官自动推送可能涉及的法条。

(4)机器自动生成裁判文书的初稿,法官在此基础上,再次整理形成正式的裁判文书,提升裁判文书撰写效率。

(5)形成数据共享模式,与其他法院及相关单位实现数据共享,为更多的法官和从事与司法相关的工作人员提供案例指导,从而更好统一审判尺度。

2. 人工智能辅助审判模式实现的技术探究。依托人工智能技术有两种构建审判辅助模型的思路。

思路1:构建以精品案例为核心的审判辅助模型。具体模型构架思路如下:首先建设审判基础数据库,实现审判数据汇总管理的目的,但这些数据并不能完全作为精品案例。需要从普通案例中取选出精品案例,然后进行机器推送。目前一中法院获取精品案例的途径为:我院每年通过推荐、初选、终选等流程,评选出50个精品案例,然后汇编成册,供法官们参考与学习。此外,最高人民法院每年也会发布一些指导性的案例,供各级人民法院审判类似案件时参照。我院的精品案例及最高人民法院指导性案例的优势是好中择优,选出的案例水平较高,指导性较强。不足之处是:每年评选出的数量不多,周期较长,覆盖面不够广,并且缺乏一套高效的、可供机器学习的从普通案件中评选精品案件的机制和标准。这为人工智能的运用带来了巨大挑战。

思路2:构建以数据统计为基础的可适性案例参考模型。具体模型的构架思路如下:以海量的案例库为基础(案例库数量越大,统计结果越接近真实性),依托大数据技术和人工智能技术,运用统计学和概率学等学科知识,形成人工智能模型,对海量的数据进行分析。首先通过案件要素筛选出与待审理案件匹配度较高的案件,然后再统计出筛选出的案件的相应判罚结果及区间,并形成具体的比例分布,然后将比例较高的案件依据一定的排序优先推送给法官供其参考。这种方式的优点是案例来源广泛、时效性强、依据概率统计而非依据评选规则推荐案例参考,不足之处在于推选的案例完全由人工智能完成,精确度具有不确定性。这种模型有别于传统的精品案例指导模型,但也符合图灵博士对机器智能的描述:“机器智能最重要的是能解决人脑所能解决的问题,而不在于是否需要采用和人一样的方法”。

分析以上两种智能审判辅助模型的构建,课题组认为第二种模型是未来发展的趋势与走向。因为它完全符合大数据技术的四项性能要求:数据体量大、数据类型多样、数据处理速度快、数据价值密度低的特点。即从海量的、多类型的、数据价值参差不齐的数据中(中国裁判文书网可以作为一个数据来源的参考),快速地筛选出与目标值更加接近的数据(与待审案件匹配度高的案例)。从统计学的角度来分析,样本空间容量越大,覆盖面越广,统计结果的置信度越高,也越接近真实。而之前人们在进行样本统计时,一般选取样本容量较小的原因有两方面:一是缺乏大数据技术支持,很难获取到大量的统计数据;二是缺乏人工智能技术支持,样本容量过大时,在统计分析时会导致人力、财力或物力的大幅消耗,成本过高。如今随着人工智能技术与大数据技术的飞速发展,已经从技术角度逐步解决了上述两个难题,从而具备了推动智能辅助审判模型发展的技术基础。

3. 人工智能技术在审判工作中的定位。人工智能技术运用在案例指导方面,是在数据、技术以及理念方面的全新尝试。所谓“君子善假于物,增益其所不能”,人工智能替代的是规则清晰的大量司法重复劳动,其定位应是辅助审判工作而非取代审判工作。但在未来,有没有这个智能辅助带来的差异将是巨大的。有“智能辅助”的法官与没有“智能辅助”的法官之间无论是专业程度、工作效率质量都可能是数量级上的差距。善假于物的法官,能够更加快速地把案卷“吃透”,专注于审判核心业务,才是“更像法官的法官”。但我们也要看到,审判工作的复杂性远超人工智能目前所能处理的问题,探索建立科学、高效的人工智能模型,仍然需要不断的尝试与探索。

五、结语

我们已处在智能时代、大数据时代的起点,尽管还不能完全洞察这一伟大时代的全貌,但技术的革新已让我们体会到了科技的力量和社会的变革。当我们用智能手机查阅1865年英国制定《红旗法案》这一闹剧时,嗤之一笑的背后更多的是对英国错失汽车工业发展良机的唏嘘感叹。以史为鉴,可以促新。杭州互联网法院的建立,贵州公检法办案互联互通模式的形成以及北京法院智能语音转录系统的全面使用,一次次将高新技术融入了审判事业,从技术上改变了传统的工作模式,法院作为法治社会的重要支柱,应积极面对智能技术、大数据技术引发的这场变革,拓宽视野,奠定基础,积累经验,培育人才,为更加公正、高效、科学、公信的司法实践积蓄现代化的科技力量。

立案登记制实施后我院立案审判执行工作出现的新情况及新问题*

党的十八届四中全会通过的《中共中央关于全面推进依法治国若干重大问题的决定》(以下简称《决定》)将立案审查制改为立案登记制,体现了党中央对立案工作的重视。《决定》将立案审查制改为立案登记制,意义重大,体现了中国共产党充分运用法治思维和法治方式解决社会矛盾纠纷的理念和决心,发挥人民法院在国家治理体系中的职能作用,实现依法治国的总目标。实行立案登记制后,从制度机制上破解"立案难"的问题,畅通矛盾纠纷化解机制,保护群众合法诉权。

一、对原有立案制度的反思

(一)立案审查制度之弊端

我国一直实行立案审查制度。原告起诉有可能引发民事诉讼程序,但可能不等于现实。由可能变成现实的中间阶段,即人民法院对起诉的审查。当事人到法院起诉,不仅要满足形式要求,还要达到法院一系列实质审查标准,起诉要件与诉讼要件混淆,使我国司法程序启动门槛过高;1992 年修订的《民事诉讼法》单独设立了立案庭,在形式上完成了立审分离。但长期以来立案庭与审判庭功能交叉、立案过程中实质审查对审判权的冲击等一直饱受诟病;而且,立案审查权逐渐演变成一种行政性权力。实践中,不少法院在年底时,为保障结案率而不予立案,告知当事人年后再诉;对于新型、复杂或有重大影响的案件,法院为摆脱责任,也不予立案;法院单方面决定是否立案,已对当事人的诉权和程序参与权造成了极大的损害,也极大地损害了法院的权威和司法公信力,客观上催生了我国信访、上访不断,当事人不相信司法审判而采取其他非正常手段解决纠纷。根据诉讼法基本理论,诉讼程序应以保障诉权、便民高效为主旨,现有的民事立案审查制度与上述主旨产生了诸多冲突,进行改革势在必行。

(二)案由制度之弊端

案由制度可谓中国之独创。一位德国学者在中国考察期间对中国法院能够迅速统计出各类案件的数量而感到惊叹。我们并不否认案由制度的正面价值,不可否认,案由制度对于案件的分类管理确实功劳不小,但是其应仅为案件分类的参考标准。然而,自 2007

---

* 课题主持人:陈锐 ,课题负责人:王惠庆,课题组成员:张寒松、周红、许婧,课题执笔人:许婧。
本课题为 2015 年部门一般课题。

年《民事案由制度》颁布以来,案由却已经成为法院受理案件的标准。法院在受理案件时,对那些不符合案由规定的案件,则采取不予受理的做法。随着社会、经济的发展,人们关注的焦点已不再是传统意义上的财产、人身等权益,环境、精神、文化等也受到了更多的关注,由此催生了许多新型民事案件,若一味机械地适用案由制度,势必将本应受到法律保护的权利拒之门外,也与立案登记制度相冲突。而且实践中当事人往往采取更改案由的方法,针对同一标的提起双重起诉,使对方当事人不断地卷入纠纷之中,损害了司法的稳定性和权威性。不得不说,立案审查制与案由制度可谓立案难的两大动因。

(三)立案标准不一

由于我国实行立案审查制,根据《民事诉讼法》的相关规定,法院在受理案件时就要对"当事人是否与案件具有利害关系""是否属于法院管辖""证据材料是否充分"等实体要件进行审查,但是我国各地区司法发展状况不同,司法水平参差不齐,而且各地区法院还会自行出台立案标准,对立案材料的审查予以规定。这就导致了不同的法院在进行审查的过程中,审查的标准差别很大。而且,在涉及跨省市的案件中,法院存在地方保护主义,为抢管辖权而放宽受理标准。法院在受理案件时任意性较大,缺少客观统一的标准。

二、立案登记制度的理论基础

为解决上述种种问题,学界早有改革立案制度,代之以立案登记制度的呼声。从世界范围内看,国外司法实践中,也多为立案登记制度,如在美国,当当事人只需在法院填写固定格式的表格(多为当事人基本信息等)即可登记立案,而不需实质审查。从理论层面考量,立案登记制度也更能满足保障当事人诉权行使、实现程序正义等民事诉讼的价值追求。

(一)诉权理论

诉权是当事人在合法权益受到侵害时,享有提起诉讼或者应诉,并要求法院行使审判权以保护民事权益的权利。诉权是宪法所应予保障的一项基本权利。无救济则无权利,对诉权的保障程度与国家的发展进步及民主化程度息息相关。关于诉权理论,存在许多学说,诸如私法诉权说、抽象诉权说、本案判决请求说、司法行为请求说等。我国大陆民事诉讼法学界的通说为二元诉权说,所谓诉权二元说是指诉权具有在程序意义和实体意义双重含义。程序意义上的诉权包括起诉权、应诉权等;实体意义的诉权包括胜诉权、反诉权。其中起诉权居于核心地位。民事诉讼坚持不告不理的原则,起诉权的行使以及当事人起诉权之行使能够得到多大程度的保障,决定了当事人的合法权益能得到多大程度的保障。司法制度的改革,应将诉权保障作为出发点和落脚点。因此,对于公民起诉权的行使应给予更多的保障而非限制。立案制度作为连接当事人起诉与审判权行使的桥梁,在其制度设置上,应将保护当事人诉权行使作为首要的原则,而不能在当事人请求司法保护的第一阶段就主观性的设置一道围墙,将当事人拒之门外。反观实务界的反对声音,诸如会造成司法资源浪费、当事人诉权滥用、增加诉讼压力及降低诉讼效率等,实有本末倒置之嫌。我们认为,上述问题的确存在也要解决,但不应以牺牲对当事人的诉权保护为代价。

（二）接近司法理论

何谓接近司法，我们认为可用卡佩莱蒂教授的观点对其解释，即“促进法律及政治制度，其权利、利益及其保护，为所有人实效性的接触”。自20世纪五六十年代以来，接近司法已经成为世界范围内司法改革的目标及指导原则。卡佩莱蒂教授认为，影响当事人接近司法的因素主要有法院成本、经济负担、诉讼迟延、小额请求、律师费用等。我国长久以来实行的立案审查制度不仅提高了当事人利用司法权的门槛，而且在一定程度上造成了诉讼迟延。根据现有立法，法院在立案时即可因当事人主体不适格或管辖权问题等单方面作出裁定，剥夺了当事人的程序参与权，当事人不断地上诉、申诉，导致案件在立案阶段就久拖不决。因此，立案阶段去行政化，将涉及案件的实体问题交由审判庭处理，并赋予当事人以充分的参与权就成了必然要求。纵观近年来民事诉讼法修改的趋势，小额诉讼的规定、公益诉讼的纳入等都是对接近司法原则的回应，而在立案制度的设置上，笔者认为也应以此为导向，去除立案阶段的实体审查，打开接近司法的大门。

（三）保障程序正义

美国大法官道格拉斯曾说过：“正是程序决定了法治与恣意的人治之间的区别”。程序正义是结果正当的必要条件。在我国长期的司法理论与实践中，一直受到“重实体、轻程序”观念的影响，程序正义观念相对淡薄，但是在近些年的法治建设中，程序正义越来越受到人们的关注。程序正义的基本要求包括：法律在具体运行中充分保障每个人的权益；每个当事人都能得到充分地表达自己观点的机会；法官客观中立；程序运行公开透明；为当事人提供救济；等等。遗憾的是，在原有的立案审查制度中，关于当事人是否具有诉的利益、管辖权问题、证据问题等实体性问题均是在双方当事人未能充分参与的情况下，由法院单方决定，缺乏程序的公开性，剥夺了当事人的程序参与权，不仅没有达到息讼止争的目的，反而增加了当事人的不满情绪，降低了司法的公信力，也对后续的案件审理造成了不必要的障碍。因此，将涉及当事人实体利益的问题，交由审判庭处理，赋予当事人充分参与陈述的机会，才符合程序正义的要求。

三、立案登记制度改革后我院的情况变化和出现的新问题

（一）近三年我院的收结案特点

近三年可谓我市法院的改革之年，2013年三中院成立，2014年知产法院和四中院相继成立，我院共分流案件近13,000件，近三年案件特点如下：（1）案件结构发生重大改变。从2012年22,053件到2014年的23,072件，经历了一审案件激增和二审案件大幅度下降的过程，其间二审案件下降了近5000件，一审知识产权案件激增了7000余件，2014年我院审理一审案件占案件总数的比重上升至48%，比往年不到20%的比重上升了近30个百分点，同时二审案件所占比重由往年的70%左右下降到43.5%，案件结构发生了重大改变。（2）案件难度有所加大。由于一审知产案件涉外因素较多，给案件审理、案件审限及涉外送达带来诸多问题和困难。2015年5月1日我院全面落实立案登记制度，案件情况更加复杂多样。

2015年1～11月我院共收案14,377件，比去年同期下降35.6%，其中一审案件收案2722件，同比下降了74.5%，二审收案9527件，同比下降了3.6%；结案16,254件，结案

率79.5%，比去年同期提高了10.1个百分点，未结案件同比下降了41.2%。

(二)立案登记制度改革实施后我院出现的新情况

立案登记制改革事关人民法院司法职能的正确发挥，事关法院司法体制改革的进程，事关全面推进依法治国的大局，我院一开始便从推进法治中国建设、深化司法体制改革、践行司法为民宗旨、实现公正司法目标的高度，深刻认识立案登记制改革的重要意义，坚定信心，勇于担当，迎难而上，坚决落实最高人民法院一系列专题会议的部署，确保立案登记制改革在我院有条不紊全面推进。立案登记制实施至今，我院登记立案工作总体进展顺利，没有出现过大规模人员聚集情况，没有出现当事人露天排队等候情况。但是与立案登记制度实施前我院的登记立案工作出现了以下新情况。

1. 登记立案程序更加规范。改革后，最高人民法院《关于人民法院登记立案若干问题的规定》及市高级法院《北京法院登记立案实施办法》更加详细规范了登记立案程序，我院在此基础上，制定出符合我院特点的《登记立案实施细则》及《邮寄起诉案件处理工作办法》。对上述规范及《行政诉讼法》《民事诉讼法司法解释》的严格执行，我院在改革后登记立案程序更加规范，如对当事人的起诉，我院一律接收诉状，一律出具书面凭证并注明收到日期；在当事人提交的诉状和材料不符合要求时，我院全部一次性书面告知在指定期限内补正；我院严格执行七日的审查期间，凡在七日内不能判定起诉是否符合法律规定的，我院均先行予以立案，但如果判定属于不予受理或者不予立案的，在七日内出具载明理由的书面裁定；我院执行先立案后交费制度，在登记立案后，向当事人发出交纳诉讼费用书面通知，并在2日内将案件移送审判庭审理。此外，我院还对申请财产保全、邮寄起诉、网上预约立案的处理流程作出了详细规范。上述规范的严格执行，大幅压缩了立案裁量的空间，有效紧凑了立审工作的衔接，登记立案程序更加规范。

2. 重大敏感案件起诉增多。立案登记制实施以来，来我院要求登记立案的重大敏感案件起诉明显增多。我院连续接待处理了180余名失独家庭人员集中起诉国家卫计委行政不作为案、孙某金等40人起诉住建委要求撤销行政复议决定案、孙淑敏起诉监察部行政不作为案等重大敏感起诉案件。此外，还有以往被处理过的涉经租房等历史遗留问题的案件当事人曾来我院咨询登记立案的规定。

3. 出具书面裁定数量增多。我院严格遵守相关法律规定，对于经审查认为不符合登记立案条件的，在法定期间内一律出具书面不予受理或不予立案裁定。今年以来我院共出具行政不予立案裁定220件，较去年同期增长528%，其中包括失独家庭人员起诉卫计委行政不作为案件、诉国家信访局案件、诉监察部案件、诉中国科学院案件、诉北京市政府案件。

4. 登记立案秩序更加有序。虽然来我院集中起诉的重大敏感案件及群体性案件增多，但由于我院提前进行了充分预判，制定了多套可行预案，我院的登记立案秩序整体呈现理性有序的特点。在5月4日部分失独家庭人员集中来我院登记立案时，我院院长吉罗洪及副院长陈锐、马立娜在现场指挥，根据集中起诉人员的数量及情绪，经研究直接采取第三套与第四套处置预案，由立案庭、诉服办、办公室、法警支队联合派出人员，将全部立案群众通过安检通道引导进入大法庭，院领导直接接待十名失独家庭成员代表，派出专门工作人员进行解释说服安抚，登记接受起诉材料，同时提供必要的诉讼服务。事实证明，我院的处置方案合理，效果良好，得到了失独家庭人员的理解与感谢。实施登记立案制度后，一方面由于我院处置措施得当；另一方面由于最高人民法院规定对于干扰立案秩序、虚假诉讼的，可以依法处罚，因而立案大厅内部出现闹诉的人员数量明显减少，大厅秩序明显好转。

四、立案登记制改革实施后我院立案工作出现的新问题

我院在具体的登记立案过程中，也发现了一些新问题。对这些问题的及时研究妥善解决，无疑将有利于登记立案工作的长期稳定可持续发展。

（一）曾经处理过的敏感案件再次要求登记立案问题

立案登记制实施之后，众多敏感案件当事人提出要求我院登记立案，或者到庭长接待大厅询问登记立案情况。在这些案件中，部分案件系经我院曾经处理过的案件，有些是通过“三不”方式处理的，有些曾经出具过书面裁定，还有些案件过去从未来我院起诉过。这些起诉表面上符合登记立案的条件，且难以归入到最高人民法院规定的不予登记立案的情形。如何在符合法律的前提下妥善及时应对处理此类案件，成为实施立案登记制后我院时刻面临着的问题。

（二）社会公众可能对实质性立案标准没有改变提出质疑的问题

党的十八届四中全会《决定》及最高人民法院《关于人民法院登记立案若干问题的规定》的广泛宣传，社会公众对立案登记制寄予较高期望，认为只要起诉不属于法定不予登记立案的六种情形，法院都应当立案受理。但我院在经历登记立案实践后感受到，目前立案审查的程序确实较以前更加规范，但立案审查的标准并没有发生实质性改变。如部分失独家庭人员集体起诉某委案，按照《行政诉讼法》及登记立案的相关规定，本应予立案，并交由行政审判庭审理，但鉴于种种原因，最终都由我院立案庭直接裁定不予立案。上述部分不予立案裁定已被新闻媒体上网公开，并引发了社会公众对实质性立案标准没有发生改变的质疑，这提出了法院如何直面并妥善处理社会公众质疑的问题。

（三）立案庭统一审理民事裁驳上诉案件需要提前安排部署

按照市高级法院的安排，民事裁驳上诉案件由立案庭统一审理，以统一裁判标准。此类案件虽然表面上属于程序裁判，但实际上已经涉及部分实体方面的审查，不同于纯属程序性裁判的管辖权异议上诉案件。长期以来，此类案件由不同民商事审判庭分散审理，且在各自审判业务领域已形成了差异明显的裁判标准。立案庭统一集中审理此类案件，需要处理好裁判标准的延续性与同一性的矛盾，为此，高中级法院同样存在人员调配、集中培训等需要统一安排部署的问题。

五、立案登记制改革难题化解

（一）立案登记制度改革潜在的问题

1.“案多人少”法院压力大。立案审查制度改为立案登记制度后，法院受理案件的数量短时间内会骤然上升，尤其是各基层法院将承受更大的压力。伴随而来的是法院人手不足，案件不能得到及时的处理和解决，当事人不能及时得到司法救助。

2.违法诉讼泛滥。因实行立案登记制度，只对案件进行形式要件的审查，在扩大受案

范围的同时,也可能被一些不法分子利用,例如当事人之间恶意串通,或者冒充他人提起诉讼,企图通过诉讼、调解等方式侵害他人合法权益的虚假诉讼等,这不仅会浪费司法资源,而且会破坏法院立案秩序,也不利于维护公民的合法权益。

3."有案不立"问题严重。不仅案件数量的增加会加大法院的压力,而且现实中司法系统会以结案率等作为考核标准施加给法院更多的压力,会使"有案不立"等情形更加普遍。

(二)立案登记制度改革的举措

民事诉讼程序,从立案、审前准备到开庭审理、作出裁判是一个完整且内在逻辑关系严密的程序,可谓牵一发而动全身。立案登记不仅是立案制度的变革,更是引发民事诉讼全面变革的一个契机。将立案制度改为登记制后,原来由立案庭承担的一部分审查工作则出现了空位。另外,我国现有审前程序,过于简单粗糙,非但不能保证庭审的高效进行,而且若不进行相应改革,会对立案登记制度的推行构成阻力。而且,我国现有制度中,尚有一些与立案登记制度相冲突之处。因此,为完善民事诉讼的整体程序,保障立案登记制度的功效发挥,还应进行以下配套措施的改革。

1. 明确立案庭职能,贯彻立审分立原则

虽然自1992年《民事诉讼法》颁布以来,我国在法院的机构设置上增设了立案庭,在形式上完成了立审分离。但是长期以来,立案审查与案件审理分庭抗礼,立审分离只得流于形式。因此,在起诉阶段,法院只进行形式上的审查,将立案庭的实体审查权剥离出去,由审判庭统一决定实质问题,走向真正意义上的立审分离,才符合审判的规律和司法的内在要求。剥离后的立案庭的功能应限定于:案件登记、案件分配、移交诉讼材料、诉讼文书送达等程序性事宜。立案庭职能转变后,也避免了实践中"不予受理""驳回起诉"裁定相矛盾情形,即对不符合法院受理的案件进行处理,不再适用不予受理裁定,而统一适用由审判庭作出的驳回起诉裁定。

2. 完善审前程序

现有审判庭的功能主要局限于庭审工作。实行立案登记、将立案庭的职能限定于程序性事宜之后,关于被告人答辩、证据问题等实体问题统一由审判庭处理。为应对工作范围的扩大、避免审判庭工作陷入混乱,保障诉讼程序的有序进行,在立案制度改革的同时,必须完善立案与庭审之间的衔接——审前程序,以保障程序的连贯性和完整性。通过比较法研究,尤其是德、日等国对审前程序的探索和改革表明,独立的审前程序应具备以下功能:分流案件;整合争点;固定证据;促进纠纷的合意解决。基于以上观点,结合立案登记制度,完善审前程序应从以下几点着手:

第一,完善程序分流制度。

起诉到法院的案件数量众多且种类繁杂,为避免案件积压,造成诉讼迟延,就必须要对案件进行分流处理。2012年新修改的《民事诉讼法》第133条新增程序分流制度,从"督促程序""调解""简易或普通程序""证据交换"四个方面加以规定,但并未明确应由立案庭还是审判庭来负责。此外针对《民事诉讼法》第124条规定的特殊情况的处理,现有司法实践,是由立案庭进行处理的。但是我们认为,上述程序都涉及当事人的实体权利,已超出了形式审查的范畴,与立案登记之要求相悖。基于程序正义之要求,上述问题均应在充分听取当事人意见的基础上作出处理,因此应由审判庭对上述问题进行判断,这样不仅在程序上更具有连贯性和一致性,更能保障当事人的程序参与权。因此,在立案登记制度下,应将《民事诉讼法》第124条、第133条规定的情形统一由审判庭在对案件进行分流时处理。

第二,建立审前对话机制。

两大法系在具体的审前程序上虽然不尽相同,但是却有许多共同的东西,其中一点就是对话机制。正如傅郁林教授所言,无论程序如何设置,都应保障当事人的程序参与权。因此,审前程序改革,由审判庭主导,其根本在于让当事人充分参与,保障民事诉讼的程序正义,构建对话机制。

(1)建立强制答辩制度。我国虽然规定了被告人应当答辩,但并未规定被告人不答辩的不利后果,未答辩也不影响法院开庭。实践中,立案庭向被告送达了起诉书、应诉通知书等材料后,将案件移交至审判庭,对当事人是否答辩甚少关心,缺少对当事人答辩的监督。当事人在答辩期故意拒绝答辩,而在开庭时,提出新的抗辩、主张甚至当庭提出反诉,造成诉讼突袭,拖延诉讼进程。美国大法官特雷勒曾说,真实最可能发现在诉讼一方合理地了解另一方时,而不是在突袭中。因此,针对我国答辩制度的完善,不仅要由审判庭进行监督指导,还要规定如果被告人未在规定的时间内进行答辩,则失去了在庭审中再次提出抗辩或主张的权利;同时,为了避免虚假答辩,应当明确规定当事人的诉辩内容对以后的诉讼活动具有法律上的约束力,不得与之冲突,否则无效。通过给当事人施加必要的动力和压力,促使当事人积极作为,推动诉讼进程,进而使案件事实而不是证据突袭或者诉讼技巧成为判决的基础。

(2)建立审判庭主导的证据交换制度。证据是诉讼的灵魂。前文已经明确立案登记制度要求立案环节只进行形式审查,因此证据审查权必须统一归于审判庭,这就为我国建立完善的证据交换制度奠定了基础。因为,在原有的立案审查制中,法院在立案时已对当事人的证据材料进行了初步审查,审前再次要求当事人提交证据或告知其证据不合法,法院处理前后矛盾,会造成当事人的抵触与不服;而且在原有体制中,也很难保证被告能够积极地提供证据。因此,在证据审查的基础上,结合举证时限制度,组织当事人进行证据交换,更有利于诉讼活动的开展。而就证据交换的组织主体而言,虽然我国现有立法赋予了当事人申请证据交换的权利,但是出于种种利益考虑,当事人往往怠于行使。就法院而言,立法赋予了法院极大的自由裁量权。实践中,证据交换很少应用,许多案件在开庭时仍不能固定争点,与案件无太多联系的材料与无争议的证据也要当庭质证,庭审盲目而拖沓。为保证庭审高质高效的进行,将审前进行证据交换确定为诉讼的必要环节并由审判庭组织,确定当事人必须在证据交换时提交证据,否则不得在庭审中再次提出的证据失权制度,借以固定争点和证据、形成审理对象则显得十分必要。

第三,完善证据收集制度。

证据收集制度看似与立案登记制度风马牛不相及,但民事诉讼是一个环环相扣的完整体系。如果不能对当事人的取证能力进行充分的保障,当事人收集证据时困难重重,甚至根本无法获得有利于自己的证据,则证据失权与证据交换制度也就无从谈起。由于我国并未赋予当事人调查取证的权利,也未实行律师强制代理制度,当事人取证能力较弱。

《证据规定》虽有当事人申请法院调查取证的权利，但其立法层级较低，且将当事人申请调取证据的范围限定于“国家有关部门保存，须人民法院依职权调取的证据”及“涉及国家秘密、商业秘密和个人隐私的证据”，当事人可以申请调取证据的范围过于狭小。虽然《证据规定》也有“其他因当事人客观原因不能自行收集的其他材料”进行兜底性规定，但是实践中，法院往往以举证责任为借口，对未负举证责任的当事人提出的申请和证据怠于调查和核查，法院调取证据名存实亡。为改变现状，笔者建议建立法院令状制度，即在当事人无法自行向对方当事人或者第三人处收集证据时，可以请求法院签发令状，要求对方当事人或第三人提交证据。当然，令状的签发必须限定在一定的范围内，即对查明案件事实有重要意义的事实，以避免当事人滥用权力，增加法院讼累。

新形势下加强诉讼服务中心建设的思考*

诉讼服务是人民法院工作的重要组成部分,诉讼服务中心是方便群众诉讼、接受群众监督的重要窗口和平台。全面推进诉讼服务中心建设,是坚持人民主体地位、实现司法为民便民利民、不断提升司法公信力的必然要求。2014 年 12 月,最高人民法院制定下发了《关于全面推进人民法院诉讼服务中心建设的指导意见》,就坚持司法为民,推进诉讼服务中心建设,更加充分发挥便民利民功能作出了整体部署。2015 年 11 月,最高人民法院又在安徽召开了诉讼服务中心建设推进会,周强院长作了重要讲话,诉讼服务中心建设在法院发展建设中占据越来越重要的地位。近年来,我院诉讼服务的形式、内容和载体不断丰富发展,司法为民理念进一步具体化。新形势下,为实现"努力让人民群众在每一个司法案件中感受到公平正义"的目标,对我院诉讼服务工作提出了更高的要求。

一、诉讼服务中心建设面临的新形势

诉讼服务工作是构建与现代诉讼机制协调一致的具有中国特色的法院工作机制,既是方便群众诉讼,提升诉讼效率,降低诉讼成本的外在要求,也是群众获得诉讼过程公正体验、增进群众对司法工作的理解、认同与支持的途径;既是有利于集中法院内外资源,促进矛盾纠纷化解,缓解案多人少矛盾的重要抓手,也是提升公正司法水平和能力,展现法官素质和法院形象的主要窗口。诉讼服务作为人民法院的一项重要的专业化工作,在服务群众诉讼、服务法官办案、服务科学决策、服务审判管理方面发挥着重要作用。诉讼服务工作主要由诉讼服务办公室组织协调实施。诉讼服务办公室与诉讼服务中心是两个不同的概念,诉讼服务办公室是法院的内设机构,诉讼服务中心是法院各部门集中服务的一个平台。中心集审判辅助性、审判事务性及部分诉讼和便民服务于一体,把贯穿于立案、审判、执行以及诉前判后各个程序环节的诉讼服务事项集中到一起,由包括诉讼服务部门在内的法院各部门按照职责分工共同承担,共同为群众进行面对面、个体化、人性化、无缝隙、可持续的服务,使法院各部门为群众服务更加具有统一性、集约性和协同性,使群众参与诉讼和到法院办事更方便,更快捷。

近几年,中央对推进诉讼服务中心建设非常重视,中央政法委书记孟建柱对推进诉讼服务中心建设专门作出重要批示,最高人民法院制定下发了《关于全面推进人民法院诉讼服务中心建设的指导意见》,就坚持司法为民,推进诉讼服务中心建设,更加充分发挥便民利民功能作出了整体部署。2015 年年底最高人民法院又在安徽召开了诉讼服务中

---

* 课题组负责人::李国强,课题组成员:李国强、张云飞,执笔人:李国强。

本课题为 2016 年部门一般课题。

心建设推进会，明确了新常态下诉讼服务工作的目标，即以创新、协调、绿色、开放、共享发展理念为引领，推动诉讼服务中心建设实现新发展，切实满足人民群众日益增长的多元司法需求。提出要努力实现诉讼服务中心的“四化”，即坚持科学谋划，实现诉讼服务中心系统化；运用互联网思维，实现诉讼服务中心信息化；规范运行机制，实现诉讼服务中心标准化；促进深度融合，实现诉讼服务中心社会化。

高级人民法院党组对诉讼服务中心建设非常重视，提出要将诉讼服务中心建设作为“一把手”工程来抓，2015 年 12 月，专门召开诉讼服务中心建设推进部署会，提出以坚持司法为民宗旨，以“便捷、高效、同质、亲和”为原则，构建一体化大诉讼服务体系，满足人民群众各项司法需求，确保当事人感受到公平正义；紧扣顶层设计，统一服务标准，使当事人和社会公众在全市各法院都能获得同质化的服务；以信息化手段为支撑，构建个性化，全天候、可持续的智能服务网络，切实便利当事人诉讼。2016 年 6 月，又召开推进诉讼服务建设工作座谈会，总结了诉讼服务中心建设情况，明确了新形势下诉讼服务中心建设的重点和方向，并部署了下一步的工作。

二、我院诉讼服务中心的建设现状

为解决案多人少的矛盾，整合优化审判资源，提高审判质效，不断优化审判运行机制，我院根据高级人民法院要求于 2009 年年初成立了审判事务管理办公室。2011 年 10 月，诉讼服务职能从审判管理办公室分离出来，成立了诉讼服务办公室，2014 年 10 月，经市编办批复，正式成为一中院内设机构。诉服办的职能一方面突出对外服务当事人，把贯穿于诉前、立案、审判、执行、信访等每个环节直接服务当事人的事项集中整合为接待引导、诉讼指导、案件查询、诉讼材料收转、联系法官、便民服务、意见建议收集、“12368”人工语音服务、网络派单、大法官留言办理等职能。另一方面体现对内服务特色，集中办理审判庭分离出来的非裁判性、辅助类的工作，帮助法官了解当事人意见、完成案卷移转、司法鉴定委托、司法送达、报纸公告办理、司法专邮办理、委托拍卖、司法公开考核、公告栏维护等工作职能，更好地保障法官专心于审判。后来，对内服务的职能有所调整，按照高院要求，委托拍卖交由执行局负责。

诉服办成立以来，按照高级人民法院的要求，不断地探索与完善，积极推进工作机构、服务内容、服务标准、机构标识的“四统一”，全力构建“321”综合服务平台。具体地说，“321”平台中的“3”是指三个服务平台，即面对面的窗口服务平台，为来院当事人提供面对面服务；线连线“12368”人工语音服务平台，为当事人提供诉讼咨询、联系法官、查询案件服务，当事人还可通过平台进行举报投诉、提出工作建议；点对点互联网及手机 App 服务平台，为当事人提供网上立案、案件查询、法院指引等多项服务。“2”是两个系统，即诉讼服务平台所依托的审判信息系统和诉讼服务系统；“1”是一个入口，即社会公众及当事人的各类诉讼服务需求通过诉讼服务平台一个入口提出，实现集中受理、高效回应。“321”诉讼服务平台，实现了一个入口集中受理，通过人、机、网互动，打造了全方位、多途径、交互式综合诉讼服务平台，极大地方便了当事人诉讼。

诉讼服务事关司法为民，各地法院服务的内容也不统一，全国法院都在进行探索，我院的诉讼服务工作起步较早，也取得了一定的成绩，但如何为当事人提供优质高效的服务,仍有提高的空间。服务职能有待进一步丰富。最高人民法院要求,除庭审以外的全部四大类31项服务均要整合到诉讼服务中心这一前台运行。相形之下,虽然我们各项工作均已开展,但真正在前台运行的职能显得过于单一,并未达到由后台到前台,由分散到集中的要求。规范化建设有待进一步加强。我院诉服大厅空间较小,设施逐年老化,服务窗口和便民设施没有发挥应有作用,不能很好地为当事人诉讼提供便利。诉讼引导、案件查询、材料收转、书写诉状、文书复印等服务,基本局限于立案工作需求,不能满足群众在审判、答疑、执行、信访等诸多司法环节的诉讼服务需求。协调沟通机制有待进一步健全。通过加强窗口服务、"12368"热线、网络诉讼服务、"给大法官留言"、手机 App 等平台建设统一了接收群众诉求的入口,为群众提出诉求提供了便利,但要真正落实和解决群众诉求中提出的问题,还需要各部门的大力支持与配合,如何密切与审判业务工作的对接,进一步健全有效的联系沟通机制,推动诉讼服务平台功能的充分发挥还缺乏一个系统的科学规划。

三、加强诉讼服务中心建设的几点思考

随着司法改革的进一步推进、发展、深化以及立案登记制的全面实施,诉讼案件的持续增长与司法资源的相对匮乏之间的矛盾更加凸显。加强诉讼服务中心建设符合形势需要,使当事人诉求能够集中受理,高效回应,也使法官脱离审判以外的事务性工作,专心办案。但诉讼服务中心建设是一个新事物,本人通过学习,有以下几点体会:

一是加大宣传力度,使广大干警充分认识诉讼服务中心建设的重要性和必要性。诉讼服务是人民法院一场深刻的自我革命。诉讼服务中心建设面临的形势和重要性正如前所述,各法院也把诉讼服务中心建设作为"一把手"工程来抓。但正如周强院在讲话中所指出的,有些法院对诉服工作认识不到位,投入不足,职责划分不清,规范化、标准化不高,干警素质不高,不能及时帮助群众解决问题,无法满足群众的需求。有些法院工作人员分不清楚诉讼服务中心和诉讼服务办公室的关系,错误认为诉讼服务是诉讼服务职能部门的事,与自己的工作无关,甚至有的认为窗口接待人员给当事人提供的服务项目过多,影响了审判工作。因此,有必要加强宣传,提高认知度,宣传的方式多种多样,不拘泥于开大会,可以召开座谈会,也可以印发一些小册子等。

二是从实际出发,建设诉讼服务大厅。诉讼服务大厅是当事人接受服务的主要场所,诉服大厅的建设,应当满足群众的多元化需求,能够为当事人提供全方位、一站式服务。最高人民法院在全面推进人民法院诉讼服务中心建设的指导意见中,对诉讼服务大厅的基础建设、主要功能、岗位要求都作出明确的规定。要求诉讼服务大厅要有明显的标志,方便群众出入,面积要满足功能发挥的实际需要;大厅布局合理、设计庄重大方,宽敞明亮、整洁卫生;设置休息座椅、饮水器具和卫生服务设施,提供网络等服务,有条件的还可以提供与诉讼有关的其他商品服务。目前,部分法院已经建成了服务功能齐全的大厅,部分法院正在筹建或建设之中。笔者认为,不同地域的法院、不同审级的法院在服务当事人需求方面重点有所不同,经济发达地区的法院有的每年要审理近十万件案件,欠发达地区可能仅有几千件,所以有的法院立案诉服大厅门前出现当事人排长队等候,法院应接不暇,而有的法院大厅门可罗雀的现象。另外,各法院的基础不一样,硬件建设受多方面条

件的限制，因此，在诉服大厅的建设上不能搞“一刀切”，要克服攀比思想，从实际出发，作到布局合理，服务设施符合要求，具备为群众提供“一站式”服务功能，防止一哄而上，造成空置和浪费。

我院是有光荣传统的法院，经常有兄弟法院来学习交流，每年审理的案件基数大，诉部委的行政案件也由我院审理，大要案多，涉众型案件多。因此，我院的诉服大厅建设应当有超前意识，与首都窗口法院的地位相适应。从当事人的实际需求出发、从法院接待的实际需要出发，先期升级改造可将诉讼服务大厅划分为立案服务区、调解服务区、综合服务区、自助服务区、便民服务区、信访接待区几个区域，为了减少不必要的影响，可实行动静分离，将信访接待区与其他服务区相对分离。同时在诉讼服务大厅入口处显著位置设置导诉台、自助叫号机、智能导诉设备、方位指引等设施。

以后根据需要，可进行再优化配置是，更好地为当事人提供更优质、便捷的诉讼服务，满足当事人更高的诉讼需求，对诉讼服务场地、人员、设施等进行选择性增添完善。如更多的立案窗口降低当事人立案等候时间；设立小额速裁法庭，达到繁简分流，提高审判效率；文化休闲区为当事人提供休闲放松节目，平复心情，修养身心；设立心理疏及时疏导情绪异常激动的当事人。

三是完善制度，建立长效机制，提高服务规范化水平。要健全完善中心的日常管理制度，规范工作人员的言行举止。完善中心与各庭室间的工作衔接制度，明确工作节点和责任，提高工作效率。完善群众意见反馈制度，畅通当事人与法院间的沟通渠道，全面听取群众意见，并制定相应的对策与方案，最大限度凸显法院诉讼服务中心的亲民、便民职能。

四是加强信息化建设，提高服务科技化手段。周强院长指出，信息化是人民法院一场深刻的自我革命。充分运用互联网和信息技术的强大功能，可以大大方便群众诉讼，足不出户就可参与诉讼活动。在使用现有网络资源的同时，加大信息化软硬件的投入，实现网上立案、网上查询、网上咨询、网上阅卷、网上申请等服务，开展视频调解、视频庭审，有条件的可以建设独立的视频接访室，开展法官视频约谈、远程视频信访、监察投诉等公开化举措，使当事人足不出户即可完成基本的诉讼程序。

五是引入社会力量，多方参与讼服务。在案多人少的情况下，部分服务项目引入社会力量，由专业机构驻点服务，是优化法院审判资源配置，提高服务质量的有效途径。目前有些法院在这方面已经作了有益的探索。可以与大专院校进行合作，引进实习大学生或者引进一些专家、律师、志愿者等提供法律咨询和矛盾化解；对一些适宜有社会提供的商品买卖、商务服务、心理咨询等进行外包，购买社会服务。

打铁还需自身硬，做好诉讼服务中心建设，必须加强诉讼服务办公室自身建设，配齐配强人员，提高服务意识和能力，提高服务质量。不能说起来重要，做起来次要，忙起来忘掉，真正让当事人感受到诉讼服务的便捷、高效、同质、亲和，感受到案件审判的公平正义。

刑事审判中反映的经济社会矛盾及对策研究*

自第十二个五年规划(以下简称“十二五”)以来,我国经济社会实现了快速发展,截至2015年我国的国内生产总值达到67.67万亿元,人均GDP达到7800美元左右,与此同时我国的经济社会也体现出以下几个阶段性特征:一是经过高速的经济增长,我国的经济总量稳居世界第二,但是人均国内生产总值仍处于跨越中等收入陷阱的关键时期;二是社会财富不断扩大的同时贫富差距问题凸显,基尼系数长期处于世界上公认的警戒线水平;三是随着经济社会的发展社会结构呈现出分层固化的倾向,社会阶层矛盾日益突出;四是城市化进程大大加快,城镇化率和城市人口率均已超过50%,但同时农村发展相对滞后,农村的经济社会功能不断削弱,引发了大量的社会问题。2015年,北京市地区生产总值达到98231.5亿元,按常住人口计算,全市人均地区生产总值已经达到1.7万美元。作为我国的首都,北京市的经济社会发展同样也面临着新的阶段性特征:一是城镇化发展特征,人口规模持续扩大,城乡之间的社会流动快速进行,地区发展不平衡问题较为突出;二是收入分配结构特征,城乡、区域、社会成员之间的贫富差距扩大,城乡纯收入比例从2010年的2.19:1扩大为2015年的2.57:1;三是劳动力供求关系特征,大规模人口集中在产业链最低端,就业质量不高,第三产业从业人员超过了工业和农业从业人员之和;四是社会发展质量特征,住房成本、环境污染和交通拥堵、医疗、教育、公共安全等问题成为民生热点问题。正是基于我国经济社会发展的现实情况,党的十八届五中全会提出了创新发展、协调发展、绿色发展、开放发展、共享发展的五大发展理念,为我国新时期国民经济和社会发展明确了方向和目标,也提出了新的更高的标准和要求。

在当前的经济社会条件下,从司法审判的角度,对首都司法领域当中反映的经济社会矛盾进行深入研究和梳理,并找到解决矛盾和问题的对策,对于更好地贯彻《北京市国民经济和社会发展第十三个五年规划》,更好地发挥司法审判功能对于首都经济社会发展的重要保障和推动作用,无疑具有十分重要的理论价值和实践意义。本课题对“十二五”期间首都刑事审判的总体情况进行了认真梳理,对其中反映的经济社会矛盾进行了重点分析,并在此基础上提出了关于如何应对当前首都经济社会面临的矛盾和问题的相关对策和建议,希望能够为推动首都经济社会发展贡献司法智慧和力量。

---

* 课题主持人:吉罗洪,课题负责人:陆伟敏、马立娜,课题组成员:伍涛、张鹏、江伟、宋莉、洪文光、陈荣、丁少芃、窦磊,执笔人:丁少芃、窦磊。

本课题为北京法院2016年重大调研课题,荣获北京市法院2016年优秀调研成果一等奖。

一、“十二五”以来首都刑事审判的基本情况

（一）刑事审判的总体情况

1.案件审理

“十二五”期间，北京法院新收刑事一审案件共计101,387件，年均收案20,277件；共审结各类刑事案件113,167件，年均结案22,633.4件：其中刑事一审案件100,544件，年均结案20,108.8件；刑事二审案件12,518件，年均结案2503.6件。刑事再审案件105件，年均结案21件。（见表1）案件法定审限内结案率为99.54%，对14万余名被告人作出有罪生效裁判。依法公正审理了原铁道部长刘志军受贿、滥用职权案，国家能源局系列受贿案，“3·10”特大跨国电信诈骗系列案等一批重大刑事案件以及“大兴摔童案”、李某某等五人轮奸案、梁某某驾车冲撞24人以危险方法危害公共安全案等一批社会广泛关注的案件。

表1 “十二五”期间全市法院刑事一审案件收结案情况①

单位：件

年　份	2011	2012	2013	2014	2015
旧存案件	329	480	563	661	859
新收案件	19,574	22,168	19,109	20,556	19,980
审结案件	19,423	22,085	19,011	20,358	19,667

从审理案件类型来看，危害公共安全、破坏社会主义市场经济秩序、侵犯公民人身权利、民主权利、侵犯财产、妨害社会管理秩序5类犯罪高发，约占刑事犯罪数量90%以上。其中，侵财犯罪数量最多，年均案发数量6761件；其次是妨害社会管理秩序和侵犯公民人身权利、民主权利犯罪，年均案发数量分别为4510件和4206件；再次是危害公共安全犯罪和破坏社会主义市场经济秩序犯罪，年均案发数量分别为2185件和2147件。（见表2）

表2 “十二五”期间全市法院各类型犯罪一审收案情况②

单位：件

年　份	2011	2012	2013	2014	2015	年均
危害国家安全	4	1	5	4	7	4
危害公共安全	1559	2223	2159	3037	3084	2185
破坏社会主义市场经济秩序	1551	3145	2030	2646	2100	2147
侵犯公民人身权利民主权利	4322	4352	4141	3886	3994	4206

① 该表中的数据引自北京市高级人民法院网站“信息球”系统司法统计数据。

② 该表中的数据引自北京市高级人民法院网站“信息球”系统司法统计数据。

续表

年　份	2011	2012	2013	2014	2015	年均
侵犯财产	7198	7258	6477	6278	6005	6761
妨害社会管理秩序	4467	4796	3967	4397	4437	4510
危害国防利益	28	49	40	22	17	30
贪污贿赂	267	300	265	253	305	280
渎职	25	21	25	32	30	28

2. 提升质效

统一法律适用。制定出台了盗窃等6类侵财犯罪处罚新标准,印发了《关于在审理醉酒后危险驾驶案件中贯彻宽严相济刑事政策的通知》《关于落实修改后刑诉法做好附带民事诉讼赔偿调整应对工作的意见》《外国人犯罪案件管辖及相关问题的工作意见》《关键证人、鉴定人出庭程序及保障机制的工作意见》等规范性文件以及相关典型指导案例。

试点刑事速裁程序。至2015年年底速裁审结3559件案件。“十二五”期间,简易程序适用率达到72%,案件当庭宣判率达到66%。

3. 延伸职能

“十二五”期间,全市法院针对刑事审判中发现的社会管理问题和治安防范漏洞,共向有关国家机关、企事业单位发出600余份司法建议,促进相关单位改进工作、消除隐患,大部分被建议单位及时反馈、积极整改。积极配合开展“打黑除恶”、禁“黄赌毒”、治理“黑车”运营及商业贿赂、打击侵犯知识产权和制售假冒伪劣商品、打击非法集资犯罪、网络电信诈骗犯罪等专项治理行动。实现自动履行刑事和解及刑事附带民事调解金额共计约4亿元,发放司法救助约2千万元。探索司法救助与社会保障相结合的新模式,重点保障被害人权益弥补。

(二)刑事犯罪的主要特点

1. 每年新增犯罪数量总体保持平稳状态,与首都经济社会发展状况基本吻合。从以往世界各国社会发展的历史规律来看,在经济迅速发展阶段犯罪总量总体保持平稳状态,而在经济发展停滞甚至衰退时往往出现犯罪率急剧上升的情况。“十二五”期间北京地区生产总值年平均增长7.5%,首都经济社会发展总体处于平稳快速增长阶段。同期全市三级法院刑事一审年新收案量基本保持在2万件左右,年均增长率为0.515%,总体较为平稳,在一定程度上也反映出首都经济社会的发展状况。(见图1)

2. 不同类型犯罪数量有升有降,反映出首都经济社会进入了新的发展阶段。一方面,以往常见的高发型犯罪,如侵犯公民人身权利、民主权利犯罪、侵犯财产犯罪以及妨害社会管理秩序犯罪等,均呈现下降趋势,年均降幅约为3%。其中侵财犯罪降幅最大,年均降幅约为5%。从具体罪名情况来看,故意杀人、抢劫、强奸等8种严重暴力性犯罪下降最为明显。另一方面,危害公共安全犯罪、破坏社会主义经济秩序犯罪快速增加,年均增长率分别约达31%和10%。危害公共安全罪中,交通肇事罪等传统犯罪总体呈下降趋势,《刑法修正案(八)》新增的危险驾驶罪年均增率约达47%。由于开展打击危害食品安全、非法出版物、金融诈骗等专项行动,生产销售有毒有害食品、侵犯著作权、信用卡诈骗犯罪数量变化较大,破坏社会主义市场经济秩序犯罪案件出现较大波动。(见图2、图3)

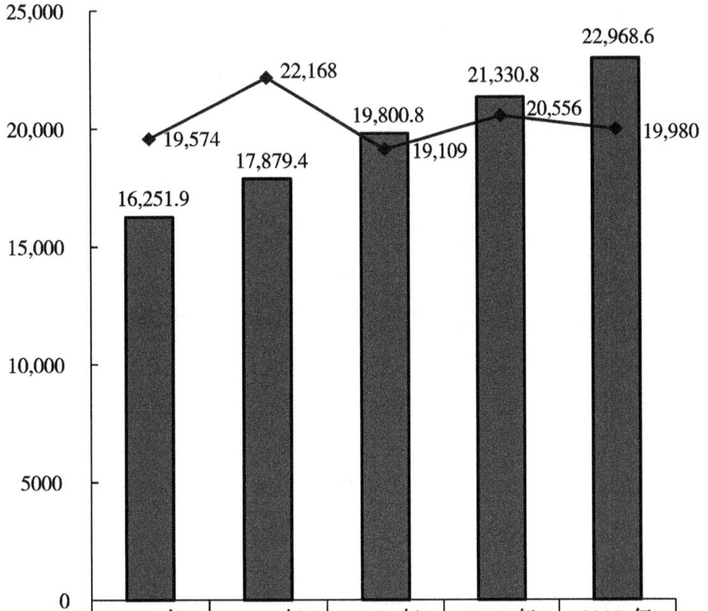

	2011 年	2012 年	2013 年	2014 年	2015 年
北京市地区生产总值(亿元)	16,251.9	17,879.4	19,800.8	21,330.8	22,968.6
刑事新收一审案件(件)	19,574	22,168	19,109	20,556	19,980

图1 “十二五”期间首都经济增长与刑事犯罪数量对比

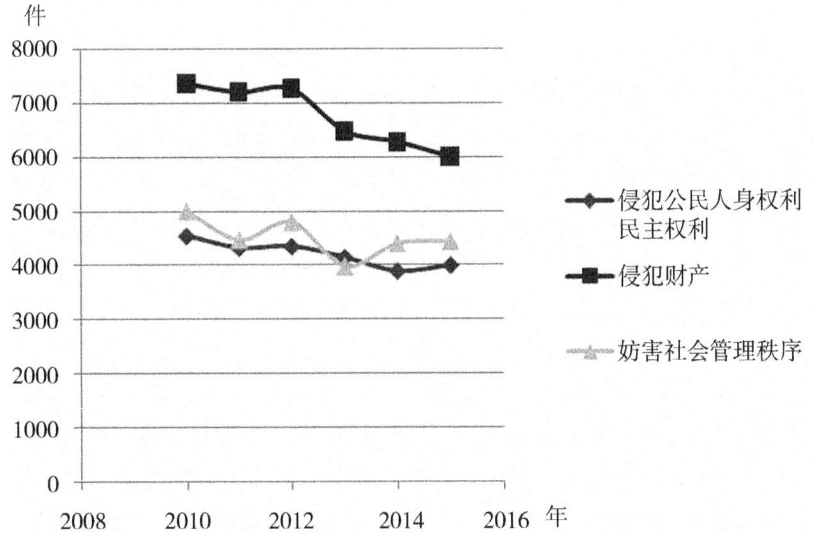

图2 侵犯公民人身权利、民主权利、妨害社会管理秩序、侵犯财产犯罪

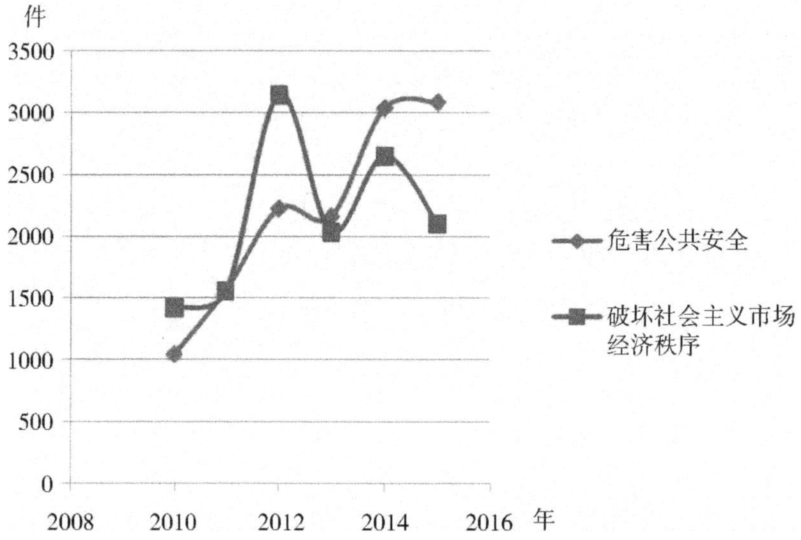

图 3 危害公共安全、破坏社会主义市场经济秩序犯罪

表 3 "十二五"期间全市法院一审收案降幅较大的罪名情况①

单位:件,%

罪名类别	罪名	2011 年	2012 年	2013 年	2014 年	2015 年	年均减少率
侵犯公民人身权利、民主权利	故意杀人罪	199	178	149	118	133	9.58
	强奸罪	528	548	510	523	465	3.13
侵犯财产	抢劫罪	748	791	545	482	382	15.46
	诈骗罪	1068	1046	936	855	880	4.73
	盗窃罪	4736	4793	4427	4381	4124	3.4
妨害社会管理秩序	寻衅滋事罪	1577	1571	1171	1038	945	12.02

表 4 "十二五"期间全市法院一审收案增幅较大的罪名情况②

单位:件,%

罪名类别	罪名	2011 年	2012 年	2013 年	2014 年	2015 年	年均增长率
危害公共安全	危险驾驶罪	426	1154	1220	2014	2004	47.27
破坏社会主义经济秩序	非法吸收公众存款	25	27	26	40	64	26.49

① 该图表中的数据引自北京市高级人民法院网站"信息球"系统司法统计数据。
② 该图表中的数据引自北京市高级人民法院网站"信息球"系统司法统计数据。

3. 流动人口犯罪高发反映出首都经济社会发展面临着城市化进程的严峻挑战。“十二五”期间北京地区常住外来人口占常住人口的比重持续较高，长期保持在37% ~38%。与此相对应的是流动人口犯罪比例同样长期居高不下。据检察院的统计，全市检察院每年提起公诉的案件中外来人口占70%。尤其是朝阳、海淀、丰台三个区的外来人口犯罪，占全市犯罪的47%以上①。通过对“十二五”期间我院辖区一审刑事判决的统计分析，发现农民（含农民工）这类主要的外来务工人员约占罪犯总人数的比例保持在40%左右，这也在一定程度上证实了农民工等流动人口是北京地区犯罪主体中的主要人群。（见表3 ~表6）

表5 “十二五”期间一中法院辖区一审生效判决罪犯职业情况统计

单位：件

年份	生效判决罪犯	工人	农民	国家工作人员	学生	职员	离退休人员	私营业主	无业人员	其他
2011	6290	292	2797	84	190	288	18	153	1493	975
2012	8225	230	3806	89	205	364	19	210	1826	1476
2013	9568	330	4153	115	163	605	20	346	2657	1178
2014	6550	113	2876	102	164	628	44	272	1761	590
2015	6791	106	2553	100	75	800	44	285	2544	283

表6 “十二五”期间农民（包含农民工和其他）在生效判决罪犯中所占比例情况

单位：%

人员分类	2011年	2012年	2013年	2014年	2015年	年均占比
农民工	30.9	33.2	28.6	24.8	12.6	26.02
其他农民	13.57	13.07	14.81	19.11	24.99	17.11
农民	44.47	46.27	43.41	43.91	37.59	43.13

4. 网络犯罪问题日益突出反映出首都经济社会发展面临世界性的共同难题②。北京地区从2011年到2013年抓获的网络犯罪嫌疑人由3600余名上升至2.3万余名。2015年1—3月，北京网络安全反诈骗联盟共接到网络诈骗报案4920例，报案总金额高达1772.3万元，人均损失3602元。“十二五”期间北京审结网络犯罪一审案件共约1110

① 全国政协委员、北京市人民检察院副检察长甄贞在2012年全国政协会议上提交《关于预防和治理流动人口犯罪问题的建议》。

② 参见2016年10月11日孟建柱在全国社会治安综合治理创新工作会议上的讲话。“在美国、英国，网络犯罪已成为第一大犯罪类型。在我国，网络犯罪已占犯罪总数的近三分之一，每年还在大量增加。”截至2014年12月底，我国网民规模达到6.49亿，互联网普及率为47.9%。目前，我国网民数量已超7亿。2011年7月至2012年7月，我国平均每天有70万网民受到侵害，网络犯罪造成的直接损失达人民币2890亿元。2013年，网民因为网络诈骗、垃圾信息、个人信息泄露等侵权现象导致的损失达到1491.5亿元。

件①。其中利用网络进行诈骗 362 件、走私 16 件、传播淫秽物品 16 件、盗窃 194 件、赌博 68 件、传销 6 件、购买枪支 21 件、非法获取公民个人信息 25 件、非法经营 71 件,其他犯罪 321 件。不难发现,传统违法犯罪正逐渐向网上蔓延,网络犯罪问题日益突出,严重影响首都公共安全以及经济社会发展。(见图 4)

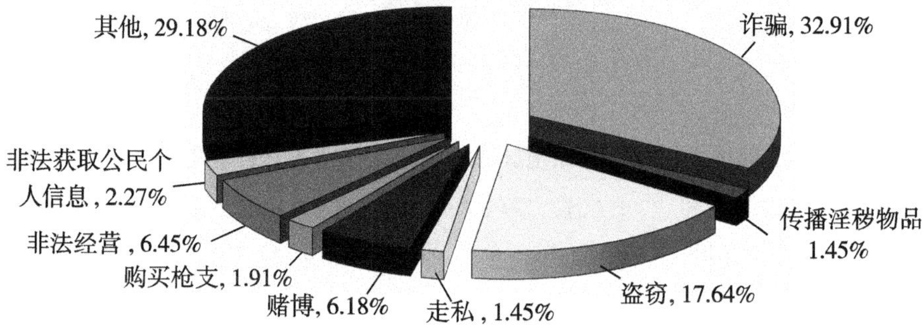

图 4 "十二五"期间北京地区网络犯罪罪名分布比例

5. 特殊群体犯罪问题逐渐增多反映出社会少数人群的特殊利益诉求需要得到关注。如精神病人犯罪问题。虽然犯罪绝对数量不多,但造成的危害大、后果严重,而且往往伴随较大的当事人争议及社会关注度,已成为影响社会稳定的突出问题。"十二五"期间北京收结精神病人犯罪一审案件约 159 件②。被告人曾接受住院治疗的有 27 例,仅占全部精神病人犯罪一审收案数的 16.98%;被告人有监护人的有 20 例,仅占全部精神病人犯罪一审收案数的 12.58%。(见图 5、图 6)

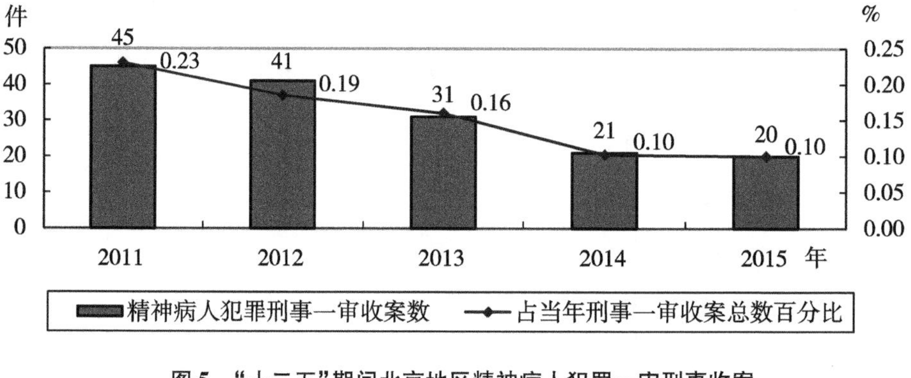

图 5 "十二五"期间北京地区精神病人犯罪一审刑事收案

① 根据北京市高级人民法院"搜案"系统平台的统计数据。

② 根据北京市高级人民法院"搜案"系统平台的统计数据。

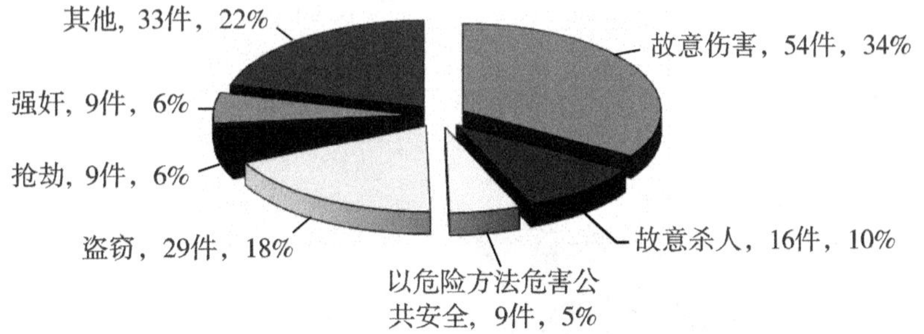

图6 “十二五”期间北京地区精神病人犯罪罪名分布数量及百分比

又如残疾人犯罪问题。“十二五”期间北京收结残疾人犯罪一审案件约有148件①。其中被告人为聋哑人的共计129件，约占全部残疾人犯罪的87.16%。（见图7、图8）

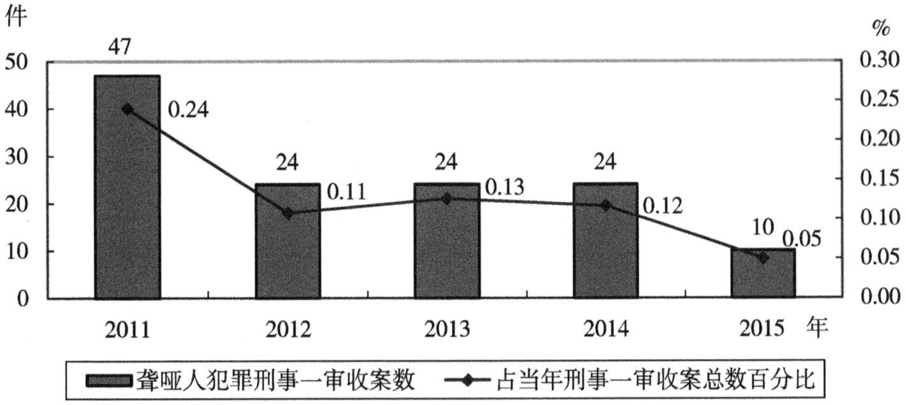

图7 “十二五”期间北京地区聋哑人犯罪一审刑事收案

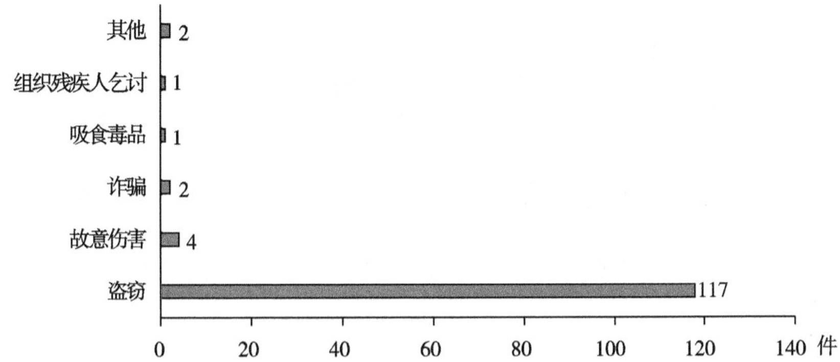

	盗窃	故意伤害	诈骗	吸食毒品	组织残疾人乞讨	其他
■百分比（%）	90.70	3	1.55	0.78	0.78	1.55
■聋哑人犯罪刑事一审收案（件）	117	4	2	1	1	2

图8 “十二五”期间北京地区聋哑人犯罪罪名分布及百分比

① 根据北京市高级人民法院“搜案”系统平台的统计数据。

二、刑事审判中反映的经济社会矛盾和问题

当前北京地区犯罪形势总体上处于平稳、可控状态，刑事一审案件收案量年均2万件左右；杀人、强奸、抢劫、绑架等暴力型犯罪整体数量上在下降，但严重的恶性刑事犯罪案件还时有发生①；危险驾驶罪与交通肇事罪处于高位，涉食品、药品假冒伪劣商品犯罪仍面临严峻形势，寻衅滋事、聚众扰乱社会秩序等犯罪显现新特点；涉黄、赌、毒犯罪尤其是毒品犯罪屡禁不止，严重污损社会风气；非法吸收公众存款、集资诈骗等涉众型非法集资犯罪快速增长，成为社会不稳定因素；危害国家安全犯罪和暴恐类犯罪虽然犯罪数量上较少，但是严重侵害国家利益，危及公共安全。从社会学的意义上讲，这些刑事犯罪都是经济社会矛盾的极端表现形式，背后隐藏着社会风险，处理不当就会诱发新的矛盾和冲突。通过对“十二五”期间首都刑事犯罪和刑事审判情况分析，我们发现首都经济社会中矛盾和问题主要体现为以下几个方面。

（一）流动人口犯罪反映出城市化进程中社会管控不适应经济社会发展的需要

“十二五”期间，北京地区外来务工人员犯罪人数在生效判决罪犯中年均占比高达26.02%②；无业人员在生效判决罪犯中的年均平均占比高达27.5%。这一犯罪现象反映出城市化进程中，面临外来务工人员、无业人员等流动人口，无论是管控格局，还是管控手段，都存在与社会主义市场经济发展不相适应的状况。

“十二五”期间北京市流动人口数量规模由742.2万人增长到822.6万人，常住外来人口占常住人口的比重2011年为36.8%，2012年为37.4%，2013年为38%，2014年为38.1%，2015年为37.9%③，呈现加速增长的态势。2015年外来务工人员已达820万人④。流动人口大量涌入城市，短期内又不可能融入城市主流社会，不可避免地带来流动人口犯罪问题。以北京市第一中级人民法院2013年至2016年10月刑一庭审理的一审案件为统计样本，在全部249件一审案件涉及的348名被告人中，北京籍被告人有94人，占比27%，而非京籍被告人达251人，占比72.1%，流动人口尤其是外来务工人员已然成为犯罪的高发人群。另外，根据2013年北京市高级人民法院发布北京市法院未成年人案件综合审判工作报告，2013年北京市少年法庭共审理一审、二审未成年人犯罪案件及侵犯未成年人权益案件1079件，判处未成年罪犯1053人，其中，非京籍农民工子女688人，占未成年人犯罪的65.3%。外来务工人员这些流动人口的未成年子女犯罪比例较高，这一现象反映出由于管控不到位，流动人口所处的环境已经对流动家庭未成年子女的成长产生了不利影响。

面对流动人口犯罪高发的治安形势，北京市城市管理部门尽管投入大量人力、物力，但当下的社会防控主要依靠“人防”，有限的治安警力多被安置在城区的主要干道、场所，

---

① 如2012年西单驾车冲撞人群的李洪海以危险方法危害公共安全案、砍伤同仁医院医生的王宝洺故意杀人案、杀害8人的夏克明故意杀人案等；如2013年“大兴摔童案”；如2014年造成6人死亡、6人重伤的赵子辉故意杀人案等。

② 根据北京市高级人民法院“信息球”司法数据统计系统的相关数据。

③ 数据资料来源：北京市2015暨“十二五”时期国民经济和社会发展公报。

④ 数据资料来源：北京市2015暨“十二五”时期国民经济和社会发展公报。

进行常规性的巡逻、监控。在案件易发的大杂院、城中村、城乡结合部及广大农村地区,缺少警力巡逻,也无治安卡点和视频监控,整体防控体系薄弱。这些外来务工人员和无业人员,一般都聚集在城乡结合部及近郊地区,本身就处于犯罪控制薄弱和诱发犯罪因素较多的环境内,城市管理难以对这些无业人员和外来务工人员实施有效管控。另外,从北京人口流动现状看,外省农村富余劳动力存在盲目进京的情况,城市管理相关部门缺乏对这些盲目入京的外来务工人员进行合理引导和有针对性的社会管控,导致这些盲目入京的外来务工人员,容易走上违法犯罪道路,成为首都治理的风险因素。

如我院审理的李某某故意杀人案,李某某原是河北籍农民,在家乡无法找到工作后,在没有任何熟人、没有任何目标单位的情况下,盲目来京打工,到京时间尚不足 24 小时即与商贩发生口角,成为杀人犯。在案件审理中,李某某供述自己听说北京工作机会多,就到北京来碰运气,但是到达北京后,人生地不熟,吃饭、住宿、工作等事宜毫无头绪,内心开始暴躁,在与烤冷面商贩发生口角后,难以自控,发生了杀人事件。剖析这一案例不难发现,相当一部分外来人口来京存在盲目性,特别是这些人群来京后,很难及时找到工作,由此造成大量外来无业人员在京流动,对社会治安造成极大威胁。

（二）精神病人、残疾人犯罪反映出特殊群体家庭贫困、民生保障不足

“十二五”期间北京地区精神病人犯罪 159 件,残疾人犯罪 148 件,虽然绝对数量不大,但近年来有急剧增长的趋势。在这些精神病人、残疾人犯罪的案件审理中发现,发现这些犯罪人大多处于管理失控和生活无着落的状态,犯罪类型多是盗窃罪(占比约为 90%)等侵犯财产类犯罪,犯罪动机大多是谋财或获得平等对待,这在一定程度上反映出当下我国精神病人、残疾人等特殊群体家庭相对贫困、民生保障能力相对不足。

目前北京市登记在档的精神障碍患者 7.2 万人,其中严重精神障碍患者约 5.6 万名,①持证残疾人约 43 万人②。这些特殊群体在养老、医疗、失业、工伤、生活收入等方面普遍存在基本民生保障不足的问题。从持证残疾人的生存状况看,截至 2014 年年底,北京市城乡户籍人群领取低保的人数分别为 89,135 人和 51,324 人,所占比例约为 0.8% 和 2.1%③,而城乡持证残疾人家庭人均收入低于本市低保标准的比例分别为 7.6% 和 12.0%。另外,城乡两地分别有 1.3% 和 1.7% 的残疾人收入水平在低保和本市低收入标准之间,残疾人家庭的经济生活状况仍很拮据。在就业方面,北京市 16~59 岁劳动年龄残疾人中,就业比例为 40.2%④,远低于社会平均就业水平。由于对上述特殊人群的民生保障能力不足,这些人群心理容易存在失衡和失落感,往往引发对社会的抱怨、不满和暴戾,形成社会风险,诱发社会冲突。

在一起社会关注的残疾人团伙犯罪案件中,聋哑人组成犯罪团伙,用弹射弹珠击碎车窗,然后对车内财物实施盗窃。庭审中查明,犯罪人没有固定收入来源,在求职四处碰壁后走上了犯罪道路。就业难、生活无着落已成为特殊人群以身试法的主要原因,精神病

---

① 数据资料来源:2013 年北京市卫生事业发展统计公报。

② 数据资料来源:北京市残疾人联合会官网数据。

③ 陈功:《北京市残疾人基本服务状况及需求分析》,载《残疾人研究》2016 年第 2 期。

④ 陈功:《北京市残疾人基本服务状况及需求分析》,载《残疾人研究》2016 年第 2 期。

人、残疾人等弱势群体的社会保障问题亟须与经济社会发展同步改善和解决。

(三)金融犯罪形势严峻,反映出金融监管亟待加强

随着普惠金融、全民投资、民间借贷和网络平台的发展,涉众型经济犯罪、特重大类型金融诈骗犯罪开始上升。涉众型金融犯罪犯罪数额及损失远高于其他案件,涉案人数众多且来源广泛,涉案人员辐射全国范围及社会各个阶层。这些案件都揭示了民间投资、融资需求日益扩大与金融市场管制漏洞之间存在一定的矛盾,折射出政府对金融市场的监管亟待加强。

政府实行简政放权,放开不必要的行政审批,让市场在资源配置中发挥主导作用,是推动市场经济健康发展的有力举措。但是由于事前审批的放开,事中和事后的监管没有及时跟进,造成部分行业权力监管缺位,乱象丛生。在金融领域,一是金融领域法律法规监管的专门性和针对性不足。从内容看监管规定多侧重于规范金融企业的登记、注册、备案等程序性事项,缺乏关于募集、投资、管理方面实质性的监管规范,而金融监管的形式审查方式,并不能完全起到严格限定金融企业准入标准。一些不法分子通过规避监管漏洞可以轻易获得具有公示效力的金融企业注册和证照的资格,进而获得投资者的信任,使投资者被骗,这也是案发后受害的投资者对政府产生不满情绪的一个重要原因。二是民间小额投资正规渠道少、收益低,金融监管部门的正面宣传引导和风险提示不够。三是金融监管机制不健全,形式审查大于实质审查,自律管理多于他律管理。以私募基金监管为例,私募基金的管理人以承诺的方式对其提供的审查信息承担法律责任,行业协会及监管机构对该信息不做实质性审查,一旦失信必然导致大量违法违规行为的发生。这种金融创新活力的迸发与金融市场的监管缺失之间的矛盾,折射出我国经济、金融立法与金融刑事立法滞后于我国金融业的快速发展。在利益的驱动下,金融领域中的某些企业和管理人员,规避法律,钻监管的漏洞,实施打"擦边球"违法违规行为,埋下了金融犯罪的隐患。

近年来发生了社会影响较大的集资诈骗案,被告人数多达几十名涉及非法集资金额超过500亿元,投资人数达到90万人的"某宝"非法集资案等。这些涉众型金融犯罪发生后,受骗投资人集体上访成为涉众型金融犯罪的伴生现象,这不仅对司法公信力带来消极影响,甚至被别有用心者加以利用,影响首都经济社会的和谐稳定。

(四)假冒伪劣商品犯罪仍然高发,反映出市场秩序治理面临挑战

当下,假冒伪劣商品犯罪仍然高发并日益呈现出新的犯罪特点:一是制假窝点分散化,家庭作坊式生产,犯罪手段更加隐蔽。假冒伪劣商品的生产、包装、销售往往分散于多个犯罪窝点,这些窝点多处于城乡接合部厂房、人员混杂的大院内,如果没有群众举报,往往难以发现这些制假、造假窝点。甚至有一些窝点,以合法经营为掩盖,正常办理各项工伤、税务登记,却秘密从事假冒伪劣商品的生产、销售,犯罪手段日益隐蔽。二是借助网络平台,犯罪技术日益智能化。网络技术的发达,资讯交流更加便捷,同样给犯罪团伙组织、策划犯罪提供了便利。多名犯罪分子交代,其假冒伪劣商品的生产、销售技术是在贴吧、论坛等互联网上学习的,互联网上犯罪分子互相交流、沟通不断提升自己的制假、造假技术。同时,在涉食品犯罪案件中,很多犯罪窝点借助网络订餐平台,逃避工商、卫生检查,在缺乏任何有效许可证的情况下,就可以生产、销售不符合安全卫生规范的食品。三是犯罪行为呈现出跨地域、流窜作案的特点。假冒伪劣商品犯罪的犯罪团伙主犯不直接参与

生产销售运输等活动，而是在异地通过出资参股或遥控指挥组织参与假冒伪劣商品犯罪活动，一旦团伙遭到打击，在线索未找到自己前便快速脱身，然后流窜到其他地方进行犯罪活动。

假冒伪劣商品犯罪的猖獗，与此类违法犯罪小成本、低风险、高回报，不易查处、难以根源性打击的特点息息相关。打击假冒伪劣商品违法犯罪，尤其是涉食品、药品违法犯罪是全社会的责任，但是必须明确具体的打击查处职能部门。历来查处假冒伪劣商品，尤其是食品、药品部门繁多，工商、卫生、食药部门职能交叉，权责不明，面临假冒伪劣商品查处，各部门间容易扯皮推诿，市场秩序的治理已到了刻不容缓的地步。

(五)黄赌毒犯罪屡禁不止，反映出当前社会风气亟待净化

市场经济目标的确立和市场化改革的深入，在最大限度地释放了人的积极性和创造性，在思想解放的同时，也释放了人性中反道德约束的一面，物质和金钱、欲望的满足超越了道德伦理的价值。拜金主义、物质主义、消费主义、享乐主义大肆盛行。突出表现在：一是部分社会成员个人道德低下，尤其是部分官员官德弱化。我们的少数公职人员甚至领导干部法治意识、宗旨意识淡薄，部分人员目无法纪，特权思想、霸道作风严重，以权谋私、滥用职权、执法犯法甚至贪赃枉法，严重损害了政府形象和公权公信力。二是职业道德失范。由于职业道德的失范，近年来职务犯罪人数和案件数正逐年增加，仅 2013 年至 2015 年，查办职务犯罪案件 119,872 件 160,656 人。另外，医生收取“药品回扣”、收受“红包’、“漠视生命”；警察“知法犯法”“缺乏程序意识”“随意扩张权力范围”；教师“暴力虐童”“非法侵害”。这些都是职业领域中存在的道德滑坡现象的鲜活例证。三是社会公德缺失。自私，愚昧，多疑，冷漠，导致了我们社会公德的进一步缺失。如今部分群众只是对自己的家庭、亲人、朋友讲求道德，一旦进入陌生的环境、进入公共的领域，就变得冷漠、不知道关心帮助他人，对他人的热情帮助始终持有怀疑的态度，显现出极端的个人主义和自由主义。社会上争论的沸沸扬扬的“小悦悦事件”“老人摔倒扶不扶的世纪难题”，拷问的不是利益风险的衡量，而是我们整个民族的社会公德和社会良知。四是低俗思想和生活方式泛滥。市场经济在推动人们追求和享受丰富的物质财富和丰富多彩的文化生活的同时，也给部分人带来思想空虚、迷茫，堕入涉黄、赌、毒类犯罪的深渊。“十二五”期间，北京地区三级法院依法审理了陈祖名、张默容留他人吸毒案、尹相杰非法持有毒品案、郭美美开设赌场案等一批艺人涉毒、涉赌案件，这些案件表明部分公众人物生活方式严重腐化，造成了极其恶劣的社会影响。五是社会低俗思想对未成年人成长造成严重影响。从近几年审结的未成年犯罪案件来看，大部分涉案未成年人长期沉溺于网络，受网络暴力、色情文化毒害明显。不少未成年人在犯罪前长时间沉溺于上网、打游戏甚至吸烟、赌博等；实施性犯罪的未成年人大多系因浏览黄色网站、观看黄色视频而诱发犯意。

(六)重大职务犯罪高发，反映出廉洁建设亟须强化

政府管理部门加强市场监管与权力寻租是一对矛盾，实践中由于对公权力行使监督不到位，一些拥有诸多行政审批权的公权部门已然成为公权腐化的高危地带。

“十二五”期间北京地区三级法院依法审理了一大批官员受贿等重大职务犯罪案件。这些贪腐贿赂类大案要案的审理很好地配合了中央打击腐败的行动，同时也表明我们向公权腐败亮出了利剑。

公权腐败的动因是权力寻租,而腐败泛滥的原因则在于权力监督、制约制度的不健全。当公权力成为某些人攫取财富的工具时,公权控制下的配额、许可、价格管制、行业准入等干预、规制手段都会变成公权腐败的具体路径。公权腐败,固然与握有公权力人的自身的职业操守、素养有直接关系,但公权监督体制的不健全也是重要原因。一是我国反腐倡廉的规章制度还不健全。在官员财务公开、重大决策程序规制、责任追究等方面法律尚不完善,没有把权力很好地关进制度的笼子。二是权力运行监督机制不够完善。存在监督机构繁多、权责不清,各管各的,各监督主体既缺乏配合又缺乏相互衔接、相互制约,没有形成合力。

(七)网络犯罪蔓延,严重危及社会公共安全

网络技术的发展日新月异,随着安卓、IOS 手机系统的运用,网络犯罪的成本进一步降低,网络犯罪的主要发生地也逐渐的由个人 PC 终端向手机终端倾斜。近年来侵害网民财产和个人信息安全的网络犯罪行为日趋猖獗。这种犯罪趋势折射出网络犯罪已成为经济社会发展必须关注的社会公共安全问题。

网络使我们的生活更加迅捷、便利,但网络犯罪也给网络社会和现实社会安全造成了严峻挑战。全国政法委书记孟建柱在全国社会治安综合治理创新工作会议上指出,当前,我们面临的最现实的安全威胁主要来自网络空间,网络空间的复杂性、影响力远远超过传统安全。在我国,网络犯罪已占犯罪总数的近 1/3,而且每年还在大量增加。传统违法犯罪向网络蔓延,网络黄赌毒、盗窃、诈骗、传销、贩枪、传授制爆技术和窃取公民个人信息等违法犯罪增多,严重影响公共安全。

网络诈骗等网络犯罪的高发,有犯罪分子花样多、欺诈性强等原因,也有互联网、电信、银行等行业自治乏力、监管滞后、社会责任缺失等问题。部分网络虚拟运营商只顾逐利赚钱、不顾公共道德,致使网络实名制沦为虚设,违规办卡、随意改号、制作传播改号软件、违规出租电信线路等乱象丛生;另外,目前电信系统、银行系统有害信息阻断机制和异常资金交易风险防控机制还有待完善;电信、银行、互联网等企业推出新业务、新产品,缺乏安全评估和风险提示,容易被违法犯罪分子利用。在轰动全国的徐玉玉电信诈骗致死案中,犯罪分子正是利用偏远地区人们对网络知识的陌生和接受信息的不及时性以及电信、互联网的漏洞和监管不力实施了诈骗。另外,当前网络贩毒、贩枪、传授制爆技术、销售违禁物品等犯罪猖獗,呈现网络暗语交易、跨区域制贩、快递渠道运送等新动向。上述情况说明,对计算机和电子信息网络使用的管控成为现代社会治理的重要领域。北京经济社会发展同样面临着这样的问题,网络犯罪正是由于其犯罪成本较传统犯罪成本小、风险低,但是犯罪获益较之传统犯罪会更可观,所以日益显现出一种蔓延泛滥趋势。

(八)刑事审判功能和工作机制需要进一步健全和完善

“十二五”以来,全市法院正确行使刑事审判职能,依法惩治犯罪,审理刑事一审案件近 10 万件,判处刑事犯罪分子 14 万余人,较好发挥了刑事审判惩罚犯罪的功能。但是,实践中不同程度地存在着刑事审判依法惩罚犯罪与发挥补偿功能和预防功能失衡的问题。刑事侦查阶段,侦查机关仅强调尽快破案和对犯罪嫌疑人进行控制,对于受害人及其亲属的安抚没有足够重视,由于缺乏制度、机制建设以及侦查人员心理上也不够重视,对犯罪嫌疑人未来可能赔偿受害人及其亲属的财产往往没有及时进行查封、扣押或其他保

全处置，造成后期赔偿工作困难。刑事审判阶段，强调对被告人的定罪量刑，对被害人及其亲属的民事赔偿不足，刑事审判中被害人及其亲属不能主张精神损害赔偿，但被害人或其亲属如单独提起人身侵权诉讼则可以主张精神损害赔偿，造成刑事附带民事诉讼制度的适用困境。这些刑事侦查阶段和刑事审判中存在的问题，往往导致犯罪分子虽然被惩罚了，但被犯罪分子侵害的被害人的利益损失没有得到补偿。北京一中院的刑事案件执行实践表明，80%以上的人身伤害类案件基本无财产可供执行，导致刑事审判化解社会矛盾的功能没有得到有效发挥。

另外，我国的刑民衔接、刑行衔接等制度尚不完善，工作机制还不畅通。在刑民衔接、刑行衔接等制度构建上存在以下问题：一是涉嫌刑事犯罪的民事案件、行政案件线索移送接办制度不健全。民事案件、行政案件中发现涉刑事犯罪线索向刑事审判机构是否移交、如何移交只有司法解释层面的原则规定，对案件的审核、移送、跟踪、协调、案卷及涉案物品处理，被移送部门的接收、审查等程序缺少明确的法律规定和制度化的运行机制，实践中多出现以民事赔偿、行政处罚代替刑事制裁的现象。二是民刑交叉、行刑交叉案件法院审理程序上有待进一步明确。一些案件存在法律上的竞合，可能既违反民事法律、行政法律，又违反刑事法律，如金融理财纠纷，既涉及民事理财合同纠纷、民间借贷纠纷，又存在集资诈骗、非法吸收公众存款等刑事犯罪；再如生产销售假冒伪劣商品既可能涉及行政处罚，又可能涉嫌生产销售假冒伪劣商品犯罪，对于此种民刑交叉、行刑交叉案件到底是民事、行政审理先行还是刑事审判先行，抑或是不同性质的案件同时依据各自的法律规范进行审理亟须进一步的厘清。三是民事案件、行政案件和刑事案件认定案件事实的证据证明标准不同，民事案件的证明标准是“高度盖然性”，行政案件的证明标准是“证据的合法性”，而刑事案件的证明标准则是高于民事证明标准和行政证明标准的“排除一切合理怀疑”，三大诉讼对证据证明标准的不同要求，必然产生了民事、行政案件证据向刑事案件证据转化的补强程序、补强强度、补强标准等现实难题。

三、应对当前首都经济社会矛盾推动首都经济社会发展的对策和建议

（一）依法惩处严重刑事犯罪

依法惩处危害国家安全犯罪、煽动民族分裂以及暴力恐怖犯罪，维护国家长治久安；依法惩处杀人、抢劫、绑架、强奸等严重暴力犯罪和涉黑、涉毒等严重危害社会治安的犯罪，维护人民群众正常生产生活秩序；依法惩处金融、财税、证券、期货等领域的严重犯罪，坚决打击制售伪劣商品、走私、侵犯知识产权等犯罪，维护良好的市场经济秩序；依法惩处利用网络进行诽谤、敲诈勒索、寻衅滋事、非法经营以及诈骗等犯罪，维护网络社会和现实社会安全安全；依法惩处贪污、贿赂、渎职犯罪，特别严惩发生在食品药品、安全生产、工程建设、土地出让、国有资产管理等领域严重损害群众利益、社会影响恶劣的国家工作人员职务犯罪和商业贿赂犯罪，推动反腐败斗争深入开展。

（二）健全重大敏感案件审理机制

高度关注案件背后涉及的群体矛盾和利益冲突，做好判前风险评估和应急预案，积极应对突发舆情，慎重处理敏感案件。严格执行信息报送、台账管理、大要案请示报告制度。特别是对于因征地拆迁、企业改制、劳动争议、社会保障、环境污染等涉及民生保障、“官

民矛盾”等社会问题的案件，必要时院庭长要亲自承办或在一线研究指挥，做好各部门的协调工作，避免因审判活动形成“二次热点”，审结后总结分析形成经验做法和有效工作机制。对于具有影响性的裁判，要注意强化裁判说理，适时、适度开展社会宣传，推动当事人理解、接受，人民群众认同、支持法院裁判。

（三）深化以审判为中心的刑事诉讼制度改革

首先，推动公检法机关共同明确刑事诉讼的中心是审判而非侦查。有效发挥审判对侦查、起诉的制约和引导作用。推进庭审实质化，贯彻直接言词原则，保障律师知情权、阅卷权、庭前会见权、发表意见权等权利，在裁判文书中全面客观准确反映律师意见，阐明采纳或不予采纳的理由，恪守司法中立性。扩大二审开庭审理的案件范围，加强审判公开。其次，推动公检法机关共同明确证据是裁判的基础。严格执行证据裁判、疑罪从无的审判原则。进一步规范警察证人、鉴定人出庭作证制度。合理确定需要出庭作证的案件范围，例如对目击情况需要说明、对侦查笔录存在争议、疑似非法证据等情形；科学设置出庭程序；注重完善相应保障和制裁机制，如进行人身安全保护、将出庭作证工作纳入警察考核范围等；构建类案会商机制。健全非法证据排除制度，确立非法证据的标准，加大对取证合法性及其说明材料的核查力度。将大数据深度应用，探索把公检法统一适用的证据标准嵌入一套数据化程序中，规范了证据收集、固定、审查和运用，提升办案公正性，为推动以审判为中心的刑事诉讼制度改革提供技术和程序保障。最后，公检法三家以司法建议、联合研讨、专家授课、会签文件等方式，明确规范建议补充侦查的具体情形、启动程序、制约措施、督促机关、质量要求、文书样式等，力求统一规范审判阶段补充侦查工作机制。

（四）健全完善职能衔接工作机制

首先，健全刑民交叉、刑行交叉案件审理机制。细化在民事及行政案件中涉及刑事犯罪的关联与辨别。对于民事、行政、刑事案件证据的不同证明标准问题，强调取证合法性和全面性，加强证据转化过程中补强证明力的手段的科学性、补强强度和补强标准的可信赖性，达到刑事司法“排除一切合理怀疑”证明标准的要求。其次，健全民事、行政案件涉嫌刑事犯罪的移送接收机制。公检法明确细化涉嫌刑事犯罪案件线索的承办、审核、移送、跟踪、协调、卷宗及涉案物品处理、接收程序、接收处理等事项的规定，确保涉案款物的规范化处理。最后，健全审判与相关部门职能联动与常态化对接。例如明确细化并充分发挥银行、邮局、公证部门等社会职能机构，在遗产继承、遗物接转领取过程中的业务职能，逐步将此类业务办理与司法程序相分离。健全行政部门履职涉罪移送机制，扭转“行政处罚代替刑事责任”的现状。在工商、质检、税收、环保部门进行的社会治理专项行动或日常履职过程中发现的涉嫌犯罪情况，及时报送公安机关进行侦查，充分发挥刑事审判的惩处作用。

（五）探索针对刑事被害人的救助机制

适时制定出台刑事被害人救助规范，对救助对象、数额、资金来源进行因地制宜的明确规定。尝试在附带民事诉讼中由审判庭代替执行庭发放案款。创新经济犯罪案件财产处置机制。为打击新形式犯罪中快速分赃现象，使涉案财物强制措施具有“以快制快”的特点，尝试联合侦查机关及金融机构、工商部门建立联动机制，在审判过程前或过程中积极核查涉案款物线索及实际价值，法院依职权冻结查实涉案款物，及时保全被告人本人及家属亲友代为退赔财产,对价值波动较大或易贬损的涉案款物依法及时变卖,对到期债权期权等财产权益及时追索,紧急情况下可以通过个案请示变通处理,确保执行效果。对涉及侵犯青少年、妇女及老人合法权益的案件,优先受理、优先执行。对有履行能力的案件,及时用足用活强制措施和强制执行措施,以最大限度挽回受害人损失为终极目的。广泛拓展司法救助渠道,发动公益团体和私营企业设立司法救助基金。

(六)加强京津冀三地公检法三家联动协作机制

首先,在最高人民法院主导下,逐步建立和完善以京津冀公检法三家联席会议为中心的沟通协调机制,对涉京津冀协同发展的重大刑事犯罪案件或重大经济社会矛盾、刑事司法需求及重大疑难法律适用进行研讨并达成共识,实现联席会议常态化和规范化。其次,推动完善京津冀公检法侦查、起诉、审判、执行的联动协作,遏制刑事犯罪的跨地区逃窜、跨地区转移财产、跨地区规避执行。搭建京津冀三地统一有效的审判大数据平台,以信息共享、电子诉讼推进三地司法协同。三地法院之间要逐步实现"点对点"查询信息的共享,包括银行、工商、房产、车辆等财产信息以及当事人、关联案件和执行威慑信息,实现执行信息查控一体化协作。建立执行联动激励机制,提高协助执行的义务性和联动机制的制度刚性。最后,建立京津冀公检法常态化调研、协调机制。京津冀公检法共同调研京津冀协同发展过程存在的法律、司法问题,增强司法工作的系统性、针对性和及时性,有效地化解经济社会矛盾。

(七)进一步发挥司法建议的能动作用

将审判中发现的证据证物保存移转、对"涉病""涉官"犯罪嫌疑人强制措施的实施管理,撤回起诉及量刑建议、律师会见当事人以及引导举证等司法环节中存在的违法违规现象,以个案建议或类型通报等多种形式,监督各机构或个人改正完善,针对一定时期内的类型化问题,提请立法机关或北京高院出台相关规范性意见。将审判中发现的社会其他机关单位、企业机构、自治组织在财务审计、人事管理、纳税社保等方面存在的违规与漏洞,及时发现、妥善处理可能影响社会稳定的苗头性、倾向性问题,向该机构及上级主管行政部门进行规范建议。

(八)健全完善民生保障及利益补偿机制

一是健全民生保障体系建设。扩大社会保障的覆盖范围,适当降低缴费起点,优化缴费档次,变通设置自行缴纳和共同缴纳双轨标准,充分体现社会保障的杠杆效应,引导更多的无保障人员以较低成本先纳入社会保障网中。二是深化调整收入分配格局,优化税收结构及方案,提高高风险或高技术含量行业收入标准,降低低收入人群基本生活成本,加大对丧失劳动能力或低收入弱势群体的救济力度,努力缩小贫富差距,逐渐缩小或取消城乡"二元"标准。三是全面引入并灵活运用商业保险制度,比照机动车交强险制度,在医疗、教育、高危行业试点强制投保商业保险,有效缓解雇佣单位逃避责任、受害人无力垫付治疗等窘迫困境。四是突出规范民生保障特殊领域。深化医药卫生体制改革,全面打击医药产业利益链条,严格惩处警戒医生收受医药回扣和"手术红包"等违法违规行为,使医疗资源回归真实成本,保障群众基本利益。五是针对下岗职工、农民、外来务工人员、残疾人、吸毒人员、空巢老人、留守儿童等弱势群体,在住房保障、就业安置、福利救济、义务教育、卫生医疗、养老保障等方面设计更符合现实需求的多元化保障补偿机制。对精神病人及其他心理隐患人群、艾滋病人以及吸毒人员增设免费筛查和关爱救治站点，免费发放艾滋病检测预防产品以及毒品替代治疗药品。根据现实需要科学调整我国精神病人强制医疗的对象范围和就医程序，将具有危害他人及社会现实危险的精神病患者也纳入强制医疗范围，考虑对已经实施危害行为或严重危险的精神病人，不再以精神病人本人或监护人同意作为进行医疗的必要条件，改善精神病人救治机构环境及治疗方案；出台建立全国精神卫生信息共享机制的具体规范。在城乡结合部或环北京周边区域增设农民工子弟寄宿学校，加强对留守儿童的关爱和教育，从根源上降低“农民工二代”犯罪率。以政府引导与监管为核心，以 PPP 或 BOT 等多种公私合作形式在养老院、学校、医院、住宅等社会公益项目建设中发挥民间资本力量，全面增加民生保障的基础设施，并借此增加就业岗位。以行业协会与基层群众自治组织为依托，联合职业技术学校，为低学历务工人员举办免费职业技能培训和法律知识培训，提高就业及维权能力。

（九）创新社会治理，增强社会管控

首先，构建全民共建共享的社会治理格局。完善党委领导、政府主导、社会协同、公众参与、法治保障的社会治理体系，着力解决影响社会和谐稳定的深层次问题。将社会治理重心扎根城乡社区。基层组织建立管控辖区内特殊及弱势群体人员或家庭台账。通过开展各类专项行动打防结合。物质鼓励群众提供违法犯罪线索，鼓励记者针对食品药品安全等民生问题进行长期跟踪曝光，最大限度发挥媒体的监督力量。根据经济社会矛盾需求，培育行业性、专业性调解组织，发挥退休法官、教师等社会力量，尝试设立将在校学生专业义工服务纳入个人征信系统，激发其服务社会的公益意识。运用利益引导、商业运作推进开放共治，通过购买服务、项目外包、保险等方式提高社会治理市场化水平，实行信用与利益挂钩等市场办法，激励企业推崇诚信经营理念，用于承担社会责任。其次，创新治理手段。建立公民身份证号码、组织机构代码、不动产登记、网络实名制等制度规定。推动建立以公民身份证号码为基础的社会信用管理制度。将流动人口地毯式纳入管控视野，定期跟踪稳控和疏散安置。试点在犯罪将对较为集中的管控薄弱地区建立流动人口巡回审判点，协助该区域的社区矫正、回访帮教工作，定期重点进行法治宣传，促进流动人口管理创新。推动公共安全视频监控系统联网应用，推行物联网技术。对特定群体的通信特征及上网轨迹的数据进行分析处理，提取预测群集活动时间、位置和规模的信息和规律，预防和打击违法犯罪活动。在城乡医院免费设立新生儿 DNA 采集，在公安户籍部门免费设立报出生人员指纹采集，全面建立未成年人安全健康信息数据库。加强与金融、电信及互联网企业合作。鼓励金融机构建立完善“专业开卡人”黑名单制度。探索“互联网＋社区”警务工作新模式，完善网上网下有机衔接机制制，健全网上重点人落地核查管控、涉网案件联合侦查打击等工作模式。

（十）强化网络及金融监管，防控网络和现实安全风险

积极防范、主动打击网络犯罪，要创新防范打击方式，实现网上治理与网下管理、法治手段与技术手段、专门力量与社会力量相结合，运用网络沟通民意，促进虚拟社会建设管理创新。一是要深化落实网络实名制，加快网络基础性制度建设。把互联网实名制原则性的规定落实到实处，明确各方义务、责任，建立严格的核查、追责制度。二是加强网络、金融、电信企业的合作，加大对网络犯罪产业的打击力度，发挥好电信、银行等单位的作用，落实源头防控责任。三是创新工作机制，形成打击网络犯罪合力。北京地区要率先建

立的反电信网络诈骗中心，利用大数据和信息武器，实现对网络犯罪一体化防范、打击、治理。四是加强信息保护，维护公民、企业合法权益。制定个人信息保护条例，加大信息源头保护力度，完善公安、教育、医疗、金融等重点行业信息安全保护体系。五是要强化互联网、电信、金融等企业的社会责任感。对掌握个人信息等基础数据资料的企业、工作人员要强化教育管理，杜绝泄露、买卖个人信息事件的发生，明确涉公民个人信息的企业的社会责任。

针对金融领域监管漏洞，完善金融风险防控机制与规范。第一，以银监会、证监会、保监会三家牵头，联合工商、税务、海关、质检、电信、司法等多部门，建立社会征信管理体系。完善银行卡用卡人资信数据系统，建立银行卡身份信息共享平台，减少克隆银行卡犯罪。第二，对易滋生非法集资犯罪的金融理财领域，加强审查监管。对P2P金融企业的工商及税务登记、实际出资、经营状态、安全保障等方面进行实质性审查和动态监控。第三，严格履行公民身份信息核查责任。综合采取人像对比、指纹对比、信息核验等措施，严格确保重点人、证一致性核查，预防电信网络诈骗及涉众型经济犯罪；对网约车等产品共享领域，对身份资质、车辆状况、劳动协议、保险保障等方面进行实质审核，强化日常监管，保障乘客安全，促进市场公平竞争；对银行、电信、餐饮外卖等服务共享领域，推进线上线下融合监管，强化经营主体和第三方平台的相应责任，防范公民信息泄露、电信网络诈骗及食品安全等领域的违法犯罪。

北京市涉保障性住房民事纠纷司法对策研究*

引　言

保障性住房，是指纳入城镇住房保障规划和年度计划，限定面积标准、租售价格等，向符合条件的保障对象提供的住房。① 自保障性住房概念提出以来，其已发展出廉租房、公租房、经济适用房、限价商品房等不同种类的保障房，在产权类型、分配对象、上市管理等方面呈现出不同的特点。保障性住房为国家落实房住不炒的有力举措，与居民的居住质量和生活水平密切相关，因此在保障性住房的分配、管理和处分中产生了诸多纠纷，影响着保障性住房政策落地实施的效果。涉保障性住房纠纷即为与不同种类保障性住房相关的、以租赁和买卖为主要法律关系类型的、主要为合同和物权等民事案由的法律纠纷。本文通过对涉保障性住房纠纷的研究，梳理涉保障性住房纠纷的现状、特点和原因，发现涉保障性住房纠纷审理的疑难法律问题并进行详细分析，同时就审理机制方面的问题给出相应的司法对策。

一、北京市保障性住房政策梳理

党的十九大报告提出，坚持房子是用来住的、不是用来炒的定位，加快建立多主体供给、多渠道保障、租购并举的住房制度，让全体人民住有所居。房地产市场作为供给侧结构性改革的重点领域，主要有两个抓手，即“一疏一堵”：“一疏”指加大保障性住房供应力度，优化保障性住房供应结构，完善保障性住房政策制度；“一堵”指严格房地产市场调控，树立“房子是用来住的”这一基本原则。各地以满足新市民住房需求为主要出发点，以市场为主满足多层次需求，以政府为主提供基本保障，通过推进住房供给侧结构性改革，加快解决住房困难家庭和新市民的基本住房问题。随着保障性住房供应的不断增加，涉保障性住房纠纷案件亦显著增多，损害着供给方政策的精准实施，不利于需求方获得社会福利和有效维权。法院作为涉保障性住房纠纷案件的聚集地，肩负通过审判化解矛盾、提升住房保障政策实施效果、维护受保障群体合法权益的社会责任，因此有必要及时总结审判数据，发挥司法审判职能，督促自身提升该类案件的审判质效，促进保障性住房领域的平稳健康发展，发挥社会政策维护社会公平和改善民生的作用。

住房保障政策作为房地产市场政策的一部分，既具有北京市房地产调控的功能，又在

---

* 课题主持人：孙国鸣，课题负责人：郭燕枝，课题组成员：张磊、王梦、黄旭宁、张进中、武旋，北京市住房和城乡建设委员会曹世辉、吴宇帅、窦连增、马珊珊、高安富，课题执笔人：张磊、王梦、武旋。

本课题为2018年全院综合性调研课题。

① 中华人民共和国住房和城乡建设部：《城镇住房保障条例（送审稿）》，2014年。

阶段、对象、标准等方面有自己的特殊之处。北京市住房保障政策按发展阶段可分为，2007—2010年的三足鼎立阶段，2011—2013年的五房并存阶段，2014—2017年的双轨并行阶段。

1. 2007—2010年："三足鼎立"阶段

2007年9月，北京市委、市政府出台《关于贯彻落实〈国务院关于解决城市低收入家庭住房困难的若干意见〉的实施意见》，提出以廉租住房、经济适用住房两类保障性住房作为解决住房困难的主要措施，对两类保障性住房的保障对象、使用方式、处分方式等都加以明确。

2008年3月，北京市出台《限价商品住房管理办法（试行）》，在已有两类保障性住房之外，首提限价商品住房，申请者要求具有本市户籍，单身年满30周岁，人均住房面积、家庭收入和资产达标且5年内不得转让。自此，廉租房、经适房、限价商品房首现三足鼎立之势。

2009年，市政府注重对经适房的调控，大幅提高5年后出售经适房的土地收益比例。2010年，廉租房位置被公租房取代，政府在全程阳光工程实施方案中提出公租房的供地方式主要有自有土地和集体建设用地。

2. 2011—2013年："五房"并存阶段

2011年，市政府制定了棚户区改造实施方案，对包括门头沟采空区等三区三片进行了规划，棚户区改造房成为新的保障性住房房源。同时，市政府、住建委均相继出台文件，规范公租房建设、申请、审核和管理环节，为公租房确立保障性住房的主导地位奠定了基础。

此后一年，政府并未出台专门性文件，仅对公租房的租金补贴进行了政策调整，保障政策的调控力度较弱。

2013年，北京市首倡自住型商品住房，出台专门的加快自住房建设的意见，对自住房的保障对象、保障标准、处分和责任等进行了规定。自此，北京市保障性住房市场呈现公租房、经适房、限价房、棚户区改造房、自住型商品房五房并存的局面。

3. 2014—2018年："双轨"并行阶段

随着2014年廉租房和公租房并轨，廉租房在政策层面正式退出舞台。2014年3月，市住建委发布并轨分配问题通知，明确廉租房和公租房今后将统一执行公租房租金标准。另外，该年度另提出"三定三限"定向房，为因征收集体土地而搬迁的农民提供定向安置住房。

2015年的住房保障政策与2012年的思路相似，均注重对公租房、市场租赁住房的补贴，重钱补轻物补。

2016年政策导向倾向于保障性住房管理，对申请材料、配租资格等均进行了简化和明晰。

2017年市住保办发文提出重点建设公租房、自住房、棚改安置房（按经济适用住房管理），北京保障性住房市场开始出现新的"三足鼎立"。2017年下半年，北京市开始大力推进共有产权住房，共有产权住房将成为未来产权类保障房的主力。

2018年北京市进一步强化住房制度和长效机制建设，着力扩大有效供给和精准分配，加大公租房供给分配，并大力投资共有产权房，自此，以公租房为代表的租赁类保障房和以共有产权房为代表的产权类保障房成为北京市保障性住房的并行双轨。

对北京市保障性住房现行政策进行横向分析可见，从保障对象看，各类保障性住房申请条件均含本市户籍标准、家庭收入标准、家庭资产标准、人均住房面积标准。所不同者，一是经适房、限价商品房、自住商品房规定了购房人的年龄标准，而廉租房、公租房等租赁住房则无须年龄标准，严格抑制为子买房、过度炒房现象发生；二是廉租房另规定申请人需在本市生活，对申请人的实际生活状态进行事前的审核，以防止欺诈申请现象发生。

从保障标准看，随着北京市房地产调控力度逐年加大，租赁住房的保障标准也从最初的发放租赁补贴为主到实物配租为主。同时，保障标准的精确化程度更高，如对保障性住房面积的限制，根据人口数量确定分配面积等措施，都提升了保障措施的有效性。

从供地方式看，保障性住房供地基本通过政府划拨，鼓励单位和集体利用自有土地建设保障性住房。

从建设标准看，均采用集中建设和已有住房配建相结合的方式。保障性住房的产权归属严格依据合同而定，供需双方签订租赁合同的，如公租房，则房屋产权属于出资建设房屋的政府，如签订买卖合同的，则房屋归属购买者所有，只是囿于价格优惠政策对购买者的处分权进行一定年限的限制。保障性住房的分配本着公平、公开、公正原则，多采取轮候分配、摇号选房的方式进行。

从使用和处分权限看，保障性住房占有人的使用和处分权多受到限制。一类是租赁住房，公租房和廉租房使用人仅有占有、使用的权利，无处分权，不满足分配条件的情形下退房即可。另一类是拥有有限产权的购房人，如经适房、限价商品房等，均需满足5年内不得出售条件，5年后出售分为两种情形，除限价商品房外，其余有限产权房的出售，政府均拥有优先回购权。

从法律责任看，如在保障性住房申请过程中出现欺诈行为，行为人的责任分为取消本次资格、5年内不得申请、追究刑事责任、补足房款或租金四种类型。

二、涉保障性住房案件审理概况

（一）审理数据

我院2015—2018年共审理涉保障性住房案件151件，各类保障性住房均有诉讼，公租房和廉租房共51件，占比34%；自住房和限价房共8件，占比5%；经济适用房共92件，占比61%，其中，在2018年以前，涉公租房案件数量呈现逐年上升趋势，涉经济适用房案件数量呈下降趋势。除此之外，对保障性住房案件数据进行统计分析，可发现该类案件呈现以下特点。（见表1、图1、图2）

表1 2015—2018年一中院审理涉保障性住房案件数量

单位：件

保障性住房类型	2015年	2016年	2017年	2018年	总计
公租房（廉租房）	7	13	26	5	51
自住房（限价房）	1	5	2	0	8
经济适用住房	32	42	15	3	92
总计	40	60	43	8	151

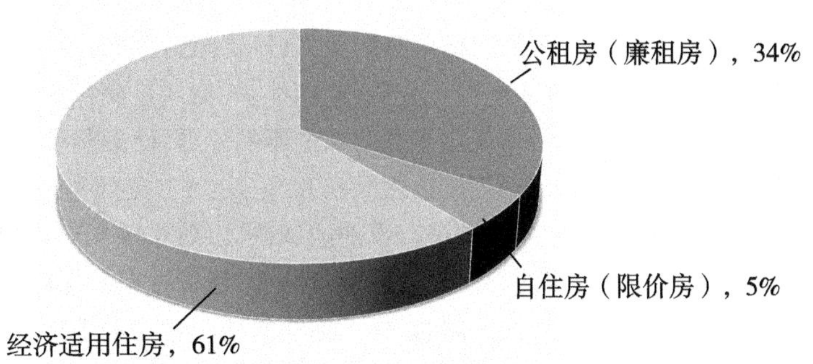

图1 2015—2018年一中院审理涉保障性住房案件各类保障性住房占比

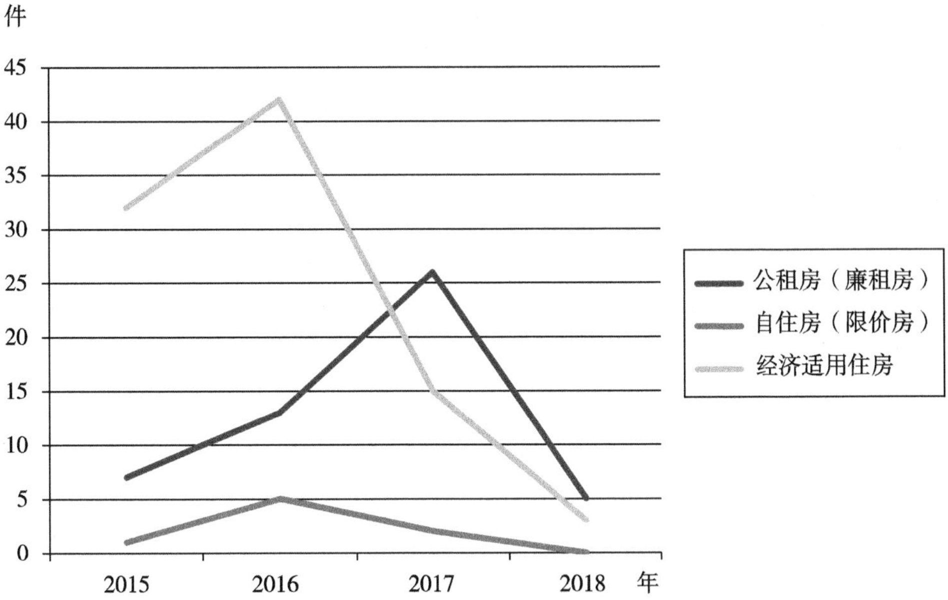

图2 2015—2018年一中院审理各类涉保障性住房案件数量变化趋势

（二）案件特点

1. 政策性强

涉保障性住房案件数量呈现出与政策共振的特点。2016年北京市住建委相继发布了《关于简化本市公共租赁住房备案家庭资格复核工作的通知》《关于进一步加快本市公共租赁住房分配入住的通知》，2017年北京市住房保障和住房制度改革工作领导小组办公室印发的《北京市2017年住房保障工作要点》明确2017年全市加强公租房分配管理，切实保障基本需求。因此，随着政策的陆续出台和公租房供应量的增加，2016年和2017年涉公租房案件数量相较2015年有明显升高。而随着经济适用房实践中部分地产生政策偏离问题，2016年和2017年政府对经济适用房的调控文件逐渐减少，经济适用房的市场供给减少，随之法院收案量也呈现出下降趋势。

涉保障性住房案件之所以体现出较强的政策性，原因有两方面。首先，保障性住房由政府出台政策建造管理，供应数量由政策进行调控，涉保障性住房案件也随着保障性住房供应种类和供应数量而变化。其次，保障性住房建造分配完成后，政府后续出台严格的管理政策，导致承租人或产权人先前利用政策空白而实施的行为成为违规行为。

2. 审理时间长

通过对涉保障性住房审理时间的统计可见，审理时间在 3 个月及以上时间的案件数量占比较高，且串案的审理时间普遍比个案的审理时间长，反映出案件整体的审理时间较长。

涉保障性住房案件的审理时间普遍较长，存在客观条件和主观机制两方面的原因。在客观条件方面，首先，涉保障性住房案件作为审判实践中出现的新类型案件，涉及全新的法律关系和争议焦点，审理的难度增大；并且，特定的保障性住房项目涉及的当事人数量通常较多，当事人之间的法律关系复杂，矛盾纠纷深厚，造成涉保障性住房案件的总体审理时间较长。其次，涉保障性住房案件的调解难度较大。与涉保障性住房案件当事人之间的利益冲突大直接相关的是，双方之间的矛盾较难调和，因而运用调解快速解决纠纷的概率较低。在主观条件方面，首先，当前法院在立案阶段尚无针对涉保障性住房案件的专门通道和甄别机制，造成案件立案阶段的效率不高；其次，在案件审理阶段，当前审判庭中对涉保障性住房案件并未集中统一审理，专业人才较为分散，且在案件文书的送达阶段易出现送达难情形，形成了案件久拖不结的情形；再次，在审判管理机制方面，对案件的审理期限监督并未及时统计跟进，超期办理的案件并未及时统计提醒，造成法官审理涉保障性住房案件的期限延长；最后，在诉讼服务和救助援助方面，由于目前没有专业化的针对涉保障性住房案件当事人的诉讼服务措施，以及提供法律援助的机制，影响了自然人当事人的诉讼能力，造成了案件审理周期的延长。

3. 利益冲突大

保障性住房之一类为限制产权型保障房，具体有经济适用房、自住房、限价房、共有产权房等，其涉案房屋价值通常较大，因而当事人双方的利益冲突大，群体性纠纷发生的风险高。以涉保障性住房案件中案由数量最多的房屋买卖合同纠纷案件为例，在 35 件样本案例中，涉案房屋标的额在 50 万元以上的案件共 14 件，占样本案件的 40% 。(见图 5)因此，涉保障性住房案件双方当事人之间的利益冲突较大。

究其原因，有三方面因素。第一，限制产权型保障房的房价变动大。该类保障性住房通常具有五年限制交易期，在限制交易期内房价常处于上涨通道，造成限制交易期内的买卖价格和期满之后的交易价格存在较大差异，因此随着时间推移当事人之间的矛盾纠纷加深。第二，司法过程中群众缺乏表达渠道。在庭审之外，当事人的法律疑惑无法得到专业及时的解答，造成当事人对司法审判工作产生偏见。第三，法院的风险防控机制、纠纷多元化解机制、普法宣传机制不健全。诉讼中群体性纠纷的出现体现了法院在风险防控机制等方面的不足，为群体性纠纷的出现和应急解决埋下隐患。

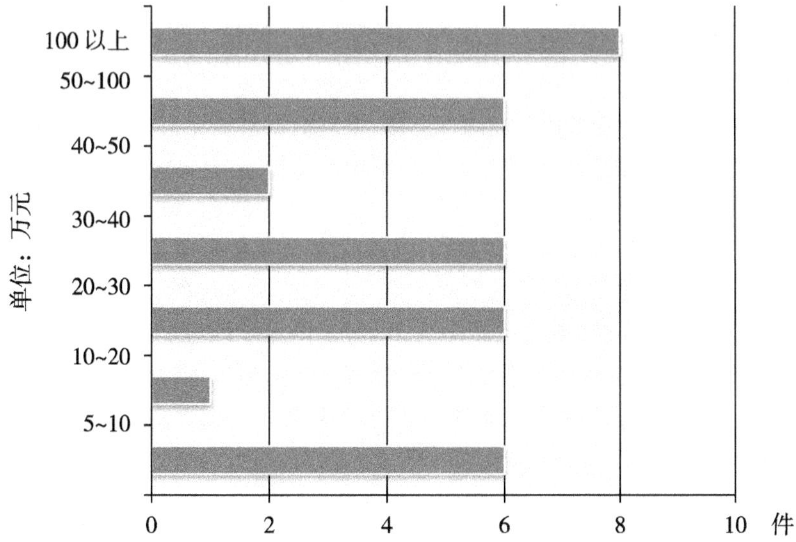

图3　2015—2018年一中院审理涉保障性住房案件中房屋买卖合同纠纷案件标的额

4. 家庭属性显著

涉保障性住房纠纷中存在保障房的利益分割纠纷，该类纠纷的缘起多由于离婚、继承等家庭关系变动，因而涉及对保障房所有权和共有规则的理解。在一中院审理的涉保障性住房案件中，婚姻家庭类案件共18件，占全部案件数的12%。该类财产纠纷的解决和家事法规则密切相关。

究其原因，首先，经济适用住房等限制产权型保障房的申请均以家庭为单位。如由建设部等部门联合印发的《经济适用住房管理办法》第25条规定，城市低收入家庭申请购买经济适用住房应同时符合下列条件：(1)具有当地城镇户口；(2)家庭收入符合各市、县人民政府划定的低收入家庭收入标准；(3)无房或现住房面积低于市、县人民政府规定的住房困难标准。因此，保障性住房的申请单位为户口、收入、住房面积均达标的家庭。其次，家庭关系变动产生涉保障性住房纠纷。具有申请资格的家庭成员去世、家庭收入增长超过标准、家庭新购普通商品房等情形，均可能导致家庭不符合申请资格，此时如其他家庭成员继续申请签订保障性住房租赁、购买合同，则损害了其他应受保障群体的利益，此时产权单位会就不符合资格的申请家庭提起诉讼。

5. 示范性强

经统计，涉公租房串案4件，涉经济适用房串案共有13件，涉自住型商品房串案共有3件。串案数量较多说明涉保障性住房案件呈现出项目集群，个案裁判对周围当事人的诉讼选择具有示范效应。

实践中，涉保障性住房案件在审判领域和公共政策领域具有较强的示范性。产生这一特性的原因首先在于保障性住房项目日渐增多，保障房类型呈现多元化趋势，不同种类的保障房纠纷层出不穷，某类保障房案件的裁判规则能够对其他类型的、集群化的保障房纠纷提供借鉴。其次，保障性住房领域政策制定单位、行政执法部门众多，法院的司法审判能够为行政机关制定执行政策提供法律指引。最后，保障性住房事关民生，与受保障群体的居住利益、社会的整体公平息息相关，始终是宣传领域的热点问题。涉保障性住房案件审理对行政机关和公众的示范性强会带来两方面的影响。首先，示范性强意味着对案件审判的质量要求更高，需要法官准确地把握案件中分散反映的问题，针对不同种类的保障性住房总结出案件特点和应对方案。其次，示范性强意味着行政机关制定政策和法律之间存在张力，存在法律影响政策的空间。因此，及时准确地把握政策和法律之间的关系，在依法审判的基础上精准理解政策，能够有效提升案件的审理效果。

三、涉保障性住房纠纷案件审理中的疑难问题

涉保障性住房案件呈现的政策性强、审理时间长、利益冲突大、家庭属性显著、示范性强等特点，给当前的审判实践带来以下几方面问题。

（一）相关法律适用标准亟待统一

1. 政策与法律的衔接问题

政府相关部门根据房地产市场和住房保障形势需求不定期出台保障性住房政策，但有时未能全面衡量政策与现行法律法规衔接配合的问题，从而导致了政策和法律规定的差异。例如在公租房运行中出现的转租问题，若根据《合同法》第224条的规定，承租人经出租人同意，可以将租赁物转租给第三人。承租人转租的，承租人与出租人之间的租赁合同继续有效。承租人未经出租人同意转租的，出租人可以解除合同。但是在公租房这类特定的房屋租赁合同履行中，若由承租人自由选择转租对象，则可能出现次承租人不符合申请条件而实际占有使用公租房的情形，导致公租房的保障目的落空，因此如何化解公租房禁止转租和合同法经出租人同意可以转租之间的张力，是涉保障性住房案件带给审判人员的法律课题。

2. 案件受理和诉讼路径选择等程序性问题

保障房政策在性质上为公共领域的社会保障政策，但保障房的分配和使用却关系群众的个人利益，在操作层面上往往以订立合同的形式予以分配，当争议发生时，具体纠纷是否属于人民法院受案范围，还是应当选择行政途径予以解决；合同双方当事人地位是否平等，纠纷性质属于行政诉讼还是民事纠纷，在实践中仍存在不同意见。

3. 合同效力、履行等实体法律适用问题

因保障性住房的关乎公共利益的特殊属性，在相关合同的订立、效力认定、履行、解除及违约责任等方面均存在特殊性，如经济适用房限制期内交易和借名购房问题，公租房转租问题等，均有别于普通房屋在同等情况下的处理原则，在案件审理中如何实现公共政策和个体利益的平衡，需要在法律适用和裁判尺度统一方面进行研究。又如在离婚后财产纠纷和继承中涉及保障性住房时，因分割时要求客体为公民的个人合法财产，但是申请人对公共租赁住房的承租权仅为债权，申请人对限制产权型保障房的产权仅为不完整的所有权，因此在发生离婚和继承时是否能产生财产分割和继承的效果，也是审判实践中需要解决的法律问题。

（二）审理机制尚待完善

除法律适用中的问题外，当前法院审理涉保障性住房案件的机制还存在以下问题。

1. 各审判庭、各审判团队之间存在裁判尺度差异。保障性住房纠纷案由较为分散，保

障性住房作为租赁或买卖合同的标的，涉及合同、物权、婚姻、家庭等不同案由，因而通常划归不同审判庭审理，即使案件在同一审判庭，也分案给不同的审判团队，易造成裁判尺度的差异。

2. 审判机关与政府部门之间信息不对称，政策把握不及时。当前的涉保障性住房案件司法审判，以政策规定的保障房申请条件、转让规则等为基准认定租赁或买卖合同的效力、物权归属，然而政策的出台具有即时性和延续性，案件进入司法程序到法院的审判环节相对滞后，因此法院对政策的了解掌握也具有滞后性，与政策制定部门的沟通渠道不够畅通，对政策的研究亦不够深入，不利于案件政策背景的准确把握。通过与北京市住保办、石景山区法院座谈发现，由于保障性住房较强的政策性，法院和掌握政策尺度的住房保障部门之间缺乏有效沟通，造成裁判中未能及时更新政策背景，使案件裁判效果弱化。

3. 缺乏事先研判和及时归纳，审判处于被动地位。在政府出台保障性住房相关新政策时，法院往往未能进行提前分析和研判，而是待政策实行一段时间、出现纠纷后才开始被动审理相关案件；同时在审理中也未能及时主动归纳总结案件特点和裁判观点，形成案件裁判规律并统一裁判标准。

（三）案件敏感性高，调处难度大

涉保障性住房民事纠纷利益冲突大，敏感性高，调处难度大。

一是易产生群体性纠纷。因保障性住房分配工作政策性强，当事人之间的矛盾容易出现集群和升级，政策受众由于聚居关系较易形成自组织，进而引发集体行动，在维权过程中产生群体性纠纷，对司法审判工作形成冲击。

二是易产生舆情风险。利益冲突升级为群体性纠纷后，群众易借助媒体的力量进行极端化的宣传，对法院正常的审理秩序造成影响。

三是调解等纠纷解决机制的难度加大。当事人之间的利益冲突造成了难以弥补的矛盾裂痕，双方协商解决问题的可能性减小。

四是司法审判难度提高。涉保障性住房民事纠纷作为新类型的房地产案件，需要审判人员对政策的及时准确把握，并且需要考虑审判中的舆情风险，因此案件审理的难度提高。

五是审理时间较长影响审判质效。涉保障性住房疑难个案往往占用较长的审理时间，造成类案的收案结案率均减缓，从而降低法院整体的案件周转率，影响审判质效。

四、涉保障性住房纠纷案件的司法对策

（一）统一涉保障性住房纠纷案件法律适用标准

审判是人民法院的第一要务。针对涉保障性住房纠纷案件中的疑难问题，及时开展专题调研，明确法律适用标准，统一执法尺度，保证案件审判质量，是法院的首要任务。

1. 正确把握案件受理及程序选择

（1）关于租赁型保障房案件的受理和程序选择

从发展历史看，我国的住房供应体系经历了以具有普惠性的公房为主，到以商品住房为主，再到商品住房和住房保障双轨制的演变。其中，普惠性公房包括房管局管理的直管公有住房和国有企事业单位管理的自管公有住房，而当前的租赁型保障房主要为政府统

一管理的公共租赁住房和廉租房,该类住房区别与以往的公有住房和当前一些地区推行的人才房。公共租赁住房,是指限定建设标准和租金水平,面向符合规定条件的城镇中等偏下收入住房困难家庭、新就业无房职工和在城镇稳定就业的外来务工人员出租的保障性住房。首先,它不同于以往的公房,二者在产权单位和管理形式上存在显著差异,因而适用不同的保障房政策。其次,它亦不同于杭州等城市推出的人才房,虽然二者同属租赁型保障房,然而公共租赁住房的保障对象更为广泛,对申请人的职业、学历等并未做出限制。

首先,关于租赁型保障房纠纷是否属于人民法院受案范围,最高院曾出台《关于房地产案件受理问题的通知》规定,历史遗留的落实政策性质的房地产纠纷,因单位内部建房、分房等而引起的占房、腾房等房地产纠纷,均不属于法院主管范围。因此,早期租赁型保障房类型中的自管公房纠纷,如军队自建的公租房纠纷具有单位内部福利分配性质,属于单位对职工不平等的内部行政管理关系范畴,因而不属于法院受案范围,此类纠纷当事人可找有关行政部门解决。而对于公共租赁住房,显然不属于上述通知的规定范围,应当纳入人民法院审理范围。

其次,关于租赁型保障房争议属于民事争议抑或行政争议,民事诉讼法理论认为,如果双方当事人处于平等的权利地位,并成为争议的对立当事人的,此种关系就是私法关系,属于民事争议;反之,如果一方当事人依统治权力支配对方,命令或禁止对方为一定行为或不为一定行为的,即属于公法关系,由此引发的争议属于公法争议。除自管公房外,其他种类的租赁型保障房均为产权单位与个人签订房屋租赁合同,出租人履行提供适租房屋的给付义务,承租人履行支付租金的给付义务,双方之间未形成支配关系,而形成了平等的双务合同关系,租赁合同中对于转租、空置等行为的限制仅是为体现公益属性而增加承租人的义务。因此,除自管公房外的租赁型保障房争议应当属于民事争议范畴。

(2)关于共有产权房诉讼程序选择

北京市住建委于2017年9月30日发布《北京市共有产权住房管理暂行办法》,目前共有产权房项目多数仍在选房阶段,因此纠纷还未进入法院层面。法院目前仅可对纠纷风险点进行预判。

共有产权住房由政府和购房人按照出资份额共有,按份共有人之间为是否为平等法律关系,影响诉讼程序的选择。按份共有相关纠纷属于民法的物权纠纷范畴,因而适用民事诉讼法规定。然而共有产权中共有人之一为政府的代持机构,代持机构的性质属于政府直接管理的其他组织,并且共有产权住房政策属于社会保障政策范畴,因而目前看共有产权住房纠纷存在适用行政诉讼程序的空间。

2. 严格依据法律规定,正确认定合同效力

(1)关于合同生效条件的认定

虽然公租房管理规定中未予明确各类保障性住房不可兼得,然而从住房保障政策的目的看,其是为低收入群体提供基本住房保障的福利政策,对于已有一套保障性住房的承租人而言,获得其他种类的保障利益违背了政策目的。因而,对于同时享有购买保障性住房的利益以及对承租公有住房征收补偿利益的受保障人,其诉请确认新的保障性住房的买卖合同有效的,应考察合同中是否附有腾退原公有住房的生效条件。在签订新的保障

性住房买卖合同后，未依约将原住公有住房腾退的，应当依据《合同法》第 45 条的规定，视为房屋买卖合同未生效。

(2)关于经济适用房一房二卖的合同效力

根据《买卖合同司法解释》第 9 条的规定，一房二卖中两份房屋买卖合同均为有效，而如何判定两份合同的履行顺序，法律法规尚无规定，司法实践中总结的通说为：优先履行已经办理房屋所有权转移登记的；均未办理房屋所有权转移登记的，优先履行已经实际合法占有房屋的；均未办理房屋所有权转移登记且未实际占有房屋的，综合考量实际付款数额和顺序、合同成立时间、是否进行网签等因素进行确定。对于未得到履行的房屋买卖合同，出卖人应当向买受人承担违约责任。

(3)关于经济适用房买卖合同避税条款的效力

经济适用房买卖合同中存在当事人约定的避税条款。该条款并不导致全部合同损害社会公共利益或违反法律法规的强制性规定，因而合同总体并非无效。合同避税条款部分无效，不影响其他部分效力，其他部分仍然有效。在合同履行层面，因经济适用房存在购房的严格限制条件，因此出现房屋实际买受人和名义买受人不一致、房屋未过限制交易期即转让的情形。前者如实际买受人可举证证明自己的购买行为，则可请求名义买受人按照合同履行自己的过户义务；后者如经济适用房经过限制交易期，则买受人可要求出卖人进行房屋的变更登记。关于违约责任，经济适用房买卖中的违约方可基于《合同法》第 107 条要求逾期交房、逾期初始登记和逾期转移登记违约方支付违约金，可请求违约方继续履行合同，但是双方约定承担违约责任的条件未成就则无需承担违约责任。在违约方的违约行为已致使不能实现合同目的时，守约方可依据《合同法》第 94 条规定解除合同。

(4)关于借名买房合同效力

因经济适用房买受人严格的准入条件，借名买房成为涉经济适用房案件的常见案型，其在诉讼步骤、合同成立、合同效力层面均有其特殊性。

首先，在诉讼步骤的选择上，存在借名买房合同纠纷和返还原物纠纷何者优先处理的问题。这与我国在物权行为理论上的立场密切相关：我国《物权法》并未承认所谓无因性理论，而认为设定或转让物权的合同的效力，直接影响物权设定或移转的效力。因此在我国采物权变动的有因性说的前提下，在确认物权人和审查返还原物请求权要件前，应首先查明双方之间是否存在借名买房的合同关系，对借名买房合意的事实是否存在未查清前请求返还房屋的，应当不予支持。因此借名买房案件案由的先后顺序存在层次性。

其次，借名买房合同的成立需要通过多要素综合推定，这是由借名人和被借名人通常存在亲属关系且为规避司法审查而多未签订书面合同的现状所决定的。由于借名买房在保障房案件中的多发，北京市一中院综合自身审判经验和辖区法院做法，提出认定存在借名买房口头约定应综合房屋的出资、房屋的占有使用、购房票据及产权证书的持有以及对于借名购房有无合理解释四个要件事实进行判定。主张借名买房关系成立的一方——通常为借名人，根据举证责任分配规则，应当围绕要件事实举证证明借名买房法律关系的成立。如举证不能或未达到高度盖然性标准，则需要承担借名买房关系不能成立的法律后果，依据房屋登记只能成立登记名义人单独所有而无法办理所有权转移登记。

最后，借名买房类案件的被借名人通常主张房屋买卖合同因损害社会公共利益而无效。学理中,认定借名买房协议的效力的总的思路是:只要当事人意思表示真实,内容不具有《合同法》第 52 条和其他法律规定的无效合同情形,即应认可其效力;总的原则是:为适应现代社会交易的高速和频繁、维持交易秩序的稳定,应尽量减少无效合同的认定。就社会公共利益的含义而言,因其评价对象和标准不同而存在较强的相对性,可对其结合《合同法》第 52 条的内容进行体系解释,在此条前项已规定国家利益、集体利益和特定第三人利益的情形下,对社会公共利益应从地域和人数两维度加以限缩,认定社会公共利益仅包括社会中不特定多数人的经济秩序和社会公德,它是公序良俗原则在合同法中的具体体现。在经济适用房案件中,社会公共利益是指社会中不特定多数人的居住利益。对借名买房是否损害不特定多数人的居住利益,首先应区分经济适用房不同的取得方式:如通过拆迁取得的经济适用房,则房屋不涉及不特定多数人的利益,确定地由被拆迁人作为安置补偿利益取得,因此此种情形下的借名买房并非损害社会公共利益,房屋买卖合同有效;如通过换房协议的形式,同时拥有经济适用房取得资格的二人自愿交换住房并分别与开发商签订合同,则亦因为未涉及不特定多数人利益而合同有效;如经济适用房系通过摇号取得,则不特定多数人在摇号中均有中签机会,因此涉及参与摇号的多数人利益,此种情形下签订的合同应为无效。在房屋买卖合同被确认有效的前提下,借名人可主张被借名人及时办理解押和过户,进而享有对经济适用房的所有权。

(5)关于经济适用房限制期内交易的合同效力

在经济适用房买卖中的特殊案型——借名买房之外,普通的经济适用房买卖合同亦存在合同效力问题,其因经济适用房在限制交易期内出卖而产生。根据借名买房中对社会公共利益的分析,5 年限制交易期并未涉及不特定多数人的利益,仅破坏了经济适用房保障安居而非投机营利的制度初衷,因此对合同效力的认定相对宽松。司法实践中,经济适用房转卖合同的效力与签订时间相关联。如经济适用房原购房合同系 2008 年 4 月 11 日以前签订,且双方在合同中约定到期后办理过户或达到交易条件的,可认定合同有效;如原购房合同系 2008 年 4 月 11 日以后签订,则需要经过 5 年限制交易期,同时区县住保办出具同意出售的意见,买方交纳土地收益金,才可认定转卖合同有效,否则其中之一条件不具备则买受人需要履行房屋返还义务。

因经济适用房买卖具有较强的政策性,因此合同订立后如因住房政策改变导致买受人无法办理房屋过户的,属于因不可归责于双方当事人的原因导致合同目的无法实现,当事人可据此解除合同。因住房政策均有渐变的过程,并非不可预见,且买卖合同中通常有合同终止责任条款,为避免与契约严守原则的对立,因此此时的合同解除原因并非不可抗力或情势变更。

经济适用房买卖合同成立和效力的判定时点亦有争议。在经济适用房买卖过程中,住房保障部门和申请人之间需要签订或申请人提交购买资格备案、公证委托书、商品房预售合同、权证登记等文件,如在此过程的任一阶段中出现申请人死亡等不符合申请资格进而可能导致买卖合同不成立的情形,则以何时点确定买卖合同不成立尚需考量。首先,不动产物权以合同和登记作为变动条件,购买资格备案、公证委托书分别为对申请人购房资格的确认、申请人订约事项的委托,仅为合同订立的准备阶段,未进入到实质的合同磋商阶段和缔约、登记阶段,因此在此二阶段内出现申请人死亡等不符合申请资格的情形,当然因申请人不再具有购买资格而不再进行后续的合同磋商程序。其次，在预售或买卖合同签订之后到不动产登记之间，发生申请人死亡的情形，因此时合同已经订立，合同缔约双方产权单位已经履行交房义务，买方已经履行支付购房款义务，因此此时如因申请人购买资格丧失而判定合同不成立则有违民法的诚实信用原则，与订立合同时判定合同效力的通说相违背。在此情形下，返还的法律后果将导致合同双方承担较大的经济损失，5 年限制交易期内申请人资格风险全部自行承担，于申请人一方亦不公平。因此，在预售或买卖合同签订之后到不动产登记之间，申请人死亡的，不影响申请人之继承人继续取得不动产物权。最后，根据《合同法》第 9 条的规定，当事人订立合同，应当具有相应的民事权利能力和民事行为能力。商品房预售合同已经对房屋具体坐落面积、房款金额和支付方式、违约责任等均有约定，无须将来订立本约合同，因此预售合同并非预约合同，预购方需要具有完全民事行为能力。因此，在订立预售合同阶段出现申请人死亡的情形，则应当认定合同一方不具有民事行为能力而合同不成立。

（6）关于限价商品房买卖的合同效力

限价商品房交易中出现的情形与经济适用房类似，存在合同效力的判定问题。限价商品房只要满足 5 年的上市交易期，并于出售时交纳土地收益价款，则买卖合同有效。对于买卖合同中出现的换房协议、借名购买非摇号取得的限价商品房等情形，依据《合同法》第 52 条、第 54 条的规定，需要考察是否存在欺诈、重大误解、显失公平、损害社会公共利益的情形，以判定合同的效力。①

（7）关于公租房转租中的转租合同效力

公租房承租人转租，或公租房承租人死亡后实际居住人转租，转租人以己方在订立转租合同时无权处分为由诉请确认转租合同无效的，涉及无权处分情形下公租房转租合同的效力问题。

根据《合同法》第 224 条的规定，承租人经出租人同意，可以将租赁物转租给第三人。承租人转租的，承租人与出租人之间的租赁合同继续有效。承租人未经出租人同意转租的，出租人可以解除合同。因而合同法对擅自转租情形下原出租合同的效力予以认可，出租人可以在合同有效的前提下行使解除权；但是对于转租合同的效力，《合同法》并无明确规定，根据体系解释原则，应当认为未经过出租人同意转租的承租人为无权处分人，适用《合同法》第 51 条经权利人追认或者无处分权的人订立合同后取得处分权的合同有效的规定。在承租人擅自转租的情况下，不应承认合同有效。如果认为未经出租人同意的转租行为都是有效的，则该条规定将形同虚设；如果转租未经其同意就可以生效，则属于对出租人所有权的侵犯；再者，如果允许擅自转租，也不利于社会管理。② 通常情况下，承租人变更可能在三个方面增加出租人的风险，即租金支付能力强弱，租赁物保管良好与否，以及租赁物返还是否顺利。③ 公租房承租人变更对出租人产权单位而言，主要的、特殊的风险在于保障政策的落空，因此国家对公租房这一非营业性不动产的转租仍采绝对

---

① （2015）一中民终字第 07928 号；（2016）京 01 民终 3379 号；（2017）京 01 民终 1175 号。

② 王利明：《合同法研究》，中国人民大学出版社 2015 年版，第 321 页。

③ 冯兴俊：《我国租约转让与租赁物转租制度的完善》，载《法学评论》2015 年第 5 期。

的出租人许可模式。公租房承租人或承租人继承人相对于产权单位均为无权处分人，当前公租房转租为制式合同所明确禁止，以维护公租房的保障属性，减少市场的投机行为，因此产权单位不可能在事后对转租合同进行追认，因此公租房转租的转租合同为无效，如涉及中介机构违规代理公租房转租的则还需对中介机构进行行政处罚。

3. 正确认定合同履行中的法律问题

（1）公租房承租人的排除妨害请求权

租赁型保障房的承租人相对第三人为有权占有，根据《物权法》第245条，承租人可请求第三人腾退房屋。尽管名义承租人和房屋实际占有人并不一致，仍应当根据合同的相对性，认定名义承租人为有合法权源的有权占有，实际占有人主张对房屋享有居住权利的，应当提供证据予以证明，否则对其主张应不予支持。

（2）公租房转租的产权单位责任和诉讼时效

根据2017年10月1日起施行的《民法总则》的相关释义，租金属于定期履行债务，诉讼时效期间应当自每一期履行期间届满之日起分别计算。产权单位针对欠付租金情况，应当在每一期租金支付期间届满之日起一年内进行催缴或起诉，以免丧失时效利益。催缴租金一般采取书面告知的形式，并保留直接送达、邮寄送达的回执或留置送达的照片等，以应对承租人在诉讼中提出时效抗辩。

在北京市一中院审理的一起案件中，2013年3月11日，出租人产权单位与曹某签订《北京市公共租赁住房租赁合同》，约定租期从2013年3月25日至2016年3月24日，乙方逾期缴纳租金的，甲方有权要求乙方补缴并从逾期之日起每日按月租金的万分之三收取违约金等。合同签订后，曹某交纳了10个月的房屋租金，此后再未支付租金，合同期满后亦未续签租赁合同。产权单位曾于2015年9月28日、2017年6月19日在曹某门口张贴催缴通知。产权单位起诉要求曹某支付欠缴租金和违约金、腾退房屋并支付至实际腾退之日止的占有使用费。曹某抗辩称产权单位的诉讼请求超出诉讼时效。

法院生效判决认为，最后一期租金履行期限届满之日即2016年2月25日，产权单位于2017年6月19日张贴催缴通知，超过一年的诉讼时效，故对其主张的2014年1月25日至2016年3月24日的租金及违约金不予支持。双方约定的租赁期届满，曹某应腾退房屋并支付合同期满次日起至腾退之日止的房屋占有使用费。①

（3）自住型商品房开发商履约问题

涉及自住型商品房的判例较少。同限价商品房类似，自住型商品房的产权人获得的也为有限产权，遵循5年内不得上市交易的限制性规定，5年后上市交易需要交纳土地收益价款。除此之外还有开发商履约问题，如房屋质量有无瑕疵的认定，通过施工图设计文件和建设工程规划许可证可判定房屋设计合格。

（4）共有产权房对外转让限制问题

一是在共有产权住房份额对外转让过程中，如不满足取得不动产权证满5年、转让对象为其他符合共有产权住房购买条件的家庭的条件，则会产生确认转让合同无效纠纷以及物权返还纠纷。此类案件与当前存在的经济适用房在禁止转让期间内转让产生的纠纷

① （2018）京01民终6102号。

类似，如在诉讼时已经经过禁止转让期间，则可认定买卖合同未损害社会公共利益，因而合同有效，出卖人应协助买受人办理过户手续。二是如政府在转让时未行使优先购买权，购房人将共有产权住房直接转让给第三人，则政府能否提起民事诉讼请求确认合同无效尚无定论，因优先购买权为同时具有物权和债权效力的从权利，其物权法属性亦尚未明确。

(5)共有产权房限制出租、出借、超过份额抵押问题

由于政策规定不得擅自转让、出租、出借、超过份额抵押共有产权住房，因此如出现擅自转让、出租、出借、超过份额抵押情形，能否认定合同和物权变动无效，涉及对具体案件中是否存在恶意串通、损害社会公共利益、违反法律行政法规的强制性规定等合同无效情形的考量。一是由于北京市《办法》非行政法规层级，因此考虑擅自转让、出租、出借是否损害社会公共利益。因转让、出租和出借均为不具有共有产权申请资格的家庭实际占有使用房屋，因此不能实现共有产权的保障目的，合同可认定为损害社会公共利益无效。二是对于超过份额抵押，则是购房人直接抵押了政府的产权部分。根据最高人民法院判例，共同共有人以其共有财产设定抵押，未经其他共有人的同意，抵押无效，但第三人善意、有偿取得抵押权的，应认定抵押合同有效。虽然共有产权适用的是按份共有规定，但在共有物设定抵押权层面，与共同共有之间的区别仅为同意的人数比例要求更低，除此之外，抵押权设立和效力的认定思路是一致的。因此，共有产权超额抵押部分因未得到共有人的同意，抵押无效，但第三人善意且有偿取得抵押权的，抵押合同有效。

(6)共有产权房诉讼中政府连带责任承担

在购房款负担层面，给付义务人为购房人，则在购房人迟延履行给付义务时，债权人可依据共有约定起诉政府代持机构替代履行给付费用的义务，政府代持机构在此情形下是否承担给付义务，承担后的追偿保障均需有相应的制度设计。在违约和侵权责任承担方面，购房人和政府代持机构应当承担连带责任。如购房人或政府代持机构自身未及时履行给付责任，则债权人将直接以政府代持机构为被告起诉请求其承担责任；如政府代持机构完成全部的给付义务，则能否起诉向购房人追偿，存在与费用负担共同的问题。并且考虑到，我国的房地产税立法已经提上日程，在共有产权中如何确定计税依据和纳税主体，都需考虑到购房人和政府代持机构之间特殊的共有关系。

4. 正确处理合同解除相关问题

公租房中存在不定期租赁合同关系认定及解除权行使的租赁合同共性问题。根据《合同法》规定，租赁合同中对租赁期限没有约定或约定不明的，视为不定期租赁，双方当事人均有权随时解除合同。早期的租赁型保障房存在未与承租人签订租赁合同的情形，需要结合承租人对房屋的占有使用、交纳房租情况，对双方之间的事实租赁合同进行认定。该事实租赁合同存在对租赁期限没有约定的情形，双方当事人可随时解除租赁合同，因而出租人因住房保障政策调整可随时要求解除合同和腾退房屋。

涉公租房纠纷中租赁合同的共性问题还包括租赁合同到期后继续占有房屋的需支付占有使用费。合同法规定对租金支付期限没有约定或约定不明的，均应当支付租金。租金作为占有使用费之一种，根据当然解释规则，承租人在租赁型保障房合同权利义务终止后继续占有房屋的，应当支付占有使用费，方符合公平交易原则。

5. 正确处理涉物权保护相关问题

(1)共有权确认和占有保护问题

经济适用房在物权法方面存在的共性问题主要包括共有人范围的确定和有权占有。《物权法》规定了按份共有和共同共有两种共有类型,分别基于合同约定和身份关系形成。经济适用房卖出后原房屋所有权人请求确认为共有人的,因新旧所有权人之间无合同约定,因此无共有存在的基础;同居关系结束后一方请求将房屋价值进行分割的,可根据按份共有原则进行,因同居关系非法定的可形成共有的身份关系。与租赁型保障房相似,依据合同的房屋占有人相对房屋所有权人为有权占有,但如实际占有人为没有正当权源的无权占有,则房屋登记人可基于所有物返还请求权请求无权占有人返还房屋。

(2)经济适用房房屋登记和物权确认问题

由于不动产登记的公示效力,判例中存在因物权纠纷造成房屋实际性质和登记性质不一致的情形,法院应在明确物权归属的基础上判定准确办理不动产登记,以更好保护物权人和利益相关人的权利。

(3)限价商品房物权确认问题

限价商品房的物权确认主要涉及共有情形,原则上不动产物权以登记簿上记载的权利人为准。例外情形是,在保障性住房尚未登记的情形下,如存在共同出资、装修和出租则可根据财产贡献认定共有,适用共有规则对房屋所有权进行处理。①

6. 正确处理涉婚姻继承相关问题

(1)离婚分割

经济适用房为产权性质的保障房,因此在离婚时可作为夫妻共同所有的财产予以分割。但关注经济适用房存在登记或不动产权证延迟办理情形,因此对于已交购房款、尚未登记的经济适用房仍可在排除是一方婚前财产的情形下,仅对共同居住权利进行分割。

(2)继承分割

经济适用房的继承规则因房屋所有权明晰,因此可归入普通的遗产范畴,按照正常遗产分割的原则处理即可。

对于未取得产权证的经济适用房,与离婚后财产纠纷类似,同样仅可对共同居住使用的权益进行分配。

(二)完善涉保障房纠纷案件审理机制

1. 深化审判工作认识

深刻理解涉保障性住房案件审判工作对在发展中补齐民生短板的重要意义,抓住居住这一人民最关心最直接最现实的利益问题,通过公平、公正、公开的审判为群众谋民生之利,解民生之忧。在审判中,要牢固树立司法为民理念,时刻坚持群众立场、群众路线、群众感情,既要在实体上充分考虑群众诉求,又要在程序上切实保障群众诉权,切实贯彻平等保护理念,努力让人民群众在每一个司法案件中感受到公平正义。

---

① (2016)京01民终4468号。

2. 创新审判体制机制

（1）组建专业化审判团队

最高人民法院2015年颁布的《关于完善人民法院司法责任制的若干意见》提到，基层、中级人民法院可以组建由一名法官与法官助理、书记员以及其他必要的辅助人员组成的审判团队，依法独任审理适用简易程序的案件和法律规定的其他案件。2016年颁布的《关于进一步推进案件繁简分流优化司法资源配置的若干意见》第18条提及推广专业化审判。在充分考虑法官办案能力、经验及特长等因素的基础上，根据案件的不同类型确定审理类型化案件的专业审判组织。因此，司法改革的各项举措为建立专业化审判团队提供了政策支撑。专业化审判包括四层含义，分别为审判主体专业化、法官思维和知识的专业化、审判机制的专业化、审判理念的专业化。① 涉保障性住房案件专业化审判团队可从以上四方面进行组建完善。

首先，审判主体的专业化。第一，由专业法官组建专业化合议庭。吸收房地产专业审判庭的骨干力量，组建涉保障性住房案件专业化审判团队，将此类案件集中到同一合议庭进行审理，严格执行案件合议程序，增强案件审理的专业化水平。第二，引入外部专业力量。运用专家咨询制度和专业陪审机制，吸收房地产法律领域专家学者、相关行业人民陪审员的智慧，增强审判的科学性和代表性，发挥知识权威型调解员的专业优势。第三，实行有调整的随机分案制度。当前司法改革虽然普遍实行了随机分案，然而为适应专业化审判团队的组建需要，应当对随机分案的结果进行调整，以保证类案分到同一审判团队。

其次，法官思维和知识的专业化。在机制搭建完成之后，如何保证每一位法官适应新类型的涉保障性住房案件审理的需要，及时更新法官的法律知识内核，需要采取多样化的教育培训方式。针对涉保障性住房案件开展的读书分享会、专家讲座、文书品鉴活动，可有效提升法官个人的法律知识素养，督促法官在裁判文书中加强释法说理。

再次，审判机制的专业化。针对涉保障性住房案件类案的审理设定专门的业绩考核方式，实行结案数量底线管理和超额激励方式，对法官的突出业绩在评优评先中予以考虑。对案件进行繁简分流，串案、有限产权类保障房买卖等案情较为复杂的案件，发挥专业审判团队的能力优势，进行精细化审理；对拖欠租金、非法转租等案情简单、法律关系争议不大的案件，集中调解、结案业绩突出的法官进行高效审理，以保证案件的周转效率和调解效果。

最后，审判理念的专业化。在专业化审判团队内部及时开展审判理念学习教育，让每一位团队成员认识到涉保障性住房案件审理工作是一项民生工作，本着司法为民的理念，法院需要在该领域发挥司法对违法失信行为的规制作用。

（2）建立绿色通道和台账

首先，明确涉保障性住房案件的甄别标准，以标的划分涉保障性住房类案，界定保障房申请人和产权单位各自的诉讼地位。其次，对甄别出的涉保障性住房案件建立绿色通道和分析台账，确保该类案件进入法院后优先立案、优先审理、优先办结，发挥立保调对接、立审执衔接机制优势，及时运用留置送达方式，全力提升该类案件的审判质效。再次，

---

① 李兆杰、牛艳：《人民法院推进专业化审判路径探析》，载《人民法院报》2017年5月3日，第8版。

通过在审判系统中加入涉保障性住房案件标签的方式对类案进行标记，运用台账对案件的运转流程进行跟踪，对该类案件进行司法统计分析，运用大数据提升裁判的科学性，督促各环节提高效率，及时向群众进行信息公开，避免因信息不公开造成的群体性矛盾激化和不良示范效应。

（3）发挥审级监督职能

2018 年新修订的《人民法院组织法》第 10 条规定，上级人民法院监督下级人民法院的审判工作。上下级法院之间的审级监督关系有利于下级法院依法公正裁判，亦有利于上级法院及时发现总结类案，统一裁判尺度。涉保障性住房纠纷一审案件多由基层法院管辖。一方面，基层法院发现涉保障性住房类案后可向中级人民法院及时报请，对基本案情和争议问题总结形成书面材料；另一方面，中级人民法院在收到案件请示后可组织专业化审判团队成员就法律问题进行研讨，通过引入专家力量参与座谈、会商等方式继续向基层法院了解案件情况和审理思路，探究案件发生的深层原因，是否存在多元化解矛盾纠纷、解决群众迫切居住需求的空间。在全面调查研究的基础上，及时答复基层法院个案的处理意见，对基层法院案件的审理情况进行跟进通报，对类案开展进一步调查研究，实现对类案涉及法律问题的盲点清除。

（4）建立战略沟通机制

2014 年最高人民法院工作报告指出，及时向行政机关反馈审判工作中发现的行政执法突出问题，促进司法与行政良性互动。为此，在涉保障性住房案件审判领域建立与住保办的战略沟通机制十分必要。一是发挥住保部门在政策咨询、信息查询、调研分析等方面的优势，运用经济法领域规制信息不对称的收集识别工具，了解各类保障性住房申请管理的特殊规定，增强政策把握的精准性，提升司法质效。二是法院可通过发送司法建议、组织庭审观摩、通知出庭应诉等方式对产权单位的保障房运营管理行为进行法律提示，参与行政机关的保障房政策合法性论证和定期联席会议，以提高行政机关的依法行政水平。三是涉保障性住房案件中产权单位和管理部门在接到法院应诉通知后积极出庭应诉，能够保障诉辩双方充分发表意见，帮助法官在法庭形成心证，实现对诉讼两造的平等保护。

（5）完善诉服配套释明

依托一体化诉讼服务平台，精准提供诉讼服务，提供人性化的救助援助机制，以使当事人获得亟须的咨询代理等法律援助。对于家庭经济情况特别困难的上诉群众，应当在符合条件的情形下考虑减免缓交二审诉讼费。立案阶段向当事人及时释明保障房政策。释明作为法官的审判职责，需要遵循中立原则、程序保障原则、辩论原则、处分原则，在发现当事人的诉求明显违反现行保障房规定时，需要向当事人及时释明诉讼请求不正确的原因及可能产生的法律后果，告知当事人变更诉求。

（6）加大纠纷调解力度

在纠纷解决方式中，调解具有方式灵活、源头化解、关系修复等特点，与涉保障性住房纠纷切实解决群众基本居住问题、避免群众对国家基本社会保障制度不满情绪的纠纷化解目标高度契合。因此，案件审判过程中，在立案、审理等案件审结之前的各个阶段均应重视调解工作，为提升调解效果，可引入产权单位、政策制定机关、居委会、基层党组织等代表参与释法说理和调处化解工作。

(7)组织类案调查研究

首先,坚持问题导向,对涉保障性住房案件审理中发现的新情况、新问题,召开专业法官会议进行研讨,吸收司法审判人员的集体智慧。其次,对在合议和专业法官会议中形成的法律适用问题的一致观点,及时总结成体系化的指导意见,供本院和辖区内基层法院参考适用。再次,将审判中提炼的具有权威性、代表性、典型性的案例进行总结发布。发布典型案例,不仅有助于统一司法理念,规范自由裁量权,确保公平公正,更是司法沟通法律文本与生活现实的重要方式;不仅是统一法律适用的重要机制,也是人民法院积极参与社会管理创新,引导社会正确认识和处理矛盾纠纷的有效手段。① 通过智慧法院建设将典型案例的裁判观点关联具体案件,必要时向案件有关的行政部门发送司法建议,以增强法律对社会行为的指引,提升案件审理的精细化水平。最后,吸收不同地区法院的类案审判经验,对不同地区不同类型的涉保障性住房案件疑难法律问题进行意见交流,以完善北京市类案纠纷裁判规则,建立定期交流互访机制。

3. 加强法律规则宣传

首先,落实案件就地审理制度,将审判现场改造为法制课堂,通过深入社区、深入家庭、深入群众,便于当事人参加诉讼,加深当事人和旁听人员对涉保障性住房案件中法律风险的认知,便于法院查清事实,便于相关单位和群众协助调解。其次,坚持完善判后答疑制度。2005 年 11 月,最高人民法院在全国法院立案审判工作座谈会上提出在全国范围内推广判后答疑制度。时至今日,判后答疑可与新技术手段相结合,以实现当事人提问和法官答疑的网上实时互动,解答当事人对裁判结果的疑惑,化解信访压力,加强普法宣传,维护司法公正,树立司法权威。最后,充分运用微博微信等新媒体资源推进司法公开,通过发布案件信息、图片新闻、庭审直播、文书公开、公开宣判、新闻通报会等方式公开焦点案件的审理情况,发布法律指引和风险提示,以提升社会的规则意识和诚信水平。定期筛选涉保障性住房领域的典型案例,行政部门对案例涉及的政策背景进行补充,以建立案例储备、研讨、发布机制的良好开端,提升普法宣传水平。

---

① 刘贵祥:《再谈民商事裁判尺度之统一》,载《法律适用》2012 年第 5 期。

第五篇

法院队伍建设

关于新时代人民法院推进基层党建规范化建设的专项调研*

求木之长者，必固其根本。党的十九大报告指出，党的基层组织是确保党的路线方针政策和决策部署贯彻落实的基础，要以提升组织力为重点，突出政治功能，着力解决一些基层党组织弱化、虚化、边缘化的问题。人民法院作为国家审判机关，肩负着化解矛盾、促进公平、保障发展、服务群众的重要职责。加强法院基层党建工作，既是坚持党对法院工作的坚强领导、深化推进司法改革的时代需要，也是法院履行好司法审判职能、保障社会公平正义的重要保障。新时代指明新方向，随着我国社会主要矛盾变化和经济社会的快速发展，基层党组织建设面临的环境、对象也发生了深刻的变化。在新的历史时期全面落实党的建设新要求，推进和加强基层党的建设，积极探索新时代推进基层党建工作规范化、科学化的有效路径，强化和发挥基层党支部的政治功能，是新时代法院党建工作中的一个重大课题。

一、形势与任务：深刻认识新时代推进基层党建规范化建设的重大意义

（一）推进基层党建规范化建设，是推动全面从严治党向纵深发展的必然要求

习总书记在党的十九大报告中明确提出：要把党的政治建设摆在首位，思想建党和制度建党同向发力，统筹推进党的各项建设。而规范化建设就是思想建党、制度建党的有力抓手和基础工程。对于法院而言，党支部规范化建设是推动全面从严治党向基层延伸的内在要求，更是新形势下补齐基层党建工作短板，增强各党支部和党小组的凝聚力、战斗力，实现党建引领法院各项工作创新发展的重要契机。只有通过规范化建设抓实基层党支部，夯基固本，才能把全面从严治党的各项措施真正落到基层、落到实处。

（二）推进基层党建规范化建设，是建设高素质专业化法院队伍的必然要求

以健全的规章制度、规范的党内生活约束党员，是落实党要管党、科学管党、从严治党以及保持党员先进性、纯洁性的关键。新时代，人民群众对公平正义的渴望更加强烈，法院队伍肩负的任务更加繁重。建设一支高素质专业化法院队伍，是更好地履行新时代人民法院职责使命的前提和基础。我国现正处于社会转型和深化发展的重要战略期，各种深层次的社会矛盾凸显，各种社会思潮侵蚀，法院干警的思想意识、价值取向等也容易发生变化。只有强化基层党建规范化建设，持续加强对党员的日常教育和管理，引导法院干

---

* 课题主持人：赵明超，课题负责人：潘洁，课题组成员：于群、钟贝，主要执笔人：钟贝。
本课题为2017年院级重点课题。

警牢固树立“四个意识”“四个自信”，增强党员队伍的先进性和纯洁性，时刻绷紧拒腐防变这根弦，才能切实增强法院队伍对新时代中国特色社会主义发展要求的适应性，提升法院党员干警公正司法、司法为民的能力水平。

（三）推进基层党建规范化建设，是推动党建工作和司法工作融合发展的必然要求

当前，中国特色社会主义进入新时代，我国社会主要矛盾已经转化为人民日益增长的美好生活需要和不平衡不充分的发展之间的矛盾，对推进新时代党建工作和审判工作融合发展提出新的更高要求，也为基层党建工作提出了全新的课题。只有以改革创新的精神，与时俱进推进基层党建规范化建设，才能找准工作着力点，增强服务主动性，充分发挥出党组织的战斗堡垒作用和党员先进模范作用，切实履行司法审判服务保障大局的职责使命，为经济社会发展和首善之区建设提供有力司法保障。

二、探索与实践：我院推进基层党建规范化建设的具体做法

（一）我院党员队伍的基本情况

北京市一中院现有基层党组织29个（含机关党委1个、退休人员党支部3个），党小组118个，党务工作者140名；党员598名（含退休党员131名），占全院干警总数74.23%，工作在审判一线的党员干警193名。其中在职党员中男性党员229名，女性党员238名；处级（含）以上157名，科级（含）以下255名；研究生以上学历党员282人，占党员总数60%。

（二）我院推进基层党建规范化建设的实践探索

近年来，我院坚持“以党建带队建促审判”的工作思路，找准党建工作与队伍建设、执法办案和司法改革工作的切入点和结合点，狠抓支部组织生活制度落实，着力解决机关党建工作“虚化、弱化”问题，形成基层党建规范化建设的“六化”长效机制。

1.党员教育经常化。以增强党性、提高素质为重点，实施“委员素质提升工程、党员典型培树工程、青年党员培训工程”等三大工程，建立完善党员教育培训述学、考学、评学制度。以“两学一做”为主线，结合不同时期、不同阶段的重点任务确定教育主题，有计划、有重点、有步骤地组织党员干警开展学习教育。健全党员集中学习制度，建立学习台账，为全体党员配发理论学习笔记本，做到专本专用。邀请知名专家进行专题讲座，创办支部图书角，用活用好党务公开栏、党员学习微信群等学习阵地，各支部开展视频教学、支部沙龙、读书会等专题交流学习活动120余次。增强党员自我学习和互动教育，变“一人讲”为“大家讲”，变“被动学”为“主动学”，45个优秀微党课视频通过一中院官方微信推送，受到了社会广泛关注和好评。

2.党日活动规范化。聚焦支部发挥作用和党员积极参与这一中心课题，将支部主题党日活动区分于一般性文化活动，通过明确活动要求、严格活动程序、实化活动内容等，全面增强党日活动的“党性”。院机关党委对各支部开展党日活动的方案、主题统一审核把关，要求党支部在开展活动时统一悬挂党旗，全体党员佩戴党徽，运用“党支部活动手册”和“党员活动手册”做到全程记录、规范开展，防止支部党日活动娱乐化、庸俗化、浅表化。全院党支部深入到社区、农村、企业，建立联系点二十余个，开展“党员先锋岗、共产党员挂牌上岗”、“我承诺、我践行”和“法律六进”活动等200余次，党员干警年均走访慰问

1000余人次，提供法律咨询1800余人次，引导党员切实发挥作用，积极服务群众、服务社会、服务发展。

3. 党费收缴透明化。出台《清理收缴党费使用办法》和《党费收缴、使用和管理办法》两项规范性文件，为党员干警发放党费证，规范党费收缴管理工作，提高党员按时足额缴纳党费的意识。机关党委依据党费收缴标准测算党员应缴纳党费金额，下发各党支部作为参考依据；实行“一证、一账、一票”机制，即一本党费证、一本党费收缴台账、一本党费收缴票据，做到党员交纳有记录、支部收缴有台账、党委收缴有收据，使党费缴纳有制可循、有据可查。机关党委和党支部明确专人具体负责党费收缴工作，严控党费收缴的时间节点，要求每名党员做到一月一缴，支部每季度公示党员党费交纳情况，机关党委每半年讲评党费收缴情况，确保了党费收缴与管理的公开透明，通过增强党费交纳的仪式感提升干警的党员意识、身份意识，使党费收思想上实现从“组织收”到“自觉交”的转变。

4. 制度落实台账化。制定出台《关于进一步加强和改进机关党的建设的指导意见》和《关于加强和规范党建工作的实施办法》，细化组织生活制度，全流程规范基层党支部各类党内活动程序。建立机关党委、党支部两级台账，实行专人管理、专档保管。机关党委层面，从机关党建的安排部署、责任落实、督促检查等方面建立了12个类别的台账，动态掌握工作落实进展情况，提醒督促支部按期落实组织生活制度，抓细抓实具体工作，避免疏漏。党支部层面，建立书记责任台账，将支部党建工作进行科学分类、合理细化，包括“三会一课”、党日活动、组织生活会等。两级台账成为党建活动的“记录仪”、党务干部的“指南针”、党建工作的“晴雨表”和党建成果的“展示板”，促进基层党建工作更加精细化、条理化、规范化，使党的组织生活制度真正在支部落地生根。有力推进了全院党支部平衡发展、整体推进。

5. 党建考核实质化。在“四个一”党建精细化考评基础上，将考评主体由机关党委向党支部拓展，考评对象由支部向普通党员拓展，以支部活动的原始记录、痕迹资料以及审判业绩考评情况为依据，机关党委每季度调阅党支部生活记录本，对支部党建工作开展日常纪实考评，实现党建考核由“静”到“动”的新转变，推动支部党建与业务工作相融合。在日常考核的基础上，通过专项督促检查、专题工作交流和季度情况通报等多种方式开展专项考核。每年年底以“撰写一份述职报告、召开一次专项述职考评会、对述职支部逐一点评”的方式进行集中评议考核，支部书记在“面对面述职”和“一对一点评”过程中检验工作成效，查找工作差距，强化经验交流，支部书记主责主业意识进一步增强。

6. 党建指导体系化。加强党建指导力度，建立党组成员分工负责、党委委员联系指导、政工联系人检查督导三级党建指导体系，加强对支部工作的分类联系和督促指导。选优配强专职党务干部，成立机关党委办公室，为业务庭配备5名党支部专职副书记，强化党建业务培训，调动党务干部的主动性、积极性和创造性，形成党建工作整体合力。落实市直机关党建规范化试点工作要求，选取10个党支部进行规范化建设试点，从组织设置、支部活动、规章制度、工作台账及活动场所等硬件建设基础性工作进行规范。建立党组成员联系点，每名党组成员联系1～2个党支部，深入联系点支部指导工作20余次。机关党委委员定期深入支部专题调研，人均指导联系3～5个党支部，开展指导活动30余次，帮扶困难干警12人。13名政工联系人主动深入一线，充分发挥上通下达作用，深入基层联系支部百余次,反馈解决问题80余个。

三、问题与困境:法院基层党建工作虚化弱化的主要表现

通过“六化”机制的持续推动和落实,我院基层党建工作日趋规范化、制度化、科学化,党建工作对司法审判工作的引领推动作用进一步增强,党员干警精神面貌进一步提振。但实践中存在的少数党支部制度落实不到位,党内政治生活庸俗化、随意化、平淡化的倾向问题也不容忽视。具体表现在:

(一)“融合”困境:浮于表面而结合不足

总体而言,我院各党支部都能按照“抓党建带队建促审判”的工作思路推进党建工作,但也存在少数支部工作落实“浮在面上、停在纸上”的情况。一是与中心工作结合不足。有的支部在落实日常性工作中仅满足于对上级文件和要求的上传下达,不能有针对性地与中心工作有效融合,仍存在就党建抓党建、与业务工作结合不紧的“自我空转”“两张皮”现象;二是与队伍建设结合不足。有的支部党建工作未能充分发挥与队伍建设的融合、对接与渗透作用,对涉及党员思想、工作、生活的问题贴近不紧,对党员关注的热点和核心问题把握不准,对干警的思想动态引导不力,对工作作风、廉洁司法等问题跟踪教育不足。三是与支部发展结合不足。有的党支部注重制定工作计划和制度,在制度落实和整改完善方面投入的时间和精力不足,不能有效起到指导和推动支部建设的重要作用。

(二)“规范”困境:形式虚化且程序失范

部分党支部落实支部党建工作的计划性、针对性、系统性不足,开展组织生活只满足于时间、次数要求,或简单地用工作部署代替组织生活,组织教育走形为单纯的工作要求,开展“三会一课”等组织生活讲求“形式主义”,仅仅走程序、讲过程而缺乏实质性内容,政治“熔炉”作用发挥不充分,在一定程度上造成党内政治生活的“虚化”现象。少数党支部在组织活动时缺乏严肃性、庄重感,在探索创新党内生活方式方法时忽视了党内生活的教育管理职能,党味不浓,政治性不强,甚至有以文体活动代替“党日活动”的“娱乐化”倾向,偏离了组织生活的正确方向。

(三)“动力”困境:主观消极且意愿不高

面对繁重的司法审判任务,少数党员干警仍有“重业务、轻党建”的思想倾向,“讲起来重要、做起来次要、忙起来不要”的现象还不同程度存在。一些党务干部对新时期党的建设规律认识不足、研究不透、把握不准,对如何落实党建工作感到“无从下手”,陷入“想抓不会抓、抓又抓不好”的尴尬境地。一些党员领导干部和党员干警奉行“多栽花、少栽刺”的处事哲学,在组织生活会、民主生活会上民主气氛不够浓厚,政治性不够突出,评价党员主观随意性大,在一定程度上存在“评印象”“评感情”“评好恶”的情形,“批评与自我批评”只是在形式上继承,并没有从实质上突破,导致党组织的管理、监督职能难以充分发挥,无法起到相互监督、相互约束、增进团结的作用。

(四)“创新”困境:手段单一且形式陈旧

面对新时代对党建工作特别是党内政治生活的新要求,一些党务工作者仍习惯于以老眼光看问题、以老办法抓工作,组织活动形式陈旧、内容乏味,活动开展难以达到预期效果。对党员干警的教育管理和服务方式滞后、手段单一,缺乏鲜活的创造力和深度的感召

力，党员的参与热情和积极性受到影响。有的党支部疏于党员思想政治工作，对党员干警的人文关怀和心理疏导不够，思想教育工作做不到党员心坎上，没有达到温暖人心、凝聚力量的效果，致使基层党建工作质量不高、成效不明显。

四、方向与路径：推进和加强基层党建规范化建设的思路措施

推动和加强基层党建规范化建设，既是提升党建科学化水平的内在要求，也是检验党建科学化水平高低的重要标尺。只有树立系统思维，坚持问题导向，强化精准理念，立足解决“抓什么、怎么抓、如何规范程序、如何科学考核、如何持续改进”等问题，明晰党建规范化的实现路径和方法，才能有效推进新时代法院基层党建工作与司法审判工作融合发展。当前，要在落实市直机关“B + T + X”①和“一规一册一表一网”②要求的基础上，进一步加强基层党建工作的标准化建设、实质化运行、信息化管理和科学化考核，形成路径清晰、措施具体、执行顺畅、保障有力的基层党建规范化运行体系，实现党建工作由“号召型”向“切入型”转变，由“零散型”向“系统性”转变，由“随意性”向“规范性”转变，有效提升我院党建工作的科学化水平，推动党建主体责任更好地落地生根。

（一）以标准化建设为前提，细化党建工作流程，推动目标任务由“虚”入“实”

围绕全面推进党的“政治建设、思想建设、组织建设、作风建设和纪律建设”的总体布局要求，探索建立“四维”标准化党建模型，通过分类定标、分项细化、分层评估，使基层党支部任务目标更加清晰，政治功能更加突出。

1. 政治建设标准化。党支部层面，对照《党支部工作规范》和《党支部工作手册》对落实组织生活制度及“三会一课”进行规范，细化党建主体责任清单、工作内容清单及相应操作规范，形成常态化、标准化工作模式和工作流程，以“八个记录”即“三会一课”记录、民主生活会记录、民主评议党员记录、党支部学习记录、支部活动记录等为载体，着力解决基层党支部制度落实效果不理想、政治功能不突出的问题；党员层面，推动标准化管理模式向党员主体延伸，通过依托“党员 e 先锋”平台进行先锋指数评定、星级动态管理、群众评议党员等方式，构建党员标准化行为体系，提升党员的先进性和纯洁性。

2. 思想建设标准化。推进学习教育常态化、制度化，以“不忘初心、牢记使命”主题教育为契机，着力形成以“理论学习 + 主题活动 + 阵地建设”为主要内容的“三位一体”基层党组织思想建设工作体系，从党组中心组学习、党支部及党员学习教育、主题党日活动等方面建立相应的规范标准，从学习制度、人员、时间、内容及效果五个维度明确政治理论学习效度要求，着力解决党支部理论学习不积极、党员教育形式化、阵地建设不规范等问题。

3. 组织建设标准化。通过梳理、建立“名册 + 档案 + 资料”的台账矩阵，全面推进组织建设标准化。“三个名册”即党员名册、入党积极分子名册、拟发展对象名册；建立“四

---

① “B + T + X”是北京市直机关根据全市党建工作实际，总结并在全市范围内推广的规范化党建模式。B 是全市统一规定的党支部工作基本规范，T 是各区各系统结合实际提出的特色规定，X 是基层的创新做法和典型经验。

② “一规一表一册一网”是北京市机关党委推进“B + T + X”党建模式的工作载体，由一本《党支部工作规范》、一份《党支部学习活动年度安排表》、一本《党支部工作手册》、一个以北京长城网、党员 E 先锋微信公众号组成。

类档案”即党费收缴档案、换届选举档案、上级发文档案、党组织工作档案；建立“五套资料”即党员学习资料、党建活动资料、党员档案资料、先进事迹资料、表彰奖励资料，用表格、数据反映党建工作整体情况和支部工作情况，真正实现党建工作落实有迹可循、有据可查、有绩可比。

4. 纪律作风建设标准化。将基层党组织纪律和作风建设工作纳入标准化体系，按照党风廉政责任建设的总体要求，围绕监督执纪问责构建司法权力监督机制，对作风建设的工作目标、过程、质量等方面进行量化，细化到人，重点建立起党风廉政教育、监督检查、行为规范等方面的工作标准，与党风廉政责任考核相衔接，推动党风廉政标准化、规范化、制度化。

（二）以实质化运行为核心，发挥党建系统功能，推动制度落实由“散”转“序”

新时代法院基层党建规范化建设，要围绕中心工作任务，以解决突出问题为目标，统筹谋划、整体推进，实现党建工作实质化运作，提升基层党建整体效能。

1. 聚焦工作重点。突出党建工作凝心聚力的特点和引领示范作用，寻找党建工作与服务大局的结合点和切入点，坚持党建工作与审判中心工作同谋划、同部署、同考核，围绕年度党建工作要点和审判执行工作目标谋划基层党建工作，制定具有针对性、可操作性的党建工作计划，将工作任务进行细化分解，把每个支部、每个领域、每个环节的党建工作抓具体、抓深入、抓实在。

2. 实施精准指导。加强对支部工作的分类联系和精准指导，通过参加党支部组织的学习、主题教育、组织生活会、民主评议党员等活动，与党支部支委、党员开展经常性开展谈心谈话活动，广泛听取意见建议，了解和掌握支部党建制度落实、党风廉政建设及作风建设和专职党务干部履职等情况，协调解决工作中的困难和问题，及时纠正苗头性、倾向性问题，总结基层党建工作亮点和经验，切实加强工作指导。在党支部规范化建设试点的基础上，进一步加强党建示范点工作，形成规范化、制度化、科学化的基层党建工作格局。

3. 培育党建品牌。以项目化方式推进基层党建工作，围绕党建基础性工作、提升性工作和创新性工作三个方面开展创新探索，固化、提炼和形成独具特色的党建品牌，建立健全常态长效的基层党建工作运行机制，着力在党建品牌的深化、拓展、提升上下功夫，提高机关党建工作的整体效应。按照将“党组织建在审判团队”的工作思路，结合审判权运行机制改革后审判团队的实际运行情况，探索总结符合工作实际的党支部或党小组工作法，为破解基层党建工作难题寻求解决办法，形成可复制、可借鉴的有益经验。

4. 强化落实保障。以党支部规范化建设为契机，进一步完善党支部活动阵地，不断拓展活动阵地的宣传、教育、服务和凝聚功能，有效增强基层党支部活力。建立健全党务干部培训机制，在提高党务干部理论水平和业务能力上下功夫，坚持问题导向、因岗制宜，有效提高培训的针对性和实效性，着力提高基层党务干部的业务能力。深化开展法律“六进”、青年法官志愿服务队活动并形成长效机制，提高党员干警服务群众、服务社会的能力水平，将党建工作转化为人民群众可感受的实际成效。

（三）以信息化手段为依托，把控党建工作动态，推动工作内容化“零”为“整”

顺应“互联网 + ”趋势及“智慧法院”的建设要求，把先进的信息技术和网络优势与基层党组织的政治优势和组织优势结合起来，不断增强党组织对党员群众的吸引力、凝聚力，推动基层党建工作水平不断提升。

1. 互联“云”平台。借助“党员 e 先锋”网络平台，实现党组织与党员在云终端双向互动，通过互联互通、智能分析等功能，实现包括党支部管理、党员管理、入党积极分子管理、流动党员管理、党员奖惩管理等各项党建常规工作的实时更新，有针对性地开展党员教育、党员管理和党员服务工作，使上级党组织能及时掌握每个党组织的运转情况，各党支部能及时掌握每个党员的思想动态、学习情况和活动情况。

2. 巧借“微”平台。针对司法改革形式下法院干警工作自主性、分散性增强的特点，充分利用微信等新媒体手段覆盖广，操作灵活、方便智能的优势，探索微党课、党员 e 家等党建新模式、新载体、新形式，组织在线经验交流、思想汇报、网上谈心等，把线下传统教育与线上网络互动结合起来，搭建宣传教育阵地和互动服务平台，满足不同层次、不同年龄党员干警的个性化需求，通过党建资源的优化配置和有效集成，促使基层党建工作真正“活”起来、“享”起来，实现党员队伍教育管理不留死角、全覆盖。

3. 用好“群”平台。加强各类党建工作交流微信群管理，通过提供学习资料、解答业务咨询、共同探讨交流等方式，打造基层党务工作者相互学习交流、共享经验成果、提升党建工作水平的新平台，不断提高基层党建工作的开放性、共享性，营造民主和谐的党内生活氛围。

4. 盘活“视”平台。活化基层党务公开的宣传载体，把支部主题教育情况、特色党日活动组织过程和组织生活创新经验等内容通过 H5 等形式“晒”到网上，分享和展示基层党建工作内容和成效，达到相互借鉴、促进和推广的效果。

（四）以精细化考核为保障，落实党建工作责任，推动评价约束由“软”变“硬”

党建考评是党建工作的指挥棒和导向标。只有抓住基层党建工作考评这个“牛鼻子”，着力解决新时代法院党建工作“考什么”“怎么考”“如何用”三个问题，基层党建规范化建设才能真正落实见效。

1. 完善考评体系。在“四个一”精细化考评的基础上，充分发挥党员积分制管理的作用，着力健全完善对党员教育管理、党内民主评议、落实组织生活制度等方面的考核评价措施和质量评估体系。在考评标准和体系制定方面，加大对于促进中心工作、创新工作机制、补齐自身短板等内容的考核项目及分值设置，鼓励党支部在完成“规定动作”的基础上，结合自身工作特色，积极探索、尝试和创造更为鲜活生动的“自选动作”，使基层党建工作由“软任务”变成“硬指标”，真正体现党建工作与中心工作的相融互动性和促进保障性，进一步提高考核评价的科学性和实效性。

2. 加强过程管理。一方面，强化台账管理和全程纪实，全面、系统、真实记载和反映党建活动。对党员队伍情况、年度工作计划和目标等做到年初规范填写，对支部活动开展、党员服务管理和党建制度落实等进展情况进行及时填写，并定期对照台账记录定期检查制度落实情况。另一方面，坚持平时考核与年终考评、定期交流相结合，对支部学习、组织生活等常规性工作开展定期考核，对组织建设、党员发展和教育管理等工作实施日常考核；通过召开党务干部座谈会、交流会等形式，搭建自查自评、互学互评的党建工作交流平台，推动基层党建工作重在建设、重在平时、互学提高。

3. 强化结果运用。坚持定量分析与定性分析相结合，过程检查与结果评价相结合，强化考核结果的刚性运用，将考核结果作为党支部书记党建述职和党员民主评议的重要依据，作为先进党支部、优秀共产党员和优秀党务工作者的评先依据，与表彰、推荐、使用干部结合起来，与党支部星级评定工作挂钩，确保压力层层传导、责任层层落实，将党建责任传导至“神经末梢”，推动形成基层党建基础工作规范有序、重点工作扎实有效、创新工作富有特色的生动局面。

党支部规范化建设的跟踪调研*

2017年9月，我院选取部分支部开展支部规范化建设工作试点，2018年1月，按照全市的统一部署，支部规范化建设工作在全院推开。为全面了解全院支部规范化建设的推进情况、主要做法、成功经验、突出问题、措施对策等，我们对全院一年多来规范化建设进行了专题跟踪调研。通过到重点支部实地调研、对全院党建工作资料调阅分析统计、召开支部书记、专职党务干部等不同层面的专题座谈会、找各层面党员进行专题访谈等形式，力求准确掌握全院支部规范化建设的基本状况。同时，课题组赴外地六家中基层法院，就党建工作落实中的一些情况、问题和先进经验，进行学习交流和研究探讨。在此基础上，形成以下调研报告。

一、党支部规范化建设顺利整体推进

近年来，我院党支部规范化建设坚持以习近平新时代中国特色社会主义思想为指导，以构建“五有党支部”①为目标，以机关党建“六化”机制（党员教育经常化、党日活动规范化、党费收缴透明化、制度落实台账化、党建考核实质化、党建指导体系化）为重要抓手，紧紧盯住以“一规一表一册一网”为主要内容的“四个一”在末端落实，有效提升了基层党支部规范化建设整体质效与水平。

（一）吃透用好“一规”，增强党建工作可操作性和严肃性

本着“干明白首先要学明白”的原则，把《党支部工作规范》作为支部委员的“案头卷”和党员教育的“必修课”，采取集中学习、专家辅导、模拟演练等形式，分类别、分批次组织学习培训。同时，结合全院机关党建实际编印了《党支部规范化建设操作实务》和《关于加强和规范党建工作的实施办法》，细化组织生活制度，全流程规范支部各类活动程序，确保支部工作“有制度”。机关党委制定了《院机关委员会落实〈中共北京市委组织部关于健全规范党支部主题党日制度的规定〉实施细则》，实行党日活动审批报备制度，特别是外出开展活动，须事前审批、事后报告，有效杜绝了党日活动随意化、庸俗化、娱乐化等问题。健全完善《党费收缴、使用和管理办法》，全流程规范党费收缴、使用和管理工作。严格落实支部组织生活会制度，院党组成员、机关党委委员和政工联系人共同督导，确保组织生活会真正起到“红脸、出汗、排毒”的作用。严格规范支部设置，根据《机关组

---

* 课题主持人：赵明超，课题负责人：潘洁、于群，课题组成员：王爽、陈忠、原晓斌、吴红梅、马志华、冯海瑞，主要执笔人：王爽、陈忠、原晓斌。

本课题为2018年院级重点课题。

① “五有党支部”主要指党支部工作“有制度、有队伍、有活动、有保障、有阵地”。

织工作条例》和中办《关于党的基层组织任期的意见》有关规定，与司改同步开展基层党组织调整，第一时间指导部分支部换届，确保32个支部任期合规、支委设置合规，实现支部工作“有队伍”。

（二）对标结合“一表”，推动党建任务细化落地

坚持通过抓实规定动作、创新自选动作，把“一表”作为支部全年活动的“课程表”落细落实。年初召开院党的建设工作会议，部署年度重点任务。据此，各支部结合实际制订年度工作计划、“三会一课”计划和主题党日活动计划，做到工作推进年有部署、季有分析、月有计划、周有安排，采取对账销号的办法抓落实、促规范。在抓实规定动作基础上，院级层面和各支部积极探索创新自选动作，保证支部日常“有活动”。院级层面，精心打造党员政治轮训教育平台——“周末讲堂”，邀请党政机关、科研院所中的知名专家为党员干警进行理论辅导和形势政策教育；实施集培训、述职、评议于一体“头雁”培育工程，每年定期开展支部书记和支部委员集中轮训，年底支部书记以“撰写一份述职报告、召开一次现场述职考评会、对述职支部逐一点评”的方式开展述职评议，支部书记在“面对面述职”“一对一点评”中强化主责意识，弥补工作差距，提升履职能力。支部层面，广泛开展支部沙龙、读书会、知识竞赛、演讲比赛、党员论坛和“人人讲党课”等活动，变“一人讲”为“大家讲”，变“被动学”为“主动学”，有效增强了党员自我学习和互动教育。

（三）纪实留痕“一册”，实现党建管理台账化

坚持把《党支部工作手册》作为支部工作的“作业本”，规范记录格式，做好“纪实留痕”。在手册情况概要信息的采集输入上，突出“准”和“全”，主要采取查阅资料、谈心谈话、核对审查等方法，及时更新内容，健全完善党员管理信息。在工作记录上，突出“实”和“时”，确保工作推进到哪里，“纪实留痕”就跟进到哪里，不搞临时突击和被动应付。为强化对党建日常工作的管理，还建立了机关党委、党支部两级台账，实行专人管理、专档保管。机关党委层面，从机关党建的安排部署、责任落实、督促检查等方面建立了12个类别的台账，动态掌握工作落实进展情况，提醒督促支部按期落实组织生活制度，抓细抓实具体工作，避免疏漏。支部层面，建立书记责任台账，将支部党建工作进行科学分类、合理细化。两级台账成为党建活动的“记录仪”、党务干部的“指南针”、党建工作的“晴雨表”和党建成果的“展示板”。

（四）深化运用“一网”，拓展信息时代党建新触角、新阵地

强化“互联网＋党建”思维，充分用好“北京长城网”和“党员E先锋”微信公众号，着力打造支部规范化建设的“网络阵地”。积极组织和引导党员干警运用北京长城网“党支部月度学习专栏”“长城讲堂”“课件点播”等板块进行线上学习。发动党员登录和关注“党员E先锋”微信公众号，通过“党支部活力图”了解支部工作和基层党建总体情况，第一时间接收活动通知和学习资源，在线办理组织关系转移、“双报到”等相关业务。在用好两大平台的基础上，在院网开设党建专栏，及时推送党建理论文章、支部建设动态和成功经验，发动各支部借力新媒体平台，积极打造“支部生活e平台”，通过H5等形式“晒”支部党建动态，实现了将“支部建在网上、党员连在线上、党建抓在‘掌’上”的全新工作模式，为促进支部规范化建设、夯实党建根基提供了信息化支撑。

二、党支部规范化建设带来了机关党建工作的新面貌、新气象

（一）院党组对支部建设的重视程度进一步提升

一是切实履行全院党建工作主体责任，把党建工作纳入党组重要议事日程。仅今年以来，院党组研究党建工作9次，并制定了院《党的建设工作领导小组职责任务和议事规则》和《党的建设工作领导小组办公室职责任务和议事规则》等重要规范性文件。二是加大党建工作投入。充分挖掘编制资源，设立机关党委办公室，为部分审判庭配备专职党务干部，党建力量显著增强，支部工作保障充足到位。三是坚持率先垂范。党组成员带头过双重组织生活，带头讲党课，每名党组成员联系1～2个支部，每年深入联系点支部指导工作20余次。

（二）基层支部抓党建议党建的氛围进一步浓厚

主要表现在：一是书记的责任意识得到强化，“抓好党建是本职、不抓党建是失职”的观念普遍增强，履行“一岗双责”的行动更加自觉。二是支委协同配合意识增强，发挥作用更加明显，专职党务干部深入一线、了解一线，党建工作更具针对性和实效性。三是党建创新的力度明显增强，各支部不局限于规定动作、规定内容，积极探索增强党建工作实效的各种方式方法，形成了一批党建工作亮点和品牌。

（三）党员干警主体意识进一步增强

党员干警对党建工作的关注度越来越高，主动参加问卷调查、座谈会等，积极建言献策。从检查情况来看，各支部党员干警除工作、休假等原因外，均能严格按照计划参加组织生活，平均到位率在90%以上，党员干警的组织意识显著提高。

（四）基层支部的党建基础进一步夯实

通过对支部的实地调研，我们明显感到，与以往相比，“五有”党支部建设成效明显，各支部的工作思路更加清晰，工作计划更加科学，《党支部工作手册》记录更加翔实，尽管水平上参差不齐，但要素基本齐备，尤其是突击补课的问题已基本杜绝。党建阵地更加规范，支部会议室设置标准越来越高，党务公开栏内容越来越丰富，更新也普遍比较及时。组织生活的质量明显提高，党日活动主题突出、形式多样、内容丰富，党味更浓了。通过机关党委的帮带指导，支部换届、组织生活会的操作流程也越来越规范，这都反映出支部规范化建设已迈出坚实的一步。

（五）党建服务审判中心工作的效果进一步凸显

特别是，结合司改背景下审判工作运行新特点新要求，我们积极探索实践“把党小组建在审判团队上”，有效激活了基层党组织的“神经末梢”，党小组在执法办案中凝心聚力、攻坚克难作用愈加凸显，开辟了党建与审判相融合、共促进的新途径。

三、推进支部规范化建设中不可忽视的突出问题

经过一年多的试点和全面推开，支部规范化建设“有形”的规范、程序等都得到了普遍强化和提升，但“无形”的一面还有很大的提升空间，尤其是在决定支部规范化建设实际效果的整体理解认识、外部指导协调、内部落实细节等方面，都还存在一些“短板”和难题。

（一）站位不高，对党建工作“不想抓”的问题仍然存在

1. 个别支部班子对党建工作的基础地位和统领作用认识不到位。还存在对党建工作内涵的认识机械化、片面化的现象，表现为：有的认为党建工作的主要目标就是落实好上级党委的部署，主观能动性不足；有的认为党建工作的主要对象是党团员，忽略了对民主党派人士、群众的宣传教育；有的认为党建工作的主要内容就是做好党务工作，忽略了党建工作与审判工作的融合促进；还有的认为党建工作的主要方法是开会、发文、搞活动，导致部分工作出现“走形式”的问题。此外，个别支部书记“党建政绩观”不够牢固，“说起来重要、干起来次要、忙起来不要”等现象还不同程度存在。有的支部年初制订组织生活计划时热情高涨、安排周密，但落实起来往往排在工作表末位，一忙就推；有的支部发展党员积极性很强，但在发展党员标准方面把握不严，一急就降。

2. 部分支部委员工作主动性不强。做好支部党建工作既要能者多劳，更要各司其职。支部委员如果不能主动认领责任，支部党建工作的活力必然衰退，党建工作也势必“撂荒”。调研发现，部分支部委员对党建工作缺乏主动思考，有的组织委员认为组织工作就是收收党费、搞搞活动，对各项重点工作不能先想一步；有的宣传委员认为宣传工作就是开开会、传达文件精神，对党的各项政策方针不能先学一步；还有少数支部委员推诿职责，将自身分内工作如党费收缴、党建工作台账记录等交给部门内勤来承担。

3. 普通党员的身份意识还没有牢固树立。党员的第一身份意识强不强，直接影响到党的基层组织组织力，直接关系到共产党员先锋模范作用的发挥。调研发现，有的党员认为支部党建工作责任主体是支部书记和支部委员，普通党员只需要听从部署安排；有的党员认为党建工作只能在审判工作空闲时开展，没有认识到党建工作的全时性。

（二）担当不够，对党建工作“不敢抓”的情况仍然存在

1. 对一些苗头性、倾向性问题不敢旗帜鲜明地批评教育。有的支部班子在党员教育管理方面存在“宽松软”现象，只唱红脸不唱黑脸，营造一团“和”气。部分支部书记存在“老好人”的问题，在日常工作中“以和为贵”、怕得罪人；在年度组织生活会和民主评议党员时，不敢直面矛盾，相互批评不能做到直截了当、直奔主题，指出问题不疼不痒、辣味不足。

2. 对“后进”党员的监督管理还存在缺位失位问题。部分支部人员类别多、年龄跨度大，个别党员在思想、工作、生活等各方面的自我要求与先进性标准还有一定差距，对一些正常的管理要求存在抵触情绪。对于这部分党员，支部班子还存在畏难心理，主动靠上去做工作的力度不足，对其思想工作动态掌握不够及时，了解不够深入，对其不当言行没有及时指出，缺乏批评教育。

（三）能力不强，党建工作“不会抓”的现象仍然存在

1. 部分支部书记抓党建的综合能力素质还不强。面对新形势下党的建设新任务新挑战，部分支部书记虽然主体责任意识较强，但还停留在按上级部署层面，个人深入学习和思考不够，对支部党建工作不同程度地存在“不知道抓什么、怎么抓、抓成什么样”等问题：有的对党建工作的重要程序了解不够深入，有的对落实组织生活制度的督促管理不到位，有的不能很好地结合支部实际和党员特点开展创新工作。

2. 部分支部委员的党务实操水平还不高。首先，实务能力有欠缺。党务工作是做人

的工作，支部委员只有练就一身扎实的业务本领，方能熟练处理好党务事务性工作。部分支部委员对自身职责内容不清不楚，党建业务不够精通，严重制约了党建工作实效。比如，部分组织委员对发展党员的程序和要求不了解、不掌握，对入党积极分子的培养、考察也流于形式；部分宣传委员的思想宣传工作形式呆板，说教性强，难以满足党员群众的实际需求，工作浮于表面、难以深入。其次，创新能力有欠缺。解决基层党务工作在新时代遇到的困境和难题，丰富党建工作内涵，离不开创新这一动力。目前，部分支部委员“推一推、动一动”的情况仍然存在，在思想上对党建工作不用心，在行动上不真抓，缺乏深入思考和创新。最后，支部委员的沟通协作有欠缺。支部委员既要各司其职，更要协作沟通，协助支部书记做好支部党建工作的谋划，推动好各项落实。目前，虽然各支部都能按照要求定期开展“三会一课”，但支委班子专题研究谋划党建工作的频次还不够多，力度还不够强，少数支部还存在以行政会议代替党的会议的情况。

（四）针对性不强，党建考评不实不细的问题仍然存在

1. 过程管控失之于软。在推进支部规范化建设过程中缺乏落实基层党建工作的硬性约束，从严治党的传导力度不足。机关党委对督查发现的突出问题反馈不及时，缺乏相应通报问责机制，导致压力层层衰减，落实层层打折，很多问题反复要求、反复解决又反复出现；不少支部囿于惯性思维和惰性思维，以文件、会议等方式落实上级部署要求。

2. 质量评估方法简单。目前，我院基层党建质量评估主要依托支部书记党建述职评议。实践中，由于对党支部作用发挥情况的考核难度大、软指标多、量化标准欠缺等原因，支部书记述职大多“念稿子”，评议也只打“印象分”。调研发现，纳入各部门年度考核内容的党建考核或多或少存在“干多干少一个样”“百分之百全合格”的情况。

3. 考核结果运用刚性不够。在党建考核结果运用上，缺乏可操作性强的配套机制安排。在干部选任、评优评先、年度考核时，党建工作抓得好的，没有得到充分的“优先”，抓得差的，没有体现相应的“放下”。除每年“七一”表彰一批“两优一先”人员外，缺乏其他较有力的激励举措，对党建工作抓得不到位的支部，也并无有效惩戒措施。考核结果的运用不足，从正向上不能以鲜明导向形成充足动力，从反向上不能以强力震慑形成强大压力。

（五）落实不力，一些党建关键性机制还存在空转问题

1. 院级指导机制不够完善。第一，缺乏深入指导。机关党委在支部规范化建设中应当既交任务、又教方法。部分支部书记不清楚谈心谈话“谈什么”“如何谈”，部分支部组织生活会的对照检查材料、整改措施等多围绕审判工作，缺乏党的工作的规范形式，有的支部党建工作台账记录不规范，极个别支部换届工作程序不规范等，针对这些问题，机关党委在手把手指导、一对一传授方面还不足。第二，缺乏系统指导。全院层面存在支部规范化建设质量不均衡的问题，部分支部已经深入探索有特色的党建机制，而个别支部在落实“标准”方面尚有差距，支部间交流学习不足，存在“你干你的、我搞我的”“月亮闪闪、星光黯淡”的情况。

2. 专职党务干部制度整体作用发挥还不充分。第一，党建工作与中心工作实际结合不够紧密。专职党务干部多由军队转业干部担任，他们一般有丰富的政治工作经验，抓党建工作的精力、思路、手段明显优于法官兼任的党务干部，但对审判工作的特点、规律掌握

相对较弱，容易出现谋划工作、布置任务的灵活性不足、与审判工作脱节的问题；第二，抓党建的思路和重点还不够清晰。专职党务干部应当是机关党委各项工作的落实者、支部书记的协助者、支部党建工作的领导者。这要求专职党务干部必须明确自身角色定位，厘清支部党建思路和工作重点。实践中部分专职党务干部成为支部党建工作的具体承担者和工作任务的"实际执行者"，统筹谋划、协调落实的作用不突出。

四、支部规范化建设要努力实现新突破

《中国共产党支部工作条例（试行）》（以下简称《共产党支部工作条例》）的出台，为新时期支部建设提供了总依据。深入推进支部规范化建设，要以《共产党支部工作条例》为根本遵循，紧扣市委关于支部规范化建设的部署要求，聚焦基层组织力提升，在做细、做实、做深上下功夫。每年要对支部规范化建设的实施推进情况进行总体评估，并常态化开展支部规范化建设评比，促进支部规范化建设水平持续提升。当前，结合前述问题和短板，尤其要在一些制度机制的完善和探索创新上不断发力，以重点突破实现解难题、补短板、上台阶。

（一）健全完善关键制度机制，并使之充分发挥作用

针对调研发现的党建工作中"不想抓""不敢抓""不会抓"等情况，课题组认为，要切实提升党支部基层组织力，必须紧紧抓住支部班子这个"关键少数"，既要继续抓好支部书记"头雁"强化工程，又要注重抓好支部班子"雁阵"培育工程，有效解决认识不高、担当不够、能力不强的问题。

1. 增强党务培训的针对性。党务工作能力的提升离不开科学合理、务实管用的常态培训机制。课题组认为，要总结完善培训模式，坚持分类施教，针对性强化，不断增强党务实操能力。一方面，确保落实常态培训。要结合当前深入学习贯彻党的十九大精神和习近平新时代中国特色社会主义思想，在数量和频次上确保全院党员学习达标。另一方面，重点抓好分类培训。着重建立特色化、个性化培训模式，针对支部书记、专职党务干部、支部委员和普通党员等不同群体特点，开展各有侧重的教育培训。对支部书记、专职党务干部，注重巩固其责任意识、管理意识和大局意识，提升其做党务工作的能力水平；对于支部委员，着重培训解决具体党务问题的能力，尤其是确保其熟练掌握开展党务工作的内容、步骤和要求；对于普通党员，注重增加互动式、体验式培训，如情景模拟、实地考察学习等，不断强化理想信念教育和党员身份意识的培养。

2. 建立支部书记例会制度。课题组建议每季度召开一次支部书记例会，参会人员包括机关党委委员、支部书记，并扩大到专职党务干部。例会上的常态化议题既包括党建工作经验的交流介绍，也要有支部党建工作评查情况的定期通报。此外，还可以紧密结合主题教育活动、年度党建工作部署安排等，灵活确定例会议题。

3. 搭建更多学习交流平台。搭建院内交流平台。除在"七一"表彰大会上对党建创新项目、党建先进经验进行推介外，利用院刊《忠法人》、党务干部微信群等多种渠道，为支部交流工作经验提供便利。此外，可在院局域网已有的"机关党委"栏目新增"党务新闻"板块，专门展示党务工作，为各支部全面展示、深入宣传、广泛借鉴党务经验提供便利。搭建对外交流平台。进一步加强与兄弟法院、上级机关工作的联络沟通，建议每年组

织一次优秀支部书记、优秀党务工作者异地交流考察，鼓励支部间自行联合开展党日活动，不断深化学习借鉴。

4. 完善政工联系人制度。在现有政工联系人制度的基础上深入探索作用发挥新途径，明确政工联系人“定期联系支部班子、定期参加支部活动、定期反馈支部意见、定期督导制度落实”的“四定期”职能作用，使政工联系人成为各支部思想政治工作的引导员、下情上达的信息员、制度落实的监督员、解决困难的协调员，为党组与全院党员干警搭建“连心桥”。

5. 强化党建创新中的“品牌带动”。注重以点带面，通过培育“项目化”党建创新“点”，强化典型支部的培树，提升党建创新水平。第一，加强品牌孵化。在创建初期，引导各支部主动立题，申报有支部特色的党建工作品牌。第二，实行重点培养推广。在综合评估申报支部情况和创建方案的基础上，每年重点培养和推广 1 ~ 2 个党建工作项目品牌。第三，完善品牌创建激励。明确开展党建工作品牌创建的支部可以优先申请配备专职党务干部、进行官微专题宣传、参评党群类荣誉、获得专项经费补助等。第四，抓好品牌维护。每年对品牌运行进行复核，出现支部党员违法违纪等情况的，取消品牌称号以及享受的激励。

6. 加强支部委员履职监督。作为支部书记的有力助手和支部工作的重要执行者，支委岗位应成为培养优秀年轻干部、历练骨干力量的重要岗位。在选任支委时，应注意将政治素质高、业务能力好、责任意识强、群众评价好的优秀党员选举到支部委员队伍中。要充分发挥党内组织生活的载体和平台作用，坚持把批评和自我批评贯穿到组织生活会、民主评议党员等工作中，强化支委班子接受民主监督和组织监督意识。充分发扬支部民主，调动支部委员积极性，使之切实承担并发挥支部工作中参事议事的作用，探索对优秀支部委员外出学习、休养方面的倾斜机制。对于党员群众评价低、履职尽责不到位的支部委员，机关党办、支部书记要加强谈心谈话，将责任压力传导到位，避免“挂名”支部委员问题的出现。要通过采取集中培训、以会代训、难题会诊、研讨交流等方式，组织支部委员加强党务知识、党规党纪的学习，提高支部委员议事能力和工作能力。

7. 建立党建工作定期通报制度。强化机关党委对各支部工作的常态化指导和反馈，利用院局域网“机关党委”专栏，定期通报全院党建各项工作的推进情况，内容包括但不限于：党建日常工作考评得分、支部书记述职评议情况、支部工作情况通报、支部党建先进经验和创新项目、党建荣誉等。

（二）进一步完善专职党务干部制度，提升支部党建工作的专业化水平

1929 年的古田会议，一个极具标志性和历史意义的成果就是在军队建立政治委员制度。实践表明，专职党务干部制度对支部规范化建设起到了重要的推动作用，但也存在一些需要改进的地方。课题组建议，进一步完善相关制度和措施，更好实现专职党务干部制度的创设初衷。

1. 进一步明确专职党务干部的身份定位。积极争取推动上级部门将专职党务干部的职务明确为中层副职，将专职党务干部制度明确为党支部专职副书记制度。通过能力考核、民主测评等方式从非员额法官干部中择优选调，由机关党委指派到审判业务庭，担任党支部专职副书记，协助支部书记统筹开展党建工作。在实现所在支部党建由“输血”转

向“造血”的目标后，机关党委可将专职副书记调任交流至其他支部，以此推动全院党建工作水平的整体提升。

2. 进一步提升专职党务干部综合能力。课题组建议，机关党委加强组织规划，围绕开展工作所需的政治能力、业务能力和管理能力对专职党务干部加强培训。通过安排专职党务干部参加全市、全系统的重要工作会议，提升专职党务干部的大局观和政治鉴别力；通过开展理论学习、模拟演练、观摩研讨，让专职党务干部熟练掌握支部换届、组织生活、发展党员、主题教育等各项工作要求，把专职党务干部培养成为党建的行家里手；通过外请人力资源专家开展培训，让专职党务干部强化心理学、管理学等方面的知识，在队伍管理方面能够发挥引导思想、统一认识的作用。

3. 进一步发挥专职党务干部的职能作用。专职党务干部到任后，应在支部书记的领导下充分发挥自身特长，自觉充当支部党建工作“智囊”的角色，把机关党委的统一部署和本支部队伍的特点结合起来，绘出提升支部党建工作水平“施工图”。要注重发挥“粘合剂”的作用，配合支部书记团结带领支委一班人，不断细化支委工作职责，指导党小组建设，分好党建工作“责任田”。要勇做“实干家”，一寸一寸抓落实，把支部锻造成锤炼党性的熔炉和攻坚克难的“桥头堡”。

4. 进一步为专职党务干部搭建平台、提供资源。课题组建议，机关党委每季度组织召开专职党务干部联席会，让专职党务干部有更多的展示作为平台；每年给专职党务干部提供限额经费，鼓励其大胆开展阵地建设、主题活动；每年设置若干党建课题，面向专职党务干部定向招标，专职党务干部可自建团队进行投标；每年从“七一”表彰评选中拿出一定名额，专门授予表现优异的专职党务干部。另外，还可以探索在机关党委换届时，提名个别优秀专职党务干部作为机关党委委员候选人；在干部挂职交流、上级机关选调、法官员额遴选等方面，同等条件下优先推荐专职党务干部。通过不断释放政策红利，让专职党务干部成为人民法院党员干部争先恐后的“热门岗位”。

（三）进一步加强党小组建设，把党的最小作战单元建在审判团队、有效引领团队

实践证明，作为支部的细胞，党小组的根基越扎实，则支部的堡垒越牢固。推进法院党支部规范化建设，应立足司改背景下执法办案、党建队建的新形势、新特点、新要求，加强党小组建设，激活基层党组织的“神经末梢”，推动基层党建与审判质效的双提升。

1. 加强对党小组的领导和管理。党小组建设应作为党建工作的重要内容，统一规划、统一推进、统一管理、统一考核，构建机关党委管总、党支部主抓、党小组自建的工作格局。机关党委层面，要根据全院新型审判团队建设实际，就党小组的性质、任务、设置、工作制度、督查考评进行整体设计和统一规范，探索制定《北京市第一中级人民法院加强党小组建设的指导意见》①，推动党小组建设制度化规范化。支部层面，要加强对党小组的日常指导和检查考核，指导党小组根据自身特点，健全完善工作制度。建立工作汇报制度，定期召开党小组长会，了解掌握党小组运转情况。季度末、年中、年底，围绕学习任务完成情况、审判工作推进情况、组织活动开展情况等，进行检查考核。

2. 规范党小组的设置。新型审判团队下，每个审判团队由 3 ~ 5 名法官、2 ~ 3 名法官

① 参见附件 1：《北京市第一中级人民法院关于加强党小组建设的指导意见》。

助理以及 2～3 名书记员构成，党员联系更为紧密、规模适中，利于党建工作与审判工作的有机融合。因此，原则上一个审判团队可以建立一个党小组。特殊情况下，也可以按照“便于党员活动、便于加强管理、便于发挥作用”的原则，在两个规模较小的审判团队建立一个党小组。党员的工作岗位变动时，及时调整党小组隶属关系。

3. 重视党小组长的选配与培训。党小组建设成效如何，很大程度上取决于党小组长作用的发挥，选准配强党小组长、提升其党务能力至关重要。从新型审判团队的运营特点及党员构成来看，党小组长由思想政治合格、业务能力突出、作风形象过硬的团队负责人或优秀青年党员担任，既利于凝聚人心、开展工作，也利于形成头雁效应，提升审判团队的办案质效。可以考虑把党小组长纳入党务干部培训范围，定期组织培训，提升党务实操能力。

4. 针对党员需求开展特色活动。以党小组为单位，向党员干警征求自身发展中需要支部帮助解决的问题，以及对支部建设的意见建议。在此基础上，根据意见和需求开展特色活动，涉及工作、学习类的需求，可由支部统一研究解决，涉及生活、思想方面的需求，可由党小组根据实际进行认领。梳理定位党员个性化特点，随时关心干警的工作、生活动态，提供必要帮助；梳理定位各类人员的成长需求，为青年法官、法官助理、书记员等不同人员搭建成长平台，开展具有针对性的党建创新活动。

5. 充分调动发挥党员积极性。加强党小组建设旨在充分激发每名党员的创造性和积极性，形成“1＋1＞2”的团队效应。建议以党小组为基本单位，以青年导师制为抓手，以审判业务专家为带头人，通过案件评议、裁判文书撰写、法官论坛等形式，定期进行审判团队的集中学习交流，发挥资深党员传帮带作用，帮助青年党员干警提高司法实务水平。

（四）进一步健全党建考核管理体系，充分发挥考核“指挥棒”作用

有效解决当前党建考评不细不实的问题，充分发挥机关党建“服务中心、建强队伍”的作用，离不开一套科学、完善的党建考评机制。课题组认为，适应全面从严治党的新要求、落实规范化建设的部署意图，建起务实管用、科学合理的党建考评机制非常重要。只有把“硬约束”“软激励”结合起来，才能推动基层党建质量的不断提升。考核应遵循三个原则：第一，必须简便务实。通过对考评内容、指标、方法的规范，使支部工作职责清楚、流程清晰、标准明确，方便支部抓住工作重点，对标行事；第二，必须体现“差异性”。杜绝以往党建考评“百分之百全合格”的问题，务必坚持质量优先，坚决不搞平衡分配，党建考评后必须分出档次，拉开差距；第三，必须强化结果运用。考核结果只有与评优评先、干部选任、通报批评等奖惩配套措施相结合，才能充分发挥激励作用，有效营造“比学赶超”的良好氛围。

1. 完善党建考评体系。建议修改完善党建考评管理办法，进一步明确考评的内容、标准、方法、结果运用等，严格规范党建考评。党建考评应重点围绕日常业务和重点工作的全程纪实、量化管理展开，建议在以往“四个一”精细化考评的基础上，将党建工作年度综合评价进一步简化为支部书记述职评议和党建日常考核两部分。支部书记述职评议方面，机关党委对述职支部的工作亮点与突出问题进行点评，并在院局域网将参与述职的各支部工作情况（重点是支部工作的问题与改进方向）进行公示；党建日常考核方面，建立

百分制考核机制，督促各支部按时保质地完成理论学习、组织生活、党费收缴、发展党员、阵地建设、社区报到等工作。

2. 明确日常考评加减分项。党建日常考核既包括常规检查党建工作台账、“党员e先锋”等，也包括每季度督查和根据需要不定期督查。针对以往党建考核指标过细、落实起来操作性不强的问题，课题组建议进一步整合、明晰、量化考评加减分项。党建考评的加分项①主要包括以下几类：荣誉表彰、经验推广、党建创新、党建学术成果、党员作用发挥等；党建考评的减分项②主要包括落实党建日常工作不到位、党员违法违纪等。

3. 强化考评结果运用。加强党建工作年度综合评价的结果运用，切实让党建考评结果与各支部密切关注的奖励、惩戒措施相挂钩。第一，党建考评结果与领导干部履职考核及党员评议挂钩。第二，党建考评结果与评优评先挂钩。对年度党建考评综合排名全院前30%的支部，在评选“两优一先”的名额上适当增加比例，对于排名后10%的支部，支部自身和支委班子取消评优评先的资格。在全院表彰大会上对党建工作扎实、成效明显、工作机制先进的支部加大宣传展示力度。第三，党建考评结果与重点督导、末位约谈、严肃问责挂钩。对年度党建考评综合排名末位的支部，机关党委派员对其日常党建工作进行重点督导。对连续两年年度党建考评综合排名末位的支部，分管党组成员、机关党委书记分别对支部书记进行约谈，督促其限期整改。对党支部建设出现严重问题，党员、群众反映强烈的支部，按照规定对支部书记严肃问责。第四，党建考评结果与干部选任挂钩。党建考评结果在选任干部的全过程、各环节发挥一票否决作用，坚持动议时研判、推荐时报告、考察时审核、讨论决定时介绍、任职前公示党建考评结果（党员义务履行）情况，全面比选，全程把关，随时“放下”。

北京市第一中级人民法院
关于加强党小组建设的指导意见

（建议稿）

为进一步健全基层党组织体系，强化基层党组织功能，积极探索司改背景下“把党小组建在审判团队上”党建工作新模式，充分发挥党支部的战斗堡垒作用和党员的先锋模范作用，便于党员人数较多的党支部有效开展组织生活，强化党员教育管理，推进干警队伍“三化”建设，提升审判工作质效，根据《中国共产党章程》和党内相关规定，现结合我院实际制定本意见。具体内容如下：

一、党小组的性质

党小组是党员数量较多的党支部将党员分编成的若干小组。党小组是党支部的组成

---

① 参见附件2：《北京市第一中级人民法院党建工作日常考评实施办法》。

② 参见附件2：《北京市第一中级人民法院党建工作日常考评实施办法》。

部分，是在党支部领导下对党员进行管理的一种组织形式。党小组不是党的一级组织，其活动受党支部领导，目的是加强对党员的教育、管理、监督、服务，保障支部党员大会和支委会决议的贯彻执行。

二、党小组的主要任务

（一）组织党员认真学习马克思列宁主义、毛泽东思想、邓小平理论、“三个代表”重要思想、科学发展观、习近平新时代中国特色社会主义思想，推进“两学一做”学习教育常态化制度化，学习党的路线、方针、政策和决议，学习党的基本知识，学习科学、文化、法律和业务知识。

（二）组织和监督党员执行党支部的决议，完成党支部布置的任务。

（三）定期召开党小组会议，开展批评与自我批评，组织和督促党员按时参加党的各种活动。

（四）协助党支部做好日常党务工作，向党支部推荐入党积极分子，协助党支部做好对入党积极分子的教育、培养和考察工作；加强对党员的管理，严格组织生活，督促党员按月缴纳党费等。

（五）协助党支部做好群众的思想政治工作，向党支部反映群众的意见和要求；督促党员经常联系群众，向群众开展宣传工作，了解群众的思想情况，倾听群众的意见，关心群众的工作和生活。

三、党小组的设置

（一）关于审判庭党支部党小组的设置，党员人数为 3 人（含）以上且至少有一位正式党员的审判团队，可以成立一个党小组。党员人数不足 3 人的，可以同党员数量较少的审判团队合并成立一个党小组。

（二）关于行政职能部门党支部党小组的设置，可以根据党员数量规模和工作职能分工，本着“便于党员活动、便于加强管理、便于发挥作用”的原则，酌情成立党小组。

（三）党小组的设置由所在党支部根据实际情况指导、审批，并向院机关党委备案。

四、党小组的工作制度

（一）学习制度。党小组每月组织一次政治或业务学习，建立月度、季度、年度学习台账，不断提高党员的思想政治觉悟和业务素质。学习主要采取读原文、学原著、党课教育、研讨交流、走访参观等方式，外出开展学习活动的须提前向党支部报批。

（二）党小组会制度。党小组会一般每月召开一次，如党支部有特殊情况，次数可增加，也可以推迟召开。党小组会一般围绕党的中心工作和党支部的近期工作，结合本小组的实际情况，每次解决一两个问题。党小组会内容主要包括政治学习、理论学习、谈心谈话、推荐优秀党员等。党小组会的内容要在《党支部工作手册》中纪实留痕。

（三）生活会制度。党小组生活会与党支部组织生活会同步组织实施，每年至少召开一次。主要通过开展批评与自我批评、民主评议党员等，检查党员在思想政治、工作学习、生活作风、遵纪守法等方面的情况，达到纯正思想、纯洁队伍、提升党小组凝聚力、战斗力的目的。

(四)党员汇报制度。党员每月通过口头或书面形式,向党小组汇报思想、工作和学习等情况。党小组长要全面掌握分析组内党员思想动态,并及时向党支部汇报。

(五)联系和服务群众制度。党小组应结合岗位特点和优势,通过开展普法宣传、提供法律服务、设置党员先锋岗、创建学雷锋志愿服务岗等方式,紧密联系群众、服务群众,引领党员充分发挥先锋模范作用。

五、党小组组长的产生

党小组组长由党支部指定,也可由所在党小组党员推荐产生。为适应新时代党建队建要求和新型审判团队建设需要,应推选思想政治合格、业务能力突出、作风形象过硬的审判团队负责人或优秀青年党员担任党小组长。党小组长人选须报党支部委员会批准并向院机关党委备案。党小组长的任期与党支部委员会相同,可在改选支部委员会的同时改选党小组长。

六、党小组长的职责

(一)按照党支部要求,组织好党员的学习。

(二)组织党员贯彻执行党支部决议和上级指示,分配党员的工作,指导党员的活动。

(三)按时召集和主持开好党小组会,严格党的组织生活;按时收缴党费。

(四)做好党员的思想政治工作,及时向党支部反映本小组的情况。

(五)组织党员做群众工作,及时反映群众的要求和意见。

七、党小组的督查考核

(一)党小组的督查考核由机关党委、所在党支部共同负责,采取平时考核与定期考核相结合的方式进行。平时考核由党支部负责,定期考核由机关党委结合年度党建工作考核一并进行。

(二)建立党小组考核奖惩机制。考核成绩突出的党小组,结合"七一"党建表彰,授予"先进党小组"荣誉称号。对于作用发挥不突出、运行不规范的党小组,党支部可予以调整或撤销。

(三)"先进党小组"的基本条件:①坚决维护习近平总书记和党中央权威,拥护党对政法工作的绝对领导,坚定中国特色社会主义法治道路,认真落实中央、市委等上级组织的各项政策、决策。②认真落实党小组各项工作制度,积极协助党支部做好党务工作,推进各项工作落实。③认真落实司法责任制相关要求,把审判工作与党建工作结合起来,形成独具特色的党建工作品牌,审判质效在本部门名列前茅。④严守政治纪律、组织纪律、廉洁纪律、工作纪律、群众纪律和生活纪律,自觉践行宗旨意识和服务意识,团结向上,勇于攻坚,甘于奉献。

北京市第一中级人民法院
党建工作日常考评实施办法

（建议稿）

第一章　总　　则

第一条　为进一步提升我院机关党的建设的科学化、规范化水平，着力完善以考评促党建的长效机制，客观公正、全面准确地考评各支部的党建工作，特制定本办法。

第二条　党建工作考评坚持全面考评、公开考评、定性与定量考评相结合的原则。

第三条　党建工作考评结果以分值体现。分值包括基础得分项、加减分项。考评得分折算成百分制，考评得分最高的部门按100分计算。考评工作在院党建工作领导小组领导下，由院机关党委办公室组织实施。

第二章　考评内容及分值

第四条　基础得分

（一）开展思想政治建设。落实本院理论学习与思想政治教育要求，有本支部学习教育计划、有组织实施记录、有干警学习笔记、有学习教育情况反馈的，计20分。

（二）落实组织生活制度规范。组织开展“三会一课”达到要求频次、质量，认真开展主题党日活动，台账记录清楚，效果良好的，计20分。

（三）党员发展和党费收缴工作。每年1月底前上报入党积极分子和党员发展对象名册的，计5分；党费按时收缴、及时公示的，计5分。

（四）支部阵地建设。支部活动有活动阵地并定期更新的，计5分；支部班子团结协作，支部委员履职到位的，计5分。

第五条　加分部分

（一）支部获“全国先进基层党组织（五好党支部）”称号的，加15分；获“北京市先进基层党组织（五好党支部）”的，加10分；获“政法系统先进基层党组织（五好党支部）”、“市直机关先进基层党组织（五好党支部）”的，加8分；获“北京市法院先进基层党组织（五好党支部）”的，加3分；获得集体嘉奖的，加2分；获院级先进党支部（含“五好党支部”）的，加1分（获得与以上荣誉同等的其他奖励，相应加分）。

支部获党建单项其他荣誉称号或奖励的，根据奖项的级别和等次加分：国家级在5－8分之间加分，市级在3－5分之间加分，市法院系统级在1－3分之间加分，院级加1分。

支部因同一内容的工作成果多次获奖，以单次最高奖项计算加分，已经加分的，从当次加分中扣除。

（二）支部所属人员获“全国政法系统优秀党员干警”、“全国政法系统优秀党务工作者”的，加10分；获“市政法系统优秀共产党员（优秀党务工作者）”、“市直机关优秀共产党员（优秀党务工作者）”的，加8分；获“市法院系统优秀共产党员（优秀党务工作者）”

的,加2分;获"院优秀共产党员(优秀党务工作者)"的,加1分。1人多次获奖,以单次最高奖项计算加分,获与以上荣誉同等的其他奖励,相应加分。

支部所属人员获得某单项工作领域的其他荣誉称号,依据奖项的级别:国家级、市级(最高人民法院)、市法院系统级,分别加5分、3分、1分。

以上1人多次获奖,以单次最高奖项计算加分。

(三)支部党建队建取得成绩,在全国综合性会议、全国法院系统会议上介绍工作经验,并被总结推广(以正式文件、工作刊物、信息简报、政工简报、结集出版物、会议材料汇编等形式供相关单位学习推广)的,加5分;在全国法院专业会议、北京市召开的综合性会议上介绍工作经验,并被总结推广的,加3分;在市法院系统召开的会议、北京市专业会议上介绍工作经验,并被总结推广的,加2分,在本院召开的会议上介绍工作经验,并被总结推广的,加1分(同一内容多次介绍的,按单次最高加分)。

(四)部门所属人员撰写的党建调研成果在全国或北京市获一、二、三等奖及优秀奖的,分别加10分、8分、5分、3分;在市政法系统、市直机关系统获一、二、三等奖及优秀奖的,分别加8分、5分、3分、1分;在市法院系统获一、二、三等奖及优秀奖的,分别加5分、3分、2分、0.5分。

(五)部门所属人员撰写的党建类文章、稿件被中央级刊物采用的,每篇加5分;被北京市级刊物采用的,每篇加3分;被北京市法院系统刊物采用的,每篇加1.5分;被院级政工简报采用的,每篇加1分。

(六)在重大活动和遇到突发事件中,党员队伍较好发挥作用,获得市以上通报表扬的加3分,获得系统以上通报表扬的加2分,获得通报表扬的加1分。

(七)积极推出本支部党建创新项目,被院评为优秀创新项目的加1分,被评为系统以上创新项目的加2分,被评为市级以上创新项目的加4分。

第六条　减分部分

(一)支部书记、支委成员、党员发生违纪违法问题的,扣5分,同时取消该支部评先资格。

(二)落实组织生活制度不到位。"三会一课"每缺1次扣1分;主题党日每缺1次扣1分,未经批准外出或外出违反纪律要求的,每次扣2分;

(三)每月10日以后向机关党委上交党费扣0.5分;向机关党委上交党费后5个工作日内未进行公示的,扣1分;

(四)每年1月底前未上报党员发展工作规划的扣0.5分,未按时上报入党积极分子和党员发展对象名册的扣0.5分,党员发展材料每出现一次错误,扣1分。

第三章　考评程序

第七条　党建平时考评工作每季度进行一次,年终进行综合评定。机关党办负责具体组织实施考评工作。

第八条　机关党办根据当季度掌握的情况,于每季度第三个月30日前,对各支部党建工作进行打分,将考评结果报机关党委审议通过并进行公示;同时将党建考核分值报院部门业绩考评委员会。

第九条 各支部对考评结果持有异议的，应在考评结果发布后三日内向机关党办提出复议申请；机关党办应在接到复议申请十日内，做出变更与否的决定。

第四章 考评结果运用

第十条 党建考评结果与领导干部履职考核及党员评议挂钩。

第十一条 党建考评结果与评选“两优一先”挂钩。对年度党建考评综合排名全院前30%的支部，在评选“两优一先”名额上适当增加比例，对于排名后10%的支部，支部自身及班子成员不参加评优评先。

第十二条 党建考评结果与重点督导、末位约谈、严肃问责挂钩。对年度党建考评综合排名末位的支部，机关党委派员对日常党建工作进行重点督导，对连续两年年度党建考评综合排名末位的支部，分管党组成员、机关党委书记分别对支部书记进行约谈，督促其限期整改，对党支部建设出现严重问题，党员、群众反映强烈的支部，按照规定对支部书记严肃问责。

第十三条 党建考评结果与干部选任挂钩。党建责任（党员义务）履行不力的，在干部选任方面，按照不同情况干部给予延长干部考察期、不予推荐等意见。

第五章 附 则

第十四条 本办法由机关党办负责解释。未尽事宜由院党建工作领导小组研究决定。

关于新时代深化法院文化建设的调研*

习近平总书记在党的十九大报告中明确提出："文化是一个国家、一个民族的灵魂。"法院文化是新时代中国特色社会主义文化的重要组成部分，也是国家法治文化和法治文明的重要标志之一。加强法院文化建设，是提高人民法院队伍素质，推进法治中国建设的重要途径。

我院在多年实践、锤炼中培育的深厚法院文化，客观上对各项工作的全面发展起到了重要推动作用。但从实践来看，此前文化建设阶段性成果与新时代法院文化建设需求存在脱节的情况。近年来，文化建设或多或少地呈现系统规划不足、制度机制缺失、促动中心工作效果不显、干警参与文化建设程度低等一系列问题。新时代"忠法文化"如何在传承的基础上补齐短板弱项、实现新的提升突破，是本课题的研究目的。

一、新时代下深化法院文化建设的必要性和重要意义

法院文化是人民法院在长期审判实践和管理活动中逐步形成的共同的价值观念、行为方式、制度规范以及相关物质表现的总称，是中国特色社会主义先进文化的重要组成部分，是社会主义法治文化的重要内容。① 当前，随着全面从严治党不断深化，推进国家治理体系和治理能力现代化重大战略任务的提出，伴随深化司法改革、法院队伍"四化"能力建设的系统推进，法院文化作为相关配套措施的重要一环，需要得到新的完善、新的加强。

一是新形势下弘扬社会主义核心价值观、推进社会治理现代化的必然要求。法院文化实践必须与社会结构、文化传统、制度机制相结合才有生命力，必须与党的主张、国家政体以及社会文化保持一致，必须深深根植于中国政治、经济、社会、文化、生态的土壤。党的十九届四中全会指出，加快社会治理现代化，需要充分发挥政治、法治、德治、智治等重要作用。处于社会矛盾纠纷解决一线的人民法院，在社会治理中同样承担重要职责。执法办案中，如何有机地将党的决策部署贯彻落实到具体工作中，转化为人民法院在社会治理中的实际效果，离不开社会主义法治文化的引领，离不开以社会主义核心价值观为统领的"德治"文化支撑。一方面，法院文化作为政治机关文化，必须牢牢站稳意识形态阵地，推动党的创新理论成果特别是习近平新时代中国特色社会主义思想进入干警头脑，旗帜

---

* 课题主持人：赵明超，负责人：于群，课题组成员：来文奇、吴红梅、王爽、马志华、王军林、冯海瑞，执笔人：王爽。

本课题为2019年部门级重点课题。

① 参见最高人民法院《关于进一步加强人民法院文化建设的意见》（法发〔2010〕31号）。

鲜明地抵制和反对法治领域各种错误思想、错误观点，把握好新时代中国特色社会主义文化建设方向；另一方面，人民法院作为弘扬社会主义核心价值观、践行社会主义法治理念的重要阵地，必须坚持和完善中国特色社会主义法治体系，提高公正司法能力，延伸司法审判职能，服务和保障经济社会发展。通过挖掘、传承和弘扬中华民族传统优秀文化，加强对干警理想信念、思想道德、价值观念的塑造，使法院文化成为涵养社会主义核心价值观的重要力量。

二是推进队伍建设革命化、正规化、专业化、职业化的有力举措。当前，加快推进政法队伍革命化、正规化、专业化、职业化建设，是总书记对政法队伍建设作出的重要指示。革命化是永葆政治本色的首要要求，政法队伍必须旗帜鲜明坚持党的领导，无论在任何时候、任何情况下，始终在政治立场、政治方向、政治原则、政治道路上与以习近平同志为核心的党中央保持高度一致。进入新时代后，司法工作因社会主要矛盾的变化而面临新挑战、新矛盾，只有积极营造浓厚政治文化氛围，增强队伍的政治意识，才能永葆法院队伍革命性这一根本属性。正规化是有效履行职责使命的总体要求，政法队伍不同于普通公务员队伍，必须树立更高的标准和更严的要求，而这离不开法院文化对干警职业道德、职业操守等方面的培育。专业化是履职能力建设的职业要求。实现"让人民群众在每一个司法案件中都能感受到公平正义"的目标，离不开一支业务精通、本领高强的审判专业队伍，离不开信仰法治、坚守法治的审判文化的支撑。职业化是党的十八大以来新一轮司法改革的重要方向，以司法责任制为核心的司法改革，目的就是要提升法院队伍的职业化水平。加强法官行为文化建设，强化法官职业尊荣感、规范法官职业行为，是推动法院队伍职业化建设的重要保障。

三是不忘初心使命，实现法院全面发展的现实需求。服务大局、司法为民、公正司法是人民法院的使命。读原著学原文悟原理，有效回应人民群众对法院工作的新要求、新期待，深入一线调查研究，全面系统检视问题，持续推进整改落实，这些既是主题教育的要求，更是人民法院回溯自身初心使命、践行党的群众路线，主动适应新时代社会主要矛盾的新变化，推动法院工作跨越式发展的现实需求。作为首都中级法院，突出首善标准、首都特色和法院队伍特点，主动适应新形势新挑战，找准司法服务首都工作大局的结合点、着力点，以公平公正高效的司法审判成效体现职责担当，离不开法院文化的政治引领、铸魂凝神，离不开法院文化的固本培元、凝心聚力，离不开法院文化的宣树引领、人才培塑，离不开法院文化的跟进融入、制度保障。

二、"忠法文化"建设的阶段性成果

经过多年的积累、凝聚、内化和整合，目前我院"忠法文化"已经取得了一系列阶段性成果。

1. 精神文化引航定向，营造人民法院良好政治生态。深入学习贯彻习近平新时代中国特色社会主义思想，永葆政法干警忠诚本色，弘扬践行社会主义核心价值观和法治理念，是精神文化建设的重要内容。文化建设中，我们始终坚持思想引领，紧密结合持续推进"两学一做"学习教育常态化制度化、"不忘初心、牢记使命"主题教育等，通过院长带头讲党课，把"党小组建在审判团队上"，完善专职党务干部制度、政工联系人制度，开展政治轮训、主题征文、支部沙龙、知识竞赛、演讲比赛、党员论坛等,使干警在耳濡目染中不断提高政治站位,接受洗礼、内修真功、锤炼党性、提升层次。

2. 司法核心价值观牢固树立,“公正、廉洁、为民”成为全体干警行动指南。“公正、廉洁、为民”的司法核心价值观已经成为我院法官的职业价值追求和法院文化建设的基本价值取向。围绕完善法律统一适用、推动审判专业化建设、推进基本解决执行难、推进案件质效精细化管理等重点工作,我院形成了一系列长效工作机制和政策制度成果,规范干警把住公正司法的“生命线”,有效满足人民群众日益增长的多元司法需求。通过强化党风廉政和纪律作风建设,开展司法巡查、专项整治等,让廉洁司法成为全体干警心中的“高压线”。通过开展司法业务技能比赛,举办各类专业培训班,编撰出版本院学术专著,营造钻研业务、推崇学术的浓厚氛围,队伍审判业务素质得到有效提升。

3. 文化物态硬件建设不断加强,有力展现司法文化的场域特色。蕴含浓厚司法元素的法院硬件建设,对展现区别于其他国家机关的法院文化有积极的推动作用。以“法平如水,风正扬帆”为理念,包含“法字墙”、法史浮雕、院史展、阅览室、文化作品展览墙等在内的“忠法文化大厅”,打造了全体干警的有形精神园地。具备法官研修、图书资料阅览、新闻发布、业务研讨等7大功能的法官文化中心和新建成的电教中心,为干警开展各类文化活动提供便利。办公楼大厅、走廊等公共区域打造的文化长廊、文化墙,悬挂张贴法律名言、警句及干警自己创作的反映法治精神、法官风貌的各类文化作品,在潜移默化中时刻影响、感召干警的精神世界。

4. 干警队伍综合素质持续提升,造就新时代一中院人的文化品位。法院文化从根本上来讲是为干警队伍服务的,通过科学理论引导人、先进文化熏陶人、高尚精神鼓舞人,促进干警的全面发展。与此同时,干警队伍也同样成就了法院文化建设的主体品位。目前,以保障法律面前人人平等、维护社会公平正义为己任,立足岗位忠实履职尽责的法官精神已经在我院树立,先后涌现“全国优秀法官”赵锋、“全国审判业务专家”薛峰等一批审判业务领域骨干人才。诚以自尊、严以自律、勤以自强、廉以自信、学以自觉的良好风气正在形成,全面展示法院干警的兴趣爱好、文学素养、逻辑思维、法学功底的业务院刊《法官论坛》、文化院刊《忠法人》,双双荣获“全国法院优秀期刊”,“忠法光・影”摄影作品展、丰富多彩的兴趣小组、文体活动等充分彰显了我院干警的人文素养和艺术品位。

5. 文化品牌建设成效显著,有效彰显忠法文化的特色品质。文化品牌作为法院文化建设成果的重要标志,彰显了一个法院文化创造、文化融合、文化创新的能力。我院打造的“忠法书香”系列活动,涵盖院级青年交流论坛、“青年书角”,以及支部“党员论坛”“文化开讲”“学半社”等一批特色阅读子品牌,为广大干警搭建了读书交流平台,有力地营造了崇学尚思的良好氛围。“精品课堂”“文书品・鉴”等案例式、实训制教育培训平台,有力地激发了法官的自我学习劲头和精品案件的意识,业务交流进一步紧密,司法能力、审判质效得到不断提升。刑一庭“家文化”、民一庭“阵地文化”等特色庭室文化品牌,在庭级层面有效凝练及强化了本部门文化,成为庭室成员的价值追求和行动指南,进一步促进了高素质、专业化的庭室队伍建设。

6. 司法文明进一步加强,凸显文化建设的行为养成效果。干警的道德境界和司法文明修养直接反映法官的形象,折射法官行为文化的实际效果。近年来,我院成功打造了以赵锋、丁宇翔、江伟等为代表的重大典型引领、身边典型跟进的“雁阵式”典型群像，激励强化了全体干警的职业认同感。通过狠抓全体干警特别是窗口工作人员的仪表风纪，加强司法礼仪纠正检查，强化司法文明礼仪的日常养成，干警的言行举止得到有效约束。通过制定法官职业行为的规范制度，完善廉政风险防控体系，以反面的案例警示、教育干警司法规范和司法文明的养成，法官的职业行为得到有效规范。一年来，多名干警先后收到锦旗70余面，感谢信20余封。

7. 文化建设路径不断拓展，完善丰富一批文化创新载体。目前，我院文化创新方面已取得了一定成绩。例如，深入挖掘法院文化内涵的“1＋N文化圈”创新项目，很好地总结了我院一段时期内文化建设的路径模式，得到了最高人民法院《政工通讯》的推介。再如，在党建文化的培育发展上，将狠抓支部组织生活制度落实、激活党支部“神经末梢”的系列做法总结、提炼为基层党建“六化”机制，获评北京市法院基层党建创新规范化项目。再如，在对外宣传方面，数字化、新媒体技术丰富了我院文化建设的新载体，打破了传统文化发展路径依赖，有力强化我院文化的创新效能。

8. 法院形象建设有效加强，文化建设的拓展功效充分发挥。通过各类案件的公正审理、让当事人及群众旁听、开放参观等，让社会公众感知法院氛围，受到法治教育；在优化诉讼服务效能，升级诉讼服务方面，优化了诉讼服务大厅，设置心理疏导室、专用调解室、律师工作室，推行语音图文自主诉讼引导工作等便民举措，专设找法官、找执行员的窗口，助力当事人实现便利诉讼、多元解纷；通过首都雷锋号、学雷锋志愿服务岗，开展法治讲座、慰问服务等多种类社会活动，为人民群众提供法律服务，宣传法治理念；建立“官方微博群、网络微课堂、文化微电影、法官微故事”等“见微知著”系列文化推广阵地，开设抖音官方账号等形式，向社会群众宣传法律知识，全面展示法律、法院、法官的风采，有效提升了司法公信力。

三、我院法院文化建设中存在的现实问题及困境

（一）横向上，系统规划不足，一定程度上呈现“无序、随意、同质”倾向

作为一项长期性、系统性、多元性工程，健康、科学的文化建设需要从宏观层面做好统筹谋划、从中观层面抓好系统推进，从微观层面落到细处、实处。从我院文化建设实际来看，首先，在全院层面缺少一个抓文化建设的总体规划和顶层设计。尽管我院在多年的发展中已经确立了“忠法文化”的主旋律和主基调，但是在文化建设的具体方向、任务分工、建设标准等方面缺乏制度规范、规划安排，目前尚没有一个统一的、权威的操作指南。其次，由于缺乏体系化思维和指导，文化建设在推进中容易出现用力不均、规范性不强等问题。比如，全院文化建设水平不均衡比较明显，有的庭室文化活动内容丰富，文化氛围也比较浓厚，队伍的凝聚力、向心力强，而有的庭室积极性、自创性则比较弱，主动抓文化建设方面投入的精力、时间较少；再如，部分庭室在文化建设上存在不规范、随意性大的情况，经常是领导想到了，就推一推、动一动，执法办案任务忙了，就放置一边；一些庭室文化活动缺乏自主性、针对性，为未突出自身特色，存在盲目效仿、照搬照抄的跟风倾向。最后，在文化建设具体落实层面，存在责任不清晰、考核不具体的问题。从院级层面看，尚未形成多层次、全方位、科学化的文化评估体系，文化建设成果的量化输出、评价机制尚不健

全，导致文化建设抓了没抓、抓得效果如何，评价标准模糊不清；在具体推进中，一些部门责任不清、推诿扯皮，在工作细节上，也一定程度上存在不细、不实的情况。

（二）纵向上，文化建设深度不够、延续性不强

法院文化既需要在横向上通盘规划、系统推进，也需要在纵向上维系历史稳定性的基础上加以深入研究。首先，我院文化建设深度不足。从实践看，我院文化建设虽然内容比较丰富，但散见于具体实施层面，还没有上升到系统性、指导性的法院文化理论层面。表现为：其一，“忠法文化”的定义在理论上尚不明朗。根据最高人民法院关于文化建设的实施意见，文化建设涵盖精神文化、制度文化、行为文化和物质文化四个要素，但是如何结合我院作为首都法院，传承老中级法院特点，发挥自身“忠”“法”职能角色，文化内涵上的研究不深；其二，文化品牌塑造上，跟进总结不足。事实上，在“1＋N 文化圈”品牌提出后的几年里，我院文化建设实践已呈现新的重点和特点，但在总结提炼创新经验进而形成品牌上深入研究不够。其次，文化建设的延续性不强，很多文化活动“虎头蛇尾”的情况依然存在。比如，一些庭室文化活动存在三分钟热度，文化活动策划想起一个是一个，不能围绕全院“忠法文化”这个大品牌来持续开展，有的则是花了很大力气提炼总结出一个品牌，但经常“昙花一现”，活动接续的培育仍然比较欠缺。

（三）现有文化推进模式弱化了干警文化主体意识

文化主体意识弱化，是指法院干警群体在文化心理结构上仍存在一定程度的“集体无意识”①。这种“集体无意识”，通常表现为广大干警在长期的、有形无形的法院文化建设、文化熏陶及文化交往中，忽略了自身作为文化主体，参与文化交往和建设的自觉性、主动性，文化建设通常是由法院领导推进，由法院内部少数人、少数部门（政工部门、纪检监察部门等）来负责具体推进，广大干警虽然身处其中，却仍有很多人浑然不觉。第一，干警积极参与文化建设的积极性尚未被充分调动。我院文化建设自上而下推进，职能部门负责，干警被动接受的模式下，以法官为代表的干警群体缺乏对自身作为法院文化建设主体的清晰认知和定位，由此养成了“要我参与”而非“我要参与”的心理惯习。第二，存在领导拍脑门主观臆断的问题，文化建设的思路、内容等难以引起群众共鸣。第三，日益繁重的审判工作压力，干警评价文化活动效果、表达意见建议的渠道及机制的缺乏，从客观上进一步助长了这种“集体无意识”的发展。缺乏文化建设的主体意识，就难有文化的主体地位，因此也就难以让干警群体自觉、主动地投入到文化建设的活动当中。这也就不难解释，为什么在举办一些文体活动时，参与者积极性不高、应声寥寥，或者在文化建设中，很多人存在“任务摊派”的思想误区。

（四）法院文化促进审判中心工作的效果有待提升

法院文化主旨在于培育优秀的法官群体②，通过对法官群体精神层面的塑造，发挥励志、益智、传承、育人等功能，进而促进队伍素质、审判质量和司法公信力的整体提升。法院文化本质上围绕着服务、保障审判中心工作展开，提升法院干警的法文化素养、涵育法院文化的法治意蕴应当是核心任务。当前，尽管我们寄望于通过法院文化潜移默化中支

---

① 人民法院文化建设课题组：《法院文化建设的司法取向及其实现》，载《中国法学》2014 年第 6 期。

② 孙海龙、高翔：《我们需要什么样的法院文化》，载光明网，2019 年 11 月 13 日最后访问。

配并影响法官的行为模式和价值系统,但实际效果却不尽如人意。一方面,法院文化建设的行政化色彩,如司法管理理念行政化、审判管理行政化等,一定程度上对法官依法独立公正审判的评价套上了“绩效化”的标签,在整个司法实践中累积塑造的司法核心价值理念,正在被“效率”“非正式司法态度”等无形地消解;另一方面,具体到法官个体,理想的司法价值观还没有真正地“濡化”①。比如,法院系统自身典型宣传中,法官正规化、职业化、专业化的特质相较于一般公务员身份而言,并没有被重点强调。亲民为民、服务群众、道德模范等脸谱化、标签化的法官形象,在将司法审判泛道德化的同时又将之大众化甚至平庸化②,对司法的本质,如规则之治理念、程序正义理念等对于公平正义的重要意义,却较少提及,法官对于法律的服从、敬畏和尊重精神还没有在对内、对外的宣传中得到特别的关注。

(五)“忠法文化”与新时代要求深度融合尚未很好地破题

文化建设对象是理想信念、思想道德和善恶是非标准等精神层面内容,客观上既缺乏韦伯所提到的“可计算性”③,也难以实现黄仁宇所说的“数目字管理”④。当前,“忠法文化”如何适应时代发展和法院需求,在法治中国建设进程中借势创新,尚未能够很好地破题。比如,在开展政治理论学习时,从形式层面落实各项学习要求比较多,但很多流于表面,真正推动党的最新理论成果入脑、入心,实际效果还有待提升。形式多样的文化活动背后,其蕴含和传递的文化内涵与精神实质能否真正被干警内化、接受,并转化为自身行动的指南,仍然值得研究。再如,新时代强化干警理想信念、构建共同价值观念和目标取向等要求,如何适应司法体制综合配套改革形势,转化为法官执法办案中的认同感、责任感、使命感,“忠法文化”在新时代如何培育和践行社会主义核心价值观,使其入时、入脑、入心,是法院文化建设必须思考和回答的问题。

四、进一步深化我院文化建设的建议

(一)基本原则

法院文化作为社会文化的一部分,其建设除了要遵循社会文化发展的共性规律之外,还有自身的特点和基本原则。课题组认为,我院文化建设需要把握以下原则:

一是方向性原则。我国的政治权力架构体制、民族心理、价值观念等,直接决定着法院文化的总体面貌和发展方向。在新时代背景下,只有将法院文化建设放在中国特色社会主义先进文化建设系统中去推进,将社会主义司法的核心价值深深植入干警心灵,法院文化的生命力才会更加旺盛。

二是系统性原则。文化本身是一个体系,文化建设不仅需要建构综合式范式,也需要

---

① 所谓“濡化”,指的是发生在同意文化内部的纵向传播过程,是人与人的文化习得与传承机制。参见吕芳:《从法院文化建设到法院多元文化实践》,载《中国审判》2016 年 8 月。

② 人民法院文化建设课题组:《法院文化建设的司法取向及其实现》,载《中国法学》2014 年第 6 期。

③ 马克斯·韦伯关于形式理性和实质理性的区分上,指出形式理性具有客观性,表现为“可计算性”。

④ 黄仁宇从技术角度看历史的“大历史观”中,谈到资本主义具有超越国界的“技术性格”,包括资金的广泛流通、经理人才不顾人身关系的雇佣、技术上之支持因素通盘使用,这些“技术性格”能够体现出“数目字管理”的特征。因此,历史是可以从技术的角度上去检视、去比较的。

体系化思维。其一，要统筹推进。要克服分散化、随意化的倾向，在深度挖掘、系统研究上下更大的功夫；其二，要重点突出。在子系统文化建设中，围绕政治文化、法官文化、审判文化等关键点，有效带动整体文化建设的发展；其三，要注重全面参与。把每个干警个体作为文化建设的主体，调动发挥其文化活动的创造力，集智聚力。

三是人本性原则。法院文化建设重点是要尊重法官的主体地位，遵循贴近审判、贴近法官、贴近基层的基本要求，不断增强法官自身素质及法官的荣誉感、归属感，形成法官职业信仰，养成职业自觉感方面。

四是传承创新性原则。法院文化的文脉一脉相承，既要坚持在历史的土壤中汲取成熟经验养分，也要坚持吐故纳新，在实践中总结、在传承中发展。

（二）完善“忠法文化”的具体路径设想

所谓“忠法文化”，课题组认为，是我院全体干警共同认同、遵守并践行的，以“一心为民、忠诚廉明、法卫首善”的院训为总揽，反映我院干警的使命宗旨、司法理念、职业情操、人文素养，以及这些宗旨和理念在公正司法、制度管理、行为方式和对外形象等方面的总和。

1. 基本路径：打造“忠法文化树”模型（见图1）

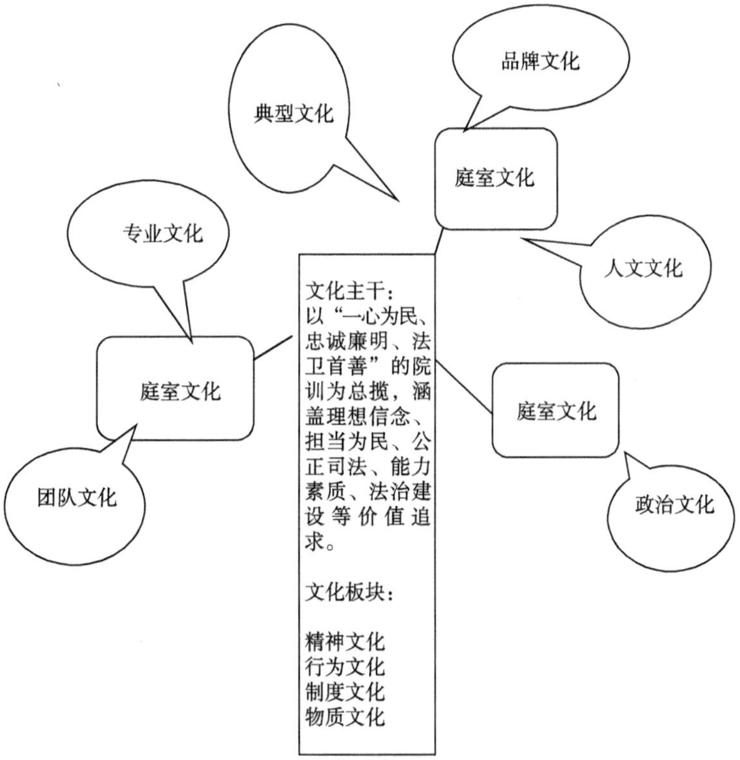

图1 “忠法文化树”模型

紧紧围绕“忠法文化”一个主干，拓展以庭室文化为枝丫（阵地），包含多种文化要素，形成“忠法文化树”模型。院级层面是“文化树”体系的主干主枝，重点抓建全局性、整体性的文化板块，庭室层面是“文化树”体系的分茎分叶，是全院文化建设的细胞，主要突出本部门的文化特色。此外，“文化树”体系还应当包括多种文化要素，比如品牌要素、人文要素、专业要素、典型要素。横向上，“忠法文化”主干紧紧围绕院训主线，涵盖理想信念、担当为民、公正司法、能力素质、法治建设等价值追求，包括精神文化、行为文化、制度文化、物质文化等文化板块，庭室文化则是在院级文化建设整体推进的基础上，结合本部门的文化氛围、文化偏好和干警实际需求，发展出一个个各有侧重、特色明显的文化分阵地。

与此前文化建设模式相比，“忠法文化树”有以下特点：一是文化发展脉络更加清晰、系统。一方面，文化主干与分茎分叶很好地体现出不同层面文化建设发力重点的差异性；另一方面，又体现出二者一脉相承，既同根同源，又向外延展的内在关系。二是文化要素更加多元。丰富的文化要素，有助于培育、保障多元文化实践，促进“文化树”的根深叶茂。三是“文化树”处于持续、动态的成长完善中。随着时代的发展，随着法院文化建设的创新，主干、枝丫乃至文化要素可以动态调整、持续完善。

2. 文化建设中需要注意的问题

一是注重统筹谋划，健全制度机制。研究制定我院《加强忠法文化建设的实施意见》，每年制定和完善我院文化建设年度规划，对文化建设的指导思想、遵循原则、建设重点、机构队伍、建设步骤等进行明确规划坚持“党组统一领导、有关职能部门各负其责、全体干警共同参与”的格局，建议成立法院文化建设领导小组，院长担任组长，其他党组成员任组员。具体工作推动落实由办公室、研究室、组宣处、机关党办、教培处、监察室、审管办、后勤服务中心等部门负责，确保文化建设工作层层落地。突出社会主义核心价值观引领。结合重大节日和重大主题活动，开展集体升国旗、宪法宣誓等庄重严肃的典礼仪式和有教育意义的文化活动，引导干警全面准确把握社会主义核心价值观的基本内涵和实践要求。注重渗透结合融入，将文化建设与司法改革、审判执行、政务管理、党建工作、主题教育等紧密结合，培养干警文化理念，增强文化自觉性。健全考评机制。紧密结合现有《部门业绩考评实施办法》，针对文化品牌的创新和持续培育，文化活动相关荣誉，文化活动开展的数量、频次，以及参与院级文化活动等情况，进一步修订、完善相关业绩考评办法，鼓励各部门和全体干警积极参与文化建设。

二是树立鲜明导向，调动全员参与。坚持干警主体地位，强化引领激励功能，注重渗透结合融入，抓好内外共建共享。在活动形式上，坚持立足现有，创新完善，不断丰富文化建设形式，通过开展多种多样的文化活动、搭建文化交流平台、线上线下文化阵地建设等，拓宽文化建设路径。畅通干警意见反映渠道，常态化征集文化建设的意见和建议，提高干警对文化建设的参与度和认同感，形成人人参与、群策群力的文化建设格局。注重人文关怀，继续推动关爱干警办实事工程，统筹发挥机关工会、团委、法官协会等群众组织的作用，帮助解决干警工作和生活中的实际困难。持续推进各类兴趣小组建设，广泛开展群众性文体活动，丰富干警文化生活。在管理实践中，要注重发挥干警在文化建设中的主体价值。

三是强化文化引领，推动中心工作。培树先进典型。开展向各层级重大典型、身边先进典型学习活动，营造学习先进、赶超先进的良好氛围。搭建先进典型宣传平台，充分利用院网、院刊、微信公众号等渠道，加大典型推介宣传力度。强化职业形象建设。广泛开展书法绘画展、摄影展、荣誉墙等文化展示活动，引导干警以崇高的职业道德爱岗敬业，激发职业自豪感和集体荣誉感。规范司法礼仪，定期开展司法礼仪培训和日常检查，确保干警展示司法权威和文明司法的形象。提升司法能力。突出实战、实用、实效导向，用好“周末讲堂”“精品课堂”“文书品鉴”院级培训平台，开展法官论坛、法官沙龙等研讨交流活动。组织开展示范庭审、精品案例、优秀裁判文书等评选活动，使庭审过程、裁判文书成为体现和传播我院文化的重要载体。加强人才队伍梯次化建设，对各层次人才加大支持培育。加强廉政教育。弘扬廉政文化，加大反面典型案例警示教育，将教育、制度、监督、惩治和保障统一于廉政文化建设的全程。利用内网、文化大厅等各类文化载体，采取主题征文、专题展览等形式开展廉政文化活动，弘扬正风正气，树立廉洁价值理念。打造特色文化项目。结合法院文化特征和我院文化特色，继续深化“忠法”文化的建设完善。鼓励各部门结合自身实际，创新开展文化活动，打造本部门特色文化建设载体。鼓励各部门培育已有文化项目的维护和深化。

四是坚持共建共享，提升文化影响力。结合“双报到”“首都雷锋号”“学雷锋志愿服务岗”等，开展普法宣传、法治讲座、慰问服务、“法院开放日”等活动，加强与社会各界、广大群众以及兄弟法院的互动，树立一中院干警队伍良好形象，增强一中院文化的辐射面和影响力。坚持和完善新闻发布制度，加强对司法政策、特色工作机制的宣传解读，及时发布典型案例。密切同新闻媒体和共建单位的交流合作，强化司法新闻宣传力度，积极在各类媒体平台发声，讲述法院“好故事”，深化公众对法治和司法公信力的认同。

北京市第一中级人民法院
关于加强法院文化建设的实施意见

为进一步推进我院文化建设，深入践行“忠诚、为民、公正、廉洁”的政法干警核心价值观，充分发挥法院文化导向、约束、凝聚和激励功能，推动院内各项工作持续科学发展，制定以下实施意见：

一、总体要求

以习近平新时代中国特色社会主义思想为指导，认真贯彻落实党的十九大和十九届二中、三中、四中全会精神，以培育政法干警核心价值观为核心要求，以弘扬社会主义法治精神、培育和践行司法职业精神为重点，围绕“司法为民、公正司法”主线，坚持“努力让人民群众在每个司法案件中都感受到公平正义”的工作目标，全面提升文化建设水平，为我院各项工作的发展提供有力保障。

二、总体目标

我院长期以来培育的“忠法文化”是全体干警共同认同、遵守并践行的，以“一心为民、忠诚廉明、法卫首善”的院训为总揽，反映我院干警的使命宗旨、司法理念、职业情操、人文素养，以及这些宗旨和理念在公正司法、制度管理、行为方式和对外形象等方面的总和。进一步加强“忠法文化”建设，就是立足我院首都中级法院的职能定位和特点，深入推进社会主义核心价值观建设，持续深化社会主义法治理念，进一步坚定全院干警的理想信念，弘扬司法精神，规范职业行为，广泛调动全院干警参与文化建设的积极性、创造性，不断提升队伍素质、提升审判质量和提升司法公信力。

三、主要措施

1. 突出社会主义核心价值观引领。加强理论武装，树立“四个意识”，坚定“四个自信”，做到“两个维护”。持续深化核心价值观宣传，引导干警全面准确把握社会主义核心价值观的基本内涵和实践要求。结合重大节日和重大主题活动，开展集体升国旗、宪法宣誓等庄重严肃的典礼仪式和有教育意义的文化活动，进一步坚定理想信念。组织参加学雷锋志愿服务，开展争创“青年文明号”活动，增强干警对社会主义核心价值观的理解和认同。

2. 拓宽文化建设路径。坚持立足现有，创新完善，不断丰富文化建设形式，拓展文化建设领域。深化忠法文化品牌，推动院刊《忠法人》改版，着力提升稿件质量和编辑水平，努力增强系统内影响力。针对青年干警特点，搭建交流共享平台，组织开展交流论坛、读书分享、主题演讲等活动。及时充实更新文化大厅、文化中心、文化长廊以及青年书角的内容和设施，浓厚文化氛围。开展法院文化建设专题展览，为各部门及干警提供文化展示平台。加大网上文化阵地建设力度，运用网络技术创新文化工作载体，在内网开辟“忠法文化”栏目，建立各类文化专栏，搭建文化展示、交流平台。

3. 坚持干警主体地位。畅通干警意见反映渠道，常态化征集文化建设的意见和建议，提高干警对文化建设的参与度和认同感，形成人人参与、群策群力的文化建设格局。注重人文关怀，继续推动关爱干警办实事工程，统筹发挥机关工会、团委、法官协会等群众组织的作用，帮助解决干警工作和生活中的实际困难。持续推进各类兴趣小组建设，广泛开展群众性文体活动，丰富干警文化生活。

4. 注重渗透结合融入。坚持将文化建设与司法改革、审判执行、政务管理、党建工作、主题教育等紧密结合，持续加强理想信念教育、核心机制观教育、形势政策教育、党员先进性教育和职业道德教育，培养干警文化理念，增强文化自觉性。

5. 强化典型引领。持续开展各层级先进典型评选表彰，引导各部门挖掘培养执法办案、服务保障各领域典型。开展向各层级重大典型、身边先进典型学习活动，发挥先进典型的引领示范作用，营造学习先进、赶超先进的良好氛围。搭建先进典型宣传平台，充分利用院网、院刊、微信公众号等渠道，加大典型推介宣传力度。

6. 强化职业形象建设。充分利用电教中心、法官文化中心等文化空间，广泛开展书法绘画展、摄影展、荣誉墙等文化展示活动，引导干警以崇高的职业道德爱岗敬业，激发职业自豪感和集体荣誉感。规范司法礼仪，开展法官行为规范、人民法院司法责任制等制度规定的宣传教育，定期开展司法礼仪培训和日常检查，引导干警着装规范整洁，态度严肃庄重，与当事人接触文明用语，保持良好的办公秩序，展示司法权威和文明司法的形象。

7. 提升司法能力。突出实战、实用、实效导向，增强教、学、练、战一体化培训力度，用好“周末讲堂”“精品课堂”“文书品鉴”院级培训平台，开展法官论坛、法官沙龙等研讨交流活动。组织开展示范庭审、精品案例、优秀裁判文书等评选活动，使庭审过程、裁判文书成为体现和传播我院文化的重要载体。加强人才队伍梯次化建设，充分利用政法系统“百千万”人才工程遴选入库、全市法院专家型人才评选契机，充实人才队伍，优化人才结构。对各层次人才加大支持培育。

8. 打造特色文化项目。结合法院文化特征和我院文化特色，继续深化“忠法”文化的建设完善。鼓励各部门结合自身实际，创新开展文化活动，打造本部门特色文化建设载体。鼓励各部门培育已有文化项目的维护和深化。

9. 弘扬廉政文化。加强《关于新形势下党内政治生活的若干准则》《中国共产党纪律处分条例》的宣传教育，加大反面典型案例警示教育，将教育、制度、监督、惩治和保障统一于廉政文化建设的全程，强化底线意识，破除侥幸心理，引导干警持之以恒遵规守纪。利用内网、文化大厅等各类文化载体，采取主题征文、专题展览等形式开展廉政文化活动，弘扬正风正气，树立廉洁价值理念。

10. 健全考评机制。紧密结合现有《部门业绩考评实施办法》，针对文化品牌的创新和持续培育，文化活动相关荣誉，文化活动开展的数量、频次，以及参与院级文化活动等情况，进一步修订、完善相关业绩考评办法，鼓励各部门和全体干警积极参与文化建设。

11. 坚持共建共享。结合“双报到”“首都雷锋号”“学雷锋志愿服务岗”等，开展普法宣传、法治讲座、慰问服务、“法院开放日”等活动，加强与社会各界、广大群众以及兄弟法院的互动，树立一中院干警队伍良好形象，增强一中院文化的辐射面和影响力。坚持和完善新闻发布制度，加强对司法政策、特色工作机制的宣传解读，及时发布典型案例。密切同新闻媒体和共建单位的交流合作，强化司法新闻宣传力度，积极在各类媒体平台发声，讲述法院“好故事”，深化公众对法治和司法公信力的认同。

四、工作要求

1. 整体谋划、协同推进。坚持把法院文化建设摆在重要位置，纳入我院工作整体规划，深入研究新情况、新特点、新问题，每年制定和完善我院文化建设年度规划，确保工作落实。

2. 加强统筹，狠抓落实。成立法院文化建设领导小组，院长担任组长，其他党组成员任组员。具体工作推动落实由办公室、研究室、组宣处、机关党办、教培处、监察室、审管办、后勤服务中心等部门负责，各庭、各部门要明确专门人员牵头文化建设工作，确保文化建设工作层层落地。

3. 加大保障力度。按实际需要把法院文化建设资金列入年度经费预算，加大法院文化建设所需场地和设施、设备的购置维护，重要文化活动等经费的投入，保障全院文化建设顺利开展。

北京市第一中级人民法院三类人员员额配比及优化配置分析*

根据中组部、最高人民法院《人民法院工作人员分类管理制度改革意见》及《北京市法院系统司法体制改革试点工作实施方案》，人民法院工作人员划分为法官、审判辅助人员、司法行政人员三类。按照市委的要求，整体上，北京法院系统三类人员的配比为38%、47%、15%，市高院可根据工作需要，在不同层级及地域法院间对人员进行调配。高级人民法院给我院的两批员额法官数为188个，我院实际入额法官188人，由于辞职、退休、调动等原因，现实有入额法官178名（占政法专项编的35.67%）。为统筹使用好法官员额，并在此基础上科学配置司法辅助人员和司法行政人员，按照吴在存院长的指示要求，干部处就如何合理配置三类人员进行了调研。

一、关于三类人员的界定

随着司法改革的深入推进，对于法官的界定脉络已经逐渐清晰，即按照遴选程序产生、进行单独职务序列管理和不同于一般公务员的责任与保障。但是对于司法辅助人员和司法行政人员如何界定存在一定的争议，主要存在两种观点：

第一，"身份说"，即按照司法改革前是否有法律职务来确定入额法官之外的人员类别，如按此标准，则现在政工党务、行政事务、纪检监察部门工作具有法律职务的未入额法官、书记员均属于司法辅助人员；而在审判业务庭工作，但没有法律职务的政法专项编工作人员则属于司法行政人员。目前，市人力社保局仍按此标准核定各序列职数。从调研了解到的情况看，市人力社保局坚持"身份说"，主要是从职数管理便利以及对于赋予司法机关人员具体调配灵活性的角度考虑。简单地说，就是只管数，不管人，只要法官、司法辅助人员、司法行政人员在比例上符合要求，至于司法辅助和司法行政人员的具体人选如何产生，在所不问。在这种管理模式之下，一方面是在具体使用过程中，两类人员可以混同使用；另外一方面是在职务职级晋升时两类人员之间在一定程度上存在着相互拆借的空间，能够最大限度地在职务职级晋升上释放政策红利。

第二，"岗位说"，即按照岗位性质来确定人员类别，淡化司法改革前的人员身份，把目前在政工纪检、行政事务、后勤管理岗位上工作的人员划分为司法行政人员，其余人员为司法辅助人员。《北京市司法体制改革试点工作方案》和《北京市法院系统司法体制改

---

* 课题主持人：赵明超；负责人：张琳、李忠勇；课题组成员：李筱珊、赵松；执笔人：李筱珊、赵松。
本课题为2017年部门级重点课题。

革试点工作实施方案》均持此立场。坚持“岗位说”，严格按照岗位来确定各类人员的性质，以岗位来确定人员的工作职责，给予相应的待遇保障，有利于司法人员专业化建设，更符合司法改革的方向。但是如果各类人员之间泾渭分明，则不利于根据工作需要灵活调配人员，对于司法机关来说无异于作茧自缚。可能是出于这种考虑，最高人民法院和高级人民法院对于“岗位说”的强调已不如当初明显，特别是两类人员同等待遇政策出台之后，似乎关注得就更少了。

课题组认为，从法院内部人员的安排使用角度考虑，应坚持岗位说，即按照岗位性质来确定人的身份，因为人是流动的，而岗位则相对固定。根据工作岗位及该工作岗位工作任务量的需要，来确定各类人员的配比，能够最大限度地实现审判资源的优化配置。基于此，在调研过程中，课题组将全院的工作岗位按照职能性质分为法官岗位、司法辅助岗位（司法辅助岗位又可进一步划分为司法警察、综合业务岗位、法官助理岗位、书记员岗位等）、司法行政岗位三类，通过横向对比兄弟法院的人员配置、纵向梳理本部门本岗位的人员配比变化，综合考虑岗位职能的变化情况，提出合理配置审判资源的建议供党组决策参考。

二、当前我院各类人员的构成及配置情况

（一）总体情况

我院实有各类人员670人（不含2017年新招录人员）。其中，政法编干警428人，事业编干警32人，聘用制书记员106人，聘用制审判辅助人员26人，聘用制法警78人。从总体人员分布上看，院领导6人，专审委1人，审判业务部门452人，综合职能部门211人。从三类人员的配比看，法官178人，审判辅助人员418人（政法编189人），司法行政人员74人（政法编61人）。按照高院给我院的最新政法编制499计算，政法编人员中，法官占35.67%，审判辅助人员37.88%，司法行政人员占12.22%，符合上级有关三类司法人员比例要求（见图1）。

（二）员额法官

从人员构成上看，院领导5人，占2.81%；专审委1人，占0.56%；中层干部45人，占25.28%；审判员99人，占56.62%；助理审判员28人，占15.73%。（见图2）从年龄分布上看，55岁以上20名，占11.24%；50～54岁17名，占9.55%；45～49岁50名，占28.09%；40～44岁17名，占9.55%；35～39岁35名，占19.66%；34岁以下39名，占21.91%（见图3）。从学历上看，博士8名，占4.49%；硕士97名，占54.49%；本科73名，占41.01%（见图4）。

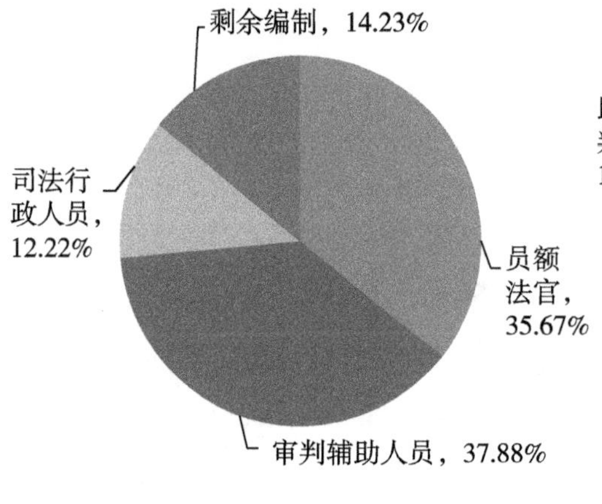

图 1 政法编三类人员结构

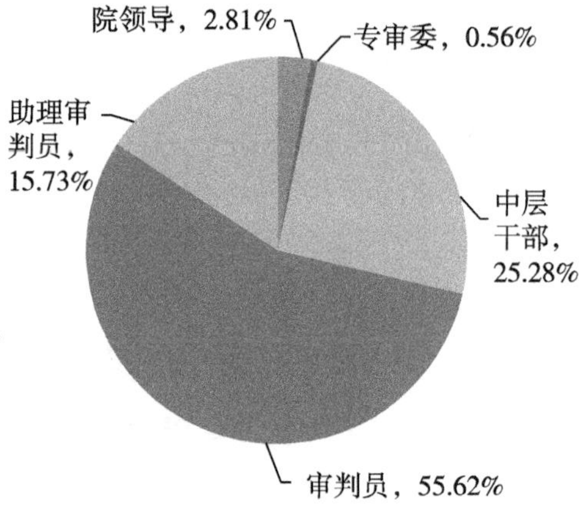

图 2 员额法官构成

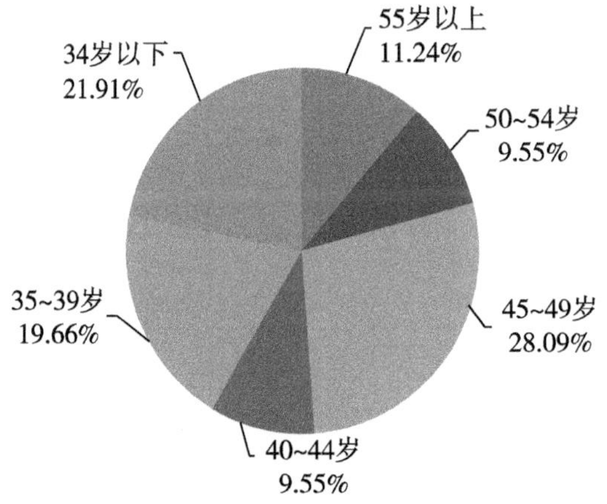

图 3 各年龄段法官人员分布情况

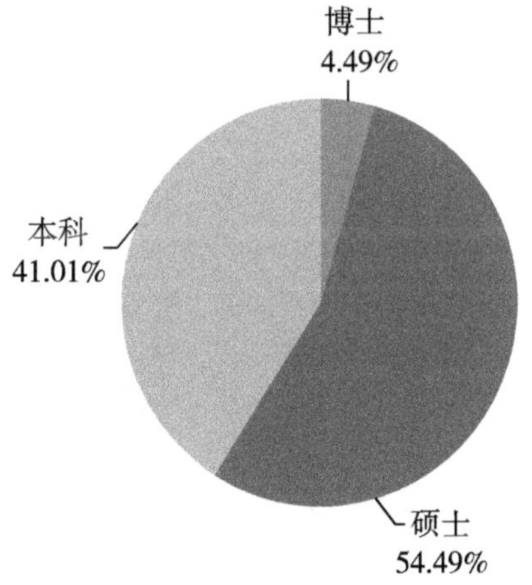

图 4 法官学历分布情况

从部门分布上看，除院领导、专审委等 9 名法官外，169 名法官在审判业务部门的分布情况是：刑一庭 9 名，刑二庭 11 名，少年庭 4 名，民一庭 15 名，民二庭 12 名，民三庭 11 名，民四庭 9 名，民六庭 17 名，团河法庭 7 名，清破庭 5 名，行政庭 15 名，审监庭 9 名，申诉审查庭 6 名，赔偿办 3 名，立案庭 12 名，执行局 22 名，清河法庭 2 名。（二、三、四中院对应庭室人员分布见图 5、图 6）

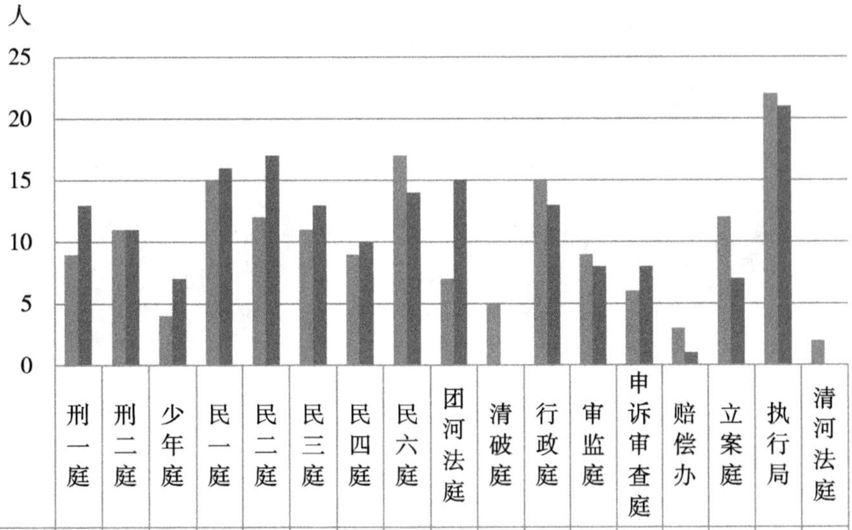

	刑一庭	刑二庭	少年庭	民一庭	民二庭	民三庭	民四庭	民六庭	团河法庭	清破庭	行政庭	审监庭	申诉审查庭	赔偿办	立案庭	执行局	清河法庭
一中院（人）	9	11	4	15	12	11	9	17	7	5	15	9	6	3	12	22	2
二中院（人）	13	11	7	16	17	13	10	14	15	0	13	8	8	1	7	21	0

图 5 一、二中院各业务庭法官人数对比

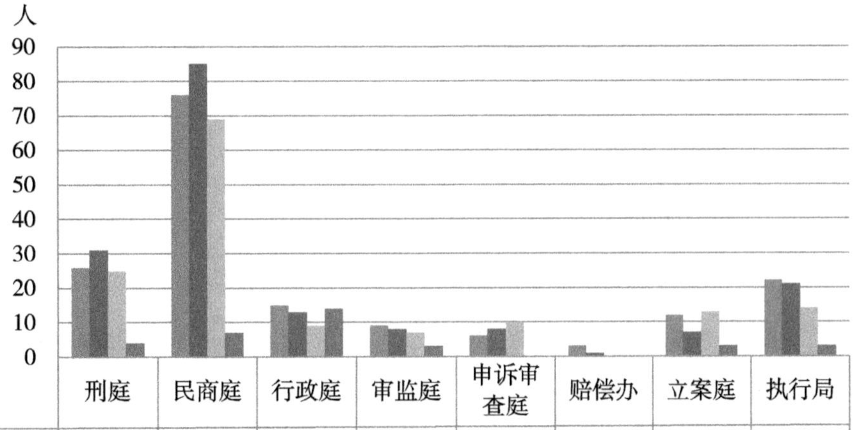

	刑庭	民商庭	行政庭	审监庭	申诉审查庭	赔偿办	立案庭	执行局
一中院（人）	26	76	15	9	6	3	12	22
二中院（人）	31	85	13	8	8	1	7	21
三中院（人）	25	69	9	7	10		13	14
四中院（人）	4	7	14	3			3	3

图 6 各中院各业务口法官人数对比

（三）审判辅助人员（业务部门）

从人员类别上看：业务部门 283 名审判辅助人员中，包括法官助理 141 人（未入额法官和委任制书记员）、书记员 142 人（包括事业编书记员、聘用制书记员和聘用制审判辅助人员）。（各中院审判辅助人员分布情况见图 7）

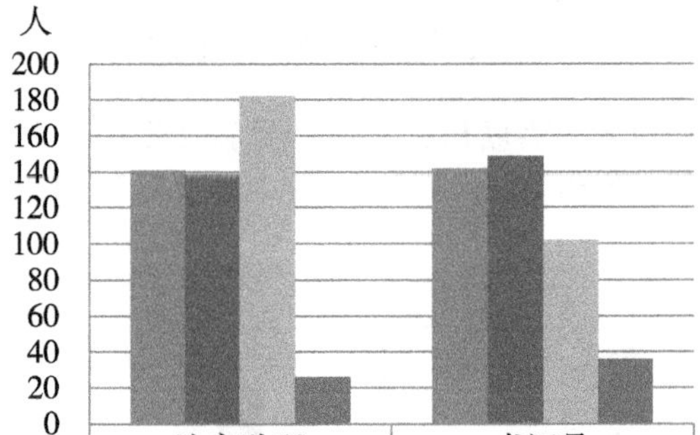

	法官助理	书记员
一中院（人）	141	142
二中院（人）	139	149
三中院（人）	182	102
四中院（人）	26	36

图 7　各中院审判辅助人员分布对比

从业务庭法官与司法辅助人员的比例看，加上 2017 年新招录的大学生、聘用制书记员、聘用制审判辅助人员，业务庭法官、法官助理与书记员的人数比为 169∶171∶160，三类人员绝对数量的比例能够达到 1∶1∶1。

（四）综合职能部门人员

我院综合职能部门人员分布情况为：研究室 8 人，审管办 14 人，诉服办 18 人，法警支队 97 人，办公室 31 人，机关后勤服务中心 15 人，监察室 5 人，干部处 9 人，组宣处 7 人，教培处 4 人。（各中院综合职能部门人员分布情况对比见图 8）

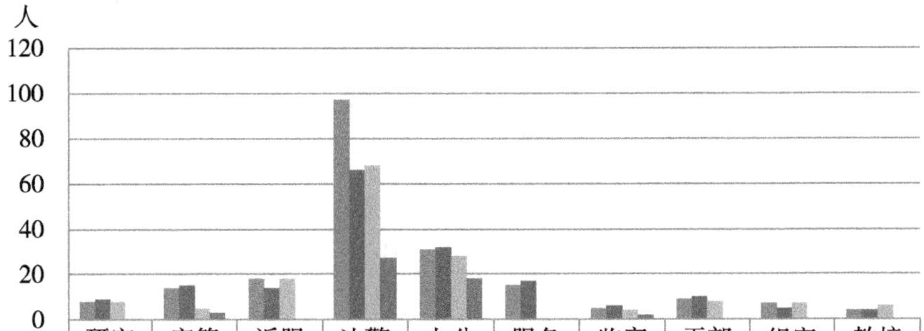

	研究室	审管办	诉服办	法警支队	办公室	服务中心	监察室	干部处	组宣处	教培处
一中院（人）	8	14	18	97	31	15	5	9	7	4
二中院（人）	9	15	14	66	32	17	6	10	5	4
三中院（人）	8	5	18	68	28	0	4	8	7	6
四中院（人）		3		27	18	0	2			

图 8　各中院综合职能部门人员分布对比

三、各业务庭2016年法官人均结案量及人员配置情况

刑一庭法官9人（含1名庭长、2名副庭长），法官助理4人，书记员7人。结案折合为400件，法官人均结案为40件。（与二、三中院刑一庭对比见图9）

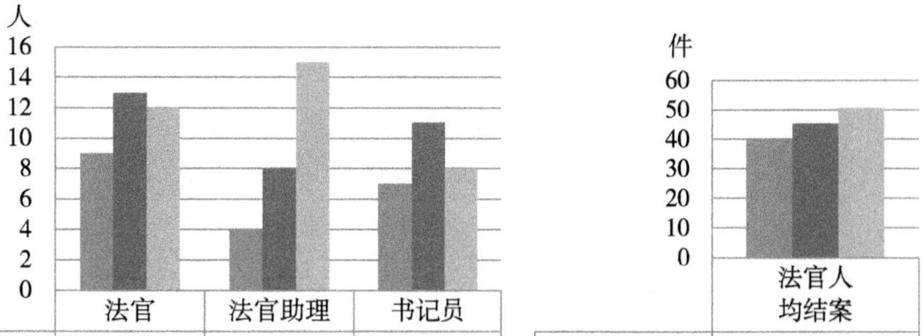

	法官	法官助理	书记员
一中院共20人	9	4	7
二中院共32人	13	8	11
三中院共35人	12	15	8

	法官人均结案
一中院（件）	40
二中院（件）	45.3
三中院（件）	50.8

图9　一、二、三中院刑一庭人员分布对比和2016年一、二、三中院刑一庭法官人均结案对比

刑二庭法官11人（含1名庭长、1名副庭长），法官助理7人，书记员10人。结案折合为439件，法官人均结案为33.8件。（与二、三中院刑二庭对比见图10）

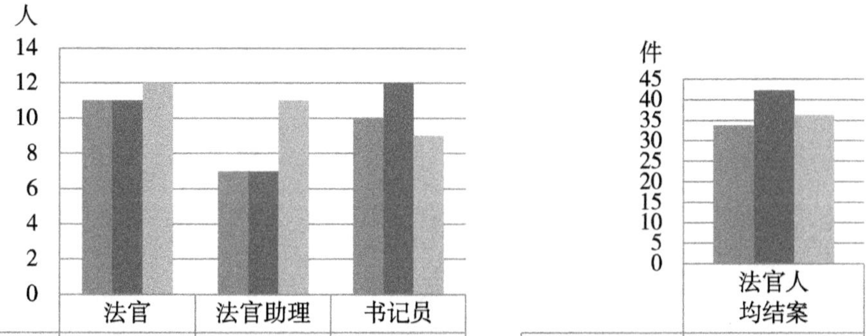

	法官	法官助理	书记员
一中院共28人	11	7	10
二中院共30人	11	7	12
三中院共32人	12	11	9

	法官人均结案
一中院（件）	33.8
二中院（件）	42.3
三中院（件）	36.3

图10　一、二、三中院刑二庭人员分布对比和2016年一、二、三中院刑二庭法官人均结案对比

少年庭法官4人（含1名庭长、1名副庭长），法官助理5人，书记员5人。结案折合为221.4件，法官人均结案为55.4件。（与二、三中院少年庭对比见图11）

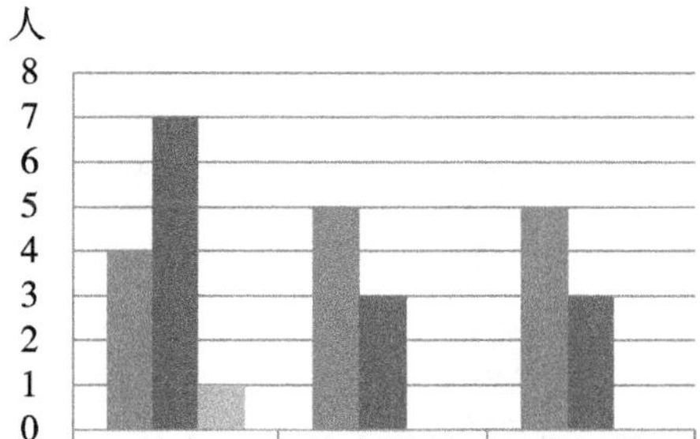

	法官	法官助理	书记员
一中院共14人	4	5	5
二中院共13人	7	3	3
三中院共1人	1	0	0

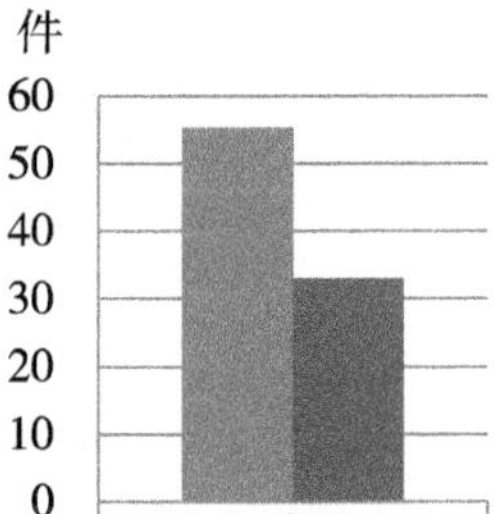

	法官人均结案
一中院（件）	55.4
二中院（件）	33

图 11　一、二、三中院少年庭人员分布对比和 2016 年一、二、三中院少年庭法官人均结案对比

民一庭法官 15 人(含 1 名庭长、2 名副庭长),法官助理 10 人,书记员 10 人。结案折合为 1625 件,法官人均结案为 108.3 件。(与二中院民一庭对比见图 12)

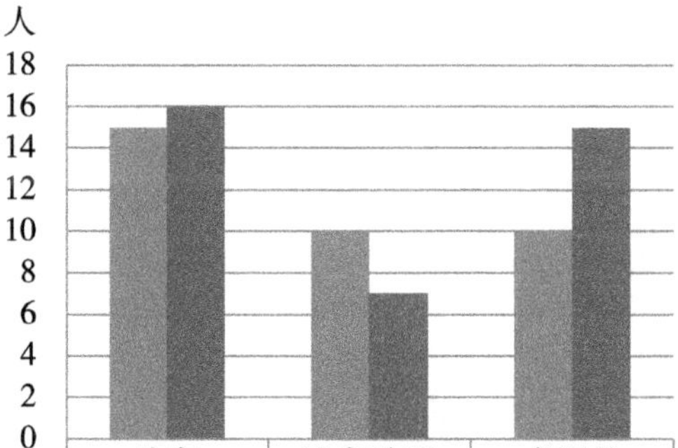

	法官	法官助理	书记员
一中院35人	15	10	10
二中院38人	16	7	15

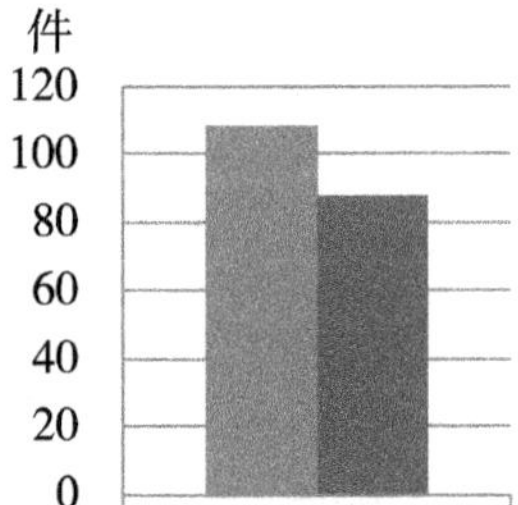

	法官人均结案
一中院（件）	108.3
二中院（件）	87.8

图 12　一、二中院民一庭人员分布对比和 2016 年一、二中院民一庭法官人均结案对比

民二庭法官 12 人(含 1 名庭长、2 名副庭长),法官助理 10 人,书记员 8 人。结案折合为 1537 件,法官人均结案为 109.8 件。(与二中院民二庭对比见图 13)

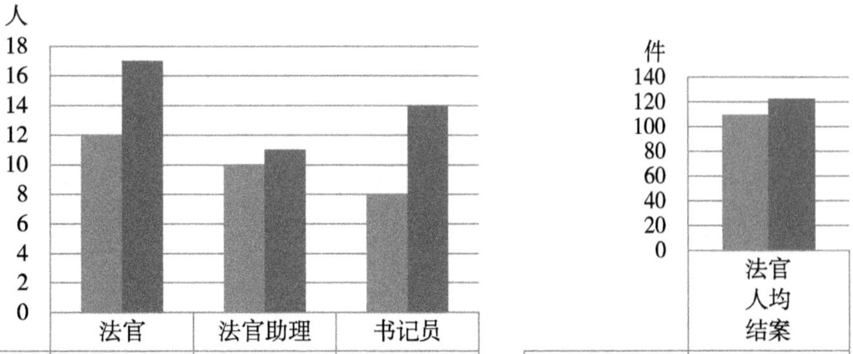

	法官	法官助理	书记员
■一中院共30人	12	10	8
■二中院共42人	17	11	14

	法官人均结案
■一中院（件）	109.8
■二中院（件）	122.6

图 13　一、二中院民二庭人员分布对比和 2016 年一、二中院民二庭法官人均结案对比

民三庭法官 11 人（含 1 名庭长、2 名副庭长），法官助理 7 人，书记员 8 人。结案折合为 919 件，法官人均结案为 91.9 件。（与二中院民三庭对比见图 14）

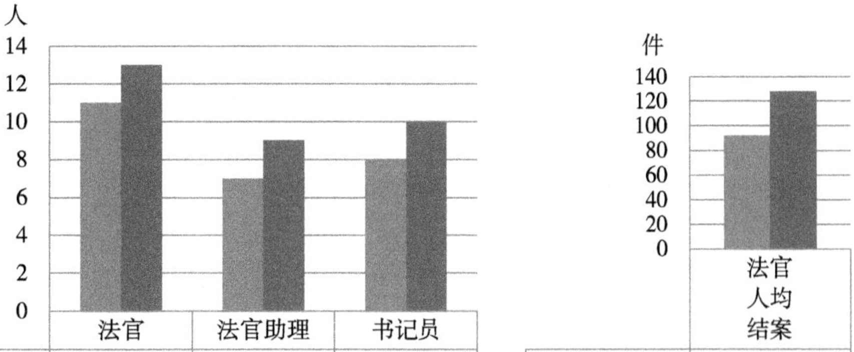

	法官	法官助理	书记员
■一中院共26人	11	7	8
■二中院共32人	13	9	10

	法官人均结案
■一中院（件）	91.9
■二中院（件）	128.2

图 14　一、二中院民三庭人员分布对比和 2016 年一、二中院民三庭法官人均结案对比

民四庭法官 9 人（含 1 名庭长、2 名副庭长），法官助理 9 人，书记员 9 人。结案折合为 1115 件，法官人均结案为 111.5 件。（与二中院民四庭对比见图 15）

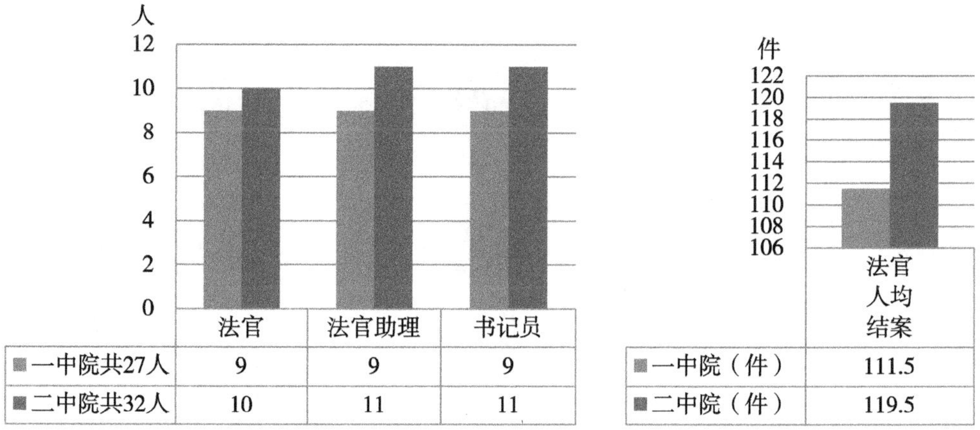

图 15　一、二中院民四庭人员分布对比和 2016 年一、二中院民四庭法官人均结案对比

民六庭法官 17 人（含 1 名庭长、2 名副庭长），法官助理 6 人，书记员 9 人。结案折合为 2210 件，法官人均结案为 130 件。（与二中院民六庭对比见图 16）

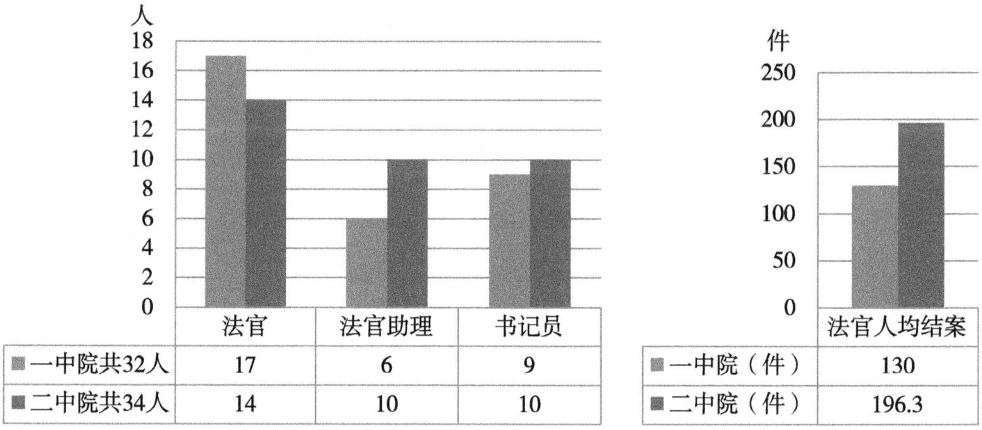

图 16　一中院民六庭与二中院劳争庭人员分布对比
和 2016 年一、二中院劳争庭法官人均结案对比

团河法庭法官 7 人（含 1 名庭长、1 名副庭长），法官助理 3 人，书记员 7 人。结案折合为 607 件，法官人均结案为 101.2 件。（与二中院民六庭对比见图 17）

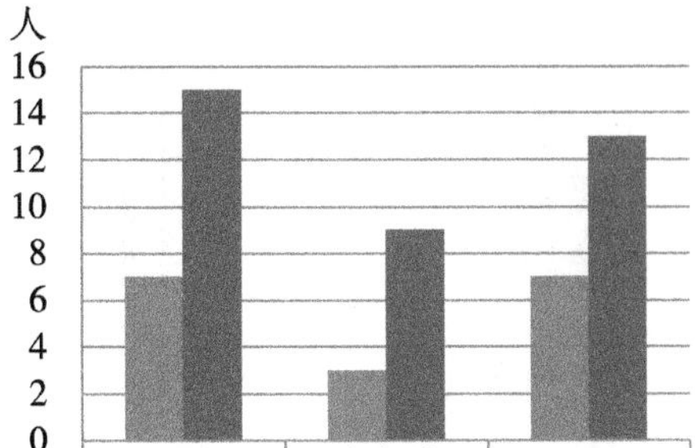

	法官	法官助理	书记员
一中院共17人	7	3	7
二中院共37人	15	9	13

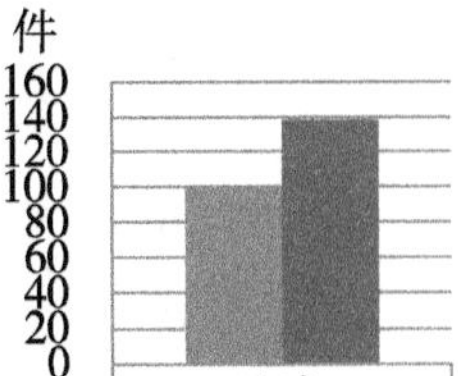

	法官人均结案
一中院（件）	101.2
二中院（件）	138.3

图 17 一中院团河法庭与二中院民六庭人员分布对比和 2016 年一中院团河法庭与二中院民六庭法官人均结案对比

行政庭法官 15 人(含 1 名庭长、1 名副庭长),法官助理 12 人,书记员 20 人。结案折合为 2932 件,法官人均结案为 225.5 件。(与二、三中院行政庭对比见图 18)

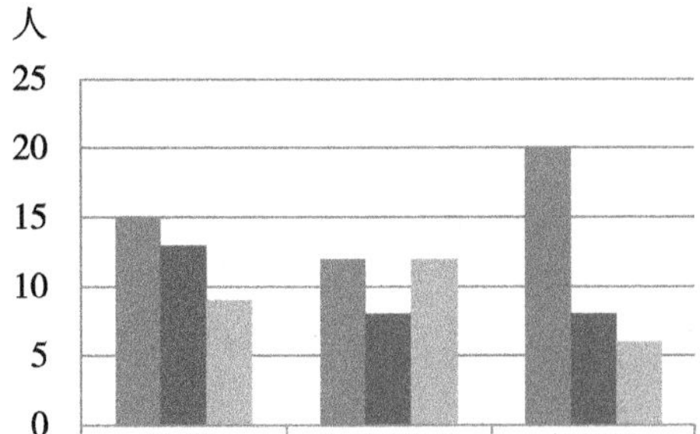

	法官	法官助理	书记员
一中院共47人	15	12	20
二中院共29人	13	8	8
三中院共27人	9	12	6

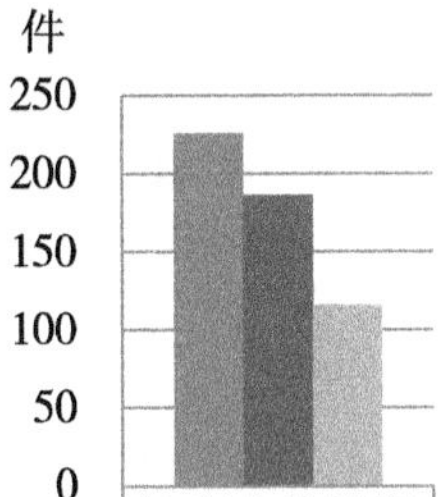

	法官人均结案
一中院（件）	225.5
二中院（件）	186.3
三中院（件）	116.4

图 18 一、二、三四中院行政庭人员分布对比和 2016 年一、二中院行政庭法官人均结案对比

审监庭法官 9 人(含 1 名庭长、1 名副庭长),法官助理 8 人,书记员 7 人。结案折合为 488 件,法官人均结案为 48.8 件。(与二、三中院审监庭对比见图 19)

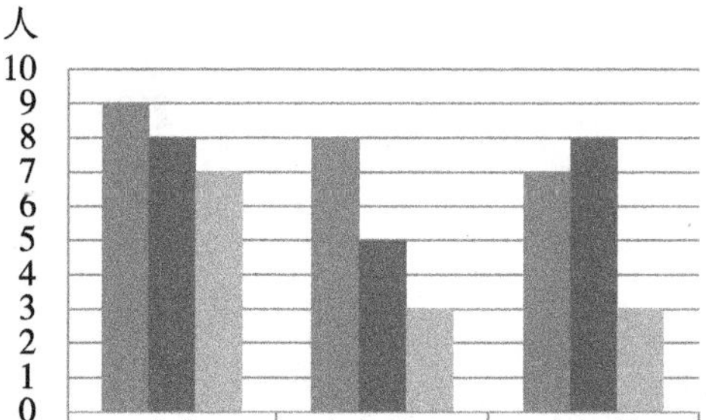

	法官	法官助理	书记员
一中院共24人	9	8	7
二中院共21人	8	5	8
三中院共13人	7	3	3

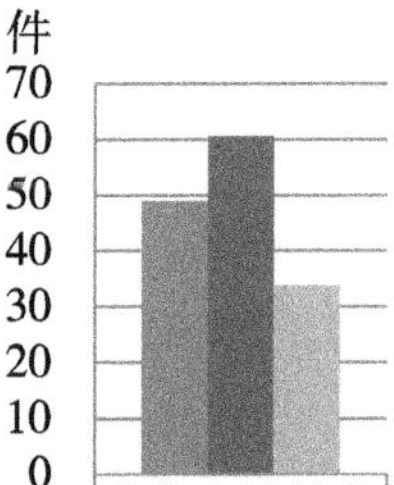

	法官人均结案
一中院（件）	48.8
二中院（件）	60.5
三中院（件）	33.8

图 19　各中院审监庭人员分布对比和 2016 年一、二、三中院审监庭法官人均结案对比

申诉审查庭法官 6 人(含 1 名庭长、1 名副庭长),法官助理 13 人,书记员 6 人。结案折合为 506 件,法官人均结案为 63.3 件。(与二、三中院申诉审查庭对比见图 20)

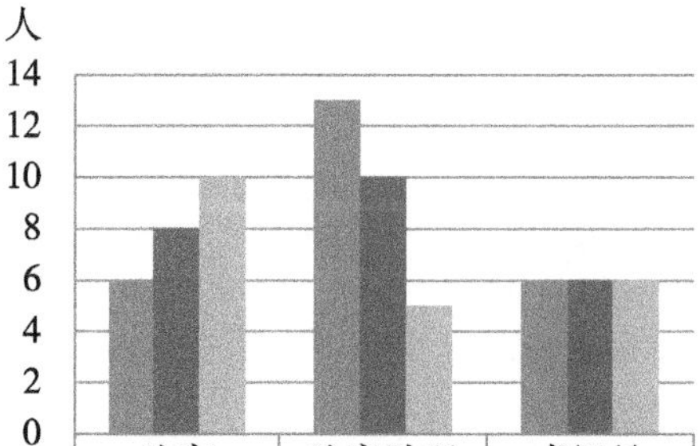

	法官	法官助理	书记员
一中院共25人	6	13	6
二中院共24人	8	10	6
三中院共21人	10	5	6

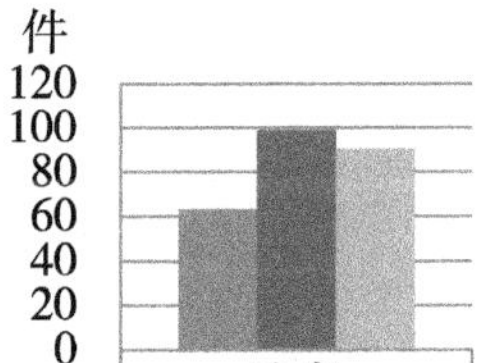

	法官人均结案
一中院（件）	63.3
二中院（件）	98.5
三中院（件）	90.8

图 20　一、二、三中院申诉审查庭人员分布对比
和 2016 年一、二、三中院申诉审查庭法官人均结案对比

立案庭法官 12 人(含 1 名庭长、2 名副庭长),法官助理 8 人,书记员 12 人。结案折合为 1702 件,法官人均结案为 154.7 件。(与二、三中院立案庭对比见图 21)

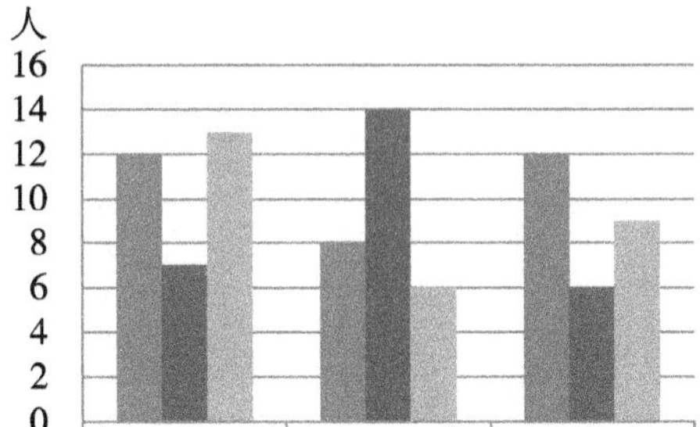

	法官	法官助理	书记员
一中院共32人	12	8	12
二中院共27人	7	14	6
三中院共28人	13	6	9

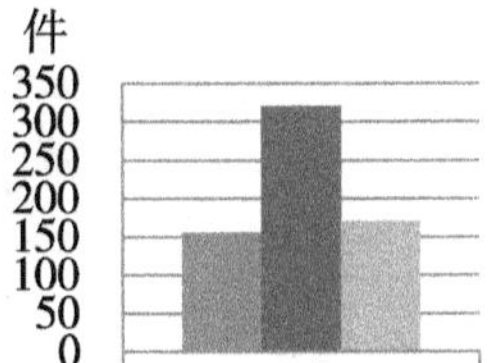

	法官人均结案
一中院（件）	154.7
二中院（件）	321.3
三中院（件）	170.1

图 21　一、二、三中院立案庭人员分布对比和 2016 年一、二、三中院立案庭法官人均结案对比

执行局法官 22 人（含中层正职 6 人、副庭长 2 人），法官助理 35 人，书记员 18 人。结案折合为 1744 件，法官人均结案为 103 件。（与二、三中院执行局对比见图 22）

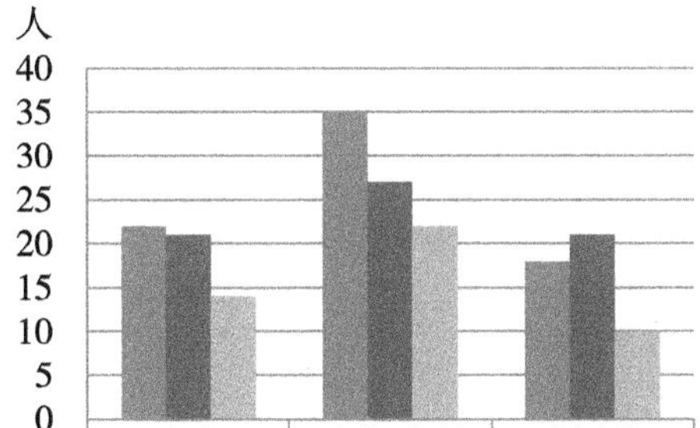

	法官	法官助理	书记员
一中院共75人	22	35	18
二中院共69人	21	27	21
三中院共46人	14	22	10

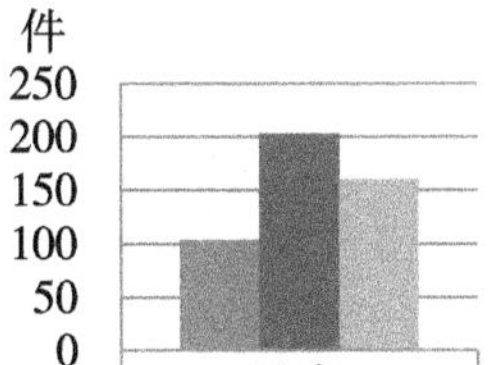

	法官人均结案
一中院（件）	103
二中院（件）	202
三中院（件）	160

图 22　一、二、三中院执行局人员分布对比和 2016 年一、二、三中院执行局法官人均结案对比

赔偿办法官 3 人（含 1 名主任），法官助理 0 人，书记员 2 人。（与二中、三中院赔偿办对比见图 23）

清河法庭法官 2 人，庭长 1 人，书记员 3 人。

清算破产庭法官 5 人（含 1 名庭长，1 名副庭长），法官助理 3 人，书记员 1 人。

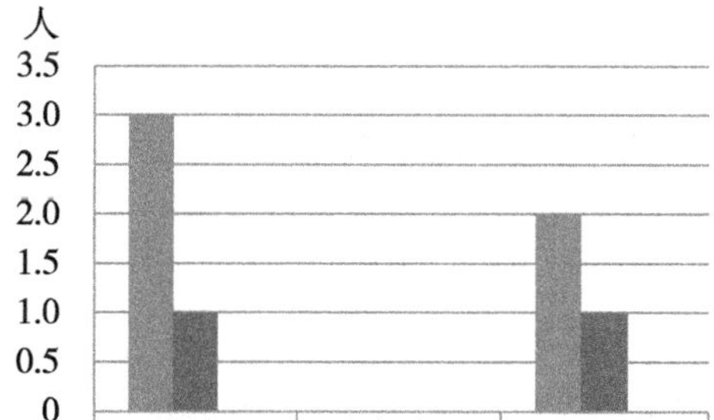

	法官	法官助理	书记员
一中院共5人	3	0	2
二中院共2人	1	0	1
三中院共0人	0	0	0

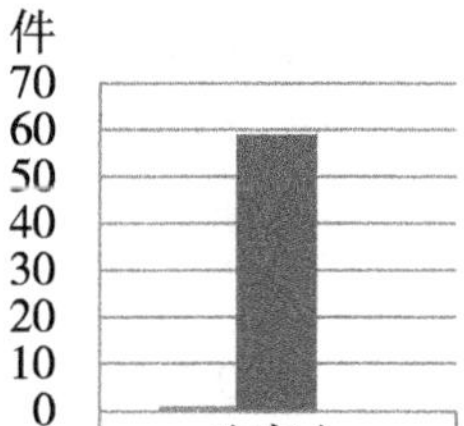

	法官人均结案
一中院（件）	1
二中院（件）	59
三中院（件）	

图 23　一、二、三中院赔偿办人员分布对比和 2016 年一、二、三中院赔偿办法官人均结案对比

四、对我院各类人员构成及配置存在问题的初步分析

第一，人员的绝对数量大，但综合素质并不占优。我院的绝对人数在三个中院中最多。2016 年我院收案数比三中院少近 10,000 件，比二中院少近 5000 件，结案情况却在三个中院中排名最后。我院的员额法官为 178 名，与二中院大体相当，比三中院多 23 名，但与其他两个中院相比，存在年龄偏大、工作热情和能力不高的情况。我院 45 岁以上的法官占到 49.44%（88 人），而二中院的比例为 37.9%（69 人），三中院的比例为 41.29%（64 人）。同样的情况还存在于未入额法官中，现在审判部门的 77 名未入额法官中，45 岁以上 35 人，占 45.45%，有部分为因能力素质、健康状况等不能胜任入额法官的要求而未能入额。在转任法官助理后，他们的工作能力、工作状态等都与年轻未入额法官有一定差距。三中院作为后成立的法院，人员结构相对合理，法官平均年龄偏低、精力充沛，是其能完成较重审判任务的因素之一。

第二，我院作为老院，历史包袱较重，一些遗留问题需要在三批入额和后续人员调整中统筹考虑。我院作为老院，人员沉淀多，老法官多。自 2013 年以来，我院先后向上级法院和党政机关输送优秀人才 30 余名，为三中、四中、知产等兄弟法院输送干警 120 余名。支援兄弟法院和向上级机关输送的都是年富力强的骨干人才，年龄大、身体不好的，没有一个调走。考虑到我院老同志较多的情况，在二批入额中，对符合入额基本条件的 7 名老同志，采取了照顾入额后退休的办法，其中 6 名将于 2017 年年底退休。另外，三批入额的条件和一二批相比，明确要求任正科满三年才能入额，在人员调整时需予以考虑。

第三，个别部门的人数明显多于同级法院同类部门，一定程度上存在人员配置不均衡问题。从人数上看，我院法警支队的总人数为 97 人，明显高于二中院的 66 人、三中院的 68 人。我院立案庭配置员额法官 12 名，比二中院多 7 名，2016 年我院立案庭的结案数是二中院的 60.6%；我院立案庭法官员额比三中院少 1 名，2016 年我院立案庭的结案数是三中院的 69.2%，考虑到三中院推行的是大立案，其承办案件的类型整体与我院相比较复杂多样。我院民六庭现有员额法官 17 名，比二中院劳争办多 3 人，2016 年我院民六庭的结案数是二中院劳争办的 70.6%。我院执行局配置员额法官 22 名，比二中院多 1 名，比三中院多8名。三中院刚成立,执行积案压力较小,配置员额相对较少。我院执行局员额同二中相当,2016年人均结案比二中少99件。

第四,内设机构的数量相对较多,需要配置人员的点多、面宽。我院内设机构在三个中院中数量最多,除清河和团河两个派出法庭外,还有全市唯一的破产与清算审判庭,点比较多,每一个点都需要配置一定数量人员,即使每一具体部门的人数不多,但总数相加则不少。2013年辖区调整以后,团河法庭在运作模式上与其他业务庭已无差别。但清河法庭地处偏远,案件种类相对单一,数量也不多,而必要的行政后勤保障却不能少,这无形中增加了人员配置的要求。在三个中院中,只有我院目前还有两个以上办公区,多一个办公区就需要多一套保障体系,亦会导致人力保障成本的增加。这也是一中、二中院综合职能部门人数比三中院多的原因之一。

第五,审判辅助人员数量基本达到办案要求,但存在职责定位不清、职能交叉影响工作效率的问题。在构成上,我院审判辅助人员呈现出"两多",一是聘用制辅助人员与事业编书记员"多"(142人),数量虽没有二中院多(二中149),但比三中院多40人;二是聘用制司法警察多,比二中院多33,比三中院多23。在具体使用过程中,法官助理的配备是新型审判团队组建的关键一环,在调研中了解到,一些审判业务庭入额法官现在仅负责开庭和修改裁判文书,其他所有审判事务均交由法官助理处理,存在"中间重,两头闲"的情况,造成个别业务庭的法官助理一天到晚忙活,法官坐着等活,书记员闲着没活,影响了工作效率。这说明,一方面,在现有审判资源配置状况下,入额法官行使职能的方式是否过窄、是否过于被动需要研究;另一方面,司法改革后,书记员的工作量与司改前相比有大幅度降低,在配置数量和模式上都有进一步改善的空间。此外,目前,各业务庭内勤中普遍有至少一名能力较强的法官助理(有的业务庭还不止一个),在普遍缺乏优质法官助理的情况下,可否由已经较为熟悉庭室业务与各类事务性工作的事业编或聘用制人员代替尚需进一步研究。

第六,综合职能部门人员配备整体上基本能够满足工作需要,但面临着后续发展不足的突出问题。我院综合职能部门在编干警的人数同二三中院基本相当。2015年以来,面对司法改革、政治专项巡视、经济责任审计等超常规工作,综合职能部门工作人员服从大局,发扬风格,不与审判一线争员额,在各自岗位上扎实工作,有力保障了司法改革和审判执行工作的开展。从目前看,随着司法改革等一些非常规工作的常态化,出于理顺上下级法院职能部门之间相互关系等考虑因素,综合职能部门的工作职能和人员也面临着重新组合优化的问题。出于肯定综合职能部门奉献、尊重综合职能部门工作人员意愿、增强综合职能部门吸引力以及提升业务庭中层干部综合素质等因素考虑,在随后的入额工作中,对于综合职能部门中具有审判职称、符合入额条件的人员是否允许其按程序入额,审判业务庭与综合职能部门人员如何交流等问题需进一步研究。另外,我院综合部门中有一部分是司法改革前不能承受审判一线工作压力调入综合部门工作的未入额法官,在一定程度上存在工作追求不高,主动性不强,自我要求低等现实问题,需要进一步提升他们工作积极性。

五、优化配置我院各类人员的建议

(一)优化配置各类人员的基本原则

第一,坚持以案定额,按需配置原则。业务部门按照以案定额的原则,努力实现各业务口的内部均衡。具体来说要考虑以下几点:一是应当考虑各业务庭、各员额法官所能达到的最高工作饱和度,即各业务庭、各员额法官理论上所能达到的工作量上限。具体参照审管办关于饱和工作量的调研来确定。二是应当参照各市级法院各业务口法官人均结案数,通过对比,测算我院与其他市级法院法官人均结案数差距。三是应当充分考虑我院近5年来各部门的收结案情况与收案趋势,尊重历史、循序渐进,确定各部门员额法官的理想配置状态,积极稳妥进行推进。具体的思路可概括为“三必调”“两应调”“一可调”,即满足案件数比往年少、工作饱和度比同级法院同类部门低、人数比同级法院同类部门多三个条件时,该部门的法官员额必须调整;如果案件数比往年少、工作饱和度比同级法院同类部门低,该部门的法官员额也应该考虑调整;如果仅工作饱和度比同级法院同类部门低,则可考虑逐步调整。

第二,强化司法责任落实,科学组建审判团队。牢牢抓住司法责任制这个“牛鼻子”,在确保“让审理者裁判、让裁判者负责”这个目标落实的前提下,积极探索组建以员额法官为核心的新型审判团队,合理使用现有各类人员,形成工作合力。在审判团队的具体人员配置上,只要有利于司法责任的落实和提升执法办案的效率效果,团队的具体组合形式可以根据业务特点和本领域本部门人员状况灵活安排。综合考虑法官助理的数量及各部门的具体需求,在业务庭人员比例配备上,我们提出按1∶N∶1配备:首先根据案件性质和难易程度确保一线审判业务部门按照1∶1∶1配置,再对受理二审速裁案件、减刑假释案件等业务部门在确保“一审一书”的基础上根据法官助理的数量灵活配置助理。确保各类人员的工作量大体均衡,充分调动发挥不同类别人员的积极性。事业编书记员、聘用制书记员与聘用制审判辅助人员工作性质相同、内容相近,在业务庭的,该类人员应当从事事务性的审判辅助工作或者内勤的事务性工作。鉴于法官助理已经分流了很大一部分书记员的工作,各庭室可根据具体情况,安排部分事业编书记员、聘用制审判辅助人员或者有一定工作年限的聘用制书记员从事内勤工作,替换出部分担任内勤的政法编大学生,将其编入审判团队担任法官助理。

第三,坚持统筹兼顾,实现当前需要与长远发展的有机结合。应当特别指出的是,行政编的法官助理是员额法官的蓄水池与后备力量,是法院审判事业可持续发展的重要资源,必须明确其职能,使其作用得到充分发挥。为使法官助理尽快熟悉审判业务、尽快成长起来,应当尽可能地将他们编入审判团队,在法官助理岗位上接受锻炼。要积极应对司改后法院领导干部既要抓审判、懂专业,又要带队伍、懂管理,综合素质能力要求不断提升的现实变化,将综合职能部门和清河法庭作为年轻干警锤炼素质、提升能力的战略平台,规定拟选拔为中层副职的年轻干部须具有在综合职能部门或清河法庭2年以上的工作经历。因工作需要突破该规定提拔的,须在提拔后3年内补足2年综合部门或清河法庭工作经历。

第四,坚持归口管理,统一调配各类人员。坚持党管干部,各类人员的进出都要按程序向党组汇报，对于正式在编干警的进出和调整都要经党组会议讨论。干部人事部门负责协助党组管理全院各类人员，行使对各类人员的日常归口管理职能，各类人员的流动必须由干部人事部门按规定程序办理相应手续后，方能流动或调整。严禁未经党组研究和未经干部人事部门办理相应手续，擅自调整调动各类人员。对于未经干部人事部门报请党组研究而擅自同意部门所属人员借调或调整的，除非党组会追认，否则一律不予办理相应手续。

第五，坚持科学设置，确保机构职责上下协调统一。原则上，我院内设机构的设置和职责的确定应与上级机关保持一致。对诉服办和立案庭职能交叉部分，应进行重新整合，理顺关系，明确分工，发挥整体合力。进一步完善立案阶段“立保同步”“保调对接”工作机制，对立案速裁实施情况和实际效果进行调研，确保审判资源配置效果。按照最高人民法院和高级人民法院有关执行机构改革和执行团队建设的要求，对执行一、二、三庭的职能和人员配备模式进行优化，实现执行局内设机构和人员配置的优化。

第六，坚持以内设机构改革为契机、以信息化为依托、以平台建设为抓手，不断优化审判资源配置。抓住深化内设机构改革的有力契机，着力构建以平台建设为抓手的扁平化管理模式，对原有内部管理部门集中整合，优化配置，建设法官执业综合管理平台、审判业务综合管理平台、司法服务综合管理平台、队伍综合管理保障四大平台，有效减少内部管理层级，依托信息化技术，一体化、系统化谋划安排工作，提高服务保障效率，节省人力成本，将有限的审判资源投向审判一线，用在执法办案之中。

（二）配置各类人员的具体建议

第一，以三个中院人均结案最高值为依据来确定我院各审判领域各审判部门应设置法官员额的数量。根据审管办测算，按审判领域分，确定我院各领域法官员额最低配置数。

第二，综合考虑各领域各部门法官的具体情况对法官员额数进行调整。调整的人员原则上应符合45周岁以下、办案数不低于部门平均数两个基本条件。综合考虑二批入额中“照顾入额”后将提前退休的员额法官情况、人员年龄结构等情况，2017年1—6月收结案变化情况，行政庭审理案件的特殊性及一审案件所占比例，执行积案占执行案件比例及“e租宝”案即将进入执行阶段等因素，对各领域各部门的法官员额进行调整。

第三，以法官员额数为基础，综合考虑各业务部门工作需要配置审判辅助人员。新招录大学生分配考虑所学专业，兼顾各部门男女比例、知识结构，重点向一线审判庭倾斜。

基于胜任力的法院干警培训需求分析及其应用*

当前司法改革深入推进，审判责任制全面贯彻落实，以审判执行为中心的法院各项工作对三类人员业务能力素质，提出了更高的要求。最高人民法院政治部在调研中认为，要努力实现培训的精准化，提升培训的质效。培训需求，作为法院各类培训的逻辑起点和任务终点，也应努力践行精准化要求。

然而由于培训体制机制不健全、不完善等原因，一些法院在实际培训中往往草率确定培训需求，或者忽略培训需求分析，使培训工作缺乏科学性、系统性，不仅影响了培训的效果，造成了培训资源的浪费，同时也对法院队伍建设造成了阻碍。因此，建立一套符合法院系统工作规律的、行之有效的培训需求分析方法，已成为当前法院培训工作者思考和研究的焦点。

本文正是基于这一考虑，以我院当前培训需求分析工作开展情况为样本，通过认真查找不足并进行原因分析，把人力资源管理学的先进方法——胜任力模型，引入干警培训需求分析中，力争为构建系统、科学和有效的法院培训体系奠定坚实基础。

一、当前我院开展培训需求分析的情况

培训需求分析，是指在规划与设计每项培训活动之前，由培训部门采取各种办法和技术，对组织及成员的目标、知识、技能等方面进行系统的鉴别与分析，从而确定培训必要性及培训内容的过程。培训需求分析是开展法官培训的重要工作，能够为举办全面系统、针对性强的法官培训提供思路和依据。当前，我院培训需求分析开展情况，可从以下两个方面进行概括：

（一）三类培训的需求分析

目前，我院每年的培训主要有上级调训、院级培训和庭级培训三类。上级调训，包括国家法官学院培训、北京市法官学院培训、党校和行政学院培训等；院级培训，包括周末讲堂、精品课堂、书记员集中培训和新录用人员岗前培训等；庭级培训，包括集中业务培训和部门自主培训等。

1. 上级调训。除北京法官学院培训由教培处统一组织征求干警培训需求外，其他上级培训主要依据上级单位年度培训计划执行。

2. 院级培训。周末讲堂，培训需求由教培处在征求中层领导和部分干警代表意见的基础上，结合年度国家重大政策解读等内容综合确定。精品课堂，自 2016 年首次开展以

---

* 课题主持人：赵明超，课题负责人：常庆锋，课题组成员：乔立、韩卓然、闵雪、刁天，执笔人：乔立、韩卓然。本课题为 2017 年部门级重点课题。

来，目前共举办5次，培训内容都是围绕一个时期审判工作中热点难点和疑难复杂问题，培训主题一般由各业务庭主动申报。书记员集中培训，内容重点以法学基础理论知识和速录技能培训为主。新录用人员岗前业务培训，一般从院史院情、纪律规定、综合业务技能、司法辅助技能和实践锻炼等几个方面展开。

3. 庭级培训。庭级培训由各部门自主举办。培训需求分析工作各不相同，有的是由部门领导根据审判工作重难点研究确定，有的是在广泛征求干警的意见基础上研究确定。

（二）三类人员的需求分析

司法改革后，法院人员分为员额法官、司法辅助人员和司法行政人员三类。我院根据三类人员的岗位工作特点和不同要求，分别进行培训需求分析。

1. 员额法官。我院于2016年4月实行法官员额制，该年的员额法官培训，仍旧以新法新规学习、岗位技能提升等以往的培训内容为主，对司改后员额法官新的培训需求，针对性开展调研和分析不够。2017年，员额法官培训按照市高院“先胜任后提高”的培训思路，在认真开展培训需求分析的基础上，上半年进行常规案件培训，下半年进行疑难复杂案件培训，取得了较好的效果。

2. 司法辅助人员。我院司法辅助人员包括法官助理、聘用制书记员和聘用制司法辅助人员等。法官助理一般与员额法官一同进行培训，培训需求主要根据年初问卷调查和岗位实际需要确定。聘用制书记员和审判辅助人员，除参加全院统一组织的培训外，主要以“岗位练兵”的形式，由各业务部门根据审判工作实际自行确定培训的时间、内容和方式。

3. 司法行政人员。目前我院各综合部门主要以业务会的形式组织培训，一般是工作中遇到什么问题，就培训什么内容，很少组织规范性的培训需求分析。

二、存在问题及分析

（一）突出问题

总体来看，我院培训需求分析工作开展较好，并取得了明显成效，为科学制订培训计划提供了可靠依据。但不容忽视的是，个别部门在具体开展和落实培训需求分析工作中仍然存在一些问题。突出表现在三个方面：

一是培训需求分析全面性不够。实际工作中，有的部门往往是领导强调了，才会去组织需求分析，一旦工作繁忙，需求分析又会变得“蜻蜓点水”或者可有可无。有的部门征集干警培训需求往往以具体的审判业务知识和技能为主，对于岗位通用技能和干警隐性特质等培训需求，不够重视或者缺乏深入挖掘。有的部门只关注对培训内容的需求调研，忽视征求干警对培训方式方法的意见建议。有的部门在开展培训需求分析时图省事，该去调查的对象没全部调查，“以偏概全”的现象仍然存在。

二是培训需求分析针对性不强。有的部门很少组织针对性需求分析，只是按照上级的要求，或者单纯凭“以往的经验”，草草制定培训计划。有的部门尽管开展了需求分析，但组织过于简单，或者流于形式，以致培训计划与干警的实际需求大相径庭。有的部门对调研收集的培训需求缺乏科学的分析，只是进行简单的归纳，甚至“原封不动”写到培训计划里，没有区分哪些是可以实施的，哪些不具备实施条件或者不是培训可以解决的问题，以至于制订的培训计划落不到实处。

三是培训需求分析前瞻性缺乏。有的部门在开展培训需求分析时缺乏前瞻性，往往局限于眼前短期目标，存在“缺什么补什么”，甚至是“请到什么老师讲什么”的情况。有的部门没有很好地把教育培训与人才培养相结合，今年培训过的人，明年按照同样内容接着培训，或者没有根据人才成长发展的变化，适时开展培训需求分析，重复性培训、无效培训的现象还比较突出。

（二）原因分析

存在问题的原因是多方面的，既有主观的原因，也有客观的因素。综合进行分析，我们认为：

从客观因素上看，一方面，对培训需求分析工作的研究和掌握不够。目前各级法院对于培训需求分析工作，尚没有成熟、完善的研究，工作机制也各不相同，培训组织者在实际工作中，缺乏可借鉴、可遵循的依据和指导。同时，负责培训工作的一般都是各部门内勤，本身开展培训工作的能力就参差不齐，对于如何开展培训需求分析学习研究更是不够，不懂不会的问题还比较突出。另一方面，现实工学矛盾对此项工作影响较大。近年来，我院收案数持续增长，各种新类型案件也不断涌现，“案多人少”的问题日益突出。受现实工学矛盾的影响，各部门组织培训需求分析的人员和时间，往往得不到有效保证，一定程度上造成了培训需求分析工作弱化、简化和形式化的问题。

从主观因素上看，主要是对培训需求分析工作的重要性认识不足。有的领导认为开展培训需求分析费时费力，征求上来的意见建议也会因为与上级的要求和工作实际不符而失去意义，因此可征求也可不征求，或者降低工作的标准。有的干警认为参与培训需求调研，自己的意见“中签率”很低，意见难以得到采纳，所以敷衍了事，或者认为学习是个人的事，参不参加培训需求分析不重要。

总之，我院存在的问题，从根本上说，还是缺乏一套系统、高效、简洁易操作的培训需求分析体系和运行机制。为此，我们提出了基于胜任力的培训需求分析模型，以期更好地回应和解决以上问题。

三、基于胜任力的法院干警培训需求分析

（一）胜任力和胜任力模型的概念

1. 胜任力的概念。胜任力，也称“权能”“资质”“任职资格”“岗位素能”。该概念系哈佛大学麦克利兰教授（McCleUand）于 1973 年提出，是指能将某一工作（或组织、文化）中表现优异者与表现平庸者区分开来的个人表层特征与深层特征。它包括知识、技能、社会角色、自我概念、特质和动机等，可通过测量或计数来区分优秀绩效和一般绩效的个体特征，现在已成为当代人力资源管理和心理学领域研究的热点。

胜任力具有下面几项重要特征：一是内涵丰富。包括内在和外在、隐性和显性等①。二是具有动态性。与工作岗位、工作情景直接关联。三是具有可观察性。与工作任务和

① 王淑珍、王铜安：《现代人力资源培训与开发》，清华大学出版社 2015 年版，第 118 页。

工作绩效密切相关，能够区分业绩优秀者与普通者①。

2. 胜任力模型的概念。指对某一岗位所需胜任素质能力综合提炼、概括和归纳，以科学的分类维度，呈现出具有完整性、可操作性的素能体系。与传统的培训需求分析不同，基于胜任力的培训需求分析是以胜任力为基本框架，通过对组织环境、组织变量与表现优异者的关键特征，来确定岗位的培训需求，是一种战略导向型培训需求分析方法。

近年来，国内外学者对于胜任力模型的研究非常深入，将该模型广泛运用于人员的选任、培训及考核。2003 年 11 月，国家人力资源和社会保障部出台了《国家公务员通用能力标准框架（试行）》，首次提出了公务员的九种通用能力②。最高人民检察院 2014 年启动检察机关岗位素能基本标准研制工作，2016 年 4 月下发《检察机关岗位素能基本标准》（试行），对检察机关各业务岗位所应具备的素质能力进行总结归纳，并对每种能力展开可观察、可测量、可评价的行为描述，构建了较为完整的岗位素质能力体系③。除此之外，还有“北京市局级领导素质模型”“北京市区县局级党政领导人才素质模型”“基层警察胜任力模型”“大学生村官胜任力模型”等在不同领域、不同岗位构建素质能力模型的深入研究，在绩效考评、选拔、培训、潜能评价方面发挥了重要作用。

（二）基于胜任力的培训需求分析优势

1. 培训需求分析更有针对性。通过评估人员胜任力现状找到其胜任力的短板，准确定位其需要接受的知识、技能等培训，避免盲目培训、重复培训，能有效提高培训效率。

2. 培训需求分析更加全面。更多关注优秀人员的关键特质，包括传统培训需求分析中容易忽略，但极为重要的“隐性特质”，比如社会角色、自我概念、人格特质、动机、需要等，从而能够更好地引导参训人员有针对性地参与培训，全面提高各项素能。（见图 1）

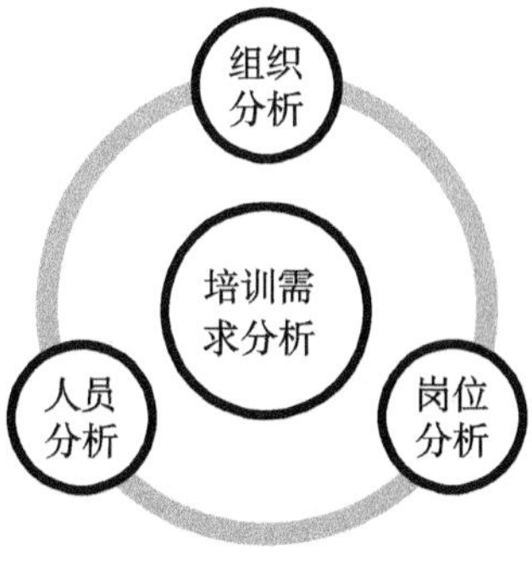

图 1　传统培训需求分析

---

① 陈丁：《对北京市局级领导素质模型的探索性研究》，中国人民大学 2005 年硕士学位论文，第 2 页。

② 中华人民共和国人力资源和社会保障部关于印发《国家公务员通用能力标准框架（试行）》的通知（国人部发〔2003〕48 号），载 http://www.mohrss.gov.cn/gkml/xxgk/201407/t20140717_136030.html，2017 年 2 月 17 日最后访问。

③ 最高人民检察院制定下发《检察机关岗位素能基本标准》（试行）：检察机关岗位素能包括通用素养和通用能力两部分，通用素养是检察人员内在素质要求，是从事检察职业活动时应具备的综合素质和修养，包括信念坚定、信仰法治、监督意识、客观公正、廉洁自律、理性文明六个项目。通用能力是检察人员履职必备的基本能力，包括案件研判能力、法律适用能力、释法说理能力、服务群众能力、学习创新能力、沟通协调能力等。载最高人民检察院官网：http://www.spp.gov.cn/zdgz/201604/t20160422_116593.shtml，2017 年 4 月 7 日最后访问。

3. 培训需求分析更有战略性①。在构建胜任力模型过程中，就已经充分考虑到组织发展的战略性目标，基于此所分析的培训需求也能较为顺应组织长远发展，而不只是与岗位短期匹配，对个人发展裨益很大。

（三）基于胜任力的法院干警培训需求分析方法

基于胜任力的培训需求分析，核心是找出当前胜任力素质与理想的胜任力素质之间的差距，进而找到提升素质的需求点，并通过判定差距产生的原因，确定培训对象、培训内容和培训方法，从而制订出培训计划。主要有以下步骤（见图 2）：

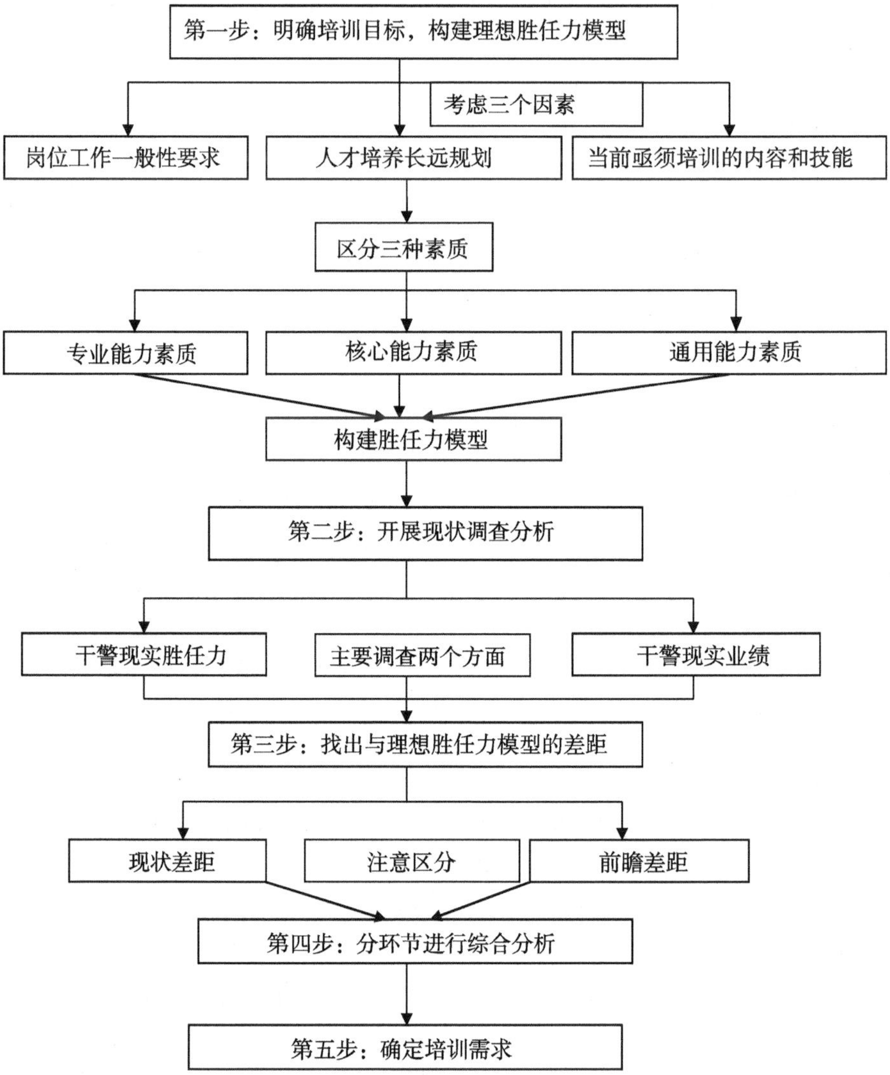

图 2　基于胜任力的法院干警培训需求分析步骤

---

① 北京联合大学机直党委编著：《高校机关作风与效能建设研究》，中国政法大学出版社 2015 年版，第 60 页。

第一步，明确培训目标，构建理想胜任力模型。在开展培训需求分析之前，首先应明确培训的目标。主要考虑本院（或某部门）工作的特点和一般性要求、本院（或某部门）人才培养的长远规划和当前工作中亟须培训的内容或技能。在此基础上，将反映这三项要素的培训目标，按照核心能力素质、通用能力素质和专业能力素质进行区分，构建完成胜任力模型。

1. 核心能力素质，是指全体干警都必须具备的价值观和工作能力，如坚定的政治信仰、良好的职业道德等。

2. 通用能力素质，是指从事法院各项工作都应该具备的能力素质，如沟通协调技能、信息化应用能力等。

3. 专业能力素质，是指针对不同的工作岗位和专业类别，应具备的工作能力素质，如员额法官应具备良好的庭审驾驭能力、文书制作能力；聘用制书记员应具备较好的速录技能等。

第二步，开展现状调查分析。培训组织部门应广泛采取问卷调查、访谈法等多种形式，对参训对象的能力素质现实情况进行调查。主要调查两个方面：一是干警现实胜任力；二是现实绩效。干警现实胜任力，表现为核心能力素质、通用能力素质和专业能力方面的现实状况。现实绩效，表现为本年度的审判质效指标等，可以作为发现隐形培训需求的重要依据。

第三步，找出与理想胜任力模型的差距。将各项现实能力情况与胜任力模型中的能力要素进行一一对照，找出胜任力差距。在这里，要区分两种不同的差距。一种是与目前岗位所要求的胜任力标准比较产生的差距，称为“现状差距”。这是下一步培训的主要内容，应重点关注。另一种是个人职业规划与法院工作要求和人才队伍长远建设不相匹配、不相适应的差距，称为“前瞻差距”。这就需要结合具体情况，按照“人岗相适”的原则，决定哪些是需要培训的，应重点培训哪些人等。

第四步，分环节进行综合分析。胜任力差距既有受训者主观的原因，也有单位或部门现实条件等客观的原因，但并不是所有的差距都可以通过培训来改进。为解释如何具体进行胜任力差距分析，我们结合对三大能力的分析来进行说明。

1. 对核心能力素质差距的分析。如调查结果显示干警核心能力素质中，“廉洁自律”相对评价较低，这属于现状差距，应结合法院工作实际，通过加强政治理论学习、党风廉政教育和强化法院文化建设等方面加以改进。

2. 对通用能力素质差距的分析。如调查结果显示干警通用能力素质中，“信息化应用能力”较差，可具体分析是不懂不会的问题，还是现有设施设备不具备、不完善的原因。如果是前者，可通过培训的方式加以解决。如果是后者的问题，则不属于培训的范畴。

3. 对专业能力素质差距的分析。如调查结果显示某部门员额法官专业能力素质中，“裁判文书制作”较差，应参考该部门年度或季度各项审判质效指标，区分是案子多、时间紧、写的匆忙的问题，还是确实就是文书撰写能力弱，需要培训的问题。

总之，培训组织者应对差距产生的各种可能性原因进行全面分析，挖掘每个原因背后隐藏的培训需求，并进行科学筛选和归类，从而可以有的放矢地组织培训，避免不必要的人力、物力和财力浪费。

第五步,确定培训需求。通过分析胜任力差距的原因,筛选出具有可行性和针对性的培训需求,确定哪些干警需要接受培训,需要培训哪些内容和采取哪种培训方法。具体来讲,可以根据差距大小的不同,优先选择差距较大的干警进行培训;可以根据共性与个性需求的不同,选择集中培训或部门自主培训方式;可以根据长期需求与短期需求的不同,循序渐进,科学制订年度或季度培训计划,等等。

综上所述,基于胜任力的法院干警培训需求分析,可以较好地实现精准化调研培训需求,为精准化开展培训奠定基础,更好地适应司法改革后法院以三类人员为特点的培训工作需要。

(四)基于胜任力的培训需求分析在法官培训中的实际运用

基于胜任力的培训需求分析,可以广泛地应用于法院三类人员培训。为具体阐释该种方法在法院培训工作中的实际运用,我们以员额法官培训为例,按照前述“五步法”进行具体说明。

1. 明确培训目标,构建法官胜任力模型

法院系统尚未有对员额法官胜任力的深入研究,法官素质能力要求零星散落在不同层级的规范性文件中,并没有系统描述,胜任力模型尚属空白。我们运用胜任力模型的原理和方法,结合法官队伍管理要求及司法改革精神,在查阅法官任职资格文件、有关会议精神、领导人重要讲话等基础上,细致提炼法官各项胜任力,主要从以下三个维度进行分析:

维度一:国家公务员素质能力要求。国家人社部出台的《国家公务员通用能力标准框架(试行)》明确了国家公务员应当具备的九种通用能力。法官作为国家公职人员,其胜任力自然应包括这九种能力,这九项能力成为构建法官胜任力模型的基础。

维度二:中央对于政法干警能力建设的要求。中共中央《关于新形势下加强政法队伍建设的意见》提出:“要努力建设一支信念坚定、执法为民、敢于担当、清正廉洁的政法队伍。要加强思想政治建设,把坚定的理想信念作为政法队伍的政治灵魂,铸就绝对忠诚的政治品格;要加强履职能力建设,提高包括执法司法专业能力、群众工作能力、科技应用能力、社会沟通能力在内的四种能力;要加强纪律作风建设,建立健全与司法权运行新机制相适应的监督制约体系”。孟建柱同志2016年4月25日在全国政法队伍建设工作会议上指出:“要积极探索、深入推进政法队伍专业化建设,切实提高正确认识和把握大局能力、运用法治思维和法治方式开展工作能力、应对复杂局面能力、群众工作能力、科技应用能力、社会沟通能力,履行好党和人民赋予的职责任务”。

维度三:法官的素质能力要求及工作职责。主要参照《法官法》第3条、第5条、第7条、第9条;《法官职业道德基本准则》第2条;最高人民法院《关于加强法官队伍职业化建设的若干意见》第4条、第8条、第9条;最高人民法院《关于完善人民法院司法责任制的若干意见》第16条、第17条。

通过以上各项调查研究和分析归纳,得到关于法官胜任力若干个初选项,如表1所示:

表 1　员额法官胜任力备选项一览

维度	产生依据	法官胜任力备选项
维度一	国家公务员素质能力要求	政治鉴别能力、公共服务能力、依法行政能力、应对突发事件能力、调查研究能力、学习能力、沟通协调能力、创新能力、心理调适能力
维度二	中央对于政法干警能力建设的要求	信念坚定、品格忠诚、严守纪律、清正廉洁、司法专业能力、群众工作能力、科技应用能力、社会沟通能力、认识和把握大局能力、运用法治思维和法治方式开展工作能力、应对复杂局面能力
维度三	法院工作对法官职业能力素质的要求	为人民服务意识、清正廉明、忠于职守、遵守纪律、恪守职业道德、法学理论知识、审判实践技能、庭审驾驭能力、诉讼调解能力、法律适用能力、裁判文书制作能力

我们对上述法官胜任力备选项进行梳理，整合相近选项，删除重复选项，归纳出优秀法官应当具备的素质能力，依照核心能力、通用能力和专业能力三个维度，构建法官胜任力模型（见表2）。

表 2　员额法官胜任力模型

维度	胜任力
核心能力	信念坚定、品格忠诚、严守纪律、公正廉洁、大局意识、为民意识
通用能力	法学理论、政治理论、群众工作能力、科技应用能力、心理调适能力、沟通协调能力、创新能力、复杂局面应对能力、突发事件应对能力、调查研究能力
专业能力	法律文书制作能力、庭审驾驭能力、诉讼调解能力、法律适用能力

这里需要强调的是，表 2 的胜任力模型是全国各级法院员额法官都应该具备的要求。各级法院或各业务部门可以根据本院或本部门的人才建设规划和现实工作需要，对该模型进行细化和完善，构建出能够体现本院或本部门员额法官培养需要的胜任力模型。

为便于进行比较和测量，在构建胜任力模型的基础上，还可以进一步制定胜任力等级标准，将每种胜任能力划分为不同等级，并对应不同要求和标准，方便进行评估判断（见表3）。

表 3　胜任力等级标准①

胜任力等级	胜任力分级标准
1. 基础级	了解基本知识，具有初步技术，需要按照指令做事
2. 提高级	具有一定的知识经验，能在简单和没有帮助的情况下运用并独立完成工作
3. 专业级	娴熟掌握，能在复杂情况下运用，能够为他人提供一定指导
4. 专家级	绝对掌握，具有深度与广度，且能创新，专业水准获得同行认可

① 许盛华：《培训的力量——互联网＋时代培训管理与创新》，中华工商联合出版社 2016 年版，第 79 页。

2. 开展员额法官胜任力现状调查评估

调查评估胜任力现状，即要根据胜任力等级标准，找出个体胜任力“短板”，继而确定培训需求的依据。主要从三个角度开展：(1)上级评估，由法官所在业务庭的庭长对其各项胜任力进行定级打分，并重点标记其需要重点进行培训的胜任力选项；(2)同级评估，尤其关注同一审判团队其他法官及助理的意见建议；(3)自我评估，对照优秀法官胜任能力选项及标准，全面评估自己各项素质能力，客观、准确反映个体培训需求。

胜任力调查评估常用方法有两种：(1)访谈法：与被访谈者深入交流，在互动中有利于发现和培训需求有关的具体问题。缺点是耗时较多，效率低。① (2)问卷调查法：三类评估都可以采取的方法，成本低、效率高，可以同时从大量人员处得到信息，方便对结果进行量化分析。缺点是难以了解深层次问题，也存在答问卷者态度不够认真，问卷结果不能真实反映胜任力现状的问题。② 在法官胜任力现状调查评估中，应综合运用两种方法。

第一阶段广泛征求意见阶段。发放调查问卷，进行领导评估、同事评估，以及个人自评(见表4)。

表4　法官胜任力现状及培训需求评估问卷

被评估人：　　　　　　　　　　　填表人：

序号	胜任力	要求胜任力等级	被评估人 目前等级	被评估人 培训需求
1	信念坚定	5		
2	品格忠诚	5		
3	严守纪律	5		
4	公正廉洁	5		
5	大局意识	5		
6	为民服务意识	5		
7	法学理论	5		
8	政治理论	5		
9	群众工作能力	5		
10	科技应用能力	5		
11	复杂局面应对能力	5		
12	突发事件应对能力	5		
13	调查研究能力	5		
14	沟通协调能力	5		

① 成丕德：《构建以需求为导向的干部培训开发体系》，载《中国浦东干部学院学报》2010年第6期。

② 武欣编：《人力资源管理：管理学与心理学的整合应用》，中国轻工业出版社2014年版，第265页。

续表

序号	胜任力	要求胜任力等级	被评估人 目前等级	被评估人 培训需求
15	创新能力	5		
16	心理调适能力	5		
17	法律文书制作能力	5		
18	庭审驾驭能力	5		
19	诉讼调解能力	5		
20	法律适用能力	5		

注:“被评估人培训需求”主要根据“要求胜任能力等级”与“被评估人目前胜任力等级”之间的差距,选择填写“已达标”或“有需求”。

第二阶段综合调查评估阶段。根据调查问卷的初步结果与各部门领导开展访谈,并对调查问卷阶段中差异较大、难以评定胜任力现状及培训需求的情况进行进一步了解。

3. 找出与胜任力模型的差距

对于调查的结果进行统计分析,查找与员额法官胜任力模型各项指标的差距,并区分现状差距和前瞻差距,共性差距与个性差距等,为开展分析奠定基础。

第四步分析差距产生的原因,第五步确定培训需求,依照前述方法实施,本文不再赘述。

四、结语

构建法官胜任力模型对于法官选任、培训、考核均有重要意义。本文将胜任力运用于法院干警培训需求分析,为科学、系统、有针对性地挖掘法院干警培训需求提供思路,为推进法院培训向精准模式转变,提供理论和实践参考。

法院干警培训效果评估机制研究*

引 言

党的十九大报告作出了“中国特色社会主义进入新时代”的重大历史性判断，对人民法院工作具有根本性、全局性、战略性的指导作用，也对人民法院工作提出了新的更高要求。做好人民法院工作，关键在人，而法院人才的培养离不开教育培训。教育培训是加强法院队伍建设、提升法院干警业务能力和综合素质的重要手段，对推进法院审判执行工作具有重要意义。

通常意义上，一项完整的培训活动包括需求分析、计划生成、组织实施、效果评估四个阶段。其中，效果评估是培训工作不可或缺的重要环节，具有导向、控制、纠偏、总结、诊断等基本功能。经验告诉我们，如果没有评估，管理手段就会失效，预定目标就不能实现。中共中央印发的《2018—2022 年全国干部教育培训规划》中明确提出，“完善课程质量评估制度，健全由学员、教师（或者专家）、跟班管理人员、教学管理部门等多方参与的评估机制。”北京市高级人民法院制定的《2019—2023 年北京市法院教育培训工作规划》也指出，“坚持定量和定性相结合，建立培训质量评估指标体系，完善课程质量评估制度。”

课题组在调研过程中发现，目前国内对培训效果评估研究的主要内容包括教学内容、教师讲解、教学方法等。在已有的研究中，主要是从定性分析的角度提醒教育培训职能部门加强对培训评估的重视，具体到法院培训效果评估的研究则很少，特别是通过量化手段开展效果评估的研究寥寥无几。

我院高度重视培训效果评估工作，坚持把干警对培训的满意度，作为检验培训效果的重要指标。通常在培训结束后组织干警填写《培训质量评估表》，掌握干警对培训内容、师资、培训方式等作出的评价和提出的建议。但这种方式属于粗放式的调查模式，评估内容仅限于对培训情况的满意度，评估流程和评估方法亦未形成系统，导致评估效果打了折扣。为提高培训质量，提升培训体系的科学性和有效性，有必要构建一套操作性强、可量化的法院干警培训效果评估机制，运用于法院干警培训工作中，以期对培训效果评估工作起到一定的指导和促进作用。

一、我院培训效果评估工作开展情况

培训效果评估，是指对干部教育培训进行一种价值判断，在广泛收集信息的基础上，

---

* 课题主持人：赵明超，课题负责人：常庆锋，课题组成员：乔立、韩卓然、刁天，执笔人：刁天。
本课题为 2019 年部门一般调研课题。

运用一定的方法和技术，测定参训学员的能力、素质、价值观等各方面的变化情况，以判断培训活动目标的实现情况①。当前，我院主要从以下三个方面开展培训效果评估工作，取得了一定的成效。

一是全程跟训法。培训组织者全程跟训，旁听培训课程，做好培训记录，为培训结束后进行效果评估提供重要依据。以我院“周末讲堂”培训为例，通常我们会安排一名组织工作人员全程跟训并做好培训记录，记录的重点是主讲人的授课提纲和核心要点以及到场嘉宾的点评发言和院领导总结发言。

二是问卷调查法。在培训结束后，组织干警填写《培训质量评估表》，掌握干警对培训内容、师资、培训方式等作出的评价和提出的建议。以我院每年组织的集中业务培训为例，由于参训人员和培训课程较多，为避免培训结束后一段时间，干警对课程内容记忆逐渐模糊情况的发生，通常在培训结束后一周内对参训人员进行抽查，组织干警填写《培训质量评估表》，及时了解参训干警对各培训课程的满意度和意见建议。

三是沟通交流法。采取与各部门内勤沟通交流的方式，了解干警参训后在工作中对所学理论知识、专业技能等实际运用情况，进而分析培训对于工作绩效的改善情况。以我院“精品课堂”培训为例，通常会在培训结束后联系主办培训的部门内勤，了解该部门参训人员对于本次培训所学专业知识和技能是否充分理解并能灵活运用，是否起到了指导实际工作的效果。

二、存在的主要问题和原因分析

（一）存在的主要问题

当前，我院培训效果评估工作开展情况总体较好，能够基本掌握参训人员对培训工作的意见建议，对培训整体效果也有一个大致的判断，但在培训效果的全面性、系统性和有效性方面，仍然存在一些不容忽视的问题，主要表现在以下四个方面：

一是评估层次不够清晰。目前，我院采取的调查问卷和沟通交流等评估方式主要针对干警满意度进行的单次、简单评估，既未划分效果评估的阶段性内容，也未对评估的主体、难度和深度进行明确界定，导致培训效果评估层次不够清晰。

二是评估方法运用不够灵活。目前，培训效果评估主要采用的调查问卷和沟通交流的方式，均属于比较粗放的评估方式，受被评估人员情绪、心理等主观因素影响较大，且没有根据评估的不同层次灵活运用评估方法，影响了评估工作的效率和效果。

三是量化评估的精准性不强。当前，效果评估工作仅仅局限于培训活动刚结束时进行的课程质量评估，本质上是对培训效果的定性评估即对培训工作的整体评价，并没有在后续的实际工作中实现评估结果的量化，这也直接导致了培训效果评估与参训干警绩效相脱节。

四是评估结果的利用率较低。对评估结果利用的主要做法是根据干警提出的意见建议对授课形式和内容进行改进，尚未采取有效措施以完善培训评估过程，造成评估结果的利用率较低，影响了培训效果评估的改进，也无助于下一步培训工作的开展。

---

① 肖小华：《建立健全干部教育培训效果评估机制》，载《探求》2013 年第 6 期。

（二）原因分析

产生问题的原因是多方面的，既有客观因素，也有主观原因。综合进行分析，课题组认为：

1. 从客观方面来看，一是我院工学矛盾的问题依然突出，今年前三个季度共收案18,341件，结案17,573件，分别同比增长7.8%和11.7%，员额法官人均结案114件，同比增长8.57%。同时，还要确保完成全年98.9%的结案率目标①，争取实现“案件应结尽结”。在如此大的审判工作压力下，各部门在兼顾审判工作和培训任务的同时，很难有余力做好培训效果评估工作。二是培训组织者的专业化水平不足，包括培训主管部门和其他业务部门在内的培训组织人员多数存在评估专业知识匮乏，缺乏对评估工作深刻领悟，对评估工作重点和难点认识不清、把握不准等问题。

2. 从主观方面来看，一是施训部门存在对培训评估工作不够重视的问题，缺乏对培训进行深层次评估的意识。主要表现在缺乏对培训效果的整体把握，对干警能力提升与否缺乏持续关注和跟踪了解。二是部分参训干警没有认真对待培训评估工作，认为评估工作与本职工作关系不大，因此普遍存在敷衍应对问卷调查、面谈交流的情况，造成施训部门无法客观、全面地掌握培训对参训人员能力素质和工作绩效的影响。

三、培训效果评估主要模型及借鉴

（一）培训效果评估主要模型

在培训效果评估过程中，常用的培训效果评估模型主要有柯氏四级评估模型、考夫曼五层次评估模型和菲力普斯五级投资回报率模型。

1. 柯氏四级评估模型

目前，国内外应用最广泛的培训评估方法是美国著名管理学家柯克帕特里克（Kirkpatrick）于1959年提出的“柯氏四级评估模型”。该模型不仅要求观察受训人员的反应和检查受训人员的学习效果，而且强调衡量培训前后受训人员的表现和工作绩效的变化。② 柯克帕特里克从培训评估的深度和难度角度出发，将培训评估分为四个递进的层次，分别是反应层、学习层、行为层和结果层，每个评估层次分别对应着不同的评估内容、目的、方法和时间（如表1所示）。

2. 考夫曼五层次评估模型

考夫曼五层次评估模型是对柯氏四级评估模型的扩展，考夫曼认为培训能否成功的关键在于培训之前对各种资源的获取。同时，考夫曼认为培训所产生的效果对培训对象本身和培训对象所处的环境都会带来效益，于是在柯氏四级评估模型的基础上又加上一个层级，即社会效益评估③。该模型相关内容如表2所示。

---

① 以上数据来自于北京市第一中级人民法院审判管理办公室。

② 赵曙明、赵宜萱主编：《人员培训与开发——理论、方法、工具、实务》，人民邮电出版社2019年版。

③ 马德明：《公务员培训效果评估的理论基础和研究现状分析》，载《攀登（双月刊）》2007年第4期。

表 1 柯氏四级评估模型

评估层次	评估内容	评估目的	评估方法	评估时间
反应层	课程主题、课程进度安排、培训师、课程内容、课程教材、培训场地设备与服务	评估受训人员对培训过程的满意程度	电话调查、问卷调查、观察法、访谈法	培训结束时
学习层	同课程内容相关的知识、技能和态度	衡量受训人员学习效能	测验问卷、实地操作、观察评分、小组讨论	培训开始前、培训进行时、培训结束后
行为层	知识、技能和态度在实际工作中的应用状况	了解受训人员在工作中对所学知识、技能的运用程度	访谈法、问卷调查	培训结束后 3 个月或半年
结果层	数量、质量、效率、安全、成本等目标	培训对单位产生的实际效益	对比法、专家评估、趋势线分析	培训结束后半年或 1 年

表 2 考夫曼五层次评估模型

评估层次	评估内容
可能性和反应评估	可能性因素是针对培训成功所必需的各种资源的有效性、可用性、质量等问题;反应因素旨在说明方法、手段和程序的接受情况和效用情况
掌握评估	评估受训人员的掌握能力情况
应用评估	评估受训人员接受培训项目后,在工作中知识技能应用情况
单位效益评估	评估培训项目对单位的贡献和报偿情况
社会效益评估	评估社会和客户的反应等情况

3. 菲力普斯五级投资回报率模型(ROI)

菲力普斯在柯氏四级评估模型的基础上加入第五个层级即投资回报率,提出五级投资回报率模型。该层次评估是培训结果的货币价值及其成本,往往用百分比表示,重点是将培训所带来的收益与其成本进行对比,来测算有关投资回报率指标。这里将投资回报率看作培训项目成本和效益相比后所得出实际价值,因此也可以将这种计算方法称为成本—收益分析法,如表 3 所示:

表3 培训收益和投资回报率计算公式

公式1:培训收益 = (E2 - E1) × N × T - C	
E1	表示培训前每位受训人员的年效益
E2	表示培训后每位受训人员的年效益
N	表示参加培训的总人数
T	表示培训效益可持续的年限
C	表示培训成本
公式2:投资回报率(ROI) = (培训收益/培训成本) × 100%	
说明:若计算出来的ROI值小于1,表明培训收益小于培训成本,说明此次培训没有收到预期的效果,或单位存在的问题不是培训所能解决的。	

(二)对三种评估模型的比较分析

1. 三种评估模型各自的优点。通过对上述三种评估模型的介绍可以发现,柯氏四级评估模型的优点在于层级清晰,各阶段的评估主体和方法明确具体,操作性强①;考夫曼五层次评估模型最突出的特点是增加了"社会效益评估",使培训评估范围超出了本组织的局限,使评估结果更加客观公正;菲力普斯五级投资回报率模型引入了"成本—收益分析法",通过计算投资回报率来检验培训是否达到预期效果,实现了精准化评估。

2. 三种评估模型各自的局限性。柯氏四级评估模型前两级评估虽易于操作,但评估的内容主观性较强,而后两级评估由于涉及的变量多、范围广、过程复杂,又没有可以量化的评估方法,因此很难获得所需要的准确信息;考夫曼五层次评估模型缺少具体的评估方法,也没有明确评估负责主体,尤其是对单位和社会效益的评估没有进行细化说明,因此可操作性不强;菲力普斯五级投资回报率模型虽然实现了精准化评估,但是对于培训成本和收益的计算方法较为复杂,尤其是培训成本和收益的内容和范围并没有明确,因此计算难度较大,难以落实。

(三)对三种评估模型的借鉴运用

在前述比较分析的基础上,课题组认为应该充分借鉴上述三种主流评估模型的优点,为构建和完善法院干警培训效果评估机制提供思路和方法。首先,借鉴柯氏四级评估模型层级清晰、内容明确具体的优点构建我院培训效果评估的体制机制,包括具体的评估流程、负责主体和评估内容等,实现效果评估的全面性;其次,学习考夫曼五层次评估模型评估结果相对客观的优点,将涉及干警工作绩效改善的相关数据由第三方负责统计提供,实现效果评估的客观性;最后,发挥菲力普斯五级投资回报率模型精准化评估的优势,引入量化评估指标和体系,从而实现效果评估的准确性。如表4所示:

---

① 王红军:《柯氏四级评估法在构建我国公务员评估质量体系中的应用》,载《人力资源管理》2013年第6期。

表 4 三种评估模型的比较分析与借鉴

评估模型	优点	局限	借鉴
柯氏四级评估模型	层级清晰、内容具体	主观性强、无量化方法	构建培训效果评估体制机制
考夫曼五层次评估模型	评估结果客观公正	内容不具体、操作性不强	第三方统计提供数据
菲力普斯五级投资回报率模型	科学计算、精准化高	计算方法复杂、操作难度大	引入量化评估指标和体系

四、完善我院培训效果评估工作的具体措施

课题组认为,应在紧密结合法院审判工作规律和教育培训工作实际,将理论模型与干警培训相融合的基础上,提出完善我院培训效果评估工作的具体措施。建议主要从以下四个方面进行完善:

(一)建立层次清晰的培训效果评估机制

一方面,建立效果评估全流程机制。全流程的效果评估,主要步骤包括设计培训评估方案、实施培训评估方案和反馈评估结果。首先,设计培训评估方案。培训评估方案除了要确定评估者以外,尤其重要的一项工作就是评估内容及评估方法的确定,不同层次评估内容需要采取相应的评估方法。结合我院特色培训品牌的内容和形式,如精品课堂、文书品鉴和庭审观点等专业性较强的培训,主要聚焦于干警专业能力素质的提升,因此应该将评估内容的重点放在干警对培训本身的评价和对干警自身能力提升的评价上来;在评估方法的选择上,应该选择简单易行、可操作的方式,如问卷调查法、观察法、访谈法和测试法。其次,实施培训评估方案。对于不同的评估层次,评估时间的选择也应该有所不同。结合我院季度末和年底结案压力大的特点,应将反应层和学习层的评估工作尽量安排在季度中上旬,将行为层和结果层评估安排在第二年上半年,避开季度末和年底的结案高峰,减轻审判执行负担,实现“错峰评估”。在具体时间选择上,应在借鉴柯氏四级评估模型的基础上做适当调整。其中,反应层评估应在培训结束前或结束时当场开展,以确保即时信息;学习层评估间隔的时间不能过长,也不能过短,尽量在培训结束后两周内完成,为参训干警提供充分的理解消化过程;行为层和结果层的评估原则上可以同时开展,由于参训人员将培训所学的专业知识和技能自觉转化为工作行为需要一个较长的过程,因此行为层和结果层的评估应安排在培训结束后 3 个月至 1 年。最后,反馈评估结果。培训评估信息在收集和整理后,需要将结果反馈给参与培训的组织者、参训人员和部门领导,其中培训组织者需要在得到反馈意见的基础上对培训工作进行改进,参训人员需要明确对专业知识理解和运用方面还存在哪些不足,部门领导通过培训评估结果可以掌握本部门人员培训情况,以便指导部门人员开展工作。同时,部门领导可将培训结果作为对参训人员考核的参考依据。

另一方面,建立多方参与评估主体责任机制。改变过去由培训组织者主导的单一评估机制,引入多方主体共同参与评估工作,将部门负责人或内勤、审判管理部门、参训人员

共同纳入评估责任主体，提高培训评估的客观性和有效性。培训组织者作为效果评估工作的主要负责主体，需要准确把握评估工作的方向、重点和进度，及时与部门负责人、参训人员沟通协调，将培训评估方案落实到位。部门负责人或内勤需要重点关注参训人员在培训结束后的工作开展情况，尤其是工作绩效是否得到有效改善。审判管理部门需要提供准确的审判执行数据信息作为效果评估的重要依据。参训人员需要客观、理性对待各阶段、各层次的评估调查，注重将培训中所学专业知识和技能运用到实际具体工作中。根据我院实行的"院庭两级"培训制度，在评估主体责任的分配上也应实行分工分层负责。反应层和学习层的评估工作由于涉及干警对培训课程本身的评价和理解，在具体组织上，应将教育培训部门作为评估工作负责主体，将参训干警作为评估参与主体，配合做好评估工作；而行为层和结果层的评估是在培训结束后一段时间对工作情况的综合评定，需要由对参训干警负有日常管理职责的部门负责，可以由部门负责人或内勤具体负责。审判管理部门作为掌握审判执行工作数据、运行状态的部门，由其提供参训干警培训前后工作绩效指标作为评估的重要依据。

（二）灵活运用培训评估方法

各种评估方法之间并不是割裂的、毫无关联的，而是相互配合使用、相辅相成的关系。上文提到的四种评估方法需要紧密结合培训的评估层次、评估内容、评估主体和评估时间等要素进行灵活运用。

1. 评估方法在反应层的运用

观察法和问卷调查法可以同时适用于反应层评估，由教育培训部门作为评估负责主体组织开展相关工作。在培训过程中选派专人进行观察并记录授课情况，在培训行将结束前组织参训干警填写调查问卷，了解参训人员对培训效果的整体评价。

2. 评估方法在学习层的运用

测试法主要适用于学习层评估，由教育培训部门提前编印好测试试卷，在培训结束后一段时间（通常为 2 周内）组织参训人员测试，测试的主要内容为授课老师讲授的要点和与自身工作的结合。测试结束后，对测试试卷进行打分统计并分别建档，从而实现学习层面的量化评估。

3. 评估方法在行为层的运用

对行为层的效果评估一般选在培训结束后 3 个月至半年，由部门负责人或内勤作为负责主体采用访谈法和观察法的方式对参训干警进行有针对性的评估，掌握参训干警在培训结束后的工作态度、工作效率和质量的变化情况。

4. 评估方法在结果层的运用

该层次的评估需要部门负责人和审判管理部门协作开展，通常在培训结束后 3 个月至 1 年，采用问卷调查法对参训干警审判执行工作各项指标变化情况进行对比评估，由审判管理部门提供培训前后的年度考核指标，由部门负责人进行审核，以此来保障评估结果的准确性。

在培训效果评估实际工作中，对上述评估方法的运用也并非死板僵化、一成不变，各部门在自行开展培训评估工作中可以结合自身工作特点，灵活采用一种或多种方法开展相关工作。同时，充分运用互联网信息技术，将制作好的评估调查问卷转换为电子链接或二维码的形式，发送给参训干警进行网上作答，最大限度地提升评估工作的效率和质量。

（三）建立培训效果量化评估体系

量化评估是衡量培训效果的关键一环，也是评估工作的一大难点。对法院干警培训效果的量化评估进行指标分类和打分，针对不同层级采取适合的方法进行。其中反应层、行为层和结果层评估采用调查问卷的方式进行量化评估①。

1. 将反应层评估细分为培训内容、课程安排、培训方法、培训教师、培训设施、时间安排等评价项目，每个评价项目均有详细的评价内容，由参训人员对各项内容进行打分，指标从5分到0分，分别对应"非常满意"到"非常不满意"。通过对培训课程进行量化评估，可以比较全面地掌握参训人员对培训效果的评价②。（见表5）

表5 反应层调查问卷

法院干警培训调查问卷（反应层）						
项目	内容	评 价				
		非常满意 → 非常不满意				
		5分	4分	3分	2分	0分
培训内容	全面系统、条理清晰					
	有助于实际工作					
	对学员难易适当					
授课师资	背景知识、专业素质					
	授课与演讲技巧					
	与学员的互动性					
	能使学员保持兴趣					
培训形式	符合学习的需要					
	能够引起学习兴趣					
	帮助学员快速融入					

2. 由于行为层和结果层均是在培训结束后一段时间，参与评估的主体均涉及部门负责人（内勤）和参训干警，因此可以将行为层和结果层同时进行评估，这样可以避免培训评估工作环节的重叠，提升评估效率。调查评估的重点是参训人员培训结束后工作行为、态度和业绩等改进情况（见表6）。需要注意的是，行为和结果的评估对于专业知识和技能类的培训（如文书品鉴和庭审观点）效果更明显，为保证评估工作的质量，每次评估的范围应该有所限制，应将评估的重点放在培训主办部门，以方便后续评估工作的开展。

---

① 此外，学习层的量化评估一般通过组织专项测试的方式实现，在此不再赘述。

② 莫莉：《投资回报流程（ROI）对我国公务员培训效果评估的启示》，载《中国科技信息》2010年第11期。

表6　行为—结果层面评估

<table>
<tr><td colspan="9">法院干警培训调查问卷(行为—结果层)</td></tr>
<tr><td>参训人姓名</td><td colspan="4"></td><td colspan="2">参训时间</td><td colspan="2"></td></tr>
<tr><td>参训人部门</td><td colspan="4"></td><td colspan="2">填表时间</td><td colspan="2"></td></tr>
<tr><td rowspan="5">培训后行为</td><td colspan="2">项目</td><td colspan="2">4分(很好)</td><td colspan="2">3分(较好)</td><td>2分(一般)</td><td>1分(较差)</td></tr>
<tr><td colspan="2">工作态度</td><td colspan="2"></td><td colspan="2"></td><td></td><td></td></tr>
<tr><td colspan="2">行为规范</td><td colspan="2"></td><td colspan="2"></td><td></td><td></td></tr>
<tr><td colspan="2">工作质量</td><td colspan="2"></td><td colspan="2"></td><td></td><td></td></tr>
<tr><td colspan="2">工作效率</td><td colspan="2"></td><td colspan="2"></td><td></td><td></td></tr>
<tr><td rowspan="2">后期跟踪评估</td><td colspan="8">该培训内容对干警工作的指导成效</td></tr>
<tr><td>很有效
4分</td><td></td><td>有效
3分</td><td></td><td>一般
2分</td><td></td><td>无用
0分</td><td></td></tr>
<tr><td>前后对比</td><td colspan="4">上年度考评指标</td><td colspan="4">本年度考评指标</td></tr>
<tr><td rowspan="3">基础指标分值</td><td colspan="2">数量指标</td><td colspan="2"></td><td colspan="2">数量指标</td><td colspan="2"></td></tr>
<tr><td colspan="2">质量指标</td><td colspan="2"></td><td colspan="2">质量指标</td><td colspan="2"></td></tr>
<tr><td colspan="2">效率指标</td><td colspan="2"></td><td colspan="2">效率指标</td><td colspan="2"></td></tr>
<tr><td rowspan="2">附加指标分值</td><td colspan="2">重点工作指标</td><td colspan="2"></td><td colspan="2">重点工作指标</td><td colspan="2"></td></tr>
<tr><td colspan="2">突出业绩指标</td><td colspan="2"></td><td colspan="2">突出业绩指标</td><td colspan="2"></td></tr>
<tr><td>绩效变化情况</td><td colspan="2">分差(正负)</td><td colspan="2"></td><td colspan="2">提升/下降比例</td><td colspan="2"></td></tr>
</table>

(四)提高评估结果的准确率和利用率

一是建立激励表彰机制。培训效果应作为各部门奖励表彰参训干警的重要依据,激发干警的学习积极性和工作能动性。在相关规定没有出台前,应把干警培训期间和培训后一段时期的工作表现、工作绩效改善等情况建立专门档案,作为考核评价的重要依据。对工作绩效明显提升的干警进行表彰,以提高干警培训的积极性,努力营造热爱学习、努力学习、善于学习的良好氛围。以集中业务培训为例,在各部门组织培训活动结束后,将每名参训干警在培训期间的表现、调查问卷结果或测试成绩和培训后工作表现、绩效变化等信息建立档案进行综合评定,作为年终考核的一项重要内容,对评估结果为优秀的干警给予奖励和表彰。

二是建立纠正惩戒机制。在评估过程中,培训组织者对发现的突出问题,如参训干警敷衍应对调查问卷或潦草作答培训试题等情况,要及时责令相关人员端正态度,采取措施进行整改,不能等到培训评估结束后再去“亡羊补牢”。例如,在组织书记员进行专业能力测试过程中,如发现个别书记员出现过早交卷、空白交卷、潦草答卷等情况时,要及时向其说明课堂纪律和培训要求,引导其认真对待测试,并要求其重新作答。

三是建立评估结果定期通报机制。将干警培训后的工作表现、绩效变化等情况定期向各部门通报，使部门负责人及时了解参训干警对专业知识的掌握和应用情况，以提高对培训评估工作的重视程度，同时也可以起到督促参训干警有意识地将培训所学与实际工作相结合的目的。以今年举办的文书品鉴培训①为例，将参训法官在培训后半年内作出的裁判文书进行汇总，检查统计文书中出现的错误和频率，并与培训前两个季度的文书质量进行比对，最后将评估结果向部门负责人和参训干警本人进行通报。

结　语

培训效果评估在教育培训工作中是一项重要的基础性工作，是对培训工作成效的检验和总结。由于效果评估时间跨度长、工作量大，需要培训工作者具备一定的工作耐心和专业素养，因此想要做好此项工作并非一蹴而就，要求教育培训主管部门做好充分的培训评估基础性研究和工作准备，健全完善培训评估的体制机制。

本课题在研究过程中对比分析了三种主流评估模型，充分借鉴了三种评估模型各自的优点，初步实现了理论模型与法院培训工作相融合，提出了建立层级清晰的评估机制、灵活运用评估方法、建立量化评估体系和提高评估结果准确率、利用率等措施。

同时，由于国内理论和实务界对培训效果评估的研究尚处于起步阶段，可供借鉴的研究成果不多，加之课题组研究水平有限，对相关评估理论的研究还不够深入，导致本课题只是对该领域进行了一些框架式的粗浅探讨，尝试性地提出了一些解决建议，具体措施的有效性还缺乏实证检验，因此课题组只期起到抛砖引玉之用，为今后更深层次、更宽维度的实证研究做好铺垫。

① 本次培训主题分别为“如何撰写优秀裁判文书”和“裁判文书撰写常见问题分析”。

关于新时期加强人民法院纪检监察内部监督工作的调研报告*

随着纪检体制改革、国家监察体制改革和司法体制改革的深入推进，人民法院纪检监察工作面临着新的机遇与挑战。如何适应新的形势任务要求，加强人民法院纪检监察内部监督，成为当前亟待解决的重要课题。本课题结合我院工作实际，就新时期加强人民法院纪检监察内部监督工作进行调研，并提出对策建议。

一、当前法院纪检监察内部监督工作的现状与困境

（一）法院纪检监察内部监督工作的概况

人民法院监察部门，是人民法院行使监察职能的专门机构，依照法律和《人民法院监察工作条例》，对人民法院及其法官和其他工作人员实施监察。主要职责包括检查遵守和执行国家法律、法规的情况；制定、完善廉政制度，并检查执行廉政制度的情况；受理对违纪违法行为的控告、检举，并负责调查处理、受理复议申诉；检查、纠正损害群众利益和损害司法公信的不正之风；组织、指导预防腐败工作，开展司法廉洁和遵纪守法的教育等。

我院设置监察室作为监察部门，在三重体制改革拉开序幕之前，与纪检组、机关纪委合署办公。其一，与市纪委派驻的纪检组合署办公，负责对处级及以下党员干警进行党纪监督。其二，与机关纪委合署办公，负责对科级及以下党员干警进行党纪监督。

（二）近年来我院纪检监察内部监督工作的主要情况

从近年来我院的纪检监察工作实践来看，监察室承担的职责主要有四个方面：一是协助院党组落实全面从严治党主体责任，协助统筹协调全院党风廉政建设工作；二是构建完善内部监督制约机制，做好“三重一大”、入额廉政审查等重要事项的监督把关，开展审务督察、专项检查和日常监督检查；三是履行监督执纪职责，运用“四种形态”，办理纪检监察信访举报，负责对涉及我院处级及以下工作人员违纪违法的问题线索进行核查、处置；四是做好预防腐败工作和廉政文化宣传，开展廉政教育和纪律警示教育。

（三）当前法院纪检监察内部监督工作的主要困境

1. 权责不相匹配阻碍纪检职责履行

纪检组与纪检组组长被撤销之后，我院的纪检职权由市高院纪检监察组归口统一行

---

* 课题主持人：吴在存，课题负责人：王旸，课题组成员：赵维华、张明华、肖潇、赵雅楠，执笔人：赵维华、肖潇。本课题为2018年部门级重点课题。

使，我院监察室继续行使监察职权，受市高院纪检监察组、监察室和我院党组书记、院长领导和指导。在实际工作中，市高院纪检监察组需要继续依托各家综合监督法院监察室的力量，来实现综合监督职权，因此部分纪检工作仍然由各家法院监察室具体执行。但是，由于已无纪检之权，我院监察室继续履行纪检职责的正当性、权威性不足，在具体工作中一旦遇到监督对象不予配合的情况，容易陷入师出无名、权责不符、甚至越权越位的尴尬境地。

2. 对接渠道收窄弱化上传下达质效

此前，我院监察室主要依托纪检组、纪检组组长与市纪委直接对接，能够通过直接收取市纪委的文件、直接参加市纪委的会议等途径，及时、准确地了解市纪委的指示精神和工作要求，并就我院的纪检工作情况向市纪委作全面、深入的汇报。

3. 责任边界模糊制约党风廉政建设

人民法院全面从严治党的政治责任包括主体责任和监督责任两个侧面，院庭两级领导班子和班子主要负责人必须切实落实“两个责任”，履行“一岗双责”。然而，有的法院对“两个责任”的认识还不够准确到位，对主体责任的责任主体和责任内容界定还存在模糊之处，将落实主体责任的工作过多转移给监察室；有的支部班子和部门一把手对职责范围内的党风廉政建设工作重视不够，与部门审判执行业务衔接融合不足，开展党风廉政建设较为被动，将部分日常监督管理的责任推给监察室。

二、新时期法院纪检监察内部监督工作面临的主要问题

（一）如何与审判权运行机制有效衔接

在新型审判权运行机制下，审判执行权力向员额法官下沉分散，廉政风险点也随之转移扩散，原有的审判权运行模式和监督机制已被打破，而符合新的司法规律的审判执行权运行监督制约机制尚未健全完善，充分放权和有效控权的体制机制之间尚未形成有效衔接。在此情况下，对审判权运行重点领域和关键环节的监督防控容易出现漏洞，个别法官业务素质能力不足、纪律底线意识薄弱的问题就会进一步凸显，发生“人情案、关系案、金钱案”等廉政风险的可能性将会增加，引发审判执行权力滥用、违纪违法行为多发等不良后果。

（二）如何与司法责任制有序对接

随着司法责任制改革的推进，在审判权回归、院庭长还权的同时，原有的层层审批把关的管理模式不再适用，而新的审判监督管理权运行机制尚在探索和磨合阶段。司法实践中，有的法院仍然存在对司法责任制理解不到位的现象，未能准确把握放权与控权之间的关系，院庭长和相关职能部门的监督管理职责尚未得到充分有效发挥，容易发生权力制约失衡和权力监督缺位等风险，对案件质效产生不利影响。我院的经验也表明，有的监管责任主体放松了对文书质量审核把关的职责，导致裁判文书中出现了较多低级错误、甚至对判决主文进行补正的情况，与司法责任制改革的要求不相适应。

（三）如何与纪检监察管理体系融合适应

长期以来，法院纪检监察部门保持垂直领导关系，下一级法院纪检监察部门接受上一级法院纪检监察部门领导。为了推进纪检体制改革和国家监察体制改革，北京市纪委撤

销了驻市一中院、二中院、三中院纪检组及其组长，由市纪委市监委向市高院派驻综合纪检监察组，对市高院、上述3家法院及四中院、知识产权法院、北京铁路运输法院（现为互联网法院）共7家法院的纪检工作进行归口管理，实行综合监督。原有的关系体系改变后，目前中级法院监察室与市高院纪检监察组、监察室的职能边界尚未厘清、关系尚未理顺，制约上下级法院纪检监察工作的顺畅衔接。

三、对新时期加强法院纪检监察内部监督工作的分析

（一）新时期加强法院纪检监察内部监督工作的重要性和必要性

1. 加强法院纪检监察内部监督工作是实现司法权力良性运转的必然要求

要真正做到“让审理者裁判，由裁判者负责”，就必须把推进廉政风险防控机制建设作为司法改革综合配套改革的一项重点工作，在司法权力运行的过程中，紧紧抓住存在薄弱环节的工作流程节点，建立完善权责明晰、制约有力、监督到位、防控有效的内部监督制约机制，既为司法权的独立行使创造充分的自主空间，也通过必要的监管确保司法权依法公正运行，真正依托工作规范化程度的提升，实现司法权力运行机制的良性运转。

2. 加强法院纪检监察内部监督工作是落实司法体制改革目标的重要保障

“让人民群众在每一个司法案件中都感受到公平正义”是司法改革的根本目标。实践中，法院工作人员的着装面貌、言行举止、态度作风、工作规范、执法素养等，无一不是人民群众对法官、法院乃至法律进行评判的基础。只有进一步加强法院纪检监察内部监督工作，切实强化教育监管，及时发现和纠正不严格、不规范、不文明的言行举止，才能落实公正廉洁文明规范司法的要求，切实增强人民群众的满意度和对司法维护社会公平正义的信心，维护人民法院来之不易的良好形象。

3. 加强法院纪检监察内部监督工作是深入推进党风廉政建设的关键举措

党的十八大以来，人民法院全面从严治党和反腐败工作取得了重要的成绩，但是党风廉政建设形势依然严峻、任务依然艰巨。为了应对复杂的形势任务，避免出现法院内部监督防线失守、廉政风险加剧的不利局面，必须对法院纪检监察工作给予更多的重视和支持，进一步发挥纪检监察部门的教育、预防、监督作用，探索更加有利于内部监督工作有效开展的机制方式，同时努力构建各监督主体之间协调协作、联防联控的格局，真正将司法权力关进制度的笼子。

（二）对完善法院纪检监察工作垂直管理体系的思考

随着中院监察室与市高院纪检监察组、监察室原有的关系模式被打破，新的关系如何界定、职权如何厘清、工作如何衔接，都是需要思考和解决的问题。基于法院审判执行工作的自身特点，以及长期以来法院系统纪检监察工作垂直管理的传统和优势，法院纪检监察部门应该继续保持垂直管理体系，保证法院纪检监察工作职权层次分明、上下衔接有序。其一，市高院纪检监察组对全市三级法院监察室进行工作监督和业务指导，并负责监督全市三级法院党组和局级领导干部，充分发挥综合派驻监督的职能作用。其二，市高院监察室继续统领全市各中院和基层法院监察室开展工作，并负责监督本院处级及以下工作人员和中院处级工作人员；各中院监察室负责监督本院科级及以下工作人员和辖区基层法院处级工作人员；各基层法院监察室负责监督本院科级及以下工作人员。在保持法

院系统内部监督工作统一领导模式不变的基础上，通过对各中院和基层法院的处级工作人员提级监督，不断强化监察室的职责履行，着力提升监督的权威性和实效性。

（三）强化内部监督工作的主要着力点

1. 找准内部监督工作的薄弱环节

准确查找法院纪检监察工作中的薄弱环节，明确强化内部监督的切入口和着力点，是有效构建完善内部监督制约机制的重要基础。开展薄弱环节查找工作，必须充分结合当前三重体制改革的新特点、新规律、新要求，密切联系审判执行工作、审判辅助工作和司法行政工作的实际，一方面通过认真梳理在权力运行的全过程中，每一个廉政风险在实际工作中的具体表现，切实将其中容易引发廉政风险的因素和条件查找出来；另一方面需要立足院庭长和各职能部门等监督主体的具体监管职能，通过细致梳理与之相对应的监督管理流程和监督规范要求，找出存在监督空白、监督不到位或者监督缺乏约束力、针对性的制度和环节。

2. 有针对性地完善内部监督制约机制

围绕查找出来的内部监督工作中的薄弱环节，有针对性地制定切实可行的监督制约措施，是完善内部监督制约机制的关键。与三重体制改革同步强化内部监督工作，必须紧密围绕审判工作规律和上述薄弱环节的特点，着重把握以下三个方面：一是注重强化监督制约机制的针对性，将着力点放到每一个薄弱环节所涉及的具体工作内容和程序要求上来，将工作重心放到最容易产生问题隐患和危害后果的因素和条件上来；二是注重强化监督制约机制的实操性，确保监督制约措施具有明确的执行要求、方法和步骤，其落实情况可以被记录、跟踪、考评；三是注重强化监督制约机制的智能性，积极探索利用大数据和信息化平台做好风险发现、跟踪和防控，通过过程管理提升监督的即时性和实效性。

3. 确保内部监督制约机制顺利有效运行

针对权力运行过程中的风险隐患，有效实施前期预防、中期监控、后期处置，是确保内部监督机制顺利运行的重要保障。一是突出前期预防，利用审判信息管理系统、纪检监察信访举报系统、涉诉信访管理系统等平台，同时依托各部门主体责任履行、廉政监察员和支部纪检委员的监督探头作用发挥，实现对苗头性、倾向性问题的提前发现和解决；二是强化中期监控，完善对审判权运行的监督制约机制，借助审务督察、日常检查和执法监督联席会议等方式，实现对各类风险问题持续性、动态化的跟踪检查，确保问题及时发现纠治；三是严格后期处置，通过及时开展警示提醒、诫勉纠错、责令整改等方式，努力将廉政问题实际发生的概率降到最低，同时通过从严处理问责，释放警示教育效果，倒逼责任落实。

四、新时期加强法院纪检监察内部监督工作的对策建议

（一）注重事前事中预防，完善廉政风险防控体制机制

1. 提升廉政风险防控对事前事中过程的关注

前移廉政风险防控的工作重点，将事后对裁判结果的关注转为事前和事中对审判执行权力运行过程和审判监督管理权力行使过程的把控。将廉政风险评估治理与审判执行业务工作规范和业务管理要求相结合，做到对审判执行工作中不规范、不符合程序要求和

管理要求的节点信息进行实时监督防控，不断强化审判团队内部在明确职责分工、落实合议制度、细化流程管理和抓实工作规范等方面的彼此监督和制约，努力实现院庭长审判监督管理权的规范行使、全程留痕，严格执行专业法官会议、审判委员会在关键程序上的规则要求，确保将整个审判执行权力的运行过程置于司法程序的监督制约之中。

2. 提升廉政风险防控措施的针对性和可行性

制定具有针对性和可行性的廉政风险防控措施，着力提升风险防控的精细化水平和质效。一方面，坚持问题导向，认真查找与各部门职能相对应的业务工作流程和制度规范要求中存在风险的节点，细致梳理每一个涉及重要审判执行权力运行的关键环节中存在的薄弱之处，通过有效识别风险点打好廉政风险防控的基础；另一方面，紧密结合风险点制定防控措施，将防控重点放到最容易引发苗头性、倾向性问题和廉政风险最高发、危害结果最突出的因素和条件上来，细化防控工作的具体执行要求、方法、步骤和跟踪考核标准，确保风险防控措施有的放矢、切实可行。

3. 提升廉政风险防控的信息化、智能化水平

优化廉政风险防控的平台，积极探索利用大数据和信息化做好风险防控工作。充分依托不同职能部门的职能履行，在信息化平台中同步嵌入纪检监察、信访举报件办理、审判执行业务流程、审判质效管理、审判流程监督和干警业绩考核等全要素数据，强化全局性、全方位风险信息的即时共享和防控资源的有效整合，实现对全院重要权力运行节点工作情况的实时动态监督、甄别分析和提醒预警，做到对审判执行工作不规范、不及时以及审判监督管理不到位、不严格等问题早发现、早防范、早处置，真正用“制度＋科技”的手段加强廉政风险防控。

（二）注重形成监督合力，优化执法监督联席会议制度

1. 强化风险信息的全面收集和分类处置

以审判执行流程节点管理为中心，探索构建执法行为过程风险信息的收集、分析、处置机制。监察室着力做好督促引导和协调整合，推动审判执行人员在审判管理信息系统中同步录入审判流程节点信息；要求负有审判监督管理职责的院庭长和相关职能部门做好信息的全程监控，充分利用信息化系统的技术和数据集成优势，即时提取审判流程工作中不符合规范要求的节点信息，并进行分类处置，对需要提醒的问题做好预警，对存在较大风险的问题及时通过监察室向执法监督联席会议反馈处理，对具有普遍共性和重点突出的问题定期梳理分析并报送监察室，并由监察室形成全院整体性的形势分析报送执法监督联席会议，着力强化对审判执行权力运行过程中各类问题的动态监督与预先防控。

2. 强化监督力量的协调联动和效用发挥

以执法监督联席会议为依托，努力发挥全院层面各个职能部门联防联控工作格局的最大效应。在我院原有的执法监督联席会议制度的基础上，由监察室牵头，探索加强与申诉信访、审判管理、审判监督、代表联络、舆情处置、诉讼服务、干部管理等成员单位的联动协作，通过定期组织开展检查和召开会议，推动做好多渠道信息数据的收集整合、统计分析和多层次防控资源的优化配置、合理运用，注重强化从更高层面对普遍多发性问题和突出个性化问题的统一发现、会商、防控；通过及时整理会议内容、转化会议成果，助力实现

从思想教育、制度构建、监督管理等多个维度，为加强和改进全院审判执行、司法作风和内部监管等工作的整体决策研究和规划落实提供重要参考和依据。

3. 强化发现问题的反馈纠治和责任落实

以问题反馈纠治、人员通报问责为关键，着力完善对执法行为不规范人员以及对廉政风险防范失察、失管领导干部的责任追究机制。一方面，对于执法监督联席会议上反映的可能存在执法行为不规范或者其他司法不廉洁的问题，由监察室负责以联席会的名义向有关部门和人员反馈核实，对于确认无误的，由联席会以监督建议函或者通报方式督促相关部门和人员限期整改，对监督建议及整改事项的完成情况进行跟踪检查、督促落实，并作为监察室进行业绩考评的重要依据；另一方面，根据我院廉政风险防控工作中不同部门的职能设置和不同类别人员的监督管理职责，在本人职责范围内出现廉政风险而不察不问不管，致使问题放大进而引发执法行为失范或者其他不廉洁司法行为等严重后果的，要坚决按照相关规定处理。

（三）注重理顺执纪关系，加强执纪工作内外协调沟通

1. 对内强化与相关职能部门的沟通对接

一是强化与申诉审查庭的对接，积极规范信访举报管理工作，推行群众来信新的处理模式，构建纪检监察信访举报和人民法院来信来访的“大信访”一盘棋格局，对于属于纪检监察业务范围内的检举控告类信访举报件，以及虽然属于纪检监察业务范围外，但是主要反映工作程序不规范或者工作态度作风不文明等问题的信访举报件，由监察室负责核查处理；对于主要反映对案件裁判结果不服，或者为了达到改变案件裁判结果的目的，主观臆测法官存在违纪违法行为，但未提供任何具体线索的涉诉类信访举报件，则转交申诉审查庭，纳入信访系统进行集中受理和处置。二是强化与干部人事部门的对接，对本院工作人员在个人事项申报、因私出国（境）、任职回避、兼职等事项中可能存在违规违纪行为的，及时将情况反馈至监察室进行核查处置；对本院工作人员的处置涉及级别、待遇调整或者业绩考评等需要干部人事部门配合的，及时将处置决定反馈至干部人事部门。三是强化与审判管理部门的对接，对在案件评查等审判管理工作中发现本院工作人员涉嫌违反审判职责或者其他违纪违法行为的，及时将情况反馈至监察室进行核查处置。通过强化与相关职能部门的沟通对接，实现监察室对问题线索的统一入口、高效办理和规范管理，确保违纪违法行为得到及时发现和解决。

2. 对外强化与北京市高级人民法院纪检监察组、监察室的协调联动

在党纪监督方面，积极配合市高院纪检监察组、监察室开展涉及本院党员干警的问题线索核查工作，继续履行对科级及以下党员干警进行党纪处分的职责，同时根据北京市高级人民法院纪检监察组的处理建议，对处级党员干警履行相应党纪处分程序，并根据我院党风廉政建设考核的规定，对相关部门和人员进行考评扣分。在政纪监督方面，对于本院工作人员涉嫌违反审判职责，应当追究司法责任的情形，积极履行在法官惩戒工作中的职责，开展调查核实工作，协助市高院监察室进行证明，并按照惩戒委员会作出的生效审查意见，依照有关规定和程序作出处理；对于本院工作人员涉嫌职务违法、职务犯罪的情形，积极配合北京市高级人民法院纪检监察组开展调查处置，并依规作出本院内部处理。

关于如何加强新时期法院法警队伍规范化建设的调研报告

——以北京市第一中级人民司法警察支队为例*

随着司法改革的不断深入,法院工作面临更加严峻的形势,这就促使司法警察队伍规范化建设迈入一个新的时期,司法警察队伍是人民法院的重要组成部分,是审判安全的守护者、公平正义的捍卫者。党的十八大以来,司法警察队伍深入践行"对党忠诚、服务人民、执法公正、纪律严明"的总要求,牢牢坚持司法为民、公正司法,始终把服务审判执行工作作为第一要务,忠实履职、努力拼搏,不怕牺牲、无私奉献,出色完成了司法警务保障任务,为审判执行工作顺利进行作出了突出贡献。实践证明,司法警察队伍是一支顾大局、守纪律、讲奉献、能战斗的过硬队伍。但是,与新时代对我们的要求和人民群众的期望相比,司法警察无论是管理体制、人员素质、专业化建设,还是执法依据、职责职权、装备设施等方面均存在不小差距,严重制约了战斗力和职能作用的有效发挥。加强法院司法警察工作规范化建设,对全面提高司法警察队伍素质、整体推进司法警察工作,具有十分重要的现实意义。司法警察需要积极适应新形势新任务新挑战,正视问题不足,牢牢把握对党忠诚这一建警之魂、服务人民这一立警之本、执法公正这一从警之基、纪律严明这一治警之要,要坚定不移地走新时代中国特色社会主义强警之路,着力加强规范化建设,不断强化大局意识、服务意识、责任意识、形象意识,进一步提高警务建设水平和警务保障能力,严格按照最高人民法院规范化管理达标警队的标准和要求,全面加强警务建设,着力锻造一支对党忠诚、让党放心、让人民满意的过硬司法警察队伍。

2012 年,最高人民法院作出了开展全国法院司法警察规范执法活动的部署,北京市高级人民法院根据全市法院司法警察业务考核及规范化管理达标警队申报活动计划,结合先进法院考评细则中司法警务工作考评内容和《北京市法院司法警察规范化管理警队建设评定标准》,每年对全市法院司法警务工作进行考核验收,评定规范化管理标兵警队和达标警队。2017 年 10 月,最高人民法院组织开展第一期"全国法院司法警察规范执法行为视频培训",原最高人民法院党组成员、政治部主任徐家新同志就深化人民法院司法警察执法规范化建设作出工作部署,2017 年 12 月,最高人民法院印发《深化人民法院司法警察执法规范化建设规划(2018—2020 年)》并在全国范围内部署开展相关工作。2019

---

* 课题主持人:王文波,课题负责人:李红权,调研组主要成员:王文波、刘清河、谭勇、李红权、雍珩,课题执笔人:雍珩。

本课题为 2019 年部门一般调研课题。

年 12 月,最高人民法院党组成员、政治部主任马世忠同志在第二期全国法院司法警察规范执法行为视频培训上作了重要讲话。结合以上活动的开展,就如何加强新时期人民法院司法警察队伍规范化建设,树立司法警察良好形象,一中院法警支队组织进行了深入细致地调研。着重分析了当前司法警察队伍存在的问题和原因,明确了司法警察队伍规范化建设的方向和应当采取的具体措施。

通过开展实地调研活动,一中院法警支队调研小组收集了司法警察队伍规范化建设关于队伍规范建设、执法规范建设、规章制度建设、基础设施建设等数据资料,分析司法警察队伍规范化建设的现状,力求找出人民法院司法警察队伍规范化建设方面所面临的形式及存在的问题,结合一中院司法警察队伍建设将这些问题统一归纳并总结,提出科学、有效的规范化建设举措,以及考虑面临的实际操作方面的困难和如何进行成果转化的问题。

一、新时期法院司法警察队伍存在的问题及原因分析

一是司法警察队伍建设的整体水平还有待提高,短板问题还需下大力解决。一些司法警察学习训练不积极,自我放松,部分职业警察安于现状,不思进取,应有作用没有有效发挥,部分聘用制法警对自身感觉发展无望,大局意识、责任意识欠缺。

二是管理考核的整体激励约束作用还需强化,管理监督还有死角和漏洞。业绩考评考核和日常精细化管理的各项制度落实还应该更严格、到位。在一些法院,规范化管理和日常监督不到位,无论是人员日常管理还是执法工作的细小环节方面,都存在监管空白。当前大部分法警队伍都采用松散式管理的传统模式,对日常工作和 8 小时以外没有实时的全方位监督和检查制度,人员纪律观念和整体观念不够到位,少数法警放松了自身的约束和管理,甚至有些人作出了损坏法院和法警声誉的言行。

三是警力不足的情况还存在,职业法警和聘用制法警的配置还存在缺口。司法警察规范执法的重要前提是有符合要求的警力保障,一线工作的大多是执法资质不确定的聘用制法警,由于培训、工作经历等原因,在执法中不规范不严谨的问题时有发生,个别的还涉及违法犯罪,给法院工作造成较大被动。在执行刑事被告人的提押、看管及刑事庭审的值庭工作中会经常出现警力严重不足的情况,工作上时常出现顾此失彼的局面。特别是在保障被告人数较多的案件和集中结案期间,提押的被告人数量大幅增加,以目前的警力根本无法达到《押解规则》和《值庭规则》中关于对被告人配备警力的要求。

四是由于司法警察整体能力素质的制约和工作任务的繁重,教育培训存在制度不落实、经常性不够,效果不明显等诸多问题。突出表现在,少数司法警察法律常识缺乏,遇到问题不知道法律的规定,不会依法履行职责,个别的在执法工作中责任心不强、态度不积极或存在懒惰和畏难情绪,只求无过不思进取,对本职工作只是应付完成,不顾工作质量和效果,不能严格履行执法规定,执法随意性大,注重完成任务轻视工作过程和效果,警务工作难以达到高质高量。更严重者还可能造成工作失误,为人民法院及司法警察的执法形象带来消极影响,严重影响了审判工作顺利进行。

二、加强新时期人民法院司法警察队伍规范化建设的对策

（一）构建完备的规范化队建和党建体系

要构建完备的规范化队建和党建体系，就是要坚持政治强警，提高法警的政治素质。人民法院司法警察是人民法院的武装力量，在审判工作中，处于各种矛盾冲突的最前沿，担负着排除险阻，保障司法安全的神圣职责，尤其是押解犯人、参与民事案件的强制执行、处理突发事件、执行死刑等“急难险重”的任务，具有很强的对抗性和危险性，稍有懈怠就可能造成无法挽回的不良后果。人民法院司法警察的性质和任务决定了这支队伍是一支置于党的绝对领导下的有较高政治素质的队伍。坚持“两手抓，两手都要硬”，做好法警队伍的思想政治工作。做到全年有教育计划，每月有教育安排，每周有固定的学习时间，采取灵活有效的学习形式，认真搞好学习教育，定期对学习教育情况进行检查和考核，使教育的时间、内容、人员、效果落到实处。

一中院法警支队高度重视深化执法规范化建队工作，在2018年和2019年的工作计划中都将执法规范化建设列为重点，2018年10月支队开展了《规范化执法安全月》活动，2019年法警支队将年度工作中心定位为“抓深化创特色、抓规范保安全”并将2019年定为“规范安全年”。2019年5月支队搬入新改造的警务中心，各项软硬件设施配备齐全，设有警务指挥中心、应急备勤室、支部会议室、党员活动室、法警文化中心、心理疗养室，统一了办公室、宿舍的内容摆设，为支队规范化建设奠定了坚实的基础。支队在各项工作中始终坚持以党建带动队建的指导思想，首先强化支部建设的规范化，为更加规范落实党内生活制度，于2018年年初开始建立了《法警支队党支部组织工作台账》，按月将支队工作进行记录，两年共召开支委会32次，支部党员大会21次，支部组织生活会三次，4个党小组召开会议和组织学习共104次。为强化同志们的党员意识和党性修养，定期开展政治思想教育，支部书记为全体党、团员讲授党课8次，开展“党员作旗帜，警务当先锋”“忠诚党的事业、献身法警工作”“对党说句心里话”“牢记初心使命，奉献法警岗位”等30余次主题和党团日活动。为了进一步提高政治思想工作的实效，在定期开展政治思想教育的同时，还注重创新思想工作方法，为提高经常性思想工作的针对性有效性，支部书记组织全体支委结合新的工作实际对支部的“六心”工作法进行了改进，注重谈心交流工作细节的完善，要求支委和各级骨干和同志们开展各层级的交流谈心活动，大家在谈心时要学会换位思考、要平等交流，以诚相待，用真诚换真心，让大家讲实话，动真情。积极开展四项活动：减缓压力谈心互助、思想动员消除紧张情绪、学法明责职业素养培训以及文体娱乐培养阳光心态等活动。使日常谈心交流真正起到疏导减压强内心的作用。通过规范坚持落实日常组织生活制度，同志们的党员意识得到强化，政治水平得到提升、解决工作问题的能力得到提高。同时，为进一步规范支部聘用制法警党员的管理，针对聘用制法警党员组织关系在原居住地，组织生活制度落实难的情况，积极创新流动党员管理教育模式，健全完善聘警党员联系制度，建立了“法警支队流动党员驿（E）站”与其所在支部建立了定期联络、及时反馈参加组织生活和工作情况的制度。从2018年开始，支队将新建的两个聘用制法警党小组分别与正式法警的两个党小组结成互助帮扶对象。为每名聘警党员配发了党员学习笔记本，为聘警党员提供学习书籍和学习资料，聘警党员与职业法警党员一

起过组织生活、一同接受组织教育、一同参加政治学习,列席党员发展、民主党员评议等支部活动,支部按年度对聘警党员进行考评,2018 年和 2019 年根据他们的工作业绩和训练成绩共对 8 名流动党员进行了表彰奖励,切实让流动党员找到组织归属感。通过规范支部建设,有效提升了支队整体的战斗力。

(二)完善规范化的队伍和人员管理体系

要完善规范化的队伍和人员管理体系,就是要抓好经常性的反腐败教育。要从源头抓起,通过深入开展廉洁教育,从根本上提高免疫力,通过正确教育、理论灌输的方式,不断提高对清正廉洁重要性的认识,在思想上筑牢防线,自觉抵制各种腐朽思想的侵蚀。抓好正反典型教育,要善于利用活生生的事例,利用正反两方面典型,进行廉洁勤政的教育,特别是通过剖析反面典型的腐化堕落史,来提醒大家增强警惕性;要将大道理与小道理结合起来,引导大家从个人前程、家庭美满等角度,认识拒腐防变的紧迫性,甘于清贫,耐于寂寞,保持艰苦奋斗、清正廉洁的良好节操。

一中院法警支队为强化规范化管理,首先从坚持严格日常管理,强化队伍纪律作风方面入手,2018 年和 2019 年按照院党组和院监察室的要求,开展了两次《正风肃纪主题教育活动》,着力解决司法警察存在的违法政治纪律、违反组织纪律、违反廉洁纪律、违反群众纪律、违反工作纪律、违反生活纪律等六方面的问题。2018 年开始建立了长效的学习机制和纪律作风监督约束机制,支队成立了警务督察小组,由支队领导担任组长,督察小组经常性到各岗位一线和宿舍、办公室对同志们的工作执法是否规范、文明进行检查,对大家是否遵守日常管理制度进行督查,并定期对检查情况进行通报。

同时还对日常工作和人员管理制度进行完善,为进一步完善队伍管理制度体系,从 2018 年开始对各项管理和工作制度进行梳理,针对不适应于新实际、新形势、新要求的条款进行补充和修改,在经过广泛征求建议、组织骨干人才外出观摩调研和集体研究讨论后,重新制定和补充修订了一批管理制度。结合新的工作实际新制定了《一中院干警个人车辆停车工作管理办法》《一中院临时出入证件管理办法》。对原有的《一中院法警支队警用装备管理办法》《一中院司法警察警官证件管理办法》《正式法警带班工作办法》《警务车辆和驾驶员管理规定》《一中院聘用制法警管理办法》《聘用制法警量化考核管理办法》等进行了修改完善。针对一中院安全岗位分散不便于管理的情况,对全院"两地四区"的安保岗位职责进行修订,对涉及的全部岗位建立职责清单制度和责任追究制度。

(三)构建规范化的警务执法体系

要构建规范化的警务执法体系,就是要规范执法程序,提高执法队伍素质。司法警察队伍只有加强执法工作法制化、规范化、程序化建设,才能够确保执法行为的公平、公开、公正,才能够使司法警察形成执法规范的理念。首先要进一步规范和细化执法流程,保证执法过程中的每个环节都有法可依、有章可循,结合具体实际情况,围绕关键环节,制作出一整套覆盖面广、实用有效的执法标准,从而为一线执法法警提供有效可行的执法指引。其次要将执法程序公开化、透明化。新媒体时代,网络舆论的力量相当强大,执法程序和信息如果不能够及时有效的公开,就会导致公众对事实和真相产生猜测,再通过网络传播的发酵,不仅不能净化舆论环境,保障公众的知情权,严重的甚至会影响人民法院的公信力,有损于人民法院司法警察执法规范化建设。

一中院法警支队为强化警务保障、安全防范和应急处置工作的规范化建设，从2018年开始与各审判庭建立定期联系沟通机制，走访市公安局看守所、交通支队等单位就警务保障工作进行沟通交流，广泛听取意见和建议，规范和完善警务保障工作细节。2019年最高人民法院对《司法警察执法细则》进行了修订，支队在组织全体法警学习细则的同时还组织了笔试考核，为了使大家能够更快、更加直观的掌握新的细则，支队抽调骨干组建了警务执法示范班，利用业务时间按照细则进行训练，并为同志们作出示范表演，确保了支队人员的警务执法工作更加规范。

在安全防范工作方面，以驻院警务工作站为平台，与驻地公安局和派出所建立定期的会商机制，规范和提高协作联防、共同处置工作的工作效果。同时，根据新的工作实际对《应急处置工作预案》进行了修改，并组织进行了专项训练，为了提高同志们在应急处置工作中更加具有规范性，提升处置效果，认真开展实战演练，2018年以来，根据新的《司法警察执法细则》和《应急处置工作预案》在全院"两地四区"开展了近20次应急处置实战演练，内容包括：提押工作中的突发事件应急处置、庭审期间的应急处置、安全检查过程中的应急处置、防冲闯应急处置和消防安全应急处置。为了提高实战演练的效果，根据当前安全维稳工作形势组织了不定期、不事先通知的演练，组织了两次的夜间外来人员闯入的处置演练，有支队法警组成红、蓝两队进行对抗演练，确保了演练的实战性，较好地提升了司法警察应急处置工作能力。

（四）完善规范化的训练强警体系

要加强完善规范化的训练强警体系，就是要进一步提高司法警察的过硬的业务技能本领。司法警察工作有其独特的职责范围，有其自身的工作特点。按照《人民法院司法警察暂行条例》的规定，司法警察的职责都在不同程度上要求司法警察具备政治可靠、业务熟练、执法技能过硬等基本素质，其中履行执行拘传和协助执行其他强制措施，提解、押送、看管犯罪嫌疑人或者被告人、执行死刑等职责还对司法警察的体能、心理等方面提出了较高的要求。同时，随着社会的不断发展进步，司法警察面临着新的考验，比如如何更人性化地执法、新型警用装备和通讯工具的使用等等，都对当前的司法警察培训提出了更高的要求。因此，必须认真应对这些要求，科学地规划和实施以体能训练、队列及擒拿格斗训练、警用装备使用训练、射击训练为基础内容，以综合战术训练、心理素质训练、创伤急救训练为重要课程的专业培训，真正使司法警察练就一身过硬的本领，真正达到"用必能战，战无不胜"的目的。另外，还必须加强司法警察业务理论和相关法规的学习，特别是最高人民法院颁发的司法警察条令、条例及警械器材使用的有关规定和《警察法》等，增强做好本职工作的专业知识和能力。在实践中，要学习、了解与法院工作密切相关的金融、证券、会计、外语、计算机应用等科学文化知识；要坚持定期组织司法警察认真学习民事、刑事等相关法律及相关司法解释等法律规定、诉讼业务知识，做到一专多能。只有这样，在工作中才能遇事不慌不忙，处事泰然处之。才能适应新时期、新形势下的法院工作需要。

2018年开始，一中院法警支队为了达到提升队伍的整体保障能力和水平的目标，对全体法警的训练工作开始实行规范化管理。经过广泛的讨论和研究确定了训练工作的四个重要环节，一是建立训练人才培养机制，为了进一步发掘各方面的训练人才，以5月最高人民法院在全国法院开展司法警察教练员教学技能竞赛活动为契机,召全员参与教学竞赛,全面发掘教练人才,努力提升支队法警的教学能力。经过多轮的比赛挑出十余名法警训练骨干。二是确定“专家教学”和“法警教法警”的教学培训模式。2018 年开始通过聘请市高院法警总队人才库中的训练专家来支队进行教学,训练人才的教学水平得到了迅速提升,经过支队开展的“法警教法警”活动,现在的法警教员队伍已经初步成型,“法警教法警”的教学训练模式提高到新层次,创造有一中院特色的成功经验。三是完善训练档案体系,为了确保全员参加训练,并保证训练实效,从 2018 年开始,对支队法警的训练档案进行升级修改,进一步细化了训练时间、训练项目、训练效果和情况,确保大家遵守训练纪律和要求,标注出训练考核的标准,明确大家的训练努力方向。四是强化训练考核,训练考核实行定期考核和比定期考核相结合的方式,考核成绩与法警绩效考核挂钩并在全队进行通报并公示,提升同志们训练的积极性。

(五)健全执法保障体系

要健全执法保障体系,就是要加强警用装备和安全防范设施设备的更新改造。随着司法体制改革不断深入,对司法警察工作的要求将更加精细化和系统化,为进一步提高司法警察综合素质,增强履职能力,应对复杂多变的突发事件,提升装备建设能力显得尤为重要,逐步新增、更新换代警用装备,同时加强警用装备管理工作,确保警用装备发挥最大效能,才能为司法警察履行职能、发挥作用创造良好条件。

2017 年年底开始,一中院法警支队根据最高人民法院关于规范化建设的要求,开始对原有的警务保障和安全防范设施设备进行更新改造,先后按照最高人民法院“六专四室”的要求对羁押室、法庭押解通道、安全检查大厅等重点部位进行了彻底改造,并在全院“两地四区”各建立一个微型消防站。对监控室、装备室进行了进一步规范,对枪弹库房内的枪弹保险柜进行了修护和保养。2019 年年初在新的警务中心内改建了警务指挥中心,将“两地四区”的安全监控进行了联网,建立全时空、全方位、全覆盖的安全监控系统和内外联动、上下协同、快速反应的应急指挥系统。提高安全监控、督促检查和指挥协调能力。2018 年开始对全部警用车辆进行更新,先后更换了 14 辆执勤执法车和 5 辆提押刑事被告人的囚车。并根据要求对全部警用装备进行升级更换,为司法警察在警务执法工作、安全防范和应急处置工作中,提供良好的装备保障。

综上所述,加强司法警察队伍规范化建设,建造一支高素质的司法警察队伍,是形势发展的需要,是维护司法公正的需要,是保障审判执行任务的需要。我们应该站在全局和未来的高度,认识和把握司法警察队伍的发展机遇,紧紧围绕法院工作主题,依照新的《人民法院司法警察暂行条例》和《司法警察执法行为规范》着眼警务保障能力的提高,大胆尝试,勇于创新,探索出一条符合自身特点的司法警察队伍规范化建设之路,更好地打造一支新时期的司法警察队伍。

图书在版编目(CIP)数据

深化司法体制综合配套改革　推进审判体系和审判能力现代化：法院改革与审判实践调研文集：上下册／北京市第一中级人民法院编. -- 北京：法律出版社，2020

ISBN 978 - 7 - 5197 - 4419 - 9

Ⅰ. ①深…　Ⅱ. ①北…　Ⅲ. ①法院－司法制度－体制改革－中国－文集②法院－审判－中国－文集　Ⅳ. ①D926.2 - 53

中国版本图书馆 CIP 数据核字(2020)第 061946 号

深化司法体制综合配套改革　推进审判体系和审判能力现代化
——法院改革与审判实践调研文集(上下册)
SHENHUA SIFA TIZHI ZONGHE PEITAO GAIGE
TUIJIN SHENPAN TIXI HE SHENPAN NENGLI XIANDAIHUA
—FAYUAN GAIGE YU SHENPAN SHIJIAN DIAOYAN WENJI(SHANG XIA CE)

北京市第一中级人民法院 编

责任编辑 李　群　翁潇潇
装帧设计 汪奇峰

出版 法律出版社
总发行 中国法律图书有限公司
经销 新华书店
印刷 北京虎彩文化传播有限公司
责任校对 李景美
责任印制 张建伟
编辑统筹 法规出版分社
开本 787 毫米×1092 毫米　1/16
印张 74
字数 1703 千
版本 2020 年 7 月第 1 版
印次 2020 年 7 月第 1 次印刷

法律出版社／北京市丰台区莲花池西里 7 号(100073)
网址／www. lawpress. com. cn
投稿邮箱／info@ lawpress. com. cn
举报维权邮箱／jbwq@ lawpress. com. cn
销售热线／400 - 660 - 8393
咨询电话／010 - 63939796

中国法律图书有限公司／北京市丰台区莲花池西里 7 号(100073)
全国各地中法图分、子公司销售电话：
统一销售客服／400 - 660 - 8393/6393
第一法律书店／010 - 83938432/8433　西安分公司／029 - 85330678　重庆分公司／023 - 67453036
上海分公司／021 - 62071639/1636　深圳分公司／0755 - 83072995

书号：ISBN 978 - 7 - 5197 - 4419 - 9　**定价(上下册)**：168.00 元